MW01717358

The Official Tractor Blue Book™

2010 Edition

Edited by Mike Hall

PRICE DIGESTS

P.O. Box 12901, Overland Park, KS 66282-2901
Phone: 800-654-6776 • Fax: 800-633-6219
pricedigests.com

Printed in the United States of America.
August, 2009
ISBN-13: 978-1-59969-294-4 ISBN-10: 1-59969-294-5

Contents

Penton Media

Administrative/Editorial Offices
9800 Metcalf Avenue • Overland Park, KS 66212
Phone: 800-654-6776 Fax: 800-633-6219

ADMINISTRATIVE

Associate Publisher
Joelle Stephens

EDITORIAL

Tom Fournier
Mike Hall
Craig Hover
Tony Pacheco
Steve Stockton
Terry Williams

DIGITAL PRODUCTS

Patrick Hansen

SALES

Sales Manager
Joelle Stephens
913-967-1927

Inside Sales Representative
Jennifer Kearney
800-964-4617

Regional Sales
Dan Smith
913-851-5139

Canada Sales
Imants Grotans
canadianredbook@cogeco.ca
P.O. Box 995
Oakville, Ontario L6J 5E8
Canada
905-469-6468

CUSTOMER SERVICE

Circulation Director
Terry Distin

Customer Service Manager
Terri Cannon

Customer Service Representatives
Dinah Bunnell
Courtney Hollars
April LeBlond
Suzanne Myers
Sherry Rudkin

MARKETING

Marketing Director
Susie Barroso
770-618-0128

PRODUCTION

Group Production Manager
Dylan Goodwin

Senior Production Editor
Darin Watson

Valuation Web Sites

abos.com
autoredbook.com
truckbluebook.com
clymervalues.com
rvvaluesonline.com
canadianredbook.com
aircraftbluebook.com

Price Digests Basic Values Online are available for Passenger Vehicles, Commercial Vehicles, Motorcycles, Recreational Vehicles, Snowmobiles and Boats. For more info, log on to pricedigests.com.

Valuation Electronic Products

Electronic ABOS Marine Blue Book
Electronic Aircraft Blue Book-Price Digest
Electronic Aircraft Blue Book-Historical Value Reference

Valuation Print Products

ABOS Marine Blue Book
The Automobile Red Book
The Older Automobile Red Book
The Truck Blue Book
Older Truck Blue Book
Commercial Trailer Blue Book
Truck Body Blue Book
Truck Identification Book
Clymer Powersport Vehicle Blue Book
Grounds Maintenance Equipment Blue Book
The Official Tractor Blue Book
Aircraft Bluebook Price Digest

HOW TO USE THIS GUIDE

The Approx. Retail Price New column is the manufacturer's suggested retail price new for tractors with standard equipment, excluding shipping charges or options.

The "Avg. Used Trade-In" value is the estimated wholesale or loan value of tractors in average condition. The "High Used Trade-In" value is the estimated trade-in value of tractors in very good condition, with low hours and requiring minimal or no repairs. The "Avg. Used Retail" value is the averaged selling price of tractors in saleable condition. The "High Used Retail" value is the averaged advertised price of the tractors.

Cost of any needed repairs should be considered when making appraisal. Prices quoted are approximate and represent an average. Local conditions can alter these estimates. When using this guide take into consideration two important variables: (1) The condition of the tractor; (2) The popularity of certain sizes and brands in your area.

Certain regions of the country support higher prices on certain brands than do other regions. The used values contained in this book were compiled from auction selling prices, tractor dealer asking and selling prices, as well as from classified advertisings in newspapers and magazines. The prices are to be considered averages, and as noted above, your own experience may be different.

Tractor Serial Numbers are listed in this book as they are supplied by the manufacturers. Where to locate the serial number on the tractor is also listed for most models.

A beginning serial number is given for each year that a tractor is produced. The actual year that the tractor was manufactured can be determined by comparing the tractor's serial number to the serial numbers given for your particular model number.

For Example: A Case-IH Model MX180 with a serial number of JJA0109550. The tractor's serial number falls between the 2001 beginning serial number JJA0108800 and the 2002 beginning serial number JJA0115300, thus the tractor was manufactured during the year of 2001.

This publication is issued for guidance purposes only and should be used accordingly since the local demand for certain equipment, prices, costs and other conditions which affect the resale value vary in different regions of the country.

The publisher has used reasonable care in compiling this price guide. However, neither the publisher nor any of its representatives shall be liable for damages of any description whether incidental or consequential or otherwise, including loss of profits or other business damages occasioned by the use of this price guide, and in no event shall the liability of the publisher exceed the price paid for this guide.

EXPLANATION OF COLUMN HEADINGS, DEFINITIONS AND ABBREVIATIONS

Model	Most commonly used model designation, name or number
Approx. Retail Price New	Manufacturer's suggested retail price of tractor
Estimated Value	Average used trade-in and selling prices of tractors, less repairs
Engine Make	AC-Allis Chalmers,CD-Consolidated Diesel, Cat-Caterpillar, DD-Detroit Diesel IH-International Harvester, JD-John Deere, MM-Minneapolis Moline
Engine No. Cyls	Number of cylinders, T-Turbocharged, I-Intercooled, A-Aftercooled
Displ. Cu.-In	Piston displacement in cubic inches, D-Diesel, G-Gasoline, LP-Liquid Petroleum Gas
No. Speeds	Number of transmission speeds, F-Forward, R-Reverse
PTO H.P.	Horsepower from test or manufacturer's rating
Approx. Shipping Wt.-Lbs.	Weight as shipped from factory
Cab	No-None, C-Cab included in price, CH-Cab with heater, CHA-Cab with heater and air conditioner

Contents

AGCO

2009

Model	Approx. Retail Price New	Used Trade In Avg.	Used Trade In High	Used Retail Avg.	Used Retail High	Make	Engine No. Cyls.	Engine Displ. Cu.-In.	No. Speeds	P.T.O. H.P.	Approx. Shipping Wt.-Lbs.	Cab
LT85A Tier III	$49350	$31580	$34050	**$39970**	**$41950**	AGCO	4TA	269D	16F-16R	85.0	8480	No
LT85A 4WD Tier III	$57883	$37050	$39940	**$46890**	**$49200**	AGCO	4TA	269D	16F-16R	85.0	9190	No
LT85A 4WD Cab Tier III	$69051	$44190	$47650	**$55930**	**$58690**	AGCO	4TA	269D	16F-16R	85.0	9590	CHA
LT85A Cab Tier III	$60518	$38730	$41760	**$49020**	**$51440**	AGCO	4TA	269D	16F-16R	85.0	8880	CHA
LT95A Tier III	$54589	$34940	$37670	**$44220**	**$46400**	AGCO	4TA	269D	16F-16R	95.0	8480	No
LT95A 4WD Tier III	$62905	$40260	$43400	**$50950**	**$53470**	AGCO	4TA	269D	16F-16R	95.0	9190	No
LT95A 4WD Cab Tier III	$74073	$47410	$51110	**$60000**	**$62960**	AGCO	4TA	269D	16F-16R	95.0	9590	CHA
LT95A Cab Tier III	$65757	$42080	$45370	**$53260**	**$55890**	AGCO	4TA	269D	16F-16R	95.0	8880	CHA
RT110A	$89959	$57570	$62070	**$72870**	**$76470**	AGCO	6TA	402D	24F-24R	110.0	11700	CHA
RT110A 4WD	$101800	$65150	$70240	**$82460**	**$86530**	AGCO	6TA	402D	24F-24R	110.0	12700	CHA
RT110A 4WD CVT	$112622	$72080	$77710	**$91220**	**$95730**	AGCO	6TA	402D	Variable	110.0	15100	CHA
RT120A	$100463	$64300	$69320	**$81380**	**$85390**	AGCO	6TA	402D	24F-24R	120.0	12800	CHA
RT120A 4WD	$112834	$72210	$77860	**$91400**	**$95910**	AGCO	6TA	402D	24F-24R	120.0	13300	CHA
RT120A 4WD CVT	$122064	$78120	$84220	**$98870**	**$103750**	AGCO	6TA	402D	Variable	120.0	15100	CHA
RT140A	$117215	$75020	$80880	**$94940**	**$99630**	AGCO	6TA	402D	24F-24R	140.0		CHA
RT140A 4WD	$132470	$84780	$91400	**$107300**	**$112600**	AGCO	6TA	402D	24F-24R	140.0	14300	CHA
RT140A 4WD CVT	$142675	$91310	$98450	**$115570**	**$121270**	AGCO	6TA	402D	Variable	140.0	15100	CHA
RT155A	$126357	$80870	$87190	**$102350**	**$107400**	AGCO	6TA	402D	24F-24R	155.0		CHA
RT155A 4WD	$138699	$88770	$95700	**$112350**	**$117890**	AGCO	6TA	402D	24F-24R	155.0	14300	CHA
RT155A 4WD CVT	$146412	$93700	$101020	**$118590**	**$124450**	AGCO	6TA	402D	Variable	155.0	15100	CHA
RT165A 4WD	$143469	$91820	$98990	**$116210**	**$121950**	AGCO	6TA	452D	24F-24R	165.0	17200	CHA
RT180A 4WD	$149205	$95490	$102950	**$120860**	**$126820**	AGCO	6TA	452D	24F-24R	180.0	17200	CHA
DT205B	$183277	$117300	$126460	**$148450**	**$155790**	AGCO	6TA	513D	Variable	205.0	16100	CHA
DT225B	$193422	$123790	$133460	**$156670**	**$164410**	AGCO	6TA	513D	Variable	225.0	16100	CHA
DT250B	$212082	$135730	$146340	**$171790**	**$180270**	AGCO	6TA	513D	Variable	250.0	16100	CHA
DT275B	$228096	$145980	$157390	**$184760**	**$193880**	AGCO	6TA	513D	Variable	275.0	16100	CHA

2008

Model	Approx. Retail Price New	Used Trade In Avg.	Used Trade In High	Used Retail Avg.	Used Retail High	Make	Engine No. Cyls.	Engine Displ. Cu.-In.	No. Speeds	P.T.O. H.P.	Approx. Shipping Wt.-Lbs.	Cab
ST24A 4WD	$11704	$6790	$7490	**$8780**	**$9360**	Iseki	3	68D	6F-2R	19.0	1532	No
ST24A Hydro 4WD	$13229	$7670	$8470	**$9920**	**$10580**	Iseki	3	68D	Variable	18.5	1532	No
ST28A Hydro 4WD	$15515	$9000	$9930	**$11640**	**$12410**	Iseki	3	89D	Variable	22.3	2423	No
ST33A Hydro 4WD	$16827	$9760	$10770	**$12620**	**$13460**	Iseki	3	91D	Variable	25.9	2423	No
ST34A 4WD	$17991	$10440	$11510	**$13490**	**$14390**	Iseki	3	91D	8F-8R	26.0	3001	No
ST34A 4WD	$19127	$11090	$12240	**$14350**	**$15300**	Iseki	3	91D	12F-12R	26.0	3001	No
ST34A 4WD w/Cab	$26441	$15340	$16920	**$19830**	**$21150**	Iseki	3	91D	12F-12R	26.0	3360	CHA
ST34A Hydro 4WD	$19736	$11450	$12630	**$14800**	**$15790**	Iseki	3	91D	Variable	24.5	3001	No
ST41A 4WD	$20511	$11900	$13130	**$15380**	**$16410**	Iseki	3T	91D	8F-8R	31.0	3034	No
ST41A 4WD	$21550	$12500	$13790	**$16160**	**$17240**	Iseki	3T	91D	12F-12R	31.0	3034	No
ST41A Hydro 4WD	$22163	$12860	$14180	**$16620**	**$17730**	Iseki	3T	91D	Variable	29.5	3034	No
ST47A 4WD	$24218	$14050	$15500	**$18160**	**$19370**	Iseki	4	134D	8F-8R	38.0	3597	No
ST47A 4WD	$25358	$14710	$16230	**$19020**	**$20290**	Iseki	4	134D	12F-12R	38.0	3597	No
ST47A 4WD w/Cab Quadrashift	$34539	$20030	$22110	**$25900**	**$27630**	Iseki	4	134D	12F-12R	38.0	3957	CHA
ST47A Hydro 4WD	$26013	$15090	$16650	**$19510**	**$20810**	Iseki	4	134D	Variable	36.5	3597	No
ST52A 4WD	$25210	$14620	$16130	**$18910**	**$20170**	Iseki	4	180D	8F-8R	41.0	3663	No
ST52A 4WD	$26613	$15440	$17030	**$19960**	**$21290**	Iseki	4	180D	12F-12R	41.0	3663	No
ST52A 4WD w/Cab Quadrashift	$35924	$20840	$22990	**$26940**	**$28740**	Iseki	4	180D	12F-12R	41.0	4023	CHA
ST60A 4WD	$28406	$16480	$18180	**$21310**	**$22730**	Iseki	4	180D	12F-12R	46.0	4078	No
ST60A 4WD w/Cab	$37108	$21520	$23750	**$27830**	**$29690**	Iseki	4	180D	12F-12R	46.0	4464	CHA
ST60A 4WD Quadrashift w/Cab	$37726	$21880	$24150	**$28300**	**$30180**	Iseki	4	180D	12F-12R	46.0	4464	CHA
GT45A	$26412	$15320	$16900	**$19810**	**$21130**	SDF	3	183D	20F-10R	44.0	4806	No
GT45A 4WD	$29326	$17010	$18770	**$22000**	**$23460**	SDF	3	183D	20F-10R	44.0	5291	No
GT45A 4WD w/Cab	$37861	$21960	$24230	**$28400**	**$30290**	SDF	3	183D	20F-10R	44.0	5820	CHA
GT45A w/Cab	$34370	$19940	$22000	**$25780**	**$27500**	SDF	3	183D	20F-10R	44.0	5335	CHA
GT55A	$27505	$15950	$17600	**$20630**	**$22000**	SDF	3T	183D	20F-10R	56.0	4982	No
GT55A 4WD	$31112	$18050	$19910	**$23330**	**$24890**	SDF	3T	183D	20F-10R	56.0	5457	No
GT55A 4WD w/Cab	$39070	$22660	$25010	**$29300**	**$31260**	SDF	3T	183D	20F-10R	56.0	5996	CHA
GT55A w/Cab	$35870	$20810	$22960	**$26900**	**$28700**	SDF	3T	183D	20F-10R	56.0	5511	CHA
GT65A	$29913	$17350	$19140	**$22440**	**$23930**	SDF	4	244D	20F-10R	62.0	5335	No
GT65A 4WD	$32827	$19040	$21010	**$24620**	**$26260**	SDF	4	244D	20F-10R	62.0	5820	No
GT65A 4WD w/Cab	$41564	$24110	$26600	**$31170**	**$33250**	SDF	4	244D	20F-10R	62.0	6350	CHA
GT65A w/Cab	$37871	$21970	$24240	**$28400**	**$30300**	SDF	4	244D	20F-10R	62.0	5864	CHA
LT85A Tier III	$45250	$25790	$28060	**$33490**	**$35750**	AGCO	4TA	269D	16F-16R	85.0		No
LT85A 4WD Tier III	$53297	$30380	$33040	**$39440**	**$42110**	AGCO	4TA	269D	16F-16R	85.0		No
LT85A 4WD Cab Tier III	$63421	$36150	$39320	**$46930**	**$50100**	AGCO	4TA	269D	16F-16R	85.0		CHA
LT85A Cab Tier III	$55374	$31560	$34330	**$40980**	**$43750**	AGCO	4TA	269D	16F-16R	85.0		CHA
LT95A Tier III	$49891	$28440	$30930	**$36920**	**$39410**	AGCO	4TA	269D	16F-16R	95.0		No
LT95A 4WD Tier III	$58393	$33280	$36200	**$43210**	**$46130**	AGCO	4TA	269D	16F-16R	95.0		No
LT95A 4WD Cab Tier III	$68062	$38800	$42200	**$50370**	**$53770**	AGCO	4TA	269D	16F-16R	95.0		CHA
LT95A Cab Tier III	$61432	$35020	$38090	**$45460**	**$48530**	AGCO	4TA	269D	16F-16R	95.0		CHA
RT110A	$81625	$46530	$50610	**$60400**	**$64480**	AGCO	6TA	402D	24F-24R	110.0		CHA
RT110A 4WD	$92396	$52670	$57290	**$68370**	**$72990**	AGCO	6TA	402D	24F-24R	110.0		CHA
RT110A 4WD CVT	$100850	$57490	$62530	**$74630**	**$79670**	AGCO	6TA	402D	Variable	110.0		CHA
RT120A	$89986	$51290	$55790	**$66590**	**$71090**	AGCO	6TA	402D	24F-24R	120.0		CHA
RT120A 4WD	$101406	$57800	$62870	**$75040**	**$80110**	AGCO	6TA	402D	24F-24R	120.0		CHA
RT120A 4WD CVT	$108814	$62020	$67470	**$80520**	**$85960**	AGCO	6TA	402D	Variable	120.0		CHA
RT140A	$108851	$62050	$67490	**$80550**	**$85990**	AGCO	6TA	402D	32F-32R	140.0		CHA
RT140A 4WD	$114457	$65240	$70960	**$84700**	**$90420**	AGCO	6TA	402D	32F-32R	140.0		CHA
RT140A 4WD CVT	$121595	$69310	$75390	**$89980**	**$96060**	AGCO	6TA	402D	Variable	140.0		CHA
RT155A	$113953	$64950	$70650	**$84330**	**$90020**	AGCO	6TA	402D	32F-32R	155.0		CHA
RT155A 4WD	$121812	$69430	$75520	**$90140**	**$96230**	AGCO	6TA	402D	32F-32R	155.0		CHA
RT155A 4WD CVT	$128950	$73500	$79950	**$95420**	**$101870**	AGCO	6TA	402D	Variable	155.0		CHA

AGCO (Cont.)

Model	Approx. Retail Price New	Estimated Value Less Repairs: Used Trade In Avg.	Used Trade In High	Used Retail Avg.	Used Retail High	Engine Make	Engine No. Cyls.	Engine Displ. Cu.-In.	No. Speeds	P.T.O. H.P.	Approx. Shipping Wt.-Lbs.	Cab
2008 (Cont.)												
RT165A 4WD	$125111	$71310	$77570	**$92580**	**$98840**	AGCO	6TA	452D	24F-24R	165.0		CHA
RT180A 4WD	$133441	$76060	$82730	**$98750**	**$105420**	AGCO	6TA	452D	24F-24R	180.0		CHA
DT180A	$143157	$81600	$88760	**$105940**	**$113090**	AGCO	6TA	452D	Variable	180.0	16100	CHA
DT200A	$157208	$89610	$97470	**$116330**	**$124190**	AGCO	6TA	452D	Variable	200.0	16100	CHA
DT220A	$167614	$95540	$103920	**$124030**	**$132420**	AGCO	6TA	513D	Variable	220.0	16100	CHA
DT240A	$176904	$100840	$109680	**$130910**	**$139750**	AGCO	6TA	513D	Variable	240.0	16100	CHA
2007												
ST22A 4WD	$10699	$5350	$6100	**$7490**	**$8130**	Iseki	3	68D	Variable	18.7	1367	No
ST24A 4WD	$11570	$5790	$6600	**$8100**	**$8790**	Iseki	3	68D	6F-2R	19.0	1532	No
ST24A Hydro 4WD	$13095	$6550	$7460	**$9170**	**$9950**	Iseki	3	68D	Variable	18.5	1532	No
ST28A 4WD	$13850	$6930	$7900	**$9700**	**$10530**	Iseki	3	89D	9F-3R	24.5	2423	No
ST28A Hydro 4WD	$15471	$7740	$8820	**$10830**	**$11760**	Iseki	3	89D	Variable	22.3	2423	No
ST33A Hydro 4WD	$16982	$8490	$9680	**$11890**	**$12910**	Iseki	3	91D	Variable	25.9	2423	No
ST34A 4WD	$18006	$9000	$10260	**$12600**	**$13690**	Iseki	3	91D	8F-8R	26.0	3001	No
ST34A 4WD	$19142	$9570	$10910	**$13400**	**$14550**	Iseki	3	91D	12F-12R	26.0	3001	No
ST34A 4WD w/Cab	$26456	$13230	$15080	**$18520**	**$20110**	Iseki	3	91D	12F-12R	26.0	3360	CHA
ST34A Hydro 4WD	$19751	$9880	$11260	**$13830**	**$15010**	Iseki	3	91D	Variable	24.5	3001	No
ST41A 4WD	$20526	$10260	$11700	**$14370**	**$15600**	Iseki	3T	91D	8F-8R	31.0	3034	No
ST41A 4WD	$21610	$10810	$12320	**$15130**	**$16420**	Iseki	3T	91D	12F-12R	31.0	3034	No
ST41A Hydro 4WD	$22178	$11090	$12640	**$15530**	**$16860**	Iseki	3T	91D	Variable	29.5	3034	No
ST47A 4WD	$24051	$12030	$13710	**$16840**	**$18280**	Iseki	4	134D	8F-8R	38.0	3597	No
ST47A 4WD	$25189	$12600	$14360	**$17630**	**$19140**	Iseki	4	134D	12F-12R	38.0	3597	No
ST47A 4WD w/Cab Quadrashift	$34372	$17190	$19590	**$24060**	**$26120**	Iseki	4	134D	12F-12R	38.0	3957	CHA
ST47A Hydro 4WD	$25846	$12920	$14730	**$18090**	**$19640**	Iseki	4	134D	Variable	36.5	3597	No
ST52A 4WD	$24968	$12480	$14230	**$17480**	**$18980**	Iseki	4	180D	8F-8R	41.0	3663	No
ST52A 4WD	$26371	$13190	$15030	**$18460**	**$20040**	Iseki	4	180D	12F-12R	41.0	3663	No
ST52A 4WD w/Cab Quadrashift	$35682	$17840	$20340	**$24980**	**$27120**	Iseki	4	180D	12F-12R	41.0	4023	CHA
ST60A 4WD	$28232	$14120	$16090	**$19760**	**$21460**	Iseki	4	180D	12F-12R	46.0	4078	No
ST60A 4WD w/Cab	$37552	$18780	$21410	**$26290**	**$28540**	Iseki	4	180D	12F-12R	46.0	4464	CHA
GT45A	$26642	$13320	$15190	**$18650**	**$20250**	SDF	3	183D	20F-10R	44.0	4806	No
GT45A 4WD	$30133	$15070	$17180	**$21090**	**$22900**	SDF	3	183D	20F-10R	44.0	5291	No
GT45A 4WD w/Cab	$38091	$19050	$21710	**$26660**	**$28950**	SDF	3	183D	20F-10R	44.0	5820	CHA
GT45A w/Cab	$34600	$17300	$19720	**$24220**	**$26300**	SDF	3	183D	20F-10R	44.0	5335	CHA
GT55A	$27621	$13810	$15740	**$19340**	**$20990**	SDF	3T	183D	20F-10R	56.0	4982	No
GT55A 4WD	$31112	$15560	$17730	**$21780**	**$23650**	SDF	3T	183D	20F-10R	56.0	5457	No
GT55A 4WD w/Cab	$39070	$19540	$22270	**$27350**	**$29690**	SDF	3T	183D	20F-10R	56.0	5996	CHA
GT55A w/Cab	$35579	$17790	$20280	**$24910**	**$27040**	SDF	3T	183D	20F-10R	56.0	5511	CHA
GT65A	$29710	$14860	$16940	**$20800**	**$22580**	SDF	4	244D	20F-10R	62.0	5335	No
GT65A 4WD	$33058	$16530	$18840	**$23140**	**$25120**	SDF	4	244D	20F-10R	62.0	5820	No
GT65A 4WD w/Cab	$41016	$20510	$23380	**$28710**	**$31170**	SDF	4	244D	20F-10R	62.0	6350	CHA
GT65A w/Cab	$37668	$18830	$21470	**$26370**	**$28630**	SDF	4	244D	20F-10R	62.0	5864	CHA
GT75A	$31744	$15870	$18090	**$22220**	**$24130**	SDF	4T	244D	20F-10R	74.0	5511	No
GT75A 4WD	$35260	$17630	$20100	**$24680**	**$26800**	SDF	4T	244D	20F-10R	74.0	5996	No
GT75A 4WD w/Cab	$42839	$21420	$24420	**$29990**	**$32560**	SDF	4T	244D	20F-10R	74.0	6525	CHA
GT75A w/Cab	$39322	$19660	$22410	**$27530**	**$29890**	SDF	4T	244D	20F-10R	74.0	6040	CHA
LT75A	$39853	$19930	$22320	**$27100**	**$29490**	AGCO	4T	269D	16F-16R	75.0	8620	No
LT75A 4WD	$47324	$23660	$26500	**$32180**	**$35020**	AGCO	4T	269D	16F-16R	75.0	9140	No
LT75A w/Cab	$49044	$24520	$27470	**$33350**	**$36290**	AGCO	4T	269D	16F-16R	75.0	8980	CHA
LT75A 4WD w/Cab	$56485	$28240	$31630	**$38410**	**$41800**	AGCO	4T	269D	16F-16R	75.0	9500	CHA
LT90A	$47010	$23510	$26330	**$31970**	**$34790**	AGCO	4T	269D	16F-16R	90.0	8620	No
LT90A 4WD	$54465	$27230	$30500	**$37040**	**$40300**	AGCO	4T	269D	16F-16R	90.0	9140	No
LT90A 4WD w/Cab	$63626	$31810	$35630	**$43270**	**$47080**	AGCO	4T	269D	16F-16R	90.0	9500	CHA
LT90A w/Cab	$56171	$28090	$31460	**$38200**	**$41570**	AGCO	4T	269D	16F-16R	90.0	8980	CHA
RT100A	$72157	$36080	$40410	**$49070**	**$53400**	AGCO	6TA	402D	24F-24R	100.0		CHA
RT100A	$72157	$36080	$40410	**$49070**	**$53400**	AGCO	6TA	402D	24F-24R	100.0		CHA
RT100A 4WD	$81891	$40950	$45860	**$55690**	**$60600**	AGCO	6TA	402D	24F-24R	100.0		CHA
RT100A 4WD CVT	$90297	$45150	$50570	**$61400**	**$66820**	AGCO	6TA	402D	Variable	100.0		CHA
RT110A	$78923	$39460	$44200	**$53670**	**$58400**	AGCO	6TA	402D	24F-24R	110.0		CHA
RT110A 4WD	$90093	$45050	$50450	**$61260**	**$66670**	AGCO	6TA	402D	24F-24R	110.0		CHA
RT110A 4WD CVT	$97565	$48780	$54640	**$66340**	**$72200**	AGCO	6TA	402D	Variable	110.0		CHA
RT120A	$84556	$42280	$47350	**$57500**	**$62570**	AGCO	6TA	402D	24F-24R	120.0		CHA
RT120A 4WD	$94772	$47390	$53070	**$64450**	**$70130**	AGCO	6TA	402D	24F-24R	120.0		CHA
RT120A 4WD CVT	$102373	$51190	$57330	**$69610**	**$75760**	AGCO	6TA	402D	Variable	120.0		CHA
RT140A	$98495	$49250	$55160	**$66980**	**$72890**	AGCO	6TA	402D	32F-32R	140.0		CHA
RT140A 4WD	$109251	$54630	$61180	**$74290**	**$80850**	AGCO	6TA	402D	32F-32R	140.0		CHA
RT140A 4WD CVT	$116829	$58420	$65420	**$79440**	**$86450**	AGCO	6TA	402D	Variable	140.0		CHA
RT155A	$109478	$54740	$61310	**$74450**	**$81010**	AGCO	6TA	402D	32F-32R	155.0		CHA
RT155A 4WD	$120824	$60410	$67660	**$82160**	**$89410**	AGCO	6TA	402D	32F-32R	155.0		CHA
RT155A 4WD CVT	$127652	$63830	$71490	**$86800**	**$94460**	AGCO	6TA	402D	Variable	155.0		CHA
RT165A	$114472	$57240	$64100	**$77840**	**$84710**	AGCO	6TA	452D	24F-24R	165.0		CHA
RT165A 4WD	$124190	$62100	$69550	**$84450**	**$91900**	AGCO	6TA	452D	24F-24R	165.0		CHA
DT180A	$141483	$70740	$79230	**$96210**	**$104700**	AGCO	6TA	452D	Variable	180.0	16100	CHA
DT200A	$153661	$76830	$86050	**$104490**	**$113710**	AGCO	6TA	452D	Variable	200.0	16100	CHA
DT220A	$163238	$81620	$91410	**$111000**	**$120800**	AGCO	6TA	513D	Variable	220.0	16100	CHA
DT240A	$172122	$86060	$96390	**$117040**	**$127370**	AGCO	6TA	513D	Variable	240.0	16100	CHA
2006												
ST22A 4WD	$10504	$4730	$5570	**$6930**	**$7670**	Iseki	3	68D	Variable	18.7		No
ST24A 4WD	$11142	$5010	$5910	**$7350**	**$8130**	Iseki	3	68D	6F-2R	19.0		No
ST24A Hydro 4WD	$12636	$5690	$6700	**$8340**	**$9220**	Iseki	3	68D	Variable	18.5		No
ST28A 4WD	$13572	$6110	$7190	**$8960**	**$9910**	Iseki	3	89D	9F-3R	24.5		No
ST28A Hydro 4WD	$15162	$6820	$8040	**$10010**	**$11070**	Iseki	3	89D	Variable	22.3		No
ST33A Hydro 4WD	$16448	$7400	$8720	**$10860**	**$12010**	Iseki	3	91D	Variable	25.9		No

AGCO (Cont.)

2006 (Cont.)

	Approx. Retail Price New	Estimated Value Less Repairs: Used Trade In Avg.	Used Trade In High	Used Retail Avg.	Used Retail High	Engine Make	Engine No. Cyls.	Engine Displ. Cu.-In.	No. Speeds	P.T.O. H.P.	Approx. Shipping Wt.-Lbs.	Cab
ST34A 4WD	$17463	$7860	$9260	**$11530**	**$12750**	Iseki	3	91D	8F-8R	26.0		No
ST34A 4WD	$18587	$8360	$9850	**$12270**	**$13570**	Iseki	3	91D	12F-12R	26.0		No
ST34A 4WD w/Cab	$25829	$11620	$13690	**$17050**	**$18860**	Iseki	3	91D	12F-12R	26.0		CHA
ST34A Hydro 4WD	$19190	$8640	$10170	**$12670**	**$14010**	Iseki	3	91D	Variable	24.5		No
ST41A 4WD	$19734	$8880	$10460	**$13020**	**$14410**	Iseki	3T	91D	8F-8R	31.0		No
ST41A 4WD	$20946	$9430	$11100	**$13820**	**$15290**	Iseki	3T	91D	12F-12R	31.0		No
ST41A Hydro 4WD	$21634	$9740	$11470	**$14280**	**$15790**	Iseki	3T	91D	Variable	29.5		No
ST47A 4WD	$23619	$10630	$12520	**$15590**	**$17240**	Iseki	4	134D	8F-8R	38.0		No
ST47A 4WD	$24737	$11130	$13110	**$16330**	**$18060**	Iseki	4	134D	12F-12R	38.0		No
ST47A 4WD w/Cab Quadrashift	$33791	$15210	$17910	**$22300**	**$24670**	Iseki	4	134D	12F-12R	38.0		CHA
ST47A Hydro 4WD	$25387	$11420	$13460	**$16760**	**$18530**	Iseki	4	134D	Variable	36.5		No
GT45A	$25656	$11550	$13600	**$16930**	**$18730**	SDF	3	183D	20F-10R	44.0	4806	No
GT45A 4WD	$28479	$12820	$15090	**$18800**	**$20790**	SDF	3	183D	20F-10R	44.0	5291	No
GT45A 4WD w/Cab	$36058	$16230	$19110	**$23800**	**$26320**	SDF	3	183D	20F-10R	44.0	5820	CHA
GT45A w/Cab	$33229	$14950	$17610	**$21930**	**$24260**	SDF	3	183D	20F-10R	44.0	5335	CHA
ST52A 4WD	$24318	$10940	$12890	**$16050**	**$17750**	Iseki	4	180D	8F-8R	41.0		No
ST52A 4WD	$25907	$11660	$13730	**$17100**	**$18910**	Iseki	4	180D	12F-12R	41.0		No
ST52A 4WD w/Cab Quadrashift	$35126	$15810	$18620	**$23180**	**$25640**	Iseki	4	180D	12F-12R	41.0		CHA
GT55A	$26583	$11960	$14090	**$17550**	**$19410**	SDF	3T	183D	20F-10R	56.0	4982	No
GT55A 4WD	$29632	$13330	$15710	**$19560**	**$21630**	SDF	3T	183D	20F-10R	56.0	5457	No
GT55A 4WD w/Cab	$37210	$16750	$19720	**$24560**	**$27160**	SDF	3T	183D	20F-10R	56.0	5996	CHA
GT55A w/Cab	$34162	$15370	$18110	**$22550**	**$24940**	SDF	3T	183D	20F-10R	56.0	5511	CHA
GT65A	$28295	$12730	$15000	**$18680**	**$20660**	SDF	4	244D	20F-10R	62.0	5335	No
GT65A 4WD	$31483	$14170	$16690	**$20780**	**$22980**	SDF	4	244D	20F-10R	62.0	5820	No
GT65A 4WD w/Cab	$38956	$17530	$20650	**$25710**	**$28440**	SDF	4	244D	20F-10R	62.0	6350	CHA
GT65A w/Cab	$35837	$16130	$18990	**$23650**	**$26160**	SDF	4	244D	20F-10R	62.0	5864	CHA
GT75A	$31551	$14200	$16720	**$20820**	**$23030**	SDF	4T	244D	20F-10R	74.0	5511	No
GT75A 4WD	$34738	$15630	$18410	**$22930**	**$25360**	SDF	4T	244D	20F-10R	74.0	5996	No
GT75A 4WD w/Cab	$42317	$19040	$22430	**$27930**	**$30890**	SDF	4T	244D	20F-10R	74.0	6525	CHA
GT75A w/Cab	$39129	$17610	$20740	**$25830**	**$28560**	SDF	4T	244D	20F-10R	74.0	6040	CHA
LT75A	$38692	$17410	$20120	**$24760**	**$27470**	AGCO	4T	269D	16F-16R	75.0	8620	No
LT75A 4WD	$44956	$20230	$23380	**$28770**	**$31920**	AGCO	4T	269D	16F-16R	75.0	9140	No
LT75A w/Cab	$47412	$21340	$24650	**$30340**	**$33660**	AGCO	4T	269D	16F-16R	75.0	8980	CHA
LT75A 4WD w/Cab	$53676	$24150	$27910	**$34350**	**$38110**	AGCO	4T	269D	16F-16R	75.0	9500	CHA
LT90A	$45724	$20580	$23780	**$29260**	**$32460**	AGCO	4T	269D	16F-16R	90.0	8620	No
LT90A 4WD	$52120	$23450	$27100	**$33360**	**$37010**	AGCO	4T	269D	16F-16R	90.0	9140	No
LT90A 4WD w/Cab	$61189	$27540	$31820	**$39160**	**$43440**	AGCO	4T	269D	16F-16R	90.0	9500	CHA
LT90A w/Cab	$54793	$24660	$28490	**$35070**	**$38900**	AGCO	4T	269D	16F-16R	90.0	8980	CHA
RT100A	$72589	$32670	$37750	**$46460**	**$51540**	AGCO	6TA	402D	24F-24R	100.0		CHA
RT100A 4WD	$82025	$36910	$42650	**$52500**	**$58240**	AGCO	6TA	402D	24F-24R	100.0		CHA
RT100A 4WD CVT	$90202	$40590	$46910	**$57730**	**$64040**	AGCO	6TA	402D	Variable	100.0		CHA
RT120A	$84118	$37850	$43740	**$53840**	**$59720**	AGCO	6TA	402D	24F-24R	120.0		CHA
RT120A 4WD	$95239	$42860	$49520	**$60950**	**$67620**	AGCO	6TA	402D	24F-24R	120.0		CHA
RT120A 4WD CVT	$104928	$47220	$54560	**$67150**	**$74500**	AGCO	6TA	402D	Variable	120.0		CHA
RT140A	$97516	$43880	$50710	**$62410**	**$69240**	AGCO	6TA	402D	32F-32R	140.0		CHA
RT140A 4WD	$112037	$50420	$58260	**$71700**	**$79550**	AGCO	6TA	402D	32F-32R	140.0		CHA
RT140A 4WD CVT	$118829	$53470	$61790	**$76050**	**$84370**	AGCO	6TA	402D	Variable	140.0		CHA
RT155A	$104751	$47140	$54470	**$67040**	**$74370**	AGCO	6TA	402D	32F-32R	155.0		CHA
RT155A 4WD	$115316	$51890	$59960	**$73800**	**$81870**	AGCO	6TA	402D	32F-32R	155.0		CHA
RT155A 4WD CVT	$125659	$56550	$65340	**$80420**	**$89220**	AGCO	6TA	402D	Variable	155.0		CHA
DT180A	$135887	$61150	$70660	**$86970**	**$96480**	AGCO	6TA	452D	Variable	180.0	16100	CHA
DT200A	$147710	$66470	$76810	**$94530**	**$104870**	AGCO	6TA	452D	Variable	200.0	16100	CHA
DT220A	$157008	$70650	$81640	**$100490**	**$111480**	AGCO	6TA	513D	Variable	220.0	16100	CHA
DT240A	$165633	$74540	$86130	**$106010**	**$117600**	AGCO	6TA	513D	Variable	240.0	16100	CHA

2005

	Approx. Retail Price New	Used Trade In Avg.	Used Trade In High	Used Retail Avg.	Used Retail High	Engine Make	Engine No. Cyls.	Engine Displ. Cu.-In.	No. Speeds	P.T.O. H.P.	Approx. Shipping Wt.-Lbs.	Cab
ST22A 4WD	$10167	$4270	$5080	**$6410**	**$7220**	Iseki	3	68D	Variable	18.7		No
ST24A 4WD	$11039	$4640	$5520	**$6960**	**$7840**	Iseki	3	68D	6F-2R	19.0		No
ST24A Hydro 4WD	$12488	$5250	$6240	**$7870**	**$8870**	Iseki	3	68D	Variable	18.5		No
ST28A 4WD	$13312	$5590	$6660	**$8390**	**$9450**	Iseki	3	89D	9F-3R	24.5		No
ST28A Hydro 4WD	$14870	$6250	$7440	**$9370**	**$10560**	Iseki	3	89D	Variable	22.3		No
ST33A Hydro 4WD	$16104	$6760	$8050	**$10150**	**$11430**	Iseki	3	91D	Variable	25.9		No
ST34A 4WD	$17078	$7170	$8540	**$10760**	**$12130**	Iseki	3	91D	8F-8R	26.0		No
ST34A 4WD	$18247	$7660	$9120	**$11500**	**$12960**	Iseki	3	91D	12F-12R	26.0		No
ST34A 4WD w/Cab	$25325	$10640	$12660	**$15960**	**$17980**	Iseki	3	91D	12F-12R	26.0		CHA
ST34A Hydro 4WD	$19026	$7990	$9510	**$11990**	**$13510**	Iseki	3	91D	Variable	24.5		No
ST34A Hydro 4WD w/Cab	$28322	$11900	$14160	**$17840**	**$20110**	Iseki	3	91D	Variable	24.5		CHA
ST41A 4WD	$19416	$8160	$9710	**$12230**	**$13790**	Iseki	3T	91D	8F-8R	31.0		No
ST41A 4WD	$20585	$8650	$10290	**$12970**	**$14620**	Iseki	3T	91D	12F-12R	31.0		No
ST41A Hydro 4WD	$21364	$8970	$10680	**$13460**	**$15170**	Iseki	3T	91D	Variable	29.5		No
ST47A 4WD	$22922	$9630	$11460	**$14440**	**$16280**	Iseki	4	134D	8F-8R	38.0		No
ST47A 4WD	$24091	$10120	$12050	**$15180**	**$17110**	Iseki	4	134D	12F-12R	38.0		No
ST47A 4WD w/Cab	$32791	$13770	$16400	**$20660**	**$23280**	Iseki	4	134D	12F-12R	38.0		CHA
ST47A Hydro 4WD	$24780	$10410	$12390	**$15610**	**$17590**	Iseki	4	134D	Variable	36.5		No
GT45A	$24272	$10190	$12140	**$15290**	**$17230**	SDF	3	183D	16F-8R	44.0	4806	No
GT45A 4WD	$27480	$11540	$13740	**$17310**	**$19510**	SDF	3	183D	16F-8R	44.0	5291	No
GT45A 4WD w/Cab	$34793	$14610	$17400	**$21920**	**$24700**	SDF	3	183D	16F-8R	44.0	5820	CHA
GT45A w/Cab	$31585	$13270	$15790	**$19900**	**$22430**	SDF	3	183D	16F-8R	44.0	5335	CHA
ST47A Hydro 4WD w/Cab	$32792	$13770	$16400	**$20660**	**$23280**	Iseki	4	134D	Variable	36.5		CHA
ST52A 4WD	$23831	$10010	$11920	**$15010**	**$16920**	Iseki	4	180D	8F-8R	41.0		No
ST52A 4WD	$25000	$10500	$12500	**$15750**	**$17750**	Iseki	4	180D	12F-12R	41.0		No
ST52A 4WD w/Cab	$34026	$14290	$17010	**$21440**	**$24160**	Iseki	4	180D	12F-12R	41.0		CHA
GT55A	$25279	$10620	$12640	**$15930**	**$17950**	SDF	3T	183D	16F-8R	56.0	4982	No
GT55A 4WD	$28593	$12010	$14300	**$18010**	**$20300**	SDF	3T	183D	16F-8R	56.0	5457	No

AGCO (Cont.)

	Approx. Retail Price New	Used Trade In Avg.	Used Trade In High	Used Retail Avg.	Used Retail High	Engine Make	Engine No. Cyls.	Engine Displ. Cu.-In.	No. Speeds	P.T.O. H.P.	Approx. Shipping Wt.-Lbs.	Cab
2005 (Cont.)												
GT55A 4WD w/Cab	$35906	$15080	$17950	$22620	$25490	SDF	3T	183D	16F-8R	56.0	5996	CHA
GT55A w/Cab	$32592	$13690	$16300	$20530	$23140	SDF	3T	183D	16F-8R	56.0	5511	CHA
GT65A	$27145	$11400	$13570	$17100	$19270	SDF	4	244D	16F-8R	62.0	5335	No
GT65A 4WD	$30379	$12760	$15190	$19140	$21570	SDF	4	244D	16F-8R	62.0	5820	No
GT65A 4WD w/Cab	$37589	$15790	$18800	$23680	$26690	SDF	4	244D	16F-8R	62.0	6350	CHA
GT65A w/Cab	$34458	$14470	$17230	$21710	$24470	SDF	4	244D	16F-8R	62.0	5864	CHA
GT75A	$30286	$12720	$15140	$19080	$21500	SDF	4T	244D	16F-8R	74.0	5511	No
GT75A 4WD	$33520	$14080	$16760	$21120	$23800	SDF	4T	244D	16F-8R	74.0	5996	No
GT75A 4WD w/Cab	$40833	$17150	$20420	$25730	$28990	SDF	4T	244D	16F-8R	74.0	6525	CHA
GT75A w/Cab	$37599	$15790	$18800	$23690	$26700	SDF	4T	244D	16F-8R	74.0	6040	CHA
LT75	$37200	$15620	$18230	$22690	$25300	Cummins	4T	274D	16F-16R	75.0		No
LT75 4WD	$43350	$18210	$21240	$26440	$29480	Cummins	4T	274D	16F-16R	75.0		No
LT75 w/Cab	$45920	$19290	$22500	$28010	$31230	Cummins	4T	274D	16F-16R	75.0		CHA
LT75 4WD w/Cab	$52070	$21870	$25510	$31760	$35410	Cummins	4T	274D	16F-16R	75.0		CHA
LT90	$41125	$17270	$20150	$25090	$27970	Cummins	4T	274D	16F-16R	85.0		No
LT90 4WD	$47275	$19860	$23170	$28840	$32150	Cummins	4T	274D	16F-16R	85.0		No
LT90 4WD w/Cab	$55995	$23520	$27440	$34160	$38080	Cummins	4T	274D	16F-16R	85.0		CHA
LT90 w/Cab	$49845	$20940	$24420	$30410	$33900	Cummins	4T	274D	16F-16R	85.0		CHA
RT100	$63335	$26600	$31030	$38630	$43070	Cummins	6TA	408D	32F-32R	100.0		CHA
RT100 4WD	$72210	$30330	$35380	$44050	$49100	Cummins	6TA	408D	32F-32R	100.0		CHA
RT100 4WD CVT	$82665	$34720	$40510	$50430	$56210	Cummins	6TA	408D	Variable	100.0		CHA
RT120	$73945	$31060	$36230	$45110	$50280	Cummins	6TA	408D	32F-32R	120.0		CHA
RT120 4WD	$83380	$35020	$40860	$50860	$56700	Cummins	6TA	408D	32F-32R	120.0		CHA
RT120 4WD CVT	$93635	$39330	$45880	$57120	$63670	Cummins	6TA	408D	Variable	120.0		CHA
RT135	$86205	$36210	$42240	$52590	$58620	Cummins	6TA	408D	32F-32R	135.0		CHA
RT135 4WD	$95380	$40060	$46740	$58180	$64860	Cummins	6TA	408D	32F-32R	135.0		CHA
RT135 4WD CVT	$106750	$44840	$52310	$65120	$72590	Cummins	6TA	408D	Variable	135.0		CHA
RT150	$92780	$38970	$45460	$56600	$63090	Cummins	6TA	408D	32F-32R	150.0		CHA
RT150 4WD	$108305	$45490	$53070	$66070	$73650	Cummins	6TA	408D	32F-32R	150.0		CHA
RT150 4WD CVT	$114150	$47940	$55930	$69630	$77620	Cummins	6TA	408D	Variable	150.0		CHA
DT180A	$123990	$52080	$60760	$75630	$84310	AGCO	6TA	452D	Variable	180.0	16100	CHA
DT200A	$135250	$56810	$66270	$82500	$91970	AGCO	6TA	452D	Variable	200.0	16100	CHA
DT220A	$144105	$60520	$70610	$87900	$97990	AGCO	6TA	513D	Variable	220.0	16100	CHA
DT240A	$152320	$63970	$74640	$92920	$103580	AGCO	6TA	513D	Variable	240.0	16100	CHA
2004												
ST25-4	$12155	$4860	$5830	$7290	$8390	Iseki	3	68D	6F-2R	19.5	1500	No
ST25-4 Hydro	$13690	$5480	$6570	$8210	$9450	Iseki	3	68D	Variable	19.0	1500	No
ST30X-4	$13000	$5200	$6240	$7800	$8970	Iseki	3	89D	9F-3R	24.5	2381	No
ST30X-4 Hydro	$14560	$5820	$6990	$8740	$10050	Iseki	3	89D	Variable	22.3	2381	No
ST30-4 Hydro	$16320	$6530	$7830	$9790	$11260	Iseki	3	91D	Variable	24.3	2447	No
ST32-4 Hydro	$16580	$6630	$7960	$9950	$11440	Iseki	3	91D	Variable	25.4	2447	No
ST35X-4	$15675	$6270	$7520	$9410	$10820	Iseki	3	91D	8F-8R	27.0	3053	No
ST35-4 Shuttle	$17380	$6950	$8340	$10430	$11990	Iseki	3	91D	16F-16R	27.0	3097	No
ST35-4 Hydro	$18290	$7320	$8780	$10970	$12620	Iseki	3	91D	Variable	26.3	3097	No
ST40X-4	$17795	$7120	$8540	$10680	$12280	Iseki	3	91D	8F-8R	32.4	3053	No
ST40-4 Shuttle	$19520	$7810	$9370	$11710	$13470	Iseki	3T	91D	16F-16R	32.4	3097	No
ST40-4 Hydro	$20580	$8230	$9880	$12350	$14200	Iseki	3T	91D	Variable	31.7	3097	No
ST55-4	$22610	$9040	$10850	$13570	$15600	Iseki	4	173D	12F-12R	45.6	4276	No
ST45-4 Shuttle	$24075	$9630	$11560	$14450	$16610	Iseki	4	134D	16F-16R	37.0	4276	No
ST45-4 Hydro	$25385	$10150	$12190	$15230	$17520	Iseki	4	134D	Variable	36.0	4276	No
GT45	$22075	$8830	$10600	$13250	$15230	SDF	3	183D	16F-8R	45.0	4806	No
GT45 4WD	$25175	$10070	$12080	$15110	$17370	SDF	3	183D	16F-8R	45.0	5291	No
GT45 4WD w/Cab	$32275	$12910	$15490	$19370	$22270	SDF	3	183D	16F-8R	45.0	5820	CHA
GT45 w/Cab	$29175	$11670	$14000	$17510	$20130	SDF	3	183D	16F-8R	45.0	5335	CHA
GT45A	$23565	$9430	$11310	$14140	$16260	SDF	3	183D	16F-8R	44.0	4806	No
GT45A 4WD	$26680	$10670	$12810	$16010	$18410	SDF	3	183D	16F-8R	44.0	5291	No
GT45A 4WD w/Cab	$33780	$13510	$16210	$20270	$23310	SDF	3	183D	16F-8R	44.0	5820	CHA
GT45A w/Cab	$30665	$12270	$14720	$18400	$21160	SDF	3	183D	16F-8R	44.0	5335	CHA
GT55	$23050	$9220	$11060	$13830	$15910	SDF	3T	183D	16F-8R	53.0	4982	No
GT55 4WD	$26250	$10500	$12600	$15750	$18110	SDF	3T	183D	16F-8R	53.0	5467	No
GT55 w/Cab	$30150	$12060	$14470	$18090	$20800	SDF	3T	183D	16F-8R	53.0	5511	CHA
GT55 4WD w/Cab	$33350	$13340	$16010	$20010	$23010	SDF	3T	183D	16F-8R	53.0	5995	CHA
GT55A	$24547	$9820	$11780	$14730	$16940	SDF	3T	183D	16F-8R	56.0	4982	No
GT55A 4WD	$27761	$11100	$13330	$16660	$19160	SDF	3T	183D	16F-8R	56.0	5457	No
GT55A 4WD w/Cab	$34861	$13940	$16730	$20920	$24050	SDF	3T	183D	16F-8R	56.0	5996	CHA
GT55A w/Cab	$31643	$12660	$15190	$18990	$21830	SDF	3T	183D	16F-8R	56.0	5511	CHA
GT65	$24850	$9940	$11930	$14910	$17150	SDF	4	244D	16F-8R	62.0	5335	No
GT65 4WD	$27975	$11190	$13430	$16790	$19300	SDF	4	244D	16F-8R	62.0	5820	No
GT65 w/Cab	$31950	$12780	$15340	$19170	$22050	SDF	4	244D	16F-8R	62.0	5864	CHA
GT65 4WD w/Cab	$34975	$13990	$16790	$20990	$24130	SDF	4	244D	16F-8R	62.0	6350	CHA
GT65A	$26508	$10600	$12720	$15910	$18290	SDF	4	244D	16F-8R	62.0	5335	No
GT65A 4WD	$29555	$11820	$14190	$17730	$20390	SDF	4	244D	16F-8R	62.0	5820	No
GT65A 4WD w/Cab	$36484	$14590	$17510	$21890	$25170	SDF	4	244D	16F-8R	62.0	6350	CHA
GT65A w/Cab	$33508	$13400	$16080	$20110	$23120	SDF	4	244D	16F-8R	62.0	5864	CHA
GT75	$28050	$11220	$13460	$16830	$19360	SDF	4T	244D	16F-8R	73.0	5511	No
GT75 4WD	$31025	$12410	$14890	$18620	$21410	SDF	4T	244D	16F-8R	73.0	5995	No
GT75 4WD w/Cab	$38125	$15250	$18300	$22880	$26310	SDF	4T	244D	16F-8R	73.0	6525	CHA
GT75 w/Cab	$35150	$14060	$16870	$21090	$24250	SDF	4T	244D	16F-8R	73.0	6040	CHA
GT75A	$29558	$11820	$14190	$17740	$20400	SDF	4T	244D	16F-8R	74.0	5511	No
GT75A 4WD	$32544	$13020	$15620	$19530	$22460	SDF	4T	244D	16F-8R	74.0	5996	No
GT75A 4WD w/Cab	$39634	$15850	$19020	$23780	$27350	SDF	4T	244D	16F-8R	74.0	6525	CHA
GT75A w/Cab	$36658	$14660	$17600	$22000	$25290	SDF	4T	244D	16F-8R	74.0	6040	CHA
LT70	$35735	$14290	$17150	$21440	$24660	Cummins	4T	239D	24F-24R	70.0	5970	No

AGCO (Cont.)

	Approx. Retail Price New	Estimated Value Less Repairs: Used Trade In Avg.	High	Used Retail Avg.	High	Engine Make	No. Cyls.	Displ. Cu.-In.	No. Speeds	P.T.O. H.P.	Approx. Shipping Wt.-Lbs.	Cab
2004 (Cont.)												
LT70 4WD	$42695	$17080	$20490	**$25620**	**$29460**	Cummins	4T	239D	24F-24R	70.0	6224	No
LT70 w/Cab	$44915	$17970	$21560	**$26950**	**$30990**	Cummins	4T	239D	24F-24R	70.0	6790	CHA
LT70 4WD w/Cab	$51190	$20480	$24570	**$30710**	**$35320**	Cummins	4T	239D	24F-24R	70.0	7045	CHA
LT75	$36115	$13720	$16610	**$20220**	**$23480**	Cummins	4T	274D	16F-16R	75.0		No
LT75 4WD	$42085	$15990	$19360	**$23570**	**$27360**	Cummins	4T	274D	16F-16R	75.0		No
LT75 w/Cab	$44905	$17060	$20660	**$25150**	**$29190**	Cummins	4T	274D	16F-16R	75.0		CHA
LT75 4WD w/Cab	$50550	$19210	$23250	**$28310**	**$32860**	Cummins	4T	274D	16F-16R	75.0		CHA
LT85	$42875	$17150	$20580	**$25730**	**$29580**	Cummins	4T	239D	24F-24R	85.0	6035	No
LT85 w/Cab	$51780	$20710	$24850	**$31070**	**$35730**	Cummins	4T	239D	24F-24R	85.0	6855	CHA
LT85 4WD	$50235	$20090	$24110	**$30140**	**$34660**	Cummins	4T	239D	24F-24R	85.0	6289	CHA
LT85 4WD w/Cab	$59140	$23660	$28390	**$35480**	**$40810**	Cummins	4T	239D	24F-24R	85.0	7109	CHA
LT90	$39850	$15140	$18330	**$22320**	**$25900**	Cummins	4T	274D	16F-16R	85.0		No
LT90 4WD	$46710	$17750	$21490	**$26160**	**$30360**	Cummins	4T	274D	16F-16R	85.0		No
LT90 4WD w/Cab	$55175	$20970	$25380	**$30900**	**$35860**	Cummins	4T	274D	16F-16R	85.0		CHA
LT90 w/Cab	$48315	$18360	$22230	**$27060**	**$31410**	Cummins	4T	274D	16F-16R	85.0		CHA
RT95	$50255	$19100	$23120	**$28140**	**$32670**	Cummins	6T	359D	32F-32R	95.0	9990	No
RT95 w/Cab	$59425	$22580	$27340	**$33280**	**$38630**	Cummins	6T	359D	32F-32R	95.0	10190	CHA
RT95 4WD	$58650	$22290	$26980	**$32840**	**$38120**	Cummins	6T	359D	32F-32R	95.0	9990	No
RT95 4WD w/Cab	$67820	$25770	$31200	**$37980**	**$44080**	Cummins	6T	359D	32F-32R	95.0	10190	CHA
RT100	$62885	$23900	$28930	**$35220**	**$40880**	Cummins	6TA	408D	32F-32R	100.0		CHA
RT100 4WD	$72170	$27430	$33200	**$40420**	**$46910**	Cummins	6TA	408D	32F-32R	100.0		CHA
RT100 4WD CVT	$82490	$31350	$37950	**$46190**	**$53620**	Cummins	6TA	408D	Variable	100.0		CHA
RT115	$58880	$22370	$27090	**$32970**	**$38270**	Cummins	6T	359D	32F-32R	115.0	9990	No
RT115 w/Cab	$68050	$25860	$31300	**$38110**	**$44230**	Cummins	6T	359D	32F-32R	115.0	10190	CHA
RT115 4WD	$68145	$25900	$31350	**$38160**	**$44290**	Cummins	6T	359D	32F-32R	115.0	9990	No
RT115 4WD w/Cab	$77315	$29380	$35570	**$43300**	**$50260**	Cummins	6T	359D	32F-32R	115.0	10190	CHA
RT120	$73655	$27990	$33880	**$41250**	**$47880**	Cummins	6TA	408D	32F-32R	120.0		CHA
RT120 4WD	$82040	$31180	$37740	**$45940**	**$53330**	Cummins	6TA	408D	32F-32R	120.0		CHA
RT120 4WD CVT	$92945	$35320	$42760	**$52050**	**$60410**	Cummins	6TA	408D	Variable	120.0		CHA
RT130 w/Cab	$80555	$30610	$37060	**$45110**	**$52360**	Cummins	6T	359D	18F-6R	130.0	15000	CHA
RT130 4WD w/Cab	$94555	$35930	$43500	**$52950**	**$61460**	Cummins	6T	359D	18F-6R	130.0	16000	CHA
RT135	$85965	$32670	$39540	**$48140**	**$55880**	Cummins	6TA	408D	32F-32R	135.0		CHA
RT135 4WD	$94250	$35820	$43360	**$52780**	**$61260**	Cummins	6TA	408D	32F-32R	135.0		CHA
RT135 4WD CVT	$105800	$40200	$48670	**$59250**	**$68770**	Cummins	6TA	408D	Variable	135.0		CHA
RT145 w/Cab	$90650	$34450	$41700	**$50760**	**$58920**	Cummins	6TA	359D	16F-6R	145.0	16100	CHA
RT145 4WD w/Cab	$99410	$37780	$45730	**$55670**	**$64620**	Cummins	6TA	359D	18F-6R	145.0	16100	CHA
RT150	$92350	$35090	$42480	**$51720**	**$60030**	Cummins	6TA	408D	32F-32R	150.0		CHA
RT150 4WD	$108305	$41160	$49820	**$60650**	**$70400**	Cummins	6TA	408D	32F-32R	150.0		CHA
RT150 4WD CVT	$112320	$42680	$51670	**$62900**	**$73010**	Cummins	6TA	408D	Variable	150.0		CHA
DT160	$111395	$37870	$46790	**$57930**	**$67950**	Cummins	6T	505D	18F-6R	160.0	16100	CHA
DT180	$123015	$41830	$51670	**$63970**	**$75040**	Cummins	6TA	505D	18F-6R	180.0	16100	CHA
DT200	$132500	$45050	$55650	**$68900**	**$80830**	Cummins	6TA	505D	18F-6R	200.0	16100	CHA
DT225	$144335	$49070	$60620	**$75050**	**$88040**	Cummins	6TA	505D	18F-6R	225.0	16100	CHA
2003												
ST25-4	$12180	$4630	$5600	**$6940**	**$8160**	Iseki	3	68D	6F-2R	19.0	1500	No
ST25-4 Hydro	$13700	$5210	$6300	**$7810**	**$9180**	Iseki	3	68D	Variable	18.4	1500	No
ST30X-4	$12990	$4940	$5980	**$7400**	**$8700**	Iseki	3	89D	9F-3R	25.0	2381	No
ST30-4 Hydro	$16430	$6240	$7560	**$9370**	**$11010**	Iseki	3	91D	Variable	25.0	2447	No
ST35X-4	$15520	$5900	$7140	**$8850**	**$10400**	Iseki	3	91D	8F-8R	26.8	3053	No
ST35-4 Shuttle	$17205	$6540	$7910	**$9810**	**$11530**	Iseki	3	91D	16F-16R	26.8	3097	No
ST35-4 Hydro	$18105	$6880	$8330	**$10320**	**$12130**	Iseki	3	91D	Variable	26.8	3097	No
ST40X-4	$17600	$6690	$8100	**$10030**	**$11790**	Iseki	3	91D	8F-8R	31.0	3053	No
ST40-4 Shuttle	$19325	$7340	$8890	**$11020**	**$12950**	Iseki	3T	91D	16F-16R	31.0	3097	No
ST40-4 Hydro	$20355	$7740	$9360	**$11600**	**$13640**	Iseki	3T	91D	Variable	31.0	3097	No
ST45-4 Shuttle	$23835	$9060	$10960	**$13590**	**$15970**	Iseki	4	134D	16F-16R	37.0	4276	No
ST45-4 Hydro	$25135	$9550	$11560	**$14330**	**$16840**	Iseki	4	134D	Variable	37.0	4276	No
ST55-4	$22385	$8510	$10300	**$12760**	**$15000**	Iseki	4	173D	12F-12R	45.6	4276	No
LT70	$35180	$13370	$16180	**$20050**	**$23570**	Cummins	4T	239D	24F-24R	70.0	5970	No
LT70 4WD	$42060	$15980	$19350	**$23970**	**$28180**	Cummins	4T	239D	24F-24R	70.0	6224	No
LT70 w/Cab	$43675	$16600	$20090	**$24900**	**$29260**	Cummins	4T	239D	24F-24R	70.0	6790	CHA
LT70 4WD w/Cab	$50555	$19210	$23260	**$28820**	**$33870**	Cummins	4T	239D	24F-24R	70.0	7045	CHA
LT85	$43000	$16340	$19780	**$24510**	**$28810**	Cummins	4T	239D	24F-24R	85.0	6035	No
LT85 w/Cab	$51905	$19720	$23880	**$29590**	**$34780**	Cummins	4T	239D	24F-24R	85.0	6855	CHA
LT85 4WD	$50760	$19290	$23350	**$28930**	**$34010**	Cummins	4T	239D	24F-24R	85.0	6289	CHA
LT85 4WD w/Cab	$59665	$22670	$27450	**$34010**	**$39980**	Cummins	4T	239D	24F-24R	85.0	7109	CHA
RT95	$49660	$17380	$21350	**$26320**	**$31290**	Cummins	6T	359D	32F-32R	95.0	9990	No
RT95 w/Cab	$58830	$20590	$25300	**$31180**	**$37060**	Cummins	6T	359D	32F-32R	95.0	10190	CHA
RT95 4WD	$58925	$20620	$25340	**$31230**	**$37120**	Cummins	6T	359D	32F-32R	95.0	9990	No
RT95 4WD w/Cab	$68095	$23830	$29280	**$36090**	**$42900**	Cummins	6T	359D	32F-32R	95.0	10190	CHA
RT115	$59550	$20840	$25610	**$31560**	**$37520**	Cummins	6T	359D	32F-32R	115.0	9990	No
RT115 w/Cab	$68720	$24050	$29550	**$36420**	**$43290**	Cummins	6T	359D	32F-32R	115.0	10190	CHA
RT115 4WD	$68805	$24080	$29590	**$36470**	**$43350**	Cummins	6T	359D	32F-32R	115.0	9990	No
RT115 4WD w/Cab	$77975	$27290	$33530	**$41330**	**$49120**	Cummins	6T	359D	32F-32R	115.0	10190	CHA
RT130 w/Cab	$82075	$28730	$35290	**$43500**	**$51710**	Cummins	6T	359D	18F-6R	130.0	15000	CHA
RT130 4WD w/Cab	$95865	$33550	$41220	**$50810**	**$60400**	Cummins	6T	359D	18F-6R	130.0	16000	CHA
RT145 w/Cab	$92175	$32260	$39640	**$48850**	**$58070**	Cummins	6TA	359D	16F-6R	145.0	16100	CHA
RT145 4WD w/Cab	$105965	$37090	$45570	**$56160**	**$66760**	Cummins	6TA	359D	18F-6R	145.0	16100	CHA
DT160	$111920	$33580	$42530	**$54840**	**$66030**	Cummins	6T	505D	18F-6R	160.0	16100	CHA
DT180	$122420	$36730	$46520	**$59990**	**$72230**	Cummins	6TA	505D	18F-6R	180.0	16100	CHA
DT200	$131450	$39440	$49950	**$64410**	**$77560**	Cummins	6TA	505D	18F-6R	200.0	16100	CHA
DT225	$142550	$42770	$54170	**$69850**	**$84110**	Cummins	6TA	505D	18F-6R	225.0	16100	CHA

AGCO (Cont.)

Model	Approx. Retail Price New	Used Trade In Avg.	Used Trade In High	Used Retail Avg.	Used Retail High	Engine Make	Engine No. Cyls.	Engine Displ. Cu.-In.	No. Speeds	P.T.O. H.P.	Approx. Shipping Wt.-Lbs.	Cab
				2002								
ST25-4	$11867	$4270	$5220	**$6530**	**$7710**	Iseki	3	68D	6F-2R	19.0	1500	No
ST25-4 Hydro	$13387	$4820	$5890	**$7360**	**$8700**	Iseki	3	68D	Variable	18.4	1500	No
ST30X-4	$12752	$4590	$5610	**$7010**	**$8290**	Iseki	3	89D	9F-3R	25.0	2381	No
ST30-4 Hydro	$16312	$5870	$7180	**$8970**	**$10600**	Iseki	3	89D	Variable	25.0	2447	No
ST35X-4	$15519	$5590	$6830	**$8540**	**$10090**	Iseki	3	91D	8F-8R	26.8	3053	No
ST35-4	$17204	$6190	$7570	**$9460**	**$11180**	Iseki	3	91D	16F-16R	26.8	3097	No
ST35-4 Hydro	$18104	$6520	$7970	**$9960**	**$11770**	Iseki	3	91D	Variable	26.8	3097	No
ST40X-4	$17599	$6340	$7740	**$9680**	**$11440**	Iseki	3	91D	8F-8R	31.0	3053	No
ST40-4	$19324	$6960	$8500	**$10630**	**$12560**	Iseki	3T	91D	16F-16R	31.0	3097	No
ST40-4 Hydro	$20354	$7330	$8960	**$11200**	**$13230**	Iseki	3T	91D	Variable	31.0	3097	No
ST45-4	$23836	$8580	$10490	**$13110**	**$15490**	Iseki	4	134D	16F-16R	37.0	4276	No
ST45-4 Hydro	$25136	$9050	$11060	**$13830**	**$16340**	Iseki	4	134D	Variable	37.0	4276	No
LT70	$35655	$12670	$15480	**$19350**	**$22870**	Cummins	4T	239D	24F-24R	70.0		No
LT70 4WD	$44150	$15140	$18510	**$23130**	**$27340**	Cummins	4T	239D	24F-24R	70.0		No
LT70 w/Cab	$42535	$15720	$19220	**$24020**	**$28390**	Cummins	4T	239D	24F-24R	70.0		CHA
LT70 4WD w/Cab	$51030	$18200	$22240	**$27810**	**$32860**	Cummins	4T	239D	24F-24R	70.0		CHA
LT85	$44235	$15480	$18920	**$23650**	**$27950**	Cummins	4T	239D	24F-24R	85.0		No
LT85 w/Cab	$53140	$18690	$22840	**$28550**	**$33740**	Cummins	4T	239D	24F-24R	85.0		CHA
LT85 4WD	$51920	$18270	$22330	**$27920**	**$32990**	Cummins	4T	239D	24F-24R	85.0		CHA
LT85 4WD w/Cab	$60825	$21480	$26250	**$32820**	**$38780**	Cummins	4T	239D	24F-24R	85.0		CHA
RT95	$50435	$15890	$19860	**$25820**	**$30290**	Cummins	6T	359D	32F-32R	95.0		No
RT95 w/Cab	$59235	$18830	$23530	**$30590**	**$35890**	Cummins	6T	359D	32F-32R	95.0		CHA
RT95 4WD	$58830	$18860	$23570	**$30640**	**$35940**	Cummins	6T	359D	32F-32R	95.0		No
RT95 4WD w/Cab	$67630	$21790	$27240	**$35410**	**$41540**	Cummins	6T	359D	32F-32R	95.0		CHA
RT115	$63480	$19060	$23820	**$30970**	**$36330**	Cummins	6T	359D	32F-32R	115.0		No
RT115 w/Cab	$72280	$21990	$27490	**$35730**	**$41920**	Cummins	6T	359D	32F-32R	115.0		CHA
RT115 4WD	$68815	$22020	$27520	**$35780**	**$41970**	Cummins	6T	359D	32F-32R	115.0		No
RT115 4WD w/Cab	$77615	$24950	$31190	**$40550**	**$47570**	Cummins	6T	359D	32F-32R	115.0		CHA
RT130 w/Cab	$86780	$26260	$32830	**$42680**	**$50070**	Cummins	6T	359D	18F-6R	130.0		CHA
RT130 4WD w/Cab	$100575	$30680	$38350	**$49850**	**$58480**	Cummins	6T	359D	18F-6R	130.0		CHA
RT145 w/Cab	$93025	$29500	$36870	**$47930**	**$56230**	Cummins	6TA	359D	16F-6R	145.0		CHA
RT145 4WD w/Cab	$105360	$32960	$41200	**$53560**	**$62830**	Cummins	6TA	359D	18F-6R	145.0		CHA
DT160	$110995	$31080	$39960	**$52170**	**$63270**	Cummins	6T	505D	18F-6R	160.0		CHA
DT180	$121325	$33970	$43680	**$57020**	**$69160**	Cummins	6TA	505D	18F-6R	180.0		CHA
DT200	$134035	$36810	$47320	**$61780**	**$74930**	Cummins	6TA	505D	18F-6R	200.0		CHA
DT225	$145960	$39910	$51320	**$67000**	**$81250**	Cummins	6TA	505D	18F-6R	225.0		CHA
				2001								
ST25-4	$11647	$4080	$4890	**$6290**	**$7450**	Iseki	3	68D	6F-2R	19.0	1500	No
ST25-4 Hydro	$13012	$4550	$5470	**$7030**	**$8330**	Iseki	3	68D	Variable	18.4	1500	No
ST30X-4	$12402	$4340	$5210	**$6700**	**$7940**	Iseki	3	89D	9F-3R	25.0	2381	No
ST30-4 Hydro	$16274	$5700	$6840	**$8790**	**$10420**	Iseki	3	89D	Variable	25.0	2447	No
ST35-4	$16419	$5750	$6900	**$8870**	**$10510**	Iseki	3	91D	16F-16R	26.8	3097	No
ST35-4 Hydro	$17909	$6270	$7520	**$9670**	**$11460**	Iseki	3	91D	Variable	26.8	3097	No
ST40-4	$18724	$6550	$7860	**$10110**	**$11980**	Iseki	3T	91D	16F-16R	31.0	3097	No
ST40-4	$20354	$7120	$8550	**$10990**	**$13030**	Iseki	3T	91D	16F-16R	31.0	3097	No
ST45-4	$23236	$8130	$9760	**$12550**	**$14870**	Iseki	4	134D	16F-16R	37.0	4276	No
ST45-4	$25136	$8800	$10560	**$13570**	**$16090**	Iseki	4	134D	16F-16R	37.0	4276	No
5650	$21910	$6570	$8330	**$10960**	**$12930**	SLH	3	183D	12F-12R	47.8	4080	No
5650 4WD	$28310	$8490	$10760	**$14160**	**$16700**	SLH	3	183D	12F-12R	47.8	4500	No
5660	$25625	$6660	$8710	**$11530**	**$14090**	SLH	3	183D	12F-12R	56.9	4500	No
5660 4WD	$31440	$8170	$10690	**$14150**	**$17290**	SLH	3	183D	12F-12R	56.9	4940	No
5670	$29195	$8760	$11090	**$14600**	**$17230**	SLH	4	244D	24F-12R	63.13	5379	No
5670 4WD	$35710	$10710	$13570	**$17860**	**$21070**	SLH	4	244D	24F-12R	63.13	6096	No
6670	$40125	$12040	$15250	**$20060**	**$23670**	SLH	4	244D	24F-12R	63.13	5997	CHA
6670 4WD	$45695	$13710	$17360	**$22850**	**$26960**	SLH	4	244D	24F-12R	63.13	6658	CHA
8360 AGCOSTAR	$134411	$32340	$41050	**$53490**	**$59710**	Cummins	6TA	855D	18F-2R	360*		CHA
8425 AGCOSTAR	$155910	$37700	$47850	**$62350**	**$69600**	Cummins	6TA	855D	18F-2R	425*		CHA
8745	$34765	$9040	$11820	**$15640**	**$19120**	Cummins	4T	239D	12F-12R	70.0		No
8745 4WD	$41385	$10760	$14070	**$18620**	**$22760**	Cummins	4T	239D	12F-12R	70.0		No
8745 4WD w/Cab	$49880	$12970	$16960	**$22450**	**$27430**	Cummins	4T	239D	12F-12R	70.0		CHA
8745 w/Cab	$43260	$11250	$14710	**$19470**	**$23790**	Cummins	4T	239D	12F-12R	70.0		CHA
8765	$38025	$9890	$12930	**$17110**	**$20910**	Cummins	4T	239D	12F-12R	85.0		No
8765 4WD	$46535	$12100	$15820	**$20940**	**$25590**	Cummins	4T	239D	12F-12R	85.0		No
8765 4WD w/Cab	$55440	$14410	$18850	**$24950**	**$30490**	Cummins	4T	239D	12F-12R	85.0		CHA
8765 w/Cab	$47835	$12440	$16260	**$21530**	**$26310**	Cummins	4T	239D	12F-12R	85.0		CHA
8775	$47475	$12340	$16140	**$21360**	**$26110**	Cummins	6T	359D	32F-32R	95.0		No
8775 4WD	$55880	$14530	$19000	**$25150**	**$30730**	Cummins	6T	359D	32F-32R	95.0		No
8775 4WD w/Cab	$65050	$16910	$22120	**$29270**	**$35780**	Cummins	6T	359D	32F-32R	95.0		CHA
8775 w/Cab	$56645	$14730	$19260	**$25490**	**$31160**	Cummins	6T	359D	32F-32R	95.0		CHA
8785	$54515	$14170	$18540	**$24530**	**$29980**	Cummins	6T	359D	32F-32R	110.0		No
8785 4WD	$62625	$16280	$21290	**$28180**	**$34440**	Cummins	6T	359D	32F-32R	110.0		No
8785 4WD w/Cab	$71795	$18670	$24410	**$32310**	**$39490**	Cummins	6T	359D	32F-32R	110.0		CHA
8785 w/Cab	$63405	$16490	$21560	**$28530**	**$34870**	Cummins	6T	359D	32F-32R	110.0		CHA
9735	$77860	$20240	$26470	**$35040**	**$42820**	Sisu	6T	402D	32F-32R	125.0	15000	CHA
9735	$83305	$21660	$28320	**$37490**	**$45820**	Sisu	6T	402D	18F-6R	125.0	15000	CHA
9735 4WD	$89745	$23330	$30510	**$40390**	**$49360**	Sisu	6T	402D	32F-32R	125.0	16000	CHA
9735 4WD	$96815	$25170	$32920	**$43570**	**$53250**	Sisu	6T	402D	18F-6R	125.0	16000	CHA
9745	$83390	$21680	$28350	**$37530**	**$45870**	Sisu	6T	402D	32F-32R	145.0	15100	CHA
9745	$90020	$23410	$30610	**$40510**	**$49510**	Sisu	6T	402D	18F-6R	145.0	15100	CHA
9745 4WD	$97225	$25280	$33060	**$43750**	**$53470**	Sisu	6T	402D	32F-32R	145.0	16100	CHA
9745 4WD	$104615	$27200	$35570	**$47080**	**$57540**	Sisu	6T	402D	18F-6R	145.0	16100	CHA
9755 4WD	$111920	$29100	$38050	**$50360**	**$61560**	Navistar	6T	530D	18F-6R	160.0		CHA
9765 4WD	$120516	$31330	$40980	**$54230**	**$66280**	Navistar	6T	530D	18F-6R	180.0		CHA

AGCO (Cont.)

2001 (Cont.)

Model	Approx. Retail Price New	Used Trade In Avg.	Used Trade In High	Used Retail Avg.	Used Retail High	Engine Make	Engine No. Cyls.	Engine Displ. Cu.-In.	No. Speeds	P.T.O. H.P.	Approx. Shipping Wt.-Lbs.	Cab
9775 4WD	$132060	$34340	$44900	**$59430**	**$72630**	Navistar	6TI	530D	18F-6R	200.0		CHA
9785 4WD	$146445	$37180	$48620	**$64350**	**$78650**	Navistar	6TI	530D	18F-6R	225.0		CHA

* Engine horsepower

2000

Model	Approx. Retail Price New	Used Trade In Avg.	Used Trade In High	Used Retail Avg.	Used Retail High	Engine Make	Engine No. Cyls.	Engine Displ. Cu.-In.	No. Speeds	P.T.O. H.P.	Approx. Shipping Wt.-Lbs.	Cab
5650	$21910	$6140	$7890	**$10520**	**$12490**	SLH	3	183D	12F-12R	47.8	4080	No
5650 4WD	$28310	$7640	$9830	**$13100**	**$15560**	SLH	3	183D	12F-12R	47.8	4500	No
5660	$25625	$6150	$8200	**$11020**	**$13580**	SLH	3	183D	12F-12R	56.9	4500	No
5660 4WD	$31440	$7300	$9730	**$13070**	**$16110**	SLH	3	183D	12F-12R	56.9	4940	No
5670	$29195	$8180	$10510	**$14010**	**$16640**	SLH	4	244D	24F-12R	63.13	5379	No
5670 4WD	$35710	$10000	$12860	**$17140**	**$20360**	SLH	4	244D	24F-12R	63.13	6096	No
6670	$40125	$10950	$14080	**$18770**	**$22290**	SLH	4	244D	24F-12R	63.13	5997	CHA
6670 4WD	$45695	$12520	$16090	**$21460**	**$25480**	SLH	4	244D	24F-12R	63.13	6658	CHA
8360 AGCOSTAR	$134411	$28610	$37320	**$48520**	**$57220**	Cummins	6TA	855D	18F-2R	360*		CHA
8425 AGCOSTAR	$155910	$33350	$43500	**$56550**	**$66700**	Cummins	6TA	855D	18F-2R	425*		CHA
8745	$35605	$8550	$11390	**$15310**	**$18870**	Cummins	4T	239D	12F-12R	70.0		No
8745 4WD	$42830	$10280	$13710	**$18420**	**$22700**	Cummins	4T	239D	12F-12R	70.0		No
8745 4WD w/Cab	$51325	$12320	$16420	**$22070**	**$27200**	Cummins	4T	239D	12F-12R	70.0		CHA
8745 w/Cab	$44100	$10580	$14110	**$18960**	**$23370**	Cummins	4T	239D	12F-12R	70.0		CHA
8765	$38025	$9130	$12170	**$16350**	**$20150**	Cummins	4T	239D	12F-12R	85.0		No
8765 4WD	$47220	$11330	$15110	**$20310**	**$25030**	Cummins	4T	239D	12F-12R	85.0		No
8765 4WD w/Cab	$56125	$13470	$17960	**$24130**	**$29750**	Cummins	4T	239D	12F-12R	85.0		CHA
8765 w/Cab	$47330	$11360	$15150	**$20350**	**$25090**	Cummins	4T	239D	12F-12R	85.0		CHA
8775	$47535	$11410	$15210	**$20440**	**$25190**	Cummins	6T	359D	32F-32R	95.0		No
8775 4WD	$57455	$13790	$18390	**$24710**	**$30450**	Cummins	6T	359D	32F-32R	95.0		No
8775 4WD w/Cab	$66625	$15990	$21320	**$28650**	**$35310**	Cummins	6T	359D	32F-32R	95.0		CHA
8775 w/Cab	$56705	$13610	$18150	**$24380**	**$30050**	Cummins	6T	359D	32F-32R	95.0		CHA
8785	$55125	$13230	$17640	**$23700**	**$29220**	Cummins	6T	359D	32F-32R	110.0		No
8785 4WD	$64280	$15430	$20570	**$27640**	**$34070**	Cummins	6T	359D	32F-32R	110.0		No
8785 4WD w/Cab	$73450	$17630	$23500	**$31580**	**$38930**	Cummins	6T	359D	32F-32R	110.0		CHA
8785 w/Cab	$64295	$15430	$20570	**$27650**	**$34080**	Cummins	6T	359D	32F-32R	110.0		CHA
9675	$97016	$23280	$31050	**$41720**	**$51420**	Detroit Dsl.	6T	530D	18F-9R	176.44	16300	CHA
9675 4WD	$109756	$26340	$35120	**$47200**	**$58170**	Detroit Dsl.	6T	530D	18F-9R	176.44	17850	CHA
9695 4WD	$116114	$27870	$37160	**$49930**	**$61540**	Detroit Dsl.	6T	530D	18F-9R	196.57	17950	CHA
9735	$77860	$18690	$24920	**$33480**	**$41270**	Sisu	6T	402D	32F-32R	125.0	15000	CHA
9735	$83305	$19990	$26660	**$35820**	**$44150**	Sisu	6T	402D	18F-6R	125.0	15000	CHA
9735 4WD	$90000	$21600	$28800	**$38700**	**$47700**	Sisu	6T	402D	32F-32R	125.0	16000	CHA
9735 4WD	$97070	$23300	$31060	**$41740**	**$51450**	Sisu	6T	402D	18F-6R	125.0	16000	CHA
9745	$82615	$19830	$26440	**$35520**	**$43790**	Sisu	6T	402D	32F-32R	145.0	15100	CHA
9745	$89245	$21420	$28560	**$38380**	**$47300**	Sisu	6T	402D	18F-6R	145.0	15100	CHA
9745 4WD	$95435	$22900	$30540	**$41040**	**$50580**	Sisu	6T	402D	32F-32R	145.0	16100	CHA
9745 4WD	$102825	$24000	$32000	**$43000**	**$53000**	Sisu	6T	402D	18F-6R	145.0	16100	CHA
9755 4WD	$106440	$25200	$33600	**$45150**	**$55650**	Navistar	6T	530D	18F-6R	160.0		CHA
9765 4WD	$117675	$27600	$36800	**$49450**	**$60950**	Navistar	6T	530D	18F-6R	180.0		CHA
9775 4WD	$127450	$29520	$39360	**$52890**	**$65190**	Navistar	6TI	530D	18F-6R	200.0		CHA
9785 4WD	$142465	$33120	$44160	**$59340**	**$73140**	Navistar	6TI	530D	18F-6R	225.0		CHA
9815 4WD	$125692	$30170	$40220	**$54050**	**$66620**	Detroit Dsl.	6TI	530D	18F-9R	215.0	19100	CHA

* Engine horsepower

1999

Model	Approx. Retail Price New	Used Trade In Avg.	Used Trade In High	Used Retail Avg.	Used Retail High	Engine Make	Engine No. Cyls.	Engine Displ. Cu.-In.	No. Speeds	P.T.O. H.P.	Approx. Shipping Wt.-Lbs.	Cab
5650	$22615	$5720	$7480	**$10340**	**$12320**	SLH	3	183D	12F-12R	47.8		No
5650 4WD	$29015	$6760	$8840	**$12220**	**$14560**	SLH	3	183D	12F-12R	47.8		No
5660	$26330	$5280	$7440	**$10080**	**$12480**	SLH	3	183D	12F-12R	56.9		No
5660 4WD	$32145	$6600	$9300	**$12600**	**$15600**	SLH	3	183D	12F-12R	56.9		No
5670	$30055	$7810	$10220	**$14130**	**$16830**	SLH	4	244D	24F-12R	63.13	5379	No
5670 4WD	$36585	$9510	$12440	**$17200**	**$20490**	SLH	4	244D	24F-12R	63.13	6096	No
6670	$42170	$10690	$13970	**$19320**	**$23020**	SLH	4	244D	24F-12R	63.13	5997	CHA
6670 4WD	$47740	$12090	$15810	**$21860**	**$26040**	SLH	4	244D	24F-12R	63.13	6658	CHA
8360 AGCOSTAR	$134411	$22880	$30890	**$41180**	**$50340**	Cummins	6TA	855D	18F-2R	360*		CHA
8425 AGCOSTAR	$155910	$27000	$36450	**$48600**	**$59400**	Cummins	6TA	855D	18F-2R	425*		CHA
8745	$38820	$8540	$12030	**$16300**	**$20190**	Sisu	4T	268D	12F-12R	70.0		No
8745 4WD	$45500	$10010	$14110	**$19110**	**$23660**	Sisu	4T	268D	12F-12R	70.0		No
8745 4WD w/Cab	$52850	$11630	$16380	**$22200**	**$27480**	Sisu	4T	268D	12F-12R	70.0		CHA
8745 w/Cab	$46170	$10160	$14310	**$19390**	**$24010**	Sisu	4T	268D	12F-12R	70.0		CHA
8765	$41560	$9140	$12880	**$17460**	**$21610**	Sisu	4T	268D	12F-12R	85.0		No
8765 4WD	$49730	$10940	$15420	**$20890**	**$25860**	Sisu	4T	268D	12F-12R	85.0		No
8765 4WD w/Cab	$57490	$12650	$17820	**$24150**	**$29900**	Sisu	4T	268D	12F-12R	85.0		CHA
8765 w/Cab	$49315	$10850	$15290	**$20710**	**$25640**	Sisu	4T	268D	12F-12R	85.0		CHA
8775	$46870	$10310	$14530	**$19690**	**$24370**	Sisu	6	402D	32F-32R	95.0		No
8775 4WD	$54115	$11910	$16780	**$22730**	**$28140**	Sisu	6	402D	32F-32R	95.0		No
8775 4WD w/Cab	$67025	$14750	$20780	**$28150**	**$34850**	Sisu	6	402D	32F-32R	95.0		CHA
8775 w/Cab	$58965	$12970	$18280	**$24770**	**$30660**	Sisu	6	402D	32F-32R	95.0		CHA
8785	$53367	$11740	$16540	**$22410**	**$27750**	Sisu	6T	402D	32F-32R	110.0		No
8785 4WD	$65552	$14420	$20320	**$27530**	**$34090**	Sisu	6T	402D	32F-32R	110.0		No
8785 4WD w/Cab	$78462	$17260	$24320	**$32950**	**$40800**	Sisu	6T	402D	32F-32R	110.0		CHA
8785 w/Cab	$67977	$14960	$21070	**$28550**	**$35350**	Sisu	6T	402D	32F-32R	110.0		CHA
9435	$74235	$15840	$22320	**$30240**	**$37440**	Detroit Dsl.	6T	466D	18F-9R	135.69	16550	CHA
9435 4WD	$84615	$18040	$25420	**$34440**	**$42640**	Detroit Dsl.	6T	466D	18F-9R	135.69	16550	CHA
9455	$78650	$16720	$23560	**$31920**	**$39520**	Detroit Dsl.	6T	466D	18F-9R	155.56	16550	CHA
9455 4WD	$88160	$18920	$26660	**$36120**	**$44720**	Detroit Dsl.	6T	466D	18F-9R	155.56	16550	CHA
9635 4WD	$91420	$19580	$27590	**$37380**	**$46280**	Detroit Dsl.	6T	466D	18F-9R	135.50	16550	CHA
9655	$84936	$18150	$25580	**$34650**	**$42900**	Detroit Dsl.	6T	466D	18F-9R	155.66	16550	CHA
9655 4WD	$96500	$20680	$29140	**$39480**	**$48880**	Detroit Dsl.	6T	466D	18F-9R	155.66	16550	CHA
9675	$98095	$21010	$29610	**$40110**	**$49660**	Detroit Dsl.	6T	530D	18F-9R	176.44	16300	CHA

AGCO (Cont.)

1999 (Cont.)

	Approx. Retail Price New	Estimated Value Less Repairs Used Trade In Avg.	Used Trade In High	Used Retail Avg.	Used Retail High	Engine Make	Engine No. Cyls.	Engine Displ. Cu.-In.	No. Speeds	P.T.O. H.P.	Approx. Shipping Wt.-Lbs.	Cab
9675 4WD	$108406	$23100	$32550	**$44100**	**$54600**	Detroit Dsl.	6T	530D	18F-9R	176.44	17850	CHA
9695 4WD	$116346	$24860	$35030	**$47460**	**$58760**	Detroit Dsl.	6T	530D	18F-9R	196.57	17950	CHA
9735	$78225	$16770	$23630	**$32010**	**$39640**	Sisu	6T	402D	32F-32R	125.0		CHA
9735	$83670	$17960	$25310	**$34290**	**$42460**	Sisu	6T	402D	18F-6R	125.0		CHA
9735 4WD	$90110	$19140	$26970	**$36540**	**$45240**	Sisu	6T	402D	32F-32R	125.0		CHA
9735 4WD	$97180	$20790	$29300	**$39690**	**$49140**	Sisu	6T	402D	18F-6R	125.0		CHA
9745	$82960	$17820	$25110	**$34020**	**$42120**	Sisu	6T	402D	32F-32R	145.0		CHA
9745	$89590	$19140	$26970	**$36540**	**$45240**	Sisu	6T	402D	18F-6R	145.0		CHA
9745 4WD	$95480	$20460	$28830	**$39060**	**$48360**	Sisu	6T	402D	32F-32R	145.0		CHA
9745 4WD	$102870	$2200	$3100	**$4200**	**$5200**	Sisu	6T	402D	18F-6R	145.0		CHA
9755 4WD	$107300	$22880	$32240	**$43680**	**$54080**	Navistar	6T	530D	18F-6R	160.0		CHA
9765 4WD	$115950	$24750	$34880	**$47250**	**$58500**	Navistar	6T	530D	18F-6R	180.0		CHA
9775 4WD	$127305	$27280	$38440	**$52080**	**$64480**	Navistar	6TI	530D	18F-6R	200.0		CHA
9785 4WD	$142375	$30140	$42470	**$57540**	**$71240**	Navistar	6TI	530D	18F-6R	225.0		CHA
9815 4WD	$126660	$27280	$38440	**$52080**	**$64480**	Navistar	6TI	530D	18F-9R	215.0	17600	CHA

*** Engine horsepower**

1998

	Approx. Retail Price New	Used Trade In Avg.	Used Trade In High	Used Retail Avg.	Used Retail High	Engine Make	Engine No. Cyls.	Engine Displ. Cu.-In.	No. Speeds	P.T.O. H.P.	Approx. Shipping Wt.-Lbs.	Cab
4650	$18730	$4500	$6180	**$8620**	**$10300**	SLH	3	190D	12F-3R	40.37	4475	No
4650 4WD	$24890	$5970	$8210	**$11450**	**$13690**	SLH	3	190D	12F-3R	40.37	5070	No
4660	$22170	$5040	$6930	**$9660**	**$11550**	SLH	3	190D	12F-3R	52.17	4762	No
4660 4WD	$28945	$6480	$8910	**$12420**	**$14850**	SLH	3	190D	12F-3R	52.17	5203	No
5650	$21270	$5110	$7020	**$9780**	**$11700**	SLH	3	183D	12F-12R	47.8		No
5650 4WD	$27485	$6360	$8750	**$12190**	**$14580**	SLH	3	183D	12F-12R	47.8		No
5660	$24880	$4500	$6750	**$9000**	**$11480**	SLH	3	183D	12F-12R	56.9		No
5660 4WD	$30525	$5600	$8400	**$11200**	**$14280**	SLH	3	183D	12F-12R	56.9		No
5670	$28495	$6840	$9400	**$13110**	**$15670**	SLH	4	244D	24F-12R	63.13	5379	No
5670 4WD	$34835	$8360	$11500	**$16020**	**$19160**	SLH	4	244D	24F-12R	63.13	6096	No
5680	$31995	$6400	$9600	**$12800**	**$16320**	SLH	4	244D	24F-12R	72.70	5997	No
5680 4WD	$38955	$7790	$11690	**$15580**	**$19870**	SLH	4	244D	24F-12R	72.70	6658	No
6670	$40295	$9360	$12870	**$17940**	**$21450**	SLH	4	244D	24F-12R	63.13	5997	CHA
6670 4WD	$45705	$10800	$14850	**$20700**	**$24750**	SLH	4	244D	24F-12R	63.13	6658	CHA
6680	$40850	$9600	$13200	**$18400**	**$22000**	SLH	4	244D	24F-12R	72.70	6724	CHA
6680 4WD	$47320	$11040	$15180	**$21160**	**$25300**	SLH	4	244D	24F-12R	72.70	7385	CHA
6690	$35755	$8280	$11390	**$15870**	**$18980**	SLH	4T	244D	24F-12R	80.85	6173	No
6690 4WD	$43155	$10100	$13890	**$19370**	**$23160**	SLH	4T	244D	24F-12R	80.85	6779	No
6690 4WD w/Cab	$50755	$11810	$16240	**$22630**	**$27060**	SLH	4T	244D	24F-12R	80.85	7385	CHA
6690 w/Cab	$43600	$10200	$14030	**$19550**	**$23380**	SLH	4T	244D	24F-12R	80.85	6724	CHA
7600	$35975	$7080	$10620	**$14160**	**$18050**	SLH	5	317D	24F-12R	89.23	8179	No
7600 4WD	$43280	$8440	$12660	**$16880**	**$21520**	SLH	5	317D	24F-12R	89.23	9502	No
7600 4WD w/Cab	$51230	$9600	$14400	**$19200**	**$24480**	SLH	5	317D	24F-12R	89.23	9833	CHA
7600 w/Cab	$43540	$8600	$12900	**$17200**	**$21930**	SLH	5	317D	24F-12R	89.23	8686	CHA
8360 AGCOSTAR	$135040	$20700	$27600	**$37950**	**$48300**	Cummins	6TA	855D	18F-2R	360*		CHA
8425 AGCOSTAR	$155710	$22630	$30170	**$41480**	**$52790**	Cummins	6TA	855D	18F-2R	425*		CHA
8745	$36170	$7230	$10850	**$14470**	**$18450**	Sisu	4T	268D	12F-12R	70.0		No
8745 4WD	$42565	$8510	$12770	**$17030**	**$21710**	Sisu	4T	268D	12F-12R	70.0		No
8745 4WD w/Cab	$50070	$10010	$15020	**$20030**	**$25540**	Sisu	4T	268D	12F-12R	70.0		CHA
8745 w/Cab	$43675	$8740	$13100	**$17470**	**$22270**	Sisu	4T	268D	12F-12R	70.0		CHA
8765	$38675	$7740	$11600	**$15470**	**$19720**	Sisu	4T	268D	12F-12R	85.0		No
8765 4WD	$46405	$9280	$13920	**$18560**	**$23670**	Sisu	4T	268D	12F-12R	85.0		No
8765 4WD w/Cab	$54305	$10860	$16290	**$21720**	**$27700**	Sisu	4T	268D	12F-12R	85.0		CHA
8765 w/Cab	$46575	$9320	$13970	**$18630**	**$23750**	Sisu	4T	268D	12F-12R	85.0		CHA
8775	$43850	$8770	$13160	**$17540**	**$22360**	Sisu	6	402D	32F-32R	95.0		No
8775 4WD	$51280	$10260	$15380	**$20510**	**$26150**	Sisu	6	402D	32F-32R	95.0		No
8775 4WD w/Cab	$63635	$12730	$19090	**$25450**	**$32450**	Sisu	6	402D	32F-32R	95.0		CHA
8775 w/Cab	$55917	$11180	$16780	**$22370**	**$28520**	Sisu	6	402D	32F-32R	95.0		CHA
8785	$52478	$10500	$15740	**$20990**	**$26760**	Sisu	6T	402D	32F-32R	110.0		No
8785 4WD	$62332	$12470	$18700	**$24930**	**$31790**	Sisu	6T	402D	32F-32R	110.0		No
8785 4WD w/Cab	$74686	$14940	$22410	**$29870**	**$38090**	Sisu	6T	402D	32F-32R	110.0		CHA
8785 w/Cab	$64550	$12910	$19370	**$25820**	**$32920**	Sisu	6T	402D	32F-32R	110.0		CHA
9435	$73555	$14200	$21300	**$28400**	**$36210**	Detroit Dsl.	6T	466D	32F-32R	135.69	14600	CHA
9435 4WD	$83930	$16000	$24000	**$32000**	**$40800**	Detroit Dsl.	6T	466D	32F-32R	135.69	15700	CHA
9455	$78142	$14900	$22350	**$29800**	**$38000**	Detroit Dsl.	6T	466D	32F-32R	155.56	14600	CHA
9455 4WD	$89155	$17100	$25650	**$34200**	**$43610**	Detroit Dsl.	6T	466D	32F-32R	155.56	15700	CHA
9635	$79065	$15810	$23720	**$31630**	**$40320**	Detroit Dsl.	6T	466D	18F-9R	135.5	15350	CHA
9635 4WD	$90575	$18120	$27170	**$36230**	**$46190**	Detroit Dsl.	6T	466D	18F-9R	135.5	16550	CHA
9655	$83765	$16750	$25130	**$33510**	**$42720**	Detroit Dsl.	6T	466D	18F-9R	155.66	15350	CHA
9655 4WD	$95227	$18800	$28200	**$37600**	**$47940**	Detroit Dsl.	6T	466D	18F-9R	155.66	16550	CHA
9675	$94192	$18600	$27900	**$37200**	**$47430**	Detroit Dsl.	6T	530D	18F-9R	176.44	16300	CHA
9675 4WD	$105780	$20600	$30900	**$41200**	**$52530**	Detroit Dsl.	6T	530D	18F-9R	176.44	17850	CHA
9695 4WD	$115730	$22400	$33600	**$44800**	**$57120**	Detroit Dsl.	6T	530D	18F-9R	196.57	17950	CHA
9735	$78886	$15300	$22950	**$30600**	**$39020**	Sisu	6T	402D	32F-32R	125.0		CHA
9735 4WD	$91270	$17800	$26700	**$35600**	**$45390**	Sisu	6T	402D	32F-32R	125.0		CHA
9745	$85090	$16600	$24900	**$33200**	**$42330**	Sisu	6T	402D	32F-32R	145.0		CHA
9745 4WD	$97000	$18900	$28350	**$37800**	**$48200**	Sisu	6T	402D	32F-32R	145.0		CHA
9815 4WD	$126025	$24400	$36600	**$48800**	**$62220**	Detroit Dsl.	6TI	530D	18F-9R	215.0	17600	CHA

*** Engine horsepower**

1997

	Approx. Retail Price New	Used Trade In Avg.	Used Trade In High	Used Retail Avg.	Used Retail High	Engine Make	Engine No. Cyls.	Engine Displ. Cu.-In.	No. Speeds	P.T.O. H.P.	Approx. Shipping Wt.-Lbs.	Cab
4650	$18730	$4120	$5990	**$8430**	**$10110**	SLH	3	190D	12F-3R	40.37	4475	No
4650 4WD	$24890	$5480	$7970	**$11200**	**$13440**	SLH	3	190D	12F-3R	40.37	5070	No
4660	$22170	$4880	$7090	**$9980**	**$11970**	SLH	3	190D	12F-3R	52.17	4762	No
4660 4WD	$28945	$6370	$9260	**$13030**	**$15630**	SLH	3	190D	12F-3R	52.17	5203	No
5650	$20650	$4540	$6610	**$9290**	**$11150**	SLH	3	183D	12F-12R	47.8		No

AGCO (Cont.)

1997 (Cont.)

Model	Approx. Retail Price New	Estimated Value Less Repairs: Used Trade In Avg.	Used Trade In High	Used Retail Avg.	Used Retail High	Engine Make	Engine No. Cyls.	Engine Displ. Cu.-In.	No. Speeds	P.T.O. H.P.	Approx. Shipping Wt.-Lbs.	Cab
5650 4WD	$26685	$5870	$8540	$12010	$14410	SLH	3	183D	12F-12R	47.8		No
5660	$24155	$4200	$6190	$8400	$11050	SLH	3	183D	12F-12R	56.9		No
5660 4WD	$29635	$5170	$7620	$10340	$13600	SLH	3	183D	12F-12R	56.9		No
5670	$27665	$6090	$8850	$12450	$14940	SLH	4	244D	24F-12R	63.13	5379	No
5670 4WD	$33820	$7440	$10820	$15220	$18260	SLH	4	244D	24F-12R	63.13	6096	No
5680	$31995	$6080	$8960	$12160	$16000	SLH	4	244D	24F-12R	72.70	5997	No
5680 4WD	$38955	$7400	$10910	$14800	$19480	SLH	4	244D	24F-12R	72.70	6658	No
6670	$37820	$8030	$11680	$16430	$19710	SLH	4	244D	24F-12R	63.13	5997	CHA
6670 4WD	$43075	$9240	$13440	$18900	$22680	SLH	4	244D	24F-12R	63.13	6658	CHA
6680	$39510	$8470	$12320	$17330	$20790	SLH	4	244D	24F-12R	72.70	6724	CHA
6680 4WD	$45980	$9790	$14240	$20030	$24030	SLH	4	244D	24F-12R	72.70	7385	CHA
6690	$34415	$7570	$11010	$15480	$18580	SLH	4T	244D	24F-12R	80.85	6173	No
6690 4WD	$41815	$8800	$12800	$18000	$21600	SLH	4T	244D	24F-12R	80.85	6779	No
6690 4WD w/Cab	$49415	$10560	$15360	$21600	$25920	SLH	4T	244D	24F-12R	80.85	7385	CHA
6690 w/Cab	$42260	$9060	$13180	$18540	$22250	SLH	4T	244D	24F-12R	80.85	6724	CHA
7600	$35975	$7460	$10850	$15260	$18310	SLH	5	317D	24F-12R	89.23	8179	No
7600 4WD	$43280	$9060	$13180	$18540	$22250	SLH	5	317D	24F-12R	89.23	9502	No
7600 4WD w/Cab	$51230	$8990	$13240	$17970	$23650	SLH	5	317D	24F-12R	89.23	9833	CHA
7600 w/Cab	$43540	$8170	$12040	$16340	$21500	SLH	5	317D	24F-12R	89.23	8686	CHA
8360 AGCOSTAR	$119590	$15920	$21890	$30850	$39800	Cummins	6TA	855D	18F-2R	360*		CHA
8425 AGCOSTAR	$145296	$18450	$25370	$35740	$46120	Cummins	6TA	855D	18F-2R	425*		CHA
8425 AGCOSTAR	$147726	$18740	$25760	$36300	$46840	Detroit Dsl.	6TA	774D	18F-2R	425*		CHA
8610	$57125	$10850	$16000	$21710	$28560	SLH	6	366D	36F-36R	103.12	9670	CHA
8610 4WD	$64815	$12320	$18150	$24630	$32410	SLH	6	366D	36F-36R	103.12	10870	CHA
8630	$65155	$12380	$18240	$24760	$32580	SLH	6T	366D	36F-36R	119.6	10159	CHA
8630 4WD	$73325	$13930	$20530	$27860	$36660	SLH	6T	366D	36F-36R	119.6	11100	CHA
8745	$35750	$6790	$10010	$13590	$17880	AGCO	4T	268D	12F-12R	70.0		No
8745 4WD	$41665	$7920	$11670	$15830	$20830	AGCO	4T	268D	12F-12R	70.0		No
8745 4WD w/Cab	$49200	$9350	$13780	$18700	$24600	AGCO	4T	268D	12F-12R	70.0		CHA
8745 w/Cab	$42445	$8070	$11890	$16130	$21220	AGCO	4T	268D	12F-12R	70.0		CHA
8765	$37775	$7180	$10580	$14360	$18890	AGCO	4T	268D	12F-12R	85.0		No
8765 4WD	$45325	$8610	$12690	$17220	$22660	AGCO	4T	268D	12F-12R	85.0		No
8765 4WD w/Cab	$53625	$10190	$15020	$20380	$26810	AGCO	4T	268D	12F-12R	85.0		CHA
8765 w/Cab	$45165	$8580	$12650	$17160	$22580	AGCO	4T	268D	12F-12R	85.0		CHA
8775	$43100	$8190	$12070	$16380	$21550	AGCO	6	402D	32F-32R	95.0		No
8775 4WD	$50330	$9560	$14090	$19130	$25170	AGCO	6	402D	32F-32R	95.0		No
8775 4WD w/Cab	$62415	$11860	$17480	$23720	$31210	AGCO	6	402D	32F-32R	95.0		CHA
8775 w/Cab	$54235	$10310	$15190	$20610	$27120	AGCO	6	402D	32F-32R	95.0		CHA
8785	$51380	$9760	$14390	$19520	$25690	AGCO	6T	402D	32F-32R	110.0		No
8785 4WD	$61445	$11680	$17210	$23350	$30720	AGC0	6T	402D	32F-32R	110.0		No
8785 4WD w/Cab	$73236	$13920	$20510	$27830	$36620	AGCO	6T	402D	32F-32R	110.0		CHA
8785 w/Cab	$63250	$12020	$17710	$24040	$31630	AGCO	6T	402D	32F-32R	110.0		CHA
9435	$71533	$13110	$19320	$26220	$34500	Detroit Dsl.	6T	466D	32F-32R	135.69	14600	CHA
9435 4WD	$82090	$15010	$22120	$30020	$39500	Detroit Dsl.	6T	466D	32F-32R	135.69	15700	CHA
9455	$76121	$14060	$20720	$28120	$37000	Detroit Dsl.	6T	466D	32F-32R	155.56	14600	CHA
9455 4WD	$87314	$16060	$23660	$32110	$42250	Detroit Dsl.	6T	466D	32F-32R	155.56	15700	CHA
9635	$75405	$14060	$20720	$28120	$37000	Detroit Dsl.	6T	466D	18F-9R	135.5	15350	CHA
9635 4WD	$88737	$16530	$24360	$33060	$43500	Detroit Dsl.	6T	466D	18F-9R	135.5	16550	CHA
9655	$83542	$15680	$23100	$31350	$41250	Detroit Dsl.	6T	466D	18F-9R	155.66	15350	CHA
9655 4WD	$93993	$17580	$25900	$35150	$46250	Detroit Dsl.	6T	466D	18F-9R	155.66	16550	CHA
9675	$93363	$17480	$25760	$34960	$46000	Detroit Dsl.	6T	530D	18F-9R	176.44	16300	CHA
9675 4WD	$105960	$19380	$28560	$38760	$51000	Detroit Dsl.	6T	530D	18F-9R	176.44	17850	CHA
9695 4WD	$115730	$20900	$30800	$41800	$55000	Detroit Dsl.	6T	530D	18F-9R	196.57	17950	CHA
9815 4WD	$126025	$22990	$33880	$45980	$60500	Detroit Dsl.	6TI	530D	18F-9R	215.0	17600	CHA

* Engine horsepower

1996

Model	Approx. Retail Price New	Estimated Value Less Repairs: Used Trade In Avg.	Used Trade In High	Used Retail Avg.	Used Retail High	Engine Make	Engine No. Cyls.	Engine Displ. Cu.-In.	No. Speeds	P.T.O. H.P.	Approx. Shipping Wt.-Lbs.	Cab
4650	$18290	$3840	$5670	$8050	$9690	SLH	3	190D	16F-4R	40.37	4475	No
4650 4WD	$24225	$5090	$7510	$10660	$12840	SLH	3	190D	16F-4R	40.37	5070	No
4660	$21585	$3890	$5830	$7990	$10580	SLH	3	190D	16F-4R	52.17	4762	No
4660 4WD	$28160	$5070	$7600	$10420	$13800	SLH	3	190D	16F-4R	52.17	5203	No
5650	$19410	$4080	$6020	$8540	$10290	SLH	3	183D	12F-12R	47.8		No
5650 4WD	$25245	$5300	$7830	$11110	$13380	SLH	3	183D	12F-12R	47.8		No
5660	$22800	$4100	$6160	$8440	$11170	SLH	3	183D	12F-12R	56.9		No
5660 4WD	$28095	$5060	$7590	$10400	$13770	SLH	3	183D	12F-12R	56.9		No
5670	$26140	$5490	$8100	$11500	$13850	SLH	4	244D	24F-12R	63.13	5379	No
5670 4WD	$32085	$6740	$9950	$14120	$17010	SLH	4	244D	24F-12R	63.13	6096	No
5680	$30325	$5460	$8190	$11220	$14860	SLH	4	244D	24F-12R	72.70	5997	No
5680 4WD	$37050	$6670	$10000	$13710	$18160	SLH	4	244D	24F-12R	72.70	6658	No
6670	$36540	$7460	$11020	$15640	$18840	SLH	4	244D	24F-12R	63.13	5997	CHA
6670 4WD	$41620	$8400	$12400	$17600	$21200	SLH	4	244D	24F-12R	63.13	6658	CHA
6680	$38175	$7810	$11520	$16360	$19700	SLH	4	244D	24F-12R	72.70	6724	CHA
6680 4WD	$44425	$9030	$13330	$18920	$22790	SLH	4	244D	24F-12R	72.70	7385	CHA
6690	$33250	$6790	$10030	$14230	$17150	SLH	4T	244D	24F-12R	80.85	6173	No
6690 4WD	$40400	$8270	$12210	$17340	$20880	SLH	4T	244D	24F-12R	80.85	6779	No
6690 4WD w/Cab	$47745	$9820	$14490	$20570	$24780	SLH	4T	244D	24F-12R	80.85	7385	CHA
6690 w/Cab	$40830	$8360	$12340	$17510	$21090	SLH	4T	244D	24F-12R	80.85	6724	CHA
7600	$35975	$7330	$10820	$15360	$18500	SLH	5	317D	24F-12R	89.23	8179	No
7600 4WD	$43280	$8860	$13080	$18570	$22370	SLH	5	317D	24F-12R	89.23	9502	No
7600 4WD w/Cab	$51230	$8770	$13150	$18020	$23860	SLH	5	317D	24F-12R	89.23	9833	CHA
7600 w/Cab	$43540	$9140	$13500	$19160	$23080	SLH	5	317D	24F-12R	89.23	8686	CHA
8360 AGCOSTAR	$118410	$13720	$19600	$28420	$37240	Cummins	6TA	855D	18F-2R	360*		CHA
8425 AGCOSTAR	$144575	$16030	$22900	$33210	$43510	Cummins	6TA	855D	18F-2R	425*		CHA
8425 AGCOSTAR	$146935	$16370	$23380	$33900	$44420	Detroit Dsl.	6TA	774D	18F-2R	425*		CHA

AGCO (Cont.)

1996 (Cont.)

	Approx. Retail Price New	Estimated Value Less Repairs: Used Trade In Avg.	High	Used Retail Avg.	High	Engine Make	No. Cyls.	Displ. Cu.-In.	No. Speeds	P.T.O. H.P.	Approx. Shipping Wt.-Lbs.	Cab
8610	$55195	$9940	$14900	**$20420**	**$27050**	SLH	6	366D	36F-36R	103.12	9670	CHA
8610 4WD	$63985	$11520	$17280	**$23670**	**$31350**	SLH	6	366D	36F-36R	103.12	10870	CHA
8630	$62950	$11330	$17000	**$23290**	**$30850**	SLH	6T	366D	36F-36R	119.6	10159	CHA
8630 4WD	$72705	$13090	$19630	**$26900**	**$35630**	SLH	6T	366D	36F-36R	119.6	11100	CHA
9435	$69235	$12460	$18690	**$25620**	**$33930**	Detroit Dsl.	6T	466D	32F-32R	135.69	14600	CHA
9435 4WD	$79290	$14270	$21410	**$29340**	**$38850**	Detroit Dsl.	6T	466D	32F-32R	135.69	15700	CHA
9455	$73670	$13260	$19890	**$27260**	**$36100**	Detroit Dsl.	6T	466D	32F-32R	155.56	14600	CHA
9455 4WD	$84360	$15190	$22780	**$31210**	**$41340**	Detroit Dsl.	6T	466D	32F-32R	155.56	15700	CHA
9635	$74565	$13420	$20130	**$27590**	**$36540**	Detroit Dsl.	6T	466D	18F-9R	135.5	15350	CHA
9635 4WD	$87080	$15670	$23510	**$32220**	**$42670**	Detroit Dsl.	6T	466D	18F-9R	135.5	16550	CHA
9655	$80235	$14440	$21660	**$29690**	**$39320**	Detroit Dsl.	6T	466D	18F-9R	155.66	15350	CHA
9655 4WD	$90275	$16250	$24370	**$33400**	**$44240**	Detroit Dsl.	6T	466D	18F-9R	155.66	16550	CHA
9675	$88165	$15870	$23810	**$32620**	**$43200**	Detroit Dsl.	6T	530D	18F-9R	176.44	16300	CHA
9675 4WD	$101765	$18320	$27480	**$37650**	**$49870**	Detroit Dsl.	6T	530D	18F-9R	176.44	17850	CHA
9695 4WD	$108975	$19620	$29420	**$40320**	**$53400**	Detroit Dsl.	6T	530D	18F-9R	196.57	17950	CHA
9815 4WD	$118505	$21330	$32000	**$43850**	**$58070**	Detroit Dsl.	6TI	530D	18F-9R	215.0	17600	CHA

*** Engine horsepower**

1995

	Approx. Retail Price New	Used Trade In Avg.	High	Used Retail Avg.	High	Engine Make	No. Cyls.	Displ. Cu.-In.	No. Speeds	P.T.O. H.P.	Approx. Shipping Wt.-Lbs.	Cab
4650	$17503	$3500	$5250	**$7530**	**$9100**	SLH	3	190D	16F-4R	40.37	4475	No
4650 4WD	$23183	$4640	$6960	**$9970**	**$12060**	SLH	3	190D	16F-4R	40.37	5070	No
4660	$20654	$4130	$6200	**$8880**	**$10740**	SLH	3	190D	16F-4R	52.17	4762	No
4660 4WD	$26945	$5390	$8080	**$11590**	**$14010**	SLH	3	190D	16F-4R	52.17	5203	No
5650	$18572	$3710	$5570	**$7990**	**$9660**	SLH	3	183D	12F-12R	47.8		No
5650 4WD	$24156	$4830	$7250	**$10390**	**$12560**	SLH	3	183D	12F-12R	47.8		No
5660	$21818	$3710	$5670	**$7850**	**$10470**	SLH	3	183D	12F-12R	56.9		No
5660 4WD	$26884	$4570	$6990	**$9680**	**$12900**	SLH	3	183D	12F-12R	56.9		No
5670	$25014	$5000	$7500	**$10760**	**$13010**	SLH	4	244D	24F-12R	63.13	5379	No
5670 4WD	$30703	$6140	$9210	**$13200**	**$15970**	SLH	4	244D	24F-12R	63.13	6096	No
5680	$29017	$4930	$7540	**$10450**	**$13930**	SLH	4	244D	24F-12R	72.70	5997	No
5680 4WD	$35455	$6030	$9220	**$12760**	**$17020**	SLH	4	244D	24F-12R	72.70	6658	No
6670	$34965	$6800	$10200	**$14620**	**$17680**	SLH	4	244D	24F-12R	63.13	5997	CHA
6670 4WD	$39829	$7760	$11640	**$16680**	**$20180**	SLH	4	244D	24F-12R	63.13	6658	CHA
6680	$36533	$7100	$10650	**$15270**	**$18460**	SLH	4	244D	24F-12R	72.70	6724	CHA
6680 4WD	$42512	$8300	$12450	**$17850**	**$21580**	SLH	4	244D	24F-12R	72.70	7385	CHA
6690	$31820	$6160	$9240	**$13240**	**$16020**	SLH	4T	244D	24F-12R	80.85	6173	No
6690 4WD	$38662	$7520	$11280	**$16170**	**$19550**	SLH	4T	244D	24F-12R	80.85	6779	No
6690 4WD w/Cab	$45690	$8900	$13350	**$19140**	**$23140**	SLH	4T	244D	24F-12R	80.85	7385	CHA
6690 w/Cab	$39073	$7600	$11400	**$16340**	**$19760**	SLH	4T	244D	24F-12R	80.85	6724	CHA
7600	$34424	$6480	$9720	**$13930**	**$16850**	SLH	5	317D	24F-12R	89.23	8179	No
7600 4WD	$41417	$7880	$11820	**$16940**	**$20490**	SLH	5	317D	24F-12R	89.23	9502	No
7600 4WD w/Cab	$49024	$9400	$14100	**$20210**	**$24440**	SLH	5	317D	24F-12R	89.23	9833	CHA
7600 w/Cab	$41664	$8200	$12300	**$17630**	**$21320**	SLH	5	317D	24F-12R	89.23	8686	CHA
7630 4WD	$58385	$9930	$15180	**$21020**	**$28030**	SLH	6	380D	24F-12R	115.02	11398	CHA
7650 4WD	$62651	$10650	$16290	**$22550**	**$30070**	SLH	6T	380D	24F-12R	128.38	12566	CHA
8610	$52816	$8980	$13730	**$19010**	**$25350**	SLH	6	366D	36F-36R	103.12	9670	CHA
8610 4WD	$61231	$10410	$15920	**$22040**	**$29390**	SLH	6	366D	36F-36R	103.12	10870	CHA
8630	$60237	$10240	$15660	**$21690**	**$28910**	SLH	6T	366D	36F-36R	119.6	10159	CHA
8630 4WD	$67793	$11530	$17630	**$24410**	**$32540**	SLH	6T	366D	36F-36R	119.6	11100	CHA
9435	$68545	$11650	$17820	**$24680**	**$32900**	Detroit Dsl.	6T	466D	32F-32R	135.0	14600	CHA
9435 4WD	$77290	$13140	$20100	**$27820**	**$37100**	Detroit Dsl.	6T	466D	32F-32R	135.0	15700	CHA
9455	$71848	$12210	$18680	**$25870**	**$34490**	Detroit Dsl.	6T	466D	32F-32R	155.0	14600	CHA
9455 4WD	$82315	$13990	$21400	**$29630**	**$39510**	Detroit Dsl.	6T	466D	32F-32R	155.0	15700	CHA
9630	$73765	$12540	$19180	**$26560**	**$35410**	Deutz	6TI	374D	18F-9R	135.0	15200	CHA
9630 4WD	$84876	$14430	$22070	**$30560**	**$40740**	Deutz	6TI	374D	18F-9R	135.0	16500	CHA
9635	$73435	$12480	$19090	**$26440**	**$35250**	Detroit Dsl.	6T	466D	18F-9R	135.0	15350	CHA
9635 4WD	$84506	$14370	$21970	**$30420**	**$40560**	Detroit Dsl.	6T	466D	18F-9R	135.0	16550	CHA
9650	$78215	$13300	$20340	**$28160**	**$37540**	Deutz	6TI	374D	18F-9R	155.0	15200	CHA
9650 4WD	$90016	$15300	$23400	**$32410**	**$43210**	Deutz	6TI	374D	18F-9R	155.0	16500	CHA
9655	$77865	$13240	$20250	**$28030**	**$37380**	Detroit Dsl.	6T	466D	18F-9R	155.0	15350	CHA
9655 4WD	$88836	$15100	$23100	**$31980**	**$42640**	Detroit Dsl.	6T	466D	18F-9R	155.0	16550	CHA
9670	$87015	$14790	$22620	**$31330**	**$41770**	Deutz	6T	584D	18F-9R	175.0	16770	CHA
9670 4WD	$99206	$16870	$25790	**$35710**	**$47620**	Deutz	6T	584D	18F-9R	175.0	18400	CHA
9675	$85845	$14590	$22320	**$30900**	**$41210**	Detroit Dsl.	6T	530D	18F-9R	175.0	16300	CHA
9675 4WD	$97886	$16640	$25450	**$35240**	**$46990**	Detroit Dsl.	6T	530D	18F-9R	175.0	17850	CHA
9690 4WD	$107406	$18260	$27930	**$38670**	**$51560**	Deutz	6T	584D	18F-9R	195.0	18500	CHA
9695 4WD	$105966	$18010	$27550	**$38150**	**$50860**	Detroit Dsl.	6T	530D	18F-9R	195.0	17950	CHA
9815 4WD	$115244	$19590	$29960	**$41490**	**$55320**	Detroit Dsl.	6TI	530D	18F-9R	215.0	17600	CHA

1994

	Approx. Retail Price New	Used Trade In Avg.	High	Used Retail Avg.	High	Engine Make	No. Cyls.	Displ. Cu.-In.	No. Speeds	P.T.O. H.P.	Approx. Shipping Wt.-Lbs.	Cab
4650	$17399	$3310	$5050	**$7310**	**$8870**	SLH	3	190D	16F-4R	40.37	4475	No
4650 4WD	$22885	$4350	$6640	**$9610**	**$11670**	SLH	3	190D	16F-4R	40.37	5070	No
4660	$20429	$3880	$5920	**$8580**	**$10420**	SLH	3	190D	16F-4R	52.17	4762	No
4660 4WD	$26482	$5030	$7680	**$11120**	**$13510**	SLH	3	190D	16F-4R	52.17	5203	No
5670	$24168	$4590	$7010	**$10150**	**$12330**	SLH	4	244D	24F-12R	63.13	5379	No
5670 4WD	$29665	$5640	$8600	**$12460**	**$15130**	SLH	4	244D	24F-12R	63.13	6096	No
5680	$28036	$5330	$8130	**$11780**	**$14300**	SLH	4	244D	24F-12R	72.70	5997	No
5680 4WD	$34101	$6480	$9890	**$14320**	**$17390**	SLH	4	244D	16F-16R	72.70	6658	No
6670	$33783	$6230	$9510	**$13780**	**$16730**	SLH	4	244D	24F-12R	63.13	5997	CHA
6670 4WD	$38482	$7130	$10880	**$15750**	**$19130**	SLH	4	244D	24F-12R	63.13	6658	CHA
6680	$35298	$6520	$9950	**$14410**	**$17490**	SLH	4	244D	24F-12R	72.70	6724	CHA
6680 4WD	$41074	$7600	$11600	**$16800**	**$20400**	SLH	4	244D	24F-12R	72.70	7385	CHA
6690	$30744	$5660	$8640	**$12520**	**$15200**	SLH	4T	244D	24F-12R	80.85	6173	No
6690 4WD	$37355	$6900	$10530	**$15250**	**$18510**	SLH	4T	244D	24F-12R	80.85	6779	No

AGCO (Cont.)

	Approx. Retail Price New	Estimated Value Less Repairs: Used Trade In Avg.	High	Used Retail Avg.	High	Engine Make	No. Cyls.	Displ. Cu.-In.	No. Speeds	P.T.O. H.P.	Approx. Shipping Wt.-Lbs.	Cab
				1994 (Cont.)								
6690 4WD w/Cab	$44145	$8170	$12470	**$18060**	**$21930**	SLH	4T	244D	24F-12R	80.85	7385	CHA
6690 w/Cab	$37752	$6970	$10640	**$15410**	**$18720**	SLH	4T	244D	24F-12R	80.85	6724	CHA
7600 4WD	$40016	$7410	$11310	**$16380**	**$19890**	SLH	5	317D	24F-12R	89.23	9502	No
7600 4WD w/Cab	$47366	$8800	$13430	**$19450**	**$23610**	SLH	5	317D	24F-12R	89.23	9833	CHA
7600 w/Cab	$40255	$7480	$11410	**$16530**	**$20070**	SLH	5	317D	24F-12R	89.23	8686	CHA
7630 4WD	$56411	$9030	$14100	**$19740**	**$26510**	SLH	6	380D	24F-12R	115.02	11398	CHA
7650 4WD	$60532	$9690	$15130	**$21190**	**$28450**	SLH	6T	380D	24F-12R	128.38	12566	CHA
8610	$51030	$8170	$12760	**$17860**	**$23980**	SLH	6	366D	36F-36R	103.12	9670	CHA
8610 4WD	$57900	$9260	$14480	**$20270**	**$27210**	SLH	6	366D	36F-36R	103.12	10870	CHA
8630	$58200	$9310	$14550	**$20370**	**$27350**	SLH	6T	366D	36F-36R	119.6	10159	CHA
8630 4WD	$65500	$10480	$16380	**$22930**	**$30790**	SLH	6T	366D	36F-36R	119.6	11100	CHA
9435	$64845	$10380	$16210	**$22700**	**$30480**	Detroit Dsl.	6T	466D	32F-32R	135.0	14600	CHA
9435 4WD	$75480	$12080	$18870	**$26420**	**$35480**	Detroit Dsl.	6T	466D	32F-32R	135.0	15700	CHA
9455	$69105	$11060	$17280	**$24190**	**$32480**	Detroit Dsl.	6T	466D	32F-32R	155.0	14600	CHA
9455 4WD	$80390	$12860	$20100	**$28140**	**$37780**	Detroit Dsl.	6T	466D	32F-32R	155.0	15700	CHA
9630	$69550	$11130	$17390	**$24340**	**$32690**	Deutz	6TI	374D	18F-9R	135.0	15200	CHA
9630 4WD	$80185	$12830	$20050	**$28070**	**$37690**	Deutz	6TI	374D	18F-9R	135.0	16500	CHA
9635	$69550	$11130	$17390	**$24340**	**$32690**	Detroit Dsl.	6T	466D	18F-9R	135.0	15350	CHA
9635 4WD	$80185	$12830	$20050	**$28070**	**$37690**	Detroit Dsl.	6T	466D	18F-9R	135.0	16550	CHA
9650	$73810	$11810	$18450	**$25830**	**$34690**	Deutz	6TI	374D	18F-9R	155.0	15200	CHA
9650 4WD	$85120	$13620	$21280	**$29790**	**$40010**	Deutz	6TI	374D	18F-9R	155.0	16500	CHA
9655	$73810	$11810	$18450	**$25830**	**$34690**	Detroit Dsl.	6T	466D	18F-9R	155.0	15350	CHA
9655 4WD	$85120	$13620	$21280	**$29790**	**$40010**	Detroit Dsl.	6T	466D	18F-9R	155.0	16550	CHA
9670	$80925	$12950	$20230	**$28320**	**$38040**	SLH	6T	584D	18F-9R	175.0	16770	CHA
9670 4WD	$94335	$15090	$23580	**$33020**	**$44340**	SLH	6T	584D	18F-9R	175.0	18400	CHA
9675	$80925	$12950	$20230	**$28320**	**$38040**	Detroit Dsl.	6T	530D	18F-9R	175.0	16300	CHA
9675 4WD	$94335	$15090	$23580	**$33020**	**$44340**	Detroit Dsl.	6T	530D	18F-9R	175.0	17850	CHA
9690 4WD	$102220	$16360	$25560	**$35780**	**$48040**	Deutz	6T	584D	18F-9R	195.0	18500	CHA
9695 4WD	$102220	$16360	$25560	**$35780**	**$48040**	Detroit Dsl.	6T	530D	18F-9R	195.0	17950	CHA
9815 4WD	$115095	$18420	$28770	**$40280**	**$54100**	Detroit Dsl.	6TI	530D	18F-9R	215.0	17600	CHA
				1993								
4650	$16845	$3030	$4720	**$6910**	**$8420**	SLH	3	190D	16F-4R	40.37	4475	No
4650 4WD	$22157	$3990	$6200	**$9080**	**$11080**	SLH	3	190D	16F-4R	40.37	5070	No
4660	$19779	$3560	$5540	**$8110**	**$9890**	SLH	3	190D	16F-4R	52.17	4762	No
4660 4WD	$25912	$4660	$7260	**$10620**	**$12960**	SLH	3	190D	16F-4R	52.17	5203	No
5670	$23399	$4210	$6550	**$9590**	**$11700**	SLH	4	244D	24F-12R	63.13	5379	No
5670 4WD	$28721	$5170	$8040	**$11780**	**$14360**	SLH	4	244D	24F-12R	63.13	6096	No
5680	$27144	$4070	$6520	**$9230**	**$12490**	SLH	4	244D	24F-12R	72.70	5997	No
5680 4WD	$33166	$4980	$7960	**$11280**	**$15260**	SLH	4	244D	24F-12R	72.70	6658	No
6670	$32708	$5890	$9160	**$13410**	**$16350**	SLH	4	244D	24F-12R	63.13	5997	CHA
6670 4WD	$37258	$6530	$10160	**$14880**	**$18150**	SLH	4	244D	24F-12R	63.13	6658	CHA
6680	$34175	$5980	$9300	**$13610**	**$16600**	SLH	4	244D	24F-12R	72.70	6724	CHA
6680 4WD	$39768	$6970	$10840	**$15870**	**$19350**	SLH	4	244D	24F-12R	72.70	7385	CHA
6690	$29767	$5170	$8040	**$11770**	**$14350**	SLH	4T	244D	24F-12R	80.85	6173	No
6690 4WD	$36167	$6300	$9800	**$14350**	**$17500**	SLH	4T	244D	24F-12R	80.85	6779	No
6690 4WD w/Cab	$42740	$7470	$11620	**$17020**	**$20750**	SLH	4T	244D	24F-12R	80.85	7385	CHA
6690 w/Cab	$36551	$6390	$9940	**$14560**	**$17750**	SLH	4T	244D	24F-12R	80.85	6724	CHA
7600	$32202	$5620	$8740	**$12790**	**$15600**	SLH	5	317D	24F-12R	89.23	8179	No
7600 4WD	$38743	$6660	$10360	**$15170**	**$18500**	SLH	5	317D	24F-12R	89.23	9502	No
7600 4WD w/Cab	$45859	$7880	$12260	**$17960**	**$21900**	SLH	5	317D	24F-12R	89.23	9833	CHA
7600 w/Cab	$38975	$6730	$10470	**$15330**	**$18700**	SLH	5	317D	24F-12R	89.23	8686	CHA
7630 4WD	$54718	$8210	$13130	**$18600**	**$25170**	SLH	6	380D	24F-12R	115.02	11398	CHA
7650 4WD	$58716	$8810	$14090	**$19960**	**$27010**	SLH	6T	380D	24F-12R	128.38	12566	CHA
8610	$49407	$7410	$11860	**$16800**	**$22730**	SLH	6	366D	36F-36R	103.12	9670	CHA
8610 4WD	$56058	$8410	$13450	**$19060**	**$25790**	SLH	6	366D	36F-36R	103.12	10870	CHA
8630	$56349	$8450	$13520	**$19160**	**$25920**	SLH	6T	366D	36F-36R	119.6	10159	CHA
8630 4WD	$63417	$9510	$15220	**$21560**	**$29170**	SLH	6T	366D	36F-36R	119.6	11100	CHA
9130	$60386	$9060	$14490	**$20530**	**$27780**	Deutz	6TI	374D	18F-6R	135.0	12300	CHA
9130 4WD	$70422	$7750	$11970	**$16900**	**$22540**	Deutz	6TI	374D	18F-6R	135.0	13600	CHA
9150	$63009	$6930	$10710	**$15120**	**$20160**	Deutz	6TI	374D	18F-6R	150.0	13520	CHA
9150 4WD	$74103	$8150	$12600	**$17790**	**$23710**	Deutz	6TI	374D	18F-6R	150.0	14880	CHA
9170	$66660	$7330	$11330	**$16000**	**$21330**	Deutz	6T	584D	18F-6R	172.0	15640	CHA
9170 4WD	$81581	$8970	$13870	**$19580**	**$26110**	Deutz	6T	584D	18F-6R	172.0	16040	CHA
9190 4WD	$87298	$9600	$14840	**$20950**	**$27940**	Deutz	6T	584D	18F-6R	193.0	16600	CHA
9630	$67463	$10120	$16190	**$22940**	**$31030**	Deutz	6TI	374D	18F-9R	135.0	15200	CHA
9630 4WD	$77779	$11670	$18670	**$26450**	**$35780**	Deutz	6TI	374D	18F-9R	135.0	16500	CHA
9650	$71595	$10740	$17180	**$24340**	**$32930**	Deutz	6TI	374D	18F-9R	155.0	15200	CHA
9650 4WD	$82566	$12390	$19820	**$28070**	**$37980**	Deutz	6TI	374D	18F-9R	155.0	16500	CHA
9670	$78497	$11780	$18840	**$26690**	**$36110**	Deutz	6T	584D	18F-9R	175.0	16770	CHA
9670 4WD	$91504	$13730	$21960	**$31110**	**$42090**	Deutz	6T	584D	18F-9R	175.0	18400	CHA
9690 4WD	$99153	$14870	$23800	**$33710**	**$45610**	Deutz	6T	584D	18F-9R	195.0	18500	CHA
				1992								
4650	$16355	$2780	$4420	**$6540**	**$8010**	SLH	3	190D	16F-4R	40.37	4475	No
4650 4WD	$21512	$3660	$5810	**$8610**	**$10540**	SLH	3	190D	16F-4R	40.37	5070	No
4660	$19203	$3270	$5190	**$7680**	**$9410**	SLH	3	190D	16F-4R	52.17	4762	No
4660 4WD	$25158	$4280	$6790	**$10060**	**$12330**	SLH	3	190D	16F-4R	52.17	5203	No
5670	$22718	$3860	$6130	**$9090**	**$11130**	SLH	4	244D	24F-12R	63.13	5379	No
5670 4WD	$27885	$4740	$7530	**$11150**	**$13660**	SLH	4	244D	24F-12R	63.13	6096	No
5680	$26354	$3690	$6060	**$8700**	**$11860**	SLH	4	244D	24F-12R	72.70	5997	No
5680 4WD	$32200	$4510	$7410	**$10630**	**$14490**	SLH	4	244D	24F-12R	72.70	6658	No
6670	$31756	$5220	$8290	**$12280**	**$15040**	SLH	4	244D	24F-12R	63.13	5997	CHA
6670 4WD	$36173	$5970	$9480	**$14040**	**$17200**	SLH	4	244D	24F-12R	63.13	6658	CHA

AGCO (Cont.)

1992 (Cont.)

Model	Approx. Retail Price New	Estimated Value Less Repairs: Used Trade In Avg.	Used Trade In High	Used Retail Avg.	Used Retail High	Engine Make	Engine No. Cyls.	Engine Displ. Cu.-In.	No. Speeds	P.T.O. H.P.	Approx. Shipping Wt.-Lbs.	Cab
6680	$33180	$5470	$8690	**$12880**	**$15780**	SLH	4	244D	24F-12R	72.70	6724	CHA
6680 4WD	$38610	$6390	$10150	**$15040**	**$18420**	SLH	4	244D	24F-12R	72.70	7385	CHA
6690	$28900	$4740	$7530	**$11160**	**$13670**	SLH	4T	244D	24F-12R	80.85	6173	No
6690 4WD	$35114	$5800	$9210	**$13640**	**$16710**	SLH	4T	244D	24F-12R	80.85	6779	No
6690 4WD w/Cab	$41496	$6970	$11070	**$16400**	**$20090**	SLH	4T	244D	24F-12R	80.85	7385	CHA
6690 w/Cab	$35487	$5870	$9320	**$13800**	**$16910**	SLH	4T	244D	24F-12R	80.85	6724	CHA
7600	$31265	$5100	$8100	**$12000**	**$14700**	SLH	5	317D	24F-12R	89.23	8179	No
7600 4WD	$37615	$6120	$9720	**$14400**	**$17640**	SLH	5	317D	24F-12R	89.23	9502	No
7600 4WD w/Cab	$44524	$7230	$11480	**$17000**	**$20830**	SLH	5	317D	24F-12R	89.23	9833	CHA
7600 w/Cab	$37840	$6260	$9950	**$14730**	**$18050**	SLH	5	317D	24F-12R	89.23	8686	CHA
7630 4WD	$54718	$7660	$12590	**$18060**	**$24620**	SLH	6	380D	24F-12R	115.02	11398	CHA
7650 4WD	$58716	$8220	$13510	**$19380**	**$26420**	SLH	6T	380D	24F-12R	128.38	12566	CHA
8610	$47968	$6720	$11030	**$15830**	**$21590**	SLH	6	366D	36F-36R	103.12	9670	CHA
8610 4WD	$54426	$7620	$12520	**$17960**	**$24490**	SLH	6	366D	36F-36R	103.12	10870	CHA
8630	$54708	$7660	$12580	**$18050**	**$24620**	SLH	6T	366D	36F-36R	119.6	10159	CHA
8630 4WD	$61570	$8620	$14160	**$20320**	**$27710**	SLH	6T	366D	36F-36R	119.6	11100	CHA
9130	$58628	$8210	$13480	**$19350**	**$26380**	Deutz	6TI	374D	18F-6R	135.0	12300	CHA
9130 4WD	$68371	$9570	$15730	**$22560**	**$30770**	Deutz	6TI	374D	18F-6R	135.0	13600	CHA
9150	$61174	$8560	$14070	**$20190**	**$27530**	Deutz	6TI	374D	18F-6R	150.0	13520	CHA
9150 4WD	$71945	$7200	$11510	**$16550**	**$21580**	Deutz	6TI	374D	18F-6R	150.0	14880	CHA
9170	$64719	$6470	$10360	**$14890**	**$19420**	Deutz	6T	584D	18F-6R	172.0	15640	CHA
9170 4WD	$79205	$7920	$12670	**$18220**	**$23760**	Deutz	6T	584D	18F-6R	172.0	16040	CHA
9190 4WD	$84756	$8480	$13560	**$19490**	**$25430**	Deutz	6T	584D	18F-6R	193.0	16600	CHA

1991

Model	Approx. Retail Price New	Used Trade In Avg.	Used Trade In High	Used Retail Avg.	Used Retail High	Engine Make	Engine No. Cyls.	Engine Displ. Cu.-In.	No. Speeds	P.T.O. H.P.	Approx. Shipping Wt.-Lbs.	Cab
4650	$16355	$2620	$4250	**$6380**	**$7850**	SLH	3	190D	16F-4R	40.37	4475	No
4650 4WD	$21512	$3440	$5590	**$8390**	**$10330**	SLH	3	190D	16F-4R	40.37	5070	No
4660	$19203	$3070	$4990	**$7490**	**$9220**	SLH	3	190D	16F-4R	52.17	4762	No
4660 4WD	$25158	$4030	$6540	**$9810**	**$12080**	SLH	3	190D	16F-4R	52.17	5203	No
5670	$22718	$3640	$5910	**$8860**	**$10910**	SLH	4	244D	24F-12R	63.13	5379	No
5670 4WD	$27885	$4460	$7250	**$10880**	**$13390**	SLH	4	244D	24F-12R	63.13	6096	No
5680	$26354	$3430	$5800	**$8430**	**$11600**	SLH	4	244D	24F-12R	72.70	5997	No
5680 4WD	$32200	$4190	$7080	**$10300**	**$14170**	SLH	4	244D	24F-12R	72.70	6658	No
6670	$31756	$4910	$7980	**$11970**	**$14740**	SLH	4	244D	24F-12R	63.13	5997	CHA
6670 4WD	$36173	$5620	$9140	**$13710**	**$16870**	SLH	4	244D	24F-12R	63.13	6658	CHA
6680	$33180	$5150	$8370	**$12560**	**$15460**	SLH	4	244D	24F-12R	72.70	6724	CHA
6680 4WD	$38610	$6020	$9780	**$14660**	**$18050**	SLH	4	244D	24F-12R	72.70	7385	CHA
6690	$28900	$6060	$9850	**$14780**	**$18190**	SLH	4T	244D	24F-12R	80.85	6173	No
6690 4WD	$35114	$5490	$8920	**$13380**	**$16460**	SLH	4T	244D	24F-12R	80.85	6779	No
6690 4WD w/Cab	$41496	$6480	$10530	**$15800**	**$19440**	SLH	4T	244D	24F-12R	80.85	7385	CHA
6690 w/Cab	$35487	$5520	$8970	**$13460**	**$16560**	SLH	4T	244D	24F-12R	80.85	6724	CHA
7600	$31265	$5000	$8130	**$12190**	**$15010**	SLH	5	317D	24F-12R	89.23	8179	No
7600 4WD	$37615	$6020	$9780	**$14670**	**$18060**	SLH	5	317D	24F-12R	89.23	9502	No
7600 4WD w/Cab	$44524	$7120	$11580	**$17360**	**$21370**	SLH	5	317D	24F-12R	89.23	9833	CHA
7600 w/Cab	$37840	$6050	$9840	**$14760**	**$18160**	SLH	5	317D	24F-12R	89.23	8686	CHA
7630 4WD	$54718	$7110	$12040	**$17510**	**$24080**	SLH	6	380D	24F-12R	115.02	11398	CHA
7650 4WD	$58716	$7630	$12920	**$18790**	**$25840**	SLH	6T	380D	24F-12R	128.38	12566	CHA
8610	$47968	$6240	$10550	**$15350**	**$21110**	SLH	6	366D	36F-36R	103.12	9670	CHA
8610 4WD	$54426	$7080	$11970	**$17420**	**$23950**	SLH	6	366D	36F-36R	103.12	10870	CHA
8630	$54708	$7110	$12040	**$17510**	**$24070**	SLH	6T	366D	36F-36R	119.6	10159	CHA
8630 4WD	$61570	$8000	$13550	**$19700**	**$27090**	SLH	6T	366D	36F-36R	119.6	11100	CHA
9130	$58628	$5280	$8790	**$12900**	**$17000**	Deutz	6TI	374D	18F-6R	135.0	12300	CHA
9130 4WD	$68371	$6150	$10260	**$15040**	**$19830**	Deutz	6TI	374D	18F-6R	135.0	13600	CHA
9150	$61174	$5510	$9180	**$13460**	**$17740**	Deutz	6TI	374D	18F-6R	150.0	13520	CHA
9150 4WD	$71945	$6480	$10790	**$15830**	**$20860**	Deutz	6TI	374D	18F-6R	150.0	14880	CHA
9170	$64719	$5830	$9710	**$14240**	**$18770**	Deutz	6T	584D	18F-6R	172.0	15640	CHA
9170 4WD	$79205	$7130	$11880	**$17430**	**$22970**	Deutz	6T	584D	18F-6R	172.0	16040	CHA
9190 4WD	$84756	$7630	$12710	**$18650**	**$24580**	Deutz	6T	584D	18F-6R	193.0	16600	CHA

Allis-Chalmers

1985

Model	Approx. Retail Price New	Used Trade In Avg.	Used Trade In High	Used Retail Avg.	Used Retail High	Engine Make	Engine No. Cyls.	Engine Displ. Cu.-In.	No. Speeds	P.T.O. H.P.	Approx. Shipping Wt.-Lbs.	Cab
5015	$6550	$1250	$1870	**$2490**	**$3140**	Toyosha	3	61D	9F-3R	15.00	1278	No
5015 4WD	$7150	$1360	$2040	**$2720**	**$3430**	Toyosha	3	61D	9F-3R	15.00	1448	No
5020	$8280	$1570	$2360	**$3150**	**$3970**	Toyosha	2	77D	12F-3R	21.79	1850	No
5020 4WD	$9200	$1750	$2620	**$3500**	**$4420**	Toyosha	2	77D	12F-3R	21.00	1960	No
5030	$9230	$1750	$2630	**$3510**	**$4430**	Toyosha	2	90D	12F-3R	26.42	2280	No
6070	$24225	$3150	$5570	**$7990**	**$10180**	AC	4T	200D	12F-3R	70.78	5900	No
6070 4WD	$29225	$3800	$6720	**$9640**	**$12280**	AC	4T	200D	12F-3R	70.00	6700	No
6070 4WD w/Cab	$34665	$4510	$7970	**$11440**	**$14560**	AC	4T	200D	12F-3R	70.00	7800	CHA
6070 w/Cab	$29665	$3860	$6820	**$9790**	**$12460**	AC	4T	200D	12F-3R	70.78	7050	CHA
6080	$28625	$3720	$6580	**$9450**	**$12020**	AC	4TI	200D	12F-3R	83.66	7170	No
6080 4WD	$34100	$4430	$7840	**$11250**	**$14320**	AC	4TI	200D	12F-3R	83.00	7600	No
6080 4WD w/Cab	$38975	$5070	$8960	**$12860**	**$16370**	AC	4TI	200D	12F-3R	83.00	8750	CHA
6080 w/Cab	$33500	$4360	$7710	**$11060**	**$14070**	AC	4TI	200D	12F-3R	83.66	8070	CHA
6140	$15895	$2070	$3660	**$5250**	**$6680**	Toyosha	3	142D	10F-2R	41.08	4228	No
6140 4WD	$19545	$2540	$4500	**$6450**	**$8210**	Toyosha	3	142D	10F-2R	41.00	4628	No
8010 PD	$44835	$4040	$7170	**$11660**	**$17040**	AC	6T	301D	20F-4R	109.00	11850	CHA
8010 PD 4WD	$52485	$4720	$8400	**$13650**	**$19940**	AC	6T	301D	20F-4R	109.00	13450	CHA
8010 PS	$46320	$4170	$7410	**$12040**	**$17600**	AC	6T	301D	12F-2R	109.55	12000	CHA
8010 PS 4WD	$53970	$4860	$8640	**$14030**	**$20510**	AC	6T	301D	12F-2R	109.00	13600	CHA
8030 PD	$50875	$4580	$8140	**$13230**	**$19330**	AC	6T	426D	20F-4R	134.00	12457	CHA
8030 PD 4WD	$58225	$5240	$9320	**$15140**	**$22130**	AC	6T	426D	20F-4R	134.00	14057	CHA

Allis-Chalmers (Cont.)

1985 (Cont.)

Model	Approx. Retail Price New	Used Trade In Avg.	Used Trade In High	Used Retail Avg.	Used Retail High	Make	Engine No. Cyls.	Engine Displ. Cu.-In.	No. Speeds	P.T.O. H.P.	Approx. Shipping Wt.-Lbs.	Cab
8030 PS	$52410	$4720	$8390	$13630	$19920	AC	6T	426D	12F-2R	134.42	12600	CHA
8030 PS 4WD	$60060	$5410	$9610	$15620	$22820	AC	6T	426D	12F-2R	134.00	14200	CHA
8050 PD	$56710	$5100	$9070	$14750	$21550	AC	6TI	426D	20F-4R	155.00	12750	CHA
8050 PD 4WD	$64360	$5790	$10300	$16730	$24460	AC	6TI	426D	20F-4R	155.00	14350	CHA
8050 PS	$58360	$5250	$9340	$15170	$22180	AC	6TI	426D	12F-3R	155.15	12900	CHA
8050 PS 4WD	$66010	$5940	$10560	$17160	$25080	AC	6TI	426D	12F-3R	155.00	14500	CHA
8070 PD	$58580	$5270	$9370	$15230	$22260	AC	6TI	426D	20F-4R	171.00	13750	CHA
8070 PD 4WD	$66230	$5960	$10600	$17220	$25170	AC	6TI	426D	20F-4R	171.00	15350	CHA
8070 PS	$60230	$5420	$9640	$15660	$22890	AC	6TI	426D	12F-2R	171.44	13900	CHA
8070 PS 4WD	$67880	$6110	$10860	$17650	$25790	AC	6TI	426D	12F-2R	171.00	15500	CHA
4W-220 4WD	$74490	$2160	$4860	$8640	$12420	AC	6TI	426D	20F-4R	180.00	18064	CHA
4W-220 4WD w/3 Pt.	$78781	$2320	$5220	$9280	$13340	AC	6TI	426D	20F-4R	180.00	22475	CHA
4W-305 4WD	$93685	$2520	$5670	$10080	$14490	AC	6T	731D	20F-4R	250.00	27100	CHA
4W-305 4WD w/3 Pt.	$98526	$2720	$6120	$10880	$15640	AC	6T	731D	20F-4R	250.00	28100	CHA

HC--High Clearance PD--Power Director PS--Power Shift For later models see DEUTZ-ALLIS and AGCO.

1984

Model	Approx. Retail Price New	Used Trade In Avg.	Used Trade In High	Used Retail Avg.	Used Retail High	Make	Engine No. Cyls.	Engine Displ. Cu.-In.	No. Speeds	P.T.O. H.P.	Approx. Shipping Wt.-Lbs.	Cab
5015	$6424	$1190	$1800	$2380	$3050	Toyosha	3	61D	9F-3R	15.00	1278	No
5015 4WD	$7024	$1300	$1970	$2600	$3340	Toyosha	3	61D	9F-3R	15.00	1448	No
5020	$8075	$1490	$2260	$2990	$3840	Toyosha	2	77D	12F-3R	21.79	1850	No
5020 4WD	$8895	$1650	$2490	$3290	$4230	Toyosha	2	77D	12F-3R	21.00	1960	No
5030	$8910	$1650	$2500	$3300	$4230	Toyosha	2	90D	12F-3R	26.42	2280	No
5050	$16675	$1420	$2590	$4170	$6170	Fiat	3	168D	8F-2R	51.00	4280	No
5050 4WD	$19667	$1670	$3050	$4920	$7280	Fiat	3	168D	8F-2R	51.46	4780	No
5050 4WD	$20275	$1720	$3140	$5070	$7500	Fiat	3	168D	12F-3R	51.00	4820	No
6060	$21460	$2680	$4830	$6870	$8800	AC	4T	200D	8F-2R	63.83	5700	No
6060 4WD	$25842	$3230	$5810	$8270	$10600	AC	4T	200D	8F-2R	63.00	6500	No
6060 4WD w/Cab	$30822	$3850	$6940	$9860	$12640	AC	4T	200D	8F-2R	63.00	7650	CHA
6060 w/Cab	$26019	$3250	$5850	$8330	$10670	AC	4T	200D	8F-2R	63.83	6850	CHA
6080	$27520	$3440	$6190	$8810	$11280	AC	4TI	200D	12F-3R	83.66	7170	No
6080 4WD	$33000	$4130	$7430	$10560	$13530	AC	4TI	200D	12F-3R	83.00	7600	No
6080 4WD w/Cab	$38410	$4800	$8640	$12290	$15750	AC	4TI	200D	12F-3R	83.00	8750	CHA
6080 w/Cab	$32920	$4120	$7410	$10530	$13500	AC	4TI	200D	12F-3R	83.66	8070	CHA
6140	$14460	$1810	$3250	$4630	$5930	Toyosha	3	142D	10F-2R	41.08	4228	No
6140 4WD	$17440	$2180	$3920	$5580	$7150	Toyosha	3	142D	10F-2R	41.00	4628	No
8010 PD	$42626	$3620	$6610	$10660	$15770	AC	6T	301D	20F-4R	109.00	11857	CHA
8010 PD 4WD	$49526	$4210	$7680	$12380	$18330	AC	6T	301D	20F-4R	109.00	13457	CHA
8010 PS	$44130	$3750	$6840	$11030	$16330	AC	6T	301D	12F-2R	109.55	12000	CHA
8010 PS 4WD	$51030	$4340	$7910	$12760	$18880	AC	6T	301D	12F-2R	109.00	13600	CHA
8030 PD	$47846	$4070	$7420	$11960	$17700	AC	6T	426D	20F-4R	134.00	12457	CHA
8030 PD 4WD	$54746	$4650	$8490	$13690	$20260	AC	6T	426D	20F-4R	134.00	14057	CHA
8030 PS	$49400	$4200	$7660	$12350	$18280	AC	6T	426D	12F-2R	134.42	12600	CHA
8030 PS 4WD	$56300	$4790	$8730	$14080	$20830	AC	6T	426D	12F-2R	134.00	14200	CHA
8050 PD	$52925	$4500	$8200	$13230	$19580	AC	6TI	426D	20F-4R	155.00	12750	CHA
8050 PD 4WD	$59825	$5090	$9270	$14960	$22140	AC	6TI	426D	20F-4R	155.00	14350	CHA
8050 PS	$54525	$4640	$8450	$13630	$20170	AC	6TI	426D	12F-2R	155.15	12900	CHA
8050 PS 4WD	$61475	$5230	$9530	$15370	$22750	AC	6TI	426D	12F-2R	155.00	14500	CHA
8070 PD	$54675	$4650	$8480	$13670	$20230	AC	6TI	426D	20F-4R	171.00	13750	CHA
8070 PD 4WD	$61575	$5230	$9540	$15390	$22780	AC	6TI	426D	20F-4R	171.00	15350	CHA
8070 PS	$56325	$4790	$8730	$14080	$20840	AC	6TI	426D	12F-2R	171.44	13900	CHA
8070 PS 4WD	$63225	$5370	$9800	$15810	$23390	AC	6TI	426D	12F-2R	171.00	15500	CHA
4W-220 4WD	$71625	$2040	$4590	$7650	$11220	AC	6TI	426D	20F-4R	180.00	21475	CHA
4W-220 4WD w/3 Pt.	$75916	$2200	$4950	$8250	$12100	AC	6TI	426D	20F-4R	180.00	22475	CHA
4W-305 4WD	$90080	$2400	$5400	$9000	$13200	AC	6T	731D	20F-4R	250.00	27100	CHA
4W-305 4WD w/3 Pt.	$95877	$2600	$5850	$9750	$14300	AC	6T	731D	20F-4R	250.00	28100	CHA

HC--High Clearance PD--Power Director PS--Power Shift

1983

Model	Approx. Retail Price New	Used Trade In Avg.	Used Trade In High	Used Retail Avg.	Used Retail High	Make	Engine No. Cyls.	Engine Displ. Cu.-In.	No. Speeds	P.T.O. H.P.	Approx. Shipping Wt.-Lbs.	Cab
5015	$6424	$1160	$1770	$2350	$3020	Toyosha	3	61D	9F-3R	15.00	1278	No
5015 4WD	$7024	$1260	$1930	$2560	$3300	Toyosha	3	61D	9F-3R	15.00	1448	No
5020	$8075	$1450	$2220	$2950	$3800	Toyosha	2	77D	12F-3R	21.79	1850	No
5020 4WD	$8895	$1600	$2450	$3250	$4180	Toyosha	2	77D	12F-3R	21.00	1960	No
5030	$8910	$1600	$2450	$3250	$4190	Toyosha	2	90D	12F-3R	26.42	2280	No
5050	$16358	$1310	$2290	$3930	$5890	Fiat	3	168D	12F-3R	51.46	4300	No
5050 4WD	$20275	$1620	$2840	$4870	$7300	Fiat	3	168D	12F-3R	51.00	4820	No
6060	$21039	$2530	$4630	$6520	$8420	AC	4T	200D	8F-2R	63.83	5700	No
6060 4WD	$25842	$3100	$5690	$8010	$10340	AC	4T	200D	8F-2R	63.00	6500	No
6060 4WD w/Cab	$30822	$3700	$6780	$9560	$12330	AC	4T	200D	8F-2R	63.00	7650	CHA
6060 w/Cab	$26019	$3120	$5720	$8070	$10410	AC	4T	200D	8F-2R	63.83	6850	CHA
6080	$26980	$3240	$5940	$8360	$10790	AC	4TI	200D	12F-3R	83.66	6920	No
6080 4WD	$32457	$3900	$7140	$10060	$12980	AC	4TI	200D	12F-3R	83.00	7600	No
6080 4WD w/Cab	$37857	$4540	$8330	$11740	$15140	AC	4TI	200D	12F-3R	83.00	8750	CHA
6080 w/Cab	$32380	$3890	$7120	$10040	$12950	AC	4TI	200D	12F-3R	83.66	8070	CHA
6140	$13570	$1630	$2990	$4210	$5430	Toyosha	3	142D	10F-2R	41.08	4000	No
6140 4WD	$16820	$2020	$3700	$5210	$6730	Toyosha	3	142D	10F-2R	41.00	4400	No
8010 PD	$41788	$3340	$5850	$10030	$15040	AC	6T	301D	20F-4R	109.00	10820	CHA
8010 PD 4WD	$49465	$3960	$6930	$11870	$17810	AC	6T	301D	20F-4R	109.00	12820	CHA
8010 PS	$43300	$3460	$6060	$10390	$15590	AC	6T	301D	12F-2R	109.55	10950	CHA
8010 PS 4WD	$50977	$4080	$7140	$12230	$18350	AC	6T	301D	12F-2R	109.00	12950	CHA
8030 PD	$46908	$3750	$6570	$11260	$16890	AC	6T	426D	20F-4R	134.00	11450	CHA
8030 PD 4WD	$53818	$4310	$7540	$12920	$19370	AC	6T	426D	20F-4R	134.00	13450	CHA
8030 PS	$48470	$3880	$6790	$11630	$17450	AC	6T	426D	12F-2R	134.42	11700	CHA
8030 PS 4WD	$55370	$4430	$7750	$13290	$19930	AC	6T	426D	12F-2R	134.00	13700	CHA
8050 PD	$51885	$4150	$7260	$12450	$18680	AC	6TI	426D	20F-4R	155.00	11530	CHA

Allis-Chalmers (Cont.)

1983 (Cont.)

Model	Approx. Retail Price New	Used Trade In Avg.	Used Trade In High	Used Retail Avg.	Used Retail High	Engine Make	Engine No. Cyls.	Engine Displ. Cu.-In.	No. Speeds	P.T.O. H.P.	Approx. Shipping Wt.-Lbs.	Cab
8050 PD 4WD	$58785	$4700	$8230	**$14110**	**$21160**	AC	6TI	426D	20F-4R	155.00	13530	CHA
8050 PS	$53535	$4280	$7500	**$12850**	**$19270**	AC	6TI	426D	12F-2R	155.15	11600	CHA
8050 PS 4WD	$60435	$4840	$8460	**$14500**	**$21760**	AC	6TI	426D	12F-2R	155.00	13600	CHA
8070 PD	$53600	$4290	$7500	**$12860**	**$19300**	AC	6TI	426D	20F-4R	171.00	12220	CHA
8070 PS	$55250	$4420	$7740	**$13260**	**$19890**	AC	6TI	426D	12F-2R	171.44	12400	CHA
4W-220 4WD	$70220	$2010	$4520	**$7530**	**$10550**	AC	6TI	426D	20F-4R	180.00	21475	CHA
4W-220 4WD w/3 Pt.	$74427	$2140	$4810	**$8010**	**$11220**	AC	6TI	426D	20F-4R	180.00	22475	CHA
4W-305 4WD	$88195	$2250	$5060	**$8430**	**$11800**	AC	6T	731D	20F-4R	250.00	27100	CHA
4W-305 4WD w/3 Pt.	$93240	$2410	$5420	**$9040**	**$12650**	AC	6T	731D	20F-4R	250.00	28100	CHA

PD--Power Director PS--Power Shift

1982

Model	Approx. Retail Price New	Used Trade In Avg.	Used Trade In High	Used Retail Avg.	Used Retail High	Engine Make	Engine No. Cyls.	Engine Displ. Cu.-In.	No. Speeds	P.T.O. H.P.	Approx. Shipping Wt.-Lbs.	Cab
5015	$6149	$1080	$1660	**$2210**	**$2860**	Toyosha	3	61D	9F-3R	15.00	1278	No
5015 4WD	$6799	$1190	$1840	**$2450**	**$3160**	Toyosha	3	61D	9F-3R	15.00	1448	No
5020	$7560	$1320	$2040	**$2720**	**$3520**	Toyosha	2	77D	12F-3R	21.79	1850	No
5020 4WD	$8380	$1470	$2260	**$3020**	**$3900**	Toyosha	2	77D	12F-3R	21.00	1960	No
5030	$8395	$1470	$2270	**$3020**	**$3900**	Toyosha	2	90D	12F-3R	26.42	2280	No
5045	$12558	$2200	$3390	**$4520**	**$5840**	Fiat	3	158D	8F-2R	44.00	4000	No
5050	$16358	$1230	$2210	**$3760**	**$5730**	Fiat	3	168D	12F-3R	51.46	4300	No
5050 4WD	$20275	$1520	$2740	**$4660**	**$7100**	Fiat	3	168D	12F-3R	51.00	4820	No
6060	$20037	$2300	$4310	**$6010**	**$7920**	AC	4T	200D	8F-2R	63.83	5700	No
6060 4WD	$24840	$2860	$5340	**$7450**	**$9810**	AC	4T	200D	8F-2R	63.00	6500	No
6080	$30338	$3490	$6520	**$9100**	**$11980**	AC	4TI	200D	12F-3R	83.66	6920	CH
6080 4WD	$35815	$4120	$7700	**$10750**	**$14150**	AC	4TI	200D	12F-3R	83.00	7600	CH
6140	$12925	$1490	$2780	**$3880**	**$5110**	Toyosha	3	142D	10F-2R	41.08	4000	No
6140 4WD	$16275	$1870	$3500	**$4880**	**$6430**	Toyosha	3	142D	10F-2R	40.00	4000	No
8010 PD	$40096	$3010	$5410	**$9220**	**$14030**	AC	6T	301D	20F-4R	109.00	10820	CHA
8010 PD 4WD	$46696	$3500	$6300	**$10740**	**$16340**	AC	6T	301D	20F-4R	109.00	12820	CHA
8010 PS	$41326	$3100	$5580	**$9510**	**$14460**	AC	6T	301D	12F-2R	109.55	10950	CHA
8010 PS 4WD	$48226	$3620	$6510	**$11090**	**$16880**	AC	6T	301D	12F-2R	109.00	12950	CHA
8030 PD	$44676	$3350	$6030	**$10280**	**$15640**	AC	6T	426D	20F-4R	134.00	11450	CHA
8030 PD 4WD	$51576	$3870	$6960	**$11860**	**$18050**	AC	6T	426D	20F-4R	134.00	13450	CHA
8030 PS	$46256	$3470	$6250	**$10640**	**$16190**	AC	6T	426D	12F-2R	134.42	11700	CHA
8030 PS 4WD	$53156	$3990	$7180	**$12230**	**$18610**	AC	6T	426D	12F-2R	134.00	13700	CHA
8050 PD	$49415	$3710	$6670	**$11370**	**$17300**	AC	6TI	426D	20F-4R	155.00	11530	CHA
8050 PD 4WD	$56315	$4220	$7600	**$12950**	**$19710**	AC	6TI	426D	20F-4R	155.00	13530	CHA
8050 PS	$51065	$3830	$6890	**$11750**	**$17870**	AC	6TI	426D	12F-2R	155.15	11600	CHA
8050 PS 4WD	$57965	$4350	$7830	**$13330**	**$20290**	AC	6TI	426D	12F-2R	155.00	13600	CHA
8070 PD	$51890	$3890	$7010	**$11940**	**$18160**	AC	6TI	426D	20F-4R	171.00	12220	CHA
8070 PS	$53540	$4020	$7230	**$12310**	**$18740**	AC	6TI	426D	12F-2R	171.44	12400	CHA
4W-220 4WD	$70220	$2000	$4500	**$7500**	**$10000**	AC	6TI	426D	20F-4R	180.00	21475	CHA
4W-220 4WD w/3 Pt.	$74427	$2080	$4680	**$7800**	**$10400**	AC	6TI	426D	20F-4R	180.00	22475	CHA
4W-305 4WD	$87455	$2180	$4900	**$8170**	**$10890**	AC	6T	731D	20F-4R	250.00	27100	CHA
4W-305 4WD w/3 Pt.	$92500	$2320	$5220	**$8700**	**$11600**	AC	6T	731D	20F-4R	250.00	28100	CHA

PD--Power Director PS--Power Shift

1981

Model	Approx. Retail Price New	Used Trade In Avg.	Used Trade In High	Used Retail Avg.	Used Retail High	Engine Make	Engine No. Cyls.	Engine Displ. Cu.-In.	No. Speeds	P.T.O. H.P.	Approx. Shipping Wt.-Lbs.	Cab
185	$18891	$3970	$5200	**$7930**	**$9260**	AC	6	301D	8F-2R	78.87	6535	No
5020	$6855	$1170	$1820	**$2430**	**$3150**	Toyosha	2	77D	12F-3R	21.79	1850	No
5020 4WD	$7599	$1240	$1940	**$2590**	**$3360**	Toyosha	2	77D	12F-3R	21.00	1960	No
5030	$7669	$1280	$1990	**$2660**	**$3450**	Toyosha	2	90D	12F-3R	26.42	2280	No
5045	$12560	$8920	$1630	**$2760**	**$4270**	Fiat	3	158D	12F-3R	44.00	4080	No
5050	$16131	$11450	$2100	**$3550**	**$5490**	Fiat	3	168D	12F-3R	51.46	4300	No
5050 4WD	$20027	$14220	$2600	**$4410**	**$6810**	Fiat	3	168D	12F-3R	51.00	4820	No
6060	$18362	$2020	$3860	**$5420**	**$7160**	AC	4T	200D	8F-2R	63.83	5700	No
6060 4WD	$22936	$2520	$4820	**$6770**	**$8950**	AC	4T	200D	8F-2R	63.00	6500	No
6080	$23059	$2540	$4840	**$6800**	**$8990**	AC	4TI	200D	12F-3R	83.66	6920	No
6080 4WD	$27851	$3060	$5850	**$8220**	**$10860**	AC	4TI	200D	12F-3R	83.00	7600	No
7010 HC PD	$41632	$27430	$5020	**$8500**	**$13140**	AC	6T	301D	20F-4R	106.00	11264	CH
7010 HC PS	$43507	$28760	$5270	**$8910**	**$13770**	AC	6T	301D	12F-2R	106.00	11375	CH
7010 PD	$35311	$25070	$4590	**$7770**	**$12010**	AC	6T	301D	20F-4R	106.53	10264	CH
7010 PS	$37186	$26400	$4830	**$8180**	**$12640**	AC	6T	301D	12F-2R	106.72	10375	CH
7020 HC PD	$45564	$32350	$5920	**$10020**	**$15490**	AC	6TI	301D	20F-4R	123.00	12570	CH
7020 HC PS	$47438	$33680	$6170	**$10440**	**$16130**	AC	6TI	301D	12F-2R	123.00	12770	CH
7020 PD	$39378	$27960	$5120	**$8660**	**$13390**	AC	6TI	301D	20F-4R	123.85	11570	CH
7020 PS	$41252	$29290	$5360	**$9080**	**$14030**	AC	6TI	301D	12F-2R	123.79	11770	CH
7045 HC PD	$49736	$35310	$6470	**$10940**	**$16910**	AC	6T	426D	20F-4R	146.00	12700	CH
7045 HC PS	$51343	$36450	$6680	**$11300**	**$17460**	AC	6T	426D	12F-2R	146.00	13065	CH
7045 PD	$43328	$30760	$5630	**$9530**	**$14730**	AC	6T	426D	20F-4R	146.18	11700	CH
7045 PS	$44935	$31900	$5840	**$9890**	**$15280**	AC	6T	426D	12F-2R	146.88	12065	CH
7060 HC PD	$54092	$38410	$7030	**$11900**	**$18390**	AC	6TI	426D	20F-4R	161.00	13229	CHA
7060 HC PS	$55696	$39540	$7240	**$12250**	**$18940**	AC	6TI	426D	12F-2R	161.00	13299	CHA
7060 PD	$47092	$33440	$6120	**$10360**	**$16010**	AC	6TI	426D	20F-4R	161.51	12229	CHA
7060 PS	$48696	$34570	$6330	**$10710**	**$16560**	AC	6TI	426D	12F-2R	161.42	12299	CHA
7080	$54561	$38740	$7090	**$12000**	**$18550**	AC	6TI	426D	20F-4R	181.51	13484	CHA
7580 4WD	$63084	$2520	$5680	**$9460**	**$12620**	AC	6TI	426D	20F-4R	186.35	20775	CHA
7580 4WD w/3 Pt.	$67179	$2690	$6050	**$10080**	**$13440**	AC	6TI	426D	20F-4R	186.35	21775	CHA
8550 4WD	$79659	$3190	$7170	**$11950**	**$15930**	AC	6T	731D	20F-4R	253.88	26400	CHA
8550 4WD w/3 Pt.	$84552	$2200	$4950	**$8250**	**$11000**	AC	6T	731D	20F-4R	253.88	27400	CHA

PD--Power Director PS--Power Shift HC--High Clearance

1980

Model	Approx. Retail Price New	Used Trade In Avg.	Used Trade In High	Used Retail Avg.	Used Retail High	Engine Make	Engine No. Cyls.	Engine Displ. Cu.-In.	No. Speeds	P.T.O. H.P.	Approx. Shipping Wt.-Lbs.	Cab
175	$15894	$3740	$5480	**$8660**	**$9930**	Perkins	4	248D	8F-2R	62.47	5800	No
185	$18341	$3670	$4950	**$7800**	**$8900**	AC	6	301D	8F-2R	74.87	6535	No

Allis-Chalmers (Cont.)

1980 (Cont.)

Model	Approx. Retail Price New	Used Trade In Avg.	Used Trade In High	Used Retail Avg.	Used Retail High	Engine Make	Engine No. Cyls.	Engine Displ. Cu.-In.	No. Speeds	P.T.O. H.P.	Approx. Shipping Wt.-Lbs.	Cab
5020	$6655	$1070	$1690	**$2280**	**$2960**	Toyosha	2	77D	12F-3R	21.79	1850	No
5020 4WD	$6895	$1110	$1740	**$2350**	**$3050**	Toyosha	2	77D	12F-3R	21.00	1960	No
5030	$7446	$1210	$1900	**$2560**	**$3320**	Toyosha	2	90D	12F-3R	26.42	2280	No
5040	$8450	$1370	$2160	**$2910**	**$3780**	UTB	3	143D	12F-3R	40.00	4060	No
5050	$14087	$920	$1760	**$3100**	**$4720**	Fiat	3	168D	12F-3R	51.46	4300	No
5050 4WD	$17983	$1170	$2250	**$3960**	**$6020**	Fiat	3	168D	12F-3R	51.00	4820	No
6060	$16200	$1700	$3320	**$4700**	**$6240**	AC	4T	200D	8F-2R	63.83	5700	No
6060 4WD	$20400	$2140	$4180	**$5920**	**$7850**	AC	4T	200D	8F-2R	63.00	6500	No
6080	$20750	$2180	$4250	**$6020**	**$7990**	AC	4TI	200D	12F-3R	83.66	6920	No
7010 PD	$29230	$1900	$3650	**$6430**	**$9790**	AC	6T	301D	16F-4R	106.00	10260	CH
7010 PD	$31234	$2030	$3900	**$6870**	**$10460**	AC	6T	301D	20F-4R	106.53	10264	CH
7010 PS	$32908	$2140	$4110	**$7240**	**$11020**	AC	6T	301D	12F-2R	106.72	10375	CH
7020 PD	$34832	$2260	$4350	**$7660**	**$11670**	AC	6TI	301D	20F-4R	123.85	11570	CH
7020 PS	$36559	$2380	$4570	**$8040**	**$12250**	AC	6TI	301D	12F-2R	123.79	11770	CH
7045 PD	$38317	$2490	$4790	**$8430**	**$12840**	AC	6T	426D	20F-4R	146.18	11700	CH
7045 PS	$39768	$2590	$4970	**$8750**	**$13320**	AC	6T	426D	12F-2R	146.88	12065	CH
7060 PD	$41122	$2670	$5140	**$9050**	**$13780**	AC	6TI	426D	20F-4R	161.51	12229	CHA
7060 PS	$42554	$2770	$5320	**$9360**	**$14260**	AC	6TI	426D	12F-2R	161.42	12299	CHA
7080	$47523	$3090	$5940	**$10460**	**$15920**	AC	6TI	426D	20F-4R	181.51	13489	CHA
7580 4WD	$56605	$2020	$4550	**$7590**	**$10120**	AC	6TI	426D	20F-4R	186.35	20775	CHA
8550 4WD	$79659	$2380	$5360	**$8940**	**$11920**	AC	6T	731D	20F-4R	253.88	26400	CHA

PD--Power Director PS--Power Shift

1979

Model	Approx. Retail Price New	Used Trade In Avg.	Used Trade In High	Used Retail Avg.	Used Retail High	Engine Make	Engine No. Cyls.	Engine Displ. Cu.-In.	No. Speeds	P.T.O. H.P.	Approx. Shipping Wt.-Lbs.	Cab
175	$14700	$3360	$4900	**$7700**	**$8820**	Perkins	4	248D	8F-2R	62.00	5800	No
185	$17132	$3100	$4260	**$6670**	**$7440**	AC	6	301D	8F-2R	74.87	6535	No
5020	$5760	$920	$1470	**$2050**	**$2590**	Toyosha	2	77D	12F-3R	21.79	1850	No
5020 4WD	$6395	$1020	$1630	**$2270**	**$2880**	Toyosha	2	77D	12F-3R	21.00	1960	No
5030	$6395	$1060	$1680	**$2340**	**$2970**	Toyosha	2	90D	12F-3R	26.42	2280	No
5040	$8450	$1280	$2040	**$2840**	**$3600**	UTB	3	143D	12F-3R	40.00	4060	No
5050	$13290	$720	$1440	**$2640**	**$3960**	Fiat	3	168D	12F-3R	51.46	4300	No
5050 4WD	$16965	$900	$1800	**$3300**	**$4950**	Fiat	3	168D	12F-3R	51.00	4820	No
7000 PS	$24860	$1490	$2980	**$5470**	**$8200**	AC	6T	301D	12F-3R	106.44	9550	CH
7020 PD	$31186	$1870	$3740	**$6860**	**$10290**	AC	6TI	301D	20F-4R	123.85	11570	CH
7020 PS	$32732	$1960	$3930	**$7200**	**$10800**	AC	6TI	301D	12F-2R	123.79	11770	CH
7045 PD	$33810	$2030	$4060	**$7440**	**$11160**	AC	6T	426D	20F-4R	146.18	11700	CH
7045 PS	$35090	$2110	$4210	**$7720**	**$11580**	AC	6T	426D	12F-2R	146.88	12065	CH
7060 PD	$36460	$2190	$4380	**$8020**	**$12030**	AC	6TI	426D	20F-4R	161.51	12229	CHA
7060 PS	$37730	$2260	$4530	**$8300**	**$12450**	AC	6TI	426D	12F-2R	161.42	12299	CHA
7080 PD	$41690	$2500	$5000	**$9170**	**$13760**	AC	6TI	426D	20F-4R	181.51	13489	CHA
7580 4WD	$50680	$2030	$4560	**$7600**	**$10140**	AC	6TI	426D	20F-4R	186.35	20775	CHA
8550 4WD	$65275	$2000	$4510	**$7510**	**$10020**	AC	6T	731D	20F-4R	253.88	26400	CHA

PD--Power Director PS--Power Shift

1978

Model	Approx. Retail Price New	Used Trade In Avg.	Used Trade In High	Used Retail Avg.	Used Retail High	Engine Make	Engine No. Cyls.	Engine Displ. Cu.-In.	No. Speeds	P.T.O. H.P.	Approx. Shipping Wt.-Lbs.	Cab
175	$13164	$3230	$4670	**$7310**	**$8360**	Perkins	4	248D	8F-2R	62.00	5800	No
185	$15362	$3070	$4230	**$6680**	**$7450**	AC	6	301D	8F-2R	74.87	6535	No
5020	$4850	$750	$1210	**$1700**	**$2180**	Toyosha	2	77D	8F-2R	21.79	1850	No
5040	$6900	$1070	$1730	**$2420**	**$3110**	UTB	3	143D	9F-3R	40.05	4060	No
5050	$11784	$650	$1360	**$2590**	**$3830**	Fiat	3	168D	12F-3R	51.46	4300	No
5050 4WD	$15044	$830	$1730	**$3310**	**$4890**	Fiat	3	168D	12F-3R	51.00	4820	No
7000 PS	$24404	$1340	$2810	**$5370**	**$7930**	AC	6T	301D	12F-3R	106.44	9550	CH
7020 PD	$27325	$1500	$3140	**$6010**	**$8880**	AC	6TI	301D	20F-4R	123.85	11570	CH
7020 PS	$28708	$1580	$3300	**$6320**	**$9330**	AC	6TI	301D	12F-2R	123.79	11770	CH
7045 PD	$30213	$1660	$3470	**$6650**	**$9820**	AC	6T	426D	20F-4R	146.18	11700	CH
7045 PS	$31359	$1730	$3610	**$6900**	**$10190**	AC	6T	426D	12F-2R	146.88	12065	CH
7060 PD	$33118	$1820	$3810	**$7290**	**$10760**	AC	6TI	426D	20F-4R	161.51	12229	CHA
7060 PS	$34270	$1890	$3940	**$7540**	**$11140**	AC	6TI	426D	12F-2R	161.42	12299	CHA
7080	$38010	$2090	$4370	**$8360**	**$12350**	AC	6TI	426D	20F-4R	181.51	13489	CHA
7580 4WD	$45622	$1620	$3650	**$6080**	**$8100**	AC	6TI	426D	20F-4R	186.35	20775	CHA
8550 4WD	$58650	$1760	$3970	**$6610**	**$8810**	AC	6T	731D	20F-4R	253.88	26400	CHA

PD--Power Director PS--Power Shift

1977

Model	Approx. Retail Price New	Used Trade In Avg.	Used Trade In High	Used Retail Avg.	Used Retail High	Engine Make	Engine No. Cyls.	Engine Displ. Cu.-In.	No. Speeds	P.T.O. H.P.	Approx. Shipping Wt.-Lbs.	Cab
175	$12157	$3040	$4380	**$6810**	**$7780**	Perkins	4	248D	8F-2R	62.00	5800	No
185	$14370	$2870	$4020	**$6180**	**$7040**	AC	6	301D	8F-2R	74.87	6535	No
5020	$4520	$710	$1140	**$1660**	**$2140**	Toyosha	2	77D	8F-2R	21.79	1850	No
5040	$6344	$950	$1520	**$2220**	**$2860**	UTB	3	143D	6F-2R	40.00	3980	No
5040	$6632	$1000	$1590	**$2320**	**$2980**	UTB	3	143D	9F-3R	40.05	4060	No
5050	$9778	$490	$1080	**$2200**	**$3130**	Fiat	3	168D	8F-2R	51.00	4150	No
5050	$10378	$520	$1140	**$2340**	**$3320**	Fiat	3	168D	12F-3R	51.46	4300	No
5050 4WD	$12073	$600	$1330	**$2720**	**$3860**	Fiat	3	168D	8F-2R	51.00	4740	No
5050 4WD	$12673	$630	$1390	**$2850**	**$4060**	Fiat	3	168D	12F-3R	51.00	4820	No
7000 PS	$20684	$1030	$2280	**$4650**	**$6620**	AC	6T	301D	12F-3R	106.44	9550	No
7040 PD	$24550	$1230	$2700	**$5520**	**$7860**	AC	6T	426D	20F-4R	136.49	11620	CH
7040 PS	$25880	$1290	$2850	**$5820**	**$8280**	AC	6T	426D	12F-2R	136.30	11595	CH
7060 PD	$27506	$1380	$3030	**$6190**	**$8800**	AC	6TI	426D	20F-4R	161.51	12229	CHA
7060 PS	$28536	$1430	$3140	**$6420**	**$9130**	AC	6TI	426D	12F-2R	161.42	12299	CHA
7080	$33261	$1500	$3300	**$6750**	**$9600**	AC	6TI	426D	20F-4R	181.51	13489	CHA
7580 4WD	$40143	$1320	$2970	**$4950**	**$6600**	AC	6TI	426D	20F-4R	186.35	20775	CHA

PD--Power Director PS--Power Shift

Allis-Chalmers (Cont.)

1976

Model	Approx. Retail Price New	Used Trade In Avg.	Used Trade In High	Used Retail Avg.	Used Retail High	Engine Make	Engine No. Cyls.	Engine Displ. Cu.-In.	No. Speeds	P.T.O. H.P.	Approx. Shipping Wt.-Lbs.	Cab
175	$10280	$2570	$3750	**$5810**	**$6580**	AC	4	226G	8F-2R	60.88	5550	No
175	$10865	$2720	$3970	**$6140**	**$6950**	Perkins	4	248D	8F-2R	62.00	5800	No
185	$12715	$3180	$4640	**$7180**	**$8140**	AC	6	301D	8F-2R	74.87	6535	No
5040	$5810	$810	$1370	**$2030**	**$2620**	UTB	3	143D	6F-2R	40.00	3980	No
5040	$6098	$850	$1430	**$2130**	**$2740**	UTB	3	143D	9F-3R	40.05	4060	No
7000 PS	$19460	$880	$2140	**$4480**	**$6130**	AC	6T	301D	12F-3R	106.44	9550	No
7040 PD	$23140	$1040	$2550	**$5320**	**$7290**	AC	6T	426D	20F-4R	136.49	11620	CH
7040 PS	$25500	$1150	$2810	**$5870**	**$8030**	AC	6T	426D	12F-2R	136.30	11595	CH
7060 PD	$25920	$1170	$2850	**$5960**	**$8170**	AC	6TI	426D	20F-4R	161.51	12229	CHA
7060 PS	$26920	$1210	$2960	**$6190**	**$8480**	AC	6TI	426D	12F-2R	161.42	12299	CHA
7080 PD	$31200	$1400	$3430	**$7180**	**$9830**	AC	6TI	426D	20F-4R	181.51	13489	CHA
7580 4WD	$38599	$1420	$3200	**$5340**	**$7120**	AC	6TI	426D	20F-4R	186.35	20775	CHA

PD--Power Director PS--Power Shift

1975

Model	Approx. Retail Price New	Used Trade In Avg.	Used Trade In High	Used Retail Avg.	Used Retail High	Engine Make	Engine No. Cyls.	Engine Displ. Cu.-In.	No. Speeds	P.T.O. H.P.	Approx. Shipping Wt.-Lbs.	Cab
175	$9530	$2380	$3570	**$5430**	**$6100**	AC	4	226G	8F-2R	60.88	5550	No
175	$10140	$2540	$3800	**$5780**	**$6490**	Perkins	4	248D	8F-2R	62.00	5800	No
185	$11925	$2980	$4470	**$6800**	**$7630**	AC	6	301D	8F-2R	74.87	6535	No
200	$14125	$2970	$4100	**$6000**	**$7060**	AC	6T	301D	8F-2R	93.00	10000	C
6040	$6934	$900	$1600	**$2430**	**$3120**	Perkins	3	153D	10F-2R	40.00	4505	No
7000 PS	$17402	$700	$1910	**$4000**	**$5400**	AC	6T	301D	12F-3R	106.44	9550	No
7040 PD	$21565	$820	$2260	**$4720**	**$6360**	AC	6T	426D	20F-4R	136.49	11620	CH
7040 PS	$23925	$880	$2420	**$5060**	**$6820**	AC	6T	426D	12F-2R	136.30	11595	CH
7060 PD	$24416	$920	$2530	**$5290**	**$7130**	AC	6TI	426D	20F-4R	161.51	12229	CHA
7060 PS	$25111	$960	$2640	**$5520**	**$7440**	AC	6TI	426D	12F-2R	161.42	12299	CHA
7080 PD	$28846	$1040	$2860	**$5980**	**$8060**	AC	6TI	426D	20F-4R	181.51	13489	CHA

PD--Power Director PS--Power Shift

1974

Model	Approx. Retail Price New	Used Trade In Avg.	Used Trade In High	Used Retail Avg.	Used Retail High	Engine Make	Engine No. Cyls.	Engine Displ. Cu.-In.	No. Speeds	P.T.O. H.P.	Approx. Shipping Wt.-Lbs.	Cab
160	$6018	$2130	$3240	**$4860**	**$5450**	Perkins	3	153D	10F-2R	40.36	4505	No
175	$9250	$2380	$3610	**$5420**	**$6080**	AC	4	226G	8F-2R	60.88	5550	No
175	$9845	$2630	$3990	**$5990**	**$6720**	Perkins	4	248D	8F-2R	62.00	5800	No
185	$11465	$2870	$4360	**$6540**	**$7340**	AC	6	301D	8F-2R	74.84	6535	No
200	$13583	$2920	$4010	**$5840**	**$6860**	AC	6T	301D	8F-2R	93.00	10000	No
7030	$17035	$1160	$2710	**$4500**	**$5890**	AC	6T	426D	20F-4R	130.98	12430	CHA
7050	$19550	$680	$1870	**$3910**	**$5270**	AC	6TI	426D	20F-4R	156.49	14525	CHA

1973

Model	Approx. Retail Price New	Used Trade In Avg.	Used Trade In High	Used Retail Avg.	Used Retail High	Engine Make	Engine No. Cyls.	Engine Displ. Cu.-In.	No. Speeds	P.T.O. H.P.	Approx. Shipping Wt.-Lbs.	Cab
160	$6018	$2160	$3330	**$4930**	**$5540**	Perkins	3	153D	10F-2R	40.36	4505	No
170	$6540	$2240	$3450	**$5100**	**$5730**	AC	4	226G	8F-2R	54.12	5545	No
170	$7387	$2400	$3690	**$5470**	**$6140**	Perkins	4	236D	8F-2R	54.04	5775	No
175	$7950	$2430	$3740	**$5530**	**$6210**	AC	4	226G	8F-2R	60.88	5550	No
175	$8065	$2650	$4080	**$6040**	**$6780**	Perkins	4	248D	8F-2R	62.00	5800	No
180	$7600	$2540	$3910	**$5790**	**$6500**	AC	6	265G	8F-2R	65.16	6245	No
180	$8875	$2600	$4000	**$5930**	**$6660**	AC	6	301D	8F-2R	64.01	6335	No
185	$9219	$2650	$4080	**$6040**	**$6780**	AC	6	301D	8F-2R	74.87	6535	No
190	$9310	$2830	$4350	**$6440**	**$7230**	AC	6	301D	8F-2R	77.20	7279	No
200	$10586	$2680	$3660	**$5370**	**$6220**	AC	6T	301D	8F-2R	93.00	10000	No
210	$11642	$2780	$3790	**$5560**	**$6450**	AC	6T	426D	8F-2R	122.74	11650	C
220	$13000	$2860	$3900	**$5720**	**$6630**	AC	6T	426D	8F-2R	135.95	11985	C
7030	$13164	$920	$2240	**$3820**	**$5000**	AC	6T	426D	20F-4R	130.98	12430	C
7050	$15543	$600	$1650	**$3450**	**$4650**	AC	6TI	426D	20F-4R	156.49	14525	C

1972

Model	Approx. Retail Price New	Used Trade In Avg.	Used Trade In High	Used Retail Avg.	Used Retail High	Engine Make	Engine No. Cyls.	Engine Displ. Cu.-In.	No. Speeds	P.T.O. H.P.	Approx. Shipping Wt.-Lbs.	Cab
160	$4807	$2030	$3160	**$4620**	**$5190**	Perkins	3	153D	10F-2R	40.36	4505	No
170	$6409	$2150	$3350	**$4900**	**$5500**	AC	4	226G	8F-2R	54.12	5545	No
170	$6904	$2250	$3510	**$5130**	**$5760**	Perkins	4	236D	8F-2R	54.04	5775	No
175	$7455	$2390	$3730	**$5450**	**$6120**	Perkins	4	248D	8F-2R	62.00	5800	No
180	$7500	$2420	$3770	**$5510**	**$6180**	AC	6	265G	8F-2R	65.16	6245	No
180	$7608	$2470	$3850	**$5630**	**$6320**	AC	6	301D	8F-2R	64.01	6335	No
185	$8115	$2530	$3940	**$5760**	**$6460**	AC	6	301D	8F-2R	74.87	6535	No
190	$8500	$2750	$4290	**$6270**	**$7040**	AC	6	301D	8F-2R	77.20	7279	No
200	$9455	$1380	$2530	**$4030**	**$5350**	AC	6T	301D	8F-2R	93.00	10000	No
210	$10200	$1440	$2640	**$4200**	**$5580**	AC	6T	426D	8F-2R	122.74	11650	C
220	$12950	$1520	$2790	**$4450**	**$5910**	AC	6T	426D	8F-2R	135.95	11985	C

1971

Model	Approx. Retail Price New	Used Trade In Avg.	Used Trade In High	Used Retail Avg.	Used Retail High	Engine Make	Engine No. Cyls.	Engine Displ. Cu.-In.	No. Speeds	P.T.O. H.P.	Approx. Shipping Wt.-Lbs.	Cab
160	$4645	$1900	$2960	**$4330**	**$4860**	Perkins	3	153D	10F-2R	40.36	4505	No
170	$6167	$2090	$3260	**$4770**	**$5360**	AC	4	226G	8F-2R	54.12	5545	No
170	$6719	$2200	$3430	**$5010**	**$5630**	Perkins	4	236D	8F-2R	54.00	5775	No
175	$7455	$2240	$3490	**$5100**	**$5730**	Perkins	4	236D	8F-2R	62.47	5800	No
180	$7300	$2260	$3520	**$5150**	**$5780**	AC	6	265G	8F-2R	65.16	6245	No
180	$7422	$2310	$3600	**$5270**	**$5910**	AC	6	301D	8F-2R	64.01	6335	No
185	$7928	$2500	$3890	**$5690**	**$6390**	AC	6	301D	8F-2R	74.87	6535	No
190	$8255	$2450	$3820	**$5590**	**$6270**	AC	6	301D	8F-2R	77.20	7279	No
190XT	$8050	$2250	$3510	**$5130**	**$5760**	AC	6	301G	8F-2R	89.53	7545	No
190XT	$8700	$2350	$3670	**$5360**	**$6020**	AC	6T	301D	8F-2R	93.63	7738	No
210	$9950	$1380	$2530	**$4030**	**$5410**	AC	6T	426D	8F-2R	122.74	11650	C
220	$12500	$1500	$2750	**$4380**	**$5880**	AC	6T	426D	8F-2R	135.95	11985	C

1970

Model	Approx. Retail Price New	Used Trade In Avg.	Used Trade In High	Used Retail Avg.	Used Retail High	Engine Make	Engine No. Cyls.	Engine Displ. Cu.-In.	No. Speeds	P.T.O. H.P.	Approx. Shipping Wt.-Lbs.	Cab
160	$4645	$1850	$2890	**$4220**	**$4740**	Perkins	3	153D	10F-2R	40.36	4505	No
170	$5513	$2000	$3120	**$4560**	**$5120**	AC	4	226G	8F-2R	54.12	5545	No
170	$6719	$2080	$3240	**$4730**	**$5310**	Perkins	4	236D	8F-2R	54.04	5775	No

Allis-Chalmers (Cont.)

Model	Approx. Retail Price New	Estimated Value Less Repairs: Used Trade In Avg.	Used Trade In High	Used Retail Avg.	Used Retail High	Engine Make	Engine No. Cyls.	Engine Displ. Cu.-In.	No. Speeds	P.T.O. H.P.	Approx. Shipping Wt.-Lbs.	Cab
1970 (Cont.)												
175	$7169	$2150	$3350	**$4900**	**$5500**	Perkins	4	236D	8F-2R	62.47	5800	No
180	$7002	$2200	$3430	**$5020**	**$5630**	AC	6	301D	8F-2R	64.01	6335	No
180	$7200	$2290	$3570	**$5220**	**$5860**	AC	6	265G	8F-2R	65.16	6245	No
185	$7842	$2320	$3610	**$5280**	**$5930**	AC	6	301D	8F-2R	74.87	6535	No
190	$7787	$2340	$3650	**$5340**	**$6000**	AC	6	301D	8F-2R	77.20	7279	No
190XT	$7577	$2020	$3150	**$4600**	**$5170**	AC	6	301G	8F-2R	89.53	7545	No
190XT	$8437	$2120	$3310	**$4830**	**$5430**	AC	6T	301D	8F-2R	93.63	7738	No
210	$9600	$1260	$2310	**$3670**	**$4980**	AC	6T	426D	8F-2R	122.74	11650	C
220	$11880	$1430	$2610	**$4160**	**$5640**	AC	6T	426D	8F-2R	135.95	11985	C
1969												
D-21 II	$10385	$1030	$1880	**$2990**	**$4110**	AC	6	426D	8F-2R	156	9610	No
170	$5390	$1990	$3110	**$4630**	**$5190**	AC	4	226G	8F-2R	54.1	5545	No
170	$5942	$2090	$3270	**$4860**	**$5440**	Perkins	4	236D	8F-2R	54.0	5775	No
180	$6300	$2180	$3390	**$5050**	**$5660**	AC	6	265G	8F-2R	65.1	6245	No
180	$6891	$2240	$3490	**$5190**	**$5820**	Perkins	6	301D	8F-2R	64.0	6330	No
190	$6941	$2080	$3240	**$4810**	**$5400**	AC	6	265G	8F-2R	75.3	7040	No
190	$7740	$2200	$3430	**$5100**	**$5720**	AC	6	301D	8F-2R	77.2	7840	No
190XT	$7530	$1980	$3090	**$4600**	**$5160**	AC	6	301G	8F-2R	90.0	7800	No
190XT	$8390	$2000	$2670	**$3880**	**$4500**	AC	6T	301D	8F-2R	93.6	9100	No
1968												
D-21 II	$9785	$2060	$2790	**$4080**	**$4720**	AC	6	426D	8F-2R	127.7	9610	No
170	$5130	$1940	$3030	**$4540**	**$5130**	AC	4	226G	8F-2R	54.1	5545	No
170	$5655	$2050	$3200	**$4800**	**$5410**	Perkins	4	236D	8F-2R	54.0	5775	No
180	$6200	$2120	$3300	**$4960**	**$5590**	Perkins	6	301D	8F-2R	64.0	6330	No
190	$6356	$1990	$3100	**$4650**	**$5250**	AC	6	265G	8F-2R	75.3	7040	No
190	$7154	$2070	$3230	**$4840**	**$5460**	AC	6	301D	8F-2R	77.2	7840	No
190XT	$6960	$1880	$2930	**$4390**	**$4950**	AC	6	301G	8F-2R	90.0	7800	No
190XT	$7757	$1990	$3100	**$4660**	**$5250**	AC	6T	301D	8F-2R	93.6	9100	No
1967												
D-10	$3165	$1160	$1600	**$2350**	**$2690**	AC	4	139G	4F-1R	29	3370	No
D-12	$3260	$620	$1130	**$1800**	**$2530**	AC	4	149G	4F-1R	29	3420	No
D-15 II	$4432	$670	$1220	**$1940**	**$2720**	AC	4	149G	8F-2R	46	4270	No
D-15 II	$5035	$720	$1330	**$2110**	**$2960**	AC	4	175D	8F-2R	44	4270	No
D-17 IV	$5193	$770	$1410	**$2240**	**$3130**	AC	4	226G	8F-2R	54	5240	No
D-17 IV	$5975	$840	$1540	**$2440**	**$3420**	AC	6	262D	8F-2R	53	5570	No
D-21 II	$9348	$990	$1810	**$2880**	**$4040**	AC	6	426D	8F-2R	127.7	9610	No
190	$6051	$1960	$3050	**$4580**	**$5200**	AC	6	265G	8F-2R	75.3	7040	No
190	$6841	$2020	$3150	**$4720**	**$5370**	AC	6	301D	8F-2R	77.2	7840	No
190XT	$6624	$1900	$2960	**$4440**	**$5050**	AC	6	301G	8F-2R	90.0	7800	No
190XT	$7414	$1860	$2560	**$3760**	**$4300**	AC	6T	301D	8F-2R	93.6	9100	No
1966												
D-10	$2980	$1180	$1830	**$2750**	**$3150**	AC	4	139G	4F-1R	29	3370	No
D-12	$3070	$600	$1100	**$1750**	**$2500**	AC	4	139G	4F-1R	29	3420	No
D-15 II	$4050	$650	$1200	**$1910**	**$2730**	AC	4	149G	8F-2R	46	4270	No
D-15 II	$4635	$710	$1300	**$2070**	**$2950**	AC	4	175D	8F-2R	44	4270	No
D-17 IV	$4772	$750	$1380	**$2190**	**$3130**	AC	4	226G	8F-2R	54	5240	No
D-17 IV	$5667	$820	$1500	**$2380**	**$3400**	AC	6	262D	8F-2R	53	5570	No
D-21 II	$8766	$940	$1730	**$2750**	**$3930**	AC	6T	426D	8F-2R	127.7	9610	No
190	$5881	$1860	$2890	**$4340**	**$4970**	AC	6	265G	8F-2R	75.3	7040	No
190	$6671	$1940	$3030	**$4540**	**$5200**	AC	6	301D	8F-2R	77.2	7840	No
190XT	$6331	$1840	$2870	**$4300**	**$4930**	AC	6	301G	8F-2R	90.0	7800	No
190XT	$7121	$1910	$2980	**$4480**	**$5130**	AC	6T	301D	8F-2R	93.6	9100	No
1965												
D-10	$2630	$1100	$1560	**$2280**	**$2600**	AC	4	139G	4F-1R	29	3370	No
D-12	$2720	$590	$1080	**$1720**	**$2500**	AC	4	139G	4F-1R	29	3420	No
D-15 II	$3750	$640	$1170	**$1860**	**$2710**	AC	4	149G	8F-2R	46	4270	No
D-15 II	$4350	$700	$1280	**$2030**	**$2960**	AC	4	175D	8F-2R	44	4270	No
D-17 IV	$4772	$740	$1360	**$2160**	**$3150**	AC	4	226G	8F-2R	54	5240	No
D-17 IV	$5667	$800	$1470	**$2340**	**$3400**	AC	6	262D	8F-2R	53	5570	No
D-21 II	$8766	$940	$1720	**$2730**	**$3980**	AC	6T	426D	8F-2R	127.7	9610	No
190	$5000	$1920	$2990	**$4530**	**$5180**	AC	6	265G	8F-2R	75.3	7040	No
190	$5700	$2010	$3130	**$4730**	**$5410**	AC	6	301D	8F-2R	77.2	7840	No
190XT	$5455	$1830	$2850	**$4310**	**$4930**	AC	6	301G	8F-2R	90.0	7800	No
190XT	$6150	$1910	$2980	**$4510**	**$5160**	AC	6T	301D	8F-2R	93.6	9100	No
1964												
D-10	$2630	$1090	$1570	**$2250**	**$2590**	AC	4	139G	4F-1R	29	3370	No
D-12	$2720	$580	$1060	**$1690**	**$2510**	AC	4	139G	4F-1R	29	3420	No
D-15 II	$3600	$620	$1140	**$1820**	**$2700**	AC	4	149G	8F-2R	46	4270	No
D-15 II	$4200	$680	$1250	**$2000**	**$2960**	AC	4	149G	8F-2R	44	4270	No
D-17 III	$4772	$720	$1320	**$2100**	**$3120**	AC	4	226G	8F-2R	54	5240	No
D-17 III	$5667	$790	$1450	**$2310**	**$3430**	AC	6	262D	8F-2R	53	5570	No
D-21	$7995	$920	$1690	**$2700**	**$4000**	AC	6	426D	8F-2R	103	9610	No
190	$4905	$1890	$2950	**$4490**	**$5130**	AC	6	265G	8F-2R	75.3	7040	No
190	$5600	$1970	$3070	**$4680**	**$5350**	AC	6	301D	8F-2R	77.2	7840	No
1963												
D-10	$2075	$1070	$1560	**$2200**	**$2560**	AC	4	149G	4F-1R	30	2800	No
D-12	$2276	$570	$1040	**$1660**	**$2510**	AC	4	149G	4F-1R	30	2850	No

Allis-Chalmers (Cont.)

Model	Approx. Retail Price New	Estimated Value Less Repairs: Used Trade In Avg.	Used Trade In High	Used Retail Avg.	Used Retail High	Engine Make	Engine No. Cyls.	Engine Displ. Cu.-In.	No. Speeds	P.T.O. H.P.	Approx. Shipping Wt.-Lbs.	Cab
1963 (Cont.)												
D-15 II	$3485	$620	$1130	**$1790**	**$2720**	AC	4	149G	8F-2R	46	4270	No
D-15 II	$4245	$680	$1240	**$1970**	**$2980**	AC	4	175D	8F-2R	44	4270	No
D-17 III	$4414	$710	$1310	**$2080**	**$3140**	AC	4	226G	8F-2R	54	5240	No
D-17 III	$5309	$780	$1440	**$2280**	**$3460**	AC	6	262D	8F-2R	53	5570	No
D-19	$5303	$840	$1550	**$2460**	**$3720**	AC	6	262G	8F-2R	72	6475	No
D-19	$6078	$900	$1640	**$2620**	**$3960**	AC	6	262D	8F-2R	67	6570	No
D-21	$7995	$910	$1670	**$2650**	**$4020**	AC	6	426D	8F-2R	103	9610	No
1962												
D-10	......	$1040	$1540	**$2180**	**$2520**	AC	4	139G	4F-1R	29	3370	No
D-12	......	$560	$1020	**$1630**	**$2510**	AC	4	139G	4F-1R	29	3420	No
D-15	......	$610	$1110	**$1770**	**$2730**	AC	4	149G	8F-2R	40	4270	No
D-17	......	$660	$1220	**$1940**	**$2990**	AC	4	226G	8F-2R	54	5240	No
D-17	......	$700	$1280	**$2040**	**$3150**	AC	6	262D	8F-2R	53	5570	No
D-17 III	......	$740	$1350	**$2140**	**$3310**	AC	4	226G	8F-2R	54	5500	No
D-17 III	......	$780	$1430	**$2280**	**$3510**	AC	6	262D	8F-2R	53	5785	No
D-19	......	$820	$1510	**$2400**	**$3700**	AC	6	262G	8F-2R	72	6475	No
D-19	......	$880	$1610	**$2560**	**$3940**	AC	6	262D	8F-2R	67	6570	No
1961												
D-10	......	$1020	$1530	**$2150**	**$2490**	AC	4	139G	4F-1R	29	3370	No
D-12	......	$1090	$1640	**$2300**	**$2660**	AC	4	139G	4F-1R	29	3420	No
D-15	......	$1180	$1760	**$2480**	**$2870**	AC	4	149G	8F-2R	40	4270	No
D-17	......	$1310	$1960	**$2760**	**$3190**	AC	4	226G	8F-2R	54	5240	No
D-17	......	$1380	$2070	**$2900**	**$3360**	AC	6	262D	8F-2R	53	5570	No
D-19	......	$1560	$2340	**$3280**	**$3800**	AC	6	262G	8F-2R	72	6475	No
D-19	......	$1730	$2590	**$3640**	**$4210**	AC	6	262D	8F-2R	67	6570	No
1960												
D-10	......	$1000	$1520	**$2120**	**$2450**	AC	4	139G	4F-1R	29	3370	No
D-12	......	$1070	$1620	**$2270**	**$2630**	AC	4	139G	4F-1R	29	3420	No
D-14	......	$1140	$1730	**$2420**	**$2800**	AC	4	149G	8F-2R	36	4140	No
D-15	......	$1160	$1770	**$2470**	**$2860**	AC	4	149G	8F-2R	40	4270	No
D-17	......	$1260	$1910	**$2670**	**$3090**	AC	4	226G	8F-2R	54	5240	No
D-17	......	$1340	$2040	**$2850**	**$3290**	AC	6	262D	8F-2R	53	5570	No
1959												
D-10	......	$970	$1500	**$2090**	**$2430**	AC	4	139G	4F-1R	29	3370	No
D-12	......	$1040	$1610	**$2240**	**$2610**	AC	4	139G	4F-1R	29	3420	No
D-14	......	$1120	$1720	**$2400**	**$2790**	AC	4	149G	8F-2R	36	4140	No
D-17	......	$1240	$1910	**$2650**	**$3090**	AC	4	226G	8F-2R	54	5240	No
D-17	......	$1300	$2010	**$2790**	**$3260**	AC	6	262D	8F-2R	53	5570	No
1958												
D-14	......	$1090	$1710	**$2370**	**$2780**	AC	4	149G	8F-2R	36	4140	No
D-17	......	$1210	$1890	**$2630**	**$3080**	AC	4	226G	8F-2R	54	5240	No
D-17	......	$1270	$1990	**$2760**	**$3230**	AC	6	262D	8F-2R	53	5570	No
1957												
B	......	$810	$1280	**$1780**	**$2080**	AC	4	125G	3F-1R	22	2130	No
CA	......	$880	$1390	**$1940**	**$2270**	AC	4	125G	4F-1R	24.8	2850	No
D-14	......	$1060	$1680	**$2350**	**$2740**	AC	4	149G	8F-2R	36	4140	No
D-17	......	$1190	$1890	**$2640**	**$3090**	AC	4	226G	8F-2R	54	5240	No
D-17	......	$1250	$1980	**$2760**	**$3220**	AC	4	262D	8F-2R	53	5570	No
WD-45	......	$910	$1440	**$2010**	**$2360**	AC	4	226G	4F-1R	45	4470	No
WD-45	......	$940	$1480	**$2070**	**$2420**	AC	6	230D	4F-1R	45	4730	No
1956												
B	......	$780	$1250	**$1750**	**$2040**	AC	4	125G	3F-1R	22	2130	No
CA	......	$840	$1350	**$1890**	**$2210**	AC	4	125G	4F-1R	24.8	2850	No
WD-45	......	$860	$1390	**$1940**	**$2270**	AC	4	226G	4F-1R	45	4470	No
WD-45	......	$910	$1460	**$2050**	**$2390**	AC	6	230D	4F-1R	45	4730	No
1955												
B	......	$750	$1220	**$1720**	**$2000**	AC	4	125G	3F-1R	22	2130	No
CA	......	$810	$1310	**$1850**	**$2150**	AC	4	125G	4F-1R	24.8	2850	No
G	......	$760	$1230	**$1740**	**$2020**	Continental	4	62G	3F-1R	10	1550	No
WD-45	......	$830	$1350	**$1910**	**$2220**	AC	4	226G	4F-1R	45	4470	No
WD-45	......	$860	$1400	**$1980**	**$2300**	AC	6	230D	4F-1R	45	4730	No
1954												
B	......	$730	$1190	**$1700**	**$1980**	AC	4	125G	3F-1R	22	2130	No
CA	......	$770	$1250	**$1790**	**$2080**	AC	4	125G	4F-1R	24.8	2850	No
G	......	$710	$1150	**$1650**	**$1910**	Continental	4	62G	3F-1R	10	1550	No
WD-45	......	$800	$1290	**$1860**	**$2150**	AC	4	226G	4F-1R	45	4470	No
WD-45	......	$820	$1330	**$1920**	**$2220**	AC	6	230D	4F-1R	45	4730	No
1953												
B	......	$700	$1140	**$1660**	**$1920**	AC	4	125G	3F-1R	22	2130	No
CA	......	$740	$1200	**$1750**	**$2020**	AC	4	125G	4F-1R	24.8	2850	No
G	......	$670	$1090	**$1600**	**$1850**	Continental	4	62G	3F-1R	10	1550	No
WD	......	$760	$1240	**$1810**	**$2090**	AC	4	201G	4F-1R	36	4050	No
WD-45	......	$770	$1260	**$1840**	**$2130**	AC	4	226G	4F-1R	45	4470	No
WD-45	......	$800	$1300	**$1890**	**$2190**	AC	6	230D	4F-1R	45	4730	No

	Approx. Retail Price New	Estimated Value Less Repairs Used Trade In Avg.	High	Used Retail Avg.	High	Make	Engine No. Cyls.	Displ. Cu.-In.	No. Speeds	P.T.O. H.P.	Approx. Shipping Wt.-Lbs.	Cab

Allis-Chalmers (Cont.)

	Approx. Retail Price New	Used Trade In Avg.	High	Used Retail Avg.	High	Make	No. Cyls.	Displ. Cu.-In.	No. Speeds	P.T.O. H.P.	Approx. Shipping Wt.-Lbs.	Cab
				1952								
B	......	$680	$1100	**$1620**	**$1880**	AC	4	125G	3F-1R	22	2130	No
CA	......	$710	$1160	**$1710**	**$1980**	AC	4	125G	4F-1R	24.8	2850	No
G	......	$650	$1060	**$1570**	**$1810**	Continental	4	62G	3F-1R	10	1550	No
WD	......	$740	$1200	**$1770**	**$2040**	AC	4	201G	4F-1R	36	4050	No
				1951								
B	......	$650	$1060	**$1580**	**$1820**	AC	4	125G	3F-1R	22	2130	No
CA	......	$700	$1140	**$1690**	**$1950**	AC	4	125G	4F-1R	24.8	2850	No
G	......	$640	$1040	**$1550**	**$1790**	Continental	4	62G	3F-1R	10	1550	No
U	......	$580	$940	**$1390**	**$1610**	AC	4	301D	4F-1R	22	5130	No
WD	......	$640	$1030	**$1540**	**$1780**	AC	4	201G	4F-1R	36	4050	No
WF	......	$590	$960	**$1420**	**$1640**	AC	4	201G	4F-1R	22	3270	No
				1950								
B	......	$620	$1010	**$1520**	**$1760**	AC	4	125G	3F-1R	22	2130	No
C	......	$640	$1050	**$1570**	**$1810**	AC	4	125G	3F-1R	23.3	3025	No
CA	......	$670	$1090	**$1640**	**$1890**	AC	4	125G	4F-1R	27	2850	No
G	......	$620	$1000	**$1510**	**$1740**	Continental	4	62G	3F-1R	10	1550	No
U	......	$530	$860	**$1290**	**$1490**	AC	4	301D	4F-1R	22	5130	No
WD	......	$630	$1030	**$1540**	**$1780**	AC	4	201G	4F-1R	36	4050	No
WF	......	$570	$930	**$1390**	**$1600**	AC	4	201G	4F-1R	22	3270	No
				1949								
B	......	$610	$1000	**$1510**	**$1740**	AC	4	119G	3F-1R	15.6	2130	No
C	......	$620	$1010	**$1530**	**$1770**	AC	4	125G	3F-1R	23	3025	No
G	......	$580	$940	**$1420**	**$1630**	Continental	4	62G	3F-1R	10	1550	No
U	......	$500	$820	**$1240**	**$1430**	AC	4	301D	4F-1R	22	5130	No
WD	......	$610	$990	**$1500**	**$1720**	AC	4	201G	4F-1R	36	4050	No
WF	......	$550	$900	**$1360**	**$1560**	AC	4	201G	4F-1R	22	3270	No
				1948								
B	......	$600	$980	**$1480**	**$1710**	AC	4	119G	3F-1R	15.6	2130	No
C	......	$610	$1000	**$1510**	**$1750**	AC	4	125G	3F-1R	23	3025	No
G	......	$550	$900	**$1360**	**$1580**	Continental	4	62G	3F-1R	10	1550	No
U	......	$480	$780	**$1180**	**$1370**	AC	4	301D	4F-1R	22	5130	No
WC	......	$490	$800	**$1210**	**$1410**	AC	4	201D	4F-1R	22	3325	No
WD	......	$580	$940	**$1420**	**$1640**	AC	4	201G	4F-1R	36	4050	No
WF	......	$530	$870	**$1310**	**$1520**	AC	4	201G	4F-1R	22	3270	No
				1947								
B	......	$580	$940	**$1420**	**$1660**	AC	4	119G	3F-1R	15.6	2130	No
C	......	$590	$960	**$1450**	**$1690**	AC	4	125G	3F-1R	23	3025	No
U	......	$460	$740	**$1120**	**$1310**	AC	4	301D	4F-1R	22	5130	No
WC	......	$470	$760	**$1150**	**$1350**	AC	4	201D	4F-1R	22	3325	No
WF	......	$520	$840	**$1270**	**$1480**	AC	4	201G	4F-1R	22	3270	No
				1946								
B	......	$560	$910	**$1370**	**$1620**	AC	4	119G	3F-1R	15.6	2130	No
C	......	$560	$920	**$1390**	**$1630**	AC	4	125G	3F-1R	23	3025	No
U	......	$430	$700	**$1060**	**$1250**	AC	4	301D	4F-1R	22	5130	No
WC	......	$460	$740	**$1120**	**$1320**	AC	4	201D	4F-1R	22	3325	No
WF	......	$500	$820	**$1240**	**$1460**	AC	4	201G	4F-1R	22	3270	No
				1945								
B	......	$540	$880	**$1330**	**$1580**	AC	4	119G	3F-1R	15.6	2130	No
C	......	$530	$870	**$1310**	**$1560**	AC	4	125G	3F-1R	23	3025	No
U	......	$410	$660	**$1000**	**$1190**	AC	4	301D	4F-1R	22	5130	No
WC	......	$430	$700	**$1060**	**$1260**	AC	4	201D	4F-1R	22	3325	No
WF	......	$480	$780	**$1180**	**$1400**	AC	4	201G	4F-1R	22	3270	No
				1944								
B	......	$520	$840	**$1270**	**$1530**	AC	4	119G	3F-1R	15.6	2130	No
C	......	$500	$820	**$1240**	**$1490**	AC	4	125G	3F-1R	23	3025	No
U	......	$400	$640	**$970**	**$1170**	AC	4	301D	4F-1R	22	5130	No
WC	......	$420	$680	**$1040**	**$1250**	AC	4	201D	4F-1R	22	3325	No
WF	......	$460	$740	**$1120**	**$1350**	AC	4	201G	4F-1R	22	3270	No
				1943								
B	......	$500	$820	**$1240**	**$1490**	AC	4	119G	3F-1R	15.6	2130	No
C	......	$480	$780	**$1180**	**$1420**	AC	4	125G	3F-1R	23	3025	No
U	......	$380	$620	**$940**	**$1140**	AC	4	301D	4F-1R	22	5130	No
WC	......	$410	$660	**$1000**	**$1210**	AC	4	201D	4F-1R	22	3325	No
WF	......	$440	$720	**$1090**	**$1310**	AC	4	201G	4F-1R	22	3270	No
				1942								
A	......	$460	$740	**$1120**	**$1350**	AC	4	510G	3F-1R	27	4275	No
B	......	$490	$800	**$1210**	**$1460**	AC	4	119G	3F-1R	15.6	2130	No
C	......	$470	$760	**$1150**	**$1390**	AC	4	125G	3F-1R	23	3025	No
U	......	$370	$610	**$920**	**$1100**	AC	4	301D	4F-1R	22	5130	No
WC	......	$400	$640	**$970**	**$1170**	AC	4	201D	4F-1R	22	3325	No
WF	......	$430	$700	**$1060**	**$1280**	AC	4	201G	4F-1R	22	3270	No

Allis-Chalmers (Cont.)

Model	Approx. Retail Price New	Estimated Value Less Repairs: Used Trade In Avg.	Used Trade In High	Used Retail Avg.	Used Retail High	Engine Make	Engine No. Cyls.	Engine Displ. Cu.-In.	No. Speeds	P.T.O. H.P.	Approx. Shipping Wt.-Lbs.	Cab
					1941							
A	......	$430	$700	**$1060**	**$1280**	AC	4	510G	3F-1R	27	4275	No
B	......	$480	$780	**$1180**	**$1420**	AC	4	119G	3F-1R	15.6	2130	No
C	......	$450	$730	**$1110**	**$1330**	AC	4	125G	3F-1R	23	3025	No
RC	......	$470	$760	**$1150**	**$1380**	AC	4	125G	4F-1R	18	2595	No
U	......	$360	$590	**$890**	**$1070**	AC	4	301D	4F-1R	22	5130	No
UC	......	$410	$660	**$1000**	**$1210**	AC	4	301D	4F-1R	30	5710	No
WC	......	$380	$620	**$940**	**$1140**	AC	4	201D	4F-1R	22	3325	No
WF	......	$420	$680	**$1030**	**$1240**	AC	4	201G	4F-1R	22	3270	No
					1940							
A	......	$420	$680	**$1040**	**$1250**	AC	4	510G	3F-1R	27	4275	No
B	......	$470	$760	**$1150**	**$1390**	AC	4	116G	3F-1R	15.6	2130	No
C	......	$440	$710	**$1080**	**$1300**	AC	4	125G	3F-1R	23	3025	No
RC	......	$460	$740	**$1120**	**$1350**	AC	4	125G	4F-1R	18	2595	No
U	......	$350	$570	**$860**	**$1030**	AC	4	301D	4F-1R	22	5130	No
UC	......	$380	$620	**$940**	**$1140**	AC	4	301D	4F-1R	30	5710	No
WC	......	$360	$590	**$890**	**$1070**	AC	4	201D	4F-1R	22	3325	No
WF	......	$400	$640	**$970**	**$1170**	AC	4	201G	4F-1R	22	3270	No
					1939							
A	......	$410	$660	**$1000**	**$1210**	AC	4	510G	3F-1R	27	4275	No
B	......	$460	$740	**$1120**	**$1350**	AC	4	116G	3F-1R	15.6	2130	No
RC	......	$450	$720	**$1090**	**$1320**	AC	4	125G	4F-1R	18	2595	No
U	......	$340	$550	**$830**	**$1000**	AC	4	301D	4F-1R	22	5130	No
UC	......	$370	$610	**$920**	**$1100**	AC	4	301D	4F-1R	30	5710	No
WC	......	$350	$570	**$860**	**$1030**	AC	4	201D	4F-1R	22	3325	No
WF	......	$380	$620	**$940**	**$1140**	AC	4	201G	4F-1R	22	3270	No

Avery

Model	Approx. Retail Price New	Used Trade In Avg.	Used Trade In High	Used Retail Avg.	Used Retail High	Engine Make	Engine No. Cyls.	Engine Displ. Cu.-In.	No. Speeds	P.T.O. H.P.	Approx. Shipping Wt.-Lbs.	Cab
					1964							
Big MO 400	......	$1070	$1540	**$2210**	**$2540**				4F-1R		1622	No
					1963							
Big MO 400	......	$1030	$1510	**$2130**	**$2470**				4F-1R		1622	No
					1962							
Big MO 400	......	$1010	$1490	**$2100**	**$2440**				4F-1R		1622	No
					1961							
Big MO 400	......	$980	$1470	**$2060**	**$2390**				4F-1R		1622	No
					1960							
Big MO 400	......	$960	$1460	**$2040**	**$2360**				4F-1R		1622	No
					1959							
Big MO 400	......	$940	$1450	**$2020**	**$2360**				4F-1R		1622	No
					1958							
BF	......	$880	$1370	**$1900**	**$2230**	Hercules	4	133G	4F-1R		2798	No
					1957							
BF	......	$840	$1330	**$1860**	**$2170**	Hercules	4	133G	4F-1R		2798	No
BFS	......	$890	$1400	**$1960**	**$2290**	Hercules	4	133G	4F-1R		2798	No
BG	......	$900	$1430	**$1990**	**$2330**	Hercules	4	133G	4F-1R		2805	No
					1956							
BF	......	$820	$1320	**$1840**	**$2150**	Hercules	4	133G	4F-1R		2798	No
BFS	......	$860	$1380	**$1940**	**$2270**	Hercules	4	133G	4F-1R		2798	No
BG	......	$880	$1400	**$1970**	**$2300**	Hercules	4	133G	4F-1R		2805	No
					1955							
BF	......	$800	$1300	**$1830**	**$2130**	Hercules	4	133G	4F-1R		2798	No
BFS	......	$820	$1330	**$1870**	**$2180**	Hercules	4	133G	4F-1R		2798	No
BG	......	$860	$1400	**$1970**	**$2290**	Hercules	4	133G	4F-1R		2805	No
V	......	$810	$1320	**$1860**	**$2160**	Hercules	4	65G	3F-1R		1802	No
					1954							
BF	......	$780	$1270	**$1820**	**$2110**	Hercules	4	133G	4F-1R		2798	No
BFD	......	$790	$1290	**$1850**	**$2150**	Hercules	4	133G	4F-1R		2895	No
BFS	......	$770	$1250	**$1790**	**$2080**	Hercules	4	133G	4F-1R		2798	No
BG	......	$840	$1360	**$1950**	**$2270**	Hercules	4	133G	4F-1R		2805	No
R	......	$820	$1330	**$1900**	**$2210**	Hercules	4	165G	4F-1R		2805	No
V	......	$790	$1290	**$1850**	**$2150**	Hercules	4	65G	3F-1R		1802	No
					1953							
BF	......	$760	$1240	**$1810**	**$2090**	Hercules	4	133G	4F-1R		2798	No
BFD	......	$750	$1210	**$1770**	**$2050**	Hercules	4	133G	4F-1R		2895	No
BFH	......	$820	$1320	**$1940**	**$2240**	Hercules	4	133G	4F-1R		2895	No
BFS	......	$790	$1280	**$1870**	**$2170**	Hercules	4	133G	4F-1R		2798	No
BG	......	$820	$1330	**$1940**	**$2240**	Hercules	4	133G	4F-1R		2805	No
R	......	$800	$1300	**$1900**	**$2200**	Hercules	4	165G	4F-1R		2805	No
V	......	$780	$1260	**$1840**	**$2130**	Hercules	4	65G	3F-1R		1802	No

Avery (Cont.)

Model	Approx. Retail Price New	Estimated Value Less Repairs: Used Trade In Avg.	Used Trade In High	Used Retail Avg.	Used Retail High	Engine Make	No. Cyls.	Displ. Cu.-In.	No. Speeds	P.T.O. H.P.	Approx. Shipping Wt.-Lbs.	Cab
				1952								
A	......	$710	$1160	**$1710**	**$1980**	Hercules	4	133G	3F-1R		2300	No
BF	......	$740	$1200	**$1760**	**$2040**	Hercules	4	133G	4F-1R		2798	No
R	......	$780	$1270	**$1870**	**$2160**	Hercules	4	165G	4F-1R		2805	No
V	......	$770	$1240	**$1830**	**$2120**	Hercules	4	65G	3F-1R		1802	No
				1951								
A	......	$700	$1130	**$1680**	**$1940**	Hercules	4	133G	3F-1R		2300	No
BF	......	$720	$1170	**$1730**	**$2000**	Hercules	4	133G	4F-1R		2798	No
R	......	$760	$1240	**$1840**	**$2120**	Hercules	4	165G	4F-1R		2805	No
V	......	$740	$1200	**$1790**	**$2070**	Hercules	4	65G	3F-1R		1802	No
				1950								
A	......	$680	$1100	**$1660**	**$1910**	Hercules	4	133G	3F-1R		2300	No
BF	......	$700	$1140	**$1710**	**$1970**	Hercules	4	133G	4F-1R		2798	No
R	......	$740	$1210	**$1810**	**$2090**	Hercules	4	165G	4F-1R		2805	No
V	......	$720	$1170	**$1760**	**$2030**	Hercules	4	65G	3F-1R		1802	No
				1949								
A	......	$670	$1080	**$1640**	**$1890**	Hercules	4	123G	3F-1R		2300	No
R	......	$730	$1180	**$1790**	**$2060**	Hercules	4	165G	4F-1R		2805	No
V	......	$710	$1150	**$1740**	**$2000**	Hercules	4	65G	3F-1R		1802	No
				1948								
A	......	$650	$1060	**$1610**	**$1860**	Hercules	4	123G	3F-1R		2300	No
R	......	$710	$1160	**$1750**	**$2030**	Hercules	4	165G	4F-1R		2805	No
V	......	$690	$1120	**$1690**	**$1960**	Hercules	4	65G	3F-1R		1802	No
				1947								
A	......	$640	$1040	**$1570**	**$1840**	Hercules	4	113G	3F-1R		2300	No
R	......	$680	$1110	**$1680**	**$1970**	Hercules	4	165G	4F-1R		2805	No
V	......	$670	$1080	**$1640**	**$1920**	Hercules	4	65G	3F-1R		1802	No
				1946								
A	......	$620	$1010	**$1530**	**$1800**	Hercules	4	113G	3F-1R		2300	No
R	......	$660	$1070	**$1630**	**$1920**	Hercules	4	165G	4F-1R		2805	No
V	......	$650	$1050	**$1590**	**$1880**	Hercules	4	65G	3F-1R		1802	No
				1945								
R	......	$640	$1030	**$1560**	**$1860**	Hercules	4	165G	4F-1R		2805	No
				1944								
R	......	$620	$1010	**$1530**	**$1840**	Hercules	4	165G	4F-1R		2805	No
				1943								
R	......	$610	$980	**$1490**	**$1790**	Hercules	4	165G	4F-1R		2805	No
				1942								
R	......	$590	$960	**$1450**	**$1740**	Hercules	4	165G	4F-1R		2805	No
				1941								
R	......	$570	$930	**$1400**	**$1690**	Hercules	4	165G	4F-1R		2805	No
				1940								
R	......	$550	$900	**$1360**	**$1630**	Hercules	4	165G	4F-1R		2805	No
				1939								
R	......	$540	$880	**$1330**	**$1600**	Hercules	4	165G	4F-1R		2805	No
RO-TRAK	......	$620	$1010	**$1530**	**$1840**	Hercules	6	165G	4F-1R		2805	No
Belarus												
				2002								
2011 2WD	$8595	$2750	$3440	**$4470**	**$5240**	Slavia	2	70D	16F-8R	19.0		No
3011 2WD	$9395	$3010	$3760	**$4890**	**$5730**	Belarus	2	127D	8F-6R	29.0		No
3045 4WD	$11135	$3560	$4450	**$5790**	**$6790**	Belarus	2	127D	6F-6R	30.0		No
5111 2WD	$15595	$4370	$5610	**$7330**	**$8890**	Minsk	4	289D	18F-4R	53.0	5908	No
5145 4WD	$17895	$5010	$6440	**$8410**	**$10200**	Minsk	4	289D	18F-4R	53.0	6490	No
8011 2WD	$19195	$5380	$6910	**$9020**	**$10940**	Belarus	4	289D	9F-2R	75.0	5950	No
				2000								
Eicher 364	$9840	$2760	$3540	**$4720**	**$5610**	Eicher	2	119D	8F-2R	34.5		No
510 2WD	$10660	$2990	$3840	**$5120**	**$6080**	Minsk	4	289D	9F-2R	53.0		No
2011 2WD	$7280	$2040	$2620	**$3490**	**$4150**	Slavia	2	70D	16F-8R	19.0		No
3011 2WD	$8850	$2480	$3190	**$4250**	**$5050**	Belarus	2	127D	8F-6R	29.0		No
3021 2WD	$9560	$2680	$3440	**$4590**	**$5450**	Belarus	2	127D	8F-6R	29.0		No
3055 4WD	$9500	$2660	$3420	**$4560**	**$5420**	Belarus	2	127D	6F-6R	30.0		No
4055 4WD	$10500	$2940	$3780	**$5040**	**$5990**	Belarus	3	190D	6F-6R	44.0		No
5011 2WD	$13530	$3250	$4330	**$5820**	**$7170**	Minsk	4	289D	11F-8R	55.0		No
5045 4WD	$15780	$3790	$5050	**$6790**	**$8360**	Minsk	4	289D	11F-8R	55.0	7850	No
5111M 2WD	$15535	$3730	$4970	**$6680**	**$8230**	Minsk	4	289D	9F-2R	53.0	5908	No
5145M 4WD	$18465	$4430	$5910	**$7940**	**$9790**	Minsk	4	289D	11F-10R	53.0	6490	No
6311M 2WD	$18480	$4440	$5910	**$7950**	**$9790**	Belarus	4	289D	18F-4R	59.0	8100	CHA
6345M 4WD	$21280	$5110	$6810	**$9150**	**$11280**	Belarus	4	289D	18F-4R	59.0	8500	CHA

Belarus (Cont.)

Model	Approx. Retail Price New	Estimated Value Less Repairs: Used Trade In Avg.	Used Trade In High	Used Retail Avg.	Used Retail High	Make	Engine No. Cyls.	Engine Displ. Cu.-In.	No. Speeds	P.T.O. H.P.	Approx. Shipping Wt.-Lbs.	Cab
2000 (Cont.)												
8011 2WD	$11950	$3350	$4300	**$5740**	**$6810**	Belarus	4	289D	9F-2R	72.0	5950	No
8011L 2WD	$10530	$2950	$3790	**$5050**	**$6000**	Belarus	4	289D	9F-2R	72.0	5950	No
8311S 2WD	$20535	$4930	$6570	**$8830**	**$10880**	Belarus	4	289D	14F-4R	75.0	8150	CHA
8345S 4WD	$24155	$5800	$7730	**$10390**	**$12800**	Belarus	4	289D	14F-4R	75.0	8600	CHA
9311S 2WD	$22440	$5390	$7180	**$9650**	**$11890**	Belarus	4T	289D	14F-4R	92.0	8200	CHA
9345 4WD	$28065	$6740	$8980	**$12070**	**$14870**	Belarus	4T	289D	14F-4R	92.0	8650	CHA
1999												
VST-180D	$8830	$2300	$3000	**$4150**	**$4950**	Belarus	3	55D	6F-2R	18.5		No
FS254	$8480	$2210	$2880	**$3990**	**$4750**	Belarus	3	87D	8F-2R	25.0		No
510 2WD	$12250	$2760	$3600	**$4980**	**$5940**	Minsk	4	289D	9F-2R	53.0	7628	No
2011 2WD	$9815	$1890	$2470	**$3410**	**$4060**	Slavia	2	70D	16F-8R	19.0	2602	No
2045 4WD	$9060	$2360	$3080	**$4260**	**$5070**	Slavia	2	70D	16F-8R	19.0	2712	No
2145 4WD	$9360	$2430	$3180	**$4400**	**$5240**	Slavia	2	70D	16F-8R	19.0	2750	No
3011 2WD	$9385	$2300	$3010	**$4160**	**$4960**	Belarus	2	127D	8F-6R	29.0	4425	No
3021 2WD	$10585	$2490	$3250	**$4490**	**$5350**	Belarus	2	127D	8F-6R	29.0	4500	No
3045 4WD	$11750	$2470	$3230	**$4470**	**$5320**	Belarus	2	127D	8F-6R	29.0	4750	No
5011 2WD	$15535	$2980	$4200	**$5690**	**$7050**	Minsk	4	289D	11F-8R	55.0	6060	No
5045 4WD	$17135	$3470	$4880	**$6620**	**$8190**	Minsk	4	289D	11F-8R	55.0	7850	No
5111 2WD	$15535	$3420	$4820	**$6530**	**$8080**	Minsk	4	289D	9F-2R	53.0	5908	No
5145 4WD	$18465	$4060	$5720	**$7760**	**$9600**	Minsk	4	289D	11F-10R	53.0	6490	No
5145 4WD	$19465	$4280	$6030	**$8180**	**$10120**	Minsk	4	289D	14F-4R	53.0	6490	No
6311 2WD	$18480	$4070	$5730	**$7760**	**$9610**	Belarus	4	289D	18F-4R	59.0	8100	CHA
6345 4WD	$21280	$4680	$6600	**$8940**	**$11070**	Belarus	4	289D	18F-4R	59.0	8500	CHA
6345 4WD	$22280	$4900	$6910	**$9360**	**$11590**	Belarus	4	289D	14F-4R	59.0	8500	CHA
8011L 2WD	$18600	$2730	$3570	**$4940**	**$5880**	Belarus	4	289D	9F-2R	72.0	5950	No
8021 2WD	$17465	$3840	$5410	**$7340**	**$9080**	Belarus	4	289D	9F-2R	72.0	5950	No
8311 2WD	$20535	$4520	$6370	**$8630**	**$10680**	Belarus	4	289D	14F-4R	75.0	8150	CHA
8345 4WD	$24155	$5310	$7490	**$10150**	**$12560**	Belarus	4	289D	14F-4R	75.0	8600	CHA
9011L 2WD	$21775	$4790	$6750	**$9150**	**$11320**	Belarus	4	289D	9F-2R	90.0	5975	No
9021 2WD	$20640	$4540	$6400	**$8670**	**$10730**	Belarus	4T	289D	9F-2R	90.0	5975	No
9311 2WD	$22440	$4940	$6960	**$9430**	**$11670**	Belarus	4T	289D	14F-4R	92.0	8200	CHA
9345 4WD	$28065	$5940	$8370	**$11340**	**$14040**	Belarus	4T	289D	14F-4R	92.0	8650	CHA
1998												
VST-180D	$8830	$2120	$2910	**$4060**	**$4860**	Belarus	3	55D	6F-2R	18.5		No
FS254	$8480	$2040	$2800	**$3900**	**$4660**	Belarus	3	87D	8F-2R	25.0		No
510 2WD	$12250	$2540	$3500	**$4880**	**$5830**	Minsk	4T	289D	9F-2R	53.0	7628	No
2011 2WD	$9815	$1750	$2400	**$3350**	**$4000**	Slavia	2	70D	16F-8R	19.0	2602	No
2045 4WD	$9060	$1930	$2660	**$3710**	**$4430**	Slavia	2	70D	16F-8R	19.0	2712	No
2145 4WD	$9360	$2010	$2760	**$3850**	**$4600**	Slavia	2	70D	16F-8R	19.0	2750	No
3011 2WD	$9385	$2120	$2920	**$4070**	**$4870**	Belarus	2	127D	8F-6R	29.0	4425	No
3021 2WD	$10585	$2290	$3160	**$4400**	**$5260**	Belarus	2	127D	8F-6R	29.0	4500	No
3045 4WD	$11750	$2280	$3140	**$4370**	**$5230**	Belarus	2	127D	8F-6R	29.0	4750	No
5011 2WD	$16125	$2710	$4070	**$5420**	**$6910**	Minsk	4	289D	11F-8R	55.0	6060	No
5045 4WD	$18259	$3200	$4800	**$6400**	**$8160**	Minsk	4	289D	11F-8R	55.0	7850	No
5111 2WD	$16870	$3110	$4660	**$6210**	**$7920**	Minsk	4	289D	9F-2R	53.0	5908	No
5145 4WD	$18560	$3500	$5250	**$7000**	**$8930**	Minsk	4	289D	11F-10R	53.0	6490	No
5145 4WD	$19690	$3720	$5580	**$7440**	**$9490**	Minsk	4	289D	14F-4R	53.0	6490	No
6311 2WD	$18890	$3560	$5340	**$7120**	**$9080**	Belarus	4	289D	18F-4R	59.0	8100	CHA
6345 4WD	$21510	$3920	$5870	**$7830**	**$9990**	Belarus	4	289D	18F-4R	59.0	8500	CHA
6345 4WD	$22640	$4140	$6200	**$8270**	**$10550**	Belarus	4	289D	14F-4R	59.0	8500	CHA
8011L 2WD	$18685	$2520	$3470	**$4830**	**$5780**	Belarus	4	289D	9F-2R	72.0	5950	No
8011L 2WD	$26810	$3360	$5040	**$6720**	**$8570**	Belarus	4	289D	9F-2R	72.0	5950	CHA
8021 2WD	$18800	$3170	$4760	**$6350**	**$8090**	Belarus	4	289D	9F-2R	72.0	5950	No
8311 2WD	$23200	$4110	$6160	**$8210**	**$10470**	Belarus	4	289D	14F-4R	75.0	8150	CHA
8345 4WD	$26820	$4830	$7250	**$9660**	**$12320**	Belarus	4	289D	14F-4R	75.0	8600	CHA
9011L 2WD	$21660	$4330	$6500	**$8660**	**$11050**	Belarus	4	289D	9F-2R	90.0	5975	No
9011L 2WD	$29785	$5400	$8100	**$10800**	**$13770**	Belarus	4	289D	9F-2R	90.0	5975	CHA
9021 2WD	$23510	$4130	$6190	**$8260**	**$10530**	Belarus	4T	289D	9F-2R	90.0	5975	No
9311 2WD	$25110	$4490	$6730	**$8980**	**$11440**	Belarus	4T	289D	14F-4R	92.0	8200	CHA
9345 4WD	$29730	$5410	$8120	**$10830**	**$13800**	Belarus	4T	289D	14F-4R	92.0	8650	CHA
1997												
200	$7260	$1600	$2320	**$3270**	**$3920**	Belarus	2	70D	16F-8R	19.0	2600	No
220 4WD	$8245	$1810	$2640	**$3710**	**$4450**	Belarus	2	70D	16F-8R	19.0	2700	No
250AS	$7885	$1740	$2520	**$3550**	**$4260**	Belarus	4	126D	8F-6R	25.0	4300	No
300	$9645	$1830	$2700	**$3670**	**$4820**	Belarus	2	127D	6F-6R	28.5	4500	No
310 4WD	$10905	$2070	$3050	**$4140**	**$5450**	Belarus	2	127D	6F-6R	28.5	4750	No
400A	$12405	$2360	$3470	**$4710**	**$6200**	Belarus	4	253D	10F-8R	51.0	6535	No
400AN	$12755	$2420	$3570	**$4850**	**$6380**	Belarus	4	253D	10F-8R	51.0	6535	No
405A w/Cab	$14185	$2700	$3970	**$5390**	**$7090**	Belarus	4	253D	10F-8R	51.0	7630	CH
405AN w/Cab	$14730	$2800	$4120	**$5600**	**$7370**	Belarus	4	253D	10F-8R	51.0	7630	CH
420A 4WD	$13780	$2620	$3860	**$5240**	**$6890**	Belarus	4	253D	10F-8R	51.0	7225	No
420AN 4WD	$14325	$2720	$4010	**$5440**	**$7160**	Belarus	4	253D	10F-8R	51.0	7225	No
425A 4WD w/Cab	$16645	$3160	$4660	**$6330**	**$8320**	Belarus	4	253D	10F-8R	51.0	8630	CH
425AN 4WD w/Cab	$17245	$3280	$4830	**$6550**	**$8620**	Belarus	4	253D	10F-8R	51.0	8630	CH
505	$16080	$3060	$4500	**$6110**	**$8040**	Belarus	4	290D	9F-2R	59.0	7980	No
525 4WD	$17540	$3330	$4910	**$6670**	**$8770**	Belarus	4	290D	9F-2R	59.0	8540	No
530	$13816	$2630	$3870	**$5250**	**$6910**	Belarus	4	290D	9F-2R	52.0	5908	No
532 4WD	$15650	$2970	$4380	**$5950**	**$7830**	Belarus	4	290D	9F-2R	52.0	6490	No
570 w/Cab	$16875	$3210	$4730	**$6410**	**$8440**	Belarus	4	290D	18F-4R	61.24	8460	CH
572 4WD w/Cab	$18940	$3600	$5300	**$7200**	**$9470**	Belarus	4	290D	18F-4R	61.24	8950	CH
615	$13410	$2550	$3760	**$5100**	**$6710**	Belarus	4	301D	10F-2R	61.0	8500	CH

Belarus (Cont.)

Model	Approx. Retail Price New	Used Trade In Avg.	Used Trade In High	Used Retail Avg.	Used Retail High	Engine Make	Engine No. Cyls.	Engine Displ. Cu.-In.	No. Speeds	P.T.O. H.P.	Approx. Shipping Wt.-Lbs.	Cab
1997 (Cont.)												
800	$17540	$3330	$4910	**$6670**	**$8770**	Belarus	4	290D	18F-4R	75.15	7960	No
805 w/Cab	$18935	$3600	$5300	**$7200**	**$9470**	Belarus	4	290D	18F-4R	75.15	8560	CH
820 4WD	$20010	$3800	$5600	**$7600**	**$10010**	Belarus	4	290D	18F-4R	75.15	8520	No
825 4WD w/Cab	$21140	$4020	$5920	**$8030**	**$10570**	Belarus	4	290D	18F-4R	75.15	9100	CH
900	$20820	$3960	$5830	**$7910**	**$10410**	Belarus	4T	290D	18F-4R	92.0	7960	No
905 w/Cab	$22125	$4200	$6200	**$8410**	**$11060**	Belarus	4T	290D	18F-4R	92.0	7960	CH
920 4WD	$23100	$4390	$6470	**$8780**	**$11550**	Belarus	4T	290D	18F-4R	92.0	8520	No
925 4WD w/Cab	$24650	$4680	$6900	**$9370**	**$12330**	Belarus	4T	290D	18F-4R	92.0	9100	CH
1025 4WD w/Cab	$25380	$4820	$7110	**$9640**	**$12690**	Belarus	4T	290D	18F-4R	92.0	9144	CH
1770 w/Cab	$43400	$6940	$9550	**$13450**	**$17360**	Belarus	6T	558D	12F-4R	167.7	19585	CH
2011	$9625	$1830	$2700	**$3660**	**$4810**	Slavia	2	70D	16F-8R	19.0	2602	No
2045 4WD	$10125	$1720	$2540	**$3440**	**$4530**	Slavia	2	70D	16F-8R	19.0	2712	No
6311	$19245	$3660	$5390	**$7310**	**$9620**	Belarus	4	290D	18F-4R	59.0	8100	CH
6345 4WD	$22210	$4220	$6220	**$8440**	**$11110**	Belarus	4	290D	18F-4R	59.0	8800	CH
8011L 2WD	$22875	$4350	$6410	**$8690**	**$11440**	Belarus	4	290D	9F-2R	72.0	5950	No
8311	$22540	$4280	$6310	**$8570**	**$11270**	Belarus	4	290D	14F-4R	75.0	8150	CH
8345 4WD	$26330	$4590	$6760	**$9180**	**$12080**	Belarus	4	290D	14F-4R	75.0	8600	CH
9011L	$24200	$4600	$6780	**$9200**	**$12100**	Belarus	4T	290D	9F-2R	90.0	5975	No
9311	$24525	$4660	$6870	**$9320**	**$12260**	Belarus	4T	290D	14F-4R	92.0	8200	CH
9345 4WD	$29390	$5330	$7860	**$10670**	**$14030**	Belarus	4T	290D	14F-4R	92.0	8650	CH
1996												
300	$9645	$2030	$2990	**$4240**	**$5110**	Belarus	2	127D	6F-6R	28.5	4500	No
310 4WD	$10905	$2290	$3380	**$4800**	**$5780**	Belarus	2	127D	6F-6R	28.5	4750	No
400A	$12105	$2180	$3270	**$4480**	**$5930**	Belarus	4	253D	10F-8R	51.0	6535	No
400AN	$12455	$2240	$3360	**$4610**	**$6100**	Belarus	4	253D	10F-8R	51.0	6535	No
405A w/Cab	$14185	$2550	$3830	**$5250**	**$6950**	Belarus	4	253D	10F-8R	51.0	7630	CH
405AN w/Cab	$14730	$2650	$3980	**$5450**	**$7220**	Belarus	4	253D	10F-8R	51.0	7630	CH
420A 4WD	$13780	$2480	$3720	**$5100**	**$6750**	Belarus	4	253D	10F-8R	51.0	7225	No
420AN 4WD	$14325	$2580	$3870	**$5300**	**$7020**	Belarus	4	253D	10F-8R	51.0	7225	No
425A 4WD w/Cab	$16050	$2890	$4330	**$5940**	**$7870**	Belarus	4	253D	10F-8R	51.0	8630	CH
425AN 4WD w/Cab	$16645	$3000	$4490	**$6160**	**$8160**	Belarus	4	253D	10F-8R	51.0	8630	CH
505	$16060	$2890	$4340	**$5940**	**$7870**	Belarus	4	289D	9F-2R	59.0	7980	No
525 4WD	$17540	$3160	$4740	**$6490**	**$8600**	Belarus	4	289D	9F-2R	59.0	8540	No
530	$13615	$2450	$3680	**$5040**	**$6670**	Belarus	4	289D	9F-2R	52.0	5908	No
532 4WD	$15650	$2820	$4230	**$5790**	**$7670**	Belarus	4	289D	9F-2R	52.0	6490	No
570 w/Cab	$16875	$3040	$4560	**$6240**	**$8270**	Belarus	4	289D	18F-4R	61.24	8460	CH
572 4WD w/Cab	$18940	$3410	$5110	**$7010**	**$9280**	Belarus	4	289D	18F-4R	61.24	8950	CH
800	$17540	$3160	$4740	**$6490**	**$8600**	Belarus	4	289D	18F-4R	75.15	7960	No
805 w/Cab	$18935	$3410	$5110	**$7010**	**$9280**	Belarus	4	289D	18F-4R	75.15	8560	CH
820 4WD	$20010	$3600	$5400	**$7400**	**$9810**	Belarus	4	289D	18F-4R	75.15	8520	No
825 4WD w/Cab	$21140	$3810	$5710	**$7820**	**$10360**	Belarus	4	289D	18F-4R	75.15	9100	CH
900	$20820	$3750	$5620	**$7700**	**$10200**	Belarus	4T	289D	18F-4R	92.0	7960	No
905 w/Cab	$22125	$3980	$5970	**$8190**	**$10840**	Belarus	4T	289D	18F-4R	92.0	7960	CH
920 4WD	$23100	$4160	$6240	**$8550**	**$11320**	Belarus	4T	289D	18F-4R	92.0	8520	No
925 4WD w/Cab	$24405	$4390	$6590	**$9030**	**$11960**	Belarus	4T	289D	18F-4R	92.0	9100	CH
1025 4WD w/Cab	$25380	$4570	$6850	**$9390**	**$12440**	Belarus	4T	289D	18F-4R	92.0	9144	CH
1770 w/Cab	$43400	$5460	$7800	**$11310**	**$14820**	Belarus	6T	558D	12F-4R	167.7	19585	CH
1995												
250AS	$7495	$1500	$2250	**$3220**	**$3900**	Belarus	2	127D	8F-6R	24.95	4300	No
300	$9165	$1560	$2380	**$3300**	**$4400**	Belarus	2	127D	8F-6R	28.5	4300	No
310 4WD	$10360	$1760	$2690	**$3730**	**$4970**	Belarus	2	127D	8F-6R	28.5	4750	No
400A	$11495	$1950	$2990	**$4140**	**$5520**	Belarus	4	253D	10F-8R	50.68	6535	No
400AN	$11730	$1990	$3050	**$4220**	**$5630**	Belarus	4	253D	10F-8R	50.68	6535	No
405A w/Cab	$12075	$2050	$3140	**$4350**	**$5800**	Belarus	4	253D	10F-8R	50.68	7630	CH
405AN w/Cab	$13990	$2380	$3640	**$5040**	**$6720**	Belarus	4	253D	10F-8R	50.68	7630	CH
420A 4WD	$13090	$2230	$3400	**$4710**	**$6280**	Belarus	4	253D	10F-8R	50.68	7225	No
420AN 4WD	$13660	$2320	$3550	**$4920**	**$6560**	Belarus	4	253D	10F-8R	50.68	7225	No
425A 4WD w/Cab	$15250	$2590	$3970	**$5490**	**$7320**	Belarus	4	253D	10F-8R	50.68	8630	CH
425AN 4WD w/Cab	$15820	$2690	$4110	**$5700**	**$7590**	Belarus	4	253D	10F-8R	50.68	8630	CH
505	$15260	$2590	$3970	**$5490**	**$7330**	Belarus	4	289D	9F-2R	58.0	7980	No
525 4WD	$16660	$2830	$4330	**$6000**	**$8000**	Belarus	4	289D	9F-2R	58.0	8540	No
530	$12935	$2200	$3360	**$4660**	**$6210**	Belarus	4	289D	9F-2R	55.0	5908	No
532 4WD	$14868	$2530	$3870	**$5350**	**$7140**	Belarus	4	289D	9F-2R	55.0	6200	No
570 w/Cab	$16030	$2730	$4170	**$5770**	**$7690**	Belarus	4	289D	18F-4R	61.24	8460	CH
572 4WD w/Cab	$17990	$3060	$4680	**$6480**	**$8640**	Belarus	4	289D	18F-4R	61.24	9210	CH
800	$16660	$2830	$4330	**$6000**	**$8000**	Belarus	4	290D	18F-4R	75.15	7960	No
805 w/Cab	$17990	$3060	$4680	**$6480**	**$8640**	Belarus	4	290D	18F-4R	75.15	8560	CH
820 4WD	$18995	$3230	$4940	**$6840**	**$9120**	Belarus	4	290D	18F-4R	75.15	8520	No
825 4WD	$20090	$3420	$5220	**$7230**	**$9640**	Belarus	4	290D	18F-4R	75.15	9100	CH
9021 2WD	$20960	$3560	$5450	**$7550**	**$10060**	Belarus	4T	290D	18F-4R	92.0	7960	CH
925 4WD w/Cab	$24115	$4100	$6270	**$8680**	**$11580**	Belarus	4T	290D	18F-4R	92.0	9100	CH
1770 w/Cab	$39230	$4970	$7260	**$10310**	**$13750**	Belarus	6T	558D	12F-4R	167.6	19585	CH
1994												
250AS	$7345	$1400	$2130	**$3090**	**$3750**	Belarus	2	127D	8F-6R	24.95	4300	No
305	$9015	$1440	$2250	**$3160**	**$4240**	Belarus	2	127D	8F-6R	28.5	4700	No
310 4WD	$10225	$1640	$2560	**$3580**	**$4810**	Belarus	2	127D	8F-6R	28.5	4750	No
400A	$12070	$1840	$2870	**$4020**	**$5400**	Belarus	4	253D	11F-6R	50.68	6535	No
400AN	$12410	$1880	$2930	**$4110**	**$5510**	Belarus	4	253D	11F-6R	50.68	6535	No
405A w/Cab	$12705	$1930	$3020	**$4230**	**$5680**	Belarus	4	253D	11F-6R	50.68	7630	CH
405AN w/Cab	$13070	$2090	$3270	**$4580**	**$6140**	Belarus	4	253D	11F-6R	50.68	7630	CH
420A 4WD	$13740	$2090	$3270	**$4580**	**$6150**	Belarus	4	253D	18F-4R	50.68	7225	No

Belarus (Cont.)

	Approx. Retail Price New	Estimated Value Less Repairs: Used Trade In Avg.	Used Trade In High	Used Retail Avg.	Used Retail High	Engine Make	No. Cyls.	Displ. Cu.-In.	No. Speeds	P.T.O. H.P.	Approx. Shipping Wt.-Lbs.	Cab
1994 (Cont.)												
420AN 4WD	$14310	$2190	$3420	**$4780**	**$6420**	Belarus	4	253D	11F-6R	50.68	7225	No
425A 4WD w/Cab	$14465	$2310	$3620	**$5060**	**$6800**	Belarus	4	253D	11F-6R	50.68	8630	CH
425AN 4WD w/Cab	$15040	$2410	$3760	**$5260**	**$7070**	Belarus	4	253D	11F-6R	50.68	8630	CH
505	$14900	$2380	$3730	**$5220**	**$7000**	Belarus	4	289D	9F-2R	58.0	7980	No
525	$16770	$2670	$4170	**$5830**	**$7830**	Belarus	4	289D	9F-2R	58.0	8540	No
530	$12860	$2060	$3220	**$4500**	**$6040**	Belarus	4	289D	9F-2R	55.0	5908	No
570 w/Cab	$15820	$2530	$3960	**$5540**	**$7440**	Belarus	4	289D	18F-4R	61.24	8460	CH
572 4WD w/Cab	$17750	$2840	$4440	**$6210**	**$8340**	Belarus	4	289D	18F-4R	61.24	9210	CH
615 w/Cab	$13585	$2170	$3400	**$4760**	**$6390**	Belarus	4	301D	10F-2R	67.0	8600	CH
800	$16250	$2600	$4060	**$5690**	**$7640**	Belarus	4	290D	18F-4R	75.15	7960	No
805 w/Cab	$17660	$2830	$4420	**$6180**	**$8300**	Belarus	4	290D	18F-4R	75.15	8560	CH
820 4WD	$18540	$2970	$4640	**$6490**	**$8710**	Belarus	4	290D	18F-4R	75.15	8520	No
825 4WD	$19820	$3170	$4960	**$6940**	**$9320**	Belarus	4	290D	18F-4R	75.15	9100	CH
900	$20165	$3230	$5040	**$7060**	**$9480**	Belarus	4T	290D	18F-4R	92.0	7960	No
905 w/Cab	$21575	$3450	$5390	**$7550**	**$10140**	Belarus	4T	290D	18F-4R	92.0	8560	CH
920 4WD	$22450	$3590	$5610	**$7860**	**$10550**	Belarus	4T	290D	18F-4R	92.0	8520	No
925 4WD w/Cab	$23730	$3800	$5930	**$8310**	**$11150**	Belarus	4T	290D	18F-4R	92.0	9100	CH
1770 w/Cab	$38730	$4650	$6970	**$9680**	**$13170**	Belarus	6T	558D	12F-4R	167.6	19585	CH
1993												
250AS	$6395	$1150	$1790	**$2620**	**$3200**	Belarus	2	127D	8F-6R	24.95	4300	No
400A	$10250	$1540	$2460	**$3490**	**$4720**	Belarus	4	254D	11F-6R	50.68	6535	No
420A 4WD	$10895	$1630	$2620	**$3700**	**$5010**	Belarus	4	254D	18F-4R	50.68	7225	No
570	$10250	$1540	$2460	**$3490**	**$4720**	Belarus	4	289D	18F-2R	61.24	10426	No
572	$14650	$2200	$3520	**$4980**	**$6740**	Belarus	4	289D	18F-2R	61.24	10426	CH
820	$15550	$2330	$3730	**$5290**	**$7150**	Belarus	4	290D	18F-4R	75.15	11075	CH
822 4WD	$17995	$2700	$4320	**$6120**	**$8280**	Belarus	4	290D	18F-4R	75.15	11075	CH
925	$19880	$2980	$4770	**$6760**	**$9150**	Belarus	6T	290D	18F-4R		9050	CH
1770	$36880	$4060	$6270	**$8850**	**$11800**	Belarus	6T	558D	12F-4R	167.6	20490	CH
1992												
250AS	$5595	$950	$1510	**$2240**	**$2740**	Belarus	2	127D	8F-6R	24.95	4300	No
400A	$9300	$1300	$2140	**$3070**	**$4190**	Belarus	4	254D	11F-6R	50.68	6535	No
420A 4WD	$9900	$1390	$2280	**$3270**	**$4460**	Belarus	4	254D	18F-4R	50.68	7225	No
570	$9300	$1300	$2140	**$3070**	**$4190**	Belarus	4	289D	18F-2R	61.24	10426	No
572	$13950	$1950	$3210	**$4600**	**$6280**	Belarus	4	289D	18F-2R	61.24	10426	CH
820	$14550	$2040	$3350	**$4800**	**$6550**	Belarus	4	290D	18F-4R	75.15	11075	CH
822 4WD	$16750	$2350	$3850	**$5530**	**$7540**	Belarus	4	290D	18F-4R	75.15	11075	CH
925	$18100	$2530	$4160	**$5970**	**$8150**	Belarus	6T	290D	18F-4R		9050	CH
1770	$36880	$3690	$5900	**$8480**	**$11060**	Belarus	6T	558D	12F-4R	167.6	20490	CH
1991												
250AS	$4995	$800	$1300	**$1950**	**$2400**	Belarus	2	127D	8F-6R	24.95	4300	No
400A	$8495	$1100	$1870	**$2720**	**$3740**	Belarus	4	254D	11F-6R	50.68	6535	No
420A 4WD	$9995	$1300	$2200	**$3200**	**$4400**	Belarus	4	254D	18F-4R	50.68	7225	No
570	$8495	$1100	$1870	**$2720**	**$3740**	Belarus	4	289D	18F-2R	61.24	10426	No
572	$11295	$1470	$2490	**$3610**	**$4970**	Belarus	4	289D	18F-2R	61.24	10426	CH
820	$13995	$1820	$3080	**$4480**	**$6160**	Belarus	4	290D	18F-4R	75.15	11075	CH
822 4WD	$14895	$1940	$3280	**$4770**	**$6550**	Belarus	4	290D	18F-4R	75.15	11075	CH
925	$16950	$2200	$3730	**$5420**	**$7460**	Belarus	6T	290D	18F-4R		9050	CH
1770	$45695	$3290	$5490	**$8050**	**$10610**	Belarus	6T	558D	12F-4R	167.6	20490	CH
1990												
250AS	$4615	$690	$1180	**$1750**	**$2170**	Belarus	2	127D	8F-6R	24.95	4300	No
400AN	$7415	$890	$1560	**$2300**	**$3190**	Belarus	4	253D	11F-6R	53.0	5060	No
420AN 4WD	$8450	$1010	$1780	**$2620**	**$3630**	Belarus	4	253D	11F-6R	53.00	5530	No
505	$8475	$1020	$1780	**$2630**	**$3640**	Belarus	4	289D	9F-2R	63.0	6060	No
525	$9445	$1130	$1980	**$2930**	**$4060**	Belarus	4	289D	9F-2R	63.0	6500	No
562 4WD	$11000	$1310	$2300	**$3400**	**$4710**	Belarus	4	289D	9F-2R	63.0	7145	CH
800	$10495	$1260	$2200	**$3250**	**$4510**	Belarus	4	289D	18F-4R	74.80	6700	No
802	$11020	$1320	$2310	**$3420**	**$4740**	Belarus	4	289D	18F-4R	74.80	7450	CH
820 4WD	$11545	$1390	$2420	**$3580**	**$4960**	Belarus	4	289D	18F-4R	74.80	7150	CH
822 4WD	$11955	$1440	$2510	**$3710**	**$5140**	Belarus	4	289D	18F-4R	74.80	7870	CH
1770 4WD	$43900	$2870	$5030	**$7540**	**$10050**	Belarus	6T	558D	12F-4R	167.6	20490	CH
1989												
250AS	$4395	$660	$1100	**$1630**	**$2020**	Belarus	2	127D	8F-6R	24.95	4300	No
400AN	$6995	$770	$1400	**$2100**	**$2940**	Belarus	4	253D	11F-6R	53.0	5060	No
420AN 4WD	$7995	$880	$1600	**$2400**	**$3360**	Belarus	4	253D	11F-6R	53.0	5530	No
505	$7995	$880	$1600	**$2400**	**$3360**	Belarus	4	289D	9F-2R	63.0	6060	No
525	$8995	$990	$1800	**$2700**	**$3780**	Belarus	4	289D	9F-2R	63.0	6500	No
562 4WD	$10495	$1150	$2100	**$3150**	**$4410**	Belarus	4	289D	9F-2R	63.0	7145	CH
800	$9995	$1100	$2000	**$3000**	**$4200**	Belarus	4	289D	18F-4R	74.80	6700	No
802	$10495	$1150	$2100	**$3150**	**$4410**	Belarus	4	289D	18F-4R	74.80	7450	CH
820 4WD	$10995	$1210	$2200	**$3300**	**$4620**	Belarus	4	289D	18F-4R	74.80	7150	CH
822 4WD	$11495	$1260	$2300	**$3450**	**$4830**	Belarus	4	289D	18F-4R	74.80	7870	CH
1770 4WD	$43900	$2520	$4680	**$7200**	**$9720**	Belarus	6T	558D	12F-4R	167.6	20490	CH
1988												
250	$6500	$600	$1020	**$1490**	**$1870**	Belarus	2	127D	8F-6R	24.95	3750	No
400	$10600	$690	$1290	**$1910**	**$2710**	Belarus	4	253D	11F-6R	53.0	5027	No
420 4WD	$12830	$800	$1480	**$2200**	**$3120**	Belarus	4	253D	11F-6R	53.0	5530	No
500	$12000	$750	$1390	**$2060**	**$2910**	Belarus	4	290D	9F-2R	63.0	6060	No
502	$14600	$920	$1720	**$2550**	**$3610**	Belarus	4	290D	9F-2R	63.0	7826	CH

Belarus (Cont.)

Model	Approx. Retail Price New	Used Trade In Avg.	Used Trade In High	Used Retail Avg.	Used Retail High	Engine Make	Engine No. Cyls.	Displ. Cu.-In.	No. Speeds	P.T.O. H.P.	Approx. Shipping Wt.-Lbs.	Cab
1988 (Cont.)												
520 4WD	$14550	$890	$1660	**$2470**	**$3490**	Belarus	4	290D	9F-2R	63.0	6500	No
522 4WD	$17100	$990	$1830	**$2730**	**$3850**	Belarus	4	290D	9F-2R	63.0	8377	CH
560	$15100	$950	$1760	**$2610**	**$3690**	Belarus	4	290D	9F-2R	63.0	6700	CH
562 4WD	$17800	$1040	$1930	**$2870**	**$4060**	Belarus	4	290D	9F-2R	63.0	7145	CH
611	$12800	$1040	$1930	**$2870**	**$4060**	Belarus	4	302D	10F-2R	60.0	7048	No
800	$15300	$1000	$1850	**$2760**	**$3900**	Belarus	4	290D	18F-4R	74.00	6700	No
802	$17300	$1050	$1950	**$2900**	**$4100**	Belarus	4	290D	18F-4R	74.00	8531	CH
820 4WD	$18550	$1100	$2050	**$3050**	**$4310**	Belarus	4	290D	18F-4R	74.00	7150	No
822 4WD	$20600	$1160	$2150	**$3190**	**$4510**	Belarus	4	290D	18F-4R	74.00	9082	CH
1770 4WD	$47000	$2160	$4320	**$6840**	**$9360**	Belarus	6T	558D	16F-8R	165.	17768	CH

Big Bud

Model	Approx. Retail Price New	Used Trade In Avg.	Used Trade In High	Used Retail Avg.	Used Retail High	Engine Make	Engine No. Cyls.	Displ. Cu.-In.	No. Speeds	P.T.O. H.P.	Approx. Shipping Wt.-Lbs.	Cab
1990												
370 HP	$140000	$10000	$17500	**$26250**	**$35000**	Komatsu	6TA	674D	12F-2R	370	43000	CHA
400 HP	$150000	$10800	$18900	**$28350**	**$37800**	Cat.	6TA	893D	12F-2R	400	46000	CHA
440 HP	$155000	$11200	$19600	**$29400**	**$39200**	Komatsu	6TA	930D	12F-2R	440	46000	CHA
450 HP	$150000	$12000	$21000	**$31500**	**$42000**	Cummins	6TA	855D	12F-2R	450	46000	CHA
450 HP	$155000	$12400	$21700	**$32550**	**$43400**	Detroit	V8TA	736D	12F-2R	450	46000	CHA
650 HP	$300000	$17600	$30800	**$46200**	**$61600**	Detroit	12TA	1104D	9F-2R	650	55000	CHA
740 HP	$300000	$20800	$36400	**$54600**	**$72800**	Komatsu	6TA	1413D	12F-2R	740	75000	CHA
1989												
HN-320	$90000	$5600	$10400	**$16000**	**$21600**	Cummins	6	855D	12F-2R	320	33000	CHA
HN-360	$105000	$6650	$12350	**$19000**	**$25650**	Cummins	6	855D	12F-2R	360	34000	CHA
370	$129000	$7700	$14300	**$22000**	**$29700**	Cummins	6	855D	12F-2R	370	45000	CHA
400/20	$135000	$8050	$14950	**$23000**	**$31050**	Cummins	6	1150D	12F-2R	400	44000	CHA
450/50	$150000	$9100	$16900	**$26000**	**$35100**	Cummins	6	1150D	9F-2R	450	46000	CHA
500	$159000	$9730	$18070	**$27800**	**$37530**	Komatsu	6	1168D	12F-2R	500	46000	CHA
525/50	$175000	$10850	$20150	**$31000**	**$41850**	Cummins	6	1150D	9F-2R	525	47000	CHA
740	$289000	$16800	$31200	**$48000**	**$64800**	Detroit	12	1104D	12F-2R	740	75000	CHA
1988												
370 4WD	$139000	$7140	$14280	**$22610**	**$30940**	Komatsu	6TA	674D	12F-2R	370		CHA
440 4WD	$159000	$7740	$15480	**$24510**	**$33540**	Komatsu	6TA	930D	12F-2R	440		CHA
500	$155000	$7500	$15000	**$23750**	**$32500**	Komatsu	6	1168D	12F-2R	500	46000	CHA
740 4WD	$289000	$13800	$27600	**$43700**	**$59800**	Komatsu	6TA	1413D	12F-2R	740		CHA
1987												
370 4WD	$107500	$4500	$9900	**$16200**	**$22500**	Komatsu	6TA	674D	12F-2R	370	37500	CHA
440 4WD	$122500	$5150	$11330	**$18540**	**$25750**	Komatsu	6TA	930D	12F-2R	440	39800	CHA
500	$153000	$6250	$13750	**$22500**	**$31250**	Komatsu	6	1168D	12F-2R	500	46000	CHA
739 4WD	$225000	$10000	$22000	**$36000**	**$50000**	Komatsu	6TA	1413D	9F-2R	740		CHA
1986												
360/30 4WD	$162000	$5000	$11250	**$21250**	**$30000**	Cummins	6T	855D	6F-1R	360	32000	CHA
400/30 4WD	$174000	$5360	$12060	**$22780**	**$32160**	Detroit	V8T	736D	6F-1R	400	42000	CHA
500	$150000	$5200	$11700	**$22100**	**$31200**	Komatsu	6	1168D	12F-2R	500	46000	CHA
525/50 4WD	$214000	$6400	$14400	**$27200**	**$38400**	Cummins	6TI	1150D	9F-2R	525	48000	CHA
650/50 4WD	$298000	$7600	$17100	**$32300**	**$45600**	Detroit	V12T	1104D	9F-2R	650	60000	CHA
1985												
360/30 4WD	$162000	$5000	$11250	**$20000**	**$28750**	Cummins	6T	855D	6F-1R	306	32000	CHA
400/30 4WD	$174000	$5400	$12150	**$21600**	**$31050**	Detroit	V8T	736D	6F-1R	340	42000	CHA
525/50 4WD	$214000	$6400	$14400	**$25600**	**$36800**	Cummins	6TI	1150D	9F-2R	421	48000	CHA
650/50 4WD	$298000	$7600	$17100	**$30400**	**$43700**	Detroit	V12T	1104D	9F-2R	552	60000	CHA
1984												
360/30 4WD	$162000	$5000	$11250	**$18750**	**$27500**	Cummins	6T	855D	6F-1R	306	32000	CHA
400/30 4WD	$174000	$5400	$12150	**$20250**	**$29700**	Detroit	V8T	736D	6F-1R	340	42000	CHA
525/50 4WD	$214000	$6400	$14400	**$24000**	**$35200**	Cummins	6TI	1150D	9F-2R	421	48000	CHA
650/50 4WD	$298000	$7400	$16650	**$27750**	**$40700**	Detroit	V12T	1104D	9F-2R	552	60000	CHA
1983												
360/30 4WD	$162000	$5000	$11250	**$18750**	**$26250**	Cummins	6T	855D	6F-1R	306	32000	CHA
400/30 4WD	$174000	$5320	$11970	**$19950**	**$27930**	Detroit	V8T	736D	6F-1R	340	42000	CHA
525/50 4WD	$214000	$6520	$14670	**$24450**	**$34230**	Cummins	6TI	1150D	9F-2R	421	48000	CHA
650/50 4WD	$298000	$7400	$16650	**$27750**	**$38850**	Detroit	V12T	1104D	9F-2R	552	60000	CHA
1982												
360/30 4WD	$162000	$5000	$11250	**$18750**	**$25000**	Cummins	6T	855D	6F-1R	306	32000	CHA
400/30 4WD	$174000	$5320	$11970	**$19950**	**$26600**	Detroit	V8T	736D	6F-1R	340	42000	CHA
525/50 4WD	$214000	$6200	$13950	**$23250**	**$31000**	Cummins	6TI	1150D	9F-2R	421	48000	CHA
650/50 4WD	$298000	$7200	$16200	**$27000**	**$36000**	Detroit	V12T	1104D	9F-2R	552	60000	CHA
1981												
360/30 4WD	$162000	$4800	$10800	**$18000**	**$24000**	Cummins	6T	855D	6F-1R	360	32000	CHA
400/30 4WD	$174000	$5200	$11700	**$19500**	**$26000**	Detroit	V8T	736D	6F-1R	400	42000	CHA
525/50 4WD	$214000	$6000	$13500	**$22500**	**$30000**	Cummins	6TI	1150D	9F-2R	421	48000	CHA
600/50 4WD	$275000	$7000	$15750	**$26250**	**$35000**	Detroit	V12T	1104D	9F-2R	600	60000	CHA
650/50 4WD	$298000	$7200	$16200	**$27000**	**$36000**	Detroit	V12T	1104D	9F-2R	650	60000	CHA

Big Bud (Cont.)

Model	Approx. Retail Price New	Used Trade In Avg.	Used Trade In High	Used Retail Avg.	Used Retail High	Engine Make	Engine No. Cyls.	Engine Displ. Cu.-In.	No. Speeds	P.T.O. H.P.	Approx. Shipping Wt.-Lbs.	Cab
1980												
360 4WD	$90000	$3400	$7650	**$12750**	**$17000**	Cummins	6T	855D	12F-2R	360	32000	CHA
360/20 4WD	$105000	$3800	$8550	**$14250**	**$19000**	Cummins	6T	855D	12F-2R	360	32000	CHA
360/30 4WD	$160000	$5000	$11250	**$18750**	**$25000**	Cummins	6T	855D	6F-1R	360	32000	CHA
400/30 4WD	$150000	$5400	$12150	**$20250**	**$27000**	Detroit	V8T	736D	6F-1R	400	42000	CHA
450/50 4WD	$132000	$6200	$13950	**$23250**	**$31000**	Cummins	6T	1150D	6F-1R	450	42000	CHA
525/50 4WD	$200000	$6600	$14850	**$24750**	**$33000**	Cummins	6TI	1150D	9F-2R	421	48000	CHA
600/50 4WD	$255000	$7000	$15750	**$26250**	**$35000**	Detroit	V12T	1104D	9F-2R	600	60000	CHA
650/50 4WD	$280000	$7200	$16200	**$27000**	**$36000**	Detroit	V12T	1104D	9F-2R	650	60000	CHA
1979												
360/30 4WD	$155000	$4800	$10800	**$18000**	**$24000**	Cummins	6T	855D	6F-1R	360	32000	CHA
400/30 4WD	$130000	$5000	$11250	**$18750**	**$25000**	Detroit	V8T	736D	6F-1R	400	42000	CHA
450/50 4WD	$125000	$5400	$12150	**$20250**	**$27000**	Cummins	6T	1150D	6F-1R	450	42000	CHA
525/50 4WD	$190000	$6600	$14850	**$24750**	**$33000**	Cummins	6TI	1150D	9F-2R	421	48000	CHA
600/50 4WD	$240000	$6800	$15300	**$25500**	**$34000**	Detroit	V12T	1104D	9F-2R	600	60000	CHA

Bolens-Iseki

Model	Approx. Retail Price New	Used Trade In Avg.	Used Trade In High	Used Retail Avg.	Used Retail High	Engine Make	Engine No. Cyls.	Engine Displ. Cu.-In.	No. Speeds	P.T.O. H.P.	Approx. Shipping Wt.-Lbs.	Cab
1988												
1502	$7370	$1020	$1720	**$2520**	**$3150**	Mitsubishi	3	47D	6F-2R		1080	No
1502H	$7820	$1060	$1790	**$2640**	**$3290**	Mitsubishi	3	47D	Variable			No
1704 4WD	$9240	$1200	$2020	**$2970**	**$3710**	Mitsubishi	3	52D	6F-2R		1268	No
1704H 4WD	$9590	$1250	$2110	**$3090**	**$3870**	Mitsubishi	3	52D	Variable			No
2102	$9631	$980	$1810	**$2700**	**$3810**	Isuzu	3	71D	12F-4R		1580	No
2104 4WD	$10450	$1050	$1950	**$2900**	**$4100**	Isuzu	3	71D	12F-4R		1657	No
2702	$11110	$1110	$2070	**$3070**	**$4350**	Isuzu	3	79D	18F-6R		2250	No
2704 4WD	$13700	$1330	$2480	**$3680**	**$5210**	Isuzu	3	79D	18F-6R		2401	No
1987												
1502	$6100	$850	$1460	**$2140**	**$2680**	Mitsubishi	3	47D	6F-2R	13.00	1080	No
1502H	$6350	$890	$1520	**$2220**	**$2790**	Mitsubishi	3	47D	Variable	13.00	1080	No
1704 4WD	$7550	$1060	$1810	**$2640**	**$3320**	Mitsubishi	3	52D	6F-2R	14.00	1080	No
1704H 4WD	$7750	$1090	$1860	**$2710**	**$3410**	Mitsubishi	3	52D	Variable		1268	No
2102	$7850	$790	$1410	**$2200**	**$3140**	Isuzu	3	71D	12F-4R		1580	No
2104 4WD	$8675	$870	$1560	**$2430**	**$3470**	Isuzu	3	71D	12F-4R		1657	No
2702	$9175	$920	$1650	**$2570**	**$3670**	Isuzu	3	79D	18F-6R		2250	No
2704 4WD	$11125	$1110	$2000	**$3120**	**$4450**	Isuzu	3	79D	18F-6R		2440	No
1986												
G1502	$5700	$770	$1340	**$1940**	**$2450**	Mitsubishi	3	47D	6F-2R	13.00		No
G1504 4WD	$6210	$840	$1460	**$2110**	**$2670**	Mitsubishi	3	47D	6F-2R	13.00		No
G1704 4WD	$6610	$890	$1550	**$2250**	**$2840**	Mitsubishi	3	52D	6F-2R	14.00		No
G2102	$6795	$920	$1600	**$2310**	**$2920**	Isuzu	3	71D	12F-4R			No
G2104 4WD	$7595	$720	$1330	**$2050**	**$2960**	Isuzu	3	71D	12F-4R			No
G2702	$8195	$780	$1430	**$2210**	**$3200**	Isuzu	3	79D	18F-6R			No
G2704 4WD	$9895	$940	$1730	**$2670**	**$3860**	Isuzu	3	79D	18F-6R			No
1985												
G1502	$5500	$720	$1270	**$1820**	**$2310**	Mitsubishi	3	47D	6F-2R	13.00		No
G1504 4WD	$6010	$780	$1380	**$1980**	**$2520**	Mitsubishi	3	47D	6F-2R	13.00		No
G1704 4WD	$6410	$830	$1470	**$2120**	**$2690**	Mitsubishi	3	52D	6F-2R	14.00		No
G2102	$6595	$860	$1520	**$2180**	**$2770**	Isuzu	3	71D	12F-4R			No
G2104 4WD	$7395	$670	$1180	**$1920**	**$2810**	Isuzu	3	71D	12F-4R			No
G2702	$7895	$710	$1260	**$2050**	**$3000**	Isuzu	3	79D	18F-6R			No
G2704 4WD	$9695	$870	$1550	**$2520**	**$3680**	Isuzu	3	79D	18F-6R			No
1984												
G1502	$5500	$690	$1240	**$1760**	**$2260**	Mitsubishi	3	47D	6F-2R	13.00		No
G1504 4WD	$6010	$750	$1350	**$1920**	**$2460**	Mitsubishi	3	47D	6F-2R	13.00		No
G1704 4WD	$6410	$800	$1440	**$2050**	**$2630**	Mitsubishi	3	52D	6F-2R	14.00		No
G2102	$6595	$820	$1480	**$2110**	**$2700**	Isuzu	3	71D	12F-4R			No
G2104 4WD	$7395	$630	$1150	**$1850**	**$2740**	Isuzu	3	71D	12F-4R			No
G2702	$7895	$670	$1220	**$1970**	**$2920**	Isuzu	3	79D	18F-6R			No
G2704 4WD	$9695	$820	$1500	**$2420**	**$3590**	Isuzu	3	79D	18F-6R			No
1983												
G152	$5335	$640	$1170	**$1650**	**$2130**	Mitsubishi	3	47D	6F-2R	13.00	1078	No
G154 4WD	$5816	$700	$1280	**$1800**	**$2330**	Mitsubishi	3	47D	6F-2R	13.00	1177	No
G174 4WD	$6226	$750	$1370	**$1930**	**$2490**	Mitsubishi	3	52D	6F-2R	14.80	1177	No
G192	$6126	$740	$1350	**$1900**	**$2450**	Isuzu	2	60D	9F-3R	18.20	1672	No
G194 4WD	$6808	$820	$1500	**$2110**	**$2720**	Isuzu	2	60D	9F-3R	18.20	1903	No
G242	$7500	$900	$1650	**$2330**	**$3000**	Isuzu	2	72D	9F-3R		1672	No
G244 4WD	$9150	$730	$1280	**$2200**	**$3290**	Isuzu	2	72D	9F-3R		1903	No
G292	$8200	$660	$1150	**$1970**	**$2950**	Isuzu	3	89D	8F-2R		2631	No
G294 4WD	$10300	$820	$1440	**$2470**	**$3710**	Isuzu	3	89D	8F-2R		2948	No
1982												
G152	$5228	$600	$1120	**$1570**	**$2070**	Mitsubishi	3	47D	6F-2R	13.00	1078	No
G154 4WD	$5700	$660	$1230	**$1710**	**$2250**	Mitsubishi	3	47D	6F-2R	13.00	1177	No
G174 4WD	$6101	$700	$1310	**$1830**	**$2410**	Mitsubishi	3	52D	6F-2R	14.80	1177	No
G192	$6003	$690	$1290	**$1800**	**$2370**	Isuzu	2	60D	9F-3R	18.20	1672	No
G194 4WD	$6672	$770	$1430	**$2000**	**$2640**	Isuzu	2	60D	9F-3R	18.20	1903	No
G242	$7350	$850	$1580	**$2210**	**$2900**	Isuzu	2	72D	9F-3R		1672	No

Bolens-Iseki (Cont.)

1982 (Cont.)

Model	Approx. Retail Price New	Estimated Value Less Repairs: Used Trade In Avg.	Used Trade In High	Used Retail Avg.	Used Retail High	Engine Make	Engine No. Cyls.	Displ. Cu.-In.	No. Speeds	P.T.O. H.P.	Approx. Shipping Wt.-Lbs.	Cab
G244 4WD	$8967	$670	$1210	**$2060**	**$3140**	Isuzu	2	72D	9F-3R		1903	No
G292	$8036	$600	$1090	**$1850**	**$2810**	Isuzu	3	89D	8F-2R		2631	No
G294 4WD	$10094	$760	$1360	**$2320**	**$3530**	Isuzu	3	89D	8F-2R		2948	No

Case

1985

Model	Approx. Retail Price New	Used Trade In Avg.	Used Trade In High	Used Retail Avg.	Used Retail High	Engine Make	No. Cyls.	Displ. Cu.-In.	No. Speeds	P.T.O. H.P.	Approx. Shipping Wt.-Lbs.	Cab
1194	$17960	$1490	$2660	**$4320**	**$6310**	David Brown	3	164D	12F-4R	43.00	4620	No
1294	$21885	$1750	$3100	**$5040**	**$7370**	David Brown	4	219D	12F-4R	55.00	5390	No
1294 4WD	$26750	$2210	$3930	**$6380**	**$9330**	David Brown	4	219D	12F-4R	55.00	6100	No
1394	$23690	$1950	$3470	**$5640**	**$8240**	David Brown	4T	219D	12F-4R	65.00	5500	No
1394 4WD	$29030	$2300	$4080	**$6630**	**$9690**	David Brown	4T	219D	12F-4R	65.00	6400	No
1394 PS 4WD w/Cab	$36875	$2960	$5260	**$8550**	**$12490**	David Brown	4T	219D	12F-4R	65.00	7250	CHA
1394 PS w/Cab	$32020	$2520	$4480	**$7280**	**$10640**	David Brown	4T	219D	12F-4R	65.00	6350	CHA
1494	$26975	$2070	$3680	**$5970**	**$8730**	David Brown	4T	219D	12F-4R	75.00	7240	No
1494 4WD	$36015	$2880	$5120	**$8320**	**$12160**	David Brown	4T	219D	12F-4R	75.00	7705	No
1494 PS 4WD w/Cab	$40870	$3320	$5900	**$9590**	**$14010**	David Brown	4T	219D	12F-4R	75.00	8555	CHA
1494 PS w/Cab	$35109	$2800	$4980	**$8090**	**$11820**	David Brown	4T	219D	12F-4R	75.00	8150	CHA
1594	$30725	$2410	$4280	**$6950**	**$10160**	Case	6	329D	12F-4R	85.90	8660	No
1594 4WD PS w/Cab	$43700	$3480	$6190	**$10060**	**$14710**	Case	6	329D	12F-4R	85.00	9900	CHA
1594 PS w/Cab	$37920	$2960	$5260	**$8550**	**$12500**	Case	6	329D	12F-4R	85.54	8710	CHA
1896	$45075	$3520	$6250	**$10160**	**$14850**	CD	6T	359D	12F-4R	95.92	13320	CHA
1896 4WD	$54865	$4310	$7660	**$12450**	**$18190**	CD	6T	359D	12F-4R	95.92	14437	CHA
2094	$49115	$3700	$6580	**$10690**	**$15620**	Case	6	504D	12F-4R	110.50	15490	CHA
2094 4WD	$57980	$4050	$7200	**$11700**	**$17100**	Case	6	504D	12F-4R	110.50	16500	CHA
2096	$50160	$3880	$6910	**$11220**	**$16400**	CD	6T	359D	12F-4R	115.67	14005	CHA
2096 4WD	$58947	$4140	$7360	**$11960**	**$17480**	CD	6T	359D	12F-4R	115.67	15125	CHA
2294	$54700	$4050	$7200	**$11700**	**$17100**	Case	6	504D	12F-4R	131.97	16600	CHA
2294 4WD	$63555	$4690	$8330	**$13530**	**$19780**	Case	6	504D	12F-3R	131.97	17000	CHA
2394	$65485	$4960	$8810	**$14320**	**$20930**	Case	6T	504D	12F-3R	162.15	16720	CHA
2594	$73380	$5230	$9290	**$15100**	**$22070**	Case	6T	504D	12F-3R	182.07	16800	CHA
3294 4WD	$70465	$5320	$9450	**$15360**	**$22450**	Case	6T	504D	12F-3R	162.63	17000	CHA
4494 4WD w/3 Pt.	$78000	$2800	$6300	**$11200**	**$16100**	Case	6T	504D	12F-4R	175.20	17920	CHA
4694 4WD w/3 Pt.	$93000	$3200	$7200	**$12800**	**$18400**	Case	6TI	504D	12F-4R	219.62	18275	CHA
4894 4WD w/3 Pt.	$106000	$3600	$8100	**$14400**	**$20700**	Scania	6T	673D	12F-4R	253.41	21750	CHA
4994 4WD	$132050	$4400	$9900	**$17600**	**$25300**	Case	V8	866D	12F-2R	344.04	28000	CHA

PS - Power Shift CD - Consolidated Diesel Corp.

1984

Model	Approx. Retail Price New	Used Trade In Avg.	Used Trade In High	Used Retail Avg.	Used Retail High	Engine Make	No. Cyls.	Displ. Cu.-In.	No. Speeds	P.T.O. H.P.	Approx. Shipping Wt.-Lbs.	Cab
1194	$17960	$1400	$2560	**$4130**	**$6110**	David Brown	3	164D	12F-4R	43.00	4620	No
1294	$21885	$1690	$3080	**$4970**	**$7360**	David Brown	4	219D	12F-4R	55.00	5390	No
1294 4WD	$26750	$2020	$3680	**$5940**	**$8790**	David Brown	4	219D	12F-4R	55.00	6100	No
1394	$23690	$1760	$3210	**$5170**	**$7660**	David Brown	4T	219D	12F-4R	65.00	5500	No
1394 4WD	$29030	$2130	$3880	**$6250**	**$9250**	David Brown	4T	219D	12F-4R	65.00	6400	No
1394 PS	$25385	$1820	$3320	**$5350**	**$7910**	David Brown	4T	219D	12F-4R	65.00	5560	No
1394 PS 4WD	$30725	$2270	$4140	**$6680**	**$9890**	David Brown	4T	219D	12F-4R	65.00	6460	No
1494	$26975	$1950	$3560	**$5740**	**$8500**	David Brown	4T	219D	12F-4R	75.00	7240	No
1494 4WD	$36015	$2550	$4650	**$7500**	**$11100**	David Brown	4T	219D	12F-4R	75.00	7705	No
1494 High Platform	$33615	$2300	$4190	**$6750**	**$9990**	David Brown	4T	219D	12F-4R	75.00	8375	CHA
1494 High Platform 4WD	$42655	$2220	$4040	**$6510**	**$9640**	David Brown	4T	219D	12F-4R	75.00	8900	CHA
1494 PS	$28670	$2010	$3670	**$5920**	**$8760**	David Brown	4T	219D	12F-4R	75.00	7300	No
1494 PS 4WD	$37710	$2470	$4500	**$7250**	**$10730**	David Brown	4T	219D	12F-4R	75.00	7765	No
1594	$29820	$2020	$3690	**$5950**	**$8810**	Case	6	329D	12F-4R	85.90	8660	No
1594 4WD	$39345	$2550	$4660	**$7510**	**$11120**	Case	6	329D	12F-4R	85.00	9090	No
1594 High Platform	$38215	$2650	$4840	**$7800**	**$11540**	Case	6	329D	12F-4R	85.00	8950	CHA
1594 High Platform 4WD	$46020	$2890	$5270	**$8500**	**$12580**	Case	6	329D	12F-4R	85.00	10160	CHA
1594 PS	$31515	$2170	$3950	**$6380**	**$9440**	Case	6	329D	12F-4R	85.54	8710	No
1594 PS 4WD	$41040	$2550	$4650	**$7500**	**$11100**	Case	6	329D	12F-4R	85.00	9150	No
2094	$49115	$3070	$5600	**$9030**	**$13360**	Case	6	504D	12F-3R	110.50	15490	CHA
2094 4WD	$57980	$3480	$6340	**$10230**	**$15130**	Case	6	504D	12F-3R	110.00	16500	CHA
2294	$54700	$3800	$6930	**$11180**	**$16540**	Case	6T	504D	12F-3R	131.97	16600	CHA
2294 4WD	$63555	$4040	$7360	**$11880**	**$17580**	Case	6T	504D	12F-3R	131.97	17000	CHA
2394	$61610	$4340	$7910	**$12750**	**$18870**	Case	6T	504D	12F-3R	162.15	16720	CHA
2594	$67230	$4510	$8220	**$13250**	**$19610**	Case	6T	504D	12F-3R	182.07	16800	CHA
3294 4WD	$70465	$4930	$8990	**$14500**	**$21460**	Case	6T	504D	12F-3R	162.63	17000	CHA
4494 4WD	$74000	$2820	$6340	**$10560**	**$15490**	Case	6T	504D	12F-4R	175.20	17420	CHA
4494 4WD w/3 Pt.	$78200	$3210	$7220	**$12030**	**$17640**	Case	6T	504D	12F-4R	175.20	17920	CHA
4694 4WD	$89000	$3000	$6750	**$11250**	**$16500**	Case	6TI	504D	12F-4R	219.62	17775	CHA
4694 4WD w/3 Pt.	$93000	$3110	$6990	**$11660**	**$17090**	Case	6TI	504D	12F-4R	219.62	18275	CHA
4894 4WD	$102000	$3400	$7650	**$12750**	**$18700**	Saab	6T	673D	12F-4R	253.41	21250	CHA
4894 4WD w/3 Pt.	$108000	$3600	$8100	**$13500**	**$19800**	Saab	6T	673D	12F-4R	253.41	21750	CHA
4994 4WD	$132050	$4000	$9000	**$15000**	**$22000**	Case	V8	866D	12F-2R	344.04	28000	CHA

PS - Power Shift

1983

Model	Approx. Retail Price New	Used Trade In Avg.	Used Trade In High	Used Retail Avg.	Used Retail High	Engine Make	No. Cyls.	Displ. Cu.-In.	No. Speeds	P.T.O. H.P.	Approx. Shipping Wt.-Lbs.	Cab
1190	$17104	$1160	$2030	**$3480**	**$5220**	David Brown	3	164D	12F-4R	43.09	4620	No
1194	$17120	$1320	$2310	**$3960**	**$5940**	David Brown	3	164D	12F-4R	43.00	4620	No
1290	$20842	$1330	$2320	**$3980**	**$5980**	David Brown	4	195D	12F-4R	53.73	5390	No
1290 4WD	$25470	$1720	$3010	**$5150**	**$7730**	David Brown	4	195D	12F-4R	53.73	6100	No
1294	$20665	$1590	$2780	**$4770**	**$7160**	David Brown	4	219D	12F-4R	55.00	5390	No
1294 4WD	$25550	$1900	$3330	**$5700**	**$8550**	David Brown	4	219D	12F-4R	55.00	6100	No
1390	$22562	$1570	$2740	**$4690**	**$7040**	David Brown	4	219D	12F-4R	60.59	5500	No
1390 4WD	$27644	$1890	$3310	**$5670**	**$8510**	David Brown	4	219D	12F-4R	60.59	6400	No

Case (Cont.)

1983 (Cont.)

Model	Approx. Retail Price New	Used Trade In Avg.	Used Trade In High	Used Retail Avg.	Used Retail High	Engine Make	Engine No. Cyls.	Engine Displ. Cu.-In.	No. Speeds	P.T.O. H.P.	Approx. Shipping Wt.-Lbs.	Cab
1394	$23130	$1660	$2900	**$4970**	**$7450**	David Brown	4T	219D	12F-4R	65.00	5500	No
1394 4WD	$28330	$2000	$3500	**$6000**	**$9000**	David Brown	4T	219D	12F-4R	65.00	6400	No
1394 PS	$24765	$1710	$2990	**$5130**	**$7700**	David Brown	4T	219D	12F-4R	65.00	5560	No
1394 PS 4WD	$29885	$2140	$3740	**$6410**	**$9620**	David Brown	4T	219D	12F-4R	65.00	6460	No
1490	$25687	$1740	$3040	**$5210**	**$7810**	David Brown	4T	219D	12F-4R	70.51	7240	No
1490 4WD	$34299	$2260	$3960	**$6790**	**$10190**	David Brown	4T	219D	12F-4R	70.51	7705	No
1490 High Platform	$32015	$2160	$3780	**$6480**	**$9720**	David Brown	4T	219D	12F-4R	70.00	8375	CHA
1490 High Platform 4WD	$40623	$2850	$4980	**$8540**	**$12820**	David Brown	4T	219D	12F-4R	70.00	8900	CHA
1490 PS	$27378	$1870	$3270	**$5610**	**$8420**	David Brown	4T	219D	12F-4R	70.00	7300	No
1494	$26225	$1840	$3220	**$5510**	**$8270**	David Brown	4T	219D	12F-4R	75.00	7240	No
1494 4WD	$35445	$2400	$4200	**$7200**	**$10800**	David Brown	4T	219D	12F-4R	75.00	7705	No
1494 PS	$28150	$1890	$3310	**$5680**	**$8520**	David Brown	4T	219D	12F-4R	75.00	7300	No
1494 PS 4WD	$36250	$2320	$4060	**$6960**	**$10440**	David Brown	4T	219D	12F-4R	75.00	7765	No
1594	$28540	$1900	$3330	**$5710**	**$8570**	Case	6	329D	12F-4R	85.90	8660	No
1594 4WD	$38322	$2400	$4210	**$7210**	**$10820**	Case	6	329D	12F-4R	85.00	9090	No
1594 PS	$30438	$2040	$3570	**$6120**	**$9180**	Case	6	329D	12F-4R	85.54	8710	No
1594 PS 4WD	$39440	$2400	$4200	**$7200**	**$10800**	Case	6	329D	12F-4R	85.00	9150	No
1690	$29813	$1980	$3470	**$5950**	**$8930**	Case	6	329D	12F-4R	90.39	8660	No
1690 4WD	$39345	$2670	$4670	**$8000**	**$12000**	Case	6	329D	12F-4R	90.39	9087	No
1690 High Platform	$38215	$2500	$4370	**$7490**	**$11230**	Case	6	329D	12F-4R	90.00	8950	CHA
1690 High Platform 4WD	$46016	$3040	$5320	**$9120**	**$13680**	Case	6	329D	12F-4R	90.00	10157	CHA
1690 PS	$31650	$2050	$3590	**$6160**	**$9230**	Case	6	329D	12F-4R	90.00	8710	No
2090	$44927	$2840	$4970	**$8520**	**$12780**	Case	6	504D	8F-4R	108.74	15490	CHA
2090 PS	$46777	$2930	$5140	**$8800**	**$13200**	Case	6	504D	12F-3R	108.29	15600	CHA
2090 PS 4WD	$55218	$3220	$5630	**$9650**	**$14470**	Case	6	504D	12F-3R	108.00	16500	CHA
2094	$48425	$2890	$5050	**$8660**	**$13000**	Case	6	504D	12F-3R	110.50	15490	CHA
2094 4WD	$56660	$3270	$5730	**$9820**	**$14720**	Case	6	504D	12F-3R	110.00	16500	CHA
2290	$50238	$3220	$5630	**$9650**	**$14470**	Case	6T	504D	8F-4R	128.80	16000	CHA
2290 PS	$52088	$3280	$5740	**$9840**	**$14760**	Case	6T	504D	12F-3R	129.08	16600	CHA
2290 PS 4WD	$60529	$3560	$6230	**$10680**	**$16020**	Case	6T	504D	12F-3R	129.00	17000	CHA
2294	$53540	$3580	$6260	**$10730**	**$16090**	Case	6T	504D	12F-3R	131.97	16600	CHA
2294 4WD	$62245	$3800	$6650	**$11400**	**$17100**	Case	6T	504D	12F-3R	131.97	17000	CHA
2390 PS	$58676	$3730	$6540	**$11200**	**$16800**	Case	6T	504D	12F-3R	160.72	16720	CHA
2394	$60220	$4080	$7140	**$12240**	**$18360**	Case	6T	504D	12F-3R	162.15	16720	CHA
2590 PS	$64029	$3920	$6860	**$11760**	**$17640**	Case	6T	504D	12F-3R	180.38	16800	CHA
2594	$66120	$4240	$7420	**$12720**	**$19080**	Case	6T	504D	12F-3R	182.07	16800	CHA
3294 4WD	$69235	$4640	$8120	**$13920**	**$20880**	Case	6T	504D	12F-3R	162.63	17000	CHA
4490 4WD	$73495	$2520	$5680	**$9460**	**$13250**	Case	6T	504D	12F-4R	175.20	17420	CHA
4490 4WD w/3 Pt.	$78000	$2660	$5990	**$9980**	**$13970**	Case	6T	504D	12F-4R	175.20	17920	CHA
4690 4WD	$89000	$2960	$6660	**$11100**	**$15540**	Case	6TI	504D	12F-4R	219.62	17775	CHA
4690 4WD w/3 Pt.	$93000	$3120	$7020	**$11700**	**$16380**	Case	6TI	504D	12F-4R	219.62	18275	CHA
4890 4WD	$102022	$3300	$7430	**$12380**	**$17330**	Saab	6T	673D	12F-4R	253.41	21250	CHA
4890 4WD w/3 Pt.	$108292	$3360	$7570	**$12610**	**$17660**	Saab	6T	673D	12F-4R	253.41	21750	CHA

PS - Power Shift

1982

Model	Approx. Retail Price New	Used Trade In Avg.	Used Trade In High	Used Retail Avg.	Used Retail High	Engine Make	Engine No. Cyls.	Engine Displ. Cu.-In.	No. Speeds	P.T.O. H.P.	Approx. Shipping Wt.-Lbs.	Cab
1190	$16475	$1010	$1820	**$3110**	**$4730**	David Brown	3	164D	12F-4R	43.09	4620	No
1290	$18222	$1150	$2070	**$3520**	**$5360**	David Brown	4	195D	12F-4R	53.73	5390	No
1390	$21440	$1430	$2570	**$4370**	**$6650**	David Brown	4	219D	12F-4R	60.59	5500	No
1390 4WD	$26375	$1680	$3020	**$5150**	**$7830**	David Brown	4	219D	12F-4R	60.59	6400	No
1490	$25208	$1590	$2860	**$4880**	**$7420**	David Brown	4T	219D	12F-4R	70.51	7240	No
1490 4WD	$33820	$2160	$3890	**$6620**	**$10080**	David Brown	4T	219D	12F-4R	70.51	7705	No
1490 High Platform 4WD	$40144	$2560	$4610	**$7850**	**$11950**	David Brown	4T	219D	12F-4R	70.00	8900	CHA
1490 High Platform PS	$33131	$2040	$3660	**$6240**	**$9500**	David Brown	4T	219D	12F-4R	70.00	8900	CHA
1690	$29813	$1790	$3210	**$5470**	**$8330**	Case	6	329D	12F-4R	90.39	8660	No
1690 4WD	$39345	$2430	$4370	**$7440**	**$11320**	Case	6	329D	12F-4R	90.39	8755	No
1690 High Platform 4WD	$46016	$2780	$5000	**$8510**	**$12950**	Case	6	329D	12F-4R	90.00	9115	CHA
1690 High Platform PS	$39810	$2460	$4430	**$7540**	**$11480**	Case	6	329D	12F-4R	90.00	9115	CHA
2090	$42084	$1360	$3070	**$5110**	**$6820**	Case	6	504D	8F-4R	108.74	15490	CHA
2090 PS	$44263	$1400	$3150	**$5250**	**$7000**	Case	6	504D	12F-3R	108.29	15600	CHA
2090 PS 4WD	$52579	$1540	$3470	**$5790**	**$7720**	Case	6	504D	12F-3R	108.00	16500	CHA
2290	$47316	$1570	$3540	**$5900**	**$7860**	Case	6T	504D	8F-4R	128.80	16000	CHA
2290 PS	$49495	$1610	$3620	**$6030**	**$8040**	Case	6T	504D	12F-3R	129.08	16600	CHA
2290 PS 4WD	$57811	$1680	$3780	**$6300**	**$8400**	Case	6T	504D	12F-3R	129.00	17000	CHA
2390 PS	$57809	$1860	$4190	**$6980**	**$9300**	Case	6T	504D	12F-3R	160.72	16720	CHA
2590	$64029	$1960	$4410	**$7350**	**$9800**	Case	6T	504D	12F-3R	180.38	16800	CHA
4490 4WD	$70231	$2170	$4880	**$8140**	**$10850**	Case	6T	504D	12F-4R	175.20	17420	CHA
4490 4WD w/3 Pt.	$76276	$2330	$5250	**$8740**	**$11660**	Case	6T	504D	12F-4R	175.20	17920	CHA
4690 4WD	$89460	$2540	$5710	**$9520**	**$12690**	Case	6TI	504D	12F-4R	219.62	17775	CHA
4690 4WD w/3 Pt.	$95505	$2720	$6120	**$10200**	**$13600**	Case	6TI	504D	12F-4R	219.62	18725	CHA
4890 4WD	$102922	$2920	$6570	**$10950**	**$14600**	Saab	6T	673D	12F-4R	253.41	21250	CHA
4890 4WD w/3 Pt.	$109047	$3000	$6750	**$11260**	**$15010**	Saab	6T	673D	12F-4R	253.41	21750	CHA

PS - Power Shift

1981

Model	Approx. Retail Price New	Used Trade In Avg.	Used Trade In High	Used Retail Avg.	Used Retail High	Engine Make	Engine No. Cyls.	Engine Displ. Cu.-In.	No. Speeds	P.T.O. H.P.	Approx. Shipping Wt.-Lbs.	Cab
1190	$12908	$8950	$1640	**$2770**	**$4280**	David Brown	3	164D	12F-4R	43.09	4620	No
1290	$14306	$9440	$1730	**$2930**	**$4520**	David Brown	4	195D	12F-4R	53.73	5390	No
1390	$17670	$11720	$2150	**$3630**	**$5610**	David Brown	4	219D	12F-4R	60.59	5500	No
1490	$22335	$13730	$2510	**$4250**	**$6570**	David Brown	4T	219D	12F-4R	70.51	7240	No
1690	$25236	$15780	$2890	**$4890**	**$7560**	Case	6	329D	12F-4R	90.39	8660	No
2090	$35992	$19170	$3510	**$5940**	**$9180**	Case	6	504D	12F-3R	108.29	10950	CHA
2290	$40177	$21300	$3900	**$6600**	**$10200**	Case	6T	504D	12F-3R	129.08	11070	CHA
2390	$47148	$24850	$4550	**$7700**	**$11900**	Case	6T	504D	12F-3R	160.72	14270	CHA
2590	$52342	$28400	$5200	**$8800**	**$13600**	Case	6T	504D	12F-3R	180.38	14875	CHA

Case (Cont.)

Model	Approx. Retail Price New	Used Trade In Avg.	Used Trade In High	Used Retail Avg.	Used Retail High	Engine Make	Engine No. Cyls.	Engine Displ. Cu.-In.	No. Speeds	P.T.O. H.P.	Approx. Shipping Wt.-Lbs.	Cab
1981 (Cont.)												
4490 4WD	$59636	$1960	$4410	$7360	$9810	Case	6T	504D	12F-4R	175.20	17420	CHA
4690 4WD	$75019	$2320	$5220	$8700	$11600	Case	6TI	504D	12F-4R	219.62	17775	CHA
4890 4WD	$88518	$2580	$5810	$9680	$12900	Saab	6T	673D	12F-4R	253.41	21250	CHA
1980												
1190	$11315	$770	$1480	$2600	$3950	David Brown	3	164D	12F-4R	43.00	4620	No
1290	$12615	$880	$1690	$2970	$4520	David Brown	4	195D	12F-4R	53.00	5390	No
1390	$16282	$1020	$1960	$3450	$5260	David Brown	4	219D	12F-4R	60.00	5500	No
1490	$20186	$1200	$2310	$4070	$6200	David Brown	4T	219D	12F-4R	70.00	7240	No
1690	$23192	$1310	$2510	$4420	$6730	Case	6	329D	12F-4R	90.00	8660	No
2090	$32786	$1760	$3380	$5940	$9050	Case	6	504D	12F-3R	108.29	10950	CHA
2290	$36082	$1860	$3590	$6310	$9610	Case	6T	504D	12F-3R	129.08	11070	CHA
2390	$43231	$2160	$4150	$7300	$11120	Case	6T	504D	12F-3R	160.72	14270	CHA
2590	$47182	$2420	$4650	$8180	$12460	Case	6T	504D	12F-3R	180.38	14875	CHA
4490 4WD	$53416	$1780	$4000	$6660	$8880	Case	6T	504D	12F-4R	175.20	17420	CHA
4690 4WD	$68238	$2070	$4650	$7750	$10330	Case	6TI	504D	12F-4R	219.62	17775	CHA
4890 4WD	$79941	$2300	$5180	$8630	$11510	Saab	6T	673D	12F-4R	253.41	21250	CHA
1979												
1070	$26132	$1460	$2920	$5350	$8020	Case	6	451D	8F-2R	107.36	9320	CHA
1070 PS	$27300	$1500	$3000	$5500	$8250	Case	6	451D	12F-3R	108.10	9460	CHA
1175	$26131	$1400	$2800	$5130	$7690	Case	6T	451D	8F-2R	121.93	10700	CHA
1270	$31015	$1540	$3080	$5650	$8480	Case	6T	451D	12F-3R	135.39	12800	CHA
1370	$32715	$1590	$3180	$5830	$8750	Case	6T	504D	12F-3R	155.56	13170	CHA
2090	$29468	$1410	$2820	$5170	$7760	Case	6	504D	8F-4R	108.09	10950	CHA
2290	$33167	$1570	$3130	$5740	$8610	Case	6T	504D	8F-4R	129.08	11070	CHA
2390	$40107	$1800	$3600	$6600	$9900	Case	6T	504D	12F-3R	160.72	14270	CHA
2590	$43371	$1980	$3960	$7260	$10890	Case	6T	504D	12F-3R	180.38	14875	CHA
2670 4WD	$44818	$1400	$3140	$5240	$6980	Case	6TI	504D	12F-4R	219.44	16370	CHA
2870 4WD	$51216	$1660	$3740	$6230	$8300	Saab	6	673D	12F-4R	252.10	18500	CHA
4490 4WD	$49618	$1670	$3750	$6240	$8320	Case	6T	504D	12F-4R	175.20	17420	CHA
4690 4WD	$61381	$1940	$4350	$7260	$9680	Case	6TI	504D	12F-4R	219.62	17775	CHA
4890 4WD	$72381	$2140	$4800	$8010	$10680	Saab	6T	673D	12F-4R	253.41	21250	CHA
PS - Power Shift												
1978												
970	$22754	$1160	$2420	$4620	$6830	Case	6	401D	8F-2R	93.87	9240	CHA
970 PS	$23922	$1240	$2590	$4950	$7310	Case	6	401D	12F-3R	93.41	9380	CHA
1070	$24259	$1270	$2650	$5060	$7480	Case	6	451D	8F-2R	107.36	9320	CHA
1070 PS	$25427	$1320	$2760	$5280	$7800	Case	6	451D	12F-3R	108.10	9460	CHA
1175	$24882	$1240	$2590	$4950	$7310	Case	6T	451D	8F-2R	121.93	10700	CHA
1270	$29582	$1400	$2930	$5610	$8290	Case	6T	451D	12F-3R	135.39	12800	CHA
1370	$30663	$1510	$3160	$6050	$8940	Case	6T	504D	12F-3R	155.56	13170	CHA
1570	$36174	$1710	$3570	$6820	$10080	Case	6T	504D	12F-3R	180.41	13330	CHA
2090	$27384	$1240	$2590	$4950	$7310	Case	6	504D	8F-4R	108.29	10950	CHA
2290	$30657	$1350	$2820	$5390	$7960	Case	6T	504D	8F-4R	129.08	11070	CHA
2390	$36156	$1650	$3450	$6600	$9750	Case	6T	504D	12F-3R	160.72	14270	CHA
2470 4WD	$38819	$1360	$3060	$5100	$6800	Case	6T	504D	12F-4R	174.20	15800	CHA
2590	$40060	$1950	$4080	$7810	$11540	Case	6T	504D	12F-3R	180.38	14875	CHA
2670 4WD	$43413	$1550	$3490	$5820	$7760	Case	6TI	504D	12F-4R	219.44	16370	CHA
2870 4WD	$49302	$1690	$3810	$6350	$8460	Saab	6T	673D	12F-4R	252.10	18500	CHA
PS - Power Shift												
1977												
970	$20186	$950	$2090	$4280	$6080	Case	6	401D	8F-2R	93.87	9240	CHA
970 PS	$21374	$1020	$2240	$4590	$6530	Case	6	401D	12F-3R	93.41	9380	CHA
1070	$21892	$1050	$2310	$4730	$6720	Case	6	451D	8F-2R	107.36	9320	CHA
1070 PS	$23060	$1100	$2420	$4950	$7040	Case	6	451D	12F-3R	108.10	9460	CHA
1175	$22974	$1080	$2370	$4840	$6880	Case	6T	451D	8F-2R	121.93	10700	CHA
1270	$25850	$1150	$2540	$5190	$7380	Case	6T	451D	12F-3R	135.39	12800	CHA
1370	$28461	$1200	$2650	$5410	$7700	Case	6T	504D	12F-3R	155.56	13170	CHA
1570	$32478	$1250	$2760	$5640	$8030	Case	6T	504D	12F-3R	180.41	13330	CHA
2470 4WD	$36874	$1260	$2830	$4710	$6280	Case	6T	504D	12F-4R	174.20	15800	CHA
2670 4WD	$42173	$1300	$2930	$4890	$6520	Case	6TI	504D	12F-4R	219.44	16370	CHA
2870 4WD	$47383	$1500	$3360	$5610	$7480	Saab	6T	673D	12F-4R	252.10	18500	CHA
PS - Power Shift												
1976												
970	$18365	$780	$1910	$4000	$5480	Case	6	401D	8F-2R	93.87	9240	CHA
970 PS	$19533	$810	$1980	$4140	$5670	Case	6	401D	12F-3R	93.41	9380	CHA
1070	$19502	$830	$2040	$4260	$5830	Case	6	451D	8F-2R	107.36	9320	CHA
1070 PS	$20670	$880	$2150	$4490	$6140	Case	6	451D	12F-3R	108.10	9460	CHA
1175	$21323	$910	$2230	$4670	$6400	Case	6T	451D	8F-2R	121.93	10700	CHA
1270	$23210	$990	$2420	$5060	$6930	Case	6T	451D	12F-3R	135.39	12800	CHA
1370	$26158	$1040	$2540	$5300	$7260	Case	6T	504D	12F-3R	155.56	13170	CHA
1570	$29646	$1110	$2700	$5650	$7730	Case	6T	504D	12F-3R	180.00	13330	CHA
2470 4WD	$35558	$1210	$2730	$4550	$6060	Case	6T	504D	12F-4R	174.20	15800	CHA
2670 4WD	$41152	$1480	$3330	$5550	$7400	Case	6TI	504D	12F-4R	219.44	16370	CHA
PS - Power Shift												
1975												
970	$16658	$640	$1760	$3680	$4960	Case	6	401D	8F-2R	93.87	9240	CHA
970 PS	$17826	$670	$1850	$3860	$5210	Case	6	401D	12F-3R	93.41	9380	CHA
1070	$17689	$680	$1870	$3910	$5270	Case	6	451D	8F-2R	107.36	9320	CHA

Case (Cont.)

1975 (Cont.)

Model	Approx. Retail Price New	Used Trade In Avg.	Used Trade In High	Used Retail Avg.	Used Retail High	Make	Engine No. Cyls.	Engine Displ. Cu.-In.	No. Speeds	P.T.O. H.P.	Approx. Shipping Wt.-Lbs.	Cab
1070 PS	$18857	$720	$1980	$4140	$5580	Case	6	451D	12F-3R	108.10	9460	CHA
1175	$19407	$740	$2050	$4280	$5770	Case	6T	451D	8F-2R	121.93	10700	CHA
1270	$20175	$760	$2090	$4370	$5890	Case	6T	451D	12F-3R	135.39	12200	CHA
1370	$23954	$820	$2260	$4730	$6370	Case	6T	504D	12F-3R	155.56	12300	CHA
1570	$28181	$880	$2430	$5080	$6850	Case	6T	504D	12F-3R	180.00	13330	CHA
2470 4WD	$33869	$1160	$2610	$4350	$5800	Case	6T	504D	12F-4R	174.20	15800	CHA
2670 4WD	$39035	$1320	$2970	$4950	$6600	Case	6TI	504D	12F-4R	219.44	16370	CHA

PS - Power Shift

1974

Model	Approx. Retail Price New	Used Trade In Avg.	Used Trade In High	Used Retail Avg.	Used Retail High	Make	Engine No. Cyls.	Engine Displ. Cu.-In.	No. Speeds	P.T.O. H.P.	Approx. Shipping Wt.-Lbs.	Cab
970	$16658	$670	$1830	$3830	$5160	Case	6	401D	8F-2R	93.87	9240	CHA
970 PS	$17826	$710	$1960	$4100	$5530	Case	6	401D	12F-3R	93.41	9380	CHA
1070	$17689	$710	$1950	$4070	$5480	Case	6	451D	8F-2R	107.36	9320	CHA
1070 PS	$18857	$750	$2070	$4340	$5850	Case	6	451D	12F-3R	108.10	9460	CHA
1175	$19407	$780	$2140	$4460	$6020	Case	6T	451D	8F-2R	121.93	10700	CHA
1270	$18315	$730	$2020	$4210	$5680	Case	6T	451D	12F-3R	126.70	12200	CHA
1370	$22670	$830	$2270	$4750	$6410	Case	6T	504D	12F-3R	142.51	12300	CHA
2470 4WD	$32256	$1120	$2520	$4200	$5600	Case	6T	504D	12F-4R	174.20	15800	CHA
2670 4WD	$37176	$1200	$2700	$4500	$6000	Case	6TI	504D	12F-4R	216.00	16370	CHA

PS - Power Shift

1973

Model	Approx. Retail Price New	Used Trade In Avg.	Used Trade In High	Used Retail Avg.	Used Retail High	Make	Engine No. Cyls.	Engine Displ. Cu.-In.	No. Speeds	P.T.O. H.P.	Approx. Shipping Wt.-Lbs.	Cab
970	$13806	$550	$1520	$3180	$4280	Case	6	377G	8F-2R	85.02	9660	CHA
970	$14876	$600	$1640	$3420	$4610	Case	6	401D	8F-2R	93.87	9800	CHA
970 PS	$14974	$600	$1650	$3440	$4640	Case	6	377G	12F-4R	85.23	9730	CHA
970 PS	$16044	$640	$1770	$3690	$4970	Case	6	401D	12F-4R	93.41	9870	CHA
1070	$14598	$580	$1610	$3360	$4530	Case	6	451D	8F-2R	107.36	10600	CHA
1070 PS	$15766	$630	$1730	$3630	$4890	Case	6	451D	12F-4R	108.10	10700	CHA
1175	$18316	$730	$2020	$4210	$5680	Case	6T	451D	8F-2R	121.93	10700	CHA
1270	$16152	$650	$1780	$3720	$5010	Case	6T	451D	12F-3R	126.70	12200	CHA
1370	$21471	$760	$2090	$4370	$5890	Case	6T	504D	12F-3R	142.51	12300	CHA
2470 4WD	$31182	$1100	$2480	$4130	$5500	Case	6T	504D	12F-4R	174.20	15800	CHA

PS - Power Shift

1972

Model	Approx. Retail Price New	Used Trade In Avg.	Used Trade In High	Used Retail Avg.	Used Retail High	Make	Engine No. Cyls.	Engine Displ. Cu.-In.	No. Speeds	P.T.O. H.P.	Approx. Shipping Wt.-Lbs.	Cab
470	$4685	$1050	$1430	$2110	$2410	Case	4	148G	8F-2R	33.11	3490	No
470	$5165	$1160	$1580	$2320	$2660	Case	4	188D	8F-2R	34.38	3565	No
570	$5615	$1260	$1710	$2530	$2890	Case	4	159G	8F-2R	39.50	3530	No
570	$6205	$1400	$1890	$2790	$3200	Case	4	188D	8F-2R	41.27	3675	No
770	$10858	$760	$1850	$3150	$4130	Case	4	251G	8F-2R	56.32	7760	CH
770	$11488	$800	$1950	$3330	$4370	Case	4	267D	8F-2R	63.90	7900	CH
770 PS	$11508	$460	$1270	$2650	$3570	Case	4	251G	12F-4R	53.53	7830	CH
770 PS	$12138	$490	$1340	$2790	$3760	Case	4	267D	12F-4R	64.56	7970	CH
870	$11540	$460	$1270	$2650	$3580	Case	4	301G	8F-2R	71.06	7960	CH
870	$12340	$490	$1360	$2840	$3830	Case	4	336D	8F-2R	70.67	8100	CH
870 PS	$12249	$490	$1350	$2820	$3800	Case	4	301G	12F-4R	70.65	8030	CH
870 PS	$13049	$520	$1440	$3000	$4050	Case	4	336D	12F-4R	70.53	8170	CHA
970	$12550	$500	$1380	$2890	$3890	Case	6	377G	8F-2R	85.02	9660	CHA
970	$13470	$540	$1480	$3100	$4180	Case	6	401D	8F-2R	93.87	9800	CHA
970 PS	$13718	$550	$1510	$3160	$4250	Case	6	377G	12F-4R	85.23	9730	CHA
970 PS	$14638	$590	$1610	$3370	$4540	Case	6	401D	12F-4R	93.41	9870	CHA
1070	$14022	$560	$1540	$3230	$4350	Case	6	451D	8F-2R	107.36	10600	CHA
1070 PS	$15190	$610	$1670	$3490	$4710	Case	6	451D	12F-4R	108.10	10700	CHA
1090	$15320	$610	$1690	$3520	$4750	Case	6	451D	8F-2R	107.36	12200	CHA
1090 PS	$16488	$660	$1810	$3790	$5110	Case	6	451D	12F-4R	108.10	12300	CHA
1175	$17481	$700	$1920	$4020	$5420	Case	6T	451D	8F-2R	121.93	10700	CHA
1270	$15387	$620	$1690	$3540	$4770	Case	6T	451D	12F-3R	126.70	12200	CHA
1370	$20018	$680	$1870	$3910	$5270	Case	6T	504D	12F-3R	142.51	12300	CHA
1470 4WD	$22014	$760	$2090	$4370	$5890	Case	6T	504D	8F-4R	144.89	15550	CHA
2470 4WD	$30056	$1060	$2390	$3980	$5300	Case	6T	504D	12F-4R	165.00	15800	CHA

PS - Power Shift

1971

Model	Approx. Retail Price New	Used Trade In Avg.	Used Trade In High	Used Retail Avg.	Used Retail High	Make	Engine No. Cyls.	Engine Displ. Cu.-In.	No. Speeds	P.T.O. H.P.	Approx. Shipping Wt.-Lbs.	Cab
470	$4465	$1030	$1380	$2030	$2320	Case	4	148G	12F-3R	33.11	3490	No
470	$4920	$1130	$1530	$2240	$2560	Case	4	188D	12F-3R	34.38	3565	No
570	$5320	$1220	$1650	$2420	$2770	Case	4	159G	12F-3R	39.50	3530	No
570	$5890	$1360	$1830	$2680	$3060	Case	4	188D	12F-3R	41.27	3675	No
770	$10183	$710	$1730	$2950	$3870	Case	4	251G	8F-2R	56.32	7760	CH
770	$10813	$760	$1840	$3140	$4110	Case	4	267D	8F-2R	56.36	7900	CH
770 PS	$10833	$760	$1840	$3140	$4120	Case	4	251G	12F-4R	53.53	7830	CH
770 PS	$11463	$800	$1950	$3320	$4360	Case	4	267D	12F-4R	56.77	7970	CH
870	$10946	$770	$1860	$3170	$4160	Case	4	301G	8F-2R	71.06	7960	CH
870	$11736	$820	$2000	$3400	$4460	Case	4	336D	8F-2R	70.67	8100	CH
870 PS	$11655	$820	$1980	$3380	$4430	Case	4	301G	12F-4R	70.65	8030	CH
870 PS	$12445	$870	$2120	$3610	$4730	Case	4	336D	12F-4R	70.53	8170	CH
970	$11689	$820	$1990	$3390	$4440	Case	6	377G	8F-2R	85.02	9660	CH
970	$12609	$880	$2140	$3660	$4790	Case	6	401D	8F-2R	85.70	9800	CH
970 PS	$12857	$900	$2190	$3730	$4890	Case	6	377G	12F-4R	85.23	9730	CH
970 PS	$13777	$960	$2340	$4000	$5240	Case	6	401D	12F-4R	85.31	9870	CH
1070	$13243	$930	$2250	$3840	$5030	Case	6	451D	8F-2R	100.73	10600	CH
1070 PS	$14411	$1010	$2450	$4180	$5480	Case	6	451D	12F-4R	100.21	10700	CH
1090	$14595	$1020	$2480	$4230	$5550	Case	6	451D	8F-2R	100.73	12200	CH
1090 PS	$15763	$1100	$2680	$4570	$5990	Case	6	451D	12F-4R	100.21	12300	CH
1170	$14567	$1020	$2480	$4220	$5540	Case	6T	451D	8F-2R	121.93	13800	CH

Case (Cont.)

1971 (Cont.)

Model	Approx. Retail Price New	Estimated Value Less Repairs: Used Trade In Avg.	Used Trade In High	Used Retail Avg.	Used Retail High	Engine Make	No. Cyls.	Displ. Cu.-In.	No. Speeds	P.T.O. H.P.	Approx. Shipping Wt.-Lbs.	Cab
1175	$15592	$1090	$2650	**$4520**	**$5930**	Case	6T	451D	8F-2R	121.93	10700	CH
1470	$21125	$720	$1980	**$4140**	**$5580**	Case	6T	504D	8F-4R	144.89	15550	CH
2470	$29186	$1000	$2250	**$3750**	**$5000**	Case	6T	504D	12F-4R	165.00	15800	CHA

PS - Power Shift

1970

Model	Approx. Retail Price New	Used Trade In Avg.	Used Trade In High	Used Retail Avg.	Used Retail High	Engine Make	No. Cyls.	Displ. Cu.-In.	No. Speeds	P.T.O. H.P.	Approx. Shipping Wt.-Lbs.	Cab
470	$4240	$1000	$1340	**$1930**	**$2250**	Case	4	148G	12F-3R	33.11	3490	No
470	$4683	$1100	$1480	**$2130**	**$2480**	Case	4	188D	12F-3R	34.38	3565	No
570	$5102	$1200	$1610	**$2320**	**$2700**	Case	4	159G	12F-3R	39.50	3530	No
570	$5652	$1330	$1780	**$2570**	**$3000**	Case	4	188D	12F-3R	41.27	3675	No
770	$9508	$670	$1620	**$2760**	**$3610**	Case	4	251G	8F-2R	56.32	7760	CH
770	$10138	$710	$1720	**$2940**	**$3850**	Case	4	267D	8F-2R	56.36	7900	CH
770 PS	$10158	$710	$1730	**$2950**	**$3860**	Case	4	251G	12F-4R	53.53	7830	CH
770 PS	$10788	$760	$1830	**$3130**	**$4100**	Case	4	267D	12F-4R	56.77	7970	CH
870	$10322	$720	$1760	**$2990**	**$3920**	Case	4	301G	8F-2R	71.06	7960	CH
870	$11062	$770	$1880	**$3210**	**$4200**	Case	4	336D	8F-2R	70.67	8100	CH
870 PS	$11031	$770	$1880	**$3200**	**$4190**	Case	4	301G	12F-4R	70.65	8030	CH
870 PS	$11771	$820	$2000	**$3410**	**$4470**	Case	4	336D	12F-4R	70.53	8170	CH
970	$11019	$770	$1870	**$3200**	**$4190**	Case	6	377G	8F-2R	85.02	9660	CH
970	$11869	$830	$2020	**$3440**	**$4510**	Case	6	401D	8F-2R	85.70	9800	CH
970 PS	$12187	$850	$2070	**$3530**	**$4630**	Case	6	377G	12F-4R	85.23	9730	CH
970 PS	$13037	$910	$2220	**$3780**	**$4950**	Case	6	401D	12F-4R	85.31	9870	CH
1070	$12613	$880	$2140	**$3660**	**$4790**	Case	6	451D	8F-2R	100.73	10600	CH
1070 PS	$13781	$970	$2340	**$4000**	**$5240**	Case	6	451D	12F-4R	100.21	10700	CH
1090	$13870	$970	$2360	**$4020**	**$5270**	Case	6	451D	8F-2R	100.73	12200	CH
1090 PS	$15038	$1050	$2560	**$4360**	**$5710**	Case	6	451D	12F-4R	100.21	12300	CH
1170	$13842	$970	$2350	**$4010**	**$5260**	Case	6T	451D	8F-2R	121.93	13800	CH
1470 4WD	$20950	$680	$1870	**$3910**	**$5270**	Case	6T	504D	8F-4R	144.89	15550	CH

PS - Power Shift

1969

Model	Approx. Retail Price New	Used Trade In Avg.	Used Trade In High	Used Retail Avg.	Used Retail High	Engine Make	No. Cyls.	Displ. Cu.-In.	No. Speeds	P.T.O. H.P.	Approx. Shipping Wt.-Lbs.	Cab
430	$4486	$1080	$1440	**$2090**	**$2420**	Case	4	188D	8F-2R	34	3800	No
440	$4018	$960	$1290	**$1870**	**$2170**	Case	4	148G	8F-2R	33	3530	No
530	$5283	$630	$1160	**$1850**	**$2540**	Case	4	188D	12F-3R	41.2	3600	No
540	$4784	$570	$1050	**$1670**	**$2300**	Case	4	159G	12F-3R	39.5	3455	No
540	$5640	$680	$1240	**$1970**	**$2710**	Case	4	188D	12F-3R	41.2	3600	No
730	$6842	$820	$1510	**$2400**	**$3280**	Case	4	267D	8F-2R	57	7610	No
730 Case-O-Matic	$7183	$860	$1580	**$2510**	**$3450**	Case	4	267D	8F-2R	57	7735	No
740	$6060	$730	$1330	**$2120**	**$2910**	Case	4	251G	8F-2R	58	7415	No
740 Case-O-Matic	$6369	$760	$1400	**$2230**	**$3060**	Case	4	251G	8F-2R	57	6505	No
830	$7384	$890	$1620	**$2580**	**$3540**	Case	4	301D	8F-2R	64	7620	No
830 Case-O-Matic	$7725	$930	$1700	**$2700**	**$3710**	Case	4	301D	8F-2R	64	7745	No
840	$6586	$790	$1450	**$2310**	**$3160**	Case	4	284G	8F-2R	66	7425	No
840 Case-O-Matic	$6927	$830	$1520	**$2420**	**$3330**	Case	4	284G	8F-2R	65	7550	No
930	$8268	$990	$1820	**$2890**	**$3970**	Case	6	401D	6F-1R	85	8385	No
940	$7768	$930	$1710	**$2720**	**$3730**	Case	6	377G	6F-1R	85	8190	No
1030	$9678	$1160	$2130	**$3390**	**$4650**	Case	6	451D	8F-2R	101	9500	No
1200	$18500	$600	$1650	**$3450**	**$4650**	Case	6	451D	8F-2R	120	16585	C
1470	$20638	$640	$1770	**$3700**	**$4990**	Case	6T	504D	8F-2R	144.9	15500	CHA

1968

Model	Approx. Retail Price New	Used Trade In Avg.	Used Trade In High	Used Retail Avg.	Used Retail High	Engine Make	No. Cyls.	Displ. Cu.-In.	No. Speeds	P.T.O. H.P.	Approx. Shipping Wt.-Lbs.	Cab
430	$4364	$1050	$1420	**$2070**	**$2400**	Case	4	188D	8F-2R	34	3590	No
440	$3944	$950	$1280	**$1870**	**$2170**	Case	4	148G	8F-2R	33	3530	No
530	$5162	$620	$1140	**$1810**	**$2500**	Case	4	188D	12F-3R	41.2	3600	No
540	$4637	$560	$1020	**$1620**	**$2250**	Case	4	159G	12F-3R	39.5	3455	No
730	$6711	$810	$1480	**$2350**	**$3260**	Case	4	267D	8F-2R	57	7610	No
730 Case-O-Matic	$7052	$850	$1550	**$2470**	**$3420**	Case	4	267D	8F-2R	57	7735	No
740	$5924	$710	$1300	**$2070**	**$2870**	Case	4	251G	8F-2R	58	7415	No
740 Case-O-Matic	$6275	$750	$1380	**$2200**	**$3040**	Case	4	267D	8F-2R	57	7540	No
830	$7290	$880	$1600	**$2550**	**$3540**	Case	4	301D	8F-2R	64	7620	No
830 Case-O-Matic	$7631	$920	$1680	**$2670**	**$3700**	Case	4	301D	8F-2R	64	7745	No
840	$6461	$780	$1420	**$2260**	**$3130**	Case	4	284G	8F-2R	65	7425	No
840 Case-O-Matic	$6800	$820	$1500	**$2380**	**$3300**	Case	4	284G	8F-2R	65	7425	No
930	$8123	$980	$1790	**$2840**	**$3940**	Case	6	401D	6F-1R	85	8385	No
940	$7641	$920	$1680	**$2670**	**$3710**	Case	6	377G	6F-1R	71	8360	No
1030	$9263	$1110	$2040	**$3240**	**$4490**	Case	6	451D	8F-2R	101	9500	No
1200	$18400	$570	$1570	**$3290**	**$4430**	Case	6	451D	8F-2R	120	16585	C

1967

Model	Approx. Retail Price New	Used Trade In Avg.	Used Trade In High	Used Retail Avg.	Used Retail High	Engine Make	No. Cyls.	Displ. Cu.-In.	No. Speeds	P.T.O. H.P.	Approx. Shipping Wt.-Lbs.	Cab
430	$4150	$1000	$1370	**$2010**	**$2300**	Case	4	188D	4F-1R	34	3710	No
440	$3750	$900	$1240	**$1820**	**$2080**	Case	4	148G	8F-2R	33	3530	No
530	$4910	$590	$1080	**$1720**	**$2410**	Case	4	188D	12F-3R	41	3600	No
530 Case-O-Matic	$5117	$610	$1130	**$1790**	**$2510**	Case	4	188D	8F-2R	41	3600	No
540	$4410	$530	$970	**$1540**	**$2160**	Case	4	159G	12F-3R	39.5	3455	No
540 Case-O-Matic	$4617	$550	$1020	**$1620**	**$2260**	Case	4	188D	8F-2R	41.2	3600	No
730	$6380	$770	$1400	**$2230**	**$3130**	Case	4	267D	8F-2R	57	7610	No
730 Case-O-Matic	$6721	$810	$1480	**$2350**	**$3290**	Case	4	267D	8F-2R	57	7735	No
740	$5630	$680	$1240	**$1970**	**$2760**	Case	4	251G	8F-2R	58	7415	No
740 Case-O-Matic	$5971	$720	$1310	**$2090**	**$2930**	Case	4	251G	8F-2R	57	7540	No
830	$6910	$830	$1520	**$2420**	**$3390**	Case	4	301D	8F-2R	64	7620	No
830 Case-O-Matic	$7215	$870	$1590	**$2530**	**$3540**	Case	4	301D	8F-2R	64	7745	No
840	$6140	$740	$1350	**$2150**	**$3010**	Case	4	284G	8F-2R	65	7425	No
840 Case-O-Matic	$6481	$780	$1430	**$2270**	**$3180**	Case	4	284G	8F-2R	64	7550	No
930	$7720	$930	$1700	**$2700**	**$3780**	Case	6	401D	6F-1R	85	8385	No

Case (Cont.)

Model	Approx. Retail Price New	Used Trade In Avg.	Used Trade In High	Used Retail Avg.	Used Retail High	Make	Engine No. Cyls.	Engine Displ. Cu.-In.	No. Speeds	P.T.O. H.P.	Approx. Shipping Wt.-Lbs.	Cab
				1967 (Cont.)								
940	$7290	$880	$1600	**$2550**	**$3570**	Case	6	371G	6F-1R	71	8360	No
1030	$8847	$1060	$1950	**$3100**	**$4340**	Case	6	451D	8F-2R	101	9500	No
1200	$18300	$560	$1530	**$3200**	**$4310**	Case	6	451D	8F-2R	120	16585	C
				1966								
430	$3938	$950	$1320	**$1950**	**$2210**	Case	4	188D	8F-2R	34	3565	No
440	$3563	$860	$1190	**$1760**	**$2000**	Case	4	148G	8F-2R	33	3490	No
530	$4681	$560	$1030	**$1640**	**$2340**	Case	4	188D	12F-3R	41.2	3600	No
530 Case-O-Matic	$4888	$590	$1080	**$1710**	**$2440**	Case	4	188D	8F-2R	40	3925	No
540	$4156	$500	$910	**$1460**	**$2080**	Case	4	159G	12F-3R	39	3455	No
540 Case-O-Matic	$4363	$520	$960	**$1530**	**$2180**	Case	4	188D	8F-2R	41.2	3780	No
730	$6064	$730	$1330	**$2120**	**$3030**	Case	4	267D	8F-2R	57	7610	No
730 Cawe-O-Matic	$6405	$770	$1410	**$2240**	**$3200**	Case	4	267D	8F-2R	56	7735	No
740	$5324	$640	$1170	**$1860**	**$2660**	Case	4	251G	8F-2R	58	7415	No
740 Case-O-Matic	$5480	$660	$1210	**$1920**	**$2740**	Case	4	251G	8F-2R	57	7540	No
830	$6623	$800	$1460	**$2320**	**$3310**	Case	4	301D	8F-2R	64	7620	No
830 Case-O-Matic	$6964	$840	$1530	**$2440**	**$3480**	Case	4	301D	8F-2R	64	7745	No
840	$5863	$700	$1290	**$2050**	**$2930**	Case	4	284G	8F-2R	66	6090	No
840 Case-O-Matic	$6204	$740	$1370	**$2170**	**$3100**	Case	4	284G	8F-2R	64	7550	No
930	$7365	$880	$1620	**$2580**	**$3680**	Case	6	401D	6F-1R	85	8845	No
940	$7005	$840	$1540	**$2450**	**$3500**	Case	6	377G	6F-1R	71	8190	No
1200	$18200	$540	$1490	**$3110**	**$4190**	Case	6	451D	8F-2R	120	16585	C
				1965								
430	$3786	$910	$1290	**$1870**	**$2140**	Case	4	188D	8F-2R	34	3565	No
440	$3356	$810	$1140	**$1660**	**$1900**	Case	4	148G	8F-2R	33	3530	No
530	$4472	$540	$980	**$1570**	**$2280**	Case	4	188D	12F-3R	41.2	3600	No
530 Case-O-Matic	$4679	$560	$1030	**$1640**	**$2390**	Case	4	188D	8F-2R	40	3925	No
540	$3953	$470	$870	**$1380**	**$2020**	Case	4	159G	12F-3R	39.5	3455	No
540 Case-O-Matic	$4160	$500	$920	**$1460**	**$2120**	Case	4	188D	8F-2R	41.2	3780	No
730	$5856	$700	$1290	**$2050**	**$2990**	Case	4	267D	8F-2R	57	6565	No
730 Case-O-Matic	$6199	$740	$1360	**$2170**	**$3160**	Case	4	267D	8F-2R	56	6680	No
740	$5095	$610	$1120	**$1780**	**$2600**	Case	4	251G	8F-2R	58	6425	No
740 Case-O-Matic	$5435	$650	$1200	**$1900**	**$2770**	Case	4	251G	8F-2R	57	6540	No
830	$6314	$760	$1390	**$2210**	**$3220**	Case	4	301D	8F-2R	64	6680	No
830 Case-O-Matic	$6655	$800	$1460	**$2330**	**$3390**	Case	4	301D	8F-2R	64	6875	No
840 Case-O-Matic	$5912	$710	$1300	**$2070**	**$3020**	Case	4	284G	8F-2R	65	6750	No
840	$5571	$670	$1230	**$1950**	**$2840**	Case	4	284G	8F-2R	65	6680	No
930	$7246	$870	$1590	**$2540**	**$3700**	Case	6	401D	6F-1R	85	8385	No
940	$6892	$830	$1520	**$2410**	**$3520**	Case	6	377G	6F-1R	85	8360	No
				1964								
430	$3615	$870	$1250	**$1790**	**$2060**	Case	4	188D	8F-2R	34	3565	No
440	$3162	$760	$1090	**$1570**	**$1800**	Case	4	148G	8F-2R	33	3530	No
530	$4249	$510	$940	**$1490**	**$2210**	Case	4	188D	12F-3R	41.2	3600	No
530	$4750	$570	$1050	**$1660**	**$2470**	Case	4	159G	12F-3R	39.5	3455	No
530 Case-O-Matic	$4456	$540	$980	**$1560**	**$2320**	Case	4	188D	8F-2R	40	3925	No
540	$3750	$450	$830	**$1310**	**$1950**	Case	4	159G	12F-3R	39.5	3455	No
540 Case-O-Matic	$3956	$480	$870	**$1390**	**$2060**	Case	4	159G	8F-2R	41.2	3780	No
730	$5647	$680	$1240	**$1980**	**$2940**	Case	4	267D	8F-2R	56	6160	No
730 Case-O-Matic	$5855	$700	$1290	**$2050**	**$3050**	Case	4	267D	8F-2R	56	6680	No
740	$4892	$590	$1080	**$1710**	**$2540**	Case	4	251G	8F-2R	58	6425	No
740 Case-O-Matic	$5390	$650	$1190	**$1890**	**$2800**	Case	4	251G	8F-2R	57	6540	No
830	$6087	$730	$1340	**$2130**	**$3170**	Case	4	301D	8F-2R	64	6090	No
830 Case-O-Matic	$6294	$760	$1390	**$2200**	**$3270**	Case	4	301D	8F-2R	63	6875	No
840	$5362	$640	$1180	**$1880**	**$2790**	Case	4	284G	8F-2R	63	6680	No
840 Case-O-Matic	$5569	$670	$1230	**$1950**	**$2900**	Case	4	284G	8F-2R	63	6750	No
930	$7110	$840	$1540	**$2450**	**$3650**	Case	6	401D	6F-1R	81	8905	No
940	$6696	$790	$1450	**$2310**	**$3430**	Case	6	377G	6F-1R	71	8850	No
				1963								
430	$3427	$850	$1230	**$1750**	**$2030**	Case	4	188D	8F-2R	34	3530	No
440	$2974	$740	$1080	**$1520**	**$1770**	Case	4	148G	8F-1R	33	3455	No
530	$4037	$500	$910	**$1450**	**$2190**	Case	4	188D	12F-3R	41.2	3600	No
530 Case-O-Matic	$4244	$520	$960	**$1520**	**$2300**	Case	4	188D	8F-2R	40	4225	No
540	$3538	$440	$800	**$1270**	**$1930**	Case	4	159G	12F-3R	39.5	3455	No
540 Case-O-Matic	$3745	$460	$850	**$1350**	**$2040**	Case	4	159G	8F-2R	41.2	4150	No
630	$4675	$570	$1050	**$1670**	**$2530**	Case	4	188D	12F-3R	48	4465	No
630 Caes-O-Matic	$4880	$600	$1100	**$1740**	**$2640**	Case	4	188D	8F-2R	49	4675	No
640	$4047	$500	$910	**$1450**	**$2200**	Case	4	188G	12F-3R	50	4315	No
640 Case-O-Matic	$4254	$520	$960	**$1520**	**$2310**	Case	4	188G	8F-2R	49	4590	No
730	$5431	$660	$1220	**$1940**	**$2930**	Case	4	267D	8F-2R	56	6240	No
730 Case-O-Matic	$5638	$690	$1260	**$2010**	**$3040**	Case	4	267D	8F-2R	56	6320	No
740	$4686	$570	$1050	**$1680**	**$2540**	Case	4	251G	8F-2R	58	6100	No
740 Case-O-Matic	$5330	$650	$1200	**$1900**	**$2880**	Case	4	251G	8F-2R	57	6180	No
830	$5862	$720	$1310	**$2090**	**$3160**	Case	4	301D	8F-2R	64	6465	No
830 Case-O-Matic	$6069	$740	$1360	**$2160**	**$3270**	Case	4	301D	8F-2R	63	6545	No
840	$5157	$630	$1160	**$1840**	**$2790**	Case	4	284G	8F-2R	64	6340	No
840 Case-O-Matic	$5364	$660	$1200	**$1910**	**$2900**	Case	4	284G	8F-2R	65	6420	No
930	$6905	$790	$1450	**$2310**	**$3500**	Case	6	401D	6F-1R	81	8400	No
940	$6515	$730	$1350	**$2140**	**$3240**	Case	6	371G	6F-1R	80	8345	No

Case (Cont.)

	Approx. Retail Price New	Estimated Value Less Repairs: Used Trade In Avg.	High	Used Retail Avg.	High	Engine Make	No. Cyls.	Displ. Cu.-In.	No. Speeds	P.T.O. H.P.	Approx. Shipping Wt.-Lbs.	Cab
1962												
430	$3400	$820	$1210	**$1700**	**$1970**	Case	4	188D	8F-2R	34	3800	No
440	$2940	$710	$1040	**$1470**	**$1710**	Case	4	148G	8F-1R	33	3530	No
530	$3975	$480	$880	**$1390**	**$2150**	Case	4	188D	12F-3R	41.2	3600	No
530 Case-O-Matic	$4195	$500	$920	**$1470**	**$2270**	Case	4	188D	8F-2R	41.2	4225	No
540	$3495	$420	$770	**$1220**	**$1890**	Case	4	159G	12F-3R	39.5	3455	No
540 Case-O-Matic	$3700	$440	$810	**$1300**	**$2000**	Case	4	188D	8F-2R	41.2	4150	No
630	$4600	$550	$1010	**$1610**	**$2480**	Case	4	188D	12F-3R	48	4465	No
630 Case-O-Matic	$4810	$580	$1060	**$1680**	**$2600**	Case	4	188D	8F-2R	49	4680	No
640	$4000	$480	$880	**$1400**	**$2160**	Case	4	188G	12F-3R	50	4315	No
640 Case-O-Matic	$4200	$500	$920	**$1470**	**$2270**	Case	4	188G	8F-2R	49	4590	No
730	$5400	$650	$1190	**$1890**	**$2920**	Case	4	267D	8F-2R	56	6240	No
730 Case-O-Matic	$5600	$670	$1230	**$1960**	**$3020**	Case	4	267D	8F-2R	56	6320	No
740	$4635	$560	$1020	**$1620**	**$2500**	Case	4	251G	8F-2R	58	6100	No
740 Case-O-Matic	$4855	$580	$1070	**$1700**	**$2620**	Case	4	251G	8F-2R	57	6180	No
830	$5850	$700	$1290	**$2050**	**$3160**	Case	4	301D	8F-2R	64	6465	No
830 Case-O-Matic	$6035	$720	$1330	**$2110**	**$3260**	Case	4	301D	8F-2R	64	6545	No
840	$5100	$610	$1120	**$1790**	**$2750**	Case	4	284G	8F-2R	64	6340	No
840 Case-O-Matic	$5315	$640	$1170	**$1860**	**$2870**	Case	4	284G	8F-2R	65	6420	No
930	$6875	$750	$1380	**$2200**	**$3390**	Case	6	401D	6F-1R	81	8400	No
940	$6150	$700	$1290	**$2050**	**$3160**	Case	6	377G	6F-1R	80	8345	No
1961												
430	$3400	$790	$1190	**$1670**	**$1930**	Case	4	188D	8F-2R	34	3800	No
440	$2940	$680	$1030	**$1440**	**$1670**	Case	4	148G	8F-1R	33	3530	No
530	$3975	$470	$850	**$1360**	**$2090**	Case	4	188D	12F-3R	41.2	3600	No
530 Case-O-Matic	$4195	$490	$900	**$1430**	**$2210**	Case	4	188D	8F-2R	41.2	4225	No
540	$3495	$410	$750	**$1190**	**$1830**	Case	4	159G	12F-3R	39.5	3455	No
540 Case-O-Matic	$3700	$430	$790	**$1260**	**$1940**	Case	4	188D	8F-2R	41.2	4150	No
630	$4600	$540	$990	**$1580**	**$2430**	Case	4	188D	12F-3R	48	4465	No
630 Case-O-Matic	$4810	$560	$1030	**$1650**	**$2540**	Case	4	188D	8F-2R	49	4680	No
640	$4000	$470	$860	**$1370**	**$2110**	Case	4	188G	12F-3R	50	4315	No
640 Case-O-Matic	$4200	$490	$900	**$1440**	**$2210**	Case	4	188G	8F-2R	49	4590	No
730	$5400	$640	$1170	**$1860**	**$2860**	Case	4	267D	8F-2R	56	6240	No
730 Case-O-Matic	$5600	$660	$1210	**$1930**	**$2970**	Case	4	267D	8F-2R	56	6320	No
740	$4635	$540	$1000	**$1590**	**$2450**	Case	4	251G	8F-2R	58	6100	No
740 Case-O-Matic	$4855	$570	$1050	**$1660**	**$2570**	Case	4	251G	8F-2R	57	6180	No
830	$5850	$690	$1270	**$2010**	**$3110**	Case	4	301D	8F-2R	64	6465	No
830 Case-O-Matic	$6035	$710	$1310	**$2080**	**$3210**	Case	4	301D	8F-2R	64	6545	No
840	$5100	$600	$1100	**$1750**	**$2700**	Case	4	284G	8F-2R	64	6340	No
840 Case-O-Matic	$5315	$630	$1150	**$1830**	**$2820**	Case	4	284G	8F-2R	65	6420	No
930	$6875	$730	$1340	**$2130**	**$3280**	Case	6	401D	6F-1R	81	8400	No
940	$6150	$680	$1240	**$1980**	**$3050**	Case	6	377G	6F-1R	80	8345	No
1960												
430	......	$760	$1160	**$1620**	**$1870**	Case	4	188D	8F-2R	34	3800	No
440	......	$670	$1020	**$1430**	**$1650**	Case	4	148G	8F-1R	33	3590	No
530	......	$440	$800	**$1280**	**$1970**	Case	4	188D	12F-3R	41.2	3600	No
540	......	$390	$720	**$1140**	**$1760**	Case	4	159G	12F-3R	39.5	3455	No
630	......	$520	$960	**$1520**	**$2350**	Case	4	188D	12F-3R	49	4020	No
640	......	$450	$830	**$1310**	**$2030**	Case	4	188G	12F-3R	50	4315	No
730	......	$620	$1130	**$1800**	**$2780**	Case	4	267D	8F-2R	57	6160	No
740	......	$530	$970	**$1540**	**$2380**	Case	4	251G	8F-2R	56	6060	No
830	......	$670	$1230	**$1960**	**$3020**	Case	4	301D	8F-2R	64	6240	No
840	......	$580	$1070	**$1700**	**$2620**	Case	4	284G	8F-2R	66	6090	No
930	......	$700	$1280	**$2030**	**$3130**	Case	6	401D	6F-1R	81	8845	No
940	......	$640	$1170	**$1860**	**$2860**	Case	6	371G	6F-1R	71	8190	No
1959												
200B	......	$810	$1250	**$1750**	**$2030**	Case	4	126G	4F-1R	31	3090	No
210B	......	$840	$1290	**$1800**	**$2090**	Case	4	126G	4F-1R	31	3090	No
300B	......	$460	$840	**$1330**	**$2060**	Continental	4	157D	12F-3R		3235	No
310B	......	$440	$810	**$1300**	**$2010**	Case	4	148G	12F-3R		3235	No
400B	......	$520	$950	**$1510**	**$2330**	Case	4	148G	8F-2R	37	3900	No
500 STD	......	$620	$1130	**$1800**	**$2790**	Case	6	377D	4F-1R	65	8128	No
500B	......	$500	$920	**$1470**	**$2280**	Case	4	165G	12F-3R	47	4240	No
600B	......	$560	$1030	**$1650**	**$2550**	Case	4	165G	8F-2R	44.56	4420	No
700	......	$640	$1170	**$1860**	**$2870**	Case	4	251G	8F-2R	54	5800	No
800	......	$690	$1270	**$2010**	**$3120**	Case	4	251G	8F-1R	54	5940	No
900	......	$720	$1320	**$2100**	**$3250**	Case	6	377D	6F-1R	70	7040	No
900 LP	......	$670	$1230	**$1960**	**$3030**	Case	6	377LP	6F-1R	71	7040	No
1958												
200B	......	$770	$1200	**$1660**	**$1950**	Case	4	126G	4F-1R	31	3090	No
210B	......	$820	$1280	**$1770**	**$2070**	Case	4	126G	4F-1R	31	3090	No
300B	......	$440	$810	**$1300**	**$2010**	Continental	4	157D	12F-3R	32.	3235	No
310B	......	$430	$790	**$1260**	**$1960**	Case	4	148G	12F-3R	29.	3235	No
400B	......	$510	$940	**$1500**	**$2320**	Case	4	148G	8F-2R	37	3900	No
500B	......	$500	$910	**$1450**	**$2260**	Case	4	165G	12F-3R	47	4240	No
600B	......	$550	$1010	**$1610**	**$2500**	Case	4	165G	8F-2R	44.56	4420	No
700	......	$620	$1140	**$1820**	**$2830**	Case	4	251G	8F-2R	54	5800	No
800	......	$680	$1250	**$2000**	**$3100**	Case	4	251G	8F-1R	54	5940	No
900	......	$710	$1300	**$2070**	**$3210**	Case	6	377D	6F-1R	70	7040	No
900 LP	......	$660	$1210	**$1920**	**$2980**	Case	6	377LP	6F-1R	71	7040	No

Case (Cont.)

	Approx. Retail Price New	Estimated Value Less Repairs Used Trade In Avg.	Used Trade In High	Used Retail Avg.	Used Retail High	Engine Make	No. Cyls.	Displ. Cu.-In.	No. Speeds	P.T.O. H.P.	Approx. Shipping Wt.-Lbs.	Cab
				1957								
300	......	$440	$800	**$1280**	**$1990**	Case	4	148G	12F-3R	29	4300	No
300B	......	$430	$780	**$1240**	**$1940**	Continental	4	157D	12F-3R	32.	3235	No
310	......	$410	$750	**$1190**	**$1860**	Case	4	148G	12F-3R		4300	No
400	......	$550	$1000	**$1600**	**$2490**	Case	4	251D	8F-2R	50	6722	No
400B	......	$510	$930	**$1480**	**$2300**	Case	4	148G	8F-2R	37	3900	No
500 STD	......	$580	$1070	**$1700**	**$2650**	Case	6	377D	4F-1R	65	8128	No
500B	......	$480	$880	**$1390**	**$2170**	Case	4	164G	12F-3R	47	4240	No
600 Diesel	......	$660	$1210	**$1920**	**$3000**	Case	6	377D	4F-1R	65	8128	No
600 LP	......	$640	$1170	**$1850**	**$2890**	Case	6	377LP	4F-1R	68	8128	No
600B	......	$540	$990	**$1580**	**$2460**	Case	4	165G	8F-2R	44.56	4420	No
700	......	$620	$1140	**$1820**	**$2840**	Case	4	251G	8F-2R	54	5800	No
800	......	$650	$1190	**$1890**	**$2950**	Case	4	251G	8F-1R	54	5940	No
900 Diesel	......	$670	$1230	**$1960**	**$3060**	Case	6	377D	6F-1R	70	7040	No
900 LP	......	$640	$1180	**$1870**	**$2920**	Case	6	377LP	6F-1R	71	7040	No
				1956								
300	......	$430	$790	**$1260**	**$1970**	Case	4	148G	12F-3R	34	4300	No
400	......	$520	$950	**$1510**	**$2360**	Case	4	251D	8F-2R	50	6722	No
500 STD	......	$550	$1010	**$1610**	**$2520**	Case	6	377D	4F-1R	65	8128	No
600 Diesel	......	$650	$1190	**$1890**	**$2960**	Case	6	377D	4F-1R	65	8128	No
600 LP	......	$620	$1140	**$1810**	**$2840**	Case	6	377LP	4F-1R	68	8128	No
				1955								
VA	......	$480	$870	**$1380**	**$2180**	Case	4	124G	4F-1R	19	4290	No
400	......	$540	$990	**$1570**	**$2470**	Case	4	251D	8F-2R	50	6722	No
500 STD	......	$610	$1110	**$1770**	**$2780**	Case	6	377D	4F-1R	63	8128	No
600 Diesel	......	$1270	$2070	**$2910**	**$3390**	Case	6	377D	4F-1R	65	8128	No
600 LP	......	$620	$1140	**$1820**	**$2860**	Case	6	377LP	4F-1R	68	8128	No
				1954								
SC	......	$400	$720	**$1150**	**$1820**	Case	4	153D	4F-1R	30	4200	No
VA	......	$470	$860	**$1370**	**$2150**	Case	4	124G	4F-1R	19	4290	No
500 STD	......	$570	$1050	**$1660**	**$2620**	Case	6	377D	4F-1R	65	8128	No
				1953								
D	......	$390	$720	**$1140**	**$1800**	Case	4	259G	4F-1R	38	4600	No
DC	......	$400	$730	**$1160**	**$1830**	Case	4	259G	4F-1R	38	4600	No
LA	......	$520	$950	**$1510**	**$2380**	Case	4	403G	4F-1R	62	7621	No
SC	......	$360	$660	**$1060**	**$1660**	Case	4	153D	4F-1R	30	4200	No
VA	......	$430	$780	**$1250**	**$1970**	Case	4	124G	4F-1R	19	4290	No
500 STD	......	$540	$990	**$1580**	**$2490**	Case	6	377D	4F-1R	65	8128	No
				1952								
D	......	$380	$690	**$1120**	**$1750**	Case	4	259G	4F-1R	38	4600	No
DC	......	$390	$710	**$1140**	**$1790**	Case	4	259G	4F-1R	38	4600	No
LA	......	$510	$930	**$1490**	**$2340**	Case	4	403G	4F-1R	62	7621	No
SC	......	$360	$660	**$1060**	**$1670**	Case	4	153D	4F-1R	30	4200	No
VA	......	$400	$730	**$1170**	**$1840**	Case	4	124G	4F-1R	19	4290	No
				1951								
D	......	$370	$670	**$1090**	**$1710**	Case	4	259G	4F-1R	38	4600	No
DC	......	$370	$680	**$1100**	**$1730**	Case	4	259G	4F-1R	38	4600	No
LA	......	$490	$900	**$1460**	**$2290**	Case	4	403G	4F-1R	62	7621	No
SC	......	$350	$640	**$1030**	**$1610**	Case	4	153D	4F-1R	30	4200	No
VA	......	$380	$700	**$1140**	**$1790**	Case	4	124G	4F-1R	19	4290	No
				1950								
D	......	$360	$650	**$1060**	**$1660**	Case	4	259G	4F-1R	38	4600	No
DC	......	$360	$660	**$1080**	**$1690**	Case	4	259G	4F-1R	38	4600	No
LA	......	$480	$870	**$1420**	**$2220**	Case	4	403G	4F-1R	62	7621	No
SC	......	$330	$610	**$990**	**$1560**	Case	4	153D	4F-1R	30	4200	No
VA	......	$370	$670	**$1090**	**$1710**	Case	4	124G	4F-1R	19	4290	No
				1949								
D	......	$340	$630	**$1030**	**$1610**	Case	4	259G	4F-1R	38	4600	No
DC	......	$350	$640	**$1050**	**$1640**	Case	4	259G	4F-1R	38	4600	No
LA	......	$460	$850	**$1390**	**$2170**	Case	4	403G	4F-1R	62	7621	No
SC	......	$330	$610	**$990**	**$1550**	Case	4	153D	4F-1R	30	4200	No
VA	......	$350	$650	**$1060**	**$1660**	Case	4	124G	4F-1R	19	4290	No
				1948								
D	......	$340	$620	**$1020**	**$1590**	Case	4	259G	4F-1R	38	4600	No
LA	......	$450	$820	**$1360**	**$2110**	Case	4	403G	4F-1R	62	7621	No
S	......	$320	$590	**$970**	**$1520**	Case	4	153D	4F-1R	30	4200	No
VA	......	$350	$640	**$1050**	**$1630**	Case	4	124G	4F-1R	19	4290	No
				1947								
D	......	$330	$610	**$1000**	**$1560**	Case	4	259G	4F-1R	38	4600	No
LA	......	$440	$810	**$1340**	**$2090**	Case	4	403G	4F-1R	62	7621	No
SC	......	$320	$580	**$960**	**$1500**	Case	4	153D	4F-1R	30	4200	No
VA	......	$340	$620	**$1020**	**$1590**	Case	4	124G	4F-1R	19	4290	No

Case (Cont.)

Model	Approx. Retail Price New	Used Trade In Avg.	Used Trade In High	Used Retail Avg.	Used Retail High	Engine Make	Engine No. Cyls.	Displ. Cu.-In.	No. Speeds	P.T.O. H.P.	Approx. Shipping Wt.-Lbs.	Cab
1946												
D	......	$320	$590	**$990**	**$1530**	Case	4	259G	4F-1R	38	4600	No
LA	......	$440	$800	**$1330**	**$2070**	Case	4	403G	4F-1R	62	7621	No
SC	......	$310	$570	**$950**	**$1470**	Case	4	153D	4F-1R	30	4200	No
VA	......	$330	$600	**$1000**	**$1540**	Case	4	124G	4F-1R	19	4290	No
1945												
D	......	$320	$580	**$970**	**$1510**	Case	4	259G	4F-1R	38	4600	No
LA	......	$430	$790	**$1320**	**$2050**	Case	4	403G	4F-1R	62	7621	No
SC	......	$300	$550	**$920**	**$1430**	Case	4	153D	4F-1R	30	4200	No
VA	......	$310	$570	**$950**	**$1470**	Case	4	124G	4F-1R	19	4290	No
1944												
D	......	$300	$550	**$930**	**$1450**	Case	4	259G	4F-1R	38	4600	No
LA	......	$420	$770	**$1300**	**$2010**	Case	4	403G	4F-1R	62	7621	No
SC	......	$290	$540	**$900**	**$1410**	Case	4	153D	4F-1R	30	4200	No
VA	......	$310	$560	**$940**	**$1470**	Case	4	124G	4F-1R	19	4290	No
1943												
D	......	$290	$530	**$900**	**$1410**	Case	4	259G	4F-1R	38	4600	No
LA	......	$420	$760	**$1290**	**$2000**	Case	4	403G	4F-1R	62	7621	No
SC	......	$290	$520	**$880**	**$1380**	Case	4	153D	4F-1R	30	4200	No
VA	......	$300	$550	**$930**	**$1450**	Case	4	124G	4F-1R	19	4290	No
1942												
D	......	$290	$520	**$890**	**$1390**	Case	4	259G	4F-1R	38	4600	No
LA	......	$410	$750	**$1270**	**$1990**	Case	4	403G	4F-1R	62	7621	No
SC	......	$280	$510	**$860**	**$1350**	Case	4	153D	4F-1R	30	4200	No
VA	......	$290	$530	**$910**	**$1420**	Case	4	124G	4F-1R	19	4290	No
1941												
D	......	$270	$510	**$860**	**$1350**	Case	4	259G	4F-1R	38	4600	No
LA	......	$400	$750	**$1260**	**$1980**	Case	4	403G	4F-1R	62	7621	No
SC	......	$280	$520	**$870**	**$1370**	Case	4	153D	4F-1R	30	4200	No
V	......	$290	$550	**$910**	**$1430**	Continental	4	127G	4F-1R	15	4290	No
1940												
D	......	$270	$510	**$840**	**$1320**	Case	4	259G	4F-1R	38	4600	No
V	......	$280	$540	**$880**	**$1380**	Continental	4	127G	4F-1R	15	4290	No
1939												
D	......	$280	$510	**$840**	**$1310**	Case	4	259G	4F-1R	38	4600	No
V	......	$290	$530	**$870**	**$1370**	Continental	4	127G	4F-1R	15	4290	No

Case-International

Model	Approx. Retail Price New	Used Trade In Avg.	Used Trade In High	Used Retail Avg.	Used Retail High	Engine Make	Engine No. Cyls.	Displ. Cu.-In.	No. Speeds	P.T.O. H.P.	Approx. Shipping Wt.-Lbs.	Cab
2009												
Farmall 31 4WD	$18515	$12040	$12960	**$15370**	**$16110**	Shibaura	3	91D	9F-3R	26.5	2511	No
Farmall 31 4WD Hydro	$20162	$13110	$14110	**$16730**	**$17540**	Shibaura	3	91D	Variable	24.9	2544	No
Farmall 35 4WD Hydro	$20979	$13640	$14690	**$17410**	**$18250**	Shibaura	3	101D	Variable	28.1	3052	No
Farmall 40 4WD	$23244	$15110	$16270	**$19290**	**$20220**	Shibaura	4	121D	12F-12R	35.0	3147	No
Farmall 40 4WD CVT w/Cab	$33527	$21790	$23470	**$27830**	**$29170**	Shibaura	4	121D	Variable	33.2	4402	CHA
Farmall 40 4WD Hydro w/Cab	$32897	$21380	$23030	**$27310**	**$28620**	Shibaura	4	121D	Variable	33.2	4402	CHA
Farmall 45 4WD	$25035	$16270	$17530	**$20780**	**$21780**	Shibaura	4	135D	12F-12R	39.6	3522	No
Farmall 45 4WD CVT w/Cab	$35675	$23190	$24970	**$29610**	**$31040**	Shibaura	4	135D	Variable	37.8	4491	CHA
Farmall 45 4WD Hydro w/Cab	$35046	$22780	$24530	**$29090**	**$30490**	Shibaura	4	135D	Variable	37.8	4491	CHA
Farmall 50 4WD	$26848	$17450	$18790	**$22280**	**$23360**	Shibaura	4	135D	12F-12R	43.0	3465	No
Farmall 50 4WD CVT w/Cab	$37489	$24370	$26240	**$31120**	**$32620**	Shibaura	4	135D	Variable	43.0	3465	CHA
Farmall 55 4WD	$28367	$18440	$19860	**$23550**	**$24680**	Shibaura	4T	135D	12F-12R	47.0	3522	No
Farmall 55 4WD w/Cab	$35737	$23230	$25020	**$29660**	**$31090**	Shibaura	4T	135D	12F-12R	47.0	4491	CHA
Farmall 60 4WD	$30217	$19640	$21150	**$25080**	**$26290**	Shibaura	4T	135D	12F-12R	51.0	4209	No
Farmall 60 4WD w/Cab	$37587	$24430	$26310	**$31200**	**$32700**	Shibaura	4T	135D	12F-12R	51.0	5179	CHA
Farmall 65C	$26117	$16980	$18280	**$21680**	**$22720**	Case IH	4TI	195D	16F-16R	50	5148	No
Farmall 65C 4WD	$31895	$20730	$22330	**$26470**	**$27750**	Case IH	4TI	195D	16F-16R	50	5632	No
Farmall 65C 4WD w/Cab	$40757	$26490	$28530	**$33830**	**$35460**	Case IH	4TI	195D	16F-16R	50	6063	CHA
Farmall 65C w/Cab	$34933	$22710	$24450	**$28990**	**$30390**	Case IH	4TI	195D	16F-16R	50	5588	CHA
Farmall 70	$24213	$15740	$16950	**$20100**	**$21070**	Case IH	4TI	195D	12F-12R	52	5152	No
Farmall 70 4WD	$29075	$18900	$20350	**$24130**	**$25300**	Case IH	4TI	195D	12F-12R	52	5704	No
Farmall 70 4WD w/Cab	$37729	$24520	$26410	**$31320**	**$32820**	Case IH	4TI	195D	12F-12R	52	6365	CHA
Farmall 70 w/Cab	$32868	$21360	$23010	**$27280**	**$28600**	Case IH	4TI	195D	12F-12R	52	5813	CHA
Farmall 75C	$30514	$19830	$21360	**$25330**	**$26550**	Case IH	4TI	195D	16F-16R	62	5148	No
Farmall 75C 4WD	$36648	$23820	$25650	**$30420**	**$31880**	Case IH	4TI	195D	16F-16R	62	5632	No
Farmall 75C 4WD w/Cab	$44938	$29210	$31460	**$37300**	**$39100**	Case IH	4TI	195D	16F-16R	62	6063	CHA
Farmall 75C w/Cab	$39114	$25420	$27380	**$32470**	**$34030**	Case IH	4TI	195D	16F-16R	62	5588	CHA
Farmall 75N Narrow	$29531	$19200	$20670	**$24510**	**$25690**	Case IH	3T	179D	16F-16R	62	5027	CHA
Farmall 75N Narrow 4WD	$37176	$24160	$26020	**$30860**	**$32340**	Case IH	3T	179D	16F-16R	62	5560	No
Farmall 75N Narrow 4WD w/Cab	$45573	$29620	$31900	**$37830**	**$39650**	Case IH	3T	179D	16F-16R	62	5886	CHA
Farmall 75N Narrow w/Cab	$38230	$24850	$26760	**$31730**	**$33260**	Case IH	3T	179D	16F-16R	62	5335	CHA
Farmall 80	$25922	$16850	$18150	**$21520**	**$22550**	Case IH	4TI	195D	12F-12R	62	5702	No
Farmall 80 4WD	$30784	$20010	$21550	**$25550**	**$26780**	Case IH	4TI	195D	12F-12R	62	6254	No
Farmall 80 4WD w/Cab	$39439	$25640	$27610	**$32730**	**$34310**	Case IH	4TI	195D	12F-12R	62	6915	CHA
Farmall 80 w/Cab	$34578	$22480	$24210	**$28700**	**$30080**	Case IH	4TI	195D	12F-12R	62	5813	CHA
Farmall 85C 4WD	$39519	$25690	$27660	**$32800**	**$34380**	Case IH	4TI	274D	16F-16R	70	6074	No
Farmall 85C 4WD w/Cab	$47810	$31080	$33470	**$39680**	**$41600**	Case IH	4TI	274D	16F-16R	70	6504	CHA

Case-International (Cont.)

2009 (Cont.)

Model	Approx. Retail Price New	Estimated Value Less Repairs: Used Trade In Avg.	Used Trade In High	Used Retail Avg.	Used Retail High	Engine Make	Engine No. Cyls.	Engine Displ. Cu.-In.	No. Speeds	P.T.O. H.P.	Approx. Shipping Wt.-Lbs.	Cab
Farmall 85U	$32327	$21010	$22630	**$26830**	**$28120**	Case IH	4TI	274D	12F-12R	70	6393	No
Farmall 85U 4WD	$40315	$26210	$28220	**$33460**	**$35070**	Case IH	4TI	274D	12F-12R	70	7055	No
Farmall 85U 4WD w/Cab	$49069	$31900	$34350	**$40730**	**$42690**	Case IH	4TI	274D	12F-12R	70	7496	CHA
Farmall 85U w/Cab	$41261	$26820	$28880	**$34250**	**$35900**	Case IH	4TI	274D	12F-12R	70	6834	CHA
Farmall 90	$29893	$19430	$20930	**$24810**	**$26010**	Case IH	4TI	274D	12F-12R	72	5702	No
Farmall 90 4WD	$34994	$22750	$24500	**$29050**	**$30450**	Case IH	4TI	274D	12F-12R	72	6254	No
Farmall 90 4WD w/Cab	$43650	$28370	$30560	**$36230**	**$37980**	Case IH	4TI	274D	12F-12R	72	6915	CHA
Farmall 90 w/Cab	$38548	$25060	$26980	**$32000**	**$33540**	Case IH	4TI	274D	12F-12R	72	6363	CHA
Farmall 95	$31004	$20150	$21700	**$25730**	**$26970**	Case IH	4TI	274D	12F-12R	80	6107	No
Farmall 95 4WD	$36107	$23470	$25280	**$29970**	**$31410**	Case IH	4TI	274D	12F-12R	80	6659	No
Farmall 95 4WD w/Cab	$44760	$29090	$31330	**$37150**	**$38940**	Case IH	4TI	274D	12F-12R	80	7320	CHA
Farmall 95 w/Cab	$39660	$25780	$27760	**$32920**	**$34500**	Case IH	4TI	274D	12F-12R	80	6768	CHA
Farmall 95C 4WD	$43220	$28090	$30250	**$35870**	**$37600**	Case IH	4TI	274D	16F-16R	80	6074	No
Farmall 95C 4WD w/Cab	$51511	$33480	$36060	**$42750**	**$44820**	Case IH	4TI	274D	16F-16R	80	6504	CHA
Farmall 95U	$34820	$22630	$24370	**$28900**	**$30290**	Case IH	4TI	274D	12F-12R	77	6834	No
Farmall 95U 4WD	$42512	$27630	$29760	**$35290**	**$36990**	Case IH	4TI	274D	12F-12R	77	6691	No
Farmall 95U 4WD w/Cab	$51448	$33440	$36010	**$42700**	**$44760**	Case IH	4TI	274D	12F-12R	77	7936	CHA
Farmall 95U w/Cab	$43756	$28440	$30630	**$36320**	**$38070**	Case IH	4TI	274D	12F-12R	77	7275	CHA
Farmall 95N Narrow 4WD	$41369	$26890	$28960	**$34340**	**$35990**	Case IH	4TI	274D	16F-16R	80	6074	No
Farmall 95N Narrow 4WD w/Cab	$49767	$32350	$34840	**$41310**	**$43300**	Case IH	4TI	274D	16F-16R	80	6107	CHA
Farmall 95 High Clear 4WD	$39463	$25650	$27620	**$32750**	**$34330**	Case IH	4TI	274D	12F-12R	80	6659	No
Farmall 95 High Clear 4WD w/Cab	$50054	$32540	$35040	**$41550**	**$43550**	Case IH	4TI	274D	12F-12R	80	6659	CHA
Farmall 95 High Clear w/Cab	$41976	$27280	$29380	**$34840**	**$36520**	Case IH	4TI	274D	12F-12R	80	6659	CHA
Farmall 105U	$37973	$24680	$26580	**$31520**	**$33040**	Case IH	4TI	274D	12F-12R	90	6834	No
Farmall 105U 4WD	$45756	$29740	$32030	**$37980**	**$39810**	Case IH	4TI	274D	12F-12R	90	7496	No
Farmall 105U w/Cab	$46908	$30490	$32840	**$38930**	**$40810**	Case IH	4TI	274D	12F-12R	90	7275	CHA
Farmall 105U 4WD w/Cab	$54691	$35550	$38280	**$45390**	**$47580**	Case IH	4TI	274D	12F-12R	90	7936	CHA
Maxxum 110	$45561	$29160	$31440	**$36900**	**$38730**	Case IH	4TI	274D	12F-12R	90	9202	No
Maxxum 110 4WD	$56904	$36420	$39260	**$46090**	**$48370**	Case IH	4TI	274D	12F-12R	90	9568	No
Maxxum 110 w/Cab	$55551	$35550	$38330	**$45000**	**$47220**	Case IH	4TI	274D	12F-12R	90	10083	CHA
Maxxum 110 4WD w/Cab	$65928	$42190	$45490	**$53400**	**$56040**	Case IH	4TI	274D	12F-12R	90	10449	CHA
Maxxum 110 Pro 4WD w/Cab	$78768	$42210	$45560	**$53600**	**$56280**	Case IH	4TI	274D	16F-16R	90	10626	CHA
Maxxum 115	$51461	$32940	$35510	**$41680**	**$43740**	Case IH	6TI	411D	12F-12R	95	9466	No
Maxxum 115 4WD	$60150	$38500	$41500	**$48720**	**$51130**	Case IH	6TI	411D	12F-12R	95	9832	No
Maxxum 115 4WD w/Cab	$69173	$44270	$47730	**$56030**	**$58800**	Case IH	6TI	411D	12F-12R	95	10714	CHA
Maxxum 115 w/Cab	$60484	$38710	$41730	**$48990**	**$51410**	Case IH	6TI	411D	12F-12R	95	10348	CHA
Maxxum 120 Pro 4WD w/Cab	$82329	$44730	$48280	**$56800**	**$59640**	Case IH	4TI	274D	16F-16R	100	10626	CHA
Maxxum 125	$53104	$33990	$36640	**$43010**	**$45140**	Case IH	6TI	411D	12F-12R	105	9466	No
Maxxum 125 4WD	$65171	$41710	$44970	**$52790**	**$55400**	Case IH	6TI	411D	12F-12R	105	9832	No
Maxxum 125 4WD w/Cab	$74193	$47480	$51190	**$60100**	**$63060**	Case IH	6TI	411D	12F-12R	105	10714	CHA
Maxxum 125 w/Cab	$62126	$39760	$42870	**$50320**	**$52810**	Case IH	6TI	411D	12F-12R	105	10348	CHA
Maxxum 125 Pro 4WD w/Cab	$90277	$49140	$53040	**$62400**	**$65520**	Case IH	6TI	411D	16F-16R	105	10890	CHA
Maxxum 130 Pro 4WD w/Cab	$87928	$48510	$52360	**$61600**	**$64680**	Case IH	4TI	274D	16F-16R	110	10626	CHA
Maxxum 140 Pro 4WD	$95862	$52290	$56440	**$66400**	**$69720**	Case IH	6TI	411D	18F-6R	115	10912	CHA
Puma 115 4WD	$91819	$58760	$63360	**$74370**	**$78050**	Case IH	6TI	411D	18F-6R	95		CHA
Puma 125 4WD	$97115	$62150	$67010	**$78660**	**$82550**	Case IH	6TI	411D	18F-6R	105		CHA
Puma 140 4WD	$105788	$67700	$72990	**$85690**	**$89920**	Case IH	6TI	411D	18F-6R	120		CHA
Puma 155 4WD	$113644	$72730	$78410	**$92050**	**$96600**	Case IH	6TI	411D	18F-6R	135		CHA
Puma 165 CVT 4WD	$128748	$82400	$88840	**$104290**	**$109440**	Case IH	6TI	411D	Variable	135	16500	CHA
Puma 165 4WD	$120943	$77400	$83450	**$97960**	**$102800**	Case IH	6TI	411D	18F-6R	135	15708	CHA
Puma 180 CVT 4WD	$135709	$86850	$93640	**$109920**	**$115350**	Case IH	6TI	411D	Variable	150	16500	CHA
Puma 180 4WD	$127905	$81860	$88250	**$103600**	**$108720**	Case IH	6TI	411D	18F-6R	150	15708	CHA
Puma 195 CVT 4WD	$144977	$91340	$98580	**$115980**	**$121780**	Case IH	6TI	411D	Variable	165	16500	CHA
Puma 195 4WD	$136591	$87420	$94250	**$110640**	**$116100**	Case IH	6TI	411D	18F-6R	165	15708	CHA
Puma 210 4WD	$145563	$93160	$100440	**$117910**	**$123730**	Case IH	6TI	411D	18F-6R	180	15708	CHA
Puma 210 CVT 4WD	$153949	$98530	$106230	**$124700**	**$130860**	Case IH	6TI	411D	Variable	180	16500	CHA
Puma 225 CVT 4WD	$160669	$102830	$110860	**$130140**	**$136570**	Case IH	6TI	411D	Variable	195	16500	CHA
Magnum 180 4WD	$141262	$90410	$97470	**$114420**	**$120070**	Case IH	6TI	411D	18F-6R	150	18200	CHA
Magnum 190 4WD	$147837	$94620	$102010	**$119750**	**$125660**	Case IH	6TI	411D	18F-6R	165	18200	CHA
Magnum 210 4WD	$154807	$99080	$106820	**$125390**	**$131590**	Case IH	6TI	411D	18F-6R	180	18200	CHA
Magnum 215 4WD	$159088	$101820	$109770	**$128860**	**$135230**	Case IH	6TI	505D	18F-4R	175	20100	CHA
Magnum 245 4WD	$173289	$109170	$117840	**$138630**	**$145560**	Case IH	6TI	505D	18F-4R	200	20100	CHA
Magnum 275 4WD	$190141	$121690	$131200	**$154010**	**$161620**	Case IH	6TI	505D	18F-4R	225	20630	CHA
Magnum 305 4WD	$213111	$136390	$147050	**$172620**	**$181140**	Case IH	6TI	543D	18F-4R	255	20630	CHA
Magnum 335 4WD w/Cab	$231454	$148130	$159700	**$187480**	**$196740**	Case IH	6TI	543D	18F-4R	275	21350	CHA
Steiger 335	$208254	$131200	$141610	**$166600**	**$174930**	Case IH	6TA	543D	16F-2R	273	29760	CHA
Steiger 335 AccuSteer	$212557	$133910	$144540	**$170050**	**$178550**	Case IH	6TA	543D	16F-2R	273	29760	CHA
Steiger 335HD	$215607	$135830	$146610	**$172490**	**$181110**	Case IH	6TA	543D	16F-2R	273	29760	CHA
Steiger 385	$244220	$153860	$166070	**$195380**	**$205150**	Case IH	6TA	787D	16F-2R	339	37900	CHA
Steiger 385 Scraper	$265875	$167500	$180800	**$212700**	**$223340**	Case IH	6TA	787D	16F-2R	385	37900	CHA
Steiger 385HD	$255558	$161000	$173780	**$204450**	**$214670**	Case IH	6TA	787D	16F-2R	339	37900	CHA
Steiger 385 Quadtrac	$310534	$198740	$214270	**$254640**	**$260850**	Case IH	6TA	787D	16F-2R	339	48150	CHA
Steiger 435	$262284	$165240	$178350	**$209830**	**$220320**	Case IH	6TA	787D	16F-2R	379	37900	CHA
Steiger 435 Scraper	$279451	$176050	$190030	**$223560**	**$234740**	Case IH	6TA	787D	16F-2R	435	37900	CHA
Steiger 435HD	$273622	$172380	$186060	**$218900**	**$229840**	Case IH	6TA	787D	16F-2R	379	37900	CHA
Steiger 435 Quadtrac	$330909	$211780	$228330	**$271350**	**$277960**	Case IH	6TA	787D	16F-2R	379	48150	CHA
Steiger 435 Quadtrac Scraper	$350254	$224160	$241680	**$287210**	**$294210**	Case IH	6TA	787D	16F-2R	435	48150	CHA
Steiger 485	$284391	$179170	$193390	**$227510**	**$238890**	Case IH	6TA	787D	16F-2R	429	42639	CHA
Steiger 485 Scraper	$303682	$191320	$206500	**$242950**	**$255090**	Case IH	6TA	787D	16F-2R	485	42639	CHA
Steiger 485HD	$295729	$186310	$201100	**$236580**	**$248410**	Case IH	6TA	787D	16F-2R	429	42639	CHA
Steiger 485 Quadtrac	$352795	$225790	$243430	**$289290**	**$296350**	Case IH	6TA	787D	16F-2R	429	51000	CHA
Steiger 485 Quadtrac Scraper	$372140	$238170	$256780	**$305160**	**$312600**	Case IH	6TA	787D	16F-2R	429	51000	CHA
Steiger 535	$310897	$195870	$211410	**$248720**	**$261150**	Cummins	6TA	915D	16F-2R	473	42639	CHA
Steiger 535 Scraper	$326741	$205850	$222180	**$261390**	**$274460**	Cummins	6TA	915D	16F-2R	535	42639	CHA

Case-International (Cont.)

	Approx. Retail Price New	Estimated Value Less Repairs: Used Trade In Avg.	Used Trade In High	Used Retail Avg.	Used Retail High	Engine Make	Engine No. Cyls.	Displ. Cu.-In.	No. Speeds	P.T.O. H.P.	Approx. Shipping Wt.-Lbs.	Cab
2009 (Cont.)												
Steiger 535 Quadtrac	$367940	$235480	$253880	**$301710**	**$309070**	Cummins	6TA	915D	16F-2R	473	51000	CHA
Steiger 535 Quadtrac Scraper	$387284	$247860	$267230	**$317570**	**$325320**	Cummins	6TA	915D	16F-2R	535	51000	CHA
2008												
DX18E 4WD Farmall	$10015	$5810	$6410	**$7510**	**$8010**	Shibaura	3	58D	Variable	13.7	1314	No
DX22E 4WD Farmall	$10695	$6200	$6850	**$8020**	**$8560**	Shibaura	3	58D	Variable	17.0	1314	No
DX25E 4WD Farmall	$11040	$6400	$7070	**$8280**	**$8830**	Shibaura	3	61D	Variable	19.0	1323	No
Farmall 31 4WD	$16859	$9780	$10790	**$12640**	**$13490**	Shibaura	3	91D	9F-3R	26.5	2511	No
Farmall 31 4WD Hydro	$18398	$10670	$11780	**$13800**	**$14720**	Shibaura	3	91D	Variable	24.9	2544	No
Farmall 35 4WD Hydro	$19099	$11080	$12220	**$14320**	**$15280**	Shibaura	3	101D	Variable	28.1	3052	No
Farmall 40 4WD	$21210	$12300	$13570	**$15910**	**$16970**	Shibaura	4	121D	12F-12R	35.0	3147	No
Farmall 40 4WD Hydro w/Cab	$30046	$17430	$19230	**$22540**	**$24040**	Shibaura	4	121D	Variable	33.2	4402	CHA
Farmall 45 4WD	$22838	$13250	$14620	**$17130**	**$18270**	Shibaura	4	135D	12F-12R	39.6	3522	No
Farmall 45 4WD Hydro w/Cab	$32008	$18570	$20490	**$24010**	**$25610**	Shibaura	4	135D	Variable	37.8	4491	CHA
Farmall 50 4WD	$24486	$14200	$15670	**$18370**	**$19590**	Shibaura	4	135D	12F-12R	43.0	3465	No
Farmall 55 4WD	$26493	$15370	$16960	**$19870**	**$21190**	Shibaura	4T	135D	12F-12R	47.0	3522	No
Farmall 55 4WD w/Cab	$33381	$19360	$21360	**$25040**	**$26710**	Shibaura	4T	135D	12F-12R	47.0	4491	CHA
Farmall 60 4WD	$28222	$16370	$18060	**$21170**	**$22580**	Shibaura	4T	135D	12F-12R	51.0	4209	No
Farmall 60 4WD w/Cab	$35110	$20360	$22470	**$26330**	**$28090**	Shibaura	4T	135D	12F-12R	51.0	5179	CHA
Farmall 65C	$25675	$14890	$16430	**$19260**	**$20540**	Case IH	4TI	195D	16F-16R	50	5148	No
Farmall 65C 4WD	$30813	$17870	$19720	**$23110**	**$24650**	Case IH	4TI	195D	16F-16R	50	5632	No
Farmall 65C 4WD w/Cab	$38762	$22480	$24810	**$29070**	**$31010**	Case IH	4TI	195D	16F-16R	50	6063	CHA
Farmall 65C w/Cab	$33624	$19500	$21520	**$25220**	**$26900**	Case IH	4TI	195D	16F-16R	50	5588	CHA
JX60	$21122	$12250	$13520	**$15840**	**$16900**	Case IH	3	179D	12F-12R	45	5152	No
JX60 4WD	$25968	$15060	$16620	**$19480**	**$20770**	Case IH	3	179D	12F-12R	45	5704	No
JX60 4WD w/Cab	$34058	$19750	$21800	**$25540**	**$27250**	Case IH	3	179D	12F-12R	45	6367	CHA
JX60 w/Cab	$29209	$16940	$18690	**$21910**	**$23370**	Case IH	3	179D	12F-12R	45	5813	CHA
JX70	$23022	$13350	$14730	**$17270**	**$18420**	Case IH	3T	179D	12F-12R	52	5152	No
JX70 4WD	$27612	$16020	$17670	**$20710**	**$22090**	Case IH	3T	179D	12F-12R	52	5704	No
JX70 4WD w/Cab	$35706	$20710	$22850	**$26780**	**$28570**	Case IH	3T	179D	12F-12R	52	6365	CHA
JX70 w/Cab	$31111	$18040	$19910	**$23330**	**$24890**	Case IH	3T	179D	12F-12R	52	5813	CHA
Farmall 75C	$29432	$17070	$18840	**$22070**	**$23550**	Case IH	4TI	195D	16F-16R	62	5148	No
Farmall 75C 4WD	$35092	$20350	$22460	**$26320**	**$28070**	Case IH	4TI	195D	16F-16R	62	5632	No
Farmall 75C 4WD w/Cab	$42840	$24850	$27420	**$32130**	**$34270**	Case IH	4TI	195D	16F-16R	62	6063	CHA
Farmall 75C w/Cab	$37180	$21560	$23800	**$27890**	**$29740**	Case IH	4TI	195D	16F-16R	62	5588	CHA
JX1075N Narrow	$27598	$16010	$17660	**$20700**	**$22080**	Case IH	3T	179D	16F-16R	62	5027	CHA
JX1075N Narrow 4WD	$34489	$20000	$22070	**$25870**	**$27590**	Case IH	3T	179D	16F-16R	62	5560	No
JX1075N Narrow 4WD w/Cab	$42337	$24560	$27100	**$31750**	**$33870**	Case IH	3T	179D	16F-16R	62	5886	CHA
JX1075N Narrow w/Cab	$35446	$20560	$22690	**$26590**	**$28360**	Case IH	3T	179D	16F-16R	62	5335	CHA
JX80	$24619	$14280	$15760	**$18460**	**$19700**	Case IH	4	238D	12F-12R	62	5702	No
JX80 4WD	$29216	$16950	$18700	**$21910**	**$23370**	Case IH	4	238D	12F-12R	62	6254	No
JX80 w/Cab	$32709	$18970	$20930	**$24530**	**$26170**	Case IH	4	238D	12F-12R	62	6363	CHA
JX80 4WD w/Cab	$37304	$21640	$23880	**$27980**	**$29840**	Case IH	4	238D	12F-12R	62	6915	CHA
Farmall 85C 4WD	$37060	$21500	$23720	**$27800**	**$29650**	Case IH	4TI	274D	16F-16R	70	6074	No
Farmall 85C 4WD w/Cab	$44809	$25990	$28680	**$33610**	**$35850**	Case IH	4TI	274D	16F-16R	70	6504	CHA
Farmall 85U	$30272	$17560	$19370	**$22700**	**$24220**	Case IH	4TI	274D	12F-12R	70	6393	No
Farmall 85U 4WD	$37363	$21670	$23910	**$28020**	**$29890**	Case IH	4TI	274D	12F-12R	70	7055	No
Farmall 85U 4WD w/Cab	$45712	$26510	$29260	**$34280**	**$36570**	Case IH	4TI	274D	12F-12R	70	7496	CHA
Farmall 85U w/Cab	$38612	$22400	$24710	**$28960**	**$30890**	Case IH	4TI	274D	12F-12R	70	6834	CHA
Farmall 90	$27822	$16140	$17810	**$20870**	**$22260**	Case IH	4TI	238D	12F-12R	72	5702	No
Farmall 90 4WD	$32808	$19030	$21000	**$24610**	**$26250**	Case IH	4TI	238D	12F-12R	72	6254	No
Farmall 90 4WD w/Cab	$40898	$23720	$26180	**$30670**	**$32720**	Case IH	4TI	238D	12F-12R	72	6915	CHA
Farmall 90 w/Cab	$35911	$20830	$22980	**$26930**	**$28730**	Case IH	4TI	238D	12F-12R	72	6363	CHA
Farmall 95	$29732	$17250	$19030	**$22300**	**$23790**	Case IH	4TI	238D	12F-12R	80	6107	No
Farmall 95 4WD	$34125	$19790	$21840	**$25590**	**$27300**	Case IH	4TI	238D	12F-12R	80	6659	No
Farmall 95 4WD w/Cab	$42806	$24830	$27400	**$32110**	**$34250**	Case IH	4TI	238D	12F-12R	80	7320	CHA
Farmall 95 w/Cab	$37821	$21940	$24210	**$28370**	**$30260**	Case IH	4TI	238D	12F-12R	80	6768	CHA
Farmall 95C 4WD	$40392	$23430	$25850	**$30290**	**$32310**	Case IH	4TI	274D	16F-16R	80	6074	No
Farmall 95C 4WD w/Cab	$48141	$27920	$30810	**$36110**	**$38510**	Case IH	4TI	274D	16F-16R	80	6504	CHA
Farmall 95U	$32493	$18850	$20800	**$24370**	**$25990**	Case IH	4TI	274D	12F-12R	77	6834	No
Farmall 95U 4WD	$39584	$22960	$25330	**$29690**	**$31670**	Case IH	4TI	274D	12F-12R	77	6691	No
Farmall 95U 4WD w/Cab	$49980	$28990	$31990	**$37490**	**$39980**	Case IH	4TI	274D	12F-12R	77	7936	CHA
Farmall 95U w/Cab	$43239	$25080	$27670	**$32430**	**$34590**	Case IH	4TI	274D	12F-12R	77	7275	CHA
JX1095N Narrow 4WD	$38599	$22390	$24700	**$28950**	**$30880**	Case IH	4TI	238D	16F-16R	80	6074	No
JX1095N Narrow 4WD w/Cab	$46448	$26940	$29730	**$34840**	**$37160**	Case IH	4TI	274D	16F-16R	80	6107	CHA
Farmall 105U	$35248	$20440	$22560	**$26440**	**$28200**	Case IH	4TI	274D	12F-12R	90	6834	No
Farmall 105U 4WD	$42673	$24750	$27310	**$32010**	**$34140**	Case IH	4TI	274D	12F-12R	90	7496	No
Farmall 105U w/Cab	$43598	$25290	$27900	**$32700**	**$34880**	Case IH	4TI	274D	12F-12R	90	7275	CHA
Farmall 105U 4WD w/Cab	$51023	$29590	$32660	**$38270**	**$40820**	Case IH	4TI	274D	12F-12R	90	7936	CHA
Maxxum 110	$43204	$24630	$26790	**$31970**	**$34130**	Case IH	4TI	274D	12F-12R	90	9202	No
Maxxum 110 4WD	$52142	$29720	$32330	**$38590**	**$41190**	Case IH	4TI	274D	12F-12R	90	9568	No
Maxxum 110 w/Cab	$52080	$29690	$32290	**$38540**	**$41140**	Case IH	4TI	274D	12F-12R	90	10083	CHA
Maxxum 110 4WD w/Cab	$60734	$34620	$37660	**$44940**	**$47980**	Case IH	4TI	274D	12F-12R	90	10449	CHA
Maxxum 110 Pro 4WD w/Cab	$72807	$36850	$40200	**$48240**	**$51590**	Case IH	4TI	274D	16F-16R	90	10626	CHA
Maxxum 115	$46113	$26280	$28590	**$34120**	**$36430**	Case IH	6TI	411D	12F-12R	95	9466	No
Maxxum 115 4WD	$55743	$31770	$34560	**$41250**	**$44040**	Case IH	6TI	411D	12F-12R	95	9832	No
Maxxum 115 4WD w/Cab	$64332	$36670	$39890	**$47610**	**$50820**	Case IH	6TI	411D	12F-12R	95	10714	CHA
Maxxum 115 w/Cab	$54708	$31180	$33920	**$40480**	**$43220**	Case IH	6TI	411D	12F-12R	95	10348	CHA
Maxxum 120 Pro 4WD w/Cab	$76224	$39050	$42600	**$51120**	**$54670**	Case IH	4TI	274D	16F-16R	100	10626	CHA
Maxxum 125	$51587	$29410	$31980	**$38170**	**$40750**	Case IH	6TI	411D	12F-12R	105	9466	No
Maxxum 125 4WD	$61375	$34980	$38050	**$45420**	**$48490**	Case IH	6TI	411D	12F-12R	105	9832	No
Maxxum 125 4WD w/Cab	$69965	$39880	$43380	**$51770**	**$55270**	Case IH	6TI	411D	12F-12R	105	10714	CHA
Maxxum 125 w/Cab	$60177	$34300	$37310	**$44530**	**$47540**	Case IH	6TI	411D	12F-12R	105	10348	CHA
Maxxum 125 Pro 4WD w/Cab	$83732	$42900	$46800	**$56160**	**$60060**	Case IH	6TI	411D	16F-16R	105	10890	CHA

Case-International (Cont.)

	Approx. Retail Price New	Estimated Value Less Repairs Used Trade In Avg.	Used Trade In High	Used Retail Avg.	Used Retail High	Engine Make	Engine No. Cyls.	Engine Displ. Cu.-In.	No. Speeds	P.T.O. H.P.	Approx. Shipping Wt.-Lbs.	Cab
			2008 (Cont.)									
Maxxum 130 Pro 4WD w/Cab	$82204	$42350	$46200	**$55440**	**$59290**	Case IH	4TI	274D	16F-16R	110	10626	CHA
Maxxum 140 Pro 4WD	$88717	$45650	$49800	**$59760**	**$63910**	Case IH	6TI	411D	18F-6R	115	10912	CHA
Puma 115 4WD	$84832	$48350	$52600	**$62780**	**$67020**	Case IH	6TI	411D	18F-6R	95		CHA
Puma 125 4WD	$90726	$51710	$56250	**$67140**	**$71670**	Case IH	6TI	411D	18F-6R	105		CHA
Puma 140 4WD	$99555	$56750	$61720	**$73670**	**$78650**	Case IH	6TI	411D	18F-6R	120		CHA
Puma 155 4WD	$106031	$60440	$65740	**$78460**	**$83760**	Case IH	6TI	411D	18F-6R	135		CHA
Puma 165	$97057	$55320	$60180	**$71820**	**$76680**	Case IH	6TI	411D	17F-6R	135		CHA
Puma 165 4WD	$111608	$63620	$69200	**$82590**	**$88170**	Case IH	6TI	411D	18F-6R	135	15708	CHA
Puma 180	$103503	$59000	$64170	**$76590**	**$81770**	Case IH	6TI	411D	17F-6R	150		CHA
Puma 180 4WD	$118054	$67290	$73190	**$87360**	**$93260**	Case IH	6TI	411D	18F-6R	150	15708	CHA
Puma 195	$110517	$60780	$66310	**$79570**	**$85100**	Case IH	6TI	411D	17F-6R	165		CHA
Puma 195 4WD	$125385	$71470	$77740	**$92790**	**$99050**	Case IH	6TI	411D	18F-6R	165	15708	CHA
Puma 210 4WD	$132389	$75460	$82080	**$97970**	**$104590**	Case IH	6TI	411D	18F-6R	180	15708	CHA
Magnum 215 4WD	$149492	$85210	$92690	**$110620**	**$118100**	Case IH	6TI	505D	18F-4R	175	20100	CHA
Magnum 245 4WD	$164785	$90630	$98870	**$118650**	**$126880**	Case IH	6TI	505D	18F-4R	200	20100	CHA
Magnum 275 4WD	$177513	$101180	$110060	**$131360**	**$140240**	Case IH	6TI	505D	18F-4R	225	20630	CHA
Magnum 305 4WD	$195695	$111550	$121330	**$144810**	**$154600**	Case IH	6TI	543D	18F-4R	255	20630	CHA
Magnum 335 4WD w/Cab	$219090	$124880	$135840	**$162130**	**$173080**	Case IH	6TI	543D	18F-4R	275	21350	CHA
Steiger 335	$190168	$104590	$114100	**$136920**	**$146430**	Case IH	6TA	543D	16F-2R	273	29760	CHA
Steiger 335 AccuSteer	$195363	$107450	$117220	**$140660**	**$150430**	Case IH	6TA	543D	16F-2R	273	29760	CHA
Steiger 335HD	$195518	$107540	$117310	**$140770**	**$150550**	Case IH	6TA	543D	16F-2R	273	29760	CHA
Steiger 385	$221609	$121890	$132970	**$159560**	**$170640**	Case IH	6TA	787D	16F-2R	339	37900	CHA
Steiger 385HD	$230110	$126560	$138070	**$165680**	**$177190**	Case IH	6TA	787D	16F-2R	339	37900	CHA
Steiger 385 Quadtrac	$279705	$159430	$173420	**$206980**	**$218170**	Case IH	6TA	787D	16F-2R	339	48150	CHA
Steiger 435	$235089	$129300	$141050	**$169260**	**$181020**	Case IH	6TA	787D	16F-2R	379	37900	CHA
Steiger 435HD	$244759	$134620	$146860	**$176230**	**$188460**	Case IH	6TA	787D	16F-2R	379	37900	CHA
Steiger 435 Quadtrac	$294185	$167690	$182400	**$217700**	**$229460**	Case IH	6TA	787D	16F-2R	379	48150	CHA
Steiger 485	$264239	$145330	$158540	**$190250**	**$203460**	Case IH	6TA	787D	16F-2R	429	42639	CHA
Steiger 485HD	$272741	$150010	$163650	**$196370**	**$210010**	Case IH	6TA	787D	16F-2R	429	42639	CHA
Steiger 485 Quadtrac	$319168	$181930	$197880	**$236180**	**$248950**	Case IH	6TA	787D	16F-2R	429	51000	CHA
Steiger 535	$288779	$158830	$173270	**$207920**	**$222360**	Cummins	6TA	915D	16F-2R	473	42639	CHA
Steiger 535 Quadtrac	$334227	$190510	$207220	**$247330**	**$260700**	Cummins	6TA	915D	16F-2R	473	51000	CHA
			2007									
DX18E 4WD Farmall	$10015	$5010	$5710	**$7010**	**$7610**	Shibaura	3	58D	Variable	13.7	1314	No
DX22E 4WD Farmall	$10695	$5350	$6100	**$7490**	**$8130**	Shibaura	3	58D	Variable	17.0	1314	No
DX25E 4WD Farmall	$11040	$5520	$6290	**$7730**	**$8390**	Shibaura	3	61D	Variable	19.0	1323	No
DX31 4WD Farmall	$16528	$8260	$9420	**$11570**	**$12560**	Shibaura	3	91D	9F-3R	24.9	2511	No
DX31 4WD Farmall	$18031	$9020	$10280	**$12620**	**$13700**	Shibaura	3	91D	Variable	24.9	2544	No
DX34 4WD Farmall	$19041	$9520	$10850	**$13330**	**$14470**	Shibaura	3	101D	Variable	28.9	2514	No
D35 4WD Farmall	$18670	$9340	$10640	**$13070**	**$14190**	Shibaura	3	101D	12F-12R	29.6	3096	No
DX35 4WD Farmall	$21197	$10600	$12080	**$14840**	**$16110**	Shibaura	3	101D	Variable	29.1	3052	No
D40 4WD Farmall	$19629	$9820	$11190	**$13740**	**$14920**	Shibaura	4	121D	12F-12R	35.0	3147	No
DX40 4WD Farmall	$22156	$11080	$12630	**$15510**	**$16840**	Shibaura	4	121D	Variable	33.2	3328	No
DX40 Farmall w/Cab	$28641	$14320	$16330	**$20050**	**$21770**	Shibaura	4	121D	Variable	33.2	4402	CHA
D45 4WD Farmall	$21378	$10690	$12190	**$14970**	**$16250**	Shibaura	4	135D	12F-12R	39.6	3522	No
DX45 4WD Farmall	$24080	$12040	$13730	**$16860**	**$18300**	Shibaura	4	135D	Variable	37.8	3454	No
DX45 Farmall w/Cab	$30564	$15280	$17420	**$21400**	**$23230**	Shibaura	4	135D	Variable	37.8	4491	CHA
DX48 4WD Farmall	$23645	$11820	$13480	**$16550**	**$17970**	Shibaura	4	135D	12F-12R	40.0	3465	No
DX55 4WD Farmall	$24998	$12500	$14250	**$17500**	**$19000**	Shibaura	4T	135D	12F-12R	47.0	3465	No
JX60	$20707	$10350	$11800	**$14500**	**$15740**	Case IH	3	179D	12F-12R	45	5152	No
JX60 4WD	$25458	$12730	$14510	**$17820**	**$19350**	Case IH	3	179D	12F-12R	45	5704	No
JX60 w/Cab	$28636	$14320	$16320	**$20050**	**$21760**	Case IH	3	179D	12F-12R	45	5813	CHA
JX60 4WD w/Cab	$33389	$16700	$19030	**$23370**	**$25380**	Case IH	3	179D	12F-12R	45	6367	CHA
JX1060C	$23028	$11510	$13130	**$16120**	**$17500**	Case IH	3	179D	12F-12R	45	5148	No
JX1060C 4WD	$27815	$13910	$15860	**$19470**	**$21140**	Case IH	3	179D	12F-12R	45	5632	No
JX1060C 4WD w/Cab	$36170	$18090	$20620	**$25320**	**$27490**	Case IH	3	179D	12F-12R	45	6063	CHA
JX1060C w/Cab	$31455	$15730	$17930	**$22020**	**$23910**	Case IH	3	179D	12F-12R	45	5588	CHA
JX70	$22073	$11040	$12580	**$15450**	**$16780**	Case IH	3T	179D	12F-12R	52	5152	No
JX70 4WD	$26825	$13410	$15290	**$18780**	**$20390**	Case IH	3T	179D	12F-12R	52	5704	No
JX70 w/Cab	$30003	$15000	$17100	**$21000**	**$22800**	Case IH	3T	179D	12F-12R	52	5813	CHA
JX70 4WD w/Cab	$34775	$17390	$19820	**$24340**	**$26430**	Case IH	3T	179D	12F-12R	52	6365	CHA
JX1070C	$25503	$12750	$14540	**$17850**	**$19380**	Case IH	3T	179D	12F-12R	57	5148	No
JX1070C 4WD	$30264	$15130	$17250	**$21190**	**$23000**	Case IH	3T	179D	12F-12R	57	5632	No
JX1070C 4WD w/Cab	$38620	$19310	$22010	**$27030**	**$29350**	Case IH	3T	179D	12F-12R	57	6063	CHA
JX1070C w/Cab	$33929	$16970	$19340	**$23750**	**$25790**	Case IH	3T	179D	12F-12R	57	5588	CHA
JX1075C	$27894	$13950	$15900	**$19530**	**$21200**	Case IH	3T	179D	12F-12R	62	5148	No
JX1075C 4WD	$32393	$16200	$18460	**$22680**	**$24620**	Case IH	3T	179D	12F-12R	62	5632	No
JX1075C 4WD w/Cab	$40608	$20300	$23150	**$28430**	**$30860**	Case IH	3T	179D	12F-12R	62	6063	CHA
JX1075C w/Cab	$36181	$18090	$20620	**$25330**	**$27500**	Case IH	3T	179D	12F-12R	62	5588	CHA
JX1075N Narrow	$27413	$13710	$15630	**$19190**	**$20830**	Case IH	3T	179D	16F-16R	62	5027	CHA
JX1075N Narrow 4WD	$34000	$17000	$19380	**$23800**	**$25840**	Case IH	3T	179D	16F-16R	62	5560	No
JX1075N Narrow 4WD w/Cab	$42328	$21160	$24130	**$29630**	**$32170**	Case IH	3T	179D	16F-16R	62	5886	CHA
JX1075N Narrow w/Cab	$35741	$17870	$20370	**$25020**	**$27160**	Case IH	3T	179D	16F-16R	62	5335	CHA
JX80	$24137	$12070	$13760	**$16900**	**$18340**	Case IH	4	238D	12F-12R	62	5702	No
JX80 4WD	$28643	$14320	$16330	**$20050**	**$21770**	Case IH	4	238D	12F-12R	62	6254	No
JX80 w/Cab	$32068	$16030	$18280	**$22450**	**$24370**	Case IH	4	238D	12F-12R	62	6363	CHA
JX80 4WD w/Cab	$36573	$18290	$20850	**$25600**	**$27800**	Case IH	4	238D	12F-12R	62	6915	CHA
JX1080U	$33230	$16620	$18940	**$23260**	**$25260**	Case IH	4	274D	12F-12R	69	6393	No
JX1080U 4WD	$39881	$19940	$22730	**$27920**	**$30310**	Case IH	4	274D	12F-12R	69	7055	No
JX1080U w/Cab	$41967	$20980	$23920	**$29380**	**$31900**	Case IH	4	274D	12F-12R	69	6834	CHA
JX1080U 4WD w/Cab	$48617	$24310	$27710	**$34030**	**$36950**	Case IH	4	274D	12F-12R	69	7496	CHA
JX1085C 4WD	$34993	$17500	$19950	**$24500**	**$26600**	Case IH	4	274D	16F-16R	69	6074	No
JX1085C 4WD w/Cab	$43351	$21680	$24710	**$30350**	**$32950**	Case IH	4	274D	16F-16R	69	6074	CHA

Case-International (Cont.)

	Approx. Retail Price New	Estimated Value Less Repairs: Used Trade In Avg.	Used Trade In High	Used Retail Avg.	Used Retail High	Engine Make	No. Cyls.	Displ. Cu.-In.	No. Speeds	P.T.O. H.P.	Approx. Shipping Wt.-Lbs.	Cab
				2007 (Cont.)								
JX90	$27287	$13640	$15550	**$19100**	**$20740**	Case IH	4T	238D	12F-12R	72	5702	No
JX90 4WD	$31966	$15980	$18220	**$22380**	**$24290**	Case IH	4T	238D	12F-12R	72	6254	No
JX90 w/Cab	$35217	$17610	$20070	**$24650**	**$26770**	Case IH	4T	238D	12F-12R	72	6363	CHA
JX90 4WD w/Cab	$39897	$19950	$22740	**$27930**	**$30320**	Case IH	4T	238D	12F-12R	72	6915	CHA
JX1090U	$35365	$17680	$20160	**$24760**	**$26880**	Case IH	4T	274D	12F-12R	77	6834	No
JX1090U 4WD	$42015	$21010	$23950	**$29410**	**$31930**	Case IH	4T	274D	12F-12R	77	6691	No
JX1090U w/Cab	$44184	$22090	$25190	**$30930**	**$33580**	Case IH	4T	274D	12F-12R	77	7275	CHA
JX1090U 4WD w/Cab	$50834	$25420	$28980	**$35580**	**$38630**	Case IH	4T	274D	12F-12R	77	7936	CHA
JX1095C 4WD w/Cab	$46611	$23310	$26570	**$32630**	**$35420**	Case IH	4T	274D	12F-12R	77	6074	CHA
JX1095N Narrow 4WD	$37842	$18920	$21570	**$26490**	**$28760**	Case IH	4T	274D	16F-16R	80	6074	No
JX1095N Narrow 4WD w/Cab	$46171	$23090	$26320	**$32320**	**$35090**	Case IH	4T	274D	16F-16R	80	6107	CHA
JX1095U 4WD	$38254	$19130	$21810	**$26780**	**$29070**	Case IH	4T	274D	12F-12R	77	6074	No
JX95	$28939	$14470	$16500	**$20260**	**$21990**	Case IH	4T	238D	12F-12R	80	6107	No
JX95 4WD	$33868	$16930	$19310	**$23710**	**$25740**	Case IH	4T	238D	12F-12R	80	6659	No
JX95 w/Cab	$36870	$18440	$21020	**$25810**	**$28020**	Case IH	4T	238D	12F-12R	80	6768	CHA
JX95 4WD w/Cab	$41797	$20900	$23820	**$29260**	**$31770**	Case IH	4T	238D	12F-12R	80	7320	CHA
JX95 4WD Hi-Clear	$36159	$18080	$20250	**$24590**	**$26760**	Case IH	4T	238D	12F-12R	80	7320	No
JX1100U	$37275	$18640	$21250	**$26090**	**$28330**	Case IH	4T	274D	12F-12R	85	6834	No
JX1100U 4WD	$43926	$21960	$25040	**$30750**	**$33380**	Case IH	4T	274D	12F-12R	85	7496	No
JX1100U w/Cab	$46012	$23010	$26230	**$32210**	**$34970**	Case IH	4T	274D	12F-12R	85	7275	CHA
JX1100U 4WD w/Cab	$52663	$26330	$30020	**$36860**	**$40020**	Case IH	4T	274D	12F-12R	85	7936	CHA
Maxxum 110	$44416	$22210	$24870	**$30200**	**$32870**	Case IH	4TI	274D	24F-24R	90	9202	No
Maxxum 110 4WD	$51661	$25830	$28930	**$35130**	**$38230**	Case IH	4TI	274D	24F-24R	90	8568	No
Maxxum 110 w/Cab	$53673	$26840	$30060	**$36500**	**$39720**	Case IH	4TI	274D	24F-24R	90	10083	CHA
Maxxum 110 4WD w/Cab	$60739	$30370	$34010	**$41300**	**$44950**	Case IH	4TI	274D	24F-24R	90	10449	CHA
Maxxum 110 Pro 4WD w/Cab	$72050	$31490	$35510	**$44220**	**$48240**	Case IH	4TI	274D	16F-16R	90	10626	CHA
Maxxum 115	$47958	$23980	$26860	**$32610**	**$35490**	Case IH	6TI	411D	24F-24R	95	9466	No
Maxxum 115 4WD	$56069	$28040	$31400	**$38130**	**$41490**	Case IH	6TI	411D	24F-24R	95	9832	No
Maxxum 115 4WD w/Cab	$65146	$32570	$36480	**$44300**	**$48210**	Case IH	6TI	411D	24F-24R	95	10714	CHA
Maxxum 115 w/Cab	$57035	$28520	$31940	**$38780**	**$42210**	Case IH	6TI	411D	24F-24R	95	10348	CHA
Maxxum 120 Pro 4WD w/Cab	$74443	$32430	$36570	**$45540**	**$49680**	Case IH	4TI	274D	18F-6R	95	10626	CHA
Maxxum 125	$51505	$25750	$28840	**$35020**	**$38110**	Case IH	6TI	411D	24F-24R	105	9466	No
Maxxum 125 4WD	$59967	$29980	$33580	**$40780**	**$44380**	Case IH	6TI	411D	24F-24R	105	9832	No
Maxxum 125 4WD w/Cab	$69044	$34520	$38670	**$46950**	**$51090**	Case IH	6TI	411D	24F-24R	105	10714	CHA
Maxxum 125 w/Cab	$58806	$29400	$32930	**$39990**	**$43520**	Case IH	6TI	411D	24F-24R	105	10348	CHA
Maxxum 125 Pro 4WD w/Cab	$76905	$33370	$37630	**$46860**	**$51120**	Case IH	6TI	411D	16F-16R	105	10890	CHA
Maxxum 130 Pro 4WD w/Cab	$83733	$36660	$41340	**$51480**	**$56160**	Case IH	4TI	274D	16F-16R	105	10626	CHA
Maxxum 140 Pro 4WD w/Cab	$87851	$38540	$43460	**$54120**	**$59040**	Case IH	6TI	411D	18F-6R	115	10912	CHA
Maxxum 155 Pro 4WD w/Cab	$89970	$39480	$44520	**$55440**	**$60480**	Case IH	6TI	456D	18F-6R	125	12439	CHA
Maxxum 175 Pro 4WD w/Cab	$112420	$45590	$51410	**$64020**	**$69840**	Case IH	6TI	456D	18F-6R	145	15360	CHA
Maxxum 190 Pro 4WD w/Cab	$118180	$53110	$59890	**$74580**	**$81360**	Case IH	6TI	456D	18F-6R	160	15360	CHA
Puma 165	$95611	$47810	$53540	**$65020**	**$70750**	Case IH	6TI	411D	17F-6R	135		CHA
Puma 165 4WD	$110493	$55250	$61880	**$75140**	**$81770**	Case IH	6TI	411D	18F-6R	135	15708	CHA
Puma 180	$102209	$51110	$57240	**$69500**	**$75640**	Case IH	6TI	411D	17F-6R	150		CHA
Puma 180 4WD	$116691	$58350	$65350	**$79350**	**$86350**	Case IH	6TI	411D	18F-6R	150	15708	CHA
Puma 195	$107655	$50600	$57060	**$71050**	**$77510**	Case IH	6TI	411D	17F-6R	165		CHA
Puma 195 4WD	$122137	$61070	$68400	**$83050**	**$90380**	Case IH	6TI	411D	18F-6R	165	15708	CHA
Puma 210 4WD	$127908	$63950	$71630	**$86980**	**$94650**	Case IH	6TI	411D	18F-6R	180	15708	CHA
Magnum 215 4WD	$140708	$70350	$78800	**$95680**	**$104120**	Case IH	6TI	505D	18F-4R	175	20100	CHA
Magnum 245 4WD	$152364	$71610	$80750	**$100560**	**$109700**	Case IH	6TI	505D	18F-4R	200	20100	CHA
Magnum 275 4WD	$167277	$78620	$88660	**$110400**	**$120440**	Case IH	6TI	505D	18F-4R	225	20630	CHA
Magnum 305 4WD	$186917	$87850	$99070	**$123370**	**$134580**	Case IH	6TI	543D	18F-4R	255	20630	CHA
STX280	$165515	$77790	$87720	**$109240**	**$119170**	Case IH	6TA	505D	16F-2R	255	29760	CHA
STX280 AccuSteer	$170270	$80030	$90240	**$112380**	**$122590**	Case IH	6TA	505D	16F-2R	255	29760	CHA
STX330	$188355	$88530	$99830	**$124310**	**$135620**	Case IH	6TA	543D	16F-2R	270	29760	CHA
STX330 AccuSteer	$193110	$90760	$102350	**$127450**	**$139040**	Case IH	6TA	543D	16F-2R	270	29760	CHA
STX380	$219288	$103070	$116220	**$144730**	**$157890**	Case IH	6TA	787D	16F-2R	335	37900	CHA
STX380HD	$227541	$106940	$120600	**$150180**	**$163830**	Case IH	6TA	787D	16F-2R	335	37900	CHA
STX380 Quadtrac	$264694	$137640	$150880	**$179990**	**$193230**	Case IH	6TA	787D	16F-2R	335	48150	CHA
STX430	$232375	$109220	$123160	**$153370**	**$167310**	Case IH	6TA	787D	16F-2R	375	37900	CHA
STX430HD	$240629	$113100	$127530	**$158820**	**$173250**	Case IH	6TA	787D	16F-2R	375	37900	CHA
STX430 Quadtrac	$279681	$145430	$159420	**$190180**	**$204170**	Case IH	6TA	787D	16F-2R	375	48150	CHA
STX480	$259395	$121920	$137480	**$171200**	**$186760**	Cummins	6TA	915D	16F-2R	425	42639	CHA
STX480HD	$265772	$124910	$140860	**$175410**	**$191360**	Cummins	6TA	915D	16F-2R	425	42639	CHA
STX480 Quadtrac	$299716	$155850	$170840	**$203810**	**$218790**	Cummins	6TA	915D	16F-2R	425	51000	CHA
STX530	$278289	$130800	$147490	**$183670**	**$200370**	Cummins	6TA	915D	16F-2R	469	42639	CHA
STX530 Quadtrac	$318811	$165780	$181720	**$216790**	**$232730**	Cummins	6TA	915D	16F-2R	469	51000	CHA
				2006								
DX18E 4WD Farmall	$9915	$4460	$5260	**$6540**	**$7240**	Shibaura	3	58D	Variable	13.7	1314	No
DX22E 4WD Farmall	$10590	$4770	$5610	**$6990**	**$7730**	Shibaura	3	58D	Variable	17.0	1314	No
DX23 4WD Farmall	$13450	$6050	$7130	**$8880**	**$9820**	Shibaura	3	61D	9F-3R	18.5	3262	No
DX23 4WD Farmall	$14820	$6670	$7860	**$9780**	**$10820**	Shibaura	3	61D	Variable	17.5	3633	No
DX25E 4WD Farmall	$10930	$4920	$5790	**$7210**	**$7980**	Shibaura	3	61D	Variable	19.0	1323	No
DX26 4WD Farmall	$15365	$6910	$8140	**$10140**	**$11220**	Shibaura	3	69D	Variable	19.7	1600	No
DX29 4WD Farmall	$10750	$4840	$5700	**$7100**	**$7850**	Shibaura	3	81D	9F-3R	25.0	2474	No
DX29 4WD Farmall	$17125	$7710	$9080	**$11300**	**$12500**	Shibaura	3	81D	Variable	23.6	2474	No
DX31 4WD Farmall	$16300	$7340	$8640	**$10760**	**$11900**	Shibaura	3	91D	9F-3R	24.9	2474	No
DX31 4WD Farmall	$17800	$8010	$9430	**$11750**	**$12990**	Shibaura	3	91D	Variable	24.9	2474	No
DX33 4WD Farmall	$16600	$7470	$8800	**$10960**	**$12120**	Shibaura	3	91D	9F-3R	26.9	2440	No
DX33 4WD Farmall	$17900	$8060	$9490	**$11810**	**$13070**	Shibaura	3	91D	Variable	26.9	2474	No
DX34 4WD Farmall	$18400	$8280	$9750	**$12140**	**$13430**	Shibaura	3	101D	Variable	28.9	2514	No
D35 Farmall	$14950	$6730	$7920	**$9870**	**$10910**	Shibaura	3	101D	12F-12R	29.6	2947	No
D35 4WD Farmall	$17660	$7950	$9360	**$11660**	**$12890**	Shibaura	3	101D	12F-12R	29.6	3096	No

Case-International (Cont.)

2006 (Cont.)

Model	Approx. Retail Price New	Estimated Value Less Repairs: Used Trade In Avg.	Used Trade In High	Used Retail Avg.	Used Retail High	Engine Make	Engine No. Cyls.	Engine Displ. Cu.-In.	No. Speeds	P.T.O. H.P.	Approx. Shipping Wt.-Lbs.	Cab
DX35 4WD Farmall	$20240	$9110	$10730	$13360	$14780	Shibaura	3	101D	Variable	29.1	3052	No
D40 Farmall	$16550	$7450	$8770	$10920	$12080	Shibaura	4	121D	12F-12R	35.0	2998	No
D40 4WD Farmall	$19425	$8740	$10300	$12820	$14180	Shibaura	4	121D	12F-12R	35.0	3147	No
DX40 4WD Farmall	$21985	$9890	$11650	$14510	$16050	Shibaura	4	121D	Variable	33.2	3328	No
D45 Farmall	$19895	$8950	$10540	$13130	$14520	Shibaura	4	135D	12F-12R	39.6	3200	No
D45 4WD Farmall	$21150	$9520	$11210	$13960	$15440	Shibaura	4	135D	12F-12R	39.6	3349	No
DX45 4WD Farmall	$23950	$10780	$12690	$15810	$17480	Shibaura	4	135D	Variable	37.8	3417	No
DX48 4WD Farmall	$21090	$9490	$11180	$13920	$15400	Shibaura	4	135D	12F-12R	40.0	3465	No
DX55 4WD Farmall	$22125	$9960	$11730	$14600	$16150	Shibaura	4T	135D	12F-12R	47.0	3465	No
JX55	$19988	$9000	$10590	$13190	$14590	Case IH	3	179D	12F-12R	45	5152	No
JX55 4WD	$24698	$11110	$13090	$16300	$18030	Case IH	3	179D	12F-12R	45	5704	No
JX55 w/Cab	$27841	$12530	$14760	$18380	$20320	Case IH	3	179D	12F-12R	45	5813	CHA
JX55 4WD w/Cab	$32553	$14650	$17250	$21490	$23760	Case IH	3	179D	12F-12R	45	6367	CHA
JX1060C	$22234	$10010	$11780	$14670	$16230	Case IH	3	179D	12F-12R	45	5148	No
JX1060C 4WD	$27115	$12200	$14370	$17900	$19790	Case IH	3	179D	12F-12R	45	5632	No
JX1060C 4WD w/Cab	$35276	$15870	$18700	$23280	$25750	Case IH	3	179D	12F-12R	45	6063	CHA
JX1060C w/Cab	$30989	$13950	$16420	$20450	$22620	Case IH	3	179D	12F-12R	45	5588	CHA
JX65	$21968	$9890	$11640	$14500	$16040	Case IH	3T	179D	12F-12R	52	5152	No
JX65 4WD	$26975	$12140	$14300	$17800	$19690	Case IH	3T	179D	12F-12R	52	5704	No
JX65 w/Cab	$30335	$13650	$16080	$20020	$22150	Case IH	3T	179D	12F-12R	52	5813	CHA
JX65 4WD w/Cab	$34760	$15640	$18420	$22940	$25380	Case IH	3T	179D	12F-12R	52	6365	CHA
JX1070C	$24774	$11150	$13130	$16350	$18090	Case IH	3T	179D	12F-12R	57	5148	No
JX1070C 4WD	$29429	$13240	$15600	$19420	$21480	Case IH	3T	179D	12F-12R	57	5632	No
JX1070C 4WD w/Cab	$38195	$17190	$20240	$25210	$27880	Case IH	3T	179D	12F-12R	57	6063	CHA
JX1070C w/Cab	$33687	$15160	$17850	$22230	$24590	Case IH	3T	179D	12F-12R	57	5588	CHA
JX1075C	$26591	$11970	$14090	$17550	$19410	Case IH	3T	179D	12F-12R	62	5148	No
JX1075C 4WD	$31275	$14070	$16580	$20640	$22830	Case IH	3T	179D	12F-12R	62	5632	No
JX1075C 4WD w/Cab	$39596	$17820	$20990	$26130	$28910	Case IH	3T	179D	12F-12R	62	6063	CHA
JX1075C w/Cab	$35198	$15840	$18660	$23230	$25700	Case IH	3T	179D	12F-12R	62	5588	CHA
JX1075N Narrow	$28590	$12330	$14520	$18080	$20000	Case IH	3T	179D	16F-16R	62	5027	CHA
JX1075N Narrow 4WD	$36188	$15300	$18020	$22440	$24820	Case IH	3T	179D	16F-16R	62	5560	No
JX1075N Narrow 4WD w/Cab	$44412	$19040	$22420	$27920	$30880	Case IH	3T	179D	16F-16R	62	5886	CHA
JX1075N Narrow w/Cab	$37150	$16080	$18940	$23590	$26090	Case IH	3T	179D	16F-16R	62	5335	CHA
JX75	$23482	$10570	$12450	$15500	$17140	Case IH	4	238D	12F-12R	62	5702	No
JX75 4WD	$28078	$12640	$14880	$18530	$20500	Case IH	4	238D	12F-12R	62	6254	No
JX75 w/Cab	$31263	$14070	$16570	$20630	$22820	Case IH	4	238D	12F-12R	62	6363	CHA
JX75 4WD w/Cab	$35859	$16140	$19010	$23670	$26180	Case IH	4	238D	12F-12R	62	6915	CHA
JX1080C	$28648	$12890	$15180	$18910	$20910	Case IH	4	274D	12F-12R	69	6393	No
JX1080C 4WD	$35669	$16050	$18910	$23540	$26040	Case IH	4	274D	12F-12R	69	7055	No
JX1080C w/Cab	$37126	$16710	$19680	$24500	$27100	Case IH	4	274D	12F-12R	69	6834	CHA
JX1080C 4WD w/Cab	$44088	$19840	$23370	$29100	$32180	Case IH	4	274D	12F-12R	69	7496	CHA
JX1085C 4WD	$33548	$15100	$17780	$22140	$24490	Case IH	4	274D	16F-16R	69	6074	No
JX1085C 4WD w/Cab	$42365	$19060	$22450	$27960	$30930	Case IH	4	274D	16F-16R	69	6074	CHA
JX85	$26768	$12050	$14190	$17670	$19540	Case IH	4T	238D	12F-12R	72	5702	No
JX85 4WD	$33495	$15070	$17750	$22110	$24450	Case IH	4T	238D	12F-12R	72	6254	No
JX85 w/Cab	$37840	$15840	$18660	$23230	$25700	Case IH	4T	238D	12F-12R	72	6363	CHA
JX85 4WD w/Cab	$42285	$18000	$21200	$26400	$29200	Case IH	4T	238D	12F-12R	72	6915	CHA
JX1090C	$35895	$16150	$19020	$23690	$26200	Case IH	4T	274D	12F-12R	77	6834	No
JX1090C 4WD	$42625	$19180	$22590	$28130	$31120	Case IH	4T	274D	12F-12R	77	6691	No
JX1090C w/Cab	$44785	$19890	$23430	$29170	$32270	Case IH	4T	274D	12F-12R	77	7275	CHA
JX1090C 4WD w/Cab	$51689	$22860	$26920	$33530	$37080	Case IH	4T	274D	12F-12R	77	7936	CHA
JX1095C 4WD	$39690	$17210	$20270	$25250	$27920	Case IH	4T	274D	12F-12R	77	6074	No
JX1095C 4WD w/Cab	$48128	$20970	$24700	$30760	$34020	Case IH	4T	274D	12F-12R	77	6074	CHA
JX1095N Narrow 4WD	$39557	$17030	$20060	$24980	$27630	Case IH	4T	274D	16F-16R	80	6074	No
JX1095N Narrow 4WD w/Cab	$48152	$20770	$24460	$30460	$33690	Case IH	4T	274D	16F-16R	80	6107	CHA
JX95	$30310	$13030	$15340	$19110	$21130	Case IH	4T	238D	12F-12R	80	6107	No
JX95 4WD	$37195	$15260	$17970	$22370	$24750	Case IH	4T	238D	12F-12R	80	6659	No
JX95 w/Cab	$37599	$16610	$19560	$24350	$26940	Case IH	4T	238D	12F-12R	80	6768	CHA
JX95 4WD w/Cab	$45340	$18810	$22150	$27590	$30510	Case IH	4T	238D	12F-12R	80	7320	CHA
MXU100 Limited 4WD w/Cab	$64580	$29060	$33580	$41330	$45850	Case IH	4TI	274D	24F-24R	80	10383	CHA
MXU100 Limited w/Cab	$53843	$24230	$28000	$34460	$38230	Case IH	4TI	274D	24F-24R	80	10008	CHA
JX1100U	$34800	$15660	$18440	$22970	$25400	Case IH	4T	274D	12F-12R	85	6834	No
JX1100U 4WD	$41520	$18680	$22010	$27400	$30310	Case IH	4T	274D	12F-12R	85	7496	No
JX1100U w/Cab	$43790	$19710	$23210	$28900	$31970	Case IH	4T	274D	12F-12R	85	7275	CHA
JX1100U 4WD w/Cab	$49950	$22480	$26470	$32970	$36460	Case IH	4T	274D	12F-12R	85	7936	CHA
MXU110 4WD w/Cab	$57303	$25790	$29800	$36670	$40690	Case IH	4TI	274D	24F-24R	95	10890	CHA
MXU110 w/Cab	$53579	$24110	$27860	$34290	$38040	Case IH	4TI	274D	24F-24R	95	10516	CHA
MXU115	$41429	$18640	$21540	$26520	$29420	Case IH	6TI	411D	12F-12R	95	9986	No
MXU115 4WD	$51175	$23030	$26610	$32750	$36330	Case IH	6TI	411D	12F-12R	95	10361	No
MXU115 4WD w/Cab	$59195	$26640	$30780	$37890	$42030	Case IH	6TI	411D	12F-12R	95	11336	CHA
MXU115 w/Cab	$50025	$22510	$26010	$32020	$35520	Case IH	6TI	411D	12F-12R	95	10272	CHA
MXU115 Limited 4WD w/Cab	$64215	$28900	$33390	$41100	$45590	Case IH	6TI	411D	24F-24R	95	11265	CHA
MXU115 Limited w/Cab	$55210	$24850	$28710	$35330	$39200	Case IH	6TI	411D	24F-24R	95	10272	CHA
Maxxum 120 Pro	$65960	$24810	$29040	$36910	$41140	Case IH	6TI	456D	18F-6R	95	11111	CHA
Maxxum 120 Pro 4WD	$77598	$29520	$34560	$43920	$48960	Case IH	6TI	456D	18F-6R	95	11111	CHA
MXU125 Limited	$54870	$24260	$28030	$34500	$38270	Case IH	6TI	411D	24F-24R	105	10053	No
MXU125 Limited 4WD	$64834	$28710	$33180	$40830	$45300	Case IH	6TI	411D	24F-24R	105	10427	No
MXU125 Limited 4WD w/Cab	$74215	$32940	$38060	$46850	$51970	Case IH	6TI	411D	24F-24R	105	11331	CHA
MXU125 Limited w/Cab	$64195	$28440	$32860	$40450	$44870	Case IH	6TI	411D	24F-24R	105	10979	CHA
MXU130	$49454	$22250	$25720	$31650	$35110	Case IH	6TI	411D	16F-16R	110	10060	No
MXU130 4WD	$58612	$26380	$30480	$37510	$41620	Case IH	6TI	411D	16F-16R	110	10431	No
MXU130 4WD w/Cab	$66655	$30000	$34660	$42660	$47330	Case IH	6TI	411D	16F-16R	110	11406	CHA
MXU130 w/Cab	$57898	$26050	$30110	$37060	$41110	Case IH	6TI	411D	16F-16R	110	10345	CHA
Maxxum 130 Pro	$71126	$27060	$31680	$40260	$44880	Case IH	6TI	456D	18F-6R	105	11133	CHA

Case-International (Cont.)

Model	Approx. Retail Price New	Estimated Value Less Repairs: Used Trade In Avg.	Used Trade In High	Used Retail Avg.	Used Retail High	Engine Make	Engine No. Cyls.	Engine Displ. Cu.-In.	No. Speeds	P.T.O. H.P.	Approx. Shipping Wt.-Lbs.	Cab
2006 (Cont.)												
Maxxum 130 Pro 4WD	$82895	$31570	$36960	**$46970**	**$52360**	Case IH	6TI	456D	18F-6R	105	11133	CHA
MXU135 Limited 4WD	$57540	$25890	$29920	**$36830**	**$40850**	Case IH	6TI	411D	24F-24R	115	10979	No
MXU135 Limited 4WD w/Cab	$67290	$30280	$34990	**$43070**	**$47780**	Case IH	6TI	411D	24F-24R	115	11331	CHA
Msxxum 140 Pro	$74451	$28290	$33120	**$42090**	**$46920**	Case IH	6TI	456D	18F-6R	115	11354	CHA
Maxxum 140 Pro 4WD	$83725	$31980	$37440	**$47580**	**$53040**	Case IH	6TI	456D	18F-6R	115	11354	CHA
Maxxum 155 Pro	$71250	$27060	$31680	**$40260**	**$44880**	Case IH	6TI	456D	18F-6R	125	11574	CHA
Maxxum 155 Pro 4WD	$82970	$31610	$37010	**$47030**	**$52430**	Case IH	6TI	456D	18F-6R	125	11574	CHA
Maxxum 175 Pro	$96145	$37310	$43680	**$55510**	**$61880**	Case IH	6TI	456D	18F-6R	145	12125	CHA
Maxxum 175 Pro 4WD	$110420	$43050	$50400	**$64050**	**$71400**	Case IH	6TI	456D	18F-6R	145	12125	CHA
Maxxum 190 Pro	$102160	$39770	$46560	**$59170**	**$65960**	Case IH	6TI	456D	18F-6R	160	12125	CHA
Maxxum 190 Pro 4WD	$116180	$45510	$53280	**$67710**	**$75480**	Case IH	6TI	456D	18F-6R	160	12125	CHA
MX215 4WD	$131185	$59030	$68220	**$83960**	**$93140**	Case IH	6TI	505D	18F-4R	175	20100	CHA
MX245 4WD	$149555	$61320	$71790	**$91230**	**$101700**	Case IH	6TI	505D	18F-4R	200	20100	CHA
MX275 Magnum 4WD	$161515	$72680	$83990	**$103370**	**$114680**	Case IH	6TI	505D	18F-4R	225	20630	CHA
MX285 4WD	$161030	$72460	$83740	**$103060**	**$114330**	Case IH	6TI	505D	18F-4R	240	20200	CHA
MX305 4WD	$178820	$80470	$92990	**$114450**	**$126960**	Case IH	6TI	543D	18F-4R	255	20630	CHA
STX280	$153490	$62930	$73680	**$93630**	**$104370**	Case IH	6TA	505D	16F-2R	255	33000	CHA
STX330	$175725	$72050	$84350	**$107190**	**$119490**	Case IH	6TA	543D	16F-2R	270	39000	CHA
STX380	$195795	$80280	$93980	**$119440**	**$133140**	Case IH	6TA	787D	16F-2R	335	45000	CHA
STX380HD	$216595	$88800	$103970	**$132120**	**$147290**	Case IH	6TA	787D	16F-2R	335	45000	CHA
STX380 Quadtrac	$245395	$110430	$127610	**$154600**	**$166870**	Case IH	6TA	787D	16F-2R	335	53264	CHA
STX430	$219559	$90020	$105390	**$133930**	**$149300**	Case IH	6TA	787D	16F-2R	375	51000	CHA
STX430HD	$229415	$94060	$110120	**$139940**	**$156000**	Case IH	6TA	787D	16F-2R	375	51000	CHA
STX430 Quadtrac	$261484	$117670	$135970	**$164740**	**$177810**	Case IH	6TA	787D	16F-2R	375	53264	CHA
STX480	$248045	$101700	$119060	**$151310**	**$168670**	Cummins	6TA	915D	16F-2R	425	53800	CHA
STX480HD	$256050	$104980	$122900	**$156190**	**$174110**	Cummins	6TA	915D	16F-2R	425	53800	CHA
STX480 Quadtrac	$280845	$126380	$146040	**$176930**	**$190980**	Cummins	6TA	915D	16F-2R	425	53264	CHA
STX530	$269188	$110370	$129210	**$164210**	**$183050**	Cummins	6TA	915D	16F-2R	469	53800	CHA
STX530 Quadtrac	$301185	$135530	$156620	**$189750**	**$204810**	Cummins	6TA	915D	16F-2R	469	53800	CHA
2005												
DX18E 4WD Farmall	$9820	$4120	$4910	**$6190**	**$6970**	Shibaura	3	58D	Variable	13.7	1314	No
DX21 4WD Farmall	$12750	$5360	$6380	**$8030**	**$9050**	Shibaura	3	91D	9F-3R	17.0	3262	No
DX21 4WD Farmall	$14100	$5920	$7050	**$8880**	**$10010**	Shibaura	3	91D	Variable	16.0	3633	No
DX24 4WD Farmall	$13238	$5560	$6620	**$8340**	**$9400**	Shibaura	3	69D	Variable	18.5	1600	No
DX24E 4WD Farmall	$10290	$4320	$5150	**$6480**	**$7310**	Shibaura	3	61D	Variable	18.3	1323	No
DX29 4WD Farmall	$15540	$6530	$7770	**$9790**	**$11030**	Shibaura	3	81D	Variable	23.6	2474	No
DX33 4WD Farmall	$16200	$6800	$8100	**$10210**	**$11500**	Shibaura	3	91D	Variable	26.9	2474	No
D35 Farmall	$14040	$5900	$7020	**$8850**	**$9970**	Shibaura	3	101D	12F-12R	29.6	2947	No
D35 4WD Farmall	$16065	$6750	$8030	**$10120**	**$11410**	Shibaura	3	101D	12F-12R	29.6	3096	No
DX35 4WD Farmall	$18365	$7710	$9180	**$11570**	**$13040**	Shibaura	3	101D	Variable	29.1	3052	No
D40 Farmall	$15695	$6590	$7850	**$9890**	**$11140**	Shibaura	4	121D	12F-12R	35.0	2998	No
D40 4WD Farmall	$18390	$7720	$9200	**$11590**	**$13060**	Shibaura	4	121D	12F-12R	35.0	3147	No
DX40 4WD Farmall	$19845	$8340	$9920	**$12500**	**$14090**	Shibaura	4	121D	Variable	33.2	3328	No
D45 Farmall	$17810	$7480	$8910	**$11220**	**$12650**	Shibaura	4	135D	12F-12R	39.6	3200	No
D45 4WD Farmall	$19760	$8300	$9880	**$12450**	**$14030**	Shibaura	4	135D	12F-12R	39.6	3349	No
DX45 4WD Farmall	$22288	$9360	$11140	**$14040**	**$15820**	Shibaura	4	135D	Variable	37.8	3417	No
DX48 4WD Farmall	$17882	$7510	$8940	**$11270**	**$12700**	Shibaura	4	135D	12F-12R	40.0	3465	No
DX55 4WD Farmall	$19160	$8050	$9580	**$12070**	**$13600**	Shibaura	4T	135D	12F-12R	47.0	3465	No
JX55	$19988	$8400	$9990	**$12590**	**$14190**	Case IH	3	179D	12F-12R	45	5152	No
JX55 4WD	$24698	$10370	$12350	**$15560**	**$17540**	Case IH	3	179D	12F-12R	45	5704	No
JX55 w/Cab	$27841	$11690	$13920	**$17540**	**$19770**	Case IH	3	179D	12F-12R	45	5813	CHA
JX55 4WD w/Cab	$32553	$13670	$16280	**$20510**	**$23110**	Case IH	3	179D	12F-12R	45	6367	CHA
JX1060C	$21395	$8990	$10700	**$13480**	**$15190**	Case IH	3	179D	12F-12R	45	5148	No
JX1060C 4WD	$26120	$10970	$13060	**$16460**	**$18550**	Case IH	3	179D	12F-12R	45	5632	No
JX1060C 4WD w/Cab	$32976	$13850	$16490	**$20780**	**$23410**	Case IH	3	179D	12F-12R	45	6063	CHA
JX1060C w/Cab	$28252	$11870	$14130	**$17800**	**$20060**	Case IH	3	179D	12F-12R	45	5588	CHA
JX65	$21638	$9090	$10820	**$13630**	**$15360**	Case IH	3T	179D	12F-12R	52	5152	No
JX65 4WD	$26061	$10950	$13030	**$16420**	**$18500**	Case IH	3T	179D	12F-12R	52	5704	No
JX65 w/Cab	$29419	$12360	$14710	**$18530**	**$20890**	Case IH	3T	179D	12F-12R	52	5813	CHA
JX65 4WD w/Cab	$33842	$14210	$16920	**$21320**	**$24030**	Case IH	3T	179D	12F-12R	52	6365	CHA
JX1070C	$23734	$9970	$11870	**$14950**	**$16850**	Case IH	3T	179D	12F-12R	57	5148	No
JX1070C 4WD	$28458	$11950	$14230	**$17930**	**$20210**	Case IH	3T	179D	12F-12R	57	5632	No
JX1070C 4WD w/Cab	$35315	$14830	$17660	**$22250**	**$25070**	Case IH	3T	179D	12F-12R	57	6063	CHA
JX1070C w/Cab	$30675	$12880	$15340	**$19330**	**$21780**	Case IH	3T	179D	12F-12R	57	5588	CHA
JX1075C	$25365	$10650	$12680	**$15980**	**$18010**	Case IH	3T	179D	12F-12R	62	5148	No
JX1075C 4WD	$30090	$12640	$15050	**$18960**	**$21360**	Case IH	3T	179D	12F-12R	62	5632	No
JX1075C 4WD w/Cab	$36948	$15520	$18470	**$23280**	**$26230**	Case IH	3T	179D	12F-12R	62	6063	CHA
JX1075C w/Cab	$32225	$13540	$16110	**$20300**	**$22880**	Case IH	3T	179D	12F-12R	62	5588	CHA
JX75	$23482	$9860	$11740	**$14790**	**$16670**	Case IH	4	238D	12F-12R	62	5702	No
JX75 4WD	$28078	$11790	$14040	**$17690**	**$19940**	Case IH	4	238D	12F-12R	62	6254	No
JX75 w/Cab	$31263	$13130	$15630	**$19700**	**$22200**	Case IH	4	238D	12F-12R	62	6363	CHA
JX75 4WD w/Cab	$35859	$15060	$17930	**$22590**	**$25460**	Case IH	4	238D	12F-12R	62	6915	CHA
JX1080U	$28500	$11970	$14250	**$17960**	**$20240**	Case IH	4	274D	12F-12R	69	6393	No
JX1080U 4WD	$34786	$14610	$17390	**$21920**	**$24700**	Case IH	4	274D	12F-12R	69	7055	No
JX1080U w/Cab	$36315	$15250	$18160	**$22880**	**$25780**	Case IH	4	274D	12F-12R	69	6834	CHA
JX1080U 4WD w/Cab	$42600	$17890	$21300	**$26840**	**$30250**	Case IH	4	274D	12F-12R	69	7496	CHA
JX85	$28142	$11820	$14070	**$17730**	**$19980**	Case IH	4T	238D	12F-12R	72	5702	No
JX85 4WD	$30575	$12840	$15290	**$19260**	**$21710**	Case IH	4T	238D	12F-12R	72	6254	No
JX85 w/Cab	$33730	$14170	$16870	**$21250**	**$23950**	Case IH	4T	238D	12F-12R	72	6363	CHA
JX85 4WD w/Cab	$38283	$16080	$19140	**$24120**	**$27180**	Case IH	4T	238D	12F-12R	72	6915	CHA
JX1090U	$30579	$12840	$15290	**$19270**	**$21710**	Case IH	4T	274D	12F-12R	77	6834	No
JX1090U 4WD	$36865	$15480	$18430	**$23230**	**$26170**	Case IH	4T	274D	12F-12R	77	6691	No
JX1090U w/Cab	$38395	$16130	$19200	**$24190**	**$27260**	Case IH	4T	274D	12F-12R	77	7275	CHA

Case-International (Cont.)

Model	Approx. Retail Price New	Estimated Value Less Repairs: Used Trade In Avg.	Used Trade In High	Used Retail Avg.	Used Retail High	Make	Engine No. Cyls.	Engine Displ. Cu.-In.	No. Speeds	P.T.O. H.P.	Approx. Shipping Wt.-Lbs.	Cab
					2005 (Cont.)							
JX1090U 4WD w/Cab	$44680	$18770	$22340	**$28150**	**$31720**	Case IH	4T	274D	12F-12R	77	7936	CHA
JX95	$27812	$11680	$13910	**$17520**	**$19750**	Case IH	4T	238D	12F-12R	80	6107	No
JX95 4WD	$31565	$13260	$15780	**$19890**	**$22410**	Case IH	4T	238D	12F-12R	80	6659	No
JX95 w/Cab	$34720	$14580	$17360	**$21870**	**$24650**	Case IH	4T	238D	12F-12R	80	6768	CHA
JX95 4WD w/Cab	$39273	$16500	$19640	**$24740**	**$27880**	Case IH	4T	238D	12F-12R	80	7320	CHA
MXU100	$39070	$16410	$19140	**$23830**	**$26570**	Case IH	4TI	274D	24F-24R	80	9060	No
MXU100 4WD	$47417	$19920	$23230	**$28920**	**$32240**	Case IH	4TI	274D	24F-24R	80	9435	No
MXU100 4WD w/Cab	$57304	$24070	$28080	**$34960**	**$38970**	Case IH	4TI	274D	24F-24R	80	10383	CHA
MXU100 w/Cab	$48973	$20570	$24000	**$29870**	**$33300**	Case IH	4TI	274D	24F-24R	80	10008	CHA
JX1100U	$32438	$13620	$16220	**$20440**	**$23030**	Case IH	4T	274D	12F-12R	85	6834	No
JX1100U 4WD	$38726	$16270	$19360	**$24400**	**$27500**	Case IH	4T	274D	12F-12R	85	7496	No
JX1100U w/Cab	$40254	$16910	$20130	**$25360**	**$28580**	Case IH	4T	274D	12F-12R	85	7275	CHA
JX1100U 4WD w/Cab	$46542	$19550	$23270	**$29320**	**$33050**	Case IH	4T	274D	12F-12R	85	7936	CHA
MXU110	$43114	$18110	$21130	**$26300**	**$29320**	Case IH	4TI	274D	24F-24R	95	9568	No
MXU110 4WD	$51612	$21680	$25290	**$31480**	**$35100**	Case IH	4TI	274D	24F-24R	95	9942	No
MXU110 4WD w/Cab	$57303	$24070	$28080	**$34960**	**$38970**	Case IH	4TI	274D	24F-24R	95	10890	CHA
MXU110 w/Cab	$53579	$22500	$26250	**$32680**	**$36430**	Case IH	4TI	274D	24F-24R	95	10516	CHA
Maxxum 120	$56032	$23530	$27460	**$34180**	**$38100**	Case IH	6TI	456D	18F-6R	95	11111	CHA
Maxxum 120 4WD	$64628	$27140	$31670	**$39420**	**$43950**	Case IH	6TI	456D	18F-6R	95	11111	CHA
MXU125	$52368	$22000	$25660	**$31940**	**$35610**	Case IH	6TI	411D	24F-24R	105	10053	No
MXU125 4WD	$62129	$26090	$30440	**$37900**	**$42250**	Case IH	6TI	411D	24F-24R	105	10427	No
MXU125 4WD w/Cab	$72229	$30340	$35390	**$44060**	**$49120**	Case IH	6TI	411D	24F-24R	105	11331	CHA
MXU125 w/Cab	$62839	$26390	$30790	**$38330**	**$42730**	Case IH	6TI	411D	24F-24R	105	10979	CHA
Maxxum 130	$60307	$25330	$29550	**$36790**	**$41010**	Case IH	6TI	456D	18F-6R	105	11133	CHA
Maxxum 130 4WD	$68904	$28940	$33760	**$42030**	**$46860**	Case IH	6TI	456D	18F-6R	105	11133	CHA
Maxxum 140	$63404	$26630	$31070	**$38680**	**$43120**	Case IH	6TI	456D	18F-6R	115	11354	CHA
Maxxum 140 4WD	$74276	$31200	$36400	**$45310**	**$50510**	Case IH	6TI	456D	18F-6R	115	11354	CHA
Maxxum 155	$69926	$29370	$34260	**$42660**	**$47550**	Case IH	6TI	359D	18F-6R	125	11574	CHA
Maxxum 155 4WD	$81538	$34250	$39950	**$49740**	**$55450**	Case IH	6TI	359D	18F-6R	125	11574	CHA
Maxxum 175	$82349	$34590	$40350	**$50230**	**$56000**	Case IH	6TI	456D	18F-6R	145	12125	CHA
Maxxum 175 4WD	$93969	$39470	$46050	**$57320**	**$63900**	Case IH	6TI	456D	18F-6R	145	12125	CHA
Maxxum 190	$87486	$36740	$42870	**$53370**	**$59490**	Case IH	6TI	456D	18F-6R	160	12125	CHA
Maxxum 190 4WD	$99105	$41620	$48560	**$60450**	**$67390**	Case IH	6TI	456D	18F-6R	160	12125	CHA
MX210	$110432	$46380	$54110	**$67360**	**$75090**	Case IH	6TI	505D	18F-4R	170	18700	CHA
MX210 4WD	$122320	$51370	$59940	**$74620**	**$83180**	Case IH	6TI	505D	18F-4R	170	19700	CHA
MX230	$122114	$51290	$59840	**$74490**	**$83040**	Case IH	6TI	505D	18F-4R	190	18700	CHA
MX230 4WD	$134196	$56360	$65760	**$81860**	**$91250**	Case IH	6TI	505D	18F-4R	190	19700	CHA
MX255 4WD	$145323	$61040	$71210	**$88650**	**$98820**	Case IH	6TI	505D	18F-4R	215	20200	CHA
MX285 4WD	$159436	$66960	$78120	**$97260**	**$108420**	Case IH	6TI	505D	18F-4R	240	20200	CHA
STX275	$142075	$53990	$63930	**$80980**	**$92350**	Case IH	6TA	505D	16F-2R	225	33000	CHA
STX325	$162004	$61560	$72900	**$92340**	**$105300**	Case IH	6TA	543D	16F-2R	270	39000	CHA
STX375	$180780	$68700	$81350	**$103050**	**$117510**	Cummins	6TA	915D	16F-2R	330	45000	CHA
STX375 Quadtrac	$230466	$92190	$108320	**$135980**	**$147500**	Cummins	6TA	915D	16F-2R	330	53264	CHA
STX425	$202004	$76760	$90900	**$115140**	**$131300**	Cummins	6TA	915D	16F-2R	370	51000	CHA
STX425 Quadtrac	$243925	$97570	$114650	**$143920**	**$156110**	Cummins	6TA	915D	16F-2R	370	53264	CHA
STX450	$216722	$82350	$97530	**$123530**	**$140870**	Cummins	6TA	915D	16F-2R	395	53800	CHA
STX450 Quadtrac	$249544	$99820	$117290	**$147230**	**$159710**	Cummins	6TA	915D	16F-2R	395	53264	CHA
					2004							
DX18E 4WD Farmall	$9266	$3710	$4450	**$5560**	**$6390**	Shibaura	3	58D	Variable	13.7	1314	No
D24E 4WD Farmall	$9989	$4000	$4800	**$5990**	**$6890**	Shibaura	3	61D	Variable	18.3	1323	No
DX24 4WD Farmall	$12852	$5140	$6170	**$7710**	**$8870**	Shibaura	3	69D	Variable	18.5	1600	No
DX29 4WD Farmall	$15085	$6030	$7240	**$9050**	**$10410**	Shibaura	3	81D	Variable	23.6	2474	No
DX33 4WD Farmall	$15728	$6290	$7550	**$9440**	**$10850**	Shibaura	3	91D	Variable	26.9	2474	No
D35 Farmall	$13630	$5450	$6540	**$8180**	**$9410**	Shibaura	3	101D	12F-12R	29.6	2947	No
D35 4WD Farmall	$15598	$6240	$7490	**$9360**	**$10760**	Shibaura	3	101D	12F-12R	29.6	3096	No
DX35 4WD Farmall	$17830	$7130	$8560	**$10700**	**$12300**	Shibaura	3	101D	Variable	29.1	3052	No
D40 Farmall	$15236	$6090	$7310	**$9140**	**$10510**	Shibaura	4	121D	12F-12R	35.0	2998	No
D40 4WD Farmall	$17855	$7140	$8570	**$10710**	**$12320**	Shibaura	4	121D	12F-12R	35.0	3147	No
DX40 4WD Farmall	$19265	$7710	$9250	**$11560**	**$13290**	Shibaura	4	121D	Variable	33.2	3328	No
D45 Farmall	$17291	$6920	$8300	**$10380**	**$11930**	Shibaura	4	135D	12F-12R	39.6	3200	No
D45 4WD Farmall	$19185	$7670	$9210	**$11510**	**$13240**	Shibaura	4	135D	12F-12R	39.6	3349	No
DX45 4WD Farmall	$21639	$8660	$10390	**$12980**	**$14930**	Shibaura	4	135D	Variable	37.8	3417	No
DX48 4WD Farmall	$17362	$6950	$8330	**$10420**	**$11980**	Shibaura	4	135D	12F-12R	40.0	3465	No
DX55 4WD Farmall	$18603	$7440	$8930	**$11160**	**$12840**	Shibaura	4T	135D	12F-12R	47.0	3465	No
JX55	$18507	$7400	$8880	**$11100**	**$12770**	Case IH	3	165D	12F-12R	42	5335	No
JX55 4WD	$22869	$9150	$10980	**$13720**	**$15780**	Case IH	3	165D	12F-12R	42	5335	No
JX55 w/Cab	$25779	$10310	$12370	**$15470**	**$17790**	Case IH	3	165D	12F-12R	42	5335	CHA
JX55 4WD w/Cab	$30141	$12060	$14470	**$18090**	**$20800**	Case IH	3	165D	12F-12R	42	5335	CHA
JX1060C	$20772	$8310	$9970	**$12460**	**$14330**	Case IH	3	179D	12F-12R	45	5148	No
JX1060C 4WD	$25358	$10140	$12170	**$15220**	**$17500**	Case IH	3	179D	12F-12R	45	5632	No
JX1060C 4WD w/Cab	$32016	$12810	$15370	**$19210**	**$22090**	Case IH	3	179D	12F-12R	45	6063	CHA
JX1060C w/Cab	$27429	$10970	$13170	**$16460**	**$18930**	Case IH	3	179D	12F-12R	45	5588	CHA
JX65	$20222	$8090	$9710	**$12130**	**$13950**	Case IH	3	179D	12F-12R	50	6063	No
JX65 4WD	$24356	$9740	$11690	**$14610**	**$16810**	Case IH	3	179D	12F-12R	50	6063	No
JX65 w/Cab	$27494	$11000	$13200	**$16500**	**$18970**	Case IH	3	179D	12F-12R	50	6063	CHA
JX65 4WD w/Cab	$31628	$12650	$15180	**$18980**	**$21820**	Case IH	3	179D	12F-12R	50	6063	CHA
JX1070C	$23042	$9220	$11060	**$13830**	**$15900**	Case IH	3T	179D	12F-12R	57	5148	No
JX1070C 4WD	$27629	$11050	$13260	**$16580**	**$19060**	Case IH	3T	179D	12F-12R	57	5632	No
JX1070C 4WD w/Cab	$34287	$13720	$16460	**$20570**	**$23660**	Case IH	3T	179D	12F-12R	57	6063	CHA
JX1070C w/Cab	$29780	$11910	$14290	**$17870**	**$20550**	Case IH	3T	179D	12F-12R	57	5588	CHA
JX1075C	$24627	$9850	$11820	**$14780**	**$16990**	Case IH	3T	179D	12F-12R	62	5148	No
JX1075C 4WD	$29214	$11690	$14020	**$17530**	**$20160**	Case IH	3T	179D	12F-12R	62	5632	No
JX1075C 4WD w/Cab	$35872	$14350	$17220	**$21520**	**$24750**	Case IH	3T	179D	12F-12R	62	6063	CHA

Case-International (Cont.)

2004 (Cont.)

Model	Approx. Retail Price New	Estimated Value Less Repairs: Used Trade In Avg.	Used Trade In High	Used Retail Avg.	Used Retail High	Engine Make	Engine No. Cyls.	Engine Displ. Cu.-In.	No. Speeds	P.T.O. H.P.	Approx. Shipping Wt.-Lbs.	Cab
JX1075C w/Cab	$31285	$12510	$15020	**$18770**	**$21590**	Case IH	3T	179D	12F-12R	62	5588	CHA
JX75	$21946	$8780	$10530	**$13170**	**$15140**	Case IH	4	220D	12F-12R	60	5941	No
JX75 4WD	$26241	$10500	$12600	**$15750**	**$18110**	Case IH	4	220D	12F-12R	60	5941	No
JX75 w/Cab	$29218	$11690	$14030	**$17530**	**$20160**	Case IH	4	220D	12F-12R	60	5941	CHA
JX75 4WD w/Cab	$33513	$13410	$16090	**$20110**	**$23120**	Case IH	4	220D	12F-12R	60	5941	CHA
JX1080U	$27669	$11070	$13280	**$16600**	**$19090**	Case IH	4	274D	12F-12R	69	6393	No
JX1080U 4WD	$33773	$13510	$16210	**$20260**	**$23300**	Case IH	4	274D	12F-12R	69	7055	No
JX1080U w/Cab	$35257	$14100	$16920	**$21150**	**$24330**	Case IH	4	274D	12F-12R	69	6834	CHA
JX1080U 4WD w/Cab	$41361	$16540	$19850	**$24820**	**$28540**	Case IH	4	274D	12F-12R	69	7496	CHA
JX85	$26549	$10620	$12740	**$15930**	**$18320**	Case IH	4T	238D	12F-12R	70	5941	No
JX85 4WD	$28844	$11540	$13850	**$17310**	**$19900**	Case IH	4T	238D	12F-12R	70	5941	No
JX85 w/Cab	$31821	$12730	$15270	**$19090**	**$21960**	Case IH	4T	238D	12F-12R	70	5941	CHA
JX85 4WD w/Cab	$36116	$14450	$17340	**$21670**	**$24920**	Case IH	4T	238D	12F-12R	70	5941	CHA
JX1090U	$29688	$11880	$14250	**$17810**	**$20490**	Case IH	4T	274D	12F-12R	77	6834	No
JX1090U 4WD	$35792	$14320	$17180	**$21480**	**$24700**	Case IH	4T	274D	12F-12R	77	6691	No
JX1090U w/Cab	$37276	$14910	$17890	**$22370**	**$25720**	Case IH	4T	274D	12F-12R	77	7275	CHA
JX1090U 4WD w/Cab	$43380	$17350	$20820	**$26030**	**$29930**	Case IH	4T	274D	12F-12R	77	7936	CHA
JX95	$25483	$10190	$12230	**$15290**	**$17580**	Case IH	4T	238D	12F-12R	80	5963	No
JX95 4WD	$29778	$11910	$14290	**$17870**	**$20550**	Case IH	4T	238D	12F-12R	80	5963	No
JX95 w/Cab	$32755	$13100	$15720	**$19650**	**$22600**	Case IH	4T	238D	12F-12R	80	5963	CHA
JX95 4WD w/Cab	$37050	$14820	$17780	**$22230**	**$25570**	Case IH	4T	238D	12F-12R	80	5963	CHA
MXU100	$37931	$14410	$17450	**$21240**	**$24660**	Case IH	4TI	274D	24F-24R	80	9060	No
MXU100 4WD	$46036	$17490	$21180	**$25780**	**$29920**	Case IH	4TI	274D	24F-24R	80	9435	No
MXU100 4WD w/Cab	$55634	$21140	$25590	**$31160**	**$36160**	Case IH	4TI	274D	24F-24R	80	10383	CHA
MXU100 w/Cab	$47547	$18070	$21870	**$26630**	**$30910**	Case IH	4TI	274D	24F-24R	80	10008	CHA
JX1100U	$31493	$12600	$15120	**$18900**	**$21730**	Case IH	4T	274D	12F-12R	85	6834	No
JX1100U 4WD	$37598	$15040	$18050	**$22560**	**$25940**	Case IH	4T	274D	12F-12R	85	7496	No
JX1100U w/Cab	$39081	$15630	$18760	**$23450**	**$26970**	Case IH	4T	274D	12F-12R	85	7275	CHA
JX1100U 4WD w/Cab	$45186	$18070	$21690	**$27110**	**$31180**	Case IH	4T	274D	12F-12R	85	7936	CHA
MXU110	$41858	$15910	$19260	**$23440**	**$27210**	Case IH	4TI	274D	24F-24R	95	9568	No
MXU110 4WD	$50108	$19040	$23050	**$28060**	**$32570**	Case IH	4TI	274D	24F-24R	95	9942	No
MXU110 4WD w/Cab	$55634	$21140	$25590	**$31160**	**$36160**	Case IH	4TI	274D	24F-24R	95	10890	CHA
MXU110 w/Cab	$52018	$19770	$23930	**$29130**	**$33810**	Case IH	4TI	274D	24F-24R	95	10516	CHA
Maxxum 120	$54400	$20670	$25020	**$30460**	**$35360**	Case IH	6TI	456D	18F-6R	95	11111	CHA
Maxxum 120 4WD	$62746	$23840	$28860	**$35140**	**$40790**	Case IH	6TI	456D	18F-6R	95	11111	CHA
MXU125	$50843	$19320	$23390	**$28470**	**$33050**	Case IH	6TI	411D	24F-24R	105	10053	No
MXU125 4WD	$60319	$22920	$27750	**$33780**	**$39210**	Case IH	6TI	411D	24F-24R	105	10427	No
MXU125 4WD w/Cab	$70125	$26650	$32260	**$39270**	**$45580**	Case IH	6TI	411D	24F-24R	105	11331	CHA
MXU125 w/Cab	$61008	$23180	$28060	**$34160**	**$39660**	Case IH	6TI	411D	24F-24R	105	10979	CHA
Maxxum 130	$58550	$22250	$26930	**$32790**	**$38060**	Case IH	6TI	456D	18F-6R	105	11133	CHA
Maxxum 130 4WD	$66897	$25420	$30770	**$37460**	**$43480**	Case IH	6TI	456D	18F-6R	105	11133	CHA
MXU135 4WD w/Cab	$73557	$27950	$33840	**$41190**	**$47810**	Case IH	6TI	411D	24F-24R	115	11353	CHA
MXU135 w/Cab	$64369	$24460	$29610	**$36050**	**$41840**	Case IH	6TI	411D	24F-24R	115	11023	CHA
Maxxum 140	$61557	$23390	$28320	**$34470**	**$40010**	Case IH	6TI	456D	18F-6R	115	11354	CHA
Maxxum 140 4WD	$72113	$27400	$33170	**$40380**	**$46870**	Case IH	6TI	456D	18F-6R	115	11354	CHA
Maxxum 155	$67887	$25800	$31230	**$38020**	**$44130**	Case IH	6TI	359D	18F-6R	125	11574	CHA
Maxxum 155 4WD	$79163	$30080	$36420	**$44330**	**$51460**	Case IH	6TI	359D	18F-6R	125	11574	CHA
Maxxum 175	$79950	$30380	$36780	**$44770**	**$51970**	Case IH	6TI	456D	18F-6R	145	12125	CHA
Maxxum 175 4WD	$91232	$34670	$41970	**$51090**	**$59300**	Case IH	6TI	456D	18F-6R	145	12125	CHA
Maxxum 190	$84936	$32280	$39070	**$47560**	**$55210**	Case IH	6TI	456D	18F-6R	160	12125	CHA
Maxxum 190 4WD	$96218	$36560	$44260	**$53880**	**$62540**	Case IH	6TI	456D	18F-6R	160	12125	CHA
MX210	$107215	$40740	$49320	**$60040**	**$69690**	Case IH	6TI	505D	18F-4R	170	18700	CHA
MX210 4WD	$118758	$45130	$54630	**$66500**	**$77190**	Case IH	6TI	505D	18F-4R	170	19700	CHA
MX230	$118557	$45050	$54540	**$66390**	**$77060**	Case IH	6TI	505D	18F-4R	190	18700	CHA
MX230 4WD	$130287	$49510	$59930	**$72960**	**$84690**	Case IH	6TI	505D	18F-4R	190	19700	CHA
MX255 4WD	$141090	$53610	$64900	**$79010**	**$91710**	Case IH	6TI	505D	18F-4R	215	20200	CHA
MX285 4WD	$154850	$58840	$71230	**$86720**	**$100650**	Case IH	6TI	505D	18F-4R	240	20200	CHA
STX275	$137937	$46900	$57930	**$71730**	**$84140**	Case IH	6TA	505D	16F-2R	225	33000	CHA
STX325	$157285	$53480	$66060	**$81790**	**$95940**	Case IH	6TA	543D	16F-2R	270	39000	CHA
STX375	$175515	$59680	$73720	**$91270**	**$107060**	Cummins	6TA	915D	16F-2R	330	45000	CHA
STX375 Quadtrac	$223705	$80530	$96190	**$123040**	**$134220**	Cummins	6TA	915D	16F-2R	330	53264	CHA
STX425	$196120	$66680	$82370	**$101980**	**$119630**	Cummins	6TA	915D	16F-2R	370	51000	CHA
STX425 Quadtrac	$236820	$85260	$101830	**$130250**	**$142090**	Cummins	6TA	915D	16F-2R	370	53264	CHA
STX450	$210410	$71540	$88370	**$109410**	**$128350**	Cummins	6TA	915D	16F-2R	395	53800	CHA
STX450 Quadtrac	$242275	$87220	$104180	**$133250**	**$145370**	Cummins	6TA	915D	16F-2R	395	53264	CHA

2003

Model	Approx. Retail Price New	Estimated Value Less Repairs: Used Trade In Avg.	Used Trade In High	Used Retail Avg.	Used Retail High	Engine Make	Engine No. Cyls.	Engine Displ. Cu.-In.	No. Speeds	P.T.O. H.P.	Approx. Shipping Wt.-Lbs.	Cab
D25	$12000	$4560	$5520	**$6840**	**$8040**	Shibaura	3	81D	9F-3R	21.7	2334	No
D25 4WD	$12089	$4590	$5560	**$6890**	**$8100**	Shibaura	3	81D	9F-3R	21.7	2474	No
DX25 4WD	$15550	$5700	$6900	**$8550**	**$10050**	Shibaura	3	81D	Variable	20.3	2474	No
D29	$13050	$4750	$5750	**$7130**	**$8380**	Shibaura	3	81D	9F-3R	25.1	2334	No
D29 4WD	$13859	$5090	$6160	**$7640**	**$8980**	Shibaura	3	81D	9F-3R	25.1	2474	No
DX29 4WD	$16320	$6000	$7270	**$9010**	**$10590**	Shibaura	3	81D	Variable	23.6	2474	No
D33	$13825	$5070	$6140	**$7610**	**$8950**	Shibaura	3	91D	9F-3R	28.6	2334	No
D33 4WD	$14628	$5380	$6510	**$8070**	**$9480**	Shibaura	3	91D	9F-3R	28.6	2474	No
DX33 4WD	$17089	$6310	$7640	**$9460**	**$11120**	Shibaura	3	91D	Variable	26.9	2474	No
D35	$15194	$5590	$6760	**$8380**	**$9850**	Shibaura	3	101D	12F-12R	29.6	2947	No
D35 4WD	$16894	$6230	$7540	**$9350**	**$10990**	Shibaura	3	101D	12F-12R	29.6	3096	No
DX35 4WD	$19156	$7110	$8600	**$10660**	**$12530**	Shibaura	3	101D	Variable	29.1	3052	No
D40	$16798	$6190	$7500	**$9290**	**$10920**	Shibaura	4	121D	12F-12R	35.0	2998	No
D40 4WD	$18497	$6840	$8280	**$10260**	**$12060**	Shibaura	4	121D	12F-12R	35.0	3147	No
DX40 4WD	$20758	$7700	$9320	**$11540**	**$13570**	Shibaura	4	121D	Variable	33.2	3328	No
D45	$18850	$6970	$8440	**$10460**	**$12300**	Shibaura	4	135D	12F-12R	39.6	3200	No
D45 4WD	$20548	$7640	$9250	**$11460**	**$13470**	Shibaura	4	135D	12F-12R	39.6	3349	No

Case-International (Cont.)

2003 (Cont.)

Model	Approx. Retail Price New	Estimated Value Less Repairs: Used Trade In Avg.	Used Trade In High	Used Retail Avg.	Used Retail High	Engine Make	Engine No. Cyls.	Engine Displ. Cu.-In.	No. Speeds	P.T.O. H.P.	Approx. Shipping Wt.-Lbs.	Cab
DX45 4WD	$22938	$8530	$10330	**$12800**	**$15040**	Shibaura	4	135D	Variable	37.8	3417	No
JX55	$17759	$6750	$8170	**$10120**	**$11900**	Case IH	3	165D	12F-12R	42	5335	No
JX55 4WD	$21200	$8380	$10150	**$12570**	**$14780**	Case IH	3	165D	12F-12R	42	5335	No
JX55 w/Cab	$23900	$9460	$11450	**$14190**	**$16680**	Case IH	3	165D	12F-12R	42	5335	CHA
JX55 4WD w/Cab	$27560	$10910	$13210	**$16370**	**$19240**	Case IH	3	165D	12F-12R	42	5335	CHA
JX65	$19193	$7290	$8830	**$10940**	**$12860**	Case IH	3	179D	12F-12R	50	6063	No
JX65 4WD	$22694	$8980	$10870	**$13480**	**$15840**	Case IH	3	179D	12F-12R	50	6063	No
JX65 w/Cab	$27150	$10750	$13010	**$16120**	**$18950**	Case IH	3	179D	12F-12R	50	6063	CHA
JX65 4WD w/Cab	$29993	$11870	$14370	**$17810**	**$20930**	Case IH	3	179D	12F-12R	50	6063	CHA
JX75	$21077	$8010	$9700	**$12010**	**$14120**	Case IH	4	220D	12F-12R	60	5941	No
JX75 4WD	$24980	$9790	$11850	**$14680**	**$17260**	Case IH	4	220D	12F-12R	60	5941	No
JX75 w/Cab	$27500	$10770	$13040	**$16160**	**$19000**	Case IH	4	220D	12F-12R	60	5941	CHA
JX75 4WD w/Cab	$30975	$12140	$14690	**$18200**	**$21400**	Case IH	4	220D	12F-12R	60	5941	CHA
JX80U	$31053	$11800	$14280	**$17700**	**$20810**	Case IH	4T	238D	24F-12R	66	7396	No
JX80U 4WD	$34950	$13690	$16570	**$20540**	**$24140**	Case IH	4T	238D	24F-12R	66	7396	No
JX80U w/Cab	$37955	$14870	$18000	**$22300**	**$26220**	Case IH	4T	238D	24F-12R	66	7396	CHA
JX80U 4WD w/Cab	$41950	$16430	$19890	**$24650**	**$28980**	Case IH	4T	238D	24F-12R	66	7396	CHA
JX85	$23942	$9100	$11010	**$13650**	**$16040**	Case IH	4T	238D	12F-12R	70	5941	No
JX85 4WD	$27740	$10930	$13230	**$16390**	**$19270**	Case IH	4T	238D	12F-12R	70	5941	No
JX85 w/Cab	$30150	$11930	$14450	**$17900**	**$21040**	Case IH	4T	238D	12F-12R	70	5941	CHA
JX85 4WD w/Cab	$34600	$13700	$16580	**$20540**	**$24150**	Case IH	4T	238D	12F-12R	70	5941	CHA
JX90U	$33157	$12600	$15250	**$18900**	**$22220**	Case IH	4T	238D	24F-12R	76	6691	No
JX90U 4WD	$37450	$14980	$18130	**$22470**	**$26410**	Case IH	4T	238D	24F-12R	76	6691	No
JX90U w/Cab	$39995	$15980	$19350	**$23970**	**$28180**	Case IH	4T	238D	24F-12R	76	6691	CHA
JX90U 4WD w/Cab	$43850	$17920	$21690	**$26880**	**$31590**	Case IH	4T	238D	24F-12R	76	6691	CHA
JX95	$25253	$9600	$11620	**$14390**	**$16920**	Case IH	4T	238D	12F-12R	80	5963	No
JX95 4WD	$29160	$11660	$14120	**$17500**	**$20570**	Case IH	4T	238D	12F-12R	80	5963	No
JX95 w/Cab	$30900	$13010	$15740	**$19510**	**$22930**	Case IH	4T	238D	12F-12R	80	5963	CHA
JX95 4WD w/Cab	$34350	$14570	$17630	**$21850**	**$25680**	Case IH	4T	238D	12F-12R	80	5963	CHA
JX100U	$34388	$13070	$15820	**$19600**	**$23040**	Case IH	4T	238D	24F-12R	82	7396	No
JX100U 4WD	$38780	$15850	$19180	**$23770**	**$27940**	Case IH	4T	238D	24F-12R	82	7396	No
JX100U w/Cab	$40990	$16750	$20280	**$25120**	**$29530**	Case IH	4T	238D	24F-12R	82	7396	CHA
JX100U 4WD w/Cab	$44890	$18730	$22670	**$28090**	**$33020**	Case IH	4T	238D	24F-12R	82	7396	CHA
Maxxum 120 4WD	$68355	$21960	$26980	**$33260**	**$39530**	Case IH	6TA	456D	18F-6R	95	11111	CHA
Maxxum 130 4WD	$73459	$23410	$28770	**$35460**	**$42150**	Case IH	6TA	456D	18F-6R	105	11133	CHA
Maxxum 140 4WD	$79675	$25240	$31010	**$38220**	**$45430**	Case IH	6TA	456D	18F-6R	115	11354	CHA
Maxxum 155 4WD	$80740	$27710	$34040	**$41960**	**$49870**	Case IH	6TA	359D	18F-6R	125	11574	CHA
Maxxum 175 4WD	$101460	$31930	$39230	**$48350**	**$57480**	Case IH	6TA	456D	18F-6R	145	12125	CHA
Maxxum 190 4WD	$106498	$33680	$41370	**$51000**	**$60620**	Case IH	6T	456D	18F-6R	160	12125	CHA
MX210	$107215	$37530	$46100	**$56820**	**$67550**	Case IH	6TA	505D	18F-4R	170	18700	CHA
MX210 4WD	$122680	$41570	$51070	**$62940**	**$74820**	Case IH	6TA	505D	18F-4R	170	19700	CHA
MX230	$118557	$40600	$49880	**$61480**	**$73080**	Case IH	6TA	505D	18F-4R	190	18700	CHA
MX230 4WD	$134020	$45500	$55900	**$68900**	**$81900**	Case IH	6TA	505D	18F-4R	190	19700	CHA
MX255 4WD	$145360	$49350	$60630	**$74730**	**$88830**	Case IH	6TA	505D	18F-4R	215	20200	CHA
MX285 4WD	$160825	$54250	$66650	**$82150**	**$97650**	Case IH	6TA	505D	18F-4R	240	20200	CHA
STX275	$137937	$41380	$52420	**$67590**	**$81380**	Case IH	6TA	505D	16F-2R	225	33000	CHA
STX325	$157285	$47190	$59770	**$77070**	**$92800**	Case IH	6TA	543D	16F-2R	270	39000	CHA
STX375	$175515	$52660	$66700	**$86000**	**$103550**	Cummins	6TA	915D	16F-2R	330	45000	CHA
STX375 Quadtrac	$223705	$71590	$87250	**$114090**	**$125280**	Cummins	6TA	915D	16F-2R	330	53264	CHA
STX425	$196120	$58840	$74530	**$96100**	**$115710**	Cummins	6TA	915D	16F-2R	370	51000	CHA
STX425 Quadtrac	$236820	$75780	$92360	**$120780**	**$132620**	Cummins	6TA	915D	16F-2R	370	53264	CHA
STX450	$210410	$63120	$79960	**$103100**	**$124140**	Cummins	6TA	915D	16F-2R	395	53800	CHA
STX450 Quadtrac	$242275	$77530	$94490	**$123560**	**$135670**	Cummins	6TA	915D	16F-2R	395	53264	CHA

2002

Model	Approx. Retail Price New	Used Trade In Avg.	Used Trade In High	Used Retail Avg.	Used Retail High	Engine Make	Engine No. Cyls.	Engine Displ. Cu.-In.	No. Speeds	P.T.O. H.P.	Approx. Shipping Wt.-Lbs.	Cab
D25	$12000	$4320	$5280	**$6600**	**$7800**	Shibaura	3	81D	9F-3R	21.7	2334	No
D25 4WD	$13089	$4710	$5760	**$7200**	**$8510**	Shibaura	3	81D	9F-3R	21.7	2474	No
DX25 4WD	$15551	$5600	$6840	**$8550**	**$10110**	Shibaura	3	81D	Variable	20.3	2474	No
D29	$13050	$4700	$5740	**$7180**	**$8480**	Shibaura	3	81D	9F-3R	25.1	2334	No
D29 4WD	$13859	$4990	$6100	**$7620**	**$9010**	Shibaura	3	81D	9F-3R	25.1	2474	No
DX29 4WD	$16320	$5880	$7180	**$8980**	**$10610**	Shibaura	3	81D	Variable	23.6	2474	No
D33	$13825	$4980	$6080	**$7600**	**$8990**	Shibaura	3	91D	9F-3R	28.6	2334	No
D33 4WD	$14628	$5270	$6440	**$8050**	**$9510**	Shibaura	3	91D	9F-3R	28.6	2474	No
DX33 4WD	$17089	$6150	$7520	**$9400**	**$11110**	Shibaura	3	91D	Variable	26.9	2474	No
D35	$15194	$5470	$6690	**$8360**	**$9880**	Shibaura	3	101D	12F-12R	29.6	2947	No
D35 4WD	$16894	$6080	$7430	**$9290**	**$10980**	Shibaura	3	101D	12F-12R	29.6	3096	No
DX35 4WD	$19156	$6900	$8430	**$10540**	**$12450**	Shibaura	3	101D	Variable	29.1	3052	No
D40	$16798	$6050	$7390	**$9240**	**$10920**	Shibaura	4	121D	12F-12R	35.0	2998	No
D40 4WD	$18497	$6660	$8140	**$10170**	**$12020**	Shibaura	4	121D	12F-12R	35.0	3147	No
DX40 4WD	$20758	$7470	$9130	**$11420**	**$13490**	Shibaura	4	121D	Variable	33.2	3328	No
D45	$18850	$6790	$8290	**$10370**	**$12250**	Shibaura	4	135D	12F-12R	39.6	3200	No
D45 4WD	$20548	$7400	$9040	**$11300**	**$13360**	Shibaura	4	135D	12F-12R	39.6	3349	No
DX45 4WD	$22938	$8260	$10090	**$12620**	**$14910**	Shibaura	4	135D	Variable	37.8	3417	No
C50	$19450	$6980	$8540	**$10670**	**$12610**	Case IH	3	165D	8F-8R	40	5335	No
C50 4WD	$25500	$9180	$11220	**$14030**	**$16580**	Case IH	3	165D	8F-8R	40	6063	No
CX50	$22600	$7200	$9000	**$11700**	**$13730**	Case IH	3	165D	8F-8R	40	7286	CHA
CX50 4WD	$32125	$10240	$12800	**$16640**	**$19520**	Case IH	3	165D	8F-8R	40	7970	CHA
JX55	$17759	$6390	$7810	**$9770**	**$11540**	Case IH	3	165D	12F-12R	42	5335	No
JX55 4WD	$21225	$7630	$9330	**$11660**	**$13780**	Case IH	3	165D	12F-12R	42	5335	No
JX55 w/Cab	$23940	$8600	$10520	**$13150**	**$15540**	Case IH	3	165D	12F-12R	42	5335	CHA
JX55 4WD w/Cab	$27560	$9920	$12130	**$15160**	**$17910**	Case IH	3	165D	12F-12R	42	5335	CHA
C60	$21710	$7810	$9550	**$11940**	**$14110**	Case IH	3T	165D	8F-8R	50	5357	No
C60 4WD	$24115	$8640	$10560	**$13200**	**$15600**	Case IH	3T	165D	8F-8R	50	6096	No
CX60	$26524	$8480	$10600	**$13780**	**$16170**	Case IH	3T	165D	8F-8R	50	7286	CHA

Case-International (Cont.)

2002 (Cont.)

Model	Approx. Retail Price New	Estimated Value Less Repairs: Used Trade In Avg.	Used Trade In High	Used Retail Avg.	Used Retail High	Engine Make	Engine No. Cyls.	Engine Displ. Cu.-In.	No. Speeds	P.T.O. H.P.	Approx. Shipping Wt.-Lbs.	Cab
CX60 4WD	$30294	$9600	$12000	**$15600**	**$18300**	Case IH	3T	165D	8F-8R	50	7970	CHA
JX65	$19193	$6910	$8450	**$10560**	**$12480**	Case IH	3	179D	12F-12R	50	6063	No
JX65 4WD	$22694	$8170	$9990	**$12480**	**$14750**	Case IH	3	179D	12F-12R	50	6063	No
JX65 w/Cab	$27155	$9770	$11950	**$14930**	**$17650**	Case IH	3	179D	12F-12R	50	6063	CHA
JX65 4WD w/Cab	$29993	$10800	$13200	**$16500**	**$19500**	Case IH	3	179D	12F-12R	50	6063	CHA
C70	$23220	$8280	$10120	**$12650**	**$14950**	Case IH	4	258D	8F-8R	60	5941	No
C70 4WD	$26480	$9360	$11440	**$14300**	**$16900**	Case IH	4	258D	8F-8R	60	6658	No
CX70	$28590	$8960	$11200	**$14560**	**$17080**	Case IH	4	258D	8F-8R	60	7396	CHA
CX70 4WD	$31544	$10080	$12600	**$16380**	**$19220**	Case IH	4	258D	8F-8R	60	8466	CHA
JX75	$21077	$7590	$9270	**$11590**	**$13700**	Case IH	4	220D	12F-12R	60	5941	No
JX75 4WD	$24979	$8990	$10990	**$13740**	**$16240**	Case IH	4	220D	12F-12R	60	5941	No
JX75 w/Cab	$27588	$9900	$12100	**$15130**	**$17880**	Case IH	4	220D	12F-12R	60	5941	CHA
JX75 4WD w/Cab	$39876	$11150	$13630	**$17040**	**$20130**	Case IH	4	220D	12F-12R	60	5941	CHA
C80	$24655	$8870	$10850	**$13560**	**$16020**	Case IH	4T	244D	8F-8R	67	5941	No
C80 4WD	$28488	$10260	$12540	**$15680**	**$18530**	Case IH	4T	244D	8F-8R	67	6658	No
CX80	$29723	$9510	$11890	**$15450**	**$18130**	Case IH	4T	244D	8F-8R	67	7396	CHA
CX80 4WD	$34355	$10990	$13740	**$17860**	**$20950**	Case IH	4T	244D	8F-8R	67	8466	CHA
JX80U	$31053	$11180	$13660	**$17080**	**$20180**	Case IH	4T	238D	24F-12R	66	7396	No
JX80U 4WD	$34955	$12580	$15380	**$19220**	**$22720**	Case IH	4T	238D	24F-12R	66	7396	No
JX80U w/Cab	$37966	$13660	$16700	**$20880**	**$24670**	Case IH	4T	238D	24F-12R	66	7396	CHA
JX80U 4WD w/Cab	$42969	$15100	$18460	**$23070**	**$27270**	Case IH	4T	238D	24F-12R	66	7396	CHA
JX85	$23942	$8620	$10530	**$13170**	**$15560**	Case IH	4T	238D	12F-12R	70	5941	No
JX85 4WD	$27744	$9990	$12210	**$15260**	**$18030**	Case IH	4T	238D	12F-12R	70	5941	No
JX85 w/Cab	$30153	$10850	$13270	**$16580**	**$19600**	Case IH	4T	238D	12F-12R	70	5941	CHA
JX85 4WD w/Cab	$34660	$12460	$15220	**$19030**	**$22490**	Case IH	4T	238D	12F-12R	70	5941	CHA
C90	$27369	$9830	$12010	**$15020**	**$17750**	Case IH	4T	244D	8F-8R	74	5963	No
C90 4WD	$31967	$11480	$14040	**$17550**	**$20740**	Case IH	4T	244D	8F-8R	74	6691	No
CX90	$32533	$10400	$13000	**$16900**	**$19830**	Case IH	4T	244D	8F-8R	74	7396	CHA
CX90 4WD	$36850	$11790	$14740	**$19160**	**$22480**	Case IH	4T	244D	8F-8R	74	8466	CHA
JX90U	$33157	$11940	$14590	**$18240**	**$21550**	Case IH	4T	238D	24F-12R	76	6691	No
JX90U 4WD	$37455	$13480	$16480	**$20600**	**$24340**	Case IH	4T	238D	24F-12R	76	6691	No
JX90U w/Cab	$39533	$14380	$17580	**$21980**	**$25970**	Case IH	4T	238D	24F-12R	76	6691	CHA
JX90U 4WD w/Cab	$43865	$15790	$19290	**$24120**	**$28500**	Case IH	4T	238D	24F-12R	76	6691	CHA
JX95	$25253	$9090	$11110	**$13890**	**$16410**	Case IH	4T	238D	12F-12R	80	5963	No
JX95 4WD	$29169	$10500	$12830	**$16040**	**$18950**	Case IH	4T	238D	12F-12R	80	5963	No
JX95 w/Cab	$30935	$11120	$13600	**$17000**	**$20090**	Case IH	4T	238D	12F-12R	80	5963	CHA
JX95 4WD w/Cab	$35358	$12370	$15110	**$18890**	**$22330**	Case IH	4T	238D	12F-12R	80	5963	CHA
C100	$29548	$10620	$12980	**$16230**	**$19180**	Case IH	4T	244D	8F-8R	83	5963	No
C100 4WD	$35575	$12810	$15650	**$19570**	**$23120**	Case IH	4T	244D	8F-8R	83	6691	No
CX100	$37455	$11990	$14980	**$19480**	**$22850**	Case IH	4T	244D	8F-8R	83	7396	CHA
CX100 4WD	$43322	$13860	$17320	**$22520**	**$26410**	Case IH	4T	244D	8F-8R	83	8466	CHA
JX100U	$34388	$12380	$15130	**$18910**	**$22350**	Case IH	4T	238D	24F-12R	82	7396	No
JX100U 4WD	$38790	$13960	$17060	**$21330**	**$25210**	Case IH	4T	238D	24F-12R	82	7396	No
JX100U w/Cab	$40976	$14760	$18040	**$22550**	**$26640**	Case IH	4T	238D	24F-12R	82	7396	CHA
JX100U 4WD w/Cab	$44899	$16160	$19750	**$24690**	**$29180**	Case IH	4T	238D	24F-12R	82	7396	CHA
Maxxum 120 4WD	$66479	$21270	$26590	**$34570**	**$40550**	Case IH	6TA	456D	18F-6R	95	11111	CHA
MX120 MAXXUM	$56330	$18020	$22520	**$29280**	**$34340**	Case IH	6T	359D	16F-12R	105	11300	CHA
MX120 MAXXUM 4WD	$65135	$20800	$26000	**$33800**	**$39650**	Case IH	6T	359D	16F-12R	105	12460	CHA
MX100 MAXXUM	$50824	$16260	$20320	**$26420**	**$30990**	Case IH	6T	359D	16F-12R	85	11300	CHA
MX100 MAXXUM 4WD	$59210	$18880	$23600	**$30680**	**$35990**	Case IH	6T	359D	16F-12R	85	12460	CHA
MX110 MAXXUM	$52455	$16780	$20980	**$27270**	**$32000**	Case IH	6T	359D	16F-12R	95	11300	CHA
MX110 MAXXUM 4WD	$61095	$19520	$24400	**$31720**	**$37210**	Case IH	6T	359D	16F-12R	95	12460	CHA
MX135 MAXXUM	$66424	$18590	$23900	**$31210**	**$37850**	Case IH	6T	359D	16F-12R	115	11300	CHA
Maxxum 130 4WD	$71255	$22800	$28500	**$37050**	**$43470**	Case IH	6TA	456D	18F-6R	105	11133	CHA
MX135 MAXXUM 4WD	$78289	$21840	$28080	**$36660**	**$44460**	Case IH	6T	359D	16F-12R	115	12460	CHA
Maxxum 140 4WD	$77282	$24730	$30910	**$40190**	**$47140**	Case IH	6TA	456D	18F-6R	115	11354	CHA
MX150	$76490	$24480	$30600	**$39780**	**$46660**	Case IH	6TA	359D	16F-12R	130	13911	CHA
MX150 4WD	$83490	$26720	$33400	**$43420**	**$50930**	Case IH	6TA	359D	16F-12R	130	14616	CHA
Maxxum 155 4WD	$88018	$28170	$35210	**$45770**	**$53690**	Case IH	6TA	359D	18F-6R	125	11574	CHA
Maxxum 175 4WD	$98416	$31490	$39370	**$51180**	**$60030**	Case IH	6TA	456D	18F-6R	145	12125	CHA
MX180	$86205	$27520	$34400	**$44720**	**$52460**	Case IH	6T	505D	18F-4R	145	17700	CHA
MX180 4WD	$96195	$30720	$38400	**$49920**	**$58560**	Case IH	6T	505D	18F-4R	145	18600	CHA
Maxxum 190 4WD	$103302	$33060	$41320	**$53720**	**$63010**	Case IH	6T	456D	18F-6R	160	12125	CHA
MX200	$93176	$29760	$37200	**$48360**	**$56730**	Case IH	6TA	505D	18F-4R	165	18700	CHA
MX200 4WD	$102122	$32640	$40800	**$53040**	**$62220**	Case IH	6TA	505D	18F-4R	165	19700	CHA
MX210	$104000	$33280	$41600	**$54080**	**$63440**	Case IH	6TA	505D	18F-4R	170	18700	CHA
MX210 4WD	$119000	$38080	$47600	**$61880**	**$72590**	Case IH	6TA	505D	18F-4R	170	19700	CHA
MX220	$103880	$33220	$41520	**$53980**	**$63320**	Case IH	6TA	505D	18F-4R	185	18700	CHA
MX220 4WD	$110140	$35200	$44000	**$57200**	**$67100**	Case IH	6TA	505D	18F-4R	185	19700	CHA
MX230	$115000	$36480	$45600	**$59280**	**$69540**	Case IH	6TA	505D	18F-4R	190	18700	CHA
MX230 4WD	$130000	$40640	$50800	**$66040**	**$77470**	Case IH	6TA	505D	18F-4R	190	19700	CHA
MX240 4WD	$120220	$38400	$48000	**$62400**	**$73200**	Case IH	6TA	505D	18F-4R	205	20200	CHA
MX255 4WD	$141000	$45120	$56400	**$73320**	**$86010**	Case IH	6TA	505D	18F-4R	215	20200	CHA
MX270 4WD	$130131	$41600	$52000	**$67600**	**$79300**	Case IH	6TA	505D	18F-4R	235	20200	CHA
MX285 4WD	$156000	$49920	$62400	**$81120**	**$95160**	Case IH	6TA	505D	18F-4R	240	20200	CHA
STX275	$133799	$37460	$48170	**$62890**	**$76270**	Case IH	6TA	505D	16F-2R	225	33000	CHA
STX325	$152565	$42720	$54920	**$71710**	**$86960**	Case IH	6TA	543D	16F-2R	270	39000	CHA
STX375	$170249	$47670	$61290	**$80020**	**$97040**	Cummins	6TA	915D	16F-2R	330	45000	CHA
STX375 Quadtrac	$216993	$62930	$78120	**$101990**	**$112840**	Cummins	6TA	915D	16F-2R	330	53264	CHA
STX425	$190335	$53290	$68520	**$89460**	**$108490**	Cummins	6TA	915D	16F-2R	370	51000	CHA
STX425 Quadtrac	$229715	$66620	$82700	**$107970**	**$119450**	Cummins	6TA	915D	16F-2R	370	53264	CHA
STX450	$204089	$57150	$73470	**$95920**	**$116330**	Cummins	6TA	915D	16F-2R	395	53800	CHA
STX450 Quadtrac	$235010	$68150	$84600	**$110460**	**$122210**	Cummins	6TA	915D	16F-2R	395	53264	CHA

Case-International (Cont.)

	Approx. Retail Price New	Estimated Value Less Repairs Used Trade In Avg.	Used Trade In High	Used Retail Avg.	Used Retail High	Engine Make	Engine No. Cyls.	Engine Displ. Cu.-In.	No. Speeds	P.T.O. H.P.	Approx. Shipping Wt.-Lbs.	Cab
				2001								
DX21 4WD Farmall	$12575	$4400	$5280	**$6790**	**$8050**	Shibaura	3	61D	9F-3R	17.0	1405	No
D25	$11900	$4170	$5000	**$6430**	**$7620**	Shibaura	3	81D	9F-3R	21.7	2334	No
D25 4WD	$13059	$4570	$5490	**$7050**	**$8360**	Shibaura	3	81D	9F-3R	21.7	2474	No
DX25 4WD	$15520	$5430	$6520	**$8380**	**$9930**	Shibaura	3	81D	Variable	20.3	2474	No
D29	$13050	$4570	$5480	**$7050**	**$8350**	Shibaura	3	81D	9F-3R	25.1	2334	No
D29 4WD	$13859	$4850	$5820	**$7480**	**$8870**	Shibaura	3	81D	9F-3R	25.1	2474	No
DX29 4WD	$16320	$5710	$6850	**$8810**	**$10450**	Shibaura	3	81D	Variable	23.6	2474	No
D33	$13805	$4830	$5800	**$7460**	**$8840**	Shibaura	3	91D	9F-3R	28.6	2334	No
D33 4WD	$14597	$5110	$6130	**$7880**	**$9340**	Shibaura	3	91D	9F-3R	28.6	2474	No
DX33 4WD	$17069	$5970	$7170	**$9220**	**$10920**	Shibaura	3	91D	Variable	26.9	2474	No
D35	$14333	$5020	$6020	**$7740**	**$9170**	Shibaura	3	101D	12F-12R	29.6	2947	No
D35 4WD	$16698	$5840	$7010	**$9020**	**$10690**	Shibaura	3	101D	12F-12R	29.6	3096	No
DX35 4WD	$18976	$6640	$7970	**$10250**	**$12150**	Shibaura	3	101D	Variable	29.1	3052	No
D40	$15955	$5580	$6700	**$8620**	**$10210**	Shibaura	4	121D	12F-12R	35.0	2998	No
D40 4WD	$18487	$6470	$7770	**$9980**	**$11830**	Shibaura	4	121D	12F-12R	35.0	3147	No
DX40 4WD	$20656	$7230	$8680	**$11150**	**$13220**	Shibaura	4	121D	Variable	33.2	3328	No
D45	$18010	$6300	$7560	**$9730**	**$11530**	Shibaura	4	135D	12F-12R	39.6	3200	No
D45 4WD	$20540	$7190	$8630	**$11090**	**$13150**	Shibaura	4	135D	12F-12R	39.6	3349	No
DX45 4WD	$22919	$8020	$9630	**$12380**	**$14670**	Shibaura	4	135D	Variable	37.8	3417	No
C50	$19450	$6810	$8170	**$10500**	**$12450**	Case IH	3	165D	8F-8R	40	5335	No
C50 4WD	$25455	$8910	$10690	**$13750**	**$16290**	Case IH	3	165D	8F-8R	40	6063	No
CX50	$22560	$6770	$8570	**$11280**	**$13310**	Case IH	3	165D	8F-8R	40	7286	CHA
CX50 4WD	$32095	$9630	$12200	**$16050**	**$18940**	Case IH	3	165D	8F-8R	40	7970	CHA
C60	$21790	$7630	$9150	**$11770**	**$13950**	Case IH	3T	165D	8F-8R	50	5357	No
C60 4WD	$24095	$8430	$10120	**$13010**	**$15420**	Case IH	3T	165D	8F-8R	50	6096	No
CX60	$26524	$7960	$10080	**$13260**	**$15650**	Case IH	3T	165D	8F-8R	50	7286	CHA
CX60 4WD	$30294	$9090	$11510	**$15150**	**$17870**	Case IH	3T	165D	8F-8R	50	7970	CHA
C70	$23220	$8130	$9750	**$12540**	**$14860**	Case IH	4	258D	8F-8R	60	5941	No
C70 4WD	$26480	$9270	$11120	**$14300**	**$16950**	Case IH	4	258D	8F-8R	60	6658	No
CX70	$28590	$8580	$10860	**$14300**	**$16870**	Case IH	4	258D	8F-8R	60	7396	CHA
CX70 4WD	$31544	$9460	$11990	**$15770**	**$18610**	Case IH	4	258D	8F-8R	60	8466	CHA
C80	$24655	$8630	$10360	**$13310**	**$15780**	Case IH	4T	244D	8F-8R	67	5941	No
C80 4WD	$28488	$9970	$11970	**$15380**	**$18230**	Case IH	4T	244D	8F-8R	67	6658	No
CX80	$29723	$8920	$11300	**$14860**	**$17540**	Case IH	4T	244D	8F-8R	67	7396	CHA
CX80 4WD	$34355	$10310	$13060	**$17180**	**$20270**	Case IH	4T	244D	8F-8R	67	8466	CHA
C90	$27369	$9580	$11500	**$14780**	**$17520**	Case IH	4T	244D	8F-8R	74	5963	No
C90 4WD	$31967	$11190	$13430	**$17260**	**$20460**	Case IH	4T	244D	8F-8R	74	6691	No
CX90	$32533	$9760	$12360	**$16270**	**$19190**	Case IH	4T	244D	8F-8R	74	7396	CHA
CX90 4WD	$36850	$11060	$14000	**$18430**	**$21740**	Case IH	4T	244D	8F-8R	74	8466	CHA
C100	$29548	$10340	$12410	**$15960**	**$18910**	Case IH	4T	244D	8F-8R	83	5963	No
C100 4WD	$35575	$12450	$14940	**$19210**	**$22770**	Case IH	4T	244D	8F-8R	83	6691	No
CX100	$37455	$11240	$14230	**$18730**	**$22100**	Case IH	4T	244D	8F-8R	83	7396	CHA
CX100 4WD	$43322	$13000	$16460	**$21660**	**$25560**	Case IH	4T	244D	8F-8R	83	8466	CHA
MX80C	$52150	$15650	$19820	**$26080**	**$30770**	Case IH	4T	244D	16F-12R	67	9921	CHA
MX90C	$54900	$16470	$20860	**$27450**	**$32390**	Case IH	4T	244D	16F-12R	74	10472	CHA
MX100C	$58100	$17430	$22080	**$29050**	**$34280**	Case IH	4T	244D	16F-12R	83	10472	CHA
MX150	$75790	$22740	$28800	**$37900**	**$44720**	Case IH	6TA	359D	16F-12R	130	13911	CHA
MX150 4WD	$83980	$25190	$31910	**$41990**	**$49550**	Case IH	6TA	359D	16F-12R	130	14616	CHA
MX170	$82100	$24630	$31200	**$41050**	**$48440**	Case IH	6TA	359D	16F-12R	145	14076	CHA
MX170 4WD	$90895	$27270	$34540	**$45450**	**$53630**	Case IH	6TA	359D	16F-12R	145	14782	CHA
MX180	$85500	$25650	$32490	**$42750**	**$50450**	Case IH	6T	505D	18F-4R	145	17700	CHA
MX180 4WD	$95600	$28680	$36330	**$47800**	**$56400**	Case IH	6T	505D	18F-4R	145	18600	CHA
MX200	$90760	$27230	$34490	**$45380**	**$53550**	Case IH	6TA	505D	18F-4R	165	18700	CHA
MX200 4WD	$100855	$30260	$38330	**$50430**	**$59500**	Case IH	6TA	505D	18F-4R	165	19700	CHA
MX220	$102450	$30740	$38930	**$51230**	**$60450**	Case IH	6TA	505D	18F-4R	185	18700	CHA
MX220 4WD	$109786	$32940	$41720	**$54890**	**$64770**	Case IH	6TA	505D	18F-4R	185	19700	CHA
MX240 4WD	$119055	$35720	$45240	**$59530**	**$70240**	Case IH	6TA	505D	18F-4R	205	20200	CHA
MX270 4WD	$128970	$38690	$49010	**$64490**	**$76090**	Case IH	6TA	505D	18F-4R	235	20200	CHA
MX100 MAXXUM	$50800	$15240	$19300	**$25400**	**$29970**	Case IH	6T	359D	16F-12R	85	11300	CHA
MX100 MAXXUM 4WD	$58870	$17660	$22370	**$29440**	**$34730**	Case IH	6T	359D	16F-12R	85	12460	CHA
MX110 MAXXUM	$52450	$15740	$19930	**$26230**	**$30950**	Case IH	6T	359D	16F-12R	95	11300	CHA
MX110 MAXXUM 4WD	$60886	$18270	$23140	**$30440**	**$35920**	Case IH	6T	359D	16F-12R	95	12460	CHA
MX120 MAXXUM	$56310	$16890	$21400	**$28160**	**$33220**	Case IH	6T	359D	16F-12R	105	11300	CHA
MX120 MAXXUM 4WD	$64898	$19470	$24660	**$32450**	**$38290**	Case IH	6T	359D	16F-12R	105	12460	CHA
MX135 MAXXUM	$66220	$17220	$22520	**$29800**	**$36420**	Case IH	6T	359D	16F-12R	115	11300	CHA
MX135 MAXXUM 4WD	$77440	$20130	$26330	**$34850**	**$42590**	Case IH	6T	359D	16F-12R	115	12460	CHA
8910	$78745	$20470	$26770	**$35440**	**$43310**	Case IH	6T	505D	18F-4R	135	15215	CHA
8910 4WD	$86855	$22580	$29530	**$39090**	**$47770**	Case IH	6T	505D	18F-4R	135	16230	CHA
8920	$85459	$25640	$32470	**$42730**	**$50420**	Case IH	6T	505D	18F-4R	155	15630	CHA
8920 4WD	$94963	$28490	$36090	**$47480**	**$56030**	Case IH	6T	505D	18F-4R	155	16575	CHA
8930	$93488	$28050	$35530	**$46740**	**$55160**	Case IH	6TA	505D	18F-4R	180	15750	CHA
8930 4WD	$101387	$30420	$38530	**$50690**	**$59820**	Case IH	6TA	505D	18F-4R	180	16750	CHA
8940	$108678	$32600	$41300	**$54340**	**$64120**	Case IH	6TA	505D	18F-4R	205	15825	CHA
8940 4WD	$118822	$35650	$45150	**$59410**	**$70110**	Case IH	6TA	505D	18F-4R	205	16845	CHA
8950 4WD	$118433	$35530	$45010	**$59220**	**$69880**	Case IH	6TA	505D	18F-4R	225	17445	CHA
9330	$104688	$27220	$35590	**$47110**	**$57580**	Case IH	6TA	505D	12F-3R	240*	21026	CHA
9330 Row Crop	$112778	$29320	$38350	**$50750**	**$62030**	Case IH	6TA	505D	12F-3R	240*	21026	CHA
9350	$122977	$31970	$41810	**$55340**	**$67640**	Cummins	6TA	661D	12F-3R	310*	26533	CHA
9350 Row Crop	$126866	$32990	$43130	**$57090**	**$69780**	Cummins	6TA	661D	12F-3R	310*	29600	CHA
9370	$134487	$34970	$45730	**$60520**	**$73970**	Cummins	6TA	855D	12F-3R	360*	30416	CHA
9370 Q.T.	$165698	$43080	$56340	**$74560**	**$91130**	Cummins	6TA	855D	12F-3R	360*	43750	CHA
9380	$149633	$38910	$50880	**$67340**	**$82300**	Cummins	6TA	855D	12F-3R	400*	32500	CHA
9390	$154850	$40260	$52650	**$69680**	**$85170**	Cummins	6TA	855D	12F-3R	425*	32500	CHA

*** Gross engine horsepower**

Case-International (Cont.)

2000

Model	Approx. Retail Price New	Est. Value Less Repairs: Used Trade In Avg.	Used Trade In High	Used Retail Avg.	Used Retail High	Make	Engine No. Cyls.	Engine Displ. Cu.-In.	No. Speeds	P.T.O. H.P.	Approx. Shipping Wt.-Lbs.	Cab
C50	$20000	$6600	$8200	**$10600**	**$12600**	Case IH	3	165D	8F-8R	40	5335	No
C50 4WD	$25550	$8430	$10480	**$13540**	**$16100**	Case IH	3	165D	8F-8R	40	6063	No
CX50	$24000	$6720	$8640	**$11520**	**$13680**	Case IH	3	165D	8F-8R	40	7286	CHA
CX50 4WD	$32000	$8960	$11520	**$15360**	**$18240**	Case IH	3	165D	8F-8R	40	7970	CHA
C60	$23500	$7760	$9640	**$12460**	**$14810**	Case IH	3T	165D	8F-8R	50	5357	No
C60 4WD	$28600	$9440	$11730	**$15160**	**$18020**	Case IH	3T	165D	8F-8R	50	6096	No
CX60	$30000	$8400	$10800	**$14400**	**$17100**	Case IH	3T	165D	8F-8R	50	7286	CHA
CX60 4WD	$36650	$10260	$13190	**$17590**	**$20890**	Case IH	3T	165D	8F-8R	50	7970	CHA
C70	$24550	$8100	$10070	**$13010**	**$15470**	Case IH	4	258D	8F-8R	60	5941	No
C70 4WD	$31000	$10230	$12710	**$16430**	**$19530**	Case IH	4	258D	8F-8R	60	6658	No
CX70	$34000	$9520	$12240	**$16320**	**$19380**	Case IH	4	258D	8F-8R	60	7396	CHA
CX70 4WD	$40000	$11200	$14400	**$19200**	**$22800**	Case IH	4	258D	8F-8R	60	8466	CHA
C80	$26900	$8880	$11030	**$14260**	**$16950**	Case IH	4T	244D	8F-8R	67	5941	No
C80 4WD	$32300	$10660	$13240	**$17120**	**$20350**	Case IH	4T	244D	8F-8R	67	6658	No
CX80	$37220	$10420	$13400	**$17870**	**$21220**	Case IH	4T	244D	8F-8R	67	7396	CHA
CX80 4WD	$43350	$12140	$15610	**$20810**	**$24710**	Case IH	4T	244D	8F-8R	67	8466	CHA
C90	$29005	$9570	$11890	**$15370**	**$18270**	Case IH	4T	244D	8F-8R	74	5963	No
C90 4WD	$34550	$11400	$14170	**$18310**	**$21770**	Case IH	4T	244D	8F-8R	74	6691	No
CX90	$39400	$11030	$14180	**$18910**	**$22460**	Case IH	4T	244D	8F-8R	74	7396	CHA
CX90 4WD	$45650	$12780	$16430	**$21910**	**$26020**	Case IH	4T	244D	8F-8R	74	8466	CHA
C100	$30500	$10070	$12510	**$16170**	**$19220**	Case IH	4T	244D	8F-8R	83	5963	No
C100 4WD	$36975	$12200	$15160	**$19600**	**$23290**	Case IH	4T	244D	8F-8R	83	6691	No
CX100	$41455	$11610	$14920	**$19900**	**$23630**	Case IH	4T	244D	8F-8R	83	7396	CHA
CX100 4WD	$48300	$13520	$17390	**$23180**	**$27530**	Case IH	4T	244D	8F-8R	83	8466	CHA
MX100C	$58100	$16270	$20920	**$27890**	**$33120**	Case IH	4T	244D	16F-12R	83	10472	CHA
MX150	$75790	$21220	$27280	**$36380**	**$43200**	Case IH	6TA	359D	16F-12R	130	13911	CHA
MX150 4WD	$88000	$23520	$30240	**$40320**	**$47880**	Case IH	6TA	359D	16F-12R	130	14616	CHA
MX170	$82100	$22990	$29560	**$39410**	**$46800**	Case IH	6TA	359D	16F-12R	145	14076	CHA
MX170 4WD	$93800	$25760	$33120	**$44160**	**$52440**	Case IH	6TA	359D	16F-12R	145	14782	CHA
MX180	$86175	$23800	$30600	**$40800**	**$48450**	Case IH	6T	505D	18F-4R	145	17700	CHA
MX180 4WD	$98175	$26600	$34200	**$45600**	**$54150**	Case IH	6T	505D	18F-4R	145	18600	CHA
MX200	$92250	$25200	$32400	**$43200**	**$51300**	Case IH	6TA	505D	18F-4R	165	18700	CHA
MX200 4WD	$106000	$28000	$36000	**$48000**	**$57000**	Case IH	6TA	505D	18F-4R	165	19700	CHA
MX220	$102600	$28730	$36940	**$49250**	**$58480**	Case IH	6TA	505D	18F-4R	185	18700	CHA
MX220 4WD	$117400	$30800	$39600	**$52800**	**$62700**	Case IH	6TA	505D	18F-4R	185	19700	CHA
MX240 4WD	$128000	$33600	$43200	**$57600**	**$68400**	Case IH	6TA	505D	18F-4R	205	20200	CHA
MX270 4WD	$136150	$36400	$46800	**$62400**	**$74100**	Case IH	6TA	505D	18F-4R	235	20200	CHA
MX80C	$52150	$14600	$18770	**$25030**	**$29730**	Case IH	4T	244D	16F-12R	67	9921	CHA
MX90C	$54900	$15370	$19760	**$26350**	**$31290**	Case IH	4T	244D	16F-12R	74	10472	CHA
MX100 MAXXUM	$50800	$14220	$18290	**$24380**	**$28960**	Case IH	6T	359D	16F-12R	85	11300	CHA
MX100 MAXXUM 4WD	$59000	$16520	$21240	**$28320**	**$33630**	Case IH	6T	359D	16F-12R	85	12460	CHA
MX110 MAXXUM	$52450	$14690	$18880	**$25180**	**$29900**	Case IH	6T	359D	16F-12R	95	11300	CHA
MX110 MAXXUM 4WD	$61000	$17080	$21960	**$29280**	**$34770**	Case IH	6T	359D	16F-12R	95	12460	CHA
MX120 MAXXUM	$56300	$15760	$20270	**$27020**	**$32090**	Case IH	6T	359D	16F-12R	105	11300	CHA
MX120 MAXXUM 4WD	$65000	$18200	$23400	**$31200**	**$37050**	Case IH	6T	359D	16F-12R	105	12460	CHA
MX135 MAXXUM	$66400	$15940	$21250	**$28550**	**$35190**	Case IH	6T	359D	16F-12R	115	11300	CHA
MX135 MAXXUM 4WD	$78000	$18720	$24960	**$33540**	**$41340**	Case IH	6T	359D	16F-12R	115	12460	CHA
8910	$78745	$18900	$25200	**$33860**	**$41740**	Case IH	6T	505D	18F-4R	135	15215	CHA
8910 4WD	$87000	$20880	$27840	**$37410**	**$46110**	Case IH	6T	505D	18F-4R	135	16230	CHA
8920	$86000	$24080	$30960	**$41280**	**$49020**	Case IH	6T	505D	18F-4R	155	15630	CHA
8920 4WD	$95840	$26560	$34140	**$45520**	**$54060**	Case IH	6T	505D	18F-4R	155	16575	CHA
8930	$94325	$26410	$33960	**$45280**	**$53770**	Case IH	6TA	505D	18F-4R	180	15750	CHA
8930 4WD	$110925	$28420	$36540	**$48720**	**$57860**	Case IH	6TA	505D	18F-4R	180	16750	CHA
8940	$109740	$30730	$39510	**$52680**	**$62550**	Case IH	6TA	505D	18F-4R	205	15825	CHA
8940 4WD	$118850	$33280	$42790	**$57050**	**$67750**	Case IH	6TA	505D	18F-4R	205	16845	CHA
8950 4WD	$128955	$33290	$42800	**$57070**	**$67770**	Case IH	6TA	505D	18F-4R	225	17445	CHA
9330	$106080	$25460	$33950	**$45610**	**$56220**	Case IH	6TA	505D	12F-3R	240*	21026	CHA
9330 Row Crop	$114000	$27360	$36480	**$49020**	**$60420**	Case IH	6TA	505D	12F-3R	240*	21026	CHA
9350	$123620	$29670	$39560	**$53160**	**$65520**	Cummins	6TA	661D	12F-3R	310*	26533	CHA
9350 Row Crop	$133500	$32040	$42720	**$57410**	**$70760**	Cummins	6TA	661D	12F-3R	310*	29600	CHA
9370	$138810	$33310	$44420	**$59690**	**$73570**	Cummins	6TA	855D	12F-3R	360*	30416	CHA
9370 Quadtrac	$186000	$42780	$55800	**$72540**	**$85560**	Cummins	6TA	855D	12F-3R	360*	43750	CHA
9380	$155355	$37290	$49710	**$66800**	**$82340**	Cummins	6TA	855D	12F-3R	400*	32500	CHA
9390	$159075	$38180	$50900	**$68400**	**$84310**	Cummins	6TA	855D	12F-3R	425*	32500	CHA

*** Gross engine horsepower**

1999

Model	Approx. Retail Price New	Est. Value Less Repairs: Used Trade In Avg.	Used Trade In High	Used Retail Avg.	Used Retail High	Make	Engine No. Cyls.	Engine Displ. Cu.-In.	No. Speeds	P.T.O. H.P.	Approx. Shipping Wt.-Lbs.	Cab
C50	$19600	$6080	$7840	**$10190**	**$12150**	Case IH	3	165D	8F-8R	40	5335	No
C50 4WD	$24750	$7670	$9900	**$12870**	**$15350**	Case IH	3	165D	8F-8R	40	6063	No
CX50	$23220	$6040	$7900	**$10910**	**$13000**	Case IH	3	165D	8F-8R	40	7286	CHA
CX50 4WD	$28300	$7360	$9620	**$13300**	**$15850**	Case IH	3	165D	8F-8R	40	7970	CHA
C60	$22225	$6890	$8890	**$11560**	**$13780**	Case IH	3T	165D	8F-8R	50	5357	No
C60 4WD	$27600	$8560	$11040	**$14350**	**$17110**	Case IH	3T	165D	8F-8R	50	6096	No
CX60	$25300	$6580	$8600	**$11890**	**$14170**	Case IH	3T	165D	8F-8R	50	7286	CHA
CX60 4WD	$30450	$7920	$10350	**$14310**	**$17050**	Case IH	3T	165D	8F-8R	50	7970	CHA
C70	$23750	$7360	$9500	**$12350**	**$14730**	Case IH	4	258D	8F-8R	60	5941	No
C70 4WD	$28900	$8960	$11560	**$15030**	**$17920**	Case IH	4	258D	8F-8R	60	6658	No
CX70	$27000	$7020	$9180	**$12690**	**$15120**	Case IH	4	258D	8F-8R	60	7396	CHA
CX70 4WD	$32500	$8450	$11050	**$15280**	**$18200**	Case IH	4	258D	8F-8R	60	8466	CHA
C80	$25900	$8030	$10360	**$13470**	**$16060**	Case IH	4T	244D	8F-8R	67	5941	No
C80 4WD	$31000	$9610	$12400	**$16120**	**$19220**	Case IH	4T	244D	8F-8R	67	6658	No
CX80	$29730	$7730	$10110	**$13970**	**$16650**	Case IH	4T	244D	8F-8R	67	7396	CHA
CX80 4WD	$34950	$9090	$11880	**$16430**	**$19570**	Case IH	4T	244D	8F-8R	67	8466	CHA
MX80C	$52150	$13560	$17730	**$24510**	**$29200**	Case IH	4T	244D	16F-12R	67	9921	CHA

Case-International (Cont.)

1999 (Cont.)

Model	Approx. Retail Price New	Used Trade In Avg.	Used Trade In High	Used Retail Avg.	Used Retail High	Engine Make	Engine No. Cyls.	Engine Displ. Cu.-In.	No. Speeds	P.T.O. H.P.	Approx. Shipping Wt.-Lbs.	Cab
C90	$28255	$8760	$11300	**$14690**	**$17520**	Case IH	4T	244D	8F-8R	74	5963	No
C90 4WD	$33550	$10400	$13420	**$17450**	**$20800**	Case IH	4T	244D	8F-8R	74	6691	No
CX90	$32140	$8360	$10930	**$15110**	**$18000**	Case IH	4T	244D	8F-8R	74	7396	CHA
CX90 4WD	$37650	$9790	$12800	**$17700**	**$21080**	Case IH	4T	244D	8F-8R	74	8466	CHA
MX90C	$54825	$14260	$18640	**$25770**	**$30700**	Case IH	4T	244D	16F-12R	74	10472	CHA
C100	$30465	$9440	$12190	**$15840**	**$18890**	Case IH	4T	244D	8F-8R	83	5963	No
C100 4WD	$35975	$11150	$14390	**$18710**	**$22310**	Case IH	4T	244D	8F-8R	83	6691	No
CX100	$34390	$8940	$11690	**$16160**	**$19260**	Case IH	4T	244D	8F-8R	83	7396	CHA
CX100 4WD	$39880	$10370	$13560	**$18740**	**$22330**	Case IH	4T	244D	8F-8R	83	8466	CHA
MX100 W/Cab	$42300	$11000	$14380	**$19880**	**$23690**	Case IH	6T	359D	16F-12R	85	11300	CHA
MX100 W/Cab 4WD	$50825	$13220	$17280	**$23890**	**$28460**	Case IH	6T	359D	16F-12R	85	12460	CHA
MX100C	$58100	$15110	$19750	**$27310**	**$32540**	Case IH	4T	244D	16F-12R	83	10472	CHA
MX110 W/Cab	$44050	$11450	$14980	**$20700**	**$24670**	Case IH	6T	359D	16F-12R	95	11300	CHA
MX110 W/Cab 4WD	$52350	$13610	$17800	**$24610**	**$29320**	Case IH	6T	359D	16F-12R	95	12460	CHA
MX120 W/Cab	$48100	$12510	$16350	**$22610**	**$26940**	Case IH	6T	359D	16F-12R	105	11300	CHA
MX120 W/Cab 4WD	$56250	$14630	$19130	**$26440**	**$31500**	Case IH	6T	359D	16F-12R	105	12460	CHA
MX135 W/Cab	$58255	$12820	$18060	**$24470**	**$30290**	Case IH	6T	359D	16F-12R	115	11300	CHA
MX135 W/Cab 4WD	$66450	$14620	$20600	**$27910**	**$34550**	Case IH	6T	359D	16F-12R	115	12460	CHA
MX150	$75790	$19710	$25770	**$35620**	**$42440**	Case IH	6TA	359D	16F-12R	130	13911	CHA
MX150 4WD	$83950	$21830	$28540	**$39460**	**$47010**	Case IH	6TA	359D	16F-12R	130	14616	CHA
MX170	$82100	$21350	$27910	**$38590**	**$45980**	Case IH	6TA	359D	16F-12R	145	14076	CHA
MX170 4WD	$90720	$23590	$30850	**$42640**	**$50800**	Case IH	6TA	359D	16F-12R	145	14782	CHA
MX180	$86175	$22410	$29300	**$40500**	**$48260**	Case IH	6T	505D	18F-4R	145	17700	CHA
MX180 4WD	$94875	$24670	$32260	**$44590**	**$53130**	Case IH	6T	505D	18F-4R	145	18600	CHA
MX200	$92280	$23990	$31380	**$43370**	**$51680**	Case IH	6TA	505D	18F-4R	165	18700	CHA
MX200 4WD	$101350	$26350	$34460	**$47640**	**$56760**	Case IH	6TA	505D	18F-4R	165	19700	CHA
MX220	$102640	$26690	$34900	**$48240**	**$57480**	Case IH	6TA	505D	18F-4R	185	18700	CHA
MX220 4WD	$110455	$28080	$36720	**$50760**	**$60480**	Case IH	6TA	505D	18F-4R	185	19700	CHA
MX240 4WD	$128000	$31200	$40800	**$56400**	**$67200**	Case IH	6TA	505D	18F-4R	205	20200	CHA
MX270 4WD	$140150	$33800	$44200	**$61100**	**$72800**	Case IH	6TA	505D	18F-4R	235	20200	CHA
8910	$77745	$20210	$26430	**$36540**	**$43540**	Case IH	6T	505D	18F-4R	135	15215	CHA
8910 4WD	$85950	$22350	$29220	**$40400**	**$48130**	Case IH	6T	505D	18F-4R	135	16230	CHA
8920	$85000	$22100	$28900	**$39950**	**$47600**	Case IH	6T	505D	18F-4R	155	15630	CHA
8920 4WD	$93840	$24140	$31570	**$43640**	**$51990**	Case IH	6T	505D	18F-4R	155	16575	CHA
8930	$94325	$24530	$32070	**$44330**	**$52820**	Case IH	6T	505D	18F-4R	180	15750	CHA
8930 4WD	$102925	$26390	$34510	**$47710**	**$56840**	Case IH	6T	505D	18F-4R	180	16750	CHA
8940	$104740	$27230	$35610	**$49230**	**$58650**	Case IH	6T	505D	18F-4R	205	15825	CHA
8940 4WD	$113850	$29600	$38710	**$53510**	**$63760**	Case IH	6T	505D	18F-4R	205	16845	CHA
8950 4WD	$132955	$30680	$40120	**$55460**	**$66080**	Case IH	6T	505D	18F-4R	225	17445	CHA
9330	$106080	$23340	$32890	**$44550**	**$55160**	Case IH	6TA	505D	12F-3R	240*	21026	CHA
9330 Row Crop	$114000	$25080	$35340	**$47880**	**$59280**	Case IH	6TA	505D	12F-3R	240*	21026	CHA
9350	$123620	$27200	$38320	**$51920**	**$64280**	Cummins	6TA	661D	12F-3R	310*	26533	CHA
9350 Row Crop	$133500	$29370	$41390	**$56070**	**$69420**	Cummins	6TA	661D	12F-3R	310*	29600	CHA
9370	$138810	$30540	$43030	**$58300**	**$72180**	Cummins	6TA	855D	12F-3R	360*	30416	CHA
9370 Quadtrac	$179000	$35800	$48330	**$64440**	**$78760**	Cummins	6TA	855D	12F-3R	360*	43750	CHA
9380	$155355	$34180	$48160	**$65250**	**$80790**	Cummins	6TA	855D	12F-3R	400*	32500	CHA
9380 Quadtrac	$194000	$38800	$52380	**$69840**	**$85360**	Cummins	6TA	855D	12F-3R	400*	43750	CHA
9390	$159075	$35000	$49310	**$66810**	**$82720**	Cummins	6TA	855D	12F-3R	425*	32500	CHA

*** Gross engine horsepower**

1998

Model	Approx. Retail Price New	Used Trade In Avg.	Used Trade In High	Used Retail Avg.	Used Retail High	Engine Make	Engine No. Cyls.	Engine Displ. Cu.-In.	No. Speeds	P.T.O. H.P.	Approx. Shipping Wt.-Lbs.	Cab
C50	$19900	$5970	$7760	**$10150**	**$12140**	Case IH	3	165D	8F-8R	40	5335	No
C50 4WD	$25000	$7500	$9750	**$12750**	**$15250**	Case IH	3	165D	8F-8R	40	6063	No
CX50	$24200	$5620	$7720	**$10760**	**$12870**	Case IH	3	165D	8F-8R	40	7286	CHA
CX50 4WD	$29250	$6790	$9340	**$13020**	**$15570**	Case IH	3	165D	8F-8R	40	7970	CHA
C60	$22500	$6750	$8780	**$11480**	**$13730**	Case IH	3T	165D	8F-8R	50	5357	No
C60 4WD	$27800	$8340	$10840	**$14180**	**$16960**	Case IH	3T	165D	8F-8R	50	6096	No
CX60	$25200	$6050	$8320	**$11590**	**$13860**	Case IH	3T	165D	8F-8R	50	7286	CHA
CX60 4WD	$30300	$7270	$10000	**$13940**	**$16670**	Case IH	3T	165D	8F-8R	50	7970	CHA
C70	$23750	$7130	$9260	**$12110**	**$14490**	Case IH	4	258D	8F-8R	60	5941	No
C70 4WD	$29000	$8700	$11310	**$14790**	**$17690**	Case IH	4	258D	8F-8R	60	6658	No
CX70	$27000	$6480	$8910	**$12420**	**$14850**	Case IH	4	258D	8F-8R	60	7396	CHA
CX70 4WD	$33500	$7800	$10730	**$14950**	**$17880**	Case IH	4	258D	8F-8R	60	8466	CHA
C80	$25800	$7740	$10060	**$13160**	**$15740**	Case IH	4T	244D	8F-8R	67	5941	No
C80 4WD	$30000	$9000	$11700	**$15300**	**$18300**	Case IH	4T	244D	8F-8R	67	6658	No
CX80	$29200	$7010	$9640	**$13430**	**$16060**	Case IH	4T	244D	8F-8R	67	7396	CHA
CX80 4WD	$35300	$8400	$11550	**$16100**	**$19250**	Case IH	4T	244D	8F-8R	67	8466	CHA
MX80C	$53000	$12480	$17160	**$23920**	**$28600**	Case IH	4T	244D	16F-12R	67	9921	CHA
C90	$28256	$8480	$11020	**$14410**	**$17240**	Case IH	4T	244D	8F-8R	74	5963	No
C90 4WD	$34500	$10050	$13070	**$17090**	**$20440**	Case IH	4T	244D	8F-8R	74	6691	No
CX90	$31500	$7560	$10400	**$14490**	**$17330**	Case IH	4T	244D	8F-8R	74	7396	CHA
CX90 4WD	$37800	$9070	$12470	**$17390**	**$20790**	Case IH	4T	244D	8F-8R	74	8466	CHA
MX90C	$56000	$13200	$18150	**$25300**	**$30250**	Case IH	4T	244D	16F-12R	74	10472	CHA
C100	$30500	$9150	$11900	**$15560**	**$18610**	Case IH	4T	244D	8F-8R	83	5963	No
C100 4WD	$36900	$10800	$14040	**$18360**	**$21960**	Case IH	4T	244D	8F-8R	83	6691	No
CX100	$33800	$8110	$11150	**$15550**	**$18590**	Case IH	4T	244D	8F-8R	83	7396	CHA
CX100 4WD	$40300	$9670	$13300	**$18540**	**$22170**	Case IH	4T	244D	8F-8R	83	8466	CHA
MX100	$47700	$10150	$13960	**$19460**	**$23270**	Case IH	6T	359D	16F-12R	85	11300	CHA
MX100 4WD	$52750	$12240	$16830	**$23460**	**$28050**	Case IH	6T	359D	16F-12R	85	12460	CHA
MX100C	$51350	$12320	$16950	**$23620**	**$28240**	Case IH	4T	244D	16F-12R	83	10472	CHA
MX110	$47800	$10560	$14520	**$20240**	**$24200**	Case IH	6T	359D	16F-12R	95	11300	CHA
MX110 4WD	$55520	$12720	$17490	**$24380**	**$29150**	Case IH	6T	359D	16F-12R	95	12460	CHA
MX120	$50570	$11520	$15840	**$22080**	**$26400**	Case IH	6T	359D	16F-12R	105	11300	CHA
MX120 4WD	$58800	$13440	$18480	**$25760**	**$30800**	Case IH	6T	359D	16F-12R	105	12460	CHA

	Approx. Retail Price New	Estimated Value Less Repairs Used Trade In Avg.	Used Trade In High	Used Retail Avg.	Used Retail High	Make	Engine No. Cyls.	Displ. Cu.-In.	No. Speeds	P.T.O. H.P.	Approx. Shipping Wt.-Lbs.	Cab

Case-International (Cont.)

1998 (Cont.)

Model	Approx. Retail Price New	Used Trade In Avg.	Used Trade In High	Used Retail Avg.	Used Retail High	Make	No. Cyls.	Displ. Cu.-In.	No. Speeds	P.T.O. H.P.	Approx. Shipping Wt.-Lbs.	Cab
MX135	$59200	$11600	$17400	**$23200**	**$29580**	Case IH	6T	359D	16F-12R	115	11300	CHA
MX135 4WD	$67200	$13200	$19800	**$26400**	**$33660**	Case IH	6T	359D	16F-12R	115	12460	CHA
MX150	$68250	$16380	$22520	**$31400**	**$37540**	Case IH	6TA	359D	16F-12R	130	13911	CHA
MX150 4WD	$77330	$18560	$25520	**$35570**	**$42530**	Case IH	6TA	359D	16F-12R	130	14616	CHA
MX170	$73650	$17680	$24310	**$33880**	**$40510**	Case IH	6TA	359D	16F-12R	145	14076	CHA
MX170 4WD	$82440	$19790	$27210	**$37920**	**$45340**	Case IH	6TA	359D	16F-12R	145	14782	CHA
MX180	$85500	$20520	$28220	**$39330**	**$47030**	Case IH	6T	505D	18F-4R	145	17700	CHA
MX180 4WD	$93685	$22480	$30920	**$43100**	**$51530**	Case IH	6T	505D	18F-4R	145	18600	CHA
MX200	$91754	$22020	$30280	**$42210**	**$50470**	Case IH	6TA	505D	18F-4R	165	18700	CHA
MX200 4WD	$100755	$23760	$32670	**$45540**	**$54450**	Case IH	6TA	505D	18F-4R	165	19700	CHA
MX220	$101880	$24000	$33000	**$46000**	**$55000**	Case IH	6TA	505D	18F-4R	185	18700	CHA
MX220 4WD	$109315	$25200	$34650	**$48300**	**$57750**	Case IH	6TA	505D	18F-4R	185	19700	CHA
MX240 4WD	$126244	$28800	$39600	**$55200**	**$66000**	Case IH	6TA	505D	18F-4R	205	20200	CHA
MX270 4WD	$138340	$30720	$42240	**$58880**	**$70400**	Case IH	6TA	505D	18F-4R	235	20200	CHA
8910	$79000	$18720	$25740	**$35880**	**$42900**	Case IH	6T	505D	18F-4R	135	15215	CHA
8910 4WD	$89000	$20640	$28380	**$39560**	**$47300**	Case IH	6T	505D	18F-4R	135	16575	CHA
8920	$86000	$20400	$28050	**$39100**	**$46750**	Case IH	6T	505D	18F-4R	155	15630	CHA
8920 4WD	$99000	$22510	$30950	**$43150**	**$51590**	Case IH	6T	505D	18F-4R	155	16750	CHA
8930	$96000	$22560	$31020	**$43240**	**$51700**	Case IH	6T	505D	18F-4R	180	15750	CHA
8930 4WD	$110000	$24720	$33990	**$47380**	**$56650**	Case IH	6T	505D	18F-4R	180	16750	CHA
8940	$106000	$25200	$34650	**$48300**	**$57750**	Case IH	6T	505D	18F-4R	205	15825	CHA
8940 4WD	$120000	$27360	$37620	**$52440**	**$62700**	Case IH	6T	505D	18F-4R	205	16845	CHA
8950 4WD	$135000	$31920	$43890	**$61180**	**$73150**	Case IH	6T	505D	18F-4R	225	17445	CHA
9330	$108000	$21200	$31800	**$42400**	**$54060**	Case IH	6TA	505D	12F-3R	240*	21026	CHA
9330 Row Crop	$116000	$22800	$34200	**$45600**	**$58140**	Case IH	6TA	505D	12F-3R	240*	21026	CHA
9350	$128000	$24800	$37200	**$49600**	**$63240**	Cummins	6TA	661D	12F-3R	310*	26533	CHA
9350 Row Crop	$138000	$26800	$40200	**$53600**	**$68340**	Cummins	6TA	661D	12F-3R	310*	29600	CHA
9370	$145000	$27800	$41700	**$55600**	**$70890**	Cummins	6TA	855D	12F-3R	360*	30416	CHA
9370 Quadtrac	$168000	$29700	$39600	**$54450**	**$69300**	Cummins	6TA	855D	12F-3R	360*	43750	CHA
9380	$158000	$31000	$46500	**$62000**	**$79050**	Cummins	6TA	855D	12F-3R	400*	32500	CHA
9390	$165000	$32000	$48000	**$64000**	**$81600**	Cummins	6TA	855D	12F-3R	425*	32500	CHA

*** Gross engine horsepower.**

1997

Model	Approx. Retail Price New	Used Trade In Avg.	Used Trade In High	Used Retail Avg.	Used Retail High	Make	No. Cyls.	Displ. Cu.-In.	No. Speeds	P.T.O. H.P.	Approx. Shipping Wt.-Lbs.	Cab
MX100	$45680	$10050	$14620	**$20560**	**$24670**	Case IH	6T	359D	16F-12R	85	11300	CHA
MX100 4WD	$51485	$11330	$16480	**$23170**	**$27800**	Case IH	6T	359D	16F-12R	85	12460	CHA
MX110	$45535	$10020	$14570	**$20490**	**$24590**	Case IH	6T	359D	16F-12R	95	11300	CHA
MX110 4WD	$52775	$11610	$16890	**$23750**	**$28500**	Case IH	6T	359D	16F-12R	95	12460	CHA
MX120	$49445	$10880	$15820	**$22250**	**$26700**	Case IH	6T	359D	16F-12R	105	11300	CHA
MX120 4WD	$57175	$12580	$18300	**$25730**	**$30880**	Case IH	6T	359D	16F-12R	105	12460	CHA
MX135	$57875	$11000	$16210	**$21990**	**$28940**	Case IH	6T	359D	16F-12R	115	11300	CHA
MX135 4WD	$65990	$12540	$18480	**$25080**	**$33000**	Case IH	6T	359D	16F-12R	115	12460	CHA
3220	$19447	$4280	$6220	**$8750**	**$10500**	Case IH	3	179D	8F-4R	42	4960	CHA
3220 4WD	$24775	$5450	$7930	**$11150**	**$13380**	Case IH	3	179D	8F-4R	42	5570	No
3230	$22447	$4940	$7180	**$10100**	**$12120**	Case IH	4	206D	8F-4R	52	5540	No
3230 4WD	$28209	$6210	$9030	**$12690**	**$15230**	Case IH	4	206D	8F-4R	52	6150	No
3230 4WD w/Cab	$35210	$7750	$11270	**$15850**	**$19010**	Case IH	4	206D	8F-4R	52	6950	CHA
3230 w/Cab	$29448	$6480	$9420	**$13250**	**$15900**	Case IH	4	206D	8F-4R	52	6340	CHA
4210	$25630	$5640	$8200	**$11530**	**$13840**	Case IH	4	239D	8F-4R	62	5720	No
4210 4WD	$31392	$6910	$10050	**$14130**	**$16950**	Case IH	4	239D	8F-4R	62	6330	No
4210 4WD w/Cab	$38394	$8450	$12290	**$17280**	**$20730**	Case IH	4	239D	8F-4R	62	7130	CHA
4210 w/Cab	$32631	$7180	$10440	**$14680**	**$17620**	Case IH	4	239D	8F-4R	62	6520	CHA
4230	$29535	$6500	$9450	**$13290**	**$15950**	Case IH	4	268D	16F-8R	72	6030	No
4230 4WD	$35836	$7880	$11470	**$16130**	**$19350**	Case IH	4	268D	16F-8R	72	6640	No
4230 4WD w/Cab	$43551	$9580	$13940	**$19600**	**$23520**	Case IH	4	268D	16F-8R	72	7440	CHA
4230 w/Cab	$37250	$8200	$11920	**$16760**	**$20120**	Case IH	4	268D	16F-8R	72	6830	CHA
4240	$31697	$6970	$10140	**$14260**	**$17120**	Case IH	4	268D	16F-8R	85	6030	No
4240 4WD	$37997	$8360	$12160	**$17100**	**$20520**	Case IH	4	268D	16F-8R	85	6640	No
4240 4WD w/Cab	$45650	$10040	$14610	**$20540**	**$24650**	Case IH	4	268D	16F-8R	85		CHA
4240 w/Cab	$39350	$8660	$12590	**$17710**	**$21250**	Case IH	4	268D	16F-8R	85		CHA
5220	$35442	$10280	$13470	**$17720**	**$21270**	Case IH	4TA	239D	16F-12R	80	8818	No
5220 4WD	$43573	$12640	$16560	**$21790**	**$26140**	Case IH	4TA	239D	16F-12R	80	9590	No
5220 4WD w/Cab	$51370	$14900	$19520	**$25690**	**$30820**	Case IH	4TA	239D	16F-12R	80	9921	CHA
5220 w/Cab	$43240	$12540	$16430	**$21620**	**$25940**	Case IH	4TA	239D	16F-12R	80	9149	CHA
5230	$38640	$8500	$12370	**$17390**	**$20870**	Case IH	6	359D	16F-12R	90	9810	No
5230 4WD	$46469	$10220	$14870	**$20910**	**$25090**	Case IH	6	359D	16F-12R	90	10582	No
5230 4WD w/Cab	$54265	$11940	$17370	**$24420**	**$29300**	Case IH	6	359D	16F-12R	90	10913	CHA
5230 w/Cab	$46435	$10220	$14860	**$20900**	**$25080**	Case IH	6	359D	16F-12R	90	10141	CHA
5240	$42286	$9300	$13530	**$19030**	**$22830**	Case IH	6T	359D	16F-12R	100	9810	No
5240 4WD	$50122	$11030	$16040	**$22560**	**$27070**	Case IH	6T	359D	16F-12R	100	10582	No
5240 4WD w/Cab	$57917	$12740	$18530	**$26060**	**$31280**	Case IH	6T	359D	16F-12R	100	10913	CHA
5240 w/Cab	$50100	$11020	$16030	**$22550**	**$27050**	Case IH	6T	359D	16F-12R	100	10141	CHA
5250	$51520	$14940	$19580	**$25760**	**$30910**	Case IH	6T	359D	16F-8R	112		No
5250 4WD	$60025	$17410	$22810	**$30010**	**$36020**	Case IH	6T	359D	16F-8R	112		No
5250 4WD w/Cab	$67817	$19670	$25770	**$33910**	**$40690**	Case IH	6T	359D	16F-12R	112	10913	CHA
5250 w/Cab	$59315	$17200	$22540	**$29660**	**$35590**	Case IH	6T	359D	16F-12R	112	10141	CHA
8910	$75478	$16610	$24150	**$33970**	**$40760**	Case IH	6T	505D	18F-4R	130	15610	CHA
8910 4WD	$87095	$18700	$27200	**$38250**	**$45900**	Case IH	6T	505D	18F-4R	130	16403	CHA
8920	$82610	$18170	$26440	**$37180**	**$44610**	Case IH	6T	505D	18F-4R	155	15621	CHA
8920 4WD	$96100	$21140	$30750	**$43250**	**$51890**	Case IH	6T	505D	18F-4R	155	17319	CHA
8930	$90695	$19950	$29020	**$40810**	**$48980**	Case IH	6T	505D	18F-4R	170	15965	CHA
8930 4WD	$104750	$23050	$33520	**$47140**	**$56570**	Case IH	6T	505D	18F-4R	170	18404	CHA
8940	$101687	$22370	$32540	**$45760**	**$54910**	Case IH	6TA	505D	18F-4R	195	16808	CHA
8940 4WD	$115800	$25480	$37060	**$52110**	**$62530**	Case IH	6TA	505D	18F-4R	195	18578	CHA

Case-International (Cont.)

1997 (Cont.)

Model	Approx. Retail Price New	Used Trade In Avg.	Used Trade In High	Used Retail Avg.	Used Retail High	Make	Engine No. Cyls.	Engine Displ. Cu.-In.	No. Speeds	P.T.O. H.P.	Approx. Shipping Wt.-Lbs.	Cab
8950 4WD	$129080	$27500	$40000	**$56250**	**$67500**	Case IH	6TA	505D	18F-4R	215	18745	CHA
9310 w/3pt, PTO	$106425	$20220	$29800	**$40440**	**$53210**	Case IH	6TA	505D	12F-3R	205*		CHA
9330 w/3pt, PTO	$115495	$21940	$32340	**$43890**	**$57750**	Case IH	6TA	505D	12F-3R	240*		CHA
9350 w/3pto, PTO	$133577	$25380	$37400	**$50760**	**$66790**	Case IH	6TA	661D	12F-3R	310*		CHA
9370	$133431	$25350	$37360	**$50700**	**$66720**	Case IH	6TA	855D	12F-3R	360*		CHA
9370 w/3pt, PTO	$151051	$28700	$42290	**$57400**	**$75530**	Case IH	6TA	855D	12F-3R	360*		CHA
9380	$149335	$28370	$41810	**$56750**	**$74670**	Case IH	6TA	855D	12F-3R	400*		CHA
9380 w/PTO	$156095	$29660	$43710	**$59320**	**$78050**	Case IH	6TA	855D	12F-3R	400*		CHA
9390	$154411	$29340	$43240	**$58680**	**$77210**	Case IH	6TA	855D	12F-3R	425*		CHA
9390 w/PTO	$161170	$30620	$45130	**$61250**	**$80590**	Case IH	6TA	855D	12F-3R	425*		CHA

*** Gross engine horsepower.**

1996

Model	Approx. Retail Price New	Used Trade In Avg.	Used Trade In High	Used Retail Avg.	Used Retail High	Make	Engine No. Cyls.	Engine Displ. Cu.-In.	No. Speeds	P.T.O. H.P.	Approx. Shipping Wt.-Lbs.	Cab
3220	$19447	$4080	$6030	**$8560**	**$10310**	Case IH	3	179D	8F-4R	42	4960	No
3220 4WD	$24775	$5200	$7680	**$10900**	**$13130**	Case IH	3	179D	8F-4R	42	5570	No
3230	$22447	$4710	$6960	**$9880**	**$11900**	Case IH	4	206D	8F-4R	52	5540	No
3230 4WD	$28209	$5920	$8750	**$12410**	**$14950**	Case IH	4	206D	8F-4R	52	6150	No
3230 4WD w/Cab	$35210	$7390	$10920	**$15490**	**$18660**	Case IH	4	206D	8F-4R	52	6950	CHA
3230 w/Cab	$29448	$6180	$9130	**$12960**	**$15610**	Case IH	4	206D	8F-4R	52	6340	CHA
4210	$25630	$5380	$7950	**$11280**	**$13580**	Case IH	4	239D	8F-4R	62	5720	No
4210 4WD	$31392	$6590	$9730	**$13810**	**$16640**	Case IH	4	239D	8F-4R	62	6330	No
4210 4WD w/Cab	$38394	$8060	$11900	**$16890**	**$20350**	Case IH	4	239D	8F-4R	62	7130	CHA
4210 w/Cab	$32631	$6850	$10120	**$14360**	**$17290**	Case IH	4	239D	8F-4R	62	6520	CHA
4230	$29535	$6200	$9160	**$13000**	**$15650**	Case IH	4	268D	16F-8R	72	6030	No
4230 4WD	$35836	$7530	$11110	**$15770**	**$18990**	Case IH	4	268D	16F-8R	72	6640	No
4230 4WD w/Cab	$43551	$9150	$13500	**$19160**	**$23080**	Case IH	4	268D	16F-8R	72	7440	CHA
4230 w/Cab	$37250	$7820	$11550	**$16390**	**$19740**	Case IH	4	268D	16F-8R	72	6830	CHA
4240	$31697	$6660	$9830	**$13950**	**$16800**	Case IH	4	268D	16F-8R	85	6030	No
4240 4WD	$37997	$7980	$11780	**$16720**	**$20140**	Case IH	4	268D	16F-8R	85	6640	No
5220	$35442	$9920	$13110	**$17370**	**$20910**	Case IH	4TA	239D	16F-12R	80	8818	No
5220 4WD	$43573	$12200	$16120	**$21350**	**$25710**	Case IH	4TA	239D	16F-12R	80	9590	No
5220 4WD w/Cab	$51370	$14380	$19010	**$25170**	**$30310**	Case IH	4TA	239D	16F-12R	80	9921	CHA
5220 w/Cab	$43240	$12110	$16000	**$21190**	**$25510**	Case IH	4TA	239D	16F-12R	80	9149	CHA
5230	$38640	$8110	$11980	**$17000**	**$20480**	Case IH	6	359D	16F-12R	90	9810	No
5230 4WD	$46469	$9760	$14410	**$20450**	**$24630**	Case IH	6	359D	16F-12R	90	10582	No
5230 4WD w/Cab	$54265	$11400	$16820	**$23880**	**$28760**	Case IH	6	359D	16F-12R	90	10913	CHA
5230 w/Cab	$46435	$9750	$14400	**$20430**	**$24610**	Case IH	6	359D	16F-12R	90	10141	CHA
5240	$42286	$8880	$13110	**$18610**	**$22410**	Case IH	6T	359D	16F-12R	100	9810	No
5240 4WD	$50122	$10530	$15540	**$22050**	**$26570**	Case IH	6T	359D	16F-12R	100	10582	No
5240 4WD w/Cab	$57917	$12160	$17950	**$25480**	**$30700**	Case IH	6T	359D	16F-12R	100	10913	CHA
5240 w/Cab	$50080	$10520	$15530	**$22040**	**$26540**	Case IH	6T	359D	16F-12R	100	10141	CHA
5250 4WD w/Cab	$67817	$18990	$25090	**$33230**	**$40010**	Case IH	6T	359D	16F-12R	112	10913	CHA
5250 w/Cab	$59315	$16610	$21950	**$29060**	**$35000**	Case IH	6T	359D	16F-12R	112	10141	CHA
7210	$76510	$21420	$28310	**$37490**	**$45140**	Case IH	6T	505D	18F-4R	130	15610	CHA
7210 4WD	$88215	$24700	$32640	**$43230**	**$52050**	Case IH	6T	505D	18F-4R	130	16403	CHA
7220	$81925	$14750	$22120	**$30310**	**$40140**	Case IH	6T	505D	18F-4R	155	15621	CHA
7220 4WD	$96760	$17420	$26130	**$35800**	**$47410**	Case IH	6T	505D	18F-4R	155	17319	CHA
7230	$95265	$17150	$25720	**$35250**	**$46680**	Case IH	6T	505D	18F-4R	170	15965	CHA
7230 4WD	$110050	$18720	$28080	**$38480**	**$50960**	Case IH	6T	505D	18F-4R	170	18404	CHA
7240	$100245	$18040	$27070	**$37090**	**$49120**	Case IH	6TA	505D	18F-4R	195	16808	CHA
7240 4WD	$117410	$19260	$28890	**$39590**	**$52430**	Case IH	6TA	505D	18F-4R	195	18578	CHA
7250 4WD	$127110	$21130	$31700	**$43440**	**$57530**	Case IH	6TA	505D	18F-4R	215	18745	CHA
9330	$99470	$13930	$19890	**$28850**	**$37800**	Case IH	6TA	505D	12F-3R	235*	22000	CHA
9350	$124635	$17450	$24930	**$36140**	**$47360**	Cummins	6TA	611D	12F-3R	310*	27446	CHA
9370	$138800	$19430	$27760	**$40250**	**$52740**	Cummins	6TA	855D	12F-3R	360*	33110	CHA
9380	$155390	$21760	$31080	**$45060**	**$59050**	Cummins	6TA	855D	12F-3R	400*	34500	CHA

*** Gross engine horsepower.**

1995

Model	Approx. Retail Price New	Used Trade In Avg.	Used Trade In High	Used Retail Avg.	Used Retail High	Make	Engine No. Cyls.	Engine Displ. Cu.-In.	No. Speeds	P.T.O. H.P.	Approx. Shipping Wt.-Lbs.	Cab
3220	$19153	$3830	$5750	**$8240**	**$9960**	Case IH	3	179D	8F-4R	42	4960	No
3220 4WD	$24277	$4860	$7280	**$10440**	**$12620**	Case IH	3	179D	8F-4R	42	5570	No
3230	$22511	$4500	$6750	**$9680**	**$11710**	Case IH	4	206D	8F-4R	52	5540	No
3230 4WD	$28249	$5650	$8480	**$12150**	**$14690**	Case IH	4	206D	8F-4R	52	6150	No
3230 4WD w/Cab	$35251	$7050	$10580	**$15160**	**$18330**	Case IH	4	206D	8F-4R	52	6950	CHA
3230 w/Cab	$29513	$5900	$8850	**$12690**	**$15350**	Case IH	4	206D	8F-4R	52	6340	CHA
4210	$26412	$5280	$7920	**$11360**	**$13730**	Case IH	4	239D	8F-4R	62	5720	No
4210 4WD	$32237	$6450	$9670	**$13860**	**$16760**	Case IH	4	239D	8F-4R	62	6330	No
4210 4WD w/Cab	$39239	$7850	$11770	**$16870**	**$20400**	Case IH	4	239D	8F-4R	62	7130	CHA
4210 w/Cab	$33414	$6680	$10020	**$14370**	**$17380**	Case IH	4	239D	8F-4R	62	6520	CHA
4230	$29856	$5970	$8960	**$12840**	**$15530**	Case IH	4	268D	16F-8R	72	6030	No
4230 4WD	$35744	$7150	$10720	**$15370**	**$18590**	Case IH	4	268D	16F-8R	72	6640	No
4230 4WD w/Cab	$42886	$8580	$12870	**$18440**	**$22300**	Case IH	4	268D	16F-8R	72	7440	CHA
4230 w/Cab	$36998	$7400	$11100	**$15910**	**$19240**	Case IH	4	268D	16F-8R	72	6830	CHA
4240	$32144	$6430	$9640	**$13820**	**$16720**	Case IH	4	268D	16F-8R	85	6030	No
4240 4WD	$37911	$7580	$11370	**$16300**	**$19710**	Case IH	4	268D	16F-8R	85	6640	No
5220	$33638	$9080	$12110	**$16150**	**$19510**	Case IH	4TA	239D	16F-12R	80	8818	No
5220 4WD	$43017	$11620	$15490	**$20650**	**$24950**	Case IH	4TA	239D	16F-12R	80	9590	No
5220 4WD w/Cab	$50406	$13610	$18150	**$24200**	**$29240**	Case IH	4TA	239D	16F-12R	80	9921	CHA
5220 w/Cab	$41027	$11080	$14770	**$19690**	**$23800**	Case IH	4TA	239D	16F-12R	80	9149	CHA
5230	$39233	$7850	$11770	**$16870**	**$20400**	Case IH	6	359D	16F-12R	90	9810	No
5230 4WD	$46700	$9340	$14010	**$20080**	**$24280**	Case IH	6	359D	16F-12R	90	10582	No
5230 4WD w/Cab	$54094	$10820	$16230	**$23260**	**$28130**	Case IH	6	359D	16F-12R	90	10913	CHA
5230 w/Cab	$46622	$9320	$13990	**$20050**	**$24240**	Case IH	6	359D	16F-12R	90	10141	CHA
5240	$42968	$8590	$12890	**$18480**	**$22340**	Case IH	6T	359D	16F-12R	100	9810	No

Case-International (Cont.)

	Approx. Retail Price New	Estimated Value Less Repairs Used Trade In Avg.	Used Trade In High	Used Retail Avg.	Used Retail High	Engine Make	No. Cyls.	Displ. Cu.-In.	No. Speeds	P.T.O. H.P.	Approx. Shipping Wt.-Lbs.	Cab
				1995 (Cont.)								
5240 4WD	$50215	$10040	$15070	$21590	$26110	Case IH	6T	359D	16F-12R	100	10582	No
5240 4WD w/Cab	$57604	$11520	$17280	$24770	$29950	Case IH	6T	359D	16F-12R	100	10913	CHA
5240 w/Cab	$50357	$10070	$15110	$21650	$26190	Case IH	6T	359D	16F-12R	100	10141	CHA
5250 4WD w/Cab	$65739	$17750	$23670	$31560	$38130	Case IH	6T	359D	16F-12R	112	10913	CHA
5250 w/Cab	$57714	$15580	$20780	$27700	$33470	Case IH	6T	359D	16F-12R	112	10141	CHA
7210	$72181	$19490	$25990	$34650	$41870	Case IH	6T	505D	18F-4R	130	15610	CHA
7210 4WD	$83221	$22470	$29960	$39950	$48270	Case IH	6T	505D	18F-4R	130	16403	CHA
7220	$77286	$13140	$20090	$27820	$37100	Case IH	6T	505D	18F-4R	155	15621	CHA
7220 4WD	$91285	$15520	$23730	$32860	$43820	Case IH	6T	505D	18F-4R	155	17319	CHA
7230	$87328	$14850	$22710	$31440	$41920	Case IH	6T	505D	18F-4R	170	15965	CHA
7230 4WD	$103823	$17000	$26000	$36000	$48000	Case IH	6T	505D	18F-4R	170	18404	CHA
7240	$94572	$16080	$24590	$34050	$45400	Case IH	6TA	505D	18F-4R	195	16808	CHA
7240 4WD	$110765	$17510	$26780	$37080	$49440	Case IH	6TA	505D	18F-4R	195	18578	CHA
7250 4WD	$119913	$18530	$28340	$39240	$52320	Case IH	6TA	505D	18F-4R	215	18745	CHA
9210	$85491	$14530	$22230	$30780	$41040	Case IH	6T	505D	12F-3R	168	17000	CHA
9230	$93841	$15640	$23920	$33120	$44160	Case IH	6TA	505D	12F-3R	207	22000	CHA
9250	$117580	$19990	$30570	$42330	$56440	Cummins	6TA	611D	12F-3R	266	27446	CHA
9260	$121120	$20590	$31490	$43600	$58140	Cummins	6TA	611D	12F-2R	265	30300	CHA
9270	$130943	$22260	$34050	$47140	$62850	Cummins	6TA	855D	12F-3R	308	33110	CHA
9280	$146593	$24920	$38110	$52770	$70370	Cummins	6TA	855D	12F-3R	344	34500	CHA
				1994								
495	$19875	$3780	$5760	$8350	$10140	Case IH	3	179D	8F-4R	42	4960	No
495 4WD	$25550	$4860	$7410	$10730	$13030	Case IH	3	179D	8F-4R	42	5720	No
595	$23400	$3740	$5850	$8190	$11000	Case IH	4	206D	8F-4R	52	5540	No
595 4WD	$28890	$4620	$7220	$10110	$13580	Case IH	4	206D	8F-4R	52	6240	No
595 4WD w/Cab	$35950	$5750	$8990	$12580	$16900	Case IH	4	206D	8F-4R	52		CHA
595 w/Cab	$30285	$4850	$7570	$10600	$14230	Case IH	4	206D	8F-4R	52		CHA
695	$27250	$4360	$6810	$9540	$12810	Case IH	4	239D	8F-4R	62	5720	No
695 4WD	$34150	$5460	$8540	$11950	$16050	Case IH	4	239D	8F-4R	62	6340	No
695 4WD w/Cab	$39990	$6400	$10000	$14000	$18800	Case IH	4	239D	8F-4R	62		CHA
695 w/Cab	$33220	$5320	$8310	$11630	$15610	Case IH	4	239D	8F-4R	62		CHA
895	$29750	$4760	$7440	$10410	$13980	Case IH	4	268D	16F-8R	72	6030	No
895 4WD	$37120	$5940	$9280	$12990	$17450	Case IH	4	268D	16F-8R	72	6440	No
895 4WD w/Cab	$42950	$6870	$10740	$15030	$20190	Case IH	4	268D	16F-8R	72		CHA
895 w/Cab	$35770	$5720	$8940	$12520	$16810	Case IH	4	268D	16F-8R	72		CHA
995	$31990	$5120	$8000	$11200	$15040	Case IH	4	268D	16F-8R	85		No
995 4WD	$37875	$6060	$9470	$13260	$17800	Case IH	4	268D	16F-8R	85		No
3220	$19153	$3640	$5550	$8040	$9770	Case IH	3	179D	8F-4R	42.00	4960	No
3220 4WD	$24277	$4610	$7040	$10200	$12380	Case IH	3	179D	8F-4R	42.00	5570	No
3230	$22511	$4280	$6530	$9460	$11480	Case IH	4	206D	8F-4R	52.00	5540	No
3230 4WD	$28249	$5370	$8190	$11870	$14410	Case IH	4	206D	8F-4R	52.00	6150	No
3230 4WD w/Cab	$35251	$6700	$10220	$14810	$17980	Case IH	4	206D	8F-4R	52.00	6950	CHA
3230 w/Cab	$29513	$5610	$8560	$12400	$15050	Case IH	4	206D	8F-4R	52.00	6340	CHA
4210	$26412	$5020	$7660	$11090	$13470	Case IH	4	239D	8F-4R	62.00	5720	No
4210 4WD	$32237	$6130	$9350	$13540	$16440	Case IH	4	239D	8F-4R	62.00	6330	No
4210 4WD w/Cab	$39239	$7460	$11380	$16480	$20010	Case IH	4	239D	8F-4R	62.00	7130	CHA
4210 w/Cab	$33414	$6350	$9690	$14030	$17040	Case IH	4	239D	8F-4R	62.00	6520	CHA
4230	$29350	$5580	$8510	$12330	$14970	Case IH	4	268D	16F-8R	72.00	6030	No
4230 4WD	$35132	$6680	$10190	$14760	$17920	Case IH	4	268D	16F-8R	72.00	6640	No
4230 4WD w/Cab	$42134	$8010	$12220	$17700	$21490	Case IH	4	268D	16F-8R	72.00	7440	CHA
4230 w/Cab	$36351	$6910	$10540	$15270	$18540	Case IH	4	268D	16F-8R	72.00	6830	CHA
4240	$31599	$6000	$9160	$13270	$16120	Case IH	4	268D	16F-8R	85.00	6030	No
4240 4WD	$37260	$7080	$10810	$15650	$19000	Case IH	4	268D	16F-8R	85.00	6640	No
5220	$33141	$8620	$11600	$15580	$18890	Case IH	4TA	239D	16F-12R	80.00	8818	No
5220 4WD	$42381	$11020	$14830	$19920	$24160	Case IH	4TA	239D	16F-12R	80.00	9590	No
5220 4WD w/Cab	$49661	$12910	$17380	$23340	$28310	Case IH	4TA	239D	16F-12R	80.00	9921	CHA
5220 w/Cab	$40421	$10510	$14150	$19000	$23040	Case IH	4TA	239D	16F-12R	80.00	9149	CHA
5230	$38653	$7340	$11210	$16230	$19710	Case IH	6	359D	16F-12R	90.00	9810	No
5230 4WD	$46014	$8740	$13340	$19330	$23470	Case IH	6	359D	16F-12R	90.00	10582	No
5230 4WD w/Cab	$53294	$10130	$15460	$22380	$27180	Case IH	6	359D	16F-12R	90.00	10913	CHA
5230 w/Cab	$45933	$8730	$13320	$19290	$23430	Case IH	6	359D	16F-12R	90.00	10141	CHA
5240	$42332	$8040	$12280	$17780	$21590	Case IH	6T	359D	16F-12R	100.00	9810	No
5240 4WD	$49472	$9400	$14350	$20780	$25230	Case IH	6T	359D	16F-12R	100.00	10582	No
5240 4WD w/Cab	$56752	$10780	$16460	$23840	$28940	Case IH	6T	359D	16F-12R	100.00	10913	CHA
5240 w/Cab	$49612	$9430	$14390	$20840	$25300	Case IH	6T	359D	16F-12R	100.00	10141	CHA
5250 4WD w/Cab	$64768	$16840	$22670	$30440	$36920	Case IH	6T	359D	16F-12R	112.00	10913	CHA
5250 w/Cab	$56862	$14780	$19900	$26730	$32410	Case IH	6T	359D	16F-12R	112.00	10141	CHA
7210	$70876	$18430	$24810	$33310	$40400	Case IH	6T	505D	18F-4R	130.00	15610	CHA
7210 4WD	$81711	$20800	$28000	$37600	$45600	Case IH	6T	505D	18F-4R	130.00	16403	CHA
7220	$75900	$12140	$18980	$26570	$35670	Case IH	6T	505D	18F-4R	155.00	15621	CHA
7220 4WD	$88887	$14220	$22220	$31110	$41780	Case IH	6T	505D	18F-4R	155.00	17319	CHA
7230	$85752	$13550	$21180	$29650	$39810	Case IH	6T	505D	18F-4R	170.00	15965	CHA
7230 4WD	$102004	$15520	$24250	$33950	$45590	Case IH	6T	505D	18F-4R	170.00	18404	CHA
7240	$93705	$14720	$23000	$32200	$43240	Case IH	6TA	505D	18F-4R	195.00	16808	CHA
7240 4WD	$109776	$16440	$25690	$35970	$48300	Case IH	6TA	505D	18F-4R	195.00	18578	CHA
7250 4WD	$116515	$17040	$26630	$37280	$50060	Case IH	6TA	505D	18F-4R	215.00	18745	CHA
9210	$85491	$10260	$15390	$21370	$29070	Case IH	6T	505D	12F-3R	168.00	17000	CHA
9230	$93841	$11040	$16560	$23000	$31280	Case IH	6TA	505D	12F-3R	207.00	22000	CHA
9250	$117580	$14110	$21160	$29400	$39980	Cummins	6TA	611D	12F-3R	266.00	27446	CHA
9260	$118680	$14240	$21360	$29670	$40350	Cummins	6TA	611D	12F-2R	265.84	30300	CHA
9270	$130943	$15710	$23570	$32740	$44520	Cummins	6TA	855D	12F-3R	308.00	33110	CHA
9280	$146593	$17590	$26390	$36650	$49840	Cummins	6TA	855D	12F-3R	344.00	34500	CHA

Case-International (Cont.)

Model	Approx. Retail Price New	Estimated Value Less Repairs — Used Trade In Avg.	Used Trade In High	Used Retail Avg.	Used Retail High	Engine Make	No. Cyls.	Displ. Cu.-In.	No. Speeds	P.T.O. H.P.	Approx. Shipping Wt.-Lbs.	Cab
1993												
395	$16995	$3060	$4760	**$6970**	**$8500**	Case IH	3	155D	8F-4R	35	4920	No
395 4WD	$21315	$3840	$5970	**$8740**	**$10660**	Case IH	3	155D	8F-4R	35	5680	No
495	$19150	$3450	$5360	**$7850**	**$9580**	Case IH	3	179D	8F-4R	42	4960	No
495 4WD	$24840	$4470	$6960	**$10180**	**$12420**	Case IH	3	179D	8F-4R	42	5720	No
595	$22900	$3440	$5500	**$7790**	**$10530**	Case IH	4	206D	8F-4R	52	5540	No
595 4WD	$28490	$4270	$6840	**$9690**	**$13110**	Case IH	4	206D	8F-4R	52	6240	No
595 4WD w/Cab	$35500	$5330	$8520	**$12070**	**$16330**	Case IH	4	206D	8F-4R	52		CHA
595 w/Cab	$29995	$4500	$7200	**$10200**	**$13800**	Case IH	4	206D	8F-4R	52		CHA
695	$26550	$3980	$6370	**$9030**	**$12210**	Case IH	4	239D	8F-4R	62	5720	No
695 4WD	$33600	$5040	$8060	**$11420**	**$15460**	Case IH	4	239D	8F-4R	62	6340	No
695 4WD w/Cab	$39440	$5920	$9470	**$13410**	**$18140**	Case IH	4	239D	8F-4R	62		CHA
695 w/Cab	$32370	$4860	$7770	**$11010**	**$14890**	Case IH	4	239D	8F-4R	62		CHA
895	$29450	$4420	$7070	**$10010**	**$13550**	Case IH	4	268D	16F-8R	72	6030	No
895 4WD	$36520	$5480	$8770	**$12420**	**$16800**	Case IH	4	268D	16F-8R	72	6440	No
895 4WD w/Cab	$42740	$6410	$10260	**$14530**	**$19660**	Case IH	4	268D	16F-8R	72		CHA
895 w/Cab	$35640	$5350	$8550	**$12120**	**$16390**	Case IH	4	268D	16F-8R	72		CHA
995	$31650	$4750	$7600	**$10760**	**$14560**	Case IH	4	268D	16F-8R	85		No
995 4WD	$37380	$5610	$8970	**$12710**	**$17200**	Case IH	4	268D	16F-8R	85		No
5220	$28775	$7190	$9780	**$13240**	**$16110**	Case IH	4TA	239D	16F-12R	77	8620	No
5220 4WD	$35850	$8960	$12190	**$16490**	**$20080**	Case IH	4TA	239D	16F-12R	77.00		No
5220 4WD w/Cab	$42950	$10740	$14600	**$19760**	**$24050**	Case IH	4TA	239D	16F-12R	77.00	10362	CHA
5220 w/Cab	$35800	$8950	$12170	**$16470**	**$20050**	Case IH	4TA	239D	16F-12R	77.00		CHA
5230	$31200	$5620	$8740	**$12790**	**$15600**	Case IH	6	359D	16F-12R	89.80	9458	No
5230 4WD	$38260	$6890	$10710	**$15690**	**$19130**	Case IH	6	359D	16F-12R	89.80		No
5230 4WD w/Cab	$45360	$8170	$12700	**$18600**	**$22680**	Case IH	6	359D	16F-12R	89.80	10582	CHA
5230 w/Cab	$38290	$6890	$10720	**$15700**	**$19150**	Case IH	6	359D	16F-12R	89.80		CHA
5240	$34649	$6240	$9700	**$14210**	**$17330**	Case IH	6T	359D	24F-12R	97.00	9810	No
5240 4WD	$41715	$7510	$11680	**$17100**	**$20860**	Case IH	6T	359D	24F-12R	97.00		No
5240 4WD w/Cab	$48770	$8780	$13660	**$20000**	**$24390**	Case IH	6T	359D	24F-12R	97.00	10825	CHA
5240 w/Cab	$41715	$7510	$11680	**$17100**	**$20860**	Case IH	6T	359D	24F-12R	97.00		CHA
5250 4WD w/Cab	$62368	$15590	$21210	**$28690**	**$34930**	Case IH	6T	359D	16F-12R	112.00	10913	CHA
5250 w/Cab	$54462	$13620	$18520	**$25050**	**$30500**	Case IH	6T	359D	16F-12R	112.00	10141	CHA
7110 Magnum	$62725	$11290	$17560	**$25720**	**$31360**	Case IH	6T	505D	18F-4R	131.97	15280	CHA
7110 Magnum 4WD	$71995	$12960	$20160	**$29520**	**$36000**	Case IH	6T	505D	18F-4R	131.97		CHA
7120 Magnum	$66330	$11940	$18570	**$27200**	**$33170**	Case IH	6T	505D	18F-4R	151.62	15920	CHA
7120 Magnum 4WD	$75900	$13660	$21250	**$31120**	**$37950**	Case IH	6T	505D	18F-4R	151.62		CHA
7130 Magnum	$74365	$13390	$20820	**$30490**	**$37180**	Case IH	6T	505D	18F-4R	172.57	16280	CHA
7130 Magnum 4WD	$85175	$15120	$23520	**$34440**	**$42000**	Case IH	6T	505D	18F-4R	172.57		CHA
7140 Magnum	$82800	$14900	$23180	**$33950**	**$41400**	Case IH	6TA	505D	18F-4R	197.53	16480	CHA
7140 Magnum 4WD	$93595	$16850	$26210	**$38370**	**$46800**	Case IH	6TA	505D	18F-4R	197.53		CHA
7150 4WD	$115125	$17270	$27630	**$39140**	**$52960**	Case IH	6TA	505D	18F-4R	215.00	18745	CHA
9210	$78270	$8610	$13310	**$18790**	**$25050**	Case IH	6T	505D	12F-2R	168.40	17000	CHA
9230	$86475	$9510	$14700	**$20750**	**$27670**	Case IH	6TA	505D	12F-2R	192.2	17750	CHA
9240	$96800	$10650	$16460	**$23230**	**$30980**	Case IH	6TA	505D	12F-2R	200.53	28380	CHA
9250	$105980	$11660	$18020	**$25440**	**$33910**	Cummins	6TA	611D	12F-2R	246.1	23000	CHA
9260	$116380	$12800	$19790	**$27930**	**$37240**	Cummins	6TA	611D	12F-2R	265.84	30300	CHA
9270	$130295	$14330	$22150	**$31270**	**$41690**	Cummins	6TA	855D	12F-2R	308.1	29000	CHA
9280	$140900	$15500	$23950	**$33820**	**$45090**	Cummins	6TA	855D	12F-2R	344.5	29000	CHA
1992												
395	$16500	$2810	$4460	**$6600**	**$8090**	Case IH	3	155D	8F-4R	35	4920	No
395 4WD	$20695	$3520	$5590	**$8280**	**$10140**	Case IH	3	155D	8F-4R	35	5680	No
495	$18600	$3160	$5020	**$7440**	**$9110**	Case IH	3	179D	8F-4R	42	4960	No
495 4WD	$24120	$4100	$6510	**$9650**	**$11820**	Case IH	3	179D	8F-4R	42	5720	No
595	$22250	$3120	$5120	**$7340**	**$10010**	Case IH	4	206D	8F-4R	52	5540	No
595 4WD	$27660	$3870	$6360	**$9130**	**$12450**	Case IH	4	206D	8F-4R	52	6240	No
595 4WD w/Cab	$34500	$4830	$7940	**$11390**	**$15530**	Case IH	4	206D	8F-4R	52		CHA
595 w/Cab	$29120	$4080	$6700	**$9610**	**$13100**	Case IH	4	206D	8F-4R	52		CHA
695	$25795	$3610	$5930	**$8510**	**$11610**	Case IH	4	239D	8F-4R	62	5720	No
695 4WD	$32650	$4570	$7510	**$10780**	**$14690**	Case IH	4	239D	8F-4R	62	6340	No
695 4WD w/Cab	$38290	$5360	$8810	**$12640**	**$17230**	Case IH	4	239D	8F-4R	62		CHA
695 w/Cab	$31430	$4400	$7230	**$10370**	**$14140**	Case IH	4	239D	8F-4R	62		CHA
895	$28600	$4000	$6580	**$9440**	**$12870**	Case IH	4	268D	16F-8R	72	6030	No
895 4WD	$35460	$4960	$8160	**$11700**	**$15960**	Case IH	4	268D	16F-8R	72	6440	No
895 4WD w/Cab	$41495	$5810	$9540	**$13690**	**$18670**	Case IH	4	268D	16F-8R	72		CHA
895 w/Cab	$34600	$4840	$7960	**$11420**	**$15570**	Case IH	4	268D	16F-8R	72		CHA
995	$30732	$4300	$7070	**$10140**	**$13830**	Case IH	4	268D	16F-8R	85		No
995 4WD	$36295	$5080	$8350	**$11980**	**$16330**	Case IH	4	268D	16F-8R	85		No
5120	$27935	$6700	$9220	**$12570**	**$15360**	Case IH	4TA	239D	16F-12R	77	8620	No
5120 4WD	$34820	$8360	$11490	**$15670**	**$19150**	Case IH	4TA	239D	16F-12R	77.00		No
5120 4WD w/Cab	$41715	$10010	$13770	**$18770**	**$22940**	Case IH	4TA	239D	16F-12R	77.00	10362	CHA
5120 w/Cab	$34800	$8350	$11480	**$15660**	**$19140**	Case IH	4TA	239D	16F-12R	77.00		CHA
5130	$30315	$7280	$10000	**$13640**	**$16670**	Case IH	6	359D	16F-12R	89.80	9458	No
5130 4WD	$37150	$8920	$12260	**$16720**	**$20430**	Case IH	6	359D	16F-12R	89.80		No
5130 4WD w/Cab	$44040	$10570	$14530	**$19820**	**$24220**	Case IH	6	359D	16F-12R	89.80	10582	CHA
5130 w/Cab	$37175	$8920	$12270	**$16730**	**$20450**	Case IH	6	359D	16F-12R	89.80		CHA
5140	$33640	$8070	$11100	**$15140**	**$18500**	Case IH	6T	359D	24F-12R	97.00	9810	No
5140 4WD	$40500	$9720	$13370	**$18230**	**$22280**	Case IH	6T	359D	24F-12R	97.00		No
5140 4WD w/Cab	$47350	$11360	$15630	**$21310**	**$26040**	Case IH	6T	359D	24F-12R	97.00	10825	CHA
5140 w/Cab	$40500	$9720	$13370	**$18230**	**$22280**	Case IH	6T	359D	24F-12R	97.00		CHA
5220	$27935	$6700	$9220	**$12570**	**$15360**	Case IH	4TA	239D	16F-12R	77.00	8620	No
5220 4WD	$34820	$8360	$11490	**$15670**	**$19150**	Case IH	4TA	239D	16F-12R	77.00		No
5220 4WD w/Cab	$41715	$10010	$13770	**$18770**	**$22940**	Case IH	4TA	239D	16F-12R	77.00	10362	CHA
5220 w/Cab	$34800	$8350	$11480	**$15660**	**$19140**	Case IH	4TA	239D	16F-12R	77.00		CHA

Case-International (Cont.)

1992 (Cont.)

Model	Approx. Retail Price New	Estimated Value Less Repairs: Used Trade In Avg.	Used Trade In High	Used Retail Avg.	Used Retail High	Make	Engine No. Cyls.	Displ. Cu.-In.	No. Speeds	P.T.O. H.P.	Approx. Shipping Wt.-Lbs.	Cab
5230	$30315	$5150	$8190	**$12130**	**$14850**	Case IH	6	359D	16F-12R	89.80	9458	No
5230 4WD	$37150	$6320	$10030	**$14860**	**$18200**	Case IH	6	359D	16F-12R	89.8		No
5230 4WD w/Cab	$44040	$7490	$11890	**$17620**	**$21580**	Case IH	6	359D	16F-12R	89.8	10582	CHA
5230 w/Cab	$37175	$6320	$10040	**$14870**	**$18220**	Case IH	6	359D	16F-12R	89.8		CHA
5240	$33640	$5720	$9080	**$13460**	**$16480**	Case IH	6T	359D	24F-12R	97	9810	No
5240 4WD	$40500	$6890	$10940	**$16200**	**$19850**	Case IH	6T	359D	24F-12R	97		No
5240 4WD w/Cab	$47350	$8050	$12790	**$18940**	**$23200**	Case IH	6T	359D	24F-12R	97	10825	CHA
5240 w/Cab	$40500	$6890	$10940	**$16200**	**$19850**	Case IH	6T	359D	24F-12R	97		CHA
5250 4WD w/Cab	$60568	$14540	$19990	**$27260**	**$33310**	Case IH	6T	359D	16F-12R	112.00	10913	CHA
5250 w/Cab	$53252	$12780	$17570	**$23960**	**$29290**	Case IH	6T	359D	16F-12R	112.00	10141	CHA
7110 Magnum	$60900	$10350	$16440	**$24360**	**$29840**	Case IH	6T	505D	18F-4R	131.97	15280	CHA
7110 Magnum 4WD	$69900	$11880	$18870	**$27960**	**$34250**	Case IH	6T	505D	18F-4R	131.97		CHA
7120 Magnum	$64400	$10950	$17390	**$25760**	**$31560**	Case IH	6T	505D	18F-4R	151.62	15920	CHA
7120 Magnum 4WD	$73700	$12530	$19900	**$29480**	**$36110**	Case IH	6T	505D	18F-4R	151.62		CHA
7130 Magnum	$72200	$12270	$19490	**$28880**	**$35380**	Case IH	6T	505D	18F-4R	172.57	16280	CHA
7130 Magnum 4WD	$82695	$14060	$22330	**$33080**	**$40520**	Case IH	6T	505D	18F-4R	172.57		CHA
7140 Magnum	$80400	$13670	$21710	**$32160**	**$39400**	Case IH	6TA	505D	18F-4R	197.53	16480	CHA
7140 Magnum 4WD	$90870	$15450	$24540	**$36350**	**$44530**	Case IH	6TA	505D	18F-4R	197.53		CHA
7150 4WD	$114355	$16010	$26300	**$37740**	**$51460**	Case IH	6TA	505D	18F-4R	215.00	18745	CHA
9210	$75990	$7600	$12160	**$17480**	**$22800**	Case IH	6T	505D	12F-2R	168.40	17000	CHA
9230	$83960	$8400	$13430	**$19310**	**$25190**	Case IH	6TA	505D	12F-2R	192.2	17750	CHA
9240	$93995	$9400	$15040	**$21620**	**$28200**	Case IH	6TA	505D	12F-2R	200.53	28380	CHA
9250	$102900	$10290	$16460	**$23670**	**$30870**	Cummins	6TA	611D	12F-2R	246.1	23000	CHA
9260	$112995	$11300	$18080	**$25990**	**$33900**	Cummins	6TA	611D	12F-2R	265.84	30300	CHA
9270	$126500	$12650	$20240	**$29100**	**$37950**	Cummins	6TA	855D	12F-2R	308.1	29000	CHA
9280	$136800	$13680	$21890	**$31460**	**$41040**	Cummins	6TA	855D	12F-2R	344.5	29000	CHA

1991

Model	Approx. Retail Price New	Used Trade In Avg.	Used Trade In High	Used Retail Avg.	Used Retail High	Make	Engine No. Cyls.	Displ. Cu.-In.	No. Speeds	P.T.O. H.P.	Approx. Shipping Wt.-Lbs.	Cab
275	$12921	$2970	$4140	**$5690**	**$6980**	Mitsubishi	3	91D	9F-3R	27	2512	No
275 4WD	$16134	$3710	$5160	**$7100**	**$8710**	Mitsubishi	3	91D	9F-3R	27	2751	No
395	$15900	$2540	$4130	**$6200**	**$7630**	Case IH	3	155D	8F-4R	35	4920	No
395 4WD	$19900	$3180	$5170	**$7760**	**$9550**	Case IH	3	155D	8F-4R	35	5680	No
495	$17900	$2860	$4650	**$6980**	**$8590**	Case IH	3	179D	8F-4R	42	4960	No
495 4WD	$23200	$3710	$6030	**$9050**	**$11140**	Case IH	3	179D	8F-4R	42	5720	No
595	$21400	$2780	$4710	**$6850**	**$9420**	Case IH	4	206D	8F-4R	52	5540	No
595 4WD	$26600	$3460	$5850	**$8510**	**$11700**	Case IH	4	206D	8F-4R	52	6240	No
595 4WD w/Cab	$33200	$4320	$7300	**$10620**	**$14610**	Case IH	4	206D	8F-4R	52		CHA
595 w/Cab	$28000	$3640	$6160	**$8960**	**$12320**	Case IH	4	206D	8F-4R	52		CHA
695	$24800	$3220	$5460	**$7940**	**$10910**	Case IH	4	239D	8F-4R	62	5720	No
695 4WD	$31400	$4080	$6910	**$10050**	**$13820**	Case IH	4	239D	8F-4R	62	6340	No
695 4WD w/Cab	$36820	$4790	$8100	**$11780**	**$16200**	Case IH	4	239D	8F-4R	62		CHA
695 w/Cab	$30223	$3930	$6650	**$9670**	**$13300**	Case IH	4	239D	8F-4R	62		CHA
895	$27500	$3580	$6050	**$8800**	**$12100**	Case IH	4	268D	16F-8R	72	6030	No
895 4WD	$34100	$4430	$7500	**$10910**	**$15000**	Case IH	4	268D	16F-8R	72	6440	No
895 4WD w/Cab	$39900	$5190	$8780	**$12770**	**$17560**	Case IH	4	268D	16F-8R	72		CHA
895 w/Cab	$33300	$4330	$7330	**$10660**	**$14650**	Case IH	4	268D	16F-8R	72		CHA
995	$29550	$3840	$6500	**$9460**	**$13000**	Case IH	4	268D	16F-8R	85		No
995 4WD	$34900	$4540	$7680	**$11170**	**$15360**	Case IH	4	268D	16F-8R	85		No
1120	$10500	$2420	$3360	**$4620**	**$5670**	Mitsubishi	3	65D	6F-2R	16.50	1380	No
1120 4WD	$11500	$2650	$3680	**$5060**	**$6210**	Mitsubishi	3	65D	6F-2R	16.50	1480	No
1130	$11500	$2650	$3680	**$5060**	**$6210**	Mitsubishi	3	75D	9F-3R	20.00	1900	No
1130 4WD	$12620	$2900	$4040	**$5550**	**$6820**	Mitsubishi	3	75D	9F-3R	20.00	2062	No
1140	$12000	$2760	$3840	**$5280**	**$6480**	Mitsubishi	3	91D	9F-3R	23.00	1914	No
1140 4WD	$13350	$3070	$4270	**$5870**	**$7210**	Mitsubishi	3	91D	9F-3R	23.00	2062	No
5120	$26860	$6180	$8600	**$11820**	**$14500**	Case IH	4TA	239D	16F-12R	77.00	8620	No
5120 4WD	$33480	$7520	$10460	**$14390**	**$17660**	Case IH	4TA	239D	16F-12R	77.00		No
5120 4WD w/Cab	$40110	$8810	$12260	**$16850**	**$20680**	Case IH	4TA	239D	16F-12R	77.00	10362	CHA
5120 w/Cab	$33490	$7700	$10720	**$14740**	**$18090**	Case IH	4TA	239D	16F-12R	77.00		CHA
5130	$29290	$6740	$9370	**$12890**	**$15820**	Case IH	6	359D	16F-12R	89.80	9458	No
5130 4WD	$35900	$8260	$11490	**$15800**	**$19390**	Case IH	6	359D	16F-12R	89.80		No
5130 4WD w/Cab	$42548	$9790	$13620	**$18720**	**$22980**	Case IH	6	359D	16F-12R	89.80	10582	CHA
5130 w/Cab	$35920	$8260	$11490	**$15810**	**$19400**	Case IH	6	359D	16F-12R	89.80		CHA
5140	$32500	$7480	$10400	**$14300**	**$17550**	Case IH	6T	359D	24F-12R	97.00	9810	No
5140 4WD	$39130	$9000	$12520	**$17220**	**$21130**	Case IH	6T	359D	24F-12R	97.00		No
5140 4WD w/Cab	$45759	$10530	$14640	**$20130**	**$24710**	Case IH	6T	359D	24F-12R	97.00	10825	CHA
5140 w/Cab	$39140	$9000	$12530	**$17220**	**$21140**	Case IH	6T	359D	24F-12R	97.00		CHA
7110 Magnum	$58860	$9420	$15300	**$22960**	**$28250**	Case IH	6T	505D	18F-4R	131.97	15280	CHA
7110 Magnum 4WD	$67550	$10810	$17560	**$26350**	**$32420**	Case IH	6T	505D	18F-4R	131.97		CHA
7120 Magnum	$62250	$9960	$16190	**$24280**	**$29880**	Case IH	6T	505D	18F-4R	151.62	15920	CHA
7120 Magnum 4WD	$71272	$11400	$18530	**$27800**	**$34210**	Case IH	6T	505D	18F-4R	151.62		CHA
7130 Magnum	$69800	$11170	$18150	**$27220**	**$33500**	Case IH	6T	505D	18F-4R	172.57	16280	CHA
7130 Magnum 4WD	$79900	$12480	$20280	**$30420**	**$37440**	Case IH	6T	505D	18F-4R	172.57		CHA
7140 Magnum	$77700	$12430	$20200	**$30300**	**$37300**	Case IH	6TA	505D	18F-4R	197.53	16480	CHA
7140 Magnum 4WD	$86500	$13840	$22490	**$33740**	**$41520**	Case IH	6TA	505D	18F-4R	197.53		CHA
7150 4WD	$112895	$14680	$24840	**$36130**	**$49670**	Case IH	6TA	505D	18F-4R	215.00	18745	CHA
9210	$73422	$6610	$11010	**$16150**	**$21290**	Case IH	6T	505D	12F-2R	168.40	17000	CHA
9230	$81125	$7300	$12170	**$17850**	**$23530**	Case IH	6TA	505D	12F-2R	198.63	24272	CHA
9240	$89995	$8100	$13500	**$19800**	**$26100**	Case IH	6TA	505D	12F-2R	200.53	28380	CHA
9250	$99437	$8950	$14920	**$21880**	**$28840**	Cummins	6TA	611D	12F-2R	266.1	30225	CHA
9260	$109995	$9900	$16500	**$24200**	**$31900**	Cummins	6TA	611D	12F-2R	265.84	30300	CHA
9270	$122240	$11000	$18340	**$26890**	**$35450**	Cummins	6TA	855D	12F-2R	308.1	37510	CHA
9280	$132194	$11900	$19830	**$29080**	**$38340**	Cummins	6TA	855D	12F-2R	344.5	39890	CHA

Case-International (Cont.)

1990

Model	Approx. Retail Price New	Used Trade In Avg.	Used Trade In High	Used Retail Avg.	Used Retail High	Make	Engine No. Cyls.	Engine Displ. Cu.-In.	No. Speeds	P.T.O. H.P.	Approx. Shipping Wt.-Lbs.	Cab
235	$9410	$2070	$2920	$4050	$4990	Mitsubishi	3	52D	6F-2R	15.2	1323	No
235 4WD	$10671	$2350	$3310	$4590	$5660	Mitsubishi	3	52D	6F-2R	15.2	1452	No
245	$10295	$2270	$3190	$4430	$5460	Mitsubishi	3	60D	9F-3R	18.00	1914	No
245 4WD	$11752	$2590	$3640	$5050	$6230	Mitsubishi	3	60D	9F-3R	18.00	2062	No
255	$10841	$2390	$3360	$4660	$5750	Mitsubishi	3	65D	9F-3R	21.00	1914	No
255 4WD	$12556	$2760	$3890	$5400	$6660	Mitsubishi	3	65D	9F-3R	21.00	2062	No
265	$12341	$2720	$3830	$5310	$6540	Mitsubishi	3	79D	9F-3R	24.00	2523	No
275	$12921	$2840	$4010	$5560	$6850	Mitsubishi	3	91D	9F-3R	27.00	2512	No
275 4WD	$16134	$3550	$5000	$6940	$8550	Mitsubishi	3	91D	9F-3R	27.00	2751	No
385	$13831	$3040	$4290	$5950	$7330	Case IH	3	155D	8F-4R	36.2	4920	No
385 4WD	$17140	$3770	$5310	$7370	$9080	Case IH	3	155D	8F-4R	36.2	5680	No
485	$15794	$3480	$4900	$6790	$8370	Case IH	3	179D	8F-4R	43.00	4960	No
485 4WD	$20991	$4620	$6510	$9030	$11130	Case IH	3	179D	8F-4R	43.00	5720	No
585	$19312	$2900	$4930	$7340	$9080	Case IH	4	206D	8F-4R	52.7	5540	No
585 4WD	$24200	$3630	$6170	$9200	$11370	Case IH	4	206D	8F-4R	52.7	6240	No
685	$22246	$3340	$5670	$8450	$10460	Case IH	4	239D	8F-4R	61.02	5720	No
685 4WD	$27420	$4110	$6990	$10420	$12890	Case IH	4	239D	8F-4R	61.02	6340	No
685 4WD w/Cab	$33843	$5080	$8630	$12860	$15910	Case IH	4	239D	8F-4R	61.02		CHA
685 w/Cab	$28669	$4300	$7310	$10890	$13470	Case IH	4	239D	8F-4R	61.02		CHA
885	$25676	$3850	$6550	$9760	$12070	Case IH	4	268D	16F-8R	73.00	6030	No
885 4WD	$31146	$4670	$7940	$11840	$14640	Case IH	4	268D	16F-8R	73.00	6440	No
885 4WD w/Cab	$37281	$5590	$9510	$14170	$17520	Case IH	4	268D	16F-8R	73.00		CHA
885 w/Cab	$31811	$4770	$8110	$12090	$14950	Case IH	4	268D	16F-8R	73.00		CHA
1896	$36023	$4200	$7350	$10850	$15050	Case IH	6T	359D	12F-3R	95.92	11135	No
1896	$42867	$4980	$8720	$12870	$17850	Case IH	6T	359D	12F-3R	95.92		CHA
2096	$41029	$4920	$8620	$12720	$17640	Case IH	6TA	359D	12F-3R	115.67	11191	No
2096	$47873	$5750	$10050	$14840	$20590	Case IH	6TA	359D	12F-3R	115.67		CHA
5120	$25930	$5710	$8040	$11150	$13740	Case IH	4TA	239D	16F-12R	77.00	8620	No
5120 4WD	$32320	$7110	$10020	$13900	$17130	Case IH	4TA	239D	16F-12R	77.00		No
5120 4WD w/Cab	$38720	$8520	$12000	$16650	$20520	Case IH	4TA	239D	16F-12R	77.00	10362	CHA
5120 w/Cab	$32330	$7110	$10020	$13900	$17140	Case IH	4TA	239D	16F-12R	77.00		CHA
5130	$28280	$6220	$8770	$12160	$14990	Case IH	6	359D	16F-12R	86.00	9458	No
5130 4WD	$34670	$7630	$10750	$14910	$18380	Case IH	6	359D	16F-12R	89.80	10670	No
5130 4WD w/Cab	$41070	$9040	$12730	$17660	$21770	Case IH	6	359D	16F-12R	89.8	10670	CHA
5130 w/Cab	$34680	$7630	$10750	$14910	$18380	Case IH	6	359D	16F-12R	89.80	10670	CHA
5140	$31380	$6900	$9730	$13490	$16630	Case IH	6T	359D	16F-12R	94.00	9810	No
5140 4WD	$37770	$8310	$11710	$16240	$20020	Case IH	6T	359D	16F-12R	94.00		No
5140 4WD w/Cab	$44170	$9720	$13690	$18990	$23410	Case IH	6T	359D	16F-12R	94.00	10825	CHA
5140 w/Cab	$37780	$8310	$11710	$16250	$20020	Case IH	6T	359D	16F-12R	94.00		CHA
7110 Magnum	$56817	$8520	$14490	$21590	$26700	Case IH	6T	505D	18F-4R	131.97	19015	CHA
7110 Magnum 4WD	$65208	$9780	$16630	$24780	$30650	Case IH	6T	505D	18F-4R	131.97	19015	CHA
7120 Magnum	$60090	$9010	$15320	$22830	$28240	Case IH	6T	505D	18F-4R	151.62	15920	CHA
7120 Magnum 4WD	$68796	$10320	$17540	$26140	$32330	Case IH	6T	505D	18F-4R	151.62		CHA
7130 Magnum	$67393	$10110	$17190	$25610	$31680	Case IH	6T	505D	18F-4R	172.57	16280	CHA
7130 Magnum 4WD	$77140	$11570	$19670	$29310	$36260	Case IH	6T	505D	18F-4R	172.57		CHA
7140 Magnum	$75072	$11260	$19140	$28530	$35280	Case IH	6TA	505D	18F-4R	197.53	23780	CHA
7140 Magnum 4WD	$84860	$12730	$21640	$32250	$39880	Case IH	6TA	505D	18F-4R	197.53	23780	CHA
7150 4WD	$111345	$13360	$23380	$34520	$47880	Case IH	6TA	505D	18F-4R	215.00	18745	CHA
9110	$70422	$5630	$9860	$14790	$19720	Case IH	6T	505D	12F-2R	168.40	17000	CHA
9130	$75687	$6060	$10600	$15890	$21190	Case IH	6TA	505D	12F-2R	192.2	17750	CHA
9150	$94278	$7540	$13200	$19800	$26400	Cummins	6TA	611D	12F-2R	246.1	23000	CHA
9170	$118636	$9490	$16610	$24910	$33220	Cummins	6TA	855D	12F-2R	308.1	29000	CHA
9180	$127601	$10210	$17860	$26800	$35730	Cummins	6TA	855D	12F-2R	344.5	29000	CHA
9210	$72622	$8720	$15250	$22510	$31230	Case IH	6T	505D	12F-2R	168.40	17000	CHA
9230	$81000	$9720	$17010	$25110	$34830	Case IH	6TA	505D	12F-2R	198.63	24272	CHA
9240	$88595	$10630	$18610	$27460	$38100	Case IH	6TA	505D	12F-2R	200.53	28380	CHA
9250	$98122	$7850	$13740	$20610	$27470	Cummins	6TA	611D	12F-2R	266.1	30225	CHA
9260	$107995	$8640	$15120	$22680	$30240	Cummins	6TA	611D	12F-2R	265.84	30300	CHA
9270	$120120	$9610	$16820	$25230	$33630	Cummins	6TA	855D	12F-2R	308.1	37510	CHA
9280	$130255	$10420	$18240	$27350	$36470	Cummins	6TA	855D	12F-2R	344.5	39890	CHA

1989

Model	Approx. Retail Price New	Used Trade In Avg.	Used Trade In High	Used Retail Avg.	Used Retail High	Make	Engine No. Cyls.	Engine Displ. Cu.-In.	No. Speeds	P.T.O. H.P.	Approx. Shipping Wt.-Lbs.	Cab
235	$8105	$1700	$2470	$3400	$4220	Mitsubishi	3	52D	6F-2R	15.20	1157	No
235 4WD	$9152	$1920	$2790	$3840	$4760	Mitsubishi	3	52D	6F-2R	15.20	1268	No
235 Hydro	$9086	$1910	$2770	$3820	$4730	Mitsubishi	3	52D	Variable	15.20	1235	No
235 Hydro 4WD	$10134	$2130	$3090	$4260	$5270	Mitsubishi	3	52D	Variable	15.20	1345	No
245	$8604	$1810	$2620	$3610	$4470	Mitsubishi	3	60D	9F-3R	18.00	1620	No
245 4WD	$9889	$2080	$3020	$4150	$5140	Mitsubishi	3	60D	9F-3R	18.00	1742	No
255	$9100	$1910	$2780	$3820	$4730	Mitsubishi	3	65D	9F-3R	21.00	1620	No
255 4WD	$10620	$2230	$3240	$4460	$5520	Mitsubishi	3	65D	9F-3R	21.00	1742	No
265 Offset	$10121	$2130	$3090	$4250	$5260	Mitsubishi	3	79D	9F-3R	24.00	2105	No
275	$10708	$2250	$3270	$4500	$5570	Nissan	3	91D	9F-3R	27.00	2094	No
275 4WD	$13581	$2850	$4140	$5700	$7060	Nissan	3	91D	9F-3R	27.00	2315	No
385	$12997	$1950	$3250	$4810	$5980	Case IH	3	155D	8F-4R	36.20	4920	No
385 4WD	$16112	$2420	$4030	$5960	$7410	Case IH	3	155D	8F-4R	35.00	5680	No
485	$15538	$2330	$3890	$5750	$7150	Case IH	3	179D	8F-4R	42.00	4960	No
485 4WD	$20170	$3030	$5040	$7460	$9280	Case IH	3	179D	8F-4R	43.00	5720	No
585	$18658	$2800	$4670	$6900	$8580	Case IH	4	206D	8F-4R	49.90	5540	No
585 4WD	$23273	$3490	$5820	$8610	$10710	Case IH	4	206D	8F-4R	52.00	6240	No
585 4WD w/Cab	$29351	$4400	$7340	$10860	$13500	Case IH	4	206D	8F-4R	52.00	7485	CHA
585 w/Cab	$24736	$3710	$6180	$9150	$11380	Case IH	4	206D	8F-4R	49.90	6440	CHA
685	$20968	$3150	$5240	$7760	$9650	Case IH	4	239D	8F-4R	62.00	5720	No
685 4WD	$26348	$3950	$6590	$9750	$12120	Case IH	4	239D	8F-4R	62.00	6340	No
685 4WD w/Cab	$32426	$4860	$8110	$12000	$14920	Case IH	4	239D	8F-4R	62.00	7585	CHA

Case-International (Cont.)

1989 (Cont.)

Model	Approx. Retail Price New	Used Trade In Avg.	Used Trade In High	Used Retail Avg.	Used Retail High	Engine Make	No. Cyls.	Displ. Cu.-In.	No. Speeds	P.T.O. H.P.	Approx. Shipping Wt.-Lbs.	Cab
685 w/Cab	$27046	$4060	$6760	**$10010**	**$12440**	Case IH	4	239D	8F-4R	62.00	6520	CHA
885	$25418	$3810	$6360	**$9410**	**$11690**	Case IH	4	268D	16F-8R	72.00	6030	No
885 4WD	$30228	$4530	$7560	**$11180**	**$13910**	Case IH	4	268D	16F-8R	73.00	6440	No
885 4WD w/Cab	$36306	$5450	$9080	**$13430**	**$16700**	Case IH	4	268D	16F-8R	73.00	8023	CHA
885 w/Cab	$31496	$4720	$7870	**$11650**	**$14490**	Case IH	4	268D	16F-8R	72.00	6865	CHA
1394	$21781	$2310	$4200	**$6300**	**$8820**	David Brown	4T	219D	12F-4R	65.00	5658	No
1394 4WD	$27245	$2860	$5200	**$7800**	**$10920**	David Brown	4T	219D	12F-4R	65.00	7159	No
1494	$24612	$2530	$4600	**$6900**	**$9660**	David Brown	4T	219D	12F-4R	75.00	6764	No
1494 PS 4WD	$32000	$3300	$6000	**$9000**	**$12600**	David Brown	4T	219D	12F-4R	75.00	8347	No
1494 PS 4WD w/Cab	$38078	$3960	$7200	**$10800**	**$15120**	David Brown	4T	219D	12F-4R	75.00	9197	CHA
1494 PS w/Cab	$32714	$3360	$6100	**$9150**	**$12810**	David Brown	4T	219D	12F-4R	75.00	8001	CHA
1594	$26092	$2750	$5000	**$7500**	**$10500**	Case IH	6	329D	12F-4R	85.90	7544	No
1594 PS 4WD	$33480	$3450	$6280	**$9420**	**$13190**	Case IH	6	329D	12F-4R	85.54	8760	No
1594 PS 4WD w/Cab	$39558	$4130	$7500	**$11250**	**$15750**	Case IH	6	329D	12F-4R	85.54	10105	CHA
1594 PS w/Cab	$34293	$3550	$6460	**$9690**	**$13570**	Case IH	6	329D	12F-4R	85.54	8889	CHA
1896 4WD	$43691	$4590	$8340	**$12510**	**$17510**	CD	6T	360D	12F-3R	95.92	12453	No
1896 4WD w/Cab	$50535	$5450	$9910	**$14860**	**$20810**	CD	6T	360D	12F-3R	95.92	12868	CHA
1896 PS	$34985	$3680	$6700	**$10050**	**$14060**	CD	6T	360D	12F-3R	95.92	11119	No
1896 w/Cab	$41829	$4510	$8200	**$12300**	**$17220**	CD	6T	360D	12F-3R	95.92	12179	CHA
2096	$40457	$4450	$8090	**$12140**	**$16990**	CD	6TA	360D	12F-3R	115.67	11138	No
2096 4WD	$49163	$5410	$9830	**$14750**	**$20650**	CD	6TA	360D	12F-3R	115.00	12494	No
2096 4WD w/Cab	$56007	$6160	$11200	**$16800**	**$23520**	CD	6TA	360D	12F-3R	115.00	12909	CHA
2096 w/Cab	$47301	$5200	$9460	**$14190**	**$19870**	CD	6TA	360D	12F-3R	115.67	11553	CHA
4494 Wheatland 4WD	$71282	$4500	$8360	**$12860**	**$17360**	Case IH	6T	504D	12F-4R	175.20	16414	CHA
4694 Wheatland 4WD	$87449	$5280	$9810	**$15090**	**$20370**	Case IH	6TI	504D	12F-4R	219.62	17309	CHA
4894 Wheatland 4WD	$100888	$5800	$10780	**$16580**	**$22380**	Case IH	6T	674D	12F-4R	253.41	20492	CHA
4994 RC/Wheatland 4WD	$135024	$7000	$13000	**$20010**	**$27010**	Case IH	V8	866D	12F-2R	344.00		CHA
7110 Wheatland	$51024	$7650	$12760	**$18880**	**$23470**	Case IH	6T	504D	18F-2R	131.97	14503	CHA
7110 Wheatland 4WD	$59432	$8920	$14860	**$21990**	**$27340**	Case IH	6T	504D	18F-2R	131.97	19015	CHA
7120 Wheatland	$56020	$8400	$14010	**$20730**	**$25770**	Case IH	6T	504D	18F-2R	151.62	14743	CHA
7120 Wheatland 4WD	$64376	$9660	$16090	**$23820**	**$29610**	Case IH	6T	504D	18F-2R	151.62	15758	CHA
7130 Wheatland	$60885	$9130	$15220	**$22530**	**$28010**	Case IH	6T	504D	18F-2R	172.57	15327	CHA
7130 Wheatland 4WD	$69946	$10490	$17490	**$25880**	**$32180**	Case IH	6T	504D	18F-2R	172.57	16342	CHA
7140 Wheatland	$69617	$10440	$17400	**$25760**	**$32020**	Case IH	6TA	504D	18F-2R	197.53	15617	CHA
7140 Wheatland 4WD	$78485	$11770	$19620	**$29040**	**$36100**	Case IH	6TA	504D	18F-2R	197.53	16728	CHA
9110 Wheatland	$79997	$5500	$10220	**$15720**	**$21220**	Case IH	6T	504D	12F-2R	168.40		CHA
9130 Wheatland	$85262	$5970	$11080	**$17050**	**$23020**	Case IH	6TA	504D	12F-2R	191.20		CHA
9150 Wheatland	$107171	$7500	$13930	**$21430**	**$28940**	Cummins	6TA	611D	12F-2R	246.10		CHA
9170 Wheatland	$121353	$8500	$15780	**$24270**	**$32770**	Cummins	6TA	855D	12F-2R	308.10		CHA
9180 Wheatland	$128956	$9030	$16760	**$25790**	**$34820**	Cummins	6TA	855D	12F-2R	344.50		CHA

PS - Power Shift RC - Row Crop

1988

Model	Approx. Retail Price New	Used Trade In Avg.	Used Trade In High	Used Retail Avg.	Used Retail High	Engine Make	No. Cyls.	Displ. Cu.-In.	No. Speeds	P.T.O. H.P.	Approx. Shipping Wt.-Lbs.	Cab
235	$7646	$1570	$2290	**$3140**	**$3900**	Mitsubishi	3	52D	6F-2R	15.20	1157	No
235 4WD	$8634	$1770	$2590	**$3540**	**$4400**	Mitsubishi	3	52D	6F-2R	15.20	1268	No
235 Hydro	$8572	$1760	$2570	**$3520**	**$4370**	Mitsubishi	3	52D	Variable	15.20	1235	No
235 Hydro 4WD	$9560	$1960	$2870	**$3920**	**$4880**	Mitsubishi	3	52D	Variable	15.20	1345	No
245	$8117	$1660	$2440	**$3330**	**$4140**	Mitsubishi	3	60D	9F-3R	18.00	1620	No
245 4WD	$9329	$1910	$2800	**$3830**	**$4760**	Mitsubishi	3	60D	9F-3R	18.00	1742	No
255	$8585	$1760	$2580	**$3520**	**$4380**	Mitsubishi	3	65D	9F-3R	21.00	1620	No
255 4WD	$10019	$2050	$3010	**$4110**	**$5110**	Mitsubishi	3	65D	9F-3R	21.00	1742	No
265 Offset	$9201	$1890	$2760	**$3770**	**$4690**	Mitsubishi	3	79D	9F-3R	24.00	2105	No
275	$10296	$2110	$3090	**$4220**	**$5250**	Nissan	3	91D	9F-3R	27.00	2094	No
275 4WD	$13059	$2680	$3920	**$5350**	**$6660**	Nissan	3	91D	9F-3R	27.00	2315	No
385	$12997	$1890	$3180	**$4680**	**$5850**	Case IH	3	155D	8F-4R	36.20	4920	No
385 4WD	$16112	$2340	$3950	**$5800**	**$7250**	Case IH	3	155D	8F-4R	35.00	5680	No
485	$15538	$2250	$3810	**$5590**	**$6990**	Case IH	3	179D	8F-4R	42.00	4960	No
485 4WD	$20170	$2930	$4940	**$7260**	**$9080**	Case IH	3	179D	8F-4R	43.00	5720	No
585	$18658	$2710	$4570	**$6720**	**$8400**	Case IH	4	206D	8F-4R	49.90	5540	No
585 4WD	$23273	$3380	$5700	**$8380**	**$10470**	Case IH	4	206D	8F-4R	52.00	6240	No
585 4WD w/Cab	$29351	$4060	$6860	**$10080**	**$12600**	Case IH	4	206D	8F-4R	52.00	7485	CHA
585 w/Cab	$24736	$3590	$6060	**$8910**	**$11130**	Case IH	4	206D	8F-4R	49.90	6440	CHA
685	$20968	$3040	$5140	**$7550**	**$9440**	Case IH	4	239D	8F-4R	62.00	5720	No
685 4WD	$26348	$3630	$6130	**$9000**	**$11250**	Case IH	4	239D	8F-4R	62.00	6340	No
685 4WD w/Cab	$32426	$4500	$7600	**$11160**	**$13950**	Case IH	4	239D	8F-4R	62.00	7585	CHA
685 w/Cab	$27046	$3770	$6370	**$9360**	**$11700**	Case IH	4	239D	8F-4R	62.00	6520	CHA
885	$25418	$3550	$6000	**$8820**	**$11030**	Case IH	4	268D	16F-8R	72.00	6030	No
885 4WD	$30228	$4210	$7110	**$10440**	**$13050**	Case IH	4	268D	16F-8R	73.00	6440	No
885 4WD w/Cab	$36306	$4990	$8430	**$12380**	**$15480**	Case IH	4	268D	16F-8R	73.00	8023	CHA
885 w/Cab	$31496	$4430	$7490	**$11000**	**$13750**	Case IH	4	268D	16F-8R	72.00	6865	CHA
1394	$21781	$2210	$4100	**$6090**	**$8610**	David Brown	4T	219D	12F-4R	65.00	5658	No
1394 4WD	$27245	$2650	$4910	**$7310**	**$10330**	David Brown	4T	219D	12F-4R	65.00	7159	No
1494	$24612	$2470	$4580	**$6820**	**$9640**	David Brown	4T	219D	12F-4R	75.00	6764	No
1494 PS 4WD	$32000	$2940	$5460	**$8120**	**$11480**	David Brown	4T	219D	12F-4R	75.00	8347	No
1494 PS 4WD w/Cab	$38078	$3470	$6440	**$9570**	**$13530**	David Brown	4T	219D	12F-4R	75.00	9197	CHA
1494 PS w/Cab	$32714	$2940	$5460	**$8120**	**$11480**	David Brown	4T	219D	12F-4R	75.00	8001	CHA
1594	$26092	$2420	$4490	**$6670**	**$9430**	Case IH	6	329D	12F-4R	85.90	7544	No
1594 PS 4WD	$33480	$3050	$5660	**$8410**	**$11890**	Case IH	6	329D	12F-4R	85.54	8760	No
1594 PS 4WD w/Cab	$39558	$3570	$6630	**$9860**	**$13940**	Case IH	6	329D	12F-4R	85.54	10105	CHA
1594 PS w/Cab	$34293	$3170	$5890	**$8760**	**$12380**	Case IH	6	329D	12F-4R	85.54	8889	CHA
1896 4WD	$43691	$4220	$7840	**$11660**	**$16480**	CD	6T	360D	12F-3R	95.92	12453	No
1896 4WD w/Cab	$50535	$4620	$8580	**$12760**	**$18040**	CD	6T	360D	12F-3R	95.92	12868	CHA
1896 PS	$34985	$3310	$6140	**$9140**	**$12920**	CD	6T	360D	12F-3R	95.92	11119	No
1896 w/Cab	$41829	$3910	$7250	**$10790**	**$15250**	CD	6T	360D	12F-3R	95.92	12179	CHA

Case-International (Cont.)

1988 (Cont.)

Model	Approx. Retail Price New	Used Trade In Avg.	Used Trade In High	Used Retail Avg.	Used Retail High	Engine Make	Engine No. Cyls.	Engine Displ. Cu.-In.	No. Speeds	P.T.O. H.P.	Approx. Shipping Wt.-Lbs.	Cab
2096	$40457	$4250	$7890	**$11730**	**$16590**	CD	6TA	360D	12F-3R	115.67	11138	No
2096 4WD	$49163	$5160	$9590	**$14260**	**$20160**	CD	6TA	360D	12F-3R	115.00	12494	No
2096 4WD w/Cab	$56007	$5880	$10920	**$16240**	**$22960**	CD	6TA	360D	12F-3R	115.00	12909	CHA
2096 w/Cab	$47301	$4970	$9220	**$13720**	**$19390**	CD	6TA	360D	12F-3R	115.00	11553	CHA
4494 Wheatland 4WD	$71282	$3920	$7830	**$12400**	**$16970**	Case IH	6T	504D	12F-4R	175.20	16414	CHA
4694 Wheatland 4WD	$87449	$4530	$9050	**$14340**	**$19620**	Case IH	6TI	504D	12F-4R	219.62	17309	CHA
4894 Wheatland 4WD	$100888	$5110	$10210	**$16170**	**$22120**	Case IH	6T	674D	12F-4R	253.41	20492	CHA
4994 RC/Wheatland 4WD	$135024	$6600	$13200	**$20900**	**$28600**	Case IH	V8	866D	12F-2R	344.00		CHA
7110 Wheatland	$51024	$7400	$12500	**$18370**	**$22960**	Case IH	6T	504D	18F-2R	131.97	19015	CHA
7110 Wheatland 4WD	$59432	$8620	$14560	**$21400**	**$26740**	Case IH	6T	504D	18F-2R	131.97	19015	CHA
7120 Wheatland	$56020	$8120	$13730	**$20170**	**$25210**	Case IH	6T	504D	18F-2R	151.62	19565	CHA
7120 Wheatland 4WD	$64376	$9340	$15770	**$23180**	**$28970**	Case IH	6T	504D	18F-2R	151.62	19565	CHA
7130 Wheatland	$60885	$8830	$14920	**$21920**	**$27400**	Case IH	6T	504D	18F-2R	172.57		CHA
7130 Wheatland 4WD	$69946	$10140	$17140	**$25180**	**$31480**	Case IH	6T	504D	18F-2R	172.57		CHA
7140 Wheatland	$68729	$9970	$16840	**$24740**	**$30930**	Case IH	6TA	504D	18F-2R	197.53		CHA
7140 Wheatland 4WD	$77597	$11250	$19010	**$27940**	**$34920**	Case IH	6TA	504D	18F-2R	197.53		CHA
9110 Wheatland	$79997	$4620	$9240	**$14630**	**$20020**	Case IH	6T	504D	12F-2R	168.40		CHA
9130 Wheatland	$85262	$5120	$10230	**$16200**	**$22170**	Case IH	6TA	504D	12F-2R	191.20		CHA
9150 Wheatland	$107171	$6300	$12600	**$19950**	**$27300**	Cummins	6TA	611D	12F-2R	246.10		CHA
9170 Wheatland	$121353	$7140	$14280	**$22610**	**$30940**	Cummins	6TA	855D	12F-2R	308.10		CHA
9180 Wheatland	$128956	$7500	$15000	**$23750**	**$32500**	Cummins	6TA	855D	12F-2R	344.50		CHA

PS - Power Shift RC - Row Crop

1987

Model	Approx. Retail Price New	Used Trade In Avg.	Used Trade In High	Used Retail Avg.	Used Retail High	Engine Make	Engine No. Cyls.	Engine Displ. Cu.-In.	No. Speeds	P.T.O. H.P.	Approx. Shipping Wt.-Lbs.	Cab
235	$6916	$1380	$2040	**$2770**	**$3460**	Mitsubishi	3	52D	6F-2R	15.20	1157	No
235 4WD	$7651	$1530	$2260	**$3060**	**$3830**	Mitsubishi	3	52D	6F-2R	15.20	1268	No
235 4WD Hydro	$8800	$1760	$2600	**$3520**	**$4400**	Mitsubishi	3	52D	Variable	15.20	1345	No
235 Hydro	$8065	$1610	$2380	**$3230**	**$4030**	Mitsubishi	3	52D	Variable	15.20	1235	No
245	$7148	$1430	$2110	**$2860**	**$3570**	Mitsubishi	3	60D	9F-3R	18.00	1620	No
245 4WD	$8172	$1630	$2410	**$3270**	**$4090**	Mitsubishi	3	60D	9F-3R	18.00	1742	No
255	$7784	$1560	$2300	**$3110**	**$3890**	Mitsubishi	3	65D	9F-3R	21.00	1620	No
255 4WD	$8993	$1800	$2650	**$3600**	**$4500**	Mitsubishi	3	65D	9F-3R	21.00	1742	No
265 Offset Tractor	$8847	$1770	$2610	**$3540**	**$4420**	Mitsubishi	3	79D	9F-3R	24.00	2105	No
275	$9686	$1940	$2860	**$3870**	**$4840**	Nissan	3	91D	9F-3R	27.00	2094	No
275 4WD	$12165	$2430	$3590	**$4870**	**$6080**	Nissan	3	91D	9F-3R	27.00	2315	No
385	$12997	$2600	$3830	**$5200**	**$6500**	IH	3	155D	8F-4R	36.2	5050	No
385 4WD	$16112	$3220	$4750	**$6450**	**$8060**	IH	3	155D	8F-4R	35.00	5050	No
485	$15538	$2180	$3730	**$5440**	**$6840**	IH	3	179D	8F-4R	42.00	5200	No
485 4WD	$20170	$2820	$4840	**$7060**	**$8880**	IH	3	179D	8F-4R	43.00	6090	No
585	$18658	$2610	$4480	**$6530**	**$8210**	IH	4	206D	8F-4R	49.9	5640	No
585	$24736	$3460	$5940	**$8660**	**$10880**	IH	4	206D	8F-4R	49.9	6440	CHA
585 4WD	$23273	$3260	$5590	**$8150**	**$10240**	IH	4	206D	8F-4R	52.00	6685	No
585 4WD	$29351	$3920	$6720	**$9800**	**$12320**	IH	4	206D	8F-4R	52.00	7485	CHA
585 RC	$19053	$2670	$4570	**$6670**	**$8380**	IH	4	206D	8F-4R	52.00	5890	No
585 RC	$25131	$3360	$5760	**$8400**	**$10560**	IH	4	206D	8F-4R	52.00	6690	CHA
585 RC 4WD	$23668	$3310	$5680	**$8280**	**$10410**	IH	4	206D	8F-4R	52.00	6935	No
585 RC 4WD	$29746	$3920	$6720	**$9800**	**$12320**	IH	4	206D	8F-4R	52.00	7735	CHA
685	$20968	$2940	$5030	**$7340**	**$9230**	IH	4	239D	8F-4R	61.02	5720	No
685	$27046	$3500	$6000	**$8750**	**$11000**	IH	4	239D	8F-4R	61.02	6520	CHA
685 4WD	$26348	$3690	$6320	**$9220**	**$11590**	IH	4	239D	8F-4R	61.02	6785	No
685 4WD	$32426	$4260	$7300	**$10640**	**$13380**	IH	4	239D	8F-4R	61.02	7585	CHA
685 RC	$21378	$2990	$5130	**$7480**	**$9410**	IH	4	239D	8F-4R	61.02	5970	No
685 RC	$27456	$3540	$6070	**$8860**	**$11130**	IH	4	239D	8F-4R	61.02	6770	CHA
685 RC 4WD	$26758	$3750	$6420	**$9370**	**$11770**	IH	4	239D	8F-4R	61.02	7015	No
685 RC 4WD	$32836	$4310	$7390	**$10780**	**$13550**	IH	4	239D	8F-4R	61.02	7815	CHA
885	$25418	$3560	$6100	**$8900**	**$11180**	IH	4	268D	16F-8R	72.00	6065	No
885	$31496	$4200	$7200	**$10500**	**$13200**	IH	4	268D	16F-8R	72.00	6865	CHA
885 4WD	$30228	$4230	$7260	**$10580**	**$13300**	IH	4	268D	16F-8R	73.00	7223	No
885 4WD	$36306	$4900	$8400	**$12250**	**$15400**	IH	4	268D	16F-8R	73.00	8023	CHA
885 RC	$26048	$3650	$6250	**$9120**	**$11460**	IH	4	268D	16F-8R	72.00	6315	No
885 RC	$32126	$4340	$7440	**$10850**	**$13640**	IH	4	268D	16F-8R	72.00	7115	CHA
885 RC 4WD	$30858	$4320	$7410	**$10800**	**$13580**	IH	4	268D	16F-8R	72.00	7473	No
885 RC 4WD	$36936	$4970	$8520	**$12430**	**$15620**	IH	4	268D	16F-8R	72.00	8273	CHA
1394	$21781	$2100	$3780	**$5880**	**$8400**	David Brown	4T	219D	12F-4R	65.00	4890	No
1394 4WD	$27245	$2500	$4500	**$7000**	**$10000**	David Brown	4T	219D	12F-4R	65.00	6090	No
1394 PS	$29998	$2700	$4860	**$7560**	**$10800**	David Brown	4T	219D	12F-4R	65.00	6758	CHA
1494	$24612	$2200	$3960	**$6160**	**$8800**	David Brown	4T	219D	12F-4R	75.00	6764	No
1494 PS	$32714	$2700	$4860	**$7560**	**$10800**	David Brown	4T	219D	12F-4R	75.00	8001	CHA
1494 PS 4WD	$32000	$2840	$5110	**$7950**	**$11360**	David Brown	4T	219D	12F-4R	75.00	8347	No
1594	$26092	$2300	$4140	**$6440**	**$9200**	Case IH	6	329D	12F-4R	85.90	7544	No
1594 PS	$34293	$3000	$5400	**$8400**	**$12000**	Case IH	6	329D	12F-4R	85.54	8889	CHA
1594 PS 4WD	$39558	$3500	$6300	**$9800**	**$14000**	Case IH	6	329D	12F-4R	85.00	10105	CHA
1896	$32799	$2940	$5290	**$8230**	**$11760**	CD	6T	360D	12F-3R	95.92	9361	No
1896 4WD	$40599	$3650	$6570	**$10220**	**$14600**	CD	6T	360D	12F-3R	95.00	10421	No
1896 4WD w/Cab	$47443	$4100	$7380	**$11480**	**$16400**	CD	6T	360D	12F-3R	95.00	10836	CHA
1896 w/Cab	$39643	$3540	$6370	**$9910**	**$14160**	CD	6T	360D	12F-3R	95.00	9776	CHA
2096	$37752	$3780	$6800	**$10570**	**$15100**	CD	6TA	360D	12F-3R	115.67	9386	No
2096 4WD	$45552	$4400	$7920	**$12320**	**$17600**	CD	6TA	360D	12F-3R	115.00	10446	No
2096 4WD w/Cab	$52396	$5000	$9000	**$14000**	**$20000**	CD	6TA	360D	12F-3R	115.00	10861	CHA
2096 w/Cab	$44596	$4300	$7740	**$12040**	**$17200**	CD	6TA	360D	12F-3R	115.00	9801	CHA
2294 RC	$52857	$5180	$9320	**$14500**	**$20720**	Case IH	6T	504D	12F-3R	131.97	11937	CHA
2294 RC 4WD	$61365	$5900	$10620	**$16520**	**$23600**	Case IH	6T	504D	12F-3R	131.00	13565	CHA
2394 RC	$63759	$6170	$11110	**$17280**	**$24680**	Case IH	6T	504D	24F-3R	162.00	13663	CHA
2594 RC	$68718	$6670	$12010	**$18680**	**$26680**	Case IH	6T	504D	24F-3R	182.07	14026	CHA

Case-International (Cont.)

Model	Approx. Retail Price New	Used Trade In Avg.	Used Trade In High	Used Retail Avg.	Used Retail High	Engine Make	Engine No. Cyls.	Engine Displ. Cu.-In.	No. Speeds	P.T.O. H.P.	Approx. Shipping Wt.-Lbs.	Cab
1987 (Cont.)												
3394 RC 4WD	$70671	$6860	$12350	**$19210**	**$27440**	Case IH	6T	504D	24F-3R	162.86	14527	CHA
3594 RC 4WD	$74592	$7200	$12960	**$20160**	**$28800**	Case IH	6T	504D	24F-3R	182.27	14647	CHA
4494 RC 4WD	$78520	$3450	$7590	**$12420**	**$17260**	Case IH	6T	504D	12F-4R	175.20	18051	CHA
4694 RC 4WD	$94513	$3630	$7980	**$13050**	**$18130**	Case IH	6T	504D	12F-4R	219.62	18504	CHA
4894 RC 4WD	$102162	$4110	$9040	**$14790**	**$20540**	Scania	6T	674D	12F-4R	253.41	21809	CHA
4994 RC/Wheat 4WD	$130024	$4500	$9900	**$16200**	**$22510**	Case IH	V8	866D	12F-2R	344.04		CHA
7110 Wheatland	$50210	$7030	$12050	**$17570**	**$22090**	Case IH	6T	504D	18F-2R	131.97	19015	CHA
7110 Wheatland 4WD	$58540	$8200	$14050	**$20490**	**$25760**	Case IH	6T	504D	18F-2R	131.97	19015	CHA
7120 Wheatland	$55750	$7810	$13380	**$19510**	**$24530**	Case IH	6T	504D	18F-2R	151.62	19565	CHA
7120 Wheatland 4WD	$63888	$8940	$15330	**$22360**	**$28110**	Case IH	6T	504D	18F-2R	151.62	19565	CHA
7130 Wheatland	$59455	$8320	$14270	**$20810**	**$26160**	Case IH	6T	504D	18F-2R	172.57		CHA
7130 Wheatland 4WD	$68560	$9600	$16450	**$24000**	**$30170**	Case IH	6T	504D	18F-2R	172.57		CHA
7140 Wheatland	$67855	$9500	$16290	**$23750**	**$29860**	Case IH	6TA	504D	18F-2R	197.53		CHA
7140 Wheatland 4WD	$76700	$10740	$18410	**$26850**	**$33750**	Case IH	6TA	504D	18F-2R	197.53		CHA
9110 Wheatland	$76178	$3810	$8380	**$13710**	**$19050**	Case IH	6T	504D	12F-2R	168.40		CHA
9130 Wheatland	$81241	$4060	$8940	**$14620**	**$20310**	Case IH	6T	504D	12F-2R	191.20		CHA
9150 Wheatland	$103050	$5150	$11340	**$18550**	**$25760**	Cummins	6TA	611D	12F-2R	246.10		CHA
9170 Wheatland	$116201	$5810	$12780	**$20920**	**$29050**	Cummins	6TA	855D	12F-2R	308.10		CHA
9180 Wheatland	$123997	$6200	$13640	**$22320**	**$31000**	Cummins	6TA	855D	12F-2R	344.50		CHA
9190 Wheatland	$169710	$7990	$17570	**$28750**	**$39930**	Cummins	6TA	1150D	24F-4R			CHA

PS - Power Shift RC - Row Crop

Model	Approx. Retail Price New	Used Trade In Avg.	Used Trade In High	Used Retail Avg.	Used Retail High	Engine Make	Engine No. Cyls.	Engine Displ. Cu.-In.	No. Speeds	P.T.O. H.P.	Approx. Shipping Wt.-Lbs.	Cab
1986												
234	$6500	$1270	$1890	**$2540**	**$3190**	Mitsubishi	3	52D	6F-2R	15.20	1164	No
234 4WD	$6900	$1350	$2000	**$2690**	**$3380**	Mitsubishi	3	52D	6F-2R	15.20	1270	No
Hydro 234	$7375	$1440	$2140	**$2880**	**$3610**	Mitsubishi	3	52D	Variable	15.20	1204	No
Hydro 234 4WD	$7825	$1530	$2270	**$3050**	**$3830**	Mitsubishi	3	52D	Variable	15.20	1310	No
244	$6780	$1320	$1970	**$2640**	**$3320**	Mitsubishi	3	60D	9F-3R	18.00	1498	No
244 4WD	$7665	$1500	$2220	**$2990**	**$3760**	Mitsubishi	3	60D	9F-3R	18.00	1642	No
254	$7350	$1430	$2130	**$2870**	**$3600**	Mitsubishi	3	65D	9F-3R	21.00	1493	No
254 4WD	$8360	$1630	$2420	**$3260**	**$4100**	Mitsubishi	3	65D	9F-3R	21.00	1622	No
274 Offset	$10295	$2010	$2990	**$4020**	**$5050**	Nissan	3	99D	8F-2R	27.00	3151	No
284D	$9360	$1830	$2710	**$3650**	**$4590**	Nissan	3	99D	8F-2R	27.47	2456	No
284D 4WD	$11185	$2180	$3240	**$4360**	**$5480**	Nissan	3	99D	8F-2R	25.00	2811	No
385	$12270	$1660	$2880	**$4170**	**$5280**	IH	3	155D	8F-4R	35.00	5050	No
485	$15725	$2120	$3700	**$5350**	**$6760**	IH	3	179D	8F-2R	42.42	5200	No
584 4WD	$23273	$3140	$5470	**$7910**	**$10010**	IH	4	206D	8F-4R	52.5	6685	No
584 4WD w/Cab	$29254	$2460	$4290	**$6210**	**$7850**	IH	4	206D	8F-4R	52.5	7890	CHA
585	$18845	$2540	$4430	**$6410**	**$8100**	IH	4	206D	8F-4R	52.54	5640	No
585 4WD	$23460	$3170	$5510	**$7980**	**$10090**	IH	4	206D	8F-4R	52.00	6685	No
585 RC	$19240	$2600	$4520	**$6540**	**$8270**	IH	4	206D	8F-4R	52.54	5890	No
684 4WD	$26348	$3560	$6190	**$8960**	**$11330**	IH	4	239D	8F-4R	62.5	6765	No
684 4WD w/Cab	$32329	$4190	$7290	**$10540**	**$13330**	IH	4	239D	8F-4R	62.5	7970	CHA
685	$21155	$2840	$4940	**$7140**	**$9030**	IH	4	239D	8F-4R	62.52	5720	No
685 4WD	$26535	$3380	$5880	**$8500**	**$10750**	IH	4	239D	8F-4R	62.00	6765	No
685 RC	$21565	$2910	$5070	**$7330**	**$9270**	IH	4	239D	8F-4R	62.52	5970	No
884	$30228	$4080	$7100	**$10280**	**$13000**	IH	4	268D	16F-8R	72.9	7223	No
884 4WD	$36209	$4590	$7990	**$11560**	**$14620**	IH	4	268D	16F-8R	72.9	8428	No
885	$25605	$3460	$6020	**$8710**	**$11010**	IH	4	268D	16F-8R	72.91	6065	No
885 4WD	$30415	$3920	$6820	**$9860**	**$12470**	IH	4	268D	16F-8R	72.00	7223	No
885 RC	$26235	$3540	$6170	**$8920**	**$11280**	IH	4	268D	16F-8R	72.91	6315	No
1394	$21781	$1900	$3500	**$5400**	**$7800**	David Brown	4T	219D	12F-4R	65.00	5658	No
1394 4WD	$25245	$2230	$4110	**$6350**	**$9170**	David Brown	4T	219D	12F-4R	65.00	5990	No
1394 PS w/Cab	$29998	$2570	$4730	**$7290**	**$10530**	David Brown	4T	219D	12F-4R	65.00	6758	CHA
1494	$24612	$2150	$3960	**$6100**	**$8810**	David Brown	4T	219D	12F-4R	75.00	7240	No
1494 4WD	$31827	$2760	$5080	**$7830**	**$11310**	David Brown	4T	219D	12F-4R	75.00	8327	No
1494 PS 4WD w/Cab	$39800	$3470	$6390	**$9860**	**$14240**	David Brown	4T	219D	12F-4R	75.00	8555	CHA
1494 PS w/Cab	$32714	$2850	$5250	**$8100**	**$11700**	David Brown	4T	219D	12F-4R	75.00	8001	CHA
1594	$26482	$2320	$4270	**$6590**	**$9520**	Case IH	6	329D	12F-4R	85.90	7544	No
1594 4WD PS w/Cab	$39948	$3550	$6550	**$10100**	**$14590**	Case IH	6	329D	12F-4R	85.00	10105	CHA
1594 PS w/Cab	$34683	$3070	$5650	**$8720**	**$12600**	Case IH	6	329D	12F-4R	85.54	8889	CHA
1896	$36023	$3080	$5670	**$8750**	**$12640**	CD	6T	359D	12F-4R	95.92	11383	CHA
1896 4WD	$40956	$3890	$7170	**$11060**	**$15970**	CD	6T	359D	12F-4R	95.92	13475	CHA
2096	$43771	$4160	$7660	**$11820**	**$17070**	CD	6T	359D	12F-4R	115.67	11966	CHA
2096 4WD	$51500	$4750	$8750	**$13500**	**$19500**	CD	6T	359D	12F-4R	115.67	13489	CHA
2294	$52928	$2120	$4760	**$9000**	**$12700**	Case IH	6	504D	12F-4R	131.97	11586	CHA
2294 4WD	$61884	$2480	$5570	**$10520**	**$14850**	Case IH	6	504D	12F-3R	131.97	13892	CHA
2394	$64752	$2590	$5830	**$11010**	**$15540**	Case IH	6T	504D	24F-3R	162.92	14080	CHA
2594	$69711	$2790	$6270	**$11850**	**$16730**	Case IH	6T	504D	24F-3R	182.07	14443	CHA
3294	$61943	$5700	$10500	**$16200**	**$23400**	Case IH	6T	504D	12F-3R	162.00	14515	CHA
3394	$70671	$6460	$11900	**$18360**	**$26520**	Case IH	6T	504D	24F-3R	162.86	14820	CHA
3594	$71900	$6560	$12080	**$18630**	**$26910**	Case IH	6T	504D	24F-3R	182.27	14860	CHA
4494 4WD w/3 Pt.	$78010	$3120	$7020	**$13260**	**$18720**	Case IH	6T	504D	12F-4R	175.20	17920	CHA
4694 4WD w/3 Pt.	$93388	$3740	$8410	**$15880**	**$22410**	Case IH	6TI	504D	12F-4R	219.62	18275	CHA
4894 4WD w/3 Pt.	$106758	$4270	$9610	**$18150**	**$25620**	Scania	6T	673D	12F-4R	253.41	21750	CHA
4994 4WD	$135024	$4600	$10350	**$19550**	**$27600**	Case IH	V8	866D	12F-2R	344.04	28000	CHA
5088	$54340	$4180	$7700	**$11880**	**$17160**	IH	6T	436D	18F-6R	136.12	13581	CHA
5088 4WD	$66260	$4510	$8310	**$12810**	**$18510**	IH	6T	436D	18F-6R	136.00	16749	CHA
5288	$62335	$4750	$8750	**$13500**	**$19500**	IH	6T	466D	18F-6R	162.60	14624	CHA
5288 4WD	$74160	$5180	$9540	**$14720**	**$21260**	IH	6T	466D	18F-6R	162.00	17862	CHA
5488	$66515	$4990	$9190	**$14180**	**$20480**	IH	6TI	466D	18F-6R	187.22	14061	CHA
5488 4WD	$78340	$5280	$9720	**$15000**	**$21670**	IH	6TI	466D	18F-6R	187.00	17299	CHA

PS - Power Shift CD - Consolidated Diesel Corp. RC - Row Crop

Century

Model	Approx. Retail Price New	Used Trade In Avg.	Used Trade In High	Used Retail Avg.	Used Retail High	Engine Make	No. Cyls.	Displ. Cu.-In.	No. Speeds	P.T.O. H.P.	Approx. Shipping Wt.-Lbs.	Cab
				2004								
2028 w/Ag Tires	$13295	$5050	$6120	**$7450**	**$8640**	Kukje	3	95D	12F-12R	25	3640	No
2535 w/Ag Tires	$13775	$5240	$6340	**$7710**	**$8950**	Kukje	3	110D	12F-12R	31	3640	No
3035 w/Ag Tires	$14585	$5540	$6710	**$8170**	**$9480**	Kukje	3	110D	12F-12R	31	3770	No
3040 w/Ag Tires	$15195	$5770	$6990	**$8510**	**$9880**	Kukje	3T	110D	12F-12R	36	3770	No
3045 w/Ag Tires	$16785	$6380	$7720	**$9400**	**$10910**	Kukje	3	134D	12F-12R	40	3890	No
				2003								
2028	$12395	$4340	$5330	**$6570**	**$7810**	Kukje	3	95D	12F-12R	25	3640	No
2535	$12875	$4510	$5540	**$6820**	**$8110**	Kukje	3	110D	12F-12R	31	3640	No
3035	$13685	$4790	$5890	**$7250**	**$8620**	Kukje	3	110D	12F-12R	31	3770	No
3040	$14295	$5000	$6150	**$7580**	**$9010**	Kukje	3T	110D	12F-12R	36	3770	No
3045	$15885	$5560	$6830	**$8420**	**$10010**	Kukje	3	134D	12F-12R	40	3890	No
				2002								
2028	$12395	$3970	$4960	**$6450**	**$7560**	Kukje	3	95D	12F-12R	25	3640	No
2535	$12875	$4120	$5150	**$6700**	**$7850**	Kukje	3	110D	12F-12R	31	3640	No
3035	$13685	$4380	$5470	**$7120**	**$8350**	Kukje	3	110D	12F-12R	31	3770	No
3040	$14295	$4570	$5720	**$7430**	**$8720**	Kukje	3T	110D	12F-12R	36	3770	No
3045	$15885	$5080	$6350	**$8260**	**$9690**	Kukje	3	134D	12F-12R	40	3890	No

Challenger

Model	Approx. Retail Price New	Used Trade In Avg.	Used Trade In High	Used Retail Avg.	Used Retail High	Engine Make	No. Cyls.	Displ. Cu.-In.	No. Speeds	P.T.O. H.P.	Approx. Shipping Wt.-Lbs.	Cab
				2009								
MT325B 4WD Tier III	$35431	$22320	$24090	**$28350**	**$29760**	Challenger	3T	201D	12F-12R	55.0	5291	No
MT325B Cab 4WD Tier III	$44252	$27880	$30090	**$35400**	**$37170**	Challenger	3T	201D	12F-12R	55.0	5291	CHA
MT335B 4WD Tier III	$38704	$24380	$26320	**$30960**	**$32510**	Challenger	3T	201D	12F-12R	65.0	5732	No
MT335B Cab 4WD Tier III	$47526	$29940	$32320	**$38020**	**$39920**	Challenger	3T	201D	12F-12R	65.0	7716	CHA
MT345B 4WD Tier III	$41673	$26250	$28340	**$33340**	**$35010**	Challenger	3TA	201D	12F-12R	75.0	5732	No
MT345B Cab 4WD Tier III	$50494	$31810	$34340	**$40400**	**$42420**	Challenger	3TA	201D	12F-12R	75.0	7716	CHA
MT425B 4WD Tier III	$50433	$31770	$34290	**$40350**	**$42360**	Cat	4	268D	16F-16R	65.0	5610	No
MT425B Cab 4WD Tier III	$61600	$38810	$41890	**$49280**	**$51740**	Cat	4	268D	16F-16R	65.0	7056	CHA
MT425B Cab Tier III	$54072	$34070	$36770	**$43260**	**$45420**	Cat	4	268D	16F-16R	65.0	6724	CHA
MT425B Tier III	$42904	$27030	$29180	**$34320**	**$36040**	Cat	4	268D	16F-16R	65.0	5287	No
MT445B 4WD Tier III	$54931	$34610	$37350	**$43950**	**$46140**	Cat	4T	268D	16F-16R	75.0	8198	No
MT445B Cab 4WD Tier III	$66099	$41640	$44950	**$52880**	**$55520**	Cat	4T	268D	16F-16R	75.0	8598	CHA
MT445B Cab Tier III	$57567	$36270	$39150	**$46050**	**$48360**	Cat	4T	268D	16F-16R	75.0	7918	CHA
MT445B Tier III	$46399	$29230	$31550	**$37120**	**$38980**	Cat	4T	268D	16F-16R	75.0	7548	No
MT455B 4WD Tier III	$57883	$36470	$39360	**$46310**	**$48620**	Cat	4TI	268D	16F-16R	85.0	8198	No
MT455B Cab 4WD Tier III	$69051	$43500	$46960	**$55240**	**$58000**	Cat	4TI	268D	16F-16R	85.0	8598	CHA
MT455B Cab Tier III	$60734	$38260	$41300	**$48590**	**$51020**	Cat	4TI	268D	16F-16R	85.0	7948	CHA
MT455B Tier III	$49566	$31230	$33710	**$39650**	**$41640**	Cat	4TI	268D	16F-16R	85.0	7548	No
MT465B 4WD Tier III	$62905	$39630	$42780	**$50320**	**$52840**	Cat	4TI	268D	16F-16R	95.0	8462	No
MT465B Cab 4WD Tier III	$74073	$46670	$50370	**$59260**	**$62220**	Cat	4TI	268D	16F-16R	95.0	8862	CHA
MT465B Cab Tier III	$65757	$41430	$44720	**$52610**	**$55240**	Cat	4TI	268D	16F-16R	95.0	8152	CHA
MT465B Tier III	$54589	$34390	$37120	**$43670**	**$45860**	Cat	4TI	268D	16F-16R	95.0	7752	No
MT445BR Cab 4WD Tier III	$63545	$40030	$43210	**$50840**	**$53380**	Cat	4T	268D	16F-16R	75.0	7085	CHA
MT445BR Cab Tier III	$53996	$34020	$36720	**$43200**	**$45360**	Cat	4T	268D	16F-16R	75.0	6753	CHA
MT455BR Cab 4WD Tier III	$66437	$41860	$45180	**$53150**	**$55810**	Cat	4T	268D	16F-16R	75.0	7085	CHA
MT455BR Cab Tier III	$57029	$35930	$38780	**$45620**	**$47900**	Cat	4T	268D	16F-16R	75.0	6753	CHA
MT465BR Cab 4WD Tier III	$71378	$44970	$48540	**$57100**	**$59960**	Cat	4T	268D	16F-16R	95.0	7085	CHA
MT465BR Cab Tier III	$61970	$39040	$42140	**$49580**	**$52060**	Cat	4T	268D	16F-16R	95.0	6753	CHA
MT475B Cab 4WD Tier III	$78403	$49390	$53310	**$62720**	**$65860**	Cat	6T	403D	16F-16R	100.0	11905	CHA
MT475B Cab Tier III	$70390	$44350	$47870	**$56310**	**$59130**	Cat	6T	403D	16F-16R	100.0	11195	CHA
MT525B Cab 4WD CVT Tier III	$103508	$65210	$70390	**$82810**	**$86950**	Cat	6T	403D	Variable	100.0	13084	CHA
MT525B Cab 4WD Tier III	$92640	$58360	$63000	**$74110**	**$77820**	Cat	6T	403D	24F-24R	100.0	11546	CHA
MT525B Cab Tier III	$81869	$51580	$55670	**$65500**	**$68770**	Cat	6T	403D	24F-24R	100.0	11052	CHA
MT535B Cab 4WD CVT Tier III	$113124	$71270	$76920	**$90500**	**$95020**	Cat	6T	403D	Variable	110.0	13410	CHA
MT535B Cab 4WD Tier III	$101439	$63910	$68980	**$81150**	**$85210**	Cat	6T	403D	24F-24R	110.0	11949	CHA
MT535B Cab Tier III	$89598	$56450	$60930	**$71680**	**$75260**	Cat	6T	403D	24F-24R	110.0	11052	CHA
MT 545B Cab 4WD CVT Tier III	$119492	$75280	$81260	**$95590**	**$100370**	Cat	6T	403D	Variable	120.0	13410	CHA
MT545B Cab 4WD Tier III	$110751	$69770	$75310	**$88600**	**$93030**	Cat	6T	403D	24F-24R	120.0	11949	CHA
MT545B Cab Tier III	$97866	$61660	$66550	**$78290**	**$82210**	Cat	6T	403D	24F-24R	120.0	11052	CHA
MT555B Cab 4WD CVT Tier III	$131056	$82570	$89120	**$104850**	**$110090**	Cat	6T	403D	Variable	130.0	15060	CHA
MT555B Cab 4WD Tier III	$121346	$76450	$82520	**$97080**	**$101930**	Cat	6T	403D	24F-24R	130.0	14528	CHA
MT555B Cab Tier III	$108782	$68530	$73970	**$87030**	**$91380**	Cat	6T	403D	24F-24R	130.0	14028	CHA
MT565B Cab 4WD CVT Tier III	$138293	$87130	$94040	**$110630**	**$116170**	Cat	6T	403D	Variable	145.0	15060	CHA
MT565B Cab 4WD Tier III	$127873	$80560	$86950	**$102300**	**$107410**	Cat	6T	403D	24F-24R	145.0	14528	CHA
MT565B Cab Tier III	$115309	$72650	$78410	**$92250**	**$96860**	Cat	6T	403D	24F-24R	145.0	14028	CHA
MT575B Cab Tier III	$120737	$76060	$82100	**$96590**	**$101420**	Cat	6T	403D	24F-24R	160.0	14028	CHA
MT575B Cab 4WD Tier III	$132261	$83320	$89940	**$105810**	**$111100**	Cat	6T	403D	24F-24R	160.0	14028	CHA
MT575B Cab 4WD CVT Tier III	$141265	$89000	$96060	**$113010**	**$118660**	Cat	6T	403D	Variable	160.0	14028	CHA
MT525BR Cab 4WD	$86860	$54720	$59070	**$69490**	**$72960**	Cat	6T	403D	24F-24R	105.0		CHA
MT525BR Cab	$74624	$47010	$50740	**$59700**	**$62680**	Cat	6T	403D	24F-24R	105.0		CHA
MT535BR Cab 4WD	$92317	$58160	$62780	**$73850**	**$77550**	Cat	6T	403D	24F-24R	110.0		CHA
MT535BR Cab	$79966	$50380	$54380	**$63970**	**$67170**	Cat	6T	403D	24F-24R	110.0		CHA
MT645C 4WD CVT	$203590	$128260	$138440	**$162870**	**$171020**	Sisu	6TA	512D	Variable	205.0	16100	CHA
MT655C 4WD CVT	$213735	$134650	$145340	**$170990**	**$179540**	Sisu	6TA	512D	Variable	225.0	16100	CHA
MT665C 4WD CVT	$232395	$146410	$158030	**$185920**	**$195210**	Sisu	6TA	512D	Variable	250.0	16100	CHA
MT675C 4WD CVT	$245140	$154440	$166700	**$196110**	**$205920**	Sisu	6TA	512D	Variable	275.0	16100	CHA
MT755C	$224276	$143540	$154750	**$183910**	**$188390**	Cat	6TA	537D	16F-4R	245.0	25350	CHA

Challenger (Cont.)

Model	Approx. Retail Price New	Estimated Value Less Repairs: Used Trade In Avg.	Used Trade In High	Used Retail Avg.	Used Retail High	Make	Engine No. Cyls.	Engine Displ. Cu.-In.	No. Speeds	P.T.O. H.P.	Approx. Shipping Wt.-Lbs.	Cab
2009 (Cont.)												
MT765C	$238555	$152680	$164600	**$195620**	**$200390**	Cat	6TA	537D	16F-4R	265.0	24850	CHA
MT835C	$287127	$183760	$198120	**$235440**	**$241190**	Cat	6TA	928D	16F-4R	350.0	41000	CHA
MTS835C	$317187	$203000	$218860	**$260090**	**$266440**	Cat	6TA	928D	16F-4R	410.0	41000	CHA
MT845C	$313758	$200810	$216490	**$257280**	**$263560**	Cat	6TA	928D	16F-4R	400	41000	CHA
MT855C	$331900	$212420	$229010	**$272160**	**$278800**	Cat	6TA	928D	16F-4R	460	41000	CHA
MTS845C	$343640	$219930	$237110	**$281790**	**$288660**	Cat	6TA	928D	16F-4R	440	41000	CHA
MTS855C	$365530	$233940	$252220	**$299740**	**$307050**	Cat	6TA	928D	16F-4R	475	41000	CHA
MT865C	$353714	$226380	$244060	**$290050**	**$297120**	Cat	6TA	1105D	16F-4R	510	42200	CHA
MTS865C	$386996	$247680	$267030	**$317340**	**$325080**	Cat	6TA	1105D	16F-4R	525	42200	CHA
MT875C	$391137	$250330	$269890	**$320730**	**$328560**	Cat	6TA	1105D	16F-4R	570	42200	CHA
MTS875C	$426741	$273110	$294450	**$349930**	**$358460**	Cat	6TA	1105D	16F-4R	585	42200	CHA
MT945C	$288622	$184720	$199150	**$236670**	**$242440**	Cat	6TA	928D	16F-4R	430		CHA
MTS945C	$295879	$189360	$204160	**$242620**	**$248540**	Cat	6TA	928D	16F-4R	440		CHA
MT955C	$311923	$199630	$215230	**$255780**	**$262020**	Cat	6TA	928D	16F-4R	460		CHA
MTS955C	$321622	$205840	$221920	**$263730**	**$270160**	Cat	6TA	928D	16F-4R	475		CHA
MT965C	$332076	$212530	$229130	**$272300**	**$278940**	Cat	6TA	1105D	16F-4R	510		CHA
MTS965C	$342225	$219020	$236140	**$280630**	**$287470**	Cat	6TA	1105D	16F-4R	525		CHA
MT975C	$369135	$236250	$254700	**$302690**	**$310070**	Cat	6TA	1105D	16F-4R	570		CHA
MTS975C	$379991	$243190	$262190	**$311590**	**$319190**	Cat	6TA	1105D	16F-4R	585		CHA
2008												
MT265B SyncShuttle	$17991	$10260	$11150	**$13310**	**$14210**	Iseki	3	91D	8F-8R	26.0	2981	No
MT265B PowerShuttle	$19127	$10900	$11860	**$14150**	**$15110**	Iseki	3	91D	12F-12R	26.0	2981	No
MT265B Hydro	$19736	$11250	$12240	**$14610**	**$15590**	Iseki	3	91D	Variable	24.5	2946	No
MT275B SyncShuttle	$20511	$11690	$12720	**$15180**	**$16200**	Iseki	3T	91D	8F-8R	31.0	2915	No
MT275B PowerShuttle	$21550	$12280	$13360	**$15950**	**$17030**	Iseki	3T	91D	12F-12R	31.0	2915	No
MT275B Hydro	$22163	$12630	$13740	**$16400**	**$17510**	Iseki	3T	91D	Variable	29.5	2915	No
MT285B SyncShuttle	$24013	$13690	$14890	**$17770**	**$18970**	Iseki	4	134D	8F-8R	38.0	3660	No
MT285B PowerShuttle	$25151	$14340	$15590	**$18610**	**$19870**	Iseki	4	134D	12F-12R	38.0	3660	No
MT285B Hydro	$25808	$14710	$16000	**$19100**	**$20390**	Iseki	4	134D	Variable	36.5	3716	No
MT285B Hydro Cab	$34334	$19570	$21290	**$25410**	**$27120**	Iseki	4	134D	Variable	36.5	4068	CHA
MT295B SyncShuttle	$25210	$14370	$15630	**$18660**	**$19920**	Iseki	4	180D	8F-8R	41.0	3726	No
MT295B PowerShuttle	$26613	$15170	$16500	**$19690**	**$21020**	Iseki	4	180D	12F-12R	41.0	3726	No
MT295B AutoPower Cab	$35924	$20480	$22270	**$26580**	**$28380**	Iseki	4	180D	12F-12R	41.0	4079	CHA
MT297B PowerShuttle	$28196	$16070	$17480	**$20870**	**$22280**	Iseki	4	180D	12F-12R	46.4	3726	No
MT315B	$25143	$13830	$15090	**$18100**	**$19360**	Challenger	3T	201D	12F-12R	45.0	5291	No
MT315B 4WD	$30582	$16820	$18350	**$22020**	**$23550**	Challenger	3T	201D	12F-12R	45.0	5732	No
MT315B Cab 4WD	$38950	$21420	$23370	**$28040**	**$29990**	Challenger	3T	201D	12F-12R	45.0	7716	CHA
MT315B Cab	$33512	$18430	$20110	**$24130**	**$25800**	Challenger	3T	201D	12F-12R	45.0	6614	CHA
MT325B	$27357	$15050	$16410	**$19700**	**$21070**	Challenger	3T	201D	12F-12R	55.0	5291	No
MT325B 4WD	$32776	$18030	$19670	**$23600**	**$25240**	Challenger	3T	201D	12F-12R	55.0	5732	No
MT325B Cab 4WD	$40894	$22490	$24540	**$29440**	**$31490**	Challenger	3T	201D	12F-12R	55.0	7716	CHA
MT325B Cab	$35474	$19510	$21280	**$25540**	**$27320**	Challenger	3T	201D	12F-12R	55.0	6614	CHA
MT325B 4WD Tier III	$34212	$18820	$20530	**$24630**	**$26340**	Challenger	3T	201D	12F-12R	55.0	5291	No
MT325B Cab 4WD Tier III	$42979	$23640	$25790	**$30950**	**$33090**	Challenger	3T	201D	12F-12R	55.0	5291	CHA
MT335B	$30524	$16790	$18310	**$21980**	**$23500**	Challenger	3T	201D	12F-12R	65.0	5291	No
MT335B 4WD	$35906	$19750	$21540	**$25850**	**$27650**	Challenger	3T	201D	12F-12R	65.0	5732	No
MT335B Cab 4WD	$44024	$24210	$26410	**$31700**	**$33900**	Challenger	3T	201D	12F-12R	65.0	7716	CHA
MT335B Cab	$38642	$21250	$23190	**$27820**	**$29750**	Challenger	3T	201D	12F-12R	65.0	6614	CHA
MT335B 4WD Tier III	$37593	$20680	$22560	**$27070**	**$28950**	Challenger	3T	201D	12F-12R	65.0		No
MT335B Cab 4WD Tier III	$46158	$25390	$27700	**$33230**	**$35540**	Challenger	3T	201D	12F-12R	65.0		CHA
MT345B	$33241	$18280	$19950	**$23930**	**$25600**	Challenger	3TA	201D	12F-12R	75.0	5291	No
MT345B 4WD	$38890	$21390	$23330	**$28000**	**$29950**	Challenger	3TA	201D	12F-12R	75.0	5732	No
MT345B Cab 4WD	$47098	$25900	$28260	**$33910**	**$36270**	Challenger	3TA	201D	12F-12R	75.0	7716	CHA
MT345B Cab	$41358	$22750	$24820	**$29780**	**$31850**	Challenger	3TA	201D	12F-12R	75.0	6614	CHA
MT345B 4WD Tier III	$40934	$22510	$24560	**$29470**	**$31520**	Challenger	3TA	201D	12F-12R	75.0		No
MT345B Cab 4WD Tier III	$49498	$27220	$29700	**$35640**	**$38110**	Challenger	3TA	201D	12F-12R	75.0		CHA
MT425B	$36976	$20340	$22190	**$26620**	**$28470**	Cat	4	268D	16F-16R	60.0	5287	No
MT425B 4WD	$43953	$24170	$26370	**$31650**	**$33840**	Cat	4	268D	16F-16R	60.0	5610	No
MT425B Cab 4WD	$53719	$29550	$32230	**$38680**	**$41360**	Cat	4	268D	16F-16R	60.0	7056	CHA
MT425B Cab	$46742	$25710	$28050	**$33650**	**$35990**	Cat	4	268D	16F-16R	60.0	6724	CHA
MT445B	$39955	$21980	$23970	**$28770**	**$30770**	Cat	4T	268D	16F-16R	70.0	5316	No
MT445B 4WD	$46933	$25810	$28160	**$33790**	**$36140**	Cat	4T	268D	16F-16R	70.0	5648	No
MT445B Cab 4WD	$56696	$31180	$34020	**$40820**	**$43660**	Cat	4T	268D	16F-16R	70.0	7085	CHA
MT445B Cab	$49721	$27350	$29830	**$35800**	**$38290**	Cat	4T	268D	16F-16R	70.0	6758	CHA
MT445B 4WD Tier III	$49726	$27350	$29840	**$35800**	**$38290**	Cat	4T	268D	16F-16R	75.0	8198	No
MT445B Cab 4WD Tier III	$59850	$32920	$35910	**$43090**	**$46090**	Cat	4T	268D	16F-16R	75.0	8598	CHA
MT445B Cab Tier III	$52716	$28990	$31630	**$37960**	**$40590**	Cat	4T	268D	16F-16R	75.0	7918	CHA
MT445B Tier III	$42592	$23430	$25560	**$30670**	**$32800**	Cat	4T	268D	16F-16R	75.0	7548	No
MT455B	$42754	$23520	$25650	**$30780**	**$32920**	Cat	4T	268D	16F-16R	80.0	5316	No
MT455B 4WD	$49572	$27270	$29740	**$35690**	**$38170**	Cat	4T	268D	16F-16R	80.0	5648	No
MT455B Cab 4WD	$59098	$32500	$35460	**$42550**	**$45510**	Cat	4T	268D	16F-16R	80.0	6758	CHA
MT455B Cab	$52784	$29030	$31670	**$38000**	**$40640**	Cat	4T	268D	16F-16R	80.0	6758	CHA
MT455B 4WD Tier III	$52455	$28850	$31470	**$37770**	**$40390**	Cat	4TI	268D	16F-16R	85.0	8198	No
MT455B Cab 4WD Tier III	$62573	$34420	$37540	**$45050**	**$48180**	Cat	4TI	268D	16F-16R	85.0	8598	CHA
MT455B Cab Tier III	$55445	$30500	$33270	**$39920**	**$42690**	Cat	4TI	268D	16F-16R	85.0	7948	CHA
MT455B Tier III	$45321	$24930	$27190	**$32630**	**$34900**	Cat	4TI	268D	16F-16R	85.0	7548	No
MT465B	$48381	$26610	$29030	**$34830**	**$37250**	Cat	4TI	268D	16F-16R	90.0	5466	No
MT465B 4WD	$55402	$30470	$33240	**$39890**	**$42660**	Cat	4TI	268D	16F-16R	90.0	5798	No
MT465B Cab 4WD	$64838	$35660	$38900	**$46680**	**$49930**	Cat	4TI	268D	16F-16R	90.0	7235	CHA
MT465B Cab	$57816	$31800	$34690	**$41630**	**$44520**	Cat	4TI	268D	16F-16R	90.0	6903	CHA
MT465B 4WD Tier III	$58038	$31920	$34820	**$41790**	**$44690**	Cat	4TI	268D	16F-16R	95.0	8462	No
MT465B Cab 4WD Tier III	$68162	$37490	$40900	**$49080**	**$52490**	Cat	4TI	268D	16F-16R	95.0	8862	CHA
MT465B Cab Tier III	$50765	$27920	$30460	**$36550**	**$39090**	Cat	4TI	268D	16F-16R	95.0	8152	CHA

Challenger (Cont.)

2008 (Cont.)

Model	Approx. Retail Price New	Used Trade In Avg.	Used Trade In High	Used Retail Avg.	Used Retail High	Engine Make	Engine No. Cyls.	Engine Displ. Cu.-In.	No. Speeds	P.T.O. H.P.	Approx. Shipping Wt.-Lbs.	Cab
MT465B Tier III	$50641	$27850	$30390	$36460	$38990	Cat	4TI	268D	16F-16R	95.0	7752	No
MT445BR Cab 4WD	$53532	$29440	$32120	$38540	$41220	Cat	4T	268D	16F-16R	70.0	7085	CHA
MT445BR Cab	$47305	$26020	$28380	$34060	$36430	Cat	4T	268D	16F-16R	70.0	6753	CHA
MT455BR Cab 4WD	$59405	$32670	$35640	$42770	$45740	Cat	4T	268D	16F-16R	80.0	7085	CHA
MT455BR Cab	$53351	$29340	$32010	$38410	$41080	Cat	4T	268D	16F-16R	80.0	6753	CHA
MT465BR Cab 4WD	$64123	$35270	$38470	$46170	$49380	Cat	4T	268D	16F-16R	90.0	7085	CHA
MT465BR Cab	$58069	$31940	$34840	$41810	$44710	Cat	4T	268D	16F-16R	90.0	6753	CHA
MT475B Cab 4WD Tier III	$71167	$39140	$42700	$51240	$54800	Cat	6T	403D	16F-16R	100.0	11905	CHA
MT475B Cab Tier III	$64128	$35270	$38480	$46170	$49380	Cat	6T	403D	16F-16R	100.0	11195	CHA
MT525B Cab 4WD	$84265	$46350	$50560	$60670	$64880	Cat	6T	403D	24F-24R	100.0	11546	CHA
MT525B Cab 4WD CVT	$91514	$50330	$54910	$65890	$70470	Cat	6T	403D	Variable	100.0	13084	CHA
MT525B Cab	$74492	$40970	$44700	$53630	$57360	Cat	6T	403D	24F-24R	100.0	11052	CHA
MT535B Cab 4WD	$91479	$50310	$54890	$65870	$70440	Cat	6T	403D	24F-24R	110.0	11949	CHA
MT535B Cab 4WD CVT	$101696	$55930	$61020	$73220	$78310	Cat	6T	403D	Variable	110.0	13410	CHA
MT535B Cab	$81559	$44860	$48940	$58720	$62800	Cat	6T	403D	24F-24R	110.0	11052	CHA
MT545B Cab 4WD	$99928	$54960	$59960	$71950	$76950	Cat	6T	403D	24F-24R	120.0	11949	CHA
MT545B Cab 4WD CVT	$105785	$58180	$63470	$76170	$81450	Cat	6T	403D	Variable	120.0	13410	CHA
MT545B Cab	$88507	$48680	$53100	$63730	$68150	Cat	6T	403D	24F-24R	120.0	11052	CHA
MT555B Cab 4WD	$110468	$60760	$66280	$79540	$85060	Cat	6T	403D	24F-24R	130.0	14528	CHA
MT555B Cab 4WD CVT	$121573	$66870	$72940	$87530	$93610	Cat	6T	403D	Variable	130.0	15060	CHA
MT555B Cab	$98343	$54090	$59010	$70810	$75720	Cat	6T	403D	24F-24R	130.0	14028	CHA
MT565B Cab 4WD	$118604	$65230	$71160	$85400	$91330	Cat	6T	403D	24F-24R	145.0	14528	CHA
MT565B Cab 4WD CVT	$125996	$69300	$75600	$90720	$97020	Cat	6T	403D	Variable	145.0	15060	CHA
MT565B Cab	$106480	$58560	$63890	$76670	$81990	Cat	6T	403D	24F-24R	145.0	14028	CHA
MT575B Cab	$113843	$62610	$68310	$81970	$87660	Cat	6T	403D	24F-24R	160.0	14028	CHA
MT575B Cab 4WD	$125264	$68900	$75160	$90190	$96450	Cat	6T	403D	24F-24R	160.0	14028	CHA
MT575B Cab 4WD CVT	$132215	$72720	$79330	$95200	$101810	Cat	6T	403D	Variable	160.0	14028	CHA
MT525BR Cab 4WD	$78464	$43160	$47080	$56490	$60420	Cat	6T	403D	24F-24R	105.0		CHA
MT525BR Cab	$67822	$37300	$40690	$48830	$52220	Cat	6T	403D	24F-24R	105.0		CHA
MT535BR Cab 4WD	$85010	$46760	$51010	$61210	$65460	Cat	6T	403D	24F-24R	110.0		CHA
MT535BR Cab	$74006	$40700	$44400	$53280	$56990	Cat	6T	403D	24F-24R	110.0		CHA
MT635B 4WD CVT	$152323	$83780	$91390	$109670	$117290	Sisu	6TA	451D	Variable	180.0	16100	CHA
MT645B 4WD CVT	$165249	$90890	$99150	$118980	$127240	Sisu	6TA	451D	Variable	200.0	16100	CHA
MT655B 4WD CVT	$176300	$96970	$105780	$126940	$135750	Sisu	6TA	512D	Variable	220.0	16100	CHA
MT665B 4WD CVT	$185583	$102070	$111350	$133620	$142900	Sisu	6TA	512D	Variable	240.0	16100	CHA
MT755B	$206448	$117680	$128000	$152770	$161030	Cat	6TA	537D	16F-4R	245.0	25350	CHA
MT765B	$219654	$125200	$136190	$162540	$171330	Cat	6TA	537D	16F-4R	265.0	24850	CHA
MT835B	$250989	$143060	$155610	$185730	$195770	Cat	6TA	928D	16F-4R	350.0	41000	CHA
MT845B	$285122	$162520	$176780	$210990	$222400	Cat	6TA	928D	16F-4R	400	41000	CHA
MT855B	$293335	$167200	$181870	$217070	$228800	Cat	6TA	928D	16F-4R	460	41000	CHA
MT865B	$321672	$183350	$199440	$238040	$250900	Cat	6TA	1105D	16F-4R	510	42200	CHA
MT875B	$355782	$202800	$220590	$263280	$277510	Cat	6TA	1105D	16F-4R	570	42200	CHA
MT945B	$266857	$152110	$165450	$197470	$208150	Cat	6TA	928D	16F-4R	430		CHA
MT955B	$290523	$165600	$180120	$214990	$226610	Cat	6TA	928D	16F-4R	460		CHA
MT965B	$306441	$174670	$189990	$226770	$239020	Cat	6TA	1105D	16F-4R	510		CHA
MT975B	$340717	$194210	$211250	$252130	$265760	Cat	6TA	1105D	16F-4R	570		CHA

2007

Model	Approx. Retail Price New	Used Trade In Avg.	Used Trade In High	Used Retail Avg.	Used Retail High	Engine Make	Engine No. Cyls.	Engine Displ. Cu.-In.	No. Speeds	P.T.O. H.P.	Approx. Shipping Wt.-Lbs.	Cab
MT225B	$13188	$6590	$7390	$8970	$9760	Iseki	3	68D	Variable	17.6	1753	No
MT255B	$13850	$6930	$7760	$9420	$10250	Iseki	3	89D	9F-3R	24.1	2400	No
MT255B Hydro	$15471	$7740	$8660	$10520	$11450	Iseki	3	89D	Variable	22.3	2510	No
MT265B SyncShuttle	$17842	$8920	$9990	$12130	$13200	Iseki	3	91D	8F-8R	26.0	2981	No
MT265B PowerShuttle	$18978	$9490	$10630	$12910	$14040	Iseki	3	91D	12F-12R	26.0	2981	No
MT265B Hydro	$19587	$9790	$10970	$13320	$14490	Iseki	3	91D	Variable	24.5	2946	No
MT275B SyncShuttle	$20526	$10260	$11500	$13960	$15190	Iseki	3T	91D	8F-8R	31.0	2915	No
MT275B PowerShuttle	$21565	$10780	$12080	$14660	$15960	Iseki	3T	91D	12F-12R	31.0	2915	No
MT275B Hydro	$22178	$11090	$12420	$15080	$16410	Iseki	3T	91D	Variable	29.5	2915	No
MT285B SyncShuttle	$23855	$11930	$13360	$16220	$17650	Iseki	4	134D	8F-8R	38.0	3660	No
MT285B PowerShuttle	$24993	$12500	$14000	$17000	$18500	Iseki	4	134D	12F-12R	38.0	3660	No
MT285B Hydro	$25650	$12830	$14360	$17440	$18980	Iseki	4	134D	Variable	36.5	3716	No
MT285B Hydro w/Cab	$33854	$16930	$18960	$23020	$25050	Iseki	4	134D	Variable	36.5	4068	CHA
MT295B SyncShuttle	$24772	$12390	$13870	$16850	$18330	Iseki	4	180D	8F-8R	41.0	3726	No
MT295B PowerShuttle	$26175	$13090	$14660	$17800	$19370	Iseki	4	180D	12F-12R	41.0	3726	No
MT295B AutoPower w/Cab	$35486	$17740	$19870	$24130	$26260	Iseki	4	180D	12F-12R	41.0	4079	CHA
MT297B PowerShuttle	$28232	$14120	$15810	$19200	$20890	Iseki	4	180D	12F-12R	46.4	3726	No
MT315B	$25088	$11790	$13300	$16560	$18060	Challenger	3T	201D	12F-12R	45.0	5291	No
MT315B 4WD	$30506	$14340	$16170	$20130	$21960	Challenger	3T	201D	12F-12R	45.0	5732	No
MT315B 4WD w/Cab	$38874	$18270	$20600	$25660	$27990	Challenger	3T	201D	12F-12R	45.0	7716	CHA
MT315B w/Cab	$33457	$15730	$17730	$22080	$24090	Challenger	3T	201D	12F-12R	45.0	6614	CHA
MT325B	$27574	$12960	$14610	$18200	$19850	Challenger	3T	201D	12F-12R	55.0	5291	No
MT325B 4WD	$33151	$15580	$17570	$21880	$23870	Challenger	3T	201D	12F-12R	55.0	5732	No
MT325B 4WD w/Cab	$41269	$19400	$21870	$27240	$29710	Challenger	3T	201D	12F-12R	55.0	7716	CHA
MT325B w/Cab	$35691	$16780	$18920	$23560	$25700	Challenger	3T	201D	12F-12R	55.0	6614	CHA
MT335B	$30454	$14310	$16140	$20100	$21930	Challenger	3T	201D	12F-12R	65.0	5291	No
MT335B 4WD	$36164	$17000	$19170	$23870	$26040	Challenger	3T	201D	12F-12R	65.0	5732	No
MT335B 4WD w/Cab	$44282	$20810	$23470	$29230	$31880	Challenger	3T	201D	12F-12R	65.0	7716	CHA
MT335BD w/Cab	$38572	$18130	$20440	$25460	$27770	Challenger	3T	201D	12F-12R	65.0	6614	CHA
MT345B	$33171	$15590	$17580	$21890	$23880	Challenger	3TA	201D	12F-12R	75.0	5291	No
MT345B 4WD	$38880	$18270	$20610	$25660	$27990	Challenger	3TA	201D	12F-12R	75.0	5732	No
MT345B 4WD w/Cab	$46998	$22090	$24910	$31020	$33840	Challenger	3TA	201D	12F-12R	75.0	7716	CHA
MT345B w/Cab	$41288	$19410	$21880	$27250	$29730	Challenger	3TA	201D	12F-12R	75.0	6614	CHA
MT425B	$35025	$16460	$18560	$23120	$25220	Cat	4	268D	16F-16R	60.0	5287	No
MT425B 4WD	$41715	$19610	$22110	$27530	$30040	Cat	4	268D	16F-16R	60.0	5610	No
MT425B 4WD w/Cab	$50885	$23920	$26970	$33580	$36640	Cat	4	268D	16F-16R	60.0	7056	CHA

Challenger (Cont.)

2007 (Cont.)

Model	Approx. Retail Price New	Used Trade In Avg.	Used Trade In High	Used Retail Avg.	Used Retail High	Engine Make	Engine No. Cyls.	Engine Displ. Cu.-In.	No. Speeds	P.T.O. H.P.	Approx. Shipping Wt.-Lbs.	Cab
MT425B w/Cab	$44276	$20810	$23470	**$29220**	**$31880**	Cat	4	268D	16F-16R	60.0	6724	CHA
MT445B	$37847	$17790	$20060	**$24980**	**$27250**	Cat	4T	268D	16F-16R	70.0	5316	No
MT445B 4WD	$44457	$20900	$23560	**$29340**	**$32010**	Cat	4T	268D	16F-16R	70.0	5648	No
MT445B 4WD w/Cab	$53706	$25240	$28460	**$35450**	**$38670**	Cat	4T	268D	16F-16R	70.0	7085	CHA
MT445B w/Cab	$47097	$22140	$24960	**$31080**	**$33910**	Cat	4T	268D	16F-16R	70.0	6758	CHA
MT455B	$41795	$19640	$22150	**$27590**	**$30090**	Cat	4T	268D	16F-16R	80.0	5316	No
MT455B 4WD	$48463	$22780	$25690	**$31990**	**$34890**	Cat	4T	268D	16F-16R	80.0	5648	No
MT455B 4WD w/Cab	$57802	$27170	$30640	**$38150**	**$41620**	Cat	4T	268D	16F-16R	80.0	6758	CHA
MT455B w/Cab	$51134	$24030	$27100	**$33750**	**$36820**	Cat	4T	268D	16F-16R	80.0	6758	CHA
MT465B	$46738	$21970	$24770	**$30850**	**$33650**	Cat	4TI	268D	16F-16R	90.0	5466	No
MT465B 4WD	$53255	$25030	$28230	**$35150**	**$38340**	Cat	4TI	268D	16F-16R	90.0	5798	No
MT465B 4WD w/Cab	$62506	$29380	$33130	**$41250**	**$45000**	Cat	4TI	268D	16F-16R	90.0	7235	CHA
MT465B w/Cab	$56088	$26360	$29730	**$37020**	**$40380**	Cat	4TI	268D	16F-16R	90.0	6903	CHA
MT445BR 4WD w/Cab	$52908	$24870	$28040	**$34920**	**$38090**	Cat	4T	268D	16F-16R	70.0		CHA
MT445BR w/Cab	$44854	$21080	$23770	**$29600**	**$32300**	Cat	4T	268D	16F-16R	70.0		CHA
MT455BR 4WD w/Cab	$57005	$26790	$30210	**$37620**	**$41040**	Cat	4T	268D	16F-16R	80.0		CHA
MT455BR w/Cab	$48891	$22980	$25910	**$32270**	**$35200**	Cat	4T	268D	16F-16R	80.0		CHA
MT465BR 4WD w/Cab	$61709	$29000	$32710	**$40730**	**$44430**	Cat	4T	268D	16F-16R	90.0		CHA
MT465BR w/Cab	$54323	$25530	$28790	**$35850**	**$39110**	Cat	4T	268D	16F-16R	90.0		CHA
MT525B 4WD w/Cab	$80598	$37880	$42720	**$53200**	**$58030**	Cat	6T	365D	24F-24R	100.0	11546	CHA
MT525B 4WD w/Cab CVT	$88711	$41690	$47020	**$58550**	**$63870**	Cat	6T	365D	Variable	100.0	13084	CHA
MT525B w/Cab	$71095	$33420	$37680	**$46920**	**$51190**	Cat	6T	365D	24F-24R	100.0	11052	CHA
MT535B 4WD w/Cab	$88894	$41780	$47110	**$58670**	**$64000**	Cat	6T	403D	24F-24R	110.0	11949	CHA
MT535B 4WD w/Cab CVT	$97315	$45740	$51580	**$64230**	**$70070**	Cat	6T	403D	Variable	110.0	13410	CHA
MT535B w/Cab	$81554	$38330	$43220	**$53830**	**$58720**	Cat	6T	403D	24F-24R	110.0	11052	CHA
MT545B 4WD w/Cab	$98195	$46150	$52040	**$64810**	**$70700**	Cat	6T	403D	24F-24R	120.0	11949	CHA
MT545B 4WD w/Cab CVT	$103797	$48790	$55010	**$68510**	**$74730**	Cat	6T	403D	Variable	120.0	13410	CHA
MT545B w/Cab	$87005	$40890	$46110	**$57420**	**$62640**	Cat	6T	403D	24F-24R	120.0	11052	CHA
MT555B 4WD w/Cab	$107542	$50550	$57000	**$70980**	**$77430**	Cat	6T	403D	32F-32R	130.0	14528	CHA
MT555B 4WD w/Cab CVT	$118042	$55480	$62560	**$77910**	**$84990**	Cat	6T	403D	Variable	130.0	15060	CHA
MT555B w/Cab	$96904	$45550	$51360	**$63960**	**$69770**	Cat	6T	403D	32F-32R	130.0	14028	CHA
MT565B 4WD w/Cab	$115202	$54150	$61060	**$76030**	**$82950**	Cat	6T	403D	32F-32R	145.0	14528	CHA
MT565B 4WD w/Cab CVT	$122272	$57470	$64800	**$80700**	**$88040**	Cat	6T	403D	Variable	145.0	15060	CHA
MT565B w/Cab	$105119	$49410	$55710	**$69380**	**$75690**	Cat	6T	403D	32F-32R	145.0	14028	CHA
MT575B w/Cab	$107251	$50410	$56840	**$70790**	**$77220**	Cat	6T	403D	24F-24R	160.0	14028	CHA
MT575B 4WD w/Cab	$117334	$55150	$62190	**$77440**	**$84480**	Cat	6T	403D	24F-24R	160.0	14028	CHA
MT575B 4WD w/Cab CVT	$124917	$58710	$66210	**$82450**	**$89940**	Cat	6T	403D	Variable	160.0	14028	CHA
MT525BR 4WD w/Cab	$76841	$36120	$40730	**$50720**	**$55330**	Cat	6T	365D	24F-24R	95.0		CHA
MT525BR w/Cab	$65540	$30800	$34740	**$43260**	**$47190**	Cat	6T	365D	24F-24R	95.0		CHA
MT535BR 4WD w/Cab	$83102	$39060	$44040	**$54850**	**$59830**	Cat	6T	365D	24F-24R	105.0		CHA
MT535BR w/Cab	$71455	$33580	$37870	**$47160**	**$51450**	Cat	6T	365D	24F-24R	105.0		CHA
MT635B 4WD CVT	$141851	$66670	$75180	**$93620**	**$102130**	Sisu	6TA	451D	Variable	180.0	16100	CHA
MT645B 4WD CVT	$155329	$73010	$82320	**$102520**	**$111840**	Sisu	6TA	451D	Variable	200.0	16100	CHA
MT655B 4WD CVT	$165818	$77930	$87880	**$109440**	**$119390**	Sisu	6TA	512D	Variable	220.0	16100	CHA
MT665B 4WD CVT	$174702	$82110	$92590	**$115300**	**$125790**	Sisu	6TA	512D	Variable	240.0	16100	CHA
MT755B	$196655	$102260	$112090	**$133730**	**$143560**	Cat	6TA	537D	16F-4R	245.0	25350	CHA
MT765B	$209916	$109160	$119650	**$142740**	**$153240**	Cat	6TA	537D	16F-4R	265.0	24850	CHA
MT835B	$238835	$124190	$136140	**$162410**	**$174350**	Cat	6TA	928D	16F-4R	350.0	41000	CHA
MT845B	$270706	$140770	$154300	**$184080**	**$197620**	Cat	6TA	928D	16F-4R	400	41000	CHA
MT855B	$276967	$144020	$157870	**$188340**	**$202190**	Cat	6TA	928D	16F-4R	460	41000	CHA
MT865B	$306000	$159120	$174420	**$208080**	**$223380**	Cat	6TA	1105D	16F-4R	510	42200	CHA
MT875B	$337865	$175690	$192580	**$229750**	**$246640**	Cat	6TA	1105D	16F-4R	570	42200	CHA

2006

Model	Approx. Retail Price New	Used Trade In Avg.	Used Trade In High	Used Retail Avg.	Used Retail High	Engine Make	Engine No. Cyls.	Engine Displ. Cu.-In.	No. Speeds	P.T.O. H.P.	Approx. Shipping Wt.-Lbs.	Cab
MT225B	$12890	$5800	$6700	**$8250**	**$9150**	Iseki	3	68D	Variable	17.6	1753	No
MT255B	$13539	$6090	$7040	**$8670**	**$9610**	Iseki	3	89D	9F-3R	24.1	2400	No
MT255B Hydro	$15129	$6810	$7870	**$9680**	**$10740**	Iseki	3	89D	Variable	22.3	2510	No
MT265B SyncShuttle	$17638	$7940	$9170	**$11290**	**$12520**	Iseki	3	91D	8F-8R	26.0	2981	No
MT265B PowerShuttle	$18911	$8510	$9830	**$12100**	**$13430**	Iseki	3	91D	12F-12R	26.0	2981	No
MT265B Hydro	$18911	$8510	$9830	**$12100**	**$13430**	Iseki	3	91D	Variable	24.5	2946	No
MT275B SyncShuttle	$20133	$9060	$10470	**$12890**	**$14290**	Iseki	3T	91D	8F-8R	31.0	2915	No
MT275B PowerShuttle	$21310	$9590	$11080	**$13640**	**$15130**	Iseki	3T	91D	12F-12R	31.0	2915	No
MT275B Hydro	$21917	$9860	$11400	**$14030**	**$15560**	Iseki	3T	91D	Variable	29.5	2915	No
MT285B SyncShuttle	$23772	$10700	$12360	**$15210**	**$16880**	Iseki	4	134D	8F-8R	38.0	3660	No
MT285B PowerShuttle	$24899	$11210	$12950	**$15940**	**$17680**	Iseki	4	134D	12F-12R	38.0	3660	No
MT285B Hydro	$25549	$11500	$13290	**$16350**	**$18140**	Iseki	4	134D	Variable	36.5	3716	No
MT285B Hydro w/Cab	$33991	$15300	$17680	**$21750**	**$24130**	Iseki	4	134D	Variable	36.5	4068	CHA
MT295B SyncShuttle	$24680	$11110	$12830	**$15800**	**$17520**	Iseki	4	180D	8F-8R	41.0	3726	No
MT295B PowerShuttle	$26069	$11730	$13560	**$16680**	**$18510**	Iseki	4	180D	12F-12R	41.0	3726	No
MT295B AutoPower w/Cab	$35299	$15890	$18360	**$22590**	**$25060**	Iseki	4	180D	12F-12R	41.0	4079	CHA
MT315B	$25145	$10310	$12070	**$15340**	**$17100**	Challenger	3T	201D	12F-12R	45.0		No
MT315B 4WD	$30584	$12540	$14680	**$18660**	**$20800**	Challenger	3T	201D	12F-12R	45.0		No
MT315B 4WD w/Cab	$38952	$15970	$18700	**$23760**	**$26490**	Challenger	3T	201D	12F-12R	45.0		CHA
MT315B w/Cab	$33514	$13740	$16090	**$20440**	**$22790**	Challenger	3T	201D	12F-12R	45.0		CHA
MT325B	$27880	$11430	$13380	**$17010**	**$18960**	Challenger	3T	201D	12F-12R	55.0		No
MT325B 4WD	$33319	$13660	$15990	**$20330**	**$22660**	Challenger	3T	201D	12F-12R	55.0		No
MT325B 4WD w/Cab	$41687	$17090	$20010	**$25430**	**$28350**	Challenger	3T	201D	12F-12R	55.0		CHA
MT325B w/Cab	$36249	$14860	$17400	**$22110**	**$24650**	Challenger	3T	201D	12F-12R	55.0		CHA
MT335B	$31108	$12750	$14930	**$18980**	**$21150**	Challenger	3T	201D	12F-12R	65.0		No
MT335B 4WD	$36806	$15090	$17670	**$22450**	**$25030**	Challenger	3T	201D	12F-12R	65.0		No
MT335B 4WD w/Cab	$45174	$18520	$21680	**$27560**	**$30720**	Challenger	3T	201D	12F-12R	65.0		CHA
MT335BD w/Cab	$40321	$16530	$19350	**$24600**	**$27420**	Challenger	3T	201D	12F-12R	65.0		CHA
MT345B	$34197	$14020	$16420	**$20860**	**$23250**	Challenger	3T	201D	12F-12R	75.0		No
MT345B 4WD	$39724	$16290	$19070	**$24230**	**$27010**	Challenger	3T	201D	12F-12R	75.0		No

Challenger (Cont.)

2006 (Cont.)

Model	Approx. Retail Price New	Used Trade In Avg.	Used Trade In High	Used Retail Avg.	Used Retail High	Make	Engine No. Cyls.	Engine Displ. Cu.-In.	No. Speeds	P.T.O. H.P.	Approx. Shipping Wt.-Lbs.	Cab
MT345B 4WD w/Cab	$48093	$19720	$23090	**$29340**	**$32700**	Challenger	3T	201D	12F-12R	75.0		CHA
MT345B w/Cab	$42565	$17450	$20430	**$25970**	**$28940**	Challenger	3T	201D	12F-12R	75.0		CHA
MT425B	$34339	$14080	$16480	**$20950**	**$23350**	Cat	4	268D	16F-16R	60.0	5287	No
MT425B 4WD	$40818	$16740	$19590	**$24900**	**$27760**	Cat	4	268D	16F-16R	60.0	5610	No
MT425B 4WD w/Cab	$49887	$20450	$23950	**$30430**	**$33920**	Cat	4	268D	16F-16R	60.0	7056	CHA
MT425B w/Cab	$43408	$17800	$20840	**$26480**	**$29520**	Cat	4	268D	16F-16R	60.0	6724	CHA
MT445B	$37188	$15250	$17850	**$22690**	**$25290**	Cat	4T	268D	16F-16R	70.0	5316	No
MT445B 4WD	$43585	$17870	$20920	**$26590**	**$29640**	Cat	4T	268D	16F-16R	70.0	5648	No
MT445B 4WD w/Cab	$52653	$21590	$25270	**$32120**	**$35800**	Cat	4T	268D	16F-16R	70.0	7085	CHA
MT445B w/Cab	$46257	$18970	$22200	**$28220**	**$31460**	Cat	4T	268D	16F-16R	70.0	6758	CHA
MT455B	$41059	$16830	$19710	**$25050**	**$27920**	Cat	4T	268D	16F-16R	80.0	5316	No
MT455B 4WD	$48387	$19840	$23230	**$29520**	**$32900**	Cat	4T	268D	16F-16R	80.0	5648	No
MT455B 4WD w/Cab	$57543	$23590	$27620	**$35100**	**$39130**	Cat	4T	268D	16F-16R	80.0	6758	CHA
MT455B w/Cab	$50215	$20590	$24100	**$30630**	**$34150**	Cat	4T	268D	16F-16R	80.0	6758	CHA
MT465B	$46361	$19010	$22250	**$28280**	**$31530**	Cat	4TI	268D	16F-16R	90.0	5466	No
MT465B 4WD	$53085	$21770	$25480	**$32380**	**$36100**	Cat	4TI	268D	16F-16R	90.0	5798	No
MT465B 4WD w/Cab	$62154	$25480	$29830	**$37910**	**$42270**	Cat	4TI	268D	16F-16R	90.0	7235	CHA
MT465B w/Cab	$55430	$22730	$26610	**$33810**	**$37690**	Cat	4TI	268D	16F-16R	90.0	6903	CHA
MT525B 4WD w/Cab	$75142	$30810	$36070	**$45840**	**$51100**	Cat	6T	365D	24F-24R	95.0		CHA
MT525B 4WD w/Cab CVT	$83539	$34250	$40100	**$50960**	**$56810**	Cat	6T	365D	Variable	95.0		CHA
MT525B w/Cab	$66963	$27460	$32140	**$40850**	**$45540**	Cat	6T	365D	24F-24R	95.0		CHA
MT535B 4WD w/Cab	$82796	$33950	$39740	**$50510**	**$56300**	Cat	6T	365D	24F-24R	105.0		CHA
MT535B 4WD w/Cab CVT	$93412	$38300	$44840	**$56980**	**$63520**	Cat	6T	365D	Variable	105.0		CHA
MT535B w/Cab	$72500	$29730	$34800	**$44230**	**$49300**	Cat	6T	365D	24F-24R	105.0		CHA
MT545B 4WD w/Cab	$92195	$37800	$44250	**$56240**	**$62690**	Cat	6T	365D	24F-24R	115.0		CHA
MT545B 4WD w/Cab CVT	$98618	$40430	$47340	**$60160**	**$67060**	Cat	6T	365D	Variable	115.0		CHA
MT545B w/Cab	$82481	$33820	$39590	**$50310**	**$56090**	Cat	6T	365D	24F-24R	115.0	10487	CHA
MT555B 4WD w/Cab	$103353	$42380	$49610	**$63050**	**$70280**	Cat	6T	365D	32F-32R	130.0		CHA
MT555B 4WD w/Cab CVT	$113665	$46600	$54560	**$69340**	**$77290**	Cat	6T	365D	Variable	130.0		CHA
MT555B w/Cab	$89388	$36650	$42910	**$54530**	**$60780**	Cat	6T	365D	32F-32R	130.0		CHA
MT565B 4WD w/Cab	$111952	$45900	$53740	**$68290**	**$76130**	Cat	6T	365D	32F-32R	145.0		CHA
MT565B 4WD w/Cab CVT	$118958	$48770	$57100	**$72560**	**$80890**	Cat	6T	365D	Variable	145.0		CHA
MT565B w/Cab	$97721	$40070	$46910	**$59610**	**$66450**	Cat	6T	365D	32F-32R	145.0		CHA
MT635B 4WD CVT	$139265	$57100	$66850	**$84950**	**$94700**	Sisu	6TA	451D	Variable	180.0	16100	CHA
MT645B 4WD CVT	$151091	$61950	$72520	**$92170**	**$102740**	Sisu	6TA	451D	Variable	200.0	16100	CHA
MT655B 4WD CVT	$160851	$65950	$77210	**$98120**	**$109380**	Sisu	6TA	512D	Variable	220.0	16100	CHA
MT665B 4WD CVT	$169477	$69490	$81350	**$103380**	**$115240**	Sisu	6TA	512D	Variable	240.0	16100	CHA
MT755B	$201088	$90490	$104570	**$126690**	**$136740**	Cat	6TA	537D	16F-4R	245.0	25350	CHA
MT765B	$212413	$95590	$110460	**$133820**	**$144440**	Cat	6TA	537D	16F-4R	265.0	24850	CHA
MT835B	$261081	$117490	$135760	**$164480**	**$177540**	Cat	6TA	732D	16F-4R	350.0	39500	CHA
MT855B	$274209	$123390	$142590	**$172750**	**$186460**	Cat	6TA	853D	16F-4R	460	41000	CHA
MT865B	$318487	$143320	$165610	**$200650**	**$216570**	Cat	6TA	964D	16F-4R	510	41000	CHA
MT875B	$350685	$157810	$182360	**$220930**	**$238470**	Cat	6TA	964D	16F-4R	570	41000	CHA

2005

Model	Approx. Retail Price New	Used Trade In Avg.	Used Trade In High	Used Retail Avg.	Used Retail High	Make	Engine No. Cyls.	Engine Displ. Cu.-In.	No. Speeds	P.T.O. H.P.	Approx. Shipping Wt.-Lbs.	Cab
MT225B	$13536	$5420	$6320	**$7870**	**$8770**	Iseki	3	68D	Variable	17.6	1753	No
MT255B	$14822	$5690	$6640	**$8270**	**$9210**	Iseki	3	89D	9F-3R	24.1	2109	No
MT255B w/Loader	$19137	$8040	$9380	**$11670**	**$13010**	Iseki	3	89D	9F-3R	24.1		No
MT265B SyncShuttle	$18036	$7410	$8650	**$10770**	**$12000**	Iseki	3	91D	8F-8R	26.0	2981	No
MT265B SyncShuttle w/Loader	$22285	$9360	$10920	**$13590**	**$15150**	Iseki	3	91D	8F-8R	26.0		No
MT265B PowerShuttle	$19750	$7960	$9290	**$11560**	**$12890**	Iseki	3	91D	12F-12R	26.0	2981	No
MT265B PowerShuttle w/Loader	$24842	$10430	$12170	**$15150**	**$16890**	Iseki	3	91D	12F-12R	26.0		No
MT265B Hydro	$19708	$7960	$9290	**$11560**	**$12890**	Iseki	3	91D	Variable	24.5	2946	No
MT265B Hydro w/Loader	$24238	$10180	$11880	**$14790**	**$16480**	Iseki	3	91D	Variable	24.5		No
MT275B SyncShuttle	$20322	$8460	$9870	**$12290**	**$13700**	Iseki	3T	91D	8F-8R	31.0	2915	No
MT275B SyncShutle w/Loader	$24607	$10340	$12060	**$15010**	**$16730**	Iseki	3T	91D	8F-8R	31.0		No
MT275B PowerShuttle	$22035	$8970	$10460	**$13020**	**$14520**	Iseki	3T	91D	12F-12R	31.0	2915	No
MT275B PowerShutle w/Loader	$27127	$11390	$13290	**$16550**	**$18450**	Iseki	3T	91D	12F-12R	31.0		No
MT275B Hydro	$22750	$9220	$10760	**$13390**	**$14930**	Iseki	3T	91D	Variable	29.5	2915	No
MT275B Hydro w/Loader	$27842	$11690	$13640	**$16980**	**$18930**	Iseki	3T	91D	Variable	29.5		No
MT285B SyncShuttle	$25243	$10000	$11660	**$14520**	**$16180**	Iseki	4	134D	8F-8R	38.0	3660	No
MT285B SyncShuttle w/Loader	$30524	$12820	$14960	**$18620**	**$20760**	Iseki	4	134D	8F-8R	38.0		No
MT285B PowerShuttle	$26528	$10500	$12250	**$15250**	**$17000**	Iseki	4	134D	12F-12R	38.0	3660	No
MT285B PowerShuttle w/Loader	$32842	$13790	$16090	**$20030**	**$22330**	Iseki	4	134D	12F-12R	38.0		No
MT285B Hydro	$27243	$10750	$12540	**$15620**	**$17410**	Iseki	4	134D	Variable	36.5		No
MT285B Hydro w/Loader	$33557	$14090	$16440	**$20470**	**$22820**	Iseki	4	134D	Variable	36.5		No
MT285B Hydro w/Cab	$35100	$14280	$16660	**$20740**	**$23120**	Iseki	4	134D	Variable	36.5		CHA
MT295B SyncShuttle	$26386	$10370	$12100	**$15070**	**$16800**	Iseki	4	180D	8F-8R	41.0	3726	No
MT295B SyncShuttle w/Loader	$32357	$13590	$15860	**$19740**	**$22000**	Iseki	4	180D	8F-8R	41.0		No
MT295B PowerShuttle	$27671	$10960	$12790	**$15920**	**$17750**	Iseki	4	180D	12F-12R	41.0	3726	No
MT295B PowerShuttle w/Loader	$33985	$14270	$16650	**$20730**	**$23110**	Iseki	4	180D	12F-12R	41.0		No
MT295B AutoPower w/Cab	$35814	$14830	$17300	**$21530**	**$24000**	Iseki	4	180D	12F-12R	41.0		CHA
MT425B	$35191	$13070	$15480	**$19610**	**$22360**	Cat	4	268D	16F-16R	60.0	5287	No
MT425B 4WD	$41980	$15540	$18410	**$23310**	**$26590**	Cat	4	268D	16F-16R	60.0	5610	No
MT425B 4WD w/Cab	$51470	$18960	$22460	**$28440**	**$32440**	Cat	4	268D	16F-16R	60.0	7056	CHA
MT425B w/Cab	$44681	$16510	$19550	**$24770**	**$28240**	Cat	4	268D	16F-16R	60.0	6724	CHA
MT445B	$38191	$14140	$16740	**$21200**	**$24180**	Cat	4T	268D	16F-16R	70.0	5316	No
MT445B 4WD	$45789	$16570	$19620	**$24850**	**$28340**	Cat	4T	268D	16F-16R	70.0	5648	No
MT445B 4WD w/Cab	$55279	$20030	$23720	**$30040**	**$34260**	Cat	4T	268D	16F-16R	70.0	7085	CHA
MT445B w/Cab	$47680	$17590	$20840	**$26390**	**$30100**	Cat	4T	268D	16F-16R	70.0	6758	CHA
MT455B	$42466	$15620	$18500	**$23430**	**$26720**	Cat	4T	268D	16F-16R	80.0	5316	No
MT455B 4WD	$49494	$18390	$21780	**$27590**	**$31460**	Cat	4T	268D	16F-16R	80.0	5648	No
MT455B 4WD w/Cab	$58984	$21890	$25920	**$32830**	**$37440**	Cat	4T	268D	16F-16R	80.0	6758	CHA
MT455B w/Cab	$51956	$19110	$22640	**$28670**	**$32700**	Cat	4T	268D	16F-16R	80.0	6758	CHA

Challenger (Cont.)

Model	Approx. Retail Price New	Used Trade In Avg.	Used Trade In High	Used Retail Avg.	Used Retail High	Engine Make	Engine No. Cyls.	Engine Displ. Cu.-In.	No. Speeds	P.T.O. H.P.	Approx. Shipping Wt.-Lbs.	Cab
2005 (Cont.)												
MT465B	$47791	$17630	$20880	**$26450**	**$30160**	Cat	4TI	268D	16F-16R	90.0	5466	No
MT465B 4WD	$54819	$20180	$23900	**$30270**	**$34520**	Cat	4TI	268D	16F-16R	90.0	5798	No
MT465B 4WD w/Cab	$64309	$23640	$27990	**$35450**	**$40430**	Cat	4TI	268D	16F-16R	90.0	7235	CHA
MT465B w/Cab	$57281	$21090	$24980	**$31640**	**$36080**	Cat	4TI	268D	16F-16R	90.0	6903	CHA
MT525B 4WD w/Cab	$74751	$28410	$33640	**$42610**	**$48590**	Cat	6T	365D	32F-32R	95.0		CHA
MT525B 4WD w/Cab CVT	$85478	$31770	$37620	**$47650**	**$54340**	Cat	6T	365D	Variable	95.0		CHA
MT525B w/Cab	$65446	$24870	$29450	**$37300**	**$42540**	Cat	6T	365D	32F-32R	95.0		CHA
MT535B 4WD w/Cab	$81829	$31100	$36820	**$46640**	**$53190**	Cat	6T	365D	32F-32R	105.0		CHA
MT535B 4WD w/Cab CVT	$93748	$35620	$42190	**$53440**	**$60940**	Cat	6T	365D	Variable	105.0		CHA
MT535B w/Cab	$71881	$27320	$32350	**$40970**	**$46720**	Cat	6T	365D	32F-32R	105.0		CHA
MT545B 4WD w/Cab	$87941	$33420	$39570	**$50130**	**$57160**	Cat	6T	365D	32F-32R	115.0		CHA
MT545B 4WD w/Cab CVT	$98529	$37440	$44340	**$56160**	**$64040**	Cat	6T	365D	Variable	115.0		CHA
MT545B w/Cab	$78117	$29680	$35150	**$44530**	**$50780**	Cat	6T	365D	32F-32R	115.0	10487	CHA
MT555B 4WD w/Cab	$100920	$38350	$45410	**$57520**	**$65600**	Cat	6T	365D	32F-32R	130.0		CHA
MT555B 4WD w/Cab CVT	$112431	$42720	$50590	**$64090**	**$73080**	Cat	6T	365D	Variable	130.0		CHA
MT555B w/Cab	$87545	$33270	$39400	**$49900**	**$56900**	Cat	6T	365D	32F-32R	130.0		CHA
MT565B 4WD w/Cab	$113720	$43210	$51170	**$64820**	**$73920**	Cat	6T	365D	32F-32R	145.0		CHA
MT565B 4WD w/Cab CVT	$122205	$46440	$54990	**$69660**	**$79430**	Cat	6T	365D	Variable	145.0		CHA
MT565B w/Cab	$99498	$37810	$44770	**$56710**	**$64670**	Cat	6T	365D	32F-32R	145.0		CHA
MT635B 4WD CVT	$135169	$51360	$60830	**$77050**	**$87860**	Sisu	6TA	451D	Variable	160.0	16100	CHA
MT645B 4WD CVT	$147894	$56200	$66550	**$84300**	**$96130**	Sisu	6TA	451D	Variable	180.0	16100	CHA
MT655B 4WD CVT	$157079	$59690	$70690	**$89540**	**$102100**	Sisu	6TA	512D	Variable	200.0	16100	CHA
MT665B 4WD CVT	$165988	$63080	$74700	**$94610**	**$107890**	Sisu	6TA	512D	Variable	225.0	16100	CHA
MT745B	$181294	$72520	$85210	**$106960**	**$116030**	Cat	6TA	537D	16F-4R	225.0	25350	CHA
MT755B	$189223	$75690	$88940	**$111640**	**$121100**	Cat	6TA	537D	16F-4R	245.0	25350	CHA
MT765B	$201110	$80440	$94520	**$118660**	**$128710**	Cat	6TA	537D	16F-4R	265.0	24850	CHA
MT835B	$226148	$90460	$106290	**$133430**	**$144740**	Cat	6TA	732D	16F-4R	350.0	39500	CHA
MT845B	$256288	$102520	$120460	**$151210**	**$164020**	Cat	6TA	732D	16F-4R	400.0	39500	CHA
MT855B	$262209	$104880	$123240	**$154700**	**$167810**	Cat	6TA	853D	16F-4R	460	41000	CHA
MT865B	$287230	$114890	$135000	**$169470**	**$183830**	Cat	6TA	964D	16F-4R	510	41000	CHA
MT875B	$317350	$126940	$149160	**$187240**	**$203100**	Cat	6TA	964D	16F-4R	570	41000	CHA
2004												
MT225	$13535	$4900	$5930	**$7220**	**$8390**	Iseki	3	68D	Variable	19.0	1520	No
MT255	$14474	$5150	$6230	**$7590**	**$8810**	Iseki	3	89D	9F-3R	24.1	2109	No
MT255MA1 w/Loader	$18904	$7180	$8700	**$10590**	**$12290**	Iseki	3	89D	9F-3R	24.1	2109	No
MT265	$19494	$5760	$6970	**$8480**	**$9850**	Iseki	3	91D	16F-16R	27.0	2981	No
MT265MA1 w/Loader	$24017	$9130	$11050	**$13450**	**$15610**	Iseki	3	91D	16F-16R	27.0	2981	No
MT265 Hydro	$20499	$7220	$8740	**$10640**	**$12350**	Iseki	3	91D	Variable	26.3	2946	No
MT26MA2 Hydro w/Loader	$25193	$9570	$11590	**$14110**	**$16380**	Iseki	3	91D	Variable	26.3	2946	No
MT275	$19939	$7580	$9170	**$11170**	**$12960**	Iseki	3T	91D	8F-8R	32.4	2915	No
MT275MA1 w/Loader	$24487	$9310	$11260	**$13710**	**$15920**	Iseki	3T	91D	8F-8R	32.4	2915	No
MT285	$21859	$8310	$10060	**$12240**	**$14210**	Iseki	3T	91D	16F-16R	32.4	3016	No
MT285MA1 w/Loader	$26572	$10100	$12220	**$14880**	**$17270**	Iseki	3T	91D	16F-16R	32.4	3016	No
MT285 Hydro	$22999	$8740	$10580	**$12880**	**$14950**	Iseki	3T	91D	Variable	31.7	2981	No
MT285MA2 Hydro w/Loader	$27893	$10600	$12830	**$15620**	**$18130**	Iseki	3T	91D	Variable	31.7	2981	No
MT295	$26444	$10050	$12160	**$14810**	**$17190**	Iseki	4	134D	16F-16R	37.0	3864	No
MT295MA1 w/Loader	$32198	$12240	$14810	**$18030**	**$20930**	Iseki	4	134D	16F-16R	37.0	3864	No
MT295 Hydro	$28289	$10750	$13010	**$15840**	**$18390**	Iseki	4	134D	Variable	36.0	3918	No
MT295MA2 Hydro w/Loader	$33047	$12560	$15200	**$18510**	**$21480**	Iseki	4	134D	Variable	36.0	3918	No
MT297 SynchroShuttle	$25224	$9590	$11600	**$14130**	**$16400**	Iseki	4	173D	12F-12R	45.6	3833	No
MT297MA1 Syn-Shuttle Loader	$30578	$11620	$14070	**$17120**	**$19880**	Iseki	4	173D	12F-12R	45.6	3833	No
MT297 PowerShuttle	$28024	$10650	$12890	**$15690**	**$18220**	Iseki	4	173D	16F-16R	45.6	3877	No
MT297MA2 Pwr-Shuttle Loader	$33290	$12650	$15310	**$18640**	**$21640**	Iseki	4	173D	16F-16R	45.6	3877	No
MT425	$30262	$10290	$12710	**$15740**	**$18460**	Cat	4	244D	24F-24R	55.0	5287	No
MT425 4WD	$35500	$12070	$14910	**$18460**	**$21660**	Cat	4	244D	24F-24R	55.0	5619	No
MT425 w/Cab	$38441	$13070	$16150	**$19990**	**$23450**	Cat	4	244D	24F-24R	55.0	5287	CHA
MT425 4WD w/Cab	$44580	$15160	$18720	**$23180**	**$27190**	Cat	4	244D	24F-24R	55.0	5619	CHA
MT425B	$33093	$11250	$13900	**$17210**	**$20190**	Cat	4	268D	16F-16R	60.0	5287	No
MT425B 4WD	$39575	$13460	$16620	**$20580**	**$24140**	Cat	4	268D	16F-16R	60.0	5610	No
MT425B 4WD w/Cab	$48519	$16500	$20380	**$25230**	**$29600**	Cat	4	268D	16F-16R	60.0	7056	CHA
MT425B w/Cab	$42038	$14290	$17660	**$21860**	**$25640**	Cat	4	268D	16F-16R	60.0	6724	CHA
MT445	$35543	$12090	$14930	**$18480**	**$21680**	Cat	4	256D	24F-24R	65.0	5716	No
MT445 4WD	$41439	$14090	$17400	**$21550**	**$25280**	Cat	4	256D	24F-24R	65.0	5645	No
MT445 w/Cab	$44573	$15160	$18720	**$23180**	**$27190**	Cat	4	256D	24F-24R	65.0	6724	CHA
MT445 4WD w/Cab	$50469	$17160	$21200	**$26240**	**$30790**	Cat	4	256D	24F-24R	65.0	7269	CHA
MT445B	$35997	$12240	$15120	**$18720**	**$21960**	Cat	4T	258D	16F-16R	70.0	5316	No
MT445B 4WD	$42299	$14380	$17770	**$22000**	**$25800**	Cat	4T	258D	16F-16R	70.0	5648	No
MT445B 4WD w/Cab	$51244	$17420	$21520	**$26650**	**$31260**	Cat	4T	258D	16F-16R	70.0	7085	CHA
MT445B w/Cab	$44942	$15280	$18880	**$23370**	**$27420**	Cat	4T	258D	16F-16R	70.0	6758	CHA
MT455	$36569	$12430	$15360	**$19020**	**$22310**	Cat	4T	244D	24F-24R	75.0	5316	No
MT455 4WD	$43507	$14790	$18270	**$22620**	**$26540**	Cat	4T	244D	24F-24R	75.0	5645	No
MT455 w/Cab	$44868	$15260	$18850	**$23330**	**$27370**	Cat	4T	244D	24F-24R	75.0	6724	CHA
MT455 4WD w/Cab	$51320	$17450	$21550	**$26690**	**$31310**	Cat	4T	244D	24F-24R	75.0	7269	CHA
MT455B	$39492	$13430	$16590	**$20540**	**$24090**	Cat	4T	268D	16F-16R	80.0	5316	No
MT455B 4WD	$45794	$15570	$19230	**$23810**	**$27930**	Cat	4T	268D	16F-16R	80.0	5648	No
MT455B 4WD w/Cab	$54739	$18610	$22990	**$28460**	**$33390**	Cat	4T	268D	16F-16R	80.0	6758	CHA
MT455B w/Cab	$48437	$16470	$20340	**$25190**	**$29550**	Cat	4T	268D	16F-16R	80.0	6758	CHA
MT465	$40732	$13850	$17110	**$21180**	**$24850**	Cat	4T	244D	24F-24R	85.0	5466	No
MT465 4WD	$47003	$15980	$19740	**$24440**	**$28670**	Cat	4T	244D	24F-24R	85.0	5795	No
MT465 w/Cab	$49031	$16670	$20590	**$25500**	**$29910**	Cat	4T	244D	24F-24R	85.0	6874	CHA
MT465 4WD w/Cab	$56055	$19060	$23540	**$29150**	**$34190**	Cat	4T	244D	24F-24R	85.0	7419	CHA
MT465B	$44512	$15130	$18700	**$23150**	**$27150**	Cat	4TI	268D	16F-16R	90.0	5466	No
MT465B 4WD	$50814	$17280	$21340	**$26420**	**$31000**	Cat	4TI	268D	16F-16R	90.0	5798	No

	Approx. Retail Price New	Estimated Value Less Repairs — Used Trade In Avg.	Used Trade In High	Used Retail Avg.	Used Retail High	Engine Make	Engine No. Cyls.	Engine Displ. Cu.-In.	No. Speeds	P.T.O. H.P.	Approx. Shipping Wt.-Lbs.	Cab
Challenger (Cont.)												
2004 (Cont.)												
MT465B 4WD w/Cab	$59759	$20320	$25100	**$31080**	**$36450**	Cat	4TI	268D	16F-16R	90.0	7235	CHA
MT465B w/Cab	$53457	$18180	$22450	**$27800**	**$32610**	Cat	4TI	268D	16F-16R	90.0	6903	CHA
MT525B 4WD w/Cab	$69593	$23660	$29230	**$36190**	**$42450**	Cat	6T	365D	32F-32R	95.0		CHA
MT525B 4WD w/Cab CVT	$81392	$27670	$34190	**$42320**	**$49650**	Cat	6T	365D	Variable	95.0		CHA
MT525B w/Cab	$60658	$20620	$25480	**$31540**	**$37000**	Cat	6T	365D	32F-32R	95.0		CHA
MT535	$54820	$18640	$23020	**$28510**	**$33440**	Cat	6T	365D	32F-32R	100.0	9457	No
MT535	$54820	$18640	$23020	**$28510**	**$33440**	Cat	6T	365D	32F-32R	100.0	9457	No
MT535 4WD	$63820	$21700	$26800	**$33190**	**$38930**	Cat	6T	365D	32F-32R	100.0	9776	No
MT535 w/Cab	$62280	$21180	$26160	**$32390**	**$37990**	Cat	6T	365D	32F-32R	100.0	9730	CHA
MT535 4WD w/Cab	$72890	$24780	$30610	**$37900**	**$44460**	Cat	6T	365D	32F-32R	100.0	10321	CHA
MT535B 4WD w/Cab	$76173	$25900	$31990	**$39610**	**$46470**	Cat	6T	365D	32F-32R	105.0		CHA
MT535B 4WD w/Cab CVT	$86719	$29480	$36420	**$45090**	**$52900**	Cat	6T	365D	Variable	105.0		CHA
MT535B w/Cab	$66784	$22710	$28050	**$34730**	**$40740**	Cat	6T	365D	32F-32R	105.0		CHA
MT545	$63880	$21720	$26830	**$33220**	**$38970**	Cat	6T	365D	32F-32R	120.0	10055	No
MT545 4WD	$73200	$24890	$30740	**$38060**	**$44650**	Cat	6T	365D	32F-32R	120.0	10487	No
MT545 w/Cab	$77220	$26260	$32430	**$40150**	**$47100**	Cat	6T	365D	32F-32R	120.0	10606	CHA
MT545 4WD w/Cab	$82080	$27910	$34470	**$42680**	**$50070**	Cat	6T	365D	32F-32R	120.0	11038	CHA
MT545B 4WD w/Cab	$83797	$28490	$35200	**$43570**	**$51120**	Cat	6T	365D	32F-32R	115.0		CHA
MT545B 4WD w/Cab CVT	$93197	$31690	$39140	**$48460**	**$56850**	Cat	6T	365D	Variable	115.0		CHA
MT545B w/Cab	$77652	$26400	$32610	**$40380**	**$47370**	Cat	6T	365D	32F-32R	115.0	10487	CHA
MT545B w/Cab	$77652	$26400	$32610	**$40380**	**$47370**	Cat	6T	365D	32F-32R	115.0		CHA
MT555B 4WD w/Cab	$96529	$32820	$40540	**$50200**	**$58880**	Cat	6T	365D	32F-32R	130.0		CHA
MT555B 4WD w/Cab CVT	$106412	$36180	$44690	**$55330**	**$64910**	Cat	6T	365D	Variable	130.0		CHA
MT555B w/Cab	$87176	$29640	$36610	**$45330**	**$53180**	Cat	6T	365D	32F-32R	130.0		CHA
MT565 w/Cab	$99130	$33700	$41640	**$51550**	**$60470**	Sisu	6TA	402D	18F-6R	145.0	11808	CHA
MT565 4WD w/Cab	$100435	$34150	$42180	**$52230**	**$61270**	Sisu	6TA	402D	18F-6R	145.0	12216	CHA
MT565B 4WD w/Cab	$104964	$35690	$44090	**$54580**	**$64030**	Cat	6T	365D	32F-32R	145.0		CHA
MT565B 4WD w/Cab CVT	$114848	$39050	$48240	**$59720**	**$70060**	Cat	6T	365D	Variable	145.0		CHA
MT565B w/Cab	$94852	$32250	$39840	**$49320**	**$57860**	Cat	6T	365D	32F-32R	145.0		CHA
MT635 4WD	$99910	$33970	$41960	**$51950**	**$60950**	Sisu	6TA	451D	18F-6R	160.0	14132	CHA
MT645 4WD	$107865	$36670	$45300	**$56090**	**$65800**	Sisu	6TA	451D	18F-6R	180.0	16634	CHA
MT655 4WD	$111905	$38050	$47000	**$58190**	**$68260**	Sisu	6TA	512D	18F-6R	200.0	17467	CHA
MT665 4WD	$125280	$42600	$52620	**$65150**	**$76420**	Sisu	6TA	512D	18F-6R	225.0	17469	CHA
MT745	$162105	$58360	$69710	**$89160**	**$97260**	Cat	6TA	537D	16F-4R	205.0	25350	CHA
MT755	$175890	$63320	$75630	**$96740**	**$105530**	Cat	6TA	537D	16F-4R	235.0	25350	CHA
MT765	$191530	$68950	$82360	**$105340**	**$114920**	Cat	6TA	537D	16F-4R	255.0	24850	CHA
MT835	$205535	$73990	$88380	**$113040**	**$123320**	Cat	6TA	732D	16F-4R	340.0	39500	CHA
MT845	$231175	$83220	$99410	**$127150**	**$138710**	Cat	6TA	732D	16F-4R	380.0	39500	CHA
MT855	$248379	$89420	$106800	**$136610**	**$149030**	Cat	6TA	853D	16F-4R	450	41000	CHA
MT865	$269281	$96940	$115790	**$148110**	**$161570**	Cat	6TA	964D	16F-4R	500	41000	CHA
2003												
MT225	$15220	$4550	$5590	**$6890**	**$8190**	Iseki	3	68D	Variable	19.0	1520	No
MT255	$14295	$4760	$5850	**$7210**	**$8570**	Iseki	3	89D	9F-3R	24.1	2109	No
MT265	$20300	$6300	$7740	**$9540**	**$11340**	Iseki	3	91D	16F-16R	27.0	2981	No
MT265 Hydro	$21300	$6650	$8170	**$10070**	**$11970**	Iseki	3	91D	Variable	26.3	2946	No
MT275	$20660	$7070	$8690	**$10710**	**$12730**	Iseki	3T	91D	8F-8R	32.4	2915	No
MT285	$22575	$7900	$9710	**$11970**	**$14220**	Iseki	3T	91D	16F-16R	32.4	3016	No
MT285 Hydro	$23720	$8300	$10200	**$12570**	**$14940**	Iseki	3T	91D	Variable	31.7	2981	No
MT295	$27480	$9620	$11820	**$14560**	**$17310**	Iseki	4	134D	16F-16R	37.0	3864	No
MT295 Hydro	$28925	$10120	$12440	**$15330**	**$18220**	Iseki	4	134D	Variable	36.0	3918	No
MT297 SynchroShuttle	$25860	$9050	$11120	**$13710**	**$16290**	Iseki	4	173D	12F-12R	45.6	3833	No
MT297 PowerShuttle	$28660	$10030	$12320	**$15190**	**$18060**	Iseki	4	173D	16F-16R	45.6	3877	No
MT425	$30231	$9070	$11490	**$14810**	**$17840**	Cat	4	244D	24F-24R	55.0	5287	No
MT425 4WD	$35920	$10780	$13650	**$17600**	**$21190**	Cat	4	244D	24F-24R	55.0	5619	No
MT425 w/Cab	$39221	$11770	$14900	**$19220**	**$23140**	Cat	4	244D	24F-24R	55.0	5287	CHA
MT425 4WD w/Cab	$44950	$13490	$17080	**$22030**	**$26520**	Cat	4	244D	24F-24R	55.0	5619	CHA
MT445	$34880	$10460	$13250	**$17090**	**$20580**	Cat	4	256D	24F-24R	65.0	5716	No
MT445 4WD	$41185	$12360	$15650	**$20180**	**$24300**	Cat	4	256D	24F-24R	65.0	5645	No
MT445 w/Cab	$43910	$13170	$16690	**$21520**	**$25910**	Cat	4	256D	24F-24R	65.0	6724	CHA
MT445 4WD w/Cab	$49745	$14920	$18900	**$24380**	**$29350**	Cat	4	256D	24F-24R	65.0	7269	CHA
MT455	$36376	$10910	$13820	**$17820**	**$21460**	Cat	4T	244D	24F-24R	75.0	5316	No
MT455 4WD	$43253	$12980	$16440	**$21190**	**$25520**	Cat	4T	244D	24F-24R	75.0	5645	No
MT455 w/Cab	$44675	$13400	$16980	**$21890**	**$26360**	Cat	4T	244D	24F-24R	75.0	6724	CHA
MT455 4WD w/Cab	$51066	$15320	$19410	**$25020**	**$30130**	Cat	4T	244D	24F-24R	75.0	7269	CHA
MT465	$41709	$12510	$15850	**$20440**	**$24610**	Cat	4T	244D	24F-24R	85.0	5466	No
MT465 4WD	$46749	$14030	$17770	**$22910**	**$27580**	Cat	4T	244D	24F-24R	85.0	5795	No
MT465 w/Cab	$50008	$15000	$19000	**$24500**	**$29510**	Cat	4T	244D	24F-24R	85.0	6874	CHA
MT465 4WD w/Cab	$55800	$16740	$21200	**$27340**	**$32920**	Cat	4T	244D	24F-24R	85.0	7419	CHA
MT535	$55575	$16670	$21120	**$27230**	**$32790**	Cat	6T	365D	32F-32R	100.0	9457	No
MT535 4WD	$64280	$19280	$24430	**$31500**	**$37930**	Cat	6T	365D	32F-32R	100.0	9776	No
MT535 w/Cab	$63805	$19140	$24250	**$31260**	**$37650**	Cat	6T	365D	32F-32R	100.0	9730	CHA
MT535 4WD w/Cab	$72510	$21750	$27550	**$35530**	**$42780**	Cat	6T	365D	32F-32R	100.0	10321	CHA
MT545	$68825	$20650	$26150	**$33720**	**$40610**	Cat	6T	365D	32F-32R	120.0	10055	No
MT545 4WD	$78140	$23440	$29690	**$38290**	**$46100**	Cat	6T	365D	32F-32R	120.0	10487	No
MT545 w/Cab	$77885	$23370	$29600	**$38160**	**$45950**	Cat	6T	365D	32F-32R	120.0	10606	CHA
MT545 4WD w/Cab	$87200	$26160	$33140	**$42730**	**$51450**	Cat	6T	365D	32F-32R	120.0	11038	CHA
MT565 w/Cab	$95225	$28570	$36190	**$46660**	**$56180**	Valmet	6TA	402D	18F-6R	145.0	11808	CHA
MT565 4WD w/Cab	$108365	$32510	$41180	**$53100**	**$63940**	Valmet	6TA	402D	18F-6R	145.0	12216	CHA
MT635 4WD	$101920	$30580	$38730	**$49940**	**$60130**	Valmet	6TA	451D	18F-6R	160.0	14132	CHA
MT645 4WD	$106831	$32050	$40600	**$52350**	**$63030**	Valmet	6TA	451D	18F-6R	180.0	16634	CHA
MT655 4WD	$112800	$33840	$42860	**$55270**	**$66550**	Valmet	6TA	512D	18F-6R	200.0	17467	CHA
MT665 4WD	$126906	$38070	$48220	**$62180**	**$74880**	Valmet	6TA	512D	18F-6R	225.0	17469	CHA
MT735	$149670	$47890	$58370	**$76330**	**$83820**	Cat	6TA	537D	16F-4R	185.0	24850	CHA

Challenger (Cont.)

Model	Approx. Retail Price New	Estimated Value Less Repairs: Used Trade In Avg.	Used Trade In High	Used Retail Avg.	Used Retail High	Engine Make	Engine No. Cyls.	Displ. Cu.-In.	No. Speeds	P.T.O. H.P.	Approx. Shipping Wt.-Lbs.	Cab
				2003 (Cont.)								
MT745	$154635	$49480	$60310	**$78860**	**$86600**	Cat	6TA	537D	16F-4R	205.0	25350	CHA
MT755	$176755	$56560	$68930	**$90150**	**$98980**	Cat	6TA	537D	16F-4R	235.0	25350	CHA
MT765	$187210	$59910	$73010	**$95480**	**$104840**	Cat	6TA	537D	16F-4R	255.0	24850	CHA
MT835	$223731	$71590	$87260	**$114100**	**$125290**	Cat	6TA	732D	16F-4R	340.0	39500	CHA
MT835 w/PTO	$232186	$74300	$90550	**$118420**	**$130020**	Cat	6TA	732D	16F-4R	340.0	39500	CHA
MT845	$246086	$78750	$95970	**$125500**	**$137810**	Cat	6TA	732D	16F-4R	380.0	39500	CHA
MT845 w/PTO	$254541	$81450	$99270	**$129820**	**$142540**	Cat	6TA	732D	16F-4R	380.0	39500	CHA
MT855	$247051	$79060	$96350	**$126000**	**$138350**	Cat	6TA	853D	16F-4R	450	41000	CHA
MT865	$269281	$86170	$105020	**$137330**	**$150800**	Cat	6TA	964D	16F-4R	500	41000	CHA
				2002								
MT225	$14875	$4160	$5200	**$6760**	**$7930**	Iseki	3	68D	Variable	19.0	1672	No
MT255	$14165	$4350	$5440	**$7070**	**$8300**	Iseki	3	89D	9F-3R	24.1	2248	No
MT265	$20145	$5760	$7200	**$9360**	**$10980**	Iseki	3	91D	16F-16R	27.0	3085	No
MT265 Hydro	$21045	$6080	$7600	**$9880**	**$11590**	Iseki	3	91D	Variable	25.0	3085	No
MT275	$20585	$6590	$8230	**$10700**	**$12560**	Iseki	3T	91D	8F-8R	32.4	3107	No
MT285	$22500	$7200	$9000	**$11700**	**$13730**	Iseki	3T	91D	16F-16R	32.4	3174	No
MT285 Hydro	$23645	$7570	$9460	**$12300**	**$14420**	Iseki	3T	91D	Variable	30.3	3114	No
MT295	$27425	$8780	$10970	**$14260**	**$16730**	Iseki	4	134D	16F-16R	37.0	4277	No
MT295 Hydro	$28870	$9240	$11550	**$15010**	**$17610**	Iseki	4	134D	Variable	36.0	4331	No
MT425	$30165	$8450	$10860	**$14180**	**$17190**	Cat	4	244D	24F-24R	55.0	5287	No
MT425 4WD	$35920	$10060	$12930	**$16880**	**$20470**	Cat	4	244D	24F-24R	55.0	5619	No
MT445	$34880	$9770	$12560	**$16390**	**$19880**	Cat	4	256D	24F-24R	65.0	5716	No
MT445 4WD	$40625	$11380	$14630	**$19090**	**$23160**	Cat	4	256D	24F-24R	65.0	5645	No
MT445 w/Cab	$43910	$12300	$15810	**$20640**	**$25030**	Cat	4	256D	24F-24R	65.0	6724	CHA
MT445 4WD w/Cab	$49655	$13900	$17880	**$23340**	**$28300**	Cat	4	256D	24F-24R	65.0	7269	CHA
MT455	$41104	$10190	$13100	**$17110**	**$20750**	Cat	4T	244D	24F-24R	75.0	5316	No
MT455 4WD	$48429	$12120	$15590	**$20350**	**$24680**	Cat	4T	244D	24F-24R	75.0	5645	No
MT455 w/Cab	$50064	$12520	$16090	**$21010**	**$25480**	Cat	4T	244D	24F-24R	75.0	6724	CHA
MT455 4WD w/Cab	$57859	$14310	$18400	**$24020**	**$29130**	Cat	4T	244D	24F-24R	75.0	7269	CHA
MT465	$45369	$11680	$15010	**$19600**	**$23770**	Cat	4T	244D	24F-24R	85.0	5466	No
MT465 4WD	$53159	$13100	$16850	**$22000**	**$26680**	Cat	4T	244D	24F-24R	85.0	5795	No
MT465 w/Cab	$54794	$14000	$18000	**$23500**	**$28500**	Cat	4T	244D	24F-24R	85.0	6874	CHA
MT465 4WD w/Cab	$62589	$15620	$20090	**$26230**	**$31810**	Cat	4T	244D	24F-24R	85.0	7419	CHA
MT535	$55575	$17780	$22230	**$28900**	**$33900**	Cat	6T	365D	32F-32R	100.0	9457	No
MT535 4WD	$64280	$18000	$23140	**$30210**	**$36640**	Cat	6T	365D	32F-32R	100.0	9776	No
MT535 w/Cab	$63805	$17870	$22970	**$29990**	**$36370**	Cat	6T	365D	32F-32R	100.0	9730	CHA
MT535 4WD w/Cab	$72510	$20300	$26100	**$34080**	**$41330**	Cat	6T	365D	32F-32R	100.0	10321	CHA
MT545	$68825	$19270	$24780	**$32350**	**$39230**	Cat	6T	365D	32F-32R	120.0	10055	No
MT545 4WD	$78150	$21880	$28130	**$36730**	**$44550**	Cat	6T	365D	32F-32R	120.0	10487	No
MT545 w/Cab	$77885	$21810	$28040	**$36610**	**$44390**	Cat	6T	365D	32F-32R	120.0	10606	CHA
MT545 4WD w/Cab	$87210	$24420	$31400	**$40990**	**$49710**	Cat	6T	365D	32F-32R	120.0	11038	CHA
MT565 w/Cab	$95245	$26670	$34290	**$44770**	**$54290**	Valmet	6TA	402D	18F-6R	145.0		CHA
MT565 4WD w/Cab	$108365	$30340	$39010	**$50930**	**$61770**	Valmet	6TA	402D	18F-6R	145.0		CHA
MT635 4WD	$109650	$28560	$36720	**$47940**	**$58140**	Valmet	6TA	451D	18F-6R	160.0		CHA
MT645 4WD	$122830	$29960	$38520	**$50290**	**$60990**	Valmet	6TA	451D	18F-6R	180.0		CHA
MT655 4WD	$131120	$31640	$40680	**$53110**	**$64410**	Valmet	6TA	512D	18F-6R	205.0		CHA
MT665 4WD	$143900	$35560	$45720	**$59690**	**$72390**	Valmet	6TA	512D	18F-6R	225.0		CHA
MT735	$142000	$41180	$51120	**$66740**	**$73840**	Cat	6TA	537D	16F-4R	185.0	24850	CHA
MT745	$146755	$42560	$52830	**$68980**	**$76310**	Cat	6TA	537D	16F-4R	205.0	25350	CHA
MT755	$158675	$46020	$57120	**$74580**	**$82510**	Cat	6TA	537D	16F-4R	235.0	25350	CHA
MT765	$169350	$49110	$60970	**$79600**	**$88060**	Cat	6TA	537D	16F-4R	255.0	24850	CHA
MT835	$190590	$55270	$68610	**$89580**	**$99110**	Cat	6TA	732D	16F-4R	340.0	39500	CHA
MT845	$212290	$61560	$76420	**$99780**	**$110390**	Cat	6TA	732D	16F-4R	380.0	39500	CHA
MT855	$224465	$65100	$80810	**$105500**	**$116720**	Cat	6TA	853D	16F-4R	450	41000	CHA
MT865	$245915	$71320	$88530	**$115580**	**$127880**	Cat	6TA	964D	16F-4R	500	41000	CHA
				2001								
Challenger 35	$140000	$33800	$42900	**$55900**	**$62400**	Cat	6	403D	16F-9R	175	23350	CHA
Challenger 45	$149770	$36140	$45870	**$59770**	**$66720**	Cat	6T	403D	16F-9R	200	23430	CHA
Challenger 55	$160000	$39000	$49500	**$64500**	**$72000**	Cat	6	442D	16F-9R	225	23430	CHA
Challenger 65E	$185500	$45500	$57750	**$75250**	**$84000**	Cat	6	629D	10F-2R	310	31950	CHA
Challenger 75E	$205500	$50700	$64350	**$83850**	**$93600**	Cat	6	629D	10F-2R	340	34122	CHA
Challenger 85E	$223500	$54600	$69300	**$90300**	**$100800**	Cat	6	732D	10F-2R	340	34987	CHA
Challenger 95E	$236000	$56160	$71280	**$92880**	**$103680**	Cat	6	732D	10F-2R	410	36171	CHA
				2000								
Challenger 35	$139850	$29670	$38700	**$50310**	**$59340**	Cat	6	403D	16F-9R	175	23350	CHA
Challenger 45	$149770	$31970	$41700	**$54210**	**$63940**	Cat	6T	403D	16F-9R	200	23430	CHA
Challenger 55	$158685	$34040	$44400	**$57720**	**$68080**	Cat	6	442D	16F-9R	225	23430	CHA
Challenger 65E	$175110	$37950	$49500	**$64350**	**$75900**	Cat	6	629D	10F-2R	310	31950	CHA
Challenger 75E	$189200	$41170	$53700	**$69810**	**$82340**	Cat	6	629D	10F-2R	340	34122	CHA
Challenger 85E	$198640	$43240	$56400	**$73320**	**$86480**	Cat	6	732D	10F-2R	375	34987	CHA
Challenger 95E	$207920	$45540	$59400	**$77220**	**$91080**	Cat	6	732D	10F-2R	410	36171	CHA
				1999								
Challenger 35	$139850	$26000	$35100	**$46800**	**$57200**	Cat	6	403D	16F-9R	175	23350	CHA
Challenger 45	$148870	$27600	$37260	**$49680**	**$60720**	Cat	6T	403D	16F-9R	200	23430	CHA
Challenger 55	$156290	$29200	$39420	**$52560**	**$64240**	Cat	6	442D	16F-9R	225	23430	CHA
Challenger 65E	$158710	$29800	$40230	**$53640**	**$65560**	Cat	6	629D	10F-2R	310	31950	CHA
Challenger 75E	$177500	$33500	$45230	**$60300**	**$73700**	Cat	6	629D	10F-2R	340	34122	CHA
Challenger 85E	$192750	$36500	$49280	**$65700**	**$80300**	Cat	6	732D	10F-2R	375	34987	CHA
Challenger 95E	$206600	$39120	$52810	**$70420**	**$86060**	Cat	6	732D	10F-2R	410	36171	CHA

Challenger (Cont.)

	Approx. Retail Price New	Used Trade In Avg.	Used Trade In High	Used Retail Avg.	Used Retail High	Engine Make	Engine No. Cyls.	Engine Displ. Cu.-In.	No. Speeds	P.T.O. H.P.	Approx. Shipping Wt.-Lbs.	Cab
1998												
Challenger 35	$138088	$23040	$30720	**$42240**	**$53760**	Cat	6	403D	16F-9R	175	23350	CHA
Challenger 45	$147813	$24660	$32880	**$45210**	**$57540**	Cat	6T	403D	16F-9R	200	23430	CHA
Challenger 55	$154205	$26010	$34680	**$47690**	**$60690**	Cat	6	442D	16F-9R	225	23430	CHA
Challenger 65E	$156558	$26390	$35180	**$48380**	**$61570**	Cat	6	629D	10F-2R	310	31950	CHA
Challenger 75E	$176960	$31860	$42480	**$58410**	**$74340**	Cat	6	629D	10F-2R	340	34122	CHA
Challenger 85E	$191911	$32760	$43680	**$60060**	**$76440**	Cat	6	732D	10F-2R	375	34987	CHA
Challenger 95E	$205803	$35190	$46920	**$64520**	**$82110**	Cat	6	732D	10F-2R	410	36171	CHA
1997												
Challenger 35	$135830	$20160	$27720	**$39060**	**$50400**	Cat	6	403D	16F-9R	175	22450	CHA
Challenger 45	$142215	$21200	$29150	**$41080**	**$53000**	Cat	6T	403D	16F-9R	200	22750	CHA
Challenger 55	$151110	$22640	$31130	**$43870**	**$56600**	Cat	6	442D	16F-9R	225	25550	CHA
Challenger 65D	$157500	$23600	$32450	**$45730**	**$59000**	Cat	6T	638D	10F-2R	300	32880	CHA
Challenger 75D	$165000	$24800	$34100	**$48050**	**$62000**	Cat	6	629D	10F-2R	330	33500	CHA
Challenger 85D	$187750	$28450	$39120	**$55120**	**$71120**	Cat	6	732D	10F-2R	370	33650	CHA
1996												
Challenger 35	$133166	$17250	$24640	**$35730**	**$46820**	Cat	6	403D	16F-9R	175	22450	CHA
Challenger 45	$138950	$18760	$26800	**$38860**	**$50920**	Cat	6T	403D	16F-9R	200	22750	CHA
Challenger 55	$147750	$20020	$28600	**$41470**	**$54340**	Cat	6	442D	16F-9R	225	25550	CHA
Challenger 65D	$161700	$21980	$31400	**$45530**	**$59660**	Cat	6T	638D	10F-2R	300	32880	CHA
Challenger 75C	$171000	$23240	$33200	**$48140**	**$63080**	Cat	6	629D	10F-2R	325	32000	CHA
Challenger 85C	$189500	$25340	$36200	**$52490**	**$68780**	Cat	6	629D	10F-2R	355	33250	CHA
1995												
Challenger 35	$11200	$14560	$21280	**$30240**	**$40320**	Cat	6	403D	16F-9R	175	22450	CHA
Challenger 45	$120000	$15600	$22800	**$32400**	**$43200**	Cat	6T	403D	16F-9R	200	22750	CHA
Challenger 65C	$130000	$16900	$24700	**$35100**	**$46800**	Cat	6T	638D	10F-2R	285	32880	CHA
Challenger 70C	$140000	$18200	$26600	**$37800**	**$50400**	Cat	6	638D	10F-2R	285	35270	CHA
Challenger 75C	$150100	$19510	$28520	**$40530**	**$54040**	Cat	6	629D	10F-2R	325	32000	CHA
Challenger 85C	$172000	$22100	$32300	**$45900**	**$61200**	Cat	6	629D	10F-2R	355	33250	CHA
1994												
Challenger 35	$111000	$13200	$19800	**$27500**	**$37400**	Cat	6	403D	16F-9R	175	22450	CHA
Challenger 45	$120190	$14400	$21600	**$30000**	**$40800**	Cat	6T	403D	16F-9R	200	22750	CHA
Challenger 65C	$130250	$15600	$23400	**$32500**	**$44200**	Cat	6T	638D	10F-2R	285	32880	CHA
Challenger 75C	$147100	$17650	$26480	**$36780**	**$50010**	Cat	6	629D	10F-2R	325	32000	CHA
Challenger 85C	$162400	$19440	$29160	**$40500**	**$55080**	Cat	6	629D	10F-2R	355	33250	CHA
1993												
Challenger 65B	$125300	$13750	$21250	**$30000**	**$40000**	Cat	6T	638D	10F-2R	285	31100	CHA
Challenger 65C	$130500	$14360	$22190	**$31320**	**$41760**	Cat	6T	638D	10F-2R	285	32880	CHA
Challenger 75C	$147100	$16180	$25010	**$35300**	**$47070**	Cat	6	629D	10F-2R	325	32000	CHA
Challenger 85C	$164200	$18040	$27880	**$39360**	**$52480**	Cat	6	629D	10F-2R	355	33250	CHA
1992												
Challenger 65B	$120100	$12000	$19200	**$27600**	**$36000**	Cat	6T	638D	10F-2R	285	31100	CHA
Challenger 65C	$125500	$12500	$20000	**$28750**	**$37500**	Cat	6T	638D	10F-2R	285	32880	CHA
Challenger 75	$135700	$13570	$21710	**$31210**	**$40710**	Cat	6	629D	10F-2R	325	32000	CHA
Challenger 75C	$140100	$14010	$22420	**$32220**	**$42030**	Cat	6	629D	10F-2R	325	32000	CHA
1991												
Challenger 65B	$122400	$11020	$18360	**$26930**	**$35500**	Cat	6T	638D	10F-2R	285	31100	CHA
Challenger 75	$129700	$11670	$19460	**$28530**	**$37610**	Cat	6	629D	10F-2R	325	32000	CHA
1990												
Challenger 65	$120220	$9600	$16800	**$25200**	**$33600**	Cat	6T	638D	10F-2R	270	31100	CHA
Challenger 75	$128300	$10240	$17920	**$26880**	**$35840**	Cat	6	629D	10F-2R	325	32000	CHA
1989												
Challenger 65	$120090	$8400	$15600	**$24000**	**$32400**	Cat	6T	638D	10F-2R	270	31100	CHA
1988												
Challenger 65	$121360	$7200	$14400	**$22800**	**$31200**	Cat	6T	638D	10F-2R	270	31100	CHA
1987												
Challenger 65	$120890	$6000	$13200	**$21600**	**$30000**	Cat	6T	638D	10F-2R	270	31100	CHA
1986												
Challenger 65	$118144	$4720	$10620	**$20060**	**$28320**	Cat	6T	638D	10F-2R	270	31100	CHA

Cockshutt

	Approx. Retail Price New	Used Trade In Avg.	Used Trade In High	Used Retail Avg.	Used Retail High	Engine Make	Engine No. Cyls.	Engine Displ. Cu.-In.	No. Speeds	P.T.O. H.P.	Approx. Shipping Wt.-Lbs.	Cab
1962												
Golden Arrow	......	$1070	$1590	**$2240**	**$2590**	Hercules	6	198G	6F-2R	40.1	4665	No
540 Wide Adj.	......	$860	$1280	**$1800**	**$2090**	Continental	4	162G	6F-2R		4415	No
550 STD	......	$980	$1460	**$2050**	**$2380**	Hercules	6	198G	6F-2R	40.1	4769	No
550 STD	......	$1070	$1580	**$2230**	**$2580**	Hercules	6	198D	6F-2R	40.1	4865	No
560 STD	......	$1180	$1740	**$2450**	**$2840**	Perkins	4	269D	6F-2R	50	6150	No
570 Super	......	$1320	$1950	**$2750**	**$3180**	Hercules	6	339D	6F-2R	65	6728	No

Cockshutt (Cont.)

Model	Approx. Retail Price New	Used Trade In Avg.	Used Trade In High	Used Retail Avg.	Used Retail High	Engine Make	Engine No. Cyls.	Engine Displ. Cu.-In.	No. Speeds	P.T.O. H.P.	Approx. Shipping Wt.-Lbs.	Cab
1961												
Golden Arrow	......	$1030	$1550	**$2170**	**$2520**	Hercules	6	198G	6F-2R	40.1	4665	No
540 Wide Adj.	......	$840	$1260	**$1770**	**$2050**	Continental	4	162G	6F-2R		4415	No
550 STD	......	$930	$1400	**$1960**	**$2270**	Hercules	6	198G	6F-2R	40.1	4769	No
550 STD	......	$1040	$1570	**$2200**	**$2550**	Hercules	6	198D	6F-2R	40.1	4865	No
560 STD	......	$1150	$1730	**$2420**	**$2810**	Perkins	4	269D	6F-2R	50	6150	No
570 Super	......	$1280	$1930	**$2700**	**$3130**	Hercules	6	339D	6F-2R	65	6728	No
1960												
Golden Arrow	......	$1000	$1520	**$2120**	**$2450**	Hercules	6	198G	6F-2R	40.1	4665	No
540 Wide Adj.	......	$820	$1240	**$1730**	**$2010**	Continental	4	162G	6F-2R		4415	No
550 STD	......	$880	$1340	**$1880**	**$2170**	Hercules	6	198G	6F-2R	40.1	4769	No
550 STD	......	$1020	$1550	**$2170**	**$2510**	Hercules	6	198D	6F-2R	40.1	4865	No
560 STD	......	$1120	$1700	**$2370**	**$2740**	Perkins	4	269D	6F-2R	50	6150	No
570 STD	......	$1130	$1720	**$2400**	**$2770**	Hercules	6	298D	6F-2R	64	6628	No
570 STD	......	$1260	$1920	**$2680**	**$3100**	Hercules	6	298G	6F-2R	60	6728	No
1959												
Golden Arrow	......	$970	$1500	**$2090**	**$2430**	Hercules	6	198G	6F-2R	40.1	4665	No
540 Wide Adj.	......	$790	$1220	**$1700**	**$1980**	Continental	4	162G	6F-2R		4415	No
550 STD	......	$860	$1320	**$1840**	**$2140**	Hercules	6	198G	6F-2R	40.1	4769	No
550 STD	......	$980	$1520	**$2110**	**$2460**	Hercules	6	198D	6F-2R	40.1	4865	No
560 STD	......	$1090	$1680	**$2340**	**$2730**	Perkins	4	269D	6F-2R	50	6150	No
570 STD	......	$1100	$1700	**$2370**	**$2760**	Hercules	6	298G	6F-2R	60	6728	No
570 STD	......	$1240	$1910	**$2650**	**$3090**	Hercules	6	298D	6F-2R	64	6628	No
1958												
Golden Arrow	......	$950	$1480	**$2050**	**$2410**	Hercules	6	198G	6F-2R	40.1	4665	No
20	......	$920	$1430	**$1990**	**$2330**	Continental	4	124G	4F-1R	26.7	2813	No
40	......	$960	$1500	**$2090**	**$2450**	Buda	6	229G	6F-2R	43	5305	No
40 D	......	$1000	$1560	**$2160**	**$2540**	Perkins	4	269D	6F-2R	45.5	4943	No
50 RC	......	$950	$1480	**$2050**	**$2410**	Buda	6	273G	6F-2R	58	5856	No
50 RC	......	$1010	$1580	**$2180**	**$2560**	Buda	6	273D	6F-2R	58	6040	No
540 Wide Adj.	......	$770	$1200	**$1660**	**$1950**	Continental	4	162G	6F-2R		4415	No
550 STD	......	$830	$1300	**$1800**	**$2110**	Hercules	6	198G	6F-2R	40.1	4769	No
550 STD	......	$960	$1500	**$2080**	**$2440**	Hercules	6	198D	6F-2R	40.1	4865	No
560 STD	......	$1070	$1670	**$2310**	**$2720**	Perkins	4	269D	6F-2R	50	6150	No
570 STD	......	$1080	$1690	**$2340**	**$2750**	Hercules	6	298G	6F-2R	60	6728	No
570 STD	......	$1200	$1880	**$2610**	**$3060**	Hercules	6	298D	6F-2R	64	6628	No
1957												
Golden Eagle	......	$930	$1470	**$2040**	**$2390**	Perkins	4	270D	6F-1R	39	3758	No
20	......	$890	$1410	**$1960**	**$2290**	Continental	4	124G	4F-1R	26.7	2813	No
30 D	......	$910	$1440	**$2000**	**$2340**	Buda	4	153D	4F-1R	28.1	3703	No
30 RC	......	$880	$1390	**$1940**	**$2260**	Buda	4	153G	4F-1R	32.9	3609	No
35 Deluxe	......	$930	$1470	**$2050**	**$2400**	Hercules	4	198G	6F-1R	39	4183	No
40	......	$940	$1480	**$2070**	**$2420**	Buda	6	229G	6F-2R	43	5305	No
40 D	......	$970	$1540	**$2150**	**$2510**	Perkins	4	269D	6F-2R	45.5	4943	No
50 RC	......	$920	$1460	**$2040**	**$2390**	Buda	6	273G	6F-2R	58	5856	No
50 RC	......	$980	$1560	**$2170**	**$2540**	Buda	6	273D	6F-2R	58	6040	No
50 STD	......	$1030	$1630	**$2280**	**$2670**	Buda	6	273G	6F-2R	58	5856	No
50 STD	......	$1100	$1740	**$2430**	**$2840**	Buda	6	273D	6F-2R	51	5400	No
1956												
Golden Eagle	......	$900	$1440	**$2030**	**$2360**	Perkins	4	270D	6F-1R	39	3758	No
20	......	$860	$1390	**$1940**	**$2270**	Continental	4	124G	4F-1R	26.7	2813	No
30 D	......	$880	$1410	**$1970**	**$2300**	Buda	4	153D	4F-1R	28.1	3703	No
30 RC	......	$850	$1370	**$1920**	**$2240**	Buda	4	153G	4F-1R	32.9	3609	No
35 Deluxe	......	$900	$1450	**$2030**	**$2370**	Hercules	4	198G	6F-2R	39	4183	No
40	......	$910	$1460	**$2050**	**$2390**	Buda	6	229G	6F-2R	43	5305	No
40 D	......	$940	$1510	**$2120**	**$2470**	Perkins	4	269D	6F-2R	45.5	4943	No
50 RC	......	$890	$1430	**$2000**	**$2330**	Buda	6	273G	6F-2R	58	5856	No
50 RC	......	$960	$1540	**$2160**	**$2520**	Buda	6	273D	6F-2R	58	6040	No
50 STD	......	$1010	$1620	**$2270**	**$2650**	Buda	6	273G	6F-2R	58	5856	No
50 STD	......	$1070	$1710	**$2400**	**$2800**	Buda	6	273D	6F-2R	51	5400	No
1955												
Golden Eagle	......	$880	$1420	**$2010**	**$2340**	Perkins	4	270D	6F-1R	39	3758	No
20	......	$840	$1370	**$1930**	**$2240**	Continental	4	124G	4F-1R	26.7	2813	No
30	......	$850	$1390	**$1960**	**$2280**	Buda	4	153D	4F-1R	28.1	3703	No
30 RC	......	$820	$1340	**$1880**	**$2190**	Buda	4	153G	4F-1R	32.9	3609	No
40	......	$890	$1440	**$2040**	**$2370**	Buda	6	229G	6F-2R	43	5305	No
40 D	......	$920	$1490	**$2100**	**$2450**	Perkins	4	269D	6F-2R	45.5	4943	No
50 RC	......	$860	$1400	**$1980**	**$2300**	Buda	6	273G	6F-2R	58	5856	No
50 RC	......	$930	$1500	**$2120**	**$2470**	Buda	6	273D	6F-2R	58	6040	No
50 STD	......	$990	$1610	**$2260**	**$2630**	Buda	6	273G	6F-2R	58	5856	No
50 STD	......	$1040	$1690	**$2380**	**$2770**	Buda	6	273D	6F-2R	51	5400	No
1954												
Golden Eagle	......	$850	$1390	**$1990**	**$2310**	Perkins	4	270D	6F-1R	39	3758	No
20	......	$820	$1330	**$1900**	**$2210**	Continental	4	124G	4F-1R	26.7	2813	No
30 D	......	$830	$1350	**$1930**	**$2240**	Buda	4	153D	4F-1R	28.1	3703	No
30 RC	......	$800	$1310	**$1880**	**$2180**	Buda	4	153G	4F-1R	32.9	3609	No
40	......	$860	$1400	**$2020**	**$2340**	Buda	6	229G	6F-2R	43	5305	No
40 D	......	$890	$1440	**$2070**	**$2410**	Perkins	4	269D	6F-2R	45.5	4943	No

Cockshutt (Cont.)

Model	Approx. Retail Price New	Estimated Value Less Repairs: Used Trade In Avg.	Used Trade In High	Used Retail Avg.	Used Retail High	Engine Make	Engine No. Cyls.	Engine Displ. Cu.-In.	No. Speeds	P.T.O. H.P.	Approx. Shipping Wt.-Lbs.	Cab
1954 (Cont.)												
50 RC	......	$840	$1370	**$1960**	**$2280**	Buda	6	273G	6F-2R	58	5856	No
50 RC	......	$900	$1460	**$2100**	**$2440**	Buda	6	273D	6F-2R	58	6040	No
50 STD	......	$960	$1560	**$2240**	**$2600**	Buda	6	273G	6F-2R	58	5856	No
50 STD	......	$1000	$1620	**$2320**	**$2700**	Buda	6	273D	6F-2R	51	5400	No
1953												
20	......	$790	$1290	**$1880**	**$2180**	Continental	4	124G	4F-1R	26.7	2813	No
30 D	......	$810	$1310	**$1910**	**$2210**	Buda	4	153D	4F-1R	28.1	3703	No
30 RC	......	$780	$1270	**$1860**	**$2150**	Buda	4	153G	4F-1R	32.9	3609	No
40	......	$840	$1370	**$2000**	**$2310**	Buda	6	229G	6F-2R	43	5305	No
50 RC	......	$820	$1330	**$1940**	**$2240**	Buda	6	273G	6F-2R	58	5856	No
50 RC	......	$880	$1420	**$2080**	**$2410**	Buda	6	273D	6F-2R	58	6040	No
50 STD	......	$940	$1520	**$2220**	**$2570**	Buda	6	273G	6F-2R	58	5856	No
50 STD	......	$970	$1580	**$2310**	**$2670**	Buda	6	273D	6F-2R	51	5400	No
1952												
20	......	$770	$1250	**$1840**	**$2130**	Continental	4	124G	4F-1R	26.7	2813	No
30 D	......	$780	$1260	**$1860**	**$2160**	Buda	4	153D	4F-1R	28.1	3703	No
30 RC	......	$760	$1230	**$1810**	**$2100**	Buda	4	153G	4F-1R	32.9	3609	No
40	......	$820	$1330	**$1960**	**$2260**	Buda	6	229G	6F-2R	43	5305	No
1951												
30 D	......	$760	$1230	**$1830**	**$2110**	Buda	4	153D	4F-1R	28.1	3703	No
30 RC	......	$730	$1190	**$1770**	**$2040**	Buda	4	153G	4F-1R	32.9	3609	No
40	......	$790	$1290	**$1910**	**$2210**	Buda	6	229G	6F-2R	43	5305	No
1950												
30 D	......	$730	$1190	**$1790**	**$2060**	Buda	4	153D	4F-1R	28.1	3703	No
30 RC	......	$710	$1150	**$1730**	**$1990**	Buda	4	153G	4F-1R	32.9	3609	No
40	......	$770	$1250	**$1870**	**$2160**	Buda	4	229G	6F-2R	43	5305	No
1949												
30 D	......	$700	$1150	**$1730**	**$2000**	Buda	4	153D	4F-1R	28.1	3703	No
30 RC	......	$690	$1110	**$1680**	**$1940**	Buda	4	153G	4F-1R	32.9	3609	No
1948												
30 RC	......	$670	$1080	**$1640**	**$1900**	Buda	4	153G	4F-1R	32.9	3609	No
1947												
30 RC	......	$650	$1050	**$1590**	**$1860**	Buda	4	153G	4F-1R	32.9	3609	No
1946												
30 RC	......	$640	$1040	**$1570**	**$1850**	Buda	4	153G	4F-1R	32.9	3609	No

Cub Cadet

Model	Approx. Retail Price New	Used Trade In Avg.	Used Trade In High	Used Retail Avg.	Used Retail High	Engine Make	Engine No. Cyls.	Engine Displ. Cu.-In.	No. Speeds	P.T.O. H.P.	Approx. Shipping Wt.-Lbs.	Cab
2009												
SC2400	$10999	$7150	$7700	**$9130**	**$9570**	Yanmar	3	55D	Variable	16.5	1280	No
SC2400 TD w/60" Deck	$13099	$8510	$9170	**$10870**	**$11400**	Yanmar	3	55D	Variable	16.5	1516	No
SC2400 TL w/Loader	$14199	$9230	$9940	**$11790**	**$12350**	Yanmar	3	55D	Variable	16.5	1671	No
SC2400 TLD w/Loader & 60" Deck	$16299	$10590	$11410	**$13530**	**$14180**	Yanmar	3	55D	Variable	16.5	1961	No
EX2900	$15599	$10140	$10920	**$12950**	**$13570**	Yanmar	3	100D	Variable	22.7	2540	No
EX2900 TL w/Loader	$19399	$12610	$13580	**$16100**	**$16880**	Yanmar	3	100D	Variable	22.7	3555	No
EX3200	$16599	$10790	$11620	**$13780**	**$14440**	Yanmar	3	100D	Variable	25.5	2550	No
EX450	$21299	$13840	$14910	**$17680**	**$18530**	Yanmar	4	133D	9F-9R	37.5	3464	No
EX450 w/Loader	$26199	$17030	$18340	**$21750**	**$22790**	Yanmar	4	133D	9F-9R	37.5	4187	No
EX450 w/Loader & Backhoe	$35199	$22880	$24640	**$29220**	**$30620**	Yanmar	4	133D	9F-9R	37.5	5825	No
2008												
5234D 4WD	$9299	$5390	$5950	**$6970**	**$7440**	Daihatsu	3	51D	Variable	23.0	1350	No
5252 2WD	$6999	$4060	$4480	**$5250**	**$5600**	Kohler	2	44G	Variable	25.0	1350	No
5252E w/60" Deck	$7999	$4640	$5120	**$6000**	**$6400**	Kohler	2	44G	Variable	25.0	1390	No
5254 4WD	$8399	$4870	$5380	**$6300**	**$6720**	Kawasaki	2	45G	Variable	25.0	1267	No
5264 4WD	$9499	$5510	$6080	**$7120**	**$7600**	Daihatsu	3	58D	Variable	26.0	1350	No
6284D 4WD	$12999	$7540	$8320	**$9750**	**$10400**	Cat	3	69D	Variable	28.0	1953	No
2007												
5234D 4WD	$9299	$4650	$5300	**$6510**	**$7070**	Daihatsu	3	51D	Variable	23.0	1350	No
5252 2WD	$6999	$3500	$3990	**$4900**	**$5320**	Kohler	2	44G	Variable	25.0	1350	No
5252E w/60" Deck	$7999	$4000	$4560	**$5600**	**$6080**	Kohler	2	44G	Variable	25.0	1390	No
5254 4WD	$8399	$4200	$4790	**$5880**	**$6380**	Kawasaki	2	45G	Variable	25.0	1267	No
5264 4WD	$9499	$4750	$5410	**$6650**	**$7220**	Daihatsu	3	58D	Variable	26.0	1350	No
6284D 4WD	$12999	$6500	$7410	**$9100**	**$9880**	Cat	3	69D	Variable	28.0	1953	No
7530 4WD	$12799	$6400	$7300	**$8960**	**$9730**	Mitsubishi	3	91D	8F-8R	30.0	2121	No
7532 4WD	$13799	$6900	$7870	**$9660**	**$10490**	Mitsubishi	3	91D	Variable	30.0	2275	No
8354 4WD	$15599	$7800	$8890	**$10920**	**$11860**	Daedong	3	100D	8F-8R	35.0	3872	No
8454 4WD	$17999	$9000	$10260	**$12600**	**$13680**	Daedong	4	134D	12F-12R	45.0	4468	No
2006												
5234D 4WD	$9299	$4190	$4930	**$6140**	**$6790**	Daihatsu	3	51D	Variable	23.0	1350	No
5252 2WD	$6999	$3150	$3710	**$4620**	**$5110**	Kohler	2	44G	Variable	25.0	1350	No
5254 4WD	$8399	$3780	$4450	**$5540**	**$6130**	Kawasaki	2	45G	Variable	25.0	1267	No
6284 4WD	$12999	$5850	$6890	**$8580**	**$9490**	Cat	3	69D	Variable	21.0		No

Cub Cadet (Cont.)

Model	Approx. Retail Price New	Used Trade In Avg.	Used Trade In High	Used Retail Avg.	Used Retail High	Engine Make	Engine No. Cyls.	Engine Displ. Cu.-In.	No. Speeds	P.T.O. H.P.	Approx. Shipping Wt.-Lbs.	Cab
2006 (Cont.)												
7530 4WD	$12799	$5760	$6780	**$8450**	**$9340**	Mitsubishi	3	91D	8F-8R	30.0	2121	No
7532 4WD	$13799	$6210	$7310	**$9110**	**$10070**	Mitsubishi	3	91D	Variable	30.0	2275	No
8354 4WD	$15599	$7020	$8270	**$10300**	**$11390**	Daedong	3	100D	8F-8R	35.0	3872	No
8454 4WD	$17999	$8100	$9540	**$11880**	**$13140**	Daedong	4	134D	12F-12R	45.0	4468	No
2005												
5234D 4WD	$9999	$3990	$4750	**$5990**	**$6750**	Daihatsu	3	51D	Variable	23.0	1350	No
5252 2WD	$7999	$3150	$3750	**$4730**	**$5330**	Kohler	2	44G	Variable	25.0	1350	No
5254 4WD	$9399	$3740	$4450	**$5610**	**$6320**	Kawasaki	2	45G	Variable	25.0	1267	No
6284D 4WD	$13999	$5630	$6700	**$8440**	**$9510**	Cat	3	69D	Variable	21.0		No
7530H 4WD	$13799	$5590	$6650	**$8380**	**$9440**	Mitsubishi	3	91D	8F-8R	30.0	2121	No
7530F 4WD	$13999	$5800	$6900	**$8690**	**$9800**	Mitsubishi	3	91D	8F-8R	30.0	2121	No
7530N 4WD	$13999	$5670	$6750	**$8500**	**$9580**	Mitsubishi	3	91D	8F-8R	30.0	2121	No
7532F 4WD	$14899	$6050	$7200	**$9070**	**$10220**	Mitsubishi	3	91D	Variable	30.0	2275	No
7532H 4WD	$14899	$6050	$7200	**$9070**	**$10220**	Mitsubishi	3	91D	Variable	30.0	2275	No
7532N 4WD	$15499	$6300	$7500	**$9450**	**$10650**	Mitsubishi	3	91D	Variable	30.0	2275	No
8354O 4WD	$16999	$6930	$8250	**$10390**	**$11710**	Daedong	3	100D	8F-8R	35.0	3872	No
8354Y 4WD	$17499	$7140	$8500	**$10710**	**$12070**	Daedong	3	100D	8F-8R	35.0	3872	No
8354Z 4WD	$16999	$6930	$8250	**$10390**	**$11710**	Daedong	3	100D	8F-8R	35.0	4182	No
8454J 4WD	$19499	$7980	$9500	**$11970**	**$13490**	Daedong	4	134D	12F-12R	45.0	4468	No
8454V 4WD	$20399	$8360	$9950	**$12540**	**$14130**	Daedong	4	134D	12F-12R	45.0	4468	No
8454X 4WD	$19499	$7940	$9450	**$11910**	**$13420**	Daedong	4	134D	12F-12R	45.0	4468	No
2004												
5234D 4WD	$9699	$3880	$4660	**$5820**	**$6690**	Daihatsu	3	51D	Variable	23.0	1350	No
5252 2WD	$8399	$2960	$3550	**$4440**	**$5110**	Kohler	2	44G	Variable	25.0	1350	No
5254 4WD	$8999	$3360	$4030	**$5040**	**$5800**	Kawasaki	2	45G	Variable	25.0	1267	No
7264D 4WD	$13199	$5280	$6340	**$7920**	**$9110**	Daihatsu	3	58D	Variable	26.0	1728	No
7530 4WD	$13699	$5200	$6240	**$7800**	**$8970**	Mitsubishi	3	91D	8F-8R	30.0	2121	No
7532 4WD	$14695	$5600	$6720	**$8400**	**$9660**	Mitsubishi	3	91D	Variable	30.0	2275	No
8354 4WD	$16999	$6400	$7680	**$9600**	**$11040**	Mitsubishi	3	100D	8F-8R	35.0	3872	No
8404 4WD	$19999	$7600	$9120	**$11400**	**$13110**	Mitsubishi	3	121D	8F-8R	41.0	4182	No
8454 4WD	$20999	$8000	$9600	**$12000**	**$13800**	Mitsubishi	4	134D	12F-12R	45.0	4468	No
2003												
7000 2WD	$11390	$4330	$5240	**$6490**	**$7630**	Mitsubishi	3	68D	6F-2R	20.0		No
7200 4WD	$12504	$4750	$5750	**$7130**	**$8380**	Mitsubishi	3	68D	6F-2R	20.0		No
7205 4WD	$14204	$5400	$6530	**$8100**	**$9520**	Mitsubishi	3	68D	Variable	20.0		No
7252 2WD	$9999	$3800	$4600	**$5700**	**$6700**	Kawasaki	2	45G	Variable	25.0		No
7254 4WD	$11649	$4430	$5360	**$6640**	**$7810**	Kawasaki	2	45G	Variable	25.0		No
7260 4WD	$14559	$5530	$6700	**$8300**	**$9760**	Mitsubishi	3	80D	9F-3R	26.0		No
7264 4WD	$13199	$5020	$6070	**$7520**	**$8840**	Daihatsu	3	58D	Variable	26.0		No
7265 4WD	$16459	$6250	$7570	**$9380**	**$11030**	Mitsubishi	3	80D	Variable	26.0		No
7300 4WD	$16059	$6100	$7390	**$9150**	**$10760**	Mitsubishi	3	91D	9F-3R	30.0		No
7305 4WD	$17659	$6710	$8120	**$10070**	**$11830**	Mitsubishi	3	91D	Variable	30.0		No
7360 SS 4WD	$18904	$7180	$8700	**$10780**	**$12670**	Mitsubishi	4	127D	8F-8R	36.0		No
2002												
7000	$11390	$4100	$5010	**$6270**	**$7400**	Mitsubishi	3	68D	6F-2R	20.0		No
7200 4WD	$12504	$4500	$5500	**$6880**	**$8130**	Mitsubishi	3	68D	6F-2R	20.0		No
7205 4WD	$14204	$5110	$6250	**$7810**	**$9230**	Mitsubishi	3	68D	Variable	20.0		No
7252	$9999	$3600	$4400	**$5500**	**$6500**	Kawasaki	2	45G	Variable	25.0		No
7254	$11749	$4230	$5170	**$6460**	**$7640**	Kawasaki	2	45G	Variable	25.0		No
7260 4WD	$14559	$5240	$6410	**$8010**	**$9460**	Mitsubishi	3	80D	9F-3R	26.0		No
7264 4WD	$13199	$4750	$5810	**$7260**	**$8580**	Diahatsu	2	58D	Variable	25.0		No
7265 4WD	$16459	$5930	$7240	**$9050**	**$10700**	Mitsubishi	3	80D	Variable	26.0		No
7300 4WD	$16059	$5780	$7070	**$8830**	**$10440**	Mitsubishi	3	91D	9F-3R	30.0		No
7305 4WD	$17659	$6360	$7770	**$9710**	**$11480**	Mitsubishi	3	91D	Variable	30.0		No
7360 SS 4WD	$18904	$6810	$8320	**$10400**	**$12290**	Mitsubishi	4	127D	8F-8R	36.0		No
2001												
7000	$11380	$3980	$4780	**$6150**	**$7280**	Mitsubishi	3	68D	6F-2R	20.0		No
7200 4WD	$12490	$4370	$5250	**$6750**	**$7990**	Mitsubishi	3	68D	6F-2R	20.0		No
7205 4WD	$13980	$4890	$5870	**$7550**	**$8950**	Mitsubishi	3	68D	Variable	20.0		No
7260 4WD	$14355	$5020	$6030	**$7750**	**$9190**	Mitsubishi	3	80D	9F-3R	26.0		No
7265 4WD	$16175	$5660	$6790	**$8740**	**$10350**	Mitsubishi	3	80D	Variable	26.0		No
7300 4WD	$15900	$5570	$6680	**$8590**	**$10180**	Mitsubishi	3	91D	9F-3R	30.0		No
7305 4WD	$17200	$6020	$7220	**$9290**	**$11010**	Mitsubishi	3	91D	Variable	30.0		No
7360 SS 4WD	$18780	$6570	$7890	**$10140**	**$12020**	Mitsubishi	4	127D	8F-8R	36.0		No
2000												
7000	$11280	$3720	$4630	**$5980**	**$7110**	Mitsubishi	3	68D	6F-2R	20.0		No
7200 4WD	$12290	$4060	$5040	**$6510**	**$7740**	Mitsubishi	3	68D	6F-2R	20.0		No
7205 4WD	$13865	$4580	$5690	**$7350**	**$8740**	Mitsubishi	3	68D	Variable	20.0		No
7260 4WD	$14175	$4680	$5810	**$7510**	**$8930**	Mitsubishi	3	80D	9F-3R	26.0		No
7265 4WD	$16075	$5310	$6590	**$8520**	**$10130**	Mitsubishi	3	80D	Variable	26.0		No
7300 4WD	$15700	$5180	$6440	**$8320**	**$9890**	Mitsubishi	3	91D	9F-3R	30.0		No
7305 4WD	$17100	$5640	$7010	**$9060**	**$10770**	Mitsubishi	3	91D	Variable	30.0		No
7360 SS 4WD	$18670	$6160	$7660	**$9900**	**$11760**	Mitsubishi	4	127D	8F-8R	36.0		No
1999												
7000	$11719	$3630	$4690	**$6090**	**$7270**	Mitsubishi	3	68D	6F-2R	20.0		No
7200 4WD	$12809	$3970	$5120	**$6660**	**$7940**	Mitsubishi	3	68D	6F-2R	20.0		No
7205 4WD	$14069	$4360	$5630	**$7320**	**$8720**	Mitsubishi	3	68D	Variable	20.0		No

Cub Cadet (Cont.)

Model	Approx. Retail Price New	Used Trade In Avg.	Used Trade In High	Used Retail Avg.	Used Retail High	Engine Make	Engine No. Cyls.	Engine Displ. Cu.-In.	No. Speeds	P.T.O. H.P.	Approx. Shipping Wt.-Lbs.	Cab
1999 (Cont.)												
7260 4WD	$14410	$4470	$5760	**$7490**	**$8930**	Mitsubishi	3	80D	9F-3R	26.0		No
7265 4WD	$15970	$4950	$6390	**$8300**	**$9900**	Mitsubishi	3	80D	Variable	26.0		No
7300 4WD	$16489	$5110	$6600	**$8570**	**$10220**	Mitsubishi	3	91D	9F-3R	30.0		No
7305 4WD	$17789	$5520	$7120	**$9250**	**$11030**	Mitsubishi	3	91D	Variable	30.0		No
1998												
7000	$11719	$3520	$4570	**$5980**	**$7150**	Mitsubishi	3	68D	6F-2R	20.0		No
7200 4WD	$12809	$3840	$5000	**$6530**	**$7810**	Mitsubishi	3	68D	6F-2R	20.0		No
7205 4WD	$14069	$4220	$5490	**$7180**	**$8580**	Mitsubishi	3	68D	Variable	20.0		No
7260 4WD	$14410	$4320	$5620	**$7350**	**$8790**	Mitsubishi	3	80D	9F-3R	26.0		No
7265 4WD	$15970	$4790	$6230	**$8150**	**$9740**	Mitsubishi	3	80D	Variable	26.0		No
7300 4WD	$16489	$4950	$6430	**$8410**	**$10060**	Mitsubishi	3	91D	9F-3R	30.0		No
7305 4WD	$17789	$5340	$6940	**$9070**	**$10850**	Mitsubishi	3	91D	Variable	30.0		No
1997												
7192 2WD	$11969	$3470	$4550	**$5990**	**$7180**	Mitsubishi	3	64D	6F-2R	19.0		No
7193H 2WD	$13599	$3940	$5170	**$6800**	**$8160**	Mitsubishi	3	64D	Variable	19.0		No
7194 4WD	$12999	$3770	$4940	**$6500**	**$7800**	Mitsubishi	3	64D	6F-2R	19.0		No
7195H 4WD	$14699	$4260	$5590	**$7350**	**$8820**	Mitsubishi	3	64D	Variable	19.0		No
7232 2WD	$12999	$3770	$4940	**$6500**	**$7800**	Mitsubishi	3	75D	9F-3R	23.0		No
7233H 2WD	$14929	$4330	$5670	**$7470**	**$8960**	Mitsubishi	3	75D	Variable	23.0		No
7234 4WD	$14159	$4110	$5380	**$7080**	**$8500**	Mitsubishi	3	75D	9F-3R	23.0		No
7235H 4WD	$15999	$4640	$6080	**$8000**	**$9600**	Mitsubishi	3	75D	Variable	23.0		No
7272 2WD	$14599	$4230	$5550	**$7300**	**$8760**	Mitsubishi	3	91D	9F-3R	27.0		No
7273H 2WD	$15999	$4640	$6080	**$8000**	**$9600**	Mitsubishi	3	91D	Variable	27.0		No
7274 4WD	$16189	$4700	$6150	**$8100**	**$9710**	Mitsubishi	3	91D	9F-3R	27.0		No
7275H 4WD	$17599	$5100	$6690	**$8800**	**$10560**	Mitsubishi	3	91D	Variable	27.0		No
1996												
7192 2WD	$12809	$3330	$4400	**$5830**	**$7020**	Mitsubishi	3	64D	6F-2R	19.0		No
7193H 2WD	$14439	$3780	$5000	**$6620**	**$7970**	Mitsubishi	3	64D	Variable	19.0		No
7194 4WD	$13979	$3610	$4770	**$6320**	**$7610**	Mitsubishi	3	64D	6F-2R	19.0		No
7195H 4WD	$15679	$4090	$5400	**$7150**	**$8610**	Mitsubishi	3	64D	Variable	19.0		No
7232 2WD	$14089	$3640	$4810	**$6370**	**$7670**	Mitsubishi	3	75D	9F-3R	23.0		No
7233H 2WD	$16019	$4170	$5510	**$7300**	**$8790**	Mitsubishi	3	75D	Variable	23.0		No
7234 4WD	$15309	$3960	$5240	**$6930**	**$8350**	Mitsubishi	3	75D	9F-3R	23.0		No
7235H 4WD	$17149	$4450	$5880	**$7790**	**$9380**	Mitsubishi	3	75D	Variable	23.0		No
7272 2WD	$15849	$4090	$5400	**$7150**	**$8610**	Mitsubishi	3	91D	9F-3R	27.0		No
7273H 2WD	$17299	$4480	$5920	**$7840**	**$9440**	Mitsubishi	3	91D	Variable	27.0		No
7274 4WD	$17539	$4540	$5990	**$7940**	**$9560**	Mitsubishi	3	91D	9F-3R	27.0		No
7275H 4WD	$18949	$4900	$6480	**$8580**	**$10330**	Mitsubishi	3	91D	Variable	27.0		No
1995												
7192 2WD	$11449	$3090	$4120	**$5500**	**$6640**	Mitsubishi	3	64D	6F-2R	19.0		No
7194 4WD	$12449	$3360	$4480	**$5980**	**$7220**	Mitsubishi	3	64D	6F-2R	19.0		No
7195H 4WD	$14069	$3800	$5070	**$6750**	**$8160**	Mitsubishi	3	64D	Variable	19.0		No
7232 2WD	$12499	$3380	$4500	**$6000**	**$7250**	Mitsubishi	3	75D	9F-3R	23.0		No
7234 4WD	$13549	$3660	$4880	**$6500**	**$7860**	Mitsubishi	3	75D	9F-3R	23.0		No
7235H 4WD	$15329	$4140	$5520	**$7360**	**$8890**	Mitsubishi	3	75D	Variable	23.0		No
7272 2WD	$13969	$3770	$5030	**$6710**	**$8100**	Mitsubishi	3	91D	9F-3R	27.0		No
7274 4WD	$15489	$4180	$5580	**$7440**	**$8980**	Mitsubishi	3	91D	9F-3R	27.0		No
7275H 4WD	$16849	$4550	$6070	**$8090**	**$9770**	Mitsubishi	3	91D	Variable	27.0		No
1994												
7192 2WD	$10899	$2830	$3820	**$5120**	**$6210**	Mitsubishi	3	64D	6F-2R	19.0		No
7194 4WD	$11849	$3080	$4150	**$5570**	**$6750**	Mitsubishi	3	64D	6F-2R	19.0		No
7195 4WD	$13389	$3480	$4690	**$6290**	**$7630**	Mitsubishi	3	64D	Variable	19.0		No
7232 2WD	$11899	$3090	$4170	**$5590**	**$6780**	Mitsubishi	3	75D	9F-3R	23.0		No
7234 4WD	$12889	$3350	$4510	**$6060**	**$7350**	Mitsubishi	3	75D	9F-3R	23.0		No
7235 4WD	$14569	$3790	$5100	**$6850**	**$8300**	Mitsubishi	3	75D	Variable	23.0		No
7272 2WD	$13299	$3460	$4660	**$6250**	**$7580**	Mitsubishi	3	91D	9F-3R	27.0		No
7274 4WD	$14749	$3840	$5160	**$6930**	**$8410**	Mitsubishi	3	91D	9F-3R	27.0		No
7275 4WD	$16069	$4180	$5620	**$7550**	**$9160**	Mitsubishi	3	91D	Variable	27.0		No

David Brown

Model	Approx. Retail Price New	Used Trade In Avg.	Used Trade In High	Used Retail Avg.	Used Retail High	Engine Make	Engine No. Cyls.	Engine Displ. Cu.-In.	No. Speeds	P.T.O. H.P.	Approx. Shipping Wt.-Lbs.	Cab
1979												
885	$8840	$1770	$2430	**$3800**	**$4240**	David Brown	3	164D	12F-4R	43.20	4290	No
990	$10874	$2180	$2990	**$4680**	**$5220**	David Brown	4	195D	12F-4R	53.77	4600	No
1210	$13986	$1100	$2200	**$3190**	**$4180**	David Brown	4	219D	12F-4R	65.98	5900	No
1410	$16617	$1360	$2720	**$3950**	**$5170**	David Brown	4T	219D	12F-4R	80.80	7150	No
1978												
885	$8561	$1710	$2350	**$3720**	**$4150**	David Brown	3	164D	12F-4R	43.20	4290	No
990	$10432	$2090	$2870	**$4540**	**$5060**	David Brown	4	195D	12F-4R	53.77	4600	No
995	$12068	$1870	$3020	**$4220**	**$5430**	David Brown	4	219D	12F-4R	58.77	4780	No
1210	$13455	$990	$2040	**$3030**	**$3970**	David Brown	4	219D	12F-4R	65.98	5900	No
1410	$15910	$1230	$2520	**$3740**	**$4910**	David Brown	4T	219D	12F-4R	80.80	7150	No
1977												
885	$7345	$1470	$2060	**$3160**	**$3600**	David Brown	3	146G	12F-4R	39.26	4100	No
885	$8072	$1610	$2260	**$3470**	**$3960**	David Brown	3	164D	12F-4R	43.20	4290	No
990	$9824	$1970	$2750	**$4220**	**$4810**	David Brown	4	195D	12F-4R	53.77	4600	No

David Brown (Cont.)

Model	Approx. Retail Price New	Estimated Value Less Repairs: Used Trade In Avg.	Used Trade In High	Used Retail Avg.	Used Retail High	Engine Make	Engine No. Cyls.	Engine Displ. Cu.-In.	No. Speeds	P.T.O. H.P.	Approx. Shipping Wt.-Lbs.	Cab
1977 (Cont.)												
995	$11272	$1690	$2710	$3950	$5070	David Brown	4	219D	12F-4R	58.77	4780	No
1210	$12528	$870	$1830	$2790	$3660	David Brown	4	219D	12F-4R	65.98	5900	No
1410	$14559	$1040	$2200	$3350	$4390	David Brown	4T	219D	12F-4R	80.80	7150	No
1412	$15812	$1150	$2430	$3720	$4870	David Brown	4T	219D	12F-4R	80.60	7310	No
1976												
885	$7099	$1460	$2020	$3050	$3510	David Brown	3	146G	12F-4R	39.26	4100	No
885	$7689	$1540	$2140	$3230	$3710	David Brown	3	164D	12F-4R	43.20	4290	No
990	$9216	$1890	$2630	$3960	$4560	David Brown	4	195D	12F-4R	53.77	4600	No
995	$10520	$1470	$2470	$3680	$4730	David Brown	4	219D	12F-4R	58.77	4780	No
1210	$11623	$810	$1760	$2760	$3620	David Brown	4	219D	12F-4R	65.98	5900	No
1410	$13209	$870	$1890	$2960	$3880	David Brown	4T	219D	12F-4R	80.00	7150	No
1412	$14615	$990	$2150	$3370	$4410	David Brown	4T	219D	12F-4R	80.00	7310	No
1975												
885	$6832	$1440	$1980	$2900	$3420	David Brown	3	146G	12F-4R	39.26	4100	No
885	$7399	$1530	$2120	$3100	$3650	David Brown	3	164D	12F-4R	43.20	4290	No
990	$8792	$1850	$2550	$3740	$4400	David Brown	4	195D	12F-4R	53.77	4600	No
995	$9951	$1290	$2290	$3480	$4480	David Brown	4	219D	12F-4R	58.77	4780	No
1210	$10604	$720	$1620	$2610	$3420	David Brown	4	219D	12F-4R	65.98	5900	No
1212	$12216	$800	$1800	$2900	$3800	David Brown	4	219D	12F-4R	65.38	6100	No
1412	$13944	$880	$1970	$3170	$4160	David Brown	4T	219D	12F-4R	80.00	7310	No
1974												
885	$6506	$1400	$1920	$2800	$3290	David Brown	3	146G	12F-4R	39.26	3600	No
885	$6946	$1490	$2050	$2990	$3510	David Brown	3	164D	12F-4R	43.20	3740	No
990	$8191	$1760	$2420	$3520	$4140	David Brown	4	195D	12F-4R	53.77	4230	No
995	$9531	$1140	$2140	$3340	$4290	David Brown	4	219D	12F-4R	58.77	4600	No
1210	$9943	$670	$1570	$2590	$3400	David Brown	4	219D	12F-4R	65.98	5530	No
1212	$11194	$690	$1610	$2670	$3490	David Brown	4	219D	12F-4R	65.38	5660	No
1973												
885	$6235	$1370	$1870	$2740	$3180	David Brown	3	146G	12F-4R	41.00	3600	No
885	$6543	$1440	$1960	$2880	$3340	David Brown	3	164D	12F-4R	43.00	3740	No
990	$7615	$1680	$2290	$3350	$3880	David Brown	4	195D	12F-4R	53.00	4230	No
995	$9417	$1130	$2070	$3300	$4330	David Brown	4	219D	12F-4R	58.00	4600	No
1210	$9517	$630	$1530	$2620	$3430	David Brown	4	219D	12F-4R	65.00	5530	No
1212	$10856	$690	$1680	$2860	$3750	David Brown	4	219D	12F-4R	65.00	5660	No
1972												
885	$5910	$1330	$1800	$2660	$3040	David Brown	3	146G	12F-4R	41.00	3600	No
885	$6312	$1420	$1930	$2840	$3250	David Brown	3	164D	12F-4R	43.00	3740	No
990	$7234	$1630	$2210	$3260	$3730	David Brown	4	195D	12F-4R	53.00	4230	No
995	$8946	$1070	$1970	$3130	$4160	David Brown	4	219D	12F-4R	58.00	4600	No
1210	$9123	$630	$1520	$2590	$3390	David Brown	4	219D	12F-4R	65.00	5530	No
1212	$10543	$670	$1620	$2770	$3630	David Brown	4	219D	12F-4R	65.00	5660	No
1971												
780	$4903	$1130	$1520	$2230	$2550	David Brown	3	164D	12F-4R	36	3370	No
880	$5421	$1320	$1780	$2620	$2990	David Brown	3	164D	12F-4R	42.29	3850	No
885	$5637	$1300	$1750	$2570	$2930	David Brown	3	146G	12F-4R	41.00	3600	No
885	$5940	$1370	$1840	$2700	$3090	David Brown	3	164D	12F-4R	43.00	3740	No
990	$6674	$1540	$2070	$3040	$3470	David Brown	4	195D	12F-4R	52.07	4230	No
1200	$8416	$1010	$1850	$2950	$3960	David Brown	4	219D	12F-4R	65.23	5530	No
1210	$8736	$1050	$1920	$3060	$4110	David Brown	4	219D	12F-4R	65.00	5530	No
1212	$10187	$1220	$2240	$3570	$4790	David Brown	4	219D	12F-4R	65.00	5660	No
3800	$4592	$1060	$1420	$2090	$2390	David Brown	3	146G	12F-4R	39.16	3370	No
4600	$5386	$1240	$1670	$2450	$2800	David Brown	3	164G	12F-4R	46.05	3850	No
1970												
780	$4650	$1130	$1510	$2180	$2540	David Brown	3	164D	12F-4R	36	3370	No
880	$5166	$1330	$1780	$2570	$3000	David Brown	3	164D	12F-4R	42.29	3850	No
990	$6112	$1540	$2060	$2980	$3470	David Brown	4	195D	12F-4R	52.07	4230	No
1200	$8095	$970	$1780	$2830	$3850	David Brown	4	219D	12F-4R	65.23	5530	No
3800	$4371	$1030	$1380	$1990	$2320	David Brown	3	146G	12F-4R	39.16	3370	No
4600	$5062	$1190	$1600	$2300	$2680	David Brown	3	164G	12F-4R	46.05	3850	No
1969												
770	$4170	$1080	$1440	$2090	$2420	David Brown	3	146D	12F-4R	32.12	4470	No
780	$4424	$1130	$1500	$2190	$2540	David Brown	3	146D	12F-4R	36	3710	No
880	$4922	$1330	$1780	$2580	$3000	David Brown	3	154D	12F-4R	40.42	4470	No
990	$5616	$1550	$2060	$3000	$3480	David Brown	4	185D	12F-4R	51.6	4770	No
1200	$7763	$970	$1770	$2820	$3860	David Brown	4	219D	12F-4R	65.2	6585	No
3800	$4041	$1010	$1340	$1950	$2270	David Brown	3	146G	12F-4R	39.16	3370	No
4600	$4843	$1160	$1550	$2250	$2620	David Brown	3	164G	12F-4R	46.05	3850	No
1968												
770	$4120	$1040	$1410	$2060	$2380	David Brown	3	146D	12F-4R	32.12	3710	No
780	$4371	$1080	$1460	$2140	$2480	David Brown	3	146D	12F-4R	36	3710	No
880	$4736	$1310	$1770	$2590	$3000	David Brown	3	154D	12F-4R	40.42	4470	No
990	$5292	$1520	$2060	$3020	$3490	David Brown	4	185D	12F-4R	51.6	4770	No
1200	$7375	$960	$1760	$2800	$3880	David Brown	4	219D	12F-4R	65.2	6585	No

David Brown (Cont.)

	Approx. Retail Price New	Estimated Value Less Repairs: Used Trade In Avg.	Used Trade In High	Used Retail Avg.	Used Retail High	Make	Engine No. Cyls.	Engine Displ. Cu.-In.	No. Speeds	P.T.O. H.P.	Approx. Shipping Wt.-Lbs.	Cab
1967												
770	$3840	$1010	$1390	$2050	$2340	David Brown	3	146D	12F-4R	32.12	3710	No
780	$3937	$1070	$1470	$2160	$2470	David Brown	3	146D	12F-4R	36	3710	No
880	$4524	$1280	$1770	$2600	$2970	David Brown	3	154D	12F-4R	40.42	4470	No
990	$5014	$1500	$2060	$3030	$3470	David Brown	4	185D	12F-4R	51.6	4770	No
1200	$7046	$950	$1750	$2780	$3900	David Brown	4	219D	12F-4R	65.2	6585	No
1966												
770	$3790	$1000	$1390	$2060	$2330	David Brown	3	146D	12F-4R	32.12	4470	No
880	$4310	$1250	$1740	$2570	$2910	David Brown	3	154D	12F-4R	40.42	4470	No
990	$4871	$1480	$2060	$3040	$3440	David Brown	4	185D	12F-4R	51.6	4770	No
1965												
770	$3610	$970	$1380	$2010	$2290	David Brown	3	146D	12F-4R	32.12	4470	No
880	$4310	$1240	$1750	$2550	$2910	David Brown	3	154D	12F-4R	40.42	4470	No
990	$4619	$1450	$2060	$3000	$3420	David Brown	4	185D	12F-4R	51.6	4770	No
1964												
880	$3985	$1210	$1740	$2500	$2880	David Brown	3	154D	12F-4R	40.42	4470	No
990	$4473	$1430	$2050	$2950	$3390	David Brown	4	185D	12F-4R	51.6	4770	No
1963												
880	$3861	$1190	$1730	$2450	$2850	David Brown	3	154D	12F-4R	40.42	4470	No
990	$4260	$1400	$2050	$2900	$3360	David Brown	4	185D	12F-4R	51.6	4770	No
1962												
880	$3750	$1160	$1720	$2430	$2810	David Brown	3	154D	12F-4R	40.42	4470	No
990	$4130	$1380	$2040	$2880	$3340	David Brown	4	185D	12F-4R	51.6	4770	No
1961												
880	$3699	$1140	$1710	$2400	$2780	David Brown	3	154D	12F-4R	40.42	4470	No
990	$4095	$1360	$2030	$2850	$3310	David Brown	4	185D	12F-4R	51.6	4770	No

Deutz-Allis

	Approx. Retail Price New	Used Trade In Avg.	Used Trade In High	Used Retail Avg.	Used Retail High	Make	Engine No. Cyls.	Engine Displ. Cu.-In.	No. Speeds	P.T.O. H.P.	Approx. Shipping Wt.-Lbs.	Cab
1991												
5230 Synchro	$13300	$3060	$4260	$5850	$7180	Toyosha	3	92D	12F-4R	26.00	2892	No
5230 Synchro 4WD	$14995	$3450	$4800	$6600	$8100	Toyosha	3	92D	12F-4R	26.00	3050	No
6150	$17909	$2870	$4660	$6990	$8600	Deutz	3	187D	8F-4R	54.00	4935	No
6240	$18114	$2900	$4710	$7060	$8700	Deutz	3	172D	8F-4R	44.00	5776	No
6240 4WD	$22338	$3570	$5810	$8710	$10720	Deutz	3	172D	8F-4R	44.00	6173	No
6250	$19538	$2540	$4300	$6250	$8600	Deutz	3	172D	8F-4R	50.70	6018	No
6250 4WD	$24514	$3190	$5390	$7840	$10790	Deutz	3	172D	8F-4R	50.70	6459	No
6260	$22614	$2940	$4980	$7240	$9950	Deutz	3	187D	8F-4R	57.09	6018	No
6260 4WD	$28679	$3730	$6310	$9180	$12620	Deutz	3	187D	8F-4R	57.09	6459	No
6260 4WD w/Cab	$36097	$4690	$7940	$11550	$15880	Deutz	3	187D	8F-4R	57.09	7319	CHA
6260 w/Cab	$30032	$3900	$6610	$9610	$13210	Deutz	3	187D	8F-4R	57.09	6878	CHA
6265	$23319	$3030	$5130	$7460	$10260	Deutz	4	230D	12F-4R	65.80	6922	No
6265 4WD	$28784	$3740	$6330	$9210	$12670	Deutz	4	230D	12F-4R	65.80	7429	No
6265 4WD w/Cab	$35777	$4650	$7870	$11450	$15740	Deutz	4	230D	12F-4R	65.80	8333	CHA
6265 w/Cab	$30311	$3940	$6670	$9700	$13340	Deutz	4	230D	12F-4R	65.80	7826	CHA
6275	$26240	$3410	$5770	$8400	$11550	Deutz	4	249D	12F-4R	70.90	6922	No
6275 4WD	$32116	$4180	$7070	$10280	$14130	Deutz	4	249D	12F-4R	70.90	7429	No
6275 4WD w/Cab	$39108	$5080	$8600	$12520	$17210	Deutz	4	249D	12F-4R	70.90		CHA
6275 w/Cab	$33232	$4320	$7310	$10630	$14620	Deutz	4	249D	12F-4R	70.90		CHA
7085	$34386	$3100	$5160	$7570	$9970	Deutz	4T	249D	20F-5R	85.18	9900	No
7085 4WD	$39608	$3570	$5940	$8710	$11490	Deutz	4T	249D	20F-5R	85.18		No
7085 4WD w/Cab	$45350	$4080	$6800	$9980	$13150	Deutz	4T	249D	20F-5R	85.18		CHA
7085 w/Cab	$40128	$3610	$6020	$8830	$11640	Deutz	4T	249D	20F-5R	85.18		CHA
7110	$49163	$4430	$7370	$10820	$14260	Deutz	6	374D	20F-5R	110.00	9702	CHA
7110 4WD	$58548	$5270	$8780	$12880	$16980	Deutz	6	374D	20F-5R	110.00	10672	CHA
7120	$52650	$4740	$7900	$11580	$15270	Deutz	6T	374D	24F-8R	122.06	11246	CHA
7120 4WD	$62339	$5610	$9350	$13720	$18080	Deutz	6T	374D	24F-8R	122.06	12083	CHA
9130	$56973	$5130	$8550	$12530	$16520	Deutz	6TI	374D	18F-6R	135.00	14285	CHA
9130 4WD	$66622	$6000	$9990	$14660	$19320	Deutz	6TI	374D	18F-6R	135.00	14285	CHA
9150	$58983	$5310	$8850	$12980	$17110	Deutz	6TI	374D	18F-6R	158.67	13520	CHA
9150 4WD	$69671	$6270	$10450	$15330	$20210	Deutz	6TI	374D	18F-6R	158.67	14880	CHA
9170	$62501	$5630	$9380	$13750	$18130	Deutz	6T	584D	18F-6R	173.37	15837	CHA
9170 4WD	$76670	$6810	$11350	$16650	$21940	Deutz	6T	584D	18F-6R	173.37		CHA
9190 4WD	$83847	$7290	$12150	$17820	$23490	Deutz	6T	584D	18F-6R	193.55		CHA
1990												
5215 Hydro	$10025	$2210	$3110	$4310	$5310	Toyosha	3	61D	Variable	14.00	1668	No
5215 Hydro 4WD	$11285	$2480	$3500	$4850	$5980	Toyosha	3	61D	Variable	14.00	1877	No
5215 Synchro	$8850	$1950	$2740	$3810	$4690	Toyosha	3	61D	9F-3R	15.00	1384	No
5215 Synchro 4WD	$9900	$2180	$3070	$4260	$5250	Toyosha	3	61D	9F-3R	15.00	1597	No
5220 Hydro	$11495	$2530	$3560	$4940	$6090	Toyosha	3	83D	Variable	17.00	1985	No
5220 Hydro 4WD	$12760	$2810	$3960	$5490	$6760	Toyosha	3	83D	Variable	17.00	2194	No
5220 Synchro	$10920	$2400	$3390	$4700	$5790	Toyosha	3	87D	12F-4R	21.00	2433	No
5220 Synchro 4WD	$12700	$2790	$3940	$5460	$6730	Toyosha	3	87D	12F-4R	21.00	2605	No
5230 Synchro	$12700	$2790	$3940	$5460	$6730	Toyosha	3	92D	12F-4R	26.00	2892	No
5230 Synchro 4WD	$14280	$3140	$4430	$6140	$7570	Toyosha	3	92D	12F-4R	26.00	3050	No
6150	$17909	$2150	$3760	$5550	$7700	Deutz	3	187D	8F-4R	54.00	4935	No
6240	$17156	$2060	$3600	$5320	$7380	Deutz	3	172D	8F-4R	43.00	5776	No

Deutz-Allis (Cont.)

1990 (Cont.)

	Approx. Retail Price New	Estimated Value Less Repairs: Used Trade In Avg.	High	Used Retail Avg.	High	Make	Engine No. Cyls.	Displ. Cu.-In.	No. Speeds	P.T.O. H.P.	Approx. Shipping Wt.-Lbs.	Cab
6240 4WD	$21274	$2550	$4470	**$6600**	**$9150**	Deutz	3	172D	8F-4R	43.00	6173	No
6250	$18608	$2230	$3910	**$5770**	**$8000**	Deutz	3	172D	8F-4R	51.00	6018	No
6250 4WD	$23347	$2800	$4900	**$7240**	**$10040**	Deutz	3	172D	8F-4R	51.00	6459	No
6250V	$21663	$2600	$4550	**$6720**	**$9320**	Deutz	3	172D	8F-4R	51.00		No
6250V 4WD	$24605	$2950	$5170	**$7630**	**$10580**	Deutz	3	172D	8F-4R	51.00		No
6260	$21537	$2580	$4520	**$6680**	**$9260**	Deutz	3	187D	8F-4R	57.09	6018	No
6260 4WD	$27313	$3280	$5740	**$8470**	**$11750**	Deutz	3	187D	8F-4R	57.09	6459	No
6260 4WD w/Cab	$34670	$4160	$7280	**$10750**	**$14910**	Deutz	3	187D	8F-4R	57.09	7319	CHA
6260 w/Cab	$28602	$3430	$6010	**$8870**	**$12300**	Deutz	3	187D	8F-4R	57.09	6878	CHA
6260F	$22473	$2700	$4720	**$6970**	**$9660**	Deutz	3	187D	8F-4R	57.00		No
6260F 4WD	$25517	$3060	$5360	**$7910**	**$10970**	Deutz	3	187D	8F-4R	57.00		No
6260F 4WD w/Cab	$29756	$3570	$6250	**$9220**	**$12800**	Deutz	3	187D	8F-4R	57.00		CHA
6260F w/Cab	$26655	$3200	$5600	**$8260**	**$11460**	Deutz	3	187D	8F-4R	57.00		CHA
6260L	$22750	$2730	$4780	**$7050**	**$9780**	Deutz	3	187D	8F-4R	57.00		No
6260L 4WD	$25656	$3080	$5390	**$7950**	**$11030**	Deutz	3	187D	8F-4R	57.00		No
6260L 4WD w/Cab	$29894	$3590	$6280	**$9270**	**$12850**	Deutz	3	187D	8F-4R	57.00		CHA
6260L w/Cab	$26932	$3230	$5660	**$8350**	**$11580**	Deutz	3	187D	8F-4R	57.00		CHA
6265	$23319	$2800	$4900	**$7230**	**$10030**	Deutz	4	230D	12F-4R	65.80	6922	No
6265 4WD	$28784	$3450	$6050	**$8920**	**$12380**	Deutz	4	230D	12F-4R	65.80	7429	No
6265 4WD w/Cab	$35777	$4290	$7510	**$11090**	**$15380**	Deutz	4	230D	12F-4R	65.80	8333	CHA
6265 w/Cab	$30311	$3640	$6370	**$9400**	**$13030**	Deutz	4	230D	12F-4R	65.80	7826	CHA
6275	$26240	$3150	$5510	**$8130**	**$11280**	Deutz	4	249D	12F-4R	70.90	6922	No
6275 4WD	$32116	$3850	$6740	**$9960**	**$13810**	Deutz	4	249D	12F-4R	70.90	7429	No
6275 4WD w/Cab	$39108	$4690	$8210	**$12120**	**$16820**	Deutz	4	249D	12F-4R	70.90		CHA
6275 w/Cab	$33232	$3990	$6980	**$10300**	**$14290**	Deutz	4	249D	12F-4R	70.90		CHA
6275F	$26814	$3220	$5630	**$8310**	**$11530**	Deutz	4	249D	8F-4R	71.00		No
6275F 4WD	$29976	$3600	$6300	**$9290**	**$12890**	Deutz	4	249D	8F-4R	71.00		No
6275F 4WD w/Cab	$34363	$4120	$7220	**$10650**	**$14780**	Deutz	4	249D	8F-4R	71.00		CHA
6275F w/Cab	$31134	$3740	$6540	**$9650**	**$13390**	Deutz	4	249D	8F-4R	71.00		CHA
6275L	$26958	$3240	$5660	**$8360**	**$11590**	Deutz	4	249D	8F-4R	71.00		No
6275L 4WD	$30120	$3610	$6330	**$9340**	**$12950**	Deutz	4	249D	8F-4R	71.00		No
6275L 4WD w/Cab	$34507	$4140	$7250	**$10700**	**$14840**	Deutz	4	249D	8F-4R	71.00		CHA
6275L w/Cab	$31278	$3750	$6570	**$9700**	**$13450**	Deutz	4	249D	8F-4R	71.00		CHA
7085	$32749	$2620	$4590	**$6880**	**$9170**	Deutz	4T	249D	20F-5R	85.18		No
7085 4WD	$37722	$3020	$5280	**$7920**	**$10560**	Deutz	4T	249D	20F-5R	85.18		No
7085 4WD w/Cab	$42829	$3430	$6000	**$8990**	**$11990**	Deutz	4T	249D	20F-5R	85.18		CHA
7085 w/Cab	$38217	$3060	$5350	**$8030**	**$10700**	Deutz	4T	249D	20F-5R	85.18		CHA
7110	$46882	$3750	$6560	**$9850**	**$13130**	Deutz	6	374D	15F-5R	122.00	9702	CHA
7110 4WD	$55760	$4460	$7810	**$11710**	**$15610**	Deutz	6	374D	15F-5R	122.00	10672	CHA
7120	$50143	$4010	$7020	**$10530**	**$14040**	Deutz	6T	374D	24F-8R	122.06	11246	CHA
7120 4WD	$59370	$4750	$8310	**$12470**	**$16620**	Deutz	6T	374D	24F-8R	122.06	12083	CHA
7145	$59057	$4730	$8270	**$12400**	**$16540**	Deutz	6T	374D	36F-12R	144.60	11905	CHA
7145 4WD	$63010	$5040	$8820	**$13230**	**$17640**	Deutz	6T	374D	36F-12R	144.60	12897	CHA
9130	$55755	$4460	$7810	**$11710**	**$15610**	Deutz	6TI	374D	18F-6R	135.00	14285	CHA
9130 4WD	$66115	$5290	$9260	**$13880**	**$18510**	Deutz	6TI	374D	18F-6R	135.00	14285	CHA
9150	$56174	$4490	$7860	**$11800**	**$15730**	Deutz	6TA	374D	18F-6R	158.67	13520	CHA
9150 4WD	$66353	$5310	$9290	**$13930**	**$18580**	Deutz	6T	374D	18F-6R	158.67	14880	CHA
9170	$61885	$4950	$8660	**$13000**	**$17330**	Deutz	6T	584D	18F-6R	173.37	15837	CHA
9170 4WD	$75880	$6000	$10500	**$15750**	**$21000**	Deutz	6T	584D	18F-6R	173.37		CHA
9190 4WD	$82777	$6540	$11450	**$17170**	**$22900**	Deutz	6T	584D	18F-6R	193.55		CHA

1989

	Approx. Retail Price New	Used Trade In Avg.	High	Used Retail Avg.	High	Make	Engine No. Cyls.	Displ. Cu.-In.	No. Speeds	P.T.O. H.P.	Approx. Shipping Wt.-Lbs.	Cab
5215	$8739	$1840	$2670	**$3670**	**$4540**	Toyosha	3	61D	9F-3R	15.00	1384	No
5215 4WD	$9719	$2040	$2960	**$4080**	**$5050**	Toyosha	3	61D	9F-3R	15.00	1597	No
5215 Hydro	$9899	$2080	$3020	**$4160**	**$5150**	Toyosha	3	61D	Variable	14.00	1668	No
5215 Hydro 4WD	$10899	$2290	$3320	**$4580**	**$5670**	Toyosha	3	61D	Variable	14.00	1877	No
5220	$10899	$2290	$3320	**$4580**	**$5670**	Toyosha	3	87D	12F-4R	21.00	2433	No
5220 4WD	$11499	$2420	$3510	**$4830**	**$5980**	Toyosha	3	87D	12F-4R	21.00	2605	No
5220 w/Cab	$12199	$2560	$3720	**$5120**	**$6340**	Toyosha	3	87D	12F-4R	21.00	3043	CH
5230	$11499	$2420	$3510	**$4830**	**$5980**	Toyosha	3	92D	12F-4R	26.00	2892	No
5230 4WD	$12899	$2710	$3930	**$5420**	**$6710**	Toyosha	3	92D	12F-4R	26.00	3050	No
6240	$17156	$1890	$3430	**$5150**	**$7210**	Deutz	3	172D	8F-4R	43.00	6173	No
6250	$18608	$2050	$3720	**$5580**	**$7820**	Deutz	3	172D	8F-4R	50.70	6459	No
6260	$21537	$2370	$4310	**$6460**	**$9050**	Deutz	3	187D	8F-4R	57.09	6459	No
6260 w/Cab	$28537	$3140	$5710	**$8560**	**$11990**	Deutz	3	187D	8F-4R	57.09		CHA
6265	$23319	$2570	$4660	**$7000**	**$9790**	Deutz	4	230D	12F-4R	65.08	7429	No
6265 w/Cab	$30319	$3340	$6060	**$9100**	**$12730**	Deutz	4	230D	12F-4R	65.08		CHA
6275	$26240	$2890	$5250	**$7870**	**$11020**	Deutz	4	249D	12F-4R	70.90	7429	No
6275 w/Cab	$33240	$3660	$6650	**$9970**	**$13960**	Deutz	4	249D	12F-4R	70.90		CHA
7085	$32749	$2290	$4260	**$6550**	**$8840**	Deutz	4T	249D	20F-5R	85.18	9193	No
7085 w/Cab	$38249	$2680	$4970	**$7650**	**$10330**	Deutz	4T	249D	20F-5R	85.18		CHA
7110	$46882	$3280	$6100	**$9380**	**$12660**	Deutz	6	374D	15F-5R	110.00	10670	CHA
7120	$50143	$3510	$6520	**$10030**	**$13540**	Deutz	6T	374D	24F-8R	122.06	12081	CHA
7145	$59057	$4130	$7680	**$11810**	**$15950**	Deutz	6T	374D	36F-12R	144.60	12987	CHA
9130	$55688	$3900	$7240	**$11140**	**$15040**	Deutz	6TI	374D	18F-6R	135.00	14285	CHA
9130 4WD	$65675	$4600	$8540	**$13140**	**$17730**	Deutz	6TI	374D	18F-6R	135.00	14285	CHA
9150	$56174	$3930	$7300	**$11240**	**$15170**	Deutz	6TA	374D	18F-6R	151.07	14880	CHA
9150	$57245	$4010	$7440	**$11450**	**$15460**	Deutz	6TI	374D	18F-6R	158.67	13520	CHA
9150 4WD	$68270	$4780	$8880	**$13650**	**$18430**	Deutz	6TI	374D	18F-6R	158.67	14880	CHA
9170	$59525	$4170	$7740	**$11910**	**$16070**	Deutz	6T	584D	18F-6R	173.37	16040	CHA
9170	$60345	$4220	$7850	**$12070**	**$16290**	Deutz	6T	584D	18F-6R	173.37	15837	CHA
9170 4WD	$75220	$5190	$9650	**$14840**	**$20030**	Deutz	6T	584D	18F-6R	173.37		CHA
9190 4WD	$82155	$5600	$10400	**$16000**	**$21600**	Deutz	6T	584D	18F-6R	193.55		CHA

Deutz-Allis (Cont.)

Model	Approx. Retail Price New	Estimated Value Less Repairs: Used Trade In Avg.	Used Trade In High	Used Retail Avg.	Used Retail High	Engine Make	Engine No. Cyls.	Engine Displ. Cu.-In.	No. Speeds	P.T.O. H.P.	Approx. Shipping Wt.-Lbs.	Cab
				1988								
5215	$7739	$1590	$2320	**$3170**	**$3950**	Toyosha	3	61D	9F-3R	15.00	1384	No
5215 4WD	$8719	$1790	$2620	**$3580**	**$4450**	Toyosha	3	61D	9F-3R	15.00	1597	No
5215 Hydro	$8899	$1820	$2670	**$3650**	**$4540**	Toyosha	3	61D	Variable	14.00	1668	No
5215 Hydro 4WD	$9899	$2030	$2970	**$4060**	**$5050**	Toyosha	3	61D	Variable	14.00	1877	No
5220	$9899	$2030	$2970	**$4060**	**$5050**	Toyosha	3	87D	12F-4R	21.00	2433	No
5220 4WD	$11499	$2360	$3450	**$4720**	**$5860**	Toyosha	3	87D	12F-4R	21.00	2605	No
5230	$11499	$2360	$3450	**$4720**	**$5860**	Toyosha	3	92D	12F-4R	26.00	2892	No
5230 4WD	$12899	$2640	$3870	**$5290**	**$6580**	Toyosha	3	92D	12F-4R	26.00	3050	No
6240	$16738	$1760	$3260	**$4850**	**$6860**	Deutz	3	172D	8F-4R	44.00	5776	No
6240 4WD	$20755	$2180	$4050	**$6020**	**$8510**	Deutz	3	172D	8F-4R	44.00	6173	No
6250	$18154	$1910	$3540	**$5270**	**$7440**	Deutz	3	172D	8F-4R	50.70	6018	No
6250 4WD	$22778	$2390	$4440	**$6610**	**$9340**	Deutz	3	172D	8F-4R	50.70	6459	No
6260	$21012	$2210	$4100	**$6090**	**$8620**	Deutz	3	187D	8F-4R	57.00	6018	No
6260 4WD	$26647	$2800	$5200	**$7730**	**$10930**	Deutz	3	187D	8F-4R	57.00	6459	No
6260 4WD w/Cab	$33830	$3550	$6600	**$9810**	**$13870**	Deutz	3	187D	8F-4R	57.00	7319	CHA
6260 w/Cab	$27904	$2930	$5440	**$8090**	**$11440**	Deutz	3	187D	8F-4R	57.00	6878	CHA
6265	$22750	$2390	$4440	**$6600**	**$9330**	Deutz	4	230D	12F-4R	65.80	6922	No
6265 4WD	$28082	$2950	$5480	**$8140**	**$11510**	Deutz	4	230D	12F-4R	65.80	7429	No
6265 4WD w/Cab	$34904	$3670	$6810	**$10120**	**$14310**	Deutz	4	230D	12F-4R	65.80	8333	CHA
6265 w/Cab	$29572	$3110	$5770	**$8580**	**$12130**	Deutz	4	230D	12F-4R	65.80	7826	CHA
6275	$25600	$2690	$4990	**$7420**	**$10500**	Deutz	4	249D	12F-4R	70.90	6922	No
6275 4WD	$31333	$3290	$6110	**$9090**	**$12850**	Deutz	4	249D	12F-4R	70.90	7429	No
6275 4WD w/Cab	$38154	$4010	$7440	**$11070**	**$15640**	Deutz	4	249D	12F-4R	70.90	8100	CHA
6275 w/Cab	$32421	$3400	$6320	**$9400**	**$13290**	Deutz	4	249D	12F-4R	70.90	7700	CHA
7085	$31552	$1890	$3790	**$6000**	**$8200**	Deutz	4T	249D	20F-5R	85.00	8466	No
7085 4WD	$36802	$2210	$4420	**$6990**	**$9570**	Deutz	4T	249D	20F-5R	85.00	9193	No
7085 4WD w/Cab	$41784	$2510	$5010	**$7940**	**$10860**	Deutz	4T	249D	20F-5R	85.00		CHA
7085 w/Cab	$36887	$2210	$4430	**$7010**	**$9590**	Deutz	4T	249D	20F-5R	85.00		CHA
7110	$45680	$2740	$5480	**$8680**	**$11880**	Deutz	6	374D	15F-5R	110.00	9702	CHA
7110 4WD	$54400	$3260	$6530	**$10340**	**$14140**	Deutz	6	374D	15F-5R	110.00	10672	CHA
7120	$48920	$2940	$5870	**$9300**	**$12720**	Deutz	6	374D	24F-8R	122.00	11246	CHA
7120 4WD	$57920	$3480	$6950	**$11010**	**$15060**	Deutz	6	374D	24F-8R	122.00	12083	CHA
7145	$57617	$3460	$6910	**$10950**	**$14980**	Deutz	6T	374D	36F-12R	144.60	11905	CHA
7145 4WD	$61473	$3690	$7380	**$11680**	**$15980**	Deutz	6T	374D	36F-12R	144.60	12897	CHA
8010 PD	$46176	$2650	$5300	**$8390**	**$11490**	AC	6T	301D	20F-4R	109.00	11850	CHA
8010 PD 4WD	$54055	$3120	$6250	**$9890**	**$13530**	AC	6T	301D	20F-4R	109.00	13450	CHA
8030 PD	$52398	$3020	$6050	**$9580**	**$13100**	AC	6T	426D	20F-4R	134.00	12450	CHA
8030 PD 4WD	$60278	$3500	$6990	**$11070**	**$15150**	AC	6T	426D	20F-4R	134.00	12600	CHA
8050 PD	$58411	$3390	$6770	**$10720**	**$14670**	AC	6TI	426D	20F-4R	155.00	12750	CHA
8050 PD 4WD	$66291	$3860	$7720	**$12220**	**$16720**	AC	6TI	426D	20F-4R	155.00	14350	CHA
8070 PD	$60337	$3500	$7000	**$11080**	**$15170**	AC	6TI	426D	20F-4R	171.00	13750	CHA
8070 PD 4WD	$68217	$3970	$7950	**$12580**	**$17220**	AC	6TI	426D	20F-4R	171.00	15350	CHA
4W-305 4WD	$93685	$4840	$9680	**$15330**	**$20980**	AC	6TI	731D	20F-4R	250.00	21826	CHA
PD - Power Director												
				1987								
5215 HST	$7990	$1600	$2360	**$3200**	**$4000**	Toyosha	3	61D	Variable	14.00		No
5215 HST 4WD	$8799	$1760	$2600	**$3520**	**$4400**	Toyosha	3	61D	Variable	14.00		No
5220	$8999	$1800	$2660	**$3600**	**$4500**	Toyosha	3	87D	12F-4R	21.00	2433	No
5220 4WD	$10299	$2060	$3040	**$4120**	**$5150**	Toyosha	3	87D	12F-4R	21.00	2605	No
5230	$10299	$2060	$3040	**$4120**	**$5150**	Toyosha	3	87D	12F-4R	26.00	2892	No
5230 4WD	$11799	$2360	$3480	**$4720**	**$5900**	Toyosha	3	87D	12F-4R	26.00	3050	No
6035	$11705	$1640	$2810	**$4100**	**$5150**	Deutz	2	115D	8F-2R	33.00	4255	No
6070	$24225	$2420	$4360	**$6780**	**$9690**	AC	4T	433D	12F-3R	70.00		No
6070 w/Cab	$29100	$2910	$5240	**$8150**	**$11640**	AC	4T	433D	12F-3R	70.00		CH
6080 4WD	$34098	$3410	$6140	**$9550**	**$13640**	AC	4TI	433D	12F-3R	83.66		No
6080 w/Cab	$33496	$3350	$6030	**$9380**	**$13400**	AC	4TI	433D	12F-3R	83.66		CH
6140	$15891	$2230	$3810	**$5560**	**$6990**	Toyosha	3	142D	10F-2R	41.08	4228	No
6140 4WD	$19790	$2770	$4750	**$6930**	**$8710**	Toyosha	3	142D	10F-2R	41.08	4628	No
6240	$16738	$1670	$3010	**$4690**	**$6700**	Deutz	3	172D	8F-4R	43.00	5776	No
6240 4WD	$20755	$2080	$3740	**$5810**	**$8300**	Deutz	3	172D	8F-4R	43.00	6173	No
6250	$18154	$1820	$3270	**$5080**	**$7260**	Deutz	3	172D	8F-4R	51.00	6018	No
6250 4WD	$22676	$2270	$4080	**$6350**	**$9070**	Deutz	3	172D	8F-4R	51.00	6459	No
6260	$21012	$2100	$3780	**$5880**	**$8410**	Deutz	3	187D	8F-4R	57.09	6018	No
6260 4WD	$25647	$2570	$4620	**$7180**	**$10260**	Deutz	3	187D	8F-4R	57.09	6459	No
6260 4WD w/Cab	$32560	$3260	$5860	**$9120**	**$13020**	Deutz	3	187D	8F-4R	57.09	7319	CHA
6260 w/Cab	$27904	$2790	$5020	**$7810**	**$11160**	Deutz	3	187D	8F-4R	57.09	6878	CHA
6265	$22750	$2280	$4100	**$6370**	**$9100**	Deutz	3	230D	12F-4R	65.80	6922	No
6265 4WD	$28082	$2810	$5060	**$7860**	**$11230**	Deutz	3	230D	12F-4R	65.80	7429	No
6265 4WD w/Cab	$34904	$3490	$6280	**$9770**	**$13960**	Deutz	3	230D	12F-4R	65.80	8333	CHA
6265 w/Cab	$29572	$2960	$5320	**$8280**	**$11830**	Deutz	3	230D	12F-4R	65.80	7826	CHA
6275	$25600	$2560	$4610	**$7170**	**$10240**	Deutz	4	249D	12F-4R	70.90	6922	No
6275 4WD	$31333	$3130	$5640	**$8770**	**$12530**	Deutz	4	249D	12F-4R	70.90	7429	No
6275 4WD w/Cab	$38154	$3820	$6870	**$10680**	**$15260**	Deutz	4	249D	12F-4R	70.90	8429	CHA
6275 w/Cab	$32421	$3240	$5840	**$9080**	**$12970**	Deutz	4	249D	12F-4R	70.90	7920	CHA
7085	$31552	$1580	$3470	**$5680**	**$7890**	Deutz	4T	249D	15F-5R	85.18	8466	No
7085 4WD	$39318	$1970	$4330	**$7080**	**$9830**	Deutz	4T	249D	15F-5R	85.18	9193	No
7085 4WD w/Cab	$44653	$2230	$4910	**$8040**	**$11160**	Deutz	4T	249D	15F-5R	85.18	9193	CHA
7085 w/Cab	$36887	$1840	$4060	**$6640**	**$9220**	Deutz	4T	249D	15F-5R	85.18	8466	CHA
7110	$44800	$2240	$4930	**$8060**	**$11200**	Deutz	6	374D	15F-5R	110.00	9702	CHA
7110 4WD	$54400	$2720	$5980	**$9790**	**$13600**	Deutz	6	374D	15F-5R	110.00	10672	CHA
7120	$47700	$2390	$5250	**$8590**	**$11930**	Deutz	6T	374D	24F-8R	123.15	11246	CHA
7120 4WD	$57920	$2900	$6370	**$10430**	**$14480**	Deutz	6T	374D	24F-8R	123.15	12083	CHA
7145	$57617	$2880	$6340	**$10370**	**$14400**	Deutz	6T	374D	36F-12R	144.60	11905	CHA

Deutz-Allis (Cont.)

	Approx. Retail Price New	Estimated Value Less Repairs: Used Trade In Avg.	High	Used Retail Avg.	High	Engine Make	No. Cyls.	Displ. Cu.-In.	No. Speeds	P.T.O. H.P.	Approx. Shipping Wt.-Lbs.	Cab
1987 (Cont.)												
7145 4WD	$68143	$3410	$7500	$12270	$17040	Deutz	6T	374D	36F-12R	144.60	12897	CHA
8010 PD	$46176	$2210	$4860	$7950	$11040	AC	6T	301D	20F-4R	109.00	11850	CHA
8010 PD 4WD	$54055	$2600	$5730	$9370	$13010	AC	6T	301D	20F-4R	109.00	13450	CHA
8010 PS	$47710	$2290	$5030	$8230	$11430	AC	6T	301D	12F-2R	109.55	12000	CHA
8010 PS 4WD	$55589	$2680	$5900	$9650	$13400	AC	6T	301D	12F-2R	109.00	13600	CHA
8030 PD	$52398	$2520	$5540	$9070	$12600	AC	6T	426D	20F-4R	134.00	12450	CHA
8030 PD 4WD	$60278	$2910	$6410	$10490	$14570	AC	6T	426D	20F-4R	134.00	14050	CHA
8030 PS	$53982	$2600	$5720	$9360	$13000	AC	6T	426D	12F-2R	134.42	12600	CHA
8030 PS 4WD	$61862	$2990	$6590	$10780	$14970	AC	6T	426D	12F-2R	134.42	14200	CHA
8050 PD	$58411	$2820	$6210	$10150	$14100	AC	6TI	426D	20F-4R	155.00	12750	CHA
8050 PD 4WD	$66291	$3220	$7070	$11570	$16070	AC	6TI	426D	20F-4R	155.00	14350	CHA
8050 PS	$60111	$2910	$6390	$10460	$14530	AC	6TI	426D	12F-3R	155.15	12900	CHA
8050 PS 4WD	$67990	$3300	$7260	$11880	$16500	AC	6TI	426D	12F-3R	155.15	14500	CHA
8070 PD	$60337	$2920	$6420	$10500	$14580	AC	6TI	426D	20F-4R	171.00	13750	CHA
8070 PD 4WD	$68217	$3310	$7280	$11920	$16550	AC	6TI	426D	20F-4R	171.00	15350	CHA
8070 PS	$62037	$3000	$6600	$10810	$15010	AC	6TI	426D	12F-2R	171.44	13900	CHA
8070 PS 4WD	$69916	$3400	$7470	$12230	$16980	AC	6TI	426D	12F-2R	171.44	15500	CHA
4W-305 4WD	$93685	$3930	$8660	$14160	$19670	AC	6T	731D	20F-4R	250.00	21876	CHA

HST - Hydrostatic Transmission PD - Power Director PS - Power Shift

	Approx. Retail Price New	Estimated Value Less Repairs: Used Trade In Avg.	High	Used Retail Avg.	High	Engine Make	No. Cyls.	Displ. Cu.-In.	No. Speeds	P.T.O. H.P.	Approx. Shipping Wt.-Lbs.	Cab
1986												
5015	$6550	$1280	$1900	$2560	$3210	Toyosha	3	61D	9F-3R	15.00	1387	No
5015 4WD	$7150	$1390	$2070	$2790	$3500	Toyosha	3	61D	9F-3R	15.00	1557	No
5220	$8499	$1660	$2470	$3320	$4170	Toyosha	3	87D	14F-4R	21.00	2433	No
5220 4WD	$9699	$1890	$2810	$3780	$4750	Toyosha	3	87D	14F-4R	21.00	2604	No
5230	$9699	$1890	$2810	$3780	$4750	Toyosha	3	92D	14F-4R	26.00	2892	No
5230 4WD	$10799	$2110	$3130	$4210	$5290	Toyosha	3	92D	14F-4R	26.00	3050	No
6060	$21460	$2040	$3760	$5790	$8370	AC	4T	433D	8F-2R	64.90	5869	No
6060	$26335	$2500	$4610	$7110	$10270	AC	4T	433D	8F-2R	64.90	6200	CH
6060 4WD	$26263	$2500	$4600	$7090	$10240	AC	4T	433D	8F-2R	64.90	6669	No
6060 4WD	$31138	$2960	$5450	$8410	$12140	AC	4T	433D	8F-2R	64.90	7000	CH
6070	$24225	$2300	$4240	$6540	$9450	AC	4T	200D	12F-3R	70.00	5900	No
6070 4WD	$29225	$2780	$5110	$7890	$11400	AC	4T	200D	12F-3R	70.00	6700	No
6070 4WD w/Cab	$34100	$3240	$5970	$9210	$13300	AC	4T	200D	12F-3R	70.00	7800	CHA
6070 w/Cab	$29100	$2770	$5090	$7860	$11350	AC	4T	200D	12F-3R	70.00	7050	CHA
6080	$28625	$2720	$5010	$7730	$11160	AC	4TI	200D	12F-3R	83.66	7170	No
6080 4WD	$34100	$3240	$5970	$9210	$13300	AC	4TI	200D	12F-3R	83.66	7600	No
6080 4WD w/Cab	$38975	$3700	$6820	$10520	$15200	AC	4TI	200D	12F-3R	83.66	8750	CHA
6080 w/Cab	$33500	$3180	$5860	$9050	$13070	AC	4TI	200D	12F-3R	83.66	8070	CHA
6140	$15895	$2150	$3740	$5400	$6840	Toyosha	3	142D	10F-2R	41.08	4228	No
6140 4WD	$19790	$2670	$4650	$6730	$8510	Toyosha	3	142D	10F-2R	41.08	4628	No
6240	$16250	$1540	$2840	$4390	$6340	Deutz	3	173D	8F-4R	44.00	5776	No
6240 4WD	$20150	$1910	$3530	$5440	$7860	Deutz	3	173D	8F-4R	44.00	6173	No
6250	$17625	$1670	$3080	$4760	$6870	Deutz	3	173D	8F-4R	50.70	6020	No
6250 4WD	$22020	$2090	$3850	$5950	$8590	Deutz	3	173D	8F-4R	50.70	6459	No
6260	$20400	$1940	$3570	$5510	$7960	Deutz	3	187D	8F-4R	57.09	6020	No
6260 4WD	$25000	$2380	$4380	$6750	$9750	Deutz	3	187D	8F-4R	57.09	6878	No
6260 4WD w/Cab	$31612	$3000	$5530	$8540	$12330	Deutz	3	187D	8F-4R	57.09	7319	CHA
6260 w/Cab	$27091	$2570	$4740	$7320	$10570	Deutz	3	187D	8F-4R	57.09	6459	CHA
6265	$22100	$2100	$3870	$5970	$8620	Deutz	4	230D	12F-4R	65.80	6222	No
6265 4WD	$27265	$2590	$4770	$7360	$10630	Deutz	4	230D	12F-4R	65.80	7429	No
6265 4WD w/Cab	$33890	$3220	$5930	$9150	$13220	Deutz	4	230D	12F-4R	65.80	8204	CHA
6265 w/Cab	$28715	$2730	$5030	$7750	$11200	Deutz	4	230D	12F-4R	65.80	6997	CHA
6275	$24855	$2360	$4350	$6710	$9690	Deutz	4	249D	12F-4R	70.90	6922	No
6275 4WD	$30420	$2890	$5320	$8210	$11860	Deutz	4	249D	12F-4R	70.90	7429	No
6275 4WD w/Cab	$37050	$3330	$6130	$9450	$13650	Deutz	4	249D	12F-4R	70.90	8204	CHA
6275 w/Cab	$31500	$2990	$5510	$8510	$12290	Deutz	4	249D	12F-4R	70.90	7697	CHA
8010 PD	$46175	$1770	$3980	$7510	$10600	AC	6T	301D	20F-4R	109.00	11850	CHA
8010 PD 4WD	$54055	$2080	$4690	$8850	$12490	AC	6T	301D	20F-4R	109.00	13450	CHA
8010 PS	$47710	$1830	$4110	$7770	$10970	AC	6T	301D	12F-2R	109.55	12000	CHA
8010 PS 4WD	$55590	$2140	$4820	$9110	$12860	AC	6T	301D	12F-2R	109.00	13600	CHA
8010 PS HC	$55335	$2130	$4790	$9050	$12770	AC	6T	301D	12F-2R	109.00	12500	CHA
8030 PD	$52398	$2020	$4540	$8570	$12100	AC	6T	426D	20F-4R	134.00	12450	CHA
8030 PD 4WD	$60278	$2330	$5250	$9910	$13990	AC	6T	426D	20F-4R	134.00	14050	CHA
8030 PS	$53982	$2080	$4680	$8840	$12480	AC	6T	426D	12F-2R	134.42	12600	CHA
8030 PS 4WD	$61862	$2390	$5390	$10180	$14370	AC	6T	426D	12F-2R	134.00	14200	CHA
8030 PS HC	$61604	$2380	$5360	$10130	$14310	AC	6T	426D	12F-2R	134.00	13000	CHA
8050 PD	$58411	$2260	$5080	$9590	$13540	AC	6TI	426D	20F-4R	155.00	12750	CHA
8050 PD 4WD	$66291	$2570	$5790	$10930	$15430	AC	6TI	426D	20F-4R	155.00	14350	CHA
8050 PS	$60111	$2320	$5230	$9880	$13950	AC	6TI	426D	12F-3R	155.15	12900	CHA
8050 PS 4WD	$67990	$2640	$5940	$11220	$15840	AC	6TI	426D	12F-3R	155.00	14500	CHA
8050 PS HC	$67773	$2630	$5920	$11180	$15790	AC	6TI	426D	12F-3R	155.00	13600	CHA
8070 PD	$60337	$2290	$5160	$9750	$13760	AC	6TI	426D	20F-4R	171.00	13750	CHA
8070 PD 4WD	$68217	$2610	$5870	$11090	$15650	AC	6TI	426D	20F-4R	171.00	15350	CHA
8070 PS	$62037	$2360	$5310	$10040	$14170	AC	6TI	426D	12F-2R	171.44	13900	CHA
8070 PS 4WD	$69916	$2680	$6020	$11380	$16060	AC	6TI	426D	12F-2R	171.00	15500	CHA
4W-305 4WD	$93685	$3070	$6900	$13040	$18400	AC	6T	731D	20F-4R	250.00	21826	CHA

HC - High Clearance PD - Power Director PS - Power Shift

Deutz-Fahr

1985

Model	Approx. Retail Price New	Estimated Value Less Repairs: Used Trade In Avg.	Used Trade In High	Used Retail Avg.	Used Retail High	Make	Engine No. Cyls.	Engine Displ. Cu.-In.	No. Speeds	P.T.O. H.P.	Approx. Shipping Wt.-Lbs.	Cab
DX3.10	$16890	$560	$1250	$2220	$3200	Deutz	3	173D	8F-4R	44.00	5776	No
DX3.10A 4WD	$21100	$680	$1530	$2720	$3910	Deutz	3	173D	8F-4R	44.00	6173	No
DX3.30	$17625	$580	$1310	$2340	$3360	Deutz	3	173D	8F-4R	50.70	6020	No
DX3.30A 4WD	$22020	$740	$1670	$2960	$4260	Deutz	3	173D	8F-4R	50.70	6060	No
DX3.50	$20500	$660	$1490	$2640	$3800	Deutz	3	173D	8F-4R	57.09	6020	No
DX3.50 w/Cab	$27095	$880	$1980	$3520	$5060	Deutz	3	187D	8F-4R	57.09	6795	CHA
DX3.50A 4WD	$25000	$800	$1800	$3200	$4600	Deutz	3	187D	8F-4R	57.09	6060	No
DX3.50A 4WD w/Cab	$31615	$1060	$2390	$4260	$6120	Deutz	3	187D	8F-4R	57.09	6835	CHA
DX3.70	$22100	$720	$1620	$2880	$4140	Deutz	4	230D	12F-4R	65.80	6222	No
DX3.70 w/Cab	$28715	$940	$2120	$3760	$5410	Deutz	4	230D	12F-4R	65.80	6997	CHA
DX3.70A 4WD	$27265	$890	$2000	$3550	$5110	Deutz	4	230D	12F-4R	65.80	7429	No
DX3.70A 4WD w/Cab	$33890	$1100	$2480	$4400	$6330	Deutz	4	230D	12F-4R	65.80	8204	CHA
DX3.90	$24855	$790	$1780	$3170	$4550	Deutz	4	249D	12F-4R	70.90	6922	No
DX3.90 w/Cab	$31500	$1060	$2390	$4240	$6100	Deutz	4	249D	12F-4R	70.90	7697	CHA
DX3.90A 4WD	$30420	$1020	$2290	$4060	$5840	Deutz	4	249D	12F-4R	70.90	7429	No
DX3.90A 4WD w/Cab	$37050	$1260	$2840	$5040	$7250	Deutz	4	249D	12F-4R	70.90	8204	CHA
DX4.70	$30005	$1000	$2250	$4000	$5750	Deutz	4T	249D	15F-5R	85.18	8466	No
DX4.70 4WD	$37545	$1300	$2930	$5200	$7480	Deutz	4T	249D	15F-5R	85.18	9193	No
DX4.70 4WD w/Cab	$42930	$1500	$3380	$6000	$8630	Deutz	4T	249D	15F-5R	85.18	9968	CHA
DX4.70 w/Cab	$35395	$1210	$2730	$4850	$6970	Deutz	4T	249D	15F-5R	85.18	9241	CHA
DX6.30	$42275	$1480	$3330	$5920	$8510	Deutz	6	374D	15F-5R	110.00	12787	CHA
DX6.30 4WD	$51740	$1840	$4140	$7360	$10580	Deutz	6	374D	15F-5R	110.00	14991	CHA
DX6.50	$45885	$1620	$3650	$6480	$9320	Deutz	6T	374D	24F-8R	123.15	16975	CHA
DX6.50 4WD	$55975	$2000	$4500	$8000	$11500	Deutz	6T	374D	24F-8R	123.15	17637	CHA
DX7.10	$51095	$1840	$4140	$7360	$10580	Deutz	6T	374D	24F-8R	144.60	11905	CHA
DX7.10 4WD	$60920	$2160	$4860	$8640	$12420	Deutz	6T	374D	32F-8R	144.60	12897	CHA
DX8.30A 4WD	$82200	$2600	$5850	$10400	$14950	Deutz	6T	584D	18F-6R	190.00	20392	CHA
D3607	$11375	$1020	$1820	$2960	$4320	Deutz	2	115D	8F-2R	33.00	4120	No
D4507	$16100	$1450	$2580	$4190	$6120	Deutz	3	173D	8F-2R	43.00	4420	No

1984

Model	Approx. Retail Price New	Used Trade In Avg.	Used Trade In High	Used Retail Avg.	Used Retail High	Make	Engine No. Cyls.	Engine Displ. Cu.-In.	No. Speeds	P.T.O. H.P.	Approx. Shipping Wt.-Lbs.	Cab
DX4.70	$30005	$1000	$2250	$3750	$5500	Deutz	4T	249D	15F-5R	85.18	8466	No
DX4.70 4WD	$37542	$1280	$2880	$4800	$7040	Deutz	4T	249D	15F-5R	85.18	9193	No
DX4.70 4WD w/Cab	$42930	$1500	$3380	$5640	$8270	Deutz	4T	249D	15F-5R	85.18	9968	CHA
DX4.70 w/Cab	$35393	$1210	$2730	$4550	$6670	Deutz	4T	249D	15F-5R	85.18	9241	CHA
DX6.30	$42272	$1480	$3330	$5550	$8140	Deutz	6	374D	15F-5R	110.00	12787	CHA
DX6.30 4WD	$51739	$1820	$4100	$6830	$10010	Deutz	6	374D	15F-5R	110.00	14991	CHA
DX6.50	$45884	$1580	$3560	$5930	$8690	Deutz	6T	374D	24F-8R	123.15	16975	CHA
DX6.50 4WD	$55972	$1960	$4410	$7350	$10780	Deutz	6T	374D	24F-8R	123.15	17637	CHA
DX7.10	$51091	$1800	$4050	$6750	$9900	Deutz	6T	374D	36F-12R	144.60	11905	CHA
DX7.10 4WD	$60916	$2080	$4680	$7800	$11440	Deutz	6T	374D	36F-12R	144.60	12897	CHA
DX90	$28851	$930	$2100	$3500	$5130	Deutz	5	287D	15F-5R	84.47	8780	No
DX90 w/Cab	$34031	$1160	$2610	$4350	$6380	Deutz	5	287D	15F-5R	84.47	9880	CHA
DX90A 4WD	$35504	$1210	$2730	$4550	$6670	Deutz	5	287D	15F-5R	84.00	9600	No
DX90A 4WD w/Cab	$40684	$1380	$3110	$5190	$7610	Deutz	5	287D	15F-5R	84.00	10700	CHA
DX120	$40646	$1420	$3200	$5340	$7830	Deutz	6	374D	15F-5R	111.29	10030	CHA
DX120A 4WD	$49156	$1720	$3870	$6450	$9460	Deutz	6	374D	15F-5R	111.00	10850	CHA
DX130	$44119	$1520	$3430	$5720	$8380	Deutz	6T	374D	24F-8R	121.27	11490	CHA
DX130A 4WD	$53087	$1820	$4100	$6830	$10010	Deutz	6T	374D	24F-8R	121.00	12680	CHA
DX160	$49126	$1680	$3780	$6300	$9240	Deutz	6T	374D	24F-8R	145.41	12440	CHA
DX160A 4WD	$58573	$2020	$4550	$7580	$11110	Deutz	6T	374D	24F-8R	145.00	13450	CHA
D4507	$16064	$640	$1450	$2410	$3530	Deutz	3	173D	8F-2R	43.00	4420	No
D4507 4WD	$21077	$800	$1800	$3000	$4400	Deutz	3	173D	8F-2R	43.00	5080	No
D5207	$18229	$680	$1530	$2550	$3740	Deutz	3	173D	8F-2R	51.00	4595	No
D5207A 4WD	$23067	$880	$1980	$3300	$4840	Deutz	3	173D	8F-2R	51.00	5260	No
D6507	$21060	$800	$1800	$3000	$4400	Deutz	4	230D	8F-2R	60.00	4550	No
D6507 w/Cab	$27812	$1040	$2340	$3900	$5720	Deutz	4	230D	8F-2R	60.00	5650	CHA
D6507A 4WD	$26250	$1000	$2250	$3750	$5500	Deutz	4	230D	8F-2R	60.00	5250	No
D6507A 4WD w/Cab	$33002	$1200	$2700	$4500	$6600	Deutz	4	230D	8F-2R	60.00	6350	CHA
D7007	$23993	$880	$1980	$3300	$4840	Deutz	4	230D	12F-4R	68.00	5920	No
D7007 w/Cab	$30747	$1130	$2540	$4230	$6200	Deutz	4	230D	12F-4R	68.00	7080	CHA
D7007A 4WD	$30698	$1110	$2490	$4160	$6090	Deutz	4	230D	12F-4R	68.00	6680	No
D7007A 4WD w/Cab	$37450	$1380	$3100	$5160	$7570	Deutz	4	230D	12F-4R	68.00	7782	CHA
D7807	$25919	$900	$2020	$3360	$4930	Deutz	4	249D	12F-4R	73.00	6460	No
D7807 w/Cab	$32671	$1140	$2570	$4290	$6290	Deutz	4	249D	12F-4R	73.00	7560	CHA
D7807A 4WD	$32434	$1140	$2560	$4260	$6250	Deutz	4	249D	12F-4R	73.00	7276	No
D7807A 4WD w/Cab	$39186	$1360	$3070	$5120	$7500	Deutz	4	249D	12F-4R	73.00	8376	CHA

1983

Model	Approx. Retail Price New	Used Trade In Avg.	Used Trade In High	Used Retail Avg.	Used Retail High	Make	Engine No. Cyls.	Engine Displ. Cu.-In.	No. Speeds	P.T.O. H.P.	Approx. Shipping Wt.-Lbs.	Cab
DX90	$26741	$910	$2040	$3410	$4770	Deutz	5	287D	15F-5R	84.47	10045	No
DX90A 4WD	$34163	$1240	$2800	$4670	$6530	Deutz	5	287D	15F-5R	84.00	10835	No
DX120	$39893	$1420	$3190	$5310	$7430	Deutz	6	374D	15F-5R	111.29	10030	CHA
DX120A 4WD	$48246	$1680	$3780	$6300	$8820	Deutz	6	374D	15F-5R	111.00	10850	CHA
DX130	$41635	$1420	$3200	$5340	$7480	Deutz	6T	374D	24F-8R	121.27	11490	CHA
DX130 4WD	$50099	$1760	$3960	$6600	$9240	Deutz	6T	374D	24F-8R	121.00	12680	CHA
DX160	$46361	$1680	$3780	$6300	$8820	Deutz	6T	374D	24F-8R	145.41	12440	CHA
DX160A 4WD	$55278	$1920	$4320	$7200	$10080	Deutz	6T	374D	24F-8R	145.00	13450	CHA
D4507	$14438	$560	$1260	$2100	$2940	Deutz	3	173D	8F-2R	43.00	4420	No
D4507A 4WD	$19167	$720	$1620	$2700	$3780	Deutz	3	173D	8F-2R	43.00	5080	No
D5207	$16383	$660	$1470	$2460	$3440	Deutz	3	173D	8F-4R	51.00	4595	No
D5207A 4WD	$20786	$770	$1730	$2880	$4030	Deutz	3	173D	8F-4R	51.00	5260	No

Deutz-Fahr (Cont.)

1983 (Cont.)

	Approx. Retail Price New	Used Trade In Avg.	Used Trade In High	Used Retail Avg.	Used Retail High	Engine Make	Engine No. Cyls.	Engine Displ. Cu.-In.	No. Speeds	P.T.O. H.P.	Approx. Shipping Wt.-Lbs.	Cab
D6206	$16572	$620	$1400	$2330	$3260	Deutz	4	231D	8F-4R	60.23	4660	No
D6206A 4WD	$21511	$800	$1800	$3000	$4200	Deutz	4	231D	8F-4R	60.00	5355	No
D6207	$18030	$680	$1530	$2550	$3570	Deutz	4	231D	8F-4R	60.00	4660	No
D6207A 4WD	$22871	$840	$1890	$3150	$4410	Deutz	4	231D	8F-4R	60.00	5355	No
D6806	$17642	$660	$1490	$2480	$3470	Deutz	4	231D	12F-4R	68.18	5700	No
D6806A 4WD	$24268	$880	$1980	$3300	$4620	Deutz	4	231D	12F-4R	68.00	6700	No
D6807	$20326	$730	$1640	$2730	$3820	Deutz	4	231D	12F-4R	68.00	5700	No
D6807A 4WD	$27389	$930	$2100	$3500	$4890	Deutz	4	231D	12F-4R	68.00	6700	No
D7807	$23500	$820	$1850	$3080	$4310	Deutz	4	249D	12F-4R	73.00	6460	No
D7807A 4WD	$25550	$860	$1940	$3230	$4520	Deutz	4	249D	12F-4R	73.00	7276	No

1982

	Approx. Retail Price New	Used Trade In Avg.	Used Trade In High	Used Retail Avg.	Used Retail High	Engine Make	Engine No. Cyls.	Engine Displ. Cu.-In.	No. Speeds	P.T.O. H.P.	Approx. Shipping Wt.-Lbs.	Cab
DX90	$26217	$890	$2000	$3330	$4440	Deutz	5	287D	15F-5R	84.47	10045	No
DX90A 4WD	$33493	$1160	$2610	$4350	$5800	Deutz	5	287D	15F-5R	84.47	10835	No
DX120	$39111	$1360	$3060	$5100	$6800	Deutz	6	374D	15F-5R	111.29	9790	CHA
DX120A 4WD	$47300	$1640	$3690	$6150	$8200	Deutz	6	374D	15F-5R	111.00	10850	CHA
DX130	$40819	$1420	$3200	$5330	$7100	Deutz	6T	374D	24F-8R	121.27	11490	CHA
DX130A 4WD	$49117	$1640	$3700	$6170	$8220	Deutz	6T	374D	24F-8R	121.00	12680	CHA
DX160	$45452	$1580	$3550	$5910	$7880	Deutz	6T	374D	24F-8R	145.41	12440	CHA
DX160A 4WD	$54194	$1840	$4150	$6920	$9220	Deutz	6T	374D	24F-8R	145.41	13450	CHA
D4507	$14155	$560	$1260	$2100	$2800	Deutz	3	173D	8F-2R	43.00	4420	No
D4507A 4WD	$18791	$720	$1620	$2700	$3600	Deutz	3	173D	8F-2R	43.00	5080	No
D5207	$16062	$640	$1450	$2410	$3210	Deutz	3	173D	8F-4R	51.00	4595	No
D5207A 4WD	$20379	$770	$1740	$2900	$3860	Deutz	3	173D	8F-4R	51.00	5260	No
D6206	$16247	$650	$1460	$2440	$3250	Deutz	4	231D	8F-4R	60.23	4660	No
D6206A 4WD	$21089	$800	$1800	$3000	$4000	Deutz	4	231D	8F-4R	60.23	5355	No
D6207	$17676	$710	$1590	$2650	$3540	Deutz	4	231D	8F-4R	60.00	4660	No
D6207A 4WD	$22423	$840	$1900	$3170	$4220	Deutz	4	231D	8F-4R	60.00	5355	No
D6806	$17296	$690	$1560	$2590	$3460	Deutz	4	231D	12F-4R	68.18	5700	No
D6806A 4WD	$23792	$890	$2000	$3330	$4440	Deutz	4	231D	12F-4R	68.18	6700	No
D6807	$19927	$750	$1690	$2820	$3760	Deutz	4	231D	12F-4R	68.00	5700	No
D6807A 4WD	$26852	$1000	$2250	$3750	$5000	Deutz	4	231D	12F-4R	68.00	6700	No

1981

	Approx. Retail Price New	Used Trade In Avg.	Used Trade In High	Used Retail Avg.	Used Retail High	Engine Make	Engine No. Cyls.	Engine Displ. Cu.-In.	No. Speeds	P.T.O. H.P.	Approx. Shipping Wt.-Lbs.	Cab
DX90	$26683	$970	$2190	$3650	$4860	Deutz	5	287D	15F-5R	84.47	10045	No
DX90A 4WD	$32836	$1120	$2520	$4210	$5610	Deutz	5	287D	15F-5R	84.47	10835	No
DX120	$38344	$1290	$2910	$4850	$6470	Deutz	6	374D	15F-5R	111.29	9790	CHA
DX120A 4WD	$46373	$1620	$3630	$6060	$8080	Deutz	6	374D	15F-5R	111.00	10850	CHA
DX130	$40019	$1360	$3060	$5100	$6800	Deutz	6T	374D	24F-8R	121.27	11490	CHA
DX130A 4WD	$48154	$1690	$3790	$6320	$8430	Deutz	6T	374D	24F-8R	121.00	12680	CHA
DX160	$44561	$1540	$3470	$5780	$7710	Deutz	6T	374D	24F-8R	145.41	12440	CHA
DX160A 4WD	$53131	$1810	$4060	$6770	$9030	Deutz	6T	374D	24F-8R	145.41	13450	CHA
D4507	$13877	$540	$1220	$2030	$2700	Deutz	3	173D	8F-2R	43.00	4420	No
D4507A 4WD	$18423	$720	$1620	$2700	$3600	Deutz	3	173D	8F-2R	43.00	5080	No
D5207	$15747	$630	$1420	$2360	$3150	Deutz	3	173D	8F-4R	51.00	4595	No
D5207A 4WD	$19979	$740	$1660	$2760	$3680	Deutz	3	173D	8F-4R	51.00	5260	No
D6206	$15928	$640	$1430	$2390	$3190	Deutz	4	231D	8F-4R	60.23	4660	No
D6206A 4WD	$20675	$760	$1710	$2850	$3800	Deutz	4	231D	8F-4R	60.23	5355	No
D6207	$17329	$690	$1560	$2600	$3470	Deutz	4	231D	8F-4R	60.00	4660	No
D6207A 4WD	$21983	$800	$1800	$3000	$4000	Deutz	4	231D	8F-4R	60.00	5355	No
D6806	$16957	$680	$1530	$2540	$3390	Deutz	4	231D	12F-4R	68.18	5700	No
D6806A 4WD	$23326	$880	$1980	$3300	$4400	Deutz	4	231D	12F-4R	68.18	6700	No
D6807	$19927	$730	$1640	$2730	$3640	Deutz	4	231D	12F-4R	68.00	5700	No
D6807A 4WD	$26325	$960	$2160	$3600	$4800	Deutz	4	231D	12F-4R	68.00	6700	No

1980

	Approx. Retail Price New	Used Trade In Avg.	Used Trade In High	Used Retail Avg.	Used Retail High	Engine Make	Engine No. Cyls.	Engine Displ. Cu.-In.	No. Speeds	P.T.O. H.P.	Approx. Shipping Wt.-Lbs.	Cab
DX90	$23722	$840	$1890	$3150	$4200	Deutz	5	287D	15F-5R	84.47	10045	No
DX90A 4WD	$30895	$1040	$2340	$3900	$5200	Deutz	5	287D	15F-5R	84.47	10835	No
DX110	$30138	$1020	$2290	$3810	$5080	Deutz	6	345D	15F-5R	100.29	10485	CHA
DX110A 4WD	$37474	$1250	$2810	$4680	$6240	Deutz	6	345D	15F-5R	100.29	11050	CHA
DX120	$32197	$1060	$2390	$3980	$5300	Deutz	6	374D	15F-5R	111.29	9790	CHA
DX120A 4WD	$39871	$1290	$2910	$4850	$6460	Deutz	6	374D	15F-5R	111.00	10850	CHA
DX130	$35243	$1160	$2610	$4350	$5800	Deutz	6T	374D	24F-8R	121.27	11490	CHA
DX130A 4WD	$43507	$1480	$3330	$5550	$7400	Deutz	6T	374D	24F-8R	121.00	12680	CHA
DX140	$36370	$1250	$2810	$4680	$6240	Deutz	6T	374D	24F-8R	131.00	12380	CHA
DX140A 4WD	$46402	$1600	$3600	$6000	$8000	Deutz	6T	374D	24F-8R	131.00	13395	CHA
DX160	$39998	$1330	$3000	$5000	$6660	Deutz	6T	374D	24F-8R	145.41	12440	CHA
DX160A 4WD	$49290	$1730	$3890	$6480	$8640	Deutz	6T	374D	24F-8R	145.41	13450	CHA
D4506	$11312	$1190	$2320	$3280	$4360	Deutz	3	173D	8F-2R	43.15	4180	No
D4506A 4WD	$15538	$1630	$3190	$4510	$5980	Deutz	3	173D	8F-2R	43.15	5070	No
D6206	$14886	$600	$1340	$2230	$2980	Deutz	4	231D	8F-4R	60.23	4660	No
D6206A 4WD	$19322	$770	$1740	$2900	$3860	Deutz	4	231D	8F-4R	60.23	5355	No
D6806	$16957	$680	$1530	$2540	$3390	Deutz	4	231D	12F-4R	68.18	5700	No
D6806A 4WD	$23326	$930	$2100	$3500	$4670	Deutz	4	231D	12F-4R	68.18	6700	No

1979

	Approx. Retail Price New	Used Trade In Avg.	Used Trade In High	Used Retail Avg.	Used Retail High	Engine Make	Engine No. Cyls.	Engine Displ. Cu.-In.	No. Speeds	P.T.O. H.P.	Approx. Shipping Wt.-Lbs.	Cab
DX90	$21847	$770	$1730	$2880	$3840	Deutz	5	287D	15F-5R	84.47	10045	No
DX90A 4WD	$28458	$940	$2120	$3530	$4700	Deutz	5	287D	15F-5R	84.47	10835	No
DX110	$28282	$920	$2070	$3450	$4600	Deutz	6	345D	15F-5R	100.29	10485	CHA
DX110A 4WD	$35193	$1200	$2700	$4500	$6000	Deutz	6	345D	15F-5R	100.29	11050	CHA
DX140	$34121	$1160	$2620	$4370	$5820	Deutz	6T	374D	24F-8R	131.00	12380	CHA
DX140A 4WD	$42310	$1440	$3240	$5400	$7200	Deutz	6T	374D	24F-8R	131.00	13395	CHA
DX160	$36445	$1210	$2730	$4550	$6060	Deutz	6T	374D	24F-8R	145.41	12440	CHA
DX160A 4WD	$44952	$1570	$3540	$5900	$7860	Deutz	6T	374D	24F-8R	145.41	13450	CHA

Model	Approx. Retail Price New	Estimated Value Less Repairs: Used Trade In Avg.	Used Trade In High	Used Retail Avg.	Used Retail High	Engine Make	Engine No. Cyls.	Engine Displ. Cu.-In.	No. Speeds	P.T.O. H.P.	Approx. Shipping Wt.-Lbs.	Cab

Deutz-Fahr (Cont.)

Model	Approx. Retail Price New	Used Trade In Avg.	Used Trade In High	Used Retail Avg.	Used Retail High	Make	No. Cyls.	Displ. Cu.-In.	No. Speeds	P.T.O. H.P.	Approx. Shipping Wt.-Lbs.	Cab
1979 (Cont.)												
D3006	$7465	$500	$990	**$1820**	**$2730**	Deutz	2	115D	8F-2R	32.00	3980	No
D4506	$10535	$570	$1140	**$2100**	**$3150**	Deutz	3	173D	8F-2R	43.15	4180	No
D4506A 4WD	$14468	$810	$1620	**$2960**	**$4440**	Deutz	3	173D	8F-2R	43.15	5070	No
D6206	$14002	$560	$1260	**$2100**	**$2800**	Deutz	4	231D	8F-4R	60.23	4660	No
D6206A 4WD	$18143	$730	$1630	**$2720**	**$3630**	Deutz	4	231D	8F-4R	60.23	5355	No
D6806	$16105	$640	$1450	**$2420**	**$3220**	Deutz	4	231D	12F-4R	68.18	5700	No
D6806A 4WD	$22152	$890	$1990	**$3320**	**$4430**	Deutz	4	231D	12F-4R	68.18	6700	No
D8006	$16658	$670	$1500	**$2500**	**$3330**	Deutz	6	345D	16F-7R	85.51	6835	No
D8006A 4WD	$21429	$780	$1750	**$2910**	**$3880**	Deutz	6	345D	16F-7R	85.51	7590	No
10006A 4WD	$23990	$860	$1940	**$3230**	**$4300**	Deutz	6	345D	16F-7R	105.04	8790	No
D10006	$18729	$710	$1590	**$2660**	**$3540**	Deutz	6	345D	16F-7R	105.04	8060	No
D13006	$21046	$800	$1800	**$3000**	**$4000**	Deutz	6T	345D	16F-7R	125.77	9020	No
D13006A 4WD	$28008	$930	$2100	**$3500**	**$4660**	Deutz	6T	345D	16F-7R	125.77	10185	No
1978												
D3006	$7465	$770	$1570	**$2340**	**$3070**	Deutz	2	115D	8F-2R	32.00	3980	No
D4506	$9035	$860	$1760	**$2620**	**$3430**	Deutz	3	173D	8F-2R	43.15	4180	No
D4506A 4WD	$12520	$1050	$2150	**$3190**	**$4180**	Deutz	3	173D	8F-2R	43.15	5070	No
D6206	$12580	$500	$1130	**$1890**	**$2520**	Deutz	4	231D	8F-4R	60.23	4660	No
D6206A 4WD	$16300	$650	$1470	**$2450**	**$3260**	Deutz	4	231D	8F-4R	60.23	5355	No
D6806	$14199	$570	$1280	**$2130**	**$2840**	Deutz	4	231D	12F-4R	68.18	5700	No
D6806A 4WD	$19530	$740	$1670	**$2780**	**$3700**	Deutz	4	231D	12F-4R	68.18	6700	No
D8006	$16658	$640	$1440	**$2400**	**$3200**	Deutz	6	345D	16F-7R	85.51	6835	No
D8006A 4WD	$21429	$800	$1800	**$3000**	**$4000**	Deutz	6	345D	16F-7R	85.51	7590	No
D10006	$18729	$720	$1620	**$2700**	**$3600**	Deutz	6	345D	16F-7R	105.04	8060	No
D10006A 4WD	$23990	$800	$1810	**$3010**	**$4020**	Deutz	6	345D	16F-7R	105.04	8790	No
D13006	$21046	$760	$1710	**$2850**	**$3800**	Deutz	6T	345D	16F-7R	125.77	9020	No
D13006A 4WD	$28008	$920	$2070	**$3450**	**$4600**	Deutz	6T	345D	16F-7R	125.77	10185	No
1977												
D3006	$6787	$700	$1480	**$2260**	**$2960**	Deutz	2	115D	8F-2R	32.00	3980	No
D4006	$7101	$730	$1540	**$2350**	**$3080**	Deutz	3	173D	8F-2R	36.95	4180	No
D4006A 4WD	$9719	$880	$1850	**$2820**	**$3690**	Deutz	3	173D	8F-2R	36.95	5005	No
D4506	$8601	$790	$1670	**$2550**	**$3340**	Deutz	3	173D	8F-4R	43.15	4180	No
D4506A 4WD	$11166	$560	$1230	**$2510**	**$3570**	Deutz	3	173D	8F-4R	43.15	5070	No
D5206	$9727	$490	$1070	**$2190**	**$3110**	Deutz	3	173D	8F-4R	52.00	4345	No
D5206A 4WD	$12678	$630	$1400	**$2850**	**$4060**	Deutz	3	173D	8F-4R	52.00	5225	No
D6206	$10986	$440	$990	**$1650**	**$2200**	Deutz	4	231D	8F-4R	60.23	4660	No
D6206A 4WD	$14178	$570	$1280	**$2130**	**$2840**	Deutz	4	231D	8F-4R	60.23	5355	No
D6806	$12455	$500	$1120	**$1870**	**$2490**	Deutz	4	231D	12F-4R	68.18	5700	No
D6806A 4WD	$16747	$670	$1510	**$2510**	**$3350**	Deutz	4	231D	12F-4R	68.18	6700	No
D7206	$13112	$520	$1180	**$1970**	**$2620**	Deutz	4	231D	12F-4R	71.00	5890	No
D8006	$16330	$620	$1400	**$2330**	**$3100**	Deutz	6	345D	16F-7R	85.51	6835	No
D8006A 4WD	$21429	$800	$1800	**$3000**	**$4000**	Deutz	6	345D	16F-7R	85.51	7590	No
D10006	$18361	$690	$1560	**$2600**	**$3460**	Deutz	6	345D	16F-7R	105.04	8060	No
D10006A 4WD	$23117	$810	$1820	**$3030**	**$4040**	Deutz	6	345D	16F-7R	105.04	8790	No
D13006	$20632	$730	$1650	**$2750**	**$3660**	Deutz	6T	345D	16F-7R	125.77	9020	No
D13006A 4WD	$26856	$860	$1940	**$3230**	**$4310**	Deutz	6T	345D	16F-7R	125.77	10185	No
1976												
D3006	$6289	$620	$1350	**$2110**	**$2770**	Deutz	2	115D	8F-2R	32.00	3980	No
D4006	$6944	$680	$1470	**$2300**	**$3020**	Deutz	3	173D	8F-2R	36.95	4180	No
D4006A 4WD	$9979	$830	$1800	**$2810**	**$3690**	Deutz	3	173D	8F-2R	36.95	5005	No
D4506	$7691	$740	$1610	**$2520**	**$3300**	Deutz	3	173D	8F-4R	43.15	4180	No
D4506A 4WD	$11068	$500	$1220	**$2550**	**$3490**	Deutz	3	173D	8F-4R	43.15	5070	No
D5206	$9358	$430	$1040	**$2180**	**$2980**	Deutz	3	173D	8F-4R	52.00	4345	No
D5206A 4WD	$12637	$510	$1140	**$1900**	**$2530**	Deutz	3	173D	8F-4R	52.00	5225	No
D6206	$10741	$430	$970	**$1610**	**$2150**	Deutz	4	231D	8F-4R	60.00	4660	No
D6206A 4WD	$14556	$540	$1220	**$2030**	**$2700**	Deutz	4	231D	8F-4R	60.00	5355	No
D6806	$11824	$470	$1060	**$1770**	**$2370**	Deutz	4	231D	12F-4R	68.00	5700	No
D6806A 4WD	$16212	$600	$1350	**$2250**	**$3000**	Deutz	4	231D	12F-4R	68.00	6700	No
D7206	$13069	$500	$1130	**$1880**	**$2500**	Deutz	4	231D	12F-4R	71.00	5890	No
D8006	$15343	$570	$1290	**$2150**	**$2860**	Deutz	6	345D	16F-7R	85.51	6665	No
D8006A 4WD	$20215	$720	$1620	**$2700**	**$3600**	Deutz	6	345D	16F-7R	85.51	7590	No
D10006	$16940	$620	$1400	**$2330**	**$3100**	Deutz	6	345D	16F-7R	105.04	8390	No
D10006A 4WD	$22309	$730	$1650	**$2750**	**$3660**	Deutz	6	345D	16F-7R	105.04	8790	No
D13006	$19378	$690	$1560	**$2600**	**$3460**	Deutz	6T	345D	16F-7R	125.77	9020	No
D13006A 4WD	$25316	$810	$1830	**$3050**	**$4060**	Deutz	6T	345D	16F-7R	125.77	10120	No
1975												
D3006	$5757	$540	$1220	**$1960**	**$2570**	Deutz	2	115D	8F-2R	32.00	3980	No
D4006	$6576	$610	$1360	**$2200**	**$2880**	Deutz	3	173D	8F-2R	36.95	4180	No
D4006A 4WD	$9449	$760	$1710	**$2760**	**$3610**	Deutz	3	173D	8F-2R	36.95	5005	No
D4506	$7394	$670	$1510	**$2430**	**$3190**	Deutz	3	173D	8F-4R	43.15	4180	No
D4506A 4WD	$10902	$440	$1200	**$2510**	**$3380**	Deutz	3	173D	8F-4R	43.15	5070	No
D5206	$8822	$370	$1010	**$2120**	**$2860**	Deutz	3	173D	8F-4R	52.00	4345	No
D5206A 4WD	$11909	$440	$1210	**$2530**	**$3410**	Deutz	3	173D	8F-4R	52.00	5225	No
D6206	$9834	$390	$890	**$1480**	**$1970**	Deutz	4	231D	8F-4R	60.00	4660	No
D6206A 4WD	$13096	$490	$1110	**$1850**	**$2460**	Deutz	4	231D	8F-4R	60.00	5355	No
D6806	$10902	$440	$980	**$1640**	**$2180**	Deutz	4	231D	12F-4R	68.00	5700	No
D6806A 4WD	$15279	$570	$1280	**$2130**	**$2840**	Deutz	4	231D	12F-4R	68.00	6700	No
D7206	$12083	$480	$1090	**$1810**	**$2420**	Deutz	4	231D	12F-4R	71.00	5890	No
D8006	$13293	$500	$1130	**$1890**	**$2520**	Deutz	6	345D	16F-7R	85.51	6665	No
D8006A 4WD	$18328	$700	$1580	**$2630**	**$3500**	Deutz	6	345D	16F-7R	85.51	7590	No

Deutz-Fahr (Cont.)

1975 (Cont.)

Model	Approx. Retail Price New	Used Trade In Avg.	Used Trade In High	Used Retail Avg.	Used Retail High	Make	Engine No. Cyls.	Displ. Cu.-In.	No. Speeds	P.T.O. H.P.	Approx. Shipping Wt.-Lbs.	Cab
D10006	$15270	$590	$1320	**$2210**	**$2940**	Deutz	6	345D	16F-7R	105.04	8395	No
D10006A 4WD	$20620	$700	$1580	**$2630**	**$3500**	Deutz	6	345D	16F-7R	105.04	8790	No
D13006	$18351	$670	$1500	**$2510**	**$3340**	Deutz	6T	345D	16F-7R	125.77	9020	No
D13006A 4WD	$24059	$800	$1810	**$3010**	**$4010**	Deutz	6T	345D	16F-7R	125.77	10120	No

1974

Model	Approx. Retail Price New	Used Trade In Avg.	Used Trade In High	Used Retail Avg.	Used Retail High	Make	Engine No. Cyls.	Displ. Cu.-In.	No. Speeds	P.T.O. H.P.	Approx. Shipping Wt.-Lbs.	Cab
D3006	$4927	$410	$950	**$1570**	**$2060**	Deutz	2	115D	8F-2R	32.00	3980	No
D4006	$5847	$480	$1110	**$1840**	**$2410**	Deutz	3	173D	8F-2R	36.95	4180	No
D4006A 4WD	$8400	$340	$920	**$1930**	**$2600**	Deutz	3	173D	8F-2R	36.95	5005	No
D4506	$6387	$520	$1210	**$2000**	**$2620**	Deutz	3	173D	8F-4R	43.15	4180	No
D4506A 4WD	$6763	$300	$820	**$1720**	**$2310**	Deutz	3	173D	12F-4R	43.15	5070	No
D5506	$8334	$630	$1480	**$2450**	**$3210**	Deutz	4	231D	8F-4R	56.08	4630	No
D6006	$9427	$710	$1650	**$2730**	**$3580**	Deutz	4	231D	12F-4R	65.30	5700	No
D6006A 4WD	$12920	$520	$1420	**$2970**	**$4010**	Deutz	4	231D	12F-4R	65.30	6700	No
D8006	$11707	$470	$1290	**$2690**	**$3630**	Deutz	6	345D	16F-7R	85.51	6665	No
D8006A 4WD	$15987	$580	$1310	**$2180**	**$2900**	Deutz	6	345D	16F-7R	85.51	7590	No
D10006	$12820	$480	$1080	**$1800**	**$2400**	Deutz	6	345D	16F-7R	105.04	8395	No
D10006A 4WD	$17314	$620	$1400	**$2330**	**$3100**	Deutz	6	345D	16F-7R	105.04	8790	No
D13006	$16160	$600	$1350	**$2250**	**$3000**	Deutz	6T	345D	16F-7R	125.77	9020	No
D13006A 4WD	$20987	$720	$1620	**$2700**	**$3600**	Deutz	6T	345D	16F-7R	125.77	10120	No

1973

Model	Approx. Retail Price New	Used Trade In Avg.	Used Trade In High	Used Retail Avg.	Used Retail High	Make	Engine No. Cyls.	Displ. Cu.-In.	No. Speeds	P.T.O. H.P.	Approx. Shipping Wt.-Lbs.	Cab
D3006	$4578	$360	$860	**$1470**	**$1930**	Deutz	2	115D	8F-2R	32.00	3980	No
D4006	$5197	$400	$970	**$1650**	**$2170**	Deutz	3	173D	8F-2R	36.95	4180	No
D4006A 4WD	$7806	$580	$1410	**$2410**	**$3160**	Deutz	3	173D	8F-2R	36.95	5005	No
D4506	$5878	$450	$1080	**$1850**	**$2420**	Deutz	3	173D	12F-4R	43.15	4180	No
D4506A 4WD	$6763	$510	$1240	**$2110**	**$2760**	Deutz	3	173D	12F-4R	43.15	5070	No
D5506	$7606	$570	$1380	**$2350**	**$3080**	Deutz	4	231D	12F-4R	56.08	4630	No
D6006	$8368	$620	$1510	**$2570**	**$3370**	Deutz	4	231D	9F-3R	65.30	5700	No
D6006A 4WD	$11790	$410	$1130	**$2370**	**$3190**	Deutz	4	231D	9F-3R	65.30	6700	No
D8006	$9990	$400	$1100	**$2300**	**$3100**	Deutz	6	345D	16F-7R	85.51	6665	No
D8006A 4WD	$10951	$440	$1210	**$2520**	**$3400**	Deutz	6	345D	16F-7R	85.51	7590	No
D10006	$11772	$470	$1060	**$1770**	**$2350**	Deutz	6	345D	16F-7R	105.04	8395	No
D10006A 4WD	$15780	$530	$1200	**$1990**	**$2660**	Deutz	6	345D	16F-7R	105.04	8790	No
D13006	$12977	$520	$1170	**$1950**	**$2600**	Deutz	6T	345D	16F-7R	125.71	9020	No
D13006A 4WD	$19084	$600	$1360	**$2260**	**$3020**	Deutz	6T	345D	16F-7R	125.71	10120	No

1972

Model	Approx. Retail Price New	Used Trade In Avg.	Used Trade In High	Used Retail Avg.	Used Retail High	Make	Engine No. Cyls.	Displ. Cu.-In.	No. Speeds	P.T.O. H.P.	Approx. Shipping Wt.-Lbs.	Cab
D2506	$3048	$290	$710	**$1200**	**$1580**	Deutz	2	115D	8F-2R	23.00	3820	No
D3006	$3572	$330	$790	**$1360**	**$1780**	Deutz	2	115D	8F-2R	32.00	3980	No
D4006	$4312	$380	$920	**$1570**	**$2060**	Deutz	3	173D	8F-2R	36.95	4180	No
D4006A 4WD	$6066	$500	$1220	**$2080**	**$2720**	Deutz	3	173D	8F-2R	36.95	5005	No
D5506	$5989	$500	$1220	**$2090**	**$2730**	Deutz	4	231D	8F-4R	55.00	4630	No
D6006	$6776	$540	$1310	**$2230**	**$2920**	Deutz	4	231D	9F-3R	66.00	5700	No
D6006A 4WD	$8871	$690	$1680	**$2860**	**$3750**	Deutz	4	231D	9F-3R	66.00	6700	No
D8006	$8364	$660	$1590	**$2720**	**$3560**	Deutz	6	345D	16F-7R	85.51	6665	No
D8006A 4WD	$10951	$440	$1210	**$2520**	**$3400**	Deutz	6	345D	16F-7R	85.51	7590	No
D9006	$8944	$380	$1050	**$2190**	**$2960**	Deutz	6	345D	16F-7R	96.00	8060	No
D9006A 4WD	$11531	$460	$1270	**$2650**	**$3580**	Deutz	6	345D	16F-7R	96.00	8650	No
D10006	$9922	$400	$890	**$1490**	**$1980**	Deutz	6	345D	16F-7R	105.00	8395	No
D10006A 4WD	$12742	$480	$1080	**$1800**	**$2400**	Deutz	6	345D	16F-7R	105.00	8790	No
D13006	$12500	$460	$1040	**$1740**	**$2320**	Deutz	6T	345D	16F-7R	125.00	9020	No
D13006A 4WD	$15448	$560	$1260	**$2100**	**$2800**	Deutz	6T	345D	16F-7R	125.00	10120	No

1971

Model	Approx. Retail Price New	Used Trade In Avg.	Used Trade In High	Used Retail Avg.	Used Retail High	Make	Engine No. Cyls.	Displ. Cu.-In.	No. Speeds	P.T.O. H.P.	Approx. Shipping Wt.-Lbs.	Cab
D2506	$2917	$280	$680	**$1160**	**$1520**	Deutz	2	115D	8F-2R	23.00	3820	No
D3006	$3418	$320	$770	**$1310**	**$1710**	Deutz	2	115D	8F-2R	32.00	3980	No
D4006	$4068	$360	$880	**$1500**	**$1960**	Deutz	3	173D	8F-2R	38.00	4180	No
D4006A 4WD	$5445	$470	$1130	**$1930**	**$2530**	Deutz	3	173D	8F-2R	38.00	5005	No
D5506	$5692	$480	$1160	**$1970**	**$2580**	Deutz	4	231D	8F-4R	55.00	4630	No
D6006	$6247	$520	$1270	**$2160**	**$2830**	Deutz	4	231D	9F-3R	66.00	5700	No
D6006A 4WD	$8269	$670	$1630	**$2780**	**$3640**	Deutz	4	231D	9F-3R	66.00	6700	No
D9006	$8282	$650	$1580	**$2690**	**$3530**	Deutz	6	345D	12F-6R	96.00	8060	No
D9006A 4WD	$10718	$430	$1180	**$2470**	**$3320**	Deutz	6	345D	12F-6R	96.00	8650	No

1970

Model	Approx. Retail Price New	Used Trade In Avg.	Used Trade In High	Used Retail Avg.	Used Retail High	Make	Engine No. Cyls.	Displ. Cu.-In.	No. Speeds	P.T.O. H.P.	Approx. Shipping Wt.-Lbs.	Cab
D2506	$2917	$270	$660	**$1120**	**$1470**	Deutz	2	115D	8F-2R	23.00	3545	No
D3006	$3418	$310	$740	**$1270**	**$1660**	Deutz	2	115D	8F-2R	32.00	3785	No
D4006	$4068	$350	$850	**$1450**	**$1900**	Deutz	3	173D	8F-2R	38.00	3950	No
D6006	$6247	$500	$1220	**$2090**	**$2740**	Deutz	4	231D	9F-3R	66.00	5450	No
D9006	$8282	$640	$1560	**$2670**	**$3500**	Deutz	6	345D	12F-6R	96.00	7910	No

Fendt

2009

Model	Approx. Retail Price New	Used Trade In Avg.	Used Trade In High	Used Retail Avg.	Used Retail High	Make	Engine No. Cyls.	Displ. Cu.-In.	No. Speeds	P.T.O. H.P.	Approx. Shipping Wt.-Lbs.	Cab
712	$132682	$84920	$91550	**$107470**	**$112780**	Deutz	6T	372D	Variable	110	12600	CHA
712 w/Front PTO & Lift	$143660	$91940	$99130	**$116370**	**$122110**	Deutz	6T	372D	Variable	110	12600	CHA
714	$146595	$93820	$101150	**$118740**	**$124610**	Deutz	6TA	372D	Variable	125	12500	CHA
714 w/Front PTO & Lift	$157573	$100850	$108730	**$127630**	**$133940**	Deutz	6TA	372D	Variable	125	12500	CHA
716	$158555	$101480	$109400	**$128430**	**$134770**	Deutz	6TA	372D	Variable	140	12600	CHA
716 w/Front PTO & Lift	$169533	$108500	$116980	**$137320**	**$144100**	Deutz	6TA	372D	Variable	140	12600	CHA
718	$166678	$106670	$115010	**$135010**	**$141680**	Deutz	6TA	372D	Variable	155	12600	CHA
718 w/Front PTO & Lift	$177656	$113700	$122580	**$143900**	**$151010**	Deutz	6TA	372D	Variable	155	12600	CHA

Fendt (Cont.)	Approx. Retail Price New	Estimated Value Less Repairs: Used Trade In Avg.	Used Trade In High	Used Retail Avg.	Used Retail High	Make	Engine No. Cyls.	Engine Displ. Cu.-In.	No. Speeds	P.T.O. H.P.	Approx. Shipping Wt.-Lbs.	Cab
2009 (Cont.)												
818	$175611	$112390	$121170	$142250	$149270	Deutz	6TA	372D	Variable	160	15818	CHA
818 w/Front PTO & Lift	$186589	$119420	$128750	$151140	$158600	Deutz	6TA	372D	Variable	160	15818	CHA
820	$179743	$115040	$124020	$145590	$152780	Deutz	6TA	372D	Variable	175	15818	CHA
820 w/Front PTO & Lift	$190721	$122060	$131600	$154480	$162110	Deutz	6TA	372D	Variable	175	15818	CHA
922PF	$236202	$151170	$162980	$191320	$200770	Deutz	6TI	433D	Variable	180	22176	CHA
922PF w/Front Lift	$242872	$155440	$167580	$196730	$206440	Deutz	6TI	433D	Variable	180	22176	CHA
924PF	$247934	$158680	$171070	$200830	$210740	Deutz	6TI	433D	Variable	200	22176	CHA
924PF w/Front Lift	$254604	$162950	$175680	$206230	$216410	Deutz	6TI	433D	Variable	200	22176	CHA
927PF	$265976	$170230	$183520	$215440	$226080	Deutz	6TI	433D	Variable	225	22176	CHA
927PF w/Front Lift	$272646	$174490	$188130	$220840	$231750	Deutz	6TI	433D	Variable	225	22176	CHA
930PF	$286424	$183310	$197630	$232000	$243460	Deutz	6TI	433D	Variable	250	22572	CHA
930PF w/Front Lift	$293094	$187580	$202240	$237410	$249130	Deutz	6TI	433D	Variable	250	22572	CHA
933PF	$300306	$192200	$207210	$243250	$255260	Deutz	6TI	433D	Variable	275	22572	CHA
933PF w/Front Lift	$306976	$196470	$211810	$248650	$260930	Deutz	6TI	433D	Variable	275	22572	CHA
2008												
712	$123180	$70210	$76370	$91150	$97310	Deutz	6T	372D	Variable	110	12600	CHA
712 w/Front PTO & Lift	$131977	$75230	$81830	$97660	$104260	Deutz	6T	372D	Variable	110	12600	CHA
714	$135696	$77350	$84130	$100420	$107200	Deutz	6TA	372D	Variable	125	12500	CHA
714 w/Front PTO & Lift	$144494	$82360	$89590	$106930	$114150	Deutz	6TA	372D	Variable	125	12500	CHA
716	$146548	$83530	$90860	$108450	$115770	Deutz	6TA	372D	Variable	140	12600	CHA
716 w/Front PTO & Lift	$155345	$88550	$96310	$114960	$122720	Deutz	6TA	372D	Variable	140	12600	CHA
718	$153202	$87330	$94990	$113370	$121030	Deutz	6TA	372D	Variable	155	12600	CHA
718 w/Front PTO & Lift	$162000	$92340	$100440	$119880	$127980	Deutz	6TA	372D	Variable	155	12600	CHA
818	$159344	$90830	$98790	$117920	$125880	Deutz	6TA	372D	Variable	160	15818	CHA
818 w/Front PTO & Lift	$168141	$95840	$104250	$124420	$132830	Deutz	6TA	372D	Variable	160	15818	CHA
820	$163094	$92960	$101120	$120690	$128840	Deutz	6TA	372D	Variable	175	15818	CHA
820 w/Front PTO & Lift	$171891	$97980	$106570	$127200	$135790	Deutz	6TA	372D	Variable	175	15818	CHA
922PF	$202428	$115380	$125510	$149800	$159920	Deutz	6TI	433D	Variable	180	22176	CHA
922PF w/Front Lift	$207363	$118200	$128570	$153450	$163820	Deutz	6TI	433D	Variable	180	22176	CHA
922PR	$200787	$114450	$124490	$148580	$158620	Deutz	6TI	433D	Variable	180	22176	CHA
922PR w/Front Lift	$204440	$116530	$126750	$151290	$161510	Deutz	6TI	433D	Variable	180	22176	CHA
924PF	$212675	$121230	$131860	$157380	$168010	Deutz	6TI	433D	Variable	200	22176	CHA
924PF w/Front Lift	$217610	$124040	$134920	$161030	$171910	Deutz	6TI	433D	Variable	200	22176	CHA
924PR	$211034	$120290	$130840	$156170	$166720	Deutz	6TI	433D	Variable	200	22176	CHA
924PR w/Front Lift	$214687	$122370	$133110	$158870	$169600	Deutz	6TI	433D	Variable	200	22176	CHA
927PF	$228434	$130210	$141630	$169040	$180460	Deutz	6TI	433D	Variable	225	22176	CHA
927PF w/Front Lift	$233369	$133020	$144690	$172690	$184360	Deutz	6TI	433D	Variable	225	22176	CHA
927PR	$226793	$129270	$140610	$167830	$179170	Deutz	6TI	433D	Variable	225	22176	CHA
927PR w/Front Lift	$230446	$131350	$142880	$170530	$182050	Deutz	6TI	433D	Variable	225	22176	CHA
930PF	$246294	$140390	$152700	$182260	$194570	Deutz	6TI	433D	Variable	250	22572	CHA
930PF w/Front Lift	$251229	$143200	$155760	$185910	$198470	Deutz	6TI	433D	Variable	250	22572	CHA
930PR	$244653	$139450	$151690	$181040	$193280	Deutz	6TI	433D	Variable	250	22572	CHA
930PR w/Front Lift	$248306	$141530	$153950	$183750	$196160	Deutz	6TI	433D	Variable	250	22572	CHA
933PF	$258410	$147290	$160210	$191220	$204140	Deutz	6TI	433D	Variable	275	22572	CHA
933PF w/Front Lift	$263354	$150110	$163280	$194880	$208050	Deutz	6TI	433D	Variable	275	22572	CHA
933PR	$256779	$146360	$159200	$190020	$202860	Deutz	6TI	433D	Variable	275	22572	CHA
933PR w/Front Lift	$260432	$148450	$161470	$192720	$205740	Deutz	6TI	433D	Variable	275	22572	CHA
2007												
712	$115665	$57830	$64770	$78650	$85590	Deutz	6T	372D	Variable	110	12600	CHA
712 w/Front PTO & Lift	$122483	$61240	$68590	$83290	$90640	Deutz	6T	372D	Variable	110	12600	CHA
714	$127378	$63690	$71330	$86620	$94260	Deutz	6TA	372D	Variable	125	12500	CHA
714 w/Front PTO & Lift	$134196	$67100	$75150	$91250	$99310	Deutz	6TA	372D	Variable	125	12500	CHA
716	$137543	$68770	$77020	$93530	$101780	Deutz	6TA	372D	Variable	140	12600	CHA
716 w/Front PTO & Lift	$144350	$72180	$80840	$98160	$106820	Deutz	6TA	372D	Variable	140	12600	CHA
718	$147230	$73620	$82450	$100120	$108950	Deutz	6TA	372D	Variable	155	12600	CHA
718 w/Front PTO & Lift	$156122	$78060	$87430	$106160	$115530	Deutz	6TA	372D	Variable	155	12600	CHA
818	$151525	$75760	$84850	$103040	$112130	Deutz	6TA	372D	Variable	160	15000	CHA
818 w/Front PTO & Lift	$158509	$79260	$88770	$107790	$117300	Deutz	6TA	372D	Variable	160	15000	CHA
820	$158295	$79150	$88650	$107640	$117140	Deutz	6TA	372D	Variable	155	12600	CHA
820 w/Front PTO & Lift	$166460	$83230	$93220	$113190	$123180	Deutz	6TA	372D	Variable	155	12600	CHA
922	$202428	$101210	$113360	$137650	$149800	Deutz	6TI	433D	Variable	180	22176	CHA
922 w/Front Lift	$207363	$103680	$116120	$141010	$153450	Deutz	6TI	433D	Variable	180	22176	CHA
924	$212675	$106340	$119100	$144620	$157380	Deutz	6TI	433D	Variable	200	22176	CHA
924 w/Front Lift	$214687	$107340	$120230	$145990	$158870	Deutz	6TI	433D	Variable	200	22176	CHA
927	$228434	$114220	$127920	$155340	$169040	Deutz	6TI	433D	Variable	225	22176	CHA
927 w/Front Lift	$233369	$116690	$130690	$158690	$172690	Deutz	6TI	433D	Variable	225	22176	CHA
930	$240224	$120110	$134530	$163350	$177770	Deutz	6TI	433D	Variable	250	22572	CHA
930 w/Front Lift	$245339	$122670	$137390	$166830	$181550	Deutz	6TI	433D	Variable	250	22572	CHA
933	$255410	$127710	$143030	$173680	$189000	Deutz	6TI	433D	Variable	275	22572	CHA
933 w/Front Lift	$260345	$130170	$145790	$177040	$192660	Deutz	6TI	433D	Variable	275	22572	CHA
2006												
206V 4WD Cab Shuttle	$60985	$27440	$31710	$39030	$43300	Deutz	3T	198D	20F-20R	50.0		CHA
206V 4WD Cab Synchro	$59813	$26920	$31100	$38280	$42470	Deutz	3T	198D	20F-6R	50.0		CHA
206V 4WD Shuttle	$52260	$23520	$27180	$33450	$37110	Deutz	3T	198D	20F-20R	50.0		No
206V 4WD Synchro	$51088	$22990	$26570	$32700	$36270	Deutz	3T	198D	20F-6R	50.0		No
207V 4WD Cab Shuttle	$62620	$28180	$32560	$40080	$44460	Deutz	3T	198D	20F-20R	60.0		CHA
207V 4WD Cab Synchro	$61448	$27650	$31950	$39330	$43630	Deutz	3T	198D	20F-6R	60.0		CHA
207V 4WD Shuttle	$53895	$24250	$28030	$34490	$38270	Deutz	3T	198D	20F-20R	60.0		No
207V 4WD Synchro	$52723	$23730	$27420	$33740	$37430	Deutz	3T	198D	20F-6R	60.0		No
208V 4WD Cab Shuttle	$65325	$29400	$33970	$41810	$46380	Deutz	4T	263D	20F-20R	70.0		CHA
208V 4WD Cab Synchro	$64153	$28870	$33360	$41060	$45550	Deutz	4T	263D	20F-6R	70.0		CHA

	Approx. Retail Price New	Estimated Value Less Repairs Used Trade In Avg.	High	Used Retail Avg.	High	Engine Make	No. Cyls.	Displ. Cu.-In.	No. Speeds	P.T.O. H.P.	Approx. Shipping Wt.-Lbs.	Cab
Fendt (Cont.)												
				2006 (Cont.)								
208V 4WD Shuttle	$56599	$25470	$29430	$36220	$40190	Deutz	4T	263D	20F-20R	70.0		No
208V 4WD Synchro	$55427	$24940	$28820	$35470	$39350	Deutz	4T	263D	20F-6R	70.0		No
209V 4WD Cab Shuttle	$66877	$30100	$34780	$42800	$47480	Deutz	4T	263D	20F-20R	80.0		CHA
209V 4WD Cab Synchro	$65705	$29570	$34170	$42050	$46650	Deutz	4T	263D	20F-6R	80.0		CHA
209V 4WD Shuttle	$58149	$26170	$30240	$37220	$41290	Deutz	4T	263D	20F-20R	80.0		No
209V 4WD Synchro	$56977	$25640	$29630	$36470	$40450	Deutz	4T	263D	20F-6R	80.0		No
208P 4WD Cab Shuttle	$63469	$28560	$33000	$40620	$45060	Deutz	4T	263D	21F-21R	70.0		CHA
208P 4WD Cab Synchro	$62297	$28030	$32390	$39870	$44230	Deutz	4T	263D	21F-6R	70.0		CHA
208P 4WD Shuttle	$54330	$24450	$28250	$34770	$38570	Deutz	4T	263D	21F-21R	70.0		No
208P 4WD Synchro	$53158	$23920	$27640	$34020	$37740	Deutz	4T	263D	21F-6R	70.0		No
209P 4WD Cab Shuttle	$65021	$29260	$33810	$41610	$46170	Deutz	4T	263D	21F-21R	80.0		CHA
209P 4WD Cab Synchro	$63849	$28730	$33200	$40860	$45330	Deutz	4T	263D	21F-6R	80.0		CHA
209P 4WD Shuttle	$55885	$25150	$29060	$35770	$39680	Deutz	4T	263D	21F-21R	80.0		No
209P 4WD Synchro	$54713	$24620	$28450	$35020	$38850	Deutz	4T	263D	21F-6R	80.0		No
409	$79247	$35660	$41210	$50720	$56270	Deutz	4T	247D	Variable	72	10700	CHA
409 w/Front PTO & Lift	$86420	$38890	$44940	$55310	$61360	Deutz	4T	247D	Variable	72	10700	CHA
410	$87101	$39200	$45290	$55750	$61840	Deutz	4T	247D	Variable	85	10900	CHA
410 w/Front PTO & Lift	$94234	$42410	$49000	$60310	$66910	Deutz	4T	247D	Variable	85	10900	CHA
411	$91476	$41160	$47570	$58550	$64950	Deutz	4T	247D	Variable	95	11000	CHA
411 w/Front PTO & Lift	$98609	$44370	$51280	$63110	$70010	Deutz	4T	247D	Variable	95	11000	CHA
412	$95312	$42890	$49560	$61000	$67670	Deutz	4TA	247D	Variable	105	11000	CHA
412 w/Front PTO & Lift	$102445	$46100	$53270	$65570	$72740	Deutz	4TA	247D	Variable	105	11000	CHA
712	$110156	$49570	$57280	$70500	$78210	Deutz	6T	348D	Variable	110	12600	CHA
712 w/Front PTO & Lift	$116650	$52490	$60660	$74660	$82820	Deutz	6T	348D	Variable	110	12600	CHA
714	$121312	$54590	$63080	$77640	$86130	Deutz	6TA	348D	Variable	125	12500	CHA
714 w/Front PTO & Lift	$127806	$57510	$66460	$81800	$90740	Deutz	6TA	348D	Variable	125	12500	CHA
716	$130983	$58940	$68110	$83830	$93000	Deutz	6TA	348D	Variable	140	12600	CHA
716 w/Front PTO & Lift	$137477	$61870	$71490	$87990	$97610	Deutz	6TA	348D	Variable	140	12600	CHA
815	$130643	$58790	$67930	$83610	$92760	Deutz	6TA	348D	Variable	130	10900	CHA
815 w/Front PTO & Lift	$137137	$61710	$71310	$87770	$97370	Deutz	6TA	348D	Variable	130	10900	CHA
817	$135849	$61130	$70640	$86940	$96450	Deutz	6TA	348D	Variable	145	10900	CHA
817 w/Front PTO & Lift	$142343	$64050	$74020	$91100	$101060	Deutz	6TA	348D	Variable	145	10900	CHA
818	$142948	$64330	$74330	$91490	$101490	Deutz	6TA	348D	Variable	160	15000	CHA
818 w/Front PTO & Lift	$149442	$67250	$77710	$95640	$106100	Deutz	6TA	348D	Variable	160	15000	CHA
918	$196243	$88310	$102050	$125600	$139330	MAN	6TA	420D	Variable	160	17950	CHA
918 w/Front PTO & Lift	$203411	$91540	$105770	$130180	$144420	MAN	6TA	420D	Variable	160	17950	CHA
918 Rev. Station	$154551	$69550	$80370	$98910	$109730	MAN	6TA	420D	Variable	160	17950	CHA
918 Rev.Station PTO, Lift	$162903	$73310	$84710	$104260	$115660	MAN	6TA	420D	Variable	160	17950	CHA
920	$206765	$93040	$107520	$132330	$146800	MAN	6TA	420D	Variable	180	17950	CHA
920 w/Front PTO & Lift	$213933	$96270	$111250	$136920	$151890	MAN	6TA	420D	Variable	180	17950	CHA
920 Rev. Station	$162576	$73160	$84540	$104050	$115430	MAN	6TA	420D	Variable	180	17950	CHA
920 Rev. Station PTO, Lift	$170928	$76920	$88880	$109390	$121360	MAN	6TA	420D	Variable	180	17950	CHA
924	$227055	$102180	$118070	$145320	$161210	MAN	6TA	420D	Variable	205	18232	CHA
924 w/Front PTO & Lift	$234223	$105400	$121800	$149900	$166300	MAN	6TA	420D	Variable	205	18232	CHA
924 Rev. Station	$178185	$80180	$92660	$114040	$126510	MAN	6TA	420D	Variable	205	18232	CHA
924 Rev. Station PTO, Lift	$186537	$83940	$97000	$119380	$132440	MAN	6TA	420D	Variable	205	18232	CHA
926	$246502	$110930	$128180	$157760	$175020	MAN	6TA	420D	Variable	240	18364	CHA
926 w/Front PTO & Lift	$253670	$114150	$131910	$162350	$180110	MAN	6TA	420D	Variable	240	18364	CHA
926 Rev. Station	$193145	$86920	$100440	$123610	$137130	MAN	6TA	420D	Variable	240	18364	CHA
926 Rev. Station PTO, Lift	$201497	$90670	$104780	$128960	$143060	MAN	6TA	420D	Variable	240	18364	CHA
				2005								
206V 4WD Cab Shuttle	$58662	$24640	$28740	$35780	$39890	Deutz	3T	198D	20F-19R	50.0		CHA
206V 4WD Cab Synchro	$57535	$24170	$28190	$35100	$39120	Deutz	3T	198D	20F-6R	50.0		CHA
206V 4WD Shuttle	$50272	$21110	$24630	$30670	$34190	Deutz	3T	198D	20F-19R	50.0		No
206V 4WD Synchro	$49145	$20640	$24080	$29980	$33420	Deutz	3T	198D	20F-6R	50.0		No
207V 4WD Cab Shuttle	$60234	$25300	$29520	$36740	$40960	Deutz	3T	198D	20F-19R	60.0		CHA
207V 4WD Cab Synchro	$59107	$24830	$28960	$36060	$40190	Deutz	3T	198D	20F-6R	60.0		CHA
207V 4WD Shuttle	$51753	$21740	$25360	$31570	$35190	Deutz	3T	198D	20F-19R	60.0		No
207V 4WD Synchro	$50626	$21260	$24810	$30880	$34430	Deutz	3T	198D	20F-6R	60.0		No
208V 4WD Cab Shuttle	$62845	$26400	$30790	$38340	$42740	Deutz	4T	263D	20F-19R	70.0		CHA
208V 4WD Cab Synchro	$61718	$25920	$30240	$37650	$41970	Deutz	4T	263D	20F-6R	70.0		CHA
208V 4WD Shuttle	$54454	$22870	$26680	$33220	$37030	Deutz	4T	263D	20F-19R	70.0		No
208V 4WD Synchro	$53327	$22400	$26130	$32530	$36260	Deutz	4T	263D	20F-6R	70.0		No
209V 4WD Cab Shuttle	$64337	$27020	$31530	$39250	$43750	Deutz	4T	263D	20F-19R	80.0		CHA
209V 4WD Cab Synchro	$63210	$26550	$30970	$38560	$42980	Deutz	4T	263D	20F-6R	80.0		CHA
209V 4WD Shuttle	$55945	$23500	$27410	$34130	$38040	Deutz	4T	263D	20F-19R	80.0		No
209V 4WD Synchro	$54818	$23020	$26860	$33440	$37280	Deutz	4T	263D	20F-6R	80.0		No
208P 4WD Cab Shuttle	$61027	$25630	$29900	$37230	$41500	Deutz	4T	263D	21F-21R	70.0		CHA
208P 4WD Cab Synchro	$59900	$25160	$29350	$36540	$40730	Deutz	4T	263D	21F-6R	70.0		CHA
208P 4WD Shuttle	$52240	$21940	$25600	$31870	$35520	Deutz	4T	263D	21F-21R	70.0		No
208P 4WD Synchro	$51113	$21470	$25050	$31180	$34760	Deutz	4T	263D	21F-6R	70.0		No
209P 4WD Cab Shuttle	$62520	$26260	$30640	$38140	$42510	Deutz	4T	263D	21F-21R	80.0		CHA
209P 4WD Cab Synchro	$61393	$25790	$30080	$37450	$41750	Deutz	4T	263D	21F-6R	80.0		CHA
209P 4WD Shuttle	$53735	$22570	$26330	$32780	$36540	Deutz	4T	263D	21F-21R	80.0		No
209P 4WD Synchro	$52608	$22100	$25780	$32090	$35770	Deutz	4T	263D	21F-6R	80.0		No
409	$75091	$31540	$36800	$45810	$51060	Deutz	4T	247D	Variable	72	10700	CHA
409 w/Front PTO & Lift	$81214	$34110	$39800	$49540	$55230	Deutz	4T	247D	Variable	72	10700	CHA
410	$82643	$34710	$40500	$50410	$56200	Deutz	4T	247D	Variable	85	10900	CHA
410 w/Front PTO & Lift	$89766	$37700	$43990	$54760	$61040	Deutz	4T	247D	Variable	85	10900	CHA
411	$86849	$36480	$42560	$52980	$59060	Deutz	4T	247D	Variable	95	11000	CHA
411 w/Front PTO & Lift	$93972	$39470	$46050	$57320	$63900	Deutz	4T	247D	Variable	95	11000	CHA
412	$90534	$38020	$44360	$55230	$61560	Deutz	4TA	247D	Variable	105	11000	CHA
412 w/Front PTO & Lift	$97661	$41020	$47850	$59570	$66410	Deutz	4TA	247D	Variable	105	11000	CHA

Fendt (Cont.)

2005 (Cont.)

Model	Approx. Retail Price New	Estimated Value Less Repairs: Used Trade In Avg.	Used Trade In High	Used Retail Avg.	Used Retail High	Make	Engine No. Cyls.	Engine Displ. Cu.-In.	No. Speeds	P.T.O. H.P.	Approx. Shipping Wt.-Lbs.	Cab
712	$105852	$44460	$51870	**$64570**	**$71980**	Deutz	6T	348D	Variable	110	12600	CHA
712 w/Front PTO & Lift	$112328	$47180	$55040	**$68520**	**$76380**	Deutz	6T	348D	Variable	110	12600	CHA
714	$116579	$48960	$57120	**$71110**	**$79270**	Deutz	6TA	348D	Variable	125	12500	CHA
714 w/Front PTO & Lift	$123055	$51680	$60300	**$75060**	**$83680**	Deutz	6TA	348D	Variable	125	12500	CHA
716	$125878	$52870	$61680	**$76790**	**$85600**	Deutz	6TA	348D	Variable	140	12600	CHA
716 w/Front PTO & Lift	$132354	$55590	$64850	**$80740**	**$90000**	Deutz	6TA	348D	Variable	140	12600	CHA
815	$127920	$53730	$62680	**$78030**	**$86990**	Deutz	6TA	348D	Variable	130	10900	CHA
815 w/Front PTO & Lift	$134396	$56450	$65850	**$81980**	**$91390**	Deutz	6TA	348D	Variable	130	10900	CHA
817	$132924	$55830	$65130	**$81080**	**$90390**	Deutz	6TA	348D	Variable	145	10900	CHA
817 w/Front PTO & Lift	$139401	$58550	$68310	**$85040**	**$94790**	Deutz	6TA	348D	Variable	145	10900	CHA
818	$139751	$58700	$68480	**$85250**	**$95030**	Deutz	6TA	348D	Variable	160	15000	CHA
818 w/Front PTO & Lift	$146227	$61420	$71650	**$89200**	**$99430**	Deutz	6TA	348D	Variable	160	15000	CHA
918	$145248	$61000	$71170	**$88600**	**$98770**	MAN	6TA	420D	Variable	160	17950	CHA
918 w/Front PTO & Lift	$153279	$64380	$75110	**$93500**	**$104230**	MAN	6TA	420D	Variable	160	17950	CHA
918 Rev. Station	$148704	$62460	$72870	**$90710**	**$101120**	MAN	6TA	420D	Variable	160	17950	CHA
918 Rev.Station PTO, Lift	$156735	$65830	$76800	**$95610**	**$106580**	MAN	6TA	420D	Variable	160	17950	CHA
920	$153030	$64270	$74990	**$93350**	**$104060**	MAN	6TA	420D	Variable	180	17950	CHA
920 w/Front PTO & Lift	$161061	$67650	$78920	**$98250**	**$109520**	MAN	6TA	420D	Variable	180	17950	CHA
920 Rev. Station	$156421	$65700	$76650	**$95420**	**$106370**	MAN	6TA	420D	Variable	180	17950	CHA
920 Rev. Station PTO, Lift	$164452	$69070	$80580	**$100320**	**$111830**	MAN	6TA	420D	Variable	180	17950	CHA
924	$168038	$70580	$82340	**$102500**	**$114270**	MAN	6TA	420D	Variable	205	18232	CHA
924 w/Front PTO & Lift	$176069	$73950	$86270	**$107400**	**$119730**	MAN	6TA	420D	Variable	205	18232	CHA
924 Rev. Station	$171429	$72000	$84000	**$104570**	**$116570**	MAN	6TA	420D	Variable	205	18232	CHA
924 Rev. Station PTO, Lift	$179460	$75370	$87940	**$109470**	**$122030**	MAN	6TA	420D	Variable	205	18232	CHA
926	$182422	$76620	$89390	**$111280**	**$124050**	MAN	6TA	420D	Variable	240	18364	CHA
926 w/Front PTO & Lift	$190453	$79990	$93320	**$116180**	**$129510**	MAN	6TA	420D	Variable	240	18364	CHA
926 Rev. Station	$185814	$78040	$91050	**$113350**	**$126350**	MAN	6TA	420D	Variable	240	18364	CHA
926 Rev. Station PTO, Lift	$193845	$81420	$94980	**$118250**	**$131820**	MAN	6TA	420D	Variable	240	18364	CHA

2004

Model	Approx. Retail Price New	Used Trade In Avg.	Used Trade In High	Used Retail Avg.	Used Retail High	Make	Engine No. Cyls.	Engine Displ. Cu.-In.	No. Speeds	P.T.O. H.P.	Approx. Shipping Wt.-Lbs.	Cab
206V	$40667	$15450	$18710	**$22770**	**$26430**	Deutz	3T	198D	20F-6R	50.0		No
206V 4WD	$46667	$17730	$21470	**$26130**	**$30330**	Deutz	3T	198D	20F-6R	50.0		No
206V 4WD Cab	$54620	$20760	$25130	**$30590**	**$35500**	Deutz	3T	198D	20F-6R	50.0		CHA
206V Cab	$48621	$18480	$22370	**$27230**	**$31600**	Deutz	3T	198D	20F-6R	50.0		CHA
207V	$42319	$16080	$19470	**$23700**	**$27510**	Deutz	3T	198D	20F-6R	60.0		No
207V 4WD	$48156	$18300	$22150	**$26970**	**$31300**	Deutz	3T	198D	20F-6R	60.0		No
207V 4WD Cab	$56110	$21320	$25810	**$31420**	**$36470**	Deutz	3T	198D	20F-6R	60.0		CHA
207V Cab	$50273	$19100	$23130	**$28150**	**$32680**	Deutz	3T	198D	20F-6R	60.0		CHA
208V 4WD	$50652	$19250	$23300	**$28370**	**$32920**	Deutz	4T	263D	20F-6R	70.0		No
208V 4WD Cab	$58606	$22270	$26960	**$32820**	**$38090**	Deutz	4T	263D	20F-6R	70.0		CHA
209V 4WD	$52066	$19790	$23950	**$29160**	**$33840**	Deutz	4T	263D	20F-6R	80.0		No
209V 4WD Cab	$60020	$22810	$27610	**$33610**	**$39010**	Deutz	4T	263D	20F-6R	80.0		CHA
208P 4WD	$47142	$17910	$21690	**$26400**	**$30640**	Deutz	4T	263D	21F-6R	70.0		No
208P 4WD Cab	$55278	$21010	$25430	**$30960**	**$35930**	Deutz	4T	263D	21F-6R	70.0		CHA
209P 4WD	$48758	$18530	$22430	**$27300**	**$31690**	Deutz	4T	263D	21F-6R	80.0		No
209P 4WD Cab	$56893	$21620	$26170	**$31860**	**$36980**	Deutz	4T	263D	21F-6R	80.0		CHA
409	$71437	$27150	$32860	**$40010**	**$46430**	Deutz	4T	247D	Variable	72	10700	CHA
409 w/Front PTO & Lift	$78560	$29850	$36140	**$43990**	**$51060**	Deutz	4T	247D	Variable	72	10700	CHA
410	$79916	$30370	$36760	**$44750**	**$51950**	Deutz	4T	247D	Variable	85	10900	CHA
410 w/Front PTO & Lift	$87039	$33080	$40040	**$48740**	**$56580**	Deutz	4T	247D	Variable	85	10900	CHA
411	$86179	$32750	$39640	**$48260**	**$56020**	Deutz	4T	247D	Variable	95	11000	CHA
411 w/Front PTO & Lift	$93302	$35460	$42920	**$52250**	**$60650**	Deutz	4T	247D	Variable	95	11000	CHA
412	$87820	$33370	$40400	**$49180**	**$57080**	Deutz	4TA	247D	Variable	105	11000	CHA
412 w/Front PTO & Lift	$96832	$36800	$44540	**$54230**	**$62940**	Deutz	4TA	247D	Variable	105	11000	CHA
712	$102798	$39060	$47290	**$57570**	**$66820**	Deutz	6T	348D	Variable	110	12600	CHA
712 w/Front PTO & Lift	$108969	$41410	$50130	**$61020**	**$70830**	Deutz	6T	348D	Variable	110	12600	CHA
714	$114423	$43480	$52640	**$64080**	**$74380**	Deutz	6TA	348D	Variable	125	12500	CHA
714 w/Front PTO & Lift	$120599	$45830	$55480	**$67540**	**$78390**	Deutz	6TA	348D	Variable	125	12500	CHA
716	$122831	$46680	$56500	**$68790**	**$79840**	Deutz	6TA	348D	Variable	140	12600	CHA
716 w/Front PTO & Lift	$129007	$49020	$59340	**$72240**	**$83860**	Deutz	6TA	348D	Variable	140	12600	CHA
815	$126299	$47990	$58100	**$70730**	**$82090**	Deutz	6TA	348D	Variable	130	10900	CHA
815 w/Front PTO & Lift	$132707	$50430	$61050	**$74320**	**$86260**	Deutz	6TA	348D	Variable	130	10900	CHA
817	$129896	$49360	$59750	**$72740**	**$84430**	Deutz	6TA	348D	Variable	145	10900	CHA
817 w/Front PTO & Lift	$136304	$51800	$62700	**$76330**	**$88600**	Deutz	6TA	348D	Variable	145	10900	CHA
818	$132694	$50420	$61040	**$74310**	**$86250**	Deutz	6TA	348D	Variable	160	15000	CHA
818 w/Front PTO & Lift	$138870	$52770	$63880	**$77770**	**$90270**	Deutz	6TA	348D	Variable	160	15000	CHA
918	$136613	$51910	$62840	**$76500**	**$88800**	MAN	6TA	420D	Variable	160	17950	CHA
918 w/Front PTO & Lift	$143218	$54420	$65880	**$80200**	**$93090**	MAN	6TA	420D	Variable	160	17950	CHA
918 Rev. Station	$140586	$53420	$64670	**$78730**	**$91380**	MAN	6TA	420D	Variable	160	17950	CHA
918 Rev.Station PTO, Lift	$147191	$55930	$67710	**$82430**	**$95670**	MAN	6TA	420D	Variable	160	17950	CHA
920	$147000	$55860	$67620	**$82320**	**$95550**	MAN	6TA	420D	Variable	180	17950	CHA
920 w/Front PTO & Lift	$153605	$58370	$70660	**$86020**	**$99840**	MAN	6TA	420D	Variable	180	17950	CHA
920 Rev. Station	$150373	$57140	$69170	**$84210**	**$97740**	MAN	6TA	420D	Variable	180	17950	CHA
920 Rev. Station PTO, Lift	$156978	$59650	$72210	**$87910**	**$102040**	MAN	6TA	420D	Variable	180	17950	CHA
924	$160615	$61030	$73880	**$89940**	**$104400**	MAN	6TA	420D	Variable	205	18232	CHA
924 w/Front PTO & Lift	$167220	$63540	$76920	**$93640**	**$108690**	MAN	6TA	420D	Variable	205	18232	CHA
924 Rev. Station	$164589	$62540	$75710	**$92170**	**$106980**	MAN	6TA	420D	Variable	205	18232	CHA
924 Rev. Station PTO, Lift	$171194	$65050	$78750	**$95870**	**$111280**	MAN	6TA	420D	Variable	205	18232	CHA
926	$174240	$66210	$80150	**$97570**	**$113260**	MAN	6TA	420D	Variable	240	18364	CHA
926 w/Front PTO & Lift	$180845	$68720	$83190	**$101270**	**$117550**	MAN	6TA	420D	Variable	240	18364	CHA
926 Rev. Station	$178114	$67680	$81930	**$99740**	**$115770**	MAN	6TA	420D	Variable	240	18364	CHA
926 Rev. Station PTO, Lift	$184719	$70190	$84970	**$103440**	**$120070**	MAN	6TA	420D	Variable	240	18364	CHA

Fendt (Cont.)

Model	Approx. Retail Price New	Used Trade In Avg.	Used Trade In High	Used Retail Avg.	Used Retail High	Engine Make	Engine No. Cyls.	Engine Displ. Cu.-In.	No. Speeds	P.T.O. H.P.	Approx. Shipping Wt.-Lbs.	Cab
2003												
409	$69235	$24230	$29770	**$36700**	**$43620**	Deutz	4T	232D	Variable	72	10700	CHA
409 w/Front PTO & Lift	$76760	$26870	$33010	**$40680**	**$48360**	Deutz	4T	232D	Variable	72	10700	CHA
410	$78570	$27500	$33790	**$41640**	**$49500**	Deutz	4T	232D	Variable	85	10900	CHA
410 w/Front PTO & Lift	$86095	$30130	$37020	**$45630**	**$54240**	Deutz	4T	232D	Variable	85	10900	CHA
411	$82425	$28850	$35440	**$43690**	**$51930**	Deutz	4T	232D	Variable	95	11000	CHA
411 w/Front PTO & Lift	$89950	$31480	$38680	**$47670**	**$56670**	Deutz	4T	232D	Variable	95	11000	CHA
412	$85855	$30050	$36920	**$45500**	**$54090**	Deutz	4TA	232D	Variable	105	11000	CHA
412 w/Front PTO & Lift	$93380	$32680	$40150	**$49490**	**$58830**	Deutz	4TA	232D	Variable	105	11000	CHA
712	$96650	$33830	$41560	**$51230**	**$60890**	Deutz	6T	348D	Variable	110	12600	CHA
712 w/Front PTO & Lift	$102830	$35990	$44220	**$54500**	**$64780**	Deutz	6T	348D	Variable	110	12600	CHA
714	$107665	$37680	$46300	**$57060**	**$67830**	Deutz	6TA	348D	Variable	125	12500	CHA
714 w/Front PTO & Lift	$113845	$39850	$48950	**$60340**	**$71720**	Deutz	6TA	348D	Variable	125	12500	CHA
716	$117775	$41220	$50640	**$62420**	**$74200**	Deutz	6TA	348D	Variable	140	12600	CHA
716 w/Front PTO & Lift	$123955	$43380	$53300	**$65700**	**$78090**	Deutz	6TA	348D	Variable	140	12600	CHA
818	$121015	$42360	$52040	**$64140**	**$76240**	Deutz	6TA	348D	Variable	160	15000	CHA
818 w/Front PTO & Lift	$127195	$44520	$54690	**$67410**	**$80130**	Deutz	6TA	348D	Variable	160	15000	CHA
918	$130220	$45580	$56000	**$69020**	**$82040**	MAN	6TA	420D	Variable	160	17950	CHA
918 w/Front PTO & Lift	$136400	$47740	$58650	**$72290**	**$85930**	MAN	6TA	420D	Variable	160	17950	CHA
918 Rev. Station	$133340	$46670	$57340	**$70670**	**$84000**	MAN	6TA	420D	Variable	160	17950	CHA
918 Rev.Station PTO, Lift	$139940	$48980	$60170	**$74170**	**$88160**	MAN	6TA	420D	Variable	160	17950	CHA
920	$139625	$48870	$60040	**$74000**	**$87960**	MAN	6TA	420D	Variable	180	17950	CHA
920 w/Front PTO & Lift	$145805	$51030	$62700	**$77280**	**$91860**	MAN	6TA	420D	Variable	180	17950	CHA
920 Rev. Station	$144385	$50540	$62090	**$76520**	**$90960**	MAN	6TA	420D	Variable	180	17950	CHA
920 Rev. Station PTO, Lift	$150985	$52850	$64920	**$80020**	**$95120**	MAN	6TA	420D	Variable	180	17950	CHA
924	$154930	$54230	$66620	**$82110**	**$97610**	MAN	6TA	420D	Variable	205	18232	CHA
924 w/Front PTO & Lift	$161710	$56600	$69540	**$85710**	**$101880**	MAN	6TA	420D	Variable	205	18232	CHA
924 Rev. Station	$158050	$55320	$67960	**$83770**	**$99570**	MAN	6TA	420D	Variable	205	18232	CHA
924 Rev. Station PTO, Lift	$164650	$57630	$70800	**$87270**	**$103730**	MAN	6TA	420D	Variable	205	18232	CHA
926	$168925	$59120	$72640	**$89530**	**$106420**	MAN	6TA	420D	Variable	240	18364	CHA
926 w/Front PTO & Lift	$174205	$60970	$74910	**$92330**	**$109750**	MAN	6TA	420D	Variable	240	18364	CHA
926 Rev. Station	$171145	$59900	$73590	**$90710**	**$107820**	MAN	6TA	420D	Variable	240	18364	CHA
926 Rev. Station PTO, Lift	$177745	$62210	$76430	**$94210**	**$111980**	MAN	6TA	420D	Variable	240	18364	CHA
2002												
409	$68900	$22050	$27560	**$35830**	**$42030**	Deutz	4T	232D	Variable	72	10700	CHA
410	$77920	$24930	$31170	**$40520**	**$47530**	Deutz	4T	232D	Variable	85	10900	CHA
411	$81785	$26170	$32710	**$42530**	**$49890**	Deutz	4T	232D	Variable	95	11000	CHA
412	$84995	$27200	$34000	**$44200**	**$51850**	Deutz	4TA	232D	Variable	105	11000	CHA
712	$94045	$30090	$37620	**$48900**	**$57370**	Deutz	6T	348D	Variable	110	12600	CHA
714	$107580	$34430	$43030	**$55940**	**$65620**	Deutz	6TA	348D	Variable	125	12500	CHA
716	$118840	$38030	$47540	**$61800**	**$72490**	Deutz	6TA	348D	Variable	140	12600	CHA
918	$127350	$40750	$50940	**$66220**	**$77680**	MAN	6TA	420D	Variable	160	17950	CHA
918 Reverse Station	$129835	$41550	$51930	**$67510**	**$79200**	MAN	6TA	420D	Variable	160	17950	CHA
920	$137935	$44140	$55170	**$71730**	**$84140**	MAN	6TA	420D	Variable	180	17950	CHA
920 Reverse Station	$140750	$45040	$56300	**$73190**	**$85860**	MAN	6TA	420D	Variable	180	17950	CHA
924	$152205	$48710	$60880	**$79150**	**$92850**	MAN	6TA	420D	Variable	205	18232	CHA
924 Reverse Station	$155250	$49680	$62100	**$80730**	**$94700**	MAN	6TA	420D	Variable	205	18232	CHA
926	$165045	$52810	$66020	**$85820**	**$100680**	MAN	6TA	420D	Variable	240	18364	CHA
926 Reverse Station	$168090	$53790	$67240	**$87410**	**$102540**	MAN	6TA	420D	Variable	240	18364	CHA
2001												
409	$65195	$19560	$24770	**$32600**	**$38470**	Deutz	4T	232D	Variable	72	10700	CHA
410	$75370	$22610	$28640	**$37690**	**$44470**	Deutz	4T	232D	Variable	85	10900	CHA
411	$80470	$24140	$30580	**$40240**	**$47480**	Deutz	4T	232D	Variable	95	11000	CHA
712	$90116	$27040	$34240	**$45060**	**$53170**	Deutz	6T	348D	Variable	110	12600	CHA
714	$106145	$31840	$40340	**$53070**	**$62630**	Deutz	6TA	348D	Variable	125	12500	CHA
716	$117235	$35170	$44550	**$58620**	**$69170**	Deutz	6TA	348D	Variable	140	12600	CHA
920	$136065	$40820	$51710	**$68030**	**$80280**	MAN	6TA	420D	Variable	180	17950	CHA
920 Reverse Station	$139065	$41720	$52850	**$69530**	**$82050**	MAN	6TA	420D	Variable	180	17950	CHA
924	$149260	$44780	$56720	**$74630**	**$88060**	MAN	6TA	420D	Variable	205	18232	CHA
924 Reverse Station	$152260	$45680	$57860	**$76130**	**$89830**	MAN	6TA	420D	Variable	205	18232	CHA
926	$161910	$48570	$61530	**$80960**	**$95530**	MAN	6TA	420D	Variable	240	18364	CHA
926 Reverse Station	$164910	$49470	$62670	**$82460**	**$97300**	MAN	6TA	420D	Variable	240	18364	CHA
2000												
409	$65245	$18270	$23490	**$31320**	**$37190**	Deutz	4T	232D	Variable	72	10700	CHA
410	$74805	$20950	$26930	**$35910**	**$42640**	Deutz	4T	232D	Variable	85	10900	CHA
411	$81255	$22750	$29250	**$39000**	**$46320**	Deutz	4T	232D	Variable	95	11000	CHA
712	$88785	$24860	$31960	**$42620**	**$50610**	Deutz	6T	348D	Variable	110	12600	CHA
714	$104520	$29270	$37630	**$50170**	**$59580**	Deutz	6TA	348D	Variable	125	12500	CHA
716	$115635	$32380	$41630	**$55510**	**$65910**	Deutz	6TA	348D	Variable	140	12600	CHA
920	$133865	$37480	$48190	**$64260**	**$76300**	MAN	6TA	420D	Variable	180	17950	CHA
924	$147380	$41270	$53060	**$70740**	**$84010**	MAN	6TA	420D	Variable	205	18232	CHA
926	$159325	$44610	$57360	**$76480**	**$90820**	MAN	6TA	420D	Variable	240	18364	CHA

Ferguson

Model	Approx. Retail Price New	Used Trade In Avg.	Used Trade In High	Used Retail Avg.	Used Retail High	Engine Make	Engine No. Cyls.	Engine Displ. Cu.-In.	No. Speeds	P.T.O. H.P.	Approx. Shipping Wt.-Lbs.	Cab
1957												
TO35 STD	......	$1120	$1780	**$2480**	**$2900**	Continental	4	134G	6F-1R	33	2980	No
TO35 Deluxe	......	$1170	$1850	**$2580**	**$3020**	Standard	4	137D	6F-1R	37	3211	No
F40	......	$1030	$1630	**$2270**	**$2650**	Continental	4	134G	6F-1R	34	3100	No

Ferguson (Cont.)

	Approx. Retail Price New	Estimated Value Less Repairs: Used Trade In Avg.	Used Trade In High	Used Retail Avg.	Used Retail High	Engine Make	No. Cyls.	Displ. Cu.-In.	No. Speeds	P.T.O. H.P.	Approx. Shipping Wt.-Lbs.	Cab
				1956								
TO35 STD	......	$1080	$1740	**$2440**	**$2840**	Continental	4	134G	6F-1R	33	2980	No
TO35 Deluxe	......	$1140	$1830	**$2570**	**$3000**	Standard	4	137D	6F-1R	37	3211	No
F40	......	$990	$1590	**$2230**	**$2600**	Continental	4	134G	6F-1R	34	3100	No
				1955								
TO35 STD	......	$1060	$1720	**$2430**	**$2820**	Continental	4	134G	6F-1R	33	2980	No
TO35 Deluxe	......	$1110	$1800	**$2540**	**$2960**	Standard	4	137D	6F-1R	37	3211	No
				1954								
TO30	......	$1030	$1670	**$2400**	**$2780**	Continental	4	129G	4F-1R	30.2	2843	No
TO35 STD	......	$1040	$1690	**$2420**	**$2810**	Continental	4	134G	6F-1R	33	2980	No
TO35 Deluxe	......	$1090	$1770	**$2550**	**$2950**	Standard	4	137D	6F-1R	37	3211	No
				1953								
TO30	......	$990	$1620	**$2360**	**$2730**	Continental	4	129G	4F-1R	30.2	2843	No
				1952								
TO30	......	$970	$1580	**$2330**	**$2700**	Continental	4	129G	4F-1R	30.2	2843	No
				1951								
TE20	......	$930	$1510	**$2240**	**$2590**	Continental	4	120G	4F-1R	27	2600	No
TO20 STD	......	$910	$1470	**$2190**	**$2530**	Continental	4	120G	4F-1R	26.5	2497	No
TO30	......	$960	$1560	**$2320**	**$2680**	Continental	4	129G	4F-1R	30.2	2843	No
				1950								
TE20	......	$910	$1480	**$2220**	**$2560**	Continental	4	120G	4F-1R	27	2600	No
TO20 STD	......	$880	$1430	**$2140**	**$2470**	Continental	4	120G	4F-1R	26.5	2497	No
				1949								
TE20	......	$890	$1440	**$2180**	**$2520**	Continental	4	120G	4F-1R	27	2600	No
TO20 STD	......	$860	$1390	**$2100**	**$2420**	Continental	4	120G	4F-1R	26.5	2497	No
				1948								
TE20	......	$860	$1400	**$2120**	**$2470**	Continental	4	120G	4F-1R	27	2600	No
TO20 STD	......	$830	$1350	**$2050**	**$2370**	Continental	4	120G	4F-1R	26.5	2497	No

Ford

				1986								
1110	$5960	$810	$1400	**$2030**	**$2560**	Shibaura	2	43D	10F-2R	11.50	1223	No
1110 4WD	$6475	$870	$1520	**$2200**	**$2780**	Shibaura	2	43D	10F-2R	11.50	1395	No
1110 H	$6805	$920	$1600	**$2310**	**$2930**	Shibaura	2	43D	Variable	11.50	1231	No
1110 H 4WD	$6990	$940	$1640	**$2380**	**$3010**	Shibaura	2	43D	Variable	11.50	1403	No
1210	$6765	$910	$1590	**$2300**	**$2910**	Shibaura	3	54D	10F-2R	13.50	1323	No
1210 4WD	$7560	$1020	$1780	**$2570**	**$3250**	Shibaura	3	54D	10F-2R	13.50	1439	No
1210 H	$7884	$1060	$1850	**$2680**	**$3390**	Shibaura	3	54D	Variable	13.50	1342	No
1210 H 4WD	$8679	$1170	$2040	**$2950**	**$3730**	Shibaura	3	54D	Variable	13.50	1447	No
1310	$7428	$1000	$1750	**$2530**	**$3190**	Shibaura	3	58D	12F-4R	16.50	2063	No
1310 4WD	$8249	$1110	$1940	**$2810**	**$3550**	Shibaura	3	58D	12F-4R	16.50	2262	No
1510	$7500	$1010	$1760	**$2550**	**$3230**	Shibaura	3	68D	12F-4R	20.45	2230	No
1510 4WD	$8432	$1140	$1980	**$2870**	**$3630**	Shibaura	3	68D	12F-4R	19.50	2440	No
1710	$8430	$1140	$1980	**$2870**	**$3630**	Shibaura	3	85D	12F-4R	23.88	2470	No
1710 4WD	$9636	$1300	$2260	**$3280**	**$4140**	Shibaura	3	85D	12F-4R	23.50	2640	No
1910	$9369	$1270	$2200	**$3190**	**$4030**	Shibaura	3	104D	12F-4R	28.60	2980	No
1910 4WD	$11515	$1560	$2710	**$3920**	**$4950**	Shibaura	3	104D	12F-4R	28.60	3245	No
2110	$11917	$1610	$2800	**$4050**	**$5120**	Shibaura	4	139D	12F-4R	34.91	3635	No
2110 4WD	$13722	$1850	$3230	**$4670**	**$5900**	Shibaura	4	139D	12F-4R	34.91	3946	No
2810	$12845	$1730	$3020	**$4370**	**$5520**	Ford	3	158D	8F-2R	32.83	4333	No
2810 4WD	$16969	$2290	$3990	**$5770**	**$7300**	Ford	3	158D	8F-2R	32.00	4868	No
2910	$14585	$1970	$3430	**$4960**	**$6270**	Ford	3	175D	8F-4R	36.40	4485	No
2910 4WD	$19050	$2570	$4480	**$6480**	**$8190**	Ford	3	175D	8F-4R	36.66	5020	No
3910	$16350	$2210	$3840	**$5560**	**$7030**	Ford	3	192D	8F-4R	42.67	4547	No
3910 4WD	$20800	$2810	$4890	**$7070**	**$8940**	Ford	3	192D	8F-4R	43.25	5182	No
4610	$18737	$2530	$4400	**$6370**	**$8060**	Ford	3	201D	8F-4R	52.32	4914	No
4610 4WD	$23205	$3130	$5450	**$7890**	**$9980**	Ford	3	201D	8F-4R	52.32	5449	No
5610	$22040	$2980	$5180	**$7490**	**$9480**	Ford	4	256D	8F-4R	62.00	6041	No
5610 4WD	$27363	$3690	$6430	**$9300**	**$11770**	Ford	4	256D	8F-4R	62.00	6593	No
5610 4WD w/Cab	$34733	$4690	$8160	**$11810**	**$14940**	Ford	4	256D	16F-8R	62.00	8016	CHA
5610 w/Cab	$29908	$4040	$7030	**$10170**	**$12860**	Ford	4	256D	16F-8R	62.57	7479	CHA
6610	$25300	$3420	$5950	**$8600**	**$10880**	Ford	4	268D	16F-8R	72.30	6146	No
6610 4WD	$30975	$4180	$7280	**$10530**	**$13320**	Ford	4	268D	16F-8R	72.00	6683	No
6610 4WD w/Cab	$37200	$5020	$8740	**$12650**	**$16000**	Ford	4	268D	16F-8R	72.13	8013	CHA
6610 w/Cab	$31515	$4260	$7410	**$10720**	**$13550**	Ford	4	268D	16F-8R	72.30	7476	CHA
7610	$26925	$3640	$6330	**$9160**	**$11580**	Ford	4T	268D	16F-8R	86.00	6356	No
7610 4WD	$32600	$4400	$7660	**$11080**	**$14020**	Ford	4T	268D	16F-8R	86.00	6967	No
7710	$28028	$3780	$6590	**$9530**	**$12050**	Ford	4T	268D	16F-8R	86.62	7234	No
7710 4WD	$33861	$4570	$7960	**$11510**	**$14560**	Ford	4T	268D	16F-8R	86.62	7835	No
7710 4WD w/Cab	$40276	$5440	$9470	**$13690**	**$17320**	Ford	4T	268D	16F-8R	86.62	8865	CHA
7710 w/Cab	$34443	$4650	$8090	**$11710**	**$14810**	Ford	4T	268D	16F-8R	86.62	8264	CHA
8210 4WD	$36623	$3480	$6410	**$9890**	**$14280**	Ford	6	401D	16F-8R	95.00	8395	No
8210 4WD w/Cab	$42356	$4020	$7410	**$11440**	**$16520**	Ford	6	401D	16F-8R	95.00	9425	CHA
TW-5	$36529	$3470	$6390	**$9860**	**$14250**	Ford	6	401D	16F-4R	105.74	11722	No
TW-5 w/Cab	$42465	$3900	$7180	**$11070**	**$15990**	Ford	6	401D	16F-4R	105.74	12510	CHA

Ford (Cont.)

	Approx. Retail Price New	Estimated Value Less Repairs Used Trade In Avg.	High	Used Retail Avg.	High	Engine Make	No. Cyls.	Displ. Cu.-In.	No. Speeds	P.T.O. H.P.	Approx. Shipping Wt.-Lbs.	Cab
				1986 (Cont.)								
TW-5 4WD w/Cab	$51324	$4470	$8230	**$12690**	**$18330**	Ford	6	401D	16F-4R	105.74	13609	CHA
TW-15	$40719	$3610	$6650	**$10260**	**$14820**	Ford	6T	401D	16F-4R	121.40	11754	No
TW-15 w/Cab	$46655	$4210	$7750	**$11960**	**$17280**	Ford	6T	401D	16F-4R	121.40	12542	CHA
TW-15 4WD	$50325	$4400	$8100	**$12500**	**$18060**	Ford	6T	401D	16F-4R	121.25	12813	No
TW-15 4WD w/Cab	$56475	$4980	$9170	**$14150**	**$20440**	Ford	6T	401D	16F-4R	121.25	13661	CHA
TW-25	$44573	$4040	$7440	**$11480**	**$16580**	Ford	6T	401D	16F-4R	140.68	13649	No
TW-25 w/Cab	$50509	$4510	$8310	**$12830**	**$18530**	Ford	6T	401D	16F-4R	140.68	14437	CHA
TW-25 4WD	$53605	$4660	$8580	**$13230**	**$19110**	Ford	6T	401D	16F-4R	140.00	14300	No
TW-25 4WD w/Cab	$59750	$5200	$9580	**$14780**	**$21350**	Ford	6T	401D	16F-4R	140.00	14746	CHA
TW-35	$56620	$4900	$9030	**$13940**	**$20130**	Ford	6T	401D	16F-4R	170.30	14383	CHA
TW-35 4WD	$66491	$5420	$9990	**$15420**	**$22270**	Ford	6T	401D	16F-4R	171.12	15652	CHA
See New Holland/Ford for later models.												
				1985								
1110	$5960	$780	$1370	**$1970**	**$2500**	Shibaura	2	43D	10F-2R	11.50	1282	No
1110 4WD	$6475	$840	$1490	**$2140**	**$2720**	Shibaura	2	43D	10F-2R	11.50	1395	No
1110 H	$6805	$890	$1570	**$2250**	**$2860**	Shibaura	2	43D	Variable	11.50	1290	No
1110 H 4WD	$6990	$910	$1610	**$2310**	**$2940**	Shibaura	2	43D	Variable	11.50	1403	No
1210	$6480	$840	$1490	**$2140**	**$2720**	Shibaura	3	54D	10F-2R	13.50	1334	No
1210 4WD	$7050	$920	$1620	**$2330**	**$2960**	Shibaura	3	54D	10F-2R	13.50	1439	No
1210 H	$7480	$970	$1720	**$2470**	**$3140**	Shibaura	3	54D	Variable	13.50	1342	No
1210 H 4WD	$7620	$990	$1750	**$2520**	**$3200**	Shibaura	3	54D	Variable	13.50	1447	No
1310	$6990	$910	$1610	**$2310**	**$2940**	Shibaura	3	58D	12F-4R	16.50	2064	No
1310 4WD	$7760	$1010	$1790	**$2560**	**$3260**	Shibaura	3	58D	12F-4R	16.50	2262	No
1510	$7370	$960	$1700	**$2430**	**$3100**	Shibaura	3	68D	12F-4R	20.45	2218	No
1510 4WD	$8305	$1080	$1910	**$2740**	**$3490**	Shibaura	3	68D	12F-4R	19.50	2428	No
1710	$7865	$1020	$1810	**$2600**	**$3300**	Shibaura	3	85D	12F-4R	23.88	2340	No
1710 4WD	$9015	$1170	$2070	**$2980**	**$3790**	Shibaura	3	85D	12F-4R	23.50	2560	No
1910	$9145	$1190	$2100	**$3020**	**$3840**	Shibaura	3	104D	12F-4R	28.60	2600	No
1910 4WD	$10995	$1430	$2530	**$3630**	**$4620**	Shibaura	3	104D	12F-4R	28.60	2830	No
2110	$11685	$1520	$2690	**$3860**	**$4910**	Shibaura	4	139D	12F-4R	34.91	3460	No
2110 4WD	$13455	$1750	$3100	**$4440**	**$5650**	Shibaura	4	139D	12F-4R	34.91	3590	No
2810	$12315	$1600	$2830	**$4060**	**$5170**	Ford	3	158D	8F-2R	32.83	4363	No
2810 4WD	$16725	$2170	$3850	**$5520**	**$7030**	Ford	3	158D	6F-4R	32.00	4570	No
2910	$14555	$1890	$3350	**$4800**	**$6110**	Ford	3	175D	8F-4R	36.40	4400	No
2910 4WD	$18670	$2430	$4290	**$6160**	**$7840**	Ford	3	175D	8F-2R	36.83	4545	No
3910	$16390	$2130	$3770	**$5410**	**$6880**	Ford	3	192D	8F-4R	42.67	4510	No
3910 4WD	$20860	$2710	$4800	**$6880**	**$8760**	Ford	3	192D	8F-4R	43.25	4660	No
4610	$18685	$2430	$4300	**$6170**	**$7850**	Ford	3	201D	8F-4R	52.32	4760	No
4610 4WD	$23155	$3010	$5330	**$7640**	**$9730**	Ford	3	201D	8F-4R	52.32	4910	No
5610	$22490	$2920	$5170	**$7420**	**$9450**	Ford	4	256D	16F-4R	62.54	6075	No
5610 4WD	$27715	$3600	$6370	**$9150**	**$11640**	Ford	4	256D	16F-4R	62.54	6100	No
5610 4WD w/Cab	$34330	$4460	$7900	**$11330**	**$14420**	Ford	4	256D	16F-4R	62.54	7100	CHA
5610 w/Cab	$29375	$3820	$6760	**$9690**	**$12340**	Ford	4	256D	16F-8R	62.57	7225	CHA
6610	$24635	$3200	$5670	**$8130**	**$10350**	Ford	4	268D	16F-4R	72.13	6075	No
6610 4WD	$30310	$3940	$6970	**$10000**	**$12730**	Ford	4	268D	16F-4R	72.13	6600	No
6610 4WD w/Cab	$37265	$4840	$8570	**$12300**	**$15650**	Ford	4	268D	16F-4R	72.13	6600	CHA
6610 w/Cab	$30950	$4020	$7120	**$10210**	**$13000**	Ford	4	268D	16F-4R	72.13	6075	CHA
6710	$26715	$3470	$6140	**$8820**	**$11220**	Ford	4	268D	16F-4R	72.00	6800	No
6710 4WD	$32390	$4210	$7450	**$10690**	**$13600**	Ford	4	268D	16F-4R	72.00	7325	No
6710 w/Cab	$33275	$4330	$7650	**$10980**	**$13980**	Ford	4	268D	16F-4R	72.00	7900	CHA
7610	$26180	$3400	$6020	**$8640**	**$11000**	Ford	4T	268D	16F-4R	86.95	6180	No
7610 4WD	$31855	$4140	$7330	**$10510**	**$13380**	Ford	4T	268D	16F-4R	86.95	6705	No
7610 4WD w/Cab	$36380	$4730	$8370	**$12010**	**$15280**	Ford	4T	268D	16F-4R	86.95	6705	CH
7610 w/Cab	$30705	$3990	$7060	**$10130**	**$12900**	Ford	4T	268D	16F-4R	86.95	7280	CH
7710	$27500	$3580	$6330	**$9080**	**$11550**	Ford	4T	268D	16F-4R	86.00	7600	No
7710 4WD	$33900	$4410	$7800	**$11190**	**$14240**	Ford	4T	268D	16F-4R	86.00	8150	No
7710 4WD w/Cab	$39160	$5090	$9010	**$12920**	**$16450**	Ford	4T	268D	16F-4R	86.00	8150	CHA
7710 w/Cab	$33800	$4390	$7770	**$11150**	**$14200**	Ford	4T	268D	16F-4R	86.00	8700	CHA
TW-5	$36255	$3150	$5600	**$9100**	**$13300**	Ford	6	401D	16F-4R	105.74	10400	No
TW-5 w/Cab	$42400	$3690	$6560	**$10660**	**$15580**	Ford	6	401D	16F-4R	105.74	11500	CHA
TW-5 4WD	$46125	$3960	$7040	**$11440**	**$16720**	Ford	6	401D	16F-4R	105.74	11850	No
TW-5 4WD w/Cab	$51300	$4320	$7680	**$12480**	**$18240**	Ford	6	401D	16F-4R	105.74	12950	CHA
TW-15	$40455	$3330	$5920	**$9620**	**$14060**	Ford	6T	401D	16F-4R	121.40	11250	No
TW-15 w/Cab	$46605	$3870	$6880	**$11180**	**$16340**	Ford	6T	401D	16F-4R	121.40	12350	CHA
TW-15 4WD	$50325	$4230	$7520	**$12220**	**$17860**	Ford	6T	401D	16F-4R	121.25	12700	No
TW-15 4WD w/Cab	$56475	$4720	$8400	**$13640**	**$19940**	Ford	6T	401D	16F-4R	121.25	13800	CHA
TW-25	$43735	$3600	$6400	**$10400**	**$15200**	Ford	6T	401D	16F-4R	140.68	12250	No
TW-25 w/Cab	$49880	$4120	$7330	**$11910**	**$17400**	Ford	6T	401D	16F-4R	140.68	13350	CHA
TW-25 4WD	$53605	$4370	$7780	**$12640**	**$18470**	Ford	6T	401D	16F-4R	140.00	13700	No
TW-25 4WD w/Cab	$59750	$4930	$8760	**$14240**	**$20810**	Ford	6T	401D	16F-4R	140.00	14800	CHA
TW-35	$56100	$4600	$8180	**$13290**	**$19420**	Ford	6T	401D	16F-4R	170.30	13800	CHA
TW-35 4WD	$65970	$5130	$9120	**$14810**	**$21650**	Ford	6T	401D	16F-4R	171.12	14900	CHA
				1984								
1110	$5889	$740	$1330	**$1880**	**$2410**	Shibaura	2	43D	10F-2R	11.50	1282	No
1110 4WD	$6432	$800	$1450	**$2060**	**$2640**	Shibaura	2	43D	10F-2R	11.50	1395	No
1110 H	$6239	$780	$1400	**$2000**	**$2560**	Shibaura	2	43D	Variable	11.50	1290	No
1110 H 4WD	$6782	$850	$1530	**$2170**	**$2780**	Shibaura	2	43D	Variable	11.50	1403	No
1210	$6478	$810	$1460	**$2070**	**$2660**	Shibaura	3	54D	10F-2R	13.50	1334	No
1210 4WD	$7075	$880	$1590	**$2260**	**$2900**	Shibaura	3	54D	10F-2R	13.50	1439	No
1210 H	$6828	$850	$1540	**$2190**	**$2800**	Shibaura	3	54D	Variable	13.50	1342	No
1210 H 4WD	$7425	$930	$1670	**$2380**	**$3040**	Shibaura	3	54D	Variable	13.50	1447	No
1310	$6817	$850	$1530	**$2180**	**$2800**	Shibaura	3	58D	12F-4R	16.50	2064	No

Ford (Cont.)

	Approx. Retail Price New	Estimated Value Less Repairs: Used Trade In Avg.	Used Trade In High	Used Retail Avg.	Used Retail High	Make	Engine No. Cyls.	Engine Displ. Cu.-In.	No. Speeds	P.T.O. H.P.	Approx. Shipping Wt.-Lbs.	Cab
				1984 (Cont.)								
1310 4WD	$7567	$950	$1700	**$2420**	**$3100**	Shibaura	3	58D	12F-4R	16.50	2262	No
1510	$7360	$920	$1660	**$2360**	**$3020**	Shibaura	3	68D	12F-4R	20.45	2218	No
1510 4WD	$8242	$1030	$1850	**$2640**	**$3380**	Shibaura	3	68D	12F-4R	19.50	2428	No
1710	$7865	$980	$1770	**$2520**	**$3230**	Shibaura	3	85D	12F-4R	23.88	2340	No
1710 4WD	$9012	$1130	$2030	**$2880**	**$3700**	Shibaura	3	85D	12F-4R	23.50	2560	No
1910	$9145	$1140	$2060	**$2930**	**$3750**	Shibaura	3	104D	12F-4R	28.60	2600	No
1910 4WD	$10994	$1370	$2470	**$3520**	**$4510**	Shibaura	3	104D	12F-4R	28.60	2830	No
2110	$11684	$1460	$2630	**$3740**	**$4790**	Shibaura	4	139D	12F-4R	34.91	3460	No
2110 4WD	$13454	$1680	$3030	**$4310**	**$5520**	Shibaura	4	139D	12F-4R	34.91	3590	No
2810	$12315	$1540	$2770	**$3940**	**$5050**	Ford	3	158D	8F-2R	32.83	4363	No
2910	$14128	$1770	$3180	**$4520**	**$5790**	Ford	3	175D	8F-2R	36.62	4395	No
3910	$16031	$2000	$3610	**$5130**	**$6570**	Ford	3	192D	8F-2R	42.62	4505	No
4610	$18326	$2290	$4120	**$5860**	**$7510**	Ford	3	201D	8F-2R	52.52	4710	No
5610	$22490	$2810	$5060	**$7200**	**$9220**	Ford	4	256D	16F-4R	62.54	6075	No
5610 4WD	$28015	$3500	$6300	**$8970**	**$11490**	Ford	4	256D	16F-4R	62.54	6100	No
5610 4WD w/Cab	$34328	$4290	$7720	**$10990**	**$14070**	Ford	4	256D	16F-4R	62.54	7100	CHA
5610 w/Cab	$28803	$3600	$6480	**$9220**	**$11810**	Ford	4	256D	16F-4R	62.54	7175	CHA
6610	$24177	$3020	$5440	**$7740**	**$9910**	Ford	4	268D	8F-4R	72.00	5525	No
6610 4WD	$30306	$3790	$6820	**$9700**	**$12430**	Ford	4	268D	16F-4R	72.13	6600	No
6610 4WD w/Cab	$36619	$4580	$8240	**$11720**	**$15010**	Ford	4	268D	16F-4R	72.13	6600	CHA
6610 w/Cab	$30944	$3870	$6960	**$9900**	**$12690**	Ford	4	268D	16F-4R	72.13	6075	CHA
6710	$26711	$3340	$6010	**$8550**	**$10950**	Ford	4	268D	16F-4R	72.00	6800	No
6710 4WD	$32385	$4050	$7290	**$10360**	**$13280**	Ford	4	268D	16F-4R	72.00	7325	No
6710 w/Cab	$33271	$4160	$7490	**$10650**	**$13640**	Ford	4	268D	16F-4R	72.00	7900	CHA
7610	$26176	$3270	$5890	**$8380**	**$10730**	Ford	4T	268D	16F-4R	86.95	6180	No
7610 4WD	$31851	$3980	$7170	**$10190**	**$13060**	Ford	4T	268D	16F-4R	86.95	6705	No
7610 4WD w/Cab	$36373	$4550	$8180	**$11640**	**$14910**	Ford	4T	268D	16F-4R	86.95	6705	CH
7610 w/Cab	$31264	$3910	$7030	**$10000**	**$12820**	Ford	4T	268D	16F-8R	86.00	7330	CH
7710	$27500	$3440	$6190	**$8800**	**$11280**	Ford	4T	268D	16F-4R	86.00	7600	No
7710 4WD	$33900	$4240	$7630	**$10850**	**$13900**	Ford	4T	268D	16F-4R	86.00	8150	No
7710 4WD w/Cab	$39100	$4890	$8800	**$12510**	**$16030**	Ford	4T	268D	16F-4R	86.00	8150	CHA
7710 w/Cab	$33800	$4230	$7610	**$10820**	**$13860**	Ford	4T	268D	16F-4R	86.00	8700	CHA
TW-5	$36254	$2890	$5270	**$8500**	**$12580**	Ford	6	401D	16F-4R	105.74	10400	No
TW-5 w/Cab	$42400	$3350	$6110	**$9850**	**$14580**	Ford	6	401D	16F-4R	105.74	11500	CHA
TW-5 4WD	$46124	$3570	$6510	**$10500**	**$15540**	Ford	6	401D	16F-4R	105.00	11850	No
TW-5 4WD w/Cab	$51300	$4000	$7290	**$11750**	**$17390**	Ford	6	401D	16F-4R	105.00	12950	CHA
TW-15	$40453	$3060	$5580	**$9000**	**$13320**	Ford	6T	401D	16F-4R	121.40	11250	No
TW-15 w/Cab	$46600	$3540	$6450	**$10400**	**$15390**	Ford	6T	401D	16F-4R	121.40	12350	CHA
TW-15 4WD	$50323	$3830	$6980	**$11250**	**$16650**	Ford	6T	401D	16F-4R	121.25	12700	No
TW-15 4WD w/Cab	$56475	$4250	$7750	**$12500**	**$18500**	Ford	6T	401D	16F-4R	121.25	13800	CHA
TW-25	$43731	$3120	$5690	**$9180**	**$13580**	Ford	6T	401D	16F-4R	140.68	12250	No
TW-25 w/Cab	$49877	$3820	$6960	**$11220**	**$16600**	Ford	6T	401D	16F-4R	140.68	13350	CHA
TW-25 4WD	$53601	$4030	$7350	**$11850**	**$17540**	Ford	6T	401D	16F-4R	140.00	13700	No
TW-25 4WD w/Cab	$59747	$4350	$7940	**$12800**	**$18950**	Ford	6T	401D	16F-4R	140.00	14800	CHA
TW-35	$56097	$4170	$7610	**$12270**	**$18170**	Ford	6TI	401D	16F-4R	170.30	13800	CHA
TW-35 4WD	$65967	$4510	$8230	**$13270**	**$19640**	Ford	6TI	401D	16F-4R	171.12	14900	CHA
				1983								
1110	$5889	$710	$1300	**$1830**	**$2360**	Shibaura	2	43D	10F-2R	11.50	1282	No
1110 4WD	$6432	$770	$1420	**$1990**	**$2570**	Shibaura	2	43D	10F-2R	11.50	1395	No
1110 H	$6239	$750	$1370	**$1930**	**$2500**	Shibaura	2	43D	Variable	11.50	1290	No
1110 H 4WD	$6782	$810	$1490	**$2100**	**$2710**	Shibaura	2	43D	Variable	11.50	1403	No
1210	$6478	$780	$1430	**$2010**	**$2590**	Shibaura	3	54D	10F-2R	13.50	1334	No
1210 4WD	$7075	$850	$1560	**$2190**	**$2830**	Shibaura	3	54D	10F-2R	13.50	1439	No
1210 H	$6828	$820	$1500	**$2120**	**$2730**	Shibaura	3	54D	Variable	13.50	1342	No
1210 H 4WD	$7425	$890	$1630	**$2300**	**$2970**	Shibaura	3	54D	Variable	13.50	1447	No
1310	$6589	$790	$1450	**$2040**	**$2640**	Shibaura	3	58D	12F-4R	16.50	2064	No
1310 4WD	$7203	$860	$1590	**$2230**	**$2880**	Shibaura	3	58D	12F-4R	16.50	2262	No
1510	$7082	$850	$1560	**$2200**	**$2830**	Shibaura	3	68D	12F-4R	20.45	2218	No
1510 4WD	$7897	$950	$1740	**$2450**	**$3160**	Shibaura	3	68D	12F-4R	19.50	2428	No
1710	$7726	$930	$1700	**$2400**	**$3090**	Shibaura	3	85D	12F-4R	23.88	2340	No
1710 4WD	$8765	$1050	$1930	**$2720**	**$3510**	Shibaura	3	85D	12F-4R	23.50	2560	No
1910	$8774	$1050	$1930	**$2720**	**$3510**	Shibaura	3	104D	12F-4R	28.60	2600	No
1910 4WD	$10506	$1260	$2310	**$3260**	**$4200**	Shibaura	3	104D	12F-4R	28.60	2830	No
2310	$12467	$1500	$2740	**$3870**	**$4990**	Ford	3	158D	8F-2R	32.00	3300	No
2610	$13767	$1650	$3030	**$4270**	**$5510**	Ford	3	175D	8F-2R	36.69	3545	No
3610	$15446	$1850	$3400	**$4790**	**$6180**	Ford	3	192D	8F-2R	42.26	3845	No
4110	$17124	$2060	$3770	**$5310**	**$6850**	Ford	3	201D	8F-2R	48.33	4340	No
4610	$17807	$2140	$3920	**$5520**	**$7120**	Ford	3	201D	8F-2R	52.52	4710	No
5610	$22565	$2710	$4960	**$7000**	**$9030**	Ford	4	256D	16F-8R	62.57	6125	No
5610 4WD	$27378	$3290	$6020	**$8490**	**$10950**	Ford	4	256D	8F-2R	62.54	6000	No
5610 4WD	$28368	$3400	$6240	**$8790**	**$11350**	Ford	4	256D	16F-4R	62.54	6000	No
5610 4WD w/Cab	$34492	$4140	$7590	**$10690**	**$13800**	Ford	4	256D	16F-4R	62.54	7100	CHA
5610 w/Cab	$28694	$3440	$6310	**$8900**	**$11480**	Ford	4	256D	16F-8R	62.57	7225	CHA
6610	$23914	$2870	$5260	**$7410**	**$9570**	Ford	4	268D	16F-4R	72.13	6075	No
6610 4WD	$30267	$3630	$6660	**$9380**	**$12110**	Ford	4	268D	16F-4R	72.13	6600	No
6610 4WD w/Cab	$36396	$4370	$8010	**$11280**	**$14560**	Ford	4	268D	16F-4R	72.13	6600	CHA
6610 w/Cab	$30043	$3610	$6610	**$9310**	**$12020**	Ford	4	268D	16F-4R	72.13	6075	CHA
6710	$25383	$3050	$5580	**$7870**	**$10150**	Ford	4	268D	16F-4R	72.00	6800	No
6710 4WD	$31839	$3820	$7010	**$9870**	**$12740**	Ford	4	268D	16F-4R	72.00	7325	No
6710 w/Cab	$31403	$3770	$6910	**$9740**	**$12560**	Ford	4	268D	16F-4R	72.00	7900	CHA
7610	$24423	$2930	$5370	**$7570**	**$9770**	Ford	4T	268D	8F-2R	86.00	5880	No
7610 4WD	$31767	$3810	$6990	**$9850**	**$12710**	Ford	4T	268D	16F-4R	86.95	6705	No
7610 4WD w/Cab	$36158	$4340	$7960	**$11210**	**$14460**	Ford	4T	268D	16F-4R	86.95	6705	CH

	Approx. Retail Price New	Estimated Value Less Repairs Used Trade In Avg.	High	Used Retail Avg.	High	Engine Make	No. Cyls.	Displ. Cu.-In.	No. Speeds	P.T.O. H.P.	Approx. Shipping Wt.-Lbs.	Cab
Ford (Cont.)												
				1983 (Cont.)								
7610 w/Cab	$29805	$3580	$6560	**$9240**	**$11920**	Ford	4T	268D	16F-4R	86.95	7280	CH
7710	$27638	$3320	$6080	**$8570**	**$11060**	Ford	4T	268D	16F-4R	86.00	7600	No
7710 4WD	$34094	$4090	$7500	**$10570**	**$13640**	Ford	4T	268D	16F-4R	86.00	8150	No
7710 4WD w/Cab	$40114	$4810	$8830	**$12440**	**$16050**	Ford	4T	268D	16F-4R	86.00	8150	CHA
7710 w/Cab	$33658	$4040	$7410	**$10430**	**$13460**	Ford	4T	268D	16F-4R	86.00	8700	CHA
TW-5	$34125	$2560	$4480	**$7680**	**$11520**	Ford	6	401D	16F-4R	105.74	10400	No
TW-5 w/Cab	$40600	$3040	$5320	**$9120**	**$13680**	Ford	6	401D	16F-4R	105.74	11500	CHA
TW-5 4WD	$44444	$3200	$5600	**$9600**	**$14400**	Ford	6	401D	16F-4R	105.00	11850	No
TW-5 4WD w/Cab	$50100	$3620	$6340	**$10870**	**$16310**	Ford	6	401D	16F-4R	105.00	12950	CHA
TW-10	$36160	$2800	$4900	**$8400**	**$12600**	Ford	6	401D	16F-4R	110.24	10800	No
TW-10 4WD	$45560	$3400	$5950	**$10200**	**$15300**	Ford	6	401D	16F-4R	110.00	12250	No
TW-10 4WD w/Cab	$51413	$3760	$6580	**$11280**	**$16920**	Ford	6	401D	16F-4R	110.00	13350	CHA
TW-10 w/Cab	$42013	$3120	$5460	**$9360**	**$14040**	Ford	6	401D	16F-4R	110.00	11900	CHA
TW-15	$38553	$2840	$4970	**$8520**	**$12780**	Ford	6T	401D	16F-4R	121.40	11250	No
TW-15 w/Cab	$44300	$3200	$5600	**$9600**	**$14400**	Ford	6T	401D	16F-4R	121.40	12350	CHA
TW-15 4WD	$48565	$3460	$6050	**$10370**	**$15550**	Ford	6T	401D	16F-4R	121.25	12700	No
TW-15 4WD w/Cab	$54125	$3800	$6650	**$11390**	**$17090**	Ford	6T	401D	16F-4R	121.25	13800	CHA
TW-20	$40648	$3090	$5400	**$9260**	**$13900**	Ford	6T	401D	16F-4R	135.60	11900	No
TW-20 4WD	$50048	$3520	$6170	**$10570**	**$15860**	Ford	6T	401D	16F-4R	135.00	13500	No
TW-20 4WD w/Cab	$55901	$3760	$6580	**$11280**	**$16920**	Ford	6T	401D	16F-4R	135.00	14600	CHA
TW-20 w/Cab	$46501	$3360	$5880	**$10080**	**$15120**	Ford	6T	401D	16F-4R	135.60	13000	CHA
TW-25	$41441	$3100	$5420	**$9300**	**$13940**	Ford	6T	401D	16F-4R	140.68	12250	No
TW-25 w/Cab	$47167	$3510	$6140	**$10530**	**$15800**	Ford	6T	401D	16F-4R	140.68	13350	CHA
TW-25 4WD	$51200	$3650	$6380	**$10940**	**$16420**	Ford	6T	401D	16F-4R	140.00	13700	No
TW-25 4WD w/Cab	$57457	$4060	$7110	**$12180**	**$18270**	Ford	6T	401D	16F-4R	140.00	14800	CHA
TW-30	$52277	$3540	$6200	**$10630**	**$15940**	Ford	6TI	401D	16F-4R	163.28	14050	CHA
TW-30 4WD	$61677	$3870	$6770	**$11610**	**$17420**	Ford	6TI	401D	16F-4R	163.00	14800	CHA
TW-35	$54335	$3610	$6310	**$10820**	**$16240**	Ford	6TI	401D	16F-4R	170.30	13800	CHA
TW-35 4WD	$63455	$4090	$7150	**$12260**	**$18380**	Ford	6TI	401D	16F-4R	171.12	14900	CHA
				1982								
1100	$5609	$650	$1210	**$1680**	**$2220**	Shibaura	2	43D	10F-2R	11.00	1131	No
1100 4WD	$6126	$700	$1320	**$1840**	**$2420**	Shibaura	2	43D	10F-2R	11.00	1244	No
1200 4WD	$6513	$750	$1400	**$1950**	**$2570**	Shibaura	2	43D	20F-2R	13.00	1294	No
1300	$6257	$720	$1350	**$1880**	**$2470**	Shibaura	2	49D	12F-4R	13.00	1723	No
1300 4WD	$6860	$790	$1480	**$2060**	**$2710**	Shibaura	2	49D	12F-4R	13.00	1984	No
1500	$6745	$780	$1450	**$2020**	**$2660**	Shibaura	2	69D	12F-4R	17.00	1958	No
1500 4WD	$7521	$870	$1620	**$2260**	**$2970**	Shibaura	2	69D	12F-4R	17.00	2205	No
1700	$7353	$850	$1580	**$2210**	**$2900**	Shibaura	2	78D	12F-4R	23.26	2276	No
1700 4WD	$8348	$960	$1800	**$2500**	**$3300**	Shibaura	2	78D	12F-4R	23.00	2513	No
1900	$8356	$960	$1800	**$2510**	**$3300**	Shibaura	3	87D	12F-4R	26.88	2518	No
1900 4WD	$10006	$1150	$2150	**$3000**	**$3950**	Shibaura	3	87D	12F-4R	26.00	2750	No
2310	$11391	$1310	$2450	**$3420**	**$4500**	Ford	3	158D	8F-2R	32.00	3300	No
2610	$13000	$1500	$2800	**$3900**	**$5140**	Ford	3	158G	8F-4R	34.00	3507	No
2610	$13900	$1600	$2990	**$4170**	**$5490**	Ford	3	175D	8F-2R	36.69	3545	No
3610	$15300	$1760	$3290	**$4590**	**$6040**	Ford	3	175G	8F-4R	40.00	3715	No
3610	$15613	$1800	$3360	**$4680**	**$6170**	Ford	3	192D	8F-4R	42.47	3895	No
4110	$16949	$1950	$3640	**$5090**	**$6700**	Ford	3	201D	8F-4R	49.26	4390	No
4610	$17400	$2000	$3740	**$5220**	**$6870**	Ford	3	201G	8F-4R	52.00	4530	No
4610	$17640	$2030	$3790	**$5290**	**$6970**	Ford	3	201D	8F-4R	52.32	4760	No
5610	$20653	$2380	$4440	**$6200**	**$8160**	Ford	4	256D	16F-4R	62.54	6075	No
5610 4WD	$26704	$3070	$5740	**$8010**	**$10550**	Ford	4	256D	16F-4R	62.54	6600	No
6610	$22632	$2600	$4870	**$6790**	**$8940**	Ford	4	268D	16F-4R	72.13	6075	No
6610 4WD	$28683	$3300	$6170	**$8610**	**$11330**	Ford	4	268D	16F-4R	72.13	6600	No
6710	$30962	$3560	$6660	**$9290**	**$12230**	Ford	4	268D	16F-8R	72.00	7950	CHA
6710 4WD	$36196	$4160	$7780	**$10860**	**$14300**	Ford	4	268D	16F-4R	72.00	8425	CHA
7610	$24165	$2780	$5200	**$7250**	**$9550**	Ford	4T	268D	16F-4R	86.95	6180	No
7610 4WD	$30216	$3480	$6500	**$9070**	**$11940**	Ford	4T	268D	16F-4R	86.95	6705	No
7710	$32432	$3730	$6970	**$9730**	**$12810**	Ford	4T	268D	16F-4R	86.00	8700	CHA
7710 4WD	$38580	$4440	$8300	**$11570**	**$15240**	Ford	4T	268D	16F-4R	86.00	9250	CHA
TW10	$39915	$2700	$4860	**$8280**	**$12600**	Ford	6	401D	16F-4R	110.24	11900	CHA
TW10 4WD	$48867	$3230	$5810	**$9890**	**$15050**	Ford	6	401D	16F-4R	110.00	13350	CHA
TW20	$44187	$3000	$5400	**$9200**	**$14000**	Ford	6T	401D	16F-4R	135.60	13000	CHA
TW20 4WD	$53139	$3390	$6090	**$10380**	**$15800**	Ford	6T	401D	16F-4R	135.00	14600	CHA
TW30	$49720	$3280	$5900	**$10060**	**$15300**	Ford	6TI	401D	16F-4R	163.28	14050	CHA
TW30 4WD	$54775	$3570	$6420	**$10940**	**$16650**	Ford	6TI	401D	16F-4R	163.00	14800	CHA
FW-20 4WD	$71688	$2640	$5950	**$9910**	**$13220**	Cummins	V8	555D	20F-4R	150.0	24775	CHA
FW-30 4WD	$86165	$3040	$6840	**$11400**	**$15200**	Cummins	V8	903D	20F-4R	205.0	25320	CHA
FW-60 4WD	$100313	$3290	$7410	**$12350**	**$16460**	Cummins	V8T	903D	20F-4R	270.0	26171	CHA
				1981								
1100	$5145	$570	$1080	**$1520**	**$2010**	Shibaura	2	43D	10F-2R	11.00	1131	No
1100 4WD	$5669	$620	$1190	**$1670**	**$2210**	Shibaura	2	43D	10F-2R	11.00	1244	No
1200 4WD	$6080	$670	$1280	**$1790**	**$2370**	Shibaura	2	43D	20F-2R	13.00	1294	No
1300	$5941	$650	$1250	**$1750**	**$2320**	Shibaura	2	49D	12F-4R	13.00	1723	No
1300 4WD	$6528	$720	$1370	**$1930**	**$2550**	Shibaura	2	49D	12F-4R	13.00	1984	No
1500	$6409	$710	$1350	**$1890**	**$2500**	Shibaura	2	69D	12F-4R	17.00	1958	No
1500 4WD	$7137	$790	$1500	**$2110**	**$2780**	Shibaura	2	69D	12F-4R	17.00	2205	No
1700	$6996	$770	$1470	**$2060**	**$2730**	Shibaura	2	78D	12F-4R	23.26	2276	No
1700 4WD	$7953	$880	$1670	**$2350**	**$3100**	Shibaura	2	78D	12F-4R	23.00	2513	No
1900	$7587	$840	$1590	**$2240**	**$2960**	Shibaura	3	87D	12F-4R	26.88	2518	No
1900 4WD	$9232	$1020	$1940	**$2720**	**$3600**	Shibaura	3	87D	12F-4R	26.00	2750	No
2600	$11673	$2040	$3180	**$4260**	**$5520**	Ford	3	158D	8F-2R	32.47	3546	No
2600	$11673	$1980	$3090	**$4140**	**$5370**	Ford	3	158G	8F-2R	34.18	3507	No

Ford (Cont.)

	Approx. Retail Price New	Estimated Value Less Repairs Used Trade In Avg.	High	Used Retail Avg.	High	Make	Engine No. Cyls.	Displ. Cu.-In.	No. Speeds	P.T.O. H.P.	Approx. Shipping Wt.-Lbs.	Cab
1981 (Cont.)												
3600	$14267	$2430	$3780	**$5070**	**$6560**	Ford	3	175G	8F-2R	40.62	4400	No
3600	$14289	$2430	$3790	**$5070**	**$6570**	Ford	3	175D	8F-2R	40.55	4590	No
4100	$15680	$2670	$4160	**$5570**	**$7210**	Ford	3	183D	8F-2R	45.46	4910	No
4600	$16085	$2730	$4260	**$5710**	**$7400**	Ford	3	201G	8F-2R	52.18	4480	No
4600	$16108	$2740	$4270	**$5720**	**$7410**	Ford	3	201D	8F-2R	52.44	4710	No
5600	$19172	$3260	$5080	**$6810**	**$8820**	Ford	4	233D	16F-4R	58.46	5500	No
5600 4WD	$24880	$4230	$6590	**$8830**	**$11450**	Ford	4	233D	16F-4R	58.00	6175	No
6600	$20824	$3540	$5520	**$7390**	**$9580**	Ford	4	256D	16F-4R	68.10	5780	No
6600 4WD	$26301	$4470	$6970	**$9340**	**$12100**	Ford	4	256D	16F-4R	68.00	6280	No
6700	$28668	$4870	$7600	**$10180**	**$13190**	Ford	4	256D	16F-4R	68.94	6900	CHA
6700 4WD	$34387	$5850	$9110	**$12210**	**$15820**	Ford	4	256D	16F-4R	68.00	7400	CHA
7600	$22576	$3840	$5980	**$8010**	**$10390**	Ford	4T	256D	16F-4R	84.79	5800	No
7600 4WD	$28284	$4450	$6940	**$9300**	**$12050**	Ford	4T	256D	16F-4R	84.79	6400	No
7700	$29883	$3290	$6280	**$8820**	**$11650**	Ford	4T	256D	16F-4R	84.38	7000	CHA
7700 4WD	$35602	$3740	$7140	**$10030**	**$13260**	Ford	4T	256D	16F-4R	84.38	7600	CHA
TW10	$36890	$24140	$4420	**$7480**	**$11560**	Ford	6	401D	16F-4R	110.24	11900	CHA
TW10 4WD	$45439	$30530	$5590	**$9460**	**$14620**	Ford	6	401D	16F-4R	110.00	13350	CHA
TW20	$41344	$27690	$5070	**$8580**	**$13260**	Ford	6T	401D	16F-4R	135.60	13000	CHA
TW20 4WD	$49789	$31950	$5850	**$9900**	**$15300**	Ford	6T	401D	16F-4R	135.00	14600	CHA
TW30	$46300	$29820	$5460	**$9240**	**$14280**	Ford	6TI	401D	16F-4R	163.28	14050	CHA
TW30 4WD	$54775	$33210	$6080	**$10290**	**$15900**	Ford	6TI	401D	16F-4R	163.00	14800	CHA
FW-20 4WD	$66385	$2300	$5170	**$8610**	**$11480**	Cummins	V8	555D	20F-4R	150.0	24775	CHA
FW-30 4WD	$80497	$2700	$6080	**$10130**	**$13500**	Cummins	V8	903D	20F-4R	205.0	25320	CHA
FW-60 4WD	$95680	$3110	$6990	**$11650**	**$15540**	Cummins	V8T	903D	20F-4R	270.0	26171	CHA
1980												
1100	$4563	$480	$940	**$1320**	**$1760**	Shibaura	2	43D	10F-2R	11.00	1131	No
1100 4WD	$5033	$530	$1030	**$1460**	**$1940**	Shibaura	2	43D	10F-2R	11.00	1244	No
1200 4WD	$5556	$580	$1140	**$1610**	**$2140**	Shibaura	2	43D	20F-2R	13.00	1294	No
1300	$5388	$570	$1110	**$1560**	**$2070**	Shibaura	2	49D	12F-4R	13.50	1723	No
1300 4WD	$5898	$620	$1210	**$1710**	**$2270**	Shibaura	2	49D	12F-4R	13.50	1984	No
1500	$5865	$620	$1200	**$1700**	**$2260**	Shibaura	2	62D	12F-4R	17.00	1958	No
1500 4WD	$6543	$690	$1340	**$1900**	**$2520**	Shibaura	2	62D	12F-4R	17.00	2205	No
1700	$6460	$680	$1320	**$1870**	**$2490**	Shibaura	2	78D	12F-4R	23.26	2276	No
1700 4WD	$7347	$770	$1510	**$2130**	**$2830**	Shibaura	2	78D	12F-4R	23.00	2513	No
1900	$7523	$790	$1540	**$2180**	**$2900**	Shibaura	3	87D	12F-4R	26.88	2518	No
1900 4WD	$9069	$950	$1860	**$2630**	**$3490**	Shibaura	3	87D	12F-4R	26.00	2750	No
2600	$8479	$1900	$2560	**$4030**	**$4600**	Ford	3	158G	8F-2R	34.18	3507	No
2600	$8802	$1960	$2650	**$4170**	**$4750**	Ford	3	158D	8F-2R	32.47	3546	No
3600	$10307	$2260	$3050	**$4810**	**$5480**	Ford	3	175G	8F-2R	40.62	4400	No
3600	$10853	$2370	$3200	**$5040**	**$5750**	Ford	3	175D	8F-2R	40.55	4590	No
4100	$12536	$2230	$3520	**$4740**	**$6160**	Ford	3	183D	8F-2R	45.46	4910	No
4600	$13059	$2320	$3660	**$4920**	**$6400**	Ford	3	201G	8F-2R	52.18	4480	No
4600	$13402	$2380	$3750	**$5040**	**$6550**	Ford	3	201D	8F-2R	52.44	4710	No
5600	$16755	$2770	$4360	**$5860**	**$7620**	Ford	4	233D	16F-4R	58.46	5500	No
5600 4WD	$22122	$3650	$5750	**$7740**	**$10070**	Ford	4	233D	16F-4R	60.00	6175	No
6600	$18265	$1920	$3740	**$5300**	**$7030**	Ford	4	256D	16F-4R	68.10	5780	No
6600 4WD	$23632	$2480	$4850	**$6850**	**$9100**	Ford	4	256D	16F-4R	68.00	6280	No
6700	$24688	$2590	$5060	**$7160**	**$9510**	Ford	4	256D	16F-4R	68.94	6900	CHA
6700 4WD	$29903	$3140	$6130	**$8670**	**$11510**	Ford	4	256D	16F-4R	68.00	7400	CHA
7600	$19897	$2090	$4080	**$5770**	**$7660**	Ford	4T	256D	16F-4R	84.79	5800	No
7600 4WD	$25264	$2630	$5130	**$7250**	**$9630**	Ford	4T	256D	16F-4R	84.00	6400	No
7700	$25857	$2720	$5300	**$7500**	**$9960**	Ford	4T	256D	16F-4R	84.38	7000	CHA
7700 4WD	$31072	$3050	$5950	**$8410**	**$11170**	Ford	4T	256D	16F-4R	84.00	7600	CHA
TW10	$32777	$2020	$3880	**$6820**	**$10390**	Ford	6	401D	16F-4R	110.24	10900	CHA
TW10 4WD	$40389	$2370	$4560	**$8030**	**$12230**	Ford	6	401D	16F-4R	110.00	13350	CHA
TW20	$36738	$2150	$4130	**$7260**	**$11060**	Ford	6T	401D	16F-4R	135.60	12000	CHA
TW20 4WD	$44257	$2550	$4900	**$8620**	**$13130**	Ford	6T	401D	16F-4R	135.00	14600	CHA
TW30	$41108	$2420	$4650	**$8190**	**$12470**	Ford	6TI	401D	16F-4R	163.28	14050	CHA
TW30 4WD	$48627	$2890	$5560	**$9790**	**$14910**	Ford	6TI	401D	16F-4R	163.00	14800	CHA
FW-20 4WD	$60453	$2100	$4720	**$7870**	**$10490**	Cummins	V8	555D	20F-4R	150.0	24775	CHA
FW-30 4WD	$73017	$2500	$5630	**$9380**	**$12500**	Cummins	V8	903D	20F-4R	205.0	25320	CHA
FW-60 4WD	$86502	$2740	$6170	**$10280**	**$13700**	Cummins	V8T	903D	20F-4R	270.0	26171	CHA
1979												
1100	$4495	$450	$900	**$1300**	**$1710**	Shibaura	2	43D	10F-2R	11.00	1131	No
1100 4WD	$4990	$500	$1000	**$1450**	**$1900**	Shibaura	2	43D	10F-2R	11.00	1244	No
1300	$5312	$530	$1060	**$1540**	**$2020**	Shibaura	2	49D	12F-4R	13.50	1723	No
1300 4WD	$5825	$580	$1170	**$1690**	**$2210**	Shibaura	2	49D	12F-4R	13.50	1984	No
1500	$5815	$580	$1160	**$1690**	**$2210**	Shibaura	2	62D	12F-4R	17.00	1958	No
1500 4WD	$6488	$650	$1300	**$1880**	**$2470**	Shibaura	2	62D	12F-4R	17.00	2205	No
1600	$5084	$510	$1020	**$1470**	**$1930**	Shibaura	2	78D	9F-3R	22.02	2260	No
1700	$6385	$640	$1280	**$1850**	**$2430**	Shibaura	2	78D	12F-4R	23.26	2276	No
1700 4WD	$7315	$730	$1460	**$2120**	**$2780**	Shibaura	2	78D	12F-4R	23.00	2513	No
1900	$7455	$750	$1490	**$2160**	**$2830**	Shibaura	3	87D	12F-4R	26.88	2518	No
1900 4WD	$8988	$900	$1800	**$2610**	**$3420**	Shibaura	3	87D	12F-4R	26.00	2750	No
2600	$8225	$1650	$2260	**$3540**	**$3950**	Ford	3	158G	8F-2R	34.18	3507	No
2600	$8549	$1710	$2350	**$3680**	**$4100**	Ford	3	158D	8F-2R	32.47	3546	No
3600	$9393	$2040	$2800	**$4380**	**$4890**	Ford	3	175G	8F-2R	40.62	4400	No
3600	$9716	$2100	$2890	**$4520**	**$5050**	Ford	3	175D	8F-2R	40.55	4590	No
4100	$11628	$2310	$3170	**$4960**	**$5530**	Ford	3	183D	8F-2R	45.46	4910	No
4600	$11981	$2380	$3270	**$5110**	**$5700**	Ford	3	201G	8F-2R	52.18	4480	No
4600	$12297	$2440	$3350	**$5250**	**$5860**	Ford	3	201D	8F-2R	52.44	4710	No
5600	$14729	$2930	$4020	**$6290**	**$7020**	Ford	4	233D	16F-4R	58.46	5500	No

Ford (Cont.)

Model	Approx. Retail Price New	Estimated Value Less Repairs: Used Trade In Avg.	Used Trade In High	Used Retail Avg.	Used Retail High	Engine Make	Engine No. Cyls.	Engine Displ. Cu.-In.	No. Speeds	P.T.O. H.P.	Approx. Shipping Wt.-Lbs.	Cab
				1979 (Cont.)								
6600	$16020	$2540	$4060	**$5650**	**$7160**	Ford	4	256D	16F-4R	68.10	5780	No
6700	$21712	$3460	$5510	**$7670**	**$9730**	Ford	4	256D	16F-4R	68.94	6900	CHA
7600	$17527	$2790	$4440	**$6190**	**$7840**	Ford	4T	256D	16F-4R	84.79	5800	No
7700	$22688	$2200	$4400	**$6380**	**$8360**	Ford	4T	256D	16F-4R	84.38	7000	CHA
TW10	$27982	$1680	$3360	**$6160**	**$9230**	Ford	6	401D	16F-4R	110.24	10900	CHA
TW20	$30918	$1860	$3710	**$6800**	**$10200**	Ford	6T	401D	16F-4R	135.60	12000	CHA
TW30	$35327	$2120	$4240	**$7770**	**$11660**	Ford	6TI	401D	16F-4R	163.28	13050	CHA
FW-20 4WD	$52374	$1940	$4350	**$7260**	**$9680**	Cummins	V8	555D	20F-4R	150.0	24775	CHA
FW-30 4WD	$63458	$2180	$4900	**$8170**	**$10890**	Cummins	V8	903D	20F-4R	205.0	25320	CHA
FW-40 4WD	$68550	$2380	$5360	**$8930**	**$11910**	Cummins	V8	903D	20F-4R	227.0	26132	CHA
FW-60 4WD	$75103	$2640	$5940	**$9900**	**$13200**	Cummins	V8T	903D	20F-4R	270.0	26171	CHA
				1978								
1600	$4830	$460	$940	**$1400**	**$1840**	Shibaura	2	78D	9F-3R	22.02	2260	No
2600	$7689	$1740	$2390	**$3780**	**$4210**	Ford	3	158G	8F-2R	34.18	3507	No
2600	$8012	$1800	$2480	**$3920**	**$4370**	Ford	3	158D	8F-2R	32.47	3546	No
3600	$8908	$1980	$2730	**$4310**	**$4810**	Ford	3	175G	8F-2R	40.62	4400	No
3600	$9216	$2040	$2810	**$4440**	**$4960**	Ford	3	175D	8F-2R	40.55	4590	No
4100	$10726	$2150	$2950	**$4670**	**$5200**	Ford	3	183D	8F-2R	45.46	4910	No
4600	$10574	$2120	$2910	**$4600**	**$5130**	Ford	3	201G	8F-2R	52.18	4480	No
4600	$11017	$2200	$3030	**$4790**	**$5340**	Ford	3	201D	8F-2R	52.44	4710	No
5600	$13997	$2800	$3850	**$6090**	**$6790**	Ford	4	233D	16F-4R	58.46	5500	No
6600	$14800	$2960	$4070	**$6440**	**$7180**	Ford	4	256G	16F-4R	68.00	5580	No
6600	$15181	$3040	$4180	**$6600**	**$7360**	Ford	4	256D	16F-4R	68.10	5780	No
6700	$20499	$3180	$5130	**$7180**	**$9230**	Ford	4	256G	16F-4R	68.00	5780	CHA
6700	$20899	$3240	$5230	**$7320**	**$9410**	Ford	4	256D	16F-4R	68.94	5980	CHA
7600	$16457	$2550	$4110	**$5760**	**$7410**	Ford	4T	256D	16F-4R	84.79	5800	No
7700	$21785	$3100	$5000	**$7000**	**$9000**	Ford	4T	256D	16F-4R	84.38	6000	CHA
8700	$22967	$1260	$2640	**$5050**	**$7460**	Ford	6	401D	16F-4R	110.58	10900	CHA
9700	$26806	$1470	$3080	**$5900**	**$8710**	Ford	6T	401D	16F-4R	135.64	11000	CHA
County Super 4	$22000	$1210	$2530	**$4840**	**$7150**	Ford	4	256D	8F-2R	67.00	8930	No
County Super 6	$27700	$1520	$3190	**$6090**	**$9000**	Ford	6	401D	8F-2R	96.00	9990	No
FW-20 4WD	$49755	$1830	$4110	**$6860**	**$9140**	Cummins	V8	555D	20F-4R	150.0	24775	CHA
FW-30 4WD	$60283	$2040	$4590	**$7650**	**$10200**	Cummins	V8	903D	20F-4R	205.0	25320	CHA
FW-40 4WD	$65123	$2240	$5040	**$8400**	**$11200**	Cummins	V8	903D	20F-4R	227.0	26132	CHA
FW-60 4WD	$71348	$2480	$5580	**$9300**	**$12400**	Cummins	V8T	903D	20F-4R	270.0	26171	CHA
				1977								
1600	$4550	$410	$870	**$1320**	**$1730**	Shibaura	2	78D	9F-3R	22.02	2260	No
2600	$7305	$1660	$2330	**$3570**	**$4070**	Ford	3	158G	8F-2R	34.18	3507	No
2600	$7611	$1720	$2410	**$3700**	**$4220**	Ford	3	158D	8F-2R	32.47	3546	No
3600	$8484	$1900	$2660	**$4080**	**$4650**	Ford	3	175G	8F-2R	40.62	4400	No
3600	$8777	$1960	$2740	**$4200**	**$4790**	Ford	3	175D	8F-2R	40.55	4590	No
4100	$10190	$2040	$2850	**$4380**	**$4990**	Ford	3	183D	8F-2R	45.46	4910	No
4600	$10045	$2010	$2810	**$4320**	**$4920**	Ford	3	201G	8F-2R	52.18	4480	No
4600	$10466	$2090	$2930	**$4500**	**$5130**	Ford	3	201D	8F-2R	52.44	4710	No
5600	$13297	$2660	$3720	**$5720**	**$6520**	Ford	4	233D	16F-4R	58.46	5500	No
6600	$14060	$2810	$3940	**$6050**	**$6890**	Ford	4	256G	16F-4R	68.00	5580	No
6600	$14422	$2880	$4040	**$6200**	**$7070**	Ford	4	256D	16F-4R	68.10	5780	No
6700	$19474	$2920	$4670	**$6820**	**$8760**	Ford	4	256G	16F-4R	68.00	5780	CHA
6700	$19854	$2980	$4770	**$6950**	**$8930**	Ford	4	256D	16F-4R	68.94	5980	CHA
7600	$15634	$2350	$3750	**$5470**	**$7040**	Ford	4T	256D	16F-4R	84.79	5800	No
7700	$20696	$2850	$4560	**$6650**	**$8550**	Ford	4T	256D	16F-4R	84.38	6000	No
8700	$21819	$1090	$2400	**$4910**	**$6980**	Ford	6	401D	16F-4R	110.58	10900	CHA
9700	$25466	$1270	$2800	**$5730**	**$8150**	Ford	6T	401D	16F-4R	135.64	11000	CHA
County Super 4	$20900	$1050	$2300	**$4700**	**$6690**	Ford	4	256D	8F-2R	67.00	8930	No
County Super 6	$26315	$1320	$2900	**$5920**	**$8420**	Ford	6	401D	8F-2R	96.00	9990	No
FW-20 4WD	$47267	$1730	$3890	**$6490**	**$8650**	Cummins	V8	555D	20F-4R	150.0	24775	CHA
FW-30 4WD	$57269	$1930	$4340	**$7240**	**$9650**	Cummins	V8	903D	20F-4R	205.0	25320	CHA
FW-40 4WD	$61867	$2120	$4760	**$7930**	**$10570**	Cummins	V8	903D	20F-4R	227.0	26132	CHA
FW-60 4WD	$67781	$2310	$5200	**$8670**	**$11560**	Cummins	V8T	903D	20F-4R	270.0	26171	CHA
				1976								
1000	$4445	$380	$820	**$1290**	**$1690**	Shibaura	2	78D	9F-3R	23.00	2300	No
2600	$6209	$1480	$2050	**$3100**	**$3560**	Ford	3	158G	8F-2R	34.18	3507	No
2600	$6469	$1530	$2130	**$3210**	**$3700**	Ford	3	158D	8F-2R	32.47	3546	No
3600	$6960	$1630	$2270	**$3420**	**$3940**	Ford	3	175G	8F-2R	40.62	4400	No
3600	$7150	$1660	$2310	**$3480**	**$4010**	Ford	3	175D	8F-2R	40.55	4590	No
3600	$7200	$1680	$2340	**$3530**	**$4060**	Ford	3	175D	8F-2R	40.55	4590	No
4100	$8662	$1980	$2750	**$4150**	**$4780**	Ford	3	183D	8F-2R	45.46	4910	No
4600	$8740	$2000	$2780	**$4190**	**$4820**	Ford	3	201G	10F-2R	50.16	4439	No
4600	$9100	$1990	$2770	**$4170**	**$4800**	Ford	3	201D	10F-2R	51.00	4710	No
5600	$11967	$2450	$3410	**$5150**	**$5920**	Ford	4	233D	16F-4R	58.46	5500	No
6600	$12654	$2590	$3610	**$5440**	**$6260**	Ford	4	256G	16F-4R	68.00	5580	No
6600	$12980	$2660	$3700	**$5580**	**$6430**	Ford	4	256D	16F-4R	68.10	5780	No
7600	$14071	$2890	$4010	**$6050**	**$6970**	Ford	4T	256D	16F-4R	84.79	5800	No
8600	$18934	$850	$2080	**$4360**	**$5960**	Ford	6	401D	16F-4R	110.69	10800	CH
9600	$21541	$970	$2370	**$4950**	**$6790**	Ford	6T	401D	16F-4R	135.36	10900	CH
County Super 4	$19855	$890	$2180	**$4570**	**$6250**	Ford	4	256D	8F-2R	67.00	8930	No
County Super 6	$24999	$1130	$2750	**$5750**	**$7880**	Ford	6	401D	8F-2R	96.00	9990	No
				1975								
1000	$4233	$340	$760	**$1230**	**$1610**	Shibaura	2	78D	9F-3R	23.00	2300	No
2000	$5695	$1930	$2890	**$4390**	**$4930**	Ford	3	158G	8F-2R	30.85	3507	No

Ford (Cont.)

Model	Approx. Retail Price New	Estimated Value Less Repairs: Used Trade In Avg.	Used Trade In High	Used Retail Avg.	Used Retail High	Make	Engine No. Cyls.	Engine Displ. Cu.-In.	No. Speeds	P.T.O. H.P.	Approx. Shipping Wt.-Lbs.	Cab
				1975 (Cont.)								
2000	$5935	$2000	$3000	**$4560**	**$5120**	Ford	3	158D	8F-2R	31.19	3546	No
3000	$6509	$2130	$3190	**$4850**	**$5440**	Ford	3	158G	8F-2R	37.84	3664	No
3000	$7008	$2250	$3380	**$5130**	**$5760**	Ford	3	175D	8F-2R	39.30	3801	No
3600	$6900	$1660	$2290	**$3360**	**$3950**	Ford	3	175G	8F-2R	40.62	4400	No
3600	$6950	$1660	$2290	**$3360**	**$3950**	Ford	3	175G	8F-2R	40.62	4400	No
3600	$7140	$1700	$2350	**$3440**	**$4050**	Ford	3	175D	8F-2R	40.55	4590	No
4000	$9395	$2390	$3580	**$5440**	**$6110**	Ford	3	201G	10F-2R	50.16	4504	No
4000	$9635	$2460	$3690	**$5610**	**$6290**	Ford	3	201D	10F-2R	51.00	4754	No
4600	$8690	$1830	$2520	**$3690**	**$4350**	Ford	3	201G	10F-2R	50.16	4439	No
4600	$8700	$2030	$2800	**$4100**	**$4830**	Ford	3	201G	10F-2R	50.16	4439	No
4600	$9000	$1930	$2670	**$3910**	**$4600**	Ford	3	201D	10F-2R	51.00	4710	No
4600	$9050	$1900	$2630	**$3850**	**$4530**	Ford	3	201D	10F-2R	51.00	4710	No
5000	$11389	$2600	$3900	**$5920**	**$6650**	Ford	4	256G	10F-2R	65.64	5218	No
5000	$11689	$2670	$4010	**$6090**	**$6840**	Ford	4	256D	10F-2R	66.49	5468	No
5600	$11550	$2430	$3350	**$4910**	**$5780**	Ford	4	233D	16F-4R	58.46	5500	No
5600	$11850	$2490	$3440	**$5040**	**$5930**	Ford	4	233D	16F-4R	58.46	5500	No
6600	$12175	$2420	$3340	**$4890**	**$5750**	Ford	4	256G	16F-4R	68.00	5580	No
6600	$12225	$2570	$3550	**$5200**	**$6110**	Ford	4	256G	16F-4R	68.00	5580	No
6600	$12350	$2520	$3480	**$5100**	**$6000**	Ford	4	256D	16F-4R	68.10	5780	No
6600	$12450	$2620	$3610	**$5290**	**$6230**	Ford	4	256D	16F-4R	68.10	5780	No
7000	$12100	$2350	$3250	**$4760**	**$5600**	Ford	4T	256D	8F-2R	83.49	5806	No
7600	$13450	$2830	$3900	**$5720**	**$6730**	Ford	4T	256D	16F-4R	84.79	5800	No
7600	$13520	$2840	$3920	**$5750**	**$6760**	Ford	4T	256D	16F-4R	84.79	5800	No
8600	$17987	$720	$1980	**$4140**	**$5580**	Ford	6	401D	16F-4R	110.69	10800	CH
8600	$18125	$730	$1990	**$4170**	**$5620**	Ford	6	401D	16F-4R	110.69	10800	CH
9600	$20464	$820	$2250	**$4710**	**$6340**	Ford	6T	401D	16F-4R	135.46	10900	CH
County Super 4	$18862	$750	$2080	**$4340**	**$5850**	Ford	4	256D	8F-2R	67.00	8930	No
County Super 6	$23749	$910	$2500	**$5230**	**$7050**	Ford	6	401D	8F-2R	96.00	9990	No
				1974								
1000	$3215	$240	$560	**$930**	**$1220**	Shibaura	2	78D	9F-3R	23.00	2300	No
2000	$4841	$1880	$2850	**$4280**	**$4800**	Ford	3	158G	8F-2R	30.85	3507	No
2000	$5045	$1980	$3000	**$4500**	**$5060**	Ford	3	158D	8F-2R	31.19	3546	No
3000	$5424	$2080	$3150	**$4730**	**$5310**	Ford	3	158G	8F-2R	37.84	3664	No
3000	$5840	$2200	$3340	**$5020**	**$5630**	Ford	3	175D	8F-2R	39.30	3801	No
4000	$8456	$2360	$3590	**$5390**	**$6050**	Ford	3	201G	10F-2R	50.16	4504	No
4000	$8672	$2420	$3680	**$5510**	**$6190**	Ford	3	201D	10F-2R	51.00	4754	No
5000	$9274	$2500	$3800	**$5700**	**$6400**	Ford	4	256G	10F-2R	65.64	6280	No
5000	$9529	$2600	$3950	**$5930**	**$6660**	Ford	4	256D	10F-2R	66.49	6580	No
7000	$11495	$2370	$3250	**$4730**	**$5560**	Ford	4T	256D	8F-2R	83.49	5806	No
8600	$17088	$680	$1880	**$3930**	**$5300**	Ford	6	401D	16F-4R	110.69	10800	CH
9600	$19441	$780	$2140	**$4470**	**$6030**	Ford	6T	401D	16F-4R	135.46	10900	CH
County Super 4	$17919	$720	$1970	**$4120**	**$5560**	Ford	4	256D	8F-2R	67.00	8930	No
County Super 6	$22562	$860	$2370	**$4960**	**$6680**	Ford	6	401D	8F-2R	96.00	9990	No
				1973								
1000	$3054	$370	$670	**$1070**	**$1410**	Shibaura	2	78D	9F-3R	23.00	2300	No
2000	$3873	$1810	$2790	**$4130**	**$4640**	Ford	3	158G	8F-2R	30.85	3507	No
2000	$4036	$1910	$2950	**$4360**	**$4900**	Ford	3	158D	8F-2R	31.19	3546	No
3000	$4520	$2000	$3080	**$4560**	**$5120**	Ford	3	158G	8F-2R	37.84	3664	No
3000	$4867	$2130	$3270	**$4850**	**$5440**	Ford	3	175D	8F-2R	39.30	3801	No
4000	$6862	$2220	$3410	**$5050**	**$5670**	Ford	3	201G	10F-2R	50.16	4898	No
4000	$7224	$2310	$3550	**$5260**	**$5900**	Ford	3	201D	10F-2R	51.00	5118	No
5000	$7819	$2460	$3780	**$5600**	**$6290**	Ford	4	256G	10F-2R	65.64	6280	No
5000	$8023	$2510	$3860	**$5710**	**$6420**	Ford	4	256D	10F-2R	66.49	6580	No
7000	$9771	$2370	$3230	**$4740**	**$5490**	Ford	4T	256D	8F-2R	83.49	5806	No
8000	$10836	$2380	$3250	**$4770**	**$5530**	Ford	6	401D	16F-4R	105.73	10495	CH
8600	$11808	$2600	$3540	**$5200**	**$6020**	Ford	6	401D	16F-4R	105.73	10845	CH
9000	$13568	$2990	$4070	**$5970**	**$6920**	Ford	6T	401D	16F-4R	131.22	10995	CH
9600	$18500	$740	$2040	**$4260**	**$5740**	Ford	6T	401D	16F-4R	135.46	10900	CH
County Super 4	$14335	$1000	$2440	**$4160**	**$5450**	Ford	4	256D	8F-2R	67.00	8930	No
County Super 6	$18049	$1260	$3070	**$5230**	**$6860**	Ford	6	401D	8F-2R	96.00	9990	No
				1972								
2000	$3796	$1750	$2730	**$3990**	**$4480**	Ford	3	158G	8F-2R	30.83	3507	No
2000	$3955	$1850	$2890	**$4220**	**$4740**	Ford	3	158D	8F-2R	31.19	3546	No
3000	$4305	$1930	$3000	**$4390**	**$4930**	Ford	3	158G	8F-2R	37.84	3664	No
3000	$4636	$2050	$3200	**$4670**	**$5250**	Ford	3	175D	8F-2R	39.30	3801	No
4000	$6519	$2180	$3400	**$4970**	**$5580**	Ford	3	201G	10F-2R	50.16	4898	No
4000	$6863	$2240	$3490	**$5100**	**$5730**	Ford	3	201D	10F-2R	51.00	5118	No
5000	$7454	$2360	$3690	**$5390**	**$6050**	Ford	4	256G	10F-2R	65.64	6280	No
5000	$7650	$2480	$3860	**$5640**	**$6340**	Ford	4	256D	10F-2R	66.49	6580	No
7000	$9282	$2310	$3140	**$4630**	**$5300**	Ford	4T	256D	8F-2R	83.49	5806	No
8000	$11218	$2430	$3290	**$4860**	**$5560**	Ford	6	401D	16F-4R	105.73	10845	CH
9000	$12887	$2900	$3930	**$5800**	**$6640**	Ford	6T	401D	16F-4R	131.22	10995	CH
County Super 4	$13618	$950	$2320	**$3950**	**$5180**	Ford	4	256D	8F-2R	67.00	8930	No
County Super 6	$17147	$1200	$2920	**$4970**	**$6520**	Ford	6	363D	8F-2R	113*	9990	No

*Engine Horsepower

Model	Approx. Retail Price New	Used Trade In Avg.	Used Trade In High	Used Retail Avg.	Used Retail High	Make	Engine No. Cyls.	Engine Displ. Cu.-In.	No. Speeds	P.T.O. H.P.	Approx. Shipping Wt.-Lbs.	Cab
				1971								
2000	$3720	$1700	$2650	**$3880**	**$4350**	Ford	3	158G	8F-2R	30.83	3507	No
2000	$3876	$1800	$2810	**$4100**	**$4610**	Ford	3	158D	8F-2R	31.19	3546	No
3000	$4003	$1860	$2910	**$4250**	**$4770**	Ford	3	158G	8F-2R	37.84	3664	No
3000	$4415	$1990	$3100	**$4530**	**$5090**	Ford	3	175D	8F-2R	39.30	3801	No

Ford (Cont.)

Model	Approx. Retail Price New	Estimated Value Less Repairs: Used Trade In Avg.	Used Trade In High	Used Retail Avg.	Used Retail High	Engine Make	Engine No. Cyls.	Engine Displ. Cu.-In.	No. Speeds	P.T.O. H.P.	Approx. Shipping Wt.-Lbs.	Cab
1971 (Cont.)												
4000	$6193	$2170	$3390	**$4950**	**$5560**	Ford	3	201G	10F-2R	50.16	4898	No
4000	$6520	$2230	$3470	**$5070**	**$5700**	Ford	3	201D	10F-2R	51.00	5118	No
5000	$7081	$2430	$3780	**$5530**	**$6210**	Ford	4	256G	10F-2R	65.64	6280	No
5000	$7267	$2490	$3880	**$5670**	**$6370**	Ford	4	256D	10F-2R	66.49	6580	No
8000	$9422	$2300	$3100	**$4550**	**$5200**	Ford	6	401D	16F-4R	105.73	10845	No
9000	$10755	$2470	$3330	**$4890**	**$5590**	Ford	6T	401D	16F-4R	131.22	11515	No
County Super 4	$12937	$910	$2200	**$3750**	**$4920**	Ford	4	256D	8F-2R	67.00	8930	No
County Super 6	$16289	$1140	$2770	**$4720**	**$6190**	Ford	6	363D	8F-2R	113*	9990	No
*Engine Horsepower												
1970												
2000	$3600	$1660	$2590	**$3790**	**$4260**	Ford	3	158G	6F-2R	30.58	3296	No
2000	$3700	$1740	$2710	**$3960**	**$4450**	Ford	3	158D	6F-2R	31.97	3562	No
3000	$3812	$1800	$2810	**$4100**	**$4610**	Ford	3	158G	8F-2R	37.87	3480	No
3000	$4205	$1930	$3000	**$4390**	**$4930**	Ford	3	175D	8F-2R	39.20	3805	No
4000	$5883	$2050	$3190	**$4660**	**$5240**	Ford	3	201G	10F-2R	50.16	5118	No
4000	$6194	$2100	$3280	**$4790**	**$5380**	Ford	3	201D	10F-2R	51.00	5368	No
5000	$6727	$2350	$3670	**$5360**	**$6020**	Ford	4	256G	10F-2R	65.64	6280	No
5000	$6904	$2450	$3820	**$5590**	**$6270**	Ford	4	256D	10F-2R	66.49	6580	No
8000	$8951	$2340	$3130	**$4530**	**$5270**	Ford	6	401D	16F-4R	105.73	10845	No
9000	$10458	$2460	$3290	**$4760**	**$5540**	Ford	6T	401D	16F-4R	131.22	10995	No
County Super 4	$12290	$860	$2090	**$3560**	**$4670**	Ford	4	256D	8F-2R	67.00	8930	No
County Super 6	$15475	$1080	$2630	**$4490**	**$5880**	Ford	6	363D	8F-2R	113*	9990	No
*Engine Horsepower												
1969												
2000	$3573	$1630	$2540	**$3770**	**$4230**	Ford	3	158G	8F-2R	30.57	3300	No
2000	$3642	$1690	$2630	**$3920**	**$4390**	Ford	3	158D	8F-2R	31.0	3560	No
3000	$3630	$1730	$2690	**$4000**	**$4490**	Ford	3	158G	8F-2R	37.8	3100	No
3000	$4005	$1830	$2850	**$4240**	**$4750**	Ford	3	158D	8F-2R	39.2	3805	No
4000	$5589	$1900	$2960	**$4400**	**$4930**	Ford	3	201G	10F-2R	50.1	5118	No
4000	$5883	$1970	$3070	**$4570**	**$5120**	Ford	3	201D	10F-2R	51.0	5368	No
5000	$6391	$2120	$3310	**$4920**	**$5520**	Ford	4	256G	10F-2R	65.6	6280	No
5000	$6569	$2190	$3420	**$5090**	**$5700**	Ford	4	256D	10F-2R	66.5	6580	No
6000	$5960	$1980	$2650	**$3840**	**$4460**	Ford	6	223G	10F-2R	66.1	6200	No
6000	$6648	$2120	$2830	**$4110**	**$4770**	Ford	6	242D	10F-2R	66	6585	No
8000	$8861	$2280	$3040	**$4420**	**$5130**	Ford	6	401D	16F-4R	105	10845	No
County Super 4	$11676	$820	$1990	**$3390**	**$4440**	Ford	4	256D	8F-2R	67	8930	No
County Super 6	$14700	$1030	$2500	**$4260**	**$5590**	Ford	6	363D	8F-2R	113*	9990	No
*Engine Horsepower												
1968												
2000	$3240	$1610	$2500	**$3760**	**$4240**	Ford	3	158G	4F-R	30	3380	No
2000	$3642	$1650	$2580	**$3870**	**$4360**	Ford	3	158D	8F-2R	31.0	3560	No
3000	$3457	$1620	$2520	**$3780**	**$4260**	Ford	3	158G	8F-2R	38.	3480	No
3000	$3814	$1700	$2660	**$3990**	**$4500**	Ford	3	158D	8F-2R	39.	3805	No
4000	$4908	$1740	$2710	**$4070**	**$4590**	Ford	3	192G	10F-2R	39.9	4210	No
4000	$5188	$1800	$2800	**$4210**	**$4740**	Ford	3	201D	10F-2R	45.6	4450	No
5000	$5713	$1980	$3090	**$4630**	**$5220**	Ford	4	256G	10F-2R	65.69	5410	No
5000	$6024	$2060	$3210	**$4810**	**$5430**	Ford	4	256D	10F-2R	66.5	5810	No
6000	$5738	$2000	$2710	**$3960**	**$4590**	Ford	6	223G	10F-2R	66.1	6920	No
6000	$6396	$2110	$2860	**$4180**	**$4840**	Ford	6	242D	10F-2R	66.26	7100	No
8000	$8051	$2140	$2890	**$4230**	**$4900**	Ford	6	401D	8F-2R	105	9070	No
1967												
2000	$2900	$1550	$2420	**$3630**	**$4120**	Ford	3	158G	4F-1R	30.51	3280	No
2000	$3642	$1600	$2500	**$3740**	**$4260**	Ford	3	158D	8F-2R	31.0	3560	No
3000	$3292	$1600	$2500	**$3750**	**$4270**	Ford	3	158G	8F-2R	38.	3480	No
3000	$3633	$1700	$2650	**$3980**	**$4520**	Ford	3	175D	8F-2R	39.	3805	No
4000	$4417	$1730	$2700	**$4050**	**$4600**	Ford	3	192G	10F-2R	45.4	4210	No
4000	$4669	$1780	$2770	**$4160**	**$4730**	Ford	3	201D	10F-2R	45.6	4450	No
5000	$5142	$1900	$2970	**$4450**	**$5060**	Ford	4	233G	10F-2R	58.5	5410	No
5000	$5422	$1980	$3090	**$4630**	**$5270**	Ford	4	233D	10F-2R	54.1	5810	No
6000	$5565	$1890	$2600	**$3820**	**$4370**	Ford	6	223G	10F-2R	66	6498	No
6000	$6208	$2050	$2820	**$4150**	**$4750**	Ford	6	242D	10F-2R	66	6875	No
1966												
2000	$2842	$1500	$2340	**$3510**	**$4020**	Ford	3	157G	4F-1R	30	3280	No
2000	$3642	$1580	$2460	**$3690**	**$4220**	Ford	3	158D	8F-2R	31.0	3560	No
3000	$3135	$1560	$2430	**$3650**	**$4180**	Ford	3	158G	8F-2R	38	3480	No
3000	$3600	$1670	$2600	**$3900**	**$4470**	Ford	3	175D	8F-2R	39	3920	No
4000	$4196	$1700	$2650	**$3980**	**$4560**	Ford	3	192G	10F-2R	45.6	4210	No
4000	$4436	$1750	$2740	**$4100**	**$4700**	Ford	3	201D	10F-2R	45.6	4450	No
5000	$4893	$1880	$2930	**$4390**	**$5030**	Ford	4	233G	10F-2R	58	5218	No
5000	$5151	$1950	$3050	**$4570**	**$5230**	Ford	4	233D	10F-2R	54	5318	No
5000 Super Major	$4500	$900	$1650	**$2630**	**$3750**	Ford	4	220D	6F-2R	47.5	4469	No
6000	$5456	$1860	$2600	**$3840**	**$4340**	Ford	6	223G	10F-2R	66	6498	No
6000	$6086	$2040	$2840	**$4200**	**$4750**	Ford	6	242D	10F-2R	66	6589	No
1965												
2000	$2750	$1450	$2260	**$3420**	**$3920**	Ford	3	158G	4F-1R	30	3280	No
2000	$3442	$1530	$2380	**$3600**	**$4120**	Ford	3	158D	8F-2R	31.0	3560	No
3000	$2986	$1540	$2400	**$3630**	**$4150**	Ford	3	158G	8F-2R	38	3480	No
3000	$3595	$1630	$2540	**$3840**	**$4390**	Ford	3	175D	8F-2R	39	3920	No

	Approx. Retail Price New	Estimated Value Less Repairs Used Trade In Avg.	High	Used Retail Avg.	High	Make	Engine No. Cyls.	Displ. Cu.-In.	No. Speeds	P.T.O. H.P.	Approx. Shipping Wt.-Lbs.	Cab

Ford (Cont.)

1965 (Cont.)												
4000	$4200	$1680	$2620	**$3960**	**$4530**	Ford	3	192G	10F-2R	45.4	4210	No
4000	$4214	$1730	$2690	**$4070**	**$4660**	Ford	3	201D	10F-2R	45.6	4450	No
5000	$5150	$1810	$2830	**$4280**	**$4890**	Ford	4	233G	8F-2R	53.1	5218	No
5000	$4893	$1900	$2970	**$4490**	**$5140**	Ford	4	233D	10F-2R	54.1	5260	No
5000 Super Major	$4325	$1730	$2460	**$3580**	**$4080**	Ford	4	220D	6F-2R	47.5	4469	No
6000	$5349	$1850	$2620	**$3810**	**$4350**	Ford	6	223G	10F-2R	62	6498	No
6000	$5967	$1970	$2790	**$4060**	**$4630**	Ford	6	242D	10F-2R	62	6589	No
1964												
Fordson Dexta	$2950	$630	$1160	**$1840**	**$2730**	Perkins	3	144D	6F-2R	31.4	3030	No
Fordson Super Dexta	$3250	$730	$1340	**$2130**	**$3170**	Perkins	3	152D	6F-2R	32	3150	No
2000	$2913	$1430	$2220	**$3390**	**$3880**	Ford	4	134G	4F-1R	33.	2712	No
2000	$3481	$1490	$2320	**$3540**	**$4050**	Ford	4	144D	4F-1R	32.	3089	No
4000	$4000	$1660	$2600	**$3960**	**$4530**	Ford	4	172G	5F-1R	46	3104	No
4000	$4000	$1700	$2650	**$4050**	**$4630**	Ford	4	172D	5F-1R	44	3280	No
5000	$4893	$1800	$2810	**$4280**	**$4900**	Ford	4	233D	10F-2R	54.1	5260	No
5000	$5150	$1760	$2750	**$4200**	**$4790**	Ford	4	233G	8F-2R	53.1	5218	No
5000 Super Major	$4239	$1710	$2460	**$3530**	**$4070**	Ford	4	220D	6F-2R	47.5	4469	No
6000	$5243	$1810	$2600	**$3730**	**$4300**	Ford	6	223G	10F-2R	62	6498	No
6000	$5850	$1930	$2780	**$3990**	**$4590**	Ford	6	242D	10F-2R	62	6589	No
1963												
Fordson Super Dexta	$3250	$730	$1330	**$2120**	**$3210**	Perkins	3	152D	6F-2R	32	3150	No
Fordson Super Major	$3780	$790	$1440	**$2300**	**$3480**	Ford	4	220D	6F-2R	49	4609	No
2000	$2856	$1400	$2180	**$3360**	**$3860**	Ford	4	134G	4F-1R	33.	3026	No
2000	$3413	$1460	$2280	**$3510**	**$4040**	Ford	4	144D	4F-1R	32.	3557	No
4000	$3815	$1630	$2540	**$3910**	**$4500**	Ford	4	172G	10F-2R	46	2987	No
4000	$3900	$1690	$2640	**$4060**	**$4660**	Ford	4	172D	10F-2R	41	3182	No
5000	$4893	$1800	$2810	**$4320**	**$4970**	Ford	4	233D	10F-2R	54.1	5260	No
5000	$5150	$1710	$2670	**$4110**	**$4730**	Ford	4	233G	8F-2R	53.1	5218	No
5000 Super Major	$4154	$1680	$2460	**$3470**	**$4030**	Ford	4	220D	6F-2R	47.5	5565	No
6000	$5140	$1710	$2500	**$3530**	**$4110**	Ford	6	223G	10F-2R	62	6498	No
6000	$5735	$1860	$2710	**$3830**	**$4450**	Ford	6	242D	10F-2R	62	6589	No
1962												
Fordson Super Dexta	......	$630	$1160	**$1840**	**$2840**	Perkins	3	152D	6F-2R	32	3150	No
Fordson Super Major	......	$690	$1270	**$2020**	**$3120**	Ford	4	220D	6F-2R	49	4609	No
501 Series	......	$1270	$1870	**$2640**	**$3060**	Ford	4	134G	4F-1R	33	3530	No
501 Series	......	$1340	$1990	**$2800**	**$3250**	Ford	4	144D	4F-1R	32	3710	No
601 Series	......	$1330	$1970	**$2780**	**$3220**	Ford	4	131G	10F-2R	34	2820	No
601 Series	......	$1360	$2010	**$2830**	**$3280**	Ford	4	141D	10F-2R	32	2996	No
701 Series	......	$1310	$1940	**$2730**	**$3160**	Ford	4	134G	4F-1R	35	3175	No
701 Series	......	$1370	$2020	**$2850**	**$3310**	Ford	4	144D	4F-4R	32	3350	No
801 Series	......	$1360	$2010	**$2830**	**$3280**	Ford	4	172G	4F-1R	46	3487	No
801 Series	......	$1400	$2080	**$2930**	**$3390**	Ford	4	172D	4F-1R	41	3657	No
901 Series	......	$1380	$2040	**$2880**	**$3340**	Ford	4	172G	4F-1R	47	3270	No
901 Series	......	$1430	$2110	**$2980**	**$3450**	Ford	4	172D	4F-1R	45	3450	No
2000	......	$1380	$2150	**$3330**	**$3850**	Ford	4	134G	4F-1R	33.	3358	No
2000	......	$1430	$2220	**$3450**	**$3990**	Ford	4	144D	4F-1R	32.	3853	No
4000	......	$1580	$2460	**$3820**	**$4410**	Ford	4	172G	5F-1R	46.3	3279	No
4000	......	$1650	$2580	**$4000**	**$4630**	Ford	4	172D	5F-1R	46.7	3474	No
5000 Super Major	......	$1660	$2450	**$3450**	**$4010**	Ford	4	220D	6F-2R	47.5	5565	No
6000	......	$1650	$2430	**$3430**	**$3980**	Ford	6	223G	10F-2R	66.1	6893	No
6000	......	$1820	$2700	**$3800**	**$4410**	Ford	6	241D	10F-2R	66.26	6875	No
1961												
Fordson Dexta	......	$600	$1100	**$1750**	**$2700**	Perkins	3	144D	6F-2R	31.4	3030	No
Fordson Power Major	......	$710	$1310	**$2080**	**$3210**	Ford	4	220D	6F-2R	48	5515	No
Fordson Super Dexta	......	$630	$1150	**$1830**	**$2820**	Perkins	3	152D	6F-2R	32	3150	No
Fordson Super Major	......	$680	$1250	**$2000**	**$3080**	Ford	4	220D	6F-2R	49	4609	No
501 Series	......	$1220	$1840	**$2580**	**$2980**	Ford	4	134G	4F-1R	33	3530	No
501 Series	......	$1320	$1980	**$2780**	**$3220**	Ford	4	144D	4F-1R	32	3710	No
601 Series	......	$1260	$1890	**$2650**	**$3070**	Ford	4	131G	4F-1R	34	2623	No
601 Series	......	$1310	$1960	**$2760**	**$3190**	Ford	4	141D	4F-1R	32	2799	No
701 Series	......	$1290	$1930	**$2700**	**$3130**	Ford	4	134G	4F-1R	35	3175	No
701 Series	......	$1340	$2020	**$2830**	**$3280**	Ford	4	144D	4F-4R	32	3350	No
801 Series	......	$1330	$2000	**$2810**	**$3250**	Ford	4	172G	4F-1R	44	3487	No
801 Series	......	$1380	$2070	**$2900**	**$3360**	Ford	4	172D	4F-1R	41	3657	No
901 Series	......	$1360	$2030	**$2850**	**$3310**	Ford	4	172G	4F-1R	47	3270	No
901 Series	......	$1400	$2110	**$2950**	**$3420**	Ford	4	172D	4F-1R	45	3450	No
6000	......	$810	$1480	**$2350**	**$3620**	Ford	6	223G	10F-2R	66.1	6893	No
6000	......	$900	$1650	**$2630**	**$4060**	Ford	6	241D	10F-2R	66.26	6875	No
1960												
Fordson Dexta	......	$590	$1080	**$1720**	**$2650**	Perkins	3	144D	6F-2R	31.4	3030	No
Fordson Power Major	......	$710	$1300	**$2070**	**$3190**	Ford	4	220D	6F-2R	48	5515	No
501 Series	......	$1190	$1810	**$2530**	**$2920**	Ford	4	134G	4F-1R	33	3530	No
501 Series	......	$1270	$1940	**$2700**	**$3130**	Ford	4	144D	4F-1R	32	3710	No
601 Series	......	$1220	$1860	**$2600**	**$3010**	Ford	4	131G	4F-1R	34	2623	No
601 Series	......	$1290	$1960	**$2740**	**$3170**	Ford	4	141D	4F-1R	32	2799	No
701 Series	......	$1250	$1900	**$2660**	**$3070**	Ford	4	134G	4F-1R	35	3175	No
701 Series	......	$1320	$2010	**$2810**	**$3250**	Ford	4	144D	4F-4R	32	3350	No
801 Series	......	$1280	$1950	**$2730**	**$3160**	Ford	4	172G	10F-2R	46	2836	No
801 Series	......	$1360	$2060	**$2880**	**$3330**	Ford	4	172D	10F-2R	41	3010	No

Ford (Cont.)

	Approx. Retail Price New	Used Trade In Avg.	Used Trade In High	Used Retail Avg.	Used Retail High	Engine Make	Engine No. Cyls.	Engine Displ. Cu.-In.	No. Speeds	P.T.O. H.P.	Approx. Shipping Wt.-Lbs.	Cab
				1960 (Cont.)								
901 Series	......	$1310	$1990	**$2780**	**$3220**	Ford	4	172G	4F-1R	47	3165	No
901 Series	......	$1380	$2100	**$2930**	**$3390**	Ford	4	172D	4F-1R	45	3450	No
				1959								
Fordson Dexta	......	$580	$1060	**$1680**	**$2600**	Perkins	3	144D	6F-2R	31.4	3030	No
Fordson Power Major	......	$700	$1280	**$2030**	**$3140**	Ford	4	220D	6F-2R	48	5515	No
501 Series	......	$1160	$1780	**$2480**	**$2890**	Ford	4	134G	4F-1R	33	3530	No
601 Series	......	$1200	$1850	**$2580**	**$3000**	Ford	4	131G	10F-2R	34	2820	No
601 Series	......	$1250	$1930	**$2680**	**$3130**	Ford	4	141D	10F-2R	32	2996	No
701 Series	......	$1230	$1890	**$2630**	**$3070**	Ford	4	134G	4F-1R	35	3175	No
701 Series	......	$1300	$2000	**$2780**	**$3240**	Ford	4	144D	4F-4R	32	3350	No
801 Series	......	$1250	$1920	**$2680**	**$3120**	Ford	4	172G	10F-2R	44	2836	No
801 Series	......	$1330	$2050	**$2860**	**$3330**	Ford	4	172D	10F-2R	41	3010	No
901 Series	......	$1290	$1990	**$2770**	**$3230**	Ford	4	172G	4F-1R	47	3270	No
901 Series	......	$1330	$2050	**$2860**	**$3330**	Ford	4	172D	4F-1R	45	3450	No
				1958								
Fordson Dexta	......	$570	$1050	**$1660**	**$2580**	Perkins	3	144D	6F-2R	31.4	3030	No
Fordson Major	......	$550	$1010	**$1610**	**$2500**	Ford	4	220D	6F-2R	41	5425	No
Fordson Power Major	......	$680	$1250	**$2000**	**$3100**	Ford	4	220D	6F-2R	48	5515	No
601 Series	......	$1150	$1800	**$2500**	**$2930**	Ford	4	134G	10F-2R	37	2820	No
601 Series	......	$1200	$1880	**$2600**	**$3050**	Ford	4	144D	10F-2R	37	2996	No
701 Series	......	$1180	$1840	**$2550**	**$3000**	Ford	4	134G	4F-1R	35	3175	No
701 Series	......	$1250	$1950	**$2700**	**$3170**	Ford	4	144D	4F-4R	32	3350	No
801 Series	......	$1190	$1860	**$2570**	**$3020**	Ford	4	172G	10F-2R	50	2836	No
801 Series	......	$1280	$2010	**$2780**	**$3260**	Ford	4	172D	10F-2R	44	3010	No
901 Series	......	$1240	$1940	**$2690**	**$3160**	Ford	4	172G	4F-1R	47	3270	No
901 Series	......	$1310	$2040	**$2830**	**$3330**	Ford	4	172D	4F-1R	45	3450	No
				1957								
Fordson Dexta	......	$560	$1020	**$1630**	**$2540**	Perkins	3	144D	6F-2R	31.4	3030	No
Fordson Major	......	$550	$1000	**$1590**	**$2480**	Ford	4	220D	6F-2R	48	5515	No
601 Series	......	$1130	$1790	**$2490**	**$2910**	Ford	4	131G	10F-2R	37	2820	No
601 Series	......	$1170	$1850	**$2580**	**$3020**	Ford	4	141D	10F-2R	37	2996	No
701 Series	......	$1140	$1810	**$2520**	**$2950**	Ford	4	134G	4F-1R	35	3175	No
701 Series	......	$1210	$1910	**$2660**	**$3110**	Ford	4	144D	4F-1R	32	3350	No
801 Series	......	$1170	$1850	**$2580**	**$3020**	Ford	4	172G	5F-1R	46	2985	No
801 Series	......	$1250	$1980	**$2760**	**$3230**	Ford	4	172D	10F-2R	44	3010	No
901 Series	......	$1220	$1940	**$2700**	**$3160**	Ford	4	172G	4F-1R	47	3270	No
901 Series	......	$1290	$2040	**$2840**	**$3320**	Ford	4	172D	4F-1R	45	3450	No
				1956								
Fordson Major	......	$540	$990	**$1580**	**$2470**	Ford	4	220D	6F-2R	41	5425	No
600 Series	......	$1180	$1890	**$2650**	**$3090**	Ford	4	134G	4F-1R	32	2462	No
700 Series	......	$1190	$1910	**$2670**	**$3120**	Ford	4	134G	4F-1R	35	3175	No
800 Series	......	$1210	$1950	**$2730**	**$3190**	Ford	4	172G	5F-1R	46	2985	No
800 Series	......	$1270	$2030	**$2850**	**$3320**	Ford	4	172D	5F-1R	47	2995	No
900 Series	......	$1250	$2000	**$2810**	**$3280**	Ford	4	172G	5F-1R	47	3355	No
				1955								
Fordson Major	......	$530	$970	**$1540**	**$2420**	Ford	4	220D	6F-2R	48	5515	No
600 Series	......	$1160	$1890	**$2670**	**$3100**	Ford	4	134G	4F-1R	34	2462	No
700 Series	......	$1180	$1910	**$2700**	**$3140**	Ford	4	134G	4F-1R	35	3175	No
800 Series	......	$1200	$1950	**$2750**	**$3200**	Ford	4	172G	5F-1R	46	2985	No
800 Series	......	$1250	$2030	**$2860**	**$3330**	Ford	4	172D	4F-1R	46	2960	No
900 Series	......	$1240	$2010	**$2830**	**$3300**	Ford	4	172G	5F-1R	47	3355	No
				1954								
Fordson Major	......	$510	$940	**$1490**	**$2350**	Ford	4	220D	6F-2R	48	5515	No
NAA	......	$1200	$1920	**$3090**	**$3550**	Ford	4	134G	4F-1R	30	2841	No
600 Series	......	$1140	$1850	**$2660**	**$3090**	Ford	4	134G	4F-1R	32	2462	No
700 Series	......	$1150	$1870	**$2690**	**$3120**	Ford	4	134G	4F-1R	28	3390	No
800 Series	......	$1180	$1910	**$2740**	**$3190**	Ford	4	172G	5F-1R	45	2640	No
800 Series	......	$1220	$1990	**$2860**	**$3320**	Ford	4	172D	4F-1R	46	2960	No
900 Series	......	$1200	$1950	**$2800**	**$3250**	Ford	4	172G	5F-1R	47	3355	No
				1953								
Fordson Major	......	$490	$900	**$1440**	**$2270**	Ford	4	220D	6F-2R	48	5515	No
NAA	......	$1180	$1880	**$3060**	**$3500**	Ford	4	134G	4F-1R	30	2841	No
				1952								
8N	......	$1120	$1820	**$2690**	**$3110**	Ford	4	119G	4F-1R	27.3	2714	No
				1951								
8N	......	$1100	$1790	**$2670**	**$3080**	Ford	4	119G	4F-1R	27.3	2714	No
				1950								
8N	......	$1090	$1780	**$2660**	**$3070**	Ford	4	119G	4F-1R	27.3	2714	No
				1949								
8N	......	$1070	$1740	**$2630**	**$3030**	Ford	4	119G	4F-1R	27.3	2714	No

Ford (Cont.)

Model	Approx. Retail Price New	Estimated Value Less Repairs: Used Trade In Avg.	Used Trade In High	Used Retail Avg.	Used Retail High	Make	Engine No. Cyls.	Engine Displ. Cu.-In.	No. Speeds	P.T.O. H.P.	Approx. Shipping Wt.-Lbs.	Cab
1948												
8N	......	$1050	$1710	**$2580**	**$3000**	Ford	4	119G	4F-1R	27.3	2714	No
1947												
2N	......	$1010	$1650	**$2490**	**$2920**	Ford	4	119G	3F-1R	24	3070	No
8N	......	$1030	$1680	**$2540**	**$2970**	Ford	4	119G	4F-1R	27.3	2714	No
1946												
2N	......	$1000	$1620	**$2450**	**$2880**	Ford	4	119G	3F-1R	24	3070	No
1945												
2N	......	$980	$1590	**$2400**	**$2850**	Ford	4	119G	3F-1R	24	3070	No
1944												
2N	......	$950	$1540	**$2330**	**$2810**	Ford		120G	3F-1R	24	3070	No
1943												
2N	......	$930	$1510	**$2290**	**$2750**	Ford	4	120G	3F-1R	24	3070	No
9N	......	$920	$1490	**$2260**	**$2720**	Ford	4	119G	3F-1R	23.07	3375	No
1942												
9N	......	$910	$1480	**$2240**	**$2700**	Ford	4	119G	3F-1R	23.07	3375	No
1941												
9N	......	$900	$1460	**$2210**	**$2660**	Ford	4	119G	3F-1R	23.07	3375	No
1940												
9N	......	$900	$1460	**$2210**	**$2660**	Ford	4	119G	3F-1R	23.07	3375	No
1939												
9N	......	$880	$1430	**$2170**	**$2610**	Ford	4	119G	3F-1R	23.07	3375	No

Hesston-Fiat

Model	Approx. Retail Price New	Used Trade In Avg.	Used Trade In High	Used Retail Avg.	Used Retail High	Make	Engine No. Cyls.	Engine Displ. Cu.-In.	No. Speeds	P.T.O. H.P.	Approx. Shipping Wt.-Lbs.	Cab
1991												
45-66	$15810	$1420	$2370	**$3480**	**$4590**	Fiat	3	165D	12F-4R	39.00	3674	No
45-66DT 4WD	$20196	$1820	$3030	**$4440**	**$5860**	Fiat	3	165D	12F-4R	39.49	4114	No
55-56	$15860	$1430	$2380	**$3490**	**$4600**	Fiat	3	165D	8F-2R	45.00	4420	No
55-56 DT 4WD	$20803	$1870	$3120	**$4580**	**$6030**	Fiat	3	165D	8F-2R	45.00	5000	No
55-76F Orchard	$19085	$1720	$2860	**$4200**	**$5540**	Fiat	3	165D	12F-4R	45.00		No
55-76FDT Orchard 4WD	$23552	$2120	$3530	**$5180**	**$6830**	Fiat	3	165D	12F-4R	45.00		No
60-66	$20600	$1850	$3090	**$4530**	**$5970**	Fiat	3	179D	12F-4R	51.00	4900	No
60-66DT 4WD	$25597	$2300	$3840	**$5630**	**$7420**	Fiat	3	179D	12F-4R	51.49	5450	No
60-76DTF Orchard 4WD	$25875	$2330	$3880	**$5690**	**$7500**	Fiat	3	179D	12F-4R	51.00		No
60-76F Orchard	$20775	$1870	$3120	**$4570**	**$6030**	Fiat	3	179D	12F-4R	51.00		No
65-56	$20897	$1880	$3140	**$4600**	**$6060**	Fiat	4	220D	8F-2R	60.00	4860	No
65-56DT 4WD	$25493	$2290	$3820	**$5610**	**$7390**	Fiat	4	220D	8F-2R	60.00	5400	No
70-66	$23200	$2090	$3480	**$5100**	**$6730**	Fiat	4	220D	12F-12R	62.72	5689	No
70-66 High Clearance	$25476	$2290	$3820	**$5610**	**$7390**	Fiat	4	220D	12F-12R	62.00	5689	No
70-66DT 4WD	$28323	$2550	$4250	**$6230**	**$8210**	Fiat	4	220D	12F-12R	62.00	6350	No
70-66DT 4WD	$31926	$2870	$4790	**$7020**	**$9260**	Fiat	4	220D	12F-12R	62.72	7290	No
70-76 Orchard	$23052	$2080	$3460	**$5070**	**$6690**	Fiat	4	220D	12F-4R	62.00		No
70-76DTF Orchard 4WD	$28119	$2530	$4220	**$6190**	**$8160**	Fiat	4	220D	12F-4R	62.00		No
70-76F Orchard	$23121	$2080	$3470	**$5090**	**$6710**	Fiat	4	220D	12F-4R	62.00		No
80-66	$26471	$2380	$3970	**$5820**	**$7680**	Fiat	4	238D	12F-12R	70.43	5800	No
80-66 High Clearance	$27815	$2500	$4170	**$6120**	**$8070**	Fiat	4	238D	12F-12R	70.00	5800	No
80-66DT 4WD	$33253	$2990	$4990	**$7320**	**$9640**	Fiat	4	238D	12F-4R	70.43	6450	No
80-66DT H.C. 4WD	$34620	$3120	$5190	**$7620**	**$10040**	Fiat	4	238D	12F-12R	70.43	7290	No
80-76DTF Orchard 4WD	$30453	$2740	$4570	**$6700**	**$8830**	Fiat	4	238D	12F-4R	70.00		No
80-90	$34849	$3140	$5230	**$7670**	**$10110**	Fiat	4	238D	12F-12R	70.86	6930	CHA
80-90DT 4WD	$41122	$3700	$6170	**$9050**	**$11930**	Fiat	4	238D	12F-12R	70.00	7634	CHA
100-90	$33338	$2910	$4850	**$7110**	**$9370**	Fiat	6	331D	15F-3R	91.52	7420	No
100-90	$39493	$3380	$5630	**$8250**	**$10880**	Fiat	6	331D	15F-3R	91.52	8240	CHA
100-90 DT 4WD	$39304	$3330	$5550	**$8140**	**$10730**	Fiat	6	331D	15F-3R	91.52	8264	No
100-90 DT 4WD	$45458	$3870	$6450	**$9460**	**$12470**	Fiat	6	331D	15F-3R	91.52	9080	CHA
100-90 DT	$42959	$3690	$6150	**$9020**	**$11890**	Fiat	6	331D	20F-4R	91.00	8710	No
F110	$40200	$3440	$5730	**$8400**	**$11080**	Fiat	6	358D	16F-16R	98.00	9570	CHA
F110DT 4WD	$46500	$3960	$6600	**$9680**	**$12760**	Fiat	6	358D	16F-16R	98.00	10230	CHA
F130	$48500	$4140	$6900	**$10120**	**$13340**	Fiat	6T	358D	32F-16R	115.00	11120	CHA
F130DT 4WD	$56300	$4770	$7950	**$11660**	**$15370**	Fiat	6T	358D	32F-16R	115.00	12000	CHA
140-90 Turbo PS 4WD	$62244	$5310	$8850	**$12980**	**$17110**	Fiat	6T	358D	16F-16R	123.00	13338	CHA
160-90 Turbo PS	$56524	$4770	$7950	**$11660**	**$15370**	Fiat	6T	494D	16F-16R	142.64	13350	CHA
160-90 Turbo PS 4WD	$65884	$5580	$9300	**$13640**	**$17980**	Fiat	6T	494D	16F-16R	142.00	14220	CHA
180-90DT Turbo 4WD	$74393	$6120	$10200	**$14960**	**$19720**	Fiat	6T	494D	16F-16R	162.87	14318	CHA

PS--Power Shift

Model	Approx. Retail Price New	Used Trade In Avg.	Used Trade In High	Used Retail Avg.	Used Retail High	Make	Engine No. Cyls.	Engine Displ. Cu.-In.	No. Speeds	P.T.O. H.P.	Approx. Shipping Wt.-Lbs.	Cab
1990												
45-66	$15500	$1240	$2170	**$3260**	**$4340**	Fiat	3	165D	12F-4R	39.00	3674	No
45-66DT 4WD	$19800	$1580	$2770	**$4160**	**$5540**	Fiat	3	165D	12F-4R	39.49	4114	No
55-56	$15549	$1240	$2180	**$3270**	**$4350**	Fiat	3	165D	8F-2R	45.00	4420	No
55-56 DT 4WD	$20382	$1630	$2850	**$4280**	**$5710**	Fiat	3	165D	8F-2R	45.00	5000	No
60-66 Orchard	$19481	$1560	$2730	**$4090**	**$5460**	Fiat	3	179D	12F-4R	51.00		No
60-66 Orchard 4WD	$24074	$1930	$3370	**$5060**	**$6740**	Fiat	3	179D	12F-4R	51.00		No
60-66DT 4WD	$25082	$2010	$3510	**$5270**	**$7020**	Fiat	3	179D	12F-4R	51.49	5450	No

Hesston-Fiat (Cont.)

1990 (Cont.)

Model	Approx. Retail Price New	Estimated Value Less Repairs: Used Trade In Avg.	Used Trade In High	Used Retail Avg.	Used Retail High	Make	Engine No. Cyls.	Engine Displ. Cu.-In.	No. Speeds	P.T.O. H.P.	Approx. Shipping Wt.-Lbs.	Cab
60-76DTF Orchard 4WD	$25300	$2020	$3540	$5310	$7080	Fiat	3	179D	12F-4R	51.00		No
60-76F Orchard	$20300	$1620	$2840	$4260	$5680	Fiat	3	179D	12F-4R	51.00		No
65-56	$20487	$1640	$2870	$4300	$5740	Fiat	4	220D	8F-2R	60.00	4860	No
65-56 DT 4WD	$24980	$2000	$3500	$5250	$6990	Fiat	4	220D	8F-2R	60.00	5400	No
70-66 4WD	$28315	$2270	$3960	$5950	$7930	Fiat	4	220D	12F-12R	62.00	6350	No
70-66 High Clearance	$24976	$2000	$3500	$5250	$6990	Fiat	4	220D	12F-12R	62.00	5689	No
70-66 Orchard	$21847	$1750	$3060	$4590	$6120	Fiat	4	220D	12F-4R	62.00		No
70-66DT 4WD	$31300	$2500	$4380	$6570	$8760	Fiat	4	220D	12F-12R	62.72	7290	No
70-66DT Orchard 4WD	$26718	$2140	$3740	$5610	$7480	Fiat	4	220D	12F-4R	62.00		No
70-76DTF Orchard 4WD	$28000	$2240	$3920	$5880	$7840	Fiat	4	220D	12F-4R	62.00		No
70-76F Orchard	$22600	$1810	$3160	$4750	$6330	Fiat	4	220D	12F-4R	62.00		No
80-66	$25952	$2080	$3630	$5450	$7270	Fiat	4	238D	12F-12R	70.43	5800	No
80-66 High Clearance	$27270	$2180	$3820	$5730	$7640	Fiat	4	238D	12F-12R	70.00	5800	No
80-66 Orchard	$25180	$2010	$3530	$5290	$7050	Fiat	4	238D	12F-4R	70.00		No
80-66 Orchard 4WD	$29788	$2320	$4060	$6090	$8120	Fiat	4	238D	12F-4R	70.00		No
80-66DT 4WD	$32542	$2480	$4340	$6510	$8680	Fiat	4	238D	12F-4R	70.43	6450	No
80-66DT H.C. 4WD	$33941	$2560	$4480	$6720	$8960	Fiat	4	238D	12F-12R	70.43	7290	No
80-76DTF Orchard 4WD	$29788	$2240	$3920	$5880	$7840	Fiat	4	238D	12F-4R	70.00		No
80-76F Orchard	$25180	$2010	$3530	$5290	$7050	Fiat	4	238D	12F-4R	70.00		No
80-90	$34166	$2560	$4480	$6720	$8960	Fiat	4	238D	12F-12R	70.86	6930	CHA
80-90DT 4WD	$40257	$3040	$5320	$7980	$10640	Fiat	4	238D	12F-12R	70.00	7634	CHA
100-90	$32684	$2400	$4200	$6300	$8400	Fiat	6	331D	15F-3R	91.52	7420	No
100-90	$38719	$2910	$5100	$7640	$10190	Fiat	6	331D	15F-3R	91.52	8240	CHA
100-90 DT 4WD	$38405	$2880	$5040	$7560	$10080	Fiat	6	331D	15F-3R	91.52	8264	No
100-90 DT 4WD	$44439	$3360	$5880	$8820	$11760	Fiat	6	331D	15F-3R	91.52	9080	CHA
100-90 DT	$42117	$3200	$5600	$8400	$11200	Fiat	6	331D	20F-4R	91.00	8710	No
130-90 Turbo PS	$50669	$3760	$6580	$9870	$13160	Fiat	6T	358D	16F-16R	107.48	11800	CHA
130-90DT Turbo 4WD	$57010	$4320	$7560	$11340	$15120	Fiat	6T	358D	16F-16R	107.48	13100	CHA
140-90 Turbo PS	$55302	$4160	$7280	$10920	$14560	Fiat	6T	358D	16F-16R	123.00	12015	CHA
140-90 Turbo PS 4WD	$62244	$4640	$8120	$12180	$16240	Fiat	6T	358D	16F-16R	123.00	13338	CHA
160-90 Turbo PS	$56524	$4240	$7420	$11130	$14840	Fiat	6T	494D	16F-16R	142.64	13350	CHA
180-90DT Turbo PS	$63893	$4660	$8160	$12240	$16320	Fiat	6T	494D	16F-16R	162.15	13448	CHA
180-90DT Turbo 4WD	$74393	$5280	$9240	$13860	$18480	Fiat	6T	494D	16F-16R	162.87	14318	CHA

PS--Power Shift

1989

Model	Approx. Retail Price New	Used Trade In Avg.	Used Trade In High	Used Retail Avg.	Used Retail High	Make	Engine No. Cyls.	Engine Displ. Cu.-In.	No. Speeds	P.T.O. H.P.	Approx. Shipping Wt.-Lbs.	Cab
45-66	$14950	$1050	$1940	$2990	$4040	Fiat	3	165D	12F-4R	37.00	3674	No
45-66DT 4WD	$19400	$1360	$2520	$3880	$5240	Fiat	3	165D	12F-4R	39.49	4114	No
55-46	$15010	$1050	$1950	$3000	$4050	Fiat	3	165D	8F-2R	45.00	4080	No
55-46 DT 4WD	$19788	$1390	$2570	$3960	$5340	Fiat	3	165D	8F-2R	45.00		No
55-66	$17394	$1220	$2260	$3480	$4700	Fiat	3	165D	12F-4R	45.78	4851	No
55-66DT 4WD	$22077	$1550	$2870	$4420	$5960	Fiat	3	165D	12F-4R	45.00	5402	No
60-66 Orchard	$18800	$1320	$2440	$3760	$5080	Fiat	3	179D	12F-4R	51.00		No
60-66 Orchard 4WD	$23400	$1640	$3040	$4680	$6320	Fiat	3	179D	12F-4R	51.00		No
60-66DT 4WD	$24351	$1710	$3170	$4870	$6580	Fiat	3	179D	12F-4R	51.49	5450	No
65-46	$19890	$1390	$2590	$3980	$5370	Fiat	4	220D	8F-2R	58.00		No
70-66 4WD	$27487	$1820	$3380	$5200	$7020	Fiat	4	220D	12F-4R	62.00	6350	No
70-66 High Clearance	$24000	$1610	$2990	$4600	$6210	Fiat	4	220D	12F-4R	62.00	5689	No
70-66 Orchard	$21000	$1400	$2600	$4000	$5400	Fiat	4	220D	12F-4R	62.00		No
70-66DT 4WD	$30500	$1960	$3640	$5600	$7560	Fiat	4	220D	12F-4R	62.72	7290	No
70-66DT Orchard 4WD	$26000	$1680	$3120	$4800	$6480	Fiat	4	220D	12F-4R	62.00		No
70-90	$31034	$2030	$3770	$5800	$7830	Fiat	4	220D	12F-12R	62.25	6798	CHA
70-90DT 4WD	$36074	$2310	$4290	$6600	$8910	Fiat	4	220D	12F-12R	62.00	7436	CHA
80-66	$25000	$1540	$2860	$4400	$5940	Fiat	4	238D	12F-4R	70.43	5800	No
80-66 High Clearance	$26000	$1610	$2990	$4600	$6210	Fiat	4	238D	12F-4R	70.00	5800	No
80-66 Orchard	$24500	$1650	$3060	$4700	$6350	Fiat	4	238D	12F-4R	70.00		No
80-66 Orchard 4WD	$29000	$1820	$3380	$5200	$7020	Fiat	4	238D	12F-4R	70.00		No
80-66DT 4WD	$31800	$1970	$3670	$5640	$7610	Fiat	4	238D	12F-4R	70.43	6450	No
80-66DT H.C. 4WD	$32800	$2070	$3840	$5900	$7970	Fiat	4	238D	12F-4R	70.43	7290	No
80-90	$33000	$2100	$3900	$6000	$8100	Fiat	4	238D	12F-4R	70.86	6930	CHA
80-90DT 4WD	$39000	$2380	$4420	$6800	$9180	Fiat	4	238D	12F-4R	70.00	7634	CHA
100-90	$31500	$1890	$3510	$5400	$7290	Fiat	6	331D	15F-3R	91.52		No
100-90	$37200	$2240	$4160	$6400	$8640	Fiat	6	331D	15F-3R	91.52	7595	CHA
100-90 DT 4WD	$37300	$2560	$4750	$7300	$9860	Fiat	6	331D	15F-3R	91.52		No
100-90 DT 4WD	$43100	$2660	$4940	$7600	$10260	Fiat	6	331D	15F-3R	91.52	8439	CHA
130-90 Turbo	$48278	$3010	$5590	$8600	$11610	Fiat	6T	358D	16F-16R	107.48	11800	CHA
130-90DT Turbo 4WD	$54590	$3430	$6370	$9800	$13230	Fiat	6T	358D	16F-16R	107.48	13100	CHA
140-90 Turbo	$52881	$3290	$6110	$9400	$12690	Fiat	6T	358D	16F-16R	123.35	12015	CHA
140-90 Turbo PS	$55302	$3500	$6500	$10000	$13500	Fiat	6T	358D	16F-16R	123.00	12015	CHA
140-90 Turbo PS 4WD	$62244	$3850	$7150	$11000	$14850	Fiat	6T	358D	16F-16R	123.00	13338	CHA
140-90DT Turbo 4WD	$59800	$3710	$6890	$10600	$14310	Fiat	6T	358D	16F-16R	123.35	13338	CHA
160-90 Turbo	$54080	$3470	$6440	$9900	$13370	Fiat	6T	494D	16F-16R	141.71	13350	CHA
160-90 Turbo PS	$56524	$3580	$6660	$10240	$13820	Fiat	6T	494D	16F-16R	142.64	13350	CHA
160-90DT Turbo 4WD	$63440	$3920	$7280	$11200	$15120	Fiat	6T	494D	16F-16R	141.71	14220	CHA
160-90DT PS 4WD	$65884	$4130	$7670	$11800	$15930	Fiat	6T	494D	16F-16R	142.64	14220	CHA
180-90 Turbo	$61425	$3860	$7180	$11040	$14900	Fiat	6T	494D	16F-16R	162.87	13448	CHA
180-90DT Turbo 4WD	$71925	$4480	$8320	$12800	$17280	Fiat	6T	494D	16F-16R	162.87	14318	CHA
180-90DT Turbo PS	$63893	$4080	$7580	$11660	$15740	Fiat	6T	494D	16F-16R	162.15	13448	CHA

PS--Power Shift

1988

Model	Approx. Retail Price New	Used Trade In Avg.	Used Trade In High	Used Retail Avg.	Used Retail High	Make	Engine No. Cyls.	Engine Displ. Cu.-In.	No. Speeds	P.T.O. H.P.	Approx. Shipping Wt.-Lbs.	Cab
45-66	$14500	$870	$1740	$2760	$3770	Fiat	3	165D	12F-4R	37.00	3674	No
45-66DT 4WD	$18800	$1130	$2260	$3570	$4890	Fiat	3	165D	12F-4R	39.49	4114	No
55-46	$14800	$890	$1780	$2810	$3850	Fiat	3	165D	8F-2R	45.00	4080	No

Hesston-Fiat (Cont.)

1988 (Cont.)

Model	Approx. Retail Price New	Estimated Value Less Repairs: Used Trade In Avg.	Used Trade In High	Used Retail Avg.	Used Retail High	Make	Engine No. Cyls.	Engine Displ. Cu.-In.	No. Speeds	P.T.O. H.P.	Approx. Shipping Wt.-Lbs.	Cab
55-46 DT 4WD	$19400	$1160	$2330	**$3690**	**$5040**	Fiat	3	165D	8F-2R	45.00		No
55-66	$17394	$1040	$2090	**$3310**	**$4520**	Fiat	3	165D	12F-4R	45.78	4851	No
55-66DT 4WD	$22077	$1330	$2650	**$4200**	**$5740**	Fiat	3	165D	12F-4R	45.00	5402	No
60-66	$18978	$1140	$2280	**$3610**	**$4930**	Fiat	3	179D	12F-4R	51.49	4900	No
60-66 Orchard	$18363	$1100	$2200	**$3490**	**$4770**	Fiat	3	179D	12F-4R	51.00		No
60-66 Orchard 4WD	$22692	$1300	$2590	**$4100**	**$5620**	Fiat	3	179D	12F-4R	51.00		No
60-66DT 4WD	$23642	$1340	$2680	**$4240**	**$5800**	Fiat	3	179D	12F-4R	51.49	5450	No
65-46	$19500	$1110	$2220	**$3520**	**$4810**	Fiat	3	220D	8F-2R	58.00		No
70-66	$21139	$1200	$2400	**$3800**	**$5200**	Fiat	4	220D	12F-4R	62.72	5689	No
70-66 4WD	$26686	$1480	$2950	**$4670**	**$6400**	Fiat	4	220D	12F-4R	62.00	6350	No
70-66 High Clearance	$23094	$1260	$2520	**$3990**	**$5460**	Fiat	4	220D	12F-4R	62.00	5689	No
70-66 Orchard	$20593	$1090	$2180	**$3460**	**$4730**	Fiat	4	220D	12F-4R	62.00		No
70-66DT 4WD	$29783	$1620	$3240	**$5130**	**$7020**	Fiat	4	220D	12F-4R	62.72	7290	No
70-66DT Orchard 4WD	$25184	$1380	$2760	**$4370**	**$5980**	Fiat	4	220D	12F-4R	62.00		No
70-90	$30130	$1680	$3360	**$5320**	**$7280**	Fiat	4	220D	12F-4R	62.25	6798	CHA
70-90DT 4WD	$35023	$1860	$3720	**$5890**	**$8060**	Fiat	4	220D	12F-4R	62.00	7436	CHA
80-66	$24462	$1220	$2450	**$3880**	**$5300**	Fiat	4	238D	12F-4R	70.43	5800	No
80-66 High Clearance	$25214	$1270	$2540	**$4030**	**$5510**	Fiat	4	238D	12F-4R	70.00	5800	No
80-66 Orchard	$23735	$1170	$2340	**$3710**	**$5070**	Fiat	4	238D	12F-4R	70.00		No
80-66 Orchard 4WD	$28078	$1380	$2760	**$4370**	**$5980**	Fiat	4	238D	12F-4R	70.00		No
80-66DT 4WD	$30674	$1520	$3050	**$4830**	**$6600**	Fiat	4	238D	12F-4R	70.43	6450	No
80-66DT H.C. 4WD	$32225	$1620	$3240	**$5130**	**$7020**	Fiat	4	238D	12F-4R	70.43	7290	No
80-90	$32521	$1640	$3280	**$5190**	**$7100**	Fiat	4	238D	12F-4R	70.86	6930	CHA
80-90DT 4WD	$38318	$1980	$3960	**$6270**	**$8580**	Fiat	4	238D	12F-4R	70.00	7634	CHA
100-90	$30808	$1510	$3020	**$4790**	**$6550**	Fiat	6	331D	15F-3R	91.52		No
100-90	$36496	$1880	$3750	**$5940**	**$8130**	Fiat	6	331D	15F-3R	91.52	7595	CHA
100-90 DT 4WD	$36200	$1860	$3720	**$5890**	**$8060**	Fiat	6	331D	15F-3R	91.52		No
100-90 DT 4WD	$41888	$2160	$4320	**$6840**	**$9360**	Fiat	6	331D	15F-3R	91.52	8439	CHA
130-90 Turbo	$48278	$2400	$4800	**$7600**	**$10400**	Fiat	6T	358D	16F-16R	107.48	11800	CHA
130-90 Turbo PS	$50699	$2640	$5280	**$8360**	**$11440**	Fiat	6T	358D	16F-16R	107.00	11800	CHA
130-90DT Turbo 4WD	$54590	$2900	$5810	**$9200**	**$12580**	Fiat	6T	358D	16F-16R	107.48	13100	CHA
130-90DT PS 4WD	$57010	$3000	$6000	**$9500**	**$13000**	Fiat	6T	358D	16F-16R	107.00	13100	CHA
140-90 Turbo	$52881	$2820	$5640	**$8930**	**$12220**	Fiat	6T	358D	16F-16R	123.35	12015	CHA
140-90 Turbo PS	$55302	$3000	$6000	**$9500**	**$13000**	Fiat	6T	358D	16F-16R	123.00	12015	CHA
140-90 Turbo PS 4WD	$62244	$3360	$6720	**$10640**	**$14560**	Fiat	6T	358D	16F-16R	123.00	13338	CHA
140-90DT Turbo 4WD	$59800	$3200	$6400	**$10130**	**$13860**	Fiat	6T	358D	16F-16R	123.35	13338	CHA
160-90 Turbo	$54080	$2940	$5880	**$9310**	**$12740**	Fiat	6T	494D	16F-16R	141.71	13350	CHA
160-90 Turbo PS	$56524	$3070	$6140	**$9730**	**$13310**	Fiat	6T	494D	16F-16R	142.64	13350	CHA
160-90DT Turbo 4WD	$63440	$3380	$6770	**$10720**	**$14660**	Fiat	6T	494D	16F-16R	141.71	14220	CHA
160-90DT PS 4WD	$65884	$3560	$7120	**$11270**	**$15420**	Fiat	6T	494D	16F-16R	142.64	14220	CHA
180-90 Turbo	$61425	$3120	$6240	**$9880**	**$13520**	Fiat	6T	494D	16F-16R	162.87	13448	CHA
180-90DT Turbo 4WD	$71925	$3660	$7320	**$11590**	**$15860**	Fiat	6T	494D	16F-16R	162.87	14318	CHA
180-90DT Turbo PS	$63893	$3420	$6840	**$10830**	**$14820**	Fiat	6T	494D	16F-16R	162.15	13448	CHA

PS--Power Shift

1987

Model	Approx. Retail Price New	Estimated Value Less Repairs: Used Trade In Avg.	Used Trade In High	Used Retail Avg.	Used Retail High	Make	Engine No. Cyls.	Engine Displ. Cu.-In.	No. Speeds	P.T.O. H.P.	Approx. Shipping Wt.-Lbs.	Cab
45-66	$14500	$730	$1600	**$2610**	**$3630**	Fiat	3	165D	12F-4R	39.49	3674	No
45-66DT 4WD	$18800	$940	$2070	**$3380**	**$4700**	Fiat	3	165D	12F-4R	39.49	4114	No
55-66	$17395	$870	$1910	**$3130**	**$4350**	Fiat	3	165D	12F-4R	45.78	4850	No
55-66 DT 4WD	$22080	$1100	$2430	**$3970**	**$5520**	Fiat	3	165D	12F-4R	45.00	5450	No
60-66	$18980	$950	$2090	**$3420**	**$4750**	Fiat	3	179D	12F-4R	51.49	4900	No
60-66 DT 4WD	$23310	$1100	$2420	**$3960**	**$5500**	Fiat	3	179D	12F-4R	51.49	5455	No
60-90	$27300	$1270	$2780	**$4550**	**$6330**	Fiat	3	179D	12F-4R	51.00	6295	CHA
60-90 DT 4WD	$31440	$1460	$3210	**$5260**	**$7300**	Fiat	3	179D	12F-4R	51.00	6755	CHA
70-66	$21140	$1000	$2200	**$3600**	**$5000**	Fiat	4	220D	12F-4R	62.72	5690	No
70-66 DT 4WD	$25910	$1200	$2640	**$4320**	**$6000**	Fiat	4	220D	12F-4R	62.72	6350	No
70-66 DT 4WD	$26450	$1250	$2750	**$4500**	**$6250**	Fiat	4	220D	20F-8R	62.00	6400	No
70-90	$29835	$1350	$2970	**$4860**	**$6750**	Fiat	4	220D	12F-4R	62.25	6800	CHA
70-90 DT 4WD	$34680	$1560	$3430	**$5620**	**$7800**	Fiat	4	220D	12F-4R	62.00	7440	CHA
80-66	$24220	$1110	$2440	**$4000**	**$5550**	Fiat	4	238D	12F-4R	70.43	5800	No
80-66 DT 4WD	$30075	$1380	$3040	**$4970**	**$6900**	Fiat	4	238D	12F-4R	70.43	6450	No
80-90	$32200	$1490	$3270	**$5350**	**$7430**	Fiat	4	238D	12F-4R	70.86	6800	CHA
80-90 DT 4WD	$37940	$1640	$3600	**$5890**	**$8180**	Fiat	4	238D	12F-4R	70.00	7640	CHA
90-90	$35322	$1520	$3330	**$5450**	**$7580**	Fiat	5	298D	15F-3R	81.00	7410	CHA
90-90 DT 4WD	$41003	$1800	$3960	**$6480**	**$9000**	Fiat	5	298D	15F-3R	81.00	8125	CHA
100-90	$37298	$1610	$3540	**$5800**	**$8050**	Fiat	6	331D	15F-3R	91.52	7780	CHA
100-90 DT 4WD	$43061	$1900	$4180	**$6840**	**$9500**	Fiat	6	331D	15F-3R	91.52	8625	CHA
130-90	$46875	$2000	$4400	**$7200**	**$10000**	Fiat	6	358D	16F-16R	107.48	11800	CHA
130-90 DT 4WD	$57040	$2500	$5500	**$9000**	**$12500**	Fiat	6	358D	16F-16R	107.48	13100	CHA
140-90	$51345	$2250	$4950	**$8100**	**$11250**	Fiat	6T	358D	16F-16R	123.35	12015	CHA
140-90 DT 4WD	$61800	$2750	$6050	**$9900**	**$13750**	Fiat	6T	358D	16F-16R	123.35	13340	CHA
160-90	$54050	$2450	$5390	**$8820**	**$12250**	Fiat	6T	494D	16F-16R	143.91	13350	CHA
160-90 PS	$56400	$2530	$5560	**$9090**	**$12630**	Fiat	6T	494D	16F-16R	142.64	13500	CHA
160-90 PS 4WD	$66783	$2950	$6490	**$10620**	**$14750**	Fiat	6T	494D	16F-16R	142.64	13500	CHA
180-90 4WD	$72915	$3100	$6820	**$11160**	**$15500**	Fiat	6T	494D	24F-8R	162.00	13500	CHA
180-90 PS	$63507	$2870	$6300	**$10310**	**$14330**	Fiat	6T	494D	16F-16R	162.15	13500	CHA

PS--Power Shift

1986

Model	Approx. Retail Price New	Estimated Value Less Repairs: Used Trade In Avg.	Used Trade In High	Used Retail Avg.	Used Retail High	Make	Engine No. Cyls.	Engine Displ. Cu.-In.	No. Speeds	P.T.O. H.P.	Approx. Shipping Wt.-Lbs.	Cab
45-66	$14500	$580	$1310	**$2470**	**$3480**	Fiat	3	165D	12F-4R	39.49	3674	No
45-66DT 4WD	$18800	$750	$1690	**$3200**	**$4510**	Fiat	3	165D	12F-4R	39.49	4114	No
55-66	$17395	$700	$1570	**$2960**	**$4180**	Fiat	3	165D	12F-4R	45.78	4850	No
55-66 DT 4WD	$22080	$880	$1990	**$3750**	**$5300**	Fiat	3	165D	12F-4R	45.00	5450	No
60-66	$18980	$760	$1710	**$3230**	**$4560**	Fiat	3	179D	12F-4R	51.49	4900	No

	Approx. Retail Price New	Estimated Value Less Repairs Used Trade In Avg.	High	Used Retail Avg.	High	Engine Make	No. Cyls.	Displ. Cu.-In.	No. Speeds	P.T.O. H.P.	Approx. Shipping Wt.-Lbs.	Cab

Hesston-Fiat (Cont.)

1986 (Cont.)

60-66 DT 4WD	$23310	$850	$1910	**$3600**	**$5090**	Fiat	3	179D	12F-4R	51.49	5455	No
60-90	$27300	$1000	$2250	**$4250**	**$6000**	Fiat	3	179D	12F-4R	51.00	6295	CHA
60-90 DT 4WD	$31440	$1120	$2520	**$4760**	**$6720**	Fiat	3	179D	12F-4R	51.00	6755	CHA
70-66	$21140	$800	$1800	**$3400**	**$4800**	Fiat	4	220D	12F-4R	62.72	5690	No
70-66 DT 4WD	$25910	$940	$2120	**$4000**	**$5640**	Fiat	4	220D	12F-4R	62.72	6350	No
70-66 DT 4WD	$26450	$980	$2210	**$4170**	**$5880**	Fiat	4	220D	20F-8R	62.00	6400	No
70-90	$29835	$1080	$2430	**$4590**	**$6480**	Fiat	4	220D	12F-4R	62.25	6800	CHA
70-90 DT 4WD	$34680	$1240	$2790	**$5270**	**$7440**	Fiat	4	220D	12F-4R	62.00	7440	CHA
80-66	$24220	$890	$2000	**$3770**	**$5330**	Fiat	4	238D	12F-4R	70.43	5800	No
80-66 DT 4WD	$30075	$1080	$2430	**$4590**	**$6480**	Fiat	4	238D	12F-4R	70.43	6450	No
80-90	$32200	$1120	$2520	**$4760**	**$6720**	Fiat	4	238D	12F-4R	70.86	6800	CHA
80-90 DT 4WD	$37940	$1290	$2910	**$5490**	**$7750**	Fiat	4	238D	12F-4R	70.00	7640	CHA
90-90	$35322	$1210	$2720	**$5130**	**$7250**	Fiat	5	298D	15F-3R	81.00	7410	CHA
90-90 DT 4WD	$41003	$1480	$3330	**$6290**	**$8880**	Fiat	5	298D	15F-3R	81.00	8125	CHA
100-90	$37298	$1320	$2970	**$5610**	**$7920**	Fiat	6	331D	15F-3R	91.52	7780	CHA
100-90 DT 4WD	$43061	$1560	$3510	**$6630**	**$9360**	Fiat	6	331D	15F-3R	91.52	8625	CHA
130-90	$46875	$1640	$3690	**$6970**	**$9840**	Fiat	6	358D	16F-16R	107.48	11800	CHA
130-90 DT 4WD	$57040	$2040	$4590	**$8670**	**$12240**	Fiat	6	358D	16F-16R	107.48	13100	CHA
140-90	$51345	$1840	$4140	**$7820**	**$11040**	Fiat	6T	358D	16F-16R	123.35	12015	CHA
140-90 DT 4WD	$61800	$2270	$5110	**$9660**	**$13630**	Fiat	6T	358D	16F-16R	123.35	13340	CHA
160-90	$54050	$1960	$4410	**$8330**	**$11760**	Fiat	6T	494D	16F-16R	143.91	13350	CHA
160-90 PS	$56400	$2060	$4630	**$8740**	**$12340**	Fiat	6T	494D	16F-16R	142.64	13500	CHA
160-90 PS 4WD	$66783	$2390	$5370	**$10150**	**$14330**	Fiat	6T	494D	16F-16R	142.64	13500	CHA
180-90 4WD	$72915	$2480	$5580	**$10540**	**$14880**	Fiat	6T	494D	24F-8R	162.00	13500	CHA
180-90 PS	$63507	$2140	$4820	**$9100**	**$12840**	Fiat	6T	494D	16F-16R	162.15	13500	CHA

PS--Power Shift

1985

45-66	$14500	$580	$1310	**$2320**	**$3340**	Fiat	3	158D	12F-4R	39.00	4850	No
45-66DT 4WD	$18800	$750	$1690	**$3010**	**$4320**	Fiat	3	158D	12F-4R	39.00	5450	No
55-66	$17395	$700	$1570	**$2780**	**$4000**	Fiat	3	165D	12F-4R	45.78	4850	No
55-66 DT 4WD	$22080	$840	$1890	**$3360**	**$4830**	Fiat	3	165D	12F-4R	45.00	5450	No
60-66	$18980	$760	$1710	**$3040**	**$4370**	Fiat	3	179D	12F-4R	51.49	4900	No
60-66 DT 4WD	$23310	$880	$1980	**$3520**	**$5060**	Fiat	3	179D	12F-4R	51.49	5455	No
60-90	$27300	$1010	$2280	**$4050**	**$5820**	Fiat	3	179D	12F-4R	51.00	6295	CHA
60-90 DT 4WD	$31440	$1180	$2650	**$4700**	**$6760**	Fiat	3	179D	12F-4R	51.00	6755	CHA
70-66	$21140	$810	$1820	**$3230**	**$4650**	Fiat	4	220D	12F-4R	62.72	5690	No
70-66 DT 4WD	$25910	$940	$2110	**$3740**	**$5380**	Fiat	4	220D	12F-4R	62.72	6350	No
70-90	$29835	$1080	$2430	**$4320**	**$6210**	Fiat	4	220D	12F-4R	62.25	6800	CHA
70-90 DT 4WD	$34680	$1240	$2790	**$4960**	**$7130**	Fiat	4	220D	12F-4R	62.00	7440	CHA
80-66	$24220	$890	$2000	**$3550**	**$5110**	Fiat	4	238D	12F-4R	70.43	5800	No
80-66 DT 4WD	$30075	$1090	$2460	**$4370**	**$6280**	Fiat	4	238D	12F-4R	70.43	6450	No
80-90	$32200	$1180	$2650	**$4700**	**$6760**	Fiat	4	238D	12F-4R	70.86	6800	CHA
80-90 DT 4WD	$37940	$1340	$3010	**$5340**	**$7680**	Fiat	4	238D	12F-4R	70.00	7640	CHA
90-90	$28945	$1040	$2340	**$4160**	**$5980**	Fiat	5	298D	15F-3R	81.00	7410	CHA
90-90 DT 4WD	$34630	$1240	$2790	**$4960**	**$7130**	Fiat	5	298D	15F-3R	81.00	8125	CHA
100-90	$31310	$1090	$2460	**$4370**	**$6280**	Fiat	6	331D	15F-3R	91.52	7780	CHA
100-90 DT 4WD	$37075	$1320	$2970	**$5280**	**$7590**	Fiat	6	331D	15F-3R	91.52	8625	CHA
130-90	$46875	$1660	$3730	**$6620**	**$9520**	Fiat	6	358D	16F-16R	107.48	11800	CHA
130-90 DT 4WD	$57040	$2080	$4680	**$8320**	**$11960**	Fiat	6	358D	16F-16R	107.48	13100	CHA
140-90	$51345	$1840	$4140	**$7360**	**$10580**	Fiat	6T	358D	16F-16R	123.35	12015	CHA
140-90 DT 4WD	$61800	$2200	$4950	**$8800**	**$12650**	Fiat	6T	358D	16F-16R	123.35	13340	CHA
160-90	$54050	$1940	$4360	**$7740**	**$11130**	Fiat	6T	494D	16F-16R	143.91	13350	CHA
160-90	$54790	$1960	$4410	**$7840**	**$11270**	Fiat	6T	494D	24F-8R	143.91	13400	CHA
160-90 DT 4WD	$64435	$2180	$4900	**$8700**	**$12510**	Fiat	6T	494D	16F-16R	143.91	14220	CHA
160-90 DT 4WD PS	$66785	$2240	$5040	**$8960**	**$12880**	Fiat	6T	494D	16F-16R	143.91	14370	CHA
160-90 PS	$56400	$1880	$4230	**$7520**	**$10810**	Fiat	6T	494D	16F-16R	142.64	13500	CHA
180-90	$61160	$2040	$4600	**$8180**	**$11750**	Fiat	6T	494D	16F-16R	162.15	13450	CHA
180-90 DT 4WD	$72180	$2480	$5580	**$9920**	**$14260**	Fiat	6T	494D	16F-16R	162.87	14320	CHA
180-90 DT 4WD PS	$74530	$2560	$5760	**$10240**	**$14720**	Fiat	6T	494D	16F-16R	162.15	14470	CHA
180-90 PS	$63510	$2120	$4770	**$8480**	**$12190**	Fiat	6T	494D	16F-16R	162.87	13600	CHA

PS--Power Shift

1984

466	$14870	$600	$1340	**$2230**	**$3270**	Fiat	3	158D	12F-4R	45.13	4851	No
466 DT 4WD	$19240	$770	$1730	**$2890**	**$4230**	Fiat	3	158D	12F-4R	45.13	5402	No
566	$16065	$640	$1450	**$2410**	**$3530**	Fiat	3	168D	12F-4R	51.00	4901	No
566 DT 4WD	$20400	$820	$1840	**$3060**	**$4490**	Fiat	3	168D	12F-4R	51.00	5452	No
580	$17300	$690	$1560	**$2600**	**$3810**	Fiat	3	168D	8F-2R	51.61	5110	No
580 DT 4WD	$21800	$870	$1960	**$3270**	**$4800**	Fiat	3	168D	8F-2R	51.61	5670	No
580 DT 4WD w/Cab	$27550	$1020	$2300	**$3830**	**$5610**	Fiat	3	168D	8F-2R	51.61	6770	CHA
580 w/Cab	$23050	$880	$1980	**$3300**	**$4840**	Fiat	3	168D	8F-2R	51.61	6210	CHA
666	$18065	$720	$1630	**$2710**	**$3970**	Fiat	4	211D	12F-4R	62.40	5689	No
666 DT 4WD	$22800	$860	$1930	**$3210**	**$4710**	Fiat	4	211D	12F-4R	62.40	6350	No
680	$19900	$750	$1690	**$2820**	**$4140**	Fiat	4	211D	8F-2R	62.47	5405	No
680 DT 4WD	$24600	$940	$2120	**$3540**	**$5190**	Fiat	4	211D	8F-2R	62.47	5965	No
680 DT 4WD w/Cab	$30350	$1130	$2540	**$4230**	**$6200**	Fiat	4	211D	8F-2R	62.47	7065	CHA
680 w/Cab	$25650	$980	$2210	**$3680**	**$5390**	Fiat	4	211D	8F-2R	62.47	6505	CHA
766	$21500	$810	$1820	**$3030**	**$4440**	Fiat	4	224D	12F-4R	70.00	5800	No
766 DT 4WD	$26235	$1000	$2250	**$3750**	**$5500**	Fiat	4	224D	12F-4R	70.00	6200	No
780	$21900	$810	$1820	**$3030**	**$4440**	Fiat	4	224D	8F-2R	70.57	5495	No
780 DT 4WD	$27500	$1000	$2250	**$3750**	**$5500**	Fiat	4	224D	8F-2R	70.57	6055	No
780 DT 4WD w/Cab	$33250	$1200	$2700	**$4500**	**$6600**	Fiat	4	224D	8F-2R	70.57	7155	CHA
780 w/Cab	$27650	$980	$2200	**$3660**	**$5370**	Fiat	4	224D	8F-2R	70.57	6595	CHA

Hesston-Fiat (Cont.)

Model	Approx. Retail Price New	Estimated Value Less Repairs: Used Trade In Avg.	Used Trade In High	Used Retail Avg.	Used Retail High	Make	Engine No. Cyls.	Displ. Cu.-In.	No. Speeds	P.T.O. H.P.	Approx. Shipping Wt.-Lbs.	Cab
				1984 (Cont.)								
880-5	$30900	$1080	$2430	**$4050**	**$5940**	Fiat	5	280D	12F-3R	81.32	6935	CHA
880-5 DT 4WD	$35900	$1280	$2880	**$4800**	**$7040**	Fiat	5	280D	12F-3R	81.32	7910	CHA
980	$34795	$1240	$2790	**$4650**	**$6820**	Fiat	6	316D	12F-3R	91.12	7310	CHA
980 DT 4WD	$40200	$1440	$3240	**$5400**	**$7920**	Fiat	6	316D	12F-3R	91.12	8440	CHA
1180 DT Turbo 4WD	$48270	$1760	$3960	**$6600**	**$9680**	Fiat	6T	335D	12F-4R	107.48	13030	CHA
1180 Turbo	$39670	$1400	$3150	**$5250**	**$7700**	Fiat	6T	335D	12F-4R	107.48	11730	CHA
1180 Turbo	$40395	$1440	$3240	**$5400**	**$7920**	Fiat	6T	335D	12F-12R	107.00	11980	CHA
1380	$42625	$1500	$3380	**$5640**	**$8270**	Fiat	6T	335D	12F-4R	123.16	12015	CHA
1380 DT 4WD	$52300	$1840	$4140	**$6900**	**$10120**	Fiat	6T	335D	12F-4R	123.16	13890	CHA
1580 DT Turbo 4WD	$53000	$1880	$4230	**$7050**	**$10340**	Fiat	6	494D	12F-4R	141.44	14220	CHA
1580 DT Turbo 4WD	$53725	$1900	$4280	**$7140**	**$10470**	Fiat	6	494D	12F-4R	141.00	14470	CHA
1580 Turbo	$43000	$1490	$3350	**$5580**	**$8180**	Fiat	6	494D	12F-4R	141.44	13225	CHA
1880	$53820	$1760	$3960	**$6600**	**$9680**	Fiat	6T	494D	12F-4R	162.48	13445	CHA
1880 DT 4WD	$62900	$2080	$4680	**$7800**	**$11440**	Fiat	6T	494D	12F-4R	162.48	14440	CHA
				1983								
466	$14870	$600	$1340	**$2230**	**$3120**	Fiat	3	158D	12F-4R	45.13	4851	No
466	$15320	$610	$1380	**$2300**	**$3220**	Fiat	3	158D	20F-8R	45.00	5101	No
466	$15535	$620	$1400	**$2330**	**$3260**	Fiat	3	158D	12F-12R	45.00	5101	No
466 DT 4WD	$19240	$770	$1730	**$2890**	**$4040**	Fiat	3	158D	12F-4R	45.13	5402	No
480-8	$13900	$560	$1250	**$2090**	**$2920**	Fiat	3	158D	8F-2R	42.58	4215	No
480-8 DT 4WD	$18100	$720	$1630	**$2720**	**$3800**	Fiat	3	158D	8F-2R	42.58	4835	No
566	$16065	$640	$1450	**$2410**	**$3370**	Fiat	3	168D	12F-4R	51.00	4901	No
566 DT 4WD	$20400	$820	$1840	**$3060**	**$4280**	Fiat	3	168D	12F-4R	51.00	5452	No
580	$17300	$690	$1560	**$2600**	**$3630**	Fiat	3	168D	8F-2R	51.61	5110	No
580 DT 4WD	$21800	$830	$1870	**$3120**	**$4370**	Fiat	3	168D	8F-2R	51.61	5670	No
580 DT 4WD w/Cab	$27550	$1020	$2300	**$3830**	**$5360**	Fiat	3	168D	8F-2R	51.61	6770	CHA
580 w/Cab	$23050	$880	$1980	**$3300**	**$4620**	Fiat	3	168D	8F-2R	51.61	6210	CHA
640	$16685	$670	$1500	**$2500**	**$3500**	Fiat	4	211D	8F-2R	62.00	4790	No
640 DT 4WD	$21650	$810	$1820	**$3030**	**$4240**	Fiat	4	211D	8F-2R	62.00	5410	No
666	$18065	$720	$1630	**$2710**	**$3790**	Fiat	4	211D	12F-4R	62.40	5689	No
666 DT 4WD	$22800	$850	$1920	**$3200**	**$4470**	Fiat	4	211D	12F-4R	62.40	6350	No
680	$19900	$760	$1710	**$2850**	**$3990**	Fiat	4	211D	8F-2R	62.47	5405	No
680 DT 4WD	$24600	$930	$2100	**$3500**	**$4890**	Fiat	4	211D	8F-2R	62.47	5965	No
680 DT 4WD w/Cab	$30350	$1080	$2430	**$4050**	**$5670**	Fiat	4	211D	8F-2R	62.47	7065	CHA
680 w/Cab	$25650	$960	$2160	**$3600**	**$5040**	Fiat	4	211D	8F-2R	62.47	6505	CHA
780	$21900	$810	$1820	**$3030**	**$4240**	Fiat	4	224D	8F-2R	70.57	5495	No
780 DT 4WD	$27500	$1010	$2270	**$3780**	**$5290**	Fiat	4	224D	8F-2R	70.57	6055	No
780 DT 4WD w/Cab	$33250	$1170	$2640	**$4400**	**$6150**	Fiat	4	224D	8F-2R	70.57	7155	CHA
780 w/Cab	$27650	$960	$2160	**$3600**	**$5040**	Fiat	4	224D	8F-2R	70.57	6595	CHA
880-5	$30900	$1020	$2290	**$3810**	**$5330**	Fiat	5	280D	12F-3R	81.32	6935	CHA
880-5 DT 4WD	$35900	$1200	$2700	**$4500**	**$6300**	Fiat	5	280D	12F-3R	81.32	7910	CHA
980	$34795	$1160	$2610	**$4350**	**$6090**	Fiat	6	316D	12F-3R	91.12	7310	CHA
980 DT 4WD	$40200	$1360	$3060	**$5100**	**$7140**	Fiat	6	316D	12F-3R	91.12	8440	CHA
1180	$39670	$1250	$2810	**$4680**	**$6550**	Fiat	6T	335D	12F-4R	107.48	11730	CHA
1180 DT 4WD	$48270	$1600	$3600	**$6000**	**$8400**	Fiat	6T	335D	12F-4R	107.48	13030	CHA
1380	$42625	$1290	$2900	**$4830**	**$6760**	Fiat	6T	335D	12F-4R	123.16	12015	CHA
1380 DT 4WD	$52300	$1800	$4050	**$6750**	**$9450**	Fiat	6T	335D	12F-4R	123.16	13890	CHA
1580	$43000	$1440	$3240	**$5400**	**$7560**	Fiat	6	494D	12F-4R	141.44	13225	CHA
1580 DT 4WD	$53000	$1760	$3960	**$6600**	**$9240**	Fiat	6	494D	12F-4R	141.44	14220	CHA
1880	$53820	$1780	$4010	**$6680**	**$9350**	Fiat	6T	494D	12F-4R	162.48	13445	CHA
1880 DT 4WD	$62900	$2090	$4700	**$7830**	**$10960**	Fiat	6T	494D	12F-4R	162.48	14440	CHA
				1982								
480-8	$13900	$560	$1250	**$2090**	**$2780**	Fiat	3	158D	8F-2R	42.58	4215	No
480-8 DT	$18100	$720	$1630	**$2720**	**$3620**	Fiat	3	158D	8F-2R	42.58	4835	No
580	$16320	$650	$1470	**$2450**	**$3260**	Fiat	3	168D	8F-2R	51.61	5110	No
580 DT	$21000	$840	$1890	**$3150**	**$4200**	Fiat	3	168D	8F-2R	51.61	5670	No
640	$16685	$670	$1500	**$2500**	**$3340**	Fiat	4	211D	8F-2R	62.00	4790	No
640 DT	$21650	$870	$1950	**$3250**	**$4330**	Fiat	4	211D	8F-2R	62.00	5410	No
680	$19100	$760	$1720	**$2870**	**$3820**	Fiat	4	211D	8F-2R	62.47	5405	No
680 DT	$24600	$940	$2110	**$3510**	**$4680**	Fiat	4	211D	8F-2R	62.47	5965	No
780	$20990	$840	$1890	**$3150**	**$4200**	Fiat	4	224D	8F-2R	70.57	5495	No
780 DT	$24500	$920	$2070	**$3450**	**$4600**	Fiat	4	224D	8F-2R	70.57	6055	No
880-5	$29400	$1080	$2430	**$4050**	**$5400**	Fiat	5	280D	12F-3R	81.32	6935	CHA
880-5 DT	$35900	$1250	$2810	**$4680**	**$6240**	Fiat	5	280D	12F-3R	81.32	7910	CHA
980	$32980	$1160	$2610	**$4350**	**$5800**	Fiat	6	316D	12F-3R	91.12	7310	CHA
980 DT	$40200	$1370	$3080	**$5130**	**$6840**	Fiat	6	316D	12F-3R	91.12	8440	CHA
1180	$33250	$1090	$2450	**$4080**	**$5440**	Fiat	6	335D	12F-4R	102.00	11730	CHA
1180 DT	$41250	$1410	$3170	**$5280**	**$7040**	Fiat	6	335D	12F-4R	102.00	13030	CHA
1180 Turbo	$36900	$1220	$2740	**$4560**	**$6080**	Fiat	6T	335D	12F-4R		11880	CHA
1180 DT Turbo	$44900	$1560	$3510	**$5850**	**$7800**	Fiat	6T	335D	12F-4R		13180	CHA
1380	$39650	$1360	$3060	**$5100**	**$6800**	Fiat	6T	335D	12F-4R	123.16	12015	CHA
1380 DT	$48650	$1680	$3780	**$6300**	**$8400**	Fiat	6T	335D	12F-4R	123.16	13890	CHA
1580	$41900	$1420	$3190	**$5310**	**$7080**	Fiat	6	494D	12F-4R	138.00	13225	CHA
1580 DT	$49900	$1730	$3900	**$6500**	**$8660**	Fiat	6	494D	12F-4R	138.00	14220	CHA
1880	$51500	$1820	$4100	**$6830**	**$9100**	Fiat	6T	494D	12F-4R	162.48	13445	CHA
1880 DT	$59500	$2020	$4550	**$7580**	**$10100**	Fiat	6T	494D	12F-4R	162.48	14440	CHA
				1981								
480-8	$13050	$520	$1180	**$1960**	**$2610**	Fiat	3	158D	8F-2R	42.58	4215	No
480-8 DT	$17205	$690	$1550	**$2580**	**$3440**	Fiat	3	158D	8F-2R	42.58	4835	No
580	$16320	$650	$1470	**$2450**	**$3260**	Fiat	3	168D	8F-2R	51.61	5110	No
580 DT	$21000	$840	$1890	**$3150**	**$4200**	Fiat	3	168D	8F-2R	51.61	5670	No

	Approx. Retail Price New	Estimated Value Less Repairs Used Trade In Avg.	High	Used Retail Avg.	High	Engine Make	No. Cyls.	Displ. Cu.-In.	No. Speeds	P.T.O. H.P.	Approx. Shipping Wt.-Lbs.	Cab

Hesston-Fiat (Cont.)

				1981 (Cont.)								
640	$16685	$670	$1500	**$2500**	**$3340**	Fiat	4	211D	8F-2R	62.00	4790	No
640 DT	$21650	$840	$1890	**$3150**	**$4200**	Fiat	4	211D	8F-2R	62.00	5410	No
680	$18200	$730	$1640	**$2730**	**$3640**	Fiat	4	211D	8F-2R	62.47	5405	No
680 DT	$23395	$880	$1980	**$3300**	**$4400**	Fiat	4	211D	8F-2R	62.47	5965	No
780	$20245	$770	$1730	**$2880**	**$3840**	Fiat	4	224D	8F-2R	70.57	5495	No
780 DT	$26075	$1000	$2250	**$3750**	**$5000**	Fiat	4	224D	8F-2R	70.57	6055	No
880-5	$28065	$1040	$2340	**$3900**	**$5200**	Fiat	5	280D	12F-3R	81.32	6935	CHA
880-5 DT	$33970	$1160	$2610	**$4350**	**$5800**	Fiat	5	280D	12F-3R	81.32	7910	CHA
980	$29940	$1080	$2430	**$4050**	**$5400**	Fiat	6	316D	12F-3R	91.12	7310	CHA
980 DT	$37645	$1360	$3060	**$5100**	**$6800**	Fiat	6	316D	12F-3R	91.12	8440	CHA
1180	$33250	$1170	$2630	**$4380**	**$5840**	Fiat	6	335D	12F-4R	102.00	11730	CHA
1180 DT	$41250	$1440	$3240	**$5400**	**$7200**	Fiat	6	335D	12F-4R	102.00	13030	CHA
1380	$36800	$1210	$2720	**$4530**	**$6040**	Fiat	6T	335D	12F-4R	123.16	12015	CHA
1380 DT	$44950	$1560	$3510	**$5850**	**$7800**	Fiat	6T	335D	12F-4R	123.16	13890	CHA
1880	$47200	$1690	$3800	**$6330**	**$8440**	Fiat	6T	494D	12F-4R	162.48	13445	CHA
1880 DT	$55600	$1930	$4350	**$7250**	**$9660**	Fiat	6T	494D	12F-4R	162.48	14440	CHA

Huber

				1942								
L Modern Farmer STD	$1675	$710	$1160	**$1760**	**$2110**		4	338	3F-1R		4050	No
LC Modern Farmer	$1380	$640	$1050	**$1580**	**$1900**		4	338	3F-1R		4200	No
				1941								
L Modern Farmer STD	$1645	$700	$1130	**$1710**	**$2060**		4	338	3F-1R		4050	No
LC Modern Farmer	$1365	$620	$1010	**$1530**	**$1850**		4	338	3F-1R		4200	No
				1940								
L Modern Farmer STD	$1620	$680	$1100	**$1670**	**$2010**		4	338	3F-1R		4050	No
LC Modern Farmer	$1350	$610	$990	**$1490**	**$1800**		4	338	3F-1R		4200	No
				1939								
L Modern Farmer STD	$1600	$660	$1070	**$1620**	**$1950**		4	338	3F-1R		4050	No
LC Modern Farmer	$1330	$580	$950	**$1440**	**$1730**		4	338	3F-1R		4200	No

Hurlimann

				1999								
H-305 XE 2WD	$23995	$6240	$8160	**$11280**	**$13440**	Hurlimann	3	183D	12F-12R	45	4277	No
H-305 XE 4WD	$27995	$7280	$9520	**$13160**	**$15680**	Hurlimann	3	183D	12F-12R	45	4740	No
H-306 XE 4WD	$30660	$7970	$10420	**$14410**	**$17170**	Hurlimann	3	183D	12F-12R	54	5071	No
Prince 325 DT 4WD	$15995	$4160	$5440	**$7520**	**$8960**	Mitsubishi	3	68D	12F-12R	23	2138	No
Prince 435 DT 4WD	$18660	$4850	$6340	**$8770**	**$10450**	Mitsubishi	4	90D	12F-12R	32	2271	No
Prince 445 DT 4WD	$21325	$5550	$7250	**$10020**	**$11940**	Mitsubishi	4	90D	12F-12R	37	2535	No
Prince 445 DT 4WD	$26260	$6830	$8930	**$12340**	**$14710**	Mitsubishi	4	90D	12F-12R	37	2535	CH
XA-607 DT 4WD	$46225	$10170	$14330	**$19420**	**$24040**	Hurlimann	4	244D	45F-45R	63	6415	CH
909 XT DT 4WD	$50660	$11150	$15710	**$21280**	**$26340**	Hurlimann	4T	244D	45F-45R	85	4598	CH
910.6 XT DT 4WD	$58995	$12980	$18290	**$24780**	**$30680**	Hurlimann	6	366D	45F-45R	94	9370	CH
6135 XB DT 4WD	$74745	$16440	$23170	**$31390**	**$38870**	Hurlimann	6T	366D	54F-54R	119	10803	CHA
H-6165 Master DT 4WD	$95445	$19800	$27900	**$37800**	**$46800**	Hurlimann	6TA	366D	26F-25R	149	12787	CHA
				1998								
H-305 XE 2WD	$23479	$5640	$7750	**$10800**	**$12910**	Hurlimann	3	183D	12F-12R	45	4277	No
H-305 XE 4WD	$26773	$6430	$8840	**$12320**	**$14730**	Hurlimann	3	183D	12F-12R	45	4740	No
H-306 XE 4WD	$30320	$7280	$10010	**$13950**	**$16680**	Hurlimann	3	183D	12F-12R	54	5071	No
Prince 325 DT 4WD	$16623	$3840	$5280	**$7360**	**$8800**	Mitsubishi	3	68D	12F-12R	23	2138	No
Prince 435 DT 4WD	$19789	$4480	$6160	**$8580**	**$10260**	Mitsubishi	4	90D	12F-12R	32	2271	No
Prince 445 DT 4WD	$21989	$5120	$7040	**$9810**	**$11730**	Mitsubishi	4	90D	12F-12R	37	2535	No
Prince 445 DT 4WD	$26449	$6300	$8670	**$12080**	**$14440**	Mitsubishi	4	90D	12F-12R	37	2535	CH
XA-606 DT 4WD	$34872	$6970	$10460	**$13950**	**$17790**	Hurlimann	3	183D	45F-45R	54	5622	No
XA-606 DT 4WD	$39063	$7810	$11720	**$15630**	**$19920**	Hurlimann	3	183D	45F-45R	54	5997	CH
XA-607 DT 4WD	$37582	$7520	$11280	**$15030**	**$19170**	Hurlimann	4	244D	45F-45R	63	6041	No
XA-607 DT 4WD	$40942	$8190	$12280	**$16380**	**$20880**	Hurlimann	4	244D	45F-45R	63	6415	CH
909 XT DT 4WD	$44273	$8860	$13280	**$17710**	**$22580**	Hurlimann	4T	244D	45F-45R	85	8047	No
909 XT DT 4WD	$47688	$9540	$14310	**$19080**	**$24320**	Hurlimann	4T	244D	45F-45R	85	4598	CH
910.6 XT DT 4WD	$51713	$10340	$15510	**$20690**	**$26370**	Hurlimann	6	366D	45F-45R	94	9370	CH
6135 XB DT 4WD	$75075	$14950	$22420	**$29900**	**$38120**	Hurlimann	6T	366D	54F-54R	119	10803	CHA
H-6165 Master DT 4WD	$89414	$17000	$25500	**$34000**	**$43350**	Hurlimann	6TA	366D	26F-25R	149	12787	CHA

IMT

				1992								
539 SP	$9300	$930	$1490	**$2140**	**$2790**	IMR	3	152D	6F-2R	35.00	3200	No
539 ST	$8500	$850	$1360	**$1960**	**$2550**	IMR	3	152D	6F-2R	35.00	3200	No
542	$9900	$990	$1580	**$2280**	**$2970**	IMR	3	152D	6F-2R	38.00	4000	No
542 HY	$10600	$1060	$1700	**$2440**	**$3180**	IMR	3	152D	6F-2R	38.00	4000	No
549 DV 4WD	$12900	$1190	$1900	**$2740**	**$3570**	IMR	3	152D	10F-2R	40.00	4800	No
560	$12500	$1150	$1840	**$2650**	**$3450**	IMR	4	203D	6F-2R	54.00	6150	No
565 DV 4WD	$15700	$1400	$2240	**$3220**	**$4200**	IMR	4	203D	6F-2R	55.00	6850	No
577	$14750	$1330	$2130	**$3060**	**$3990**	IMR	4	248D	10F-2R	64.00	7000	No
577 DV 4WD	$17900	$1600	$2560	**$3680**	**$4800**	IMR	4	248D	10F-2R	64.00	7800	No

IMT (Cont.)

1991

Model	Approx. Retail Price New	Used Trade In Avg.	Used Trade In High	Used Retail Avg.	Used Retail High	Engine Make	Engine No. Cyls.	Engine Displ. Cu.-In.	No. Speeds	P.T.O. H.P.	Approx. Shipping Wt.-Lbs.	Cab
IMT 539	$8000	$720	$1200	**$1760**	**$2320**	IMR	3	152D	6F-2R	34.00	3400	No
IMT 542	$9100	$820	$1370	**$2000**	**$2640**	IMR	3	152D	6F-2R	36.00	4000	No
IMT 549 DV 4WD	$11900	$990	$1650	**$2420**	**$3190**	IMR	3	152D	10F-2R	39.00	4600	No
IMT 560	$11200	$950	$1580	**$2310**	**$3050**	IMR	4	203D	6F-2R	50.00	5600	No
IMT 565 DV 4WD	$14500	$1170	$1950	**$2860**	**$3770**	IMR	4	203D	6F-2R	55.00	6640	No
IMT 577	$13800	$1100	$1830	**$2680**	**$3540**	IMR	4	248D	10F-2R	64.00	8000	No
IMT 577 DV 4WD	$17200	$1280	$2130	**$3120**	**$4120**	IMR	4	248D	10F-2R	64.00	8900	No

Int. Harvester-Farmall

1985

Model	Approx. Retail Price New	Used Trade In Avg.	Used Trade In High	Used Retail Avg.	Used Retail High	Engine Make	Engine No. Cyls.	Engine Displ. Cu.-In.	No. Speeds	P.T.O. H.P.	Approx. Shipping Wt.-Lbs.	Cab
Hydro 84	$22585	$900	$2030	**$3610**	**$5200**	IH	4	246D	Variable	58.73	5720	No
Hydro 84 4WD	$27690	$1020	$2300	**$4080**	**$5870**	IH	4	246D	Variable	58.00	6620	No
234	$6560	$1250	$1870	**$2490**	**$3150**	Mitsubishi	3	52D	6F-2R	15.20	1260	No
234 4WD	$7125	$1350	$2030	**$2710**	**$3420**	Mitsubishi	3	52D	6F-2R	15.20	1370	No
Hydro 234	$7450	$1420	$2120	**$2830**	**$3580**	Mitsubishi	3	52D	Variable	15.20	1375	No
Hydro 234 4WD	$8015	$1520	$2280	**$3050**	**$3850**	Mitsubishi	3	52D	Variable	15.20	1445	No
244	$7395	$1410	$2110	**$2810**	**$3550**	Mitsubishi	3	60D	9F-3R	18.00	1665	No
244 4WD	$8275	$1570	$2360	**$3150**	**$3970**	Mitsubishi	3	60D	9F-3R	18.00	1870	No
254	$8100	$1540	$2310	**$3080**	**$3890**	Mitsubishi	3	65D	9F-3R	21.00	1705	No
254 4WD	$9130	$1740	$2600	**$3470**	**$4380**	Mitsubishi	3	65D	9F-3R	21.00	1865	No
274 Offset	$9985	$1900	$2850	**$3790**	**$4790**	Nissan	3	99D	8F-2R	27.00	2270	No
284D	$8695	$1650	$2480	**$3300**	**$4170**	Nissan	3	99D	8F-2R	27.47	2270	No
284D 4WD	$10930	$2080	$3120	**$4150**	**$5250**	Nissan	3	99D	8F-2R	25.00	2657	No
484	$15490	$2940	$4420	**$5890**	**$7440**	IH	3	179D	8F-2R	42.42	3540	No
584	$18490	$2400	$4250	**$6100**	**$7770**	IH	4	206D	8F-4R	52.54	5640	No
584 4WD	$22640	$2940	$5210	**$7470**	**$9510**	IH	4	206D	8F-4R	52.00	6540	No
584 RC	$18870	$2450	$4340	**$6230**	**$7930**	IH	4	206D	8F-4R	52.54	5890	No
684	$20765	$2700	$4780	**$6850**	**$8720**	IH	4	239D	8F-4R	62.52	5720	No
684 4WD	$25990	$3250	$5750	**$8250**	**$10500**	IH	4	239D	8F-4R	62.00	6620	No
684 RC	$21265	$2760	$4890	**$7020**	**$8930**	IH	4	239D	8F-4R	62.52	5970	No
784	$21870	$2840	$5030	**$7220**	**$9190**	IH	4	246D	8F-4R	65.47	5950	No
784 4WD	$27500	$3380	$5980	**$8580**	**$10920**	IH	4	246D	8F-4R	65.00	6950	No
784 RC	$22900	$2980	$5270	**$7560**	**$9620**	IH	4	246D	8F-4R	65.47	6200	No
884	$26085	$3250	$5750	**$8250**	**$10500**	IH	4	268D	16F-8R	72.91	6065	No
884 4WD	$30875	$3690	$6530	**$9370**	**$11930**	IH	4	268D	16F-8R	72.00	6965	No
884 RC	$26670	$3470	$6130	**$8800**	**$11200**	IH	4	268D	16F-8R	72.91	6315	No
3088	$30700	$2520	$4480	**$7280**	**$10640**	IH	6	358D	16F-8R	81.35	10600	CHA
3088 4WD	$42125	$3160	$5620	**$9130**	**$13350**	IH	6	358D	16F-8R	81.35	11500	CHA
3288	$40190	$5230	$9240	**$13260**	**$16880**	IH	6	358D	16F-8R	90.46	11100	CHA
3288 4WD	$50940	$6620	$11720	**$16810**	**$21400**	IH	6	358D	16F-8R	90.00	12000	CHA
3488 Hydro	$49370	$3690	$6560	**$10660**	**$15580**	IH	6	466D	Variable	112.56	11225	CHA
3488 Hydro 4WD	$60120	$4050	$7200	**$11700**	**$17100**	IH	6	466D	Variable	112.00	12200	CHA
3688	$44975	$5010	$8860	**$12710**	**$16170**	IH	6	436D	16F-8R	113.72	11300	CHA
3688 4WD	$55725	$5980	$10580	**$15180**	**$19320**	IH	6	436D	16F-8R	113.00	12200	CHA
3688 High Clear	$51440	$6170	$10910	**$15660**	**$19930**	IH	6	436D	16F-8R	113.00	11500	CHA
5088	$53720	$4660	$8280	**$13450**	**$19650**	IH	6T	436D	18F-6R	136.12	13765	CHA
5088 4WD	$64110	$5420	$9630	**$15650**	**$22880**	IH	6T	436D	18F-6R	136.00	14700	CHA
5288	$59935	$4940	$8780	**$14270**	**$20860**	IH	6T	466D	18F-6R	162.60	14610	CHA
5288 4WD	$70235	$5780	$10280	**$16700**	**$24410**	IH	6T	466D	18F-6R	162.00	15500	CHA
5488	$66160	$5450	$9690	**$15750**	**$23010**	IH	6TI	466D	18F-6R	187.22	14710	CHA
5488 4WD	$76460	$6340	$11270	**$18320**	**$26780**	IH	6TI	466D	18F-6R	187.00	15700	CHA

RC--Row Crop

1984

Model	Approx. Retail Price New	Used Trade In Avg.	Used Trade In High	Used Retail Avg.	Used Retail High	Engine Make	Engine No. Cyls.	Engine Displ. Cu.-In.	No. Speeds	P.T.O. H.P.	Approx. Shipping Wt.-Lbs.	Cab
Hydro 84	$22585	$900	$2030	**$3390**	**$4970**	IH	4	246D	Variable	58.73	5720	No
Hydro 84 4WD	$27690	$1030	$2310	**$3850**	**$5650**	IH	4	246D	Variable	58.00	6620	No
234	$6560	$1210	$1840	**$2430**	**$3120**	Mitsubishi	3	52D	6F-2R	15.20	1260	No
234 4WD	$7125	$1320	$2000	**$2640**	**$3380**	Mitsubishi	3	52D	6F-2R	15.20	1370	No
Hydro 234	$7450	$1380	$2090	**$2760**	**$3540**	Mitsubishi	3	52D	Variable	15.20	1375	No
Hydro 234 4WD	$8015	$1480	$2240	**$2970**	**$3810**	Mitsubishi	3	52D	Variable	15.20	1445	No
244	$7395	$1370	$2070	**$2740**	**$3510**	Mitsubishi	3	60D	9F-3R	18.00	1665	No
244 4WD	$8275	$1530	$2320	**$3060**	**$3930**	Mitsubishi	3	60D	9F-3R	18.00	1870	No
254	$8100	$1500	$2270	**$3000**	**$3850**	Mitsubishi	3	65D	9F-3R	21.00	1705	No
254 4WD	$9130	$1690	$2560	**$3380**	**$4340**	Mitsubishi	3	65D	9F-3R	21.00	1865	No
274 Offset	$9985	$1850	$2800	**$3690**	**$4740**	Nissan	3	99D	8F-2R	27.00	2270	No
284D	$8695	$1610	$2440	**$3220**	**$4130**	Nissan	3	99D	8F-2R	27.47	2270	No
284D 4WD	$10930	$2020	$3060	**$4040**	**$5190**	Nissan	3	99D	8F-2R	25.00	2657	No
284G	$7635	$1410	$2140	**$2830**	**$3630**	Toyo-Kogyo	4	71G	8F-2R	25.75	2050	No
484	$15490	$2870	$4340	**$5730**	**$7360**	IH	3	179D	8F-2R	42.42	3540	No
584	$18490	$2310	$4160	**$5920**	**$7580**	IH	4	206D	8F-4R	52.54	5640	No
584 4WD	$22640	$2830	$5090	**$7250**	**$9280**	IH	4	206D	8F-4R	52.00	6540	No
584 RC	$18870	$2360	$4250	**$6040**	**$7740**	IH	4	206D	8F-4R	52.54	5890	No
684	$20765	$2600	$4670	**$6650**	**$8510**	IH	4	239D	8F-4R	62.52	5720	No
684 4WD	$25990	$3250	$5850	**$8320**	**$10660**	IH	4	239D	8F-4R	62.00	6620	No
684 RC	$21265	$2660	$4790	**$6810**	**$8720**	IH	4	239D	8F-4R	62.52	5970	No
784	$21870	$2730	$4920	**$7000**	**$8970**	IH	4	246D	8F-4R	65.47	5950	No
784 4WD	$27500	$3310	$5960	**$8480**	**$10870**	IH	4	246D	8F-4R	65.00	6950	No
784 RC	$22900	$2860	$5150	**$7330**	**$9390**	IH	4	246D	8F-4R	65.47	6200	No
884	$25085	$3140	$5640	**$8030**	**$10290**	IH	4	268D	16F-8R	72.91	6065	No
884 4WD	$29755	$3560	$6410	**$9120**	**$11690**	IH	4	268D	16F-8R	72.00	6965	No
884 RC	$25670	$3210	$5780	**$8210**	**$10530**	IH	4	268D	16F-8R	72.91	6315	No
3088	$30700	$2380	$4340	**$7000**	**$10360**	IH	6	358D	16F-8R	81.35	10600	CHA

Int. Harvester-Farmall (Cont.)

1984 (Cont.)

Model	Approx. Retail Price New	Estimated Value Less Repairs: Used Trade In Avg.	Used Trade In High	Used Retail Avg.	Used Retail High	Engine Make	No. Cyls.	Displ. Cu.-In.	No. Speeds	P.T.O. H.P.	Approx. Shipping Wt.-Lbs.	Cab
3088 4WD	$42125	$2890	$5270	**$8500**	**$12580**	IH	6	358D	16F-8R	81.35	11500	CHA
3288	$40190	$5020	$9040	**$12860**	**$16480**	IH	6	358D	16F-8R	90.46	11100	CHA
3288 4WD	$50940	$6370	$11460	**$16300**	**$20890**	IH	6	358D	16F-8R	90.00	12000	CHA
3488 Hydro	$49370	$3400	$6200	**$10000**	**$14800**	IH	6	466D	Variable	112.56	11225	CHA
3488 Hydro 4WD	$60120	$3750	$6840	**$11030**	**$16320**	IH	6	466D	Variable	112.00	12200	CHA
3688	$44975	$5250	$9450	**$13440**	**$17220**	IH	6	436D	16F-8R	113.72	11300	CHA
3688 4WD	$55725	$5800	$10450	**$14860**	**$19030**	IH	6	436D	16F-8R	113.00	12200	CHA
3688 High Clear	$51440	$5680	$10220	**$14530**	**$18610**	IH	6	436D	16F-8R	113.00	11500	CHA
5088	$53720	$4400	$8020	**$12930**	**$19140**	IH	6T	436D	18F-6R	136.12	13765	CHA
5088 4WD	$64110	$5110	$9320	**$15030**	**$22240**	IH	6T	436D	18F-6R	136.00	14700	CHA
5288	$59935	$4670	$8520	**$13730**	**$20330**	IH	6T	466D	18F-6R	162.60	14610	CHA
5288 4WD	$70235	$5460	$9950	**$16050**	**$23750**	IH	6T	466D	18F-6R	162.00	15500	CHA
5488	$66160	$5110	$9330	**$15040**	**$22260**	IH	6TI	466D	18F-6R	187.22	14710	CHA
5488 4WD	$76460	$5990	$10920	**$17620**	**$26070**	IH	6TI	466D	18F-6R	187.00	15700	CHA
6388 4WD	$62180	$2130	$4790	**$7980**	**$11700**	IH	6T	436D	16F-8R	130.61	15960	CHA
6588 4WD	$67855	$2270	$5120	**$8530**	**$12510**	IH	6T	466D	16F-8R	150.41	16320	CHA
6788 4WD	$73265	$2370	$5330	**$8890**	**$13040**	IH	6T	466D	12F-6R	170.00	16920	CHA

RC--Row Crop

1983

Model	Approx. Retail Price New	Used Trade In Avg.	Used Trade In High	Used Retail Avg.	Used Retail High	Engine Make	No. Cyls.	Displ. Cu.-In.	No. Speeds	P.T.O. H.P.	Approx. Shipping Wt.-Lbs.	Cab
Hydro 84	$22581	$900	$2030	**$3390**	**$4740**	IH	4	246D	Variable	58.73	5720	No
Hydro 84 4WD	$27686	$1070	$2400	**$4000**	**$5600**	IH	4	246D	Variable	58.00	6620	No
234	$6559	$1180	$1800	**$2390**	**$3080**	Mitsubishi	3	52D	6F-2R	15.20	1260	No
234 4WD	$7124	$1280	$1960	**$2600**	**$3350**	Mitsubishi	3	52D	6F-2R	15.20	1370	No
Hydro 234	$7449	$1340	$2050	**$2720**	**$3500**	Mitsubishi	3	52D	Variable	15.20	1375	No
Hydro 234 4WD	$8014	$1440	$2200	**$2930**	**$3770**	Mitsubishi	3	52D	Variable	15.20	1445	No
244	$7394	$1330	$2030	**$2700**	**$3480**	Mitsubishi	3	60D	9F-3R	18.00	1665	No
244 4WD	$8274	$1490	$2280	**$3020**	**$3890**	Mitsubishi	3	60D	9F-3R	18.00	1870	No
254	$8099	$1460	$2230	**$2960**	**$3810**	Mitsubishi	3	65D	9F-3R	21.00	1705	No
254 4WD	$9129	$1640	$2510	**$3330**	**$4290**	Mitsubishi	3	65D	9F-3R	21.00	1865	No
274 Offset	$9981	$1800	$2750	**$3640**	**$4690**	Nissan	3	99D	8F-2R	27.00	2270	No
284D	$8695	$1570	$2390	**$3170**	**$4090**	Nissan	3	99D	8F-2R	27.47	2270	No
284D 4WD	$10930	$1970	$3010	**$3990**	**$5140**	Nissan	3	99D	8F-2R	25.00	2657	No
284G	$7635	$1370	$2100	**$2790**	**$3590**	Toyo-Kogyo	4	71G	8F-2R	25.75	2050	No
484	$15488	$2790	$4260	**$5650**	**$7280**	IH	3	179D	8F-2R	42.42	3540	No
584	$18487	$2220	$4070	**$5730**	**$7400**	IH	4	206D	8F-4R	52.54	5640	No
584 4WD	$22640	$2720	$4980	**$7020**	**$9060**	IH	4	206D	8F-4R	52.00	6540	No
584 RC	$18866	$2260	$4150	**$5850**	**$7550**	IH	4	206D	8F-4R	52.54	5890	No
684	$20761	$2490	$4570	**$6440**	**$8300**	IH	4	239D	8F-4R	62.52	5720	No
684 4WD	$25986	$3120	$5720	**$8060**	**$10390**	IH	4	239D	8F-4R	62.00	6620	No
684 RC	$21261	$2550	$4680	**$6590**	**$8500**	IH	4	239D	8F-4R	62.52	5970	No
784	$21869	$2620	$4810	**$6780**	**$8750**	IH	4	246D	8F-4R	65.47	5950	No
784 4WD	$27496	$3300	$6050	**$8520**	**$11000**	IH	4	246D	8F-4R	65.00	6950	No
784 RC	$22897	$2750	$5040	**$7100**	**$9160**	IH	4	246D	8F-4R	65.47	6200	No
884	$25082	$3010	$5520	**$7780**	**$10030**	IH	4	268D	16F-8R	72.91	6065	No
884 4WD	$29751	$3570	$6550	**$9220**	**$11900**	IH	4	268D	16F-8R	72.00	6965	No
884 RC	$25696	$3080	$5650	**$7970**	**$10280**	IH	4	268D	16F-8R	72.91	6315	No
3088	$30700	$2160	$3780	**$6480**	**$9720**	IH	6	358D	16F-8R	81.35	10600	CHA
3088 4WD	$42123	$2650	$4640	**$7950**	**$11920**	IH	6	358D	16F-8R	81.35	11500	CHA
3288	$40190	$4820	$8840	**$12460**	**$16080**	IH	6	358D	16F-8R	90.46	11100	CHA
3288 4WD	$50940	$6110	$11210	**$15790**	**$20380**	IH	6	358D	16F-8R	90.00	12000	CHA
3488 Hydro	$49370	$3120	$5460	**$9360**	**$14040**	IH	6	466D	Variable	112.56	11225	CHA
3488 Hydro 4WD	$60120	$3520	$6160	**$10570**	**$15850**	IH	6	466D	Variable	112.00	12200	CHA
3688	$44975	$4630	$8490	**$11960**	**$15430**	IH	6	436D	16F-8R	113.72	11300	CHA
3688 4WD	$55725	$5280	$9680	**$13640**	**$17600**	IH	6	436D	16F-8R	113.00	12200	CHA
3688 High Clear	$51440	$5400	$9900	**$13950**	**$18000**	IH	6	436D	16F-8R	113.00	11500	CHA
5088	$53720	$4060	$7100	**$12170**	**$18260**	IH	6T	436D	18F-6R	136.12	13765	CHA
5088 4WD	$64110	$4740	$8300	**$14230**	**$21350**	IH	6T	436D	18F-6R	136.00	14700	CHA
5288	$59935	$4400	$7690	**$13180**	**$19780**	IH	6T	466D	18F-6R	162.60	14610	CHA
5288 4WD	$70235	$5140	$8990	**$15420**	**$23130**	IH	6T	466D	18F-6R	162.00	15500	CHA
5488	$66156	$4860	$8510	**$14590**	**$21890**	IH	6TI	466D	18F-6R	187.22	14710	CHA
5488 4WD	$76456	$5640	$9860	**$16910**	**$25360**	IH	6TI	466D	18F-6R	187.00	15700	CHA
6388 4WD	$62180	$1890	$4250	**$7080**	**$9910**	IH	6T	436D	16F-8R	130.61	15960	CHA
6588 4WD	$67855	$2070	$4670	**$7780**	**$10890**	IH	6T	466D	16F-8R	150.41	16320	CHA
6788 4WD	$73265	$2250	$5060	**$8440**	**$11820**	IH	6T	466D	12F-6R	170.00	16920	CHA

RC--Row Crop

1982

Model	Approx. Retail Price New	Used Trade In Avg.	Used Trade In High	Used Retail Avg.	Used Retail High	Engine Make	No. Cyls.	Displ. Cu.-In.	No. Speeds	P.T.O. H.P.	Approx. Shipping Wt.-Lbs.	Cab
Hydro 84	$20385	$820	$1840	**$3060**	**$4080**	IH	4	246D	Variable	58.73	5720	No
Hydro 84 4WD	$26665	$1030	$2310	**$3850**	**$5130**	IH	4	246D	Variable	58.00	6620	No
234	$6235	$1090	$1680	**$2250**	**$2900**	Mitsubishi	3	52D	6F-2R	15.20	1260	No
234 4WD	$6775	$1190	$1830	**$2440**	**$3150**	Mitsubishi	3	52D	6F-2R	15.20	1370	No
Hydro 234	$7090	$1240	$1910	**$2550**	**$3300**	Mitsubishi	3	52D	Variable	15.20	1375	No
Hydro 234 4WD	$7630	$1340	$2060	**$2750**	**$3550**	Mitsubishi	3	52D	Variable	15.20	1445	No
244	$6755	$1180	$1820	**$2430**	**$3140**	Mitsubishi	3	60D	9F-3R	18.00	1665	No
244 4WD	$7605	$1330	$2050	**$2740**	**$3540**	Mitsubishi	3	60D	9F-3R	18.00	1870	No
254	$7435	$1300	$2010	**$2680**	**$3460**	Mitsubishi	3	65D	9F-3R	21.00	1705	No
254 4WD	$8425	$1470	$2280	**$3030**	**$3920**	Mitsubishi	3	65D	9F-3R	21.00	1865	No
274	$9105	$1590	$2460	**$3280**	**$4230**	Nissan	3	99D	8F-2R	27.47	2270	No
284 4WD	$9265	$1620	$2500	**$3340**	**$4310**	Nissan	3	99D	8F-2R	27.00	2950	No
284D	$8100	$1420	$2190	**$2920**	**$3770**	Nissan	3	99D	8F-2R	27.47	2270	No
284G	$7635	$1340	$2060	**$2750**	**$3550**	Toyo-Kogyo	4	71G	8F-2R	25.75	2050	No
383	$11432	$2000	$3090	**$4120**	**$5320**	IH	4	132D	8F-2R	37.00	3480	No
383 4WD	$13102	$2290	$3540	**$4720**	**$6090**	IH	4	132D	8F-2R	37.00	4380	No

Int. Harvester-Farmall (Cont.)

1982 (Cont.)

Model	Approx. Retail Price New	Used Trade In Avg.	Used Trade In High	Used Retail Avg.	Used Retail High	Engine Make	Engine No. Cyls.	Engine Displ. Cu.-In.	No. Speeds	P.T.O. H.P.	Approx. Shipping Wt.-Lbs.	Cab
484	$13932	$2440	$3760	**$5020**	**$6480**	IH	4	179D	8F-2R	42.42	3540	No
484 4WD	$17892	$3130	$4830	**$6440**	**$8320**	IH	4	179D	8F-2R	42.00	4440	No
584	$17080	$1960	$3670	**$5120**	**$6750**	IH	4	206D	8F-4R	52.54	5640	No
584 4WD	$22195	$2550	$4770	**$6660**	**$8770**	IH	4	206D	8F-4R	52.00	6540	No
584 RC	$17415	$2000	$3740	**$5230**	**$6880**	IH	4	206D	8F-4R	52.54	5890	No
684	$18720	$2150	$4030	**$5620**	**$7390**	IH	4	239D	8F-4R	62.52	5720	No
684 4WD	$25120	$2890	$5400	**$7540**	**$9920**	IH	4	239D	8F-4R	62.00	6620	No
684 RC	$19080	$2190	$4100	**$5720**	**$7540**	IH	4	239D	8F-4R	62.52	5970	No
784	$20200	$2320	$4340	**$6060**	**$7980**	IH	4	246D	8F-4R	65.47	5950	No
784 4WD	$26600	$3060	$5720	**$7980**	**$10510**	IH	4	246D	8F-4R	65.00	6950	No
784 RC	$21150	$2430	$4550	**$6350**	**$8350**	IH	4	246D	8F-4R	65.47	6200	No
884	$22530	$2590	$4840	**$6760**	**$8900**	IH	4	268D	16F-8R	72.91	6065	No
884 4WD	$28810	$3310	$6190	**$8640**	**$11380**	IH	4	268D	16F-8R	72.00	6965	No
884 RC	$23090	$2660	$4960	**$6930**	**$9120**	IH	4	268D	16F-8R	72.91	6315	No
3088	$25609	$1840	$3310	**$5640**	**$8580**	IH	6	358D	16F-8R	81.35	10600	CHA
3288	$35355	$4070	$7600	**$10610**	**$13970**	IH	6	358D	16F-8R	90.46	11100	CHA
3488 Hydro	$38500	$2550	$4590	**$7820**	**$11900**	IH	6	466D	Variable	112.56	11225	CHA
3688	$39160	$4030	$7530	**$10500**	**$13830**	IH	6	436D	16F-8R	113.72	11300	CHA
5088	$44755	$3360	$6040	**$10290**	**$15660**	IH	6T	436D	18F-6R	136.12	13765	CHA
5288	$51945	$3900	$7010	**$11950**	**$18180**	IH	6T	466D	18F-6R	162.60	1461	CHA
5488	$56175	$4210	$7580	**$12920**	**$19660**	IH	6TI	466D	18F-6R	187.22	14710	CHA
6388 4WD	$53805	$1990	$4480	**$7470**	**$9960**	IH	6T	436D	16F-8R	130.61	15960	CHA
6588 4WD	$60905	$2060	$4640	**$7730**	**$10300**	IH	6T	466D	16F-8R	150.41	16320	CHA
6788 4WD	$68925	$2140	$4820	**$8030**	**$10700**	IH	6T	466D	12F-6R	170.00	16920	CHA
7388 4WD	$65505	$2240	$5040	**$8400**	**$11200**	IH	6TI	466D	10F-2R	181.0	19875	CHA
7588 4WD	$84260	$2380	$5360	**$8930**	**$11900**	IH	V8	798D	18F-4R	265.0	22600	CHA
7788 4WD	$93320	$2530	$5700	**$9500**	**$12660**	IH	V8	798D	20F-4R	265.0	23800	CHA

RC--Row Crop

1981

Model	Approx. Retail Price New	Used Trade In Avg.	Used Trade In High	Used Retail Avg.	Used Retail High	Engine Make	Engine No. Cyls.	Engine Displ. Cu.-In.	No. Speeds	P.T.O. H.P.	Approx. Shipping Wt.-Lbs.	Cab
Hydro 84	$18310	$730	$1650	**$2750**	**$3660**	IH	4	246D	Variable	58.73	5160	No
Hydro 84 4WD	$24590	$980	$2210	**$3690**	**$4920**	IH	4	246D	Variable	58.00	6060	No
Hydro 86	$23812	$950	$2140	**$3570**	**$4760**	IH	6	310D	Variable	70.89	7710	No
140	$8240	$1730	$2270	**$3460**	**$4040**	IH	4	123G	4F-1R	24.30	2720	No
Hydro 186	$36745	$26090	$4780	**$8080**	**$12490**	IH	6	436D	Variable	105.02	11160	CHA
Hydro 186 4WD	$44160	$28510	$5220	**$8840**	**$13650**	IH	6	436D	Variable	105.00	12060	CHA
274	$8145	$1390	$2160	**$2890**	**$3750**	Nissan	3	99D	8F-2R	27.47	2270	No
284	$7335	$1250	$1940	**$2600**	**$3370**	Toyo-Kogyo	4	71G	8F-2R	25.75	2050	No
284	$7990	$1360	$2120	**$2840**	**$3680**	Nissan	3	99D	8F-2R	27.47	2270	No
384	$10590	$1800	$2810	**$3760**	**$4870**	IH	4	154D	8F-2R	39.00	3770	No
484	$12720	$1400	$2670	**$3750**	**$4960**	IH	3	179D	8F-4R	42.42	4660	No
584	$15490	$1700	$3250	**$4570**	**$6040**	IH	4	206D	8F-4R	52.54	4850	No
584 4WD	$20605	$2270	$4330	**$6080**	**$8040**	IH	4	206D	8F-4R	52.00	5880	No
584 RC	$15795	$1740	$3320	**$4660**	**$6160**	IH	4	206D	8F-4R	52.54	5380	No
684	$16815	$1850	$3530	**$4960**	**$6560**	IH	4	239D	8F-4R	62.52	5220	No
684 4WD	$23215	$2550	$4880	**$6850**	**$9050**	IH	4	239D	8F-4R	62.00	6170	No
684 RC	$17140	$1890	$3600	**$5060**	**$6690**	IH	4	239D	8F-4R	62.52	5670	No
686	$19650	$2160	$4130	**$5800**	**$7660**	IH	6	310D	10F-2R	66.36	7500	No
784	$18145	$2000	$3810	**$5350**	**$7080**	IH	4	246D	8F-4R	65.47	5410	No
784 4WD	$24545	$2700	$5150	**$7240**	**$9570**	IH	4	246D	8F-4R	65.00	6310	No
784 RC	$18660	$2050	$3920	**$5510**	**$7280**	IH	4	246D	8F-4R	65.47	5950	No
786	$19000	$2090	$3990	**$5610**	**$7410**	IH	6	358D	16F-8R	80.20	10200	No
884	$20240	$2230	$4250	**$5970**	**$7890**	IH	4	268D	16F-8R	72.91	5650	No
884 4WD	$26520	$2920	$5570	**$7820**	**$10340**	IH	4	268D	16F-8R	72.00	6550	No
884 RC	$20360	$2240	$4280	**$6010**	**$7940**	IH	4	268D	16F-8R	72.91	6065	No
886	$30360	$21560	$3950	**$6680**	**$10320**	IH	6	358D	16F-8R	90.56	10475	CHA
886 4WD	$37910	$25560	$4680	**$7920**	**$12240**	IH	6	358D	16F-8R	90.00	11500	CHA
986	$33860	$24040	$4400	**$7450**	**$11510**	IH	6	436D	16F-8R	105.68	10900	CHA
986 4WD	$41275	$26270	$4810	**$8140**	**$12580**	IH	6	436D	16F-8R	105.00	11800	CHA
1086	$38610	$25280	$4630	**$7830**	**$12100**	IH	6T	414D	16F-8R	131.41	11700	CHA
1086 4WD	$45910	$29040	$5320	**$9000**	**$13910**	IH	6T	414D	16F-8R	131.00	12600	CHA
1486	$42580	$28810	$5280	**$8930**	**$13800**	IH	6T	436D	16F-8R	145.77	11800	CHA
1486 4WD	$49660	$31240	$5720	**$9680**	**$14960**	IH	6T	436D	16F-8R	145.00	12700	CHA
1586	$47425	$29110	$5330	**$9020**	**$13940**	IH	6T	436D	12F-6R	161.55	12750	CHA
1586 4WD	$54385	$30800	$5640	**$9550**	**$14750**	IH	6T	436D	12F-6R	161.00	13650	CHA
3388 4WD	$47960	$1720	$3870	**$6440**	**$8590**	IH	6T	436D	16F-8R	130.61	15960	CHA
3588 4WD	$53825	$1830	$4120	**$6870**	**$9170**	IH	6T	466D	16F-8R	150.41	16315	CHA
3788 4WD	$59840	$1910	$4300	**$7170**	**$9560**	IH	6T	466D	12F-6R	170.57	16920	CHA
4386 4WD	$57845	$1800	$4050	**$6750**	**$9000**	IH	6TI	466D	10F-2R	175.3	20000	CHA
4586 4WD	$72005	$2000	$4500	**$7500**	**$10000**	IH	V8	798D	10F-2R	235.7	22400	CHA
4786 4WD	$82660	$2360	$5310	**$8850**	**$11800**	IH	V8	798D	10F-2R	265.5	23600	CHA
5088	$43555	$30920	$5660	**$9580**	**$14810**	IH	6T	436D	18F-6R	136.12	13765	CHA
5288	$50355	$35750	$6550	**$11080**	**$17120**	IH	6T	466D	18F-6R	162.60	1461	CHA
5488	$55575	$39460	$7230	**$12230**	**$18900**	IH	6TI	466D	18F-6R	187.22	14710	CHA

RC--Row Crop

1980

Model	Approx. Retail Price New	Used Trade In Avg.	Used Trade In High	Used Retail Avg.	Used Retail High	Engine Make	Engine No. Cyls.	Engine Displ. Cu.-In.	No. Speeds	P.T.O. H.P.	Approx. Shipping Wt.-Lbs.	Cab
Hydro 84	$17060	$1110	$2130	**$3750**	**$5720**	IH	4	246D	Variable	58.73	5160	No
Hydro 86	$22620	$1470	$2830	**$4980**	**$7580**	IH	6	310D	Variable	70.89	7710	No
140	$7840	$1570	$2120	**$3330**	**$3800**	IH	4	123G	4F-1R	24.30	2720	No
Hydro 186	$32670	$2120	$4080	**$7190**	**$10940**	IH	6	436D	Variable	105.02	11160	CHA
Hydro 186 4WD	$39270	$2550	$4910	**$8640**	**$13160**	IH	6	436D	Variable	105.00	12060	CHA
284	$6910	$1140	$1800	**$2420**	**$3140**	Toyo-Kogyo	4	71G	8F-2R	25.75	2050	No
384	$9515	$1570	$2470	**$3330**	**$4330**	IH	4	154D	8F-2R	39.00	3770	No

	Approx. Retail Price New	Estimated Value Less Repairs: Used Trade In Avg.	High	Used Retail Avg.	High	Engine Make	No. Cyls.	Displ. Cu.-In.	No. Speeds	P.T.O. H.P.	Approx. Shipping Wt.-Lbs.	Cab

Int. Harvester-Farmall (Cont.)

1980 (Cont.)

484	$11700	$1230	$2400	**$3390**	**$4510**	IH	3	179D	8F-4R	42.42	4660	No
584	$14190	$1490	$2910	**$4120**	**$5460**	IH	4	206D	8F-4R	52.54	4850	No
584 RC	$14660	$1540	$3010	**$4250**	**$5640**	IH	4	206D	8F-4R	52.54	5380	No
684	$15735	$1650	$3230	**$4560**	**$6060**	IH	4	239D	8F-4R	62.52	5220	No
684 RC	$15915	$1670	$3260	**$4620**	**$6130**	IH	4	239D	8F-4R	62.52	5670	No
686	$18500	$1940	$3790	**$5370**	**$7120**	IH	6	310D	10F-2R	66.36	7500	No
784	$16410	$1720	$3360	**$4760**	**$6320**	IH	4	246D	8F-4R	65.47	5410	No
784 RC	$16575	$1740	$3400	**$4810**	**$6380**	IH	4	246D	8F-4R	65.47	5950	No
786	$17000	$1790	$3490	**$4930**	**$6550**	IH	6	258D	16F-8R	80.20	10200	No
884	$20240	$2130	$4150	**$5870**	**$7790**	IH	4	268D	16F-8R	72.91	5650	No
884 RC	$20360	$2140	$4170	**$5900**	**$7840**	IH	4	268D	16F-8R	72.91	6065	No
886	$26540	$1730	$3320	**$5840**	**$8890**	IH	6	358D	16F-8R	90.56	10475	CHA
886 4WD	$33340	$2170	$4170	**$7340**	**$11170**	IH	6	358D	16F-8R	90.00	11500	CHA
986	$29990	$1950	$3750	**$6600**	**$10050**	IH	6	436D	16F-8R	105.68	10900	CHA
986 4WD	$36590	$2310	$4450	**$7830**	**$11920**	IH	6	436D	16F-8R	105.00	11800	CHA
1086	$34470	$2110	$4060	**$7140**	**$10880**	IH	6T	414D	16F-8R	131.41	11700	CHA
1086 4WD	$41070	$2410	$4640	**$8160**	**$12430**	IH	6T	414D	16F-8R	131.00	12600	CHA
1486	$37070	$2350	$4510	**$7940**	**$12090**	IH	6T	436D	16F-8R	145.77	11800	CHA
1486 4WD	$43470	$2630	$5060	**$8910**	**$13570**	IH	6T	436D	16F-8R	145.00	12700	CHA
1586	$41770	$2470	$4750	**$8360**	**$12730**	IH	6T	436D	12F-6R	161.55	12750	CHA
1586 4WD	$48070	$2730	$5250	**$9240**	**$14070**	IH	6T	436D	12F-6R	161.00	13650	CHA
3388 4WD	$43500	$1500	$3380	**$5630**	**$7500**	IH	6T	436D	16F-8R	130.61	15960	CHA
3588 4WD	$48815	$1550	$3490	**$5820**	**$7760**	IH	6T	466D	16F-8R	150.41	16315	CHA
3788 4WD	$56990	$1640	$3690	**$6150**	**$8200**	IH	6T	466D	12F-6R	170.57	16920	CHA
4386 4WD	$57485	$1700	$3830	**$6380**	**$8500**	IH	6TI	466D	10F-2R	175.3	20000	CHA
4586 4WD	$72005	$1920	$4320	**$7200**	**$9600**	IH	V8	798D	10F-2R	235.7	22400	CHA
4786 4WD	$82660	$2320	$5220	**$8700**	**$11600**	IH	V8	798D	10F-2R	265.5	23600	CHA

RC--Row Crop

1979

Cub	$5350	$840	$1340	**$1860**	**$2360**	IH	4	60G	3F-1R	10.75	1620	No
Hydro 84	$14965	$900	$1800	**$3290**	**$4940**	IH	4	246D	Variable	58.73	5160	No
Hydro 86	$20240	$1210	$2430	**$4450**	**$6680**	IH	6	310D	Variable	70.89	7710	No
140	$7370	$1470	$2030	**$3170**	**$3540**	IH	4	123G	4F-1R	24.30	2720	No
Hydro 186	$29235	$1750	$3510	**$6430**	**$9650**	IH	6	436D	Variable	105.02	11160	CHA
Hydro 186 4WD	$35795	$2150	$4300	**$7880**	**$11810**	IH	6	436D	Variable	105.00	12060	CHA
284	$6460	$1030	$1650	**$2290**	**$2910**	Toyo-Kogyo	4	71G	8F-2R	25.75	2050	No
384	$8495	$1360	$2170	**$3020**	**$3820**	IH	4	154D	8F-2R	39.00	3770	No
484	$10265	$1030	$2050	**$2980**	**$3900**	IH	3	179D	8F-4R	42.42	4660	No
584	$12445	$1250	$2490	**$3610**	**$4730**	IH	4	206D	8F-4R	52.54	4850	No
584 RC	$12855	$1290	$2570	**$3730**	**$4890**	IH	4	206D	8F-4R	52.54	5380	No
684	$13800	$1380	$2760	**$4000**	**$5240**	IH	4	239D	8F-4R	62.52	5220	No
684 RC	$13955	$1400	$2790	**$4050**	**$5300**	IH	4	239D	8F-4R	62.52	5670	No
686	$17450	$1750	$3490	**$5060**	**$6630**	IH	6	310D	10F-2R	66.36	7500	No
784	$14390	$1440	$2880	**$4170**	**$5470**	IH	4	246D	8F-4R	65.47	5410	No
784 RC	$14540	$1450	$2910	**$4220**	**$5530**	IH	4	246D	8F-4R	65.47	5950	No
886	$24420	$1470	$2930	**$5370**	**$8060**	IH	6	358D	16F-8R	90.56	10475	CHA
886 4WD	$31200	$1870	$3740	**$6860**	**$10300**	IH	6	358D	16F-8R	90.00	11500	CHA
986	$26835	$1610	$3220	**$5900**	**$8860**	IH	6	436D	16F-8R	105.68	10900	CHA
986 4WD	$33395	$1860	$3720	**$6820**	**$10230**	IH	6	436D	16F-8R	105.00	11800	CHA
1086	$30845	$1850	$3700	**$6790**	**$10180**	IH	6T	414D	16F-8R	131.41	11700	CHA
1086 4WD	$37405	$2130	$4260	**$7810**	**$11720**	IH	6T	414D	16F-8R	131.00	12600	CHA
1486	$33175	$1990	$3980	**$7300**	**$10950**	IH	6T	436D	16F-8R	145.77	11800	CHA
1486 4WD	$39540	$2160	$4330	**$7930**	**$11890**	IH	6T	436D	16F-8R	145.00	12700	CHA
1586	$38080	$2110	$4210	**$7720**	**$11580**	IH	6T	436D	12F-6R	161.55	12750	CHA
1586 4WD	$44305	$2360	$4720	**$8650**	**$12970**	IH	6T	436D	12F-6R	161.00	13650	CHA
3388 4WD	$38930	$1400	$3140	**$5240**	**$6980**	IH	6T	436D	16F-8R	130.61	15960	CHA
3588 4WD	$43685	$1550	$3480	**$5800**	**$7740**	IH	6T	466D	16F-8R	150.41	16315	CHA
4386 4WD	$52920	$1680	$3780	**$6300**	**$8400**	IH	6TI	466D	10F-2R	175.3	20000	CHA
4586 4WD	$66410	$1900	$4280	**$7130**	**$9500**	IH	V8	798D	10F-2R	235.7	22400	CHA
4786 4WD	$76310	$2280	$5130	**$8550**	**$11400**	IH	V8	798D	10F-2R	265.5	23600	CHA

RC--Row Crop

1978

Cub	$5066	$790	$1280	**$1790**	**$2310**	IH	4	60G	3F-1R	10.75	1620	No
Hydro 84	$13830	$760	$1590	**$3040**	**$4500**	IH	4	246D	Variable	58.73	5160	No
Hydro 86	$17185	$950	$1980	**$3780**	**$5590**	IH	6	291G	Variable	69.61	7330	No
Hydro 86	$17830	$980	$2050	**$3920**	**$5800**	IH	6	312D	Variable	69.51	7770	No
140	$7010	$1400	$1930	**$3050**	**$3400**	IH	4	123G	4F-1R	24.30	2720	No
Hydro 186	$26275	$1450	$3020	**$5780**	**$8540**	IH	6	436D	Variable	105.02	11160	CHA
284	$5910	$920	$1480	**$2070**	**$2660**	Toyo-Kogyo	4	71G	8F-2R	25.75	2050	No
384	$7775	$1210	$1940	**$2720**	**$3500**	IH	4	154D	8F-2R	39.00	3770	No
484	$9580	$910	$1870	**$2780**	**$3640**	IH	3	179D	8F-4R	42.42	4660	No
584	$11730	$1110	$2290	**$3400**	**$4460**	IH	4	206D	8F-4R	52.54	4850	No
584 RC	$12115	$1150	$2360	**$3510**	**$4600**	IH	4	206D	8F-4R	52.54	5380	No
684	$13020	$1240	$2540	**$3780**	**$4950**	IH	4	239D	8F-4R	62.52	5220	No
684 RC	$13165	$1250	$2570	**$3820**	**$5000**	IH	4	239D	8F-4R	62.52	5670	No
686	$14710	$2280	$3680	**$5150**	**$6620**	IH	6	291G	10F-2R	66.31	7055	No
686	$15375	$2380	$3840	**$5380**	**$6920**	IH	6	312D	10F-2R	66.29	7570	No
784	$13970	$2170	$3490	**$4890**	**$6290**	IH	4	246D	8F-4R	65.47	5410	No
784 RC	$14115	$2190	$3530	**$4940**	**$6350**	IH	4	246D	8F-4R	65.47	5950	No
886	$22360	$2040	$4190	**$6240**	**$8170**	IH	6	360D	16F-8R	86.14	10600	CHA
886 4WD	$27860	$2570	$5270	**$7830**	**$10260**	IH	6	360D	16F-8R	86.00	11500	CHA
986	$24575	$1350	$2830	**$5410**	**$7990**	IH	6	436D	16F-8R	105.68	10900	CHA

	Approx. Retail Price New	Estimated Value Less Repairs: Used Trade In Avg.	High	Used Retail Avg.	High	Engine Make	No. Cyls.	Displ. Cu.-In.	No. Speeds	P.T.O. H.P.	Approx. Shipping Wt.-Lbs.	Cab

Int. Harvester-Farmall (Cont.)

1978 (Cont.)

Model	Approx. Retail Price New	Used Trade In Avg.	Used Trade In High	Used Retail Avg.	Used Retail High	Make	No. Cyls.	Displ. Cu.-In.	No. Speeds	P.T.O. H.P.	Approx. Shipping Wt.-Lbs.	Cab
986 4WD	$30075	$1600	$3340	**$6380**	**$9430**	IH	6	436D	16F-8R	105.00	11800	CHA
1086	$27725	$1530	$3190	**$6100**	**$9010**	IH	6T	414D	16F-8R	131.41	11700	CHA
1086 4WD	$33225	$1770	$3710	**$7090**	**$10470**	IH	6T	414D	16F-8R	131.00	12600	CHA
1486	$29815	$1640	$3430	**$6560**	**$9690**	IH	6T	436D	16F-8R	145.77	11800	CHA
1486 4WD	$35315	$1780	$3720	**$7110**	**$10500**	IH	6T	436D	16F-8R	145.00	12700	CHA
1586	$33510	$1650	$3450	**$6600**	**$9750**	IH	6T	436D	12F-6R	161.55	12750	CHA
1586 4WD	$39010	$1840	$3840	**$7350**	**$10860**	IH	6T	436D	12F-6R	161.00	13650	CHA
3388 4WD	$38930	$1360	$3050	**$5090**	**$6780**	IH	6T	436D	16F-8R	130.61	15960	CHA
3588 4WD	$43685	$1510	$3390	**$5650**	**$7540**	IH	6T	466D	16F-8R	150.41	16315	CHA
4186 4WD	$32535	$1240	$2790	**$4650**	**$6200**	IH	6T	436D	8F-4R	150.63	15300	CHA
4386 4WD	$42273	$1640	$3690	**$6150**	**$8200**	IH	6TI	466D	10F-2R	175.3	20000	CHA
4586 4WD	$50950	$1800	$4050	**$6750**	**$9000**	IH	V8	798D	10F-2R	235.7	22400	CHA
4786 4WD	$70655	$2240	$5040	**$8400**	**$11200**	IH	V8	798D	10F-2R	265.5	23600	CHA

RC--Row Crop

1977

Model	Approx. Retail Price New	Used Trade In Avg.	Used Trade In High	Used Retail Avg.	Used Retail High	Make	No. Cyls.	Displ. Cu.-In.	No. Speeds	P.T.O. H.P.	Approx. Shipping Wt.-Lbs.	Cab
Cub	$4755	$770	$1220	**$1790**	**$2300**	IH	4	60G	3F-1R	10.75	1620	No
Hydro 86	$15425	$770	$1700	**$3470**	**$4940**	IH	6	291G	Variable	69.61	7330	No
Hydro 86	$16005	$800	$1760	**$3600**	**$5120**	IH	6	312D	Variable	69.51	7770	No
140	$6003	$1500	$2160	**$3360**	**$3840**	IH		123G	4F-1R	24.30	2640	No
Hydro 186	$23515	$1180	$2590	**$5290**	**$7530**	IH	6	436D	Variable	105.02	11160	CHA
Hydro 186 4WD	$28520	$1430	$3140	**$6420**	**$9130**	IH	6	436D	Variable	105.00	12060	CHA
284	$5414	$810	$1300	**$1900**	**$2440**	Toyo-Kogyo	4	71G	8F-2R	25.75	2050	No
364	$7105	$1070	$1710	**$2490**	**$3200**	IH	4	154D	8F-2R	39.00	3840	No
464	$8455	$1270	$2030	**$2960**	**$3810**	IH	4	175G	8F-2R	45.74	4200	No
464	$9270	$1390	$2230	**$3250**	**$4170**	IH	3	179D	8F-2R	44.42	4520	No
574	$10005	$1500	$2400	**$3500**	**$4500**	IH	4	200G	8F-2R	52.97	4700	No
574	$10910	$1640	$2620	**$3820**	**$4910**	IH	4	239D	8F-2R	52.55	4800	No
574 RC	$10410	$1560	$2500	**$3640**	**$4690**	IH	4	200G	8F-2R	52.97	5170	No
574 RC	$11315	$1700	$2720	**$3960**	**$5090**	IH	4	239D	8F-2R	52.55	5270	No
674	$11255	$1690	$2700	**$3940**	**$5070**	IH	4	200G	8F-2R	58.53	5210	No
674	$12335	$1850	$2960	**$4320**	**$5550**	IH	4	239D	8F-2R	61.56	5320	No
674 RC	$11665	$1750	$2800	**$4080**	**$5250**	IH	4	200G	8F-2R	58.53	5075	No
674 RC	$12735	$1910	$3060	**$4460**	**$5730**	IH	4	239D	8F-2R	61.56	5460	No
686	$12825	$1150	$2440	**$3720**	**$4870**	IH	6	291G	10F-2R	66.31	7055	No
686	$13405	$1210	$2550	**$3890**	**$5090**	IH	6	312D	10F-2R	66.29	7570	No
886	$20045	$1000	$2210	**$4510**	**$6410**	IH	6	360D	16F-8R	86.14	10600	CHA
886 4WD	$25050	$1230	$2700	**$5510**	**$7840**	IH	6	360D	16F-8R	86.00	11500	CHA
986	$22030	$1100	$2420	**$4960**	**$7050**	IH	6	436D	16F-8R	105.68	10900	CHA
986 4WD	$27035	$1330	$2920	**$5960**	**$8480**	IH	6	436D	16F-8R	105.00	11800	CHA
1086	$24645	$1230	$2710	**$5550**	**$7890**	IH	6T	414D	16F-8R	131.41	11700	CHA
1086 4WD	$29650	$1380	$3040	**$6210**	**$8830**	IH	6T	414D	16F-8R	131.00	12600	CHA
1486	$26525	$1300	$2860	**$5850**	**$8320**	IH	6T	436D	16F-8R	145.77	11800	CHA
1486 4WD	$31530	$1480	$3250	**$6640**	**$9450**	IH	6T	436D	16F-8R	145.00	12700	CHA
1586	$29835	$1340	$2950	**$6030**	**$8580**	IH	6T	436D	12F-6R	161.55	12750	CHA
1586 4WD	$31840	$1440	$3170	**$6490**	**$9230**	IH	6T	436D	12F-6R	161.00	13650	CHA
4186 4WD	$32535	$1160	$2610	**$4350**	**$5800**	IH	6T	436D	8F-4R	150.63	15300	CHA
4386 4WD	$42273	$1540	$3470	**$5780**	**$7700**	IH	6TI	466D	10F-2R	175.3	20000	CHA
4586 4WD	$50950	$1700	$3830	**$6380**	**$8500**	IH	V8	798D	10F-2R	235.7	22400	CHA

RC--Row Crop

1976

Model	Approx. Retail Price New	Used Trade In Avg.	Used Trade In High	Used Retail Avg.	Used Retail High	Make	No. Cyls.	Displ. Cu.-In.	No. Speeds	P.T.O. H.P.	Approx. Shipping Wt.-Lbs.	Cab
Cub	$3799	$820	$1140	**$1720**	**$1980**	IH	4	60G	3F-1R	10.75	1620	No
Cub 185 Lo-Boy	$3820	$780	$1090	**$1640**	**$1890**	IH	4	60G	6F-2R	13.5	1480	No
Hydro 70	$14160	$640	$1560	**$3260**	**$4460**	IH	6	291G	Variable	69.61	7330	No
Hydro 70	$14820	$670	$1630	**$3410**	**$4670**	IH	6	312D	Variable	69.51	7770	No
Hydro 86	$13665	$620	$1500	**$3140**	**$4300**	IH	6	291G	Variable	69.61	7330	No
Hydro 86	$14180	$640	$1560	**$3260**	**$4470**	IH	6	312D	Variable	69.51	7770	No
Hydro 100	$21722	$980	$2390	**$5000**	**$6840**	IH	6	436D	Variable	104.17	10170	CHA
140	$4999	$1480	$2150	**$3330**	**$3780**	IH	4	123G	4F-1R	24.30	2640	No
Hydro 186	$20755	$930	$2280	**$4770**	**$6540**	IH	6	436D	Variable	105.02	11160	CHA
284	$4920	$1010	$1400	**$2120**	**$2440**	Toyo-Kogyo	4	71G	8F-2R	25.75	2050	No
364	$6700	$1370	$1910	**$2880**	**$3320**	IH	4	154D	8F-2R	39.00	3840	No
464	$7235	$1480	$2060	**$3110**	**$3580**	IH	4	175G	8F-2R	45.74	4200	No
464	$8005	$1640	$2280	**$3440**	**$3960**	IH	3	179D	8F-2R	44.42	4520	No
574	$8525	$1750	$2430	**$3670**	**$4220**	IH	4	200G	8F-2R	52.97	4700	No
574	$9335	$1910	$2660	**$4010**	**$4620**	IH	4	239D	8F-2R	52.55	4800	No
574 RC	$8875	$1820	$2530	**$3820**	**$4390**	IH	4	200G	8F-2R	52.97	5170	No
574 RC	$9685	$1990	$2760	**$4170**	**$4790**	IH	4	239D	8F-2R	52.55	5270	No
666	$10545	$1480	$2480	**$3690**	**$4750**	IH	6	291G	10F-2R	66.30	7000	No
666	$11765	$1650	$2770	**$4120**	**$5290**	IH	6	312D	10F-2R	66.29	7220	No
674	$9945	$2040	$2830	**$4280**	**$4920**	IH	4	200G	8F-4R	58.53	5210	No
674	$10855	$2230	$3090	**$4670**	**$5370**	IH	4	239D	8F-4R	61.56	5320	No
674 RC	$10295	$2110	$2930	**$4430**	**$5100**	IH	4	200G	8F-4R	58.53	5075	No
674 RC	$11195	$2300	$3190	**$4810**	**$5540**	IH	4	239D	8F-4R	61.56	5460	No
686	$10940	$1530	$2570	**$3830**	**$4920**	IH	6	291G	10F-2R	66.31	7055	No
686	$11435	$1600	$2690	**$4000**	**$5150**	IH	6	312D	10F-2R	66.29	7570	No
766	$13825	$1180	$2560	**$4010**	**$5250**	IH	6	291G	16F-8R	79.73	9000	No
766	$14981	$1270	$2770	**$4340**	**$5690**	IH	6	360D	16F-8R	85.45	9500	No
886	$17730	$1510	$3280	**$5140**	**$6740**	IH	6	360D	16F-8R	86.14	10600	CHA
966	$17331	$1470	$3210	**$5030**	**$6590**	IH	6	414D	16F-8R	96.00	10130	CHA
966 4WD	$20331	$1730	$3760	**$5900**	**$7730**	IH	6	414D	16F-8R	96.00	11030	CH
986	$19525	$880	$2150	**$4490**	**$6150**	IH	6	436D	16F-8R	105.68	10900	CHA
1066	$17939	$1530	$3320	**$5200**	**$6820**	IH	6T	414D	16F-8R	125.68	10550	CHA

Int. Harvester-Farmall (Cont.)

1976 (Cont.)

Model	Approx. Retail Price New	Estimated Value Less Repairs: Used Trade In Avg.	Used Trade In High	Used Retail Avg.	Used Retail High	Make	Engine No. Cyls.	Engine Displ. Cu.-In.	No. Speeds	P.T.O. H.P.	Approx. Shipping Wt.-Lbs.	Cab
1066 4WD	$21939	$1870	$4060	$6360	$8340	IH	6T	414D	16F-8R	125.00	11450	CHA
1086	$21595	$1840	$4000	$6260	$8210	IH	6T	414D	16F-8R	131.41	11700	CHA
1466	$23027	$1960	$4260	$6680	$8750	IH	6T	436D	16F-8R	145.77	10700	CHA
1466 4WD	$26027	$2130	$4630	$7250	$9500	IH	6T	436D	16F-8R	145.00	12600	CHA
1486	$24235	$2060	$4480	$7030	$9210	IH	6T	436D	16F-8R	145.77	11800	CHA
1566	$24677	$1870	$4070	$6380	$8360	IH	6T	436D	12F-6R	161.01	12750	CHA
1568	$25408	$920	$2240	$4690	$6430	IH	V8	550D	12F-6R	150.70	13200	CHA
1568	$27515	$990	$2420	$5060	$6930	IH	V8	550D	12F-6R	150.70	13200	CHA
1586	$27160	$2060	$4490	$7030	$9220	IH	6T	436D	12F-6R	161.55	12750	CHA
4166 4WD	$28582	$1080	$2430	$4050	$5400	IH	6T	436D	8F-4R	150.63	15300	CHA
4186 4WD	$32210	$1160	$2610	$4350	$5800	IH	6T	436D	8F-4R	150.63	15300	CHA
4366 4WD	$34007	$1280	$2880	$4800	$6400	IH	6T	466D	10F-2R	163.9	19500	CHA
4386 4WD	$41850	$1460	$3290	$5480	$7300	IH	6TI	466D	10F-2R	175.3	20000	CHA
4586 4WD	$48090	$1640	$3690	$6150	$8200	IH	V8	798D	10F-2R	235.7	21900	CHA

RC--Row Crop

1975

Model	Approx. Retail Price New	Used Trade In Avg.	Used Trade In High	Used Retail Avg.	Used Retail High	Make	No. Cyls.	Displ. Cu.-In.	No. Speeds	P.T.O. H.P.	Approx. Shipping Wt.-Lbs.	Cab
Cub	$3529	$830	$1140	$1670	$1970	IH	4	60G	3F-1R	10.75	1620	No
Cub 185 Lo-Boy	$3648	$780	$1070	$1570	$1850	IH	4	60G	6F-2R	13.5	1480	No
Hydro 70	$11375	$460	$1250	$2620	$3530	IH	6	291G	Variable	69.61	6980	No
Hydro 70	$12510	$500	$1380	$2880	$3880	IH	6	312D	Variable	69.51	7420	No
Hydro 100	$17025	$680	$1870	$3920	$5280	IH	6	436D	Variable	104.17	10170	CHA
140	$4285	$1450	$2170	$3300	$3700	IH	4	123G	4F-1R	24.30	2640	No
354	$4419	$1030	$1430	$2090	$2460	IH	4	144G	8F-2R	32.58	3600	No
354	$4695	$1090	$1510	$2210	$2600	IH	4	144D	8F-2R	32.00	3700	No
464	$5450	$1250	$1730	$2530	$2980	IH	4	175G	8F-2R	45.74	4200	No
464	$6225	$1410	$1950	$2860	$3360	IH	3	179D	8F-2R	44.42	4520	No
574	$7532	$1580	$2180	$3200	$3770	IH	4	200G	8F-2R	52.97	4700	No
574	$8599	$1810	$2490	$3660	$4300	IH	4	239D	8F-2R	52.55	4800	No
666	$9545	$760	$1720	$2770	$3630	IH	6	291G	10F-2R	66.30	7000	No
666	$10765	$860	$1940	$3120	$4090	IH	6	312D	10F-2R	66.29	7220	No
674	$7865	$1760	$2430	$3560	$4180	IH	4	200G	8F-4R	58.53	4430	No
674	$8925	$1980	$2730	$4010	$4710	IH	4	239D	8F-4R	61.56	4680	No
766	$11825	$950	$2130	$3430	$4490	IH	6	291G	16F-8R	79.73	9000	No
766	$12981	$1040	$2340	$3760	$4930	IH	6	360D	16F-8R	85.45	9500	No
966	$15331	$1230	$2760	$4450	$5830	IH	6	414D	16F-8R	96.00	10130	CHA
966 4WD	$19331	$1550	$3480	$5610	$7350	IH	6	414D	16F-8R	96.00	11030	CH
966H	$16396	$1310	$2950	$4760	$6230	IH	6	414D	Variable	91.38	10300	CH
966H 4WD	$20396	$1630	$3670	$5920	$7750	IH	6	414D	Variable	91.38	11200	CH
1066	$16939	$1360	$3050	$4910	$6440	IH	6T	414D	16F-8R	125.68	10550	CHA
1066 4WD	$20939	$1680	$3770	$6070	$7960	IH	6T	414D	16F-8R	125.00	11450	CHA
1066H	$18019	$720	$1980	$4140	$5590	IH	6T	414D	Variable	113.58	10720	CHA
1066H 4WD	$22019	$840	$2310	$4830	$6510	IH	6T	414D	Variable	113.00	11620	CHA
1466	$20027	$1600	$3610	$5810	$7610	IH	6T	436D	16F-8R	145.77	10700	CHA
1466 4WD	$24027	$1840	$4140	$6670	$8740	IH	6T	436D	16F-8R	145.00	12600	CHA
1566	$22677	$1730	$3890	$6260	$8210	IH	6T	436D	12F-6R	161.01	12750	CHA
1568	$23408	$800	$2200	$4600	$6200	IH	V8	550D	12F-6R	150.70	13200	CHA
4166 4WD	$26582	$1000	$2250	$3750	$5000	IH	6T	436D	8F-4R	150.63	15300	CHA
4366 4WD	$32007	$1120	$2520	$4200	$5600	IH	6T	466D	10F-2R	163.9	19500	CHA
4568 4WD	$43528	$1460	$3290	$5480	$7300	IH	V8	798D	10F-2R	235.7	21900	CHA

H--Hydrostatic Transmission RC--Row Crop

1974

Model	Approx. Retail Price New	Used Trade In Avg.	Used Trade In High	Used Retail Avg.	Used Retail High	Make	No. Cyls.	Displ. Cu.-In.	No. Speeds	P.T.O. H.P.	Approx. Shipping Wt.-Lbs.	Cab
Cub	$2775	$820	$1130	$1640	$1930	IH	4	60G	3F-1R	10.75	1620	No
Cub 154 Lo-Boy	$2485	$840	$1150	$1670	$1960	IH	4	60G	3F-1R	13.50	1480	No
Cub 185 Lo-Boy	$2990	$780	$1070	$1560	$1830	IH	4	60G	6F-2R	13.5	1480	No
Hydro 70	$10105	$400	$1110	$2320	$3130	IH	6	291G	Variable	69.61	6980	No
Hydro 70	$11105	$440	$1220	$2550	$3440	IH	6	312D	Variable	69.51	7420	No
Hydro 100	$14120	$570	$1550	$3250	$4380	IH	6	436D	Variable	104.17	10170	CHA
140	$3587	$1400	$2120	$3190	$3580	IH	4	123G	4F-1R	24.30	2640	No
354	$4218	$1010	$1390	$2030	$2380	IH	4	144G	8F-2R	32.58	3600	No
354	$4535	$1080	$1490	$2170	$2540	IH	4	144D	8F-2R	32.00	3700	No
464	$5273	$1240	$1700	$2480	$2920	IH	4	175G	8F-2R	45.74	4200	No
464	$5859	$1370	$1880	$2730	$3210	IH	3	179D	8F-2R	44.42	4520	No
574	$6498	$1510	$2060	$3010	$3530	IH	4	200G	8F-2R	52.97	4700	No
574	$7350	$1690	$2320	$3380	$3960	IH	4	239D	8F-2R	52.55	4800	No
666	$8585	$1030	$1930	$3010	$3860	IH	6	291G	10F-2R	66.30	7000	No
666	$9605	$1150	$2160	$3360	$4320	IH	6	312D	10F-2R	66.29	7220	No
674	$6840	$1580	$2170	$3160	$3710	IH	4	200G	8F-4R	58.53	4430	No
674	$7655	$1750	$2410	$3510	$4120	IH	4	239D	8F-4R	61.56	4680	No
766	$9910	$740	$1730	$2870	$3770	IH	6	291G	16F-8R	79.73	9000	No
766	$10895	$820	$1910	$3160	$4140	IH	6	360D	16F-8R	85.45	9500	No
966	$13965	$1050	$2440	$4050	$5310	IH	6	414D	16F-8R	96.00	10130	CHA
966 4WD	$17765	$710	$1950	$4090	$5510	IH	6	414D	16F-8R	96.00	11030	CHA
966H	$14525	$1090	$2540	$4210	$5520	IH	6	414D	Variable	91.38	10300	CHA
966H 4WD	$18325	$730	$2020	$4220	$5680	IH	6	414D	Variable	91.38	11200	CHA
1066	$14890	$1120	$2610	$4320	$5660	IH	6T	414D	16F-8R	125.68	10550	CHA
1066 4WD	$18690	$1400	$3270	$5420	$7100	IH	6T	414D	16F-8R	125.00	11450	CHA
1066H	$15970	$640	$1760	$3670	$4950	IH	6T	414D	Variable	113.58	10720	CHA
1066H 4WD	$19770	$790	$2180	$4550	$6130	IH	6T	414D	Variable	113.00	11620	CHA
1466	$17410	$1310	$3050	$5050	$6620	IH	6T	436D	16F-8R	145.77	10700	CHA
1466 4WD	$21210	$1520	$3540	$5860	$7680	IH	6T	436D	16F-8R	145.00	12600	CHA
1468	$18425	$690	$1900	$3980	$5360	IH	V8	550D	16F-8R	145.49	11800	CHA
1566	$18570	$1310	$3060	$5080	$6650	IH	6T	436D	12F-6R	161.01	12750	CHA

Int. Harvester-Farmall (Cont.)

1974 (Cont.)

Model	Approx. Retail Price New	Estimated Value Less Repairs: Used Trade In Avg.	Used Trade In High	Used Retail Avg.	Used Retail High	Make	Engine No. Cyls.	Engine Displ. Cu.-In.	No. Speeds	P.T.O. H.P.	Approx. Shipping Wt.-Lbs.	Cab
1568	$19301	$650	$1790	**$3750**	**$5050**	IH	V8	550D	12F-6R	150.70	13200	CHA
4166 4WD	$20050	$800	$1810	**$3010**	**$4010**	IH	6T	436D	8F-4R	150.63	15300	CH
4366 4WD	$26947	$1020	$2300	**$3830**	**$5100**	IH	6T	466D	10F-2R	163.9	19500	CHA

H--Hydrostatic Transmission RC--Row Crop

1973

Model	Approx. Retail Price New	Used Trade In Avg.	Used Trade In High	Used Retail Avg.	Used Retail High	Make	Engine No. Cyls.	Engine Displ. Cu.-In.	No. Speeds	P.T.O. H.P.	Approx. Shipping Wt.-Lbs.	Cab
Cub	$2645	$820	$1120	**$1650**	**$1910**	IH	4	60G	3F-1R	10.75	1620	No
Cub 154 Lo-Boy	$2405	$640	$870	**$1280**	**$1480**	IH	4	60G	3F-1R	13.50	1480	No
Hydro 70	$8855	$370	$1030	**$2150**	**$2900**	IH	6	291G	Variable	69.61	6980	No
Hydro 70	$9720	$410	$1120	**$2350**	**$3170**	IH	6	312D	Variable	69.51	7420	No
Hydro 100	$11215	$470	$1290	**$2690**	**$3630**	IH	6	436D	Variable	104.17	10170	CHA
140	$3460	$1370	$2100	**$3110**	**$3490**	IH	4	123G	4F-1R	24.30	2640	No
354	$4018	$990	$1360	**$1990**	**$2300**	IH	4	144G	8F-2R	32.58	3600	No
354	$4378	$1070	$1460	**$2150**	**$2490**	IH	4	144D	8F-2R	32.00	3700	No
454	$4650	$1130	$1550	**$2270**	**$2630**	IH	4	157G	8F-2R	40.86	4240	No
454	$5065	$1220	$1670	**$2450**	**$2840**	IH	3	179D	8F-2R	40.47	4560	No
464	$4896	$1190	$1620	**$2370**	**$2750**	IH	4	175G	8F-2R	45.74	4200	No
464	$5293	$1270	$1740	**$2550**	**$2950**	IH	3	179D	8F-2R	44.42	4520	No
544	$6595	$1670	$2280	**$3340**	**$3870**	IH	4	200G	10F-2R	52.84	6300	No
544	$7185	$1800	$2460	**$3600**	**$4170**	IH	4	239D	10F-2R	52.95	6500	No
544H	$7350	$1000	$1840	**$2920**	**$3840**	IH	4	200G	Variable	53.87	6400	No
544H	$7945	$1070	$1970	**$3130**	**$4120**	IH	4	239D	Variable	55.52	6600	No
574	$6250	$1490	$2030	**$2970**	**$3440**	IH	4	200G	8F-4R	52.97	4700	No
574	$7090	$1670	$2280	**$3340**	**$3870**	IH	4	239D	8F-4R	52.55	4800	No
664	$7305	$940	$1720	**$2730**	**$3590**	IH	4	239D	10F-2R	61.56	5950	No
666	$7625	$980	$1790	**$2840**	**$3740**	IH	6	291G	10F-2R	66.30	7000	No
666	$8445	$1070	$1970	**$3130**	**$4120**	IH	6	312D	10F-2R	66.29	7220	No
674	$5844	$1400	$1900	**$2790**	**$3240**	IH	4	200G	8F-4R	58.53	4430	No
674	$6636	$1570	$2140	**$3140**	**$3640**	IH	4	239D	8F-4R	61.56	4680	No
766	$8815	$1120	$2050	**$3260**	**$4290**	IH	6	291G	16F-8R	79.73	9000	No
766	$9665	$1220	$2240	**$3560**	**$4680**	IH	6	360D	16F-8R	85.45	9500	No
966	$11595	$1390	$2550	**$4060**	**$5330**	IH	6	414D	16F-8R	96.00	9130	CH
966 4WD	$14795	$1780	$3260	**$5180**	**$6810**	IH	6	414D	16F-8R	96.00	10030	CH
966H	$12660	$1520	$2790	**$4430**	**$5820**	IH	6	414D	Variable	91.38	9300	CH
966H 4WD	$15860	$1900	$3490	**$5550**	**$7300**	IH	6	414D	Variable	91.38	10200	CH
1066	$12840	$1540	$2830	**$4490**	**$5910**	IH	6T	414D	16F-8R	116.23	10550	CHA
1066 4WD	$16040	$1930	$3530	**$5610**	**$7380**	IH	6T	414D	16F-8R	166.00	11450	CHA
1066H	$13920	$560	$1530	**$3200**	**$4320**	IH	6T	414D	Variable	113.58	10720	CHA
1066H 4WD	$17120	$690	$1880	**$3940**	**$5310**	IH	6T	414D	Variable	113.00	11620	CHA
1466	$14795	$980	$2380	**$4060**	**$5320**	IH	6T	436D	16F-8R	133.40	10700	CHA
1466 4WD	$17995	$1180	$2870	**$4900**	**$6420**	IH	6T	436D	16F-8R	133.00	12600	CHA
1468	$15845	$570	$1580	**$3300**	**$4450**	IH	V8	550D	16F-8R	145.49	11200	CHA
4166 4WD	$18350	$730	$1650	**$2750**	**$3670**	IH	6T	436D	8F-4R	150.63	15300	CH
4366 4WD	$25057	$1000	$2260	**$3760**	**$5010**	IH	6T	466D	10F-2R	163.9	19500	CHA

H--Hydrostatic Transmission RC--Row Crop

1972

Model	Approx. Retail Price New	Used Trade In Avg.	Used Trade In High	Used Retail Avg.	Used Retail High	Make	Engine No. Cyls.	Engine Displ. Cu.-In.	No. Speeds	P.T.O. H.P.	Approx. Shipping Wt.-Lbs.	Cab
Cub	$2545	$860	$1340	**$1960**	**$2210**	IH	4	60G	3F-1R	10.75	1620	No
Cub 154 Lo-Boy	$2335	$620	$970	**$1410**	**$1580**	IH	4	60G	3F-1R	13.50	1480	No
140	$3530	$1380	$2160	**$3150**	**$3540**	IH	4	123G	4F-1R	24.30	2750	No
354	$3815	$1020	$1380	**$2030**	**$2330**	IH	4	144G	8F-2R	32.58	3600	No
354	$4221	$1220	$1650	**$2440**	**$2790**	IH	4	144D	8F-2R	32.00	3700	No
454	$4445	$1160	$1570	**$2320**	**$2650**	IH	4	157G	8F-2R	40.86	4240	No
454	$4863	$1250	$1700	**$2500**	**$2870**	IH	3	179D	8F-2R	40.47	4560	No
544	$6340	$1650	$2240	**$3300**	**$3780**	IH	4	200G	10F-2R	52.84	6300	No
544	$6930	$1780	$2420	**$3570**	**$4080**	IH	4	239D	10F-2R	52.95	6500	No
544H	$7100	$970	$1780	**$2840**	**$3770**	IH	4	200G	Variable	53.87	6400	No
544H	$7690	$1040	$1910	**$3040**	**$4040**	IH	4	239D	Variable	55.52	6600	No
574	$6005	$1580	$2140	**$3150**	**$3610**	IH	4	200G	8F-4R	52.97	4700	No
574	$6830	$1760	$2390	**$3520**	**$4030**	IH	4	239D	8F-4R	52.55	4800	No
656	$7140	$1720	$2330	**$3440**	**$3940**	IH	6	263G	10F-2R	63.85	6350	No
656	$7990	$1880	$2540	**$3750**	**$4300**	IH	6	282D	10F-2R	61.42	6800	No
656H	$7895	$1010	$1850	**$2940**	**$3900**	IH	6	263G	Variable	65.80	6900	No
656H	$8745	$1080	$1980	**$3150**	**$4190**	IH	6	282D	Variable	66.06	7170	No
664	$6795	$940	$1720	**$2730**	**$3630**	IH	4	239D	10F-2R	61.56	5950	No
666	$7020	$960	$1760	**$2810**	**$3730**	IH	6	291G	10F-2R	66.30	7000	No
666	$7765	$990	$1820	**$2890**	**$3840**	IH	6	312D	10F-2R	66.29	7220	No
766	$8360	$1060	$1950	**$3100**	**$4120**	IH	6	291G	16F-8R	79.73	9000	No
766	$8985	$1080	$1980	**$3150**	**$4180**	IH	6	360D	16F-8R	85.45	9500	No
966	$10489	$1260	$2310	**$3670**	**$4880**	IH	6	414D	16F-8R	96.00	9130	CH
966 4WD	$13679	$1640	$3010	**$4790**	**$6360**	IH	6	414D	16F-8R	96.00	10030	CH
966H	$11079	$1330	$2440	**$3880**	**$5150**	IH	6	414D	Variable	91.38	9300	CH
966H 4WD	$14269	$1710	$3140	**$4990**	**$6640**	IH	6	414D	Variable	91.38	10200	CH
1066	$11555	$1390	$2540	**$4040**	**$5370**	IH	6T	414D	16F-8R	116.23	10550	CHA
1066 4WD	$14745	$1770	$3240	**$5160**	**$6860**	IH	6T	414D	16F-8R	116.00	11450	CHA
1066H	$12150	$850	$2070	**$3520**	**$4620**	IH	6T	414D	Variable	113.58	10720	CHA
1066H 4WD	$15340	$1070	$2610	**$4450**	**$5830**	IH	6T	414D	Variable	113.00	11620	CHA
1466	$13455	$940	$2290	**$3900**	**$5110**	IH	6T	436D	16F-8R	133.40	11700	CHA
1466 4WD	$16645	$1100	$2660	**$4540**	**$5950**	IH	6T	436D	16F-8R	133.00	12600	CHA
1468	$14435	$520	$1430	**$2990**	**$4030**	IH	V8	550D	16F-8R	145.49	11200	CHA
4166 4WD	$16995	$680	$1530	**$2550**	**$3400**	IH	6T	436D	8F-4R	150.63	15300	CH

H--Hydrostatic Transmission

Int. Harvester-Farmall (Cont.)

1971

Model	Approx. Retail Price New	Used Trade In Avg.	Used Trade In High	Used Retail Avg.	Used Retail High	Make	Engine No. Cyls.	Engine Displ. Cu.-In.	No. Speeds	P.T.O. H.P.	Approx. Shipping Wt.-Lbs.	Cab
Cub	$2400	$800	$1250	$1820	$2050	IH	4	60G	3F-1R	10.75	1620	No
Cub 154 Lo-Boy	$2260	$580	$910	$1330	$1490	IH	4	60G	3F-1R	13.50	1480	No
140	$3410	$1350	$2110	$3080	$3460	IH	4	123G	4F-1R	24.30	2750	No
444	$4470	$1370	$2130	$3120	$3500	IH	4	153G	8F-2R	38.09	3700	No
444	$4880	$1470	$2290	$3350	$3760	IH	4	154D	8F-2R	36.91	3820	No
454	$4265	$1210	$1630	$2400	$2740	IH	4	157G	8F-4R	40.86	4240	No
454	$4705	$1310	$1770	$2600	$2970	IH	3	179D	8F-4R	40.47	4560	No
544	$6090	$1770	$2770	$4040	$4540	IH	4	200G	10F-2R	52.84	6300	No
544	$6680	$1920	$3000	$4380	$4920	IH	4	239D	10F-2R	52.95	6500	No
544H	$6850	$1810	$2430	$3570	$4080	IH	4	200G	Variable	53.87	6400	No
544H	$7440	$1940	$2620	$3840	$4390	IH	4	239D	Variable	55.52	6600	No
574	$5760	$1560	$2100	$3080	$3520	IH	4	200G	8F-4R	52.97	4700	No
574	$6570	$1740	$2350	$3440	$3940	IH	4	239D	8F-4R	52.55	4800	No
656	$6905	$1820	$2450	$3600	$4110	IH	6	263G	10F-2R	63.85	6530	No
656	$7745	$2010	$2710	$3980	$4550	IH	6	282D	10F-2R	61.42	6800	No
656H	$7695	$1040	$1910	$3040	$4090	IH	6	263G	Variable	65.80	6900	No
656H	$8545	$1090	$1990	$3170	$4250	IH	6	282D	Variable	66.06	7170	No
756	$8130	$2100	$2830	$4150	$4750	IH	6	291G	16F-8R	76.56	8070	No
756	$8960	$2180	$2930	$4300	$4920	IH	6	310D	16F-8R	76.09	8350	No
756 4WD	$10930	$2630	$3540	$5200	$5940	IH	6	291G	16F-8R	76.00	8970	No
756 4WD	$11760	$2820	$3800	$5580	$6380	IH	6	310D	16F-8R	76.00	9250	No
766	$8210	$1050	$1920	$3050	$4090	IH	6	291G	16F-8R	79.73	9000	No
766	$8760	$1110	$2040	$3240	$4350	IH	6	360D	16F-8R	85.45	9500	No
826	$9650	$2340	$3150	$4620	$5280	IH	6	358D	16F-8R	92.19	8830	No
826 4WD	$12840	$2950	$3980	$5840	$6680	IH	6	358D	16F-8R	92.00	9730	No
826H	$9860	$1240	$2280	$3630	$4870	IH	6	301G	Variable	84.15	8900	No
826H	$10400	$1310	$2400	$3820	$5120	IH	6	358D	Variable	84.66	9000	No
826H 4WD	$13050	$1570	$2870	$4570	$6130	IH	6	301G	Variable	84.00	9800	No
826H 4WD	$13590	$1630	$2990	$4760	$6390	IH	6	358D	Variable	84.00	9900	No
856	$9640	$2330	$3140	$4610	$5270	IH	6	301G	16F-8R	93.27	8510	No
856	$10640	$2560	$3450	$5070	$5790	IH	6	407D	16F-8R	100.49	9270	No
856 4WD	$13480	$3100	$4180	$6130	$7010	IH	6	301G	16F-8R	93.00	9410	No
856 4WD	$14480	$3330	$4490	$6590	$7530	IH	6	407D	16F-8R	100.49	10170	No
966	$10038	$1210	$2210	$3510	$4720	IH	6	414D	16F-8R	96.00	9130	No
966 4WD	$13538	$1630	$2980	$4740	$6360	IH	6	414D	16F-8R	96.00	10030	No
966H	$10628	$1280	$2340	$3720	$5000	IH	6	414D	Variable	91.38	9300	No
966H 4WD	$14128	$1700	$3110	$4950	$6640	IH	6	414D	Variable	91.38	10200	No
1026H	$11780	$1410	$2590	$4120	$5540	IH	6T	407D	Variable	112.45	9500	No
1026H	$12170	$1460	$2680	$4260	$5720	IH	6T	407D	Variable	112.45	9600	No
1026H 4WD	$14970	$1800	$3290	$5240	$7040	IH	6T	407D	Variable	112.00	10400	No
1026H 4WD	$15360	$1840	$3380	$5380	$7220	IH	6T	407D	Variable	112.00	10500	No
1066	$10899	$1310	$2400	$3820	$5120	IH	6T	414D	16F-8R	116.23	9550	No
1066 4WD	$14089	$1690	$3100	$4930	$6620	IH	6T	414D	16F-8R	116.00	10450	No
1066H	$11494	$810	$1950	$3330	$4370	IH	6T	414D	Variable	113.58	9720	No
1066H 4WD	$14684	$1030	$2500	$4260	$5580	IH	6T	414D	Variable	113.00	10620	No
1456	$12390	$1490	$2730	$4340	$5820	IH	6T	407D	16F-8R	131.80	10600	No
1456 4WD	$15580	$1740	$3190	$5080	$6820	IH	6T	407D	16F-8R	131.00	11500	No
1466	$12705	$1530	$2800	$4450	$5970	IH	6T	436D	16F-8R	133.40	10700	No
1466 4WD	$15895	$1800	$3300	$5250	$7050	IH	6T	436D	16F-8R	133.00	11600	No
1468	$13675	$520	$1430	$2990	$4030	IH	V8	550D	16F-8R	145.49	11200	No

H--Hydrostatic Transmission

1970

Model	Approx. Retail Price New	Used Trade In Avg.	Used Trade In High	Used Retail Avg.	Used Retail High	Make	Engine No. Cyls.	Engine Displ. Cu.-In.	No. Speeds	P.T.O. H.P.	Approx. Shipping Wt.-Lbs.	Cab
Cub	$2230	$780	$1220	$1780	$2000	IH	4	60G	3F-1R	10.75	1620	No
Cub 154 Lo-Boy	$2110	$560	$880	$1290	$1440	IH	4	60G	3F-1R	13.50	1480	No
140	$3300	$1330	$2070	$3020	$3390	IH	4	123G	4F-1R	24.30	2750	No
444	$4215	$1300	$2030	$2970	$3340	IH	4	153G	8F-2R	38.09	3700	No
444	$4615	$1400	$2190	$3200	$3590	IH	4	154D	8F-2R	36.91	3820	No
544	$5840	$1710	$2670	$3900	$4380	IH	4	200G	10F-2R	52.84	6300	No
544	$6430	$1860	$2900	$4240	$4760	IH	4	239D	10F-2R	52.95	6500	No
544H	$6600	$1790	$2390	$3460	$4030	IH	4	200G	Variable	53.87	6400	No
544H	$7190	$1930	$2580	$3730	$4340	IH	4	239D	Variable	55.52	6600	No
574	$5515	$1530	$2050	$2960	$3450	IH	4	200G	8F-4R	52.97	4700	No
574	$6310	$1720	$2300	$3330	$3870	IH	4	239D	8F-4R	52.55	4800	No
656	$6670	$1800	$2420	$3490	$4070	IH	6	263G	10F-2R	63.85	6530	No
656	$7545	$2010	$2690	$3890	$4530	IH	6	282D	10F-2R	61.42	6800	No
656H	$7505	$960	$1760	$2800	$3800	IH	6	263G	Variable	65.80	6900	No
656H	$8340	$1050	$1920	$3060	$4150	IH	6	282D	Variable	66.06	7170	No
756	$7880	$2090	$2800	$4040	$4710	IH	6	291G	16F-8R	76.56	8070	No
756	$8710	$2280	$3060	$4420	$5150	IH	6	310D	16F-8R	76.09	8350	No
756 4WD	$10680	$2630	$3520	$5090	$5930	IH	6	291G	16F-8R	76.00	8970	No
756 4WD	$11510	$2820	$3780	$5470	$6370	IH	6	310D	16F-8R	76.00	9250	No
826	$9430	$2450	$3290	$4750	$5530	IH	6	358D	16F-8R	92.19	8830	No
826 4WD	$12080	$2840	$3810	$5500	$6400	IH	6	358D	16F-8R	92.00	9730	No
826H	$9640	$1220	$2230	$3550	$4820	IH	6	301G	Variable	84.15	8900	No
826H	$10310	$1300	$2380	$3780	$5140	IH	6	358D	Variable	84.66	9000	No
856	$9090	$2370	$3180	$4590	$5350	IH	6	301G	16F-8R	93.27	8510	No
856	$10190	$2630	$3530	$5090	$5930	IH	6	407D	16F-8R	100.49	9270	No
856 4WD	$11890	$2790	$3750	$5410	$6300	IH	6	301G	16F-8R	93.00	9410	No
856 4WD	$12990	$3050	$4090	$5910	$6890	IH	6	407D	16F-8R	100.49	10170	No
1026H	$11080	$1390	$2550	$4050	$5500	IH	6T	407D	Variable	112.45	9500	No
1026H 4WD	$13730	$1650	$3020	$4810	$6520	IH	6T	407D	Variable	112.00	10950	No
1456	$12220	$1470	$2690	$4280	$5810	IH	6T	407D	16F-8R	131.80	10600	No
1456 4WD	$15320	$1770	$3250	$5160	$7010	IH	6T	407D	16F-8R	131.00	12050	No

Int. Harvester-Farmall (Cont.)

1970 (Cont.)

	Approx. Retail Price New	Estimated Value Less Repairs: Used Trade In Avg.	Used Trade In High	Used Retail Avg.	Used Retail High	Make	Engine No. Cyls.	Engine Displ. Cu.-In.	No. Speeds	P.T.O. H.P.	Approx. Shipping Wt.-Lbs.	Cab
4156 4WD	$19300	$720	$1980	**$4140**	**$5580**	IH	6T	429D	8F-4R	116.1	13940	No
4300 4WD	$25300	$1010	$2280	**$3800**	**$5060**	IH	6T	817D	8F-4R	214.2	27620	No

H--Hydrostatic Transmission

1969

	Approx. Retail Price New	Used Trade In Avg.	Used Trade In High	Used Retail Avg.	Used Retail High	Make	No. Cyls.	Displ. Cu.-In.	No. Speeds	P.T.O. H.P.	Approx. Shipping Wt.-Lbs.	Cab
Cub	$2140	$760	$1190	**$1760**	**$1980**	IH	4	60G	3F-1R	10.8	1620	No
Cub 154 Lo-Boy	$2060	$550	$860	**$1280**	**$1430**	IH	4	60G	3F-1R	13.5	1480	No
140	$3180	$1300	$2020	**$3000**	**$3370**	IH	4	122G	4F-1R	20.8	2640	No
444	$3970	$1240	$1940	**$2880**	**$3230**	IH	4	144G	8F-2R	36.5	3700	No
444	$4360	$1340	$2090	**$3110**	**$3480**	IH	4	154D	8F-2R	36.5	3888	No
544	$5690	$1590	$2470	**$3680**	**$4120**	IH	4	200G	10F-2R	53	6342	No
544	$6180	$1780	$2770	**$4120**	**$4620**	IH	4	239D	10F-2R	53.0	6342	No
656	$6435	$1780	$2370	**$3440**	**$4000**	IH	6	263G	10F-2R	63.5	6550	No
656	$7260	$1980	$2640	**$3840**	**$4460**	IH	6	282D	10F-2R	61.5	6800	No
656H	$7310	$940	$1720	**$2730**	**$3750**	IH	6	263G	Variable	65.5	6200	No
656H	$8055	$1030	$1880	**$2990**	**$4110**	IH	6	282D	Variable	66	6500	No
756	$7630	$2070	$2760	**$4010**	**$4660**	IH	6	291G	8F-4R	76.5	8070	No
756	$8460	$2270	$3030	**$4400**	**$5110**	IH	6	310D	8F-4R	76	8350	No
756 4WD	$10430	$2500	$3340	**$4850**	**$5630**	IH	6	291G	8F-4R	76.5	8970	No
756 4WD	$11260	$2700	$3600	**$5240**	**$6080**	IH	6	310D	16F-8R	76	9250	No
826	$9210	$2450	$3270	**$4750**	**$5510**	IH	6	358D	16F-8R	92.0	8930	No
826 4WD	$11810	$2830	$3780	**$5490**	**$6380**	IH	6	358D	16F-8R	92.0	8930	No
826H	$9420	$1190	$2180	**$3470**	**$4760**	IH	6	301G	Variable	84.1	9000	No
826H	$10220	$1310	$2400	**$3820**	**$5240**	IH	6	358D	Variable	84.1	9000	No
856	$8650	$2200	$2930	**$4260**	**$4940**	IH	6	301G	8F-4R	93.0	8620	No
856	$10080	$2540	$3390	**$4920**	**$5710**	IH	6	407D	8F-4R	100.5	9260	No
856 4WD	$11380	$2730	$3640	**$5290**	**$6150**	IH	6	301G	8F-4R	93.0	9420	No
856 4WD	$12470	$3110	$4150	**$6030**	**$7000**	IH	6	407D	8F-4R	100.5	10000	No
1256	$10925	$1370	$2510	**$4000**	**$5480**	IH	6T	407D	8F-4R	116.0	9925	No
1456	$12050	$1570	$2870	**$4570**	**$6260**	IH	6T	407D	16F-8R	131.5	10700	No
1456 4WD	$14900	$1790	$3280	**$5220**	**$7150**	IH	6	407D	16F-8R	131.5	14649	No
4156 4WD	$19000	$720	$1980	**$4140**	**$5580**	IH	6T	429D	8F-4R	140	13940	No
4300 4WD	$25000	$1000	$2250	**$3750**	**$5000**	IH	6T	817D	8F-2R	203.0	27620	No

H--Hydrostatic Transmission

1968

	Approx. Retail Price New	Used Trade In Avg.	Used Trade In High	Used Retail Avg.	Used Retail High	Make	No. Cyls.	Displ. Cu.-In.	No. Speeds	P.T.O. H.P.	Approx. Shipping Wt.-Lbs.	Cab
Cub	$2070	$740	$1160	**$1740**	**$1960**	IH	4	60G	3F-1R	10.8	1620	No
Cub Lo-Boy	$2100	$790	$1240	**$1860**	**$2100**	IH	4	60G	3F-1R	10.8	1655	No
Cub 154 Lo-Boy	$1980	$520	$810	**$1220**	**$1370**	IH	4	60G	3F-1R	13.5	1480	No
140	$2950	$1240	$1930	**$2900**	**$3270**	IH	4	122G	4F-1R	20.8	2750	No
404	$3440	$1110	$1730	**$2600**	**$2930**	IH	4	135G	4F-1R	36.7	3460	No
444	$3725	$1180	$1840	**$2760**	**$3120**	IH	4	144G	8F-2R	36.5	3738	No
444	$4105	$1280	$1990	**$2990**	**$3370**	IH	4	154D	8F-2R	36.5	3888	No
504	$4270	$1320	$2060	**$3080**	**$3480**	IH	4	153G	10F-2R	46.0	4808	No
504	$4835	$1460	$2280	**$3410**	**$3850**	IH	4	188D	10F-2R	46.2	4553	No
544	$5340	$1590	$2470	**$3710**	**$4180**	IH	4	200G	10F-2R	53	6342	No
544	$5595	$1630	$2540	**$3800**	**$4290**	IH	4	239D	10F-2R	53	6442	No
656	$6200	$1730	$2340	**$3420**	**$3960**	IH	6	263G	10F-2R	63.5	6350	No
656	$7020	$1930	$2610	**$3810**	**$4410**	IH	6	282D	10F-2R	61.5	6800	No
656H	$7020	$960	$1760	**$2810**	**$3890**	IH	6	282D	Variable	66	6500	No
656H	$7120	$970	$1790	**$2840**	**$3940**	IH	6	263G	Variable	63.5	6900	No
756	$7380	$1010	$1840	**$2930**	**$4060**	IH	6	291G	16F-8R	76.5	9619	No
756	$8210	$2210	$2990	**$4370**	**$5060**	IH	6	310D	8F-4R	76	9561	No
756 4WD	$10180	$1280	$2350	**$3740**	**$5180**	IH	6	291G	16F-8R	76.5	8970	No
756 4WD	$11000	$2760	$3740	**$5460**	**$6330**	IH	6	310D	16F-8R	76	9500	No
856	$8210	$1050	$1920	**$3050**	**$4220**	IH	6	301G	16F-8R	93	8890	No
856	$9290	$2470	$3340	**$4890**	**$5660**	IH	6	407D	16F-8R	100.5	9760	No
856 4WD	$9290	$2350	$3180	**$4650**	**$5390**	IH	6	407D	16F-8R	100.5	10170	No
856 4WD	$10940	$1310	$2410	**$3830**	**$5310**	IH	6	301G	16F-8R	93	9410	No
1256	$10720	$1350	$2470	**$3930**	**$5440**	IH	6T	407D	8F-4R	116.0	9525	No
4100 4WD	$18500	$740	$2040	**$4260**	**$5740**	IH	6T	429D	8F-4R	110.0	13940	No
4300 4WD	$24500	$980	$2210	**$3680**	**$4900**	IH	6T	817D	8F-4R	203.0	27620	No

H--Hydrostatic Transmission

1967

	Approx. Retail Price New	Used Trade In Avg.	Used Trade In High	Used Retail Avg.	Used Retail High	Make	No. Cyls.	Displ. Cu.-In.	No. Speeds	P.T.O. H.P.	Approx. Shipping Wt.-Lbs.	Cab
Cub	$1980	$720	$1120	**$1690**	**$1920**	IH	4	60G	3F-1R	10.8	1620	No
Cub Lo-Boy	$2020	$780	$1220	**$1830**	**$2080**	IH	4	60G	3F-1R	10.8	1655	No
140	$2790	$1220	$1910	**$2860**	**$3250**	IH	4	122G	4F-1R	20.8	2750	No
404	$3340	$1090	$1690	**$2540**	**$2890**	IH	4	135G	4F-1R	36.7	3470	No
B414	$2950	$990	$1540	**$2310**	**$2630**	IH	4	144G	8F-2R	36	3710	No
B414	$3250	$1040	$1620	**$2430**	**$2760**	IH	4	154D	8F-2R	36	3770	No
424	$3270	$1040	$1440	**$2110**	**$2410**	IH	4	146G	8F-2R	37	3700	No
424	$3600	$1100	$1520	**$2230**	**$2550**	IH	4	154D	8F-2R	37	3820	No
444	$3480	$1120	$1750	**$2620**	**$2980**	IH	4	144G	8F-2R	38	3700	No
444	$3850	$1210	$1890	**$2840**	**$3230**	IH	4	154D	8F-2R	37	3820	No
504	$4200	$1300	$2030	**$3040**	**$3460**	IH	4	153G	10F-2R	46	4880	No
504	$4765	$1440	$2250	**$3370**	**$3830**	IH	4	188D	10F-2R	46	5080	No
606	$4975	$1430	$1970	**$2900**	**$3320**	IH	6	221G	10F-2R	54	4880	No
606	$5700	$1610	$2210	**$3250**	**$3720**	IH	6	236D	10F-2R	54	5123	No
656	$5900	$1660	$2280	**$3350**	**$3830**	IH	6	263G	10F-2R	63	6550	No
656	$6680	$1840	$2530	**$3730**	**$4260**	IH	6	282D	10F-2R	61	6800	No
706	$6460	$1790	$2460	**$3620**	**$4140**	IH	6	291G	8F-4R	76	8070	No
706	$7330	$2000	$2750	**$4040**	**$4620**	IH	6	310D	8F-4R	76	8390	No
756	$7130	$1950	$2680	**$3940**	**$4510**	IH	6	291G	8F-4R	76	8070	No

Int. Harvester-Farmall (Cont.)

	Approx. Retail Price New	Estimated Value Less Repairs: Used Trade In Avg.	Used Trade In High	Used Retail Avg.	Used Retail High	Engine: Make	No. Cyls.	Displ. Cu.-In.	No. Speeds	P.T.O. H.P.	Approx. Shipping Wt.-Lbs.	Cab
				1967 (Cont.)								
756	$7960	$2150	$2960	**$4350**	**$4970**	IH	6	310D	8F-4R	76	8350	No
806	$7260	$990	$1820	**$2890**	**$4050**	IH	6	301G	16F-8R	93	7930	No
806	$8125	$2190	$3010	**$4430**	**$5060**	IH	6	361D	16F-8R	94	8690	No
856	$7870	$1060	$1950	**$3110**	**$4350**	IH	6	301G	8F-4R	93	8510	No
856	$9040	$2410	$3310	**$4870**	**$5570**	IH	6	407D	8F-4R	100.4	9270	No
1206	$9825	$2600	$3570	**$5250**	**$6010**	IH	6	361D	8F-4R	112.6	9500	No
1256	$10500	$2760	$3800	**$5580**	**$6380**	IH	6	407D	16F-8R	116.1	11030	No
4100	$18250	$730	$2010	**$4200**	**$5660**	IH	6T	429D	8F-2R	110.0	13940	No
4300	$24200	$970	$2180	**$3630**	**$4840**	IH	6T	817D	8F-2R	203.0	27620	No
				1966								
Cub	$1790	$700	$1100	**$1640**	**$1880**	IH	4	60G	3F-1R	10.8	1620	No
Cub Lo-Boy	$1830	$760	$1190	**$1790**	**$2050**	IH	4	60G	3F-1R	10.8	1655	No
140	$2700	$1180	$1830	**$2750**	**$3150**	IH	4	123G	4F-1R	23.7	2640	No
404	$3320	$1040	$1450	**$2140**	**$2420**	IH	4	135G	4F-1R	36.7	3460	No
B414	$2930	$940	$1310	**$1930**	**$2180**	IH	4	143G	8F-2R	36.9	3700	No
B414	$3230	$1020	$1420	**$2090**	**$2370**	IH	4	154D	8F-2R	35.9	3750	No
424	$3180	$1000	$1400	**$2070**	**$2340**	IH	4	146G	8F-2R	36	3730	No
424	$3500	$1080	$1510	**$2230**	**$2520**	IH	4	154D	8F-2R	36.5	3820	No
504	$4120	$1280	$2000	**$3000**	**$3430**	IH	4	153G	10F-2R	46.2	4880	No
504	$4650	$1410	$2200	**$3310**	**$3790**	IH	4	188D	10F-2R	46.2	5080	No
606	$4940	$1430	$1990	**$2940**	**$3330**	IH	6	221G	10F-2R	53.8	4880	No
606	$5670	$1600	$2230	**$3300**	**$3740**	IH	6	236D	10F-2R	54.3	5123	No
656	$5650	$1620	$2260	**$3340**	**$3780**	IH	6	263G	10F-2R	63.5	6550	No
656	$6410	$1780	$2480	**$3660**	**$4140**	IH	6	282D	10F-2R	61.5	6800	No
706	$6310	$1750	$2450	**$3610**	**$4090**	IH	6	291G	8F-4R	76	7620	No
706	$7105	$1940	$2710	**$4010**	**$4540**	IH	6	310D	8F-4R	76.5	7900	No
806	$7180	$960	$1760	**$2790**	**$3990**	IH	6	301G	16F-8R	90	7930	No
806	$8040	$2170	$3030	**$4480**	**$5060**	IH	6	361D	16F-8R	90	8690	No
1206	$9450	$2510	$3500	**$5170**	**$5850**	IH	6T	361D	16F-8R	112.5	10500	No
4100	$18000	$720	$1980	**$4140**	**$5580**	IH	6T	429D	8F-2R	110.0	13940	No
4300	$24000	$960	$2160	**$3600**	**$4800**	IH	6T	817D	8F-2R	203.0	27620	No
				1965								
Cub	$1750	$690	$1070	**$1630**	**$1860**	IH	4	60G	3F-1R	10.8	1620	No
Cub Lo-Boy	$1770	$750	$1170	**$1770**	**$2030**	IH	4	60G	3F-1R	10.8	1655	No
140	$2610	$1150	$1800	**$2720**	**$3110**	IH	4	122G	4F-1R	24	2750	No
404	$3210	$1010	$1430	**$2080**	**$2370**	IH	4	135G	4F-1R	36.7	3760	No
B414	$2910	$940	$1330	**$1930**	**$2200**	IH	4	143G	8F-2R	36.9	3700	No
B414	$3210	$1010	$1430	**$2080**	**$2380**	IH	4	154D	8F-2R	36	3770	No
424	$3095	$980	$1390	**$2030**	**$2310**	IH	4	146G	8F-2R	36.5	3730	No
424	$3410	$1060	$1500	**$2180**	**$2490**	IH	4	154D	8F-2R	36.5	3880	No
504	$4030	$1260	$1960	**$2970**	**$3400**	IH	4	153G	10F-2R	46.0	4880	No
504	$4595	$1400	$2180	**$3300**	**$3780**	IH	4	188D	10F-2R	46.2	5080	No
606	$4860	$1410	$1990	**$2900**	**$3310**	IH	6	221G	10F-2R	53.8	4880	No
606	$5595	$1580	$2240	**$3270**	**$3730**	IH	6	236D	10F-2R	54.3	5120	No
656	$5400	$1540	$2180	**$3170**	**$3620**	IH	6	263G	10F-2R	63.5	6530	No
656	$6130	$1710	$2420	**$3530**	**$4030**	IH	6	282D	10F-2R	61.5	6800	No
706	$6160	$1690	$2400	**$3500**	**$3990**	IH	6	263G	8F-4R	73	8100	No
706	$6955	$1910	$2710	**$3940**	**$4500**	IH	6	282D	8F-4R	72	8360	No
806	$7055	$970	$1770	**$2820**	**$4110**	IH	6	301G	16F-8R	93	7930	No
806	$7880	$2130	$3020	**$4400**	**$5020**	IH	6	361D	16F-8R	94.9	8690	No
1206	$9100	$2420	$3430	**$5000**	**$5710**	IH	6T	361D	16F-8R	112.5	9500	No
				1964								
Cub	$1680	$680	$1050	**$1610**	**$1840**	IH	4	60G	3F-1R	10.8	1620	No
Cub Lo-Boy	$1710	$730	$1140	**$1750**	**$1990**	IH	4	60G	3F-1R	10.8	1655	No
140	$2520	$1130	$1760	**$2690**	**$3070**	IH	4	122G	4F-1R	20.8	2520	No
404	$3110	$980	$1420	**$2030**	**$2340**	IH	4	135G	4F-1R	36.7	3750	No
B414	$2800	$910	$1310	**$1880**	**$2170**	IH	4	143G	8F-2R	36.9	3700	No
B414	$3100	$1000	$1430	**$2050**	**$2370**	IH	4	154D	8F-2R	35.9	3770	No
424	$3000	$960	$1380	**$1980**	**$2280**	IH	4	146G	8F-2R	35	3700	No
424	$3320	$1040	$1500	**$2150**	**$2480**	IH	4	154D	8F-2R	36.5	3820	No
504	$3920	$1230	$1920	**$2930**	**$3350**	IH	4	188G	10F-2R	46.2	4310	No
504	$4485	$1370	$2140	**$3260**	**$3730**	IH	4	153D	10F-2R	46.0	4510	No
606	$4775	$1390	$1990	**$2860**	**$3290**	IH	6	221G	10F-2R	53.8	4880	No
606	$5500	$1560	$2240	**$3220**	**$3710**	IH	6	236D	10F-2R	54.3	5123	No
706	$6010	$1750	$2520	**$3620**	**$4170**	IH	6	263G	8F-4R	70	7620	No
706	$6800	$1870	$2690	**$3860**	**$4450**	IH	6	282D	8F-4R	70	8360	No
806	$6930	$950	$1750	**$2780**	**$4120**	IH	6	301G	16F-8R	90	7930	No
806	$7730	$2100	$3010	**$4320**	**$4980**	IH	6	361D	16F-8R	90	8690	No
				1963								
Cub	$1675	$660	$1030	**$1590**	**$1830**	IH	4	60G	3F-1R	10.8	1620	No
Cub Lo-Boy	$1700	$720	$1130	**$1730**	**$1990**	IH	4	60G	3F-1R	10.8	1655	No
140	$2450	$1110	$1740	**$2670**	**$3070**	IH	4	122G	4F-1R	20.8	2750	No
340	$3605	$1150	$1790	**$2760**	**$3170**	IH	4	135G	5F-1R	36	4400	No
340	$4355	$1330	$2070	**$3180**	**$3660**	IH	4	166D	5F-1R	38.9	4515	No
404	$2970	$990	$1550	**$2380**	**$2740**	IH	4	135G	4F-1R	36.7	3750	No
B414	$2770	$910	$1320	**$1870**	**$2170**	IH	4	144G	8F-2R	36	3700	No
B414	$3065	$980	$1420	**$2010**	**$2340**	IH	4	154D	8F-2R	36	3770	No
460	$4780	$1390	$2020	**$2860**	**$3320**	IH	6	236G	5F-1R	50	5255	No
460	$5500	$1560	$2280	**$3220**	**$3740**	IH	6	236D	5F-1R	50	5420	No
504	$3865	$1220	$1900	**$2920**	**$3360**	IH	4	153G	10F-2R	46.0	4880	No

Int. Harvester-Farmall (Cont.)

Model	Approx. Retail Price New	Estimated Value Less Repairs: Used Trade In Avg.	Used Trade In High	Used Retail Avg.	Used Retail High	Make	Engine No. Cyls.	Displ. Cu.-In.	No. Speeds	P.T.O. H.P.	Approx. Shipping Wt.-Lbs.	Cab
				1963 (Cont.)								
504	$4430	$1360	$2120	**$3260**	**$3750**	IH	4	188D	10F-2R	46.2	4430	No
560	$5470	$1390	$2020	**$2860**	**$3320**	IH	6	263G	5F-1R	62	5900	No
560	$6260	$1570	$2300	**$3250**	**$3770**	IH	6	281D	5F-1R	62	6175	No
606	$4600	$600	$1100	**$1750**	**$2650**	IH	6	221G	10F-2R	53.8	4880	No
606	$5320	$580	$1060	**$1680**	**$2540**	IH	6	236D	10F-2R	54.3	5123	No
660	$5980	$680	$1250	**$2000**	**$3020**	IH	6	263G	5F-1R	82	7925	No
660	$6700	$780	$1430	**$2280**	**$3450**	IH	6	281D	5F-1R	80	8190	No
706	$5940	$1670	$2430	**$3440**	**$3990**	IH	6	263G	8F-4R	70	7620	No
706	$6720	$1850	$2700	**$3820**	**$4440**	IH	6	282D	8F-4R	70	7900	No
806	$6690	$920	$1690	**$2690**	**$4080**	IH	6	301G	16F-8R	90	7930	No
806	$7480	$2040	$2970	**$4200**	**$4880**	IH	6	361D	16F-8R	90	8690	No
				1962								
Cub	$1650	$650	$1010	**$1570**	**$1820**	IH	4	60G	3F-1R	10.8	1620	No
Cub Lo-Boy	$1675	$710	$1100	**$1710**	**$1980**	IH	4	60G	3F-1R	10.8	1655	No
140	$2400	$1100	$1720	**$2660**	**$3080**	IH	4	123G	4F-1R	20.8	3031	No
240	$2670	$920	$1430	**$2220**	**$2570**	IH	4	123G	4F-1R	32	3360	No
340	$3600	$1150	$1790	**$2780**	**$3220**	IH	4	135G	5F-1R	36	4405	No
340	$4300	$1330	$2070	**$3210**	**$3710**	IH	4	166D	5F-1R	38.9	4510	No
404	$2960	$990	$1540	**$2400**	**$2770**	IH	4	135G	4F-1R	36.7	3560	No
B414	$2720	$890	$1320	**$1860**	**$2160**	IH	4	143G	8F-2R	36.9	3600	No
B414	$3020	$970	$1430	**$2010**	**$2330**	IH	4	154D	8F-2R	35.9	3650	No
460	$4725	$1250	$1860	**$2610**	**$3030**	IH	6	236G	5F-1R	50	5265	No
460	$5400	$1420	$2100	**$2950**	**$3420**	IH	6	236D	5F-1R	50	5485	No
504	$3820	$1210	$1880	**$2920**	**$3370**	IH	4	153G	10F-2R	46.0	4608	No
504	$4400	$1350	$2110	**$3270**	**$3780**	IH	4	188D	10F-2R	46.2	4453	No
560	$5430	$1380	$2030	**$2870**	**$3320**	IH	6	263G	5F-1R	62	5898	No
560	$6220	$1570	$2320	**$3260**	**$3780**	IH	6	281D	5F-1R	62	6172	No
606	$4500	$610	$1110	**$1770**	**$2730**	IH	6	221G	10F-2R	53.8	4880	No
606	$5300	$700	$1290	**$2050**	**$3160**	IH	6	236D	10F-2R	54.3	5123	No
660	$5950	$770	$1410	**$2240**	**$3460**	IH	6	263G	5F-1R	82	7925	No
660	$6650	$850	$1560	**$2490**	**$3830**	IH	6	281D	5F-1R	80	8190	No
				1961								
Cub	......	$640	$990	**$1550**	**$1790**	IH	4	60G	3F-1R	10.8	1620	No
Cub Lo-Boy	......	$690	$1080	**$1690**	**$1950**	IH	4	60G	3F-1R	10.8	1655	No
140	......	$1060	$1660	**$2600**	**$3000**	IH	4	123G	4F-1R	23.7	3107	No
240	......	$960	$1500	**$2350**	**$2710**	IH	4	123G	4F-1R	31.0	3360	No
B-275	......	$1090	$1640	**$2300**	**$2670**	IH	4	144D	8F-2R	32.8	3520	No
340D	......	$1200	$1870	**$2930**	**$3380**	IH	4	135D	5F-1R	36	4510	No
340G	......	$1060	$1660	**$2590**	**$3000**	IH	4	135G	5F-1R	36	4405	No
404	......	$990	$1540	**$2410**	**$2790**	IH	4	135G	4F-1R	36.7	3560	No
460	......	$1200	$1800	**$2530**	**$2930**	IH	6	221D	5F-1R	50	4835	No
460	......	$1390	$2090	**$2930**	**$3390**	IH	6	221G	5F-1R	50	5265	No
504	......	$1140	$1780	**$2780**	**$3210**	IH	4	153G	10F-2R	46.0	4453	No
504	......	$1320	$2060	**$3220**	**$3720**	IH	4	188D	10F-2R	46.2	4608	No
560	......	$1330	$2000	**$2810**	**$3250**	IH	6	263G	5F-1R	62	5898	No
560	......	$1530	$2290	**$3210**	**$3720**	IH	6	281D	5F-1R	62	6172	No
660	......	$640	$1170	**$1860**	**$2860**	IH	6	263G	5F-1R	80	7925	No
660	......	$720	$1320	**$2100**	**$3240**	IH	6	281D	5F-1R	80	8190	No
				1960								
Cub	......	$630	$980	**$1540**	**$1780**	IH	4	60G	3F-1R	10.8	1620	No
Cub Lo-Boy	......	$680	$1060	**$1670**	**$1930**	IH	4	60G	3F-1R	10.8	1655	No
140	......	$1030	$1600	**$2520**	**$2910**	IH	4	123G	4F-1R	23.7	3107	No
240	......	$930	$1440	**$2280**	**$2630**	IH	4	123G	4F-1R	31.	3360	No
B-275	......	$940	$1420	**$1990**	**$2300**	IH	4	144D	8F-2R	32.8	3520	No
340D	......	$1160	$1810	**$2860**	**$3300**	IH	4	135D	5F-1R	36	4510	No
340G	......	$1030	$1600	**$2520**	**$2910**	IH	4	135G	5F-1R	36	4405	No
404	......	$940	$1460	**$2310**	**$2660**	IH	4	135G	4F-1R	36.7	3427	No
460	......	$1030	$1570	**$2190**	**$2540**	IH	6	221G	5F-1R	50	5265	No
460	......	$1300	$2030	**$3200**	**$3690**	IH	6	236D	5F-1R	50	5485	No
560	......	$1230	$1870	**$2610**	**$3020**	IH	6	263G	5F-1R	62	5898	No
560	......	$1490	$2270	**$3170**	**$3670**	IH	6	281D	5F-1R	62	6172	No
660	......	$610	$1120	**$1790**	**$2750**	IH	6	263G	5F-1R	80	7925	No
660	......	$700	$1280	**$2030**	**$3130**	IH	6	281D	5F-1R	80	8190	No
				1959								
Cub	......	$610	$960	**$1520**	**$1760**	IH	4	60G	3F-1R	10.8	1620	No
Cub Lo-Boy	......	$670	$1040	**$1660**	**$1910**	IH	4	60G	3F-1R	10.8	1655	No
140	......	$1010	$1580	**$2510**	**$2900**	IH	4	123G	4F-1R	23.7	3107	No
240	......	$980	$1520	**$2420**	**$2790**	IH	4	123G	4F-1R	31	3360	No
B-275	......	$910	$1410	**$1960**	**$2280**	IH	4	144D	8F-2R	32.8	3520	No
340	......	$990	$1540	**$2450**	**$2820**	IH	4	135G	5F-1R	36	4405	No
340	......	$1130	$1760	**$2790**	**$3220**	IH	4	135D	5F-1R	36	4510	No
450	......	$1110	$1720	**$2390**	**$2780**	IH	4	281G	10F-2R	51.1	5912	No
460	......	$990	$1520	**$2120**	**$2470**	IH	6	221G	5F-1R	52	5265	No
460	......	$1200	$1850	**$2580**	**$3000**	IH	6	236D	5F-1R	52	5485	No
560	......	$1190	$1830	**$2550**	**$2970**	IH	6	263G	5F-1R	42	5961	No
560	......	$1440	$2220	**$3090**	**$3600**	IH	6	281D	5F-1R	62	6172	No
660	......	$590	$1080	**$1720**	**$2660**	IH	6	263G	5F-1R	80	7925	No
660	......	$670	$1230	**$1960**	**$3040**	IH	6	281D	5F-1R	80	8190	No

Model	Approx. Retail Price New	Estimated Value Less Repairs Used Trade In Avg.	Used Trade In High	Used Retail Avg.	Used Retail High	Make	Engine No. Cyls.	Displ. Cu.-In.	No. Speeds	P.T.O. H.P.	Approx. Shipping Wt.-Lbs.	Cab
Int. Harvester-Farmall (Cont.)												
				1958								
Cub	......	$600	$940	**$1500**	**$1730**	IH	4	60G	3F-1R	10.8	1620	No
Cub Lo-Boy	......	$660	$1020	**$1640**	**$1890**	IH	4	60G	3F-1R	10.8	1655	No
130	......	$920	$1440	**$2000**	**$2350**	IH	4	123G	4F-1R	20.8	2680	No
140	......	$1000	$1560	**$2500**	**$2880**	IH	4	123G	4F-1R	23.7	3107	No
230	......	$760	$1190	**$1900**	**$2190**	IH	4	123G	4F-1R	27.0	3200	No
240	......	$840	$1310	**$2090**	**$2410**	IH	4	123G	4F-1R	31	3360	No
330 U	......	$940	$1470	**$2350**	**$2710**	IH	4	135G	10F-2R	37.9	3920	No
340	......	$950	$1480	**$2380**	**$2740**	IH	4	135G	5F-1R	36	4405	No
340	......	$1100	$1720	**$2750**	**$3170**	IH	4	135D	5F-1R	36	4510	No
350	......	$1040	$1630	**$2250**	**$2640**	IH	4	175G	10F-2R	42.6	4785	No
350	......	$1070	$1670	**$2310**	**$2710**	IH	4	193D	10F-2R	37.9	4187	No
450	......	$1090	$1700	**$2360**	**$2770**	IH	4	281G	5F-1R	51.1	5800	No
450	......	$1120	$1740	**$2420**	**$2840**	IH	4	281D	5F-1R	47.4	6180	No
460	......	$1030	$1610	**$2240**	**$2620**	IH	4	221G	5F-1R	50	5265	No
460	......	$1150	$1800	**$2500**	**$2930**	IH	4	236D	5F-1R	50	5485	No
560	......	$1130	$1760	**$2440**	**$2870**	IH	4	263G	5F-1R	62	5898	No
560	......	$1380	$2160	**$3000**	**$3510**	IH	4	281D	5F-1R	62	6172	No
650	......	$660	$1210	**$1920**	**$2980**	IH	4	350G		60.6	6700	No
650	......	$740	$1360	**$2170**	**$3370**	IH	4	350D		61.6	6700	No
				1957								
Cub	......	$590	$940	**$1490**	**$1720**	IH	4	60G	3F-1R	10.8	1620	No
Cub Lo-Boy	......	$640	$1010	**$1620**	**$1860**	IH	4	60G	3F-1R	10.8	1655	No
130	......	$940	$1480	**$2360**	**$2720**	IH	4	123G	4F-1R	20.8	2680	No
230	......	$860	$1360	**$2170**	**$2500**	IH	4	123G	4F-1R	27.0	3200	No
330 U	......	$920	$1450	**$2310**	**$2650**	IH	4	135G	10F-2R	37.9	3920	No
350	......	$990	$1570	**$2190**	**$2560**	IH	4	175G	10F-2R	38.8	4100	No
350	......	$1040	$1650	**$2310**	**$2700**	IH	4	193D	10F-2R	37.9	4187	No
450	......	$980	$1560	**$2170**	**$2540**	IH	4	281G	5F-1R	51.1	5800	No
450	......	$1030	$1630	**$2280**	**$2670**	IH	4	281D	5F-1R	47.4	6180	No
650	......	$630	$1160	**$1850**	**$2880**	IH	4	350G		60.6	6700	No
650	......	$730	$1340	**$2140**	**$3330**	IH	4	350D		61.6	6700	No
				1956								
Cub	......	$580	$930	**$1480**	**$1700**	IH	4	60G	3F-1R	10.8	1620	No
Cub Lo-Boy	......	$630	$1000	**$1590**	**$1830**	IH	4	60G	3F-1R	10.8	1655	No
Super WD9, WDR9	......	$1170	$1880	**$2640**	**$3080**	IH	4	350D	5F-1R	65.2	6651	No
100	......	$580	$920	**$1300**	**$1510**	IH	4	123G	4F-1R	20.8	2600	No
130	......	$640	$1020	**$1620**	**$1860**	IH	4	123G	4F-1R	21.8	2680	No
200	......	$640	$1020	**$1430**	**$1670**	IH	4	123G	4F-1R	24.2	3160	No
230	......	$680	$1100	**$1540**	**$1800**	IH	4	123G	4F-1R	27.0	3200	No
300	......	$810	$1290	**$1810**	**$2120**	IH	4	169G	5F-1R	37.9	4143	No
300 U	......	$890	$1420	**$2250**	**$2590**	IH	4	169G	5F-1R	37.9	3511	No
350	......	$900	$1450	**$2030**	**$2370**	IH	4	175G	10F-2R	38.8	4100	No
350	......	$970	$1550	**$2170**	**$2530**	IH	4	193D	10F-2R	37.9	4187	No
400	......	$940	$1510	**$2120**	**$2470**	IH	4	264G	5F-1R	48.3	5240	No
400	......	$1010	$1630	**$2280**	**$2660**	IH	4	264D	5F-1R	43.6	5650	No
450	......	$960	$1540	**$2160**	**$2520**	IH	4	281G	5F-1R	51.1	5800	No
450	......	$1000	$1600	**$2240**	**$2620**	IH	4	281D	5F-1R	47.4	6180	No
600	......	$580	$1070	**$1700**	**$2660**	IH	4	350G	5F-1R	60.6	6700	No
600	......	$670	$1220	**$1940**	**$3040**	IH	4	350D	5F-1R	61.6	6700	No
650	......	$620	$1140	**$1810**	**$2840**	IH	4	350G	5F-1R	60.6	6700	No
650	......	$700	$1280	**$2030**	**$3180**	IH	4	350D	5F-1R	61.6	6700	No
				1955								
Cub	......	$560	$900	**$1440**	**$1660**	IH	4	60G	3F-1R	10.8	1620	No
Cub Lo-Boy	......	$610	$980	**$1560**	**$1790**	IH	4	60G	3F-1R	10.8	1655	No
Super WD6TA	......	$1110	$1800	**$2540**	**$2960**	IH	4	264D	5F-1R	44.2	4838	No
Super WD9, WDR9	......	$1150	$1860	**$2630**	**$3060**	IH	4	350D	5F-1R	65.2	6651	No
100	......	$580	$940	**$1320**	**$1540**	IH	4	123G	4F-1R	20.8	2600	No
200	......	$640	$1030	**$1460**	**$1700**	IH	4	123G	4F-1R	24.2	3160	No
300	......	$780	$1270	**$1790**	**$2090**	IH	4	169G	5F-1R	37.9	4143	No
300 U	......	$790	$1260	**$2020**	**$2320**	IH	4	169G	5F-1R	37.9	3511	No
400	......	$870	$1420	**$2000**	**$2330**	IH	4	264G	5F-1R	48.3	5240	No
400	......	$930	$1500	**$2120**	**$2470**	IH	4	264D	5F-1R	43.6	5650	No
				1954								
Cub	......	$560	$890	**$1430**	**$1640**	IH	4	60G	3F-1R	10.8	1620	No
Super A	......	$730	$1180	**$1700**	**$1970**	IH	4	113G	4F-1R	18.0	2360	No
Super C	......	$770	$1240	**$1790**	**$2070**	IH	4	123G	4F-1R	23.7	2890	No
Super H	......	$800	$1310	**$1880**	**$2180**	IH	4	164G	5F-1R	30.2	3875	No
Super M	......	$940	$1530	**$2200**	**$2560**	IH	4	264G	5F-1R	44.0	5140	No
Super MD	......	$1000	$1620	**$2320**	**$2700**	IH	4	264D	5F-1R	46.7	5470	No
Super MTA	......	$1080	$1750	**$2510**	**$2910**	IH	4	264G	10F-2R	44.0	5898	No
Super MTA	......	$1130	$1840	**$2640**	**$3070**	IH	4	264D	10F-2R	46.7	5898	No
Super W4	......	$910	$1490	**$2130**	**$2480**	IH	4	164G	5F-1R	31.5	3814	No
Super W6	......	$970	$1580	**$2270**	**$2630**	IH	4	248G	5F-1R	44.2	4858	No
Super W6TA	......	$1040	$1690	**$2430**	**$2820**	IH	4	264G	5F-1R	44.2	4838	No
Super WD6	......	$1030	$1670	**$2400**	**$2790**	IH	4	264G	5F-1R	44.2	4838	No
Super WD6TA	......	$1100	$1780	**$2560**	**$2970**	IH	4	264D	5F-1R	44.2	4838	No
Super WD9, WDR9	......	$1130	$1830	**$2630**	**$3060**	IH	4	350D	5F-1R	65.2	6722	No
100	......	$530	$860	**$1230**	**$1430**	IH	4	123G	4F-1R	20.8	2600	No
200	......	$590	$960	**$1370**	**$1590**	IH	4	123G	4F-1R	24.2	3160	No
300	......	$710	$1150	**$1650**	**$1920**	IH	4	169G	5F-1R	37.9	4143	No

Int. Harvester-Farmall (Cont.)

Model	Approx. Retail Price New	Estimated Value Less Repairs: Used Trade In Avg.	Used Trade In High	Used Retail Avg.	Used Retail High	Make	Engine No. Cyls.	Engine Displ. Cu.-In.	No. Speeds	P.T.O. H.P.	Approx. Shipping Wt.-Lbs.	Cab
				1954 (Cont.)								
400	......	$850	$1390	**$1990**	**$2310**	IH	4	264G	5F-1R	48.3	5240	No
400	......	$900	$1460	**$2100**	**$2440**	IH	4	264D	5F-1R	43.6	5650	No
				1953								
Cub	......	$540	$870	**$1420**	**$1620**	IH	4	60G	3F-1R	10.8	1620	No
H	......	$730	$1180	**$1720**	**$1990**	IH	4	152G	5F-1R	24.0	3875	No
Super A	......	$710	$1150	**$1680**	**$1950**	IH	4	113G	4F-1R	18.0	2360	No
Super C	......	$740	$1210	**$1770**	**$2050**	IH	4	123G	4F-1R	23.7	2890	No
Super H	......	$790	$1290	**$1880**	**$2180**	IH	4	164G	5F-1R	30.2	3875	No
Super M	......	$930	$1520	**$2220**	**$2570**	IH	4	264G	5F-1R	44.0	5140	No
Super MD	......	$970	$1580	**$2310**	**$2680**	IH	4	264D	5F-1R	46.7	5470	No
Super MTA	......	$1030	$1680	**$2450**	**$2840**	IH	4	264G	10F-2R	44.0	5898	No
Super MTA	......	$1110	$1800	**$2630**	**$3050**	IH	4	264D	10F-2R	46.7	5898	No
O4, OS4	......	$830	$1350	**$1970**	**$2280**	IH	4	152G	5F-1R	24.0	3816	No
Super W4	......	$890	$1440	**$2110**	**$2440**	IH	4	164G	5F-1R	31.5	3814	No
W4	......	$870	$1410	**$2060**	**$2390**	IH	4	152G	5F-1R	24.0	3816	No
O6, OS6	......	$920	$1490	**$2180**	**$2520**	IH	4	248G	5F-1R	36.0	4858	No
Super W6	......	$950	$1540	**$2250**	**$2610**	IH	4	248G	5F-1R	44.2	4858	No
Super W6TA	......	$1010	$1640	**$2390**	**$2770**	IH	4	264G	5F-1R	44.2	4838	No
Super WD6	......	$1020	$1660	**$2430**	**$2810**	IH	4	264G	5F-1R	46.8	4838	No
Super WD6TA	......	$1070	$1740	**$2540**	**$2940**	IH	4	264D	5F-1R	46.8	4838	No
W6	......	$960	$1560	**$2280**	**$2640**	IH	4	248G	5F-1R	36.0	4858	No
WD6	......	$990	$1610	**$2350**	**$2730**	IH	4	264G	5F-1R	35.0	4838	No
Super WD9	......	$1120	$1810	**$2650**	**$3070**	IH	4	350D	5F-1R	65.2	6722	No
W9	......	$1050	$1710	**$2500**	**$2890**	IH	4	335G	5F-1R	44.6	6425	No
WD9	......	$1080	$1760	**$2570**	**$2970**	IH	4	335D	5F-1R	46.5	6650	No
				1952								
Cub	......	$530	$850	**$1390**	**$1590**	IH	4	60G	3F-1R	10.8	1620	No
H	......	$700	$1130	**$1670**	**$1930**	IH	4	152G	5F-1R	24.0	3875	No
M	......	$860	$1400	**$2070**	**$2390**	IH	4	248G	5F-1R	36.0	4964	No
MD	......	$940	$1520	**$2240**	**$2590**	IH	4	248D	5F-1R	35.0	4964	No
Super A	......	$690	$1130	**$1660**	**$1920**	IH	4	113G	4F-1R	18.0	2360	No
Super C	......	$710	$1150	**$1700**	**$1960**	IH	4	123G	4F-1R	23.7	2890	No
Super M	......	$890	$1440	**$2130**	**$2460**	IH	4	264G	5F-1R	44.0	5140	No
Super MD	......	$950	$1540	**$2280**	**$2630**	IH	4	264D	5F-1R	46.7	5470	No
Super MTA	......	$1020	$1660	**$2440**	**$2830**	IH	4	264G	10F-2R	44.0	5898	No
Super MTA	......	$1080	$1760	**$2600**	**$3000**	IH	4	264D	10F-2R	46.7	5898	No
O4, OS4	......	$810	$1310	**$1930**	**$2230**	IH	4	152G	5F-1R	24.0	3816	No
W4	......	$840	$1370	**$2010**	**$2330**	IH	4	152G	5F-1R	24.0	3816	No
O6, OS6	......	$900	$1460	**$2160**	**$2500**	IH	4	248G	5F-1R	36.0	4858	No
W6	......	$930	$1500	**$2220**	**$2560**	IH	4	264G	5F-1R	36.0	4838	No
W6TA	......	$960	$1550	**$2290**	**$2650**	IH	4	264G	5F-1R	36.0	4838	No
WD6	......	$970	$1570	**$2320**	**$2680**	IH	4	264D	5F-1R	35.0	4838	No
WD6TA	......	$1030	$1670	**$2460**	**$2850**	IH	4	264D	5F-1R	35.0	4838	No
W9	......	$1030	$1680	**$2470**	**$2860**	IH	4	335G	5F-1R	44.6	6425	No
WD9	......	$1060	$1720	**$2530**	**$2930**	IH	4	335D	5F-1R	46.5	6650	No
				1951								
C	......	$680	$1100	**$1640**	**$1890**	IH	4	113G	4F-1R	20.9	2761	No
Cub	......	$520	$830	**$1360**	**$1560**	IH	4	60G	3F-1R	10.8	1620	No
H	......	$680	$1100	**$1630**	**$1880**	IH	4	152G	5F-1R	24.0	3875	No
M	......	$850	$1370	**$2040**	**$2360**	IH	4	248G	5F-1R	36.0	4964	No
MD	......	$920	$1500	**$2230**	**$2580**	IH	4	248D	5F-1R	35.0	4964	No
Super A	......	$670	$1090	**$1620**	**$1870**	IH	4	113G	4F-1R	18.0	2360	No
Super C	......	$700	$1130	**$1680**	**$1940**	IH	4	123G	4F-1R	23.7	2890	No
O4, OS4	......	$780	$1260	**$1880**	**$2170**	IH	4	152G	5F-1R	24.0	3816	No
W4	......	$810	$1310	**$1950**	**$2260**	IH	4	152G	5F-1R	24.0	3816	No
O6, OS6	......	$870	$1410	**$2090**	**$2420**	IH	4	248G	5F-1R	36.0	4858	No
W6	......	$900	$1460	**$2180**	**$2510**	IH	4	248G	5F-1R	36.0	4858	No
WD6	......	$940	$1520	**$2260**	**$2610**	IH	4	248D	5F-1R	35.0		No
W9	......	$1020	$1660	**$2470**	**$2850**	IH	4	335G	5F-1R	44.6	6425	No
WD9	......	$1030	$1680	**$2490**	**$2880**	IH	4	335D	5F-1R	46.5	6650	No
				1950								
C	......	$650	$1060	**$1590**	**$1830**	IH	4	113G	4F-1R	20.9	2761	No
Cub	......	$500	$800	**$1340**	**$1530**	IH	4	60G	3F-1R	10.8	1620	No
H	......	$660	$1070	**$1610**	**$1860**	IH	4	152G	5F-1R	24.0	3875	No
M	......	$820	$1330	**$2000**	**$2310**	IH	4	248G	5F-1R	36.0	4964	No
MD	......	$890	$1440	**$2160**	**$2490**	IH	4	248D	5F-1R	35.0	4964	No
Super A	......	$650	$1050	**$1580**	**$1820**	IH	4	113G	4F-1R	18.0	2360	No
O4, OS4	......	$760	$1230	**$1850**	**$2130**	IH	4	152G	5F-1R	24.0	3816	No
W4	......	$780	$1270	**$1900**	**$2200**	IH	4	152G	5F-1R	24.0	3816	No
O6, OS6	......	$850	$1390	**$2080**	**$2400**	IH	4	248G	5F-1R	36.0	4858	No
W6	......	$880	$1420	**$2140**	**$2460**	IH	4	248G	5F-1R	36.0	4858	No
WD6	......	$910	$1470	**$2210**	**$2550**	IH	4	248D	5F-1R	35.0		No
W9	......	$1000	$1620	**$2430**	**$2800**	IH	4	335G	5F-1R	44.6	6425	No
WD9	......	$1020	$1660	**$2490**	**$2870**	IH	4	335D	5F-1R	46.5	6650	No
				1949								
C	......	$630	$1020	**$1550**	**$1780**	IH	4	113G	4F-1R	20.9	2761	No
Cub	......	$500	$790	**$1330**	**$1520**	IH	4	60G	3F-1R	10.8	1620	No
H	......	$640	$1040	**$1570**	**$1810**	IH	4	152G	5F-1R	24.0	3875	No
M	......	$800	$1310	**$1980**	**$2280**	IH	4	248G	5F-1R	36.0	4964	No

Int. Harvester-Farmall (Cont.)

	Approx. Retail Price New	Estimated Value Less Repairs: Used Trade In Avg.	Used Trade In High	Used Retail Avg.	Used Retail High	Engine Make	Engine No. Cyls.	Engine Displ. Cu.-In.	No. Speeds	P.T.O. H.P.	Approx. Shipping Wt.-Lbs.	Cab
				1949 (Cont.)								
MD	......	$870	$1410	**$2130**	**$2450**	IH	4	248D	5F-1R	35.0	4964	No
Super A	......	$630	$1030	**$1550**	**$1790**	IH	4	113G	4F-1R	18.0	2360	No
O4, OS4	......	$740	$1210	**$1830**	**$2110**	IH	4	152G	5F-1R	25.6	3816	No
W4	......	$770	$1250	**$1890**	**$2180**	IH	4	152G	5F-1R	30.8	3816	No
O6, OS6	......	$820	$1330	**$2010**	**$2320**	IH	4	248G	5F-1R	36.0	4858	No
W6	......	$850	$1390	**$2100**	**$2410**	IH	4	248G	5F-1R	36.0	4858	No
WD6	......	$880	$1430	**$2170**	**$2500**	IH	4	248D	5F-1R	32.0		No
W9	......	$960	$1560	**$2360**	**$2720**	IH	4	335G	5F-1R	49.3	6425	No
WD9	......	$980	$1600	**$2420**	**$2790**	IH	4	335D	5F-1R	52.6	6650	No
				1948								
C	......	$610	$1000	**$1510**	**$1750**	IH	4	113G	4F-1R	20.9	2761	No
Cub	......	$490	$790	**$1330**	**$1520**	IH	4	60G	3F-1R	10.8	1620	No
H	......	$620	$1010	**$1520**	**$1770**	IH	4	152G	5F-1R	24.0	3875	No
M	......	$780	$1270	**$1910**	**$2220**	IH	4	248G	5F-1R	36.0	4964	No
MD	......	$850	$1390	**$2100**	**$2440**	IH	4	248D	5F-1R	35.0	4964	No
Super A	......	$620	$1000	**$1510**	**$1760**	IH	4	113G	4F-1R	18.0	2360	No
O4, OS4	......	$720	$1170	**$1770**	**$2060**	IH	4	152G	5F-1R	24.0	3816	No
W4	......	$740	$1210	**$1830**	**$2120**	IH	4	152G	5F-1R	24.0	3816	No
O6, OS6	......	$790	$1280	**$1940**	**$2250**	IH	4	248G	5F-1R	36.0	4858	No
W6	......	$830	$1350	**$2040**	**$2360**	IH	4	248G	5F-1R	36.0	4858	No
WD6	......	$860	$1400	**$2120**	**$2470**	IH	4	248D	5F-1R	35.0		No
W9	......	$940	$1530	**$2310**	**$2690**	IH	4	335G	5F-1R	44.6	6425	No
WD9	......	$960	$1560	**$2360**	**$2740**	IH	4	335D	5F-1R	46.5	6650	No
				1947								
A	......	$580	$940	**$1430**	**$1670**	IH	4	113G	4F-1R	16.1	2014	No
B	......	$590	$960	**$1450**	**$1690**	IH	4	113G	4F-1R	16.1	2014	No
Cub	......	$490	$780	**$1330**	**$1510**	IH	4	60G	3F-1R	10.8	1620	No
H	......	$600	$980	**$1480**	**$1730**	IH	4	152G	5F-1R	24.0	3875	No
M	......	$760	$1230	**$1860**	**$2180**	IH	4	248G	5F-1R	36.0	4964	No
MD	......	$810	$1310	**$1980**	**$2320**	IH	4	248D	5F-1R	35.0	4964	No
Super A	......	$600	$970	**$1470**	**$1720**	IH	4	113G	4F-1R	18.0	2360	No
O4, OS4	......	$700	$1140	**$1720**	**$2010**	IH	4	152G	5F-1R	24.0	3816	No
W4	......	$730	$1190	**$1800**	**$2110**	IH	4	152G	5F-1R	24.0	3816	No
O6, OS6	......	$750	$1220	**$1840**	**$2150**	IH	4	248G	5F-1R	36.0	4858	No
W6	......	$800	$1300	**$1970**	**$2300**	IH	4	248G	5F-1R	36.0	4858	No
WD6	......	$840	$1370	**$2070**	**$2420**	IH	4	248D	5F-1R	35.0		No
W9	......	$900	$1460	**$2210**	**$2590**	IH	4	335G	5F-1R	44.6	6425	No
WD9	......	$930	$1510	**$2290**	**$2680**	IH	4	335D	5F-1R	46.5	6650	No
				1946								
A	......	$570	$920	**$1390**	**$1640**	IH	4	113G	4F-1R	16.1	2014	No
B	......	$580	$940	**$1430**	**$1680**	IH	4	113G	4F-1R	16.1	2014	No
H	......	$590	$960	**$1450**	**$1710**	IH	4	164G	5F-1R	24.0	3875	No
M	......	$730	$1190	**$1800**	**$2120**	IH	4	248G	5F-1R	36.0	4964	No
MD	......	$790	$1290	**$1950**	**$2290**	IH	4	248D	5F-1R	35.0	4964	No
O4, OS4	......	$680	$1100	**$1660**	**$1960**	IH	4	152G	5F-1R	24.0	3816	No
W4	......	$710	$1160	**$1760**	**$2070**	IH	4	152G	5F-1R	24.0	3816	No
O6, OS6	......	$720	$1170	**$1780**	**$2090**	IH	4	248G	5F-1R	36.0	4858	No
W6	......	$730	$1180	**$1780**	**$2100**	IH	4	247G	5F-1R	36.0	4858	No
WD6	......	$790	$1290	**$1950**	**$2290**	IH	4	248D	5F-1R	35.0		No
W9	......	$890	$1440	**$2180**	**$2570**	IH	4	335G	5F-1R	44.6	6425	No
WD9	......	$910	$1480	**$2240**	**$2640**	IH	4	335D	5F-1R	46.5	6650	No
				1945								
A	......	$550	$900	**$1360**	**$1610**	IH	4	113G	4F-1R	16.1	2014	No
B	......	$570	$920	**$1390**	**$1650**	IH	4	113G	4F-1R	16.1	2014	No
H	......	$580	$950	**$1430**	**$1700**	IH	4	152G	5F-1R	24.0	3875	No
M	......	$710	$1160	**$1760**	**$2080**	IH	4	248G	5F-1R	36.0	4964	No
MD	......	$780	$1270	**$1920**	**$2280**	IH	4	248D	5F-1R	35.0	4964	No
O4	......	$660	$1070	**$1610**	**$1910**	IH	4	152G	5F-1R	24.0	3816	No
W4	......	$690	$1130	**$1700**	**$2020**	IH	4	152G	5F-1R	24.0	3816	No
O6	......	$670	$1090	**$1650**	**$1960**	IH	4	248G	5F-1R	36.0	4858	No
W6	......	$760	$1240	**$1870**	**$2220**	IH	4	248G	5F-1R	36.0	4858	No
WD6	......	$810	$1310	**$1980**	**$2350**	IH	4	248D	5F-1R	35.0		No
W9	......	$850	$1390	**$2100**	**$2490**	IH	4	335G	5F-1R	44.6	6425	No
WD9	......	$890	$1450	**$2190**	**$2600**	IH	4	335D	5F-1R	46.5	6650	No
				1944								
A	......	$540	$880	**$1330**	**$1600**	IH	4	113G	4F-1R	16.1	2014	No
B	......	$550	$900	**$1360**	**$1630**	IH	4	113G	4F-1R	16.1	2014	No
H	......	$570	$920	**$1390**	**$1670**	IH	4	164G	5F-1R	24.0	3875	No
M	......	$700	$1130	**$1710**	**$2060**	IH	4	248G	5F-1R	36.0	4964	No
MD	......	$770	$1250	**$1890**	**$2270**	IH	4	248D	5F-1R	35.0	4964	No
O-4	......	$640	$1040	**$1570**	**$1890**	IH	4	152G	5F-1R	24.0	3816	No
W4	......	$670	$1080	**$1630**	**$1970**	IH	4	152G	5F-1R	24.0	3816	No
I-6	......	$820	$1320	**$2000**	**$2410**	IH	4	264D	5F-1R	48.0	5510	No
O-6	......	$650	$1060	**$1610**	**$1930**	IH	4	248G	5F-1R	36.0	4858	No
W6	......	$730	$1180	**$1780**	**$2140**	IH	4	248G	5F-1R	36.0	4858	No
WD6	......	$770	$1250	**$1890**	**$2270**	IH	4	248D	5F-1R	35.0		No
I-9	......	$1040	$1700	**$2560**	**$3090**	IH	4	350D	5F-1R	52.6	7200	No
W-9	......	$830	$1350	**$2040**	**$2450**	IH	4	335G	5F-1R	44.6	6425	No
WD9	......	$880	$1430	**$2160**	**$2600**	IH	4	335D	5F-1R	46.5	6650	No

Int. Harvester-Farmall (Cont.)

	Approx. Retail Price New	Estimated Value Less Repairs Used Trade In Avg.	High	Used Retail Avg.	High	Make	Engine No. Cyls.	Displ. Cu.-In.	No. Speeds	P.T.O. H.P.	Approx. Shipping Wt.-Lbs.	Cab
1943												
A	......	$530	$860	**$1300**	**$1570**	IH	4	113G	4F-1R	16.1	2014	No
B	......	$540	$880	**$1330**	**$1600**	IH	4	113G	4F-1R	16.1	2014	No
H	......	$550	$900	**$1360**	**$1640**	IH	4	164G	5F-1R	24.0	3875	No
M	......	$680	$1110	**$1680**	**$2020**	IH	4	248G	5F-1R	36.0	4964	No
MD	......	$760	$1230	**$1860**	**$2240**	IH	4	248D	5F-1R	35.0	4964	No
O-4	......	$610	$1000	**$1510**	**$1820**	IH	4	152G	5F-1R	24.0	3816	No
W4	......	$640	$1040	**$1570**	**$1890**	IH	4	152G	5F-1R	24.0	3816	No
I-6	......	$840	$1360	**$2060**	**$2480**	IH	4	264D	5F-1R	48.0	5510	No
O-6	......	$630	$1020	**$1550**	**$1860**	IH	4	248G	5F-1R	36.0	4858	No
W6	......	$680	$1100	**$1660**	**$2000**	IH	4	248G	5F-1R	36.0	4858	No
WD6	......	$700	$1140	**$1720**	**$2070**	IH	4	248D	5F-1R	35.0	4858	No
I-9	......	$1020	$1660	**$2510**	**$3010**	IH	4	350D	5F-1R	52.6	7200	No
W-9	......	$810	$1320	**$2000**	**$2400**	IH	4	335G	5F-1R	44.6	6425	No
WD-9	......	$860	$1400	**$2120**	**$2550**	IH	4	335D	5F-1R	46.5	6650	No
1942												
A	......	$520	$840	**$1270**	**$1530**	IH	4	113G	4F-1R	16.1	2014	No
B	......	$530	$860	**$1300**	**$1560**	IH	4	113G	4F-1R	16.1	2014	No
H	......	$540	$880	**$1330**	**$1600**	IH	4	164G	5F-1R	24.0	3875	No
M	......	$660	$1070	**$1610**	**$1940**	IH	4	248G	5F-1R	36.0	4964	No
MD	......	$740	$1210	**$1830**	**$2200**	IH	4	248D	5F-1R	35.0	4964	No
O-4	......	$590	$970	**$1460**	**$1760**	IH	4	152G	5F-1R	24.0	3816	No
W4	......	$610	$1000	**$1510**	**$1820**	IH	4	152G	5F-1R	24.0	3816	No
I-6	......	$820	$1320	**$2000**	**$2410**	IH	4	264D	5F-1R	48.0	5510	No
O-6	......	$590	$960	**$1460**	**$1750**	IH	4	248G	5F-1R	36.0	4858	No
W6	......	$650	$1050	**$1590**	**$1920**	IH	4	248G	5F-1R	36.0	4858	No
WD6	......	$680	$1100	**$1660**	**$2000**	IH	4	248D	5F-1R	35.0	4858	No
I-9	......	$1000	$1620	**$2450**	**$2940**	IH	4	350D	5F-1R	52.6	7200	No
W-9	......	$790	$1290	**$1950**	**$2350**	IH	4	335G	5F-1R	44.6	6425	No
WD-9	......	$830	$1350	**$2040**	**$2450**	IH	4	335D	5F-1R	46.5	6650	No
1941												
A	......	$500	$820	**$1240**	**$1490**	IH	4	113G	4F-1R	16.1	2014	No
B	......	$520	$840	**$1270**	**$1530**	IH	4	113G	4F-1R	16.1	2014	No
H	......	$530	$860	**$1300**	**$1560**	IH	4	164G	5F-1R	24.0	3875	No
M	......	$630	$1020	**$1550**	**$1860**	IH	4	248G	5F-1R	36.0	4964	No
MD	......	$730	$1180	**$1790**	**$2150**	IH	4	248D	5F-1R	35.0	4964	No
O-4	......	$570	$920	**$1390**	**$1680**	IH	4	152G	5F-1R	24.0	3816	No
W4	......	$590	$960	**$1450**	**$1750**	IH	4	152G	5F-1R	24.0	3816	No
I-6	......	$790	$1290	**$1940**	**$2340**	IH	4	264D	5F-1R	48.0	5510	No
O-6	......	$580	$940	**$1430**	**$1720**	IH	4	248G	5F-1R	36.0	4858	No
W6	......	$610	$980	**$1490**	**$1790**	IH	4	248G	5F-1R	36.0	4858	No
WD6	......	$650	$1060	**$1610**	**$1930**	IH	4	248D	5F-1R	35.0	4858	No
I-9	......	$970	$1580	**$2390**	**$2870**	IH	4	350D	5F-1R	52.6	7200	No
W-9	......	$770	$1260	**$1900**	**$2290**	IH	4	335G	5F-1R	44.6	6425	No
WD-9	......	$820	$1320	**$2000**	**$2410**	IH	4	335D	5F-1R	46.5	6650	No
1940												
A	......	$490	$800	**$1210**	**$1460**	IH	4	113G	4F-1R	16.1	2014	No
B	......	$500	$820	**$1240**	**$1490**	IH	4	113G	4F-1R	16.1	2014	No
H	......	$520	$840	**$1270**	**$1530**	IH	4	164G	5F-1R	24.0	3875	No
M	......	$610	$1000	**$1510**	**$1810**	IH	4	248G	5F-1R	36.0	4964	No
O-4	......	$540	$880	**$1330**	**$1610**	IH	4	152G	5F-1R	24.0	3816	No
I-6	......	$770	$1250	**$1890**	**$2270**	IH	4	264D	5F-1R	48.0	5510	No
O-6	......	$560	$910	**$1370**	**$1650**	IH	4	248G	5F-1R	36.0	4858	No
W-6	......	$580	$940	**$1430**	**$1720**	IH	4	248G	5F-1R	36.0	4858	No
WD6	......	$630	$1020	**$1550**	**$1860**	IH	4	248D	5F-1R	35.0	4858	No
I-9	......	$950	$1540	**$2330**	**$2800**	IH	4	350D	5F-1R	52.6	7200	No
W-9	......	$760	$1230	**$1870**	**$2250**	IH	4	335G	5F-1R	44.6	6425	No
WD-9	......	$790	$1290	**$1940**	**$2340**	IH	4	335D	5F-1R	46.4	6650	No
1939												
A	......	$480	$780	**$1180**	**$1420**	IH	4	113G	4F-1R	16.1	2014	No
B	......	$490	$800	**$1210**	**$1460**	IH	4	113G	4F-1R	16.1	2014	No
H	......	$500	$820	**$1240**	**$1490**	IH	4	164G	5F-1R	24.0	3875	No
M	......	$600	$970	**$1470**	**$1770**	IH	4	248G	5F-1R	36.0	4964	No

John Deere

	Approx. Retail Price New	Used Trade In Avg.	High	Used Retail Avg.	High	Make	No. Cyls.	Displ. Cu.-In.	No. Speeds	P.T.O. H.P.	Approx. Shipping Wt.-Lbs.	Cab
2009												
20A Nursery/Greenhouse	$14993	$10350	$10950	**$12590**	**$13190**	Lombardini	2	57D	6F-3R	17.0	1654	No
76F Orchard/Vineyard	$37773	$26060	$27570	**$31730**	**$33240**	Det. Dsl.	4T	166D	8F-8R	66.0	4189	No
85F Orchard/Vineyard	$40849	$28190	$29820	**$34310**	**$35950**	Det. Dsl.	4T	166D	8F-8R	73.0		No
85F Orchard/vineyard w/Cab	$52548	$36260	$38360	**$44140**	**$46240**	Det. Dsl.	4T	166D	8F-8R	73.0		CHA
100F Orchard/Vineyard	$43031	$29690	$31410	**$36150**	**$37870**	Det. Dsl.	4T	179D	8F-8R	83.0		No
100F Orchard/Vineyard w/Cab	$55307	$38160	$40370	**$46460**	**$48670**	Det. Dsl.	4T	179D	8F-8R	83.0		CHA
110 TLB Loader-Backhoe	$46644	$29850	$32180	**$37780**	**$39650**	Yanmar	4	133D	Variable	33.0	6216	No
2305 4WD	$10979	$7580	$8020	**$9220**	**$9660**	Yanmar	3	68D	Variable	18.	1125	No
2305 4WD Loader/Backhoe	$16293	$11240	$11890	**$13690**	**$14340**	Yanmar	3	68D	Variable	18.	1125	No
2320 4WD	$13229	$9130	$9660	**$11110**	**$11640**	Yanmar	3	68D	Variable	18.	1125	No
2520 4WD	$15729	$10850	$11480	**$13210**	**$13840**	Yanmar	3	81D	Variable	20.	1865	No
2720 Hydro 4WD	$17299	$11940	$12630	**$14530**	**$15220**	Yanmar	3	100D	Variable	23.5	1973	No
3005	$10699	$7380	$7810	**$8990**	**$9420**	Yanmar	3	81D	8F-2R	24.0	1930	No

	Approx. Retail Price New	Estimated Value Less Repairs: Used Trade In Avg.	High	Used Retail Avg.	High	Engine Make	No. Cyls.	Displ. Cu.-In.	No. Speeds	P.T.O. H.P.	Approx. Shipping Wt.-Lbs.	Cab

John Deere (Cont.)

2009 (Cont.)

Model	Approx. Retail Price New	Used Trade In Avg.	Used Trade In High	Used Retail Avg.	Used Retail High	Make	No. Cyls.	Displ. Cu.-In.	No. Speeds	P.T.O. H.P.	Approx. Shipping Wt.-Lbs.	Cab
3005 4WD	$13159	$9080	$9610	**$11050**	**$11580**	Yanmar	3	81D	8F-2R	24.0	2105	No
3032E Hydro 4WD	$13619	$9400	$9940	**$11440**	**$11990**	Yanmar	3	97D	Variable	25.0		No
3038E Hydro 4WD	$14869	$10260	$10850	**$12490**	**$13090**	Yanmar	3T	91D	Variable	30.		No
3320	$18979	$13100	$13860	**$15940**	**$16700**	Yanmar	3	100D	12F-12R	25.0	2900	No
3320 Hydro	$19879	$13720	$14510	**$16700**	**$17490**	Yanmar	3	100D	Variable	25.5	2900	No
3320 Hydro w/Cab	$26569	$18330	$19400	**$22320**	**$23380**	Yanmar	3	100D	Variable	25.5	2900	CHA
3520	$20999	$14490	$15330	**$17640**	**$18480**	Yanmar	3T	91D	12F-12R	30.5	2900	No
3520 Hydro	$21949	$15150	$16020	**$18440**	**$19320**	Yanmar	3T	91D	Variable	30.0	2900	No
3520 Hydro w/Cab	$28639	$19760	$20910	**$24060**	**$25200**	Yanmar	3T	91D	Variable	30.0	3570	CHA
3720 Hydro	$24219	$16710	$17680	**$20340**	**$21310**	Yanmar	3T	91D	Variable	35.0	2900	No
3720 Hydro w/Cab	$30909	$21330	$22560	**$25960**	**$27200**	Yanmar	3T	91D	Variable	35.0	3570	CHA
4005	$14849	$10250	$10840	**$12470**	**$13070**	Yanmar	4	121D	9F-3R	35.0	2954	No
4005 4WD	$18139	$12520	$13240	**$15240**	**$15960**	Yanmar	4	121D	9F-3R	35.0	3175	No
4105 4WD Hydro	$19079	$13170	$13930	**$16030**	**$16790**	Yanmar	3T	91D	Variable	32.5	2987	No
4120 4WD	$24639	$17000	$17990	**$20700**	**$21680**	JD	4T	149D	12F-12R	35.5	3700	No
4120 4WD Hydro	$25899	$17870	$18910	**$21760**	**$22790**	JD	4T	149D	Variable	35.0	3700	No
4320 4WD	$26679	$18410	$19480	**$22410**	**$23480**	JD	4T	149D	12F-12R	40.5	3700	No
4320 4WD Hydro	$28099	$19390	$20510	**$23600**	**$24730**	JD	4T	149D	Variable	40.0	3700	No
4320 4WD Hydro w/Cab	$34699	$23940	$25330	**$29150**	**$30540**	JD	4T	149D	Variable	40.0	3700	CHA
4520 4WD	$28439	$19620	$20760	**$23890**	**$25030**	JD	4T	149D	12F-12R	45.5	3700	No
4520 4WD Hydro	$30429	$21000	$22210	**$25560**	**$26780**	JD	4T	149D	Variable	45.0	3700	No
4520 4WD Hydro w/Cab	$37119	$25610	$27100	**$31180**	**$32670**	JD	4T	149D	Variable	45.0	3700	CHA
4720 4WD Hydro	$31829	$21960	$23240	**$26740**	**$28010**	JD	4T	149D	Variable	50.0	3700	No
4720 4WD Hydro w/Cab	$39519	$27270	$28850	**$33200**	**$34780**	JD	4T	149D	Variable	50.0	3700	CHA
5045D	$14941	$10310	$10910	**$12550**	**$13150**	JD	3T	179D	8F-8R	37.0		No
5045E 4WD	$21677	$14960	$15820	**$18210**	**$19080**	JD	3T	179D	9F-3R	37.0		No
5055D	$16260	$11220	$11870	**$13660**	**$14310**	JD	3T	179D	8F-4R	45.0		No
5055E 4WD	$23137	$15970	$16890	**$19440**	**$20360**	JD	3T	179D	9F-3R	45.0		No
5065E	$18819	$12990	$13740	**$15810**	**$16560**	JD	3T	179D	9F-3R	53.0		No
5065M	$29271	$20200	$21370	**$24590**	**$25760**	JD	5T	184D	16F-16R	50.0		No
5065M 4WD	$35603	$24570	$25990	**$29910**	**$31330**	JD	5T	184D	16F-16R	50.0		No
5065M 4WD w/Cab	$45464	$31370	$33190	**$38190**	**$40010**	JD	5T	184D	16F-16R	50.0		CHA
5065M w/Cab	$39940	$27560	$29160	**$33550**	**$35150**	JD	5T	184D	16F-16R	50.0		CHA
5065E 4WD	$25044	$17280	$18280	**$21040**	**$22040**	JD	3T	179D	9F-3R	53.0		No
5075E	$21784	$15030	$15900	**$18300**	**$19170**	JD	3T	179D	9F-3R	61.0		No
5075M	$32747	$22600	$23910	**$27510**	**$28820**	JD	5T	184D	16F-16R	60.0		No
5075M 4WD	$38513	$26570	$28110	**$32350**	**$33890**	JD	5T	184D	16F-16R	60.0		No
5075M 4WD w/Cab	$48374	$33380	$35310	**$40630**	**$42570**	JD	5T	184D	16F-16R	60.0		CHA
5075M w/Cab	$42608	$29400	$31100	**$35790**	**$37500**	JD	5T	184D	16F-16R	60.0		CHA
5075E 4WD	$28009	$19330	$20450	**$23530**	**$24650**	JD	3T	179D	9F-3R	61.0		No
5083E 4WD w/Cab	$38849	$26810	$28360	**$32630**	**$34190**	JD	4T	276D	12F-12R	65.0		CHA
5083EN	$32842	$22660	$23980	**$27590**	**$28900**	JD	4T	184D	12F-12R	65.0	5044	No
5083EN 4WD	$39806	$27470	$29060	**$33440**	**$35030**	JD	4T	184D	12F-12R	65.0	5044	No
5083EN 4WD w/Cab	$49446	$34120	$36100	**$41540**	**$43510**	JD	4T	184D	12F-12R	65.0	5044	CHA
5083EN w/Cab	$42482	$29310	$31010	**$35690**	**$37380**	JD	4T	184D	12F-12R	65.0	5044	CHA
5085M	$35905	$24770	$26210	**$30160**	**$31600**	JD	4T	276D	16F-16R	70.0		No
5085M 4WD	$41671	$28750	$30420	**$35000**	**$36670**	JD	4T	276D	16F-16R	70.0		No
5085M 4WD w/Cab	$51532	$35560	$37620	**$43290**	**$45350**	JD	4T	276D	16F-16R	70.0		CHA
5085M w/Cab	$45766	$31580	$33410	**$38440**	**$40270**	JD	4T	276D	16F-16R	70.0		CHA
5093E 4WD w/Cab	$42535	$29350	$31050	**$35730**	**$37430**	JD	4T	276D	12F-12R	75.0		CHA
5093EN	$35662	$24610	$26030	**$29960**	**$31380**	JD	4T	276D	12F-12R	75.0	5995	No
5093EN 4WD	$42626	$29410	$31120	**$35810**	**$37510**	JD	4T	276D	12F-12R	75.0	5995	No
5093EN 4WD w/Cab	$52266	$36060	$38150	**$43900**	**$45990**	JD	4T	276D	12F-12R	75.0	5995	CHA
5093EN w/Cab	$45302	$31260	$33070	**$38050**	**$39870**	JD	4T	276D	12F-12R	75.0	5995	CHA
5095M	$41234	$28450	$30100	**$34640**	**$36290**	JD	4T	276D	16F-16R	80.0		No
5095M 4WD	$47000	$32430	$34310	**$39480**	**$41360**	JD	4T	276D	16F-16R	80.0		No
5095M 4WD w/Cab	$56861	$39230	$41510	**$47760**	**$50040**	JD	4T	276D	16F-16R	80.0		CHA
5095M w/Cab	$51095	$35260	$37300	**$42920**	**$44960**	JD	4T	276D	16F-16R	80.0		CHA
5095MH	$50936	$35150	$37180	**$42790**	**$44820**	JD	4T	276D	12F-4R	80.0		CHA
5095MH w/Cab	$61605	$42510	$44970	**$51750**	**$54210**	JD	4T	276D	12F-4R	80.0		CHA
5101E 4WD w/Cab	$45649	$31500	$33320	**$38350**	**$40170**	JD	4T	276D	12F-12R	82.0		CHA
5101EN	$37286	$25730	$27220	**$31320**	**$32810**	JD	4T	276D	12F-12R	82.0		No
5101EN 4WD	$44250	$30530	$32300	**$37170**	**$38940**	JD	4T	276D	12F-12R	82.0		No
5101EN 4WD w/Cab	$53890	$37180	$39340	**$45270**	**$47420**	JD	4T	276D	12F-12R	82.0		CHA
5101EN w/Cab	$46926	$32380	$34260	**$39420**	**$41300**	JD	4T	276D	12F-12R	82.0		CHA
5105M 4WD	$51094	$35260	$37300	**$42920**	**$44960**	JD	4T	276D	16F-16R	90.0		No
5105M 4WD w/Cab	$60653	$41850	$44280	**$50950**	**$53380**	JD	4T	276D	16F-16R	90.0		CHA
6100D	$42964	$27930	$30080	**$35660**	**$37380**	JD	4T	276D	12F-12R	82.0	5485	No
6100D 4WD	$45649	$29670	$31950	**$37890**	**$39720**	JD	4T	276D	12F-12R	82.0	5485	No
6100D 4WD w/Cab	$51235	$33300	$35870	**$42530**	**$44570**	JD	4T	276D	9F-9R	82.0		CHA
6100D w/Cab	$44935	$29210	$31460	**$37300**	**$39090**	JD	4T	276D	9F-9R	82.0		CHA
6115D	$39439	$25640	$27610	**$32730**	**$34310**	JD	4T	276D	9F-9R	95.0		No
6115D 4WD	$45354	$29480	$31750	**$37640**	**$39460**	JD	4T	276D	9F-9R	95.0		No
6115D 4WD w/Cab	$54341	$35320	$38040	**$45100**	**$47280**	JD	4T	276D	9F-9R	95.0		CHA
6115D w/Cab	$47710	$31010	$33400	**$39600**	**$41510**	JD	4T	276D	9F-9R	95.0		CHA
6130D 4WD	$50979	$33140	$35690	**$42310**	**$44350**	JD	4T	276D	9F-9R	105.0		No
6130D 4WD w/Cab	$59247	$38510	$41470	**$49180**	**$51550**	JD	4T	276D	9F-9R	105.0		CHA
6140D 4WD	$55839	$36300	$39090	**$46350**	**$48580**	JD	4T	276D	9F-9R	115.0		No
6140D 4WD w/Cab	$64110	$41670	$44880	**$53210**	**$55780**	JD	4T	276D	9F-9R	115.0		CHA
6230	$38716	$25170	$27100	**$32130**	**$33680**	JD	4TA	276D	12F-4R	75.0	7695	No
6230 4WD	$45737	$29730	$32020	**$37960**	**$39790**	JD	4TA	276D	12F-4R	75.0	7695	No
6230 4WD	$48561	$31570	$33990	**$40310**	**$42250**	JD	4TA	276D	16F-16R	75.0	7695	No
6230 PQ 4WD w/Std. Cab	$59448	$41020	$43400	**$49940**	**$52310**	JD	4TA	276D	24F-24R	75.0	9678	CHA
6230 Syncro 4WD w/Std. Cab	$57238	$39490	$41780	**$48080**	**$50370**	JD	4TA	276D	16F-16R	75.0	9678	CHA

John Deere (Cont.)

2009 (Cont.)

	Approx. Retail Price New	Estimated Value Less Repairs Used Trade In Avg.	High	Used Retail Avg.	High	Make	Engine No. Cyls.	Displ. Cu.-In.	No. Speeds	P.T.O. H.P.	Approx. Shipping Wt.-Lbs.	Cab
6230 PQ w/Std. Cab	$52927	$36520	$38640	$44460	$46580	JD	4TA	276D	16F-16R	75.0	9678	CHA
6230 Syncro w/Std. Cab	$50217	$34650	$36660	$42180	$44190	JD	4TA	276D	16F-16R	75.0	9182	CHA
6230 AQ 4WD w/Premium Cab	$70511	$48650	$51470	$59230	$62050	JD	4TA	276D	24F-24R	75.0	9678	CHA
6230 PQ 4WD w/Premium Cab	$68406	$47200	$49940	$57460	$60200	JD	4TA	276D	16F-16R	75.0	9678	CHA
6230 PQ w/Premium Cab	$57925	$39970	$42290	$48660	$50970	JD	4TA	276D	16F-16R	75.0	9678	CHA
6330	$43320	$29890	$31620	$36390	$38120	JD	4TA	276D	12F-4R	85.0	7695	No
6330	$44449	$30670	$32450	$37340	$39120	JD	4TA	276D	16F-16R	85.0	7695	No
6330 4WD	$50341	$34740	$36750	$42290	$44300	JD	4TA	276D	12F-4R	85.0	8103	No
6330 4WD	$53165	$36680	$38810	$44660	$46790	JD	4TA	276D	16F-16R	85.0	8103	No
6330 4WD Low Profile	$55515	$38310	$40530	$46630	$48850	JD	4TA	276D	16F-16R	85.0	8103	No
6330 PQ 4WD w/Std. Cab	$63332	$43700	$46230	$53200	$55730	JD	4TA	276D	16F-16R	85.0	9491	CHA
6330 Syncro 4WD w/Std. Cab	$61122	$42170	$44620	$51340	$53790	JD	4TA	276D	16F-16R	85.0	9491	CHA
6330 PQ w/Std. Cab	$56561	$39030	$41290	$47510	$49770	JD	4TA	276D	16F-16R	85.0	9491	CHA
6330 Syncro w/Std. Cab	$54101	$37330	$39490	$45450	$47610	JD	4TA	276D	16F-16R	85.0	9491	CHA
6330 AQ 4WD w/Premium Cab	$73068	$50420	$53340	$61380	$64300	JD	4TA	276D	24F-24R	85.0	10091	CHA
6330 IVT 4WD w/Premium Cab	$80613	$55620	$58850	$67720	$70940	JD	4TA	276D	Variable	85.0	10091	CHA
6330 PQ 4WD w/Premium Cab	$70963	$48960	$51800	$59610	$62450	JD	4TA	276D	16F-16R	85.0	10091	CHA
6330 PQ w/Premium Cab	$60429	$41700	$44110	$50760	$53180	JD	4TA	276D	16F-16R	85.0	9491	CHA
6430 PowrQuad 4WD	$55683	$38420	$40650	$46770	$49000	JD	4TA	276D	16F-16R	95.0	10474	CHA
6430 PowrQuad 4WD Orchard	$58033	$40040	$42360	$48750	$51070	JD	4TA	276D	16F-16R	95.0	10474	CHA
6430 Syncro 4WD	$52859	$36470	$38590	$44400	$46520	JD	4TA	276D	12F-4R	95.0	10474	CHA
6430 PowrQuad	$51735	$35700	$37770	$43460	$45530	JD	4TA	276D	16F-16R	95.0	10474	CHA
6430 Syncro	$45838	$31630	$33460	$38500	$40340	JD	4TA	276D	12F-4R	95.0	10474	CHA
6430 PQ 4WD w/Std. Cab	$67120	$46310	$49000	$56380	$59070	JD	4TA	276D	16F-16R	95.0	10064	CHA
6430 Syncro 4WD w/Std. Cab	$64910	$44790	$47380	$54520	$57120	JD	4TA	276D	16F-16R	95.0	10474	CHA
6430 PQ w/Std. Cab	$60349	$41640	$44060	$50690	$53110	JD	4TA	276D	16F-16R	95.0	10474	CHA
6430 Syncro w/Std. Cab	$57889	$39940	$42260	$48630	$50940	JD	4TA	276D	16F-16R	95.0	10474	CHA
6430 AQ 4WD w/Premium Cab	$76667	$52900	$55970	$64400	$67470	JD	4TA	276D	24F-24R	95.0	10474	CHA
6430 IVT 4WD w/Premium Cab	$84212	$58110	$61480	$70740	$74110	JD	4TA	276D	Variable	95.0	10474	CHA
6430 PQ 4WD w/Premium Cab	$74562	$51450	$54430	$62630	$65620	JD	4TA	276D	16F-16R	95.0	10474	CHA
6430 PQ w/Premium Cab	$64028	$44180	$46740	$53780	$56350	JD	4TA	276D	16F-16R	95.0	10064	CHA
7130 PowrQuad 4WD	$64374	$44420	$46990	$54070	$56650	JD	6TA	414D	16F-16R	100.0		No
7130 Syncro 4WD	$61550	$42470	$44930	$51700	$54160	JD	6TA	414D	12F-4R	100.0		No
7130 AQ 4WD w/Premium Cab	$94376	$61340	$66060	$78330	$82110	JD	6T	414D	24F-24R	100.0		CHA
7130 IVT 4WD w/Premium Cab	$102903	$66890	$72030	$85410	$89530	JD	6T	414D	Variable	100.0		CHA
7130 PowrQuad	$57853	$39920	$42230	$48600	$50910	JD	6TA	414D	16F-16R	100.0		No
7130 PQ 4WD w/Premium Cab	$90909	$59090	$63640	$75450	$79090	JD	6T	414D	16F-16R	100.0		CHA
7130 PQ 4WD w/Std. Cab	$76216	$49540	$53350	$63260	$66310	JD	6T	414D	16F-16R	100.0		CHA
7130 PQ w/Premium Cab	$79597	$51740	$55720	$66070	$69250	JD	6T	414D	16F-16R	100.0		CHA
7130 PQ w/Std. Cab	$68159	$44300	$47710	$56570	$59300	JD	6T	414D	16F-16R	100.0		CHA
7130 Syncro	$54529	$37630	$39810	$45800	$47990	JD	6TA	414D	12F-4R	100.0		No
7130 Syncro 4WD w/Std. Cab	$72720	$47270	$50900	$60360	$63270	JD	6T	414D	16F-16R	100.0		CHA
7130 Syncro w/Std. Cab	$65699	$42700	$45990	$54530	$57160	JD	6T	414D	16F-16R	100.0		CHA
7230 PowrQuad 4WD	$67099	$46300	$48980	$56360	$59050	JD	6TA	414D	16F-16R	110.0		No
7230 Syncro 4WD	$64275	$44350	$46920	$53990	$56560	JD	6TA	414D	12F-4R	110.0		No
7230 PowrQuad	$58783	$40560	$42910	$49380	$51730	JD	6TA	414D	16F-16R	110.0		No
7230 Syncro	$57254	$39510	$41800	$48090	$50380	JD	6TA	414D	12F-4R	110.0		No
7230 PQ 4WD w/Std. Cab	$79923	$55150	$58340	$67140	$70330	JD	6TA	414D	24F-24R	110.0		CHA
7230 Syncro 4WD w/Std. Cab	$76427	$52740	$55790	$64200	$67260	JD	6TA	414D	16F-16R	110.0		CHA
7230 PQ w/Std. Cab	$71866	$49590	$52460	$60370	$63240	JD	6TA	414D	24F-24R	110.0		CHA
7230 Syncro w/Std. Cab	$69406	$47890	$50670	$58300	$61080	JD	6TA	414D	16F-16R	110.0		CHA
7230 AQ 4WD w/Premium Cab	$102672	$66740	$71870	$85220	$89330	JD	6TA	414D	24F-24R	110.0		CHA
7230 IVT 4WD w/Premium Cab	$11199	$7730	$8180	$9410	$9860	JD	6TA	414D	Variable	110.0		CHA
7230 PQ 4WD w/Premium Cab	$99205	$64480	$69440	$82340	$86310	JD	6TA	414D	16F-16R	110.0		CHA
7230 PQ w/Premium Cab	$87893	$60650	$64160	$73830	$77350	JD	6TA	414D	16F-16R	110.0		CHA
7330	$63145	$43570	$46100	$53040	$55570	JD	6TA	414D	16F-16R	125.0		No
7330 4WD	$71042	$49020	$51860	$59680	$62520	JD	6TA	414D	16F-16R	125.0		No
7330 4WD High Crop w/Prem. Cab	$118182	$81550	$86270	$99270	$104000	JD	6TI	414D	16F-16R	125.0		CHA
7330 AQ 4WD w/Std. Cab	$89292	$58040	$62500	$74110	$77680	JD	6TA	414D	20F-20R	125.0		CHA
7330 PQ 4WD w/Std. Cab	$87338	$56770	$61140	$72490	$75980	JD	6TA	414D	16F-16R	125.0		CHA
7330 PQ w/Std. Cab	$80779	$52510	$56550	$67050	$70280	JD	6TA	414D	16F-16R	125.0		CHA
7330 AQ 4WD w/Premium Cab	$114035	$74120	$79830	$94650	$99210	JD	6TA	414D	20F-20R	125.0		CHA
7330 IVT 4WD w/Premium Cab	$122774	$79800	$85940	$101900	$106810	JD	6TA	414D	Variable	125.0		CHA
7330 PQ 4WD w/Premium Cab	$110780	$72010	$77550	$91950	$96380	JD	6TA	414D	16F-16R	125.0		CHA
7330 PQ w/Premiunm Cab	$98091	$63760	$68660	$81420	$85340	JD	6TA	414D	16F-16R	125.0		CHA
7430 AQ 4WD w/Premium Cab	$121424	$83780	$88640	$102000	$106850	JD	6TA	414D	20F-20R	140.0	14594	CHA
7430 IVT 4WD w/Premium Cab	$130163	$89810	$95020	$109340	$114540	JD	6TA	414D	Variable	140.0	14594	CHA
7430 PQ 4WD w/Premium Cab	$118169	$81540	$86260	$99260	$103990	JD	6TA	414D	16F-16R	140.0		CHA
7530 AQ w/Premium Cab	$127014	$82560	$88910	$105420	$110500	JD	6TI	414D	20F-20R	152.0		CHA
7530 IVT w/Premium Cab	$135753	$88240	$95030	$112680	$118110	JD	6TI	414D	Variable	152.0		CHA
7530 PQ w/Premium Cab	$123759	$80440	$86630	$102720	$107670	JD	6TI	414D	16F-16R	152.0		CHA
7630 PQ 4WD w/Cab	$117783	$76560	$82450	$97760	$102470	JD	6TA	414D	16F-16R	140.0	16502	CHA
7630 PQ w/Cab	$101910	$66240	$71340	$84590	$88660	JD	6TA	414D	16F-16R	140.0	16502	CHA
7630 AQ 4WD w/Cab	$121982	$79290	$85390	$101250	$106120	JD	6TA	414D	20F-20R	140.0	16502	CHA
7630 IVT 4WD w/Cab	$129641	$84270	$90750	$107600	$112790	JD	6TA	414D	Variable	140.0	17131	CHA
7730 PQ w/Cab	$107608	$74250	$78550	$90390	$94700	JD	6TA	414D	16F-16R	152.0	15360	CHA
7730 AQ 4WD w/Cab	$127680	$88100	$93210	$107250	$112360	JD	6TA	414D	20F-20R	152.0	16502	CHA
7730 PQ 4WD w/Cab	$123485	$85210	$90140	$103730	$108670	JD	6TA	414D	16F-16R	152.0	16503	CHA
7730 IVT 4WD w/Cab	$135339	$93380	$98800	$113690	$119100	JD	6TA	414D	Variable	152.0	17131	CHA
7830 AQ 4WD w/Cab	$136989	$94520	$100000	$115070	$120550	JD	6TA	414D	20F-20R	165.0	16502	CHA
7830 IVT 4WD w/Cab	$144648	$99810	$105590	$121500	$127290	JD	6TA	414D	Variable	165.0	17131	CHA
7830 PQ 4WD w/Cab	$130753	$90220	$95450	$109830	$115060	JD	6TA	414D	16F-16R	165.0	16502	CHA
7830 PQ w/Cab	$114675	$79130	$83710	$96330	$100910	JD	6TA	414D	16F-16R	165.0	15360	CHA

	Approx. Retail Price New	Estimated Value Less Repairs Used Trade In Avg.	High	Used Retail Avg.	High	Engine Make	No. Cyls.	Displ. Cu.-In.	No. Speeds	P.T.O. H.P.	Approx. Shipping Wt.-Lbs.	Cab

John Deere (Cont.)

2009 (Cont.)

Model	Approx. Retail Price New	Used Trade In Avg.	Used Trade In High	Used Retail Avg.	Used Retail High	Make	No. Cyls.	Displ. Cu.-In.	No. Speeds	P.T.O. H.P.	Approx. Shipping Wt.-Lbs.	Cab
7930 IVT 4WD w/Cab	$152924	$99400	$107050	**$126930**	**$133040**	JD	6TA	414D	Variable	180.0	17131	CHA
7930 PQ 4WD w/Cab	$139029	$90370	$97320	**$115390**	**$120960**	JD	6TA	414D	16F-16R	180.0	16502	CHA
7930 AQ 4WD w/Cab	$145265	$94420	$101690	**$120570**	**$126380**	JD	6TA	414D	20F-20R	180.0	16502	CHA
8130	$134876	$86320	$93060	**$109250**	**$114650**	JD	6TA	548D	16F-4R	180.0		No
8130 IVT 4WD w/Cab	$170787	$109300	$117840	**$138340**	**$145170**	JD	6TA	548D	Variable	180.0		CHA
8130 4WD w/Cab	$158227	$101270	$109180	**$128160**	**$134490**	JD	6TA	548D	16F-4R	180.0		CHA
8230 4WD w/Cab	$173568	$111080	$119760	**$140590**	**$147530**	JD	6TA	548D	16F-4R	200.0		CHA
8230 IVT 4WD w/Cab	$186128	$119120	$128430	**$150760**	**$158210**	JD	6TA	548D	Variable	200.0		CHA
8230T w/Cab	$195879	$125360	$135160	**$158660**	**$166500**	JD	6TA	548D	16F-4R	200.0		CHA
8330 4WD w/Cab	$187215	$119820	$129180	**$151640**	**$159130**	JD	6TA	548D	16F-4R	225.0		CHA
8330 IVT 4WD w/Cab	$200275	$128180	$138190	**$162220**	**$170230**	JD	6TA	548D	Variable	225.0		CHA
8330T w/Cab	$208796	$133630	$144070	**$169130**	**$177480**	JD	6TA	548D	16F-4R	235.0		CHA
8430 IVT 4WD w/Cab	$236550	$151390	$163220	**$191610**	**$201070**	JD	6TA	548D	Variable	255.0		CHA
8430 4WD w/Cab	$226418	$144910	$156230	**$183400**	**$192460**	JD	6TA	548D	16F-4R	255.0		CHA
8430T w/Cab	$222325	$142290	$153400	**$180080**	**$188980**	JD	6TA	548D	16F-4R	255.0		CHA
8530 IVT 4WD w/Cab	$245447	$157090	$169360	**$198810**	**$208630**	JD	6TA	548D	Variable	275.0		CHA
9230	$202998	$129920	$140070	**$164430**	**$172550**	JD	6TA	548D	24F-6R	325*		CHA
9230 PS	$214499	$137280	$148000	**$173740**	**$182320**	JD	6TA	548D	18F-6R	325*		CHA
9330	$227574	$143370	$154750	**$182060**	**$191160**	JD	6TA	824D	24F-6R	375*		CHA
9330 PS	$238163	$150040	$161950	**$190530**	**$200060**	JD	6TA	824D	18F-6R	375*		CHA
9430	$246972	$155590	$167940	**$197580**	**$207460**	JD	6TA	824D	24F-6R	425*		CHA
9430 PS	$257560	$162260	$175140	**$206050**	**$216350**	JD	6TA	824D	18F-6R	425*		CHA
9430T PS	$302507	$190580	$205710	**$242010**	**$254110**	JD	6TA	824D	18F-6R	425*		CHA
9430 Scraper	$265713	$167400	$180690	**$212570**	**$223200**	JD	6TA	824D	18F-6R	425*		CHA
9530 PS	$285866	$180100	$194390	**$228690**	**$240130**	JD	6TA	824D	18F-6R	450*		CHA
9530T PS	$321722	$202690	$218770	**$257380**	**$270250**	JD	6TA	824D	18F-6R	450*		CHA
9530 Scraper	$291661	$183750	$198330	**$233330**	**$245000**	JD	6TA	824D	18F-6R	450*		CHA
9630 PS	$306536	$193120	$208440	**$245230**	**$257490**	JD	6TA	824D	18F-6R	500*		CHA
9630T PS	$348332	$219450	$236870	**$278670**	**$292600**	JD	6TA	824D	18F-6R	500*		CHA
9630 Scraper	$319971	$201580	$217580	**$255980**	**$268780**	JD	6TA	824D	18F-6R	500*		CHA

AQ--AutoQuad PQ--PowrQuad PS--Power Shift IVT--Infinitely Variable Transmission T--Tracks
***Engine Horsepower**

2008

Model	Approx. Retail Price New	Used Trade In Avg.	Used Trade In High	Used Retail Avg.	Used Retail High	Make	No. Cyls.	Displ. Cu.-In.	No. Speeds	P.T.O. H.P.	Approx. Shipping Wt.-Lbs.	Cab
20A Nursery/Greenhouse	$14279	$8850	$9570	**$11280**	**$11990**	Lombardini	2	57D	6F-3R	17.0	1654	No
76F Orchard/Vineyard	$35974	$22300	$24100	**$28420**	**$30220**	Det. Dsl.	4T	166D	8F-8R	66.0	4189	No
76F Orchard/Vineyard w/Cab	$47013	$29150	$31500	**$37140**	**$39490**	Det. Dsl.	4T	166D	8F-8R	66.0		CHA
85F Orchard/Vineyard	$38904	$24120	$26070	**$30730**	**$32680**	Det. Dsl.	4T	166D	8F-8R	73.0		No
85F Orchard/vineyard w/Cab	$50046	$31030	$33530	**$39540**	**$42040**	Det. Dsl.	4T	166D	8F-8R	73.0		CHA
100F Orchard/Vineyard	$40982	$25410	$27460	**$32380**	**$34430**	Det. Dsl.	4T	179D	8F-8R	83.0		No
100F Orchard/Vineyard w/Cab	$52673	$32660	$35290	**$41610**	**$44250**	Det. Dsl.	4T	179D	8F-8R	83.0		CHA
110 TLB Loader-Backhoe	$44644	$25450	$27680	**$33040**	**$35270**	Yanmar	4	133D	Variable	33.0	6216	No
2305 4WD	$10979	$6810	$7360	**$8670**	**$9220**	Yanmar	3	68D	Variable	18.	1125	No
2305 4WD Loader/Backhoe	$16292	$10100	$10920	**$12870**	**$13690**	Yanmar	3	68D	Variable	18.	1125	No
2320 4WD	$13229	$8200	$8860	**$10450**	**$11110**	Yanmar	3	68D	Variable	18.	1125	No
2520 4WD	$15729	$9750	$10540	**$12430**	**$13210**	Yanmar	3	81D	Variable	20.	1865	No
2720 Hydro 4WD	$17299	$10730	$11590	**$13670**	**$14530**	Yanmar	3	100D	Variable	23.5	1973	No
3005	$9979	$6190	$6690	**$7880**	**$8380**	Yanmar	3	81D	8F-2R	24.0	1930	No
3005 4WD	$12269	$7610	$8220	**$9690**	**$10310**	Yanmar	3	81D	8F-2R	24.0	2105	No
3120 Hydro 4WD	$17499	$10850	$11720	**$13820**	**$14700**	Yanmar	3	91D	Variable	22.0	2900	No
3203 4WD	$15499	$9610	$10380	**$12240**	**$13020**	Yanmar	3	91D	Variable	24.	2700	No
3320	$18429	$11430	$12350	**$14560**	**$15480**	Yanmar	3	100D	12F-12R	25.0	2900	No
3320 Hydro	$19304	$11970	$12930	**$15250**	**$16220**	Yanmar	3	100D	Variable	25.5	2900	No
3320 Hydro w/Cab	$25793	$15990	$17280	**$20380**	**$21670**	Yanmar	3	100D	Variable	25.5	2900	CHA
3520	$20389	$12640	$13660	**$16110**	**$17130**	Yanmar	3T	91D	12F-12R	30.5	2900	No
3520 Hydro	$21316	$13220	$14280	**$16840**	**$17910**	Yanmar	3T	91D	Variable	30.0	2900	No
3520 Hydro w/Cab	$27805	$17240	$18630	**$21970**	**$23360**	Yanmar	3T	91D	Variable	30.0	3570	CHA
3720 Hydro	$23509	$14580	$15750	**$18570**	**$19750**	Yanmar	3T	91D	Variable	35.0	2900	No
3720 Hydro w/Cab	$29998	$18600	$20100	**$23700**	**$25200**	Yanmar	3T	91D	Variable	35.0	3570	CHA
4005	$13839	$8580	$9270	**$10930**	**$11630**	Yanmar	4	121D	9F-3R	35.0	2954	No
4005 4WD	$16899	$10480	$11320	**$13350**	**$14200**	Yanmar	4	121D	9F-3R	35.0	3175	No
4105 4WD Hydro	$19079	$11830	$12780	**$15070**	**$16030**	Yanmar	3T	91D	Variable	32.5	2987	No
4120 4WD	$23919	$14830	$16030	**$18900**	**$20090**	JD	4T	149D	12F-12R	35.5	3700	No
4120 4WD Hydro	$25137	$15590	$16840	**$19860**	**$21120**	JD	4T	149D	Variable	35.0	3700	No
4320 4WD	$25899	$16060	$17350	**$20460**	**$21760**	JD	4T	149D	12F-12R	40.5	3700	No
4320 4WD Hydro	$27189	$16860	$18220	**$21480**	**$22840**	JD	4T	149D	Variable	40.0	3700	No
4320 4WD Hydro w/Cab	$33678	$20880	$22560	**$26610**	**$28290**	JD	4T	149D	Variable	40.0	3700	CHA
4520 4WD	$27609	$17120	$18500	**$21810**	**$23190**	JD	4T	149D	12F-12R	45.5	3700	No
4520 4WD Hydro	$29079	$18030	$19480	**$22970**	**$24430**	JD	4T	149D	Variable	45.0	3700	No
4520 4WD Hydro w/Cab	$35568	$22050	$23830	**$28100**	**$29880**	JD	4T	149D	Variable	45.0	3700	CHA
4720 4WD Hydro	$30899	$19160	$20700	**$24410**	**$25960**	JD	4T	149D	Variable	50.0	3700	No
4720 4WD Hydro w/Cab	$37976	$23550	$25440	**$30000**	**$31900**	JD	4T	149D	Variable	50.0	3700	CHA
5103	$15338	$9510	$10280	**$12120**	**$12880**	JD	3T	179D	9F-3R	38.0	4634	No
5103 4WD	$20430	$12670	$13690	**$16140**	**$17160**	JD	3T	179D	9F-3R	38.0	5031	No
5203	$16607	$10300	$11130	**$13120**	**$13950**	JD	3T	179D	9F-3R	47.0	4647	No
5203 4WD	$21392	$13260	$14330	**$16900**	**$17970**	JD	3T	179D	9F-3R	47.0	5044	No
5225	$24814	$15390	$16630	**$19600**	**$20840**	JD	5T	186D	9F-3R	45.0	5485	No
5225	$27453	$17020	$18390	**$21690**	**$23060**	JD	5T	186D	12F-12R	45.0	5485	No
5225 w/Cab	$33512	$20780	$22450	**$26470**	**$28150**	JD	5T	186D	9F-3R	45.0	5995	CHA
5225 w/Cab	$36290	$22500	$24310	**$28670**	**$30480**	JD	5T	186D	12F-12R	45.0	5995	CHA
5225 4WD	$30815	$19110	$20650	**$24340**	**$25890**	JD	5T	186D	9F-3R	45.0	6030	No
5225 4WD	$33023	$20470	$22130	**$26090**	**$27740**	JD	5T	186D	12F-12R	45.0	6030	No
5225 4WD w/Cab	$39107	$24250	$26200	**$30900**	**$32850**	JD	5T	186D	9F-3R	45.0	6580	CHA
5225 4WD w/Cab	$41650	$25820	$27910	**$32900**	**$34990**	JD	5T	186D	12F-12R	45.0	6580	CHA
5303	$18353	$11380	$12300	**$14500**	**$15420**	JD	3T	179D	9F-3R	55.0	4725	No

John Deere (Cont.)

2008 (Cont.)

	Approx. Retail Price New	Estimated Value Less Repairs: Used Trade In Avg.	Used Trade In High	Used Retail Avg.	Used Retail High	Make	Engine No. Cyls.	Engine Displ. Cu.-In.	No. Speeds	P.T.O. H.P.	Approx. Shipping Wt.-Lbs.	Cab
5303 4WD	$23138	$14350	$15500	$18280	$19440	JD	3T	179D	9F-3R	55.0	5122	No
5325	$27836	$17260	$18650	$21990	$23380	JD	5T	186D	9F-3R	55.0	5485	No
5325	$30107	$18670	$20170	$23790	$25290	JD	5T	186D	12F-12R	55.0	5485	No
5325 w/Cab	$37048	$22970	$24820	$29270	$31120	JD	5T	186D	9F-3R	55.0	5995	CHA
5325 w/Cab	$38955	$24150	$26100	$30770	$32720	JD	5T	186D	12F-12R	55.0	5995	CHA
5325 4WD	$32822	$20350	$21990	$25930	$27570	JD	5T	186D	9F-3R	55.0	6030	No
5325 4WD	$35624	$22090	$23870	$28140	$29920	JD	5T	186D	12F-12R	55.0	6030	No
5325 4WD w/Cab	$41970	$26020	$28120	$33160	$35260	JD	5T	186D	9F-3R	55.0	6580	CHA
5325 4WD w/Cab	$44241	$27430	$29640	$34950	$37160	JD	5T	186D	12F-12R	55.0	6580	CHA
5325N	$27987	$16230	$17910	$20990	$22390	JD	5T	186D	12F-12R	55.0	5485	No
5325N w/Cab	$37000	$21460	$23680	$27750	$29600	JD	5T	186D	12F-12R	55.0	5485	CHA
5325N 4WD	$34477	$20000	$22070	$25860	$27580	JD	5T	186D	12F-12R	55.0	6030	No
5325N 4WD w/Cab	$43571	$25270	$27890	$32680	$34860	JD	5T	186D	12F-12R	55.0	6580	CHA
5403	$20903	$12960	$14010	$16510	$17560	JD	3T	179D	9F-3R	64.0	4725	No
5403 4WD	$25688	$15930	$17210	$20290	$21580	JD	3T	179D	9F-3R	64.0	5122	No
5425	$31410	$19470	$21050	$24810	$26380	JD	4T	276D	9F-3R	65.0	5885	No
5425	$33981	$21070	$22770	$26850	$28540	JD	4T	276D	12F-12R	65.0	5885	No
5425 w/Cab	$38607	$23940	$25870	$30500	$32430	JD	4T	276D	9F-3R	65.0	6800	CHA
5425 w/Cab	$41292	$25600	$27670	$32620	$34690	JD	4T	276D	12F-12R	65.0	6800	CHA
5425 4WD	$36933	$22900	$24750	$29180	$31020	JD	4T	276D	9F-3R	65.0	6470	No
5425 4WD	$39754	$24650	$26640	$31410	$33390	JD	4T	276D	12F-12R	65.0	6470	No
5425 4WD w/Cab	$44744	$27740	$29980	$35350	$37590	JD	4T	276D	9F-3R	65.0	7385	CHA
5425 4WD w/Cab	$47065	$29180	$31530	$37180	$39540	JD	4T	276D	12F-12R	65.0	7385	CHA
5425N	$30997	$19220	$20770	$24490	$26040	JD	4T	276D	12F-12R	65.0	5885	No
5425N w/Cab	$40091	$24860	$26860	$31670	$33680	JD	4T	276D	12F-12R	65.0	5885	CHA
5425N 4WD	$37567	$23290	$25170	$29680	$31560	JD	4T	276D	12F-12R	65.0	6470	No
5425N 4WD w/Cab	$46661	$28930	$31260	$36860	$39200	JD	4T	276D	12F-12R	65.0	7385	CHA
5525	$34548	$21420	$23150	$27290	$29020	JD	4T	276D	9F-3R	75.0	5885	No
5525	$37233	$23080	$24950	$29410	$31280	JD	4T	276D	12F-12R	75.0	5885	No
5525 w/Cab	$42223	$26180	$28290	$33360	$35470	JD	4T	276D	9F-3R	75.0	6800	CHA
5525 w/Cab	$44544	$27620	$29840	$35190	$37420	JD	4T	276D	12F-12R	75.0	6800	CHA
5525 4WD	$40685	$25230	$27260	$32140	$34180	JD	4T	276D	9F-3R	75.0	6470	No
5525 4WD	$43006	$26660	$28810	$33980	$36130	JD	4T	276D	12F-12R	75.0	6470	No
5525 4WD w/Cab	$47996	$29760	$32160	$37920	$40320	JD	4T	276D	9F-3R	75.0	7385	CHA
5525 4WD w/Cab	$50317	$31200	$33710	$39750	$42270	JD	4T	276D	12F-12R	75.0	7385	CHA
5525N	$35031	$21720	$23470	$27670	$29430	JD	4T	276D	12F-12R	75.0	5885	No
5525N 4WD	$41601	$25790	$27870	$32870	$34950	JD	4T	276D	12F-12R	75.0	6470	No
5525N w/Cab	$44125	$27360	$29560	$34860	$37070	JD	4T	276D	12F-12R	75.0	5885	CHA
5525N 4WD w/Cab	$50695	$31430	$33970	$40050	$42580	JD	4T	276D	12F-12R	75.0	7385	CHA
5525N Hi-Crop	$44437	$25330	$27550	$32880	$35110	JD	4T	276D	12F-4R	75.0	6470	No
5525N Hi-Crop	$47122	$26860	$29220	$34870	$37230	JD	4T	276D	16F-16R	75.0	6470	No
5603	$42267	$24520	$27050	$31700	$33810	JD	4T	276D	12F-12R	82.0	7385	No
5625 4WD	$42269	$24520	$27050	$31700	$33820	JD	4T	276D	9F-3R	82.0	6470	No
5625 4WD	$44954	$26070	$28770	$33720	$35960	JD	4T	276D	12F-12R	82.0	6470	No
5625 4WD w/Cab	$49944	$28970	$31960	$37460	$39960	JD	4T	276D	9F-3R	82.0	7385	CHA
5625 4WD w/Cab	$52265	$30310	$33450	$39200	$41810	JD	4T	276D	12F-12R	82.0	7385	CHA
6230	$36017	$20890	$23050	$27010	$28810	JD	4TA	276D	12F-4R	75.0	7695	No
6230	$38917	$22570	$24910	$29190	$31130	JD	4TA	276D	16F-16R	75.0	7695	No
6230 4WD	$43691	$25340	$27960	$32770	$34950	JD	4TA	276D	12F-4R	75.0	7695	No
6230 4WD	$46591	$27020	$29820	$34940	$37270	JD	4TA	276D	16F-16R	75.0	7695	No
6230 PQ 4WD w/Std. Cab	$57585	$35700	$38580	$45490	$48370	JD	4TA	276D	24F-24R	75.0	9678	CHA
6230 Syncro 4WD w/Std. Cab	$53984	$33470	$36170	$42650	$45350	JD	4TA	276D	16F-16R	75.0	9678	CHA
6230 PQ w/Std. Cab	$48631	$30150	$32580	$38420	$40850	JD	4TA	276D	16F-16R	75.0	9678	CHA
6230 Syncro w/Std. Cab	$46310	$28710	$31030	$36590	$38900	JD	4TA	276D	16F-16R	75.0	9182	CHA
6230 AQ 4WD w/Premium Cab	$66486	$41220	$44550	$52520	$55850	JD	4TA	276D	24F-24R	75.0	9678	CHA
6230 AQ 4WD w/Premium Cab	$64506	$39990	$43220	$50960	$54190	JD	4TA	276D	16F-16R	75.0	9678	CHA
6230 PQ w/Premium Cab	$54621	$33870	$36600	$43150	$45880	JD	4TA	276D	16F-16R	75.0	9678	CHA
6230 Syncro w/Premium Cab	$55339	$34310	$37080	$43720	$46490	JD	4TA	276D	16F-16R	75.0	9182	CHA
6330	$41399	$25670	$27740	$32710	$34780	JD	4TA	276D	12F-4R	85.0	7695	No
6330	$43002	$26660	$28810	$33970	$36120	JD	4TA	276D	16F-16R	85.0	7695	No
6330 4WD	$48023	$29770	$32180	$37940	$40340	JD	4TA	276D	12F-4R	85.0	8103	No
6330 4WD	$49626	$30770	$33250	$39210	$41690	JD	4TA	276D	16F-16R	85.0	8103	No
6330 PQ 4WD w/Std. Cab	$61246	$37970	$41040	$48380	$51450	JD	4TA	276D	16F-16R	85.0	9491	CHA
6330 Syncro 4WD w/Std. Cab	$57645	$35740	$38620	$45540	$48420	JD	4TA	276D	16F-16R	85.0	9491	CHA
6330 PQ w/Std. Cab	$51680	$32040	$34630	$40830	$43410	JD	4TA	276D	16F-16R	85.0	9491	CHA
6330 Syncro w/Std. Cab	$49359	$30600	$33070	$38990	$41460	JD	4TA	276D	16F-16R	85.0	9491	CHA
6330 AQ 4WD w/Premium Cab	$68912	$42730	$46170	$54440	$57890	JD	4TA	276D	24F-24R	85.0	10091	CHA
6330 IVT 4WD w/Premium Cab	$76007	$47120	$50930	$60050	$63850	JD	4TA	276D	Variable	85.0	10091	CHA
6330 PQ 4WD w/Premium Cab	$66932	$41500	$44840	$52880	$56220	JD	4TA	276D	16F-16R	85.0	10091	CHA
6330 PQ w/Premium Cab	$57047	$35370	$38220	$45070	$47920	JD	4TA	276D	16F-16R	85.0	9491	CHA
6403	$32695	$20270	$21910	$25830	$27460	JD	4TA	276D	9F-3R	85.0		No
6403 4WD	$39729	$24630	$26620	$31390	$33370	JD	4TA	276D	9F-3R	85.0		No
6403 4WD w/Cab	$47629	$29530	$31910	$37630	$40010	JD	4TA	276D	9F-3R	85.0		CHA
6403 w/Cab	$40595	$25170	$27200	$32070	$34100	JD	4TA	276D	9F-3R	85.0		CHA
6430 PowrQuad 4WD	$54022	$33490	$36200	$42680	$45380	JD	4TA	276D	24F-24R	95.0	10474	CHA
6430 Syncro 4WD	$49822	$30890	$33380	$39360	$41850	JD	4TA	276D	12F-4R	95.0	10474	CHA
6430 PowrQuad	$44686	$27710	$29940	$35300	$37540	JD	4TA	276D	16F-16R	95.0	10474	CHA
6430 Syncro	$41536	$25750	$27830	$32810	$34890	JD	4TA	276D	12F-4R	95.0	10474	CHA
6430 PQ 4WD w/Std. Cab	$64820	$40190	$43430	$51210	$54450	JD	4TA	276D	16F-16R	95.0	10064	CHA
6430 Syncro 4WD w/Std. Cab	$61219	$37960	$41020	$48360	$51420	JD	4TA	276D	16F-16R	95.0	10474	CHA
6430 PQ w/Std. Cab	$55254	$34260	$37020	$43650	$46410	JD	4TA	276D	16F-16R	95.0	10474	CHA
6430 Syncro w/Std. Cab	$52933	$32820	$35470	$41820	$44460	JD	4TA	276D	16F-16R	95.0	10474	CHA
6430 AQ 4WD w/Premium Cab	$72318	$44840	$48450	$57130	$60750	JD	4TA	276D	24F-24R	95.0	10474	CHA
6430 IVT 4WD w/Premium Cab	$79413	$49240	$53210	$62740	$66710	JD	4TA	276D	Variable	95.0	10474	CHA

John Deere (Cont.)

2008 (Cont.)

	Approx. Retail Price New	Estimated Value Less Repairs: Used Trade In Avg.	High	Used Retail Avg.	High	Engine Make	No. Cyls.	Displ. Cu.-In.	No. Speeds	P.T.O. H.P.	Approx. Shipping Wt.-Lbs.	Cab
6430 PQ 4WD w/Premium Cab	$70338	$43610	$47130	**$55570**	**$59080**	JD	4TA	276D	16F-16R	95.0	10474	CHA
6430 PQ w/Premium Cab	$60453	$37480	$40500	**$47760**	**$50780**	JD	4TA	276D	16F-16R	95.0	10064	CHA
6603	$37256	$21610	$23840	**$27940**	**$29810**	JD	6T	414D	9F-3R	95.0		No
6603 4WD	$44398	$25750	$28420	**$33300**	**$35520**	JD	6T	414D	9F-3R	95.0		No
6603 4WD w/Cab	$52298	$30330	$33470	**$39220**	**$41840**	JD	6T	414D	9F-3R	95.0		CHA
6603 w/Cab	$45156	$26190	$28900	**$33870**	**$36130**	JD	6T	414D	9F-3R	95.0		CHA
7130 PowrQuad 4WD	$63302	$39250	$42410	**$50010**	**$53170**	JD	6TA	414D	16F-16R	100.0		No
7130 Syncro 4WD	$60402	$37450	$40470	**$47720**	**$50740**	JD	6TA	414D	12F-4R	100.0		No
7130 PowrQuad	$55016	$34110	$36860	**$43460**	**$46210**	JD	6TA	414D	16F-16R	100.0		No
7130 Syncro	$52116	$32310	$34920	**$41170**	**$43780**	JD	6TA	414D	12F-4R	100.0		No
7230 PowrQuad 4WD	$65872	$40840	$44130	**$52040**	**$55330**	JD	6TA	414D	16F-16R	110.0		No
7230 Syncro 4WD	$62972	$39040	$42190	**$49750**	**$52900**	JD	6TA	414D	12F-4R	110.0		No
7230 PowrQuad	$57586	$35700	$38580	**$45490**	**$48370**	JD	6TA	414D	16F-16R	110.0		No
7230 Syncro	$54686	$33910	$36640	**$43200**	**$45940**	JD	6TA	414D	12F-4R	110.0		No
7230 PQ 4WD w/Std. Cab	$75687	$46930	$50710	**$59790**	**$63580**	JD	6TA	414D	24F-24R	110.0		CHA
7230 Syncro 4WD w/Std. Cab	$72086	$44690	$48300	**$56950**	**$60550**	JD	6TA	414D	16F-16R	110.0		CHA
7230 PQ w/Std. Cab	$65637	$40700	$43980	**$51850**	**$55140**	JD	6TA	414D	24F-24R	110.0		CHA
7230 Syncro w/Std. Cab	$62447	$38720	$41840	**$49330**	**$52460**	JD	6TA	414D	16F-16R	110.0		CHA
7230 AQ 4WD w/Premium Cab	$62313	$36140	$39880	**$46740**	**$49850**	JD	6TA	414D	24F-24R	110.0		CHA
7230 IVT 4WD w/Premium Cab	$94273	$58450	$63160	**$74480**	**$79190**	JD	6TA	414D	Variable	110.0		CHA
7230 PQ 4WD w/Premium Cab	$85749	$49730	$54880	**$64310**	**$68600**	JD	6TA	414D	16F-16R	110.0		CHA
7230 AQ w/Premium Cab	$94273	$58450	$63160	**$74480**	**$79190**	JD	6TA	414D	24F-24R	110.0		CHA
7230 PQ w/Premium Cab	$75253	$46660	$50420	**$59450**	**$63210**	JD	6TA	414D	16F-16R	110.0		CHA
7330	$63496	$39370	$42540	**$50160**	**$53340**	JD	6TA	414D	16F-16R	125.0		No
7330 4WD	$69920	$43350	$46850	**$55240**	**$58730**	JD	6TA	414D	16F-16R	125.0		No
7330 AQ 4WD w/Std. Cab	$84615	$49080	$54150	**$63460**	**$67690**	JD	6TA	414D	20F-20R	125.0		CHA
7330 PQ 4WD w/Std. Cab	$82866	$48060	$53030	**$62150**	**$66290**	JD	6TA	414D	16F-16R	125.0		CHA
7330 AQ w/Std. Cab	$75987	$44070	$48630	**$56990**	**$60790**	JD	6TA	414D	20F-20R	125.0		CHA
7330 PQ w/Std. Cab	$74772	$43370	$47850	**$56080**	**$59820**	JD	6TA	414D	16F-16R	125.0		CHA
7330 AQ 4WD w/Premium Cab	$107553	$62380	$68830	**$80670**	**$86040**	JD	6TA	414D	20F-20R	125.0		CHA
7330 IVT 4WD w/Premium Cab	$113133	$65620	$72410	**$84850**	**$90510**	JD	6TA	414D	Variable	125.0		CHA
7330 PQ 4WD w/Premium Cab	$104894	$60840	$67130	**$78670**	**$83920**	JD	6TA	414D	16F-16R	125.0		CHA
7330 AQ w/Premium Cab	$101095	$58640	$64700	**$75820**	**$80880**	JD	6TA	414D	20F-20R	125.0		CHA
7330 PQ w/Premiunm Cab	$98490	$57120	$63030	**$73870**	**$78790**	JD	6TA	414D	16F-16R	125.0		CHA
7430 AQ 4WD w/Premium Cab	$114523	$71000	$76730	**$90470**	**$96200**	JD	6TA	414D	20F-20R	140.0	14594	CHA
7430 IVT 4WD w/Premium Cab	$120103	$74460	$80470	**$94880**	**$100890**	JD	6TA	414D	Variable	140.0	14594	CHA
7430 PQ 4WD w/Premium Cab	$111466	$69110	$74680	**$88060**	**$93630**	JD	6TA	414D	16F-16R	140.0		CHA
7630 4WD w/Cab	$111095	$64440	$71100	**$83320**	**$88880**	JD	6TA	414D	16F-16R	140.0	16502	CHA
7630 w/Cab	$97152	$56350	$62180	**$72860**	**$77720**	JD	6TA	414D	16F-16R	140.0	16502	CHA
7630 4WD w/Cab	$115025	$66720	$73620	**$86270**	**$92020**	JD	6TA	414D	20F-20R	140.0	16502	CHA
7630 IVT 4WD w/Cab	$122251	$70910	$78240	**$91690**	**$97800**	JD	6TA	414D	Variable	140.0	17131	CHA
7730 w/Cab	$101535	$62950	$68030	**$80210**	**$85290**	JD	6TA	414D	16F-16R	152.0	15360	CHA
7730 4WD w/Cab	$120400	$74650	$80670	**$95120**	**$101140**	JD	6TA	414D	20F-20R	152.0	16502	CHA
7730 4WD w/Cab	$116471	$72210	$78040	**$92010**	**$97840**	JD	6TA	414D	16F-16R	152.0	16503	CHA
7730 IVT 4WD w/Cab	$127626	$79130	$85510	**$100830**	**$107210**	JD	6TA	414D	Variable	152.0	17131	CHA
7830 4WD w/Cab	$122207	$75770	$81880	**$96540**	**$102650**	JD	6TA	414D	16F-16R	165.0	16502	CHA
7830 4WD w/Cab	$128061	$79400	$85800	**$101170**	**$107570**	JD	6TA	414D	20F-20R	165.0	16502	CHA
7830 IVT 4WD w/Cab	$135287	$83880	$90640	**$106880**	**$113640**	JD	6TA	414D	Variable	165.0	17131	CHA
7830 w/Cab	$107082	$66390	$71750	**$84600**	**$89950**	JD	6TA	414D	16F-16R	165.0	15360	CHA
7930 IVT 4WD w/Cab	$142891	$82880	$91450	**$107170**	**$114310**	JD	6TA	414D	Variable	180.0	17131	CHA
7930 4WD w/Cab	$129811	$75290	$83080	**$97360**	**$103850**	JD	6TA	414D	16F-16R	180.0	16502	CHA
7930 4WD w/Cab	$135665	$78690	$86830	**$101750**	**$108530**	JD	6TA	414D	20F-20R	180.0	16502	CHA
8130	$125841	$71730	$78020	**$93120**	**$99410**	JD	6TA	548D	16F-4R	180.0		No
8130 IVT 4WD w/Cab	$161208	$91890	$99950	**$119290**	**$127350**	JD	6TA	548D	Variable	180.0		CHA
8130 4WD w/Cab	$151678	$86460	$94040	**$112240**	**$119830**	JD	6TA	548D	16F-4R	180.0		CHA
8230 4WD w/Cab	$164401	$93710	$101930	**$121660**	**$129880**	JD	6TA	548D	16F-4R	200.0		CHA
8230 IVT 4WD w/Cab	$173931	$99140	$107840	**$128710**	**$137410**	JD	6TA	548D	Variable	200.0		CHA
8230T w/Cab	$183036	$104330	$113480	**$135450**	**$144600**	JD	6TA	548D	16F-4R	200.0		CHA
8330 4WD w/Cab	$174909	$99700	$108440	**$129430**	**$138180**	JD	6TA	548D	16F-4R	225.0		CHA
8330 IVT 4WD w/Cab	$187173	$106690	$116050	**$138510**	**$147870**	JD	6TA	548D	Variable	225.0		CHA
8330T w/Cab	$195108	$111210	$120970	**$144380**	**$154140**	JD	6TA	548D	16F-4R	235.0		CHA
8430 IVT 4WD w/Cab	$221940	$126510	$137600	**$164240**	**$175330**	JD	6TA	548D	Variable	255.0		CHA
8430 4WD w/Cab	$211910	$120790	$131380	**$156810**	**$167410**	JD	6TA	548D	16F-4R	255.0		CHA
8430T w/Cab	$207752	$118420	$128810	**$153740**	**$164120**	JD	6TA	548D	16F-4R	255.0		CHA
8530 IVT 4WD w/Cab	$229039	$130550	$142000	**$169490**	**$180940**	JD	6TA	548D	Variable	275.0		CHA
9230	$190274	$108460	$117970	**$140800**	**$150320**	JD	6TA	548D	24F-6R	325*		CHA
9230 PS	$203081	$115760	$125910	**$150280**	**$160430**	JD	6TA	548D	18F-6R	325*		CHA
9330	$212473	$116860	$127480	**$152980**	**$163600**	JD	6TA	824D	24F-6R	375*		CHA
9330 PS	$222462	$122350	$133480	**$160170**	**$171300**	JD	6TA	824D	18F-6R	375*		CHA
9430	$230592	$126830	$138360	**$166030**	**$177560**	JD	6TA	824D	24F-6R	425*		CHA
9430 PS	$240591	$132330	$144360	**$173230**	**$185260**	JD	6TA	824D	18F-6R	425*		CHA
9430T PS	$278394	$153120	$167040	**$200440**	**$214360**	JD	6TA	824D	18F-6R	425*		CHA
9430 Scraper	$246975	$135840	$148190	**$177820**	**$190170**	JD	6TA	824D	18F-6R	425*		CHA
9530 PS	$269853	$148420	$161910	**$194290**	**$207790**	JD	6TA	824D	18F-6R	450*		CHA
9530T PS	$293733	$161550	$176240	**$211490**	**$226170**	JD	6TA	824D	18F-6R	450*		CHA
9530 Scraper	$272514	$149880	$163510	**$196210**	**$209840**	JD	6TA	824D	18F-6R	450*		CHA
9630 PS	$289122	$159020	$173470	**$208170**	**$222620**	JD	6TA	824D	18F-6R	500*		CHA
9630T PS	$316470	$174060	$189880	**$227860**	**$243680**	JD	6TA	824D	18F-6R	500*		CHA
9630 Scraper	$294247	$161840	$176550	**$211860**	**$226570**	JD	6TA	824D	18F-6R	500*		CHA

AQ--AutoQuad PQ--PowrQuad PS--Power Shift IVT--Infinitely Variable Transmission T--Tracks
***Engine Horsepower**

John Deere (Cont.)

	Approx. Retail Price New	Estimated Value Less Repairs: Used Trade In Avg.	Used Trade In High	Used Retail Avg.	Used Retail High	Engine Make	Engine No. Cyls.	Engine Displ. Cu.-In.	No. Speeds	P.T.O. H.P.	Approx. Shipping Wt.-Lbs.	Cab
				2007								
110 TLB Loader-Backhoe	$43244	$21620	$24220	**$29410**	**$32000**	Yanmar	4	133D	Variable	33.0	6216	No
790	$9639	$5300	$5880	**$7130**	**$7710**	Yanmar	3	91D	8F-2R	25.0	1967	No
790 4WD	$11929	$6560	$7280	**$8830**	**$9540**	Yanmar	3	91D	8F-2R	25.0	2142	No
990	$13499	$7420	$8230	**$9990**	**$10800**	Yanmar	4	121D	9F-3R	35.0	2954	No
990 4WD	$16559	$9110	$10100	**$12250**	**$13250**	Yanmar	4	121D	9F-3R	35.0	3220	No
2210 4WD	$11216	$6170	$6840	**$8300**	**$8970**	Yanmar	3	61D	Variable	17.7	1400	No
2305 4WD	$10750	$5910	$6560	**$7960**	**$8600**	Yanmar	3	68D	Variable	18.	1125	No
2320 4WD	$12839	$7060	$7830	**$9500**	**$10270**	Yanmar	3	68D	Variable	18.	1125	No
2520 4WD	$15279	$8400	$9320	**$11310**	**$12220**	Yanmar	3	81D	Variable	20.	1865	No
3120 Hydro	$17159	$9440	$10470	**$12700**	**$13730**	Yanmar	3	91D	Variable	22.0	2900	No
3203 4WD	$15499	$8520	$9450	**$11470**	**$12400**	Yanmar	3	91D	Variable	24.	2700	No
3320	$17359	$9550	$10590	**$12850**	**$13890**	Yanmar	3	100D	12F-12R	25.0	2900	No
3320 Hydro	$18185	$10000	$11090	**$13460**	**$14550**	Yanmar	3	100D	Variable	25.5	2900	No
3520	$19219	$10570	$11720	**$14220**	**$15380**	Yanmar	3T	91D	12F-12R	30.5	2900	No
3520 Hydro	$20094	$11050	$12260	**$14870**	**$16080**	Yanmar	3T	91D	Variable	30.0	2900	No
3520 Hydro Cab	$26093	$14350	$15920	**$19310**	**$20870**	Yanmar	3T	91D	Variable	30.0	3570	CHA
3720 Hydro	$22159	$12190	$13520	**$16400**	**$17730**	Yanmar	3T	91D	Variable	35.0	2900	No
3720 Hydro Cab	$28158	$15490	$17180	**$20840**	**$22530**	Yanmar	3T	91D	Variable	35.0	3570	CHA
4120 4WD	$22109	$12160	$13490	**$16360**	**$17690**	JD	4T	149D	12F-12R	35.5	3700	No
4120 4WD Hydro	$23234	$12780	$14170	**$17190**	**$18590**	JD	4T	149D	Variable	35.0	3700	No
4320 4WD	$23949	$13170	$14610	**$17720**	**$19160**	JD	4T	149D	12F-12R	40.5	3700	No
4320 4WD Hydro	$24914	$13700	$15200	**$18440**	**$19930**	JD	4T	149D	Variable	40.0	3700	No
4320 4WD Hydro Cab	$30915	$17000	$18860	**$22880**	**$24730**	JD	4T	149D	Variable	40.0	3700	CHA
4520 4WD	$25539	$14050	$15580	**$18900**	**$20430**	JD	4T	149D	12F-12R	45.5	3700	No
4520 4WD Hydro	$26665	$14670	$16270	**$19730**	**$21330**	JD	4T	149D	Variable	45.0	3700	No
4520 4WD Hydro Cab	$32665	$17970	$19930	**$24170**	**$26130**	JD	4T	149D	Variable	45.0	3700	CHA
4720 4WD Hydro	$28289	$15560	$17260	**$20930**	**$22630**	JD	4T	149D	Variable	50.0	3700	No
4720 4WD Hydro Cab	$34768	$19120	$21210	**$25730**	**$27810**	JD	4T	149D	Variable	50.0	3700	CHA
5103	$15338	$8440	$9360	**$11350**	**$12270**	JD	3	179D	9F-3R	42.0		No
5103 4WD	$20043	$11020	$12230	**$14830**	**$16030**	JD	3	179D	9F-3R	42.0		No
5105	$18989	$10440	$11580	**$14050**	**$15190**	JD	3	179D	8F-4R	44.0		No
5105 4WD	$23858	$13120	$14550	**$17660**	**$19090**	JD	3	179D	8F-4R	44.0		No
5203	$16607	$9130	$10130	**$12290**	**$13290**	JD	3	179D	9F-3R	47.0		No
5203 4WD	$21392	$11770	$13050	**$15830**	**$17110**	JD	3	179D	9F-3R	47.0		No
5205	$20600	$11330	$12570	**$15240**	**$16480**	JD	3	179D	8F-4R	50.0		No
5205 4WD	$25470	$14010	$15540	**$18850**	**$20380**	JD	3	179D	8F-4R	50.0		No
5225	$24814	$13650	$15140	**$18360**	**$19850**	JD	5T	186D	9F-3R	45.0	5485	No
5225	$27453	$15100	$16750	**$20320**	**$21960**	JD	5T	186D	12F-12R	45.0	5485	No
5225 Cab	$33512	$18430	$20440	**$24800**	**$26810**	JD	5T	186D	9F-3R	45.0	5995	CHA
5225 Cab	$36290	$19960	$22140	**$26860**	**$29030**	JD	5T	186D	12F-12R	45.0	5995	CHA
5225 4WD	$30815	$16950	$18800	**$22800**	**$24650**	JD	5T	186D	9F-3R	45.0	6030	No
5225 4WD	$33023	$18160	$20140	**$24440**	**$26420**	JD	5T	186D	12F-12R	45.0	6030	No
5225 4WD w/Cab	$39107	$21510	$23860	**$28940**	**$31290**	JD	5T	186D	9F-3R	45.0	6580	CHA
5225 4WD w/Cab	$41650	$22910	$25410	**$30820**	**$33320**	JD	5T	186D	12F-12R	45.0	6580	CHA
5303	$18353	$10090	$11200	**$13580**	**$14680**	JD	3	179D	9F-3R	55.0		No
5303 4WD	$23138	$12730	$14110	**$17120**	**$18510**	JD	3	179D	9F-3R	55.0		No
5325	$27836	$15310	$16980	**$20600**	**$22270**	JD	5T	186D	9F-3R	55.0	5485	No
5325	$30107	$16560	$18370	**$22280**	**$24090**	JD	5T	186D	12F-12R	55.0	5485	No
5325 Cab	$37048	$20380	$22600	**$27420**	**$29640**	JD	5T	186D	9F-3R	55.0	5995	CHA
5325 Cab	$38955	$21430	$23760	**$28830**	**$31160**	JD	5T	186D	12F-12R	55.0	5995	CHA
5325 4WD	$32822	$18050	$20020	**$24290**	**$26260**	JD	5T	186D	9F-3R	55.0	6030	No
5325 4WD	$35624	$19590	$21730	**$26360**	**$28500**	JD	5T	186D	12F-12R	55.0	6030	No
5325 4WD Cab	$41970	$23080	$25600	**$31060**	**$33580**	JD	5T	186D	9F-3R	55.0	6580	CHA
5325 4WD Cab	$44241	$24330	$26990	**$32740**	**$35390**	JD	5T	186D	12F-12R	55.0	6580	CHA
5325N	$28408	$14200	$16190	**$19890**	**$21590**	JD	5T	186D	12F-12R	55.0	5485	No
5325N 4WD	$34878	$17440	$19880	**$24420**	**$26510**	JD	5T	186D	12F-12R	55.0	6030	No
5325N 4WD Cab	$43822	$21910	$24980	**$30680**	**$33310**	JD	5T	186D	12F-12R	55.0	6580	CHA
5403	$20903	$11500	$12750	**$15470**	**$16720**	JD	3T	179D	9F-3R	64.0		No
5403 4WD	$25688	$14130	$15670	**$19010**	**$20550**	JD	3T	179D	9F-3R	64.0		No
5425	$29687	$16330	$18110	**$21970**	**$23750**	JD	4T	276D	9F-3R	65.0	5885	No
5425	$33214	$18270	$20260	**$24580**	**$26570**	JD	4T	276D	12F-12R	65.0	5885	No
5425 Cab	$38471	$21160	$23470	**$28470**	**$30780**	JD	4T	276D	9F-3R	65.0	6800	CHA
5425 Cab	$41798	$22990	$25500	**$30930**	**$33440**	JD	4T	276D	12F-12R	65.0	6800	CHA
5425 4WD	$36000	$19800	$21960	**$26640**	**$28800**	JD	4T	276D	9F-3R	65.0	6470	No
5425 4WD	$38637	$21250	$23570	**$28590**	**$30910**	JD	4T	276D	12F-12R	65.0	6470	No
5425 4WD w/Cab	$45150	$24830	$27540	**$33410**	**$36120**	JD	4T	276D	9F-3R	65.0	7385	CHA
5425 4WD w/Cab	$47421	$26080	$28930	**$35090**	**$37940**	JD	4T	276D	12F-12R	65.0	7385	CHA
5425N	$31458	$17300	$19190	**$23280**	**$25170**	JD	4T	276D	12F-12R	65.0	5885	No
5425N 4WD	$37928	$20860	$23140	**$28070**	**$30340**	JD	4T	276D	12F-12R	65.0	6470	No
5425N 4WD w/Cab	$46872	$25780	$28590	**$34690**	**$37500**	JD	4T	276D	12F-12R	65.0	7385	CHA
5525	$33596	$18480	$20490	**$24860**	**$26880**	JD	4T	276D	9F-3R	75.0	5885	No
5525	$36666	$20170	$22370	**$27130**	**$29330**	JD	4T	276D	12F-12R	75.0	5885	No
5525 w/Cab	$42010	$23110	$25630	**$31090**	**$33610**	JD	4T	276D	9F-3R	75.0	6800	CHA
5525 w/Cab	$45335	$24930	$27650	**$33550**	**$36270**	JD	4T	276D	12F-12R	75.0	6800	CHA
5525 4WD	$39559	$21760	$24130	**$29270**	**$31650**	JD	4T	276D	9F-3R	75.0	6470	No
5525 4WD	$42194	$23210	$25740	**$31220**	**$33760**	JD	4T	276D	12F-12R	75.0	6470	No
5525 4WD w/Cab	$48707	$26790	$29710	**$36040**	**$38970**	JD	4T	276D	9F-3R	75.0	7385	CHA
5525 4WD w/Cab	$50976	$28040	$31100	**$37720**	**$40780**	JD	4T	276D	12F-12R	75.0	7385	CHA
5525N	$34576	$19020	$21090	**$25590**	**$27660**	JD	4T	276D	12F-12R	75.0	5885	No
5525N 4WD	$40996	$22550	$25010	**$30340**	**$32800**	JD	4T	276D	12F-12R	75.0	6470	No
5525N 4WD Cab	$49900	$27450	$30440	**$36930**	**$39920**	JD	4T	276D	12F-12R	75.0	7385	CHA
5525N 4WD Cab	$51173	$28150	$31220	**$37870**	**$40940**	JD	4T	276D	24F-24R	75.0	7385	CHA
5525N Hi-Crop	$44801	$22400	$25090	**$30470**	**$33150**	JD	4T	276D	12F-4R	75.0	6470	No
5525N Hi-Crop	$47122	$23560	$26390	**$32040**	**$34870**	JD	4T	276D	16F-16R	75.0	6470	No

John Deere (Cont.)

	Approx. Retail Price New	Estimated Value Less Repairs: Used Trade In Avg.	High	Used Retail Avg.	High	Make	Engine No. Cyls.	Displ. Cu.-In.	No. Speeds	P.T.O. H.P.	Approx. Shipping Wt.-Lbs.	Cab
2007 (Cont.)												
5603	$42267	$21130	$24090	**$29590**	**$32120**	JD	4T	276D	12F-12R	82.0	7385	No
5625 4WD	$41508	$20750	$23660	**$29060**	**$31550**	JD	4T	276D	9F-3R	82.0	6470	No
5625 4WD	$44143	$22070	$25160	**$30900**	**$33550**	JD	4T	276D	12F-12R	82.0	6470	No
5625 4WD w/Cab	$50656	$25330	$28870	**$35460**	**$38500**	JD	4T	276D	9F-3R	82.0	7385	CHA
5625 4WD w/Cab	$52927	$26460	$30170	**$37050**	**$40230**	JD	4T	276D	12F-12R	82.0	7385	CHA
6120	$36015	$19810	$21970	**$26650**	**$28810**	JD	4T	276D	12F-4R	65.0	6470	No
6120	$40020	$22010	$24410	**$29620**	**$32020**	JD	4T	276D	16F-16R	65.0	6470	No
6120 4WD	$42509	$23380	$25930	**$31460**	**$34010**	JD	4T	276D	12F-4R	65.0		No
6120 4WD	$46656	$25660	$28460	**$34530**	**$37330**	JD	4T	276D	16F-16R	65.0		No
6120L	$35753	$19660	$21810	**$26460**	**$28600**	JD	4T	276D	12F-4R	65.0		No
6120L	$39964	$21980	$24380	**$29570**	**$31970**	JD	4T	276D	16F-16R	65.0		No
6120L 4WD	$42747	$23510	$26080	**$31630**	**$34200**	JD	4T	276D	12F-4R	65.0		No
6120L 4WD	$46894	$25790	$28610	**$34700**	**$37520**	JD	4T	276D	16F-16R	65.0		No
6215	$34596	$17300	$19720	**$24220**	**$26290**	JD	4T	276D	12F-4R	72.0	7695	No
6215	$37537	$18770	$21400	**$26280**	**$28530**	JD	4T	276D	16F-16R	72.0	7695	No
6215 4WD	$41168	$20580	$23470	**$28820**	**$31290**	JD	4T	276D	12F-4R	72.0	8130	No
6215 4WD	$44400	$22200	$25310	**$31080**	**$33740**	JD	4T	276D	16F-16R	72.0	8130	No
6215 4WD w/Cab	$50627	$25310	$28860	**$35440**	**$38480**	JD	4T	276D	12F-4R	72.0	8987	CHA
6215 4WD w/Cab	$52476	$26240	$29910	**$36730**	**$39880**	JD	4T	276D	16F-16R	72.0	8987	CHA
6215 w/Cab	$44205	$22100	$25200	**$30940**	**$33600**	JD	4T	276D	12F-4R	72.0	8582	CHA
6215 w/Cab	$45754	$22880	$26080	**$32030**	**$34770**	JD	4T	276D	16F-16R	72.0	8582	CHA
6220	$37614	$20690	$22950	**$27830**	**$30090**	JD	4T	276D	12F-4R	72.0		No
6220	$41619	$22890	$25390	**$30800**	**$33300**	JD	4T	276D	16F-16R	72.0		No
6220 4WD	$44108	$24260	$26910	**$32640**	**$35290**	JD	4T	276D	12F-4R	72.0		No
6220 4WD	$48255	$26540	$29440	**$35710**	**$38600**	JD	4T	276D	16F-16R	72.0		No
6220 Hi-Clear	$40829	$22460	$24910	**$30210**	**$32660**	JD	4T	276D	12F-4R	72.0		No
6220 Hi-Clear	$44436	$24440	$27110	**$32880**	**$35550**	JD	4T	276D	16F-16R	72.0		No
6220 Hi-Clear 4WD	$48037	$26420	$29300	**$35550**	**$38430**	JD	4T	276D	12F-4R	72.0		No
6220 Hi-Clear 4WD	$51644	$28400	$31500	**$38220**	**$41320**	JD	4T	276D	16F-16R	72.0		No
6220L	$37970	$20880	$23160	**$28100**	**$30380**	JD	4T	276D	12F-4R	72.0		No
6220L	$42757	$23520	$26080	**$31640**	**$34210**	JD	4T	276D	16F-16R	72.0		No
6220L 4WD	$44964	$24730	$27430	**$33270**	**$35970**	JD	4T	276D	12F-4R	72.0		No
6220L 4WD	$49111	$27010	$29960	**$36340**	**$39290**	JD	4T	276D	16F-16R	72.0		No
6230 w/Cab	$53944	$29670	$32910	**$39920**	**$43160**	JD	4TA	276D	16F-16R	75.0	9182	CHA
6230 4WD w/Cab	$61937	$34070	$37780	**$45830**	**$49550**	JD	4TA	276D	16F-16R	75.0	9678	CHA
6230 4WD w/Cab	$63600	$34980	$38800	**$47060**	**$50880**	JD	4TA	276D	24F-24R	75.0	9678	CHA
6320	$40460	$22250	$24680	**$29940**	**$32370**	JD	4T	276D	12F-4R	80.0		No
6320	$44720	$24600	$27280	**$33090**	**$35780**	JD	4T	276D	16F-16R	80.0		No
6320 4WD	$46883	$25790	$28600	**$34690**	**$37510**	JD	4T	276D	12F-4R	80.0		No
6320 4WD	$51262	$28190	$31270	**$37930**	**$41010**	JD	4T	276D	16F-16R	80.0		No
6320L	$40356	$22200	$24620	**$29860**	**$32290**	JD	4T	276D	12F-4R	80.0		No
6320L	$44639	$24550	$27230	**$33030**	**$35710**	JD	4T	276D	16F-16R	80.0		No
6320L 4WD	$47350	$26040	$28880	**$35040**	**$37880**	JD	4T	276D	12F-4R	80.0		No
6320L 4WD	$51497	$28320	$31410	**$38110**	**$41200**	JD	4T	276D	16F-16R	80.0		No
6320 Hi-Clear	$43420	$21710	$24750	**$30390**	**$33000**	JD	4T	276D	12F-4R	80.0		No
6320 Hi-Clear	$47035	$23520	$26810	**$32930**	**$35750**	JD	4T	276D	16F-16R	80.0		No
6320 Hi-Clear 4WD	$54243	$27120	$30920	**$37970**	**$41230**	JD	4T	276D	16F-16R	80.0		No
6320 Hi-Clear 4WD	$50636	$25320	$28860	**$35450**	**$38480**	JD	4T	276D	12F-4R	80.0		No
6330 w/Cab	$56276	$30950	$34330	**$41640**	**$45020**	JD	4TA	276D	16F-16R	85.0	9491	CHA
6330 4WD w/Cab	$64279	$35350	$39210	**$47570**	**$51420**	JD	4TA	276D	16F-16R	85.0	10091	CHA
6330 4WD w/Cab	$67066	$36890	$40910	**$49630**	**$53650**	JD	4TA	276D	24F-24R	85.0	10091	CHA
6403	$32466	$17860	$19800	**$24030**	**$25970**	JD	4T	276D	9F-3R	85.0		No
6403 4WD	$39479	$21710	$24080	**$29210**	**$31580**	JD	4T	276D	9F-3R	85.0		No
6403 4WD w/Cab	$47379	$26060	$28900	**$35060**	**$37900**	JD	4T	276D	9F-3R	85.0		CHA
6403 w/Cab	$40366	$22200	$24620	**$29870**	**$32290**	JD	4T	276D	9F-3R	85.0		CHA
6415	$37772	$20780	$23040	**$27950**	**$30220**	JD	4T	276D	12F-4R	85.0	7695	No
6415	$41294	$22710	$25190	**$30560**	**$33040**	JD	4T	276D	16F-16R	85.0	7695	No
6415 4WD	$44344	$24390	$27050	**$32820**	**$35480**	JD	4T	276D	12F-4R	85.0	8103	No
6415 4WD	$47616	$26190	$29050	**$35240**	**$38090**	JD	4T	276D	16F-16R	85.0	8103	No
6415 4WD w/Cab	$53735	$29550	$32780	**$39760**	**$42990**	JD	4T	276D	12F-4R	85.0	8987	CHA
6415 4WD w/Cab	$57727	$31750	$35210	**$42720**	**$46180**	JD	4T	276D	16F-16R	85.0	8987	CHA
6415 w/Cab	$47313	$26020	$28860	**$35010**	**$37850**	JD	4T	276D	12F-4R	85.0	8525	CHA
6415 w/Cab	$48862	$26870	$29810	**$36160**	**$39090**	JD	4T	276D	16F-16R	85.0	8525	CHA
6415 Hi-Clear	$40468	$22260	$24690	**$29950**	**$32370**	JD	4T	276D	12F-4R	85.0		No
6415 Hi-Clear	$44075	$24240	$26890	**$32620**	**$35260**	JD	4T	276D	16F-16R	85.0		No
6415 Hi-Clear 4WD	$47676	$26220	$29080	**$35280**	**$38140**	JD	4T	276D	12F-4R	85.0		No
6415 Hi-Clear 4WD	$51283	$28210	$31280	**$37950**	**$41030**	JD	4T	276D	16F-16R	85.0		No
6415 Hi-Clear 4WD w/Cab	$56362	$31000	$34380	**$41710**	**$45090**	JD	4T	276D	12F-4R	85.0		CHA
6415 Hi-Clear 4WD w/Cab	$59969	$32980	$36580	**$44380**	**$47980**	JD	4T	276D	16F-16R	85.0		CHA
6415 Hi-Clear w/Cab	$49654	$27310	$30290	**$36740**	**$39720**	JD	4T	276D	12F-4R	85.0		CHA
6415 Hi-Clear w/Cab	$53261	$29290	$32490	**$39410**	**$42610**	JD	4T	276D	16F-16R	85.0		CHA
6420	$43888	$24140	$26770	**$32480**	**$35110**	JD	4T	276D	12F-4R	90.0		No
6420	$48148	$26480	$29370	**$35630**	**$38520**	JD	4T	276D	16F-16R	90.0		No
6420 4WD	$50560	$27810	$30840	**$37410**	**$40450**	JD	4T	276D	12F-4R	90.0		No
6420 4WD	$54458	$29950	$33220	**$40300**	**$43570**	JD	4T	276D	16F-16R	90.0		No
6420 Hi-Clear	$46893	$23450	$26730	**$32830**	**$35640**	JD	4T	276D	12F-4R	90.0		No
6420 Hi-Clear	$50500	$25250	$28790	**$35350**	**$38380**	JD	4T	276D	16F-16R	90.0		No
6420 Hi-Clear 4WD	$54101	$27050	$30840	**$37870**	**$41120**	JD	4T	276D	12F-4R	90.0		No
6420 Hi-Clear 4WD	$57708	$28850	$32890	**$40400**	**$43860**	JD	4T	276D	16F-16R	90.0		No
6420L	$44489	$24470	$27140	**$32920**	**$35590**	JD	4T	276D	12F-4R	90.0		No
6420L	$48500	$26680	$29590	**$35890**	**$38800**	JD	4T	276D	16F-16R	90.0		No
6420L 4WD	$53433	$29390	$32590	**$39540**	**$42750**	JD	4T	276D	12F-4R	90.0		No
6420L 4WD	$55881	$30740	$34090	**$41350**	**$44710**	JD	4T	276D	16F-16R	90.0		No
6430 w/Cab	$59558	$32760	$36330	**$44070**	**$47650**	JD	4TA	276D	16F-16R	95.0	10064	CHA

John Deere (Cont.)

Model	Approx. Retail Price New	Estimated Value Less Repairs Used Trade In Avg.	Used Trade In High	Used Retail Avg.	Used Retail High	Make	Engine No. Cyls.	Engine Displ. Cu.-In.	No. Speeds	P.T.O. H.P.	Approx. Shipping Wt.-Lbs.	Cab
2007 (Cont.)												
6430 4WD w/Cab	$67561	$37160	$41210	**$50000**	**$54050**	JD	4TA	276D	16F-16R	95.0	10474	CHA
6430 4WD w/Cab	$70348	$38690	$42910	**$52060**	**$56280**	JD	4TA	276D	24F-24R	95.0	10474	CHA
6520 4WD Orchard	$58596	$32230	$35740	**$43360**	**$46880**	JD	4T	276D	16F-16R	95.0		No
6520 Orchard	$51351	$28240	$31320	**$38000**	**$41080**	JD	4T	276D	16F-16R	95.0		No
6603	$37031	$18520	$21110	**$25920**	**$28140**	JD	6T	414D	9F-3R	95.0		No
6603 4WD	$44148	$22070	$25160	**$30900**	**$33550**	JD	6T	414D	9F-3R	95.0		No
6603 4WD w/Cab	$52048	$26020	$29670	**$36430**	**$39560**	JD	6T	414D	9F-3R	95.0		CHA
6603 w/Cab	$44931	$22470	$25610	**$31450**	**$34150**	JD	6T	414D	9F-3R	95.0		CHA
6615	$42818	$21410	$24410	**$29970**	**$32540**	JD	6T	414D	12F-4R	95.0	8776	No
6615	$46340	$23170	$26410	**$32440**	**$35220**	JD	6T	414D	16F-16R	95.0	8776	No
6615 4WD	$49390	$24700	$28150	**$34570**	**$37540**	JD	6T	414D	12F-4R	95.0	9361	No
6615 4WD	$52662	$26330	$30020	**$36860**	**$40020**	JD	6T	414D	16F-16R	95.0	8361	No
6615 4WD w/Cab	$59163	$29580	$33720	**$41410**	**$44960**	JD	6T	414D	12F-4R	95.0	10252	CHA
6615 4WD w/Cab	$63155	$31580	$36000	**$44210**	**$48000**	JD	6T	414D	16F-16R	95.0	10252	CHA
6615 w/Cab	$52741	$26370	$30060	**$36920**	**$40080**	JD	6T	414D	12F-4R	95.0	9657	CHA
6615 w/Cab	$56483	$28240	$32200	**$39540**	**$42930**	JD	6T	414D	16F-16R	95.0	9657	CHA
6615 Hi-Clear 4WD	$57390	$28700	$32710	**$40170**	**$43620**	JD	6T	414D	12F-4R	95.0		No
6615 Hi-Clear 4WD	$60997	$30500	$34770	**$42700**	**$46360**	JD	6T	414D	16F-16R	95.0		No
6615 Hi-Clear 4WD w/Cab	$65281	$32640	$37210	**$45700**	**$49610**	JD	6T	414D	12F-4R	95.0		CHA
6615 Hi-Clear 4WD w/Cab	$68888	$34440	$39270	**$48220**	**$52360**	JD	6T	414D	16F-16R	95.0		CHA
6715	$47158	$23580	$26880	**$33010**	**$35840**	JD	6T	414D	12F-4R	105.0	8776	No
6715	$50680	$25340	$28890	**$35480**	**$38520**	JD	6T	414D	16F-16R	105.0	8776	No
6715 4WD	$53730	$26870	$30630	**$37610**	**$40840**	JD	6T	414D	12F-4R	105.0	9561	No
6715 4WD	$57002	$28500	$32490	**$39900**	**$43320**	JD	6T	414D	16F-16R	105.0	9561	No
6715 4WD w/Cab	$63419	$31710	$36150	**$44390**	**$48200**	JD	6T	414D	12F-4R	105.0	10252	CHA
6715 4WD w/Cab	$67411	$33710	$38420	**$47190**	**$51230**	JD	6T	414D	16F-16R	105.0	10252	CHA
6715 w/Cab	$56997	$28500	$32490	**$39900**	**$43320**	JD	6T	414D	12F-4R	105.0	9657	CHA
6715 w/Cab	$60739	$30370	$34620	**$42520**	**$46160**	JD	6T	414D	16F-16R	105.0	9657	CHA
6715 Hi-Clear	$61730	$30870	$35190	**$43210**	**$46920**	JD	6T	414D	12F-4R	105.0		No
6715 Hi-Clear	$65337	$32670	$37240	**$45740**	**$49660**	JD	6T	414D	16F-16R	105.0		No
6715 Hi-Clear w/Cab	$69537	$34770	$39640	**$48680**	**$52850**	JD	6T	414D	12F-4R	105.0		CHA
6715 Hi-Clear w/Cab	$73144	$36570	$41690	**$51200**	**$55590**	JD	6T	414D	16F-16R	105.0		CHA
7220	$56109	$30860	$34230	**$41520**	**$44890**	JD	6T	414D	16F-16R	95.0		No
7220	$57641	$31700	$35160	**$42650**	**$46110**	JD	6T	414D	24F-24R	95.0		No
7220 4WD	$65366	$35950	$39870	**$48370**	**$52290**	JD	6T	414D	16F-16R	95.0		No
7220 4WD	$66898	$36790	$40810	**$49510**	**$53520**	JD	6T	414D	24F-24R	95.0		No
7220 4WD w/Cab	$76674	$42170	$46770	**$56740**	**$61340**	JD	6T	414D	16F-16R	95.0		CHA
7220 4WD w/Cab	$78658	$43260	$47980	**$58210**	**$62930**	JD	6T	414D	24F-24R	95.0		CHA
7220 4WD w/Cab IVT	$84433	$46440	$51500	**$62480**	**$67550**	JD	6T	414D	Variable	95.0		CHA
7220 w/Cab	$66439	$36540	$40530	**$49170**	**$53150**	JD	6T	414D	24F-24R	95.0		CHA
7220 w/Cab	$67700	$37240	$41300	**$50100**	**$54160**	JD	6T	414D	16F-16R	95.0		CHA
7320	$60898	$33490	$37150	**$45070**	**$48720**	JD	6T	414D	16F-16R	105.0		No
7320	$62313	$34270	$38010	**$46110**	**$49850**	JD	6T	414D	24F-24R	105.0		No
7320 4WD	$70155	$38590	$42800	**$51920**	**$56120**	JD	6T	414D	16F-16R	105.0		No
7320 4WD	$71687	$39430	$43730	**$53050**	**$57350**	JD	6T	414D	24F-24R	105.0		No
7320 4WD w/Cab	$82722	$45500	$50460	**$61210**	**$66180**	JD	6T	414D	16F-16R	105.0		CHA
7320 4WD w/Cab	$84706	$46590	$51670	**$62680**	**$67770**	JD	6T	414D	24F-24R	105.0		CHA
7320 4WD w/Cab IVT	$90491	$49770	$55200	**$66960**	**$72390**	JD	6T	414D	Variable	105.0		CHA
7320 w/Cab	$72487	$39870	$44220	**$53640**	**$57990**	JD	6T	414D	24F-24R	105.0		CHA
7320 w/Cab	$73738	$40560	$44980	**$54570**	**$58990**	JD	6T	414D	16F-16R	105.0		CHA
7420 4WD w/Cab	$89780	$49380	$54770	**$66440**	**$71820**	JD	6T	414D	16F-16R	115.0		CHA
7420 4WD w/Cab	$91764	$50470	$55980	**$67910**	**$73410**	JD	6T	414D	20F-20R	115.0		CHA
7420 4WD w/Cab IVT	$97549	$53650	$59510	**$72190**	**$78040**	JD	6T	414D	Variable	115.0		CHA
7420 w/Cab	$80383	$44210	$49030	**$59480**	**$64310**	JD	6T	414D	16F-16R	115.0		CHA
7420 w/Cab	$88529	$48690	$54000	**$65510**	**$70820**	JD	6T	414D	20F-20R	115.0		CHA
7420HC 4WD w/Cab	$103330	$51670	$58900	**$72330**	**$78530**	JD	6T	414D	16F-16R	115.0		CHA
7520 4WD	$84160	$42080	$47970	**$58910**	**$63960**	JD	6T	414D	16F-16R	125.0		No
7520 4WD	$85692	$42850	$48840	**$59980**	**$65130**	JD	6T	414D	20F-20R	125.0		No
7520 4WD w/Cab	$95826	$52700	$58450	**$70910**	**$76660**	JD	6T	414D	16F-16R	125.0		CHA
7520 4WD w/Cab	$97810	$53800	$59660	**$72380**	**$78250**	JD	6T	414D	20F-20R	125.0		CHA
7520 4WD w/Cab IVT	$103595	$56980	$63190	**$76660**	**$82880**	JD	6T	414D	Variable	125.0		CHA
7630 4WD w/Cab	$106383	$53190	$60640	**$74470**	**$80850**	JD	6TA	414D	16F-16R	140.0	16502	CHA
7630 4WD w/Cab	$110076	$55040	$62740	**$77050**	**$83660**	JD	6TA	414D	20F-20R	140.0	16502	CHA
7630 4WD w/Cab IVT	$117126	$58560	$66760	**$81990**	**$89020**	JD	6TA	414D	Variable	140.0	16502	CHA
7730 w/Cab	$96253	$52940	$58710	**$71230**	**$77000**	JD	6TA	414D	16F-16R	152.0	15360	CHA
7730 w/Cab	$98053	$53930	$59810	**$72560**	**$78440**	JD	6TA	414D	20F-20R	152.0	15360	CHA
7730 4WD w/Cab	$115168	$63340	$70250	**$85220**	**$92130**	JD	6TA	414D	20F-20R	152.0	16502	CHA
7730 4WD w/Cab	$111348	$61240	$67920	**$82400**	**$89080**	JD	6TA	414D	16F-16R	152.0	16503	CHA
7730 IVT 4WD w/Cab	$122218	$67220	$74550	**$90440**	**$97770**	JD	6TA	414D	Variable	152.0	17131	CHA
7830 w/Cab	$101494	$55820	$61910	**$75110**	**$81200**	JD	6TA	414D	16F-16R	165.0	15360	CHA
7830 w/Cab	$106921	$58810	$65220	**$79120**	**$85540**	JD	6TA	414D	20F-20R	165.0	15360	CHA
7830 4WD w/Cab	$116900	$64300	$71310	**$86510**	**$93520**	JD	6TA	414D	16F-16R	165.0	16502	CHA
7830 4WD w/Cab	$122471	$67360	$74710	**$90630**	**$97980**	JD	6TA	414D	20F-20R	165.0	16502	CHA
7830 4WD w/Cab IVT	$129648	$71310	$79090	**$95940**	**$103720**	JD	6TA	414D	Variable	165.0	17131	CHA
7930 4WD Cab IVT	$136962	$68480	$78070	**$95870**	**$104090**	JD	6TA	414D	Variable	180.0	17131	CHA
7930 4WD Cab	$124214	$62110	$70800	**$86950**	**$94400**	JD	6TA	414D	16F-16R	180.0	16502	CHA
7930 4WD Cab	$129912	$64960	$74050	**$90940**	**$98730**	JD	6TA	414D	20F-20R	180.0	16502	CHA
8130 4WD	$140266	$70130	$78550	**$95380**	**$103800**	JD	6TA	548D	16F-4R	180.0		CHA
8130 4WD IVT	$152096	$76050	$85170	**$103430**	**$112550**	JD	6TA	548D	Variable	180.0		CHA
8230 4WD	$153598	$76800	$86020	**$104450**	**$113660**	JD	6TA	548D	16F-4R	200.0		CHA
8230 4WD IVT	$162638	$81320	$91080	**$110590**	**$120350**	JD	6TA	548D	Variable	200.0		CHA
8230T	$173534	$86770	$97180	**$118000**	**$128420**	JD	6TA	548D	16F-4R	200.0		CHA
8330 4WD	$162590	$81300	$91050	**$110560**	**$120320**	JD	6TA	548D	16F-4R	225.0		CHA
8330 4WD IVT	$174420	$87210	$97680	**$118610**	**$129070**	JD	6TA	548D	Variable	225.0		CHA

John Deere (Cont.)

Model	Approx. Retail Price New	Estimated Value Less Repairs: Used Trade In Avg.	Used Trade In High	Used Retail Avg.	Used Retail High	Engine Make	Engine No. Cyls.	Engine Displ. Cu.-In.	No. Speeds	P.T.O. H.P.	Approx. Shipping Wt.-Lbs.	Cab
2007 (Cont.)												
8330T	$184905	$92450	$103550	**$125740**	**$136830**	JD	6TA	548D	16F-4R	235.0		CHA
8430 4WD	$196288	$98140	$109920	**$133480**	**$145250**	JD	6TA	548D	16F-4R	255.0		CHA
8430 4WD IVT	$207073	$103540	$115960	**$140810**	**$153230**	JD	6TA	548D	Variable	255.0		CHA
8430T	$196891	$98450	$110260	**$133890**	**$145700**	JD	6TA	548D	16F-4R	255.0		CHA
8530 4WD IVT	$220474	$110240	$123470	**$149920**	**$163150**	JD	6TA	548D	Variable	275.0		CHA
9120	$151256	$75630	$84700	**$102850**	**$111930**	JD	6TA	496D	24F-6R	280*		CHA
9120 PS	$160954	$80480	$90130	**$109450**	**$119110**	JD	6TA	496D	18F-6R	280*		CHA
9220	$178229	$87500	$98000	**$119000**	**$129500**	JD	6TA	765D	24F-6R	325*		CHA
9220 PS	$187927	$91500	$102480	**$124440**	**$135420**	JD	6TA	765D	18F-6R	325*		CHA
9320	$202358	$95110	$107250	**$133560**	**$145700**	JD	6TA	765D	24F-6R	375*		CHA
9320 PS	$212056	$99670	$112390	**$139960**	**$152680**	JD	6TA	765D	18F-6R	375*		CHA
9320T	$248763	$116920	$131840	**$164180**	**$179110**	JD	6TA	765D	24F-6R	375*		CHA
9420	$217356	$102160	$115200	**$143460**	**$156500**	JD	6TA	765D	24F-6R	425*		CHA
9420 PS	$227054	$106720	$120340	**$149860**	**$163480**	JD	6TA	765D	18F-6R	425*		CHA
9420T PS	$260557	$122460	$138100	**$171970**	**$187600**	JD	6TA	765D	18F-6R	425*		CHA
9520 PS	$246464	$115840	$130630	**$162670**	**$177450**	JD	6TA	765D	18F-6R	450*		CHA
9520T PS	$265345	$124710	$140630	**$175130**	**$191050**	JD	6TA	765D	18F-6R	450*		CHA
9620 PS	$261648	$122980	$138670	**$172690**	**$188390**	JD	6TA	765D	18F-6R	500*		CHA
9620T PS	$289626	$136120	$153500	**$191150**	**$208530**	JD	6TA	765D	18F-6R	500*		CHA

L--Low Profile N--Narrow PS--Power Shift IVT--Infinitely Variable Transmission T--Tracks
***Engine Horsepower**

Model	Approx. Retail Price New	Used Trade In Avg.	Used Trade In High	Used Retail Avg.	Used Retail High	Engine Make	Engine No. Cyls.	Engine Displ. Cu.-In.	No. Speeds	P.T.O. H.P.	Approx. Shipping Wt.-Lbs.	Cab
2006												
790	$9639	$4920	$5490	**$6750**	**$7330**	Yanmar	3	91D	8F-2R	25.0	1967	No
790 4WD	$11929	$6080	$6800	**$8350**	**$9070**	Yanmar	3	91D	8F-2R	25.0	2142	No
990	$13499	$6880	$7690	**$9450**	**$10260**	Yanmar	4	121D	9F-3R	35.0	2954	No
990 4WD	$16559	$8450	$9440	**$11590**	**$12590**	Yanmar	4	121D	9F-3R	35.0	3220	No
2210 4WD	$11216	$5720	$6390	**$7850**	**$8520**	Yanmar	3	61D	Variable	17.7	1400	No
2305 4WD	$10750	$5480	$6130	**$7530**	**$8170**	Yanmar	3	68D	Variable	18.	1125	No
2320 4WD	$12839	$6550	$7320	**$8990**	**$9760**	Yanmar	3	68D	Variable	18.	1125	No
2520 4WD	$15279	$7790	$8710	**$10700**	**$11610**	Yanmar	3	81D	Variable	20.	1865	No
3120 Hydro	$17159	$8750	$9780	**$12010**	**$13040**	Yanmar	3	91D	Variable	22.0		No
3203 4WD	$16139	$8230	$9200	**$11300**	**$12270**	Yanmar	3	91D	Variable	24.	1865	No
3320	$17359	$8850	$9900	**$12150**	**$13190**	Yanmar	3	100D	12F-12R	25.5		No
3320 Hydro	$18185	$9270	$10370	**$12730**	**$13820**	Yanmar	3	100D	Variable	25.5		No
3520	$19219	$9800	$10960	**$13450**	**$14610**	Yanmar	3T	91D	12F-12R	30.5		No
3520 Hydro	$20094	$10250	$11450	**$14070**	**$15270**	Yanmar	3T	91D	Variable	30.5		No
3520 Hydro Cab	$24183	$12330	$13780	**$16930**	**$18380**	Yanmar	3T	91D	Variable	30.5		CHA
3720 Hydro	$23165	$11810	$13200	**$16220**	**$17610**	Yanmar	3T	91D	Variable	35.0		No
3720 Hydro Cab	$29747	$15170	$16960	**$20820**	**$22610**	Yanmar	3T	91D	Variable	35.0		CHA
4110 4WD	$13700	$6990	$7810	**$9590**	**$10410**	Yanmar	3	61D	8F-4R	17.0	1517	No
4110 4WD Hydro	$15200	$7750	$8660	**$10640**	**$11550**	Yanmar	3	61D	Variable	17.0	1617	No
4115 4WD Hydro	$17691	$9020	$10080	**$12380**	**$13450**	Yanmar	3	73D	Variable	20.0	1671	No
4120 4WD	$22438	$11440	$12790	**$15710**	**$17050**	JD	4T	149D	12F-12R	35.5	3700	No
4120 4WD Hydro	$23563	$12020	$13430	**$16490**	**$17910**	JD	4T	149D	Variable	35.0	3700	No
4210 4WD	$16846	$8590	$9600	**$11790**	**$12800**	Yanmar	3	81D	9F-3R	22.0	2675	No
4210 4WD Hydro	$19461	$9930	$11090	**$13620**	**$14790**	Yanmar	3	81D	Variable	22.0	2675	No
4310 4WD	$17383	$8870	$9910	**$12170**	**$13210**	Yanmar	3	91D	9F-3R	27.0	2725	No
4310 4WD	$18992	$9690	$10830	**$13290**	**$14430**	Yanmar	3	91D	12F-12R	27.0	2725	No
4310 4WD Hydro	$20640	$10530	$11770	**$14450**	**$15690**	Yanmar	3	91D	Variable	25.0	2725	No
4320 4WD	$23949	$12210	$13650	**$16760**	**$18200**	JD	4T	149D	12F-12R	40.5	3700	No
4320 4WD Hydro	$24914	$12710	$14200	**$17440**	**$18940**	JD	4T	149D	Variable	40.0	3700	No
4320 4WD Hydro Cab	$30915	$15770	$17620	**$21640**	**$23500**	JD	4T	149D	Variable	40.0	3700	CHA
4410 4WD	$20689	$10550	$11790	**$14480**	**$15720**	Yanmar	3	100D	12F-12R	29.0	2830	No
4410 4WD Hydro	$22497	$11470	$12820	**$15750**	**$17100**	Yanmar	3	100D	Variable	28.0	2830	No
4520 4WD	$25539	$13030	$14560	**$17880**	**$19410**	JD	4T	149D	12F-12R	45.5	3700	No
4520 4WD Hydro	$26665	$13600	$15200	**$18670**	**$20270**	JD	4T	149D	Variable	45.0	3700	No
4520 4WD Hydro Cab	$32665	$16660	$18620	**$22870**	**$24830**	JD	4T	149D	Variable	45.0	3700	CHA
4720 4WD Hydro	$28289	$14430	$16130	**$19800**	**$21500**	JD	4T	149D	Variable	50.0	3700	No
4720 4WD Hydro Cab	$34768	$17730	$19820	**$24340**	**$26420**	JD	4T	149D	Variable	50.0	3700	CHA
5103	$15829	$8070	$9020	**$11080**	**$12030**	JD	3	179D	9F-3R	42.0		No
5105	$18989	$9680	$10820	**$13290**	**$14430**	JD	3	179D	8F-4R	44.0		No
5105 4WD	$23858	$12170	$13600	**$16700**	**$18130**	JD	3	179D	8F-4R	44.0		No
5203	$17074	$8710	$9730	**$11950**	**$12980**	JD	3	179D	9F-3R	47.0		No
5205	$20600	$10510	$11740	**$14420**	**$15660**	JD	3	179D	8F-4R	50.0		No
5205 4WD	$25470	$12990	$14520	**$17830**	**$19360**	JD	3	179D	8F-4R	50.0		No
5225	$23852	$12170	$13600	**$16700**	**$18130**	JD	5T	186D	9F-3R	45.0		No
5225	$27354	$13950	$15590	**$19150**	**$20790**	JD	5T	186D	12F-12R	45.0		No
5225 w/Cab	$32880	$16770	$18740	**$23020**	**$24990**	JD	5T	186D	9F-3R	45.0		CHA
5225 w/Cab	$35981	$18350	$20510	**$25190**	**$27350**	JD	5T	186D	12F-12R	45.0		CHA
5225 4WD	$32208	$16430	$18360	**$22550**	**$24480**	JD	5T	186D	9F-3R	45.0		No
5225 4WD	$33197	$16930	$18920	**$23240**	**$25230**	JD	5T	186D	12F-12R	45.0		No
5225 4WD w/Cab	$39018	$19900	$22240	**$27310**	**$29650**	JD	5T	186D	9F-3R	45.0		CHA
5225 4WD w/Cab	$41543	$21190	$23680	**$29080**	**$31570**	JD	5T	186D	12F-12R	45.0		CHA
5303	$18654	$9510	$10630	**$13060**	**$14180**	JD	3	179D	9F-3R	55.0		No
5325	$26575	$13550	$15150	**$18600**	**$20200**	JD	5T	186D	9F-3R	55.0		No
5325	$30366	$15490	$17310	**$21260**	**$23080**	JD	5T	186D	12F-12R	55.0		No
5325 w/Cab	$35604	$18160	$20290	**$24920**	**$27060**	JD	5T	186D	9F-3R	55.0		CHA
5325 w/Cab	$38931	$19860	$22190	**$27250**	**$29590**	JD	5T	186D	12F-12R	55.0		CHA
5325 4WD	$32832	$16740	$18710	**$22980**	**$24950**	JD	5T	186D	9F-3R	55.0		No
5325 4WD	$35905	$18310	$20470	**$25130**	**$27290**	JD	5T	186D	12F-12R	55.0		No
5325 4WD w/Cab	$41970	$21410	$23920	**$29380**	**$31900**	JD	5T	186D	9F-3R	55.0		CHA
5325 4WD w/Cab	$44241	$22560	$25220	**$30970**	**$33620**	JD	5T	186D	12F-12R	55.0		CHA
5425	$29687	$15140	$16920	**$20780**	**$22560**	JD	4	276D	9F-3R	65.0		No

John Deere (Cont.)

	Approx. Retail Price New	Estimated Value Less Repairs: Used Trade In Avg.	High	Used Retail Avg.	High	Engine Make	No. Cyls.	Displ. Cu.-In.	No. Speeds	P.T.O. H.P.	Approx. Shipping Wt.-Lbs.	Cab
2006 (Cont.)												
5425	$33214	$16940	$18930	**$23250**	**$25240**	JD	4	276D	12F-12R	65.0		No
5425 w/Cab	$38471	$19620	$21930	**$26930**	**$29240**	JD	4	276D	9F-3R	65.0		CHA
5425 w/Cab	$41798	$21320	$23830	**$29260**	**$31770**	JD	4	276D	12F-12R	65.0		CHA
5425 4WD	$36000	$18360	$20520	**$25200**	**$27360**	JD	4	276D	9F-3R	65.0		No
5425 4WD	$38637	$19710	$22020	**$27050**	**$29360**	JD	4	276D	12F-12R	65.0		No
5425 4WD w/Cab	$45150	$23030	$25740	**$31610**	**$34310**	JD	4	276D	9F-3R	65.0		CHA
5425 4WD w/Cab	$47421	$24190	$27030	**$33200**	**$36040**	JD	4	276D	12F-12R	65.0		CHA
5425N	$31458	$16040	$17930	**$22020**	**$23910**	JD	4	276D	12F-12R	65.0		No
5425N 4WD	$37928	$19340	$21620	**$26550**	**$28830**	JD	4	276D	12F-12R	65.0		No
5425N 4WD w/Cab	$46872	$23910	$26720	**$32810**	**$35620**	JD	4	276D	12F-12R	65.0		CHA
5525	$32395	$16520	$18470	**$22680**	**$24620**	JD	4T	276D	9F-3R	75.0		No
5525	$35921	$18320	$20480	**$25150**	**$27300**	JD	4T	276D	12F-12R	75.0		No
5525 w/Cab	$42010	$21430	$23950	**$29410**	**$31930**	JD	4T	276D	9F-3R	75.0		CHA
5525 w/Cab	$45335	$23120	$25840	**$31740**	**$34460**	JD	4T	276D	12F-12R	75.0		CHA
5525 4WD	$39559	$20180	$22550	**$27690**	**$30070**	JD	4T	276D	9F-3R	75.0		No
5525 4WD	$42194	$21520	$24050	**$29540**	**$32070**	JD	4T	276D	12F-12R	75.0		No
5525 4WD w/Cab	$48707	$24840	$27760	**$34100**	**$37020**	JD	4T	276D	9F-3R	75.0		CHA
5525 4WD w/Cab	$50976	$26000	$29060	**$35680**	**$38740**	JD	4T	276D	12F-12R	75.0		CHA
5525N	$34486	$17590	$19660	**$24140**	**$26210**	JD	4T	276D	12F-12R	75.0		No
5525N	$34486	$17590	$19660	**$24140**	**$26210**	JD	4T	276D	12F-12R	75.0		No
5525N 4WD Cab	$49900	$25450	$28440	**$34930**	**$37920**	JD	4T	276D	12F-12R	75.0		CHA
6120	$36166	$18450	$20620	**$25320**	**$27490**	JD	4T	276D	12F-4R	65.0		No
6120	$41037	$20930	$23390	**$28730**	**$31190**	JD	4T	276D	16F-16R	65.0		No
6120 w/Cab	$46269	$23600	$26370	**$32390**	**$35160**	JD	4T	276D	12F-4R	65.0		CHA
6120 w/Cab	$49817	$25410	$28400	**$34870**	**$37860**	JD	4T	276D	16F-16R	65.0		CHA
6120 4WD	$42509	$21680	$24230	**$29760**	**$32310**	JD	4T	276D	12F-4R	65.0		No
6120 4WD	$45781	$23350	$26100	**$32050**	**$34790**	JD	4T	276D	16F-16R	65.0		No
6120 4WD w/Cab	$52612	$26830	$29990	**$36830**	**$39990**	JD	4T	276D	12F-4R	65.0		CHA
6120 4WD w/Cab	$56160	$28640	$32010	**$39310**	**$42680**	JD	4T	276D	16F-16R	65.0		CHA
6120L	$35808	$18260	$20410	**$25070**	**$27210**	JD	4T	276D	12F-4R	65.0		No
6120L	$37562	$19160	$21410	**$26290**	**$28550**	JD	4T	276D	16F-16R	65.0		No
6120L 4WD	$42997	$21930	$24510	**$30100**	**$32680**	JD	4T	276D	12F-4R	65.0		No
6120L 4WD	$44696	$22800	$25480	**$31290**	**$33970**	JD	4T	276D	16F-16R	65.0		No
6215	$34270	$15420	$18160	**$22620**	**$25020**	JD	4T	276D	12F-4R	72.0		No
6215	$37542	$16890	$19900	**$24780**	**$27410**	JD	4T	276D	16F-16R	72.0		No
6215 4WD	$40837	$18380	$21640	**$26950**	**$29810**	JD	4T	276D	12F-4R	72.0		No
6215 4WD	$44109	$19850	$23380	**$29110**	**$32200**	JD	4T	276D	16F-16R	72.0		No
6215 4WD w/Cab	$50446	$22700	$26740	**$33290**	**$36830**	JD	4T	276D	12F-4R	72.0		CHA
6215 4WD w/Cab	$54995	$24750	$29150	**$36300**	**$40150**	JD	4T	276D	16F-16R	72.0		CHA
6215 w/Cab	$43879	$19750	$23260	**$28960**	**$32030**	JD	4T	276D	12F-4R	72.0		CHA
6215 w/Cab	$47151	$21220	$24990	**$31120**	**$34420**	JD	4T	276D	16F-16R	72.0		CHA
6220	$37468	$19110	$21360	**$26230**	**$28480**	JD	4T	276D	12F-4R	72.0		No
6220	$41454	$21140	$23630	**$29020**	**$31510**	JD	4T	276D	16F-16R	72.0		No
6220 4WD	$44822	$22860	$25550	**$31380**	**$34070**	JD	4T	276D	12F-4R	72.0		No
6220 4WD	$48094	$24530	$27410	**$33670**	**$36550**	JD	4T	276D	16F-16R	72.0		No
6220 4WD w/Cab	$55078	$28090	$31390	**$38560**	**$41860**	JD	4T	276D	12F-4R	72.0		CHA
6220 4WD w/Cab	$58626	$29900	$33420	**$41040**	**$44560**	JD	4T	276D	16F-16R	72.0		CHA
6220 Hi-Clear	$41557	$21190	$23690	**$29090**	**$31580**	JD	4T	276D	12F-4R	72.0		No
6220 Hi-Clear	$45164	$23030	$25740	**$31620**	**$34330**	JD	4T	276D	16F-16R	72.0		No
6220 Hi-Clear 4WD	$48751	$24860	$27790	**$34130**	**$37050**	JD	4T	276D	12F-4R	72.0		No
6220 Hi-Clear 4WD	$52358	$26700	$29840	**$36650**	**$39790**	JD	4T	276D	16F-16R	72.0		No
6220 Hi-Clear 4WD w/Cab	$58375	$26270	$30940	**$38530**	**$42610**	JD	4T	276D	12F-4R	72.0		CHA
6220 Hi-Clear 4WD w/Cab	$62176	$27980	$32950	**$41040**	**$45390**	JD	4T	276D	16F-16R	72.0		CHA
6220 Hi-Clear w/Cab	$51181	$23030	$27130	**$33780**	**$37360**	JD	4T	276D	12F-4R	72.0		CHA
6220 Hi-Clear w/Cab	$55394	$24930	$29360	**$36560**	**$40440**	JD	4T	276D	16F-16R	72.0		CHA
6220 w/Cab	$48850	$24910	$27850	**$34200**	**$37130**	JD	4T	276D	12F-4R	72.0		CHA
6220 w/Cab	$51986	$26510	$29630	**$36390**	**$39510**	JD	4T	276D	16F-16R	72.0		CHA
6220L	$38811	$19790	$22120	**$27170**	**$29500**	JD	4T	276D	12F-4R	72.0		No
6220L	$42083	$21460	$23990	**$29460**	**$31980**	JD	4T	276D	16F-16R	72.0		No
6220L 4WD	$45928	$23420	$26180	**$32150**	**$34910**	JD	4T	276D	12F-4R	72.0		No
6220L 4WD	$49200	$25090	$28040	**$34440**	**$37390**	JD	4T	276D	16F-16R	72.0		No
6320	$38195	$19480	$21770	**$26740**	**$29030**	JD	4T	276D	12F-4R	80.0		No
6320	$44596	$22740	$25420	**$31220**	**$33890**	JD	4T	276D	16F-16R	80.0		No
6320 w/Cab	$51415	$26220	$29310	**$35990**	**$39080**	JD	4T	276D	12F-4R	80.0		CHA
6320 w/Cab	$54963	$28030	$31330	**$38470**	**$41770**	JD	4T	276D	16F-16R	80.0		CHA
6320 4WD	$47685	$24320	$27180	**$33380**	**$36240**	JD	4T	276D	12F-4R	80.0		No
6320 4WD	$50940	$25980	$29040	**$35660**	**$38710**	JD	4T	276D	16F-16R	80.0		No
6320 4WD w/Cab	$57759	$29460	$32920	**$40430**	**$43900**	JD	4T	276D	12F-4R	80.0		CHA
6320 4WD w/Cab	$61307	$31270	$34950	**$42920**	**$46590**	JD	4T	276D	16F-16R	80.0		CHA
6320 IVT 4WD w/Cab	$68586	$34980	$39090	**$48010**	**$52130**	JD	4T	276D	Variable	80.0		CHA
6320L	$40510	$20660	$23090	**$28360**	**$30790**	JD	4T	276D	12F-4R	80.0		No
6320L	$44469	$22680	$25350	**$31130**	**$33800**	JD	4T	276D	16F-16R	80.0		No
6320L 4WD	$48314	$24640	$27540	**$33820**	**$36720**	JD	4T	276D	12F-4R	80.0		No
6320L 4WD	$51586	$26310	$29400	**$36110**	**$39210**	JD	4T	276D	16F-16R	80.0		No
6320 Hi-Clear	$44156	$19870	$23400	**$29140**	**$32230**	JD	4T	276D	12F-4R	80.0		No
6320 Hi-Clear	$47763	$21490	$25310	**$31520**	**$34870**	JD	4T	276D	16F-16R	80.0		No
6320 Hi-Clear 4WD	$54957	$24730	$29130	**$36270**	**$40120**	JD	4T	276D	16F-16R	80.0		No
6320L w/Cab	$60198	$30700	$34310	**$42140**	**$45750**	JD	4T	276D	12F-4R	80.0		CHA
6320L w/Cab	$63746	$32510	$36340	**$44620**	**$48450**	JD	4T	276D	16F-16R	80.0		CHA
6320L 4WD w/Cab	$67315	$34330	$38370	**$47120**	**$51160**	JD	4T	276D	12F-4R	80.0		CHA
6320L 4WD w/Cab	$70863	$36140	$40390	**$49600**	**$53860**	JD	4T	276D	16F-16R	80.0		CHA
6320 Hi-Clear 4WD	$51350	$23110	$27220	**$33890**	**$37490**	JD	4T	276D	12F-4R	80.0		No
6320 Hi-Clear 4WD w/Cab	$61251	$31240	$34910	**$42880**	**$46550**	JD	4T	276D	12F-4R	80.0		CHA
6320 Hi-Clear w/Cab	$54057	$27570	$30810	**$37840**	**$41080**	JD	4T	276D	12F-4R	80.0		CHA

John Deere (Cont.)

	Approx. Retail Price New	Estimated Value Less Repairs: Used Trade In Avg.	Used Trade In High	Used Retail Avg.	Used Retail High	Engine Make	Engine No. Cyls.	Engine Displ. Cu.-In.	No. Speeds	P.T.O. H.P.	Approx. Shipping Wt.-Lbs.	Cab
2006 (Cont.)												
6320 IVT Hi-Clear 4WD w/Cab	$70542	$35980	$40210	**$49380**	**$53610**	JD	4T	276D	Variable	80.0		CHA
6320 Hi-Clear 4WD w/Cab	$65052	$33180	$37080	**$45540**	**$49440**	JD	4T	276D	16F-16R	80.0		CHA
6320 Hi-Clear w/Cab	$57858	$29510	$32980	**$40500**	**$43970**	JD	4T	276D	16F-16R	80.0		CHA
6403	$32750	$16700	$18670	**$22930**	**$24890**	JD	4T	276D	9F-3R	85.0		No
6403 4WD	$39730	$20260	$22650	**$27810**	**$30200**	JD	4T	276D	9F-3R	85.0		No
6403 4WD w/Cab	$47629	$24290	$27150	**$33340**	**$36200**	JD	4T	276D	9F-3R	85.0		CHA
6403 w/Cab	$40650	$20730	$23170	**$28460**	**$30890**	JD	4T	276D	9F-3R	85.0		CHA
6415	$38027	$19390	$21680	**$26620**	**$28900**	JD	4T	276D	12F-4R	85.0		No
6415	$41299	$21060	$23540	**$28910**	**$31390**	JD	4T	276D	16F-16R	85.0		No
6415 4WD	$44594	$22740	$25420	**$31220**	**$33890**	JD	4T	276D	12F-4R	85.0		No
6415 4WD	$47866	$24410	$27280	**$33510**	**$36380**	JD	4T	276D	16F-16R	85.0		No
6415 4WD w/Cab	$54135	$27610	$30860	**$37900**	**$41140**	JD	4T	276D	12F-4R	85.0		CHA
6415 4WD w/Cab	$58127	$29650	$33130	**$40690**	**$44180**	JD	4T	276D	16F-16R	85.0		CHA
6415 w/Cab	$47519	$24240	$27090	**$33260**	**$36110**	JD	4T	276D	12F-4R	85.0		CHA
6415 w/Cab	$50840	$25930	$28980	**$35590**	**$38640**	JD	4T	276D	16F-16R	85.0		CHA
6415 Hi-Clear	$40482	$20650	$23080	**$28340**	**$30770**	JD	4T	276D	12F-4R	85.0		No
6415 Hi-Clear	$44089	$22490	$25130	**$30860**	**$33510**	JD	4T	276D	16F-16R	85.0		No
6415 Hi-Clear 4WD	$47676	$24320	$27180	**$33370**	**$36230**	JD	4T	276D	12F-4R	85.0		No
6415 Hi-Clear 4WD	$51288	$26160	$29230	**$35900**	**$38980**	JD	4T	276D	16F-16R	85.0		No
6415 Hi-Clear 4WD w/Cab	$56262	$28690	$32070	**$39380**	**$42760**	JD	4T	276D	12F-4R	85.0		CHA
6415 Hi-Clear 4WD w/Cab	$59969	$30580	$34180	**$41980**	**$45580**	JD	4T	276D	16F-16R	85.0		CHA
6415 Hi-Clear w/Cab	$49668	$25330	$28310	**$34770**	**$37750**	JD	4T	276D	12F-4R	85.0		CHA
6415 Hi-Clear w/Cab	$53275	$27170	$30370	**$37290**	**$40490**	JD	4T	276D	16F-16R	85.0		CHA
6420	$44552	$22720	$25400	**$31190**	**$33860**	JD	4T	276D	12F-4R	90.0		No
6420	$48024	$24490	$27370	**$33620**	**$36500**	JD	4T	276D	16F-16R	90.0		No
6420 4WD	$51096	$26060	$29130	**$35770**	**$38830**	JD	4T	276D	12F-4R	90.0		No
6420 4WD	$54368	$27730	$30990	**$38060**	**$41320**	JD	4T	276D	16F-16R	90.0		No
6420 4WD w/Cab	$61040	$31130	$34790	**$42730**	**$46390**	JD	4T	276D	12F-4R	90.0		CHA
6420 4WD w/Cab	$64589	$32940	$36820	**$45210**	**$49090**	JD	4T	276D	16F-16R	90.0		CHA
6420 Hi-Clear	$47621	$21430	$25240	**$31430**	**$34760**	JD	4T	276D	12F-4R	90.0		No
6420 Hi-Clear	$51228	$23050	$27150	**$33810**	**$37400**	JD	4T	276D	16F-16R	90.0		No
6420 Hi-Clear 4WD	$54815	$24670	$29050	**$36180**	**$40020**	JD	4T	276D	12F-4R	90.0		No
6420 Hi-Clear 4WD	$58422	$26290	$30960	**$38560**	**$42650**	JD	4T	276D	16F-16R	90.0		No
6420 Hi-Clear 4WD w/Cab	$64717	$29120	$34300	**$42710**	**$47240**	JD	4T	276D	12F-4R	90.0		CHA
6420 Hi-Clear 4WD w/Cab	$68518	$30830	$36320	**$45220**	**$50020**	JD	4T	276D	16F-16R	90.0		CHA
6420 Hi-Clear IVT 4WD w/Cab	$73427	$33040	$38920	**$48460**	**$53600**	JD	4T	276D	Variable	90.0		CHA
6420 Hi-Clear w/Cab	$57523	$25890	$30490	**$37970**	**$41990**	JD	4T	276D	12F-4R	90.0		CHA
6420 Hi-Clear w/Cab	$61324	$27600	$32500	**$40470**	**$44770**	JD	4T	276D	16F-16R	90.0		CHA
6420 IVT 4WD w/Cab	$71286	$36360	$40630	**$49900**	**$54180**	JD	4T	276D	Variable	90.0		CHA
6420 w/Cab	$54652	$27870	$31150	**$38260**	**$41540**	JD	4T	276D	12F-4R	90.0		CHA
6420 w/Cab	$58200	$29680	$33170	**$40740**	**$44230**	JD	4T	276D	16F-16R	90.0		CHA
6420L	$45194	$23050	$25760	**$31640**	**$34350**	JD	4T	276D	12F-4R	90.0		No
6420L	$48466	$24720	$27630	**$33930**	**$36830**	JD	4T	276D	16F-16R	90.0		No
6420L 4WD	$52895	$26980	$30150	**$37030**	**$40200**	JD	4T	276D	12F-4R	90.0		No
6420L 4WD	$56167	$28650	$32020	**$39320**	**$42690**	JD	4T	276D	16F-16R	90.0		No
6420L 4WD w/Cab	$71593	$36510	$40810	**$50120**	**$54410**	JD	4T	276D	12F-4R	90.0		CHA
6420L 4WD w/Cab	$75141	$38320	$42830	**$52600**	**$57110**	JD	4T	276D	16F-16R	90.0		CHA
6420L w/Cab	$64257	$32770	$36630	**$44980**	**$48840**	JD	4T	276D	12F-4R	90.0		CHA
6420L w/Cab	$67805	$34580	$38650	**$47460**	**$51530**	JD	4T	276D	16F-16R	90.0		CHA
6520L	$51181	$26100	$29170	**$35830**	**$38900**	JD	4T	276D	16F-16R	95.0		No
6520L 4WD	$52322	$26680	$29820	**$36630**	**$39770**	JD	4T	276D	12F-4R	95.0		No
6520L 4WD	$55594	$28350	$31690	**$38920**	**$42250**	JD	4T	276D	16F-16R	95.0		No
6520L 4WD w/Cab	$73785	$37630	$42060	**$51650**	**$56080**	JD	4T	276D	12F-4R	95.0		CHA
6520L 4WD w/Cab	$77333	$39440	$44080	**$54130**	**$58770**	JD	4T	276D	16F-16R	95.0		CHA
6520L w/Cab	$66449	$33890	$37880	**$46510**	**$50500**	JD	4T	276D	12F-4R	95.0		CHA
6520L w/Cab	$69997	$35700	$39900	**$49000**	**$53200**	JD	4T	276D	16F-16R	95.0		CHA
6603	$37322	$16800	$19780	**$24630**	**$27250**	JD	6T	414D	9F-3R	95.0		No
6603 4WD	$44398	$19980	$23530	**$29300**	**$32410**	JD	6T	414D	9F-3R	95.0		No
6603 4WD w/Cab	$52298	$23530	$27720	**$34520**	**$38180**	JD	6T	414D	9F-3R	95.0		CHA
6603 w/Cab	$45222	$20350	$23970	**$29850**	**$33010**	JD	6T	414D	9F-3R	95.0		CHA
6615	$43073	$19380	$22830	**$28430**	**$31440**	JD	6T	414D	12F-4R	95.0		No
6615	$46345	$20860	$24560	**$30590**	**$33830**	JD	6T	414D	16F-16R	95.0		No
6615 4WD	$49640	$22340	$26310	**$32760**	**$36240**	JD	6T	414D	12F-4R	95.0		No
6615 4WD	$52912	$23810	$28040	**$34920**	**$38630**	JD	6T	414D	16F-16R	95.0		No
6615 4WD w/Cab	$59563	$26800	$31570	**$39310**	**$43480**	JD	6T	414D	12F-4R	95.0		CHA
6615 4WD w/Cab	$63555	$28600	$33680	**$41950**	**$46400**	JD	6T	414D	16F-16R	95.0		CHA
6615 Hi-Clear 4WD	$57390	$25830	$30420	**$37880**	**$41900**	JD	6T	414D	12F-4R	95.0		No
6615 Hi-Clear 4WD	$60997	$27450	$32330	**$40260**	**$44530**	JD	6T	414D	16F-16R	95.0		No
6615 Hi-Clear 4WD w/Cab	$65281	$29380	$34600	**$43090**	**$47660**	JD	6T	414D	12F-4R	95.0		CHA
6615 Hi-Clear 4WD w/Cab	$68888	$31000	$36510	**$45470**	**$50290**	JD	6T	414D	16F-16R	95.0		CHA
6615 w/Cab	$52996	$23850	$28090	**$34980**	**$38690**	JD	6T	414D	12F-4R	95.0		CHA
6615 w/Cab	$56268	$25320	$29820	**$37140**	**$41080**	JD	6T	414D	16F-16R	95.0		CHA
6715	$47413	$21340	$25130	**$31290**	**$34610**	JD	6T	414D	12F-4R	105.0		No
6715	$50685	$22810	$26860	**$33450**	**$37000**	JD	6T	414D	16F-16R	105.0		No
6715 4WD	$54938	$24720	$29120	**$36260**	**$40110**	JD	6T	414D	12F-4R	105.0		No
6715 4WD	$58210	$26200	$30850	**$38420**	**$42490**	JD	6T	414D	16F-16R	105.0		No
6715 4WD w/Cab	$65497	$29470	$34710	**$43230**	**$47810**	JD	6T	414D	12F-4R	105.0		CHA
6715 4WD w/Cab	$67811	$30520	$35940	**$44760**	**$49500**	JD	6T	414D	16F-16R	105.0		CHA
6715 Hi-Clear	$61730	$27780	$32720	**$40740**	**$45060**	JD	6T	414D	12F-4R	105.0		No
6715 Hi-Clear	$65337	$29400	$34630	**$43120**	**$47700**	JD	6T	414D	16F-16R	105.0		No
6715 Hi-Clear w/Cab	$69537	$31290	$36860	**$45890**	**$50760**	JD	6T	414D	12F-4R	105.0		CHA
6715 Hi-Clear w/Cab	$73144	$32920	$38770	**$48280**	**$53400**	JD	6T	414D	16F-16R	105.0		CHA
6715 w/Cab	$58210	$26200	$30850	**$38420**	**$42490**	JD	6T	414D	12F-4R	105.0		CHA
6715 w/Cab	$61482	$27670	$32590	**$40580**	**$44880**	JD	6T	414D	16F-16R	105.0		CHA

John Deere (Cont.)

2006 (Cont.)

	Approx. Retail Price New	Used Trade In Avg.	Used Trade In High	Used Retail Avg.	Used Retail High	Engine Make	Engine No. Cyls.	Engine Displ. Cu.-In.	No. Speeds	P.T.O. H.P.	Approx. Shipping Wt.-Lbs.	Cab
7220	$55092	$28100	$31400	**$38560**	**$41870**	JD	6T	414D	16F-16R	95.0		No
7220	$56579	$28860	$32250	**$39610**	**$43000**	JD	6T	414D	24F-24R	95.0		No
7220 4WD	$64084	$32680	$36530	**$44860**	**$48700**	JD	6T	414D	16F-16R	95.0		No
7220 4WD	$65571	$33440	$37380	**$45900**	**$49830**	JD	6T	414D	24F-24R	95.0		No
7220 4WD w/Cab	$75569	$38540	$43070	**$52900**	**$57430**	JD	6T	414D	16F-16R	95.0		CHA
7220 4WD w/Cab	$77129	$39340	$43960	**$53990**	**$58620**	JD	6T	414D	24F-24R	95.0		CHA
7220 4WD w/Cab IVT	$83739	$42710	$47730	**$58620**	**$63640**	JD	6T	414D	Variable	95.0		CHA
7220 w/Cab	$65376	$33340	$37260	**$45760**	**$49690**	JD	6T	414D	24F-24R	95.0		CHA
7220 w/Cab	$66577	$33950	$37950	**$46600**	**$50600**	JD	6T	414D	16F-16R	95.0		CHA
7320	$59787	$30490	$34080	**$41850**	**$45440**	JD	6T	414D	16F-16R	105.0		No
7320	$61274	$31250	$34930	**$42890**	**$46570**	JD	6T	414D	24F-24R	105.0		No
7320 4WD	$68779	$35080	$39200	**$48150**	**$52270**	JD	6T	414D	16F-16R	105.0		No
7320 4WD	$70266	$35840	$40050	**$49190**	**$53400**	JD	6T	414D	24F-24R	105.0		No
7320 4WD w/Cab	$81499	$41560	$46450	**$57050**	**$61940**	JD	6T	414D	16F-16R	105.0		CHA
7320 4WD w/Cab	$83059	$42360	$47340	**$58140**	**$63130**	JD	6T	414D	24F-24R	105.0		CHA
7320 4WD w/Cab IVT	$88669	$45220	$50540	**$62070**	**$67390**	JD	6T	414D	Variable	105.0		CHA
7320 w/Cab	$71306	$36370	$40640	**$49910**	**$54190**	JD	6T	414D	24F-24R	105.0		CHA
7320 w/Cab	$72507	$36980	$41330	**$50760**	**$55110**	JD	6T	414D	16F-16R	105.0		CHA
7420 4WD w/Cab	$88086	$44920	$50210	**$61660**	**$66950**	JD	6T	414D	16F-16R	115.0		CHA
7420 4WD w/Cab	$89975	$45890	$51290	**$62980**	**$68380**	JD	6T	414D	20F-20R	115.0		CHA
7420 4WD w/Cab IVT	$95585	$48750	$54480	**$66910**	**$72650**	JD	6T	414D	Variable	115.0		CHA
7420 w/Cab	$75945	$38730	$43290	**$53160**	**$57720**	JD	6T	414D	16F-16R	115.0		CHA
7420 w/Cab	$77432	$39490	$44140	**$54200**	**$58850**	JD	6T	414D	20F-20R	115.0		CHA
7420HC 4WD w/Cab	$101281	$45580	$53680	**$66850**	**$73940**	JD	6T	414D	16F-16R	115.0		CHA
7520 4WD	$82510	$37130	$43730	**$54460**	**$60230**	JD	6T	414D	16F-16R	125.0		No
7520 4WD	$83997	$37800	$44520	**$55440**	**$61320**	JD	6T	414D	20F-20R	125.0		No
7520 4WD w/Cab	$95080	$48490	$54200	**$66560**	**$72260**	JD	6T	414D	16F-16R	125.0		CHA
7520 4WD w/Cab	$97019	$49480	$55300	**$67910**	**$73730**	JD	6T	414D	20F-20R	125.0		CHA
7520 4WD w/Cab IVT	$102629	$52340	$58500	**$71840**	**$78000**	JD	6T	414D	Variable	125.0		CHA
7720 4WD w/Cab	$112981	$57620	$64400	**$79090**	**$85870**	JD	6TI	414D	20F-20R	140.0		CHA
7720 w/Cab	$96050	$48990	$54750	**$67240**	**$73000**	JD	6TI	414D	16F-16R	140.0		CHA
7720 w/Cab	$96300	$49110	$54890	**$67410**	**$73190**	JD	6TI	414D	20F-20R	140.0		CHA
7720 IVT 4WD w/Cab	$117090	$59720	$66740	**$81960**	**$88990**	JD	6TI	414D	Variable	140.0		CHA
7720 4WD w/Cab	$108287	$55230	$61720	**$75800**	**$82300**	JD	6TI	414D	16F-16R	140.0		CHA
7820 w/Cab	$99556	$50770	$56750	**$69690**	**$75660**	JD	6TI	496D	16F-16R	155.0		CHA
7820 w/Cab	$103354	$52710	$58910	**$72350**	**$78550**	JD	6TI	496D	20F-20R	155.0		CHA
7820 4WD w/Cab	$115647	$58980	$65920	**$80950**	**$87890**	JD	6TI	496D	16F-16R	155.0		CHA
7820 4WD w/Cab	$117240	$59790	$66830	**$82070**	**$89100**	JD	6TI	496D	20F-20R	155.0		CHA
7820 4WD w/Cab IVT	$124331	$63410	$70870	**$87030**	**$94490**	JD	6TI	496D	Variable	155.0		CHA
7920 4WD Cab IVT	$132406	$59580	$70180	**$87390**	**$96660**	JD	6TI	496D	Variable	170.0		CHA
8130 4WD	$139860	$62940	$72730	**$89510**	**$99300**	JD	6TA	548D	16F-4R	180.0		CHA
8130 4WD IVT	$151813	$68320	$78940	**$97160**	**$107790**	JD	6TA	548D	Variable	180.0		CHA
8230 4WD	$149838	$67430	$77920	**$95900**	**$106390**	JD	6TA	548D	16F-4R	200.0		CHA
8230 4WD IVT	$161900	$72860	$84190	**$103620**	**$114950**	JD	6TA	548D	Variable	200.0		CHA
8230T	$171791	$77310	$89330	**$109950**	**$121970**	JD	6TA	548D	16F-4R	200.0		CHA
8330 4WD	$165447	$74450	$86030	**$105890**	**$117470**	JD	6TA	548D	16F-4R	225.0		CHA
8330 4WD IVT	$174947	$78730	$90970	**$111970**	**$124210**	JD	6TA	548D	Variable	225.0		CHA
8330T	$183050	$82370	$95190	**$117150**	**$129970**	JD	6TA	548D	16F-4R	235.0		CHA
8430 4WD	$195923	$88170	$101880	**$125390**	**$139110**	JD	6TA	548D	16F-4R	255.0		CHA
8430 4WD IVT	$205423	$92440	$106820	**$131470**	**$145850**	JD	6TA	548D	Variable	255.0		CHA
8430T	$194917	$87710	$101360	**$124750**	**$138390**	JD	6TA	548D	16F-4R	255.0		CHA
8530 4WD IVT	$219310	$98690	$114040	**$140360**	**$155710**	JD	6TA	548D	Variable	275.0		CHA
9120	$152564	$68650	$79330	**$97640**	**$108320**	JD	6TA	496D	24F-6R	280*		CHA
9120 PS	$161980	$72890	$84230	**$103670**	**$115010**	JD	6TA	496D	18F-6R	280*		CHA
9220	$178980	$78750	$91000	**$112000**	**$124250**	JD	6TA	765D	24F-6R	325*		CHA
9220 PS	$188266	$82350	$95160	**$117120**	**$129930**	JD	6TA	765D	18F-6R	325*		CHA
9320	$203160	$83300	$97520	**$123930**	**$138150**	JD	6TA	765D	24F-6R	375*		CHA
9320 PS	$212576	$87160	$102040	**$129670**	**$144550**	JD	6TA	765D	18F-6R	375*		CHA
9320T	$246225	$100950	$118190	**$150200**	**$167430**	JD	6TA	765D	24F-6R	375*		CHA
9420	$218029	$89390	$104650	**$133000**	**$148260**	JD	6TA	765D	24F-6R	425*		CHA
9420 PS	$227445	$93250	$109170	**$138740**	**$154660**	JD	6TA	765D	18F-6R	425*		CHA
9420T PS	$257908	$105740	$123800	**$157320**	**$175380**	JD	6TA	765D	18F-6R	425*		CHA
9520 PS	$242764	$99530	$116530	**$148090**	**$165080**	JD	6TA	765D	18F-6R	450*		CHA
9520T PS	$262643	$107680	$126070	**$160210**	**$178600**	JD	6TA	765D	18F-6R	450*		CHA
9620 PS	$256504	$105170	$123120	**$156470**	**$174420**	JD	6TA	765D	18F-6R	500*		CHA
9620T PS	$286684	$117540	$137610	**$174880**	**$194950**	JD	6TA	765D	18F-6R	500*		CHA

L--Low Profile N--Narrow PS--Power Shift IVT--Infinitely Variable Transmission T--Tracks
*Engine Horsepower

2005

	Approx. Retail Price New	Used Trade In Avg.	Used Trade In High	Used Retail Avg.	Used Retail High	Engine Make	Engine No. Cyls.	Engine Displ. Cu.-In.	No. Speeds	P.T.O. H.P.	Approx. Shipping Wt.-Lbs.	Cab
790	$9979	$4370	$5040	**$6370**	**$7030**	Yanmar	3	91D	8F-2R	25.0	1930	No
790 Power Steer	$10649	$4510	$5190	**$6570**	**$7250**	Yanmar	3	91D	8F-2R	25.0	1967	No
790 4WD	$12448	$5520	$6360	**$8040**	**$8880**	Yanmar	3	91D	8F-2R	25.0	2142	No
990	$14079	$6300	$7260	**$9180**	**$10140**	Yanmar	4	121D	9F-3R	35.0	2954	No
990 4WD	$16879	$7710	$8880	**$11220**	**$12400**	Yanmar	4	121D	9F-3R	35.0	3220	No
2210 4WD	$11216	$5160	$5940	**$7520**	**$8300**	Yanmar	3	61D	Variable	17.7	1400	No
3120	$20120	$8740	$10070	**$12730**	**$14060**	Yanmar	3	91D	Variable	22.0		No
3320	$21124	$9430	$10870	**$13740**	**$15170**	Yanmar	3	100D	Variable	25.5		No
3520	$23164	$10350	$11930	**$15080**	**$16650**	Yanmar	3T	91D	Variable	30.5		No
3720	$24788	$11400	$13140	**$16610**	**$18340**	Yanmar	3T	91D	Variable	35.0		No
4010 4WD	$12476	$5740	$6610	**$8360**	**$9230**	Yanmar	3	47D	Variable	14.0	1420	No
4110 4WD	$13542	$6230	$7180	**$9070**	**$10020**	Yanmar	3	61D	8F-4R	17.0	1517	No
4110 4WD Hydro	$15242	$7010	$8080	**$10210**	**$11280**	Yanmar	3	61D	Variable	17.0	1617	No
4115 4WD Hydro	$17691	$8140	$9380	**$11850**	**$13090**	Yanmar	3	73D	Variable	20.0	1671	No

John Deere (Cont.)

2005 (Cont.)

	Approx. Retail Price New	Used Trade In Avg.	Used Trade In High	Used Retail Avg.	Used Retail High	Make	Engine No. Cyls.	Engine Displ. Cu.-In.	No. Speeds	P.T.O. H.P.	Approx. Shipping Wt.-Lbs.	Cab
4120 4WD	$23899	$10990	$12670	**$16010**	**$17690**	JD	4T	149D	12F-12R	35.5	3700	No
4120 4WD Hydro	$25279	$11630	$13400	**$16940**	**$18710**	JD	4T	149D	Variable	35.0	3700	No
4210 4WD	$16846	$7750	$8930	**$11290**	**$12470**	Yanmar	3	81D	9F-3R	22.0	2675	No
4210 4WD Hydro	$19461	$8950	$10310	**$13040**	**$14400**	Yanmar	3	81D	Variable	22.0	2675	No
4310 4WD	$17383	$8000	$9210	**$11650**	**$12860**	Yanmar	3	91D	9F-3R	27.0	2725	No
4310 4WD	$18992	$8740	$10070	**$12730**	**$14050**	Yanmar	3	91D	12F-12R	27.0	2725	No
4310 4WD Hydro	$20640	$9490	$10940	**$13830**	**$15270**	Yanmar	3	91D	Variable	25.0	2725	No
4320 4WD	$26179	$11500	$13250	**$16750**	**$18500**	JD	4T	149D	12F-12R	40.5	3700	No
4320 4WD Hydro	$27179	$11960	$13780	**$17420**	**$19240**	JD	4T	149D	Variable	40.0	3700	No
4410 4WD	$20689	$9520	$10970	**$13860**	**$15310**	Yanmar	3	100D	12F-12R	29.0	2830	No
4410 4WD Hydro	$22497	$10350	$11920	**$15070**	**$16650**	Yanmar	3	100D	Variable	28.0	2830	No
4520 4WD	$27979	$12370	$14260	**$18020**	**$19910**	JD	4T	149D	12F-12R	45.5	3700	No
4520 4WD Hydro	$28979	$12830	$14790	**$18690**	**$20650**	JD	4T	149D	Variable	45.0	3700	No
4720 4WD Hydro	$31049	$13480	$15530	**$19630**	**$21680**	JD	4T	149D	Variable	50.0	3700	No
5103	$14985	$6890	$7940	**$10040**	**$11090**	JD	3	179D	9F-3R	42.0		No
5105	$19735	$8740	$10070	**$12730**	**$14060**	JD	3	179D	8F-4R	44.0		No
5105 4WD	$24509	$11040	$12720	**$16080**	**$17760**	JD	3	179D	8F-4R	44.0		No
5203	$16743	$7700	$8870	**$11220**	**$12390**	JD	3	179D	9F-3R	47.0		No
5205	$21296	$9430	$10870	**$13740**	**$15170**	JD	3	179D	8F-4R	50.0		No
5205 4WD	$26070	$11730	$13520	**$17090**	**$18870**	JD	3	179D	8F-4R	50.0		No
5225	$24085	$10950	$12610	**$15950**	**$17610**	JD	5T	186D	9F-3R	45.0		No
5225	$26717	$11820	$13620	**$17220**	**$19020**	JD	5T	186D	12F-12R	45.0		No
5225 w/Cab	$32325	$14870	$17130	**$21660**	**$23920**	JD	5T	186D	9F-3R	45.0		CHA
5225 w/Cab	$34957	$16080	$18530	**$23420**	**$25870**	JD	5T	186D	12F-12R	45.0		CHA
5225 4WD	$29521	$13580	$15650	**$19780**	**$21850**	JD	5T	186D	9F-3R	45.0		No
5225 4WD	$32153	$14790	$17040	**$21540**	**$23790**	JD	5T	186D	12F-12R	45.0		No
5225 4WD w/Cab	$37761	$17370	$20010	**$25300**	**$27940**	JD	5T	186D	9F-3R	45.0		CHA
5225 4WD w/Cab	$40393	$18580	$21410	**$27060**	**$29890**	JD	5T	186D	12F-12R	45.0		CHA
5303	$18291	$8410	$9690	**$12260**	**$13540**	JD	3	179D	9F-3R	55.0		No
5325	$27409	$12420	$14310	**$18090**	**$19980**	JD	5T	186D	9F-3R	55.0		No
5325	$30041	$13820	$15920	**$20130**	**$22230**	JD	5T	186D	12F-12R	55.0		No
5325 w/Cab	$35127	$16160	$18620	**$23540**	**$25990**	JD	5T	186D	9F-3R	55.0		CHA
5325 w/Cab	$37759	$17370	$20010	**$25300**	**$27940**	JD	5T	186D	12F-12R	55.0		CHA
5325 4WD	$32948	$15160	$17460	**$22080**	**$24380**	JD	5T	186D	9F-3R	55.0		No
5325 4WD	$35580	$16370	$18860	**$23840**	**$26330**	JD	5T	186D	12F-12R	55.0		No
5325 4WD w/Cab	$40666	$18710	$21550	**$27250**	**$30090**	JD	5T	186D	9F-3R	55.0		CHA
5325 4WD w/Cab	$43298	$19920	$22950	**$29010**	**$32040**	JD	5T	186D	12F-12R	55.0		CHA
5425	$30589	$13800	$15900	**$20100**	**$22200**	JD	4	276D	9F-3R	65.0		No
5425	$33221	$15280	$17610	**$22260**	**$24580**	JD	4	276D	12F-12R	65.0		No
5425 w/Cab	$38307	$17620	$20300	**$25670**	**$28350**	JD	4	276D	9F-3R	65.0		CHA
5425 w/Cab	$40939	$18830	$21700	**$27430**	**$30300**	JD	4	276D	12F-12R	65.0		CHA
5425 4WD	$36249	$16560	$19080	**$24120**	**$26640**	JD	4	276D	9F-3R	65.0		No
5425 4WD	$38881	$17890	$20610	**$26050**	**$28770**	JD	4	276D	12F-12R	65.0		No
5425 4WD w/Cab	$43967	$20230	$23300	**$29460**	**$32540**	JD	4	276D	9F-3R	65.0		CHA
5425 4WD w/Cab	$46599	$21440	$24700	**$31220**	**$34480**	JD	4	276D	12F-12R	65.0		CHA
5525	$33833	$15180	$17490	**$22110**	**$24420**	JD	4T	276D	9F-3R	75.0		No
5525	$36108	$16610	$19140	**$24190**	**$26720**	JD	4T	276D	12F-12R	75.0		No
5525 w/Cab	$41194	$18950	$21830	**$27600**	**$30480**	JD	4T	276D	9F-3R	75.0		CHA
5525 w/Cab	$43826	$20160	$23230	**$29360**	**$32430**	JD	4T	276D	12F-12R	75.0		CHA
5525 4WD	$39497	$17940	$20670	**$26130**	**$28860**	JD	4T	276D	9F-3R	75.0		No
5525 4WD	$41768	$19210	$22140	**$27990**	**$30910**	JD	4T	276D	12F-12R	75.0		No
5525 4WD w/Cab	$46854	$21550	$24830	**$31390**	**$34670**	JD	4T	276D	9F-3R	75.0		CHA
5525 4WD w/Cab	$49486	$22760	$26230	**$33160**	**$36620**	JD	4T	276D	12F-12R	75.0		CHA
6120	$35222	$16200	$18670	**$23600**	**$26060**	JD	4T	276D	12F-4R	65.0		No
6120	$38430	$17680	$20370	**$25750**	**$28440**	JD	4T	276D	16F-16R	65.0		No
6120 w/Cab	$44541	$20490	$23610	**$29840**	**$32960**	JD	4T	276D	12F-4R	65.0		CHA
6120 w/Cab	$48019	$22090	$25450	**$32170**	**$35530**	JD	4T	276D	16F-16R	65.0		CHA
6120 4WD	$43107	$19830	$22850	**$28880**	**$31900**	JD	4T	276D	12F-4R	65.0		No
6120 4WD	$46315	$21310	$24550	**$31030**	**$34270**	JD	4T	276D	16F-16R	65.0		No
6120 4WD w/Cab	$52426	$24120	$27790	**$35130**	**$38800**	JD	4T	276D	12F-4R	65.0		CHA
6120 4WD w/Cab	$55904	$25720	$29630	**$37460**	**$41370**	JD	4T	276D	16F-16R	65.0		CHA
6120L	$35556	$16360	$18850	**$23820**	**$26310**	JD	4T	276D	12F-4R	65.0		No
6120L	$38764	$17830	$20550	**$25970**	**$28690**	JD	4T	276D	16F-16R	65.0		No
6120L 4WD	$43441	$19980	$23020	**$29110**	**$32150**	JD	4T	276D	12F-4R	65.0		No
6120L 4WD	$46649	$21460	$24720	**$31260**	**$34520**	JD	4T	276D	16F-16R	65.0		No
6215	$33430	$14040	$16720	**$21060**	**$23740**	JD	4T	276D	12F-4R	72.0		No
6215	$36638	$15390	$18320	**$23080**	**$26010**	JD	4T	276D	16F-16R	72.0		No
6215 4WD	$41456	$17410	$20730	**$26120**	**$29430**	JD	4T	276D	12F-4R	72.0		No
6215 4WD	$44664	$18760	$22330	**$28140**	**$31710**	JD	4T	276D	16F-16R	72.0		No
6215 4WD w/Cab	$50231	$21100	$25120	**$31650**	**$35660**	JD	4T	276D	12F-4R	72.0		CHA
6215 4WD w/Cab	$53439	$22440	$26720	**$33670**	**$37940**	JD	4T	276D	16F-16R	72.0		CHA
6215 w/Cab	$42205	$17730	$21100	**$26590**	**$29970**	JD	4T	276D	12F-4R	72.0		CHA
6215 w/Cab	$45413	$19070	$22710	**$28610**	**$32240**	JD	4T	276D	16F-16R	72.0		CHA
6220	$37467	$17240	$19860	**$25100**	**$27730**	JD	4T	276D	12F-4R	72.0		No
6220	$40675	$18710	$21560	**$27250**	**$30100**	JD	4T	276D	16F-16R	72.0		No
6220 4WD	$45352	$20860	$24040	**$30390**	**$33560**	JD	4T	276D	12F-4R	72.0		No
6220 4WD	$48560	$22340	$25740	**$32540**	**$35930**	JD	4T	276D	16F-16R	72.0		No
6220 4WD w/Cab	$54856	$25230	$29070	**$36750**	**$40590**	JD	4T	276D	12F-4R	72.0		CHA
6220 4WD w/Cab	$58334	$26830	$30920	**$39080**	**$43170**	JD	4T	276D	16F-16R	72.0		CHA
6220 Hi-Clear	$40694	$18720	$21570	**$27270**	**$30110**	JD	4T	276D	12F-4R	72.0		No
6220 Hi-Clear	$44230	$20350	$23440	**$29630**	**$32730**	JD	4T	276D	16F-16R	72.0		No
6220 Hi-Clear 4WD	$48579	$22350	$25750	**$32550**	**$35950**	JD	4T	276D	12F-4R	72.0		No
6220 Hi-Clear 4WD	$52115	$23970	$27620	**$34920**	**$38570**	JD	4T	276D	16F-16R	72.0		No
6220 Hi-Clear 4WD w/Cab	$58033	$24370	$29020	**$36560**	**$41200**	JD	4T	276D	12F-4R	72.0		CHA

John Deere (Cont.)

2005 (Cont.)

Model	Approx. Retail Price New	Used Trade In Avg.	Used Trade In High	Used Retail Avg.	Used Retail High	Engine Make	Engine No. Cyls.	Engine Displ. Cu.-In.	No. Speeds	P.T.O. H.P.	Approx. Shipping Wt.-Lbs.	Cab
6220 Hi-Clear 4WD w/Cab	$61759	$25940	$30880	**$38910**	**$43850**	JD	4T	276D	16F-16R	72.0		CHA
6220 Hi-Clear w/Cab	$50148	$21060	$25070	**$31590**	**$35610**	JD	4T	276D	12F-4R	72.0		CHA
6220 Hi-Clear w/Cab	$53874	$22630	$26940	**$33940**	**$38250**	JD	4T	276D	16F-16R	72.0		CHA
6220 w/Cab	$46971	$21610	$24900	**$31470**	**$34760**	JD	4T	276D	12F-4R	72.0		CHA
6220 w/Cab	$50449	$23210	$26740	**$33800**	**$37330**	JD	4T	276D	16F-16R	72.0		CHA
6220L	$37815	$17400	$20040	**$25340**	**$27980**	JD	4T	276D	12F-4R	72.0		No
6220L	$40576	$18670	$21510	**$27190**	**$30030**	JD	4T	276D	16F-16R	72.0		No
6220L 4WD	$45700	$21020	$24220	**$30620**	**$33820**	JD	4T	276D	12F-4R	72.0		No
6220L 4WD	$48461	$22290	$25680	**$32470**	**$35860**	JD	4T	276D	16F-16R	72.0		No
6320	$40451	$18610	$21440	**$27100**	**$29930**	JD	4T	276D	12F-4R	80.0		No
6320	$43659	$20080	$23140	**$29250**	**$32310**	JD	4T	276D	16F-16R	80.0		No
6320 IVT w/Cab	$60437	$27800	$32030	**$40490**	**$44720**	JD	4T	276D	Variable	80.0		CHA
6320 w/Cab	$50558	$23260	$26800	**$33870**	**$37410**	JD	4T	276D	12F-4R	80.0		CHA
6320 w/Cab	$54036	$24860	$28640	**$36200**	**$39990**	JD	4T	276D	16F-16R	80.0		CHA
6320 4WD	$48665	$22390	$25790	**$32610**	**$36010**	JD	4T	276D	12F-4R	80.0		No
6320 4WD	$51873	$23860	$27490	**$34760**	**$38390**	JD	4T	276D	16F-16R	80.0		No
6320 4WD w/Cab	$58772	$27040	$31150	**$39380**	**$43490**	JD	4T	276D	12F-4R	80.0		CHA
6320 4WD w/Cab	$62250	$28640	$32990	**$41710**	**$46070**	JD	4T	276D	16F-16R	80.0		CHA
6320 IVT 4WD w/Cab	$68651	$31580	$36390	**$46000**	**$50800**	JD	4T	276D	Variable	80.0		CHA
6320L	$40028	$18410	$21220	**$26820**	**$29620**	JD	4T	276D	12F-4R	80.0		No
6320L	$43236	$19890	$22920	**$28970**	**$32000**	JD	4T	276D	16F-16R	80.0		No
6320L 4WD	$48785	$22440	$25860	**$32690**	**$36100**	JD	4T	276D	12F-4R	80.0		No
6320L 4WD	$51593	$23730	$27340	**$34570**	**$38180**	JD	4T	276D	16F-16R	80.0		No
6320 Hi-Clear	$43081	$18090	$21540	**$27140**	**$30590**	JD	4T	276D	12F-4R	80.0		No
6320 Hi-Clear	$46617	$19580	$23310	**$29370**	**$33100**	JD	4T	276D	16F-16R	80.0		No
6320 Hi-Clear 4WD	$54831	$23030	$27420	**$34540**	**$38930**	JD	4T	276D	16F-16R	80.0		No
6320L w/Cab	$58417	$26870	$30960	**$39140**	**$43230**	JD	4T	276D	12F-4R	80.0		CHA
6320L w/Cab	$61895	$28470	$32800	**$41470**	**$45800**	JD	4T	276D	16F-16R	80.0		CHA
6320L 4WD w/Cab	$66631	$30650	$35310	**$44640**	**$49310**	JD	4T	276D	12F-4R	80.0		CHA
6320L 4WD w/Cab	$70109	$32250	$37160	**$46970**	**$51880**	JD	4T	276D	16F-16R	80.0		CHA
6320 Hi-Clear 4WD	$51295	$21540	$25650	**$32320**	**$36420**	JD	4T	276D	12F-4R	80.0		No
6320 Hi-Clear 4WD w/Cab	$61489	$28290	$32590	**$41200**	**$45500**	JD	4T	276D	12F-4R	80.0		CHA
6320 Hi-Clear w/Cab	$53275	$24510	$28240	**$35690**	**$39420**	JD	4T	276D	12F-4R	80.0		CHA
6320 IVT Hi-Clear 4WD w/Cab	$69863	$32140	$37030	**$46810**	**$51700**	JD	4T	276D	Variable	80.0		CHA
6320 IVT Hi-Clear w/Cab	$61649	$28360	$32670	**$41310**	**$45620**	JD	4T	276D	Variable	80.0		CHA
6320 Hi-Clear 4WD w/Cab	$65215	$30000	$34560	**$43690**	**$48260**	JD	4T	276D	16F-16R	80.0		CHA
6320 Hi-Clear w/Cab	$57000	$26220	$30210	**$38190**	**$42180**	JD	4T	276D	16F-16R	80.0		CHA
6403	$32293	$14860	$17120	**$21640**	**$23900**	JD	4T	276D	9F-3R	85.0		No
6403 4WD	$39730	$18280	$21060	**$26620**	**$29400**	JD	4T	276D	9F-3R	85.0		No
6403 4WD w/Cab	$48362	$22250	$25630	**$32400**	**$35790**	JD	4T	276D	9F-3R	85.0		CHA
6403 w/Cab	$40193	$18490	$21300	**$26930**	**$29740**	JD	4T	276D	9F-3R	85.0		CHA
6415	$37095	$17060	$19660	**$24850**	**$27450**	JD	4T	276D	12F-4R	85.0		No
6415	$40303	$18540	$21360	**$27000**	**$29820**	JD	4T	276D	16F-16R	85.0		No
6415 4WD	$45121	$20760	$23910	**$30230**	**$33390**	JD	4T	276D	12F-4R	85.0		No
6415 4WD	$48329	$22230	$25610	**$32380**	**$35760**	JD	4T	276D	16F-16R	85.0		No
6415 4WD w/Cab	$53897	$24790	$28570	**$36110**	**$39880**	JD	4T	276D	12F-4R	85.0		CHA
6415 4WD w/Cab	$57105	$26270	$30270	**$38260**	**$42260**	JD	4T	276D	16F-16R	85.0		CHA
6415 w/Cab	$45871	$21100	$24310	**$30730**	**$33950**	JD	4T	276D	12F-4R	85.0		CHA
6415 w/Cab	$49079	$22580	$26010	**$32880**	**$36320**	JD	4T	276D	16F-16R	85.0		CHA
6415 Hi-Clear	$39457	$18150	$20910	**$26440**	**$29200**	JD	4T	276D	12F-4R	85.0		No
6415 Hi-Clear	$42993	$19780	$22790	**$28810**	**$31820**	JD	4T	276D	16F-16R	85.0		No
6415 Hi-Clear 4WD	$47483	$21840	$25170	**$31810**	**$35140**	JD	4T	276D	12F-4R	85.0		No
6415 Hi-Clear 4WD	$51019	$23470	$27040	**$34180**	**$37750**	JD	4T	276D	16F-16R	85.0		No
6415 Hi-Clear 4WD w/Cab	$56362	$25930	$29870	**$37760**	**$41710**	JD	4T	276D	12F-4R	85.0		CHA
6415 Hi-Clear 4WD w/Cab	$59898	$27550	$31750	**$40130**	**$44330**	JD	4T	276D	16F-16R	85.0		CHA
6415 Hi-Clear w/Cab	$48336	$22240	$25620	**$32390**	**$35770**	JD	4T	276D	12F-4R	85.0		CHA
6415 Hi-Clear w/Cab	$51872	$23860	$27490	**$34750**	**$38390**	JD	4T	276D	16F-16R	85.0		CHA
6420	$43430	$19980	$23020	**$29100**	**$32140**	JD	4T	276D	12F-4R	90.0		No
6420	$46638	$21450	$24720	**$31250**	**$34510**	JD	4T	276D	16F-16R	90.0		No
6420 4WD	$51966	$23900	$27540	**$34820**	**$38460**	JD	4T	276D	12F-4R	90.0		No
6420 4WD	$55175	$25380	$29240	**$36970**	**$40830**	JD	4T	276D	16F-16R	90.0		No
6420 4WD w/Cab	$61449	$28270	$32570	**$41170**	**$45470**	JD	4T	276D	12F-4R	90.0		CHA
6420 4WD w/Cab	$66016	$30370	$34990	**$44230**	**$48850**	JD	4T	276D	16F-16R	90.0		CHA
6420 Hi-Clear	$46030	$19330	$23020	**$29000**	**$32680**	JD	4T	276D	12F-4R	90.0		No
6420 Hi-Clear	$49573	$20820	$24790	**$31230**	**$35200**	JD	4T	276D	16F-16R	90.0		No
6420 Hi-Clear 4WD	$54394	$22850	$27200	**$34270**	**$38620**	JD	4T	276D	12F-4R	90.0		No
6420 Hi-Clear 4WD	$57930	$24330	$28970	**$36500**	**$41130**	JD	4T	276D	16F-16R	90.0		No
6420 Hi-Clear 4WD w/Cab	$61449	$25810	$30730	**$38710**	**$43630**	JD	4T	276D	12F-4R	90.0		CHA
6420 Hi-Clear 4WD w/Cab	$65175	$27370	$32590	**$41060**	**$46270**	JD	4T	276D	16F-16R	90.0		CHA
6420 Hi-Clear IVT 4WD w/Cab	$69823	$29330	$34910	**$43990**	**$49570**	JD	4T	276D	Variable	90.0		CHA
6420 Hi-Clear w/Cab	$55554	$23330	$27780	**$35000**	**$39440**	JD	4T	276D	12F-4R	90.0		CHA
6420 Hi-Clear w/Cab	$59280	$24900	$29640	**$37350**	**$42090**	JD	4T	276D	16F-16R	90.0		CHA
6420 IVT 4WD w/Cab	$71328	$32810	$37800	**$47790**	**$52780**	JD	4T	276D	Variable	90.0		CHA
6420 IVT w/Cab	$62971	$28970	$33380	**$42190**	**$46600**	JD	4T	276D	Variable	90.0		CHA
6420 w/Cab	$53092	$24420	$28140	**$35570**	**$39290**	JD	4T	276D	12F-4R	90.0		CHA
6420 w/Cab	$56570	$26020	$29980	**$37900**	**$41860**	JD	4T	276D	16F-16R	90.0		CHA
6420L	$43384	$19960	$22990	**$29070**	**$32100**	JD	4T	276D	12F-4R	90.0		No
6420L	$46592	$21430	$24690	**$31220**	**$34480**	JD	4T	276D	16F-16R	90.0		No
6420L 4WD	$51741	$23800	$27420	**$34670**	**$38290**	JD	4T	276D	12F-4R	90.0		No
6420L 4WD	$54949	$25280	$29120	**$36820**	**$40660**	JD	4T	276D	16F-16R	90.0		No
6420L 4WD w/Cab	$70115	$32250	$37160	**$46980**	**$51890**	JD	4T	276D	12F-4R	90.0		CHA
6420L 4WD w/Cab	$73593	$33850	$39000	**$49310**	**$54460**	JD	4T	276D	16F-16R	90.0		CHA
6420L w/Cab	$61758	$28410	$32730	**$41380**	**$45700**	JD	4T	276D	12F-4R	90.0		CHA
6420L w/Cab	$65236	$30010	$34580	**$43710**	**$48280**	JD	4T	276D	16F-16R	90.0		CHA

John Deere (Cont.)

2005 (Cont.)

	Approx. Retail Price New	Estimated Value Less Repairs: Used Trade In Avg.	Used Trade In High	Used Retail Avg.	Used Retail High	Engine Make	Engine No. Cyls.	Engine Displ. Cu.-In.	No. Speeds	P.T.O. H.P.	Approx. Shipping Wt.-Lbs.	Cab
6520L	$49147	$22610	$26050	**$32930**	**$36370**	JD	4T	276D	16F-16R	95.0		No
6520L 4WD	$57504	$26450	$30480	**$38530**	**$42550**	JD	4T	276D	16F-16R	95.0		No
6520L 4WD w/Cab	$72569	$33380	$38460	**$48620**	**$53700**	JD	4T	276D	12F-4R	95.0		CHA
6520L 4WD w/Cab	$76047	$34980	$40310	**$50950**	**$56280**	JD	4T	276D	16F-16R	95.0		CHA
6520L w/Cab	$63874	$29380	$33850	**$42800**	**$47270**	JD	4T	276D	12F-4R	95.0		CHA
6520L w/Cab	$67352	$30980	$35700	**$45130**	**$49840**	JD	4T	276D	16F-16R	95.0		CHA
6603	$37007	$15540	$18500	**$23310**	**$26280**	JD	6T	414D	9F-3R	95.0		No
6603 4WD	$45267	$19010	$22630	**$28520**	**$32140**	JD	6T	414D	9F-3R	95.0		No
6603 4WD w/Cab	$53167	$22330	$26580	**$33500**	**$37750**	JD	6T	414D	9F-3R	95.0		CHA
6603 w/Cab	$44907	$18860	$22450	**$28290**	**$31880**	JD	6T	414D	9F-3R	95.0		CHA
6615	$42018	$17650	$21010	**$26470**	**$29830**	JD	6T	414D	12F-4R	95.0		No
6615	$45226	$19000	$22610	**$28490**	**$32110**	JD	6T	414D	16F-16R	95.0		No
6615 4WD	$50375	$21160	$25190	**$31740**	**$35770**	JD	6T	414D	12F-4R	95.0		No
6615 4WD	$53583	$22510	$26790	**$33760**	**$38040**	JD	6T	414D	16F-16R	95.0		No
6615 4WD w/Cab	$59326	$24920	$29660	**$37380**	**$42120**	JD	6T	414D	12F-4R	95.0		CHA
6615 4WD w/Cab	$62534	$26260	$31270	**$39400**	**$44400**	JD	6T	414D	16F-16R	95.0		CHA
6615 Hi-Clear 4WD	$56809	$23860	$28410	**$35790**	**$40330**	JD	6T	414D	12F-4R	95.0		No
6615 Hi-Clear 4WD	$60345	$25350	$30170	**$38020**	**$42850**	JD	6T	414D	16F-16R	95.0		No
6615 Hi-Clear 4WD w/Cab	$65775	$27630	$32890	**$41440**	**$46700**	JD	6T	414D	12F-4R	95.0		CHA
6615 Hi-Clear 4WD w/Cab	$69311	$29110	$34660	**$43670**	**$49210**	JD	6T	414D	16F-16R	95.0		CHA
6615 w/Cab	$50969	$21410	$25490	**$32110**	**$36190**	JD	6T	414D	12F-4R	95.0		CHA
6615 w/Cab	$54177	$22750	$27090	**$34130**	**$38470**	JD	6T	414D	16F-16R	95.0		CHA
6715	$47071	$19770	$23540	**$29660**	**$33420**	JD	6T	414D	12F-4R	105.0		No
6715	$50279	$21120	$25140	**$31680**	**$35700**	JD	6T	414D	16F-16R	105.0		No
6715 4WD	$55428	$23280	$27710	**$34920**	**$39350**	JD	6T	414D	12F-4R	105.0		No
6715 4WD	$58636	$24630	$29320	**$36940**	**$41630**	JD	6T	414D	16F-16R	105.0		No
6715 4WD w/Cab	$64380	$27040	$32190	**$40560**	**$45710**	JD	6T	414D	12F-4R	105.0		CHA
6715 4WD w/Cab	$67588	$28390	$33790	**$42580**	**$47990**	JD	6T	414D	16F-16R	105.0		CHA
6715 Hi-Clear	$61043	$25640	$30520	**$38460**	**$43340**	JD	6T	414D	12F-4R	105.0		No
6715 Hi-Clear	$64579	$27120	$32290	**$40690**	**$45850**	JD	6T	414D	16F-16R	105.0		No
6715 Hi-Clear w/Cab	$70010	$29400	$35010	**$44110**	**$49710**	JD	6T	414D	12F-4R	105.0		CHA
6715 Hi-Clear w/Cab	$73546	$30890	$36770	**$46330**	**$52220**	JD	6T	414D	16F-16R	105.0		CHA
6715 w/Cab	$56023	$23530	$28010	**$35290**	**$39780**	JD	6T	414D	12F-4R	105.0		CHA
6715 w/Cab	$59231	$24880	$29620	**$37320**	**$42050**	JD	6T	414D	16F-16R	105.0		CHA
7220	$55051	$25320	$29180	**$36880**	**$40740**	JD	6T	414D	16F-16R	95.0		No
7220	$56495	$25990	$29940	**$37850**	**$41810**	JD	6T	414D	24F-24R	95.0		No
7220 4WD	$63887	$29390	$33860	**$42800**	**$47280**	JD	6T	414D	16F-16R	95.0		No
7220 4WD	$65331	$30050	$34630	**$43770**	**$48350**	JD	6T	414D	24F-24R	95.0		No
7220 4WD w/Cab	$74094	$34080	$39270	**$49640**	**$54830**	JD	6T	414D	16F-16R	95.0		CHA
7220 4WD w/Cab	$75538	$34750	$40040	**$50610**	**$55900**	JD	6T	414D	24F-24R	95.0		CHA
7220 4WD w/Cab IVT	$80577	$37070	$42710	**$53990**	**$59630**	JD	6T	414D	Variable	95.0		CHA
7220 w/Cab	$65258	$30020	$34590	**$43720**	**$48290**	JD	6T	414D	16F-16R	95.0		CHA
7220 w/Cab	$66702	$30680	$35350	**$44690**	**$49360**	JD	6T	414D	24F-24R	95.0		CHA
7220 w/Cab IVT	$71740	$33000	$38020	**$48070**	**$53090**	JD	6T	414D	Variable	95.0		CHA
7320	$58295	$26820	$30900	**$39060**	**$43140**	JD	6T	414D	16F-16R	105.0		No
7320	$59739	$27480	$31660	**$40030**	**$44210**	JD	6T	414D	24F-24R	105.0		No
7320 4WD	$67131	$30880	$35580	**$44980**	**$49680**	JD	6T	414D	16F-16R	105.0		No
7320 4WD	$68575	$31550	$36350	**$45950**	**$50750**	JD	6T	414D	24F-24R	105.0		No
7320 4WD w/Cab	$78073	$35910	$41380	**$52310**	**$57770**	JD	6T	414D	16F-16R	105.0		CHA
7320 4WD w/Cab	$79517	$36580	$42140	**$53280**	**$58840**	JD	6T	414D	24F-24R	105.0		CHA
7320 4WD w/Cab IVT	$84556	$38900	$44820	**$56650**	**$62570**	JD	6T	414D	Variable	105.0		CHA
7320 w/Cab	$69237	$31850	$36700	**$46390**	**$51240**	JD	6T	414D	16F-16R	105.0		CHA
7320 w/Cab	$70681	$32510	$37460	**$47360**	**$52300**	JD	6T	414D	24F-24R	105.0		CHA
7320 w/Cab IVT	$75720	$34830	$40130	**$50730**	**$56030**	JD	6T	414D	Variable	105.0		CHA
7420 4WD w/Cab	$84021	$38650	$44530	**$56290**	**$62180**	JD	6T	414D	16F-16R	115.0		CHA
7420 4WD w/Cab	$85464	$39310	$45300	**$57260**	**$63240**	JD	6T	414D	24F-24R	115.0		CHA
7420 4WD w/Cab IVT	$90505	$41630	$47970	**$60640**	**$66970**	JD	6T	414D	Variable	115.0		CHA
7420 w/Cab	$74785	$34400	$39640	**$50110**	**$55340**	JD	6T	414D	16F-16R	115.0		CHA
7420 w/Cab	$76229	$35070	$40400	**$51070**	**$56410**	JD	6T	414D	24F-24R	115.0		CHA
7420 w/Cab IVT	$81268	$37380	$43070	**$54450**	**$60140**	JD	6T	414D	Variable	115.0		CHA
7420HC 4WD w/Cab	$97860	$41100	$48930	**$61650**	**$69480**	JD	6T	414D	16F-16R	115.0		CHA
7520 4WD	$80050	$33620	$40030	**$50430**	**$56840**	JD	6T	414D	16F-16R	125.0		No
7520 4WD	$81494	$34230	$40750	**$51340**	**$57860**	JD	6T	414D	20F-20R	125.0		No
7520 4WD w/Cab	$90335	$41550	$47880	**$60520**	**$66850**	JD	6T	414D	16F-16R	125.0		CHA
7520 4WD w/Cab	$91779	$42220	$48640	**$61490**	**$67920**	JD	6T	414D	20F-20R	125.0		CHA
7520 4WD w/Cab IVT	$96818	$44540	$51310	**$64870**	**$71650**	JD	6T	414D	Variable	125.0		CHA
7720 4WD w/Cab	$104543	$48090	$55410	**$70040**	**$77360**	JD	6TI	414D	20F-20R	140.0		CHA
7720 4WD w/Cab IVT	$114435	$52640	$60650	**$76670**	**$84680**	JD	6TI	414D	Variable	140.0		CHA
7720 w/Cab	$90206	$41500	$47810	**$60440**	**$66750**	JD	6TI	414D	16F-16R	140.0		CHA
7720 w/Cab	$91656	$42160	$48580	**$61410**	**$67830**	JD	6TI	414D	20F-20R	140.0		CHA
7720 w/Cab IVT	$98548	$45330	$52230	**$66030**	**$72930**	JD	6TI	414D	Variable	140.0		CHA
7720 4WD w/Cab	$103093	$47420	$54640	**$69070**	**$76290**	JD	6TI	414D	16F-16R	140.0		CHA
7820 w/Cab	$97019	$44630	$51420	**$65000**	**$71790**	JD	6TI	496D	16F-16R	155.0		CHA
7820 w/Cab	$98469	$45300	$52190	**$65970**	**$72870**	JD	6TI	496D	20F-20R	155.0		CHA
7820 w/Cab IVT	$105361	$48470	$55840	**$70590**	**$77970**	JD	6TI	496D	Variable	155.0		CHA
7820 4WD w/Cab	$109906	$50560	$58250	**$73640**	**$81330**	JD	6TI	496D	16F-16R	155.0		CHA
7820 4WD w/Cab	$111356	$51220	$59020	**$74610**	**$82400**	JD	6TI	496D	20F-20R	155.0		CHA
7820 4WD w/Cab IVT	$118248	$54390	$62670	**$79230**	**$87500**	JD	6TI	496D	Variable	155.0		CHA
7920 4WD Cab IVT	$131973	$55430	$65990	**$83140**	**$93700**	JD	6TI	496D	Variable	170.0		CHA
7920 Cab IVT	$123511	$51880	$61760	**$77810**	**$87690**	JD	6TI	496D	Variable	170.0		CHA
8120	$113141	$47520	$55440	**$69020**	**$76940**	JD	6TI	496D	16F-4R	170.0		CHA
8120 4WD	$127420	$53520	$62440	**$77730**	**$86650**	JD	6TI	496D	16F-4R	170.0		CHA
8120T	$145276	$61020	$71190	**$88620**	**$98790**	JD	6TA	496D	16F-4R	170.0		CHA
8220	$123803	$52000	$60660	**$75520**	**$84190**	JD	6TA	496D	16F-4R	190.0		CHA

John Deere (Cont.)

Model	Approx. Retail Price New	Estimated Value Less Repairs: Used Trade In Avg.	Used Trade In High	Used Retail Avg.	Used Retail High	Engine Make	Engine No. Cyls.	Engine Displ. Cu.-In.	No. Speeds	P.T.O. H.P.	Approx. Shipping Wt.-Lbs.	Cab
2005 (Cont.)												
8220 4WD	$139538	$58610	$68370	**$85120**	**$94890**	JD	6TA	496D	16F-4R	190.0		CHA
8220T	$156575	$65760	$76720	**$95510**	**$106470**	JD	6TA	496D	16F-4R	190.0		CHA
8320 4WD	$151259	$63530	$74120	**$92270**	**$102860**	JD	6TA	496D	16F-4R	215.0		CHA
8320T	$168233	$70660	$82430	**$102620**	**$114400**	JD	6TA	496D	16F-4R	215.0		CHA
8420 4WD	$165222	$69390	$80960	**$100790**	**$112350**	JD	6TA	496D	16F-4R	235.0		CHA
8420T	$177695	$74630	$87070	**$108390**	**$120830**	JD	6TA	496D	16F-4R	235.0		CHA
8520 4WD	$189586	$79630	$92900	**$115650**	**$128920**	JD	6TA	496D	16F-4R	255.0		CHA
8520T	$189147	$79440	$92680	**$115380**	**$128620**	JD	6TA	496D	16F-4R	255.0		CHA
9120	$153530	$64480	$75230	**$93650**	**$104400**	JD	6TA	496D	24F-6R	280*		CHA
9120 PS	$162628	$68300	$79690	**$99200**	**$110590**	JD	6TA	496D	18F-6R	280*		CHA
9220	$177704	$73500	$85750	**$106750**	**$119000**	JD	6TA	765D	24F-6R	325*		CHA
9220 PS	$186802	$76860	$89670	**$111630**	**$124440**	JD	6TA	765D	18F-6R	325*		CHA
9320	$198059	$75260	$89130	**$112890**	**$128740**	JD	6TA	765D	24F-6R	375*		CHA
9320 PS	$207157	$78720	$93220	**$118080**	**$134650**	JD	6TA	765D	18F-6R	375*		CHA
9320T	$236122	$89730	$106260	**$134590**	**$153480**	JD	6TA	765D	24F-6R	375*		CHA
9420	$214181	$81390	$96380	**$122080**	**$139220**	JD	6TA	765D	24F-6R	425*		CHA
9420 PS	$232279	$88270	$104530	**$132400**	**$150980**	JD	6TA	765D	18F-6R	425*		CHA
9420T PS	$248374	$94380	$111770	**$141570**	**$161440**	JD	6TA	765D	18F-6R	425*		CHA
9520 PS	$238082	$90470	$107140	**$135710**	**$154750**	JD	6TA	765D	18F-6R	450*		CHA
9520T PS	$252954	$96120	$113830	**$144180**	**$164420**	JD	6TA	765D	18F-6R	450*		CHA
9620 PS	$251503	$95570	$113180	**$143360**	**$163480**	JD	6TA	765D	18F-6R	500*		CHA
9620T PS	$276182	$104950	$124280	**$157420**	**$179520**	JD	6TA	765D	18F-6R	500*		CHA

L--Low Profile PS--Power Shift IVT--Infinitely Variable Transmission T--Tracks
***Engine Horsepower**

Model	Approx. Retail Price New	Used Trade In Avg.	Used Trade In High	Used Retail Avg.	Used Retail High	Engine Make	Engine No. Cyls.	Engine Displ. Cu.-In.	No. Speeds	P.T.O. H.P.	Approx. Shipping Wt.-Lbs.	Cab
2004												
790	$9689	$4090	$4750	**$6080**	**$6840**	Yanmar	3	91D	8F-2R	25.0	1930	No
790 Power Steer	$10339	$4300	$5000	**$6400**	**$7200**	Yanmar	3	91D	8F-2R	25.0	1967	No
790 4WD	$11919	$5130	$5960	**$7630**	**$8580**	Yanmar	3	91D	8F-2R	25.0	2142	No
990	$13669	$5880	$6840	**$8750**	**$9840**	Yanmar	4	121D	9F-3R	35.0	2954	No
990 4WD	$16369	$7040	$8190	**$10480**	**$11790**	Yanmar	4	121D	9F-3R	35.0	3220	No
2210 4WD	$10399	$4470	$5200	**$6660**	**$7490**	Yanmar	3	61D	Variable	17.0	1400	No
4010 4WD	$11852	$5100	$5930	**$7590**	**$8530**	Yanmar	3	47D	Variable	14.0	1420	No
4110 4WD	$13152	$5660	$6580	**$8420**	**$9470**	Yanmar	3	61D	8F-4R	17.0	1517	No
4110 4WD Hydro	$14611	$6280	$7310	**$9350**	**$10520**	Yanmar	3	61D	Variable	17.0	1617	No
4115 4WD Hydro	$16982	$7300	$8490	**$10870**	**$12230**	Yanmar	3	73D	Variable	20.0	1671	No
4120	$23372	$10050	$11690	**$14960**	**$16830**	JD	4T	149D	12F-12R	35.5		No
4120 Hydro	$24572	$10570	$12290	**$15730**	**$17690**	JD	4T	149D	Variable	35.0		No
4210 4WD	$15877	$6830	$7940	**$10160**	**$11430**	Yanmar	3	81D	9F-3R	22.0	2675	No
4210 4WD Hydro	$19461	$8170	$9500	**$12160**	**$13680**	Yanmar	3	81D	Variable	22.0	2675	No
4310 4WD	$17638	$7580	$8820	**$11290**	**$12700**	Yanmar	3	91D	9F-3R	27.0	2725	No
4310 4WD	$18992	$8170	$9500	**$12160**	**$13670**	Yanmar	3	91D	12F-12R	27.0	2725	No
4310 4WD Hydro	$20640	$8880	$10320	**$13210**	**$14860**	Yanmar	3	91D	Variable	25.0	2725	No
4410 4WD	$20689	$8900	$10350	**$13240**	**$14900**	Yanmar	3	100D	12F-12R	29.0	2830	No
4410 4WD Hydro	$22490	$9670	$11250	**$14390**	**$16190**	Yanmar	3	100D	Variable	28.0	2830	No
4510 4WD	$21979	$9450	$10990	**$14070**	**$15830**	Yanmar	4	121D	12F-12R	33.0	3420	No
4610 4WD	$23639	$10170	$11820	**$15130**	**$17020**	Yanmar	4	121D	12F-12R	37.0	3425	No
4610 4WD Hydro	$24839	$10680	$12420	**$15900**	**$17880**	Yanmar	4	121D	Variable	35.0	3425	No
4710 4WD	$25409	$10930	$12710	**$16260**	**$18290**	Yanmar	4	121D	12F-12R	41.0	3467	No
4710 4WD Hydro	$26774	$11510	$13390	**$17140**	**$19280**	Yanmar	4	121D	Variable	40.0	3467	No
5103	$14263	$6130	$7130	**$9130**	**$10270**	JD	3	179D	9F-3R	42.0		No
5105	$19086	$8210	$9540	**$12220**	**$13740**	JD	3	179D	8F-4R	44.0		No
5105 4WD	$23813	$10240	$11910	**$15240**	**$17150**	JD	3	179D	8F-4R	44.0		No
5203	$15936	$6850	$7970	**$10200**	**$11470**	JD	3	179D	9F-3R	47.0		No
5205	$20631	$8870	$10320	**$13200**	**$14850**	JD	3	179D	8F-4R	50.0		No
5205 4WD	$25358	$10900	$12680	**$16230**	**$18260**	JD	3	179D	8F-4R	50.0		No
5220	$22248	$9570	$11120	**$14240**	**$16020**	JD	3	179D	9F-3R	45.0		No
5220	$24803	$10670	$12400	**$15870**	**$17860**	JD	3	179D	12F-12R	45.0		No
5220 w/Cab	$30877	$13280	$15440	**$19760**	**$22230**	JD	3	179D	9F-3R	45.0		CHA
5220 4WD	$27526	$11840	$13760	**$17620**	**$19820**	JD	3	179D	9F-3R	45.0		No
5220 4WD	$30081	$12940	$15040	**$19250**	**$21660**	JD	3	179D	12F-12R	45.0		No
5220 w/Cab	$33432	$14380	$16720	**$21400**	**$24070**	JD	3	179D	12F-12R	45.0		CHA
5220 4WD w/Cab	$36155	$15550	$18080	**$23140**	**$26030**	JD	3	179D	9F-3R	45.0		CHA
5220 4WD w/Cab	$38710	$16650	$19360	**$24770**	**$27870**	JD	3	179D	12F-12R	45.0		CHA
5303	$17409	$7490	$8710	**$11140**	**$12530**	JD	3	179D	9F-3R	55.0		No
5320	$24968	$10740	$12480	**$15980**	**$17980**	JD	3T	179D	9F-3R	55.0		No
5320	$27528	$11840	$13760	**$17620**	**$19820**	JD	3T	179D	12F-12R	55.0		No
5320 w/Cab	$30346	$13050	$15170	**$19420**	**$21850**	JD	3T	179D	9F-3R	55.0		CHA
5320 w/Cab	$32906	$14150	$16450	**$21060**	**$23690**	JD	3T	179D	12F-12R	55.0		CHA
5320 4WD	$30346	$13050	$15170	**$19420**	**$21850**	JD	3T	179D	9F-3R	55.0		No
5320 4WD	$32906	$14150	$16450	**$21060**	**$23690**	JD	3T	179D	12F-12R	55.0		No
5320 4WD w/Cab	$38975	$16760	$19490	**$24940**	**$28060**	JD	3T	179D	9F-3R	55.0		CHA
5320 4WD w/Cab	$41530	$17860	$20770	**$26580**	**$29900**	JD	3T	179D	12F-12R	55.0		CHA
5420	$27920	$12010	$13960	**$17870**	**$20100**	JD	4	276D	9F-3R	65.0		No
5420	$30475	$13100	$15240	**$19500**	**$21940**	JD	4	276D	12F-12R	65.0		No
5420 w/Cab	$36549	$15720	$18280	**$23390**	**$26320**	JD	4	276D	9F-3R	65.0		CHA
5420 w/Cab	$39104	$16820	$19550	**$25030**	**$28160**	JD	4	276D	12F-12R	65.0		CHA
5420 4WD	$33389	$14360	$16700	**$21370**	**$24040**	JD	4	276D	9F-3R	65.0		No
5420 4WD	$35944	$15460	$17970	**$23000**	**$25880**	JD	4	276D	12F-12R	65.0		No
5420 4WD w/Cab	$42018	$18070	$21010	**$26890**	**$30250**	JD	4	276D	9F-3R	65.0		CHA
5420 4WD w/Cab	$44573	$19170	$22290	**$28530**	**$32090**	JD	4	276D	12F-12R	65.0		CHA
5520	$30707	$13200	$15350	**$19650**	**$22110**	JD	4T	276D	9F-3R	75.0		No
5520	$33262	$14300	$16630	**$21290**	**$23950**	JD	4T	276D	12F-12R	75.0		No
5520 w/Cab	$39336	$16910	$19670	**$25180**	**$28320**	JD	4T	276D	9F-3R	75.0		CHA

John Deere (Cont.)

	Approx. Retail Price New	Estimated Value Less Repairs Used Trade In Avg.	High	Used Retail Avg.	High	Engine Make	No. Cyls.	Displ. Cu.-In.	No. Speeds	P.T.O. H.P.	Approx. Shipping Wt.-Lbs.	Cab
2004 (Cont.)												
5520 w/Cab	$41891	$18010	$20950	**$26810**	**$30160**	JD	4T	276D	12F-12R	75.0		CHA
5520 4WD	$36176	$15560	$18090	**$23150**	**$26050**	JD	4T	276D	9F-3R	75.0		No
5520 4WD	$38731	$16650	$19370	**$24790**	**$27890**	JD	4T	276D	12F-12R	75.0		No
5520 4WD w/Cab	$44805	$19270	$22400	**$28680**	**$32260**	JD	4T	276D	9F-3R	75.0		CHA
5520 4WD w/Cab	$47360	$20370	$23680	**$30310**	**$34100**	JD	4T	276D	12F-12R	75.0		CHA
6120	$33214	$14280	$16610	**$21260**	**$23910**	JD	4T	276D	12F-4R	65.0		No
6120	$36299	$15610	$18150	**$23230**	**$26140**	JD	4T	276D	16F-16R	65.0		No
6120 w/Cab	$41999	$18060	$21000	**$26880**	**$30240**	JD	4T	276D	12F-4R	65.0		CHA
6120 w/Cab	$45343	$19500	$22670	**$29020**	**$32650**	JD	4T	276D	16F-16R	65.0		CHA
6120 4WD	$40796	$17540	$20400	**$26110**	**$29370**	JD	4T	276D	12F-4R	65.0		No
6120 4WD	$43881	$18870	$21940	**$28080**	**$31590**	JD	4T	276D	16F-16R	65.0		No
6120 4WD w/Cab	$49581	$21320	$24790	**$31730**	**$35700**	JD	4T	276D	12F-4R	65.0		CHA
6120 4WD w/Cab	$52925	$22760	$26460	**$33870**	**$38110**	JD	4T	276D	16F-16R	65.0		CHA
6120L	$32869	$14130	$16440	**$21040**	**$23670**	JD	4T	276D	12F-4R	65.0		No
6120L	$34471	$14820	$17240	**$22060**	**$24820**	JD	4T	276D	16F-16R	65.0		No
6120L 4WD	$40451	$17390	$20230	**$25890**	**$29130**	JD	4T	276D	12F-4R	65.0		No
6120L 4WD	$43106	$18540	$21550	**$27590**	**$31040**	JD	4T	276D	16F-16R	65.0		No
6215	$32607	$13040	$15650	**$19560**	**$22500**	JD	4T	276D	12F-4R	72.0		No
6215	$35692	$14280	$17130	**$21420**	**$24630**	JD	4T	276D	16F-16R	72.0		No
6215 4WD	$40324	$16130	$19360	**$24190**	**$27820**	JD	4T	276D	12F-4R	72.0		No
6215 4WD	$43409	$17360	$20840	**$26050**	**$29950**	JD	4T	276D	16F-16R	72.0		No
6215 4WD w/Cab	$48792	$19520	$23420	**$29280**	**$33670**	JD	4T	276D	12F-4R	72.0		CHA
6215 4WD w/Cab	$51877	$20750	$24900	**$31130**	**$35800**	JD	4T	276D	16F-16R	72.0		CHA
6215 w/Cab	$41075	$16430	$19720	**$24650**	**$28340**	JD	4T	276D	12F-4R	72.0		CHA
6215 w/Cab	$44160	$17660	$21200	**$26500**	**$30470**	JD	4T	276D	16F-16R	72.0		CHA
6220	$34670	$14910	$17340	**$22190**	**$24960**	JD	4T	276D	12F-4R	72.0		No
6220	$37755	$16240	$18880	**$24160**	**$27180**	JD	4T	276D	16F-16R	72.0		No
6220 4WD	$42252	$18170	$21130	**$27040**	**$30420**	JD	4T	276D	12F-4R	72.0		No
6220 4WD	$45337	$19500	$22670	**$29020**	**$32640**	JD	4T	276D	16F-16R	72.0		No
6220 4WD w/Cab	$51872	$22310	$25940	**$33200**	**$37350**	JD	4T	276D	12F-4R	72.0		CHA
6220 4WD w/Cab	$55216	$23740	$27610	**$35340**	**$39760**	JD	4T	276D	16F-16R	72.0		CHA
6220 Hi-Clear	$38385	$16510	$19190	**$24570**	**$27640**	JD	4T	276D	12F-4R	72.0		No
6220 Hi-Clear	$41785	$17970	$20890	**$26740**	**$30090**	JD	4T	276D	16F-16R	72.0		No
6220 Hi-Clear 4WD	$45967	$19770	$22980	**$29420**	**$33100**	JD	4T	276D	12F-4R	72.0		No
6220 Hi-Clear 4WD	$49367	$21230	$24680	**$31600**	**$35540**	JD	4T	276D	16F-16R	72.0		No
6220 Hi-Clear 4WD w/Cab	$54319	$21730	$26070	**$32590**	**$37480**	JD	4T	276D	12F-4R	72.0		CHA
6220 Hi-Clear 4WD w/Cab	$57902	$23160	$27790	**$34740**	**$39950**	JD	4T	276D	16F-16R	72.0		CHA
6220 Hi-Clear w/Cab	$46737	$18700	$22430	**$28040**	**$32250**	JD	4T	276D	12F-4R	72.0		CHA
6220 Hi-Clear w/Cab	$50320	$20130	$24150	**$30190**	**$34720**	JD	4T	276D	16F-16R	72.0		CHA
6220 w/Cab	$44290	$19050	$22150	**$28350**	**$31890**	JD	4T	276D	12F-4R	72.0		CHA
6220 w/Cab	$47634	$20480	$23820	**$30490**	**$34300**	JD	4T	276D	16F-16R	72.0		CHA
6220L	$34818	$14970	$17410	**$22280**	**$25070**	JD	4T	276D	12F-4R	72.0		No
6220L	$36420	$15660	$18210	**$23310**	**$26220**	JD	4T	276D	16F-16R	72.0		No
6220L 4WD	$42400	$18230	$21200	**$27140**	**$30530**	JD	4T	276D	12F-4R	72.0		No
6220L 4WD	$44002	$18920	$22000	**$28160**	**$31680**	JD	4T	276D	16F-16R	72.0		No
6320	$38228	$16440	$19110	**$24470**	**$27520**	JD	4T	276D	12F-4R	80.0		No
6320	$41313	$17770	$20660	**$26440**	**$29750**	JD	4T	276D	16F-16R	80.0		No
6320 w/Cab	$47948	$20620	$23970	**$30690**	**$34520**	JD	4T	276D	12F-4R	80.0		CHA
6320 w/Cab	$50392	$21670	$25200	**$32250**	**$36280**	JD	4T	276D	16F-16R	80.0		CHA
6320 4WD	$46126	$19830	$23060	**$29520**	**$33210**	JD	4T	276D	12F-4R	80.0		No
6320 4WD	$49211	$21160	$24610	**$31500**	**$35430**	JD	4T	276D	16F-16R	80.0		No
6320 4WD w/Cab	$54946	$23630	$27470	**$35170**	**$39560**	JD	4T	276D	12F-4R	80.0		CHA
6320 4WD w/Cab	$58290	$25070	$29150	**$37310**	**$41970**	JD	4T	276D	16F-16R	80.0		CHA
6320L	$37758	$16240	$18880	**$24170**	**$27190**	JD	4T	276D	12F-4R	80.0		No
6320L	$40843	$17560	$20420	**$26140**	**$29410**	JD	4T	276D	16F-16R	80.0		No
6320L 4WD	$45794	$19690	$22900	**$29310**	**$32970**	JD	4T	276D	12F-4R	80.0		No
6320L 4WD	$48879	$21020	$24440	**$31280**	**$35190**	JD	4T	276D	16F-16R	80.0		No
6320 Hi-Clear	$40635	$16250	$19510	**$24380**	**$28040**	JD	4T	276D	12F-4R	80.0		No
6320 Hi-Clear	$44035	$17610	$21140	**$26420**	**$30380**	JD	4T	276D	16F-16R	80.0		No
6320 Hi-Clear 4WD	$51933	$20770	$24930	**$31160**	**$35830**	JD	4T	276D	16F-16R	80.0		No
6320L w/Cab	$55080	$23680	$27540	**$35250**	**$39660**	JD	4T	276D	12F-4R	80.0		CHA
6320L w/Cab	$58424	$25120	$29210	**$37390**	**$42070**	JD	4T	276D	16F-16R	80.0		CHA
6320L 4WD w/Cab	$62978	$27080	$31490	**$40310**	**$45340**	JD	4T	276D	12F-4R	80.0		CHA
6320L 4WD w/Cab	$66322	$28520	$33160	**$42450**	**$47750**	JD	4T	276D	16F-16R	80.0		CHA
6320 Hi-Clear 4WD	$48533	$19410	$23300	**$29120**	**$33490**	JD	4T	276D	12F-4R	80.0		No
6320 Hi-Clear 4WD w/Cab	$57553	$24750	$28780	**$36830**	**$41440**	JD	4T	276D	12F-4R	80.0		CHA
6320 Hi-Clear w/Cab	$49655	$21350	$24830	**$31780**	**$35750**	JD	4T	276D	12F-4R	80.0		CHA
6320 Hi-Clear 4WD w/Cab	$61136	$26290	$30570	**$39130**	**$44020**	JD	4T	276D	16F-16R	80.0		CHA
6320 Hi-Clear w/Cab	$53238	$22890	$26620	**$34070**	**$38330**	JD	4T	276D	16F-16R	80.0		CHA
6403	$30942	$13310	$15470	**$19800**	**$22280**	JD	4T	276D	9F-3R	85.0		No
6403 4WD	$38433	$16530	$19220	**$24600**	**$27670**	JD	4T	276D	9F-3R	85.0		No
6403 4WD w/Cab	$46333	$19920	$23170	**$29650**	**$33360**	JD	4T	276D	9F-3R	85.0		CHA
6403 w/Cab	$38842	$16700	$19420	**$24860**	**$27970**	JD	4T	276D	9F-3R	85.0		CHA
6415	$35574	$15300	$17790	**$22770**	**$25610**	JD	4T	276D	12F-4R	85.0		No
6415	$38659	$16620	$19330	**$24740**	**$27830**	JD	4T	276D	16F-16R	85.0		No
6415 4WD	$43291	$18620	$21650	**$27710**	**$31170**	JD	4T	276D	12F-4R	85.0		No
6415 4WD	$46376	$19940	$23190	**$29680**	**$33390**	JD	4T	276D	16F-16R	85.0		No
6415 4WD w/Cab	$49759	$21400	$24880	**$31850**	**$35830**	JD	4T	276D	12F-4R	85.0		CHA
6415 4WD w/Cab	$54844	$23580	$27420	**$35100**	**$39490**	JD	4T	276D	16F-16R	85.0		CHA
6415 w/Cab	$44042	$18940	$22020	**$28190**	**$31710**	JD	4T	276D	12F-4R	85.0		CHA
6415 w/Cab	$47127	$20270	$23560	**$30160**	**$33930**	JD	4T	276D	16F-16R	85.0		CHA
6415 Hi-Clear	$37835	$16270	$18920	**$24210**	**$27240**	JD	4T	276D	12F-4R	85.0		No
6415 Hi-Clear 4WD	$61783	$26570	$30890	**$39540**	**$44480**	JD	4T	276D	12F-4R	85.0		No
6415 Hi-Clear 4WD w/Cab	$54866	$23590	$27430	**$35110**	**$39500**	JD	4T	276D	12F-4R	85.0		CHA

John Deere (Cont.)

	Approx. Retail Price New	Estimated Value Less Repairs: Used Trade In Avg.	Used Trade In High	Used Retail Avg.	Used Retail High	Engine Make	Engine No. Cyls.	Engine Displ. Cu.-In.	No. Speeds	P.T.O. H.P.	Approx. Shipping Wt.-Lbs.	Cab
2004 (Cont.)												
6415 Hi-Clear w/Cab	$46349	$19930	$23180	**$29660**	**$33370**	JD	4T	276D	12F-4R	85.0		CHA
6420	$41117	$17680	$20560	**$26320**	**$29600**	JD	4T	276D	12F-4R	90.0		No
6420	$44202	$19010	$22100	**$28290**	**$31830**	JD	4T	276D	16F-16R	90.0		No
6420 4WD	$49153	$21140	$24580	**$31460**	**$35390**	JD	4T	276D	12F-4R	90.0		No
6420 4WD	$52238	$22460	$26120	**$33430**	**$37610**	JD	4T	276D	16F-16R	90.0		No
6420 4WD w/Cab	$62672	$26950	$31340	**$40110**	**$45120**	JD	4T	276D	12F-4R	90.0		CHA
6420 4WD w/Cab	$66016	$28390	$33010	**$42250**	**$47530**	JD	4T	276D	16F-16R	90.0		CHA
6420 Hi-Clear	$42559	$17020	$20430	**$25540**	**$29370**	JD	4T	276D	12F-4R	90.0		No
6420 Hi-Clear	$45959	$18380	$22060	**$27580**	**$31710**	JD	4T	276D	16F-16R	90.0		No
6420 Hi-Clear 4WD	$50595	$20240	$24290	**$30360**	**$34910**	JD	4T	276D	12F-4R	90.0		No
6420 Hi-Clear 4WD	$53995	$21600	$25920	**$32400**	**$37260**	JD	4T	276D	16F-16R	90.0		No
6420 Hi-Clear 4WD w/Cab	$60225	$24090	$28910	**$36140**	**$41560**	JD	4T	276D	12F-4R	90.0		CHA
6420 Hi-Clear 4WD w/Cab	$63808	$25520	$30630	**$38290**	**$44030**	JD	4T	276D	16F-16R	90.0		CHA
6420 Hi-Clear w/Cab	$52189	$20880	$25050	**$31310**	**$36010**	JD	4T	276D	12F-4R	90.0		CHA
6420 Hi-Clear w/Cab	$55772	$22310	$26770	**$33460**	**$38480**	JD	4T	276D	16F-16R	90.0		CHA
6420 w/Cab	$49567	$21310	$24780	**$31720**	**$35690**	JD	4T	276D	12F-4R	90.0		CHA
6420 w/Cab	$52911	$22750	$26460	**$33860**	**$38100**	JD	4T	276D	16F-16R	90.0		CHA
6420L	$40731	$17510	$20370	**$26070**	**$29330**	JD	4T	276D	12F-4R	90.0		No
6420L	$43816	$18840	$21910	**$28040**	**$31550**	JD	4T	276D	16F-16R	90.0		No
6420L 4WD	$48767	$20970	$24380	**$31210**	**$35110**	JD	4T	276D	12F-4R	90.0		No
6420L 4WD	$51852	$22300	$25930	**$33190**	**$37330**	JD	4T	276D	16F-16R	90.0		No
6420L 4WD w/Cab	$66074	$28410	$33040	**$42290**	**$47570**	JD	4T	276D	12F-4R	90.0		CHA
6420L 4WD w/Cab	$69418	$29850	$34710	**$44430**	**$49980**	JD	4T	276D	16F-16R	90.0		CHA
6420L w/Cab	$58038	$24960	$29020	**$37140**	**$41790**	JD	4T	276D	12F-4R	90.0		CHA
6420L w/Cab	$61382	$26390	$30690	**$39280**	**$44200**	JD	4T	276D	16F-16R	90.0		CHA
6520L	$46163	$19850	$23080	**$29540**	**$33240**	JD	4T	276D	16F-16R	95.0		No
6520L 4WD	$54199	$23310	$27100	**$34690**	**$39020**	JD	4T	276D	16F-16R	95.0		No
6520L 4WD w/Cab	$68069	$29270	$34040	**$43560**	**$49010**	JD	4T	276D	12F-4R	95.0		CHA
6520L 4WD w/Cab	$71413	$30710	$35710	**$45700**	**$51420**	JD	4T	276D	16F-16R	95.0		CHA
6520L w/Cab	$60033	$25810	$30020	**$38420**	**$43220**	JD	4T	276D	12F-4R	95.0		CHA
6520L w/Cab	$63377	$27250	$31690	**$40560**	**$45630**	JD	4T	276D	16F-16R	95.0		CHA
6603	$35574	$14230	$17080	**$21340**	**$24550**	JD	6T	414D	9F-3R	95.0		No
6603 4WD	$43593	$17440	$20930	**$26160**	**$30080**	JD	6T	414D	9F-3R	95.0		No
6603 4WD w/Cab	$51493	$20600	$24720	**$30900**	**$35530**	JD	6T	414D	9F-3R	95.0		CHA
6603 w/Cab	$43474	$17390	$20870	**$26080**	**$30000**	JD	6T	414D	9F-3R	95.0		CHA
6615	$40096	$16040	$19250	**$24060**	**$27670**	JD	6T	414D	12F-4R	95.0		No
6615	$43181	$17270	$20730	**$25910**	**$29800**	JD	6T	414D	16F-16R	95.0		No
6615 4WD	$48132	$19250	$23100	**$28880**	**$33210**	JD	6T	414D	12F-4R	95.0		No
6615 4WD	$51217	$20490	$24580	**$30730**	**$35340**	JD	6T	414D	16F-16R	95.0		No
6615 4WD w/Cab	$56688	$22680	$27210	**$34010**	**$39120**	JD	6T	414D	12F-4R	95.0		CHA
6615 4WD w/Cab	$59773	$23910	$28690	**$35860**	**$41240**	JD	6T	414D	16F-16R	95.0		CHA
6615 Hi-Clear 4WD	$53429	$21370	$25650	**$32060**	**$36870**	JD	6T	414D	12F-4R	95.0		No
6615 Hi-Clear 4WD	$56780	$22710	$27250	**$34070**	**$39180**	JD	6T	414D	16F-16R	95.0		No
6615 Hi-Clear 4WD w/Cab	$61985	$24790	$29750	**$37190**	**$42770**	JD	6T	414D	12F-4R	95.0		CHA
6615 Hi-Clear 4WD w/Cab	$65336	$26130	$31360	**$39200**	**$45080**	JD	6T	414D	16F-16R	95.0		CHA
6615 w/Cab	$48652	$19460	$23350	**$29190**	**$33570**	JD	6T	414D	12F-4R	95.0		CHA
6615 w/Cab	$51737	$20700	$24830	**$31040**	**$35700**	JD	6T	414D	16F-16R	95.0		CHA
6715	$44137	$17660	$21190	**$26480**	**$30460**	JD	6T	414D	12F-4R	105.0		No
6715	$47222	$18890	$22670	**$28330**	**$32580**	JD	6T	414D	16F-16R	105.0		No
6715 4WD	$52173	$20870	$25040	**$31300**	**$36000**	JD	6T	414D	12F-4R	105.0		No
6715 4WD	$55258	$22100	$26520	**$33160**	**$38130**	JD	6T	414D	16F-16R	105.0		No
6715 4WD w/Cab	$60729	$24290	$29150	**$36440**	**$41900**	JD	6T	414D	12F-4R	105.0		CHA
6715 4WD w/Cab	$63814	$25530	$30630	**$38290**	**$44030**	JD	6T	414D	16F-16R	105.0		CHA
6715 Hi-Clear	$57469	$22990	$27590	**$34480**	**$39650**	JD	6T	414D	12F-4R	105.0		No
6715 Hi-Clear	$60820	$24330	$29190	**$36490**	**$41970**	JD	6T	414D	16F-16R	105.0		No
6715 Hi-Clear w/Cab	$66026	$26410	$31690	**$39620**	**$45560**	JD	6T	414D	12F-4R	105.0		CHA
6715 Hi-Clear w/Cab	$69377	$27750	$33300	**$41630**	**$47870**	JD	6T	414D	16F-16R	105.0		CHA
6715 w/Cab	$52693	$21080	$25290	**$31620**	**$36360**	JD	6T	414D	12F-4R	105.0		CHA
6715 w/Cab	$55778	$22310	$26770	**$33470**	**$38490**	JD	6T	414D	16F-16R	105.0		CHA
7220	$50816	$21850	$25410	**$32520**	**$36590**	JD	6T	414D	16F-16R	95.0		No
7220	$52204	$22450	$26100	**$33410**	**$37590**	JD	6T	414D	24F-24R	95.0		No
7220 4WD	$60296	$25930	$30150	**$38590**	**$43410**	JD	6T	414D	16F-16R	95.0		No
7220 4WD	$61684	$26520	$30840	**$39480**	**$44410**	JD	6T	414D	24F-24R	95.0		No
7220 4WD w/Cab	$73312	$31520	$36660	**$46920**	**$52790**	JD	6T	414D	16F-16R	95.0		CHA
7220 4WD w/Cab	$74702	$32120	$37350	**$47810**	**$53790**	JD	6T	414D	16F-16R	95.0		CHA
7220 4WD w/Cab IVT	$78948	$33950	$39470	**$50530**	**$56840**	JD	6T	414D	Variable	95.0		CHA
7220 w/Cab	$63832	$27450	$31920	**$40850**	**$45960**	JD	6T	414D	16F-16R	95.0		CHA
7220 w/Cab	$65222	$28050	$32610	**$41740**	**$46960**	JD	6T	414D	24F-24R	95.0		CHA
7220 w/Cab IVT	$69460	$29870	$34730	**$44450**	**$50010**	JD	6T	414D	Variable	95.0		CHA
7320	$55156	$23720	$27580	**$35300**	**$39710**	JD	6T	414D	16F-16R	105.0		No
7320	$56544	$24310	$28270	**$36190**	**$40710**	JD	6T	414D	24F-24R	105.0		No
7320 4WD	$64803	$27870	$32400	**$41470**	**$46660**	JD	6T	414D	16F-16R	105.0		No
7320 4WD	$66191	$28460	$33100	**$42360**	**$47660**	JD	6T	414D	24F-24R	105.0		No
7320 4WD w/Cab	$74298	$31950	$37150	**$47550**	**$53500**	JD	6T	414D	24F-24R	105.0		CHA
7320 4WD w/Cab	$75975	$32670	$37990	**$48620**	**$54700**	JD	6T	414D	16F-16R	105.0		CHA
7320 4WD w/Cab IVT	$81958	$35240	$40980	**$52450**	**$59010**	JD	6T	414D	Variable	105.0		CHA
7320 w/Cab	$68315	$29380	$34160	**$43720**	**$49190**	JD	6T	414D	16F-16R	105.0		CHA
7320 w/Cab	$69570	$29920	$34790	**$44530**	**$50090**	JD	6T	414D	24F-24R	105.0		CHA
7320 w/Cab IVT	$74121	$31870	$37060	**$47440**	**$53370**	JD	6T	414D	Variable	105.0		CHA
7420 4WD w/Cab	$86356	$37130	$43180	**$55270**	**$62180**	JD	6T	414D	16F-16R	115.0		CHA
7420 4WD w/Cab IVT	$92822	$39910	$46410	**$59410**	**$66830**	JD	6T	414D	Variable	115.0		CHA
7420 w/Cab	$75469	$32450	$37740	**$48300**	**$54340**	JD	6T	414D	16F-16R	115.0		CHA
7420 w/Cab IVT	$80087	$34440	$40040	**$51260**	**$57660**	JD	6T	414D	Variable	115.0		CHA
7420HC 4WD w/Cab	$92575	$37030	$44440	**$55550**	**$63880**	JD	6T	414D	16F-16R	115.0		CHA

John Deere (Cont.)

2004 (Cont.)

Model	Approx. Retail Price New	Estimated Value Less Repairs: Used Trade In Avg.	Used Trade In High	Used Retail Avg.	Used Retail High	Engine Make	Engine No. Cyls.	Engine Displ. Cu.-In.	No. Speeds	P.T.O. H.P.	Approx. Shipping Wt.-Lbs.	Cab
7520 4WD	$76419	$30570	$36680	**$45850**	**$52730**	JD	6T	414D	16F-16R	125.0		No
7520 4WD w/Cab	$88103	$37880	$44050	**$56390**	**$63430**	JD	6T	414D	16F-16R	125.0		CHA
7520 4WD w/Cab IVT	$95050	$40870	$47530	**$60830**	**$68440**	JD	6T	414D	Variable	125.0		CHA
7720 w/Cab	$92160	$39630	$46080	**$58980**	**$66360**	JD	6TI	414D	16F-16R	140.0		CHA
7720 4WD w/Cab	$109952	$47280	$54980	**$70370**	**$79170**	JD	6TI	414D	16F-16R	140.0		CHA
7820 w/Cab	$97309	$41840	$48660	**$62280**	**$70060**	JD	6TI	496D	16F-16R	155.0		CHA
7820 4WD w/Cab	$113974	$49010	$56990	**$72940**	**$82060**	JD	6TI	496D	16F-16R	155.0		CHA
7920 4WD Cab IVT	$129625	$51850	$62220	**$77780**	**$89440**	JD	6TI	496D	Variable	170.0		CHA
7920 Cab IVT	$121805	$48720	$58470	**$73080**	**$84050**	JD	6TI	496D	Variable	170.0		CHA
8120	$104054	$41620	$49950	**$62430**	**$71800**	JD	6TA	496D	16F-4R	170.0		CHA
8120 4WD	$120706	$48280	$57940	**$72420**	**$83290**	JD	6TA	496D	16F-4R	170.0		CHA
8120T	$141938	$53940	$65290	**$79490**	**$92260**	JD	6TA	496D	16F-4R	170.0		CHA
8220	$118504	$47400	$56880	**$71100**	**$81770**	JD	6TA	496D	16F-4R	190.0		CHA
8220 4WD	$134699	$53880	$64660	**$80820**	**$92940**	JD	6TA	496D	16F-4R	190.0		CHA
8220T	$153219	$58220	$70480	**$85800**	**$99590**	JD	6TA	496D	16F-4R	190.0		CHA
8320 4WD	$146190	$58480	$70170	**$87710**	**$100870**	JD	6TA	496D	16F-4R	215.0		CHA
8320T	$164264	$62420	$75560	**$91990**	**$106770**	JD	6TA	496D	16F-4R	215.0		CHA
8420 4WD	$160071	$60830	$73630	**$89640**	**$104050**	JD	6TA	496D	16F-4R	235.0		CHA
8420T	$173981	$66110	$80030	**$97430**	**$113090**	JD	6TA	496D	16F-4R	235.0		CHA
8520 4WD	$183074	$69570	$84210	**$102520**	**$119000**	JD	6TA	496D	16F-4R	255.0		CHA
8520T	$184830	$70240	$85020	**$103510**	**$120140**	JD	6TA	496D	16F-4R	255.0		CHA
9120	$139254	$52920	$64060	**$77980**	**$90520**	JD	6TA	496D	24F-6R	280*		CHA
9120 PS	$147960	$56230	$68060	**$82860**	**$96170**	JD	6TA	496D	18F-6R	280*		CHA
9220	$164453	$62490	$75650	**$92090**	**$106890**	JD	6TA	765D	24F-6R	325*		CHA
9220 PS	$173159	$65800	$79650	**$96970**	**$112550**	JD	6TA	765D	18F-6R	325*		CHA
9320	$190982	$64930	$80210	**$99310**	**$116500**	JD	6TA	765D	24F-6R	375*		CHA
9320 PS	$199688	$67890	$83870	**$103840**	**$121810**	JD	6TA	765D	18F-6R	375*		CHA
9320T	$225559	$76690	$94740	**$117290**	**$137590**	JD	6TA	765D	24F-6R	375*		CHA
9420	$204474	$69520	$85880	**$106330**	**$124730**	JD	6TA	765D	24F-6R	425*		CHA
9420 PS	$213180	$72480	$89540	**$110850**	**$130040**	JD	6TA	765D	18F-6R	425*		CHA
9420T PS	$236545	$80430	$99350	**$123000**	**$144290**	JD	6TA	765D	18F-6R	425*		CHA
9520 PS	$223768	$76080	$93980	**$116360**	**$136500**	JD	6TA	765D	18F-6R	450*		CHA
9520T PS	$246643	$83860	$103590	**$128250**	**$150450**	JD	6TA	765D	18F-6R	450*		CHA
9620T PS	$267175	$90840	$112210	**$138930**	**$162980**	JD	6TA	765D	18F-6R	500*		CHA

L--Low Profile N--Narrow PS--Power Shift IVT--Infinitely Variable Transmission T--Tracks
***Engine Horsepower**

2003

Model	Approx. Retail Price New	Used Trade In Avg.	Used Trade In High	Used Retail Avg.	Used Retail High	Engine Make	Engine No. Cyls.	Engine Displ. Cu.-In.	No. Speeds	P.T.O. H.P.	Approx. Shipping Wt.-Lbs.	Cab
790 Manual Steer	$9499	$3800	$4470	**$5890**	**$6740**	Yanmar	3	91D	8F-2R	25.0	1967	No
790 Power Steer	$10829	$4330	$5090	**$6710**	**$7690**	Yanmar	3	91D	8F-2R	25.0	1967	No
790 4WD Power Steer	$11999	$4800	$5640	**$7440**	**$8520**	Yanmar	3	91D	8F-2R	25.0	2142	No
990	$13399	$5360	$6300	**$8310**	**$9510**	Yanmar	4	121D	9F-3R	35.0	2954	No
990 4WD	$16069	$6430	$7550	**$9960**	**$11410**	Yanmar	4	121D	9F-3R	35.0	2954	No
2210 4WD	$10199	$4080	$4790	**$6320**	**$7240**	Yanmar	3	61D	Variable	17.0		No
4010 4WD	$11719	$4690	$5510	**$7270**	**$8320**	Yanmar	3	47D	Variable	14.0		No
4100 4WD	$13350	$5340	$6280	**$8280**	**$9480**	Yanmar	3	61D	8F-4R	17.0	1708	No
4100 4WD Hydro	$15050	$6020	$7070	**$9330**	**$10690**	Yanmar	3	61D	Variable	16.0	1808	No
4110 4WD	$12239	$4900	$5750	**$7590**	**$8690**	Yanmar	3	61D	8F-4R	17.0		No
4110 4WD Hydro	$13669	$5470	$6420	**$8480**	**$9710**	Yanmar	3	61D	Variable	17.0		No
4115 4WD Hydro	$16649	$6660	$7830	**$10320**	**$11820**	Yanmar	3	73D	Variable	20.0		No
4200	$14575	$5830	$6850	**$9040**	**$10350**	Yanmar	3	73D	9F-3R	21.5	2375	No
4200 Hydro	$16415	$6570	$7720	**$10180**	**$11660**	Yanmar	3	73D	Variable	20.0	2600	No
4200 4WD	$15685	$6270	$7370	**$9730**	**$11140**	Yanmar	3	73D	9F-3R	21.5	2675	No
4200 4WD Hydro	$17725	$7090	$8330	**$10990**	**$12590**	Yanmar	3	73D	Variable	20.0	2903	No
4210 4WD	$15869	$6350	$7460	**$9840**	**$11270**	Yanmar	3	81D	9F-3R	22.0		No
4210 4WD Hydro	$18269	$7310	$8590	**$11330**	**$12970**	Yanmar	3	81D	Variable	22.0		No
4300	$16050	$6420	$7540	**$9950**	**$11400**	Yanmar	3	91D	9F-3R	27.0	2600	No
4300 Hydro	$18055	$7220	$8490	**$11190**	**$12820**	Yanmar	3	91D	Variable	25.5	2800	No
4300 4WD	$17160	$6860	$8070	**$10640**	**$12180**	Yanmar	3	91D	9F-3R	27.0	2900	No
4300 4WD	$18085	$7230	$8500	**$11210**	**$12840**	Yanmar	3	91D	12F-12R	27.0	2846	No
4300 4WD Hydro	$19165	$7670	$9010	**$11880**	**$13610**	Yanmar	3	91D	Variable	25.5	2921	No
4310 4WD	$17039	$6820	$8010	**$10560**	**$12100**	Yanmar	3	91D	9F-3R	27.0		No
4310 4WD	$18239	$7300	$8570	**$11310**	**$12950**	Yanmar	3	91D	12F-12R	27.0		No
4310 4WD Hydro	$19439	$7780	$9140	**$12050**	**$13800**	Yanmar	3	91D	Variable	25.0		No
4400 4WD	$19840	$7940	$9330	**$12300**	**$14090**	Yanmar	3	100D	12F-12R	29.5	2900	No
4400 4WD Hydro	$20555	$8220	$9660	**$12740**	**$14590**	Yanmar	3	100D	Variable	28.5	2922	No
4410 4WD	$20059	$8020	$9430	**$12440**	**$14240**	Yanmar	3	100D	12F-12R	29.0		No
4410 4WD Hydro	$21259	$8500	$9990	**$13180**	**$15090**	Yanmar	3	100D	Variable	28.0		No
4500	$18075	$7230	$8500	**$11210**	**$12830**	Yanmar	4	121D	9F-3R	33.0	3150	No
4500 4WD	$21480	$8590	$10100	**$13320**	**$15250**	Yanmar	4	121D	12F-12R	33.0	3345	No
4510 4WD	$21979	$8790	$10330	**$13630**	**$15610**	Yanmar	4	121D	12F-12R	33.0		No
4600	$19475	$7790	$9150	**$12080**	**$13830**	Yanmar	4	121D	9F-3R	36.0	3150	No
4600 4WD	$23455	$9380	$11020	**$14540**	**$16650**	Yanmar	4	121D	12F-12R	36.0	3340	No
4600 4WD Hydro	$25070	$10030	$11780	**$15540**	**$17800**	Yanmar	4	121D	Variable	34.5	3348	No
4610 4WD	$23639	$9460	$11110	**$14660**	**$16780**	Yanmar	4	121D	12F-12R	37.0		No
4610 4WD Hydro	$24839	$9940	$11670	**$15400**	**$17640**	Yanmar	4	121D	Variable	35.0		No
4700 4WD	$24720	$9890	$11620	**$15330**	**$17550**	Yanmar	4	134D	12F-12R	41.5	3360	No
4700 4WD Hydro	$26475	$10590	$12440	**$16420**	**$18800**	Yanmar	4	134D	Variable	40.0	3348	No
4710 4WD	$25409	$10160	$11940	**$15750**	**$18040**	Yanmar	4	121D	12F-12R	41.0		No
4710 4WD Hydro	$26609	$10640	$12510	**$16500**	**$18890**	Yanmar	4	121D	Variable	40.0		No
5103	$13983	$5590	$6570	**$8670**	**$9930**	JD	3	179D	9F-3R	38.0		No
5105	$19256	$7700	$9050	**$11940**	**$13670**	JD	3	179D	8F-4R	40.0		No
5105 4WD	$23987	$9600	$11270	**$14870**	**$17030**	JD	3	179D	8F-4R	40.0		No
5203	$16096	$6440	$7570	**$9980**	**$11430**	JD	3	179D	9F-3R	44.0		No

John Deere (Cont.)

2003 (Cont.)

	Approx. Retail Price New	Estimated Value Less Repairs: Used Trade In Avg.	High	Used Retail Avg.	High	Engine: Make	No. Cyls.	Displ. Cu.-In.	No. Speeds	P.T.O. H.P.	Approx. Shipping Wt.-Lbs.	Cab
5205	$20800	$8320	$9780	**$12900**	**$14770**	JD	3	179D	8F-4R	48.0		No
5205 4WD	$25528	$10210	$12000	**$15830**	**$18130**	JD	3	179D	8F-4R	48.0		No
5220	$22681	$9070	$10660	**$14060**	**$16100**	JD	3	179D	9F-3R	45.0		No
5220	$25913	$10370	$12180	**$16070**	**$18400**	JD	3	179D	12F-12R	45.0		No
5220 w/Cab	$30535	$12210	$14350	**$18930**	**$21680**	JD	3	179D	9F-3R	45.0		CHA
5220 4WD	$29251	$11700	$13750	**$18140**	**$20770**	JD	3	179D	9F-3R	45.0		No
5220 4WD	$31191	$12480	$14660	**$19340**	**$22150**	JD	3	179D	12F-12R	45.0		No
5220 w/Cab	$33767	$13510	$15870	**$20940**	**$23980**	JD	3	179D	12F-12R	45.0		CHA
5220 4WD w/Cab	$38062	$15230	$17890	**$23600**	**$27020**	JD	3	179D	9F-3R	45.0		CHA
5220 4WD w/Cab	$40000	$16000	$18800	**$24800**	**$28400**	JD	3	179D	12F-12R	45.0		CHA
5303	$18722	$7490	$8800	**$11610**	**$13290**	JD	3	179D	9F-3R	55.0		No
5320	$25400	$10160	$11940	**$15750**	**$18030**	JD	3T	179D	9F-3R	55.0		No
5320	$28632	$11450	$13460	**$17750**	**$20330**	JD	3T	179D	12F-12R	55.0		No
5320N	$25041	$10020	$11770	**$15530**	**$17780**	JD	3T	179D	12F-12R	55.0		No
5320 w/Cab	$34211	$13680	$16080	**$21210**	**$24290**	JD	3T	179D	9F-3R	55.0		CHA
5320 w/Cab	$37443	$14980	$17600	**$23220**	**$26590**	JD	3T	179D	12F-12R	55.0		CHA
5320N w/Cab	$33870	$13550	$15920	**$21000**	**$24050**	JD	3T	179D	12F-12R	55.0		CHA
5320 4WD	$30779	$12310	$14470	**$19080**	**$21850**	JD	3T	179D	9F-3R	55.0		No
5320 4WD	$34010	$13600	$15990	**$21090**	**$24150**	JD	3T	179D	12F-12R	55.0		No
5320N 4WD	$31264	$12510	$14690	**$19380**	**$22200**	JD	3T	179D	12F-12R	55.0		No
5320 4WD w/Cab	$39590	$15840	$18610	**$24550**	**$28110**	JD	3T	179D	9F-3R	55.0		CHA
5320 4WD w/Cab	$42821	$17130	$20130	**$26550**	**$30400**	JD	3T	179D	12F-12R	55.0		CHA
5320N 4WD w/Cab	$40093	$16040	$18840	**$24860**	**$28470**	JD	3T	179D	12F-12R	55.0		CHA
5420	$28494	$11400	$13390	**$17670**	**$20230**	JD	4	276D	9F-3R	65.0		No
5420	$31726	$12690	$14910	**$19670**	**$22530**	JD	4	276D	12F-12R	65.0		No
5420N	$27838	$11140	$13080	**$17260**	**$19770**	JD	4	276D	12F-12R	65.0		No
5420 w/Cab	$37305	$14920	$17530	**$23130**	**$26490**	JD	4	276D	9F-3R	65.0		CHA
5420 w/Cab	$40537	$16220	$19050	**$25130**	**$28780**	JD	4	276D	12F-12R	65.0		CHA
5420N w/Cab	$36667	$14670	$17230	**$22730**	**$26030**	JD	4	276D	12F-12R	65.0		CHA
5420 4WD	$33963	$13590	$15960	**$21060**	**$24110**	JD	4	276D	9F-3R	65.0		No
5420 4WD	$37195	$14880	$17480	**$23060**	**$26410**	JD	4	276D	12F-12R	65.0		No
5420N 4WD	$34061	$13620	$16010	**$21120**	**$24180**	JD	4	276D	12F-12R	65.0		No
5420 4WD w/Cab	$42774	$17110	$20100	**$26520**	**$30370**	JD	4	276D	9F-3R	65.0		CHA
5420 4WD w/Cab	$46006	$18400	$21620	**$28520**	**$32660**	JD	4	276D	12F-12R	65.0		CHA
5420N 4WD w/Cab	$42890	$17160	$20160	**$26590**	**$30450**	JD	4	276D	12F-12R	65.0		CHA
5520	$31222	$12490	$14670	**$19360**	**$22170**	JD	4T	276D	9F-3R	75.0		No
5520	$34454	$13780	$16190	**$21360**	**$24460**	JD	4T	276D	12F-12R	75.0		No
5520 w/Cab	$40033	$16010	$18820	**$24820**	**$28420**	JD	4T	276D	9F-3R	75.0		CHA
5520 w/Cab	$43265	$17310	$20340	**$26820**	**$30720**	JD	4T	276D	12F-12R	75.0		CHA
5520 4WD	$36691	$14680	$17250	**$22750**	**$26050**	JD	4T	276D	9F-3R	75.0		No
5520 4WD	$39923	$15970	$18760	**$24750**	**$28350**	JD	4T	276D	12F-12R	75.0		No
5520 4WD w/Cab	$45502	$18200	$21390	**$28210**	**$32310**	JD	4T	276D	9F-3R	75.0		CHA
5520 4WD w/Cab	$48734	$19490	$22910	**$30220**	**$34600**	JD	4T	276D	12F-12R	75.0		CHA
5520N	$30153	$12060	$14170	**$18700**	**$21410**	JD	4T	276D	12F-12R	75.0		No
5520N w/Cab	$38982	$15590	$18320	**$24170**	**$27680**	JD	4T	276D	12F-12R	75.0		CHA
5520N 4WD	$36376	$14550	$17100	**$22550**	**$25830**	JD	4T	276D	12F-12R	75.0		No
5520N 4WD w/Cab	$45205	$18080	$21250	**$28030**	**$32100**	JD	4T	276D	12F-12R	75.0		CHA
5520 Hi-Clear 4WD	$42330	$16930	$19900	**$26250**	**$30050**	JD	4T	276D	12F-4R	75.0		No
5520 Hi-Clear 4WD	$44538	$17820	$20930	**$27610**	**$31620**	JD	4T	276D	16F-16R	75.0		No
6120	$33401	$13360	$15700	**$20710**	**$23720**	JD	4T	276D	12F-4R	65.0		No
6120	$38440	$15380	$18070	**$23830**	**$27290**	JD	4T	276D	16F-16R	65.0		No
6120 w/Cab	$44058	$17620	$20710	**$27320**	**$31280**	JD	4T	276D	12F-4R	65.0		CHA
6120 w/Cab	$47353	$18940	$22260	**$29360**	**$33620**	JD	4T	276D	16F-16R	65.0		CHA
6120 4WD	$42871	$17150	$20150	**$26580**	**$30440**	JD	4T	276D	12F-4R	65.0		No
6120 4WD	$45910	$18360	$21580	**$28460**	**$32600**	JD	4T	276D	16F-16R	65.0		No
6120 4WD w/Cab	$51528	$20610	$24220	**$31950**	**$36590**	JD	4T	276D	12F-4R	65.0		CHA
6120 4WD w/Cab	$54823	$21930	$25770	**$33990**	**$38920**	JD	4T	276D	16F-16R	65.0		CHA
6120L	$33046	$13220	$15530	**$20490**	**$23460**	JD	4T	276D	12F-4R	65.0		No
6120L	$34624	$13850	$16270	**$21470**	**$24580**	JD	4T	276D	16F-16R	65.0		No
6120L 4WD	$40516	$16210	$19040	**$25120**	**$28770**	JD	4T	276D	12F-4R	65.0		No
6120L 4WD	$42094	$16840	$19780	**$26100**	**$29890**	JD	4T	276D	16F-16R	65.0		No
6220	$36836	$14730	$17310	**$22840**	**$26150**	JD	4T	276D	12F-4R	72.0		No
6220	$38414	$15370	$18060	**$23820**	**$27270**	JD	4T	276D	16F-16R	72.0		No
6220 Hi-Clear 4WD	$45288	$18120	$21290	**$28080**	**$32150**	JD	4T	276D	12F-4R	72.0		No
6220 Hi-Clear 4WD	$48638	$19460	$22860	**$30160**	**$34530**	JD	4T	276D	16F-16R	72.0		No
6220 w/Cab	$46842	$18740	$22020	**$29040**	**$33260**	JD	4T	276D	12F-4R	72.0		CHA
6220 w/Cab	$50137	$20060	$23560	**$31090**	**$35600**	JD	4T	276D	16F-16R	72.0		CHA
6220 4WD	$44306	$17720	$20820	**$27470**	**$31460**	JD	4T	276D	12F-4R	72.0		No
6220 4WD	$45884	$18350	$21570	**$28450**	**$32580**	JD	4T	276D	16F-16R	72.0		No
6220 4WD w/Cab	$54312	$21730	$25530	**$33670**	**$38560**	JD	4T	276D	12F-4R	72.0		CHA
6220 4WD w/Cab	$57607	$23040	$27080	**$35720**	**$40900**	JD	4T	276D	16F-16R	72.0		CHA
6215	$34964	$13290	$16080	**$19930**	**$23430**	JD	4T	276D	12F-4R	72.0		No
6215	$36542	$13890	$16810	**$20830**	**$24480**	JD	4T	276D	16F-16R	72.0		No
6215 4WD	$42567	$16180	$19580	**$24260**	**$28520**	JD	4T	276D	12F-4R	72.0		No
6215 4WD	$44145	$16780	$20310	**$25160**	**$29580**	JD	4T	276D	16F-16R	72.0		No
6215 4WD w/Cab	$50997	$19380	$23460	**$29070**	**$34170**	JD	4T	276D	12F-4R	72.0		CHA
6215 4WD w/Cab	$52575	$19980	$24190	**$29970**	**$35230**	JD	4T	276D	16F-16R	72.0		CHA
6215 w/Cab	$43394	$16490	$19960	**$24740**	**$29070**	JD	4T	276D	12F-4R	72.0		CHA
6215 w/Cab	$44972	$17090	$20690	**$25630**	**$30130**	JD	4T	276D	16F-16R	72.0		CHA
6220L	$36982	$14790	$17380	**$22930**	**$26260**	JD	4T	276D	12F-4R	72.0		No
6220L	$38560	$15420	$18120	**$23910**	**$27380**	JD	4T	276D	16F-16R	72.0		No
6220L 4WD	$44452	$17780	$20890	**$27560**	**$31560**	JD	4T	276D	12F-4R	72.0		No
6220L 4WD	$46030	$18410	$21630	**$28540**	**$32680**	JD	4T	276D	16F-16R	72.0		No
6220 Hi-Clear	$37818	$15130	$17770	**$23450**	**$26850**	JD	4T	276D	12F-4R	72.0		No

John Deere (Cont.)

2003 (Cont.)

	Approx. Retail Price New	Estimated Value Less Repairs: Used Trade In Avg.	High	Used Retail Avg.	High	Engine Make	No. Cyls.	Displ. Cu.-In.	No. Speeds	P.T.O. H.P.	Approx. Shipping Wt.-Lbs.	Cab
6220 Hi-Clear	$41168	$16470	$19350	**$25520**	**$29230**	JD	4T	276D	16F-16R	72.0		No
6220 Hi-Clear	$46428	$17640	$21360	**$26460**	**$31110**	JD	4T	276D	12F-4R	72.0		CHA
6220 Hi-Clear	$49958	$18980	$22980	**$28480**	**$33470**	JD	4T	276D	16F-16R	72.0		CHA
6220 Hi-Clear 4WD	$53898	$20480	$24790	**$30720**	**$36110**	JD	4T	276D	12F-4R	72.0		CHA
6220 Hi-Clear 4WD	$57428	$21820	$26420	**$32730**	**$38480**	JD	4T	276D	16F-16R	72.0		CHA
6320	$40224	$16090	$18910	**$24940**	**$28560**	JD	4T	276D	12F-4R	80.0		No
6320	$41802	$16720	$19650	**$25920**	**$29680**	JD	4T	276D	16F-16R	80.0		No
6320 w/Cab	$49573	$19830	$23300	**$30740**	**$35200**	JD	4T	276D	12F-4R	80.0		CHA
6320 w/Cab	$52868	$21150	$24850	**$32780**	**$37540**	JD	4T	276D	16F-16R	80.0		CHA
6320 4WD	$48005	$19200	$22560	**$29760**	**$34080**	JD	4T	276D	12F-4R	80.0		No
6320 4WD	$49583	$19830	$23300	**$30740**	**$35200**	JD	4T	276D	16F-16R	80.0		No
6320 4WD w/Cab	$57354	$22940	$26960	**$35560**	**$40720**	JD	4T	276D	12F-4R	80.0		CHA
6320 4WD w/Cab	$60649	$24260	$28510	**$37600**	**$43060**	JD	4T	276D	16F-16R	80.0		CHA
6320L	$39755	$15900	$18690	**$24650**	**$28230**	JD	4T	276D	12F-4R	80.0		No
6320L	$42794	$17120	$20110	**$26530**	**$30380**	JD	4T	276D	16F-16R	80.0		No
6320L 4WD	$47672	$19070	$22410	**$29560**	**$33850**	JD	4T	276D	12F-4R	80.0		No
6320L 4WD	$50711	$20280	$23830	**$31440**	**$36010**	JD	4T	276D	16F-16R	80.0		No
6320 Hi-Clear	$40035	$15210	$18420	**$22820**	**$26820**	JD	4T	276D	12F-4R	80.0		No
6320 Hi-Clear	$43385	$16490	$19960	**$24730**	**$29070**	JD	4T	276D	16F-16R	80.0		No
6320 Hi-Clear 4WD	$51166	$19440	$23540	**$29170**	**$34280**	JD	4T	276D	16F-16R	80.0		No
6320L w/Cab	$57484	$22990	$27020	**$35640**	**$40810**	JD	4T	276D	12F-4R	80.0		CHA
6320L w/Cab	$60779	$24310	$28570	**$37680**	**$43150**	JD	4T	276D	16F-16R	80.0		CHA
6320L 4WD w/Cab	$65265	$26110	$30680	**$40460**	**$46340**	JD	4T	276D	12F-4R	80.0		CHA
6320L 4WD w/Cab	$68560	$27420	$32220	**$42510**	**$48680**	JD	4T	276D	16F-16R	80.0		CHA
6320 Hi-Clear 4WD	$47816	$18170	$22000	**$27260**	**$32040**	JD	4T	276D	12F-4R	80.0		No
6320 Hi-Clear	$48900	$19560	$22980	**$30320**	**$34720**	JD	4T	276D	12F-4R	80.0		CHA
6320 Hi-Clear 4WD	$56682	$22670	$26640	**$35140**	**$40240**	JD	4T	276D	12F-4R	80.0		CHA
6320 Hi-Clear	$52431	$20970	$24640	**$32510**	**$37230**	JD	4T	276D	16F-16R	80.0		CHA
6320 Hi-Clear 4WD	$60212	$24090	$28300	**$37330**	**$42750**	JD	4T	276D	16F-16R	80.0		CHA
6403	$30942	$12380	$14540	**$19180**	**$21970**	JD	4T	276D	9F-3R	85.0		No
6403 4WD	$38433	$15370	$18060	**$23830**	**$27290**	JD	4T	276D	9F-3R	85.0		No
6420 Hi-Clear w/Cab	$51418	$19540	$23650	**$29310**	**$34450**	JD	4T	276D	12F-4R	90.0		CHA
6420	$42785	$17110	$20110	**$26530**	**$30380**	JD	4T	276D	12F-4R	90.0		No
6420	$45824	$18330	$21540	**$28410**	**$32540**	JD	4T	276D	16F-16R	90.0		No
6420 w/Cab	$52050	$20820	$24460	**$32270**	**$36960**	JD	4T	276D	12F-4R	90.0		CHA
6420 w/Cab	$55345	$22140	$26010	**$34310**	**$39300**	JD	4T	276D	16F-16R	90.0		CHA
6420 4WD	$50702	$20280	$23830	**$31440**	**$36000**	JD	4T	276D	12F-4R	90.0		No
6420 4WD	$53741	$21500	$25260	**$33320**	**$38160**	JD	4T	276D	16F-16R	90.0		No
6420 4WD w/Cab	$59967	$23990	$28180	**$37180**	**$42580**	JD	4T	276D	12F-4R	90.0		CHA
6420 4WD w/Cab	$63262	$25310	$29730	**$39220**	**$44920**	JD	4T	276D	16F-16R	90.0		CHA
6415	$38444	$15380	$18070	**$23840**	**$27300**	JD	4T	276D	12F-4R	85.0		No
6415	$40022	$16010	$18810	**$24810**	**$28420**	JD	4T	276D	16F-16R	85.0		No
6415 4WD	$46047	$18420	$21640	**$28550**	**$32690**	JD	4T	276D	12F-4R	85.0		No
6415 4WD	$47625	$19050	$22380	**$29530**	**$33810**	JD	4T	276D	16F-16R	85.0		No
6415 4WD w/Cab	$54477	$21790	$25600	**$33780**	**$38680**	JD	4T	276D	12F-4R	85.0		CHA
6415 4WD w/Cab	$56055	$22420	$26350	**$34750**	**$39800**	JD	4T	276D	16F-16R	85.0		CHA
6415 w/Cab	$46874	$18750	$22030	**$29060**	**$33280**	JD	4T	276D	12F-4R	85.0		CHA
6415 w/Cab	$48452	$19380	$22770	**$30040**	**$34400**	JD	4T	276D	16F-16R	85.0		CHA
6415 Hi-Clear	$38239	$15300	$17970	**$23710**	**$27150**	JD	4T	276D	12F-4R	85.0		No
6415 Hi-Clear 4WD	$45842	$18340	$21550	**$28420**	**$32550**	JD	4T	276D	12F-4R	85.0		No
6415 Hi-Clear 4WD w/Cab	$54272	$21710	$25510	**$33650**	**$38530**	JD	4T	276D	12F-4R	85.0		CHA
6415 Hi-Clear w/Cab	$46669	$18670	$21930	**$28940**	**$33140**	JD	4T	276D	12F-4R	85.0		CHA
6420 Hi-Clear	$42593	$16190	$19590	**$24280**	**$28540**	JD	4T	276D	12F-4R	90.0		No
6420 Hi-Clear	$45943	$17460	$21130	**$26190**	**$30780**	JD	4T	276D	16F-16R	90.0		No
6420 Hi-Clear 4WD	$50510	$19190	$23240	**$28790**	**$33840**	JD	4T	276D	12F-4R	90.0		No
6420 Hi-Clear 4WD	$53860	$20470	$24780	**$30700**	**$36090**	JD	4T	276D	16F-16R	90.0		No
6420 Hi-Clear 4WD w/Cab	$59335	$22550	$27290	**$33820**	**$39750**	JD	4T	276D	12F-4R	90.0		CHA
6420 Hi-Clear 4WD w/Cab	$62865	$23890	$28920	**$35830**	**$42120**	JD	4T	276D	16F-16R	90.0		CHA
6420 Hi-Clear w/Cab	$54948	$20880	$25280	**$31320**	**$36820**	JD	4T	276D	16F-16R	90.0		CHA
6420L	$42684	$17070	$20060	**$26460**	**$30310**	JD	4T	276D	12F-4R	90.0		No
6420L	$45723	$18290	$21490	**$28350**	**$32460**	JD	4T	276D	16F-16R	90.0		No
6420L 4WD	$50600	$20240	$23780	**$31370**	**$35930**	JD	4T	276D	12F-4R	90.0		No
6420L 4WD	$53640	$21460	$25210	**$33260**	**$38080**	JD	4T	276D	16F-16R	90.0		No
6420L 4WD w/Cab	$68315	$27330	$32110	**$42360**	**$48500**	JD	4T	276D	12F-4R	90.0		CHA
6420L 4WD w/Cab	$71610	$28640	$33660	**$44400**	**$50840**	JD	4T	276D	16F-16R	90.0		CHA
6420L w/Cab	$60398	$24160	$28390	**$37450**	**$42880**	JD	4T	276D	12F-4R	90.0		CHA
6420L w/Cab	$63693	$25480	$29940	**$39490**	**$45220**	JD	4T	276D	16F-16R	90.0		CHA
6520L	$48036	$19210	$22580	**$29780**	**$34110**	JD	4T	276D	16F-16R	95.0		No
6520L 4WD	$55953	$22380	$26300	**$34690**	**$39730**	JD	4T	276D	16F-16R	95.0		No
6520L 4WD w/Cab	$69281	$27710	$32560	**$42950**	**$49190**	JD	4T	276D	12F-4R	95.0		CHA
6520L 4WD w/Cab	$72576	$29030	$34110	**$45000**	**$51530**	JD	4T	276D	16F-16R	95.0		CHA
6520L w/Cab	$61364	$24550	$28840	**$38050**	**$43570**	JD	4T	276D	12F-4R	95.0		CHA
6520L w/Cab	$64659	$25860	$30390	**$40090**	**$45910**	JD	4T	276D	16F-16R	95.0		CHA
6615	$42722	$16230	$19650	**$24350**	**$28620**	JD	6T	414D	12F-4R	95.0		No
6615	$44300	$16830	$20380	**$25250**	**$29680**	JD	6T	414D	16F-16R	95.0		No
6615 4WD	$50639	$19240	$23290	**$28860**	**$33930**	JD	6T	414D	12F-4R	95.0		No
6615 4WD	$52217	$19840	$24020	**$29760**	**$34990**	JD	6T	414D	16F-16R	95.0		No
6615 4WD w/Cab	$59069	$22450	$27170	**$33670**	**$39580**	JD	6T	414D	12F-4R	95.0		CHA
6615 4WD w/Cab	$60647	$23050	$27900	**$34570**	**$40630**	JD	6T	414D	16F-16R	95.0		CHA
6615 Hi-Clear	$53418	$20300	$24570	**$30450**	**$35790**	JD	6T	414D	12F-4R	95.0		No
6615 Hi-Clear	$56719	$21550	$26090	**$32330**	**$38000**	JD	6T	414D	16F-16R	95.0		No
6615 Hi-Clear 4WD w/Cab	$61848	$23500	$28450	**$35250**	**$41440**	JD	6T	414D	12F-4R	95.0		CHA
6615 Hi-Clear 4WD w/Cab	$65149	$24760	$29970	**$37140**	**$43650**	JD	6T	414D	16F-16R	95.0		CHA
6615 w/Cab	$51152	$19440	$23530	**$29160**	**$34270**	JD	6T	414D	12F-4R	95.0		CHA

	Approx. Retail Price New	Estimated Value Less Repairs Used Trade In Avg.	High	Used Retail Avg.	High	Engine Make	No. Cyls.	Displ. Cu.-In.	No. Speeds	P.T.O. H.P.	Approx. Shipping Wt.-Lbs.	Cab

John Deere (Cont.)

2003 (Cont.)

6615 w/Cab	$52730	$20040	$24260	**$30060**	**$35330**	JD	6T	414D	16F-16R	95.0		CHA
6715	$46703	$17750	$21480	**$26620**	**$31290**	JD	6T	414D	12F-4R	105.0		No
6715	$48281	$18350	$22210	**$27520**	**$32350**	JD	6T	414D	16F-16R	105.0		No
6715 4WD	$54620	$20760	$25130	**$31130**	**$36600**	JD	6T	414D	12F-4R	105.0		No
6715 4WD	$56198	$21360	$25850	**$32030**	**$37650**	JD	6T	414D	16F-16R	105.0		No
6715 4WD w/Cab	$63050	$23960	$29000	**$35940**	**$42240**	JD	6T	414D	12F-4R	105.0		CHA
6715 4WD w/Cab	$64628	$24560	$29730	**$36840**	**$43300**	JD	6T	414D	16F-16R	105.0		CHA
6715 Hi-Clear	$57399	$21810	$26400	**$32720**	**$38460**	JD	6T	414D	12F-4R	105.0		No
6715 Hi-Clear	$60700	$23070	$27920	**$34600**	**$40670**	JD	6T	414D	16F-16R	105.0		No
6715 Hi-Clear w/Cab	$65829	$25020	$30280	**$37520**	**$44110**	JD	6T	414D	12F-4R	105.0		CHA
6715 Hi-Clear w/Cab	$69130	$26270	$31800	**$39400**	**$46320**	JD	6T	414D	16F-16R	105.0		CHA
6715 w/Cab	$55133	$20950	$25360	**$31430**	**$36940**	JD	6T	414D	12F-4R	105.0		CHA
6715 w/Cab	$56711	$21550	$26090	**$32330**	**$38000**	JD	6T	414D	16F-16R	105.0		CHA
7220	$50065	$20030	$23530	**$31040**	**$35550**	JD	6T	414D	16F-16R	95.0		No
7220 4WD	$58435	$23370	$27460	**$36230**	**$41490**	JD	6T	414D	16F-16R	95.0		No
7220 4WD w/Cab	$67341	$26940	$31650	**$41750**	**$47810**	JD	6T	414D	16F-16R	95.0		CHA
7220 w/Cab	$58971	$23590	$27720	**$36560**	**$41870**	JD	6T	414D	16F-16R	95.0		CHA
7320	$54341	$21740	$25540	**$33690**	**$38580**	JD	6T	414D	16F-16R	105.0		No
7320 4WD	$62711	$25080	$29470	**$38880**	**$44530**	JD	6T	414D	16F-16R	100.0		No
7320 4WD w/Cab	$74842	$29940	$35180	**$46400**	**$53140**	JD	6T	414D	16F-16R	105.0		CHA
7320 PS	$63946	$25580	$30060	**$39650**	**$45400**	JD	6T	414D	16F-16R	105.0		CHA
7420	$68793	$27520	$32330	**$42650**	**$48840**	JD	6T	414D	16F-16R	115.0		CHA
7420 4WD	$77542	$31020	$36450	**$48080**	**$55060**	JD	6T	414D	16F-16R	115.0		CHA
7420HC 4WD w/Cab	$88610	$33670	$40760	**$50510**	**$59370**	JD	6T	414D	16F-16R	115.0		CHA
7520 4WD	$74040	$28140	$34060	**$42200**	**$49610**	JD	6T	414D	16F-16R	125.0		No
7520 4WD w/Cab	$86808	$34720	$40800	**$53820**	**$61630**	JD	6T	414D	16F-16R	125.0		CHA
7710	$79109	$31640	$37180	**$49050**	**$56170**	JD	6T	496D	16F-16R	135.0		CHA
7710 4WD	$90716	$36290	$42640	**$56240**	**$64410**	JD	6T	496D	16F-16R	135.0		CHA
7810	$83434	$33370	$39210	**$51730**	**$59240**	JD	6T	496D	16F-16R	150.0		CHA
7810 4WD	$95041	$38020	$44670	**$58930**	**$67480**	JD	6T	496D	16F-16R	150.0		CHA
8120	$104026	$39530	$47850	**$59300**	**$69700**	JD	6TA	496D	16F-4R	170.0		CHA
8120 4WD	$117422	$44620	$54010	**$66930**	**$78670**	JD	6TA	496D	16F-4R	170.0		CHA
8120T	$135933	$40780	$51660	**$66610**	**$80200**	JD	6TA	496D	16F-4R	170.0		CHA
8220	$113802	$43250	$52350	**$64870**	**$76250**	JD	6TA	496D	16F-4R	190.0		CHA
8220 4WD	$127198	$48340	$58510	**$72500**	**$85220**	JD	6TA	496D	16F-4R	190.0		CHA
8220T	$147656	$44300	$56110	**$72350**	**$87120**	JD	6TA	496D	16F-4R	190.0		CHA
8320 4WD	$141133	$53630	$64920	**$80450**	**$94560**	JD	6TA	496D	16F-4R	215.0		CHA
8320T	$157746	$47320	$59940	**$77300**	**$93070**	JD	6TA	496D	16F-4R	215.0		CHA
8420 4WD	$154866	$54200	$66590	**$82080**	**$97570**	JD	6TA	496D	16F-4R	235.0		CHA
8420T	$166592	$49980	$63310	**$81630**	**$98290**	JD	6TA	496D	16F-4R	235.0		CHA
8520	$177418	$62100	$76290	**$94030**	**$111770**	JD	6TA	496D	16F-4R	255.0		CHA
8520T	$177333	$53200	$67390	**$86890**	**$104630**	JD	6TA	496D	16F-4R	255.0		CHA
9120	$136504	$47250	$58050	**$71550**	**$85050**	JD	6TA	496D	24F-6R	280*		CHA
9120 PS	$144998	$50050	$61490	**$75790**	**$90090**	JD	6TA	496D	18F-6R	280*		CHA
9120 PS w/3-Pt.	$157045	$54250	$66650	**$82150**	**$97650**	JD	6TA	496D	18F-6R	280*		CHA
9120 w/3-Pt.	$148551	$51280	$63000	**$77650**	**$92300**	JD	6TA	496D	24F-6R	280*		CHA
9220	$158091	$54600	$67080	**$82680**	**$98280**	JD	6TA	643D	24F-6R	325*		CHA
9220 w/3-Pt.	$170138	$58800	$72240	**$89040**	**$105840**	JD	6TA	643D	24F-6R	325*		CHA
9220 PS	$166585	$57750	$70950	**$87450**	**$103950**	JD	6TA	643D	18F-6R	325*		CHA
9220 PS w/3-Pt.	$178632	$61600	$75680	**$93280**	**$110880**	JD	6TA	643D	18F-6R	325*		CHA
9320	$180253	$53400	$67640	**$87220**	**$105020**	JD	6TA	765D	24F-6R	375*		CHA
9320 w/3-Pt.	$190668	$56250	$71250	**$91880**	**$110630**	JD	6TA	765D	24F-6R	375*		CHA
9320 PS	$188737	$55500	$70300	**$90650**	**$109150**	JD	6TA	765D	18F-6R	375*		CHA
9320 PS w/3-Pt.	$199162	$59100	$74860	**$96530**	**$116230**	JD	6TA	765D	18F-6R	375*		CHA
9320T	$232746	$68550	$86830	**$111970**	**$134820**	JD	6TA	765D	24F-6R	375*		CHA
9320T PS	$219961	$64800	$82080	**$105840**	**$127440**	JD	6TA	765D	18F-6R	375*		CHA
9420	$198121	$58500	$74100	**$95550**	**$115050**	JD	6TA	765D	24F-6R	425*		CHA
9420 w/3-Pt.	$207829	$61350	$77710	**$100210**	**$120660**	JD	6TA	765D	24F-6R	425*		CHA
9420 PS w/3-Pt.	$216332	$63750	$80750	**$104130**	**$125380**	JD	6TA	765D	18F-6R	425*		CHA
9420 PS	$206615	$60600	$76760	**$98980**	**$119180**	JD	6TA	765D	18F-6R	425*		CHA
9420T PS	$230803	$67800	$85880	**$110740**	**$133340**	JD	6TA	765D	18F-6R	425*		CHA
9420T PS w/3-Pt.	$243588	$72000	$91200	**$117600**	**$141600**	JD	6TA	765D	18F-6R	425*		CHA
9520 PS	$214990	$60150	$76190	**$98250**	**$118300**	JD	6TA	765D	18F-6R	450*		CHA
9520 PS w/3-Pt.	$225572	$66150	$83790	**$108050**	**$130100**	JD	6TA	765D	18F-6R	450*		CHA
9520T PS	$235036	$69000	$87400	**$112700**	**$135700**	JD	6TA	765D	18F-6R	450*		CHA
9520T PS w/3-Pt.	$247821	$72600	$91960	**$118580**	**$142780**	JD	6TA	765D	18F-6R	450*		CHA

HC--High Clearance L--Low Profile N--Narrow PS--Power Shift T--Tracks
***Engine Horsepower**

2002

790 Manual Steer	$9499	$3610	$4280	**$5700**	**$6650**	Yanmar	3	91D	8F-2R	25.0	1967	No
790 Power Steer	$10829	$4120	$4870	**$6500**	**$7580**	Yanmar	3	91D	8F-2R	25.0	1967	No
790 4WD	$11679	$4440	$5260	**$7010**	**$8180**	Yanmar	3	91D	8F-2R	25.0	2142	No
990	$13399	$5090	$6030	**$8040**	**$9380**	Yanmar	4	121D	9F-3R	35.0	2954	No
990 4WD	$16069	$6110	$7230	**$9640**	**$11250**	Yanmar	4	121D	9F-3R	35.0	2954	No
4100 4WD	$13150	$5000	$5920	**$7890**	**$9210**	Yanmar	3	61D	8F-4R	17.0	1708	No
4100 4WD Hydro	$14850	$5640	$6680	**$8910**	**$10400**	Yanmar	3	61D	Variable	16.0	1808	No
4100 Narrow	$13850	$5260	$6230	**$8310**	**$9700**	Yanmar	3	61D	8F-2R	16.0	1699	No
4200	$14575	$5540	$6560	**$8750**	**$10200**	Yanmar	3	73D	9F-3R	21.5	2375	No
4200 Hydro	$16415	$6240	$7390	**$9850**	**$11490**	Yanmar	3	73D	Variable	20.0	2600	No
4200 4WD	$15685	$5960	$7060	**$9410**	**$10980**	Yanmar	3	73D	9F-3R	21.5	2675	No
4200 4WD Hydro	$17725	$6740	$7980	**$10640**	**$12410**	Yanmar	3	73D	Variable	20.0	2903	No
4300	$16179	$6150	$7280	**$9710**	**$11330**	Yanmar	3	91D	9F-3R	27.0	2600	No
4300 Hydro	$18184	$6910	$8180	**$10910**	**$12730**	Yanmar	3	91D	Variable	25.5	2800	No

John Deere (Cont.)

2002 (Cont.)

	Approx. Retail Price New	Estimated Value Less Repairs: Used Trade In Avg.	Used Trade In High	Used Retail Avg.	Used Retail High	Engine Make	Engine No. Cyls.	Engine Displ. Cu.-In.	No. Speeds	P.T.O. H.P.	Approx. Shipping Wt.-Lbs.	Cab
4300 4WD	$17289	$6570	$7780	$10370	$12100	Yanmar	3	91D	9F-3R	27.0	2900	No
4300 4WD	$18450	$7010	$8300	$11070	$12920	Yanmar	3	91D	12F-12R	27.0	2846	No
4300 4WD Hydro	$19530	$7420	$8790	$11720	$13670	Yanmar	3	91D	Variable	25.5	2921	No
4400 4WD	$19645	$7470	$8840	$11790	$13750	Yanmar	3	100D	12F-12R	29.5	2900	No
4400 4WD Hydro	$20945	$7960	$9430	$12570	$14660	Yanmar	3	100D	Variable	28.5	2922	No
4500	$18245	$6930	$8210	$10950	$12770	Yanmar	4	121D	9F-3R	33.0	3150	No
4500 4WD	$21810	$8290	$9820	$13090	$15270	Yanmar	4	121D	12F-12R	33.0	3345	No
4600	$19790	$7520	$8910	$11870	$13850	Yanmar	4	121D	9F-3R	36.0	3150	No
4600 4WD	$23266	$8840	$10470	$13960	$16290	Yanmar	4	121D	12F-12R	36.0	3340	No
4600 4WD Hydro	$25300	$9610	$11390	$15180	$17710	Yanmar	4	121D	Variable	34.5	3348	No
4700 4WD	$24848	$9440	$11180	$14910	$17390	Yanmar	4	134D	12F-12R	41.5	3360	No
4700 4WD Hydro	$26433	$10050	$11900	$15860	$18500	Yanmar	4	134D	Variable	40.0	3348	No
5105	$18633	$7080	$8390	$11180	$13040	JD	3	179D	8F-4R	40.0		No
5105 4WD	$23875	$9070	$10740	$14330	$16710	JD	3	179D	8F-4R	40.0		No
5205	$20047	$7620	$9020	$12030	$14030	JD	3	179D	8F-4R	48.0		No
5205 4WD	$26293	$9990	$11830	$15780	$18410	JD	3	179D	8F-4R	48.0		No
5220	$22066	$8390	$9930	$13240	$15450	JD	3	179D	9F-3R	45.0		No
5220	$24456	$9290	$11010	$14670	$17120	JD	3	179D	12F-12R	45.0		No
5220 w/Cab	$30877	$11730	$13900	$18530	$21610	JD	3	179D	9F-3R	45.0		CHA
5220 4WD	$27344	$10390	$12310	$16410	$19140	JD	3	179D	9F-3R	45.0		No
5220 4WD	$29734	$11300	$13380	$17840	$20810	JD	3	179D	12F-12R	45.0		No
5220 w/Cab	$33267	$12640	$14970	$19960	$23290	JD	3	179D	12F-12R	45.0		CHA
5220 4WD w/Cab	$36155	$13740	$16270	$21690	$25310	JD	3	179D	9F-3R	45.0		CHA
5220 4WD w/Cab	$38545	$14650	$17350	$23130	$26980	JD	3	179D	12F-12R	45.0		CHA
5320	$24968	$9490	$11240	$14980	$17480	JD	3T	179D	9F-3R	55.0		No
5320	$27176	$10330	$12230	$16310	$19020	JD	3T	179D	12F-12R	55.0		No
5320 w/Cab	$33587	$12760	$15110	$20150	$23510	JD	3T	179D	9F-3R	55.0		CHA
5320 w/Cab	$35805	$13610	$16110	$21480	$25060	JD	3T	179D	12F-12R	55.0		CHA
5320 4WD	$30346	$11530	$13660	$18210	$21240	JD	3T	179D	9F-3R	55.0		No
5320 4WD	$32554	$12370	$14650	$19530	$22790	JD	3T	179D	12F-12R	55.0		No
5320 4WD w/Cab	$38975	$14810	$17540	$23390	$27280	JD	3T	179D	9F-3R	55.0		CHA
5320 4WD w/Cab	$41183	$15650	$18530	$24710	$28830	JD	3T	179D	12F-12R	55.0		CHA
5320N	$25041	$9520	$11270	$15030	$17530	JD	3T	179D	9F-3R	55.0		No
5320N w/Cab	$33870	$12870	$15240	$20320	$23710	JD	3T	179D	9F-3R	55.0		CHA
5320N 4WD	$31264	$11880	$14070	$18760	$21890	JD	3T	179D	9F-3R	55.0		No
5320N 4WD w/Cab	$40093	$15240	$18040	$24060	$28070	JD	3T	179D	9F-3R	55.0		CHA
5420	$27738	$10540	$12480	$16640	$19420	JD	4	276D	9F-3R	65.0		No
5420	$29946	$11380	$13480	$17970	$20960	JD	4	276D	12F-12R	65.0		No
5420 w/Cab	$36549	$13890	$16450	$21930	$25580	JD	4	276D	9F-3R	65.0		CHA
5420 w/Cab	$38757	$14730	$17440	$23250	$27130	JD	4	276D	12F-12R	65.0		CHA
5420 4WD	$33207	$12620	$14940	$19920	$23250	JD	4	276D	9F-3R	65.0		No
5420 4WD	$35415	$13460	$15940	$21250	$24790	JD	4	276D	12F-12R	65.0		No
5420 4WD w/Cab	$42018	$15970	$18910	$25210	$29410	JD	4	276D	9F-3R	65.0		CHA
5420 4WD w/Cab	$44226	$16810	$19900	$26540	$30960	JD	4	276D	12F-12R	65.0		CHA
5420N 4WD	$34061	$12940	$15330	$20440	$23840	JD	4	276D	9F-3R	65.0		No
5420N 4WD w/Cab	$42890	$16300	$19300	$25730	$30020	JD	4	276D	9F-3R	65.0		CHA
5420N	$27839	$10580	$12530	$16700	$19490	JD	4	276D	9F-3R	65.0		No
5420N w/Cab	$36667	$13930	$16500	$22000	$25670	JD	4	276D	9F-3R	65.0		CHA
5520	$30648	$11650	$13790	$18390	$21450	JD	4T	276D	9F-3R	75.0		No
5520	$32856	$12490	$14790	$19710	$23000	JD	4T	276D	12F-12R	75.0		No
5520 w/Cab	$39277	$14930	$17680	$23570	$27490	JD	4T	276D	9F-3R	75.0		CHA
5520 w/Cab	$41485	$15760	$18670	$24890	$29040	JD	4T	276D	12F-12R	75.0		CHA
5520 4WD	$36117	$13720	$16250	$21670	$25280	JD	4T	276D	9F-3R	75.0		No
5520 4WD	$38325	$14560	$17250	$23000	$26830	JD	4T	276D	12F-12R	75.0		No
5520 4WD w/Cab	$44746	$17000	$20140	$26850	$31320	JD	4T	276D	9F-3R	75.0		CHA
5520 4WD w/Cab	$46954	$17840	$21130	$28170	$32870	JD	4T	276D	12F-12R	75.0		CHA
5520N	$30153	$11460	$13570	$18090	$21110	JD	4T	276D	12F-12R	75.0		No
5520N w/Cab	$38982	$14810	$17540	$23390	$27290	JD	4T	276D	12F-12R	75.0		CHA
5520N 4WD	$36376	$13820	$16370	$21830	$25460	JD	4T	276D	12F-12R	75.0		No
5520N 4WD w/Cab	$45205	$17180	$20340	$27120	$31640	JD	4T	276D	12F-12R	75.0		CHA
5520 Hi-Clear	$41507	$15770	$18680	$24900	$29060	JD	4T	276D	9F-3R	75.0		No
5520 Hi-Clear 4WD	$43715	$16610	$19670	$26230	$30600	JD	4T	276D	9F-3R	75.0		No
6120	$31707	$12050	$14270	$19020	$22200	JD	4T	276D	12F-4R	65.0		No
6120	$34702	$13190	$15620	$20820	$24290	JD	4T	276D	16F-16R	65.0		No
6120 w/Cab	$40488	$15390	$18220	$24290	$28340	JD	4T	276D	12F-4R	65.0		CHA
6120 w/Cab	$43483	$16520	$19570	$26090	$30440	JD	4T	276D	16F-16R	65.0		CHA
6120 4WD	$39067	$14850	$17580	$23440	$27350	JD	4T	276D	12F-4R	65.0		No
6120 4WD	$42062	$15980	$18930	$25240	$29440	JD	4T	276D	16F-16R	65.0		No
6120 4WD w/Cab	$47848	$18180	$21530	$28710	$33490	JD	4T	276D	12F-4R	65.0		CHA
6120 4WD w/Cab	$50843	$19320	$22880	$30510	$35590	JD	4T	276D	16F-16R	65.0		CHA
6120L	$32025	$12170	$14410	$19220	$22420	JD	4T	276D	12F-4R	65.0		No
6120L	$35020	$13310	$15760	$21010	$24510	JD	4T	276D	16F-16R	65.0		No
6120L 4WD	$39385	$14970	$17720	$23630	$27570	JD	4T	276D	12F-4R	65.0		No
6120L 4WD	$42380	$16100	$19070	$25430	$29670	JD	4T	276D	16F-16R	65.0		No
6220	$33774	$12830	$15200	$20260	$23640	JD	4T	276D	12F-4R	72.0		No
6220	$36767	$13970	$16550	$22060	$25740	JD	4T	276D	16F-16R	72.0		No
6220 Hi-Clear 4WD	$44087	$16750	$19840	$26450	$30860	JD	4T	276D	12F-4R	72.0		No
6220 Hi-Clear 4WD	$47339	$17990	$21300	$28400	$33140	JD	4T	276D	16F-16R	72.0		No
6220 w/Cab	$43087	$16370	$19390	$25850	$30160	JD	4T	276D	12F-4R	72.0		CHA
6220 w/Cab	$46082	$17510	$20740	$27650	$32260	JD	4T	276D	16F-16R	72.0		CHA
6220 4WD	$41134	$15630	$18510	$24680	$28790	JD	4T	276D	12F-4R	72.0		No
6220 4WD	$44129	$16770	$19860	$26480	$30890	JD	4T	276D	16F-16R	72.0		No
6220 4WD w/Cab	$50447	$19170	$22700	$30270	$35310	JD	4T	276D	12F-4R	72.0		CHA
6220 4WD w/Cab	$53442	$20310	$24050	$32070	$37410	JD	4T	276D	16F-16R	72.0		CHA

	Approx. Retail Price New	Estimated Value Less Repairs: Used Trade In Avg.	Used Trade In High	Used Retail Avg.	Used Retail High	Make	Engine No. Cyls.	Engine Displ. Cu.-In.	No. Speeds	P.T.O. H.P.	Approx. Shipping Wt.-Lbs.	Cab

John Deere (Cont.)

2002 (Cont.)

Model	Approx. Retail Price New	Used Trade In Avg.	Used Trade In High	Used Retail Avg.	Used Retail High	Make	No. Cyls.	Displ. Cu.-In.	No. Speeds	P.T.O. H.P.	Approx. Shipping Wt.-Lbs.	Cab
6220L	$33918	$12890	$15260	**$20350**	**$23740**	JD	4T	276D	12F-4R	72.0		No
6220L	$36913	$14030	$16610	**$22150**	**$25840**	JD	4T	276D	16F-16R	72.0		No
6220L 4WD	$41278	$15690	$18580	**$24770**	**$28900**	JD	4T	276D	12F-4R	72.0		No
6220L 4WD	$44273	$16820	$19920	**$26560**	**$30990**	JD	4T	276D	16F-16R	72.0		No
6220 Hi-Clear	$36727	$13960	$16530	**$22040**	**$25710**	JD	4T	276D	12F-4R	72.0		No
6220 Hi-Clear	$39979	$15190	$17990	**$23990**	**$27990**	JD	4T	276D	16F-16R	72.0		No
6220 Hi-Clear	$38911	$14010	$17120	**$21400**	**$25290**	JD	4T	276D	12F-4R	72.0		No
6220 Hi-Clear	$42163	$15180	$18550	**$23190**	**$27410**	JD	4T	276D	16F-16R	72.0		No
6220 Hi-Clear	$45742	$16470	$20130	**$25160**	**$29730**	JD	4T	276D	12F-4R	72.0		CHA
6220 Hi-Clear	$48990	$17640	$21560	**$26950**	**$31840**	JD	4T	276D	16F-16R	72.0		CHA
6220 Hi-Clear 4WD	$46577	$16770	$20490	**$25620**	**$30280**	JD	4T	276D	12F-4R	72.0		No
6220 Hi-Clear 4WD	$49829	$17940	$21930	**$27410**	**$32390**	JD	4T	276D	16F-16R	72.0		No
6220 Hi-Clear 4WD	$53102	$19120	$23370	**$29210**	**$34520**	JD	4T	276D	12F-4R	72.0		CHA
6220 Hi-Clear 4WD	$56350	$20290	$24790	**$30990**	**$36630**	JD	4T	276D	16F-16R	72.0		CHA
6320	$36586	$13900	$16460	**$21950**	**$25610**	JD	4T	276D	12F-4R	80.0		No
6320	$39581	$15040	$17810	**$23750**	**$27710**	JD	4T	276D	16F-16R	80.0		No
6320 w/Cab	$45766	$17390	$20600	**$27460**	**$32040**	JD	4T	276D	12F-4R	80.0		CHA
6320 w/Cab	$48761	$18530	$21940	**$29260**	**$34130**	JD	4T	276D	16F-16R	80.0		CHA
6320 4WD	$44252	$16820	$19910	**$26550**	**$30980**	JD	4T	276D	12F-4R	80.0		No
6320 4WD	$47247	$17950	$21260	**$28350**	**$33070**	JD	4T	276D	16F-16R	80.0		No
6320 4WD w/Cab	$53432	$20300	$24040	**$32060**	**$37400**	JD	4T	276D	12F-4R	80.0		CHA
6320 4WD w/Cab	$56427	$21440	$25390	**$33860**	**$39500**	JD	4T	276D	16F-16R	80.0		CHA
6320L	$36118	$13730	$16250	**$21670**	**$25280**	JD	4T	276D	12F-4R	80.0		No
6320L	$39113	$14860	$17600	**$23470**	**$27380**	JD	4T	276D	16F-16R	80.0		No
6320L 4WD	$43918	$16690	$19760	**$26350**	**$30740**	JD	4T	276D	12F-4R	80.0		No
6320L 4WD	$46913	$17830	$21110	**$28150**	**$32840**	JD	4T	276D	16F-16R	80.0		No
6320L w/Cab	$53308	$20260	$23990	**$31990**	**$37320**	JD	4T	276D	12F-4R	80.0		CHA
6320L w/Cab	$56303	$21400	$25340	**$33780**	**$39410**	JD	4T	276D	16F-16R	80.0		CHA
6320L 4WD w/Cab	$60974	$23170	$27440	**$36580**	**$42680**	JD	4T	276D	12F-4R	80.0		CHA
6320L 4WD w/Cab	$63969	$24310	$28790	**$38380**	**$44780**	JD	4T	276D	16F-16R	80.0		CHA
6320 Hi-Clear	$48042	$18260	$21620	**$28830**	**$33630**	JD	4T	276D	12F-4R	80.0		CHA
6320 Hi-Clear 4WD	$55708	$21170	$25070	**$33430**	**$39000**	JD	4T	276D	12F-4R	80.0		CHA
6320 Hi-Clear	$51290	$19490	$23080	**$30770**	**$35900**	JD	4T	276D	16F-16R	80.0		CHA
6320 Hi-Clear 4WD	$58956	$22400	$26530	**$35370**	**$41270**	JD	4T	276D	16F-16R	80.0		CHA
6403	$30942	$11760	$13920	**$18570**	**$21660**	JD	4T	276D	9F-3R	85.0		No
6403 4WD	$38433	$14610	$17300	**$23060**	**$26900**	JD	4T	276D	9F-3R	85.0		No
6405	$34070	$12270	$14990	**$18740**	**$22150**	JD	4T	276D	12F-4R	85.0		No
6405	$35625	$12830	$15680	**$19590**	**$23160**	JD	4T	276D	16F-16R	85.0		No
6405 4WD	$41561	$14960	$18290	**$22860**	**$27020**	JD	4T	276D	12F-4R	85.0		No
6405 4WD	$43116	$15520	$18970	**$23710**	**$28030**	JD	4T	276D	16F-16R	85.0		No
6405 4WD w/Cab	$49866	$17950	$21940	**$27430**	**$32410**	JD	4T	276D	12F-4R	85.0		CHA
6405 4WD w/Cab	$51421	$18510	$22630	**$28280**	**$33420**	JD	4T	276D	16F-16R	85.0		CHA
6405 w/Cab	$42375	$15260	$18650	**$23310**	**$27540**	JD	4T	276D	12F-4R	85.0		CHA
6405 w/Cab	$43910	$15810	$19320	**$24150**	**$28540**	JD	4T	276D	16F-16R	85.0		CHA
6420	$38984	$14810	$17540	**$23390**	**$27290**	JD	4T	276D	16F-16R	90.0		No
6420 w/Cab	$48358	$18380	$21760	**$29020**	**$33850**	JD	4T	276D	12F-4R	90.0		CHA
6420 w/Cab	$51353	$19510	$23110	**$30810**	**$35950**	JD	4T	276D	16F-16R	90.0		CHA
6420 4WD	$46784	$17780	$21050	**$28070**	**$32750**	JD	4T	276D	12F-4R	90.0		No
6420 4WD	$49779	$18920	$22400	**$29870**	**$34850**	JD	4T	276D	16F-16R	90.0		No
6420 4WD w/Cab	$56158	$21340	$25270	**$33700**	**$39310**	JD	4T	276D	12F-4R	90.0		CHA
6420 4WD w/Cab	$59153	$22480	$26620	**$35490**	**$41410**	JD	4T	276D	16F-16R	90.0		CHA
6420L	$39536	$15020	$17790	**$23720**	**$27680**	JD	4T	276D	12F-4R	90.0		No
6420L	$42531	$16160	$19140	**$25520**	**$29770**	JD	4T	276D	16F-16R	90.0		No
6420L 4WD	$47336	$17990	$21300	**$28400**	**$33140**	JD	4T	276D	12F-4R	90.0		No
6420L 4WD	$50331	$19130	$22650	**$30200**	**$35230**	JD	4T	276D	16F-16R	90.0		No
6420L w/Cab	$56335	$21410	$25350	**$33800**	**$39440**	JD	4T	276D	12F-4R	90.0		CHA
6420L w/Cab	$59330	$22550	$26700	**$35600**	**$41530**	JD	4T	276D	16F-16R	90.0		CHA
6420L 4WD w/Cab	$64135	$24370	$28860	**$38480**	**$44900**	JD	4T	276D	12F-4R	90.0		CHA
6420L 4WD w/Cab	$67130	$25510	$30210	**$40280**	**$46990**	JD	4T	276D	16F-16R	90.0		CHA
6520L	$44809	$17030	$20160	**$26890**	**$31370**	JD	4T	276D	16F-16R	95.0		No
6520L 4WD	$52609	$19990	$23670	**$31570**	**$36830**	JD	4T	276D	16F-16R	95.0		No
6520L w/Cab	$58272	$22140	$26220	**$34960**	**$40790**	JD	4T	276D	12F-4R	95.0		CHA
6520L w/Cab	$61267	$23280	$27570	**$36760**	**$42890**	JD	4T	276D	16F-16R	95.0		CHA
6520L 4WD w/Cab	$66072	$25110	$29730	**$39640**	**$46250**	JD	4T	276D	12F-4R	95.0		CHA
6520L 4WD w/Cab	$69067	$26250	$31080	**$41440**	**$48350**	JD	4T	276D	16F-16R	95.0		CHA
6603	$34870	$13250	$15690	**$20920**	**$24410**	JD	6T	414D	9F-3R	95.0		No
6603 4WD	$45924	$17450	$20670	**$27550**	**$32150**	JD	6T	414D	9F-3R	95.0		No
6605	$38020	$13690	$16730	**$20910**	**$24710**	JD	6T	414D	12F-4R	95.0		No
6605	$39575	$14250	$17410	**$21770**	**$25720**	JD	6T	414D	16F-16R	95.0		No
6605 w/Cab	$46326	$16680	$20380	**$25480**	**$30110**	JD	6T	414D	12F-4R	95.0		CHA
6605 w/Cab	$47881	$17240	$21070	**$26340**	**$31120**	JD	6T	414D	16F-16R	95.0		CHA
6605 4WD	$45511	$16380	$20030	**$25030**	**$29580**	JD	6T	414D	12F-4R	95.0		No
6605 4WD	$47066	$16940	$20710	**$25890**	**$30590**	JD	6T	414D	16F-16R	95.0		No
6605 4WD w/Cab	$53817	$19370	$23680	**$29600**	**$34980**	JD	6T	414D	12F-4R	95.0		CHA
6605 4WD w/Cab	$55372	$19930	$24360	**$30460**	**$35990**	JD	6T	414D	16F-16R	95.0		CHA
7210	$56123	$21330	$25260	**$33670**	**$39290**	JD	6T	414D	16F-16R	95.0		CHA
7210 4WD	$64369	$24460	$28970	**$38620**	**$45060**	JD	6T	414D	16F-16R	95.0		CHA
7210HC	$55896	$21240	$25150	**$33540**	**$39130**	JD	6T	414D	16F-16R	95.0		No
7210HC w/Cab	$64412	$24480	$28990	**$38650**	**$45090**	JD	6T	414D	16F-16R	95.0		CHA
7210HC 4WD	$64142	$24370	$28860	**$38490**	**$44900**	JD	6T	414D	16F-16R	95.0		No
7210HC 4WD w/Cab	$72657	$27610	$32700	**$43590**	**$50860**	JD	6T	414D	16F-16R	95.0		CHA
7405	$44877	$16160	$19750	**$24680**	**$29170**	JD	6T	414D	16F-16R	105.0		No
7405 4WD	$52900	$19040	$23280	**$29100**	**$34390**	JD	6T	414D	16F-16R	105.0		No
7405HC 4WD	$56979	$20510	$25070	**$31340**	**$37040**	JD	6T	414D	16F-16R	105.0		No

John Deere (Cont.)

2002 (Cont.)

	Approx. Retail Price New	Estimated Value Less Repairs — Used Trade In Avg.	High	Used Retail Avg.	High	Engine Make	No. Cyls.	Displ. Cu.-In.	No. Speeds	P.T.O. H.P.	Approx. Shipping Wt.-Lbs.	Cab
7410	$60315	$22920	$27140	**$36190**	**$42220**	JD	6T	414D	16F-16R	105.0		CHA
7410 4WD	$68561	$26050	$30850	**$41140**	**$47990**	JD	6T	414D	16F-16R	105.0		CHA
7410HC	$60158	$22860	$27070	**$36100**	**$42110**	JD	6T	414D	16F-16R	105.0		No
7410HC w/Cab	$68674	$26100	$30900	**$41200**	**$48070**	JD	6T	414D	16F-16R	105.0		CHA
7410HC 4WD	$68404	$25990	$30780	**$41040**	**$47880**	JD	6T	414D	16F-16R	105.0		No
7410HC 4WD w/Cab	$76920	$29230	$34610	**$46150**	**$53840**	JD	6T	414D	16F-16R	105.0		CHA
7510 4WD	$73993	$28120	$33300	**$44400**	**$51800**	JD	6T	414D	16F-16R	115.0		CHA
7510 HC 4WD	$77842	$29580	$35030	**$46710**	**$54490**	JD	6T	414D	16F-16R	115.0		No
7510 HC 4WD	$86358	$32820	$38860	**$51820**	**$60450**	JD	6T	414D	16F-16R	115.0		CHA
7610	$68329	$25970	$30750	**$41000**	**$47830**	JD	6T	414D	16F-16R	120.0		CHA
7610 4WD	$79764	$30310	$35890	**$47860**	**$55840**	JD	6T	414D	16F-16R	120.0		CHA
7610 PS	$71987	$27360	$32390	**$43190**	**$50390**	JD	6T	414D	19F-7R	120.0		CHA
7610 PS 4WD	$83422	$31700	$37540	**$50050**	**$58400**	JD	6T	414D	19F-7R	120.0		CHA
7710	$76146	$28940	$34270	**$45690**	**$53300**	JD	6T	496D	16F-16R	135.0		CHA
7710 4WD	$87581	$33280	$39410	**$52550**	**$61310**	JD	6T	496D	16F-16R	135.0		CHA
7710 PS	$79804	$30330	$35910	**$47880**	**$55860**	JD	6T	496D	19F-7R	135.0		CHA
7710 PS 4WD	$91239	$34670	$41060	**$54740**	**$63870**	JD	6T	496D	19F-7R	135.0		CHA
7810	$80613	$30630	$36280	**$48370**	**$56430**	JD	6T	496D	16F-16R	150.0		CHA
7810 4WD	$92048	$34980	$41420	**$55230**	**$64430**	JD	6T	496D	16F-16R	150.0		CHA
7810 PS	$84271	$32020	$37920	**$50560**	**$58990**	JD	6T	496D	19F-7R	150.0		CHA
7810 PS WD	$95706	$36370	$43070	**$57420**	**$66990**	JD	6T	496D	19F-7R	150.0		CHA
8120	$99118	$35680	$43610	**$54520**	**$64430**	JD	6TA	496D	16F-4R	170.0		CHA
8120 4WD	$113346	$40810	$49870	**$62340**	**$73680**	JD	6TA	496D	16F-4R	170.0		CHA
8120T	$132898	$37210	$47840	**$62460**	**$75750**	JD	6TA	496D	16F-4R	170.0		CHA
8220	$109315	$39350	$48100	**$60120**	**$71060**	JD	6TA	496D	16F-4R	190.0		CHA
8220 4WD	$126544	$45560	$55680	**$69600**	**$82250**	JD	6TA	496D	16F-4R	190.0		CHA
8220T	$143246	$40110	$51570	**$67330**	**$81650**	JD	6TA	496D	16F-4R	190.0		CHA
8320 4WD	$134637	$48470	$59240	**$74050**	**$87510**	JD	6TA	496D	16F-4R	215.0		CHA
8320T	$153904	$43090	$55410	**$72340**	**$87730**	JD	6TA	496D	16F-4R	215.0		CHA
8420 4WD	$148168	$47410	$59270	**$77050**	**$90380**	JD	6TA	496D	16F-4R	235.0		CHA
8420T	$162547	$45510	$58520	**$76400**	**$92650**	JD	6TA	496D	16F-4R	235.0		CHA
8520	$170308	$54500	$68120	**$88560**	**$103890**	JD	6TA	496D	16F-4R	255.0		CHA
8520T	$173026	$48450	$62290	**$81320**	**$98630**	JD	6TA	496D	16F-4R	255.0		CHA
9120	$123166	$34490	$44340	**$57890**	**$70210**	JD	6TA	496D	12F-3R	280*		CHA
9120 w/3-Pt.	$134368	$37620	$48370	**$63150**	**$76590**	JD	6TA	496D	12F-3R	280*		CHA
9120	$130074	$36420	$46830	**$61140**	**$74140**	JD	6TA	496D	24F-6R	280*		CHA
9120 PS	$137724	$38560	$49580	**$64730**	**$78500**	JD	6TA	496D	18F-6R	280*		CHA
9120 PS w/3-Pt.	$148926	$41700	$53610	**$70000**	**$84890**	JD	6TA	496D	18F-6R	280*		CHA
9120 w/3-Pt.	$141276	$39560	$50860	**$66400**	**$80530**	JD	6TA	496D	24F-6R	280*		CHA
9220	$150420	$42120	$54150	**$70700**	**$85740**	JD	6TA	643D	12F-3R	325*		CHA
9220 w/3-Pt.	$162065	$45380	$58340	**$76170**	**$92380**	JD	6TA	643D	12F-3R	325*		CHA
9220	$155720	$43600	$56060	**$73190**	**$88760**	JD	6TA	643D	24F-6R	325*		CHA
9220 w/3-Pt.	$167365	$46200	$59400	**$77550**	**$94050**	JD	6TA	643D	24F-6R	325*		CHA
9220 PS	$163370	$45080	$57960	**$75670**	**$91770**	JD	6TA	643D	18F-6R	325*		CHA
9220 PS w/3-Pt.	$175015	$48440	$62280	**$81310**	**$98610**	JD	6TA	643D	18F-6R	325*		CHA
9320	$172293	$47600	$61200	**$79900**	**$96900**	JD	6TA	765D	12F-3R	375*		CHA
9320 w/3-Pt.	$183938	$50400	$64800	**$84600**	**$102600**	JD	6TA	765D	12F-3R	375*		CHA
9320	$177593	$48720	$62640	**$81780**	**$99180**	JD	6TA	765D	24F-6R	375*		CHA
9320 w/3-Pt.	$189238	$52080	$66960	**$87420**	**$106020**	JD	6TA	765D	24F-6R	375*		CHA
9320 PS	$185353	$50960	$65520	**$85540**	**$103740**	JD	6TA	765D	18F-6R	375*		CHA
9320 PS w/3-Pt.	$196998	$54040	$69480	**$90710**	**$110010**	JD	6TA	765D	18F-6R	375*		CHA
9320T	$194105	$53480	$68760	**$89770**	**$108870**	JD	6TA	765D	24F-6R	375*		CHA
9320T PS	$201755	$55440	$71280	**$93060**	**$112860**	JD	6TA	765D	18F-6R	375*		CHA
9420	$188108	$51800	$66600	**$86950**	**$105450**	JD	6TA	765D	12F-3R	425*		CHA
9420 w/3-Pt.	$200665	$55160	$70920	**$92590**	**$112290**	JD	6TA	765D	12F-3R	425*		CHA
9420	$193408	$53200	$68400	**$89300**	**$108300**	JD	6TA	765D	24F-6R	425*		CHA
9420 w/3-Pt.	$205965	$56280	$72360	**$94470**	**$114570**	JD	6TA	765D	24F-6R	425*		CHA
9420 PS w/3-Pt.	$213615	$55720	$71640	**$93530**	**$113430**	JD	6TA	765D	18F-6R	425*		CHA
9420 PS	$201058	$55160	$70920	**$92590**	**$112290**	JD	6TA	765D	18F-6R	425*		CHA
9420T	$213090	$56000	$72000	**$94000**	**$114000**	JD	6TA	765D	24F-6R	425*		CHA
9420T PS	$220740	$60480	$77760	**$101520**	**$123120**	JD	6TA	765D	18F-6R	425*		CHA
9420T w/3-Pt.	$224292	$61600	$79200	**$103400**	**$125400**	JD	6TA	765D	24F-6R	425*		CHA
9420T PS w/3-Pt.	$231942	$63560	$81720	**$106690**	**$129390**	JD	6TA	765D	18F-6R	425*		CHA
9520 PS	$208946	$57120	$73440	**$95880**	**$116280**	JD	6TA	765D	18F-6R	450*		CHA
9520T PS	$226059	$62160	$79920	**$104340**	**$126540**	JD	6TA	765D	18F-6R	450*		CHA

HC--High Clearance L--Low Profile N--Narrow PS--Power Shift T--Tracks
***Engine Horsepower**

2001

	Approx. Retail Price New	Used Trade In Avg.	High	Used Retail Avg.	High	Engine Make	No. Cyls.	Displ. Cu.-In.	No. Speeds	P.T.O. H.P.	Approx. Shipping Wt.-Lbs.	Cab
790	$10829	$4010	$4770	**$6280**	**$7470**	Yanmar	3	91D	8F-2R	25.0	1967	No
790 4WD	$11579	$4280	$5100	**$6720**	**$7990**	Yanmar	3	91D	8F-2R	25.0	2142	No
990	$13399	$4960	$5900	**$7770**	**$9250**	Yanmar	4	121D	9F-3R	35.0	2954	No
990 4WD	$16069	$5950	$7070	**$9320**	**$11090**	Yanmar	4	121D	9F-3R	35.0	2954	No
4100 4WD	$13150	$4870	$5790	**$7630**	**$9070**	Yanmar	3	61D	8F-4R	17.0	1708	No
4100 4WD Hydro	$14850	$5500	$6530	**$8610**	**$10250**	Yanmar	3	61D	Variable	16.0	1808	No
4100 Narrow	$13850	$5130	$6090	**$8030**	**$9560**	Yanmar	3	61D	8F-2R	16.0	1699	No
4200	$14575	$5390	$6410	**$8450**	**$10060**	Yanmar	3	73D	9F-3R	21.5	2375	No
4200 Hydro	$16415	$6070	$7220	**$9520**	**$11330**	Yanmar	3	73D	Variable	20.0	2600	No
4200 4WD	$15685	$5800	$6900	**$9100**	**$10820**	Yanmar	3	73D	9F-3R	21.5	2675	No
4200 4WD Hydro	$17725	$6560	$7800	**$10280**	**$12230**	Yanmar	3	73D	Variable	20.0	2903	No
4300	$16050	$5940	$7060	**$9310**	**$11080**	Yanmar	3	91D	9F-3R	27.0	2600	No
4300 Hydro	$18055	$6680	$7940	**$10470**	**$12460**	Yanmar	3	91D	Variable	25.5	2800	No
4300 4WD	$17358	$6420	$7640	**$10070**	**$11980**	Yanmar	3	91D	9F-3R	27.0	2900	No
4300 4WD	$18450	$6830	$8120	**$10700**	**$12730**	Yanmar	3	91D	12F-12R	27.0	2846	No

John Deere (Cont.)

2001 (Cont.)

	Approx. Retail Price New	Estimated Value Less Repairs: Used Trade In Avg.	Used Trade In High	Used Retail Avg.	Used Retail High	Engine Make	Engine No. Cyls.	Engine Displ. Cu.-In.	No. Speeds	P.T.O. H.P.	Approx. Shipping Wt.-Lbs.	Cab
4300 4WD Hydro	$19360	$7160	$8520	$11230	$13360	Yanmar	3	91D	Variable	25.5	2921	No
4400 4WD	$19475	$7210	$8570	$11300	$13440	Yanmar	3	100D	12F-12R	29.5	2900	No
4400 4WD Hydro	$21220	$7850	$9340	$12310	$14640	Yanmar	3	100D	Variable	28.5	2922	No
4500	$17325	$6410	$7620	$10050	$11950	Yanmar	4	121D	9F-3R	33.0	3150	No
4500 4WD	$21640	$8010	$9520	$12550	$14930	Yanmar	4	121D	12F-12R	33.0	3345	No
4600	$18725	$6930	$8240	$10860	$12920	Yanmar	4	121D	9F-3R	36.0	3150	No
4600 4WD	$23455	$8680	$10320	$13600	$16180	Yanmar	4	121D	12F-12R	36.0	3340	No
4600 4WD Hydro	$25070	$9280	$11030	$14540	$17300	Yanmar	4	121D	Variable	34.5	3348	No
4700 4WD	$24890	$9210	$10950	$14440	$17170	Yanmar	4	134D	12F-12R	41.5	3360	No
4700 4WD Hydro	$26475	$9800	$11650	$15360	$18270	Yanmar	4	134D	Variable	40.0	3348	No
5105	$18657	$6900	$8210	$10820	$12870	JD	3	179D	8F-4R	40.0		No
5105 4WD	$23205	$8590	$10210	$13460	$16010	JD	3	179D	8F-4R	40.0		No
5205	$20187	$7470	$8880	$11710	$13930	JD	3	179D	8F-4R	48.0		No
5205 4WD	$24732	$9150	$10880	$14350	$17070	JD	3	179D	8F-4R	48.0		No
5210	$21795	$8060	$9590	$12640	$15040	JD	3	179D	9F-3R	45.0		No
5210	$24637	$9120	$10840	$14290	$17000	JD	3	179D	12F-12R	45.0		No
5210 w/Cab	$30346	$11230	$13350	$17600	$20940	JD	3	179D	9F-3R	45.0		CHA
5210 4WD	$26916	$9960	$11840	$15610	$18570	JD	3	179D	9F-3R	45.0		No
5210 4WD	$29758	$11010	$13090	$17260	$20530	JD	3	179D	12F-12R	45.0		No
5210 w/Cab	$33188	$12280	$14600	$19250	$22900	JD	3	179D	12F-12R	45.0		CHA
5210 4WD w/Cab	$35467	$13120	$15610	$20570	$24470	JD	3	179D	9F-3R	45.0		CHA
5210 4WD w/Cab	$38303	$14170	$16850	$22220	$26430	JD	3	179D	12F-12R	45.0		CHA
5310	$24750	$9160	$10890	$14360	$17080	JD	3T	179D	9F-3R	55.0		No
5310	$27592	$10210	$12140	$16000	$19040	JD	3T	179D	12F-12R	55.0		No
5310 w/Cab	$33300	$12320	$14650	$19310	$22980	JD	3T	179D	9F-3R	55.0		CHA
5310 w/Cab	$36142	$13370	$15900	$20960	$24940	JD	3T	179D	12F-12R	55.0		CHA
5310 4WD	$30059	$11120	$13230	$17430	$20740	JD	3T	179D	9F-3R	55.0		No
5310 4WD	$32900	$12170	$14480	$19080	$22700	JD	3T	179D	12F-12R	55.0		No
5310 4WD w/Cab	$38610	$14290	$16990	$22390	$26640	JD	3T	179D	9F-3R	55.0		CHA
5310 4WD w/Cab	$41452	$15340	$18240	$24040	$28600	JD	3T	179D	12F-12R	55.0		CHA
5320N	$24794	$9170	$10910	$14380	$17110	JD	3T	179D	9F-3R	55.0		No
5320N w/Cab	$33493	$12390	$14740	$19430	$23110	JD	3T	179D	9F-3R	55.0		CHA
5320N 4WD	$30807	$11400	$13560	$17870	$21260	JD	3T	179D	9F-3R	55.0		No
5320N 4WD w/Cab	$39506	$14620	$17380	$22910	$27260	JD	3T	179D	9F-3R	55.0		CHA
5410	$27532	$10190	$12110	$15970	$19000	JD	4	276D	9F-3R	65.0		No
5410	$30374	$11240	$13370	$17620	$20960	JD	4	276D	12F-12R	65.0		No
5410 w/Cab	$36083	$13350	$15880	$20930	$24900	JD	4	276D	9F-3R	65.0		CHA
5410 w/Cab	$38925	$14400	$17130	$22580	$26860	JD	4	276D	12F-12R	65.0		CHA
5410 4WD	$32895	$12170	$14470	$19080	$22700	JD	4	276D	9F-3R	65.0		No
5410 4WD	$35737	$13220	$15720	$20730	$24660	JD	4	276D	12F-12R	65.0		No
5410 4WD w/Cab	$41446	$15340	$18240	$24040	$28600	JD	4	276D	9F-3R	65.0		CHA
5410 4WD w/Cab	$44288	$16390	$19490	$25690	$30560	JD	4	276D	12F-12R	65.0		CHA
5510	$30214	$11180	$13290	$17520	$20850	JD	4T	276D	9F-3R	75.0		No
5510	$33050	$12230	$14540	$19170	$22810	JD	4T	276D	12F-12R	75.0		No
5510 w/Cab	$38765	$14340	$17060	$22480	$26750	JD	4T	276D	9F-3R	75.0		CHA
5510 w/Cab	$41607	$15400	$18310	$24130	$28710	JD	4T	276D	12F-12R	75.0		CHA
5510 4WD	$35508	$13140	$15620	$20600	$24500	JD	4T	276D	9F-3R	75.0		No
5510 4WD	$38430	$14220	$16910	$22290	$26520	JD	4T	276D	12F-12R	75.0		No
5510 4WD w/Cab	$44139	$16330	$19420	$25600	$30460	JD	4T	276D	9F-3R	75.0		CHA
5510 4WD w/Cab	$46981	$17380	$20670	$27250	$32420	JD	4T	276D	12F-12R	75.0		CHA
5520N	$29708	$10990	$13070	$17230	$20500	JD	4T	276D	12F-12R	75.0		No
5520N w/Cab	$38407	$14210	$16900	$22280	$26500	JD	4T	276D	12F-12R	75.0		CHA
5520N 4WD	$35839	$13260	$15770	$20790	$24730	JD	4T	276D	12F-12R	75.0		No
5520N 4WD w/Cab	$44538	$16480	$19600	$25830	$30730	JD	4T	276D	12F-12R	75.0		CHA
6110	$31881	$11800	$14030	$18490	$22000	JD	4T	276D	12F-4R	65.0		No
6110	$35084	$12980	$15440	$20350	$24210	JD	4T	276D	16F-16R	65.0		No
6110 w/Cab	$40533	$15000	$17840	$23510	$27970	JD	4T	276D	12F-4R	65.0		CHA
6110 w/Cab	$43736	$16180	$19240	$25370	$30180	JD	4T	276D	16F-16R	65.0		CHA
6110 4WD	$39132	$14480	$17220	$22700	$27000	JD	4T	276D	12F-4R	65.0		No
6110 4WD	$42335	$15660	$18630	$24550	$29210	JD	4T	276D	16F-16R	65.0		No
6110 4WD w/Cab	$47784	$17680	$21030	$27720	$32970	JD	4T	276D	12F-4R	65.0		CHA
6110 4WD w/Cab	$50987	$18870	$22430	$29570	$35180	JD	4T	276D	16F-16R	65.0		CHA
6110L	$32678	$12090	$14380	$18950	$22550	JD	4T	276D	12F-4R	65.0		No
6110L	$36909	$13660	$16240	$21410	$25470	JD	4T	276D	16F-16R	65.0		No
6110L 4WD	$39929	$14770	$17570	$23160	$27550	JD	4T	276D	12F-4R	65.0		No
6110L 4WD	$44160	$16340	$19430	$25610	$30470	JD	4T	276D	16F-16R	65.0		No
6210	$33799	$12510	$14870	$19600	$23320	JD	4T	276D	12F-4R	72.0		No
6210	$37000	$13690	$16280	$21460	$25530	JD	4T	276D	16F-16R	72.0		No
6210 w/Cab	$43247	$16000	$19030	$25080	$29840	JD	4T	276D	12F-4R	72.0		CHA
6210 w/Cab	$46450	$17190	$20440	$26940	$32050	JD	4T	276D	16F-16R	72.0		CHA
6210 4WD	$41050	$15190	$18060	$23810	$28330	JD	4T	276D	12F-4R	72.0		No
6210 4WD	$44253	$16370	$19470	$25670	$30540	JD	4T	276D	16F-16R	72.0		No
6210 4WD w/Cab	$50498	$18680	$22220	$29290	$34840	JD	4T	276D	12F-4R	72.0		CHA
6210 4WD w/Cab	$53200	$19680	$23410	$30860	$36710	JD	4T	276D	16F-16R	72.0		CHA
6210L	$34543	$12780	$15200	$20040	$23840	JD	4T	276D	12F-4R	72.0		No
6210L	$38774	$14350	$17060	$22490	$26750	JD	4T	276D	16F-16R	72.0		No
6210L 4WD	$41794	$15460	$18390	$24240	$28840	JD	4T	276D	12F-4R	72.0		No
6210L 4WD	$46025	$17030	$20250	$26700	$31760	JD	4T	276D	16F-16R	72.0		No
6310	$36438	$13480	$16030	$21130	$25140	JD	4T	276D	12F-4R	80.0		No
6310	$39641	$14670	$17440	$22990	$27350	JD	4T	276D	16F-16R	80.0		No
6310 w/Cab	$45886	$16980	$20190	$26610	$31660	JD	4T	276D	12F-4R	80.0		CHA
6310 w/Cab	$49089	$18160	$21600	$28470	$33870	JD	4T	276D	16F-16R	80.0		CHA
6310 4WD	$43991	$16280	$19360	$25520	$30350	JD	4T	276D	12F-4R	80.0		No
6310 4WD	$47194	$17460	$20770	$27370	$32560	JD	4T	276D	16F-16R	80.0		No

John Deere (Cont.)

2001 (Cont.)

Model	Approx. Retail Price New	Estimated Value Less Repairs: Used Trade In Avg.	Used Trade In High	Used Retail Avg.	Used Retail High	Engine Make	Engine No. Cyls.	Engine Displ. Cu.-In.	No. Speeds	P.T.O. H.P.	Approx. Shipping Wt.-Lbs.	Cab
6310 4WD w/Cab	$53439	$19770	$23510	**$31000**	**$36870**	JD	4T	276D	12F-4R	80.0		CHA
6310 4WD w/Cab	$56642	$20960	$24920	**$32850**	**$39080**	JD	4T	276D	16F-16R	80.0		CHA
6310L	$36710	$13580	$16150	**$21290**	**$25330**	JD	4T	276D	12F-4R	80.0		No
6310L	$39913	$14770	$17560	**$23150**	**$27540**	JD	4T	276D	16F-16R	80.0		No
6310L 4WD	$44395	$16430	$19530	**$25750**	**$30630**	JD	4T	276D	12F-4R	80.0		No
6310L 4WD	$47598	$17610	$20940	**$27610**	**$32840**	JD	4T	276D	16F-16R	80.0		No
6310S	$53045	$19630	$23340	**$30770**	**$36600**	JD	4T	276D	12F-4R	80.0		CHA
6310S	$56248	$20810	$24750	**$32620**	**$38810**	JD	4T	276D	16F-16R	80.0		CHA
6310S 4WD	$60598	$22420	$26660	**$35150**	**$41810**	JD	4T	276D	12F-4R	80.0		CHA
6310S 4WD	$63801	$23610	$28070	**$37010**	**$44020**	JD	4T	276D	16F-16R	80.0		CHA
6405	$33567	$11750	$14100	**$18130**	**$21480**	JD	4T	276D	12F-4R	85.0		No
6405 4WD	$41749	$14610	$17540	**$22540**	**$26720**	JD	4T	276D	12F-4R	85.0		No
6405 4WD	$41749	$14610	$17540	**$22540**	**$26720**	JD	4T	276D	12F-4R	85.0		CHA
6405 4WD w/Cab	$49129	$17200	$20630	**$26530**	**$31440**	JD	4T	276D	12F-4R	85.0		CHA
6410	$38291	$14170	$16850	**$22210**	**$26420**	JD	4T	276D	12F-4R	90.0		No
6410	$41494	$15350	$18260	**$24070**	**$28630**	JD	4T	276D	16F-16R	90.0		No
6410 w/Cab	$48286	$17870	$21250	**$28010**	**$33320**	JD	4T	276D	12F-4R	90.0		CHA
6410 w/Cab	$51489	$19050	$22660	**$29860**	**$35530**	JD	4T	276D	16F-16R	90.0		CHA
6410 4WD	$45976	$17010	$20230	**$26670**	**$31720**	JD	4T	276D	12F-4R	90.0		No
6410 4WD	$49179	$18200	$21640	**$28520**	**$33930**	JD	4T	276D	16F-16R	90.0		No
6410 4WD w/Cab	$55971	$20710	$24630	**$32460**	**$38620**	JD	4T	276D	12F-4R	90.0		CHA
6410 4WD w/Cab	$59174	$21890	$26040	**$34320**	**$40830**	JD	4T	276D	16F-16R	90.0		CHA
6410L	$39554	$14640	$17400	**$22940**	**$27290**	JD	4T	276D	12F-4R	90.0		No
6410L	$43785	$16200	$19270	**$25400**	**$30210**	JD	4T	276D	16F-16R	90.0		No
6410L 4WD	$47239	$17480	$20790	**$27400**	**$32600**	JD	4T	276D	12F-4R	90.0		No
6410L 4WD	$51470	$19040	$22650	**$29850**	**$35510**	JD	4T	276D	16F-16R	90.0		No
6410S	$55500	$20540	$24420	**$32190**	**$38300**	JD	4T	276D	12F-4R	90.0		CHA
6410S	$58705	$21720	$25830	**$34050**	**$40510**	JD	4T	276D	16F-16R	90.0		CHA
6410S 4WD	$63187	$23380	$27800	**$36650**	**$43600**	JD	4T	276D	12F-4R	90.0		CHA
6410S 4WD	$66390	$24560	$29210	**$38510**	**$45810**	JD	4T	276D	16F-16R	90.0		CHA
6510L	$44147	$16330	$19430	**$25610**	**$30460**	JD	4T	276D	16F-16R	95.0		No
6510L 4WD	$51832	$19180	$22810	**$30060**	**$35760**	JD	4T	276D	16F-16R	95.0		No
6510S	$57411	$21240	$25260	**$33300**	**$39610**	JD	4T	276D	12F-4R	95.0		CHA
6510S	$60614	$22430	$26670	**$35160**	**$41820**	JD	4T	276D	16F-16R	95.0		CHA
6510S 4WD	$65096	$24090	$28640	**$37760**	**$44920**	JD	4T	276D	12F-4R	95.0		CHA
6510S 4WD	$68299	$25270	$30050	**$39610**	**$47130**	JD	4T	276D	16F-16R	95.0		CHA
6605	$38215	$13380	$16050	**$20640**	**$24460**	JD	6T	414D	12F-4R	95.0		No
6605 w/Cab	$46397	$16240	$19490	**$25050**	**$29690**	JD	6T	414D	12F-4R	95.0		CHA
6605 4WD	$45595	$15960	$19150	**$24620**	**$29180**	JD	6T	414D	12F-4R	95.0		No
6605 4WD w/Cab	$53777	$18820	$22590	**$29040**	**$34420**	JD	6T	414D	12F-4R	95.0		CHA
7210	$56604	$20940	$24910	**$32830**	**$39060**	JD	6T	414D	12F-4R	95.0		CHA
7210 4WD	$64850	$24000	$28530	**$37610**	**$44750**	JD	6T	414D	12F-4R	95.0		CHA
7210HC	$55070	$20380	$24230	**$31940**	**$38000**	JD	6T	414D	12F-4R	95.0		No
7210HC w/Cab	$63460	$23480	$27920	**$36810**	**$43790**	JD	6T	414D	12F-4R	95.0		CHA
7210HC 4WD	$63316	$23430	$27860	**$36720**	**$43690**	JD	6T	414D	12F-4R	95.0		No
7210HC 4WD w/Cab	$71706	$26530	$31550	**$41590**	**$49480**	JD	6T	414D	12F-4R	95.0		CHA
7405	$44214	$15480	$18570	**$23880**	**$28300**	JD	6T	414D	16F-16R	105.0		No
7405 4WD	$52128	$18250	$21890	**$28150**	**$33360**	JD	6T	414D	16F-16R	105.0		No
7405HC 4WD	$56137	$19650	$23580	**$30310**	**$35930**	JD	6T	414D	16F-16R	105.0		No
7410	$60971	$22560	$26830	**$35360**	**$42070**	JD	6T	414D	16F-16R	105.0		CHA
7410 4WD	$69217	$25610	$30460	**$40150**	**$47760**	JD	6T	414D	16F-16R	105.0		CHA
7410HC	$60337	$22330	$26550	**$35000**	**$41630**	JD	6T	414D	16F-16R	105.0		No
7410HC w/Cab	$68727	$25430	$30240	**$39860**	**$47420**	JD	6T	414D	16F-16R	105.0		CHA
7410HC 4WD	$68583	$25380	$30180	**$39780**	**$47320**	JD	6T	414D	16F-16R	105.0		No
7410HC 4WD w/Cab	$76973	$28480	$33870	**$44640**	**$53110**	JD	6T	414D	16F-16R	105.0		CHA
7510 4WD	$74208	$27460	$32650	**$43040**	**$51200**	JD	6T	414D	16F-16R	115.0		CHA
7510 HC 4WD	$77523	$28680	$34110	**$44960**	**$53490**	JD	6T	414D	16F-16R	115.0		No
7510 HC 4WD	$85913	$31790	$37800	**$49830**	**$59280**	JD	6T	414D	16F-16R	115.0		CHA
7610	$68629	$25390	$30200	**$39810**	**$47350**	JD	6T	414D	16F-16R	120.0		CHA
7610 4WD	$79895	$29560	$35150	**$46340**	**$55130**	JD	6T	414D	16F-16R	120.0		CHA
7610 PS	$72180	$26710	$31760	**$41860**	**$49800**	JD	6T	414D	19F-7R	120.0		CHA
7610 PS 4WD	$83446	$30880	$36720	**$48400**	**$57580**	JD	6T	414D	19F-7R	120.0		CHA
7710	$76330	$28240	$33590	**$44270**	**$52670**	JD	6T	496D	16F-12R	135.0		CHA
7710 4WD	$87596	$32410	$38540	**$50810**	**$60440**	JD	6T	496D	16F-12R	135.0		CHA
7710 PS	$79881	$29560	$35150	**$46330**	**$55120**	JD	6T	496D	19F-7R	135.0		CHA
7710 PS 4WD	$91147	$33720	$40110	**$52870**	**$62890**	JD	6T	496D	19F-7R	135.0		CHA
7810	$80731	$29870	$35520	**$46820**	**$55700**	JD	6T	496D	16F-12R	135.0		CHA
7810 4WD	$91997	$34040	$40480	**$53360**	**$63480**	JD	6T	496D	16F-12R	150.0		CHA
7810 PS	$84281	$31180	$37080	**$48880**	**$58150**	JD	6T	496D	19F-7R	150.0		CHA
7810 PS 4WD	$95548	$35350	$42040	**$55420**	**$65930**	JD	6T	496D	19F-7R	150.0		CHA
8110	$90710	$31750	$38100	**$48980**	**$58050**	JD	6TA	496D	16F-4R	165.0		CHA
8110 4WD	$105086	$36780	$44140	**$56750**	**$67260**	JD	6TA	496D	16F-4R	165.0		CHA
8110T	$127195	$33070	$43250	**$57240**	**$69960**	JD	6TA	496D	16F-4R	165.0		CHA
8210	$107136	$37500	$45000	**$57850**	**$68570**	JD	6TA	496D	16F-4R	185.0		CHA
8210 4WD	$124118	$43440	$52130	**$67020**	**$79440**	JD	6TA	496D	16F-4R	185.0		CHA
8210T	$137330	$35710	$46690	**$61800**	**$75530**	JD	6TA	496D	16F-4R	185.0		CHA
8310 4WD	$132905	$46520	$55820	**$71770**	**$85060**	JD	6TA	496D	16F-4R	205.0		CHA
8310T	$147074	$38240	$50010	**$66180**	**$80890**	JD	6TA	496D	16F-4R	205.0		CHA
8410 4WD	$146362	$43910	$55620	**$73180**	**$86350**	JD	6TA	496D	16F-4R	235.0		CHA
8410T	$154588	$40190	$52560	**$69570**	**$85020**	JD	6TA	496D	16F-4R	235.0		CHA
9100	$113083	$33930	$42970	**$56540**	**$66720**	JD	6TA	496D	12F-3R	260*		CHA
9100 w/3-Pt.	$122612	$36780	$46590	**$61310**	**$72340**	JD	6TA	496D	12F-3R	260*		CHA
9100	$118180	$35450	$44910	**$59090**	**$69730**	JD	6TA	496D	24F-6R	260*		CHA
9100 w/3-Pt.	$127209	$38160	$48340	**$63610**	**$75050**	JD	6TA	496D	24F-6R	260*		CHA

John Deere (Cont.)

2001 (Cont.)

Model	Approx. Retail Price New	Used Trade In Avg.	Used Trade In High	Used Retail Avg.	Used Retail High	Engine Make	Engine No. Cyls.	Engine Displ. Cu.-In.	No. Speeds	P.T.O. H.P.	Approx. Shipping Wt.-Lbs.	Cab
9200	$135959	$40790	$51660	**$67980**	**$80220**	JD	6TA	643D	12F-3R	310*		CHA
9200 w/3-Pt.	$144934	$43480	$55080	**$72470**	**$85510**	JD	6TA	643D	12F-3R	310*		CHA
9200	$141056	$42320	$53600	**$70530**	**$83220**	JD	6TA	643D	24F-6R	310*		CHA
9200 w/3-Pt.	$150031	$45010	$57010	**$75020**	**$88520**	JD	6TA	643D	24F-6R	310*		CHA
9200 PS	$153797	$46140	$58440	**$76900**	**$90740**	JD	6TA	643D	12F-2R	310*		CHA
9200 PS w/3-Pt.	$162772	$48000	$60800	**$80000**	**$94400**	JD	6TA	643D	12F-2R	310*		CHA
9300	$158296	$41160	$53820	**$71230**	**$87060**	JD	6TA	765D	12F-3R	360*		CHA
9300 w/3-Pt.	$167183	$43470	$56840	**$75230**	**$91950**	JD	6TA	765D	12F-3R	360*		CHA
9300	$163393	$42480	$55550	**$73530**	**$89870**	JD	6TA	765D	24F-6R	360*		CHA
9300 w/3-Pt.	$172280	$44790	$58580	**$77530**	**$94750**	JD	6TA	765D	24F-6R	360*		CHA
9300 PS	$176134	$45800	$59890	**$79260**	**$96870**	JD	6TA	765D	12F-2R	360*		CHA
9300 PS w/3-Pt.	$185021	$46800	$61200	**$81000**	**$99000**	JD	6TA	765D	12F-2R	360*		CHA
9400	$176208	$45500	$59500	**$78750**	**$96250**	JD	6TA	765D	12F-3R	425*		CHA
9400 w/3-Pt.	$191517	$48100	$62900	**$83250**	**$101750**	JD	6TA	765D	12F-3R	425*		CHA
9400	$181305	$46280	$60520	**$80100**	**$97900**	JD	6TA	765D	24F-6R	425*		CHA
9400 w/3-Pt.	$196614	$49400	$64600	**$85500**	**$104500**	JD	6TA	765D	24F-24R	425*		CHA
9400 PS	$194046	$48880	$63920	**$84600**	**$103400**	JD	6TA	765D	12F-2R	425*		CHA
9400 PS w/3-Pt.	$209355	$52260	$68340	**$90450**	**$110550**	JD	6TA	765D	12F-2R	425*		CHA
9400T	$207141	$53040	$69360	**$91800**	**$112200**	JD	6TA	765D	24F-6R	425*		CHA
9400T w/3-Pt.	$219573	$54860	$71740	**$94950**	**$116050**	JD	6TA	765D	24F-6R	425*		CHA

HC--High Clearance L--Low Profile S--Low Clearance PS--Power Shift
***Engine Horsepower**

2000

Model	Approx. Retail Price New	Used Trade In Avg.	Used Trade In High	Used Retail Avg.	Used Retail High	Engine Make	Engine No. Cyls.	Engine Displ. Cu.-In.	No. Speeds	P.T.O. H.P.	Approx. Shipping Wt.-Lbs.	Cab
790	$10830	$3900	$4660	**$6070**	**$7360**	Yanmar	3	91D	8F-2R	25.0		No
790 4WD	$11575	$4170	$4980	**$6480**	**$7870**	Yanmar	3	91D	8F-2R	25.0		No
990	$13289	$4780	$5710	**$7440**	**$9040**	Yanmar	4	121D	9F-3R	35.0	2954	No
990 4WD	$15995	$5760	$6880	**$8960**	**$10880**	Yanmar	4	121D	9F-3R	35.0	2954	No
4100 4WD	$13350	$4810	$5740	**$7480**	**$9080**	Yanmar	3	61D	8F-4R	17.0		No
4100 4WD Hydro	$15000	$5400	$6450	**$8400**	**$10200**	Yanmar	3	61D	Variable	16.0		No
4200	$14470	$5210	$6220	**$8100**	**$9840**	Yanmar	3	73D	9F-3R	21.5		No
4200 Hydro	$16245	$5850	$6990	**$9100**	**$11050**	Yanmar	3	73D	Variable	20.0		No
4200 4WD	$15670	$5640	$6740	**$8780**	**$10660**	Yanmar	3	73D	9F-3R	21.5		No
4200 4WD Hydro	$17445	$6280	$7500	**$9770**	**$11860**	Yanmar	3	73D	Variable	20.0		No
4300	$15930	$5740	$6850	**$8920**	**$10830**	Yanmar	3	91D	9F-3R	27.0		No
4300 Hydro	$17700	$6370	$7610	**$9910**	**$12040**	Yanmar	3	91D	Variable	25.5		No
4300 4WD	$17130	$6170	$7370	**$9590**	**$11650**	Yanmar	3	91D	9F-3R	27.0		No
4300 4WD	$17815	$6410	$7660	**$9980**	**$12110**	Yanmar	3	91D	12F-12R	27.0		No
4300 4WD Hydro	$18900	$6800	$8130	**$10580**	**$12850**	Yanmar	3	91D	Variable	25.5		No
4400 4WD	$19395	$6980	$8340	**$10860**	**$13190**	Yanmar	3	100D	12F-12R	30.0		No
4400 4WD Hydro	$20430	$7360	$8790	**$11440**	**$13890**	Yanmar	3	100D	Variable	28.5		No
4500 4WD	$21450	$7720	$9220	**$12010**	**$14590**	Yanmar	4	121D	9F-3R	33.0		No
4600 4WD	$23675	$8520	$10180	**$13260**	**$16100**	Yanmar	4	121D	9F-3R	36.0		No
4600 4WD Hydro	$25120	$9040	$10800	**$14070**	**$17080**	Yanmar	4	121D	Variable	34.5		No
4700 4WD	$24710	$8900	$10630	**$13840**	**$16800**	Yanmar	4	134D	12F-12R	41.5		No
4700 4WD Hydro	$26535	$9550	$11410	**$14860**	**$18040**	Yanmar	4	134D	Variable	41.5		No
5105	$18527	$6670	$7970	**$10380**	**$12600**	JD	3	179D	8F-4R	40.0		No
5105 4WD	$23075	$8310	$9920	**$12920**	**$15690**	JD	3	179D	8F-4R	40.0		No
5205	$20057	$7220	$8630	**$11230**	**$13640**	JD	3	179D	8F-4R	48.0		No
5205 4WD	$24600	$8860	$10580	**$13780**	**$16730**	JD	3	179D	8F-4R	48.0		No
5210	$21285	$7660	$9150	**$11920**	**$14470**	JD	3	179D	9F-3R	45.0		No
5210 w/Cab	$29500	$10620	$12690	**$16520**	**$20060**	JD	3	179D	9F-3R	45.0		CHA
5210 4WD	$27275	$9820	$11730	**$15270**	**$18550**	JD	3	179D	9F-3R	45.0		No
5210 4WD w/Cab	$34620	$12460	$14890	**$19390**	**$23540**	JD	3	179D	9F-3R	45.0		CHA
5310	$24697	$8890	$10620	**$13830**	**$16790**	JD	3T	179D	9F-3R	55.0		No
5310 w/Cab	$32185	$11590	$13840	**$18020**	**$21890**	JD	3T	179D	9F-3R	55.0		CHA
5310 4WD	$30075	$10830	$12930	**$16840**	**$20450**	JD	3T	179D	9F-3R	55.0		No
5310 4WD w/Cab	$37495	$13500	$16120	**$21000**	**$25500**	JD	3T	179D	9F-3R	55.0		CHA
5310N	$24794	$8930	$10660	**$13890**	**$16860**	JD	3T	179D	9F-3R	55.0		No
5310N w/Cab	$33360	$12010	$14350	**$18680**	**$22690**	JD	3T	179D	9F-3R	55.0		CHA
5310N 4WD	$30807	$11090	$13250	**$17250**	**$20950**	JD	3T	179D	9F-3R	55.0		No
5310N 4WD w/Cab	$39374	$14180	$16930	**$22050**	**$26770**	JD	3T	179D	9F-3R	55.0		CHA
5410	$27366	$9850	$11770	**$15330**	**$18610**	JD	4	276D	9F-3R	65.0		No
5410 w/Cab	$35636	$12830	$15320	**$19960**	**$24230**	JD	4	276D	9F-3R	65.0		CHA
5410 4WD	$33000	$11880	$14190	**$18480**	**$22440**	JD	4	276D	9F-3R	65.0		No
5410 4WD w/Cab	$41370	$14890	$17790	**$23170**	**$28130**	JD	4	276D	9F-3R	65.0		CHA
5510	$30810	$11090	$13250	**$17250**	**$20950**	JD	4T	276D	9F-3R	75.0		No
5510 w/Cab	$38605	$13900	$16600	**$21620**	**$26250**	JD	4T	276D	9F-3R	75.0		CHA
5510 4WD	$36265	$13060	$15590	**$20310**	**$24660**	JD	4T	276D	9F-3R	75.0		No
5510 4WD w/Cab	$44635	$16070	$19190	**$25000**	**$30350**	JD	4T	276D	9F-3R	75.0		CHA
5510N	$29816	$10730	$12820	**$16700**	**$20280**	JD	4T	276D	12F-12R	75.0		No
5510N w/Cab	$38385	$13820	$16510	**$21500**	**$26100**	JD	4T	276D	12F-12R	75.0		CHA
5510N 4WD	$35945	$12940	$15460	**$20130**	**$24440**	JD	4T	276D	12F-12R	75.0		No
5510N 4WD w/Cab	$44515	$16030	$19140	**$24930**	**$30270**	JD	4T	276D	12F-12R	75.0		CHA
6110	$31410	$11310	$13510	**$17590**	**$21360**	JD	4T	276D	12F-4R	65.0		No
6110 w/Cab	$40038	$14410	$17220	**$22420**	**$27230**	JD	4T	276D	12F-4R	65.0		CHA
6110 4WD	$38552	$13880	$16580	**$21590**	**$26220**	JD	4T	276D	12F-4R	65.0		No
6110 4WD w/Cab	$45695	$16450	$19650	**$25590**	**$31070**	JD	4T	276D	12F-4R	65.0		CHA
6110L	$31600	$11380	$13590	**$17700**	**$21490**	JD	4T	276D	12F-4R	65.0		No
6110L 4WD	$38744	$13950	$16660	**$21700**	**$26350**	JD	4T	276D	12F-4R	65.0		No
6210	$33298	$11990	$14320	**$18650**	**$22640**	JD	4T	276D	12F-4R	72.0		No
6210 w/Cab	$42779	$15400	$18400	**$23960**	**$29090**	JD	4T	276D	12F-4R	72.0		CHA
6210 4WD	$40441	$14560	$17390	**$22650**	**$27500**	JD	4T	276D	12F-4R	72.0		No
6210 4WD w/Cab	$49922	$17970	$21470	**$27960**	**$33950**	JD	4T	276D	12F-4R	72.0		CHA

John Deere (Cont.)

2000 (Cont.)

Model	Approx. Retail Price New	Used Trade In Avg.	Used Trade In High	Used Retail Avg.	Used Retail High	Engine Make	Engine No. Cyls.	Engine Displ. Cu.-In.	No. Speeds	P.T.O. H.P.	Cab
6210L	$33439	$12040	$14380	$18730	$22740	JD	4T	276D	12F-4R	72.0	No
6210L 4WD	$40582	$14610	$17450	$22730	$27600	JD	4T	276D	12F-4R	72.0	No
6310	$35897	$12920	$15440	$20100	$24410	JD	4T	276D	12F-4R	80.0	No
6310 w/Cab	$45342	$16320	$19500	$25390	$30830	JD	4T	276D	12F-4R	80.0	CHA
6310 4WD	$43338	$15600	$18640	$24270	$29470	JD	4T	276D	12F-4R	80.0	No
6310 4WD w/Cab	$52783	$19000	$22700	$29560	$35890	JD	4T	276D	12F-4R	80.0	CHA
6310L	$35572	$12810	$15300	$19920	$24190	JD	4T	276D	12F-4R	80.0	No
6310L 4WD	$43143	$15530	$18550	$24160	$29340	JD	4T	276D	12F-4R	80.0	No
6310S	$52148	$18770	$22420	$29200	$35460	JD	4T	276D	16F-16R	80.0	CHA
6310S 4WD	$59589	$21450	$25620	$33370	$40520	JD	4T	276D	16F-16R	80.0	CHA
6405	$33167	$10950	$13600	$17580	$20900	JD	4T	276D	12F-4R	85.0	No
6405 4WD	$40536	$13380	$16620	$21480	$25540	JD	4T	276D	12F-4R	85.0	No
6410	$38344	$13800	$16490	$21470	$26070	JD	4T	276D	12F-4R	90.0	No
6410 w/Cab	$47029	$16930	$20220	$26340	$31980	JD	4T	276D	12F-4R	90.0	CHA
6410 4WD	$45915	$16530	$19740	$25710	$31220	JD	4T	276D	12F-4R	90.0	No
6410 4WD w/Cab	$54600	$19660	$23480	$30580	$37130	JD	4T	276D	12F-4R	90.0	CHA
6410L	$38375	$13820	$16500	$21490	$26100	JD	4T	276D	12F-4R	90.0	No
6410L 4WD	$45945	$16540	$19760	$25730	$31240	JD	4T	276D	12F-4R	90.0	No
6410S	$54951	$19780	$23630	$30770	$37370	JD	4T	276D	16F-16R	90.0	CHA
6410S 4WD	$62522	$22510	$26880	$35010	$42520	JD	4T	276D	16F-16R	90.0	CHA
6510L	$43492	$15660	$18700	$24360	$29580	JD	4T	276D	16F-16R	95.0	No
6510L 4WD	$51063	$18380	$21960	$28600	$34720	JD	4T	276D	16F-16R	95.0	No
6510S	$56841	$20460	$24440	$31830	$38650	JD	4T	276D	12F-4R	95.0	CHA
6510S 4WD	$64412	$23190	$27700	$36070	$43800	JD	4T	276D	12F-4R	95.0	CHA
6605	$36902	$12180	$15130	$19560	$23250	JD	6T	414D	12F-4R	95.0	No
6605 4WD	$44199	$14590	$18120	$23430	$27850	JD	6T	414D	12F-4R	95.0	No
7210	$52350	$18850	$22510	$29320	$35600	JD	6T	414D	12F-4R	95.0	CHA
7210 4WD	$60433	$21760	$25990	$33840	$41090	JD	6T	414D	12F-4R	95.0	CHA
7210HC	$51507	$18540	$22150	$28840	$35030	JD	6T	414D	12F-4R	95.0	No
7210HC w/Cab	$60459	$21770	$26000	$33860	$41110	JD	6T	414D	12F-4R	95.0	CHA
7210HC 4WD	$59590	$21450	$25620	$33370	$40520	JD	6T	414D	12F-4R	95.0	No
7210HC 4WD w/Cab	$68542	$24680	$29470	$38380	$46610	JD	6T	414D	12F-4R	95.0	CHA
7405	$43558	$14370	$17860	$23090	$27440	JD	6T	414D	16F-16R	105.0	No
7405 4WD	$51355	$16950	$21060	$27220	$32350	JD	6T	414D	16F-16R	105.0	No
7405HC 4WD	$55305	$18250	$22680	$29310	$34840	JD	6T	414D	16F-16R	105.0	No
7410	$56506	$20340	$24300	$31640	$38420	JD	6T	414D	12F-4R	105.0	CHA
7410 4WD	$64589	$23250	$27770	$36170	$43920	JD	6T	414D	12F-4R	105.0	CHA
7410HC	$55616	$20020	$23920	$31150	$37820	JD	6T	414D	12F-4R	105.0	No
7410HC w/Cab	$63841	$22980	$27450	$35750	$43410	JD	6T	414D	12F-4R	105.0	CHA
7410HC 4WD	$63699	$22930	$27390	$35670	$43320	JD	6T	414D	12F-4R	105.0	No
7410HC 4WD w/Cab	$71924	$25890	$30930	$40280	$48910	JD	6T	414D	12F-4R	105.0	CHA
7510 4WD	$72546	$26120	$31200	$40630	$49330	JD	6T	414D	16F-16R	115.0	CHA
7510 HC 4WD	$76285	$27460	$32800	$42720	$51870	JD	6T	414D	16F-16R	115.0	No
7510 HC 4WD	$84551	$30440	$36360	$47350	$57500	JD	6T	414D	16F-16R	115.0	CHA
7610	$65682	$23650	$28240	$36780	$44660	JD	6T	414D	16F-16R	115.0	CHA
7610 4WD	$76671	$27600	$32970	$42940	$52140	JD	6T	414D	16F-16R	115.0	CHA
7610 PS	$67604	$24340	$29070	$37860	$45970	JD	6T	414D	19F-7R	115.0	CHA
7610 PS 4WD	$80055	$28820	$34420	$44830	$54440	JD	6T	414D	19F-7R	115.0	CHA
7710	$73497	$26460	$31600	$41160	$49980	JD	6T	496D	16F-12R	130.0	CHA
7710 4WD	$84486	$30420	$36330	$47310	$57450	JD	6T	496D	16F-12R	130.0	CHA
7710 PS	$74700	$26890	$32120	$41830	$50800	JD	6T	496D	19F-7R	130.0	CHA
7710 PS 4WD	$86408	$31110	$37160	$48390	$58760	JD	6T	496D	19F-7R	130.0	CHA
7810	$78899	$28400	$33930	$44180	$53650	JD	6T	496D	16F-12R	150.0	CHA
7810 4WD	$89888	$32360	$38650	$50340	$61120	JD	6T	496D	16F-12R	150.0	CHA
7810 PS	$80821	$29100	$34750	$45260	$54960	JD	6T	496D	19F-7R	150.0	CHA
7810 PS WD	$91810	$33050	$39480	$51410	$62430	JD	6T	496D	19F-7R	150.0	CHA
8110	$90805	$29970	$37230	$48130	$57210	JD	6TA	496D	16F-4R	160.0	CHA
8110 4WD	$104422	$34460	$42810	$55340	$65790	JD	6TA	496D	16F-4R	160.0	CHA
8110T	$121573	$29180	$38900	$52280	$64430	JD	6TA	496D	16F-4R	160.0	CHA
8210	$106428	$35120	$43640	$56410	$67050	JD	6TA	496D	16F-4R	180.0	CHA
8210 4WD	$114415	$37760	$46910	$60640	$72080	JD	6TA	496D	16F-4R	180.0	CHA
8210T	$131459	$31550	$42070	$56530	$69670	JD	6TA	496D	16F-4R	180.0	CHA
8310 4WD	$130573	$43090	$53540	$69200	$82260	JD	6TA	496D	16F-4R	200.0	CHA
8310T	$141411	$33940	$45250	$60810	$74950	JD	6TA	496D	16F-4R	200.0	CHA
8410 4WD	$141644	$46740	$58070	$75070	$89240	JD	6TA	496D	16F-4R	225.0	CHA
8410T	$148742	$35700	$47600	$63960	$78830	JD	6TA	496D	16F-4R	225.0	CHA
9100	$112233	$31430	$40400	$53870	$63970	JD	6TA	496D	12F-3R	260*	CHA
9100 w/3-Pt.	$133630	$37420	$48110	$64140	$76170	JD	6TA	496D	12F-3R	260*	CHA
9100	$117229	$32820	$42200	$56270	$66820	JD	6TA	496D	24F-6R	260*	CHA
9100 w/3-Pt.	$129077	$36140	$46470	$61960	$73570	JD	6TA	496D	24F-6R	260*	CHA
9200	$130008	$36400	$46800	$62400	$74110	JD	6TA	643D	12F-3R	310*	CHA
9200 w/3-Pt.	$140690	$39390	$50650	$67530	$80190	JD	6TA	643D	12F-3R	310*	CHA
9200	$140690	$39390	$50650	$67530	$80190	JD	6TA	643D	24F-6R	310*	CHA
9200 w/3-Pt.	$158176	$44290	$56940	$75920	$90160	JD	6TA	643D	24F-6R	310*	CHA
9200 PS	$147494	$41300	$53100	$70800	$84070	JD	6TA	643D	12F-2R	310*	CHA
9200 PS w/3-Pt.	$159330	$44610	$57360	$76480	$90820	JD	6TA	643D	12F-2R	310*	CHA
9300	$148648	$35680	$47570	$63920	$78780	JD	6TA	765D	12F-3R	360*	CHA
9300 w/3-Pt.	$159330	$37440	$49920	$67080	$82680	JD	6TA	765D	12F-3R	360*	CHA
9300	$153644	$36000	$48000	$64500	$79500	JD	6TA	765D	24F-6R	360*	CHA
9300 w/3-Pt.	$164326	$38400	$51200	$68800	$84800	JD	6TA	765D	24F-6R	360*	CHA
9300 PS	$166134	$39360	$52480	$70520	$86920	JD	6TA	765D	12F-2R	360*	CHA
9300 PS w/3-Pt.	$176816	$41040	$54720	$73530	$90630	JD	6TA	765D	12F-2R	360*	CHA
9300T	$191498	$45120	$60160	$80840	$99640	JD	6TA	765D	24F-6R	360*	CHA
9400	$169703	$39840	$53120	$71380	$87980	JD	6TA	765D	12F-3R	425*	CHA

John Deere (Cont.)

2000 (Cont.)

Model	Approx. Retail Price New	Estimated Value Less Repairs: Used Trade In Avg.	Used Trade In High	Used Retail Avg.	Used Retail High	Engine Make	Engine No. Cyls.	Engine Displ. Cu.-In.	No. Speeds	P.T.O. H.P.	Approx. Shipping Wt.-Lbs.	Cab
9400 w/3-Pt.	$180385	$42240	$56320	**$75680**	**$93280**	JD	6TA	765D	12F-3R	425*		CHA
9400	$174699	$41040	$54720	**$73530**	**$90630**	JD	6TA	765D	24F-6R	425*		CHA
9400 w/3-Pt.	$185381	$43680	$58240	**$78260**	**$96460**	JD	6TA	765D	24F-24R	425*		CHA
9400 PS	$187171	$44400	$59200	**$79550**	**$98050**	JD	6TA	765D	12F-2R	425*		CHA
9400 PS w/3-Pt.	$197853	$46320	$61760	**$82990**	**$102290**	JD	6TA	765D	12F-2R	425*		CHA
9400T	$204200	$48000	$64000	**$86000**	**$106000**	JD	6TA	765D	24F-6R	425*		CHA

HC--High Clearance L--Low Profile S--Low Clearance PS--Power Shift
***Engine Horsepower**

1999

Model	Approx. Retail Price New	Used Trade In Avg.	Used Trade In High	Used Retail Avg.	Used Retail High	Engine Make	Engine No. Cyls.	Engine Displ. Cu.-In.	No. Speeds	P.T.O. H.P.	Approx. Shipping Wt.-Lbs.	Cab
790	$10290	$3600	$4320	**$5660**	**$6890**	Yanmar	3	91D	8F-2R	25.0		No
790 4WD	$12060	$4220	$5070	**$6630**	**$8080**	Yanmar	3	91D	8F-2R	25.0		No
4100 4WD	$13150	$4600	$5520	**$7230**	**$8810**	Yanmar	3	61D	8F-4R	17.0		No
4100 4WD Hydro	$14850	$5200	$6240	**$8170**	**$9950**	Yanmar	3	61D	Variable	16.0		No
4200	$14170	$4960	$5950	**$7790**	**$9490**	Yanmar	3	73D	9F-3R	21.5		No
4200 Hydro	$15945	$5580	$6700	**$8770**	**$10680**	Yanmar	3	73D	Variable	20.0		No
4200 4WD	$15580	$5450	$6540	**$8570**	**$10440**	Yanmar	3	73D	9F-3R	21.5		No
4200 4WD Hydro	$17145	$6000	$7200	**$9430**	**$11490**	Yanmar	3	73D	Variable	20.0		No
4300	$14930	$5230	$6270	**$8210**	**$10000**	Yanmar	3	91D	9F-3R	27.0		No
4300 Hydro	$16700	$5850	$7010	**$9190**	**$11190**	Yanmar	3	91D	Variable	25.5		No
4300 4WD	$16130	$5650	$6780	**$8870**	**$10810**	Yanmar	3	91D	9F-3R	27.0		No
4300 4WD Hydro	$17900	$6270	$7520	**$9850**	**$11990**	Yanmar	3	91D	Variable	25.5		No
4400 4WD	$18395	$6440	$7730	**$10120**	**$12330**	Yanmar	3	100D	12F-12R	30.0		No
4400 4WD Hydro	$19430	$6800	$8160	**$10690**	**$13020**	Yanmar	3	100D	Variable	28.5		No
4500 4WD	$20115	$7040	$8450	**$11060**	**$13480**	Yanmar	4	121D	9F-3R	33.0		No
4600 4WD	$21915	$7670	$9200	**$12050**	**$14680**	Yanmar	4	121D	9F-3R	36.0		No
4600 4WD Hydro	$23500	$8230	$9870	**$12930**	**$15750**	Yanmar	4	121D	Variable	34.5		No
5210	$22115	$7530	$9030	**$11830**	**$14410**	JD	3	179D	9F-3R	45.0		No
5210 w/Cab	$30165	$10560	$12670	**$16590**	**$20210**	JD	3	179D	9F-3R	45.0		CHA
5210 4WD	$27275	$9550	$11460	**$15000**	**$18270**	JD	3	179D	9F-3R	45.0		No
5210 4WD w/Cab	$35285	$11900	$14280	**$18700**	**$22780**	JD	3	179D	9F-3R	45.0		CHA
5310	$24697	$8640	$10370	**$13580**	**$16550**	JD	3T	179D	9F-3R	55.0		No
5310 w/Cab	$32855	$11500	$13800	**$18070**	**$22010**	JD	3T	179D	9F-3R	55.0		CHA
5310 4WD	$30342	$10620	$12740	**$16690**	**$20330**	JD	3T	179D	9F-3R	55.0		No
5310 4WD w/Cab	$38162	$13360	$16030	**$20990**	**$25570**	JD	3T	179D	9F-3R	55.0		CHA
5310N	$24795	$8680	$10410	**$13640**	**$16610**	JD	3T	179D	9F-3R	55.0		No
5310N w/Cab	$33360	$11680	$14010	**$18350**	**$22350**	JD	3T	179D	9F-3R	55.0		CHA
5310N 4WD	$30810	$10780	$12940	**$16950**	**$20640**	JD	3T	179D	9F-3R	55.0		No
5310N 4WD w/Cab	$39375	$13780	$16540	**$21660**	**$26380**	JD	3T	179D	9F-3R	55.0		CHA
5410	$27366	$9580	$11490	**$15050**	**$18340**	JD	4	276D	9F-3R	65.0		No
5410 w/Cab	$35742	$12510	$15010	**$19660**	**$23950**	JD	4	276D	9F-3R	65.0		CHA
5410 4WD	$32736	$11460	$13750	**$18010**	**$21930**	JD	4	276D	9F-3R	65.0		No
5410 4WD w/Cab	$41106	$14390	$17270	**$22610**	**$27540**	JD	4	276D	9F-3R	65.0		CHA
5510	$30810	$10780	$12940	**$16950**	**$20640**	JD	4T	276D	9F-3R	75.0		No
5510 w/Cab	$38605	$13510	$16210	**$21230**	**$25870**	JD	4T	276D	9F-3R	75.0		CHA
5510 4WD	$36265	$12690	$15230	**$19950**	**$24300**	JD	4T	276D	9F-3R	75.0		No
5510 4WD w/Cab	$44635	$15620	$18750	**$24550**	**$29910**	JD	4T	276D	9F-3R	75.0		CHA
5510N	$29816	$10440	$12520	**$16400**	**$19980**	JD	4T	276D	12F-12R	75.0		No
5510N w/Cab	$38385	$13440	$16120	**$21110**	**$25720**	JD	4T	276D	12F-12R	75.0		CHA
5510N 4WD	$35945	$12580	$15100	**$19770**	**$24080**	JD	4T	276D	12F-12R	75.0		No
5510N 4WD w/Cab	$44515	$15580	$18700	**$24480**	**$29830**	JD	4T	276D	12F-12R	75.0		CHA
6110	$31410	$10990	$13190	**$17280**	**$21050**	JD	4T	276D	12F-4R	65.0		No
6110 w/Cab	$39405	$13790	$16550	**$21670**	**$26400**	JD	4T	276D	12F-4R	65.0		CHA
6110 4WD	$38550	$13490	$16190	**$21200**	**$25830**	JD	4T	276D	12F-4R	65.0		No
6110 4WD w/Cab	$46550	$16290	$19550	**$25600**	**$31190**	JD	4T	276D	12F-4R	65.0		CHA
6110L	$31085	$10880	$13060	**$17100**	**$20830**	JD	4T	276D	12F-4R	65.0		No
6110L 4WD	$38230	$13380	$16060	**$21030**	**$25610**	JD	4T	276D	12F-4R	65.0		No
6210	$32785	$11480	$13770	**$18030**	**$21970**	JD	4T	276D	12F-4R	72.0		No
6210 w/Cab	$41630	$14570	$17490	**$22900**	**$27890**	JD	4T	276D	12F-4R	72.0		CHA
6210 4WD	$39925	$13970	$16770	**$21960**	**$26750**	JD	4T	276D	12F-4R	72.0		No
6210 4WD w/Cab	$48775	$17070	$20490	**$26830**	**$32680**	JD	4T	276D	12F-4R	72.0		CHA
6210L	$32925	$11520	$13830	**$18110**	**$22060**	JD	4T	276D	12F-4R	72.0		No
6210L 4WD	$40066	$14020	$16830	**$22040**	**$26840**	JD	4T	276D	12F-4R	72.0		No
6310	$35897	$12560	$15080	**$19740**	**$24050**	JD	4T	276D	12F-4R	80.0		No
6310 w/Cab	$44710	$15650	$18780	**$24590**	**$29960**	JD	4T	276D	12F-4R	80.0		CHA
6310 4WD	$43338	$15170	$18200	**$23840**	**$29040**	JD	4T	276D	12F-4R	80.0		No
6310 4WD w/Cab	$52150	$18250	$21900	**$28680**	**$34940**	JD	4T	276D	12F-4R	80.0		CHA
6310L	$35572	$12450	$14940	**$19570**	**$23830**	JD	4T	276D	12F-4R	80.0		No
6310L 4WD	$43145	$15100	$18120	**$23730**	**$28910**	JD	4T	276D	12F-4R	80.0		No
6310S	$52150	$18250	$21900	**$28680**	**$34940**	JD	4T	276D	16F-16R	80.0		CHA
6310S 4WD	$59590	$20860	$25030	**$32780**	**$39930**	JD	4T	276D	16F-16R	80.0		CHA
6405	$33170	$10280	$13270	**$17250**	**$20570**	JD	4T	276D	12F-4R	85.0		No
6405 4WD	$40536	$12570	$16210	**$21080**	**$25130**	JD	4T	276D	12F-4R	85.0		No
6410	$38345	$13420	$16110	**$21090**	**$25690**	JD	4T	276D	12F-4R	90.0		No
6410 w/Cab	$47030	$16460	$19750	**$25870**	**$31510**	JD	4T	276D	12F-4R	90.0		CHA
6410 4WD	$45915	$16070	$19280	**$25250**	**$30760**	JD	4T	276D	12F-4R	90.0		No
6410 4WD w/Cab	$54600	$19110	$22930	**$30030**	**$36580**	JD	4T	276D	12F-4R	90.0		CHA
6410L	$38375	$13430	$16120	**$21110**	**$25710**	JD	4T	276D	12F-4R	90.0		No
6410L 4WD	$45945	$16080	$19300	**$25270**	**$30780**	JD	4T	276D	12F-4R	90.0		No
6410S	$54950	$19230	$23080	**$30220**	**$36820**	JD	4T	276D	16F-16R	90.0		CHA
6410S 4WD	$62525	$21880	$26260	**$34390**	**$41890**	JD	4T	276D	16F-16R	90.0		CHA
6510L	$43495	$15220	$18270	**$23920**	**$29140**	JD	4T	276D	16F-16R	95.0		No
6510L 4WD	$51065	$17870	$21450	**$28090**	**$34210**	JD	4T	276D	16F-16R	95.0		No
6510S	$56840	$19890	$23870	**$31260**	**$38080**	JD	4T	276D	12F-4R	95.0		CHA

	Approx. Retail Price New	Estimated Value Less Repairs: Used Trade In Avg.	High	Used Retail Avg.	High	Engine Make	No. Cyls.	Displ. Cu.-In.	No. Speeds	P.T.O. H.P.	Approx. Shipping Wt.-Lbs.	Cab

John Deere (Cont.)

1999 (Cont.)

Model	Approx. Retail Price New	Used Trade In Avg.	Used Trade In High	Used Retail Avg.	Used Retail High	Make	No. Cyls.	Displ. Cu.-In.	No. Speeds	P.T.O. H.P.	Approx. Shipping Wt.-Lbs.	Cab
6510S 4WD	$64415	$22550	$27050	**$35430**	**$43160**	JD	4T	276D	12F-4R	95.0		CHA
6605	$36900	$11440	$14760	**$19190**	**$22880**	JD	6T	414D	12F-4R	95.0		No
6605 4WD	$44200	$13700	$17680	**$22980**	**$27400**	JD	6T	414D	12F-4R	95.0		No
7210	$51740	$18110	$21730	**$28460**	**$34670**	JD	6T	414D	12F-4R	95.0		CHA
7210 4WD	$60340	$21120	$25340	**$33190**	**$40430**	JD	6T	414D	12F-4R	95.0		CHA
7210HC	$51510	$18030	$21630	**$28330**	**$34510**	JD	6T	414D	12F-4R	95.0		No
7210HC w/Cab	$59735	$20910	$25090	**$32850**	**$40020**	JD	6T	414D	12F-4R	95.0		CHA
7210HC 4WD	$62000	$21350	$25620	**$33550**	**$40870**	JD	6T	414D	12F-4R	95.0		No
7210HC 4WD w/Cab	$70100	$24150	$28980	**$37950**	**$46230**	JD	6T	414D	12F-4R	95.0		CHA
7405	$43560	$13500	$17420	**$22650**	**$27010**	JD	6T	414D	16F-16R	105.0		No
7405 4WD	$51355	$15920	$20540	**$26710**	**$31840**	JD	6T	414D	16F-16R	105.0		No
7405HC 4WD	$55305	$17150	$22120	**$28760**	**$34290**	JD	6T	414D	16F-16R	105.0		No
7410	$55787	$19530	$23430	**$30680**	**$37380**	JD	6T	414D	12F-4R	105.0		CHA
7410 4WD	$64980	$22740	$27290	**$35740**	**$43540**	JD	6T	414D	12F-4R	105.0		CHA
7410HC	$55616	$19470	$23360	**$30590**	**$37260**	JD	6T	414D	12F-4R	105.0		No
7410HC w/Cab	$63840	$22340	$26810	**$35110**	**$42770**	JD	6T	414D	12F-4R	105.0		CHA
7410HC 4WD	$65975	$22580	$27090	**$35480**	**$43220**	JD	6T	414D	12F-4R	105.0		No
7410HC 4WD w/Cab	$74200	$25550	$30660	**$40150**	**$48910**	JD	6T	414D	12F-4R	105.0		CHA
7610	$65565	$22950	$27540	**$36060**	**$43930**	JD	6T	414D	16F-16R	115.0		CHA
7610 4WD	$77665	$26950	$32340	**$42350**	**$51590**	JD	6T	414D	16F-16R	115.0		CHA
7610 PS	$68950	$23800	$28560	**$37400**	**$45560**	JD	6T	414D	19F-7R	115.0		CHA
7610 PS 4WD	$81050	$28000	$33600	**$44000**	**$53600**	JD	6T	414D	19F-7R	115.0		CHA
7710	$73380	$25680	$30820	**$40360**	**$49170**	JD	6T	496D	16F-12R	130.0		CHA
7710 4WD	$85480	$29750	$35700	**$46750**	**$56950**	JD	6T	496D	16F-12R	130.0		CHA
7710 PS	$76765	$26250	$31500	**$41250**	**$50250**	JD	6T	496D	19F-7R	130.0		CHA
7710 PS 4WD	$88865	$30450	$36540	**$47850**	**$58290**	JD	6T	496D	19F-7R	130.0		CHA
7810	$82945	$28000	$33600	**$44000**	**$53600**	JD	6T	496D	16F-12R	150.0		CHA
7810 4WD	$94995	$31850	$38220	**$50050**	**$60970**	JD	6T	496D	16F-12R	150.0		CHA
7810 PS	$86330	$29050	$34860	**$45650**	**$55610**	JD	6T	496D	19F-7R	150.0		CHA
7810 PS 4WD	$98430	$32550	$39060	**$51150**	**$62310**	JD	6T	496D	19F-7R	150.0		CHA
8100	$95600	$28680	$37000	**$48100**	**$57350**	JD	6TA	496D	16F-4R	160.0		CHA
8100 4WD	$104000	$31620	$40800	**$53040**	**$63240**	JD	6TA	496D	16F-4R	160.0		CHA
8100T	$118775	$23760	$33480	**$45360**	**$56160**	JD	6TA	496D	16F-4R	160.0		CHA
8200	$106567	$33040	$42630	**$55420**	**$66070**	JD	6TA	496D	16F-4R	180.0		CHA
8200 4WD	$112155	$34100	$44000	**$57200**	**$68200**	JD	6TA	496D	16F-4R	180.0		CHA
8200T	$128245	$25960	$36580	**$49560**	**$61360**	JD	6TA	496D	16F-4R	180.0		CHA
8300	$114350	$34720	$44800	**$58240**	**$69440**	JD	6TA	496D	16F-4R	200.0		CHA
8300 4WD	$129200	$37820	$48800	**$63440**	**$75640**	JD	6TA	496D	16F-4R	200.0		CHA
8300T	$138300	$28160	$39680	**$53760**	**$66560**	JD	6TA	496D	16F-4R	200.0		CHA
8400 4WD	$139220	$41230	$53200	**$69160**	**$82460**	JD	6TA	496D	16F-4R	225.0		CHA
8400T	$145375	$29700	$41850	**$56700**	**$70200**	JD	6TA	496D	16F-4R	225.0		CHA
9100	$111745	$29050	$37990	**$52520**	**$62580**	JD	6TA	496D	12F-3R	260*		CHA
9200	$129840	$33760	$44150	**$61030**	**$72710**	JD	6TA	643D	12F-3R	310*		CHA
9200	$134835	$35060	$45840	**$63370**	**$75510**	JD	6TA	643D	24F-24R	310*		CHA
9200 PS	$147325	$38310	$50090	**$69240**	**$82500**	JD	6TA	643D	12F-2R	310*		CHA
9300	$148945	$32770	$46170	**$62560**	**$77450**	JD	6TA	765D	12F-3R	360*		CHA
9300	$153945	$33870	$47720	**$64660**	**$80050**	JD	6TA	765D	24F-24R	360*		CHA
9300 PS	$166430	$36620	$51590	**$69900**	**$86540**	JD	6TA	765D	12F-2R	360*		CHA
9400	$168325	$37030	$52180	**$70700**	**$87530**	JD	6TA	765D	12F-3R	425*		CHA
9400	$173320	$38130	$53730	**$72790**	**$90130**	JD	6TA	765D	24F-24R	425*		CHA
9400 PS	$185810	$39600	$55800	**$75600**	**$93600**	JD	6TA	765D	12F-2R	425*		CHA

HC--High Clearance L--Low Profile S--Low Clearance PS--Power Shift
***Engine Horsepower**

1998

Model	Approx. Retail Price New	Used Trade In Avg.	Used Trade In High	Used Retail Avg.	Used Retail High	Make	No. Cyls.	Displ. Cu.-In.	No. Speeds	P.T.O. H.P.	Approx. Shipping Wt.-Lbs.	Cab
770	$13927	$4740	$5710	**$7520**	**$9190**	Yanmar	3	83D	8F-2R	20.0		No
770 4WD	$15191	$5170	$6230	**$8200**	**$10030**	Yanmar	3	83D	8F-2R	20.0		No
855	$15886	$5400	$6510	**$8580**	**$10490**	Yanmar	3	61D	Variable	19.0		No
855 4WD	$17269	$5870	$7080	**$9330**	**$11400**	Yanmar	3	61D	Variable	19.0		No
870	$14952	$5080	$6130	**$8070**	**$9870**	Yanmar	3	87D	9F-3R	25.0		No
870 4WD	$17320	$5890	$7100	**$9350**	**$11430**	Yanmar	3	87D	9F-3R	25.0		No
955 4WD	$19324	$6570	$7920	**$10440**	**$12750**	Yanmar	3	87D	Variable	27.0		No
970	$17562	$5970	$7200	**$9480**	**$11590**	Yanmar	3	111D	9F-3R	30.0		No
970 4WD	$20289	$6900	$8320	**$10960**	**$13390**	Yanmar	3	111D	9F-3R	30.0		No
1070	$18937	$6440	$7760	**$10230**	**$12500**	Yanmar	3	116D	9F-3R	35.0		No
1070 4WD	$22048	$7500	$9040	**$11910**	**$14550**	Yanmar	3	116D	9F-3R	35.0		No
5210	$21072	$7160	$8640	**$11380**	**$13910**	JD	3	179D	9F-3R	45.0		No
5210 w/Cab	$29210	$9930	$11980	**$15770**	**$19280**	JD	3	179D	9F-3R	45.0		CHA
5210 4WD	$27000	$9180	$11070	**$14580**	**$17820**	JD	3	179D	9F-3R	45.0		No
5210 4WD w/Cab	$34278	$11660	$14050	**$18510**	**$22620**	JD	3	179D	9F-3R	45.0		CHA
5310	$23795	$8090	$9760	**$12850**	**$15710**	JD	3T	179D	9F-3R	55.0		No
5310 w/Cab	$32527	$11060	$13340	**$17570**	**$21470**	JD	3T	179D	9F-3R	55.0		CHA
5310 4WD	$29775	$10120	$12210	**$16080**	**$19650**	JD	3T	179D	9F-3R	55.0		No
5310 4WD w/Cab	$37785	$12850	$15490	**$20400**	**$24940**	JD	3T	179D	9F-3R	55.0		CHA
5310N	$24550	$8350	$10070	**$13260**	**$16200**	JD	3T	179D	9F-3R	55.0		No
5310N w/Cab	$33030	$11230	$13540	**$17840**	**$21800**	JD	3T	179D	9F-3R	55.0		CHA
5310N 4WD	$30500	$10370	$12510	**$16470**	**$20130**	JD	3T	179D	9F-3R	55.0		No
5310N 4WD w/Cab	$38985	$13260	$15980	**$21050**	**$25730**	JD	3T	179D	9F-3R	55.0		CHA
5410	$26435	$8990	$10840	**$14280**	**$17450**	JD	4	276D	9F-3R	65.0		No
5410 w/Cab	$34730	$11810	$14240	**$18750**	**$22920**	JD	4	276D	9F-3R	65.0		CHA
5410 4WD	$31752	$10800	$13020	**$17150**	**$20960**	JD	4	276D	9F-3R	65.0		No
5410 4WD w/Cab	$40040	$13610	$16420	**$21620**	**$26430**	JD	4	276D	9F-3R	65.0		CHA
5510	$30504	$10370	$12510	**$16470**	**$20130**	JD	4T	276D	9F-3R	75.0		No
5510 w/Cab	$37565	$12770	$15400	**$20290**	**$24790**	JD	4T	276D	9F-3R	75.0		CHA

	Approx. Retail Price New	Estimated Value Less Repairs Used Trade In Avg.	High	Used Retail Avg.	High	Engine Make	No. Cyls.	Displ. Cu.-In.	No. Speeds	P.T.O. H.P.	Approx. Shipping Wt.-Lbs.	Cab

John Deere (Cont.)

1998 (Cont.)

5510 4WD	$35905	$12210	$14720	**$19390**	**$23700**	JD	4T	276D	9F-3R	75.0		No
5510 4WD w/Cab	$44190	$15030	$18120	**$23860**	**$29170**	JD	4T	276D	9F-3R	75.0		CHA
5510N	$29522	$10040	$12100	**$15940**	**$19490**	JD	4T	276D	12F-12R	75.0		No
5510N w/Cab	$38000	$12920	$15580	**$20520**	**$25080**	JD	4T	276D	12F-12R	75.0		CHA
5510N 4WD	$35592	$12100	$14590	**$19220**	**$23490**	JD	4T	276D	12F-12R	75.0		No
5510N 4WD w/Cab	$44075	$14990	$18070	**$23800**	**$29090**	JD	4T	276D	12F-12R	75.0		CHA
6110	$30290	$10300	$12420	**$16360**	**$19990**	JD	4T	276D	12F-4R	65.0		No
6110 w/Cab	$38783	$13190	$15900	**$20940**	**$25600**	JD	4T	276D	12F-4R	65.0		CH
6110 4WD	$37435	$12730	$15350	**$20220**	**$24710**	JD	4T	276D	12F-4R	65.0		No
6110 4WD w/Cab	$45926	$15620	$18830	**$24800**	**$30310**	JD	4T	276D	12F-4R	65.0		CHA
6110L	$29975	$10190	$12290	**$16190**	**$19780**	JD	4T	276D	12F-4R	65.0		No
6110L 4WD	$37115	$12620	$15220	**$20040**	**$24500**	JD	4T	276D	12F-4R	65.0		No
6210	$31642	$10760	$12970	**$17090**	**$20880**	JD	4T	276D	12F-4R	72.0		No
6210 w/Cab	$40975	$13930	$16800	**$22130**	**$27040**	JD	4T	276D	12F-4R	72.0		CHA
6210 4WD	$38785	$13190	$15900	**$20940**	**$25600**	JD	4T	276D	12F-4R	72.0		No
6210 4WD w/Cab	$48120	$16360	$19730	**$25990**	**$31760**	JD	4T	276D	12F-4R	72.0		CHA
6210L	$31780	$10810	$13030	**$17160**	**$20980**	JD	4T	276D	12F-4R	72.0		No
6210L 4WD	$38925	$13240	$15960	**$21020**	**$25690**	JD	4T	276D	12F-4R	72.0		No
6310	$34200	$11630	$14020	**$18470**	**$22570**	JD	4T	276D	12F-4R	80.0		No
6310 w/Cab	$43496	$14790	$17830	**$23490**	**$28710**	JD	4T	276D	12F-4R	80.0		CHA
6310 4WD	$41640	$14160	$17070	**$22490**	**$27480**	JD	4T	276D	12F-4R	80.0		No
6310 4WD w/Cab	$50940	$17320	$20890	**$27510**	**$33620**	JD	4T	276D	12F-4R	80.0		CHA
6310L	$33880	$11520	$13890	**$18300**	**$22360**	JD	4T	276D	12F-4R	80.0		No
6310L 4WD	$41450	$14090	$17000	**$22380**	**$27360**	JD	4T	276D	12F-4R	80.0		No
6310S	$50820	$17280	$20840	**$27440**	**$33540**	JD	4T	276D	16F-16R	80.0		CHA
6310S 4WD	$58260	$19810	$23890	**$31460**	**$38450**	JD	4T	276D	16F-16R	80.0		CHA
6405	$33170	$9950	$12940	**$16920**	**$20230**	JD	4T	276D	12F-4R	85.0		No
6405 4WD	$40536	$12160	$15810	**$20670**	**$24730**	JD	4T	276D	12F-4R	85.0		No
6410	$37116	$12620	$15220	**$20040**	**$24500**	JD	4T	276D	12F-4R	90.0		No
6410 w/Cab	$46290	$15740	$18980	**$25000**	**$30550**	JD	4T	276D	12F-4R	90.0		CHA
6410 4WD	$44690	$15200	$18320	**$24130**	**$29500**	JD	4T	276D	12F-4R	90.0		No
6410 4WD w/Cab	$53860	$18310	$22080	**$29080**	**$35550**	JD	4T	276D	12F-4R	90.0		CHA
6410L	$37146	$12630	$15230	**$20060**	**$24520**	JD	4T	276D	12F-4R	90.0		No
6410L 4WD	$44720	$15210	$18340	**$24150**	**$29520**	JD	4T	276D	12F-4R	90.0		No
6410S	$54086	$18390	$22180	**$29210**	**$35700**	JD	4T	276D	16F-16R	90.0		CHA
6410S 4WD	$61660	$20960	$25280	**$33300**	**$40700**	JD	4T	276D	16F-16R	90.0		CHA
6510L	$42185	$14340	$17300	**$22780**	**$27840**	JD	4T	276D	16F-16R	95.0		No
6510L 4WD	$49755	$16920	$20400	**$26870**	**$32840**	JD	4T	276D	16F-16R	95.0		No
6510S	$55946	$19020	$22940	**$30210**	**$36920**	JD	4T	276D	12F-4R	95.0		CHA
6510S 4WD	$63520	$21600	$26040	**$34300**	**$41920**	JD	4T	276D	12F-4R	95.0		CHA
6605	$36900	$11070	$14390	**$18820**	**$22510**	JD	6T	414D	12F-4R	95.0		No
6605 4WD	$44200	$13260	$17240	**$22540**	**$26960**	JD	6T	414D	12F-4R	95.0		No
7210	$51630	$17550	$21170	**$27880**	**$34080**	JD	6T	414D	12F-4R	95.0		CHA
7210 4WD	$59975	$20390	$24590	**$32390**	**$39580**	JD	6T	414D	12F-4R	95.0		CHA
7210HC	$51400	$17480	$21070	**$27760**	**$33920**	JD	6T	414D	12F-4R	95.0		No
7210HC w/Cab	$59500	$20230	$24400	**$32130**	**$39270**	JD	6T	414D	12F-4R	95.0		CHA
7210HC 4WD	$60890	$20700	$24970	**$32880**	**$40190**	JD	6T	414D	12F-4R	95.0		No
7210HC 4WD w/Cab	$68990	$23460	$28290	**$37260**	**$45530**	JD	6T	414D	12F-4R	95.0		CHA
7405	$43560	$13070	$16990	**$22220**	**$26570**	JD	6T	414D	16F-16R	105.0		No
7405 4WD	$51355	$15410	$20030	**$26190**	**$31330**	JD	6T	414D	16F-16R	105.0		No
7405HC 4WD	$55305	$16590	$21570	**$28210**	**$33740**	JD	6T	414D	16F-16R	105.0		No
7410	$55620	$18910	$22800	**$30040**	**$36710**	JD	6T	414D	12F-4R	105.0		CHA
7410 4WD	$64665	$21990	$26510	**$34920**	**$42680**	JD	6T	414D	12F-4R	105.0		CHA
7410HC	$55450	$18850	$22740	**$29940**	**$36600**	JD	6T	414D	12F-4R	105.0		No
7410HC w/Cab	$63545	$21610	$26050	**$34310**	**$41940**	JD	6T	414D	12F-4R	105.0		CHA
7410HC 4WD	$65645	$22320	$26910	**$35450**	**$43330**	JD	6T	414D	12F-4R	105.0		No
7410HC 4WD w/Cab	$73740	$25070	$30230	**$39820**	**$48670**	JD	6T	414D	12F-4R	105.0		CHA
7610	$64650	$21980	$26510	**$34910**	**$42670**	JD	6T	414D	16F-16R	115.0		CHA
7610 4WD	$76560	$26030	$31390	**$41340**	**$50530**	JD	6T	414D	16F-16R	115.0		CHA
7610 PS	$67980	$23110	$27870	**$36710**	**$44870**	JD	6T	414D	19F-7R	115.0		CHA
7610 PS 4WD	$78090	$26550	$32020	**$42170**	**$51540**	JD	6T	414D	19F-7R	115.0		CHA
7710	$72475	$24640	$29720	**$39140**	**$47830**	JD	6T	496D	16F-12R	130.0		CHA
7710 4WD	$84385	$28690	$34600	**$45570**	**$55690**	JD	6T	496D	16F-12R	130.0		CHA
7710 PS	$75805	$25770	$31080	**$40940**	**$50030**	JD	6T	496D	19F-7R	130.0		CHA
7710 PS 4WD	$85780	$29170	$35170	**$46320**	**$56620**	JD	6T	496D	19F-7R	130.0		CHA
7810	$77520	$26360	$31780	**$41860**	**$51160**	JD	6T	496D	16F-12R	150.0		CHA
7810 4WD	$89375	$30390	$36640	**$48260**	**$58990**	JD	6T	496D	16F-12R	150.0		CHA
7810 PS	$80900	$27510	$33170	**$43690**	**$53390**	JD	6T	496D	19F-7R	150.0		CHA
7810 PS 4WD	$92400	$31420	$37880	**$49900**	**$60980**	JD	6T	496D	19F-7R	150.0		CHA
8100	$88475	$26220	$34090	**$44570**	**$53310**	JD	6TA	496D	16F-4R	160.0		CHA
8100 4WD	$101955	$29400	$38220	**$49980**	**$59780**	JD	6TA	496D	16F-4R	160.0		CHA
8100T	$116360	$21200	$31800	**$42400**	**$54060**	JD	6TA	496D	16F-4R	160.0		CHA
8200	$99315	$28890	$37560	**$49110**	**$58740**	JD	6TA	496D	16F-4R	180.0		CHA
8200 4WD	$111560	$32400	$42120	**$55080**	**$65880**	JD	6TA	496D	16F-4R	180.0		CHA
8200T	$125830	$23000	$34500	**$46000**	**$58650**	JD	6TA	496D	16F-4R	180.0		CHA
8300	$107477	$31500	$40950	**$53550**	**$64050**	JD	6TA	496D	16F-4R	200.0		CHA
8300 4WD	$122250	$34560	$44930	**$58750**	**$70270**	JD	6TA	496D	16F-4R	200.0		CHA
8300T	$133765	$24000	$36000	**$48000**	**$61200**	JD	6TA	496D	16F-4R	200.0		CHA
8400 4WD	$131050	$37200	$48360	**$63240**	**$75640**	JD	6TA	496D	16F-4R	225.0		CHA
8400T	$141655	$25400	$38100	**$50800**	**$64770**	JD	6TA	496D	16F-4R	225.0		CHA
9100	$108520	$26050	$35810	**$49920**	**$59690**	JD	6TA	496D	12F-3R	260*		CHA
9100 PS	$113415	$27220	$37430	**$52170**	**$62380**	JD	6TA	496D	24F-24R	260*		CHA
9200	$128560	$30850	$42430	**$59140**	**$70710**	JD	6TA	643D	12F-3R	310*		CHA
9200	$133455	$32030	$44040	**$61390**	**$73400**	JD	6TA	643D	24F-24R	310*		CHA

	Approx. Retail Price New	Estimated Value Less Repairs: Used Trade In Avg.	High	Used Retail Avg.	High	Engine Make	No. Cyls.	Displ. Cu.-In.	No. Speeds	P.T.O. H.P.	Approx. Shipping Wt.-Lbs.	Cab

John Deere (Cont.)

1998 (Cont.)

Model	Approx. Retail Price New	Used Trade In Avg.	Used Trade In High	Used Retail Avg.	Used Retail High	Make	No. Cyls.	Displ. Cu.-In.	No. Speeds	P.T.O. H.P.	Approx. Shipping Wt.-Lbs.	Cab
9200 PS	$148686	$35180	$48380	**$67440**	**$80630**	JD	6TA	643D	12F-2R	310*		CHA
9300	$147380	$29000	$43500	**$58000**	**$73950**	JD	6TA	765D	12F-3R	360*		CHA
9300	$152270	$30000	$45000	**$60000**	**$76500**	JD	6TA	765D	24F-24R	360*		CHA
9300 PS	$168135	$33200	$49800	**$66400**	**$84660**	JD	6TA	765D	12F-2R	360*		CHA
9400	$166135	$32800	$49200	**$65600**	**$83640**	JD	6TA	765D	12F-3R	425*		CHA
9400	$171026	$33800	$50700	**$67600**	**$86190**	JD	6TA	765D	24F-24R	425*		CHA
9400 PS	$184735	$35800	$53700	**$71600**	**$91290**	JD	6TA	765D	12F-2R	425*		CHA

HC--High Clearance L--Low Profile S--Low Clearance PS--Power Shift
***Engine Horsepower**

1997

Model	Approx. Retail Price New	Used Trade In Avg.	Used Trade In High	Used Retail Avg.	Used Retail High	Make	No. Cyls.	Displ. Cu.-In.	No. Speeds	P.T.O. H.P.	Approx. Shipping Wt.-Lbs.	Cab
670	$11796	$3630	$4400	**$5830**	**$7150**	Yanmar	3	54D	8F-2R	18.5	1980	No
670 4WD	$13554	$4290	$5200	**$6890**	**$8450**	Yanmar	3	54D	8F-2R	18.5	2120	No
755	$14836	$4620	$5600	**$7420**	**$9100**	Yanmar	3	54D	Variable	20.0	1817	No
755 4WD	$16105	$5320	$6440	**$8540**	**$10470**	Yanmar	3	54D	Variable	20.0	1921	No
770	$12739	$3960	$4800	**$6360**	**$7800**	Yanmar	3	83D	8F-2R	24.0	2180	No
770 4WD	$15191	$4950	$6000	**$7950**	**$9750**	Yanmar	3	83D	8F-2R	24.0	2355	No
855	$15790	$5210	$6320	**$8370**	**$10260**	Yanmar	3	61D	Variable	24.0	1876	No
855 4WD	$17269	$5610	$6800	**$9010**	**$11050**	Yanmar	3	61D	Variable	24.0	1876	No
870	$14952	$4620	$5600	**$7420**	**$9100**	Yanmar	3	87D	9F-3R	28.0	1876	No
870 4WD	$17320	$5720	$6930	**$9180**	**$11260**	Yanmar	3	87D	9F-3R	28.0	1876	No
955 4WD	$19324	$6270	$7600	**$10070**	**$12350**	Yanmar	3	87D	Variable	33.0	1876	No
970	$16750	$5530	$6700	**$8880**	**$10890**	Yanmar	3	111D	9F-3R	30.0	1876	No
970 4WD	$20289	$6600	$8000	**$10600**	**$13000**	Yanmar	3	111D	9F-3R	33.0	1876	No
1070	$18937	$6040	$7320	**$9700**	**$11900**	Yanmar	3	116D	9F-3R	38.5	1876	No
1070 4WD	$22048	$7000	$8480	**$11240**	**$13780**	Yanmar	3	116D	9F-3R	38.5	1876	No
5200	$21048	$7160	$8840	**$11470**	**$13890**	JD	3	179D	9F-3R	40.0	4250	No
5200 4WD	$26989	$9180	$11340	**$14710**	**$17810**	JD	3	179D	9F-3R	40.0	4650	No
5200 4WD w/Cab	$34789	$11830	$14610	**$18960**	**$22960**	JD	3	179D	9F-3R	40.0		CHA
5200 w/Cab	$29661	$10090	$12460	**$16170**	**$19580**	JD	3	179D	9F-3R	40.0		CHA
5300	$23212	$7890	$9750	**$12650**	**$15320**	JD	3	179D	9F-3R	50.0	4350	No
5300 4WD	$28269	$9610	$11870	**$15410**	**$18660**	JD	3	179D	9F-3R	50.0	4750	No
5300 4WD w/Cab	$36915	$12550	$15500	**$20120**	**$24360**	JD	3	179D	9F-3R	50.0		CHA
5300 w/Cab	$31773	$10800	$13350	**$17320**	**$20970**	JD	3	179D	9F-3R	50.0		CHA
5400	$26313	$8950	$11050	**$14340**	**$17370**	JD	3	179D	9F-3R	60.0	4600	No
5400 4WD	$31471	$10700	$13220	**$17150**	**$20770**	JD	3	179D	9F-3R	60.0	5000	No
5400 4WD w/Cab	$39591	$13460	$16630	**$21580**	**$26130**	JD	3T	179D	9F-3R	60.0		CHA
5400 w/Cab	$34429	$11710	$14460	**$18760**	**$22720**	JD	3T	179D	9F-3R	60.0		CHA
5400N	$26015	$8850	$10930	**$14180**	**$17170**	JD	3	179D	12F-12R	60.0	4763	No
5400N 4WD	$32017	$10890	$13450	**$17450**	**$21130**	JD	3	179D	12F-12R	60.0	5072	No
5400N 4WD w/Cab	$40115	$13640	$16850	**$21860**	**$26480**	JD	3T	179D	12F-12R	60.0		CHA
5400N w/Cab	$34113	$11600	$14330	**$18590**	**$22520**	JD	3T	179D	12F-12R	60.0		CHA
5500	$29068	$9590	$11630	**$15410**	**$18890**	JD	4T	239D	9F-3R	73.0		No
5500 4WD	$34233	$11300	$13690	**$18140**	**$22250**	JD	4T	239D	9F-3R	73.0		No
5500 4WD w/Cab	$42353	$13980	$16940	**$22450**	**$27530**	JD	4T	239D	9F-3R	73.0		CHA
5500 w/Cab	$37188	$12270	$14880	**$19710**	**$24170**	JD	4T	239D	9F-3R	73.0		CHA
5500N	$28663	$9460	$11470	**$15190**	**$18630**	JD	4T	239D	12F-12R	73.0		No
5500N 4WD	$34658	$11440	$13860	**$18370**	**$22530**	JD	4T	239D	12F-12R	73.0		No
5500N 4WD w/Cab	$42756	$14110	$17100	**$22660**	**$27790**	JD	4T	239D	12F-12R	73.0		CHA
5500N w/Cab	$36761	$12130	$14700	**$19480**	**$23900**	JD	4T	239D	12F-12R	73.0		CHA
6200	$30643	$8890	$11640	**$15320**	**$18390**	JD	4T	239D	12F-4R	66.0	7420	No
6200	$33033	$9580	$12550	**$16520**	**$19820**	JD	4T	239D	16F-16R	66.0		No
6200 4WD	$37578	$10900	$14280	**$18790**	**$22550**	JD	4T	239D	12F-4R	66.0	7916	No
6200 4WD	$39968	$11590	$15190	**$19980**	**$23980**	JD	4T	239D	16F-16R	66.0		No
6200 4WD w/Cab	$46376	$13050	$17100	**$22500**	**$27000**	JD	4T	239D	12F-4R	66.0	8423	CHA
6200 w/Cab	$39441	$11440	$14990	**$19720**	**$23670**	JD	4T	239D	12F-4R	66.0	7927	CHA
6200L	$30623	$8880	$11640	**$15310**	**$18370**	JD	4T	239D	12F-4R	66.0	7420	No
6200L	$33013	$9570	$12550	**$16510**	**$19810**	JD	4T	239D	16F-16R	66.0		No
6200L 4WD	$37558	$10890	$14270	**$18780**	**$22540**	JD	4T	239D	12F-4R	66.0	7916	No
6300	$33061	$10910	$13220	**$17520**	**$21490**	JD	4T	239D	12F-4R	75.0	7497	No
6300	$35451	$11700	$14180	**$18790**	**$23040**	JD	4T	239D	16F-16R	75.0		No
6300 4WD	$40285	$13480	$16340	**$21660**	**$26560**	JD	4T	239D	16F-16R	75.0		No
6300 4WD	$42675	$14080	$17070	**$22620**	**$27740**	JD	4T	239D	12F-4R	75.0	8004	No
6300 4WD w/Cab	$49079	$16200	$19630	**$26010**	**$31900**	JD	4T	239D	12F-4R	75.0	8511	CHA
6300 LC	$49446	$16320	$19780	**$26210**	**$32140**	JD	4T	239D	16F-16R	75.0		CHA
6300 w/Cab	$41855	$13810	$16740	**$22180**	**$27210**	JD	4T	239D	12F-4R	75.0	8004	CHA
6300L	$33039	$10900	$13220	**$17510**	**$21480**	JD	4T	239D	12F-4R	75.0	7497	No
6300L	$35429	$11690	$14170	**$18780**	**$23030**	JD	4T	239D	16F-16R	75.0		No
6300L 4WD	$40389	$13330	$16160	**$21410**	**$26250**	JD	4T	239D	12F-4R	75.0	8004	No
6300LC 4WD	$56670	$18700	$22670	**$30040**	**$36840**	JD	4T	239D	16F-16R	75.0		CHA
6400	$36809	$12150	$14720	**$19510**	**$23930**	JD	4T	276D	12F-4R	85.0	7607	No
6400	$39199	$12940	$15680	**$20780**	**$25480**	JD	4T	276D	16F-16R	85.0		No
6400 4WD	$44159	$14570	$17660	**$23400**	**$28700**	JD	4T	276D	12F-4R	85.0	8246	No
6400 4WD	$46549	$15360	$18620	**$24670**	**$30260**	JD	4T	276D	16F-16R	85.0		No
6400 4WD w/Cab	$52359	$17280	$20940	**$27750**	**$34030**	JD	4T	276D	12F-4R	85.0	8754	CHA
6400 w/Cab	$45009	$14850	$18000	**$23860**	**$29260**	JD	4T	276D	12F-4R	85.0	8114	CHA
6400L	$30584	$12170	$14760	**$19550**	**$23980**	JD	4T	276D	16F-16R	85.0		No
6400L	$36194	$11940	$14480	**$19180**	**$23530**	JD	4T	276D	12F-4R	85.0	7607	No
6400L 4WD	$43544	$14370	$17420	**$23080**	**$28300**	JD	4T	276D	12F-4R	85.0	8246	No
6400LC	$52603	$17360	$21040	**$27880**	**$34190**	JD	4T	276D	16F-16R	85.0		CHA
6400LC 4WD	$59953	$19780	$23980	**$31780**	**$38970**	JD	4T	276D	16F-16R	85.0		CHA
6500L	$41547	$13710	$16620	**$22020**	**$27010**	JD	4T	276D	16F-12R	95.0	7740	No
6500L 4WD	$48897	$16140	$19560	**$25920**	**$31780**	JD	4T	276D	16F-12R	95.0	8379	No
6500LC	$54931	$18130	$21970	**$29110**	**$35710**	JD	4T	276D	16F-16R	95.0		CHA

John Deere (Cont.)

1997 (Cont.)

Model	Approx. Retail Price New	Estimated Value Less Repairs: Used Trade In Avg.	Used Trade In High	Used Retail Avg.	Used Retail High	Engine Make	Engine No. Cyls.	Engine Displ. Cu.-In.	No. Speeds	P.T.O. H.P.	Approx. Shipping Wt.-Lbs.	Cab
6500LC 4WD	$62281	$20550	$24910	**$33010**	**$40480**	JD	4T	276D	16F-16R	95.0		CHA
7210	$49440	$16320	$19780	**$26200**	**$32140**	JD	6T	359D	12F-4R	92.0	10662	CHA
7210	$51830	$17100	$20730	**$27470**	**$33690**	JD	6T	359D	16F-16R	92.0		CHA
7210 4WD	$57161	$18860	$22860	**$30300**	**$37160**	JD	6T	359D	12F-4R	92.0	11522	CHA
7210 4WD	$59551	$19650	$23820	**$31560**	**$38710**	JD	6T	359D	16F-16R	92.0		CHA
7210HC	$49217	$16240	$19690	**$26090**	**$31990**	JD	6T	359D	12F-4R	92.0		No
7210HC	$51607	$17030	$20640	**$27350**	**$33550**	JD	6T	359D	16F-16R	92.0		CHA
7210HC 4WD	$56938	$18790	$22780	**$30180**	**$37010**	JD	6T	359D	12F-4R	92.0		No
7210HC 4WD w/Cab	$64797	$21460	$26010	**$34470**	**$42270**	JD	6T	359D	12F-4R	92.0		CHA
7210HC w/Cab	$57076	$18840	$22830	**$30250**	**$37100**	JD	6T	359D	12F-4R	92.0		CHA
7410	$53310	$17590	$21320	**$28250**	**$34650**	JD	6T	414D	12F-4R	100.0	10827	CHA
7410	$55700	$18380	$22280	**$29520**	**$36210**	JD	6T	414D	16F-16R	100.0		CHA
7410 4WD	$61031	$20140	$24410	**$32350**	**$39670**	JD	6T	414D	12F-4R	100.0	11687	CHA
7410 4WD	$63421	$20930	$25370	**$33610**	**$41220**	JD	6T	414D	16F-16R	100.0		CHA
7410HC	$53145	$17540	$21260	**$28170**	**$34540**	JD	6T	414D	12F-4R	100.0		No
7410HC	$55535	$18330	$22210	**$29430**	**$36100**	JD	6T	414D	16F-16R	100.0		CHA
7410HC 4WD	$60866	$20090	$24350	**$32260**	**$39560**	JD	6T	414D	12F-4R	100.0		No
7410HC 4WD w/Cab	$68725	$22680	$27490	**$36420**	**$44670**	JD	6T	414D	12F-4R	100.0		CHA
7410HC w/Cab	$61004	$20130	$24400	**$32330**	**$39650**	JD	6T	414D	12F-4R	100.0		CHA
7610	$62076	$20490	$24830	**$32900**	**$40350**	JD	6T	414D	16F-16R	110.0	13160	CHA
7610 4WD	$72574	$23950	$29030	**$38460**	**$47170**	JD	6T	414D	16F-16R	110.0	15200	CHA
7610 PS	$65310	$21550	$26120	**$34610**	**$42450**	JD	6T	414D	19F-7R	110.0		CHA
7710	$69540	$22950	$27820	**$36860**	**$45200**	JD	6T	496D	16F-12R	125.0	13870	CHA
7710 4WD	$80038	$26410	$32020	**$42420**	**$52030**	JD	6T	496D	16F-12R	125.0	15400	CHA
7710 PS	$72774	$24020	$29110	**$38570**	**$47300**	JD	6T	496D	19F-7R	125.0		CHA
7810	$74573	$24610	$29830	**$39520**	**$48470**	JD	6T	496D	16F-12R	145.0	13910	CHA
7810 4WD	$85071	$28070	$34030	**$45090**	**$55300**	JD	6T	496D	16F-12R	145.0	15480	CHA
7810 PS	$77807	$25680	$31120	**$41240**	**$50580**	JD	6T	496D	19F-7R	145.0		CHA
8100	$84084	$24380	$31950	**$42040**	**$50450**	JD	6TA	496D	16F-4R	160.0	16435	CHA
8100 4WD	$96084	$27860	$36510	**$48040**	**$57650**	JD	6TA	496D	16F-4R	160.0	17876	CHA
8100T	$114260	$19760	$29120	**$39520**	**$52000**	JD	6TA	496D	16F-4R	160.0		CHA
8200	$93335	$27070	$35470	**$46670**	**$56000**	JD	6TA	496D	16F-4R	180.0	16457	CHA
8200 4WD	$105335	$30550	$40030	**$52670**	**$63200**	JD	6TA	496D	16F-4R	180.0	17898	CHA
8200T	$123430	$21470	$31640	**$42940**	**$56500**	JD	6TA	496D	16F-4R	180.0		CHA
8300	$102510	$29730	$38950	**$51260**	**$61510**	JD	6TA	496D	16F-4R	200.0	17030	CHA
8300 4WD	$114510	$33210	$43510	**$57260**	**$68710**	JD	6TA	496D	16F-4R	200.0	18523	CHA
8300T	$132565	$22800	$33600	**$45600**	**$60000**	JD	6TA	496D	16F-4R	200.0		CHA
8400 4WD	$124626	$26180	$38080	**$53550**	**$64260**	JD	6TA	496D	16F-4R	225.0		CHA
8400T	$140000	$23940	$35280	**$47880**	**$63000**	JD	6TA	496D	16F-4R	225.0		CHA
9100	$102738	$22600	$32880	**$46230**	**$55480**	JD	6TA	496D	12F-3R	260*		CHA
9100	$107488	$23650	$34400	**$48370**	**$58040**	JD	6TA	496D	24F-24R	260*		CHA
9200	$122195	$26880	$39100	**$54990**	**$65990**	JD	6TA	643D	12F-3R	310*		CHA
9200	$126945	$27930	$40620	**$57130**	**$68550**	JD	6TA	643D	24F-24R	310*		CHA
9200 PS	$138822	$30540	$44420	**$62470**	**$74960**	JD	6TA	643D	12F-2R	310*		CHA
9200 w/PTO, 3-Pt.	$138948	$30570	$44460	**$62530**	**$75030**	JD	6TA	643D	12F-3R	310*		CHA
9300	$134077	$25480	$37540	**$50950**	**$67040**	JD	6TA	765D	12F-3R	360*		CHA
9300	$138827	$26380	$38870	**$52750**	**$69410**	JD	6TA	765D	24F-24R	360*		CHA
9300 PS	$150704	$28120	$41440	**$56240**	**$74000**	JD	6TA	765D	12F-2R	360*		CHA
9300 w/PTO, 3-Pt.	$150830	$28660	$42230	**$57320**	**$75420**	JD	6TA	765D	12F-3R	360*		CHA
9400	$158158	$30050	$44280	**$60100**	**$79080**	JD	6TA	765D	12F-3R	425*		CHA
9400	$162908	$30780	$45360	**$61560**	**$81000**	JD	6TA	765D	24F-24R	425*		CHA
9400 PS	$174785	$32490	$47880	**$64980**	**$85500**	JD	6TA	765D	12F-2R	425*		CHA
9400 w/PTO, 3-Pt.	$174911	$32870	$48440	**$65740**	**$86500**	JD	6TA	765D	12F-3R	425*		CHA

HC--High Clearance L--Low Profile PS--Power Shift
***Engine Horsepower**

1996

Model	Approx. Retail Price New	Estimated Value Less Repairs: Used Trade In Avg.	Used Trade In High	Used Retail Avg.	Used Retail High	Engine Make	Engine No. Cyls.	Engine Displ. Cu.-In.	No. Speeds	P.T.O. H.P.	Approx. Shipping Wt.-Lbs.	Cab
670	$11796	$3520	$4290	**$5720**	**$7040**	Yanmar	3	54D	8F-2R	16.0	1980	No
670 4WD	$13554	$4160	$5070	**$6760**	**$8320**	Yanmar	3	54D	8F-2R	16.0	2120	No
755	$14378	$4480	$5460	**$7280**	**$8960**	Yanmar	3	54D	Variable	20.0	1817	No
755 4WD	$15568	$4800	$5850	**$7800**	**$9600**	Yanmar	3	54D	Variable	20.0	1921	No
770	$12739	$3950	$4810	**$6420**	**$7900**	Yanmar	3	83D	8F-2R	20.0	2180	No
770 4WD	$14670	$4480	$5460	**$7280**	**$8960**	Yanmar	3	83D	8F-2R	24.0	2355	No
855	$15332	$4800	$5850	**$7800**	**$9600**	Yanmar	3	61D	Variable	19.0	1876	No
855 4WD	$16732	$5180	$6320	**$8420**	**$10370**	Yanmar	3	61D	Variable	19.0	1876	No
870	$13994	$4290	$5230	**$6970**	**$8580**	Yanmar	3	87D	9F-3R	25.0	1876	No
870 4WD	$16764	$5120	$6240	**$8320**	**$10240**	Yanmar	3	87D	9F-3R	25.0	1876	No
955 4WD	$18663	$5760	$7020	**$9360**	**$11520**	Yanmar	3	87D	Variable	27.3	1876	No
970	$16193	$5180	$6320	**$8420**	**$10360**	Yanmar	3	111D	9F-3R	30.0	1876	No
970 4WD	$19651	$6080	$7410	**$9880**	**$12160**	Yanmar	3	111D	9F-3R	30.0	1876	No
1070	$18794	$5860	$7140	**$9520**	**$11710**	Yanmar	3	116D	9F-3R	35.0	1876	No
1070 4WD	$21492	$6720	$8190	**$10920**	**$13440**	Yanmar	3	116D	9F-3R	35.0	1876	No
5200	$19691	$6270	$7790	**$10260**	**$12350**	JD	3	179D	9F-3R	40.0	4250	No
5200 4WD	$24755	$8170	$10150	**$13370**	**$16090**	JD	3	179D	9F-3R	40.0	4650	No
5200 4WD w/Cab	$32677	$10780	$13400	**$17650**	**$21240**	JD	3	179D	9F-3R	40.0		CHA
5200 w/Cab	$27613	$9110	$11320	**$14910**	**$17950**	JD	3	179D	9F-3R	40.0		CHA
5300	$21610	$7130	$8860	**$11670**	**$14050**	JD	3	179D	9F-3R	50.0	4350	No
5300 4WD	$26629	$8790	$10920	**$14380**	**$17310**	JD	3	179D	9F-3R	50.0	4750	No
5300 4WD w/Cab	$34551	$11400	$14170	**$18660**	**$22460**	JD	3	179D	9F-3R	50.0		CHA
5300 w/Cab	$29532	$9750	$12110	**$15950**	**$19200**	JD	3	179D	9F-3R	50.0		CHA
5400	$24028	$7980	$9920	**$13060**	**$15720**	JD	3	179D	9F-3R	60.0	4600	No
5400 4WD	$29040	$9580	$11910	**$15680**	**$18880**	JD	3	179D	9F-3R	60.0	5000	No
5400 4WD w/Cab	$36962	$12200	$15150	**$19960**	**$24030**	JD	3T	179D	9F-3R	60.0		CHA
5400 w/Cab	$31950	$10540	$13100	**$17250**	**$20770**	JD	3T	179D	9F-3R	60.0		CHA

John Deere (Cont.)

1996 (Cont.)

Model	Approx. Retail Price New	Estimated Value Less Repairs: Used Trade In Avg.	Used Trade In High	Used Retail Avg.	Used Retail High	Engine Make	Engine No. Cyls.	Engine Displ. Cu.-In.	No. Speeds	P.T.O. H.P.	Approx. Shipping Wt.-Lbs.	Cab
5400N	$25381	$8380	$10410	**$13710**	**$16500**	JD	3	179D	12F-12R	60.0	4763	No
5400N 4WD	$31237	$10310	$12810	**$16870**	**$20300**	JD	3	179D	12F-12R	60.0	5072	No
6200	$29177	$8170	$10800	**$14300**	**$17210**	JD	4T	239D	12F-4R	66.0	7420	No
6200	$31497	$8820	$11650	**$15430**	**$18580**	JD	4T	239D	16F-16R	66.0		No
6200 4WD	$35910	$10060	$13290	**$17600**	**$21190**	JD	4T	239D	12F-4R	66.0	7916	No
6200 4WD	$38230	$10700	$14150	**$18730**	**$22560**	JD	4T	239D	16F-16R	66.0		No
6200 4WD w/Cab	$44451	$12180	$16100	**$21320**	**$25670**	JD	4T	239D	12F-4R	66.0	8423	CHA
6200 w/Cab	$37718	$10560	$13960	**$18480**	**$22250**	JD	4T	239D	12F-4R	66.0	7927	CHA
6200L	$29158	$8160	$10790	**$14290**	**$17200**	JD	4T	239D	12F-4R	66.0	7420	No
6200L	$31478	$8810	$11650	**$15420**	**$18570**	JD	4T	239D	16F-16R	66.0		No
6200L 4WD	$35891	$10050	$13280	**$17590**	**$21180**	JD	4T	239D	12F-4R	66.0	7916	No
6300	$31524	$10090	$12290	**$16390**	**$20180**	JD	4T	239D	12F-4R	75.0	7497	No
6300	$33844	$10830	$13200	**$17600**	**$21660**	JD	4T	239D	16F-16R	75.0		No
6300 4WD	$38538	$12330	$15030	**$20040**	**$24660**	JD	4T	239D	12F-4R	75.0	8004	No
6300 4WD	$40858	$13080	$15940	**$21250**	**$26150**	JD	4T	239D	16F-16R	75.0		No
6300 4WD w/Cab	$47074	$15060	$18360	**$24480**	**$30130**	JD	4T	239D	12F-4R	75.0	8511	CHA
6300 w/Cab	$40060	$12820	$15620	**$20830**	**$25640**	JD	4T	239D	12F-4R	75.0	8004	CHA
6300L	$31504	$10080	$12290	**$16380**	**$20160**	JD	4T	239D	12F-4R	75.0	7497	No
6300L	$33824	$10820	$13190	**$17590**	**$21650**	JD	4T	239D	16F-16R	75.0		No
6300L 4WD	$38640	$12370	$15070	**$20090**	**$24730**	JD	4T	239D	12F-4R	75.0	8004	No
6400	$34575	$11060	$13480	**$17980**	**$22130**	JD	4T	276D	12F-4R	85.0	7607	No
6400	$36895	$11810	$14390	**$19190**	**$23610**	JD	4T	276D	16F-16R	85.0		No
6400 4WD	$41711	$13350	$16270	**$21690**	**$26700**	JD	4T	276D	12F-4R	85.0	8246	No
6400 4WD	$44031	$14090	$17170	**$22900**	**$28180**	JD	4T	276D	16F-16R	85.0		No
6400 4WD w/Cab	$50261	$16080	$19600	**$26140**	**$32170**	JD	4T	276D	12F-4R	85.0	8754	CHA
6400 w/Cab	$43125	$13800	$16820	**$22430**	**$27600**	JD	4T	276D	12F-4R	85.0	8114	CHA
6400L	$34567	$11060	$13480	**$17980**	**$22120**	JD	4T	276D	12F-4R	85.0	7607	No
6400L	$36887	$11800	$14390	**$19180**	**$23610**	JD	4T	276D	16F-16R	85.0		No
6400L 4WD	$41703	$13350	$16260	**$21690**	**$26690**	JD	4T	276D	12F-4R	85.0	8246	No
6500L	$39763	$12720	$15510	**$20680**	**$25450**	JD	4T	276D	16F-12R	95.0	7740	No
6500L 4WD	$46899	$15010	$18290	**$24390**	**$30020**	JD	4T	276D	16F-12R	95.0	8379	No
7200	$47939	$15340	$18700	**$24930**	**$30680**	JD	6T	359D	12F-4R	92.0	10662	CHA
7200	$50260	$16080	$19600	**$26140**	**$32170**	JD	6T	359D	16F-16R	92.0		CHA
7200 4WD	$56318	$18020	$21960	**$29290**	**$36040**	JD	6T	359D	12F-4R	92.0	11522	CHA
7200 4WD	$58638	$18760	$22870	**$30490**	**$37530**	JD	6T	359D	16F-16R	92.0		CHA
7200HC	$47796	$15300	$18640	**$24850**	**$30590**	JD	6T	359D	12F-4R	92.0		No
7200HC	$50116	$16040	$19550	**$26060**	**$32070**	JD	6T	359D	16F-16R	92.0		CHA
7200HC 4WD	$57403	$18370	$22390	**$29850**	**$36740**	JD	6T	359D	12F-4R	92.0		No
7200HC 4WD w/Cab	$65033	$20810	$25360	**$33820**	**$41620**	JD	6T	359D	12F-4R	92.0		CHA
7200HC w/Cab	$55426	$17740	$21620	**$28820**	**$35470**	JD	6T	359D	12F-4R	92.0		CHA
7400	$51697	$16540	$20160	**$26880**	**$33090**	JD	6T	414D	12F-4R	100.0	10827	CHA
7400	$54017	$17290	$21070	**$28090**	**$34570**	JD	6T	414D	16F-16R	100.0		CHA
7400 4WD	$60076	$19220	$23430	**$31240**	**$38450**	JD	6T	414D	12F-4R	100.0	11687	CHA
7400 4WD	$62396	$19970	$24330	**$32450**	**$39930**	JD	6T	414D	16F-16R	100.0		CHA
7400HC	$50116	$16040	$19550	**$26060**	**$32070**	JD	6T	414D	16F-16R	100.0		CHA
7400HC	$51608	$16520	$20130	**$26840**	**$33030**	JD	6T	414D	12F-4R	100.0		No
7400HC 4WD	$61215	$19590	$23870	**$31830**	**$39180**	JD	6T	414D	12F-4R	100.0		No
7400HC 4WD w/Cab	$68845	$22030	$26850	**$35800**	**$44060**	JD	6T	414D	12F-4R	100.0		CHA
7400HC w/Cab	$59238	$18960	$23100	**$30800**	**$37910**	JD	6T	414D	12F-4R	100.0		CHA
7600	$60210	$19270	$23480	**$31310**	**$38530**	JD	6T	414D	16F-16R	110.0	13160	CHA
7600 4WD	$71400	$22850	$27850	**$37130**	**$45700**	JD	6T	414D	16F-16R	110.0	15200	CHA
7600 PS	$63350	$20270	$24710	**$32940**	**$40540**	JD	6T	414D	19F-7R	110.0		CHA
7700	$67447	$21580	$26300	**$35070**	**$43170**	JD	6T	466D	16F-12R	125.0	13870	CHA
7700 4WD	$78637	$25160	$30670	**$40890**	**$50330**	JD	6T	466D	16F-12R	125.0	15400	CHA
7700 PS	$70587	$22590	$27530	**$36710**	**$45180**	JD	6T	466D	19F-7R	125.0		CHA
7800	$72226	$23110	$28170	**$37560**	**$46230**	JD	6T	466D	16F-12R	145.0	13910	CHA
7800 4WD	$83416	$26690	$32530	**$43380**	**$53390**	JD	6T	466D	16F-12R	145.0	15480	CHA
7800 PS	$75366	$24120	$29390	**$39190**	**$48230**	JD	6T	466D	19F-7R	145.0		CHA
8100	$81185	$22730	$30040	**$39780**	**$47900**	JD	6TA	466D	16F-4R	160.0	16435	CHA
8100 4WD	$94009	$26320	$34780	**$46060**	**$55470**	JD	6TA	466D	16F-4R	160.0	17876	CHA
8200	$90655	$25380	$33540	**$44420**	**$53490**	JD	6TA	466D	16F-4R	180.0	16457	CHA
8200 4WD	$103479	$28280	$37370	**$49490**	**$59590**	JD	6TA	466D	16F-4R	180.0	17898	CHA
8300	$99563	$27880	$36840	**$48790**	**$58740**	JD	6TA	466D	16F-4R	200.0	17030	CHA
8300 4WD	$112387	$30520	$40330	**$53410**	**$64310**	JD	6TA	466D	16F-4R	200.0	18523	CHA
8400 4WD	$121661	$24570	$36270	**$51480**	**$62010**	JD	6TA	496D	16F-4R	225.0		CHA
8570 4WD	$95117	$17120	$25680	**$35190**	**$46610**	JD	6TA	466D	12F-3R	206.0	29564	CHA
8570 4WD	$99729	$17950	$26930	**$36900**	**$48870**	JD	6TA	466D	24F-6R	206.0		CHA
8570 4WD PTO, 3-Pt.	$111238	$20020	$30030	**$41160**	**$54510**	JD	6TA	466D	12F-3R	206.0		CHA
8770 4WD	$114945	$20160	$30240	**$41440**	**$54880**	JD	6TA	619D	12F-3R	256.0	31438	CHA
8770 4WD	$119557	$21060	$31590	**$43290**	**$57330**	JD	6TA	619D	24F-6R	256.0		CHA
8770 4WD PS	$131088	$23040	$34560	**$47360**	**$62720**	JD	6TA	619D	12F-2R	256.0		CHA
8870 4WD	$126538	$22780	$34170	**$46820**	**$62000**	JD	6TA	619D	12F-3R	300.0	31438	CHA
8870 4WD	$131150	$23610	$35410	**$48530**	**$64260**	JD	6TA	619D	24F-6R	300.0		CHA
8870 4WD PS	$142681	$25200	$37800	**$51800**	**$68600**	JD	6TA	619D	12F-2R	300.0		CHA
8970 4WD	$144175	$25200	$37800	**$51800**	**$68600**	JD	6TA	855D	12F-3R	339.0		CHA
8970 4WD	$148787	$25740	$38610	**$52910**	**$70070**	JD	6TA	855D	24F-6R	339.0	31879	CHA
8970 4WD PS	$160318	$26640	$39960	**$54760**	**$72520**	JD	6TA	855D	12F-2R	339.0		CHA
8970 4WD PS PTO	$167603	$27000	$40500	**$55500**	**$73500**	JD	6TA	855D	12F-2R	339.0		CHA
8970 4WD PTO	$151460	$25380	$38070	**$52170**	**$69090**	JD	6TA	855D	12F-3R	339.0		CHA
8970 4WD PTO	$156072	$26280	$39420	**$54020**	**$71540**	JD	6TA	855D	24F-6R	339.0		CHA

H, HC, HU--High Clearance PS--Power Shift QR--Quad Range

John Deere (Cont.)

Model	Approx. Retail Price New	Estimated Value Less Repairs: Used Trade In Avg.	Used Trade In High	Used Retail Avg.	Used Retail High	Make	Engine No. Cyls.	Engine Displ. Cu.-In.	No. Speeds	P.T.O. H.P.	Approx. Shipping Wt.-Lbs.	Cab
1995												
670	$11342	$3410	$4180	**$5610**	**$6930**	Yanmar	3	54D	8F-2R	16.0	1980	No
670 4WD	$13534	$4030	$4940	**$6630**	**$8190**	Yanmar	3	54D	8F-2R	16.0	2120	No
755	$13825	$4290	$5250	**$7050**	**$8710**	Yanmar	3	54D	Variable	20.0	1817	No
755 4WD	$15485	$4650	$5700	**$7650**	**$9450**	Yanmar	3	54D	Variable	20.0	1921	No
770	$12249	$3720	$4560	**$6120**	**$7560**	Yanmar	3	83D	8F-2R	20.0	2180	No
770 4WD	$14106	$4370	$5360	**$7190**	**$8890**	Yanmar	3	83D	8F-2R	24.0	2355	No
855	$14742	$4570	$5600	**$7520**	**$9290**	Yanmar	3	61D	Variable	19.0	1876	No
855 4WD	$16604	$4960	$6080	**$8160**	**$10080**	Yanmar	3	61D	Variable	19.0	1876	No
870	$13378	$4150	$5080	**$6820**	**$8430**	Yanmar	3	87D	9F-3R	25.0	1876	No
870 4WD	$16080	$4990	$6110	**$8200**	**$10130**	Yanmar	3	87D	9F-3R	25.0	1876	No
955 4WD	$18580	$5640	$6910	**$9270**	**$11450**	Yanmar	3	87D	Variable	27.3	1876	No
970	$15570	$4830	$5920	**$7940**	**$9810**	Yanmar	3	111D	9F-3R	30.0	1876	No
970 4WD	$19508	$5890	$7220	**$9690**	**$11970**	Yanmar	3	111D	9F-3R	30.0	1876	No
1070	$18178	$5640	$6910	**$9270**	**$11450**	Yanmar	3	116D	9F-3R	35.0	1876	No
1070 4WD	$21200	$6360	$7790	**$10460**	**$12920**	Yanmar	3	116D	9F-3R	35.0	1876	No
5200	$20182	$6460	$8070	**$10800**	**$12920**	JD	3	179D	9F-3R	40.0	4250	No
5200 4WD	$24164	$7730	$9670	**$12930**	**$15470**	JD	3	179D	9F-3R	40.0	4650	No
5300	$21091	$6750	$8440	**$11280**	**$13500**	JD	3	179D	9F-3R	50.0	4350	No
5300 4WD	$26792	$8570	$10720	**$14330**	**$17150**	JD	3	179D	9F-3R	50.0	4750	No
5400	$24183	$7740	$9670	**$12940**	**$15480**	JD	3	179D	9F-3R	60.0	4600	No
5400 4WD	$29030	$9290	$11610	**$15530**	**$18580**	JD	3	179D	9F-3R	60.0	5000	No
5400N	$24644	$7890	$9860	**$13190**	**$15770**	JD	3	179D	12F-12R	60.0	4763	No
5400N 4WD	$30144	$9650	$12060	**$16130**	**$19290**	JD	3	179D	12F-12R	60.0	5072	No
6200	$28410	$7670	$10230	**$13640**	**$16480**	JD	4T	239D	12F-4R	66.0	7420	No
6200 4WD	$34966	$9440	$12590	**$16780**	**$20280**	JD	4T	239D	12F-4R	66.0	7916	No
6200 4WD w/Cab	$43302	$11690	$15590	**$20790**	**$25120**	JD	4T	239D	12F-4R	66.0	8423	CHA
6200 w/Cab	$36746	$9920	$13230	**$17640**	**$21310**	JD	4T	239D	12F-4R	66.0	7927	CHA
6200L	$28410	$7670	$10230	**$13640**	**$16480**	JD	4T	239D	12F-4R	66.0	7420	No
6200L 4WD	$34966	$9440	$12590	**$16780**	**$20280**	JD	4T	239D	12F-4R	66.0	7916	No
6300	$30695	$9520	$11660	**$15650**	**$19340**	JD	4T	239D	12F-4R	75.0	7497	No
6300 4WD	$37525	$11630	$14260	**$19140**	**$23640**	JD	4T	239D	12F-4R	75.0	8004	No
6300 4WD w/Cab	$45861	$14220	$17430	**$23390**	**$28890**	JD	4T	239D	12F-4R	75.0	8511	CHA
6300 w/Cab	$39031	$12100	$14830	**$19910**	**$24590**	JD	4T	239D	12F-4R	75.0	8004	CHA
6300L	$30695	$9520	$11660	**$15650**	**$19340**	JD	4T	239D	12F-4R	75.0	7497	No
6300L 4WD	$37143	$11510	$14110	**$18940**	**$23400**	JD	4T	239D	12F-4R	75.0	8004	No
6400	$33677	$10440	$12800	**$17180**	**$21220**	JD	4T	239D	12F-4R	85.0	7607	No
6400 4WD	$40625	$12590	$15440	**$20720**	**$25590**	JD	4T	239D	12F-4R	85.0	8246	No
6400 4WD w/Cab	$48961	$15180	$18610	**$24970**	**$30850**	JD	4T	239D	12F-4R	85.0	8754	CHA
6400 w/Cab	$42013	$13020	$15970	**$21430**	**$26470**	JD	4T	239D	12F-4R	85.0	8114	CHA
6400L	$33677	$10440	$12800	**$17180**	**$21220**	JD	4T	239D	12F-4R	85.0	7607	No
6400L 4WD	$40625	$12590	$15440	**$20720**	**$25590**	JD	4T	239D	12F-4R	85.0	8246	No
6500L	$38729	$12010	$14720	**$19750**	**$24400**	JD	4T	239D	16F-12R	95.0	7740	No
6500L 4WD	$45677	$14160	$17360	**$23300**	**$28780**	JD	4T	239D	16F-12R	95.0	8379	No
7200	$46781	$14500	$17780	**$23860**	**$29470**	JD	6T	359D	12F-4R	92.0	10662	CHA
7200 4WD	$54094	$16770	$20560	**$27590**	**$34080**	JD	6T	359D	12F-4R	92.0	11522	CHA
7200HC	$46092	$14290	$17520	**$23510**	**$29040**	JD	6T	359D	12F-4R	92.0		No
7200HC 4WD	$53405	$16560	$20290	**$27240**	**$33650**	JD	6T	359D	12F-4R	92.0		No
7200HC 4WD w/Cab	$61035	$18920	$23190	**$31130**	**$38450**	JD	6T	359D	12F-4R	92.0		CHA
7200HC w/Cab	$53722	$16650	$20410	**$27400**	**$33850**	JD	6T	359D	12F-4R	92.0		CHA
7400	$50444	$15640	$19170	**$25730**	**$31780**	JD	6T	414D	12F-4R	100.0	10827	CHA
7400 4WD	$57757	$17910	$21950	**$29460**	**$36390**	JD	6T	414D	12F-4R	100.0	11687	CHA
7400HC	$49767	$15430	$18910	**$25380**	**$31350**	JD	6T	414D	12F-4R	100.0		No
7400HC 4WD	$57080	$17700	$21690	**$29110**	**$35960**	JD	6T	414D	12F-4R	100.0		No
7400HC 4WD w/Cab	$64710	$20060	$24590	**$33000**	**$40770**	JD	6T	414D	12F-4R	100.0		CHA
7400HC w/Cab	$57397	$17790	$21810	**$29270**	**$36160**	JD	6T	414D	12F-4R	100.0		CHA
7600	$58734	$18210	$22320	**$29950**	**$37000**	JD	6T	414D	16F-12R	110.0	13160	CHA
7600 4WD	$68677	$21290	$26100	**$35030**	**$43270**	JD	6T	414D	16F-12R	110.0	15200	CHA
7700	$65795	$20400	$25000	**$33560**	**$41450**	JD	6T	466D	16F-12R	125.0	13870	CHA
7700 4WD	$75738	$23480	$28780	**$38630**	**$47720**	JD	6T	466D	16F-12R	125.0	15400	CHA
7800	$70433	$21830	$26770	**$35920**	**$44370**	JD	6T	466D	16F-12R	145.0	13910	CHA
7800 4WD	$80376	$24920	$30540	**$40990**	**$50640**	JD	6T	466D	16F-12R	145.0	15480	CHA
8100	$80010	$21600	$28800	**$38410**	**$46410**	JD	6TA	466D	16F-4R	160.0	16435	CHA
8100 4WD	$91489	$24300	$32400	**$43200**	**$52200**	JD	6TA	466D	16F-4R	160.0	17876	CHA
8200	$89334	$23760	$31680	**$42240**	**$51040**	JD	6TA	466D	16F-4R	180.0	16457	CHA
8200 4WD	$100813	$25920	$34560	**$46080**	**$55680**	JD	6TA	466D	16F-4R	180.0	17898	CHA
8300	$98110	$26190	$34920	**$46560**	**$56260**	JD	6TA	466D	16F-4R	200.0	17030	CHA
8300 4WD	$109589	$27810	$37080	**$49440**	**$59740**	JD	6TA	466D	16F-4R	200.0	18523	CHA
8400 4WD	$119744	$22000	$33000	**$47300**	**$57200**	JD	6TA	496D	16F-4R	225.0		CHA
8570 4WD	$95117	$16170	$24730	**$34240**	**$45660**	JD	6TA	466D	12F-3R	206.0	29564	CHA
8570 4WD	$99729	$16950	$25930	**$35900**	**$47870**	JD	6TA	466D	24F-6R	202.65		CHA
8770 4WD	$114945	$19040	$29120	**$40320**	**$53760**	JD	6TA	619D	12F-3R	256.0	31438	CHA
8770 4WD	$119557	$19890	$30420	**$42120**	**$56160**	JD	6TA	619D	24F-6R	256.0		CHA
8770 4WD PS	$132474	$21760	$33280	**$46080**	**$61440**	JD	6TA	619D	12F-2R	256.0		CHA
8870 4WD	$126538	$21510	$32900	**$45550**	**$60740**	JD	6TA	619D	12F-3R	300.0	31438	CHA
8870 4WD	$131150	$22300	$34100	**$47210**	**$62950**	JD	6TA	619D	24F-6R	300.0		CHA
8870 4WD PS	$142681	$23800	$36400	**$50400**	**$67200**	JD	6TA	619D	12F-2R	300.0		CHA
8970 4WD	$144175	$22780	$34840	**$48240**	**$64320**	JD	6TA	855D	12F-3R	339.0		CHA
8970 4WD	$148787	$23460	$35880	**$49680**	**$66240**	JD	6TA	855D	24F-6R	339.0	31879	CHA
8970 4WD PS	$161704	$25500	$39000	**$54000**	**$72000**	JD	6TA	855D	12F-2R	339.0		CHA
8970 4WD PS PTO	$168989	$26350	$40300	**$55800**	**$74400**	JD	6TA	855D	12F-2R	339.0		CHA
8970 4WD PTO	$151460	$24650	$37700	**$52200**	**$69600**	JD	6TA	855D	12F-3R	339.0		CHA
8970 4WD PTO	$156072	$25160	$38480	**$53280**	**$71040**	JD	6TA	855D	24F-6R	339.0		CHA

H, HC, HU--High Clearance PS--Power Shift QR--Quad Range

John Deere (Cont.)

1994

Model	Approx. Retail Price New	Used Trade In Avg.	Used Trade In High	Used Retail Avg.	Used Retail High	Engine Make	Engine No. Cyls.	Engine Displ. Cu.-In.	No. Speeds	P.T.O. H.P.	Approx. Shipping Wt.-Lbs.	Cab
670	$10720	$3000	$3700	**$5000**	**$6200**	Yanmar	3	54D	8F-2R	16.0	1980	No
670 4WD	$12440	$3600	$4440	**$6000**	**$7440**	Yanmar	3	54D	8F-2R	16.0	2120	No
755	$13570	$3900	$4810	**$6500**	**$8060**	Yanmar	3	54D	Variable	20.0	1817	No
755 4WD	$14790	$4260	$5250	**$7100**	**$8800**	Yanmar	3	54D	Variable	20.0	1921	No
770	$11575	$3300	$4070	**$5500**	**$6820**	Yanmar	3	83D	8F-2R	20.0	2180	No
770 4WD	$13460	$3900	$4810	**$6500**	**$8060**	Yanmar	3	83D	8F-2R	24.0	2355	No
855	$14440	$4200	$5180	**$7000**	**$8680**	Yanmar	3	61D	Variable	19.0	1876	No
855 4WD	$15858	$4590	$5660	**$7650**	**$9490**	Yanmar	3	61D	Variable	19.0	1876	No
870	$12715	$3600	$4440	**$6000**	**$7440**	Yanmar	3	87D	9F-3R	25.0	1876	No
870 4WD	$15380	$4310	$5320	**$7190**	**$8920**	Yanmar	3	87D	9F-3R	25.0	1876	No
955 4WD	$17120	$4980	$6140	**$8300**	**$10290**	Yanmar	3	87D	Variable	27.3	1876	No
970	$14715	$4270	$5260	**$7110**	**$8810**	Yanmar	3	111D	9F-3R	30.0	1876	No
970 4WD	$18021	$5100	$6290	**$8500**	**$10540**	Yanmar	3	111D	9F-3R	30.0	1876	No
1070	$17075	$4800	$5920	**$8000**	**$9920**	Yanmar	3	116D	9F-3R	35.0	1876	No
1070 4WD	$19700	$5550	$6850	**$9250**	**$11470**	Yanmar	3	116D	9F-3R	35.0	1876	No
2355N	$22616	$6790	$8370	**$11310**	**$14020**	JD	4	239D	8F-4R	55.90	6261	No
2355N 4WD	$29893	$8970	$11060	**$14950**	**$18530**	JD	4	239D	8F-4R	55.90	6878	No
2555 Low Profile	$26246	$7870	$9710	**$13120**	**$16270**	JD	4	239D	8F-4R	66.00	6515	No
2555 Low Profile 4WD	$32135	$9640	$11890	**$16070**	**$19920**	JD	4	239D	8F-4R	65.00	7286	No
2755 4WD	$37432	$11230	$13850	**$18720**	**$23210**	JD	4T	239D	8F-4R	75.00		No
2755 Low Profile	$29652	$8900	$10970	**$14830**	**$18380**	JD	4T	239D	8F-4R	75.00		No
2855N Narrow	$30754	$9230	$11380	**$15380**	**$19070**	JD	4T	239D	8F-4R	80.00		No
2855N Narrow 4WD	$38664	$11600	$14310	**$19330**	**$23970**	JD	4T	239D	8F-4R	80.00		No
4560 4WD w/Cab	$83375	$15840	$24180	**$35020**	**$42520**	JD	6T	466D	16F-6R	155.00		CHA
4560 PS 4WD w/Cab	$88499	$16820	$25670	**$37170**	**$45130**	JD	6T	466D	15F-4R	155.00		CHA
4560 PS w/Cab	$77300	$14690	$22420	**$32470**	**$39420**	JD	6T	466D	15F-4R	155.00		CHA
4560 w/Cab	$72176	$13710	$20930	**$30310**	**$36810**	JD	6T	466D	16F-6R	155.00		CHA
4760	$80915	$15370	$23470	**$33980**	**$41270**	JD	6TA	466D	16F-6R	175		CHA
4760 4WD	$92114	$17500	$26710	**$38690**	**$46980**	JD	6TA	466D	16F-6R	175		CHA
4760 PS	$86039	$16350	$24950	**$36140**	**$43880**	JD	6TA	466D	15F-4R	175		CHA
4760 PS 4WD	$97238	$18240	$27840	**$40320**	**$48960**	JD	6TA	466D	15F-4R	175		CHA
4960	$94265	$17910	$27340	**$39590**	**$48080**	JD	6TA	466D	15F-4R	200		CHA
4960 4WD	$105464	$19000	$29000	**$42000**	**$51000**	JD	6TA	466D	15F-4R	200		CHA
5200	$18638	$5780	$7270	**$9880**	**$11740**	JD	3	179D	9F-3R	40		No
5200 4WD	$24455	$7580	$9540	**$12960**	**$15410**	JD	3	179D	9F-3R	40		No
5300	$20524	$6360	$8000	**$10880**	**$12930**	JD	3	179D	9F-3R	50		No
5300 4WD	$26071	$8080	$10170	**$13820**	**$16430**	JD	3	179D	9F-3R	50		No
5400	$23472	$7280	$9150	**$12440**	**$14790**	JD	3	179D	9F-3R	60		No
5400 4WD	$28208	$8740	$11000	**$14950**	**$17770**	JD	3	179D	9F-3R	60		No
6200	$27717	$7210	$9700	**$13030**	**$15800**	JD	4T	239D	12F-4R	66.00		No
6200 4WD	$34113	$8870	$11940	**$16030**	**$19440**	JD	4T	239D	12F-4R	66.00		No
6200 w/Cab	$35859	$9320	$12550	**$16850**	**$20440**	JD	4T	239D	12F-4R	66.00		CHA
6300	$29989	$9000	$11100	**$15000**	**$18590**	JD	4T	239D	12F-4R	75.00		No
6300 4WD	$36385	$10920	$13460	**$18190**	**$22560**	JD	4T	239D	12F-4R	75.00		No
6300 4WD W/Cab	$43020	$12910	$15920	**$21510**	**$26670**	JD	4T	239D	12F-4R	75.00		CHA
6300 w/Cab	$38131	$11440	$14110	**$19070**	**$23640**	JD	4T	239D	12F-4R	75.00		CHA
6400	$32630	$9790	$12070	**$16320**	**$20230**	JD	4T	239D	12F-4R	85.00		No
6400 4WD	$39026	$11710	$14440	**$19510**	**$24200**	JD	4T	239D	12F-4R	85.00		No
6400 4WD w/Cab	$47588	$14280	$17610	**$23790**	**$29510**	JD	4T	239D	12F-4R	85.00		CHA
6400 w/Cab	$40772	$12230	$15090	**$20390**	**$25280**	JD	4T	239D	12F-4R	85.00		CHA
7200	$46034	$13810	$17030	**$23020**	**$28540**	JD	6T	359D	16F-8R	92		CHA
7200 4WD	$53347	$16000	$19740	**$26670**	**$33080**	JD	6T	359D	16F-8R	92		CHA
7400	$49656	$14900	$18370	**$24830**	**$30790**	JD	6T	414D	12F-4R	100.		CHA
7400 4WD	$56969	$17090	$21080	**$28490**	**$35320**	JD	6T	414D	12F-4R	100.		CHA
7600	$57802	$17340	$21390	**$28900**	**$35840**	JD	6T	414D	16F-12R	110.00		CHA
7600 4WD	$67745	$20320	$25070	**$33870**	**$42000**	JD	6T	414D	16F-12R	110.00		CHA
7700	$64762	$19430	$23960	**$32380**	**$40150**	JD	6T	466D	16F-12R	125.00		CHA
7700 4WD	$74705	$22410	$27640	**$37350**	**$46320**	JD	6T	466D	16F-12R	125.00		CHA
7800	$69352	$20810	$25660	**$34680**	**$43000**	JD	6T	466D	16F-12R	145.00		CHA
7800 4WD	$79295	$23790	$29340	**$39650**	**$49160**	JD	6T	466D	16F-12R	145.00		CHA
8570 4WD	$89214	$14270	$22300	**$31230**	**$41930**	JD	6TA	466D	12F-3R	200.00		CHA
8570 4WD	$94837	$15170	$23710	**$33190**	**$44570**	JD	6TA	466D	24F-6R	202.65		CHA
8570 4WD PTO, 3-Pt.	$101671	$15680	$24500	**$34300**	**$46060**	JD	6TA	466D	12F-3R	200.00		CHA
8770 4WD	$107814	$16800	$26250	**$36750**	**$49350**	JD	6TA	619D	12F-3R	260.94		CHA
8870 4WD	$122214	$19550	$30550	**$42780**	**$57440**	JD	6TA	619D	12F-3R			CHA
8870 4WD 3-Pt.	$131188	$20990	$32800	**$45920**	**$61660**	JD	6TA	619D	12F-3R			CHA
8970 4WD	$137214	$21600	$33750	**$47250**	**$63450**	JD	6TA	855D	12F-3R	322.00		CHA
8970 4WD	$142837	$22080	$34500	**$48300**	**$64860**	JD	6TA	855D	24F-6R	333.40		CHA

H, HC, HU--High Clearance PS--Power Shift QR--Quad Range

1993

Model	Approx. Retail Price New	Used Trade In Avg.	Used Trade In High	Used Retail Avg.	Used Retail High	Engine Make	Engine No. Cyls.	Engine Displ. Cu.-In.	No. Speeds	P.T.O. H.P.	Approx. Shipping Wt.-Lbs.	Cab
670	$10457	$2900	$3600	**$4900**	**$6100**	Yanmar	3	54D	8F-2R	16.0	1980	No
670 4WD	$12133	$3390	$4210	**$5730**	**$7140**	Yanmar	3	54D	8F-2R	16.0	2120	No
755	$13240	$3710	$4610	**$6270**	**$7810**	Yanmar	3	54D	Variable	20.0	1817	No
755 4WD	$14429	$4060	$5040	**$6860**	**$8540**	Yanmar	3	54D	Variable	20.0	1921	No
770	$11293	$3160	$3920	**$5340**	**$6650**	Yanmar	3	83D	8F-2R	20.0	2180	No
770 4WD	$13132	$3710	$4610	**$6270**	**$7810**	Yanmar	3	83D	8F-2R	24.0	2355	No
855	$14085	$3940	$4900	**$6660**	**$8300**	Yanmar	3	61D	Variable	19.0	1876	No
855 4WD	$15472	$4350	$5400	**$7350**	**$9150**	Yanmar	3	61D	Variable	19.0	1876	No
870	$12406	$3480	$4320	**$5880**	**$7320**	Yanmar	3	87D	9F-3R	25.0	1876	No
870 4WD	$15006	$4060	$5040	**$6860**	**$8540**	Yanmar	3	87D	9F-3R	25.0	1876	No
955 4WD	$16706	$4640	$5760	**$7840**	**$9760**	Yanmar	3	87D	Variable	27.3	1876	No
970	$14355	$4060	$5040	**$6860**	**$8540**	Yanmar	3	111D	9F-3R	30.0	1876	No
970 4WD	$17590	$4930	$6120	**$8330**	**$10370**	Yanmar	3	111D	9F-3R	30.0	1876	No

John Deere (Cont.)

1993 (Cont.)

Model	Approx. Retail Price New	Estimated Value Less Repairs: Used Trade In Avg.	Used Trade In High	Used Retail Avg.	Used Retail High	Engine Make	Engine No. Cyls.	Engine Displ. Cu.-In.	No. Speeds	P.T.O. H.P.	Approx. Shipping Wt.-Lbs.	Cab
1070	$16660	$4640	$5760	**$7840**	**$9760**	Yanmar	3	116D	9F-3R	35.0	1876	No
1070 4WD	$19239	$5290	$6570	**$8940**	**$11130**	Yanmar	3	116D	9F-3R	35.0	1876	No
2355 4WD w/Cab	$37041	$10740	$13340	**$18150**	**$22600**	JD	4	239D	8F-4R	55.90	7793	CHA
2355 w/Cab	$31529	$9140	$11350	**$15450**	**$19230**	JD	4	239D	8F-4R	55.90	7187	CHA
2355N	$21672	$6290	$7800	**$10620**	**$13220**	JD	4	239D	8F-4R	55.90	6261	No
2355N 4WD	$28636	$8300	$10310	**$14030**	**$17470**	JD	4	239D	8F-4R	55.90	6878	No
2555	$24750	$7180	$8910	**$12130**	**$15100**	JD	4	239D	8F-4R	66.00	6515	No
2555 4WD	$30316	$8790	$10910	**$14860**	**$18490**	JD	4	239D	8F-4R	65.00	7286	No
2755	$27974	$8110	$10070	**$13710**	**$17060**	JD	4T	239D	8F-4R	75.00		No
2755 4WD	$35302	$10240	$12710	**$17300**	**$21530**	JD	4T	239D	8F-4R	75.00		No
2855N Narrow	$29463	$8540	$10610	**$14440**	**$17970**	JD	4T	239D	8F-4R	80.00		No
2855N Narrow 4WD	$36990	$10730	$13320	**$18130**	**$22560**	JD	4T	239D	8F-4R	80.00		No
3055	$36787	$10670	$13240	**$18030**	**$22440**	JD	6	359D	16F-8R	94.40	14770	No
3055 w/Cab	$42658	$12370	$15360	**$20900**	**$26020**	JD	6	359D	16F-8R	94.40	14770	CHA
3255 4WD	$46217	$13400	$16640	**$22650**	**$28190**	JD	6T	359D	16F-8R	102.60	18300	No
3255 4WD w/Cab	$52088	$15110	$18750	**$25520**	**$31770**	JD	6T	359D	16F-8R	102.60	18300	CHA
4560 PS 4WD w/Cab	$85488	$15390	$23940	**$35050**	**$42740**	JD	6T	466D	15F-4R	155.00		CHA
4560 PS w/Cab	$74690	$13440	$20910	**$30620**	**$37350**	JD	6T	466D	15F-4R	155.00		CHA
4560 w/Cab	$69741	$12550	$19530	**$28590**	**$34870**	JD	6T	466D	16F-6R	155.00		CHA
4560 w/Cab 4WD	$80539	$14500	$22550	**$33020**	**$40270**	JD	6T	466D	16F-6R	155.00		CHA
4760	$78187	$14070	$21890	**$32060**	**$39090**	JD	6TA	466D	16F-6R	175		CHA
4760 4WD	$88985	$15660	$24360	**$35670**	**$43500**	JD	6TA	466D	16F-6R	175		CHA
4760 PS	$83136	$14960	$23280	**$34090**	**$41570**	JD	6TA	466D	15F-4R	175		CHA
4760 PS 4WD	$93934	$16380	$25480	**$37310**	**$45500**	JD	6TA	466D	15F-4R	175		CHA
4960 PS	$91086	$15840	$24640	**$36080**	**$44000**	JD	6TA	466D	15F-4R	200		CHA
4960 PS 4WD	$101884	$17100	$26600	**$38950**	**$47500**	JD	6TA	466D	15F-4R	200		CHA
5200	$18183	$5270	$6550	**$8910**	**$11090**	JD	3	179D	9F-3R	40		No
5200 4WD	$22683	$6580	$8170	**$11120**	**$13840**	JD	3	179D	9F-3R	40		No
5300	$19640	$5890	$7460	**$10310**	**$12180**	JD	3	179D	9F-3R	50		No
5300 4WD	$24948	$7480	$9480	**$13100**	**$15470**	JD	3	179D	9F-3R	50		No
5400	$21945	$6580	$8340	**$11520**	**$13610**	JD	3	179D	9F-3R	60		No
5400 4WD	$27254	$8180	$10360	**$14310**	**$16900**	JD	3	179D	9F-3R	60		No
6200	$26780	$6700	$9110	**$12320**	**$15000**	JD	4T	239D	12F-4R	66.00		No
6200 w/Cab	$34646	$8660	$11780	**$15940**	**$19400**	JD	4T	239D	12F-4R	66.00		CHA
6300	$28974	$8400	$10430	**$14200**	**$17670**	JD	4T	239D	12F-4R	75.00		No
6300 4WD	$36840	$10680	$13260	**$18050**	**$22470**	JD	4T	239D	12F-4R	75.00		No
6300 4WD w/Cab	$42840	$12420	$15420	**$20990**	**$26130**	JD	4T	239D	12F-4R	75.00		CHA
6300 w/Cab	$36820	$10680	$13260	**$18040**	**$22460**	JD	4T	239D	12F-4R	75.00		CHA
6400	$31206	$9050	$11230	**$15290**	**$19040**	JD	4T	239D	12F-8R	85.00		No
6400 4WD	$38455	$11150	$13840	**$18840**	**$23460**	JD	4T	239D	12F-4R	85.00		No
6400 4WD w/Cab	$46848	$13590	$16870	**$22960**	**$28580**	JD	4T	239D	12F-4R	85.00		CHA
6400 w/Cab	$39072	$11330	$14070	**$19150**	**$23830**	JD	4T	239D	12F-4R	85.00		CHA
7600	$56392	$16350	$20300	**$27630**	**$34400**	JD	6T	414D	16F-12R	110.00		CHA
7600 4WD	$65975	$19130	$23750	**$32330**	**$40250**	JD	6T	466D	16F-12R	110.00		No
7700	$62572	$18150	$22530	**$30660**	**$38170**	JD	6T	466D	16F-12R	125.00		CHA
7800	$67007	$19430	$24120	**$32830**	**$40870**	JD	6T	466D	16F-12R	145.00		CHA
7800 4WD	$76590	$22210	$27570	**$37530**	**$46720**	JD	6T	466D	16F-12R	145.00		CHA
8570 4WD	$89214	$13380	$21410	**$30330**	**$41040**	JD	6TA	466D	12F-3R	200.00		CHA
8570 4WD	$94837	$14230	$22760	**$32250**	**$43630**	JD	6TA	466D	24F-6R	202.65		CHA
8770 4WD	$107814	$15750	$25200	**$35700**	**$48300**	JD	6TA	619D	12F-3R	260.94		CHA
8770 4WD PS	$124683	$18150	$29040	**$41140**	**$55660**	JD	6TA	619D	12F-2R	260.94		CHA
8870 4WD	$122214	$18000	$28800	**$40800**	**$55200**	JD	6TA	619D	12F-3R			CHA
8870 4WD 3-Pt.	$131188	$18600	$29760	**$42160**	**$57040**	JD	6TA	619D	12F-3R			CHA
8970 4WD	$137214	$19050	$30480	**$43180**	**$58420**	JD	6TA	855D	12F-3R	322.00		CHA
8970 4WD	$142837	$19500	$31200	**$44200**	**$59800**	JD	6TA	855D	24F-6R	333.40		CHA

H, HC, HU--High Clearance PS--Power Shift QR--Quad Range

1992

Model	Approx. Retail Price New	Used Trade In Avg.	Used Trade In High	Used Retail Avg.	Used Retail High	Engine Make	Engine No. Cyls.	Engine Displ. Cu.-In.	No. Speeds	P.T.O. H.P.	Approx. Shipping Wt.-Lbs.	Cab
670	$10250	$2800	$3500	**$4800**	**$6000**	Yanmar	3	54D	8F-2R	16.0	1980	No
670 4WD	$11954	$3190	$3990	**$5470**	**$6840**	Yanmar	3	54D	8F-2R	16.0	2120	No
755	$12169	$3300	$4130	**$5660**	**$7080**	Yanmar	3	54D	Variable	20.0	1817	No
755 4WD	$13346	$3640	$4550	**$6240**	**$7800**	Yanmar	3	54D	Variable	20.0	1921	No
770	$11021	$3000	$3750	**$5140**	**$6420**	Yanmar	3	83D	8F-2R	20.0	2180	No
770 4WD	$12938	$3470	$4340	**$5950**	**$7440**	Yanmar	3	83D	8F-2R	24.0	2355	No
855	$13327	$3580	$4480	**$6140**	**$7680**	Yanmar	3	61D	Variable	19.0	1876	No
855 4WD	$14686	$3920	$4900	**$6720**	**$8400**	Yanmar	3	61D	Variable	19.0	1876	No
870	$12107	$3360	$4200	**$5760**	**$7200**	Yanmar	3	87D	9F-3R	25.0	1876	No
870 4WD	$14785	$3920	$4900	**$6720**	**$8400**	Yanmar	3	87D	9F-3R	25.0	1876	No
955 4WD	$16383	$4370	$5460	**$7490**	**$9360**	Yanmar	3	87D	Variable	27.3	1876	No
970	$14009	$3780	$4730	**$6480**	**$8100**	Yanmar	3	111D	9F-3R	30.0	1876	No
970 4WD	$17331	$4680	$5850	**$8020**	**$10020**	Yanmar	3	111D	9F-3R	30.0	1876	No
1070	$16254	$4480	$5600	**$7680**	**$9600**	Yanmar	3	116D	9F-3R	35.0	1876	No
1070 4WD	$18955	$5040	$6300	**$8640**	**$10800**	Yanmar	3	116D	9F-3R	35.0	1876	No
2155	$17840	$5000	$6240	**$8560**	**$10700**	JD	3	179D	8F-4R	45.60	5269	No
2155 4WD	$24763	$6930	$8670	**$11890**	**$14860**	JD	3	179D	8F-4R	45.60	5986	No
2355	$20766	$5810	$7270	**$9970**	**$12460**	JD	4	239D	8F-4R	55.90	6261	No
2355 4WD	$27839	$7800	$9740	**$13360**	**$16700**	JD	4	239D	8F-4R	55.90	6878	No
2355 4WD w/Cab	$34944	$9780	$12230	**$16770**	**$20970**	JD	4	239D	8F-4R	55.90	7793	CHA
2355 w/Cab	$29744	$8330	$10410	**$14280**	**$17850**	JD	4	239D	8F-4R	55.90	7187	CHA
2355N Narrow	$21061	$5900	$7370	**$10110**	**$12640**	JD	3T	179D	8F-4R	55.00		No
2355N Narrow 4WD	$27829	$7790	$9740	**$13360**	**$16700**	JD	3T	179D	8F-4R	55.00		No
2555	$24789	$6940	$8680	**$11900**	**$14870**	JD	4	239D	8F-4R	66.00	6515	No
2555 4WD	$31550	$8830	$11040	**$15140**	**$18930**	JD	4	239D	8F-4R	65.00	7286	No
2555 4WD w/Cab	$38833	$10870	$13590	**$18640**	**$23300**	JD	4	239D	8F-4R	65.00	7959	CHA

John Deere (Cont.)

1992 (Cont.)

Model	Approx. Retail Price New	Estimated Value Less Repairs: Used Trade In Avg.	Used Trade In High	Used Retail Avg.	Used Retail High	Engine Make	Engine No. Cyls.	Engine Displ. Cu.-In.	No. Speeds	P.T.O. H.P.	Approx. Shipping Wt.-Lbs.	Cab
2555 w/Cab	$33341	$9340	$11670	**$16000**	**$20010**	JD	4	239D	8F-4R	66.00	7441	CHA
2755	$27882	$7810	$9760	**$13380**	**$16730**	JD	4T	239D	8F-4R	75.00	6558	No
2755 4WD	$36417	$10200	$12750	**$17480**	**$21850**	JD	4T	239D	8F-4R	75.00	7374	No
2755 4WD w/Cab	$43692	$12230	$15290	**$20970**	**$26220**	JD	4T	239D	8F-4R	75.00	8433	CHA
2755 w/Cab	$36805	$10310	$12880	**$17670**	**$22080**	JD	4T	239D	8F-4R	75.00	7441	CHA
2755HC 4WD	$38652	$10820	$13530	**$18550**	**$23190**	JD	4T	239D	12F-8R	75.00	7750	No
2855N	$28646	$8020	$10030	**$13750**	**$17190**	JD	4T	239D	8F-4R	80.00		No
2855N 4WD	$35965	$10070	$12590	**$17260**	**$21580**	JD	4T	239D	8F-4R	80.00		No
2955	$32654	$9140	$11430	**$15670**	**$19590**	JD	6	359D	8F-4R	85.00	8444	No
2955 4WD	$39763	$11130	$13920	**$19090**	**$23860**	JD	6	359D	8F-4R	85.00	8973	No
2955 4WD w/Cab	$47749	$12880	$16100	**$22080**	**$27600**	JD	6	359D	16F-8R	85.00	9590	CHA
2955 w/Cab	$41513	$11620	$14530	**$19930**	**$24910**	JD	6	359D	16F-8R	85.00	9083	CHA
2955HC 4WD	$41308	$11570	$14460	**$19830**	**$24790**	JD	6	359D	12F-8R	85.00	9140	No
2955HC 4WD w/Cab	$48160	$13490	$16860	**$23120**	**$28900**	JD	6	359D	12F-8R	85.00	9835	CHA
3055	$37265	$8940	$12300	**$16770**	**$20500**	JD	6	359D	16F-8R	94.40	14770	No
3055 w/Cab	$42965	$10310	$14180	**$19330**	**$23630**	JD	6	359D	16F-8R	94.40	14770	CHA
3155 4WD	$42910	$10300	$14160	**$19310**	**$23600**	JD	6	359D	16F-8R	96.06	10207	No
3155 4WD w/Cab	$48610	$11670	$16040	**$21880**	**$26740**	JD	6	359D	16F-8R	96.06	10571	CHA
3255 4WD	$45915	$11020	$15150	**$20660**	**$25250**	JD	6T	359D	16F-8R	102.60	18300	No
3255 4WD w/Cab	$51615	$12390	$17030	**$23230**	**$28390**	JD	6T	359D	16F-8R	102.60	18300	CHA
4055 PS	$50299	$12070	$16600	**$22640**	**$27660**	JD	6T	466D	15F-4R	109.18		No
4055 PS 4WD	$59357	$14250	$19590	**$26710**	**$32650**	JD	6T	466D	15F-4R	109.18	11350	No
4055 PS 4WD w/Cab	$66947	$15830	$21760	**$29680**	**$36270**	JD	6T	466D	15F-4R	109.18	12489	CHA
4055 PS w/Cab	$57889	$13890	$19100	**$26050**	**$31840**	JD	6T	466D	15F-4R	109.18	13955	CHA
4055 QR	$45615	$10950	$15050	**$20530**	**$25090**	JD	6T	466D	16F-6R	108.70		No
4055 QR w/Cab	$53205	$12770	$17560	**$23940**	**$29260**	JD	6T	466D	16F-6R	108.70	12130	CHA
4255 PS	$55253	$13260	$18230	**$24860**	**$30390**	JD	6T	466D	15F-4R	120.00	12050	No
4255 PS 4WD	$64859	$15330	$21070	**$28740**	**$35120**	JD	6T	466D	15F-4R	123.36	13550	No
4255 PS 4WD w/Cab	$72449	$17150	$23580	**$32150**	**$39300**	JD	6T	466D	15F-4R	123.36	14685	CHA
4255 PS w/Cab	$62843	$15080	$20740	**$28280**	**$34560**	JD	6T	466D	15F-5R	120.00	13155	CHA
4255 QR	$50569	$12140	$16690	**$22760**	**$27810**	JD	6T	466D	16F-6R	123.69	11140	No
4255 QR w/Cab	$58159	$13960	$19190	**$26170**	**$31990**	JD	6T	466D	16F-6R	123.69		CHA
4455 PS	$59308	$14230	$19570	**$26690**	**$32620**	JD	6T	466D	15F-4R	140.00	13050	No
4455 PS 4WD	$69007	$16560	$22770	**$31050**	**$37950**	JD	6T	466D	15F-4R	140.00	13050	No
4455 PS 4WD w/Cab	$76597	$18140	$24950	**$34020**	**$41580**	JD	6T	466D	15F-4R	140.00	14145	CHA
4455 PS w/Cab	$66898	$16060	$22080	**$30100**	**$36790**	JD	6T	466D	15F-4R	140.00	14145	CHA
4455 QR	$54503	$13080	$17990	**$24530**	**$29980**	JD	6T	466D	16F-6R	142.69	11326	No
4455 QR w/Cab	$62093	$14900	$20490	**$27940**	**$34150**	JD	6T	466D	16F-6R	142.69		CHA
4555 PS 4WD	$71446	$17150	$23580	**$32150**	**$39300**	JD	6T	466D	15F-4R	155.00		No
4555 PS 4WD w/Cab	$78887	$18670	$25670	**$35010**	**$42790**	JD	6T	466D	15F-4R	155.00		CHA
4555 PS w/Cab	$68619	$16470	$22640	**$30880**	**$37740**	JD	6T	466D	15F-4R	155.00		CHA
4555 QR	$56467	$13550	$18630	**$25410**	**$31060**	JD	6T	466D	16F-6R	156.83	14310	No
4555 QR w/Cab	$63908	$15340	$21090	**$28760**	**$35150**	JD	6T	466D	16F-6R	156.83	18703	CHA
4560	$60203	$10240	$16260	**$24080**	**$29500**	JD	6T	466D	16F-6R	155.00		No
4560 PS	$65008	$11050	$17550	**$26000**	**$31850**	JD	6T	466D	15F-4R	155.00		No
4560 PS 4WD	$75481	$12830	$20380	**$30190**	**$36990**	JD	6T	466D	15F-4R	155.00		No
4560 PS 4WD w/Cab	$83071	$14120	$22430	**$33230**	**$40710**	JD	6T	466D	15F-4R	155.00		CHA
4560 PS w/Cab	$72598	$12340	$19600	**$29040**	**$35570**	JD	6T	466D	15F-4R	155.00		CHA
4560 w/Cab	$67793	$11530	$18300	**$27120**	**$33220**	JD	6T	466D	16F-6R	155.00		CHA
4760 PS	$80789	$13730	$21810	**$32320**	**$39590**	JD	6TA	466D	15F-4R	175		CHA
4760 PS 4WD	$91262	$15330	$24350	**$36080**	**$44200**	JD	6TA	466D	15F-4R	175		CHA
4760 QR	$75984	$12920	$20520	**$30390**	**$37230**	JD	6TA	466D	16F-6R	175		CHA
4960 PS	$88506	$14620	$23220	**$34400**	**$42140**	JD	6TA	466D	15F-4R	200		CHA
4960 PS 4WD	$98979	$15980	$25380	**$37600**	**$46060**	JD	6TA	466D	15F-4R	200		CHA
5200	$18318	$5130	$6410	**$8790**	**$10990**	JD	3	179D	9F-3R	40		No
5200 4WD	$22732	$6370	$7960	**$10910**	**$13640**	JD	3	179D	9F-3R	40		No
5300	$19612	$5690	$7260	**$10200**	**$11960**	JD	3	179D	9F-3R	50		No
5300 4WD	$23874	$6920	$8830	**$12410**	**$14560**	JD	3	179D	9F-3R	50		No
5400	$21756	$6310	$8050	**$11310**	**$13270**	JD	3	179D	9F-3R	60		No
5400 4WD	$26080	$7560	$9650	**$13560**	**$15910**	JD	3	179D	9F-3R	60		No
8560 4WD	$88277	$12360	$20300	**$29130**	**$39730**	JD	6TA	466D	12F-3R	200.00		CHA
8560 4WD	$93900	$13150	$21600	**$30990**	**$42260**	JD	6TA	466D	24F-6R	202.65		CHA
8760 4WD	$106270	$13860	$22770	**$32670**	**$44550**	JD	6TA	619D	12F-3R	260.94		CHA
8760 4WD PS	$123139	$15820	$25990	**$37290**	**$50850**	JD	6TA	619D	12F-2R	260.94		CHA
8960 4WD	$126542	$16940	$27830	**$39930**	**$54450**	JD	6TA	855D	12F-3R	322.00		CHA
8960 4WD	$132165	$17780	$29210	**$41910**	**$57150**	JD	6TA	855D	24F-6R	333.40		CHA
8960 4WD PS	$143411	$19320	$31740	**$45540**	**$62100**	JD	6TA	855D	12F-2R	332.25		CHA

H, HC, HU--High Clearance PS--Power Shift QR--Quad Range

1991

Model	Approx. Retail Price New	Used Trade In Avg.	Used Trade In High	Used Retail Avg.	Used Retail High	Engine Make	Engine No. Cyls.	Engine Displ. Cu.-In.	No. Speeds	P.T.O. H.P.	Approx. Shipping Wt.-Lbs.	Cab
670	$9860	$2660	$3350	**$4630**	**$5820**	Yanmar	3	54D	8F-2R	16.0	1980	No
670 4WD	$10948	$2840	$3570	**$4940**	**$6200**	Yanmar	3	54D	8F-2R	16.0	2120	No
755	$11757	$2970	$3740	**$5170**	**$6490**	Yanmar	3	54D	Variable	20.0	1817	No
755 4WD	$12893	$3320	$4180	**$5780**	**$7260**	Yanmar	3	54D	Variable	20.0	1921	No
770	$10648	$2880	$3620	**$5010**	**$6280**	Yanmar	3	83D	8F-2R	20.0	2180	No
770 4WD	$11898	$3270	$4110	**$5690**	**$7140**	Yanmar	3	83D	8F-2R	24.0	2355	No
855	$12875	$3480	$4380	**$6050**	**$7600**	Yanmar	3	61D	Variable	19.0	1876	No
855 4WD	$14166	$3830	$4820	**$6660**	**$8360**	Yanmar	3	61D	Variable	19.0	1876	No
870	$11698	$2970	$3740	**$5170**	**$6490**	Yanmar	3	87D	9F-3R	25.0	1876	No
870 4WD	$13472	$3510	$4420	**$6110**	**$7670**	Yanmar	3	87D	9F-3R	25.0	1876	No
955 4WD	$15828	$4050	$5100	**$7050**	**$8850**	Yanmar	3	87D	Variable	27.3	1876	No
970	$13535	$3650	$4600	**$6360**	**$7990**	Yanmar	3	111D	9F-3R	30.0	1876	No
970 4WD	$15932	$4300	$5420	**$7490**	**$9400**	Yanmar	3	111D	9F-3R	30.0	1876	No
1070	$15704	$4100	$5170	**$7140**	**$8970**	Yanmar	3	116D	9F-3R	35.0	1876	No

John Deere (Cont.)

1991 (Cont.)

Model	Approx. Retail Price New	Estimated Value Less Repairs: Used Trade In Avg.	Used Trade In High	Used Retail Avg.	Used Retail High	Make	Engine No. Cyls.	Engine Displ. Cu.-In.	No. Speeds	P.T.O. H.P.	Approx. Shipping Wt.-Lbs.	Cab
1070 4WD	$18314	$4680	$5890	**$8140**	**$10220**	Yanmar	3	116D	9F-3R	35.0	1876	No
2155	$17840	$4820	$6070	**$8390**	**$10530**	JD	3	179D	8F-4R	45.60	5269	No
2155 4WD	$24763	$6690	$8420	**$11640**	**$14610**	JD	3	179D	8F-4R	45.60	5986	No
2355	$20766	$5610	$7060	**$9760**	**$12250**	JD	4	239D	8F-4R	55.90	6261	No
2355 4WD	$27839	$7520	$9470	**$13080**	**$16430**	JD	4	239D	8F-4R	55.90	6878	No
2355 4WD w/Cab	$34944	$9440	$11880	**$16420**	**$20620**	JD	4	239D	8F-4R	55.90	7793	CHA
2355 w/Cab	$29744	$8030	$10110	**$13980**	**$17550**	JD	4	239D	8F-4R	55.90	7187	CHA
2355N	$21061	$5690	$7160	**$9900**	**$12430**	JD	3T	179D	8F-4R	55.00		No
2355N 4WD	$27829	$7510	$9460	**$13080**	**$16420**	JD	3T	179D	8F-4R	55.00		No
2555	$24179	$6530	$8220	**$11360**	**$14270**	JD	4	239D	8F-4R	66.00	6515	No
2555 4WD	$30780	$8310	$10470	**$14470**	**$18160**	JD	4	239D	8F-4R	65.00	7286	No
2555 4WD w/Cab	$37886	$10230	$12880	**$17810**	**$22350**	JD	4	239D	8F-4R	65.00	7959	CHA
2555 w/Cab	$32528	$8780	$11060	**$15290**	**$19190**	JD	4	239D	8F-4R	66.00	7441	CHA
2755	$27202	$7350	$9250	**$12790**	**$16050**	JD	4T	239D	8F-4R	75.00	6558	No
2755 4WD	$35529	$9590	$12080	**$16700**	**$20960**	JD	4T	239D	8F-4R	75.00	7374	No
2755 4WD w/Cab	$42634	$11510	$14500	**$20040**	**$25150**	JD	4T	239D	8F-4R	75.00	8433	CHA
2755 HC 4WD	$37709	$10180	$12820	**$17720**	**$22250**	JD	4T	239D	12F-8R	75.00	7750	No
2755 w/Cab	$35907	$9700	$12210	**$16880**	**$21190**	JD	4T	239D	8F-4R	75.00	7441	CHA
2855N	$27947	$7550	$9500	**$13140**	**$16490**	JD	4T	239D	8F-4R	80.00		No
2855N 4WD	$35088	$9470	$11930	**$16490**	**$20700**	JD	4T	239D	8F-4R	80.00		No
2955	$31858	$8600	$10830	**$14970**	**$18800**	JD	6	359D	8F-4R	85.00	8444	No
2955 4WD	$38793	$10470	$13190	**$18230**	**$22890**	JD	6	359D	8F-4R	85.00	8973	No
2955 4WD w/Cab	$46584	$12580	$15840	**$21890**	**$27490**	JD	6	359D	16F-8R	85.00	9590	CHA
2955 w/Cab	$40500	$10940	$13770	**$19040**	**$23900**	JD	6	359D	16F-8R	85.00	9083	CHA
2955HC 4WD	$34300	$9260	$11660	**$16120**	**$20240**	JD	6	359D	12F-8R	85.00	9140	No
2955HC 4WD w/Cab	$46985	$12690	$15980	**$22080**	**$27720**	JD	6	359D	12F-8R	85.00	9835	CHA
3155 4WD	$42910	$9870	$13730	**$18880**	**$23170**	JD	6	359D	16F-8R	96.06	10207	No
3155 4WD w/Cab	$48610	$10950	$15230	**$20940**	**$25700**	JD	6	359D	16F-8R	96.06	10571	CHA
4055 PS	$48036	$11050	$15370	**$21140**	**$25940**	JD	6T	466D	15F-4R	109.18		No
4055 PS 4WD	$56924	$13090	$18220	**$25050**	**$30740**	JD	6T	466D	15F-4R	109.18	11350	No
4055 PS 4WD w/Cab	$64357	$14570	$20270	**$27870**	**$34210**	JD	6T	466D	15F-4R	109.18	12489	CHA
4055 PS w/Cab	$55477	$12760	$17750	**$24410**	**$29960**	JD	6T	466D	15F-4R	109.18	13955	CHA
4055 QR	$43444	$9990	$13900	**$19120**	**$23460**	JD	6T	466D	16F-6R	108.70		No
4055 QR w/Cab	$50885	$11700	$16280	**$22390**	**$27480**	JD	6T	466D	16F-6R	108.70	12130	CHA
4255 PS	$52974	$12180	$16950	**$23310**	**$28610**	JD	6T	466D	15F-4R	120.00	12050	No
4255 PS 4WD	$62392	$14350	$19970	**$27450**	**$33690**	JD	6T	466D	15F-4R	123.36	13550	No
4255 PS 4WD w/Cab	$69638	$16020	$22280	**$30640**	**$37610**	JD	6T	466D	15F-4R	123.36	14685	CHA
4255 PS w/Cab	$60220	$13850	$19270	**$26500**	**$32520**	JD	6T	466D	15F-4R	120.00	13155	CHA
4255 QR	$48380	$11130	$15480	**$21290**	**$26130**	JD	6T	466D	16F-6R	123.69	11140	No
4255 QR w/Cab	$55628	$12790	$17800	**$24480**	**$30040**	JD	6T	466D	16F-6R	123.69		CHA
4455 PS	$56660	$13030	$18130	**$24930**	**$30600**	JD	6T	466D	15F-4R	140.00	13050	No
4455 PS w/Cab	$64101	$14740	$20510	**$28200**	**$34620**	JD	6T	466D	15F-4R	140.00	14145	CHA
4455 QR	$51949	$11950	$16620	**$22860**	**$28050**	JD	6T	466D	16F-6R	142.69	11326	No
4455 QR w/Cab	$59390	$13660	$19010	**$26130**	**$32070**	JD	6T	466D	16F-6R	142.69		CHA
4555 PS 4WD	$71446	$16430	$22860	**$31440**	**$38580**	JD	6T	466D	15F-4R	155.00		No
4555 PS 4WD w/Cab	$78887	$18140	$25240	**$34710**	**$42600**	JD	6T	466D	15F-4R	155.00		CHA
4555 PS w/Cab	$68619	$15780	$21960	**$30190**	**$37050**	JD	6T	466D	15F-4R	155.00		CHA
4555 QR	$56467	$12990	$18070	**$24850**	**$30490**	JD	6T	466D	16F-6R	156.83	14310	No
4555 QR w/Cab	$63908	$14700	$20450	**$28120**	**$34510**	JD	6T	466D	16F-6R	156.83	18703	CHA
4755 PS	$77388	$12380	$20120	**$30180**	**$37150**	JD	6TA	466D	15F-4R	177.06		CHA
4755 PS 4WD	$87656	$14030	$22790	**$34190**	**$42080**	JD	6TA	466D	15F-4R	177.06		CHA
4755 QR	$72677	$11630	$18900	**$28340**	**$34890**	JD	6TA	466D	16F-6R	177.11		CHA
4955 PS	$83434	$13350	$21690	**$32540**	**$40050**	JD	6TA	466D	15F-4R	202.73		CHA
4955 PS 4WD	$93702	$14990	$24360	**$36540**	**$44980**	JD	6TA	466D	15F-4R	202.73		CHA
8560 4WD w/PTO, 3-Pt	$95340	$12390	$20980	**$30510**	**$41950**	JD	6TA	466D	12F-3R	256.00		CHA
8560 4WD w/PTO, 3-Pt	$100590	$13080	$22130	**$32190**	**$44260**	JD	6TA	466D	24F-6R	256.00		CHA
8760	$99225	$12740	$21560	**$31360**	**$43120**	JD	6TA	619D	12F-3R	260.94		CHA
8760 PS	$114975	$14300	$24200	**$35200**	**$48400**	JD	6TA	619D	12F-2R	260.94		CHA
8960 4WD	$118310	$15380	$26030	**$37860**	**$52060**	JD	6TA	855D	12F-3R	322.00		CHA
8960 4WD	$123560	$16060	$27180	**$39540**	**$54370**	JD	6TA	855D	24F-6R	333.40		CHA
8960 4WD PS	$134060	$17160	$29040	**$42240**	**$58080**	JD	6TA	855D	12F-2R	332.25		CHA

H, HC, HU--High Clearance PS--Power Shift QR--Quad Range

1990

Model	Approx. Retail Price New	Used Trade In Avg.	Used Trade In High	Used Retail Avg.	Used Retail High	Make	Engine No. Cyls.	Engine Displ. Cu.-In.	No. Speeds	P.T.O. H.P.	Approx. Shipping Wt.-Lbs.	Cab
655	$9624	$2500	$3180	**$4430**	**$5580**	Yanmar	3	40D	Variable	10.6	1757	No
655 4WD	$10568	$2750	$3490	**$4860**	**$6130**	Yanmar	3	40D	Variable	10.6	1700	No
670	$9620	$2470	$3140	**$4370**	**$5510**	Yanmar	3	54D	8F-2R	16.0	1980	No
670 4WD	$10681	$2730	$3470	**$4830**	**$6090**	Yanmar	3	54D	8F-2R	16.0	2120	No
755	$11470	$2980	$3790	**$5280**	**$6650**	Yanmar	3	54D	Variable	20.0	1817	No
755 4WD	$12578	$3270	$4150	**$5790**	**$7300**	Yanmar	3	54D	Variable	20.0	1921	No
770	$10388	$2700	$3430	**$4780**	**$6030**	Yanmar	3	83D	8F-2R	20.0	2180	No
770 4WD	$11608	$3020	$3830	**$5340**	**$6730**	Yanmar	3	83D	8F-2R	24.0	2355	No
855	$12561	$3270	$4150	**$5780**	**$7290**	Yanmar	3	61D	Variable	19.0	1876	No
855 4WD	$13820	$3590	$4560	**$6360**	**$8020**	Yanmar	3	61D	Variable	19.0	1876	No
870	$11412	$2970	$3770	**$5250**	**$6620**	Yanmar	3	87D	9F-3R	25.0	1876	No
870 4WD	$13143	$3380	$4290	**$5980**	**$7540**	Yanmar	3	87D	9F-3R	25.0	1876	No
900HC	$12301	$2710	$3810	**$5290**	**$6520**	Yanmar	3	78D	8F-2R	22.0	1876	No
955 4WD	$15442	$4020	$5100	**$7100**	**$8960**	Yanmar	3	87D	Variable	27.3	1876	No
970	$13205	$3430	$4360	**$6070**	**$7660**	Yanmar	3	111D	9F-3R	30.0	1876	No
970 4WD	$15543	$3900	$4950	**$6900**	**$8700**	Yanmar	3	111D	9F-3R	30.0	1876	No
1070	$15321	$3820	$4850	**$6760**	**$8530**	Yanmar	3	116D	9F-3R	35.0	1876	No
1070 4WD	$17867	$4340	$5510	**$7680**	**$9690**	Yanmar	3	116D	9F-3R	35.0	1876	No
2155	$17177	$4470	$5670	**$7900**	**$9960**	JD	3	179D	8F-4R	45.60	5269	No
2155 4WD	$23834	$6200	$7870	**$10960**	**$13820**	JD	3	179D	8F-4R	45.60	5986	No

John Deere (Cont.)

1990 (Cont.)

Model	Approx. Retail Price New	Estimated Value Less Repairs: Used Trade In Avg.	Used Trade In High	Used Retail Avg.	Used Retail High	Engine Make	Engine No. Cyls.	Engine Displ. Cu.-In.	No. Speeds	P.T.O. H.P.	Approx. Shipping Wt.-Lbs.	Cab
2355	$19994	$5200	$6600	**$9200**	**$11600**	JD	4	239D	8F-4R	55.90	6261	No
2355 4WD	$26795	$6970	$8840	**$12330**	**$15540**	JD	4	239D	8F-4R	55.90	6878	No
2355 4WD w/Cab	$33627	$8740	$11100	**$15470**	**$19500**	JD	4	239D	8F-4R	55.90	7793	CHA
2355 w/Cab	$28627	$7440	$9450	**$13170**	**$16600**	JD	4	239D	8F-4R	55.90	7187	CHA
2355N	$20278	$5270	$6690	**$9330**	**$11760**	JD	3T	179D	8F-4R	55.00		No
2355N 4WD	$26786	$6960	$8840	**$12320**	**$15540**	JD	3T	179D	8F-4R	55.00		No
2555	$23280	$6050	$7680	**$10710**	**$13500**	JD	4	239D	8F-4R	66.00	6515	No
2555 4WD	$29627	$7700	$9780	**$13630**	**$17180**	JD	4	239D	8F-4R	65.00	7286	No
2555 4WD w/Cab	$36460	$9480	$12030	**$16770**	**$21150**	JD	4	239D	8F-4R	65.00	7959	CHA
2555 w/Cab	$31308	$8140	$10330	**$14400**	**$18160**	JD	4	239D	8F-4R	66.00	7441	CHA
2755	$26190	$6810	$8640	**$12050**	**$15190**	JD	4T	239D	8F-4R	75.00	6558	No
2755 4WD	$34197	$8890	$11290	**$15730**	**$19830**	JD	4T	239D	8F-4R	75.00	7374	No
2755 4WD w/Cab	$41029	$10670	$13540	**$18870**	**$23800**	JD	4T	239D	8F-4R	75.00	8433	CHA
2755 HC 4WD	$36297	$9440	$11980	**$16700**	**$21050**	JD	4T	239D	12F-8R	75.00	7750	No
2755 w/Cab	$34561	$8990	$11410	**$15900**	**$20050**	JD	4T	239D	8F-4R	75.00	7441	CHA
2855N	$26907	$7000	$8880	**$12380**	**$15610**	JD	4T	239D	8F-4R	80.00		No
2855N 4WD	$33773	$8780	$11150	**$15540**	**$19590**	JD	4T	239D	8F-4R	80.00		No
2955	$30671	$7970	$10120	**$14110**	**$17790**	JD	6	359D	8F-4R	85.00	8444	No
2955 4WD	$37339	$9710	$12320	**$17180**	**$21660**	JD	6	359D	8F-4R	85.00	8973	No
2955 4WD w/Cab	$44831	$11440	$14520	**$20240**	**$25520**	JD	6	359D	8F-4R	85.00	9590	CHA
2955 HC 4WD	$38788	$10090	$12800	**$17840**	**$22500**	JD	6	359D	12F-8R	85.00	9140	No
2955 HC 4WD w/Cab	$45216	$11180	$14190	**$19780**	**$24940**	JD	6	359D	12F-8R	85.00	9835	CHA
2955 w/Cab	$38981	$9880	$12540	**$17480**	**$22040**	JD	6	359D	8F-4R	85.00	9083	CHA
3155 4WD	$41047	$9030	$12730	**$17650**	**$21760**	JD	6	359D	16F-8R	96.06	10207	No
3155 4WD w/Cab	$46975	$10340	$14560	**$20200**	**$24900**	JD	6	359D	16F-8R	96.06	10571	CHA
4055 PS	$46188	$10160	$14320	**$19860**	**$24480**	JD	6T	466D	15F-4R	109.18		No
4055 PS 4WD	$54727	$12040	$16970	**$23530**	**$29010**	JD	6T	466D	15F-4R	109.18	11350	No
4055 PS 4WD w/Cab	$61882	$13610	$19180	**$26610**	**$32800**	JD	6T	466D	15F-4R	109.18	12489	CHA
4055 PS w/Cab	$53343	$11740	$16540	**$22940**	**$28270**	JD	6T	466D	15F-4R	109.18	13955	CHA
4055 QR	$41773	$9190	$12950	**$17960**	**$22140**	JD	6T	466D	16F-6R	108.70		No
4055 QR 4WD	$50312	$11070	$15600	**$21630**	**$26670**	JD	6T	466D	16F-6R	105.00		No
4055 QR 4WD w/Cab	$57467	$12640	$17820	**$24710**	**$30460**	JD	6T	466D	16F-6R	105.00		CHA
4055 QR w/Cab	$48928	$10760	$15170	**$21040**	**$25930**	JD	6T	466D	16F-6R	108.70	12130	CHA
4255 PS	$50748	$11170	$15730	**$21820**	**$26900**	JD	6T	466D	15F-4R	120.00	12050	No
4255 PS 4WD	$59804	$13160	$18540	**$25720**	**$31700**	JD	6T	466D	15F-4R	123.36	13550	No
4255 PS 4WD w/Cab	$66959	$14730	$20760	**$28790**	**$35490**	JD	6T	466D	15F-4R	123.36	14685	CHA
4255 PS w/Cab	$57903	$12740	$17950	**$24900**	**$30690**	JD	6T	466D	15F-4R	120.00	13155	CHA
4255 QR	$46333	$10190	$14360	**$19920**	**$24560**	JD	6T	466D	16F-6R	123.69	11140	No
4255 QR 4WD	$55389	$12190	$17170	**$23820**	**$29360**	JD	6T	466D	16F-6R	120.00		No
4255 QR 4WD w/Cab	$62544	$13760	$19390	**$26890**	**$33150**	JD	6T	466D	16F-6R	120.00		CHA
4255 QR w/Cab	$53488	$11770	$16580	**$23000**	**$28350**	JD	6T	466D	16F-6R	123.69		CHA
4455 PS	$54481	$11990	$16890	**$23430**	**$28880**	JD	6T	466D	15F-4R	140.00	13050	No
4455 PS w/Cab	$61636	$13560	$19110	**$26500**	**$32670**	JD	6T	466D	15F-4R	140.00	14145	CHA
4455 QR	$49951	$10990	$15490	**$21480**	**$26470**	JD	6T	466D	16F-6R	142.69	11326	No
4455 QR 4WD	$59095	$13000	$18320	**$25410**	**$31320**	JD	6T	466D	16F-4R	140.00		No
4455 QR 4WD w/Cab	$66249	$14580	$20540	**$28490**	**$35110**	JD	6T	466D	16F-4R	140.00		CHA
4455 QR w/Cab	$57106	$12560	$17700	**$24560**	**$30270**	JD	6T	466D	16F-6R	142.69		CHA
4555 PS 4WD	$68698	$15110	$21300	**$29540**	**$36410**	JD	6T	466D	15F-4R	155.00		No
4555 PS 4WD w/Cab	$75853	$16690	$23510	**$32620**	**$40200**	JD	6T	466D	15F-4R	155.00		CHA
4555 PS w/Cab	$65980	$14520	$20450	**$28370**	**$34970**	JD	6T	466D	15F-4R	155.00		CHA
4555 QR	$54295	$11950	$16830	**$23350**	**$28780**	JD	6T	466D	16F-6R	156.83	14310	No
4555 QR w/Cab	$61450	$13520	$19050	**$26420**	**$32570**	JD	6T	466D	16F-6R	156.83	18703	CHA
4755 PS	$74412	$11160	$18980	**$28280**	**$34970**	JD	6TA	466D	15F-4R	177.06		CHA
4755 PS 4WD	$84285	$12300	$20910	**$31160**	**$38540**	JD	6TA	466D	15F-4R	177.06		CHA
4755 QR	$69882	$10480	$17820	**$26560**	**$32850**	JD	6TA	466D	16F-6R	177.11		CHA
4955 PS	$80225	$12030	$20460	**$30490**	**$37710**	JD	6TA	466D	15F-4R	202.73		CHA
4955 PS 4WD	$90098	$13520	$22980	**$34240**	**$42350**	JD	6TA	466D	15F-4R	202.73		CHA
8560 4WD	$82425	$9890	$17310	**$25550**	**$35440**	JD	6TA	466D	12F-3R	198.00		CHA
8560 4WD	$87675	$10520	$18410	**$27180**	**$37700**	JD	6TA	466D	24F-6R	202.65		CHA
8560 4WD w/PTO, 3-Pt	$95340	$11440	$20020	**$29560**	**$41000**	JD	6TA	466D	12F-3R	256.00		CHA
8760	$99225	$11640	$20370	**$30070**	**$41710**	JD	6TA	619D	12F-3R	260.94		CHA
8760 PS	$114975	$12960	$22680	**$33480**	**$46440**	JD	6TA	619D	12F-2R	260.94		CHA
8960 4WD	$118310	$14200	$24850	**$36680**	**$50870**	JD	6TA	855D	12F-3R	322.00		CHA
8960 4WD	$123560	$14830	$25950	**$38300**	**$53130**	JD	6TA	855D	24F-6R	333.40		CHA
8960 4WD PS	$134060	$15720	$27510	**$40610**	**$56330**	JD	6TA	855D	12F-2R	332.25		CHA

H, HC, HU--High Clearance PS--Power Shift QR--Quad Range

1989

Model	Approx. Retail Price New	Estimated Value Less Repairs: Used Trade In Avg.	Used Trade In High	Used Retail Avg.	Used Retail High	Engine Make	Engine No. Cyls.	Engine Displ. Cu.-In.	No. Speeds	P.T.O. H.P.	Approx. Shipping Wt.-Lbs.	Cab
650	$8408	$2150	$2760	**$3870**	**$4910**	Yanmar	2	52D	8F-2R	14.5	1968	No
650 4WD	$9334	$2330	$2990	**$4200**	**$5320**	Yanmar	2	52D	8F-2R	14.5	1968	No
655	$9344	$2340	$2990	**$4210**	**$5330**	Yanmar	3	40D	Variable	10.6	1757	No
655 4WD	$10260	$2570	$3280	**$4620**	**$5850**	Yanmar	3	40D	Variable	10.6	1700	No
750	$9424	$2360	$3020	**$4240**	**$5370**	Yanmar	3	78D	8F-2R	18.5	2455	No
750 4WD	$10605	$2650	$3390	**$4770**	**$6050**	Yanmar	3	78D	8F-2R	18.0	2455	No
755	$10811	$2700	$3460	**$4870**	**$6160**	Yanmar	3	54D	Variable	20.0	1817	No
755 4WD	$11856	$2960	$3790	**$5340**	**$6760**	Yanmar	3	54D	Variable	20.0	1921	No
850	$10157	$2540	$3250	**$4570**	**$5790**	Yanmar	3	78D	8F-2R	22.3	3225	No
850 4WD	$11820	$2880	$3680	**$5180**	**$6560**	Yanmar	3	78D	8F-2R	22.3	3232	No
855	$11840	$2960	$3790	**$5330**	**$6750**	Yanmar	3	61D	Variable	19.0	1876	No
855 4WD	$13026	$3260	$4170	**$5860**	**$7430**	Yanmar	3	61D	Variable	19.0	1876	No
900HC	$11943	$2510	$3640	**$5020**	**$6210**	Yanmar	3	78D	8F-2R	22.0	1876	No
950	$11598	$2900	$3710	**$5220**	**$6610**	Yanmar	3	104D	8F-2R	27.3	3169	No
950 4WD	$13995	$3380	$4320	**$6080**	**$7700**	Yanmar	3	104D	8F-2R	27.3	3405	No
1050	$13390	$3250	$4160	**$5850**	**$7410**	Yanmar	3T	105D	8F-2R	33.4	3592	No

John Deere (Cont.)

1989 (Cont.)

Model	Approx. Retail Price New	Used Trade In Avg.	Used Trade In High	Used Retail Avg.	Used Retail High	Engine Make	Engine No. Cyls.	Engine Displ. Cu.-In.	No. Speeds	P.T.O. H.P.	Approx. Shipping Wt.-Lbs.	Cab
1050 4WD	$15702	$3750	$4800	**$6750**	**$8550**	Yanmar	3T	105D	8F-2R	33.4	3814	No
1250	$14220	$2990	$4340	**$5970**	**$7390**	Yanmar	3	143D	9F-2R	40.7	4125	No
1250 4WD	$18720	$3930	$5710	**$7860**	**$9730**	Yanmar	3	143D	9F-2R	40.7	4875	No
1450	$16234	$3410	$4950	**$6820**	**$8440**	Yanmar	4	190D	9F-2R	51.4	4410	No
1450 4WD	$20534	$4310	$6260	**$8620**	**$10680**	Yanmar	4	190D	9F-2R	51.4	5070	No
1650	$18382	$4600	$5880	**$8270**	**$10480**	Yanmar	4T	190D	9F-2R	62.2	4630	No
1650 4WD	$22734	$5680	$7280	**$10230**	**$12960**	Yanmar	4T	190D	9F-2R	62.2	5290	No
2155	$16539	$4140	$5290	**$7440**	**$9430**	JD	3	179D	8F-4R	45.60	5269	No
2155 4WD	$22940	$5740	$7340	**$10320**	**$13080**	JD	3	179D	8F-4R	45.60	5986	No
2355	$19252	$4810	$6160	**$8660**	**$10970**	JD	4	239D	8F-4R	55.90	6261	No
2355 4WD	$25791	$6450	$8250	**$11610**	**$14700**	JD	4	239D	8F-4R	55.90	6878	No
2355 4WD w/Cab	$32361	$8090	$10360	**$14560**	**$18450**	JD	4	239D	8F-4R	55.90	7793	CHA
2355 w/Cab	$27553	$6890	$8820	**$12400**	**$15710**	JD	4	239D	8F-4R	55.90	7187	CHA
2355N	$19525	$4880	$6250	**$8790**	**$11130**	JD	3T	179D	8F-4R	55.00		No
2355N 4WD	$25783	$6450	$8250	**$11600**	**$14700**	JD	3T	179D	8F-4R	55.00		No
2555	$22415	$5600	$7170	**$10090**	**$12780**	JD	4	239D	8F-4R	66.00	6515	No
2555 4WD	$28518	$7130	$9130	**$12830**	**$16260**	JD	4	239D	8F-4R	65.00	7286	No
2555 4WD w/Cab	$35088	$8770	$11230	**$15790**	**$20000**	JD	4	239D	8F-4R	65.00	7959	CHA
2555 w/Cab	$30135	$7530	$9640	**$13560**	**$17180**	JD	4	239D	8F-4R	66.00	7441	CHA
2755	$25217	$6300	$8070	**$11350**	**$14370**	JD	4T	239D	8F-4R	75.00	6558	No
2755 4WD	$32916	$8230	$10530	**$14810**	**$18760**	JD	4T	239D	8F-4R	75.00	7374	No
2755 4WD w/Cab	$39486	$9870	$12640	**$17770**	**$22510**	JD	4T	239D	8F-4R	75.00	8433	CHA
2755 w/Cab	$33266	$8320	$10650	**$14970**	**$18960**	JD	4T	239D	8F-4R	75.00	7441	CHA
2755HC 4WD	$34936	$8730	$11180	**$15720**	**$19910**	JD	4T	239D	12F-8R	75.00	7750	No
2855N	$25907	$6480	$8290	**$11660**	**$14770**	JD	4T	239D	8F-4R	80.00		No
2855N 4WD	$32509	$8130	$10400	**$14630**	**$18530**	JD	4T	239D	8F-4R	80.00		No
2955	$29530	$7380	$9450	**$13290**	**$16830**	JD	6	359D	8F-4R	85.00	8444	No
2955 4WD	$35941	$8750	$11200	**$15750**	**$19950**	JD	6	359D	8F-4R	85.00	8973	No
2955 4WD w/Cab	$43145	$10500	$13440	**$18900**	**$23940**	JD	6	359D	8F-4R	85.00	9590	CHA
2955 w/Cab	$37520	$9380	$12010	**$16880**	**$21390**	JD	6	359D	8F-4R	85.00	9083	CHA
2955HC 4WD	$37335	$9330	$11950	**$16800**	**$21280**	JD	6	359D	12F-8R	85.00	9140	No
2955HC 4WD w/Cab	$43515	$10500	$13440	**$18900**	**$23940**	JD	6	359D	12F-8R	85.00	9835	CHA
3155 4WD	$39511	$8300	$12050	**$16600**	**$20550**	JD	6	359D	16F-8R	96.06	10207	No
3155 4WD w/Cab	$45211	$9490	$13790	**$18990**	**$23510**	JD	6	359D	16F-8R	96.06	10571	CHA
4055 PS	$44511	$9350	$13580	**$18700**	**$23150**	JD	6T	466D	15F-4R	105.00		No
4055 PS 4WD	$52722	$11070	$16080	**$22140**	**$27420**	JD	6T	466D	15F-4R	105.00	11350	No
4055 PS 4WD w/Cab	$59502	$12500	$18150	**$24990**	**$30940**	JD	6T	466D	15F-4R	105.00	12489	CHA
4055 PS w/Cab	$51291	$10770	$15640	**$21540**	**$26670**	JD	6T	466D	15F-4R	105.00		CHA
4055 QR	$40266	$8460	$12280	**$16910**	**$20940**	JD	6T	466D	16F-6R	105.00		No
4055 QR 4WD	$48477	$10180	$14790	**$20360**	**$25210**	JD	6T	466D	16F-6R	105.00		No
4055 QR 4WD w/Cab	$55257	$11600	$16850	**$23210**	**$28730**	JD	6T	466D	16F-6R	105.00		CHA
4055 QR w/Cab	$47046	$9880	$14350	**$19760**	**$24460**	JD	6T	466D	16F-6R	105.00		CHA
4255 PS	$48796	$10250	$14880	**$20490**	**$25370**	JD	6T	466D	15F-4R	120.00	12050	No
4255 PS 4WD	$57504	$12080	$17540	**$24150**	**$29900**	JD	6T	466D	15F-4R	120.00	13550	No
4255 PS 4WD w/Cab	$64384	$13310	$19340	**$26630**	**$32970**	JD	6T	466D	15F-4R	120.00	14685	CHA
4255 PS w/Cab	$55676	$11690	$16980	**$23380**	**$28950**	JD	6T	466D	15F-4R	120.00	13155	CHA
4255 QR	$45551	$9570	$13890	**$19130**	**$23690**	JD	6T	466D	16F-6R	120.00	11140	No
4255 QR 4WD	$53259	$11180	$16240	**$22370**	**$27700**	JD	6T	466D	16F-6R	120.00		No
4255 QR 4WD w/Cab	$60139	$12630	$18340	**$25260**	**$31270**	JD	6T	466D	16F-6R	120.00		CHA
4255 QR w/Cab	$51431	$10800	$15690	**$21600**	**$26740**	JD	6T	466D	16F-6R	120.00		CHA
4455 4WD w/Cab	$63701	$13380	$19430	**$26750**	**$33130**	JD	6T	466D	16F-4R	140.00		CHA
4455 PS	$52385	$11000	$15980	**$22000**	**$27240**	JD	6T	466D	15F-4R	140.00	13050	No
4455 PS w/Cab	$59265	$12450	$18080	**$24890**	**$30820**	JD	6T	466D	15F-4R	140.00	14145	CHA
4455 QR	$48030	$10090	$14650	**$20170**	**$24980**	JD	6T	466D	16F-6R	140.00	11326	No
4455 QR 4WD	$56821	$11930	$17330	**$23870**	**$29550**	JD	6T	466D	16F-4R	140.00		No
4455 QR w/Cab	$54910	$11530	$16750	**$23060**	**$28550**	JD	6T	466D	16F-6R	140.00		CHA
4555 PS 4WD	$65772	$13810	$20060	**$27620**	**$34200**	JD	6T	466D	15F-4R	155.00		No
4555 PS 4WD w/Cab	$72652	$15260	$22160	**$30510**	**$37780**	JD	6T	466D	15F-4R	155.00		CHA
4555 PS w/Cab	$63159	$13260	$19260	**$26530**	**$32840**	JD	6T	466D	15F-4R	155.00		CHA
4555 QR	$51924	$10900	$15840	**$21810**	**$27000**	JD	6T	466D	16F-6R	155.00	14310	No
4555 QR w/Cab	$58804	$12350	$17940	**$24700**	**$30580**	JD	6T	466D	16F-6R	155.00	18703	CHA
4755 PS	$71228	$10680	$17810	**$26350**	**$32770**	JD	6TA	466D	15F-4R	175.00		CHA
4755 PS 4WD	$80721	$12110	$20180	**$29870**	**$37130**	JD	6TA	466D	15F-4R	175.00		CHA
4755 QR	$66873	$10030	$16720	**$24740**	**$30760**	JD	6TA	466D	16F-6R	175.00		CHA
4955 PS	$76770	$11520	$19190	**$28410**	**$35310**	JD	6TA	466D	15F-4R	200.00		CHA
4955 PS 4WD	$86263	$12940	$21570	**$31920**	**$39680**	JD	6TA	466D	15F-4R	200.00		CHA
8560	$87500	$9630	$17500	**$26250**	**$36750**	JD	6TA	466D	12F-3R	256.00		CHA
8560 4WD, PTO, 3-Pt	$99500	$10950	$19900	**$29850**	**$41790**	JD	6TA	466D	12F-3R	256.00		CHA
8760	$96625	$10630	$19330	**$28990**	**$40580**	JD	6TA	619D	12F-3R	260.94		CHA
8760 PS	$112255	$11660	$21200	**$31800**	**$44520**	JD	6TA	619D	12F-2R	260.94		CHA
8960 4WD, PTO, 3-Pt	$125476	$13480	$24500	**$36750**	**$51450**	JD	6TA	855D	12F-3R	322.00		CHA
8960 PS 4WD	$127676	$13490	$24520	**$36780**	**$51490**	JD	6TA	855D	12F-2R	322.00		CHA
8960 PS 4WD, PTO, 3-Pt	$140476	$14300	$26000	**$39000**	**$54600**	JD	6TA	855D	12F-2R	322.00		CHA

H, HC, HU--High Clearance LU--Low Profile PS--Power Shift QR--Quad Range

1988

Model	Approx. Retail Price New	Used Trade In Avg.	Used Trade In High	Used Retail Avg.	Used Retail High	Engine Make	Engine No. Cyls.	Engine Displ. Cu.-In.	No. Speeds	P.T.O. H.P.	Approx. Shipping Wt.-Lbs.	Cab
650	$7485	$1840	$2380	**$3420**	**$4300**	Yanmar	2	52D	8F-2R	14.5	1968	No
650 4WD	$8385	$2010	$2600	**$3730**	**$4700**	Yanmar	2	52D	8F-2R	14.5	1968	No
655	$8559	$2050	$2650	**$3810**	**$4790**	Yanmar	3	40D	Variable	10.6	1757	No
655 4WD	$9379	$2250	$2910	**$4170**	**$5250**	Yanmar	3	40D	Variable	10.6	1700	No
750	$8466	$2030	$2620	**$3770**	**$4740**	Yanmar	3	78D	8F-2R	18.5	2455	No
750 4WD	$9619	$2310	$2980	**$4280**	**$5390**	Yanmar	3	78D	8F-2R	18.0	2455	No
755	$9805	$2350	$3040	**$4360**	**$5490**	Yanmar	3	54D	Variable	20.0	1817	No
755 4WD	$10742	$2580	$3330	**$4780**	**$6020**	Yanmar	3	54D	Variable	20.0	1921	No

	Approx. Retail Price New	Estimated Value Less Repairs Used Trade In Avg.	High	Used Retail Avg.	High	Engine Make	No. Cyls.	Displ. Cu.-In.	No. Speeds	P.T.O. H.P.	Approx. Shipping Wt.-Lbs.	Cab

John Deere (Cont.)

1988 (Cont.)

Model	Approx. Retail Price New	Used Trade In Avg.	Used Trade In High	Used Retail Avg.	Used Retail High	Make	No. Cyls.	Displ. Cu.-In.	No. Speeds	P.T.O. H.P.	Approx. Shipping Wt.-Lbs.	Cab
850	$9036	$2170	$2800	**$4020**	**$5060**	Yanmar	3	78D	8F-2R	22.0	3225	No
850 4WD	$10617	$2550	$3290	**$4730**	**$5950**	Yanmar	3	78D	8F-2R	22.3	3232	No
855	$10742	$2580	$3330	**$4780**	**$6020**	Yanmar	3	61D	Variable	19.0	1876	No
900HC	$10939	$2240	$3280	**$4490**	**$5580**	Yanmar	3	78D	8F-2R	22.0	1876	No
950	$10319	$2480	$3200	**$4590**	**$5780**	Yanmar	3	104D	8F-2R	27.3	3169	No
950 4WD	$12599	$3020	$3910	**$5610**	**$7060**	Yanmar	3	104D	8F-2R	27.3	3405	No
1050	$12266	$2940	$3800	**$5460**	**$6870**	Yanmar	3T	105D	8F-2R	33.4	3592	No
1050 4WD	$14250	$3420	$4420	**$6340**	**$7980**	Yanmar	3T	105D	8F-2R	33.4	3814	No
1250	$14220	$2920	$4270	**$5830**	**$7250**	Yanmar	3	143D	9F-2R	40.7	4125	No
1250 4WD	$18720	$3630	$5320	**$7270**	**$9040**	Yanmar	3	143D	9F-2R	40.7	4875	No
1450	$16234	$3280	$4800	**$6560**	**$8160**	Yanmar	4	190D	9F-2R	51.4	4410	No
1450 4WD	$20534	$4000	$5860	**$8010**	**$9960**	Yanmar	4	190D	9F-2R	51.4	5070	No
1650	$18382	$4410	$5700	**$8180**	**$10290**	Yanmar	4T	190D	9F-2R	62.2	4630	No
1650 4WD	$22734	$4250	$6220	**$8500**	**$10570**	Yanmar	4T	190D	9F-2R	62.2	5290	No
2155	$15939	$3830	$4940	**$7090**	**$8930**	JD	3	179D	8F-4R	45.60	5269	No
2155 4WD	$22340	$5360	$6930	**$9940**	**$12510**	JD	3	179D	8F-4R	45.60	5986	No
2355	$18312	$4400	$5680	**$8150**	**$10260**	JD	4	239D	8F-4R	55.90	6261	No
2355 4WD	$25370	$6090	$7870	**$11290**	**$14210**	JD	4	239D	8F-4R	55.90	6878	No
2355 4WD w/Cab	$32052	$7690	$9940	**$14260**	**$17950**	JD	4	239D	8F-4R	55.90	7793	CHA
2355 w/Cab	$27244	$6540	$8450	**$12120**	**$15260**	JD	4	239D	8F-4R	55.90	7187	CHA
2355N	$18825	$4520	$5840	**$8380**	**$10540**	JD	3	179D	8F-4R	55.00		No
2355N 4WD	$24783	$5950	$7680	**$11030**	**$13880**	JD	3	179D	8F-4R	55.00		No
2555	$21375	$5130	$6630	**$9510**	**$11970**	JD	4	239D	8F-4R	66.00	6515	No
2555 4WD	$27697	$6650	$8590	**$12330**	**$15510**	JD	4	239D	8F-4R	65.00	7286	No
2555 4WD Cab	$34379	$8250	$10660	**$15300**	**$19250**	JD	4	239D	8F-4R	65.00	7959	CHA
2555 Cab	$29726	$7130	$9220	**$13230**	**$16650**	JD	4	239D	8F-4R	66.00	7441	CHA
2755	$24170	$5800	$7490	**$10760**	**$13540**	JD	4T	239D	8F-4R	75.00	6558	No
2755 4WD	$32213	$7730	$9990	**$14340**	**$18040**	JD	4T	239D	8F-4R	75.00	7374	No
2755 4WD Cab	$38895	$9340	$12060	**$17310**	**$21780**	JD	4T	239D	8F-4R	75.00	8433	CHA
2755 Cab	$32675	$7840	$10130	**$14540**	**$18300**	JD	4T	239D	8F-4R	75.00	7441	CHA
2755HC 4WD	$33824	$8120	$10490	**$15050**	**$18940**	JD	4T	239D	12F-8R	75.00	7750	No
2855N	$24925	$5980	$7730	**$11090**	**$13960**	JD	4T	239D	8F-4R	80.00		No
2855N 4WD	$31527	$7570	$9770	**$14030**	**$17660**	JD	4T	239D	8F-4R	80.00		No
2955	$27602	$6620	$8560	**$12280**	**$15460**	JD	6	359D	8F-4R	85.00	8444	No
2955 4WD	$34357	$8250	$10650	**$15290**	**$19240**	JD	6	359D	8F-4R	85.00	8973	No
2955 4WD Cab	$42063	$9600	$12400	**$17800**	**$22400**	JD	6	359D	8F-4R	85.00	9590	CHA
2955 Cab	$36438	$8750	$11300	**$16220**	**$20410**	JD	6	359D	8F-4R	85.00	9083	CHA
2955HC 4WD	$35732	$8580	$11080	**$15900**	**$20010**	JD	6	359D	12F-8R	85.00	9140	No
2955HC 4WD Cab	$42433	$10080	$13020	**$18690**	**$23520**	JD	6	359D	12F-8R	85.00	9835	CHA
3155 4WD	$38329	$7860	$11500	**$15720**	**$19550**	JD	6	359D	16F-8R	96.06	10207	No
3155 4WD Cab	$44029	$9030	$13210	**$18050**	**$22460**	JD	6	359D	16F-8R	96.06	10571	CHA
4050 PS	$42331	$8680	$12700	**$17360**	**$21590**	JD	6T	359D	15F-4R	105.69	11350	No
4050 PS 4WD	$49331	$9900	$14490	**$19800**	**$24630**	JD	6T	359D	15F-4R	105.69	11350	No
4050 PS 4WD Cab	$57120	$11500	$16830	**$23000**	**$28610**	JD	6T	359D	15F-4R	105.69	12489	CHA
4050 PS Cab	$48916	$10030	$14680	**$20060**	**$24950**	JD	6T	359D	15F-4R	105.69	12489	CHA
4050 QR	$38086	$7810	$11430	**$15620**	**$19420**	JD	6T	359D	16F-6R	105.89	10811	No
4050 QR 4WD	$46297	$9490	$13890	**$18980**	**$23610**	JD	6T	359D	15F-4R	105.00		No
4050 QR 4WD Cab	$52881	$10840	$15860	**$21680**	**$26970**	JD	6T	359D	16F-6R	105.00		CHA
4050 QR Cab	$44670	$9160	$13400	**$18320**	**$22780**	JD	6T	359D	16F-6R	105.89		CHA
4250 PS	$46741	$9580	$14020	**$19160**	**$23840**	JD	6T	466D	15F-4R	120.86	12050	No
4250 PS 4WD	$55449	$11370	$16640	**$22730**	**$28280**	JD	6T	466D	15F-4R	123.00	13550	No
4250 PS 4WD Cab	$62033	$12720	$18610	**$25430**	**$31640**	JD	6T	466D	15F-4R	123.00	14685	CHA
4250 PS Cab	$53321	$10930	$16000	**$21860**	**$27190**	JD	6T	466D	15F-4R	120.86	13155	CHA
4250 QR	$42496	$8710	$12750	**$17420**	**$21670**	JD	6T	466D	16F-6R	120.21	11140	No
4250 QR 4WD	$51204	$10500	$15360	**$20990**	**$26110**	JD	6T	466D	16F-6R	120.86		No
4250 QR 4WD Cab	$57788	$11850	$17340	**$23690**	**$29470**	JD	6T	466D	16F-6R	120.86		CHA
4250 QR Cab	$49080	$10060	$14720	**$20120**	**$25030**	JD	6T	466D	16F-6R	120.21		CHA
4450 4WD	$54616	$11200	$16390	**$22390**	**$27850**	JD	6T	466D	15F-4R	140.00		No
4450 4WD Cab	$61200	$12550	$18360	**$25090**	**$31210**	JD	6T	466D	15F-4R	140.00		CHA
4450 PS	$50280	$10310	$15080	**$20620**	**$25640**	JD	6T	466D	15F-4R	140.43	13050	No
4450 PS	$56864	$11660	$17060	**$23310**	**$29000**	JD	6T	466D	15F-4R	140.43	14145	CHA
4450 QR	$45825	$9390	$13750	**$18790**	**$23370**	JD	6T	466D	16F-6R	140.33	11326	No
4450 QR w/Cab	$52409	$10740	$15720	**$21490**	**$26730**	JD	6T	466D	16F-6R	140.33		CHA
4650	$54763	$11230	$16430	**$22450**	**$27930**	JD	6T	466D	16F-6R	165.70	14310	No
4650 4WD	$64256	$13170	$19280	**$26350**	**$32770**	JD	6T	466D	16F-6R	165.70		No
4650 4WD Cab	$70757	$14510	$21230	**$29010**	**$36090**	JD	6T	466D	16F-6R	165.70		CHA
4650 Cab	$61264	$12560	$18380	**$25120**	**$31250**	JD	6T	466D	16F-6R	165.70		CHA
4650 PS	$65619	$9520	$16080	**$23620**	**$29530**	JD	6T	466D	15F-4R	165.52	18703	CHA
4850	$70800	$7430	$13810	**$20530**	**$29030**	JD	6TI	466D	15F-4R	192.99	15371	CHA
4850 4WD	$80293	$8240	$15310	**$22770**	**$32190**	JD	6TI	466D	15F-4R	190.00		CHA
8450 4WD	$74296	$10510	$17760	**$26100**	**$32630**	JD	6TI	466D	16F-6R	186.98	23522	CHA
8450 4WD w/3-Pt.	$81596	$11240	$18990	**$27900**	**$34880**	JD	6TI	466D	16F-6R	186.98	25003	CHA
8650 4WD	$93151	$9450	$17550	**$26100**	**$36900**	JD	6TI	619D	16F-6R	238.56	26425	CHA
8650 4WD 3-Pt	$100451	$10190	$18920	**$28130**	**$39770**	JD	6TI	619D	16F-6R	238.56	27906	CHA
8850 4WD	$118609	$7020	$14040	**$22230**	**$30420**	JD	6TI	955D	16F-6R	303.99	32125	CHA
8850 4WD w/3-Pt	$127859	$7500	$15000	**$23750**	**$32500**	JD	8TI	955D	16F-6R	303.99	34250	CHA

H, HC, HU--High Clearance LU--Low Profile PS--Power Shift QR--Quad Range

1987

Model	Approx. Retail Price New	Used Trade In Avg.	Used Trade In High	Used Retail Avg.	Used Retail High	Make	No. Cyls.	Displ. Cu.-In.	No. Speeds	P.T.O. H.P.	Approx. Shipping Wt.-Lbs.	Cab
650	$7050	$1670	$2210	**$3190**	**$3990**	Yanmar	2	52D	8F-2R	14.5	1968	No
650 4WD	$7855	$1810	$2400	**$3460**	**$4320**	Yanmar	2	52D	8F-2R	14.5	1968	No
655	$8384	$1930	$2560	**$3690**	**$4610**	Yanmar	3	40D	Variable	10.6	1757	No
655 4WD	$9196	$2120	$2810	**$4050**	**$5060**	Yanmar	3	40D	Variable	10.6	1700	No
750	$7900	$1820	$2410	**$3480**	**$4350**	Yanmar	3	78D	8F-2R	18.5	2455	No

John Deere (Cont.)

1987 (Cont.)

	Approx. Retail Price New	Est. Value Less Repairs: Used Trade In Avg.	Used Trade In High	Used Retail Avg.	Used Retail High	Engine Make	No. Cyls.	Displ. Cu.-In.	No. Speeds	P.T.O. H.P.	Approx. Shipping Wt.-Lbs.	Cab
750 4WD	$8980	$2070	$2740	$3950	$4940	Yanmar	3	78D	8F-2R	18.0	2455	No
755	$9324	$2150	$2840	$4100	$5130	Yanmar	3	54D	Variable	20.0	1817	No
755	$9324	$2150	$2840	$4100	$5130	Yanmar	3	54D	Variable	20.0	1817	No
755 4WD	$10218	$2350	$3120	$4500	$5620	Yanmar	3	54D	Variable	20.0	1921	No
850	$8595	$1980	$2620	$3780	$4730	Yanmar	3	78D	8F-2R	22.3	3225	No
850 4WD	$10100	$2320	$3080	$4440	$5560	Yanmar	3	78D	8F-2R	22.3	3232	No
855	$10220	$2350	$3120	$4500	$5620	Yanmar	3	61D	Variable	19.0	1876	No
950	$10015	$2300	$3060	$4410	$5510	Yanmar	3	104D	8F-2R	27.3	3169	No
950 4WD	$12030	$2770	$3670	$5290	$6620	Yanmar	3	104D	8F-2R	27.3	3405	No
1050	$11670	$2680	$3560	$5140	$6420	Yanmar	3T	105D	8F-2R	33.4	3592	No
1050 4WD	$13550	$3120	$4130	$5960	$7450	Yanmar	3T	105D	8F-2R	33.4	3814	No
1250	$14220	$2840	$4200	$5690	$7110	Yanmar	3	143D	9F-2R	40.7	4125	No
1250 4WD	$18720	$3540	$5220	$7080	$8850	Yanmar	3	143D	9F-2R	40.7	4875	No
1450	$16234	$3250	$4790	$6490	$8120	Yanmar	4	190D	9F-2R	51.4	4410	No
1450 4WD	$20534	$3910	$5760	$7810	$9770	Yanmar	4	190D	9F-2R	51.4	5070	No
1650	$18382	$4230	$5610	$8090	$10110	Yanmar	4T	190D	9F-2R	62.2	4630	No
1650 4WD	$22734	$5000	$6630	$9560	$11950	Yanmar	4T	190D	9F-2R	62.2	5290	No
2150	$16731	$4190	$5550	$8010	$10010	JD	3	179D	8F-4R	45.00	4970	No
2150 4WD	$21912	$5180	$6860	$9900	$12380	JD	3	179D	8F-4R	45.00	5670	No
2255	$17142	$4080	$5410	$7810	$9760	JD	3	179D	8F-4R	50.00	5115	No
2350	$19543	$4830	$6410	$9240	$11550	JD	4	239D	8F-4R	55.00	6490	No
2350 4WD	$24296	$5980	$7930	$11440	$14300	JD	4	239D	8F-4R	55.00	7620	No
2350 4WD w/Cab	$30978	$7590	$10070	$14520	$18150	JD	4	239D	8F-4R	55.00	8220	CHA
2350 w/Cab	$26225	$6440	$8540	$12320	$15400	JD	4	239D	8F-4R	55.00	7520	CHA
2550	$21813	$5410	$7170	$10340	$12930	JD	4	239D	8F-4R	65.00	7500	No
2550 4WD	$26411	$6440	$8540	$12320	$15400	JD	4	239D	8F-4R	65.00	8100	No
2550 4WD w/Cab	$33985	$8170	$10830	$15620	$19530	JD	4	239D	8F-4R	65.00	8230	CHA
2550 w/Cab	$28495	$6900	$9150	$13200	$16500	JD	4	239D	8F-4R	65.00	7630	CHA
2750	$24410	$5980	$7930	$11440	$14300	JD	4T	239D	8F-4R	75.00	7700	No
2750 4WD	$30575	$7360	$9760	$14080	$17600	JD	4T	239D	8F-4R	75.00	8910	No
2750 4WD w/Cab	$37256	$8920	$11830	$17070	$21340	JD	4T	239D	8F-4R	75.00	9410	CHA
2750 w/Cab	$31091	$7590	$10070	$14520	$18150	JD	4T	239D	8F-4R	75.00	8200	CHA
2750HC 4WD	$32400	$7450	$9880	$14260	$17820	JD	4T	239D	12F-8R	75.00	10000	No
2950	$28519	$6670	$8850	$12760	$15950	JD	6	359D	16F-8R	85.37	9100	No
2950 4WD	$34089	$8050	$10680	$15400	$19250	JD	6	359D	16F-8R	85.00	10410	No
2950 4WD w/Cab	$40269	$9430	$12510	$18040	$22550	JD	6	359D	16F-8R	85.00	10900	CHA
2950 w/Cab	$34699	$8280	$10980	$15840	$19800	JD	6	359D	16F-8R	85.37	10800	CHA
3150 4WD	$37300	$8740	$11590	$16720	$20900	JD	6	359D	16F-8R	96.06	11039	No
3150 4WD	$43000	$9890	$13120	$18920	$23650	JD	6	359D	16F-8R	96.06	11382	CHA
4050 PS	$42331	$8470	$12490	$16930	$21170	JD	6T	359D	15F-4R	105.69	11350	No
4050 PS	$48916	$9780	$14430	$19570	$24460	JD	6T	359D	15F-4R	105.69	12489	CHA
4050 PS 4WD	$50542	$10110	$14910	$20220	$25270	JD	6T	359D	15F-4R	105.69	12250	No
4050 PS 4WD	$57126	$11430	$16850	$22850	$28560	JD	6T	359D	15F-4R	105.69	13389	CHA
4050 QR	$38086	$7620	$11240	$15230	$19040	JD	6T	359D	16F-6R	105.89	11850	No
4050 QR	$44670	$8930	$13180	$17870	$22340	JD	6T	359D	16F-6R	105.89	12919	CHA
4250 PS	$46741	$9350	$13790	$18700	$23370	JD	6T	466D	15F-4R	120.86	12050	No
4250 PS	$53325	$10670	$15730	$21330	$26660	JD	6T	466D	15F-4R	120.20	13155	CHA
4250 PS 4WD	$55449	$11090	$16360	$22180	$27730	JD	6T	466D	15F-4R	123.00	13550	No
4250 PS 4WD	$62033	$12410	$18300	$24810	$31020	JD	6T	466D	15F-4R	123.00	14685	CHA
4250 QR	$42496	$8500	$12540	$17000	$21250	JD	6T	466D	16F-6R	120.20	12450	No
4250 QR	$49080	$9820	$14480	$19630	$24540	JD	6T	466D	16F-6R	120.20	13585	CHA
4450 PS	$50280	$10060	$14830	$20110	$25140	JD	6T	466D	15F-4R	140.43	13050	No
4450 PS	$56864	$11370	$16780	$22750	$28430	JD	6T	466D	15F-4R	140.43	14145	CHA
4450 QR	$52409	$10480	$15460	$20960	$26210	JD	6T	466D	16F-6R	140.33	13475	CHA
4650 PS	$65619	$9190	$15750	$22970	$28870	JD	6T	466D	15F-5R	165.52	18703	CHA
4650 QR	$61264	$8580	$14700	$21440	$26960	JD	6T	466D	16F-6R	165.70	18803	CHA
4850	$70800	$7080	$12740	$19820	$28320	JD	6T	466D	15F-4R	192.99	18978	CHA
4850 4WD	$80293	$8030	$14450	$22480	$32120	JD	6T	466D	15F-4R	192.99	19500	CHA
8450 4WD	$74296	$9800	$16800	$24500	$30800	JD	6TI	466D	16F-4R	186.98	22300	CHA
8450 4WD w/3-Pt.	$81596	$10640	$18240	$26600	$33440	JD	6TI	466D	16F-4R	186.98	22700	CHA
8650 4WD	$93151	$9000	$16200	$25200	$36000	JD	6TI	619D	16F-4R	238.56	24750	CHA
8650 4WD w/3-Pt.	$100451	$9600	$17280	$26880	$38400	JD	6TI	619D	16F-4R	238.56	25250	CHA
8850 4WD	$118609	$5850	$12870	$21060	$29250	JD	V8TI	955D	16F-4R	303.99	36074	CHA
8850 4WD w/3-Pt.	$127859	$6250	$13750	$22500	$31250	JD	V8TI	955D	16F-4R	303.99	36574	CHA

H, HC, HU--High Clearance LU--Low Profile PS--Power Shift QR--Quad Range

1986

	Approx. Retail Price New	Used Trade In Avg.	Used Trade In High	Used Retail Avg.	Used Retail High	Engine Make	No. Cyls.	Displ. Cu.-In.	No. Speeds	P.T.O. H.P.	Approx. Shipping Wt.-Lbs.	Cab
650	$6315	$1540	$2060	$2980	$3700	Yanmar	2	52D	8F-2R	14.5	1968	No
650 4WD	$6910	$1670	$2220	$3220	$4000	Yanmar	2	52D	8F-2R	14.5	1968	No
655	$7800	$1760	$2340	$3390	$4210	Yanmar	3	40D	Variable	10.6	1757	No
655 4WD	$8600	$1940	$2580	$3740	$4640	Yanmar	3	40D	Variable	10.6	1700	No
750	$7070	$1590	$2120	$3080	$3820	Yanmar	3	78D	8F-2R	18.5	2455	No
750 4WD	$7820	$1760	$2350	$3400	$4220	Yanmar	3	78D	8F-2R	18.0	2455	No
755	$8800	$1980	$2640	$3830	$4750	Yanmar	3	54D	Variable	20.0	1817	No
755 4WD	$9700	$2180	$2910	$4220	$5240	Yanmar	3	54D	Variable	20.0	1921	No
850	$7870	$1770	$2360	$3420	$4250	Yanmar	3	78D	8F-2R	22.3	3225	No
855	$9800	$2210	$2940	$4260	$5290	Yanmar	3	61D	Variable	19.0	1876	No
950	$9445	$2130	$2830	$4110	$5100	Yanmar	3	104D	8F-2R	27.3	3169	No
950 4WD	$11730	$2640	$3520	$5100	$6330	Yanmar	3	104D	8F-2R	27.3	3405	No
1050	$10660	$2400	$3200	$4640	$5760	Yanmar	3T	105D	8F-2R	33.4	3592	No
1050 4WD	$12310	$2770	$3690	$5360	$6650	Yanmar	3T	105D	8F-2R	33.4	3814	No
1250	$14220	$2770	$4120	$5550	$6970	Yanmar	3	143D	9F-2R	40.7	4125	No
1250 4WD	$18720	$3650	$5430	$7300	$9170	Yanmar	3	143D	9F-2R	40.7	4875	No
1450	$16234	$3170	$4710	$6330	$7960	Yanmar	4	190D	9F-2R	51.4	4410	No

John Deere (Cont.)

1986 (Cont.)

Model	Approx. Retail Price New	Used Trade In Avg.	Used Trade In High	Used Retail Avg.	Used Retail High	Engine Make	Engine No. Cyls.	Engine Displ. Cu.-In.	No. Speeds	P.T.O. H.P.	Approx. Shipping Wt.-Lbs.	Cab
1450 4WD	$20534	$3800	$5660	**$7610**	**$9560**	Yanmar	4	190D	9F-2R	51.4	5070	No
1650	$18382	$4140	$5520	**$8000**	**$9930**	Yanmar	4T	190D	9F-2R	62.2	4630	No
1650 4WD	$22734	$4880	$6510	**$9440**	**$11720**	Yanmar	4T	190D	9F-2R	62.2	5290	No
2150	$18135	$4080	$5440	**$7890**	**$9790**	JD	3	179D	16F-8R	46.47	4950	No
2150 4WD	$22935	$5160	$6880	**$9980**	**$12390**	JD	3	179D	16F-8R	46.00	5670	No
2255	$17866	$4020	$5360	**$7770**	**$9650**	JD	3	179D	16F-8R	50.00	5150	No
2350	$20565	$4630	$6170	**$8950**	**$11110**	JD	4	239D	16F-8R	56.18	7120	No
2350 4WD	$25320	$5700	$7600	**$11010**	**$13670**	JD	4	239D	16F-8R	56.00	8250	No
2350 4WD w/Cab	$32002	$6980	$9300	**$13490**	**$16740**	JD	4	239D	16F-8R	56.00	8850	CHA
2350 w/Cab	$27249	$6130	$8180	**$11850**	**$14710**	JD	4	239D	16F-8R	56.18	7620	CHA
2550	$22840	$5140	$6850	**$9940**	**$12330**	JD	4	239D	16F-8R	65.94	7230	No
2550 4WD	$27435	$6080	$8100	**$11750**	**$14580**	JD	4	239D	16F-8R	65.00	8360	No
2550 4WD w/Cab	$34826	$7610	$10140	**$14700**	**$18250**	JD	4	239D	16F-8R	65.00	8950	CHA
2550 w/Cab	$29519	$6530	$8700	**$12620**	**$15660**	JD	4	239D	16F-8R	65.94	7730	CHA
2750	$25433	$5630	$7500	**$10880**	**$13500**	JD	4T	239D	16F-8R	75.35	7810	No
2750 4WD	$31598	$6860	$9150	**$13270**	**$16470**	JD	4T	239D	16F-8R	75.00	9020	No
2750 4WD w/Cab	$38280	$8100	$10800	**$15660**	**$19440**	JD	4T	239D	12F-8R	75.00	9520	CHA
2750 w/Cab	$32115	$7090	$9450	**$13700**	**$17010**	JD	4T	239D	16F-8R	75.35	8310	CHA
2750HC 4WD	$32400	$6980	$9300	**$13490**	**$16740**	JD	4T	239D	12F-8R	75.00	10000	No
2950	$28519	$6420	$8560	**$12410**	**$15400**	JD	6	359D	16F-8R	85.37	10300	No
2950 4WD	$34089	$7430	$9900	**$14360**	**$17820**	JD	6	359D	16F-8R	85.00	10410	No
2950 4WD w/Cab	$40269	$8550	$11400	**$16530**	**$20520**	JD	6	359D	16F-8R	85.00	10910	CHA
2950 w/Cab	$34699	$7650	$10200	**$14790**	**$18360**	JD	6	359D	16F-8R	85.37	10800	CHA
3150 4WD	$37300	$8170	$10890	**$15790**	**$19600**	JD	6	359D	16F-8R	96.06	11039	No
3150 4WD	$43000	$9450	$12600	**$18270**	**$22680**	JD	6	359D	16F-8R	96.06	11382	CHA
4050 PS	$42331	$8260	$12280	**$16510**	**$20740**	JD	6	466D	15F-4R	100.95	11350	No
4050 PS	$48916	$9540	$14190	**$19080**	**$23970**	JD	6	466D	15F-4R	100.95	12489	CHA
4050 PS 4WD	$50542	$9860	$14660	**$19710**	**$24770**	JD	6	466D	15F-4R	105.69	12250	No
4050 PS 4WD	$57126	$11140	$16570	**$22280**	**$27990**	JD	6	466D	15F-4R	105.69	13389	CHA
4050 QR	$38086	$7430	$11050	**$14850**	**$18660**	JD	6	466D	16F-6R	101.50	11850	No
4050 QR	$44670	$8710	$12950	**$17420**	**$21890**	JD	6	466D	16F-6R	101.50	12919	CHA
4250 PS	$46741	$9110	$13560	**$18230**	**$22900**	JD	6T	466D	15F-4R	120.86	12050	No
4250 PS	$53325	$10400	$15460	**$20800**	**$26130**	JD	6T	466D	15F-4R	120.20	13155	CHA
4250 PS 4WD	$55449	$10810	$16080	**$21630**	**$27170**	JD	6T	466D	15F-4R	123.00	13550	No
4250 PS 4WD	$62033	$12100	$17990	**$24190**	**$30400**	JD	6T	466D	15F-4R	123.00	14685	CHA
4250 QR	$42496	$8290	$12320	**$16570**	**$20820**	JD	6T	466D	16F-6R	120.20	12450	No
4250 QR	$49080	$9570	$14230	**$19140**	**$24050**	JD	6T	466D	16F-6R	120.20	13585	CHA
4450 PS	$50280	$9810	$14580	**$19610**	**$24640**	JD	6T	466D	15F-4R	140.43	13050	No
4450 PS	$56864	$11090	$16490	**$22180**	**$27860**	JD	6T	466D	15F-4R	140.43	14145	CHA
4450 QR	$52409	$10220	$15200	**$20440**	**$25680**	JD	6T	466D	16F-6R	140.33	13475	CHA
4650 PS	$65619	$8860	$15420	**$22310**	**$28220**	JD	6T	466D	15F-5R	165.52	18703	CHA
4650 QR	$61264	$8270	$14400	**$20830**	**$26340**	JD	6T	466D	16F-6R	165.70	18803	CHA
4850	$70800	$6460	$11900	**$18360**	**$26520**	JD	6T	466D	15F-4R	192.99	18978	CHA
4850 4WD	$80293	$6840	$12600	**$19440**	**$28080**	JD	6T	466D	15F-4R	192.99	19500	CHA
8450 4WD	$74296	$9450	$16450	**$23800**	**$30100**	JD	6TI	466D	16F-4R	186.98	22300	CHA
8450 4WD w/3-Pt.	$81596	$10260	$17860	**$25840**	**$32680**	JD	6TI	466D	16F-4R	186.98	22700	CHA
8650 4WD	$93151	$8460	$15580	**$24030**	**$34710**	JD	6TI	619D	16F-4R	238.56	24750	CHA
8650 4WD w/3-Pt.	$100451	$9120	$16800	**$25920**	**$37440**	JD	6TI	619D	16F-4R	238.56	25250	CHA
8850 4WD w/3-Pt.	$127859	$5000	$11250	**$21250**	**$30000**	JD	V8TI	955D	16F-4R	303.99	36574	CHA

H, HC, HU--High Clearance LU--Low Profile PS--Power Shift QR--Quad Range

1985

Model	Approx. Retail Price New	Used Trade In Avg.	Used Trade In High	Used Retail Avg.	Used Retail High	Engine Make	Engine No. Cyls.	Engine Displ. Cu.-In.	No. Speeds	P.T.O. H.P.	Approx. Shipping Wt.-Lbs.	Cab
650	$6315	$1460	$1960	**$2860**	**$3530**	Yanmar	2	52D	8F-2R	14.5	1968	No
650 4WD	$6910	$1580	$2120	**$3100**	**$3820**	Yanmar	2	52D	8F-2R	14.5	1968	No
750	$7070	$1560	$2090	**$3040**	**$3750**	Yanmar	3	78D	8F-2R	18.5	2455	No
750 4WD	$7820	$1720	$2310	**$3360**	**$4150**	Yanmar	3	78D	8F-2R	18.0	2455	No
850	$7870	$1730	$2320	**$3380**	**$4170**	Yanmar	3	78D	8F-2R	22.3	3225	No
950	$9245	$2030	$2730	**$3980**	**$4900**	Yanmar	3	104D	8F-2R	27.3	3169	No
950 4WD	$12310	$2490	$3340	**$4860**	**$5990**	Yanmar	3	104D	8F-2R	27.3	3405	No
1050	$10660	$2350	$3150	**$4580**	**$5650**	Yanmar	3T	105D	8F-2R	33.4	3592	No
1050 4WD	$12310	$2640	$3540	**$5160**	**$6360**	Yanmar	3T	105D	8F-2R	33.4	3814	No
1250	$14735	$2760	$4130	**$5510**	**$6960**	Yanmar	3	143D	9F-2R	40.7	4125	No
1250 4WD	$19235	$3470	$5200	**$6930**	**$8750**	Yanmar	3	143D	9F-2R	40.7	4875	No
1450	$16309	$2910	$4360	**$5810**	**$7340**	Yanmar	4	190D	9F-2R	51.4	4410	No
1450 4WD	$20609	$3720	$5590	**$7450**	**$9410**	Yanmar	4	190D	9F-2R	51.4	5070	No
1650	$18457	$3960	$5310	**$7740**	**$9540**	Yanmar	4T	190D	9F-2R	62.2	4630	No
1650 4WD	$22809	$4330	$6500	**$8670**	**$10950**	Yanmar	4T	190D	9F-2R	62.2	5290	No
2150	$17942	$3950	$5290	**$7720**	**$9510**	JD	3	179D	16F-8R	46.47	4950	No
2150 4WD	$23132	$4960	$6650	**$9700**	**$11950**	JD	3	179D	16F-8R	46.00	5670	No
2255	$17866	$3780	$5070	**$7400**	**$9120**	JD	3	179D	16F-8R	50.00	5150	No
2350	$20754	$4570	$6120	**$8920**	**$11000**	JD	4	239D	16F-8R	56.18	7120	No
2350 4WD	$25254	$5390	$7230	**$10540**	**$12990**	JD	4	239D	16F-8R	56.00	8250	No
2350 4WD w/Cab	$31687	$6820	$9150	**$13330**	**$16430**	JD	4	239D	16F-8R	56.00	8850	CHA
2350 w/Cab	$26934	$5760	$7730	**$11270**	**$13890**	JD	4	239D	16F-8R	56.18	7620	CHA
2550	$23024	$5070	$6790	**$9900**	**$12200**	JD	4	239D	16F-8R	65.94	7230	No
2550 4WD	$26952	$5930	$7950	**$11590**	**$14290**	JD	4	239D	16F-8R	65.00	8360	No
2550 4WD w/Cab	$32955	$7150	$9590	**$13980**	**$17230**	JD	4	239D	16F-8R	65.00	8950	CHA
2550 w/Cab	$29204	$6380	$8560	**$12470**	**$15370**	JD	4	239D	16F-8R	65.94	7730	CHA
2750	$25220	$5500	$7380	**$10750**	**$13250**	JD	4T	239D	16F-8R	75.35	7810	No
2750 4WD	$30859	$6790	$9100	**$13270**	**$16360**	JD	4T	239D	16F-8R	75.00	9020	No
2750 4WD w/Cab	$36809	$7920	$10620	**$15480**	**$19080**	JD	4T	239D	12F-8R	75.00	9520	CHA
2750 w/Cab	$31874	$6820	$9150	**$13330**	**$16430**	JD	4T	239D	16F-8R	75.35	8310	CHA
2750HC 4WD	$32400	$6710	$9000	**$13120**	**$16170**	JD	4T	239D	12F-8R	75.00	10000	No
2950	$28706	$6160	$8260	**$12040**	**$14840**	JD	6	359D	16F-8R	85.37	10300	No

John Deere (Cont.)

1985 (Cont.)

Model	Approx. Retail Price New	Used Trade In Avg.	Used Trade In High	Used Retail Avg.	Used Retail High	Make	Engine No. Cyls.	Engine Displ. Cu.-In.	No. Speeds	P.T.O. H.P.	Approx. Shipping Wt.-Lbs.	Cab
2950 4WD	$34276	$7260	$9740	**$14190**	**$17490**	JD	6	359D	16F-8R	85.00	10410	No
2950 4WD w/Cab	$40456	$8470	$11360	**$16560**	**$20410**	JD	6	359D	16F-8R	85.00	10910	CHA
2950 w/Cab	$34886	$7480	$10030	**$14620**	**$18020**	JD	6	359D	16F-8R	85.37	10800	CHA
4050 PS	$43176	$8200	$12310	**$16410**	**$20720**	JD	6	466D	15F-4R	100.95	11350	No
4050 PS	$49319	$9370	$14060	**$18740**	**$23670**	JD	6	466D	15F-4R	100.95	12489	CHA
4050 PS 4WD	$56792	$10790	$16190	**$21580**	**$27260**	JD	6	466D	15F-4R	105.69	12250	No
4050 PS 4WD	$62935	$11960	$17940	**$23920**	**$30210**	JD	6	466D	15F-4R	105.69	13389	CHA
4050 QR	$38931	$7400	$11100	**$14790**	**$18690**	JD	6	466D	16F-6R	101.09	11850	No
4050 QR	$45074	$8560	$12850	**$17130**	**$21640**	JD	6	466D	16F-6R	101.09	12919	CHA
4250 PS	$47586	$9040	$13560	**$18080**	**$22840**	JD	6T	466D	15F-4R	123.32	12050	No
4250 PS	$53729	$10210	$15310	**$20420**	**$25790**	JD	6T	466D	15F-4R	123.32	13155	CHA
4250 PS 4WD	$57454	$10920	$16370	**$21830**	**$27580**	JD	6T	466D	15F-4R	123.00	13550	No
4250 PS 4WD	$63597	$12080	$18130	**$24170**	**$30530**	JD	6T	466D	15F-4R	123.00	14685	CHA
4250 QR	$43341	$8240	$12350	**$16470**	**$20800**	JD	6T	466D	16F-6R	123.06	12450	No
4250 QR	$49484	$9400	$14100	**$18800**	**$23750**	JD	6T	466D	16F-6R	123.06	13585	CHA
4450 PS	$51025	$9700	$14540	**$19390**	**$24490**	JD	6T	466D	15F-4R	140.43	13050	No
4450 PS	$57168	$10860	$16290	**$21720**	**$27440**	JD	6T	466D	15F-4R	140.43	14145	CHA
4450 QR	$52895	$10050	$15080	**$20100**	**$25390**	JD	6T	466D	16F-6R	140.33	13475	CHA
4650 PS	$65496	$8510	$15060	**$21610**	**$27510**	JD	6TI	466D	15F-4R	165.52	18703	CHA
4650 PS 4WD	$80676	$10490	$18560	**$26620**	**$33880**	JD	6TI	466D	15F-4R	165.00	19803	CHA
4650 QR	$61146	$7950	$14060	**$20180**	**$25680**	JD	6TI	466D	16F-6R	165.70	19133	CHA
4850 PS	$70840	$6380	$11330	**$18420**	**$26920**	JD	6TI	466D	15F-4R	192.99	18978	CHA
4850 PS 4WD	$80293	$7230	$12850	**$20880**	**$30510**	JD	6TI	466D	15F-4R	192.00	20078	CHA
8450 4WD	$74296	$9100	$16100	**$23100**	**$29400**	JD	6TI	466D	16F-4R	186.98	22300	CHA
8450 4WD w/3-Pt.	$81596	$10080	$17830	**$25580**	**$32550**	JD	6TI	466D	16F-4R	186.98	22700	CHA
8650 4WD	$93151	$8010	$14240	**$23140**	**$33820**	JD	6TI	619D	16F-4R	238.56	24750	CHA
8650 4WD w/3-Pt.	$100451	$8640	$15360	**$24960**	**$36480**	JD	6TI	619D	16F-4R	238.56	25250	CHA
8850 4WD	$118609	$4640	$10440	**$18560**	**$26680**	JD	V8TI	955D	16F-4R	303.99	36074	CHA
8850 4WD w/3-Pt.	$127859	$5000	$11250	**$20000**	**$28750**	JD	V8TI	955D	16F-4R	303.99	36574	CHA

H, HC, HU--High Clearance LU--Low Profile PS--Power Shift QR--Quad Range

1984

Model	Approx. Retail Price New	Used Trade In Avg.	Used Trade In High	Used Retail Avg.	Used Retail High	Make	Engine No. Cyls.	Engine Displ. Cu.-In.	No. Speeds	P.T.O. H.P.	Approx. Shipping Wt.-Lbs.	Cab
650	$6315	$1400	$1890	**$2760**	**$3380**	Yanmar	2	52D	8F-2R	14.5	1968	No
650 4WD	$6910	$1490	$2000	**$2940**	**$3590**	Yanmar	2	52D	8F-2R	14.5	1968	No
750	$7070	$1520	$2050	**$3010**	**$3680**	Yanmar	3	78D	8F-2R	18.5	2455	No
750 4WD	$7820	$1680	$2270	**$3320**	**$4070**	Yanmar	3	78D	8F-2R	18.0	2455	No
850	$7870	$1690	$2280	**$3350**	**$4090**	Yanmar	3	78D	8F-2R	22.3	3225	No
950	$9245	$1990	$2680	**$3930**	**$4810**	Yanmar	3	104D	8F-2R	27.3	3169	No
950 4WD	$12310	$2370	$3190	**$4680**	**$5720**	Yanmar	3	104D	8F-2R	27.3	3405	No
1050	$10660	$2150	$2900	**$4250**	**$5200**	Yanmar	3T	105D	8F-2R	33.4	3592	No
1050 4WD	$12310	$2430	$3280	**$4810**	**$5880**	Yanmar	3T	105D	8F-2R	33.4	3814	No
1250	$14735	$2590	$3920	**$5180**	**$6650**	Yanmar	3	143D	9F-2R	40.7	4125	No
1250 4WD	$19235	$3330	$5040	**$6660**	**$8550**	Yanmar	3	143D	9F-2R	40.7	4875	No
1450	$16309	$2780	$4200	**$5550**	**$7130**	Yanmar	4	190D	9F-2R	51.4	4410	No
1450 4WD	$20609	$3520	$5320	**$7030**	**$9030**	Yanmar	4	190D	9F-2R	51.4	5070	No
1650	$18457	$3330	$5040	**$6660**	**$8550**	Yanmar	4T	190D	9F-2R	62.2	4630	No
1650 4WD	$22809	$3700	$5600	**$7400**	**$9500**	Yanmar	4T	190D	9F-2R	62.2	5290	No
2150	$17942	$3760	$5080	**$7440**	**$9100**	JD	3	179D	16F-8R	46.47	4950	No
2150 4WD	$23132	$4860	$6550	**$9610**	**$11750**	JD	3	179D	16F-8R	46.00	5670	No
2255	$17866	$3700	$4990	**$7310**	**$8940**	JD	3	179D	16F-8R	50.00	5150	No
2350	$20754	$4300	$5800	**$8500**	**$10400**	JD	4	239D	16F-8R	56.18	7120	No
2350 4WD	$25254	$5290	$7130	**$10460**	**$12790**	JD	4	239D	16F-8R	56.00	8250	No
2350 4WD w/Cab	$31687	$6670	$8990	**$13180**	**$16120**	JD	4	239D	16F-8R	56.00	8850	CHA
2350 w/Cab	$26934	$5630	$7600	**$11140**	**$13620**	JD	4	239D	16F-8R	56.18	7620	CHA
2550	$22454	$4830	$6510	**$9540**	**$11680**	JD	4	239D	16F-8R	65.94	7230	No
2550 4WD	$27122	$5810	$7830	**$11480**	**$14040**	JD	4	239D	16F-8R	65.00	8360	No
2550 4WD w/Cab	$32826	$6880	$9280	**$13600**	**$16640**	JD	4	239D	16F-8R	65.00	8950	CHA
2550 w/Cab	$28654	$5910	$7980	**$11690**	**$14300**	JD	4	239D	16F-8R	65.94	7730	CHA
2750	$25620	$5380	$7250	**$10630**	**$13000**	JD	4T	239D	16F-8R	75.35	7810	No
2750 4WD	$31805	$6670	$8990	**$13180**	**$16120**	JD	4T	239D	16F-8R	75.00	9020	No
2750 4WD w/Cab	$36889	$7740	$10440	**$15300**	**$18720**	JD	4T	239D	16F-8R	75.00	9520	CHA
2750 w/Cab	$30875	$6640	$8950	**$13120**	**$16060**	JD	4T	239D	16F-8R	75.35	8310	CHA
2950	$28706	$5910	$7980	**$11690**	**$14300**	JD	6	359D	16F-8R	85.37	10300	No
2950 4WD	$34276	$6880	$9280	**$13600**	**$16640**	JD	6	359D	16F-8R	85.00	10410	No
2950 4WD w/Cab	$40456	$7960	$10730	**$15730**	**$19240**	JD	6	359D	16F-8R	85.00	10910	CHA
2950 w/Cab	$34886	$7200	$9720	**$14240**	**$17420**	JD	6	359D	16F-8R	85.37	10800	CHA
4050 PS	$43176	$7990	$12090	**$15980**	**$20510**	JD	6	466D	15F-4R	100.95	11350	No
4050 PS 4WD	$54792	$10140	$15340	**$20270**	**$26030**	JD	6	466D	15F-4R	105.69	12250	No
4050 PS 4WD Cab	$62935	$11640	$17620	**$23290**	**$29890**	JD	6	466D	15F-4R	105.69	13389	CHA
4050 PS Cab	$49319	$9120	$13810	**$18250**	**$23430**	JD	6	466D	15F-4R	100.95	12489	CHA
4050 QR	$38931	$7200	$10900	**$14400**	**$18490**	JD	6	466D	16F-6R	101.09	11850	No
4050 QR Cab	$45074	$8340	$12620	**$16680**	**$21410**	JD	6	466D	16F-6R	101.09	12919	CHA
4250 PS	$47586	$8800	$13320	**$17610**	**$22600**	JD	6T	466D	15F-4R	123.32	12050	No
4250 PS 4WD	$57454	$10630	$16090	**$21260**	**$27290**	JD	6T	466D	15F-4R	123.00	13550	No
4250 PS 4WD Cab	$63597	$11770	$17810	**$23530**	**$30210**	JD	6T	466D	15F-4R	123.00	14685	CHA
4250 PS Cab	$53729	$9940	$15040	**$19880**	**$25520**	JD	6T	466D	15F-4R	123.32	13155	CHA
4250 QR	$43341	$8020	$12140	**$16040**	**$20590**	JD	6T	466D	16F-6R	123.06	12450	No
4250 QR Cab	$49484	$9160	$13860	**$18310**	**$23510**	JD	6T	466D	16F-6R	123.06	13585	CHA
4450 PS	$51025	$9440	$14290	**$18880**	**$24240**	JD	6T	466D	15F-4R	140.43	13050	No
4450 PS 4WD	$65221	$12070	$18260	**$24130**	**$30980**	JD	6T	466D	15F-4R	140.00	14150	No
4450 PS 4WD Cab	$71364	$13200	$19980	**$26410**	**$33900**	JD	6T	466D	15F-4R	140.00	15245	CHA
4450 PS Cab	$57168	$10580	$16010	**$21150**	**$27160**	JD	6T	466D	15F-4R	140.43	14145	CHA
4450 QR	$46670	$8630	$13070	**$17270**	**$22170**	JD	6T	466D	16F-6R	140.33	13475	No
4450 QR Cab	$52813	$9770	$14790	**$19540**	**$25090**	JD	6T	466D	16F-6R	140.33	14575	CHA

John Deere (Cont.)

Model	Approx. Retail Price New	Estimated Value Less Repairs: Used Trade In Avg.	Used Trade In High	Used Retail Avg.	Used Retail High	Engine Make	Engine No. Cyls.	Engine Displ. Cu.-In.	No. Speeds	P.T.O. H.P.	Approx. Shipping Wt.-Lbs.	Cab
1984 (Cont.)												
4650 PS	$59118	$7390	$13300	**$18920**	**$24240**	JD	6TI	466D	15F-4R	165.52	17600	No
4650 PS 4WD	$74278	$9290	$16710	**$23770**	**$30450**	JD	6TI	466D	15F-4R	165.00	18700	No
4650 PS 4WD Cab	$80421	$10050	$18100	**$25740**	**$32970**	JD	6TI	466D	15F-4R	165.00	19803	CHA
4650 PS Cab	$65261	$8160	$14680	**$20880**	**$26760**	JD	6TI	466D	15F-4R	165.52	18703	CHA
4650 QR	$54763	$6850	$12320	**$17520**	**$22450**	JD	6TI	466D	16F-6R	165.70	18000	No
4650 QR Cab	$60906	$7610	$13700	**$19490**	**$24970**	JD	6TI	466D	16F-6R	165.70	19133	CHA
4850 PS	$69800	$5930	$10820	**$17450**	**$25830**	JD	6TI	466D	15F-4R	192.99	18978	CHA
4850 PS 4WD Cab	$79605	$6770	$12340	**$19900**	**$29450**	JD	6TI	466D	15F-4R	192.00	20078	CHA
8450 4WD	$74296	$8810	$15860	**$22560**	**$28910**	JD	6TI	466D	16F-4R	186.98	22300	CHA
8450 4WD w/3-Pt.	$81596	$9690	$17440	**$24800**	**$31780**	JD	6TI	466D	16F-4R	186.98	22700	CHA
8650 4WD	$93151	$7650	$13950	**$22500**	**$33300**	JD	6TI	619D	16F-4R	238.56	24750	CHA
8650 4WD w/3-Pt.	$100451	$8250	$15040	**$24250**	**$35890**	JD	6TI	619D	16F-4R	238.56	25250	CHA
8850 4WD	$118609	$4640	$10440	**$17400**	**$25520**	JD	V8TI	955D	16F-4R	303.99	36074	CHA
8850 4WD w/3-Pt.	$127859	$4960	$11160	**$18600**	**$27280**	JD	V8TI	955D	16F-4R	303.99	36574	CHA
H, HC, HU--High Clearance LU--Low Profile PS--Power Shift QR--Quad Range												
1983												
650	$6030	$1350	$1830	**$2700**	**$3280**	Yanmar	2	52D	8F-2R	14.5	1968	No
650 4WD	$6610	$1450	$1970	**$2900**	**$3520**	Yanmar	2	52D	8F-2R	14.5	1968	No
750	$7070	$1530	$2080	**$3070**	**$3720**	Yanmar	3	78D	8F-2R	18.5	2455	No
750 4WD	$7820	$1640	$2230	**$3280**	**$3990**	Yanmar	3	78D	8F-2R	18.0	2455	No
850	$7670	$1630	$2210	**$3260**	**$3960**	Yanmar	3	78D	8F-2R	22.3	3225	No
950	$8670	$1820	$2470	**$3640**	**$4420**	Yanmar	3	104D	8F-2R	27.3	3169	No
950 4WD	$12125	$2310	$3140	**$4620**	**$5610**	Yanmar	3	104D	8F-2R	27.3	3405	No
1050	$10415	$2100	$2850	**$4200**	**$5100**	Yanmar	3T	105D	8F-2R	33.4	3592	No
1050 4WD	$12125	$2520	$3420	**$5040**	**$6120**	Yanmar	3T	105D	8F-2R	33.4	3814	No
1250	$14735	$2520	$3850	**$5110**	**$6580**	Yanmar	3	143D	9F-2R	40.7	4125	No
1250 4WD	$19235	$3280	$5020	**$6660**	**$8570**	Yanmar	3	143D	9F-2R	40.7	4875	No
2150	$17419	$3570	$4850	**$7140**	**$8670**	JD	3	179D	16F-8R	46.47	4950	No
2150 4WD	$22449	$4620	$6270	**$9240**	**$11220**	JD	3	179D	16F-8R	46.00	5670	No
2350	$20149	$4100	$5560	**$8190**	**$9950**	JD	4	239D	16F-8R	56.18	7120	No
2350 4WD	$24764	$5040	$6840	**$10080**	**$12240**	JD	4	239D	16F-8R	56.00	8250	No
2350 4WD w/Cab	$30764	$6300	$8550	**$12600**	**$15300**	JD	4	239D	16F-8R	56.00	8850	CHA
2350 w/Cab	$26149	$5360	$7270	**$10710**	**$13010**	JD	4	239D	16F-8R	56.18	7620	CHA
2550	$22354	$4560	$6190	**$9110**	**$11070**	JD	4	239D	16F-8R	65.94	7230	No
2550 4WD	$26817	$5420	$7350	**$10840**	**$13160**	JD	4	239D	16F-8R	65.00	8360	No
2550 4WD w/Cab	$32817	$6510	$8840	**$13020**	**$15810**	JD	4	239D	16F-8R	65.00	8950	CHA
2550 w/Cab	$28354	$5750	$7810	**$11510**	**$13970**	JD	4	239D	16F-8R	65.94	7730	CHA
2750	$24874	$4940	$6700	**$9870**	**$11990**	JD	4T	239D	16F-8R	75.35	7810	No
2750 4WD	$30859	$6200	$8410	**$12390**	**$15050**	JD	4T	239D	16F-8R	75.00	9020	No
2750 4WD w/Cab	$36859	$7460	$10120	**$14910**	**$18110**	JD	4T	239D	16F-8R	75.00	9520	CHA
2750 w/Cab	$30874	$6260	$8490	**$12520**	**$15200**	JD	4T	239D	16F-8R	75.35	8310	CHA
2950	$27870	$5630	$7640	**$11260**	**$13670**	JD	6	359D	16F-8R	85.37	10300	No
2950 4WD	$33278	$6620	$8980	**$13230**	**$16070**	JD	6	359D	16F-8R	85.00	10410	No
2950 4WD w/Cab	$39278	$7830	$10630	**$15670**	**$19020**	JD	6	359D	16F-8R	85.00	10910	CHA
2950 w/Cab	$33780	$6890	$9350	**$13780**	**$16730**	JD	6	359D	16F-8R	85.37	10800	CHA
4050 4WD PS Cab	$55895	$10060	$15370	**$20400**	**$26270**	JD	6	466D	15F-4R	105.69	13389	CHA
4050 HC PS	$50779	$9140	$13960	**$18530**	**$23870**	JD	6	466D	15F-4R	101.00	12703	CHA
4050 HC QR Cab	$46735	$8410	$12850	**$17060**	**$21970**	JD	6	466D	16F-6R	101.00	13133	CHA
4050 PS Cab	$46970	$8460	$12920	**$17140**	**$22080**	JD	6	466D	15F-4R	100.95	12489	CHA
4050 QR Cab	$42927	$7730	$11810	**$15670**	**$20180**	JD	6	466D	16F-6R	101.09	12919	CHA
4250 4WD PS Cab	$60568	$10900	$16660	**$22110**	**$28470**	JD	6T	466D	15F-4R	123.00	14685	CHA
4250 PS Cab	$51170	$9210	$14070	**$18680**	**$24050**	JD	6T	466D	15F-4R	123.32	13155	CHA
4250 QR Cab	$47127	$8480	$12960	**$17200**	**$22150**	JD	6T	466D	16F-6R	123.06	13585	CHA
4250HC PS Cab	$55176	$9930	$15170	**$20140**	**$25930**	JD	6T	466D	15F-4R	123.00	13369	CHA
4250HC QR Cab	$51136	$9200	$14060	**$18670**	**$24030**	JD	6T	466D	16F-6R	123.00	13799	CHA
4450 4WD PS Cab	$58078	$10450	$15970	**$21200**	**$27300**	JD	6T	466D	15F-4R	140.00	15245	CHA
4450 PS Cab	$54530	$9820	$15000	**$19900**	**$25630**	JD	6T	466D	15F-4R	140.43	14145	CHA
4450 QR Cab	$50382	$9070	$13860	**$18390**	**$23680**	JD	6T	466D	16F-6R	140.33	14575	CHA
4650 4WD PS Cab	$72443	$8690	$15940	**$22460**	**$28980**	JD	6TI	466D	15F-4R	165.00	19803	CHA
4650 PS Cab	$62153	$7460	$13670	**$19270**	**$24860**	JD	6TI	466D	15F-4R	165.52	18703	CHA
4650 QR Cab	$58005	$6960	$12760	**$17980**	**$23200**	JD	6TI	466D	16F-6R	165.70	19133	CHA
4850 4WD PS Cab	$77719	$6220	$10880	**$18650**	**$27980**	JD	6TI	466D	15F-4R	192.00	20078	CHA
4850 PS Cab	$67429	$5390	$9440	**$16180**	**$24270**	JD	6TI	466D	15F-4R	192.99	18978	CHA
8450 4WD	$74296	$8460	$15510	**$21860**	**$28200**	JD	6TI	466D	16F-4R	186.98	22300	CHA
8450 4WD w/3-Pt.	$81596	$9000	$16500	**$23250**	**$30000**	JD	6TI	466D	16F-4R	186.98	22700	CHA
8650 4WD	$93151	$7200	$12600	**$21600**	**$32400**	JD	6TI	619D	16F-4R	238.56	24750	CHA
8650 4WD w/3-Pt.	$100451	$7680	$13440	**$23040**	**$34560**	JD	6TI	619D	16F-4R	238.56	25250	CHA
8850 4WD	$118609	$4680	$10530	**$17550**	**$24570**	JD	V8TI	955D	16F-4R	303.99	36074	CHA
8850 4WD w/3-Pt.	$127859	$5000	$11250	**$18750**	**$26250**	JD	V8TI	955D	16F-4R	303.99	36574	CHA
H, HC, HU--High Clearance LU--Low Profile PS--Power Shift QR--Quad Range												
1982												
650	$6030	$1340	$1740	**$2620**	**$3120**	Yanmar	2	52D	8F-2R	14.5	1968	No
650 4WD	$6610	$1420	$1850	**$2780**	**$3310**	Yanmar	2	52D	8F-2R	14.5	1968	No
750	$7070	$1520	$1980	**$2970**	**$3540**	Yanmar	3	78D	8F-2R	18.5	2455	No
750 4WD	$7820	$1680	$2190	**$3280**	**$3910**	Yanmar	3	78D	8F-2R	18.0	2455	No
850	$7670	$1650	$2150	**$3220**	**$3840**	Yanmar	3	78D	8F-2R	22.3	3225	No
950	$8670	$1860	$2430	**$3640**	**$4340**	Yanmar	3	104D	8F-2R	27.3	3169	No
950 4WD	$10335	$2220	$2890	**$4340**	**$5170**	Yanmar	3	104D	8F-2R	27.3	3405	No
1050	$10415	$2240	$2920	**$4370**	**$5210**	Yanmar	3T	105D	8F-2R	33.4	3592	No
1050 4WD	$12125	$2580	$3360	**$5040**	**$6000**	Yanmar	3T	105D	8F-2R	33.4	3814	No
1250	$14735	$2400	$3710	**$4950**	**$6390**	Yanmar	3	143D	9F-2R	40.7	4125	No
1250 4WD	$18735	$3100	$4790	**$6390**	**$8250**	Yanmar	3	143D	9F-2R	40.7	4875	No

John Deere (Cont.)

1982 (Cont.)

Model	Approx. Retail Price New	Estimated Value Less Repairs: Used Trade In Avg.	Used Trade In High	Used Retail Avg.	Used Retail High	Engine Make	Engine No. Cyls.	Engine Displ. Cu.-In.	No. Speeds	P.T.O. H.P.	Approx. Shipping Wt.-Lbs.	Cab
2040	$13970	$3000	$3910	**$5870**	**$6990**	JD	3	179D	8F-4R	41.25	4376	No
2040 4WD	$19000	$4090	$5320	**$7980**	**$9500**	JD	3	179D	8F-4R	40.44	4580	No
2240	$16423	$3530	$4600	**$6900**	**$8210**	JD	3	179D	16F-8R	50.37	4740	No
2240 4WD	$21038	$4520	$5890	**$8840**	**$10520**	JD	3	179D	16F-8R	50.00	5677	No
2440	$19647	$4220	$5500	**$8250**	**$9820**	JD	4	219D	16F-8R	60.00	4855	No
2640	$22214	$4780	$6220	**$9330**	**$11110**	JD	4	276D	16F-8R	70.00	5400	No
2940 4WD	$30226	$6500	$8460	**$12700**	**$15110**	JD	6	359D	16F-8R	81.17	9931	No
4040 4WD	$41930	$7340	$11320	**$15100**	**$19500**	JD	6	404D	8F-2R	90.00	11944	CHA
4040 4WD PS	$44306	$7750	$11960	**$15950**	**$20600**	JD	6	404D	8F-4R	90.00	11961	CHA
4040 4WD QR	$42986	$7520	$11610	**$15480**	**$19990**	JD	6	404D	16F-6R	90.00	12391	CHA
4040 PS	$36549	$6400	$9870	**$13160**	**$17000**	JD	6	404D	8F-4R	90.79	9960	CHA
4040 QR	$35229	$6170	$9510	**$12680**	**$16380**	JD	6	404D	16F-6R	90.80	11393	CHA
4240 4WD	$46216	$8090	$12480	**$16640**	**$21490**	JD	6	466D	8F-2R	110.00	11572	CHA
4240 4WD PS	$48592	$8500	$13120	**$17490**	**$22600**	JD	6	466D	8F-4R	111.00	11585	CHA
4240 4WD QR	$47272	$8270	$12760	**$17020**	**$21980**	JD	6	466D	16F-6R	110.00	11157	CHA
4240 PS	$40926	$7160	$11050	**$14730**	**$19030**	JD	6	466D	8F-4R	111.06	10581	CHA
4240 QR	$39606	$6930	$10690	**$14260**	**$18420**	JD	6	466D	16F-6R	110.94	11156	CHA
4240HC	$36208	$6340	$9780	**$13040**	**$16840**	JD	6	466D	8F-2R	110.00	10333	No
4240HC PS	$38584	$6750	$10420	**$13890**	**$17940**	JD	6	466D	8F-4R	111.00	10343	No
4240HC QR	$37264	$6520	$10060	**$13420**	**$17330**	JD	6	466D	16F-6R	110.00	10918	No
4440 4WD PS	$52701	$9220	$14230	**$18970**	**$24510**	JD	6T	466D	8F-4R	130.00	11889	CHA
4440 4WD QR	$51212	$8960	$13830	**$18440**	**$23810**	JD	6T	466D	16F-6R	130.00	12474	CHA
4440 PS	$45123	$7900	$12180	**$16240**	**$20980**	JD	6T	466D	8F-4R	130.41	10901	CHA
4440 QR	$43634	$7640	$11780	**$15710**	**$20290**	JD	6T	466D	16F-6R	130.58	11473	CHA
4440HC PS	$42826	$7500	$11560	**$15420**	**$19910**	JD	6T	466D	8F-4R	130.00	10500	No
4440HC QR	$41319	$7230	$11160	**$14880**	**$19210**	JD	6T	466D	16F-6R	130.00	11072	No
4640 4WD PS	$60755	$10630	$16400	**$21870**	**$28250**	JD	6TI	466D	8F-4R	155.00	13715	CHA
4640 4WD QR	$59185	$10360	$15980	**$21310**	**$27520**	JD	6TI	466D	16F-6R	155.00	14300	CHA
4640 PS	$53123	$9300	$14340	**$19120**	**$24700**	JD	6TI	466D	8F-4R	155.96	12614	CHA
4640 QR	$51553	$9020	$13920	**$18560**	**$23970**	JD	6TI	466D	16F-6R	155.00	13199	CHA
4840 PS	$57648	$4130	$7430	**$12650**	**$19250**	JD	6TI	466D	8F-4R	180.63	14317	CHA
8440 4WD	$66158	$2400	$5400	**$9000**	**$12000**	JD	6TI	466D	16F-4R	179.83	22210	CHA
8440 4WD w/3-Pt.	$70846	$2640	$5940	**$9900**	**$13200**	JD	6TI	466D	16F-4R	179.83	22710	CHA
8450 4WD	$74368	$4970	$8950	**$15250**	**$23210**	JD	6TI	466D	16F-4R	186.98	22300	CHA
8450 4WD w/3-Pt.	$80012	$5180	$9320	**$15870**	**$24150**	JD	6TI	466D	16F-4R	186.98	22700	CHA
8640 4WD	$80268	$5400	$9720	**$16560**	**$25200**	JD	6TI	619D	16F-4R	228.75	24750	CHA
8640 4WD w/3-Pt.	$84956	$5630	$10130	**$17250**	**$26250**	JD	6TI	619D	16F-4R	228.75	25250	CHA
8650 4WD	$90673	$6380	$11480	**$19550**	**$29750**	JD	6TI	619D	16F-4R	238.56	25000	CHA
8650 4WD w/3-Pt.	$96317	$6830	$12290	**$20930**	**$31850**	JD	6TI	619D	16F-4R	238.56	26000	CHA
8850 4WD	$115830	$4480	$10080	**$16800**	**$22400**	JD	V8TI	955D	16F-4R	303.99	36074	CHA
8850 4WD w/3-Pt.	$123250	$4840	$10890	**$18150**	**$24200**	JD	V8TI	955D	16F-4R	303.99	36574	CHA

H, HC, HU--High Clearance LU--Low Profile PS--Power Shift QR--Quad Range

1981

Model	Approx. Retail Price New	Used Trade In Avg.	Used Trade In High	Used Retail Avg.	Used Retail High	Engine Make	Engine No. Cyls.	Engine Displ. Cu.-In.	No. Speeds	P.T.O. H.P.	Approx. Shipping Wt.-Lbs.	Cab
650	$5345	$1270	$1660	**$2540**	**$2960**	Yanmar	2	52D	8F-2R	14.5	1968	No
650 4WD	$5840	$1350	$1770	**$2710**	**$3160**	Yanmar	2	52D	8F-2R	14.5	1968	No
750	$6265	$1320	$1720	**$2630**	**$3070**	Yanmar	3	78D	8F-2R	18.5	2455	No
750 4WD	$6915	$1450	$1900	**$2900**	**$3390**	Yanmar	3	78D	8F-2R	18.0	2455	No
850	$6751	$1420	$1860	**$2840**	**$3310**	Yanmar	3	78D	8F-2R	22.3	3225	No
950	$7826	$1640	$2150	**$3290**	**$3840**	Yanmar	3	104D	8F-2R	27.3	3169	No
950 4WD	$9266	$1950	$2550	**$3890**	**$4540**	Yanmar	3	104D	8F-2R	27.3	3405	No
1050	$9409	$1980	$2590	**$3950**	**$4610**	Yanmar	3T	105D	8F-2R	33.4	3592	No
1050 4WD	$10904	$2100	$2750	**$4200**	**$4900**	Yanmar	3T	105D	8F-2R	33.4	3814	No
2040	$13638	$2860	$3750	**$5730**	**$6680**	JD	3	179D	8F-4R	41.25	4376	No
2040 4WD	$19459	$4090	$5350	**$8170**	**$9540**	JD	3	179D	8F-4R	40.44	4580	No
2240	$15657	$3290	$4310	**$6580**	**$7670**	JD	3	179D	16F-8R	50.37	4740	No
2240 4WD	$20502	$4310	$5640	**$8610**	**$10050**	JD	3	179D	8F-4R	50.90	5422	No
2440	$18828	$3950	$5180	**$7910**	**$9230**	JD	4	219D	16F-8R	60.00	4855	No
2640	$20194	$4240	$5550	**$8480**	**$9900**	JD	4	276D	8F-4R	70.00	5145	No
2940	$23695	$4980	$6520	**$9950**	**$11610**	JD	6	359D	16F-8R	81.00	9347	No
2940 4WD	$28515	$5990	$7840	**$11980**	**$13970**	JD	6	359D	16F-8R	81.17	9931	No
4040 4WD	$38852	$6610	$10300	**$13790**	**$17870**	JD	6	404D	8F-2R	90.00	11944	CHA
4040 4WD PS	$41019	$6970	$10870	**$14560**	**$18870**	JD	6	404D	8F-4R	90.00	11961	CHA
4040 4WD QR	$39774	$6760	$10540	**$14120**	**$18300**	JD	6	404D	16F-6R	90.00	12391	CHA
4040 PS	$34177	$5810	$9060	**$12130**	**$15720**	JD	6	404D	8F-4R	90.79	9960	CHA
4040 QR	$32932	$5600	$8730	**$11690**	**$15150**	JD	6	404D	16F-6R	90.80	11393	CHA
4240 4WD	$42467	$7220	$11250	**$15080**	**$19540**	JD	6	466D	8F-2R	110.00	11572	CHA
4240 4WD PS	$44542	$7570	$11800	**$15810**	**$20490**	JD	6	466D	8F-4R	111.00	11585	CHA
4240 4WD QR	$43385	$7380	$11500	**$15400**	**$19960**	JD	6	466D	16F-6R	110.00	11157	CHA
4240 PS	$37700	$6410	$9990	**$13380**	**$17340**	JD	6	466D	8F-4R	111.06	10581	CHA
4240 QR	$36547	$6210	$9690	**$12970**	**$16810**	JD	6	466D	16F-6R	110.94	11156	CHA
4240HC	$38249	$6500	$10140	**$13580**	**$17600**	JD	6	466D	8F-2R	110.00	10333	CHA
4240HC PS	$40324	$6860	$10690	**$14320**	**$18550**	JD	6	466D	8F-4R	111.00	10343	CHA
4240HC QR	$39171	$6660	$10380	**$13910**	**$18020**	JD	6	466D	16F-6R	110.00	10918	CHA
4440 4WD PS	$49039	$8340	$13000	**$17410**	**$22560**	JD	6T	466D	8F-4R	130.00	11889	CHA
4440 4WD QR	$47617	$8100	$12620	**$16900**	**$21900**	JD	6T	466D	16F-6R	130.00	12474	CHA
4440 PS	$42197	$7170	$11180	**$14980**	**$19410**	JD	6T	466D	8F-4R	130.41	10901	CHA
4440 QR	$40775	$6930	$10810	**$14480**	**$18760**	JD	6T	466D	16F-6R	130.58	11473	CHA
4440HC PS	$44911	$7640	$11900	**$15940**	**$20660**	JD	6T	466D	8F-4R	130.00	10500	CHA
4440HC QR	$43489	$7390	$11530	**$15440**	**$20010**	JD	6T	466D	16F-6R	130.00	11072	CHA
4640 4WD PS	$56451	$9600	$14960	**$20040**	**$25970**	JD	6TI	466D	8F-4R	155.00	13715	CHA
4640 4WD QR	$55080	$9360	$14600	**$19550**	**$25340**	JD	6TI	466D	16F-6R	155.00	14300	CHA
4640 PS	$49609	$8430	$13150	**$17610**	**$22820**	JD	6TI	466D	8F-4R	155.96	12614	CHA
4640 QR	$48238	$8200	$12780	**$17120**	**$22190**	JD	6TI	466D	16F-6R	155.00	13199	CHA

John Deere (Cont.)

1981 (Cont.)

Model	Approx. Retail Price New	Used Trade In Avg.	Used Trade In High	Used Retail Avg.	Used Retail High	Engine Make	Engine No. Cyls.	Engine Displ. Cu.-In.	No. Speeds	P.T.O. H.P.	Approx. Shipping Wt.-Lbs.	Cab
4840 PS	$53880	$36210	$6630	**$11220**	**$17340**	JD	6TI	466D	8F-4R	180.63	14317	CHA
8440 4WD	$66158	$2560	$5760	**$9600**	**$12800**	JD	6TI	466D	16F-4R	179.83	22210	CHA
8640 4WD	$80268	$49700	$9100	**$15400**	**$23800**	JD	6TI	619D	16F-4R	228.75	24750	CHA

H, HC, HU--High Clearance LU--Low Profile PS--Power Shift QR--Quad Range

1980

Model	Approx. Retail Price New	Used Trade In Avg.	Used Trade In High	Used Retail Avg.	Used Retail High	Engine Make	Engine No. Cyls.	Engine Displ. Cu.-In.	No. Speeds	P.T.O. H.P.	Approx. Shipping Wt.-Lbs.	Cab
850	$5885	$1260	$1700	**$2680**	**$3060**	Yanmar	3	78D	8F-2R	22.3	3225	No
950	$6495	$1320	$1780	**$2810**	**$3200**	Yanmar	3	104D	8F-2R	27.3	3169	No
1050	$8355	$1670	$2260	**$3550**	**$4050**	Yanmar	3T	105D	8F-2R	33.4	3592	No
1050 4WD	$9730	$1950	$2630	**$4140**	**$4720**	Yanmar	3T	105D	8F-2R	33.4	3814	No
2040	$12091	$2420	$3270	**$5140**	**$5860**	JD	3	179D	8F-4R	41.25	4376	No
2040 4WD	$17431	$3490	$4710	**$7410**	**$8450**	JD	3	179D	8F-4R	40.44	4580	No
2240	$14153	$2830	$3820	**$6020**	**$6860**	JD	3	179D	16F-8R	50.37	4740	No
2240 4WD	$18425	$3690	$4980	**$7830**	**$8940**	JD	3	179D	8F-4R	50.90	5422	No
2240 4WD	$19191	$3840	$5180	**$8160**	**$9310**	JD	3	179D	16F-8R	50.00	5677	No
2440	$16609	$3320	$4480	**$7060**	**$8060**	JD	4	219D	16F-8R	60.00	4855	No
2640	$19004	$3800	$5130	**$8080**	**$9220**	JD	4	276D	16F-8R	70.00	5400	No
2940	$21466	$4290	$5800	**$9120**	**$10410**	JD	6	359D	16F-8R	81.00	9347	No
2940 4WD	$25949	$5190	$7010	**$11030**	**$12590**	JD	6	359D	16F-8R	81.17	9799	No
4040 4WD	$35741	$5900	$9290	**$12510**	**$16260**	JD	6	404D	8F-2R	90.00	11944	CHA
4040 4WD PS	$38816	$6410	$10090	**$13590**	**$17660**	JD	6	404D	8F-4R	90.00	11961	CHA
4040 4WD QR	$36663	$6050	$9530	**$12830**	**$16680**	JD	6	404D	16F-6R	90.00	12391	CHA
4040 PS	$31481	$5190	$8190	**$11020**	**$14320**	JD	6	404D	8F-4R	90.79	9960	CHA
4040 QR	$30328	$5000	$7890	**$10620**	**$13800**	JD	6	404D	16F-6R	90.80	11393	CHA
4240 4WD	$39091	$6450	$10160	**$13680**	**$17790**	JD	6	466D	8F-2R	110.00	11572	CHA
4240 4WD PS	$41166	$6790	$10700	**$14410**	**$18730**	JD	6	466D	8F-4R	111.00	11585	CHA
4240 4WD QR	$40013	$6600	$10400	**$14010**	**$18210**	JD	6	466D	16F-6R	110.00	11157	CHA
4240 PS	$34831	$5750	$9060	**$12190**	**$15850**	JD	6	466D	8F-4R	111.06	10581	CHA
4240 QR	$33678	$5560	$8760	**$11790**	**$15320**	JD	6	466D	16F-6R	110.94	11156	CHA
4240HC	$35186	$3700	$7210	**$10200**	**$13550**	JD	6	466D	8F-2R	110.00	10333	CHA
4240HC PS	$37261	$3910	$7640	**$10810**	**$14350**	JD	6	466D	8F-4R	111.00	10343	CHA
4240HC QR	$36108	$3790	$7400	**$10470**	**$13900**	JD	6	466D	16F-6R	110.00	10918	CHA
4440 4WD PS	$46936	$7740	$12200	**$16430**	**$21360**	JD	6T	466D	8F-4R	130.00	11889	CHA
4440 4WD QR	$45619	$7530	$11860	**$15970**	**$20760**	JD	6T	466D	16F-6R	130.00	12474	CHA
4440 PS	$38909	$6420	$10120	**$13620**	**$17700**	JD	6T	466D	8F-4R	130.41	10901	CHA
4440 QR	$37592	$6200	$9770	**$13160**	**$17100**	JD	6T	466D	16F-6R	130.58	11473	CHA
4440HC PS	$41422	$6840	$10770	**$14500**	**$18850**	JD	6T	466D	8F-4R	130.00	10500	CHA
4440HC QR	$40105	$6620	$10430	**$14040**	**$18250**	JD	6T	466D	16F-6R	130.00	11072	CHA
4640 4WD PS	$52213	$8620	$13580	**$18280**	**$23760**	JD	6TI	466D	8F-4R	155.00	13715	CHA
4640 4WD QR	$50841	$8390	$13220	**$17790**	**$23130**	JD	6TI	466D	16F-6R	155.00	14300	CHA
4640 PS	$45877	$7570	$11930	**$16060**	**$20870**	JD	6TI	466D	8F-4R	155.96	12614	CHA
4640 QR	$44506	$7340	$11570	**$15580**	**$20250**	JD	6TI	466D	16F-6R	155.00	13199	CHA
4840 PS	$49890	$3240	$6240	**$10980**	**$16710**	JD	6TI	466D	8F-4R	180.63	14317	CHA
8440 4WD	$61268	$2450	$5510	**$9190**	**$12250**	JD	6TI	466D	16F-4R	179.83	22210	CHA
8640 4WD	$74323	$4160	$8000	**$14080**	**$21440**	JD	6TI	619D	16F-4R	228.75	24750	CHA

H, HC, HU--High Clearance LU--Low Profile PS--Power Shift QR--Quad Range

1979

Model	Approx. Retail Price New	Used Trade In Avg.	Used Trade In High	Used Retail Avg.	Used Retail High	Engine Make	Engine No. Cyls.	Engine Displ. Cu.-In.	No. Speeds	P.T.O. H.P.	Approx. Shipping Wt.-Lbs.	Cab
850	$5002	$1240	$1710	**$2670**	**$2980**	Yanmar	3	78D	8F-2R	22.3	3225	No
950	$5606	$1280	$1760	**$2760**	**$3080**	Yanmar	3	104D	8F-2R	27.3	3169	No
2040	$10020	$2410	$3510	**$5510**	**$6310**	JD	3	164D	8F-4R	40.86	4060	No
2040 4WD	$15246	$3660	$5340	**$8390**	**$9610**	JD	3	164D	8F-4R	40.00	4260	No
2240	$12222	$2930	$4280	**$6720**	**$7700**	JD	3	179D	16F-8R	50.37	4255	No
2240 4WD	$16864	$4050	$5900	**$9280**	**$10620**	JD	3	179D	8F-4R	50.90	5422	No
2440	$13486	$3240	$4720	**$7420**	**$8500**	JD	4	219D	8F-4R	60.00	4600	No
2640	$15206	$3650	$5320	**$8360**	**$9580**	JD	4	276D	8F-4R	70.00	5045	No
2840 RCU	$17565	$4220	$6150	**$9660**	**$11070**	JD	6	329D	12F-6R	80.65	8500	No
2940	$18994	$4560	$6650	**$10450**	**$11970**	JD	6	329D	16F-8R	81.00	9347	No
2940 4WD	$22944	$5510	$8030	**$12620**	**$14460**	JD	6	329D	16F-8R	81.17	9799	No
4040 4WD	$28961	$4630	$7390	**$10280**	**$13030**	JD	6	404D	8F-2R	90.00	11944	CHA
4040 4WD PS	$30656	$4910	$7820	**$10880**	**$13800**	JD	6	404D	8F-4R	90.00	11961	CHA
4040 4WD QR	$29710	$4750	$7580	**$10550**	**$13370**	JD	6	404D	16F-6R	90.00	12391	CHA
4040 PS	$25508	$4080	$6510	**$9060**	**$11480**	JD	6	404D	8F-4R	90.79	9960	CHA
4040 QR	$24572	$3930	$6270	**$8720**	**$11060**	JD	6	404D	16F-6R	90.80	11393	CHA
4240 4WD	$31703	$5070	$8080	**$11260**	**$14270**	JD	6	466D	8F-2R	110.00	11572	CHA
4240 4WD PS	$33392	$5340	$8520	**$11850**	**$15030**	JD	6	466D	8F-4R	111.00	11585	CHA
4240 4WD QR	$32456	$5190	$8280	**$11520**	**$14610**	JD	6	466D	16F-6R	110.00	11157	CHA
4240 PS	$28254	$4520	$7210	**$10030**	**$12710**	JD	6	466D	8F-4R	111.06	10581	CHA
4240 QR	$27318	$4370	$6970	**$9700**	**$12290**	JD	6	466D	16F-6R	110.94	11156	CHA
4240HC	$24625	$3940	$6280	**$8740**	**$11080**	JD	6	466D	8F-2R	110.00	10333	No
4240HC PS	$26310	$4210	$6710	**$9340**	**$11840**	JD	6	466D	8F-4R	111.00	10343	No
4240HC QR	$25374	$4060	$6470	**$9010**	**$11420**	JD	6	466D	16F-6R	110.00	10918	No
4440 4WD PS	$36758	$5880	$9370	**$13050**	**$16540**	JD	6T	466D	8F-4R	130.00	11889	CHA
4440 4WD QR	$35691	$5710	$9100	**$12670**	**$16060**	JD	6T	466D	16F-6R	130.00	12474	CHA
4440 PS	$31620	$5060	$8060	**$11230**	**$14230**	JD	6T	466D	8F-4R	130.41	10901	CHA
4440 QR	$30553	$4890	$7790	**$10850**	**$13750**	JD	6T	466D	16F-6R	130.58	11473	CHA
4440HC PS	$29743	$4760	$7580	**$10560**	**$13380**	JD	6T	466D	8F-4R	130.00	10500	No
4440HC QR	$28676	$4590	$7310	**$10180**	**$12900**	JD	6T	466D	16F-6R	130.00	11072	No
4640 4WD PS	$41844	$6700	$10670	**$14860**	**$18830**	JD	6TI	466D	8F-4R	155.00	13715	CHA
4640 4WD QR	$40732	$6520	$10390	**$14460**	**$18330**	JD	6TI	466D	16F-6R	155.00	14300	CHA
4640 PS	$36706	$5870	$9360	**$13030**	**$16520**	JD	6TI	466D	8F-4R	155.96	12614	CHA
4640 QR	$35594	$5700	$9080	**$12640**	**$16020**	JD	6TI	466D	16F-6R	155.00	13199	CHA
4840 PS	$39629	$2280	$4560	**$8360**	**$12540**	JD	6TI	466D	8F-4R	180.63	14317	CHA
8440 4WD	$53920	$2160	$4850	**$8090**	**$10780**	JD	6TI	466D	16F-4R	179.83	22210	CHA

John Deere (Cont.)

1979 (Cont.)

Model	Approx. Retail Price New	Estimated Value Less Repairs: Used Trade In Avg.	Used Trade In High	Used Retail Avg.	Used Retail High	Engine Make	Engine No. Cyls.	Engine Displ. Cu.-In.	No. Speeds	P.T.O. H.P.	Approx. Shipping Wt.-Lbs.	Cab
8640 4WD	$65424	$3600	$7200	**$13200**	**$19800**	JD	6TI	619D	16F-4R	228.75	24750	CHA

H, HC, HU--High Clearance LU--Low Profile PS--Power Shift QR--Quad Range

1978

Model	Approx. Retail Price New	Estimated Value Less Repairs: Used Trade In Avg.	Used Trade In High	Used Retail Avg.	Used Retail High	Engine Make	Engine No. Cyls.	Engine Displ. Cu.-In.	No. Speeds	P.T.O. H.P.	Approx. Shipping Wt.-Lbs.	Cab
850	$4852	$1210	$1660	**$2630**	**$2940**	Yanmar	3	78D	8F-2R	22.3	3225	No
950	$5438	$1230	$1690	**$2670**	**$2980**	Yanmar	3	104D	8F-2R	27.3	3169	No
2040	$9702	$2430	$3520	**$5500**	**$6290**	JD	3	164D	8F-4R	40.86	4060	No
2240	$11652	$2860	$4140	**$6470**	**$7400**	JD	3	179D	16F-8R	50.37	4255	No
2440	$13621	$3340	$4840	**$7560**	**$8650**	JD	4	219D	16F-8R	60.00	4855	No
2640	$14102	$3460	$5010	**$7830**	**$8960**	JD	4	276D	8F-4R	70.00	5045	No
2840 RCU	$16971	$4160	$6030	**$9420**	**$10780**	JD	6	329D	12F-6R	80.65	8500	No
4040 4WD	$27513	$5500	$7570	**$11970**	**$13340**	JD	6	404D	8F-2R	90.00	10944	CHA
4040 4WD PS	$29133	$5830	$8010	**$12670**	**$14130**	JD	6	404D	8F-4R	90.00	10961	CHA
4040 4WD QR	$28233	$5650	$7760	**$12280**	**$13690**	JD	6	404D	16F-6R	90.00	11394	CHA
4040 PS	$24193	$4840	$6650	**$10520**	**$11730**	JD	6	404D	8F-4R	90.79	9960	CHA
4040 QR	$23293	$4660	$6410	**$10130**	**$11300**	JD	6	404D	16F-6R	90.80	10393	CHA
4240 4WD	$28727	$5750	$7900	**$12500**	**$13930**	JD	6	466D	8F-2R	110.00	11572	CHA
4240 4WD PS	$30347	$6070	$8350	**$13200**	**$14720**	JD	6	466D	8F-4R	111.00	11585	CHA
4240 4WD QR	$29447	$5890	$8100	**$12810**	**$14280**	JD	6	466D	16F-6R	110.00	11157	CHA
4240 PS	$26846	$5370	$7380	**$11680**	**$13020**	JD	6	466D	8F-4R	111.06	10581	CHA
4240 QR	$25946	$5190	$7140	**$11290**	**$12580**	JD	6	466D	16F-6R	110.94	11156	CHA
4240HC	$23787	$4760	$6540	**$10350**	**$11540**	JD	6	466D	8F-2R	110.00	10333	No
4240HC PS	$25407	$5080	$6990	**$11050**	**$12320**	JD	6	466D	8F-4R	111.00	10343	No
4240HC QR	$24507	$4900	$6740	**$10660**	**$11890**	JD	6	466D	16F-6R	110.00	10918	No
4440 4WD PS	$35271	$5470	$8820	**$12350**	**$15870**	JD	6T	446D	8F-4R	130.00	11889	CHA
4440 4WD QR	$34245	$5310	$8560	**$11990**	**$15410**	JD	6T	466D	16F-6R	130.00	12474	CHA
4440 PS	$30331	$4700	$7580	**$10620**	**$13650**	JD	6T	466D	8F-4R	130.41	10901	CHA
4440 QR	$29305	$4540	$7330	**$10260**	**$13190**	JD	6T	466D	16F-6R	130.58	11473	CHA
4440HC PS	$28737	$4450	$7180	**$10060**	**$12930**	JD	6T	466D	8F-4R	130.00	10500	No
4440HC QR	$27697	$4290	$6920	**$9690**	**$12460**	JD	6T	466D	16F-6R	130.00	11072	No
4640 4WD PS	$40185	$6230	$10050	**$14070**	**$18080**	JD	6TI	466D	8F-4R	155.00	13715	CHA
4640 4WD QR	$39116	$6060	$9780	**$13690**	**$17600**	JD	6TI	466D	16F-6R	155.00	14300	CHA
4640 PS	$35245	$5460	$8810	**$12340**	**$15860**	JD	6TI	466D	8F-4R	155.96	12614	CHA
4640 QR	$34176	$5300	$8540	**$11960**	**$15380**	JD	6TI	466D	16F-6R	155.00	13199	CHA
4840 PS	$38289	$5740	$9250	**$12950**	**$16650**	JD	6TI	466D	8F-4R	180.63	14317	CHA
8430 4WD	$44746	$2310	$4830	**$9240**	**$13650**	JD	6TI	466D	16F-4R	178.16	22010	CHA
8630 4WD	$54077	$4180	$8580	**$12760**	**$16720**	JD	6TI	619D	16F-4R	225.59	24150	CHA

H, HC, HU--High Clearance LU--Low Profile PS--Power Shift QR--Quad Range

1977

Model	Approx. Retail Price New	Estimated Value Less Repairs: Used Trade In Avg.	Used Trade In High	Used Retail Avg.	Used Retail High	Engine Make	Engine No. Cyls.	Engine Displ. Cu.-In.	No. Speeds	P.T.O. H.P.	Approx. Shipping Wt.-Lbs.	Cab
2040	$8392	$2220	$3200	**$4980**	**$5690**	JD	3	164D	8F-4R	40.86	4060	No
2240	$10387	$2600	$3740	**$5820**	**$6650**	JD	3	179D	16F-8R	50.37	4255	No
2440	$11244	$2810	$4050	**$6300**	**$7200**	JD	4	219D	16F-8R	60.00	4855	No
2640	$12426	$3110	$4470	**$6960**	**$7950**	JD	4	276D	8F-4R	70.00	5045	No
2840 RCU	$15570	$3890	$5610	**$8720**	**$9970**	JD	6	329D	12F-6R	80.65	8500	No
4030	$17481	$4850	$6980	**$10860**	**$12420**	JD	6	329D	8F-2R	80.00	8805	CHA
4030 QR	$18154	$5000	$7200	**$11200**	**$12800**	JD	6	329D	16F-6R	80.33	9265	CHA
4230 4WD	$24187	$6050	$8710	**$13550**	**$15480**	JD	6	404D	8F-2R	100.32	11550	CHA
4230 4WD PS	$25523	$6380	$9190	**$14290**	**$16340**	JD	6	404D	8F-4R	100.32	11800	CHA
4230 4WD QR	$24860	$6220	$8950	**$13920**	**$15910**	JD	6	404D	16F-6R	100.32	11950	CHA
4230 PS	$21242	$5700	$8210	**$12770**	**$14590**	JD	6	404D	8F-4R	100.32	10400	CHA
4230 QR	$20579	$5880	$8460	**$13160**	**$15040**	JD	6	404D	16F-6R	100.32	10650	CHA
4230HC	$21122	$4400	$6160	**$9460**	**$10780**	JD	6	404D	8F-2R	100.32	10530	No
4230HC PS	$22503	$4500	$6300	**$9680**	**$11030**	JD	6	404D	8F-4R	100.32	10700	No
4230HC QR	$21795	$4360	$6100	**$9370**	**$10680**	JD	6	404D	16F-6R	100.32	10930	No
4430 4WD	$26857	$6710	$9670	**$15040**	**$17190**	JD	6T	404D	8F-2R	125.00	12300	CHA
4430 4WD PS	$28422	$7110	$10230	**$15920**	**$18190**	JD	6T	404D	8F-4R	125.00	12500	CHA
4430 4WD QR	$27530	$6880	$9910	**$15420**	**$17620**	JD	6T	404D	16F-6R	125.00	12720	CHA
4430 PS	$24141	$6250	$9000	**$14000**	**$16000**	JD	6T	404D	8F-4R	125.00	10900	CHA
4430 QR	$23249	$6060	$8730	**$13580**	**$15520**	JD	6T	404D	16F-6R	125.88	11155	CHA
4430HC	$20549	$4110	$5750	**$8840**	**$10070**	JD	6T	404D	8F-2R	125.00	10815	No
4430HC PS	$22114	$4420	$6190	**$9510**	**$10840**	JD	6T	404D	8F-4R	125.00	11000	No
4430HC QR	$21222	$4240	$5940	**$9130**	**$10400**	JD	6T	404D	16F-6R	125.00	11235	No
4630 4WD	$32041	$4810	$7690	**$11210**	**$14420**	JD	6TI	404D	8F-2R	150.00	15300	CHA
4630 4WD PS	$33643	$5050	$8070	**$11780**	**$15140**	JD	6TI	404D	8F-4R	150.00	15450	CHA
4630 4WD QR	$32714	$4910	$7850	**$11450**	**$14720**	JD	6TI	404D	16F-6R	150.00	15600	CHA
4630 PS	$29239	$4390	$7020	**$10230**	**$13160**	JD	6TI	404D	8F-4R	150.00	14250	CHA
4630 QR	$28310	$4250	$6790	**$9910**	**$12740**	JD	6TI	404D	16F-6R	150.00	14100	CHA
6030	$32913	$4560	$7300	**$10650**	**$13690**	JD	6TI	531D	8F-2R	175.99	17300	CHA
8430 4WD	$41442	$2000	$4400	**$9000**	**$12800**	JD	6TI	466D	16F-4R	178.16	22010	CHA
8630 4WD	$50016	$3960	$8360	**$12760**	**$16720**	JD	6TI	619D	16F-4R	225.59	24150	CHA

H, HC, HU--High Clearance LU--Low Profile PS--Power Shift QR--Quad Range

1976

Model	Approx. Retail Price New	Estimated Value Less Repairs: Used Trade In Avg.	Used Trade In High	Used Retail Avg.	Used Retail High	Engine Make	Engine No. Cyls.	Engine Displ. Cu.-In.	No. Speeds	P.T.O. H.P.	Approx. Shipping Wt.-Lbs.	Cab
2040	$7705	$2180	$3180	**$4920**	**$5570**	JD	3	164D	8F-4R	40.86	4060	No
2240	$9529	$2630	$3840	**$5950**	**$6740**	JD	3	179D	16F-8R	50.37	4255	No
2440	$10435	$2860	$4170	**$6460**	**$7320**	JD	4	219D	8F-4R	60.00	4600	No
2640	$11439	$3110	$4540	**$7030**	**$7960**	JD	4	276D	8F-4R	70.00	5045	No
4030	$16343	$4590	$6700	**$10360**	**$11740**	JD	6	329D	8F-2R	80.00	8805	CHA
4030 QR	$16962	$5120	$7470	**$11560**	**$13100**	JD	6	329D	16F-6R	80.33	9265	CHA
4230 4WD PS	$23819	$5960	$8690	**$13460**	**$15240**	JD	6	404D	8F-4R	100.32	11800	CHA
4230 4WD QR	$23101	$5780	$8430	**$13050**	**$14790**	JD	6	404D	16F-6R	100.32	11950	CHA
4230 HC	$16426	$4360	$6360	**$9850**	**$11150**	JD	6	404D	8F-2R	100.32	10530	No
4230 HC PS	$17762	$4690	$6850	**$10600**	**$12010**	JD	6	404D	8F-4R	100.32	10700	No

John Deere (Cont.)

1976 (Cont.)

Model	Approx. Retail Price New	Estimated Value Less Repairs: Used Trade In Avg.	Used Trade In High	Used Retail Avg.	Used Retail High	Engine Make	Engine No. Cyls.	Engine Displ. Cu.-In.	No. Speeds	P.T.O. H.P.	Approx. Shipping Wt.-Lbs.	Cab
4230 HC QR	$17044	$4510	$6590	$10200	$11550	JD	6	404D	16F-6R	100.32	10930	No
4230 PS	$19888	$5220	$7620	$11800	$13370	JD	6	404D	8F-4R	100.32	10400	CHA
4230 QR	$19170	$5290	$7730	$11960	$13550	JD	6	404D	16F-6R	100.32	10650	CHA
4430 4WD PS	$26366	$6590	$9620	$14900	$16870	JD	6T	404D	8F-4R	125.00	12500	CHA
4430 4WD QR	$25547	$6390	$9330	$14430	$16350	JD	6T	404D	16F-6R	125.00	12720	CHA
4430 HC	$18892	$4720	$6900	$10670	$12090	JD	6T	404D	8F-2R	125.00	10815	No
4430 HC PS	$20309	$5080	$7410	$11480	$13000	JD	6T	404D	8F-4R	125.00	11000	No
4430 HC QR	$19490	$4870	$7110	$11010	$12470	JD	6T	404D	16F-6R	125.00	11235	No
4430 PS	$22435	$5750	$8400	$13000	$14720	JD	6T	404D	8F-4R	125.00	10900	CHA
4430 QR	$21616	$5650	$8250	$12770	$14460	JD	6T	404D	16F-6R	125.88	11155	CHA
4630 4WD	$29023	$4060	$6820	$10160	$13060	JD	6TI	404D	8F-2R	150.00	15300	CHA
4630 4WD PS	$30494	$4270	$7170	$10670	$13720	JD	6TI	404D	8F-4R	150.00	15450	CHA
4630 4WD QR	$29641	$4150	$6970	$10370	$13340	JD	6TI	404D	16F-6R	150.00	15600	CHA
4630 PS	$26450	$3700	$6220	$9260	$11900	JD	6TI	404D	8F-4R	150.00	14250	CHA
4630 QR	$25597	$3580	$6020	$8960	$11520	JD	6TI	404D	16F-6R	150.00	14100	CHA
6030	$30243	$4160	$6990	$10410	$13380	JD	6TI	531D	8F-2R	175.99	17300	CHA
8430 4WD	$41175	$1800	$4400	$9200	$12600	JD	6TI	466D	16F-4R	178.16	22010	CHA
8630 4WD	$46150	$3590	$7810	$12240	$16040	JD	6TI	619D	16F-4R	225.59	24150	CHA

H, HC, HU--High Clearance LU--Low Profile PS--Power Shift QR--Quad Range

1975

Model	Approx. Retail Price New	Used Trade In Avg.	Used Trade In High	Used Retail Avg.	Used Retail High	Engine Make	Engine No. Cyls.	Engine Displ. Cu.-In.	No. Speeds	P.T.O. H.P.	Approx. Shipping Wt.-Lbs.	Cab
830	$5711	$1930	$2890	$4400	$4940	JD	3	152D	8F-4R	35.30	4060	No
1530	$7260	$2440	$3660	$5570	$6250	JD	3	164D	16F-8R	45.38	4605	No
2030	$9151	$2910	$4370	$6640	$7460	JD	4	219D	16F-8R	60.65	4845	No
2630	$9991	$3130	$4690	$7120	$8000	JD	4	276D	16F-8R	70.37	5300	No
4030	$10863	$4220	$6320	$9610	$10790	JD	6	329D	8F-2R	80.00	7805	No
4030 QR	$11377	$4340	$6520	$9910	$11120	JD	6	329D	16F-6R	80.33	8265	No
4230 4WD PS	$17049	$5140	$7710	$11710	$13150	JD	6	404D	8F-4R	100.32	10800	No
4230 4WD QR	$16543	$5000	$7500	$11400	$12800	JD	6	404D	16F-6R	100.32	10950	No
4230 HC	$14020	$4260	$6380	$9700	$10890	JD	6	404D	8F-2R	100.32	10530	No
4230 HC PS	$15040	$4510	$6770	$10280	$11550	JD	6	404D	8F-4R	100.32	10700	No
4230 HC QR	$14534	$4380	$6580	$9990	$11220	JD	6	404D	16F-6R	100.32	10930	No
4230 PS	$14111	$5030	$7540	$11460	$12870	JD	6	404D	8F-4R	100.32	9400	No
4230 QR	$13605	$4900	$7350	$11180	$12550	JD	6	404D	16F-6R	100.32	9650	No
4430 4WD PS	$18818	$5710	$8560	$13010	$14600	JD	6T	404D	8F-4R	125.00	11500	No
4430 4WD QR	$18312	$5580	$8370	$12720	$14280	JD	6T	404D	16F-6R	125.00	11720	No
4430 HC PS	$16809	$5200	$7800	$11860	$13320	JD	6T	404D	8F-4R	125.00	11000	No
4430 HC QR	$16303	$5080	$7610	$11570	$12990	JD	6T	404D	16F-6R	125.00	11235	No
4430 PS	$15880	$5470	$8210	$12470	$14000	JD	6T	404D	8F-4R	125.00	9900	No
4430 QR	$15374	$5090	$7640	$11610	$13040	JD	6T	404D	16F-6R	125.88	10155	No
4630 4WD PS	$21812	$5000	$6910	$10120	$11910	JD	6TI	404D	8F-4R	150.00	14450	No
4630 4WD QR	$21306	$4790	$6610	$9690	$11400	JD	6TI	404D	16F-6R	150.00	14600	No
4630 PS	$18797	$4580	$6320	$9260	$10900	JD	6TI	404D	8F-4R	150.00	13250	No
4630 QR	$18219	$4250	$5860	$8590	$10110	JD	6TI	404D	16F-6R	150.00	13100	No
6030	$21750	$3780	$5220	$7650	$9000	JD	6TI	531D	8F-2R	175.99	15800	No
6030	$24934	$4210	$5810	$8510	$10020	JD	6TI	531D	8F-2R	175.99	17300	CHA
7020 4WD	$22907	$4180	$5770	$8460	$9950	JD	6TI	404D	8F-2R	146.00	14725	CHA
7520 4WD	$26372	$4490	$6200	$9080	$10690	JD	6TI	531D	8F-2R	175.00	16935	CHA
8430 4WD	$37290	$1490	$4100	$8580	$11560	JD	6TI	466D	16F-4R	178.16	22010	CHA
8630 4WD	$44570	$3360	$7560	$12180	$15960	JD	6TI	619D	16F-4R	225.59	24150	CHA

H, HC, HU--High Clearance LU--Low Profile PS--Power Shift QR--Quad Range

1974

Model	Approx. Retail Price New	Used Trade In Avg.	Used Trade In High	Used Retail Avg.	Used Retail High	Engine Make	Engine No. Cyls.	Engine Displ. Cu.-In.	No. Speeds	P.T.O. H.P.	Approx. Shipping Wt.-Lbs.	Cab
830	$5288	$1820	$2770	$4150	$4660	JD	3	152D	8F-4R	35.30	4060	No
1530	$6765	$2190	$3330	$5000	$5610	JD	3	164D	16F-8R	45.38	4605	No
2030	$8498	$2630	$3990	$5980	$6720	JD	4	219D	16F-8R	60.65	4845	No
2630	$9259	$2820	$4280	$6420	$7210	JD	4	276D	16F-8R	70.00	5300	No
4030	$10004	$4000	$6080	$9120	$10240	JD	6	329D	8F-2R	80.00	7805	No
4030 QR	$10480	$4150	$6300	$9450	$10610	JD	6	329D	16F-6R	80.33	8265	No
4230 4WD	$15005	$4750	$7220	$10830	$12160	JD	6	404D	8F-2R	100.32	10550	No
4230 4WD PS	$15949	$4990	$7580	$11370	$12770	JD	6	404D	8F-4R	100.32	10800	No
4230 4WD QR	$15519	$4880	$7420	$11130	$12490	JD	6	404D	16F-6R	100.32	10950	No
4230 HC	$12996	$4250	$6460	$9690	$10880	JD	6	404D	8F-2R	100.32	10530	No
4230 HC PS	$13940	$4490	$6820	$10230	$11480	JD	6	404D	8F-4R	100.32	10700	No
4230 HC QR	$13510	$4380	$6650	$9980	$11210	JD	6	404D	16F-6R	100.32	10930	No
4230 PS	$13011	$4500	$6840	$10260	$11520	JD	6	404D	8F-4R	100.32	9400	No
4230 QR	$12581	$4400	$6680	$10020	$11250	JD	6	404D	16F-6R	100.32	9650	No
4430 4WD	$16643	$5160	$7840	$11770	$13210	JD	6T	404D	8F-2R	125.00	11300	No
4430 4WD PS	$17663	$5420	$8230	$12350	$13860	JD	6T	404D	8F-4R	125.00	11500	No
4430 4WD QR	$17157	$5290	$8040	$12060	$13540	JD	6T	404D	16F-6R	125.00	11720	No
4430 HC	$14635	$4660	$7080	$10620	$11930	JD	6T	404D	8F-2R	125.00	10815	No
4430 HC PS	$15654	$4910	$7470	$11200	$12580	JD	6T	404D	8F-4R	125.00	11000	No
4430 HC QR	$15148	$4790	$7280	$10910	$12260	JD	6T	404D	16F-6R	125.00	11235	No
4430 PS	$14725	$4930	$7500	$11240	$12620	JD	6T	404D	8F-4R	125.00	9900	No
4430 QR	$14219	$4810	$7300	$10960	$12300	JD	6T	404D	16F-6R	125.88	10155	No
4630 4WD	$19903	$4710	$6460	$9420	$11060	JD	6TI	404D	8F-2R	150.00	14300	No
4630 4WD PS	$20923	$4930	$6760	$9860	$11580	JD	6TI	404D	8F-4R	150.00	14450	No
4630 4WD QR	$20714	$4880	$6700	$9770	$11470	JD	6TI	404D	16F-6R	150.00	14600	No
4630 PS	$17908	$4500	$6170	$8990	$10560	JD	6TI	404D	8F-4R	150.00	13250	No
4630 QR	$17402	$4390	$6020	$8770	$10300	JD	6TI	404D	16F-6R	150.00	13100	No
6030	$20663	$3580	$4920	$7170	$8420	JD	6TI	531D	8F-2R	175.99	15800	No
6030	$23847	$4100	$5620	$8190	$9620	JD	6TI	531D	8F-2R	175.99	17300	CHA
7020 4WD	$22907	$3740	$5140	$7490	$8790	JD	6TI	404D	8F-2R	146.00	14725	CHA
7520 4WD	$26372	$4170	$5720	$8330	$9780	JD	6TI	531D	8F-2R	175.00	16935	CHA

H, HC, HU--High Clearance LU--Low Profile PS--Power Shift QR--Quad Range

John Deere (Cont.)

1973

Model	Approx. Retail Price New	Used Trade In Avg.	Used Trade In High	Used Retail Avg.	Used Retail High	Engine Make	Engine No. Cyls.	Engine Displ. Cu.-In.	No. Speeds	P.T.O. H.P.	Approx. Shipping Wt.-Lbs.	Cab
820	$3957	$1660	$2560	**$3790**	**$4260**	JD	3	152D	8F-4R	31.00	4060	No
1020	$4551	$1890	$2910	**$4310**	**$4840**	JD	3	135G	8F-4R	38.82	4100	No
1020	$4964	$1990	$3070	**$4540**	**$5100**	JD	3	152D	8F-4R	38.92	4150	No
1520	$5044	$2010	$3100	**$4590**	**$5150**	JD	3	165G	8F-4R	47.86	4100	No
1520	$5530	$2130	$3280	**$4860**	**$5460**	JD	3	165D	8F-4R	46.52	4150	No
2030	$6361	$2470	$3800	**$5620**	**$6310**	JD	4	219G	16F-8R	60.34	4405	No
2030	$6896	$2600	$4000	**$5930**	**$6650**	JD	4	219D	16F-8R	60.65	4845	No
2520	$7003	$2630	$4040	**$5990**	**$6720**	JD	4	203G	8F-2R	60.16	6500	No
2520	$7656	$2790	$4300	**$6360**	**$7140**	JD	4	219D	8F-2R	61.29	6600	No
2520 HC	$8511	$2880	$4430	**$6560**	**$7370**	JD	4	203G	8F-2R	60.00	7125	No
2520 HC	$9164	$3040	$4680	**$6930**	**$7790**	JD	4	219D	8F-2R	61.00	7225	No
4030	$7726	$3380	$5210	**$7710**	**$8660**	JD	6	303G	8F-2R	80.00	7542	No
4030	$8588	$3650	$5620	**$8320**	**$9340**	JD	6	329D	8F-2R	80.33	7805	No
4030 4WD	$9860	$3820	$5880	**$8700**	**$9770**	JD	6	303G	8F-2R	80.00	8042	No
4030 4WD	$10722	$3930	$6050	**$8960**	**$10060**	JD	6	329D	8F-2R	80.33	8305	No
4030 4WD QR	$10255	$3910	$6030	**$8920**	**$10020**	JD	6	303G	16F-6R	80.00	8502	No
4030 4WD QR	$11117	$4030	$6200	**$9180**	**$10310**	JD	6	329D	16F-6R	80.33	8765	No
4030 QR	$8121	$3380	$5210	**$7710**	**$8650**	JD	6	303G	16F-6R	80.00	8002	No
4030 QR	$8983	$3750	$5770	**$8540**	**$9590**	JD	6	329D	16F-6R	80.33	8265	No
4230	$9340	$3690	$5680	**$8400**	**$9430**	JD	6	303G	8F-2R	100.00	8318	No
4230	$10307	$4080	$6280	**$9300**	**$10440**	JD	6	404D	8F-2R	100.32	9242	No
4230 4WD	$11598	$4280	$6580	**$9750**	**$10940**	JD	6	303G	8F-2R	100.00	9600	No
4230 4WD	$12565	$4640	$7150	**$10580**	**$11880**	JD	6	404D	8F-2R	100.32	10550	No
4230 4WD PS	$13348	$4840	$7450	**$11030**	**$12380**	JD	6	404D	8F-4R	100.32	10700	No
4230 4WD QR	$11993	$4380	$6740	**$9970**	**$11200**	JD	6	303G	16F-6R	100.00	10200	No
4230 4WD QR	$12960	$4740	$7300	**$10810**	**$12130**	JD	6	404D	16F-6R	100.32	10950	No
4230 HC	$10054	$3880	$5970	**$8840**	**$9920**	JD	6	303G	8F-2R	100.00	9600	No
4230 HC	$11021	$4010	$6170	**$9130**	**$10250**	JD	6	404D	8F-2R	100.32	10530	No
4230 HC PS	$11804	$4200	$6470	**$9580**	**$10760**	JD	6	404D	8F-4R	100.32	10700	No
4230 HC QR	$10445	$3840	$5910	**$8750**	**$9820**	JD	6	303G	16F-6R	100.00	10000	No
4230 HC QR	$11416	$4100	$6320	**$9360**	**$10510**	JD	6	404D	16F-6R	100.32	10930	No
4230 PS	$11090	$4270	$6580	**$9740**	**$10940**	JD	6	404D	8F-4R	100.32	9400	No
4230 QR	$9735	$3960	$6100	**$9030**	**$10130**	JD	6	303G	16F-6R	100.00	8718	No
4230 QR	$10702	$4180	$6430	**$9520**	**$10690**	JD	6	404D	16F-6R	100.32	9650	No
4430 4WD	$13570	$4640	$7150	**$10590**	**$11890**	JD	6T	404D	8F-2R	125.00	11300	No
4430 4WD PS	$14353	$4840	$7450	**$11030**	**$12390**	JD	6T	404D	8F-4R	125.00	11500	No
4430 4WD QR	$13965	$4740	$7300	**$10810**	**$12140**	JD	6T	404D	16F-6R	125.00	11720	No
4430 HC	$12026	$4510	$6940	**$10280**	**$11540**	JD	6T	404D	8F-2R	125.00	10815	No
4430 HC PS	$12809	$4700	$7240	**$10720**	**$12040**	JD	6T	404D	8F-4R	125.00	11000	No
4430 HC QR	$12421	$4360	$6710	**$9930**	**$11150**	JD	6T	404D	16F-6R	125.00	11235	No
4430 PS	$12095	$4520	$6970	**$10310**	**$11580**	JD	6T	404D	8F-4R	125.00	9900	No
4430 QR	$11707	$4430	$6820	**$10090**	**$11330**	JD	6T	404D	16F-6R	125.88	10155	No
4630	$13578	$4090	$5570	**$8170**	**$9480**	JD	6TI	404D	8F-2R	150.00	12800	No
4630 4WD	$15896	$4600	$6270	**$9190**	**$10660**	JD	6TI	404D	8F-2R	150.00	14300	No
4630 4WD PS	$16679	$4770	$6500	**$9540**	**$11060**	JD	6TI	404D	8F-4R	150.00	14600	No
4630 PS	$14361	$4260	$5810	**$8520**	**$9870**	JD	6TI	404D	8F-4R	150.66	13100	No
6030	$16650	$3530	$4820	**$7060**	**$8190**	JD	6TI	531D	8F-2R	175.99	15800	No
6030	$19075	$3980	$5420	**$7950**	**$9220**	JD	6TI	531D	8F-2R	175.99	17300	CHA
7020 4WD	$17613	$3660	$4980	**$7310**	**$8470**	JD	6TI	404D	8F-2R	146.00	14725	CHA
7520 4WD	$20284	$4020	$5490	**$8050**	**$9330**	JD	6TI	531D	8F-2R	175.00	16935	CHA

H, HC, HU--High Clearance LU--Low Profile PS--Power Shift QR--Quad Range

1972

Model	Approx. Retail Price New	Used Trade In Avg.	Used Trade In High	Used Retail Avg.	Used Retail High	Engine Make	Engine No. Cyls.	Engine Displ. Cu.-In.	No. Speeds	P.T.O. H.P.	Approx. Shipping Wt.-Lbs.	Cab
820	$3937	$1630	$2550	**$3730**	**$4180**	JD	3	152D	8F-4R		4060	No
1020	$4378	$1850	$2880	**$4210**	**$4720**	JD	3	135G	8F-4R	38.82	4100	No
1020	$4791	$1950	$3040	**$4440**	**$4990**	JD	3	152D	8F-4R	38.92	4150	No
1520	$5044	$1990	$3100	**$4530**	**$5080**	JD	3	165G	8F-4R	47.86	4100	No
1520	$5530	$2110	$3290	**$4810**	**$5400**	JD	3	165D	8F-4R	46.52	4150	No
2030	$6281	$2320	$3620	**$5290**	**$5940**	JD	4	219G	16F-8R	60.34	4405	No
2030	$6815	$2450	$3830	**$5600**	**$6280**	JD	4	219D	16F-8R	60.65	4845	No
2520 HC	$8034	$2510	$3910	**$5720**	**$6420**	JD	4	203G	8F-2R	60.00	7125	No
2520 HC	$8687	$2670	$4170	**$6090**	**$6840**	JD	4	219D	8F-2R	61.00	7225	No
2520 RC	$7003	$2480	$3860	**$5640**	**$6340**	JD	4	203G	8F-2R	60.16	6500	No
2520 RC	$7656	$2610	$4080	**$5960**	**$6690**	JD	4	219D	8F-2R	61.29	6600	No
3020	$7608	$2400	$3750	**$5480**	**$6150**	JD	4	241G	8F-2R	71.00	7420	No
3020	$8475	$2620	$4090	**$5970**	**$6700**	JD	4	270D	8F-2R	71.26	7610	No
3020 4WD	$9871	$2970	$4630	**$6770**	**$7600**	JD	4	241G	8F-2R	71.00	8640	No
3020 4WD	$10733	$3180	$4970	**$7260**	**$8150**	JD	4	270D	8F-2R	71.00	8830	No
3020 HC	$8450	$2610	$4080	**$5960**	**$6690**	JD	4	241G	8F-2R	71.00	8020	No
3020 HC	$9452	$2860	$4470	**$6530**	**$7330**	JD	4	270D	8F-2R	71.00	8210	No
4000	$8422	$2560	$3990	**$5830**	**$6540**	JD	6	360G	8F-2R	95.5	7560	No
4000	$9389	$2970	$4640	**$6780**	**$7610**	JD	6	404D	8F-2R	96.89	7900	No
4020	$9378	$2800	$4360	**$6370**	**$7150**	JD	6	360G	8F-2R	96.66	8445	No
4020	$10345	$3260	$5090	**$7440**	**$8350**	JD	6	404D	8F-2R	94.88	8630	No
4020 4WD	$11636	$3360	$5240	**$7660**	**$8600**	JD	6	360G	8F-2R	96.00	9510	No
4020 4WD	$12603	$3750	$5850	**$8550**	**$9600**	JD	6	404D	8F-2R	94.00	9695	No
4020 HC	$9996	$2980	$4640	**$6780**	**$7620**	JD	6	360G	8F-2R	96.00	8625	No
4020 HC	$10963	$3240	$5060	**$7390**	**$8300**	JD	6	404D	8F-2R	94.00	9335	No
4320	$11312	$3180	$4960	**$7250**	**$8140**	JD	6T	404D	8F-2R	116.55	10500	No
4320 4WD	$13570	$3390	$5290	**$7740**	**$8690**	JD	6T	404D	8F-2R	116.00	10675	No
4620	$13286	$3320	$5180	**$7570**	**$8500**	JD	6TI	404D	8F-2R	135.76	12680	No
4620 4WD	$15604	$3900	$6090	**$8890**	**$9990**	JD	6TI	404D	8F-2R	135.00	13010	No
5020	$14550	$3270	$4440	**$6550**	**$7490**	JD	6	531D	8F-2R	141.34	15600	No
6030	$16649	$3500	$4740	**$7000**	**$8010**	JD	6TI	531D	8F-2R	175.00	15800	No

John Deere (Cont.)

1972 (Cont.)

	Approx. Retail Price New	Used Trade In Avg.	Used Trade In High	Used Retail Avg.	Used Retail High	Make	Engine No. Cyls.	Engine Displ. Cu.-In.	No. Speeds	P.T.O. H.P.	Approx. Shipping Wt.-Lbs.	Cab
6030	$19074	$3950	$5360	**$7910**	**$9050**	JD	6TI	531D	8F-2R	175.00	17300	CHA
7020 4WD	$16703	$3420	$4640	**$6840**	**$7830**	JD	6TI	404D	8F-2R	146.00	14325	C
7520 4WD	$19374	$4020	$5450	**$8040**	**$9210**	JD	6TI	531D	8F-2R	175.00	16535	C

H, HC, HU--High Clearance LU--Low Profile PS--Power Shift RC--Row Crop

1971

	Approx. Retail Price New	Used Trade In Avg.	Used Trade In High	Used Retail Avg.	Used Retail High	Make	Engine No. Cyls.	Engine Displ. Cu.-In.	No. Speeds	P.T.O. H.P.	Approx. Shipping Wt.-Lbs.	Cab
820	$3775	$1590	$2490	**$3630**	**$4080**	JD	3	152D	8F-4R		4060	No
1020	$4111	$1800	$2810	**$4110**	**$4620**	JD	3	135G	8F-4R	38.82	4100	No
1020	$4491	$1900	$2960	**$4330**	**$4860**	JD	3	152D	8F-4R	38.92	4150	No
1520	$4654	$1910	$2980	**$4360**	**$4890**	JD	3	165G	8F-4R	47.86	4100	No
1520	$5119	$2030	$3160	**$4620**	**$5190**	JD	3	165D	8F-4R	46.52	4150	No
2020	$5290	$1950	$3040	**$4440**	**$4990**	JD	4	180G	8F-4R	53.91	4495	No
2020	$5790	$2070	$3230	**$4730**	**$5310**	JD	4	202D	8F-4R	54.09	4575	No
2520 HC	$7788	$2450	$3820	**$5580**	**$6260**	JD	4	203G	8F-2R	60.00	7125	No
2520 HC	$8314	$2580	$4020	**$5880**	**$6600**	JD	4	219D	8F-2R	61.00	7225	No
2520 RC	$6714	$2380	$3710	**$5420**	**$6090**	JD	4	203G	8F-2R	60.16	6500	No
2520 RC	$7344	$2490	$3880	**$5670**	**$6360**	JD	4	219D	8F-2R	61.29	6600	No
3020	$7405	$2250	$3510	**$5130**	**$5760**	JD	4	241G	8F-2R	71.37	7930	No
3020	$8230	$2360	$3680	**$5380**	**$6040**	JD	4	270D	8F-2R	71.26	8120	No
3020 4WD	$9720	$2680	$4180	**$6110**	**$6860**	JD	4	241G	8F-2R	71.00	8640	No
3020 4WD	$10599	$2900	$4520	**$6610**	**$7420**	JD	4	270D	8F-2R	71.00	8830	No
3020 HC	$8239	$2360	$3680	**$5380**	**$6040**	JD	4	241G	8F-2R	71.00	8020	No
3020 HC	$9079	$2520	$3930	**$5750**	**$6450**	JD	4	270D	8F-2R	71.00	8210	No
4000	$8210	$2380	$3710	**$5420**	**$6090**	JD	6	360G	8F-2R	95.5	7560	No
4000	$9385	$2720	$4250	**$6200**	**$6970**	JD	6	404D	8F-2R	96.89	7900	No
4020	$9148	$2650	$4130	**$6040**	**$6780**	JD	6	360G	8F-2R	96.66	8400	No
4020	$10092	$3050	$4760	**$6950**	**$7800**	JD	6	404D	8F-2R	94.88	8585	No
4020 4WD	$11061	$3120	$4860	**$7100**	**$7980**	JD	6	360G	8F-2R	96.00	9510	No
4020 4WD	$12016	$3530	$5510	**$8050**	**$9030**	JD	6	404D	8F-2R	94.00	9695	No
4020 HC	$9632	$2830	$4420	**$6460**	**$7250**	JD	6	360G	8F-2R	96.00	8625	No
4020 HC	$10585	$3170	$4950	**$7230**	**$8120**	JD	6	404D	8F-2R	94.00	9335	No
4320	$11086	$3020	$4710	**$6890**	**$7740**	JD	6T	404D	8F-2R	116.55	10500	No
4320 4WD	$13299	$3330	$5190	**$7580**	**$8510**	JD	6T	404D	8F-2R	116.00	10675	No
4620	$13020	$3260	$5080	**$7420**	**$8330**	JD	6TI	404D	8F-2R	135.76	12680	No
4620 4WD	$15292	$3820	$5960	**$8720**	**$9790**	JD	6TI	404D	8F-2R	135.00	13010	No
5020	$13900	$3200	$4310	**$6330**	**$7230**	JD	6	531D	8F-2R	141.34	15600	No
7020 4WD	$15975	$3440	$4640	**$6810**	**$7790**	JD	6TI	404D	8F-2R	146.00	14325	C

H, HC, HU--High Clearance LU--Low Profile PS--Power Shift RC--Row Crop

1970

	Approx. Retail Price New	Used Trade In Avg.	Used Trade In High	Used Retail Avg.	Used Retail High	Make	Engine No. Cyls.	Engine Displ. Cu.-In.	No. Speeds	P.T.O. H.P.	Approx. Shipping Wt.-Lbs.	Cab
820	$3580	$1560	$2440	**$3560**	**$4000**	JD	3	152D	8F-4R		4060	No
1020	$3861	$1790	$2400	**$3470**	**$4040**	JD	3	135G	8F-4R	38.82	4100	No
1020	$4245	$1880	$2520	**$3640**	**$4240**	JD	3	152D	8F-4R	38.92	4150	No
1520	$4343	$1900	$2550	**$3690**	**$4290**	JD	3	165G	8F-4R	47.86	4100	No
1520	$4808	$1950	$2620	**$3780**	**$4400**	JD	3	165D	8F-4R	46.52	4150	No
2020	$4995	$1950	$2610	**$3770**	**$4390**	JD	4	180G	8F-4R	53.91	4495	No
2020	$5495	$2060	$2760	**$3980**	**$4640**	JD	4	202D	8F-4R	54.09	4575	No
2520 HC	$7491	$2370	$3700	**$5410**	**$6070**	JD	4	203G	8F-2R	60.00	7125	No
2520 HC	$7997	$2460	$3840	**$5620**	**$6310**	JD	4	219D	8F-2R	61.00	7225	No
2520 RC	$6458	$2250	$3510	**$5120**	**$5750**	JD	4	203G	8F-2R	60.16	6500	No
2520 RC	$7064	$2410	$3750	**$5490**	**$6160**	JD	4	219D	8F-2R	61.29	6600	No
3020	$7281	$2060	$2770	**$4000**	**$4650**	JD	4	241G	8F-2R	71.37	7930	No
3020	$8106	$2330	$3630	**$5300**	**$5960**	JD	4	270D	8F-2R	71.26	8120	No
3020 HC	$8115	$2380	$3710	**$5420**	**$6090**	JD	4	241G	8F-2R	71.00	8020	No
3020 HC	$8955	$2490	$3880	**$5670**	**$6370**	JD	4	270D	8F-2R	71.00	8210	No
4000	$8205	$2250	$3510	**$5130**	**$5760**	JD	6	360G	8F-2R	95.5	7560	No
4000	$9045	$2510	$3920	**$5730**	**$6430**	JD	6	404D	8F-2R	96.89	7900	No
4020	$8969	$2570	$4010	**$5850**	**$6570**	JD	6	360G	8F-2R	96.66	8400	No
4020	$9894	$2970	$4640	**$6780**	**$7610**	JD	6	404D	8F-2R	94.88	8585	No
4020 4WD	$10844	$3040	$4740	**$6920**	**$7770**	JD	6	360G	8F-2R	96.00	9510	No
4020 4WD	$11780	$3450	$5370	**$7860**	**$8820**	JD	6	404D	8F-2R	94.00	9695	No
4020 HC	$9443	$2790	$4350	**$6350**	**$7130**	JD	6	360G	8F-2R	96.00	8625	No
4020 HC	$10377	$3090	$4830	**$7060**	**$7920**	JD	6	404D	8F-2R	94.00	9335	No
4520	$11723	$3000	$4680	**$6840**	**$7680**	JD	6T	404D	8F-2R	123.39	12285	No
5020	$13550	$3180	$4270	**$6170**	**$7180**	JD	6	531D	8F-2R	141.34	13400	No

H, HC, HU--High Clearance LU--Low Profile PS--Power Shift RC--Row Crop

1969

	Approx. Retail Price New	Used Trade In Avg.	Used Trade In High	Used Retail Avg.	Used Retail High	Make	Engine No. Cyls.	Engine Displ. Cu.-In.	No. Speeds	P.T.O. H.P.	Approx. Shipping Wt.-Lbs.	Cab
820 (3 Cyl)	$3545	$1490	$2320	**$3450**	**$3860**	JD	3	152D	8F-4R	34	4060	No
1020 Utility	$3823	$1800	$2400	**$3490**	**$4050**	JD	3	135G	8F-4R	38.8	4100	No
1020 Utility	$4203	$1880	$2500	**$3640**	**$4220**	JD	3	152D	8F-4R	39	4150	No
1520	$4226	$1900	$2530	**$3670**	**$4270**	JD	3	164G	8F-4R	47.8	4100	No
1520	$4750	$1940	$2590	**$3760**	**$4360**	JD	3	164D	8F-4R	46.5	4150	No
2020 Utility	$4946	$1960	$2610	**$3790**	**$4410**	JD	4	180G	16F-8R	53.9	4495	No
2020 Utility	$5441	$2060	$2750	**$3990**	**$4630**	JD	4	202D	16F-8R	54	4575	No
2520	$6394	$2160	$3360	**$5000**	**$5610**	JD	4	203G	8F-2R	60	6500	No
2520	$6995	$2370	$3690	**$5490**	**$6160**	JD	4	219D	8F-2R	61	6600	No
2520 HC	$7417	$2330	$3640	**$5420**	**$6070**	JD	4	203G	8F-2R	60.1	7125	No
2520 HC	$7918	$2420	$3770	**$5610**	**$6290**	JD	4	219D	8F-2R	61.2	7225	No
3020	$6909	$2130	$3320	**$4930**	**$5530**	JD	4	227G	8F-2R	70.5	7420	No
3020	$7709	$2300	$3590	**$5340**	**$5990**	JD	4	270D	8F-2R	71.5	7610	No
3020 HC	$7729	$2310	$3600	**$5350**	**$6000**	JD	4	241G	8F-2R	70.5	8020	No
3020 HC	$8529	$2460	$3830	**$5700**	**$6390**	JD	4	270D	8F-2R	71.2	8210	No
4000	$7815	$2150	$3360	**$5000**	**$5600**	JD	6	360G	8F-2R	97.2	7560	No

John Deere (Cont.)

1969 (Cont.)

	Approx. Retail Price New	Estimated Value Less Repairs: Used Trade In Avg.	Used Trade In High	Used Retail Avg.	Used Retail High	Engine Make	Engine No. Cyls.	Engine Displ. Cu.-In.	No. Speeds	P.T.O. H.P.	Approx. Shipping Wt.-Lbs.	Cab
4000	$8615	$2400	$3750	**$5580**	**$6250**	JD	6	404D	8F-2R	96.8	7900	No
4020	$7760	$2520	$3920	**$5840**	**$6540**	JD	6	360G	8F-2R	95.5	8400	No
4020	$8649	$2910	$4540	**$6760**	**$7570**	JD	6	404D	8F-2R	94.8	8585	No
4020 HC	$8425	$2760	$4300	**$6400**	**$7170**	JD	6	360G	8F-2R	96.6	8625	No
4020 HC	$9315	$3080	$4800	**$7140**	**$8010**	JD	6	404D	8F-2R	94.8	9335	No
4520	$11200	$3000	$4680	**$6960**	**$7800**	JD	6	404D	8F-2R	123.3	12285	No
5020	$12780	$3070	$4090	**$5940**	**$6900**	JD	6	531D	8F-2R	133.2	13400	No

H, HC, HU--High Clearance LU--Low Profile PS--Power Shift RC--Row Crop

1968

	Approx. Retail Price New	Used Trade In Avg.	Used Trade In High	Used Retail Avg.	Used Retail High	Make	No. Cyls.	Displ. Cu.-In.	No. Speeds	P.T.O. H.P.	Approx. Shipping Wt.-Lbs.	Cab
820 (3 Cyl)	$3580	$1460	$2280	**$3420**	**$3860**	JD	3	152D	8F-4R	34	4060	No
1020 Utility	$3418	$1760	$2390	**$3490**	**$4040**	JD	3	135G	8F-4R	38.8	4100	No
1020 Utility	$3783	$1840	$2490	**$3630**	**$4210**	JD	3	152D	8F-4R	39	4150	No
1520	$4073	$1850	$2510	**$3670**	**$4250**	JD	3	164G	8F-4R	47.8	4100	No
1520	$4455	$1910	$2590	**$3780**	**$4380**	JD	3	164D	8F-4R	46.5	4150	No
2020 Utility	$4865	$1920	$2600	**$3800**	**$4400**	JD	4	180G	8F-4R	53.9	4495	No
2020 Utility	$5359	$2010	$2720	**$3970**	**$4600**	JD	4	202D	8F-4R	54	4575	No
2510	$5723	$2090	$2840	**$4140**	**$4800**	JD	4	180G	8F-2R	53.7	6015	No
2510	$6295	$2230	$3020	**$4420**	**$5110**	JD	4	202D	8F-2R	54.9	6095	No
2510 HC	$6671	$2320	$3140	**$4590**	**$5320**	JD	4	180G	8F-2R	53.7	6945	No
2510 HC	$7245	$2460	$3330	**$4870**	**$5640**	JD	4	202D	8F-2R	54.9	7250	No
3020	$5985	$1920	$3000	**$4500**	**$5070**	JD	4	227G	8F-2R	70.5	7420	No
3020	$6785	$2070	$3230	**$4850**	**$5470**	JD	4	270D	8F-2R	71.5	7610	No
3020 HC	$7156	$2160	$3380	**$5060**	**$5710**	JD	4	241G	8F-2R	70.5	8020	No
3020 HC	$7956	$2360	$3690	**$5530**	**$6240**	JD	4	270D	8F-2R	71.2	8210	No
4020	$7500	$2430	$3790	**$5680**	**$6410**	JD	6	360G	8F-2R	95.5	8400	No
4020	$8500	$2780	$4330	**$6490**	**$7330**	JD	6	404D	8F-2R	94.8	8630	No
4020 HC	$8050	$2690	$4190	**$6290**	**$7100**	JD	6	360G	8F-2R	96.6	8625	No
4020 HC	$8940	$2990	$4660	**$6990**	**$7880**	JD	6	404D	8F-2R	94.8	9335	No
5020	$11503	$2760	$3740	**$5460**	**$6330**	JD	6	531D	8F-2R	133.2	13430	No

H, HC, HU--High Clearance LU--Low Profile PS--Power Shift RC--Row Crop

1967

	Approx. Retail Price New	Used Trade In Avg.	Used Trade In High	Used Retail Avg.	Used Retail High	Make	No. Cyls.	Displ. Cu.-In.	No. Speeds	P.T.O. H.P.	Approx. Shipping Wt.-Lbs.	Cab
1020 Utility	$3358	$1760	$2420	**$3550**	**$4060**	JD	3	135G	8F-4R	38.8	4100	No
1020 Utility	$3657	$1810	$2490	**$3660**	**$4190**	JD	3	152D	8F-4R	39	4150	No
2020 Utility	$4517	$1930	$2650	**$3890**	**$4450**	JD	4	180G	16F-8R	53.9	4565	No
2020 Utility	$4951	$2020	$2770	**$4070**	**$4660**	JD	4	202D	16F-8R	54	4645	No
2510	$5166	$2080	$2850	**$4190**	**$4800**	JD	4	180G	8F-2R	53.7	6015	No
2510	$5721	$2190	$3010	**$4420**	**$5060**	JD	4	202D	8F-2R	54.9	6095	No
2510 HC	$6470	$2200	$3030	**$4450**	**$5090**	JD	4	180G	8F-2R	53.7	6945	No
2510 HC	$7026	$2290	$3140	**$4620**	**$5290**	JD	4	202D	8F-2R	54.9	7250	No
3020	$5777	$1940	$3030	**$4550**	**$5170**	JD	4	227G	8F-2R	70.5	7420	No
3020	$6559	$2120	$3300	**$4950**	**$5630**	JD	4	270D	8F-2R	71.5	8120	No
3020 HC	$6932	$2210	$3440	**$5170**	**$5870**	JD	4	241G	8F-2R	70.5	8020	No
3020 HC	$7714	$2380	$3710	**$5570**	**$6330**	JD	4	270D	8F-2R	71.2	8210	No
4020	$7084	$2350	$3670	**$5500**	**$6250**	JD	6	360G	8F-2R	95.5	8400	No
4020	$8000	$2700	$4210	**$6320**	**$7180**	JD	6	404D	8F-2R	94.8	8585	No
4020 HC	$7720	$2610	$4060	**$6100**	**$6930**	JD	6	360G	8F-2R	95	8625	No
4020 HC	$8638	$2910	$4540	**$6810**	**$7740**	JD	6	404D	8F-2R	94	9335	No
5020	$11113	$2670	$3670	**$5390**	**$6170**	JD	6	531D	8F-2R	133.2	13430	No

H, HC, HU--High Clearance LU--Low Profile PS--Power Shift RC--Row Crop

1966

	Approx. Retail Price New	Used Trade In Avg.	Used Trade In High	Used Retail Avg.	Used Retail High	Make	No. Cyls.	Displ. Cu.-In.	No. Speeds	P.T.O. H.P.	Approx. Shipping Wt.-Lbs.	Cab
1020 Utility	$3325	$1760	$2450	**$3630**	**$4100**	JD	3	135G	8F-4R	38.8	4100	No
1020 Utility	$3621	$1830	$2550	**$3770**	**$4270**	JD	3	152D	8F-4R	39	4150	No
2020 Utility	$4472	$1860	$2590	**$3830**	**$4330**	JD	4	180G	16F-8R	53	4565	No
2020 Utility	$4902	$1950	$2730	**$4030**	**$4560**	JD	4	202D	16F-8R	54	4645	No
2510	$4783	$2030	$2830	**$4180**	**$4730**	JD	4	180G	8F-2R	53.7	6015	No
2510	$5297	$2110	$2940	**$4350**	**$4920**	JD	4	202D	8F-2R	54	6095	No
2510 HC	$5991	$2170	$3020	**$4470**	**$5050**	JD	4	180G	8F-2R	53.7	6945	No
2510 HC	$6506	$2280	$3190	**$4710**	**$5320**	JD	4	202D	8F-2R	54.9	7250	No
3020	$5766	$1840	$2870	**$4310**	**$4940**	JD	4	227G	8F-2R	70.5	7930	No
3020	$6300	$1990	$3100	**$4650**	**$5320**	JD	4	270D	8F-2R	71.5	8120	No
3020 HC	$6602	$2050	$3200	**$4800**	**$5490**	JD	4	241G	8F-2R	70.5	8020	No
3020 HC	$7347	$2240	$3490	**$5230**	**$5990**	JD	4	270D	8F-2R	71.2	8210	No
4020	$6747	$2310	$3610	**$5410**	**$6200**	JD	6	360G	8F-2R	95	8400	No
4020	$7620	$2660	$4140	**$6210**	**$7120**	JD	6	404D	8F-2R	95	8585	No
4020 HC	$7354	$2510	$3920	**$5880**	**$6740**	JD	6	360G	8F-2R	95	8625	No
4020 HC	$8227	$2810	$4380	**$6570**	**$7520**	JD	6	404D	8F-2R	94.8	9335	No
5020	$10585	$2540	$3550	**$5240**	**$5930**	JD	6	531D	8F-2R	133.2	13430	No

H, HC, HU--High Clearance LU--Low Profile PS--Power Shift RC--Row Crop

1965

	Approx. Retail Price New	Used Trade In Avg.	Used Trade In High	Used Retail Avg.	Used Retail High	Make	No. Cyls.	Displ. Cu.-In.	No. Speeds	P.T.O. H.P.	Approx. Shipping Wt.-Lbs.	Cab
1010	$2993	$1720	$2690	**$4070**	**$4650**	JD	3	115G	5F-1R	36	3750	No
1010	$3418	$1830	$2850	**$4320**	**$4940**	JD	3	145D	5F-1R	36	3700	No
1020 Utility	$3292	$1740	$2460	**$3590**	**$4090**	JD	3	135G	8F-4R	38.8	4355	No
1020 Utility	$3585	$1810	$2560	**$3730**	**$4260**	JD	3	152D	8F-4R	39	4405	No
2010 Utility	$3649	$1820	$2580	**$3760**	**$4290**	JD	4	145G	8F-3R	46	4600	No
2010 Utility	$4239	$1950	$2770	**$4030**	**$4600**	JD	4	165D	8F-3R	46.8	4700	No
2020 Utility	$4248	$1910	$2700	**$3930**	**$4490**	JD	4	180G	16F-8R	53.9	4565	No
2020 Utility	$4657	$2000	$2830	**$4120**	**$4700**	JD	4	202D	16F-8R	54	4645	No
3020	$5577	$1920	$2990	**$4530**	**$5180**	JD	4	227G	8F-2R	70	7930	No
3020	$6297	$2080	$3250	**$4910**	**$5620**	JD	4	270D	8F-2R	71	8120	No
3020 HC	$6348	$2010	$3140	**$4750**	**$5430**	JD	4	241G	8F-2R	70	8020	No

John Deere (Cont.)

Model	Approx. Retail Price New	Used Trade In Avg.	Used Trade In High	Used Retail Avg.	Used Retail High	Engine Make	No. Cyls.	Displ. Cu.-In.	No. Speeds	P.T.O. H.P.	Approx. Shipping Wt.-Lbs.	Cab
1965 (Cont.)												
3020 HC	$7069	$2190	$3420	$5170	$5920	JD	4	270D	8F-2R	71	8210	No
4020	$6516	$2250	$3520	$5320	$6090	JD	6	360G	8F-2R	95.5	8400	No
4020	$7360	$2590	$4040	$6110	$6990	JD	6	404D	8F-2R	94.8	8585	No
4020 HC	$7076	$2440	$3810	$5770	$6600	JD	6	360G	8F-2R	95	8625	No
4020 HC	$7920	$2730	$4260	$6440	$7370	JD	6	404D	8F-2R	95	9335	No
5010	$10045	$2750	$4290	$6490	$7430	JD	6	531D	8F-3R	121.1	13200	No

H, HC, HU--High Clearance LU--Low Profile PS--Power Shift RC--Row Crop

Model	Approx. Retail Price New	Used Trade In Avg.	Used Trade In High	Used Retail Avg.	Used Retail High	Engine Make	No. Cyls.	Displ. Cu.-In.	No. Speeds	P.T.O. H.P.	Approx. Shipping Wt.-Lbs.	Cab
1964												
1010	$2638	$1600	$2490	$3810	$4350	JD	4	115G	5F-1R	36	3615	No
1010	$3061	$1660	$2580	$3940	$4500	JD	4	145D	5F-1R	36	3700	No
2010 Utility	$3596	$1810	$2600	$3730	$4300	JD	4	145G	8F-3R	46	4600	No
2010 Utility	$4197	$1950	$2800	$4010	$4620	JD	4	165D	8F-3R	46.8	4700	No
3020	$5259	$1820	$2830	$4320	$4940	JD	4	227G	8F-2R	70	7930	No
3020	$5959	$1980	$3090	$4710	$5380	JD	4	270D	8F-2R	71	8120	No
3020 HC	$6035	$2010	$3130	$4780	$5460	JD	4	241G	8F-2R	70	8020	No
3020 HC	$6735	$2080	$3250	$4960	$5670	JD	4	270D	8F-2R	71.2	8210	No
4020	$6100	$2350	$3670	$5590	$6390	JD	6	360G	8F-2R	95	8400	No
4020	$6922	$2480	$3870	$5900	$6750	JD	6	404D	8F-2R	95	8585	No
4020 HC	$5630	$2180	$3410	$5200	$5940	JD	6	360G	8F-2R	95	8625	No
4020 HC	$6450	$2360	$3690	$5620	$6430	JD	6	404D	8F-2R	95	9335	No
5010	$9670	$2500	$3900	$5950	$6800	JD	6	531D	8F-3R	121.1	13200	No

H, HC, HU--High Clearance LU--Low Profile PS--Power Shift RC--Row Crop

Model	Approx. Retail Price New	Used Trade In Avg.	Used Trade In High	Used Retail Avg.	Used Retail High	Engine Make	No. Cyls.	Displ. Cu.-In.	No. Speeds	P.T.O. H.P.	Approx. Shipping Wt.-Lbs.	Cab
1963												
1010	$2506	$1480	$2300	$3540	$4070	JD	4	115G	5F-1R	36	3750	No
1010	$2908	$1580	$2460	$3780	$4350	JD	4	145D	5F-1R	36	3830	No
2010	$3432	$1690	$2630	$4040	$4650	JD	4	145G	8F-3R	46	4400	No
2010	$3987	$1810	$2830	$4350	$5000	JD	4	165D	8F-3R	46.8	4700	No
3010	$4134	$1930	$3010	$4630	$5320	JD	4	201G	8F-3R	55	6340	No
3010	$4843	$2090	$3260	$5020	$5770	JD	4	254D	8F-3R	59	6550	No
4010	$5042	$2340	$3640	$5610	$6450	JD	6	302G	8F-3R	80	8090	No
4010	$5856	$2670	$4160	$6400	$7360	JD	6	380D	8F-3R	84	8450	No
5010	$9186	$2500	$3900	$6000	$6900	JD	6	531D	8F-3R	121.1	13200	No
1962												
1010	$2480	$1380	$2160	$3340	$3870	JD	4	115G	5F-1R	36	3615	No
1010	$2880	$1500	$2340	$3630	$4200	JD	4	145D	5F-1R	36	3700	No
2010	$3400	$1570	$2460	$3810	$4410	JD	4	145G	8F-3R	46	4600	No
2010	$3950	$1720	$2680	$4160	$4810	JD	4	165D	8F-3R	46.8	4700	No
3010	$4100	$1840	$2870	$4460	$5160	JD	4	201G	8F-3R	55	6220	No
3010	$4800	$2020	$3150	$4890	$5650	JD	4	254D	8F-3R	59	6340	No
4010	$5000	$2130	$3320	$5140	$5950	JD	6	302G	8F-3R	81	6800	No
4010	$5820	$2510	$3910	$6060	$7010	JD	6	380D	8F-3R	84	7130	No
1961												
1010	......	$1360	$2120	$3320	$3840	JD	4	115G	5F-1R	36	3615	No
1010	......	$1480	$2310	$3620	$4180	JD	4	145D	5F-1R	36	3700	No
2010	......	$1560	$2430	$3800	$4390	JD	4	145G	8F-3R	46	4600	No
2010	......	$1690	$2640	$4130	$4770	JD	4	165D	8F-3R	46.8	4700	No
3010	......	$1750	$2730	$4260	$4930	JD	4	201G	8F-3R	55	6220	No
3010	......	$1920	$2990	$4670	$5400	JD	4	254D	8F-3R	59	6340	No
4010	......	$2070	$3230	$5060	$5840	JD	6	302G	8F-3R	81	6800	No
4010	......	$2320	$3620	$5660	$6540	JD	6	380D	8F-3R	84	7130	No
1960												
330	......	$1170	$1830	$2880	$3330	JD	2	100G	4F-1R		2722	No
430	......	$1240	$1930	$3050	$3520	JD	2	113G	5F-1R	30	3210	No
435D	......	$1400	$2180	$3440	$3970	JD	2	106D	5F-1R	33	3560	No
530	......	$1410	$2200	$3470	$4000	JD	2	190G	6F-1R	41	5440	No
630	......	$1470	$2290	$3610	$4160	JD	2	302G	6F-1R	49	6670	No
730	......	$1510	$2360	$3720	$4300	JD	2	361G	6F-1R	59	7270	No
730	......	$1630	$2540	$4010	$4630	JD	2	376D	6F-1R	59	7830	No
830	......	$1810	$2830	$4460	$5150	JD	2	471D	6F-1R	81	8140	No
1010	......	$1330	$2070	$3270	$3770	JD	4	115G	5F-1R	36	3615	No
1010	......	$1450	$2260	$3560	$4110	JD	4	145D	5F-1R	36	3700	No
2010	......	$1530	$2380	$3750	$4330	JD	4	202D	8F-3R	46.8	4700	No
2010	......	$1640	$2560	$4030	$4650	JD	4	180G	8F-3R	46	4600	No
1959												
330	......	$1150	$1790	$2850	$3280	JD	2	100G	4F-1R		2722	No
430	......	$1190	$1860	$2950	$3400	JD	2	113G	5F-1R	30	3210	No
435D	......	$1330	$2070	$3290	$3790	JD	2	106D	5F-1R	33	3560	No
530	......	$1390	$2170	$3450	$3980	JD	2	190G	6F-1R	41	5440	No
630	......	$1420	$2220	$3530	$4070	JD	2	302G	6F-1R	49	6670	No
730	......	$1480	$2310	$3670	$4230	JD	2	361G	6F-1R	59	7270	No
730	......	$1610	$2520	$4000	$4620	JD	2	376D	6F-1R	59	7830	No
830	......	$1760	$2750	$4370	$5040	JD	2	471D	6F-1R	81	8140	No
1958												
320	......	$1080	$1680	$2690	$3100	JD	2	100G	4F-1R	27	2670	No
330	......	$1120	$1750	$2800	$3230	JD	2	100G	4F-1R		2722	No
420	......	$1260	$1970	$3160	$3640	JD	2	113G	4F-1R	29	2793	No
430	......	$1140	$1780	$2850	$3280	JD	2	113G	5F-1R	30	3210	No

	Approx. Retail Price New	Estimated Value Less Repairs Used Trade In Avg.	High	Used Retail Avg.	High	Engine Make	No. Cyls.	Displ. Cu.-In.	No. Speeds	P.T.O. H.P.	Approx. Shipping Wt.-Lbs.	Cab

John Deere (Cont.)

	Approx. Retail Price New	Used Trade In Avg.	High	Used Retail Avg.	High	Make	No. Cyls.	Displ. Cu.-In.	No. Speeds	P.T.O. H.P.	Approx. Shipping Wt.-Lbs.	Cab
1958 (Cont.)												
520	......	$1320	$2060	**$3300**	**$3810**	JD	2	190G	6F-1R	39	5325	No
530	......	$1360	$2130	**$3410**	**$3930**	JD	2	190G	6F-1R	41	5440	No
620	......	$1340	$2080	**$3340**	**$3850**	JD	2	302G	6F-1R	49	6460	No
630	......	$1390	$2170	**$3480**	**$4010**	JD	2	302G	6F-1R	49	6670	No
720	......	$1380	$2160	**$3450**	**$3980**	JD	2	361G	6F-1R	59	7220	No
720	......	$1500	$2340	**$3750**	**$4320**	JD	2	376D	6F-1R	59	7700	No
730	......	$1440	$2240	**$3590**	**$4130**	JD	2	361G	6F-1R	59	7270	No
730	......	$1520	$2370	**$3800**	**$4370**	JD	2	376D	6F-1R	59	7830	No
820	......	$1590	$2480	**$3970**	**$4570**	JD	2	471D	6F-1R	76	8300	No
830	......	$1720	$2680	**$4300**	**$4950**	JD	2	471D	6F-1R	81	8140	No
1957												
320	......	$1060	$1680	**$2680**	**$3080**	JD	2	100G	4F-1R	27	2670	No
420	......	$1230	$1940	**$3100**	**$3570**	JD	2	113G	4F-1R	29	2793	No
520	......	$1250	$1980	**$3150**	**$3630**	JD	2	190G	6F-1R	39	5325	No
620	......	$1280	$2020	**$3210**	**$3700**	JD	2	302G	6F-1R	49	6460	No
720	......	$1330	$2090	**$3340**	**$3840**	JD	2	361G	6F-1R	59	7220	No
720	......	$1440	$2270	**$3620**	**$4170**	JD	2	376D	6F-1R	59	7700	No
820	......	$1540	$2430	**$3880**	**$4460**	JD	2	471D	6F-1R	76	8300	No
1956												
50	......	$960	$1540	**$2450**	**$2810**	JD	2	190G	6F-1R	31	4200	No
60	......	$1010	$1610	**$2560**	**$2940**	JD	2	321G	6F-1R	42	5357	No
70	......	$1040	$1660	**$2640**	**$3030**	JD	2	379G	6F-1R	50	7352	No
70	......	$1340	$2150	**$3410**	**$3930**	JD	2	376D	6F-1R	51	7352	No
80	......	$1390	$2230	**$3540**	**$4070**	JD	2	471D	6F-1R	68	7900	No
320	......	$1030	$1650	**$2630**	**$3020**	JD	2	100G	4F-1R	27	2670	No
420	......	$1170	$1880	**$2980**	**$3420**	JD	2	113G	4F-1R	29	2793	No
520	......	$1220	$1950	**$3090**	**$3550**	JD	2	190G	6F-1R	39	5325	No
620	......	$1260	$2010	**$3190**	**$3670**	JD	2	302G	6F-1R	49	6460	No
720	......	$1320	$2110	**$3340**	**$3840**	JD	2	361G	6F-1R	59	7220	No
720	......	$1390	$2220	**$3520**	**$4050**	JD	2	376D	6F-1R	59	7700	No
820	......	$1460	$2340	**$3720**	**$4270**	JD	2	471D	6F-1R	76	8300	No
1955												
40	......	$880	$1410	**$2250**	**$2580**	JD	2	101G	4F-1R	22.8	2970	No
50	......	$920	$1470	**$2350**	**$2700**	JD	2	190G	6F-1R	31	4200	No
60	......	$960	$1530	**$2450**	**$2810**	JD	2	321G	6F-1R	42	5357	No
70	......	$990	$1580	**$2520**	**$2900**	JD	2	379G	6F-1R	50	7352	No
70	......	$1280	$2040	**$3260**	**$3750**	JD	2	376D	6F-1R	51	7352	No
80	......	$1340	$2140	**$3430**	**$3940**	JD	2	471D	6F-1R	68	7900	No
1954												
R	......	$830	$1330	**$2150**	**$2460**	JD	2	415D	5F-1R	51	7100	No
40	......	$840	$1350	**$2170**	**$2490**	JD	2	101G	4F-1R	19	2636	No
50	......	$900	$1440	**$2320**	**$2660**	JD	2	190G	6F-1R	31	4200	No
60	......	$940	$1500	**$2420**	**$2770**	JD	2	321G	6F-1R	42	5357	No
70	......	$960	$1530	**$2460**	**$2830**	JD	2	379G	6F-1R	50	7352	No
70	......	$1220	$1960	**$3160**	**$3620**	JD	2	376D	6F-1R	51	7352	No
1953												
D	......	$970	$1550	**$2530**	**$2890**	JD	2	501D	2F-1R	38	8125	No
G	......	$1210	$1930	**$3130**	**$3590**	JD	2	413G	6F-1R	36	5800	No
R	......	$820	$1320	**$2140**	**$2460**	JD	2	415D	5F-1R	51	7100	No
40	......	$810	$1300	**$2120**	**$2430**	JD	2	101G	4F-1R	19	2636	No
50	......	$890	$1420	**$2310**	**$2650**	JD	2	190G	6F-1R	31	4200	No
60	......	$910	$1460	**$2380**	**$2720**	JD	2	321G	6F-1R	42	5357	No
70	......	$930	$1480	**$2410**	**$2760**	JD	2	379G	6F-1R	50	7352	No
70	......	$1190	$1900	**$3090**	**$3540**	JD	2	376D	6F-1R	51	7352	No
1952												
A	......	$950	$1520	**$2490**	**$2850**	JD	2	321G	6F-1R	35.3	5100	No
AN	......	$1020	$1640	**$2680**	**$3070**	JD	2	321G	6F-1R	35.3	5100	No
AR	......	$990	$1590	**$2600**	**$2980**	JD	2	321D	6F-1R	35.3	4800	No
B	......	$960	$1540	**$2520**	**$2880**	JD	2	190G	6F-1R	26	4130	No
D	......	$940	$1500	**$2460**	**$2820**	JD	2	501D	2F-1R	38	8125	No
G	......	$1190	$1900	**$3110**	**$3560**	JD	2	413G	6F-1R	36	5800	No
M	......	$1030	$1650	**$2700**	**$3090**	JD	2	100G	4F-1R	19.5	2700	No
MT	......	$1090	$1740	**$2840**	**$3260**	JD	2	100G	4F-1R	20	2800	No
R	......	$810	$1300	**$2120**	**$2430**	JD	2	415D	5F-1R	51	7100	No
50	......	$840	$1350	**$2210**	**$2530**	JD	2	190G	6F-1R	31	4200	No
60	......	$880	$1410	**$2300**	**$2640**	JD	2	321G	6F-1R	42	5357	No
1951												
A	......	$940	$1500	**$2480**	**$2830**	JD	2	321G	6F-1R	35.3	5100	No
AN	......	$1010	$1620	**$2670**	**$3060**	JD	2	321G	6F-1R	35.3	5100	No
AR	......	$990	$1590	**$2630**	**$3000**	JD	2	321D	6F-1R	35.3	4800	No
B	......	$930	$1490	**$2470**	**$2820**	JD	2	190G	6F-1R	26	4130	No
D	......	$920	$1470	**$2420**	**$2770**	JD	2	501D	2F-1R	38	8125	No
G	......	$1150	$1850	**$3050**	**$3480**	JD	2	413G	6F-1R	36	5800	No
M	......	$980	$1570	**$2590**	**$2970**	JD	2	100G	4F-1R	19.5	2700	No
MT	......	$1050	$1670	**$2760**	**$3160**	JD	2	100G	4F-1R	20	2800	No
R	......	$780	$1250	**$2060**	**$2350**	JD	2	415D	5F-1R	51	7100	No

John Deere (Cont.)

	Approx. Retail Price New	Estimated Value Less Repairs: Used Trade In Avg.	Used Trade In High	Used Retail Avg.	Used Retail High	Make	Engine No. Cyls.	Engine Displ. Cu.-In.	No. Speeds	P.T.O. H.P.	Approx. Shipping Wt.-Lbs.	Cab
1950												
A	......	$930	$1480	**$2470**	**$2820**	JD	2	321G	6F-1R	35.3	5100	No
AN	......	$1000	$1590	**$2650**	**$3030**	JD	2	321G	6F-1R	35.3	5100	No
AR	......	$970	$1550	**$2580**	**$2950**	JD	2	321D	6F-1R	35.3	4800	No
B	......	$920	$1470	**$2450**	**$2800**	JD	2	190G	6F-1R	26	4130	No
D	......	$900	$1440	**$2400**	**$2740**	JD	2	501D	2F-1R	38	8125	No
G	......	$1130	$1810	**$3000**	**$3430**	JD	2	413G	6F-1R	36	5800	No
M	......	$960	$1540	**$2560**	**$2930**	JD	2	100G	4F-1R	19.5	2700	No
MT	......	$1020	$1630	**$2710**	**$3090**	JD	2	100G	4F-1R	20	2800	No
R	......	$760	$1220	**$2030**	**$2320**	JD	2	415D	5F-1R	51	7100	No
1949												
A	......	$910	$1450	**$2430**	**$2780**	JD	2	321G	6F-1R	35.3	5100	No
AN	......	$980	$1560	**$2620**	**$2990**	JD	2	321G	6F-1R	35.3	5100	No
AR	......	$950	$1520	**$2550**	**$2920**	JD	2	321D	6F-1R	35.3	4800	No
B	......	$890	$1430	**$2390**	**$2730**	JD	2	190G	6F-1R	26	4130	No
D	......	$880	$1400	**$2350**	**$2680**	JD	2	501D	2F-1R	38	8125	No
G	......	$1100	$1760	**$2950**	**$3360**	JD	2	413G	6F-1R	36	5800	No
M	......	$930	$1490	**$2500**	**$2850**	JD	2	100G	4F-1R	19.5	2700	No
MT	......	$990	$1580	**$2650**	**$3030**	JD	2	100G	4F-1R	20	2800	No
R	......	$740	$1180	**$1980**	**$2260**	JD	2	415D	5F-1R	51	7100	No
1948												
A	......	$900	$1440	**$2430**	**$2770**	JD	2	321G	6F-1R	35.3	5100	No
AN	......	$960	$1540	**$2600**	**$2970**	JD	2	321G	6F-1R	35.3	5100	No
AR	......	$940	$1510	**$2550**	**$2910**	JD	2	321D	4F-1R	35.3	4800	No
B	......	$890	$1420	**$2390**	**$2730**	JD	2	190G	6F-1R	26	4130	No
D	......	$860	$1380	**$2330**	**$2650**	JD	2	501D	2F-1R	38	8125	No
G	......	$1080	$1730	**$2920**	**$3330**	JD	2	413G	6F-1R	36	5800	No
M	......	$910	$1460	**$2470**	**$2810**	JD	2	100G	4F-1R	19.5	2700	No
1947												
A	......	$890	$1430	**$2430**	**$2770**	JD	2	321G	6F-1R	35.3	5100	No
AN	......	$960	$1530	**$2600**	**$2960**	JD	2	321G	6F-1R	35.3	5100	No
AR	......	$930	$1490	**$2540**	**$2900**	JD	2	321D	4F-1R	35.3	4800	No
B	......	$880	$1400	**$2380**	**$2710**	JD	2	175G	6F-1R	26	4130	No
BO	......	$960	$1540	**$2620**	**$2980**	JD	2	175G	4F-1R	26	4130	No
BR	......	$1000	$1600	**$2710**	**$3090**	JD	2	175G	4F-1R	26	4130	No
D	......	$850	$1360	**$2310**	**$2630**	JD	2	501D	2F-1R	38	8125	No
G	......	$1060	$1700	**$2890**	**$3290**	JD	2	413G	6F-1R	36	5800	No
H	......	$760	$1210	**$2050**	**$2340**	JD	2	99G	3F-1R	14	3035	No
M	......	$900	$1440	**$2450**	**$2790**	JD	2	100G	4F-1R	19.5	2700	No
1946												
A	......	$880	$1410	**$2400**	**$2710**	JD	2	321G	6F-1R	35.3	5100	No
AN	......	$950	$1520	**$2580**	**$2930**	JD	2	321G	6F-1R	35.3	5100	No
AR	......	$920	$1480	**$2510**	**$2850**	JD	2	321D	4F-1R	35.3	4800	No
B	......	$860	$1380	**$2350**	**$2660**	JD	2	175G	6F-1R	20	4130	No
BO	......	$950	$1520	**$2580**	**$2920**	JD	2	175G	4F-1R	20	4030	No
BR	......	$990	$1580	**$2680**	**$3040**	JD	2	175G	4F-1R	20	4030	No
D	......	$830	$1330	**$2260**	**$2560**	JD	2	501D	2F-1R	38	8125	No
G	......	$1040	$1670	**$2840**	**$3210**	JD	2	413G	6F-1R	36	5800	No
H	......	$740	$1180	**$2010**	**$2280**	JD	2	99G	3F-1R	14	3035	No
LA	......	$710	$1130	**$1920**	**$2170**		2	66G	3F-1R	14.3	2180	No
1945												
A	......	$880	$1400	**$2380**	**$2700**	JD	2	321G	6F-1R	35.3	5100	No
AN	......	$940	$1510	**$2560**	**$2900**	JD	2	321G	6F-1R	35.3	5100	No
AR	......	$910	$1450	**$2470**	**$2800**	JD	2	321D	4F-1R	35.3	4800	No
B	......	$940	$1500	**$2550**	**$2890**	JD	2	175G	6F-1R	20.0	4130	No
BO	......	$940	$1510	**$2570**	**$2910**	JD	2	175G	4F-1R	20	4030	No
BR	......	$970	$1560	**$2650**	**$3000**	JD	2	175G	4F-1R	20	4030	No
D	......	$820	$1310	**$2220**	**$2510**	JD	2	501D	2F-1R	38	8125	No
G	......	$1030	$1650	**$2800**	**$3170**	JD	2	413G	6F-1R	36	5800	No
H	......	$720	$1160	**$1960**	**$2220**	JD	2	99G	3F-1R	14	3035	No
LA	......	$690	$1100	**$1870**	**$2120**		2	66G	3F-1R	14.3	2180	No
1944												
A	......	$860	$1380	**$2350**	**$2660**	JD	2	321G	6F-1R	35.3	5100	No
AN	......	$930	$1480	**$2520**	**$2850**	JD	2	321G	6F-1R	35.3	5100	No
AO	......	$900	$1440	**$2460**	**$2780**	JD	2	321D	4F-1R	35.3	4800	No
AR	......	$910	$1460	**$2490**	**$2810**	JD	2	321D	4F-1R	35.3	4800	No
B	......	$840	$1340	**$2280**	**$2580**	JD	2	175G	6F-1R	20	4130	No
BO	......	$930	$1490	**$2530**	**$2860**	JD	2	175G	4F-1R	20	4030	No
BR	......	$960	$1530	**$2600**	**$2950**	JD	2	175G	4F-1R	20	4030	No
D	......	$800	$1280	**$2180**	**$2470**	JD	2	501D	2F-1R	38	8125	No
G	......	$1020	$1630	**$2770**	**$3140**	JD	2	413G	6F-1R	36	5800	No
H	......	$710	$1130	**$1920**	**$2180**	JD	2	99G	3F-1R	14	3035	No
L	......	$670	$1060	**$1810**	**$2050**	JD	2	66G	3F-1R	10.4	2180	No
1943												
A	......	$850	$1360	**$2310**	**$2620**	JD	2	321G	6F-1R	35.3	5100	No
AN	......	$910	$1460	**$2480**	**$2810**	JD	2	321G	6F-1R	35.3	5100	No
AO	......	$890	$1420	**$2410**	**$2730**	JD	2	321D	4F-1R	35.3	4800	No
AR	......	$900	$1440	**$2450**	**$2770**	JD	2	321D	4F-1R	35.3	4800	No

John Deere (Cont.)

Model	Approx. Retail Price New	Estimated Value Less Repairs: Used Trade In Avg.	Used Trade In High	Used Retail Avg.	Used Retail High	Engine Make	Engine No. Cyls.	Engine Displ. Cu.-In.	No. Speeds	P.T.O. H.P.	Approx. Shipping Wt.-Lbs.	Cab
				1943 (Cont.)								
B	......	$820	$1310	**$2230**	**$2530**	JD	2	175G	6F-1R	20	4130	No
BO	......	$910	$1460	**$2480**	**$2810**	JD	2	175G	6F-1R	20	4030	No
BR	......	$940	$1510	**$2560**	**$2900**	JD	2	175G	6F-1R	20	4030	No
D	......	$790	$1260	**$2150**	**$2430**	JD	2	501D	2F-1R	38	8125	No
G	......	$1010	$1610	**$2740**	**$3100**	JD	2	413G	6F-1R	36	5800	No
H	......	$690	$1100	**$1870**	**$2120**	JD	2	99G	3F-1R	14	3035	No
L	......	$650	$1040	**$1770**	**$2000**	JD	2	66G	3F-1R	10.4	2180	No
				1942								
A	......	$830	$1330	**$2260**	**$2560**	JD	2	321G	6F-1R	38.0	5100	No
AN	......	$890	$1420	**$2410**	**$2730**	JD	2	321G	6F-1R	38.0	5100	No
AO	......	$910	$1460	**$2480**	**$2800**	JD	2	321D	4F-1R	38.0	4800	No
AR	......	$830	$1320	**$2240**	**$2540**	JD	2	321D	4F-1R	38.0	4800	No
B	......	$810	$1290	**$2200**	**$2490**	JD	2	175G	6F-1R	20	4130	No
BO	......	$900	$1440	**$2450**	**$2770**	JD	2	175G	4F-1R	20	4030	No
BR	......	$930	$1490	**$2530**	**$2860**	JD	2	175G	4F-1R	20	4030	No
D	......	$780	$1250	**$2120**	**$2400**	JD	2	501D	2F-1R	38	8125	No
G	......	$970	$1560	**$2650**	**$3000**	JD	2	413G	4F-1R	36	5800	No
H	......	$670	$1070	**$1820**	**$2060**	JD	2	99G	3F-1R	14	3035	No
L	......	$640	$1020	**$1740**	**$1970**	JD	2	66G	3F-1R	10.4	2180	No
				1941								
A	......	$830	$1320	**$2240**	**$2540**	JD	2	321G	6F-1R	38.0	5100	No
AO	......	$880	$1410	**$2390**	**$2710**	JD	2	321D	4F-1R	38.0	4800	No
AR	......	$910	$1460	**$2480**	**$2800**	JD	2	321D	4F-1R	38.0	4800	No
B	......	$790	$1270	**$2160**	**$2450**	JD	2	175G	6F-1R	20	4130	No
BO	......	$890	$1420	**$2410**	**$2730**	JD	2	175G	4F-1R	20	4030	No
BR	......	$920	$1460	**$2490**	**$2820**	JD	2	175G	4F-1R	20	4030	No
D	......	$770	$1230	**$2080**	**$2360**	JD	2	501D	2F-1R	38	8125	No
G	......	$960	$1530	**$2600**	**$2950**	JD	2	413G	4F-1R	36	5800	No
H	......	$650	$1040	**$1770**	**$2000**	JD	2	99G	3F-1R	14	3035	No
L	......	$630	$1000	**$1700**	**$1930**	JD	2	66G	3F-1R	10.4	2180	No
				1940								
A	......	$820	$1310	**$2220**	**$2510**	JD	2	309G	4F-1R	24.7	5100	No
AO	......	$870	$1390	**$2360**	**$2680**	JD	2	309D	4F-1R	24.7	4800	No
AR	......	$890	$1420	**$2410**	**$2730**	JD	2	309D	4F-1R	24.7	4800	No
B	......	$780	$1250	**$2130**	**$2410**	JD	2	175G	4F-1R	20	4130	No
BO	......	$870	$1390	**$2360**	**$2680**	JD	2	175G	4F-1R	20	4030	No
BR	......	$900	$1450	**$2460**	**$2780**	JD	2	175G	4F-1R	20	4030	No
D	......	$750	$1200	**$2050**	**$2320**	JD	2	501D	2F-1R	38	8125	No
G	......	$940	$1500	**$2560**	**$2900**	JD	2	413G	4F-1R	36	5800	No
H	......	$630	$1010	**$1720**	**$1950**	JD	2	99G	3F-1R	14	3035	No
L	......	$610	$980	**$1670**	**$1890**	JD	2	66G	3F-1R	10.4	2180	No
				1939								
A	......	$800	$1280	**$2180**	**$2460**	JD	2	309G	4F-1R	24.7	5100	No
AO	......	$860	$1370	**$2330**	**$2640**	JD	2	309D	4F-1R	24.7	4800	No
AR	......	$880	$1400	**$2380**	**$2700**	JD	2	309D	4F-1R	24.7	4800	No
BO	......	$870	$1390	**$2360**	**$2680**	JD	2	175G	4F-1R	20	4030	No
BR	......	$900	$1450	**$2460**	**$2780**	JD	2	175G	4F-1R	20	4030	No
D	......	$750	$1200	**$2050**	**$2320**	JD	2	501D	2F-1R	38	8125	No
G	......	$940	$1500	**$2560**	**$2900**	JD	2	413G	4F-1R	36	5800	No
H	......	$630	$1010	**$1720**	**$1950**	JD	2	99G	3F-1R	14	3035	No
L	......	$610	$980	**$1670**	**$1890**	JD	2	66G	3F-1R	10.4	2180	No

Kioti

Model	Approx. Retail Price New	Used Trade In Avg.	Used Trade In High	Used Retail Avg.	Used Retail High	Engine Make	Engine No. Cyls.	Engine Displ. Cu.-In.	No. Speeds	P.T.O. H.P.	Approx. Shipping Wt.-Lbs.	Cab
				2009								
CK20S	$12560	$8160	$8790	**$10430**	**$10930**	Daedong	3	61D	6F-2R	17.1	2125	No
CK20S HST	$13860	$9010	$9700	**$11500**	**$12060**	Daedong	3	61D	Variable	16.2	2138	No
CK27	$15600	$10140	$10920	**$12950**	**$13570**	Daedong	3	85D	8F-8R	21.7	3161	No
CK27 HST	$17000	$11050	$11900	**$14110**	**$14790**	Daedong	3	85D	Variable	20.5	3117	No
CK30	$16400	$10660	$11480	**$13610**	**$14270**	Daedong	3	91D	8F-8R	23	3184	No
CK30 HST	$17800	$11570	$12460	**$14770**	**$15490**	Daedong	3	91D	Variable	22	3142	No
LK30 4WD	$13525	$8790	$9470	**$11230**	**$11770**	Daedong	3	91D	8F-8R	23.0	2897	No
CK35	$17400	$11310	$12180	**$14440**	**$15140**	Daedong	3	100D	8F-8R	27.6	3151	No
CK35 HST	$18800	$12220	$13160	**$15600**	**$16360**	Daedong	3	100D	Variable	26.5	3114	No
DK35SE	$18990	$12340	$13290	**$15760**	**$16520**	Daedong	3	111D	8F-8R	28.3	3963	No
DK35SE HST	$20790	$13510	$14550	**$17260**	**$18090**	Daedong	3	111D	Variable	27.	3915	No
DK40SE	$20750	$13490	$14530	**$17220**	**$18050**	Daedong	4	122D	8F-8R	33.4	4202	No
DK40SE HST	$22550	$14660	$15790	**$18720**	**$19620**	Daedong	4	122D	Variable	32.5	4130	No
DK40SE HST w/Cab	$28500	$18530	$19950	**$23660**	**$24800**	Daedong	4	122D	Variable	30.2	4566	CHA
DK45S	$22600	$14690	$15820	**$18760**	**$19660**	Daedong	4	134D	12F-12R	38.0	4299	No
DK45SC w/Cab	$28600	$18590	$20020	**$23740**	**$24880**	Daedong	4	134D	12F-12R	38.0	4585	CHA
DK45SE HST	$24100	$15670	$16870	**$20000**	**$20970**	Daedong	4	134D	Variable	36.0	4189	No
DK45SE HST w/Cab	$30050	$19530	$21040	**$24940**	**$26140**	Daedong	4	134D	Variable	34.0	4625	CHA
DK55	$26450	$17190	$18520	**$21950**	**$23010**	Daedong	4T	134D	12F-12R	44.4	4685	No
DK55C w/Cab	$30385	$19750	$21270	**$25220**	**$26440**	Daedong	4T	134D	12F-12R	44.4	5105	CHA
DK75 w/Cab	$45900	$29840	$32130	**$38100**	**$39930**	Daedong	4T	268D	12F-12R	58.4	7749	CHA
DK90 w/Cab	$50350	$32730	$35250	**$41790**	**$43810**	Daedong	4T	268D	16F-16R	78.0	8905	CHA

Kioti (Cont.)

Model	Approx. Retail Price New	Estimated Value Less Repairs: Used Trade In Avg.	Used Trade In High	Used Retail Avg.	Used Retail High	Engine Make	Engine No. Cyls.	Displ. Cu.-In.	No. Speeds	P.T.O. H.P.	Approx. Shipping Wt.-Lbs.	Cab
2008												
CK20	$12128	$7030	$7760	**$9100**	**$9700**	Daedong	3	56D	8F-2R	16.5	1962	No
CK20 HST	$13410	$7780	$8580	**$10060**	**$10730**	Daedong	3	56D	Variable	15.5	1993	No
CK25	$13763	$7980	$8810	**$10320**	**$11010**	Daedong	3	79D	8F-8R	19	3154	No
CK25 HST	$15044	$8730	$9630	**$11280**	**$12040**	Daedong	3	79D	Variable	18	3109	No
CK30	$15806	$9170	$10120	**$11860**	**$12650**	Daedong	3	91D	8F-8R	23	3184	No
CK30 HST	$16767	$9730	$10730	**$12580**	**$13410**	Daedong	3	91D	Variable	22	3142	No
CK35	$16852	$9770	$10790	**$12640**	**$13480**	Daedong	3	100D	8F-8R	27.6	3151	No
CK35 HST	$18152	$10530	$11620	**$13610**	**$14520**	Daedong	3	100D	Variable	26.5	3114	No
DK35SE	$18058	$10470	$11560	**$13540**	**$14450**	Daedong	3	111D	8F-8R	28.3	3475	No
DK35SE HST	$19358	$11230	$12390	**$14520**	**$15490**	Daedong	3	111D	Variable	27.	3666	No
DK40SE	$19532	$11330	$12500	**$14650**	**$15630**	Daedong	4	122D	8F-8R	33.4	3836	No
DK40SE HST	$20832	$12080	$13330	**$15620**	**$16670**	Daedong	4	122D	Variable	32.5	3852	No
DK45S	$21296	$12350	$13630	**$15970**	**$17040**	Daedong	4	134D	12F-12R	38.0	4299	No
DK45S HST	$22464	$13030	$14380	**$16850**	**$17970**	Daedong	4	134D	Variable	36	3881	No
DK55	$25067	$14540	$16040	**$18800**	**$20050**	Daedong	4T	134D	12F-12R	44.4	4685	No
DK55 w/Cab	$30621	$17760	$19600	**$22970**	**$24500**	Daedong	4T	134D	12F-12R	44.4	5105	CHA
DK65S	$29842	$17310	$19100	**$22380**	**$23870**	Daedong	3T	201D	12F-12R	52.1	6503	No
DK65S w/Cab	$36408	$21120	$23300	**$27310**	**$29130**	Daedong	3T	201D	12F-12R	52.1	6925	CHA
DK90 w/Cab	$39850	$23110	$25500	**$29890**	**$31880**	Daedong	4T	268D	12F-12R	78	7935	CHA
LK3054 4WD	$13915	$8070	$8910	**$10440**	**$11130**	Daedong	3	85D	8F-8R	24.5	2974	No
2007												
CK20	$11950	$5980	$6810	**$8370**	**$9080**	Daedong	3	56D	8F-2R	16.5	1962	No
CK20 HST	$13110	$6560	$7470	**$9180**	**$9960**	Daedong	3	56D	Variable	15.5	1993	No
CK25	$13560	$6780	$7730	**$9490**	**$10310**	Daedong	3	79D	8F-8R	19	3154	No
CK25 HST	$14690	$7350	$8370	**$10280**	**$11160**	Daedong	3	79D	Variable	18	3109	No
CK30	$15800	$7900	$9010	**$11060**	**$12010**	Daedong	3	91D	8F-8R	23	3184	No
CK30 HST	$16760	$8380	$9550	**$11730**	**$12740**	Daedong	3	91D	Variable	22	3142	No
CK35	$16850	$8430	$9610	**$11800**	**$12810**	Daedong	3	100D	8F-8R	27.6	3151	No
CK35 HST	$18150	$9080	$10350	**$12710**	**$13790**	Daedong	3	100D	Variable	26.5	3114	No
DK35SE	$17990	$9000	$10250	**$12590**	**$13670**	Daedong	3	111D	8F-8R	28.3	3475	No
DK35SE HST	$19350	$9680	$11030	**$13550**	**$14710**	Daedong	3	111D	Variable	27.	3666	No
DK40SE	$19530	$9770	$11130	**$13670**	**$14840**	Daedong	4	122D	8F-8R	33.4	3836	No
DK40SE HST	$20830	$10420	$11870	**$14580**	**$15830**	Daedong	4	122D	Variable	32.5	3852	No
DK45S	$21296	$10650	$12140	**$14910**	**$16190**	Daedong	4	134D	12F-12R	38.0	4299	No
DK45S HST	$22464	$11230	$12800	**$15730**	**$17070**	Daedong	4	134D	Variable	36	3881	No
DK55	$25060	$12530	$14280	**$17540**	**$19050**	Daedong	4T	134D	12F-12R	44.4	4685	No
DK55 w/Cab	$30620	$15310	$17450	**$21430**	**$23270**	Daedong	4T	134D	12F-12R	44.4	5105	CHA
DK65S	$29840	$14920	$17010	**$20890**	**$22680**	Daedong	3T	201D	12F-12R	52.1	6503	No
DK65S w/Cab	$36400	$18200	$20750	**$25480**	**$27660**	Daedong	3T	201D	12F-12R	52.1	6925	CHA
DK90 w/Cab	$39850	$19930	$22720	**$27900**	**$30290**	Daedong	4T	268D	12F-12R	78	7935	CHA
LB1914 4WD	$11225	$5610	$6400	**$7860**	**$8530**	Daedong	3	57D	8F-8R	17.1	2132	No
LK3054 4WD	$13900	$6950	$7920	**$9730**	**$10560**	Daedong	3	85D	8F-8R	24.5	2974	No
2006												
CK20	$11540	$5190	$6120	**$7620**	**$8420**	Daedong	3	56D	8F-2R	16.5	1962	No
CK20 HST	$11955	$5380	$6340	**$7890**	**$8730**	Daedong	3	56D	Variable	15.5	1993	No
CK25	$12795	$5760	$6780	**$8450**	**$9340**	Daedong	3	79D	8F-8R	19	3154	No
CK25 HST	$13975	$6290	$7410	**$9220**	**$10200**	Daedong	3	79D	Variable	18	3109	No
CK30	$14230	$6400	$7540	**$9390**	**$10390**	Daedong	3	91D	8F-8R	23	3184	No
CK30 HST	$15190	$6840	$8050	**$10030**	**$11090**	Daedong	3	91D	Variable	22	3142	No
CK35	$15650	$7040	$8300	**$10330**	**$11430**	Daedong	3	100D	8F-8R	27.6	3151	No
CK35 HST	$16950	$7630	$8980	**$11190**	**$12370**	Daedong	3	100D	Variable	26.5	3114	No
DK35	$17190	$7740	$9110	**$11350**	**$12550**	Daedong	3	111D	8F-8R	28.3	3475	No
DK35 HST	$18490	$8320	$9800	**$12200**	**$13500**	Daedong	3	111D	Variable	27.	3666	No
DK40	$19120	$8600	$10130	**$12620**	**$13960**	Daedong	4	122D	8F-8R	33.4	3836	No
DK40 HST	$20420	$9190	$10820	**$13480**	**$14910**	Daedong	4	122D	Variable	32.5	3852	No
DK45S	$20995	$9450	$11130	**$13860**	**$15330**	Daedong	4	134D	12F-12R	38.0	4299	No
DK45S HST	$22295	$10030	$11820	**$14720**	**$16280**	Daedong	4	134D	Variable	36	3881	No
DK55	$24745	$11140	$13120	**$16330**	**$18060**	Daedong	4T	134D	12F-12R	44.4	4685	No
DK55 w/Cab	$29590	$13320	$15680	**$19530**	**$21600**	Daedong	4T	134D	12F-12R	44.4	5105	CHA
DK65S	$26890	$12100	$14250	**$17750**	**$19630**	Daedong	3T	201D	12F-12R	52.1	6503	No
DK65S w/Cab	$33490	$15070	$17750	**$22100**	**$24450**	Daedong	3T	201D	12F-12R	52.1	6503	CHA
LK3054 4WD	$13460	$6060	$7130	**$8880**	**$9830**	Daedong	3	85D	8F-8R	24.5	2974	No
2005												
CK20	$10990	$4620	$5500	**$6920**	**$7800**	Daedong	3	56D	8F-2R	16.5	1962	No
CK20 HST	$11277	$4740	$5640	**$7110**	**$8010**	Daedong	3	56D	Variable	15.5	1993	No
DK35	$16850	$7080	$8430	**$10620**	**$11960**	Daedong	3	111D	8F-8R	28.3	3475	No
DK40	$18700	$7850	$9350	**$11780**	**$13280**	Daedong	4	122D	8F-8R	33.4	3836	No
DK45S	$20895	$8780	$10450	**$13160**	**$14840**	Daedong	4	134D	12F-12R	38.0	4299	No
DK55	$23794	$9990	$11900	**$14990**	**$16890**	Daedong	4T	134D	12F-12R	44.4	4685	No
DK55 w/Cab	$29134	$12240	$14570	**$18350**	**$20690**	Daedong	4T	134D	12F-12R	44.4	5105	CHA
DK65S	$25990	$10920	$13000	**$16370**	**$18450**	Daedong	3T	201D	12F-12R	52.1	6503	No
DK65 w/Cab	$32990	$13860	$16500	**$20780**	**$23420**	Daedong	3T	201D	12F-12R	52.1	6925	CHA
LB1914 4WD	$10300	$4330	$5150	**$6490**	**$7310**	Daedong	3	57D	8F-8R	17.1	2132	No
LK3054 4WD	$13360	$5610	$6680	**$8420**	**$9490**	Daedong	3	85D	8F-8R	24.5	2974	No
2004												
CK20	$10990	$4400	$5280	**$6590**	**$7580**	Daedong	3	56D	8F-2R	16.5	1962	No
CK20 HST	$11277	$4510	$5410	**$6770**	**$7780**	Daedong	3	56D	Variable	15.5	1993	No
DK35	$16850	$6740	$8090	**$10110**	**$11630**	Daedong	3	100D	8F-8R	28.3	3355	No
DK40	$18700	$7480	$8980	**$11220**	**$12900**	Daedong	4	122D	8F-8R	33.4	3598	No
DK45	$20365	$8150	$9780	**$12220**	**$14050**	Daedong	4	134D	8F-8R	38.0	3792	No

	Approx. Retail Price New	Estimated Value Less Repairs Used Trade In Avg.	High	Used Retail Avg.	High	Make	Engine No. Cyls.	Displ. Cu.-In.	No. Speeds	P.T.O. H.P.	Approx. Shipping Wt.-Lbs.	Cab

Kioti (Cont.)

Model	Approx. Retail Price New	Used Trade In Avg.	Used Trade In High	Used Retail Avg.	Used Retail High	Make	No. Cyls.	Displ. Cu.-In.	No. Speeds	P.T.O. H.P.	Approx. Shipping Wt.-Lbs.	Cab
				2004 (Cont.)								
DK50	$21500	$8600	$10320	**$12900**	**$14840**	Daedong	4T	122D	8F-8R	41.5	3813	No
DK50 w/Cab	$27400	$10960	$13150	**$16440**	**$18910**	Daedong	4T	122D	8F-8R	41.5	4107	C
DK55	$23794	$9520	$11420	**$14280**	**$16420**	Daedong	4T	134D	12F-12R	45.2	4795	No
DK55 w/Cab	$29134	$11650	$13980	**$17480**	**$20100**	Daedong	4T	134D	12F-12R	45.2	4795	C
DK65	$25990	$10400	$12480	**$15590**	**$17930**	Daedong	3T	164D	12F-12R	55.0	6161	No
DK65 w/Cab	$32990	$13200	$15840	**$19790**	**$22760**	Daedong	3T	164D	12F-12R	55.0	6482	C
LB1914 4WD	$10300	$4120	$4940	**$6180**	**$7110**	Daedong	3	57D	8F-8R	17.5	2132	No
LK2554 4WD	$11920	$4770	$5720	**$7150**	**$8230**	Daedong	3	79D	8F-2R	20.0	2648	No
LK3054 4WD	$13360	$5340	$6410	**$8020**	**$9220**	Daedong	3	85D	8F-8R	23.5	2974	No
				2003								
CK20	$10990	$4180	$5060	**$6260**	**$7360**	Daedong	3	56D	8F-2R	16.5	1962	No
CK20 HST	$11277	$4290	$5190	**$6430**	**$7560**	Daedong	3	56D	Variable	15.5	1993	No
DK35	$16850	$6400	$7750	**$9610**	**$11290**	Daedong	3	100D	8F-8R	28.3	3355	No
DK40	$18700	$7110	$8600	**$10660**	**$12530**	Daedong	4	122D	8F-8R	33.4	3598	No
DK45	$20365	$7740	$9370	**$11610**	**$13650**	Daedong	4	134D	8F-8R	38.0	3792	No
DK50	$21500	$8170	$9890	**$12260**	**$14410**	Daedong	4T	122D	8F-8R	41.5	3813	No
DK50 w/Cab	$27400	$10410	$12600	**$15620**	**$18360**	Daedong	4T	122D	8F-8R	41.5	4107	C
DK55	$23794	$9040	$10950	**$13560**	**$15940**	Daedong	4T	134D	12F-12R	45.2	4795	No
DK55 w/Cab	$29134	$11070	$13400	**$16610**	**$19520**	Daedong	4T	134D	12F-12R	45.2	4795	C
DK65	$25990	$9880	$11960	**$14810**	**$17410**	Daedong	3T	164D	12F-12R	55.0	6161	No
DK65 w/Cab	$32990	$12540	$15180	**$18800**	**$22100**	Daedong	3T	164D	12F-12R	55.0	6482	C
LB1914 4WD	$10300	$3910	$4740	**$5870**	**$6900**	Daedong	3	57D	8F-8R	17.5	2132	No
LK2554 4WD	$11920	$4530	$5480	**$6790**	**$7990**	Daedong	3	79D	8F-2R	20.0	2648	No
LK3054 4WD	$13360	$5080	$6150	**$7620**	**$8950**	Daedong	3	85D	8F-8R	23.5	2974	No
				2002								
DK35	$16000	$5760	$7040	**$8800**	**$10400**	Daedong	3	100D	8F-8R	28.3	3355	No
DK40	$17900	$6440	$7880	**$9850**	**$11640**	Daedong	4	122D	8F-8R	33.4	3598	No
DK45	$19200	$6910	$8450	**$10560**	**$12480**	Daedong	4	134D	8F-8R	38.0	3792	No
DK50	$21500	$7740	$9460	**$11830**	**$13980**	Daedong	4T	122D	8F-8R	41.5	3813	No
DK50 w/Cab	$27500	$9900	$12100	**$15130**	**$17880**	Daedong	4T	122D	8F-8R	41.5	4107	C
LB1914 4WD	$10500	$3780	$4620	**$5780**	**$6830**	Daedong	3	57D	8F-8R	17.5	2132	No
LK2552	$11200	$4030	$4930	**$6160**	**$7280**	Daedong	3	79D	8F-2R	20.0	2648	No
LK2554 4WD	$11700	$4210	$5150	**$6440**	**$7610**	Daedong	3	79D	8F-2R	20.0	2648	No
LK3052	$12400	$4460	$5460	**$6820**	**$8060**	Daedong	3	85D	8F-8R	23.5	2974	No
LK3054 4WD	$13400	$4820	$5900	**$7370**	**$8710**	Daedong	3	85D	8F-8R	23.5	2974	No
LK3504 4WD	$14900	$5360	$6560	**$8200**	**$9690**	Daedong	3	100D	8F-8R	29.0	3170	No
				2001								
DK35	$16000	$5600	$6720	**$8640**	**$10240**	Daedong	3	100D	8F-8R	28.3	3355	No
DK40	$17900	$6270	$7520	**$9670**	**$11460**	Daedong	4	122D	8F-8R	33.4	3598	No
DK45	$19200	$6720	$8060	**$10370**	**$12290**	Daedong	4	134D	8F-8R	38.0	3792	No
DK50	$21500	$7530	$9030	**$11610**	**$13760**	Daedong	4T	122D	8F-8R	41.5	3813	No
DK50 w/Cab	$27500	$9630	$11550	**$14850**	**$17600**	Daedong	4T	122D	8F-8R	41.5	4107	C
LB1914 4WD	$10500	$3680	$4410	**$5670**	**$6720**	Daedong	3	57D	8F-8R	17.5	2132	No
LK2554 4WD	$11700	$4100	$4910	**$6320**	**$7490**	Daedong	3	79D	8F-2R	20.0	2648	No
LK3054 4WD	$13400	$4690	$5630	**$7240**	**$8580**	Daedong	3	85D	8F-8R	23.5	2974	No
LK3504 4WD	$14900	$5220	$6260	**$8050**	**$9540**	Daedong	3	100D	8F-8R	29.0	3170	No
				2000								
LB1914 4WD	$10250	$3380	$4200	**$5430**	**$6460**	Daedong	3	57D	8F-8R	17.5	2132	No
LK2552 2WD	$11335	$3740	$4650	**$6010**	**$7140**	Daedong	3	79D	8F-2R	22.0	2395	No
LK2554 4WD	$11465	$3780	$4700	**$6080**	**$7220**	Daedong	3	79D	8F-2R	22.0	2648	No
LK3052 2WD	$12140	$4010	$4980	**$6430**	**$7650**	Daedong	3	85D	8F-8R	23.5	2580	No
LK3054 4WD	$13215	$4360	$5420	**$7000**	**$8330**	Daedong	3	85D	8F-8R	23.5	2974	No
LK3504 4WD	$14680	$4840	$6020	**$7780**	**$9250**	Daedong	3	100D	8F-8R	29.0	3170	No
				1999								
LB1914 4WD	$10575	$3280	$4230	**$5500**	**$6560**	Daedong	3	57D	8F-8R	17.5	1900	No
LK2552 2WD	$11100	$3440	$4440	**$5770**	**$6880**	Daedong	3	79D	8F-2R	22.0	2395	No
LK2554 4WD	$11100	$3440	$4440	**$5770**	**$6880**	Daedong	3	79D	8F-2R	22.0	2480	No
LK3052 2WD	$12540	$3890	$5020	**$6520**	**$7780**	Daedong	3	85D	8F-8R	24.0	2580	No
LK3054 4WD	$13450	$4170	$5380	**$6990**	**$8340**	Daedong	3	85D	8F-8R	24.0	2675	No
LK3504 4WD	$15275	$4740	$6110	**$7940**	**$9470**	Daedong	3	100D	8F-8R	29.0	2795	No
				1998								
LB1914	$10575	$3170	$4120	**$5390**	**$6450**	Daedong	3	57D	8F-8R	16.0	1900	No
LK2554	$11780	$3530	$4590	**$6010**	**$7190**	Daedong	3	79D	8F-2R	22.0	2480	No
LK3054	$13450	$4040	$5250	**$6860**	**$8210**	Daedong	3	85D	8F-8R	24.0	2580	No
				1997								
LB1914	$10145	$2940	$3860	**$5070**	**$6090**	Daedong	3	57D	8F-8R	16.0	1900	No
LK2552	$10455	$3030	$3970	**$5230**	**$6270**	Daedong	3	79D	8F-2R	22.0	2400	No
LK2554	$11480	$3330	$4360	**$5740**	**$6890**	Daedong	3	79D	8F-2R	22.0	2480	No
LK3054	$12990	$3770	$4940	**$6500**	**$7790**	Daedong	3	85D	8F-8R	24.0	2580	No
				1996								
LB1914	$9955	$2790	$3680	**$4880**	**$5870**	Daedong	3	57D	8F-8R	16.0	1900	No
LK2554	$10790	$3020	$3990	**$5290**	**$6370**	Daedong	3	79D	8F-2R	22.0	2480	No
LK3054	$12695	$3560	$4700	**$6220**	**$7490**	Daedong	3	85D	8F-8R	24.0	2580	No

Kioti (Cont.)

	Approx. Retail Price New	Estimated Value Less Repairs — Used Trade In Avg.	High	Used Retail Avg.	High	Engine — Make	No. Cyls.	Displ. Cu.-In.	No. Speeds	P.T.O. H.P.	Approx. Shipping Wt.-Lbs.	Cab
				1995								
LB1914	$9690	$2620	$3490	**$4650**	**$5620**	Daedong	3	57D	8F-8R	16.0	1900	No
LK2554	$10694	$2890	$3850	**$5130**	**$6200**	Daedong	3	79D	8F-2R	22.0	2480	No
LK3054	$12430	$3360	$4480	**$5970**	**$7210**	Daedong	3	85D	8F-8R	24.0	2580	No
				1994								
LB1914	$9550	$2480	$3340	**$4490**	**$5440**	Daedong	3	57D	8F-8R	19.0	1800	No
LK2554	$10550	$2740	$3690	**$4960**	**$6010**	Daedong	3	79D	8F-2R	22.0	2480	No
LK3054	$12000	$3120	$4200	**$5640**	**$6840**	Daedong	3	85D	8F-8R	24.0	2580	No
				1993								
LB1914	$9450	$2360	$3210	**$4350**	**$5290**	Daedong	3	57D	8F-8R	19.0	1800	No
LK2554	$10450	$2610	$3550	**$4810**	**$5850**	Daedong	3	79D	8F-2R	22.0	2480	No
LK3054	$11750	$2940	$4000	**$5410**	**$6580**	Daedong	3	85D	8F-8R	24.0	2580	No
				1992								
LB1914	$9350	$2240	$3090	**$4210**	**$5140**	Daedong	3	57D	8F-8R	19.0	1800	No
LB2214	$10350	$2480	$3420	**$4660**	**$5690**	Daedong	3	68D	8F-8R	19.0	2286	No
LB2614	$11350	$2720	$3750	**$5110**	**$6240**	Daedong	3	80D	8F-8R	22.0	2314	No
				1991								
LB1914 4WD	$9250	$2130	$2960	**$4070**	**$5000**	Daedong	3	57D	8F-8R	16.0	1800	No
LB2214 4WD	$10250	$2360	$3280	**$4510**	**$5540**	Daedong	3	68D	8F-8R	19.0	2286	No
LB2614 4WD	$11250	$2590	$3600	**$4950**	**$6080**	Daedong	3	80D	8F-8R	22.0	2314	No
				1990								
LB1714 4WD	$7495	$1650	$2320	**$3220**	**$3970**	Daedong	3	57D	8F-8R	14.5	1800	No
LB2202	$7695	$1690	$2390	**$3310**	**$4080**	Daedong	3	68D	8F-2R	19.0	1940	No
LB2204 4WD	$8995	$1980	$2790	**$3870**	**$4770**	Daedong	3	68D	8F-2R	19.0	2160	No
				1989								
LB1714 4WD	$7250	$1520	$2210	**$3050**	**$3770**	Daedong	3	57D	8F-8R	14.5	1800	No
LB2202	$7450	$1570	$2270	**$3130**	**$3870**	Daedong	3	68D	8F-2R	19.0	1940	No
LB2204 4WD	$8495	$1780	$2590	**$3570**	**$4420**	Daedong	3	68D	8F-2R	19.0	2160	No
				1988								
LB1714 4WD	$6925	$1420	$2080	**$2840**	**$3530**	Daedong	3	57D	8F-7R	14.0	1900	No
LB2202	$7250	$1490	$2180	**$2970**	**$3700**	Daedong	3	68D	8F-2R	19.0	2070	No
LB2204 4WD	$8300	$1700	$2490	**$3400**	**$4230**	Daedong	3	68D	8F-2R	19.0	2290	No

Kubota

	Approx. Retail Price New	Used Trade In Avg.	High	Used Retail Avg.	High	Make	No. Cyls.	Displ. Cu.-In.	No. Speeds	P.T.O. H.P.	Approx. Shipping Wt.-Lbs.	Cab
				2009								
BX24 LB-T	$16633	$10810	$11640	**$13810**	**$14470**	Kubota	3	54D	Variable	17.7	1520	No
BX25 LB-T8	$18279	$11880	$12800	**$15170**	**$15900**	Kubota	3	54D	Variable	17.7	1542	No
BX1850-B	$8283	$5380	$5800	**$6880**	**$7210**	Kubota	3	44D	Variable	13.7	1467	No
BX1860-B	$9122	$5930	$6390	**$7570**	**$7940**	Kubota	3	44D	Variable	13.7	1255	No
BX2350-B	$9843	$6400	$6890	**$8170**	**$8560**	Kubota	3	54D	Variable	17.7	1540	No
BX2360-B	$10845	$7050	$7590	**$9000**	**$9440**	Kubota	3	54D	Variable	17.7	1322	No
BX2660-B	$11862	$7710	$8300	**$9850**	**$10320**	Kubota	3	61D	Variable	19.5	1369	No
B26TL	$25979	$16890	$18190	**$21560**	**$22600**	Kubota	3	68D	Variable	19.5		No
B26TLB	$34261	$22270	$23980	**$28440**	**$29810**	Kubota	3	68D	Variable	19.5		No
L39TL 4WD	$29574	$18930	$20410	**$23960**	**$25140**	Kubota	3	111D	12F-8R	30.5	4605	No
L39TLB 4WD	$39883	$25530	$27520	**$32310**	**$33900**	Kubota	3	111D	12F-8R	30.5	6987	No
L48TL-SG 4WD	$31224	$19980	$21550	**$25290**	**$26540**	Kubota	4	148D	Variable	37.5	5790	No
L48TLB-SG 4WD	$42109	$26950	$29060	**$34110**	**$35790**	Kubota	4	148D	Variable	37.5	7760	No
M59TLB 4WD	$54697	$35010	$37740	**$44310**	**$46490**	Kubota	4T	148D	Variable	50.0	5790	No
M95XDTC 4WD w/Cab	$52939	$33880	$36530	**$42880**	**$45000**	Kubota	4T	230D	16F-16R	80.0		CHA
M96SDS 4WD	$41111	$26310	$28370	**$33300**	**$34940**	Kubota	4T	230D	32F-32R	84.0		No
M96SDSC 4WD w/Cab	$49084	$31410	$33870	**$39760**	**$41720**	Kubota	4T	230D	32F-32R	84.0		CHA
M96SH	$31721	$20300	$21890	**$25690**	**$26960**	Kubota	4T	230D	16F-16R	84.0		No
M108SDS 4WD	$45014	$28810	$31060	**$36460**	**$38260**	Kubota	4TI	230D	32F-32R	96.0		No
M108SDS2 4WD	$45394	$29050	$31320	**$36770**	**$38590**	Kubota	4TI	230D	32F-32R	96.0		No
M108SDSC 4WD w/Cab	$52987	$33910	$36560	**$42920**	**$45040**	Kubota	4TI	230D	32F-32R	96.0		CHA
M108SDSC2 4WD w/Cab	$53367	$34160	$36820	**$43230**	**$45360**	Kubota	4TI	230D	32F-32R	96.0		CHA
M108SDSF	$37786	$24180	$26070	**$30610**	**$32120**	Kubota	4TI	230D	32F-32R	96.0		No
M108SDSL 4WD	$44212	$28300	$30510	**$35810**	**$37580**	Kubota	4TI	230D	32F-32R	96.0		No
M108SDSL 4WD Low Profile	$44212	$28300	$30510	**$35810**	**$37580**	Kubota	4TI	230D	32F-32R	96.0		No
M108SDSL2 4WD	$44592	$28540	$30770	**$36120**	**$37900**	Kubota	4TI	230D	32F-32R	96.0		No
M108SDSL2 4WD Low Profile	$44592	$28540	$30770	**$36120**	**$37900**	Kubota	4TI	230D	32F-32R	96.0		No
M108SH	$36320	$23250	$25060	**$29420**	**$30870**	Kubota	4TI	230D	16F-16R	96.0		No
M108SHC w/Cab	$44293	$28350	$30560	**$35880**	**$37650**	Kubota	4TI	230D	16F-16R	96.0		CHA
M108SHD 4WD	$43574	$27890	$30070	**$35300**	**$37040**	Kubota	4TI	230D	16F-16R	96.0		No
M108SHDC 4WD w/Cab	$51547	$32990	$35570	**$41750**	**$43820**	Kubota	4TI	230D	16F-16R	96.0		CHA
M108SHDC2 4WD w/Cab	$51927	$33230	$35830	**$42060**	**$44140**	Kubota	4TI	230D	16F-16R	96.0		CHA
M108XDTC 4WD w/Cab	$57251	$36640	$39500	**$46370**	**$48660**	Kubota	4T	230D	16F-16R	93.0		CHA
M125XDTC 4WD w/Cab	$62296	$39870	$42980	**$50460**	**$52950**	Kubota	5T	356D	16F-16R	103.0		CHA
B2320DTWO 4WD	$11036	$7170	$7730	**$9160**	**$9600**	Kubota	3	61D	9F-3R	18.0	1433	No
B2320HSD 4WD	$12755	$8290	$8930	**$10590**	**$11100**	Kubota	3	61D	Variable	17.0	1477	No
B2620HSD 4WD	$13826	$8990	$9680	**$11480**	**$12030**	Kubota	3	68D	Variable	19.0	1554	No
B2630HSD-F 4WD	$16481	$10710	$11540	**$13680**	**$14340**	Kubota	3	68D	Variable	19.5	1786	No
L2800F-1F	$12185	$7800	$8410	**$9870**	**$10360**	Kubota	3	91D	8F-4R	25.0	2359	No
L2800DT-1F 4WD	$13937	$8920	$9620	**$11290**	**$11850**	Kubota	3	91D	8F-4R	25.0	2536	No
L2800HST-1F 4WD	$15090	$9660	$10410	**$12220**	**$12830**	Kubota	3	91D	Variable	23.5	2600	No

Kubota (Cont.)

2009 (Cont.)

Model	Approx. Retail Price New	Estimated Value Less Repairs: Used Trade In Avg.	Used Trade In High	Used Retail Avg.	Used Retail High	Engine Make	Engine No. Cyls.	Engine Displ. Cu.-In.	No. Speeds	P.T.O. H.P.	Approx. Shipping Wt.-Lbs.	Cab
B2920HSD 4WD	$14691	$9550	$10280	**$12190**	**$12780**	Kubota	3	77D	Variable	21.0	1554	No
B3030HSD 4WD	$17937	$11660	$12560	**$14890**	**$15610**	Kubota	4	91D	Variable	23.0	1852	No
B3030HSDC 4WD w/Cab	$22516	$14640	$15760	**$18690**	**$19590**	Kubota	4	91D	Variable	23.0	2271	CHA
B3200HSD 4WD	$15203	$9880	$10640	**$12620**	**$13230**	Kubota	4	91D	Variable	23.0	1764	No
L3240DT-1 4WD	$18567	$11880	$12810	**$15040**	**$15780**	Kubota	3	100D	8F-8R	26.5	3252	No
L3240F-1	$16799	$10750	$11590	**$13610**	**$14280**	Kubota	3	100D	8F-8R	26.5	3153	No
L3240GST-1 4WD	$19677	$12590	$13580	**$15940**	**$16730**	Kubota	3	100D	12F-8R	26.5	3296	No
L3240HST-1 4WD	$20157	$12900	$13910	**$16330**	**$17130**	Kubota	3	100D	Variable	25.0	3395	No
L3240HSTC-1 4WD w/Cab	$26328	$16850	$18170	**$21330**	**$22380**	Kubota	3	100D	Variable	25.0	3395	CHA
L3400F-1F	$14185	$9080	$9790	**$11490**	**$12060**	Kubota	3	111D	8F-4R	30.0	2403	No
L3400DT-1F 4WD	$15754	$10080	$10870	**$12760**	**$13390**	Kubota	3	111D	8F-4R	30.0	2580	No
L3400HST-F 4WD	$16908	$10820	$11670	**$13700**	**$14370**	Kubota	3	111D	Variable	28.5	8600	No
L3540GST-1 4WD	$20957	$13410	$14460	**$16980**	**$17810**	Kubota	3	111D	12F-8R	29.5	3296	No
L3540HST-1 4WD	$21437	$13720	$14790	**$17360**	**$18220**	Kubota	3	111D	Variable	28.0	3395	No
L3540HSTC-1 4WD w/Cab	$27608	$17670	$19050	**$22360**	**$23470**	Kubota	3	111D	Variable	28.0	3748	CHA
L3940DT-1 4WD	$21959	$14050	$15150	**$17790**	**$18670**	Kubota	4	120D	8F-8R	33.0	3483	No
L3940GST-1 4WD	$23069	$14760	$15920	**$18690**	**$19610**	Kubota	4	120D	12F-8R	33.0	3527	No
L3940HST-1 4WD	$23549	$15070	$16250	**$19080**	**$20020**	Kubota	4	120D	Variable	31.5	3627	No
L3940HSTC-1 4WD w/Cab	$29720	$19020	$20510	**$24070**	**$25260**	Kubota	4	120D	Variable	31.5	3968	CHA
L4240DT-1 4WD	$23479	$15030	$16200	**$19020**	**$19960**	Kubota	4	134D	8F-8R	36.5	3527	No
L4240GST-1 4WD	$24859	$15910	$17150	**$20140**	**$21130**	Kubota	4	134D	12F-8R	36.5	3527	No
L4240HST-1 4WD	$25339	$16220	$17480	**$20530**	**$21540**	Kubota	4	134D	Variable	35.0	3671	No
L4240HSTC-1 4WD w/Cab	$31510	$20170	$21740	**$25520**	**$26780**	Kubota	4	134D	Variable	35.0	4001	CHA
L4400HST-1	$21320	$13650	$14710	**$17270**	**$18120**	Kubota	4	134D	Variable	36.0	3307	No
L4400DT-1 4WD	$19480	$12470	$13440	**$15780**	**$16560**	Kubota	4	134D	8F-4R	37.5	3153	No
MX4700DT 4WD	$20885	$13370	$14410	**$16920**	**$17750**	Kubota	4	148D	8F-8R	39.5	3620	No
MX4700F	$15211	$9740	$10500	**$12320**	**$12930**	Kubota	4	148D	8F-8R	39.5	3369	No
L4740GST-1 4WD	$27079	$17330	$18690	**$21930**	**$23020**	Kubota	4	148D	12F-8R	41.5	3751	No
L4740HST-1 4WD	$27539	$17630	$19000	**$22310**	**$23410**	Kubota	4	148D	Variable	40.0	3671	No
L4740HSTC-1 4WD w/Cab	$33710	$21570	$23260	**$27310**	**$28650**	Kubota	4	148D	Variable	40.0	4001	CHA
M4800SU-F	$18221	$11840	$12760	**$15120**	**$15850**	Kubota	4	148D	8F-8R	43.0	3610	No
M4800SUD-F 4WD	$22065	$14340	$15450	**$18310**	**$19200**	Kubota	4	148D	8F-8R	43.0	3747	No
L5040GST-1 4WD	$28671	$18350	$19780	**$23220**	**$24370**	Kubota	4T	148D	12F-8R	44.0	3803	No
M5040DT 4WD	$25157	$16100	$17360	**$20380**	**$21380**	Kubota	4	186D	8F-8R	45.0		No
M5040DTC 4WD w/Cab	$32760	$20970	$22600	**$26540**	**$27850**	Kubota	4	186D	8F-8R	45.0		CHA
M5040F	$20880	$13360	$14410	**$16910**	**$17750**	Kubota	4	186D	8F-8R	45.0		No
M5040FC w/Cab	$28484	$18230	$19650	**$23070**	**$24210**	Kubota	4	186D	8F-8R	45.0		CHA
M5040HD 4WD	$26503	$16960	$18290	**$21470**	**$22530**	Kubota	4	186D	8F-8R	45.0		No
M5040HDC 4WD w/Cab	$34106	$21830	$23530	**$27630**	**$28990**	Kubota	4	186D	8F-8R	45.0		CHA
MX5100F	$16211	$10380	$11190	**$13130**	**$13780**	Kubota	4T	148D	8F-8R	44.0	3369	No
MX5100DT 4WD	$22039	$14110	$15210	**$17850**	**$18730**	Kubota	4T	148D	8F-8R	44.0	3620	No
L5240HST-1 4WD	$29561	$18920	$20400	**$23940**	**$25130**	Kubota	4T	148D	Variable	45.0	3902	No
L5240HSTC-1 4WD w/Cab	$35732	$22870	$24660	**$28940**	**$30370**	Kubota	4T	148D	Variable	45.0	4233	CHA
L5740HST-1 4WD	$30771	$19690	$21230	**$24930**	**$26160**	Kubota	4T	148D	Variable	50.0	3902	No
L5740HSTC-1 4WD w/Cab	$36942	$23640	$25490	**$29920**	**$31400**	Kubota	4T	148D	Variable	50.0	4233	CHA
M6040DT 4WD	$27220	$17420	$18780	**$22050**	**$23140**	Kubota	4	203D	8F-8R	55.0		No
M6040DTC 4WD w/Cab	$34824	$22290	$24030	**$28210**	**$29600**	Kubota	4	203D	8F-8R	55.0		CHA
M6040F	$22947	$14690	$15830	**$18590**	**$19510**	Kubota	4	203D	8F-8R	55.0		No
M6040FC w/Cab	$30550	$19550	$21080	**$24750**	**$25970**	Kubota	4	203D	8F-8R	55.0		CHA
M6040HD 4WD	$26566	$17000	$18330	**$21520**	**$22580**	Kubota	4	203D	8F-8R	55.0		No
M6040HDC 4WD w/Cab	$36170	$23150	$24960	**$29300**	**$30750**	Kubota	4	203D	8F-8R	55.0		CHA
M6040HDNB 4WD	$31500	$20160	$21740	**$25520**	**$26780**	Kubota	4	203D	8F-8R	55.0		No
M7040DT 4WD	$29315	$18760	$20230	**$23750**	**$24920**	Kubota	4	203D	8F-8R	62.0		No
M7040DTC 4WD w/Cab	$36918	$23630	$25470	**$29900**	**$31380**	Kubota	4	203D	8F-8R	62.0		CHA
M7040F	$25042	$16030	$17280	**$20280**	**$21290**	Kubota	4	203D	8F-8R	62.0		No
M7040FC w/Cab	$32645	$20890	$22530	**$26440**	**$27750**	Kubota	4	203D	8F-8R	62.0		CHA
M7040HD 4WD	$30661	$19620	$21160	**$24840**	**$26060**	Kubota	4	203D	8F-8R	62.0		No
M7040HDC 4WD w/Cab	$41699	$26690	$28770	**$33780**	**$35440**	Kubota	4T	203D	8F-8R	64.0		CHA
M7040HDNB 4WD	$33146	$21210	$22870	**$26850**	**$28170**	Kubota	4	203D	8F-8R	62.0		No
M7040HDNBC 4WD w/Cab	$41699	$27100	$29190	**$34610**	**$36280**	Kubota	4T	203D	6F-2R	64.0		CHA
B7800HSD-R	$14374	$9340	$10060	**$11930**	**$12510**	Kubota	4	91D	Variable	22.0	1741	No
M8540DT 4WD	$32181	$20600	$22210	**$26070**	**$27350**	Kubota	4T	230D	8F-8R	75.0		No
M8540DTC 4WD w/Cab	$39784	$25460	$27450	**$32230**	**$33820**	Kubota	4T	230D	8F-8R	75.0		CHA
M8540F	$27795	$17790	$19180	**$22510**	**$23630**	Kubota	4T	230D	8F-8R	75.0		No
M8540FC w/Cab	$35398	$22660	$24430	**$28670**	**$30090**	Kubota	4T	230D	8F-8R	75.0		CHA
M8540HD 4WD	$33527	$21460	$23130	**$27160**	**$28500**	Kubota	4T	230D	8F-8R	75.0		No
M8540HD12 4WD	$34681	$22200	$23930	**$28090**	**$29480**	Kubota	4T	230D	12F-12R	75.0		No
M8540HDC 4WD w/Cab	$41130	$26320	$28380	**$33320**	**$34960**	Kubota	4T	230D	8F-8R	75.0		CHA
M8540HDC12 4WD w/Cab	$42573	$27250	$29380	**$34480**	**$36190**	Kubota	4T	230D	12F-12R	75.0		CHA
M8540HDNB 4WD	$36175	$23150	$24960	**$29300**	**$30750**	Kubota	4T	230D	8F-8R	75.0		No
M8540HDNBC 4WD w/Cab	$44365	$28390	$30610	**$35940**	**$37710**	Kubota	4T	230D	8F-8R	76.0		CHA
M8540HDNBPC Krawler w/Cab	$52645	$33690	$36330	**$42640**	**$44750**	Kubota	4T	230D	8F-8R	76.0		CHA
M9000DTM 4WD	$43775	$28020	$30210	**$35460**	**$37210**	Kubota	4TI	202D	12F-12R	80.0	7140	No
M9000DTMW 4WD	$44308	$28360	$30570	**$35890**	**$37660**	Kubota	4TI	202D	12F-12R	80.0	7140	No
M9000DTMC3W 4WD w/Cab	$51622	$33040	$35620	**$41810**	**$43880**	Kubota	4TI	202D	12F-12R	80.0	7740	CHA
M9540DT 4WD	$34604	$22150	$23880	**$28030**	**$29410**	Kubota	4T	230D	8F-8R	84.0		No
M9540DTC 4WD w/Cab	$42207	$27010	$29120	**$34190**	**$35880**	Kubota	4T	230D	8F-8R	84.0		CHA
M9540F	$30120	$19280	$20780	**$24400**	**$25600**	Kubota	4T	230D	8F-8R	84.0		No
M9540FC w/Cab	$37724	$24140	$26030	**$30560**	**$32070**	Kubota	4T	230D	8F-8R	84.0		CHA
M9540HD 4WD	$35950	$23010	$24810	**$29120**	**$30560**	Kubota	4T	230D	8F-8R	84.0		No
M9540HD12 4WD	$37104	$23750	$25600	**$30050**	**$31540**	Kubota	4T	230D	12F-12R	84.0		No
M9540HDC 4WD w/Cab	$43554	$27880	$30050	**$35280**	**$37020**	Kubota	4T	230D	8F-8R	84.0		CHA
M9540HDC12 4WD w/Cab	$44996	$28800	$31050	**$36450**	**$38250**	Kubota	4T	230D	12F-12R	84.0		CHA
M9540HDL 4WD Low Profile	$37591	$24060	$25940	**$30450**	**$31950**	Kubota	4T	230D	12F-12R	84.0		No

Kubota (Cont.)

Model	Approx. Retail Price New	Estimated Value Less Repairs: Used Trade In Avg.	Used Trade In High	Used Retail Avg.	Used Retail High	Engine Make	No. Cyls.	Displ. Cu.-In.	No. Speeds	P.T.O. H.P.	Approx. Shipping Wt.-Lbs.	Cab
2009 (Cont.)												
M9540HFL Low Profile	$34189	$21880	$23590	$27690	$29060	Kubota	4T	230D	12F-12R	84.0		No
2008												
BX24 LB	$16669	$9500	$10340	$12340	$13170	Kubota	3	54D	Variable	17.7	1520	No
BX1850D	$8269	$4800	$5290	$6200	$6620	Kubota	3	44D	Variable	13.7	1467	No
BX2350D	$9819	$5700	$6280	$7360	$7860	Kubota	3	54D	Variable	17.7	1540	No
B21TL	$21250	$12330	$13600	$15940	$17000	Kubota	3	61D	Variable	13.5		No
B21TLB 4WD	$28947	$16790	$18530	$21710	$23160	Kubota	3	61D	Variable	13.5	3811	No
B26TL	$24748	$14350	$15840	$18560	$19800	Kubota	3	68D	Variable	19.5		No
B26TLB	$32640	$18930	$20890	$24480	$26110	Kubota	3	68D	Variable	19.5		No
L39TL 4WD	$28913	$16480	$17930	$21400	$22840	Kubota	3	111D	12F-8R	30.5	4605	No
L39TLB 4WD	$39026	$22250	$24200	$28880	$30830	Kubota	3	111D	12F-8R	30.5	6987	No
L48TL-SG 4WD	$31066	$17710	$19260	$22990	$24540	Kubota	4	148D	Variable	37.5	5790	No
L48TLB-SG 4WD	$41951	$23910	$26010	$31040	$33140	Kubota	4	148D	Variable	37.5	7760	No
M59TLB 4WD	$52067	$29680	$32280	$38530	$41130	Kubota	4T	148D	Variable	50.0	5790	No
M95XDTC 4WD w/Cab	$51919	$29590	$32190	$38420	$41020	Kubota	4T	230D	16F-16R	80.0		CHA
M96SDS 4WD	$39161	$22320	$24280	$28980	$30940	Kubota	4T	230D	32F-32R	84.0		No
M96SDSC 4WD w/Cab	$46834	$26700	$29040	$34660	$37000	Kubota	4T	230D	32F-32R	84.0		CHA
M96SH	$31533	$17970	$19550	$23330	$24910	Kubota	4T	230D	16F-16R	84.0		No
M108SDS 4WD	$43510	$24800	$26980	$32200	$34370	Kubota	4TI	230D	32F-32R	96.0		No
M108SDS2 4WD	$43890	$25020	$27210	$32480	$34670	Kubota	4TI	230D	32F-32R	96.0		No
M108SDSC 4WD w/Cab	$51183	$29170	$31730	$37880	$40440	Kubota	4TI	230D	32F-32R	96.0		CHA
M108SDSC2 4WD w/Cab	$51563	$29390	$31970	$38160	$40740	Kubota	4TI	230D	32F-32R	96.0		CHA
M108SDSF	$36334	$20710	$22530	$26890	$28700	Kubota	4TI	230D	32F-32R	96.0		No
M108SDSL 4WD	$42822	$24410	$26550	$31690	$33830	Kubota	4TI	230D	32F-32R	96.0		No
M108SDSL2 4WD	$43202	$24630	$26790	$31970	$34130	Kubota	4TI	230D	32F-32R	96.0		No
M108SH	$34894	$19890	$21630	$25820	$27570	Kubota	4TI	230D	16F-16R	96.0		No
M108SHC w/Cab	$42567	$24260	$26390	$31500	$33630	Kubota	4TI	230D	16F-16R	96.0		CHA
M108SHD 4WD	$42070	$23980	$26080	$31130	$33240	Kubota	4TI	230D	16F-16R	96.0		No
M108SHDC 4WD w/Cab	$49734	$28350	$30840	$36800	$39290	Kubota	4TI	230D	16F-16R	96.0		CHA
M108SHDC2 4WD w/Cab	$50123	$28570	$31080	$37090	$39600	Kubota	4TI	230D	16F-16R	96.0		CHA
M108XDTC 4WD w/Cab	$56199	$32030	$34840	$41590	$44400	Kubota	4T	230D	16F-16R	93.0		CHA
M125XDTC 4WD w/Cab	$61222	$34900	$37960	$45300	$48370	Kubota	5T	356D	16F-16R	103.0		CHA
B2320DTWO 4WD	$10296	$5970	$6590	$7720	$8240	Kubota	3	61D	9F-3R	18.0	1433	No
B2320HSD 4WD	$12015	$6970	$7690	$9010	$9610	Kubota	3	61D	Variable	17.0	1477	No
B2620HSD 4WD	$13084	$7590	$8370	$9810	$10470	Kubota	3	68D	Variable	19.0	1554	No
B2630HSD 4WD	$16089	$9330	$10300	$12070	$12870	Kubota	3	68D	Variable	19.5	1786	No
L2800F	$11070	$6310	$6860	$8190	$8750	Kubota	3	85D	8F-4R	24.0	2359	No
L2800DT 4WD	$13110	$7470	$8130	$9700	$10360	Kubota	3	85D	8F-4R	24.0	2536	No
L2800HST 4WD	$14160	$8070	$8780	$10480	$11190	Kubota	3	85D	Variable	22.5	2600	No
B2920HSD 4WD	$13949	$8090	$8930	$10460	$11160	Kubota	3	77D	Variable	21.0	1554	No
B3030HSD 4WD	$17387	$10080	$11130	$13040	$13910	Kubota	4	91D	Variable	23.0	1852	No
B3030HSDC 4WD w/Cab	$21846	$12670	$13980	$16390	$17480	Kubota	4	91D	Variable	23.0	2271	CHA
L3130F	$12900	$7350	$8000	$9550	$10190	Kubota	3	91D	8F-8R	25.5	3120	No
L3130DT 4WD	$14720	$8390	$9130	$10890	$11630	Kubota	3	91D	8F-8R	25.5	3220	No
L3130GST 4WD	$15870	$9050	$9840	$11740	$12540	Kubota	3	91D	12F-8R	25.5	3260	No
L3130HST 4WD	$16370	$9330	$10150	$12110	$12930	Kubota	3	91D	Variable	24.0	3305	No
L3240DT-1 4WD	$17675	$10080	$10960	$13080	$13960	Kubota	3	100D	8F-8R	26.5	3252	No
L3240F-1	$15917	$9070	$9870	$11780	$12570	Kubota	3	100D	8F-8R	26.5	3153	No
L3240GST-1 4WD	$18785	$10710	$11650	$13900	$14840	Kubota	3	100D	12F-8R	26.5	3296	No
L3240HST-1 4WD	$19265	$10980	$11940	$14260	$15220	Kubota	3	100D	Variable	25.0	3395	No
L3240HSTC-1 4WD w/Cab	$25236	$14390	$15650	$18680	$19940	Kubota	3	100D	Variable	25.0	3395	CHA
L3400F	$13160	$7500	$8160	$9740	$10400	Kubota	3	101D	8F-4R	29.5	2403	No
L3400DT 4WD	$14180	$8080	$8790	$10490	$11200	Kubota	3	101D	8F-4R	29.0	2580	No
L3400HST 4WD	$15230	$8680	$9440	$11270	$12030	Kubota	3	101D	Variable	27.5	2600	No
L3430DT 4WD	$15135	$8630	$9380	$11200	$11960	Kubota	3	100D	8F-8R	28.5	3220	No
L3430GST 4WD	$16275	$9280	$10090	$12040	$12860	Kubota	3	100D	12F-8R	28.5	3260	No
L3430HST 4WD	$16825	$9590	$10430	$12450	$13290	Kubota	3	100D	Variable	27.0	3305	No
L3430HSTC 4WD w/Cab	$21400	$12200	$13270	$15840	$16910	Kubota	3	100D	Variable	27.0	3636	CHA
L3540GST-1 4WD	$20115	$11470	$12470	$14890	$15890	Kubota	3	111D	12F-8R	29.5	3296	No
L3540HST-1 4WD	$20595	$11740	$12770	$15240	$16270	Kubota	3	111D	Variable	28.0	3395	No
L3540HSTC-1 4WD w/Cab	$26566	$15140	$16470	$19660	$20990	Kubota	3	111D	Variable	28.0	3748	CHA
L3830F	$15020	$8560	$9310	$11120	$11870	Kubota	3	111D	8F-8R	32.0	3150	No
L3830DT 4WD	$16770	$9560	$10400	$12410	$13250	Kubota	3	111D	8F-8R	32.0	3260	No
L3830GST 4WD	$17450	$9950	$10820	$12910	$13790	Kubota	3	111D	12F-8R	32.0	3275	No
L3830HST 4WD	$17990	$10250	$11150	$13310	$14210	Kubota	3	111D	Variable	30.5	3340	No
L3940DT-1 4WD	$21061	$12010	$13060	$15590	$16640	Kubota	4	120D	8F-8R	33.0	3483	No
L3940GST-1 4WD	$22171	$12640	$13750	$16410	$17520	Kubota	4	120D	12F-8R	33.0	3527	No
L3940HST-1 4WD	$22651	$12910	$14040	$16760	$17890	Kubota	4	120D	Variable	31.5	3627	No
L3940HSTC-1 4WD w/Cab	$28622	$16320	$17750	$21180	$22610	Kubota	4	120D	Variable	31.5	3968	CHA
L4240DT-1 4WD	$22801	$13000	$14140	$16870	$18010	Kubota	4	134D	8F-8R	36.5	3527	No
L4240GST-1 4WD	$23911	$13630	$14830	$17690	$18890	Kubota	4	134D	12F-8R	36.5	3527	No
L4240HST-1 4WD	$24391	$13900	$15120	$18050	$19270	Kubota	4	134D	Variable	35.0	3671	No
L4240HSTC-1 4WD w/Cab	$30360	$17310	$18820	$22470	$23980	Kubota	4	134D	Variable	35.0	4001	CHA
L4330DT 4WD	$18335	$10450	$11370	$13570	$14490	Kubota	4	134D	8F-8R	36.0	3440	No
L4330GST 4WD	$19175	$10930	$11890	$14190	$15150	Kubota	4	134D	12F-8R	36.0	3470	No
L4330HST 4WD	$19625	$11190	$12170	$14520	$15500	Kubota	4	134D	Variable	34.5	3515	No
L4330HSTC 4WD w/Cab	$24125	$13750	$14960	$17850	$19060	Kubota	4	134D	Variable	34.5	3860	CHA
L4400F	$14910	$8500	$9240	$11030	$11780	Kubota	4	134D	8F-4R	37.5	3253	No
L4400DT 4WD	$16960	$9670	$10520	$12550	$13400	Kubota	4	134D	8F-4R	37.5	3307	No
L4630DT 4WD	$19380	$11050	$12020	$14340	$15310	Kubota	4	134D	8F-8R	39.5	3440	No
L4630GST 4WD	$20230	$11530	$12540	$14970	$15980	Kubota	4	134D	12F-8R	39.5	3470	No
L4630GSTC 4WD w/Cab	$24950	$14220	$15470	$18460	$19710	Kubota	4	134D	12F-8R	39.5	3815	CHA
L4630HST 4WD	$20570	$11730	$12750	$15220	$16250	Kubota	4	134D	Variable	38.0	3515	No

Kubota (Cont.)

2008 (Cont.)

	Approx. Retail Price New	Estimated Value Less Repairs: Used Trade In Avg.	High	Used Retail Avg.	High	Make	Engine No. Cyls.	Displ. Cu.-In.	No. Speeds	P.T.O. H.P.	Approx. Shipping Wt.-Lbs.	Cab
L4740GST-1 4WD	$25861	$14740	$16030	**$19140**	**$20430**	Kubota	4	148D	12F-8R	41.5	3751	No
L4740HST-1 4WD	$26341	$15010	$16330	**$19490**	**$20810**	Kubota	4	148D	Variable	40.0	3671	No
L4740HSTC-1 4WD w/Cab	$32312	$18420	$20030	**$23910**	**$25530**	Kubota	4	148D	Variable	40.0	4001	CHA
M4800SUD-F 4WD	$21909	$12710	$14020	**$16430**	**$17530**	Kubota	4	148D	8F-8R	43.0	3747	No
M4800SUF	$17589	$10200	$11260	**$13190**	**$14070**	Kubota	4	148D	8F-8R	43.0	3610	No
M4900SUD 4WD	$22990	$13100	$14250	**$17010**	**$18160**	Kubota	5	167D	8F-4R	45.0	3968	No
M4900SF	$19490	$11110	$12080	**$14420**	**$15400**	Kubota	5	167D	8F-8R	45.00	3748	No
M4900SDF 4WD	$24090	$13730	$14940	**$17830**	**$19030**	Kubota	5	167D	8F-8R	45.00	3968	No
M4900SC w/Cab	$26990	$15380	$16730	**$19970**	**$21320**	Kubota	5	167D	8F-8R	45.00	4277	CHA
M4900SDC 4WD w/Cab	$31790	$18120	$19710	**$23530**	**$25110**	Kubota	5	167D	8F-8R	45.00	4500	CHA
L5030GST 4WD	$21650	$12340	$13420	**$16020**	**$17100**	Kubota	4	148D	12F-8R	44.0	3704	No
L5030HST 4WD	$22150	$12630	$13730	**$16390**	**$17500**	Kubota	4	148D	Variable	42.5	3708	No
L5030HSTC 4WD w/Cab	$26650	$15190	$16520	**$19720**	**$21050**	Kubota	4	148D	Variable	42.5	4090	CHA
L5040GST-1 4WD	$27601	$15730	$17110	**$20430**	**$21810**	Kubota	4T	148D	12F-8R	44.0	3803	No
M5040DT 4WD	$24481	$13950	$15180	**$18120**	**$19340**	Kubota	4	186D	8F-8R	45.0		No
M5040DTC 4WD w/Cab	$32084	$18290	$19890	**$23740**	**$25350**	Kubota	4	186D	8F-8R	45.0		CHA
M5040F	$20228	$11530	$12540	**$14970**	**$15980**	Kubota	4	186D	8F-8R	45.0		No
M5040FC w/Cab	$27823	$15860	$17250	**$20590**	**$21980**	Kubota	4	186D	8F-8R	45.0		CHA
M5040HD 4WD	$25827	$14720	$16010	**$19110**	**$20400**	Kubota	4	186D	8F-8R	45.0		No
M5040HDC 4WD w/Cab	$33430	$19060	$20730	**$24740**	**$26410**	Kubota	4	186D	8F-8R	45.0		CHA
MX5100F	$15335	$8740	$9510	**$11350**	**$12120**	Kubota	4T	148D	8F-8R	44.0	3285	No
MX5100DT 4WD	$21409	$12200	$13270	**$15840**	**$16910**	Kubota	4T	148D	8F-8R	44.0	3560	No
L5240HST-1 4WD	$28491	$16240	$17660	**$21080**	**$22510**	Kubota	4T	148D	Variable	45.0	3902	No
L5240HSTC-1 4WD w/Cab	$34462	$19640	$21370	**$25500**	**$27230**	Kubota	4T	148D	Variable	45.0	4233	CHA
M5700SF	$21490	$12250	$13320	**$15900**	**$16980**	Kubota	5	167D	8F-8R	52.00	3859	No
M5700SDF 4WD	$26290	$14990	$16300	**$19460**	**$20770**	Kubota	5	167D	8F-8R	52.00	4078	No
M5700SC w/Cab	$28990	$16520	$17970	**$21450**	**$22900**	Kubota	5	167D	8F-8R	52.00	4453	CHA
M5700SDC 4WD w/Cab	$33890	$19320	$21010	**$25080**	**$26770**	Kubota	5	167D	8F-8R	52.00	4608	CHA
M5700SDN-F 4WD	$28121	$16030	$17440	**$20810**	**$22220**	Kubota	5	167D	12F-12R	52.00	3792	No
L5740HST-1 4WD	$30241	$17240	$18750	**$22380**	**$23890**	Kubota	4T	148D	Variable	50.0	3902	No
L5740HSTC-1 4WD w/Cab	$36212	$20640	$22450	**$26800**	**$28610**	Kubota	4T	148D	Variable	50.0	4233	CHA
M6040DT 4WD	$26522	$15120	$16440	**$19630**	**$20950**	Kubota	4	203D	8F-8R	55.0		No
M6040DTC 4WD w/Cab	$34126	$19450	$21160	**$25250**	**$26960**	Kubota	4	203D	8F-8R	55.0		CHA
M6040F	$22271	$12690	$13810	**$16480**	**$17590**	Kubota	4	203D	8F-8R	55.0		No
M6040FC w/Cab	$29874	$17030	$18520	**$22110**	**$23600**	Kubota	4	203D	8F-8R	55.0		CHA
M6040HD 4WD	$27868	$15890	$17280	**$20620**	**$22020**	Kubota	4	203D	8F-8R	55.0		No
M6040HDC 4WD w/Cab	$35472	$20220	$21990	**$26250**	**$28020**	Kubota	4	203D	8F-8R	55.0		CHA
M6040HDNB 4WD	$30018	$17110	$18610	**$22210**	**$23710**	Kubota	4	203D	8F-8R	55.0		No
M6800SF	$23200	$13220	$14380	**$17170**	**$18330**	Kubota	4	202D	8F-8R	62.0	4475	No
M6800SDF 4WD	$27500	$15680	$17050	**$20350**	**$21730**	Kubota	4	202D	8F-8R	62.0	4610	No
M6800SC w/Cab	$30700	$17500	$19030	**$22720**	**$24250**	Kubota	4	202D	8F-8R	62.0	5004	CHA
M6800SDC 4WD w/Cab	$35100	$20010	$21760	**$25970**	**$27730**	Kubota	4	202D	8F-8R	62.0	5137	CHA
M7040DT 4WD	$28355	$16160	$17580	**$20980**	**$22400**	Kubota	4	203D	8F-8R	62.0		No
M7040DTC 4WD w/Cab	$35958	$20500	$22290	**$26610**	**$28410**	Kubota	4	203D	8F-8R	62.0		CHA
M7040F	$24104	$13740	$14940	**$17840**	**$19040**	Kubota	4	203D	8F-8R	62.0		No
M7040FC w/Cab	$31707	$18070	$19660	**$23460**	**$25050**	Kubota	4	203D	8F-8R	62.0		CHA
M7040HD 4WD	$29701	$16930	$18420	**$21980**	**$23460**	Kubota	4	203D	8F-8R	62.0		No
M7040HDC 4WD w/Cab	$37304	$21260	$23130	**$27610**	**$29470**	Kubota	4	203D	8F-8R	62.0		CHA
M7040HDNB 4WD	$31707	$18070	$19660	**$23460**	**$25050**	Kubota	4	203D	8F-8R	62.0		No
B7410DT	$9338	$5420	$5980	**$7000**	**$7470**	Kubota	3	47D	6F-2R	15.0	1367	No
B7510DT 4WD	$10642	$6170	$6810	**$7980**	**$8510**	Kubota	3	61D	6F-2R	17.0	1323	No
B7510DTN 4WD	$11056	$6410	$7080	**$8290**	**$8850**	Kubota	3	61D	6F-2R	16.0	1323	No
B7510HSD	$12322	$7150	$7890	**$9240**	**$9860**	Kubota	3	61D	Variable	16.0	1367	No
B7610HSD	$12391	$7190	$7930	**$9290**	**$9910**	Kubota	3	68D	Variable	18.0	1367	No
B7800HSD	$14126	$8190	$9040	**$10600**	**$11300**	Kubota	4	91D	Variable	22.0	1741	No
M8200SF	$26300	$14990	$16310	**$19460**	**$20780**	Kubota	4T	202D	8F-8R	73.0	5010	No
M8200DT-F 4WD	$30300	$17270	$18790	**$22420**	**$23940**	Kubota	4T	202D	8F-8R	73.0	5450	No
M8200C w/Cab	$33800	$19270	$20960	**$25010**	**$26700**	Kubota	4T	202D	8F-8R	73.0	5600	CHA
M8200CCS w/Cab	$35100	$20010	$21760	**$25970**	**$27730**	Kubota	4T	202D	8F-8R	73.0	5600	CHA
M8200DTC 4WD w/Cab	$37900	$21600	$23500	**$28050**	**$29940**	Kubota	4T	202D	8F-8R	73.0	6040	CHA
M8200SDNB-F 4WD	$32448	$18500	$20120	**$24010**	**$25630**	Kubota	4T	202D	12F-12R	73.0	4080	No
M8200SDNBC 4WD w/Cab	$40141	$22880	$24890	**$29700**	**$31710**	Kubota	4T	202D	12F-12R	73.0	4740	CHA
M8540DT 4WD	$31209	$17790	$19350	**$23100**	**$24660**	Kubota	4T	230D	8F-8R	75.0		No
M8540DTC 4WD w/Cab	$38812	$22120	$24060	**$28720**	**$30660**	Kubota	4T	230D	8F-8R	75.0		CHA
M8540F	$26853	$15310	$16650	**$19870**	**$21210**	Kubota	4T	230D	8F-8R	75.0		No
M8540FC w/Cab	$34456	$19640	$21360	**$25500**	**$27220**	Kubota	4T	230D	8F-8R	75.0		CHA
M8540HD 4WD	$32555	$18560	$20180	**$24090**	**$25720**	Kubota	4T	230D	8F-8R	75.0		No
M8540HD12 4WD	$33709	$19210	$20900	**$24950**	**$26630**	Kubota	4T	230D	12F-12R	75.0		No
M8540HDC 4WD w/Cab	$40158	$22890	$24900	**$29720**	**$31730**	Kubota	4T	230D	8F-8R	75.0		CHA
M8540HDC12 4WD w/Cab	$41600	$23710	$25790	**$30780**	**$32860**	Kubota	4T	230D	12F-12R	75.0		CHA
M8540HDNB 4WD	$34553	$19700	$21420	**$25570**	**$27300**	Kubota	4T	230D	8F-8R	75.0		No
M9000F	$28000	$15960	$17360	**$20720**	**$22120**	Kubota	4TI	202D	8F-8R	80.0	5100	No
M9000DTF 4WD	$32200	$18350	$19960	**$23830**	**$25440**	Kubota	4TI	202D	8F-8R	80.0	5685	No
M9000C w/Cab	$35600	$20290	$22070	**$26340**	**$28120**	Kubota	4TI	202D	8F-8R	80.0	5890	CHA
M9000DTC 4WD w/Cab	$39800	$22690	$24680	**$29450**	**$31440**	Kubota	4TI	202D	8F-8R	80.0	6175	CHA
M9000DTM 4WD	$41969	$23920	$26020	**$31060**	**$33160**	Kubota	4TI	202D	8F-8R	80.0	7140	No
M9000DTMC 4WD w/Cab	$49566	$28250	$30730	**$36680**	**$39160**	Kubota	4TI	202D	8F-8R	80.0	7740	CHA
M9540DT 4WD	$33620	$19160	$20840	**$24880**	**$26560**	Kubota	4T	230D	8F-8R	84.0		No
M9540DTC 4WD w/Cab	$41223	$23500	$25560	**$30510**	**$32570**	Kubota	4T	230D	8F-8R	84.0		CHA
M9540F	$29168	$16630	$18080	**$21580**	**$23040**	Kubota	4T	230D	8F-8R	84.0		No
M9540FC w/Cab	$34456	$19640	$21360	**$25500**	**$27220**	Kubota	4T	230D	8F-8R	84.0		CHA
M9540HD 4WD	$34966	$19930	$21680	**$25880**	**$27620**	Kubota	4T	230D	8F-8R	84.0		No
M9540HD12 4WD	$36120	$20590	$22390	**$26730**	**$28540**	Kubota	4T	230D	12F-12R	84.0		No
M9540HDC 4WD w/Cab	$42570	$24270	$26390	**$31500**	**$33630**	Kubota	4T	230D	8F-8R	84.0		CHA

Kubota (Cont.)

	Approx. Retail Price New	Estimated Value Less Repairs Used Trade In Avg.	High	Used Retail Avg.	High	Make	Engine No. Cyls.	Displ. Cu.-In.	No. Speeds	P.T.O. H.P.	Approx. Shipping Wt.-Lbs.	Cab
				2008 (Cont.)								
M9540HDC12 4WD w/Cab	$44012	$25090	$27290	**$32570**	**$34770**	Kubota	4T	230D	12F-12R	84.0		CHA
M9540HDL 4WD	$35831	$20420	$22220	**$26520**	**$28310**	Kubota	4T	230D	12F-12R	84.0		No
M9540HFL	$32435	$18490	$20110	**$24000**	**$25620**	Kubota	4T	230D	12F-12R	84.0		No
				2007								
BX24 LB	$17742	$8870	$10110	**$12420**	**$13480**	Kubota	3	54D	Variable	17.7	1520	No
BX1850D	$9766	$4880	$5570	**$6840**	**$7420**	Kubota	3	44D	Variable	13.7	1467	No
BX2350D	$10280	$4930	$5620	**$6900**	**$7490**	Kubota	3	54D	Variable	17.7	1540	No
B21TL	$21250	$10630	$12110	**$14880**	**$16150**	Kubota	3	61D	Variable	13.5		No
B21TLB 4WD	$28947	$14470	$16500	**$20260**	**$22000**	Kubota	3	61D	Variable	13.5	3811	No
L39TL 4WD	$28885	$14440	$16180	**$19640**	**$21380**	Kubota	3	111D	12F-8R	30.5	4605	No
L39TLB 4WD	$38475	$19240	$21550	**$26160**	**$28470**	Kubota	3	111D	12F-8R	30.5	6987	No
L48TL 4WD	$32675	$16340	$18300	**$22220**	**$24180**	Kubota	4	148D	Variable	37.5	5790	No
L48TLB 4WD	$43450	$21730	$24330	**$29550**	**$32150**	Kubota	4	148D	Variable	37.5	7760	No
B2630HSD 4WD	$14280	$7140	$8140	**$10000**	**$10850**	Kubota	3	68D	Variable	19.5	1786	No
B3030HSD 4WD	$15580	$7790	$8880	**$10910**	**$11840**	Kubota	4	91D	Variable	23.0	1852	No
B3030HSDC 4WD w/Cab	$18560	$9280	$10580	**$12990**	**$14110**	Kubota	4	91D	Variable	23.0	2271	CHA
B7410DT	$9066	$4530	$5170	**$6350**	**$6890**	Kubota	3	47D	6F-2R	15.0	1367	No
B7510DT 4WD	$10434	$5220	$5950	**$7300**	**$7930**	Kubota	3	61D	6F-2R	17.0	1323	No
B7510HSD	$12080	$6040	$6890	**$8460**	**$9180**	Kubota	3	61D	Variable	16.0	1367	No
B7610HSD	$12148	$6070	$6920	**$8500**	**$9230**	Kubota	3	68D	Variable	18.0	1367	No
B7510DTN 4WD	$10950	$5480	$6240	**$7670**	**$8320**	Kubota	3	61D	6F-2R	16.0	1323	No
B7800HSD	$13999	$7000	$7980	**$9800**	**$10640**	Kubota	4	91D	Variable	22.0	1741	No
L2800F	$11070	$5540	$6200	**$7530**	**$8190**	Kubota	3	85D	8F-4R	24.0	2359	No
L2800DT 4WD	$13110	$6560	$7340	**$8920**	**$9700**	Kubota	3	85D	8F-4R	24.0	2536	No
L2800HST 4WD	$14160	$7080	$7930	**$9630**	**$10480**	Kubota	3	85D	Variable	22.5	2600	No
L3130F	$12900	$6450	$7220	**$8770**	**$9550**	Kubota	3	91D	8F-8R	25.5	3120	No
L3130DT 4WD	$14720	$7360	$8240	**$10010**	**$10890**	Kubota	3	91D	8F-8R	25.5	3220	No
L3130GST 4WD	$15870	$7940	$8890	**$10790**	**$11740**	Kubota	3	91D	12F-8R	25.5	3260	No
L3130HST 4WD	$16370	$8190	$9170	**$11130**	**$12110**	Kubota	3	91D	Variable	24.0	3305	No
L3400F	$13160	$6580	$7370	**$8950**	**$9740**	Kubota	3	101D	8F-4R	29.5	2403	No
L3400DT 4WD	$14180	$7090	$7940	**$9640**	**$10490**	Kubota	3	101D	8F-4R	29.0	2580	No
L3400HST 4WD	$15230	$7620	$8530	**$10360**	**$11270**	Kubota	3	101D	Variable	27.5	2600	No
L3430DT 4WD	$15135	$7570	$8480	**$10290**	**$11200**	Kubota	3	100D	8F-8R	28.5	3220	No
L3430GST 4WD	$16275	$8140	$9110	**$11070**	**$12040**	Kubota	3	100D	12F-8R	28.5	3260	No
L3430HST 4WD	$16825	$8410	$9420	**$11440**	**$12450**	Kubota	3	100D	Variable	27.0	3305	No
L3430HSTC 4WD w/Cab	$21400	$10700	$11980	**$14550**	**$15840**	Kubota	3	100D	Variable	27.0	3636	CHA
L3830F	$15020	$7510	$8410	**$10210**	**$11120**	Kubota	3	111D	8F-8R	32.0	3150	No
L3830DT 4WD	$16770	$8390	$9390	**$11400**	**$12410**	Kubota	3	111D	8F-8R	32.0	3260	No
L3830GST 4WD	$17450	$8730	$9770	**$11870**	**$12910**	Kubota	3	111D	12F-8R	32.0	3275	No
L3830HST 4WD	$17990	$9000	$10070	**$12230**	**$13310**	Kubota	3	111D	Variable	30.5	3340	No
L4330DT 4WD	$18335	$9170	$10270	**$12470**	**$13570**	Kubota	4	134D	8F-8R	36.0	3440	No
L4330GST 4WD	$19175	$9590	$10740	**$13040**	**$14190**	Kubota	4	134D	12F-8R	36.0	3470	No
L4330HST 4WD	$19625	$9810	$10990	**$13350**	**$14520**	Kubota	4	134D	Variable	34.5	3515	No
L4330HSTC 4WD w/Cab	$24125	$12060	$13510	**$16410**	**$17850**	Kubota	4	134D	Variable	34.5	3860	CHA
L4400F	$14910	$7460	$8350	**$10140**	**$11030**	Kubota	4	134D	8F-4R	37.5	3253	No
L4400DT 4WD	$16960	$8480	$9500	**$11530**	**$12550**	Kubota	4	134D	8F-4R	37.5	3307	No
L4630DT 4WD	$19380	$9690	$10850	**$13180**	**$14340**	Kubota	4	134D	8F-8R	39.5	3440	No
L4630GST 4WD	$20230	$10120	$11330	**$13760**	**$14970**	Kubota	4	134D	12F-8R	39.5	3470	No
L4630GSTC 4WD w/Cab	$24950	$12480	$13970	**$16970**	**$18460**	Kubota	4	134D	12F-8R	39.5	3815	CHA
L4630HST 4WD	$20570	$10290	$11520	**$13990**	**$15220**	Kubota	4	134D	Variable	38.0	3515	No
M4800SUF	$17400	$8700	$9920	**$12180**	**$13220**	Kubota	4	148D	8F-8R	43.0	2610	No
L5030GST 4WD	$21650	$10830	$12120	**$14720**	**$16020**	Kubota	4	148D	12F-8R	44.0	3704	No
L5030HST 4WD	$22150	$11080	$12400	**$15060**	**$16390**	Kubota	4	148D	Variable	42.5	3708	No
L5030HSTC 4WD w/Cab	$26650	$13330	$14920	**$18120**	**$19720**	Kubota	4	148D	Variable	42.5	4090	CHA
M4900SU	$18390	$9200	$10300	**$12510**	**$13610**	Kubota	5	167D	8F-8R	45.0	3749	No
M4900SUD 4WD	$22990	$11500	$12870	**$15630**	**$17010**	Kubota	5	167D	8F-4R	45.0	3968	No
M4900SF	$19490	$9750	$10910	**$13250**	**$14420**	Kubota	5	167D	8F-8R	45.00	3748	No
M4900SDF 4WD	$24090	$12050	$13490	**$16380**	**$17830**	Kubota	5	167D	8F-8R	45.00	3968	No
M4900SC w/Cab	$26990	$13500	$15110	**$18350**	**$19970**	Kubota	5	167D	8F-8R	45.00	4277	CHA
M4900SCSF 4WD w/Cab	$19890	$9950	$11140	**$13530**	**$14720**	Kubota	5	167D	8F-8R	45.00	3750	CHA
M4900SDC 4WD w/Cab	$31790	$15900	$17800	**$21620**	**$23530**	Kubota	5	167D	8F-8R	45.00	4500	CHA
MX5000F	$17400	$8700	$9740	**$11830**	**$12880**	Kubota	4	148D	8F-4R	44.0	3285	No
MX5000DT 4WD	$21400	$10700	$11980	**$14550**	**$15840**	Kubota	4	148D	8F-4R	44.0	3580	No
M5700SF	$21490	$10750	$12030	**$14610**	**$15900**	Kubota	5	167D	8F-8R	52.00	3859	No
M5700HD-F 4WD	$27650	$13830	$15480	**$18800**	**$20460**	Kubota	5	167D	8F-8R	52.00	4078	No
M5700SDF 4WD	$26290	$13150	$14720	**$17880**	**$19460**	Kubota	5	167D	8F-8R	52.00	4078	No
M5700SC w/Cab	$28990	$14500	$16230	**$19710**	**$21450**	Kubota	5	167D	8F-8R	52.00	4453	CHA
M5700SDC 4WD w/Cab	$33890	$16950	$18980	**$23050**	**$25080**	Kubota	5	167D	8F-8R	52.00	4608	CHA
M5700SDN 4WD	$27150	$13580	$15200	**$18460**	**$20090**	Kubota	5	167D	8F-8R	52.00	3792	No
M6800SF	$23200	$11600	$12990	**$15780**	**$17170**	Kubota	4	202D	8F-8R	62.0	4475	No
M6800HD-F 4WD	$28960	$14480	$16220	**$19690**	**$21430**	Kubota	4	202D	8F-8R	62.0	4610	No
M6800SDF 4WD	$27500	$13750	$15400	**$18700**	**$20350**	Kubota	4	202D	8F-8R	62.0	4610	No
M6800SC w/Cab	$30700	$15350	$17190	**$20880**	**$22720**	Kubota	4	202D	8F-8R	62.0	5004	CHA
M6800SDC 4WD w/Cab	$35100	$17550	$19660	**$23870**	**$25970**	Kubota	4	202D	8F-8R	62.0	5137	CHA
M8200SF	$26300	$13150	$14730	**$17880**	**$19460**	Kubota	4T	202D	8F-8R	73.0	5010	No
M8200DT-F 4WD	$30300	$15150	$16970	**$20600**	**$22420**	Kubota	4T	202D	8F-8R	73.0	5450	No
M8200C w/Cab	$33800	$16900	$18930	**$22980**	**$25010**	Kubota	4T	202D	8F-8R	73.0	5600	CHA
M8200CCS w/Cab	$35100	$17550	$19660	**$23870**	**$25970**	Kubota	4T	202D	8F-8R	73.0	5600	CHA
M8200DTC 4WD w/Cab	$37900	$18950	$21220	**$25770**	**$28050**	Kubota	4T	202D	8F-8R	73.0	6040	CHA
M8200SDNB-F	$31350	$15680	$17560	**$21320**	**$23200**	Kubota	4T	202D	8F-8R	73.0	4080	No
M8200SDNBC w/Cab	$39350	$19680	$22040	**$26760**	**$29120**	Kubota	4T	202D	8F-8R	73.0	4740	CHA
M9000F	$28000	$14000	$15680	**$19040**	**$20720**	Kubota	4TI	202D	8F-8R	80.0	5100	No
M9000DTF 4WD	$32200	$16100	$18030	**$21900**	**$23830**	Kubota	4TI	202D	8F-8R	80.0	5685	No

	Approx. Retail Price New	Estimated Value Less Repairs: Used Trade In Avg.	High	Used Retail Avg.	High	Make	Engine No. Cyls.	Displ. Cu.-In.	No. Speeds	P.T.O. H.P.	Approx. Shipping Wt.-Lbs.	Cab
Kubota (Cont.)												
2007 (Cont.)												
M9000C w/Cab	$35600	$17800	$19940	**$24210**	**$26340**	Kubota	4TI	202D	8F-8R	80.0	5890	CHA
M9000DTC 4WD w/Cab	$39800	$19900	$22290	**$27060**	**$29450**	Kubota	4TI	202D	8F-8R	80.0	6175	CHA
M9000DTCCS 4WD	$41500	$20750	$23240	**$28220**	**$30710**	Kubota	4TI	202D	8F-8R	80.0	6250	CHA
M9000DTL-F	$31600	$15800	$17700	**$21490**	**$23380**	Kubota	4TI	202D	8F-8R	80.0	5200	No
M9000DTM	$38990	$19500	$21830	**$26510**	**$28850**	Kubota	4TI	202D	8F-8R	80.0	7140	No
M9000DTMC w/Cab	$46590	$23300	$26090	**$31680**	**$34480**	Kubota	4TI	202D	8F-8R	80.0	7740	CHA
M105DTC 4WD w/Cab	$55350	$27680	$31000	**$37640**	**$40960**	Kubota	4T	230D	16F-16R	90.0	8907	CHA
M125DTC 4WD w/Cab	$61500	$30750	$34440	**$41820**	**$45510**	Kubota	5T	356D	16F-16R	103.0	9680	CHA
2006												
BX24 LB	$17742	$7980	$9230	**$11360**	**$12600**	Kubota	3	54D	Variable	17.7	1520	No
BX1850D	$9766	$4400	$5180	**$6450**	**$7130**	Kubota	3	44D	Variable	13.7	1467	No
BX2350D	$10280	$4430	$5220	**$6500**	**$7190**	Kubota	3	54D	Variable	17.7	1540	No
B21TL	$21250	$9560	$11050	**$13600**	**$15090**	Kubota	3	61D	Variable	13.5		No
B21TLB 4WD	$28947	$13030	$15050	**$18530**	**$20550**	Kubota	3	61D	Variable	13.5	3811	No
L39TL 4WD	$28885	$13000	$15020	**$18490**	**$20510**	Kubota	3	111D	12F-8R	30.5	4605	No
L39TLB 4WD	$38475	$17310	$20010	**$24620**	**$27320**	Kubota	3	111D	12F-8R	30.5	5705	No
L48TL 4WD	$32675	$14700	$16990	**$20910**	**$23200**	Kubota	4	148D	Variable	37.5	5790	No
L48TLB 4WD	$43450	$19550	$22590	**$27810**	**$30850**	Kubota	4	148D	Variable	37.5	7260	No
B2630HSD 4WD	$14280	$6430	$7570	**$9430**	**$10420**	Kubota	3	68D	Variable	19.5	1170	No
B3030HSD 4WD	$15580	$7010	$8260	**$10280**	**$11370**	Kubota	4	91D	Variable	23.0	1620	No
B3030HSDC 4WD w/Cab	$18560	$8350	$9840	**$12250**	**$13550**	Kubota	4	91D	Variable	23.0	1770	CHA
B7410DT	$9066	$4080	$4810	**$5980**	**$6620**	Kubota	3	47D	8F-4R	15.0	1270	No
B7510DT 4WD	$10434	$4700	$5530	**$6890**	**$7620**	Kubota	3	61D	Variable	17.0	1350	No
B7510HSD	$12080	$5440	$6400	**$7970**	**$8820**	Kubota	3	61D	Variable	16.0	1250	No
B7610HSD	$12148	$5470	$6440	**$8020**	**$8870**	Kubota	3	68D	Variable	18.0	1250	No
B7510DTN 4WD	$10950	$4930	$5800	**$7230**	**$7990**	Kubota	3	61D	Variable	16.0	1350	No
B7800HSD	$13999	$6300	$7420	**$9240**	**$10220**	Kubota	4	91D	Variable	22.0	1741	No
L2800F	$11070	$4980	$5760	**$7090**	**$7860**	Kubota	3	85D	8F-4R	24.0	2249	No
L2800DT 4WD	$13110	$5900	$6820	**$8390**	**$9310**	Kubota	3	85D	8F-4R	24.0	2492	No
L2800HST 4WD	$14160	$6370	$7360	**$9060**	**$10050**	Kubota	3	85D	Variable	22.5	2492	No
L3130F	$12900	$5810	$6710	**$8260**	**$9160**	Kubota	3	91D	8F-8R	25.5	3120	No
L3130DT 4WD	$14720	$6620	$7650	**$9420**	**$10450**	Kubota	3	91D	8F-8R	25.5	3220	No
L3130GST 4WD	$15870	$7140	$8250	**$10160**	**$11270**	Kubota	3	91D	12F-8R	25.5	3260	No
L3130HST 4WD	$16370	$7370	$8510	**$10480**	**$11620**	Kubota	3	91D	Variable	24.0	3305	No
L3400F	$13160	$5920	$6840	**$8420**	**$9340**	Kubota	3	101D	8F-4R	29.5	2210	No
L3400DT 4WD	$14180	$6380	$7370	**$9080**	**$10070**	Kubota	3	101D	8F-4R	29.0	2110	No
L3400HST 4WD	$15230	$6850	$7920	**$9750**	**$10810**	Kubota	3	101D	Variable	27.5	2110	No
L3430DT 4WD	$15135	$6810	$7870	**$9690**	**$10750**	Kubota	3	100D	8F-8R	28.5	2210	No
L3430GST 4WD	$16275	$7320	$8460	**$10420**	**$11560**	Kubota	3	100D	12F-8R	28.5	2210	No
L3430HST 4WD	$16825	$7570	$8750	**$10770**	**$11950**	Kubota	3	100D	Variable	27.0	3305	No
L3430HSTC 4WD w/Cab	$21400	$9630	$11130	**$13700**	**$15190**	Kubota	3	100D	Variable	27.0	3305	CHA
L3830F	$15020	$6760	$7810	**$9610**	**$10660**	Kubota	3	111D	8F-8R	32.0	3220	No
L3830DT 4WD	$16770	$7550	$8720	**$10730**	**$11910**	Kubota	3	111D	8F-8R	32.0	3220	No
L3830GST 4WD	$17450	$7850	$9070	**$11170**	**$12390**	Kubota	3	111D	12F-8R	32.0	3260	No
L3830HST 4WD	$17990	$8100	$9360	**$11510**	**$12770**	Kubota	3	111D	Variable	30.5	3305	No
L4330DT 4WD	$18335	$8250	$9530	**$11730**	**$13020**	Kubota	4	134D	8F-8R	36.0	3220	No
L4330GST 4WD	$19175	$8630	$9970	**$12270**	**$13610**	Kubota	4	134D	12F-8R	36.0	3220	No
L4330HST 4WD	$19625	$8830	$10210	**$12560**	**$13930**	Kubota	4	134D	Variable	34.5	3220	No
L4330HSTC 4WD w/Cab	$24125	$10860	$12550	**$15440**	**$17130**	Kubota	4	134D	Variable	34.5	3220	CHA
L4400F	$14910	$6710	$7750	**$9540**	**$10590**	Kubota	4	134D	8F-4R	37.5		No
L4400DT 4WD	$16960	$7630	$8820	**$10850**	**$12040**	Kubota	4	134D	8F-4R	37.5		No
L4630DT 4WD	$19380	$8720	$10080	**$12400**	**$13760**	Kubota	4	134D	8F-8R	39.5	3220	No
L4630GST 4WD	$20230	$9100	$10520	**$12950**	**$14360**	Kubota	4	134D	12F-8R	39.5	3220	No
L4630GSTC 4WD w/Cab	$24950	$11230	$12970	**$15970**	**$17720**	Kubota	4	134D	12F-8R	39.5	3220	CHA
L4630HST 4WD	$20570	$9260	$10700	**$13170**	**$14610**	Kubota	4	134D	Variable	38.0	3220	No
M4800SUF	$17400	$7830	$9220	**$11480**	**$12700**	Kubota	4	148D	8F-8R	43.0	2610	No
L5030GST 4WD	$21650	$9740	$11260	**$13860**	**$15370**	Kubota	4	148D	12F-8R	44.0	3220	No
L5030HST 4WD	$22150	$9970	$11520	**$14180**	**$15730**	Kubota	4	148D	Variable	42.5	3220	No
L5030HSTC 4WD w/Cab	$26650	$11990	$13860	**$17060**	**$18920**	Kubota	4	148D	Variable	42.5	3220	CHA
M4900SU	$18390	$8280	$9560	**$11770**	**$13060**	Kubota	5	167D	8F-8R	45.0	3749	No
M4900SUD 4WD	$22990	$10350	$11960	**$14710**	**$16320**	Kubota	5	167D	8F-4R	45.0	3968	No
M4900SF	$19490	$8770	$10140	**$12470**	**$13840**	Kubota	5	167D	8F-8R	45.00	3748	No
M4900SDF 4WD	$24090	$10840	$12530	**$15420**	**$17100**	Kubota	5	167D	8F-8R	45.00	3968	No
M4900SC w/Cab	$26990	$12150	$14040	**$17270**	**$19160**	Kubota	5	167D	8F-8R	45.00	4277	CHA
M4900SCSF 4WD w/Cab	$19890	$8950	$10340	**$12730**	**$14120**	Kubota	5	167D	8F-8R	45.00	3750	CHA
M4900SDC 4WD w/Cab	$31790	$14310	$16530	**$20350**	**$22570**	Kubota	5	167D	8F-8R	45.00	4500	CHA
MX5000F	$17400	$7830	$9050	**$11140**	**$12350**	Kubota	4	148D	8F-4R	44.0	3285	No
MX5000DT 4WD	$21400	$9630	$11130	**$13700**	**$15190**	Kubota	4	148D	8F-4R	44.0	3580	No
M5700SF	$21490	$9670	$11180	**$13750**	**$15260**	Kubota	5	167D	8F-8R	52.00	3859	No
M5700HD-F 4WD	$27650	$12440	$14380	**$17700**	**$19630**	Kubota	5	167D	8F-8R	52.00	4078	No
M5700SDF 4WD	$26290	$11830	$13670	**$16830**	**$18670**	Kubota	5	167D	8F-8R	52.00	4078	No
M5700SC w/Cab	$28990	$13050	$15080	**$18550**	**$20580**	Kubota	5	167D	8F-8R	52.00	4453	CHA
M5700SDC 4WD w/Cab	$33890	$15250	$17620	**$21690**	**$24060**	Kubota	5	167D	8F-8R	52.00	4608	CHA
M5700SDN 4WD	$27150	$12220	$14120	**$17380**	**$19280**	Kubota	5	167D	8F-8R	52.00	3792	No
M6800SF	$23200	$10440	$12060	**$14850**	**$16470**	Kubota	4	202D	8F-8R	62.0	4475	No
M6800HD-F 4WD	$28960	$13030	$15060	**$18530**	**$20560**	Kubota	4	202D	8F-8R	62.0	4610	No
M6800SDF 4WD	$27500	$12380	$14300	**$17600**	**$19530**	Kubota	4	202D	8F-8R	62.0	4610	No
M6800SC w/Cab	$30700	$13820	$15960	**$19650**	**$21800**	Kubota	4	202D	8F-8R	62.0	5004	CHA
M6800SDC 4WD w/Cab	$35100	$15800	$18250	**$22460**	**$24920**	Kubota	4	202D	8F-8R	62.0	5137	CHA
M8200SF	$26300	$11840	$13680	**$16830**	**$18670**	Kubota	4T	202D	8F-8R	73.0	5010	No
M8200DT-F 4WD	$30300	$13640	$15760	**$19390**	**$21510**	Kubota	4T	202D	8F-8R	73.0	5450	No
M8200C w/Cab	$33800	$15210	$17580	**$21630**	**$24000**	Kubota	4T	202D	8F-8R	73.0	5600	CHA
M8200CCS w/Cab	$35100	$15800	$18250	**$22460**	**$24920**	Kubota	4T	202D	8F-8R	73.0	5600	CHA

Kubota (Cont.)

	Approx. Retail Price New	Estimated Value Less Repairs Used Trade In Avg.	High	Used Retail Avg.	High	Make	Engine No. Cyls.	Displ. Cu.-In.	No. Speeds	P.T.O. H.P.	Approx. Shipping Wt.-Lbs.	Cab
2006 (Cont.)												
M8200DTC 4WD w/Cab	$37900	$17060	$19710	**$24260**	**$26910**	Kubota	4T	202D	8F-8R	73.0	6040	CHA
M8200SDNB-F	$31350	$14110	$16300	**$20060**	**$22260**	Kubota	4T	202D	8F-8R	73.0	4080	No
M8200SDNBC w/Cab	$39350	$17710	$20460	**$25180**	**$27940**	Kubota	4T	202D	8F-8R	73.0	4740	CHA
M9000F	$28000	$12600	$14560	**$17920**	**$19880**	Kubota	4TI	202D	8F-8R	80.0	5100	No
M9000DTF 4WD	$32200	$14490	$16740	**$20610**	**$22860**	Kubota	4TI	202D	8F-8R	80.0	5685	No
M9000C w/Cab	$35600	$16020	$18510	**$22780**	**$25280**	Kubota	4TI	202D	8F-8R	80.0	5890	CHA
M9000DTC 4WD w/Cab	$39800	$17910	$20700	**$25470**	**$28260**	Kubota	4TI	202D	8F-8R	80.0	6175	CHA
M9000DTCCS 4WD	$41500	$18680	$21580	**$26560**	**$29470**	Kubota	4TI	202D	8F-8R	80.0	6250	CHA
M9000DTL-F	$31600	$14220	$16430	**$20220**	**$22440**	Kubota	4TI	202D	8F-8R	80.0	5200	No
M9000DTM	$38990	$17550	$20280	**$24950**	**$27680**	Kubota	4TI	202D	8F-8R	80.0	7140	No
M9000DTMC w/Cab	$46590	$20970	$24230	**$29820**	**$33080**	Kubota	4TI	202D	8F-8R	80.0	7740	CHA
M105DTC 4WD w/Cab	$55350	$24910	$28780	**$35420**	**$39300**	Kubota	4T	230D	16F-16R	90.0	8907	CHA
M125DTC 4WD w/Cab	$61500	$27680	$31980	**$39360**	**$43670**	Kubota	5T	356D	16F-16R	103.0	9680	CHA
2005												
BX1500	$8085	$3400	$4040	**$5090**	**$5740**	Kubota	2	36D	Variable	10.5	1213	No
BX23 LB	$17566	$7380	$8610	**$10720**	**$11950**	Kubota	3	54D	Variable	16.7	1520	No
BX1830D	$9666	$4060	$4830	**$6090**	**$6860**	Kubota	3	44D	Variable	13.7	1467	No
BX2230D	$10180	$4280	$5090	**$6410**	**$7230**	Kubota	3	54D	Variable	16.7	1540	No
B21TL	$21250	$8930	$10410	**$12960**	**$14450**	Kubota	3	61D	Variable	13.5		No
B21TLB 4WD	$28947	$12160	$14180	**$17660**	**$19680**	Kubota	3	61D	Variable	13.5	3811	No
L39TL 4WD	$28885	$12130	$14150	**$17620**	**$19640**	Kubota	3	111D	12F-8R	30.5	4605	No
L39TLB 4WD	$38475	$16160	$18850	**$23470**	**$26160**	Kubota	3	111D	12F-8R	30.5	5705	No
L48TL 4WD	$32675	$13720	$16010	**$19930**	**$22220**	Kubota	4	148D	Variable	37.5	5790	No
L48TLB 4WD	$43450	$18250	$21290	**$26510**	**$29550**	Kubota	4	148D	Variable	37.5	7260	No
B2410HSE	$12680	$5330	$6340	**$7990**	**$9000**	Kubota	3	68D	Variable	18.0	1170	No
B2410HSD 4WD	$14280	$6000	$7140	**$9000**	**$10140**	Kubota	3	68D	Variable	18.0	1170	No
B2410HSDB 4WD	$14680	$6170	$7340	**$9250**	**$10420**	Kubota	3	68D	Variable	18.0	1325	No
B2710HSD	$15500	$6510	$7750	**$9770**	**$11010**	Kubota	4	81D	Variable	20.0	1620	No
B2910HSD	$16580	$6960	$8290	**$10450**	**$11770**	Kubota	4	91D	Variable	22.0	1770	No
B7410HSD	$10600	$4450	$5300	**$6680**	**$7530**	Kubota	3	44D	Variable	12.5	1270	No
B7510DT 4WD	$10434	$4380	$5220	**$6570**	**$7410**	Kubota	3	61D	Variable	17.0	1350	No
B7510HSD	$12080	$5070	$6040	**$7610**	**$8580**	Kubota	3	61D	Variable	16.0	1250	No
B7610HSD	$12148	$5100	$6070	**$7650**	**$8630**	Kubota	3	68D	Variable	18.0	1250	No
B7510DTN 4WD	$10950	$4600	$5480	**$6900**	**$7780**	Kubota	3	61D	Variable	16.0	1350	No
B7800HSD	$13999	$5880	$7000	**$8820**	**$9940**	Kubota	4	91D	Variable	22.0	1741	No
L2800F	$11070	$4650	$5420	**$6750**	**$7530**	Kubota	3	85D	8F-4R	24.0	2249	No
L2800DT 4WD	$13110	$5510	$6420	**$8000**	**$8920**	Kubota	3	85D	8F-4R	24.0	2492	No
L3130F	$12900	$5420	$6320	**$7870**	**$8770**	Kubota	3	91D	8F-8R	25.5	3120	No
L3130DT 4WD	$14720	$6180	$7210	**$8980**	**$10010**	Kubota	3	91D	8F-8R	25.5	3220	No
L3130GST 4WD	$15870	$6670	$7780	**$9680**	**$10790**	Kubota	3	91D	12F-8R	25.5	3260	No
L3130HST 4WD	$16370	$6880	$8020	**$9990**	**$11130**	Kubota	3	91D	Variable	24.0	3305	No
L3400F	$12600	$5290	$6170	**$7690**	**$8570**	Kubota	3	101D	8F-4R	29.5	2210	No
L3400DT 4WD	$14130	$5940	$6920	**$8620**	**$9610**	Kubota	3	101D	8F-4R	29.0	2110	No
L3430DT 4WD	$15135	$6360	$7420	**$9230**	**$10290**	Kubota	3	100D	8F-8R	28.5	2210	No
L3430GST 4WD	$16275	$6840	$7980	**$9930**	**$11070**	Kubota	3	100D	12F-8R	28.5	2210	No
L3430HST 4WD	$16825	$7070	$8240	**$10260**	**$11440**	Kubota	3	100D	Variable	27.0	3305	No
L3430HSTC 4WD w/Cab	$21400	$8990	$10490	**$13050**	**$14550**	Kubota	3	100D	Variable	27.0	3305	CHA
L3830F	$15020	$6310	$7360	**$9160**	**$10210**	Kubota	3	111D	8F-8R	32.0	3220	No
L3830DT 4WD	$16770	$7040	$8220	**$10230**	**$11400**	Kubota	3	111D	8F-8R	32.0	3220	No
L3830GST 4WD	$17450	$7330	$8550	**$10650**	**$11870**	Kubota	3	111D	12F-8R	32.0	3260	No
L3830HST 4WD	$17990	$7560	$8820	**$10970**	**$12230**	Kubota	3	111D	Variable	30.5	3305	No
L4330DT 4WD	$18335	$7700	$8980	**$11180**	**$12470**	Kubota	4	134D	8F-8R	36.0	3220	No
L4330GST 4WD	$19175	$8050	$9400	**$11700**	**$13040**	Kubota	4	134D	12F-8R	36.0	3220	No
L4330HST 4WD	$19625	$8240	$9620	**$11970**	**$13350**	Kubota	4	134D	Variable	34.5	3220	No
L4330HSTC 4WD w/Cab	$24125	$10130	$11820	**$14720**	**$16410**	Kubota	4	134D	Variable	34.5	3220	CHA
L4630DT 4WD	$19380	$8140	$9500	**$11820**	**$13180**	Kubota	4	134D	8F-8R	39.5	3220	No
L4630GST 4WD	$20230	$8500	$9910	**$12340**	**$13760**	Kubota	4	134D	12F-8R	39.5	3220	No
L4630GSTC 4WD w/Cab	$24950	$10480	$12230	**$15220**	**$16970**	Kubota	4	134D	12F-8R	39.5	3220	CHA
L4630HST 4WD	$20570	$8640	$10080	**$12550**	**$13990**	Kubota	4	134D	Variable	38.0	3220	No
M4800SUF	$17400	$7310	$8700	**$10960**	**$12350**	Kubota	4	148D	8F-8R	43.0	2610	No
L5030GST 4WD	$21650	$9090	$10610	**$13210**	**$14720**	Kubota	4	148D	12F-8R	44.0	3220	No
L5030HST 4WD	$22150	$9300	$10850	**$13510**	**$15060**	Kubota	4	148D	Variable	42.5	3220	No
L5030HSTC 4WD w/Cab	$26650	$11190	$13060	**$16260**	**$18120**	Kubota	4	148D	Variable	42.5	3220	CHA
M4900SU	$18390	$7720	$9010	**$11220**	**$12510**	Kubota	5	167D	8F-8R	45.0	3749	No
M4900SUD 4WD	$22990	$9660	$11270	**$14020**	**$15630**	Kubota	5	167D	8F-4R	45.0	3968	No
M4900SF	$19490	$8190	$9550	**$11890**	**$13250**	Kubota	5	167D	8F-8R	45.00	3748	No
M4900SDF 4WD	$24090	$10120	$11800	**$14700**	**$16380**	Kubota	5	167D	8F-8R	45.00	3968	No
M4900SC w/Cab	$26990	$11340	$13230	**$16460**	**$18350**	Kubota	5	167D	8F-8R	45.00	4277	CHA
M4900SCSF 4WD w/Cab	$19890	$8350	$9750	**$12130**	**$13530**	Kubota	5	167D	8F-8R	45.00	3750	CHA
M4900SDC 4WD w/Cab	$31790	$13350	$15580	**$19390**	**$21620**	Kubota	5	167D	8F-8R	45.00	4500	CHA
MX5000F	$17400	$7310	$8530	**$10610**	**$11830**	Kubota	4	148D	8F-4R	44.0	3285	No
MX5000DT 4WD	$21400	$8990	$10490	**$13050**	**$14550**	Kubota	4	148D	8F-4R	44.0	3580	No
M5700SF	$21490	$9030	$10530	**$13110**	**$14610**	Kubota	5	167D	8F-8R	52.00	3859	No
M5700HD-F 4WD	$27650	$11610	$13550	**$16870**	**$18800**	Kubota	5	167D	8F-8R	52.00	4078	No
M5700SDF 4WD	$26290	$11040	$12880	**$16040**	**$17880**	Kubota	5	167D	8F-8R	52.00	4078	No
M5700SC w/Cab	$28990	$12180	$14210	**$17680**	**$19710**	Kubota	5	167D	8F-8R	52.00	4453	CHA
M5700SDC 4WD w/Cab	$33890	$14230	$16610	**$20670**	**$23050**	Kubota	5	167D	8F-8R	52.00	4608	CHA
M5700SDN 4WD	$27150	$11400	$13300	**$16560**	**$18460**	Kubota	5	167D	8F-8R	52.00	3792	No
M6800SF	$23200	$9740	$11370	**$14150**	**$15780**	Kubota	4	202D	8F-8R	62.0	4475	No
M6800HD-F 4WD	$28960	$12160	$14190	**$17670**	**$19690**	Kubota	4	202D	8F-8R	62.0	4610	No
M6800SDF 4WD	$27500	$11550	$13480	**$16780**	**$18700**	Kubota	4	202D	8F-8R	62.0	4610	No
M6800SC w/Cab	$30700	$12890	$15040	**$18730**	**$20880**	Kubota	4	202D	8F-8R	62.0	5004	CHA
M6800SDC 4WD w/Cab	$35100	$14740	$17200	**$21410**	**$23870**	Kubota	4	202D	8F-8R	62.0	5137	CHA

Kubota (Cont.)

Model	Approx. Retail Price New	Estimated Value Less Repairs Used Trade In Avg.	Used Trade In High	Used Retail Avg.	Used Retail High	Make	Engine No. Cyls.	Engine Displ. Cu.-In.	No. Speeds	P.T.O. H.P.	Approx. Shipping Wt.-Lbs.	Cab
				2005 (Cont.)								
M8200SF	$26300	$11050	$12890	**$16040**	**$17880**	Kubota	4T	202D	8F-8R	73.0	5010	No
M8200DT-F 4WD	$30300	$12730	$14850	**$18480**	**$20600**	Kubota	4T	202D	8F-8R	73.0	5450	No
M8200C w/Cab	$33800	$14200	$16560	**$20620**	**$22980**	Kubota	4T	202D	8F-8R	73.0	5600	CHA
M8200CCS w/Cab	$35100	$14740	$17200	**$21410**	**$23870**	Kubota	4T	202D	8F-8R	73.0	5600	CHA
M8200DTC 4WD w/Cab	$37900	$15920	$18570	**$23120**	**$25770**	Kubota	4T	202D	8F-8R	73.0	6040	CHA
M8200SDNB-F	$31350	$13170	$15360	**$19120**	**$21320**	Kubota	4T	202D	8F-8R	73.0	4080	No
M8200SDNBC w/Cab	$39350	$16530	$19280	**$24000**	**$26760**	Kubota	4T	202D	8F-8R	73.0	4740	CHA
M9000F	$28000	$11760	$13720	**$17080**	**$19040**	Kubota	4TI	202D	8F-8R	80.0	5100	No
M9000DTF 4WD	$32200	$13520	$15780	**$19640**	**$21900**	Kubota	4TI	202D	8F-8R	80.0	5685	No
M9000C w/Cab	$35600	$14950	$17440	**$21720**	**$24210**	Kubota	4TI	202D	8F-8R	80.0	5890	CHA
M9000DTC 4WD w/Cab	$39800	$16720	$19500	**$24280**	**$27060**	Kubota	4TI	202D	8F-8R	80.0	6175	CHA
M9000DTCCS 4WD	$41500	$17430	$20340	**$25320**	**$28220**	Kubota	4TI	202D	8F-8R	80.0	6250	CHA
M9000DTL-F	$31600	$13270	$15480	**$19280**	**$21490**	Kubota	4TI	202D	8F-8R	80.0	5200	No
M9000DTM	$38990	$16380	$19110	**$23780**	**$26510**	Kubota	4TI	202D	8F-8R	80.0	7140	No
M9000DTMC w/Cab	$46590	$19570	$22830	**$28420**	**$31680**	Kubota	4TI	202D	8F-8R	80.0	7740	CHA
M105DTC 4WD w/Cab	$55350	$23250	$27120	**$33760**	**$37640**	Kubota	4T	230D	16F-16R	90.0	8907	CHA
M125DTC 4WD w/Cab	$61500	$25830	$30140	**$37520**	**$41820**	Kubota	5T	356D	16F-16R	103.0	9680	CHA
				2004								
BX1500	$8085	$3230	$3880	**$4850**	**$5580**	Kubota	2	36D	Variable	10.5	1213	No
BX23 LB	$17566	$6680	$8080	**$9840**	**$11420**	Kubota	3	54D	Variable	16.7		No
BX1830D	$9666	$3870	$4640	**$5800**	**$6670**	Kubota	3	44D	Variable	13.7	1467	No
BX2230D	$10180	$4070	$4890	**$6110**	**$7020**	Kubota	3	54D	Variable	16.7	1540	No
B21TL	$21250	$8080	$9780	**$11900**	**$13810**	Kubota	3	61D	Variable	13.5		No
B21TLB 4WD	$28947	$11000	$13320	**$16210**	**$18820**	Kubota	3	61D	Variable	13.5	3811	No
L35TL 4WD	$27585	$10480	$12690	**$15450**	**$17930**	Kubota	3	100D	8F-4R	35.0	4605	No
L35TLB 4WD	$37269	$14160	$17140	**$20870**	**$24230**	Kubota	3	100D	8F-4R	35.0	5705	No
L48TL 4WD	$32675	$12420	$15030	**$18300**	**$21240**	Kubota	4	148D	Variable	48.0	5790	No
L48TLB 4WD	$43450	$16510	$19990	**$24330**	**$28240**	Kubota	4	148D	Variable	48.0	7260	No
B2410HSE	$12680	$5070	$6090	**$7610**	**$8750**	Kubota	3	68D	Variable	18.0	1170	No
B2410HSD 4WD	$14280	$5710	$6850	**$8570**	**$9850**	Kubota	3	68D	Variable	18.0	1170	No
B2410HSDB 4WD	$14680	$5870	$7050	**$8810**	**$10130**	Kubota	3	68D	Variable	18.0	1325	No
B2710HSD	$15500	$6200	$7440	**$9300**	**$10700**	Kubota	4	81D	Variable	20.0	1620	No
B2910HSD	$16580	$6630	$7960	**$9950**	**$11440**	Kubota	4	91D	Variable	22.0	1770	No
B7410HSD	$10600	$4240	$5090	**$6360**	**$7310**	Kubota	3	44D	Variable	12.5	1270	No
B7510DT 4WD	$10434	$4170	$5010	**$6260**	**$7200**	Kubota	3	61D	Variable	17.0	1350	No
B7510HSD	$12080	$4830	$5800	**$7250**	**$8340**	Kubota	3	61D	Variable	16.0	1250	No
B7510DTN 4WD	$10950	$4380	$5260	**$6570**	**$7560**	Kubota	3	61D	Variable	16.0	1350	No
B7800	$13999	$5600	$6720	**$8400**	**$9660**	Kubota	4	91D	Variable	22.0	1741	No
L2800F	$11070	$4210	$5090	**$6200**	**$7200**	Kubota	3	85D	8F-4R	24.0	2249	No
L2800DT 4WD	$13110	$4980	$6030	**$7340**	**$8520**	Kubota	3	85D	8F-4R	24.0	2492	No
L3130F	$12900	$4900	$5930	**$7220**	**$8390**	Kubota	3	91D	8F-8R	25.5	3120	No
L3130DT 4WD	$14720	$5590	$6770	**$8240**	**$9570**	Kubota	3	91D	8F-8R	25.5	3220	No
L3130GST 4WD	$15870	$6030	$7300	**$8890**	**$10320**	Kubota	3	91D	12F-8R	25.5	3260	No
L3130HST 4WD	$16370	$6220	$7530	**$9170**	**$10640**	Kubota	3	91D	Variable	24.0	3305	No
L3400F	$12600	$4790	$5800	**$7060**	**$8190**	Kubota	3	101D	8F-4R	29.5	2210	No
L3400DT 4WD	$14130	$5370	$6500	**$7910**	**$9190**	Kubota	3	101D	8F-4R	29.0	2110	No
L3430DT 4WD	$15135	$5750	$6960	**$8480**	**$9840**	Kubota	3	100D	8F-8R	28.5	2210	No
L3430GST 4WD	$16275	$6190	$7490	**$9110**	**$10580**	Kubota	3	100D	12F-8R	28.5	2210	No
L3430HST 4WD	$16825	$6390	$7740	**$9420**	**$10940**	Kubota	3	100D	Variable	27.0	3305	No
L3430HSTC 4WD	$21400	$8130	$9840	**$11980**	**$13910**	Kubota	3	100D	Variable	27.0	3305	CHA
L3830F	$15020	$5710	$6910	**$8410**	**$9760**	Kubota	3	111D	8F-8R	32.0	3220	No
L3830DT 4WD	$16770	$6370	$7710	**$9390**	**$10900**	Kubota	3	111D	8F-8R	32.0	3220	No
L3830GST 4WD	$17450	$6630	$8030	**$9770**	**$11340**	Kubota	3	111D	12F-8R	32.0	3260	No
L3830HST 4WD	$17990	$6840	$8280	**$10070**	**$11690**	Kubota	3	111D	Variable	30.5	3305	No
L4300F	$15490	$5890	$7130	**$8670**	**$10070**	Kubota	4	134D	8F-2R	37.5	2844	No
L4300DT 4WD	$18000	$6840	$8280	**$10080**	**$11700**	Kubota	4	134D	8F-2R	37.5	2976	No
L4330DT 4WD	$18335	$6970	$8430	**$10270**	**$11920**	Kubota	4	134D	8F-8R	36.0	3220	No
L4330GST 4WD	$19175	$7290	$8820	**$10740**	**$12460**	Kubota	4	134D	12F-8R	36.0	3220	No
L4330HST 4WD	$19625	$7460	$9030	**$10990**	**$12760**	Kubota	4	134D	Variable	34.5	3220	No
L4330HSTC 4WD	$24125	$9170	$11100	**$13510**	**$15680**	Kubota	4	134D	Variable	34.5	3220	CHA
L4630DT 4WD	$19380	$7360	$8920	**$10850**	**$12600**	Kubota	4	134D	8F-8R	39.5	3220	No
L4630GST 4WD	$20230	$7690	$9310	**$11330**	**$13150**	Kubota	4	134D	12F-8R	39.5	3220	No
L4630GSTC 4WD	$24950	$9480	$11480	**$13970**	**$16220**	Kubota	4	134D	12F-8R	39.5	3220	CHA
L4630HST 4WD	$20570	$7820	$9460	**$11520**	**$13370**	Kubota	4	134D	Variable	38.0	3220	No
M4800SUD	$17400	$6960	$8350	**$10440**	**$12010**	Kubota	4	148D	8F-8R	43.0	2610	No
L5030GST 4WD	$21650	$8230	$9960	**$12120**	**$14070**	Kubota	4	148D	12F-8R	44.0	3220	No
L5030HST 4WD	$22150	$8420	$10190	**$12400**	**$14400**	Kubota	4	148D	Variable	42.5	3220	No
L5030HSTC 4WD	$26650	$10130	$12260	**$14920**	**$17320**	Kubota	4	148D	Variable	42.5	3220	CHA
M4900SU	$18390	$6990	$8460	**$10300**	**$11950**	Kubota	5	167D	8F-8R	45.0	3749	No
M4900SUD 4WD	$22990	$8740	$10580	**$12870**	**$14940**	Kubota	5	167D	8F-4R	45.0	3968	No
M4900SF	$19490	$7410	$8970	**$10910**	**$12670**	Kubota	5	167D	8F-8R	45.00	3748	No
M4900SDF 4WD	$24090	$9150	$11080	**$13490**	**$15660**	Kubota	5	167D	8F-8R	45.00	3968	No
M4900SC	$26990	$10260	$12420	**$15110**	**$17540**	Kubota	5	167D	8F-8R	45.00	4277	CHA
M4900SCSF 4WD	$19890	$7560	$9150	**$11140**	**$12930**	Kubota	5	167D	8F-8R	45.00	3750	CHA
M4900SDC 4WD	$31790	$12080	$14620	**$17800**	**$20660**	Kubota	5	167D	8F-8R	45.00	4500	CHA
MX5000F	$17400	$6610	$8000	**$9740**	**$11310**	Kubota	4	148D	8F-4R	44.0	3285	No
MX5000DT 4WD	$21400	$8130	$9840	**$11980**	**$13910**	Kubota	4	148D	8F-4R	44.0	3580	No
M5700SF	$21490	$8170	$9890	**$12030**	**$13970**	Kubota	5	167D	8F-8R	52.00	3859	No
M5700HD-F 4WD	$27650	$10510	$12720	**$15480**	**$17970**	Kubota	5	167D	8F-8R	52.00	4078	No
M5700SDF 4WD	$26290	$9990	$12090	**$14720**	**$17090**	Kubota	5	167D	8F-8R	52.00	4078	No
M5700SC	$28990	$11020	$13340	**$16230**	**$18840**	Kubota	5	167D	8F-8R	52.00	4453	CHA
M5700SDC 4WD	$33890	$12880	$15590	**$18980**	**$22030**	Kubota	5	167D	8F-8R	52.00	4608	CHA
M5700SDN 4WD	$27150	$10320	$12490	**$15200**	**$17650**	Kubota	5	167D	8F-8R	52.00	3792	No

Kubota (Cont.)

Model	Approx. Retail Price New	Used Trade In Avg.	Used Trade In High	Used Retail Avg.	Used Retail High	Engine Make	Engine No. Cyls.	Engine Displ. Cu.-In.	No. Speeds	P.T.O. H.P.	Approx. Shipping Wt.-Lbs.	Cab
2004 (Cont.)												
M6800SF	$23200	$8820	$10670	**$12990**	**$15080**	Kubota	4	202D	8F-8R	62.0	4475	No
M6800HD-F 4WD	$28960	$11010	$13320	**$16220**	**$18820**	Kubota	4	202D	8F-8R	62.0	4610	No
M6800SDF 4WD	$27500	$10450	$12650	**$15400**	**$17880**	Kubota	4	202D	8F-8R	62.0	4610	No
M6800SC	$30700	$11670	$14120	**$17190**	**$19960**	Kubota	4	202D	8F-8R	62.0	5004	CHA
M6800SDC 4WD	$35100	$13340	$16150	**$19660**	**$22820**	Kubota	4	202D	8F-8R	62.0	5137	CHA
M8200SF	$26300	$9990	$12100	**$14730**	**$17100**	Kubota	4T	202D	8F-8R	73.0	5010	No
M8200DT-F 4WD	$30300	$11510	$13940	**$16970**	**$19700**	Kubota	4T	202D	8F-8R	73.0	5450	No
M8200C	$33800	$12840	$15550	**$18930**	**$21970**	Kubota	4T	202D	8F-8R	73.0	5600	CHA
M8200CCS	$35100	$13340	$16150	**$19660**	**$22820**	Kubota	4T	202D	8F-8R	73.0	5650	CHA
M8200DTC 4WD	$37900	$14400	$17430	**$21220**	**$24640**	Kubota	4T	202D	8F-8R	73.0	6040	CHA
M8200SDNB-F	$31350	$11910	$14420	**$17560**	**$20380**	Kubota	4T	202D	8F-8R	73.0	4080	No
M8200SDNBC	$39350	$14950	$18100	**$22040**	**$25580**	Kubota	4T	202D	8F-8R	73.0	4740	CHA
M9000F	$28000	$10640	$12880	**$15680**	**$18200**	Kubota	4TI	202D	8F-8R	80.0	5100	No
M9000DTF 4WD	$32200	$12240	$14810	**$18030**	**$20930**	Kubota	4TI	202D	8F-8R	80.0	5685	No
M9000C	$35600	$13530	$16380	**$19940**	**$23140**	Kubota	4TI	202D	8F-8R	80.0	5890	CHA
M9000DTC 4WD	$39800	$15120	$18310	**$22290**	**$25870**	Kubota	4TI	202D	8F-8R	80.0	6175	CHA
M9000DTCCS 4WD	$41500	$15770	$19090	**$23240**	**$26980**	Kubota	4TI	202D	8F-8R	80.0	6250	CHA
M9000DTL-F	$31600	$12010	$14540	**$17700**	**$20540**	Kubota	4TI	202D	8F-8R	80.0	5200	No
M9000DTM	$38990	$14820	$17940	**$21830**	**$25340**	Kubota	4TI	202D	8F-8R	80.0	7140	No
M9000DTMC	$46590	$17700	$21430	**$26090**	**$30280**	Kubota	4TI	202D	8F-8R	80.0	7740	CHA
M110FC	$48000	$18240	$22080	**$26880**	**$31200**	Kubota	5T	356D	16F-16R	88.0	8598	CHA
M110DTC 4WD	$54700	$20790	$25160	**$30630**	**$35560**	Kubota	5T	356D	16F-16R	88.0	9259	CHA
M120FC	$53000	$20140	$24380	**$29680**	**$34450**	Kubota	5T	356D	16F-16R	98.0	9039	CHA
M120DTC 4WD	$60300	$22910	$27740	**$33770**	**$39200**	Kubota	5T	356D	16F-16R	98.0	9700	CHA
2003												
BX1500	$8085	$3070	$3720	**$4610**	**$5420**	Kubota	2	36D	Variable	10.5	1213	No
BX22 LB	$17055	$5970	$7330	**$9040**	**$10750**	Kubota	3	54D	Variable	16.7	1520	No
BX1800D	$9385	$3570	$4320	**$5350**	**$6290**	Kubota	3	44D	Variable	13.7	1467	No
BX2200D	$9885	$3760	$4550	**$5630**	**$6620**	Kubota	3	54D	Variable	16.7	1540	No
B21TL	$21250	$7440	$9140	**$11260**	**$13390**	Kubota	3	61D	Variable	21.0		No
B21TLB 4WD	$28947	$10130	$12450	**$15340**	**$18240**	Kubota	3	61D	Variable	21.0	3811	No
L35TL 4WD	$27585	$9660	$11860	**$14620**	**$17380**	Kubota	3	100D	8F-4R	35.0	4605	No
L35TLB 4WD	$37269	$13040	$16030	**$19750**	**$23480**	Kubota	3	100D	8F-4R	35.0	5705	No
L48TL 4WD	$32675	$11440	$14050	**$17320**	**$20590**	Kubota	4	148D	Variable	48.0	5790	No
L48TLB 4WD	$43450	$15210	$18680	**$23030**	**$27370**	Kubota	4	148D	Variable	48.0	7260	No
B2410HSE	$12680	$4820	$5830	**$7230**	**$8500**	Kubota	3	68D	Variable	18.0	1170	No
B2410HSD 4WD	$14280	$5430	$6570	**$8140**	**$9570**	Kubota	3	68D	Variable	18.0	1170	No
B2410HSDB 4WD	$14680	$5580	$6750	**$8370**	**$9840**	Kubota	3	68D	Variable	18.0	1325	No
B2710HSD	$15500	$5890	$7130	**$8840**	**$10390**	Kubota	4	81D	Variable	20.0	1620	No
B2910HSD	$16580	$6300	$7630	**$9450**	**$11110**	Kubota	4	91D	Variable	22.0	1770	No
B7400HSD	$10300	$3910	$4740	**$5870**	**$6900**	Kubota	3	44D	Variable	12.5	1270	No
B7500DT 4WD	$10130	$3850	$4660	**$5770**	**$6790**	Kubota	3	61D	Variable	17.0	1350	No
B7500HSD	$11730	$4460	$5400	**$6690**	**$7860**	Kubota	3	61D	Variable	16.0	1250	No
B7500DTN 4WD	$10630	$4040	$4890	**$6060**	**$7120**	Kubota	3	61D	Variable	16.0	1350	No
B7800	$13999	$5320	$6440	**$7980**	**$9380**	Kubota	4	91D	Variable	22.0	1741	No
L2600F	$11070	$3880	$4760	**$5870**	**$6970**	Kubota	3	85D	8F-2R	22.5	1975	No
L2600DT 4WD	$13110	$4590	$5640	**$6950**	**$8260**	Kubota	3	85D	8F-2R	22.5	2210	No
L3000F	$12600	$4410	$5420	**$6680**	**$7940**	Kubota	3	91D	8F-2R	27.5	2210	No
L3000DT 4WD	$14130	$4950	$6080	**$7490**	**$8900**	Kubota	3	91D	8F-2R	27.5	2210	No
L3130F	$12900	$4520	$5550	**$6840**	**$8130**	Kubota	3	91D	8F-8R	25.5	2610	No
L3130DT 4WD	$14720	$5150	$6330	**$7800**	**$9270**	Kubota	3	91D	8F-8R	25.5	2890	No
L3130GST 4WD	$15870	$5560	$6820	**$8410**	**$10000**	Kubota	3	91D	12F-8R	25.5	2910	No
L3130HST 4WD	$16370	$5730	$7040	**$8680**	**$10310**	Kubota	3	91D	Variable	24.0	2960	No
L3430DT 4WD	$15135	$5300	$6510	**$8020**	**$9540**	Kubota	3	100D	8F-8R	28.5	2210	No
L3430GST 4WD	$16275	$5700	$7000	**$8630**	**$10250**	Kubota	3	100D	12F-8R	28.5	2210	No
L3430HST 4WD	$16825	$5890	$7240	**$8920**	**$10600**	Kubota	3	100D	Variable	27.0	3305	No
L3430HSTC 4WD	$21400	$7490	$9200	**$11340**	**$13480**	Kubota	3	100D	Variable	27.0	3305	CHA
L3830F	$15020	$5260	$6460	**$7960**	**$9460**	Kubota	3	111D	8F-8R	32.0	3220	No
L3830DT 4WD	$16770	$5870	$7210	**$8890**	**$10570**	Kubota	3	111D	8F-8R	32.0	3220	No
L3830GST 4WD	$17450	$6110	$7500	**$9250**	**$10990**	Kubota	3	111D	12F-8R	32.0	3260	No
L3830HST 4WD	$17990	$6300	$7740	**$9540**	**$11330**	Kubota	3	111D	Variable	30.5	3305	No
L4300F	$15490	$5420	$6660	**$8210**	**$9760**	Kubota	4	134D	8F-2R	37.5	2853	No
L4300DT 4WD	$18000	$6300	$7740	**$9540**	**$11340**	Kubota	4	134D	8F-2R	37.5	2930	No
L4330DT 4WD	$18335	$6420	$7880	**$9720**	**$11550**	Kubota	4	134D	8F-8R	36.0	3220	No
L4330GST 4WD	$19175	$6710	$8250	**$10160**	**$12080**	Kubota	4	134D	12F-8R	36.0	3220	No
L4330HST 4WD	$19625	$6870	$8440	**$10400**	**$12360**	Kubota	4	134D	Variable	34.5	3220	No
L4330HSTC 4WD	$24125	$8440	$10370	**$12790**	**$15200**	Kubota	4	134D	Variable	34.5	3220	CHA
L4630DT 4WD	$19380	$6780	$8330	**$10270**	**$12210**	Kubota	4	134D	8F-8R	39.5	3220	No
L4630GST 4WD	$20230	$7080	$8700	**$10720**	**$12750**	Kubota	4	134D	12F-8R	39.5	3220	No
L4630GSTC 4WD	$24950	$8730	$10730	**$13220**	**$15720**	Kubota	4	134D	12F-8R	39.5	3220	CHA
L4630HST 4WD	$20570	$7200	$8850	**$10900**	**$12960**	Kubota	4	134D	Variable	38.0	3220	No
M4800SUD	$17400	$6610	$8000	**$9920**	**$11660**	Kubota	4	148D	8F-8R	43.0	2610	No
L5030GST 4WD	$21650	$7580	$9310	**$11480**	**$13640**	Kubota	4	148D	12F-8R	44.0	3220	No
L5030HST 4WD	$22150	$7750	$9530	**$11740**	**$13960**	Kubota	4	148D	Variable	42.5	3220	No
L5030HSTC 4WD	$26650	$9330	$11460	**$14130**	**$16790**	Kubota	4	148D	Variable	42.5	3220	CHA
M4900SU	$18390	$6440	$7910	**$9750**	**$11590**	Kubota	5	167D	8F-8R	45.0	3749	No
M4900SUD 4WD	$22990	$8050	$9890	**$12190**	**$14480**	Kubota	5	167D	8F-4R	45.0	3968	No
M4900SF	$19490	$6820	$8380	**$10330**	**$12280**	Kubota	5	167D	8F-8R	45.00	3748	No
M4900SDF 4WD	$24090	$8430	$10360	**$12770**	**$15180**	Kubota	5	167D	8F-8R	45.00	3968	No
M4900SC	$26990	$9450	$11610	**$14310**	**$17000**	Kubota	5	167D	8F-8R	45.00	4277	CHA
M4900SCSF 4WD	$19890	$6960	$8550	**$10540**	**$12530**	Kubota	5	167D	8F-8R	45.00	3750	CHA
M4900SDC 4WD	$31790	$11130	$13670	**$16850**	**$20030**	Kubota	5	167D	8F-8R	45.00	4500	CHA
MX5000F	$17400	$6090	$7480	**$9220**	**$10960**	Kubota	4	148D	8F-4R	44.0	3285	No

Kubota (Cont.)

Model	Approx. Retail Price New	Estimated Value Less Repairs: Used Trade In Avg.	Used Trade In High	Used Retail Avg.	Used Retail High	Engine Make	Engine No. Cyls.	Engine Displ. Cu.-In.	No. Speeds	P.T.O. H.P.	Approx. Shipping Wt.-Lbs.	Cab
2003 (Cont.)												
MX5000DT 4WD	$21400	$7490	$9200	$11340	$13480	Kubota	4	148D	8F-4R	44.0	3580	No
M5700SF	$21490	$7520	$9240	$11390	$13540	Kubota	5	167D	8F-8R	52.00	3859	No
M5700HD-F 4WD	$27650	$9680	$11890	$14660	$17420	Kubota	5	167D	8F-8R	52.00	4078	No
M5700SDF 4WD	$26290	$9200	$11310	$13930	$16560	Kubota	5	167D	8F-8R	52.00	4078	No
M5700SC	$28990	$10150	$12470	$15370	$18260	Kubota	5	167D	8F-8R	52.00	4453	CHA
M5700SDC 4WD	$33890	$11860	$14570	$17960	$21350	Kubota	5	167D	8F-8R	52.00	4608	CHA
M5700SDN 4WD	$27150	$9500	$11680	$14390	$17110	Kubota	5	167D	8F-8R	52.00	3792	No
M6800SF	$23200	$8120	$9980	$12300	$14620	Kubota	4	202D	8F-8R	62.0	4475	No
M6800HD-F 4WD	$28960	$10140	$12450	$15350	$18250	Kubota	4	202D	8F-8R	62.0	4610	No
M6800SDF 4WD	$27500	$9630	$11830	$14580	$17330	Kubota	4	202D	8F-8R	62.0	4610	No
M6800SC	$30700	$10750	$13200	$16270	$19340	Kubota	4	202D	8F-8R	62.0	5004	CHA
M6800SDC 4WD	$35100	$12290	$15090	$18600	$22110	Kubota	4	202D	8F-8R	62.0	5137	CHA
M8200SF	$26300	$9210	$11310	$13940	$16570	Kubota	4T	202D	8F-8R	73.0	5010	No
M8200DT-F 4WD	$30300	$10610	$13030	$16060	$19090	Kubota	4T	202D	8F-8R	73.0	5450	No
M8200C	$33800	$11830	$14530	$17910	$21290	Kubota	4T	202D	8F-8R	73.0	5600	CHA
M8200CCS	$35100	$12290	$15090	$18600	$22110	Kubota	4T	202D	8F-8R	73.0	5650	CHA
M8200DTC 4WD	$37900	$13270	$16300	$20090	$23880	Kubota	4T	202D	8F-8R	73.0	6040	CHA
M8200SDNB-F	$31350	$10970	$13480	$16620	$19750	Kubota	4T	202D	8F-8R	73.0	4080	No
M8200SDNBC	$39350	$13770	$16920	$20860	$24790	Kubota	4T	202D	8F-8R	73.0	4740	CHA
M9000F	$28000	$9800	$12040	$14840	$17640	Kubota	4TI	202D	8F-8R	80.0	5100	No
M9000DTF 4WD	$32200	$11270	$13850	$17070	$20290	Kubota	4TI	202D	8F-8R	80.0	5685	No
M9000C	$35600	$12460	$15310	$18870	$22430	Kubota	4TI	202D	8F-8R	80.0	5890	CHA
M9000DTC 4WD	$39800	$13930	$17110	$21090	$25070	Kubota	4TI	202D	8F-8R	80.0	6175	CHA
M9000DTCCS 4WD	$41500	$14530	$17850	$22000	$26150	Kubota	4TI	202D	8F-8R	80.0	6250	CHA
M9000DTL-F	$31600	$11060	$13590	$16750	$19910	Kubota	4TI	202D	8F-8R	80.0	5200	No
M9000DTM	$38990	$13650	$16770	$20670	$24560	Kubota	4TI	202D	8F-8R	80.0	7140	No
M9000DTMC	$46590	$16310	$20030	$24690	$29350	Kubota	4TI	202D	8F-8R	80.0	7740	CHA
M110FC	$48000	$16800	$20640	$25440	$30240	Kubota	5T	356D	16F-16R	88.0	8598	CHA
M110DTC 4WD	$54700	$19150	$23520	$28990	$34460	Kubota	5T	356D	16F-16R	88.0	9259	CHA
M120FC	$53000	$18550	$22790	$28090	$33390	Kubota	5T	356D	16F-16R	98.0	9039	CHA
M120DTC 4WD	$60300	$21110	$25930	$31960	$37990	Kubota	5T	356D	16F-16R	98.0	9700	CHA
2002												
BX22 LB	$17055	$5460	$6820	$8870	$10400	Kubota	3	54D	Variable	16.7		No
BX1800D	$9385	$3380	$4130	$5160	$6100	Kubota	3	44D	Variable	13.7	1467	No
BX2200D	$9885	$3560	$4350	$5440	$6430	Kubota	3	54D	Variable	16.7	1540	No
B21TL	$21250	$6800	$8500	$11050	$12960	Kubota	3	61D	Variable	21.0		No
B21TLB 4WD	$28947	$9260	$11580	$15050	$17660	Kubota	3	61D	Variable	21.0	3811	No
L35TL 4WD	$27585	$8830	$11030	$14340	$16830	Kubota	3	100D	8F-4R	35.0	4605	No
L35TLB 4WD	$37269	$11930	$14910	$19380	$22730	Kubota	3	100D	8F-4R	35.0	5705	No
L48TL 4WD	$32675	$10460	$13070	$16990	$19930	Kubota	4	148D	Variable	48.0	5790	No
L48TLB 4WD	$43450	$13900	$17380	$22590	$26510	Kubota	4	148D	Variable	48.0	7260	No
B2410HSE	$12680	$4570	$5580	$6970	$8240	Kubota	3	68D	Variable	18.0	1170	No
B2410HSD 4WD	$14280	$5140	$6280	$7850	$9280	Kubota	3	68D	Variable	18.0	1170	No
B2410HSDB 4WD	$14680	$5290	$6460	$8070	$9540	Kubota	3	68D	Variable	18.0	1325	No
B2710HSD	$15500	$5580	$6820	$8530	$10080	Kubota	4	81D	Variable	20.0	1620	No
B2910HSD	$16580	$5970	$7300	$9120	$10780	Kubota	4	91D	Variable	22.0	1770	No
B7400HSD	$10300	$3710	$4530	$5670	$6700	Kubota	3	44D	Variable	12.5	1270	No
B7500DT 4WD	$10130	$3650	$4460	$5570	$6590	Kubota	3	61D	Variable	17.0	1350	No
B7500HSD	$11730	$4220	$5160	$6450	$7630	Kubota	3	61D	Variable	16.0	1250	No
B7500DTN 4WD	$10630	$3830	$4680	$5850	$6910	Kubota	3	61D	Variable	16.0	1350	No
L2600F	$11070	$3540	$4430	$5760	$6750	Kubota	3	85D	8F-2R	22.5	1975	No
L2600DT 4WD	$13110	$4200	$5240	$6820	$8000	Kubota	3	85D	8F-2R	22.5	2210	No
L3000F	$12600	$4030	$5040	$6550	$7690	Kubota	3	91D	8F-2R	27.5	2210	No
L3000DT 4WD	$14130	$4520	$5650	$7350	$8620	Kubota	3	91D	8F-2R	27.5	2210	No
L3010F	$14144	$4530	$5660	$7360	$8630	Kubota	3	91D	8F-8R	25.5	2610	No
L3010DT 4WD	$16266	$5210	$6510	$8460	$9920	Kubota	3	91D	8F-8R	25.5	2610	No
L3010GST	$16816	$5380	$6730	$8740	$10260	Kubota	3	91D	8F-8R	25.5	2610	No
L3010HST	$17316	$5540	$6930	$9000	$10560	Kubota	3	91D	Variable	24.0	2610	No
L3410DT 4WD	$17766	$5690	$7110	$9240	$10840	Kubota	3	100D	8F-8R	28.5	2690	No
L3410GST	$18316	$5860	$7330	$9520	$11170	Kubota	3	100D	8F-8R	28.5	2690	No
L3410HST	$18816	$6020	$7530	$9780	$11480	Kubota	3	100D	Variable	26.0	2610	No
L3710DT 4WD	$18900	$6050	$7560	$9830	$11530	Kubota	4	113D	8F-8R	31.5	2890	No
L3710GST	$19450	$6220	$7780	$10110	$11870	Kubota	4	113D	8F-8R	31.5	2910	No
L3710HST	$20150	$6450	$8060	$10480	$12290	Kubota	4	113D	Variable	30.0	2960	No
L3710HSTC	$26550	$8500	$10620	$13810	$16200	Kubota	4	113D	Variable	30.0	2960	CHA
L4300F	$15490	$4960	$6200	$8060	$9450	Kubota	4	134D	8F-2R	37.5	2853	No
L4300DT 4WD	$18000	$5760	$7200	$9360	$10980	Kubota	4	134D	8F-2R	37.5	2930	No
L4310F	$17250	$5520	$6900	$8970	$10520	Kubota	4	134D	8F-8R	37.5	2853	No
L4310DT 4WD	$21600	$6910	$8640	$11230	$13180	Kubota	4	134D	8F-8R	37.5	2930	No
L4310GST	$22750	$7280	$9100	$11830	$13880	Kubota	4	134D	8F-8R	37.5	2853	No
L4310GSTC	$29450	$9420	$11780	$15310	$17970	Kubota	4	134D	8F-8R	37.5	3494	CH
L4310HST	$22650	$7250	$9060	$11780	$13820	Kubota	4	134D	Variable	36.0	2930	No
L4310HSTC	$29050	$9300	$11620	$15110	$17720	Kubota	4	134D	Variable	36.0	3377	CHA
L4610GST	$24090	$7710	$9640	$12530	$14700	Kubota	4	134D	8F-8R	40.5	3190	No
L4610HST	$23990	$7680	$9600	$12480	$14630	Kubota	4	134D	Variable	39.0	3190	No
L4610HSTC	$30490	$9760	$12200	$15860	$18600	Kubota	4	134D	Variable	39.0	3400	CHA
M4900SU	$18390	$5890	$7360	$9560	$11220	Kubota	5	167D	8F-8R	45.0	3749	No
M4900SUD 4WD	$22990	$7360	$9200	$11960	$14020	Kubota	5	167D	8F-4R	45.0	3968	No
M4900SF	$19490	$6240	$7800	$10140	$11890	Kubota	5	167D	8F-8R	45.00	3748	No
M4900SDF 4WD	$24090	$7710	$9640	$12530	$14700	Kubota	5	167D	8F-8R	45.00	3968	No
M4900SC	$26990	$8640	$10800	$14040	$16460	Kubota	5	167D	8F-8R	45.00	4277	CHA
M4900SCSF 4WD	$19890	$6370	$7960	$10340	$12130	Kubota	5	167D	8F-8R	45.00	3750	CHA
M4900SDC 4WD	$31790	$10170	$12720	$16530	$19390	Kubota	5	167D	8F-8R	45.00	4500	CHA

Kubota (Cont.)

2002 (Cont.)

	Approx. Retail Price New	Used Trade In Avg.	Used Trade In High	Used Retail Avg.	Used Retail High	Make	Engine No. Cyls.	Engine Displ. Cu.-In.	No. Speeds	P.T.O. H.P.	Approx. Shipping Wt.-Lbs.	Cab
MX5000F	$17400	$5570	$6960	**$9050**	**$10610**	Kubota	4	148D	8F-4R	44.0	3285	No
MX5000DT 4WD	$21400	$6850	$8560	**$11130**	**$13050**	Kubota	4	148D	8F-4R	44.0	3580	No
M5700SF	$21490	$6880	$8600	**$11180**	**$13110**	Kubota	5	167D	8F-8R	52.00	3859	No
M5700HD-F 4WD	$27650	$8850	$11060	**$14380**	**$16870**	Kubota	5	167D	8F-8R	52.00	4078	No
M5700SDF 4WD	$26290	$8410	$10520	**$13670**	**$16040**	Kubota	5	167D	8F-8R	52.00	4078	No
M5700SC	$28990	$9280	$11600	**$15080**	**$17680**	Kubota	5	167D	8F-8R	52.00	4453	CHA
M5700SDC 4WD	$33890	$10850	$13560	**$17620**	**$20670**	Kubota	5	167D	8F-8R	52.00	4608	CHA
M5700SDN 4WD	$27150	$8690	$10860	**$14120**	**$16560**	Kubota	5	167D	8F-8R	52.00	3792	No
M6800SF	$23200	$7420	$9280	**$12060**	**$14150**	Kubota	4	202D	8F-8R	62.0	4475	No
M6800HD-F 4WD	$28960	$9270	$11580	**$15060**	**$17670**	Kubota	4	202D	8F-8R	62.0	4610	No
M6800SDF 4WD	$27500	$8800	$11000	**$14300**	**$16780**	Kubota	4	202D	8F-8R	62.0	4610	No
M6800SC	$30700	$9820	$12280	**$15960**	**$18730**	Kubota	4	202D	8F-8R	62.0	5004	CHA
M6800SDC 4WD	$35100	$11230	$14040	**$18250**	**$21410**	Kubota	4	202D	8F-8R	62.0	5137	CHA
M8200SF	$26300	$8420	$10520	**$13680**	**$16040**	Kubota	4T	202D	8F-8R	73.0	5010	No
M8200DT-F 4WD	$30300	$9700	$12120	**$15760**	**$18480**	Kubota	4T	202D	8F-8R	73.0	5450	No
M8200C	$33800	$10820	$13520	**$17580**	**$20620**	Kubota	4T	202D	8F-8R	73.0	5600	CHA
M8200CCS	$35100	$11230	$14040	**$18250**	**$21410**	Kubota	4T	202D	8F-8R	73.0	5650	CHA
M8200DTC 4WD	$37900	$12130	$15160	**$19710**	**$23120**	Kubota	4T	202D	8F-8R	73.0	6040	CHA
M8200SDNB-F	$31350	$10030	$12540	**$16300**	**$19120**	Kubota	4T	202D	8F-8R	73.0	4080	No
M8200SDNBC	$39350	$12590	$15740	**$20460**	**$24000**	Kubota	4T	202D	8F-8R	73.0	4740	CHA
M9000F	$28000	$8960	$11200	**$14560**	**$17080**	Kubota	4TI	202D	8F-8R	80.0	5100	No
M9000DTF 4WD	$32200	$10300	$12880	**$16740**	**$19640**	Kubota	4TI	202D	8F-8R	80.0	5685	No
M9000C	$35600	$11390	$14240	**$18510**	**$21720**	Kubota	4TI	202D	8F-8R	80.0	5890	CHA
M9000DTC 4WD	$39800	$12740	$15920	**$20700**	**$24280**	Kubota	4TI	202D	8F-8R	80.0	6175	CHA
M9000DTCCS 4WD	$41500	$13280	$16600	**$21580**	**$25320**	Kubota	4TI	202D	8F-8R	80.0	6250	CHA
M9000DTL-F	$31600	$10110	$12640	**$16430**	**$19280**	Kubota	4TI	202D	8F-8R	80.0	5200	No
M9000DTM	$38990	$12480	$15600	**$20280**	**$23780**	Kubota	4TI	202D	8F-8R	80.0	7140	No
M9000DTMC	$46590	$14910	$18640	**$24230**	**$28420**	Kubota	4TI	202D	8F-8R	80.0	7740	CHA
M110FC	$48000	$15360	$19200	**$24960**	**$29280**	Kubota	5T	356D	16F-16R	88.0	8598	CHA
M110DTC 4WD	$54700	$17500	$21880	**$28440**	**$33370**	Kubota	5T	356D	16F-16R	88.0	9259	CHA
M120FC	$53000	$16960	$21200	**$27560**	**$32330**	Kubota	5T	356D	16F-16R	98.0	9039	CHA
M120DTC 4WD	$60300	$19300	$24120	**$31360**	**$36780**	Kubota	5T	356D	16F-16R	98.0	9700	CHA

2001

	Approx. Retail Price New	Used Trade In Avg.	Used Trade In High	Used Retail Avg.	Used Retail High	Make	Engine No. Cyls.	Engine Displ. Cu.-In.	No. Speeds	P.T.O. H.P.	Approx. Shipping Wt.-Lbs.	Cab
BX1800D	$9385	$3290	$3940	**$5070**	**$6010**	Kubota	3	44D	Variable	13.7		No
BX2200D	$9885	$3460	$4150	**$5340**	**$6330**	Kubota	3	54D	Variable	16.7		No
B21TL	$21250	$6380	$8080	**$10630**	**$12540**	Kubota	3	61D	Variable	21.0		No
B21TLB 4WD	$28947	$8680	$11000	**$14470**	**$17080**	Kubota	3	61D	Variable	21.0		No
L35TL 4WD	$27585	$8280	$10480	**$13790**	**$16280**	Kubota	3	100D	8F-4R	35.0		No
L35TLB 4WD	$37269	$11180	$14160	**$18640**	**$21990**	Kubota	3	100D	8F-4R	35.0		No
L48TL 4WD	$32675	$9800	$12420	**$16340**	**$19280**	Kubota	4	148D	Variable	48.0		No
L48TLB 4WD	$43450	$13040	$16510	**$21730**	**$25640**	Kubota	4	148D	Variable	48.0		No
B2410HSE	$12680	$4440	$5330	**$6850**	**$8120**	Kubota	3	68D	Variable	18.0		No
B2410HSD 4WD	$14280	$5000	$6000	**$7710**	**$9140**	Kubota	3	68D	Variable	18.0		No
B2410HSDB 4WD	$14680	$5140	$6170	**$7930**	**$9400**	Kubota	3	68D	Variable	18.0		No
B2710HSD	$15500	$5430	$6510	**$8370**	**$9920**	Kubota	4	81D	Variable	20.0		No
B2910HSD	$16580	$5800	$6960	**$8950**	**$10610**	Kubota	4	91D	Variable	22.0		No
B7400HSD	$10300	$3610	$4330	**$5560**	**$6590**	Kubota	3	44D	Variable	12.5		No
B7500DT 4WD	$10130	$3550	$4260	**$5470**	**$6480**	Kubota	3	61D	Variable	17.0		No
B7500HSD	$11730	$4110	$4930	**$6330**	**$7510**	Kubota	3	61D	Variable	16.0		No
B7500DTN 4WD	$10630	$3720	$4470	**$5740**	**$6800**	Kubota	3	61D	Variable	16.0		No
L2600F	$11070	$3320	$4210	**$5540**	**$6530**	Kubota	3	85D	8F-2R	22.5		No
L2600DT 4WD	$13110	$3930	$4980	**$6560**	**$7740**	Kubota	3	85D	8F-2R	22.5		No
L3000F	$12600	$3780	$4790	**$6300**	**$7430**	Kubota	3	91D	8F-2R	27.5		No
L3000DT 4WD	$14130	$4240	$5370	**$7070**	**$8340**	Kubota	3	91D	8F-2R	27.5		No
L3010F	$14044	$4210	$5340	**$7020**	**$8290**	Kubota	3	91D	8F-8R	25.5		No
L3010DT 4WD	$16166	$4850	$6140	**$8080**	**$9540**	Kubota	3	91D	8F-8R	25.5		No
L3010GST	$16716	$5020	$6350	**$8360**	**$9860**	Kubota	3	91D	8F-8R	25.5		No
L3010HST	$17216	$5170	$6540	**$8610**	**$10160**	Kubota	3	91D	Variable	24.0		No
L3410DT 4WD	$17666	$5300	$6710	**$8830**	**$10420**	Kubota	3	100D	8F-8R	28.5		No
L3410GST	$18216	$5470	$6920	**$9110**	**$10750**	Kubota	3	100D	8F-8R	28.5		No
L3410HST	$18716	$5620	$7110	**$9360**	**$11040**	Kubota	3	100D	Variable	26.0		No
L3710DT 4WD	$18800	$5640	$7140	**$9400**	**$11090**	Kubota	4	113D	8F-8R	31.5		No
L3710GST	$19350	$5810	$7350	**$9680**	**$11420**	Kubota	4	113D	8F-8R	31.5		No
L3710HST	$20050	$6020	$7620	**$10030**	**$11830**	Kubota	4	113D	Variable	30.0		No
L3710HSTC	$26450	$7940	$10050	**$13230**	**$15610**	Kubota	4	113D	Variable	30.0		CHA
L4300F	$15490	$4650	$5890	**$7750**	**$9140**	Kubota	4	134D	8F-2R	37.5		No
L4300DT 4WD	$18000	$5400	$6840	**$9000**	**$10620**	Kubota	4	134D	8F-2R	37.5		No
L4310F	$16500	$4950	$6270	**$8250**	**$9740**	Kubota	4	134D	8F-8R	37.5		No
L4310DT 4WD	$21500	$6450	$8170	**$10750**	**$12690**	Kubota	4	134D	8F-8R	37.5		No
L4310GST	$22650	$6800	$8610	**$11330**	**$13360**	Kubota	4	134D	8F-8R	37.5		No
L4310GSTC	$29350	$8810	$11150	**$14680**	**$17320**	Kubota	4	134D	8F-8R	37.5		CH
L4310HST	$22550	$6770	$8570	**$11280**	**$13310**	Kubota	4	134D	Variable	36.0		No
L4310HSTC	$28950	$8690	$11000	**$14480**	**$17080**	Kubota	4	134D	Variable	36.0		CHA
L4610GST	$23990	$7200	$9120	**$12000**	**$14150**	Kubota	4	134D	8F-8R	40.5		No
L4610HST	$23890	$7170	$9080	**$11950**	**$14100**	Kubota	4	134D	Variable	39.0		No
L4610HSTC	$30390	$9120	$11550	**$15200**	**$17930**	Kubota	4	134D	Variable	39.0		CHA
M4900SU	$18390	$5520	$6990	**$9200**	**$10850**	Kubota	5	167D	8F-8R	45.0		No
M4900SUD 4WD	$22990	$6900	$8740	**$11500**	**$13560**	Kubota	5	167D	8F-4R	45.0		No
M4900SF	$19490	$5850	$7410	**$9750**	**$11500**	Kubota	5	167D	8F-8R	45.00		No
M4900SDF 4WD	$24090	$7230	$9150	**$12050**	**$14210**	Kubota	5	167D	8F-8R	45.00		No
M4900SC	$26990	$8100	$10260	**$13500**	**$15920**	Kubota	5	167D	8F-8R	45.00		CHA
M4900SCSF 4WD	$19890	$5970	$7560	**$9950**	**$11740**	Kubota	5	167D	8F-8R	45.00		CHA
M4900SDC 4WD	$31590	$9480	$12000	**$15800**	**$18640**	Kubota	5	167D	8F-8R	45.00		CHA

Kubota (Cont.)

	Approx. Retail Price New	Used Trade In Avg.	Used Trade In High	Used Retail Avg.	Used Retail High	Make	Engine No. Cyls.	Engine Displ. Cu.-In.	No. Speeds	P.T.O. H.P.	Approx. Shipping Wt.-Lbs.	Cab
				2001 (Cont.)								
M5700SF	$21490	$6450	$8170	**$10750**	**$12680**	Kubota	5	167D	8F-8R	52.00		No
M5700HD-F 4WD	$27650	$8300	$10510	**$13830**	**$16310**	Kubota	5	167D	8F-8R	52.00		No
M5700SDF 4WD	$26190	$7860	$9950	**$13100**	**$15450**	Kubota	5	167D	8F-8R	52.00		No
M5700SC	$28990	$8700	$11020	**$14500**	**$17100**	Kubota	5	167D	8F-8R	52.00		CHA
M5700SDC 4WD	$33690	$10110	$12800	**$16850**	**$19880**	Kubota	5	167D	8F-8R	52.00		CHA
M5700SDN 4WD	$27150	$8150	$10320	**$13580**	**$16020**	Kubota	5	167D	8F-8R	52.00		No
M6800SF	$23200	$6960	$8820	**$11600**	**$13690**	Kubota	4	202D	8F-8R	62.0		No
M6800HD-F 4WD	$28960	$8690	$11010	**$14480**	**$17090**	Kubota	4	202D	8F-8R	62.0		No
M6800SFD 4WD	$27500	$8250	$10450	**$13750**	**$16230**	Kubota	4	202D	8F-8R	62.0		No
M6800SC	$30700	$9210	$11670	**$15350**	**$18110**	Kubota	4	202D	8F-8R	62.0		CHA
M6800SDC 4WD	$35000	$10500	$13300	**$17500**	**$20650**	Kubota	4	202D	8F-8R	62.0		CHA
M8200SF	$26300	$7890	$9990	**$13150**	**$15520**	Kubota	4T	202D	8F-8R	73.0		No
M8200DT-F 4WD	$30300	$9090	$11510	**$15150**	**$17880**	Kubota	4T	202D	8F-8R	73.0		No
M8200C	$33800	$10140	$12840	**$16900**	**$19940**	Kubota	4T	202D	8F-8R	73.0		CHA
M8200CCS	$35000	$10500	$13300	**$17500**	**$20650**	Kubota	4T	202D	8F-8R	73.0		CHA
M8200DTC 4WD	$37800	$11340	$14360	**$18900**	**$22300**	Kubota	4T	202D	8F-8R	73.0		CHA
M8200SDNB-F	$31350	$9410	$11910	**$15680**	**$18500**	Kubota	4T	202D	8F-8R	73.0		No
M8200SDNBC	$39350	$11810	$14950	**$19680**	**$23220**	Kubota	4T	202D	8F-8R	73.0		CHA
M9000F	$28000	$8400	$10640	**$14000**	**$16520**	Kubota	4TI	202D	8F-8R	80.0		No
M9000DTF 4WD	$32200	$9660	$12240	**$16100**	**$19000**	Kubota	4TI	202D	8F-8R	80.0		No
M9000C	$35500	$10650	$13490	**$17750**	**$20950**	Kubota	4TI	202D	8F-8R	80.0		CHA
M9000DTC 4WD	$39700	$11910	$15090	**$19850**	**$23420**	Kubota	4TI	202D	8F-8R	80.0		CHA
M9000DTCCS 4WD	$41400	$12420	$15730	**$20700**	**$24430**	Kubota	4TI	202D	8F-8R	80.0		CHA
M9000DTL-F	$31600	$9480	$12010	**$15800**	**$18640**	Kubota	4TI	202D	8F-8R	80.0		No
M9000DTM	$38990	$11700	$14820	**$19500**	**$23000**	Kubota	4TI	202D	8F-8R	80.0		No
M9000DTMW	$39990	$12000	$15200	**$20000**	**$23590**	Kubota	4TI	202D	8F-8R	80.0		No
M110FC	$48000	$14400	$18240	**$24000**	**$28320**	Kubota	5T	356D	16F-16R	88.0		CHA
M110DTC 4WD	$54700	$16410	$20790	**$27350**	**$32270**	Kubota	5T	356D	16F-16R	88.0		CHA
M120FC	$53000	$15900	$20140	**$26500**	**$31270**	Kubota	5T	356D	16F-16R	98.0		CHA
M120DTC 4WD	$60300	$18090	$22910	**$30150**	**$35580**	Kubota	5T	356D	16F-16R	98.0		CHA
				2000								
B7300HSD	$10300	$3400	$4220	**$5460**	**$6490**	Kubota	3	44D	Variable	12.5	1312	No
B1700DT 4WD	$11690	$3860	$4790	**$6200**	**$7370**	Kubota	3	59D	6F-2R	14.00	1265	No
B1700E 2WD	$10490	$3460	$4300	**$5560**	**$6610**	Kubota	3	59D	6F-2R	14.00	1265	No
B1700HSD 4WD	$13190	$4350	$5410	**$6990**	**$8310**	Kubota	3	59D	Variable	13.00	1265	No
B2100DT 4WD	$12890	$4250	$5290	**$6830**	**$8120**	Kubota	3	61D	6F-2R	17.0	1310	No
B2100HSD 4WD	$14490	$4780	$5940	**$7680**	**$9130**	Kubota	3	61D	Variable	16.0	1310	No
B2400HSD 4WD	$14990	$4950	$6150	**$7950**	**$9440**	Kubota	3	68D	Variable	18.00	1325	No
B2400HSE 2WD	$13690	$4520	$5610	**$7260**	**$8630**	Kubota	3	68D	Variable	18.0	1325	No
L2500F	$11400	$3190	$4100	**$5470**	**$6500**	Kubota	3	85D	8F-2R	22.5	1962	No
L2500DT 4WD	$13400	$3750	$4820	**$6430**	**$7640**	Kubota	3	85D	8F-2R	22.5	2205	No
B2710HSD	$15500	$5120	$6360	**$8220**	**$9770**	Kubota	4	81D	Variable	20.0	1620	No
L3010F	$14000	$3920	$5040	**$6720**	**$7980**	Kubota	3	91D	8F-8R	25.5	2610	No
L3010DT 4WD	$16100	$4510	$5800	**$7730**	**$9180**	Kubota	3	91D	8F-8R	25.5	2610	No
L3010GST	$16650	$4660	$5990	**$7990**	**$9490**	Kubota	3	91D	8F-8R	25.5	2610	No
L3010HST	$17150	$4800	$6170	**$8230**	**$9780**	Kubota	3	91D	Variable	24.0	2610	No
L3410DT 4WD	$17600	$4930	$6340	**$8450**	**$10030**	Kubota	3	100D	8F-8R	28.5	2690	No
L3410GST	$18150	$5080	$6530	**$8710**	**$10350**	Kubota	3	100D	8F-8R	28.5	2690	No
L3410HST	$18650	$5220	$6710	**$8950**	**$10630**	Kubota	3	100D	Variable	26.0	2690	No
L3710DT	$18850	$5280	$6790	**$9050**	**$10750**	Kubota	4	113D	8F-8R	31.5	2890	No
L3710GST	$19350	$5420	$6970	**$9290**	**$11030**	Kubota	4	113D	8F-8R	31.5	2890	No
L3710HST	$20050	$5610	$7220	**$9620**	**$11430**	Kubota	4	113D	Variable	30.0	2910	No
L3710HSTC	$26450	$7410	$9520	**$12700**	**$15080**	Kubota	4	113D	Variable	30.0	2910	CHA
L4310F	$16500	$4620	$5940	**$7920**	**$9410**	Kubota	4	134D	8F-8R	37.5	2853	No
L4310DT 4WD	$21500	$6020	$7740	**$10320**	**$12260**	Kubota	4	134D	8F-8R	37.5	2930	No
L4310GST	$22650	$6340	$8150	**$10870**	**$12910**	Kubota	4	134D	8F-8R	37.5	2853	No
L4310HST	$22550	$6310	$8120	**$10820**	**$12850**	Kubota	4	134D	Variable	36.0	2930	No
L4310HSTC	$28950	$8110	$10420	**$13900**	**$16500**	Kubota	4	134D	Variable	36.0	2930	CHA
M4700	$19490	$5460	$7020	**$9360**	**$11110**	Kubota	5	167D	8F-4R	42.0	3255	No
M4700D 4WD	$24100	$6750	$8680	**$11570**	**$13740**	Kubota	5	167D	8F-4R	42.0	3322	No
M4700 CS	$19890	$5570	$7160	**$9550**	**$11340**	Kubota	5	167D	8F-4R	42.00	3256	No
M5400	$21490	$6020	$7740	**$10320**	**$12250**	Kubota	5	167D	8F-4R	50.00	3256	No
M5400D 4WD	$26190	$7330	$9430	**$12570**	**$14930**	Kubota	5	167D	8F-4R	50.00	3322	No
M5400D-N 4WD	$27100	$7590	$9760	**$13010**	**$15450**	Kubota	5	167D	8F-4R	50.00	3322	No
M6800	$23200	$6500	$8350	**$11140**	**$13220**	Kubota	4	202D	8F-4R	62.0	4480	No
M6800DT 4WD	$27500	$7700	$9900	**$13200**	**$15680**	Kubota	4	202D	8F-4R	62.0	4480	No
B7100HSD	$10090	$3330	$4140	**$5350**	**$6360**	Kubota	3	46D	Variable	13.0		No
M8200	$26300	$7360	$9470	**$12620**	**$14990**	Kubota	4T	202D	8F-8R	73.0	5010	No
M8200DT 4WD	$30300	$8480	$10910	**$14540**	**$17270**	Kubota	4T	202D	8F-8R	73.0	5010	No
M8200C	$33800	$9460	$12170	**$16220**	**$19270**	Kubota	4T	202D	8F-8R	73.0	5010	CHA
M8200DTC 4WD	$37800	$10580	$13610	**$18140**	**$21550**	Kubota	4T	202D	8F-8R	73.0	5010	CHA
M8200DTN-B	$31100	$8710	$11200	**$14930**	**$17730**	Kubota	4T	202D	8F-8R	73.0	5108	No
M9000	$28000	$7840	$10080	**$13440**	**$15960**	Kubota	4TI	202D	8F-8R	80.0	5100	No
M9000DT 4WD	$32200	$9020	$11590	**$15460**	**$18350**	Kubota	4TI	202D	8F-8R	80.0	5100	No
M9000C	$35500	$9940	$12780	**$17040**	**$20240**	Kubota	4TI	202D	8F-8R	80.0	5100	CHA
M9000DTC 4WD	$39700	$11120	$14290	**$19060**	**$22630**	Kubota	4TI	202D	8F-8R	80.0	5585	CHA
M9000DTL	$31600	$8850	$11380	**$15170**	**$18010**	Kubota	4TI	202D	8F-8R	80.0	5200	CHA
M-110FC	$48000	$13440	$17280	**$23040**	**$27360**	Kubota	5T	356D	16F-16R	88.0	8598	CHA
M-110DTC 4WD	$54700	$15320	$19690	**$26260**	**$31180**	Kubota	5T	356D	16F-16R	88.0	8598	CHA
M-120FC	$53000	$14840	$19080	**$25440**	**$30210**	Kubota	5T	356D	16F-16R	98.0	8598	CHA
M-120DTC 4WD	$60300	$16880	$21710	**$28940**	**$34370**	Kubota	5T	356D	16F-16R	98.0	9259	CHA

Kubota (Cont.)

1999

Model	Approx. Retail Price New	Used Trade In Avg.	Used Trade In High	Used Retail Avg.	Used Retail High	Engine Make	Engine No. Cyls.	Engine Displ. Cu.-In.	No. Speeds	P.T.O. H.P.	Approx. Shipping Wt.-Lbs.	Cab
B7300HSD	$10300	$3190	$4120	$5360	$6390	Kubota	3	44D	Variable	12.5	1312	No
B1700DT 4WD	$11690	$3620	$4680	$6080	$7250	Kubota	3	59D	6F-2R	14.00	1265	No
B1700E 2WD	$10490	$3250	$4200	$5460	$6500	Kubota	3	59D	6F-2R	14.00	1265	No
B1700HSD 4WD	$13190	$4090	$5280	$6860	$8180	Kubota	3	59D	Variable	13.00	1265	No
B1700HSDB 4WD	$13590	$4210	$5440	$7070	$8430	Kubota	3	59D	Variable	13.00	1265	No
B2100DT 4WD	$12890	$4000	$5160	$6700	$7990	Kubota	3	61D	6F-2R	17.0	1310	No
B2100HSD 4WD	$14490	$4490	$5800	$7540	$8980	Kubota	3	61D	Variable	16.0	1310	No
B2100HSDB 4WD	$14890	$4620	$5960	$7740	$9230	Kubota	3	61D	Variable	16.0	1310	No
B2150HSD 4WD	$15490	$4800	$6200	$8060	$9600	Kubota	4	75D	Variable	18.00	1760	No
B2400HSD 4WD	$14990	$4650	$6000	$7800	$9290	Kubota	3	68D	Variable	18.00	1325	No
B2400HSDB 4WD	$15390	$4770	$6160	$8000	$9540	Kubota	3	68D	Variable	18.00	1325	No
B2400HSE 2WD	$13690	$4240	$5480	$7120	$8490	Kubota	3	68D	Variable	18.0	1325	No
L2500F	$11400	$2960	$3880	$5360	$6380	Kubota	3	85D	8F-2R	22.5	1962	No
L2500DT 4WD	$13400	$3480	$4560	$6300	$7500	Kubota	3	85D	8F-2R	22.5	2205	No
B2710HSD	$15500	$4810	$6200	$8060	$9610	Kubota	4	81D	Variable	20.0	1620	No
L3010F	$14000	$3640	$4760	$6580	$7840	Kubota	3	91D	8F-8R	25.5	2610	No
L3010DT 4WD	$16100	$4190	$5470	$7570	$9020	Kubota	3	91D	8F-8R	25.5	2610	No
L3010GST	$16650	$4330	$5660	$7830	$9320	Kubota	3	91D	8F-8R	25.5	2610	No
L3010HST	$17150	$4460	$5830	$8060	$9600	Kubota	3	91D	Variable	24.0	2610	No
L3410DT 4WD	$17600	$4580	$5980	$8270	$9860	Kubota	3	100D	8F-8R	28.5	2690	No
L3410GST	$18150	$4720	$6170	$8530	$10160	Kubota	3	100D	8F-8R	28.5	2690	No
L3410HST	$18650	$4850	$6340	$8770	$10440	Kubota	3	100D	Variable	26.0	2690	No
L3710DT	$18850	$4900	$6410	$8860	$10560	Kubota	4	113D	8F-8R	31.5	2890	No
L3710GST	$19350	$5030	$6580	$9100	$10840	Kubota	4	113D	8F-8R	31.5	2890	No
L3710HST	$20050	$5210	$6820	$9420	$11230	Kubota	4	113D	Variable	30.0	2910	No
L3710HSTC	$26450	$6880	$8990	$12430	$14810	Kubota	4	113D	Variable	30.0	2910	CHA
L4310F	$16500	$4290	$5610	$7760	$9240	Kubota	4	134D	8F-8R	37.5	2853	No
L4310DT 4WD	$21500	$5590	$7310	$10110	$12040	Kubota	4	134D	8F-8R	37.5	2930	No
L4310GST	$22650	$5890	$7700	$10650	$12680	Kubota	4	134D	8F-8R	37.5	2853	No
L4310HST	$22550	$5860	$7670	$10600	$12630	Kubota	4	134D	Variable	36.0	2930	No
L4310HSTC	$28950	$7530	$9840	$13610	$16210	Kubota	4	134D	Variable	36.0	2930	CHA
M4700	$19490	$5070	$6630	$9160	$10910	Kubota	5	167D	8F-4R	42.0	3255	No
M4700D 4WD	$24100	$6270	$8190	$11330	$13500	Kubota	5	167D	8F-4R	42.0	3322	No
M4700 CS	$19890	$5170	$6760	$9350	$11140	Kubota	5	167D	8F-4R	42.00	3256	No
M5400	$21490	$5590	$7310	$10100	$12030	Kubota	5	167D	8F-4R	50.00	3256	No
M5400D 4WD	$26190	$6810	$8910	$12310	$14670	Kubota	5	167D	8F-4R	50.00	3322	No
M5400D-N 4WD	$27100	$7050	$9210	$12740	$15180	Kubota	5	167D	8F-4R	50.00	3322	No
M6800	$23200	$6030	$7890	$10900	$12990	Kubota	4	202D	8F-4R	62.0	4480	No
M6800DT 4WD	$27500	$7150	$9350	$12930	$15400	Kubota	4	202D	8F-4R	62.0	4480	No
M7580DT-1 4WD	$41790	$10870	$14210	$19640	$23400	Kubota	4	264D	12F-12R	70.00	6890	No
M7580DTC 4WD	$50090	$13020	$17030	$23540	$28050	Kubota	4	264D	12F-12R	70.00	7485	CHA
M8200	$26300	$6840	$8940	$12360	$14730	Kubota	4T	202D	8F-8R	73.0	5010	No
M8200DT 4WD	$30300	$7880	$10300	$14240	$16970	Kubota	4T	202D	8F-8R	73.0	5010	No
M8200C	$33800	$8790	$11490	$15890	$18930	Kubota	4T	202D	8F-8R	73.0	5010	CHA
M8200DTC 4WD	$37800	$9830	$12850	$17770	$21170	Kubota	4T	202D	8F-8R	73.0	5010	CHA
M8200DTN-B	$31100	$8090	$10570	$14620	$17420	Kubota	4T	202D	8F-8R	73.0	5108	No
M8580DT 4WD	$43590	$11330	$14820	$20490	$24410	Kubota	4	285D	12F-12R	80.00	8440	No
M8580DTC 4WD	$52490	$13650	$17850	$24670	$29390	Kubota	4	285D	12F-12R	80.00	9210	CHA
M9000	$28000	$7280	$9520	$13160	$15680	Kubota	4TI	202D	8F-8R	80.0	5100	No
M9000DT 4WD	$32200	$8370	$10950	$15130	$18030	Kubota	4TI	202D	8F-8R	80.0	5100	No
M9000C	$35500	$9230	$12070	$16690	$19880	Kubota	4TI	202D	8F-8R	80.0	5100	CHA
M9000DTC 4WD	$39700	$10320	$13500	$18660	$22230	Kubota	4TI	202D	8F-8R	80.0	5585	CHA
M9000DTL	$31600	$8220	$10740	$14850	$17700	Kubota	4TI	202D	8F-8R	80.0	5200	CHA
M-110FC	$48000	$12480	$16320	$22560	$26880	Kubota	5T	356D	16F-16R	88.0	8598	CHA
M-110DTC 4WD	$54700	$14220	$18600	$25710	$30630	Kubota	5T	356D	16F-16R	88.0	8598	CHA
M-120FC	$53000	$13780	$18020	$24910	$29680	Kubota	5T	356D	16F-16R	98.0	8598	CHA
M-120DTC 4WD	$60300	$15680	$20500	$28340	$33770	Kubota	5T	356D	16F-16R	98.0	9259	CHA

1998

Model	Approx. Retail Price New	Used Trade In Avg.	Used Trade In High	Used Retail Avg.	Used Retail High	Engine Make	Engine No. Cyls.	Engine Displ. Cu.-In.	No. Speeds	P.T.O. H.P.	Approx. Shipping Wt.-Lbs.	Cab
B1700DT 4WD	$11690	$3510	$4560	$5960	$7130	Kubota	3	59D	6F-2R	14.00	1265	No
B1700E 2WD	$10490	$3150	$4090	$5350	$6400	Kubota	3	59D	6F-2R	14.00	1265	No
B1700HSD 4WD	$13190	$3960	$5140	$6730	$8050	Kubota	3	59D	Variable	13.00	1265	No
B1700HSDB 4WD	$13590	$4080	$5300	$6930	$8290	Kubota	3	59D	Variable	13.00	1265	No
B2100DT 4WD	$12890	$3870	$5030	$6570	$7860	Kubota	3	61D	6F-2R	17.0	1310	No
B2100HSD 4WD	$14490	$4350	$5650	$7390	$8840	Kubota	3	61D	Variable	16.0	1310	No
B2100HSDB 4WD	$14890	$4470	$5810	$7590	$9080	Kubota	3	61D	Variable	16.0	1310	No
B2150HSD 4WD	$15490	$4650	$6040	$7900	$9450	Kubota	4	75D	Variable	18.00	1760	No
L2350DT 4WD	$13010	$3120	$4290	$5990	$7160	Kubota	3	68D	8F-2R	20.50	2149	No
L2350F 2WD	$11070	$2660	$3650	$5090	$6090	Kubota	3	68D	8F-2R	20.50	1740	No
B2400HSD 4WD	$14990	$4500	$5850	$7650	$9140	Kubota	3	68D	Variable	18.00	1325	No
B2400HSDB 4WD	$15390	$4620	$6000	$7850	$9390	Kubota	3	68D	Variable	18.00	1325	No
B2400HSE 2WD	$13690	$4110	$5340	$6980	$8350	Kubota	3	68D	Variable	18.0	1325	No
L2900DT 4WD	$17180	$4120	$5670	$7900	$9450	Kubota	3	91D	8F-2R	25.00	2610	No
L2900F 2WD	$15080	$3620	$4980	$6940	$8290	Kubota	3	91D	8F-2R	25.00	2610	No
L2900GST 4WD	$17580	$4220	$5800	$8090	$9670	Kubota	3	91D	8F-2R	25.00	2610	No
L3300DT 4WD	$18830	$4520	$6210	$8660	$10360	Kubota	3	100D	8F-2R	28.00	2690	No
L3300F 2WD	$15880	$3810	$5240	$7310	$8730	Kubota	3	100D	8F-2R	28.00	2690	No
L3300GST 4WD	$19130	$4590	$6310	$8800	$10520	Kubota	3	100D	8F-2R	28.00	2690	No
L3600DT 4WD	$19980	$4800	$6590	$9190	$10990	Kubota	4	113D	8F-8R	31.0	2890	No
L3600GST 4WD	$20230	$4860	$6680	$9310	$11130	Kubota	4	113D	8F-8R	31.00	2910	No
L3600GSTCA 4WD	$28680	$6880	$9460	$13190	$15770	Kubota	4	113D	16F-16R	31.00	2910	CHA
M4030SU 2WD	$18340	$4400	$6050	$8440	$10090	Kubota	5	148D	8F-2R	42.00	4246	No
M4030SU-TF 2WD	$19600	$4700	$6470	$9020	$10780	Kubota	5	148D	16F-4R	42.00	4450	No
L4200DT 4WD	$21680	$5200	$7150	$9970	$11920	Kubota	4	134D	8F-8R	37.00	2930	No

Kubota (Cont.)

1998 (Cont.)

Model	Approx. Retail Price New	Estimated Value Less Repairs: Used Trade In Avg.	Used Trade In High	Used Retail Avg.	Used Retail High	Make	Engine No. Cyls.	Engine Displ. Cu.-In.	No. Speeds	P.T.O. H.P.	Approx. Shipping Wt.-Lbs.	Cab
L4200F 2WD	$18780	$4510	$6200	**$8640**	**$10330**	Kubota	4	134D	8F-8R	37.00	2853	No
L4200FGST 2WD	$19080	$4580	$6300	**$8780**	**$10490**	Kubota	4	134D	8F-8R	37.00	2853	No
L4200GST 4WD	$22580	$5420	$7450	**$10390**	**$12420**	Kubota	4	134D	8F-8R	37.00	2853	No
L4200GSTCA 4WD	$30180	$7240	$9960	**$13880**	**$16600**	Kubota	4	134D	16F-16R	37.00	3377	CHA
L4350 HDT 4WD	$25780	$6190	$8510	**$11860**	**$14180**	Kubota	4	134D	8F-8R	38.00	3762	No
L4350 HDT-W 4WD	$26480	$6360	$8740	**$12180**	**$14560**	Kubota	4	134D	8F-8R	38.00	3762	No
L4350 MDT 4WD	$24580	$5900	$8110	**$11310**	**$13520**	Kubota	4	134D	8F-8R	38.00	3762	No
M4700DT 4WD	$23390	$5610	$7720	**$10760**	**$12870**	Kubota	5	167D	8F-4R	42.00	3322	No
M4700F 2WD	$18790	$4510	$6200	**$8640**	**$10340**	Kubota	5	167D	8F-4R	42.00	3256	No
M4700F-CS 2WD	$19490	$4680	$6430	**$8970**	**$10720**	Kubota	5	167D	12F-4R	42.00	3256	No
M4700S 2WD	$19090	$4580	$6300	**$8780**	**$10500**	Kubota	5	167D	8F-4R	42.00	3255	No
M4700SCS 2WD	$19190	$4610	$6330	**$8830**	**$10560**	Kubota	5	167D	12F-4R	42.00	3256	No
M4700SD 4WD	$23690	$5690	$7820	**$10900**	**$13030**	Kubota	5	167D	8F-4R	42.00	3322	No
L4850HDT-W 4WD	$27980	$6720	$9230	**$12870**	**$15390**	Kubota	5	152D	8F-8R	43.00	3762	No
M5030SU 2WD	$21190	$5090	$6990	**$9750**	**$11660**	Kubota	6	170D	16F-4R	49.00	4350	No
M5030SU-MDT 4WD	$26490	$6360	$8740	**$12190**	**$14570**	Kubota	6	170D	8F-8R	49.00	5556	No
M5400DT 4WD	$25490	$6120	$8410	**$11730**	**$14020**	Kubota	5	167D	8F-4R	50.00	3322	No
M5400F 2WD	$20790	$4990	$6860	**$9560**	**$11440**	Kubota	5	167D	8F-4R	50.00	3256	No
M5400S 2WD	$21090	$5060	$6960	**$9700**	**$11600**	Kubota	5	167D	8F-4R	50.00	3256	No
M5400SD 4WD	$25790	$6190	$8510	**$11860**	**$14190**	Kubota	5	167D	8F-4R	50.00	3322	No
L5450 HDT-W 4WD	$30230	$7260	$9980	**$13910**	**$16630**	Kubota	5	167D	8F-8R	49.00	4246	No
M6030 DTN-B 4WD	$32790	$7870	$10820	**$15080**	**$18040**	Kubota	3	196D	16F-4R	57.00	4999	No
M7030DTN-B 4WD	$36590	$8780	$12080	**$16830**	**$20130**	Kubota	4	243D	16F-4R	68.00	5108	No
M7030N 2WD	$28490	$6840	$9400	**$13110**	**$15670**	Kubota	4	243D	16F-4R	68.00	4680	No
M7030SU 2WD	$27790	$6670	$9170	**$12780**	**$15290**	Kubota	4	243D	16F-4R	68.00	4932	No
M7030SUDT 4WD	$33290	$7990	$10990	**$15310**	**$18310**	Kubota	4	243D	16F-4R	68.00	5884	No
B7100HSD 4WD	$10040	$3010	$3920	**$5120**	**$6120**	Kubota	3	46D	Variable	13.00	1265	No
M7580DT-1 4WD	$41790	$10030	$13790	**$19220**	**$22990**	Kubota	4	264D	12F-12R	70.00	6890	No
M7580DTC 4WD	$50090	$12020	$16530	**$23040**	**$27550**	Kubota	4	264D	12F-12R	70.00	7485	CHA
M8030DT 4WD	$37990	$9120	$12540	**$17480**	**$20900**	Kubota	4	262D	16F-4R	76.90	6095	No
M8030DTL 4WD	$37690	$9050	$12440	**$17340**	**$20730**	Kubota	4	262D	16F-4R	76.90	6600	No
M8030DTM 4WD	$38490	$9240	$12700	**$17710**	**$21170**	Kubota	4	262D	16F-4R	76.90	6654	No
M8030F-1	$30240	$7260	$9980	**$13910**	**$16630**	Kubota	4	262D	16F-4R	76.90	5138	No
M8580DT 4WD	$43590	$10460	$14390	**$20050**	**$23980**	Kubota	4	285D	12F-12R	80.00	8440	No
M8580DTC 4WD	$52490	$12600	$17320	**$24150**	**$28870**	Kubota	4	285D	12F-12R	80.00	9210	CHA
M9580DT-1 4WD	$49590	$11900	$16370	**$22810**	**$27280**	Kubota	4T	285D	24F-24R	91.00	8488	No
M9580DT-1M 4WD	$52570	$12620	$17350	**$24180**	**$28910**	Kubota	4T	285D	36F-36R	91.00	8440	No
M9580DTC 4WD	$58090	$13940	$19170	**$26720**	**$31950**	Kubota	4T	285D	24F-24R	91.00	9083	No
M9580DTC-M 4WD	$60990	$14640	$20130	**$28060**	**$33550**	Kubota	4T	285D	36F-36R	91.00	9210	CHA

C, D, DT--Front Wheel Assist DTSS--Front Wheel Assist, Shuttle Shift E--Two Wheel Drive F--Farm Standard W--Two Row Offset H, HC--High Clearance HSE--Hydrostatic Transmission, Two Wheel Drive HSD--Hydrostatic Transmission, Four Wheel Drive OC--Orchard L--Low Profile

1997

Model	Approx. Retail Price New	Estimated Value Less Repairs: Used Trade In Avg.	Used Trade In High	Used Retail Avg.	Used Retail High	Make	Engine No. Cyls.	Engine Displ. Cu.-In.	No. Speeds	P.T.O. H.P.	Approx. Shipping Wt.-Lbs.	Cab
B1700 HSD 4WD	$13190	$3830	$5010	**$6600**	**$7910**	Kubota	3	59D	Variable	13.00	1265	No
B1700DT 4WD	$11690	$3390	$4440	**$5850**	**$7010**	Kubota	3	59D	6F-2R	14.00	1265	No
B1700E 2WD	$10490	$3040	$3990	**$5250**	**$6290**	Kubota	3	59D	6F-2R	14.00	1265	No
B1700HSDB 4WD	$13590	$3940	$5160	**$6800**	**$8150**	Kubota	3	59D	Variable	13.00	1265	No
B2100DT 4WD	$12890	$3740	$4900	**$6450**	**$7730**	Kubota	3	61D	6F-2R	17.0	1310	No
B2100HSD 4WD	$14490	$4200	$5510	**$7250**	**$8690**	Kubota	3	61D	Variable	16.0	1310	No
B2100HSDB 4WD	$14890	$4320	$5660	**$7450**	**$8930**	Kubota	3	61D	Variable	16.0	1310	No
B2150HSD 4WD	$15490	$4490	$5890	**$7750**	**$9290**	Kubota	4	75D	Variable	18.00	1760	No
L2350DT 4WD	$13010	$2860	$4160	**$5860**	**$7030**	Kubota	3	68D	8F-2R	20.50	2149	No
L2350F 2WD	$11070	$2440	$3540	**$4980**	**$5980**	Kubota	3	68D	8F-2R	20.50	1740	No
B2400HSD 4WD	$14990	$4350	$5700	**$7500**	**$8990**	Kubota	3	68D	Variable	18.00	1325	No
B2400HSDB 4WD	$15390	$4460	$5850	**$7700**	**$9230**	Kubota	3	68D	Variable	18.00	1325	No
B2400HSE 2WD	$13690	$3970	$5200	**$6850**	**$8210**	Kubota	3	68D	Variable	18.0	1325	No
L2900DT 4WD	$17180	$3780	$5500	**$7730**	**$9280**	Kubota	3	91D	8F-2R	25.00	2610	No
L2900F 2WD	$15080	$3320	$4830	**$6790**	**$8140**	Kubota	3	91D	8F-2R	25.00	2610	No
L2900GST 4WD	$17580	$3870	$5630	**$7910**	**$9490**	Kubota	3	91D	8F-2R	25.00	2610	No
L3300DT 4WD	$18830	$4140	$6030	**$8470**	**$10170**	Kubota	3	100D	8F-2R	28.00	2690	No
L3300F 2WD	$15880	$3490	$5080	**$7150**	**$8580**	Kubota	3	100D	8F-2R	28.00	2690	No
L3300GST 4WD	$19130	$4210	$6120	**$8610**	**$10330**	Kubota	3	100D	8F-2R	28.00	2690	No
L3600DT 4WD	$19980	$4400	$6390	**$8990**	**$10790**	Kubota	4	113D	8F-8R	31.0	2890	No
L3600GST 4WD	$20230	$4450	$6470	**$9100**	**$10920**	Kubota	4	113D	8F-8R	31.00	2910	No
L3600GSTCA 4WD	$28680	$6310	$9180	**$12910**	**$15490**	Kubota	4	113D	16F-16R	31.00	2910	CHA
M4030SU 2WD	$18340	$4040	$5870	**$8250**	**$9900**	Kubota	5	148D	8F-2R	42.00	4246	No
M4030SU-TF 2WD	$19600	$4310	$6270	**$8820**	**$10580**	Kubota	5	148D	16F-4R	42.00	4450	No
L4200DT 4WD	$21680	$4770	$6940	**$9760**	**$11710**	Kubota	4	134D	8F-8R	37.00	2930	No
L4200F 2WD	$18780	$4130	$6010	**$8450**	**$10140**	Kubota	4	134D	8F-8R	37.00	2853	No
L4200FGST 2WD	$19080	$4200	$6110	**$8590**	**$10300**	Kubota	4	134D	8F-8R	37.00	2853	No
L4200GST 4WD	$22580	$4970	$7230	**$10160**	**$12190**	Kubota	4	134D	8F-8R	37.00	2853	No
L4200GSTCA 4WD	$30180	$6640	$9660	**$13580**	**$16300**	Kubota	4	134D	16F-16R	37.00	3377	CHA
L4350 HDT 4WD	$25780	$5670	$8250	**$11600**	**$13920**	Kubota	4	134D	8F-8R	38.00	3762	No
L4350 HDT-W 4WD	$26480	$5830	$8470	**$11920**	**$14300**	Kubota	4	134D	8F-8R	38.00	3762	No
L4350 MDT 4WD	$24580	$5410	$7870	**$11060**	**$13270**	Kubota	4	134D	8F-8R	38.00	3762	No
M4700DT 4WD	$23390	$5150	$7490	**$10530**	**$12630**	Kubota	5	167D	8F-4R	42.00	3322	No
M4700F 2WD	$18790	$4130	$6010	**$8460**	**$10150**	Kubota	5	167D	8F-4R	42.00	3256	No
M4700F-CS 2WD	$19490	$4290	$6240	**$8770**	**$10530**	Kubota	5	167D	12F-4R	42.00	3256	No
M4700S 2WD	$19090	$4200	$6110	**$8590**	**$10310**	Kubota	5	167D	8F-4R	42.00	3255	No
M4700SCS 2WD	$19190	$4220	$6140	**$8640**	**$10360**	Kubota	5	167D	12F-4R	42.00	3256	No
M4700SD 4WD	$23690	$5210	$7580	**$10660**	**$12790**	Kubota	5	167D	8F-4R	42.00	3322	No
L4850HDT-W 4WD	$27980	$6160	$8950	**$12590**	**$15110**	Kubota	5	152D	8F-8R	43.00	3762	No
M5030SU 2WD	$21190	$4660	$6780	**$9540**	**$11440**	Kubota	6	170D	16F-4R	49.00	4350	No
M5030SU-MDT 4WD	$26490	$5830	$8480	**$11920**	**$14310**	Kubota	6	170D	8F-8R	49.00	5556	No

Kubota (Cont.)

1997 (Cont.)

Model	Approx. Retail Price New	Estimated Value Less Repairs: Used Trade In Avg.	Used Trade In High	Used Retail Avg.	Used Retail High	Make	Engine No. Cyls.	Engine Displ. Cu.-In.	No. Speeds	P.T.O. H.P.	Approx. Shipping Wt.-Lbs.	Cab
M5400DT 4WD	$25490	$5610	$8160	**$11470**	**$13770**	Kubota	5	167D	8F-4R	50.00	3322	No
M5400F 2WD	$20790	$4570	$6650	**$9360**	**$11230**	Kubota	5	167D	8F-4R	50.00	3256	No
M5400S 2WD	$21090	$4640	$6750	**$9490**	**$11390**	Kubota	5	167D	8F-4R	50.00	3256	No
M5400SD 4WD	$25790	$5670	$8250	**$11610**	**$13930**	Kubota	5	167D	8F-4R	50.00	3322	No
L5450 HDT-W 4WD	$30230	$6650	$9670	**$13600**	**$16320**	Kubota	5	167D	8F-8R	49.00	4246	No
M6030 DTN-B 4WD	$32790	$7210	$10490	**$14760**	**$17710**	Kubota	3	196D	16F-4R	57.00	4999	No
M7030DTN-B 4WD	$36590	$8050	$11710	**$16470**	**$19760**	Kubota	4	243D	16F-4R	68.00	5108	No
M7030N 2WD	$28490	$6270	$9120	**$12820**	**$15390**	Kubota	4	243D	16F-4R	68.00	4680	No
M7030SU 2WD	$27790	$6110	$8890	**$12510**	**$15010**	Kubota	4	243D	16F-4R	68.00	4932	No
M7030SUDT 4WD	$33290	$7320	$10650	**$14980**	**$17980**	Kubota	4	243D	16F-4R	68.00	5884	No
B7100HSD 4WD	$10040	$2910	$3820	**$5020**	**$6020**	Kubota	3	46D	Variable	13.00	1265	No
M7580DT-1 4WD	$41790	$9190	$13370	**$18810**	**$22570**	Kubota	4	264D	12F-12R	70.00	6890	No
M7580DTC 4WD	$50090	$11020	$16030	**$22540**	**$27050**	Kubota	4	264D	12F-12R	70.00	7485	CHA
M8030DT 4WD	$37990	$8360	$12160	**$17100**	**$20520**	Kubota	4	262D	16F-4R	76.90	6095	No
M8030DTL 4WD	$37690	$8290	$12060	**$16960**	**$20350**	Kubota	4	262D	16F-4R	76.90	6600	No
M8030DTM 4WD	$38490	$8470	$12320	**$17320**	**$20790**	Kubota	4	262D	16F-4R	76.90	6654	No
M8030F-1	$30240	$6650	$9680	**$13610**	**$16330**	Kubota	4	262D	16F-4R	76.90	5138	No
M8580DT 4WD	$43590	$9590	$13950	**$19620**	**$23540**	Kubota	4	285D	12F-12R	80.00	8440	No
M8580DTC 4WD	$52490	$11550	$16800	**$23620**	**$28350**	Kubota	4	285D	12F-12R	80.00	9210	CHA
M9580DT-1 4WD	$49590	$10910	$15870	**$22320**	**$26780**	Kubota	4T	285D	24F-24R	91.00	8488	No
M9580DT-1M 4WD	$52570	$11570	$16820	**$23660**	**$28390**	Kubota	4T	285D	36F-36R	91.00	8440	No
M9580DTC 4WD	$58090	$12780	$18590	**$26140**	**$31370**	Kubota	4T	285D	24F-24R	91.00	9083	No
M9580DTC-M 4WD	$60990	$13420	$19520	**$27450**	**$32940**	Kubota	4T	285D	36F-36R	91.00	9210	CHA

C, D, DT--Front Wheel Assist DTSS--Front Wheel Assist, Shuttle Shift E--Two Wheel Drive F--Farm Standard W--Two Row Offset H, HC--High Clearance HSE--Hydrostatic Transmission, Two Wheel Drive HSD--Hydrostatic Transmission, Four Wheel Drive OC--Orchard L--Low Profile

1996

Model	Approx. Retail Price New	Used Trade In Avg.	Used Trade In High	Used Retail Avg.	Used Retail High	Make	Engine No. Cyls.	Engine Displ. Cu.-In.	No. Speeds	P.T.O. H.P.	Approx. Shipping Wt.-Lbs.	Cab
B1550 DT 4WD	$11500	$3220	$4260	**$5640**	**$6790**	Kubota	3	52D	6F-2R	14.00	1279	No
B1550 E	$10000	$2800	$3700	**$4900**	**$5900**	Kubota	3	52D	6F-2R	14.00	1146	No
B1550 HSD 4WD	$13000	$3640	$4810	**$6370**	**$7670**	Kubota	3	52D	Variable	13.00	1356	No
B1550 HSE	$11500	$3220	$4260	**$5640**	**$6790**	Kubota	3	52D	Variable	13.00	1190	No
B1750 DT 4WD	$12600	$3530	$4660	**$6170**	**$7430**	Kubota	3	57D	6F-2R	16.50	1323	No
B1750 E	$11100	$3110	$4110	**$5440**	**$6550**	Kubota	3	57D	6F-2R	16.50	1201	No
B1750 HSD 4WD	$14200	$3980	$5250	**$6960**	**$8380**	Kubota	3	57D	Variable	15.50	1400	No
B1750 HSE	$12700	$3560	$4700	**$6220**	**$7490**	Kubota	3	57D	Variable	15.50	1257	No
B2150 DT 4WD	$13600	$3810	$5030	**$6660**	**$8020**	Kubota	4	75D	9F-3R	20.00	1764	No
B2150 E	$12000	$3360	$4440	**$5880**	**$7080**	Kubota	4	75D	9F-3R	20.00	1609	No
B2150 HSD 4WD	$15300	$4280	$5660	**$7500**	**$9030**	Kubota	4	75D	Variable	18.00	1775	No
B2150 HSE	$13700	$3840	$5070	**$6710**	**$8080**	Kubota	4	75D	Variable	18.00	1620	No
L2350 DT 4WD	$11400	$2390	$3530	**$5020**	**$6040**	Kubota	3	68D	8F-2R	20.5	2093	No
L2350 F-1	$9990	$2100	$3100	**$4400**	**$5300**	Kubota	3	68D	8F-2R	20.5	1781	No
L2650 DT-W 4WD	$15240	$3200	$4720	**$6710**	**$8080**	Kubota	3	85D	8F-8R	23.50	2602	No
L2900 DT	$16240	$3410	$5030	**$7150**	**$8610**	Kubota	3	91D	8F-8R	25.00	2800	No
L2900 F	$14200	$2980	$4400	**$6250**	**$7530**	Kubota	3	91D	8F-8R	25.00	2645	No
L2900 GST	$16550	$3480	$5130	**$7280**	**$8770**	Kubota	3	91D	8F-8R	25.00	2810	No
L3300 DT	$17750	$3730	$5500	**$7810**	**$9410**	Kubota	3	100D	8F-8R	28.00	2800	No
L3300 F	$15000	$3150	$4650	**$6600**	**$7950**	Kubota	3	100D	8F-8R	28.00	2645	No
L3300 GST	$18060	$3790	$5600	**$7950**	**$9570**	Kubota	3	100D	8F-8R	28.00	2810	No
L3600 DT	$18870	$3960	$5850	**$8300**	**$10000**	Kubota	4	113D	8F-8R	31.00	3030	No
L3600 GST	$19180	$4030	$5950	**$8440**	**$10170**	Kubota	4	113D	8F-8R	31.00	3075	No
M4030 SU	$18050	$3790	$5600	**$7940**	**$9570**	Kubota	5	149D	8F-2R	42.00	3946	No
B4200 DT 4WD	$8100	$2270	$3000	**$3970**	**$4780**	Kubota	2	35D	6F-2R	10	926	No
L4200 DT	$20475	$4300	$6350	**$9010**	**$10850**	Kubota	4	134D	8F-8R	37.00	3030	No
L4200 F	$17800	$3740	$5520	**$7830**	**$9430**	Kubota	4	134D	8F-8R	37.00	2875	No
L4200 F GST	$18110	$3800	$5610	**$7970**	**$9600**	Kubota	4	134D	8F-8R	37.00	2890	No
L4200 GST	$21385	$4490	$6630	**$9410**	**$11330**	Kubota	4	134D	8F-8R	37.00	3055	No
L4350 HDT 4WD	$24500	$5150	$7600	**$10780**	**$12990**	Kubota	4	134D	8F-8R	38.00	3860	No
L4350 HDT-W 4WD	$25200	$5290	$7810	**$11090**	**$13360**	Kubota	4	134D	8F-8R	38.00	3860	No
L4350 MDT 4WD	$23400	$4910	$7250	**$10300**	**$12400**	Kubota	4	134D	8F-8R	38.00	3860	No
L4850 HDT-W 4WD	$26600	$5590	$8250	**$11700**	**$14100**	Kubota	5	152D	8F-8R	43.00	4080	No
M4950 DT 4WD	$27000	$5670	$8370	**$11880**	**$14310**	Kubota	6	170D	12F-4R	49.00	5357	No
M4950 F	$21750	$4570	$6740	**$9570**	**$11530**	Kubota	6	170D	12F-4R	49.00	4762	No
M5030 SU	$20900	$4390	$6480	**$9200**	**$11080**	Kubota	6	170D	16F-4R	49.00	4409	No
M5030 SU MDT 4WD	$26200	$5500	$8120	**$11530**	**$13890**	Kubota	6	170D	8F-8R	49.00	4978	No
B5200 DT 4WD	$8900	$2490	$3290	**$4360**	**$5250**	Kubota	3	47D	6F-2R	11.50	1180	No
B5200 E	$8200	$2300	$3030	**$4020**	**$4840**	Kubota	3	47D	6F-2R	11.50	1058	No
L5450 HDT-W 4WD	$28800	$6050	$8930	**$12670**	**$15260**	Kubota	5	168D	8F-8R	49.00	4410	No
M5950 DT 4WD	$30300	$6360	$9390	**$13330**	**$16060**	Kubota	3	196D	12F-4R	58.00	5673	No
M5950 F	$24750	$5200	$7670	**$10890**	**$13120**	Kubota	3	196D	12F-4R	58.00	4989	No
M6030 DTN-B 4WD	$31200	$6550	$9670	**$13730**	**$16540**	Kubota	3	196D	16F-4R	57.00	5010	No
B6200 DT 4WD	$9300	$2600	$3440	**$4560**	**$5490**	Kubota	3	52D	6F-2R	12.50	1179	No
B6200 E	$8300	$2320	$3070	**$4070**	**$4900**	Kubota	3	52D	6F-2R	12.50	1058	No
B6200 HSD 4WD	$10600	$2970	$3920	**$5190**	**$6250**	Kubota	3	52D	Variable	12.50	1279	No
B6200 HSE	$9600	$2690	$3550	**$4700**	**$5660**	Kubota	3	52D	Variable	12.50	1158	No
M6950 DT 4WD	$31800	$6680	$9860	**$13990**	**$16850**	Kubota	4	243D	12F-4R	66.00	6504	No
M6950 F	$26250	$5510	$8140	**$11550**	**$13910**	Kubota	4	243D	12F-4R	66.00	5776	No
M7030 DTNB	$34900	$7330	$10820	**$15360**	**$18500**	Kubota	4	243D	16F-4R	68.00	5004	No
M7030 N	$27100	$5690	$8400	**$11920**	**$14360**	Kubota	4	243D	16F-4R	68.00	4410	No
M7030 SU	$26400	$5540	$8180	**$11620**	**$13990**	Kubota	4	243D	16F-4R	68.00	5181	No
M7030 SUDT 4WD	$31700	$6660	$9830	**$13950**	**$16800**	Kubota	4	243D	16F-4R	68.00	5710	No
B7100 HSD 4WD	$9495	$2660	$3510	**$4650**	**$5600**	Kubota	3	47D	Variable	13.00	1257	No
M7580 DT	$39900	$8380	$12370	**$17560**	**$21150**	Kubota	4	264D	12F-12R	70.00	6834	No
M7580 DTC	$47900	$10060	$14850	**$21080**	**$25390**	Kubota	4	264D	12F-12R	70.00	7429	CHA
M7950 DT 4WD	$35000	$7350	$10850	**$15400**	**$18550**	Kubota	4	262D	12F-4R	75.00	6810	No

	Approx. Retail Price New	Estimated Value Less Repairs Used Trade In Avg.	High	Used Retail Avg.	High	Engine Make	No. Cyls.	Displ. Cu.-In.	No. Speeds	P.T.O. H.P.	Approx. Shipping Wt.-Lbs.	Cab

Kubota (Cont.)

1996 (Cont.)

M7950 DT 4WD w/Cab	$42500	$8930	$13180	**$18700**	**$22530**	Kubota	4	262D	12F-4R	75.00	7297	CHA
M7950 F	$29000	$6090	$8990	**$12760**	**$15370**	Kubota	4	262D	12F-4R	75.00	5960	No
M7950 F w/Cab	$36900	$7750	$11440	**$16240**	**$19560**	Kubota	4	262D	12F-4R	75.00	6460	CHA
M8030 DTM 4WD	$37000	$7770	$11470	**$16280**	**$19610**	Kubota	4	262D	16F-4R	76.00	6342	No
M8030 F	$29300	$6150	$9080	**$12890**	**$15530**	Kubota	4	262D	16F-4R	76.00	5417	No
M8580 DT	$41600	$8740	$12900	**$18300**	**$22050**	Kubota	4	284D	12F-12R	80.00	8377	No
M8580 DTC	$50200	$10540	$15560	**$22090**	**$26610**	Kubota	4	284D	12F-12R	80.00	8973	CHA
M8950 DT 4WD	$40000	$8400	$12400	**$17600**	**$21200**	Kubota	4	262D	24F-8R	86.00	7226	No
M8950 DT 4WD w/Cab	$47500	$9980	$14730	**$20900**	**$25180**	Kubota	4	262D	24F-8R	86.00	8223	CHA
M8950 F	$34000	$7140	$10540	**$14960**	**$18020**	Kubota	4	262D	24F-8R	86.00	6953	No
M8950 F w/Cab	$41700	$8760	$12930	**$18350**	**$22100**	Kubota	4	262D	24F-8R	86.00	7452	CHA
M9580 DT	$47400	$9950	$14690	**$20860**	**$25120**	Kubota	4T	284D	24F-24R	100.0	8488	No
M9580 DTC	$55500	$11660	$17210	**$24420**	**$29420**	Kubota	4T	284D	24F-24R	100.0	9083	No

C, D, DT--Front Wheel Assist DTSS--Front Wheel Assist, Shuttle Shift E--Two Wheel Drive F--Farm Standard W--Two Row Offset H, HC--High Clearance HSE--Hydrostatic Transmission, Two Wheel Drive HSD--Hydrostatic Transmission, Four Wheel Drive OC--Orchard L--Low Profile

1995

B1550 DT 4WD	$11500	$3110	$4140	**$5520**	**$6670**	Kubota	3	52D	6F-2R	14.00	1279	No
B1550 E	$10000	$2700	$3600	**$4800**	**$5800**	Kubota	3	52D	6F-2R	14.00	1146	No
B1550 HSD 4WD	$13000	$3510	$4680	**$6240**	**$7540**	Kubota	3	52D	Variable	13.00	1356	No
B1550 HSE	$11500	$3110	$4140	**$5520**	**$6670**	Kubota	3	52D	Variable	13.00	1190	No
B1750 DT 4WD	$12600	$3400	$4540	**$6050**	**$7310**	Kubota	3	57D	6F-2R	16.50	1323	No
B1750 E	$11100	$3000	$4000	**$5330**	**$6440**	Kubota	3	57D	6F-2R	16.50	1201	No
B1750 HSD 4WD	$14200	$3830	$5110	**$6820**	**$8240**	Kubota	3	57D	Variable	15.50	1400	No
B1750 HSE	$12700	$3430	$4570	**$6100**	**$7370**	Kubota	3	57D	Variable	15.50	1257	No
B2150 DT 4WD	$13600	$3670	$4900	**$6530**	**$7890**	Kubota	4	75D	9F-3R	20.00	1764	No
B2150 E	$12000	$3240	$4320	**$5760**	**$6960**	Kubota	4	75D	9F-3R	20.00	1609	No
B2150 HSD 4WD	$15300	$4130	$5510	**$7340**	**$8870**	Kubota	4	75D	Variable	18.00	1775	No
B2150 HSE	$13700	$3700	$4930	**$6580**	**$7950**	Kubota	4	75D	Variable	18.00	1620	No
L2350 DT 4WD	$11400	$2280	$3420	**$4900**	**$5930**	Kubota	3	68D	8F-2R	20.5	2093	No
L2350 F-1	$9990	$2000	$3000	**$4300**	**$5200**	Kubota	3	68D	8F-2R	20.5	1781	No
L2650 DT-W 4WD	$15240	$3050	$4570	**$6550**	**$7930**	Kubota	3	85D	8F-8R	23.50	2602	No
L2900 DT	$16240	$3250	$4870	**$6980**	**$8450**	Kubota	3	91D	8F-8R	25.00	2800	No
L2900 F	$14200	$2840	$4260	**$6110**	**$7380**	Kubota	3	91D	8F-8R	25.00	2645	No
L2900 GST	$16550	$3310	$4970	**$7120**	**$8610**	Kubota	3	91D	8F-8R	25.00	2810	No
L3300 DT	$17750	$3550	$5330	**$7630**	**$9230**	Kubota	3	100D	8F-8R	28.00	2800	No
L3300 F	$15000	$3000	$4500	**$6450**	**$7800**	Kubota	3	100D	8F-8R	28.00	2645	No
L3300 GST	$18060	$3610	$5420	**$7770**	**$9390**	Kubota	3	100D	8F-8R	28.00	2810	No
L3600 DT	$18870	$3770	$5660	**$8110**	**$9810**	Kubota	4	113D	8F-8R	31.00	3030	No
L3600 GST	$19180	$3840	$5750	**$8250**	**$9970**	Kubota	4	113D	8F-8R	31.00	3075	No
M4030 SU	$18050	$3610	$5420	**$7760**	**$9390**	Kubota	5	149D	8F-2R	42.00	3946	No
B4200 DT 4WD	$8100	$2190	$2920	**$3890**	**$4700**	Kubota	2	35D	6F-2R	10	926	No
L4200 DT	$20475	$4100	$6140	**$8800**	**$10650**	Kubota	4	134D	8F-8R	37.00	3030	No
L4200 F	$17800	$3560	$5340	**$7650**	**$9260**	Kubota	4	134D	8F-8R	37.00	2875	No
L4200 F GST	$18110	$3620	$5430	**$7790**	**$9420**	Kubota	4	134D	8F-8R	37.00	2890	No
L4200 GST	$21385	$4280	$6420	**$9200**	**$11120**	Kubota	4	134D	8F-8R	37.00	3055	No
L4350 HDT 4WD	$24500	$4900	$7350	**$10540**	**$12740**	Kubota	4	134D	8F-8R	38.00	3860	No
L4350 HDT-W 4WD	$25200	$5040	$7560	**$10840**	**$13100**	Kubota	4	134D	8F-8R	38.00	3860	No
L4350 MDT 4WD	$23400	$4680	$7020	**$10060**	**$12170**	Kubota	4	134D	8F-8R	38.00	3860	No
L4850 HDT-W 4WD	$26600	$5320	$7980	**$11440**	**$13830**	Kubota	5	152D	8F-8R	43.00	4080	No
M4950 DT 4WD	$27000	$5400	$8100	**$11610**	**$14040**	Kubota	6	170D	12F-4R	49.00	5357	No
M4950 F	$21750	$4350	$6530	**$9350**	**$11310**	Kubota	6	170D	12F-4R	49.00	4762	No
M5030 SU	$20900	$4180	$6270	**$8990**	**$10870**	Kubota	6	170D	16F-4R	49.00	4409	No
M5030 SU MDT 4WD	$26200	$5240	$7860	**$11270**	**$13620**	Kubota	6	170D	8F-8R	49.00	4978	No
B5200 DT 4WD	$8900	$2400	$3200	**$4270**	**$5160**	Kubota	3	47D	6F-2R	11.50	1180	No
B5200 E	$8200	$2210	$2950	**$3940**	**$4760**	Kubota	3	47D	6F-2R	11.50	1058	No
L5450 HDT-W 4WD	$28800	$5760	$8640	**$12380**	**$14980**	Kubota	5	168D	8F-8R	49.00	4410	No
M5950 DT 4WD	$30300	$6060	$9090	**$13030**	**$15760**	Kubota	3	196D	12F-4R	58.00	5673	No
M5950 F	$24750	$4950	$7430	**$10640**	**$12870**	Kubota	3	196D	12F-4R	58.00	4989	No
M6030 DTN-B 4WD	$31200	$6240	$9360	**$13420**	**$16220**	Kubota	3	196D	16F-4R	57.00	5010	No
B6200 DT 4WD	$9300	$2510	$3350	**$4460**	**$5390**	Kubota	3	52D	6F-2R	12.50	1179	No
B6200 E	$8300	$2240	$2990	**$3980**	**$4810**	Kubota	3	52D	6F-2R	12.50	1058	No
B6200 HSD 4WD	$10600	$2860	$3820	**$5090**	**$6150**	Kubota	3	52D	Variable	12.50	1279	No
B6200 HSE	$9600	$2590	$3460	**$4610**	**$5570**	Kubota	3	52D	Variable	12.50	1158	No
M6950 DT 4WD	$31800	$6360	$9540	**$13670**	**$16540**	Kubota	4	243D	12F-4R	66.00	6504	No
M6950 F	$26250	$5250	$7880	**$11290**	**$13650**	Kubota	4	243D	12F-4R	66.00	5776	No
M7030 DTNB	$34900	$6980	$10470	**$15010**	**$18150**	Kubota	4	243D	16F-4R	68.00	5004	No
M7030 N	$27100	$5420	$8130	**$11650**	**$14090**	Kubota	4	243D	16F-4R	68.00	4410	No
M7030 SU	$26400	$5280	$7920	**$11350**	**$13730**	Kubota	4	243D	16F-4R	68.00	5181	No
M7030 SUDT 4WD	$31700	$6340	$9510	**$13630**	**$16480**	Kubota	4	243D	16F-4R	68.00	5710	No
B7100 HSD 4WD	$9495	$2560	$3420	**$4560**	**$5510**	Kubota	3	47D	Variable	13.00	1257	No
M7580 DT	$39900	$7980	$11970	**$17160**	**$20750**	Kubota	4	264D	12F-12R	70.00	6834	No
M7580 DTC	$47900	$9580	$14370	**$20600**	**$24910**	Kubota	4	264D	12F-12R	70.00	7429	CHA
M7950 DT 4WD	$35000	$7000	$10500	**$15050**	**$18200**	Kubota	4	262D	12F-4R	75.00	6810	No
M7950 DT 4WD w/Cab	$42500	$8500	$12750	**$18280**	**$22100**	Kubota	4	262D	12F-4R	75.00	7297	CHA
M7950 F	$29000	$5800	$8700	**$12470**	**$15080**	Kubota	4	262D	12F-4R	75.00	5960	No
M7950 F w/Cab	$36900	$7380	$11070	**$15870**	**$19190**	Kubota	4	262D	12F-4R	75.00	6460	CHA
M8030 DTM 4WD	$37000	$7400	$11100	**$15910**	**$19240**	Kubota	4	262D	16F-4R	76.00	6342	No
M8030 F	$29300	$5860	$8790	**$12600**	**$15240**	Kubota	4	262D	16F-4R	76.00	5417	No
M8580 DT	$41600	$8320	$12480	**$17890**	**$21630**	Kubota	4	284D	12F-12R	80.00	8377	No
M8580 DTC	$50200	$10040	$15060	**$21590**	**$26100**	Kubota	4	284D	12F-12R	80.00	8973	CHA
M8950 DT 4WD	$40000	$8000	$12000	**$17200**	**$20800**	Kubota	4	262D	24F-8R	86.00	7226	No
M8950 DT 4WD w/Cab	$47500	$9500	$14250	**$20430**	**$24700**	Kubota	4	262D	24F-8R	86.00	8223	CHA
M8950 F	$34000	$6800	$10200	**$14620**	**$17680**	Kubota	4	262D	24F-8R	86.00	6953	No

Kubota (Cont.)

1995 (Cont.)

Model	Approx. Retail Price New	Estimated Value Less Repairs: Used Trade In Avg.	Used Trade In High	Used Retail Avg.	Used Retail High	Make	Engine No. Cyls.	Engine Displ. Cu.-In.	No. Speeds	P.T.O. H.P.	Approx. Shipping Wt.-Lbs.	Cab
M8950 F w/Cab	$41700	$8340	$12510	**$17930**	**$21680**	Kubota	4	262D	24F-8R	86.00	7452	CHA
M9580 DT	$47400	$9480	$14220	**$20380**	**$24650**	Kubota	4T	284D	24F-24R	100.0	8488	No
M9580 DTC	$55500	$11100	$16650	**$23870**	**$28860**	Kubota	4T	284D	24F-24R	100.0	9083	No

C, D, DT--Front Wheel Assist DTSS--Front Wheel Assist, Shuttle Shift E--Two Wheel Drive F--Farm Standard W--Two Row Offset
H, HC--High Clearance HSE--Hydrostatic Transmission, Two Wheel Drive HSD--Hydrostatic Transmission, Four Wheel Drive OC--Orchard L--Low Profile

1994

Model	Approx. Retail Price New	Estimated Value Less Repairs: Used Trade In Avg.	Used Trade In High	Used Retail Avg.	Used Retail High	Make	Engine No. Cyls.	Engine Displ. Cu.-In.	No. Speeds	P.T.O. H.P.	Approx. Shipping Wt.-Lbs.	Cab
B1550 DT 4WD	$11500	$2990	$4030	**$5410**	**$6560**	Kubota	3	52D	6F-2R	14.00	1279	No
B1550 E	$10000	$2600	$3500	**$4700**	**$5700**	Kubota	3	52D	6F-2R	14.00	1146	No
B1550 HSD 4WD	$13000	$3380	$4550	**$6110**	**$7410**	Kubota	3	52D	Variable	13.00	1356	No
B1550 HSE	$11500	$2990	$4030	**$5410**	**$6560**	Kubota	3	52D	Variable	13.00	1190	No
B1750 DT 4WD	$12600	$3280	$4410	**$5920**	**$7180**	Kubota	3	57D	6F-2R	16.50	1323	No
B1750 E	$11100	$2890	$3890	**$5220**	**$6330**	Kubota	3	57D	6F-2R	16.50	1201	No
B1750 HSD 4WD	$14200	$3690	$4970	**$6670**	**$8090**	Kubota	3	57D	Variable	15.50	1400	No
B1750 HSE	$12700	$3300	$4450	**$5970**	**$7240**	Kubota	3	57D	Variable	15.50	1257	No
B2150 DT 4WD	$13600	$3540	$4760	**$6390**	**$7750**	Kubota	4	75D	9F-3R	20.00	1764	No
B2150 E	$12000	$3120	$4200	**$5640**	**$6840**	Kubota	4	75D	9F-3R	20.00	1609	No
B2150 HSD 4WD	$15300	$3980	$5360	**$7190**	**$8720**	Kubota	4	75D	Variable	18.00	1775	No
B2150 HSE	$13700	$3560	$4800	**$6440**	**$7810**	Kubota	4	75D	Variable	18.00	1620	No
L2350 DT 4WD	$11400	$2170	$3310	**$4790**	**$5810**	Kubota	3	68D	8F-2R	20.5	2093	No
L2350 F-1	$9990	$1900	$2900	**$4200**	**$5100**	Kubota	3	68D	8F-2R	20.5	1781	No
L2650 DT-W 4WD	$15240	$2900	$4420	**$6400**	**$7770**	Kubota	3	85D	8F-8R	23.50	2602	No
L2900 DT	$16240	$3090	$4710	**$6820**	**$8280**	Kubota	3	91D	8F-8R	25.00	2800	No
L2900 F	$14200	$2700	$4120	**$5960**	**$7240**	Kubota	3	91D	8F-8R	25.00	2645	No
L2900 GST	$16550	$3150	$4800	**$6950**	**$8440**	Kubota	3	91D	8F-8R	25.00	2810	No
L3300 DT	$17750	$3370	$5150	**$7460**	**$9050**	Kubota	3	100D	8F-8R	28.00	2800	No
L3300 F	$15000	$2850	$4350	**$6300**	**$7650**	Kubota	3	100D	8F-8R	28.00	2645	No
L3300 GST	$18060	$3430	$5240	**$7590**	**$9210**	Kubota	3	100D	8F-8R	28.00	2810	No
L3600 DT	$18870	$3590	$5470	**$7930**	**$9620**	Kubota	4	113D	8F-8R	31.00	3030	No
L3600 GST	$19180	$3640	$5560	**$8060**	**$9780**	Kubota	4	113D	8F-8R	31.00	3075	No
M4030 SU	$18050	$4690	$6320	**$8480**	**$10290**	Kubota	5	149D	8F-2R	42.00	3946	No
B4200 DT 4WD	$8100	$2110	$2840	**$3810**	**$4620**	Kubota	2	35D	6F-2R	10	926	No
L4200 DT	$20475	$3890	$5940	**$8600**	**$10440**	Kubota	4	134D	8F-8R	37.00	3030	No
L4200 F	$17800	$3380	$5160	**$7480**	**$9080**	Kubota	4	134D	8F-8R	37.00	2875	No
L4200 F GST	$18110	$3440	$5250	**$7610**	**$9240**	Kubota	4	134D	8F-8R	37.00	2890	No
L4200 GST	$21385	$4060	$6200	**$8980**	**$10910**	Kubota	4	134D	8F-8R	37.00	3055	No
L4350 HDT 4WD	$24500	$4660	$7110	**$10290**	**$12500**	Kubota	4	134D	8F-8R	38.00	3860	No
L4350 HDT-W 4WD	$25200	$4790	$7310	**$10580**	**$12850**	Kubota	4	134D	8F-8R	38.00	3860	No
L4350 MDT 4WD	$23400	$4450	$6790	**$9830**	**$11930**	Kubota	4	134D	8F-8R	38.00	3860	No
L4850 HDT-W 4WD	$26600	$5050	$7710	**$11170**	**$13570**	Kubota	5	152D	8F-8R	43.00	4080	No
M4950 DT 4WD	$27000	$7020	$9450	**$12690**	**$15390**	Kubota	6	170D	12F-4R	49.00	5357	No
M4950 F	$21750	$5660	$7610	**$10220**	**$12400**	Kubota	6	170D	12F-4R	49.00	4762	No
M5030 SU	$20900	$5430	$7320	**$9820**	**$11910**	Kubota	6	170D	16F-4R	49.00	4409	No
M5030 SU MDT 4WD	$26200	$6810	$9170	**$12310**	**$14930**	Kubota	6	170D	8F-8R	49.00	4978	No
B5200 DT 4WD	$8900	$2310	$3120	**$4180**	**$5070**	Kubota	3	47D	6F-2R	11.50	1180	No
B5200 E	$8200	$2130	$2870	**$3850**	**$4670**	Kubota	3	47D	6F-2R	11.50	1058	No
L5450 HDT-W 4WD	$28800	$5470	$8350	**$12100**	**$14690**	Kubota	5	168D	8F-8R	49.00	4410	No
M5950 DT 4WD	$30300	$5760	$8790	**$12730**	**$15450**	Kubota	3	196D	12F-4R	58.00	5673	No
M5950 F	$24750	$4700	$7180	**$10400**	**$12620**	Kubota	3	196D	12F-4R	58.00	4989	No
M6030 DTN-B 4WD	$31200	$5930	$9050	**$13100**	**$15910**	Kubota	3	196D	16F-4R	57.00	5010	No
B6200 DT 4WD	$9300	$2420	$3260	**$4370**	**$5300**	Kubota	3	52D	6F-2R	12.50	1179	No
B6200 E	$8300	$2160	$2910	**$3900**	**$4730**	Kubota	3	52D	6F-2R	12.50	1058	No
B6200 HSD 4WD	$10600	$2760	$3710	**$4980**	**$6040**	Kubota	3	52D	Variable	12.50	1279	No
B6200 HSE	$9600	$2500	$3360	**$4510**	**$5470**	Kubota	3	52D	Variable	12.50	1158	No
M6950 DT 4WD	$31800	$6040	$9220	**$13360**	**$16220**	Kubota	4	243D	12F-4R	66.00	6504	No
M6950 F	$26250	$4990	$7610	**$11030**	**$13390**	Kubota	4	243D	12F-4R	66.00	5776	No
M7030 DTNB	$34900	$6630	$10120	**$14660**	**$17800**	Kubota	4	243D	16F-4R	68.00	5004	No
M7030 N	$27100	$5150	$7860	**$11380**	**$13820**	Kubota	4	243D	16F-4R	68.00	4410	No
M7030 SU	$26400	$5020	$7660	**$11090**	**$13460**	Kubota	4	243D	16F-4R	68.00	5181	No
M7030 SUDT 4WD	$31700	$6020	$9190	**$13310**	**$16170**	Kubota	4	243D	16F-4R	68.00	5710	No
B7100 HSD 4WD	$9495	$2470	$3320	**$4460**	**$5410**	Kubota	3	47D	Variable	13.00	1257	No
M7580 DT	$39900	$7580	$11570	**$16760**	**$20350**	Kubota	4	264D	12F-12R	70.00	6834	No
M7580 DTC	$47900	$9100	$13890	**$20120**	**$24430**	Kubota	4	264D	12F-12R	70.00	7429	CHA
M7950 DT 4WD	$35000	$6650	$10150	**$14700**	**$17850**	Kubota	4	262D	12F-4R	75.00	6810	No
M7950 DT 4WD w/Cab	$42500	$8080	$12330	**$17850**	**$21680**	Kubota	4	262D	12F-4R	75.00	7297	CHA
M7950 F	$29000	$5510	$8410	**$12180**	**$14790**	Kubota	4	262D	12F-4R	75.00	5960	No
M7950 F w/Cab	$36900	$7010	$10700	**$15500**	**$18820**	Kubota	4	262D	12F-4R	75.00	6460	CHA
M8030 DTM 4WD	$37000	$7030	$10730	**$15540**	**$18870**	Kubota	4	262D	16F-4R	76.00	6342	No
M8030 F	$29300	$5570	$8500	**$12310**	**$14940**	Kubota	4	262D	16F-4R	76.00	5417	No
M8580 DT	$41600	$7900	$12060	**$17470**	**$21220**	Kubota	4	284D	12F-12R	80.00	8377	No
M8580 DTC	$50200	$9540	$14560	**$21080**	**$25600**	Kubota	4	284D	12F-12R	80.00	8973	CHA
M8950 DT 4WD	$40000	$7600	$11600	**$16800**	**$20400**	Kubota	4	262D	24F-8R	86.00	7226	No
M8950 DT 4WD w/Cab	$47500	$9030	$13780	**$19950**	**$24230**	Kubota	4	262D	24F-8R	86.00	8223	CHA
M8950 F	$34000	$6460	$9860	**$14280**	**$17340**	Kubota	4	262D	24F-8R	86.00	6953	No
M8950 F w/Cab	$41700	$7920	$12090	**$17510**	**$21270**	Kubota	4	262D	24F-8R	86.00	7452	CHA
M9580 DT	$47400	$9010	$13750	**$19910**	**$24170**	Kubota	4T	284D	24F-24R	100.0	8488	No
M9580 DTC	$55500	$10550	$16100	**$23310**	**$28310**	Kubota	4T	284D	24F-24R	100.0	9083	No

C, D, DT--Front Wheel Assist DTSS--Front Wheel Assist, Shuttle Shift E--Two Wheel Drive F--Farm Standard W--Two Row Offset
H, HC--High Clearance HSE--Hydrostatic Transmission, Two Wheel Drive HSD--Hydrostatic Transmission, Four Wheel Drive OC--Orchard L--Low Profile

1993

Model	Approx. Retail Price New	Estimated Value Less Repairs: Used Trade In Avg.	Used Trade In High	Used Retail Avg.	Used Retail High	Make	Engine No. Cyls.	Engine Displ. Cu.-In.	No. Speeds	P.T.O. H.P.	Approx. Shipping Wt.-Lbs.	Cab
B1550 DT	$10900	$2730	$3710	**$5010**	**$6100**	Kubota	3	52D	6F-2R	14.00	1280	No
B1550 E	$9600	$2400	$3260	**$4420**	**$5380**	Kubota	3	52D	6F-2R	14.00	1150	No
B1550 HSD	$12400	$3100	$4220	**$5700**	**$6940**	Kubota	3	52D	Variable	13.00	1325	No

Kubota (Cont.)

1993 (Cont.)

	Approx. Retail Price New	Estimated Value Less Repairs: Used Trade In Avg.	High	Used Retail Avg.	High	Make	Engine No. Cyls.	Displ. Cu.-In.	No. Speeds	P.T.O. H.P.	Approx. Shipping Wt.-Lbs.	Cab
B1550 HSE	$11000	$2750	$3740	$5060	$6160	Kubota	3	52D	Variable	13.00	1190	No
B1750 DT	$12000	$3000	$4080	$5520	$6720	Kubota	3	57D	6F-2R	16.5	1290	No
B1750 E	$10700	$2680	$3640	$4920	$5990	Kubota	3	57D	6F-2R	16.5	1170	No
B1750 HSD	$13500	$3380	$4590	$6210	$7560	Kubota	3	57D	Variable	16.5	1365	No
B1750 HSE	$12100	$3030	$4110	$5570	$6780	Kubota	3	57D	Variable	16.5	1225	No
B2150 DT 4WD	$13000	$3250	$4420	$5980	$7280	Kubota	4	75D	9F-3R	20.1	1675	No
B2150 E	$11600	$2900	$3940	$5340	$6500	Kubota	4	75D	9F-3R	20.1	1570	No
B2150 HSD	$14550	$3640	$4950	$6690	$8150	Kubota	4	75D	Variable	20.1	1720	No
B2150 HSE	$13100	$3280	$4450	$6030	$7340	Kubota	4	75D	Variable	20.1	1605	No
L2350 DT	$11400	$2050	$3190	$4670	$5700	Kubota	3	68D	8F-2R	20.5	2095	No
L2350 F	$9990	$1800	$2800	$4100	$5000	Kubota	3	68D	8F-2R	20.5	1780	No
L2650 DT	$14900	$2680	$4170	$6110	$7450	Kubota	3	85D	8F-8R	23.5	2600	No
L2650 F-3	$12300	$2210	$3440	$5040	$6150	Kubota	3	85D	8F-8R	23.5	2380	No
L2650 F-8	$13315	$2400	$3730	$5460	$6660	Kubota	3	85D	8F-8R	23.5	2380	No
L2650 GST	$16055	$2890	$4500	$6580	$8030	Kubota	3	85D	8F-8R	23.5	2655	No
L2950 DT	$15900	$2860	$4450	$6520	$7950	Kubota	3	89D	8F-8R	26.0	2720	No
L2950 F-3	$13000	$2340	$3640	$5330	$6500	Kubota	3	89D	8F-8R	26.0	2445	No
L2950 F-8	$14075	$2530	$3940	$5770	$7040	Kubota	3	89D	8F-8R	26.0	2445	No
L2950 GST	$16955	$3050	$4750	$6950	$8480	Kubota	3	89D	8F-8R	26.0	2780	No
L3450 DT	$17300	$3110	$4840	$7090	$8650	Kubota	4	113D	8F-8R	30.0	2845	No
L3450 F	$15100	$2720	$4230	$6190	$7550	Kubota	4	113D	8F-8R	30.0	2610	No
L3450 GST	$18355	$3300	$5140	$7530	$9180	Kubota	4	113D	8F-8R	30.0	2900	No
L3650 DT	$18090	$3260	$5070	$7420	$9050	Kubota	4	113D	8F-8R	33.0	2910	No
L3650 F	$15890	$2860	$4450	$6520	$7950	Kubota	4	113D	8F-8R	30.0	2700	No
L3650 GST	$18910	$3400	$5300	$7750	$9460	Kubota	4	113D	8F-8R	33.0	2965	No
M4030 SU	$17190	$3090	$4810	$7050	$8600	Kubota	6	158D	8F-8R	44.05	3950	No
B4200 DT	$7800	$1950	$2650	$3590	$4370	Kubota	2	35D	6F-2R	10	926	No
L4350 HDT-W 4WD	$24000	$4320	$6720	$9840	$12000	Kubota	4	134D	8F-8R	38.0	3860	No
L4350 MDT	$22300	$4010	$6240	$9140	$11150	Kubota	4	134D	8F-8R	38.0	3860	No
L4850 HDT-W	$25300	$4550	$7080	$10370	$12650	Kubota	5	152D	8F-8R	43.0	4080	No
M4950 DT	$27000	$4860	$7560	$11070	$13500	Kubota	6	170D	12F-4R	49.57	5450	No
M4950 F	$21750	$3920	$6090	$8920	$10880	Kubota	6	170D	12F-4R	49.57	4770	No
M5030 SU	$19900	$3580	$5570	$8160	$9950	Kubota	6	170D	8F-8R	49.77	4185	No
M5030 SU MDT	$25000	$4500	$7000	$10250	$12500	Kubota	6	170D	8F-8R	49.77	4980	No
B5200 DT	$8900	$2230	$3030	$4090	$4980	Kubota	3	47D	6F-2R	11.5	1180	No
B5200 E	$7900	$1980	$2690	$3630	$4420	Kubota	3	47D	6F-2R	11.5	1060	No
L5450 HDT-W	$27400	$4930	$7670	$11230	$13700	Kubota	5	168D	8F-8R	49.0	4410	No
M5950 DT	$30000	$5400	$8400	$12300	$15000	Kubota	3	196D	12F-4R	58.00	5675	No
M5950 F	$24500	$4410	$6860	$10050	$12250	Kubota	3	196D	12F-4R	58.00	4990	No
M6030 DTN	$29800	$5360	$8340	$12220	$14900	Kubota	3	196D	16F-4R	57.74	5010	No
B6200 DT	$9300	$2330	$3160	$4280	$5210	Kubota	3	52D	6F-2R	12.5	1180	No
B6200 E	$8300	$2080	$2820	$3820	$4650	Kubota	3	52D	6F-2R	12.5	1060	No
B6200 HSD	$10600	$2650	$3600	$4880	$5940	Kubota	3	52D	Variable	12.5	1280	No
B6200 HSE	$9600	$2400	$3260	$4420	$5380	Kubota	3	52D	Variable	12.5	1160	No
M6950 DT	$31800	$5720	$8900	$13040	$15900	Kubota	4	243D	12F-4R	66.44	6625	No
M6950 F	$26250	$4730	$7350	$10760	$13130	Kubota	4	243D	12F-4R	66.44	5795	No
M7030 DTNB	$33300	$5990	$9320	$13650	$16650	Kubota	4	243D	16F-4R	68.86	5710	No
M7030 N	$26000	$4680	$7280	$10660	$13000	Kubota	3	243D	16F-4R	68.86	4586	No
M7030 SU	$25200	$4540	$7060	$10330	$12600	Kubota	4	243D	16F-4R	68.86	4586	No
M7030 SU DT	$30200	$5440	$8460	$12380	$15100	Kubota	4	243D	16F-4R	68.86	5710	No
B7100 HSD	$8995	$2250	$3060	$4140	$5040	Kubota	3	47D	Variable	13.0	1257	No
M7580 DT	$38000	$6840	$10640	$15580	$19000	Kubota	4	264D	12F-12R	70.00	7430	No
M7580 DTC	$45600	$8210	$12770	$18700	$22800	Kubota	4	264D	12F-12R	70.00		CHA
M7950 DT	$35000	$6300	$9800	$14350	$17500	Kubota	4	262D	12F-4R	75.44	6810	No
M7950 DTC	$42500	$7650	$11900	$17430	$21250	Kubota	4	262D	12F-4R	75.44		CHA
M7950 F	$29000	$5220	$8120	$11890	$14500	Kubota	4	262D	12F-4R	75.44	5960	No
M7950 FC	$36900	$6640	$10330	$15130	$18450	Kubota	4	262D	12F-4R	75.44		CHA
M8030 DT	$35000	$6300	$9800	$14350	$17500	Kubota	4	262D	16F-8R	76.91	6340	No
M8030 DTL	$34600	$6230	$9690	$14190	$17300	Kubota	4	262D	16F-8R	76.91	6340	No
M8030 DTM	$35500	$6390	$9940	$14560	$17750	Kubota	4	262D	16F-8R	76.91	6340	No
M8030 F	$28000	$5040	$7840	$11480	$14000	Kubota	4	262D	16F-8R	76.91	5420	No
M8580 DT	$39700	$7150	$11120	$16280	$19850	Kubota	4	285D	12F-12R	80.00	8975	No
M8580 DTC	$47800	$8600	$13380	$19600	$23900	Kubota	4	285D	12F-12R	80.00		CHA
M8950 DT	$40000	$7200	$11200	$16400	$20000	Kubota	4T	262D	24F-8R	85.63	7715	No
M8950 DTC	$47500	$8550	$13300	$19480	$23750	Kubota	4T	262D	24F-8R	85.63		CHA
M8950 F	$34000	$6120	$9520	$13940	$17000	Kubota	4T	262D	24F-8R	85.63	6955	No
M8950 FC	$41700	$7510	$11680	$17100	$20850	Kubota	4T	262D	24F-8R	85.63		CHA
M9580 DT	$45200	$8140	$12660	$18530	$22600	Kubota	4T	285D	24F-24R	91.00	9085	No
M9580 DTC	$52800	$9500	$14780	$21650	$26400	Kubota	4T	285D	24F-24R	91.00		CHA

C, D, DT--Front Wheel Assist DTSS--Front Wheel Assist, Shuttle Shift E--Two Wheel Drive F--Farm Standard W--Two Row Offset
H, HC--High Clearance HSE--Hydrostatic Transmission, Two Wheel Drive HSD--Hydrostatic Transmission, Four Wheel Drive OC--Orchard L--Low Profile

1992

	Approx. Retail Price New	Used Trade In Avg.	High	Used Retail Avg.	High	Make	Engine No. Cyls.	Displ. Cu.-In.	No. Speeds	P.T.O. H.P.	Approx. Shipping Wt.-Lbs.	Cab
B1550 DT 4WD	$10270	$2470	$3390	$4620	$5650	Kubota	3	52D	6F-2R	14.00	1246	No
B1550 E	$8945	$2150	$2950	$4030	$4920	Kubota	3	52D	6F-2R	14.00	1113	No
B1550 HSD 4WD	$11700	$2810	$3860	$5270	$6440	Kubota	3	52D	Variable	13.00	1323	No
B1550 HSE	$10370	$2490	$3420	$4670	$5700	Kubota	3	52D	Variable	13.00	1190	No
B1750 DT 4WD	$11310	$2710	$3730	$5090	$6220	Kubota	3	57D	6F-2R	16.50	1290	No
B1750 E	$9985	$2400	$3300	$4490	$5490	Kubota	3	57D	6F-2R	16.50	1168	No
B1750 HSD 4WD	$12740	$3060	$4200	$5730	$7010	Kubota	3	57D	Variable	15.50	1367	No
B1750 HSE	$11400	$2740	$3760	$5130	$6270	Kubota	3	57D	Variable	15.50	1224	No
B2150 DT 4WD	$12340	$2960	$4070	$5550	$6790	Kubota	4	75D	9F-3R	20.00	1731	No
B2150 E	$10900	$2620	$3600	$4910	$6000	Kubota	4	75D	9F-3R	20.00	1576	No
B2150 HSD 4WD	$13770	$3310	$4540	$6200	$7570	Kubota	4	75D	Variable	18.00	1742	No

Kubota (Cont.)

Model	Approx. Retail Price New	Estimated Value Less Repairs: Used Trade In Avg.	Used Trade In High	Used Retail Avg.	Used Retail High	Make	Engine No. Cyls.	Engine Displ. Cu.-In.	No. Speeds	P.T.O. H.P.	Approx. Shipping Wt.-Lbs.	Cab
1992 (Cont.)												
B2150 HSE	$12400	$2980	$4090	**$5580**	**$6820**	Kubota	4	75D	Variable	18.00	1587	No
L2350 DT-7 4WD	$12770	$2170	$3450	**$5110**	**$6260**	Kubota	3	68D	8F-2R	20.5	2380	No
L2350 F-1	$10115	$1720	$2730	**$4050**	**$4960**	Kubota	3	68D	8F-2R	20.5	2170	No
L2650 DT-W 4WD	$13660	$2320	$3690	**$5460**	**$6690**	Kubota	3	85D	8F-8R	23.50	2602	No
L2950 DT-W 4WD	$14484	$2460	$3910	**$5790**	**$7100**	Kubota	3	89D	8F-8R	26.00	2734	No
L3450 DT-W 4WD	$15700	$2670	$4240	**$6280**	**$7690**	Kubota	4	114D	8F-8R	30.00	2866	No
L3650 DT-W 4WD	$16524	$2810	$4460	**$6610**	**$8100**	Kubota	4	114D	8F-8R	33.00	2911	No
L3650 GST 4WD	$17440	$2970	$4710	**$6980**	**$8550**	Kubota	4	114D	8F-8R	33.00	2833	No
M4030 SU	$16300	$2770	$4400	**$6520**	**$7990**	Kubota	5	149D	8F-2R	42.00	3946	No
B4200 DT 4WD	$7550	$1810	$2490	**$3400**	**$4150**	Kubota	2	35D	6F-2R	10	926	No
L4350 HDT 4WD	$22330	$3800	$6030	**$8930**	**$10940**	Kubota	4	134D	8F-8R	38.00	3860	No
L4350 HDT-W 4WD	$23050	$3920	$6220	**$9220**	**$11300**	Kubota	4	134D	8F-8R	38.00	3860	No
L4350 MDT 4WD	$21300	$3620	$5750	**$8520**	**$10440**	Kubota	4	134D	8F-8R	38.00	3860	No
L4850 HDT-W 4WD	$24275	$4130	$6550	**$9710**	**$11900**	Kubota	5	152D	8F-8R	43.00	4080	No
M4950 DT 4WD	$27230	$4590	$7290	**$10800**	**$13230**	Kubota	6	170D	12F-4R	49.00	5357	No
M4950 F	$21930	$3700	$5870	**$8700**	**$10660**	Kubota	6	170D	12F-4R	49.00	4762	No
M5030 SU	$18970	$3230	$5120	**$7590**	**$9300**	Kubota	6	170D	16F-4R	49.00	4185	No
M5030 SU MDT 4WD	$23860	$4060	$6440	**$9540**	**$11690**	Kubota	6	170D	8F-8R	49.00	4974	No
B5200 DT 4WD	$8690	$2090	$2870	**$3910**	**$4780**	Kubota	3	47D	6F-2R	11.50	1254	No
B5200 E	$7670	$1840	$2530	**$3450**	**$4220**	Kubota	3	47D	6F-2R	11.50	1122	No
L5450 HDT-W 4WD	$26360	$4480	$7120	**$10540**	**$12920**	Kubota	5	168D	8F-8R	49.00	4410	No
M5950 DT 4WD	$30600	$5150	$8180	**$12120**	**$14850**	Kubota	3	196D	12F-4R	58.00	5673	No
M5950 F	$24990	$4210	$6680	**$9900**	**$12130**	Kubota	3	196D	12F-4R	58.00	4989	No
M6030 DTN-B 4WD	$26520	$4510	$7160	**$10610**	**$13000**	Kubota	3	196D	16F-4R	58.00	5010	No
B6200 DT 4WD	$9100	$2180	$3000	**$4100**	**$5010**	Kubota	3	52D	6F-2R	12.50	1232	No
B6200 E	$8080	$1940	$2670	**$3640**	**$4440**	Kubota	3	52D	6F-2R	12.50	1333	No
B6200 HSD 4WD	$10430	$2500	$3440	**$4690**	**$5740**	Kubota	3	52D	Variable	12.50	1150	No
B6200 HSE	$9400	$2260	$3100	**$4230**	**$5170**	Kubota	3	52D	Variable	12.50	1100	No
M6950 DT 4WD	$32130	$5410	$8590	**$12720**	**$15580**	Kubota	4	243D	12F-4R	66.00	6504	No
M6950 F	$26520	$4460	$7090	**$10500**	**$12860**	Kubota	4	243D	12F-4R	66.00	5776	No
M7030 SU	$23970	$4080	$6470	**$9590**	**$11750**	Kubota	4	243D	16F-4R	68.00	4586	No
M7030 SUDT 4WD	$28800	$4900	$7780	**$11520**	**$14110**	Kubota	4	243D	16F-4R	68.00	5710	No
B7100 DT 4WD	$9200	$2210	$3040	**$4140**	**$5060**	Kubota	3	47D	6F-2R	13.00	1320	No
B7100 E	$8200	$1970	$2710	**$3690**	**$4510**	Kubota	3	47D	6F-2R	13.00	1215	No
B7100 HSD 4WD	$10500	$2520	$3470	**$4730**	**$5780**	Kubota	3	47D	Variable	13.00	1275	No
B7100 HSE	$9450	$2270	$3120	**$4250**	**$5200**	Kubota	3	47D	Variable	13.00	1225	No
M7950 DT 4WD	$35290	$5950	$9450	**$14000**	**$17150**	Kubota	4	262D	12F-4R	75.00	6810	No
M7950 DT 4WD w/Cab	$42840	$7230	$11480	**$17000**	**$20830**	Kubota	4	262D	12F-4R	75.00	6810	CHA
M7950 F	$28600	$4860	$7720	**$11440**	**$14010**	Kubota	4	262D	12F-4R	75.00	5960	No
M7950 F w/Cab	$36200	$6150	$9770	**$14480**	**$17740**	Kubota	4	262D	12F-4R	75.00	5960	CHA
M8030 F	$26724	$4540	$7220	**$10690**	**$13100**	Kubota	4	262D	16F-4R	76.00	5247	No
M8030 MDT 4WD	$33450	$5690	$9030	**$13380**	**$16390**	Kubota	4	262D	16F-4R	76.00	6342	No
M8950 DT 4WD	$40390	$6800	$10800	**$16000**	**$19600**	Kubota	4	262D	24F-8R	86.00	7726	No
M8950 DT 4WD w/Cab	$47940	$8080	$12830	**$19000**	**$23280**	Kubota	4	262D	24F-8R	86.00	7726	CHA
M8950 F	$33450	$5690	$9030	**$13380**	**$16390**	Kubota	4	262D	24F-8R	86.00	6953	No
M8950 F w/Cab	$41000	$6970	$11070	**$16400**	**$20090**	Kubota	4	262D	24F-8R	86.00	6953	CHA

C, D, DT--Front Wheel Assist DTSS--Front Wheel Assist, Shuttle Shift E--Two Wheel Drive F--Farm Standard W--Two Row Offset H, HC--High Clearance HSE--Hydrostatic Transmission, Two Wheel Drive HSD--Hydrostatic Transmission, Four Wheel Drive OC--Orchard L--Low Profile

Model	Approx. Retail Price New	Used Trade In Avg.	Used Trade In High	Used Retail Avg.	Used Retail High	Make	Engine No. Cyls.	Engine Displ. Cu.-In.	No. Speeds	P.T.O. H.P.	Approx. Shipping Wt.-Lbs.	Cab
1991												
B1550 DT 4WD	$10070	$2320	$3220	**$4430**	**$5440**	Kubota	3	52D	6F-2R	14.00	1246	No
B1550 E	$8770	$2020	$2810	**$3860**	**$4740**	Kubota	3	52D	6F-2R	14.00	1113	No
B1550 HSD 4WD	$11470	$2640	$3670	**$5050**	**$6190**	Kubota	3	52D	Variable	13.00	1323	No
B1550 HSE	$10170	$2340	$3250	**$4480**	**$5490**	Kubota	3	52D	Variable	13.00	1190	No
B1750 DT 4WD	$11090	$2550	$3550	**$4880**	**$5990**	Kubota	3	57D	6F-2R	16.50	1290	No
B1750 E	$9790	$2250	$3130	**$4310**	**$5290**	Kubota	3	57D	6F-2R	16.50	1168	No
B1750 HSD 4WD	$12490	$2870	$4000	**$5500**	**$6750**	Kubota	3	57D	Variable	15.50	1367	No
B1750 HSE	$11190	$2570	$3580	**$4920**	**$6040**	Kubota	3	57D	Variable	15.50	1224	No
L2050 DT 4WD	$10190	$1630	$2650	**$3970**	**$4890**	Kubota	3	68D	8F-2R	20.00	2093	No
L2050 F	$8990	$1440	$2340	**$3510**	**$4320**	Kubota	3	68D	8F-2R	20.00	1781	No
B2150 DT 4WD	$12100	$2780	$3870	**$5320**	**$6530**	Kubota	4	75D	9F-3R	20.00	1731	No
B2150 E	$10700	$2460	$3420	**$4710**	**$5780**	Kubota	4	75D	9F-3R	20.00	1576	No
B2150 HSD 4WD	$13500	$3110	$4320	**$5940**	**$7290**	Kubota	4	75D	Variable	18.00	1742	No
B2150 HSE	$12200	$2810	$3900	**$5370**	**$6590**	Kubota	4	75D	Variable	18.00	1587	No
L2250 DT-7 4WD	$12520	$2000	$3260	**$4880**	**$6010**	Kubota	3	79D	8F-7R	21.00	2380	No
L2250 F-1	$9920	$1590	$2580	**$3870**	**$4760**	Kubota	3	79D	8F-7R	21.00	2170	No
L2550 DT-7 4WD	$13540	$2170	$3520	**$5280**	**$6500**	Kubota	3	85D	8F-7R	23.50	2485	No
L2550 F-7	$12040	$1930	$3130	**$4700**	**$5780**	Kubota	3	85D	8F-7R	23.50	2305	No
L2550 GST 4WD	$15000	$2400	$3900	**$5850**	**$7200**	Kubota	3	85D	8F-8R	23.50	2490	No
L2650 DT-W 4WD	$13400	$2140	$3480	**$5230**	**$6430**	Kubota	3	85D	8F-8R	23.50	2602	No
L2850 DT-7 4WD	$15470	$2480	$4020	**$6030**	**$7430**	Kubota	4	106D	8F-7R	27.00	2680	No
L2850 F-7	$13740	$2200	$3570	**$5360**	**$6600**	Kubota	4	106D	8F-7R	27.00	2480	No
L2850 GST 4WD	$16900	$2700	$4390	**$6590**	**$8110**	Kubota	4	106D	8F-8R	27.00	2680	No
L2950 DT-W 4WD	$14200	$2270	$3690	**$5540**	**$6820**	Kubota	3	89D	8F-8R	26.00	2734	No
L3250 DT 4WD	$16590	$2650	$4310	**$6470**	**$7960**	Kubota	4	114D	8F-7R	32.00	2740	No
L3250 F	$14590	$2330	$3790	**$5690**	**$7000**	Kubota	4	114D	8F-7R	32.00	2530	No
L3350 DT 4WD	$18500	$2960	$4810	**$7220**	**$8880**	Kubota	4	114D	8F-8R	33.00	3770	No
L3450 DT-W 4WD	$15400	$2460	$4000	**$6010**	**$7390**	Kubota	4	114D	8F-8R	30.00	2866	No
L3650 DT-W 4WD	$16200	$2590	$4210	**$6320**	**$7780**	Kubota	4	114D	8F-8R	33.00	2911	No
L3650 GST 4WD	$17100	$2740	$4450	**$6670**	**$8210**	Kubota	4	114D	8F-8R	33.00	2833	No
L3750 DT 4WD	$20500	$3280	$5330	**$8000**	**$9840**	Kubota	4	142D	8F-8R	37.00	3860	No
L3750 F	$16000	$2560	$4160	**$6240**	**$7680**	Kubota	4	142D	8F-8R	37.00	3640	No
M4030 SU	$15990	$2560	$4160	**$6240**	**$7680**	Kubota	5	149D	8F-2R	42.00	3946	No
L4150 DT 4WD	$22000	$3520	$5720	**$8580**	**$10560**	Kubota	5	142D	8F-8R	40.00	4080	No

	Approx. Retail Price New	Estimated Value Less Repairs Used Trade In Avg.	High	Used Retail Avg.	High	Make	Engine No. Cyls.	Displ. Cu.-In.	No. Speeds	P.T.O. H.P.	Approx. Shipping Wt.-Lbs.	Cab

Kubota (Cont.)

1991 (Cont.)

L4150 F	$17200	$2750	$4470	**$6710**	**$8260**	Kubota	5	142D	8F-8R	40.00	3750	No
B4200 DT 4WD	$7420	$1710	$2370	**$3270**	**$4010**	Kubota	2	35D	6F-2R	10	926	No
L4350 HDT 4WD	$21900	$3500	$5690	**$8540**	**$10510**	Kubota	4	134D	8F-8R	38.00	3860	No
L4350 HDT-W 4WD	$22600	$3620	$5880	**$8810**	**$10850**	Kubota	4	134D	8F-8R	38.00	3860	No
L4350 MDT 4WD	$20900	$3340	$5430	**$8150**	**$10030**	Kubota	4	134D	8F-8R	38.00	3860	No
L4850 HDT-W 4WD	$23800	$3810	$6190	**$9280**	**$11420**	Kubota	5	152D	8F-8R	43.00	4080	No
M4950 DT 4WD	$26700	$4270	$6940	**$10410**	**$12820**	Kubota	6	170D	12F-4R	49.00	5357	No
M4950 F	$21500	$3440	$5590	**$8390**	**$10320**	Kubota	6	170D	12F-4R	49.00	4762	No
M5030 SU	$18600	$2980	$4840	**$7250**	**$8930**	Kubota	6	170D	16F-4R	49.00	4185	No
M5030 SU MDT 4WD	$23400	$3740	$6080	**$9130**	**$11230**	Kubota	6	170D	8F-8R	49.00	4974	No
B5200 DT 4WD	$8520	$1960	$2730	**$3750**	**$4600**	Kubota	3	47D	6F-2R	11.50	1254	No
B5200 E	$7520	$1730	$2410	**$3310**	**$4060**	Kubota	3	47D	6F-2R	11.50	1122	No
L5450 HDT-W 4WD	$25850	$4140	$6720	**$10080**	**$12410**	Kubota	5	168D	8F-8R	49.00	4410	No
M5950 DT 4WD	$30000	$4800	$7800	**$11700**	**$14400**	Kubota	3	196D	12F-4R	58.00	5673	No
M5950 F	$24500	$3920	$6370	**$9560**	**$11760**	Kubota	3	196D	12F-4R	58.00	4989	No
M6030 DTN-B 4WD	$26000	$4160	$6760	**$10140**	**$12480**	Kubota	3	196D	16F-4R	58.00	5010	No
B6200 DT 4WD	$8930	$2050	$2860	**$3930**	**$4820**	Kubota	3	52D	6F-2R	12.50	1232	No
B6200 E	$7930	$1820	$2540	**$3490**	**$4280**	Kubota	3	52D	6F-2R	12.50	1333	No
B6200 HSD 4WD	$10230	$2350	$3270	**$4500**	**$5520**	Kubota	3	52D	Variable	12.50	1150	No
B6200 HSE	$9230	$2120	$2950	**$4060**	**$4980**	Kubota	3	52D	Variable	12.50	1100	No
M6950 DT 4WD	$31500	$5040	$8190	**$12290**	**$15120**	Kubota	4	243D	12F-4R	66.00	6504	No
M6950 F	$26000	$4160	$6760	**$10140**	**$12480**	Kubota	4	243D	12F-4R	66.00	5776	No
M7030 SU	$23500	$3760	$6110	**$9170**	**$11280**	Kubota	4	243D	16F-4R	68.00	4586	No
M7030 SUDT 4WD	$28300	$4530	$7360	**$11040**	**$13580**	Kubota	4	243D	16F-4R	68.00	5710	No
B7200 DT 4WD	$9200	$2120	$2940	**$4050**	**$4970**	Kubota	3	57D	6F-2R	14.00	1320	No
B7200 E	$8200	$1890	$2620	**$3610**	**$4430**	Kubota	3	57D	6F-2R	14.00	1215	No
B7200 HSD 4WD	$10500	$2420	$3360	**$4620**	**$5670**	Kubota	3	57D	Variable	14.00	1275	No
B7200 HSE	$9450	$2170	$3020	**$4160**	**$5100**	Kubota	3	57D	Variable	14.00	1225	No
M7950 DT 4WD	$34600	$5540	$9000	**$13490**	**$16610**	Kubota	4	262D	12F-4R	75.00	6810	No
M7950 DT 4WD w/Cab	$42000	$6720	$10920	**$16380**	**$20160**	Kubota	4	262D	12F-4R	75.00	6810	CHA
M7950 F	$28100	$4500	$7310	**$10960**	**$13490**	Kubota	4	262D	12F-4R	75.00	5960	No
M7950 F w/Cab	$35500	$5680	$9230	**$13850**	**$17040**	Kubota	4	262D	12F-4R	75.00	5960	CHA
M8030 F	$26200	$4190	$6810	**$10220**	**$12580**	Kubota	4	262D	16F-4R	76.00	5247	No
M8030 MDT 4WD	$32800	$5250	$8530	**$12790**	**$15740**	Kubota	4	262D	16F-4R	76.00	6342	No
B8200 DT 4WD	$10100	$2320	$3230	**$4440**	**$5450**	Kubota	3	57D	9F-3R	16.00	1525	No
B8200 F	$9000	$2070	$2880	**$3960**	**$4860**	Kubota	3	57D	9F-3R	16.00	1408	No
B8200 HSD 4WD	$11400	$2620	$3650	**$5020**	**$6160**	Kubota	3	57D	Variable	14.50	1525	No
B8200 HSE	$10350	$2380	$3310	**$4550**	**$5590**	Kubota	3	57D	Variable	14.50	1408	No
M8950 DT 4WD	$39600	$6340	$10300	**$15440**	**$19010**	Kubota	4	262D	24F-8R	86.00	7726	No
M8950 DT 4WD w/Cab	$47000	$7520	$12220	**$18330**	**$22560**	Kubota	4	262D	24F-8R	86.00	7726	CHA
M8950 F	$32800	$5250	$8530	**$12790**	**$15740**	Kubota	4	262D	24F-8R	86.00	6953	No
M8950 F w/Cab	$40200	$6430	$10450	**$15680**	**$19300**	Kubota	4	262D	24F-8R	86.00	6953	CHA
B9200 DT 4WD	$11000	$2530	$3520	**$4840**	**$5940**	Kubota	3	75D	9F-3R	18.50	1709	No
B9200 F	$9900	$2280	$3170	**$4360**	**$5350**	Kubota	3	75D	9F-3R	18.50	1555	No
B9200 HSD 4WD	$12300	$2830	$3940	**$5410**	**$6640**	Kubota	4	75D	Variable	16.00	1720	No
B9200 HSE	$11250	$2590	$3600	**$4950**	**$6080**	Kubota	4	75D	Variable	16.00	1603	No

C, D, DT--Front Wheel Assist DTSS--Front Wheel Assist, Shuttle Shift E--Two Wheel Drive F--Farm Standard W--Two Row Offset H, HC--High Clearance HSE--Hydrostatic Transmission, Two Wheel Drive HSD--Hydrostatic Transmission, Four Wheel Drive OC--Orchard L--Low Profile

1990

B1550 DT 4WD	$10070	$2220	$3120	**$4330**	**$5340**	Kubota	3	52D	6F-2R	14.00	1246	No
B1550 E	$8770	$1930	$2720	**$3770**	**$4650**	Kubota	3	52D	6F-2R	14.00	1113	No
B1550 HSD 4WD	$11470	$2520	$3560	**$4930**	**$6080**	Kubota	3	52D	Variable	13.00	1323	No
B1550 HSE	$10170	$2240	$3150	**$4370**	**$5390**	Kubota	3	52D	Variable	13.00	1190	No
B1750 DT 4WD	$11090	$2440	$3440	**$4770**	**$5880**	Kubota	3	57D	6F-2R	16.50	1290	No
B1750 E	$9790	$2150	$3040	**$4210**	**$5190**	Kubota	3	57D	6F-2R	16.50	1168	No
B1750 HSD 4WD	$12490	$2750	$3870	**$5370**	**$6620**	Kubota	3	57D	Variable	15.50	1367	No
B1750 HSE	$11190	$2460	$3470	**$4810**	**$5930**	Kubota	3	57D	Variable	15.50	1224	No
L2050 DT 4WD	$10190	$1530	$2600	**$3870**	**$4790**	Kubota	3	68D	8F-2R	20.00	2093	No
L2050 F	$8990	$1350	$2290	**$3420**	**$4230**	Kubota	3	68D	8F-2R	20.00	1781	No
B2150 DT 4WD	$12100	$2660	$3750	**$5200**	**$6410**	Kubota	4	75D	9F-3R	20.00	1731	No
B2150 E	$10700	$2350	$3320	**$4600**	**$5670**	Kubota	4	75D	9F-3R	20.00	1576	No
B2150 HSD 4WD	$13500	$2970	$4190	**$5810**	**$7160**	Kubota	4	75D	Variable	18.00	1742	No
B2150 HSE	$12200	$2680	$3780	**$5250**	**$6470**	Kubota	4	75D	Variable	18.00	1587	No
L2250 DT-7 4WD	$12520	$1880	$3190	**$4760**	**$5880**	Kubota	3	79D	8F-7R	21.00	2380	No
L2250 F-1	$9920	$1490	$2530	**$3770**	**$4660**	Kubota	3	79D	8F-7R	21.00	2170	No
L2550 DT-7 4WD	$13540	$2030	$3450	**$5150**	**$6360**	Kubota	3	85D	8F-7R	23.50	2485	No
L2550 F-7	$12040	$1810	$3070	**$4580**	**$5660**	Kubota	3	85D	8F-7R	23.50	2305	No
L2550 GST 4WD	$15000	$2250	$3830	**$5700**	**$7050**	Kubota	3	85D	8F-8R	23.50	2490	No
L2650 DT-W 4WD	$13400	$2010	$3420	**$5090**	**$6300**	Kubota	3	85D	8F-8R	23.50	2602	No
L2850 DT-7 4WD	$15470	$2320	$3950	**$5880**	**$7270**	Kubota	4	106D	8F-7R	27.00	2680	No
L2850 F-7	$13740	$2060	$3500	**$5220**	**$6460**	Kubota	4	106D	8F-7R	27.00	2480	No
L2850 GST 4WD	$16900	$2540	$4310	**$6420**	**$7940**	Kubota	4	106D	8F-8R	27.00	2680	No
L2950 DT-W 4WD	$14200	$2130	$3620	**$5400**	**$6670**	Kubota	3	89D	8F-8R	26.00	2734	No
L3250 DT 4WD	$16590	$2490	$4230	**$6300**	**$7800**	Kubota	4	114D	8F-7R	32.00	2740	No
L3250 F	$14590	$2190	$3720	**$5540**	**$6860**	Kubota	4	114D	8F-7R	32.00	2530	No
L3350 DT 4WD	$18500	$2780	$4720	**$7030**	**$8700**	Kubota	4	114D	8F-8R	33.00	3770	No
L3450 DT-W 4WD	$15400	$2310	$3930	**$5850**	**$7240**	Kubota	4	114D	8F-8R	30.00	2866	No
L3650 DT-W 4WD	$16200	$2430	$4130	**$6160**	**$7610**	Kubota	4	114D	8F-8R	33.00	2911	No
L3650 GST 4WD	$17100	$2570	$4360	**$6500**	**$8040**	Kubota	4	114D	8F-8R	33.00	2833	No
L3750 DT 4WD	$20500	$3080	$5230	**$7790**	**$9640**	Kubota	4	142D	8F-8R	37.00	3860	No
L3750 F	$16000	$2400	$4080	**$6080**	**$7520**	Kubota	4	142D	8F-8R	37.00	3640	No
M4030 SU	$15990	$2400	$4080	**$6080**	**$7520**	Kubota	5	149D	8F-2R	42.00	3946	No
L4150 DT 4WD	$22000	$3300	$5610	**$8360**	**$10340**	Kubota	5	142D	8F-8R	40.00	4080	No

Kubota (Cont.)

1990 (Cont.)

Model	Approx. Retail Price New	Estimated Value Less Repairs: Used Trade In Avg.	Used Trade In High	Used Retail Avg.	Used Retail High	Make	Engine No. Cyls.	Engine Displ. Cu.-In.	No. Speeds	P.T.O. H.P.	Approx. Shipping Wt.-Lbs.	Cab
L4150 F	$17200	$2580	$4390	**$6540**	**$8080**	Kubota	5	142D	8F-8R	40.00	3750	No
B4200 DT 4WD	$7420	$1630	$2300	**$3190**	**$3930**	Kubota	2	35D	6F-2R	10	926	No
L4350 HDT 4WD	$21900	$3290	$5590	**$8320**	**$10290**	Kubota	4	134D	8F-8R	38.00	3860	No
L4350 HDT-W 4WD	$22600	$3390	$5760	**$8590**	**$10620**	Kubota	4	134D	8F-8R	38.00	3860	No
L4350 MDT 4WD	$20900	$3140	$5330	**$7940**	**$9820**	Kubota	4	134D	8F-8R	38.00	3860	No
L4850 HDT-W 4WD	$23800	$3570	$6070	**$9040**	**$11190**	Kubota	5	152D	8F-8R	43.00	4080	No
M4950 DT 4WD	$26700	$4010	$6810	**$10150**	**$12550**	Kubota	6	170D	12F-4R	49.00	5357	No
M4950 F	$21500	$3230	$5480	**$8170**	**$10110**	Kubota	6	170D	12F-4R	49.00	4762	No
M5030 SU	$18600	$2790	$4740	**$7070**	**$8740**	Kubota	6	170D	16F-4R	49.00	4185	No
M5030 SU MDT 4WD	$23400	$3510	$5970	**$8890**	**$11000**	Kubota	6	170D	8F-8R	49.00	4974	No
B5200 DT 4WD	$8520	$1870	$2640	**$3660**	**$4520**	Kubota	3	47D	6F-2R	11.50	1254	No
B5200 E	$7520	$1650	$2330	**$3230**	**$3990**	Kubota	3	47D	6F-2R	11.50	1122	No
L5450 HDT-W 4WD	$25850	$3880	$6590	**$9820**	**$12150**	Kubota	5	168D	8F-8R	49.00	4410	No
M5950 DT 4WD	$30000	$4500	$7650	**$11400**	**$14100**	Kubota	3	196D	12F-4R	58.00	5673	No
M5950 F	$24500	$3680	$6250	**$9310**	**$11520**	Kubota	3	196D	12F-4R	58.00	4989	No
M6030 DTN-B 4WD	$26000	$3900	$6630	**$9880**	**$12220**	Kubota	3	196D	16F-4R	58.00	5010	No
B6200 DT 4WD	$8930	$1970	$2770	**$3840**	**$4730**	Kubota	3	52D	6F-2R	12.50	1232	No
B6200 E	$7930	$1750	$2460	**$3410**	**$4200**	Kubota	3	52D	6F-2R	12.50	1333	No
B6200 HSD 4WD	$10230	$2250	$3170	**$4400**	**$5420**	Kubota	3	52D	Variable	12.50	1150	No
B6200 HSE	$9230	$2030	$2860	**$3970**	**$4890**	Kubota	3	52D	Variable	12.50	1100	No
M6950 DT 4WD	$31500	$4730	$8030	**$11970**	**$14810**	Kubota	4	243D	12F-4R	66.00	6504	No
M6950 F	$26000	$3900	$6630	**$9880**	**$12220**	Kubota	4	243D	12F-4R	66.00	5776	No
M7030 SU	$23500	$3530	$5990	**$8930**	**$11050**	Kubota	4	243D	16F-4R	68.00	4586	No
M7030 SUDT 4WD	$28300	$4250	$7220	**$10750**	**$13300**	Kubota	4	243D	16F-4R	68.00	5710	No
B7200 DT 4WD	$9200	$2020	$2850	**$3960**	**$4880**	Kubota	3	57D	6F-2R	14.00	1320	No
B7200 E	$8200	$1800	$2540	**$3530**	**$4350**	Kubota	3	57D	6F-2R	14.00	1215	No
B7200 HSD 4WD	$10500	$2310	$3260	**$4520**	**$5570**	Kubota	3	57D	Variable	14.00	1275	No
B7200 HSE	$9450	$2080	$2930	**$4060**	**$5010**	Kubota	3	57D	Variable	14.00	1225	No
M7950 DT 4WD	$34600	$5190	$8820	**$13150**	**$16260**	Kubota	4	262D	12F-4R	75.00	6810	No
M7950 DT 4WD w/Cab	$42000	$6300	$10710	**$15960**	**$19740**	Kubota	4	262D	12F-4R	75.00	6810	CHA
M7950 F	$28100	$4220	$7170	**$10680**	**$13210**	Kubota	4	262D	12F-4R	75.00	5960	No
M7950 F w/Cab	$35500	$5330	$9050	**$13490**	**$16690**	Kubota	4	262D	12F-4R	75.00	5960	CHA
M8030 F	$26200	$3930	$6680	**$9960**	**$12310**	Kubota	4	262D	16F-4R	76.00	5247	No
M8030 MDT 4WD	$32800	$4920	$8360	**$12460**	**$15420**	Kubota	4	262D	16F-4R	76.00	6342	No
B8200 DT 4WD	$10100	$2220	$3130	**$4340**	**$5350**	Kubota	3	57D	9F-3R	16.00	1525	No
B8200 F	$9000	$1980	$2790	**$3870**	**$4770**	Kubota	3	57D	9F-3R	16.00	1408	No
B8200 HSD 4WD	$11400	$2510	$3530	**$4900**	**$6040**	Kubota	3	57D	Variable	14.50	1525	No
B8200 HSE	$10350	$2280	$3210	**$4450**	**$5490**	Kubota	3	57D	Variable	14.50	1408	No
M8950 DT 4WD	$39600	$5940	$10100	**$15050**	**$18610**	Kubota	4	262D	24F-8R	86.00	7726	No
M8950 DT 4WD w/Cab	$47000	$7050	$11990	**$17860**	**$22090**	Kubota	4	262D	24F-8R	86.00	7726	CHA
M8950 F	$32800	$4920	$8360	**$12460**	**$15420**	Kubota	4	262D	24F-8R	86.00	6953	No
M8950 F w/Cab	$40200	$6030	$10250	**$15280**	**$18890**	Kubota	4	262D	24F-8R	86.00	6953	CHA
B9200 DT 4WD	$11000	$2420	$3410	**$4730**	**$5830**	Kubota	3	75D	9F-3R	18.50	1709	No
B9200 F	$9900	$2180	$3070	**$4260**	**$5250**	Kubota	3	75D	9F-3R	18.50	1555	No
B9200 HSD 4WD	$12300	$2710	$3810	**$5290**	**$6520**	Kubota	4	75D	Variable	16.00	1720	No
B9200 HSE	$11250	$2480	$3490	**$4840**	**$5960**	Kubota	4	75D	Variable	16.00	1603	No

C, D, DT--Front Wheel Assist DTSS--Front Wheel Assist, Shuttle Shift E--Two Wheel Drive F-Farm Standard W--Two Row Offset
H, HC--High Clearance HSE--Hydrostatic Transmission, Two Wheel Drive HSD--Hydrostatic Transmission, Four Wheel Drive OC--Orchard L--Low Profile

1989

Model	Approx. Retail Price New	Used Trade In Avg.	Used Trade In High	Used Retail Avg.	Used Retail High	Make	Engine No. Cyls.	Engine Displ. Cu.-In.	No. Speeds	P.T.O. H.P.	Approx. Shipping Wt.-Lbs.	Cab
L245 HC	$9980	$1500	$2500	**$3690**	**$4590**	Kubota	3	68D	8F-2R	22.00	2345	No
L355 SS	$14360	$2150	$3590	**$5310**	**$6610**	Kubota	4	105D	8F-8R	29.00	2684	No
L2250 DT-1 4WD	$9880	$1480	$2470	**$3660**	**$4550**	Kubota	3	79D	8F-7R	21.15	2321	No
L2250 F-1	$8550	$1280	$2140	**$3160**	**$3930**	Kubota	3	79D	8F-7R	21.15	2068	No
L2550 DT-1 4WD	$10700	$1610	$2680	**$3960**	**$4920**	Kubota	3	85D	8F-7R	23.98	2464	No
L2550 F-1	$9275	$1390	$2320	**$3430**	**$4270**	Kubota	3	85D	8F-7R	23.98	2220	No
L2850 DT-1 4WD	$12150	$1820	$3040	**$4500**	**$5590**	Kubota	4	106D	8F-7R	27.51	2705	No
L2850 F-1	$10250	$1540	$2560	**$3790**	**$4720**	Kubota	4	106D	8F-7R	27.51	2464	No
L3350 HDT	$17500	$2630	$4380	**$6480**	**$8050**	Kubota	4	113D	8F-8R	32.86	3770	No
L3750 HDT 4WD	$19570	$2940	$4890	**$7240**	**$9000**	Kubota	5	142D	8F-8R	36.96	3860	No
L3750 HF	$15450	$2320	$3860	**$5720**	**$7110**	Kubota	5	142D	8F-8R	36.96	3640	No
M4030 DT 4WD	$20900	$3140	$5230	**$7730**	**$9610**	Kubota	6	159D	8F-2R	44.05	4784	No
M4030 F/L	$16790	$2520	$4200	**$6210**	**$7720**	Kubota	6	159D	8F-2R	44.05	4232	No
L4150 DTN	$20700	$3110	$5180	**$7660**	**$9520**	Kubota	5	142D	8F-8R	40.00	4145	No
L4150 HDT 4WD	$21100	$3170	$5280	**$7810**	**$9710**	Kubota	5	142D	8F-8R	40.64	4080	No
L4150 HF	$16450	$2470	$4110	**$6090**	**$7570**	Kubota	5	142D	8F-8R	40.64	3750	No
B4200 DT	$6180	$1300	$1890	**$2600**	**$3210**	Kubota	2	35D	6F-2R	10	926	No
M4950 DT 4WD	$23600	$3540	$5900	**$8730**	**$10860**	Kubota	6	170D	12F-4R	49.57	5452	No
M4950 F	$19150	$2870	$4790	**$7090**	**$8810**	Kubota	6	170D	12F-4R	49.57	4760	No
M5030 DT 4WD	$22450	$4720	$6850	**$9430**	**$11670**	Kubota	6	170D	16F-4R	49.77	4788	CH
M5030 F	$18300	$2750	$4580	**$6770**	**$8420**	Kubota	6	170D	16F-4R	49.77	4232	CH
B5200 DT 4WD	$7250	$1520	$2210	**$3050**	**$3770**	Kubota	3	47D	6F-2R	11.50	1254	No
B5200 E	$6375	$1340	$1940	**$2680**	**$3320**	Kubota	3	47D	6F-2R	11.50	1122	No
M5950 DT	$27600	$4140	$6900	**$10210**	**$12700**	Kubota	3	196D	12F-4R	58.00	5673	No
M5950 DT 4WD w/Cab	$34700	$5210	$8680	**$12840**	**$15960**	Kubota	3	196D	12F-4R	58.00	6563	CHA
M5950 F	$22600	$3390	$5650	**$8360**	**$10400**	Kubota	3	196D	12F-4R	58.00	4989	No
M5950 F w/Cab	$29700	$4460	$7430	**$10990**	**$13660**	Kubota	3	196D	12F-4R	58.00	5879	CHA
M6030 DT 4WD	$24600	$3690	$6150	**$9100**	**$11320**	Kubota	3	196D	16F-4R	57.74	6300	No
M6030 DTN	$24500	$3680	$6130	**$9070**	**$11270**	Kubota	3	196D	16F-4R	57.00	4740	No
M6030 F/L	$19800	$2970	$4950	**$7330**	**$9110**	Kubota	3	196D	16F-4R	57.74	4630	No
B6200 DT 4WD	$7890	$1660	$2410	**$3310**	**$4100**	Kubota	3	52D	6F-2R	12.50	1232	No
B6200 E	$6960	$1460	$2120	**$2920**	**$3620**	Kubota	3	52D	6F-2R	12.50	1333	No
B6200 HSD 4WD	$9050	$1900	$2760	**$3800**	**$4710**	Kubota	3	52D	Variable	12.50	1150	No
B6200 HSE	$8050	$1690	$2460	**$3380**	**$4190**	Kubota	3	52D	Variable	12.50	1100	No

Kubota (Cont.)

1989 (Cont.)

	Approx. Retail Price New	Estimated Value Less Repairs Used Trade In Avg.	High	Used Retail Avg.	High	Make	Engine No. Cyls.	Displ. Cu.-In.	No. Speeds	P.T.O. H.P.	Approx. Shipping Wt.-Lbs.	Cab
M6950 DT 4WD	$29300	$4400	$7330	**$10840**	**$13480**	Kubota	4	243D	12F-4R	66.44	6622	No
M6950 DT 4WD w/Cab	$36400	$5460	$9100	**$13470**	**$16740**	Kubota	4	243D	12F-4R	66.44	7512	CHA
M6950 F	$24200	$3630	$6050	**$8950**	**$11130**	Kubota	4	243D	12F-4R	66.44	5770	No
M6950 F w/Cab	$31300	$4700	$7830	**$11580**	**$14400**	Kubota	4	243D	12F-4R	66.44	5780	CHA
M7030 DT 4WD	$28100	$4220	$7030	**$10400**	**$12930**	Kubota	4	243D	16F-4R	68.87	5159	No
M7030 F/L	$22400	$3360	$5600	**$8290**	**$10300**	Kubota	4	243D	16F-4R	68.87	4607	No
B7200 DT 4WD	$8350	$1750	$2550	**$3510**	**$4340**	Kubota	3	57D	6F-2R	14.00	1320	No
B7200 E	$7360	$1550	$2250	**$3090**	**$3830**	Kubota	3	57D	6F-2R	14.00	1215	No
B7200 HSD 4WD	$9580	$2010	$2920	**$4020**	**$4980**	Kubota	3	57D	Variable	14.00	1275	No
B7200 HSE	$8590	$1800	$2620	**$3610**	**$4470**	Kubota	3	57D	Variable	14.00	1225	No
M7950 DT 4WD	$33400	$5010	$8350	**$12360**	**$15360**	Kubota	4	262D	12F-4R	75.44	6100	No
M7950 DT 4WD w/Cab	$40500	$6080	$10130	**$14990**	**$18630**	Kubota	4	262D	12F-4R	75.44	6970	CHA
M7950 DTM 4WD	$34300	$5150	$8580	**$12690**	**$15780**	Kubota	4	262D	16F-4R	75.44	6100	No
M7950 F	$26700	$4010	$6680	**$9880**	**$12280**	Kubota	4	262D	12F-4R	75.44	5950	No
M7950 F w/Cab	$33800	$5070	$8450	**$12510**	**$15550**	Kubota	4	262D	12F-4R	75.44		CHA
M7950 HC	$28100	$4220	$7030	**$10400**	**$12930**	Kubota	4	262D	16F-4R	75.44	5600	No
M7950 W	$27000	$4050	$6750	**$9990**	**$12420**	Kubota	4	262D	16F-4R	75.44	5600	No
M8030 DT 4WD	$30180	$4530	$7550	**$11170**	**$13880**	Kubota	4	262D	16F-4R	76.91	5710	No
M8030 F/L	$24000	$3600	$6000	**$8880**	**$11040**	Kubota	4	262D	16F-4R	76.91	5109	No
B8200 DT-2 4WD	$9060	$1900	$2760	**$3810**	**$4710**	Kubota	3	57D	9F-3R	16.00	1525	No
B8200 F	$8030	$1690	$2450	**$3370**	**$4180**	Kubota	3	57D	9F-3R	16.00	1408	No
B8200 HSD 4WD	$10400	$2180	$3170	**$4370**	**$5410**	Kubota	3	57D	Variable	14.50	1525	No
B8200 HSE	$9250	$1940	$2820	**$3890**	**$4810**	Kubota	3	57D	Variable	14.50	1408	No
M8950 DT	$37600	$5640	$9400	**$13910**	**$17300**	Kubota	4T	262D	24F-8R	85.63	6853	No
M8950 DT 4WD w/Cab	$44700	$6710	$11180	**$16540**	**$20560**	Kubota	4	262D	24F-8R	85.63	7713	CHA
M8950 F w/Cab	$38000	$5700	$9500	**$14060**	**$17480**	Kubota	4T	262D	24F-8R	85.63	6953	CHA
M8950 F/L	$30900	$4640	$7730	**$11430**	**$14210**	Kubota	4T	262D	24F-8R	85.63	6093	No
B9200 DT	$9580	$2010	$2920	**$4020**	**$4980**	Kubota	3	57D	9F-3R	18.50	1676	No
B9200 F	$8550	$1800	$2610	**$3590**	**$4450**	Kubota	3	57D	9F-3R	18.50	1570	No
B9200 HSD 4WD	$10900	$2290	$3330	**$4580**	**$5670**	Kubota	4	75D	Variable	16.00	4916	No
B9200 HSE	$9780	$2050	$2980	**$4110**	**$5090**	Kubota	4	75D	Variable	16.00	4299	No

C, D, DT--Front Wheel Assist DTSS--Front Wheel Assist, Shuttle Shift E--Two Wheel Drive W--Two Row Offset F--Farm Standard HC--High Clearance HSE--Hydrostatic Transmission, Two Wheel Drive HSD--Hydrostatic Transmission, Four Wheel Drive OC--Orchard L--Low Profile

1988

	Approx. Retail Price New	Used Trade In Avg.	High	Used Retail Avg.	High	Make	No. Cyls.	Displ. Cu.-In.	No. Speeds	P.T.O. H.P.	Approx. Shipping Wt.-Lbs.	Cab
L245 HC	$9980	$1450	$2450	**$3590**	**$4490**	Kubota	3	68D	8F-2R	22.00	2345	No
L355 SS	$14360	$2080	$3520	**$5170**	**$6460**	Kubota	4	105D	8F-8R	29.00	2684	No
L2250 DT-1 4WD	$9880	$1430	$2420	**$3560**	**$4450**	Kubota	3	79D	8F-7R	21.15	2321	No
L2250 F-1	$8550	$1240	$2100	**$3080**	**$3850**	Kubota	3	79D	8F-7R	21.15	2068	No
L2550 DT-1 4WD	$10700	$1550	$2620	**$3850**	**$4820**	Kubota	3	85D	8F-7R	23.98	2464	No
L2550 F-1	$9275	$1350	$2270	**$3340**	**$4170**	Kubota	3	85D	8F-7R	23.98	2220	No
L2850 DT-1 4WD	$12150	$1760	$2980	**$4370**	**$5470**	Kubota	4	106D	8F-7R	27.51	2705	No
L2850 F-1	$10250	$1490	$2510	**$3690**	**$4610**	Kubota	4	106D	8F-7R	27.51	2464	No
L3350 HDT	$17500	$2540	$4290	**$6300**	**$7880**	Kubota	4	113D	8F-8R	32.86	3770	No
L3750 HDT 4WD	$19570	$2840	$4800	**$7050**	**$8810**	Kubota	5	142D	8F-8R	36.96	3860	No
L3750 HF	$15450	$2240	$3790	**$5560**	**$6950**	Kubota	5	142D	8F-8R	36.96	3640	No
M4030 DT 4WD	$20900	$3030	$5120	**$7520**	**$9410**	Kubota	6	159D	8F-2R	44.05	4784	No
M4030 F/L	$16790	$2440	$4110	**$6040**	**$7560**	Kubota	6	159D	8F-2R	44.05	4232	No
L4150 DTN	$20700	$3000	$5070	**$7450**	**$9320**	Kubota	5	142D	8F-8R	40.00	4145	No
L4150 HDT 4WD	$21100	$3060	$5170	**$7600**	**$9500**	Kubota	5	142D	8F-8R	40.64	4080	No
L4150 HF	$16450	$2390	$4030	**$5920**	**$7400**	Kubota	5	142D	8F-8R	40.64	3750	No
B4200 DT	$6180	$1270	$1850	**$2530**	**$3150**	Kubota	2	35D	6F-2R	10	926	No
M4950 DT 4WD	$23600	$3420	$5780	**$8500**	**$10620**	Kubota	6	170D	12F-4R	49.57	5452	No
M4950 F	$19150	$2780	$4690	**$6890**	**$8620**	Kubota	6	170D	12F-4R	49.57	4760	No
M5030 DT 4WD	$22450	$3260	$5500	**$8080**	**$10100**	Kubota	6	170D	16F-4R	49.77	4788	CH
M5030 F	$18300	$2650	$4480	**$6590**	**$8240**	Kubota	6	170D	16F-4R	49.77	4232	CH
B5200 DT 4WD	$7250	$1490	$2180	**$2970**	**$3700**	Kubota	3	47D	6F-2R	11.50	1254	No
B5200 E	$6375	$1310	$1910	**$2610**	**$3250**	Kubota	3	47D	6F-2R	11.50	1122	No
M5950 DT	$27600	$4000	$6760	**$9940**	**$12420**	Kubota	3	196D	12F-4R	58.00	5673	No
M5950 DT 4WD w/Cab	$34700	$5030	$8500	**$12490**	**$15620**	Kubota	3	196D	12F-4R	58.00	6563	CHA
M5950 F	$22600	$3280	$5540	**$8140**	**$10170**	Kubota	3	196D	12F-4R	58.00	4989	No
M5950 F w/Cab	$29700	$4310	$7280	**$10690**	**$13370**	Kubota	3	196D	12F-4R	58.00	5879	CHA
M6030 DT 4WD	$24600	$3570	$6030	**$8860**	**$11070**	Kubota	3	196D	16F-4R	57.74	6300	No
M6030 DTN	$24500	$3550	$6000	**$8820**	**$11030**	Kubota	3	196D	16F-4R	57.00	4740	No
M6030 F/L	$19800	$2870	$4850	**$7130**	**$8910**	Kubota	3	196D	16F-4R	57.74	4630	No
B6200 DT 4WD	$7890	$1620	$2370	**$3240**	**$4020**	Kubota	3	52D	6F-2R	12.50	1232	No
B6200 E	$6960	$1430	$2090	**$2850**	**$3550**	Kubota	3	52D	6F-2R	12.50	1333	No
B6200 HSD 4WD	$9050	$1860	$2720	**$3710**	**$4620**	Kubota	3	52D	Variable	12.50	1150	No
B6200 HSE	$8050	$1650	$2420	**$3300**	**$4110**	Kubota	3	52D	Variable	12.50	1100	No
M6950 DT 4WD	$29300	$4250	$7180	**$10550**	**$13190**	Kubota	4	243D	12F-4R	66.44	6622	No
M6950 DT 4WD w/Cab	$36400	$5280	$8920	**$13100**	**$16380**	Kubota	4	243D	12F-4R	66.44	7512	CHA
M6950 F	$24200	$3510	$5930	**$8710**	**$10890**	Kubota	4	243D	12F-4R	66.44	5770	No
M6950 F w/Cab	$31300	$4540	$7670	**$11270**	**$14090**	Kubota	4	243D	12F-4R	66.44	5780	CHA
M7030 DT 4WD	$28100	$4080	$6890	**$10120**	**$12650**	Kubota	4	243D	16F-4R	68.87	5159	No
M7030 F/L	$22400	$3250	$5490	**$8060**	**$10080**	Kubota	4	243D	16F-4R	68.87	4607	No
B7200 DT 4WD	$8350	$1710	$2510	**$3420**	**$4260**	Kubota	3	57D	6F-2R	14.00	1320	No
B7200 E	$7360	$1510	$2210	**$3020**	**$3750**	Kubota	3	57D	6F-2R	14.00	1215	No
B7200 HSD 4WD	$9580	$1960	$2870	**$3930**	**$4890**	Kubota	3	57D	Variable	14.00	1275	No
B7200 HSE	$8590	$1760	$2580	**$3520**	**$4380**	Kubota	3	57D	Variable	14.00	1225	No
M7950 DT 4WD	$33400	$4840	$8180	**$12020**	**$15030**	Kubota	4	262D	12F-4R	75.44	6100	No
M7950 DT 4WD w/Cab	$40500	$5870	$9920	**$14580**	**$18230**	Kubota	4	262D	12F-4R	75.44	6970	CHA
M7950 DTM 4WD	$34300	$4970	$8400	**$12350**	**$15440**	Kubota	4	262D	16F-4R	75.44	6100	No
M7950 F	$26700	$3870	$6540	**$9610**	**$12020**	Kubota	4	262D	12F-4R	75.44	5950	No
M7950 F w/Cab	$33800	$4900	$8280	**$12170**	**$15210**	Kubota	4	262D	12F-4R	75.44		CHA

Kubota (Cont.)

1988 (Cont.)

Model	Approx. Retail Price New	Estimated Value Less Repairs: Used Trade In Avg.	Used Trade In High	Used Retail Avg.	Used Retail High	Make	Engine No. Cyls.	Engine Displ. Cu.-In.	No. Speeds	P.T.O. H.P.	Approx. Shipping Wt.-Lbs.	Cab
M7950 HC	$28100	$4080	$6890	**$10120**	**$12650**	Kubota	4	262D	16F-4R	75.44	5600	No
M7950 W	$27000	$3920	$6620	**$9720**	**$12150**	Kubota	4	262D	16F-4R	75.44	5600	No
M8030 DT 4WD	$30180	$4380	$7390	**$10870**	**$13580**	Kubota	4	262D	16F-4R	76.91	5710	No
M8030 F/L	$24000	$3480	$5880	**$8640**	**$10800**	Kubota	4	262D	16F-4R	76.91	5109	No
B8200 DT-2 4WD	$9060	$1860	$2720	**$3720**	**$4620**	Kubota	3	57D	9F-3R	16.00	1525	No
B8200 F	$8030	$1650	$2410	**$3290**	**$4100**	Kubota	3	57D	9F-3R	16.00	1408	No
B8200 HSD 4WD	$10400	$2130	$3120	**$4260**	**$5300**	Kubota	3	57D	Variable	14.50	1525	No
B8200 HSE	$9250	$1900	$2780	**$3790**	**$4720**	Kubota	3	57D	Variable	14.50	1408	No
M8950 DT	$37600	$5450	$9210	**$13540**	**$16920**	Kubota	4T	262D	24F-8R	85.63	6853	No
M8950 DT 4WD w/Cab	$44700	$6480	$10950	**$16090**	**$20120**	Kubota	4	262D	24F-8R	85.63	7713	CHA
M8950 F w/Cab	$38000	$5510	$9310	**$13680**	**$17100**	Kubota	4T	262D	24F-8R	85.63	6953	CHA
M8950 F/L	$30900	$4480	$7570	**$11120**	**$13910**	Kubota	4T	262D	24F-8R	85.63	6093	No
B9200 DT	$9580	$1960	$2870	**$3930**	**$4890**	Kubota	3	57D	9F-3R	18.50	1676	No
B9200 F	$8550	$1750	$2570	**$3510**	**$4360**	Kubota	3	57D	9F-3R	18.50	1570	No
B9200 HSD 4WD	$10900	$2240	$3270	**$4470**	**$5560**	Kubota	4	75D	Variable	16.00	4916	No
B9200 HSE	$9780	$2010	$2930	**$4010**	**$4990**	Kubota	4	75D	Variable	16.00	4299	No

C, D, DT--Front Wheel Assist DTSS--Front Wheel Assist, Shuttle Shift E--Two Wheel Drive F--Farm Standard W--Two Row Offset HC--High Clearance HSE--Hydrostatic Transmission, Two Wheel Drive HSD--Hydrostatic Transmission, Four Wheel Drive OC--Orchard L--Low Profile

1987

Model	Approx. Retail Price New	Estimated Value Less Repairs: Used Trade In Avg.	Used Trade In High	Used Retail Avg.	Used Retail High	Make	Engine No. Cyls.	Engine Displ. Cu.-In.	No. Speeds	P.T.O. H.P.	Approx. Shipping Wt.-Lbs.	Cab
L245 HC	$9690	$1360	$2330	**$3390**	**$4260**	Kubota	3	68D	8F-2R	22.00	2345	No
L355 SS	$13950	$1950	$3350	**$4880**	**$6140**	Kubota	4	105D	8F-8R	29.00	2684	No
L2250 DT-1 4WD	$9600	$1340	$2300	**$3360**	**$4220**	Kubota	3	79D	8F-7R	21.15	2321	No
L2250 F-1	$8300	$1160	$1990	**$2910**	**$3650**	Kubota	3	79D	8F-7R	21.15	2068	No
L2550 DT-1 4WD	$10400	$1460	$2500	**$3640**	**$4580**	Kubota	3	85D	8F-7R	23.98	2464	No
L2550 F-1	$9000	$1260	$2160	**$3150**	**$3960**	Kubota	3	85D	8F-7R	23.98	2220	No
L2850 DT-1 4WD	$11800	$1650	$2830	**$4130**	**$5190**	Kubota	4	106D	8F-7R	27.51	2705	No
L2850 F-1	$9950	$1390	$2390	**$3480**	**$4380**	Kubota	4	106D	8F-7R	27.51	2464	No
L3350 HDT	$17000	$2380	$4080	**$5950**	**$7480**	Kubota	4	113D	8F-8R	32.86	3770	No
L3750 HDT 4WD	$19000	$2660	$4560	**$6650**	**$8360**	Kubota	5	142D	8F-8R	36.96	3860	No
L3750 HF	$15000	$2100	$3600	**$5250**	**$6600**	Kubota	5	142D	8F-8R	36.96	3640	No
M4030 DT 4WD	$20300	$2840	$4870	**$7110**	**$8930**	Kubota	6	159D	8F-2R	44.05	4784	No
M4030 F/L	$16300	$2280	$3910	**$5710**	**$7170**	Kubota	6	159D	8F-2R	44.05	4232	No
L4150 DTN	$20100	$2810	$4820	**$7040**	**$8840**	Kubota	5	142D	8F-8R	40.00	4145	No
L4150 HDT 4WD	$20500	$2870	$4920	**$7180**	**$9020**	Kubota	5	142D	8F-8R	40.64	4080	No
L4150 HF	$15985	$2240	$3840	**$5600**	**$7030**	Kubota	5	142D	8F-8R	40.64	3750	No
B4200 DT	$6000	$1200	$1770	**$2400**	**$3000**	Kubota	2	35D	6F-2R	10	926	No
M4950 DT 4WD	$23000	$3220	$5520	**$8050**	**$10120**	Kubota	6	170D	12F-4R	49.57	5452	No
M4950 F	$18600	$2600	$4460	**$6510**	**$8180**	Kubota	6	170D	12F-4R	49.57	4760	No
M5030 DT 4WD	$21800	$3050	$5230	**$7630**	**$9590**	Kubota	6	170D	16F-4R	49.77	4788	CH
M5030 F	$17800	$2490	$4270	**$6230**	**$7830**	Kubota	6	170D	16F-4R	49.77	4232	CH
B5200 DT 4WD	$7040	$1410	$2080	**$2820**	**$3520**	Kubota	3	47D	6F-2R	11.50	1254	No
B5200 E	$6190	$1240	$1830	**$2480**	**$3100**	Kubota	3	47D	6F-2R	11.50	1122	No
M5950 DT	$26800	$3750	$6430	**$9380**	**$11790**	Kubota	3	196D	12F-4R	58.00	5673	No
M5950 DT 4WD w/Cab	$33700	$4720	$8090	**$11800**	**$14830**	Kubota	3	196D	12F-4R	58.00	6563	CHA
M5950 F	$22000	$3080	$5280	**$7700**	**$9680**	Kubota	3	196D	12F-4R	58.00	4989	No
M5950 F w/Cab	$28900	$4050	$6940	**$10120**	**$12720**	Kubota	3	196D	12F-4R	58.00	5879	CHA
M6030 DT 4WD	$23900	$3350	$5740	**$8370**	**$10520**	Kubota	3	196D	16F-4R	57.74	6300	No
M6030 DTN	$23810	$3330	$5710	**$8330**	**$10480**	Kubota	3	196D	16F-4R	57.00	4740	No
M6030 F/L	$19300	$2700	$4630	**$6760**	**$8490**	Kubota	3	196D	16F-4R	57.74	4630	No
B6200 DT 4WD	$7660	$1530	$2260	**$3060**	**$3830**	Kubota	3	52D	6F-2R	12.50	1232	No
B6200 E	$6760	$1350	$1990	**$2700**	**$3380**	Kubota	3	52D	6F-2R	12.50	1333	No
B6200 HSD 4WD	$8790	$1760	$2590	**$3520**	**$4400**	Kubota	3	52D	Variable	12.50	1150	No
B6200 HSE	$7810	$1560	$2300	**$3120**	**$3910**	Kubota	3	52D	Variable	12.50	1100	No
M6950 DT 4WD	$28500	$3990	$6840	**$9980**	**$12540**	Kubota	4	243D	12F-4R	66.44	6622	No
M6950 DT 4WD w/Cab	$35400	$4960	$8500	**$12390**	**$15580**	Kubota	4	243D	12F-4R	66.44	7512	CHA
M6950 F	$23500	$3290	$5640	**$8230**	**$10340**	Kubota	4	243D	12F-4R	66.44	5770	No
M6950 F w/Cab	$30400	$4260	$7300	**$10640**	**$13380**	Kubota	4	243D	12F-4R	66.44	5780	CHA
M7030 DT 4WD	$27300	$3820	$6550	**$9560**	**$12010**	Kubota	4	243D	16F-4R	68.87	5159	No
M7030 F/L	$21800	$3050	$5230	**$7630**	**$9590**	Kubota	4	243D	16F-4R	68.87	4607	No
B7200 DT 4WD	$8100	$1620	$2390	**$3240**	**$4050**	Kubota	3	57D	6F-2R	14.00	1320	No
B7200 E	$7150	$1430	$2110	**$2860**	**$3580**	Kubota	3	57D	6F-2R	14.00	1215	No
B7200 HSD 4WD	$9300	$1860	$2740	**$3720**	**$4650**	Kubota	3	57D	Variable	14.00	1275	No
B7200 HSE	$8340	$1670	$2460	**$3340**	**$4170**	Kubota	3	57D	Variable	14.00	1225	No
M7950 DT 4WD	$32500	$4550	$7800	**$11380**	**$14300**	Kubota	4	262D	12F-4R	75.44	6100	No
M7950 DT 4WD w/Cab	$39400	$5520	$9460	**$13790**	**$17340**	Kubota	4	262D	12F-4R	75.44	6970	CHA
M7950 DTM 4WD	$33300	$4660	$7990	**$11660**	**$14650**	Kubota	4	262D	16F-4R	75.44	6100	No
M7950 F	$26000	$3640	$6240	**$9100**	**$11440**	Kubota	4	262D	12F-4R	75.44	5950	No
M7950 F w/Cab	$32900	$4610	$7900	**$11520**	**$14480**	Kubota	4	262D	12F-4R	75.44		CHA
M7950 HC	$27300	$3820	$6550	**$9560**	**$12010**	Kubota	4	262D	16F-4R	75.44	5600	No
M7950 W	$26300	$3680	$6310	**$9210**	**$11570**	Kubota	4	262D	16F-4R	75.44	5600	No
M8030 DT 4WD	$29300	$4100	$7030	**$10260**	**$12890**	Kubota	4	262D	16F-4R	76.91	5710	No
M8030 F/L	$23300	$3260	$5590	**$8160**	**$10250**	Kubota	4	262D	16F-4R	76.91	5109	No
B8200 DT-2 4WD	$8800	$1760	$2600	**$3520**	**$4400**	Kubota	3	57D	9F-3R	16.00	1525	No
B8200 F	$7800	$1560	$2300	**$3120**	**$3900**	Kubota	3	57D	9F-3R	16.00	1408	No
B8200 HSD 4WD	$10100	$2020	$2980	**$4040**	**$5050**	Kubota	3	57D	Variable	14.50	1525	No
B8200 HSE	$9000	$1800	$2660	**$3600**	**$4500**	Kubota	3	57D	Variable	14.50	1408	No
M8950 DT	$36500	$5110	$8760	**$12780**	**$16060**	Kubota	4T	262D	24F-8R	85.63	6853	No
M8950 DT 4WD w/Cab	$43400	$6080	$10420	**$15190**	**$19100**	Kubota	4	262D	24F-8R	85.63	7713	CHA
M8950 F w/Cab	$36900	$5170	$8860	**$12920**	**$16240**	Kubota	4T	262D	24F-8R	85.63	6953	CHA
M8950 F/L	$30000	$4200	$7200	**$10500**	**$13200**	Kubota	4T	262D	24F-8R	85.63	6093	No
B9200 DT	$9300	$1860	$2740	**$3720**	**$4650**	Kubota	3	57D	9F-3R	18.50	1676	No
B9200 F	$8300	$1660	$2450	**$3320**	**$4150**	Kubota	3	57D	9F-3R	18.50	1570	No
B9200 HSD 4WD	$10600	$2120	$3130	**$4240**	**$5300**	Kubota	4	75D	Variable	16.00	4916	No

Kubota (Cont.)

1987 (Cont.)

Model	Approx. Retail Price New	Used Trade In Avg.	Used Trade In High	Used Retail Avg.	Used Retail High	Make	Engine No. Cyls.	Engine Displ. Cu.-In.	No. Speeds	P.T.O. H.P.	Approx. Shipping Wt.-Lbs.	Cab
B9200 HSE	$9500	$1900	$2800	**$3800**	**$4750**	Kubota	4	75D	Variable	16.00	4299	No

C, D, DT--Front Wheel Assist DTSS--Front Wheel Assist, Shuttle Shift E--Two Wheel Drive F--Farm Standard W--Two Row Offset
HC--High Clearance HSE--Hydrostatic Transmission, Two Wheel Drive HSD--Hydrostatic Transmission, Four Wheel Drive OC--Orchard L--Low Profile

1986

Model	Approx. Retail Price New	Used Trade In Avg.	Used Trade In High	Used Retail Avg.	Used Retail High	Make	Engine No. Cyls.	Engine Displ. Cu.-In.	No. Speeds	P.T.O. H.P.	Approx. Shipping Wt.-Lbs.	Cab
L245 HC	$9280	$1250	$2180	**$3160**	**$3990**	Kubota	3	68D	8F-2R	22.00	2345	No
L345 F	$10330	$1400	$2430	**$3510**	**$4440**	Kubota	4	90D	8F-2R	29.30	2530	No
L355 SS	$13950	$1880	$3280	**$4740**	**$6000**	Kubota	4	105D	8F-8R	29.00	2684	No
L2250 DT-1 4WD	$8780	$1190	$2060	**$2990**	**$3780**	Kubota	3	79D	8F-7R	21.15	2321	No
L2250 F-1	$7680	$1040	$1810	**$2610**	**$3300**	Kubota	3	79D	8F-7R	21.15	2068	No
L2550 DT-1 4WD	$9610	$1300	$2260	**$3270**	**$4130**	Kubota	3	85D	8F-7R	23.98	2464	No
L2550 F-1	$8410	$1140	$1980	**$2860**	**$3620**	Kubota	3	85D	8F-7R	23.98	2220	No
L2850 DT-1 4WD	$10850	$1470	$2550	**$3690**	**$4670**	Kubota	4	106D	8F-7R	27.51	2705	No
L2850 F-1	$9250	$1250	$2170	**$3150**	**$3980**	Kubota	4	106D	8F-7R	27.51	2464	No
L3350 HDT	$15500	$2090	$3640	**$5270**	**$6670**	Kubota	4	113D	8F-8R	32.86	3770	No
L3750 HDT 4WD	$17500	$2360	$4110	**$5950**	**$7530**	Kubota	5	142D	8F-8R	36.96	3860	No
L3750 HF	$15000	$2030	$3530	**$5100**	**$6450**	Kubota	5	142D	8F-8R	36.96	3640	No
M4030 DT 4WD	$19000	$2570	$4470	**$6460**	**$8170**	Kubota	6	159D	8F-2R	44.05	4784	No
M4030 F/L	$15600	$2110	$3670	**$5300**	**$6710**	Kubota	6	159D	8F-2R	44.05	4232	No
L4150 HDT 4WD	$19200	$2590	$4510	**$6530**	**$8260**	Kubota	5	142D	8F-8R	40.64	4080	No
L4150 HF	$15985	$2160	$3760	**$5440**	**$6870**	Kubota	5	142D	8F-8R	40.64	3750	No
M4500 OC	$15725	$2120	$3700	**$5350**	**$6760**	Kubota	6	159D	8F-2R	49.70	4004	No
M4950 DT 4WD	$21880	$2950	$5140	**$7440**	**$9410**	Kubota	6	170D	12F-4R	49.57	5452	No
M4950 F	$17680	$2390	$4160	**$6010**	**$7600**	Kubota	6	170D	12F-4R	49.57	4760	No
M5030 DT 4WD	$20100	$2710	$4720	**$6830**	**$8640**	Kubota	6	170D	16F-4R	49.77	4788	CH
M5030 F	$16600	$2240	$3900	**$5640**	**$7140**	Kubota	6	170D	16F-4R	49.77	4232	CH
B5200 DT 4WD	$6450	$1260	$1870	**$2520**	**$3160**	Kubota	3	47D	6F-2R	11.50	1254	No
B5200 E	$5800	$1130	$1680	**$2260**	**$2840**	Kubota	3	47D	6F-2R	11.50	1122	No
M5950 DT	$24600	$3320	$5780	**$8360**	**$10580**	Kubota	3	196D	12F-4R	58.00	5673	No
M5950 DT 4WD w/Cab	$30950	$4180	$7270	**$10520**	**$13310**	Kubota	3	196D	12F-4R	58.00	6563	CHA
M5950 F	$20500	$2770	$4820	**$6970**	**$8820**	Kubota	3	196D	12F-4R	58.00	4989	No
M5950 F w/Cab	$26850	$3630	$6310	**$9130**	**$11550**	Kubota	3	196D	12F-4R	58.00	5879	CHA
M6030 DT 4WD	$22000	$2970	$5170	**$7480**	**$9460**	Kubota	3	196D	16F-4R	57.75	6300	No
M6030 F/L	$18000	$2430	$4230	**$6120**	**$7740**	Kubota	3	196D	16F-4R	57.75	4630	No
B6200 DT 4WD	$6950	$1360	$2020	**$2710**	**$3410**	Kubota	3	52D	6F-2R	12.50	1232	No
B6200 E	$6300	$1230	$1830	**$2460**	**$3090**	Kubota	3	52D	6F-2R	12.50	1333	No
B6200 HSD 4WD	$7950	$1550	$2310	**$3100**	**$3900**	Kubota	3	52D	Variable	12.50	1150	No
B6200 HSE	$7200	$1400	$2090	**$2810**	**$3530**	Kubota	3	52D	Variable	12.50	1100	No
M6950 DT 4WD	$26400	$3560	$6200	**$8980**	**$11350**	Kubota	4	243D	12F-4R	66.44	6622	No
M6950 DT 4WD w/Cab	$32750	$4420	$7700	**$11140**	**$14080**	Kubota	4	243D	12F-4R	66.44	7512	CHA
M6950 F	$21800	$2940	$5120	**$7410**	**$9370**	Kubota	4	243D	12F-4R	66.44	5770	No
M6950 F w/Cab	$28150	$3800	$6620	**$9570**	**$12110**	Kubota	4	243D	12F-4R	66.44	5780	CHA
M7030 DT 4WD	$24900	$3360	$5850	**$8470**	**$10710**	Kubota	4	243D	16F-4R	68.87	5159	No
M7030 F/L	$20300	$2740	$4770	**$6900**	**$8730**	Kubota	4	243D	16F-4R	68.87	4607	No
B7200 DT 4WD	$7400	$1440	$2150	**$2890**	**$3630**	Kubota	3	57D	6F-2R	14.00	1320	No
B7200 E	$6700	$1310	$1940	**$2610**	**$3280**	Kubota	3	57D	6F-2R	14.00	1215	No
B7200 HSD 4WD	$8500	$1660	$2470	**$3320**	**$4170**	Kubota	3	57D	Variable	14.00	1275	No
B7200 HSE	$7700	$1500	$2230	**$3000**	**$3770**	Kubota	3	57D	Variable	14.00	1225	No
M7500 L	$20060	$2710	$4710	**$6820**	**$8630**	Kubota	4	243D	16F-4R	72.00	4607	No
M7950 DT 4WD	$30000	$4050	$7050	**$10200**	**$12900**	Kubota	4	262D	12F-4R	75.44	6100	No
M7950 DT 4WD w/Cab	$36350	$4910	$8540	**$12360**	**$15630**	Kubota	4	262D	12F-4R	75.44	6970	CHA
M7950 DTM 4WD	$32300	$4360	$7590	**$10980**	**$13890**	Kubota	4	262D	16F-4R	75.44	6100	No
M7950 F	$24400	$3290	$5730	**$8300**	**$10490**	Kubota	4	262D	12F-4R	75.44	5950	No
M7950 F w/Cab	$30750	$4150	$7230	**$10460**	**$13220**	Kubota	4	262D	12F-4R	75.44		CHA
M7950 HC	$26600	$3590	$6250	**$9040**	**$11440**	Kubota	4	262D	16F-4R	75.44	5600	No
M7950 W	$25600	$3460	$6020	**$8700**	**$11010**	Kubota	4	262D	16F-4R	75.44	5600	No
M8030 DT 4WD	$26900	$3630	$6320	**$9150**	**$11570**	Kubota	4	262D	16F-4R	76.91	5710	No
M8030 F/L	$21700	$2930	$5100	**$7380**	**$9330**	Kubota	4	262D	16F-4R	76.91	5109	No
B8200 DT-2 4WD	$8050	$1570	$2340	**$3140**	**$3950**	Kubota	3	57D	9F-3R	16.00	1525	No
B8200 F	$7200	$1400	$2090	**$2810**	**$3530**	Kubota	3	57D	9F-3R	16.00	1408	No
B8200 HSD 4WD	$9150	$1780	$2650	**$3570**	**$4480**	Kubota	3	57D	Variable	14.50	1525	No
B8200 HSE	$8300	$1620	$2410	**$3240**	**$4070**	Kubota	3	57D	Variable	14.50	1408	No
M8950 DT	$33600	$4540	$7900	**$11420**	**$14450**	Kubota	4T	262D	24F-8R	85.63	6853	No
M8950 DT 4WD w/Cab	$39950	$5390	$9390	**$13580**	**$17180**	Kubota	4	262D	24F-8R	85.63	7713	CHA
M8950 F w/Cab	$31750	$4290	$7460	**$10800**	**$13650**	Kubota	4T	262D	24F-8R	85.63	6953	CHA
M8950 F/L	$28000	$3780	$6580	**$9520**	**$12040**	Kubota	4T	262D	24F-8R	85.63	6093	No
B9200 HSD 4WD	$9650	$1880	$2800	**$3760**	**$4730**	Kubota	4	75D	Variable	16.00	4916	No
B9200 HSE	$8800	$1720	$2550	**$3430**	**$4310**	Kubota	4	75D	Variable	16.00	4299	No

C, D, DT--Front Wheel Assist DTSS--Front Wheel Assist, Shuttle Shift E--Two Wheel Drive F--Farm Standard W--Two Row Offset
HC--High Clearance HSE--Hydrostatic Transmission, Two Wheel Drive HSD--Hydrostatic Transmission, Four Wheel Drive OC--Orchard L--Low Profile

1985

Model	Approx. Retail Price New	Used Trade In Avg.	Used Trade In High	Used Retail Avg.	Used Retail High	Make	Engine No. Cyls.	Engine Displ. Cu.-In.	No. Speeds	P.T.O. H.P.	Approx. Shipping Wt.-Lbs.	Cab
L235 DT 4WD	$8180	$1060	$1880	**$2700**	**$3440**	Kubota	3	68D	8F-2R	19.59	2115	No
L235 F	$7300	$950	$1680	**$2410**	**$3070**	Kubota	3	68D	8F-2R	19.59	1950	No
L245 HC	$8610	$1120	$1980	**$2840**	**$3620**	Kubota	3	68D	8F-2R	22.00	2345	No
L275 DT 4WD	$9330	$1210	$2150	**$3080**	**$3920**	Kubota	3	79D	8F-2R	23.42	2350	No
L275 F	$8150	$1060	$1880	**$2690**	**$3420**	Kubota	3	79D	8F-2R	23.42	2150	No
L305 DT 4WD	$10810	$1410	$2490	**$3570**	**$4540**	Kubota	3	79D	8F-2R	26.21	2855	No
L305 F	$8805	$1150	$2030	**$2910**	**$3700**	Kubota	3	79D	8F-2R	26.21	2555	No
L345 DT 4WD	$11810	$1540	$2720	**$3900**	**$4960**	Kubota	4	91D	8F-2R	29.35	3155	No
L345 F	$10100	$1310	$2320	**$3330**	**$4240**	Kubota	4	91D	8F-2R	29.35	2770	No
L345 W	$10190	$1330	$2340	**$3360**	**$4280**	Kubota	4	91D	8F-2R	29.35	2530	No
L355 SS	$13610	$1770	$3130	**$4490**	**$5720**	Kubota	4	105D	8F-8R	29.00	2684	No
L2250	$8375	$1090	$1930	**$2760**	**$3520**	Kubota	3	79D	8F-7R	21.15	2068	No

Kubota (Cont.)

1985 (Cont.)

Model	Approx. Retail Price New	Used Trade In Avg.	Used Trade In High	Used Retail Avg.	Used Retail High	Engine Make	Engine No. Cyls.	Engine Displ. Cu.-In.	No. Speeds	P.T.O. H.P.	Approx. Shipping Wt.-Lbs.	Cab
L2250 4WD	$9275	$1210	$2130	$3060	$3900	Kubota	3	79D	8F-7R	21.15	2321	No
L2550	$9075	$1180	$2090	$3000	$3810	Kubota	3	85D	8F-7R	23.98	2220	No
L2550 4WD	$10175	$1320	$2340	$3360	$4270	Kubota	3	85D	8F-7R	23.98	2464	No
L2850	$10075	$1310	$2320	$3330	$4230	Kubota	4	106D	8F-7R	27.51	2464	No
L2850 4WD	$11575	$1510	$2660	$3820	$4860	Kubota	4	106D	8F-7R	27.51	2705	No
L3750	$14550	$1890	$3350	$4800	$6110	Kubota	5	142D	8F-8R	36.96	3640	No
L3750 4WD	$16550	$2150	$3810	$5460	$6950	Kubota	5	142D	8F-8R	36.96	3860	No
M4050 DT 4WD	$18400	$2390	$4230	$6070	$7730	Kubota	6	159D	8F-2R	45.74	4356	No
M4050 F	$14700	$1910	$3380	$4850	$6170	Kubota	6	159D	8F-2R	45.74	3740	No
L4150	$15650	$2040	$3600	$5170	$6570	Kubota	5	142D	8F-8R	40.64	3750	No
L4150 4WD	$18150	$2360	$4180	$5990	$7620	Kubota	5	142D	8F-8R	40.64	4080	No
M4500	$15200	$1980	$3500	$5020	$6380	Kubota	6	159D	16F-4R	49.72	4220	No
M4500 DT 4WD	$18900	$2460	$4350	$6240	$7940	Kubota	6	159D	16F-4R	49.72	4220	No
M4500 OC	$15275	$1990	$3510	$5040	$6420	Kubota	6	159D	16F-4R	49.00	4400	No
M4950 DT 4WD	$21245	$2760	$4890	$7010	$8920	Kubota	6	170D	12F-4R	49.57	5452	No
M4950 DT 4WD w/Cab	$24415	$3170	$5620	$8060	$10250	Kubota	6	170D	12F-4R	49.57	6252	CH
M4950 F	$17245	$2240	$3970	$5690	$7240	Kubota	6	170D	12F-4R	49.57	4746	No
M4950 F w/Cab	$20715	$2690	$4760	$6840	$8700	Kubota	6	170D	12F-4R	49.57	5546	CH
B5200 DT 4WD	$5825	$1110	$1660	$2210	$2800	Kubota	3	46D	6F-2R	11.50	1254	No
B5200 E	$5375	$1020	$1530	$2040	$2580	Kubota	3	46D	6F-2R	11.50	1122	No
M5500 DT 4WD	$20480	$2660	$4710	$6760	$8600	Kubota	3	182D	16F-4R	53.99	5070	No
M5950 DT	$24065	$3130	$5540	$7940	$10110	Kubota	3	196D	12F-4R	58.00	5673	No
M5950 DT 4WD w/Cab	$28715	$3730	$6600	$9480	$12060	Kubota	3	196D	12F-4R	58.00	6563	CHA
M5950 F	$20065	$2610	$4620	$6620	$8430	Kubota	3	196D	12F-4R	58.00	4989	No
M5950 F w/Cab	$24715	$3210	$5680	$8160	$10380	Kubota	3	196D	12F-4R	58.00	5879	CHA
B6200 DT 4WD	$6405	$1220	$1830	$2430	$3070	Kubota	3	52D	6F-2R	12.50	1232	No
B6200 E	$5885	$1120	$1680	$2240	$2830	Kubota	3	52D	6F-2R	12.50	1333	No
B6200 HSD 4WD	$7325	$1390	$2090	$2780	$3520	Kubota	3	52D	Variable	12.50	1150	No
B6200 HSE	$6725	$1280	$1920	$2560	$3230	Kubota	3	52D	Variable	12.50	1100	No
M6950 DT 4WD	$25865	$3360	$5950	$8540	$10860	Kubota	4	243D	12F-4R	66.44	6622	No
M6950 DT 4WD w/Cab	$30515	$3970	$7020	$10070	$12820	Kubota	4	243D	12F-4R	66.44	7512	CHA
M6950 F	$21365	$2780	$4910	$7050	$8970	Kubota	4	243D	12F-4R	66.44	5770	No
M6950 F w/Cab	$26015	$3380	$5980	$8590	$10930	Kubota	4	243D	12F-4R	66.44	6590	CHA
B7200 DT 4WD	$6895	$1310	$1970	$2620	$3310	Kubota	3	57D	6F-2R	14.00	1320	No
B7200 E	$6295	$1200	$1790	$2390	$3020	Kubota	3	57D	6F-2R	14.00	1215	No
B7200 HSD 4WD	$7772	$1480	$2220	$2950	$3730	Kubota	3	57D	Variable	14.00	1275	No
B7200 HSE	$7175	$1360	$2050	$2730	$3440	Kubota	3	57D	Variable	14.00	1225	No
M7500 DT 4WD	$25270	$3290	$5810	$8340	$10610	Kubota	4	243D	16F-4R	72.34	5610	No
M7500 F	$19270	$2510	$4430	$6360	$8090	Kubota	4	243D	16F-4R	72.34	5085	No
M7950 DT 4WD	$29055	$3780	$6680	$9590	$12200	Kubota	4	262D	12F-4R	75.44	6610	No
M7950 DT 4WD w/Cab	$33705	$4380	$7750	$11120	$14160	Kubota	4	262D	12F-4R	75.44	7500	CHA
M7950 F	$23665	$3080	$5440	$7810	$9940	Kubota	4	262D	12F-4R	75.44	5840	No
M7950 F w/Cab	$28315	$3680	$6510	$9340	$11890	Kubota	4	262D	12F-4R	75.44	6730	CHA
B8200 DT-2 4WD	$7695	$1460	$2190	$2920	$3690	Kubota	3	57D	9F-3R	16.00	1525	No
B8200 F	$6895	$1310	$1970	$2620	$3310	Kubota	3	57D	9F-3R	16.00	1408	No
B8200 HSD 4WD	$8595	$1630	$2450	$3270	$4130	Kubota	3	57D	Variable	14.50	1525	No
B8200 HSE	$7795	$1480	$2220	$2960	$3740	Kubota	3	57D	Variable	14.50	1408	No
M8950 DT	$32600	$4240	$7500	$10760	$13690	Kubota	4T	262D	24F-8R	85.63	6853	No
M8950 DT 4WD w/Cab	$37250	$4840	$8570	$12290	$15650	Kubota	4	262D	24F-8R	85.63	7713	CHA
M8950 F	$27100	$3520	$6230	$8940	$11380	Kubota	4T	262D	24F-8R	85.63	6093	No
M8950 F w/Cab	$31750	$4130	$7300	$10480	$13340	Kubota	4T	262D	24F-8R	85.63	6953	CHA

C, D, DT--Front Wheel Assist DTSS--Front Wheel Assist, Shuttle Shift E--Two Wheel Drive F--Farm Standard W--Two Row Offset HC--High Clearance HSE--Hydrostatic Transmission, Two Wheel Drive HSD--Hydrostatic Transmission, Four Wheel Drive OC--Orchard L--Low Profile

1984

Model	Approx. Retail Price New	Used Trade In Avg.	Used Trade In High	Used Retail Avg.	Used Retail High	Engine Make	Engine No. Cyls.	Engine Displ. Cu.-In.	No. Speeds	P.T.O. H.P.	Approx. Shipping Wt.-Lbs.	Cab
L235 DT 4WD	$7445	$930	$1680	$2380	$3050	Kubota	3	68D	8F-2R	19.59	2115	No
L235 F	$6580	$820	$1480	$2110	$2700	Kubota	3	68D	8F-2R	19.59	1950	No
L245 HC	$7865	$980	$1770	$2520	$3230	Kubota	3	68D	8F-2R	22.00	2345	No
L275 DT 4WD	$8705	$1090	$1960	$2790	$3570	Kubota	3	79D	8F-2R	23.42	2350	No
L275 F	$7530	$940	$1690	$2410	$3090	Kubota	3	79D	8F-2R	23.42	2150	No
L305	$8805	$1100	$1980	$2820	$3610	Kubota	3	79D	8F-2R	26.21	2555	No
L305 DT 4WD	$10475	$1310	$2360	$3350	$4300	Kubota	3	79D	8F-2R	26.21	2855	No
L345	$9425	$1180	$2120	$3020	$3860	Kubota	4	91D	8F-2R	29.35	2770	No
L345 DT 4WD	$11353	$1420	$2550	$3630	$4660	Kubota	4	91D	8F-2R	29.35	3155	No
L355 DTSS 4WD	$12373	$1550	$2780	$3960	$5070	Kubota	4	105D	8F-8R	29.00	2684	No
M4050 DT 4WD	$16500	$2060	$3710	$5280	$6770	Kubota	6	159D	8F-2R	45.74	4356	No
M4050 F	$12500	$1560	$2810	$4000	$5130	Kubota	6	159D	8F-2R	45.74	3740	No
M4500	$13930	$1740	$3130	$4460	$5710	Kubota	6	159D	16F-4R	49.72	4220	No
M4500 DT 4WD	$18280	$2290	$4110	$5850	$7500	Kubota	6	159D	16F-4R	49.72	4730	No
M4500 OC	$14490	$1810	$3260	$4640	$5940	Kubota	6	159D	16F-4R	49.00	4400	No
M4950 DT 4WD	$20265	$2530	$4560	$6490	$8310	Kubota	6	170D	12F-4R	49.57	5452	No
M4950 DT 4WD w/Cab	$24612	$3080	$5540	$7880	$10090	Kubota	6	170D	12F-4R	49.57	6252	CH
M4950 F	$16465	$2060	$3710	$5270	$6750	Kubota	6	170D	12F-4R	49.57	4746	No
M4950 F w/Cab	$19847	$2480	$4470	$6350	$8140	Kubota	6	170D	12F-4R	49.57	5546	CH
B5100 D 4WD	$4785	$940	$1420	$1880	$2420	Kubota	2	31D	6F-2R	10	895	No
B5100 E	$4410	$870	$1320	$1740	$2230	Kubota	2	31D	6F-2R	10	805	No
M5500 DT 4WD	$19840	$2480	$4460	$6350	$8130	Kubota	3	182D	16F-4R	53.99	5070	No
M5500 F	$15330	$1920	$3450	$4910	$6290	Kubota	3	182D	16F-4R	53.99	4560	No
M5950 DT 4WD	$23065	$2880	$5190	$7380	$9460	Kubota	3	196D	12F-4R	58.00	5673	No
M5950 DT 4WD w/Cab	$27556	$3450	$6200	$8820	$11300	Kubota	3	196D	12F-4R	58.00	6563	CHA
M5950 F	$19165	$2400	$4310	$6130	$7860	Kubota	3	196D	12F-4R	58.00	4989	No
M5950 F w/Cab	$23656	$2960	$5320	$7570	$9700	Kubota	3	196D	12F-4R	58.00	5879	CHA
B6100 D 4WD	$5725	$1120	$1690	$2230	$2860	Kubota	3	41D	6F-2R	12.00	1035	No
B6100 E	$5185	$1020	$1540	$2030	$2610	Kubota	3	41D	6F-2R	12.00	970	No

Kubota (Cont.)

1984 (Cont.)

Model	Approx. Retail Price New	Estimated Value Less Repairs: Used Trade In Avg.	Used Trade In High	Used Retail Avg.	Used Retail High	Engine Make	Engine No. Cyls.	Engine Displ. Cu.-In.	No. Speeds	P.T.O. H.P.	Approx. Shipping Wt.-Lbs.	Cab
B6100 HSD 4WD	$6450	$1230	$1860	**$2460**	**$3160**	Kubota	3	41D	Variable	12.00	1230	No
B6100 HSE	$5885	$1130	$1700	**$2250**	**$2890**	Kubota	3	41D	Variable	12.00	1140	No
B6200 DT 4WD	$6300	$1200	$1820	**$2410**	**$3090**	Kubota	3	52D	6F-2R	12.50	1180	No
B6200 E	$5705	$1110	$1680	**$2220**	**$2850**	Kubota	3	52D	6F-2R	12.50	1060	No
M6950 DT 4WD	$25165	$3150	$5660	**$8050**	**$10320**	Kubota	4	243D	12F-4R	66.44	6622	No
M6950 DT 4WD w/Cab	$29656	$3710	$6670	**$9490**	**$12160**	Kubota	4	243D	12F-4R	66.44	7512	CHA
M6950 F	$20765	$2600	$4670	**$6650**	**$8510**	Kubota	4	243D	12F-4R	66.44	5770	No
M6950 F w/Cab	$26225	$3280	$5900	**$8390**	**$10750**	Kubota	4	243D	12F-4R	66.44	6590	CHA
B7100 DT 4WD	$6195	$1180	$1790	**$2370**	**$3040**	Kubota	3	47D	6F-2R	13.60	1085	No
B7100 HSD 4WD	$7050	$1340	$2030	**$2680**	**$3440**	Kubota	3	47D	Variable	13.60	1300	No
B7100 HSE	$6420	$1230	$1860	**$2450**	**$3150**	Kubota	3	47D	Variable	13.60	1205	No
B7200 DT 4WD	$6930	$1320	$2000	**$2650**	**$3400**	Kubota	3	57D	6F-2R	14.00	1235	No
B7200 E	$6275	$1200	$1810	**$2400**	**$3080**	Kubota	3	57D	6F-2R	14.00	1080	No
M7500 DT 4WD	$23650	$2960	$5320	**$7570**	**$9700**	Kubota	4	243D	16F-4R	72.34	5610	No
M7500 F	$17800	$2230	$4010	**$5700**	**$7300**	Kubota	4	243D	16F-4R	72.34	5085	No
M7950 DT 4WD	$27865	$3480	$6270	**$8920**	**$11430**	Kubota	4	262D	12F-4R	75.44	6610	No
M7950 DT 4WD w/Cab	$33321	$4170	$7500	**$10660**	**$13660**	Kubota	4	262D	12F-4R	75.44	7500	CHA
M7950 F	$22915	$2860	$5160	**$7330**	**$9400**	Kubota	4	262D	12F-4R	75.44	5840	No
M7950 F w/Cab	$27406	$3430	$6170	**$8770**	**$11240**	Kubota	4	262D	12F-4R	75.44	6730	CHA
B8200 DT 4WD	$6895	$1310	$1990	**$2630**	**$3370**	Kubota	3	57D	9F-3R	16.00	1565	No
B8200 E	$6155	$1180	$1780	**$2350**	**$3020**	Kubota	3	57D	9F-3R	16.00	1420	No
B8200 HSD 4WD	$7595	$1440	$2180	**$2880**	**$3700**	Kubota	3	57D	Variable	14.50	1700	No
B8200 HSE	$6855	$1310	$1980	**$2610**	**$3350**	Kubota	3	57D	Variable	14.50	1545	No

C, D, DT--Front Wheel Assist DTSS--Front Wheel Assist, Shuttle Shift E--Two Wheel Drive F--Farm Standard W--Two Row Offset HC--High Clearance HSE--Hydrostatic Transmission, Two Wheel Drive HSD--Hydrostatic Transmission, Four Wheel Drive OC--Orchard L--Low Profile

1983

Model	Approx. Retail Price New	Used Trade In Avg.	Used Trade In High	Used Retail Avg.	Used Retail High	Engine Make	Engine No. Cyls.	Engine Displ. Cu.-In.	No. Speeds	P.T.O. H.P.	Approx. Shipping Wt.-Lbs.	Cab
L235 DT 4WD	$7441	$890	$1640	**$2310**	**$2980**	Kubota	3	68D	8F-2R	19.59	2115	No
L235 F	$6579	$790	$1450	**$2040**	**$2630**	Kubota	3	68D	8F-2R	19.59	1950	No
L245 HC	$7864	$940	$1730	**$2440**	**$3150**	Kubota	3	68D	8F-2R	22.00	2345	No
L275 DT 4WD	$8701	$1040	$1910	**$2700**	**$3480**	Kubota	3	79D	8F-2R	23.42	2350	No
L275 F	$7528	$900	$1660	**$2330**	**$3010**	Kubota	3	79D	8F-2R	23.42	2150	No
L305	$8803	$1060	$1940	**$2730**	**$3520**	Kubota	3	79D	8F-2R	26.21	2555	No
L305 DT 4WD	$10475	$1260	$2310	**$3250**	**$4190**	Kubota	3	79D	8F-2R	26.21	2855	No
L345	$9425	$1130	$2070	**$2920**	**$3770**	Kubota	4	91D	8F-2R	29.35	2770	No
L345 DT	$11353	$1360	$2500	**$3520**	**$4540**	Kubota	4	91D	8F-2R	29.35	3155	No
L355 DTSS 4WD	$12373	$1490	$2720	**$3840**	**$4950**	Kubota	4	105D	8F-8R	29.00	2684	No
M4050 DT 4WD	$16500	$1980	$3630	**$5120**	**$6600**	Kubota	6	159D	8F-2R	45.74	4356	No
M4050 F	$12500	$1500	$2750	**$3880**	**$5000**	Kubota	6	159D	8F-2R	45.74	3740	No
M4500 DT 4WD	$18280	$2190	$4020	**$5670**	**$7310**	Kubota	6	159D	16F-4R	49.72	4730	No
M4500 F	$13930	$1670	$3070	**$4320**	**$5570**	Kubota	6	159D	16F-4R	49.72	4220	No
M4500 OC	$14490	$1740	$3190	**$4490**	**$5800**	Kubota	6	159D	16F-4R	49.00	4400	No
M4950 DT 4WD	$20265	$2430	$4460	**$6280**	**$8110**	Kubota	6	170D	12F-4R	49.57	5452	No
M4950 DT 4WD w/Cab	$24612	$2950	$5420	**$7630**	**$9850**	Kubota	6	170D	12F-4R	49.57	6252	CH
M4950 F	$16465	$1980	$3620	**$5100**	**$6590**	Kubota	6	170D	12F-4R	49.57	4746	No
M4950 F w/Cab	$19847	$2380	$4370	**$6150**	**$7940**	Kubota	6	170D	12F-4R	49.57	5546	CH
B5100 D 4WD	$4784	$920	$1400	**$1860**	**$2400**	Kubota	2	31D	6F-2R	10	895	No
B5100 E	$4406	$850	$1290	**$1720**	**$2210**	Kubota	2	31D	6F-2R	10	805	No
M5500 DT 4WD	$19840	$2380	$4370	**$6150**	**$7940**	Kubota	3	182D	16F-4R	53.99	5070	No
M5500 F	$15330	$1840	$3370	**$4750**	**$6130**	Kubota	3	182D	16F-4R	53.99	4560	No
M5950 DT 4WD	$23065	$2770	$5070	**$7150**	**$9230**	Kubota	3	196D	12F-4R	58.00	5673	No
M5950 DT 4WD w/Cab	$27556	$3310	$6060	**$8540**	**$11020**	Kubota	3	196D	12F-4R	58.00	6563	CHA
M5950 F	$19165	$2300	$4220	**$5940**	**$7670**	Kubota	3	196D	12F-4R	58.00	4989	No
M5950 F w/Cab	$23656	$2840	$5200	**$7330**	**$9460**	Kubota	3	196D	12F-4R	58.00	5879	CHA
B6100 D 4WD	$5722	$1090	$1660	**$2210**	**$2840**	Kubota	3	41D	6F-2R	12.00	1035	No
B6100 E	$5182	$990	$1510	**$2000**	**$2580**	Kubota	3	41D	6F-2R	12.00	970	No
B6100 HSD 4WD	$6446	$1230	$1880	**$2500**	**$3220**	Kubota	3	41D	Variable	12.00	1230	No
B6100 HSE	$5885	$1130	$1730	**$2290**	**$2950**	Kubota	3	41D	Variable	12.00	1140	No
M6950 DT 4WD	$25165	$3020	$5540	**$7800**	**$10070**	Kubota	4	243D	12F-4R	66.00	6622	No
M6950 DT 4WD w/Cab	$29656	$3560	$6520	**$9190**	**$11860**	Kubota	4	243D	12F-4R	66.00	7512	CHA
M6950 F	$20765	$2490	$4570	**$6440**	**$8310**	Kubota	4	243D	12F-4R	66.00	5770	No
M6950 F w/Cab	$26221	$3150	$5770	**$8130**	**$10490**	Kubota	4	243D	12F-4R	66.00	6590	CHA
B7100 DT 4WD	$6191	$1170	$1790	**$2370**	**$3050**	Kubota	3	47D	6F-2R	13.60	1085	No
B7100 HSD 4WD	$7048	$1320	$2020	**$2680**	**$3460**	Kubota	3	47D	Variable	13.60	1300	No
B7100 HSE	$6416	$1230	$1880	**$2490**	**$3210**	Kubota	3	47D	Variable	13.60	1205	No
M7500 DT 4WD	$23650	$2840	$5200	**$7330**	**$9460**	Kubota	4	243D	16F-4R	72.34	5610	No
M7500 F	$17800	$2140	$3920	**$5520**	**$7120**	Kubota	4	243D	16F-4R	72.34	5085	No
M7950 DT 4WD	$27865	$3340	$6130	**$8640**	**$11150**	Kubota	4	262D	12F-4R	76.00	6610	No
M7950 DT 4WD w/Cab	$33321	$4000	$7330	**$10330**	**$13330**	Kubota	4	262D	12F-4R	76.00	7500	CHA
M7950 F	$22915	$2750	$5040	**$7100**	**$9170**	Kubota	4	262D	12F-4R	76.00	5840	No
M7950 F w/Cab	$27406	$3290	$6030	**$8500**	**$10960**	Kubota	4	262D	12F-4R	76.00	6730	CHA
B8200 DT 4WD	$6895	$1300	$1980	**$2630**	**$3380**	Kubota	3	57D	9F-3R	16.00	1565	No
B8200 E	$6151	$1160	$1770	**$2350**	**$3030**	Kubota	3	57D	9F-3R	16.00	1420	No

C, D, DT--Front Wheel Assist DTSS--Front Wheel Assist, Shuttle Shift E--Two Wheel Drive F--Farm Standard W--Two Row Offset HC--High Clearance HSE--Hydrostatic Transmission, Two Wheel Drive HSD--Hydrostatic Transmission, Four Wheel Drive OC--Orchard L--Low Profile

1982

Model	Approx. Retail Price New	Used Trade In Avg.	Used Trade In High	Used Retail Avg.	Used Retail High	Engine Make	Engine No. Cyls.	Engine Displ. Cu.-In.	No. Speeds	P.T.O. H.P.	Approx. Shipping Wt.-Lbs.	Cab
L185 DT	$6290	$720	$1350	**$1890**	**$2490**	Kubota	2	45D	8F-2R	15.45	1785	No
L185 F	$5730	$660	$1230	**$1720**	**$2260**	Kubota	2	45D	8F-2R	15.33	1595	No
L235 DT	$7280	$840	$1570	**$2180**	**$2880**	Kubota	3	68D	8F-2R	19.59	2115	No
L235 F	$6450	$740	$1390	**$1940**	**$2550**	Kubota	3	68D	8F-2R	19.59	1950	No
L245 DT	$7680	$880	$1650	**$2300**	**$3030**	Kubota	3	68D	8F-2R	22.35	2345	No
L245 F	$6750	$780	$1450	**$2030**	**$2670**	Kubota	3	68D	8F-2R	22.06	2000	No
L245 HC	$7710	$890	$1660	**$2310**	**$3050**	Kubota	3	68D	8F-2R	22.00	2345	No

Kubota (Cont.)

1982 (Cont.)

Model	Approx. Retail Price New	Estimated Value Less Repairs: Used Trade In Avg.	Used Trade In High	Used Retail Avg.	Used Retail High	Make	Engine No. Cyls.	Engine Displ. Cu.-In.	No. Speeds	P.T.O. H.P.	Approx. Shipping Wt.-Lbs.	Cab
L275 DT	$8530	$980	$1830	**$2560**	**$3370**	Kubota	3	79D	8F-2R	23.42	2315	No
L275 F	$7380	$850	$1590	**$2210**	**$2920**	Kubota	3	79D	8F-2R	23.42	2150	No
L295 DT	$8995	$1030	$1930	**$2700**	**$3550**	Kubota	3	79D	8F-2R	26.46	2600	No
L295 F	$7495	$860	$1610	**$2250**	**$2960**	Kubota	3	79D	8F-2R	26.46	2305	No
L305 DT	$10270	$1180	$2210	**$3080**	**$4060**	Kubota	3	79D	8F-2R	26.21	2855	No
L305 F	$8630	$990	$1860	**$2590**	**$3410**	Kubota	3	79D	8F-2R	26.21	2555	No
L345 DT	$11130	$1170	$2180	**$3040**	**$4000**	Kubota	4	91D	8F-2R	29.35	3155	No
L345 F	$9240	$1100	$2050	**$2870**	**$3770**	Kubota	4	91D	8F-2R	29.35	2770	No
L355 DTSS	$12130	$1280	$2390	**$3340**	**$4400**	Kubota	4	106D	8F-8R	29.00	2684	No
M4050 DT	$16500	$1900	$3550	**$4950**	**$6520**	Kubota	6	159D	8F-2R	42.00	4356	No
M4050 F	$12500	$1440	$2690	**$3750**	**$4940**	Kubota	6	159D	8F-2R	42.00	3740	No
M4500 DT	$18280	$2100	$3930	**$5480**	**$7220**	Kubota	6	159D	16F-4R	49.72	4730	No
M4500 F	$13930	$1600	$3000	**$4180**	**$5500**	Kubota	6	159D	16F-4R	49.72	4220	No
M4500 QC	$14490	$1670	$3120	**$4350**	**$5720**	Kubota	6	159D	16F-4R	49.00	4400	No
B5100 DT	$4690	$890	$1380	**$1830**	**$2370**	Kubota	2	31D	6F-2R	10	895	No
B5100 E	$4320	$830	$1280	**$1710**	**$2210**	Kubota	2	31D	6F-2R	10	805	No
M5500 DT	$19840	$2280	$4270	**$5950**	**$7840**	Kubota	3	182D	16F-4R	53.99	5070	No
M5500 F	$15330	$1760	$3300	**$4600**	**$6060**	Kubota	3	182D	16F-4R	53.99	4560	No
B6100 DT	$5610	$1050	$1620	**$2160**	**$2790**	Kubota	3	41D	6F-2R	12.00	1035	No
B6100 E	$5080	$960	$1480	**$1970**	**$2550**	Kubota	3	41D	6F-2R	12.00	970	No
B6100 HSD 4WD	$6320	$1180	$1820	**$2430**	**$3140**	Kubota	3	41D	Variable	12.00	1230	No
B6100 HSE	$5770	$1080	$1670	**$2220**	**$2870**	Kubota	3	41D	Variable	12.00	1140	No
B7100 DT	$6070	$1130	$1750	**$2330**	**$3010**	Kubota	3	47D	6F-2R	13.60	1085	No
B7100 HSD 4WD	$6910	$1270	$1960	**$2610**	**$3370**	Kubota	3	47D	Variable	13.60	1300	No
B7100 HSE	$6290	$1150	$1780	**$2370**	**$3060**	Kubota	3	47D	Variable	13.60	1205	No
M7500 DT	$23650	$2720	$5090	**$7100**	**$9340**	Kubota	4	243D	16F-4R	72.34	5610	No
M7500 F	$17800	$2050	$3830	**$5340**	**$7030**	Kubota	4	243D	16F-4R	72.34	5085	No
B8200 DT	$6760	$1240	$1910	**$2550**	**$3290**	Kubota	3	57D	9F-3R	16.00	1565	No
B8200 E	$6030	$1110	$1720	**$2290**	**$2950**	Kubota	3	57D	9F-3R	16.00	1420	No

C, D, DT--Front Wheel Assist DTSS--Front Wheel Assist, Shuttle Shift E--Two Wheel Drive F--Farm Standard W--Two Row Offset HC--High Clearance HSE--Hydrostatic Transmission, Two Wheel Drive HSD--Hydrostatic Transmission, Four Wheel Drive OC--Orchard L--Low Profile

1981

Model	Approx. Retail Price New	Used Trade In Avg.	Used Trade In High	Used Retail Avg.	Used Retail High	Make	Engine No. Cyls.	Engine Displ. Cu.-In.	No. Speeds	P.T.O. H.P.	Approx. Shipping Wt.-Lbs.	Cab
L185 DT	$5990	$660	$1260	**$1770**	**$2340**	Kubota	2	45D	8F-2R	15.45	1785	No
L185 F	$5450	$600	$1150	**$1610**	**$2130**	Kubota	2	45D	8F-2R	15.33	1595	No
L245 DT	$7450	$820	$1570	**$2200**	**$2910**	Kubota	3	68D	8F-2R	22.35	2000	No
L245 F	$6550	$720	$1380	**$1930**	**$2560**	Kubota	3	68D	8F-2R	22.06	1850	No
L245 HC	$7490	$820	$1570	**$2210**	**$2920**	Kubota	3	68D	8F-2R	22.00	2345	No
L285	$6675	$730	$1400	**$1970**	**$2600**	Kubota	4	91D	8F-2R	26.45	2230	No
L295	$7495	$820	$1570	**$2210**	**$2920**	Kubota	3	79D	8F-2R	26.46	2305	No
L295 DT	$8995	$990	$1890	**$2650**	**$3510**	Kubota	3	79D	8F-2R	26.46	2600	No
L305 DT	$9680	$1070	$2030	**$2860**	**$3780**	Kubota	3	79D	8F-2R	26.21	2855	No
L305 F	$8130	$890	$1710	**$2400**	**$3170**	Kubota	3	79D	8F-2R	26.21	2555	No
L345 DT	$10495	$1040	$1990	**$2800**	**$3700**	Kubota	4	91D	8F-2R	29.35	3155	No
M4000 F	$9785	$1080	$2060	**$2890**	**$3820**	Kubota	6	136D	16F-4R	41.00	4125	No
M4500 DT	$16270	$1790	$3420	**$4800**	**$6350**	Kubota	6	159D	16F-4R	49.72	4730	No
M4500 F	$12400	$1360	$2600	**$3660**	**$4840**	Kubota	6	159D	16F-4R	49.72	4220	No
M4500 OC	$12900	$1420	$2710	**$3810**	**$5030**	Kubota	6	159D	16F-4R	49.00	4400	No
B5100 DT	$4430	$830	$1290	**$1720**	**$2230**	Kubota	2	31D	6F-2R	10	895	No
B5100 E	$3990	$750	$1160	**$1560**	**$2020**	Kubota	2	31D	6F-2R	10	805	No
M5500 DT	$18000	$1980	$3780	**$5310**	**$7020**	Kubota	3	182D	16F-4R	53.99	5070	No
M5500 F	$13900	$1530	$2920	**$4100**	**$5420**	Kubota	3	182D	16F-4R	53.99	4560	No
B6100 DT	$5180	$930	$1450	**$1950**	**$2520**	Kubota	3	41D	6F-2R	12.00	1035	No
B6100 E	$4690	$870	$1350	**$1810**	**$2340**	Kubota	3	41D	6F-2R	12.00	970	No
B6100 HSD 4WD	$5840	$1050	$1630	**$2180**	**$2830**	Kubota	3	41D	Variable	12.00	1230	No
B6100 HSE	$5330	$960	$1500	**$2010**	**$2600**	Kubota	3	41D	Variable	12.00	1140	No
B7100 DT	$5670	$1020	$1580	**$2120**	**$2750**	Kubota	3	47D	6F-2R	13.60	1085	No
B7100 HSD 4WD	$6320	$1130	$1760	**$2350**	**$3050**	Kubota	3	47D	Variable	13.60	1300	No
B7100 HSE	$5870	$1070	$1660	**$2230**	**$2890**	Kubota	3	47D	Variable	13.60	1205	No
M7500 DT	$20860	$2300	$4380	**$6150**	**$8140**	Kubota	4	243D	16F-4R	72.34	5610	No
M7500 F	$15700	$1730	$3300	**$4630**	**$6120**	Kubota	4	243D	16F-4R	72.34	5085	No

C, D, DT--Front Wheel Assist DTSS--Front Wheel Assist, Shuttle Shift E--Two Wheel Drive F--Farm Standard W--Two Row Offset HC--High Clearance HSE--Hydrostatic Transmission, Two Wheel Drive HSD--Hydrostatic Transmission, Four Wheel Drive OC--Orchard L--Low Profile

1980

Model	Approx. Retail Price New	Used Trade In Avg.	Used Trade In High	Used Retail Avg.	Used Retail High	Make	Engine No. Cyls.	Engine Displ. Cu.-In.	No. Speeds	P.T.O. H.P.	Approx. Shipping Wt.-Lbs.	Cab
L185 DT	$5690	$600	$1170	**$1650**	**$2190**	Kubota	2	45D	8F-2R	15.45	1785	No
L185 F	$5195	$550	$1070	**$1510**	**$2000**	Kubota	2	45D	8F-2R	15.33	1595	No
L245 DT	$7095	$750	$1450	**$2060**	**$2730**	Kubota	3	68D	8F-2R	22.35	2000	No
L245 F	$6235	$660	$1280	**$1810**	**$2400**	Kubota	3	68D	8F-2R	22.06	1850	No
L245 HC	$7490	$790	$1540	**$2170**	**$2880**	Kubota	3	68D	8F-2R	22.00	2345	No
L285	$6675	$700	$1370	**$1940**	**$2570**	Kubota	4	91D	8F-2R	26.45	2230	No
L295	$7495	$790	$1540	**$2170**	**$2890**	Kubota	3	79D	8F-2R	25.00	2305	No
L295 DT	$8995	$940	$1840	**$2610**	**$3460**	Kubota	3	79D	8F-2R	25.00	2600	No
L305 DT	$9395	$990	$1930	**$2730**	**$3620**	Kubota	3	79D	8F-2R	25.00	2855	No
L305 F	$7595	$800	$1560	**$2200**	**$2920**	Kubota	3	79D	8F-2R	25.00	2555	No
L345 DT	$9995	$1050	$2050	**$2900**	**$3850**	Kubota	4	91D	8F-2R	28.00	3155	No
L345 F	$8710	$920	$1790	**$2530**	**$3350**	Kubota	4	91D	8F-2R	28.00	2770	No
M4000 F	$9785	$1030	$2010	**$2840**	**$3770**	Kubota	6	136D	16F-4R	41.00	4125	No
M4500 DT	$15795	$1660	$3240	**$4580**	**$6080**	Kubota	6	159D	16F-4R	47.00	4730	No
M4500 F	$12000	$1260	$2460	**$3480**	**$4620**	Kubota	6	159D	16F-4R	47.00	4220	No
M4500 OC	$11990	$1260	$2460	**$3480**	**$4620**	Kubota	6	159D	16F-4R	47.00	4400	No
B5100 DT	$4195	$760	$1200	**$1610**	**$2090**	Kubota	2	31D	6F-2R	10	895	No
B5100 E	$3795	$690	$1090	**$1470**	**$1910**	Kubota	2	31D	6F-2R	10	805	No
M5500 DT	$17500	$1840	$3590	**$5080**	**$6740**	Kubota	3	182D	16F-4R	53.00	5070	No

Kubota (Cont.)

1980 (Cont.)

Model	Approx. Retail Price New	Estimated Value Less Repairs: Used Trade In Avg.	Used Trade In High	Used Retail Avg.	Used Retail High	Make	Engine No. Cyls.	Engine Displ. Cu.-In.	No. Speeds	P.T.O. H.P.	Approx. Shipping Wt.-Lbs.	Cab
M5500 F	$13500	$1420	$2770	**$3920**	**$5200**	Kubota	3	182D	16F-4R	53.00	4560	No
B6100 DT	$4750	$850	$1340	**$1800**	**$2340**	Kubota	3	41D	6F-2R	12.00	1035	No
B6100 E	$4295	$780	$1220	**$1640**	**$2140**	Kubota	3	41D	6F-2R	12.00	970	No
B7100 DT	$5195	$910	$1430	**$1920**	**$2500**	Kubota	3	47D	6F-2R	13.60	1085	No
B7100 HSD	$5795	$1010	$1590	**$2130**	**$2770**	Kubota	3	47D	Variable	13.60	1300	No
B7100 HSE	$5375	$950	$1500	**$2020**	**$2630**	Kubota	3	47D	Variable	13.60	1205	No
M7500 DT	$20250	$2130	$4150	**$5870**	**$7800**	Kubota	4	243D	16F-4R	72.00	5610	No
M7500 F	$15200	$1600	$3120	**$4410**	**$5850**	Kubota	4	243D	16F-4R	72.00	5085	No

C, D, DT--Front Wheel Assist DTSS--Front Wheel Assist, Shuttle Shift E--Two Wheel Drive F--Farm Standard W--Two Row Offset
HC--High Clearance HSE--Hydrostatic Transmission, Two Wheel Drive HSD--Hydrostatic Transmission, Four Wheel Drive OC--Orchard L--Low Profile

1979

Model	Approx. Retail Price New	Used Trade In Avg.	Used Trade In High	Used Retail Avg.	Used Retail High	Make	No. Cyls.	Displ. Cu.-In.	No. Speeds	P.T.O. H.P.	Approx. Shipping Wt.-Lbs.	Cab
L185 DT	$5490	$550	$1100	**$1590**	**$2090**	Kubota	2	45D	8F-2R	15.45	1785	No
L185 F	$4885	$510	$1020	**$1480**	**$1930**	Kubota	2	45D	8F-2R	15.33	1595	No
L245 DT	$6650	$690	$1370	**$1990**	**$2600**	Kubota	3	68D	8F-2R	22.35	2000	No
L245 F	$5830	$610	$1210	**$1760**	**$2300**	Kubota	3	68D	8F-2R	22.06	1850	No
L245 HC	$7135	$730	$1450	**$2100**	**$2760**	Kubota	3	68D	8F-2R	22.00	2345	No
L285	$6675	$670	$1340	**$1940**	**$2540**	Kubota	4	91D	8F-2R	26.45	2230	No
L295	$7200	$720	$1440	**$2090**	**$2740**	Kubota	3	79D	8F-2R	25.00	2305	No
L295 DT	$8875	$890	$1780	**$2570**	**$3370**	Kubota	3	79D	8F-2R	25.00	2600	No
L345 DT	$9595	$960	$1920	**$2780**	**$3650**	Kubota	4	91D	8F-2R	28.00	3155	No
M4000 F	$9785	$980	$1960	**$2840**	**$3720**	Kubota	6	136D	16F-4R	41.00	4125	No
M4500 DT	$15795	$1580	$3160	**$4580**	**$6000**	Kubota	6	159D	16F-4R	47.00	4730	No
M4500 F	$11500	$1150	$2300	**$3340**	**$4370**	Kubota	6	159D	16F-4R	47.00	4220	No
B5100 DT	$4165	$710	$1140	**$1580**	**$2000**	Kubota	2	31D	6F-2R	10	895	No
B5100 E	$3745	$680	$1080	**$1510**	**$1910**	Kubota	2	31D	6F-2R	10	805	No
B6100 DT	$4415	$660	$1050	**$1460**	**$1850**	Kubota	3	41D	6F-2R	12.00	1035	No
B6100 E	$4050	$700	$1110	**$1540**	**$1960**	Kubota	3	41D	6F-2R	12.00	970	No
B7100 DT	$4855	$840	$1340	**$1860**	**$2360**	Kubota	3	47D	6F-2R	13.60	1085	No
M7500 DT	$18900	$1890	$3780	**$5480**	**$7180**	Kubota	4	243D	16F-4R	70.00	5610	No

C, D, DT--Front Wheel Assist DTSS--Front Wheel Assist, Shuttle Shift E--Two Wheel Drive F--Farm Standard W--Two Row Offset
H, HC--High Clearance HSE--Hydrostatic Transmission, Two Wheel Drive HSD--Hydrostatic Transmission, Four Wheel Drive OC--Orchard L--Low Profile

1978

Model	Approx. Retail Price New	Used Trade In Avg.	Used Trade In High	Used Retail Avg.	Used Retail High	Make	No. Cyls.	Displ. Cu.-In.	No. Speeds	P.T.O. H.P.	Approx. Shipping Wt.-Lbs.	Cab
L185 DT	$4940	$470	$960	**$1430**	**$1880**	Kubota	2	45D	8F-2R	15.00	1740	No
L185 F	$4350	$430	$890	**$1320**	**$1730**	Kubota	2	45D	8F-2R	15.00	1595	No
L245 DT	$5865	$580	$1180	**$1760**	**$2300**	Kubota	3	68D	8F-2R	22.00	2000	No
L245 F	$5120	$520	$1060	**$1580**	**$2070**	Kubota	3	68D	8F-2R	22.00	1850	No
L245 HC	$6290	$640	$1310	**$1940**	**$2540**	Kubota	3	68D	8F-2R	22.00	2345	No
L285	$6275	$620	$1260	**$1880**	**$2460**	Kubota	4	91D	8F-2R	26.45	2230	No
L295 DT	$7825	$770	$1580	**$2360**	**$3090**	Kubota	3	79D	8F-2R	25.00	2600	No
M4000 F	$9450	$900	$1840	**$2740**	**$3590**	Kubota	6	136D	16F-4R		4125	No
M4500 DT	$14695	$1400	$2870	**$4260**	**$5580**	Kubota	6	159D	16F-4R		4730	No
B5100 DT	$3765	$640	$1040	**$1450**	**$1870**	Kubota	2	31D	6F-2R	10.00	895	No
B5100 E	$3395	$560	$900	**$1260**	**$1620**	Kubota	2	31D	6F-2R	10.00	805	No
B6100 DT	$3950	$640	$1040	**$1450**	**$1870**	Kubota	3	41D	6F-2R	12.00	1035	No
B6100 E	$3625	$610	$990	**$1380**	**$1780**	Kubota	3	41D	6F-2R	12.00	970	No
B7100 DT	$4290	$710	$1150	**$1610**	**$2070**	Kubota	3	47D	6F-2R	13.60	1085	No

C, D, DT--Front Wheel Assist DTSS--Front Wheel Assist, Shuttle Shift E--Two Wheel Drive F--Farm Standard W--Two Row Offset
H, HC--High Clearance HSE--Hydrostatic Transmission, Two Wheel Drive HSD--Hydrostatic Transmission, Four Wheel Drive OC--Orchard L--Low Profile

1977

Model	Approx. Retail Price New	Used Trade In Avg.	Used Trade In High	Used Retail Avg.	Used Retail High	Make	No. Cyls.	Displ. Cu.-In.	No. Speeds	P.T.O. H.P.	Approx. Shipping Wt.-Lbs.	Cab
L175 C	$3295	$320	$680	**$1040**	**$1370**	Kubota	2	45D	8F-2R	15.00	1520	No
L185 DT	$4140	$390	$830	**$1260**	**$1650**	Kubota	2	45D	8F-2R	15.00	1740	No
L185 F	$3595	$350	$740	**$1130**	**$1480**	Kubota	2	45D	8F-2R	15.00	1595	No
L225	$3890	$370	$780	**$1190**	**$1550**	Kubota	3	68D	8F-2R	20.86	1620	No
L245 DT	$4875	$450	$950	**$1440**	**$1890**	Kubota	3	68D	8F-2R	22.00	2000	No
L245 F	$4445	$430	$900	**$1380**	**$1810**	Kubota	3	68D	8F-2R	22.00	1850	No
L285	$4995	$480	$1010	**$1540**	**$2010**	Kubota	4	91D	8F-2R	26.45	2230	No
B6000 C	$3175	$540	$860	**$1250**	**$1610**	Kubota	2	35D	6F-2R	11.00	860	No
B6000 E	$2795	$490	$790	**$1150**	**$1480**	Kubota	2	35D	6F-2R	11.00	770	No
B7100 DT	$3550	$610	$970	**$1420**	**$1820**	Kubota	3	47D	6F-2R	13.60	1085	No

C, D, DT--Front Wheel Assist DTSS--Front Wheel Assist, Shuttle Shift E--Two Wheel Drive F--Farm Standard W--Two Row Offset
H, HC--High Clearance HSE--Hydrostatic Transmission, Two Wheel Drive HSD--Hydrostatic Transmission, Four Wheel Drive OC--Orchard L--Low Profile

1976

Model	Approx. Retail Price New	Used Trade In Avg.	Used Trade In High	Used Retail Avg.	Used Retail High	Make	No. Cyls.	Displ. Cu.-In.	No. Speeds	P.T.O. H.P.	Approx. Shipping Wt.-Lbs.	Cab
L175 C	$3295	$280	$610	**$960**	**$1250**	Kubota	2	45D	8F-2R	15.00	1520	No
L175 F	$3150	$270	$580	**$910**	**$1200**	Kubota	2	45D	8F-2R	15.00	1430	No
L185 F	$3595	$310	$670	**$1040**	**$1370**	Kubota	2	45D	8F-2R	15.00	1595	No
L225	$3890	$330	$720	**$1130**	**$1480**	Kubota	3	68D	8F-2R	20.86	1620	No
L225 DT	$4495	$380	$830	**$1300**	**$1710**	Kubota	3	68D	8F-2R	20.86	1770	No
L260	$4365	$370	$810	**$1270**	**$1660**	Kubota	2	78D	8F-2R	24.11	2340	No
L285	$4713	$400	$870	**$1370**	**$1790**	Kubota	4	91D	8F-2R	26.45	2230	No
L285 W	$4837	$410	$900	**$1400**	**$1840**	Kubota	4	91D	8F-2R	26.45	2250	No
B6000 C	$2995	$480	$800	**$1190**	**$1530**	Kubota	2	35D	6F-2R	11.00	860	No
B6000 E	$2730	$420	$710	**$1050**	**$1350**	Kubota	2	35D	6F-2R	11.00	770	No

C, D, DT--Front Wheel Assist DTSS--Front Wheel Assist, Shuttle Shift E--Two Wheel Drive F--Farm Standard W--Two Row Offset
H, HC--High Clearance HSE--Hydrostatic Transmission, Two Wheel Drive HSD--Hydrostatic Transmission, Four Wheel Drive OC--Orchard L--Low Profile

Landini

Model	Approx. Retail Price New	Estimated Value Less Repairs: Used Trade In Avg.	Used Trade In High	Used Retail Avg.	Used Retail High	Engine Make	Engine No. Cyls.	Engine Displ. Cu.-In.	No. Speeds	P.T.O. H.P.	Approx. Shipping Wt.-Lbs.	Cab
2007												
40 Mistral 4WD	$22765	$10700	$12070	**$15030**	**$16390**	Yanmar	3	100D	15F-15R	32.0		No
40 Mistral America	$22895	$10760	$12130	**$15110**	**$16480**	Yanmar	3	100D	12F-12R	32.0		No
40 Mistral America Hydro	$25425	$11950	$13480	**$16780**	**$18310**	Yanmar	3	100D	Variable	32.0		No
45 Mistral 4WD	$23755	$11170	$12590	**$15680**	**$17100**	Yanmar	4	122D	12F-12R	38.0		No
45 Mistral 4WD Cab	$29310	$13780	$15530	**$19350**	**$21100**	Yanmar	4	122D	12F-12R	38.0		CHA
45 Mistral America	$24405	$11470	$12940	**$16110**	**$17570**	Yanmar	4	122D	12F-12R	38.0		No
45 Mistral America Cab	$29960	$14080	$15880	**$19770**	**$21570**	Yanmar	4	122D	12F-12R	38.0		CHA
45 Mistral America Hydro	$26685	$12540	$14140	**$17610**	**$19210**	Yanmar	4	122D	Variable	38.0		No
45 Mistral America Hydro Cab	$32240	$15150	$17090	**$21280**	**$23210**	Yanmar	4	122D	Variable	43.0		CHA
50 Mistal 4WD Cab	$30185	$14190	$16000	**$19920**	**$21730**	Yanmar	4	133D	12F-12R	43.0		CHA
50 Mistral 4WD	$24610	$11570	$13040	**$16240**	**$17720**	Yanmar	4	133D	12F-12R	43.0		No
50 Mistral America	$25265	$11880	$13390	**$16680**	**$18190**	Yanmar	4	133D	12F-12R	43.0		No
50 Mistral America Cab	$30820	$14490	$16340	**$20340**	**$22190**	Yanmar	4	133D	12F-12R	43.0		CHA
50 Mistral America Hydro	$28195	$13250	$14940	**$18610**	**$20300**	Yanmar	4	133D	Variable	43.0		No
50 Mistral America Hydro Cab	$33750	$15860	$17890	**$22280**	**$24300**	Yanmar	4	133D	Variable	43.0		CHA
55 Mistral 4WD	$25620	$12040	$13580	**$16910**	**$18450**	Yanmar	4T	122D	12F-12R	48.0		No
55 Mistral 4WD Cab	$31175	$14650	$16520	**$20580**	**$22450**	Yanmar	4T	122D	12F-12R	48.0		CHA
60 Powerfarm	$28060	$13190	$14870	**$18520**	**$20200**	Perkins	3	201D	12F-12R	54.0		No
60 Powerfarm 4WD	$32160	$15120	$17050	**$21230**	**$23160**	Perkins	3	201D	12F-12R	54.0		No
60 Powerfarm 4WD w/Cab	$37875	$17800	$20070	**$25000**	**$27270**	Perkins	3	201D	12F-12R	54.0		CHA
60F Rex	$27160	$12770	$14400	**$17930**	**$19560**	Perkins	3	201D	15F-15R	54.0		No
60F Rex 4WD	$31315	$14720	$16600	**$20670**	**$22550**	Perkins	3	201D	15F-15R	54.0		No
60F Rex 4WD Cab	$38575	$18130	$20450	**$25460**	**$27770**	Perkins	3	201D	15F-15R	54.0		CHA
60F Rex Cab	$33905	$15940	$17970	**$22380**	**$24410**	Perkins	3	201D	15F-15R	54.0		CHA
60GE Rex 4WD	$31160	$14650	$16520	**$20570**	**$22440**	Perkins	3	201D	15F-15R	54.0		No
65 Alpine 4WD w/Cab	$38790	$18230	$20560	**$25600**	**$27930**	Perkins	4T	203D	15F-15R	60.0		CHA
70F Rex	$29245	$13750	$15500	**$19300**	**$21060**	Perkins	3T	201D	15F-15R	61.0		No
70F Rex 4WD	$34560	$16240	$18320	**$22810**	**$24880**	Perkins	3T	210D	15F-15R	61.0		No
70F Rex 4WD w/Cab	$41860	$19670	$22190	**$27630**	**$30140**	Perkins	3T	201D	15F-15R	61.0		CHA
70F Rex w/Cab	$36545	$17180	$19370	**$24120**	**$26310**	Perkins	3T	201D	15F-15R	61.0		CHA
75 Alpine 4WD w/Cab	$41550	$19530	$22020	**$27420**	**$29920**	Perkins	4T	203D	15F-15R	60.0		CHA
75F Rex	$30590	$14380	$16210	**$20190**	**$22030**	Perkins	4	268D	15F-15R	62.0		No
75F Rex 4WD	$35990	$16920	$19080	**$23750**	**$25910**	Perkins	4	268D	15F-15R	62.0		No
75F Rex 4WD w/Cab	$43080	$20250	$22830	**$28430**	**$31020**	Perkins	4	268D	15F-15R	62.0		CHA
75F Rex w/Cab	$37680	$17710	$19970	**$24870**	**$27130**	Perkins	4	268D	15F-15R	62.0		CHA
75GE Rex 4WD	$35845	$16850	$19000	**$23660**	**$25810**	Perkins	4	268D	15F-15R	62.0		No
75GT Rex 4WD	$36140	$16990	$19150	**$23850**	**$26020**	Perkins	4	268D	15F-15R	62.0		No
75GT Rex 4WD w/Cab	$43225	$20320	$22910	**$28530**	**$31120**	Perkins	4	268D	15F-15R	62.0		CHA
75GTP 4WD	$39684	$19840	$22620	**$27780**	**$30160**	Perkins	4	268D	15F-15R	62.0		No
75GTP 4WD w/Cab	$45070	$22540	$25690	**$31550**	**$34250**	Perkins	4	268D	15F-15R	62.0		CHA
75HD Powerfarm	$30295	$14240	$16060	**$20000**	**$21810**	Perkins	4	268D	12F-12R	62.0		No
75HD Powerfarm 4WD	$35310	$16600	$18710	**$23310**	**$25420**	Perkins	4	268D	12F-12R	62.0		No
75HD Powerfarm 4WD w/Cab	$41070	$19300	$21770	**$27110**	**$29570**	Perkins	4	268D	12F-12R	62.0		CHA
75HD Powerfarm w/Cab	$35990	$16920	$19080	**$23750**	**$25910**	Perkins	4	268D	12F-12R	62.0		CHA
75S Rex 4WD w/Cab	$42835	$20130	$22700	**$28270**	**$30840**	Perkins	4	268D	15F-15R	62.0		CHA
75V Rex 4WD w/Cab	$42835	$20130	$22700	**$28270**	**$30840**	Perkins	4	268D	15F-15R	62.0		CHA
75V Rex w/Cab	$38345	$18020	$20320	**$25310**	**$27610**	Perkins	4	268D	15F-15R	62.0		CHA
80F Rex	$31395	$14760	$16640	**$20720**	**$22600**	Perkins	3T	201D	15F-15R	68.0		No
80F Rex 4WD	$36825	$17310	$19520	**$24310**	**$26510**	Perkins	3T	201D	15F-15R	68.0		No
80F Rex 4WD w/Cab	$44615	$20970	$23650	**$29450**	**$32120**	Perkins	3T	201D	15F-15R	68.0		CHA
80F Rex w/Cab	$39190	$18420	$20770	**$25870**	**$28220**	Perkins	3T	201D	15F-15R	68.0		CHA
80S Rex 4WD w/Cab	$43835	$20600	$23230	**$28930**	**$31560**	Perkins	3T	201D	15F-15R	68.0		CHA
80V Rex 4WD w/Cab	$43325	$20360	$22960	**$28600**	**$31190**	Perkins	3T	201D	15F-15R	68.0		CHA
80V Rex w/Cab	$39725	$18670	$21050	**$26220**	**$28600**	Perkins	3T	201D	15F-15R	68.0		CHA
85 Alpine 4WD w/Cab	$43330	$20370	$22970	**$28600**	**$31200**	Perkins	4T	203D	15F-15R	60.0		CHA
85 HC Powerfarm	$33605	$15790	$17810	**$22180**	**$24200**	Perkins	4	268D	12F-12R	74.0		No
85 HC Powerfarm 4WD	$38220	$17960	$20260	**$25230**	**$27520**	Perkins	4	268D	12F-12R	74.0		No
85 HC Powerfarm 4WD w/Cab	$44120	$20740	$23380	**$29120**	**$31770**	Perkins	4	268D	12F-12R	74.0		CHA
85 HC Powerfarm w/Cab	$38775	$18220	$20550	**$25590**	**$27920**	Perkins	4	268D	12F-12R	74.0		CHA
85 Powerfarm	$31970	$15030	$16940	**$21100**	**$23020**	Perkins	4	268D	12F-12R	74.0		No
85 Powerfarm 4WD	$36970	$17380	$19590	**$24400**	**$26620**	Perkins	4	268D	12F-12R	74.0		No
85 Powerfarm 4WD w/Cab	$42770	$20100	$22670	**$28230**	**$30790**	Perkins	4	268D	12F-12R	74.0		CHA
85 Powerfarm w/Cab	$37070	$17420	$19650	**$24470**	**$26690**	Perkins	4	268D	12F-12R	74.8		CHA
85 Powerfarm Pwr. Shuttle	$41790	$19640	$22150	**$27580**	**$30090**	Perkins	4	268D	24F-12R	74.4		No
85 Powerfarm Pwr. Shuttle w/Cab	$47590	$22370	$25220	**$31410**	**$34270**	Perkins	4	268D	24F-11R	74.0		CHA
85 Vision Techno	$41850	$19670	$22180	**$27620**	**$30130**	Perkins	4	268D	15F-15R	74.0		CHA
85 Vision Techno 4WD	$47280	$22220	$25060	**$31210**	**$34040**	Perkins	4	268D	15F-15R	74.0		CHA
85 Vision Top 4WD	$51190	$24060	$27130	**$33790**	**$36860**	Perkins	4	268D	30F-30R	74.0		CHA
85F Rex	$32740	$15390	$17350	**$21610**	**$23570**	Perkins	4	268D	15F-15R	75.0		No
85F Rex 4WD	$38255	$17980	$20280	**$25250**	**$27540**	Perkins	4	268D	15F-15R	75.0		No
85F Rex 4WD w/Cab	$45815	$21530	$24280	**$30240**	**$32990**	Perkins	4	268D	15F-15R	75.0		CHA
85F Rex w/Cab	$40300	$18940	$21360	**$26600**	**$29020**	Perkins	4	268D	15F-15R	75.0		CHA
85FP 4WD	$41989	$21000	$23930	**$29390**	**$31910**	Perkins	4	268D	15F-15R	74.0		No
85FP 4WD w/Cab	$47375	$23690	$27000	**$33160**	**$36010**	Perkins	4	268D	15F-15R	74.0		CHA
85GE 4WD	$39414	$19710	$22470	**$27590**	**$29960**	Perkins	4	268D	15F-15R	75.0		No
85GE Rex	$38115	$17910	$20200	**$25160**	**$27440**	Perkins	4	268D	15F-15R	75.0		No
85GT Rex 4WD	$38445	$18070	$20380	**$25370**	**$27680**	Perkins	4	268D	15F-15R	75.0		No
85GT Rex 4WD w/Cab	$45970	$21610	$24360	**$30340**	**$33100**	Perkins	4	268D	15F-15R	75.0		CHA
85GTP 4WD	$42074	$21040	$23980	**$29450**	**$31980**	Perkins	4	268D	15F-15R	74.0		No
85GTP 4WD w/Cab	$47460	$23730	$27050	**$33220**	**$36070**	Perkins	4	268D	15F-15R	74.0		CHA
85S Rex 4WD w/Cab	$44490	$20910	$23580	**$29360**	**$32030**	Perkins	4	268D	15F-15R	75.0		CHA

	Approx. Retail Price New	Estimated Value Less Repairs: Used Trade In Avg.	High	Used Retail Avg.	High	Engine: Make	No. Cyls.	Displ. Cu.-In.	No. Speeds	P.T.O. H.P.	Approx. Shipping Wt.-Lbs.	Cab

Landini (Cont.)

2007 (Cont.)

Model	Approx. Retail Price New	Used Trade In Avg.	Used Trade In High	Used Retail Avg.	Used Retail High	Make	No. Cyls.	Displ. Cu.-In.	No. Speeds	P.T.O. H.P.	Approx. Shipping Wt.-Lbs.	Cab
85V Rex 4WD w/Cab	$44490	$20910	$23580	**$29360**	**$32030**	Perkins	4	268D	15F-15R	75.0		CHA
85V Rex w/Cab	$40795	$19170	$21620	**$26930**	**$29370**	Perkins	4	268D	15F-15R	75.0		CHA
95 HC Powerfarm	$35365	$16620	$18740	**$23340**	**$25460**	Perkins	4T	268D	12F-12R	84.0		No
95 HC Powerfarm 4WD	$40105	$18850	$21260	**$26470**	**$28880**	Perkins	4T	268D	12F-12R	84.0		No
95 HC Powerfarm 4WD w/Cab	$46045	$21640	$24400	**$30390**	**$33150**	Perkins	4T	268D	12F-12R	84.0		CHA
95 HC Powerfarm w/Cab	$40540	$19050	$21490	**$26760**	**$29190**	Perkins	4T	268D	12F-12R	84.0		CHA
95 Powerfarm	$34230	$16090	$18140	**$22590**	**$24650**	Perkins	4T	268D	12F-12R	84.0		No
95 Powerfarm 4WD	$39100	$18380	$20720	**$25810**	**$28150**	Perkins	4T	268D	12F-12R	84.0		No
95 Powerfarm 4WD w/Cab	$46945	$22060	$24880	**$30980**	**$33800**	Perkins	4T	268D	12F-12R	84.0		CHA
95 Powerfarm w/Cab	$39325	$18480	$20840	**$25960**	**$28310**	Perkins	4T	268D	12F-12R	84.0		CHA
95 Powerfarm Pwr. Shuttle w/Cab	$49705	$23360	$26340	**$32810**	**$35790**	Perkins	4	268D	24F-12R	84.0		CHA
95 Vision Techno	$43025	$20220	$22800	**$28400**	**$30980**	Perkins	4T	268D	15F-15R	84.0		CHA
95 Vision Techno 4WD	$48615	$22850	$25770	**$32090**	**$35000**	Perkins	4T	268D	15F-15R	84.0		CHA
95 Vision Top 4WD	$52525	$24690	$27840	**$34670**	**$37820**	Perkins	4T	268D	30F-30R	84.0		CHA
95F Rex	$35740	$16800	$18940	**$23590**	**$25730**	Perkins	4T	268D	15F-15R	84.0		No
95F Rex 4WD	$41315	$19420	$21900	**$27270**	**$29750**	Perkins	4T	268D	15F-15R	84.0		No
95F Rex 4WD w/Cab	$48815	$22940	$25870	**$32220**	**$35150**	Perkins	4T	268D	15F-15R	84.0		CHA
95F Rex w/Cab	$43245	$20330	$22920	**$28540**	**$31140**	Perkins	4T	268D	15F-15R	84.0		CHA
95FP 4WD	$45532	$22770	$25950	**$31870**	**$34600**	Perkins	4	268D	15F-15R	84.0		No
95FP 4WD w/Cab	$50918	$25460	$29020	**$35640**	**$38700**	Perkins	4	268D	15F-15R	84.0		CHA
95GE 4WD	$42666	$21330	$24320	**$29870**	**$32430**	Perkins	4	268D	15F-15R	84.0		No
95GE Rex 4WD	$40900	$19220	$21680	**$26990**	**$29450**	Perkins	4T	268D	15F-15R	84.0		No
95GT Rex 4WD	$41815	$19650	$22160	**$27600**	**$30110**	Perkins	4	268D	15F-15R	84.0		No
95GT Rex 4WD w/Cab	$49260	$23150	$26110	**$32510**	**$35470**	Perkins	4	268D	15F-15R	84.0		CHA
95GTP 4WD	$46628	$23310	$26580	**$32640**	**$35440**	Perkins	4	268D	15F-15R	84.0		No
95GTP 4WD w/Cab	$52014	$26010	$29650	**$36410**	**$39530**	Perkins	4	268D	15F-15R	84.0		CHA
105 HC Powerfarm	$37270	$17520	$19750	**$24600**	**$26830**	Perkins	4T	268D	12F-12R	90.0		No
105 HC Powerfarm 4WD	$42890	$20160	$22730	**$28310**	**$30880**	Perkins	4T	268D	12F-12R	90.0		No
105 HC Powerfarm 4WD Cab	$48885	$22980	$25910	**$32260**	**$35200**	Perkins	4T	268D	12F-12R	90.0		CHA
105 HC Powerfarm Cab	$42810	$20120	$22690	**$28260**	**$30820**	Perkins	4T	268D	12F-12R	90.0		CHA
105 Powerfarm	$35710	$16780	$18930	**$23570**	**$25710**	Perkins	4T	268D	12F-12R	90.0		No
105 Powerfarm 4WD	$40875	$19210	$21660	**$26980**	**$29430**	Perkins	4T	268D	12F-12R	90.0		No
105 Powerfarm 4WD Cab	$46755	$21980	$24780	**$30860**	**$33660**	Perkins	4T	268D	12F-12R	90.0		CHA
105 Powerfarm Cab	$40810	$19180	$21630	**$26940**	**$29380**	Perkins	4T	268D	12F-12R	90.0		CHA
105 Powerfarm Pwr. Shuttle	$45635	$21450	$24190	**$30120**	**$32860**	Perkins	4T	268D	24F-12R	90.0		No
105 Powerfarm Pwr. Shuttle Cab	$51515	$24210	$27300	**$34000**	**$37090**	Perkins	4T	268D	24F-12R	90.0		CHA
105 Vision Techno	$44875	$21090	$23780	**$29620**	**$32310**	Perkins	4T	268D	15F-15R	90.0		CHA
105 Vision Techno 4WD	$50745	$23850	$26900	**$33490**	**$36540**	Perkins	4T	268D	15F-15R	90.0		CHA
105 Vision Top 4WD	$54645	$25680	$28960	**$36070**	**$39340**	Perkins	4T	268D	30F-30R	90.0		CHA
105F Rex	$38815	$18240	$20570	**$25620**	**$27950**	Perkins	4T	268D	15F-15R	90.0		No
105F Rex 4WD	$44505	$20920	$23590	**$29370**	**$32040**	Perkins	4T	268D	15F-15R	90.0		No
105F Rex 4WD Cab	$51855	$24370	$27480	**$34220**	**$37340**	Perkins	4T	268D	15F-15R	90.0		CHA
105F Rex Cab	$46180	$21710	$24480	**$30480**	**$33250**	Perkins	4T	268D	15F-15R	90.0		CHA
105FP 4WD	$48199	$24100	$27470	**$33740**	**$36630**	Perkins	4T	268D	15F-15R	90.0		No
105FP 4WD w/Cab	$53585	$26790	$30540	**$37510**	**$40730**	Perkins	4T	268D	15F-15R	90.0		CHA
105GE Rex 4WD	$43750	$20560	$23190	**$28880**	**$31500**	Perkins	4T	268D	15F-15R	90.0		No
105GT 4WD	$45203	$22600	$25770	**$31640**	**$34350**	Perkins	4T	268D	15F-15R	90.0		No
105GT Rex 4WD	$45115	$21200	$23910	**$29780**	**$32480**	Perkins	4	268D	15F-15R	98.4		No
105GT Rex 4WD Cab	$52480	$24670	$27810	**$34640**	**$37790**	Perkins	4	268D	15F-15R	98.4		CHA
105GTP 4WD	$49431	$24720	$28180	**$34600**	**$37570**	Perkins	4T	268D	15F-15R	90.0		No
105GTP 4WD w/Cab	$54817	$27410	$31250	**$38370**	**$41660**	Perkins	4T	268D	15F-15R	90.0		CHA
125 Landpower Top	$71310	$33520	$37790	**$47070**	**$51340**	Perkins	6T	365D	72F-72R	105.0		CHA
125 Landpower Top-Tronic	$75835	$35640	$40190	**$50050**	**$54600**	Perkins	6T	365D	72F-72R	105.0		CHA
135 Landpower Top	$76950	$36170	$40780	**$50790**	**$55400**	Perkins	6T	365D	72F-72R	120.0		CHA
135 Landpower Top-Tronic	$81275	$38200	$43080	**$53640**	**$58520**	Perkins	6T	365D	72F-72R	120.0		CHA
145 Landpower Top	$81865	$38480	$43390	**$54030**	**$58940**	Perkins	6T	365D	72F-72R	130.0		CHA
145 Landpower Top-Tronic	$86190	$40510	$45680	**$56890**	**$62060**	Perkins	6T	365D	72F-72R	130.0		CHA
165 Landpower Top	$87935	$41330	$46610	**$58040**	**$63310**	Perkins	6T	365D	72F-72R	145.0		CHA
165 Landpower Top-Tronic	$92260	$43360	$48900	**$60890**	**$66430**	Perkins	6T	365D	72F-72R	145.0		CHA
185 Landpower Top	$97265	$45720	$51550	**$64200**	**$70030**	Perkins	6T	365D	72F-72R	162.0		CHA
185 Landpower Top-Tronic	$101590	$47750	$53840	**$67050**	**$73150**	Perkins	6T	365D	72F-72R	162.0		CHA
CFS60 Trekker	$36255	$17040	$19220	**$23930**	**$26100**	Yanmar	4	186D	16F-8R	53.0		No
CFS70 Trekker	$38540	$18110	$20430	**$25440**	**$27750**	Yanmar	4	203D	16F-8R	63.0		No
CF75 Trekker	$40345	$18960	$21380	**$26630**	**$29050**	Perkins	4	268D	16F-8R	61.0		No
CF85 Trekker	$43885	$20630	$23260	**$28960**	**$31600**	Perkins	4	268D	16F-8R	61.0		No
C85 Trekker	$45560	$21410	$24150	**$30070**	**$32800**	Perkins	4T	268D	16F-8R	84.0		No
C95 Trekker	$51830	$24360	$27470	**$34210**	**$37320**	Perkins	4T	268D	16F-8R	84.0		No
CF95 Trekker	$49665	$23340	$26320	**$32780**	**$35760**	Perkins	4	268D	16F-8R	71.25		No
C105 Trekker	$55370	$26020	$29350	**$36540**	**$39870**	Perkins	4T	268D	16F-8R	90.0		No
CF105 Trekker	$52276	$24570	$27710	**$34500**	**$37640**	Perkins	4	268D	16F-8R	71.25		No
5865 Evolution	$21605	$10150	$11450	**$14260**	**$15560**	Perkins	3	201D	12F-12R	54.0		No
6865 Evolution	$25120	$11810	$13310	**$16580**	**$18090**	Perkins	4	268D	12F-12R	62.0		No
6865 Evolution 4WD	$29790	$14000	$15790	**$19660**	**$21450**	Perkins	4	268D	12F-12R	62.0		No
8865 Evolution	$27250	$12810	$14440	**$17990**	**$19620**	Perkins	4	268D	12F-12R	75.0		No
8865 Evolution 4WD	$31630	$14870	$16760	**$20880**	**$22770**	Perkins	4	268D	12F-12R	75.0		No

2006

Model	Approx. Retail Price New	Used Trade In Avg.	Used Trade In High	Used Retail Avg.	Used Retail High	Make	No. Cyls.	Displ. Cu.-In.	No. Speeds	P.T.O. H.P.	Approx. Shipping Wt.-Lbs.	Cab
40 Mistral 4WD	$22320	$9150	$10710	**$13620**	**$15180**	Yanmar	3	100D	15F-15R	33.0		No
40 Mistral 4WD Cab	$26685	$10940	$12810	**$16280**	**$18150**	Yanmar	3	100D	15F-15R	33.0		CHA
40 Mistral America	$22445	$9200	$10770	**$13690**	**$15260**	Yanmar	3	100D	12F-12R	33.0		No
40 Mistral America Cab	$26725	$10960	$12830	**$16300**	**$18170**	Yanmar	3	100D	12F-12R	33.0		CHA
40 Mistral America Hydro	$24925	$10220	$11960	**$15200**	**$16950**	Yanmar	3	100D	Variable	33.0		No
40 Mistral America Hydro Cab	$29205	$11970	$14020	**$17820**	**$19860**	Yanmar	3	100D	Variable	33.0		CHA
45 Mistral 4WD	$23290	$9550	$11180	**$14210**	**$15840**	Yanmar	4	122D	12F-12R	38.0		No

Landini (Cont.)

2006 (Cont.)

	Approx. Retail Price New	Estimated Value Less Repairs Used Trade In Avg.	Used Trade In High	Used Retail Avg.	Used Retail High	Engine Make	No. Cyls.	Displ. Cu.-In.	No. Speeds	P.T.O. H.P.	Approx. Shipping Wt.-Lbs.	Cab
45 Mistral 4WD Cab	$28740	$11780	$13800	**$17530**	**$19540**	Yanmar	4	122D	12F-12R	38.0		CHA
45 Mistral America	$23925	$9810	$11480	**$14590**	**$16270**	Yanmar	4	122D	12F-12R	38.0		No
45 Mistral America Cab	$29375	$12040	$14100	**$17920**	**$19980**	Yanmar	4	122D	12F-12R	38.0		CHA
45 Mistral America Hydro	$26160	$10730	$12560	**$15960**	**$17790**	Yanmar	4	122D	Variable	38.0		No
45 Mistral America Hydro Cab	$31505	$12920	$15120	**$19220**	**$21420**	Yanmar	4	122D	Variable	38.0		CHA
50 Mistal 4WD Cab	$29575	$12130	$14200	**$18040**	**$20110**	Yanmar	4	133D	12F-12R	43.0		CHA
50 Mistral 4WD	$24125	$9890	$11580	**$14720**	**$16410**	Yanmar	4	133D	12F-12R	43.0		No
50 Mistral America	$24770	$10160	$11890	**$15110**	**$16840**	Yanmar	4	133D	12F-12R	43.0		No
50 Mistral America Cab	$30270	$12410	$14530	**$18470**	**$20580**	Yanmar	4	133D	12F-12R	43.0		CHA
50 Mistral America Hydro	$27640	$11330	$13270	**$16860**	**$18800**	Yanmar	4	133D	Variable	43.0		No
50 Mistral America Hydro Cab	$33090	$13570	$15880	**$20190**	**$22500**	Yanmar	4	133D	Variable	43.0		CHA
55 Mistral 4WD	$25120	$10300	$12060	**$15320**	**$17080**	Yanmar	4T	122D	12F-12R	48.0		No
55 Mistral 4WD Cab	$30570	$12530	$14670	**$18650**	**$20790**	Yanmar	4T	122D	12F-12R	50.0		CHA
60 Powerfarm	$27510	$11280	$13210	**$16780**	**$18710**	Perkins	3	201D	12F-12R	50.0		No
60 Powerfarm 4WD	$31530	$12930	$15130	**$19230**	**$21440**	Perkins	3	201D	12F-12R	54.0		No
60 Powerfarm 4WD w/Cab	$37130	$15220	$17820	**$22650**	**$25250**	Perkins	3	201D	12F-12R	54.0		CHA
60F Rex	$26625	$10920	$12780	**$16240**	**$18110**	Perkins	3	201D	15F-15R	54.0		No
60F Rex 4WD	$30700	$12590	$14740	**$18730**	**$20880**	Perkins	3	201D	15F-15R	54.0		No
60F Rex 4WD Cab	$37820	$15510	$18150	**$23070**	**$25720**	Perkins	3	201D	15F-15R	54.0		CHA
60F Rex Cab	$33240	$13630	$15960	**$20280**	**$22600**	Perkins	3	201D	15F-15R	54.0		CHA
60GE Rex 4WD	$30550	$12530	$14660	**$18640**	**$20770**	Perkins	3	201D	15F-15R	54.0		No
65 Alpine 4WD w/Cab	$38030	$15590	$18250	**$23200**	**$25860**	Perkins	4T	203D	15F-15R	60.0		CHA
70F Rex	$28670	$11760	$13760	**$17490**	**$19500**	Perkins	3T	201D	15F-15R	61.0		No
70F Rex 4WD	$33880	$13890	$16260	**$20670**	**$23040**	Perkins	3T	210D	15F-15R	61.0		No
70F Rex 4WD w/Cab	$41040	$16830	$19700	**$25030**	**$27910**	Perkins	3T	201D	15F-15R	61.0		CHA
70F Rex w/Cab	$35830	$14690	$17200	**$21860**	**$24360**	Perkins	3T	201D	15F-15R	61.0		CHA
70GE Rex 4WD	$33735	$13830	$16190	**$20580**	**$22940**	Perkins	3T	201D	15F-15R	61.0		No
75 Alpine 4WD w/Cab	$37920	$15550	$18200	**$23130**	**$25790**	Perkins	4T	203D	15F-15R	60.0		CHA
75F Rex	$29990	$12300	$14400	**$18290**	**$20390**	Perkins	4	268D	15F-15R	62.0		No
75F Rex 4WD	$35285	$14470	$16940	**$21520**	**$23990**	Perkins	4	268D	15F-15R	62.0		No
75F Rex 4WD w/Cab	$42235	$17320	$20270	**$25760**	**$28720**	Perkins	4	268D	15F-15R	62.0		CHA
75F Rex w/Cab	$36940	$15150	$17730	**$22530**	**$25120**	Perkins	4	268D	15F-15R	62.0		CHA
75GE Rex 4WD	$35140	$14410	$16870	**$21440**	**$23900**	Perkins	4	268D	15F-15R	62.0		No
75GT Rex 4WD	$35430	$14530	$17010	**$21610**	**$24090**	Perkins	4	268D	15F-15R	62.0		No
75GT Rex 4WD w/Cab	$47375	$19420	$22740	**$28900**	**$32220**	Perkins	4	268D	15F-15R	62.0		CHA
75HD Powerfarm	$29700	$12180	$14260	**$18120**	**$20200**	Perkins	4	268D	12F-12R	62.0		No
75HD Powerfarm 4WD	$34620	$14190	$16620	**$21120**	**$23540**	Perkins	4	268D	12F-12R	62.0		No
75HD Powerfarm 4WD w/Cab	$40265	$16510	$19330	**$24560**	**$27380**	Perkins	4	268D	12F-12R	62.0		CHA
75HD Powerfarm w/Cab	$35285	$14470	$16940	**$21520**	**$23990**	Perkins	4	268D	12F-12R	62.0		CHA
80F Rex	$30780	$12620	$14770	**$18780**	**$20930**	Perkins	3T	201D	15F-15R	68.0		No
80F Rex 4WD	$36105	$14800	$17330	**$22020**	**$24550**	Perkins	3T	201D	15F-15R	68.0		No
80F Rex 4WD w/Cab	$43740	$17930	$21000	**$26680**	**$29740**	Perkins	3T	201D	15F-15R	68.0		CHA
80F Rex w/Cab	$38420	$15750	$18440	**$23440**	**$26130**	Perkins	3T	201D	15F-15R	68.0		CHA
80GE Rex 4WD	$35955	$14740	$17260	**$21930**	**$24450**	Perkins	3T	201D	15F-15R	68.0		No
85 Alpine 4WD w/Cab	$40735	$16700	$19550	**$24850**	**$27700**	Perkins	4T	203D	15F-15R	60.0		CHA
85 HC Powerfarm	$32945	$13510	$15810	**$20100**	**$22400**	Perkins	4	268D	12F-12R	74.0		No
85 HC Powerfarm 4WD	$37470	$15360	$17990	**$22860**	**$25480**	Perkins	4	268D	12F-12R	74.0		No
85 HC Powerfarm 4WD w/Cab	$42255	$17330	$20280	**$25780**	**$28730**	Perkins	4	268D	12F-12R	74.0		CHA
85 HC Powerfarm w/Cab	$38015	$15590	$18250	**$23190**	**$25850**	Perkins	4	268D	12F-12R	74.0		CHA
85 Powerfarm	$31345	$12850	$15050	**$19120**	**$21320**	Perkins	4	268D	12F-12R	74.0		No
85 Powerfarm 4WD	$36245	$14860	$17400	**$22110**	**$24650**	Perkins	4	268D	12F-12R	74.0		No
85 Powerfarm 4WD w/Cab	$40930	$16780	$19650	**$24970**	**$27830**	Perkins	4	268D	12F-12R	74.0		CHA
85 Powerfarm w/Cab	$36345	$14900	$17450	**$22170**	**$24720**	Perkins	4	268D	12F-12R	74.8		CHA
85 Powerfarm Pwr. Shuttle	$40970	$16800	$19670	**$24990**	**$27860**	Perkins	4	268D	24F-12R	74.4		No
85 Powerfarm Pwr. Shuttle w/Cab	$46655	$19130	$22390	**$28460**	**$31730**	Perkins	4	268D	24F-11R	74.0		CHA
85 Vision Techno	$41130	$16860	$19740	**$25090**	**$27970**	Perkins	4	268D	15F-15R	74.0		CHA
85 Vision Techno 4WD	$46355	$19010	$22250	**$28280**	**$31520**	Perkins	4	268D	15F-15R	74.0		CHA
85 Vision Top 4WD	$50185	$20580	$24090	**$30610**	**$34130**	Perkins	4	268D	30F-30R	74.0		CHA
85F Rex	$32100	$13160	$15410	**$19580**	**$21830**	Perkins	4	268D	15F-15R	75.0		No
85F Rex 4WD	$37505	$15380	$18000	**$22880**	**$25500**	Perkins	4	268D	15F-15R	75.0		No
85F Rex 4WD w/Cab	$44915	$18420	$21560	**$27400**	**$30540**	Perkins	4	268D	15F-15R	75.0		CHA
85F Rex w/Cab	$39510	$16200	$18970	**$24100**	**$26870**	Perkins	4	268D	15F-15R	75.0		CHA
85GE Rex	$37370	$15320	$17940	**$22800**	**$25410**	Perkins	4	268D	15F-15R	75.0		No
85GT Rex 4WD	$37690	$15450	$18090	**$22990**	**$25630**	Perkins	4	268D	15F-15R	75.0		No
85GT Rex 4WD w/Cab	$45070	$18480	$21630	**$27490**	**$30650**	Perkins	4	268D	15F-15R	75.0		CHA
95 HC Powerfarm	$34670	$14220	$16640	**$21150**	**$23580**	Perkins	4T	268D	12F-12R	84.0		No
95 HC Powerfarm 4WD	$39320	$16120	$18870	**$23990**	**$26740**	Perkins	4T	268D	12F-12R	84.0		No
95 HC Powerfarm 4WD w/Cab	$45140	$18510	$21670	**$27540**	**$30700**	Perkins	4T	268D	12F-12R	84.0		CHA
95 HC Powerfarm w/Cab	$39745	$16300	$19080	**$24240**	**$27030**	Perkins	4T	268D	12F-12R	84.0		CHA
95 Powerfarm	$33560	$13760	$16110	**$20470**	**$22820**	Perkins	4T	268D	12F-12R	84.0		No
95 Powerfarm 4WD	$38336	$15720	$18400	**$23390**	**$26070**	Perkins	4T	268D	12F-12R	84.0		No
95 Powerfarm 4WD w/Cab	$44065	$18070	$21150	**$26880**	**$29960**	Perkins	4T	268D	12F-12R	84.0		CHA
95 Powerfarm w/Cab	$38555	$15810	$18510	**$23520**	**$26220**	Perkins	4T	268D	12F-12R	84.0		CHA
95 Powerfarm Pwr. Shuttle	$43000	$17630	$20640	**$26230**	**$29240**	Perkins	4	268D	24F-12R	84.0		No
95 Powerfarm Pwr. Shuttle w/Cab	$48730	$19980	$23390	**$29730**	**$33140**	Perkins	4	268D	24F-12R	84.0		CHA
95 Vision Techno	$42180	$17290	$20250	**$25730**	**$28680**	Perkins	4T	268D	15F-15R	84.0		CHA
95 Vision Techno 4WD	$47660	$19540	$22880	**$29070**	**$32410**	Perkins	4T	268D	15F-15R	84.0		CHA
95 Vision Top 4WD	$51495	$21110	$24720	**$31410**	**$35020**	Perkins	4T	268D	30F-30R	84.0		CHA
95F Rex	$35040	$14370	$16820	**$21370**	**$23830**	Perkins	4T	268D	15F-15R	84.0		No
95F Rex 4WD	$40505	$16610	$19440	**$24710**	**$27540**	Perkins	4T	268D	15F-15R	84.0		No
95F Rex 4WD w/Cab	$47860	$19620	$22970	**$29200**	**$32550**	Perkins	4T	268D	15F-15R	84.0		CHA
95F Rex w/Cab	$42395	$17380	$20350	**$25860**	**$28830**	Perkins	4T	268D	15F-15R	84.0		CHA
95GE Rex 4WD	$40100	$16440	$19250	**$24460**	**$27270**	Perkins	4T	268D	15F-15R	84.0		No
95GT Rex 4WD	$40995	$16810	$19680	**$25010**	**$27880**	Perkins	4	268D	15F-15R	84.0		No

	Approx. Retail Price New	Estimated Value Less Repairs: Used Trade In Avg.	Used Trade In High	Used Retail Avg.	Used Retail High	Engine: Make	No. Cyls.	Displ. Cu.-In.	No. Speeds	P.T.O. H.P.	Approx. Shipping Wt.-Lbs.	Cab
Landini (Cont.)												
				2006 (Cont.)								
95GT Rex 4WD w/Cab	$48295	$19800	$23180	**$29460**	**$32840**	Perkins	4	268D	15F-15R	84.0		CHA
105 HC Powerfarm	$36540	$14980	$17540	**$22290**	**$24850**	Perkins	4T	268D	12F-12R	90.0		No
105 HC Powerfarm 4WD	$42050	$17240	$20180	**$25650**	**$28590**	Perkins	4T	268D	12F-12R	90.0		No
105 HC Powerfarm 4WD Cab	$47925	$19650	$23000	**$29230**	**$32590**	Perkins	4T	268D	12F-12R	90.0		CHA
105 HC Powerfarm Cab	$41970	$17210	$20150	**$25600**	**$28540**	Perkins	4T	268D	12F-12R	90.0		CHA
105 Powerfarm	$35010	$14350	$16810	**$21360**	**$23810**	Perkins	4T	268D	12F-12R	90.0		No
105 Powerfarm 4WD	$40075	$16430	$19240	**$24450**	**$27250**	Perkins	4T	268D	12F-12R	90.0		No
105 Powerfarm 4WD Cab	$45840	$18790	$22000	**$27960**	**$31170**	Perkins	4T	268D	12F-12R	90.0		CHA
105 Powerfarm Cab	$40010	$16400	$19210	**$24410**	**$27210**	Perkins	4T	268D	12F-12R	90.0		CHA
105 Powerfarm Pwr. Shuttle	$44740	$18340	$21480	**$27290**	**$30420**	Perkins	4T	268D	24F-12R	90.0		No
105 Powerfarm Pwr. Shuttle Cab	$50505	$20710	$24240	**$30810**	**$34340**	Perkins	4T	268D	24F-12R	90.0		CHA
105 Vision Techno	$43995	$18040	$21120	**$26840**	**$29920**	Perkins	4T	268D	15F-15R	90.0		CHA
105 Vision Techno 4WD	$49750	$20400	$23880	**$30350**	**$33830**	Perkins	4T	268D	15F-15R	90.0		CHA
105 Vision Top 4WD	$53575	$21970	$25720	**$32680**	**$36430**	Perkins	4T	268D	30F-30R	90.0		CHA
105F Rex	$38055	$15600	$18270	**$23210**	**$25880**	Perkins	4T	268D	15F-15R	90.0		No
105F Rex 4WD	$43630	$17890	$20940	**$26610**	**$29670**	Perkins	4T	268D	15F-15R	90.0		No
105F Rex 4WD Cab	$50840	$20840	$24400	**$31010**	**$34570**	Perkins	4T	268D	15F-15R	90.0		CHA
105F Rex Cab	$45275	$18560	$21730	**$27620**	**$30790**	Perkins	4T	268D	15F-15R	90.0		CHA
105GE Rex 4WD	$42890	$17590	$20590	**$26160**	**$29170**	Perkins	4T	268D	15F-15R	90.0		No
105GT Rex 4WD	$44230	$18130	$21230	**$26980**	**$30080**	Perkins	4	268D	15F-15R	98.4		No
105GT Rex 4WD Cab	$51450	$21100	$24700	**$31390**	**$34990**	Perkins	4	268D	15F-15R	98.4		CHA
115 Mythos Top	$60080	$24630	$28840	**$36650**	**$40850**	Perkins	4T	268D	40F-30R	89.0		CHA
115 Mythos Top-Tronic	$65140	$26710	$31270	**$39740**	**$44300**	Perkins	4T	268D	50F-15R	89.0		CHA
125 Landpower Techno	$64280	$26360	$30850	**$39210**	**$43710**	Perkins	6T	365D	36F-36R	105.0		CHA
125 Landpower Top	$69910	$28660	$33560	**$42650**	**$47540**	Perkins	6T	365D	72F-72R	105.0		CHA
125 Landpower Top-Tronic	$74150	$30400	$35590	**$45230**	**$50420**	Perkins	6T	365D	72F-72R	105.0		CHA
135 Landpower Techno	$68255	$27990	$32760	**$41640**	**$46410**	Perkins	6T	365D	36F-36R	120.0		CHA
135 Landpower Top	$75440	$30930	$36210	**$46020**	**$51300**	Perkins	6T	365D	72F-72R	120.0		CHA
135 Landpower Top-Tronic	$79680	$32670	$38250	**$48610**	**$54180**	Perkins	6T	365D	72F-72R	120.0		CHA
145 Landpower Techno	$74955	$30730	$35980	**$45720**	**$50970**	Perkins	6T	365D	36F-36R	130.0		CHA
145 Landpower Top	$80260	$32910	$38530	**$48960**	**$54580**	Perkins	6T	365D	72F-72R	130.0		CHA
145 Landpower Top-Tronic	$84500	$34650	$40560	**$51550**	**$57460**	Perkins	6T	365D	72F-72R	130.0		CHA
165 Landpower Techno	$78935	$32360	$37890	**$48150**	**$53680**	Perkins	6T	365D	36F-36R	145.0		CHA
165 Landpower Top	$86210	$35350	$41380	**$52590**	**$58620**	Perkins	6T	365D	72F-72R	145.0		CHA
165 Landpower Top-Tronic	$90450	$37090	$43420	**$55180**	**$61510**	Perkins	6T	365D	72F-72R	145.0		CHA
185 Landpower Top	$95360	$39100	$45770	**$58170**	**$64850**	Perkins	6T	365D	72F-72R	162.0		CHA
185 Landpower Top-Tronic	$99600	$40840	$47810	**$60760**	**$67730**	Perkins	6T	365D	72F-72R	162.0		CHA
C105 Trekker	$54285	$22260	$26060	**$33110**	**$36910**	Perkins	4T	268D	16F-8R	90.0		No
C85 Trekker	$44665	$18310	$21440	**$27250**	**$30370**	Perkins	4T	268D	16F-8R	84.0		No
C95 Trekker	$50815	$20830	$24390	**$31000**	**$34550**	Perkins	4T	268D	16F-8R	84.0		No
CF105 Trekker	$51250	$21010	$24600	**$31260**	**$34850**	Perkins	4	268D	16F-8R	71.25		No
CF75 Trekker	$39555	$16220	$18990	**$24130**	**$26900**	Perkins	4	268D	16F-8R	61.0		No
CF85 Trekker	$43025	$17640	$20650	**$26250**	**$29260**	Perkins	4	268D	16F-8R	61.0		No
CF95 Trekker	$48690	$19960	$23370	**$29700**	**$33110**	Perkins	4	268D	16F-8R	71.25		No
CFS60 Trekker	$35335	$14490	$16960	**$21550**	**$24030**	Yanmar	4	186D	16F-8R	53.0		No
CFS70 Trekker	$37570	$15400	$18030	**$22920**	**$25550**	Yanmar	4	203D	16F-8R	63.0		No
5865 Evolution	$19935	$8170	$9570	**$12160**	**$13560**	Perkins	3	201D	12F-12R	54.0		No
6865 Evolution	$23180	$9500	$11130	**$14140**	**$15760**	Perkins	4	268D	12F-12R	62.0		No
6865 Evolution 4WD	$27490	$11270	$13200	**$16770**	**$18690**	Perkins	4	268D	12F-12R	62.0		No
8865 Evolution	$25145	$10310	$12070	**$15340**	**$17100**	Perkins	4	268D	12F-12R	75.0		No
8865 Evolution 4WD	$29185	$11970	$14010	**$17800**	**$19850**	Perkins	4	268D	12F-12R	75.0		No
				2000								
R60FP Rex F	$23765	$5700	$7610	**$10220**	**$12600**	Perkins	4	236D	12F-12R	49.0		No
R60F Rex F	$31550	$7570	$10100	**$13570**	**$16720**	Perkins	4	236D	12F-12R	49.0		CHA
R70FP Rex F	$28590	$6860	$9150	**$12290**	**$15150**	Perkins	4	248D	12F-12R	61.0		No
R70F Rex F	$36440	$8750	$11660	**$15670**	**$19310**	Perkins	4	248D	12F-12R	61.0		CHA
R80FP Rex F	$30650	$7360	$9810	**$13180**	**$16250**	Perkins	4	248D	12F-12R	71.0		No
R80F Rex F	$38510	$9240	$12320	**$16560**	**$20410**	Perkins	4	248D	12F-12R	71.0		CHA
R90FP Rex F	$39135	$9390	$12520	**$16830**	**$20740**	Perkins	4T	236D	12F-12R	80.0		No
DT60FP Rex F	$30235	$7260	$9680	**$13000**	**$16030**	Perkins	4	236D	12F-12R	49.0		No
DT60F Rex F	$37540	$9010	$12010	**$16140**	**$19900**	Perkins	4	236D	24F-12R	49.0		CHA
DT70FP Rex F	$34495	$8280	$11040	**$14830**	**$18280**	Perkins	4	248D	24F-12R	61.0		No
DT70F Rex F	$42465	$10190	$13590	**$18260**	**$22510**	Perkins	4	248D	24F-12R	61.0		CHA
DT80FP Rex F	$36710	$8810	$11750	**$15790**	**$19460**	Perkins	4	248D	24F-12R	71.0		No
DT80F Rex F	$44675	$10720	$14300	**$19210**	**$23680**	Perkins	4	248D	24F-12R	71.0		CHA
DT90FP Rex F	$40825	$9800	$13060	**$17560**	**$21640**	Perkins	4T	236D	12F-12R	80.0		No
DT90F Rex F	$48791	$11710	$15610	**$20980**	**$25860**	Perkins	4T	236D	12F-12R	80.0		CHA
R70GE Rex	$28645	$6880	$9170	**$12320**	**$15180**	Perkins	4	248D	24F-12R	61.0		No
DT60GE Rex	$28760	$6900	$9200	**$12370**	**$15240**	Perkins	4	236D	24F-12R	49.0		No
DT70GE Rex	$33320	$8000	$10660	**$14330**	**$17660**	Perkins	4	248D	24F-12R	61.0		No
DT80GE Rex	$35520	$8530	$11370	**$15270**	**$18830**	Perkins	4	248D	24F-12R	71.0		No
R60VP Rex V	$23130	$5550	$7400	**$9950**	**$12260**	Perkins	4	236D	12F-12R	49.0		No
R60V Rex V	$31550	$7570	$10100	**$13570**	**$16720**	Perkins	4	236D	12F-12R	49.0		CHA
R70VP Rex V	$27815	$6680	$8900	**$11960**	**$14740**	Perkins	4	248D	12F-12R	61.0		No
R70V Rex V	$37695	$9050	$12060	**$16210**	**$19980**	Perkins	4	248D	12F-12R	61.0		CHA
R80VP Rex V	$29170	$7000	$9330	**$12540**	**$15460**	Perkins	4	248D	12F-12R	71.0		No
R80V Rex V	$37425	$8980	$11980	**$16090**	**$19840**	Perkins	4	248D	12F-12R	71.0		CHA
DT60VP Rex V	$28070	$6740	$8980	**$12070**	**$14880**	Perkins	4	236D	12F-12R	49.0		No
DT60V Rex V	$36500	$8760	$11680	**$15700**	**$19350**	Perkins	4	236D	24F-12R	49.0		CHA
DT70VP Rex V	$33055	$7930	$10580	**$14210**	**$17520**	Perkins	4	248D	12F-12R	61.0		No
DT70V Rex V	$41485	$9960	$13280	**$17840**	**$21990**	Perkins	4	248D	12F-12R	61.0		CHA
DT80VP Rex V	$33680	$8080	$10780	**$14480**	**$17850**	Perkins	4	248D	12F-12R	71.0		No
DT80V Rex V	$42100	$10100	$13470	**$18100**	**$22310**	Perkins	4	248D	12F-12R	71.0		CHA

Landini (Cont.)

2000 (Cont.)

Model	Approx. Retail Price New	Estimated Value Less Repairs: Used Trade In Avg.	Used Trade In High	Used Retail Avg.	Used Retail High	Engine Make	Engine No. Cyls.	Engine Displ. Cu.-In.	No. Speeds	P.T.O. H.P.	Approx. Shipping Wt.-Lbs.	Cab
DT80GT Rex	$44670	$10720	$14290	**$19210**	**$23680**	Perkins	4	248D	24F-12R	71.0		CHA
DT90GT Rex	$40925	$9820	$13100	**$17600**	**$21690**	Perkins	4	248D	24F-12R	80.0		No
DT90GT Rex	$48775	$11710	$15610	**$20970**	**$25850**	Perkins	4	248D	24F-12R	80.0		CHA
DT100GT Rex	$43550	$10450	$13940	**$18730**	**$23080**	Perkins	4	248D	24F-12R	84.4		No
DT100GT Rex	$51395	$12340	$16450	**$22100**	**$27240**	Perkins	4	248D	24F-12R	84.4		CHA
DT55 Globus	$32645	$7840	$10450	**$14040**	**$17300**	Perkins	3	152D	15F-15R	49.0		No
DT55 Globus	$37150	$8920	$11890	**$15980**	**$19690**	Perkins	3	152D	15F-15R	49.0		CHA
DT65 Globus	$35540	$8530	$11370	**$15280**	**$18840**	Perkins	4	236D	15F-15R	60.5		No
DT65 Globus	$39555	$9490	$12660	**$17010**	**$20960**	Perkins	4	236D	15F-15R	60.5		CHA
DT75 Globus	$39555	$9490	$12660	**$17010**	**$20960**	Perkins	4	236D	15F-15R	66.3		No
DT75 Globus	$43856	$10530	$14030	**$18860**	**$23240**	Perkins	4	236D	15F-15R	66.3		CHA
R70 Atlas	$27635	$6630	$8840	**$11880**	**$14650**	Perkins	4	236D	24F-12R	61.0		No
R80 Atlas	$29495	$7080	$9440	**$12680**	**$15630**	Perkins	4	248D	24F-12R	70.0		No
R90 Atlas	$32545	$7810	$10410	**$13990**	**$17250**	Perkins	4	248D	24F-12R	79.2		No
DT80 Ghibli	$46650	$11200	$14930	**$20060**	**$24730**	Perkins	4	248D	24F-12R	70.8		CHA
DT90 Ghibli	$47595	$11420	$15230	**$20470**	**$25230**	Perkins	4	248D	24F-12R	80.0		CHA
DT100 Ghibli	$49090	$11780	$15710	**$21110**	**$26020**	Perkins	4	248D	24F-12R	84.4		CHA
DT105 Legend	$50585	$12140	$16190	**$21750**	**$26810**	Perkins	6	365D	18F-18R	95.0		No
DT105 Legend Techno	$53310	$12790	$17060	**$22920**	**$28250**	Perkins	6	365D	18F-18R	95.0		CHA
DT105 Legend Top	$59685	$14320	$19100	**$25670**	**$31630**	Perkins	6	365D	36F-36R	95.0		CHA
DT115 Legend	$55760	$13380	$17840	**$23980**	**$29550**	Perkins	6	365D	18F-18R	101.0		No
DT115 Legend Techno	$58625	$14070	$18760	**$25210**	**$31070**	Perkins	6	365D	18F-18R	101.0		CHA
DT115 Legend Top	$65265	$15660	$20890	**$28060**	**$34590**	Perkins	6	365D	36F-36R	101.0		CHA
DT130 Legend	$58875	$14130	$18840	**$25320**	**$31200**	Perkins	6T	365D	18F-18R	117.0		No
DT130 Legend Techno	$61740	$14820	$19760	**$26550**	**$32720**	Perkins	6T	365D	18F-18R	117.0		CHA
DT130 Legend Top	$69000	$16560	$22080	**$29670**	**$36570**	Perkins	6T	365D	36F-36R	117.0		CHA
DT145 Legend	$72560	$17410	$23220	**$31200**	**$38460**	Perkins	6T	365D	18F-18R	128.0		No
DT145 Legend Techno	$75495	$18120	$24160	**$32460**	**$40010**	Perkins	6T	365D	18F-18R	128.0		CHA
DT145 Legend Top	$82665	$19840	$26450	**$35550**	**$43810**	Perkins	6T	365D	36F-36R	128.0		CHA
DT165 Legend Top	$91210	$21890	$29190	**$39220**	**$48340**	Perkins	6T	365D	36F-36R	148.0		CHA
C65 w/Blade	$52828	$12680	$16910	**$22720**	**$28000**	Perkins	4	236D	16F-8R	61.0		No
C65F w/Blade	$46550	$11170	$14900	**$20020**	**$24670**	Perkins	4	236D	16F-8R	61.0		No
C85 w/Blade	$59130	$14190	$18920	**$25430**	**$31340**	Perkins	4	248D	16F-8R	71.25		No
C85F w/Blade	$52835	$12680	$16910	**$22720**	**$28000**	Perkins	4	248D	16F-8R	71.25		No
C95 w/Blade	$62295	$14950	$19930	**$26790**	**$33020**	Perkins	4T	236D	16F-8R	84.0		No

1999

Model	Approx. Retail Price New	Used Trade In Avg.	Used Trade In High	Used Retail Avg.	Used Retail High	Engine Make	Engine No. Cyls.	Engine Displ. Cu.-In.	No. Speeds	P.T.O. H.P.	Approx. Shipping Wt.-Lbs.	Cab
C65 w/Blade	$52570	$11570	$16300	**$22080**	**$27340**	Perkins	4	236D	16F-8R	61.0		No
C65F w/Blade	$45110	$9920	$13980	**$18950**	**$23460**	Perkins	4	236D	16F-8R	61.0		No
C85 w/Blade	$60860	$13390	$18870	**$25560**	**$31650**	Perkins	4	248D	16F-8R	71.25		No
C85F w/Blade	$51555	$11340	$15980	**$21650**	**$26810**	Perkins	4	248D	16F-8R	71.25		No
C95 w/Blade	$63920	$14060	$19820	**$26850**	**$33240**	Perkins	4T	236D	16F-8R	84.0		No
DT105 TECHNO	$50410	$11090	$15630	**$21170**	**$26210**	Perkins	6	365D	18F-18R	95.0		No
DT105 TECHNO w/Cab	$53310	$11730	$16530	**$22390**	**$27720**	Perkins	6	365D	18F-18R	95.0		CHA
DT105 TOP w/Cab	$59685	$13130	$18500	**$25070**	**$31040**	Perkins	6	365D	36F-36R	95.0		CHA
DT115 TECHNO	$55760	$12270	$17290	**$23420**	**$29000**	Perkins	6	365D	18F-18R	101.0		No
DT115 TECHNO w/Cab	$58625	$12900	$18170	**$24620**	**$30490**	Perkins	6	365D	18F-18R	101.0		CHA
DT115 TOP w/Cab	$65265	$14360	$20230	**$27410**	**$33940**	Perkins	6	365D	36F-36R	101.0		CHA
DT130 TECHNO	$58875	$12950	$18250	**$24730**	**$30620**	Perkins	6T	365D	18F-18R	117.0		No
DT130 TECHNO w/Cab	$61740	$13580	$19140	**$25930**	**$32110**	Perkins	6T	365D	18F-18R	117.0		CHA
DT130 TOP w/Cab	$69000	$15180	$21390	**$28980**	**$35880**	Perkins	6T	365D	36F-36R	117.0		CHA
DT145 TECHNO	$72560	$15960	$22490	**$30480**	**$37730**	Perkins	6T	365D	18F-18R	128.0		No
DT145 TECHNO w/Cab	$75495	$16610	$23400	**$31710**	**$39260**	Perkins	6T	365D	18F-18R	128.0		CHA
DT145 TOP w/Cab	$82665	$18190	$25630	**$34720**	**$42990**	Perkins	6T	365D	36F-36R	128.0		CHA
DT165 TOP w/Cab	$91210	$20070	$28280	**$38310**	**$47430**	Perkins	6T	365D	36F-36R	148.0		CHA
DT6860	$33085	$7280	$10260	**$13900**	**$17200**	Perkins	4	236D	12F-12R	61.0	6122	No
R6860	$28155	$6190	$8730	**$11830**	**$14640**	Perkins	4	236D	12F-12R	61.0	5546	No
DT8860	$36690	$8070	$11370	**$15410**	**$19080**	Perkins	4	248D	12F-12R	72.1	6962	No
DT8860HC	$37886	$8340	$11750	**$15910**	**$19700**	Perkins	4	248D	12F-12R	72.1	7102	No
R8860	$31955	$7030	$9910	**$13420**	**$16620**	Perkins	4	248D	12F-12R	72.1	6476	No
R8860HC	$31690	$6820	$9610	**$13020**	**$16120**	Perkins	4	248D	12F-12R	72.1	6531	No
DT8880	$46290	$10180	$14350	**$19440**	**$24070**	Perkins	4	248D	12F-12R	72.1	8451	CHA
DT8880HC	$46540	$10240	$14430	**$19550**	**$24200**	Perkins	4	248D	12F-12R	72.1	8418	CHA
R8880	$39875	$8770	$12360	**$16750**	**$20740**	Perkins	4	248D	12F-12R	72.1	7633	CHA
R9060	$34615	$7620	$10730	**$14540**	**$18000**	Perkins	4T	236D	12F-12R	82.6		CHA
DT9060	$40185	$8840	$12460	**$16880**	**$20900**	Perkins	4T	236D	12F-12R	82.6		CHA
R9060HC	$34350	$7560	$10650	**$14430**	**$17860**	Perkins	4T	236D	12F-12R	82.6		CHA
DT9060HC	$42185	$9280	$13080	**$17720**	**$21940**	Perkins	4T	236D	12F-12R	82.6		CHA
DT9880	$50915	$11200	$15780	**$21380**	**$26480**	Perkins	4T	236D	12F-12R	86.3	8850	CHA
DT9880HC	$50556	$11120	$15670	**$21230**	**$26290**	Perkins	4T	236D	12F-12R	86.3	8529	CHA
R9880	$44450	$9780	$13780	**$18670**	**$23110**	Perkins	4T	236D	12F-12R	86.3	8407	CHA

1998

Model	Approx. Retail Price New	Used Trade In Avg.	Used Trade In High	Used Retail Avg.	Used Retail High	Engine Make	Engine No. Cyls.	Engine Displ. Cu.-In.	No. Speeds	P.T.O. H.P.	Approx. Shipping Wt.-Lbs.	Cab
DT50 TECHNO	$28990	$5800	$8700	**$11600**	**$14790**	Perkins	3	152D	12F-12R	43.0		No
DT55FP	$31495	$6300	$9450	**$12600**	**$16060**	Perkins	3	152D	24F-12R	42.9		No
DT55GE	$31995	$6400	$9600	**$12800**	**$16320**	Perkins	3	152D	24F-12R	42.9		No
DT55LP	$31605	$6320	$9480	**$12640**	**$16120**	Perkins	3	152D	24F-12R	42.9		No
DT55V	$38885	$7780	$11670	**$15550**	**$19830**	Perkins	3	152D	24F-12R	42.9		CH
DT55VP	$31195	$6240	$9360	**$12480**	**$15910**	Perkins	3	152D	24F-12R	42.9		No
R55FP	$25535	$5110	$7660	**$10210**	**$13020**	Perkins	3	152D	24F-12R	42.9		No
R55V	$32455	$6490	$9740	**$12980**	**$16550**	Perkins	3	152D	24F-12R	42.9		CH
R55VP	$26410	$5280	$7920	**$10560**	**$13470**	Perkins	3	152D	24F-12R	42.9		No
DT60 TECHNO	$32440	$6490	$9730	**$12980**	**$16540**	Perkins	3T	152D	12F-12R	51.3		No
DT60 TECHNO w/Cab	$37085	$7420	$11130	**$14830**	**$18910**	Perkins	3T	152D	12F-12R	51.3		CHA

Landini (Cont.)

	Approx. Retail Price New	Estimated Value Less Repairs: Used Trade In Avg.	High	Used Retail Avg.	High	Engine Make	No. Cyls.	Displ. Cu.-In.	No. Speeds	P.T.O. H.P.	Approx. Shipping Wt.-Lbs.	Cab
				1998 (Cont.)								
DT60 TOP	$33417	$6680	$10030	$13370	$17040	Perkins	3T	152D	12F-12R	51.3		No
DT60 TOP w/Cab	$37796	$7560	$11340	$15120	$19280	Perkins	3T	152D	12F-12R	51.3		CHA
DT60FP	$31878	$6380	$9560	$12750	$16260	Perkins	3T	152D	24F-12R	54.3		No
DT60GE	$33060	$6610	$9920	$13220	$16860	Perkins	3T	152D	24F-12R	54.3		No
DT60LP	$32410	$6480	$9720	$12960	$16530	Perkins	3T	152D	24F-12R	54.3		No
DT60V	$40410	$8080	$12120	$16160	$20610	Perkins	3T	152D	24F-12R	54.3		CH
DT60VP	$31630	$6330	$9490	$12650	$16130	Perkins	3T	152D	24F-12R	54.3		No
R60FP	$26315	$5260	$7900	$10530	$13420	Perkins	3T	152D	24F-12R	54.3		No
R60V	$33675	$6740	$10100	$13470	$17170	Perkins	3T	152D	24F-12R	54.3		CHA
R60VP	$27720	$5540	$8320	$11090	$14140	Perkins	3T	152D	24F-12R	54.3		No
DT65	$39020	$7800	$11710	$15610	$19900	Perkins	4	236D	24F-12R	61.0		CHA
DT65F	$43200	$8640	$12960	$17280	$22030	Perkins	4	236D	24F-12R	61.0		CHA
DT65FP	$32769	$6550	$9830	$13110	$16710	Perkins	4	236D	24F-12R	61.0		No
DT65GE	$33445	$6690	$10030	$13380	$17060	Perkins	4	236D	24F-12R	61.0		No
DT65L	$42985	$8600	$12900	$17190	$21920	Perkins	4	236D	24F-12R	61.0		CHA
DT65LP	$32830	$6570	$9850	$13130	$16740	Perkins	4	236D	24F-12R	61.0		No
DT65V	$42282	$8460	$12690	$16910	$21560	Perkins	4	236D	24F-12R	61.0		CHA
DT65VP	$32815	$6560	$9850	$13130	$16740	Perkins	4	236D	24F-12R	61.0		No
R65	$33915	$6780	$10180	$13570	$17300	Perkins	4	236D	24F-12R	61.0		CHA
R65F	$36535	$7310	$10960	$14610	$18630	Perkins	4	236D	24F-12R	61.0		CHA
R65FP	$26872	$5370	$8060	$10750	$13710	Perkins	4	236D	24F-12R	61.0		No
R65GE	$27720	$5540	$8320	$11090	$14140	Perkins	4	236D	24F-12R	61.0		No
R65LP	$27205	$5440	$8160	$10880	$13880	Perkins	4	236D	24F-12R	61.0		No
R65LP HC	$26980	$5400	$8090	$10790	$13760	Deutz	4T	166D	12F-12R	61.0		No
R65V	$35525	$7110	$10660	$14210	$18120	Perkins	4	236D	24F-12R	61.0		CHA
R65VP	$28040	$5610	$8410	$11220	$14300	Perkins	4	236D	24F-12R	61.0		No
DT70 TECHNO	$34727	$6950	$10420	$13890	$17710	Perkins	4	236D	12F-12R	57.8		No
DT70 TECHNO w/Cab	$39670	$7930	$11900	$15870	$20230	Perkins	4	236D	12F-12R	57.8		CHA
DT70 TOP	$35767	$7150	$10730	$14310	$18240	Perkins	4	236D	12F-12R	57.2		No
DT70 TOP w/Cab	$40432	$8090	$12130	$16170	$20620	Perkins	4	236D	12F-12R	57.8		CHA
C75 W/Blade	$50885	$10180	$15270	$20350	$25950	Perkins	4	236D	16F-8R	61.25		No
C75F	$36700	$7340	$11010	$14680	$18720	Perkins	4	236D	16F-8R	61.25		No
DT75	$40870	$8170	$12260	$16350	$20840	Perkins	4	236D	24F-12R	64.37		CHA
DT75F	$43835	$8770	$13150	$17530	$22360	Perkins	4	236D	24F-12R	64.37		CHA
DT75FP	$33651	$6730	$10100	$13460	$17160	Perkins	4	236D	24F-12R	64.37		No
DT75GE	$34990	$7000	$10500	$14000	$17850	Perkins	4	236D	24F-12R	64.37		No
DT75L	$43620	$8720	$13090	$17450	$22250	Perkins	4	236D	24F-12R	64.37		CHA
DT75LP	$33335	$6670	$10000	$13330	$17000	Perkins	4	236D	24F-12R	64.37		No
DT75V	$43680	$8740	$13100	$17470	$22280	Perkins	4	236D	24F-12R	64.37		CHA
DT75VP	$36245	$7250	$10870	$14500	$18490	Perkins	4	236D	24F-12R	64.37		No
R75F	$37452	$7490	$11240	$14980	$19100	Perkins	4	236D	24F-12R	64.37		CHA
R75FP	$28065	$5610	$8420	$11230	$14310	Perkins	4	236D	24F-12R	64.37		No
R75V	$36470	$7290	$10940	$14590	$18600	Perkins	4	236D	24F-12R	64.37		CHA
R75VP	$30535	$6110	$9160	$12210	$15570	Perkins	4	236D	24F-12R	64.37		No
C85 w/Blade	$56371	$11270	$16910	$22550	$28750	Perkins	4	248D	16F-8R	71.25		No
C85F	$41240	$8250	$12370	$16500	$21030	Perkins	4	248D	16F-8R	71.25		No
DT85	$43105	$8620	$12930	$17240	$21980	Perkins	4	248D	24F-12R	72.1	8075	CHA
DT85F	$45065	$9010	$13520	$18030	$22980	Perkins	4	248D	24F-12R	72.1		CHA
DT85FP	$34856	$6970	$10460	$13940	$17780	Perkins	4	248D	24F-12R	72.1		No
DT85GE	$36520	$7300	$10960	$14610	$18630	Perkins	4	248D	24F-12R	72.1		No
DT85L	$44845	$8970	$13450	$17940	$22870	Perkins	4	248D	24F-12R	72.1		CHA
DT85LP	$34537	$6910	$10360	$13820	$17610	Perkins	4	248D	24F-12R	72.1		No
R85	$36765	$7350	$11030	$14710	$18750	Perkins	4	248D	24F-12R	72.1	7412	CHA
R85F	$38585	$7720	$11580	$15430	$19680	Perkins	4	248D	24F-12R	72.1		CHA
R85FP	$29115	$5820	$8740	$11650	$14850	Perkins	4	248D	24F-12R	72.1		No
RP85LP HC	$29116	$5820	$8740	$11650	$14850	Deutz	4T	166D	12F-12R	72.1		No
C95 w/Blade	$60045	$12010	$18010	$24020	$30620	Perkins	4T	236D	16F-8R	84.0		No
DT95	$44930	$8990	$13480	$17970	$22910	Perkins	4T	236D	24F-12R	82.6		CHA
DT95 GT	$50610	$10120	$15180	$20240	$25810	Perkins	4T	236D	12F-12R	82.6		CHA
DT105 TECHNO	$50050	$10010	$15020	$20020	$25530	Perkins	6	365D	18F-18R	95.0		No
DT105 TECHNO w/Cab	$52195	$10440	$15660	$20880	$26620	Perkins	6	365D	18F-18R	95.0		CHA
DT105 TOP w/Cab	$58610	$11720	$17580	$23440	$29890	Perkins	6	365D	36F-36R	95.0		CHA
DT115 TECHNO	$53646	$10730	$16090	$21460	$27360	Perkins	6	365D	18F-18R	101.0		No
DT115 TECHNO w/Cab	$56420	$11280	$16930	$22570	$28770	Perkins	6	365D	18F-18R	101.0		CHA
DT115 TOP w/Cab	$62915	$12580	$18880	$25170	$32090	Perkins	6	365D	36F-36R	101.0		CHA
DT130 TECHNO	$56660	$11330	$17000	$22660	$28900	Perkins	6T	365D	18F-18R	117.0		No
DT130 TECHNO w/Cab	$59435	$11890	$17830	$23770	$30310	Perkins	6T	365D	18F-18R	117.0		CHA
DT130 TOP	$65885	$13180	$19770	$26350	$33600	Perkins	6T	365D	36F-36R	117.0		No
DT145 TECHNO	$71840	$14370	$21550	$28740	$36640	Perkins	6T	365D	18F-18R	128.0		No
DT145 TECHNO w/Cab	$74025	$14810	$22210	$29610	$37750	Perkins	6T	365D	18F-18R	128.0		CHA
DT145 TOP w/Cab	$81205	$16240	$24360	$32480	$41420	Perkins	6T	365D	36F-36R	128.0		CHA
DT165 TOP w/Cab	$89475	$17900	$26840	$35790	$45630	Perkins	6T	365D	36F-36R	148.0		CHA
DT5860	$27865	$5570	$8360	$11150	$14210	Perkins	3	152D	12F-4R	42.9		No
R5860	$22420	$4480	$6730	$8970	$11430	Perkins	3	152D	12F-4R	42.9	4971	No
DT6060	$28755	$5750	$8630	$11500	$14670	Perkins	3T	152D	12F-4R	54.3	5856	No
R6060	$23760	$4750	$7130	$9500	$12120	Perkins	3T	152D	12F-4R	54.3	5237	No
DT6860	$30245	$6050	$9070	$12100	$15430	Perkins	4	236D	12F-12R	57.26	6122	No
R6860	$24915	$4980	$7480	$9970	$12710	Perkins	4	236D	12F-12R	57.26	5546	No
DT6880	$44510	$8900	$13350	$17800	$22700	Perkins	4	236D	12F-12R	57.26	7611	CHA
R6880	$35715	$7140	$10720	$14290	$18220	Perkins	4	236D	12F-12R	57.26	6947	CHA
DT7860	$32395	$6480	$9720	$12960	$16520	Perkins	4	236D	12F-12R	64.37	6874	No
DT7860HC	$33175	$6640	$9950	$13270	$16920	Perkins	4	236D	12F-12R	64.37	6891	No
R7860	$27140	$5430	$8140	$10860	$13840	Perkins	4	236D	12F-12R	64.37	6387	No
R7860HC	$27870	$5570	$8360	$11150	$14210	Perkins	4	236D	12F-12R	64.37	6188	No

Landini (Cont.)

Model	Approx. Retail Price New	Used Trade In Avg.	Used Trade In High	Used Retail Avg.	Used Retail High	Engine Make	Engine No. Cyls.	Engine Displ. Cu.-In.	No. Speeds	P.T.O. H.P.	Approx. Shipping Wt.-Lbs.	Cab
1998 (Cont.)												
DT7880	$46050	$9210	$13820	$18420	$23490	Perkins	4	236D	12F-12R	64.37	8075	CHA
R7880	$39645	$7930	$11890	$15860	$20220	Perkins	4	236D	12F-12R	64.37	7611	CHA
DT8860	$36305	$7260	$10890	$14520	$18520	Perkins	4	248D	12F-12R	74.83	6962	No
DT8860HC	$35446	$7090	$10630	$14180	$18080	Perkins	4	248D	12F-12R	74.83	7102	No
R8860	$28990	$5800	$8700	$11600	$14790	Perkins	4	248D	12F-12R	74.83	6476	No
R8860HC	$28820	$5760	$8650	$11530	$14700	Perkins	4	248D	12F-12R	74.83	6531	No
DT8880	$47326	$9470	$14200	$18930	$24140	Perkins	4	248D	12F-12R	74.83	8451	CHA
DT8880HC	$46650	$9330	$14000	$18660	$23790	Perkins	4	248D	12F-12R	74.83	8418	CHA
R8880	$40737	$8150	$12220	$16300	$20780	Perkins	4	248D	12F-12R	74.83	7633	CHA
RS 9065	$32690	$6540	$9810	$13080	$16670	Deutz	4T	166D	12F-12R	57.0		No
RV 9065	$34440	$6890	$10330	$13780	$17560	Deutz	4T	166D	12F-12R	57.0		No
DT9880	$50790	$10160	$15240	$20320	$25900	Perkins	4T	236D	12F-12R	88.0	8850	CHA
DT9880HC	$50056	$10010	$15020	$20020	$25530	Perkins	4T	236D	12F-12R	88.0	8529	CHA
R9880	$45545	$9110	$13660	$18220	$23230	Perkins	4T	236D	12F-12R	88.0	8407	CHA
1997												
DT55FP	$29860	$5670	$8360	$11350	$14930	Perkins	3	152D	12F-12R	42.9		No
DT55GE	$31060	$5900	$8700	$11800	$15530	Perkins	3	152D	12F-12R	42.9		No
DT55LP	$30063	$5710	$8420	$11420	$15030	Perkins	3	152D	12F-12R	42.9		No
DT55V	$36036	$6850	$10090	$13690	$18020	Perkins	3	152D	12F-12R	42.9		CH
DT55VP	$30705	$5830	$8600	$11670	$15350	Perkins	3	152D	12F-12R	42.9		No
R55FP	$24138	$4590	$6760	$9170	$12070	Perkins	3	152D	12F-12R	42.9		No
R55V	$30630	$5820	$8580	$11640	$15320	Perkins	3	152D	12F-12R	42.9		CH
R55VP	$25725	$4890	$7200	$9780	$12860	Perkins	3	152D	12F-12R	42.9		No
DT60FP	$31030	$5900	$8690	$11790	$15520	Perkins	3T	152D	12F-12R	54.3		No
DT60GE	$32337	$6140	$9050	$12290	$16170	Perkins	3T	152D	12F-12R	54.3		No
DT60LP	$31095	$5910	$8710	$11820	$15550	Perkins	3T	152D	12F-12R	54.3		No
DT60V	$36425	$6920	$10200	$13840	$18210	Perkins	3T	152D	12F-12R	54.3		CHA
DT60VP	$31095	$5910	$8710	$11820	$15550	Perkins	3T	152D	12F-12R	54.3		No
R60FP	$24897	$4730	$6970	$9460	$12450	Perkins	3T	152D	12F-12R	54.3		No
R60V	$31875	$6060	$8930	$12110	$15940	Perkins	3T	152D	12F-12R	54.3		CHA
R60VP	$27233	$5170	$7630	$10350	$13620	Perkins	3T	152D	12F-12R	54.3		No
DT65	$37395	$7110	$10470	$14210	$18700	Perkins	4	236D	12F-12R	57.26	7124	CHA
DT65F	$40782	$7750	$11420	$15500	$20390	Perkins	4	236D	12F-12R	57.26		CHA
DT65FP	$31110	$5910	$8710	$11820	$15560	Perkins	4	236D	12F-12R	57.26		No
DT65GE	$32886	$6250	$9210	$12500	$16440	Perkins	4	236D	12F-12R	57.26		No
DT65L	$40285	$7650	$11280	$15310	$20140	Perkins	4	236D	12F-12R	57.26		CHA
DT65LP	$31175	$5920	$8730	$11850	$15590	Perkins	4	236D	12F-12R	57.26		No
DT65V	$39340	$7480	$11020	$14950	$19670	Perkins	4	236D	12F-12R	57.26		CHA
DT65VP	$32415	$6160	$9080	$12320	$16210	Perkins	4	236D	12F-12R	54.26		No
R65	$32155	$6110	$9000	$12220	$16080	Perkins	4	236D	12F-12R	57.26	6571	CHA
R65F	$34550	$6570	$9670	$13130	$17280	Perkins	4	236D	12F-12R	57.26		CHA
R65FP	$25197	$4790	$7060	$9580	$12600	Perkins	4	236D	12F-12R	57.26		No
R65GE	$26670	$5070	$7470	$10140	$13340	Perkins	4	236D	12F-12R	57.26		No
R65LP	$25371	$4820	$7100	$9640	$12690	Perkins	4	236D	12F-12R	57.26		No
R65V	$33817	$6430	$9470	$12850	$16910	Perkins	4	236D	12F-12R	57.26		CHA
R65VP	$27498	$5230	$7700	$10450	$13750	Perkins	4	236D	12F-12R	57.26		No
C75	$36321	$6900	$10170	$13800	$18160	Perkins	4	236D	16F-8R	61.25		No
C75F	$35370	$6720	$9900	$13440	$17690	Perkins	4	236D	16F-8R	61.25		No
C75FL	$35730	$6790	$10000	$13580	$17870	Perkins	4	236D	16F-8R	61.25		No
DT75	$38481	$7310	$10780	$14620	$19240	Perkins	4	236D	12F-12R	64.37	7677	CHA
DT75F	$41422	$7870	$11600	$15740	$20710	Perkins	4	236D	12F-12R	64.37		CHA
DT75FP	$31640	$6010	$8860	$12020	$15820	Perkins	4	236D	12F-12R	64.37		No
DT75GE	$33855	$6430	$9480	$12870	$16930	Perkins	4	236D	12F-12R	64.37		No
DT75L	$40925	$7780	$11460	$15550	$20460	Perkins	4	236D	12F-12R	64.37		CHA
DT75LP	$31700	$6020	$8880	$12050	$15850	Perkins	4	236D	12F-12R	64.37		No
DT75V	$40648	$7720	$11380	$15450	$20320	Perkins	4	236D	12F-12R	64.37		CHA
DT75VP	$33532	$6370	$9390	$12740	$16770	Perkins	4	236D	12F-12R	64.37		No
R75	$35475	$6740	$9930	$13480	$17740	Perkins	4	236D	12F-12R	64.37	7013	CHA
R75F	$35915	$6820	$10060	$13650	$17960	Perkins	4	236D	12F-12R	64.37		CHA
R75FP	$26190	$4980	$7330	$9950	$13100	Perkins	4	236D	12F-12R	64.39		No
R75V	$34530	$6560	$9670	$13120	$17270	Perkins	4	236D	12F-12R	64.37		CHA
R75VP	$28286	$5370	$7920	$10750	$14140	Perkins	4	236D	12F-12R	64.37		No
C85	$41322	$7850	$11570	$15700	$20660	Perkins	4	248D	16F-8R	71.25		No
C85F	$39963	$7590	$11190	$15190	$19980	Perkins	4	248D	16F-8R	71.25		No
C85FL	$40387	$7670	$11310	$15350	$20190	Perkins	4	248D	16F-8R	71.25		No
DT85	$39736	$7550	$11130	$15100	$19870	Perkins	4	248D	12F-12R	74.83	8075	CHA
DT85F	$42664	$8110	$11950	$16210	$21330	Perkins	4	248D	12F-12R	74.83		CHA
DT85FP	$33765	$6420	$9450	$12830	$16880	Perkins	4	248D	12F-12R	74.83		No
DT85GE	$36010	$6840	$10080	$13680	$18010	Perkins	4	248D	12F-12R	74.83		No
DT85L	$42167	$8010	$11810	$16020	$21080	Perkins	4	248D	12F-12R	74.83		CHA
DT85LP	$33442	$6350	$9360	$12710	$16720	Perkins	4	248D	12F-12R	74.83		No
R85	$34971	$6640	$9790	$13290	$17490	Perkins	4	248D	12F-12R	74.83	7412	CHA
R85F	$36580	$6950	$10240	$13900	$18290	Perkins	4	248D	12F-12R	74.83		CHA
R85FP	$27905	$5300	$7810	$10600	$13950	Perkins	4	248D	12F-12R	74.83		No
C95	$44183	$8400	$12370	$16790	$22090	Perkins	4T	236D	16F-8R	84.0		No
DT95	$42177	$8010	$11810	$16030	$21090	Perkins	4T	236D	12F-12R	88.0	8186	CHA
DT5860	$26737	$5080	$7490	$10160	$13370	Perkins	3	152D	12F-4R	42.9		No
R5860	$21360	$4060	$5980	$8120	$10680	Perkins	3	152D	12F-4R	42.9	4971	No
DT6060	$28175	$5350	$7890	$10710	$14090	Perkins	3T	152D	12F-4R	54.3	5856	No
R6060	$23370	$4440	$6540	$8880	$11690	Perkins	3T	152D	12F-4R	54.3	5237	No
DT6860	$30065	$5710	$8420	$11430	$15030	Perkins	4	236D	12F-12R	57.26	6122	No
R6860	$24670	$4690	$6910	$9380	$12340	Perkins	4	236D	12F-12R	57.26	5546	No
DT6880	$40943	$7780	$11460	$15560	$20470	Perkins	4	236D	12F-12R	57.26	7611	CHA

Landini (Cont.)

Model	Approx. Retail Price New	Used Trade In Avg.	Used Trade In High	Used Retail Avg.	Used Retail High	Make	Engine No. Cyls.	Engine Displ. Cu.-In.	No. Speeds	P.T.O. H.P.	Approx. Shipping Wt.-Lbs.	Cab
				1997 (Cont.)								
R6880	$34253	$6510	$9590	**$13020**	**$17130**	Perkins	4	236D	12F-12R	57.26	6947	CHA
DT7860	$31360	$5960	$8780	**$11920**	**$15680**	Perkins	4	236D	12F-12R	64.37	6874	No
DT7860HC	$32302	$6140	$9050	**$12280**	**$16150**	Perkins	4	236D	12F-12R	64.37	6891	No
R7860	$25677	$4880	$7190	**$9760**	**$12840**	Perkins	4	236D	12F-12R	64.37	6387	No
R7860HC	$26675	$5070	$7470	**$10140**	**$13340**	Perkins	4	236D	12F-12R	64.37	6188	No
DT7880	$42761	$8130	$11970	**$16250**	**$21380**	Perkins	4	236D	12F-12R	64.37	8075	CHA
R7880	$34421	$6540	$9640	**$13080**	**$17210**	Perkins	4	236D	12F-12R	64.37	7611	CHA
DT8860	$35416	$6730	$9920	**$13460**	**$17710**	Perkins	4	248D	12F-12R	74.83	6962	No
DT8860HC	$35225	$6690	$9860	**$13390**	**$17610**	Perkins	4	248D	12F-12R	74.83	7102	No
R8860	$27200	$5170	$7620	**$10340**	**$13600**	Perkins	4	248D	12F-12R	74.83	6476	No
R8860HC	$28787	$5470	$8060	**$10940**	**$14390**	Perkins	4	248D	12F-12R	74.83	6531	No
DT8880	$44096	$8380	$12350	**$16760**	**$22050**	Perkins	4	248D	12F-12R	74.83	8451	CHA
DT8880HC	$42538	$8080	$11910	**$16160**	**$21270**	Perkins	4	248D	12F-12R	74.83	8418	CHA
R8880	$35863	$6810	$10040	**$13630**	**$17930**	Perkins	4	248D	12F-12R	74.83	7633	CHA
DT9880	$46887	$8910	$13130	**$17820**	**$23440**	Perkins	4T	236D	12F-12R	88.0	8850	CHA
DT9880HC	$45988	$8740	$12880	**$17480**	**$22990**	Perkins	4T	236D	12F-12R	88.0	8529	CHA
R9880	$40264	$7650	$11270	**$15300**	**$20130**	Perkins	4T	236D	12F-12R	88.0	8407	CHA
				1996								
DT50	$44187	$6200	$9310	**$12750**	**$16890**	Perkins	3	152D	12F-12R	42.9	6770	CH
R50	$37630	$5150	$7720	**$10580**	**$14010**	Perkins	3	152D	12F-12R	42.9	6106	CH
DT55F	$47943	$6560	$9840	**$13480**	**$17860**	Perkins	3	152D	12F-12R	42.9		CH
DT55FP	$39833	$5380	$8060	**$11050**	**$14630**	Perkins	3	152D	12F-12R	42.9		No
DT55GE	$40300	$5590	$8390	**$11490**	**$15220**	Perkins	3	152D	12F-12R	42.9		No
DT55L	$48139	$6590	$9880	**$13540**	**$17930**	Perkins	3	152D	12F-12R	42.9		CH
DT55LP	$39910	$5410	$8120	**$11120**	**$14730**	Perkins	3	152D	12F-12R	42.9		No
DT55V	$49288	$6490	$9730	**$13330**	**$17660**	Perkins	3	152D	12F-12R	42.9		CH
R55F	$40275	$5510	$8270	**$11330**	**$15000**	Perkins	3	152D	12F-12R	42.9		CH
R55FP	$31636	$4350	$6520	**$8930**	**$11830**	Perkins	3	152D	12F-12R	42.9		No
R55GE	$32541	$4450	$6680	**$9150**	**$12120**	Perkins	3	152D	12F-12R	42.9		No
R55L	$40276	$5510	$8270	**$11330**	**$15000**	Perkins	3	152D	12F-12R	42.9		CH
R55LP	$31663	$4330	$6500	**$8900**	**$11790**	Perkins	3	152D	12F-12R	42.9		No
R55V	$40300	$5510	$8270	**$11330**	**$15010**	Perkins	3	152D	12F-12R	42.9		CH
DT60	$46466	$6360	$9540	**$13070**	**$17300**	Perkins	3T	152D	12F-12R	54.3	7013	CH
DT60F	$49560	$6780	$10170	**$13940**	**$18460**	Perkins	3T	152D	12F-12R	54.3		CH
DT60FP	$41535	$5590	$8380	**$11480**	**$15210**	Perkins	3T	152D	12F-12R	54.3		No
DT60GE	$42060	$5820	$8730	**$11970**	**$15850**	Perkins	3T	152D	12F-12R	54.3		No
DT60L	$49558	$6780	$10170	**$13940**	**$18460**	Perkins	3T	152D	12F-12R	54.3		CHA
DT60LP	$41329	$5600	$8400	**$11510**	**$15240**	Perkins	3T	152D	12F-12R	54.3		No
DT60V	$50962	$6560	$9840	**$13480**	**$17850**	Perkins	3T	152D	12F-12R	54.3		CHA
R60	$39678	$5430	$8140	**$11160**	**$14780**	Perkins	3T	152D	12F-12R	54.3	6239	CH
R60F	$41322	$5650	$8480	**$11620**	**$15390**	Perkins	3T	152D	12F-12R	54.3		CH
R60FP	$32682	$4480	$6720	**$9210**	**$12200**	Perkins	3T	152D	12F-12R	54.3		No
R60GE	$33528	$4590	$6880	**$9430**	**$12490**	Perkins	3T	152D	12F-12R	54.3		No
R60L	$41545	$5680	$8530	**$11680**	**$15470**	Perkins	3T	152D	12F-12R	54.3		CHA
R60LP	$32682	$4470	$6710	**$9190**	**$12170**	Perkins	3T	152D	12F-12R	54.3		No
R60V	$42017	$5740	$8610	**$11790**	**$15620**	Perkins	3T	152D	12F-12R	54.3		CHA
DT65	$51563	$6730	$10100	**$13840**	**$18320**	Perkins	4	236D	12F-12R	57.26	7124	CHA
DT65F	$56000	$7340	$11010	**$15090**	**$19980**	Perkins	4	236D	12F-12R	57.26		CHA
DT65FP	$42225	$5600	$8400	**$11510**	**$15240**	Perkins	4	236D	12F-12R	57.26		No
DT65GE	$44513	$5920	$8880	**$12170**	**$16110**	Perkins	4	236D	12F-12R	57.26		No
DT65L	$56000	$7250	$10880	**$14910**	**$19740**	Perkins	4	236D	12F-12R	57.26		CHA
DT65LP	$43136	$5610	$8420	**$11540**	**$15280**	Perkins	4	236D	12F-12R	57.26		No
DT65V	$53952	$7080	$10620	**$14560**	**$19280**	Perkins	4	236D	12F-12R	57.26		CHA
R65	$44355	$5790	$8680	**$11900**	**$15760**	Perkins	4	236D	12F-12R	57.26	6571	CHA
R65F	$45686	$6220	$9330	**$12780**	**$16930**	Perkins	4	236D	12F-12R	57.26		CHA
R65FP	$35010	$4540	$6800	**$9320**	**$12350**	Perkins	4	236D	12F-12R	57.26		No
R65GE	$35660	$4800	$7200	**$9870**	**$13070**	Perkins	4	236D	12F-12R	57.26		No
R65L	$47575	$6510	$9760	**$13380**	**$17720**	Perkins	4	236D	12F-12R	57.26		CHA
R65LP	$34820	$4570	$6850	**$9390**	**$12430**	Perkins	4	236D	12F-12R	57.26		No
R65V	$45795	$6090	$9130	**$12510**	**$16570**	Perkins	4	236D	12F-12R	57.26		CHA
C75	$49360	$6750	$10130	**$13880**	**$18380**	Perkins	4	236D	16F-8R	61.25	9381	No
CF75	$48065	$6580	$9860	**$13520**	**$17900**	Perkins	4	236D	16F-8R	61.25	8230	No
CFL75	$48560	$6640	$9960	**$13660**	**$18080**	Perkins	4	236D	16F-8R	61.25		No
DT75	$52970	$6930	$10390	**$14240**	**$18860**	Perkins	4	236D	12F-12R	64.37	7677	CHA
DT75F	$56880	$7460	$11180	**$15330**	**$20300**	Perkins	4	236D	12F-12R	64.37		CHA
DT75FP	$42954	$5700	$8540	**$11710**	**$15500**	Perkins	4	236D	12F-12R	64.37		No
DT75GE	$46039	$6090	$9140	**$12530**	**$16590**	Perkins	4	236D	12F-12R	64.37		No
DT75L	$56880	$7370	$11050	**$15140**	**$20050**	Perkins	4	236D	12F-12R	64.37		CHA
DT75LP	$43865	$5710	$8560	**$11730**	**$15530**	Perkins	4	236D	12F-12R	64.37		No
DT75V	$55886	$7320	$10980	**$15040**	**$19920**	Perkins	4	236D	12F-12R	64.37		CHA
R75	$45333	$6390	$9580	**$13130**	**$17380**	Perkins	4	236D	12F-12R	64.37	7013	CHA
R75F	$48989	$6470	$9700	**$13290**	**$17600**	Perkins	4	236D	12F-12R	64.37		CHA
R75FP	$36380	$4710	$7070	**$9690**	**$12830**	Perkins	4	236D	12F-12R	64.39		No
R75GE	$37175	$5090	$7630	**$10450**	**$13850**	Perkins	4	236D	12F-12R	64.37		No
R75L	$48989	$6700	$10050	**$13780**	**$18250**	Perkins	4	236D	12F-12R	64.37		CHA
R75LP	$36187	$4950	$7430	**$10180**	**$13480**	Perkins	4	236D	12F-12R	64.37		No
R75V	$47150	$6220	$9320	**$12780**	**$16920**	Perkins	4	236D	12F-12R	64.37		CHA
C85	$56250	$7700	$11540	**$15820**	**$20950**	Perkins	4	248D	16F-8R	71.25	9602	No
CF85	$54390	$7440	$11160	**$15300**	**$20260**	Perkins	4	248D	16F-8R	71.25	8230	No
CFL85	$54975	$7520	$11280	**$15460**	**$20480**	Perkins	4	248D	16F-8R	71.25		No
DT85	$54698	$7150	$10730	**$14700**	**$19470**	Perkins	4	248D	12F-12R	74.83	8075	CHA
DT85F	$58593	$7680	$11520	**$15790**	**$20910**	Perkins	4	248D	12F-12R	74.83		CHA
DT85FP	$45353	$6080	$9120	**$12490**	**$16550**	Perkins	4	248D	12F-12R	74.83		No

Landini (Cont.)

	Approx. Retail Price New	Estimated Value Less Repairs Used Trade In Avg.	High	Used Retail Avg.	High	Make	Engine No. Cyls.	Displ. Cu.-In.	No. Speeds	P.T.O. H.P.	Approx. Shipping Wt.-Lbs.	Cab
				1996 (Cont.)								
DT85GE	$49009	$6480	$9720	**$13320**	**$17650**	Perkins	4	248D	12F-12R	74.83		No
DT85L	$58593	$7590	$11390	**$15600**	**$20660**	Perkins	4	248D	12F-12R	74.83		CHA
DT85LP	$46455	$6020	$9030	**$12370**	**$16390**	Perkins	4	248D	12F-12R	74.83		No
R85	$46816	$6300	$9440	**$12940**	**$17140**	Perkins	4	248D	12F-12R	74.83	7412	CHA
R85F	$50510	$6580	$9880	**$13540**	**$17920**	Perkins	4	248D	12F-12R	74.83		CHA
R85FP	$38505	$5020	$7530	**$10330**	**$13670**	Perkins	4	248D	12F-12R	74.83		No
R85GE	$39465	$5400	$8100	**$11100**	**$14700**	Perkins	4	248D	12F-12R	74.83		No
R85L	$50510	$6910	$10370	**$14200**	**$18810**	Perkins	4	248D	12F-12R	74.83		CHA
R85LP	$38785	$5310	$7960	**$10910**	**$14450**	Perkins	4	248D	12F-12R	74.83		No
C95	$60190	$8230	$12350	**$16930**	**$22420**	Perkins	4T	236D	16F-8R	84.0		No
DT95	$57350	$7590	$11390	**$15610**	**$20670**	Perkins	4T	236D	12F-12R	88.0	8186	CHA
R95	$49352	$6750	$10130	**$13880**	**$18380**	Perkins	4T	236D	12F-12R	88.0	7522	CHA
DT5860	$36055	$4810	$7220	**$9890**	**$13100**	Perkins	3	152D	12F-4R	42.9	5591	No
R5860	$28750	$3850	$5770	**$7900**	**$10470**	Perkins	3	152D	12F-4R	42.9	4971	No
DT6060	$38035	$5070	$7610	**$10430**	**$13810**	Perkins	3T	152D	12F-4R	54.3	5856	No
R6060	$31700	$4210	$6310	**$8650**	**$11450**	Perkins	3T	152D	12F-4R	54.3	5237	No
DT6860	$39826	$5410	$8120	**$11120**	**$14730**	Perkins	4	236D	12F-12R	57.26	6122	No
R6860	$33760	$4440	$6660	**$9130**	**$12090**	Perkins	4	236D	12F-12R	57.26	5546	No
DT6880	$54555	$7370	$11060	**$15150**	**$20060**	Perkins	4	236D	12F-12R	57.26	7611	CHA
R6880	$46985	$6170	$9250	**$12670**	**$16780**	Perkins	4	236D	12F-12R	57.26	6947	CHA
DT7860	$41755	$5650	$8470	**$11600**	**$15370**	Perkins	4	236D	12F-12R	64.37	6874	No
DT7860HC	$43186	$5810	$8720	**$11950**	**$15830**	Perkins	4	236D	12F-12R	64.37	6891	No
R7860	$35927	$4620	$6930	**$9500**	**$12580**	Perkins	4	236D	12F-12R	64.37	6387	No
R7860HC	$35433	$4800	$7200	**$9870**	**$13070**	Perkins	4	236D	12F-12R	64.37	6188	No
DT7880	$56057	$7700	$11550	**$15820**	**$20950**	Perkins	4	236D	12F-12R	64.37	8075	CHA
R7880	$47215	$6200	$9290	**$12740**	**$16870**	Perkins	4	236D	12F-12R	64.37	7611	CHA
DT8860	$45565	$6140	$9210	**$12630**	**$16720**	Perkins	4	248D	12F-12R	74.83	6962	No
DT8860HC	$46295	$6340	$9510	**$13030**	**$17260**	Perkins	4	248D	12F-12R	74.83	7102	No
R8860	$38025	$4900	$7340	**$10060**	**$13330**	Perkins	4	248D	12F-12R	74.83	6476	No
R8860HC	$37915	$5150	$7720	**$10590**	**$14020**	Perkins	4	248D	12F-12R	74.83	6531	No
DT8880	$58905	$7940	$11910	**$16320**	**$21610**	Perkins	4	248D	12F-12R	74.83	8451	CHA
DT8880HC	$57405	$7660	$11490	**$15740**	**$20840**	Perkins	4	248D	12F-12R	74.83	8418	CHA
R8880	$49620	$6460	$9680	**$13270**	**$17570**	Perkins	4	248D	12F-12R	74.83	7633	CHA
DT9880	$63569	$8440	$12660	**$17350**	**$22980**	Perkins	4T	236D	12F-12R	88.0	8850	CHA
DT9880HC	$62160	$8280	$12420	**$17020**	**$22530**	Perkins	4T	236D	12F-12R	88.0	8529	CHA
R9880	$55478	$7250	$10870	**$14900**	**$19730**	Perkins	4T	236D	12F-12R	88.0	8407	CHA
DT10000	$74307	$7910	$11300	**$16380**	**$21460**	Perkins	6	354D	12F-4R	88.5	9779	CHA
R10000	$62455	$6650	$9490	**$13770**	**$18040**	Perkins	6	354D	12F-4R	88.5	9381	CHA
DT13000	$78220	$8320	$11890	**$17240**	**$22590**	Perkins	6	354D	12F-4R	94.0	9912	CHA
R13000	$66785	$7110	$10150	**$14720**	**$19290**	Perkins	6	354D	12F-4R	94.0	9513	CHA
DT14500	$88538	$9420	$13460	**$19510**	**$25570**	Perkins	6T	354D	12F-4R	124.75	12035	CHA
R14500	$74896	$7970	$11390	**$16510**	**$21630**	Perkins	6T	354D	12F-4R	124.75	11062	CHA
				1995								
DT50	$40875	$5350	$8180	**$11330**	**$15110**	Perkins	3	152D	12F-12R	39.0	6770	CH
R50	$35020	$4580	$7010	**$9710**	**$12940**	Perkins	3	152D	12F-12R	39.0	6106	CH
DT55F	$45071	$5900	$9020	**$12490**	**$16660**	Perkins	3	152D	12F-12R	39.0		CH
R55F	$37975	$4970	$7600	**$10530**	**$14040**	Perkins	3	152D	12F-12R	39.0		CH
DT60	$43442	$5690	$8700	**$12040**	**$16060**	Perkins	3T	152D	12F-12R	49.5	7013	CH
DT60F	$46625	$6100	$9330	**$12920**	**$17230**	Perkins	3T	152D	12F-12R	49.5		CH
R60	$37224	$4870	$7450	**$10320**	**$13760**	Perkins	3T	152D	12F-12R	49.5	6239	CH
R60F	$39403	$5160	$7890	**$10920**	**$14560**	Perkins	3T	152D	12F-12R	49.5		CH
DT65	$48030	$6290	$9620	**$13320**	**$17750**	Perkins	4	236D	12F-12R	57.0	7124	CHA
DT65F	$51084	$6690	$10230	**$14160**	**$18880**	Perkins	4	236D	12F-12R	57.0		CHA
R65	$41438	$5430	$8300	**$11490**	**$15320**	Perkins	4	236D	12F-12R	57.0	6571	CHA
R65F	$43311	$5670	$8680	**$12010**	**$16020**	Perkins	4	236D	12F-12R	57.0		CHA
C75	$46152	$6040	$9240	**$12790**	**$17060**	Perkins	4	236D	16F-8R	61.25	9381	No
CF75	$45823	$6000	$9170	**$12700**	**$16940**	Perkins	4	236D	16F-8R	61.25	8230	No
CFL75	$46297	$6060	$9270	**$12830**	**$17110**	Perkins	4	236D	16F-8R	61.25		No
DT75	$49320	$6460	$9880	**$13670**	**$18230**	Perkins	4	236D	12F-12R	61.25	7677	CHA
DT75F	$52298	$6850	$10470	**$14500**	**$19330**	Perkins	4	236D	12F-12R	61.25		CHA
R75	$42940	$5620	$8600	**$11900**	**$15870**	Perkins	4	236D	12F-12R	61.25	7013	CHA
R75F	$44537	$5830	$8920	**$12350**	**$16460**	Perkins	4	236D	12F-12R	61.25		CHA
C85	$53497	$7000	$10710	**$14830**	**$19770**	Perkins	4	248D	16F-8R	71.25	9602	No
CF85	$51709	$6770	$10350	**$14340**	**$19110**	Perkins	4	248D	16F-8R	71.25	8230	No
CFL85	$52269	$6840	$10470	**$14490**	**$19320**	Perkins	4	248D	16F-8R	71.25		No
DT85	$50981	$6670	$10210	**$14130**	**$18840**	Perkins	4	248D	12F-12R	71.25	8075	CHA
DT85F	$53944	$7060	$10800	**$14950**	**$19940**	Perkins	4	248D	12F-12R	71.25		CHA
R85	$44366	$5810	$8880	**$12300**	**$16400**	Perkins	4	248D	12F-12R	71.25	7412	CHA
R85F	$46214	$6050	$9250	**$12810**	**$17080**	Perkins	4	248D	12F-12R	71.25		CHA
C95	$57093	$7470	$11430	**$15830**	**$21100**	Perkins	4T	236D	16F-8R	84.0		No
DT95	$53301	$6980	$10670	**$14780**	**$19700**	Perkins	4T	236D	12F-12R	84.0	8186	CHA
R95	$46244	$6050	$9260	**$12820**	**$17090**	Perkins	4T	236D	12F-12R	84.0	7522	CHA
DT1000S 4WD	$46955	$7980	$12210	**$16900**	**$22540**	Perkins	6	354D	12F-4R	92.00	10251	CH
DT5860	$33220	$4350	$6650	**$9210**	**$12280**	Perkins	3	152D	12F-4R	39.0	5591	No
R5860	$26425	$3460	$5290	**$7330**	**$9770**	Perkins	3	152D	12F-4R	39.00	4971	No
DT6060	$35689	$4670	$7150	**$9890**	**$13190**	Perkins	3T	152D	12F-4R	49.5	5856	No
R6060	$29149	$3820	$5840	**$8080**	**$10770**	Perkins	3T	152D	12F-4R	49.5	5237	No
DT6860	$37684	$4930	$7550	**$10450**	**$13930**	Perkins	4	236D	12F-12R	57.0	6122	No
R6860	$31138	$4080	$6240	**$8630**	**$11510**	Perkins	4	236D	12F-12R	57.0	5546	No
DT6880	$51202	$6700	$10250	**$14190**	**$18920**	Perkins	4	236D	12F-12R	57.0	7611	CHA
R6880	$43895	$5750	$8790	**$12170**	**$16220**	Perkins	4	236D	12F-12R	57.0	6947	CHA
DT7860	$39408	$5160	$7890	**$10920**	**$14570**	Perkins	4	236D	12F-12R	61.25	6874	No
DT7860HC	$41525	$5440	$8310	**$11510**	**$15350**	Perkins	4	236D	12F-12R	61.25	6891	No

Landini (Cont.)

	Approx. Retail Price New	Estimated Value Less Repairs Used Trade In Avg.	High	Used Retail Avg.	High	Make	Engine No. Cyls.	Displ. Cu.-In.	No. Speeds	P.T.O. H.P.	Approx. Shipping Wt.-Lbs.	Cab
1995 (Cont.)												
R7860	$33839	$4440	$6790	**$9400**	**$12530**	Perkins	4	236D	12F-12R	61.25	6387	No
R7860HC	$34070	$4460	$6820	**$9450**	**$12600**	Perkins	4	236D	12F-12R	61.25	6188	No
DT7880	$52646	$6890	$10540	**$14590**	**$19460**	Perkins	4	236D	12F-12R	61.25	8075	CHA
R7880	$45854	$6000	$9180	**$12710**	**$16950**	Perkins	4	236D	12F-12R	61.25	7611	CHA
DT8860	$43286	$5670	$8670	**$12000**	**$16000**	Perkins	4	248D	12F-12R	71.25	6962	No
DT8860HC	$43013	$5630	$8610	**$11920**	**$15900**	Perkins	4	248D	12F-12R	71.25	7102	No
R8860	$35855	$4690	$7180	**$9940**	**$13250**	Perkins	4	248D	12F-12R	71.25	6476	No
R8860HC	$36084	$4720	$7220	**$10000**	**$13340**	Perkins	4	248D	12F-12R	71.25	6531	No
DT8880	$54414	$7120	$10890	**$15080**	**$20110**	Perkins	4	248D	12F-12R	71.25	8451	CHA
DT8880HC	$55282	$7240	$11070	**$15330**	**$20430**	Perkins	4	248D	12F-12R	71.25	8418	CHA
R8880	$46458	$6080	$9300	**$12880**	**$17170**	Perkins	4	248D	12F-12R	71.25	7633	CHA
DT9880	$59819	$7830	$11980	**$16580**	**$22110**	Perkins	4T	236D	12F-12R	84.0	8850	CHA
DT9880HC	$59853	$7840	$11980	**$16590**	**$22120**	Perkins	4T	236D	12F-12R	84.0	8529	CHA
R9880	$53004	$6940	$10610	**$14690**	**$19590**	Perkins	4T	236D	12F-12R	84.0	8407	CHA
DT10000	$68826	$6890	$10070	**$14310**	**$19080**	Perkins	6	354D	12F-4R	88.5	9779	CHA
R10000	$58602	$5870	$8570	**$12180**	**$16250**	Perkins	6	354D	12F-4R	88.5	9381	CHA
DT13000	$73228	$7330	$10710	**$15220**	**$20300**	Perkins	6	354D	12F-4R	94.0	9912	CHA
R13000	$62232	$6230	$9110	**$12940**	**$17250**	Perkins	6	354D	12F-4R	94.0	9513	CHA
DT14500	$81135	$8120	$11870	**$16870**	**$22490**	Perkins	6T	354D	12F-4R	124.75	12035	CHA
R14500	$68637	$6870	$10040	**$14270**	**$19030**	Perkins	6T	354D	12F-4R	124.75	11062	CHA
1994												
DT1000S 4WD	$46555	$5590	$8380	**$11640**	**$15830**	Perkins	6	354D	12F-4R	92.00	10251	CH
1993												
DT1000S 4WD	$45950	$5060	$7810	**$11030**	**$14700**	Perkins	6	354D	12F-4R	92.00	10251	CH
1992												
DT1000S 4WD	$45500	$4550	$7280	**$10470**	**$13650**	Perkins	6	354D	12F-4R	92.00	10251	CH
1991												
DT1000S 4WD	$45000	$4050	$6750	**$9900**	**$13050**	Perkins	6	354D	12F-4R	92.00	10251	CH
1990												
DT1000S 4WD	$44725	$3580	$6260	**$9390**	**$12520**	Perkins	6	354D	12F-4R	92.00	10251	CH
1989												
DT1000S 4WD	$44425	$3110	$5780	**$8890**	**$12000**	Perkins	6	354D	12F-4R	92.00	10251	CH
1988												
DT1000S 4WD	$43825	$2630	$5260	**$8330**	**$11400**	Perkins	6	354D	12F-4R	92.00	10251	CH
1987												
DT1000S 4WD	$43325	$2170	$4770	**$7800**	**$10830**	Perkins	6	354D	12F-4R	92.00	10251	CH
1986												
DT1000S 4WD	$42725	$1710	$3850	**$7260**	**$10250**	Perkins	6	354D	12F-4R	92.00	10251	CH
Platform R1000S	$29745	$1190	$2680	**$5060**	**$7140**	Perkins	6	354D	12F-4R	92.00	9056	No
R1000S	$36235	$1450	$3260	**$6160**	**$8700**	Perkins	6	354D	12F-4R	92.00	9520	CH
DT5830 4WD	$20205	$1920	$3540	**$5460**	**$7880**	Perkins	3	152D	12F-4R	42.00	4934	No
R5830	$15190	$1440	$2660	**$4100**	**$5920**	Perkins	3	152D	12F-4R	42.00	4299	No
DT6530 4WD	$22770	$2160	$3990	**$6150**	**$8880**	Perkins	4	236D	12F-4R	57.00	4740	No
R6530 F	$17905	$1700	$3130	**$4830**	**$6980**	Perkins	4	236D	12F-4R	57.00	4539	No
DT6830 4WD	$22510	$2140	$3940	**$6080**	**$8780**	Perkins	4	236D	12F-4R	57.00	5246	No
R6830	$17510	$1660	$3060	**$4730**	**$6830**	Perkins	4	236D	12F-4R	57.00	4630	No
R6830 Row Crop	$18060	$1720	$3160	**$4880**	**$7040**	Perkins	4	236D	12F-4R	57.00	4630	No
DT7830 4WD	$24395	$2320	$4270	**$6590**	**$9510**	Perkins	4	236D	12F-4R	63.00	5755	No
R7830	$19335	$1840	$3380	**$5220**	**$7540**	Perkins	4	236D	12F-4R	63.00	5247	No
R8530 F	$21325	$2030	$3730	**$5760**	**$8320**	Perkins	4	248D	12F-4R	68.00	4883	No
R8530 L	$21310	$2020	$3730	**$5750**	**$8310**	Perkins	4	248D	12F-4R	68.00	5104	No
DT8550 4WD	$34332	$3260	$6010	**$9270**	**$13390**	Perkins	4	248D	12F-4R	68.00	7902	CH
DT8830 4WD	$26385	$2510	$4620	**$7120**	**$10290**	Perkins	4	248D	12F-4R	68.00	6328	No
R8830	$21320	$2030	$3730	**$5760**	**$8320**	Perkins	4	248D	12F-4R	68.00	5799	No
DT12500 4WD	$46510	$1860	$4190	**$7910**	**$11160**	Perkins	6	354D	12F-4R	100.	11530	CH
R12500	$38940	$1560	$3510	**$6620**	**$9350**	Perkins	6	354D	12F-4R	100.	10450	CH
DT14500	$49755	$1990	$4480	**$8460**	**$11940**	Perkins	6T	354D	12F-4R	122.00	12500	CH
R14500	$42185	$1690	$3800	**$7170**	**$10120**	Perkins	6T	354D	12F-4R	122.00	11177	CH
1985												
DT1000S 4WD	$42725	$1710	$3850	**$6840**	**$9830**	Perkins	6	354D	12F-4R	92.00	10251	CH
Platform R1000S	$29745	$1190	$2680	**$4760**	**$6840**	Perkins	6	354D	12F-4R	92.00	9056	No
R1000S	$36235	$1450	$3260	**$5800**	**$8330**	Perkins	6	354D	12F-4R	92.00	9520	CH
DT5830 4WD	$20205	$1820	$3230	**$5250**	**$7680**	Perkins	3	152D	12F-4R	42.00	4934	No
R5830	$15190	$1370	$2430	**$3950**	**$5770**	Perkins	3	152D	12F-4R	42.00	4299	No
DT6530 4WD	$22770	$2050	$3640	**$5920**	**$8650**	Perkins	4	236D	12F-4R	57.00	4740	No
R6530 F	$17905	$1610	$2870	**$4660**	**$6800**	Perkins	4	236D	12F-4R	57.00	4539	No
DT6830 4WD	$22510	$2030	$3600	**$5850**	**$8550**	Perkins	4	236D	12F-4R	57.00	5246	No
R6830	$17510	$1580	$2800	**$4550**	**$6650**	Perkins	4	236D	12F-4R	57.00	4630	No
R6830 Row Crop	$18060	$1630	$2890	**$4700**	**$6860**	Perkins	4	236D	12F-4R	57.00	4630	No
DT7830 4WD	$24395	$2200	$3900	**$6340**	**$9270**	Perkins	4	236D	12F-4R	63.00	5755	No
R7830	$19335	$1740	$3090	**$5030**	**$7350**	Perkins	4	236D	12F-4R	63.00	5247	No
DT8550 4WD	$34332	$3090	$5490	**$8930**	**$13050**	Perkins	4	248D	12F-4R	68.00	7902	CH
DT8830 4WD	$26385	$2380	$4220	**$6860**	**$10030**	Perkins	4	248D	12F-4R	68.00	6328	No
R8830	$21320	$1920	$3410	**$5540**	**$8100**	Perkins	4	248D	12F-4R	68.00	5799	No

Landini (Cont.)

1985 (Cont.)

	Approx. Retail Price New	Estimated Value Less Repairs Used Trade In Avg.	Used Trade In High	Used Retail Avg.	Used Retail High	Engine Make	Engine No. Cyls.	Engine Displ. Cu.-In.	No. Speeds	P.T.O. H.P.	Approx. Shipping Wt.-Lbs.	Cab
DT12500 4WD	$46510	$1860	$4190	**$7440**	**$10700**	Perkins	6	354D	12F-4R	100.	11530	CH
R12500	$38940	$1560	$3510	**$6230**	**$8960**	Perkins	6	354D	12F-4R	100.	10450	CH
DT14500	$49755	$1990	$4480	**$7960**	**$11440**	Perkins	6T	354D	12F-4R	122.00	12500	CH
R14500	$42185	$1690	$3800	**$6750**	**$9700**	Perkins	6T	354D	12F-4R	122.00	11177	CH

Long

2005

	Approx. Retail Price New	Used Trade In Avg.	Used Trade In High	Used Retail Avg.	Used Retail High	Engine Make	Engine No. Cyls.	Engine Displ. Cu.-In.	No. Speeds	P.T.O. H.P.	Approx. Shipping Wt.-Lbs.	Cab
Farmtrac 270DTC 4WD	$12727	$5350	$6240	**$7760**	**$8650**	Daedong	3	85D	8F-8R	23.80	2600	No
Farmtrac 300DTC 4WD	$14805	$6220	$7250	**$9030**	**$10070**	Mitsubishi	4	91D	12F-12R	26.00	3050	No
Farmtrac 320DTC 4WD	$13766	$5780	$6750	**$8400**	**$9360**	Daedong	3	100D	8F-8R	28.50	2660	No
Farmtrac 360DTC 4WD	$16754	$7040	$8210	**$10220**	**$11390**	Mitsubishi	4	107D	12F-12R	33.00	3050	No
Farmtrac 390 HST	$18961	$7960	$9290	**$11570**	**$12890**	Mitsubishi	4	107D	Variable	33.00	3087	No
Farmtrac 435	$11040	$4640	$5410	**$6730**	**$7510**	Farmtrac	3	131D	8F-2R	31.00	4220	No
Farmtrac 535	$12338	$5180	$6050	**$7530**	**$8390**	Farmtrac	3	131D	8F-2R	30.00	4220	No
Farmtrac 545	$14546	$6110	$7130	**$8870**	**$9890**	Farmtrac	3	175D	8F-2R	37.00	4160	No
Farmtrac 545DTC 4WD	$18896	$7940	$9260	**$11530**	**$12850**	Farmtrac	3	175D	8F-2R	37.00	4160	No
Farmtrac 550DTC 4WD	$22403	$9410	$10980	**$13670**	**$15230**	Mitsubishi	4	203D	8F-8R	46.00	4610	No
Farmtrac 555	$16104	$6760	$7890	**$9820**	**$10950**	Farmtrac	3	192D	8F-2R	44.70	4570	No
Farmtrac 555DTC 4WD	$20520	$8620	$10060	**$12520**	**$13950**	Farmtrac	3	192D	8F-2R	44.70	4570	No
Farmtrac 665	$17987	$7560	$8810	**$10970**	**$12230**	Farmtrac	3	201D	12F-12R	52.00	5050	No
Farmtrac 665DTC 4WD	$22727	$9550	$11140	**$13860**	**$15450**	Farmtrac	3	201D	12F-12R	52.00	5050	No
Farmtrac 675	$21039	$8840	$10310	**$12830**	**$14310**	Perkins	4	258D	12F-12R	64.80	5400	No
Farmtrac 675DTC 4WD	$25455	$10690	$12470	**$15530**	**$17310**	Perkins	4	258D	12F-12R	64.80	5400	No
Longtrac 680	$17792	$7470	$8720	**$10850**	**$12100**	UTB	4	219D	8F-2R	64.00	4570	No
Longtrac 680 DTC 4WD	$22273	$9360	$10910	**$13590**	**$15150**	UTB	4	219D	8F-2R	64.00	5120	No

DTC- Front Wheel Assist 4WD

2004

	Approx. Retail Price New	Used Trade In Avg.	Used Trade In High	Used Retail Avg.	Used Retail High	Engine Make	Engine No. Cyls.	Engine Displ. Cu.-In.	No. Speeds	P.T.O. H.P.	Approx. Shipping Wt.-Lbs.	Cab
FarmTrac 270DTC 4WD	$12727	$4840	$5850	**$7130**	**$8270**	Daedong	3	85D	8F-8R	23.80	2600	No
FarmTrac 300DTC 4WD	$14805	$5630	$6810	**$8290**	**$9620**	Mitsubishi	4	91D	12F-12R	26.00	3050	No
FarmTrac 320DTC 4WD	$13766	$5230	$6330	**$7710**	**$8950**	Daedong	3	100D	8F-8R	28.50	2660	No
FarmTrac 330 HST	$16684	$6340	$7680	**$9340**	**$10850**	Daedong	3	100D	Variable	30.00	3087	No
FarmTrac 360DTC 4WD	$16757	$6370	$7710	**$9380**	**$10890**	Mitsubishi	4	107D	12F-12R	33.00	3050	No
FarmTrac 390 HST	$18961	$7210	$8720	**$10620**	**$12330**	Mitsubishi	4	107D	Variable	33.00	3087	No
FarmTrac 435	$10900	$4140	$5010	**$6100**	**$7090**	FarmTrac	3	131D	8F-2R	31.00	4220	No
FarmTrac 450	$16624	$6320	$7650	**$9310**	**$10810**	Mitsubishi	4	141D	8F-8R	36.00	4440	No
FarmTrac 450DTC 4WD	$19805	$7530	$9110	**$11090**	**$12870**	Mitsubishi	4	141D	8F-8R	36.00	4440	No
FarmTrac 535	$12208	$4640	$5620	**$6840**	**$7940**	FarmTrac	3	131D	8F-2R	30.00	4220	No
FarmTrac 545	$14416	$5480	$6630	**$8070**	**$9370**	FarmTrac	3	175D	8F-2R	37.00	4160	No
FarmTrac 545DTC 4WD	$18896	$7180	$8690	**$10580**	**$12280**	FarmTrac	3	175D	8F-2R	37.00	4160	No
FarmTrac 550	$18831	$7160	$8660	**$10550**	**$12240**	Mitsubishi	4	203D	8F-8R	46.00	4610	No
FarmTrac 550DTC 4WD	$22403	$8510	$10310	**$12550**	**$14560**	Mitsubishi	4	203D	8F-8R	46.00	4610	No
FarmTrac 555	$16104	$6120	$7410	**$9020**	**$10470**	FarmTrac	3	192D	8F-2R	44.70	4570	No
FarmTrac 555DTC 4WD	$20520	$7800	$9440	**$11490**	**$13340**	FarmTrac	3	192D	8F-2R	44.70	4570	No
FarmTrac 665	$17987	$6840	$8270	**$10070**	**$11690**	FarmTrac	3	201D	12F-12R	52.00	5050	No
FarmTrac 665DTC 4WD	$22727	$8640	$10450	**$12730**	**$14770**	FarmTrac	3	201D	12F-12R	52.00	5050	No
FarmTrac 675	$21039	$8000	$9680	**$11780**	**$13680**	Perkins	4	258D	12F-12R	64.80	5400	No
FarmTrac 675DTC 4WD	$25455	$9670	$11710	**$14260**	**$16550**	Perkins	4	258D	12F-12R	64.80	5400	No
LongTrac 480	$14304	$5440	$6580	**$8010**	**$9300**	UTB	3	172D	8F-2R	42.00	4220	No
LongTrac 480 DTC 4WD	$17727	$6740	$8150	**$9930**	**$11520**	UTB	3	172D	8F-2R	42.00	4760	No
LongTrac 520	$15195	$5770	$6990	**$8510**	**$9880**	UTB	3	172D	8F-2R	46.00	4220	No
LongTrac 520 DTC 4WD	$18377	$6980	$8450	**$10290**	**$11950**	UTB	3	172D	8F-2R	46.00	4220	No
LongTrac 680	$17792	$6760	$8180	**$9960**	**$11570**	UTB	4	219D	8F-2R	64.00	4570	No
LongTrac 680 DTC 4WD	$22273	$8460	$10250	**$12470**	**$14480**	UTB	4	219D	8F-2R	64.00	5120	No
LongTrac 2360	$12987	$4940	$5970	**$7270**	**$8440**	UTB	3	143D	8F-2R	35.00	4220	No

DTC- Front Wheel Assist 4WD

2003

	Approx. Retail Price New	Used Trade In Avg.	Used Trade In High	Used Retail Avg.	Used Retail High	Engine Make	Engine No. Cyls.	Engine Displ. Cu.-In.	No. Speeds	P.T.O. H.P.	Approx. Shipping Wt.-Lbs.	Cab
FarmTrac 35	$10648	$3730	$4580	**$5640**	**$6710**		3	131D	8F-2R	31.00		No
FarmTrac 45	$13895	$4860	$5980	**$7360**	**$8750**		3	175D	8F-2R	36.90		No
FarmTrac 60	$15843	$5550	$6810	**$8400**	**$9980**		3	192D	8F-2R	44.70		No
FarmTrac 70	$17986	$6300	$7730	**$9530**	**$11330**		3	201D	12F-12R	52.00		No
FarmTrac 80	$20518	$7180	$8820	**$10880**	**$12930**	Perkins	4	258D	12F-12R	64.80		No
LandTrac 300 DTC	$15450	$5410	$6640	**$8190**	**$9730**	Mitsubishi	4	91D	12F-6R	26.00	3050	No
LandTrac 330 HST	$16684	$5840	$7170	**$8840**	**$10510**	Daedong	3	100D	Variable	30.00	3087	No
LandTrac 360 DTC	$17309	$6060	$7440	**$9170**	**$10910**	Mitsubishi	4	107D	12F-6R	33.00	3050	No
LandTrac 390 HST	$18632	$6520	$8010	**$9880**	**$11740**	Mitsubishi	4	107D	Variable	33.00	3087	No
LandTrac 450 DTC	$19228	$6730	$8270	**$10190**	**$12110**	Mitsubishi	4	141D	8F-8R	38.00	4440	No
LandTrac 550 DTC	$22020	$7710	$9470	**$11670**	**$13870**	Mitsubishi	4	203D	8F-8R	46.00	4610	No
LongTrac 320	$9999	$3500	$4300	**$5300**	**$6300**	UTB	2	110D	6F-2R	28.0	3700	No
LongTrac 480	$14304	$5010	$6150	**$7580**	**$9010**		3	172D	8F-2R	42.00	4220	No
LongTrac 480 DTC	$17726	$6200	$7620	**$9400**	**$11170**		3	172D	8F-2R	41.90	4760	No
LongTrac 520	$15083	$5280	$6490	**$7990**	**$9500**		3	172D	8F-2R	46.00	4220	No
LongTrac 520 DTC	$17986	$6300	$7730	**$9530**	**$11330**		3	172D	8F-2R	46.00	4220	No
LongTrac 680	$17791	$6230	$7650	**$9430**	**$11210**	UTB	4	219D	8F-2R	64.3	4570	No
LongTrac 680 DTC	$21492	$7520	$9240	**$11390**	**$13540**	UTB	4	219D	8F-2R	64.3	5120	No
LongTrac 2360	$12986	$4550	$5580	**$6880**	**$8180**	UTB	3	143D	8F-2R	35.00	4220	No

DTC- Front Wheel Assist 4WD

2002

	Approx. Retail Price New	Used Trade In Avg.	Used Trade In High	Used Retail Avg.	Used Retail High	Engine Make	Engine No. Cyls.	Engine Displ. Cu.-In.	No. Speeds	P.T.O. H.P.	Approx. Shipping Wt.-Lbs.	Cab
FarmTrac 35	$10220	$3270	$4090	**$5310**	**$6230**		3	131D	8F-2R	31.00		No
FarmTrac 45	$13686	$4380	$5470	**$7120**	**$8350**		3	175D	8F-2R	36.90		No

Long (Cont.)

2002 (Cont.)

Model	Approx. Retail Price New	Used Trade In Avg.	Used Trade In High	Used Retail Avg.	Used Retail High	Engine Make	Engine No. Cyls.	Engine Displ. Cu.-In.	No. Speeds	P.T.O. H.P.	Approx. Shipping Wt.-Lbs.	Cab
FarmTrac 60	$15452	$4950	$6180	**$8040**	**$9430**		3	192D	8F-2R	44.70		No
FarmTrac 70	$17740	$5680	$7100	**$9230**	**$10820**		3	201D	12F-12R	52.00		No
FarmTrac 80	$20245	$6480	$8100	**$10530**	**$12350**	Perkins	4	258D	12F-12R	64.80		No
LandTrac 300 DTC	$15240	$4880	$6100	**$7930**	**$9300**	Mitsubishi	4	91D	12F-6R	26.00	3050	No
LandTrac 330 HST	$16445	$5260	$6580	**$8550**	**$10030**	Daedong	3	100D	Variable	30.00	3087	No
LandTrac 360 DTC	$17120	$5480	$6850	**$8900**	**$10440**	Mitsubishi	4	107D	12F-6R	33.00	3050	No
LandTrac 390 HST	$18335	$5870	$7330	**$9530**	**$11180**	Mitsubishi	4	107D	Variable	33.00	3087	No
LandTrac 450 DTC	$19120	$6120	$7650	**$9940**	**$11660**	Mitsubishi	4	141D	8F-8R	38.00	4440	No
LandTrac 470 DTC	$20120	$6440	$8050	**$10460**	**$12270**	Mitsubishi	4	153D	8F-8R	41.00	4540	No
LandTrac 550 DTC	$21990	$7040	$8800	**$11440**	**$13410**	Mitsubishi	4	203D	8F-8R	46.00	4610	No
LongTrac 320	$9643	$3090	$3860	**$5010**	**$5880**	UTB	2	110D	6F-2R	28.0	3700	No
LongTrac 480	$14105	$4510	$5640	**$7340**	**$8600**		3	172D	8F-2R	42.00	4220	No
LongTrac 480 DTC	$17225	$5510	$6890	**$8960**	**$10510**		3	172D	8F-2R	41.90	4760	No
LongTrac 520	$14895	$4770	$5960	**$7750**	**$9090**		3	172D	8F-2R	46.00	4220	No
LongTrac 520 DTC	$17650	$5650	$7060	**$9180**	**$10770**		3	172D	8F-2R	46.00	4220	No
LongTrac 680	$16995	$5440	$6800	**$8840**	**$10370**	UTB	4	219D	8F-2R	64.3	4570	No
LongTrac 680 DTC	$20962	$6710	$8390	**$10900**	**$12790**	UTB	4	219D	8F-2R	64.3	5120	No
LongTrac 2360	$12650	$4050	$5060	**$6580**	**$7720**	UTB	3	143D	8F-2R	35.00	4220	No

DTC- Front Wheel Assist 4WD

2001

Model	Approx. Retail Price New	Used Trade In Avg.	Used Trade In High	Used Retail Avg.	Used Retail High	Engine Make	Engine No. Cyls.	Engine Displ. Cu.-In.	No. Speeds	P.T.O. H.P.	Approx. Shipping Wt.-Lbs.	Cab
LongTrac 320	$9643	$2890	$3660	**$4820**	**$5690**	UTB	2	110D	6F-2R	28.0	3700	No
LongTrac 680	$16600	$4980	$6310	**$8300**	**$9790**	UTB	4	219D	8F-2R	64.3	4570	No
LongTrac 680 DTC	$20742	$6220	$7880	**$10370**	**$12240**	UTB	4	219D	8F-2R	64.3	5120	No
LongTrac 2360	$12400	$3720	$4710	**$6200**	**$7320**	UTB	3	143D	8F-2R	35.00	4220	No
LongTrac 2360 DTC	$16999	$5100	$6460	**$8500**	**$10030**	UTB	3	143D	8F-2R	35.00	4760	No
LongTrac 2460	$13531	$4060	$5140	**$6770**	**$7980**	UTB	3	143D	8F-2R	41.90	4220	No
LongTrac 2460 DTC	$17496	$5250	$6650	**$8750**	**$10320**	UTB	3	143D	8F-2R	41.90	4760	No
LongTrac 2510	$14426	$4330	$5480	**$7210**	**$8510**	UTB	3	165D	8F-2R	49.10	4220	No
LongTrac 2510 DTC	$18244	$5470	$6930	**$9120**	**$10760**	UTB	3	165D	8F-2R	49.10	4760	No

DTC- Front Wheel Assist 4WD

2000

Model	Approx. Retail Price New	Used Trade In Avg.	Used Trade In High	Used Retail Avg.	Used Retail High	Engine Make	Engine No. Cyls.	Engine Displ. Cu.-In.	No. Speeds	P.T.O. H.P.	Approx. Shipping Wt.-Lbs.	Cab
FarmTrac 60	$15465	$4330	$5570	**$7420**	**$8820**	Escorts	3	192D	8F-2R	45	4519	No
LandTrac 280 DTC	$15450	$4330	$5560	**$7420**	**$8810**	Mitsubishi	4	91D	12F-6R	26	3770	No
LandTrac 360 DTC	$17100	$4790	$6160	**$8210**	**$9750**	Mitsubishi	4	107D	12F-6R	33	3792	No
LandTrac 410 DTCD	$18892	$5290	$6800	**$9070**	**$10770**	Mitsubishi	4	141D	16F-16R	38	4751	No
LandTrac 470 DTC	$20222	$5660	$7280	**$9710**	**$11530**	Mitsubishi	4	153D	16F-16R	41	4883	No
LandTrac 530 DTC	$21425	$6000	$7710	**$10280**	**$12210**	Mitsubishi	4	203D	16F-16R	45	5137	No
LongTrac 320	$9643	$2700	$3470	**$4630**	**$5500**	UTB	2	110D	6F-2R	28.0	3700	No
LongTrac 680	$16476	$4610	$5930	**$7910**	**$9390**	UTB	4	219D	8F-2R	64.3	4570	No
LongTrac 680 DTC	$20615	$5770	$7420	**$9900**	**$11750**	UTB	4	219D	8F-2R	64.3	5120	No
LongTrac 2360	$12274	$3440	$4420	**$5890**	**$7000**	UTB	3	143D	8F-2R	35.00	4220	No
LongTrac 2360 DTC	$16872	$4720	$6070	**$8100**	**$9620**	UTB	3	143D	8F-2R	35.00	4760	No
LongTrac 2460	$13404	$3750	$4830	**$6430**	**$7640**	UTB	3	143D	8F-2R	41.90	4220	No
LongTrac 2460 DTC	$17369	$4860	$6250	**$8340**	**$9900**	UTB	3	143D	8F-2R	41.90	4760	No
LongTrac 2510	$14426	$4040	$5190	**$6920**	**$8220**	UTB	3	165D	8F-2R	49.10	4220	No
LongTrac 2510 DTC	$18244	$5110	$6570	**$8760**	**$10400**	UTB	3	165D	8F-2R	49.10	4760	No

DTC- Front Wheel Assist 4WD

1999

Model	Approx. Retail Price New	Used Trade In Avg.	Used Trade In High	Used Retail Avg.	Used Retail High	Engine Make	Engine No. Cyls.	Engine Displ. Cu.-In.	No. Speeds	P.T.O. H.P.	Approx. Shipping Wt.-Lbs.	Cab
LandTrac 20 DTC	$14386	$3740	$4890	**$6760**	**$8060**	Mitsubishi	4	91D	12F-6R	25	3770	No
LandTrac 30 DTC	$17050	$4430	$5800	**$8010**	**$9550**	Mitsubishi	4	107D	12F-6R	34	3792	No
LandTrac 35 DTC	$18744	$4870	$6370	**$8810**	**$10500**	Mitsubishi	4	141D	16F-16R	36	4751	No
LandTrac 40 DTC	$20646	$5370	$7020	**$9700**	**$11560**	Mitsubishi	4	153D	16F-16R	42	4883	No
LandTrac 45 DTC	$21712	$5650	$7380	**$10210**	**$12160**	Mitsubishi	4	203D	16F-16R	46	5137	No
FarmTrac 60	$15712	$4090	$5340	**$7390**	**$8800**	Escorts	3	192D	8F-2R	44.7	4519	No
LongTrac 2310	$9320	$2420	$3170	**$4380**	**$5220**	UTB	2	110D	6F-2R	28.0	3700	No
LongTrac 2360	$12210	$3180	$4150	**$5740**	**$6840**	UTB	3	143D	8F-2R	35.00	4220	No
LongTrac 2360 DTC	$16785	$4360	$5710	**$7890**	**$9400**	UTB	3	143D	8F-2R	35.00	4760	No
LongTrac 2460	$13335	$3470	$4530	**$6270**	**$7470**	UTB	3	143D	8F-2R	41.90	4220	No
LongTrac 2460 DTC	$17279	$4490	$5880	**$8120**	**$9680**	UTB	3	143D	8F-2R	41.90	4760	No
LongTrac 2510	$14543	$3780	$4950	**$6840**	**$8140**	UTB	3	165D	8F-2R	49.10	4220	No
LongTrac 2510 DTC	$18168	$4720	$6180	**$8540**	**$10170**	UTB	3	165D	8F-2R	49.10	4760	No
LongTrac 2610	$17025	$4430	$5790	**$8000**	**$9530**	UTB	4	219D	8F-2R	64.3	4570	No
LongTrac 2610 DTC	$20716	$5390	$7040	**$9740**	**$11600**	UTB	4	219D	8F-2R	64.3	5120	No

DTC- Front Wheel Assist 4WD

1998

Model	Approx. Retail Price New	Used Trade In Avg.	Used Trade In High	Used Retail Avg.	Used Retail High	Engine Make	Engine No. Cyls.	Engine Displ. Cu.-In.	No. Speeds	P.T.O. H.P.	Approx. Shipping Wt.-Lbs.	Cab
Farmtrac 60	$15465	$3710	$5100	**$7110**	**$8510**		3	192D	8F-2R	44.7	4519	No
2310	$9193	$2210	$3030	**$4230**	**$5060**	UTB	2	110D	6F-2R	28.0	3700	No
2360	$11844	$2840	$3910	**$5450**	**$6510**	UTB	3	143D	8F-2R	35.00	4220	No
2360 DTC	$16281	$3910	$5370	**$7490**	**$8960**	UTB	3	143D	8F-2R	35.00	4760	No
2460	$12935	$3100	$4270	**$5950**	**$7110**	UTB	3	143D	8F-2R	41.90	4220	No
2460 DTC	$16761	$4020	$5530	**$7710**	**$9220**	UTB	3	143D	8F-2R	41.90	4760	No
2510	$14107	$3390	$4660	**$6490**	**$7760**	UTB	3	165D	8F-2R	49.10	4220	No
2510 DTC	$17623	$4230	$5820	**$8110**	**$9690**	UTB	3	165D	8F-2R	49.10	4760	No
2610	$16046	$3850	$5300	**$7380**	**$8830**	UTB	4	219D	8F-2R	64.3	4570	No
2610 DTC	$20095	$4820	$6630	**$9240**	**$11050**	UTB	4	219D	8F-2R	64.3	5120	No

DTC- Front Wheel Assist 4WD

1997

Model	Approx. Retail Price New	Used Trade In Avg.	Used Trade In High	Used Retail Avg.	Used Retail High	Engine Make	Engine No. Cyls.	Engine Displ. Cu.-In.	No. Speeds	P.T.O. H.P.	Approx. Shipping Wt.-Lbs.	Cab
2310	$9193	$2020	$2940	**$4140**	**$4960**	UTB	2	110D	6F-2R	28.0	3700	No
2360	$11844	$2610	$3790	**$5330**	**$6400**	UTB	3	143D	8F-2R	35.00	4220	No

Long (Cont.)

1997 (Cont.)

Model	Approx. Retail Price New	Used Trade In Avg.	Used Trade In High	Used Retail Avg.	Used Retail High	Make	Engine No. Cyls.	Engine Displ. Cu.-In.	No. Speeds	P.T.O. H.P.	Approx. Shipping Wt.-Lbs.	Cab
2360 DTC	$16281	$3580	$5210	**$7330**	**$8790**	UTB	3	143D	8F-2R	35.00	4760	No
2460	$12935	$2850	$4140	**$5820**	**$6990**	UTB	3	143D	8F-2R	41.90	4220	No
2460 DTC	$16761	$3690	$5360	**$7540**	**$9050**	UTB	3	143D	8F-2R	41.90	4760	No
2510	$14107	$3100	$4510	**$6350**	**$7620**	UTB	3	165D	8F-2R	49.10	4220	No
2510 DTC	$17623	$3880	$5640	**$7930**	**$9520**	UTB	3	165D	8F-2R	49.10	4760	No
2610	$16046	$3530	$5140	**$7220**	**$8670**	UTB	4	219D	8F-2R	64.3	4570	No
2610 DTC	$20095	$4420	$6430	**$9040**	**$10850**	UTB	4	219D	8F-2R	64.3	5120	No

DTC- Front Wheel Assist 4WD

1996

Model	Approx. Retail Price New	Used Trade In Avg.	Used Trade In High	Used Retail Avg.	Used Retail High	Make	Engine No. Cyls.	Engine Displ. Cu.-In.	No. Speeds	P.T.O. H.P.	Approx. Shipping Wt.-Lbs.	Cab
2310	$8751	$1840	$2710	**$3850**	**$4640**	UTB	2	110D	6F-2R	28.0		No
2360	$11275	$2370	$3500	**$4960**	**$5980**	UTB	3	143D	8F-2R	35.00		No
2360 DTC	$15800	$3320	$4900	**$6950**	**$8370**	UTB	3	143D	8F-2R	35.00		No
2460	$12115	$2540	$3760	**$5330**	**$6420**	UTB	3	143D	8F-2R	41.90		No
2460 DTC	$16850	$3540	$5220	**$7410**	**$8930**	UTB	3	143D	8F-2R	41.90		No
2460 DTCSD Shuttle	$17992	$3780	$5580	**$7920**	**$9540**	UTB	3	143D	8F-2R	41.90		No
2460 SD Shuttle	$13217	$2780	$4100	**$5820**	**$7010**	UTB	3	143D	8F-2R	41.90		No
2510	$13200	$2770	$4090	**$5810**	**$7000**	UTB	3	165D	8F-2R	49.10		No
2510 DTC	$17685	$3710	$5480	**$7780**	**$9370**	UTB	3	165D	8F-2R	49.10		No
2510 DTCSD Shuttle	$18810	$3950	$5830	**$8280**	**$9970**	UTB	3	165D	8F-2R	49.10		No
2510 SD Shuttle	$14302	$3000	$4430	**$6290**	**$7580**	UTB	3	165D	8F-2R	49.10		No
2610	$14995	$3150	$4650	**$6600**	**$7950**	UTB	4	219D	8F-2R	64.3		No
2610 DTC	$19585	$4110	$6070	**$8620**	**$10380**	UTB	4	219D	8F-2R	64.3		No
2610 DTCSD Shuttle	$20730	$4350	$6430	**$9120**	**$10990**	UTB	4	219D	8F-2R	64.3		No
2610 SD Shuttle	$16095	$3380	$4990	**$7080**	**$8530**	UTB	4	219D	8F-2R	64.3		No
2710	$19780	$4150	$6130	**$8700**	**$10480**	UTB	4	229D	12F-3R	70.0		No
2710 DTC	$24670	$5180	$7650	**$10860**	**$13080**	UTB	4	229D	12F-3R	70.0		No

DTC - Front Wheel Assist 4WD

1995

Model	Approx. Retail Price New	Used Trade In Avg.	Used Trade In High	Used Retail Avg.	Used Retail High	Make	Engine No. Cyls.	Engine Displ. Cu.-In.	No. Speeds	P.T.O. H.P.	Approx. Shipping Wt.-Lbs.	Cab
2260	$7829	$1570	$2350	**$3370**	**$4070**	UTB	2	95D	6F-2R	24.0		No
2360	$10957	$2190	$3290	**$4710**	**$5700**	UTB	3	143D	8F-2R	35.00		No
2360 DTC	$15050	$3010	$4520	**$6470**	**$7830**	UTB	3	143D	8F-2R	35.00		No
2460	$11763	$2350	$3530	**$5060**	**$6120**	UTB	3	143D	8F-2R	41.90		No
2460 DTC	$16050	$3210	$4820	**$6900**	**$8350**	UTB	3	143D	8F-2R	41.90		No
2460 DTCSD Shuttle	$17139	$3430	$5140	**$7370**	**$8910**	UTB	3	143D	8F-2R	41.90		No
2460 SD Shuttle	$12918	$2580	$3880	**$5560**	**$6720**	UTB	3	143D	8F-2R	41.90		No
2510	$12816	$2560	$3850	**$5510**	**$6660**	UTB	3	165D	8F-2R	49.10		No
2510 DTC	$16847	$3370	$5050	**$7240**	**$8760**	UTB	3	165D	8F-2R	49.10		No
2510 DTCSD Shuttle	$17935	$3590	$5380	**$7710**	**$9330**	UTB	3	165D	8F-2R	49.10		No
2510 SD Shuttle	$13886	$2780	$4170	**$5970**	**$7220**	UTB	3	165D	8F-2R	49.10		No
2610	$14846	$2970	$4450	**$6380**	**$7720**	UTB	4	219D	8F-2R	64.3		No
2610 DTC	$18656	$3730	$5600	**$8020**	**$9700**	UTB	4	219D	8F-2R	64.3		No
2610 DTCSD Shuttle	$19747	$3950	$5920	**$8490**	**$10270**	UTB	4	219D	8F-2R	64.3		No
2610 SD Shuttle	$15913	$3180	$4770	**$6840**	**$8280**	UTB	4	219D	8F-2R	64.3		No
2710	$19204	$3840	$5760	**$8260**	**$9990**	UTB	4	229D	12F-3R	70.0		No
2710 DTC	$23496	$4700	$7050	**$10100**	**$12220**	UTB	4	229D	12F-3R	70.0		No

DTC - Front Wheel Assist 4WD

1994

Model	Approx. Retail Price New	Used Trade In Avg.	Used Trade In High	Used Retail Avg.	Used Retail High	Make	Engine No. Cyls.	Engine Displ. Cu.-In.	No. Speeds	P.T.O. H.P.	Approx. Shipping Wt.-Lbs.	Cab
2260	$7829	$1490	$2270	**$3290**	**$3990**	UTB	2	95D	6F-2R	24.0		No
2360	$10957	$2080	$3180	**$4600**	**$5590**	UTB	3	143D	8F-2R	35.00		No
2360 DTC	$15050	$2860	$4370	**$6320**	**$7680**	UTB	3	143D	8F-2R	35.00		No
2460	$11763	$2240	$3410	**$4940**	**$6000**	UTB	3	143D	8F-2R	41.90		No
2460 DTC	$16050	$3050	$4660	**$6740**	**$8190**	UTB	3	143D	8F-2R	41.90		No
2460 DTCSD Shuttle	$17139	$3260	$4970	**$7200**	**$8740**	UTB	3	143D	8F-2R	41.90		No
2460 SD Shuttle	$12918	$2450	$3750	**$5430**	**$6590**	UTB	3	143D	8F-2R	41.90		No
2510	$12816	$2440	$3720	**$5380**	**$6540**	UTB	3	165D	8F-2R	49.10		No
2510 DTC	$16847	$3200	$4890	**$7080**	**$8590**	UTB	3	165D	8F-2R	49.10		No
2510 DTCSD Shuttle	$17935	$3410	$5200	**$7530**	**$9150**	UTB	3	165D	8F-2R	49.10		No
2510 SD Shuttle	$13886	$2640	$4030	**$5830**	**$7080**	UTB	3	165D	8F-2R	49.10		No
2610	$14846	$2820	$4310	**$6240**	**$7570**	UTB	4	219D	8F-2R	64.3		No
2610 DTC	$18656	$3550	$5410	**$7840**	**$9520**	UTB	4	219D	8F-2R	64.3		No
2610 DTCSD 4WD	$19747	$3750	$5730	**$8290**	**$10070**	UTB	4	219D	8F-2R	64.3		No
2610 SD Shuttle	$15913	$3020	$4620	**$6680**	**$8120**	UTB	4	219D	8F-2R	64.3		No
2710	$19204	$3650	$5570	**$8070**	**$9790**	UTB	4	229D	12F-3R	70.0		No
2710 DTC	$23496	$4460	$6810	**$9870**	**$11980**	UTB	4	229D	12F-3R	70.0		No

DTC - Front Wheel Assist 4WD

1993

Model	Approx. Retail Price New	Used Trade In Avg.	Used Trade In High	Used Retail Avg.	Used Retail High	Make	Engine No. Cyls.	Engine Displ. Cu.-In.	No. Speeds	P.T.O. H.P.	Approx. Shipping Wt.-Lbs.	Cab
2360	$10350	$1860	$2900	**$4240**	**$5180**	UTB	3	143D	8F-2R	35.00		No
2360 DTC	$13950	$2510	$3910	**$5720**	**$6980**	UTB	3	143D	8F-2R	35.00		No
2460	$10900	$1960	$3050	**$4470**	**$5450**	UTB	3	143D	8F-2R	41.90		No
2460 DTC	$14340	$2580	$4020	**$5880**	**$7170**	UTB	3	143D	8F-2R	41.90		No
2460 DTCSD Shuttle	$15350	$2760	$4300	**$6290**	**$7680**	UTB	3	143D	8F-2R	41.90		No
2460 SD Shuttle	$11920	$2150	$3340	**$4890**	**$5960**	UTB	3	143D	8F-2R	41.90		No
2510	$11900	$2140	$3330	**$4880**	**$5950**	UTB	3	165D	8F-2R	49.10		No
2510 DTC	$15078	$2710	$4220	**$6180**	**$7540**	UTB	3	165D	8F-2R	49.10		No
2510 DTCSD Shuttle	$16085	$2900	$4500	**$6600**	**$8040**	UTB	3	165D	8F-2R	49.10		No
2510 SD Shuttle	$12920	$2330	$3620	**$5300**	**$6460**	UTB	3	165D	8F-2R	49.10		No
2610	$13600	$2450	$3810	**$5580**	**$6800**	UTB	4	219D	8F-2R	64.3		No
2610 DTC	$17195	$3100	$4820	**$7050**	**$8600**	UTB	4	219D	8F-2R	64.3		No
2610 DTCSD	$18200	$3280	$5100	**$7460**	**$9100**	UTB	4	219D	8F-2R	64.3		No
2610 SD Shuttle	$14615	$2630	$4090	**$5990**	**$7310**	UTB	4	219D	8F-2R	64.3		No

DTC - Front Wheel Assist 4WD

Long (Cont.)

1992

Model	Approx. Retail Price New	Used Trade In Avg.	Used Trade In High	Used Retail Avg.	Used Retail High	Engine Make	Engine No. Cyls.	Engine Displ. Cu.-In.	No. Speeds	P.T.O. H.P.	Approx. Shipping Wt.-Lbs.	Cab
2360	$10350	$1760	$2800	**$4140**	**$5070**	UTB	3	143D	8F-2R	35.00		No
2360 DTC	$13950	$2200	$3500	**$5180**	**$6350**	UTB	3	143D	8F-2R	35.00		No
2460	$10900	$1850	$2940	**$4360**	**$5340**	UTB	3	143D	8F-2R	41.90		No
2460 DTC	$14340	$2270	$3600	**$5340**	**$6540**	UTB	3	143D	8F-2R	41.90		No
2460 DTCSD Shuttle	$15350	$2440	$3880	**$5740**	**$7030**	UTB	3	143D	8F-2R	41.90		No
2460 SD Shuttle	$11920	$2030	$3220	**$4770**	**$5840**	UTB	3	143D	8F-2R	41.90		No
2510	$11900	$1960	$3110	**$4600**	**$5640**	UTB	3	165D	8F-2R	49.10		No
2510 DTC	$15078	$2390	$3800	**$5630**	**$6900**	UTB	3	165D	8F-2R	49.10		No
2510 DTCSD Shuttle	$16085	$2560	$4070	**$6030**	**$7390**	UTB	3	165D	8F-2R	49.10		No
2510 SD Shuttle	$12920	$2200	$3490	**$5170**	**$6330**	UTB	3	165D	8F-2R	49.10		No
2610	$13600	$2310	$3670	**$5440**	**$6660**	UTB	4	219D	8F-2R	64.00		No
2610 DTC	$17195	$2750	$4370	**$6480**	**$7940**	UTB	4	219D	8F-2R	64.00		No
2610 DTCSD	$18200	$2920	$4640	**$6880**	**$8430**	UTB	4	219D	8F-2R	64.00		No
2610 SD Shuttle	$14615	$2490	$3950	**$5850**	**$7160**	UTB	4	219D	8F-2R	64.00		No

DTC - Front Wheel Assist 4WD

1991

Model	Approx. Retail Price New	Used Trade In Avg.	Used Trade In High	Used Retail Avg.	Used Retail High	Engine Make	Engine No. Cyls.	Engine Displ. Cu.-In.	No. Speeds	P.T.O. H.P.	Approx. Shipping Wt.-Lbs.	Cab
2360	$10030	$1610	$2610	**$3910**	**$4810**	UTB	3	143D	8F-2R	35.00		No
2360 DTC	$13525	$2000	$3260	**$4890**	**$6010**	UTB	3	143D	8F-2R	35.00		No
2460	$10592	$1700	$2750	**$4130**	**$5080**	UTB	3	143D	8F-2R	41.90		No
2460 DTC	$13923	$2070	$3360	**$5040**	**$6200**	UTB	3	143D	8F-2R	41.90		No
2460 DTCSD Shuttle	$14902	$2220	$3620	**$5420**	**$6670**	UTB	3	143D	8F-2R	41.90		No
2460 SD Shuttle	$11572	$1850	$3010	**$4510**	**$5560**	UTB	3	143D	8F-2R	41.90		No
2510	$11556	$1840	$2990	**$4490**	**$5520**	UTB	3	165D	8F-2R	49.10		No
2510 DTC	$14639	$2180	$3550	**$5320**	**$6550**	UTB	3	165D	8F-2R	49.10		No
2510 DTCSD Shuttle	$15617	$2340	$3800	**$5700**	**$7020**	UTB	3	165D	8F-2R	49.10		No
2510 SD Shuttle	$12537	$2010	$3260	**$4890**	**$6020**	UTB	3	165D	8F-2R	49.10		No
2610	$13210	$2110	$3440	**$5150**	**$6340**	UTB	4	219D	8F-2R	64.00		No
2610 DTC	$16695	$2510	$4080	**$6120**	**$7530**	UTB	4	219D	8F-2R	64.00		No
2610 DTCSD	$17675	$2670	$4340	**$6500**	**$8000**	UTB	4	219D	8F-2R	64.00		No
2610 SD Shuttle	$14190	$2270	$3690	**$5530**	**$6810**	UTB	4	219D	8F-2R	64.00		No

DTC - Front Wheel Assist 4WD

1990

Model	Approx. Retail Price New	Used Trade In Avg.	Used Trade In High	Used Retail Avg.	Used Retail High	Engine Make	Engine No. Cyls.	Engine Displ. Cu.-In.	No. Speeds	P.T.O. H.P.	Approx. Shipping Wt.-Lbs.	Cab
2360	$9530	$1430	$2430	**$3620**	**$4480**	UTB	3	143D	8F-2R	35.00		No
2360 DTC	$12850	$1800	$3060	**$4560**	**$5640**	UTB	3	143D	8F-2R	35.00		No
2460	$10060	$1510	$2570	**$3820**	**$4730**	UTB	3	143D	8F-2R	41.90		No
2460 DTC	$13225	$1980	$3370	**$5030**	**$6220**	UTB	3	143D	8F-2R	41.90		No
2460 DTCSD Shuttle	$14155	$2120	$3610	**$5380**	**$6650**	UTB	3	143D	8F-2R	41.90		No
2460 SD Shuttle	$10995	$1650	$2800	**$4180**	**$5170**	UTB	3	143D	8F-2R	41.90		No
2510	$10980	$1650	$2800	**$4170**	**$5160**	UTB	3	165D	8F-2R	49.10		No
2510 DTC	$13910	$1950	$3320	**$4940**	**$6110**	UTB	3	165D	8F-2R	49.10		No
2510 DTCSD Shuttle	$14835	$2100	$3570	**$5320**	**$6580**	UTB	3	165D	8F-2R	49.10		No
2510 SD Shuttle	$11910	$1790	$3040	**$4530**	**$5600**	UTB	3	165D	8F-2R	49.10		No
2610	$12550	$1880	$3200	**$4770**	**$5900**	UTB	4	219D	8F-2R	64.00		No
2610 DTC	$15860	$2250	$3830	**$5700**	**$7050**	UTB	4	219D	8F-2R	64.00		No
2610 DTCSD	$16790	$2400	$4080	**$6080**	**$7520**	UTB	4	219D	8F-2R	64.00		No
2610 SD Shuttle	$13480	$2020	$3440	**$5120**	**$6340**	UTB	4	219D	8F-2R	64.00		No

DTC - Front Wheel Assist 4WD

1989

Model	Approx. Retail Price New	Used Trade In Avg.	Used Trade In High	Used Retail Avg.	Used Retail High	Engine Make	Engine No. Cyls.	Engine Displ. Cu.-In.	No. Speeds	P.T.O. H.P.	Approx. Shipping Wt.-Lbs.	Cab
310	$8514	$1280	$2130	**$3150**	**$3920**	UTB	2	110D	8F-2R	28.00	3270	No
360	$8981	$1350	$2250	**$3320**	**$4130**	UTB	3	143D	8F-2R	35.00	3750	No
460	$9608	$1440	$2400	**$3560**	**$4420**	UTB	3	143D	8F-2R	41.90	3850	No
510	$10647	$1600	$2660	**$3940**	**$4900**	UTB	3	165D	8F-2R	49.15	4230	No
610	$12333	$1850	$3080	**$4560**	**$5670**	UTB	4	219D	8F-2R	64.00	4630	No

DTC - Front Wheel Assist 4WD

1988

Model	Approx. Retail Price New	Used Trade In Avg.	Used Trade In High	Used Retail Avg.	Used Retail High	Engine Make	Engine No. Cyls.	Engine Displ. Cu.-In.	No. Speeds	P.T.O. H.P.	Approx. Shipping Wt.-Lbs.	Cab
360	$8650	$1250	$2120	**$3110**	**$3890**	UTB	3	143D	6F-2R	35.00	3750	No
460	$9295	$1350	$2280	**$3350**	**$4180**	UTB	3	143D	8F-2R	35.00	4013	No
460 DTC	$12150	$1760	$2980	**$4370**	**$5470**	UTB	3	143D	8F-2R	41.90	4653	No
460 SD	$10150	$1470	$2490	**$3650**	**$4570**	UTB	3	143D	8F-8R	41.90	4247	No
510	$10130	$1470	$2480	**$3650**	**$4560**	UTB	3	165D	8F-2R	49.15	4230	No
510 DTC	$12700	$1840	$3110	**$4570**	**$5720**	UTB	3	165D	8F-2R	49.15	4350	No
610	$12320	$1790	$3020	**$4440**	**$5540**	UTB	4	219D	8F-2R	64.00	4630	No
610 DTC	$15030	$2180	$3680	**$5410**	**$6760**	UTB	4	219D	8F-2R	64.00	5892	No

DTC - Front Wheel Assist 4WD

1987

Model	Approx. Retail Price New	Used Trade In Avg.	Used Trade In High	Used Retail Avg.	Used Retail High	Engine Make	Engine No. Cyls.	Engine Displ. Cu.-In.	No. Speeds	P.T.O. H.P.	Approx. Shipping Wt.-Lbs.	Cab
360	$8242	$1150	$1980	**$2890**	**$3630**	UTB	3	143D	8F-2R	35.00	3850	No
460	$8855	$1240	$2130	**$3100**	**$3900**	UTB	3	143D	8F-2R	41.93	3850	No
460 DTC	$11569	$1620	$2780	**$4050**	**$5090**	UTB	3	143D	8F-2R	41.93	5263	No
460 Manual Shuttle	$9660	$1350	$2320	**$3380**	**$4250**	UTB	3	143D	8F-2R	41.93	3850	No
510	$9648	$1350	$2320	**$3380**	**$4250**	UTB	3	165D	8F-2R	49.15		No
510 DTC	$12157	$1700	$2920	**$4260**	**$5350**	UTB	3	165D	8F-2R	49.15	5350	No
610	$11736	$1640	$2820	**$4110**	**$5160**	UTB	4	219D	8F-2R	64.00	4630	No
610 DTC	$14315	$2000	$3440	**$5010**	**$6300**	UTB	4	219D	8F-2R	64.00	5892	No

DTC - Front Wheel Assist 4WD

1986

Model	Approx. Retail Price New	Used Trade In Avg.	Used Trade In High	Used Retail Avg.	Used Retail High	Engine Make	Engine No. Cyls.	Engine Displ. Cu.-In.	No. Speeds	P.T.O. H.P.	Approx. Shipping Wt.-Lbs.	Cab
260	$6200	$840	$1460	**$2110**	**$2670**	UTB	2	95D	8F-2R	24.00	3195	No
260 C	$6000	$810	$1410	**$2040**	**$2580**	UTB	2	95D	6F-2R	24.00	3195	No
310	$7000	$950	$1650	**$2380**	**$3010**	UTB	2	110D	8F-2R	28.00	3750	No

Long (Cont.)

1986 (Cont.)

Model	Approx. Retail Price New	Estimated Value Less Repairs: Used Trade In Avg.	Used Trade In High	Used Retail Avg.	Used Retail High	Engine Make	Engine No. Cyls.	Engine Displ. Cu.-In.	No. Speeds	P.T.O. H.P.	Approx. Shipping Wt.-Lbs.	Cab
310 DTC	$8300	$1120	$1950	**$2820**	**$3570**	UTB	2	110D	8F-2R	28.00	4430	No
360	$8250	$1110	$1940	**$2810**	**$3550**	UTB	3	143D	8F-2R	35.00	3750	No
460	$8860	$1200	$2080	**$3010**	**$3810**	UTB	3	143D	8F-2R	41.93	3850	No
460 DTC	$11500	$1550	$2700	**$3910**	**$4950**	UTB	3	143D	8F-2R	41.00	5263	No
510	$9648	$1300	$2270	**$3280**	**$4150**	UTB	3	165D	8F-2R	49.15	4113	No
510 DTC	$12150	$1640	$2860	**$4130**	**$5230**	UTB	3	165D	8F-2R	49.35	5263	No
610	$11730	$1580	$2760	**$3990**	**$5040**	UTB	4	220D	8F-2R	64.33	4330	No
610 DTC	$14315	$1930	$3360	**$4870**	**$6160**	UTB	4	220D	8F-2R	64.00	5150	No

DTC--Front Wheel Assist 4WD

1985

Model	Approx. Retail Price New	Used Trade In Avg.	Used Trade In High	Used Retail Avg.	Used Retail High	Engine Make	Engine No. Cyls.	Engine Displ. Cu.-In.	No. Speeds	P.T.O. H.P.	Approx. Shipping Wt.-Lbs.	Cab
260	$6200	$810	$1430	**$2050**	**$2600**	UTB	2	95D	8F-2R	24.00	3195	No
260 C	$6000	$780	$1380	**$1980**	**$2520**	UTB	2	95D	6F-2R	24.00	3195	No
310	$7000	$910	$1610	**$2310**	**$2940**	UTB	2	110D	8F-2R	28.00	3750	No
310 DTC	$8300	$1080	$1910	**$2740**	**$3490**	UTB	2	110D	8F-2R	28.00	4430	No
360	$8250	$1070	$1900	**$2720**	**$3470**	UTB	3	143D	8F-2R	35.00	3750	No
360 DTC	$9450	$1230	$2170	**$3120**	**$3970**	UTB	3	143D	8F-2R	35.00	4430	No
460	$8840	$1150	$2030	**$2920**	**$3710**	UTB	3	143D	8F-2R	41.93	3850	No
460 DTC	$11500	$1500	$2650	**$3800**	**$4830**	UTB	3	143D	8F-2R	41.00	5263	No
510	$9648	$1250	$2220	**$3180**	**$4050**	UTB	3	165D	8F-2R	49.15	4113	No
510 DTC	$12900	$1680	$2970	**$4260**	**$5420**	UTB	3	165D	8F-2R	49.35	5263	No
610	$11550	$1500	$2660	**$3810**	**$4850**	UTB	4	220D	8F-2R	64.33	4330	No
610 DTC	$14300	$1860	$3290	**$4720**	**$6010**	UTB	4	220D	8F-2R	64.00	5150	No
610 DTE 4WD	$14400	$1870	$3310	**$4750**	**$6050**	UTB	4	220D	8F-2R	64.00	5500	No
610 DTE WT 4WD	$15900	$2070	$3660	**$5250**	**$6680**	UTB	4	220D	8F-2R	64.00	5700	No

DTC--Front Wheel Assist 4WD

1984

Model	Approx. Retail Price New	Used Trade In Avg.	Used Trade In High	Used Retail Avg.	Used Retail High	Engine Make	Engine No. Cyls.	Engine Displ. Cu.-In.	No. Speeds	P.T.O. H.P.	Approx. Shipping Wt.-Lbs.	Cab
260	$6150	$770	$1380	**$1970**	**$2520**	UTB	2	95D	8F-2R	24.00	3195	No
260 C	$6000	$750	$1350	**$1920**	**$2460**	UTB	2	95D	6F-2R	24.00	3195	No
310	$7000	$880	$1580	**$2240**	**$2870**	UTB	2	110D	8F-2R	28.00	3750	No
310 DTC	$8250	$1030	$1860	**$2640**	**$3380**	UTB	2	110D	8F-2R	28.00	4430	No
360	$8200	$1030	$1850	**$2620**	**$3360**	UTB	3	143D	8F-2R	35.00	3750	No
360 DTC	$9400	$1180	$2120	**$3010**	**$3850**	UTB	3	143D	8F-2R	35.00	4430	No
460	$8800	$1100	$1980	**$2820**	**$3610**	UTB	3	143D	8F-2R	41.93	3850	No
460 DTC	$11500	$1440	$2590	**$3680**	**$4720**	UTB	3	143D	8F-2R	41.00	5263	No
510	$9640	$1210	$2170	**$3090**	**$3950**	UTB	3	165D	8F-2R	49.15	4113	No
510 DTC	$12800	$1600	$2880	**$4100**	**$5250**	UTB	3	165D	8F-2R	49.35	5263	No
610	$11500	$1440	$2590	**$3680**	**$4720**	UTB	4	220D	8F-2R	64.33	4330	No
610 DTC	$14300	$1790	$3220	**$4580**	**$5860**	UTB	4	220D	8F-2R	64.00	5150	No
610 DTE 4WD	$14300	$1790	$3220	**$4580**	**$5860**	UTB	4	220D	8F-2R	64.00	5500	No
610 DTE WT 4WD	$15800	$1980	$3560	**$5060**	**$6480**	UTB	4	220D	8F-2R	64.00	5700	No

DTC - Front Wheel Assist 4WD

1983

Model	Approx. Retail Price New	Used Trade In Avg.	Used Trade In High	Used Retail Avg.	Used Retail High	Engine Make	Engine No. Cyls.	Engine Displ. Cu.-In.	No. Speeds	P.T.O. H.P.	Approx. Shipping Wt.-Lbs.	Cab
260 C	$6000	$720	$1320	**$1860**	**$2400**	UTB	2	95D	6F-2R	24.00	3195	No
310 DT 4WD	$8200	$980	$1800	**$2540**	**$3280**	UTB	2	110D	6F-2R	28.00	3820	No
360	$8100	$970	$1780	**$2510**	**$3240**	UTB	3	143D	6F-2R	36.16	3750	No
460	$8800	$1060	$1940	**$2730**	**$3520**	UTB	3	143D	8F-2R	41.93	3850	No
460 DT 4WD	$11500	$1380	$2530	**$3570**	**$4600**	UTB	3	143D	8F-2R	41.00	4420	No
510	$9600	$1150	$2110	**$2980**	**$3840**	UTB	3	165D	8F-2R	49.15	3900	No
510 DT 4WD	$12100	$1450	$2660	**$3750**	**$4840**	UTB	3	165D	8F-2R	49.35	4470	No
610	$11400	$1370	$2510	**$3530**	**$4560**	UTB	4	220D	8F-2R	64.33	4560	No
610 DT 4WD	$14300	$1720	$3150	**$4430**	**$5720**	UTB	4	220D	8F-2R	64.00	4800	No
910	$15700	$1880	$3450	**$4870**	**$6280**	Zetor	4	278D	16F-8R	72.88	7750	No
910 DT 4WD	$19800	$2380	$4360	**$6140**	**$7920**	Zetor	4	278D	16F-8R	72.00	8740	No
1310	$21000	$2520	$4620	**$6510**	**$8400**	Zetor	6	417D	16F-8R	105.00	9000	No
1310 DT 4WD	$24900	$2990	$5480	**$7720**	**$9960**	Zetor	6	417D	16F-8R	105.00	9990	No

DT - Front Wheel Assist 4WD

1982

Model	Approx. Retail Price New	Used Trade In Avg.	Used Trade In High	Used Retail Avg.	Used Retail High	Engine Make	Engine No. Cyls.	Engine Displ. Cu.-In.	No. Speeds	P.T.O. H.P.	Approx. Shipping Wt.-Lbs.	Cab
260 C	$6000	$690	$1290	**$1800**	**$2370**	UTB	2	95D	6F-2R	24.00	3195	No
310	$7000	$810	$1510	**$2100**	**$2770**	UTB	2	110D	6F-2R	28.00	3250	No
310 DT	$8150	$940	$1750	**$2450**	**$3220**	UTB	2	110D	6F-2R	28.00	3820	No
360	$8050	$930	$1730	**$2420**	**$3180**	UTB	3	143D	6F-2R	36.16	3750	No
460	$8800	$1010	$1890	**$2640**	**$3480**	UTB	3	143D	8F-2R	41.93	3850	No
460 DT	$11500	$1320	$2470	**$3450**	**$4540**	UTB	3	143D	8F-2R	41.90	4420	No
510	$9575	$1100	$2060	**$2870**	**$3780**	UTB	3	165D	8F-2R	49.15	3900	No
510 DT	$12100	$1390	$2600	**$3630**	**$4780**	UTB	3	165D	8F-2R	49.35	4470	No
610	$11350	$1310	$2440	**$3410**	**$4480**	UTB	4	220D	8F-2R	64.33	4560	No
610 DT	$14300	$1650	$3080	**$4290**	**$5650**	UTB	4	220D	8F-2R	64.00	4800	No
910	$15600	$1790	$3350	**$4680**	**$6160**	Zetor	4	278D	16F-8R	72.88	7750	No
910 DT	$19700	$2270	$4240	**$5910**	**$7780**	Zetor	4	278D	16F-8R	72.88	8740	No
1310	$21000	$2420	$4520	**$6300**	**$8300**	Zetor	6	417D	16F-8R	105.00	9000	No
1310 DT	$24900	$2860	$5350	**$7470**	**$9840**	Zetor	6	417D	16F-8R	105.00	9990	No

DT - Front Wheel Assist 4WD

1981

Model	Approx. Retail Price New	Used Trade In Avg.	Used Trade In High	Used Retail Avg.	Used Retail High	Engine Make	Engine No. Cyls.	Engine Displ. Cu.-In.	No. Speeds	P.T.O. H.P.	Approx. Shipping Wt.-Lbs.	Cab
260 C	$6000	$660	$1260	**$1770**	**$2340**	UTB	2	95D	6F-2R	24.00	3195	No
310	$7000	$770	$1470	**$2070**	**$2730**	UTB	2	110D	6F-2R	28.00	3250	No
310 DT	$8150	$900	$1710	**$2400**	**$3180**	UTB	2	110D	6F-2R	28.00	3820	No
360	$8040	$880	$1690	**$2370**	**$3140**	UTB	3	143D	6F-2R	36.16	3750	No
460	$8800	$970	$1850	**$2600**	**$3430**	UTB	3	143D	8F-2R	41.93	3850	No
460 DT	$11500	$1270	$2420	**$3390**	**$4490**	UTB	3	143D	8F-2R	41.90	4420	No

Long (Cont.)

1981 (Cont.)

Model	Approx. Retail Price New	Estimated Value Less Repairs: Used Trade In Avg.	Used Trade In High	Used Retail Avg.	Used Retail High	Engine Make	Engine No. Cyls.	Engine Displ. Cu.-In.	No. Speeds	P.T.O. H.P.	Approx. Shipping Wt.-Lbs.	Cab
510	$9575	$1050	$2010	**$2830**	**$3730**	UTB	3	165D	8F-2R	49.15	3900	No
510 DT	$12100	$1330	$2540	**$3570**	**$4720**	UTB	3	165D	8F-2R	49.35	4470	No
610	$11300	$1240	$2370	**$3330**	**$4410**	UTB	4	220D	8F-2R	64.33	4560	No
610 DT	$14275	$1570	$3000	**$4210**	**$5570**	UTB	4	220D	8F-2R	64.00	4800	No
910	$15500	$1710	$3260	**$4570**	**$6050**	Zetor	4	278D	16F-8R	72.88	7750	No
910 DT	$19675	$2160	$4130	**$5800**	**$7670**	Zetor	4	278D	16F-8R	72.88	8740	No
1310	$20960	$2310	$4400	**$6180**	**$8170**	Zetor	6	417D	16F-8R	105.00	9000	No
1310 DT	$24825	$2730	$5210	**$7320**	**$9680**	Zetor	6	417D	16F-8R	105.00	9990	No

DT - Front Wheel Assist 4WD

1980

Model	Approx. Retail Price New	Estimated Value Less Repairs: Used Trade In Avg.	Used Trade In High	Used Retail Avg.	Used Retail High	Engine Make	Engine No. Cyls.	Engine Displ. Cu.-In.	No. Speeds	P.T.O. H.P.	Approx. Shipping Wt.-Lbs.	Cab
260 C	$6000	$630	$1230	**$1740**	**$2310**	UTB	2	95D	6F-2R	24.00	3180	No
310	$7000	$740	$1440	**$2030**	**$2700**	UTB	2	110D	6F-2R	28.00	3250	No
310 DT	$8144	$860	$1670	**$2360**	**$3140**	UTB	2	110D	6F-2R	28.00	3820	No
360	$8026	$840	$1650	**$2330**	**$3090**	UTB	3	143D	6F-2R	36.16	3750	No
460	$8800	$920	$1800	**$2550**	**$3390**	UTB	3	143D	8F-2R	41.93	3850	No
460 DT	$11500	$1210	$2360	**$3340**	**$4430**	UTB	3	143D	8F-2R	41.90	4420	No
510	$9573	$1010	$1960	**$2780**	**$3690**	UTB	3	165D	8F-2R	49.15	3900	No
510 DT	$12100	$1270	$2480	**$3510**	**$4660**	UTB	3	165D	8F-2R	49.35	4470	No
610	$11269	$1180	$2310	**$3270**	**$4340**	UTB	4	220D	8F-2R	64.33	4560	No
610 DT	$14273	$1500	$2930	**$4140**	**$5500**	UTB	4	220D	8F-2R	64.00	4800	No
910	$15495	$1630	$3180	**$4490**	**$5970**	Zetor	4	278D	16F-8R	72.88	7750	No
910 DT	$19663	$2070	$4030	**$5700**	**$7570**	Zetor	4	278D	16F-8R	72.88	8740	No
1310	$20959	$2200	$4300	**$6080**	**$8070**	Zetor	6	417D	16F-8R	105.00	9000	No
1310 DT	$24811	$2610	$5090	**$7200**	**$9550**	Zetor	6	417D	16F-8R	105.00	9990	No

DT - Front Wheel Assist 4WD

1979

Model	Approx. Retail Price New	Estimated Value Less Repairs: Used Trade In Avg.	Used Trade In High	Used Retail Avg.	Used Retail High	Engine Make	Engine No. Cyls.	Engine Displ. Cu.-In.	No. Speeds	P.T.O. H.P.	Approx. Shipping Wt.-Lbs.	Cab
360	$7272	$730	$1450	**$2110**	**$2760**	UTB	3	143D	6F-2R	32.00	3750	No
460	$8099	$810	$1620	**$2350**	**$3080**	UTB	3	143D	8F-2R	41.93	3850	No
460 DT	$10597	$1060	$2120	**$3070**	**$4030**	UTB	3	143D	8F-2R	41.90	4420	No
510	$8674	$870	$1740	**$2520**	**$3300**	UTB	3	143D	8F-2R	48.52	3900	No
510 DT	$11310	$1130	$2260	**$3280**	**$4300**	UTB	3	143D	8F-2R	48.52	4470	No
560 DT	$10047	$1010	$2010	**$2910**	**$3820**	UTB	4	191D	8F-2R	53.60	4750	No
610	$10210	$1020	$2040	**$2960**	**$3880**	UTB	4	191D	8F-2R	64.18	4560	No
610 DT	$12930	$1290	$2590	**$3750**	**$4910**	UTB	4	191D	8F-2R	64.18	4800	No
910	$12537	$1250	$2510	**$3640**	**$4760**	Zetor	4	278D	16F-8R	72.88	7750	No
910 DT	$16340	$1630	$3270	**$4740**	**$6210**	Zetor	4	278D	16F-8R	72.88	8740	No
1110	$13668	$1370	$2730	**$3960**	**$5190**	Zetor	4T	285D	16F-8R	92.00	8500	No
1110 DT	$17504	$1750	$3500	**$5080**	**$6650**	Zetor	4T	285D	16F-8R	92.00	8890	No
1310	$16867	$1690	$3370	**$4890**	**$6410**	Zetor	6	417D	16F-8R	105.00	9000	No
1310 DT	$20621	$2060	$4120	**$5980**	**$7840**	Zetor	6	417D	16F-8R	105.00	9990	No

DT - Front Wheel Assist 4WD

1978

Model	Approx. Retail Price New	Estimated Value Less Repairs: Used Trade In Avg.	Used Trade In High	Used Retail Avg.	Used Retail High	Engine Make	Engine No. Cyls.	Engine Displ. Cu.-In.	No. Speeds	P.T.O. H.P.	Approx. Shipping Wt.-Lbs.	Cab
360	$6056	$580	$1180	**$1760**	**$2300**	UTB	3	143D	6F-2R	32.00	3750	No
460	$6763	$640	$1320	**$1960**	**$2570**	UTB	3	143D	6F-2R	41.93	3850	No
460 DT	$8281	$790	$1620	**$2400**	**$3150**	UTB	3	143D	6F-2R	41.90	4420	No
560	$8248	$780	$1610	**$2390**	**$3130**	UTB	4	191D	8F-2R	53.61	4510	No
560 DT	$9965	$950	$1940	**$2890**	**$3790**	UTB	4	191D	8F-2R	53.60	4750	No
910	$12055	$1150	$2350	**$3500**	**$4580**	Zetor	4	278D	16F-8R	72.88	7750	No
910 DT	$15415	$1460	$3010	**$4470**	**$5860**	Zetor	4	278D	16F-8R	72.80	8740	No
1110	$13143	$1250	$2560	**$3810**	**$4990**	Zetor	4T	285D	16F-8R	92.00	8500	No
1110 DT	$16513	$1570	$3220	**$4790**	**$6280**	Zetor	4T	285D	16F-8R	92.00	8890	No
1310	$16219	$1540	$3160	**$4700**	**$6160**	Zetor	6	417D	16F-8R	105.00	9000	No
1310 DT	$19453	$1850	$3790	**$5640**	**$7390**	Zetor	6	417D	16F-8R	105.00	9990	No

DT - Front Wheel Assist 4WD

1977

Model	Approx. Retail Price New	Estimated Value Less Repairs: Used Trade In Avg.	Used Trade In High	Used Retail Avg.	Used Retail High	Engine Make	Engine No. Cyls.	Engine Displ. Cu.-In.	No. Speeds	P.T.O. H.P.	Approx. Shipping Wt.-Lbs.	Cab
360	$5737	$520	$1090	**$1660**	**$2180**	UTB	3	143D	6F-2R	32.00	3750	No
445 DT	$7572	$680	$1440	**$2200**	**$2880**	UTB	3	143D	6F-2R	41.90	4420	No
460	$6393	$580	$1220	**$1850**	**$2430**	UTB	3	143D	6F-2R	41.93	3850	No
560	$7826	$700	$1490	**$2270**	**$2970**	UTB	4	191D	8F-2R	53.61	4510	No
560 DT	$9490	$850	$1800	**$2750**	**$3610**	UTB	4	191D	8F-2R	53.60	4750	No
900	$11481	$1030	$2180	**$3330**	**$4360**	Zetor	4	285D	16F-8R	72.88	7750	No
1100	$12517	$1130	$2380	**$3630**	**$4760**	Zetor	4T	285D	16F-8R	92.00	8500	No
1300	$15447	$1390	$2940	**$4480**	**$5870**	Zetor	6	417D	16F-8R	105.00	9000	No

DT - Front Wheel Assist 4WD

1976

Model	Approx. Retail Price New	Estimated Value Less Repairs: Used Trade In Avg.	Used Trade In High	Used Retail Avg.	Used Retail High	Engine Make	Engine No. Cyls.	Engine Displ. Cu.-In.	No. Speeds	P.T.O. H.P.	Approx. Shipping Wt.-Lbs.	Cab
350	$5184	$440	$960	**$1500**	**$1970**	UTB	3	143D	6F-2R	32.00	3200	No
445	$5607	$480	$1040	**$1630**	**$2130**	UTB	3	143D	6F-2R	41.93	3880	No
445 DT	$6899	$590	$1280	**$2000**	**$2620**	UTB	3	143D	6F-2R	41.90	4420	No
560	$7136	$610	$1320	**$2070**	**$2710**	UTB	4	191D	8F-2R	53.61	4510	No
560 DT	$8476	$720	$1570	**$2460**	**$3220**	UTB	4	191D	8F-2R	53.60	4750	No
900	$10321	$880	$1910	**$2990**	**$3920**	Zetor	4	285D	16F-8R	72.88	7750	No
1100	$11413	$970	$2110	**$3310**	**$4340**	Zetor	4T	285D	16F-8R	92.00	8500	No
1300	$14997	$1280	$2770	**$4350**	**$5700**	Zetor	6	417D	16F-8R	105.00	9000	No

DT - Front Wheel Assist 4WD

1975

Model	Approx. Retail Price New	Estimated Value Less Repairs: Used Trade In Avg.	Used Trade In High	Used Retail Avg.	Used Retail High	Engine Make	Engine No. Cyls.	Engine Displ. Cu.-In.	No. Speeds	P.T.O. H.P.	Approx. Shipping Wt.-Lbs.	Cab
350	$4567	$370	$820	**$1320**	**$1740**	UTB	3	143D	6F-2R	32.00	3200	No
445	$5336	$430	$960	**$1550**	**$2030**	UTB	3	143D	6F-2R	41.93	3880	No
445 DT	$6029	$480	$1090	**$1750**	**$2290**	UTB	3	143D	6F-2R	41.90	4220	No

Long (Cont.)

1975 (Cont.)

Model	Approx. Retail Price New	Used Trade In Avg.	Used Trade In High	Used Retail Avg.	Used Retail High	Engine Make	Engine No. Cyls.	Engine Displ. Cu.-In.	No. Speeds	P.T.O. H.P.	Approx. Shipping Wt.-Lbs.	Cab
550	$6598	$530	$1190	**$1910**	**$2510**	UTB	4	191D	8F-2R	53.61	4510	No
900	$10321	$830	$1860	**$2990**	**$3920**	Zetor	4	285D	16F-8R	72.88	7750	No
1100	$11413	$910	$2050	**$3310**	**$4340**	Zetor	4T	285D	16F-8R	92.00	8500	No
R9500	$12888	$1030	$2320	**$3740**	**$4900**	Perkins	6	354D	12F-4R	97.72	770	No

DT - Front Wheel Assist 4WD

1974

Model	Approx. Retail Price New	Used Trade In Avg.	Used Trade In High	Used Retail Avg.	Used Retail High	Engine Make	Engine No. Cyls.	Engine Displ. Cu.-In.	No. Speeds	P.T.O. H.P.	Approx. Shipping Wt.-Lbs.	Cab
350	$4015	$300	$700	**$1160**	**$1530**	UTB	3	143D	6F-2R	32.00	3200	No
445	$4684	$350	$820	**$1360**	**$1780**	UTB	3	143D	6F-2R	41.93	3880	No
445 DT	$5341	$400	$940	**$1550**	**$2030**	UTB	3	143D	6F-2R	41.90	4420	No
550	$5816	$440	$1020	**$1690**	**$2210**	UTB	4	191D	8F-2R	53.61	4510	No
R9500	$11933	$900	$2090	**$3460**	**$4540**	Perkins	6	354D	12F-4R	97.72	7700	No

DT - Front Wheel Assist 4WD

1973

Model	Approx. Retail Price New	Used Trade In Avg.	Used Trade In High	Used Retail Avg.	Used Retail High	Engine Make	Engine No. Cyls.	Engine Displ. Cu.-In.	No. Speeds	P.T.O. H.P.	Approx. Shipping Wt.-Lbs.	Cab
445	$4454	$310	$760	**$1290**	**$1690**	UTB	3	143D	6F-2R	41.93	3880	No
445 DT	$5087	$360	$870	**$1480**	**$1930**	UTB	3	143D	6F-2R	41.90	4420	No
550	$5539	$390	$940	**$1610**	**$2110**	UTB	4	191D	8F-2R	53.61	4510	No
R9500	$9844	$690	$1670	**$2860**	**$3740**	Perkins	6	354D	12F-4R	97.72	7700	No

DT - Front Wheel Assist 4WD

1972

Model	Approx. Retail Price New	Used Trade In Avg.	Used Trade In High	Used Retail Avg.	Used Retail High	Engine Make	Engine No. Cyls.	Engine Displ. Cu.-In.	No. Speeds	P.T.O. H.P.	Approx. Shipping Wt.-Lbs.	Cab
445	$3547	$250	$600	**$1030**	**$1350**	UTB	3	143D	6F-2R	40.00	3880	No

Mahindra

2009

Model	Approx. Retail Price New	Used Trade In Avg.	Used Trade In High	Used Retail Avg.	Used Retail High	Engine Make	Engine No. Cyls.	Engine Displ. Cu.-In.	No. Speeds	P.T.O. H.P.	Approx. Shipping Wt.-Lbs.	Cab
1815 HST 4WD	$10660	$6720	$7250	**$8530**	**$8950**	Mahindra	3	58D	Variable	18.0	1515	No
1816 HST 4WD	$11310	$7130	$7690	**$9050**	**$9500**	Mahindra	3	58D	Variable	18.0	1515	No
2015 4WD	$10530	$6630	$7160	**$8420**	**$8850**	Mahindra	3	68D	6F-2R	17.5	1819	No
2015 HST 4WD	$11960	$7540	$8130	**$9570**	**$10050**	Mahindra	3	68D	Variable	16.0	1973	No
2216 4WD	$11180	$7040	$7600	**$8940**	**$9390**	Mahindra	3	68D	6F-2R	17.5	1819	No
2216 HST 4WD	$12599	$7940	$8570	**$10080**	**$10580**	Mahindra	3	68D	Variable	16.0	1973	No
2415 4WD	$11570	$7290	$7870	**$9260**	**$9720**	Mahindra	3	80D	8F-8R	21.5	1819	No
2415 HST 4WD	$12545	$7900	$8530	**$10040**	**$10540**	Mahindra	3	80D	Variable	20.0	1863	No
2516 4WD	$12220	$7700	$8310	**$9780**	**$10270**	Mahindra	3	80D	8F-8R	22.0	1819	No
2516 HST 4WD	$13195	$8310	$8970	**$10560**	**$11080**	Mahindra	3	80D	Variable	20.0	1863	No
2525 4WD	$10395	$6550	$7070	**$8320**	**$8730**	Mahindra	3	98D	8F-8R	20.0	1819	No
2615 4WD	$12839	$8090	$8730	**$10270**	**$10790**	Mahindra	3	80D	6F-2R	23.0	2315	No
2615 HST 4WD	$13945	$8790	$9480	**$11160**	**$11710**	Mahindra	3	80D	Variable	21.1	2458	No
2815 HST 4WD	$15275	$9620	$10390	**$12220**	**$12830**	Mahindra	3	91D	Variable	22.1	2555	No
2816 4WD	$13615	$8580	$9260	**$10890**	**$11440**	Mahindra	3	80D	9F-3R	23.0	2315	No
2816 HST 4WD	$14720	$9270	$10010	**$11780**	**$12370**	Mahindra	3	91D	Variable	22.0	2555	No
3015 HST 4WD	$15440	$9730	$10500	**$12350**	**$12970**	Mahindra	3	91D	Variable	24.0	2601	No
3215 4WD	$15665	$9870	$10650	**$12530**	**$13160**	Mahindra	3T	91D	8F-8R	27.0	2544	No
3215 HST 4WD	$16640	$10480	$11320	**$13310**	**$13980**	Mahindra	3T	91D	Variable	25.0	2544	No
3316 4WD	$16380	$10320	$11140	**$13100**	**$13760**	Mahindra	3	91D	8F-8R	27.0	2544	No
3316 HST 4WD	$17355	$10930	$11800	**$13880**	**$14580**	Mahindra	3	91D	Variable	25.0	2566	No
3325	$10829	$6820	$7360	**$8660**	**$9100**	Mahindra	3	115D	8F-2R	30.0	3990	No
3510 4WD	$18330	$11550	$12460	**$14660**	**$15400**	Mahindra	3	100D	12F-12R	28.7	3900	No
3525	$12415	$7820	$8440	**$9930**	**$10430**	Mahindra	3	115D	8F-2R	30.0	4307	No
3535 4WD	$17810	$11220	$12110	**$14250**	**$14960**	Mahindra	3	115D	12F-12R	29.0	4125	No
4025	$13325	$8400	$9060	**$10660**	**$11190**	Mahindra	4	167D	8F-2R	31.0	4191	No
4035 4WD	$20050	$12630	$13630	**$16040**	**$16840**	Mahindra	3	115D	12F-12R	33.0	4367	No
4110 4WD	$19339	$12180	$13150	**$15470**	**$16250**	Mahindra	4	122D	12F-12R	33.6	3969	No
4500	$13819	$8710	$9400	**$11060**	**$11610**	Mahindra	3	146D	8F-2R	35.0	4752	No
4510 Cab	$27560	$17360	$18740	**$22050**	**$23150**	Mahindra	4	133D	16F-16R	36.0	4737	CHA
4525	$14104	$8890	$9590	**$11280**	**$11850**	Mahindra	4	167D	8F-2R	36.0	4246	No
4530	$19149	$12060	$13020	**$15320**	**$16090**	Mahindra	3	146D	8F-8R	34.0	5720	No
5500	$15930	$10040	$10830	**$12740**	**$13380**	Mahindra	4	186D	8F-2R	44.0	4966	No
5500 4WD	$21685	$13660	$14750	**$17350**	**$18220**	Mahindra	4	186D	8F-8R	44.0	6230	No
5520	$21190	$13350	$14410	**$16950**	**$17800**	Mahindra	4	206D	12F-12R	45.0	6057	No
5520 4WD	$24180	$15230	$16440	**$19340**	**$20310**	Mahindra	4	206D	12F-12R	45.0	6422	No
5525	$14879	$9370	$10120	**$11900**	**$12500**	Mahindra	3TI	152D	8F-2R	45.0	5370	No
5530	$17360	$10940	$11810	**$13890**	**$14580**	Mahindra	3TI	152D	8F-8R	45.0	6193	No
5530 4WD	$23110	$14560	$15720	**$18490**	**$19410**	Mahindra	3TI	152D	8F-8R	45.0	6193	No
6000	$16840	$10610	$11450	**$13470**	**$14150**	Mahindra	4	194D	8F-2R	50.0	4966	No
6000 4WD	$22919	$14440	$15590	**$18340**	**$19250**	Mahindra	4	194D	8F-8R	50.0	6250	No
6025	$15465	$9740	$10520	**$12370**	**$12990**	Mahindra	4	194D	8F-2R	49.0	5525	No
6030	$18400	$11590	$12510	**$14720**	**$15460**	Mahindra	3TI	152D	8F-8R	50.0	6193	No
6030 4WD	$24545	$15460	$16690	**$19640**	**$20620**	Mahindra	3TI	152D	8F-8R	50.0	6193	No
6500	$18559	$11690	$12620	**$14850**	**$15590**	Mahindra	4	216D	8F-8R	57.0	6280	No
6500 4WD	$26100	$16440	$17750	**$20880**	**$21920**	Mahindra	4	216D	8F-8R	57.0	6280	No
6520	$21970	$13840	$14940	**$17580**	**$18460**	Mahindra	4	216D	12F-12R	55.0	7100	No
6520 4WD	$26780	$16870	$18210	**$21420**	**$22500**	Mahindra	4	216D	12F-12R	55.0	7300	No
6525	$16179	$10190	$11000	**$12940**	**$13590**	Mahindra	3TI	152D	8F-2R	52.0	4246	No
6530	$20115	$12670	$13680	**$16090**	**$16900**	Mahindra	3TI	152D	8F-8R	57.0	6358	No
6530 4WD	$25584	$16120	$17400	**$20470**	**$21490**	Mahindra	3TI	152D	8F-8R	57.0	6358	No
7010 w/Cab	$36010	$22690	$24490	**$28810**	**$30250**	Mahindra	4	194D	16F-16R	63.0	6253	CHA
7060 4WD	$28275	$17810	$19230	**$22620**	**$23750**	Mahindra	3TI	152D	12F-12R	57.0	6727	No
7520	$24635	$15520	$16750	**$19710**	**$20690**	Mahindra	4T	194D	12F-12R	65.0	7100	No
7520 4WD	$29250	$18430	$19890	**$23400**	**$24570**	Mahindra	4T	194D	12F-12R	65.0	7350	No
8560	$26650	$16790	$18120	**$21320**	**$22390**	Mahindra	4TI	203D	12F-12R	70.0	6878	No

Mahindra (Cont.)

2009 (Cont.)

Model	Approx. Retail Price New	Estimated Value Less Repairs: Used Trade In Avg.	Used Trade In High	Used Retail Avg.	Used Retail High	Make	Engine No. Cyls.	Engine Displ. Cu.-In.	No. Speeds	P.T.O. H.P.	Approx. Shipping Wt.-Lbs.	Cab
8560 4WD	$30875	$19450	$21000	$24700	$25940	Mahindra	4TI	203D	12F-12R	70.0	7297	No

2008

Model	Approx. Retail Price New	Estimated Value Less Repairs: Used Trade In Avg.	Used Trade In High	Used Retail Avg.	Used Retail High	Make	Engine No. Cyls.	Engine Displ. Cu.-In.	No. Speeds	P.T.O. H.P.	Approx. Shipping Wt.-Lbs.	Cab
1815 HST 4WD	$10660	$5860	$6400	$7680	$8210	Mahindra	3	58D	Variable	18.0	1515	No
2015 4WD	$10660	$5860	$6400	$7680	$8210	Mahindra	3	68D	6F-2R	17.5	1819	No
2015 HST 4WD	$11960	$6580	$7180	$8610	$9210	Mahindra	3	68D	Variable	16.0	1973	No
2216 4WD	$10855	$5970	$6510	$7820	$8360	Mahindra	3	68D	6F-2R	17.5	1819	No
2216 HST 4WD	$12285	$6760	$7370	$8850	$9460	Mahindra	3	68D	Variable	16.0	1973	No
2415 4WD	$11570	$6360	$6940	$8330	$8910	Mahindra	3	80D	8F-8R	21.5	1819	No
2415 HST 4WD	$12545	$6900	$7530	$9030	$9660	Mahindra	3	80D	Variable	20.0	1863	No
2516 4WD	$11895	$6540	$7140	$8560	$9160	Mahindra	3	80D	8F-8R	22.0	1819	No
2516 HST 4WD	$12870	$7080	$7720	$9270	$9910	Mahindra	3	80D	Variable	20.0	1863	No
2525 4WD	$9875	$5430	$5930	$7110	$7600	Mahindra	3	98D	8F-8R	20.0	1819	No
2615 4WD	$12965	$7130	$7780	$9340	$9980	Mahindra	3	80D	6F-2R	23.0	2315	No
2615 HST 4WD	$13945	$7670	$8370	$10040	$10740	Mahindra	3	80D	Variable	21.1	2458	No
2815 HST 4WD	$15275	$8400	$9170	$11000	$11760	Mahindra	3	91D	Variable	22.1	2555	No
2816 4WD	$13229	$7280	$7940	$9530	$10190	Mahindra	3	80D	9F-3R	23.0	2315	No
3015 HST 4WD	$15440	$8490	$9260	$11120	$11890	Mahindra	3	91D	Variable	24.0	2601	No
3215 4WD	$15665	$8620	$9400	$11280	$12060	Mahindra	3T	91D	8F-8R	27.0	2544	No
3215 HST 4WD	$16640	$9150	$9980	$11980	$12810	Mahindra	3T	91D	Variable	25.0	2544	No
3325	$10829	$5960	$6500	$7800	$8340	Mahindra	3	115D	8F-2R	30.0	3990	No
3510 4WD	$18330	$10080	$11000	$13200	$14110	Mahindra	3	100D	12F-12R	28.7	3900	No
3525	$12415	$6830	$7450	$8940	$9560	Mahindra	3	115D	8F-2R	30.0	4307	No
4110 4WD	$19339	$10640	$11600	$13920	$14890	Mahindra	4	122D	12F-12R	33.6	3969	No
4500	$13819	$7600	$8290	$9950	$10640	Mahindra	3	146D	8F-2R	35.0	4752	No
4510 Cab	$27560	$15160	$16540	$19840	$21220	Mahindra	4	133D	16F-16R	36.0	4737	CHA
4530	$19149	$10530	$11490	$13790	$14750	Mahindra	3	146D	8F-8R	34.0	5720	No
5500	$15930	$8760	$9560	$11470	$12270	Mahindra	4	186D	8F-2R	44.0	4966	No
5500 4WD	$21685	$11930	$13010	$15610	$16700	Mahindra	4	186D	8F-8R	44.0	6230	No
5520	$21190	$11660	$12710	$15260	$16320	Mahindra	4	206D	12F-12R	45.0	6057	No
5520 4WD	$24180	$13300	$14510	$17410	$18620	Mahindra	4	206D	12F-12R	45.0	6422	No
5525	$14165	$7790	$8500	$10200	$10910	Mahindra	4	186D	8F-2R	44.0	5370	No
5530	$22724	$12500	$13630	$16360	$17500	Mahindra	4	186D	8F-8R	44.0	6193	No
6000	$16840	$9260	$10100	$12130	$12970	Mahindra	4	194D	8F-2R	50.0	4966	No
6000 4WD	$22919	$12610	$13750	$16500	$17650	Mahindra	4	194D	8F-8R	50.0	6250	No
6025	$15465	$8510	$9280	$11140	$11910	Mahindra	4	194D	8F-2R	49.0	5525	No
6030 4WD	$24024	$13210	$14410	$17300	$18500	Mahindra	4	194D	8F-8R	50.0	6193	No
6500	$18559	$10210	$11140	$13360	$14290	Mahindra	4	216D	8F-8R	57.0	6280	No
6500 4WD	$24609	$13540	$14770	$17720	$18950	Mahindra	4	216D	8F-8R	57.0	6280	No
6520	$21970	$12080	$13180	$15820	$16920	Mahindra	4	216D	12F-12R	55.0	7100	No
6520 4WD	$26780	$14730	$16070	$19280	$20620	Mahindra	4	216D	12F-12R	55.0	7300	No
6530	$20115	$11060	$12070	$14480	$15490	Mahindra	3TI	152D	8F-8R	57.0	6358	No
6530 4WD	$25584	$14070	$15350	$18420	$19700	Mahindra	3TI	152D	8F-8R	57.0	6358	No
7010 w/Cab	$36010	$19810	$21610	$25930	$27730	Mahindra	4	194D	16F-16R	63.0	6253	CHA
7520	$24635	$13550	$14780	$17740	$18970	Mahindra	4T	194D	12F-12R	65.0	7100	No
7520 4WD	$29250	$16090	$17550	$21060	$22520	Mahindra	4T	194D	12F-12R	65.0	7350	No

2007

Model	Approx. Retail Price New	Estimated Value Less Repairs: Used Trade In Avg.	Used Trade In High	Used Retail Avg.	Used Retail High	Make	Engine No. Cyls.	Engine Displ. Cu.-In.	No. Speeds	P.T.O. H.P.	Approx. Shipping Wt.-Lbs.	Cab
1815 HST 4WD	$10920	$5010	$5650	$7040	$7680	Mahindra	3	58D	Variable	18.0	1515	No
2015 4WD	$10660	$5010	$5650	$7040	$7680	Mahindra	3	68D	6F-2R	17.5	1819	No
2015 HST 4WD	$12090	$5620	$6340	$7890	$8610	Mahindra	3	68D	Variable	16.0	1973	No
2415 4WD	$11830	$5440	$6130	$7640	$8330	Mahindra	3	80D	8F-8R	21.5	1819	No
2415 HST 4WD	$12805	$5900	$6650	$8280	$9030	Mahindra	3	80D	Variable	20.0	1863	No
2615 4WD	$12965	$6090	$6870	$8560	$9340	Mahindra	3	80D	6F-2R	23.0	2315	No
2615 HST 4WD	$14075	$6620	$7460	$9290	$10130	Mahindra	3	80D	Variable	21.1	2458	No
2815 HST 4WD	$15535	$7180	$8100	$10080	$11000	Mahindra	3	91D	Variable	22.1	2555	No
3015 HST 4WD	$15440	$7260	$8180	$10190	$11120	Mahindra	3	91D	Variable	24.0	2601	No
3215 4WD	$15925	$7360	$8300	$10340	$11280	Mahindra	3T	91D	8F-8R	27.0	2544	No
3215 HST 4WD	$16900	$7820	$8820	$10980	$11980	Mahindra	3T	91D	Variable	25.0	2544	No
3325	$10959	$5150	$5810	$7230	$7890	Mahindra	3	115D	8F-2R	30.0	3990	No
3510 4WD	$18915	$8620	$9720	$12100	$13200	Mahindra	3	100D	12F-12R	28.7	3900	No
3525	$12545	$5900	$6650	$8280	$9030	Mahindra	3	115D	8F-2R	30.0	4307	No
4110 4WD	$19925	$9090	$10250	$12760	$13920	Mahindra	4	122D	12F-12R	33.6	3969	No
4500	$14469	$6500	$7320	$9120	$9950	Mahindra	3	146D	8F-2R	35.0	4752	No
4510 Cab	$28210	$12950	$14610	$18190	$19840	Mahindra	4	133D	16F-16R	36.0	4737	CHA
4530	$19409	$9120	$10290	$12810	$13970	Mahindra	3	146D	8F-8R	34.0	5720	No
5500	$16190	$7610	$8580	$10690	$11660	Mahindra	4	186D	8F-2R	44.0	4966	No
5500 4WD	$21685	$10190	$11490	$14310	$15610	Mahindra	4	186D	8F-8R	44.0	6230	No
5520	$19890	$9350	$10540	$13130	$14320	Mahindra	4	206D	12F-12R	45.0	6057	No
5520 4WD	$24180	$11370	$12820	$15960	$17410	Mahindra	4	206D	12F-12R	45.0	6422	No
5525	$14295	$6720	$7580	$9440	$10290	Mahindra	4	186D	8F-2R	44.0	5370	No
5530	$22075	$10380	$11700	$14570	$15890	Mahindra	4	186D	8F-8R	44.0	6193	No
6000	$17490	$7920	$8930	$11110	$12130	Mahindra	4	194D	8F-2R	50.0	4966	No
6000 4WD	$22919	$10770	$12150	$15130	$16500	Mahindra	4	194D	8F-8R	50.0	6250	No
6025	$15595	$7330	$8270	$10290	$11230	Mahindra	4	194D	8F-2R	49.0	5525	No
6030 4WD	$23245	$10930	$12320	$15340	$16740	Mahindra	4	194D	8F-8R	50.0	6193	No
6500	$18819	$8720	$9840	$12250	$13360	Mahindra	4	216D	8F-8R	57.0	6280	No
6500 4WD	$24609	$11570	$13040	$16240	$17720	Mahindra	4	216D	8F-8R	57.0	6280	No
6520	$22620	$10330	$11640	$14500	$15820	Mahindra	4	216D	12F-12R	55.0	7100	No
6520 4WD	$27430	$12590	$14190	$17680	$19280	Mahindra	4	216D	12F-12R	55.0	7300	No
7010 w/Cab	$36660	$16930	$19090	$23770	$25930	Mahindra	4	194D	16F-16R	63.0	6253	CHA
7520	$25285	$11580	$13060	$16260	$17740	Mahindra	4T	194D	12F-12R	65.0	7100	No
7520 4WD	$29990	$13750	$15500	$19310	$21060	Mahindra	4T	194D	12F-12R	65.0	7350	No

Mahindra (Cont.)

	Approx. Retail Price New	Estimated Value Less Repairs Used Trade In Avg.	High	Used Retail Avg.	High	Make	Engine No. Cyls.	Displ. Cu.-In.	No. Speeds	P.T.O. H.P.	Approx. Shipping Wt.-Lbs.	Cab
					2006							
2015 4WD	$10595	$4340	$5090	**$6460**	**$7210**	Mahindra	3	68D	6F-2R	17.5	1819	No
2015 HST 4WD	$12025	$4930	$5770	**$7340**	**$8180**	Mahindra	3	68D	Variable	16	1973	No
2615 4WD	$12905	$5290	$6190	**$7870**	**$8780**	Mahindra	3	80D	6F-2R	23.0	2315	No
2615 HST 4WD	$14010	$5740	$6730	**$8550**	**$9530**	Mahindra	3	80D	Variable	21.1	2458	No
3015 HST 4WD	$15440	$6330	$7410	**$9420**	**$10500**	Mahindra	3	91D	Variable	24	2601	No
3215 4WD	$15925	$6530	$7640	**$9710**	**$10830**	Mahindra	3T	91D	8F-8R	27	2544	No
3215 HST 4WD	$16900	$6930	$8110	**$10310**	**$11490**	Mahindra	3T	91D	Variable	25	2544	No
3325	$10699	$4390	$5140	**$6530**	**$7280**	Mahindra	3	115D	8F-2R	30	3990	No
3510 4WD	$17840	$7310	$8560	**$10880**	**$12130**	Mahindra	3	100D	12F-12R	28.7	3900	No
3525	$12285	$5040	$5900	**$7490**	**$8350**	Mahindra	3	115D	8F-2R	30	4307	No
4110 4WD	$19250	$7890	$9240	**$11740**	**$13090**	Mahindra	4	122D	12F-12R	33.6	3969	No
4500	$14125	$5790	$6780	**$8620**	**$9610**	Mahindra	3	146D	8F-2R	35.0	4752	No
4510 Cab	$28210	$11570	$13540	**$17210**	**$19180**	Mahindra	4	133D	16F-16R	36	4737	CHA
4530	$19149	$7850	$9190	**$11680**	**$13020**	Mahindra	3	146D	8F-8R	34	5720	No
6520	$22425	$9190	$10760	**$13680**	**$15250**	Mahindra	4	216D	12F-12R	55.0	7100	No
5500	$15620	$6400	$7500	**$9530**	**$10620**	Mahindra	4	186D	8F-2R	44.0	4966	No
5500 4WD	$20365	$8350	$9780	**$12420**	**$13850**	Mahindra	4	186D	8F-8R	44.0	6230	No
5520	$19695	$8080	$9450	**$12010**	**$13390**	Mahindra	4	206D	12F-12R	45.0	6057	No
5520 4WD	$23986	$9830	$11510	**$14630**	**$16310**	Mahindra	4	206D	12F-12R	45.0	6422	No
6000	$16975	$6960	$8150	**$10360**	**$11540**	Mahindra	4	194D	8F-2R	50.0	4966	No
6000 4WD	$21989	$9020	$10560	**$13410**	**$14950**	Mahindra	4	194D	8F-8R	50.0	6250	No
6500	$18095	$7420	$8690	**$11040**	**$12310**	Mahindra	4	216D	8F-8R	57.0	6280	No
6500 4WD	$23880	$9790	$11460	**$14570**	**$16240**	Mahindra	4	216D	8F-8R	57.0	6280	No
6520 4WD	$27235	$11170	$13070	**$16610**	**$18520**	Mahindra	4	216D	12F-12R	55.0	7300	No
7010 w/Cab	$36660	$15030	$17600	**$22360**	**$24930**	Mahindra	4	194D	16F-16R	63.0	6253	CHA
7520	$25090	$10290	$12040	**$15310**	**$17060**	Mahindra	4T	194D	12F-12R	65.0	7100	No
7520 4WD	$29705	$12180	$14260	**$18120**	**$20200**	Mahindra	4T	194D	12F-12R	65.0	7350	No
					2005							
2310 4WD	$12670	$4820	$5700	**$7220**	**$8240**	Mahindra	3	80D	12F-12R	20.0	3064	No
2810 4WD	$13725	$5220	$6180	**$7820**	**$8920**	Mahindra	3	85D	12F-12R	23.0	3064	No
2810 HST 4WD	$15190	$5770	$6840	**$8660**	**$9870**	Mahindra	3	85D	Variable	22.5	3064	No
3510 4WD	$16550	$6290	$7450	**$9430**	**$10760**	Mahindra	3	100D	12F-12R	28.7	3900	No
4110 4WD	$18970	$7210	$8540	**$10810**	**$12330**	Mahindra	4	122D	12F-12R	33.6	3969	No
4500	$14125	$5370	$6360	**$8050**	**$9180**	Mahindra	3	146D	8F-2R	35.0	4752	No
4510 4WD Cab	$26800	$10180	$12060	**$15280**	**$17420**	Mahindra	4	133D	16F-16R	36.0	4737	CHA
5500	$15600	$5930	$7020	**$8890**	**$10140**	Mahindra	4	186D	8F-2R	44.0	4966	No
5500 4WD	$19570	$7440	$8810	**$11160**	**$12720**	Mahindra	4	186D	8F-8R	44.0	6230	No
6000	$16935	$6440	$7620	**$9650**	**$11010**	Mahindra	4	194D	8F-2R	50.0	4966	No
6000 4WD	$21345	$8110	$9610	**$12170**	**$13870**	Mahindra	4	194D	8F-8R	50.0	6250	No
6500	$17395	$6610	$7830	**$9920**	**$11310**	Mahindra	4	216D	8F-8R	57.0	6280	No
6500 4WD	$23095	$8780	$10390	**$13160**	**$15010**	Mahindra	4	216D	8F-8R	57.0	6280	No
7010 4WD w/Cab	$34825	$13230	$15670	**$19850**	**$22640**	Mahindra	4	194D	16F-16R	63.0	4737	CHA
7520	$24085	$9150	$10840	**$13730**	**$15660**	Mahindra	4T	194D	12F-12R	65.0	7100	No
7520 4WD	$28680	$10900	$12910	**$16350**	**$18640**	Mahindra	4T	194D	12F-12R	65.0	7100	No
					2004							
2310 4WD	$12670	$4310	$5320	**$6590**	**$7730**	Mahindra	3	80D	12F-12R	20.0	3064	No
2810 4WD	$13725	$4670	$5770	**$7140**	**$8370**	Mahindra	3	85D	12F-12R	23.0	3064	No
2810 HST 4WD	$15190	$5170	$6380	**$7900**	**$9270**	Mahindra	3	85D	Variable	22.5	3064	No
3505-DI	$12100	$4110	$5080	**$6290**	**$7380**	Mahindra	3	115D	8F-2R	27.0	3900	No
3510 4WD	$16225	$5520	$6820	**$8440**	**$9900**	Mahindra	3	100D	12F-12R	28.7	3900	No
4110 4WD	$18850	$6410	$7920	**$9800**	**$11500**	Mahindra	4	122D	12F-12R	33.6	3969	No
4500	$14025	$4770	$5890	**$7290**	**$8560**	Mahindra	3	146D	8F-2R	35.0	4752	No
5500	$15600	$5300	$6550	**$8110**	**$9520**	Mahindra	4	186D	8F-2R	44.0	4966	No
5500 4WD	$19570	$6650	$8220	**$10180**	**$11940**	Mahindra	4	186D	8F-8R	44.0	6230	No
6000	$16815	$5720	$7060	**$8740**	**$10260**	Mahindra	4	194D	8F-2R	50.0	4966	No
6000 4WD	$21135	$7190	$8880	**$10990**	**$12890**	Mahindra	4	194D	8F-8R	50.0	6250	No
6500 4WD	$22420	$7620	$9420	**$11660**	**$13680**	Mahindra	4	216D	8F-8R	57.0	6280	No
					2003							
C-27	$10625	$3190	$4040	**$5210**	**$6270**	Mahindra	3	115D	8F-2R	22.0	3630	No
C-35	$11875	$3560	$4510	**$5820**	**$7010**	Mahindra	3	115D	8F-2R	28.0	3630	No
E350-DI	$9950	$2990	$3780	**$4880**	**$5870**	Mahindra	3	115D	8F-2R	31.0	3900	No
2310 4WD	$12300	$3690	$4670	**$6030**	**$7260**	Mahindra	3	80D	12F-12R	20.0	3064	No
2810 4WD	$13325	$4000	$5060	**$6530**	**$7860**	Mahindra	3	85D	12F-12R	23.0	3064	No
2810 HST 4WD	$14750	$4430	$5610	**$7230**	**$8700**	Mahindra	3	85D	Variable	22.5	3064	No
3505-DI	$11750	$3530	$4470	**$5760**	**$6930**	Mahindra	3	115D	8F-2R	27.0	3900	No
3510 4WD	$15755	$4730	$5990	**$7720**	**$9300**	Mahindra	3	100D	12F-12R	28.7	3900	No
4110 4WD	$18300	$5490	$6950	**$8970**	**$10800**	Mahindra	4	122D	12F-12R	33.6	3969	No
4500	$13750	$4130	$5230	**$6740**	**$8110**	Mahindra	3	146D	8F-2R	35.0	4752	No
4500 4WD	$17825	$5350	$6770	**$8730**	**$10520**	Mahindra	3	146D	8F-8R	35.0	5742	No
5500	$15300	$4590	$5810	**$7500**	**$9030**	Mahindra	4	186D	8F-2R	44.0	4966	No
5500 4WD	$19375	$5810	$7360	**$9490**	**$11430**	Mahindra	4	186D	8F-8R	44.0	6230	No
6000	$16650	$5000	$6330	**$8160**	**$9820**	Mahindra	4	194D	8F-2R	50.0	4966	No
6000 4WD	$20925	$6280	$7950	**$10250**	**$12350**	Mahindra	4	194D	8F-8R	50.0	6250	No
6500 4WD	$22200	$6660	$8440	**$10880**	**$13100**	Mahindra	4	216D	8F-8R	57.0	6280	No
					2002							
E350-DI	$9950	$2790	$3580	**$4680**	**$5670**	Mahindra	3	115D	8F-2R	31.0	3900	No
2810	$13325	$3730	$4800	**$6260**	**$7600**	Mahindra	3	85D	12F-12R	23.0	3064	No
3505-DI	$11750	$3290	$4230	**$5520**	**$6700**	Mahindra	3	115D	8F-2R	27.0	3900	No
3510	$15755	$4410	$5670	**$7410**	**$8980**	Mahindra	3	100D	12F-12R	28.7	3900	No
4110 4WD	$18300	$5120	$6590	**$8600**	**$10430**	Mahindra	4	122D	12F-12R	33.6	3969	No

Mahindra (Cont.)

2002 (Cont.)

Model	Approx. Retail Price New	Estimated Value Less Repairs: Used Trade In Avg.	Used Trade In High	Used Retail Avg.	Used Retail High	Engine Make	No. Cyls.	Displ. Cu.-In.	No. Speeds	P.T.O. H.P.	Approx. Shipping Wt.-Lbs.	Cab
4500	$13750	$3850	$4950	**$6460**	**$7840**	Mahindra	3	146D	8F-2R	35.0	4752	No
6000	$16650	$4660	$5990	**$7830**	**$9490**	Mahindra	4	194D	8F-2R	50.0	4966	No

2001

Model	Approx. Retail Price New	Used Trade In Avg.	Used Trade In High	Used Retail Avg.	Used Retail High	Make	No. Cyls.	Displ. Cu.-In.	No. Speeds	P.T.O. H.P.	Approx. Shipping Wt.-Lbs.	Cab
E350-DI	$9950	$2590	$3380	**$4480**	**$5470**	Mahindra	3	115D	8F-2R	35	3900	No
2810	$13125	$3410	$4460	**$5910**	**$7220**	Mahindra	3	85D	12F-12R	28	3064	No
3505-DI	$11600	$3020	$3940	**$5220**	**$6380**	Mahindra	3	115D	8F-2R	35	3900	No
3510	$15550	$4040	$5290	**$7000**	**$8550**	Mahindra	3	100D	12F-12R	35	3900	No
4110 4WD	$17990	$4680	$6120	**$8100**	**$9900**	Mahindra	4	122D	12F-12R	41	3969	No
4500	$13615	$3540	$4630	**$6130**	**$7490**	Mahindra	3	146D	8F-2R	42	4752	No
6000	$16500	$4290	$5610	**$7430**	**$9080**	Mahindra	4	194D	8F-2R	59	4966	No

2000

Model	Approx. Retail Price New	Used Trade In Avg.	Used Trade In High	Used Retail Avg.	Used Retail High	Make	No. Cyls.	Displ. Cu.-In.	No. Speeds	P.T.O. H.P.	Approx. Shipping Wt.-Lbs.	Cab
E350-DI	$9900	$2380	$3170	**$4260**	**$5250**	Mahindra	3	115D	8F-2R	35	3900	No
2810	$12990	$3120	$4160	**$5590**	**$6890**	Mahindra	3	85D	12F-12R	28	3064	No
3505-DI	$11225	$2690	$3590	**$4830**	**$5950**	Mahindra	3	115D	8F-2R	35	3900	No
3510	$15125	$3630	$4840	**$6500**	**$8020**	Mahindra	3	100D	12F-12R	35	3900	No
4110 4WD	$17550	$4210	$5620	**$7550**	**$9300**	Mahindra	4	122D	12F-12R	41	3969	No
4500	$13350	$3200	$4270	**$5740**	**$7080**	Mahindra	3	146D	8F-2R	42	4752	No
6000	$16100	$3860	$5150	**$6920**	**$8530**	Mahindra	4	194D	8F-2R	59	4966	No

1999

Model	Approx. Retail Price New	Used Trade In Avg.	Used Trade In High	Used Retail Avg.	Used Retail High	Make	No. Cyls.	Displ. Cu.-In.	No. Speeds	P.T.O. H.P.	Approx. Shipping Wt.-Lbs.	Cab
475 DI	$9850	$2170	$3050	**$4140**	**$5120**	Mahindra	3	115D	8F-2R	39	3894	No
4005 DI	$11950	$2630	$3710	**$5020**	**$6210**	Mahindra	4	145D	8F-2R	40	4092	No
4505 DI	$12450	$2740	$3860	**$5230**	**$6470**	Mahindra	4	154D	8F-2R	43	4070	No
5005 DI	$12950	$2850	$4020	**$5440**	**$6730**	Mahindra	4	154D	8F-2R	50	4258	No

1998

Model	Approx. Retail Price New	Used Trade In Avg.	Used Trade In High	Used Retail Avg.	Used Retail High	Make	No. Cyls.	Displ. Cu.-In.	No. Speeds	P.T.O. H.P.	Approx. Shipping Wt.-Lbs.	Cab
475 DI	$9850	$1970	$2960	**$3940**	**$5020**	Mahindra	3	115D	8F-2R	39	3894	No
4005 DI	$11950	$2390	$3590	**$4780**	**$6100**	Mahindra	4	145D	8F-2R	40	4092	No
4505 DI	$12450	$2490	$3740	**$4980**	**$6350**	Mahindra	4	154D	8F-2R	43	4070	No
5005 DI	$12950	$2590	$3890	**$5180**	**$6610**	Mahindra	4	154D	8F-2R	50	4258	No

1997

Model	Approx. Retail Price New	Used Trade In Avg.	Used Trade In High	Used Retail Avg.	Used Retail High	Make	No. Cyls.	Displ. Cu.-In.	No. Speeds	P.T.O. H.P.	Approx. Shipping Wt.-Lbs.	Cab
475 DI	$9000	$1710	$2520	**$3420**	**$4500**	Mahindra	3	115D	8F-2R	39	3894	No
485 DI	$10800	$2050	$3020	**$4100**	**$5400**	Mahindra	4	145D	8F-2R	41	4090	No
575 DI	$11400	$2170	$3190	**$4330**	**$5700**	Mahindra	4	154D	8F-2R	42	4085	No

Massey Ferguson

2009

Model	Approx. Retail Price New	Used Trade In Avg.	Used Trade In High	Used Retail Avg.	Used Retail High	Make	No. Cyls.	Displ. Cu.-In.	No. Speeds	P.T.O. H.P.	Approx. Shipping Wt.-Lbs.	Cab
GC 2400	$11251	$7760	$8210	**$9450**	**$9900**	Iseki	3	68D	Variable	18.7	1581	No
GC 2410 Loader/Backhoe	$20525	$14160	$14980	**$17240**	**$18060**	Iseki	3	68D	Variable	18.7	1581	No
GC 2600	$12453	$8590	$9090	**$10460**	**$10960**	Iseki	3	68D	Variable	19.6	1581	No
GC 2610 Loader/Backhoe	$21039	$14520	$15360	**$17670**	**$18510**	Iseki	3	68D	Variable	18.7	1581	No
MF-1523 4WD	$12382	$8050	$8670	**$10280**	**$10770**	Iseki	3	68D	6F-2R	19.0	1300	No
MF-1523H 4WD Hydro	$13999	$9100	$9800	**$11620**	**$12180**	Iseki	3	68D	Variable	18.5	1300	No
MF-1528H 4WD Hydro	$16185	$10520	$11330	**$13430**	**$14080**	Iseki	3	89D	Variable	22.3	1715	No
MF-1529 4WD	$15518	$10090	$10860	**$12880**	**$13500**	Iseki	3	91D	8F-8R	23.2	1715	No
MF-1531H Hydro	$17457	$11350	$12220	**$14490**	**$15190**	Iseki	3	91D	Variable	25.9	2956	No
MF-1532 4WD	$16102	$10470	$11270	**$13370**	**$14010**	Iseki	3	91D	9F-3R	26.5	2956	No
MF-1532 4WD	$16898	$10980	$11830	**$14030**	**$14700**	Iseki	3	91D	8F-8R	26.5	2956	No
MF-1533 4WD PowerShuttle	$20033	$13020	$14020	**$16630**	**$17430**	Iseki	3	91D	12F-12R	26.0	3064	No
MF-1533 4WD PwrShuttle w/Cab	$27135	$17640	$19000	**$22520**	**$23610**	Iseki	3	91D	12F-12R	26.0	3360	CHA
MF-1533 4WD SyncShuttle	$19023	$12370	$13320	**$15790**	**$16550**	Iseki	3	91D	8F-8R	26.0	2667	No
MF-1533H 4WD Hydro	$20667	$13430	$14470	**$17150**	**$17980**	Iseki	3	91D	Variable	24.5	2902	No
MF-1533H 4WD Hydro w/Cab	$27756	$18040	$19430	**$23040**	**$24150**	Iseki	3	91D	Variable	24.5	3360	CHA
MF-1540 4WD PowerShuttle	$22752	$14790	$15930	**$18880**	**$19790**	Iseki	3T	91D	12F-12R	31.0	3014	No
MF-1540 4WD SyncShuttle	$21672	$14090	$15170	**$17990**	**$18860**	Iseki	3T	91D	8F-8R	31.0	2667	No
MF-1540H 4WD Hydro	$23389	$15200	$16370	**$19410**	**$20350**	Iseki	3T	91D	Variable	29.5	3070	No
MF-1547 4WD DynaQPS w/Cab	$34448	$22390	$24110	**$28590**	**$29970**	Iseki	4	134D	12F-12R	38.0	4331	CHA
MF-1547 4WD PowerShuttle	$26560	$17260	$18590	**$22050**	**$23110**	Iseki	4	134D	12F-12R	38.0	4331	No
MF-1547 4WD SyncShuttle	$24284	$15790	$17000	**$20160**	**$21130**	Iseki	4	134D	8F-8R	38.0	3597	No
MF-1547H 4WD Hydro	$27243	$17710	$19070	**$22610**	**$23700**	Iseki	4	134D	Variable	36.5	4330	No
MF-1547H 4WD Hydro w/Cab	$35448	$23040	$24810	**$29420**	**$30840**	Iseki	4	134D	Variable	36.5	4330	CHA
MF-1552 2WD SyncShuttle	$22220	$14440	$15550	**$18440**	**$19330**	Iseki	4	180D	8F-8R	41.0	3438	No
MF-1552 4WD PowerShuttle	$27849	$18100	$19490	**$23120**	**$24230**	Iseki	4	180D	12F-12R	41.0	3663	No
MF-1552 4WD SyncShuttle	$25309	$16450	$17720	**$21010**	**$22020**	Iseki	4	180D	8F-8R	41.0	3663	No
MF-1552 DynaQPS w/Cab	$36861	$23960	$25800	**$30600**	**$32070**	Iseki	4	180D	12F-12R	41.0	4023	CHA
MF-1560 4WD	$29772	$19350	$20840	**$24710**	**$25900**	Iseki	4	180D	12F-12R	46.4	4078	No
MF-1560 4WD w/Cab	$38115	$24780	$26680	**$31640**	**$33160**	Iseki	4	180D	12F-12R	46.4	4464	CHA
MF-1560 DynaQPS 4WD w/Cab	$38745	$25180	$27120	**$32160**	**$33710**	Iseki	4	180D	12F-12R	41.0	4579	CHA
MF-1635	$21409	$13920	$14990	**$17770**	**$18630**	Iseki	3	100D	12F-12R	27.1	3175	No
MF-1635 Hydro	$21936	$14260	$15360	**$18210**	**$19080**	Iseki	3	100D	Variable	25.8	3175	No
MF-1635 Hydro w/Cab	$28976	$18830	$20280	**$24050**	**$25210**	Iseki	3	100D	Variable	25.8	3175	CHA
MF-1635 w/Cab	$28374	$18440	$19860	**$23550**	**$24690**	Iseki	3	100D	12F-12R	27.1	3175	CHA
MF-1643 12x12	$24276	$15780	$16990	**$20150**	**$21120**	Iseki	4	134D	12F-12R	34.3	3384	No
MF-1643 12x12 w/Cab	$31331	$20370	$21930	**$26010**	**$27260**	Iseki	4	134D	12F-12R	34.3	3737	CHA
MF-1643 8x8	$23205	$15080	$16240	**$19260**	**$20190**	Iseki	4	134D	8F-8R	34.3	3384	No
MF-1643 Hydro	$25028	$16270	$17520	**$20770**	**$21770**	Iseki	4	134D	Variable	33.1	3384	No
MF-1643 Hydro w/Cab	$31812	$20680	$22270	**$26400**	**$27680**	Iseki	4	134D	Variable	33.1	3737	CHA
MF-1648 12x12	$27106	$17620	$18970	**$22500**	**$23580**	Iseki	4	134D	12F-12R	38.0	3715	No
MF-1648 12x12 w/Cab	$34192	$22230	$23930	**$28380**	**$29750**	Iseki	4	134D	12F-12R	38.0	4068	CHA

Massey Ferguson (Cont.)

2009 (Cont.)

	Approx. Retail Price New	Estimated Value Less Repairs: Used Trade In Avg.	Used Trade In High	Used Retail Avg.	Used Retail High	Engine Make	Engine No. Cyls.	Engine Displ. Cu.-In.	No. Speeds	P.T.O. H.P.	Approx. Shipping Wt.-Lbs.	Cab
MF-1648 8x8	$26040	$16930	$18230	**$21610**	**$22660**	Iseki	4	134D	8F-8R	38.0	3715	No
MF-1648 Hydro	$27708	$18010	$19400	**$23000**	**$24110**	Iseki	4	134D	Variable	36.5	3715	No
MF-1648 Hydro w/Cab	$34375	$22340	$24060	**$28530**	**$29910**	Iseki	4	134D	Variable	36.5	4068	CHA
MF-1652	$28457	$18500	$19920	**$23620**	**$24760**	Iseki	4	180D	12F-12R	41.0	3780	No
MF-1652 Hydro	$29009	$18860	$20310	**$24080**	**$25240**	Iseki	4	180D	Variable	39.4	3780	No
MF-1652 Hydro w/Cab	$35800	$23270	$25060	**$29710**	**$31150**	Iseki	4	180D	Variable	39.4	4134	CHA
MF-1652 w/Cab	$35338	$22970	$24740	**$29330**	**$30740**	Iseki	4	180D	12F-12R	41.0	4134	CHA
MF-1655	$28759	$18690	$20130	**$23870**	**$25020**	Iseki	4	180D	8F-8R	43.0	3770	No
MF-1655 w/Cab	$36479	$23710	$25540	**$30280**	**$31740**	Iseki	4	180D	12F-12R	43.0	4100	CHA
MF-1660	$30961	$20130	$21670	**$25700**	**$26940**	Iseki	4	180D	12F-12R	46.4	4079	No
MF-1660 w/Cab	$37958	$24670	$26570	**$31510**	**$33020**	Iseki	4	180D	12F-12R	46.4	4453	CHA
MF-2605	$16500	$10730	$11550	**$13700**	**$14360**	Simpson	3	152D	8F-2R	30.0	4080	No
MF-2605 4WD	$21330	$13870	$14930	**$17700**	**$18560**	Simpson	3	152D	8F-2R	30.0	4530	No
MF-2615	$17204	$11180	$12040	**$14280**	**$14970**	Simpson	3	164D	8F-2R	42.0	4365	No
MF-2615	$19429	$12630	$13600	**$16130**	**$16900**	Simpson	3	164D	8F-8R	40.0	4365	No
MF-2615 4WD	$21966	$14280	$15380	**$18230**	**$19110**	Simpson	3	164D	8F-2R	42.0	4820	No
MF-2615 4WD	$24470	$15910	$17130	**$20310**	**$21290**	Simpson	3	164D	8F-8R	40.0	4820	No
MF-2625	$20528	$13340	$14370	**$17040**	**$17860**	Simpson	4	220D	8F-2R	54.0	5250	No
MF-2625	$22752	$14790	$15930	**$18880**	**$19790**	Simpson	4	220D	8F-8R	52.0	5250	No
MF-2625 4WD	$25723	$16720	$18010	**$21350**	**$22380**	Simpson	4	220D	8F-2R	54.0	5690	No
MF-2625 4WD	$27949	$18170	$19560	**$23200**	**$24320**	Simpson	4	220D	8F-8R	52.0	5690	No
MF-573	$25100	$16320	$17570	**$20830**	**$21840**	Perkins	4	268D	8F-2R	60.0	5578	No
MF-573	$26670	$17340	$18670	**$22140**	**$23200**	Perkins	4	268D	8F-8R	60.0	5578	No
MF-573 4WD	$31242	$20310	$21870	**$25930**	**$27180**	Perkins	4	268D	8F-2R	60.0	6305	No
MF-573 4WD	$32772	$21300	$22940	**$27200**	**$28510**	Perkins	4	268D	8F-8R	60.0	6305	No
MF-573 4WD w/Cab	$41339	$26870	$28940	**$34310**	**$35970**	Perkins	4	268D	12F-4R	60.0	7319	CHA
MF-573 4WD w/Cab	$41913	$27240	$29340	**$34790**	**$36460**	Perkins	4	268D	8F-8R	60.0	7319	CHA
MF-573 w/Cab	$35197	$22880	$24640	**$29210**	**$30620**	Perkins	4	268D	12F-4R	60.0	6592	CHA
MF-573 w/Cab	$35571	$23120	$24900	**$29520**	**$30950**	Perkins	4	268D	8F-8R	60.0	6592	CHA
MF-573 Low Profile	$26720	$17370	$18700	**$22180**	**$23250**	Perkins	4	268D	8F-2R	60.0	5644	No
MF-573 Low Profile	$28251	$18360	$19780	**$23450**	**$24580**	Perkins	4	268D	8F-8R	60.0	5644	No
MF-573 Low Profile 4WD	$32639	$21220	$22850	**$27090**	**$28400**	Perkins	4	268D	8F-2R	60.0	6217	No
MF-573 Low Profile 4WD	$34170	$22210	$23920	**$28360**	**$29730**	Perkins	4	268D	8F-8R	60.0	6217	No
MF-583	$27552	$17910	$19290	**$22870**	**$23970**	Perkins	4	268D	8F-2R	70.0	5576	No
MF-583	$29883	$19420	$20920	**$24800**	**$26000**	Perkins	4	268D	8F-8R	70.0	5576	No
MF-583 4WD	$33929	$22050	$23750	**$28160**	**$29520**	Perkins	4	268D	8F-2R	70.0	6305	No
MF-583 4WD	$35468	$23050	$24830	**$29440**	**$30860**	Perkins	4	268D	8F-8R	70.0	6305	No
MF-583 4WD w/Cab	$44026	$28620	$30820	**$36540**	**$38300**	Perkins	4	268D	12F-4R	70.0	7319	CHA
MF-583 4WD w/Cab	$44600	$28990	$31220	**$37020**	**$38800**	Perkins	4	268D	8F-8R	70.0	7319	CHA
MF-583 w/Cab	$37649	$24470	$26350	**$31250**	**$32760**	Perkins	4	268D	12F-4R	70.0	6592	CHA
MF-583 w/Cab	$38223	$24850	$26760	**$31730**	**$33250**	Perkins	4	268D	8F-8R	70.0	6592	CHA
MF-583 Low Profile	$28814	$18730	$20170	**$23920**	**$25070**	Perkins	4	268D	8F-2R	70.0	5644	No
MF-583 Low Profile	$30345	$19720	$21240	**$25190**	**$26400**	Perkins	4	268D	8F-8R	70.0	5644	No
MF-583 Low Profile 4WD	$34733	$22580	$24310	**$28830**	**$30220**	Perkins	4	268D	8F-2R	70.0	6217	No
MF-583 Low Profile 4WD	$36264	$23570	$25390	**$30100**	**$31550**	Perkins	4	268D	8F-8R	70.0	6217	No
MF-593	$31563	$20520	$22090	**$26200**	**$27460**	Perkins	4T	268D	12F-4R	77.0	6812	No
MF-593 4WD	$38287	$24890	$26800	**$31780**	**$33310**	Perkins	4T	268D	12F-4R	77.0	7275	No
MF-593 4WD w/Cab	$47429	$30830	$33200	**$39370**	**$41260**	Perkins	4T	268D	12F-4R	77.0	8025	CHA
MF-593 w/Cab	$40704	$26460	$28490	**$33780**	**$35410**	Perkins	4T	268D	12F-4R	77.0	7562	CHA
MF-593 Low Profile	$32479	$21110	$22740	**$26960**	**$28260**	Perkins	4T	268D	12F-4R	77.0	6063	CHA
MF-593 Low Profile 4WD	$38756	$25190	$27130	**$32170**	**$33720**	Perkins	4T	268D	12F-4R	77.0	6945	CHA
MF-596	$33332	$21670	$23330	**$27670**	**$29000**	Perkins	4T	268D	12F-4R	85.0	6812	No
MF-596 4WD	$40056	$26040	$28040	**$33250**	**$34850**	Perkins	4T	268D	12F-4R	85.0	7275	No
MF-596 4WD w/Cab	$49196	$31980	$34440	**$40830**	**$42800**	Perkins	4T	268D	12F-4R	85.0	8025	CHA
MF-596 w/Cab	$42472	$27610	$29730	**$35250**	**$36950**	Perkins	4T	268D	12F-4R	85.0	7562	CHA
MF-596 Low Profile	$34033	$22120	$23820	**$28250**	**$29610**	Perkins	4T	268D	12F-4R	85.0	6063	No
MF-596 Low Profile 4WD	$40310	$26200	$28220	**$33460**	**$35070**	Perkins	4T	268D	12F-4R	85.0	6945	No
MF-3625 4WD Tier III	$36145	$23130	$24940	**$29280**	**$30720**	Sisu	3T	201D	12F-12R	55.0		No
MF-3625 4WD w/Cab Tier III	$45793	$29310	$31600	**$37090**	**$38920**	Sisu	3T	201D	12F-12R	55.0		CHA
MF-3625 4WD Cab Tier III	$43437	$27800	$29970	**$35180**	**$36920**	Sisu	3T	201D	8F-8R	55.0		CHA
MF-3625 4WD Tier III	$33790	$21630	$23320	**$27370**	**$28720**	Sisu	3T	201D	8F-8R	55.0		No
MF-3635 4WD Tier III	$39904	$25540	$27530	**$32320**	**$33920**	Sisu	3T	201D	12F-12R	65.0		No
MF-3635 4WD w/Cab Tier III	$49552	$31710	$34190	**$40140**	**$42120**	Sisu	3T	201D	12F-12R	65.0		CHA
MF-3635 4WD Cab Tier III	$47196	$30210	$32570	**$38230**	**$40120**	Sisu	3T	201D	8F-8R	65.0		CHA
MF-3635 4WD Tier III	$37548	$24030	$25910	**$30410**	**$31920**	Sisu	3T	201D	8F-8R	65.0		No
MF-3645 4WD Tier III	$42857	$27430	$29570	**$34710**	**$36430**	Sisu	3T	201D	12F-12R	75.0		No
MF-3645 4WD w/Cab Tier III	$52505	$33600	$36230	**$42530**	**$44630**	Sisu	3T	201D	12F-12R	75.0		CHA
MF-3645 4WD Cab Tier III	$50149	$32100	$34600	**$40620**	**$42630**	Sisu	3T	201D	8F-8R	75.0		CHA
MF-3645 4WD Tier III	$40500	$25920	$27950	**$32810**	**$34430**	Sisu	3T	201D	8F-8R	75.0		No
MF-5425 Tier III	$41738	$26710	$28800	**$33810**	**$35480**	Perkins	4TI	268D	16F-16R	65.0	6817	No
MF-5425 4WD Tier III	$49440	$31640	$34110	**$40050**	**$42020**	Perkins	4TI	268D	16F-16R	65.0	6914	No
MF-5425 4WD w/Cab Tier III	$60608	$38790	$41820	**$49090**	**$51520**	Perkins	4TI	268D	16F-16R	65.0	8565	CHA
MF-5425 w/Cab Tier III	$52906	$33860	$36510	**$42850**	**$44970**	Perkins	4TI	268D	16F-16R	65.0	7890	CHA
MF-5445 4WD Cab Tier III	$65028	$41620	$44870	**$52670**	**$55270**	Perkins	4TI	268D	16F-16R	75.0	8598	CHA
MF-5445 4WD Tier III	$53860	$34470	$37160	**$43630**	**$45780**	Perkins	4TI	268D	16F-16R	75.0	8198	No
MF-5445 Cab Tier III	$56496	$36160	$38980	**$45760**	**$48020**	Perkins	4TI	268D	16F-16R	75.0	7948	CHA
MF-5445 Tier III	$45328	$29010	$31280	**$36720**	**$38530**	Perkins	4TI	268D	16F-16R	75.0	7548	No
MF-5455 4WD Cab Tier III	$68221	$43660	$47070	**$55260**	**$57990**	Perkins	4TI	268D	16F-16R	85.0	8598	CHA
MF-5455 4WD Tier III	$57053	$36510	$39370	**$46210**	**$48500**	Perkins	4TI	268D	16F-16R	85.0	8198	CHA
MF-5455 Cab Tier III	$59732	$38230	$41220	**$48380**	**$50770**	Perkins	4TI	268D	16F-16R	85.0	7948	CHA
MF-5455 Tier III	$48564	$31080	$33510	**$39340**	**$41280**	Perkins	4TI	268D	16F-16R	85.0	7548	No
MF-5460 4WD Cab Tier III	$73498	$47040	$50710	**$59530**	**$62470**	Perkins	4TI	268D	16F-16R	95.0	8862	CHA
MF-5460 4WD Tier III	$62330	$39890	$43010	**$50490**	**$52980**	Perkins	4TI	268D	16F-16R	95.0	8462	No
MF-5460 Cab Tier III	$65381	$41840	$45110	**$52960**	**$55570**	Perkins	4TI	268D	16F-16R	95.0	8152	CHA

Massey Ferguson (Cont.)

Model	Approx. Retail Price New	Estimated Value Less Repairs: Used Trade In Avg.	Used Trade In High	Used Retail Avg.	Used Retail High	Engine Make	No. Cyls.	Displ. Cu.-In.	No. Speeds	P.T.O. H.P.	Approx. Shipping Wt.-Lbs.	Cab
2009 (Cont.)												
MF-5460 Tier III	$54213	$34700	$37410	**$43910**	**$46080**	Perkins	4TI	268D	16F-16R	95.0	7752	No
MF-5465 4WD Cab Tier III	$78157	$50020	$53930	**$63310**	**$66430**	Perkins	6TI	402D	16F-16R	100.0	11905	CHA
MF-5465 w/Cab Tier III	$69788	$44660	$48150	**$56530**	**$59320**	Perkins	6TI	402D	16F-16R	100.0	11195	CHA
MF-5470 4WD Cab Tier III	$80946	$51810	$55850	**$65570**	**$68800**	Sisu	4TA	269D	16F-16R	105.0	9590	CHA
MF-5470 w/Cab Tier III	$72933	$46680	$50320	**$59080**	**$61990**	Sisu	4TA	269D	16F-16R	105.0	8880	CHA
MF-5475 4WD Cab Tier III	$84253	$53920	$58140	**$68250**	**$71620**	Perkins	6TI	402D	16F-16R	110.0	11905	CHA
MF-5475 w/Cab Tier III	$75642	$48410	$52190	**$61270**	**$64300**	Perkins	6TI	402D	16F-16R	110.0	11195	CHA
MF-5480 4WD Cab Tier III	$87417	$55950	$60320	**$70810**	**$74300**	Sisu	4TI	299D	16F-16R	115.0	10163	CHA
MF-5480 w/Cab Tier III	$78841	$50460	$54400	**$63860**	**$67020**	Sisu	4TI	299D	16F-16R	115.0	9453	CHA
MF-6465 4WD w/Cab Tier III	$90928	$57290	$61830	**$72740**	**$76380**	Perkins	6TA	402D	24F-24R	100.0	11552	CHA
MF-6465 w/Cab Tier III	$80157	$50500	$54510	**$64130**	**$67330**	Perkins	6TA	402D	24F-24R	100.0	11052	CHA
MF-6475 4WD w/Cab Tier III	$100719	$63450	$68490	**$80580**	**$84600**	Perkins	6TA	402D	24F-24R	110.0	11904	CHA
MF-6475 w/Cab Tier III	$88878	$55990	$60440	**$71100**	**$74660**	Perkins	6TA	402D	24F-24R	110.0	11404	CHA
MF-6480 4WD w/Cab Tier III	$113134	$71270	$76930	**$90510**	**$95030**	Perkins	6TA	402D	24F-24R	120.0	11559	CHA
MF-6480 w/Cab Tier III	$100546	$63340	$68370	**$80440**	**$84460**	Perkins	6TA	402D	24F-24R	120.0	12058	CHA
MF-6485 4WD w/Cab Tier III	$120746	$76070	$82110	**$96600**	**$101430**	Sisu	6TA	402D	24F-24R	125.0	14440	CHA
MF-6485 w/Cab Tier III	$108411	$68300	$73720	**$86730**	**$91070**	Sisu	6TA	402D	24F-24R	125.0	13940	CHA
MF-6490 4WD w/Cab Tier III	$128836	$81170	$87610	**$103070**	**$108220**	Sisu	6TA	402D	24F-24R	140.0	14300	CHA
MF-6490 w/Cab Tier III	$116036	$73100	$78900	**$92830**	**$97470**	Sisu	6TA	402D	24F-24R	140.0	14275	CHA
MF-6495 4WD w/Cab Tier III	$135683	$85480	$92260	**$108550**	**$113970**	Sisu	6TA	402D	24F-24R	155.0	14300	CHA
MF-6495 w/Cab Tier III	$122883	$77420	$83560	**$98310**	**$103220**	Sisu	6TA	402D	24F-24R	155.0	13940	CHA
MF-6497 4WD w/Cab Tier III	$138487	$87250	$94170	**$110790**	**$116330**	Sisu	6TA	452D	24F-24R	165.0	13940	CHA
MF-6499 4WD w/Cab Tier III	$144643	$91130	$98360	**$115710**	**$121500**	Sisu	6TA	452D	24F-24R	180.0	13940	CHA
MF-7465 4WD w/Cab	$102709	$64710	$69840	**$82170**	**$86280**	Perkins	6TA	402D	24F-24R	100.0	12820	CHA
MF-7465 VT 4WD w/Cab	$105832	$66670	$71970	**$84670**	**$88900**	Perkins	6TA	402D	Variable	100.0	12820	CHA
MF-7475 4WD w/Cab	$111353	$70150	$75720	**$89080**	**$93540**	Perkins	6TA	402D	24F-24R	110.0	12820	CHA
MF-7475 VT 4WD w/Cab	$115095	$72510	$78270	**$92080**	**$96680**	Perkins	6TA	402D	Variable	110.0	12820	CHA
MF-7480 4WD w/Cab	$119775	$75460	$81450	**$95820**	**$100610**	Perkins	6TA	402D	24F-24R	120.0	12820	CHA
MF-7480 VT 4WD w/Cab	$123526	$77820	$84000	**$98820**	**$103760**	Perkins	6TA	402D	Variable	120.0	12820	CHA
MF-7485 4WD w/Cab	$125970	$79360	$85660	**$100780**	**$105820**	Sisu	6TA	402D	24F-24R	125.0	15058	CHA
MF-7485 VT 4WD w/Cab	$129712	$81720	$88200	**$103770**	**$108960**	Sisu	6TA	402D	Variable	125.0	15058	CHA
MF-7490 4WD w/Cab	$135882	$85610	$92400	**$108710**	**$114140**	Sisu	6TA	402D	24F-24R	140.0	15058	CHA
MF-7490 VT 4WD w/Cab	$139624	$87960	$94940	**$111700**	**$117280**	Sisu	6TA	402D	Variable	140.0	15058	CHA
MF-7495 4WD w/Cab	$140711	$88650	$95680	**$112570**	**$118200**	Sisu	6TA	402D	24F-24R	155.0	15058	CHA
MF-7495 VT 4WD w/Cab	$144486	$91030	$98250	**$115590**	**$121370**	Sisu	6TA	402D	Variable	155.0	15058	CHA
MF-8650 VT 4WD	$182008	$116490	$125590	**$149250**	**$152890**	Sisu	6TA	513D	Variable	205.0	16100	CHA
MF-8660 VT 4WD	$194162	$124260	$133970	**$159210**	**$163100**	Sisu	6TA	513D	Variable	225.0	16100	CHA
MF-8670 VT 4WD	$212822	$136210	$146850	**$174510**	**$178770**	Sisu	6TA	513D	Variable	250.0	16100	CHA
MF-8680 VT 4WD	$229128	$146640	$158100	**$187890**	**$192470**	Sisu	6TA	513D	Variable	275.0	16100	CHA
2008												
GC 2300	$10722	$6650	$7180	**$8470**	**$9010**	Iseki	3	68D	Variable	18.7	1366	No
GC 2310 Loader/Backhoe	$19243	$11160	$12320	**$14430**	**$15390**	Iseki	3	68D	Variable	18.7	1366	No
GC 2400	$11072	$6870	$7420	**$8750**	**$9300**	Iseki	3	68D	Variable	18.7	1581	No
GC 2410 Loader/Backhoe	$19902	$12340	$13330	**$15720**	**$16720**	Iseki	3	68D	Variable	18.7	1581	No
GC 2600	$12262	$7600	$8220	**$9690**	**$10300**	Iseki	3	68D	Variable	19.6	1581	No
GC 2610 Loader/Backhoe	$20448	$12680	$13700	**$16150**	**$17180**	Iseki	3	68D	Variable	18.7	1581	No
MF-2605	$15406	$8940	$9860	**$11560**	**$12330**	Simpson	3	152D	8F-2R	30.0	4080	No
MF-2605 4WD	$19920	$11550	$12750	**$14940**	**$15940**	Simpson	3	152D	8F-2R	30.0	4530	No
MF-2615	$16063	$9320	$10280	**$12050**	**$12850**	Simpson	3	164D	8F-2R	42.0	4365	No
MF-2615	$18140	$10520	$11610	**$13610**	**$14510**	Simpson	3	164D	8F-8R	40.0	4365	No
MF-2615 4WD	$20511	$11900	$13130	**$15380**	**$16410**	Simpson	3	164D	8F-2R	42.0	4820	No
MF-2615 4WD	$22848	$13250	$14620	**$17140**	**$18280**	Simpson	3	164D	8F-8R	40.0	4820	No
MF-2625	$18872	$10950	$12080	**$14150**	**$15100**	Simpson	4	220D	8F-2R	54.0	5250	No
MF-2625	$20950	$12150	$13410	**$15710**	**$16760**	Simpson	4	220D	8F-8R	52.0	5250	No
MF-2625 4WD	$23580	$13680	$15090	**$17690**	**$18860**	Simpson	4	220D	8F-2R	54.0	5690	No
MF-2625 4WD	$25658	$14880	$16420	**$19240**	**$20530**	Simpson	4	220D	8F-8R	52.0	5690	No
MF-533	$16856	$9780	$10790	**$12640**	**$13490**	Perkins	3	202D	8F-2R	44.0	4321	No
MF-543	$20455	$11860	$13090	**$15340**	**$16360**	Perkins	3	202D	8F-2R	45.0	5368	No
MF-543	$21819	$12660	$13960	**$16360**	**$17460**	Perkins	3	202D	8F-8R	45.0	5368	No
MF-543 4WD	$25190	$14610	$16120	**$18890**	**$20150**	Perkins	3	202D	8F-2R	45.0	5456	No
MF-543 4WD	$26553	$15400	$16990	**$19920**	**$21240**	Perkins	3	202D	8F-8R	45.0	5456	No
MF-563	$22782	$13210	$14580	**$17090**	**$18230**	Perkins	3T	202D	8F-2R	55.0	5368	No
MF-563	$24146	$14010	$15450	**$18110**	**$19320**	Perkins	3T	202D	8F-8R	55.0	5368	No
MF-563 4WD	$28040	$16260	$17950	**$21030**	**$22430**	Perkins	3T	202D	8F-2R	55.0	5456	No
MF-563 4WD	$29404	$17050	$18820	**$22050**	**$23520**	Perkins	3T	202D	8F-8R	55.0	5456	No
MF-563 Low Profile	$24466	$14190	$15660	**$18350**	**$19570**	Perkins	3T	202D	8F-8R	55.0	5368	No
MF-573	$23946	$13890	$15330	**$17960**	**$19160**	Perkins	4	268D	8F-2R	60.0	5578	No
MF-573	$25417	$14740	$16270	**$19060**	**$20330**	Perkins	4	268D	8F-8R	60.0	5578	No
MF-573 4WD	$30069	$17440	$19240	**$22550**	**$24060**	Perkins	4	268D	8F-2R	60.0	6305	No
MF-573 4WD	$31540	$18290	$20190	**$23660**	**$25230**	Perkins	4	268D	8F-8R	60.0	6305	No
MF-573 4WD w/Cab	$39774	$23070	$25460	**$29830**	**$31820**	Perkins	4	268D	12F-4R	60.0	7319	CHA
MF-573 4WD w/Cab	$40326	$23390	$25810	**$30250**	**$32260**	Perkins	4	268D	8F-8R	60.0	7319	CHA
MF-573 w/Cab	$33651	$19520	$21540	**$25240**	**$26920**	Perkins	4	268D	12F-4R	60.0	6592	CHA
MF-573 w/Cab	$34203	$19840	$21890	**$25650**	**$27360**	Perkins	4	268D	8F-8R	60.0	6592	CHA
MF-573 Low Profile	$25310	$14680	$16200	**$18980**	**$20250**	Perkins	4	268D	8F-2R	60.0	5644	No
MF-573 Low Profile	$26781	$15530	$17140	**$20090**	**$21430**	Perkins	4	268D	8F-8R	60.0	5644	No
MF-573 Low Profile 4WD	$30904	$17920	$19780	**$23180**	**$24720**	Perkins	4	268D	8F-2R	60.0	6217	No
MF-573 Low Profile 4WD	$32375	$18780	$20720	**$24280**	**$25900**	Perkins	4	268D	8F-8R	60.0	6217	No
MF-583	$26108	$15140	$16710	**$19580**	**$20890**	Perkins	4	268D	8F-2R	70.0	5576	No
MF-583	$27579	$16000	$17650	**$20680**	**$22060**	Perkins	4	268D	8F-8R	70.0	5576	No
MF-583 4WD	$32082	$18610	$20530	**$24060**	**$25670**	Perkins	4	268D	8F-2R	70.0	6305	No
MF-583 4WD	$33553	$19460	$21470	**$25170**	**$26840**	Perkins	4	268D	8F-8R	70.0	6305	No
MF-583 4WD w/Cab	$41787	$24240	$26740	**$31340**	**$33430**	Perkins	4	268D	12F-4R	70.0	7319	CHA

Massey Ferguson (Cont.)

2008 (Cont.)

	Approx. Retail Price New	Estimated Value Less Repairs: Used Trade In Avg.	Used Trade In High	Used Retail Avg.	Used Retail High	Engine Make	Engine No. Cyls.	Engine Displ. Cu.-In.	No. Speeds	P.T.O. H.P.	Approx. Shipping Wt.-Lbs.	Cab
MF-583 4WD w/Cab	$42339	$24560	$27100	**$31750**	**$33870**	Perkins	4	268D	8F-8R	70.0	7319	CHA
MF-583 w/Cab	$35813	$20770	$22920	**$26860**	**$28650**	Perkins	4	268D	12F-4R	70.0	6592	CHA
MF-583 w/Cab	$36365	$21090	$23270	**$27270**	**$29090**	Perkins	4	268D	8F-8R	70.0	6592	CHA
MF-583 Low Profile	$27323	$15850	$17490	**$20490**	**$21860**	Perkins	4	268D	8F-2R	70.0	5644	No
MF-583 Low Profile	$28794	$16700	$18430	**$21600**	**$23040**	Perkins	4	268D	8F-8R	70.0	5644	No
MF-583 Low Profile 4WD	$32917	$19090	$21070	**$24690**	**$26330**	Perkins	4	268D	8F-2R	70.0	6217	No
MF-583 Low Profile 4WD	$34388	$19950	$22010	**$25790**	**$27510**	Perkins	4	268D	8F-8R	70.0	6217	No
MF-593	$29960	$17380	$19170	**$22470**	**$23970**	Perkins	4T	268D	12F-4R	77.0	6812	No
MF-593 4WD	$36043	$20910	$23070	**$27030**	**$28830**	Perkins	4T	268D	12F-4R	77.0	7275	No
MF-593 4WD w/Cab	$44829	$26000	$28690	**$33620**	**$35860**	Perkins	4T	268D	12F-4R	77.0	8025	CHA
MF-593 w/Cab	$38746	$22470	$24800	**$29060**	**$31000**	Perkins	4T	268D	12F-4R	77.0	7562	CHA
MF-593 Low Profile	$30407	$17640	$19460	**$22810**	**$24330**	Perkins	4T	268D	12F-4R	77.0	6063	CHA
MF-593 Low Profile 4WD	$36131	$20960	$23120	**$27100**	**$28910**	Perkins	4T	268D	12F-4R	77.0	6945	CHA
MF-596	$31454	$18240	$20130	**$23590**	**$25160**	Perkins	4T	268D	12F-4R	85.0	6812	No
MF-596 4WD	$37536	$21770	$24020	**$28150**	**$30030**	Perkins	4T	268D	12F-4R	85.0	7275	No
MF-596 4WD w/Cab	$46322	$26870	$29650	**$34740**	**$37060**	Perkins	4T	268D	12F-4R	85.0	8025	CHA
MF-596 w/Cab	$40239	$23340	$25750	**$30180**	**$32190**	Perkins	4T	268D	12F-4R	85.0	7562	CHA
MF-596 Low Profile	$32263	$18710	$20650	**$24200**	**$25810**	Perkins	4T	268D	12F-4R	85.0	6063	No
MF-596 Low Profile 4WD	$38171	$22140	$24430	**$28630**	**$30540**	Perkins	4T	268D	12F-4R	85.0	6945	No
MF-1523 4WD	$11607	$6730	$7430	**$8710**	**$9290**	Iseki	3	68D	6F-2R	19.0	1300	No
MF-1523H 4WD Hydro	$13132	$7620	$8400	**$9850**	**$10510**	Iseki	3	68D	Variable	18.5	1300	No
MF-1528 4WD	$13962	$8100	$8940	**$10470**	**$11170**	Iseki	3	89D	9F-3R	24.5	1715	No
MF-1528H 4WD Hydro	$15583	$9040	$9970	**$11690**	**$12470**	Iseki	3	89D	Variable	22.3	1715	No
MF-1529 4WD	$15028	$8720	$9620	**$11270**	**$12020**	Iseki	3	91D	8F-8R	23.2	1715	No
MF-1531H Hydro	$16895	$9800	$10810	**$12670**	**$13520**	Iseki	3	91D	Variable	25.9	2956	No
MF-1532 4WD	$15742	$9130	$10080	**$11810**	**$12590**	Iseki	3	91D	9F-3R	26.5	2956	No
MF-1532 4WD	$16522	$9580	$10570	**$12390**	**$13220**	Iseki	3	91D	8F-8R	26.5	2956	No
MF-1533 4WD SyncShuttle	$17991	$10440	$11510	**$13490**	**$14390**	Iseki	3	91D	8F-8R	26.0	2667	No
MF-1533 4WD PowerShuttle	$19127	$11090	$12240	**$14350**	**$15300**	Iseki	3	91D	12F-12R	26.0	3064	No
MF-1533 4WD PwrShuttle w/Cab	$26441	$15340	$16920	**$19830**	**$21150**	Iseki	3	91D	12F-12R	26.0	3360	CHA
MF-1533H 4WD Hydro	$19736	$11450	$12630	**$14800**	**$15790**	Iseki	3	91D	Variable	24.5	2902	No
MF-1533H 4WD Hydro w/Cab	$27050	$15690	$17310	**$20290**	**$21640**	Iseki	3	91D	Variable	24.5	3360	CHA
MF-1540 4WD SyncShuttle	$20511	$11900	$13130	**$15380**	**$16410**	Iseki	3T	91D	8F-8R	31.0	2667	No
MF-1540 4WD PowerShuttle	$21550	$12500	$13790	**$16160**	**$17240**	Iseki	3T	91D	12F-12R	31.0	3014	No
MF-1540H 4WD Hydro	$22163	$12860	$14180	**$16620**	**$17730**	Iseki	3T	91D	Variable	29.5	3070	No
MF-1547 2WD SyncShuttle	$20317	$11780	$13000	**$15240**	**$16250**	Iseki	4	134D	8F-8R	38.0	3597	No
MF-1547 4WD SyncShuttle	$24013	$13930	$15370	**$18010**	**$19210**	Iseki	4	134D	8F-8R	38.0	3597	No
MF-1547 4WD PowerShuttle	$25151	$14590	$16100	**$18860**	**$20120**	Iseki	4	134D	12F-12R	38.0	4331	No
MF-1547 4WD DynaQPS w/Cab	$34334	$19910	$21970	**$25750**	**$27470**	Iseki	4	134D	12F-12R	38.0	4331	CHA
MF-1547H 4WD Hydro	$25808	$14970	$16520	**$19360**	**$20650**	Iseki	4	134D	Variable	36.5	4330	No
MF-1547H 4WD Hydro w/Cab	$34334	$19910	$21970	**$25750**	**$27470**	Iseki	4	134D	Variable	36.5	4330	CHA
MF-1552 2WD SyncShuttle	$20981	$12170	$13430	**$15740**	**$16790**	Iseki	4	180D	8F-8R	41.0	3438	No
MF-1552 4WD SyncShuttle	$25005	$14500	$16000	**$18750**	**$20000**	Iseki	4	180D	8F-8R	41.0	3663	No
MF-1552 4WD PowerShuttle	$26408	$15320	$16900	**$19810**	**$21130**	Iseki	4	180D	12F-12R	41.0	3663	No
MF-1552 DynaQPS w/Cab	$35719	$20720	$22860	**$26790**	**$28580**	Iseki	4	180D	12F-12R	41.0	4023	CHA
MF-1560 4WD	$28406	$16480	$18180	**$21310**	**$22730**	Iseki	4	180D	12F-12R	46.4	4078	No
MF-1560 4WD w/Cab	$37108	$21520	$23750	**$27830**	**$29690**	Iseki	4	180D	12F-12R	46.4	4464	CHA
MF-1560 DynaQPS 4WD w/Cab	$37726	$21880	$24150	**$28300**	**$30180**	Iseki	4	180D	12F-12R	41.0	4579	CHA
MF-3425F 4WD	$37871	$21970	$24240	**$28400**	**$30300**	Perkins	3T	202D	20F-10R	57.0		No
MF-3425F 4WD w/Cab	$45902	$26620	$29380	**$34430**	**$36720**	Perkins	3T	202D	20F-10R	57.0		CHA
MF-3425GE 4WD	$37318	$21640	$23880	**$27990**	**$29850**	Perkins	3T	202D	20F-10R	57.0		No
MF-3425GE 4WD w/Cab	$45349	$26300	$29020	**$34010**	**$36280**	Perkins	3T	202D	20F-10R	57.0		CHA
MF-3425S 4WD	$37265	$21610	$23850	**$27950**	**$29810**	Perkins	3T	202D	20F-10R	57.0		No
MF-3425S 4WD w/Cab	$45296	$26270	$28990	**$33970**	**$36240**	Perkins	3T	202D	20F-10R	57.0		CHA
MF-3425V 4WD	$37265	$21610	$23850	**$27950**	**$29810**	Perkins	3T	202D	20F-10R	57.0		No
MF-3425V 4WD w/Cab	$45296	$26270	$28990	**$33970**	**$36240**	Perkins	3T	202D	20F-10R	57.0		CHA
MF-3435F 4WD	$39406	$22860	$25220	**$29560**	**$31530**	Perkins	4	268D	20F-10R	72.0		No
MF-3435F 4WD w/Cab	$47438	$27510	$30360	**$35580**	**$37950**	Perkins	4	268D	20F-10R	72.0		CHA
MF-3435GE 4WD	$38954	$22590	$24930	**$29220**	**$31160**	Perkins	4	268D	20F-10R	72.0		No
MF-3435GE 4WD w/Cab	$49986	$28990	$31990	**$37490**	**$39990**	Perkins	4	268D	20F-10R	72.0		CHA
MF-3435S	$38900	$22560	$24900	**$29180**	**$31120**	Perkins	4	268D	20F-10R	72.0		No
MF-3435S w/Cab	$46933	$27220	$30040	**$35200**	**$37550**	Perkins	4	268D	20F-10R	72.0		CHA
MF-3435V 4WD	$38900	$22560	$24900	**$29180**	**$31120**	Perkins	4	268D	20F-10R	72.0		No
MF-3435V w/Cab	$46933	$27220	$30040	**$35200**	**$37550**	Perkins	4	268D	20F-10R	72.0		CHA
MF-3445F 4WD	$42506	$24650	$27200	**$31880**	**$34010**	Perkins	4T	268D	20F-10R	80.0		No
MF-3445F 4WD w/Cab	$50539	$29310	$32350	**$37900**	**$40430**	Perkins	4T	268D	20F-10R	80.0		CHA
MF-3445GE 4WD	$41953	$24330	$26850	**$31470**	**$33560**	Perkins	4T	268D	20F-10R	80.0		No
MF-3445GE 4WD w/Cab	$49986	$28990	$31990	**$37490**	**$39990**	Perkins	4T	268D	20F-10R	80.0		CHA
MF-3455F 4WD	$45507	$26390	$29120	**$34130**	**$36410**	Perkins	4T	268D	20F-10R	88.0		No
MF-3455F 4WD w/Cab	$53539	$31050	$34270	**$40150**	**$42830**	Perkins	4T	268D	20F-10R	88.0		CHA
MF-3455GE	$44953	$26070	$28770	**$33720**	**$35960**	Perkins	4T	268D	20F-10R	88.0		No
MF-3455GE w/Cab	$52986	$30730	$33910	**$39740**	**$42390**	Perkins	4T	268D	20F-10R	88.0		CHA
MF-3625	$25736	$14670	$15960	**$19050**	**$20330**	Sisu	3T	201D	8F-8R	55.0		No
MF-3625	$28023	$15970	$17370	**$20740**	**$22140**	Sisu	3T	201D	12F-12R	55.0		No
MF-3625 4WD	$31170	$17770	$19330	**$23070**	**$24620**	Sisu	3T	201D	8F-8R	55.0		No
MF-3625 4WD	$33457	$19070	$20740	**$24760**	**$26430**	Sisu	3T	201D	12F-12R	55.0		No
MF-3625 4WD w/Cab	$40537	$23110	$25130	**$30000**	**$32020**	Sisu	3T	201D	8F-8R	55.0		CHA
MF-3625 4WD w/Cab	$42324	$24130	$26240	**$31320**	**$33440**	Sisu	3T	201D	12F-12R	55.0		CHA
MF-3625 w/Cab	$35103	$20010	$21760	**$25980**	**$27730**	Sisu	3T	201D	8F-8R	55.0		CHA
MF-3625 w/Cab	$37390	$21310	$23180	**$27670**	**$29540**	Sisu	3T	201D	12F-12R	55.0		CHA
MF-3625 4WD Cab Tier III	$41846	$23850	$25950	**$30970**	**$33060**	Sisu	3T	201D	8F-8R	55.0		CHA
MF-3625 4WD Tier III	$32479	$18510	$20140	**$24030**	**$25660**	Sisu	3T	201D	8F-8R	55.0		No
MF-3635	$28617	$16310	$17740	**$21180**	**$22610**	Sisu	3T	201D	8F-8R	65.0		No
MF-3635	$30905	$17620	$19160	**$22870**	**$24420**	Sisu	3T	201D	12F-12R	65.0		No

Massey Ferguson (Cont.)

2008 (Cont.)

Model	Approx. Retail Price New	Used Trade In Avg.	Used Trade In High	Used Retail Avg.	Used Retail High	Make	Engine No. Cyls.	Engine Displ. Cu.-In.	No. Speeds	P.T.O. H.P.	Approx. Shipping Wt.-Lbs.	Cab
MF-3635 4WD	$34187	$19490	$21200	**$25300**	**$27010**	Sisu	3T	201D	8F-8R	65.0		No
MF-3635 4WD	$36474	$20790	$22610	**$26990**	**$28810**	Sisu	3T	201D	12F-12R	65.0		No
MF-3635 4WD w/Cab	$43554	$24830	$27000	**$32230**	**$34410**	Sisu	3T	201D	8F-8R	65.0		CHA
MF-3635 4WD w/Cab	$45841	$26130	$28420	**$33920**	**$36210**	Sisu	3T	201D	12F-12R	65.0		CHA
MF-3635 w/Cab	$37984	$21650	$23550	**$28110**	**$30010**	Sisu	3T	201D	8F-8R	65.0		CHA
MF-3635 w/Cab	$40271	$22950	$24970	**$29800**	**$31810**	Sisu	3T	201D	12F-12R	65.0		CHA
MF-3635 4WD Cab Tier III	$45021	$25660	$27910	**$33320**	**$35570**	Sisu	3T	201D	8F-8R	65.0		CHA
MF-3635 4WD Tier III	$35654	$20320	$22110	**$26380**	**$28170**	Sisu	3T	201D	8F-8R	65.0		No
MF-3645	$31537	$17980	$19550	**$23340**	**$24910**	Sisu	3T	201D	8F-8R	75.0		No
MF-3645	$33824	$19280	$20970	**$25030**	**$26720**	Sisu	3T	201D	12F-12R	75.0		No
MF-3645 4WD	$37230	$21220	$23080	**$27550**	**$29410**	Sisu	3T	201D	8F-8R	75.0		No
MF-3645 4WD	$39517	$22530	$24500	**$29240**	**$31220**	Sisu	3T	201D	12F-12R	75.0		No
MF-3645 4WD w/Cab	$46595	$26560	$28890	**$34480**	**$36810**	Sisu	3T	201D	8F-8R	75.0		CHA
MF-3645 4WD w/Cab	$48884	$27860	$30310	**$36170**	**$38620**	Sisu	3T	201D	12F-12R	75.0		CHA
MF-3645 w/Cab	$40904	$23320	$25360	**$30270**	**$32310**	Sisu	3T	201D	8F-8R	75.0		CHA
MF-3645 w/Cab	$43191	$24620	$26780	**$31960**	**$34120**	Sisu	3T	201D	12F-12R	75.0		CHA
MF-3645 4WD Cab Tier III	$48331	$27550	$29970	**$35770**	**$38180**	Sisu	3T	201D	8F-8R	75.0		CHA
MF-3645 4WD Tier III	$38964	$22210	$24160	**$28830**	**$30780**	Sisu	3T	201D	8F-8R	75.0		No
MF-5435	$36040	$20540	$22350	**$26670**	**$28470**	Perkins	4	268D	16F-16R	60.0	6817	No
MF-5435 4WD	$43018	$24520	$26670	**$31830**	**$33980**	Perkins	4	268D	16F-16R	60.0	6914	No
MF-5435 4WD w/Cab	$52784	$30090	$32730	**$39060**	**$41700**	Perkins	4	268D	16F-16R	60.0	8565	CHA
MF-5435 w/Cab	$45806	$26110	$28400	**$33900**	**$36190**	Perkins	4	268D	16F-16R	60.0	7890	CHA
MF-5445 4WD	$45997	$26220	$28520	**$34040**	**$36340**	Perkins	4TI	268D	16F-16R	70.0	6941	No
MF-5445 4WD w/Cab	$55762	$31780	$34570	**$41260**	**$44050**	Perkins	4TI	268D	16F-16R	70.0	8565	CHA
MF-5445 w/Cab	$48785	$27810	$30250	**$36100**	**$38540**	Perkins	4TI	268D	16F-16R	70.0	7890	CHA
MF-5445 4WD Cab Tier III	$58860	$33550	$36490	**$43560**	**$46500**	Perkins	4TI	268D	16F-16R	75.0	8598	CHA
MF-5445 4WD Tier III	$48737	$27780	$30220	**$36070**	**$38500**	Perkins	4TI	268D	16F-16R	75.0	8198	No
MF-5445 Cab Tier III	$51620	$29420	$32000	**$38200**	**$40780**	Perkins	4TI	268D	16F-16R	75.0	7948	CHA
MF-5445 Tier III	$41497	$23650	$25730	**$30710**	**$32780**	Perkins	4TI	268D	16F-16R	75.0	7548	No
MF-5455	$39938	$22770	$24760	**$29550**	**$31550**	Perkins	4TI	268D	16F-16R	80.0	6482	No
MF-5455 4WD	$46757	$26650	$28990	**$34600**	**$36940**	Perkins	4TI	268D	16F-16R	80.0	6941	No
MF-5455 4WD w/Cab	$56284	$32080	$34900	**$41650**	**$44460**	Perkins	4TI	268D	16F-16R	80.0	8535	CHA
MF-5455 4WD Cab Tier III	$61813	$35230	$38320	**$45740**	**$48830**	Perkins	4TI	268D	16F-16R	85.0	8598	CHA
MF-5455 4WD Tier III	$51689	$29460	$32050	**$38250**	**$40830**	Perkins	4TI	268D	16F-16R	85.0	8198	CHA
MF-5455 Cab Tier III	$54679	$31170	$33900	**$40460**	**$43200**	Perkins	4TI	268D	16F-16R	85.0	7948	CHA
MF-5455 Tier III	$44555	$25400	$27620	**$32970**	**$35200**	Perkins	4TI	268D	16F-16R	85.0	7548	No
MF-5455 w/Cab	$49466	$28200	$30670	**$36610**	**$39080**	Perkins	4TI	268D	16F-16R	80.0	7768	CHA
MF-5460 4WD	$52634	$30000	$32630	**$38950**	**$41580**	Perkins	4TI	268D	16F-15R	90.0	8808	No
MF-5460 4WD w/Cab	$62069	$35380	$38480	**$45930**	**$49040**	Perkins	4TI	268D	16F-16R	90.0	9941	CHA
MF-5460 w/Cab	$55049	$31380	$34130	**$40740**	**$43490**	Perkins	4TI	268D	16F-16R	90.0	8680	CHA
MF-5460 4WD Cab Tier III	$67397	$38420	$41790	**$49870**	**$53240**	Perkins	4TI	268D	16F-16R	95.0	8862	CHA
MF-5460 4WD Tier III	$57273	$32650	$35510	**$42380**	**$45250**	Perkins	4TI	268D	16F-16R	95.0	8462	No
MF-5460 Cab Tier III	$60117	$34270	$37270	**$44490**	**$47490**	Perkins	4TI	268D	16F-16R	95.0	8152	CHA
MF-5460 Tier III	$49993	$28500	$31000	**$37000**	**$39490**	Perkins	4TI	268D	16F-16R	95.0	7752	No
MF-5465 4WD w/Cab	$65052	$37080	$40330	**$48140**	**$51390**	Perkins	6TI	365D	16F-16R	97.0	11905	CHA
MF-5465 w/Cab	$68031	$38780	$42180	**$50340**	**$53740**	Perkins	6TI	365D	16F-16R	97.0	11195	CHA
MF-5465 4WD Cab Tier III	$70402	$40130	$43650	**$52100**	**$55620**	Perkins	6TI	402D	16F-16R	100.0	11905	CHA
MF-5465 w/Cab Tier III	$63363	$36120	$39290	**$46890**	**$50060**	Perkins	6TI	402D	16F-16R	100.0	11195	CHA
MF-5470 4WD w/Cab	$72208	$41160	$44770	**$53430**	**$57040**	Sisu	4TA	269D	16F-16R	105.0	9590	CHA
MF-5470 w/Cab	$65377	$37270	$40530	**$48380**	**$51650**	Sisu	4TA	269D	16F-16R	105.0	8880	CHA
MF-5470 4WD Cab Tier III	$73254	$41760	$45420	**$54210**	**$57870**	Sisu	4TA	269D	16F-16R	105.0	9590	CHA
MF-5470 w/Cab Tier III	$65800	$37510	$40800	**$48690**	**$51980**	Sisu	4TA	269D	16F-16R	105.0	8880	CHA
MF-5475 4WD Cab Tier III	$75928	$43280	$47080	**$56190**	**$59980**	Perkins	6TA	402D	16F-16R	110.0	11905	CHA
MF-5475 w/Cab Tier III	$68474	$39030	$42450	**$50670**	**$54090**	Perkins	6TA	402D	16F-16R	110.0	11195	CHA
MF-5480 4WD Cab Tier III	$78577	$44790	$48720	**$58150**	**$62080**	Sisu	4TI	299D	16F-16R	115.0	10163	CHA
MF-5480 w/Cab Tier III	$71240	$40610	$44170	**$52720**	**$56280**	Sisu	4TI	299D	16F-16R	115.0	9453	CHA
MF-5460SA 4WD w/Cab	$71193	$40580	$44140	**$52680**	**$56240**	Perkins	4TA	268D	16F-16R	90.0	8610	CHA
MF-5460SA w/Cab	$62227	$35470	$38580	**$46050**	**$49160**	Perkins	4TA	268D	16F-16R	90.0	7838	CHA
MF-5470SA 4WD w/Cab	$73357	$41810	$45480	**$54280**	**$57950**	Sisu	4TA	269D	16F-16R	95.0	9250	CHA
MF-5470SA w/Cab	$64463	$36740	$39970	**$47700**	**$50930**	Sisu	4TA	269D	16F-16R	95.0	8478	CHA
MF-5475SA 4WD w/Cab	$79842	$45510	$49500	**$59080**	**$63080**	Sisu	4TA	269D	16F-16R	105.0	9250	CHA
MF-5475SA w/Cab	$72327	$41230	$44840	**$53520**	**$57140**	Sisu	4TA	269D	16F-16R	105.0	8478	CHA
MF-6465 4WD w/Cab Tier III	$81943	$45070	$49170	**$59000**	**$63100**	Perkins	6TA	402D	24F-24R	100.0	11552	CHA
MF-6465 w/Cab Tier III	$72159	$39690	$43300	**$51950**	**$55560**	Perkins	6TA	402D	24F-24R	100.0	11052	CHA
MF-6475 4WD w/Cab Tier III	$91696	$50430	$55020	**$66020**	**$70610**	Perkins	6TA	402D	24F-24R	110.0	11904	CHA
MF-6475 w/Cab Tier III	$80906	$44500	$48540	**$58250**	**$62300**	Perkins	6TA	402D	24F-24R	110.0	11404	CHA
MF-6480 4WD w/Cab Tier III	$97430	$53590	$58460	**$70150**	**$75020**	Perkins	6TA	402D	24F-24R	120.0	11559	CHA
MF-6480 w/Cab Tier III	$86009	$47310	$51610	**$61930**	**$66230**	Perkins	6TA	402D	24F-24R	120.0	12058	CHA
MF-6485 4WD w/Cab Tier III	$102740	$56510	$61640	**$73970**	**$79110**	Sisu	6TA	402D	24F-24R	125.0	14440	CHA
MF-6485 w/Cab Tier III	$91127	$50120	$54680	**$65610**	**$70170**	Sisu	6TA	402D	24F-24R	125.0	13940	CHA
MF-6490 4WD w/Cab Tier III	$117339	$64540	$70400	**$84480**	**$90350**	Sisu	6TA	402D	24F-24R	140.0	14300	CHA
MF-6490 w/Cab Tier III	$105725	$58150	$63440	**$76120**	**$81410**	Sisu	6TA	402D	24F-24R	140.0	14275	CHA
MF-6495 4WD w/Cab Tier III	$124694	$68580	$74820	**$89780**	**$96010**	Sisu	6TA	402D	24F-24R	155.0	14300	CHA
MF-6495 w/Cab Tier III	$113080	$62190	$67850	**$81420**	**$87070**	Sisu	6TA	402D	24F-24R	155.0	13940	CHA
MF-6497 4WD w/Cab Tier III	$126180	$69400	$75710	**$90850**	**$97160**	Sisu	6TA	452D	24F-24R	165.0	13940	CHA
MF-6499 4WD w/Cab Tier III	$130682	$71880	$78410	**$94090**	**$100630**	Sisu	6TA	452D	24F-24R	180.0	13940	CHA
MF-7465 4WD w/Cab	$92633	$50950	$55580	**$66700**	**$71330**	Perkins	6TA	402D	21F-18R	100.0	12820	CHA
MF-7465 VT 4WD w/Cab	$96036	$52820	$57620	**$69150**	**$73950**	Perkins	6TA	402D	Variable	100.0	12820	CHA
MF-7475 4WD w/Cab	$100746	$55410	$60450	**$72540**	**$77570**	Perkins	6TA	402D	21F-18R	110.0	12820	CHA
MF-7475 VT 4WD w/Cab	$103871	$57130	$62320	**$74790**	**$79980**	Perkins	6TA	402D	Variable	110.0	12820	CHA
MF-7480 4WD w/Cab	$104329	$57380	$62600	**$75120**	**$80330**	Perkins	6TA	402D	21F-18R	120.0	12820	CHA
MF-7480 VT 4WD w/Cab	$107724	$59250	$64630	**$77560**	**$82950**	Perkins	6TA	402D	Variable	120.0	12820	CHA
MF-7485 4WD w/Cab	$115775	$63680	$69470	**$83360**	**$89150**	Sisu	6TA	402D	21F-18R	125.0	15058	CHA
MF-7485 VT 4WD w/Cab	$119169	$65540	$71500	**$85800**	**$91760**	Sisu	6TA	402D	Variable	125.0	15058	CHA

Massey Ferguson (Cont.)

Model	Approx. Retail Price New	Used Trade In Avg.	Used Trade In High	Used Retail Avg.	Used Retail High	Engine Make	Engine No. Cyls.	Engine Displ. Cu.-In.	No. Speeds	P.T.O. H.P.	Approx. Shipping Wt.-Lbs.	Cab
				2008 (Cont.)								
MF-7490 4WD w/Cab	$121659	$66910	$73000	**$87590**	**$93680**	Sisu	6TA	402D	21F-18R	140.0	15058	CHA
MF-7490 VT 4WD w/Cab	$125054	$68780	$75030	**$90040**	**$96290**	Sisu	6TA	402D	Variable	140.0	15058	CHA
MF-7495 4WD w/Cab	$129015	$70960	$77410	**$92890**	**$99340**	Sisu	6TA	402D	21F-18R	155.0	15058	CHA
MF-7495 VT 4WD w/Cab	$132409	$72830	$79450	**$95330**	**$101960**	Sisu	6TA	402D	Variable	155.0	15058	CHA
MF-8450 4WD	$140239	$79940	$86950	**$103780**	**$109390**	Sisu	6TA	452D	21F-18R	180.0	18853	CHA
MF-8450 VT 4WD	$143538	$81820	$88990	**$106220**	**$111960**	Sisu	6TA	452D	Variable	180.0	18853	CHA
MF-8460 4WD	$152857	$87130	$94770	**$113110**	**$119230**	Sisu	6TA	452D	21F-18R	200.0	18500	CHA
MF-8460 VT 4WD	$156289	$89090	$96900	**$115650**	**$121910**	Sisu	6TA	452D	Variable	200.0	18500	CHA
MF-8470 4WD	$163370	$93120	$101290	**$120890**	**$127430**	Sisu	6TA	513D	21F-18R	220.0	19700	CHA
MF-8470 VT 4WD	$166531	$94920	$103250	**$123230**	**$129890**	Sisu	6TA	513D	Variable	220.0	19700	CHA
MF-8480 4WD	$172687	$98430	$107070	**$127790**	**$134700**	Sisu	6TA	513D	21F-18R	240.0	19700	CHA
MF-8480 VT 4WD	$175819	$100220	$109010	**$130110**	**$137140**	Sisu	6TA	513D	Variable	240.0	19700	CHA
				2007								
GC 2300	$10614	$5840	$6480	**$7850**	**$8490**	Iseki	3	68D	Variable	18.7	1366	No
GC 2310 Loader/Backhoe	$19225	$9610	$10960	**$13460**	**$14610**	Iseki	3	68D	Variable	18.7	1366	No
MF-533	$16856	$8430	$9610	**$11800**	**$12810**	Perkins	3	202D	8F-2R	44.0	4321	No
MF-543	$20435	$10220	$11650	**$14310**	**$15530**	Perkins	3	202D	8F-2R	45.0	5368	No
MF-543	$21799	$10900	$12430	**$15260**	**$16570**	Perkins	3	202D	8F-8R	45.0	5368	No
MF-543 4WD	$25262	$12630	$14400	**$17680**	**$19200**	Perkins	3	202D	8F-2R	45.0	5456	No
MF-543 4WD	$26625	$13310	$15180	**$18640**	**$20240**	Perkins	3	202D	8F-8R	45.0	5456	No
MF-563	$22782	$11390	$12990	**$15950**	**$17310**	Perkins	3T	202D	8F-2R	55.0	5368	No
MF-563	$24146	$12070	$13760	**$16900**	**$18350**	Perkins	3T	202D	8F-8R	55.0	5368	No
MF-563 4WD	$28112	$14060	$16020	**$19680**	**$21370**	Perkins	3T	202D	8F-2R	55.0	5456	No
MF-563 4WD	$29476	$14740	$16800	**$20630**	**$22400**	Perkins	3T	202D	8F-8R	55.0	5456	No
MF-573	$23242	$11620	$13250	**$16270**	**$17660**	Perkins	4	268D	8F-2R	60.0	5578	No
MF-573	$24671	$12340	$14060	**$17270**	**$18750**	Perkins	4	268D	8F-8R	60.0	5578	No
MF-573 4WD	$29203	$14600	$16650	**$20440**	**$22190**	Perkins	4	268D	8F-2R	60.0	6305	No
MF-573 4WD	$30630	$15320	$17460	**$21440**	**$23280**	Perkins	4	268D	8F-8R	60.0	6305	No
MF-573 4WD w/Cab	$38651	$19330	$22030	**$27060**	**$29380**	Perkins	4	268D	8F-8R	60.0	7319	CHA
MF-573 4WD w/Cab	$39203	$19600	$22350	**$27440**	**$29790**	Perkins	4	268D	12F-4R	60.0	7319	CHA
MF-573 w/Cab	$32690	$16350	$18630	**$22880**	**$24840**	Perkins	4	268D	12F-4R	60.0	6592	CHA
MF-573 w/Cab	$33242	$16620	$18950	**$23270**	**$25260**	Perkins	4	268D	8F-8R	60.0	6592	CHA
MF-573 Low Profile	$24725	$12360	$14090	**$17310**	**$18790**	Perkins	4	268D	8F-2R	60.0	5644	No
MF-573 Low Profile	$26155	$13080	$14910	**$18310**	**$19880**	Perkins	4	268D	8F-8R	60.0	5644	No
MF-573 Low Profile 4WD	$30173	$15090	$17200	**$21120**	**$22930**	Perkins	4	268D	8F-2R	60.0	6217	No
MF-573 Low Profile 4WD	$31622	$15810	$18030	**$22140**	**$24030**	Perkins	4	268D	8F-8R	60.0	6217	No
MF-583	$25444	$12720	$14500	**$17810**	**$19340**	Perkins	4	268D	8F-2R	70.0	5576	No
MF-583	$26873	$13440	$15320	**$18810**	**$20420**	Perkins	4	268D	8F-8R	70.0	5576	No
MF-583 4WD	$31261	$15630	$17820	**$21880**	**$23760**	Perkins	4	268D	8F-2R	70.0	6305	No
MF-583 4WD	$32689	$16350	$18630	**$22880**	**$24840**	Perkins	4	268D	8F-8R	70.0	6305	No
MF-583 4WD w/Cab	$40709	$20360	$23200	**$28500**	**$30940**	Perkins	4	268D	12F-4R	70.0	7319	CHA
MF-583 4WD w/Cab	$41261	$20630	$23520	**$28880**	**$31360**	Perkins	4	268D	8F-8R	70.0	7319	CHA
MF-583 w/Cab	$34893	$17450	$19890	**$24430**	**$26520**	Perkins	4	268D	12F-4R	70.0	6592	CHA
MF-583 w/Cab	$35444	$17720	$20200	**$24810**	**$26940**	Perkins	4	268D	8F-8R	70.0	6592	CHA
MF-583 Low Profile	$26674	$13340	$15200	**$18670**	**$20270**	Perkins	4	268D	8F-2R	70.0	5644	No
MF-583 Low Profile	$28103	$14050	$16020	**$19670**	**$21360**	Perkins	4	268D	8F-8R	70.0	5644	No
MF-583 Low Profile 4WD	$32121	$16060	$18310	**$22490**	**$24410**	Perkins	4	268D	8F-2R	70.0	6217	No
MF-583 Low Profile 4WD	$33550	$16780	$19120	**$23490**	**$25500**	Perkins	4	268D	8F-8R	70.0	6217	No
MF-593	$29279	$14640	$16690	**$20500**	**$22250**	Perkins	4T	268D	12F-4R	77.0	6812	No
MF-593 4WD	$35204	$17600	$20070	**$24640**	**$26760**	Perkins	4T	268D	12F-4R	77.0	7275	No
MF-593 4WD w/Cab	$43776	$21890	$24950	**$30640**	**$33270**	Perkins	4T	268D	12F-4R	77.0	8025	CHA
MF-593 w/Cab	$37851	$18930	$21580	**$26500**	**$28770**	Perkins	4T	268D	12F-4R	77.0	7562	CHA
MF-593 Low Profile	$30012	$15010	$17110	**$21010**	**$22810**	Perkins	4T	268D	12F-4R	77.0	6063	CHA
MF-593 Low Profile 4WD	$35769	$17890	$20390	**$25040**	**$27180**	Perkins	4T	268D	12F-4R	77.0	6945	CHA
MF-596	$30773	$15390	$17540	**$21540**	**$23390**	Perkins	4T	268D	12F-4R	85.0	6812	No
MF-596 4WD	$36698	$18350	$20920	**$25690**	**$27890**	Perkins	4T	268D	12F-4R	85.0	7275	No
MF-596 4WD w/Cab	$45269	$22640	$25800	**$31690**	**$34400**	Perkins	4T	268D	12F-4R	85.0	8025	CHA
MF-596 w/Cab	$39344	$19670	$22430	**$27540**	**$29900**	Perkins	4T	268D	12F-4R	85.0	7562	CHA
MF-596 Low Profile	$31506	$15750	$17960	**$22050**	**$23950**	Perkins	4T	268D	12F-4R	85.0	6063	No
MF-596 Low Profile 4WD	$37263	$18630	$21240	**$26080**	**$28320**	Perkins	4T	268D	12F-4R	85.0	6945	No
MF-1523 4WD	$11570	$5790	$6600	**$8100**	**$8790**	Iseki	3	68D	6F-2R	19.0	1300	No
MF-1523H 4WD Hydro	$13095	$6550	$7460	**$9170**	**$9950**	Iseki	3	68D	Variable	18.5	1300	No
MF-1528 4WD	$13915	$6960	$7930	**$9740**	**$10580**	Iseki	3	89D	9F-3R	24.5	1715	No
MF-1528H 4WD Hydro	$15536	$7770	$8860	**$10880**	**$11810**	Iseki	3	89D	Variable	22.3	1715	No
MF-1529 4WD	$14965	$7480	$8530	**$10480**	**$11370**	Iseki	3	91D	8F-8R	23.0	1715	No
MF-1531H Hydro	$16848	$8420	$9600	**$11790**	**$12800**	Iseki	3	91D	Variable	25.9	2956	No
MF-1532 4WD	$15679	$7840	$8940	**$10980**	**$11920**	Iseki	3	91D	9F-3R	26.5	2956	No
MF-1532 4WD	$16459	$8230	$9380	**$11520**	**$12510**	Iseki	3	91D	8F-8R	26.5	2956	No
MF-1533 4WD SyncShuttle	$18006	$9000	$10260	**$12600**	**$13690**	Iseki	3	91D	8F-8R	26.0	2667	No
MF-1533 4WD PowerShuttle	$19142	$9570	$10910	**$13400**	**$14550**	Iseki	3	91D	12F-12R	26.0	3064	No
MF-1533 4WD PwrShuttle w/Cab	$26456	$13230	$15080	**$18520**	**$20110**	Iseki	3	91D	12F-12R	26.0	3360	CHA
MF-1533H 4WD Hydro	$19751	$9880	$11260	**$13830**	**$15010**	Iseki	3	91D	Variable	24.5	2902	No
MF-1533H 4WD Hydro w/Cab	$27065	$13530	$15430	**$18950**	**$20570**	Iseki	3	91D	Variable	24.5	3360	CHA
MF-1540 4WD SyncShuttle	$20526	$10260	$11700	**$14370**	**$15600**	Iseki	3T	91D	8F-8R	31.0	2667	No
MF-1540 4WD PowerShuttle	$21610	$10810	$12320	**$15130**	**$16420**	Iseki	3T	91D	12F-12R	31.0	3014	No
MF-1540H 4WD Hydro	$22178	$11090	$12640	**$15530**	**$16860**	Iseki	3T	91D	Variable	29.5	3070	No
MF-1547 2WD SyncShuttle	$20225	$10110	$11530	**$14160**	**$15370**	Iseki	4	134D	8F-8R	38.0	3597	No
MF-1547 4WD SyncShuttle	$24051	$12030	$13710	**$16840**	**$18280**	Iseki	4	134D	8F-8R	38.0	3597	No
MF-1547 4WD PowerShuttle	$25189	$12600	$14360	**$17630**	**$19140**	Iseki	4	134D	12F-12R	38.0	4331	No
MF-1547 4WD DynaQPS w/Cab	$34372	$17190	$19590	**$24060**	**$26120**	Iseki	4	134D	12F-12R	38.0	4331	CHA
MF-1547H 4WD Hydro	$25846	$12920	$14730	**$18090**	**$19640**	Iseki	4	134D	Variable	36.5	4330	No
MF-1547H 4WD Hydro w/Cab	$34372	$17190	$19590	**$24060**	**$26120**	Iseki	4	134D	Variable	36.5	4330	CHA
MF-1552 2WD SyncShuttle	$20902	$10450	$11910	**$14630**	**$15890**	Iseki	4	180D	8F-8R	41.0	3438	No

Massey Ferguson (Cont.)

2007 (Cont.)

	Approx. Retail Price New	Estimated Value Less Repairs: Used Trade In Avg.	Used Trade In High	Used Retail Avg.	Used Retail High	Engine Make	No. Cyls.	Displ. Cu.-In.	No. Speeds	P.T.O. H.P.	Approx. Shipping Wt.-Lbs.	Cab
MF-1552 4WD SyncShuttle	$24968	$12480	$14230	**$17480**	**$18980**	Iseki	4	180D	8F-8R	41.0	3663	No
MF-1552 4WD PowerShuttle	$26371	$13190	$15030	**$18460**	**$20040**	Iseki	4	180D	12F-12R	41.0	3663	No
MF-1552 DynaQPS w/Cab	$35682	$17840	$20340	**$24980**	**$27120**	Iseki	4	180D	12F-12R	41.0	4023	CHA
MF-1560 4WD	$28232	$14120	$16090	**$19760**	**$21460**	Iseki	4	180D	12F-12R	46.4	4078	No
MF-1560 4WD w/Cab	$36934	$18470	$21050	**$25850**	**$28070**	Iseki	4	180D	12F-12R	46.4	4464	CHA
MF-1560 DynaQPS 4WD w/Cab	$37572	$18790	$21420	**$26300**	**$28560**	Iseki	4	180D	12F-12R	41.0	4579	CHA
MF-3425F 4WD	$37770	$18890	$21530	**$26440**	**$28710**	Perkins	3T	202D	20F-10R	57.0		No
MF-3425F 4WD w/Cab	$45801	$22900	$26110	**$32060**	**$34810**	Perkins	3T	202D	20F-10R	57.0		CHA
MF-3425GE 4WD	$37318	$18660	$21270	**$26120**	**$28360**	Perkins	3T	202D	20F-10R	57.0		No
MF-3425GE 4WD w/Cab	$45349	$22680	$25850	**$31740**	**$34470**	Perkins	3T	202D	20F-10R	57.0		CHA
MF-3425S 4WD	$37265	$18630	$21240	**$26090**	**$28320**	Perkins	3T	202D	20F-10R	57.0		No
MF-3425S 4WD w/Cab	$45296	$22650	$25820	**$31710**	**$34430**	Perkins	3T	202D	20F-10R	57.0		CHA
MF-3425V 4WD	$37265	$18630	$21240	**$26090**	**$28320**	Perkins	3T	202D	20F-10R	57.0		No
MF-3425V 4WD w/Cab	$45296	$22650	$25820	**$31710**	**$34430**	Perkins	3T	202D	20F-10R	57.0		CHA
MF-3435F 4WD	$39406	$19700	$22460	**$27580**	**$29950**	Perkins	4	268D	20F-10R	72.0		No
MF-3435F 4WD w/Cab	$47438	$23720	$27040	**$33210**	**$36050**	Perkins	4	268D	20F-10R	72.0		CHA
MF-3435GE 4WD	$38954	$19480	$22200	**$27270**	**$29610**	Perkins	4	268D	20F-10R	72.0		No
MF-3435GE 4WD w/Cab	$49986	$24990	$28490	**$34990**	**$37990**	Perkins	4	268D	20F-10R	72.0		CHA
MF-3435S	$38900	$19450	$22170	**$27230**	**$29560**	Perkins	4	268D	20F-10R	72.0		No
MF-3435S w/Cab	$46933	$23470	$26750	**$32850**	**$35670**	Perkins	4	268D	20F-10R	72.0		CHA
MF-3435V 4WD	$38900	$19450	$22170	**$27230**	**$29560**	Perkins	4	268D	20F-10R	72.0		No
MF-3435V w/Cab	$46933	$23470	$26750	**$32850**	**$35670**	Perkins	4	268D	20F-10R	72.0		CHA
MF-3445F 4WD	$42506	$21250	$24230	**$29750**	**$32310**	Perkins	4T	268D	20F-10R	80.0		No
MF-3445F 4WD w/Cab	$50539	$25270	$28810	**$35380**	**$38410**	Perkins	4T	268D	20F-10R	80.0		CHA
MF-3445GE 4WD	$41953	$20980	$23910	**$29370**	**$31880**	Perkins	4T	268D	20F-10R	80.0		No
MF-3445GE 4WD w/Cab	$49986	$24990	$28490	**$34990**	**$37990**	Perkins	4T	268D	20F-10R	80.0		CHA
MF-3455F 4WD	$45507	$22750	$25940	**$31860**	**$34590**	Perkins	4T	268D	20F-10R	88.0		No
MF-3455F 4WD w/Cab	$53539	$26770	$30520	**$37480**	**$40690**	Perkins	4T	268D	20F-10R	88.0		CHA
MF-3455GE	$44953	$22480	$25620	**$31470**	**$34160**	Perkins	4T	268D	20F-10R	88.0		No
MF-3455GE w/Cab	$52986	$26490	$30200	**$37090**	**$40270**	Perkins	4T	268D	20F-10R	88.0		CHA
MF-3625	$25680	$12840	$14380	**$17460**	**$19000**	Sisu	3T	201D	8F-8R	55.0		No
MF-3625	$27759	$13880	$15550	**$18880**	**$20540**	Sisu	3T	201D	12F-12R	55.0		No
MF-3625 4WD	$30959	$15480	$17340	**$21050**	**$22910**	Sisu	3T	201D	8F-8R	55.0		No
MF-3625 4WD	$33035	$16520	$18500	**$22460**	**$24450**	Sisu	3T	201D	12F-12R	55.0		No
MF-3625 4WD w/Cab	$40050	$20030	$22430	**$27230**	**$29640**	Sisu	3T	201D	8F-8R	55.0		CHA
MF-3625 4WD w/Cab	$42120	$21060	$23590	**$28640**	**$31170**	Sisu	3T	201D	12F-12R	55.0		CHA
MF-3625 w/Cab	$34774	$17390	$19470	**$23650**	**$25730**	Sisu	3T	201D	8F-8R	55.0		CHA
MF-3625 w/Cab	$36853	$18430	$20640	**$25060**	**$27270**	Sisu	3T	201D	12F-12R	55.0		CHA
MF-3635	$28561	$14280	$15990	**$19420**	**$21140**	Sisu	3T	201D	8F-8R	65.0		No
MF-3635	$30640	$15320	$17160	**$20840**	**$22670**	Sisu	3T	201D	12F-12R	65.0		No
MF-3635 4WD	$33969	$16990	$19020	**$23100**	**$25140**	Sisu	3T	201D	8F-8R	65.0		No
MF-3635 4WD	$36050	$18030	$20190	**$24510**	**$26680**	Sisu	3T	201D	12F-12R	65.0		No
MF-3635 4WD w/Cab	$42063	$21030	$23560	**$28600**	**$31130**	Sisu	3T	201D	8F-8R	65.0		CHA
MF-3635 4WD w/Cab	$44142	$22070	$24720	**$30020**	**$32670**	Sisu	3T	201D	12F-12R	65.0		CHA
MF-3635 w/Cab	$37655	$18830	$21090	**$25610**	**$27870**	Sisu	3T	201D	8F-8R	65.0		CHA
MF-3635 w/Cab	$39734	$19870	$22250	**$27020**	**$29400**	Sisu	3T	201D	12F-12R	65.0		CHA
MF-3645	$31620	$15810	$17710	**$21500**	**$23400**	Sisu	3T	201D	8F-8R	75.0		No
MF-3645	$33699	$16850	$18870	**$22920**	**$24940**	Sisu	3T	201D	12F-12R	75.0		No
MF-3645 4WD	$37116	$18560	$20790	**$25240**	**$27470**	Sisu	3T	201D	8F-8R	75.0		No
MF-3645 4WD	$39195	$19600	$21950	**$26650**	**$29000**	Sisu	3T	201D	12F-12R	75.0		No
MF-3645 4WD w/Cab	$46210	$23110	$25880	**$31420**	**$34200**	Sisu	3T	201D	8F-8R	75.0		CHA
MF-3645 4WD w/Cab	$48289	$24150	$27040	**$32840**	**$35730**	Sisu	3T	201D	12F-12R	75.0		CHA
MF-3645 w/Cab	$40714	$20360	$22800	**$27690**	**$30130**	Sisu	3T	201D	8F-8R	75.0		CHA
MF-3645 w/Cab	$42793	$21400	$23960	**$29100**	**$31670**	Sisu	3T	201D	12F-12R	75.0		CHA
MF-5435	$32232	$16120	$18050	**$21920**	**$23850**	Perkins	4	268D	16F-16R	60.0	6817	No
MF-5435 4WD	$38906	$19450	$21790	**$26460**	**$28790**	Perkins	4	268D	16F-16R	60.0	6914	No
MF-5435 4WD w/Cab	$48247	$24120	$27020	**$32810**	**$35700**	Perkins	4	268D	16F-16R	60.0	8565	CHA
MF-5435 w/Cab	$41573	$20790	$23280	**$28270**	**$30760**	Perkins	4	268D	16F-16R	60.0	7890	CHA
MF-5445	$35081	$17540	$19650	**$23860**	**$25960**	Perkins	4TI	268D	16F-16R	70.0	6130	No
MF-5445 4WD	$41755	$20880	$23380	**$28390**	**$30900**	Perkins	4TI	268D	16F-16R	70.0	6941	No
MF-5445 4WD w/Cab	$51096	$25550	$28610	**$34750**	**$37810**	Perkins	4TI	268D	16F-16R	70.0	8565	CHA
MF-5445 w/Cab	$44422	$22210	$24880	**$30210**	**$32870**	Perkins	4TI	268D	16F-16R	70.0	7890	CHA
MF-5455 4WD	$45741	$22870	$25620	**$31100**	**$33850**	Perkins	4TI	268D	16F-16R	80.0	6941	No
MF-5455	$39068	$19530	$21880	**$26570**	**$28910**	Perkins	4TI	268D	16F-16R	80.0	6482	No
MF-5455 4WD w/Cab	$55082	$27540	$30850	**$37460**	**$40760**	Perkins	4TI	268D	16F-16R	80.0	8535	CHA
MF-5455 w/Cab	$48409	$24210	$27110	**$32920**	**$35820**	Perkins	4TI	268D	16F-16R	80.0	7768	CHA
MF-5460	$44647	$22320	$25000	**$30360**	**$33040**	Perkins	4TA	268D	16F-16R	90.0	7047	No
MF-5460 4WD	$51454	$25730	$28810	**$34990**	**$38080**	Perkins	4TA	268D	16F-15R	90.0	8808	No
MF-5460 4WD w/Cab	$60713	$30360	$34000	**$41290**	**$44930**	Perkins	4TA	268D	16F-16R	90.0	9941	CHA
MF-5460 w/Cab	$53897	$26950	$30180	**$36650**	**$39880**	Perkins	4TA	268D	16F-16R	90.0	8680	CHA
MF-5465 4WD w/Cab	$63628	$31810	$35630	**$43270**	**$47090**	Perkins	6TI	365D	16F-16R	97.0		CHA
MF-5465 w/Cab	$56821	$28410	$31820	**$38640**	**$42050**	Perkins	6TI	365D	16F-16R	97.0		CHA
MF-5470 4WD w/Cab	$70644	$35320	$39560	**$48040**	**$52280**	Sisu	4TA	269D	16F-16R	105.o		CHA
MF-5470 w/Cab	$64032	$32020	$35860	**$43540**	**$47380**	Sisu	4TA	269D	16F-16R	105.o		CHA
MF-5460SA 4WD w/Cab	$71029	$35520	$39780	**$48300**	**$52560**	Perkins	4TA	268D	16F-16R	90.0	8610	CHA
MF-5460SA w/Cab	$62274	$31140	$34870	**$42350**	**$46080**	Perkins	4TA	268D	16F-16R	90.0	7838	CHA
MF-5470SA 4WD w/Cab	$73193	$36600	$40990	**$49770**	**$54160**	Sisu	4TA	269D	16F-16R	95.0	9250	CHA
MF-5470SA w/Cab	$64510	$32260	$36130	**$43870**	**$47740**	Sisu	4TA	269D	16F-16R	95.0	8478	CHA
MF-5475SA 4WD w/Cab	$79410	$39710	$44470	**$54000**	**$58760**	Sisu	4TA	269D	16F-16R	105.0	9250	CHA
MF-5475SA w/Cab	$72173	$36090	$40420	**$49080**	**$53410**	Sisu	4TA	269D	16F-16R	105.0	8478	CHA
MF-6465 4WD w/Cab	$78376	$36840	$41540	**$51730**	**$56430**	Sisu	6TA	402D	24F-24R	100.0	11552	CHA
MF-6465 w/Cab	$68873	$32370	$36500	**$45460**	**$49590**	Sisu	6TA	402D	24F-24R	100.0	11052	CHA
MF-6475 4WD w/Cab	$88800	$41740	$47060	**$58610**	**$63940**	Sisu	6TA	402D	24F-24R	110.0	11904	CHA
MF-6475 w/Cab	$77948	$36640	$41310	**$51450**	**$56120**	Sisu	6TA	402D	24F-24R	110.0	11404	CHA

Massey Ferguson (Cont.)

	Approx. Retail Price New	Estimated Value Less Repairs Used Trade In Avg.	High	Used Retail Avg.	High	Engine Make	No. Cyls.	Displ. Cu.-In.	No. Speeds	P.T.O. H.P.	Approx. Shipping Wt.-Lbs.	Cab
2007 (Cont.)												
MF-6480 4WD w/Cab	$95806	$45030	$50780	**$63230**	**$68980**	Sisu	6TA	402D	24F-24R	120.0	11559	CHA
MF-6480 w/Cab	$85290	$40090	$45200	**$56290**	**$61410**	Sisu	6TA	402D	24F-24R	120.0	12058	CHA
MF-6485 4WD w/Cab	$100866	$47410	$53460	**$66570**	**$72620**	Sisu	6TA	402D	24F-24R	125.0	14440	CHA
MF-6485 w/Cab	$90184	$42390	$47800	**$59520**	**$64930**	Sisu	6TA	402D	24F-24R	125.0	13940	CHA
MF-6490 4WD w/Cab	$109713	$51570	$58150	**$72410**	**$78990**	Sisu	6TA	402D	24F-24R	140.0		CHA
MF-6490 w/Cab	$99053	$46560	$52500	**$65380**	**$71320**	Sisu	6TA	402D	24F-24R	140.0		CHA
MF-6495 4WD w/Cab	$116604	$54800	$61800	**$76960**	**$83960**	Sisu	6TA	402D	24F-24R	155.0		CHA
MF-6495 w/Cab	$106521	$50070	$56460	**$70300**	**$76700**	Sisu	6TA	402D	24F-24R	155.0	13940	CHA
MF-6497 w/Cab	$109068	$51260	$57810	**$71990**	**$78530**	Sisu	6TA	452D	24F-24R	165.0	13940	CHA
MF-6497 4WD w/Cab	$119151	$56000	$63150	**$78640**	**$85790**	Sisu	6TA	452D	24F-24R	165.0	13940	CHA
MF-7465 4WD w/Cab	$82256	$38660	$43600	**$54290**	**$59220**	Perkins	6TA	402D	21F-18R	100.0	12820	CHA
MF-7465 VT 4WD w/Cab	$85600	$40230	$45370	**$56500**	**$61630**	Perkins	6TA	402D	Variable	100.0	12820	CHA
MF-7475 4WD w/Cab	$91215	$42870	$48340	**$60200**	**$65680**	Perkins	6TA	402D	21F-18R	110.0	12820	CHA
MF-7475 VT 4WD w/Cab	$94560	$44440	$50120	**$62410**	**$68080**	Perkins	6TA	402D	Variable	110.0	12820	CHA
MF-7480 4WD w/Cab	$96893	$45540	$51350	**$63950**	**$69760**	Perkins	6TA	402D	21F-18R	120.0	12820	CHA
MF-7480 VT 4WD w/Cab	$100237	$47110	$53130	**$66160**	**$72170**	Perkins	6TA	402D	Variable	120.0	12820	CHA
MF-7485 4WD w/Cab	$108218	$50860	$57360	**$71420**	**$77920**	Sisu	6TA	402D	21F-18R	125.0	15058	CHA
MF-7485 VT 4WD w/Cab	$111465	$52390	$59080	**$73570**	**$80260**	Sisu	6TA	402D	Variable	125.0	15058	CHA
MF-7490 4WD w/Cab	$113846	$53510	$60340	**$75140**	**$81970**	Sisu	6TA	402D	21F-18R	140.0	15058	CHA
MF-7490 VT 4WD w/Cab	$117093	$55030	$62060	**$77280**	**$84310**	Sisu	6TA	402D	Variable	140.0	15058	CHA
MF-7495 4WD w/Cab	$120880	$56810	$64070	**$79780**	**$87030**	Sisu	6TA	402D	21F-18R	155.0	15058	CHA
MF-7495 VT 4WD w/Cab	$124128	$58340	$65790	**$81920**	**$89370**	Sisu	6TA	402D	Variable	155.0	15058	CHA
MF-8450 4WD	$131617	$68440	$75020	**$89500**	**$96080**	Sisu	6TA	452D	21F-18R	180.0	18853	CHA
MF-8450 VT 4WD	$134791	$70090	$76830	**$91660**	**$98400**	Sisu	6TA	452D	Variable	180.0	18853	CHA
MF-8460 4WD	$143686	$74720	$81900	**$97710**	**$104890**	Sisu	6TA	452D	21F-18R	200.0	18500	CHA
MF-8460 VT 4WD	$146969	$76420	$83770	**$99940**	**$107290**	Sisu	6TA	452D	Variable	200.0	18500	CHA
MF-8470 4WD	$154290	$80230	$87950	**$104920**	**$112630**	Sisu	6TA	513D	21F-18R	220.0	19700	CHA
MF-8470 VT 4WD	$156813	$81540	$89380	**$106630**	**$114470**	Sisu	6TA	513D	Variable	220.0	19700	CHA
MF-8480 4WD	$162702	$84610	$92740	**$110640**	**$118770**	Sisu	6TA	513D	21F-18R	240.0	19700	CHA
MF-8480 VT 4WD	$166416	$86540	$94860	**$113160**	**$121480**	Sisu	6TA	513D	Variable	240.0	19700	CHA
2006												
GC 2300	$10504	$5360	$5990	**$7350**	**$7980**	Iseki	3	68D	Variable	18.7	1366	No
GC 2310 Loader/Backhoe	$18848	$8480	$9990	**$12440**	**$13760**	Iseki	3	68D	Variable	18.7	1366	No
MF-431	$16773	$7550	$8890	**$11070**	**$12240**	Perkins	3	202D	8F-2R	44.0	4321	No
MF-451	$20369	$9170	$10800	**$13440**	**$14870**	Perkins	3	202D	8F-2R	45.0	4738	No
MF-451	$21635	$9740	$11470	**$14280**	**$15790**	Perkins	3	202D	8F-8R	45.0	4738	No
MF-451 4WD	$24791	$11160	$13140	**$16360**	**$18100**	Perkins	3	202D	8F-2R	45.0	5238	No
MF-451 4WD	$26057	$11730	$13810	**$17200**	**$19020**	Perkins	3	202D	8F-8R	45.0	5238	No
MF-461	$24034	$10820	$12740	**$15860**	**$17550**	Perkins	3T	202D	8F-8R	55.0	5368	No
MF-461 4WD	$29364	$13210	$15560	**$19380**	**$21440**	Perkins	3T	202D	8F-8R	55.0	5468	No
MF-471	$23286	$10480	$12340	**$15370**	**$17000**	Perkins	4	268D	8F-2R	60.0	5578	No
MF-471	$24578	$11060	$13030	**$16220**	**$17940**	Perkins	4	268D	8F-8R	60.0	5578	No
MF-471 w/Cab	$32825	$14770	$17400	**$21670**	**$23960**	Perkins	4	268D	8F-8R	60.0	5578	CHA
MF-471 Low Profile	$24484	$11020	$12980	**$16160**	**$17870**	Perkins	4	268D	8F-2R	60.0	5578	No
MF-471 Low Profile	$25912	$11660	$13730	**$17100**	**$18920**	Perkins	4	268D	8F-8R	60.0	5578	No
MF-471 Low Profile 4WD	$29931	$13470	$15860	**$19750**	**$21850**	Perkins	4	268D	8F-2R	60.0	5578	No
MF-471 Low Profile 4WD	$31358	$14110	$16620	**$20700**	**$22890**	Perkins	4	268D	8F-8R	60.0	5578	No
MF-471 4WD	$29005	$13050	$15370	**$19140**	**$21170**	Perkins	4	268D	8F-2R	60.0	6305	No
MF-471 4WD	$30297	$13630	$16060	**$20000**	**$22120**	Perkins	4	268D	8F-8R	60.0	6305	No
MF-471 4WD w/Cab	$38544	$17350	$20430	**$25440**	**$28140**	Perkins	4	268D	8F-8R	60.0	6305	CHA
MF-481	$25234	$11360	$13370	**$16650**	**$18420**	Perkins	4	268D	8F-2R	70.0	5750	No
MF-481	$26526	$11940	$14060	**$17510**	**$19360**	Perkins	4	268D	8F-8R	70.0	5750	No
MF-481 w/Cab	$34773	$15650	$18430	**$22950**	**$25380**	Perkins	4	268D	8F-8R	70.0	5750	CHA
MF-481 Low Profile	$26432	$11890	$14010	**$17450**	**$19300**	Perkins	4	268D	8F-2R	70.0	5750	No
MF-481 Low Profile	$27860	$12540	$14770	**$18390**	**$20340**	Perkins	4	268D	8F-8R	70.0	5750	No
MF-481 Low Profile 4WD	$31978	$14390	$16950	**$21110**	**$23340**	Perkins	4	268D	8F-2R	70.0	5750	No
MF-481 Low Profile 4WD	$33307	$14990	$17650	**$21980**	**$24310**	Perkins	4	268D	8F-8R	70.0	5750	No
MF-481 4WD	$30953	$13930	$16410	**$20430**	**$22600**	Perkins	4	268D	8F-2R	70.0	6349	No
MF-481 4WD	$32245	$14510	$17090	**$21280**	**$23540**	Perkins	4	268D	8F-8R	70.0	6349	No
MF-481 4WD w/Cab	$40492	$18220	$21460	**$26730**	**$29560**	Perkins	4	268D	8F-8R	70.0	6349	CHA
MF-491	$29386	$13220	$15580	**$19400**	**$21450**	Perkins	4T	268D	12F-4R	77.0	6812	No
MF-491 4WD	$35181	$15830	$18650	**$23220**	**$25680**	Perkins	4T	268D	12F-4R	77.0	7275	No
MF-491 4WD w/Cab	$43883	$19750	$23260	**$28960**	**$32040**	Perkins	4T	268D	12F-4R	77.0	8026	CHA
MF-491 w/Cab	$37958	$17080	$20120	**$25050**	**$27710**	Perkins	4T	268D	12F-4R	77.0	7262	CHA
MF-491 Low Profile	$29770	$13400	$15780	**$19650**	**$21730**	Perkins	4T	268D	12F-4R	77.0	6812	No
MF-491 Low Profile 4WD	$35527	$15990	$18830	**$23450**	**$25940**	Perkins	4T	268D	12F-4R	77.0	6812	No
MF-492	$30867	$13890	$16360	**$20370**	**$22530**	Perkins	4T	268D	12F-4R	85.0	6812	No
MF-492 4WD	$36662	$16500	$19430	**$24200**	**$26760**	Perkins	4T	268D	12F-4R	85.0	7275	No
MF-492 4WD w/Cab	$45376	$20420	$24050	**$29950**	**$33120**	Perkins	4T	268D	12F-4R	85.0	8025	CHA
MF-492 w/Cab	$39451	$17750	$20910	**$26040**	**$28800**	Perkins	4T	268D	12F-4R	85.0	7262	CHA
MF-492 Low Profile	$31263	$14070	$16570	**$20630**	**$22820**	Perkins	4T	268D	12F-4R	85.0	6812	No
MF-492 Low Profile 4WD	$37020	$16660	$19620	**$24430**	**$27030**	Perkins	4T	268D	12F-4R	85.0	6812	No
MF-533	$16856	$7590	$8930	**$11130**	**$12310**	Perkins	3	202D	8F-2R	44.0		No
MF-543	$20435	$9200	$10830	**$13490**	**$14920**	Perkins	3	202D	8F-2R	45.0		No
MF-543	$21799	$9810	$11550	**$14390**	**$15910**	Perkins	3	202D	8F-8R	45.0		No
MF-543 4WD	$25438	$11450	$13480	**$16790**	**$18570**	Perkins	3	202D	8F-2R	45.0		No
MF-543 4WD	$26801	$12060	$14210	**$17690**	**$19570**	Perkins	3	202D	8F-8R	45.0		No
MF-563	$22782	$10250	$12070	**$15040**	**$16630**	Perkins	3T	202D	8F-2R	55.0		No
MF-563	$24146	$10870	$12800	**$15940**	**$17630**	Perkins	3T	202D	8F-8R	55.0		No
MF-563 4WD	$28040	$12620	$14860	**$18510**	**$20470**	Perkins	3T	202D	8F-2R	55.0		No
MF-563 4WD	$29404	$13230	$15580	**$19410**	**$21470**	Perkins	3T	202D	8F-8R	55.0		No
MF-573	$23242	$10460	$12320	**$15340**	**$16970**	Perkins	4	268D	8F-2R	60.0		No
MF-573	$24690	$11110	$13090	**$16300**	**$18020**	Perkins	4	268D	8F-8R	60.0		No

Massey Ferguson (Cont.)

2006 (Cont.)

Model	Approx. Retail Price New	Estimated Value Less Repairs: Used Trade In Avg.	Used Trade In High	Used Retail Avg.	Used Retail High	Make	Engine No. Cyls.	Displ. Cu.-In.	No. Speeds	P.T.O. H.P.	Approx. Shipping Wt.-Lbs.	Cab
MF-573 4WD	$29313	$13190	$15540	**$19350**	**$21400**	Perkins	4	268D	8F-2R	60.0		No
MF-573 4WD	$30741	$13830	$16290	**$20290**	**$22440**	Perkins	4	268D	8F-8R	60.0		No
MF-573 4WD w/Cab	$38761	$17440	$20540	**$25580**	**$28300**	Perkins	4	268D	12F-4R	60.0		CHA
MF-573 4WD w/Cab	$39313	$17690	$20840	**$25950**	**$28700**	Perkins	4	268D	8F-8R	60.0		CHA
MF-573 w/Cab	$33352	$15010	$17680	**$22010**	**$24350**	Perkins	4	268D	12F-4R	60.0		CHA
MF-573 Low Profile	$24725	$11130	$13100	**$16320**	**$18050**	Perkins	4	268D	8F-2R	60.0		No
MF-573 Low Profile	$26155	$11770	$13860	**$17260**	**$19090**	Perkins	4	268D	8F-8R	60.0		No
MF-573 Low Profile 4WD	$30173	$13580	$15990	**$19910**	**$22030**	Perkins	4	268D	8F-2R	60.0		No
MF-573 Low Profile 4WD	$31622	$14230	$16760	**$20870**	**$23080**	Perkins	4	268D	8F-8R	60.0		No
MF-583	$25300	$11390	$13410	**$16700**	**$18470**	Perkins	4	268D	8F-2R	70.0		No
MF-583	$26729	$12030	$14170	**$17640**	**$19510**	Perkins	4	268D	8F-8R	70.0		No
MF-583 4WD	$31261	$14070	$16570	**$20630**	**$22820**	Perkins	4	268D	8F-2R	70.0		No
MF-583 4WD	$32689	$14710	$17330	**$21580**	**$23860**	Perkins	4	268D	8F-8R	70.0		No
MF-583 4WD w/Cab	$40709	$18320	$21580	**$26870**	**$29720**	Perkins	4	268D	12F-4R	70.0		CHA
MF-583 4WD w/Cab	$41261	$18570	$21870	**$27230**	**$30120**	Perkins	4	268D	8F-8R	70.0		CHA
MF-583 w/Cab	$34748	$15640	$18420	**$22930**	**$25370**	Perkins	4	268D	12F-4R	70.0		CHA
MF-583 w/Cab	$35290	$15880	$18700	**$23290**	**$25760**	Perkins	4	268D	8F-8R	70.0		CHA
MF-583 Low Profile	$26674	$12000	$14140	**$17610**	**$19470**	Perkins	4	268D	8F-2R	70.0		No
MF-583 Low Profile	$28103	$12650	$14900	**$18550**	**$20520**	Perkins	4	268D	8F-8R	70.0		No
MF-583 Low Profile 4WD	$32121	$14450	$17020	**$21200**	**$23450**	Perkins	4	268D	8F-2R	70.0		No
MF-583 Low Profile 4WD	$33550	$15100	$17780	**$22140**	**$24490**	Perkins	4	268D	8F-8R	70.0		No
MF-593	$29199	$13140	$15480	**$19270**	**$21320**	Perkins	4T	268D	12F-4R	77.0		No
MF-593 4WD	$35124	$15810	$18620	**$23180**	**$25640**	Perkins	4T	268D	12F-4R	77.0		No
MF-593 4WD w/Cab	$43696	$19660	$23160	**$28840**	**$31900**	Perkins	4T	268D	12F-4R	77.0		CHA
MF-593 w/Cab	$37771	$17000	$20020	**$24930**	**$27570**	Perkins	4T	268D	12F-4R	77.0		CHA
MF-593 Low Profile	$30012	$13510	$15910	**$19810**	**$21910**	Perkins	4T	268D	12F-4R	77.0		CHA
MF-593 Low Profile 4WD	$35769	$16100	$18960	**$23610**	**$26110**	Perkins	4T	268D	12F-4R	77.0		CHA
MF-596	$30693	$13810	$16270	**$20260**	**$22410**	Perkins	4T	268D	12F-4R	85.0		No
MF-596 4WD	$36617	$16480	$19410	**$24170**	**$26730**	Perkins	4T	268D	12F-4R	85.0		No
MF-596 4WD w/Cab	$45189	$20340	$23950	**$29830**	**$32990**	Perkins	4T	268D	12F-4R	85.0		CHA
MF-596 w/Cab	$39264	$17670	$20810	**$25910**	**$28660**	Perkins	4T	268D	12F-4R	85.0		CHA
MF-596 Low Profile	$31506	$14180	$16700	**$20790**	**$23000**	Perkins	4T	268D	12F-4R	85.0		No
MF-596 Low Profile 4WD	$37263	$16770	$19750	**$24590**	**$27200**	Perkins	4T	268D	12F-4R	85.0		No
MF-1523 4WD	$11342	$5100	$6010	**$7490**	**$8280**	Iseki	3	68D	6F-2R	19.0	1300	No
MF-1523H 4WD Hydro	$12837	$5780	$6800	**$8470**	**$9370**	Iseki	3	68D	Variable	18.5	1300	No
MF-1528 4WD	$13772	$6200	$7300	**$9090**	**$10050**	Iseki	3	89D	9F-3R	24.5	1715	No
MF-1528H 4WD Hydro	$15362	$6910	$8140	**$10140**	**$11210**	Iseki	3	89D	Variable	22.3	1715	No
MF-1531H Hydro	$16648	$7490	$8820	**$10990**	**$12150**	Iseki	3	91D	Variable	25.9	2956	No
MF-1533 4WD SyncShuttle	$17663	$7950	$9360	**$11660**	**$12890**	Iseki	3	91D	8F-8R	26.0	2667	No
MF-1533 4WD PowerShuttle	$18787	$8450	$9960	**$12400**	**$13720**	Iseki	3	91D	12F-12R	26.0	3064	No
MF-1533 4WD PwrShuttle w/Cab	$26029	$11710	$13800	**$17180**	**$19000**	Iseki	3	91D	12F-12R	26.0	3064	CHA
MF-1533H 4WD Hydro	$19390	$8730	$10280	**$12800**	**$14160**	Iseki	3	91D	Variable	24.5	2902	No
MF-1540 4WD SyncShuttle	$20158	$9070	$10680	**$13300**	**$14720**	Iseki	3T	91D	8F-8R	31.0	2667	No
MF-1540 4WD PowerShuttle	$21186	$9530	$11230	**$13980**	**$15470**	Iseki	3T	91D	12F-12R	31.0	3014	No
MF-1540H 4WD Hydro	$21793	$9810	$11550	**$14380**	**$15910**	Iseki	3T	91D	Variable	29.5	3070	No
MF-1547 2WD SyncShuttle	$20022	$9010	$10610	**$13220**	**$14620**	Iseki	4	134D	8F-8R	38.0	4331	No
MF-1547 4WD SyncShuttle	$23810	$10720	$12620	**$15720**	**$17380**	Iseki	4	134D	8F-8R	38.0	4331	No
MF-1547 4WD PowerShuttle	$24939	$11220	$13220	**$16460**	**$18210**	Iseki	4	134D	12F-12R	38.0	4331	No
MF-1547 4WD DynaQPS w/Cab	$34029	$15310	$18040	**$22460**	**$24840**	Iseki	4	134D	12F-12R	38.0	4331	CHA
MF-1547H 4WD Hydro	$25387	$11420	$13460	**$16760**	**$18530**	Iseki	4	134D	Variable	36.5	4330	No
MF-1547H 4WD Hydro w/Cab	$34029	$15310	$18040	**$22460**	**$24840**	Iseki	4	134D	Variable	36.5	4330	CHA
MF-1552 2WD SyncShuttle	$20692	$9310	$10970	**$13660**	**$15110**	Iseki	4	180D	8F-8R	41.0	3438	No
MF-1552 4WD SyncShuttle	$24718	$11120	$13100	**$16310**	**$18040**	Iseki	4	180D	8F-8R	41.0	3438	No
MF-1552 4WD PowerShuttle	$26107	$11750	$13840	**$17230**	**$19060**	Iseki	4	180D	12F-12R	41.0	4291	No
MF-1552 DynaQPS w/Cab	$35326	$15900	$18720	**$23320**	**$25790**	Iseki	4	180D	12F-12R	41.0	3579	CHA
MF-1560 4WD	$27949	$12580	$14810	**$18450**	**$20400**	Iseki	4	180D	12F-12R	46.4		No
MF-1560 4WD w/Cab	$36565	$16450	$19380	**$24130**	**$26690**	Iseki	4	180D	12F-12R	46.4		CHA
MF-1560 DynaQPS 4WD w/Cab	$37177	$16730	$19700	**$24540**	**$27140**	Iseki	4	180D	12F-12R	41.0	3579	CHA
MF-3425F 4WD	$35971	$16190	$19070	**$23740**	**$26260**	Perkins	3T	202D	20F-10R	57.0		No
MF-3425F 4WD w/Cab	$43620	$19630	$23120	**$28790**	**$31840**	Perkins	3T	202D	20F-10R	57.0		CHA
MF-3425GE 4WD	$35541	$15990	$18840	**$23460**	**$25950**	Perkins	3T	202D	20F-10R	57.0		No
MF-3425GE 4WD w/Cab	$43190	$19440	$22890	**$28510**	**$31530**	Perkins	3T	202D	20F-10R	57.0		CHA
MF-3425S 4WD	$35490	$15970	$18810	**$23420**	**$25910**	Perkins	3T	202D	20F-10R	57.0		No
MF-3425S 4WD w/Cab	$43139	$19410	$22860	**$28470**	**$31490**	Perkins	3T	202D	20F-10R	57.0		CHA
MF-3425V 4WD	$35490	$15970	$18810	**$23420**	**$25910**	Perkins	3T	202D	20F-10R	57.0		No
MF-3425V 4WD w/Cab	$43139	$19410	$22860	**$28470**	**$31490**	Perkins	3T	202D	20F-10R	57.0		CHA
MF-3435F 4WD	$37529	$16890	$19890	**$24770**	**$27400**	Perkins	4	268D	20F-10R	72.0		No
MF-3435F 4WD w/Cab	$45179	$20330	$23950	**$29820**	**$32980**	Perkins	4	268D	20F-10R	72.0		CHA
MF-3435GE 4WD	$37099	$16700	$19660	**$24490**	**$27080**	Perkins	4	268D	20F-10R	72.0		No
MF-3435GE 4WD w/Cab	$44749	$20140	$23720	**$29530**	**$32670**	Perkins	4	268D	20F-10R	72.0		CHA
MF-3435S	$37048	$16670	$19640	**$24450**	**$27050**	Perkins	4	268D	20F-10R	72.0		No
MF-3435S w/Cab	$44698	$20110	$23690	**$29500**	**$32630**	Perkins	4	268D	20F-10R	72.0		CHA
MF-3435V 4WD	$37048	$16670	$19640	**$24450**	**$27050**	Perkins	4	268D	20F-10R	72.0		No
MF-3435V w/Cab	$44698	$20110	$23690	**$29500**	**$32630**	Perkins	4	268D	20F-10R	72.0		CHA
MF-3445F 4WD	$40386	$18170	$21410	**$26660**	**$29480**	Perkins	4T	268D	20F-10R	80.0		No
MF-3445F 4WD w/Cab	$48036	$21620	$25460	**$31700**	**$35070**	Perkins	4T	268D	20F-10R	80.0		CHA
MF-3445GE 4WD	$39956	$17980	$21180	**$26370**	**$29170**	Perkins	4T	268D	20F-10R	80.0		No
MF-3445GE 4WD w/Cab	$47606	$21420	$25230	**$31420**	**$34750**	Perkins	4T	268D	20F-10R	80.0		CHA
MF-3455F 4WD	$43244	$19460	$22920	**$28540**	**$31570**	Perkins	4T	268D	20F-10R	88.0		No
MF-3455F 4WD w/Cab	$50839	$22880	$26950	**$33550**	**$37110**	Perkins	4T	268D	20F-10R	88.0		CHA
MF-3455GE	$42814	$19270	$22690	**$28260**	**$31250**	Perkins	4T	268D	20F-10R	88.0		No
MF-3455GE w/Cab	$50463	$22710	$26750	**$33310**	**$36840**	Perkins	4T	268D	20F-10R	88.0		CHA
MF-5435	$31294	$14080	$16270	**$20030**	**$22220**	Perkins	4	268D	16F-16R	60.0	6817	No
MF-5435 4WD	$37773	$17000	$19640	**$24180**	**$26820**	Perkins	4	268D	16F-16R	60.0	6914	No

Massey Ferguson (Cont.)

2006 (Cont.)

Model	Approx. Retail Price New	Used Trade In Avg.	Used Trade In High	Used Retail Avg.	Used Retail High	Engine Make	Engine No. Cyls.	Engine Displ. Cu.-In.	No. Speeds	P.T.O. H.P.	Approx. Shipping Wt.-Lbs.	Cab
MF-5435 4WD w/Cab	$46842	$21080	$24360	**$29980**	**$33260**	Perkins	4	268D	16F-16R	60.0	8565	CHA
MF-5435 w/Cab	$40363	$18160	$20990	**$25830**	**$28660**	Perkins	4	268D	16F-16R	60.0	7890	CHA
MF-5445	$34060	$15330	$17710	**$21800**	**$24180**	Perkins	4TI	268D	16F-16R	70.0	6130	No
MF-5445 4WD	$40539	$18240	$21080	**$25950**	**$28780**	Perkins	4TI	268D	16F-16R	70.0	6941	No
MF-5445 4WD w/Cab	$49608	$22320	$25800	**$31750**	**$35220**	Perkins	4TI	268D	16F-16R	70.0	8565	CHA
MF-5445 w/Cab	$43597	$19620	$22670	**$27900**	**$30950**	Perkins	4TI	268D	16F-16R	70.0	7890	CHA
MF-5455 4WD	$44409	$19980	$23090	**$28420**	**$31530**	Perkins	4TI	268D	16F-16R	80.0	6941	No
MF-5455	$38013	$17110	$19770	**$24330**	**$26990**	Perkins	4TI	268D	16F-16R	80.0	6482	No
MF-5455 4WD w/Cab	$53478	$24070	$27810	**$34230**	**$37970**	Perkins	4TI	268D	16F-16R	80.0	8535	CHA
MF-5455 w/Cab	$47082	$21190	$24480	**$30130**	**$33430**	Perkins	4TI	268D	16F-16R	80.0	7768	CHA
MF-5460	$43316	$19490	$22520	**$27720**	**$30750**	Perkins	4TA	268D	16F-16R	90.0	7047	No
MF-5460 4WD	$50040	$22520	$26020	**$32030**	**$35530**	Perkins	4TA	268D	16F-15R	90.0	8808	No
MF-5460 4WD w/Cab	$59083	$26590	$30720	**$37810**	**$41950**	Perkins	4TA	268D	16F-16R	90.0	9941	CHA
MF-5460 w/Cab	$52416	$23590	$27260	**$33550**	**$37220**	Perkins	4TA	268D	16F-16R	90.0	8680	CHA
MF-5465 4WD w/Cab	$61948	$27880	$32210	**$39650**	**$43980**	Perkins	6TI	365D	16F-16R	95.0		CHA
MF-5465 w/Cab	$55333	$24900	$28770	**$35410**	**$39290**	Perkins	6TI	365D	16F-16R	95.0		CHA
MF-5470 4WD w/Cab	$68612	$30880	$35680	**$43910**	**$48720**	Sisu	4TA	269D	16F-16R	105.o		CHA
MF-5470 w/Cab	$62228	$28000	$32360	**$39830**	**$44180**	Sisu	4TA	269D	16F-16R	105.o		CHA
MF-5460SA 4WD w/Cab	$68960	$31030	$35860	**$44130**	**$48960**	Perkins	4TA	268D	16F-16R	90.0		CHA
MF-5460SA w/Cab	$60274	$27120	$31340	**$38580**	**$42800**	Perkins	4TA	268D	16F-16R	90.0		CHA
MF-5470SA 4WD w/Cab	$71310	$32090	$37080	**$45640**	**$50630**	Sisu	4TA	269D	16F-16R	95.0		CHA
MF-5470SA w/Cab	$62631	$28180	$32570	**$40080**	**$44470**	Sisu	4TA	269D	16F-16R	95.0		CHA
MF-5475SA 4WD w/Cab	$77348	$34810	$40220	**$49500**	**$54920**	Sisu	4TA	269D	16F-16R	105.0		CHA
MF-5475SA w/Cab	$70071	$31530	$36440	**$44850**	**$49750**	Sisu	4TA	269D	16F-16R	105.0		CHA
MF-6465 4WD w/Cab	$71986	$29510	$34550	**$43910**	**$48950**	Perkins	6TA	365D	32F-32R	95.0	11552	CHA
MF-6465 w/Cab	$62668	$25690	$30080	**$38230**	**$42610**	Perkins	6TA	365D	32F-32R	95.0	11052	CHA
MF-6475 4WD w/Cab	$79893	$32760	$38350	**$48740**	**$54330**	Perkins	6TA	365D	32F-32R	105.0	11904	CHA
MF-6475 w/Cab	$70858	$29050	$34010	**$43220**	**$48180**	Perkins	6TA	365D	32F-32R	105.0	11404	CHA
MF-6480 4WD w/Cab	$83862	$34380	$40250	**$51160**	**$57030**	Perkins	6TA	365D	32F-32R	115.0	11559	CHA
MF-6480 w/Cab	$74690	$30620	$35850	**$45560**	**$50790**	Perkins	6TA	365D	32F-32R	115.0	12058	CHA
MF-6485 4WD w/Cab	$92354	$37870	$44330	**$56340**	**$62800**	Sisu	6TA	402D	32F-32R	125.0	14440	CHA
MF-6485 w/Cab	$77900	$31940	$37390	**$47520**	**$52970**	Sisu	6TA	402D	32F-32R	125.0	13940	CHA
MF-6490 4WD w/Cab	$104324	$42770	$50080	**$63640**	**$70940**	Sisu	6TA	402D	32F-32R	140.0		CHA
MF-6490 w/Cab	$90207	$36990	$43300	**$55030**	**$61340**	Sisu	6TA	402D	32F-32R	140.0		CHA
MF-6495 4WD w/Cab	$112466	$46110	$53980	**$68600**	**$76480**	Sisu	6TA	402D	32F-32R	155.0		CHA
MF-6495 w/Cab	$98208	$40270	$47140	**$59910**	**$66780**	Sisu	6TA	402D	32F-32R	155.0	13940	CHA
MF-7465 4WD w/Cab	$78540	$32200	$37700	**$47910**	**$53410**	Perkins	6TA	365D	21F-18R	95.0	12820	CHA
MF-7475 4WD w/Cab	$87423	$35840	$41960	**$53330**	**$59450**	Perkins	6TA	365D	21F-18R	105.0	12820	CHA
MF-7480 4WD w/Cab	$92427	$37900	$44370	**$56380**	**$62850**	Perkins	6TA	365D	21F-18R	115.0	12820	CHA
MF-7485 4WD w/Cab	$101719	$41710	$48830	**$62050**	**$69170**	Sisu	6TA	402D	21F-18R	125.0	15058	CHA
MF-7490 4WD w/Cab	$111022	$45520	$53290	**$67720**	**$75500**	Sisu	6TA	402D	21F-18R	140.0	15058	CHA
MF-7495 4WD w/Cab	$116424	$47730	$55880	**$71020**	**$79170**	Sisu	6TA	402D	21F-18R	155.0	15058	CHA
MF-8450 4WD	$127890	$57550	$66500	**$80570**	**$86970**	Sisu	6TA	452D	21F-18R	180.0	18853	CHA
MF-8460 4WD	$140469	$63210	$73040	**$88500**	**$95520**	Sisu	6TA	452D	21F-18R	200.0	18500	CHA
MF-8470 4WD	$150649	$67790	$78340	**$94910**	**$102440**	Sisu	6TA	513D	21F-18R	220.0	19700	CHA
MF-8480 4WD	$159300	$71690	$82840	**$100360**	**$108320**	Sisu	6TA	513D	21F-18R	240.0	19700	CHA

2005

Model	Approx. Retail Price New	Used Trade In Avg.	Used Trade In High	Used Retail Avg.	Used Retail High	Engine Make	Engine No. Cyls.	Engine Displ. Cu.-In.	No. Speeds	P.T.O. H.P.	Approx. Shipping Wt.-Lbs.	Cab
GC 2300	$10170	$4680	$5390	**$6810**	**$7530**	Iseki	3	68D	Variable	18.7	1366	No
GC 2310 Loader/Backhoe	$18611	$7820	$9310	**$11730**	**$13210**	Iseki	3	68D	Variable	18.7	1366	No
MF-431	$16483	$6920	$8240	**$10380**	**$11700**	Perkins	3	202D	8F-2R	44.0	4321	No
MF-451	$19705	$8280	$9850	**$12410**	**$13990**	Perkins	3	202D	8F-2R	45.0	4738	No
MF-451	$20971	$8810	$10490	**$13210**	**$14890**	Perkins	3	202D	8F-8R	45.0	4738	No
MF-451 4WD	$24128	$10130	$12060	**$15200**	**$17130**	Perkins	3	202D	8F-2R	45.0	5238	No
MF-451 4WD	$25394	$10670	$12700	**$16000**	**$18030**	Perkins	3	202D	8F-8R	45.0	5238	No
MF-461	$23111	$9710	$11560	**$14560**	**$16410**	Perkins	3T	202D	8F-8R	55.0	5368	No
MF-461 4WD	$27721	$11640	$13860	**$17460**	**$19680**	Perkins	3T	202D	8F-8R	55.0	5468	No
MF-471	$23505	$9870	$11750	**$14810**	**$16690**	Perkins	4	268D	8F-2R	60.0	5578	No
MF-471 w/Cab	$31752	$13340	$15880	**$20000**	**$22540**	Perkins	4	268D	8F-2R	60.0	5578	CHA
MF-471 Low Profile	$24958	$10480	$12480	**$15720**	**$17720**	Perkins	4	268D	8F-8R	60.0	5578	No
MF-471 Low Profile 4WD	$30199	$12680	$15100	**$19030**	**$21440**	Perkins	4	268D	8F-8R	60.0	5578	No
MF-471 4WD	$29197	$12260	$14600	**$18390**	**$20730**	Perkins	4	268D	8F-2R	60.0	6305	No
MF-471 4WD w/Cab	$37444	$15730	$18720	**$23590**	**$26590**	Perkins	4	268D	8F-2R	60.0	6305	CHA
MF-481	$25388	$10660	$12690	**$15990**	**$18030**	Perkins	4	268D	8F-2R	70.0	5750	No
MF-481 w/Cab	$33635	$14130	$16820	**$21190**	**$23880**	Perkins	4	268D	8F-2R	70.0	5750	CHA
MF-481 Low Profile	$26841	$11270	$13420	**$16910**	**$19060**	Perkins	4	268D	8F-8R	70.0	5750	No
MF-481 Low Profile 4WD	$32082	$13470	$16040	**$20210**	**$22780**	Perkins	4	268D	8F-8R	70.0	5750	No
MF-481 4WD	$31080	$13050	$15540	**$19580**	**$22070**	Perkins	4	268D	8F-2R	70.0	6349	No
MF-481 4WD w/Cab	$39327	$16520	$19660	**$24780**	**$27920**	Perkins	4	268D	8F-2R	70.0	6349	CHA
MF-491	$27879	$11710	$13940	**$17560**	**$19790**	Perkins	4T	268D	12F-4R	77.0	6812	No
MF-491 4WD	$33647	$14130	$16820	**$21200**	**$23890**	Perkins	4T	268D	12F-4R	77.0	7275	No
MF-491 4WD w/Cab	$41893	$17600	$20950	**$26390**	**$29740**	Perkins	4T	268D	12F-4R	77.0	8026	CHA
MF-491 w/Cab	$36125	$15170	$18060	**$22760**	**$25650**	Perkins	4T	268D	12F-4R	77.0	7262	CHA
MF-491 Low Profile	$27988	$11760	$13990	**$17630**	**$19870**	Perkins	4T	268D	12F-4R	77.0	6812	No
MF-491 Low Profile 4WD	$33326	$14000	$16660	**$21000**	**$23660**	Perkins	4T	268D	12F-4R	77.0	6812	No
MF-492	$29359	$12330	$14680	**$18500**	**$20850**	Perkins	4T	268D	12F-4R	85.0	6812	No
MF-492 4WD	$35127	$14750	$17560	**$22130**	**$24940**	Perkins	4T	268D	12F-4R	85.0	7275	No
MF-492 4WD w/Cab	$43374	$18220	$21690	**$27330**	**$30800**	Perkins	4T	268D	12F-4R	85.0	8025	CHA
MF-492 w/Cab	$37606	$15800	$18800	**$23690**	**$26700**	Perkins	4T	268D	12F-4R	85.0	7262	CHA
MF-492 Low Profile	$29368	$12340	$14680	**$18500**	**$20850**	Perkins	4T	268D	12F-4R	85.0	6812	No
MF-492 Low Profile 4WD	$34807	$14620	$17400	**$21930**	**$24710**	Perkins	4T	268D	12F-4R	85.0	6812	No
MF-1417 4WD	$11398	$4790	$5700	**$7180**	**$8090**	Iseki	3	61D	6F-2R	13.3	1392	No
MF-1417 4WD Hydro	$12666	$5320	$6330	**$7980**	**$8990**	Iseki	3	61D	Variable	12.9	1392	No
MF-1423 4WD	$13585	$5710	$6790	**$8560**	**$9650**	Iseki	3	68D	6F-2R	19.5	1300	No

Massey Ferguson (Cont.)

Model	Approx. Retail Price New	Estimated Value Less Repairs: Used Trade In Avg.	Used Trade In High	Used Retail Avg.	Used Retail High	Engine Make	Engine No. Cyls.	Engine Displ. Cu.-In.	No. Speeds	P.T.O. H.P.	Approx. Shipping Wt.-Lbs.	Cab
2005 (Cont.)												
MF-1423 4WD Hydro	$15065	$6330	$7530	**$9490**	**$10700**	Iseki	3	68D	Variable	19.0	1300	No
MF-1523 4WD	$10980	$4610	$5490	**$6920**	**$7800**	Iseki	3	68D	6F-2R	19.0	1300	No
MF-1523H 4WD Hydro	$12410	$5210	$6210	**$7820**	**$8810**	Iseki	3	68D	Variable	18.5	1300	No
MF-1428v	$12767	$5360	$6380	**$8040**	**$9070**	Iseki	3	89D	9F-3R	24.1	1548	No
MF-1428v 4WD	$13757	$5780	$6880	**$8670**	**$9770**	Iseki	3	89D	9F-3R	24.1	1715	No
MF-1428v 4WD Hydro	$15216	$6390	$7610	**$9590**	**$10800**	Iseki	3	89D	Variable	22.3	1715	No
MF-1528 4WD	$13255	$5570	$6630	**$8350**	**$9410**	Iseki	3	89D	9F-3R	24.5	1715	No
MF-1429 4WD	$18024	$7570	$9010	**$11360**	**$12800**	Iseki	3	89D	8F-8R	23.0	2667	No
MF-1528H 4WD Hydro	$14810	$6220	$7410	**$9330**	**$10520**	Iseki	3	89D	Variable	22.3	1715	No
MF-1431H Hydro	$17079	$7170	$8540	**$10760**	**$12130**	Iseki	3	91D	Variable	25.9	2956	No
MF-1531H Hydro	$16045	$6740	$8020	**$10110**	**$11390**	Iseki	3	91D	Variable	25.9	2956	No
MF-1433 4WD	$20099	$8440	$10050	**$12660**	**$14270**	Iseki	3	91D	16F-16R	27.0	3064	No
MF-1433v 4WD	$17494	$7350	$8750	**$11020**	**$12420**	Iseki	3	91D	8F-8R	27.0	2667	No
MF-1533 4WD SyncShuttle	$16950	$7120	$8480	**$10680**	**$12040**	Iseki	3	91D	8F-8R	26.0	2667	No
MF-1433 4WD Hydro	$21084	$8860	$10540	**$13280**	**$14970**	Iseki	3	91D	Variable	26.0	2902	No
MF-1533 4WD PowerShuttle	$18121	$7610	$9060	**$11420**	**$12870**	Iseki	3	91D	12F-12R	26.0	3064	No
MF-1533 4WD PwrShuttle w/Cab	$25200	$10580	$12600	**$15880**	**$17890**	Iseki	3	91D	12F-12R	26.0	3064	CHA
MF-1533H 4WD Hydro	$18901	$7940	$9450	**$11910**	**$13420**	Iseki	3	91D	Variable	24.5	2902	No
MF-1440 4WD	$22452	$9430	$11230	**$14150**	**$15940**	Iseki	3T	91D	16F-16R	32.4	3014	No
MF-1440 4WD Hydro	$24210	$10170	$12110	**$15250**	**$17190**	Iseki	3T	91D	Variable	31.7	3070	No
MF-1540 4WD	$19290	$8100	$9650	**$12150**	**$13700**	Iseki	3T	91D	8F-8R	31.0	2667	No
MF-1440v 4WD	$19771	$8300	$9890	**$12460**	**$14040**	Iseki	3T	91D	8F-8R	32.4	2667	No
MF-1540 4WD PowerShuttle	$20460	$8590	$10230	**$12890**	**$14530**	Iseki	3T	91D	12F-12R	31.0	3014	No
MF-1540H 4WD Hydro	$21240	$8920	$10620	**$13380**	**$15080**	Iseki	3T	91D	Variable	29.5	3070	No
MF-1445 4WD	$26432	$11100	$13220	**$16650**	**$18770**	Iseki	4	134D	16F-16R	37.0	4331	No
MF-1445 4WD Hydro	$27941	$11740	$13970	**$17600**	**$19840**	Iseki	4	134D	Variable	36.0	4330	No
MF-1547 2WD SyncShuttle	$20395	$8570	$10200	**$12850**	**$14480**	Iseki	4	134D	8F-8R	38.0	4331	No
MF-1547 4WD SyncShuttle	$22865	$9600	$11430	**$14410**	**$16230**	Iseki	4	134D	8F-8R	38.0	4331	No
MF-1547 4WD PowerShuttle	$24035	$10100	$12020	**$15140**	**$17070**	Iseki	4	134D	12F-12R	38.0	4331	No
MF-1547 4WD DynaQPS w/Cab	$32735	$13750	$16370	**$20620**	**$23240**	Iseki	4	134D	12F-12R	38.0	4331	CHA
MF-1547H 4WD Hydro	$24812	$10420	$12410	**$15630**	**$17620**	Iseki	4	134D	Variable	36.5	4330	No
MF-1547H 4WD Hydro w/Cab	$32735	$13750	$16370	**$20620**	**$23240**	Iseki	4	134D	Variable	36.5	4330	CHA
MF-1455 4WD	$27502	$11550	$13750	**$17330**	**$19530**	Iseki	4	173D	16F-16R	45.6	4291	No
MF-1552 2WD SyncShuttle	$21045	$8840	$10520	**$13260**	**$14940**	Iseki	4	180D	8F-8R	41.0	3438	No
MF-1455v	$20881	$8770	$10440	**$13160**	**$14830**	Iseki	4	173D	8F-8R	45.6	3438	No
MF-1552 4WD SyncShuttle	$23775	$9990	$11890	**$14980**	**$16880**	Iseki	4	180D	8F-8R	41.0	3438	No
MF-1455v 4WD	$23936	$10050	$11970	**$15080**	**$17000**	Iseki	4	173D	12F-12R	45.6	3579	No
MF-1552 4WD PowerShuttle	$24940	$10480	$12470	**$15710**	**$17710**	Iseki	4	180D	12F-12R	41.0	4291	No
MF-1552 DynaQPS w/Cab	$33970	$14270	$16990	**$21400**	**$24120**	Iseki	4	180D	12F-12R	41.0	3579	CHA
MF-3425F 4WD	$34614	$14540	$17310	**$21810**	**$24580**	Perkins	3T	202D	16F-8R	57.0		No
MF-3425F 4WD w/Cab	$42264	$17750	$21130	**$26630**	**$30010**	Perkins	3T	202D	16F-8R	57.0		CHA
MF-3425GE 4WD	$34196	$14360	$17100	**$21540**	**$24280**	Perkins	3T	202D	20F-10R	57.0		No
MF-3425GE 4WD w/Cab	$41846	$17580	$20920	**$26360**	**$29710**	Perkins	3T	202D	20F-10R	57.0		CHA
MF-3425S 4WD	$34146	$14340	$17070	**$21510**	**$24240**	Perkins	3T	202D	16F-8R	57.0		No
MF-3425S 4WD w/Cab	$41796	$17550	$20900	**$26330**	**$29680**	Perkins	3T	202D	16F-8R	57.0		CHA
MF-3425V 4WD	$33827	$14210	$16910	**$21310**	**$24020**	Perkins	3T	202D	16F-8R	57.0		No
MF-3425V 4WD w/Cab	$41477	$17420	$20740	**$26130**	**$29450**	Perkins	3T	202D	16F-8R	57.0		CHA
MF-3435F 4WD	$36173	$15190	$18090	**$22790**	**$25680**	Perkins	4	268D	16F-8R	72.0		No
MF-3435F 4WD w/Cab	$43822	$18410	$21910	**$27610**	**$31110**	Perkins	4	268D	16F-8R	72.0		CHA
MF-3435GE 4WD	$35755	$15020	$17880	**$22530**	**$25390**	Perkins	4	268D	20F-10R	72.0		No
MF-3435GE 4WD w/Cab	$43404	$18230	$21700	**$27350**	**$30820**	Perkins	4	268D	20F-10R	72.0		CHA
MF-3435S	$35705	$15000	$17850	**$22490**	**$25350**	Perkins	4	268D	16F-8R	72.0		No
MF-3435S w/Cab	$43354	$18210	$21680	**$27310**	**$30780**	Perkins	4	268D	16F-8R	72.0		CHA
MF-3435V 4WD	$35386	$14860	$17690	**$22290**	**$25120**	Perkins	4	268D	16F-8R	72.0		No
MF-3435V w/Cab	$43035	$18080	$21520	**$27110**	**$30560**	Perkins	4	268D	16F-8R	72.0		CHA
MF-3445F 4WD	$39030	$16390	$19520	**$24590**	**$27710**	Perkins	4T	268D	16F-8R	80.0		No
MF-3445F 4WD w/Cab	$44679	$18770	$22340	**$28150**	**$31720**	Perkins	4T	268D	16F-8R	80.0		CHA
MF-3445GE 4WD	$38612	$16220	$19310	**$24330**	**$27420**	Perkins	4T	268D	20F-10R	80.0		No
MF-3445GE 4WD w/Cab	$46261	$19430	$23130	**$29140**	**$32850**	Perkins	4T	268D	20F-10R	80.0		CHA
MF-3455F 4WD	$41887	$17590	$20940	**$26390**	**$29740**	Perkins	4T	268D	16F-8R	88.0		No
MF-3455F 4WD w/Cab	$49537	$20810	$24770	**$31210**	**$35170**	Perkins	4T	268D	16F-8R	88.0		CHA
MF-3455GE	$41469	$17420	$20740	**$26130**	**$29440**	Perkins	4T	268D	20F-10R	88.0		No
MF-3455GE w/Cab	$49119	$20630	$24560	**$30950**	**$34870**	Perkins	4T	268D	20F-10R	88.0		CHA
MF-5435	$30885	$12970	$15130	**$18840**	**$21000**	Perkins	4	268D	16F-16R	60.0	6817	No
MF-5435 4WD	$37795	$15870	$18520	**$23060**	**$25700**	Perkins	4	268D	16F-16R	60.0	6914	No
MF-5435 4WD w/Cab	$46515	$19540	$22790	**$28370**	**$31630**	Perkins	4	268D	16F-16R	60.0	8565	CHA
MF-5435 w/Cab	$39645	$16650	$19430	**$24180**	**$26960**	Perkins	4	268D	16F-16R	60.0	7890	CHA
MF-5445	$33585	$14110	$16460	**$20490**	**$22840**	Perkins	4TI	268D	16F-16R	70.0	6130	No
MF-5445 4WD	$40455	$16990	$19820	**$24680**	**$27510**	Perkins	4TI	268D	16F-16R	70.0	6941	No
MF-5445 4WD w/Cab	$49175	$20650	$24100	**$30000**	**$33440**	Perkins	4TI	268D	16F-16R	70.0	8565	CHA
MF-5445 w/Cab	$42305	$17770	$20730	**$25810**	**$28770**	Perkins	4TI	268D	16F-16R	70.0	7890	CHA
MF-5455 4WD	$43860	$18420	$21490	**$26760**	**$29830**	Perkins	4TI	268D	16F-16R	80.0	6941	No
MF-5455	$36990	$15540	$18130	**$22560**	**$25150**	Perkins	4TI	268D	16F-16R	80.0	6482	No
MF-5455 4WD w/Cab	$52580	$22080	$25760	**$32070**	**$35750**	Perkins	4TI	268D	16F-16R	80.0	8535	CHA
MF-5455 w/Cab	$45710	$19200	$22400	**$27880**	**$31080**	Perkins	4TI	268D	16F-16R	80.0	7768	CHA
MF-5460	$42515	$17860	$20830	**$25930**	**$28910**	Perkins	4TA	268D	16F-16R	90.0	7047	No
MF-5460 4WD	$49590	$20830	$24300	**$30250**	**$33720**	Perkins	4TA	268D	16F-15R	90.0	8808	No
MF-5460 4WD w/Cab	$58310	$24490	$28570	**$35570**	**$39650**	Perkins	4TA	268D	16F-16R	90.0	9941	CHA
MF-5460 w/Cab	$51235	$21520	$25110	**$31250**	**$34840**	Perkins	4TA	268D	16F-16R	90.0	8680	CHA
MF-6465 4WD w/Cab	$66070	$25110	$29730	**$37660**	**$42950**	Perkins	6TA	365D	32F-32R	95.0	11552	CHA
MF-6465 w/Cab	$58439	$22210	$26300	**$33310**	**$37990**	Perkins	6TA	365D	32F-32R	95.0	11052	CHA
MF-6475 4WD w/Cab	$74220	$28200	$33400	**$42310**	**$48240**	Perkins	6TA	365D	32F-32R	105.0	11904	CHA
MF-6475 w/Cab	$65395	$24850	$29430	**$37280**	**$42510**	Perkins	6TA	365D	32F-32R	105.0	11404	CHA
MF-6480 4WD w/Cab	$78870	$29970	$35490	**$44960**	**$51270**	Perkins	6TA	365D	32F-32R	115.0	11559	CHA

Massey Ferguson (Cont.)

2005 (Cont.)

Model	Approx. Retail Price New	Estimated Value Less Repairs: Used Trade In Avg.	Used Trade In High	Used Retail Avg.	Used Retail High	Engine Make	Engine No. Cyls.	Engine Displ. Cu.-In.	No. Speeds	P.T.O. H.P.	Approx. Shipping Wt.-Lbs.	Cab
MF-6480 w/Cab	$69180	$26290	$31130	**$39430**	**$44970**	Perkins	6TA	365D	32F-32R	115.0	12058	CHA
MF-6485 4WD w/Cab	$91785	$34880	$41300	**$52320**	**$59660**	Sisu	6TA	402D	32F-32R	125.0	14440	CHA
MF-6485 w/Cab	$75635	$28740	$34040	**$43110**	**$49160**	Sisu	6TA	402D	32F-32R	125.0	13940	CHA
MF-6490 4WD w/Cab	$100935	$38360	$45420	**$57530**	**$65610**	Sisu	6TA	402D	32F-32R	140.0		CHA
MF-6490 w/Cab	$87355	$33200	$39310	**$49790**	**$56780**	Sisu	6TA	402D	32F-32R	140.0		CHA
MF-6495 4WD w/Cab	$108555	$41250	$48850	**$61880**	**$70560**	Sisu	6TA	402D	32F-32R	155.0		CHA
MF-6495 w/Cab	$95395	$36250	$42930	**$54380**	**$62010**	Sisu	6TA	402D	32F-32R	155.0	13940	CHA
MF-7465 4WD w/Cab	$77820	$29570	$35020	**$44360**	**$50580**	Perkins	6TA	365D	21F-18R	95.0	12820	CHA
MF-7475 4WD w/Cab	$83635	$31780	$37640	**$47670**	**$54360**	Perkins	6TA	365D	21F-18R	105.0	12820	CHA
MF-7480 4WD w/Cab	$88440	$33610	$39800	**$50410**	**$57490**	Perkins	6TA	365D	21F-18R	115.0	12820	CHA
MF-7485 4WD w/Cab	$97955	$37220	$44080	**$55830**	**$63670**	Sisu	6TA	402D	21F-18R	125.0	15058	CHA
MF-7490 4WD w/Cab	$107065	$40690	$48180	**$61030**	**$69590**	Sisu	6TA	402D	21F-18R	140.0	15058	CHA
MF-7495 4WD w/Cab	$112190	$42630	$50490	**$63950**	**$72920**	Sisu	6TA	402D	21F-18R	155.0	15058	CHA
MF-8450 4WD	$124251	$49700	$58400	**$73310**	**$79520**	Sisu	6TA	452D	21F-18R	180.0	18853	CHA
MF-8460 4WD	$135660	$54260	$63760	**$80040**	**$86820**	Sisu	6TA	452D	21F-18R	195.0	18500	CHA
MF-8470 4WD	$146060	$58420	$68650	**$86180**	**$93480**	Sisu	6TA	513D	21F-18R	220.0	19700	CHA
MF-8480 4WD	$154655	$61860	$72690	**$91250**	**$98980**	Sisu	6TA	513D	21F-18R	240.0	19700	CHA

2004

Model	Approx. Retail Price New	Estimated Value Less Repairs: Used Trade In Avg.	Used Trade In High	Used Retail Avg.	Used Retail High	Engine Make	Engine No. Cyls.	Engine Displ. Cu.-In.	No. Speeds	P.T.O. H.P.	Approx. Shipping Wt.-Lbs.	Cab
GC 2300	$10070	$4330	$5040	**$6450**	**$7250**	Iseki	3	68D	Variable	18.7	1366	No
GC 2310 Loader/Backhoe	$18170	$7270	$8720	**$10900**	**$12540**	Iseki	3	68D	Variable	18.7	1366	No
MF-231S	$16856	$7250	$8430	**$10790**	**$12140**	Perkins	3	152D	8F-2R	42.0	4120	No
MF-431	$16995	$6800	$8160	**$10200**	**$11730**	Perkins	3	202D	8F-2R	44.0	4321	No
MF-451	$19375	$7750	$9300	**$11630**	**$13370**	Perkins	3	202D	8F-2R	45.0	4738	No
MF-451	$20555	$8220	$9870	**$12330**	**$14180**	Perkins	3	202D	8F-8R	45.0	4738	No
MF-451 4WD	$23427	$9370	$11250	**$14060**	**$16170**	Perkins	3	202D	8F-2R	45.0	5238	No
MF-451 4WD	$24609	$9840	$11810	**$14770**	**$16980**	Perkins	3	202D	8F-8R	45.0	5238	No
MF-461	$21854	$8740	$10490	**$13110**	**$15080**	Perkins	3T	202D	8F-8R	55.0	5368	No
MF-461 4WD	$26689	$10680	$12810	**$16010**	**$18420**	Perkins	3T	202D	8F-8R	55.0	5468	No
MF-471	$21577	$8630	$10360	**$12950**	**$14890**	Perkins	4	268D	8F-2R	59.0	5578	No
MF-471 w/Cab	$29391	$11760	$14110	**$17640**	**$20280**	Perkins	4	268D	8F-2R	59.0	5578	CHA
MF-471 4WD	$26200	$10480	$12580	**$15720**	**$18080**	Perkins	4	268D	8F-2R	59.0	6305	No
MF-471 4WD w/Cab	$34724	$13890	$16670	**$20830**	**$23960**	Perkins	4	268D	8F-2R	59.0	6305	CHA
MF-481	$23276	$9310	$11170	**$13970**	**$16060**	Perkins	4	268D	8F-2R	69.0	5750	No
MF-481 w/Cab	$31089	$12440	$14920	**$18650**	**$21450**	Perkins	4	268D	8F-2R	69.0	5750	CHA
MF-481 4WD	$28609	$11440	$13730	**$17170**	**$19740**	Perkins	4	268D	8F-2R	69.0	6349	No
MF-481 4WD w/Cab	$36421	$14570	$17480	**$21850**	**$25130**	Perkins	4	268D	8F-2R	69.0	6349	CHA
MF-491	$25992	$10400	$12480	**$15600**	**$17930**	Perkins	4T	268D	12F-4R	77.0	6812	No
MF-491 4WD	$31480	$12590	$15110	**$18890**	**$21720**	Perkins	4T	268D	12F-4R	77.0	7275	No
MF-491 4WD w/Cab	$38982	$15590	$18710	**$23390**	**$26900**	Perkins	4T	268D	12F-4R	77.0	8026	CHA
MF-491 w/Cab	$33495	$13400	$16080	**$20100**	**$23110**	Perkins	4T	268D	12F-4R	77.0	7262	CHA
MF-492	$27351	$10940	$13130	**$16410**	**$18870**	Perkins	4T	268D	12F-4R	85.0	6812	No
MF-492 4WD	$33013	$13210	$15850	**$19810**	**$22780**	Perkins	4T	268D	12F-4R	85.0	7275	No
MF-492 4WD w/Cab	$40516	$16210	$19450	**$24310**	**$27960**	Perkins	4T	268D	12F-4R	85.0	8025	CHA
MF-492 w/Cab	$34853	$13940	$16730	**$20910**	**$24050**	Perkins	4T	268D	12F-4R	85.0	7262	CHA
MF-1417 4WD	$11398	$4560	$5470	**$6840**	**$7870**	Iseki	3	61D	6F-2R	13.3	1392	No
MF-1417 4WD Hydro	$12666	$5070	$6080	**$7600**	**$8740**	Iseki	3	61D	Variable	12.9	1392	No
MF-1423 4WD	$13585	$5430	$6520	**$8150**	**$9370**	Iseki	3	68D	6F-2R	19.5	1300	No
MF-1423 4WD Hydro	$15065	$6030	$7230	**$9040**	**$10400**	Iseki	3	68D	Variable	19.0	1300	No
MF-1428v	$12767	$5110	$6130	**$7660**	**$8810**	Iseki	3	89D	9F-3R	24.1	1548	No
MF-1428v 4WD	$13757	$5500	$6600	**$8250**	**$9490**	Iseki	3	89D	9F-3R	24.1	1715	No
MF-1428v 4WD Hydro	$15216	$6090	$7300	**$9130**	**$10500**	Iseki	3	89D	Variable	22.3	1715	No
MF-1429 4WD	$18024	$7210	$8650	**$10810**	**$12440**	Iseki	3	89D	8F-8R	23.0	2667	No
MF-1431H Hydro	$17079	$6830	$8200	**$10250**	**$11790**	Iseki	3	91D	Variable	25.9	2956	No
MF-1433 4WD	$20099	$8040	$9650	**$12060**	**$13870**	Iseki	3	91D	16F-16R	27.0	3064	No
MF-1433v 4WD	$17494	$7000	$8400	**$10500**	**$12070**	Iseki	3	91D	8F-8R	27.0	2667	No
MF-1433 4WD Hydro	$21084	$8430	$10120	**$12650**	**$14550**	Iseki	3	91D	Variable	26.0	2902	No
MF-1440 4WD	$22452	$8980	$10780	**$13470**	**$15490**	Iseki	3T	91D	16F-16R	32.4	3014	No
MF-1440 4WD Hydro	$24210	$9680	$11620	**$14530**	**$16710**	Iseki	3T	91D	Variable	31.7	3070	No
MF-1440v 4WD	$19771	$7910	$9490	**$11860**	**$13640**	Iseki	3T	91D	8F-8R	32.4	2667	No
MF-1445 4WD	$26432	$10570	$12690	**$15860**	**$18240**	Iseki	4	134D	16F-16R	37.0	4331	No
MF-1445 4WD Hydro	$27941	$11180	$13410	**$16770**	**$19280**	Iseki	4	134D	Variable	36.0	4330	No
MF-1455 4WD	$27502	$11000	$13200	**$16500**	**$18980**	Iseki	4	173D	16F-16R	45.6	4291	No
MF-1455v	$20881	$8350	$10020	**$12530**	**$14410**	Iseki	4	173D	8F-8R	45.6	3438	No
MF-1455v 4WD	$23936	$9570	$11490	**$14360**	**$16520**	Iseki	4	173D	12F-12R	45.6	3579	No
MF-3425F 4WD	$31575	$12630	$15160	**$18950**	**$21790**	Perkins	3T	202D	16F-8R	57.0		No
MF-3425F 4WD w/Cab	$38860	$15540	$18650	**$23320**	**$26810**	Perkins	3T	202D	16F-8R	57.0		CHA
MF-3425GE 4WD	$30690	$12280	$14730	**$18410**	**$21180**	Perkins	3T	202D	20F-10R	57.0		No
MF-3425GE 4WD w/Cab	$37975	$15190	$18230	**$22790**	**$26200**	Perkins	3T	202D	20F-10R	57.0		CHA
MF-3425S 4WD	$31120	$12450	$14940	**$18670**	**$21470**	Perkins	3T	202D	16F-8R	57.0		No
MF-3425S 4WD w/Cab	$38405	$15360	$18430	**$23040**	**$26500**	Perkins	3T	202D	16F-8R	57.0		CHA
MF-3425V 4WD	$31470	$12590	$15110	**$18880**	**$21710**	Perkins	3T	202D	16F-8R	57.0		No
MF-3425V 4WD w/Cab	$38755	$15500	$18600	**$23250**	**$26740**	Perkins	3T	202D	16F-8R	57.0		CHA
MF-3435F 4WD	$33740	$13500	$16200	**$20240**	**$23280**	Perkins	4	268D	16F-8R	72.0		No
MF-3435F 4WD w/Cab	$41025	$16410	$19690	**$24620**	**$28310**	Perkins	4	268D	16F-8R	72.0		CHA
MF-3435GE 4WD	$33870	$13550	$16260	**$20320**	**$23370**	Perkins	4	268D	20F-10R	72.0		No
MF-3435GE 4WD w/Cab	$41155	$16460	$19750	**$24690**	**$28400**	Perkins	4	268D	20F-10R	72.0		CHA
MF-3435S	$33225	$13290	$15950	**$19940**	**$22930**	Perkins	4	268D	16F-8R	72.0		No
MF-3435S w/Cab	$40510	$16200	$19450	**$24310**	**$27950**	Perkins	4	268D	16F-8R	72.0		CHA
MF-3435V 4WD	$32995	$13200	$15840	**$19800**	**$22770**	Perkins	4	268D	16F-8R	72.0		No
MF-3435V w/Cab	$40290	$16120	$19340	**$24170**	**$27800**	Perkins	4	268D	16F-8R	72.0		CHA
MF-3445F 4WD	$37340	$14940	$17920	**$22400**	**$25770**	Perkins	4T	268D	16F-8R	80.0		No
MF-3445F 4WD w/Cab	$44625	$17850	$21420	**$26780**	**$30790**	Perkins	4T	268D	16F-8R	80.0		CHA
MF-3445GE 4WD	$37380	$14950	$17940	**$22430**	**$25790**	Perkins	4T	268D	20F-10R	80.0		No

Massey Ferguson (Cont.)

Model	Approx. Retail Price New	Used Trade In Avg.	Used Trade In High	Used Retail Avg.	Used Retail High	Engine Make	Engine No. Cyls.	Engine Displ. Cu.-In.	No. Speeds	P.T.O. H.P.	Approx. Shipping Wt.-Lbs.	Cab
2004 (Cont.)												
MF-3445GE 4WD w/Cab	$44665	$17870	$21440	**$26800**	**$30820**	Perkins	4T	268D	20F-10R	80.0		CHA
MF-3455F 4WD	$39810	$15920	$19110	**$23890**	**$27470**	Perkins	4T	268D	16F-8R	88.0		No
MF-3455F 4WD w/Cab	$47095	$18840	$22610	**$28260**	**$32500**	Perkins	4T	268D	16F-8R	88.0		CHA
MF-3455GE	$39850	$15940	$19130	**$23910**	**$27500**	Perkins	4T	268D	20F-10R	88.0		No
MF-3455GE w/Cab	$47035	$18810	$22580	**$28220**	**$32450**	Perkins	4T	268D	20F-10R	88.0		CHA
MF-5435	$30025	$11410	$13810	**$16810**	**$19520**	Perkins	4	268D	16F-16R	60.0	6817	No
MF-5435 4WD	$35260	$13400	$16220	**$19750**	**$22920**	Perkins	4	268D	16F-16R	60.0	6914	No
MF-5435 4WD w/Cab	$43725	$16620	$20110	**$24490**	**$28420**	Perkins	4	268D	16F-16R	60.0	8565	CHA
MF-5435 w/Cab	$37680	$14320	$17330	**$21100**	**$24490**	Perkins	4	268D	16F-16R	60.0	7890	CHA
MF-5445	$32605	$12390	$15000	**$18260**	**$21190**	Perkins	4TI	268D	16F-16R	70.0	6130	No
MF-5445 4WD	$38650	$14690	$17780	**$21640**	**$25120**	Perkins	4TI	268D	16F-16R	70.0	6941	No
MF-5445 4WD w/Cab	$47115	$17900	$21670	**$26380**	**$30630**	Perkins	4TI	268D	16F-16R	70.0	8565	CHA
MF-5445 w/Cab	$41670	$15840	$19170	**$23340**	**$27090**	Perkins	4TI	268D	16F-16R	70.0	7890	CHA
MF-5455 4WD	$41955	$15940	$19300	**$23500**	**$27270**	Perkins	4TI	268D	16F-16R	80.0	6941	No
MF-5455	$35910	$13650	$16520	**$20110**	**$23340**	Perkins	4TI	268D	16F-16R	80.0	6482	No
MF-5455 4WD w/Cab	$50420	$19160	$23190	**$28240**	**$32770**	Perkins	4TI	268D	16F-16R	80.0	8535	CHA
MF-5455 w/Cab	$49375	$18760	$22710	**$27650**	**$32090**	Perkins	4TI	268D	16F-16R	80.0	7768	CHA
MF-5460	$41280	$15690	$18990	**$23120**	**$26830**	Perkins	6	365D	16F-16R	90.0	7047	No
MF-5460 4WD	$47500	$18050	$21850	**$26600**	**$30880**	Perkins	6	365D	16F-15R	90.0	8808	No
MF-5460 4WD w/Cab	$55965	$21270	$25740	**$31340**	**$36380**	Perkins	6	365D	16F-16R	90.0	9941	CHA
MF-5460 w/Cab	$50355	$19140	$23160	**$28200**	**$32730**	Perkins	6	365D	16F-16R	90.0	8680	CHA
MF-6465 4WD w/Cab	$64940	$22080	$27280	**$33770**	**$39610**	Perkins	6TA	365D	32F-32R	95.0	11552	CHA
MF-6465 w/Cab	$56320	$19150	$23650	**$29290**	**$34360**	Perkins	6TA	365D	32F-32R	95.0	11052	CHA
MF-6475 4WD w/Cab	$73335	$24930	$30800	**$38130**	**$44730**	Perkins	6TA	365D	32F-32R	105.0	11904	CHA
MF-6475 w/Cab	$63850	$21710	$26820	**$33200**	**$38950**	Perkins	6TA	365D	32F-32R	105.0	11404	CHA
MF-6480 4WD w/Cab	$76275	$25930	$32040	**$39660**	**$46530**	Perkins	6TA	365D	32F-32R	115.0	11559	CHA
MF-6480 w/Cab	$67165	$22840	$28210	**$34930**	**$40970**	Perkins	6TA	365D	32F-32R	115.0	12058	CHA
MF-6485 4WD w/Cab	$86565	$29430	$36360	**$45010**	**$52810**	Perkins	6TA	365D	32F-32R	125.0	14440	CHA
MF-6485 w/Cab	$73810	$25100	$31000	**$38380**	**$45020**	Perkins	6TA	365D	32F-32R	125.0	13940	CHA
MF-6490 4WD w/Cab	$93925	$31940	$39450	**$48840**	**$57290**	Sisu	6TA	402D	32F-32R	140.0		CHA
MF-6490 w/Cab	$84180	$28620	$35360	**$43770**	**$51350**	Sisu	6TA	402D	32F-32R	140.0		CHA
MF-6495 4WD w/Cab	$100950	$34320	$42400	**$52490**	**$61580**	Sisu	6TA	402D	32F-32R	155.0		CHA
MF-6495 w/Cab	$92210	$31350	$38730	**$47950**	**$56250**	Sisu	6TA	402D	32F-32R	155.0	13940	CHA
MF-7465 4WD w/Cab	$72496	$24650	$30450	**$37700**	**$44220**	Perkins	6TA	365D	21F-18R	95.0	12820	CHA
MF-7475 4WD w/Cab	$77413	$26320	$32510	**$40260**	**$47220**	Perkins	6TA	365D	21F-18R	105.0	12820	CHA
MF-7480 4WD w/Cab	$82258	$27970	$34550	**$42770**	**$50180**	Perkins	6TA	365D	21F-18R	115.0	12820	CHA
MF-7485 4WD w/Cab	$92980	$31610	$39050	**$48350**	**$56720**	Sisu	6TA	402D	21F-18R	125,0	15058	CHA
MF-7490 4WD w/Cab	$103963	$35350	$43660	**$54060**	**$63420**	Sisu	6TA	402D	21F-18R	140.0	15058	CHA
MF-7495 4WD w/Cab	$108938	$37040	$45750	**$56650**	**$66450**	Sisu	6TA	402D	21F-18R	155.0	15058	CHA
MF-8450 4WD	$116485	$41940	$50090	**$64070**	**$69890**	Sisu	6TA	452D	21F-18R	180.0	18853	CHA
MF-8460 4WD	$122135	$43970	$52520	**$67170**	**$73280**	Sisu	6TA	452D	21F-18R	195.0	18500	CHA
MF-8470 4WD	$135785	$48880	$58390	**$74680**	**$81470**	Sisu	6TA	513D	21F-18R	220.0	19700	CHA
MF-8480 4WD	$143375	$51620	$61650	**$78860**	**$86030**	Sisu	6TA	513D	21F-18R	240.0	19700	CHA
2003												
GC 2300	$9820	$3930	$4620	**$6090**	**$6970**	Iseki	3	68D	Variable	18.7	1366	No
GC 2310 Loader/Backhoe	$17990	$6840	$8280	**$10250**	**$12050**	Iseki	3	68D	Variable	18.7	1366	No
MF-231S	$14970	$5990	$7040	**$9280**	**$10630**	Perkins	3	152D	8F-2R	42.0	4120	No
MF-243	$21850	$8300	$10050	**$12460**	**$14640**	Perkins	3	152D	8F-2R	47.0	4850	No
MF-243 4WD	$26285	$9990	$12090	**$14980**	**$17610**	Perkins	3	152D	8F-2R	47.0	5045	No
MF-263	$26455	$10050	$12170	**$15080**	**$17730**	Perkins	3T	152D	8F-2R	53.0	4915	No
MF-263 4WD	$31800	$12080	$14630	**$18130**	**$21310**	Perkins	3T	152D	8F-2R	53.0	5063	No
MF-451	$18256	$6940	$8400	**$10410**	**$12230**	Perkins	3	164D	8F-2R	45.0	4738	No
MF-451 4WD	$21856	$8310	$10050	**$12460**	**$14640**	Perkins	3	164D	8F-2R	45.0	5238	No
MF-471	$19353	$7350	$8900	**$11030**	**$12970**	Perkins	4	244D	8F-2R	59.0	5578	No
MF-471 4WD	$24549	$9330	$11290	**$13990**	**$16450**	Perkins	4	244D	8F-2R	59.0	6305	No
MF-481	$20861	$7930	$9600	**$11890**	**$13980**	Perkins	4	258D	8F-2R	69.0	5750	No
MF-481 4WD	$26057	$9900	$11990	**$14850**	**$17460**	Perkins	4	258D	8F-2R	69.0	6349	No
MF-1417 4WD	$11285	$4290	$5190	**$6430**	**$7560**	Iseki	3	61D	6F-2R	13.3	1392	No
MF-1417 4WD Hydro	$12540	$4770	$5770	**$7150**	**$8400**	Iseki	3	61D	Variable	12.9	1392	No
MF-1423 4WD	$13450	$5110	$6190	**$7670**	**$9010**	Iseki	3	68D	6F-2R	19.5	1300	No
MF-1423 4WD Hydro	$14885	$5660	$6850	**$8480**	**$9970**	Iseki	3	68D	Variable	19.0	1300	No
MF-1428v	$12640	$4800	$5810	**$7210**	**$8470**	Iseki	3	89D	9F-3R	24.1	1380	No
MF-1428v 4WD	$13500	$5130	$6210	**$7700**	**$9050**	Iseki	3	89D	9F-3R	24.1	1548	No
MF-1429 4WD	$16950	$6440	$7800	**$9660**	**$11360**	Iseki	3	89D	8F-8R	23.0	2667	No
MF-1433 4WD	$18560	$7050	$8540	**$10580**	**$12440**	Iseki	3	91D	16F-16R	27.0	2667	No
MF-1433v 4WD	$16585	$6300	$7630	**$9450**	**$11110**	Iseki	3	91D	8F-8R	27.0	2667	No
MF-1433 4WD Hydro	$20175	$7670	$9280	**$11500**	**$13520**	Iseki	3	91D	Variable	25.0	2585	No
MF-1440 4WD	$20895	$7940	$9610	**$11910**	**$14000**	Iseki	3T	91D	8F-8R	32.4	2667	No
MF-1440 4WD Hydro	$23270	$8840	$10700	**$13260**	**$15590**	Iseki	3T	91D	Variable	30.3	2673	No
MF-1440v 4WD	$18790	$7140	$8640	**$10710**	**$12590**	Iseki	3T	91D	8F-8R	32.4	2667	No
MF-1445 4WD	$26160	$9940	$12030	**$14910**	**$17530**	Iseki	4	134D	16F-16R	37.0	3740	No
MF-1455 4WD	$27190	$10330	$12510	**$15500**	**$18220**	Iseki	4	134D	16F-16R	45.6	3700	No
MF-1455v	$19825	$7530	$9120	**$11300**	**$13280**	Iseki	4	134D	8F-8R	45.6	3438	No
MF-1455v 4WD	$23065	$8770	$10610	**$13150**	**$15450**	Iseki	4	134D	12F-12R	45.6	3579	No
MF-3315S 4WD	$26680	$10140	$12270	**$15210**	**$17880**	Perkins	3	152D	16F-8R	47.0		No
MF-3315S 4WD w/Cab	$33965	$12530	$15160	**$18790**	**$22090**	Perkins	3	152D	16F-8R	47.0		CHA
MF-3315GE 4WD	$26420	$10040	$12150	**$15060**	**$17700**	Perkins	3	152D	20F-10R	47.0		No
MF-3315GE 4WD w/Cab	$33705	$12430	$15040	**$18640**	**$21910**	Perkins	3	152D	20F-10R	47.0		CHA
MF-3315V 4WD	$26475	$10060	$12180	**$15090**	**$17740**	Perkins	3	152D	16F-8R	47.0		No
MF-3315V 4WD w/Cab	$33760	$12450	$15070	**$18670**	**$21950**	Perkins	3	152D	16F-8R	47.0		CHA
MF-3330S	$26080	$9910	$12000	**$14870**	**$17470**	Perkins	4	244D	16F-8R	60.0		No
MF-3330S 4WD	$30855	$11730	$14190	**$17590**	**$20670**	Perkins	4	244D	16F-8R	60.0		No
MF-3330S w/Cab	$33365	$12680	$15350	**$19020**	**$22360**	Perkins	4	244D	16F-8R	60.0		CHA

Massey Ferguson (Cont.)

2003 (Cont.)

Model	Approx. Retail Price New	Estimated Value Less Repairs: Used Trade In Avg.	Used Trade In High	Used Retail Avg.	Used Retail High	Engine Make	Engine No. Cyls.	Engine Displ. Cu.-In.	No. Speeds	P.T.O. H.P.	Approx. Shipping Wt.-Lbs.	Cab
MF-3330S 4WD w/Cab	$38140	$13730	$16620	$20600	$24210	Perkins	4	244D	16F-8R	60.0		CHA
MF-3330GE	$26275	$9990	$12090	$14980	$17600	Perkins	4	244D	20F-10R	60.0		No
MF-3330GE w/Cab	$33560	$12750	$15440	$19130	$22490	Perkins	4	244D	20F-10R	60.0		CHA
MF-3330GE 4WD	$31360	$11920	$14430	$17880	$21010	Perkins	4	244D	20F-10R	60.0		No
MF-3330GE 4WD w/Cab	$38645	$13930	$16860	$20890	$24550	Perkins	4	244D	20F-10R	60.0		CHA
MF-3330V	$25075	$9530	$11540	$14290	$16800	Perkins	4	244D	16F-8R	60.0		No
MF-3330V 4WD	$30025	$11410	$13810	$17110	$20120	Perkins	4	244D	16F-8R	60.0		No
MF-3330V w/Cab	$32360	$12300	$14890	$18450	$21680	Perkins	4	244D	16F-8R	60.0		CHA
MF-3330V 4WD w/Cab	$37310	$13420	$16240	$20130	$23660	Perkins	4	244D	16F-8R	60.0		CHA
MF-3340F	$27435	$10430	$12620	$15640	$18380	Perkins	4	256D	16F-8R	70.0		No
MF-3340F 4WD	$32625	$12400	$15010	$18600	$21860	Perkins	4	256D	16F-8R	70.0		No
MF-3340F w/Cab	$34720	$13190	$15970	$19790	$23260	Perkins	4	256D	16F-8R	70.0		CHA
MF-3340F 4WD w/Cab	$39910	$14410	$17440	$21610	$25400	Perkins	4	256D	16F-8R	70.0		CHA
MF-3340GE	$27660	$10510	$12720	$15770	$18530	Perkins	4	256D	20F-10R	70.0		No
MF-3340GE w/Cab	$34995	$13300	$16100	$19950	$23450	Perkins	4	256D	20F-10R	70.0		CHA
MF-3340GE 4WD	$32745	$12440	$15060	$18670	$21940	Perkins	4	256D	20F-10R	70.0		No
MF-3340GE 4WD w/Cab	$40030	$14450	$17490	$21680	$25480	Perkins	4	256D	20F-10R	70.0		CHA
MF-3340V	$26850	$10200	$12350	$15310	$17990	Perkins	4	256D	16F-8R	70.0		No
MF-3340V 4WD	$31800	$12080	$14630	$18130	$21310	Perkins	4	256D	16F-8R	70.0		No
MF-3340V w/Cab	$34135	$12970	$15700	$19460	$22870	Perkins	4	256D	16F-8R	70.0		CHA
MF-3340V 4WD w/Cab	$39085	$14090	$17060	$21140	$24850	Perkins	4	256D	16F-8R	70.0		CHA
MF-3350F 4WD	$36020	$13690	$16570	$20530	$24130	Perkins	4T	244D	16F-8R	78.0		No
MF-3350F 4WD w/Cab	$43305	$15700	$19000	$23540	$27670	Perkins	4T	244D	16F-8R	78.0		CHA
MF-3350GE 4WD	$36140	$13730	$16620	$20600	$24210	Perkins	4T	244D	20F-10R	78.0		No
MF-3350GE 4WD w/Cab	$43425	$15740	$19060	$23610	$27760	Perkins	4T	244D	20F-10R	78.0		CHA
MF-3355F 4WD	$38485	$14620	$17700	$21940	$25790	Perkins	4T	244D	16F-8R	82.0		No
MF-3355F 4WD w/Cab	$45770	$16630	$20130	$24950	$29330	Perkins	4T	244D	16F-8R	82.0		CHA
MF-3355GE	$38525	$14640	$17720	$21960	$25810	Perkins	4T	244D	20F-10R	82.0		No
MF-3355GE w/Cab	$45818	$17410	$21080	$26120	$30700	Perkins	4T	244D	20F-10R	82.0		CHA
MF-4325	$26625	$10120	$12250	$15180	$17840	Perkins	4	244D	8F-2R	55.0	6121	No
MF-4325	$32300	$12270	$14860	$18410	$21640	Perkins	4	244D	12F-12R	55.0	6121	No
MF-4325 4WD	$33625	$12780	$15470	$19170	$22530	Perkins	4	244D	8F-2R	55.0	6725	No
MF-4325 4WD	$38275	$14550	$17610	$21820	$25640	Perkins	4	244D	12F-12R	55.0	6725	No
MF-4325 4WD w/Cab	$42488	$15390	$18620	$23080	$27130	Perkins	4	244D	12F-4R	55.0	7692	CHA
MF-4325 4WD w/Cab	$46045	$16740	$20260	$25110	$29510	Perkins	4	244D	12F-12R	55.0	7692	CHA
MF-4325 w/Cab	$36505	$13870	$16790	$20810	$24460	Perkins	4	244D	12F-4R	55.0	6946	CHA
MF-4325 w/Cab	$40070	$15230	$18430	$22840	$26850	Perkins	4	244D	12F-12R	55.0	6946	CHA
MF-4335	$27630	$10500	$12710	$15750	$18510	Perkins	4	256D	8F-2R	65.0	6817	No
MF-4335	$33305	$12660	$15320	$18980	$22310	Perkins	4	256D	12F-12R	65.0	6817	No
MF-4335 4WD	$33605	$12770	$15460	$19160	$22520	Perkins	4	256D	8F-2R	65.0	6914	No
MF-4335 4WD	$39280	$14930	$18070	$22390	$26320	Perkins	4	256D	12F-12R	65.0	6914	No
MF-4335 4WD w/Cab	$44230	$16050	$19430	$24070	$28290	Perkins	4	256D	12F-4R	65.0	8565	CHA
MF-4335 4WD w/Cab	$47795	$17400	$21070	$26100	$30680	Perkins	4	256D	12F-12R	65.0	8565	CHA
MF-4335 w/Cab	$38160	$14500	$17550	$21750	$25570	Perkins	4	256D	12F-4R	65.0	7890	CHA
MF-4335 w/Cab	$41725	$15860	$19190	$23780	$27960	Perkins	4	256D	12F-12R	65.0	7890	CHA
MF-4345	$29460	$11200	$13550	$16790	$19740	Perkins	4T	244D	8F-2R	75.0	6130	No
MF-4345	$33790	$12840	$15540	$19260	$22640	Perkins	4T	244D	12F-12R	75.0	6130	No
MF-4345 4WD	$36325	$13800	$16710	$20710	$24340	Perkins	4T	244D	8F-2R	75.0	6941	No
MF-4345 4WD	$40665	$15450	$18710	$23180	$27250	Perkins	4T	244D	12F-12R	75.0	6941	No
MF-4345 4WD w/Cab	$46545	$16930	$20490	$25390	$29850	Perkins	4T	244D	12F-4R	75.0	8565	CHA
MF-4345 4WD w/Cab	$50110	$17900	$21670	$26850	$31560	Perkins	4T	244D	12F-12R	75.0	8565	CHA
MF-4345 w/Cab	$39680	$15080	$18250	$22620	$26590	Perkins	4T	244D	12F-4R	75.0	7890	CHA
MF-4345 w/Cab	$43245	$16430	$19890	$24650	$28970	Perkins	4T	244D	12F-12R	75.0	7890	CHA
MF-4355	$33185	$12610	$15270	$18920	$22230	Perkins	4T	244D	12F-4R	85.0	6482	No
MF-4355	$38000	$14440	$17480	$21660	$25460	Perkins	4T	244D	12F-12R	85.0	6482	No
MF-4355 4WD	$39760	$15110	$18290	$22660	$26640	Perkins	4T	244D	12F-4R	85.0	6941	No
MF-4355 4WD	$44575	$16940	$20510	$25410	$29870	Perkins	4T	244D	12F-12R	85.0	6941	No
MF-4355 4WD w/Cab	$49235	$17570	$21270	$26350	$30980	Perkins	4T	244D	12F-4R	85.0	8535	CHA
MF-4355 4WD w/Cab	$52800	$18920	$22910	$28390	$33370	Perkins	4T	244D	12F-12R	85.0	8535	CHA
MF-4355 w/Cab	$42545	$16170	$19570	$24250	$28510	Perkins	4T	244D	12F-4R	85.0	7768	CHA
MF-4355 w/Cab	$46110	$17520	$21210	$26280	$30890	Perkins	4T	244D	12F-12R	85.0	7768	CHA
MF-4360	$36480	$13860	$16780	$20790	$24440	Perkins	6	365D	12F-4R	90.0	7047	No
MF-4360	$41295	$15690	$19000	$23540	$27670	Perkins	6	365D	12F-12R	90.0	7047	No
MF-4360 4WD	$43725	$16620	$20110	$24920	$29300	Perkins	6	365D	12F-4R	90.0	8808	No
MF-4360 4WD	$48540	$18450	$22330	$27670	$32520	Perkins	6	365D	12F-12R	90.0	8808	No
MF-4360 4WD w/Cab	$53085	$19030	$23040	$28550	$33560	Perkins	6	365D	12F-4R	90.0	9941	CHA
MF-4360 4WD w/Cab	$56650	$20390	$24680	$30580	$35950	Perkins	6	365D	12F-12R	90.0	9941	CHA
MF-4360 w/Cab	$45840	$17420	$21090	$26130	$30710	Perkins	6	365D	12F-4R	90.0	8680	CHA
MF-4360 w/Cab	$49405	$18770	$22730	$28160	$33100	Perkins	6	365D	12F-12R	90.0	8680	CHA
MF-4370	$44495	$16910	$20470	$25360	$29810	Perkins	6T	365D	12F-12R	99.0	7047	No
MF-4370 4WD	$52500	$19950	$24150	$29930	$35180	Perkins	6T	365D	12F-12R	99.0	9028	No
MF-4370 4WD w/Cab	$60610	$21890	$26500	$32840	$38600	Perkins	6T	365D	12F-12R	99.0	10161	CHA
MF-4370 w/Cab	$53070	$20170	$24410	$30250	$35560	Perkins	6T	365D	12F-12R	99.0	8622	CHA
MF-6255	$57515	$17260	$21860	$28180	$33930	Perkins	4T	244D	32F-32R	85.0		CHA
MF-6255 4WD	$65075	$19520	$24730	$31890	$38390	Perkins	4T	244D	32F-32R	85.0		CHA
MF-6265	$59750	$17930	$22710	$29280	$35250	Perkins	4T	244D	32F-32R	95.0		CHA
MF-6265 4WD	$67760	$20330	$25750	$33200	$39980	Perkins	4T	244D	32F-32R	85.0		CHA
MF-6270	$53110	$15930	$20180	$26020	$31340	Perkins	6T	365D	32F-32R	100.0		No
MF-6270 4WD	$61030	$18310	$23190	$29910	$36010	Perkins	6T	365D	32F-32R	100.0		No
MF-6270 4WD w/Cab	$69960	$20090	$25450	$32810	$39510	Perkins	6T	365D	32F-32R	100.0		CHA
MF-6270 w/Cab	$62040	$18610	$23580	$30400	$36600	Perkins	6T	365D	32F-32R	100.0		CHA
MF-6280	$57340	$17200	$21790	$28100	$33830	Perkins	6T	365D	32F-32R	110.0		No
MF-6280 4WD	$64575	$19370	$24540	$31640	$38100	Perkins	6T	365D	32F-32R	110.0		No
MF-6280 4WD w/Cab	$74630	$21490	$27220	$35100	$42260	Perkins	6T	365D	32F-32R	110.0		CHA

Massey Ferguson (Cont.)

	Approx. Retail Price New	Estimated Value Less Repairs Used Trade In Avg.	Used Trade In High	Used Retail Avg.	Used Retail High	Engine Make	Engine No. Cyls.	Engine Displ. Cu.-In.	No. Speeds	P.T.O. H.P.	Approx. Shipping Wt.-Lbs.	Cab
				2003 (Cont.)								
MF-6280 w/Cab	$68130	$20440	$25890	**$33380**	**$40200**	Perkins	6T	365D	32F-32R	110.0		CHA
MF-6290	$63760	$19130	$24230	**$31240**	**$37620**	Perkins	6T	365D	32F-32R	120.0		No
MF-6290 4WD	$68705	$20610	$26110	**$33670**	**$40540**	Perkins	6T	365D	32F-32R	120.0		No
MF-6290 4WD w/Cab	$80125	$23140	$29310	**$37790**	**$45500**	Perkins	6T	365D	32F-32R	120.0		CHA
MF-6290 w/Cab	$72690	$21810	$27620	**$35620**	**$42890**	Perkins	6T	365D	32F-32R	120.0		CHA
MF-8220	$82390	$26370	$32130	**$42020**	**$46140**	Perkins	6TA	365D	32F-32R	135.0	13815	CHA
MF-8220 PS	$86840	$27790	$33870	**$44290**	**$48630**	Perkins	6TA	365D	18F-6R	135.0	13815	CHA
MF-8220 4WD	$90350	$28910	$35240	**$46080**	**$50600**	Perkins	6TA	365D	32F-32R	135.0	14415	CHA
MF-8220 4WD PS	$94800	$30340	$36970	**$48350**	**$53090**	Perkins	6TA	365D	18F-6R	135.0	14415	CHA
MF-8240	$85830	$27470	$33470	**$43770**	**$48070**	Valmet	6TA	402D	32F-32R	145.0	13865	CHA
MF-8240 PS	$90280	$28890	$35210	**$46040**	**$50560**	Valmet	6TA	402D	18F-6R	145.0	13865	CHA
MF-8240 4WD	$99175	$31740	$38680	**$50580**	**$55540**	Valmet	6TA	402D	32F-32R	145.0	14465	CHA
MF-8240 4WD PS	$103625	$33160	$40410	**$52850**	**$58030**	Valmet	6TA	402D	18F-6R	145.0	14465	CHA
MF-8245 4WD	$106880	$34200	$41680	**$54510**	**$59850**	Valmet	6TA	451D	18F-6R	160.0	18300	CHA
MF-8250 4WD	$101615	$32520	$39630	**$51820**	**$56900**	Valmet	6TA	451D	32F-32R	165.0	18853	CHA
MF-8260 4WD	$115295	$36890	$44970	**$58800**	**$64570**	Valmet	6TA	451D	18F-6R	180.0	18500	CHA
MF-8270 4WD	$124255	$39760	$48460	**$63370**	**$69580**	Valmet	6TA	513D	18F-6R	200.0	19700	CHA
MF-8280 4WD	$135420	$42080	$51290	**$67070**	**$73640**	Valmet	6TA	513D	18F-6R	225.0	19700	CHA
				2002								
GC 2300	$11790	$4480	$5310	**$7070**	**$8250**	Iseki	3	68D	Variable	18.7	1366	No
MF-231S	$14140	$5370	$6360	**$8480**	**$9900**	Perkins	3	152D	8F-2R	42.0	4120	No
MF-243	$22135	$7970	$9740	**$12170**	**$14390**	Perkins	3	152D	8F-2R	47.0	4850	No
MF-243 4WD	$26685	$9610	$11740	**$14680**	**$17350**	Perkins	3	152D	8F-2R	47.0	5045	No
MF-251XE	$15890	$5720	$6990	**$8740**	**$10330**	Perkins	3	152D	8F-2R	45.0	5045	No
MF-251XE 4WD	$19450	$7000	$8560	**$10700**	**$12640**	Perkins	3	152D	8F-2R	45.0	5045	No
MF-263	$26605	$9580	$11710	**$14630**	**$17290**	Perkins	3T	152D	8F-2R	53.0	4915	No
MF-263 4WD	$31770	$11440	$13980	**$17470**	**$20650**	Perkins	3T	152D	8F-2R	53.0	5063	No
MF-271XE	$18025	$5770	$7210	**$9370**	**$11000**	Perkins	4	236D	8F-2R	59.0	5578	No
MF-271XE 4WD	$23175	$7420	$9270	**$12050**	**$14140**	Perkins	4	236D	8F-2R	59.0	6305	No
MF-281XE	$20850	$6670	$8340	**$10840**	**$12720**	Perkins	4	236D	8F-2R	69.0	5750	No
MF-281XE 4WD	$26460	$8470	$10580	**$13760**	**$16140**	Perkins	4	236D	8F-2R	69.0	6349	No
MF-451	$17115	$6160	$7530	**$9410**	**$11130**	Perkins	3	164D	8F-2R	45.0	4738	No
MF-451 4WD	$20705	$7450	$9110	**$11390**	**$13460**	Perkins	3	164D	8F-2R	45.0	5238	No
MF-471	$19235	$6930	$8460	**$10580**	**$12500**	Perkins	4	244D	8F-2R	59.0	5578	No
MF-471 4WD	$24430	$8800	$10750	**$13440**	**$15880**	Perkins	4	244D	8F-2R	59.0	6305	No
MF-481	$22085	$7520	$9200	**$11500**	**$13590**	Perkins	4	258D	8F-2R	69.0	5750	No
MF-481 4WD	$27740	$9540	$11660	**$14580**	**$17230**	Perkins	4	258D	8F-2R	69.0	6349	No
MF-1165 4WD	$26210	$9440	$11530	**$14420**	**$17040**	Isuzu	4	134D	16F-16R	37.0	4276	No
MF-1165 Hydro 4WD	$28675	$10320	$12620	**$15770**	**$18640**	Isuzu	4	134D	Variable	37.0	3258	No
MF-1205 4WD	$11020	$3970	$4850	**$6060**	**$7160**	Iseki	3	61D	6F-2R	13.5	1579	No
MF-1205 Hydro 4WD	$12289	$4420	$5410	**$6760**	**$7990**	Iseki	3	61D	Variable	13.0	1579	No
MF-1215	$11320	$4080	$4980	**$6230**	**$7360**	Iseki	3	61D	6F-2R	15.0	1457	No
MF-1215 4WD	$12610	$4540	$5550	**$6940**	**$8200**	Iseki	3	61D	6F-2R	15.0	1589	No
MF-1215 Hydro	$12270	$4420	$5400	**$6750**	**$7980**	Iseki	3	61D	Variable	14.0	1457	No
MF-1215 Hydro 4WD	$13870	$4990	$6100	**$7630**	**$9020**	Iseki	3	61D	Variable	14.0	1589	No
MF-1225	$11905	$4290	$5240	**$6550**	**$7740**	Iseki	3	68D	6F-2R	19.0	1874	No
MF-1225 4WD	$13360	$4810	$5880	**$7350**	**$8680**	Iseki	3	68D	6F-2R	19.0	1874	No
MF-1225 Hydro	$13345	$4680	$5720	**$7150**	**$8450**	Iseki	3	68D	Variable	18.4	1874	No
MF-1225 Hydro 4WD	$14850	$5350	$6530	**$8170**	**$9650**	Iseki	3	68D	Variable	18.4	1874	No
MF-1230	$14025	$5050	$6170	**$7710**	**$9120**	Iseki	3	87D	9F-3R	20.5	2227	No
MF-1230 4WD	$15930	$5740	$7010	**$8760**	**$10360**	Iseki	3	87D	9F-3R	20.5	2403	No
MF-1230 Hydro	$15875	$5720	$6990	**$8730**	**$10320**	Iseki	3	87D	Variable	19.6	2293	No
MF-1230 Hydro 4WD	$17600	$6340	$7740	**$9680**	**$11440**	Iseki	3	87D	Variable	19.6	2469	No
MF-1233	$10525	$3790	$4630	**$5790**	**$6840**	Iseki	3	89D	9F-3R	22.9	1817	No
MF-1233 4WD	$11260	$4050	$4950	**$6190**	**$7320**	Iseki	3	89D	9F-3R	22.9	1984	No
MF-1235 Hydro 4WD	$18390	$6620	$8090	**$10120**	**$11950**	Iseki	3	91D	Variable	24.3	2447	No
MF-1240	$15125	$5450	$6660	**$8320**	**$9830**	Iseki	3	87D	16F-16R	22.8	2859	No
MF-1240 4WD	$17040	$6130	$7500	**$9370**	**$11080**	Iseki	3	87D	16F-16R	22.8	2960	No
MF-1250	$16300	$5870	$7170	**$8970**	**$10600**	Iseki	3	91D	16F-16R	26.8	2933	No
MF-1250 4WD	$18680	$6730	$8220	**$10270**	**$12140**	Iseki	3	91D	16F-16R	26.8	3040	No
MF-1250 Hydro 4WD	$20905	$7530	$9200	**$11500**	**$13590**	Iseki	3	91D	Variable	26.8	3040	No
MF-1260 4WD	$21370	$7690	$9400	**$11750**	**$13890**	Iseki	3	91D	16F-16R	31.0	3128	No
MF-1260 Hydro 4WD	$23305	$8390	$10250	**$12820**	**$15150**	Iseki	3	91D	Variable	31.0	3128	No
MF-1423 4WD	$13805	$4970	$6070	**$7590**	**$8970**	Iseki	3	68D	6F-2R	19.5		No
MF-1423 4WD Hydro	$15310	$5510	$6740	**$8420**	**$9950**	Iseki	3	68D	Variable	19.0		No
MF-1428v	$11705	$4210	$5150	**$6440**	**$7610**	Iseki	3	89D	9F-3R	24.1		No
MF-1428v 4WD	$12445	$4480	$5480	**$6850**	**$8090**	Iseki	3	89D	9F-3R	24.1		No
MF-1429 4WD	$18190	$6550	$8000	**$10010**	**$11820**	Iseki	3	89D	8F-8R	23.0		No
MF-1433 4WD	$19895	$7160	$8750	**$10940**	**$12930**	Iseki	3	91D	16F-16R	27.0		No
MF-1433v 4WD	$15210	$5480	$6690	**$8370**	**$9890**	Iseki	3	91D	8F-8R	26.8		No
MF-1440 4WD	$22240	$8010	$9790	**$12230**	**$14460**	Iseki	3	91D	8F-8R	27.0		No
MF-1440v 4WD	$17095	$6150	$7520	**$9400**	**$11110**	Iseki	3	91D	8F-8R	32.4		No
MF-3315S 4WD	$29295	$9610	$11750	**$14690**	**$17360**	Perkins	3	152D	16F-8R	47.0		No
MF-3315S 4WD w/Cab	$37615	$12240	$14960	**$18700**	**$22100**	Perkins	3	152D	16F-8R	47.0		CHA
MF-3315GE 4WD	$29010	$9540	$11660	**$14580**	**$17230**	Perkins	3	152D	20F-10R	47.0		No
MF-3315V 4WD	$29685	$9580	$11700	**$14630**	**$17290**	Perkins	3	152D	16F-8R	47.0		No
MF-3315V 4WD w/Cab	$38785	$12170	$14870	**$18590**	**$21970**	Perkins	3	152D	16F-8R	47.0		CHA
MF-3330S	$28635	$9470	$11570	**$14470**	**$17100**	Perkins	4	244D	16F-8R	60.0		No
MF-3330S 4WD	$34645	$11160	$13640	**$17050**	**$20150**	Perkins	4	244D	16F-8R	60.0		No
MF-3330S w/Cab	$36955	$12060	$14740	**$18430**	**$21780**	Perkins	4	244D	16F-8R	60.0		CHA
MF-3330S 4WD w/Cab	$42970	$13680	$16720	**$20900**	**$24700**	Perkins	4	244D	16F-8R	60.0		CHA
MF-3330GE	$28885	$9470	$11570	**$14470**	**$17100**	Perkins	4	244D	20F-10R	60.0		No
MF-3330GE 4WD	$34170	$11320	$13840	**$17300**	**$20440**	Perkins	4	244D	20F-10R	60.0		No

Massey Ferguson (Cont.)

2002 (Cont.)

	Approx. Retail Price New	Estimated Value Less Repairs: Used Trade In Avg.	Used Trade In High	Used Retail Avg.	Used Retail High	Engine Make	No. Cyls.	Displ. Cu.-In.	No. Speeds	P.T.O. H.P.	Approx. Shipping Wt.-Lbs.	Cab
MF-3330V	$28275	$9090	$11110	**$13890**	**$16410**	Perkins	4	244D	16F-8R	60.0		No
MF-3330V 4WD	$34155	$10840	$13240	**$16560**	**$19570**	Perkins	4	244D	16F-8R	60.0		No
MF-3330V w/Cab	$37205	$11700	$14300	**$17880**	**$21130**	Perkins	4	244D	16F-8R	60.0		CHA
MF-3330V 4WD w/Cab	$43080	$13500	$16500	**$20630**	**$24380**	Perkins	4	244D	16F-8R	60.0		CHA
MF-3340F	$30755	$10010	$12230	**$15290**	**$18070**	Perkins	4	256D	16F-8R	70.0		No
MF-3340F 4WD	$37355	$11790	$14410	**$18010**	**$21290**	Perkins	4	256D	16F-8R	70.0		No
MF-3340F w/Cab	$39080	$12600	$15400	**$19250**	**$22750**	Perkins	4	256D	16F-8R	70.0		CHA
MF-3340F 4WD w/Cab	$45680	$14400	$17600	**$22000**	**$26000**	Perkins	4	256D	16F-8R	70.0		CHA
MF-3340GE	$31015	$10010	$12230	**$15290**	**$18070**	Perkins	4	256D	20F-10R	70.0		No
MF-3340GE 4WD	$36500	$11840	$14480	**$18100**	**$21390**	Perkins	4	256D	20F-10R	70.0		No
MF-3340V	$30845	$9720	$11880	**$14850**	**$17550**	Perkins	4	256D	16F-8R	70.0		No
MF-3340V 4WD	$35945	$11520	$14080	**$17600**	**$20800**	Perkins	4	256D	16F-8R	70.0		No
MF-3340V w/Cab	$39825	$12460	$15220	**$19030**	**$22490**	Perkins	4	256D	16F-8R	70.0		CHA
MF-3340V 4WD w/Cab	$44870	$14150	$17290	**$21620**	**$25550**	Perkins	4	256D	16F-8R	70.0		CHA
MF-3350F 4WD	$41785	$13140	$16060	**$20080**	**$23730**	Perkins	4T	244D	16F-8R	78.0		No
MF-3350F 4WD w/Cab	$50110	$15700	$19180	**$23980**	**$28340**	Perkins	4T	244D	16F-8R	78.0		CHA
MF-3350GE 4WD	$41360	$13180	$16100	**$20130**	**$23790**	Perkins	4T	244D	20F-10R	78.0		No
MF-3355F 4WD	$45075	$13970	$17070	**$21340**	**$25220**	Perkins	4T	244D	16F-8R	82.0		No
MF-3355F 4WD w/Cab	$53400	$16560	$20240	**$25300**	**$29900**	Perkins	4T	244D	16F-8R	82.0		CHA
MF-3355GE	$39790	$13880	$16960	**$21200**	**$25060**	Perkins	4T	244D	20F-10R	82.0		No
MF-4325	$27185	$9790	$11960	**$14950**	**$17670**	Perkins	4	244D	8F-2R	55.0	6121	No
MF-4325	$31835	$11460	$14010	**$17510**	**$20690**	Perkins	4	244D	12F-12R	55.0	6121	No
MF-4325 4WD	$33355	$12010	$14680	**$18350**	**$21680**	Perkins	4	244D	8F-2R	55.0	6725	No
MF-4325 4WD	$38005	$13680	$16720	**$20900**	**$24700**	Perkins	4	244D	12F-12R	55.0	6725	No
MF-4325 4WD w/Cab	$42575	$14610	$17850	**$22320**	**$26370**	Perkins	4	244D	12F-4R	55.0	7692	CHA
MF-4325 4WD w/Cab	$44795	$15410	$18830	**$23540**	**$27820**	Perkins	4	244D	12F-12R	55.0	7692	CHA
MF-4325 w/Cab	$36040	$12970	$15860	**$19820**	**$23430**	Perkins	4	244D	12F-4R	55.0	6946	CHA
MF-4325 w/Cab	$38260	$13770	$16830	**$21040**	**$24870**	Perkins	4	244D	12F-12R	55.0	6946	CHA
MF-4335	$27840	$10020	$12250	**$15310**	**$18100**	Perkins	4	256D	8F-2R	65.0	6817	No
MF-4335	$32130	$11570	$14140	**$17670**	**$20890**	Perkins	4	256D	12F-12R	65.0	6817	No
MF-4335 4WD	$34010	$12240	$14960	**$18710**	**$22110**	Perkins	4	256D	8F-2R	65.0	6914	No
MF-4335 4WD	$38340	$13800	$16870	**$21090**	**$24920**	Perkins	4	256D	12F-12R	65.0	6914	No
MF-4335 4WD w/Cab	$44295	$15230	$18610	**$23260**	**$27490**	Perkins	4	256D	12F-4R	65.0	8565	CHA
MF-4335 4WD w/Cab	$46515	$16030	$19590	**$24480**	**$28940**	Perkins	4	256D	12F-12R	65.0	8565	CHA
MF-4335 w/Cab	$38155	$13740	$16790	**$20990**	**$24800**	Perkins	4	256D	12F-4R	65.0	7890	CHA
MF-4335 w/Cab	$40375	$14540	$17770	**$22210**	**$26240**	Perkins	4	256D	12F-12R	65.0	7890	CHA
MF-4345	$29240	$10530	$12870	**$16080**	**$19010**	Perkins	4T	244D	8F-2R	75.0	6130	No
MF-4345	$34915	$12570	$15360	**$19200**	**$22700**	Perkins	4T	244D	12F-12R	75.0	6130	No
MF-4345 4WD	$36100	$13000	$15880	**$19860**	**$23470**	Perkins	4T	244D	8F-2R	75.0	6941	No
MF-4345 4WD	$41775	$15040	$18380	**$22980**	**$27150**	Perkins	4T	244D	12F-12R	75.0	6941	No
MF-4345 4WD w/Cab	$46320	$15960	$19500	**$24380**	**$28810**	Perkins	4T	244D	12F-4R	75.0	8565	CHA
MF-4345 4WD w/Cab	$49885	$16880	$20630	**$25790**	**$30480**	Perkins	4T	244D	12F-12R	75.0	8565	CHA
MF-4345 w/Cab	$39460	$14210	$17360	**$21700**	**$25650**	Perkins	4T	244D	12F-4R	75.0	7890	CHA
MF-4345 w/Cab	$43025	$15490	$18930	**$23660**	**$27970**	Perkins	4T	244D	12F-12R	75.0	7890	CHA
MF-4355	$33085	$11910	$14560	**$18200**	**$21510**	Perkins	4T	244D	12F-4R	85.0	6482	No
MF-4355	$37900	$13640	$16680	**$20850**	**$24640**	Perkins	4T	244D	12F-12R	85.0	6482	No
MF-4355 4WD	$39725	$14300	$17480	**$21850**	**$25820**	Perkins	4T	244D	12F-4R	85.0	6941	No
MF-4355 4WD	$44540	$16030	$19600	**$24500**	**$28950**	Perkins	4T	244D	12F-12R	85.0	6941	No
MF-4355 4WD w/Cab	$49310	$16670	$20380	**$25470**	**$30100**	Perkins	4T	244D	12F-4R	85.0	8535	CHA
MF-4355 4WD w/Cab	$52875	$17960	$21950	**$27430**	**$32420**	Perkins	4T	244D	12F-12R	85.0	8535	CHA
MF-4355 w/Cab	$42225	$15200	$18580	**$23220**	**$27450**	Perkins	4T	244D	12F-4R	85.0	7768	CHA
MF-4355 w/Cab	$45790	$16480	$20150	**$25190**	**$29760**	Perkins	4T	244D	12F-12R	85.0	7768	CHA
MF-4360	$36480	$13130	$16050	**$20060**	**$23710**	Perkins	6	365D	12F-4R	90.0	7047	No
MF-4360	$41295	$14870	$18170	**$22710**	**$26840**	Perkins	6	365D	12F-12R	90.0	7047	No
MF-4360 4WD	$43725	$15740	$19240	**$24050**	**$28420**	Perkins	6	365D	12F-4R	90.0	8808	No
MF-4360 4WD	$48540	$17470	$21360	**$26700**	**$31550**	Perkins	6	365D	12F-12R	90.0	8808	No
MF-4360 4WD w/Cab	$53085	$18030	$22040	**$27550**	**$32560**	Perkins	6	365D	12F-4R	90.0	9941	CHA
MF-4360 4WD w/Cab	$56650	$19310	$23610	**$29510**	**$34870**	Perkins	6	365D	12F-12R	90.0	9941	CHA
MF-4360 w/Cab	$45840	$16500	$20170	**$25210**	**$29800**	Perkins	6	365D	12F-4R	90.0	8680	CHA
MF-4360 w/Cab	$49405	$17790	$21740	**$27170**	**$32110**	Perkins	6	365D	12F-12R	90.0	8680	CHA
MF-4370	$43850	$15790	$19290	**$24120**	**$28500**	Perkins	6T	365D	12F-12R	99.0	7047	No
MF-4370 4WD	$51095	$18390	$22480	**$28100**	**$33210**	Perkins	6T	365D	12F-12R	99.0	9028	No
MF-4370 4WD w/Cab	$60245	$20610	$25190	**$31490**	**$37210**	Perkins	6T	365D	12F-12R	99.0	10161	CHA
MF-4370 w/Cab	$52605	$18940	$23150	**$28930**	**$34190**	Perkins	6T	365D	12F-12R	99.0	8622	CHA
MF-6255	$56880	$15930	$20480	**$26730**	**$32420**	Perkins	4T	244D	32F-32R	85.0		CHA
MF-6255 4WD	$64330	$18010	$23160	**$30240**	**$36670**	Perkins	4T	244D	32F-32R	85.0		CHA
MF-6265	$59255	$16590	$21330	**$27850**	**$33780**	Perkins	4T	244D	32F-32R	95.0		CHA
MF-6265 4WD	$66965	$18750	$24110	**$31470**	**$38170**	Perkins	4T	244D	32F-32R	85.0		CHA
MF-6270	$53110	$14870	$19120	**$24960**	**$30270**	Perkins	6T	365D	32F-32R	100.0		No
MF-6270 4WD	$60310	$16890	$21710	**$28350**	**$34380**	Perkins	6T	365D	32F-32R	100.0		No
MF-6270 4WD w/Cab	$69960	$186750	$240110	**$313470**	**$380170**	Perkins	6T	365D	32F-32R	100.0		CHA
MF-6270 w/Cab	$62040	$17370	$22330	**$29160**	**$35360**	Perkins	6T	365D	32F-32R	100.0		CHA
MF-6280	$57105	$15990	$20560	**$26840**	**$32550**	Perkins	6T	365D	32F-32R	110.0		No
MF-6280 4WD	$64415	$18040	$23190	**$30280**	**$36720**	Perkins	6T	365D	32F-32R	110.0		No
MF-6280 4WD w/Cab	$72725	$19520	$25100	**$32770**	**$39740**	Perkins	6T	365D	32F-32R	110.0		CHA
MF-6280 w/Cab	$65405	$18310	$23550	**$30740**	**$37280**	Perkins	6T	365D	32F-32R	110.0		CHA
MF-6290	$63760	$17850	$22950	**$29970**	**$36340**	Perkins	6T	365D	32F-32R	120.0		No
MF-6290 4WD	$70815	$19830	$25490	**$33280**	**$40370**	Perkins	6T	365D	32F-32R	120.0		No
MF-6290 4WD w/Cab	$79745	$21490	$27630	**$36070**	**$43750**	Perkins	6T	365D	32F-32R	120.0		CHA
MF-6290 w/Cab	$72690	$20350	$26170	**$34160**	**$41430**	Perkins	6T	365D	32F-32R	120.0		CHA
MF-8220	$81010	$23490	$29160	**$38080**	**$42130**	Perkins	6TA	365D	32F-32R	135.0	13815	CHA
MF-8220 PS	$85460	$24780	$30770	**$40170**	**$44440**	Perkins	6TA	365D	18F-6R	135.0	13815	CHA
MF-8220 4WD	$92630	$26860	$33350	**$43540**	**$48170**	Perkins	6TA	365D	32F-32R	135.0	14415	CHA
MF-8220 4WD PS	$97080	$28150	$34950	**$45630**	**$50480**	Perkins	6TA	365D	18F-6R	135.0	14415	CHA

	Approx. Retail Price New	Estimated Value Less Repairs: Used Trade In Avg.	Used Trade In High	Used Retail Avg.	Used Retail High	Engine Make	Engine No. Cyls.	Engine Displ. Cu.-In.	No. Speeds	P.T.O. H.P.	Approx. Shipping Wt.-Lbs.	Cab
Massey Ferguson (Cont.)												
				2002 (Cont.)								
MF-8240	$86215	$25000	$31040	**$40520**	**$44830**	Valmet	6TA	402D	32F-32R	145.0	13865	CHA
MF-8240 PS	$90665	$26290	$32640	**$42610**	**$47150**	Valmet	6TA	402D	18F-6R	145.0	13865	CHA
MF-8240 4WD	$99095	$28740	$35670	**$46580**	**$51530**	Valmet	6TA	402D	32F-32R	145.0	14465	CHA
MF-8240 4WD PS	$103545	$30030	$37280	**$48670**	**$53840**	Valmet	6TA	402D	18F-6R	145.0	14465	CHA
MF-8245 4WD	$105910	$30710	$38130	**$49780**	**$55070**	Valmet	6TA	451D	18F-6R	160.0	18300	CHA
MF-8250 4WD	$100645	$29190	$36230	**$47300**	**$52340**	Valmet	6TA	451D	32F-32R	165.0	18853	CHA
MF-8260 4WD	$114315	$33150	$41150	**$53730**	**$59440**	Valmet	6TA	451D	18F-6R	180.0	18500	CHA
MF-8270 4WD	$123380	$35780	$44420	**$57990**	**$64160**	Valmet	6TA	513D	18F-6R	200.0	19700	CHA
MF-8280 4WD	$135480	$38140	$47340	**$61810**	**$68380**	Valmet	6TA	513D	18F-6R	225.0	19700	CHA
				2001								
MF-231S	$14140	$5230	$6220	**$8200**	**$9760**	Perkins	3	152D	8F-2R	42.0	4120	No
MF-241	$15890	$5560	$6670	**$8580**	**$10170**	Perkins	3	152D	8F-2R	45.0	4160	No
MF-243	$22590	$7910	$9490	**$12200**	**$14460**	Perkins	3	152D	8F-2R	47.0	4850	No
MF-243 4WD	$27030	$9460	$11350	**$14600**	**$17300**	Perkins	3	152D	8F-2R	47.0	5045	No
MF-251XE	$16990	$5950	$7140	**$9180**	**$10870**	Perkins	3	152D	8F-2R	45.0	5045	No
MF-251XE 4WD	$20530	$7190	$8620	**$11090**	**$13140**	Perkins	3	152D	8F-2R	45.0	5045	No
MF-263	$25675	$8990	$10780	**$13870**	**$16430**	Perkins	3T	152D	8F-2R	53.0	4915	No
MF-263 4WD	$30740	$10760	$12910	**$16600**	**$19670**	Perkins	3T	152D	8F-2R	53.0	5063	No
MF-271	$18025	$6310	$7570	**$9730**	**$11540**	Perkins	4	236D	8F-2R	59.0	6130	No
MF-271XE	$18650	$5600	$7090	**$9330**	**$11000**	Perkins	4	236D	8F-2R	59.0	5578	No
MF-271XE 4WD	$23825	$7150	$9050	**$11910**	**$14060**	Perkins	4	236D	8F-2R	59.0	6305	No
MF-281	$20850	$7300	$8760	**$11260**	**$13340**	Perkins	4	236D	8F-2R	69.0	6350	No
MF-281 4WD	$26460	$9260	$11110	**$14290**	**$16930**	Perkins	4	236D	8F-2R	69.0	6635	No
MF-281XE	$21500	$6450	$8170	**$10750**	**$12690**	Perkins	4	236D	8F-2R	69.0	5750	No
MF-281XE 4WD	$27110	$8130	$10300	**$13560**	**$16000**	Perkins	4	236D	8F-2R	69.0	6349	No
MF-1165 4WD	$26210	$9170	$11010	**$14150**	**$16770**	Isuzu	4	134D	16F-16R	37.0	4276	No
MF-1165 Hydro 4WD	$28410	$9940	$11930	**$15340**	**$18180**	Isuzu	4	134D	Variable	37.0	3258	No
MF-1205 4WD	$11020	$3860	$4630	**$5950**	**$7050**	Iseki	3	61D	6F-2R	13.5	1579	No
MF-1205 Hydro 4WD	$12290	$4300	$5160	**$6640**	**$7870**	Iseki	3	61D	Variable	13.0	1579	No
MF-1215	$11320	$3960	$4750	**$6110**	**$7250**	Iseki	3	61D	6F-2R	15.0	1457	No
MF-1215 4WD	$12610	$4410	$5300	**$6810**	**$8070**	Iseki	3	61D	6F-2R	15.0	1589	No
MF-1215 Hydro	$12270	$4300	$5150	**$6630**	**$7850**	Iseki	3	61D	Variable	14.0	1457	No
MF-1215 Hydro 4WD	$13870	$4860	$5830	**$7490**	**$8880**	Iseki	3	61D	Variable	14.0	1589	No
MF-1225	$11905	$4170	$5000	**$6430**	**$7620**	Iseki	3	68D	6F-2R	19.0	1874	No
MF-1225 4WD	$13360	$4680	$5610	**$7210**	**$8550**	Iseki	3	68D	6F-2R	19.0	1874	No
MF-1225 Hydro	$13345	$4550	$5460	**$7020**	**$8320**	Iseki	3	68D	Variable	18.4	1874	No
MF-1225 Hydro 4WD	$14850	$5200	$6240	**$8020**	**$9500**	Iseki	3	68D	Variable	18.4	1874	No
MF-1230	$14025	$4910	$5890	**$7570**	**$8980**	Iseki	3	87D	9F-3R	20.5	2227	No
MF-1230 4WD	$15930	$5580	$6690	**$8600**	**$10200**	Iseki	3	87D	9F-3R	20.5	2403	No
MF-1230 Hydro	$15875	$5560	$6670	**$8570**	**$10160**	Iseki	3	87D	Variable	19.6	2293	No
MF-1230 Hydro 4WD	$17600	$6160	$7390	**$9500**	**$11260**	Iseki	3	87D	Variable	19.6	2469	No
MF-1233	$10525	$3680	$4420	**$5680**	**$6740**	Iseki	3	89D	9F-3R	22.9	1817	No
MF-1233 4WD	$11260	$3940	$4730	**$6080**	**$7210**	Iseki	3	89D	9F-3R	22.9	1984	No
MF-1235 Hydro 4WD	$18390	$6440	$7720	**$9930**	**$11770**	Iseki	3	91D	Variable	24.3	2447	No
MF-1240	$15125	$5290	$6350	**$8170**	**$9680**	Iseki	3	87D	16F-16R	22.8	2859	No
MF-1240 4WD	$17040	$5960	$7160	**$9200**	**$10910**	Iseki	3	87D	16F-16R	22.8	2960	No
MF-1250	$16300	$5710	$6850	**$8800**	**$10430**	Iseki	3	91D	16F-16R	26.8	2933	No
MF-1250 4WD	$18680	$6540	$7850	**$10090**	**$11960**	Iseki	3	91D	16F-16R	26.8	3040	No
MF-1250 Hydro 4WD	$20510	$7180	$8610	**$11080**	**$13130**	Iseki	3	91D	Variable	26.8	3040	No
MF-1260 4WD	$21370	$7480	$8980	**$11540**	**$13680**	Iseki	3	91D	16F-16R	31.0	3128	No
MF-1260 Hydro 4WD	$23090	$8080	$9700	**$12470**	**$14780**	Iseki	3	91D	Variable	31.0	3128	No
MF-3315S 4WD	$29295	$9340	$11210	**$14410**	**$17080**	Perkins	3	152D	16F-8R	47.0		No
MF-3315S 4WD w/Cab	$37615	$11890	$14270	**$18340**	**$21740**	Perkins	3	152D	16F-8R	47.0		CHA
MF-3315GE 4WD	$29010	$9250	$11100	**$14270**	**$16910**	Perkins	3	152D	20F-10R	47.0		No
MF-3315V 4WD	$29685	$9270	$11120	**$14300**	**$16940**	Perkins	3	152D	16F-8R	47.0		No
MF-3315V 4WD w/Cab	$38785	$11820	$14180	**$18230**	**$21610**	Perkins	3	152D	16F-8R	47.0		CHA
MF-3330S	$28635	$9130	$10950	**$14080**	**$16690**	Perkins	4	244D	16F-8R	60.0		No
MF-3330S 4WD	$34645	$10800	$12960	**$16660**	**$19750**	Perkins	4	244D	16F-8R	60.0		No
MF-3330S w/Cab	$36955	$11680	$14010	**$18020**	**$21350**	Perkins	4	244D	16F-8R	60.0		CHA
MF-3330S 4WD w/Cab	$42970	$13350	$16020	**$20600**	**$24410**	Perkins	4	244D	16F-8R	60.0		CHA
MF-3330GE	$29365	$9200	$11040	**$14190**	**$16820**	Perkins	4	244D	20F-10R	60.0		No
MF-3330GE 4WD	$34685	$10980	$13170	**$16930**	**$20070**	Perkins	4	244D	20F-10R	60.0		No
MF-3330V	$28275	$8780	$10530	**$13540**	**$16050**	Perkins	4	244D	16F-8R	60.0		No
MF-3330V 4WD	$34155	$10510	$12610	**$16210**	**$19220**	Perkins	4	244D	16F-8R	60.0		No
MF-3330V w/Cab	$37205	$11330	$13590	**$17470**	**$20710**	Perkins	4	244D	16F-8R	60.0		CHA
MF-3330V 4WD w/Cab	$43080	$13060	$15670	**$20150**	**$23880**	Perkins	4	244D	16F-8R	60.0		CHA
MF-3340F	$30755	$9600	$11520	**$14820**	**$17560**	Perkins	4	256D	16F-8R	70.0		No
MF-3340F 4WD	$37355	$11420	$13700	**$17620**	**$20880**	Perkins	4	256D	16F-8R	70.0		No
MF-3340F w/Cab	$39080	$12150	$14580	**$18750**	**$22220**	Perkins	4	256D	16F-8R	70.0		CHA
MF-3340F 4WD w/Cab	$45680	$13970	$16760	**$21550**	**$25540**	Perkins	4	256D	16F-8R	70.0		CHA
MF-3340GE	$31530	$9680	$11620	**$14940**	**$17700**	Perkins	4	256D	20F-10R	70.0		No
MF-3340GE 4WD	$37015	$11460	$13760	**$17690**	**$20960**	Perkins	4	256D	20F-10R	70.0		No
MF-3340V	$30845	$9400	$11280	**$14500**	**$17180**	Perkins	4	256D	16F-8R	70.0		No
MF-3340V 4WD	$35945	$11130	$13360	**$17170**	**$20350**	Perkins	4	256D	16F-8R	70.0		No
MF-3340V w/Cab	$39825	$11950	$14340	**$18430**	**$21850**	Perkins	4	256D	16F-8R	70.0		CHA
MF-3340V 4WD w/Cab	$44870	$13680	$16420	**$21110**	**$25010**	Perkins	4	256D	16F-8R	70.0		CHA
MF-3350F 4WD	$41785	$12610	$15130	**$19450**	**$23050**	Perkins	4T	244D	16F-8R	78.0		No
MF-3350F 4WD w/Cab	$50110	$15160	$18190	**$23390**	**$27720**	Perkins	4T	244D	16F-8R	78.0		CHA
MF-3350GE 4WD	$41360	$12650	$15180	**$19520**	**$23130**	Perkins	4T	244D	20F-10R	78.0		No
MF-3355F 4WD	$45075	$13470	$16160	**$20780**	**$24630**	Perkins	4T	244D	16F-8R	82.0		No
MF-3355F 4WD w/Cab	$53400	$16020	$19220	**$24720**	**$29290**	Perkins	4T	244D	16F-8R	82.0		CHA
MF-3355GE	$39790	$13480	$16180	**$20800**	**$24660**	Perkins	4T	244D	20F-10R	82.0		No
MF-4225	$27405	$8220	$10410	**$13700**	**$16170**	Perkins	4	248D	8F-2R	55.0	6114	No

Massey Ferguson (Cont.)

2001 (Cont.)

	Approx. Retail Price New	Estimated Value Less Repairs: Used Trade In Avg.	Used Trade In High	Used Retail Avg.	Used Retail High	Engine Make	No. Cyls.	Displ. Cu.-In.	No. Speeds	P.T.O. H.P.	Approx. Shipping Wt.-Lbs.	Cab
MF-4225	$32445	$9730	$12330	**$16220**	**$19140**	Perkins	4	248D	12F-12R	55.0	6114	No
MF-4225 4WD	$34840	$10450	$13240	**$17420**	**$20560**	Perkins	4	248D	8F-2R	55.0	6665	No
MF-4225 4WD	$39875	$11960	$15150	**$19940**	**$23530**	Perkins	4	248D	12F-12R	55.0	6665	No
MF-4225 4WD w/Cab	$44680	$12800	$16220	**$21340**	**$25180**	Perkins	4	248D	12F-12R	55.0	7485	CHA
MF-4225 4WD w/Cab	$47990	$13800	$17480	**$23000**	**$27130**	Perkins	4	248D	12F-12R	55.0	7485	CHA
MF-4225 w/Cab	$38840	$11650	$14760	**$19420**	**$22920**	Perkins	4	248D	12F-4R	55.0	6934	CHA
MF-4225 w/Cab	$42155	$12650	$16020	**$21080**	**$24870**	Perkins	4	248D	12F-12R	55.0	6934	CHA
MF-4233	$29030	$8710	$11030	**$14520**	**$17130**	Perkins	4	256D	8F-2R	65.0	6914	No
MF-4233	$32960	$9890	$12530	**$16480**	**$19450**	Perkins	4	256D	12F-12R	65.0	6914	No
MF-4233 4WD	$35055	$10520	$13320	**$17530**	**$20680**	Perkins	4	256D	8F-2R	65.0	7465	No
MF-4233 4WD	$38600	$11580	$14670	**$19300**	**$22770**	Perkins	4	256D	12F-12R	65.0	7465	No
MF-4233 4WD w/Cab	$45020	$12900	$16340	**$21500**	**$25370**	Perkins	4	256D	12F-4R	65.0	8285	CHA
MF-4233 4WD w/Cab	$46940	$13360	$16930	**$22270**	**$26280**	Perkins	4	256D	12F-12R	65.0	8285	CHA
MF-4233 w/Cab	$38845	$11650	$14760	**$19420**	**$22920**	Perkins	4	256D	12F-4R	65.0	7734	CHA
MF-4233 w/Cab	$40765	$12230	$15490	**$20380**	**$24050**	Perkins	4	256D	12F-12R	65.0	7734	CHA
MF-4235	$36940	$11080	$14040	**$18470**	**$21800**	Perkins	4	248D	12F-12R	65.0	6797	No
MF-4235 4WD	$42150	$12650	$16020	**$21080**	**$24870**	Perkins	4	248D	12F-12R	65.0	7348	No
MF-4235 4WD w/Cab	$49350	$13910	$17610	**$23180**	**$27350**	Perkins	4	248D	12F-12R	65.0	8468	CHA
MF-4235 w/Cab	$44160	$13250	$16780	**$22080**	**$26050**	Perkins	4	248D	12F-12R	65.0	7417	CHA
MF-4243	$30625	$9190	$11640	**$15310**	**$18070**	Perkins	4T	244D	8F-2R	75.0	6914	No
MF-4243	$34170	$10250	$12990	**$17090**	**$20160**	Perkins	4T	244D	12F-12R	75.0	6914	No
MF-4243 4WD	$37105	$11130	$14100	**$18550**	**$21890**	Perkins	4T	244D	8F-2R	75.0	7465	No
MF-4243 4WD	$41035	$12310	$15590	**$20520**	**$24210**	Perkins	4T	244D	12F-12R	75.0	7465	No
MF-4243 4WD w/Cab	$47415	$13030	$16500	**$21710**	**$25620**	Perkins	4T	244D	12F-4R	75.0	8285	CHA
MF-4243 4WD w/Cab	$49720	$14020	$17750	**$23360**	**$27570**	Perkins	4T	244D	12F-12R	75.0	8285	CHA
MF-4243 w/Cab	$40370	$12110	$15340	**$20190**	**$23820**	Perkins	4T	244D	12F-4R	75.0	7735	CHA
MF-4243 w/Cab	$42680	$12800	$16220	**$21340**	**$25180**	Perkins	4T	244D	12F-12R	75.0	7735	CHA
MF-4245	$40765	$12230	$15490	**$20380**	**$24050**	Perkins	4T	244D	12F-12R	75.0	6915	No
MF-4245 4WD	$46645	$13990	$17730	**$23320**	**$27520**	Perkins	4T	244D	12F-12R	75.0	7465	No
MF-4245 4WD w/Cab	$54785	$15540	$19680	**$25890**	**$30550**	Perkins	4T	244D	12F-12R	75.0	8285	CHA
MF-4245 w/Cab	$48510	$14550	$18430	**$24260**	**$28620**	Perkins	4T	244D	12F-12R	75.0	7735	CHA
MF-4253	$33490	$10050	$12730	**$16750**	**$19760**	Perkins	4T	244D	8F-2R	85.0	6914	No
MF-4253	$37420	$11230	$14220	**$18710**	**$22080**	Perkins	4T	244D	12F-12R	85.0	6914	No
MF-4253 4WD	$40590	$12180	$15420	**$20300**	**$23950**	Perkins	4T	244D	8F-2R	85.0	7465	No
MF-4253 4WD	$44520	$13360	$16920	**$22260**	**$26270**	Perkins	4T	244D	12F-12R	85.0	7465	No
MF-4253 4WD w/Cab	$50845	$14350	$18180	**$23920**	**$28230**	Perkins	4T	244D	12F-4R	85.0	8285	CHA
MF-4253 4WD w/Cab	$52765	$14930	$18910	**$24880**	**$29360**	Perkins	4T	244D	12F-12R	85.0	8285	CHA
MF-4253 w/Cab	$43030	$12910	$16350	**$21520**	**$25390**	Perkins	4T	244D	12F-4R	85.0	7735	CHA
MF-4253 w/Cab	$44945	$13480	$17080	**$22470**	**$26520**	Perkins	4T	244D	12F-12R	85.0	7735	CHA
MF-4255	$43035	$12910	$16350	**$21520**	**$25390**	Perkins	4T	244D	12F-12R	85.0	6914	No
MF-4255 4WD	$49160	$14750	$18680	**$24580**	**$29000**	Perkins	4T	244D	12F-12R	85.0	7465	No
MF-4255 4WD w/Cab	$57720	$16420	$20790	**$27360**	**$32290**	Perkins	4T	244D	12F-12R	85.0	8285	CHA
MF-4255 w/Cab	$50345	$15100	$19130	**$25170**	**$29700**	Perkins	4T	244D	12F-12R	85.0	7734	CHA
MF-4263	$37270	$11180	$14160	**$18640**	**$21990**	Perkins	6	365D	8F-2R	90.0	7624	No
MF-4263	$40905	$12270	$15540	**$20450**	**$24130**	Perkins	6	365D	12F-12R	90.0	7624	No
MF-4263 4WD	$44565	$13370	$16940	**$22280**	**$26290**	Perkins	6	365D	8F-2R	90.0	8175	No
MF-4263 4WD	$48110	$14430	$18280	**$24060**	**$28390**	Perkins	6	365D	12F-12R	90.0	8175	No
MF-4263 4WD w/Cab	$56165	$15950	$20200	**$26580**	**$31370**	Perkins	6	365D	12F-4R	90.0	8995	CHA
MF-4263 4WD w/Cab	$58080	$16500	$20900	**$27500**	**$32450**	Perkins	6	365D	12F-12R	90.0	8995	CHA
MF-4263 w/Cab	$47930	$14380	$18210	**$23970**	**$28280**	Perkins	6	365D	12F-4R	90.0	8444	CHA
MF-4263 w/Cab	$49850	$14960	$18940	**$24930**	**$29410**	Perkins	6	365D	12F-12R	90.0	8444	CHA
MF-4270	$46310	$13890	$17600	**$23160**	**$27320**	Perkins	6T	365D	12F-12R	99.0	7712	No
MF-4270 4WD	$54070	$16220	$20550	**$27040**	**$31900**	Perkins	6T	365D	12F-12R	99.0	8263	No
MF-4270 4WD w/Cab	$63280	$18080	$22910	**$30140**	**$35570**	Perkins	6T	365D	12F-12R	99.0	9083	CHA
MF-4270 w/Cab	$53525	$16060	$20340	**$26760**	**$31580**	Perkins	6T	365D	12F-12R	99.0	8532	CHA
MF-6245 4WD	$60650	$15770	$20620	**$27290**	**$33360**	Perkins	4T	244D	32F-32R	75.0		CHA
MF-6255	$56415	$14670	$19180	**$25390**	**$31030**	Perkins	4T	244D	32F-32R	85.0		CHA
MF-6255 4WD	$64475	$16760	$21920	**$29010**	**$35460**	Perkins	4T	244D	32F-32R	85.0		CHA
MF-6265	$58510	$15210	$19890	**$26330**	**$32180**	Perkins	4T	244D	32F-32R	95.0		CHA
MF-6265 4WD	$66940	$17400	$22760	**$30120**	**$36820**	Perkins	4T	244D	32F-32R	85.0		CHA
MF-6270	$52130	$13550	$17720	**$23460**	**$28670**	Perkins	6T	365D	32F-32R	100.0		No
MF-6270	$60675	$15780	$20630	**$27300**	**$33370**	Perkins	6T	365D	32F-32R	100.0		CHA
MF-6270 4WD	$60050	$15610	$20420	**$27020**	**$33030**	Perkins	6T	365D	32F-32R	100.0		No
MF-6270 4WD	$68720	$17870	$23370	**$30920**	**$37800**	Perkins	6T	365D	32F-32R	100.0		CHA
MF-6280	$57165	$14860	$19440	**$25720**	**$31440**	Perkins	6T	365D	32F-32R	110.0		No
MF-6280	$66025	$17170	$22450	**$29710**	**$36310**	Perkins	6T	365D	32F-32R	110.0		CHA
MF-6280 4WD	$64450	$16760	$21910	**$29000**	**$35450**	Perkins	6T	365D	32F-32R	110.0		No
MF-6280 4WD	$73320	$19060	$24930	**$32990**	**$40330**	Perkins	6T	365D	32F-32R	110.0		CHA
MF-6290	$61220	$15920	$20820	**$27550**	**$33670**	Perkins	6T	365D	32F-32R	120.0		No
MF-6290	$70710	$18390	$24040	**$31820**	**$38890**	Perkins	6T	365D	32F-32R	120.0		CHA
MF-6290 4WD	$68840	$17900	$23410	**$30980**	**$37860**	Perkins	6T	365D	32F-32R	120.0		No
MF-6290 4WD	$78330	$20370	$26630	**$35250**	**$43080**	Perkins	6T	365D	32F-32R	120.0		CHA
MF-8220	$84755	$21500	$27290	**$35560**	**$39700**	Perkins	6TA	365D	32F-32R	135.0	13815	CHA
MF-8220 4WD	$96070	$24440	$31020	**$40420**	**$45120**	Perkins	6TA	365D	32F-32R	135.0	14415	CHA
MF-8240	$88195	$22590	$28680	**$37370**	**$41710**	Perkins	6TA	402D	32F-32R	145.0	13865	CHA
MF-8240 4WD	$100770	$25950	$32930	**$42910**	**$47900**	Valmet	6TA	402D	32F-32R	145.0	14465	CHA
MF-8245 4WD	$112160	$27640	$35080	**$45710**	**$51020**	Valmet	6TA	451D	18F-6R	160.0	18300	CHA
MF-8250 4WD	$107785	$26880	$34120	**$44460**	**$49630**	Valmet	6TA	451D	32F-32R	165.0	18853	CHA
MF-8260 4WD	$122725	$30110	$38210	**$49790**	**$55580**	Valmet	6TA	451D	18F-6R	180.0	18500	CHA
MF-8270 4WD	$131150	$32420	$41150	**$53620**	**$59860**	Valmet	6TA	513D	18F-6R	200.0	19700	CHA
MF-8280 4WD	$142315	$34290	$43530	**$56720**	**$63310**	Valmet	6TA	513D	18F-6R	225.0	19700	CHA

Massey Ferguson (Cont.)

	Approx. Retail Price New	Estimated Value Less Repairs Used Trade In Avg.	High	Used Retail Avg.	High	Engine Make	No. Cyls.	Displ. Cu.-In.	No. Speeds	P.T.O. H.P.	Approx. Shipping Wt.-Lbs.	Cab
2000												
MF-231S	$14100	$5080	$6060	**$7900**	**$9590**	Perkins	3	152D	8F-2R	42.0	4120	No
MF-241	$15890	$5240	$6520	**$8420**	**$10010**	Perkins	3	152D	8F-2R	45.0	4160	No
MF-243	$22590	$7460	$9260	**$11970**	**$14230**	Perkins	3	152D	8F-2R	47.0	4850	No
MF-243 4WD	$25450	$8400	$10440	**$13490**	**$16030**	Perkins	3	152D	8F-2R	47.0	5045	No
MF-263	$25700	$8480	$10540	**$13620**	**$16190**	Perkins	3T	152D	8F-2R	53.0	4915	No
MF-263 4WD	$30740	$10140	$12600	**$16290**	**$19370**	Perkins	3T	152D	8F-2R	53.0	5063	No
MF-271	$18025	$5950	$7390	**$9550**	**$11360**	Perkins	4	236D	8F-2R	59.0	6130	No
MF-281	$20850	$6880	$8550	**$11050**	**$13140**	Perkins	4	236D	8F-2R	69.0	6350	No
MF-281 4WD	$26460	$8730	$10850	**$14020**	**$16670**	Perkins	4	236D	8F-2R	69.0	6635	No
MF-1165 4WD	$26160	$8630	$10730	**$13870**	**$16480**	Isuzu	4	134D	16F-16R	37.0	1874	No
MF-1205 4WD	$10800	$3560	$4430	**$5720**	**$6800**	Iseki	3	61D	6F-2R	13.5	1579	No
MF-1205 Hydro 4WD	$12050	$3980	$4940	**$6390**	**$7590**	Iseki	3	61D	Variable	13.0	1579	No
MF-1215	$11095	$3660	$4550	**$5880**	**$6990**	Iseki	3	61D	6F-2R	15.0	1457	No
MF-1215 4WD	$12025	$3960	$4920	**$6360**	**$7560**	Iseki	3	61D	6F-2R	15.0	1589	No
MF-1215 Hydro	$12365	$4080	$5070	**$6550**	**$7790**	Iseki	3	61D	Variable	14.0	1457	No
MF-1215 Hydro 4WD	$13595	$4490	$5570	**$7210**	**$8570**	Iseki	3	61D	Variable	14.0	1589	No
MF-1225	$11970	$3950	$4910	**$6340**	**$7540**	Iseki	3	68D	6F-2R	19.0	1874	No
MF-1225 4WD	$13410	$4430	$5500	**$7110**	**$8450**	Iseki	3	68D	6F-2R	19.0	1874	No
MF-1225 Hydro	$13385	$4290	$5330	**$6890**	**$8190**	Iseki	3	68D	Variable	18.4	1874	No
MF-1225 Hydro 4WD	$14870	$4910	$6100	**$7880**	**$9370**	Iseki	3	68D	Variable	18.4	1874	No
MF-1230	$14105	$4660	$5780	**$7480**	**$8890**	Iseki	3	87D	9F-3R	20.5	2227	No
MF-1230 4WD	$15785	$5210	$6470	**$8370**	**$9950**	Iseki	3	87D	9F-3R	20.5	2403	No
MF-1230 Hydro	$15745	$5200	$6460	**$8350**	**$9920**	Iseki	3	87D	Variable	19.6	2293	No
MF-1230 Hydro 4WD	$17425	$5750	$7140	**$9240**	**$10980**	Iseki	3	87D	Variable	19.6	2469	No
MF-1235 Hydro 4WD	$18035	$5950	$7390	**$9560**	**$11360**	Iseki	3	91D	Variable	24.3	2447	No
MF-1240	$15200	$5020	$6230	**$8060**	**$9580**	Iseki	3	87D	16F-16R	22.8	2859	No
MF-1240 4WD	$17205	$5680	$7050	**$9120**	**$10840**	Iseki	3	87D	16F-16R	22.8	2960	No
MF-1250	$16175	$5340	$6630	**$8570**	**$10190**	Iseki	3	91D	16F-16R	26.8	2933	No
MF-1250 4WD	$18690	$6170	$7660	**$9910**	**$11780**	Iseki	3	91D	16F-16R	26.8	3040	No
MF-1260 4WD	$20855	$6880	$8550	**$11050**	**$13140**	Iseki	3	91D	16F-16R	31.0	3128	No
MF-2210 4WD	$37785	$10580	$13600	**$18140**	**$21540**	Perkins	3	165D	15F-15R	49.0		No
MF-2210 4WD	$38795	$10860	$13970	**$18620**	**$22110**	Perkins	3	165D	15F-15R	49.0		CHA
MF-2220 4WD	$36220	$10140	$13040	**$17390**	**$20650**	Perkins	3T	165D	15F-15R	58.0		No
MF-2220 4WD	$41525	$11630	$14950	**$19930**	**$23670**	Perkins	3T	165D	15F-15R	58.0		CHA
MF-3210GE 4WD	$29995	$9900	$12300	**$15900**	**$18900**	Perkins	3	152D	12F-12R	49.0		No
MF-3210S	$20595	$6800	$8440	**$10920**	**$12980**	Perkins	3	152D	12F-12R	49.0		No
MF-3210S 4WD	$29735	$9810	$12190	**$15760**	**$18730**	Perkins	3	152D	12F-12R	49.0		No
MF-3210S w/Cab	$31980	$10550	$13110	**$16950**	**$20150**	Perkins	3	152D	12F-12R	49.0		CHA
MF-3210S 4WD w/Cab	$37845	$12490	$15520	**$20060**	**$23840**	Perkins	3	152D	12F-12R	49.0		CHA
MF-3210V	$26170	$8640	$10730	**$13870**	**$16490**	Perkins	3	152D	12F-12R	49.0		No
MF-3210V 4WD	$31900	$10530	$13080	**$16910**	**$20100**	Perkins	3	152D	12F-12R	49.0		No
MF-3210V w/Cab	$35095	$11580	$14390	**$18600**	**$22110**	Perkins	3	152D	12F-12R	49.0		CHA
MF-3210V 4WD w/Cab	$40825	$13470	$16740	**$21640**	**$25720**	Perkins	3	152D	12F-12R	49.0		CHA
MF-3225S	$28840	$9520	$11820	**$15290**	**$18170**	Perkins	4	244D	12F-12R	61.0		No
MF-3225S 4WD	$34930	$11530	$14320	**$18510**	**$22010**	Perkins	4	244D	12F-12R	61.0		No
MF-3225S w/Cab	$37160	$12260	$15240	**$19700**	**$23410**	Perkins	4	244D	12F-12R	61.0		CHA
MF-3225S 4WD w/Cab	$43255	$14270	$17740	**$22930**	**$27250**	Perkins	4	244D	12F-12R	61.0		CHA
MF-3225GE	$28705	$9470	$11770	**$15210**	**$18080**	Perkins	4	244D	12F-12R	61.0		No
MF-3225V	$29135	$9620	$11950	**$15440**	**$18360**	Perkins	4	244D	12F-12R	61.0		No
MF-3225GE 4WD	$34850	$11500	$14290	**$18470**	**$21960**	Perkins	4	244D	12F-12R	61.0		No
MF-3225V 4WD	$35185	$11610	$14430	**$18650**	**$22170**	Perkins	4	244D	12F-12R	61.0		No
MF-3225V 4WD w/Cab	$47035	$15520	$19280	**$24930**	**$29630**	Perkins	4	244D	12F-12R	61.0		CHA
MF-3225V w/Cab	$40550	$13380	$16630	**$21490**	**$25550**	Perkins	4	244D	12F-12R	61.0		CHA
MF-3235V 4WD	$36965	$12200	$15160	**$19590**	**$23290**	Perkins	4	244D	12F-12R	71.0		No
MF-3235V 4WD w/Cab	$48820	$16110	$20020	**$25880**	**$30760**	Perkins	4	244D	12F-12R	71.0		CHA
MF-3235V w/Cab	$43120	$14230	$17680	**$22850**	**$27170**	Perkins	4	244D	12F-12R	71.0		CHA
MF-3235S	$31095	$10260	$12750	**$16480**	**$19590**	Perkins	4	244D	12F-12R	71.0		No
MF-3235V	$34390	$11350	$14100	**$18230**	**$21670**	Perkins	4	244D	12F-12R	71.0		No
MF-3235S 4WD	$37445	$12360	$15350	**$19850**	**$23590**	Perkins	4	244D	12F-12R	71.0		No
MF-3235S w/Cab	$39350	$12990	$16130	**$20860**	**$24790**	Perkins	4	244D	12F-12R	71.0		CHA
MF-3235S 4WD w/Cab	$45765	$15100	$18760	**$24260**	**$28830**	Perkins	4	244D	12F-12R	71.0		CHA
MF-3235GE 4WD	$37180	$12270	$15240	**$19710**	**$23420**	Perkins	4	244D	12F-12R	71.0		No
MF-3245S 4WD	$41805	$13800	$17140	**$22160**	**$26340**	Perkins	4T	244D	12F-12R	80.0		No
MF-3245S 4WD	$50125	$16540	$20550	**$26570**	**$31580**	Perkins	4T	244D	12F-12R	80.0		CHA
MF-3245FA 4WD	$42045	$13880	$17240	**$22280**	**$26490**	Perkins	4T	244D	12F-12R	80.0		No
MF-3245FA 4WD w/Cab	$50370	$16620	$20650	**$26700**	**$31730**	Perkins	4T	244D	12F-12R	80.0		CHA
MF-3255FA 4WD	$44820	$14790	$18380	**$23760**	**$28240**	Perkins	4T	244D	12F-12R	84.4		No
MF-3255FA 4WD w/Cab	$53145	$17540	$21790	**$28170**	**$33480**	Perkins	4T	244D	12F-12R	84.4		CHA
MF-4225	$27140	$7600	$9770	**$13030**	**$15470**	Perkins	4	248D	8F-2R	55.0	6114	No
MF-4225	$32000	$8960	$11520	**$15360**	**$18240**	Perkins	4	248D	12F-12R	55.0	6114	No
MF-4225 4WD	$34985	$9800	$12600	**$16790**	**$19940**	Perkins	4	248D	8F-2R	55.0	6665	No
MF-4225 4WD	$40020	$11210	$14410	**$19210**	**$22810**	Perkins	4	248D	12F-12R	55.0	6665	No
MF-4225 4WD w/Cab	$43655	$12220	$15720	**$20950**	**$24880**	Perkins	4	248D	12F-4R	55.0	7485	CHA
MF-4225 4WD w/Cab	$46965	$13150	$16910	**$22540**	**$26770**	Perkins	4	248D	12F-12R	55.0	7485	CHA
MF-4225 w/Cab	$38130	$10680	$13730	**$18300**	**$21730**	Perkins	4	248D	12F-4R	55.0	6934	CHA
MF-4225 w/Cab	$41445	$11610	$14920	**$19890**	**$23620**	Perkins	4	248D	12F-12R	55.0	6934	CHA
MF-4233	$28605	$8010	$10300	**$13730**	**$16310**	Perkins	4	256D	8F-2R	65.0	6914	No
MF-4233	$32535	$9110	$11710	**$15620**	**$18550**	Perkins	4	256D	12F-12R	65.0	6914	No
MF-4233 4WD	$34675	$9710	$12480	**$16640**	**$19770**	Perkins	4	256D	8F-2R	65.0	7465	No
MF-4233 4WD	$38605	$10810	$13900	**$18530**	**$22010**	Perkins	4	256D	12F-12R	65.0	7465	No
MF-4233 4WD w/Cab	$44570	$12480	$16050	**$21390**	**$25410**	Perkins	4	256D	12F-4R	65.0	8285	CHA
MF-4233 4WD w/Cab	$48875	$13690	$17600	**$23460**	**$27860**	Perkins	4	256D	12F-12R	65.0	8285	CHA
MF-4233 w/Cab	$38420	$10760	$13830	**$18440**	**$21900**	Perkins	4	256D	12F-4R	65.0	7734	CHA
MF-4233 w/Cab	$40725	$11400	$14660	**$19550**	**$23210**	Perkins	4	256D	12F-12R	65.0	7734	CHA

Massey Ferguson (Cont.)

2000 (Cont.)

	Approx. Retail Price New	Estimated Value Less Repairs Used Trade In Avg.	High	Used Retail Avg.	High	Make	Engine No. Cyls.	Displ. Cu.-In.	No. Speeds	P.T.O. H.P.	Approx. Shipping Wt.-Lbs.	Cab
MF-4235	$35960	$10070	$12950	$17260	$20500	Perkins	4	248D	12F-12R	65.0	6797	No
MF-4235 4WD	$41700	$11680	$15010	$20020	$23770	Perkins	4	248D	12F-12R	65.0	7348	No
MF-4235 4WD w/Cab	$49025	$13730	$17650	$23530	$27940	Perkins	4	248D	12F-12R	65.0	8468	CHA
MF-4235 w/Cab	$43135	$12080	$15530	$20710	$24590	Perkins	4	248D	12F-12R	65.0	7417	CHA
MF-4243	$30145	$8440	$10850	$14470	$17180	Perkins	4T	244D	8F-2R	75.0	6914	No
MF-4243	$34075	$9540	$12270	$16360	$19420	Perkins	4T	244D	12F-12R	75.0	6914	No
MF-4243 4WD	$37105	$10390	$13360	$17810	$21150	Perkins	4T	244D	8F-2R	75.0	7465	No
MF-4243 4WD	$41035	$11490	$14770	$19700	$23390	Perkins	4T	244D	12F-12R	75.0	7465	No
MF-4243 4WD w/Cab	$47415	$13280	$17070	$22760	$27030	Perkins	4T	244D	12F-4R	75.0	8285	CHA
MF-4243 4WD w/Cab	$49720	$13920	$17900	$23870	$28340	Perkins	4T	244D	12F-12R	75.0	8285	CHA
MF-4243 w/Cab	$40370	$11300	$14530	$19380	$23010	Perkins	4T	244D	12F-4R	75.0	7735	CHA
MF-4243 w/Cab	$42680	$11950	$15370	$20490	$24330	Perkins	4T	244D	12F-12R	75.0	7735	CHA
MF-4245	$40525	$11350	$14590	$19450	$23100	Perkins	4T	244D	12F-12R	75.0	6915	No
MF-4245 4WD	$46495	$13020	$16740	$22320	$26500	Perkins	4T	244D	12F-12R	75.0	7465	No
MF-4245 4WD w/Cab	$54325	$15210	$19560	$26080	$30970	Perkins	4T	244D	12F-12R	75.0	8285	CHA
MF-4245 w/Cab	$48270	$13520	$17380	$23170	$27510	Perkins	4T	244D	12F-12R	75.0	7735	CHA
MF-4253	$33010	$9240	$11880	$15850	$18820	Perkins	4T	244D	8F-2R	85.0	6914	No
MF-4253	$36940	$10340	$13300	$17730	$21060	Perkins	4T	244D	12F-12R	85.0	6914	No
MF-4253 4WD	$39885	$11170	$14360	$19150	$22730	Perkins	4T	244D	8F-2R	85.0	7465	No
MF-4253 4WD	$43815	$12270	$15770	$21030	$24980	Perkins	4T	244D	12F-12R	85.0	7465	No
MF-4253 4WD w/Cab	$50140	$14040	$18050	$24070	$28580	Perkins	4T	244D	12F-12R	85.0	8285	CHA
MF-4253 4WD w/Cab	$52445	$14690	$18880	$25170	$29890	Perkins	4T	244D	12F-12R	85.0	8285	CHA
MF-4253 w/Cab	$42810	$11990	$15410	$20550	$24400	Perkins	4T	244D	12F-12R	85.0	7735	CHA
MF-4253 w/Cab	$45110	$12630	$16240	$21650	$25710	Perkins	4T	244D	12F-12R	85.0	7735	CHA
MF-4255	$42295	$11840	$15230	$20300	$24110	Perkins	4T	244D	12F-12R	85.0	6914	No
MF-4255 4WD	$48825	$13670	$17580	$23440	$27830	Perkins	4T	244D	12F-12R	85.0	7465	No
MF-4255 4WD w/Cab	$57060	$15980	$20540	$27390	$32520	Perkins	4T	244D	12F-12R	85.0	8285	CHA
MF-4255 w/Cab	$50295	$14080	$18110	$24140	$28670	Perkins	4T	244D	12F-12R	85.0	7734	CHA
MF-4263	$36885	$10330	$13280	$17710	$21020	Perkins	6	365D	8F-2R	90.0	7624	No
MF-4263	$40905	$11450	$14730	$19630	$23320	Perkins	6	365D	12F-12R	90.0	7624	No
MF-4263 4WD	$43350	$12140	$15610	$20810	$24710	Perkins	6	365D	8F-2R	90.0	8175	No
MF-4263 4WD	$47280	$13240	$17020	$22690	$26950	Perkins	6	365D	12F-12R	90.0	8175	No
MF-4263 4WD w/Cab	$55175	$15450	$19860	$26480	$31450	Perkins	6	365D	12F-4R	90.0	8995	CHA
MF-4263 4WD w/Cab	$57475	$16090	$20690	$27590	$32760	Perkins	6	365D	12F-12R	90.0	8995	CHA
MF-4263 w/Cab	$47545	$13310	$17120	$22820	$27100	Perkins	6	365D	12F-4R	90.0	8444	CHA
MF-4263 w/Cab	$49850	$13960	$17950	$23930	$28420	Perkins	6	365D	12F-12R	90.0	8444	CHA
MF-4270	$45350	$12700	$16330	$21770	$25850	Perkins	6T	365D	12F-12R	99.0	7712	No
MF-4270 4WD	$54765	$15330	$19720	$26290	$31220	Perkins	6T	365D	12F-12R	99.0	8263	No
MF-4270 4WD w/Cab	$63650	$17820	$22910	$30550	$36280	Perkins	6T	365D	12F-12R	99.0	9083	CHA
MF-4270 w/Cab	$53525	$14990	$19270	$25690	$30510	Perkins	6T	365D	12F-12R	99.0	8532	CHA
MF-6245 4WD	$61550	$14540	$19390	$26060	$32120	Perkins	4T	244D	32F-32R	75.0		CHA
MF-6255	$57205	$13540	$18050	$24250	$29890	Perkins	4T	244D	32F-32R	85.0		CHA
MF-6255 4WD	$61985	$14880	$19840	$26650	$32850	Perkins	4T	244D	32F-32R	85.0		CHA
MF-6265	$56395	$13540	$18050	$24250	$29890	Perkins	4T	244D	32F-32R	95.0		CHA
MF-6265 4WD	$65405	$15700	$20930	$28120	$34670	Perkins	4T	244D	32F-32R	85.0		CHA
MF-6270	$53510	$12840	$17120	$23010	$28360	Perkins	6T	365D	32F-32R	100.0		No
MF-6270	$61805	$14570	$19420	$26100	$32170	Perkins	6T	365D	32F-32R	100.0		CHA
MF-6270 4WD	$61055	$14400	$19200	$25800	$31800	Perkins	6T	365D	32F-32R	100.0		No
MF-6270 4WD	$69715	$16490	$21980	$29540	$36410	Perkins	6T	365D	32F-32R	100.0		CHA
MF-6280	$56365	$13530	$18040	$24240	$29870	Perkins	6T	365D	32F-32R	110.0		No
MF-6280	$65225	$15650	$20870	$28050	$34570	Perkins	6T	365D	32F-32R	110.0		CHA
MF-6280 4WD	$64030	$15370	$20490	$27530	$33940	Perkins	6T	365D	32F-32R	110.0		No
MF-6280 4WD	$72890	$17490	$23330	$31340	$38630	Perkins	6T	365D	32F-32R	110.0		CHA
MF-6290	$60295	$14470	$19290	$25930	$31960	Perkins	6T	365D	32F-32R	120.0		No
MF-6290	$69775	$16750	$22330	$30000	$36980	Perkins	6T	365D	32F-32R	120.0		CHA
MF-6290 4WD	$68420	$16420	$21890	$29420	$36260	Perkins	6T	365D	32F-32R	120.0		No
MF-6290 4WD	$77900	$18700	$24930	$33500	$41290	Perkins	6T	365D	32F-32R	120.0		CHA
MF-8220	$81105	$18650	$24330	$31630	$37310	Perkins	6TA	365D	32F-32R	135.0	13815	CHA
MF-8220 4WD	$90290	$20770	$27090	$35210	$41530	Perkins	6TA	365D	32F-32R	135.0	14415	CHA
MF-8240	$86905	$19990	$26070	$33890	$39980	Perkins	6TA	402D	32F-32R	145.0	13865	CHA
MF-8240 4WD	$99865	$22770	$29700	$38610	$45540	Perkins	6TA	402D	32F-32R	145.0	14465	CHA
MF-8245 4WD	$106325	$24000	$31300	$40690	$47990	Perkins	6TA	451D	18F-6R	160.0	18300	CHA
MF-8250 4WD	$103435	$23330	$30430	$39560	$46660	Perkins	6TA	451D	32F-32R	165.0	18853	CHA
MF-8260 4WD	$115815	$25300	$33000	$42900	$50600	Perkins	6TA	451D	18F-6R	180.0	18500	CHA
MF-8270 4WD	$125775	$27600	$36000	$46800	$55200	Perkins	6TA	513D	18F-6R	200.0	19700	CHA
MF-8280 4WD	$136940	$29900	$39000	$50700	$59800	Perkins	6TA	513D	18F-6R	225.0	19700	CHA

1999

	Approx. Retail Price New	Used Trade In Avg.	High	Used Retail Avg.	High	Make	No. Cyls.	Displ. Cu.-In.	No. Speeds	P.T.O. H.P.	Approx. Shipping Wt.-Lbs.	Cab
MF-231	$13045	$4570	$5480	$7180	$8740	Perkins	3	152D	8F-2R	34.0	4065	No
MF-240	$20575	$6380	$8230	$10700	$12760	Perkins	3	152D	8F-2R	41.0	4015	No
MF-240 4WD	$25325	$7600	$9800	$12740	$15190	Perkins	3	152D	8F-2R	41.0	4585	No
MF-240S	$17240	$5340	$6900	$8970	$10690	Perkins	3	152D	8F-2R	41.0	4015	No
MF-243	$21810	$6760	$8720	$11340	$13520	Perkins	3	152D	8F-2R	47.0	4015	No
MF-243 4WD	$26205	$7940	$10240	$13310	$15870	Perkins	3	152D	8F-2R	47.0	4015	No
MF-253	$23560	$7300	$9420	$12250	$14610	Perkins	3T	152D	8F-2R	48.0	4265	No
MF-253 4WD	$28845	$8680	$11200	$14560	$17360	Perkins	3T	152D	8F-2R	48.0	4735	No
MF-261	$16345	$5070	$6540	$8500	$10130	Perkins	4	236D	8F-2R	53.0	5280	No
MF-263	$26765	$8300	$10710	$13920	$16590	Perkins	3T	152D	8F-2R	53.0	5700	No
MF-263 4WD	$31485	$9300	$12000	$15600	$18600	Perkins	3T	152D	8F-2R	53.0	5700	No
MF-271	$17675	$5480	$7070	$9190	$10960	Perkins	4	236D	8F-2R	57.0		No
MF-281	$21075	$6530	$8430	$10960	$13070	Perkins	4	236D	8F-2R	66.0		No
MF-281 4WD	$26745	$8060	$10400	$13520	$16120	Perkins	4	236D	8F-2R	66.0		No
MF-283	$20595	$6380	$8240	$10710	$12770	Perkins	4	248D	8F-2R	67.0	5700	No
MF-283 4WD	$26130	$8100	$10450	$13590	$16200	Perkins	4	248D	8F-2R	67.0		No

Massey Ferguson (Cont.)

	Approx. Retail Price New	Estimated Value Less Repairs: Used Trade In Avg.	Used Trade In High	Used Retail Avg.	Used Retail High	Engine Make	No. Cyls.	Displ. Cu.-In.	No. Speeds	P.T.O. H.P.	Approx. Shipping Wt.-Lbs.	Cab
1999 (Cont.)												
MF-354 GE 4WD	$31825	$9870	$12730	$16550	$19730	Perkins	3	152D	12F-12R	42.0		No
MF-354S	$24955	$7740	$9980	$12980	$15470	Perkins	3	152D	12F-4R	42.0		No
MF-354S 4WD	$31125	$9650	$12450	$16190	$19300	Perkins	3	152D	12F-4R	42.0		No
MF-354V	$31785	$9850	$12710	$16530	$19710	Perkins	3	152D	12F-12R	42.0		CH
MF-354V 4WD	$37780	$11710	$15110	$19650	$23420	Perkins	3	152D	12F-12R	42.0		CH
MF-362	$26500	$8220	$10600	$13780	$16430	Perkins	4	236D	8F-2R	55.0	5335	No
MF-362 4WD	$33185	$10290	$13270	$17260	$20580	Perkins	4	236D	8F-2R	55.0	5960	No
MF-374 GE	$29450	$9130	$11780	$15310	$18260	Perkins	4	236D	12F-12R	57.0		No
MF-374 GE 4WD	$36135	$11200	$14450	$18790	$22400	Perkins	4	236D	12F-12R	57.0		No
MF-374S	$27915	$8650	$11170	$14520	$17310	Perkins	4	236D	12F-4R	57.0		No
MF-374S 4WD	$34280	$10630	$13710	$17830	$21250	Perkins	4	236D	12F-4R	57.0		No
MF-374S 4WD w/Cab	$44725	$13870	$17890	$23260	$27730	Perkins	4	236D	12F-4R	57.0		CHA
MF-374S w/Cab	$38625	$11970	$15450	$20090	$23950	Perkins	4	236D	12F-4R	57.0		CHA
MF-374V	$38110	$11810	$15240	$19820	$23630	Perkins	4	236D	12F-12R	57.0		CHA
MF-374V 4WD	$44300	$13730	$17720	$23040	$27470	Perkins	4	236D	12F-12R	57.0		CHA
MF-375	$29075	$7560	$9890	$13670	$16280	Perkins	4	236D	12F-4R	60.0	6240	No
MF-375	$32630	$8480	$11090	$15340	$18270	Perkins	4	236D	18F-6R	60.0	6240	No
MF-375 4WD	$34865	$9070	$11850	$16390	$19520	Perkins	4	236D	12F-4R	60.0	6867	No
MF-375 4WD	$37900	$9850	$12890	$17810	$21220	Perkins	4	236D	18F-6R	60.0	6867	No
MF-375 4WD w/Cab	$43035	$11190	$14630	$20230	$24100	Perkins	4	236D	12F-4R	60.0	7517	CHA
MF-375 4WD w/Cab	$45175	$11750	$15360	$21230	$25300	Perkins	4	236D	18F-6R	60.0	7517	CHA
MF-375 w/Cab	$37810	$9830	$12860	$17770	$21170	Perkins	4	236D	12F-4R	60.0	6910	CHA
MF-375 w/Cab	$39945	$10390	$13580	$18770	$22370	Perkins	4	236D	18F-6R	60.0	6910	CHA
MF-383	$27270	$8450	$10910	$14180	$16910	Perkins	4	248D	8F-2R	73.0	6311	No
MF-383 4WD	$33725	$10460	$13490	$17540	$20910	Perkins	4	248D	8F-2R	73.0	6950	No
MF-383 4WD w/Cab	$42735	$13250	$17090	$22220	$26500	Perkins	4	248D	8F-2R	73.0	7552	CHA
MF-383 w/Cab	$36280	$11250	$14510	$18870	$22490	Perkins	4	248D	8F-2R	73.0	6957	CHA
MF-390	$32145	$9970	$12860	$16720	$19930	Perkins	4	248D	12F-4R	70.0	6275	No
MF-390	$35705	$11070	$14280	$18570	$22140	Perkins	4	248D	18F-6R	70.0	6275	No
MF-390 4WD	$38400	$11900	$15360	$19970	$23810	Perkins	4	248D	12F-4R	70.0	6902	No
MF-390 4WD	$41440	$12850	$16580	$21550	$25690	Perkins	4	248D	18F-6R	70.0	6902	No
MF-390 4WD w/Cab	$47815	$14820	$19130	$24860	$29650	Perkins	4	248D	12F-4R	70.0	7552	CHA
MF-390 4WD w/Cab	$49950	$15490	$19980	$25970	$30970	Perkins	4	248D	18F-6R	70.0	7552	CHA
MF-390 w/Cab	$42095	$13050	$16840	$21890	$26100	Perkins	4	248D	12F-4R	70.0	6945	CHA
MF-390 w/Cab	$44230	$13710	$17690	$23000	$27420	Perkins	4	248D	18F-6R	70.0	6945	CHA
MF-390T	$34705	$10760	$13880	$18050	$21520	Perkins	4T	236D	12F-4R	80.0	6359	No
MF-390T	$37740	$11700	$15100	$19630	$23400	Perkins	4T	236D	18F-6R	80.0	6359	No
MF-390T 4WD	$39845	$12350	$15940	$20720	$24700	Perkins	4T	236D	12F-4R	80.0	6952	No
MF-390T 4WD	$42880	$13290	$17150	$22300	$26590	Perkins	4T	236D	16F-4R	80.0	6952	No
MF-390T 4WD w/Cab	$49985	$15500	$19990	$25990	$30990	Perkins	4T	236D	12F-4R	80.0	7602	CHA
MF-390T 4WD w/Cab	$52105	$16150	$20840	$27100	$32310	Perkins	4T	236D	18F-6R	80.0	7602	CHA
MF-390T w/Cab	$43225	$13400	$17290	$22480	$26800	Perkins	4T	236D	12F-4R	80.0	6995	CHA
MF-390T w/Cab	$45365	$14060	$18150	$23590	$28130	Perkins	4T	236D	18F-6R	80.0	6995	CHA
MF-393	$30150	$9350	$12060	$15680	$18690	Perkins	4T	236D	8F-2R	83.0	6371	No
MF-393 4WD	$36535	$11330	$14610	$19000	$22650	Perkins	4T	236D	8F-2R	83.0	6986	No
MF-393 4WD w/Cab	$45455	$14090	$18180	$23640	$28180	Perkins	4T	236D	8F-2R	83.0	7636	CHA
MF-393 w/Cab	$38495	$11930	$15400	$20020	$23870	Perkins	4T	236D	8F-2R	83.0	7021	CHA
MF-394 GE 4WD	$38995	$12090	$15600	$20280	$24180	Perkins	4	248D	12F-12R	72.0		No
MF-394HC	$32280	$10010	$12910	$16790	$20010	Perkins	4	248D	12F-12R	72.0		No
MF-394HC 4WD	$39320	$12190	$15730	$20450	$24380	Perkins	4	248D	12F-12R	73.0		No
MF-394S	$30875	$9570	$12350	$16060	$19140	Perkins	4	248D	12F-4R	73.0		No
MF-394S 4WD	$36795	$11410	$14720	$19130	$22810	Perkins	4	248D	12F-4R	73.0		No
MF-394S 4WD w/Cab	$47160	$14620	$18860	$24520	$29240	Perkins	4	248D	12F-12R	73.0		CHA
MF-394S w/Cab	$40875	$12670	$16350	$21260	$25340	Perkins	4	248D	12F-12R	73.0		CHA
MF-396	$33320	$10330	$13330	$17330	$20660	Perkins	6	365D	8F-2R	88.0	7120	No
MF-396 4WD	$40920	$12690	$16370	$21280	$25370	Perkins	6	365D	8F-2R	88.0	7690	No
MF-396 4WD w/Cab	$51085	$15840	$20430	$26560	$31670	Perkins	6	365D	12F-4R	88.0	8430	CHA
MF-396 w/Cab	$42875	$13290	$17150	$22300	$26580	Perkins	6	365D	12F-4R	88.0	7831	CHA
MF-399	$38075	$11800	$15230	$19800	$23610	Perkins	6	365D	12F-4R	95.00	7400	No
MF-399	$41110	$12740	$16440	$21380	$25490	Perkins	6	365D	18F-6R	95.00	7400	No
MF-399 4WD	$45115	$13990	$18050	$23460	$27970	Perkins	6	365D	12F-4R	95.00	7910	No
MF-399 4WD	$48140	$14920	$19260	$25030	$29850	Perkins	6	365D	18F-6R	95.00	7910	No
MF-399 4WD w/Cab	$56045	$17370	$22420	$29140	$34750	Perkins	6	365D	12F-4R	95.00	8560	CHA
MF-399 4WD w/Cab	$58185	$18040	$23270	$30260	$36080	Perkins	6	365D	18F-6R	95.00	8560	CHA
MF-399 w/Cab	$47660	$14780	$19060	$24780	$29550	Perkins	6	365D	12F-4R	95.00	8050	CHA
MF-399 w/Cab	$49800	$15440	$19920	$25900	$30880	Perkins	6	365D	18F-6R	95.00	8050	CHA
MF-1160 4WD	$25495	$7900	$10200	$13260	$15810	Isuzu	4	136D	16F-16R	37.0	4206	No
MF-1165 4WD	$26160	$8110	$10460	$13600	$16220	Isuzu	4	134D	16F-16R	37.0	1874	No
MF-1180 4WD	$27600	$8560	$11040	$14350	$17110	Isuzu	4	169D	16F-16R	46.0	4773	No
MF-1190 4WD	$29460	$9130	$11780	$15320	$18270	Isuzu	4T	169D	16F-16R	53.0	4795	No
MF-1205 4WD	$10640	$3300	$4260	$5530	$6600	Iseki	3	61D	6F-2R	13.5	1579	No
MF-1205 Hydro 4WD	$11875	$3680	$4750	$6180	$7360	Iseki	3	61D	Variable	13.0	1579	No
MF-1215	$10935	$3390	$4370	$5690	$6780	Iseki	3	61D	6F-2R	15.0	1457	No
MF-1215 4WD	$11845	$3670	$4740	$6160	$7340	Iseki	3	61D	6F-2R	15.0	1589	No
MF-1215 Hydro	$12185	$3780	$4870	$6340	$7560	Iseki	3	61D	Variable	14.0	1457	No
MF-1215 Hydro 4WD	$13390	$4150	$5360	$6960	$8300	Iseki	3	61D	Variable	14.0	1589	No
MF-1220	$13030	$4040	$5210	$6780	$8080	Iseki	3	68D	6F-2R	17.2	1874	No
MF-1220 4WD	$14640	$4540	$5860	$7610	$9080	Iseki	3	68D	6F-2R	17.2	2050	No
MF-1220 Hydro	$14470	$4490	$5790	$7520	$8970	Iseki	3	68D	Variable	16.0	1896	No
MF-1220 Hydro 4WD	$16055	$4980	$6420	$8350	$9950	Iseki	3	68D	Variable	16.0	2072	No
MF-1225	$12435	$3860	$4970	$6470	$7710	Iseki	3	68D	6F-2R	19.0	1874	No
MF-1225 4WD	$13835	$4290	$5530	$7190	$8580	Iseki	3	68D	6F-2R	19.0	1874	No
MF-1225 Hydro	$13825	$4280	$5520	$7180	$8560	Iseki	3	68D	Variable	19.0	1874	No
MF-1225 Hydro 4WD	$15275	$4740	$6110	$7940	$9470	Iseki	3	68D	Variable	19.0	1874	No

Massey Ferguson (Cont.)

Model	Approx. Retail Price New	Estimated Value Less Repairs: Used Trade In Avg.	Used Trade In High	Used Retail Avg.	Used Retail High	Engine Make	Engine No. Cyls.	Engine Displ. Cu.-In.	No. Speeds	P.T.O. H.P.	Approx. Shipping Wt.-Lbs.	Cab
				1999 (Cont.)								
MF-1230	$14450	$4480	$5780	**$7510**	**$8960**	Iseki	3	87D	9F-3R	21.0	2227	No
MF-1230 4WD	$16110	$4990	$6440	**$8380**	**$9990**	Iseki	3	87D	9F-3R	21.0	2403	No
MF-1230 Hydro	$16070	$4980	$6430	**$8360**	**$9960**	Iseki	3	87D	Variable	20.0	2293	No
MF-1230 Hydro 4WD	$17730	$5500	$7090	**$9220**	**$10990**	Iseki	3	87D	Variable	20.0	2469	No
MF-1235 Hydro 4WD	$18380	$5700	$7350	**$9560**	**$11400**	Iseki	3	91D	Variable	25.1		No
MF-1240	$15385	$4770	$6150	**$8000**	**$9540**	Iseki	3	87D	16F-16R	22.5	2859	No
MF-1240 4WD	$17230	$5340	$6890	**$8960**	**$10680**	Iseki	3	87D	16F-16R	22.5	2960	No
MF-1250	$16520	$5120	$6610	**$8590**	**$10240**	Iseki	3	91D	16F-16R	26.2	2933	No
MF-1250 4WD	$18820	$5830	$7530	**$9790**	**$11670**	Iseki	3	91D	16F-16R	26.2	3040	No
MF-1260 4WD	$21300	$6600	$8520	**$11080**	**$13210**	Iseki	3	91D	16F-16R	31.0	3128	No
MF-2210 4WD	$33800	$8790	$11490	**$15890**	**$18930**	Perkins	3	165D	12F-12R	49.0		No
MF-2210 4WD	$38810	$10090	$13200	**$18240**	**$21730**	Perkins	3	165D	12F-12R	49.0		CHA
MF-2220 4WD	$36235	$9420	$12320	**$17030**	**$20290**	Perkins	3T	165D	12F-12R	58.0		No
MF-2220 4WD	$41540	$10800	$14120	**$19520**	**$23260**	Perkins	3T	165D	12F-12R	58.0		CHA
MF-4225	$27585	$7170	$9380	**$12970**	**$15450**	Perkins	4	248D	8F-2R	55.		No
MF-4225	$32600	$8480	$11080	**$15320**	**$18260**	Perkins	4	248D	12F-12R	55.		No
MF-4225 4WD	$34670	$9010	$11790	**$16300**	**$19420**	Perkins	4	248D	8F-2R	55.		No
MF-4225 4WD	$39680	$10320	$13490	**$18650**	**$22220**	Perkins	4	248D	12F-12R	55.		No
MF-4225 4WD w/Cab	$43440	$11290	$14770	**$20420**	**$24330**	Perkins	4	248D	12F-4R	55.		CHA
MF-4225 4WD w/Cab	$46735	$12150	$15890	**$21970**	**$26170**	Perkins	4	248D	12F-12R	55.		CHA
MF-4225 w/Cab	$37945	$9870	$12900	**$17830**	**$21250**	Perkins	4	248D	12F-4R	55.		CHA
MF-4225 w/Cab	$41240	$10720	$14020	**$19380**	**$23090**	Perkins	4	248D	12F-12R	55.		CHA
MF-4233	$28465	$7400	$9680	**$13380**	**$15940**	Perkins	4	256D	8F-2R	65.0		No
MF-4233	$32375	$8420	$11010	**$15220**	**$18130**	Perkins	4	256D	12F-12R	65.0		No
MF-4233 4WD	$34505	$8970	$11730	**$16220**	**$19320**	Perkins	4	256D	8F-2R	65.0		No
MF-4233 4WD	$38415	$9990	$13060	**$18060**	**$21510**	Perkins	4	256D	12F-12R	65.0		No
MF-4233 4WD w/Cab	$44350	$11530	$15080	**$20850**	**$24840**	Perkins	4	256D	12F-4R	65.0		CHA
MF-4233 4WD w/Cab	$46645	$12130	$15860	**$21920**	**$26120**	Perkins	4	256D	12F-12R	65.0		CHA
MF-4233 w/Cab	$38230	$9940	$13000	**$17970**	**$21410**	Perkins	4	256D	12F-4R	65.0		CHA
MF-4233 w/Cab	$40525	$10540	$13780	**$19050**	**$22690**	Perkins	4	256D	12F-12R	65.0		CHA
MF-4235	$36420	$9470	$12380	**$17120**	**$20400**	Perkins	4	248D	12F-12R	65.		No
MF-4235 4WD	$41470	$10780	$14100	**$19490**	**$23220**	Perkins	4	248D	12F-12R	65.		No
MF-4235 4WD w/Cab	$48705	$12660	$16560	**$22890**	**$27280**	Perkins	4	248D	12F-12R	65.		CHA
MF-4235 w/Cab	$43615	$11340	$14830	**$20500**	**$24420**	Perkins	4	248D	12F-12R	65.		CHA
MF-4243	$30350	$7890	$10320	**$14270**	**$17000**	Perkins	4T	244D	8F-2R	75		No
MF-4243	$34260	$8910	$11650	**$16100**	**$19190**	Perkins	4T	244D	12F-12R	75		No
MF-4243 4WD	$37245	$9680	$12660	**$17510**	**$20860**	Perkins	4T	244D	8F-2R	75		No
MF-4243 4WD	$41155	$10700	$13990	**$19340**	**$23050**	Perkins	4T	244D	12F-12R	75		No
MF-4243 4WD w/Cab	$47500	$12350	$16150	**$22330**	**$26600**	Perkins	4T	244D	12F-4R	75		CHA
MF-4243 4WD w/Cab	$49795	$12950	$16930	**$23400**	**$27890**	Perkins	4T	244D	12F-12R	75		CHA
MF-4243 w/Cab	$40175	$10450	$13660	**$18880**	**$22500**	Perkins	4T	244D	12F-4R	75		CHA
MF-4243 w/Cab	$42470	$11040	$14440	**$19960**	**$23780**	Perkins	4T	244D	12F-12R	75		CHA
MF-4245	$39900	$10370	$13570	**$18750**	**$22340**	Perkins	4T	244D	12F-12R	75		No
MF-4245 4WD	$45325	$11790	$15410	**$21300**	**$25380**	Perkins	4T	244D	12F-12R	75		No
MF-4245 4WD w/Cab	$53430	$13890	$18170	**$25110**	**$29920**	Perkins	4T	244D	12F-12R	75		CHA
MF-4245 w/Cab	$47615	$12380	$16190	**$22380**	**$26660**	Perkins	4T	244D	12F-12R	75		CHA
MF-4253	$33200	$8630	$11290	**$15600**	**$18590**	Perkins	4T	244D	8F-2R	85		No
MF-4253	$37110	$9650	$12620	**$17440**	**$20780**	Perkins	4T	244D	12F-12R	85		No
MF-4253 4WD	$40010	$10400	$13600	**$18810**	**$22410**	Perkins	4T	244D	8F-2R	85		No
MF-4253 4WD	$43920	$11420	$14930	**$20640**	**$24600**	Perkins	4T	244D	12F-12R	85		No
MF-4253 4WD w/Cab	$50215	$13060	$17070	**$23600**	**$28120**	Perkins	4T	244D	12F-12R	85		CHA
MF-4253 4WD w/Cab	$52500	$13650	$17850	**$24680**	**$29400**	Perkins	4T	244D	12F-12R	85		CHA
MF-4253 w/Cab	$42435	$11030	$14430	**$19940**	**$23760**	Perkins	4T	244D	12F-12R	85		CHA
MF-4253 w/Cab	$44725	$11630	$15210	**$21020**	**$25050**	Perkins	4T	244D	12F-12R	85		CHA
MF-4255	$41795	$10870	$14210	**$19640**	**$23410**	Perkins	4T	244D	12F-12R	85		No
MF-4255 4WD	$47900	$12450	$16290	**$22510**	**$26820**	Perkins	4T	244D	12F-12R	85		No
MF-4255 4WD w/Cab	$56410	$14670	$19180	**$26510**	**$31590**	Perkins	4T	244D	12F-12R	85		CHA
MF-4255 w/Cab	$49075	$12760	$16690	**$23070**	**$27480**	Perkins	4T	244D	12F-12R	85		CHA
MF-4263	$37440	$9730	$12730	**$17600**	**$20970**	Perkins	6	365D	8F-2R	90		No
MF-4263	$41350	$10750	$14060	**$19440**	**$23160**	Perkins	6	365D	12F-12R	90		No
MF-4263 4WD	$43325	$11270	$14730	**$20360**	**$24260**	Perkins	6	365D	8F-2R	90		No
MF-4263 4WD	$47235	$12280	$16060	**$22200**	**$26450**	Perkins	6	365D	12F-12R	90		No
MF-4263 4WD w/Cab	$55500	$14430	$18870	**$26090**	**$31080**	Perkins	6	365D	12F-4R	90		CHA
MF-4263 4WD w/Cab	$57790	$15030	$19650	**$27160**	**$32360**	Perkins	6	365D	12F-12R	90		CHA
MF-4263 w/Cab	$47305	$12300	$16080	**$22230**	**$26490**	Perkins	6	365D	12F-4R	90		CHA
MF-4263 w/Cab	$49600	$12900	$16860	**$23310**	**$27780**	Perkins	6	365D	12F-12R	90		CHA
MF-4270	$45055	$11710	$15320	**$21180**	**$25230**	Perkins	6T	365D	12F-12R	99.		No
MF-4270 4WD	$52780	$13720	$17950	**$24810**	**$29560**	Perkins	6T	365D	12F-12R	99.		No
MF-4270 4WD w/Cab	$61935	$16100	$21060	**$29110**	**$34680**	Perkins	6T	365D	12F-12R	99.		CHA
MF-4270 w/Cab	$53255	$13850	$18110	**$25030**	**$29820**	Perkins	6T	365D	12F-12R	99.		CHA
MF-6150	$51210	$11270	$15880	**$21510**	**$26630**	Perkins	4T	244D	16F-16R	86.00		CHA
MF-6150 4WD	$58910	$12960	$18260	**$24740**	**$30630**	Perkins	4T	244D	16F-16R	86.00	10224	CHA
MF-6170	$46520	$10230	$14420	**$19540**	**$24190**	Perkins	6	365D	16F-16R	97.00	10329	No
MF-6170 4WD	$53960	$11870	$16730	**$22660**	**$28060**	Perkins	6	365D	16F-16R	97.00	10869	No
MF-6170 4WD w/Cab	$62160	$13680	$19270	**$26110**	**$32320**	Perkins	6	365D	16F-16R	97.00	10869	CHA
MF-6170 w/Cab	$54720	$12040	$16960	**$22980**	**$28450**	Perkins	6	365D	16F-16R	97.00	10329	CHA
MF-6180	$52510	$11550	$16280	**$22050**	**$27310**	Perkins	6T	365D	16F-16R	110.00		No
MF-6180 4WD	$59180	$13020	$18350	**$24860**	**$30770**	Perkins	6T	365D	16F-16R	110.00		No
MF-6180 4WD w/Cab	$67380	$14820	$20890	**$28300**	**$35040**	Perkins	6T	365D	16F-16R	110.00		CHA
MF-6180 w/Cab	$60710	$13360	$18820	**$25500**	**$31570**	Perkins	6T	365D	16F-16R	110.00		CHA
MF-6245 4WD	$62160	$13680	$19270	**$26110**	**$32320**	Perkins	4T	244D	32F-32R	75.00		CHA
MF-6255	$55605	$12230	$17240	**$23350**	**$28920**	Perkins	4T	244D	32F-32R	85.00		CHA
MF-6255 4WD	$63135	$13890	$19570	**$26520**	**$32830**	Perkins	4T	244D	32F-32R	85.00		CHA
MF-6265	$57905	$12740	$17950	**$24320**	**$30110**	Perkins	4T	244D	32F-32R	95.00		CHA

Massey Ferguson (Cont.)

	Approx. Retail Price New	Estimated Value Less Repairs Used Trade In Avg.	High	Used Retail Avg.	High	Make	Engine No. Cyls.	Displ. Cu.-In.	No. Speeds	P.T.O. H.P.	Approx. Shipping Wt.-Lbs.	Cab
1999 (Cont.)												
MF-6265 4WD	$66105	$14540	$20490	**$27760**	**$34380**	Perkins	4T	244D	32F-32R	85.00		CHA
MF-6270	$52225	$11490	$16190	**$21940**	**$27160**	Perkins	6T	365D	32F-32R	100.00		No
MF-6270	$60765	$13370	$18840	**$25520**	**$31600**	Perkins	6T	365D	32F-32R	100.00		CHA
MF-6270 4WD	$60145	$13230	$18650	**$25260**	**$31280**	Perkins	6T	365D	32F-32R	100.00		No
MF-6270 4WD	$68685	$15110	$21290	**$28850**	**$35720**	Perkins	6T	365D	32F-32R	100.00		CHA
MF-6280	$55405	$12190	$17180	**$23270**	**$28810**	Perkins	6T	365D	32F-32R	110.00		No
MF-6280	$64135	$14110	$19880	**$26940**	**$33350**	Perkins	6T	365D	32F-32R	110.00		CHA
MF-6280 4WD	$62580	$13770	$19400	**$26280**	**$32540**	Perkins	6T	365D	32F-32R	110.00		No
MF-6280 4WD	$71315	$15690	$22110	**$29950**	**$37080**	Perkins	6T	365D	32F-32R	110.00		CHA
MF-6290	$59400	$13070	$18410	**$24950**	**$30890**	Perkins	6T	365D	32F-32R	120.00		No
MF-6290	$75540	$16620	$23420	**$31730**	**$39280**	Perkins	6T	365D	32F-32R	120.00		CHA
MF-6290 4WD	$66905	$14720	$20740	**$28100**	**$34790**	Perkins	6T	365D	32F-32R	120.00		No
MF-6290 4WD	$76250	$16780	$23640	**$32030**	**$39650**	Perkins	6T	365D	32F-32R	120.00		CHA
MF-8120	$78140	$15630	$21100	**$28130**	**$34380**	Perkins	6T	365D	32F-32R	130.00	12621	CHA
MF-8120 4WD	$89320	$17860	$24120	**$32160**	**$39300**	Perkins	6T	365D	32F-32R	130.00	13153	CHA
MF-8140	$83430	$16690	$22530	**$30040**	**$36710**	Valmet	6T	403D	32F-32R	145.00	13936	CHA
MF-8140 4WD	$96090	$19220	$25940	**$34590**	**$42280**	Valmet	6T	403D	32F-32R	145.00	15016	CHA
MF-8150	$88570	$17710	$23910	**$31890**	**$38970**	Valmet	6T	403D	32F-32R	160.00	14273	CHA
MF-8150 4WD	$101400	$19880	$26840	**$35780**	**$43740**	Valmet	6T	403D	32F-32R	160.00	15331	CHA
MF-8160	$98080	$19400	$26190	**$34920**	**$42680**	Valmet	6T	452D	32F-32R	180.00	14273	CHA
MF-8160 4WD	$111220	$21040	$28400	**$37870**	**$46290**	Valmet	6T	452D	32F-32R	180.00	15331	CHA
MF-8220	$77810	$15560	$21010	**$28010**	**$34240**	Perkins	6TA	365D	32F-32R	135.00	12621	CHA
MF-8220 4WD	$88960	$17790	$24020	**$32030**	**$39140**	Perkins	6TA	365D	32F-32R	135.00	12621	CHA
MF-8240	$86000	$17200	$23220	**$30960**	**$37840**	Perkins	6TA	402D	32F-32R	145.00	12621	CHA
MF-8240 4WD	$98390	$19680	$26570	**$35420**	**$43290**	Perkins	6TA	402D	32F-32R	145.00	12621	CHA
MF-8245 4WD	$102900	$20200	$27270	**$36360**	**$44440**	Perkins	6TA	451D	18F-6R	160.00	12621	CHA
MF-8250 4WD	$101905	$20000	$27000	**$36000**	**$44000**	Perkins	6TA	451D	32F-32R	165.00	12621	CHA
MF-8260 4WD	$111190	$21200	$28620	**$38160**	**$46640**	Perkins	6TA	451D	18F-6R	180.00	12621	CHA
MF-8270 4WD	$119490	$22800	$30780	**$41040**	**$50160**	Perkins	6TA	513D	18F-6R	200.00	12621	CHA
MF-8280 4WD	$130490	$25000	$33750	**$45000**	**$55000**	Perkins	6TA	513D	18F-6R	225.00	12621	CHA
1998												
MF-231	$12790	$4350	$5240	**$6910**	**$8440**	Perkins	3	152D	8F-2R	34.0	4065	No
MF-240	$20410	$6120	$7960	**$10410**	**$12450**	Perkins	3	152D	8F-2R	41.0	4015	No
MF-240 4WD	$24830	$7290	$9480	**$12390**	**$14820**	Perkins	3	152D	8F-2R	41.0	4585	No
MF-240S	$17240	$5170	$6720	**$8790**	**$10520**	Perkins	3	152D	8F-2R	41.0	4015	No
MF-253	$22615	$6790	$8820	**$11530**	**$13800**	Perkins	3T	152D	8F-2R	48.0	4265	No
MF-253 4WD	$27860	$8040	$10450	**$13670**	**$16350**	Perkins	3T	152D	8F-2R	48.0	4735	No
MF-261	$16345	$4900	$6380	**$8340**	**$9970**	Perkins	4	236D	8F-2R	53.0	5280	No
MF-263	$23565	$7070	$9190	**$12020**	**$14380**	Perkins	3T	152D	8F-2R	53.0	5700	No
MF-263 4WD	$29185	$8400	$10920	**$14280**	**$17080**	Perkins	3T	152D	8F-2R	53.0	5700	No
MF-271	$17160	$5150	$6690	**$8750**	**$10470**	Perkins	4	236D	8F-2R	57.0		No
MF-281	$21075	$6320	$8220	**$10750**	**$12860**	Perkins	4	236D	8F-2R	66.0		No
MF-281 4WD	$26745	$7800	$10140	**$13260**	**$15860**	Perkins	4	236D	8F-2R	66.0		No
MF-283	$20595	$6180	$8030	**$10500**	**$12560**	Perkins	4	248D	8F-2R	67.0	5700	No
MF-283 4WD	$26130	$7840	$10190	**$13330**	**$15940**	Perkins	4	248D	8F-2R	67.0		No
MF-354 GE 4WD	$29815	$8950	$11630	**$15210**	**$18190**	Perkins	3	152D		42.0		No
MF-354S	$23770	$7130	$9270	**$12120**	**$14500**	Perkins	3	152D	12F-4R	42.0		No
MF-354S 4WD	$29855	$8960	$11640	**$15230**	**$18210**	Perkins	3	152D	12F-4R	42.0		No
MF-354V	$32175	$9650	$12550	**$16410**	**$19630**	Perkins	3	152D		42.0		CH
MF-354V 4WD	$38645	$11590	$15070	**$19710**	**$23570**	Perkins	3	152D		42.0		CH
MF-362	$25610	$7680	$9990	**$13060**	**$15620**	Perkins	4	236D	8F-2R	55.0	5335	No
MF-362 4WD	$32490	$9750	$12670	**$16570**	**$19820**	Perkins	4	236D	8F-2R	55.0	5960	No
MF-364 GE 4WD	$31260	$9380	$12190	**$15940**	**$19070**	Perkins	3T	152D		50.0		No
MF-364S	$24600	$7380	$9590	**$12550**	**$15010**	Perkins	3T	152D		50.0		No
MF-364S 4WD	$30995	$9300	$12090	**$15810**	**$18910**	Perkins	3T	152D		50.0		No
MF-364V	$34060	$10220	$13280	**$17370**	**$20780**	Perkins	3T	152D		50.0		CH
MF-364V 4WD	$39935	$11980	$15580	**$20370**	**$24360**	Perkins	3T	152D		50.0		CH
MF-374 GE	$25790	$7740	$10060	**$13150**	**$15730**	Perkins	4	236D		57.0		No
MF-374 GE 4WD	$32375	$9710	$12630	**$16510**	**$19750**	Perkins	4	236D		57.0		No
MF-374S	$24910	$7470	$9720	**$12700**	**$15200**	Perkins	4	236D		57.0		No
MF-374S 4WD	$31215	$9370	$12170	**$15920**	**$19040**	Perkins	4	236D		57.0		No
MF-374S 4WD w/Cab	$41450	$12440	$16170	**$21140**	**$25290**	Perkins	4	236D		57.0		CHA
MF-374S w/Cab	$35105	$10530	$13690	**$17900**	**$21410**	Perkins	4	236D		57.0		CHA
MF-374V	$36225	$10870	$14130	**$18480**	**$22100**	Perkins	4	236D		57.0		CHA
MF-374V 4WD	$42320	$12700	$16510	**$21580**	**$25820**	Perkins	4	236D		57.0		CHA
MF-375	$29130	$6990	$9610	**$13400**	**$16020**	Perkins	4	236D		60.0	6240	No
MF-375 4WD	$35040	$8410	$11560	**$16120**	**$19270**	Perkins	4	236D		60.0	6867	No
MF-375 4WD w/Cab	$44590	$10700	$14720	**$20510**	**$24530**	Perkins	4	236D		60.0	7517	CHA
MF-375 w/Cab	$39680	$9520	$13090	**$18250**	**$21820**	Perkins	4	236D		60.0	6910	CHA
MF-383	$27270	$8180	$10640	**$13910**	**$16640**	Perkins	4	248D	8F-2R	73.0	6311	No
MF-383 4WD	$33725	$10120	$13150	**$17200**	**$20570**	Perkins	4	248D	8F-2R	73.0	6950	No
MF-383 4WD w/Cab	$42735	$12820	$16670	**$21800**	**$26070**	Perkins	4	248D	8F-2R	73.0	7552	CHA
MF-383 w/Cab	$36280	$10880	$14150	**$18500**	**$22130**	Perkins	4	248D	8F-2R	73.0	6957	CHA
MF-384 GE 4WD	$32915	$9880	$12840	**$16790**	**$20080**	Perkins	4	236D	12F-4R	65.0		No
MF-384HC	$28275	$8480	$11030	**$14420**	**$17250**	Perkins	4	236D	12F-12R	65.0		No
MF-384HC 4WD	$34100	$10230	$13300	**$17390**	**$20800**	Perkins	4	236D	12F-12R	65.0		No
MF-384S	$26180	$7850	$10210	**$13350**	**$15970**	Perkins	4	236D	12F-4R	65.0		No
MF-384S 4WD	$32145	$9640	$12540	**$16390**	**$19610**	Perkins	4	236D	12F-4R	65.0		No
MF-384S 4WD w/Cab	$42305	$12690	$16500	**$21580**	**$25810**	Perkins	4	236D	12F-12R	65.0		CHA
MF-384S w/Cab	$36250	$10880	$14140	**$18490**	**$22110**	Perkins	4	236D	12F-12R	65.0		CHA
MF-384V	$37270	$11180	$14540	**$19010**	**$22740**	Perkins	4	236D	12F-12R	65.0		CHA
MF-384V 4WD	$43810	$13140	$17090	**$22340**	**$26720**	Perkins	4	236D	12F-12R	65.0		CHA
MF-390	$32390	$9720	$12630	**$16520**	**$19760**	Perkins	4	248D	12F-4R	70.0	6275	No

Massey Ferguson (Cont.)

	Approx. Retail Price New	Estimated Value Less Repairs: Used Trade In Avg.	Used Trade In High	Used Retail Avg.	Used Retail High	Engine: Make	No. Cyls.	Displ. Cu.-In.	No. Speeds	P.T.O. H.P.	Approx. Shipping Wt.-Lbs.	Cab
				1998 (Cont.)								
MF-390 4WD	$38665	$11600	$15080	**$19720**	**$23590**	Perkins	4	248D	12F-4R	70.0	6902	No
MF-390 4WD w/Cab	$49370	$14810	$19250	**$25180**	**$30120**	Perkins	4	248D	12F-4R	70.0	7552	CHA
MF-390 w/Cab	$43260	$12980	$16870	**$22060**	**$26390**	Perkins	4	248D	12F-4R	70.0	6945	CHA
MF-390T	$37150	$11150	$14490	**$18950**	**$22660**	Perkins	4T	236D	12F-12R	80.0	6359	No
MF-390T 4WD	$42685	$12810	$16650	**$21770**	**$26040**	Perkins	4T	236D	12F-12R	80.0	6952	No
MF-390T 4WD w/Cab	$51535	$15460	$20100	**$26280**	**$31440**	Perkins	4T	236D	12F-12R	80.0	7602	CHA
MF-390T w/Cab	$44780	$13430	$17460	**$22840**	**$27320**	Perkins	4T	236D	12F-12R	80.0	6995	CHA
MF-393	$30150	$9050	$11760	**$15380**	**$18390**	Perkins	4T	236D	8F-2R	83.0	6371	No
MF-393 4WD	$36535	$10960	$14250	**$18630**	**$22290**	Perkins	4T	236D	8F-2R	83.0	6986	No
MF-393 4WD w/Cab	$45455	$13640	$17730	**$23180**	**$27730**	Perkins	4T	236D	8F-2R	83.0	7636	CHA
MF-393 w/Cab	$38495	$11550	$15010	**$19630**	**$23480**	Perkins	4T	236D	8F-2R	83.0	7021	CHA
MF-394 GE 4WD	$35155	$10550	$13710	**$17930**	**$21450**	Perkins	4	248D		73.0		No
MF-394HC	$29885	$8970	$11660	**$15240**	**$18230**	Perkins	4	248D	12F-12R	73.0		No
MF-394HC 4WD	$36490	$10950	$14230	**$18610**	**$22260**	Perkins	4	248D	12F-12R	73.0		No
MF-394S	$27905	$8370	$10880	**$14230**	**$17020**	Perkins	4	248D	12F-4R	73.0		No
MF-394S 4WD	$33950	$10190	$13240	**$17320**	**$20710**	Perkins	4	248D	12F-4R	73.0		No
MF-394S 4WD w/Cab	$43610	$13080	$17010	**$22240**	**$26600**	Perkins	4	248D	12F-12R	73.0		CHA
MF-394S w/Cab	$37510	$11250	$14630	**$19130**	**$22880**	Perkins	4	248D	12F-12R	73.0		CHA
MF-396	$34530	$10360	$13470	**$17610**	**$21060**	Perkins	6	365D	8F-2R	88.0	7120	No
MF-396 4WD	$41300	$12390	$16110	**$21060**	**$25190**	Perkins	6	365D	8F-2R	88.0	7690	No
MF-396 4WD w/Cab	$51445	$15430	$20060	**$26240**	**$31380**	Perkins	6	365D	12F-4R	88.0	8430	CHA
MF-396 w/Cab	$44085	$13230	$17190	**$22480**	**$26890**	Perkins	6	365D	12F-4R	88.0	7831	CHA
MF-399	$40885	$12270	$15950	**$20850**	**$24940**	Perkins	6	365D	12F-4R	95.0	7400	No
MF-399 4WD	$48150	$14450	$18780	**$24560**	**$29370**	Perkins	6	365D	12F-4R	95.0	7910	No
MF-399 4WD w/Cab	$57600	$17280	$22460	**$29380**	**$35140**	Perkins	6	365D	12F-4R	95.0	8560	CHA
MF-399 w/Cab	$49215	$14770	$19190	**$25100**	**$30020**	Perkins	6	365D	12F-4R	95.0	8050	CHA
MF-1160 4WD	$25437	$7630	$9920	**$12970**	**$15520**	Isuzu	4	136D	16F-16R	37.0	4206	No
MF-1180 4WD	$27597	$8280	$10760	**$14070**	**$16830**	Isuzu	4	169D	16F-16R	46.0	4773	No
MF-1190 4WD	$29457	$8840	$11490	**$15020**	**$17970**	Isuzu	4T	169D	16F-16R	53.0	4795	No
MF-1205 4WD	$10300	$3090	$4020	**$5250**	**$6280**	Iseki	3	61D	6F-2R	13.5	1579	No
MF-1205 Hydro 4WD	$11535	$3460	$4500	**$5880**	**$7040**	Iseki	3	61D	Variable	13.0	1579	No
MF-1215	$10595	$3180	$4130	**$5400**	**$6460**	Iseki	3	61D	6F-2R	15.0	1457	No
MF-1215 4WD	$11850	$3560	$4620	**$6040**	**$7230**	Iseki	3	61D	6F-2R	15.0	1589	No
MF-1215 Hydro	$11869	$3560	$4630	**$6050**	**$7240**	Iseki	3	61D	Variable	14.0	1457	No
MF-1215 Hydro 4WD	$13390	$4020	$5220	**$6830**	**$8170**	Iseki	3	61D	Variable	14.0	1589	No
MF-1220	$12300	$3690	$4800	**$6270**	**$7500**	Iseki	3	68D	6F-2R	17.2	1874	No
MF-1220 4WD	$13900	$4170	$5420	**$7090**	**$8480**	Iseki	3	68D	6F-2R	17.2	2050	No
MF-1220 Hydro	$13740	$4120	$5360	**$7010**	**$8380**	Iseki	3	68D	Variable	16.0	1896	No
MF-1220 Hydro 4WD	$15325	$4600	$5980	**$7820**	**$9350**	Iseki	3	68D	Variable	16.0	2072	No
MF-1230	$13720	$4120	$5350	**$7000**	**$8370**	Iseki	3	87D	9F-3R	21.0	2227	No
MF-1230 4WD	$15380	$4610	$6000	**$7840**	**$9380**	Iseki	3	87D	9F-3R	21.0	2403	No
MF-1230 Hydro	$15340	$4600	$5980	**$7820**	**$9360**	Iseki	3	87D	Variable	20.0	2293	No
MF-1230 Hydro 4WD	$17000	$5100	$6630	**$8670**	**$10370**	Iseki	3	87D	Variable	20.0	2469	No
MF-1235 Hydro 4WD	$17770	$5330	$6930	**$9060**	**$10840**	Iseki	3	91D	Variable	25.1		No
MF-1240	$14610	$4380	$5700	**$7450**	**$8910**	Iseki	3	87D	16F-16R	22.5	2859	No
MF-1240 4WD	$16455	$4940	$6420	**$8390**	**$10040**	Iseki	3	87D	16F-16R	22.5	2960	No
MF-1250	$15745	$4720	$6140	**$8030**	**$9600**	Iseki	3	91D	16F-16R	26.2	2933	No
MF-1250 4WD	$18045	$5410	$7040	**$9200**	**$11010**	Iseki	3	91D	16F-16R	26.2	3040	No
MF-1260 4WD	$20525	$6160	$8010	**$10470**	**$12520**	Iseki	3	91D	16F-16R	31.0	3128	No
MF-4225	$27800	$6670	$9170	**$12790**	**$15290**	Perkins	4	248D		55.0		No
MF-4225 4WD	$34780	$8350	$11480	**$16000**	**$19130**	Perkins	4	248D		55.0		No
MF-4225 4WD w/Cab	$44215	$10610	$14590	**$20340**	**$24320**	Perkins	4	248D		55.0		CHA
MF-4225 w/Cab	$38800	$9310	$12800	**$17850**	**$21340**	Perkins	4	248D		55.0		CHA
MF-4235	$33650	$8080	$11110	**$15480**	**$18510**	Perkins	4	248D		65.0		No
MF-4235 4WD	$39390	$9450	$13000	**$18120**	**$21670**	Perkins	4	248D		65.0		No
MF-4235 4WD w/Cab	$46500	$11160	$15350	**$21390**	**$25580**	Perkins	4	248D		65.0		CHA
MF-4235 w/Cab	$40720	$9770	$13440	**$18730**	**$22400**	Perkins	4	248D		65.0		CHA
MF-4243	$30070	$7220	$9920	**$13830**	**$16540**	Perkins	4T	244D		75.0		No
MF-4243 4WD	$36455	$8750	$12030	**$16770**	**$20050**	Perkins	4T	244D		75.0		No
MF-4243 4WD w/Cab	$46015	$11040	$15190	**$21170**	**$25310**	Perkins	4T	244D		75.0		CHA
MF-4243 w/Cab	$39810	$9550	$13140	**$18310**	**$21900**	Perkins	4T	244D		75.0		CHA
MF-4245	$37490	$9000	$12370	**$17250**	**$20620**	Perkins	4T	244D		75.0		No
MF-4245 4WD	$43150	$10360	$14240	**$19850**	**$23730**	Perkins	4T	244D		75.0		No
MF-4245 4WD w/Cab	$51270	$12310	$16920	**$23580**	**$28200**	Perkins	4T	244D		75.0		CHA
MF-4245 w/Cab	$45670	$10960	$15070	**$21010**	**$25120**	Perkins	4T	244D		75.0		CHA
MF-4253	$33480	$8040	$11050	**$15400**	**$18410**	Perkins	4T	244D		85.0		No
MF-4253 4WD	$39525	$9490	$13040	**$18180**	**$21740**	Perkins	4T	244D		85.0		No
MF-4253 4WD w/Cab	$48660	$11680	$16060	**$22380**	**$26760**	Perkins	4T	244D		85.0		CHA
MF-4253 w/Cab	$41920	$10060	$13830	**$19280**	**$23060**	Perkins	4T	244D		85.0		CHA
MF-4255	$39345	$9440	$12980	**$18100**	**$21640**	Perkins	4T	244D		85.0		No
MF-4255 4WD	$44990	$10800	$14850	**$20700**	**$24750**	Perkins	4T	244D		85.0		No
MF-4255 4WD w/Cab	$53010	$12720	$17490	**$24390**	**$29160**	Perkins	4T	244D		85.0		CHA
MF-4255 w/Cab	$47285	$11350	$15600	**$21750**	**$26010**	Perkins	4T	244D		85.0		CHA
MF-4263	$36160	$8680	$11930	**$16630**	**$19890**	Perkins	6	365D		90.0		No
MF-4263 4WD	$43150	$10360	$14240	**$19850**	**$23730**	Perkins	6	365D		90.0		No
MF-4263 4WD w/Cab	$54465	$13070	$17970	**$25050**	**$29960**	Perkins	6	365D		90.0		CHA
MF-4263 w/Cab	$46475	$11150	$15340	**$21380**	**$25560**	Perkins	6	365D		90.0		CHA
MF-4270	$43010	$10320	$14190	**$19790**	**$23660**	Perkins	6T	365D		99.0		No
MF-4270 4WD	$50665	$12160	$16720	**$23310**	**$27870**	Perkins	6T	365D		99.0		No
MF-4270 4WD w/Cab	$59600	$14300	$19670	**$27420**	**$32780**	Perkins	6T	365D		99.0		CHA
MF-4270 w/Cab	$51545	$12370	$17010	**$23710**	**$28350**	Perkins	6T	365D		99.0		CHA
MF-6150	$50235	$10050	$15070	**$20090**	**$25620**	Perkins	4T	244D	16F-16R	86.0		CHA
MF-6150 4WD	$58135	$11630	$17440	**$23250**	**$29650**	Perkins	4T	244D	16F-16R	86.0	10224	CHA
MF-6170	$45545	$9110	$13660	**$18220**	**$23230**	Perkins	6	365D		97.0	10329	No

Massey Ferguson (Cont.)

	Approx. Retail Price New	Estimated Value Less Repairs Used Trade In Avg.	High	Used Retail Avg.	High	Engine Make	No. Cyls.	Displ. Cu.-In.	No. Speeds	P.T.O. H.P.	Approx. Shipping Wt.-Lbs.	Cab
1998 (Cont.)												
MF-6170 4WD	$53155	$10630	$15950	**$21260**	**$27110**	Perkins	6	365D	16F-16R	97.0	10869	No
MF-6170 4WD w/Cab	$61355	$12270	$18410	**$24540**	**$31290**	Perkins	6	365D	16F-16R	97.0	10869	CHA
MF-6170 w/Cab	$53745	$10750	$16120	**$21500**	**$27410**	Perkins	6	365D	16F-16R	97.0	10329	CHA
MF-6180	$52160	$10430	$15650	**$20860**	**$26600**	Perkins	6T	365D	16F-16R	110.00	11153	No
MF-6180 4WD	$58920	$11780	$17680	**$23570**	**$30050**	Perkins	6T	365D	16F-16R	110.00	11486	No
MF-6180 4WD w/Cab	$67120	$13420	$20140	**$26850**	**$34230**	Perkins	6T	365D	16F-16R	110.00	11486	CHA
MF-6180 w/Cab	$60360	$12070	$18110	**$24140**	**$30780**	Perkins	6T	365D	16F-16R	110.00	11153	CHA
MF-8120	$72115	$12980	$17310	**$23800**	**$30290**	Perkins	6T	365D	32F-32R	130.00	12621	CHA
MF-8120 4WD	$83225	$14800	$19730	**$27130**	**$34520**	Perkins	6T	365D	32F-32R	130.00	13153	CHA
MF-8140	$77405	$13930	$18580	**$25540**	**$32510**	Valmet	6T	403D	32F-32R	145.00	13936	CHA
MF-8140 4WD	$89995	$15980	$21310	**$29300**	**$37300**	Valmet	6T	403D	32F-32R	145.00	15016	CHA
MF-8150	$83750	$15080	$20100	**$27640**	**$35180**	Valmet	6T	403D	32F-32R	160.00	14273	CHA
MF-8150 4WD	$95640	$16920	$22560	**$31020**	**$39480**	Valmet	6T	403D	32F-32R	160.00	15331	CHA
MF-8160	$100350	$17820	$23760	**$32670**	**$41580**	Valmet	6T	452D	32F-32R	180.00	14273	CHA
MF-8160 4WD	$108615	$18540	$24720	**$33990**	**$43260**	Valmet	6T	452D	32F-32R	180.00	15331	CHA
1997												
MF-231	$12540	$3640	$4770	**$6270**	**$7520**	Perkins	3	152D	8F-2R	34.0	4065	No
MF-240	$20010	$5800	$7600	**$10010**	**$12010**	Perkins	3	152D	8F-2R	41.0	4015	No
MF-240 4WD	$24345	$6960	$9120	**$12000**	**$14400**	Perkins	3	152D	8F-2R	41.0	4585	No
MF-240S	$16900	$4900	$6420	**$8450**	**$10140**	Perkins	3	152D	8F-2R	41.0	4015	No
MF-253	$22180	$6430	$8430	**$11090**	**$13310**	Perkins	3T	152D	8F-2R	48.0	4265	No
MF-253 4WD	$27845	$7830	$10260	**$13500**	**$16200**	Perkins	3T	152D	8F-2R	48.0	4735	No
MF-261	$16345	$4740	$6210	**$8170**	**$9810**	Perkins	4	236D	8F-2R	53.0	5280	No
MF-283	$20560	$5960	$7810	**$10280**	**$12340**	Perkins	4	248D	8F-2R	67.0	5700	No
MF-283 4WD	$26095	$7570	$9920	**$13050**	**$15660**	Perkins	4	248D	8F-2R	67.0		No
MF-354 GE 4WD	$29815	$8650	$11330	**$14910**	**$17890**	Perkins	3	152D	12F-4R	42.0		No
MF-354S	$23705	$6870	$9010	**$11850**	**$14220**	Perkins	3	152D	12F-4R	42.0		No
MF-354S 4WD	$29765	$8630	$11310	**$14880**	**$17860**	Perkins	3	152D	12F-4R	42.0		No
MF-354V	$32025	$9290	$12170	**$16010**	**$19220**	Perkins	3	152D	12F-12R	42.0		CH
MF-354V 4WD	$37630	$10910	$14300	**$18820**	**$22580**	Perkins	3	152D	12F-12R	42.0		CH
MF-362	$25540	$7410	$9710	**$12770**	**$15320**	Perkins	4	236D	8F-2R	55.0	5335	No
MF-362 4WD	$32490	$9420	$12350	**$16250**	**$19490**	Perkins	4	236D	8F-2R	55.0	5960	No
MF-364 GE 4WD	$31170	$9040	$11850	**$15590**	**$18700**	Perkins	3T	152D	12F-4R	50.0		No
MF-364S	$24505	$7110	$9310	**$12250**	**$14700**	Perkins	3T	152D	12F-4R	50.0		No
MF-364S 4WD	$30840	$8940	$11720	**$15420**	**$18500**	Perkins	3T	152D	12F-4R	50.0		No
MF-364V	$33350	$9670	$12670	**$16680**	**$20010**	Perkins	3T	152D	12F-12R	50.0		CH
MF-364V 4WD	$39260	$11390	$14920	**$19630**	**$23560**	Perkins	3T	152D	12F-12R	50.0		CH
MF-374 GE	$25700	$7450	$9770	**$12850**	**$15420**	Perkins	4	236D	12F-4R	57.0		No
MF-374 GE 4WD	$32280	$9360	$12270	**$16140**	**$19370**	Perkins	4	236D	12F-4R	57.0		No
MF-374S	$24820	$7200	$9430	**$12410**	**$14890**	Perkins	4	236D	12F-4R	57.0		No
MF-374S 4WD	$31160	$9040	$11840	**$15580**	**$18700**	Perkins	4	236D	12F-4R	57.0		No
MF-374S 4WD w/Cab	$41450	$12020	$15750	**$20730**	**$24870**	Perkins	4	236D	12F-12R	57.0		CHA
MF-374S w/Cab	$35235	$10220	$13390	**$17620**	**$21140**	Perkins	4	236D	12F-12R	57.0		CHA
MF-374V	$35510	$10300	$13490	**$17760**	**$21310**	Perkins	4	236D	12F-12R	57.0		CHA
MF-374V 4WD	$41650	$12080	$15830	**$20830**	**$24990**	Perkins	4	236D	12F-12R	57.0		CHA
MF-375	$31770	$6990	$10170	**$14300**	**$17160**	Perkins	4	236D	12F-12R	60.0	6240	No
MF-375 4WD	$36925	$8120	$11820	**$16620**	**$19940**	Perkins	4	236D	12F-12R	60.0	6867	No
MF-375 4WD Shuttle	$34645	$7620	$11090	**$15590**	**$18710**	Perkins	4	236D	8F-8R	60.0	6867	No
MF-375 4WD w/Cab	$44590	$9810	$14270	**$20070**	**$24080**	Perkins	4	236D	12F-12R	60.0	7517	CHA
MF-375 Shuttle	$28970	$6370	$9270	**$13040**	**$15640**	Perkins	4	236D	8F-8R	60.0	6240	No
MF-375 w/Cab	$39680	$8730	$12700	**$17860**	**$21430**	Perkins	4	236D	12F-12R	60.0	6910	CHA
MF-383	$27270	$7910	$10360	**$13640**	**$16360**	Perkins	4	248D	8F-2R	73.0	6311	No
MF-383 4WD	$33725	$9780	$12820	**$16860**	**$20240**	Perkins	4	248D	8F-2R	73.0	6950	No
MF-383 4WD w/Cab	$42735	$12390	$16240	**$21370**	**$25640**	Perkins	4	248D	8F-2R	73.0	7552	CHA
MF-383 w/Cab	$36280	$10520	$13790	**$18140**	**$21770**	Perkins	4	248D	8F-2R	73.0	6957	CHA
MF-384 GE 4WD	$32830	$9520	$12480	**$16420**	**$19700**	Perkins	4	236D	12F-4R	65.0		No
MF-384HC	$28275	$8200	$10750	**$14140**	**$16970**	Perkins	4	236D	12F-12R	65.0		No
MF-384HC 4WD	$33950	$9850	$12900	**$16980**	**$20370**	Perkins	4	236D	12F-12R	65.0		No
MF-384S	$25920	$7520	$9850	**$12960**	**$15550**	Perkins	4	236D	12F-4R	65.0		No
MF-384S 4WD	$32010	$9280	$12160	**$16010**	**$19210**	Perkins	4	236D	12F-4R	65.0		No
MF-384S 4WD w/Cab	$42420	$12300	$16120	**$21210**	**$25450**	Perkins	4	236D	12F-12R	65.0		CHA
MF-384S w/Cab	$36210	$10500	$13760	**$18110**	**$21730**	Perkins	4	236D	12F-12R	65.0		CHA
MF-384V	$36560	$10600	$13890	**$18280**	**$21940**	Perkins	4	236D	12F-12R	65.0		CHA
MF-384V 4WD	$43140	$12510	$16390	**$21570**	**$25880**	Perkins	4	236D	12F-12R	65.0		CHA
MF-390	$35475	$10290	$13480	**$17740**	**$21290**	Perkins	4	248D	12F-12R	70.0	6275	No
MF-390 4WD	$40850	$11850	$15520	**$20430**	**$24510**	Perkins	4	248D	12F-12R	70.0	6902	No
MF-390 4WD w/Cab	$49370	$14320	$18760	**$24690**	**$29620**	Perkins	4	248D	12F-12R	70.0	7552	CHA
MF-390 w/Cab	$43395	$12590	$16490	**$21700**	**$26040**	Perkins	4	248D	12F-12R	70.0	6945	CHA
MF-390T	$37150	$10770	$14120	**$18580**	**$22290**	Perkins	4T	236D	12F-12R	80.0	6359	No
MF-390T 4WD	$42685	$12380	$16220	**$21340**	**$25610**	Perkins	4T	236D	12F-12R	80.0	6952	No
MF-390T 4WD w/Cab	$51535	$14950	$19580	**$25770**	**$30920**	Perkins	4T	236D	12F-12R	80.0	7602	CHA
MF-390T w/Cab	$44780	$12990	$17020	**$22390**	**$26870**	Perkins	4T	236D	12F-12R	80.0	6995	CHA
MF-393	$30150	$8740	$11460	**$15080**	**$18090**	Perkins	4T	236D	8F-2R	83.0	6371	No
MF-393 4WD	$36535	$10600	$13880	**$18270**	**$21920**	Perkins	4T	236D	8F-2R	83.0	6986	No
MF-393 4WD w/Cab	$45455	$13180	$17270	**$22730**	**$27270**	Perkins	4T	236D	8F-2R	83.0	7636	CHA
MF-393 w/Cab	$38495	$11160	$14630	**$19250**	**$23100**	Perkins	4T	236D	8F-2R	83.0	7021	CHA
MF-394 GE 4WD	$35060	$10170	$13320	**$17530**	**$21040**	Perkins	4	248D	12F-12R	73.0		No
MF-394HC	$29885	$8670	$11360	**$14940**	**$17930**	Perkins	4	248D	12F-12R	73.0		No
MF-394HC 4WD	$36340	$10540	$13810	**$18170**	**$21800**	Perkins	4	248D	12F-12R	73.0		No
MF-394S	$27555	$7990	$10470	**$13780**	**$16530**	Perkins	4	248D	12F-4R	73.0		No
MF-394S 4WD	$33855	$9820	$12870	**$16930**	**$20310**	Perkins	4	248D	12F-4R	73.0		No
MF-394S 4WD w/Cab	$43722	$12180	$15960	**$21000**	**$25200**	Perkins	4	248D	12F-12R	73.0		CHA
MF-394S w/Cab	$37375	$10840	$14200	**$18690**	**$22430**	Perkins	4	248D	12F-12R	73.0		CHA

Massey Ferguson (Cont.)

Model	Approx. Retail Price New	Estimated Value Less Repairs: Used Trade In Avg.	Used Trade In High	Used Retail Avg.	Used Retail High	Engine Make	No. Cyls.	Displ. Cu.-In.	No. Speeds	P.T.O. H.P.	Approx. Shipping Wt.-Lbs.	Cab
1997 (Cont.)												
MF-396	$34280	$9940	$13030	**$17140**	**$20570**	Perkins	6	365D	8F-2R	88.0	7120	No
MF-396 4WD	$41300	$11980	$15690	**$20650**	**$24780**	Perkins	6	365D	8F-2R	88.0	7690	No
MF-396 4WD w/Cab	$51445	$14500	$19000	**$25000**	**$30000**	Perkins	6	365D	12F-4R	88.0	8430	CHA
MF-396 w/Cab	$43835	$12710	$16660	**$21920**	**$26300**	Perkins	6	365D	12F-4R	88.0	7831	CHA
MF-398	$35645	$10340	$13550	**$17820**	**$21390**	Perkins	4T	236D	12F-4R	80.00	6960	No
MF-398 4WD	$42495	$12320	$16150	**$21250**	**$25500**	Perkins	4T	236D	12F-4R	80.00	7395	No
MF-399	$38720	$8520	$12390	**$17420**	**$20910**	Perkins	6	365D	12F-4R	95.00	7400	No
MF-399 4WD	$45885	$10100	$14680	**$20650**	**$24780**	Perkins	6	365D	12F-4R	95.00	7910	No
MF-399 4WD w/Cab	$56500	$11880	$17280	**$24300**	**$29160**	Perkins	6	365D	12F-4R	95.00	8560	CHA
MF-399 Mudder	$54470	$11530	$16770	**$23580**	**$28300**	Perkins	6	365D	12F-12R	95.00		No
MF-399 Mudder w/Cab	$62155	$12980	$18880	**$26550**	**$31860**	Perkins	6	365D	12F-12R	95.00		CHA
MF-399 w/Cab	$48305	$10630	$15460	**$21740**	**$26090**	Perkins	6	365D	12F-4R	95.00	8050	CHA
MF-1160 4WD	$24100	$6990	$9160	**$12050**	**$14460**	Isuzu	4	136D	16F-16R	37.0	4206	No
MF-1180 4WD	$26245	$7610	$9970	**$13120**	**$15750**	Isuzu	4	169D	16F-16R	46.0	4773	No
MF-1190 4WD	$28050	$8140	$10660	**$14030**	**$16830**	Isuzu	4T	169D	16F-16R	53.0	4795	No
MF-1205 4WD	$10200	$2960	$3880	**$5100**	**$6120**	Iseki	3	61D	6F-2R	13.5	1579	No
MF-1205 Hydro 4WD	$11400	$3310	$4330	**$5700**	**$6840**	Iseki	3	61D	Variable	13.0	1579	No
MF-1215	$10654	$3090	$4050	**$5330**	**$6390**	Iseki	3	61D	6F-2R	15.0	1457	No
MF-1215 4WD	$11850	$3440	$4500	**$5930**	**$7110**	Iseki	3	61D	6F-2R	15.0	1589	No
MF-1215 Hydro	$11869	$3440	$4510	**$5940**	**$7120**	Iseki	3	61D	Variable	14.0	1457	No
MF-1215 Hydro 4WD	$13350	$3870	$5070	**$6680**	**$8010**	Iseki	3	61D	Variable	14.0	1589	No
MF-1220	$12175	$3530	$4630	**$6090**	**$7310**	Iseki	3	68D	6F-2R	17.2	1874	No
MF-1220 4WD	$13710	$3980	$5210	**$6860**	**$8230**	Iseki	3	68D	6F-2R	17.2	2050	No
MF-1220 Hydro	$13575	$3940	$5160	**$6790**	**$8150**	Iseki	3	68D	Variable	16.0	1896	No
MF-1220 Hydro 4WD	$15096	$4380	$5740	**$7550**	**$9060**	Iseki	3	68D	Variable	16.0	2072	No
MF-1230	$13468	$3910	$5120	**$6730**	**$8080**	Iseki	3	87D	9F-3R	21.0	2227	No
MF-1230 4WD	$15076	$4370	$5730	**$7540**	**$9050**	Iseki	3	87D	9F-3R	21.0	2403	No
MF-1230 Hydro	$15045	$4360	$5720	**$7520**	**$9030**	Iseki	3	87D	Variable	20.0	2293	No
MF-1230 Hydro 4WD	$16652	$4830	$6330	**$8330**	**$9990**	Iseki	3	87D	Variable	20.0	2469	No
MF-1235 Hydro 4WD	$17700	$5130	$6730	**$8850**	**$10620**	Iseki	3	91D	Variable	25.1		No
MF-1240	$14522	$4210	$5520	**$7260**	**$8710**	Iseki	3	87D	16F-16R	22.5	2859	No
MF-1240 4WD	$16250	$4710	$6180	**$8130**	**$9750**	Iseki	3	87D	16F-16R	22.5	2960	No
MF-1250	$15660	$4540	$5950	**$7830**	**$9400**	Iseki	3	91D	16F-16R	26.2	2933	No
MF-1250 4WD	$17810	$5170	$6770	**$8910**	**$10690**	Iseki	3	91D	16F-16R	26.2	3040	No
MF-1260 4WD	$20100	$5830	$7640	**$10050**	**$12060**	Iseki	3	91D	16F-16R	31.0	3128	No
MF-6150	$46620	$10260	$14920	**$20980**	**$25180**	Perkins	4T	244D	16F-16R	86.00		CHA
MF-6150	$49800	$10960	$15940	**$22410**	**$26890**	Perkins	4T	244D	32F-32R	86.00		CHA
MF-6150 4WD	$54890	$12080	$17570	**$24700**	**$29640**	Perkins	4T	244D	16F-16R	86.00	10224	CHA
MF-6150 4WD	$58070	$12780	$18580	**$26130**	**$31360**	Perkins	4T	244D	32F-32R	86.00	10224	CHA
MF-6170	$53190	$11700	$17020	**$23940**	**$28720**	Perkins	6	365D	16F-16R	97.00	10329	CHA
MF-6170	$56370	$12400	$18040	**$25370**	**$30440**	Perkins	6	365D	32F-32R	97.00	10329	CHA
MF-6170 4WD	$60420	$13290	$19330	**$27190**	**$32630**	Perkins	6	365D	16F-16R	97.00	10869	CHA
MF-6170 4WD	$63600	$13990	$20350	**$28620**	**$34340**	Perkins	6	365D	32F-32R	97.00	10869	CHA
MF-6180	$59000	$12980	$18880	**$26550**	**$31860**	Perkins	6T	365D	16F-16R	110.00	11153	CHA
MF-6180	$62180	$13680	$19900	**$27980**	**$33580**	Perkins	6T	365D	32F-32R	110.00	11153	CHA
MF-6180 4WD	$65480	$14410	$20950	**$29470**	**$35360**	Perkins	6T	365D	16F-16R	110.00	11486	CHA
MF-6180 4WD	$68660	$15110	$21970	**$30900**	**$37080**	Perkins	6T	365D	32F-32R	110.00	11486	CHA
MF-8120	$70360	$11260	$15480	**$21810**	**$28140**	Perkins	6T	365D	32F-32R	130.00	12621	CHA
MF-8120 4WD	$81140	$12800	$17600	**$24800**	**$32000**	Perkins	6T	365D	32F-32R	130.00	13153	CHA
MF-8140	$75520	$12080	$16610	**$23410**	**$30210**	Valmet	6T	403D	32F-32R	145.00	13936	CHA
MF-8140 4WD	$87800	$13600	$18700	**$26350**	**$34000**	Valmet	6T	403D	32F-32R	145.00	15016	CHA
MF-8150	$83260	$13320	$18320	**$25810**	**$33300**	Valmet	6T	403D	32F-32R	160.00	14273	CHA
MF-8150 4WD	$93550	$14720	$20240	**$28520**	**$36800**	Valmet	6T	403D	32F-32R	160.00	15331	CHA
MF-8160	$95180	$15230	$20940	**$29510**	**$38070**	Valmet	6T	452D	32F-32R	180.00	14273	CHA
MF-8160 4WD	$107950	$16320	$22440	**$31620**	**$40800**	Valmet	6T	452D	32F-32R	180.00	15331	CHA
1996												
MF-231	$12175	$3900	$4750	**$6330**	**$7790**	Perkins	3	152D	8F-2R	34.0	4065	No
MF-240	$20385	$5600	$7400	**$9800**	**$11800**	Perkins	3	152D	8F-2R	41.0	4015	No
MF-240 4WD	$23985	$6720	$8870	**$11750**	**$14150**	Perkins	3	152D	8F-2R	41.0	4585	No
MF-240S	$16900	$4730	$6250	**$8280**	**$9970**	Perkins	3	152D	8F-2R	41.0	4015	No
MF-253	$22135	$6200	$8190	**$10850**	**$13060**	Perkins	3T	152D	8F-2R	48.0	4265	No
MF-253 4WD	$27300	$5570	$8220	**$11660**	**$14050**	Perkins	3T	152D	8F-2R	48.0	4735	No
MF-261	$15870	$4440	$5870	**$7780**	**$9360**	Perkins	4	236D	8F-2R	53.0	5280	No
MF-283	$19925	$5580	$7370	**$9760**	**$11760**	Perkins	4	248D	8F-2R	67.0	5700	No
MF-283 4WD	$25300	$6860	$9070	**$12010**	**$14460**	Perkins	4	248D	8F-2R	67.0		No
MF-354 GE	$23550	$6590	$8710	**$11540**	**$13900**	Perkins	3	152D	12F-4R	42.0		No
MF-354 GE 4WD	$28795	$7760	$10250	**$13570**	**$16340**	Perkins	3	152D	12F-4R	42.0		No
MF-354S	$22655	$6340	$8380	**$11100**	**$13370**	Perkins	3	152D	12F-4R	42.0		No
MF-354S	$23270	$6520	$8610	**$11400**	**$13730**	Perkins	3	152D	12F-12R	42.0		No
MF-354S 4WD	$28735	$8050	$10630	**$14080**	**$16950**	Perkins	3	152D	12F-4R	42.0		No
MF-354S 4WD w/Cab	$35535	$9950	$13150	**$17410**	**$20970**	Perkins	3	152D	12F-12R	42.0		CH
MF-354S w/Cab	$29690	$8310	$10990	**$14550**	**$17520**	Perkins	3	152D	12F-12R	42.0		CH
MF-354V	$31305	$8770	$11580	**$15340**	**$18470**	Perkins	3	152D	12F-12R	42.0		CH
MF-354V 4WD	$36635	$10260	$13560	**$17950**	**$21620**	Perkins	3	152D	12F-12R	42.0		CH
MF-362	$25385	$7110	$9390	**$12440**	**$14980**	Perkins	4	236D	8F-2R	55.0	5335	No
MF-362 4WD	$31260	$8750	$11570	**$15320**	**$18440**	Perkins	4	236D	8F-2R	55.0	5960	No
MF-364 GE	$24545	$6870	$9080	**$12030**	**$14480**	Perkins	3T	152D	12F-4R	50.0		No
MF-364 GE 4WD	$30105	$8430	$11140	**$14750**	**$17760**	Perkins	3T	152D	12F-4R	50.0		No
MF-364S	$23450	$6570	$8680	**$11490**	**$13840**	Perkins	3T	152D	12F-4R	50.0		No
MF-364S 4WD	$29630	$8300	$10960	**$14520**	**$17480**	Perkins	3T	152D	12F-4R	50.0		No
MF-364S 4WD w/Cab	$36810	$10310	$13620	**$18040**	**$21720**	Perkins	3T	152D	12F-12R	50.0		CH
MF-364S w/Cab	$30790	$8620	$11390	**$15090**	**$18170**	Perkins	3T	152D	12F-12R	50.0		CH
MF-364V	$32545	$9110	$12040	**$15950**	**$19200**	Perkins	3T	152D	12F-12R	50.0		CH

Massey Ferguson (Cont.)

Model	Approx. Retail Price New	Estimated Value Less Repairs: Used Trade In Avg.	Used Trade In High	Used Retail Avg.	Used Retail High	Make	Engine No. Cyls.	Engine Displ. Cu.-In.	No. Speeds	P.T.O. H.P.	Approx. Shipping Wt.-Lbs.	Cab
1996 (Cont.)												
MF-364V 4WD	$37880	$10610	$14020	$18560	$22350	Perkins	3T	152D	12F-12R	50.0		CH
MF-374 GE	$24865	$6960	$9200	$12180	$14670	Perkins	4	236D	12F-4R	57.0		No
MF-374 GE 4WD	$31180	$8730	$11540	$15280	$18400	Perkins	4	236D	12F-4R	57.0		No
MF-374S	$23755	$6650	$8790	$11640	$14020	Perkins	4	236D	12F-4R	57.0		No
MF-374S 4WD	$30420	$8520	$11260	$14910	$17950	Perkins	4	236D	12F-4R	57.0		No
MF-374S 4WD w/Cab	$40365	$11300	$14940	$19780	$23820	Perkins	4	236D	12F-12R	57.0		CHA
MF-374S w/Cab	$33815	$9470	$12510	$16570	$19950	Perkins	4	236D	12F-12R	57.0		CHA
MF-374V	$33745	$9450	$12490	$16540	$19910	Perkins	4	236D	12F-12R	57.0		CHA
MF-374V 4WD	$39090	$10950	$14460	$19150	$23060	Perkins	4	236D	12F-12R	57.0		CHA
MF-375	$28625	$6010	$8870	$12600	$15170	Perkins	4	236D	12F-4R	60.0	6240	No
MF-375 4WD	$33850	$7110	$10490	$14890	$17940	Perkins	4	236D	12F-4R	60.0	6867	No
MF-375 4WD w/Cab	$41780	$8400	$12400	$17600	$21200	Perkins	4	236D	12F-4R	60.0	7517	CHA
MF-375 w/Cab	$36710	$7710	$11380	$16150	$19460	Perkins	4	236D	12F-4R	60.0	6910	CHA
MF-383	$26475	$7410	$9800	$12970	$15620	Perkins	4	248D	8F-2R	73.0	6311	No
MF-383 4WD	$32745	$9170	$12120	$16050	$19320	Perkins	4	248D	8F-2R	73.0	6950	No
MF-383 4WD w/Cab	$41490	$10920	$14430	$19110	$23010	Perkins	4	248D	8F-2R	73.0	7552	CHA
MF-383 w/Cab	$35225	$9860	$13030	$17260	$20780	Perkins	4	248D	8F-2R	73.0	6957	CHA
MF-384 GE	$25995	$7280	$9620	$12740	$15340	Perkins	4	236D	12F-4R	65.0		No
MF-384 GE 4WD	$31710	$8880	$11730	$15540	$18710	Perkins	4	236D	12F-4R	65.0		No
MF-384HC	$26780	$7500	$9910	$13120	$15800	Perkins	4	236D	12F-12R	65.0		No
MF-384HC 4WD	$32545	$9110	$12040	$15950	$19200	Perkins	4	236D	12F-12R	65.0		No
MF-384S	$24815	$6950	$9180	$12160	$14640	Perkins	4	236D	12F-4R	65.0		No
MF-384S 4WD	$30960	$8670	$11460	$15170	$18270	Perkins	4	236D	12F-4R	65.0		No
MF-384S 4WD w/Cab	$41020	$11490	$15180	$20100	$24200	Perkins	4	236D	12F-12R	65.0		CHA
MF-384S w/Cab	$34760	$9730	$12860	$17030	$20510	Perkins	4	236D	12F-12R	65.0		CHA
MF-384V	$34755	$9730	$12860	$17030	$20510	Perkins	4	236D	12F-12R	65.0		CHA
MF-384V 4WD	$40530	$11350	$15000	$19860	$23910	Perkins	4	236D	12F-12R	65.0		CHA
MF-390	$31210	$8740	$11550	$15290	$18410	Perkins	4	248D	12F-4R	70.0	6275	No
MF-390 4WD	$37655	$10540	$13930	$18450	$22220	Perkins	4	248D	12F-4R	70.0	6902	No
MF-390 4WD w/Cab	$46420	$12600	$16650	$22050	$26550	Perkins	4	248D	12F-4R	70.0	7552	CHA
MF-390 w/Cab	$40625	$11380	$15030	$19910	$23970	Perkins	4	248D	12F-4R	70.0	6945	CHA
MF-390T	$33695	$9440	$12470	$16510	$19880	Perkins	4T	236D	12F-4R	80.0	6359	No
MF-390T 4WD	$39060	$10940	$14450	$19140	$23050	Perkins	4T	236D	12F-4R	80.0	6952	No
MF-390T 4WD w/Cab	$48530	$12880	$17020	$22540	$27140	Perkins	4T	236D	12F-4R	80.0	7602	CHA
MF-390T w/Cab	$41965	$11750	$15530	$20560	$24760	Perkins	4T	236D	12F-4R	80.0	6995	CHA
MF-393	$29270	$8200	$10830	$14340	$17270	Perkins	4T	236D	8F-2R	83.0	6986	No
MF-393 4WD	$35470	$9930	$13120	$17380	$20930	Perkins	4T	236D	8F-2R	83.0	6986	No
MF-393 4WD w/Cab	$44130	$11760	$15540	$20580	$24780	Perkins	4T	236D	8F-2R	83.0	7636	CHA
MF-393 w/Cab	$37375	$10470	$13830	$18310	$22050	Perkins	4T	236D	8F-2R	83.0	7636	CHA
MF-394 4WD w/Cab	$42695	$11480	$15170	$20090	$24190	Perkins	4	248D	24F-12R	73.0		CHA
MF-394 GE	$27695	$7760	$10250	$13570	$16340	Perkins	4	248D	12F-4R	73.0		No
MF-394 GE 4WD	$33865	$9480	$12530	$16590	$19980	Perkins	4	248D	12F-4R	73.0		No
MF-394HC	$28335	$7930	$10480	$13880	$16720	Perkins	4	248D	12F-12R	73.0		No
MF-394HC 4WD	$35405	$9910	$13100	$17350	$20890	Perkins	4	248D	12F-12R	73.0		No
MF-394S	$26395	$7390	$9770	$12930	$15570	Perkins	4	248D	12F-4R	73.0		No
MF-394S 4WD	$32745	$9170	$12120	$16050	$19320	Perkins	4	248D	12F-4R	73.0		No
MF-394S 4WD w/Cab	$42295	$11840	$15650	$20730	$24950	Perkins	4	248D	12F-12R	73.0		CHA
MF-394S w/Cab	$35885	$10050	$13280	$17580	$21170	Perkins	4	248D	12F-12R	73.0		CHA
MF-396	$32985	$9240	$12200	$16160	$19460	Perkins	6	365D	8F-2R	88.0	7120	No
MF-396 4WD	$39875	$11170	$14750	$19540	$23530	Perkins	6	365D	8F-2R	88.0	7690	No
MF-396 4WD w/Cab	$49725	$13160	$17390	$23030	$27730	Perkins	6	365D	12F-4R	88.0	8430	CHA
MF-396 w/Cab	$41935	$11740	$15520	$20550	$24740	Perkins	6	365D	12F-4R	88.0	7831	CHA
MF-398	$34940	$7340	$10830	$15370	$18520	Perkins	4T	236D	12F-4R	80.00	6960	No
MF-398 4WD	$41655	$8750	$12910	$18330	$22080	Perkins	4T	236D	12F-4R	80.00	7395	No
MF-399	$37090	$7790	$11500	$16320	$19660	Perkins	6	365D	12F-4R	95.00	7400	No
MF-399 4WD	$44655	$9380	$13840	$19650	$23670	Perkins	6	365D	12F-4R	95.00	7910	No
MF-399 4WD w/Cab	$54855	$10920	$16120	$22880	$27560	Perkins	6	365D	12F-4R	95.00	8560	CHA
MF-399 Mudder	$52885	$10710	$15810	$22440	$27030	Perkins	6	365D	12F-12R	95.00		No
MF-399 Mudder w/Cab	$60345	$11970	$17670	$25080	$30210	Perkins	6	365D	12F-12R	95.00		CHA
MF-399 w/Cab	$46395	$9350	$13800	$19580	$23590	Perkins	6	365D	12F-4R	95.00	8050	CHA
MF-1120 4WD	$9584	$2680	$3550	$4700	$5660	Isuzu	3	52D	6F-2R	14.2	1360	No
MF-1120 Hydro 4WD	$10727	$3000	$3970	$5260	$6330	Isuzu	3	52D	Variable	13.1	1448	No
MF-1160 4WD	$23886	$6690	$8840	$11700	$14090	Isuzu	4	136D	16F-16R	37.0	4206	No
MF-1180 4WD	$25981	$7280	$9610	$12730	$15330	Isuzu	4	169D	16F-16R	46.0	4773	No
MF-1190 4WD	$27787	$7780	$10280	$13620	$16390	Isuzu	4T	169D	16F-16R	53.0	4795	No
MF-1205 4WD	$10200	$2860	$3770	$5000	$6020	Iseki	3	61D	6F-2R	13.5	1579	No
MF-1205 Hydro 4WD	$11400	$3190	$4220	$5590	$6730	Iseki	3	61D	Variable	13.0	1579	No
MF-1210	$10285	$2880	$3810	$5040	$6070	Iseki	3	61D	6F-2R	15.00	1830	No
MF-1210 4WD	$11753	$3290	$4350	$5760	$6930	Iseki	3	61D	6F-2R	15.00	1984	No
MF-1210 Hydro	$11753	$3290	$4350	$5760	$6930	Iseki	3	61D	Variable	14.00	1852	No
MF-1210 Hydro 4WD	$13221	$3700	$4890	$6480	$7800	Iseki	3	61D	Variable	14.00	2006	No
MF-1215	$10654	$2980	$3940	$5220	$6290	Iseki	3	61D	6F-2R	15.0	1457	No
MF-1215 4WD	$11850	$3320	$4390	$5810	$6990	Iseki	3	61D	6F-2R	15.0	1589	No
MF-1215 Hydro	$11869	$3320	$4390	$5820	$7000	Iseki	3	61D	Variable	14.0	1457	No
MF-1215 Hydro 4WD	$13350	$3740	$4940	$6540	$7880	Iseki	3	61D	Variable	14.0	1589	No
MF-1220	$11938	$3340	$4420	$5850	$7040	Iseki	3	68D	6F-2R	17.2	1874	No
MF-1220 4WD	$13493	$3780	$4990	$6610	$7960	Iseki	3	68D	6F-2R	17.2	2050	No
MF-1220 Hydro	$13338	$3740	$4940	$6540	$7870	Iseki	3	68D	Variable	16.0	1896	No
MF-1220 Hydro 4WD	$14879	$4170	$5510	$7290	$8780	Iseki	3	68D	Variable	16.0	2072	No
MF-1230	$13318	$3730	$4930	$6530	$7860	Iseki	3	87D	9F-3R	21.0	2227	No
MF-1230 4WD	$14956	$4190	$5530	$7330	$8820	Iseki	3	87D	9F-3R	21.0	2403	No
MF-1230 Hydro	$14895	$4170	$5510	$7300	$8790	Iseki	3	87D	Variable	20.0	2293	No
MF-1230 Hydro 4WD	$16532	$4630	$6120	$8100	$9750	Iseki	3	87D	Variable	20.0	2469	No
MF-1240	$14186	$3970	$5250	$6950	$8370	Iseki	3	87D	16F-16R	22.5	2859	No

Massey Ferguson (Cont.)

1996 (Cont.)

	Approx. Retail Price New	Estimated Value Less Repairs Used Trade In Avg.	High	Used Retail Avg.	High	Engine Make	No. Cyls.	Displ. Cu.-In.	No. Speeds	P.T.O. H.P.	Approx. Shipping Wt.-Lbs.	Cab
MF-1240 4WD	$15973	$4470	$5910	**$7830**	**$9420**	Iseki	3	87D	16F-16R	22.5	2960	No
MF-1250	$15285	$4280	$5660	**$7490**	**$9020**	Iseki	3	91D	16F-16R	26.2	2933	No
MF-1250 4WD	$17520	$4910	$6480	**$8590**	**$10340**	Iseki	3	91D	16F-16R	26.2	3040	No
MF-1260 4WD	$19928	$5580	$7370	**$9770**	**$11760**	Iseki	3	91D	16F-16R	31.0	3128	No
MF-3075 4WD	$54450	$9800	$14700	**$20150**	**$26680**	Perkins	4T	244D	32F-32R	86.00	10244	CHA
MF-3120T	$53560	$9640	$14460	**$19820**	**$26240**	Perkins	6T	365D	32F-32R	110.00	11153	CHA
MF-3120T 4WD	$59540	$10720	$16080	**$22030**	**$29180**	Perkins	6T	365D	32F-32R	110.00	11486	CHA
MF-3140	$55620	$10010	$15020	**$20580**	**$27250**	Perkins	6T	365D	32F-32R	115.00	11153	CHA
MF-3140 4WD	$61910	$11140	$16720	**$22910**	**$30340**	Perkins	6T	365D	32F-32R	115.00	11486	CHA
MF-3660	$64540	$11620	$17430	**$23880**	**$31630**	Perkins	6T	365D	32F-32R	140.0	12581	CHA
MF-3660 4WD	$75050	$13600	$20400	**$27950**	**$37020**	Perkins	6T	365D	32F-32R	140.00	13152	CHA
MF-3670	$72770	$13100	$19650	**$26930**	**$35660**	Perkins	6T	403D	32F-32R	154.00	12736	CHA
MF-3670 4WD	$82930	$14930	$22390	**$30680**	**$40640**	Perkins	6T	403D	32F-32R	154.00	13816	CHA
MF-3690	$84490	$15210	$22810	**$31260**	**$41400**	Perkins	6T	452D	32F-32R	170.00	13073	CHA
MF-3690 4WD	$94160	$16950	$25420	**$34840**	**$46140**	Perkins	6T	452D	32F-32R	170.00	14131	CHA
MF-6150	$48680	$10220	$15090	**$21420**	**$25800**	Perkins	4T	244D	32F-32R	86.00		CHA
MF-6150 4WD	$56610	$11890	$17550	**$24910**	**$30000**	Perkins	4T	244D	32F-32R	86.00	10224	CHA
MF-6170	$51870	$10890	$16080	**$22820**	**$27490**	Perkins	6	365D	32F-32R	97.00	10329	CHA
MF-6170 4WD	$59930	$12590	$18580	**$26370**	**$31760**	Perkins	6	365D	32F-32R	97.00	10869	CHA
MF-6180	$56920	$11950	$17650	**$25050**	**$30170**	Perkins	6T	365D	32F-32R	110.00	11153	CHA
MF-6180 4WD	$63630	$13360	$19730	**$28000**	**$33720**	Perkins	6T	365D	32F-32R	110.00	11486	CHA
MF-8120	$68050	$9530	$13610	**$19740**	**$25860**	Perkins	6T	365D	32F-32R	130.00	12621	CHA
MF-8120 4WD	$79110	$10920	$15600	**$22620**	**$29640**	Perkins	6T	365D	32F-32R	130.00	13153	CHA
MF-8140	$73360	$10270	$14670	**$21270**	**$27880**	Valmet	6T	403D	32F-32R	145.00	13936	CHA
MF-8140 4WD	$85520	$11760	$16800	**$24360**	**$31920**	Valmet	6T	403D	32F-32R	145.00	15016	CHA
MF-8150	$82710	$11580	$16540	**$23990**	**$31430**	Valmet	6T	403D	32F-32R	160.00	14273	CHA
MF-8150 4WD	$90310	$12460	$17800	**$25810**	**$33820**	Valmet	6T	403D	32F-32R	160.00	15331	CHA
MF-8160	$91640	$12830	$18330	**$26580**	**$34820**	Valmet	6T	452D	32F-32R	180.00	14273	CHA
MF-8160 4WD	$105250	$14000	$20000	**$29000**	**$38000**	Valmet	6T	452D	32F-32R	180.00	15331	CHA

1995

	Approx. Retail Price New	Used Trade In Avg.	High	Used Retail Avg.	High	Engine Make	No. Cyls.	Displ. Cu.-In.	No. Speeds	P.T.O. H.P.	Approx. Shipping Wt.-Lbs.	Cab
MF-231	$11580	$3590	$4400	**$5910**	**$7300**	Perkins	3	152D	8F-2R	34.0	4065	No
MF-240	$17340	$4680	$6240	**$8320**	**$10060**	Perkins	3	152D	8F-2R	41.0	4015	No
MF-240 4WD	$22970	$5400	$7200	**$9600**	**$11600**	Perkins	3	152D	8F-2R	41.0	4585	No
MF-253	$20775	$5610	$7480	**$9970**	**$12050**	Perkins	3T	152D	8F-2R	48.0	4265	No
MF-253 4WD	$25975	$6450	$8600	**$11470**	**$13860**	Perkins	3T	152D	8F-2R	48.0	4735	No
MF-261	$15335	$4140	$5520	**$7360**	**$8890**	Perkins	4	236D	8F-2R	53.0	5280	No
MF-283	$18080	$4880	$6510	**$8680**	**$10490**	Perkins	4	248D	8F-2R	67.0	5700	No
MF-362	$23765	$6420	$8560	**$11410**	**$13780**	Perkins	4	236D	8F-2R	55.0	5335	No
MF-362 4WD	$30205	$7830	$10440	**$13920**	**$16820**	Perkins	4	236D	8F-2R	55.0	5960	No
MF-375	$26890	$5380	$8070	**$11560**	**$13980**	Perkins	4	236D	12F-4R	60.0	6240	No
MF-375 4WD	$32705	$6200	$9300	**$13330**	**$16120**	Perkins	4	236D	12F-4R	60.0	6867	No
MF-375 4WD w/Cab	$40370	$7600	$11400	**$16340**	**$19760**	Perkins	4	236D	12F-4R	60.0	7517	CHA
MF-375 w/Cab	$35280	$6840	$10260	**$14710**	**$17780**	Perkins	4	236D	12F-4R	60.0	6910	CHA
MF-383	$25120	$6780	$9040	**$12060**	**$14570**	Perkins	4	248D	8F-2R	73.0	6311	No
MF-383 4WD	$31180	$8420	$11230	**$14970**	**$18080**	Perkins	4	248D	8F-2R	73.0	6950	No
MF-383 4WD w/Cab	$39630	$10260	$13680	**$18240**	**$22040**	Perkins	4	248D	8F-2R	73.0	7552	CHA
MF-383 w/Cab	$33575	$9070	$12090	**$16120**	**$19470**	Perkins	4	248D	8F-2R	73.0	6957	CHA
MF-390	$30155	$8140	$10860	**$14470**	**$17490**	Perkins	4	248D	12F-4R	70.0	6275	No
MF-390 4WD	$36020	$9730	$12970	**$17290**	**$20890**	Perkins	4	248D	12F-4R	70.0	6902	No
MF-390 4WD w/Cab	$44465	$11610	$15480	**$20640**	**$24940**	Perkins	4	248D	12F-4R	70.0	7552	CHA
MF-390 w/Cab	$38380	$10360	$13820	**$18420**	**$22260**	Perkins	4	248D	12F-4R	70.0	6945	CHA
MF-390T	$31760	$8580	$11430	**$15250**	**$18420**	Perkins	4T	236D	12F-4R	80.0	6359	No
MF-390T 4WD	$37380	$10090	$13460	**$17940**	**$21680**	Perkins	4T	236D	12F-4R	80.0	6952	No
MF-390T 4WD w/Cab	$46505	$12150	$16200	**$21600**	**$26100**	Perkins	4T	236D	12F-4R	80.0	7602	CHA
MF-390T w/Cab	$40055	$10820	$14420	**$19230**	**$23230**	Perkins	4T	236D	12F-4R	80.0	6995	CHA
MF-393 4WD	$34270	$9250	$12340	**$16450**	**$19880**	Perkins	4T	236D	8F-2R	83.0	6986	No
MF-393 4WD w/Cab	$42640	$11210	$14940	**$19920**	**$24070**	Perkins	4T	236D	8F-2R	83.0	7636	CHA
MF-396	$31555	$8520	$11360	**$15150**	**$18300**	Perkins	6	365D	8F-2R	104.4	7120	No
MF-396 4WD	$37665	$10170	$13560	**$18080**	**$21850**	Perkins	6	365D	8F-2R	104.4	7690	No
MF-396 4WD w/Cab	$47185	$12150	$16200	**$21600**	**$26100**	Perkins	6	365D	12F-4R	104.4	8430	CHA
MF-396 w/Cab	$40520	$10940	$14590	**$19450**	**$23500**	Perkins	6	365D	12F-4R	104.4	7831	CHA
MF-398	$33760	$6750	$10130	**$14520**	**$17560**	Perkins	4T	236D	12F-4R	80.00	6960	No
MF-398 4WD	$40245	$8050	$12070	**$17310**	**$20930**	Perkins	4T	236D	12F-4R	80.00	7395	No
MF-399	$36320	$7260	$10900	**$15620**	**$18890**	Perkins	6	365D	12F-4R	95.00	7400	No
MF-399 4WD	$43140	$8630	$12940	**$18550**	**$22430**	Perkins	6	365D	12F-4R	95.00	7910	No
MF-399 4WD w/Cab	$52995	$10200	$15300	**$21930**	**$26520**	Perkins	6	365D	12F-4R	95.00	8560	CHA
MF-399 Mudder	$51095	$10220	$15330	**$21970**	**$26570**	Perkins	6	365D	12F-12R	95.00		No
MF-399 Mudder w/Cab	$58305	$11200	$16800	**$24080**	**$29120**	Perkins	6	365D	12F-12R	95.00		CHA
MF-399 w/Cab	$45265	$9050	$13580	**$19460**	**$23540**	Perkins	6	365D	12F-4R	95.00	8050	CHA
MF-1120 4WD	$9584	$2590	$3450	**$4600**	**$5560**	Isuzu	3	52D	6F-2R	14.2	1360	No
MF-1120 Hydro 4WD	$10727	$2900	$3860	**$5150**	**$6220**	Isuzu	3	52D	Variable	13.1	1448	No
MF-1160 4WD	$23886	$6450	$8600	**$11470**	**$13850**	Isuzu	4	136D	16F-16R	37.0	4206	No
MF-1180 4WD	$25981	$7020	$9350	**$12470**	**$15070**	Isuzu	4	169D	16F-16R	46.0	4773	No
MF-1190 4WD	$27787	$7500	$10000	**$13340**	**$16120**	Isuzu	4T	169D	16F-16R	53.0	4795	No
MF-1210	$10285	$2780	$3700	**$4940**	**$5970**	Iseki	3	61D	6F-2R	15.00	1830	No
MF-1210 4WD	$11753	$3170	$4230	**$5640**	**$6820**	Iseki	3	61D	6F-2R	15.00	1984	No
MF-1210 Hydro	$11753	$3170	$4230	**$5640**	**$6820**	Iseki	3	61D	Variable	14.00	1852	No
MF-1210 Hydro 4WD	$13221	$3570	$4760	**$6350**	**$7670**	Iseki	3	61D	Variable	14.00	2006	No
MF-1220	$11938	$3220	$4300	**$5730**	**$6920**	Iseki	3	68D	6F-2R	17.2	1874	No
MF-1220 4WD	$13493	$3640	$4860	**$6480**	**$7830**	Iseki	3	68D	6F-2R	17.2	2050	No
MF-1220 Hydro	$13338	$3600	$4800	**$6400**	**$7740**	Iseki	3	68D	Variable	16.0	1896	No
MF-1220 Hydro 4WD	$14879	$4020	$5360	**$7140**	**$8630**	Iseki	3	68D	Variable	16.0	2072	No
MF-1230	$13318	$3600	$4790	**$6390**	**$7720**	Iseki	3	87D	9F-3R	21.0	2227	No

Massey Ferguson (Cont.)

	Approx. Retail Price New	Estimated Value Less Repairs: Used Trade In Avg.	Used Trade In High	Used Retail Avg.	Used Retail High	Engine Make	Engine No. Cyls.	Engine Displ. Cu.-In.	No. Speeds	P.T.O. H.P.	Approx. Shipping Wt.-Lbs.	Cab
1995 (Cont.)												
MF-1230 4WD	$14956	$4040	$5380	$7180	$8670	Iseki	3	87D	9F-3R	21.0	2403	No
MF-1230 Hydro	$14895	$4020	$5360	$7150	$8640	Iseki	3	87D	Variable	20.0	2293	No
MF-1230 Hydro 4WD	$16532	$4460	$5950	$7940	$9590	Iseki	3	87D	Variable	20.0	2469	No
MF-1240	$14186	$3830	$5110	$6810	$8230	Iseki	3	87D	16F-16R	22.5	2859	No
MF-1240 4WD	$15973	$4310	$5750	$7670	$9260	Iseki	3	87D	16F-16R	22.5	2960	No
MF-1250	$15285	$4130	$5500	$7340	$8870	Iseki	3	91D	16F-16R	26.2	2933	No
MF-1250 4WD	$17520	$4730	$6310	$8410	$10160	Iseki	3	91D	16F-16R	26.2	3040	No
MF-1260 4WD	$19928	$5380	$7170	$9570	$11560	Iseki	3	91D	16F-16R	31.0	3128	No
MF-3075 4WD	$54470	$9080	$13880	$19220	$25630	Perkins	4T	244D	32F-32R	86.00	10244	CHA
MF-3120T	$53460	$8930	$13650	$18900	$25200	Perkins	6T	365D	32F-32R	110.00	11153	CHA
MF-3120T 4WD	$59540	$9860	$15080	$20880	$27840	Perkins	6T	365D	32F-32R	110.00	11486	CHA
MF-3140	$55620	$9250	$14140	$19580	$26110	Perkins	6T	365D	32F-32R	115.00	11153	CHA
MF-3140 4WD	$61910	$10290	$15730	$21780	$29040	Perkins	6T	365D	32F-32R	115.00	11486	CHA
MF-3660	$64540	$10710	$16380	$22680	$30240	Perkins	6T	365D	32F-32R	115.00	12581	CHA
MF-3660 4WD	$75540	$12580	$19240	$26640	$35520	Perkins	6T	365D	32F-32R	115.00	13152	CHA
MF-3670	$69990	$11650	$17810	$24660	$32880	Perkins	6T	403D	32F-32R	154.00	12736	CHA
MF-3670 4WD	$80150	$12920	$19760	$27360	$36480	Perkins	6T	403D	32F-32R	154.00	13816	CHA
MF-3690	$79190	$13090	$20020	$27720	$36960	Perkins	6T	452D	32F-32R	170.00	13073	CHA
MF-3690 4WD	$89470	$14450	$22100	$30600	$40800	Perkins	6T	452D	32F-32R	170.00	14131	CHA
MF-6150	$46230	$9250	$13870	$19880	$24040	Perkins	4T	244D	32F-32R	86.00		CHA
MF-6150 4WD	$53570	$10710	$16070	$23040	$27860	Perkins	4T	244D	32F-32R	86.00	10224	CHA
MF-6170	$50750	$10150	$15230	$21820	$26390	Perkins	6	365D	32F-32R	97.00	10329	CHA
MF-6170 4WD	$57800	$11560	$17340	$24850	$30060	Perkins	6	365D	32F-32R	97.00	10869	CHA
MF-6180	$55000	$11000	$16500	$23650	$28600	Perkins	6T	365D	32F-32R	110.00	11153	CHA
MF-6180 4WD	$61480	$12300	$18440	$26440	$31970	Perkins	6T	365D	32F-32R	110.00	11486	CHA
MF-8120	$65160	$8470	$12380	$17590	$23460	Perkins	6T	365D	32F-32R	130.00	12621	CHA
MF-8120 4WD	$75100	$9760	$14270	$20280	$27040	Perkins	6T	365D	32F-32R	130.00	13153	CHA
MF-8140	$69900	$9090	$13280	$18870	$25160	Valmet	6T	403D	32F-32R	145.00	13936	CHA
MF-8140 4WD	$81200	$10270	$15010	$21330	$28440	Valmet	6T	403D	32F-32R	145.00	15016	CHA
MF-8150	$74100	$9630	$14080	$20010	$26680	Valmet	6T	403D	32F-32R	160.00	14273	CHA
MF-8150 4WD	$85950	$10920	$15960	$22680	$30240	Valmet	6T	403D	32F-32R	160.00	15331	CHA
MF-8160	$81950	$10650	$15570	$22130	$29500	Valmet	6T	452D	32F-32R	180.00	14273	CHA
MF-8160 4WD	$94850	$12190	$17820	$25330	$33770	Valmet	6T	452D	32F-32R	180.00	15331	CHA
1994												
MF-231	$11080	$3320	$4100	$5540	$6870	Perkins	3	152D	8F-2R	34.0	4065	No
MF-240	$16590	$4310	$5810	$7800	$9460	Perkins	3	152D	8F-2R	41.0	4015	No
MF-240 4WD	$21980	$4940	$6650	$8930	$10830	Perkins	3	152D	8F-2R	41.0	4585	No
MF-253	$19210	$5000	$6720	$9030	$10950	Perkins	3T	152D	8F-2R	48.0	4265	No
MF-253 4WD	$25745	$5980	$8050	$10810	$13110	Perkins	3T	152D	8F-2R	48.0	4735	No
MF-261	$14675	$3820	$5140	$6900	$8370	Perkins	4	236D	8F-2R	53.0	5280	No
MF-283	$17300	$4500	$6060	$8130	$9860	Perkins	4	248D	8F-2R	67.0	5700	No
MF-283	$17300	$4500	$6060	$8130	$9860	Perkins	4	248D	8F-2R	67.0	5700	No
MF-362	$22740	$5910	$7960	$10690	$12960	Perkins	4	236D	8F-2R	55.0	5335	No
MF-362 4WD	$29240	$7020	$9450	$12690	$15390	Perkins	4	236D	8F-2R	55.0	5960	No
MF-375	$25830	$4910	$7490	$10850	$13170	Perkins	4	236D	12F-4R	60.0	6240	No
MF-375 4WD	$31300	$5510	$8410	$12180	$14790	Perkins	4	236D	12F-4R	60.0	6867	No
MF-375 4WD w/Cab	$38280	$6650	$10150	$14700	$17850	Perkins	4	236D	12F-4R	60.0	7517	CHA
MF-375 w/Cab	$33635	$6080	$9280	$13440	$16320	Perkins	4	236D	12F-4R	60.0	6910	CHA
MF-383	$24040	$6250	$8410	$11300	$13700	Perkins	4	248D	8F-2R	73.0	6311	No
MF-383 4WD	$29835	$7760	$10440	$14020	$17010	Perkins	4	248D	8F-2R	73.0	6950	No
MF-383 4WD w/Cab	$37925	$9230	$12430	$16690	$20240	Perkins	4	248D	8F-2R	73.0	7552	CHA
MF-383 w/Cab	$32130	$8350	$11250	$15100	$18310	Perkins	4	248D	8F-2R	73.0	6957	CHA
MF-390	$28835	$7500	$10090	$13550	$16440	Perkins	4	248D	12F-4R	70.0	6275	No
MF-390 4WD	$34815	$9050	$12190	$16360	$19850	Perkins	4	248D	12F-4R	70.0	6902	No
MF-390 4WD w/Cab	$42920	$10660	$14350	$19270	$23370	Perkins	4	248D	12F-4R	70.0	7552	CHA
MF-390 w/Cab	$38365	$9980	$13430	$18030	$21870	Perkins	4	248D	12F-12R	70.0	6945	CHA
MF-390T	$31025	$8070	$10860	$14580	$17680	Perkins	4T	236D	12F-4R	80.0	6359	No
MF-390T 4WD	$36115	$9390	$12640	$16970	$20590	Perkins	4T	236D	12F-4R	80.0	6952	No
MF-390T 4WD w/Cab	$44870	$10920	$14700	$19740	$23940	Perkins	4T	236D	12F-4R	80.0	7602	CHA
MF-390T w/Cab	$38675	$10060	$13540	$18180	$22050	Perkins	4T	236D	12F-4R	80.0	6995	CHA
MF-393	$27060	$7040	$9470	$12720	$15420	Perkins	4T	236D	8F-2R	83.0	6371	No
MF-393 4WD	$32795	$8530	$11480	$15410	$18690	Perkins	4T	236D	8F-2R	83.0	6986	No
MF-393 4WD w/Cab	$40805	$10140	$13650	$18330	$22230	Perkins	4T	236D	8F-2R	83.0	7636	CHA
MF-393 w/Cab	$34555	$8980	$12090	$16240	$19700	Perkins	4T	236D	8F-2R	83.0	7021	CHA
MF-396	$30945	$8050	$10830	$14540	$17640	Perkins	6	365D	8F-2R	104.4	7120	No
MF-396 4WD	$37070	$9640	$12980	$17420	$21130	Perkins	6	365D	8F-2R	104.4	7690	No
MF-396 4WD w/Cab	$46180	$11440	$15400	$20680	$25080	Perkins	6	365D	12F-4R	104.4	8430	CHA
MF-398	$31995	$6080	$9280	$13440	$16320	Perkins	4T	236D	12F-4R	80.00	6960	No
MF-398 4WD	$38515	$7320	$11170	$16180	$19640	Perkins	4T	236D	12F-4R	80.00	7395	No
MF-399	$33695	$6400	$9770	$14150	$17180	Perkins	6	365D	12F-4R	95.00	7400	No
MF-399 4WD	$41185	$7830	$11940	$17300	$21000	Perkins	6	365D	12F-4R	95.00	7910	No
MF-399 4WD w/Cab	$50620	$9310	$14210	$20580	$24990	Perkins	6	365D	12F-4R	95.00	8560	CHA
MF-399 Mudder	$48895	$8930	$13630	$19740	$23970	Perkins	6	365D	12F-12R	95.00		No
MF-399 Mudder w/Cab	$55795	$10260	$15660	$22680	$27540	Perkins	6	365D	12F-12R	95.00		CHA
MF-399 w/Cab	$42895	$8150	$12440	$18020	$21880	Perkins	6	365D	12F-4R	95.00	8050	CHA
MF-1120 4WD	$9584	$2490	$3350	$4500	$5460	Isuzu	3	52D	6F-2R	14.2	1360	No
MF-1120 Hydro 4WD	$10727	$2790	$3750	$5040	$6110	Isuzu	3	52D	Variable	13.1	1448	No
MF-1160 4WD	$22749	$5920	$7960	$10690	$12970	Isuzu	4	136D	16F-16R	37.0	4206	No
MF-1180 4WD	$24744	$6430	$8660	$11630	$14100	Isuzu	4	169D	16F-16R	46.0	4773	No
MF-1190 4WD	$26464	$6880	$9260	$12440	$15080	Isuzu	4T	169D	16F-16R	53.0	4795	No
MF-1210	$10285	$2670	$3600	$4830	$5860	Iseki	3	61D	6F-2R	15.00	1830	No
MF-1210 4WD	$11753	$3060	$4110	$5520	$6700	Iseki	3	61D	6F-2R	15.00	1984	No
MF-1210 Hydro	$11753	$3060	$4110	$5520	$6700	Iseki	3	61D	Variable	14.00	1852	No

Massey Ferguson (Cont.)

1994 (Cont.)

	Approx. Retail Price New	Estimated Value Less Repairs: Used Trade In Avg.	High	Used Retail Avg.	High	Engine Make	No. Cyls.	Displ. Cu.-In.	No. Speeds	P.T.O. H.P.	Approx. Shipping Wt.-Lbs.	Cab
MF-1210 Hydro 4WD	$13221	$3440	$4630	**$6210**	**$7540**	Iseki	3	61D	Variable	14.00	2006	No
MF-1220	$11647	$3030	$4080	**$5470**	**$6640**	Iseki	3	68D	6F-2R	17.2	1874	No
MF-1220 4WD	$13164	$3420	$4610	**$6190**	**$7500**	Iseki	3	68D	6F-2R	17.2	2050	No
MF-1220 Hydro	$13013	$3380	$4560	**$6120**	**$7420**	Iseki	3	68D	Variable	16.0	1896	No
MF-1220 Hydro 4WD	$14516	$3770	$5080	**$6820**	**$8270**	Iseki	3	68D	Variable	16.0	2072	No
MF-1230	$12684	$3300	$4440	**$5960**	**$7230**	Iseki	3	87D	9F-3R	21.0	2227	No
MF-1230 4WD	$14244	$3700	$4990	**$6700**	**$8120**	Iseki	3	87D	9F-3R	21.0	2403	No
MF-1230 Hydro	$14186	$3690	$4970	**$6670**	**$8090**	Iseki	3	87D	Variable	20.0	2293	No
MF-1230 Hydro 4WD	$15745	$4090	$5510	**$7400**	**$8980**	Iseki	3	87D	Variable	20.0	2469	No
MF-1240	$13150	$3420	$4600	**$6180**	**$7500**	Iseki	3	87D	16F-16R	22.5	2859	No
MF-1240 4WD	$15212	$3960	$5320	**$7150**	**$8670**	Iseki	3	87D	16F-16R	22.5	2960	No
MF-1250	$14557	$3790	$5100	**$6840**	**$8300**	Iseki	3	91D	16F-16R	26.2	2933	No
MF-1250 4WD	$16686	$4340	$5840	**$7840**	**$9510**	Iseki	3	91D	16F-16R	26.2	3040	No
MF-1260	$18979	$4940	$6640	**$8920**	**$10820**	Iseki	3	91D	16F-16R	31.0	3155	No
MF-1260 4WD	$19145	$4980	$6700	**$9000**	**$10910**	Iseki	3	91D	16F-16R	31.0	3128	No
MF-3075 4WD	$54470	$8540	$13350	**$18690**	**$25100**	Perkins	4T	244D	32F-32R	86.00	10244	CHA
MF-3120T	$53050	$8320	$13000	**$18200**	**$24440**	Perkins	6T	365D	32F-32R	110.00	11153	CHA
MF-3120T 4WD	$58830	$9120	$14250	**$19950**	**$26790**	Perkins	6T	365D	32F-32R	110.00	11486	CHA
MF-3140	$55930	$8740	$13660	**$19120**	**$25670**	Perkins	6T	365D	32F-32R	115.00	11153	CHA
MF-3140 4WD	$61910	$9600	$15000	**$21000**	**$28200**	Perkins	6T	365D	32F-32R	115.00	11486	CHA
MF-3660	$64230	$9950	$15550	**$21770**	**$29230**	Perkins	6T	365D	32F-32R	115.00	12581	CHA
MF-3660 4WD	$75570	$11770	$18390	**$25740**	**$34560**	Perkins	6T	365D	32F-32R	115.00	13152	CHA
MF-3670	$69680	$10880	$17000	**$23800**	**$31960**	Perkins	6T	403D	32F-32R	154.00	12736	CHA
MF-3670 4WD	$80150	$12000	$18750	**$26250**	**$35250**	Perkins	6T	403D	32F-32R	154.00	13816	CHA
MF-3690	$79190	$12320	$19250	**$26950**	**$36190**	Perkins	6T	452D	32F-32R	170.00	13073	CHA
MF-3690 4WD	$89470	$13440	$21000	**$29400**	**$39480**	Perkins	6T	452D	32F-32R	170.00	14131	CHA

1993

	Approx. Retail Price New	Used Trade In Avg.	High	Used Retail Avg.	High	Engine Make	No. Cyls.	Displ. Cu.-In.	No. Speeds	P.T.O. H.P.	Approx. Shipping Wt.-Lbs.	Cab
MF-231	$10550	$3060	$3800	**$5170**	**$6440**	Perkins	3	152D	8F-2R	34.00	4065	No
MF-240	$16140	$4680	$5810	**$7910**	**$9850**	Perkins	3	152D	8F-2R	42.90	4015	No
MF-253	$17655	$4410	$6000	**$8120**	**$9890**	Perkins	3T	152D	8F-2R	45.90	4020	No
MF-283	$15825	$3960	$5380	**$7280**	**$8860**	Perkins	4	248D	8F-2R	67.00	5432	No
MF-360	$20545	$5140	$6990	**$9450**	**$11510**	Perkins	3T	152D	8F-2R	46.10	4910	No
MF-360 4WD	$28060	$7020	$9540	**$12910**	**$15710**	Perkins	3T	152D	8F-2R	49.20	5346	No
MF-362	$21735	$5430	$7390	**$10000**	**$12170**	Perkins	4	236D	8F-2R	55.00	5335	No
MF-362 4WD	$27725	$6930	$9430	**$12750**	**$15530**	Perkins	4	236D	8F-2R	55.00	5960	No
MF-364S 4WD	$27720	$4990	$7760	**$11370**	**$13860**	Perkins	3	152D	12F-4R	50.00	5082	No
MF-374S	$24117	$4340	$6750	**$9890**	**$12060**	Perkins	4	236D	12F-4R	57.00	5145	No
MF-374S 4WD	$29752	$5360	$8330	**$12200**	**$14880**	Perkins	4	236D	12F-4R	57.00	5370	No
MF-375	$23780	$4280	$6660	**$9750**	**$11890**	Perkins	4	236D	12F-4R	58.10	6260	No
MF-375	$31310	$5640	$8770	**$12840**	**$15660**	Perkins	4	236D	12F-4R	58.10	6967	CHA
MF-375 4WD	$28295	$5090	$7920	**$11600**	**$14150**	Perkins	4	236D	12F-4R	58.10	6617	No
MF-375 4WD	$36305	$6540	$10170	**$14890**	**$18150**	Perkins	4	236D	12F-4R	58.10	8129	CHA
MF-383	$21780	$5450	$7410	**$10020**	**$12200**	Perkins	4	248D	8F-2R	73.00	6098	No
MF-383	$29150	$7290	$9910	**$13410**	**$16320**	Perkins	4	248D	8F-2R	73.00	7010	CHA
MF-383 4WD	$27170	$6790	$9240	**$12500**	**$15220**	Perkins	4	248D	8F-2R	73.00	7328	No
MF-383 4WD	$34540	$8640	$11740	**$15890**	**$19340**	Perkins	4	248D	8F-2R	73.00	8240	CHA
MF-384S	$25546	$4600	$7150	**$10470**	**$12770**	Perkins	4	236D	12F-4R	65.00	5192	No
MF-384S 4WD	$30640	$5520	$8580	**$12560**	**$15320**	Perkins	4	236D	12F-4R	65.00	5412	No
MF-390	$26530	$6630	$9020	**$12200**	**$14860**	Perkins	4	248D	12F-4R	67.30	6295	No
MF-390	$34435	$8610	$11710	**$15840**	**$19280**	Perkins	4	248D	12F-8R	67.30	6948	CHA
MF-390 4WD	$31710	$7930	$10780	**$14590**	**$17760**	Perkins	4	248D	12F-4R	67.30	6902	No
MF-390 4WD	$39595	$9500	$12920	**$17480**	**$21280**	Perkins	4	248D	12F-8R	67.30	7552	CHA
MF-390T	$28180	$7050	$9580	**$12960**	**$15780**	Perkins	4T	236D	8F-2R	80.00	6325	No
MF-390T	$35945	$8990	$12220	**$16540**	**$20130**	Perkins	4T	248D	12F-8R	80.00	6995	CHA
MF-390T 4WD	$33250	$8310	$11310	**$15300**	**$18620**	Perkins	4T	236D	12F-12R	80.00	6952	No
MF-390T 4WD	$41835	$10460	$14220	**$19240**	**$23430**	Perkins	4T	248D	12F-8R	80.00	7602	CHA
MF-393	$24785	$6200	$8430	**$11400**	**$13880**	Perkins	4	236D	8F-2R	83.00	6371	No
MF-393 4WD	$30175	$7540	$10260	**$13880**	**$16900**	Perkins	4	236D	8F-2R	83.00	6986	No
MF-393 4WD w/Cab	$37545	$9000	$12240	**$16560**	**$20160**	Perkins	4	236D	8F-2R	83.00	7636	CHA
MF-393 w/Cab	$32155	$8040	$10930	**$14790**	**$18010**	Perkins	4	236D	8F-2R	83.00	7021	CHA
MF-394S	$26110	$4700	$7310	**$10710**	**$13060**	Perkins	4	236D	12F-4R	73.00	5258	No
MF-394S 4WD	$31460	$5660	$8810	**$12900**	**$15730**	Perkins	4	236D	12F-4R	73.00	5478	No
MF-396	$28050	$7010	$9540	**$12900**	**$15710**	Perkins	6	365D	8F-2R	88.00	7120	No
MF-396 4WD	$33750	$8000	$10880	**$14720**	**$17920**	Perkins	6	365D	8F-2R	88.00	7690	No
MF-396 4WD w/Cab	$42300	$10080	$13700	**$18540**	**$22570**	Perkins	6	365D	12F-4R	88.00	8430	CHA
MF-396 w/Cab	$36100	$9030	$12270	**$16610**	**$20220**	Perkins	6	365D	12F-4R	88.00	7831	CHA
MF-398	$29655	$5340	$8300	**$12160**	**$14830**	Perkins	4	236D	12F-4R	80.30	6405	No
MF-398	$37155	$6690	$10400	**$15230**	**$18580**	Perkins	4	236D	12F-8R	80.30	7055	CHA
MF-398 4WD	$35740	$6430	$10010	**$14650**	**$17870**	Perkins	4	236D	12F-4R	80.30	6915	No
MF-398 4WD	$43110	$7760	$12070	**$17680**	**$21560**	Perkins	4	236D	12F-8R	80.30	7565	CHA
MF-399	$31265	$5630	$8750	**$12820**	**$15630**	Perkins	6	365D	12F-4R	95.00	7400	No
MF-399 4WD	$37365	$6730	$10460	**$15320**	**$18680**	Perkins	6	365D	12F-4R	95.00	8029	No
MF-399 4WD w/Cab	$45175	$7740	$12040	**$17630**	**$21500**	Perkins	6	365D	12F-4R	95.00	8941	CHA
MF-399 w/Cab	$38435	$6920	$10760	**$15760**	**$19220**	Perkins	6	365D	12F-4R	95.00	8145	CHA
MF-1010	$8445	$2450	$3040	**$4140**	**$5150**	Toyosha	3	53D	6F-2R	13.50	1580	No
MF-1010 4WD	$9625	$2790	$3470	**$4720**	**$5870**	Toyosha	3	53D	6F-2R	13.50	1800	No
MF-1010 Hydro	$9815	$2850	$3530	**$4810**	**$5990**	Toyosha	3	53D	Variable	12.00	1772	No
MF-1010 Hydro 4WD	$10840	$3140	$3900	**$5310**	**$6610**	Toyosha	3	53D	Variable	12.00	2000	No
MF-1020	$9970	$2890	$3590	**$4890**	**$6080**	Toyosha	3	69D	12F-4R	17.00	2045	No
MF-1020 4WD	$11200	$3250	$4030	**$5490**	**$6830**	Toyosha	3	69D	12F-4R	17.00	2285	No
MF-1020 Hydro	$11450	$3320	$4120	**$5610**	**$6990**	Toyosha	3	69D	Variable	14.50	2046	No
MF-1020 Hydro 4WD	$13150	$3810	$4730	**$6440**	**$8020**	Toyosha	3	69D	Variable	14.50	2296	No
MF-1030	$11850	$3440	$4270	**$5810**	**$7230**	Toyosha	3	87D	12F-4R	23.00	2701	No

Massey Ferguson (Cont.)

Model	Approx. Retail Price New	Estimated Value Less Repairs Used Trade In Avg.	Used Trade In High	Used Retail Avg.	Used Retail High	Make	Engine No. Cyls.	Engine Displ. Cu.-In.	No. Speeds	P.T.O. H.P.	Approx. Shipping Wt.-Lbs.	Cab
1993 (Cont.)												
MF-1030 4WD	$14280	$4140	$5140	**$7000**	**$8710**	Toyosha	3	87D	12F-4R	23.00	2832	No
MF-1125	$12150	$3520	$4370	**$5950**	**$7410**	Toyosha	3	87D	16F-16R	22.5	2524	No
MF-1125 4WD	$13800	$4000	$4970	**$6760**	**$8420**	Toyosha	3	87D	16F-16R	22.5	2634	No
MF-1140	$13185	$3300	$4480	**$6070**	**$7380**	Toyosha	3	91D	16F-16R	26.20	2590	No
MF-1140 4WD	$14932	$3730	$5080	**$6870**	**$8360**	Toyosha	3	91D	16F-16R	26.20	2700	No
MF-1145 4WD	$17086	$4270	$5810	**$7860**	**$9570**	Toyosha	3	91D	16F-16R	31.00	2812	No
MF-1160 4WD	$20888	$5220	$7100	**$9610**	**$11700**	Toyosha	4	137D	16F-16R	37.00	3848	No
MF-1180 4WD	$22550	$5640	$7670	**$10370**	**$12630**	Toyosha	4	169D	16F-16R	46.00	4773	No
MF-1190 4WD	$24050	$6010	$8180	**$11060**	**$13470**	Toyosha	4	169D	16F-16R	53.00	4795	No
MF-3070 4WD	$47200	$7080	$11330	**$16050**	**$21710**	Perkins	4T	236D	16F-12R	82.20	10192	CHA
MF-3120	$47700	$7160	$11450	**$16220**	**$21940**	Perkins	6	365D	16F-12R	100.00	10329	CHA
MF-3120 4WD	$52500	$7880	$12600	**$17850**	**$24150**	Perkins	6	365D	16F-12R	100.00	10869	CHA
MF-3140	$49250	$7200	$11520	**$16320**	**$22080**	Perkins	6T	365D	16F-12R	115.00	11153	CHA
MF-3140 4WD	$54700	$7950	$12720	**$18020**	**$24380**	Perkins	6T	365D	16F-12R	115.00	11486	CHA
MF-3660	$60400	$9060	$14500	**$20540**	**$27780**	Perkins	6T	365D	16F-12R	140.00	12581	CHA
MF-3660 4WD	$70000	$10200	$16320	**$23120**	**$31280**	Perkins	6T	365D	16F-12R	140.00	13152	CHA
MF-3680	$64000	$9450	$15120	**$21420**	**$28980**	Valmet	6T	452D	16F-12R	160.00	12786	CHA
MF-3680 4WD	$73600	$10650	$17040	**$24140**	**$32660**	Valmet	6T	452D	16F-4R	161.90	13152	CHA
MF-3690	$78240	$11550	$18480	**$26180**	**$35420**	Perkins	6T	452D	32F-32R	170.00	13073	CHA
MF-3690 4WD	$88120	$12600	$20160	**$28560**	**$38640**	Perkins	6T	452D	32F-32R	170.00	14131	CHA
1992												
MF-231	$10550	$2950	$3690	**$5060**	**$6330**	Perkins	3	152D	8F-2R	34.00	4065	No
MF-240	$16140	$3870	$5330	**$7260**	**$8880**	Perkins	3	152D	8F-2R	42.90	4015	No
MF-253	$17655	$4240	$5830	**$7950**	**$9710**	Perkins	3T	152D	8F-2R	45.90	4020	No
MF-283	$15825	$3800	$5220	**$7120**	**$8700**	Perkins	4	248D	8F-2R	67.00	5432	No
MF-360	$20545	$4930	$6780	**$9250**	**$11300**	Perkins	3T	152D	8F-2R	46.10	4910	No
MF-360 4WD	$28060	$6730	$9260	**$12630**	**$15430**	Perkins	3T	152D	8F-2R	49.20	5346	No
MF-362	$21735	$5220	$7170	**$9780**	**$11950**	Perkins	4	236D	8F-2R	55.00	5335	No
MF-362 4WD	$27725	$6650	$9150	**$12480**	**$15250**	Perkins	4	236D	8F-2R	55.00	5960	No
MF-364S 4WD	$27720	$4710	$7480	**$11090**	**$13580**	Perkins	3	152D	12F-4R	50.00	5082	No
MF-374S	$24117	$4100	$6510	**$9650**	**$11820**	Perkins	4	236D	12F-4R	57.00	5145	No
MF-374S 4WD	$29752	$5060	$8030	**$11900**	**$14580**	Perkins	4	236D	12F-4R	57.00	5370	No
MF-375	$23780	$4040	$6420	**$9510**	**$11650**	Perkins	4	236D	12F-4R	58.10	6260	No
MF-375 4WD	$28295	$4810	$7640	**$11320**	**$13870**	Perkins	4	236D	12F-4R	58.10	6617	No
MF-375 4WD w/Cab	$36305	$6170	$9800	**$14520**	**$17790**	Perkins	4	236D	12F-4R	58.10	8129	CHA
MF-375 w/Cab	$31310	$5320	$8450	**$12520**	**$15340**	Perkins	4	236D	12F-4R	58.10	6967	CHA
MF-383	$21780	$5230	$7190	**$9800**	**$11980**	Perkins	4	248D	8F-2R	73.00	6098	No
MF-383 4WD	$27170	$6520	$8970	**$12230**	**$14940**	Perkins	4	248D	8F-2R	73.00	7328	No
MF-383 4WD w/Cab	$34540	$8040	$11060	**$15080**	**$18430**	Perkins	4	248D	8F-2R	73.00	8240	CHA
MF-383 w/Cab	$29150	$7000	$9620	**$13120**	**$16030**	Perkins	4	248D	8F-2R	73.00	7010	CHA
MF-384S	$25546	$4340	$6900	**$10220**	**$12520**	Perkins	4	236D	12F-4R	65.00	5192	No
MF-384S 4WD	$30640	$5210	$8270	**$12260**	**$15010**	Perkins	4	236D	12F-4R	65.00	5412	No
MF-390	$26530	$6370	$8760	**$11940**	**$14590**	Perkins	4	248D	12F-4R	67.30	6295	No
MF-390 4WD	$31710	$7610	$10460	**$14270**	**$17440**	Perkins	4	248D	12F-4R	67.30	6902	No
MF-390 4WD w/Cab	$39595	$8880	$12210	**$16650**	**$20350**	Perkins	4	248D	12F-8R	67.30	7552	CHA
MF-390 w/Cab	$34435	$8260	$11360	**$15500**	**$18940**	Perkins	4	248D	12F-8R	67.30	6948	CHA
MF-390T	$28180	$6760	$9300	**$12680**	**$15500**	Perkins	4T	236D	8F-2R	80.00	6325	No
MF-390T 4WD	$33250	$7980	$10970	**$14960**	**$18290**	Perkins	4T	236D	12F-12R	80.00	6952	No
MF-390T 4WD w/Cab	$41835	$9530	$13100	**$17870**	**$21840**	Perkins	4T	248D	12F-8R	80.00	7602	CHA
MF-390T w/Cab	$35945	$8630	$11860	**$16180**	**$19770**	Perkins	4T	248D	12F-8R	80.00	6995	CHA
MF-393	$24785	$5950	$8180	**$11150**	**$13630**	Perkins	4	236D	8F-2R	83.00	6371	No
MF-393 4WD	$30175	$7240	$9960	**$13580**	**$16600**	Perkins	4	236D	8F-2R	83.00	6986	No
MF-393 4WD w/Cab	$37545	$8640	$11880	**$16200**	**$19800**	Perkins	4	236D	8F-2R	83.00	7636	CHA
MF-393 w/Cab	$32155	$7720	$10610	**$14470**	**$17690**	Perkins	4	236D	8F-2R	83.00	7021	CHA
MF-394S	$26110	$4440	$7050	**$10440**	**$12790**	Perkins	4	236D	12F-4R	73.00	5258	No
MF-394S 4WD	$31460	$5350	$8490	**$12580**	**$15420**	Perkins	4	236D	12F-4R	73.00	5478	No
MF-396	$28050	$6730	$9260	**$12620**	**$15430**	Perkins	6	365D	8F-2R	88.00	7120	No
MF-396 4WD	$33750	$8100	$11140	**$15190**	**$18560**	Perkins	6	365D	8F-2R	88.00	7690	No
MF-396 4WD w/Cab	$42300	$9890	$13600	**$18540**	**$22660**	Perkins	6	365D	12F-4R	88.00	8430	CHA
MF-396 w/Cab	$36100	$8660	$11910	**$16250**	**$19860**	Perkins	6	365D	12F-4R	88.00	7831	CHA
MF-398	$29655	$5040	$8010	**$11860**	**$14530**	Perkins	4	236D	12F-4R	80.30	6405	No
MF-398	$37155	$6320	$10030	**$14860**	**$18210**	Perkins	4	236D	12F-8R	80.30	7055	CHA
MF-398 4WD	$35740	$6080	$9650	**$14300**	**$17510**	Perkins	4	236D	12F-4R	80.30	6915	No
MF-398 4WD	$43110	$7140	$11340	**$16800**	**$20580**	Perkins	4	236D	12F-8R	80.30	7565	CHA
MF-399	$31265	$5320	$8440	**$12510**	**$15320**	Perkins	6	365D	12F-4R	95.00	7400	No
MF-399 4WD	$37365	$6350	$10090	**$14950**	**$18310**	Perkins	6	365D	12F-4R	95.00	8029	No
MF-399 4WD w/Cab	$45175	$7480	$11880	**$17600**	**$21560**	Perkins	6	365D	12F-4R	95.00	8941	CHA
MF-399 w/Cab	$38435	$6530	$10380	**$15370**	**$18830**	Perkins	6	365D	12F-4R	95.00	8145	CHA
MF-1010	$8199	$2300	$2870	**$3940**	**$4920**	Toyosha	3	53D	6F-2R	13.50	1580	No
MF-1010 4WD	$9343	$2620	$3270	**$4490**	**$5610**	Toyosha	3	53D	6F-2R	13.50	1800	No
MF-1010 Hydro	$9530	$2670	$3340	**$4570**	**$5720**	Toyosha	3	53D	Variable	12.00	1772	No
MF-1010 Hydro 4WD	$10523	$2950	$3680	**$5050**	**$6310**	Toyosha	3	53D	Variable	12.00	2000	No
MF-1020	$9681	$2710	$3390	**$4650**	**$5810**	Toyosha	3	69D	12F-4R	17.00	2045	No
MF-1020 4WD	$10873	$3040	$3810	**$5220**	**$6520**	Toyosha	3	69D	12F-4R	17.00	2285	No
MF-1020 Hydro	$11112	$3110	$3890	**$5330**	**$6670**	Toyosha	3	69D	Variable	14.50	2046	No
MF-1020 Hydro 4WD	$12727	$3560	$4450	**$6110**	**$7640**	Toyosha	3	69D	Variable	14.50	2296	No
MF-1030	$11508	$3220	$4030	**$5520**	**$6910**	Toyosha	3	87D	12F-4R	23.00	2701	No
MF-1030 4WD	$13866	$3880	$4850	**$6660**	**$8320**	Toyosha	3	87D	12F-4R	23.00	2832	No
MF-1125	$11800	$3300	$4130	**$5660**	**$7080**	Toyosha	3	87D	16F-16R	22.5	2524	No
MF-1125 4WD	$13400	$3750	$4690	**$6430**	**$8040**	Toyosha	3	87D	16F-16R	22.5	2634	No
MF-1140	$12801	$3070	$4220	**$5760**	**$7040**	Toyosha	3	91D	16F-16R	26.20	2590	No
MF-1140 4WD	$14497	$3480	$4780	**$6520**	**$7970**	Toyosha	3	91D	16F-16R	26.20	2700	No
MF-1145 4WD	$16588	$3980	$5470	**$7470**	**$9120**	Toyosha	3	91D	16F-16R	31.00	2812	No

Massey Ferguson (Cont.)

Model	Approx. Retail Price New	Estimated Value Less Repairs: Used Trade In Avg.	Used Trade In High	Used Retail Avg.	Used Retail High	Engine Make	No. Cyls.	Displ. Cu.-In.	No. Speeds	P.T.O. H.P.	Approx. Shipping Wt.-Lbs.	Cab
				1992 (Cont.)								
MF-1160 4WD	$19500	$4680	$6440	**$8780**	**$10730**	Toyosha	4	137D	16F-16R	37.00	3848	No
MF-1180 4WD	$22550	$5410	$7440	**$10150**	**$12400**	Toyosha	4	169D	16F-16R	46.00	4773	No
MF-1190 4WD	$24050	$5770	$7940	**$10820**	**$13230**	Toyosha	4	169D	16F-16R	53.00	4795	No
MF-3070 4WD	$47200	$6610	$10860	**$15580**	**$21240**	Perkins	4T	236D	16F-12R	82.20	10192	CHA
MF-3120	$47700	$6680	$10970	**$15740**	**$21470**	Perkins	6	365D	16F-12R	100.00	10329	CHA
MF-3120 4WD	$52500	$7350	$12080	**$17330**	**$23630**	Perkins	6	365D	16F-12R	100.00	10869	CHA
MF-3140	$49250	$6620	$10870	**$15590**	**$21260**	Perkins	6T	365D	16F-12R	115.00	11153	CHA
MF-3140 4WD	$54700	$7350	$12080	**$17330**	**$23630**	Perkins	6T	365D	16F-12R	115.00	11486	CHA
MF-3660	$60400	$8460	$13890	**$19930**	**$27180**	Perkins	6T	365D	16F-12R	140.00	12581	CHA
MF-3660 4WD	$70000	$9520	$15640	**$22440**	**$30600**	Perkins	6T	365D	16F-12R	140.00	13152	CHA
MF-3680	$64000	$8680	$14260	**$20460**	**$27900**	Valmet	6T	452D	16F-12R	160.00	12786	CHA
MF-3680 4WD	$73600	$9660	$15870	**$22770**	**$31050**	Valmet	6T	452D	16F-4R	161.90	13152	CHA
MF-3690	$76540	$10720	$17600	**$25260**	**$34440**	Perkins	6T	452D	32F-32R	170.00	13073	CHA
MF-3690 4WD	$86890	$11620	$19090	**$27390**	**$37350**	Perkins	6T	452D	32F-32R	170.00	14131	CHA
				1991								
MF-231	$9942	$2680	$3380	**$4670**	**$5870**	Perkins	3	152D	8F-2R	34.00	4065	No
MF-240	$16140	$3710	$5170	**$7100**	**$8720**	Perkins	3	152D	8F-2R	42.90	4015	No
MF-253	$17310	$3980	$5540	**$7620**	**$9350**	Perkins	3T	152D	8F-2R	45.90	4020	No
MF-283	$15070	$3470	$4820	**$6630**	**$8140**	Perkins	4	248D	8F-2R	67.00	5432	No
MF-360	$20545	$4730	$6570	**$9040**	**$11090**	Perkins	3T	152D	8F-2R	46.10	4910	No
MF-360 4WD	$28060	$6450	$8980	**$12350**	**$15150**	Perkins	3T	152D	8F-2R	49.20	5346	No
MF-362	$21525	$4950	$6890	**$9470**	**$11620**	Perkins	4	236D	8F-2R	55.00	5305	No
MF-362 4WD	$27515	$6330	$8810	**$12110**	**$14860**	Perkins	4	236D	8F-2R	55.00	5930	No
MF-364S 4WD	$27720	$4440	$7210	**$10810**	**$13310**	Perkins	3	152D	12F-4R	50.00	5082	No
MF-374S 4WD	$29752	$4760	$7740	**$11600**	**$14280**	Perkins	4	236D	12F-4R	57.00	5370	No
MF-375	$23740	$3800	$6170	**$9260**	**$11400**	Perkins	4	236D	12F-4R	58.10	6040	No
MF-375	$31785	$5090	$8260	**$12400**	**$15260**	Perkins	4	236D	12F-4R	58.10	6967	CHA
MF-375 4WD	$29460	$4710	$7660	**$11490**	**$14140**	Perkins	4	236D	12F-4R	58.10	7202	No
MF-375 4WD	$36600	$5860	$9520	**$14270**	**$17570**	Perkins	4	236D	12F-4R	58.10	8129	CHA
MF-383	$21350	$4910	$6830	**$9390**	**$11530**	Perkins	4	248D	8F-2R	73.00	6098	No
MF-383	$28575	$6570	$9140	**$12570**	**$15430**	Perkins	4	248D	8F-2R	73.00	7010	CHA
MF-383 4WD	$26635	$6130	$8520	**$11720**	**$14380**	Perkins	4	248D	8F-2R	73.00	7328	No
MF-383 4WD	$33860	$7790	$10840	**$14900**	**$18280**	Perkins	4	248D	8F-2R	73.00	8240	CHA
MF-383 Wide Row	$23065	$5310	$7380	**$10150**	**$12460**	Perkins	4	248D	8F-2R	73.00	7166	No
MF-384S	$25546	$4090	$6640	**$9960**	**$12260**	Perkins	4	236D	12F-4R	65.00	5192	No
MF-384S 4WD	$30640	$4900	$7970	**$11950**	**$14710**	Perkins	4	236D	12F-4R	65.00	5412	No
MF-390	$26425	$6080	$8460	**$11630**	**$14270**	Perkins	4	248D	12F-4R	67.30	6036	No
MF-390	$34910	$8030	$11170	**$15360**	**$18850**	Perkins	4	248D	12F-8R	70.00	6948	CHA
MF-390 4WD	$32150	$7400	$10290	**$14150**	**$17360**	Perkins	4	248D	12F-4R	67.30	7266	No
MF-390 4WD	$40070	$9220	$12820	**$17630**	**$21640**	Perkins	4	248D	12F-8R	70.00	8178	CHA
MF-390T	$27660	$6360	$8850	**$12170**	**$14940**	Perkins	4T	236D	8F-2R	80.00	6051	No
MF-390T	$36420	$8380	$11650	**$16030**	**$19670**	Perkins	4T	248D	12F-8R	70.00	6965	CHA
MF-390T 4WD	$32990	$7590	$10560	**$14520**	**$17820**	Perkins	4T	236D	8F-2R	80.00	7281	No
MF-390T 4WD	$42310	$9730	$13540	**$18620**	**$22850**	Perkins	4T	248D	12F-8R	70.00	8193	CHA
MF-394S	$26110	$4180	$6790	**$10180**	**$12530**	Perkins	4	236D	12F-4R	73.00	5258	No
MF-394S 4WD	$31460	$5030	$8180	**$12270**	**$15100**	Perkins	4	236D	12F-4R	73.00	5478	No
MF-398	$30490	$4880	$7930	**$11890**	**$14640**	Perkins	4T	236D	12F-4R	80.30	7047	No
MF-398	$37990	$6080	$9880	**$14820**	**$18240**	Perkins	4T	236D	12F-8R	80.30	7958	CHA
MF-398 4WD	$36575	$5850	$9510	**$14260**	**$17560**	Perkins	4	236D	12F-4R	80.30	7648	No
MF-398 4WD	$43945	$6720	$10920	**$16380**	**$20160**	Perkins	4	236D	12F-8R	80.30	8560	CHA
MF-399	$32100	$5140	$8350	**$12520**	**$15410**	Perkins	6	365D	12F-4R	95.00	7233	No
MF-399 4WD	$38200	$6110	$9930	**$14900**	**$18340**	Perkins	6	365D	12F-4R	95.00	8029	No
MF-399 4WD w/Cab	$46010	$7040	$11440	**$17160**	**$21120**	Perkins	6	365D	12F-4R	95.00	8941	CHA
MF-399 w/Cab	$39270	$5920	$9620	**$14430**	**$17760**	Perkins	6	365D	12F-4R	95.00	8145	CHA
MF-1010	$7960	$2150	$2710	**$3740**	**$4700**	Toyosha	3	53D	6F-2R	13.50	1580	No
MF-1010 4WD	$9071	$2450	$3080	**$4260**	**$5350**	Toyosha	3	53D	6F-2R	13.50	1800	No
MF-1010 Hydro	$9252	$2500	$3150	**$4350**	**$5460**	Toyosha	3	53D	Variable	12.00	1772	No
MF-1010 Hydro 4WD	$10216	$2760	$3470	**$4800**	**$6030**	Toyosha	3	53D	Variable	12.00	2000	No
MF-1020	$9399	$2540	$3200	**$4420**	**$5550**	Toyosha	3	69D	12F-4R	17.00	2045	No
MF-1020 4WD	$10556	$2850	$3590	**$4960**	**$6230**	Toyosha	3	69D	12F-4R	17.00	2285	No
MF-1020 Hydro	$10788	$2910	$3670	**$5070**	**$6370**	Toyosha	3	69D	Variable	14.50	2046	No
MF-1020 Hydro 4WD	$12356	$3340	$4200	**$5810**	**$7290**	Toyosha	3	69D	Variable	14.50	2296	No
MF-1030	$10754	$2900	$3660	**$5050**	**$6350**	Toyosha	3	87D	12F-4R	23.00	2701	No
MF-1030 4WD	$12959	$3500	$4410	**$6090**	**$7650**	Toyosha	3	87D	12F-4R	23.00	2832	No
MF-1035	$12369	$3340	$4210	**$5810**	**$7300**	Toyosha	3	92D	12F-4R	26.00	2801	No
MF-1035 4WD	$14665	$3960	$4990	**$6890**	**$8650**	Toyosha	3	92D	12F-4R	26.00	2932	No
MF-1045 4WD	$16369	$3770	$5240	**$7200**	**$8840**	Toyosha	3	122D	9F-3R	30.00	3825	No
MF-1140	$12250	$2820	$3920	**$5390**	**$6620**	Toyosha	3	91D	16F-16R	26.20	2590	No
MF-1140 4WD	$13900	$3200	$4450	**$6120**	**$7510**	Toyosha	3	91D	16F-16R	26.20	2700	No
MF-1145 4WD	$15950	$3670	$5100	**$7020**	**$8610**	Toyosha	3	91D	16F-16R	31.00	2812	No
MF-3070	$41786	$5430	$9190	**$13370**	**$18390**	Perkins	4T	236D	16F-12R	82.20	9652	CHA
MF-3070 4WD	$45369	$5790	$9790	**$14240**	**$19580**	Perkins	4T	236D	16F-12R	82.20	10192	CHA
MF-3120	$46731	$5920	$10010	**$14560**	**$20020**	Perkins	6	365D	16F-12R	100.00	10329	CHA
MF-3120 4WD	$51448	$6440	$10890	**$15840**	**$21780**	Perkins	6	365D	16F-12R	100.00	10869	CHA
MF-3140	$48287	$5980	$10120	**$14720**	**$20240**	Perkins	6T	365D	16F-12R	115.00	11153	CHA
MF-3140 4WD	$53500	$6630	$11220	**$16320**	**$22440**	Perkins	6T	365D	16F-12R	115.00	11486	CHA
MF-3630 4WD	$58459	$7600	$12860	**$18710**	**$25720**	Perkins	6T	354D	16F-12R	119.50	12809	CHA
MF-3660	$57500	$7480	$12650	**$18400**	**$25300**	Perkins	6T	365D	16F-12R	140.00	12581	CHA
MF-3660 4WD	$67900	$8580	$14520	**$21120**	**$29040**	Perkins	6T	365D	16F-12R	140.00	13152	CHA
MF-3680	$64000	$8320	$14080	**$20480**	**$28160**	Valmet	6T	452D	16F-12R	160.00	12786	CHA
MF-3680 4WD	$73600	$9100	$15400	**$22400**	**$30800**	Valmet	6T	452D	16F-4R	161.90	13152	CHA
MF-3690	$75680	$9840	$16650	**$24220**	**$33300**	Perkins	6T	452D	32F-32R	170.00	13073	CHA
MF-3690 4WD	$85210	$10660	$18040	**$26240**	**$36080**	Perkins	6T	452D	32F-32R	170.00	14131	CHA

Massey Ferguson (Cont.)

1990

Model	Approx. Retail Price New	Used Trade In Avg.	Used Trade In High	Used Retail Avg.	Used Retail High	Engine Make	Engine No. Cyls.	Engine Displ. Cu.-In.	No. Speeds	P.T.O. H.P.	Approx. Shipping Wt.-Lbs.	Cab
MF-231	$9195	$2390	$3030	**$4230**	**$5330**	Perkins	3	152D	8F-2R	34.00	4065	No
MF-240	$14638	$3220	$4540	**$6290**	**$7760**	Perkins	3	152D	8F-2R	42.90	4015	No
MF-253	$15700	$3450	$4870	**$6750**	**$8320**	Perkins	3T	152D	8F-2R	45.90	4020	No
MF-283	$15070	$3320	$4670	**$6480**	**$7990**	Perkins	4	248D	8F-2R	67.00	5432	No
MF-360	$18092	$3980	$5610	**$7780**	**$9590**	Perkins	3T	152D	8F-2R	46.10	4910	No
MF-360 4WD	$24712	$5440	$7660	**$10630**	**$13100**	Perkins	3T	152D	8F-2R	49.20	5346	No
MF-362	$19900	$4380	$6170	**$8560**	**$10550**	Perkins	4	236D	8F-2R	55.10	6175	No
MF-362 4WD	$25200	$5540	$7810	**$10840**	**$13360**	Perkins	4	236D	8F-2R	55.10	6175	No
MF-364S 4WD	$25200	$3780	$6430	**$9580**	**$11840**	Perkins	3	152D	12F-4R	50.00	5082	No
MF-374S 4WD	$27295	$4090	$6960	**$10370**	**$12830**	Perkins	4	236D	12F-4R	57.00	5370	No
MF-375	$21535	$3230	$5490	**$8180**	**$10120**	Perkins	4	236D	12F-4R	58.10	6040	No
MF-375 4WD	$27237	$4090	$6950	**$10350**	**$12800**	Perkins	4	236D	12F-4R	58.10	7202	No
MF-383	$19265	$4240	$5970	**$8280**	**$10210**	Perkins	4	248D	8F-2R	73.00	6098	No
MF-383 4WD	$24060	$5290	$7460	**$10350**	**$12750**	Perkins	4	248D	8F-2R	73.00	7328	No
MF-383 Wide Row	$20350	$4480	$6310	**$8750**	**$10790**	Perkins	4	248D	8F-2R	73.00	7166	No
MF-384S	$23875	$3580	$6090	**$9070**	**$11220**	Perkins	4	236D	12F-4R	65.00	5192	No
MF-384S 4WD	$27604	$4140	$7040	**$10490**	**$12970**	Perkins	4	236D	12F-4R	65.00	5412	No
MF-390	$23503	$5170	$7290	**$10110**	**$12460**	Perkins	4	248D	12F-4R	67.30	6036	No
MF-390 4WD	$29140	$6410	$9030	**$12530**	**$15440**	Perkins	4	248D	12F-4R	67.30	7266	No
MF-390T	$24836	$5460	$7700	**$10680**	**$13160**	Perkins	4T	236D	8F-2R	80.00	6051	No
MF-390T 4WD	$30192	$6640	$9360	**$12980**	**$16000**	Perkins	4T	236D	8F-2R	80.00	7281	No
MF-394S	$24868	$3730	$6340	**$9450**	**$11690**	Perkins	4	236D	12F-4R	73.00	5258	No
MF-394S 4WD	$28866	$4330	$7360	**$10970**	**$13570**	Perkins	4	236D	12F-4R	73.00	5478	No
MF-398	$27381	$4110	$6980	**$10410**	**$12870**	Perkins	4T	236D	12F-4R	80.30	7047	No
MF-398 4WD	$32841	$4930	$8370	**$12480**	**$15440**	Perkins	4	236D	12F-4R	80.30	7648	No
MF-399	$28866	$4330	$7360	**$10970**	**$13570**	Perkins	6	354D	12F-4R	90.50	7233	No
MF-399 4WD	$34299	$5150	$8750	**$13030**	**$16120**	Perkins	6	354D	12F-4R	90.50	8029	No
MF-399 4WD w/Cab	$40574	$6090	$10350	**$15420**	**$19070**	Perkins	6	354D	12F-4R	90.50	8941	CHA
MF-399 w/Cab	$35300	$5300	$9000	**$13410**	**$16590**	Perkins	6	354D	12F-4R	90.50	8145	CHA
MF-1010	$7728	$2010	$2550	**$3560**	**$4480**	Toyosha	3	53D	6F-2R	13.50	1580	No
MF-1010 4WD	$8807	$2290	$2910	**$4050**	**$5110**	Toyosha	3	53D	6F-2R	13.50	1800	No
MF-1010 Hydro	$8983	$2340	$2960	**$4130**	**$5210**	Toyosha	3	53D	Variable	12.00	1772	No
MF-1010 Hydro 4WD	$9918	$2580	$3270	**$4560**	**$5750**	Toyosha	3	53D	Variable	12.00	2000	No
MF-1020	$9125	$2370	$3010	**$4200**	**$5290**	Toyosha	3	69D	12F-4R	17.00	2045	No
MF-1020 4WD	$10249	$2670	$3380	**$4720**	**$5940**	Toyosha	3	69D	12F-4R	17.00	2285	No
MF-1020 Hydro	$10473	$2720	$3460	**$4820**	**$6070**	Toyosha	3	69D	Variable	14.50	2046	No
MF-1020 Hydro 4WD	$11996	$3120	$3960	**$5520**	**$6960**	Toyosha	3	69D	Variable	14.50	2296	No
MF-1030	$10242	$2660	$3380	**$4710**	**$5940**	Toyosha	3	87D	12F-4R	23.00	2701	No
MF-1030 4WD	$12582	$3270	$4150	**$5790**	**$7300**	Toyosha	3	87D	12F-4R	23.00	2832	No
MF-1035	$12009	$3120	$3960	**$5520**	**$6970**	Toyosha	3	92D	12F-4R	26.00	2801	No
MF-1035 4WD	$14238	$3700	$4700	**$6550**	**$8260**	Toyosha	3	92D	12F-4R	26.00	2932	No
MF-1045 4WD	$15892	$3500	$4930	**$6830**	**$8420**	Toyosha	3	122D	9F-3R	30.00	3825	No
MF-3060 4WD	$39144	$4700	$8220	**$12140**	**$16830**	Perkins	4	248D	16F-12R	69.70	9310	CHA
MF-3070	$36849	$4420	$7740	**$11420**	**$15850**	Perkins	4T	236D	16F-12R	82.20	9407	CHA
MF-3070 4WD	$42008	$5040	$8820	**$13020**	**$18060**	Perkins	4T	236D	16F-12R	82.20	10000	CHA
MF-3090	$40956	$4920	$8600	**$12700**	**$17610**	Perkins	6	354D	16F-12R	100.70	10329	CHA
MF-3090 4WD	$47449	$5520	$9660	**$14260**	**$19780**	Perkins	6	354D	16F-12R	100.70	10869	CHA
MF-3120	$42100	$4920	$8610	**$12710**	**$17630**	Perkins	6	365D	16F-12R	100.00	10329	CHA
MF-3120 4WD	$47200	$5400	$9450	**$13950**	**$19350**	Perkins	6	365D	16F-12R	100.00	10869	CHA
MF-3140	$44300	$5160	$9030	**$13330**	**$18490**	Perkins	6T	365D	16F-12R	115.00	11153	CHA
MF-3140 4WD	$50000	$5760	$10080	**$14880**	**$20640**	Perkins	6T	365D	16F-12R	115.00	11486	CHA
MF-3630	$47528	$5460	$9560	**$14110**	**$19570**	Perkins	6T	354D	16F-12R	119.50	11729	CHA
MF-3630 4WD	$56359	$6540	$11450	**$16900**	**$23440**	Perkins	6T	354D	16F-12R	119.50	12809	CHA
MF-3650	$53000	$6360	$11130	**$16430**	**$22790**	Perkins	6TI	354D	16F-12R	130.00	12037	CHA
MF-3650 4WD	$62597	$7260	$12710	**$18760**	**$26020**	Perkins	6TI	354D	16F-12R	131.30	13139	CHA
MF-3660	$55300	$6480	$11340	**$16740**	**$23220**	Perkins	6T	365D	16F-12R	140.00	12581	CHA
MF-3660 4WD	$65300	$7720	$13500	**$19930**	**$27650**	Perkins	6T	365D	16F-12R	140.00	13152	CHA
MF-3680	$59200	$7100	$12430	**$18350**	**$25460**	Valmet	6T	452D	16F-12R	160.00	12786	CHA
MF-3680 4WD	$68100	$7920	$13860	**$20460**	**$28380**	Valmet	6T	452D	16F-4R	161.90	13866	CHA

1989

Model	Approx. Retail Price New	Used Trade In Avg.	Used Trade In High	Used Retail Avg.	Used Retail High	Engine Make	Engine No. Cyls.	Engine Displ. Cu.-In.	No. Speeds	P.T.O. H.P.	Approx. Shipping Wt.-Lbs.	Cab
MF-154S Orchard	$18729	$2810	$4680	**$6930**	**$8620**	Perkins	3	152D	12F-4R	42.00	4520	No
MF-154S Orchard 4WD	$22384	$3360	$5600	**$8280**	**$10300**	Perkins	3	152D	12F-4R	42.00	4830	No
MF-174S Orchard	$20616	$3090	$5150	**$7630**	**$9480**	Perkins	4	236D	12F-4R	57.00	4685	No
MF-174S Orchard 4WD	$23872	$3580	$5970	**$8830**	**$10980**	Perkins	4	236D	12F-4R	57.00	4995	No
MF-194F Orchard	$21950	$3290	$5490	**$8120**	**$10100**	Perkins	4	248D	12F-4R	68.00	5104	No
MF-194F Orchard 4WD	$26597	$3990	$6650	**$9840**	**$12240**	Perkins	4	248D	12F-4R	68.00	5357	No
MF-231	$9195	$2300	$2940	**$4140**	**$5240**	Perkins	3	152D	8F-2R	34.00	4065	No
MF-240	$14638	$3070	$4470	**$6150**	**$7610**	Perkins	3	152D	8F-2R	38.00	3810	No
MF-253	$14950	$3140	$4560	**$6280**	**$7770**	Perkins	3T	152D	8F-2R	45.00	4020	No
MF-283	$14703	$3090	$4480	**$6180**	**$7650**	Perkins	4	248D	8F-2R	67.00	5432	No
MF-360	$18092	$3800	$5520	**$7600**	**$9410**	Perkins	3T	152D	8F-2R	46.10	4910	No
MF-360 4WD	$24712	$5190	$7540	**$10380**	**$12850**	Perkins	3T	152D	8F-2R	46.10	5346	No
MF-364S 4WD	$25200	$3780	$6300	**$9320**	**$11590**	Perkins	3	152D	12F-4R	50.00	5082	No
MF-374S	$22300	$3350	$5580	**$8250**	**$10260**	Perkins	4	236D	12F-4R	57.00	5145	No
MF-374S 4WD	$26500	$3980	$6630	**$9810**	**$12190**	Perkins	4	236D	12F-4R	57.00	5370	No
MF-375	$21535	$3230	$5380	**$7970**	**$9910**	Perkins	4	236D	12F-4R	58.10	6040	No
MF-375 4WD	$27237	$4090	$6810	**$10080**	**$12530**	Perkins	4	236D	12F-4R	58.10	7202	No
MF-383	$17139	$3600	$5230	**$7200**	**$8910**	Perkins	4	248D	8F-2R	73.00	6098	No
MF-383 Wide Row	$20215	$4250	$6170	**$8490**	**$10510**	Perkins	4	248D	8F-2R	73.00	7166	No
MF-384S	$23180	$3480	$5800	**$8580**	**$10660**	Perkins	4	236D	12F-4R	65.00	5192	No
MF-384S 4WD	$26800	$4020	$6700	**$9920**	**$12330**	Perkins	4	236D	12F-4R	65.00	5412	No
MF-390	$23503	$4940	$7170	**$9870**	**$12220**	Perkins	4	248D	12F-4R	67.30	6036	No
MF-390 4WD	$29140	$6120	$8890	**$12240**	**$15150**	Perkins	4	248D	12F-4R	67.30	7266	No

Massey Ferguson (Cont.)

1989 (Cont.)

	Approx. Retail Price New	Estimated Value Less Repairs Used Trade In Avg.	High	Used Retail Avg.	High	Make	Engine No. Cyls.	Displ. Cu.-In.	No. Speeds	P.T.O. H.P.	Approx. Shipping Wt.-Lbs.	Cab
MF-390T	$24555	$5160	$7490	**$10310**	**$12770**	Perkins	4T	236D	8F-2R	80.00	6051	No
MF-390T 4WD	$30192	$6340	$9210	**$12680**	**$15700**	Perkins	4T	236D	8F-2R	80.00	7281	No
MF-394S 4WD	$28300	$4250	$7080	**$10470**	**$13020**	Perkins	4	236D	12F-4R	73.00	5480	No
MF-398	$27381	$4110	$6850	**$10130**	**$12600**	Perkins	4T	236D	12F-4R	80.00	7047	No
MF-398 4WD	$32841	$4930	$8210	**$12150**	**$15110**	Perkins	4	236D	12F-4R	80.00	7648	No
MF-399	$28866	$4330	$7220	**$10680**	**$13280**	Perkins	6	354D	12F-4R	90.50	7233	No
MF-399 4WD	$34299	$5150	$8580	**$12690**	**$15780**	Perkins	6	354D	12F-4R	90.50	8029	No
MF-1010	$7728	$1930	$2470	**$3480**	**$4410**	Toyosha	3	53D	6F-2R	13.50	1580	No
MF-1010 4WD	$8807	$2200	$2820	**$3960**	**$5020**	Toyosha	3	53D	6F-2R	13.50	1800	No
MF-1010 Hydro	$8983	$2250	$2880	**$4040**	**$5120**	Toyosha	3	53D	Variable	12.00	1772	No
MF-1010 Hydro 4WD	$9918	$2480	$3170	**$4460**	**$5650**	Toyosha	3	53D	Variable	12.00	2000	No
MF-1020	$9125	$2280	$2920	**$4110**	**$5200**	Toyosha	3	69D	12F-4R	17.00	2045	No
MF-1020 4WD	$10249	$2560	$3280	**$4610**	**$5840**	Toyosha	3	69D	12F-4R	17.00	2285	No
MF-1020 Hydro	$10473	$2620	$3350	**$4710**	**$5970**	Toyosha	3	69D	Variable	14.50	2046	No
MF-1020 Hydro 4WD	$11996	$3000	$3840	**$5400**	**$6840**	Toyosha	3	69D	Variable	14.50	2266	No
MF-1030	$10042	$2510	$3210	**$4520**	**$5720**	Toyosha	3	87D	12F-4R	23.00	2701	No
MF-1030 4WD	$12582	$3150	$4030	**$5660**	**$7170**	Toyosha	3	87D	12F-4R	23.00	2832	No
MF-1035	$11428	$2860	$3660	**$5140**	**$6510**	Toyosha	3	92D	12F-4R	26.00	2801	No
MF-1035 4WD	$14238	$3560	$4560	**$6410**	**$8120**	Toyosha	3	92D	12F-4R	26.00	2932	No
MF-1045	$12950	$2720	$3950	**$5440**	**$6730**	Toyosha	3	122D	9F-3R	30.00	3527	No
MF-1045 4WD	$15892	$3340	$4850	**$6680**	**$8260**	Toyosha	3	122D	9F-3R	30.00	3825	No
MF-3050	$30333	$3340	$6070	**$9100**	**$12740**	Perkins	4	236D	16F-12R	63.00	8565	CHA
MF-3050 4WD	$35532	$3910	$7110	**$10660**	**$14920**	Perkins	4	236D	16F-12R	63.00	9171	CHA
MF-3060	$32335	$3560	$6470	**$9700**	**$13580**	Perkins	4	248D	16F-12R	69.70	8565	CHA
MF-3060 4WD	$38004	$4180	$7600	**$11400**	**$15960**	Perkins	4	248D	16F-12R	69.70	9171	CHA
MF-3070	$35776	$3940	$7160	**$10730**	**$15030**	Perkins	4T	236D	16F-12R	82.20	9407	CHA
MF-3070 4WD	$40784	$4490	$8160	**$12240**	**$17130**	Perkins	4T	236D	16F-12R	82.20	10000	CHA
MF-3090	$38983	$4290	$7800	**$11700**	**$16370**	Perkins	6	354D	16F-12R	100.70	10329	CHA
MF-3090 4WD	$45164	$4970	$9030	**$13550**	**$18970**	Perkins	6	354D	16F-12R	100.70	10829	CHA
MF-3630	$47078	$5180	$9420	**$14120**	**$19770**	Perkins	6T	354D	16F-12R	119.50	11729	CHA
MF-3630 4WD	$55909	$5830	$10600	**$15900**	**$22260**	Perkins	6T	354D	16F-12R	119.50	12809	CHA
MF-3650	$51700	$5500	$10000	**$15000**	**$21000**	Perkins	6TI	354D	16F-12R	130.00	12037	CHA
MF-3650 4WD	$60797	$6380	$11600	**$17400**	**$24360**	Perkins	6TI	354D	16F-12R	131.30	13139	CHA
MF-3680 4WD	$62500	$6600	$12000	**$18000**	**$25200**	Valmet	6T	452D	16F-4R	160.00	13866	CHA

1988

	Approx. Retail Price New	Used Trade In Avg.	High	Used Retail Avg.	High	Make	No. Cyls.	Displ. Cu.-In.	No. Speeds	P.T.O. H.P.	Approx. Shipping Wt.-Lbs.	Cab
MF-154S Orchard	$17753	$2570	$4350	**$6390**	**$7990**	Perkins	3	152D	12F-4R	42.00	4520	No
MF-154S Orchard 4WD	$21420	$3110	$5250	**$7710**	**$9640**	Perkins	3	152D	12F-4R	42.00	4830	No
MF-174S Orchard	$19178	$2780	$4700	**$6900**	**$8630**	Perkins	4	236D	12F-4R	57.00	4685	No
MF-174S Orchard 4WD	$23519	$3410	$5760	**$8470**	**$10580**	Perkins	4	236D	12F-4R	57.00	4995	No
MF-194F Orchard	$21311	$3090	$5220	**$7670**	**$9590**	Perkins	4	248D	12F-4R	68.00	5104	No
MF-194F Orchard 4WD	$26204	$3800	$6420	**$9430**	**$11790**	Perkins	4	248D	12F-4R	68.00	5357	No
MF-240	$14638	$3000	$4390	**$6000**	**$7470**	Perkins	3	152D	8F-2R	38.00	3810	No
MF-253	$14140	$2900	$4240	**$5800**	**$7210**	Perkins	3T	152D	8F-2R	45.00	4020	No
MF-283	$13856	$2840	$4160	**$5680**	**$7070**	Perkins	4	248D	8F-2R	67.00	5432	No
MF-360	$17982	$3690	$5400	**$7370**	**$9170**	Perkins	3T	152D	8F-2R	46.10	4910	No
MF-360 4WD	$24691	$5060	$7410	**$10120**	**$12590**	Perkins	3T	152D	8F-2R	46.10	5346	No
MF-375	$21535	$3120	$5280	**$7750**	**$9690**	Perkins	4	236D	12F-4R	58.10	6040	No
MF-375 4WD	$27237	$3950	$6670	**$9810**	**$12260**	Perkins	4	236D	12F-4R	58.10	7202	No
MF-383	$17139	$3510	$5140	**$7030**	**$8740**	Perkins	4	248D	8F-2R	67.00	6098	No
MF-383 Wide Row	$19252	$3950	$5780	**$7890**	**$9820**	Perkins	4	248D	8F-2R	67.00	7166	No
MF-390	$23503	$4820	$7050	**$9640**	**$11990**	Perkins	4	248D	12F-4R	67.30	6036	No
MF-390 4WD	$29140	$5970	$8740	**$11950**	**$14860**	Perkins	4	248D	12F-4R	67.30	7266	No
MF-398	$27381	$3970	$6710	**$9860**	**$12320**	Perkins	4	236D	12F-4R	78.00	7047	No
MF-398 4WD	$32841	$4760	$8050	**$11820**	**$14780**	Perkins	4	236D	12F-4R	78.00	7648	No
MF-399	$28866	$4190	$7070	**$10390**	**$12990**	Perkins	6	354D	12F-4R	90.50	7233	No
MF-399 4WD	$34299	$4970	$8400	**$12350**	**$15440**	Perkins	6	354D	12F-4R	90.50	8029	No
MF-1010	$7501	$1800	$2330	**$3340**	**$4200**	Toyosha	3	53D	6F-2R	13.50	1580	No
MF-1010 4WD	$8549	$2050	$2650	**$3800**	**$4790**	Toyosha	3	53D	6F-2R	13.50	1800	No
MF-1010 Hydro	$8719	$2090	$2700	**$3880**	**$4880**	Toyosha	3	53D	Variable	12.00	1772	No
MF-1010 Hydro 4WD	$9627	$2310	$2980	**$4280**	**$5390**	Toyosha	3	53D	Variable	12.00	2000	No
MF-1020	$8858	$2130	$2750	**$3940**	**$4960**	Toyosha	3	69D	12F-4R	17.08	2045	No
MF-1020 4WD	$9852	$2360	$3050	**$4380**	**$5520**	Toyosha	3	69D	12F-4R	17.08	2285	No
MF-1020 Hydro	$10068	$2420	$3120	**$4480**	**$5640**	Toyosha	3	69D	Variable	14.50	2046	No
MF-1020 Hydro 4WD	$10921	$2620	$3390	**$4860**	**$6120**	Toyosha	3	69D	Variable	14.50	2266	No
MF-1030	$10042	$2410	$3110	**$4470**	**$5620**	Toyosha	3	87D	12F-4R	23.00	2701	No
MF-1030 4WD	$12215	$2930	$3790	**$5440**	**$6840**	Toyosha	3	92D	12F-4R	23.00	2832	No
MF-1035	$11428	$2740	$3540	**$5090**	**$6400**	Toyosha	3	92D	12F-4R	26.00	2801	No
MF-1035 4WD	$14096	$3380	$4370	**$6270**	**$7890**	Toyosha	3	92D	12F-4R	26.00	2932	No
MF-1045	$12950	$2660	$3890	**$5310**	**$6610**	Toyosha	3	122D	9F-3R	30.00	3527	No
MF-1045 4WD	$15423	$3160	$4630	**$6320**	**$7870**	Toyosha	3	122D	9F-3R	30.00	3825	No
MF-3050	$30333	$3190	$5920	**$8800**	**$12440**	Perkins	4	236D	16F-12R	63.00	8565	CHA
MF-3050 4WD	$35532	$3730	$6930	**$10300**	**$14570**	Perkins	4	236D	16F-12R	63.00	9171	CHA
MF-3060	$32335	$3400	$6310	**$9380**	**$13260**	Perkins	4	248D	16F-12R	69.70	8565	CHA
MF-3060 4WD	$38004	$3990	$7410	**$11020**	**$15580**	Perkins	4	248D	16F-12R	69.70	9171	CHA
MF-3070	$34734	$3650	$6770	**$10070**	**$14240**	Perkins	4T	236D	16F-12R	82.20	9407	CHA
MF-3070 4WD	$40784	$4280	$7950	**$11830**	**$16720**	Perkins	4T	236D	16F-12R	82.20	10000	CHA
MF-3090	$38983	$4090	$7600	**$11310**	**$15980**	Perkins	6	354D	16F-12R	100.70	10329	CHA
MF-3090 4WD	$45164	$4620	$8580	**$12760**	**$18040**	Perkins	6	354D	16F-12R	100.70	10829	CHA
MF-3630	$47078	$4830	$8970	**$13340**	**$18860**	Perkins	6T	354D	16F-12R	119.50	11729	CHA
MF-3630 4WD	$55909	$5570	$10340	**$15370**	**$21730**	Perkins	6T	354D	16F-12R	119.50	12809	CHA
MF-3650	$50195	$5150	$9560	**$14210**	**$20090**	Perkins	6TI	354D	16F-12R	130.00	12037	CHA
MF-3650 4WD	$59026	$5880	$10920	**$16240**	**$22960**	Perkins	6TI	354D	16F-12R	131.30	13139	CHA
MF-3680 4WD	$60000	$6090	$11310	**$16820**	**$23780**	Valmet	6T	452D	16F-4R	160.00	13866	CHA

	Approx. Retail Price New	Estimated Value Less Repairs: Used Trade In Avg.	High	Used Retail Avg.	High	Engine Make	No. Cyls.	Displ. Cu.-In.	No. Speeds	P.T.O. H.P.	Approx. Shipping Wt.-Lbs.	Cab

Massey Ferguson (Cont.)

1987

Model	Approx. Retail Price New	Used Trade In Avg.	Used Trade In High	Used Retail Avg.	Used Retail High	Make	No. Cyls.	Displ. Cu.-In.	No. Speeds	P.T.O. H.P.	Approx. Shipping Wt.-Lbs.	Cab
MF-154S 4WD	$21420	$3000	$5140	**$7500**	**$9430**	Perkins	3	152D	12F-4R	42.00	4830	No
MF-154S Orchard	$16908	$2370	$4060	**$5920**	**$7440**	Perkins	3	152D	12F-4R	42.00	4520	No
MF-174S Orchard	$18529	$2590	$4450	**$6490**	**$8150**	Perkins	4	236D	12F-4R	57.00	4685	No
MF-174S Orchard 4WD	$23519	$3290	$5650	**$8230**	**$10350**	Perkins	4	236D	12F-4R	57.00	4995	No
MF-194S Orchard	$21311	$2980	$5120	**$7460**	**$9380**	Perkins	4	248D	12F-4R	68.00	5104	No
MF-194S Orchard 4WD	$26204	$3670	$6290	**$9170**	**$11530**	Perkins	4	248D	12F-4R	68.00	5357	No
MF-240	$12909	$2580	$3810	**$5160**	**$6460**	Perkins	3	152D	8F-2R	38.00	3810	No
MF-254 4WD	$20551	$2880	$4930	**$7190**	**$9040**	Perkins	3	152D	12F-4R	42.00	5369	No
MF-274 4WD	$22867	$3200	$5490	**$8000**	**$10060**	Perkins	4	236D	12F-4R	55.00	5694	No
MF-294 4WD	$26734	$3740	$6420	**$9360**	**$11760**	Perkins	4	248D	12F-4R	67.00	6758	No
MF-360	$16497	$3300	$4870	**$6600**	**$8250**	Perkins	3	152D	8F-2R	46.10	4910	No
MF-360 4WD	$21538	$4310	$6350	**$8620**	**$10770**	Perkins	3	152D	8F-2R	46.10	5346	No
MF-375	$19940	$2790	$4790	**$6980**	**$8770**	Perkins	4	236D	12F-4R	58.10	6040	No
MF-375 4WD	$24538	$3440	$5890	**$8590**	**$10800**	Perkins	4	236D	12F-4R	58.10	7202	No
MF-383	$15695	$3140	$4630	**$6280**	**$7850**	Perkins	4	248D	8F-2R	67.00	6098	No
MF-383 Wide Row Crop	$16817	$3360	$4960	**$6730**	**$8410**	Perkins	4	248D	8F-2R	67.00	7166	No
MF-390	$22173	$4440	$6540	**$8870**	**$11090**	Perkins	4	248D	12F-4R	67.30	6036	No
MF-390 4WD	$27234	$5450	$8030	**$10890**	**$13620**	Perkins	4	248D	12F-4R	67.30	7266	No
MF-398	$26844	$3760	$6440	**$9400**	**$11810**	Perkins	4	236D	12F-4R	80.30	7047	No
MF-398 4WD	$31884	$4460	$7650	**$11160**	**$14030**	Perkins	4	236D	12F-4R	80.30	7648	No
MF-399	$28300	$3960	$6790	**$9910**	**$12450**	Perkins	6	354D	12F-4R	90.50	7233	No
MF-399 4WD	$33300	$4660	$7990	**$11660**	**$14650**	Perkins	6	354D	12F-4R	90.50	8029	No
MF-1010	$7245	$1670	$2210	**$3190**	**$3990**	Toyosha	3	53D	6F-2R	13.50	1580	No
MF-1010 4WD	$7985	$1840	$2440	**$3510**	**$4390**	Toyosha	3	53D	6F-2R	13.50	1800	No
MF-1010 Hydro	$8381	$1930	$2560	**$3690**	**$4610**	Toyosha	3	53D	Variable	12.00	1772	No
MF-1010 Hydro 4WD	$9166	$2110	$2800	**$4030**	**$5040**	Toyosha	3	53D	Variable	12.00	2000	No
MF-1020	$8599	$1980	$2620	**$3780**	**$4730**	Toyosha	3	69D	12F-4R	17.08	2045	No
MF-1020 4WD	$9425	$2170	$2880	**$4150**	**$5180**	Toyosha	3	69D	12F-4R	17.08	2285	No
MF-1020 Hydro	$9774	$2250	$2980	**$4300**	**$5380**	Toyosha	3	69D	Variable	14.50	2046	No
MF-1020 Hydro 4WD	$10600	$2440	$3230	**$4660**	**$5830**	Toyosha	3	69D	Variable	14.50	2266	No
MF-1030	$10042	$2310	$3060	**$4420**	**$5520**	Toyosha	3	90D	12F-4R	23.35	2701	No
MF-1030 4WD	$11975	$2750	$3650	**$5270**	**$6590**	Toyosha	3	90D	12F-4R	23.35	2832	No
MF-1035	$11428	$2630	$3490	**$5030**	**$6290**	Toyosha	3	92D	12F-4R	26.00	2801	No
MF-1035 4WD	$13167	$3030	$4020	**$5790**	**$7240**	Toyosha	3	92D	12F-4R	26.00	2932	No
MF-1045	$12950	$2590	$3820	**$5180**	**$6480**	Toyosha	3	122D	9F-3R	30.00	3527	No
MF-1045 4WD	$14679	$2940	$4330	**$5870**	**$7340**	Toyosha	3	122D	9F-3R	30.00	3825	No
MF-3050	$30233	$3020	$5440	**$8470**	**$12090**	Perkins	4	236D	16F-12R	63.00	8565	CHA
MF-3050 4WD	$35432	$3540	$6380	**$9920**	**$14170**	Perkins	4	236D	16F-12R	63.00	9171	CHA
MF-3060	$32235	$3220	$5800	**$9030**	**$12890**	Perkins	4	248D	16F-12R	69.70	8565	CHA
MF-3060 4WD	$37904	$3600	$6480	**$10080**	**$14400**	Perkins	4	248D	16F-12R	69.70	9171	CHA
MF-3070	$34634	$3350	$6030	**$9380**	**$13400**	Perkins	4T	236D	16F-12R	82.20	9407	CHA
MF-3070 4WD	$40684	$3800	$6840	**$10640**	**$15200**	Perkins	4T	236D	16F-12R	82.20	10000	CHA
MF-3090	$38883	$3680	$6620	**$10300**	**$14720**	Perkins	6	354D	16F-12R	100.70	10329	CHA
MF-3090 4WD	$45064	$4300	$7740	**$12040**	**$17200**	Perkins	6	354D	16F-12R	100.70	10829	CHA
MF-3525 4WD	$49047	$4600	$8280	**$12880**	**$18400**	Perkins	6T	354D	16F-12R	105.00	15174	CHA
MF-3525 RC 4WD	$50572	$4750	$8550	**$13300**	**$19000**	Perkins	6T	354D	16F-12R	105.00	13200	CHA
MF-3525 Row Crop	$42072	$4000	$7200	**$11200**	**$16000**	Perkins	6T	354D	16F-12R	105.00	11800	CHA
MF-3525 Western	$40547	$3850	$6930	**$10780**	**$15400**	Perkins	6T	354D	16F-12R	105.00	13100	CHA
MF-3545 4WD	$53818	$5080	$9140	**$14220**	**$20320**	Perkins	6TI	354D	16F-12R	125.00	13500	CHA
MF-3545 RC 4WD	$55343	$5230	$9410	**$14640**	**$20920**	Perkins	6TI	354D	16F-12R	125.00	13500	CHA
MF-3545 Row Crop	$47389	$4500	$8100	**$12600**	**$18000**	Perkins	6TI	354D	16F-12R	125.00	12100	CHA
MF-3545 Western	$45851	$4350	$7820	**$12170**	**$17380**	Perkins	6TI	354D	16F-12R	125.00	11900	CHA

RC - Row Crop

1986

Model	Approx. Retail Price New	Used Trade In Avg.	Used Trade In High	Used Retail Avg.	Used Retail High	Make	No. Cyls.	Displ. Cu.-In.	No. Speeds	P.T.O. H.P.	Approx. Shipping Wt.-Lbs.	Cab
MF-154 S	$16576	$2240	$3900	**$5640**	**$7130**	Perkins	3	152D	12F-4R	42.00	4520	No
MF-154 S 4WD	$21000	$2840	$4940	**$7140**	**$9030**	Perkins	3	152D	20F-8R	42.00	4830	No
MF-174 S	$18529	$2500	$4350	**$6300**	**$7970**	Perkins	4	236D	12F-4R	57.00	4685	No
MF-174 S 4WD	$23519	$3180	$5530	**$8000**	**$10110**	Perkins	4	236D	20F-8R	57.00	4995	No
MF-194F	$20690	$2790	$4860	**$7040**	**$8900**	Perkins	4	248D	12F-4R	68.00	5104	No
MF-194F 4WD	$25690	$3470	$6040	**$8740**	**$11050**	Perkins	4	248D	20F-8R	68.00	5357	No
MF-240	$11925	$2330	$3460	**$4650**	**$5840**	Perkins	3	152D	8F-2R	34.77	3560	No
MF-250	$16165	$2180	$3800	**$5500**	**$6950**	Perkins	3	152D	8F-2R	40.86	4100	No
MF-254 4WD	$20205	$2730	$4750	**$6870**	**$8690**	Perkins	3	152D	12F-4R	43.36	5160	No
MF-270	$19576	$2640	$4600	**$6660**	**$8420**	Perkins	4	236D	8F-2R	55.85	5150	No
MF-270	$20895	$2820	$4910	**$7100**	**$8990**	Perkins	4	236D	12F-4R	55.62	5160	No
MF-274 4WD	$22520	$3040	$5290	**$7660**	**$9680**	Perkins	4	236D	12F-4R	55.39	5490	No
MF-283 4WD	$14598	$1970	$3430	**$4960**	**$6280**	Perkins	4	248D	8F-2R	67.00	5700	No
MF-290	$21255	$2870	$5000	**$7230**	**$9140**	Perkins	4	248D	8F-2R	65.92	5140	No
MF-290	$23050	$3110	$5420	**$7840**	**$9910**	Perkins	4	248D	12F-4R	65.92	5405	No
MF-294 4WD	$26385	$3560	$6200	**$8970**	**$11350**	Perkins	4	248D	12F-4R	67.39	6550	No
MF-298	$25390	$3430	$5970	**$8630**	**$10920**	Perkins	4	318D	8F-2R	79.54	4126	No
MF-298	$26435	$3570	$6210	**$8990**	**$11370**	Perkins	4	318D	12F-4R	79.26	4176	No
MF-670	$27610	$3730	$6490	**$9390**	**$11870**	Perkins	4	236D	12F-4R	55.62	7500	CHA
MF-670 4WD	$32794	$4430	$7710	**$11150**	**$14100**	Perkins	4	236D	12F-4R	55.62	7550	CHA
MF-690	$30760	$4150	$7230	**$10460**	**$13230**	Perkins	4	248D	12F-4R	65.68	8000	CHA
MF-690 4WD	$36045	$4870	$8470	**$12260**	**$15500**	Perkins	4	248D	12F-4R	65.68	9400	CHA
MF-698	$32205	$4350	$7570	**$10950**	**$13850**	Perkins	4	318D	12F-4R	78.83	8285	CHA
MF-698 4WD	$38455	$5190	$9040	**$13080**	**$16540**	Perkins	4	318D	12F-4R	78.83	9115	CHA
MF-699	$33310	$4500	$7830	**$11330**	**$14320**	Perkins	6	354D	12F-4R	85.79	9104	CHA
MF-699 4WD	$38990	$5260	$9160	**$13260**	**$16770**	Perkins	6	354D	12F-4R	85.79	10075	CHA
MF-1010	$6315	$1420	$1900	**$2750**	**$3410**	Toyosha	3	53D	6F-2R	13.00	1522	No
MF-1010 4WD	$6912	$1560	$2070	**$3010**	**$3730**	Toyosha	3	53D	6F-2R	13.00	1720	No
MF-1010 Hydro	$7315	$1650	$2200	**$3180**	**$3950**	Toyosha	3	53D	Variable	12.00	1772	No

Massey Ferguson (Cont.)

1986 (Cont.)

Model	Approx. Retail Price New	Used Trade In Avg.	Used Trade In High	Used Retail Avg.	Used Retail High	Engine Make	Engine No. Cyls.	Engine Displ. Cu.-In.	No. Speeds	P.T.O. H.P.	Approx. Shipping Wt.-Lbs.	Cab
MF-1010 Hydro 4WD	$7912	$1780	$2370	**$3440**	**$4270**	Toyosha	3	53D	Variable	12.00	2000	No
MF-1020	$7511	$1690	$2250	**$3270**	**$4060**	Toyosha	3	69D	12F-4R	17.08	2045	No
MF-1020 4WD	$8150	$1830	$2450	**$3550**	**$4400**	Toyosha	3	69D	12F-4R	17.08	2285	No
MF-1030	$8262	$1860	$2480	**$3590**	**$4460**	Toyosha	3	87D	12F-4R	23.35	2210	No
MF-1030 4WD	$9795	$2200	$2940	**$4260**	**$5290**	Toyosha	3	87D	12F-4R	23.00	2640	No
MF-1040	$10129	$2280	$3040	**$4410**	**$5470**	Toyosha	3	122D	12F-4R	27.73	3300	No
MF-1040 4WD	$12051	$2710	$3620	**$5240**	**$6510**	Toyosha	3	122D	12F-4R	27.73	3600	No
MF-3505	$38000	$3420	$6300	**$9720**	**$14040**	Perkins	6	354D	16F-12R	91.50	11200	CHA
MF-3505 4WD	$46500	$4230	$7790	**$12020**	**$17360**	Perkins	6	354D	16F-12R	91.50	12600	CHA
MF-3525	$42195	$3800	$7000	**$10800**	**$15600**	Perkins	6	354D	16F-12R	108.01	12900	CHA
MF-3525 4WD	$50575	$4510	$8310	**$12830**	**$18530**	Perkins	6T	354D	16F-12R	108.01	14300	CHA
MF-3545	$47515	$4280	$7880	**$12150**	**$17550**	Perkins	6TI	354D	16F-12R	126.72	13200	CHA
MF-3545 4WD	$55466	$5040	$9280	**$14310**	**$20670**	Perkins	6TI	354D	16F-12R	126.72	14600	CHA
MF-4800 4WD	$86275	$3050	$6870	**$12970**	**$18310**	Cummins	V8	903D	18F-6R	179.08	26230	CHA
MF-4840 4WD	$97545	$3500	$7880	**$14880**	**$21010**	Cummins	V8	903D	18F-6R	210.67	26540	CHA
MF-4880 4WD	$113375	$3740	$8400	**$15870**	**$22410**	Cummins	V8T	903D	18F-6R	272.81	29365	CHA
MF-4900 4WD	$126500	$4060	$9140	**$17260**	**$24360**	Cummins	V8T	903D	18F-6R	320.55	29500	CHA

RC - Row Crop

1985

Model	Approx. Retail Price New	Used Trade In Avg.	Used Trade In High	Used Retail Avg.	Used Retail High	Engine Make	Engine No. Cyls.	Engine Displ. Cu.-In.	No. Speeds	P.T.O. H.P.	Approx. Shipping Wt.-Lbs.	Cab
MF-240	$11925	$2270	$3400	**$4530**	**$5720**	Perkins	3	152D	8F-2R	34.77	3560	No
MF-250	$16165	$2100	$3720	**$5330**	**$6790**	Perkins	3	152D	8F-2R	40.86	4100	No
MF-254 4WD	$20205	$2630	$4650	**$6670**	**$8490**	Perkins	3	152D	12F-4R	43.36	5160	No
MF-270	$19100	$2480	$4390	**$6300**	**$8020**	Perkins	4	236D	8F-2R	55.85	6050	No
MF-270	$20895	$2720	$4810	**$6900**	**$8780**	Perkins	4	236D	12F-4R	55.62	6100	No
MF-274 4WD	$22520	$2930	$5180	**$7430**	**$9460**	Perkins	4	236D	12F-4R	55.39	5490	No
MF-290	$21255	$2760	$4890	**$7010**	**$8930**	Perkins	4	248D	8F-2R	65.92	6520	No
MF-290	$23050	$3000	$5300	**$7610**	**$9680**	Perkins	4	248D	12F-4R	65.92	6570	No
MF-294 4WD	$26385	$3430	$6070	**$8710**	**$11080**	Perkins	4	248D	12F-4R	67.39	6550	No
MF-298	$25390	$3300	$5840	**$8380**	**$10660**	Perkins	4	318D	8F-2R	79.54	6975	No
MF-298	$26435	$3440	$6080	**$8720**	**$11100**	Perkins	4	318D	12F-4R	79.26	7025	No
MF-670	$27610	$3590	$6350	**$9110**	**$11600**	Perkins	4	236D	12F-4R	55.62	7500	CHA
MF-670 4WD	$31025	$4030	$7140	**$10240**	**$13030**	Perkins	4	236D	12F-4R	55.62	7550	CHA
MF-690	$30760	$4000	$7080	**$10150**	**$12920**	Perkins	4	248D	12F-4R	65.68	8000	CHA
MF-690 4WD	$36045	$4550	$8050	**$11550**	**$14700**	Perkins	4	248D	12F-4R	65.68	9400	CHA
MF-698	$32205	$4190	$7410	**$10630**	**$13530**	Perkins	4	318D	12F-4R	78.83	8285	CHA
MF-698 4WD	$38455	$4680	$8280	**$11880**	**$15120**	Perkins	4	318D	12F-4R	78.83	9115	CHA
MF-699	$33310	$4330	$7660	**$10990**	**$13990**	Perkins	6	354D	12F-4R	85.79	9104	CHA
MF-699 4WD	$38990	$4810	$8510	**$12210**	**$15540**	Perkins	6	354D	12F-4R	85.79	10075	CHA
MF-1010	$5965	$1310	$1760	**$2570**	**$3160**	Toyosha	3	53D	6F-2R	13.00	1522	No
MF-1010 4WD	$6525	$1440	$1930	**$2810**	**$3460**	Toyosha	3	53D	6F-2R	13.00	1720	No
MF-1020	$6980	$1540	$2060	**$3000**	**$3700**	Toyosha	3	69D	12F-4R	17.08	1950	No
MF-1020 4WD	$7615	$1680	$2250	**$3270**	**$4040**	Toyosha	3	69D	12F-4R	17.00	2230	No
MF-1030	$7865	$1730	$2320	**$3380**	**$4170**	Toyosha	3	87D	12F-4R	23.35	2210	No
MF-1030 4WD	$8895	$1960	$2620	**$3830**	**$4710**	Toyosha	3	87D	12F-4R	23.35	2640	No
MF-1040	$9635	$2120	$2840	**$4140**	**$5110**	Toyosha	3	122D	12F-4R	27.73	3300	No
MF-1040 4WD	$11535	$2540	$3400	**$4960**	**$6110**	Toyosha	3	122D	12F-4R	27.73	3600	No
MF-3505	$38000	$3240	$5760	**$9360**	**$13680**	Perkins	6	354D	16F-12R	91.50	11200	CHA
MF-3505 4WD	$46500	$4010	$7120	**$11570**	**$16910**	Perkins	6	354D	16F-12R	91.50	12600	CHA
MF-3525	$42195	$3600	$6400	**$10400**	**$15200**	Perkins	6	354D	16F-12R	108.01	12900	CHA
MF-3525 4WD	$50575	$4230	$7520	**$12220**	**$17860**	Perkins	6T	354D	16F-12R	108.01	14300	CHA
MF-3545	$47515	$4010	$7120	**$11570**	**$16910**	Perkins	6TI	354D	16F-12R	126.72	13200	CHA
MF-3545 4WD	$55466	$4720	$8380	**$13620**	**$19910**	Perkins	6TI	354D	16F-12R	126.72	14600	CHA
MF-4800 4WD	$86275	$2970	$6690	**$11880**	**$17080**	Cummins	V8	903D	18F-6R	179.08	26230	CHA
MF-4840 4WD	$97545	$3320	$7470	**$13280**	**$19090**	Cummins	V8	903D	18F-6R	210.67	26540	CHA
MF-4880 4WD	$113375	$3540	$7950	**$14140**	**$20330**	Cummins	V8T	903D	18F-6R	272.81	29365	CHA
MF-4900 4WD	$126500	$3880	$8730	**$15520**	**$22310**	Cummins	V8T	903D	18F-6R	320.55	29500	CHA

RC--Row Crop

1984

Model	Approx. Retail Price New	Used Trade In Avg.	Used Trade In High	Used Retail Avg.	Used Retail High	Engine Make	Engine No. Cyls.	Engine Displ. Cu.-In.	No. Speeds	P.T.O. H.P.	Approx. Shipping Wt.-Lbs.	Cab
MF-205	$6210	$1550	$2090	**$3060**	**$3750**	Toyosha	2	65D	6F-2R	16.56	1849	No
MF-205-4 4WD	$6850	$1690	$2280	**$3340**	**$4080**	Toyosha	2	65D	6F-2R	16.40	2257	No
MF-210	$7765	$1880	$2540	**$3730**	**$4560**	Toyosha	2	77D	12F-3R	21.96	2210	No
MF-210-4 4WD	$8790	$2110	$2840	**$4160**	**$5090**	Toyosha	2	77D	12F-3R	21.77	2590	No
MF-220	$8665	$2080	$2800	**$4110**	**$5030**	Toyosha	2	90D	12F-3R	26.37	2390	No
MF-220-4 4WD	$10225	$2200	$2970	**$4350**	**$5320**	Toyosha	2	90D	12F-3R	26.48	2700	No
MF-240	$11520	$2220	$3370	**$4450**	**$5710**	Perkins	3	152D	8F-2R	34.77	3560	No
MF-250	$15390	$1990	$3580	**$5090**	**$6520**	Perkins	3	152D	8F-2R	40.86	4100	No
MF-254 4WD	$19615	$2450	$4410	**$6280**	**$8040**	Perkins	3	152D	12F-4R	43.36	5160	No
MF-270	$18180	$2270	$4090	**$5820**	**$7450**	Perkins	4	236D	8F-2R	55.85	6050	No
MF-270	$19880	$2490	$4470	**$6360**	**$8150**	Perkins	4	236D	12F-4R	55.62	6100	No
MF-270 RC	$18950	$2370	$4260	**$6060**	**$7770**	Perkins	4	236D	8F-2R	55.85	6200	No
MF-270 RC	$20645	$2580	$4650	**$6610**	**$8460**	Perkins	4	236D	12F-4R	55.62	6250	No
MF-274 4WD	$21440	$2680	$4820	**$6860**	**$8790**	Perkins	4	236D	12F-4R	55.39	5490	No
MF-290	$20275	$2530	$4560	**$6490**	**$8310**	Perkins	4	248D	8F-2R	65.92	6520	No
MF-290	$22465	$2810	$5060	**$7190**	**$9210**	Perkins	4	248D	12F-4R	65.92	6570	No
MF-290 RC	$20851	$2610	$4690	**$6670**	**$8550**	Perkins	4	248D	12F-4R	65.92	6670	No
MF-290 RC	$23041	$2880	$5180	**$7370**	**$9450**	Perkins	4	248D	12F-4R	65.92	6720	No
MF-294 4WD	$25370	$3170	$5710	**$8120**	**$10400**	Perkins	4	248D	12F-4R	67.39	6550	No
MF-298	$23950	$2990	$5390	**$7660**	**$9820**	Perkins	4	318D	8F-2R	79.54	6975	No
MF-298	$24955	$3120	$5620	**$7990**	**$10230**	Perkins	4	318D	12F-4R	79.26	7025	No
MF-670	$25950	$3240	$5840	**$8300**	**$10640**	Perkins	4	236D	12F-4R	55.62	7500	CH
MF-670	$27650	$3460	$6220	**$8850**	**$11340**	Perkins	4	236D	12F-4R	55.62	7550	CHA
MF-670 4WD	$31095	$3890	$7000	**$9950**	**$12750**	Perkins	4	236D	12F-4R	55.62	8900	CH

Massey Ferguson (Cont.)

1984 (Cont.)

Model	Approx. Retail Price New	Estimated Value Less Repairs: Used Trade In Avg.	Used Trade In High	Used Retail Avg.	Used Retail High	Engine Make	Engine No. Cyls.	Engine Displ. Cu.-In.	No. Speeds	P.T.O. H.P.	Approx. Shipping Wt.-Lbs.	Cab
MF-670 4WD	$32795	$4100	$7380	**$10490**	**$13450**	Perkins	4	236D	12F-4R	55.62	8950	CHA
MF-690	$27805	$3480	$6260	**$8900**	**$11400**	Perkins	4	248D	12F-4R	65.68	8000	CH
MF-690	$29095	$3640	$6550	**$9310**	**$11930**	Perkins	4	248D	12F-4R	65.68	8050	CHA
MF-690 4WD	$32950	$3750	$6750	**$9600**	**$12300**	Perkins	4	248D	12F-4R	65.68	9400	CH
MF-690 4WD	$34650	$4060	$7310	**$10400**	**$13330**	Perkins	4	248D	12F-4R	65.68	9450	CHA
MF-698	$25995	$3250	$5850	**$8320**	**$10660**	Perkins	4	318D	12F-4R	78.83	8235	No
MF-698	$32205	$3880	$6980	**$9920**	**$12710**	Perkins	4	318D	12F-4R	78.83	8285	CHA
MF-698 4WD	$32245	$4030	$7260	**$10320**	**$13220**	Perkins	4	318D	12F-4R	78.83	8495	No
MF-698 4WD	$38455	$4560	$8210	**$11680**	**$14970**	Perkins	4	318D	12F-4R	78.83	9115	CHA
MF-699	$27100	$3390	$6100	**$8670**	**$11110**	Perkins	6	354D	12F-4R	85.79	8304	No
MF-699	$33310	$4160	$7500	**$10660**	**$13660**	Perkins	6	354D	12F-4R	85.79	9104	CHA
MF-699 4WD	$32777	$4100	$7380	**$10490**	**$13440**	Perkins	6	354D	12F-4R	85.79	9275	No
MF-699 4WD	$38987	$4630	$8330	**$11840**	**$15170**	Perkins	6	354D	12F-4R	85.79	10075	CHA
MF-1010	$5965	$1280	$1730	**$2540**	**$3100**	Toyosha	3	53D	6F-2R	13.00	1522	No
MF-1010 4WD	$6430	$1380	$1870	**$2730**	**$3340**	Toyosha	3	53D	6F-2R	13.00	1720	No
MF-1020	$6810	$1460	$1980	**$2890**	**$3540**	Toyosha	3	69D	12F-4R	17.08	1950	No
MF-1020-4 4WD	$7450	$1600	$2160	**$3170**	**$3870**	Toyosha	3	69D	12F-4R	17.08	2230	No
MF-1030	$7510	$1620	$2180	**$3190**	**$3910**	Toyosha	3	87D	12F-4R	23.35	2210	No
MF-1030 4WD	$8940	$1920	$2590	**$3800**	**$4650**	Toyosha	3	87D	12F-4R	23.00	2640	No
MF-2640	$37900	$2800	$5100	**$8230**	**$12170**	Perkins	6	354D	16F-12R	90.95	10940	CHA
MF-2640 4WD	$45460	$3430	$6260	**$10100**	**$14950**	Perkins	6	354D	16F-12R	90.95	11800	CHA
MF-3505 RC	$38000	$2810	$5120	**$8250**	**$12210**	Perkins	6	354D	16F-12R	91.50	11200	CHA
MF-3505 RC 4WD	$46500	$3530	$6430	**$10380**	**$15360**	Perkins	6	354D	16F-12R	91.50	12600	CHA
MF-3525 RC	$35872	$2630	$4790	**$7730**	**$11430**	Perkins	6T	354D	16F-12R	108.01	11800	No
MF-3525 RC	$42075	$3160	$5770	**$9300**	**$13760**	Perkins	6T	354D	16F-12R	108.01	12900	CHA
MF-3525 RC 4WD	$44375	$3360	$6120	**$9880**	**$14620**	Perkins	6T	354D	16F-12R	108.01	13200	No
MF-3525 RC 4WD	$50575	$3880	$7070	**$11400**	**$16870**	Perkins	6T	354D	16F-12R	108.01	14300	CHA
MF-3545 RC	$40720	$3040	$5550	**$8950**	**$13250**	Perkins	6TI	354D	16F-12R	126.72	12100	No
MF-3545 RC	$46920	$3560	$6500	**$10480**	**$15500**	Perkins	6TI	354D	16F-12R	126.72	13200	CHA
MF-3545 RC 4WD	$48595	$3710	$6760	**$10900**	**$16130**	Perkins	6TI	354D	16F-12R	126.72	13500	No
MF-3545 RC 4WD	$54795	$4230	$7720	**$12450**	**$18430**	Perkins	6TI	354D	16F-12R	126.72	14600	CHA
MF-3545 Western	$45595	$3450	$6290	**$10150**	**$15020**	Perkins	6TI	354D	16F-12R	126.72	12100	CHA
MF-4800 4WD	$83040	$2920	$6570	**$10960**	**$16070**	Cummins	V8	903D	18F-6R	179.08	24000	CHA
MF-4800 4WD w/PTO	$86275	$3040	$6850	**$11410**	**$16740**	Cummins	V8	903D	18F-6R	179.08	24500	CHA
MF-4840 4WD	$93435	$3220	$7240	**$12070**	**$17700**	Cummins	V8	903D	18F-6R	210.67	26038	CHA
MF-4840 4WD w/PTO	$96575	$3300	$7430	**$12390**	**$18170**	Cummins	V8	903D	18F-6R	210.67	26538	CHA
MF-4880 4WD	$110235	$3450	$7760	**$12940**	**$18970**	Cummins	V8T	903D	18F-6R	272.81	28865	CHA
MF-4880 4WD w/PTO	$113375	$3620	$8130	**$13560**	**$19880**	Cummins	V8T	903D	18F-6R	272.81	29365	CHA
MF-4900 4WD	$122015	$3760	$8460	**$14100**	**$20680**	Cummins	V8T	903D	18F-6R	320.55	29000	CHA
MF-4900 4WD w/PTO	$125247	$3850	$8660	**$14440**	**$21170**	Cummins	V8T	903D	18F-6R	320.55	29500	CHA

RC - Row Crop

1983

Model	Approx. Retail Price New	Estimated Value Less Repairs: Used Trade In Avg.	Used Trade In High	Used Retail Avg.	Used Retail High	Engine Make	Engine No. Cyls.	Engine Displ. Cu.-In.	No. Speeds	P.T.O. H.P.	Approx. Shipping Wt.-Lbs.	Cab
MF-205	$6207	$1470	$2000	**$2940**	**$3570**	Toyosha	2	65D	6F-2R	16.56	1849	No
MF-205-4 4WD	$6850	$1610	$2180	**$3210**	**$3900**	Toyosha	2	65D	6F-2R	16.40	2257	No
MF-210	$7764	$1800	$2440	**$3600**	**$4370**	Toyosha	2	77D	12F-3R	21.96	2210	No
MF-210-4 4WD	$8786	$2010	$2730	**$4030**	**$4890**	Toyosha	2	77D	12F-3R	21.77	2590	No
MF-220	$8661	$1920	$2610	**$3850**	**$4670**	Toyosha	2	90D	12F-3R	26.37	2390	No
MF-220-4	$10221	$2100	$2850	**$4200**	**$5100**	Toyosha	2	90D	12F-3R	26.48	2700	No
MF-240	$11073	$2330	$3160	**$4650**	**$5650**	Perkins	3	152D	8F-2R	34.77	3400	No
MF-250	$14983	$2700	$4120	**$5470**	**$7040**	Perkins	3	152D	8F-2R	40.86	3700	No
MF-254 4WD	$18202	$2180	$4000	**$5640**	**$7280**	Perkins	3	152D	12F-4R	43.36	5149	No
MF-270	$17635	$2120	$3880	**$5470**	**$7050**	Perkins	4	236D	8F-2R	55.85	6050	No
MF-270	$19823	$2380	$4360	**$6150**	**$7930**	Perkins	4	236D	12F-4R	55.62	6100	No
MF-270 RC	$18419	$2210	$4050	**$5710**	**$7370**	Perkins	4	236D	8F-2R	55.85	6200	No
MF-270 RC	$20067	$2410	$4420	**$6220**	**$8030**	Perkins	4	236D	12F-4R	55.62	6250	No
MF-274 4WD	$20339	$2440	$4480	**$6310**	**$8140**	Perkins	4	236D	12F-4R	55.39	5490	No
MF-290	$20273	$2430	$4460	**$6290**	**$8110**	Perkins	4	248D	8F-2R	65.92	6520	No
MF-290	$22461	$2700	$4940	**$6960**	**$8980**	Perkins	4	248D	12F-4R	65.92	6570	No
MF-294 4WD	$23555	$2830	$5180	**$7300**	**$9420**	Perkins	4	248D	12F-4R	67.39	6550	No
MF-298	$23029	$2760	$5070	**$7140**	**$9210**	Perkins	4	318D	8F-2R	79.54	6975	No
MF-298	$23992	$2880	$5280	**$7440**	**$9600**	Perkins	4	318D	12F-4R	79.26	7025	No
MF-670	$25950	$3110	$5710	**$8050**	**$10380**	Perkins	4	236D	12F-4R	55.62	7500	CH
MF-670	$27650	$3320	$6080	**$8570**	**$11060**	Perkins	4	236D	12F-4R	55.62	7550	CHA
MF-670 4WD	$31094	$3730	$6840	**$9640**	**$12440**	Perkins	4	236D	12F-4R	55.62	8900	CH
MF-670 4WD	$32794	$3940	$7220	**$10170**	**$13120**	Perkins	4	236D	12F-4R	55.62	8950	CHA
MF-690	$27804	$3340	$6120	**$8620**	**$11120**	Perkins	4	248D	12F-4R	65.68	8000	CH
MF-690	$29504	$3540	$6490	**$9150**	**$11800**	Perkins	4	248D	12F-4R	65.68	8050	CHA
MF-690 4WD	$32948	$3950	$7250	**$10210**	**$13180**	Perkins	4	248D	12F-4R	65.68	9400	CH
MF-690 4WD	$34648	$4160	$7620	**$10740**	**$13860**	Perkins	4	248D	12F-4R	65.68	9450	CHA
MF-698	$32205	$3870	$7090	**$9980**	**$12880**	Perkins	4	318D	12F-4R	78.83	8285	CHA
MF-1010	$5728	$1200	$1630	**$2410**	**$2920**	Toyosha	3	53D	6F-2R	13.00	1522	No
MF-1010 4WD	$6300	$1320	$1800	**$2650**	**$3210**	Toyosha	3	53D	6F-2R	13.00	1720	No
MF-2640	$37900	$2630	$4610	**$7900**	**$11840**	Perkins	6	354D	16F-12R	90.95	10900	CHA
MF-2640 4WD	$45460	$3230	$5660	**$9700**	**$14540**	Perkins	6	354D	16F-12R	90.95	11800	CHA
MF-2675 RC	$36696	$2460	$4300	**$7370**	**$11050**	Perkins	6	354D	8F-6R	100.84	10000	CHA
MF-2675 RC	$38203	$2580	$4510	**$7730**	**$11590**	Perkins	6	354D	24F-6R	103.29	10600	CHA
MF-2675 Western	$35368	$2340	$4100	**$7030**	**$10550**	Perkins	6	354D	8F-6R	100.84	9500	CHA
MF-2675 Western	$36997	$2460	$4310	**$7390**	**$11090**	Perkins	6	354D	24F-6R	103.00	10100	CHA
MF-2705 RC	$40158	$1370	$3080	**$5130**	**$7180**	Perkins	6T	354D	8F-6R	121.11	11200	CHA
MF-2705 RC	$41665	$1440	$3240	**$5400**	**$7560**	Perkins	6T	354D	24F-6R	122.20	11800	CHA
MF-2705 Western	$38920	$1360	$3050	**$5090**	**$7120**	Perkins	6T	354D	8F-6R	121.00	10700	CHA
MF-2705 Western	$40427	$1820	$4090	**$6810**	**$9530**	Perkins	6T	354D	24F-6R	122.00	11300	CHA
MF-2745 RC	$44933	$1520	$3420	**$5700**	**$7980**	Perkins	V8	540D	8F-6R	143.40	12798	CHA

Massey Ferguson (Cont.)

1983 (Cont.)

Model	Approx. Retail Price New	Used Trade In Avg.	Used Trade In High	Used Retail Avg.	Used Retail High	Engine Make	Engine No. Cyls.	Engine Displ. Cu.-In.	No. Speeds	P.T.O. H.P.	Approx. Shipping Wt.-Lbs.	Cab
MF-2745 RC	$46440	$1620	$3640	**$6060**	**$8480**	Perkins	V8	540D	24F-6R	143.40	13398	CHA
MF-2745 Western	$42918	$1440	$3240	**$5400**	**$7560**	Perkins	V8	540D	8F-6R	143.00	12298	CHA
MF-2745 Western	$44425	$1540	$3460	**$5760**	**$8060**	Perkins	V8	540D	24F-6R	143.00	12898	CHA
MF-2775 RC	$51596	$1660	$3740	**$6240**	**$8740**	Perkins	V8	640D	8F-6R	165.00	12800	CHA
MF-2775 RC	$53103	$1720	$3880	**$6470**	**$9050**	Perkins	V8	640D	24F-6R	165.95	13400	CHA
MF-2775 Western	$48919	$1560	$3500	**$5840**	**$8170**	Perkins	V8	640D	8F-6R	165.00	12300	CHA
MF-2775 Western	$50426	$1620	$3640	**$6060**	**$8480**	Perkins	V8	640D	24F-6R	165.00	12900	CHA
MF-2805 RC	$60482	$1920	$4320	**$7200**	**$10080**	Perkins	V8T	640D	8F-6R	194.00	13000	CHA
MF-2805 RC	$61482	$1960	$4410	**$7350**	**$10290**	Perkins	V8T	640D	24F-6R	194.62	13600	CHA
MF-2805 Western	$59292	$1890	$4250	**$7080**	**$9910**	Perkins	V8T	640D	8F-6R	194.00	12500	CHA
MF-2805 Western	$60799	$2000	$4500	**$7500**	**$10500**	Perkins	V8T	640D	24F-6R	194.00	13100	CHA
MF-4800 4WD	$79086	$2760	$6220	**$10360**	**$14510**	Cummins	V8	903D	18F-6R	179.08	24000	CHA
MF-4800 4WD w/PTO	$82164	$2850	$6410	**$10680**	**$14940**	Cummins	V8	903D	18F-6R	179.08	24500	CHA
MF-4840 4WD	$91603	$3080	$6930	**$11550**	**$16170**	Cummins	V8	903D	18F-6R	210.87	26038	CHA
MF-4840 4WD w/PTO	$94745	$3150	$7090	**$11810**	**$16540**	Cummins	V8	903D	18F-6R	210.67	26538	CHA
MF-4880 4WD	$106383	$3380	$7590	**$12660**	**$17720**	Cummins	V8T	903D	18F-6R	272.81	28865	CHA
MF-4880 4WD w/PTO	$109461	$3520	$7930	**$13210**	**$18490**	Cummins	V8T	903D	18F-6R	272.81	29365	CHA
MF-4900 4WD	$114566	$3720	$8380	**$13960**	**$19540**	Cummins	V8T	903D	18F-6R	320.55	29000	CHA
MF-4900 4WD w/PTO	$117644	$3840	$8640	**$14410**	**$20170**	Cummins	V8T	903D	18F-6R	320.55	29500	CHA

RC - Row Crop

1982

Model	Approx. Retail Price New	Used Trade In Avg.	Used Trade In High	Used Retail Avg.	Used Retail High	Engine Make	Engine No. Cyls.	Engine Displ. Cu.-In.	No. Speeds	P.T.O. H.P.	Approx. Shipping Wt.-Lbs.	Cab
MF-205	$6207	$1460	$1910	**$2860**	**$3400**	Toyosha	2	65D	6F-2R	16.56	1849	No
MF-205-4 4WD	$6850	$1600	$2090	**$3130**	**$3730**	Toyosha	2	65D	6F-2R	16.40	2257	No
MF-210	$7764	$1760	$2290	**$3430**	**$4080**	Toyosha	2	77D	12F-3R	21.96	2050	No
MF-210-4 4WD	$8786	$2020	$2630	**$3940**	**$4690**	Toyosha	2	77D	12F-3R	21.77	2257	No
MF-220	$8661	$1990	$2590	**$3890**	**$4630**	Toyosha	2	90D	12F-3R	26.37	2390	No
MF-220-4 4WD	$10221	$2110	$2750	**$4130**	**$4910**	Toyosha	2	90D	12F-3R	26.48	2700	No
MF-230	$12162	$2130	$3280	**$4380**	**$5660**	Perkins	3	153D	6F-2R	34.53	3404	No
MF-245	$14973	$1720	$3220	**$4490**	**$5910**	Perkins	3	153D	6F-2R	42.00	3600	No
MF-245	$16459	$1890	$3540	**$4940**	**$6500**	Perkins	3	153D	8F-2R	42.00	3650	No
MF-245	$17146	$1970	$3690	**$5140**	**$6770**	Perkins	3	153D	12F-4R	42.90	3693	No
MF-254 4WD	$17845	$2050	$3840	**$5350**	**$7050**	Perkins	3	153D	12F-4R	43.36	4595	No
MF-255	$13319	$1530	$2860	**$4000**	**$5260**	Perkins	4	236D	8F-2R	52.00	5650	No
MF-255	$13980	$1610	$3010	**$4190**	**$5520**	Perkins	4	236D	12F-4R	52.68	5850	No
MF-255 RC	$13984	$1610	$3010	**$4200**	**$5520**	Perkins	4	236D	8F-2R	52.00	5700	No
MF-255 RC	$14697	$1690	$3160	**$4410**	**$5810**	Perkins	4	236D	12F-4R	52.00	5900	No
MF-265	$20679	$2380	$4450	**$6200**	**$8170**	Perkins	4	236D	8F-2R	60.00	6050	No
MF-265	$21642	$2490	$4650	**$6490**	**$8550**	Perkins	4	236D	12F-4R	60.73	6100	No
MF-265 RC	$21484	$2470	$4620	**$6450**	**$8490**	Perkins	4	236D	8F-2R	60.00	6200	No
MF-265 RC	$22447	$2580	$4830	**$6730**	**$8870**	Perkins	4	236D	12F-4R	60.00	6250	No
MF-274 4WD	$19557	$2250	$4210	**$5870**	**$7730**	Perkins	4	236D	12F-4R	55.39	5490	No
MF-275	$21529	$2480	$4630	**$6460**	**$8500**	Perkins	4	248D	8F-2R	67.00	6370	No
MF-275	$22455	$2580	$4830	**$6740**	**$8870**	Perkins	4	248D	12F-4R	67.43	6420	No
MF-275 RC	$22304	$2570	$4800	**$6690**	**$8810**	Perkins	4	248D	8F-2R	67.00	6520	No
MF-275 RC	$23230	$2670	$4990	**$6970**	**$9180**	Perkins	4	248D	12F-4R	67.00	6570	No
MF-285	$25333	$2910	$5450	**$7600**	**$10010**	Perkins	4	318D	8F-2R	81.00	6975	No
MF-285	$26551	$3050	$5710	**$7970**	**$10490**	Perkins	4	318D	12F-4R	81.96	7025	No
MF-285 w/Cab	$33552	$3860	$7210	**$10070**	**$13250**	Perkins	4	318D	12F-4R	81.96	8450	CHA
MF-294 4WD	$23093	$2660	$4970	**$6930**	**$9120**	Perkins	4	248D	12F-4R	67.39	7300	No
MF-1010	$5728	$1230	$1600	**$2410**	**$2860**	Toyosha	3	53D	6F-2R	13.00	1522	No
MF-1010 4WD	$6300	$1360	$1760	**$2650**	**$3150**	Toyosha	3	53D	6F-2R	13.00	1720	No
MF-2640	$35093	$1200	$2700	**$4500**	**$6000**	Perkins	6	354D	16F-12R	90.95	10940	CHA
MF-2640 4WD	$42093	$1480	$3330	**$5550**	**$7400**	Perkins	6	354D	16F-12R	90.95	11800	CHA
MF-2675 RC	$36696	$1260	$2840	**$4740**	**$6320**	Perkins	6	354D	8F-6R	100.84	10000	CHA
MF-2675 RC	$38203	$1330	$2990	**$4980**	**$6640**	Perkins	6	354D	24F-6R	103.29	10600	CHA
MF-2675 Western	$35368	$1220	$2740	**$4560**	**$6080**	Perkins	6	354D	8F-6R	100.84	9500	CHA
MF-2675 Western	$36997	$1280	$2880	**$4800**	**$6400**	Perkins	6	354D	24F-6R	103.00	10100	CHA
MF-2705 RC	$40158	$1410	$3170	**$5280**	**$7040**	Perkins	6T	354D	8F-6R	121.11	11200	CHA
MF-2705 RC	$41665	$1460	$3290	**$5490**	**$7320**	Perkins	6T	354D	24F-6R	122.20	11800	CHA
MF-2705 Western	$38920	$1360	$3050	**$5090**	**$6780**	Perkins	6T	354D	8F-6R	121.00	10700	CHA
MF-2705 Western	$40427	$1420	$3190	**$5320**	**$7100**	Perkins	6T	354D	24F-6R	122.00	11300	CHA
MF-2745 RC	$44933	$1600	$3590	**$5990**	**$7980**	Perkins	V8	540D	8F-6R	143.40	12798	CHA
MF-2745 RC	$46440	$1660	$3740	**$6230**	**$8300**	Perkins	V8	540D	24F-6R	143.40	13398	CHA
MF-2745 Western	$42918	$1520	$3410	**$5690**	**$7580**	Perkins	V8	540D	8F-6R	143.00	12298	CHA
MF-2745 Western	$44425	$1580	$3550	**$5910**	**$7880**	Perkins	V8	540D	24F-6R	143.00	12898	CHA
MF-2775 RC	$51596	$1660	$3740	**$6240**	**$8320**	Perkins	V8	640D	8F-6R	165.00	12800	CHA
MF-2775 RC	$53103	$1720	$3870	**$6450**	**$8600**	Perkins	V8	640D	24F-6R	165.95	13400	CHA
MF-2775 Western	$48919	$1560	$3500	**$5840**	**$7780**	Perkins	V8	640D	8F-6R	165.00	12300	CHA
MF-2775 Western	$50426	$1620	$3640	**$6060**	**$8080**	Perkins	V8	640D	24F-6R	165.00	12900	CHA
MF-2805 RC	$60482	$1920	$4320	**$7200**	**$9600**	Perkins	V8T	640D	8F-6R	194.00	13000	CHA
MF-2805 RC	$61989	$2000	$4500	**$7500**	**$10000**	Perkins	V8T	640D	24F-6R	194.62	13600	CHA
MF-2805 Western	$59292	$1890	$4260	**$7100**	**$9460**	Perkins	V8T	640D	8F-6R	194.00	12500	CHA
MF-2805 Western	$60799	$1950	$4390	**$7320**	**$9760**	Perkins	V8T	640D	24F-6R	194.00	13100	CHA
MF-4800 4WD	$79086	$2680	$6040	**$10060**	**$13420**	Cummins	V8	903D	18F-6R	179.08	24000	CHA
MF-4800 4WD w/PTO	$82164	$2810	$6320	**$10530**	**$14030**	Cummins	V8	903D	18F-6R	179.08	24500	CHA
MF-4840 4WD	$91603	$2940	$6620	**$11040**	**$14720**	Cummins	V8	903D	18F-6R	210.67	26038	CHA
MF-4840 4WD w/PTO	$94745	$3070	$6910	**$11510**	**$15350**	Cummins	V8	903D	18F-6R	210.67	26538	CHA
MF-4880 4WD	$102883	$3280	$7390	**$12310**	**$16420**	Cummins	V8T	903D	18F-6R	272.81	28865	CHA
MF-4880 4WD w/PTO	$105961	$3440	$7740	**$12890**	**$17190**	Cummins	V8T	903D	18F-6R	272.81	29365	CHA
MF-4900 4WD	$111066	$3640	$8200	**$13660**	**$18210**	Cummins	V8T	903D	18F-6R	320.55	29000	CHA
MF-4900 4WD w/PTO	$114144	$3770	$8470	**$14120**	**$18830**	Cummins	V8T	903D	18F-6R	320.55	29500	CHA

RC - Row Crop

Massey Ferguson (Cont.)

1981

	Approx. Retail Price New	Estimated Value Less Repairs: Used Trade In Avg.	Used Trade In High	Used Retail Avg.	Used Retail High	Engine Make	Engine No. Cyls.	Engine Displ. Cu.-In.	No. Speeds	P.T.O. H.P.	Approx. Shipping Wt.-Lbs.	Cab
MF-154-4	$18874	$13400	$2450	**$4150**	**$6420**	Perkins	3	153D	12F-4R	42.52	4934	No
MF-205	$6207	$1390	$1820	**$2780**	**$3240**	Toyosha	2	65D	6F-2R	16.56	1849	No
MF-205-4	$6850	$1520	$1990	**$3050**	**$3550**	Toyosha	2	65D	6F-2R	16.40	2257	No
MF-210	$7462	$1650	$2160	**$3300**	**$3850**	Toyosha	2	77D	12F-3R	21.96	2050	No
MF-210-4	$8486	$1870	$2440	**$3730**	**$4350**	Toyosha	2	77D	12F-3R	21.77	2257	No
MF-220	$8661	$1900	$2490	**$3810**	**$4440**	Toyosha	2	90D	12F-3R	26.37	2390	No
MF-220-4	$10222	$2020	$2650	**$4040**	**$4720**	Toyosha	2	90D	12F-3R	26.48	2700	No
MF-230	$12162	$2550	$3350	**$5110**	**$5960**	Perkins	3	153D	6F-2R	34.53	3404	No
MF-245	$14397	$1580	$3020	**$4250**	**$5620**	Perkins	3	153D	6F-2R	42.00	3600	No
MF-245	$15826	$1740	$3320	**$4670**	**$6170**	Perkins	3	153D	8F-2R	42.00	3650	No
MF-245	$16487	$1810	$3460	**$4860**	**$6430**	Perkins	3	153D	12F-4R	42.90	3693	No
MF-255	$13319	$1470	$2800	**$3930**	**$5190**	Perkins	4	236D	8F-2R	52.00	5650	No
MF-255	$13980	$1540	$2940	**$4120**	**$5450**	Perkins	4	236D	12F-4R	52.68	5850	No
MF-255 RC	$13984	$1540	$2940	**$4130**	**$5450**	Perkins	4	236D	8F-2R	52.00	5700	No
MF-255 RC	$14679	$1620	$3080	**$4330**	**$5730**	Perkins	4	236D	12F-4R	52.00	5900	No
MF-265	$20658	$2270	$4340	**$6090**	**$8060**	Perkins	4	236D	8F-2R	60.00	6050	No
MF-265	$21584	$2370	$4530	**$6370**	**$8420**	Perkins	4	236D	12F-4R	60.73	6100	No
MF-265 RC	$21690	$2390	$4560	**$6400**	**$8460**	Perkins	4	236D	8F-2R	60.00	6200	No
MF-265 RC	$22663	$2490	$4760	**$6690**	**$8840**	Perkins	4	236D	12F-4R	60.00	6250	No
MF-275	$22304	$2450	$4680	**$6580**	**$8700**	Perkins	4	248D	8F-2R	67.00	6370	No
MF-275	$23230	$2560	$4880	**$6850**	**$9060**	Perkins	4	248D	12F-4R	67.43	6420	No
MF-275 RC	$23419	$2580	$4920	**$6910**	**$9130**	Perkins	4	248D	8F-2R	67.00	6520	No
MF-275 RC	$24392	$2680	$5120	**$7200**	**$9510**	Perkins	4	248D	12F-4R	67.00	6570	No
MF-285	$24359	$2680	$5120	**$7190**	**$9500**	Perkins	4	318D	8F-2R	81.00	6975	No
MF-285	$25530	$2810	$5360	**$7530**	**$9960**	Perkins	4	318D	12F-4R	81.96	7025	No
MF-285 w/Cab	$30659	$3370	$6440	**$9040**	**$11960**	Perkins	4	318D	8F-2R	81.96	8400	CHA
MF-285 w/Cab	$31830	$3500	$6680	**$9390**	**$12410**	Perkins	4	318D	12F-4R	81.96	8450	CHA
MF-2675 RC	$37775	$1310	$2940	**$4910**	**$6540**	Perkins	6	354D	8F-6R	100.84	10000	CHA
MF-2675 RC	$39327	$1370	$3090	**$5150**	**$6860**	Perkins	6	354D	24F-6R	103.29	10600	CHA
MF-2675 Western	$37360	$1280	$2880	**$4800**	**$6400**	Perkins	6	354D	24F-6R	103.00	10100	CHA
MF-2705 RC	$41056	$1440	$3240	**$5400**	**$7200**	Perkins	6T	354D	8F-6R	121.11	11200	CHA
MF-2705 RC	$42556	$1500	$3380	**$5630**	**$7500**	Perkins	6T	354D	24F-6R	122.20	11800	CHA
MF-2705 Western	$42130	$1480	$3330	**$5550**	**$7400**	Perkins	6T	354D	24F-6R	122.00	11300	CHA
MF-2745 RC	$49432	$1760	$3960	**$6600**	**$8800**	Perkins	V8	540D	8F-6R	143.40	12798	CHA
MF-2745 RC	$51432	$1860	$4180	**$6960**	**$9280**	Perkins	V8	540D	24F-6R	143.40	13398	CHA
MF-2745 Western	$50918	$1820	$4100	**$6840**	**$9120**	Perkins	V8	540D	24F-6R	143.00	12898	CHA
MF-2775 RC	$51312	$1850	$4170	**$6950**	**$9260**	Perkins	V8	640D	8F-6R	165.00	12800	CHA
MF-2775 RC	$53103	$1890	$4250	**$7080**	**$9440**	Perkins	V8	640D	24F-6R	165.95	13400	CHA
MF-2775 Western	$52572	$1860	$4190	**$6990**	**$9320**	Perkins	V8	640D	24F-6R	165.00	12900	CHA
MF-2805 RC	$60198	$1920	$4320	**$7200**	**$9600**	Perkins	V8T	640D	8F-6R	194.00	13000	CHA
MF-2805 RC	$61989	$1960	$4410	**$7350**	**$9800**	Perkins	V8T	640D	24F-6R	194.62	13600	CHA
MF-2805 Western	$61369	$2000	$4500	**$7500**	**$10000**	Perkins	V8T	640D	24F-6R	194.00	13100	CHA
MF-4800 4WD	$79086	$2400	$5410	**$9010**	**$12020**	Cummins	V8	903D	18F-6R		24000	CHA
MF-4800 4WD w/PTO	$82164	$2490	$5600	**$9330**	**$12430**	Cummins	V8	903D	18F-6R	179.08	24500	CHA
MF-4840 4WD	$91603	$2800	$6300	**$10500**	**$14000**	Cummins	V8	903D	18F-6R		26038	CHA
MF-4840 4WD w/PTO	$94745	$2910	$6550	**$10910**	**$14550**	Cummins	V8	903D	18F-6R	210.67	26538	CHA
MF-4880 4WD	$102883	$3240	$7280	**$12130**	**$16180**	Cummins	V8T	903D	18F-6R	272.81	28865	CHA
MF-4880 4WD w/PTO	$105961	$3360	$7560	**$12590**	**$16790**	Cummins	V8T	903D	18F-6R	272.81	29365	CHA
MF-4900 4WD	$111066	$3560	$8020	**$13360**	**$17810**	Cummins	V8T	903D	18F-6R	320.55	29000	CHA
MF-4900 4WD w/PTO	$114144	$3690	$8290	**$13820**	**$18430**	Cummins	V8T	903D	18F-6R	320.55	29500	CHA

RC - Row Crop

1980

	Approx. Retail Price New	Estimated Value Less Repairs: Used Trade In Avg.	Used Trade In High	Used Retail Avg.	Used Retail High	Engine Make	Engine No. Cyls.	Engine Displ. Cu.-In.	No. Speeds	P.T.O. H.P.	Approx. Shipping Wt.-Lbs.	Cab
MF-154-4	$18687	$1220	$2340	**$4110**	**$6260**	Perkins	3	153D	12F-4R	42.52	4934	No
MF-184-4	$23817	$1550	$2980	**$5240**	**$7980**	Perkins	4	236D	12F-4R	62.45	6130	No
MF-205	$6157	$1270	$1720	**$2700**	**$3080**	Toyosha	2	65D	6F-2R	16.56	1849	No
MF-205-4	$6850	$1410	$1900	**$3000**	**$3420**	Toyosha	2	65D	6F-2R	16.40	2257	No
MF-210	$7203	$1480	$2000	**$3150**	**$3590**	Toyosha	2	77D	12F-3R	21.96	2050	No
MF-210-4	$8066	$1650	$2230	**$3510**	**$4010**	Toyosha	2	77D	12F-3R	21.77	2257	No
MF-220	$8661	$1770	$2390	**$3770**	**$4300**	Toyosha	2	90D	12F-3R	26.37	2390	No
MF-220-4	$10222	$1880	$2540	**$4000**	**$4570**	Toyosha	2	90D	12F-3R	26.48	2700	No
MF-230	$9500	$1900	$2570	**$4040**	**$4610**	Continental	4	145G	6F-2R	34.34	3200	No
MF-230	$11577	$2320	$3130	**$4920**	**$5620**	Perkins	3	153D	6F-2R	34.53	3404	No
MF-245	$13702	$1440	$2810	**$3970**	**$5280**	Perkins	3	153D	6F-2R	42.00	3600	No
MF-245	$15063	$1580	$3090	**$4370**	**$5800**	Perkins	3	153D	8F-2R	42.00	3650	No
MF-245	$15691	$1650	$3220	**$4550**	**$6040**	Perkins	3	153D	12F-4R	42.90	3693	No
MF-255	$16684	$1750	$3420	**$4840**	**$6420**	Perkins	4	236D	8F-2R	52.00	5650	No
MF-255	$17566	$1840	$3600	**$5090**	**$6760**	Perkins	4	236D	12F-4R	52.68	5850	No
MF-255 RC	$17518	$1840	$3590	**$5080**	**$6740**	Perkins	4	236D	8F-2R	52.00	5700	No
MF-255 RC	$18444	$1940	$3780	**$5350**	**$7100**	Perkins	4	236D	12F-4R	52.00	5900	No
MF-265	$18271	$1920	$3750	**$5300**	**$7030**	Perkins	4	236D	8F-2R	60.00	6050	No
MF-265	$19123	$2010	$3920	**$5550**	**$7360**	Perkins	4	236D	12F-4R	60.73	6100	No
MF-265 RC	$19185	$2010	$3930	**$5560**	**$7390**	Perkins	4	236D	8F-2R	60.00	6200	No
MF-265 RC	$20079	$2110	$4120	**$5820**	**$7730**	Perkins	4	236D	12F-4R	60.00	6250	No
MF-275	$20138	$2110	$4130	**$5840**	**$7750**	Perkins	4	248D	8F-2R	67.00	6370	No
MF-275	$21020	$2210	$4310	**$6100**	**$8090**	Perkins	4	248D	12F-4R	67.43	6420	No
MF-275 RC	$21145	$2220	$4340	**$6130**	**$8140**	Perkins	4	248D	8F-2R	67.00	6520	No
MF-275 RC	$22071	$2320	$4530	**$6400**	**$8500**	Perkins	4	248D	12F-4R	67.00	6570	No
MF-285	$22842	$2400	$4680	**$6620**	**$8790**	Perkins	4	318D	8F-2R	81.00	6975	No
MF-285	$26954	$2830	$5530	**$7820**	**$10380**	Perkins	4	318D	12F-4R	81.96	7025	CHA
MF-2675 RC	$35977	$1200	$2700	**$4500**	**$6000**	Perkins	6	354D	8F-6R	100.84	10000	CHA
MF-2675 RC	$37454	$1300	$2920	**$4860**	**$6480**	Perkins	6	354D	24F-6R	103.29	10600	CHA
MF-2675 Western	$35581	$1220	$2750	**$4580**	**$6100**	Perkins	6	354D	24F-6R	103.00	10100	CHA
MF-2705 RC	$39372	$1340	$3010	**$5010**	**$6680**	Perkins	6T	354D	8F-6R	121.11	11200	CHA

Massey Ferguson (Cont.)

1980 (Cont.)

Model	Approx. Retail Price New	Estimated Value Less Repairs: Used Trade In Avg.	Used Trade In High	Used Retail Avg.	Used Retail High	Engine Make	No. Cyls.	Displ. Cu.-In.	No. Speeds	P.T.O. H.P.	Approx. Shipping Wt.-Lbs.	Cab
MF-2705 RC	$40849	$1390	$3130	$5220	$6960	Perkins	6T	354D	24F-6R	122.20	11800	CHA
MF-2705 Western	$38807	$1310	$2950	$4920	$6560	Perkins	6T	354D	24F-6R	122.00	11300	CHA
MF-2745 RC	$44052	$1520	$3420	$5700	$7600	Perkins	V8	540D	8F-6R	143.40	12798	CHA
MF-2745 RC	$45535	$1580	$3560	$5930	$7900	Perkins	V8	540D	24F-6R	143.40	13398	CHA
MF-2745 Western	$43258	$1450	$3260	$5430	$7240	Perkins	V8	540D	24F-6R	143.00	12898	CHA
MF-2775 RC	$50584	$1560	$3510	$5850	$7800	Perkins	V8	640D	8F-6R	165.00	12800	CHA
MF-2775 RC	$52061	$1640	$3690	$6150	$8200	Perkins	V8	640D	24F-6R	165.95	13400	CHA
MF-2775 Western	$49458	$1580	$3560	$5930	$7900	Perkins	V8	640D	24F-6R	165.00	12900	CHA
MF-2805 RC	$59296	$1810	$4080	$6800	$9060	Perkins	V8T	640D	8F-6R	194.00	13000	CHA
MF-2805 RC	$60773	$1910	$4290	$7160	$9540	Perkins	V8T	640D	24F-6R	194.62	13600	CHA
MF-2805 Western	$57734	$1760	$3960	$6600	$8800	Perkins	V8T	640D	24F-6R	194.00	13100	CHA
MF-4800 4WD w/PTO	$79004	$2560	$5760	$9600	$12800	Cummins	V8	903D	18F-6R	179.31	24500	CHA
MF-4840 4WD w/PTO	$91040	$2800	$6300	$10510	$14010	Cummins	V8	903D	18F-6R	210.67	26538	CHA
MF-4880 4WD w/PTO	$101886	$3120	$7010	$11680	$15580	Cummins	V8T	903D	18F-6R	272.81	29365	CHA
MF-4900 4WD w/PTO	$109755	$3310	$7450	$12410	$16550	Cummins	V8T	903D	18F-6R	320.55	29500	CHA

RC - Row Crop

1979

Model	Approx. Retail Price New	Used Trade In Avg.	Used Trade In High	Used Retail Avg.	Used Retail High	Engine Make	No. Cyls.	Displ. Cu.-In.	No. Speeds	P.T.O. H.P.	Approx. Shipping Wt.-Lbs.	Cab
MF-184-4	$19637	$1120	$2240	$4100	$6150	Perkins	4	236D	12F-4R	62.45	6130	No
MF-205	$5541	$1230	$1690	$2650	$2960	Toyosha	2	65D	6F-2R	16.56	1849	No
MF-205-4	$6165	$1370	$1880	$2950	$3290	Toyosha	2	65D	6F-2R	16.40	2257	No
MF-210	$6483	$1440	$1980	$3100	$3460	Toyosha	2	77D	12F-3R	21.96	2050	No
MF-210-4	$7259	$1610	$2220	$3470	$3870	Toyosha	2	77D	12F-3R	21.77	2257	No
MF-220	$7795	$1730	$2380	$3720	$4160	Toyosha	2	90D	12F-3R	26.37	2390	No
MF-220-4	$9200	$1880	$2590	$4040	$4510	Toyosha	2	90D	12F-3R	26.48	2700	No
MF-230	$8193	$1640	$2250	$3520	$3930	Continental	4	145G	6F-2R	34.34	3200	No
MF-230	$8553	$1710	$2350	$3680	$4110	Perkins	3	153D	6F-2R	34.53	3404	No
MF-245	$9508	$1520	$2430	$3380	$4280	Continental	4	145G	6F-2R	41.00	3450	No
MF-245	$9991	$1600	$2550	$3550	$4500	Perkins	3	153D	6F-2R	42.00	3600	No
MF-245	$10266	$1640	$2620	$3640	$4620	Continental	4	145G	8F-2R	41.09	3500	No
MF-245	$10971	$1760	$2800	$3900	$4940	Perkins	3	153D	8F-2R	42.00	3650	No
MF-245	$11444	$1830	$2920	$4060	$5150	Perkins	3	153D	12F-4R	42.90	3693	No
MF-255	$12425	$1990	$3170	$4410	$5590	Perkins	4	236D	8F-2R	52.00	5650	No
MF-255	$13038	$2090	$3330	$4630	$5870	Perkins	4	236D	12F-4R	52.68	5850	No
MF-255 RC	$13046	$2090	$3330	$4630	$5870	Perkins	4	236D	8F-2R	52.00	5700	No
MF-255 RC	$13690	$2190	$3490	$4860	$6160	Perkins	4	236D	12F-4R	52.00	5900	No
MF-265	$13555	$2170	$3460	$4810	$6100	Perkins	4	236D	8F-2R	60.00	6050	No
MF-265	$14168	$2270	$3610	$5030	$6380	Perkins	4	236D	12F-4R	60.73	6100	No
MF-265 RC	$14233	$2280	$3630	$5050	$6410	Perkins	4	236D	8F-2R	60.00	6200	No
MF-265 RC	$14876	$2380	$3790	$5280	$6690	Perkins	4	236D	12F-4R	60.00	6250	No
MF-275	$14776	$2360	$3770	$5250	$6650	Perkins	4	248D	8F-2R	67.00	6370	No
MF-275	$15389	$2460	$3920	$5460	$6930	Perkins	4	248D	12F-4R	67.43	6420	No
MF-275 RC	$15515	$2480	$3960	$5510	$6980	Perkins	4	248D	8F-2R	67.00	6520	No
MF-275 RC	$16158	$2590	$4120	$5740	$7270	Perkins	4	248D	12F-4R	67.00	6570	No
MF-285	$17365	$1740	$3470	$5040	$6600	Perkins	4	318D	8F-2R	81.00	6975	No
MF-285	$18141	$1810	$3630	$5260	$6890	Perkins	4	318D	12F-4R	81.96	7025	No
MF-2675 RC	$24708	$990	$2220	$3710	$4940	Perkins	6	354D	8F-6R	100.84	9000	No
MF-2675 RC	$26820	$1070	$2410	$4020	$5360	Perkins	6	354D	24F-6R	103.29	9600	No
MF-2675 RC	$27762	$1110	$2500	$4160	$5550	Perkins	6	354D	8F-6R	100.84	10000	CHA
MF-2675 RC	$29524	$1180	$2660	$4430	$5910	Perkins	6	354D	24F-6R	103.29	10600	CHA
MF-2675 Western	$28048	$1120	$2520	$4210	$5610	Perkins	6	354D	24F-6R	103.00	10100	CHA
MF-2705 RC	$28862	$1150	$2600	$4330	$5770	Perkins	6T	354D	8F-6R	121.11	10200	No
MF-2705 RC	$31670	$1270	$2850	$4750	$6330	Perkins	6T	354D	24F-6R	122.20	10800	No
MF-2705 RC	$34500	$1380	$3110	$5180	$6900	Perkins	6T	354D	24F-6R	122.20	11800	CHA
MF-2705 Western	$32775	$1310	$2950	$4920	$6560	Perkins	6T	354D	24F-6R	122.00	11300	CHA
MF-2745 RC	$29578	$1180	$2660	$4440	$5920	Perkins	V8	540D	8F-6R	143.40	11798	No
MF-2745 RC	$32351	$1240	$2790	$4650	$6200	Perkins	V8	540D	24F-6R	143.40	12398	No
MF-2745 RC	$35367	$1330	$3000	$5000	$6660	Perkins	V8	540D	24F-6R	143.40	13398	CHA
MF-2745 Western	$33599	$1260	$2830	$4710	$6280	Perkins	V8	540D	24F-6R	143.00	12898	CHA
MF-2775	$36716	$1360	$3060	$5100	$6800	Perkins	V8	640D	8F-6R	165.00	12800	CHA
MF-2775	$40018	$1480	$3330	$5550	$7400	Perkins	V8	640D	24F-6R	165.95	13400	CHA
MF-2775 Western	$38017	$1400	$3150	$5250	$7000	Perkins	V8	640D	24F-6R	165.00	12900	CHA
MF-2805	$43076	$1440	$3240	$5400	$7200	Perkins	V8T	640D	8F-6R	194.00	13000	CHA
MF-2805	$46075	$1520	$3420	$5700	$7600	Perkins	V8T	640D	24F-6R	194.62	13600	CHA
MF-4840 4WD	$60726	$2350	$5280	$8810	$11740	Cummins	V8	903D	12F-4R	210.67	24963	CHA
MF-4840 4WD	$62620	$2420	$5450	$9090	$12120	Cummins	V8	903D	18F-6R	210.67	25638	CHA
MF-4840 4WD w/PTO	$64557	$2500	$5630	$9380	$12500	Cummins	V8	903D	18F-6R	210.67	26538	CHA
MF-4880 4WD	$73811	$2800	$6300	$10500	$14000	Cummins	V8T	903D	12F-4R	272.81	27965	CHA
MF-4880 4WD	$75692	$2880	$6480	$10800	$14400	Cummins	V8T	903D	18F-6R	272.81	28565	CHA
MF-4880 4WD w/PTO	$77642	$2960	$6660	$11100	$14800	Cummins	V8T	903D	18F-6R	272.81	29365	CHA

RC - Row Crop

1978

Model	Approx. Retail Price New	Used Trade In Avg.	Used Trade In High	Used Retail Avg.	Used Retail High	Engine Make	No. Cyls.	Displ. Cu.-In.	No. Speeds	P.T.O. H.P.	Approx. Shipping Wt.-Lbs.	Cab
MF-205	$4935	$1450	$2110	$3290	$3770	Toyosha	2	65D	6F-2R	16.56	1849	No
MF-205-4	$5514	$1300	$1790	$2830	$3160	Toyosha	2	65D	6F-2R	16.40	2257	No
MF-210	$5820	$1360	$1880	$2970	$3310	Toyosha	2	77D	12F-3R	21.96	2050	No
MF-210-4	$6635	$1530	$2100	$3320	$3700	Toyosha	2	77D	12F-3R	21.77	2257	No
MF-220	$7348	$1670	$2300	$3630	$4050	Toyosha	2	90D	12F-3R	26.37	2390	No
MF-220-4	$8590	$1840	$2530	$4000	$4460	Toyosha	2	90D	12F-3R	26.48	2700	No
MF-230	$7189	$1440	$1980	$3130	$3490	Continental	4	145G	6F-2R	34.34	3200	No
MF-230	$7505	$1500	$2060	$3270	$3640	Perkins	3	153D	6F-2R	34.53	3404	No
MF-245	$8467	$1310	$2120	$2960	$3810	Continental	4	145G	6F-2R	41.00	3450	No
MF-245	$8787	$1360	$2200	$3080	$3950	Perkins	3	153D	6F-2R	42.00	3600	No
MF-245	$8822	$1370	$2210	$3090	$3970	Continental	4	145G	8F-2R	41.09	3500	No

Massey Ferguson (Cont.)

1978 (Cont.)

Model	Approx. Retail Price New	Estimated Value Less Repairs: Used Trade In Avg.	Used Trade In High	Used Retail Avg.	Used Retail High	Make	Engine No. Cyls.	Engine Displ. Cu.-In.	No. Speeds	P.T.O. H.P.	Approx. Shipping Wt.-Lbs.	Cab
MF-245	$9532	$1480	$2380	**$3340**	**$4290**	Perkins	3	153D	8F-2R	42.00	3650	No
MF-245	$9947	$1540	$2490	**$3480**	**$4480**	Perkins	3	153D	12F-4R	42.90	3693	No
MF-255	$10930	$1690	$2730	**$3830**	**$4920**	Perkins	4	236D	8F-2R	52.00	5650	No
MF-255	$11476	$1780	$2870	**$4020**	**$5160**	Perkins	4	236D	12F-4R	52.68	5850	No
MF-255 RC	$11497	$1780	$2870	**$4020**	**$5170**	Perkins	4	236D	8F-2R	52.00	5700	No
MF-255 RC	$12131	$1880	$3030	**$4250**	**$5460**	Perkins	4	236D	12F-4R	52.00	5900	No
MF-265	$12051	$1870	$3010	**$4220**	**$5420**	Perkins	4	236D	8F-2R	60.00	6050	No
MF-265	$12597	$1950	$3150	**$4410**	**$5670**	Perkins	4	236D	12F-4R	60.73	6100	No
MF-265 RC	$12618	$1960	$3160	**$4420**	**$5680**	Perkins	4	236D	8F-2R	60.00	6200	No
MF-265 RC	$13252	$2050	$3310	**$4640**	**$5960**	Perkins	4	236D	12F-4R	60.00	6250	No
MF-275	$13152	$2040	$3290	**$4600**	**$5920**	Perkins	4	248D	8F-2R	67.00	6370	No
MF-275	$13698	$2120	$3430	**$4790**	**$6160**	Perkins	4	248D	12F-4R	67.43	6420	No
MF-275 RC	$13719	$2130	$3430	**$4800**	**$6170**	Perkins	4	248D	8F-2R	67.00	6520	No
MF-275 RC	$14353	$2230	$3590	**$5020**	**$6460**	Perkins	4	248D	12F-4R	67.00	6570	No
MF-285	$15189	$1440	$2960	**$4410**	**$5770**	Perkins	4	318D	8F-2R	81.00	6975	No
MF-285	$15874	$1510	$3100	**$4600**	**$6030**	Perkins	4	318D	12F-4R	81.96	7025	No
MF-1085 RC	$15902	$1510	$3100	**$4610**	**$6040**	Perkins	4	318D	8F-2R	81.00	8800	No
MF-1085 RC	$16587	$1580	$3230	**$4810**	**$6300**	Perkins	4	318D	12F-4R	81.58	9400	No
MF-1085 RC	$19829	$1880	$3870	**$5750**	**$7540**	Perkins	4	318D	8F-2R	81.00	9800	CHA
MF-1085 RC	$20514	$1950	$4000	**$5950**	**$7800**	Perkins	4	318D	12F-4R	81.58	10400	CHA
MF-1085 Western	$19815	$1880	$3860	**$5750**	**$7530**	Perkins	4	318D	12F-4R	81.00	9900	CHA
MF-1105 RC	$18878	$1790	$3680	**$5480**	**$7170**	Perkins	6T	354D	8F-2R	100.72	9125	No
MF-1105 RC	$19632	$1870	$3830	**$5690**	**$7460**	Perkins	6T	354D	12F-4R	100.72	9725	No
MF-1105 RC	$22747	$2160	$4440	**$6600**	**$8640**	Perkins	6T	354D	8F-2R	100.72	10125	CHA
MF-1105 RC	$23501	$2230	$4580	**$6820**	**$8930**	Perkins	6T	354D	12F-4R	100.72	10725	CHA
MF-1105 Western	$22966	$2180	$4480	**$6660**	**$8730**	Perkins	6T	354D	12F-4R	100.72	10000	CHA
MF-1135 RC	$20637	$1960	$4020	**$5990**	**$7840**	Perkins	6T	354D	8F-2R	120.00	9825	No
MF-1135 RC	$21391	$2030	$4170	**$6200**	**$8130**	Perkins	6T	354D	12F-4R	120.84	10425	No
MF-1135 RC	$24506	$2330	$4780	**$7110**	**$9310**	Perkins	6T	354D	8F-2R	120.00	10825	CHA
MF-1135 RC	$25260	$2400	$4930	**$7330**	**$9600**	Perkins	6T	354D	12F-4R	120.84	11425	CHA
MF-1135 Western	$24725	$2350	$4820	**$7170**	**$9400**	Perkins	6T	354D	12F-4R	120.00	11000	CHA
MF-1155 RC	$24293	$1340	$2790	**$5340**	**$7900**	Perkins	V8	540D	8F-2R	140.00	12150	No
MF-1155 RC	$25047	$1380	$2880	**$5510**	**$8140**	Perkins	V8	540D	12F-4R	140.97	12750	No
MF-1155 RC	$28162	$1550	$3240	**$6200**	**$9150**	Perkins	V8	540D	8F-2R	140.00	13150	CHA
MF-1155 RC	$28916	$1590	$3330	**$6360**	**$9400**	Perkins	V8	540D	12F-4R	140.97	13750	CHA
MF-1155 Western	$27365	$1510	$3150	**$6020**	**$8890**	Perkins	V8	540D	12F-4R	140.00	13000	CHA
MF-2675 RC	$23858	$950	$2150	**$3580**	**$4770**	Perkins	6	354D	8F-6R	100.84	9000	CHA
MF-2675 RC	$24800	$990	$2230	**$3720**	**$4960**	Perkins	6	354D	24F-4R	103.29	9600	CHA
MF-2675 Western	$23950	$960	$2160	**$3590**	**$4790**	Perkins	6	354D	24F-4R	103.00	10100	CHA
MF-2705 RC	$25681	$1030	$2310	**$3850**	**$5140**	Perkins	6T	354D	8F-6R	121.00	11200	CHA
MF-2705 RC	$26623	$1070	$2400	**$3990**	**$5330**	Perkins	6T	354D	24F-4R	122.20	11800	CHA
MF-2705 Western	$25773	$1030	$2320	**$3870**	**$5160**	Perkins	6T	354D	24F-4R	122.00	11300	CHA
MF-2745 RC	$28685	$1150	$2580	**$4300**	**$5740**	Perkins	V8	540D	8F-6R	143.40	12798	CHA
MF-2745 RC	$29627	$1190	$2670	**$4440**	**$5930**	Perkins	V8	540D	24F-4R	143.40	13398	CHA
MF-2745 Western	$28227	$1130	$2540	**$4230**	**$5650**	Perkins	V8	540D	24F-4R	143.00	12898	CHA
MF-2775 RC	$32582	$1200	$2700	**$4500**	**$6000**	Perkins	V8	640D	8F-6R	165.00	12800	CHA
MF-2775 RC	$33524	$1240	$2790	**$4650**	**$6200**	Perkins	V8	640D	24F-4R	165.95	13400	CHA
MF-2775 Western	$31740	$1160	$2610	**$4350**	**$5800**	Perkins	V8	640D	24F-4R	165.00	12900	CHA
MF-2805 RC	$38261	$1280	$2880	**$4800**	**$6400**	Perkins	V8T	640D	8F-6R	194.00	13000	CHA
MF-2805 RC	$39203	$1320	$2970	**$4950**	**$6600**	Perkins	V8T	640D	24F-4R	194.62	13600	CHA
MF-2805 Western	$37419	$1240	$2790	**$4650**	**$6200**	Perkins	V8T	640D	24F-4R	194.00	13100	CHA
MF-4840 4WD	$55472	$2220	$4990	**$8320**	**$11090**	Cummins	V8	903D	12F-4R	210.67	24963	CHA
MF-4840 4WD	$56972	$2280	$5130	**$8550**	**$11390**	Cummins	V8	903D	18F-6R	210.67	25638	CHA
MF-4840 4WD w/PTO	$58972	$2360	$5310	**$8850**	**$11790**	Cummins	V8	903D	18F-6R	210.67	26538	CHA
MF-4880 4WD	$67425	$2700	$6070	**$10110**	**$13490**	Cummins	V8T	903D	12F-4R	272.81	27965	CHA
MF-4880 4WD	$68925	$2760	$6200	**$10340**	**$13790**	Cummins	V8T	903D	18F-6R	272.81	28565	CHA
MF-4880 4WD w/PTO	$70925	$2840	$6380	**$10640**	**$14190**	Cummins	V8T	903D	18F-6R	272.81	29365	CHA

RC - Row Crop

1977

Model	Approx. Retail Price New	Used Trade In Avg.	Used Trade In High	Used Retail Avg.	Used Retail High	Make	Engine No. Cyls.	Engine Displ. Cu.-In.	No. Speeds	P.T.O. H.P.	Approx. Shipping Wt.-Lbs.	Cab
MF-230	$6398	$1380	$1930	**$2970**	**$3380**	Continental	4	145G	6F-2R	34.34	3200	No
MF-230	$6684	$1440	$2010	**$3090**	**$3520**	Perkins	3	153D	6F-2R	34.53	3404	No
MF-245	$7548	$1570	$2200	**$3380**	**$3850**	Continental	4	145G	6F-2R	41.00	3450	No
MF-245	$7836	$1610	$2250	**$3460**	**$3940**	Perkins	3	153D	6F-2R	42.00	3600	No
MF-245	$7869	$1570	$2200	**$3380**	**$3860**	Continental	4	145G	8F-2R	41.09	3500	No
MF-245	$8506	$1700	$2380	**$3660**	**$4170**	Perkins	3	153D	8F-2R	42.00	3650	No
MF-245	$8882	$1780	$2490	**$3820**	**$4350**	Perkins	3	153D	12F-4R	42.90	3690	No
MF-255	$9507	$1430	$2280	**$3330**	**$4280**	Perkins	4	236D	8F-2R	52.00	5650	No
MF-255	$9987	$1500	$2400	**$3500**	**$4490**	Perkins	4	236D	12F-4R	52.68	5850	No
MF-255 RC	$10084	$1510	$2420	**$3530**	**$4540**	Perkins	4	236D	8F-2R	52.00	5700	No
MF-255 RC	$10564	$1590	$2540	**$3700**	**$4750**	Perkins	4	236D	12F-4R	52.00	5900	No
MF-265	$10576	$1590	$2540	**$3700**	**$4760**	Perkins	4	236D	8F-2R	60.00	6050	No
MF-265	$11056	$1660	$2650	**$3870**	**$4980**	Perkins	4	236D	12F-4R	60.73	6100	No
MF-265 RC	$11151	$1670	$2680	**$3900**	**$5020**	Perkins	4	236D	8F-2R	60.00	6200	No
MF-265 RC	$11631	$1750	$2790	**$4070**	**$5230**	Perkins	4	236D	12F-4R	60.00	6250	No
MF-275	$11460	$1720	$2750	**$4010**	**$5160**	Perkins	4	248D	8F-2R	67.00	6370	No
MF-275	$11940	$1790	$2870	**$4180**	**$5370**	Perkins	4	248D	12F-4R	67.43	6420	No
MF-275 RC	$12037	$1810	$2890	**$4210**	**$5420**	Perkins	4	248D	8F-2R	67.00	6520	No
MF-275 RC	$12517	$1880	$3000	**$4380**	**$5630**	Perkins	4	248D	12F-4R	67.00	6570	No
MF-285	$13367	$2010	$3210	**$4680**	**$6020**	Perkins	4	318D	8F-2R	81.00	6975	No
MF-285	$13977	$2100	$3350	**$4890**	**$6290**	Perkins	4	318D	12F-4R	81.96	7025	No
MF-1085 RC	$13879	$1250	$2640	**$4030**	**$5270**	Perkins	4	318D	8F-2R	81.00	8800	No
MF-1085 RC	$14489	$1300	$2750	**$4200**	**$5510**	Perkins	4	318D	12F-4R	81.58	9400	No
MF-1085 RC	$17937	$1610	$3410	**$5200**	**$6820**	Perkins	4	318D	12F-4R	81.58	10400	CHA

Massey Ferguson (Cont.)

1977 (Cont.)

	Approx. Retail Price New	Estimated Value Less Repairs: Used Trade In Avg.	Used Trade In High	Used Retail Avg.	Used Retail High	Engine Make	Engine No. Cyls.	Engine Displ. Cu.-In.	No. Speeds	P.T.O. H.P.	Approx. Shipping Wt.-Lbs.	Cab
MF-1085 Western	$17315	$1560	$3290	**$5020**	**$6580**	Perkins	4	318D	12F-4R	81.00	9900	CHA
MF-1105 RC	$16685	$1500	$3170	**$4840**	**$6340**	Perkins	6T	354D	8F-2R	100.72	9125	No
MF-1105 RC	$17360	$1560	$3300	**$5030**	**$6600**	Perkins	6T	354D	12F-4R	100.72	9725	No
MF-1105 RC	$20808	$1870	$3950	**$6030**	**$7910**	Perkins	6T	354D	12F-4R	100.72	10725	CHA
MF-1105 Western	$20327	$1830	$3860	**$5900**	**$7720**	Perkins	6T	354D	12F-4R	100.72	10000	CHA
MF-1135 RC	$18275	$1650	$3470	**$5300**	**$6950**	Perkins	6T	354D	8F-2R	120.00	9825	No
MF-1135 RC	$18950	$1710	$3600	**$5500**	**$7200**	Perkins	6T	354D	12F-4R	120.84	10425	No
MF-1135 RC	$22398	$2020	$4260	**$6500**	**$8510**	Perkins	6T	354D	12F-4R	120.84	11425	CHA
MF-1135 Western	$21917	$1970	$4160	**$6360**	**$8330**	Perkins	6T	354D	12F-4R	120.00	11000	CHA
MF-1155 RC	$21547	$1080	$2370	**$4850**	**$6900**	Perkins	V8	540D	8F-2R	140.00	12150	No
MF-1155 RC	$22222	$1110	$2440	**$5000**	**$7110**	Perkins	V8	540D	12F-4R	140.97	12750	No
MF-1155 RC	$25670	$1280	$2820	**$5780**	**$8210**	Perkins	V8	540D	12F-4R	140.97	13750	CHA
MF-1155 Western	$24282	$1210	$2670	**$5460**	**$7770**	Perkins	V8	540D	12F-4R	140.00	13000	CHA
MF-1505 4WD	$34862	$1740	$3840	**$7840**	**$11160**	Cat.	V8	636D	12F-4R	175.96	16500	CHA
MF-1505 4WD w/PTO	$36783	$1840	$4050	**$8280**	**$11770**	Cat.	V8	636D	12F-4R	175.96	17400	CHA
MF-1805 4WD	$36958	$1850	$4070	**$8320**	**$11830**	Cat.	V8	636D	12F-4R	192.65	16700	CHA
MF-1805 4WD w/PTO	$38879	$1940	$4280	**$8750**	**$12440**	Cat.	V8	636D	12F-4R	192.65	17600	CHA
MF-2800 RC	$35232	$1410	$3170	**$5290**	**$7050**	Perkins	V8T	640D	8F-6R	194.00	13545	CHA
MF-2800 RC	$36125	$1450	$3250	**$5420**	**$7230**	Perkins	V8T	640D	24F-4R	194.00	13890	CHA
MF-2800 Western	$34434	$1380	$3100	**$5170**	**$6890**	Perkins	V8T	640D	24F-4R	194.00	13243	CHA

RC - Row Crop

1976

	Approx. Retail Price New	Used Trade In Avg.	Used Trade In High	Used Retail Avg.	Used Retail High	Engine Make	Engine No. Cyls.	Engine Displ. Cu.-In.	No. Speeds	P.T.O. H.P.	Approx. Shipping Wt.-Lbs.	Cab
MF-230	$5809	$1190	$1660	**$2500**	**$2880**	Continental	4	145G	6F-2R	34.34	3200	No
MF-230	$6081	$1250	$1730	**$2620**	**$3010**	Perkins	3	153D	6F-2R	34.53	3404	No
MF-235	$6683	$1370	$1910	**$2870**	**$3310**	Continental	4	145G	6F-2R	41.00	3119	No
MF-235	$6948	$1420	$1980	**$2990**	**$3440**	Perkins	3	153D	6F-2R	42.00	3200	No
MF-235	$7148	$1470	$2040	**$3070**	**$3540**	Continental	4	145G	8F-2R	41.13	3244	No
MF-235	$7492	$1540	$2140	**$3220**	**$3710**	Continental	4	145G	12F-4R	41.00	3369	No
MF-235	$7740	$1590	$2210	**$3330**	**$3830**	Perkins	3	153D	8F-2R	42.39	3325	No
MF-235	$8084	$1660	$2300	**$3480**	**$4000**	Perkins	3	153D	12F-4R	42.00	3450	No
MF-245	$7073	$1450	$2020	**$3040**	**$3500**	Continental	4	145G	6F-2R	41.00	3450	No
MF-245	$7343	$1510	$2090	**$3160**	**$3640**	Perkins	3	153D	6F-2R	42.00	3600	No
MF-245	$7547	$1550	$2150	**$3250**	**$3740**	Continental	4	145G	8F-2R	41.09	3500	No
MF-245	$7898	$1620	$2250	**$3400**	**$3910**	Continental	4	145G	12F-4R	41.00	3540	No
MF-245	$8150	$1670	$2320	**$3510**	**$4030**	Perkins	3	153D	8F-2R	42.00	3650	No
MF-245	$8501	$1740	$2420	**$3660**	**$4210**	Perkins	3	153D	12F-4R	42.90	3693	No
MF-255	$8963	$1840	$2550	**$3850**	**$4440**	Perkins	4	236D	8F-2R	52.00	5650	No
MF-255	$9422	$1930	$2690	**$4050**	**$4660**	Perkins	4	236D	12F-4R	52.68	5850	No
MF-255 RC	$9514	$1950	$2710	**$4090**	**$4710**	Perkins	4	236D	8F-2R	52.00	6150	No
MF-255 RC	$9973	$2040	$2840	**$4290**	**$4940**	Perkins	4	236D	12F-4R	52.00	6350	No
MF-265	$10210	$1430	$2400	**$3570**	**$4600**	Perkins	4	236D	8F-2R	60.00	6050	No
MF-265	$10669	$1490	$2510	**$3730**	**$4800**	Perkins	4	236D	12F-4R	60.73	6100	No
MF-265 RC	$10762	$1510	$2530	**$3770**	**$4840**	Perkins	4	236D	8F-2R	60.00	6550	No
MF-265 RC	$11221	$1570	$2640	**$3930**	**$5050**	Perkins	4	236D	12F-4R	60.00	6600	No
MF-275	$10961	$1540	$2580	**$3840**	**$4930**	Perkins	4	248D	8F-2R	67.00	6370	No
MF-275	$11420	$1600	$2680	**$4000**	**$5140**	Perkins	4	248D	12F-4R	67.43	6420	No
MF-275 RC	$11513	$1610	$2710	**$4030**	**$5180**	Perkins	4	248D	8F-2R	67.00	6870	No
MF-275 RC	$11972	$1680	$2810	**$4190**	**$5390**	Perkins	4	248D	12F-4R	67.00	6920	No
MF-285	$12840	$1800	$3020	**$4490**	**$5780**	Perkins	4	318D	8F-2R	81.00	6975	No
MF-285	$13426	$1880	$3160	**$4700**	**$6040**	Perkins	4	318D	12F-4R	81.96	7025	No
MF-1085 RC	$13601	$1160	$2520	**$3940**	**$5170**	Perkins	4	318D	8F-2R	81.00	8800	No
MF-1085 RC	$14199	$1210	$2630	**$4120**	**$5400**	Perkins	4	318D	12F-4R	81.58	9400	No
MF-1085 RC	$17578	$1490	$3250	**$5100**	**$6680**	Perkins	4	318D	12F-4R	81.58	10400	CHA
MF-1085 Western	$16969	$1440	$3140	**$4920**	**$6450**	Perkins	4	318D	12F-4R	81.00	9900	CHA
MF-1105 RC	$16581	$1410	$3070	**$4810**	**$6300**	Perkins	6T	354D	8F-2R	100.72	9125	No
MF-1105 RC	$17246	$1470	$3190	**$5000**	**$6550**	Perkins	6T	354D	12F-4R	100.72	9725	No
MF-1105 RC	$20644	$1760	$3820	**$5990**	**$7850**	Perkins	6T	354D	12F-4R	100.72	10725	CHA
MF-1105 Western	$20171	$1720	$3730	**$5850**	**$7670**	Perkins	6T	354D	12F-4R	100.72	10000	CHA
MF-1135 RC	$18134	$1540	$3360	**$5260**	**$6890**	Perkins	6T	354D	8F-2R	120.00	9825	No
MF-1135 RC	$18747	$1590	$3470	**$5440**	**$7120**	Perkins	6T	354D	12F-4R	120.84	10425	No
MF-1135 RC	$22345	$1900	$4130	**$6480**	**$8490**	Perkins	6T	354D	12F-4R	120.84	11425	CHA
MF-1135 Western	$21617	$1840	$4000	**$6270**	**$8210**	Perkins	6T	354D	12F-4R	120.00	11000	CHA
MF-1155 RC	$21253	$960	$2340	**$4890**	**$6700**	Perkins	V8	540D	8F-2R	140.00	12150	No
MF-1155 RC	$21919	$990	$2410	**$5040**	**$6900**	Perkins	V8	540D	12F-4R	140.97	12750	No
MF-1155 RC	$25316	$1140	$2790	**$5820**	**$7980**	Perkins	V8	540D	12F-4R	140.97	13750	CHA
MF-1155 Western	$23947	$1080	$2630	**$5510**	**$7540**	Perkins	V8	540D	12F-4R	140.00	13000	CHA
MF-1505 4WD	$31414	$1410	$3460	**$7230**	**$9900**	Cat.	V8	636D	12F-4R	175.96	16500	CHA
MF-1505 4WD w/PTO	$33191	$1490	$3650	**$7630**	**$10460**	Cat.	V8	636D	12F-4R	175.96	17400	CHA
MF-1805 4WD	$33352	$1500	$3670	**$7670**	**$10510**	Cat.	V8	636D	12F-4R	192.65	16700	CHA
MF-1805 4WD w/PTO	$35129	$1580	$3860	**$8080**	**$11070**	Cat.	V8	636D	12F-4R	192.65	17600	CHA
MF-2800 RC	$33030	$1320	$2970	**$4960**	**$6610**	Perkins	V8T	640D	8F-6R	194.00	13545	CHA
MF-2800 RC	$33872	$1360	$3050	**$5080**	**$6770**	Perkins	V8T	640D	24F-4R	194.00	13890	CHA
MF-2800 Western	$32278	$1290	$2910	**$4840**	**$6460**	Perkins	V8T	640D	24F-4R	194.00	13243	CHA

RC - Row Crop

1975

	Approx. Retail Price New	Used Trade In Avg.	Used Trade In High	Used Retail Avg.	Used Retail High	Engine Make	Engine No. Cyls.	Engine Displ. Cu.-In.	No. Speeds	P.T.O. H.P.	Approx. Shipping Wt.-Lbs.	Cab
MF-230	$5809	$1300	$1800	**$2640**	**$3110**	Continental	4	145G	6F-2R	34.34	3200	No
MF-230	$6081	$1360	$1880	**$2750**	**$3240**	Perkins	3	152D	6F-2R	34.53	3404	No
MF-235	$6721	$1500	$2070	**$3030**	**$3560**	Continental	4	145G	6F-2R	41.00	3119	No
MF-235	$6912	$1520	$2090	**$3070**	**$3610**	Continental	4	145G	8F-2R	41.13	3244	No
MF-235	$6960	$1530	$2110	**$3090**	**$3630**	Perkins	3	152D	6F-2R	42.00	3200	No
MF-235	$7222	$1520	$2090	**$3070**	**$3610**	Continental	4	145G	12F-4R	41.00	3369	No
MF-235	$7248	$1590	$2190	**$3210**	**$3770**	Perkins	3	152D	8F-2R	42.39	3325	No

Massey Ferguson (Cont.)

	Approx. Retail Price New	Estimated Value Less Repairs: Used Trade In Avg.	Used Trade In High	Used Retail Avg.	Used Retail High	Engine Make	Engine No. Cyls.	Engine Displ. Cu.-In.	No. Speeds	P.T.O. H.P.	Approx. Shipping Wt.-Lbs.	Cab
				1975 (Cont.)								
MF-235	$7584	$1660	$2290	**$3350**	**$3940**	Perkins	3	152D	12F-4R	42.00	3450	No
MF-255	$7812	$1640	$2270	**$3320**	**$3910**	Perkins	4	212G	8F-2R	50.00	5450	No
MF-255	$8067	$1690	$2340	**$3430**	**$4030**	Perkins	4	203D	8F-2R	50.00	5650	No
MF-255	$8225	$1730	$2390	**$3500**	**$4110**	Perkins	4	212G	12F-4R	50.01	5600	No
MF-255	$8480	$1780	$2460	**$3600**	**$4240**	Perkins	4	203D	12F-4R	50.69	5850	No
MF-255 RC	$8203	$1720	$2380	**$3490**	**$4100**	Perkins	4	212G	8F-2R	50.00	5950	No
MF-255 RC	$8470	$1780	$2460	**$3600**	**$4240**	Perkins	4	203D	8F-2R	50.00	6150	No
MF-255 RC	$8636	$1810	$2500	**$3670**	**$4320**	Perkins	4	212G	12F-4R	50.00	6100	No
MF-255 RC	$8904	$1870	$2580	**$3780**	**$4450**	Perkins	4	203D	12F-4R	50.00	6350	No
MF-265	$9445	$1230	$2170	**$3310**	**$4250**	Perkins	4	236G	8F-2R	60.00	5920	No
MF-265	$9700	$1260	$2230	**$3400**	**$4370**	Perkins	4	236D	8F-2R	60.00	6050	No
MF-265	$9881	$1290	$2270	**$3460**	**$4450**	Perkins	4	236G	12F-4R	60.00	5970	No
MF-265	$10136	$1320	$2330	**$3550**	**$4560**	Perkins	4	236D	12F-4R	60.73	6100	No
MF-265 RC	$9917	$1290	$2280	**$3470**	**$4460**	Perkins	4	236G	8F-2R	60.00	6420	No
MF-265 RC	$10185	$1320	$2340	**$3570**	**$4580**	Perkins	4	236D	8F-2R	60.00	6550	No
MF-265 RC	$10375	$1350	$2390	**$3630**	**$4670**	Perkins	4	236G	12F-4R	60.00	6470	No
MF-265 RC	$10643	$1380	$2450	**$3730**	**$4790**	Perkins	4	236D	12F-4R	60.73	6600	No
MF-275	$10413	$1350	$2400	**$3650**	**$4690**	Perkins	4	248D	8F-2R	67.00	6370	No
MF-275	$10849	$1410	$2500	**$3800**	**$4880**	Perkins	4	248D	12F-4R	67.43	6420	No
MF-275 RC	$10937	$1420	$2520	**$3830**	**$4920**	Perkins	4	248D	8F-2R	67.00	6370	No
MF-275 RC	$11373	$1480	$2620	**$3980**	**$5120**	Perkins	4	248D	12F-4R	67.00	6420	No
MF-285	$12198	$1590	$2810	**$4270**	**$5490**	Perkins	4	318D	8F-2R	81.00	6975	No
MF-285	$12755	$1660	$2930	**$4460**	**$5740**	Perkins	4	318D	12F-4R	81.96	7025	No
MF-1085 RC	$13567	$1090	$2440	**$3930**	**$5160**	Perkins	4	318D	8F-2R	81.00	8800	No
MF-1085 RC	$14161	$1130	$2550	**$4110**	**$5380**	Perkins	4	318D	12F-4R	81.58	9400	No
MF-1085 RC	$16930	$1350	$3050	**$4910**	**$6430**	Perkins	4	318D	8F-2R	81.00	9800	CHA
MF-1085 RC	$17525	$1400	$3160	**$5080**	**$6660**	Perkins	4	318D	12F-4R	81.58	10400	CHA
MF-1085 Western	$16921	$1350	$3050	**$4910**	**$6430**	Perkins	4	318D	12F-4R	81.00	9900	CHA
MF-1105 RC	$16417	$1310	$2960	**$4760**	**$6240**	Perkins	6T	354D	8F-2R	100.72	9125	No
MF-1105 RC	$17076	$1370	$3070	**$4950**	**$6490**	Perkins	6T	354D	12F-4R	100.72	9725	No
MF-1105 RC	$19781	$1580	$3560	**$5740**	**$7520**	Perkins	6T	354D	8F-2R	100.72	10125	CHA
MF-1105 RC	$20440	$1640	$3680	**$5930**	**$7770**	Perkins	6T	354D	12F-4R	100.72	10725	CHA
MF-1105 Western	$19972	$1600	$3600	**$5790**	**$7590**	Perkins	6T	354D	12F-4R	100.72	10000	CHA
MF-1135 RC	$17954	$1440	$3230	**$5210**	**$6820**	Perkins	6T	354D	8F-2R	120.00	9825	No
MF-1135 RC	$18562	$1490	$3340	**$5380**	**$7050**	Perkins	6T	354D	12F-4R	120.84	10425	No
MF-1135 RC	$21413	$1710	$3850	**$6210**	**$8140**	Perkins	6T	354D	8F-2R	120.00	10825	CHA
MF-1135 RC	$22234	$1780	$4000	**$6450**	**$8450**	Perkins	6T	354D	12F-4R	120.84	11425	CHA
MF-1135 Western	$21509	$1720	$3870	**$6240**	**$8170**	Perkins	6T	354D	12F-4R	120.00	11000	CHA
MF-1155 RC	$21043	$840	$2320	**$4840**	**$6520**	Perkins	V8	540D	8F-2R	140.00	12150	No
MF-1155 RC	$21702	$870	$2390	**$4990**	**$6730**	Perkins	V8	540D	12F-4R	140.97	12750	No
MF-1155 RC	$24406	$980	$2690	**$5610**	**$7570**	Perkins	V8	540D	8F-2R	140.00	13150	CHA
MF-1155 RC	$25065	$1000	$2760	**$5770**	**$7770**	Perkins	V8	540D	12F-4R	140.97	13750	CHA
MF-1155 Western	$23710	$950	$2610	**$5450**	**$7350**	Perkins	V8	540D	12F-4R	140.00	13000	CHA
MF-1505 4WD	$30900	$1160	$3180	**$6650**	**$8960**	Cat.	V8	636D	12F-4R	175.96	16500	CHA
MF-1505 4WD w/PTO	$32400	$1220	$3340	**$6990**	**$9420**	Cat.	V8	636D	12F-4R	175.96	17000	CHA
MF-1805 4WD	$32880	$1240	$3400	**$7100**	**$9570**	Cat.	V8	636D	12F-4R	192.65	16700	CHA
MF-1805 4WD w/PTO	$34380	$1300	$3560	**$7450**	**$10040**	Cat.	V8	636D	12F-4R	192.65	17200	CHA

RC - Row Crop

	Approx. Retail Price New	Used Trade In Avg.	Used Trade In High	Used Retail Avg.	Used Retail High	Engine Make	Engine No. Cyls.	Engine Displ. Cu.-In.	No. Speeds	P.T.O. H.P.	Approx. Shipping Wt.-Lbs.	Cab
				1974								
MF-135	$4743	$1190	$1640	**$2380**	**$2800**	Perkins	3	153G	6F-2R	37.00	3305	No
MF-135	$4961	$1240	$1700	**$2480**	**$2910**	Perkins	3	153G	6F-2R	37.00	3320	No
MF-135	$5217	$1290	$1780	**$2590**	**$3040**	Perkins	3	153D	6F-2R	37.00	3475	No
MF-135	$5301	$1530	$2320	**$3480**	**$3900**	Perkins	3	153G	12F-4R	37.55	3370	No
MF-135	$5440	$1560	$2370	**$3560**	**$3990**	Perkins	3	153D	8F-2R	37.00	3490	No
MF-135	$5775	$1640	$2500	**$3750**	**$4210**	Perkins	3	153D	12F-4R	37.82	3540	No
MF-150	$5650	$1860	$2830	**$4250**	**$4770**	Perkins	3	153G	8F-2R	37.00	3860	No
MF-150	$5955	$1690	$2570	**$3850**	**$4320**	Perkins	3	153G	12F-4R	37.00	3940	No
MF-150	$6200	$1750	$2660	**$3990**	**$4480**	Perkins	3	153D	8F-2R	37.00	4200	No
MF-150	$6505	$1830	$2770	**$4160**	**$4670**	Perkins	3	153D	12F-4R	37.88	4325	No
MF-165	$6690	$1870	$2850	**$4270**	**$4790**	Perkins	4	212G	8F-2R	51.00	4597	No
MF-165	$7040	$1960	$2980	**$4470**	**$5020**	Perkins	4	212G	12F-4R	51.91	4780	No
MF-165	$7275	$2020	$3070	**$4600**	**$5170**	Perkins	4	204D	8F-2R	52.00	4855	No
MF-165	$7390	$2050	$3110	**$4670**	**$5240**	Perkins	4	204D	12F-4R	52.42	5100	No
MF-175	$8000	$2180	$3310	**$4960**	**$5570**	Perkins	4	236G	8F-2R	61.00	5199	No
MF-175	$8350	$2290	$3480	**$5220**	**$5860**	Perkins	4	236G	12F-4R	61.89	5319	No
MF-175	$8900	$2430	$3690	**$5530**	**$6210**	Perkins	4	236D	8F-2R	63.00	5605	No
MF-175	$9250	$2460	$3740	**$5620**	**$6300**	Perkins	4	236D	12F-4R	63.34	5725	No
MF-180	$8200	$2250	$3420	**$5130**	**$5760**	Perkins	4	236G	8F-2R	62.00	6200	No
MF-180	$8550	$2340	$3550	**$5330**	**$5980**	Perkins	4	236G	12F-4R	62.83	6250	No
MF-180	$9000	$2250	$3420	**$5130**	**$5760**	Perkins	4	236D	8F-2R	63.00	6568	No
MF-180	$9350	$2340	$3550	**$5330**	**$5980**	Perkins	4	236D	12F-4R	63.68	6618	No
MF-285	$12303	$1480	$2770	**$4310**	**$5540**	Perkins	4	318D	8F-2R	81.00	6975	No
MF-285	$12867	$1540	$2900	**$4500**	**$5790**	Perkins	4	318D	12F-4R	81.96	7025	No
MF-1085 RC	$12889	$970	$2260	**$3740**	**$4900**	Perkins	4	318D	8F-2R	81.00	8800	No
MF-1085 RC	$13453	$1010	$2350	**$3900**	**$5110**	Perkins	4	318D	12F-4R	81.58	9400	No
MF-1085 RC	$16084	$1210	$2820	**$4660**	**$6110**	Perkins	4	318D	8F-2R	81.00	9800	CHA
MF-1085 RC	$16649	$1250	$2910	**$4830**	**$6330**	Perkins	4	318D	12F-4R	81.58	10400	CHA
MF-1085 Western	$16075	$1210	$2810	**$4660**	**$6110**	Perkins	4	318D	12F-4R	81.00	9900	CHA
MF-1105 RC	$15596	$1170	$2730	**$4520**	**$5930**	Perkins	6T	354D	8F-2R	100.72	9125	No
MF-1105 RC	$16222	$1220	$2840	**$4700**	**$6160**	Perkins	6T	354D	12F-4R	100.72	9725	No
MF-1105 RC	$18792	$1410	$3290	**$5450**	**$7140**	Perkins	6T	354D	8F-2R	100.72	10125	CHA
MF-1105 RC	$19418	$1460	$3400	**$5630**	**$7380**	Perkins	6T	354D	12F-4R	100.72	10725	CHA
MF-1105 Western	$18973	$1420	$3320	**$5500**	**$7210**	Perkins	6T	354D	12F-4R	100.72	10000	CHA

	Approx. Retail Price New	Estimated Value Less Repairs Used Trade In Avg.	High	Used Retail Avg.	High	Engine Make	No. Cyls.	Displ. Cu.-In.	No. Speeds	P.T.O. H.P.	Approx. Shipping Wt.-Lbs.	Cab

Massey Ferguson (Cont.)

1974 (Cont.)

MF-1135 RC	$17056	$1280	$2990	**$4950**	**$6480**	Perkins	6T	354D	8F-2R	120.00	9825	No
MF-1135 RC	$17634	$1320	$3090	**$5110**	**$6700**	Perkins	6T	354D	12F-4R	120.84	10425	No
MF-1135 RC	$20342	$1530	$3560	**$5900**	**$7730**	Perkins	6T	354D	8F-2R	120.00	10825	CHA
MF-1135 RC	$21122	$1580	$3700	**$6130**	**$8030**	Perkins	6T	354D	12F-4R	120.84	11425	CHA
MF-1135 Western	$20434	$1530	$3580	**$5930**	**$7770**	Perkins	6T	354D	12F-4R	120.00	11000	CHA
MF-1155 RC	$19991	$1500	$3500	**$5800**	**$7600**	Perkins	V8	540D	8F-2R	140.00	12150	No
MF-1155 RC	$20617	$1550	$3610	**$5980**	**$7830**	Perkins	V8	540D	12F-4R	140.97	12750	No
MF-1155 RC	$23186	$1740	$4060	**$6720**	**$8810**	Perkins	V8	540D	8F-2R	140.00	13150	CHA
MF-1155 RC	$23812	$1790	$4170	**$6910**	**$9050**	Perkins	V8	540D	12F-4R	140.97	13750	CHA
MF-1155 Western	$22525	$1690	$3940	**$6530**	**$8560**	Perkins	V8	540D	12F-4R	140.00	13000	CHA
MF-1500 4WD	$22400	$900	$2460	**$5150**	**$6940**	Cat.	V8	573D	12F-4R		14420	C
MF-1505 4WD	$26190	$1050	$2880	**$6020**	**$8120**	Cat.	V8	636D	12F-4R	175.96	16500	C
MF-1505 4WD w/PTO	$27540	$1100	$3030	**$6330**	**$8540**	Cat.	V8	636D	12F-4R	175.96	17000	C
MF-1800 4WD	$26000	$1040	$2860	**$5980**	**$8060**	Cat.	V8	636D	12F-4R		16000	C
MF-1805 4WD	$27873	$1120	$3070	**$6410**	**$8640**	Cat.	V8	636D	12F-4R	192.65	16700	C
MF-1805 4WD w/PTO	$29223	$1170	$3220	**$6720**	**$9060**	Cat.	V8	636D	12F-4R	192.65	17200	C

RC - Row Crop

1973

MF-135	$5188	$1500	$2310	**$3410**	**$3830**	Perkins	3	153G	12F-4R	37.55	3370	No
MF-135	$5605	$1600	$2470	**$3650**	**$4100**	Perkins	3	153D	12F-4R	37.82	3540	No
MF-150	$5776	$1640	$2530	**$3750**	**$4210**	Perkins	3	153G	12F-4R	37.00	3940	No
MF-150	$6310	$1780	$2740	**$4050**	**$4550**	Perkins	3	153D	12F-4R	37.88	4325	No
MF-165	$6286	$1770	$2730	**$4040**	**$4540**	Perkins	4	212G	12F-4R	51.91	4780	No
MF-165	$6651	$1860	$2870	**$4250**	**$4770**	Perkins	4	204D	12F-4R	52.42	5150	No
MF-175	$7515	$2080	$3200	**$4740**	**$5320**	Perkins	4	236G	12F-4R	61.89	5319	No
MF-175	$8325	$2280	$3510	**$5200**	**$5840**	Perkins	4	236D	12F-4R	63.34	5725	No
MF-180	$7622	$2110	$3240	**$4800**	**$5390**	Perkins	4	236G	12F-4R	62.83	6250	No
MF-180	$8420	$2310	$3550	**$5260**	**$5900**	Perkins	4	236D	12F-4R	63.68	6618	No
MF-1085 RC	$11434	$870	$2110	**$3610**	**$4730**	Perkins	4	318D	12F-4R	81.58	9400	No
MF-1085 RC w/Cab	$14152	$1060	$2580	**$4390**	**$5760**	Perkins	4	318D	12F-4R	81.58	10400	CHA
MF-1085 Western	$13664	$1030	$2490	**$4250**	**$5570**	Perkins	4	318D	12F-4R	81.00	9900	CHA
MF-1105 RC	$12978	$980	$2380	**$4050**	**$5310**	Perkins	6T	354D	12F-4R	100.72	9725	No
MF-1105 RC w/Cab	$15534	$1160	$2810	**$4800**	**$6280**	Perkins	6T	354D	12F-4R	100.72	10725	CHA
MF-1105 Western	$15178	$1130	$2750	**$4690**	**$6150**	Perkins	6T	354D	12F-4R	100.72	10000	CHA
MF-1135 RC	$14107	$990	$2400	**$4090**	**$5360**	Perkins	6T	354D	12F-4R	120.84	10425	No
MF-1135 RC w/Cab	$16898	$1180	$2870	**$4900**	**$6420**	Perkins	6T	354D	12F-4R	120.84	11425	CHA
MF-1135 Western	$16347	$1140	$2780	**$4740**	**$6210**	Perkins	6T	354D	12F-4R	120.00	11000	CHA
MF-1155 RC	$16494	$1160	$2800	**$4780**	**$6270**	Perkins	V8	540D	12F-4R	140.97	12750	No
MF-1155 RC w/Cab	$19050	$1330	$3240	**$5530**	**$7240**	Perkins	V8	540D	12F-4R	140.97	13750	CHA
MF-1155 Western	$18020	$1260	$3060	**$5230**	**$6850**	Perkins	V8	540D	12F-4R	140.00	13000	CHA
MF-1500 4WD	$19040	$1330	$3240	**$5520**	**$7240**	Cat.	V8	573D	12F-4R		14420	C
MF-1800 4WD	$22100	$1550	$3760	**$6410**	**$8400**	Cat.	V8	636D	12F-4R		16000	C

RC - Row Crop

1972

MF-130	$3500	$1630	$2540	**$3710**	**$4160**	Perkins	4	107D	8F-2R	26.96	2700	No
MF-135	$4187	$1800	$2800	**$4100**	**$4600**	Perkins	3	153G	6F-2R	37.00	3085	No
MF-135	$4383	$1850	$2880	**$4210**	**$4730**	Perkins	3	153G	8F-2R	37.00	3100	No
MF-135	$4678	$1920	$2990	**$4380**	**$4910**	Perkins	3	153D	6F-2R	37.00	3260	No
MF-135	$4721	$1930	$3010	**$4400**	**$4940**	Perkins	3	153G	12F-4R	37.55	3150	No
MF-135	$4802	$1950	$3040	**$4450**	**$4990**	Perkins	3	153D	8F-2R	37.00	3275	No
MF-135	$5101	$2030	$3160	**$4620**	**$5180**	Perkins	3	153D	12F-4R	37.82	3325	No
MF-150	$4509	$1880	$2930	**$4280**	**$4800**	Perkins	3	153G	6F-2R	37.00	3500	No
MF-150	$4659	$1920	$2990	**$4370**	**$4900**	Perkins	3	153G	8F-2R	37.00	3725	No
MF-150	$4910	$1980	$3090	**$4510**	**$5060**	Perkins	3	153G	12F-4R	37.00	3805	No
MF-150	$4961	$1990	$3110	**$4540**	**$5100**	Perkins	3	153D	6F-2R	37.00	4020	No
MF-150	$5112	$2030	$3160	**$4620**	**$5190**	Perkins	3	153D	8F-2R	37.00	4200	No
MF-150	$5364	$2090	$3260	**$4770**	**$5350**	Perkins	3	153D	12F-4R	37.88	4325	No
MF-165	$5118	$2030	$3170	**$4630**	**$5200**	Perkins	4	212G	6F-2R	51.00	4597	No
MF-165	$5343	$2090	$3260	**$4760**	**$5340**	Perkins	4	212G	12F-4R	51.91	4780	No
MF-165	$5566	$2140	$3340	**$4880**	**$5480**	Perkins	4	204D	6F-2R	52.00	4855	No
MF-165	$5653	$2160	$3380	**$4930**	**$5540**	Perkins	4	204D	12F-4R	52.42	5100	No
MF-175	$5936	$2230	$3490	**$5090**	**$5720**	Perkins	4	236G	6F-2R	61.00	5199	No
MF-175	$6595	$2400	$3740	**$5470**	**$6140**	Perkins	4	236G	12F-4R	61.89	5319	No
MF-175	$7393	$2480	$3860	**$5640**	**$6340**	Perkins	4	236D	6F-2R	63.00	5605	No
MF-180	$6417	$2350	$3670	**$5370**	**$6030**	Perkins	4	236G	6F-2R	62.00	6130	No
MF-180	$7768	$2500	$3900	**$5700**	**$6400**	Perkins	4	236D	6F-2R	63.00	6498	No
MF-1080 RC	$8665	$1950	$2640	**$3900**	**$4460**	Perkins	4	318D	6F-2R	81.00	7010	No
MF-1080 RC	$9027	$2260	$3520	**$5150**	**$5780**	Perkins	4	318D	12F-4R	81.33	7450	No
MF-1080 RC	$10767	$2690	$4200	**$6140**	**$6890**	Perkins	4	318D	12F-4R	81.33	8550	CHA
MF-1080 Western	$10228	$2560	$3990	**$5830**	**$6550**	Perkins	4	318D	12F-4R	81.00	8050	CHA
MF-1100 RC	$8597	$2150	$3350	**$4900**	**$5500**	Waukesha	6	320G	6F-2R	90.00	8600	No
MF-1100 RC	$9321	$2330	$3640	**$5310**	**$5970**	Perkins	6	354D	6F-2R	93.00	8500	No
MF-1100 RC	$10001	$2500	$3900	**$5700**	**$6400**	Waukesha	6	320G	12F-4R	90.29	8850	No
MF-1100 RC	$10344	$2590	$4030	**$5900**	**$6620**	Perkins	6	354D	12F-4R	93.94	8800	No
MF-1100 RC	$11299	$2830	$4410	**$6440**	**$7230**	Perkins	6	354D	12F-4R	93.94	9800	CHA
MF-1100 Western	$9139	$2290	$3560	**$5210**	**$5850**	Waukesha	6	320G	12F-4R	90.00	10610	No
MF-1100 Western	$10734	$2680	$4190	**$6120**	**$6870**	Perkins	6	354D	12F-4R	93.00	9800	CHA
MF-1130 RC	$12426	$2800	$3790	**$5590**	**$6400**	Perkins	6T	354D	12F-4R	120.51	9500	No
MF-1130 RC	$13567	$3050	$4140	**$6110**	**$6990**	Perkins	6T	354D	12F-4R	120.51	10500	CHA
MF-1130 Western	$12889	$2900	$3930	**$5800**	**$6640**	Perkins	6T	354D	12F-4R	120.00	10000	CHA
MF-1150 RC	$14133	$1700	$3110	**$4950**	**$6570**	Perkins	V8	511D	12F-4R	135.60	13425	No
MF-1150 RC	$15790	$1900	$3470	**$5530**	**$7340**	Perkins	V8	511D	12F-4R	135.60	14450	CHA

Massey Ferguson (Cont.)

1972 (Cont.)

Model	Approx. Retail Price New	Used Trade In Avg.	Used Trade In High	Used Retail Avg.	Used Retail High	Engine Make	Engine No. Cyls.	Engine Displ. Cu.-In.	No. Speeds	P.T.O. H.P.	Approx. Shipping Wt.-Lbs.	Cab
MF-1150 Western	$15002	$1800	$3300	**$5250**	**$6980**	Perkins	V8	511D	12F-4R	135.00	13950	CHA
MF-1500 4WD	$18088	$1270	$3080	**$5250**	**$6870**	Cat.	V8	573D	12F-4R		14420	C
MF-1800 4WD	$20995	$1470	$3570	**$6090**	**$7980**	Cat.	V8	636D	12F-4R		16000	C

RC - Row Crop

1971

Model	Approx. Retail Price New	Used Trade In Avg.	Used Trade In High	Used Retail Avg.	Used Retail High	Engine Make	Engine No. Cyls.	Engine Displ. Cu.-In.	No. Speeds	P.T.O. H.P.	Approx. Shipping Wt.-Lbs.	Cab
MF-130	$3360	$1590	$2480	**$3630**	**$4070**	Perkins	4	107D	8F-2R	26.96	2700	No
MF-135	$4078	$1770	$2760	**$4030**	**$4530**	Perkins	3	153G	6F-2R	37.00	3085	No
MF-135	$4269	$1820	$2840	**$4140**	**$4650**	Perkins	3	153G	8F-2R	37.00	3100	No
MF-135	$4478	$1870	$2920	**$4260**	**$4790**	Perkins	3	153D	6F-2R	37.00	3260	No
MF-135	$4532	$1880	$2940	**$4290**	**$4820**	Perkins	3	153G	12F-4R	37.55	3150	No
MF-135	$4543	$1890	$2940	**$4300**	**$4830**	Perkins	3	153D	8F-2R	37.00	3275	No
MF-135	$5077	$2020	$3150	**$4600**	**$5170**	Perkins	3	153D	12F-4R	37.82	3325	No
MF-135 Special	$3449	$1610	$2520	**$3680**	**$4130**	Perkins	3	153G	6F-2R	37.00	3050	No
MF-150	$4329	$1830	$2860	**$4180**	**$4690**	Perkins	3	153G	6F-2R	37.00	3500	No
MF-150	$4506	$1880	$2930	**$4280**	**$4800**	Perkins	3	153G	8F-2R	37.00	3725	No
MF-150	$4749	$1940	$3020	**$4420**	**$4960**	Perkins	3	153G	12F-4R	37.00	3805	No
MF-150	$4763	$1940	$3030	**$4430**	**$4970**	Perkins	3	153D	6F-2R	37.00	4020	No
MF-150	$4956	$1990	$3100	**$4540**	**$5090**	Perkins	3	153D	8F-2R	37.00	4200	No
MF-150	$5411	$2100	$3280	**$4790**	**$5380**	Perkins	3	153D	12F-4R	37.88	4325	No
MF-165	$5058	$2020	$3140	**$4590**	**$5160**	Perkins	3	212G	6F-2R	51.00	4597	No
MF-165	$5528	$2130	$3330	**$4860**	**$5460**	Perkins	4	212G	8F-2R	51.00	4597	No
MF-165	$5778	$2200	$3420	**$5000**	**$5620**	Perkins	4	204D	6F-2R	52.00	4855	No
MF-165	$6020	$2260	$3520	**$5140**	**$5770**	Perkins	4	204D	8F-2R	52.00	4855	No
MF-165	$6162	$2290	$3570	**$5220**	**$5860**	Perkins	4	212G	12F-4R	51.91	4780	No
MF-165	$6392	$2350	$3660	**$5350**	**$6010**	Perkins	4	204D	12F-4R	52.42	5100	No
MF-175	$5820	$2210	$3440	**$5030**	**$5650**	Perkins	4	236G	8F-2R	61.00	5199	No
MF-175	$6466	$2370	$3690	**$5400**	**$6060**	Perkins	4	236G	12F-4R	61.89	5319	No
MF-175	$7046	$2510	$3920	**$5730**	**$6430**	Perkins	4	236D	8F-2R	63.00	5605	No
MF-175	$7348	$2590	$4040	**$5900**	**$6620**	Perkins	4	236D	12F-4R	63.34	5725	No
MF-180	$6111	$2280	$3550	**$5190**	**$5830**	Perkins	4	236G	6F-2R	62.00	6130	No
MF-180	$6789	$2450	$3820	**$5580**	**$6270**	Perkins	4	236G	12F-4R	62.83	6250	No
MF-180	$7398	$2600	$4060	**$5930**	**$6660**	Perkins	4	236D	6F-2R	63.00	6498	No
MF-180	$7715	$2680	$4180	**$6110**	**$6860**	Perkins	4	236D	12F-4R	63.68	6618	No
MF-1080 RC	$8579	$2150	$3350	**$4890**	**$5490**	Perkins	4	318D	6F-2R	81.00	7010	No
MF-1080 RC	$8938	$2240	$3490	**$5100**	**$5720**	Perkins	4	318D	12F-4R	81.33	7450	No
MF-1080 RC	$10660	$2670	$4160	**$6080**	**$6820**	Perkins	4	318D	12F-4R	81.33	8550	CHA
MF-1080 Western	$10127	$2530	$3950	**$5770**	**$6480**	Perkins	4	318D	12F-4R	81.00	8050	CHA
MF-1100 RC	$8512	$2130	$3320	**$4850**	**$5450**	Waukesha	6	320G	6F-2R	90.00	8600	No
MF-1100 RC	$9229	$2310	$3600	**$5260**	**$5910**	Perkins	6	354D	6F-2R	93.00	8500	No
MF-1100 RC	$9525	$2380	$3720	**$5430**	**$6100**	Waukesha	6	320G	12F-4R	90.29	8850	No
MF-1100 RC	$10242	$2560	$3990	**$5840**	**$6560**	Perkins	6	354D	12F-4R	93.94	8800	No
MF-1100 RC	$11187	$2800	$4360	**$6380**	**$7160**	Perkins	6	354D	12F-4R	93.94	9800	CHA
MF-1100 Western	$8086	$2020	$3150	**$4610**	**$5180**	Waukesha	6	320G	6F-2R	90.00	9750	No
MF-1100 Western	$9049	$2260	$3530	**$5160**	**$5790**	Waukesha	6	320G	12F-4R	90.00	10610	No
MF-1100 Western	$10628	$2660	$4150	**$6060**	**$6800**	Perkins	6	354D	12F-4R	93.00	9800	CHA
MF-1130 RC	$12303	$1480	$2710	**$4310**	**$5780**	Perkins	6T	354D	12F-4R	120.51	9500	No
MF-1130 RC	$13433	$1610	$2960	**$4700**	**$6310**	Perkins	6T	354D	12F-4R	120.51	10500	CHA
MF-1130 Western	$12761	$1530	$2810	**$4470**	**$6000**	Perkins	6T	354D	12F-4R	120.00	10000	CHA
MF-1150 RC	$13993	$980	$2380	**$4060**	**$5320**	Perkins	V8	511D	12F-4R	135.60	13425	No
MF-1150 RC	$15635	$1090	$2660	**$4530**	**$5940**	Perkins	V8	511D	12F-4R	135.60	14450	CHA
MF-1150 Western	$14853	$1040	$2530	**$4310**	**$5640**	Perkins	V8	511D	12F-4R	135.00	13950	CHA
MF-1500 4WD	$16156	$650	$1780	**$3720**	**$5010**	Cat.	V8	573D	12F-4R		14420	C
MF-1800 4WD	$19454	$780	$2140	**$4470**	**$6030**	Cat.	V8	636D	12F-4R		16000	C

RC - Row Crop

1970

Model	Approx. Retail Price New	Used Trade In Avg.	Used Trade In High	Used Retail Avg.	Used Retail High	Engine Make	Engine No. Cyls.	Engine Displ. Cu.-In.	No. Speeds	P.T.O. H.P.	Approx. Shipping Wt.-Lbs.	Cab
MF-130	$5000	$1750	$2730	**$3990**	**$4480**	Perkins	4	107D	8F-2R	26.96	2600	No
MF-135	$4190	$1550	$2410	**$3530**	**$3960**	Perkins	3	153G	12F-4R	37.55	3060	No
MF-135	$4446	$1610	$2520	**$3680**	**$4130**	Perkins	3	153D	6F-2R	37.00	3130	No
MF-135	$4500	$1750	$2720	**$3980**	**$4470**	Perkins	3	153G	6F-2R	37.00	2940	No
MF-135	$4848	$1710	$2670	**$3910**	**$4380**	Perkins	3	153D	12F-4R	37.82	3250	No
MF-150	$4286	$1570	$2450	**$3580**	**$4020**	Perkins	3	153G	6F-2R	37.00	3500	No
MF-150	$4667	$1670	$2600	**$3800**	**$4270**	Perkins	3	153G	12F-4R	37.00	3805	No
MF-150	$4715	$1680	$2620	**$3830**	**$4300**	Perkins	3	153D	6F-2R	37.00	4020	No
MF-150	$5098	$1780	$2770	**$4050**	**$4540**	Perkins	3	153D	12F-4R	37.88	4325	No
MF-165	$4914	$1730	$2700	**$3940**	**$4430**	Perkins	4	212G	6F-2R	51.00	4597	No
MF-165	$5131	$1780	$2780	**$4070**	**$4560**	Perkins	4	212G	12F-4R	51.91	4780	No
MF-165	$5345	$1840	$2870	**$4190**	**$4700**	Perkins	4	204D	6F-2R	52.00	4855	No
MF-165	$5428	$1880	$2940	**$4290**	**$4820**	Perkins	4	204D	12F-4R	52.42	5100	No
MF-175	$6078	$2020	$3150	**$4600**	**$5170**	Perkins	4	236G	12F-4R	61.89	5319	No
MF-175	$6608	$2150	$3360	**$4910**	**$5510**	Perkins	4	236D	12F-4R	63.34	5725	No
MF-180	$6382	$2100	$3270	**$4780**	**$5360**	Perkins	4	236G	12F-4R	61.00	6250	No
MF-180	$6938	$2240	$3490	**$5100**	**$5720**	Perkins	4	236D	12F-4R	63.68	6618	No
MF-1080 RC	$8103	$2030	$3160	**$4620**	**$5190**	Perkins	4	318D	6F-2R	81.00	7010	No
MF-1080 RC	$8491	$2120	$3310	**$4840**	**$5430**	Perkins	4	318D	12F-4R	81.23	7450	No
MF-1080 Western	$7941	$1990	$3100	**$4530**	**$5080**	Perkins	4	318D	6F-2R	81.00	8275	No
MF-1080 Western	$8321	$2080	$3250	**$4740**	**$5330**	Perkins	4	318D	12F-4R	81.00	8380	No
MF-1100 RC	$8050	$2010	$3140	**$4590**	**$5150**	Waukesha	6	320G	6F-2R	90.00	8600	No
MF-1100 RC	$8655	$2160	$3380	**$4930**	**$5540**	Waukesha	6	320G	12F-4R	90.29	8850	No
MF-1100 RC	$8767	$2190	$3420	**$5000**	**$5610**	Perkins	6	354D	6F-2R	93.00	8500	No
MF-1100 RC	$9370	$2340	$3650	**$5340**	**$6000**	Perkins	6	354D	12F-4R	93.00	8800	No
MF-1100 Western	$7889	$1970	$3080	**$4500**	**$5050**	Waukesha	6	320G	6F-2R	90.00	9750	No
MF-1100 Western	$8482	$2120	$3310	**$4840**	**$5430**	Waukesha	6	320G	12F-4R	90.00	10610	No

Massey Ferguson (Cont.)

	Approx. Retail Price New	Estimated Value Less Repairs: Used Trade In Avg.	High	Used Retail Avg.	High	Engine: Make	No. Cyls.	Displ. Cu.-In.	No. Speeds	P.T.O. H.P.	Approx. Shipping Wt.-Lbs.	Cab
1970 (Cont.)												
MF-1100 Western	$8592	$2150	$3350	**$4900**	**$5500**	Perkins	6	354D	6F-2R	93.00	10290	No
MF-1100 Western	$9183	$2300	$3580	**$5230**	**$5880**	Perkins	6	354D	12F-4R	93.94	10563	No
MF-1130 RC	$11593	$2720	$3650	**$5280**	**$6140**	Perkins	6T	354D	12F-4R	120.00	10500	No
MF-1130 Western	$11361	$2670	$3580	**$5170**	**$6020**	Perkins	6T	354D	12F-4R	120.51	10000	No
RC - Row Crop												
1969												
MF-130	$4500	$1630	$2540	**$3770**	**$4230**	Perkins	4	107D	8F-2R	27	2600	No
MF-135	$4400	$1610	$2510	**$3740**	**$4190**	Perkins	3	153G	6F-2R	37	2940	No
MF-135	$4400	$1640	$2560	**$3800**	**$4260**	Perkins	3	153D	6F-2R	37	3130	No
MF-150	$4245	$1740	$2710	**$4030**	**$4520**	Perkins	3	153G	8F-2R	37	3500	No
MF-150	$4670	$1630	$2540	**$3770**	**$4230**	Perkins	3	153D	8F-2R	37.8	4020	No
MF-165	$4717	$1760	$2750	**$4080**	**$4580**	Perkins	4	212G	6F-2R	52	4597	No
MF-165	$5131	$1820	$2840	**$4220**	**$4730**	Perkins	4	204D	6F-2R	52.4	4855	No
MF-175	$5834	$1890	$2950	**$4380**	**$4910**	Perkins	4	236G	12F-4R	61	5320	No
MF-175	$6343	$2150	$3350	**$4980**	**$5580**	Perkins	4	236D	12F-4R	63.34	6250	No
MF-180	$6126	$2080	$3250	**$4830**	**$5410**	Perkins	4	236G	12F-4R	61	6250	No
MF-180	$6660	$2000	$3120	**$4640**	**$5200**	Perkins	4	236D	12F-4R	63.3	6618	No
MF-1080	$7698	$1930	$3000	**$4470**	**$5000**	Perkins	4	318D	6F-2R	81.23	7010	CH
MF-1100	$8222	$2060	$3210	**$4770**	**$5340**	Waukesha	6	320G	12F-4R	90.2	8850	No
MF-1100	$8900	$2230	$3470	**$5160**	**$5790**	Perkins	6	354D	6F-2R	93.94	8800	No
MF-1130	$11013	$2750	$4300	**$6390**	**$7160**	Perkins	6T	354D	12F-4R	120.51	10000	No
1968												
MF-130	$4100	$1530	$2380	**$3570**	**$4030**	Perkins	4	107D	8F-2R	27	2600	No
MF-135	$4358	$1600	$2490	**$3730**	**$4210**	Perkins	3	153D	6F-2R	37.8	3130	No
MF-135	$3900	$1480	$2300	**$3450**	**$3890**	Continental	3	145G	6F-2R	35.3	2940	No
MF-150	$4200	$1550	$2420	**$3630**	**$4090**	Continental	3	153G	8F-2R	37	3500	No
MF-150	$4622	$1660	$2580	**$3870**	**$4370**	Perkins	3	152D	8F-2R	37.8	4020	No
MF-165	$4670	$1670	$2600	**$3900**	**$4400**	Continental	4	176G	6F-2R	52	4600	No
MF-165	$5080	$1770	$2760	**$4140**	**$4670**	Perkins	4	204D	6F-2R	52.4	4855	No
MF-175	$5776	$1940	$3030	**$4550**	**$5130**	Perkins	4	206G	8F-2R	50	5320	No
MF-175	$6280	$2070	$3230	**$4840**	**$5470**	Perkins	4	236D	8F-2R	63.34	5725	No
MF-180	$6065	$2020	$3150	**$4720**	**$5320**	Continental	4	206G	8F-2R	50	6250	No
MF-180	$6594	$2150	$3350	**$5030**	**$5670**	Perkins	4	236D	12F-4R	63.6	6620	No
MF-1100	$7400	$1780	$2410	**$3520**	**$4070**	Waukesha	6	320G	12F-4R	90.2	8850	No
MF-1100	$8012	$1920	$2600	**$3810**	**$4410**	Perkins	6	354D	6F-2R	93.94	8800	No
MF-1130	$9912	$2380	$3220	**$4710**	**$5450**	Perkins	6T	354D	12F-4R	120.51	10000	No
1967												
MF-130	$4065	$1520	$2370	**$3550**	**$4030**	Perkins	4	107D	8F-2R	27	2600	No
MF-135	$3922	$1480	$2310	**$3460**	**$3940**	Perkins	3	153D	6F-2R	37.8	3130	No
MF-135	$3800	$1450	$2260	**$3390**	**$3860**	Continental	4	145G	6F-2R	35.3	3060	No
MF-150	$3780	$1450	$2260	**$3380**	**$3850**	Continental	3	145G	8F-2R	37	3500	No
MF-150	$4160	$1540	$2400	**$3600**	**$4100**	Perkins	3	153D	8F-2R	37.8	4020	No
MF-165	$4485	$1620	$2530	**$3790**	**$4310**	Continental	4	175G	6F-2R	52	4595	No
MF-165	$4915	$1730	$2700	**$4050**	**$4600**	Perkins	4	204D	6F-2R	52.4	4915	No
MF-175	$5545	$1890	$2940	**$4410**	**$5020**	Continental	4	206G	8F-2R	50	5545	No
MF-175	$6128	$2030	$3170	**$4760**	**$5410**	Perkins	4	236D	8F-2R	63.34	5725	No
MF-180	$5781	$1950	$3040	**$4550**	**$5170**	Continental	4	206G	12F-4R	62.8	6250	No
MF-180	$6481	$2120	$3310	**$4960**	**$5640**	Perkins	4	236D	12F-4R	63.6	6618	No
MF-1100	$7030	$1690	$2320	**$3410**	**$3900**	Waukesha	6	320G	12F-4R	90.2	8850	No
MF-1100	$7611	$1830	$2510	**$3690**	**$4220**	Perkins	6	354D	6F-2R	93.94	8800	No
MF-1130	$8921	$2140	$2940	**$4330**	**$4950**	Perkins	6T	354D	12F-4R	120.51	10000	No
1966												
MF-130	$2955	$1490	$2320	**$3480**	**$3990**	Perkins	4	107D	8F-2R	27	2600	No
MF-135	$3280	$1570	$2450	**$3670**	**$4210**	Continental	3	145G	6F-2R	35.3	3079	No
MF-135	$3623	$1660	$2580	**$3870**	**$4440**	Perkins	3	153D	6F-2R	37.8	3314	No
MF-150	$3620	$1660	$2580	**$3870**	**$4440**	Continental	3	145G	6F-2R	35	3940	No
MF-150	$4050	$1760	$2750	**$4120**	**$4720**	Perkins	3	153D	6F-2R	37.8	4805	No
MF-165	$4290	$1820	$2840	**$4270**	**$4880**	Continental	4	176G	6F-2R	46	4780	No
MF-165	$4900	$1980	$3080	**$4620**	**$5290**	Perkins	4	204D	6F-2R	52.4	5100	No
MF-175	$5246	$1870	$2910	**$4360**	**$5000**	Continental	4	206G	12F-4R	50	5320	No
MF-175	$5950	$1990	$3100	**$4650**	**$5330**	Perkins	4	236D	12F-4R	63.34	6125	No
MF-180	$5260	$1820	$2830	**$4250**	**$4860**	Continental	4	206G	12F-4R	50	6250	No
MF-180	$5992	$2000	$3120	**$4680**	**$5360**	Perkins	4	236D	12F-4R	63.6	6755	No
MF-1100	$7230	$1740	$2420	**$3580**	**$4050**	Perkins	6	354D	6F-2R	93	8800	No
MF-1130	$8475	$2030	$2840	**$4200**	**$4750**	Perkins	6T	354D	12F-4R	120.51	9570	No
1965												
MF-85	$4620	$1160	$1800	**$2730**	**$3120**	Continental	4	242G	8F-2R	61	5085	No
MF-85	$5430	$1360	$2120	**$3200**	**$3670**	Perkins	4	276D	8F-2R	62	5085	No
MF-90	$5070	$1270	$1990	**$3010**	**$3440**	Continental	4	242G	8F-2R	61	5576	No
MF-90	$6120	$1530	$2390	**$3610**	**$4130**	Perkins	4	302D	16F-4R	68.53	5737	No
MF-135	$3248	$1310	$2050	**$3100**	**$3540**	Continental	3	145G	6F-2R	35.3	2940	No
MF-135	$3587	$1400	$2180	**$3290**	**$3770**	Perkins	3	153D	6F-2R	37.8	3130	No
MF-150	$3583	$1400	$2180	**$3290**	**$3770**	Continental	3	145G	6F-2R	35	3500	No
MF-150	$4010	$1500	$2340	**$3550**	**$4060**	Perkins	3	153D	6F-2R	37.8	4020	No
MF-165	$4246	$1310	$2050	**$3100**	**$3540**	Continental	4	176G	6F-2R	46	4597	No
MF-165	$4850	$1460	$2280	**$3450**	**$3950**	Perkins	4	203D	6F-2R	52.4	4855	No
MF-175	$5195	$1550	$2420	**$3660**	**$4180**	Continental	4	206G	12F-4R	50	5320	No
MF-175	$5890	$1720	$2690	**$4070**	**$4650**	Perkins	4	236D	12F-4R	63.34	5725	No
MF-180	$5555	$1660	$2580	**$3910**	**$4470**	Continental	4	206G	12F-4R	62.8	6250	No

Massey Ferguson (Cont.)

	Approx. Retail Price New	Estimated Value Less Repairs: Used Trade In Avg.	High	Used Retail Avg.	High	Engine Make	No. Cyls.	Displ. Cu.-In.	No. Speeds	P.T.O. H.P.	Approx. Shipping Wt.-Lbs.	Cab
				1965 (Cont.)								
MF-180	$6250	$1810	$2830	**$4280**	**$4890**	Perkins	4	236D	12F-4R	63.6	6620	No
MF-1100	$6869	$1650	$2340	**$3400**	**$3880**	Perkins	6	354D	12F-4R	93.94	8800	No
MF-1130	$7628	$1830	$2590	**$3780**	**$4310**	Perkins	6T	354D	12F-4R	120.51	10000	No
				1964								
MF-50	$3192	$1080	$1690	**$2570**	**$2940**	Continental	4	134G	6F-2R	31	3290	No
MF-50	$3655	$1160	$1820	**$2770**	**$3170**	Perkins	3	153D	6F-2R	38.33	3660	No
MF-65	$3890	$1220	$1910	**$2910**	**$3330**	Continental	4	176G	6F-2R	41	3800	No
MF-65 Dieselmatic	$4666	$1420	$2210	**$3370**	**$3850**	Perkins	4	203D	12F-4R	50	4200	No
MF-90	$5020	$1510	$2350	**$3580**	**$4090**	Continental	4	242G	16F-4R	61	5576	No
MF-90	$6057	$1530	$2390	**$3640**	**$4170**	Perkins	4	302D	16F-4R	68.53	5737	No
MF-97	$6852	$1710	$2670	**$4080**	**$4660**	MM	6	504D	5F-1R	90	7675	No
MF-97 4WD	$8607	$2150	$3360	**$5120**	**$5850**	MM	6	504D	5F-1R	90	8600	No
MF-135	$3216	$1050	$1640	**$2510**	**$2870**	Continental	3	145G	6F-2R	35.3	2940	No
MF-135	$3555	$1140	$1780	**$2710**	**$3100**	Perkins	3	153D	6F-2R	37.8	3130	No
MF-150	$3457	$1110	$1740	**$2650**	**$3030**	Continental	4	145G	6F-2R	35	3500	No
MF-150	$3968	$1240	$1940	**$2960**	**$3380**	Perkins	3	153D	6F-2R	37.8	4020	No
MF-165	$4200	$1300	$2030	**$3090**	**$3540**	Continental	4	176G	6F-2R	46	4600	No
MF-165	$4800	$1450	$2260	**$3450**	**$3940**	Perkins	4	203D	6F-2R	52.4	4855	No
MF-175	$5150	$1540	$2400	**$3660**	**$4180**	Continental	4	206G	12F-4R	50	5320	No
MF-175	$5850	$1710	$2670	**$4080**	**$4660**	Perkins	4	236D	12F-4R	63.34	5725	No
MF-180	$5500	$1630	$2540	**$3870**	**$4420**	Continental	4	236G	12F-4R	62.8	6250	No
MF-180	$6200	$1800	$2810	**$4280**	**$4900**	Perkins	4	236D	12F-4R	63.6	6620	No
				1963								
MF-35	......	$910	$1320	**$1870**	**$2170**	Continental	4	134G	6F-2R	33		No
MF-35	......	$1060	$1540	**$2180**	**$2530**	Perkins	3	152D	6F-2R	37		No
MF-50	$3161	$1000	$1460	**$2060**	**$2390**	Continental	4	134G	6F-2R	31	3290	No
MF-50	$3620	$1110	$1620	**$2290**	**$2660**	Perkins	3	153D	6F-2R	38.33	3660	No
MF-65	$3850	$1160	$1700	**$2400**	**$2790**	Continental	4	176G	6F-2R	41	3843	No
MF-65 Dieselmatic	$4410	$1300	$1890	**$2680**	**$3110**	Perkins	4	203D	6F-2R	50	4220	No
MF-90	$4970	$720	$1310	**$2090**	**$3160**	Continental	4	242G	8F-2R	61	5576	No
MF-90	$6000	$740	$1350	**$2140**	**$3250**	Perkins	4	302D	8F-2R	68.53	5737	No
MF-97	$6800	$820	$1500	**$2380**	**$3600**	MM	6	504D	5F-1R	90	7675	No
MF-97 4WD	$8555	$1030	$1880	**$2990**	**$4530**	MM	6	504D	5F-1R	90	8600	No
				1962								
MF-35	......	$850	$1260	**$1780**	**$2060**	Continental	4	134G	6F-2R	33		No
MF-35	......	$980	$1460	**$2050**	**$2380**	Perkins	3	152D	6F-2R	37		No
MF-50	......	$1000	$1480	**$2090**	**$2420**	Continental	4	134G	6F-2R	33	3290	No
MF-50	......	$1120	$1660	**$2330**	**$2710**	Perkins	3	152D	6F-2R	38.33	3490	No
MF-65	......	$1140	$1690	**$2380**	**$2760**	Continental	4	176G	6F-2R	41	3843	No
MF-65 Dieselmatic	......	$1270	$1880	**$2650**	**$3070**	Perkins	4	203D	6F-2R	50	4120	No
MF-85	......	$680	$1250	**$1980**	**$3060**	Continental	4	242G	8F-2R	61.23	5085	No
MF-85	......	$770	$1420	**$2250**	**$3470**	Perkins	4	276D	8F-2R	62.2	5737	No
MF-88	......	$640	$1170	**$1860**	**$2880**	Continental	4	276G	8F-2R	63.31	6680	No
MF-88	......	$760	$1400	**$2220**	**$3430**	Perkins	4	277D	8F-2R	64	7165	No
MF-90	......	$660	$1210	**$1930**	**$2970**	Continental	4	242G	16F-4R	61	5576	No
MF-90	......	$820	$1500	**$2380**	**$3670**	Perkins	4	302D	8F-2R	68.53	7245	No
				1961								
MF-35	......	$810	$1210	**$1690**	**$1960**	Continental	4	134G	6F-2R	33		No
MF-35	......	$940	$1400	**$1970**	**$2280**	Perkins	3	152D	6F-2R	37		No
MF-50	......	$980	$1470	**$2060**	**$2390**	Continental	4	134G	6F-2R	33	3290	No
MF-50	......	$1090	$1640	**$2300**	**$2670**	Perkins	3	152D	6F-2R	38.33	3490	No
MF-65	......	$1120	$1670	**$2350**	**$2720**	Continental	4	176G	6F-2R	41	3843	No
MF-65	......	$1250	$1870	**$2630**	**$3040**	Perkins	4	203D	6F-2R	48	4120	No
MF-85	......	$670	$1230	**$1960**	**$3020**	Continental	4	242G	8F-2R	61.23	5085	No
MF-85	......	$760	$1400	**$2230**	**$3440**	Perkins	4	276D	8F-2R	62.2	5737	No
MF-88	......	$640	$1170	**$1860**	**$2860**	Continental	4	276G	8F-2R	63.31	6680	No
MF-88	......	$880	$1610	**$2560**	**$3940**	Perkins	4	277D	8F-2R	64	7165	No
				1960								
MF-35	......	$780	$1190	**$1660**	**$1920**	Continental	4	134D	6F-2R	33		No
MF-35	......	$900	$1370	**$1920**	**$2220**	Perkins	3	152D	6F-2R	37		No
MF-50	......	$950	$1440	**$2020**	**$2330**	Continental	4	134G	6F-2R	33	3290	No
MF-50	......	$1040	$1580	**$2210**	**$2560**	Perkins	3	152D	6F-2R	38.33	3490	No
MF-65	......	$1090	$1660	**$2320**	**$2690**	Continental	4	176G	6F-2R	41	3843	No
MF-65	......	$1230	$1880	**$2620**	**$3030**	Perkins	4	203D	6F-2R	48	4120	No
MF-85	......	$670	$1220	**$1940**	**$3000**	Continental	4	242G	8F-2R	61.23	5085	No
MF-85	......	$760	$1400	**$2220**	**$3430**	Perkins	4	276D	8F-2R	62.2	5737	No
MF-88	......	$600	$1100	**$1750**	**$2700**	Continental	4	276G	8F-2R	63.31	6680	No
MF-88	......	$750	$1380	**$2190**	**$3380**	Perkins	4	277D	8F-2R	64	7165	No
				1959								
MF-50	......	$930	$1430	**$1990**	**$2310**	Continental	4	134G	6F-2R	33	3290	No
MF-50	......	$1020	$1570	**$2190**	**$2550**	Perkins	3	152D	6F-2R	38.33	3490	No
MF-65	......	$1070	$1650	**$2290**	**$2670**	Continental	4	176G	6F-2R	41	3843	No
MF-65	......	$1190	$1830	**$2550**	**$2970**	Perkins	4	203D	6F-2R	48	4120	No
MF-85	......	$660	$1210	**$1930**	**$2980**	Continental	4	242G	8F-2R	61.23	5085	No
MF-85	......	$760	$1390	**$2210**	**$3420**	Perkins	4	276D	8F-2R	62.2	5737	No
MF-88	......	$590	$1090	**$1730**	**$2680**	Continental	4	276G	8F-2R	63.31	6680	No
MF-88	......	$740	$1360	**$2170**	**$3360**	Perkins	4	277D	8F-2R	64	7165	No

	Approx. Retail Price New	Estimated Value Less Repairs Used Trade In Avg.	High	Used Retail Avg.	High	Engine Make	No. Cyls.	Displ. Cu.-In.	No. Speeds	P.T.O. H.P.	Approx. Shipping Wt.-Lbs.	Cab

Massey Ferguson (Cont.)

				1958								
MF-50	......	$900	$1410	**$1950**	**$2290**	Continental	4	134G	6F-2R	33	3290	No
MF-50	......	$1000	$1560	**$2160**	**$2530**	Perkins	3	152D	6F-2R	38.33	3490	No
MF-65	......	$1040	$1630	**$2260**	**$2650**	Continental	4	176G	6F-2R	41	3843	No
MF-65	......	$1160	$1820	**$2520**	**$2960**	Perkins	4	203D	6F-1R	48	4120	No
MF-85	......	$640	$1180	**$1870**	**$2910**	Continental	4	242G	8F-2R	61.23	5085	No
MF-85	......	$740	$1350	**$2150**	**$3350**	Perkins	4	276D	8F-2R	62.2	5737	No

Massey Harris

				1958								
MH-333	......	$850	$1330	**$1840**	**$2160**	MH	4	208G	10F-1R	37.15	4590	No
MH-333	......	$950	$1480	**$2050**	**$2410**	MH	4	208D	10F-1R	39	6005	No
MH-444	......	$1020	$1590	**$2200**	**$2580**	MH	4	277G	10F-1R	52	5780	No
MH-444	......	$1100	$1730	**$2390**	**$2810**	MH	4	277D	10F-1R	48.21	6499	No
MH-555	......	$1070	$1670	**$2320**	**$2720**	MH	4	382G	4F-1R	71	7435	No
MH-555	......	$1150	$1800	**$2500**	**$2930**	MH	4	382D	4F-1R	72	7525	No
				1957								
MH-11 Pony	......	$860	$1370	**$1910**	**$2230**	Continental	4	62G	3F-1R	11.1	1550	No
MH-16 Pacer	......	$880	$1400	**$1950**	**$2290**	Continental	4	91G	3F-1R	18	1950	No
MH-21 Colt	......	$930	$1470	**$2040**	**$2390**	Continental	4	124G	4F-1R	25	2550	No
MH-333	......	$830	$1310	**$1820**	**$2130**	MH	4	208G	10F-1R	37.15	4590	No
MH-333	......	$900	$1430	**$1990**	**$2330**	MH	4	208D	10F-1R	39	6005	No
MH-444	......	$1000	$1580	**$2200**	**$2570**	MH	4	277G	10F-1R	52	5780	No
MH-444	......	$1090	$1720	**$2400**	**$2810**	MH	4	277D	10F-1R	48.21	6499	No
MH-555	......	$1050	$1660	**$2310**	**$2700**	MH	4	382G	4F-1R	71	7435	No
MH-555	......	$1140	$1800	**$2510**	**$2940**	MH	4	382D	4F-1R	72	7525	No
				1956								
MH-11 Pony	......	$820	$1310	**$1830**	**$2140**	Continental	4	62G	3F-1R	11.1	1550	No
MH-16 Pacer	......	$850	$1370	**$1920**	**$2240**	Continental	4	91G	3F-1R	18	1950	No
MH-21 Colt	......	$900	$1440	**$2020**	**$2350**	Continental	4	124G	4F-1R	25	2550	No
MH-23 Mustang	......	$930	$1500	**$2100**	**$2450**	Continental	4	150G	4F-1R	24	2830	No
MH-50	......	$970	$1560	**$2190**	**$2550**	Continental	4	134G	6F-2R	31.36	3100	No
MH-333	......	$780	$1250	**$1750**	**$2040**	MH	4	208G	10F-1R	37.15	4590	No
MH-333	......	$860	$1390	**$1940**	**$2270**	MH	4	208D	10F-1R	39	6005	No
MH-444	......	$960	$1540	**$2160**	**$2520**	MH	4	277G	10F-1R	52	5780	No
MH-444	......	$1060	$1690	**$2380**	**$2770**	MH	4	277D	10F-1R	48.21	6499	No
MH-555	......	$1040	$1670	**$2340**	**$2730**	MH	4	382G	4F-1R	71	7435	No
MH-555	......	$1120	$1790	**$2510**	**$2930**	MH	4	382D	4F-1R	72	7525	No
				1955								
MH-11 Pony	......	$790	$1280	**$1800**	**$2100**	Continental	4	62G	3F-1R	11.1	1550	No
MH-16 Pacer	......	$830	$1340	**$1900**	**$2210**	Continental	4	91G	3F-1R	18	1950	No
MH-21 Colt	......	$870	$1420	**$2000**	**$2330**	Continental	4	124G	4F-1R	25	2550	No
MH-22	......	$890	$1450	**$2040**	**$2370**	Continental	4	139G	4F-1R	17.9	2815	No
MH-23 Mustang	......	$910	$1480	**$2090**	**$2430**	Continental	4	150G	4F-1R	24	2830	No
MH-33	......	$910	$1480	**$2080**	**$2420**	MH	4	201G	5F-1R	36.23	5191	No
MH-33D	......	$930	$1510	**$2120**	**$2470**	MH	4	201D	5F-1R	46	4190	No
MH-44	......	$880	$1430	**$2010**	**$2340**	MH	4	260G	5F-1R	41.3	3855	No
MH-44D	......	$950	$1540	**$2180**	**$2530**	MH	4	260D	5F-1R	39.4	3995	No
MH-50	......	$940	$1520	**$2150**	**$2500**	Continental	4	134G	6F-2R	31.36	3100	No
MH-55	......	$910	$1480	**$2090**	**$2430**	MH	4	382G	4F-1R	55.72	6725	No
MH-55D	......	$980	$1590	**$2240**	**$2610**	MH	4	382D	4F-1R	60	7150	No
MH-555	......	$1020	$1660	**$2340**	**$2720**	MH	4	382G	4F-1R	71	7435	No
MH-555	......	$1090	$1780	**$2500**	**$2910**	MH	4	382D	4F-1R	72	7525	No
				1954								
MH-11 Pony	......	$740	$1210	**$1730**	**$2010**	Continental	4	62G	3F-1R	11.1	1550	No
MH-16 Pacer	......	$800	$1310	**$1880**	**$2180**	Continental	4	91G	3F-1R	18	1950	No
MH-21 Colt	......	$850	$1390	**$1990**	**$2310**	Continental	4	124G	4F-1R	25	2550	No
MH-22	......	$870	$1420	**$2040**	**$2370**	Continental	4	139G	4F-1R	17.95	2815	No
MH-23 Mustang	......	$900	$1460	**$2090**	**$2430**	Continental	4	150G	4F-1R	24	2830	No
MH-33	......	$890	$1440	**$2070**	**$2400**	MH	4	201G	5F-1R	36.23	5191	No
MH-33D	......	$920	$1490	**$2140**	**$2480**	MH	4	201D	5F-1R	46	4190	No
MH-44	......	$860	$1400	**$2010**	**$2330**	MH	4	260G	5F-1R	41.3	3855	No
MH-44D	......	$930	$1520	**$2180**	**$2530**	MH	4	260D	5F-1R	39.4	3995	No
MH-55	......	$880	$1430	**$2050**	**$2380**	MH	4	382G	4F-1R	55.72	6725	No
MH-55D	......	$950	$1540	**$2220**	**$2570**	MH	4	382D	4F-1R	60	7150	No
				1953								
MH-11 Pony	......	$730	$1190	**$1740**	**$2010**	Continental	4	62G	3F-1R	11.1	1550	No
MH-21 Colt	......	$820	$1340	**$1950**	**$2260**	Continental	4	124G	4F-1R	25	2550	No
MH-22	......	$860	$1400	**$2040**	**$2360**	Continental	4	139G	4F-1R	17.95	2815	No
MH-23 Mustang	......	$880	$1420	**$2080**	**$2410**	Continental	4	150G	4F-1R	24	2830	No
MH-30	......	$850	$1380	**$2020**	**$2340**	Continental	4	134G	5F-2R	33	3475	No
MH-33	......	$860	$1400	**$2050**	**$2380**	MH	4	201G	5F-1R	36.23	5191	No
MH-33D	......	$900	$1460	**$2140**	**$2480**	MH	4	201D	5F-1R	46	4190	No
MH-44	......	$840	$1370	**$2000**	**$2310**	MH	4	260G	5F-1R	41.3	3855	No
MH-44D	......	$910	$1480	**$2170**	**$2510**	MH	4	260D	5F-1R	39.4	3995	No
MH-55	......	$860	$1400	**$2050**	**$2380**	MH	4	382G	4F-1R	55.72	6725	No
MH-55D	......	$930	$1500	**$2200**	**$2540**	MH	4	382D	4F-1R	60	7150	No

	Approx. Retail Price New	Estimated Value Less Repairs Used Trade In Avg.	High	Used Retail Avg.	High	Engine Make	No. Cyls.	Displ. Cu.-In.	No. Speeds	P.T.O. H.P.	Approx. Shipping Wt.-Lbs.	Cab

Massey Harris (Cont.)

Model	Approx. Retail Price New	Used Trade In Avg.	Used Trade In High	Used Retail Avg.	Used Retail High	Engine Make	No. Cyls.	Displ. Cu.-In.	No. Speeds	P.T.O. H.P.	Approx. Shipping Wt.-Lbs.	Cab
1952												
MH-11 Pony	......	$710	$1160	**$1710**	**$1970**	Continental	4	62G	3F-1R	11.1	1550	No
MH-21 Colt	......	$800	$1310	**$1930**	**$2230**	Continental	4	124G	4F-1R	25	2550	No
MH-22	......	$840	$1370	**$2010**	**$2330**	Continental	4	139G	4F-1R	17.95	2815	No
MH-23 Mustang	......	$860	$1390	**$2050**	**$2370**	Continental	4	150G	4F-1R	24	2830	No
MH-30	......	$820	$1330	**$1960**	**$2260**	Continental	4	134G	5F-2R	33	3475	No
MH-33	......	$840	$1360	**$2010**	**$2320**	MH	4	201G	5F-1R	36.23	5191	No
MH-33D	......	$880	$1430	**$2110**	**$2430**	MH	4	201D	5F-1R	46	4190	No
MH-44	......	$820	$1340	**$1970**	**$2280**	MH	4	260G	5F-1R	41.3	3855	No
MH-44D	......	$890	$1450	**$2140**	**$2470**	MH	4	260D	5F-1R	39.4	3995	No
MH-55	......	$850	$1370	**$2020**	**$2340**	MH	4	382G	4F-1R	55.72	6725	No
MH-55D	......	$900	$1470	**$2170**	**$2500**	MH	4	382D	4F-1R	60	7150	No
1951												
MH-11 Pony	......	$690	$1110	**$1660**	**$1910**	Continental	4	62G	3F-1R	11.1	1550	No
MH-22	......	$820	$1330	**$1980**	**$2290**	Continental	4	139G	4F-1R	17.95	2815	No
MH-30	......	$790	$1290	**$1910**	**$2210**	Continental	4	134G	5F-2R	33	3475	No
MH-44	......	$810	$1310	**$1950**	**$2250**	MH	4	260G	5F-1R	41.3	3855	No
MH-44D	......	$880	$1420	**$2110**	**$2440**	MH	4	260D	5F-1R	39.4	3995	No
MH-55	......	$830	$1350	**$2010**	**$2320**	MH	4	382G	4F-1R	55.72	6725	No
MH-55D	......	$890	$1440	**$2150**	**$2480**	MH	4	382D	4F-1R	60	7150	No
1950												
MH-11 Pony	......	$670	$1080	**$1630**	**$1870**	Continental	4	62G	3F-1R	11.1	1550	No
MH-22	......	$800	$1300	**$1940**	**$2240**	Continental	4	139G	4F-1R	17.95	2815	No
MH-30	......	$770	$1250	**$1870**	**$2160**	Continental	4	134G	5F-2R	33	3475	No
MH-44	......	$790	$1280	**$1930**	**$2220**	MH	4	260G	5F-1R	41.3	3855	No
MH-44-6	......	$900	$1460	**$2190**	**$2530**	Continental	6	226G	5F-1R	47	4120	No
MH-44D	......	$860	$1390	**$2090**	**$2410**	MH	4	260D	5F-1R	39.4	3995	No
MH-55	......	$820	$1330	**$2000**	**$2300**	MH	4	382G	4F-1R	55.72	6725	No
MH-55D	......	$870	$1410	**$2110**	**$2440**	MH	4	382D	4F-1R	60	7150	No
1949												
MH-11 Pony	......	$650	$1050	**$1590**	**$1830**	Continental	4	62G	3F-1R	11.1	1550	No
MH-22	......	$780	$1270	**$1920**	**$2210**	Continental	4	139G	4F-1R	17.95	2815	No
MH-30	......	$750	$1220	**$1840**	**$2120**	Continental	4	134G	5F-2R	33	3475	No
MH-44	......	$770	$1250	**$1900**	**$2190**	MH	4	260G	5F-1R	41.3	3855	No
MH-44-6	......	$880	$1440	**$2170**	**$2500**	Continental	6	226G	5F-1R	47	4120	No
MH-44D	......	$840	$1360	**$2060**	**$2380**	MH	4	260D	5F-1R	39.4	3995	No
MH-55	......	$790	$1290	**$1950**	**$2240**	MH	4	382G	4F-1R	55.72	6725	No
MH-55D	......	$850	$1370	**$2080**	**$2400**	MH	4	382D	4F-1R	60	7150	No
1948												
MH-11 Pony	......	$620	$1010	**$1530**	**$1780**	Continental	4	62G	3F-1R	11.1	1550	No
MH-20	......	$710	$1150	**$1750**	**$2030**	Continental	4	124G	4F-1R	27	2560	No
MH-22	......	$770	$1240	**$1880**	**$2190**	Continental	4	139G	4F-1R	17.95	2815	No
MH-30	......	$740	$1200	**$1810**	**$2100**	Continental	4	134G	5F-2R	33	3475	No
MH-44	......	$760	$1230	**$1860**	**$2170**	MH	4	260G	5F-1R	41.3	3855	No
MH-44-6	......	$860	$1400	**$2120**	**$2470**	Continental	6	226G	5F-1R	47	4120	No
MH-44D	......	$820	$1330	**$2010**	**$2340**	MH	4	260D	5F-1R	39.4	3995	No
MH-55	......	$770	$1250	**$1900**	**$2200**	MH	4	382G	4F-1R	55.72	6725	No
MH-55D	......	$830	$1350	**$2040**	**$2360**	MH	4	382D	4F-1R	60.4	7057	No
MH-81	......	$850	$1380	**$2090**	**$2420**	Continental	4	123G	4F-1R	21.6	2560	No
1947												
MH-11 Pony	......	$610	$990	**$1490**	**$1740**	Continental	4	62G	3F-1R	11.1	1550	No
MH-20	......	$690	$1120	**$1690**	**$1970**	Continental	4	124G	4F-1R	27	2560	No
MH-30	......	$730	$1180	**$1780**	**$2080**	Continental	4	134G	5F-2R	33	3475	No
MH-44	......	$750	$1210	**$1840**	**$2150**	MH	4	260G	5F-1R	41.3	3855	No
MH-44-6	......	$850	$1380	**$2080**	**$2430**	Continental	6	226G	5F-1R	47	4120	No
MH-44D	......	$800	$1300	**$1960**	**$2290**	MH	4	260D	5F-1R	39.4	3995	No
MH-55	......	$760	$1230	**$1860**	**$2170**	MH	4	382G	4F-1R	55.72	6725	No
MH-55D	......	$810	$1310	**$1990**	**$2330**	MH	4	382D	4F-1R	60.4	7057	No
MH-81	......	$830	$1340	**$2030**	**$2380**	Continental	4	123G	4F-1R	21.6	2560	No
MH-203	......	$730	$1180	**$1780**	**$2090**	Continental	6	217G	4F-1R	47.9	8750	No
1946												
MH-20	......	$660	$1080	**$1630**	**$1920**	Continental	4	124G	4F-1R	27	2560	No
MH-30	......	$720	$1170	**$1760**	**$2080**	Continental	4	134G	5F-2R	33	3475	No
MH-44	......	$730	$1180	**$1790**	**$2110**	MH	4	260G	5F-1R	41.3	3855	No
MH-44D	......	$780	$1270	**$1920**	**$2270**	MH	4	260D	5F-1R	39.4	3995	No
MH-55	......	$740	$1210	**$1830**	**$2150**	MH	4	382G	4F-1R	55.72	6725	No
MH-55D	......	$790	$1290	**$1950**	**$2290**	MH	4	382D	4F-1R	60.4	7057	No
MH-81	......	$810	$1320	**$1990**	**$2350**	Continental	4	123G	4F-1R	21.6	2560	No
MH-82	......	$830	$1340	**$2030**	**$2390**	Continental	4	123G	4F-1R	20.7	2560	No
MH-101 Jr	......	$760	$1240	**$1870**	**$2210**	Continental	4	162G	4F-1R		2958	No
MH-101 Sr	......	$790	$1280	**$1930**	**$2270**	Continental	6	226G	4F-1R	33	5725	No
MH-102 Jr	......	$800	$1310	**$1980**	**$2330**	Continental	4	162G	4F-1R		5862	No
MH-203	......	$710	$1150	**$1740**	**$2050**	Continental	6	217G	4F-1R	36.6		No
1945												
MH-81	......	$800	$1300	**$1970**	**$2330**	Continental	4	123G	4F-1R	21.6	2560	No
MH-82	......	$810	$1320	**$2000**	**$2370**	Continental	4	123G	4F-1R	20.7	2560	No
MH-101 Jr	......	$740	$1210	**$1830**	**$2170**	Continental	4	139G	4F-1R		2958	No
MH-101 Sr	......	$770	$1250	**$1890**	**$2240**	Continental	6	226G	4F-1R	33	5725	No

Massey Harris (Cont.)

1945 (Cont.)

Model	Approx. Retail Price New	Used Trade In Avg.	Used Trade In High	Used Retail Avg.	Used Retail High	Engine Make	Engine No. Cyls.	Engine Displ. Cu.-In.	No. Speeds	P.T.O. H.P.	Approx. Shipping Wt.-Lbs.	Cab
MH-102 Jr	......	$760	$1240	**$1870**	**$2220**	Continental	4	162G	4F-1R		5862	No
MH-102 Sr	......	$790	$1280	**$1940**	**$2300**	Continental	4	226G	4F-1R	47.9	2958	No
MH-203	......	$690	$1120	**$1700**	**$2010**	Continental	6	217G	4F-1R	36.6		No

1944

Model	Approx. Retail Price New	Used Trade In Avg.	Used Trade In High	Used Retail Avg.	Used Retail High	Engine Make	Engine No. Cyls.	Engine Displ. Cu.-In.	No. Speeds	P.T.O. H.P.	Approx. Shipping Wt.-Lbs.	Cab
MH-81	......	$780	$1270	**$1920**	**$2310**	Continental	4	123G	4F-1R	21.6	2560	No
MH-82	......	$790	$1290	**$1950**	**$2340**	Continental	4	123G	4F-1R	20.7	2560	No
MH-101 Jr	......	$730	$1180	**$1790**	**$2150**	Continental	4	139G	4F-1R		2958	No
MH-101 Sr	......	$750	$1220	**$1850**	**$2220**	Continental	6	226G	4F-1R	33	5725	No
MH-102 Sr	......	$800	$1300	**$1970**	**$2370**	Continental	4	226G	4F-1R	47.9	2958	No
MH-202	......	$600	$970	**$1470**	**$1770**	Continental	6	217G	4F-1R	36.6	6600	No
MH-203	......	$670	$1090	**$1650**	**$1990**	Continental	6	217G	4F-1R	36.6		No

1943

Model	Approx. Retail Price New	Used Trade In Avg.	Used Trade In High	Used Retail Avg.	Used Retail High	Engine Make	Engine No. Cyls.	Engine Displ. Cu.-In.	No. Speeds	P.T.O. H.P.	Approx. Shipping Wt.-Lbs.	Cab
MH-81	......	$760	$1240	**$1880**	**$2260**	Continental	4	123G	4F-1R	21.6	2560	No
MH-82	......	$780	$1260	**$1910**	**$2300**	Continental	4	123G	4F-1R	20.7	2560	No
MH-101 Jr	......	$710	$1150	**$1740**	**$2100**	Continental	4	139G	4F-1R		2958	No
MH-101 Sr	......	$730	$1190	**$1800**	**$2170**	Continental	6	226G	4F-1R	33	5725	No
MH-102 Sr	......	$780	$1270	**$1920**	**$2300**	Continental	4	226G	4F-1R	47.9	2958	No
MH-202	......	$580	$950	**$1430**	**$1720**	Continental	6	217G	4F-1R	36.6	6600	No
MH-203	......	$650	$1060	**$1610**	**$1930**	Continental	6	217G	4F-1R	36.6		No

1942

Model	Approx. Retail Price New	Used Trade In Avg.	Used Trade In High	Used Retail Avg.	Used Retail High	Engine Make	Engine No. Cyls.	Engine Displ. Cu.-In.	No. Speeds	P.T.O. H.P.	Approx. Shipping Wt.-Lbs.	Cab
MH-81	......	$730	$1190	**$1810**	**$2170**	Continental	4	123G	4F-1R	21.6	2560	No
MH-82	......	$750	$1220	**$1840**	**$2220**	Continental	4	123G	4F-1R	20.7	2560	No
MH-101 Jr	......	$690	$1120	**$1690**	**$2040**	Continental	4	139G	4F-1R		2958	No
MH-101 Sr	......	$710	$1160	**$1760**	**$2110**	Continental	6	226G	4F-1R	33	5725	No
MH-102 Sr	......	$760	$1240	**$1870**	**$2250**	Continental	4	226G	4F-1R	47.9	2958	No
MH-202	......	$570	$920	**$1390**	**$1680**	Continental	6	217G	4F-1R	36.6	6600	No
MH-203	......	$640	$1030	**$1560**	**$1880**	Continental	6	217G	4F-1R	36.6		No

1941

Model	Approx. Retail Price New	Used Trade In Avg.	Used Trade In High	Used Retail Avg.	Used Retail High	Engine Make	Engine No. Cyls.	Engine Displ. Cu.-In.	No. Speeds	P.T.O. H.P.	Approx. Shipping Wt.-Lbs.	Cab
MH-81	......	$710	$1150	**$1740**	**$2100**	Continental	4	123G	4F-1R	21.6	2560	No
MH-82	......	$720	$1170	**$1760**	**$2120**	Continental	4	123G	4F-1R	20.7	2560	No
MH-101 Jr	......	$670	$1090	**$1650**	**$1990**	Continental	4	139G	4F-1R		2958	No
MH-101 Sr	......	$700	$1130	**$1710**	**$2060**	Continental	6	226G	4F-1R	33	5725	No
MH-102 Sr	......	$820	$1330	**$2010**	**$2410**	Continental	4	226G	4F-1R	47.9	2958	No
MH-202	......	$550	$900	**$1360**	**$1630**	Continental	6	217G	4F-1R	36.6	6600	No
MH-203	......	$620	$1000	**$1520**	**$1830**	Continental	6	217G	4F-1R	36.6		No

1940

Model	Approx. Retail Price New	Used Trade In Avg.	Used Trade In High	Used Retail Avg.	Used Retail High	Engine Make	Engine No. Cyls.	Engine Displ. Cu.-In.	No. Speeds	P.T.O. H.P.	Approx. Shipping Wt.-Lbs.	Cab
MH-101 Jr	......	$650	$1060	**$1610**	**$1930**	Continental	4	139G	4F-1R		2958	No
MH-101 Sr	......	$680	$1110	**$1680**	**$2020**	Continental	6	226G	4F-1R	33	5725	No
MH-203	......	$600	$980	**$1480**	**$1780**	Continental	6	217G	4F-1R	36.6		No

1939

Model	Approx. Retail Price New	Used Trade In Avg.	Used Trade In High	Used Retail Avg.	Used Retail High	Engine Make	Engine No. Cyls.	Engine Displ. Cu.-In.	No. Speeds	P.T.O. H.P.	Approx. Shipping Wt.-Lbs.	Cab
MH-101 Jr	......	$650	$1060	**$1610**	**$1930**	Continental	4	139G	4F-1R		2958	No
MH-101 Sr	......	$680	$1110	**$1680**	**$2020**	Continental	6	226G	4F-1R	33	5725	No

McCormick

2007

Model	Approx. Retail Price New	Used Trade In Avg.	Used Trade In High	Used Retail Avg.	Used Retail High	Engine Make	Engine No. Cyls.	Engine Displ. Cu.-In.	No. Speeds	P.T.O. H.P.	Approx. Shipping Wt.-Lbs.	Cab
CT28HST	$17980	$8450	$9530	**$11870**	**$12950**	Mitsubishi	4	91D	Variable	22		No
CT28M	$16965	$7970	$8990	**$11200**	**$12220**	Mitsubishi	4	91D	12F-12R	23		No
CT36HST	$20530	$9650	$10880	**$13550**	**$14780**	Mitsubishi	4	107D	Variable	29		No
CT36M	$18660	$8770	$9890	**$12320**	**$13440**	Mitsubishi	4	107D	12F-12R	31		No
CT41M	$20035	$9420	$10620	**$13220**	**$14430**	Mitsubishi	4	141D	12F-12R	36		No
CT41HST	$21430	$10070	$11360	**$14140**	**$15430**	Mitsubishi	4	141D	Variable	34		No
CT47M	$21390	$10050	$11340	**$14120**	**$15400**	Mitsubishi	4	152D	12F-12R	41		No
CT47HST	$23020	$10820	$12200	**$15190**	**$16570**	Mitsubishi	4	152D	Variable	39		No
GX45-4 4WD	$22227	$10450	$11780	**$14670**	**$16000**	Yanmar	4	121D	12F-12R	36.0		No
GX50-4 4WD	$23441	$11020	$12420	**$15470**	**$16880**	Yanmar	4	133D	12F-12R	41.0		No
GX50-4 4WD w/Cab	$28800	$13540	$15260	**$19010**	**$20740**	Yanmar	4	133D	12F-12R	41.0		CHA
GX50H-4 4WD	$26692	$12550	$14150	**$17620**	**$19220**	Yanmar	4	133D	Variable	41.0		No
GX50H-4 4WD w/Cab	$32051	$15060	$16990	**$21150**	**$23080**	Yanmar	4	133D	Variable	41.0		CHA
MB55-2	$22725	$10680	$12040	**$15000**	**$16360**	Perkins	3	201D	8F-8R	53.0		No
MB65-2	$26404	$12410	$13990	**$17430**	**$19010**	Perkins	4	268	8F-8R	62.0		No
MB65-2 4WD	$31234	$14680	$16550	**$20610**	**$22490**	Perkins	4	268	8F-8R	62.0		No
C60L	$23332	$10970	$12370	**$15400**	**$16800**	Perkins	3T	201D	8F-4R	52.0		No
C60L 4WD	$27789	$13060	$14730	**$18340**	**$20010**	Perkins	3T	201D	8F-4R	52.0		No
C70L	$25932	$12190	$13740	**$17120**	**$18670**	Perkins	3T	201D	8F-4R	60.0		No
C70L 4WD	$30982	$14560	$16420	**$20450**	**$22310**	Perkins	3T	201D	8F-4R	60.0		No
C80L	$28623	$13450	$15170	**$18890**	**$20610**	Perkins	3T	201D	8F-4R	67.0		No
C80L 4WD	$33996	$15980	$18020	**$22440**	**$24480**	Perkins	3T	201D	8F-4R	67.0		No
C100S	$37394	$17580	$19820	**$24680**	**$26920**	Perkins	4T	244D	8F-4R	83.0		No
C100S 4WD	$41814	$19650	$22160	**$27600**	**$30110**	Perkins	4T	244D	8F-4R	83.0		No
C70S 4WD	$32952	$15490	$17470	**$21750**	**$23730**	Perkins	4	256D	8F-4R	60.0		No
C80S	$32068	$15070	$17000	**$21170**	**$23090**	Perkins	4T	244D	8F-4R	67.0		No
C80S 4WD	$36473	$17140	$19330	**$24070**	**$26260**	Perkins	4T	244D	8F-4R	67.0		No
C90S	$34136	$16040	$18090	**$22530**	**$24580**	Perkins	4T	244D	8F-4R	74.0		No
C90S 4WD	$38556	$18120	$20440	**$25450**	**$27760**	Perkins	4T	244D	8F-4R	74.0		No
CX75 XtraShift	$39016	$18340	$20680	**$25750**	**$28090**	Perkins	4	268D	24F-24R	60.0		No
CX75 XtraShift 4WD	$43172	$20290	$22880	**$28490**	**$31080**	Perkins	4	268D	24F-24R	60.0		No

McCormick (Cont.)

Model	Approx. Retail Price New	Used Trade In Avg.	Used Trade In High	Used Retail Avg.	Used Retail High	Engine Make	Engine No. Cyls.	Engine Displ. Cu.-In.	No. Speeds	P.T.O. H.P.	Approx. Shipping Wt.-Lbs.	Cab
2007 (Cont.)												
CX75 XtraShift w/Cab	$45515	$21390	$24120	$30040	$32770	Perkins	4	268D	24F-24R	60.0		CHA
CX75 XtraShift w/Cab 4WD	$49671	$23350	$26330	$32780	$35760	Perkins	4	268D	24F-24R	60.0		CHA
R75FP	$33512	$15750	$17760	$22120	$24130	Perkins	4	268D	15F-15R	62.0		No
R75FP 4WD	$39678	$18650	$21030	$26190	$28570	Perkins	4	268D	15F-15R	62.0		No
R75FP 4WD w/Cab	$45064	$21180	$23880	$29740	$32450	Perkins	4	268D	15F-15R	62.0		CHA
R75FP w/Cab	$38898	$18280	$20620	$25670	$28010	Perkins	4	268D	15F-15R	62.0		CHA
CX75 Power Shift	$36189	$17010	$19180	$23890	$26060	Perkins	4	268D	16F-8R	60.0		No
CX75 Power Shift 4WD	$40344	$18960	$21380	$26630	$29050	Perkins	4	268D	16F-8R	60.0		No
CX75 Power Shift w/Cab	$42688	$20060	$22630	$28170	$30740	Perkins	4	268D	16F-8R	60.0		CHA
CX75 Power Shift w/Cab 4WD	$46843	$22020	$24830	$30920	$33730	Perkins	4	268D	18F-6R	60.0		CHA
CX85 XtraShift	$43234	$20320	$22910	$28530	$31130	Perkins	4T	268D	24F-24R	67.0		No
CX85 XtraShift 4WD	$47389	$22270	$25120	$31280	$34120	Perkins	4T	268D	24F-24R	67.0		No
CX85 XtraShift w/Cab	$49733	$23380	$26360	$32820	$35810	Perkins	4T	268D	24F-24R	67.0		CHA
CX85 XtraShift w/Cab 4WD	$53888	$25330	$28560	$35570	$38800	Perkins	4T	268D	24F-24R	67.0		CHA
CX85 Power Shift	$40408	$18990	$21420	$26670	$29090	Perkins	4T	268D	18F-6R	67.0		No
CX85 Power Shift 4WD	$44561	$20940	$23620	$29410	$32080	Perkins	4T	268D	16F-8R	67.0		No
CX85 Power Shift 4WD w/Cab	$46906	$22050	$24860	$30960	$33770	Perkins	4T	268D	18F-6R	67.0		CHA
CX85 Power Shift w/Cab	$51060	$24000	$27060	$33700	$36760	Perkins	4T	268D	16F-8R	67.0		CHA
CX95 XtraShift	$46589	$21900	$24690	$30750	$33540	Perkins	4T	268D	24F-24R	74.0		No
CX95 XtraShift 4WD	$50748	$23850	$26900	$33490	$36540	Perkins	4T	268D	24F-24R	74.0		No
CX95 XtraShift w/Cab	$53088	$24950	$28140	$35040	$38220	Perkins	4T	268D	24F-24R	74.0		CHA
CX95 XtraShift w/Cab 4WD	$57247	$26910	$30340	$37780	$41220	Perkins	4T	268D	24F-24R	74.0		CHA
CX95 Power Shift	$43762	$20570	$23190	$28880	$31510	Perkins	4T	268D	18F-6R	74.0		No
CX95 Power Shift 4WD	$47920	$22520	$25400	$31630	$34500	Perkins	4T	268D	18F-6R	74.0		No
CX95 Power Shift w/Cab	$50261	$23620	$26640	$33170	$36190	Perkins	4T	268D	16F-8R	74.0		CHA
CX95 Power Shift w/Cab 4WD	$54419	$25580	$28840	$35920	$39180	Perkins	4T	268D	16F-8R	74.0		CHA
CX105 XtraShift	$47926	$22530	$25400	$31630	$34510	Perkins	4T	268D	24F-24R	83.0		No
CX105 XtraShift 4WD	$52083	$24480	$27600	$34380	$37500	Perkins	4T	268D	24F-24R	83.0		No
CX105 XtraShift w/Cab	$54425	$25580	$28850	$35920	$39190	Perkins	4T	268D	24F-24R	83.0		CHA
CX105 XtraShift w/Cab 4WD	$58582	$27530	$31050	$38660	$42180	Perkins	4T	268D	24F-24R	83.0		CHA
CX105 Power Shift	$45637	$21450	$24190	$30120	$32860	Perkins	4T	268D	18F-6R	83.0		No
CX105 Power Shift 4WD	$49795	$23400	$26390	$32870	$35850	Perkins	4T	268D	16F-8R	83.0		No
CX105 Power Shift w/Cab	$52136	$24500	$27630	$34410	$37540	Perkins	4T	268D	18F-6R	83.0		CHA
CX105 Power Shift w/Cab 4WD	$56294	$26460	$29840	$37150	$40530	Perkins	4T	268D	18F-6R	83.0		CHA
C-MAX 105-2	$39843	$18730	$21120	$26300	$28690	Perkins	4T	268D	12F-12R	89.8		No
C-MAX 105-2 4WD	$45844	$21550	$24300	$30260	$33010	Perkins	4T	268D	12F-12R	89.8		No
C-MAX 105-2 4WD w/Cab	$51428	$24170	$27260	$33940	$37030	Perkins	4T	268D	12F-12R	89.8		CHA
C-MAX 105-2 w/Cab	$45427	$21350	$24080	$29980	$32710	Perkins	4T	268D	12F-12R	89.8		CHA
C-MAX 105HC-2	$41066	$19300	$21770	$27100	$29570	Perkins	4T	268D	24F-12R	89.8		No
C-MAX 105HC-2 4WD	$48850	$22960	$25890	$32240	$35170	Perkins	4T	268D	24F-12R	89.8		No
C-MAX 105HC-2 w/Cab	$46650	$21930	$24730	$30790	$33590	Perkins	4T	268D	24F-12R	89.8		CHA
C-MAX 105HC-2 w/Cab 4WD	$54434	$25580	$28850	$35930	$39190	Perkins	4T	268D	24F-12R	89.8		CHA
C-MAX 60-2	$29192	$13720	$15470	$19270	$21020	Perkins	3	201D	12F-12R	58.5		No
C-MAX 60-2 4WD	$34076	$16020	$18060	$22490	$24540	Perkins	3	201D	12F-12R	58.5		No
C-MAX 60-2 4WD w/Cab	$39660	$18640	$21020	$26180	$28560	Perkins	3	201D	12F-12R	58.5		CHA
C-MAX 60-2 w/Cab	$34776	$16350	$18430	$22950	$25040	Perkins	3	201D	12F-12R	58.5		CHA
C-MAX 75-2	$32151	$15110	$17040	$21220	$23150	Perkins	4	268D	12F-12R	62.4		No
C-MAX 75-2 4WD	$37035	$17410	$19630	$24440	$26670	Perkins	4	268D	12F-12R	62.4		No
C-MAX 75-2 4WD w/Cab	$42619	$20030	$22590	$28130	$30690	Perkins	4	268D	12F-12R	62.4		CHA
C-MAX 75-2 w/Cab	$37735	$17740	$20000	$24910	$27170	Perkins	4	268D	12F-12R	62.4		CHA
C-MAX 85-2	$33402	$15700	$17700	$22050	$24050	Perkins	4	268D	12F-12R	74.4		No
C-MAX 85-2 4WD	$39986	$18790	$21190	$26390	$28790	Perkins	4	268D	12F-12R	74.4		No
C-MAX 85-2 4WD w/Cab	$45570	$21420	$24150	$30080	$32810	Perkins	4	268D	12F-12R	74.4		CHA
C-MAX 85-2 w/Cab	$38986	$18320	$20660	$25730	$28070	Perkins	4	268D	12F-12R	74.4		CHA
C-MAX 85HC-2	$35584	$16720	$18860	$23490	$25620	Perkins	4	268D	24F-12R	74.4		No
C-MAX 85HC-2 4WD w/Cab	$47942	$22530	$25410	$31640	$34520	Perkins	4	268D	24F-12R	74.4		CHA
C-MAX 85HC-2 w/Cab	$41168	$19350	$21820	$27170	$29640	Perkins	4	268D	24F-12R	74.4		CHA
C-MAX 85HC=2 w/4WD	$42358	$19910	$22450	$27960	$30500	Perkins	4	268D	24F-12R	74.4		No
C-MAX 95-2	$37138	$17460	$19680	$24510	$26740	Perkins	4T	268D	12F-12R	83.8		No
C-MAX 95-2 4WD	$42553	$20000	$22550	$28090	$30640	Perkins	4T	268D	12F-12R	83.8		No
C-MAX 95-2 4WD w/Cab	$48137	$22620	$25510	$31770	$34660	Perkins	4T	268D	12F-12R	83.8		CHA
C-MAX 95-2 w/Cab	$42722	$20080	$22640	$28200	$30760	Perkins	4T	268D	12F-12R	83.8		CHA
C-MAX 95HC-2	$38561	$18120	$20440	$25450	$27760	Perkins	4T	268D	24F-12R	83.8		No
C-MAX 95HC-2 4WD	$45910	$21580	$24330	$30300	$33060	Perkins	4T	268D	24F-12R	83.8		No
C-MAX 95HC-2 4WD w/Cab	$51494	$24200	$27290	$33990	$37080	Perkins	4T	268D	24F-12R	83.8		CHA
C-MAX 95HC-2 w/Cab	$44145	$20750	$23400	$29140	$31780	Perkins	4T	268D	24F-12R	83.8		CHA
MC95 4WD	$52313	$24590	$27730	$34530	$37670	Perkins	4T	268D	16F-12R	74.0		No
MC95 4WD w/Cab	$59926	$28170	$31760	$39550	$43150	Perkins	4T	268D	16F-12R	74.0		CHA
MC105	$52133	$24500	$27630	$34410	$37540	Perkins	4T	268D	16F-12R	83.0		No
MC105 4WD	$57074	$26830	$30250	$37670	$41090	Perkins	4T	268D	16F-12R	83.0		No
MC105 4WD w/Cab	$54687	$25700	$28980	$36090	$39380	Perkins	4T	268D	16F-12R	83.0		CHA
MC105 w/Cab	$59746	$28080	$31670	$39430	$43020	Perkins	4T	268D	16F-12R	83.0		CHA
MC115	$55391	$26030	$29360	$36560	$39880	Perkins	4TI	268D	16F-12R	96.0		No
MC115 4WD	$60333	$28360	$31980	$39820	$43440	Perkins	4TI	268D	16F-12R	96.0		No
MC115 4WD w/Cab	$67946	$31940	$36010	$44840	$48920	Perkins	4TI	268D	16F-12R	96.0		CHA
MC115 w/Cab	$63003	$29610	$33390	$41580	$45360	Perkins	4TI	268D	16F-12R	96.0		CHA
MC120 Power 6 4WD	$65065	$30580	$34480	$42940	$46850	Perkins	6T	366D	16F-12R	98.0		No
MC120 Power 6 4WD w/Cab	$72825	$34230	$38600	$48070	$52430	Perkins	6T	366D	16F-12R	98.0		CHA
MC135 Power 6 4WD	$70457	$33120	$37340	$46500	$50730	Perkins	6T	366D	16F-12R	113.0		No
MC135 Power 6 4WD w/Cab	$78143	$36730	$41420	$51570	$56260	Perkins	6T	366D	16F-12R	113.0		CHA
MTX120 4WD w/Cab	$75776	$35620	$40160	$50010	$54560	McCormick	6T	408D	16F-12R	100.0		CHA
MTX120 w/Cab	$70038	$32920	$37120	$46230	$50430	McCormick	6T	408D	16F-12R	100.0		CHA
MTX135 4WD w/Cab	$80692	$37930	$42770	$53260	$58100	McCormick	6TI	408D	16F-12R	112.0		CHA
MTX135 w/Cab	$75010	$35260	$39760	$49510	$54010	McCormick	6TI	408D	16F-12R	112.0		CHA

McCormick (Cont.)

Model	Approx. Retail Price New	Estimated Value Less Repairs: Used Trade In Avg.	Used Trade In High	Used Retail Avg.	Used Retail High	Engine Make	Engine No. Cyls.	Engine Displ. Cu.-In.	No. Speeds	P.T.O. H.P.	Approx. Shipping Wt.-Lbs.	Cab
2007 (Cont.)												
MTX150 4WD w/Cab	$88465	$41580	$46890	**$58390**	**$63700**	McCormick	6TI	408D	16F-12R	130.0		CHA
MTX150 w/Cab	$82755	$38900	$43860	**$54620**	**$59580**	McCormick	6TI	408D	16F-12R	130.0		CHA
XTX145E 4WD w/Cab	$94348	$44340	$50000	**$62270**	**$67930**	McCormick	6TI	411D	32F-24R	133.0		CHA
XTX145M 4WD w/Cab	$88682	$41680	$47000	**$58530**	**$63850**	McCormick	6TI	411D	32F-24R	133.0		CHA
XTX165E 4WD w/Cab	$100440	$47210	$53230	**$66290**	**$72320**	McCormick	6TI	411D	32F-24R	147.0		CHA
XTX165M 4WD w/Cab	$94769	$44540	$50230	**$62550**	**$68230**	McCormick	6TI	411D	32F-24R	147.0		CHA
XTX185M 4WD w/Cab	$103364	$48580	$54780	**$68220**	**$74420**	McCormick	6TI	411D	32F-24R	141.0		CHA
XTX185E 4WD w/Cab	$108950	$51210	$57740	**$71910**	**$78440**	McCormick	6TI	411D	32F-24R	141.0		CHA
XTX200M 4WD w/Cab	$108848	$51160	$57690	**$71840**	**$78370**	McCromick	6TI	411D	32F-24R	169.0		CHA
XTX200E 4WD w/Cab	$114438	$53790	$60650	**$75530**	**$82400**	McCormick	6TI	411D	32F-24R	169.0		CHA
XTX215M 4WD w/Cab	$114543	$53840	$60710	**$75600**	**$82470**	Cummins	6TI	359D	32F-24R	179.0		CHA
XTX215E 4WD w/Cab	$120132	$56460	$63670	**$79290**	**$86500**	Cummins	6TI	359D	32F-24R	179.0		CHA
ZTX230 4WD w/Cab	$139101	$72330	$79290	**$94590**	**$101540**	Cummins	6TA	505D	18F-8R	185.0		CHA
ZTX260 4WD w/Cab	$150832	$78430	$85970	**$102570**	**$110110**	Cummins	6TA	505D	18F-8R	210.0		CHA
ZTX280 4WD w/Cab	$166978	$86830	$95180	**$113550**	**$121890**	Cummins	6TA	505D	18F-8R	250.0		CHA
2006												
GX45 4WD	$22227	$9110	$10670	**$13560**	**$15110**	Yanmar	4	121D	12F-12R	36.0		No
GX50 4WD	$23441	$9610	$11250	**$14300**	**$15940**	Yanmar	4	133D	12F-12R	41.0		No
GX50 4WD w/Cab	$28800	$11810	$13820	**$17570**	**$19580**	Yanmar	4	133D	12F-12R	41.0		CHA
GX50 Hydro 4WD	$26692	$10940	$12810	**$16280**	**$18150**	Yanmar	4	133D	Variable	41.0		No
GX50 Hydro 4WD w/Cab	$32051	$13140	$15380	**$19550**	**$21800**	Yanmar	4	133D	Variable	41.0		CHA
C70S 4WD	$31925	$13090	$15320	**$19470**	**$21710**	Perkins	4	256D	8F-4R	60.0		No
CX75 XtraShift	$38249	$15680	$18360	**$23330**	**$26010**	Perkins	4	268D	24F-24R	60.0		No
CX75 XtraShift 4WD	$42325	$17350	$20320	**$25820**	**$28780**	Perkins	4	268D	24F-24R	60.0		No
CX75 XtraShift w/Cab	$44620	$18290	$21420	**$27220**	**$30340**	Perkins	4	268D	24F-24R	60.0		CHA
CX75 XtraShift w/Cab 4WD	$48696	$19970	$23370	**$29710**	**$33110**	Perkins	4	268D	24F-24R	60.0		CHA
CX75 Power Shift	$35478	$14550	$17030	**$21640**	**$24130**	Perkins	4	268D	16F-8R	60.0		No
CX75 Power Shift 4WD	$39552	$16220	$18990	**$24130**	**$26900**	Perkins	4	268D	16F-8R	60.0		No
CX75 Power Shift w/Cab	$41850	$17160	$20090	**$25530**	**$28460**	Perkins	4	268D	16F-8R	60.0		CHA
CX75 Power Shift w/Cab 4WD	$45923	$18830	$22040	**$28010**	**$31230**	Perkins	4	268D	18F-6R	60.0		CHA
C80S	$31108	$12750	$14930	**$18980**	**$21150**	Perkins	4T	244D	8F-4R	67.0		No
C80S 4WD	$35426	$14530	$17000	**$21610**	**$24090**	Perkins	4T	244D	8F-4R	67.0		No
CX85 XtraShift	$42385	$17380	$20350	**$25860**	**$28820**	Perkins	4T	268D	24F-24R	67.0		No
CX85 XtraShift 4WD	$46460	$19050	$22300	**$28340**	**$31590**	Perkins	4T	268D	24F-24R	67.0		No
CX85 XtraShift w/Cab	$48757	$19990	$23400	**$29740**	**$33160**	Perkins	4T	268D	24F-24R	67.0		CHA
CX85 XtraShift w/Cab 4WD	$52831	$21660	$25360	**$32230**	**$35930**	Perkins	4T	268D	24F-24R	67.0		CHA
CX85 Power Shift	$39613	$16240	$19010	**$24160**	**$26940**	Perkins	4T	268D	18F-6R	67.0		No
CX85 Power Shift 4WD	$43687	$17910	$20970	**$26650**	**$29710**	Perkins	4T	268D	16F-8R	67.0		No
CX85 Power Shift 4WD w/Cab	$50058	$20520	$24030	**$30540**	**$34040**	Perkins	4T	268D	18F-6R	67.0		CHA
CX85 Power Shift w/Cab	$45984	$18850	$22070	**$28050**	**$31270**	Perkins	4T	268D	16F-8R	67.0		CHA
C90S	$33135	$13590	$15910	**$20210**	**$22530**	Perkins	4T	244D	8F-4R	74.0		No
C90S 4WD	$37468	$15360	$17990	**$22860**	**$25480**	Perkins	4T	244D	8F-4R	74.0		No
CX95 XtraShift	$45676	$18730	$21920	**$27860**	**$31060**	Perkins	4T	268D	24F-24R	74.0		No
CX95 XtraShift 4WD	$49752	$20400	$23880	**$30350**	**$33830**	Perkins	4T	268D	24F-24R	74.0		No
CX95 XtraShift w/Cab	$52047	$21340	$24980	**$31750**	**$35390**	Perkins	4T	268D	24F-24R	74.0		CHA
CX95 XtraShift w/Cab 4WD	$56123	$23010	$26940	**$34240**	**$38160**	Perkins	4T	268D	24F-24R	74.0		CHA
CX95 Power Shift	$42904	$17590	$20590	**$26170**	**$29180**	Perkins	4T	268D	18F-6R	74.0		No
CX95 Power Shift 4WD	$46980	$19260	$22550	**$28660**	**$31950**	Perkins	4T	268D	18F-6R	74.0		No
CX95 Power Shift w/Cab	$49275	$20200	$23650	**$30060**	**$33510**	Perkins	4T	268D	16F-8R	74.0		CHA
CX95 Power Shift w/Cab 4WD	$53351	$21870	$25610	**$32540**	**$36280**	Perkins	4T	268D	16F-8R	74.0		CHA
C100S	$36329	$14900	$17440	**$22160**	**$24700**	Perkins	4T	244D	8F-4R	83.0		No
C100S 4WD	$40662	$16670	$19520	**$24800**	**$27650**	Perkins	4T	244D	8F-4R	83.0		No
CX105 XtraShift	$46986	$19260	$22550	**$28660**	**$31950**	Perkins	4T	268D	24F-24R	83.0		No
CX105 XtraShift 4WD	$51062	$20940	$24510	**$31150**	**$34720**	Perkins	4T	268D	24F-24R	83.0		No
CX105 XtraShift w/Cab	$53357	$21880	$25610	**$32550**	**$36280**	Perkins	4T	268D	24F-24R	83.0		CHA
CX105 XtraShift w/Cab 4WD	$57433	$23550	$27570	**$35030**	**$39050**	Perkins	4T	268D	24F-24R	83.0		CHA
CX105 Power Shift	$44742	$18340	$21480	**$27290**	**$30430**	Perkins	4T	268D	18F-6R	83.0		No
CX105 Power Shift 4WD	$48818	$20020	$23430	**$29780**	**$33200**	Perkins	4T	268D	16F-8R	83.0		No
CX105 Power Shift w/Cab	$51113	$20960	$24530	**$31180**	**$34760**	Perkins	4T	268D	18F-6R	83.0		CHA
CX105 Power Shift w/Cab 4WD	$55189	$22630	$26490	**$33670**	**$37530**	Perkins	4T	268D	18F-6R	83.0		CHA
C-MAX 105	$39062	$16020	$18750	**$23830**	**$26560**	Perkins	4T	268D	12F-12R	89.8		No
C-MAX 105 4WD	$44947	$18430	$21580	**$27420**	**$30560**	Perkins	4T	268D	12F-12R	89.8		No
C-MAX 105 4WD w/Cab	$50372	$20650	$24180	**$30730**	**$34250**	Perkins	4T	268D	12F-12R	89.8		CHA
C-MAX 105 w/Cab	$44487	$18240	$21350	**$27140**	**$30250**	Perkins	4T	268D	12F-12R	89.8		CHA
C-MAX 105 HC	$40261	$16510	$19330	**$24560**	**$27380**	Perkins	4T	268D	24F-12R	89.8		No
C-MAX 105 HC 4WD	$47893	$19640	$22990	**$29220**	**$32570**	Perkins	4T	268D	24F-12R	89.8		No
C-MAX 105 HC w/Cab	$45686	$18730	$21930	**$27870**	**$31070**	Perkins	4T	268D	24F-12R	89.8		CHA
C-MAX 105 HC w/Cab 4WD	$53318	$21860	$25590	**$32520**	**$36260**	Perkins	4T	268D	24F-12R	89.8		CHA
C-MAX 60	$28620	$11730	$13740	**$17460**	**$19460**	Perkins	3	201D	12F-12R	58.5		No
C-MAX 60 4WD	$33407	$13700	$16040	**$20380**	**$22720**	Perkins	3	201D	12F-12R	58.5		No
C-MAX 60 4WD w/Cab	$38832	$15920	$18640	**$23690**	**$26410**	Perkins	3	201D	12F-12R	58.5		CHA
C-MAX 60 w/Cab	$34045	$13960	$16340	**$20770**	**$23150**	Perkins	3	201D	12F-12R	58.5		CHA
C-MAX 75	$31522	$12920	$15130	**$19230**	**$21440**	Perkins	4	268D	12F-12R	62.4		No
C-MAX 75 4WD	$36308	$14890	$17430	**$22150**	**$24690**	Perkins	4	268D	12F-12R	62.4		No
C-MAX 75 4WD w/Cab	$41733	$17110	$20030	**$25460**	**$28380**	Perkins	4	268D	12F-12R	62.4		CHA
C-MAX 75 w/Cab	$36947	$15150	$17740	**$22540**	**$25120**	Perkins	4	268D	12F-12R	62.4		CHA
C-MAX 85	$32748	$13430	$15720	**$19980**	**$22270**	Perkins	4	268D	12F-12R	74.4		No
C-MAX 85 4WD	$39203	$16070	$18820	**$23910**	**$26660**	Perkins	4	268D	12F-12R	74.4		No
C-MAX 85 4WD w/Cab	$44628	$18300	$21420	**$27220**	**$30350**	Perkins	4	268D	12F-12R	74.4		CHA
C-MAX 85 w/Cab	$38173	$15650	$18320	**$23290**	**$25960**	Perkins	4	268D	12F-12R	74.4		CHA
C-MAX 85HC	$34885	$14300	$16750	**$21280**	**$23720**	Perkins	4	268D	24F-12R	74.4		No
C-MAX 85HC 4WD	$41527	$17030	$19930	**$25330**	**$28240**	Perkins	4	268D	24F-12R	74.4		No
C-MAX 85HC 4WD w/Cab	$46952	$19250	$22540	**$28640**	**$31930**	Perkins	4	268D	24F-12R	74.4		CHA

McCormick (Cont.)

2006 (Cont.)

Model	Approx. Retail Price New	Estimated Value Less Repairs: Used Trade In Avg.	Used Trade In High	Used Retail Avg.	Used Retail High	Engine Make	No. Cyls.	Displ. Cu.-In.	No. Speeds	P.T.O. H.P.	Approx. Shipping Wt.-Lbs.	Cab
C-MAX 85HC w/Cab	$40310	$16530	$19350	**$24590**	**$27410**	Perkins	4	268D	24F-12R	74.4		CHA
C-MAX 95	$36410	$14930	$17480	**$22210**	**$24760**	Perkins	4T	268D	12F-12R	83.8		No
C-MAX 95 4WD	$41719	$17110	$20030	**$25450**	**$28370**	Perkins	4T	268D	12F-12R	83.8		No
C-MAX 95 4WD w/Cab	$47144	$19330	$22630	**$28760**	**$32060**	Perkins	4T	268D	12F-12R	83.8		CHA
C-MAX 95 w/Cab	$41835	$17150	$20080	**$25520**	**$28450**	Perkins	4T	268D	12F-12R	83.8		CHA
C-MAX 95 HC	$37805	$15500	$18150	**$23060**	**$25710**	Perkins	4T	268D	24F-12R	83.8		No
C-MAX 95 HC 4WD	$45010	$18450	$21610	**$27460**	**$30610**	Perkins	4T	268D	24F-12R	83.8		No
C-MAX 95 HC 4WD w/Cab	$50435	$20680	$24210	**$30770**	**$34300**	Perkins	4T	268D	24F-12R	83.8		CHA
C-MAX 95 HC w/Cab	$43230	$17720	$20750	**$26370**	**$29400**	Perkins	4T	268D	24F-12R	83.8		CHA
MC95 4WD	$51194	$20990	$24570	**$31230**	**$34810**	Perkins	4T	268D	16F-12R	74.0		No
MC95 4WD w/Cab	$58658	$24050	$28160	**$35780**	**$39890**	Perkins	4T	268D	16F-12R	74.0		CHA
MC105	$51018	$20920	$24490	**$31120**	**$34690**	Perkins	4T	268D	16F-12R	83.0		No
MC105 4WD	$55862	$22900	$26810	**$34080**	**$37990**	Perkins	4T	268D	16F-12R	83.0		No
MC105 4WD w/Cab	$63326	$25960	$30400	**$38630**	**$43060**	Perkins	4T	268D	16F-12R	83.0		CHA
MC105 w/Cab	$58482	$23980	$28070	**$35670**	**$39770**	Perkins	4T	268D	16F-12R	83.0		CHA
MC115	$54211	$22230	$26020	**$33070**	**$36860**	Perkins	4TI	268D	16F-12R	96.0		No
MC115 4WD	$59056	$24210	$28350	**$36020**	**$40160**	Perkins	4TI	268D	16F-12R	96.0		No
MC115 4WD w/Cab	$66520	$27270	$31930	**$40580**	**$45230**	Perkins	4TI	268D	16F-12R	96.0		CHA
MC115 w/Cab	$61674	$25290	$29600	**$37620**	**$41940**	Perkins	4TI	268D	16F-12R	96.0		CHA
MC120 Power 6 4WD	$63696	$26120	$30570	**$38860**	**$43310**	Perkins	6T	366D	16F-12R	98.0		No
MC120 Power 6 4WD w/Cab	$71305	$29240	$34230	**$43500**	**$48490**	Perkins	6T	366D	16F-12R	98.0		CHA
MC135 Power 6 4WD	$68982	$28280	$33110	**$42080**	**$46910**	Perkins	6T	366D	16F-12R	113.0		No
MC135 Power 6 4WD w/Cab	$76518	$31370	$36730	**$46680**	**$52030**	Perkins	6T	366D	16F-12R	113.0		CHA
MTX120 4WD w/Cab	$74197	$30420	$35620	**$45260**	**$50450**	McCormick	6T	408D	16F-12R	100.0		CHA
MTX120 w/Cab	$68572	$28120	$32920	**$41830**	**$46630**	McCormick	6T	408D	16F-12R	100.0		CHA
MTX135 4WD w/Cab	$79017	$32400	$37930	**$48200**	**$53730**	McCormick	6TI	408D	16F-12R	112.0		CHA
MTX135 w/Cab	$73447	$30110	$35260	**$44800**	**$49940**	McCormick	6TI	408D	16F-12R	112.0		CHA
MTX150 4WD w/Cab	$86638	$35520	$41590	**$52850**	**$58910**	McCormick	6TI	408D	16F-12R	130.0		CHA
MTX150 w/Cab	$81039	$33230	$38900	**$49430**	**$55110**	McCormick	6TI	408D	16F-12R	130.0		CHA
XTX185M 4WD w/Cab	$100606	$41250	$48290	**$61370**	**$68410**	McCormick	6TI	411D	32F-24R	141.0		CHA
XTX185E 4WD w/Cab	$106083	$43490	$50920	**$64710**	**$72140**	McCormick	6TI	411D	32F-24R	141.0		CHA
XTX200M 4WD w/Cab	$105983	$43450	$50870	**$64650**	**$72070**	McCromick	6TI	411D	32F-24R	169.0		CHA
XTX200E 4WD w/Cab	$111563	$45740	$53550	**$68050**	**$75860**	McCormick	6TI	411D	32F-24R	169.0		CHA
XTX215M 4WD w/Cab	$111567	$45740	$53550	**$68060**	**$75870**	Cummins	6TI	359D	32F-24R	179.0		CHA
XTX215E 4WD w/Cab	$117045	$47990	$56180	**$71400**	**$79590**	Cummins	6TI	359D	32F-24R	179.0		CHA
ZTX230 4WD w/Cab	$136289	$61330	$70870	**$85860**	**$92680**	Cummins	6TA	505D	18F-8R	185.0		CHA
ZTX260 4WD w/Cab	$147790	$66510	$76850	**$93110**	**$100500**	Cummins	6TA	505D	18F-8R	210.0		CHA
ZTX280 4WD w/Cab	$163620	$73630	$85080	**$103080**	**$111260**	Cummins	6TA	505D	18F-8R	250.0		CHA

2005

Model	Approx. Retail Price New	Estimated Value Less Repairs: Used Trade In Avg.	Used Trade In High	Used Retail Avg.	Used Retail High	Engine Make	No. Cyls.	Displ. Cu.-In.	No. Speeds	P.T.O. H.P.	Approx. Shipping Wt.-Lbs.	Cab
GX40	$18684	$7100	$8410	**$10650**	**$12150**	Yanmar	3	100D	12F-12R	31.0		No
GX40 4WD	$20305	$7720	$9140	**$11570**	**$13200**	Yanmar	3	100D	12F-12R	31.0		No
GX40 Hydro	$21232	$8070	$9550	**$12100**	**$13800**	Yanmar	3	100D	Variable	31.0		No
GX40 Hydro 4WD	$23098	$8780	$10390	**$13170**	**$15010**	Yanmar	3	100D	Variable	31.0		No
GX45	$20082	$7630	$9040	**$11450**	**$13050**	Yanmar	4	121D	12F-12R	36.0		No
GX45 4WD	$21580	$8200	$9710	**$12300**	**$14030**	Yanmar	4	121D	12F-12R	36.0		No
GX45 4WD w/Cab	$26818	$10190	$12070	**$15290**	**$17430**	Yanmar	4	121D	12F-12R	36.0		CH
GX45 w/Cab	$25320	$9620	$11390	**$14430**	**$16460**	Yanmar	4	121D	12F-12R	36.0		CH
GX45 Hydro	$22847	$8680	$10280	**$13020**	**$14850**	Yanmar	4	121D	Variable	36.0		No
GX45 Hydro 4WD	$24564	$9330	$11050	**$14000**	**$15970**	Yanmar	4	121D	Variable	36.0		No
GX45 Hydro 4WD w/Cab	$29802	$11330	$13410	**$16990**	**$19370**	Yanmar	4	121D	Variable	36.0		CHA
GX45 Hydro w/Cab	$28085	$10670	$12640	**$16010**	**$18260**	Yanmar	4	121D	Variable	36.0		CHA
GX50	$21331	$8110	$9600	**$12160**	**$13870**	Yanmar	4	133D	12F-12R	41.0		No
GX50 4WD	$22758	$8650	$10240	**$12970**	**$14790**	Yanmar	4	133D	12F-12R	41.0		No
GX50 4WD w/Cab	$27996	$10640	$12600	**$15960**	**$18200**	Yanmar	4	133D	12F-12R	41.0		CHA
GX50 w/Cab	$26569	$10100	$11960	**$15140**	**$17270**	Yanmar	4	133D	12F-12R	41.0		CHA
GX50 Hydro	$24266	$9220	$10920	**$13830**	**$15770**	Yanmar	4	133D	Variable	41.0		No
GX50 Hydro 4WD	$25914	$9850	$11660	**$14770**	**$16840**	Yanmar	4	133D	Variable	41.0		No
GX50 Hydro 4WD w/Cab	$31152	$11840	$14020	**$17760**	**$20250**	Yanmar	4	133D	Variable	41.0		CHA
GX50 Hydro w/Cab	$29504	$11210	$13280	**$16820**	**$19180**	Yanmar	4	133D	Variable	41.0		CHA
C70S	$26578	$10100	$11960	**$15150**	**$17280**	Perkins	4	256D	8F-4R	60.0		No
C70S 4WD	$30975	$11770	$13940	**$17660**	**$20130**	Perkins	4	256D	8F-4R	60.0		No
CX75 XtraShift	$38288	$14550	$17230	**$21820**	**$24890**	Perkins	4	268D	24F-24R	60.0		No
CX75 XtraShift 4WD	$42220	$16040	$19000	**$24070**	**$27440**	Perkins	4	268D	24F-24R	60.0		No
CX75 XtraShift w/Cab	$44043	$16740	$19820	**$25110**	**$28630**	Perkins	4	268D	24F-24R	60.0		CHA
CX75 XtraShift w/Cab 4WD	$48230	$18330	$21700	**$27490**	**$31350**	Perkins	4	268D	24F-24R	60.0		CHA
CX75 Power Shift	$35610	$13530	$16030	**$20300**	**$23150**	Perkins	4	268D	16F-8R	60.0		No
CX75 Power Shift 4WD	$39546	$15030	$17800	**$22540**	**$25710**	Perkins	4	268D	16F-8R	60.0		No
CX75 Power Shift w/Cab	$41616	$15810	$18730	**$23720**	**$27050**	Perkins	4	268D	16F-8R	60.0		CHA
CX75 Power Shift w/Cab 4WD	$45551	$17310	$20500	**$25960**	**$29610**	Perkins	4	268D	18F-6R	60.0		CHA
C80S	$31462	$11960	$14160	**$17930**	**$20450**	Perkins	4T	244D	8F-4R	67.0		No
C80S 4WD	$35859	$13630	$16140	**$20440**	**$23310**	Perkins	4T	244D	8F-4R	67.0		No
CX85 XtraShift	$42283	$16070	$19030	**$24100**	**$27480**	Perkins	4T	268D	24F-24R	67.0		No
CX85 XtraShift 4WD	$46220	$17560	$20800	**$26350**	**$30040**	Perkins	4T	268D	24F-24R	67.0		No
CX85 XtraShift w/Cab	$48289	$18350	$21730	**$27530**	**$31390**	Perkins	4T	268D	24F-24R	67.0		CHA
CX85 XtraShift w/Cab 4WD	$52225	$19850	$23500	**$29770**	**$33950**	Perkins	4T	268D	24F-24R	67.0		CHA
CX85 Power Shift	$39606	$15050	$17820	**$22580**	**$25740**	Perkins	4T	268D	18F-6R	67.0		No
CX85 Power Shift 4WD	$43541	$16550	$19590	**$24820**	**$28300**	Perkins	4T	268D	16F-8R	67.0		No
CX85 Power Shift 4WD w/Cab	$49546	$18830	$22300	**$28240**	**$32210**	Perkins	4T	268D	18F-6R	67.0		CHA
CX85 Power Shift w/Cab	$45611	$17330	$20530	**$26000**	**$29650**	Perkins	4T	268D	16F-8R	67.0		CHA
C90	$33635	$12780	$15140	**$19170**	**$21860**	Perkins	4T	244D	8F-4R	74.0		No
C90 4WD	$37842	$14380	$17030	**$21570**	**$24600**	Perkins	4T	244D	8F-4R	74.0		No
CX95 XtraShift	$45167	$17160	$20330	**$25750**	**$29360**	Perkins	4T	268D	24F-24R	74.0		No
CX95 XtraShift 4WD	$49402	$18770	$22230	**$28160**	**$32110**	Perkins	4T	268D	24F-24R	74.0		No

McCormick (Cont.)

2005 (Cont.)

Model	Approx. Retail Price New	Estimated Value Less Repairs: Used Trade In Avg.	Used Trade In High	Used Retail Avg.	Used Retail High	Engine Make	Engine No. Cyls.	Engine Displ. Cu.-In.	No. Speeds	P.T.O. H.P.	Approx. Shipping Wt.-Lbs.	Cab
CX95 XtraShift w/Cab	$51473	$19560	$23160	**$29340**	**$33460**	Perkins	4T	268D	24F-24R	74.0		CHA
CX95 XtraShift w/Cab 4WD	$55408	$21060	$24930	**$31580**	**$36020**	Perkins	4T	268D	24F-24R	74.0		CHA
CX95 Power Shift	$42788	$16260	$19260	**$24390**	**$27810**	Perkins	4T	268D	18F-6R	74.0		No
CX95 Power Shift 4WD	$46723	$17760	$21030	**$26630**	**$30370**	Perkins	4T	268D	18F-6R	74.0		No
CX95 Power Shift w/Cab	$48794	$18540	$21960	**$27810**	**$31720**	Perkins	4T	268D	16F-8R	74.0		CHA
CX95 Power Shift w/Cab 4WD	$52729	$20040	$23730	**$30060**	**$34270**	Perkins	4T	268D	16F-8R	74.0		CHA
C100S	$36735	$13960	$16530	**$20940**	**$23880**	Perkins	4T	244D	8F-4R	83.0		No
C100S 4WD	$40942	$15560	$18420	**$23340**	**$26610**	Perkins	4T	244D	8F-4R	83.0		No
CX105 XtraShift	$46732	$17760	$21030	**$26640**	**$30380**	Perkins	4T	268D	24F-24R	83.0		No
CX105 XtraShift 4WD	$50667	$19250	$22800	**$28880**	**$32930**	Perkins	4T	268D	24F-24R	83.0		No
CX105 XtraShift w/Cab	$52738	$20040	$23730	**$30060**	**$34280**	Perkins	4T	268D	24F-24R	83.0		CHA
CX105 XtraShift w/Cab 4WD	$56673	$21540	$25500	**$32300**	**$36840**	Perkins	4T	268D	24F-24R	83.0		CHA
CX105 Power Shift	$44564	$16930	$20050	**$25400**	**$28970**	Perkins	4T	268D	18F-6R	83.0		No
CX105 Power Shift 4WD	$48499	$18430	$21830	**$27640**	**$31520**	Perkins	4T	268D	16F-8R	83.0		No
CX105 Power Shift w/Cab	$50570	$19220	$22760	**$28830**	**$32870**	Perkins	4T	268D	18F-6R	83.0		CHA
CX105 Power Shift w/Cab 4WD	$54505	$20710	$24530	**$31070**	**$35430**	Perkins	4T	268D	18F-6R	83.0		CHA
C-MAX 105	$37553	$14270	$16900	**$21410**	**$24410**	Perkins	4T	268D	12F-12R	89.8		No
C-MAX 105 4WD	$43267	$16440	$19470	**$24660**	**$28120**	Perkins	4T	268D	12F-12R	89.8		No
C-MAX 105 4WD w/Cab	$48534	$18440	$21840	**$27660**	**$31550**	Perkins	4T	268D	12F-12R	89.8		CHA
C-MAX 105 w/Cab	$42820	$16270	$19270	**$24410**	**$27830**	Perkins	4T	268D	12F-12R	89.8		CHA
C-MAX 105 HC	$38717	$14710	$17420	**$22070**	**$25170**	Perkins	4T	268D	12F-12R	89.8		No
C-MAX 105 HC 4WD	$46281	$17590	$20830	**$26380**	**$30080**	Perkins	4T	268D	12F-12R	89.8		No
C-MAX 105 HC w/Cab	$43984	$16710	$19790	**$25070**	**$28590**	Perkins	4T	268D	12F-12R	89.8		CHA
C-MAX 105 HC w/Cab 4WD	$51548	$19590	$23200	**$29380**	**$33510**	Perkins	4T	268D	12F-12R	89.8		CHA
C-MAX 60	$27416	$10420	$12340	**$15630**	**$17820**	Perkins	3	201D	12F-12R	58.5		No
C-MAX 60 4WD	$32063	$12180	$14430	**$18280**	**$20840**	Perkins	3	201D	12F-12R	58.5		No
C-MAX 60 4WD w/Cab	$37330	$14190	$16800	**$21280**	**$24270**	Perkins	3	201D	12F-12R	58.5		CHA
C-MAX 60 w/Cab	$32683	$12420	$14710	**$18630**	**$21240**	Perkins	3	201D	12F-12R	58.5		CHA
C-MAX 75	$30023	$11410	$13510	**$17110**	**$19520**	Perkins	4	268D	12F-12R	62.4		No
C-MAX 75 4WD	$35062	$13320	$15780	**$19990**	**$22790**	Perkins	4	268D	12F-12R	62.4		No
C-MAX 75 4WD w/Cab	$40329	$15330	$18150	**$22990**	**$26210**	Perkins	4	268D	12F-12R	62.4		CHA
C-MAX 75 w/Cab	$35290	$13410	$15880	**$20120**	**$22940**	Perkins	4	268D	12F-12R	62.4		CHA
C-MAX 85	$31422	$11940	$14140	**$17910**	**$20420**	Perkins	4	268D	12F-12R	74.4		No
C-MAX 85 4WD	$37689	$14320	$16960	**$21480**	**$24500**	Perkins	4	268D	12F-12R	74.4		No
C-MAX 85 4WD w/Cab	$42956	$16320	$19330	**$24490**	**$27920**	Perkins	4	268D	12F-12R	74.4		CHA
C-MAX 85 w/Cab	$36689	$13940	$16510	**$20910**	**$23850**	Perkins	4	268D	12F-12R	74.4		CHA
C-MAX 85HC	$33499	$12730	$15080	**$19090**	**$21770**	Perkins	4	268D	12F-12R	74.4		No
C-MAX 85HC 4WD	$39946	$15180	$17980	**$22770**	**$25970**	Perkins	4	268D	24F-12R	74.4		No
C-MAX 85HC 4WD w/Cab	$45213	$17180	$20350	**$25770**	**$29390**	Perkins	4	268D	24F-12R	74.4		CHA
C-MAX 85HC w/Cab	$38766	$14730	$17450	**$22100**	**$25200**	Perkins	4	268D	12F-12R	74.4		CHA
C-MAX 95	$34979	$13290	$15740	**$19940**	**$22740**	Perkins	4T	268D	12F-12R	83.8		No
C-MAX 95 4WD	$40283	$15310	$18130	**$22960**	**$26180**	Perkins	4T	268D	12F-12R	83.8		No
C-MAX 95 4WD w/Cab	$45550	$17310	$20500	**$25960**	**$29610**	Perkins	4T	268D	12F-12R	83.8		CHA
C-MAX 95 w/Cab	$40246	$15290	$18110	**$22940**	**$26160**	Perkins	4T	268D	12F-12R	83.8		CHA
C-MAX 95 HC	$36333	$13810	$16350	**$20710**	**$23620**	Perkins	4T	268D	12F-12R	83.8		No
C-MAX 95 HC 4WD	$43326	$16460	$19500	**$24700**	**$28160**	Perkins	4T	268D	24F-12R	83.8		No
C-MAX 95 HC 4WD w/Cab	$48593	$18470	$21870	**$27700**	**$31590**	Perkins	4T	268D	24F-12R	83.8		CHA
C-MAX 95 HC w/Cab	$41600	$15810	$18720	**$23710**	**$27040**	Perkins	4T	268D	12F-12R	83.8		CHA
MC95 4WD	$51962	$19750	$23380	**$29620**	**$33780**	Perkins	4T	268D	16F-12R	74.0		No
MC95 4WD w/Cab	$60287	$22290	$26400	**$33440**	**$38130**	Perkins	4T	268D	16F-12R	74.0		CHA
MC105	$53540	$19380	$22950	**$29070**	**$33150**	Perkins	4T	268D	16F-12R	83.0		No
MC105 4WD	$57322	$21230	$25140	**$31840**	**$36310**	Perkins	4T	268D	16F-12R	83.0		No
MC105 4WD w/Cab	$64820	$24070	$28510	**$36110**	**$41180**	Perkins	4T	268D	16F-12R	83.0		CHA
MC105 w/Cab	$59030	$22230	$26330	**$33350**	**$38030**	Perkins	4T	268D	16F-12R	83.0		CHA
MC115	$56638	$20600	$24390	**$30890**	**$35230**	Perkins	4TI	268D	16F-12R	96.0		No
MC115 4WD	$61342	$22460	$26600	**$33690**	**$38420**	Perkins	4TI	268D	16F-12R	96.0		No
MC115 4WD w/Cab	$67920	$25270	$29930	**$37910**	**$43230**	Perkins	4TI	268D	16F-12R	96.0		CHA
MC115 w/Cab	$63214	$23450	$27770	**$35170**	**$40110**	Perkins	4TI	268D	16F-12R	96.0		CHA
MC120 Power 6 4WD	$64669	$24210	$28670	**$36310**	**$41410**	Perkins	6T	366D	16F-12R	98.0		No
MC120 Power 6 4WD w/Cab	$71247	$27070	$32060	**$40610**	**$46310**	Perkins	6T	366D	16F-12R	98.0		CHA
MC135 Power 6 4WD	$70334	$26220	$31050	**$39330**	**$44850**	Perkins	6T	366D	16F-12R	113.0		No
MC135 Power 6 4WD w/Cab	$76912	$29230	$34610	**$43840**	**$49990**	Perkins	6T	366D	16F-12R	113.0		CHA
MTX120 4WD w/Cab	$74938	$28200	$33390	**$42290**	**$48230**	McCormick	6T	408D	16F-12R	100.0		CHA
MTX120 w/Cab	$69113	$26070	$30870	**$39100**	**$44590**	McCormick	6T	408D	16F-12R	100.0		CHA
MTX120 Hi-Clear w/Cab	$79518	$29830	$35330	**$44750**	**$51030**	McCormick	6T	408D	16F-12R	100.0		CHA
MTX135 4WD w/Cab	$80253	$30020	$35550	**$45030**	**$51350**	McCormick	6TI	408D	16F-12R	112.0		CHA
MTX135 w/Cab	$74898	$27930	$33080	**$41900**	**$47780**	McCormick	6TI	408D	16F-12R	112.0		CHA
MTX135 Hi-Clear w/Cab	$84959	$31920	$37800	**$47880**	**$54600**	McCormick	6TI	408D	16F-12R	112.0		CHA
MTX150 4WD w/Cab	$87581	$33060	$39150	**$49590**	**$56550**	McCormick	6TI	408D	16F-12R	130.0		CHA
MTX150 w/Cab	$82461	$31160	$36900	**$46740**	**$53300**	McCormick	6TI	408D	16F-12R	130.0		CHA
MTX150 Hi-Clear w/Cab	$91551	$34390	$40730	**$51590**	**$58830**	McCormick	6TI	408D	16F-12R	130.0		CHA
MTX165 4WD w/Cab	$97858	$36860	$43650	**$55290**	**$63050**	McCromick	6TI	408D	16F-12R	141.0		CHA
MTX165 w/Cab	$91741	$34580	$40950	**$51870**	**$59150**	McCormick	6TI	408D	16F-12R	141.0		CHA
MTX185 4WD w/Cab	$102900	$38760	$45900	**$58140**	**$66300**	McCormick	6TI	408D	16F-12R	160.0		CHA
MTX185 w/Cab	$97546	$36900	$43700	**$55350**	**$63120**	McCormick	6TI	408D	16F-12R	160.0		CHA
MTX200 4WD w/Cab	$108137	$40850	$48380	**$61280**	**$69880**	Cummins	6TA	359D	16F-12R	170.0		CHA
ZTX230 4WD w/Cab	$146834	$58730	$69010	**$86630**	**$93970**	Cummins	6TA	505D	18F-8R	185.0		CHA
ZTX230 PS 4WD w/Cab	$147916	$59170	$69520	**$87270**	**$94670**	Cummins	6TA	505D	36F-16R	185.0		CHA
ZTX260 4WD w/Cab	$157245	$62900	$73910	**$92780**	**$100640**	Cummins	6TA	505D	18F-8R	210.0		CHA
ZTX260 PS 4WD w/Cab	$158327	$63330	$74410	**$93410**	**$101330**	Cummins	6TA	505D	36F-16R	210.0		CHA
ZTX280 4WD w/Cab	$173460	$69380	$81530	**$102340**	**$111010**	Cummins	6TA	505D	18F-8R	250.0		CHA
ZTX280 PS 4WD w/Cab	$174542	$69820	$82040	**$102980**	**$111710**	Cummins	6TA	505D	36F-16R	250.0		CHA

McCormick (Cont.)

	Approx. Retail Price New	Estimated Value Less Repairs: Used Trade In Avg.	High	Used Retail Avg.	High	Make	Engine No. Cyls.	Displ. Cu.-In.	No. Speeds	P.T.O. H.P.	Approx. Shipping Wt.-Lbs.	Cab
2004												
GX40	$18828	$6400	$7910	**$9790**	**$11490**	Yanmar	3	100D	12F-12R	31.0		No
GX40 4WD	$20450	$6950	$8590	**$10630**	**$12480**	Yanmar	3	100D	12F-12R	31.0		No
GX40 4WD w/Cab	$24575	$8360	$10320	**$12780**	**$14990**	Yanmar	3	100D	12F-12R	31.0		CH
GX40 w/Cab	$22953	$7800	$9640	**$11940**	**$14000**	Yanmar	3	100D	12F-12R	31.0		CH
GX40 Hydro	$21376	$7270	$8980	**$11120**	**$13040**	Yanmar	3	100D	Variable	31.0		No
GX40 Hydro 4WD	$23241	$7900	$9760	**$12090**	**$14180**	Yanmar	3	100D	Variable	31.0		No
GX40 Hydro 4WD w/Cab	$27351	$9300	$11490	**$14220**	**$16680**	Yanmar	3	100D	Variable	31.0		CH
GX40 Hydro w/Cab	$25486	$8670	$10700	**$13250**	**$15550**	Yanmar	3	100D	Variable	31.0		CH
GX45	$20226	$6830	$8440	**$10450**	**$12260**	Yanmar	4	121D	12F-12R	36.0		No
GX45 4WD	$21724	$7340	$9060	**$11220**	**$13160**	Yanmar	4	121D	12F-12R	36.0		No
GX45 4WD w/Cab	$26876	$9140	$11290	**$13980**	**$16390**	Yanmar	4	121D	12F-12R	36.0		CH
GX45 w/Cab	$24351	$8280	$10230	**$12660**	**$14850**	Yanmar	4	121D	12F-12R	36.0		CH
GX45 Hydro	$22991	$7820	$9660	**$11960**	**$14030**	Yanmar	4	121D	Variable	36.0		No
GX45 Hydro 4WD	$24709	$8400	$10380	**$12850**	**$15070**	Yanmar	4	121D	Variable	36.0		No
GX45 Hydro 4WD w/Cab	$29844	$10150	$12530	**$15520**	**$18210**	Yanmar	4	121D	Variable	36.0		CHA
GX45 Hydro w/Cab	$28127	$9560	$11810	**$14630**	**$17160**	Yanmar	4	121D	Variable	36.0		CHA
GX50	$21557	$7330	$9050	**$11210**	**$13150**	Yanmar	4	133D	12F-12R	41.0		No
GX50 4WD	$22994	$7820	$9660	**$11960**	**$14030**	Yanmar	4	133D	12F-12R	41.0		No
GX50 4WD w/Cab	$28146	$9570	$11820	**$14640**	**$17170**	Yanmar	4	133D	12F-12R	41.0		CHA
GX50 w/Cab	$26709	$9080	$11220	**$13890**	**$16290**	Yanmar	4	133D	12F-12R	41.0		CHA
GX50 Hydro	$24502	$8330	$10290	**$12740**	**$14950**	Yanmar	4	133D	Variable	41.0		No
GX50 Hydro 4WD	$26150	$8890	$10980	**$13600**	**$15950**	Yanmar	4	133D	Variable	41.0		No
GX50 Hydro 4WD w/Cab	$31286	$10640	$13140	**$16270**	**$19080**	Yanmar	4	133D	Variable	41.0		CHA
GX50 Hydro w/Cab	$29638	$10080	$12450	**$15410**	**$18080**	Yanmar	4	133D	Variable	41.0		CHA
C70	$28404	$9040	$11160	**$13820**	**$16210**	Perkins	4	268D	8F-4R	60.0		No
C70 4WD	$33010	$10530	$13010	**$16110**	**$18900**	Perkins	4	268D	8F-4R	60.0		No
C70 Poultry House Spl.	$30423	$9610	$11870	**$14690**	**$17240**	Perkins	4	268D	8F-8R	60.0		No
C70 Poultry House Spl. w/Cab	$35028	$11100	$13710	**$16980**	**$19920**	Perkins	4	268D	8F-8R	60.0		CHA
CX75 XtraShift	$39175	$13020	$16090	**$19920**	**$23360**	Perkins	4	268D	24F-24R	60.0		No
CX75 XtraShift 4WD	$43258	$14350	$17720	**$21940**	**$25740**	Perkins	4	268D	24F-24R	60.0		No
CX75 XtraShift w/Cab	$45560	$14960	$18480	**$22880**	**$26840**	Perkins	4	268D	24F-24R	60.0		CHA
CX75 XtraShift w/Cab 4WD	$49643	$16410	$20270	**$25090**	**$29430**	Perkins	4	268D	24F-24R	60.0		CHA
CX75 Power Shift	$36692	$12100	$14950	**$18510**	**$21720**	Perkins	4	268D	16F-8R	60.0		No
CX75 Power Shift 4WD	$36775	$13460	$16630	**$20590**	**$24160**	Perkins	4	268D	16F-8R	60.0		No
CX75 Power Shift w/Cab	$42782	$14140	$17470	**$21630**	**$25380**	Perkins	4	268D	16F-8R	60.0		CHA
CX75 Power Shift w/Cab 4WD	$46865	$15500	$19150	**$23710**	**$27820**	Perkins	4	268D	18F-6R	60.0		CHA
C80	$32833	$10700	$13210	**$16360**	**$19190**	Perkins	4T	268D	8F-4R	67.0		No
C80 4WD	$37438	$12190	$15060	**$18650**	**$21870**	Perkins	4T	268D	8F-4R	67.0		No
C80 Poultry House Spl.	$35919	$11050	$13640	**$16890**	**$19820**	Perkins	4T	268D	16F-8R	67.0		No
C80 4WD Poultry House Spl.	$40023	$12540	$15490	**$19180**	**$22500**	Perkins	4T	268D	16F-8R	67.0		No
CX85 XtraShift	$43614	$14380	$17770	**$22000**	**$25800**	Perkins	4T	268D	24F-24R	67.0		No
CX85 XtraShift 4WD	$47697	$15730	$19430	**$24050**	**$28210**	Perkins	4T	268D	24F-24R	67.0		No
CX85 XtraShift w/Cab	$49705	$16420	$20290	**$25120**	**$29460**	Perkins	4T	268D	24F-24R	67.0		CHA
CX85 XtraShift w/Cab 4WD	$53788	$17770	$21950	**$27170**	**$31870**	Perkins	4T	268D	24F-24R	67.0		CHA
CX85 Power Shift	$40836	$13460	$16630	**$20590**	**$24160**	Perkins	4T	268D	18F-6R	67.0		No
CX85 Power Shift 4WD	$44919	$14820	$18310	**$22670**	**$26600**	Perkins	4T	268D	16F-8R	67.0		No
CX85 Power Shift 4WD w/Cab	$51010	$16860	$20830	**$25790**	**$30260**	Perkins	4T	268D	18F-6R	67.0		CHA
CX85 Power Shift w/Cab	$46927	$15500	$19150	**$23710**	**$27820**	Perkins	4T	268D	16F-8R	67.0		CHA
C90	$35010	$11440	$14130	**$17490**	**$20520**	Perkins	4T	268D	8F-4R	74.0		No
C90 4WD	$39513	$12870	$15890	**$19680**	**$23080**	Perkins	4T	268D	8F-4R	74.0		No
CX95 XtraShift	$46916	$15370	$18980	**$23500**	**$27570**	Perkins	4T	268D	24F-24R	74.0		No
CX95 XtraShift 4WD	$50998	$16800	$20750	**$25690**	**$30130**	Perkins	4T	268D	24F-24R	74.0		No
CX95 XtraShift w/Cab	$53006	$17510	$21630	**$26780**	**$31420**	Perkins	4T	268D	24F-24R	74.0		CHA
CX95 XtraShift w/Cab 4WD	$57088	$18840	$23270	**$28810**	**$33790**	Perkins	4T	268D	24F-24R	74.0		CHA
CX95 Power Shift	$44138	$14550	$17980	**$22260**	**$26110**	Perkins	4T	268D	18F-6R	74.0		No
CX95 Power Shift 4WD	$48220	$15900	$19640	**$24310**	**$28520**	Perkins	4T	268D	18F-6R	74.0		No
CX95 Power Shift w/Cab	$50228	$16590	$20500	**$25380**	**$29770**	Perkins	4T	268D	16F-8R	74.0		CHA
CX95 Power Shift w/Cab 4WD	$54319	$17940	$22160	**$27430**	**$32180**	Perkins	4T	268D	16F-8R	74.0		CHA
C100	$38355	$12490	$15430	**$19100**	**$22410**	Perkins	4T	244D	8F-4R	83.0		No
C100 4WD	$42759	$13920	$17200	**$21290**	**$24980**	Perkins	4T	244D	8F-4R	83.0		No
CX105 XtraShift	$48228	$15890	$19630	**$24310**	**$28510**	Perkins	4T	268D	24F-24R	83.0		No
CX105 XtraShift 4WD	$52309	$17240	$21290	**$26360**	**$30930**	Perkins	4T	268D	24F-24R	83.0		No
CX105 XtraShift w/Cab	$54318	$17940	$22160	**$27430**	**$32180**	Perkins	4T	268D	24F-24R	83.0		CHA
CX105 XtraShift w/Cab 4WD	$58400	$19280	$23810	**$29480**	**$34590**	Perkins	4T	268D	24F-24R	83.0		CHA
CX105 Power Shift	$45978	$15160	$18730	**$23190**	**$27210**	Perkins	4T	268D	18F-6R	83.0		No
CX105 Power Shift 4WD	$50061	$16490	$20370	**$25220**	**$29590**	Perkins	4T	268D	16F-8R	83.0		No
CX105 Power Shift w/Cab	$52069	$17200	$21250	**$26310**	**$30870**	Perkins	4T	268D	18F-6R	83.0		CHA
CX105 Power Shift w/Cab 4WD	$56152	$18530	$22890	**$28340**	**$33250**	Perkins	4T	268D	18F-6R	83.0		CHA
MC95 4WD	$53360	$17680	$21840	**$27040**	**$31720**	Perkins	4T	268D	16F-12R	74.0		No
MC95 4WD w/Cab	$61273	$20500	$25330	**$31360**	**$36780**	Perkins	4T	268D	16F-12R	74.0		CHA
MC105	$54393	$18210	$22490	**$27850**	**$32670**	Perkins	4T	268D	16F-12R	83.0		No
MC105 4WD	$59324	$19520	$24110	**$29850**	**$35010**	Perkins	4T	268D	16F-12R	83.0		No
MC105 4WD w/Cab	$67493	$22070	$27260	**$33750**	**$39590**	Perkins	4T	268D	16F-12R	83.0		CHA
MC105 w/Cab	$62568	$20090	$24820	**$30730**	**$36050**	Perkins	4T	268D	16F-12R	83.0		CHA
MC115	$55132	$18750	$23160	**$28670**	**$33630**	Perkins	4TI	268D	16F-12R	96.0		No
MC115 4WD	$60057	$20420	$25220	**$31230**	**$36640**	Perkins	4TI	268D	16F-12R	96.0		No
MC115 4WD w/Cab	$68226	$23200	$28660	**$35480**	**$41620**	Perkins	4TI	268D	16F-12R	96.0		CHA
MC115 w/Cab	$62480	$21240	$26240	**$32490**	**$38110**	Perkins	4TI	268D	16F-12R	96.0		CHA
MC120 Power 6	$58615	$19930	$24620	**$30480**	**$35760**	Perkins	6T	366D	16F-12R	98.0		No
MC120 Power 6 4WD	$63540	$21600	$26690	**$33040**	**$38760**	Perkins	6T	366D	16F-12R	98.0		No
MC120 Power 6 4WD w/Cab	$71710	$24380	$30120	**$37290**	**$43740**	Perkins	6T	366D	16F-12R	98.0		CHA
MC120 Power 6 w/Cab	$66785	$22710	$28050	**$34730**	**$40740**	Perkins	6T	366D	16F-12R	98.0		CHA
MC135 Power 6	$65593	$22300	$27550	**$34110**	**$40010**	Perkins	6T	366D	16F-12R	113.0		No
MC135 Power 6 4WD	$70519	$23980	$29620	**$36670**	**$43020**	Perkins	6T	366D	16F-12R	113.0		No

McCormick (Cont.)

2004 (Cont.)

Model	Approx. Retail Price New	Estimated Value Less Repairs: Used Trade In Avg.	Used Trade In High	Used Retail Avg.	Used Retail High	Engine Make	Engine No. Cyls.	Engine Displ. Cu.-In.	No. Speeds	P.T.O. H.P.	Approx. Shipping Wt.-Lbs.	Cab
MC135 Power 6 4WD w/Cab	$78688	$26180	$32340	**$40040**	**$46970**	Perkins	6T	366D	16F-12R	113.0		CHA
MC135 Power 6 w/Cab	$73764	$25080	$30980	**$38360**	**$45000**	Perkins	6T	366D	16F-12R	113.0		CHA
MTX120	$65417	$22240	$27480	**$34020**	**$39900**	McCormick	6T	408D	16F-12R	100.0		No
MTX120 4WD	$67606	$22990	$28400	**$35160**	**$41240**	McCormick	6T	408D	16F-12R	100.0		No
MTX120 4WD w/Cab	$76631	$25500	$31500	**$39000**	**$45750**	McCormick	6T	408D	16F-12R	100.0		CHA
MTX120 w/Cab	$71912	$23630	$29190	**$36140**	**$42400**	McCormick	6T	408D	16F-12R	100.0		CHA
MTX120 Hi-Clear	$75212	$25570	$31590	**$39110**	**$45880**	McCormick	6T	408D	16F-12R	100.0		No
MTX120 Hi-Clear w/Cab	$82051	$27060	$33430	**$41390**	**$48560**	McCormick	6T	408D	16F-12R	100.0		CHA
MTX135	$73158	$24870	$30730	**$38040**	**$44630**	McCormick	6TI	408D	16F-12R	112.0		No
MTX135 4WD	$75346	$25620	$31650	**$39180**	**$45960**	McCormick	6TI	408D	16F-12R	112.0		No
MTX135 4WD w/Cab	$84370	$27300	$33730	**$41760**	**$48980**	McCormick	6TI	408D	16F-12R	112.0		CHA
MTX135 w/Cab	$78764	$25470	$31460	**$38950**	**$45690**	McCormick	6TI	408D	16F-12R	112.0		CHA
MTX135 Hi-Clear	$80951	$27520	$34000	**$42100**	**$49380**	McCormick	6TI	408D	16F-12R	112.0		No
MTX135 Hi-Clear w/Cab	$89791	$28900	$35700	**$44200**	**$51850**	McCormick	6TI	408D	16F-12R	112.0		CHA
MTX150	$81325	$27650	$34160	**$42290**	**$49610**	McCormick	6TI	408D	16F-12R	130.0		No
MTX150 4WD	$87031	$29590	$36550	**$45260**	**$53090**	McCormick	6TI	408D	16F-12R	130.0		No
MTX150 4WD w/Cab	$96054	$29920	$36960	**$45760**	**$53680**	McCormick	6TI	408D	16F-12R	130.0		CHA
MTX150 w/Cab	$90448	$28220	$34860	**$43160**	**$50630**	McCormick	6TI	408D	16F-12R	130.0		CHA
MTX150 Hi-Clear	$88212	$29990	$37050	**$45870**	**$53810**	McCormick	6TI	408D	16F-12R	130.0		No
MTX150 Hi-Clear w/Cab	$97050	$31140	$38470	**$47630**	**$55880**	McCormick	6TI	408D	16F-12R	130.0		CHA
MTX165 4WD w/Cab	$106831	$33290	$41120	**$50910**	**$59720**	McCromick	6TI	408D	16F-12R	141.0		CHA
MTX165 w/Cab	$101225	$31210	$38560	**$47740**	**$56000**	McCormick	6TI	408D	16F-12R	141.0		CHA
MTX185 4WD w/Cab	$112117	$35020	$43260	**$53560**	**$62830**	McCormick	6TI	408D	16F-12R	160.0		CHA
MTX185 w/Cab	$104503	$33180	$40990	**$50750**	**$59540**	McCormick	6TI	408D	16F-12R	160.0		CHA
MTX200 4WD w/Cab	$117687	$36790	$45440	**$56260**	**$66000**	Cummins	6TA	359D	16F-12R	170.0		CHA
ZTX230 4WD w/Cab	$145598	$52420	$62610	**$80080**	**$87360**	Cummins	6TA	505D	18F-8R	185.0		CHA
ZTX230 PS 4WD w/Cab	$147731	$53180	$63520	**$81250**	**$88640**	Cummins	6TA	505D	36F-16R	185.0		CHA
ZTX260 4WD w/Cab	$163833	$56700	$67730	**$86630**	**$94500**	Cummins	6TA	505D	18F-8R	210.0		CHA
ZTX260 PS 4WD w/Cab	$164966	$57020	$68110	**$87120**	**$95040**	Cummins	6TA	505D	36F-16R	210.0		CHA
ZTX280 4WD w/Cab	$180130	$62460	$74610	**$95430**	**$104100**	Cummins	6TA	505D	18F-8R	250.0		CHA
ZTX280 PS 4WD w/Cab	$181263	$62860	$75080	**$96030**	**$104760**	Cummins	6TA	505D	36F-16R	250.0		CHA

2003

Model	Approx. Retail Price New	Used Trade In Avg.	Used Trade In High	Used Retail Avg.	Used Retail High	Engine Make	Engine No. Cyls.	Engine Displ. Cu.-In.	No. Speeds	P.T.O. H.P.	Approx. Shipping Wt.-Lbs.	Cab
G25 Mech. Steering	$11268	$3380	$4280	**$5520**	**$6650**	Kubota	3	D	Variable	20.9		No
G25 Power Steering	$12548	$3760	$4770	**$6150**	**$7400**	Kubota	3	D	Variable	20.9		No
G30R	$13983	$4200	$5310	**$6850**	**$8250**	Perkins	3	103D	Variable	23.5		No
G30R w/Cab	$18988	$5700	$7220	**$9300**	**$11200**	Perkins	3	103D	Variable	23.5		CH
GX40	$16682	$5010	$6340	**$8170**	**$9840**	Yanmar	3	164D	12F-12R	31.0		No
GX40 4WD	$18130	$5440	$6890	**$8880**	**$10700**	Yanmar	3	164D	12F-12R	31.0		No
GX40 Hydro	$18956	$5690	$7200	**$9290**	**$11180**	Yanmar	3	164D	Variable	31.0		No
GX40 Hydro 4WD	$20621	$6190	$7840	**$10100**	**$12170**	Yanmar	3	164D	Variable	31.0		No
GX45	$17931	$5380	$6810	**$8790**	**$10580**	Yanmar	3	199D	12F-12R	36.0		No
GX45 4WD	$19268	$5780	$7320	**$9440**	**$11370**	Yanmar	3	199D	12F-12R	36.0		No
GX45 Hydro	$20398	$6120	$7750	**$10000**	**$12040**	Yanmar	3	199D	Variable	36.0		No
GX45 Hydro 4WD	$21932	$6580	$8330	**$10750**	**$12940**	Yanmar	3	199D	Variable	36.0		No
GX50	$19086	$5730	$7250	**$9350**	**$11260**	Yanmar	4	218D	12F-12R	41.0		No
GX50 4WD	$21666	$6500	$8230	**$10620**	**$12780**	Yanmar	4	218D	12F-12R	41.0		No
GX50 Hydro	$20319	$6100	$7720	**$9960**	**$11990**	Yanmar	4	218D	Variable	41.0		No
GX50 Hydro 4WD	$23137	$6940	$8790	**$11340**	**$13650**	Yanmar	4	218D	Variable	41.0		No
C70	$25502	$7650	$9690	**$12500**	**$15050**	Perkins	4	256D	8F-4R	58.0		No
C70 4WD	$29863	$8960	$11350	**$14630**	**$17620**	Perkins	4	256D	8F-4R	58.0		No
CX70	$32590	$9780	$12380	**$15970**	**$19230**	Perkins	4	256D	8F-8R	58.0		No
CX70 w/Cab	$38506	$11550	$14630	**$18870**	**$22720**	Perkins	4	256D	8F-8R	58.0		CHA
CX70 4WD	$35595	$10680	$13530	**$17440**	**$21000**	Perkins	4	256D	8F-8R	58.0		No
CX70 4WD w/Cab	$41511	$12450	$15770	**$20340**	**$24490**	Perkins	4	256D	8F-8R	58.0		CHA
CX75 XtraShift	$35690	$10710	$13560	**$17490**	**$21060**	Perkins	4	256D	24F-24R	60.0		No
CX75 XtraShift 4WD	$38695	$11610	$14700	**$18960**	**$22830**	Perkins	4	256D	24F-24R	60.0		No
CX75 XtraShift w/Cab	$41606	$12480	$15810	**$20390**	**$24550**	Perkins	4	256D	24F-24R	60.0		CHA
CX75 XtraShift w/Cab 4WD	$44611	$13380	$16950	**$21860**	**$26320**	Perkins	4	256D	24F-24R	60.0		CHA
C80	$29698	$8910	$11290	**$14550**	**$17520**	Perkins	4T	244D	8F-4R	67.0		No
C80 4WD	$34059	$10220	$12940	**$16690**	**$20100**	Perkins	4T	244D	8F-4R	67.0		No
CX80	$36786	$11040	$13980	**$18030**	**$21700**	Perkins	4T	244D	16F-8R	67.0		No
CX80 w/Cab	$42701	$12810	$16230	**$20920**	**$25190**	Perkins	4T	244D	16F-8R	67.0		CHA
CX80 4WD	$39791	$11940	$15120	**$19500**	**$23480**	Perkins	4T	244D	16F-8R	67.0		No
CX80 4WD W/Cab	$45707	$13710	$17370	**$22400**	**$26970**	Perkins	4T	244D	16F-8R	67.0		CHA
CX85 XtraShift	$39586	$11880	$15040	**$19400**	**$23360**	Perkins	4T	244D	24F-24R	67.0		No
CX85 XtraShift 4WD	$42591	$12780	$16190	**$20870**	**$25130**	Perkins	4T	244D	24F-24R	67.0		No
CX85 XtraShift w/Cab	$45501	$13650	$17290	**$22300**	**$26850**	Perkins	4T	244D	24F-24R	67.0		CHA
CX85 XtraShift w/Cab 4WD	$48507	$14550	$18430	**$23770**	**$28620**	Perkins	4T	244D	24F-24R	67.0		CHA
C90	$31853	$9560	$12100	**$15610**	**$18790**	Perkins	4T	244D	8F-4R	74.0		No
C90 4WD	$36023	$10810	$13690	**$17650**	**$21250**	Perkins	4T	244D	8F-4R	74.0		No
CX90	$39142	$11740	$14870	**$19180**	**$23090**	Perkins	4T	244D	16F-8R	74.0		No
CX90 w/Cab	$45058	$13520	$17120	**$22080**	**$26580**	Perkins	4T	244D	16F-8R	74.0		CHA
CX90 4WD	$42172	$12650	$16030	**$20660**	**$24880**	Perkins	4T	244D	16F-8R	74.0		No
CX90 4WD w/Cab	$48088	$14430	$18270	**$23560**	**$28370**	Perkins	4T	244D	16F-8R	74.0		CHA
CX95 XtraShift	$41942	$12580	$15940	**$20550**	**$24750**	Perkins	4T	244D	24F-24R	74.0		No
CX95 XtraShift 4WD	$44972	$13490	$17090	**$22040**	**$26530**	Perkins	4T	244D	24F-24R	74.0		No
CX95 XtraShift w/Cab	$48158	$14450	$18300	**$23600**	**$28410**	Perkins	4T	244D	24F-24R	74.0		CHA
CX95 XtraShift w/Cab 4WD	$51188	$15360	$19450	**$25080**	**$30200**	Perkins	4T	244D	24F-24R	74.0		CHA
C100	$34927	$10480	$13270	**$17110**	**$20610**	Perkins	4T	244D	8F-4R	83.0		No
C100 4WD	$39098	$11730	$14860	**$19160**	**$23070**	Perkins	4T	244D	8F-4R	83.0		No
CX100	$42216	$12670	$16040	**$20690**	**$24910**	Perkins	4T	244D	16F-8R	83.0		No
CX100 4WD	$45247	$13570	$17190	**$22170**	**$26700**	Perkins	4T	244D	16F-8R	83.0		No
CX100 4WD w/Cab	$51162	$15350	$19440	**$25070**	**$30190**	Perkins	4T	244D	16F-8R	83.0		CHA

McCormick (Cont.)

2003 (Cont.)

	Approx. Retail Price New	Estimated Value Less Repairs: Used Trade In Avg.	High	Used Retail Avg.	High	Engine Make	No. Cyls.	Displ. Cu.-In.	No. Speeds	P.T.O. H.P.	Approx. Shipping Wt.-Lbs.	Cab
CX100 w/Cab	$48132	$14440	$18290	**$23590**	**$28400**	Perkins	4T	244D	16F-8R	83.0		CHA
CX105 XtraShift	$45016	$13510	$17110	**$22060**	**$26560**	Perkins	4T	244D	24F-24R	83.0		No
CX105 XtraShift 4WD	$48057	$14420	$18260	**$23550**	**$28350**	Perkins	4T	244D	24F-24R	83.0		No
CX105 XtraShift w/Cab	$51232	$15370	$19470	**$25100**	**$30230**	Perkins	4T	244D	24F-24R	83.0		CHA
CX105 XtraShift w/Cab 4WD	$54262	$16280	$20620	**$26590**	**$32020**	Perkins	4T	244D	24F-24R	83.0		CHA
MC90 4WD	$46905	$14070	$17820	**$22980**	**$27670**	Perkins	4T	244D	16F-12R	74.0		No
MC90 4WD w/Cab	$55986	$16800	$21280	**$27430**	**$33030**	Perkins	4T	244D	16F-12R	74.0		CHA
MC100	$45679	$13700	$17360	**$22380**	**$26950**	Perkins	4T	244D	16F-12R	83.0		No
MC100 4WD	$50961	$15290	$19370	**$24970**	**$30070**	Perkins	4T	244D	16F-12R	83.0		No
MC100 4WD w/Cab	$60042	$18010	$22820	**$29420**	**$35430**	Perkins	4T	244D	16F-12R	83.0		CHA
MC100 w/Cab	$54760	$16430	$20810	**$26830**	**$32310**	Perkins	4T	244D	16F-12R	83.0		CHA
MC115	$50020	$15010	$19010	**$24510**	**$29510**	Perkins	4TI	244D	16F-12R	96.0		No
MC115 4WD	$55442	$16630	$21070	**$27170**	**$32710**	Perkins	4TI	244D	16F-12R	96.0		No
MC115 4WD w/Cab	$64523	$19360	$24520	**$31620**	**$38070**	Perkins	4TI	244D	16F-12R	96.0		CHA
MC115 w/Cab	$59101	$17730	$22460	**$28960**	**$34870**	Perkins	4TI	244D	16F-12R	96.0		CHA
MC120 Power 6	$54872	$16460	$20850	**$26890**	**$32370**	Perkins	6T	366D	16F-12R	98.0		No
MC120 Power 6 4WD	$61096	$18330	$23220	**$29940**	**$36050**	Perkins	6T	366D	16F-12R	98.0		No
MC120 Power 6 4WD w/Cab	$70533	$21160	$26800	**$34560**	**$41610**	Perkins	6T	366D	16F-12R	98.0		CHA
MC120 Power 6 w/Cab	$64308	$19290	$24440	**$31510**	**$37940**	Perkins	6T	366D	16F-12R	98.0		CHA
MC135 Power 6	$58871	$17660	$22370	**$28850**	**$34730**	Perkins	6T	366D	16F-12R	113.0		No
MC135 Power 6 4WD	$65095	$19530	$24740	**$31900**	**$38410**	Perkins	6T	366D	16F-12R	113.0		No
MC135 Power 6 4WD w/Cab	$74532	$22360	$28320	**$36520**	**$43970**	Perkins	6T	366D	16F-12R	113.0		CHA
MC135 Power 6 w/Cab	$68307	$20490	$25960	**$33470**	**$40300**	Perkins	6T	366D	16F-12R	113.0		CHA
MTX110	$54636	$16390	$20760	**$26770**	**$32240**	Perkins	6T	366D	16F-12R	100.0		No
MTX110 4WD	$60434	$18130	$22970	**$29610**	**$35660**	Perkins	6T	366D	16F-12R	100.0		No
MTX110 4WD w/Cab	$69625	$20890	$26460	**$34120**	**$41080**	Perkins	6T	366D	16F-12R	100.0		CHA
MTX110 Hi-Clear	$67973	$20390	$25830	**$33310**	**$40100**	Perkins	6T	366D	16F-12R	100.0		No
MTX110 Hi-Clear w/Cab	$77106	$23130	$29300	**$37780**	**$45490**	Perkins	6T	366D	16F-12R	100.0		CHA
MTX110 w/Cab	$63827	$19150	$24250	**$31280**	**$37660**	Perkins	6T	366D	16F-12R	100.0		CHA
MTX125	$58536	$17560	$22240	**$28680**	**$34540**	Perkins	6T	366D	16F-12R	113.0		No
MTX125 4WD	$64334	$19300	$24450	**$31520**	**$37960**	Perkins	6T	366D	16F-12R	113.0		No
MTX125 4WD w/Cab	$73525	$22060	$27940	**$36030**	**$43380**	Perkins	6T	366D	16F-12R	113.0		CHA
MTX125 Hi-Clear	$71873	$21560	$27310	**$35220**	**$42410**	Perkins	6T	366D	16F-12R	113.0		No
MTX125 Hi-Clear w/Cab	$81006	$24300	$30780	**$39690**	**$47790**	Perkins	6T	366D	16F-12R	113.0		CHA
MTX125 w/Cab	$67727	$20320	$25740	**$33190**	**$39960**	Perkins	6T	366D	16F-12R	113.0		CHA
MTX140	$61559	$18470	$23390	**$30160**	**$36320**	Perkins	6T	366D	16F-12R	127.0		No
MTX140 4WD	$67357	$20210	$25600	**$33010**	**$39740**	Perkins	6T	366D	16F-12R	127.0		No
MTX140 4WD w/Cab	$76548	$22960	$29090	**$37510**	**$45160**	Perkins	6T	366D	16F-12R	127.0		CHA
MTX140 Hi-Clear	$74896	$22470	$28460	**$36700**	**$44190**	Perkins	6T	366D	16F-12R	127.0		No
MTX140 Hi-Clear w/Cab	$84028	$25210	$31930	**$41170**	**$49580**	Perkins	6T	366D	16F-12R	127.0		CHA
MTX140 w/Cab	$70750	$21230	$26890	**$34670**	**$41740**	Perkins	6T	366D	16F-12R	127.0		CHA
MTX155 4WD w/Cab	$88532	$26560	$33640	**$43380**	**$52230**	Perkins	6TI	366D	16F-12R	141.0		CHA
MTX155 w/Cab	$82544	$24760	$31370	**$40450**	**$48700**	Perkins	6TI	366D	16F-12R	141.0		CHA
MTX175 4WD w/Cab	$94725	$28420	$36000	**$46420**	**$55890**	Perkins	6TI	366D	16F-12R	155.0		CHA
MTX175 w/Cab	$88732	$26620	$33720	**$43480**	**$52350**	Perkins	6TI	366D	16F-12R	155.0		CHA

2002

	Approx. Retail Price New	Used Trade In Avg.	High	Used Retail Avg.	High	Make	No. Cyls.	Displ. Cu.-In.	No. Speeds	P.T.O. H.P.	Approx. Shipping Wt.-Lbs.	Cab
C70	$25135	$7040	$9050	**$11810**	**$14330**	Perkins	4	256D	8F-4R	58.0		No
C70 4WD	$29545	$8270	$10640	**$13890**	**$16840**	Perkins	4	256D	8F-4R	58.0		No
CX70	$32590	$9130	$11730	**$15320**	**$18580**	Perkins	4	256D	8F-8R	58.0		No
CX70	$38285	$10720	$13780	**$17990**	**$21820**	Perkins	4	256D	8F-8R	58.0		CHA
CX70 4WD	$35595	$9970	$12810	**$16730**	**$20290**	Perkins	4	256D	8F-8R	58.0		No
CX70 4WD	$41290	$11560	$14860	**$19410**	**$23540**	Perkins	4	256D	8F-8R	58.0		C,H,A
C80	$29335	$8210	$10560	**$13790**	**$16720**	Perkins	4T	244D	8F-4R	67.0		No
C80 4WD	$33745	$9450	$12150	**$15860**	**$19240**	Perkins	4T	244D	8F-4R	67.0		No
CX80	$36786	$10300	$13240	**$17290**	**$20970**	Perkins	4T	244D	16F-8R	67.0		No
CX80	$42485	$11900	$15300	**$19970**	**$24220**	Perkins	4T	244D	16F-8R	67.0		CHA
CX80 4WD	$39791	$11140	$14330	**$18700**	**$22680**	Perkins	4T	244D	16F-8R	67.0		No
CX80 4WD	$45490	$12740	$16380	**$21380**	**$25930**	Perkins	4T	244D	16F-8R	67.0		CHA
C90	$31683	$8870	$11410	**$14890**	**$18060**	Perkins	4T	244D	8F-4R	74.0		No
C90 4WD	$35805	$10030	$12890	**$16830**	**$20410**	Perkins	4T	244D	8F-4R	74.0		No
CX90	$39142	$10960	$14090	**$18400**	**$22310**	Perkins	4T	244D	16F-8R	74.0		No
CX90	$44840	$12560	$16140	**$21080**	**$25560**	Perkins	4T	244D	16F-8R	74.0		CHA
CX90 4WD	$42172	$11810	$15180	**$19820**	**$24040**	Perkins	4T	244D	16F-8R	74.0		No
CX90 4WD	$47870	$13400	$17230	**$22500**	**$27290**	Perkins	4T	244D	16F-8R	74.0		CHA
C100	$34755	$9730	$12510	**$16340**	**$19810**	Perkins	4T	244D	8F-4R	83.0		No
C100 4WD	$38880	$10890	$14000	**$18270**	**$22160**	Perkins	4T	244D	8F-4R	83.0		No
CX100	$42216	$11820	$15200	**$19840**	**$24060**	Perkins	4T	244D	16F-8R	83.0		No
CX100	$47915	$13420	$17250	**$22520**	**$27310**	Perkins	4T	244D	16F-8R	83.0		CHA
CX100 4WD	$45247	$12670	$16290	**$21270**	**$25790**	Perkins	4T	244D	16F-8R	83.0		No
CX100 4WD	$50945	$14270	$18340	**$23940**	**$29040**	Perkins	4T	244D	16F-8R	83.0		CHA
MC90 4WD	$46905	$13130	$16890	**$22050**	**$26740**	Perkins	4T	244D	16F-12R	74.0		No
MC90 4WD w/Cab	$55500	$15540	$19980	**$26090**	**$31640**	Perkins	4T	244D	16F-12R	74.0		CHA
MC100	$45679	$12790	$16440	**$21470**	**$26040**	Perkins	4T	244D	16F-12R	83.0		No
MC100 4WD	$50961	$14270	$18350	**$23950**	**$29050**	Perkins	4T	244D	16F-12R	83.0		No
MC100 4WD w/Cab	$60042	$16810	$21620	**$28220**	**$34220**	Perkins	4T	244D	16F-12R	83.0		CHA
MC100 w/Cab	$54760	$15330	$19710	**$25740**	**$31210**	Perkins	4T	244D	16F-12R	83.0		CHA
MC115	$50020	$14010	$18010	**$23510**	**$28510**	Perkins	4TI	244D	16F-12R	96.0		No
MC115 4WD	$55442	$15520	$19960	**$26060**	**$31600**	Perkins	4TI	244D	16F-12R	96.0		No
MC115 4WD w/Cab	$64523	$18070	$23230	**$30330**	**$36780**	Perkins	4TI	244D	16F-12R	96.0		CHA
MC115 w/Cab	$59100	$16550	$21280	**$27780**	**$33690**	Perkins	4TI	244D	16F-12R	96.0		CHA
MTX110	$54636	$15300	$19670	**$25680**	**$31140**	Perkins	6T	366D	16F-12R	98.0		No
MTX110 4WD	$60434	$16920	$21760	**$28400**	**$34450**	Perkins	6T	366D	16F-12R	98.0		No
MTX110 4WD w/Cab	$69625	$19500	$25070	**$32720**	**$39690**	Perkins	6T	366D	16F-12R	98.0		CHA

	Approx. Retail Price New	Estimated Value Less Repairs Used Trade In Avg.	High	Used Retail Avg.	High	Engine Make	No. Cyls.	Displ. Cu.-In.	No. Speeds	P.T.O. H.P.	Approx. Shipping Wt.-Lbs.	Cab

McCormick (Cont.)

2002 (Cont.)

MTX110 w/Cab	$63827	$17870	$22980	**$30000**	**$36380**	Perkins	6T	366D	16F-12R	98.0		CHA
MTX125	$58536	$16390	$21070	**$27510**	**$33370**	Perkins	6T	366D	16F-12R	113.0		No
MTX125 4WD	$64334	$18010	$23160	**$30240**	**$36670**	Perkins	6T	366D	16F-12R	113.0		No
MTX125 4WD w/Cab	$73525	$20590	$26470	**$34560**	**$41910**	Perkins	6T	366D	16F-12R	113.0		CHA
MTX125 w/Cab	$67727	$18960	$24380	**$31830**	**$38600**	Perkins	6T	366D	16F-12R	113.0		CHA
MTX140	$61559	$17240	$22160	**$28930**	**$35090**	Perkins	6T	366D	16F-12R	127.0		No
MTX140 4WD	$67357	$18860	$24250	**$31660**	**$38390**	Perkins	6T	366D	16F-12R	127.0		No
MTX140 4WD w/Cab	$76548	$21430	$27560	**$35980**	**$43630**	Perkins	6T	366D	16F-12R	127.0		CHA
MTX140 w/Cab	$70750	$19810	$25470	**$33250**	**$40330**	Perkins	6T	366D	16F-12R	127.0		CHA
MTX155 4WD w/Cab	$88532	$24790	$31870	**$41610**	**$50460**	Perkins	6TI	366D	16F-12R	141.0		CHA
MTX155 w/Cab	$82544	$23110	$29720	**$38800**	**$47050**	Perkins	6TI	366D	16F-12R	141.0		CHA
MTX175 4WD w/Cab	$94725	$26520	$34100	**$44520**	**$53990**	Perkins	6TI	366D	16F-12R	155.0		CHA
MTX175 w/Cab	$88732	$24850	$31940	**$41700**	**$50580**	Perkins	6TI	366D	16F-12R	155.0		CHA

Minneapolis-Moline

1974

G955	$10406	$780	$1820	**$3020**	**$3950**	MM	6	425LP	18F-6R	97.00	10612	No
G955	$10752	$810	$1880	**$3120**	**$4090**	MM	6	451D	18F-6R	98.33	10812	No
G1355	$12225	$920	$2140	**$3550**	**$4650**	MM	6	504LP	18F-6R	137.00	12600	No
G1355	$13136	$990	$2300	**$3810**	**$4990**	MM	6	585D	18F-6R	142.62	13000	No

1973

G350	$4981	$350	$850	**$1440**	**$1890**	Fiat	3	158D	9F-3R	41.00	3810	No
G350 4WD	$6186	$430	$1050	**$1790**	**$2350**	Fiat	3	158D	9F-3R	41.00	4360	No
G450	$6196	$430	$1050	**$1800**	**$2350**	Fiat	4	211D	12F-3R	54.00	4380	No
G450 4WD	$7283	$510	$1240	**$2110**	**$2770**	Fiat	4	211D	12F-3R	54.00	5120	No
G550	$4101	$290	$700	**$1190**	**$1560**	Oliver	4	232G	12F-4R	53.00	6830	No
G550	$4839	$340	$820	**$1400**	**$1840**	Oliver	4	232D	12F-4R	53.00	6940	No
G750	$7943	$560	$1350	**$2300**	**$3020**	Oliver	6	265G	18F-6R	70.00	7380	No
G750	$8466	$590	$1440	**$2460**	**$3220**	Oliver	6	265LP	18F-6R		7580	No
G750	$8891	$620	$1510	**$2580**	**$3380**	Oliver	6	283D	18F-6R	70.00	7780	No
G850	$8553	$600	$1450	**$2480**	**$3250**	Oliver	6	283G	18F-6R	86.00	8870	No
G850	$9330	$650	$1590	**$2710**	**$3550**	Oliver	6	310D	18F-6R	86.00	9270	No
G940	$9400	$660	$1600	**$2730**	**$3570**	Oliver	6	310G	18F-6R	92.0	8976	No
G940	$10100	$710	$1720	**$2930**	**$3840**	Oliver	6	310D	18F-6R	98.0	9376	No
G955	$10303	$720	$1750	**$2990**	**$3920**	MM	6	425LP	18F-6R	97.00	10612	No
G955	$10646	$750	$1810	**$3090**	**$4050**	MM	6	451D	18F-6R	98.33	10812	No
G1355	$12104	$850	$2060	**$3510**	**$4600**	MM	6	504LP	18F-6R	137.00	12600	No
G1355	$13019	$910	$2210	**$3780**	**$4950**	MM	6	585D	18F-6R	142.62	13000	No

1972

A4T-1600 4WD	$22416	$900	$2470	**$5160**	**$6950**	MM	6	504D	10F-2R	143.27	17700	No
G350	$4932	$350	$840	**$1430**	**$1870**	Fiat	3	158D	9F-3R	41.00	3810	No
G350 4WD	$6125	$430	$1040	**$1780**	**$2330**	Fiat	3	158D	9F-3R	41.00	4360	No
G450	$6135	$430	$1040	**$1780**	**$2330**	Fiat	4	211D	12F-3R	54.00	4380	No
G450 4WD	$7211	$510	$1230	**$2090**	**$2740**	Fiat	4	211D	12F-3R	54.00	5120	No
G550	$3906	$270	$660	**$1130**	**$1480**	Oliver	4	232G	12F-4R	53.00	6830	No
G550	$4791	$340	$810	**$1390**	**$1820**	Oliver	4	232D	12F-4R	53.00	6940	No
G750	$7565	$530	$1290	**$2190**	**$2880**	Oliver	6	265G	18F-6R	70.00	7380	No
G750	$8063	$560	$1370	**$2340**	**$3060**	Oliver	6	265LP	18F-6R		7580	No
G750	$8468	$590	$1440	**$2460**	**$3220**	Oliver	6	283D	18F-6R	70.00	7780	No
G850	$8386	$590	$1430	**$2430**	**$3190**	Oliver	6	283G	18F-6R	86.00	8870	No
G850	$9147	$640	$1560	**$2650**	**$3480**	Oliver	6	310D	18F-6R	86.00	9270	No
G940	$9300	$650	$1580	**$2700**	**$3530**	Oliver	6	310G	18F-6R	92.00	8976	No
G940	$10000	$700	$1700	**$2900**	**$3800**	Oliver	6	310D	18F-6R	98.00	9376	No
G950	$9555	$670	$1620	**$2770**	**$3630**	MM	6	425G	15F-3R	92.00	9950	No
G950	$9812	$690	$1670	**$2850**	**$3730**	MM	6	425LP	15F-3R		10550	No
G950	$10139	$710	$1720	**$2940**	**$3850**	MM	6	451D	15F-3R	98.00	11150	No
G1050	$10682	$750	$1820	**$3100**	**$4060**	MM	6	504LP	15F-3R	110.00	11450	No
G1050	$11489	$800	$1950	**$3330**	**$4370**	MM	6	504D	15F-3R	110.00	11650	No
G1350	$11750	$820	$2000	**$3410**	**$4470**	MM	6	504LP	10F-2R		12200	No
G1350	$12637	$890	$2150	**$3670**	**$4800**	MM	6	585D	10F-2R	141.44	12400	No
G1355	$11985	$840	$2040	**$3480**	**$4550**	MM	6	504LP	18F-6R	137.00	12600	No
G1355	$12890	$900	$2190	**$3740**	**$4900**	MM	6	585D	18F-6R	142.62	13000	No

1971

A4T-1600 4WD	$21366	$860	$2350	**$4910**	**$6620**	MM	6	504D	10F-2R	143.27	17700	No
G350	$4883	$340	$830	**$1420**	**$1860**	Fiat	3	158D	9F-3R	41.00	3810	No
G350 4WD	$6064	$420	$1030	**$1760**	**$2300**	Fiat	3	158D	9F-3R	41.00	4360	No
G450	$6074	$430	$1030	**$1760**	**$2310**	Fiat	4	211D	12F-3R	54.00	4380	No
G450 4WD	$7140	$500	$1210	**$2070**	**$2710**	Fiat	4	211D	12F-3R	54.00	5120	No
G550	$3867	$270	$660	**$1120**	**$1470**	Oliver	4	232G	12F-4R	53.00	3250	No
G550	$4744	$330	$810	**$1380**	**$1800**	Oliver	4	232D	12F-4R	53.00	3275	No
G750	$7205	$500	$1230	**$2090**	**$2740**	Oliver	6	265G	18F-6R	70.00	7380	No
G750	$7679	$540	$1310	**$2230**	**$2920**	Oliver	6	265LP	18F-6R		7580	No
G750	$8065	$570	$1370	**$2340**	**$3070**	Oliver	6	283D	18F-6R	70.00	7780	No
G850	$7987	$560	$1360	**$2320**	**$3040**	Oliver	6	283G	18F-6R	86.00	8870	No
G850	$8711	$610	$1480	**$2530**	**$3310**	Oliver	6	310D	18F-6R	86.00	9270	No
G940	$9000	$630	$1530	**$2610**	**$3420**	Oliver	6	310G	18F-6R	92.00	8976	No
G940	$9960	$700	$1690	**$2890**	**$3790**	Oliver	6	310D	18F-6R	98.00	9376	No
G950	$9460	$660	$1610	**$2740**	**$3600**	MM	6	425G	15F-3R	92.00	9950	No
G950	$9722	$680	$1650	**$2820**	**$3690**	MM	6	425LP	15F-3R		10550	No

Minneapolis-Moline (Cont.)

	Approx. Retail Price New	Estimated Value Less Repairs: Used Trade In Avg.	Used Trade In High	Used Retail Avg.	Used Retail High	Make	Engine No. Cyls.	Engine Displ. Cu.-In.	No. Speeds	P.T.O. H.P.	Approx. Shipping Wt.-Lbs.	Cab
1971 (Cont.)												
G950	$10039	$700	$1710	**$2910**	**$3820**	MM	6	451D	15F-3R	98.00	11150	No
G1050	$10576	$740	$1800	**$3070**	**$4020**	MM	6	504LP	15F-3R		11450	No
G1050	$11375	$800	$1930	**$3300**	**$4320**	MM	6	504D	15F-3R	110.00	11650	No
G1350	$11634	$810	$1980	**$3370**	**$4420**	MM	6	504LP	10F-2R		12200	No
G1350	$12512	$880	$2130	**$3630**	**$4760**	MM	6	585D	10F-2R	141.44	12400	No
1970												
Jet Star III	$4566	$320	$780	**$1320**	**$1740**	MM	4	206LP	10F-2R	45.00	3630	No
Jet Star III	$4700	$330	$800	**$1360**	**$1790**	MM	4	206G	10F-2R	44.00	3430	No
Jet Star III	$4968	$350	$850	**$1440**	**$1890**	MM	4	206D	10F-2R		3940	No
A4T-1400 4WD	$20136	$810	$2220	**$4630**	**$6240**	MM	6	504D	10F-2R		17300	No
U302	$4679	$330	$800	**$1360**	**$1780**	MM	4	221G	10F-2R	55.82	5425	No
U302	$5081	$360	$860	**$1470**	**$1930**	MM	4	221LP	10F-2R	55.69	5640	No
U302	$5409	$380	$920	**$1570**	**$2060**	MM	4	236D	10F-2R		5840	No
M670	$5781	$410	$980	**$1680**	**$2200**	MM	4	336G	10F-2R	73.02	6550	No
M670	$6321	$440	$1080	**$1830**	**$2400**	MM	4	336LP	10F-2R	74.16	6750	No
M670	$6489	$450	$1100	**$1880**	**$2470**	MM	4	336D	10F-2R	71.01	6950	No
G950	$7613	$530	$1290	**$2210**	**$2890**	MM	6	425G	15F-3R		9950	No
G950	$7945	$560	$1350	**$2300**	**$3020**	MM	6	425LP	15F-3R		10550	No
G950	$8276	$580	$1410	**$2400**	**$3150**	MM	6	451D	15F-3R	98.00	11150	No
G1000	$9973	$700	$1700	**$2890**	**$3790**	MM	6	504LP	10F-2R	110.94	10000	No
G1000	$10725	$750	$1820	**$3110**	**$4080**	MM	6	504D	10F-2R	111.00	10200	No
G1000 Wheatland	$9773	$680	$1660	**$2830**	**$3710**	MM	6	504LP	10F-2R	110.76	10200	No
G1000 Wheatland	$10609	$740	$1800	**$3080**	**$4030**	MM	6	504D	10F-2R	110.78	10400	No
G1050	$10471	$730	$1780	**$3040**	**$3980**	MM	6	504LP	15F-3R		11450	No
G1050	$11262	$790	$1920	**$3270**	**$4280**	MM	6	504D	15F-3R	110.00	11650	No
G1350	$11519	$810	$1960	**$3340**	**$4380**	MM	6	504LP	10F-2R		12200	No
G1350	$12388	$870	$2110	**$3590**	**$4710**	MM	6	585D	10F-2R	141.44	12400	No
1969												
Jet Star III	$4110	$350	$850	**$1460**	**$1910**	MM	4	206G	10F-2R	45	3630	No
Jet Star III	$4520	$390	$940	**$1610**	**$2110**	MM	4	206LP	10F-2R	45	3430	No
Jet Star III	$4920	$390	$950	**$1620**	**$2130**	MM	4	206D	10F-2R	45	3940	No
A4T-1400 4WD	$19620	$1370	$3340	**$5690**	**$7460**	MM	6	504D	10F-2R		17300	No
U302	$4633	$400	$970	**$1660**	**$2180**	MM	4	221G	10F-2R	55.8	5425	No
U302	$5031	$400	$970	**$1660**	**$2180**	MM	4	221LP	10F-2R	55.8	5640	No
U302	$5355	$450	$1090	**$1860**	**$2430**	MM	4	236D	10F-2R	55.6	5840	No
M670	$5725	$410	$990	**$1680**	**$2200**	MM	4	336G	10F-2R	73.2	6550	No
M670	$6258	$410	$990	**$1680**	**$2200**	MM	4	336LP	10F-2R	73.2	6750	No
M670	$6425	$480	$1180	**$2010**	**$2630**	MM	4	336D	10F-2R	71	6950	No
G900	$7390	$530	$1300	**$2210**	**$2900**	MM	6	425G	10F-2R	97.8	9200	No
G900	$7712	$530	$1300	**$2210**	**$2900**	MM	6	425LP	10F-2R	97.8	9400	No
G900	$8033	$590	$1430	**$2450**	**$3200**	MM	6	451D	10F-2R	97.7	9600	No
G950	$7538	$600	$1460	**$2500**	**$3270**	MM	6	425G	10F-2R	98	9950	No
G950	$7866	$610	$1480	**$2530**	**$3310**	MM	6	425LP	10F-2R	98	10550	No
G950	$8194	$660	$1600	**$2720**	**$3560**	MM	6	451D	10F-2R	98	11150	No
G1000	$9777	$730	$1760	**$3000**	**$3930**	MM	6	504LP	10F-2R	111	10000	No
G1000	$10515	$850	$2070	**$3520**	**$4620**	MM	6	504D	10F-2R	110	10200	No
G1000 Wheatland	$9581	$680	$1660	**$2840**	**$3720**	MM	6	504LP	10F-2R	110.7	10200	No
G1000 Wheatland	$10410	$680	$1640	**$2800**	**$3670**	MM	6	504D	10F-2R	110.8	10400	No
G1050	$10266	$750	$1820	**$3100**	**$4060**	MM	6	504LP	10F-2R	110	11050	No
G1050	$11041	$830	$2000	**$3420**	**$4480**	MM	6	585D	10F-2R	141.4	11250	No
G1350	$11295	$960	$2320	**$3960**	**$5190**	MM	6	585D	10F-2R	141.4	12400	No
G1350	$11295	$960	$2320	**$3960**	**$5190**	MM	6	504LP	10F-2R		12200	No
1968												
Jet Star	$4432	$390	$940	**$1610**	**$2110**	MM	4	206LP	10F-2R	45	3630	No
Jet Star III	$4028	$350	$850	**$1460**	**$1910**	MM	4	206G	10F-2R	44	3430	No
Jet Star III	$4800	$390	$950	**$1620**	**$2130**	MM	4	206D	10F-2R	45	3940	No
U302	$4545	$400	$970	**$1660**	**$2180**	MM	4	221G	10F-2R	55.8	5425	No
U302	$4932	$400	$970	**$1660**	**$2180**	MM	4	221LP	10F-2R	55.8	5640	No
U302	$5250	$450	$1090	**$1860**	**$2430**	MM	4	236D	10F-2R	55.6	5840	No
M670	$5615	$410	$990	**$1680**	**$2200**	MM	4	336G	10F-2R	73.2	6550	No
M670	$6135	$430	$1040	**$1780**	**$2330**	MM	4	336LP	10F-2R	73.2	6750	No
M670	$6300	$480	$1180	**$2010**	**$2630**	MM	4	336D	10F-2R	71	6950	No
G900	$7245	$530	$1300	**$2210**	**$2900**	MM	6	425G	10F-2R	97.8	9200	No
G900	$7560	$530	$1300	**$2210**	**$2900**	MM	6	425LP	10F-2R	97.8	9400	No
G900	$7875	$560	$1370	**$2330**	**$3050**	MM	6	451D	10F-2R	97.7	9600	No
G1000	$9585	$700	$1700	**$2900**	**$3800**	MM	6	504LP	10F-2R	111	10000	No
G1000	$10310	$780	$1900	**$3230**	**$4240**	MM	6	504D	10F-2R	110	10200	No
G1000 Wheatland	$9395	$680	$1660	**$2840**	**$3720**	MM	6	504LP	10F-2R	110.7	10200	No
G1000 Wheatland	$10206	$710	$1740	**$2960**	**$3880**	MM	6	504D	10F-2R	110.8	10400	No
1967												
Jet Star III	$3836	$350	$850	**$1460**	**$1910**	MM	4	206G	10F-2R	44	3430	No
Jet Star III	$4221	$350	$840	**$1440**	**$1880**	MM	4	206LP	10F-2R	44	3630	No
Jet Star III	$4595	$390	$950	**$1620**	**$2130**	MM	4	206D	10F-2R	45	3940	No
U302	$4326	$370	$910	**$1550**	**$2030**	MM	4	221G	10F-2R	55.8	5425	No
U302	$4697	$390	$940	**$1600**	**$2090**	MM	4	221LP	10F-2R	55.6	5640	No
M670	$5345	$410	$990	**$1680**	**$2200**	MM	4	336G	10F-2R	73.2	6550	No
M670	$5843	$410	$990	**$1690**	**$2220**	MM	4	336LP	10F-2R	73.2	6750	No
M670	$6000	$460	$1110	**$1890**	**$2480**	MM	4	336D	10F-2R	71	6950	No
G900	$6900	$510	$1250	**$2130**	**$2790**	MM	6	425G	10F-2R	97.8	9200	No
G900	$7200	$530	$1300	**$2210**	**$2900**	MM	6	425LP	10F-2R	97.8	9400	No

Minneapolis-Moline (Cont.)

	Approx. Retail Price New	Estimated Value Less Repairs: Used Trade In Avg.	Used Trade In High	Used Retail Avg.	Used Retail High	Make	Engine No. Cyls.	Engine Displ. Cu.-In.	No. Speeds	P.T.O. H.P.	Approx. Shipping Wt.-Lbs.	Cab
1967 (Cont.)												
G900	$7500	$560	$1370	**$2330**	**$3050**	MM	6	451D	10F-2R	97.7	9600	No
G1000	$9130	$730	$1760	**$3000**	**$3930**	MM	6	504LP	10F-2R	111	10000	No
G1000	$9820	$850	$2070	**$3520**	**$4620**	MM	6	504D	10F-2R	110	10200	No
G1000 Wheatland	$8950	$630	$1520	**$2600**	**$3400**	MM	6	504LP	10F-2R	110.7	10200	No
G1000 Wheatland	$9720	$680	$1650	**$2820**	**$3690**	MM	6	504D	10F-2R	110.8	10400	No
1966												
Jet Star III	$3761	$350	$850	**$1460**	**$1910**	MM	4	206G	10F-2R	44	3430	No
Jet Star III	$4138	$350	$840	**$1440**	**$1880**	MM	4	206LP	10F-2R	44	3630	No
Jet Star III	$4503	$390	$950	**$1620**	**$2130**	MM	4	206D	10F-2R	45	3940	No
U302	$4241	$340	$820	**$1390**	**$1820**	MM	4	221G	10F-2R	55.8	5425	No
U302	$4605	$350	$850	**$1450**	**$1900**	MM	4	221LP	10F-2R	55.6	5640	No
M670	$5345	$410	$990	**$1680**	**$2200**	MM	4	336G	10F-2R	73.2	6550	No
M670	$5565	$410	$1000	**$1710**	**$2240**	MM	4	336LP	10F-2R	73.2	6750	No
M670	$5700	$420	$1020	**$1740**	**$2280**	MM	4	336D	10F-2R	71	6950	No
G1000	$8695	$630	$1530	**$2600**	**$3410**	MM	6	504LP	10F-2R	110.7	10000	No
G1000	$9350	$700	$1700	**$2900**	**$3800**	MM	6	504D	10F-2R	110	10200	No
1965												
Jet Star III	$3582	$280	$680	**$1170**	**$1530**	MM	4	206G	10F-2R	44	3430	No
Jet Star III	$3941	$310	$760	**$1290**	**$1690**	MM	4	206LP	10F-2R	44	3630	No
Jet Star III	$4290	$340	$830	**$1420**	**$1860**	MM	4	206D	10F-2R	45	3940	No
U302	$4040	$310	$750	**$1290**	**$1680**	MM	4	221G	10F-2R	55.8	5425	No
U302	$4386	$320	$780	**$1340**	**$1750**	MM	4	221LP	10F-2R	55.6	5640	No
M670	$4990	$360	$870	**$1480**	**$1940**	MM	4	336G	10F-2R	73.2	6550	No
M670	$5300	$390	$940	**$1600**	**$2090**	MM	4	336LP	10F-2R	73.2	6750	No
M670	$5600	$410	$990	**$1690**	**$2210**	MM	4	336D	10F-2R	71	6950	No
G705	$7960	$560	$1350	**$2310**	**$3030**	MM	6	504LP	5F-1R	101.6	7700	No
G705	$8315	$580	$1410	**$2410**	**$3160**	MM	6	504D	5F-1R	101.4	7900	No
G706 4WD	$10615	$740	$1810	**$3080**	**$4030**	MM	6	504LP	5F-1R	101.4	8600	No
G706 4WD	$10966	$770	$1860	**$3180**	**$4170**	MM	6	504D	5F-1R	101.6	8800	No
G707	$8120	$570	$1380	**$2360**	**$3090**	MM	6	504LP	5F-1R	101	7700	No
G707	$8481	$590	$1440	**$2460**	**$3220**	MM	6	504D	5F-1R	101	7900	No
G708 4WD	$10825	$760	$1840	**$3140**	**$4110**	MM	6	504LP	5F-1R	101	8600	No
G708 4WD	$11185	$780	$1900	**$3240**	**$4250**	MM	6	504D	5F-1R	101	8800	No
G1000	$8524	$620	$1510	**$2580**	**$3380**	MM	6	504LP	10F-2R	110	10000	No
G1000	$8905	$630	$1530	**$2610**	**$3420**	MM	6	504D	10F-2R	110	10200	No
1964												
Jet Star III	$3515	$260	$630	**$1080**	**$1410**	MM	4	206G	10F-2R	44	3430	No
Jet Star III	$3865	$280	$690	**$1180**	**$1540**	MM	4	206LP	10F-2R	44	3630	No
Jet Star III	$4205	$320	$760	**$1300**	**$1710**	MM	4	206D	10F-2R	45	3940	No
U302	$3960	$300	$720	**$1230**	**$1610**	MM	4	221G	10F-2R	55.8	5425	No
U302	$4300	$320	$770	**$1310**	**$1710**	MM	4	221LP	10F-2R	55.6	5640	No
M602	$4375	$320	$780	**$1330**	**$1750**	MM	4	336G	10F-2R	64	6550	No
M602	$4675	$340	$820	**$1390**	**$1820**	MM	4	336LP	10F-2R	64	6750	No
M602	$4966	$410	$980	**$1680**	**$2200**	MM	4	336D	10F-2R	64	6950	No
M604 4WD	$6721	$490	$1190	**$2030**	**$2660**	MM	4	336G	10F-2R	73	7020	No
M604 4WD	$7017	$500	$1210	**$2060**	**$2700**	MM	4	336LP	10F-2R	73	7220	No
M604 4WD	$7312	$550	$1320	**$2260**	**$2960**	MM	4	336D	10F-2R	74	7420	No
M670	$4900	$350	$850	**$1450**	**$1900**	MM	4	336G	10F-2R	73.2	6550	No
M670	$5196	$370	$900	**$1540**	**$2010**	MM	4	336LP	10F-2R	73.2	6750	No
M670	$5491	$390	$940	**$1600**	**$2090**	MM	4	336D	10F-2R	71	6950	No
G705	$7805	$550	$1330	**$2260**	**$2970**	MM	6	504LP	5F-1R	101.6	7700	No
G705	$8152	$570	$1390	**$2360**	**$3100**	MM	6	504D	5F-1R	101.4	7900	No
G706 4WD	$10400	$730	$1770	**$3020**	**$3950**	MM	6	504LP	5F-1R	101.4	8600	No
G706 4WD	$10750	$750	$1830	**$3120**	**$4090**	MM	6	504D	5F-1R	101.6	8800	No
1963												
Jet Star II	$3445	$260	$630	**$1070**	**$1410**	MM	4	206G	10F-2R	44	3370	No
Jet Star II	$3788	$280	$680	**$1160**	**$1520**	MM	4	206LP	10F-2R	44	3570	No
Jet Star II	$4125	$300	$730	**$1250**	**$1630**	MM	4	206D	10F-2R	44	3770	No
M5	$4205	$320	$770	**$1310**	**$1710**	MM	4	336G	10F-2R	61	5830	No
M5	$4490	$320	$780	**$1330**	**$1750**	MM	4	336LP	10F-2R	61	6030	No
M5	$4775	$350	$850	**$1450**	**$1900**	MM	4	336D	10F-2R	58	6230	No
M504 4WD	$6555	$460	$1110	**$1900**	**$2490**	MM	4	336G	10F-2R	61	7020	No
M504 4WD	$6835	$480	$1160	**$1980**	**$2600**	MM	4	336LP	10F-2R	61	7220	No
M504 4WD	$7120	$500	$1210	**$2070**	**$2710**	MM	4	336D	10F-2R	58	7420	No
M602	$4290	$350	$850	**$1450**	**$1900**	MM	4	336G	10F-2R	64	6350	No
M602	$4580	$360	$870	**$1480**	**$1940**	MM	4	336LP	10F-2R	64	6550	No
M602	$4870	$410	$980	**$1680**	**$2200**	MM	4	336D	10F-2R	64	6750	No
M604 4WD	$6590	$490	$1190	**$2030**	**$2660**	MM	4	336G	10F-2R	73	7020	No
M604 4WD	$6880	$500	$1210	**$2060**	**$2700**	MM	4	336LP	10F-2R	73	7220	No
M604 4WD	$7170	$510	$1240	**$2120**	**$2770**	MM	4	336D	10F-2R	74	7420	No
G705	$7650	$540	$1300	**$2220**	**$2910**	MM	6	504LP	5F-1R	101	7700	No
G705	$7995	$560	$1360	**$2320**	**$3040**	MM	6	504D	5F-1R	101	7900	No
G706 4WD	$10200	$710	$1730	**$2960**	**$3880**	MM	6	504LP	5F-1R	101	8600	No
G706 4WD	$10540	$740	$1790	**$3060**	**$4010**	MM	6	504D	5F-1R	101	8800	No
1962												
4 Star	.....	$380	$690	**$1100**	**$1700**	MM	4	206G	10F-2R	44	4000	No
4 Star	.....	$410	$750	**$1190**	**$1830**	MM	4	206D	10F-2R	44	4000	No
GVI	$5700	$400	$970	**$1650**	**$2170**	MM	6	426G	5F-1R	78	7620	No
GVI	$6405	$450	$1090	**$1860**	**$2430**	MM	6	426D	5F-1R	79	7835	No

Minneapolis-Moline (Cont.)

	Approx. Retail Price New	Estimated Value Less Repairs: Used Trade In Avg.	Used Trade In High	Used Retail Avg.	Used Retail High	Engine Make	Engine No. Cyls.	Engine Displ. Cu.-In.	No. Speeds	P.T.O. H.P.	Approx. Shipping Wt.-Lbs.	Cab
				1962 (Cont.)								
Jet Star	$3400	$240	$580	**$990**	**$1290**	MM	4	206G	10F-2R	44	3400	No
Jet Star	$4000	$280	$680	**$1160**	**$1520**	MM	4	206D	10F-2R	45	3800	No
M5	$4200	$500	$920	**$1470**	**$2270**	MM	4	336G	10F-2R	61	5928	No
M5	$4700	$560	$1030	**$1650**	**$2540**	MM	4	336D	10F-2R	58	6230	No
M504 4WD	$6500	$460	$1110	**$1890**	**$2470**	MM	4	336G	10F-2R	61	7020	No
M504 4WD	$7100	$500	$1210	**$2060**	**$2700**	MM	4	336D	10F-2R	58	7420	No
G704 4WD	$7440	$520	$1270	**$2160**	**$2830**	MM	6	504LP	5F-1R	101.4	8405	No
G704 4WD	$8150	$570	$1390	**$2360**	**$3100**	MM	6	504D	5F-1R	101.6	8655	No
G705	$7600	$530	$1290	**$2200**	**$2890**	MM	6	504G	5F-1R	101.6	7700	No
G705	$7900	$550	$1340	**$2290**	**$3000**	MM	6	504D	5F-1R	101.4	7900	No
G706 4WD	$10000	$700	$1700	**$2900**	**$3800**	MM	6	504G	5F-1R	101.4	8600	No
G706 4WD	$10500	$740	$1790	**$3050**	**$3990**	MM	6	504D	5F-1R	101.6	8750	No
				1961								
4 Star	......	$730	$1090	**$1530**	**$1770**	MM	4	206G	10F-2R	44	4000	No
4 Star	......	$770	$1150	**$1620**	**$1870**	MM	4	206D	10F-2R	44	4000	No
GVI	......	$670	$1220	**$1940**	**$3000**	MM	6	426G	5F-1R	78	7620	No
GVI	......	$750	$1380	**$2190**	**$3380**	MM	6	426D	5F-1R	79	7835	No
Jet Star	......	$440	$810	**$1300**	**$2000**	MM	4	206G	10F-2R	44	4550	No
Jet Star	......	$520	$960	**$1520**	**$2350**	MM	4	206D	10F-2R	45	4600	No
UBG	......	$480	$880	**$1400**	**$2160**	MM	4	283G	5F-1R	45	5840	No
UDS	......	$530	$970	**$1540**	**$2370**	MM	4	283D	5F-1R	45	5810	No
UTSD	......	$550	$1010	**$1610**	**$2480**	MM	4	283D	5F-1R	45	5810	No
ZAE	......	$470	$860	**$1370**	**$2110**	MM	4	206G	5F-1R	33	3700	No
5 Star Universal	......	$550	$1000	**$1590**	**$2460**	MM	4	336G	10F-1R	57	6344	No
5 Star Universal	......	$640	$1170	**$1860**	**$2860**	MM	4	336D	10F-1R	57	6642	No
M5	......	$490	$910	**$1440**	**$2230**	MM	4	336G	10F-2R	61	6928	No
M5	......	$660	$1210	**$1920**	**$2960**	MM	4	336D	10F-2R	58	7078	No
335U Utility	......	$550	$1000	**$1590**	**$2460**	MM	4	165G	5F-1R	31.4	3361	No
				1960								
4 Star	......	$690	$1060	**$1470**	**$1710**	MM	4	206G	10F-2R	44	4000	No
4 Star	......	$740	$1120	**$1570**	**$1820**	MM	4	206D	10F-2R	44	4000	No
GVI	......	$640	$1180	**$1870**	**$2890**	MM	6	426G	5F-1R	78	7620	No
GVI	......	$740	$1350	**$2150**	**$3320**	MM	6	426D	5F-1R	79	7835	No
Jet Star	......	$430	$790	**$1260**	**$1950**	MM	4	206D	10F-2R	45	4600	No
UBG	......	$460	$840	**$1330**	**$2050**	MM	4	283G	5F-1R	45	5840	No
UDS	......	$510	$940	**$1500**	**$2310**	MM	4	283D	5F-1R	45	5810	No
UTSD	......	$550	$1010	**$1600**	**$2470**	MM	4	283D	5F-1R	45	5810	No
ZAE	......	$460	$840	**$1330**	**$2050**	MM	4	206G	5F-1R	33	3700	No
5 Star	......	$550	$1000	**$1590**	**$2460**	MM	4	283G	10F-2R	57	6342	No
5 Star	......	$640	$1170	**$1860**	**$2860**	MM	4	336D	10F-2R	57	6642	No
5 Star Universal	......	$610	$1130	**$1790**	**$2770**	MM	4	336D	10F-1R	57	6642	No
5 Star Unviersal	......	$520	$960	**$1520**	**$2350**	MM	4	336G	10F-1R	57	6344	No
M5	......	$480	$880	**$1410**	**$2170**	MM	4	336G	10F-2R	61	6928	No
M5	......	$520	$960	**$1520**	**$2350**	MM	4	336D	10F-2R	58	7078	No
335U Utility	......	$390	$720	**$1150**	**$1770**	MM	4	165G	5F-1R	31.4	3361	No
445 Utility	......	$510	$940	**$1490**	**$2300**	MM	4	206D	5F-1R	40.8	4240	No
				1959								
4 Star	......	$670	$1040	**$1440**	**$1680**	MM	4	206G	10F-2R	44	4000	No
4 Star	......	$710	$1090	**$1520**	**$1770**	MM	4	206D	10F-2R	44	4000	No
GB	......	$580	$1070	**$1700**	**$2630**	MM	4	403G	5F-1R	69	6730	No
GB	......	$680	$1250	**$1990**	**$3090**	MM	6	425D	5F-1R	65	7600	No
GVI	......	$620	$1130	**$1800**	**$2790**	MM	6	426G	5F-1R	78	7620	No
GVI	......	$730	$1330	**$2120**	**$3280**	MM	6	426D	5F-1R	79	7835	No
Jet Star	......	$420	$770	**$1230**	**$1910**	MM	4	206G	10F-2R	44	4550	No
UBG	......	$440	$810	**$1280**	**$1980**	MM	4	283G	5F-1R	45	5840	No
UDS	......	$480	$880	**$1400**	**$2170**	MM	4	283D	5F-1R	45	5810	No
UTSD	......	$530	$970	**$1540**	**$2390**	MM	4	283D	5F-1R	45	5810	No
ZAE	......	$410	$750	**$1190**	**$1840**	MM	4	206G	5F-1R	33	3700	No
5 Star	......	$540	$990	**$1580**	**$2440**	MM	4	336D	10F-2R	57	6642	No
5 Star	......	$630	$1160	**$1840**	**$2850**	MM	4	283G	10F-2R	57	6342	No
5 Star Universal	......	$590	$1080	**$1720**	**$2670**	MM	4	336D	10F-1R	57	6642	No
5 Star Unviersal	......	$510	$940	**$1490**	**$2300**	MM	4	336G	10F-1R	57	6344	No
335 Universal	......	$360	$660	**$1050**	**$1630**	MM	4	165G	5F-1R	31.4	3481	No
335U Utility	......	$380	$700	**$1110**	**$1720**	MM	4	165G	5F-1R	31.4	3361	No
445 Universal	......	$420	$770	**$1220**	**$1890**	MM	4	206G	5F-1R	40.8	4168	No
445 Universal	......	$430	$790	**$1260**	**$1950**	MM	4	206D	5F-1R	40.8	4770	No
445 Utility	......	$460	$850	**$1350**	**$2090**	MM	4	206D	5F-1R	40.8	4240	No
				1958								
GB	......	$560	$1020	**$1630**	**$2530**	MM	6	425D	5F-1R	65	7600	No
GB	......	$660	$1210	**$1920**	**$2990**	MM	4	403G	5F-1R	69	6730	No
UBG	......	$430	$790	**$1260**	**$1960**	MM	4	283G	5F-1R	45	5840	No
UDS	......	$480	$880	**$1390**	**$2160**	MM	4	283D	5F-1R	45	5810	No
UTSD	......	$520	$950	**$1510**	**$2350**	MM	4	283D	5F-1R	45	5810	No
ZAE	......	$380	$700	**$1120**	**$1740**	MM	4	206G	5F-1R	33	3700	No
5 Star	......	$520	$950	**$1510**	**$2350**	MM	4	336D	10F-2R	57	6642	No
5 Star	......	$600	$1100	**$1760**	**$2730**	MM	4	283G	10F-2R	57	6342	No
5 Star Universal	......	$570	$1050	**$1660**	**$2580**	MM	4	336D	10F-1R	57	6642	No
5 Star Unviersal	......	$490	$900	**$1440**	**$2230**	MM	4	336G	10F-1R	57	6344	No
335 Universal	......	$400	$740	**$1170**	**$1820**	MM	4	165G	5F-1R	31.4	3481	No
335U Utility	......	$370	$680	**$1080**	**$1670**	MM	4	165G	5F-1R	31.4	3361	No

Minneapolis-Moline (Cont.)

	Approx. Retail Price New	Estimated Value Less Repairs: Used Trade In Avg.	High	Used Retail Avg.	High	Engine Make	No. Cyls.	Displ. Cu.-In.	No. Speeds	P.T.O. H.P.	Approx. Shipping Wt.-Lbs.	Cab
1958 (Cont.)												
445 Universal	......	$460	$850	**$1350**	**$2090**	MM	4	206G	5F-1R	40.8	4168	No
445 Universal	......	$470	$860	**$1370**	**$2120**	MM	4	206D	5F-1R	40.8	4770	No
445 Utility	......	$480	$880	**$1400**	**$2180**	MM	4	206D	5F-1R	40.8	4240	No
1957												
BF	......	$420	$780	**$1240**	**$1930**	Herc.	4	133G	4F-1R	25.1	4636	No
GB	......	$530	$980	**$1560**	**$2430**	MM	4	403G	5F-1R	69	6730	No
GB	......	$660	$1210	**$1920**	**$3000**	MM	6	425D	5F-1R	65	7600	No
UBD Special	......	$470	$870	**$1380**	**$2150**	MM	4	283D	5F-1R	45	7600	No
UBG	......	$430	$790	**$1260**	**$1970**	MM	4	283G	5F-1R	45	5840	No
UDS	......	$470	$850	**$1360**	**$2120**	MM	4	283D	5F-1R	45	5810	No
UTS	......	$490	$890	**$1420**	**$2220**	MM	4	283G	5F-1R	45	6220	No
UTSD	......	$510	$930	**$1480**	**$2320**	MM	4	283D	5F-1R	45	5810	No
5 Star Universal	......	$550	$1010	**$1600**	**$2500**	MM	4	336D	10F-1R	57	6642	No
5 Star Unviersal	......	$480	$880	**$1390**	**$2170**	MM	4	336G	10F-1R	57	6344	No
335 Universal	......	$380	$690	**$1100**	**$1720**	MM	4	165G	5F-1R	31.4	3481	No
335U Utility	......	$360	$660	**$1050**	**$1640**	MM	4	165G	5F-1R	31.4	3361	No
445 Universal	......	$440	$800	**$1280**	**$1990**	MM	4	206G	5F-1R	40.8	4168	No
445 Universal	......	$460	$850	**$1350**	**$2100**	MM	4	206D	5F-1R	40.8	4770	No
445 Utility	......	$470	$870	**$1380**	**$2160**	MM	4	206D	5F-1R	40.8	4240	No
1956												
BF	......	$410	$760	**$1200**	**$1880**	Hercules	4	133G	4F-1R	25.1	4636	No
BG	......	$430	$780	**$1240**	**$1950**	Hercules	4	133G	4F-1R	25.1	2880	No
GB	......	$510	$940	**$1490**	**$2330**	MM	4	403G	5F-1R	69	6730	No
GB	......	$610	$1120	**$1780**	**$2790**	MM	6	425D	5F-1R	65	7600	No
UBD Special	......	$460	$850	**$1340**	**$2100**	MM	4	283D	5F-1R	45	7600	No
UBG	......	$420	$770	**$1230**	**$1920**	MM	4	283G	5F-1R	45	5840	No
UDS	......	$450	$830	**$1320**	**$2070**	MM	4	283D	5F-1R	45	5810	No
UTS	......	$490	$890	**$1420**	**$2230**	MM	4	283G	5F-1R	45	6220	No
UTSD	......	$500	$910	**$1450**	**$2270**	MM	4	283D	5F-1R	45	5810	No
ZAE	......	$380	$690	**$1100**	**$1720**	MM	4	206G	5F-1R	33	3700	No
335U Utility	......	$350	$650	**$1030**	**$1620**	MM	4	165G	5F-1R	31.4	3361	No
445 Universal	......	$410	$760	**$1210**	**$1890**	MM	4	206G	5F-1R	40.8	4168	No
445 Universal	......	$420	$770	**$1230**	**$1920**	MM	4	206D	5F-1R	40.8	4770	No
445 Utility	......	$460	$850	**$1350**	**$2110**	MM	4	206D	5F-1R	40.8	4240	No
1955												
BF	......	$400	$730	**$1170**	**$1830**	Hercules	4	133G	4F-1R	25.1	4636	No
BG	......	$420	$770	**$1220**	**$1920**	Hercules	4	133G	4F-1R	25.1	2880	No
GB	......	$490	$890	**$1420**	**$2230**	MM	4	403G	5F-1R	69	6730	No
GB	......	$610	$1110	**$1770**	**$2780**	MM	6	425D	5F-1R	65	7600	No
UB Special	......	$410	$750	**$1190**	**$1880**	MM	4	283G	5F-1R	50	5840	No
UBD Special	......	$450	$820	**$1310**	**$2060**	MM	4	283D	5F-1R	45	7600	No
UBE	......	$520	$940	**$1500**	**$2360**	MM	4	283G	5F-1R	45	5840	No
UBE	......	$660	$1200	**$1910**	**$3000**	MM	4	283D	5F-1R	45	7600	No
UBG	......	$410	$750	**$1190**	**$1870**	MM	4	283G	5F-1R	45	5840	No
UBU	......	$470	$860	**$1360**	**$2140**	MM	4	283G	5F-1R	45	5750	No
UBU	......	$550	$1010	**$1610**	**$2530**	MM	4	283D	5F-1R	45	7600	No
UDS	......	$440	$810	**$1300**	**$2040**	MM	4	283D	5F-1R	45	5810	No
UTC	......	$460	$850	**$1350**	**$2120**	MM	4	283G	5F-1R	45	5840	No
UTS	......	$480	$870	**$1390**	**$2180**	MM	4	283G	5F-1R	45	6220	No
UTSD	......	$480	$880	**$1400**	**$2200**	MM	4	283D	5F-1R	45	5810	No
UTU	......	$440	$810	**$1290**	**$2020**	MM	4	283G	5F-1R	45	5850	No
ZAE	......	$360	$670	**$1060**	**$1670**	MM	4	206G	5F-1R	33	3700	No
ZBE	......	$380	$700	**$1110**	**$1750**	MM	4	206G	5F-1R	33	3700	No
ZBN	......	$390	$720	**$1140**	**$1790**	MM	4	206G	5F-1R	33	3650	No
ZBU	......	$370	$680	**$1090**	**$1710**	MM	4	206G	5F-1R	33	3600	No
1954												
BF	......	$390	$710	**$1130**	**$1780**	Hercules	4	133G	4F-1R	25.1	4636	No
BG	......	$410	$750	**$1190**	**$1870**	Hercules	4	133G	4F-1R	25.1	2880	No
GTB	......	$1030	$1680	**$2410**	**$2800**	MM	4	403G	5F-1R	60	6275	No
GTB	......	$1040	$1700	**$2440**	**$2830**	MM	6	426D	5F-1R	65	7319	No
RTU	......	$720	$1170	**$1680**	**$1950**	MM	4	165G	4F-1R	24	3100	No
UBE	......	$500	$920	**$1470**	**$2310**	MM	4	283G	5F-1R	45	5840	No
UBE	......	$630	$1160	**$1840**	**$2900**	MM	4	283D	5F-1R	45	7600	No
UBG	......	$400	$730	**$1160**	**$1820**	MM	4	283G	5F-1R	45	5840	No
UBN	......	$430	$790	**$1260**	**$1980**	MM	4	283D	5F-1R	45	5850	No
UBU	......	$440	$810	**$1300**	**$2040**	MM	4	283G	5F-1R	45	5750	No
UBU	......	$540	$990	**$1570**	**$2480**	MM	4	283D	5F-1R	45	7600	No
UDS	......	$430	$780	**$1240**	**$1960**	MM	4	283D	5F-1R	45	5810	No
UTC	......	$440	$800	**$1280**	**$2020**	MM	4	283G	5F-1R	45	5840	No
UTS	......	$460	$850	**$1350**	**$2130**	MM	4	283G	5F-1R	45	6220	No
UTSD	......	$470	$860	**$1370**	**$2150**	MM	4	283D	5F-1R	45	5810	No
UTU	......	$840	$1360	**$1950**	**$2260**	MM	4	283G	5F-1R	45	5850	No
ZAE	......	$700	$1140	**$1640**	**$1910**	MM	4	206G	5F-1R	33	3700	No
ZBE	......	$740	$1200	**$1730**	**$2000**	MM	4	206G	5F-1R	33	3700	No
ZBN	......	$760	$1230	**$1760**	**$2050**	MM	4	206G	5F-1R	33	3650	No
ZBU	......	$700	$1140	**$1630**	**$1890**	MM	4	206G	5F-1R	33	3600	No
ZM	......	$760	$1240	**$1780**	**$2060**	MM	4	206G	5F-1R	33	3650	No

Minneapolis-Moline (Cont.)

1953

Model	Approx. Retail Price New	Estimated Value Less Repairs: Used Trade In Avg.	Used Trade In High	Used Retail Avg.	Used Retail High	Make	Engine No. Cyls.	Engine Displ. Cu.-In.	No. Speeds	P.T.O. H.P.	Approx. Shipping Wt.-Lbs.	Cab
BF	......	$750	$1220	**$1780**	**$2070**	Hercules	4	133G	4F-1R	25.1	4636	No
BFD	......	$650	$1050	**$1540**	**$1780**	Hercules	4	133G	4F-1R	25.1	2875	No
BFH	......	$670	$1090	**$1590**	**$1850**	Hercules	4	133G	4F-1R	25.1	2900	No
BFS	......	$640	$1030	**$1510**	**$1750**	Hercules	4	133G	4F-1R	25.1	2860	No
BFW	......	$660	$1070	**$1570**	**$1810**	Hercules	4	133G	4F-1R	25.1	2895	No
BG	......	$770	$1260	**$1840**	**$2130**	Hercules	4	133G	4F-1R	25.1	2880	No
GTB	......	$1000	$1620	**$2370**	**$2740**	MM	4	403G	5F-1R	60	6275	No
GTB	......	$1030	$1680	**$2450**	**$2840**	MM	6	426D	5F-1R	65	7319	No
GTC	......	$900	$1460	**$2140**	**$2480**	MM	4	403G	5F-1R	60	6275	No
RTE	......	$680	$1110	**$1630**	**$1880**	MM	4	165G	4F-1R	24	3250	No
RTS	......	$730	$1190	**$1740**	**$2010**	MM	4	165G	4F-1R	24	3250	No
RTU	......	$700	$1130	**$1650**	**$1910**	MM	4	165G	4F-1R	24	3100	No
UBE	......	$910	$1480	**$2170**	**$2510**	MM	4	283G	5F-1R	45	5840	No
UBG	......	$770	$1250	**$1820**	**$2110**	MM	4	283G	5F-1R	45	5840	No
UBN	......	$860	$1400	**$2050**	**$2370**	MM	4	283D	5F-1R	45	5850	No
UBU	......	$880	$1420	**$2080**	**$2410**	MM	4	283G	5F-1R	45	5750	No
UDS	......	$830	$1340	**$1960**	**$2270**	MM	4	283D	5F-1R	45	5810	No
UDU	......	$1020	$1650	**$2410**	**$2790**	MM	4	283D	5F-1R	45	5840	No
UTC	......	$850	$1390	**$2020**	**$2340**	MM	4	283G	5F-1R	45	5840	No
UTE	......	$970	$1570	**$2300**	**$2660**	MM	4	283G	5F-1R	45	5840	No
UTS	......	$900	$1470	**$2140**	**$2480**	MM	4	283G	5F-1R	45	6220	No
UTSD	......	$920	$1500	**$2200**	**$2540**	MM	4	283D	5F-1R	45	5810	No
UTU	......	$840	$1360	**$1980**	**$2300**	MM	4	283G	5F-1R	45	5850	No
ZAE	......	$700	$1130	**$1650**	**$1910**	MM	4	206G	5F-1R	33	3700	No
ZAN	......	$720	$1170	**$1710**	**$1980**	MM	4	206G	5F-1R	33	3650	No
ZAS	......	$790	$1280	**$1870**	**$2170**	MM	4	206G	5F-1R	33	3650	No
ZBE	......	$710	$1150	**$1680**	**$1950**	MM	4	206G	5F-1R	33	3700	No
ZBU	......	$680	$1100	**$1610**	**$1860**	MM	4	206G	5F-1R	33	3600	No
ZM	......	$740	$1200	**$1750**	**$2030**	MM	4	206G	5F-1R	33	3650	No

1952

Model	Approx. Retail Price New	Used Trade In Avg.	Used Trade In High	Used Retail Avg.	Used Retail High	Make	No. Cyls.	Displ. Cu.-In.	No. Speeds	P.T.O. H.P.	Approx. Shipping Wt.-Lbs.	Cab
BF	......	$730	$1180	**$1740**	**$2020**	Hercules	4	133G	4F-1R	25.1	4636	No
BG	......	$760	$1240	**$1820**	**$2110**	Hercules	4	133G	4F-1R	25.1	2880	No
GTB	......	$980	$1600	**$2360**	**$2730**	MM	6	426D	5F-1R	65	7319	No
GTB	......	$1010	$1640	**$2420**	**$2790**	MM	4	403G	5F-1R	60	6275	No
GTC	......	$880	$1420	**$2100**	**$2430**	MM	4	403G	5F-1R	60	6275	No
RTE	......	$650	$1050	**$1550**	**$1800**	MM	4	165G	4F-1R	24	3250	No
RTS	......	$710	$1150	**$1700**	**$1960**	MM	4	165G	4F-1R	24	3250	No
RTU	......	$680	$1110	**$1640**	**$1900**	MM	4	165G	4F-1R	24	3100	No
UDS	......	$840	$1370	**$2010**	**$2330**	MM	4	283D	5F-1R	45	5810	No
UDU	......	$940	$1530	**$2260**	**$2620**	MM	4	283D	5F-1R	45	5840	No
UTC	......	$830	$1350	**$1980**	**$2290**	MM	4	283G	5F-1R	45	5840	No
UTE	......	$970	$1570	**$2320**	**$2680**	MM	4	283G	5F-1R	45	5840	No
UTN	......	$990	$1610	**$2380**	**$2750**	MM	4	283G	5F-1R	45	5840	No
UTS	......	$880	$1430	**$2110**	**$2430**	MM	4	283G	5F-1R	45	6220	No
UTSD	......	$900	$1460	**$2160**	**$2490**	MM	4	283D	5F-1R	45	5810	No
UTU	......	$790	$1280	**$1890**	**$2180**	MM	4	283G	5F-1R	45	5850	No
V	......	$620	$1010	**$1480**	**$1720**	Hercules	4	65G	3F-1R	15	1778	No
ZAE	......	$680	$1110	**$1640**	**$1900**	MM	4	206G	5F-1R	33	3700	No
ZAN	......	$700	$1130	**$1670**	**$1930**	MM	4	206G	5F-1R	33	3650	No
ZAS	......	$770	$1240	**$1830**	**$2120**	MM	4	206G	5F-1R	33	3650	No
ZAU	......	$730	$1190	**$1750**	**$2030**	MM	4	206G	5F-1R	33	3600	No

1951

Model	Approx. Retail Price New	Used Trade In Avg.	Used Trade In High	Used Retail Avg.	Used Retail High	Make	No. Cyls.	Displ. Cu.-In.	No. Speeds	P.T.O. H.P.	Approx. Shipping Wt.-Lbs.	Cab
BF	......	$700	$1140	**$1690**	**$1950**	Hercules	4	133G	4F-1R	25.1	4636	No
BG	......	$730	$1180	**$1750**	**$2020**	Hercules	4	133G	4F-1R	25.1	2880	No
GTB	......	$980	$1600	**$2380**	**$2750**	MM	4	403G	5F-1R	60	6275	No
GTB	......	$940	$1520	**$2260**	**$2610**	MM	6	426D	5F-1R	65	7319	No
GTC	......	$840	$1370	**$2030**	**$2350**	MM	4	403G	5F-1R	60	6275	No
RTE	......	$620	$1010	**$1510**	**$1740**	MM	4	165G	4F-1R	24	3250	No
RTN	......	$670	$1090	**$1620**	**$1880**	MM	4	165G	4F-1R	24	3100	No
RTS	......	$640	$1030	**$1540**	**$1780**	MM	4	165G	4F-1R	24	3250	No
RTU	......	$660	$1070	**$1590**	**$1840**	MM	4	165G	4F-1R	24	3100	No
UTC	......	$780	$1270	**$1890**	**$2180**	MM	4	283G	5F-1R	45	5840	No
UTE	......	$780	$1260	**$1880**	**$2170**	MM	4	283G	5F-1R	45	5840	No
UTN	......	$800	$1300	**$1930**	**$2230**	MM	4	283G	5F-1R	45	5840	No
UTS	......	$830	$1350	**$2010**	**$2320**	MM	4	283G	5F-1R	45	6220	No
UTU	......	$750	$1210	**$1800**	**$2080**	MM	4	283G	5F-1R	45	5850	No
V	......	$580	$940	**$1400**	**$1610**	Hercules	4	65G	3F-1R	15	1778	No
ZAE	......	$640	$1050	**$1550**	**$1800**	MM	4	206G	5F-1R	33	3700	No
ZAN	......	$670	$1090	**$1620**	**$1880**	MM	4	206G	5F-1R	33	3650	No
ZAS	......	$720	$1170	**$1740**	**$2010**	MM	4	206G	5F-1R	33	3650	No
ZAU	......	$710	$1150	**$1710**	**$1980**	MM	4	206G	5F-1R	33	3600	No

1950

Model	Approx. Retail Price New	Used Trade In Avg.	Used Trade In High	Used Retail Avg.	Used Retail High	Make	No. Cyls.	Displ. Cu.-In.	No. Speeds	P.T.O. H.P.	Approx. Shipping Wt.-Lbs.	Cab
BF	......	$670	$1090	**$1640**	**$1890**	Hercules	4	133G	4F-1R	25.1	4636	No
BG	......	$680	$1100	**$1650**	**$1900**	Hercules	4	133G	4F-1R	25.1	2880	No
GTB	......	$910	$1480	**$2220**	**$2570**	MM	4	403G	5F-1R	60	6275	No
GTB	......	$940	$1520	**$2280**	**$2630**	MM	6	426D	5F-1R	65	7319	No
RTE	......	$610	$1000	**$1490**	**$1720**	MM	4	165G	4F-1R	24	3250	No
RTN	......	$650	$1050	**$1580**	**$1820**	MM	4	165G	4F-1R	24	3100	No
RTS	......	$600	$980	**$1460**	**$1690**	MM	4	165G	4F-1R	24	3250	No
RTU	......	$640	$1030	**$1550**	**$1790**	MM	4	165G	4F-1R	24	3100	No
UTC	......	$770	$1250	**$1870**	**$2160**	MM	4	283G	5F-1R	45	5840	No

	Approx. Retail Price New	Estimated Value Less Repairs Used Trade In Avg.	High	Used Retail Avg.	High	Make	Engine No. Cyls.	Displ. Cu.-In.	No. Speeds	P.T.O. H.P.	Approx. Shipping Wt.-Lbs.	Cab
Minneapolis-Moline (Cont.)												
				1950 (Cont.)								
UTN	......	$780	$1270	**$1900**	**$2190**	MM	4	283G	5F-1R	45	5840	No
UTS	......	$820	$1330	**$1990**	**$2300**	MM	4	283G	5F-1R	45	6220	No
UTU	......	$730	$1190	**$1780**	**$2060**	MM	4	283G	5F-1R	45	5850	No
V	......	$550	$900	**$1350**	**$1550**	Hercules	4	65G	3F-1R	15	1778	No
ZAE	......	$620	$1010	**$1520**	**$1760**	MM	4	206G	5F-1R	33	3700	No
ZAN	......	$650	$1050	**$1580**	**$1820**	MM	4	206G	5F-1R	33	3650	No
ZAS	......	$670	$1090	**$1640**	**$1890**	MM	4	206G	5F-1R	33	3650	No
ZAU	......	$700	$1130	**$1700**	**$1960**	MM	4	206G	5F-1R	33	3600	No
				1949								
GTB	......	$890	$1440	**$2180**	**$2520**	MM	4	403G	5F-1R	60	6275	No
GTB	......	$910	$1480	**$2240**	**$2580**	MM	6	426D	5F-1R	65	7319	No
RT	......	$700	$1130	**$1710**	**$1970**	MM	4	165G	4F-1R	24	3150	No
RTE	......	$590	$960	**$1450**	**$1670**	MM	4	165G	4F-1R	24	3250	No
RTN	......	$620	$1010	**$1530**	**$1770**	MM	4	165G	4F-1R	24	3100	No
RTS	......	$560	$920	**$1390**	**$1600**	MM	4	165G	4F-1R	24	3250	No
RTU	......	$610	$980	**$1490**	**$1710**	MM	4	165G	4F-1R	24	3100	No
UTC	......	$760	$1230	**$1860**	**$2140**	MM	4	283G	5F-1R	45	5840	No
UTS	......	$790	$1290	**$1950**	**$2240**	MM	4	283G	5F-1R	45	6220	No
UTU	......	$710	$1150	**$1740**	**$2010**	MM	4	283G	5F-1R	45	5850	No
V	......	$500	$820	**$1240**	**$1430**	Hercules	4	65G	3F-1R	15	1778	No
ZAE	......	$580	$940	**$1420**	**$1630**	MM	4	206G	5F-1R	33	3700	No
ZAN	......	$620	$1010	**$1530**	**$1770**	MM	4	206G	5F-1R	33	3650	No
ZAS	......	$650	$1050	**$1590**	**$1840**	MM	4	206G	5F-1R	33	3650	No
ZAU	......	$680	$1100	**$1670**	**$1920**	MM	4	206G	5F-1R	33	3600	No
				1948								
GTB	......	$890	$1440	**$2180**	**$2540**	MM	4	403G	5F-1R	60	6275	No
GTB	......	$850	$1390	**$2100**	**$2430**	MM	6	426D	5F-1R	65	7319	No
RT	......	$670	$1090	**$1650**	**$1920**	MM	4	165G	4F-1R	24	3150	No
RTE	......	$550	$900	**$1360**	**$1580**	MM	4	165G	4F-1R	24	3250	No
RTN	......	$600	$980	**$1480**	**$1710**	MM	4	165G	4F-1R	24	3100	No
RTU	......	$580	$940	**$1420**	**$1650**	MM	4	165G	4F-1R	24	3100	No
U	......	$810	$1320	**$1990**	**$2320**	MM	4	283G	5F-1R	45	8575	No
UTC	......	$730	$1190	**$1800**	**$2090**	MM	4	283G	5F-1R	45	5840	No
UTS	......	$750	$1220	**$1840**	**$2140**	MM	4	283G	5F-1R	45	6220	No
UTU	......	$680	$1110	**$1680**	**$1950**	MM	4	283G	5F-1R	45	5850	No
V	......	$480	$780	**$1180**	**$1370**	Hercules	4	65G	3F-1R	15	1778	No
ZTN	......	$690	$1110	**$1680**	**$1960**	MM	4	206G	5F-1R	33	3650	No
ZTU	......	$710	$1150	**$1740**	**$2020**	MM	4	206G	5F-1R	33	3650	No
				1947								
GTA	......	$580	$1060	**$1750**	**$2710**	MM	6	426	5F-1R	65	6730	No
GTB	......	$880	$1420	**$2150**	**$2520**	MM	4	403G	5F-1R	60	6275	No
GTB	......	$850	$1380	**$2080**	**$2440**	MM	6	426D	5F-1R	65	7319	No
RT	......	$650	$1050	**$1590**	**$1860**	MM	4	165G	4F-1R	24	3150	No
U	......	$790	$1280	**$1940**	**$2260**	MM	4	283G	5F-1R	45	8575	No
V	......	$460	$740	**$1120**	**$1310**	Hercules	4	65G	3F-1R	15	1778	No
ZTN	......	$660	$1070	**$1620**	**$1900**	MM	4	206G	5F-1R	33	3650	No
ZTS	......	$640	$1030	**$1560**	**$1830**	MM	4	206G	5F-1R	33	3600	No
ZTU	......	$680	$1110	**$1680**	**$1970**	MM	4	206G	5F-1R	33	3650	No
				1946								
GTA	......	$550	$1010	**$1680**	**$2610**	MM	6	426	5F-1R	65	6730	No
RT	......	$620	$1010	**$1530**	**$1810**	MM	4	165G	4F-1R	24	3150	No
U	......	$750	$1220	**$1840**	**$2170**	MM	4	283G	5F-1R	45	8575	No
ZTN	......	$650	$1050	**$1590**	**$1880**	MM	4	206G	5F-1R	33	3650	No
ZTS	......	$610	$1000	**$1510**	**$1770**	MM	4	206G	5F-1R	33	3600	No
ZTU	......	$670	$1080	**$1640**	**$1930**	MM	4	206G	5F-1R	33	3650	No
				1945								
GTA	......	$530	$970	**$1620**	**$2510**	MM	6	426	5F-1R	65	6730	No
RT	......	$600	$980	**$1480**	**$1760**	MM	4	165G	4F-1R	24	3150	No
U	......	$720	$1170	**$1770**	**$2100**	MM	4	283G	5F-1R	45	8575	No
ZTN	......	$640	$1030	**$1560**	**$1850**	MM	4	206G	5F-1R	33	3650	No
ZTS	......	$590	$960	**$1450**	**$1720**	MM	4	206G	5F-1R	33	3600	No
ZTU	......	$640	$1040	**$1580**	**$1870**	MM	4	206G	5F-1R	33	3650	No
				1944								
GTA	......	$520	$940	**$1590**	**$2470**	MM	6	426	5F-1R	65	6730	No
RT	......	$580	$940	**$1420**	**$1700**	MM	4	165G	4F-1R	24	3150	No
U	......	$700	$1140	**$1730**	**$2080**	MM	4	283G	5F-1R	45	8575	No
ZTN	......	$620	$1010	**$1530**	**$1840**	MM	4	206G	5F-1R	33	3650	No
ZTS	......	$570	$930	**$1410**	**$1700**	MM	4	206G	5F-1R	33	3600	No
ZTU	......	$620	$1010	**$1530**	**$1850**	MM	4	206G	5F-1R	33	3650	No
				1943								
GTA	......	$500	$910	**$1540**	**$2410**	MM	6	426	5F-1R	65	6730	No
RT	......	$550	$900	**$1360**	**$1630**	MM	4	165G	4F-1R	24	3150	No
U	......	$690	$1120	**$1690**	**$2040**	MM	4	283G	5F-1R	45	8575	No
ZTN	......	$610	$980	**$1490**	**$1790**	MM	4	206G	5F-1R	33	3650	No
ZTS	......	$560	$910	**$1380**	**$1650**	MM	4	206G	5F-1R	33	3600	No
ZTU	......	$600	$980	**$1480**	**$1780**	MM	4	206G	5F-1R	33	3650	No

Minneapolis-Moline (Cont.)

1942

Model	Approx. Retail Price New	Estimated Value Less Repairs: Used Trade In Avg.	Used Trade In High	Used Retail Avg.	Used Retail High	Engine Make	Engine No. Cyls.	Engine Displ. Cu.-In.	No. Speeds	P.T.O. H.P.	Approx. Shipping Wt.-Lbs.	Cab
GTA	......	$480	$890	$1500	$2350	MM	6	426	5F-1R	65	6730	No
RT	......	$530	$860	$1300	$1560	MM	4	165G	4F-1R	24	3150	No
U	......	$670	$1090	$1650	$1990	MM	4	283G	5F-1R	45	8575	No
ZTN	......	$570	$920	$1390	$1670	MM	4	206G	5F-1R	33	3650	No
ZTS	......	$540	$880	$1330	$1600	MM	4	206G	5F-1R	33	3600	No
ZTU	......	$600	$970	$1460	$1760	MM	4	206G	5F-1R	33	3650	No

1941

Model	Approx. Retail Price New	Used Trade In Avg.	Used Trade In High	Used Retail Avg.	Used Retail High	Engine Make	Engine No. Cyls.	Engine Displ. Cu.-In.	No. Speeds	P.T.O. H.P.	Approx. Shipping Wt.-Lbs.	Cab
GT	......	$610	$1000	$1510	$1810	MM	4	403G	3F-1R		6500	No
RT	......	$500	$820	$1240	$1490	MM	4	165G	4F-1R	24	3150	No
U	......	$660	$1070	$1620	$1950	MM	4	283G	5F-1R	45	8575	No
ZTN	......	$550	$900	$1360	$1630	MM	4	206G	5F-1R	33	3650	No
ZTS	......	$530	$860	$1300	$1560	MM	4	206G	5F-1R	33	3600	No
ZTU	......	$580	$940	$1420	$1710	MM	4	206G	5F-1R	33	3650	No

1940

Model	Approx. Retail Price New	Used Trade In Avg.	Used Trade In High	Used Retail Avg.	Used Retail High	Engine Make	Engine No. Cyls.	Engine Displ. Cu.-In.	No. Speeds	P.T.O. H.P.	Approx. Shipping Wt.-Lbs.	Cab
GT	......	$590	$960	$1460	$1750	MM	4	403G	3F-1R		6500	No
RT	......	$480	$780	$1190	$1430	MM	4	165G	4F-1R	24	3150	No
U	......	$650	$1050	$1590	$1910	MM	4	283G	5F-1R	45	8575	No
ZTN	......	$540	$870	$1320	$1590	MM	4	206G	5F-1R	33	3650	No
ZTS	......	$520	$840	$1270	$1520	MM	4	206G	5F-1R	33	3600	No
ZTU	......	$570	$920	$1390	$1670	MM	4	206G	5F-1R	33	3650	No

1939

Model	Approx. Retail Price New	Used Trade In Avg.	Used Trade In High	Used Retail Avg.	Used Retail High	Engine Make	Engine No. Cyls.	Engine Displ. Cu.-In.	No. Speeds	P.T.O. H.P.	Approx. Shipping Wt.-Lbs.	Cab
RT	......	$480	$780	$1190	$1430	MM	4	165G	4F-1R	24	3150	No
U	......	$650	$1050	$1590	$1910	MM	4	283G	5F-1R	45	8575	No
ZTN	......	$540	$870	$1320	$1590	MM	4	206G	5F-1R	33	3650	No
ZTS	......	$520	$840	$1270	$1520	MM	4	206G	5F-1R	33	3600	No
ZTU	......	$570	$920	$1390	$1670	MM	4	206G	5F-1R	33	3650	No

Mitsubishi-Satoh

1988

Model	Approx. Retail Price New	Used Trade In Avg.	Used Trade In High	Used Retail Avg.	Used Retail High	Engine Make	Engine No. Cyls.	Engine Displ. Cu.-In.	No. Speeds	P.T.O. H.P.	Approx. Shipping Wt.-Lbs.	Cab
MT160	$7679	$1110	$1880	$2760	$3460	Mitsubishi	3	47D	6F-2R	13.60	1246	No
MT160D 4WD	$8253	$1200	$2020	$2970	$3710	Mitsubishi	3	47D	6F-2R	13.60	1356	No
MT180	$8301	$1200	$2030	$2990	$3740	Mitsubishi	3	55D	6F-2R	15.50	1268	No
MT180D 4WD	$8743	$1270	$2140	$3150	$3930	Mitsubishi	3	55D	6F-2R	15.50	1378	No
MT180H	$9250	$1340	$2270	$3330	$4160	Mitsubishi	3	55D	Variable	15.50	1268	No
MT180HD 4WD	$9873	$1430	$2420	$3550	$4440	Mitsubishi	3	55D	Variable	15.50	1378	No
MT210	$8643	$1250	$2120	$3110	$3890	Mitsubishi	3	60D	9F-3R	18.30	1720	No
MT210D 4WD	$9530	$1380	$2340	$3430	$4290	Mitsubishi	3	60D	9F-3R	18.30	1852	No
MT250	$9563	$1390	$2340	$3440	$4300	Mitsubishi	3	78D	9F-3R	22.00	1940	No
MT250D 4WD	$10436	$1510	$2560	$3760	$4700	Mitsubishi	3	78D	9F-3R	22.00	2040	No
MT300	$10617	$1540	$2600	$3820	$4780	Mitsubishi	3	91D	9F-3R	25.00	2337	No
MT300D 4WD	$12083	$1750	$2960	$4350	$5440	Mitsubishi	3	91D	9F-3R	25.00	2558	No
MT372	$6778	$980	$1660	$2440	$3050	Mitsubishi	2	41D	6F-2R	12.20	1069	No
MT372D 4WD	$7429	$1080	$1820	$2670	$3340	Mitsubishi	2	41D	6F-2R	12.20	1177	No
MT4501	$17088	$1790	$3330	$4960	$7010	Mitsubishi	3	127D	9F-3R	37.30	3144	No
MT4501 4WD	$19849	$2080	$3870	$5760	$8140	Mitsubishi	3	127D	9F-3R	37.30	3446	No

D--Front Wheel Assist H--Hydrostatic Transmission

1987

Model	Approx. Retail Price New	Used Trade In Avg.	Used Trade In High	Used Retail Avg.	Used Retail High	Engine Make	Engine No. Cyls.	Engine Displ. Cu.-In.	No. Speeds	P.T.O. H.P.	Approx. Shipping Wt.-Lbs.	Cab
MT160	$7679	$1080	$1840	$2690	$3380	Mitsubishi	3	47D	6F-2R	13.60	1246	No
MT160D 4WD	$8253	$1160	$1980	$2890	$3630	Mitsubishi	3	47D	6F-2R	13.60	1356	No
MT180	$8301	$1160	$1990	$2910	$3650	Mitsubishi	3	55D	6F-2R	15.50	1268	No
MT180D 4WD	$8743	$1220	$2100	$3060	$3850	Mitsubishi	3	55D	6F-2R	15.50	1378	No
MT180H	$9250	$1300	$2220	$3240	$4070	Mitsubishi	3	55D	Variable	15.50	1268	No
MT180HD 4WD	$9873	$1380	$2370	$3460	$4340	Mitsubishi	3	55D	Variable	15.50	1378	No
MT210	$8643	$1210	$2070	$3030	$3800	Mitsubishi	3	60D	9F-3R	18.30	1720	No
MT210D 4WD	$9530	$1330	$2290	$3340	$4190	Mitsubishi	3	60D	9F-3R	18.30	1852	No
MT250	$9563	$1340	$2300	$3350	$4210	Mitsubishi	3	78D	9F-3R	22.00	1940	No
MT250D 4WD	$10436	$1460	$2510	$3650	$4590	Mitsubishi	3	78D	9F-3R	22.00	2040	No
MT300	$10617	$1490	$2550	$3720	$4670	Mitsubishi	3	91D	9F-3R	25.00	2337	No
MT300D 4WD	$12083	$1690	$2900	$4230	$5320	Mitsubishi	3	91D	9F-3R	25.00	2558	No
MT372	$6778	$950	$1630	$2370	$2980	Mitsubishi	2	41D	6F-2R	12.20	1069	No
MT372D 4WD	$7429	$1040	$1780	$2600	$3270	Mitsubishi	2	41D	6F-2R	12.20	1177	No
MT4501	$17088	$1710	$3080	$4790	$6840	Mitsubishi	3	127D	9F-3R	37.30	3144	No
MT4501 4WD	$19849	$1990	$3570	$5560	$7940	Mitsubishi	3	127D	9F-3R	37.30	3446	No

D--Front Wheel Assist H--Hydrostatic Transmission

1986

Model	Approx. Retail Price New	Used Trade In Avg.	Used Trade In High	Used Retail Avg.	Used Retail High	Engine Make	Engine No. Cyls.	Engine Displ. Cu.-In.	No. Speeds	P.T.O. H.P.	Approx. Shipping Wt.-Lbs.	Cab
MT160	$6305	$850	$1480	$2140	$2710	Mitsubishi	3	47D	6F-2R	13.60	1246	No
MT160D 4WD	$6835	$920	$1610	$2320	$2940	Mitsubishi	3	47D	6F-2R	13.60	1356	No
MT180	$6725	$910	$1580	$2290	$2890	Mitsubishi	3	55D	6F-2R	15.50	1268	No
MT180D 4WD	$7265	$980	$1710	$2470	$3120	Mitsubishi	3	55D	6F-2R	15.50	1378	No
MT180H	$7560	$1020	$1780	$2570	$3250	Mitsubishi	3	55D	Variable	15.50	1268	No
MT180HD 4WD	$8100	$1090	$1900	$2750	$3480	Mitsubishi	3	55D	Variable	15.50	1378	No
MT210	$7270	$980	$1710	$2470	$3130	Mitsubishi	3	60D	9F-3R	18.30	1720	No
MT210D 4WD	$7960	$1080	$1870	$2710	$3420	Mitsubishi	3	60D	9F-3R	18.30	1852	No
MT250	$8130	$1100	$1910	$2760	$3500	Mitsubishi	3	78D	9F-3R	22.00	1940	No
MT250D 4WD	$8960	$1210	$2110	$3050	$3850	Mitsubishi	3	78D	9F-3R	22.00	2040	No
MT300	$9330	$1260	$2190	$3170	$4010	Mitsubishi	3	91D	9F-3R	25.00	2337	No
MT300D 4WD	$10610	$1430	$2490	$3610	$4560	Mitsubishi	3	91D	9F-3R	25.00	2558	No

	Approx. Retail Price New	Estimated Value Less Repairs Used Trade In Avg.	High	Used Retail Avg.	High	Make	Engine No. Cyls.	Displ. Cu.-In.	No. Speeds	P.T.O. H.P.	Approx. Shipping Wt.-Lbs.	Cab
Mitsubishi-Satoh (Cont.)												
				1986 (Cont.)								
MT372	$5560	$750	$1310	**$1890**	**$2390**	Mitsubishi	2	41D	6F-2R	12.20	1069	No
MT372D 4WD	$6075	$820	$1430	**$2070**	**$2610**	Mitsubishi	2	41D	6F-2R	12.20	1177	No
MT4501	$16500	$1570	$2890	**$4460**	**$6440**	Mitsubishi	4	127D	9F-3R	37.30	3144	No
MT4501 4WD	$19000	$1810	$3330	**$5130**	**$7410**	Mitsubishi	4	127D	9F-3R	37.30	3446	No
D--Front Wheel Assist H--Hydrostatic Transmission												
				1985								
MT160	$6305	$820	$1450	**$2080**	**$2650**	Mitsubishi	3	47D	6F-2R	13.60	1246	No
MT160D 4WD	$6835	$890	$1570	**$2260**	**$2870**	Mitsubishi	3	47D	6F-2R	13.60	1356	No
MT180	$6725	$870	$1550	**$2220**	**$2830**	Mitsubishi	3	55D	6F-2R	15.50	1268	No
MT180D 4WD	$7265	$940	$1670	**$2400**	**$3050**	Mitsubishi	3	55D	6F-2R	15.50	1378	No
MT180H	$7560	$980	$1740	**$2500**	**$3180**	Mitsubishi	3	55D	Variable	15.50	1268	No
MT180HD 4WD	$8100	$1050	$1860	**$2670**	**$3400**	Mitsubishi	3	55D	Variable	15.50	1378	No
MT210	$7270	$950	$1670	**$2400**	**$3050**	Mitsubishi	3	60D	9F-3R	18.30	1720	No
MT210D 4WD	$7960	$1040	$1830	**$2630**	**$3340**	Mitsubishi	3	60D	9F-3R	18.30	1852	No
MT250	$8130	$1060	$1870	**$2680**	**$3420**	Mitsubishi	3	78D	9F-3R	22.00	1940	No
MT250D 4WD	$8960	$1170	$2060	**$2960**	**$3760**	Mitsubishi	3	78D	9F-3R	22.00	2040	No
MT300	$9330	$1210	$2150	**$3080**	**$3920**	Mitsubishi	3	91D	9F-3R	25.00	2337	No
MT300D 4WD	$10610	$1380	$2440	**$3500**	**$4460**	Mitsubishi	3	91D	9F-3R	25.00	2558	No
MT372	$5560	$720	$1280	**$1840**	**$2340**	Mitsubishi	2	41D	6F-2R	12.20	1069	No
MT372D 4WD	$6075	$790	$1400	**$2010**	**$2550**	Mitsubishi	2	41D	6F-2R	12.20	1177	No
D--Front Wheel Assist H--Hydrostatic Transmission												
				1984								
MT160	$6305	$790	$1420	**$2020**	**$2590**	Mitsubishi	3	47D	6F-2R	13.60	1246	No
MT160D 4WD	$6835	$850	$1540	**$2190**	**$2800**	Mitsubishi	3	47D	6F-2R	13.60	1356	No
MT180	$6725	$840	$1510	**$2150**	**$2760**	Mitsubishi	3	55D	6F-2R	15.50	1268	No
MT180D 4WD	$7265	$910	$1640	**$2330**	**$2980**	Mitsubishi	3	55D	6F-2R	15.50	1378	No
MT180H	$7560	$950	$1700	**$2420**	**$3100**	Mitsubishi	3	55D	Variable	15.50	1268	No
MT180HD 4WD	$8100	$1010	$1820	**$2590**	**$3320**	Mitsubishi	3	55D	Variable	15.50	1378	No
MT210	$7270	$910	$1640	**$2330**	**$2980**	Mitsubishi	3	60D	9F-3R	18.30	1720	No
MT210D 4WD	$7960	$1000	$1790	**$2550**	**$3260**	Mitsubishi	3	60D	9F-3R	18.30	1852	No
MT250	$8130	$1020	$1830	**$2600**	**$3330**	Mitsubishi	3	78D	9F-3R	22.00	1940	No
MT250D 4WD	$8960	$1120	$2020	**$2870**	**$3670**	Mitsubishi	3	78D	9F-3R	22.00	2040	No
MT300	$9330	$1170	$2100	**$2990**	**$3830**	Mitsubishi	3	91D	9F-3R	25.00	2337	No
MT300D 4WD	$10610	$1330	$2390	**$3400**	**$4350**	Mitsubishi	3	91D	9F-3R	25.00	2558	No
Beaver S370	$5280	$660	$1190	**$1690**	**$2170**	Mitsubishi	2	41D	6F-2R	12.20	1136	No
Beaver S370D 4WD	$5720	$720	$1290	**$1830**	**$2350**	Mitsubishi	2	41D	6F-2R	12.20	1180	No
MT372	$5560	$700	$1250	**$1780**	**$2280**	Mitsubishi	2	41D	6F-2R	12.20	1069	No
MT372D 4WD	$6075	$760	$1370	**$1940**	**$2490**	Mitsubishi	2	41D	6F-2R	12.20	1177	No
Beaver III S373	$5915	$740	$1330	**$1890**	**$2430**	Mitsubishi	3	47D	6F-2R	13.60	1356	No
Beaver III S373D 4WD	$6385	$800	$1440	**$2040**	**$2620**	Mitsubishi	3	47D	6F-2R	13.60	1433	No
Buck S470	$6325	$790	$1420	**$2020**	**$2590**	Mitsubishi	3	52D	6F-2R	14.60	1367	No
Buck S470D 4WD	$6875	$860	$1550	**$2200**	**$2820**	Mitsubishi	3	52D	6F-2R	14.60	1444	No
Bull S630	$7720	$970	$1740	**$2470**	**$3170**	Mitsubishi	2	76D	9F-3R	22.00	1940	No
Bull S630D 4WD	$8795	$1100	$1980	**$2810**	**$3610**	Mitsubishi	2	76D	9F-3R	22.00	2140	No
Bison S670	$10790	$1350	$2430	**$3450**	**$4420**	Mitsubishi	4	80D	6F-2R	25.00	2315	No
Bison S670D 4WD	$12350	$1540	$2780	**$3950**	**$5060**	Mitsubishi	4	80D	6F-2R	25.00	2535	No
Stallion S750	$12330	$1540	$2770	**$3950**	**$5060**	Isuzu	3	108D	9F-3R	33.00	3417	No
Stallion S750D 4WD	$14560	$1820	$3280	**$4660**	**$5970**	Isuzu	3	108D	9F-3R	33.00	3590	No
D--Front Wheel Assist H--Hydrostatic Transmission												
				1983								
MT180 H	$7042	$850	$1550	**$2180**	**$2820**	Mitsubishi	3	55D	Variable	15.50	1268	No
MT180 HD 4WD	$7521	$900	$1660	**$2330**	**$3010**	Mitsubishi	3	55D	Variable	15.50	1378	No
MT210	$6995	$840	$1540	**$2170**	**$2800**	Mitsubishi	3	60D	9F-3R	18.30	1720	No
MT210D 4WD	$7857	$940	$1730	**$2440**	**$3140**	Mitsubishi	3	60D	9F-3R	18.30	1852	No
MT250	$8095	$970	$1780	**$2510**	**$3240**	Mitsubishi	3	78D	9F-3R	22.00	1940	No
MT250D 4WD	$8811	$1060	$1940	**$2730**	**$3520**	Mitsubishi	3	78D	9F-3R	22.00	2040	No
Beaver S370	$5279	$630	$1160	**$1640**	**$2110**	Mitsubishi	2	41D	6F-2R	12.20	1136	No
Beaver S370D 4WD	$5720	$690	$1260	**$1770**	**$2290**	Mitsubishi	2	41D	6F-2R	12.20	1180	No
MT372	$5260	$630	$1160	**$1630**	**$2100**	Mitsubishi	2	41D	6F-2R	12.20	1069	No
MT372D 4WD	$5701	$680	$1250	**$1770**	**$2280**	Mitsubishi	2	41D	6F-2R	12.20	1177	No
Beaver III S373	$5729	$690	$1260	**$1780**	**$2290**	Mitsubishi	3	47D	6F-2R	13.60	1356	No
Beaver III S373D 4WD	$6028	$720	$1330	**$1870**	**$2410**	Mitsubishi	3	47D	6F-2R	13.60	1433	No
Buck S470	$5969	$720	$1310	**$1850**	**$2390**	Mitsubishi	3	52D	6F-2R	14.60	1367	No
Buck S470D 4WD	$6487	$780	$1430	**$2010**	**$2600**	Mitsubishi	3	52D	6F-2R	14.60	1444	No
Bull S630	$7135	$860	$1570	**$2210**	**$2850**	Mitsubishi	2	76D	9F-3R	22.00	1940	No
Bull S630D 4WD	$8037	$960	$1770	**$2490**	**$3220**	Mitsubishi	2	76D	9F-3R	22.00	2140	No
Bison S650G	$7686	$920	$1690	**$2380**	**$3070**	Mazda	4	60G	6F-2R	22.03	2110	No
Bison S670	$10113	$1210	$2230	**$3140**	**$4050**	Mitsubishi	4	80D	6F-2R	25.00	2315	No
Bison S670D 4WD	$11526	$1380	$2540	**$3570**	**$4610**	Mitsubishi	4	80D	6F-2R	25.00	2535	No
Stallion S750	$12329	$1480	$2710	**$3820**	**$4930**	Isuzu	3	108D	9F-3R	33.00	3417	No
Stallion S750D 4WD	$14069	$1690	$3100	**$4360**	**$5630**	Isuzu	3	108D	9F-3R	33.00	3590	No
D--Front Wheel Assist H--Hydrostatic Transmission												
				1982								
MT180H	$7042	$810	$1510	**$2110**	**$2780**	Mitsubishi	3	55D	Variable	15.50	1268	No
MT180HD 4WD	$7521	$870	$1620	**$2260**	**$2970**	Mitsubishi	3	55D	Variable	15.50	1378	No
MT210	$6900	$790	$1480	**$2070**	**$2730**	Mitsubishi	3	60D	9F-3R	18.30	1720	No
MT210D	$7857	$900	$1690	**$2360**	**$3100**	Mitsubishi	3	60D	9F-3R	18.30	1852	No
MT250	$7854	$900	$1690	**$2360**	**$3100**	Mitsubishi	3	78D	9F-3R	22.00	1940	No
MT250D	$8811	$1010	$1890	**$2640**	**$3480**	Mitsubishi	3	78D	9F-3R	22.00	2040	No
Beaver S370	$5279	$610	$1140	**$1580**	**$2090**	Mitsubishi	2	41D	6F-2R	12.20	1035	No

	Approx. Retail Price New	Estimated Value Less Repairs: Used Trade In Avg.	High	Used Retail Avg.	High	Engine: Make	No. Cyls.	Displ. Cu.-In.	No. Speeds	P.T.O. H.P.	Approx. Shipping Wt.-Lbs.	Cab
Mitsubishi-Satoh (Cont.)												
1982 (Cont.)												
Beaver S370D 4WD	$5720	$660	$1230	**$1720**	**$2260**	Mitsubishi	2	41D	6F-2R	12.20	1180	No
MT372	$5260	$610	$1130	**$1580**	**$2080**	Mitsubishi	2	41D	6F-2R	12.20	1069	No
MT372D 4WD	$5701	$660	$1230	**$1710**	**$2250**	Mitsubishi	2	41D	6F-2R	12.20	1177	No
Beaver III S373	$5464	$630	$1180	**$1640**	**$2160**	Mitsubishi	3	47D	6F-2R	13.60	1125	No
Beaver III S373D 4WD	$5872	$680	$1260	**$1760**	**$2320**	Mitsubishi	3	47D	6F-2R	13.60	1235	No
Buck S470	$5872	$680	$1260	**$1760**	**$2320**	Mitsubishi	3	52D	6F-2R	14.60	1155	No
Buck S470D 4WD	$6351	$730	$1370	**$1910**	**$2510**	Mitsubishi	3	52D	6F-2R	14.60	1265	No
Bull S630	$6922	$800	$1490	**$2080**	**$2730**	Mitsubishi	2	76D	9F-3R	22.00	1940	No
Bull S630D 4WD	$7879	$910	$1690	**$2360**	**$3110**	Mitsubishi	2	76D	9F-3R	22.00	2140	No
Bison S650G	$7686	$880	$1650	**$2310**	**$3040**	Mazda	4	60G	6F-2R	22.03	2110	No
Bison S670	$10113	$1160	$2170	**$3030**	**$4000**	Mitsubishi	4	80D	6F-2R	25.00	2315	No
Bison S670D 4WD	$11526	$1330	$2480	**$3460**	**$4550**	Mitsubishi	4	80D	6F-2R	25.00	2535	No
Stallion S750	$10409	$1200	$2240	**$3120**	**$4110**	Isuzu	3	108D	9F-3R	33.00	2865	No
Stallion S750D 4WD	$12795	$1470	$2750	**$3840**	**$5050**	Isuzu	3	108D	9F-3R	33.00	3440	No
D--Front Wheel Assist												
1981												
Beaver S370	$4636	$510	$970	**$1370**	**$1810**	Mitsubishi	2	41D	6F-2R	12.20	1035	No
Beaver S370D 4WD	$5050	$560	$1060	**$1490**	**$1970**	Mitsubishi	2	41D	6F-2R	12.20	1180	No
Beaver III S373	$5296	$580	$1110	**$1560**	**$2070**	Mitsubishi	3	47D	6F-2R	13.60	1125	No
Beaver III S373D 4WD	$5718	$630	$1200	**$1690**	**$2230**	Mitsubishi	3	47D	6F-2R	13.60	1235	No
Buck S470	$5664	$620	$1190	**$1670**	**$2210**	Mitsubishi	3	52D	6F-2R	14.60	1155	No
Buck S470D 4WD	$6158	$680	$1290	**$1820**	**$2400**	Mitsubishi	3	52D	6F-2R	14.60	1265	No
Bull S630	$6736	$740	$1420	**$1990**	**$2630**	Mitsubishi	2	76D	9F-3R	22.00	1940	No
Bull S630D 4WD	$7716	$850	$1620	**$2280**	**$3010**	Mitsubishi	2	76D	9F-3R	22.00	2140	No
Bison S650G	$7275	$800	$1530	**$2150**	**$2840**	Mazda	4	60G	6F-2R	22.03	2110	No
Bison S670	$9810	$1080	$2060	**$2890**	**$3830**	Mitsubishi	4	80D	6F-2R	25.00	2315	No
Bison S670D 4WD	$11228	$1240	$2360	**$3310**	**$4380**	Mitsubishi	4	80D	6F-2R	25.00	2535	No
Stallion S750	$10106	$1110	$2120	**$2980**	**$3940**	Isuzu	3	108D	9F-3R	33.00	2865	No
Stallion S750D 4WD	$12500	$1380	$2630	**$3690**	**$4880**	Isuzu	3	108D	9F-3R	33.00	3440	No
D--Front Wheel Assist												
1980												
Beaver S370	$3940	$410	$810	**$1140**	**$1520**	Mitsubishi	2	41D	6F-2R	12.20	1035	No
Beaver S370D	$4300	$450	$880	**$1250**	**$1660**	Mitsubishi	2	41D	6F-2R	12.20	1180	No
Beaver III S373	$4500	$470	$920	**$1310**	**$1730**	Mitsubishi	3	47D	6F-2R	13.60	1125	No
Beaver III S373D	$4860	$510	$1000	**$1410**	**$1870**	Mitsubishi	3	47D	6F-2R	13.60	1235	No
Buck S470	$4860	$510	$1000	**$1410**	**$1870**	Mitsubishi	3	52D	6F-2R	14.60	1155	No
Buck S470D	$5280	$550	$1080	**$1530**	**$2030**	Mitsubishi	3	52D	6F-2R	14.60	1265	No
Bull S630	$5780	$610	$1190	**$1680**	**$2230**	Mitsubishi	2	76D	9F-3R	22.00	1940	No
Bull S630D 4WD	$6620	$700	$1360	**$1920**	**$2550**	Mitsubishi	2	76D	9F-3R	22.00	2140	No
Bison S650G	$5975	$630	$1230	**$1730**	**$2300**	Mazda	4	60G	6F-2R	22.03	2110	No
Bison S670	$8580	$900	$1760	**$2490**	**$3300**	Mitsubishi	4	80D	6F-2R	25.00	2315	No
Bison S670D 4WD	$9820	$1030	$2010	**$2850**	**$3780**	Mitsubishi	4	80D	6F-2R	25.00	2535	No
Stallion S750	$8840	$930	$1810	**$2560**	**$3400**	Isuzu	3	108D	9F-3R	33.00	2865	No
Stallion S750D 4WD	$10934	$1150	$2240	**$3170**	**$4210**	Isuzu	3	108D	9F-3R	33.00	3440	No
D--Front Wheel Assist												
1979												
Beaver S370	$3880	$370	$740	**$1070**	**$1400**	Mitsubishi	2	41D	6F-2R	12.20	1035	No
Beaver S370D	$4254	$410	$810	**$1180**	**$1540**	Mitsubishi	2	41D	6F-2R	12.20	1180	No
Buck S470	$4538	$430	$870	**$1260**	**$1650**	Mitsubishi	3	52D	6F-2R	15.00	1155	No
Buck S470D	$5088	$490	$980	**$1420**	**$1860**	Mitsubishi	3	52D	6F-2R	15.00	1265	No
Bull S630	$5858	$570	$1130	**$1640**	**$2150**	Mitsubishi	2	76D	9F-3R	22.00	1940	No
Bull S630D 4WD	$6712	$650	$1300	**$1890**	**$2480**	Mitsubishi	2	76D	9F-3R	22.00	2140	No
Bison S650G	$5768	$560	$1110	**$1620**	**$2120**	Mazda	4	60G	6F-2R	22.03	2110	No
Stallion S750	$8094	$810	$1620	**$2350**	**$3080**	Isuzu	3	108D	9F-3R	33.00	2865	No
Stallion S750D	$10932	$1000	$2000	**$2900**	**$3800**	Isuzu	3	108D	9F-3R	33.00	3440	No
D--Front Wheel Assist												
1978												
Bull S630	$5366	$510	$1050	**$1560**	**$2040**	Mitsubishi	2	76D	9F-3R	22.00	1940	No
Beaver S370	$3554	$340	$690	**$1030**	**$1350**	Mitsubishi	2	41D	6F-2R	12.20	1035	No
Beaver S370D	$3898	$370	$760	**$1130**	**$1480**	Mitsubishi	2	41D	6F-2R	12.20	1180	No
Bison S650G	$5284	$500	$1030	**$1530**	**$2010**	Mazda	4	60G	6F-2R	22.03	2110	No
Stallion S750	$7414	$700	$1450	**$2150**	**$2820**	Isuzu	3	108D	9F-3R	33.00	2865	No
D--Front Wheel Assist												
1977												
Elk	$3590	$320	$680	**$1040**	**$1360**	Mazda	4	60G	6F-2R	17.00	1430	No
Beaver S370	$3204	$290	$610	**$930**	**$1220**	Mitsubishi	2	41D	6F-2R	12.20	1035	No
Beaver S370D	$3518	$320	$670	**$1020**	**$1340**	Mitsubishi	2	41D	6F-2R	12.20	1180	No
Bison S650G	$4532	$410	$860	**$1310**	**$1720**	Mazda	4	60G	6F-2R	22.03	2110	No
Stallion S750	$6600	$590	$1250	**$1910**	**$2510**	Isuzu	3	108D	9F-3R	33.00	2865	No
D--Front Wheel Assist												
1976												
S650G	$3668	$310	$680	**$1060**	**$1390**	Mazda	4	60G	6F-2R	22.03	2105	No
1975												
S650G	$3550	$280	$640	**$1030**	**$1350**	Mazda	4	60G	6F-2R	22.03	2105	No

Mitsubishi-Satoh (Cont.)

Model	Approx. Retail Price New	Used Trade In Avg.	Used Trade In High	Used Retail Avg.	Used Retail High	Engine Make	Engine No. Cyls.	Engine Displ. Cu.-In.	No. Speeds	P.T.O. H.P.	Approx. Shipping Wt.-Lbs.	Cab
1974												
S650G	$3232	$240	$570	**$940**	**$1230**	Mazda	4	60G	6F-2R	22.03	2105	No
1973												
S650G	$2914	$200	$500	**$850**	**$1110**	Mazda	4	60G	6F-2R	22.03	2105	No

New Holland/Ford

Model	Approx. Retail Price New	Used Trade In Avg.	Used Trade In High	Used Retail Avg.	Used Retail High	Engine Make	Engine No. Cyls.	Engine Displ. Cu.-In.	No. Speeds	P.T.O. H.P.	Approx. Shipping Wt.-Lbs.	Cab
2009												
Boomer 8N	$31595	$21800	$23060	**$26540**	**$27800**	Shibaura	4	135D	Variable	40.0	3050	No
Boomer 1020 4WD	$10877	$7510	$7940	**$9140**	**$9570**	Shibaura	3	58D	Variable	15.5	1323	No
Boomer 1025 4WD	$11625	$8020	$8490	**$9770**	**$10230**	Shibaura	3	69D	Variable	19.7	1323	No
Boomer 1030 4WD	$13227	$9130	$9660	**$11110**	**$11640**	Shibaura	3	69D	Variable	21.7	1350	No
Boomer 2030 4WD	$17457	$12050	$12740	**$14660**	**$15360**	Shibaura	3	91D	9F-3R	26.5	2101	No
Boomer 2030 4WD Hydro	$19040	$13140	$13900	**$15990**	**$16760**	Shibaura	3	91D	Variable	24.9	2145	No
Boomer 2030 4WD SuperSteer	$20335	$14030	$14850	**$17080**	**$17900**	Shibaura	3	91D	Variable	24.9	2145	No
Boomer 2035 4WD Hydro	$19762	$13640	$14430	**$16600**	**$17390**	Shibaura	3	101D	Variable	28.9	2160	No
Boomer 2035 4WD SuperSteer	$21057	$14530	$15370	**$17690**	**$18530**	Shibaura	3	101D	Variable	28.9	2160	No
Boomer 3040	$18095	$11760	$12670	**$15020**	**$15740**	Shibaura	4	121D	12F-12R	35.0	2513	No
Boomer 3040 4WD	$21191	$13770	$14830	**$17590**	**$18440**	Shibaura	4	121D	12F-12R	35.0	2679	No
Boomer 3040 4WD Hydro	$23475	$15260	$16430	**$19480**	**$20420**	Shibaura	4	121D	Variable	33.2	2860	No
Boomer 3040 4WD Hydro Cab	$30284	$19690	$21200	**$25140**	**$26350**	Shibaura	4	121D	Variable	33.2	3410	CHA
Boomer 3040 4WD SuperSteer	$25235	$16400	$17670	**$20950**	**$21950**	Shibaura	4	121D	Variable	33.2	2860	No
Boomer 3040 4WD SuperSteer Cab	$31645	$20570	$22150	**$26270**	**$27530**	Shibaura	4	121D	Variable	33.2	3410	CHA
Boomer 3040 CVT 4WD	$30872	$21300	$22540	**$25930**	**$27170**	Shibaura	4	121D	Variable	32.0	3430	CHA
Boomer 3040 CVT 4WD SUperSteer	$32233	$22240	$23530	**$27080**	**$28370**	Shibaura	4	121D	Variable	32.0	3600	CHA
Boomer 3045 4WD	$22873	$14870	$16010	**$18990**	**$19900**	Shibaura	4	135D	12F-12R	39.6	2881	No
Boomer 3045 4WD Hydro	$25498	$16570	$17850	**$21160**	**$22180**	Shibaura	4	135D	Variable	37.8	2949	No
Boomer 3045 4WD Hydro Cab	$32044	$20830	$22430	**$26600**	**$27880**	Shibaura	4	135D	Variable	37.8	3499	CHA
Boomer 3045 4WD SuperSteer	$26939	$17510	$18860	**$22360**	**$23440**	Shibaura	4	135D	Variable	37.8	2949	No
Boomer 3045 4WD SuperSteer Cab	$33485	$21770	$23440	**$27790**	**$29130**	Shibaura	4	135D	Variable	37.8	3499	CHA
Boomer 3045 CVT 4WD	$32632	$22520	$23820	**$27410**	**$28720**	Shibaura	4	135D	Variable	36.0	3520	CHA
Boomer 3045 CVT 4WD SuperSteer	$34073	$23510	$24870	**$28620**	**$29980**	Shibaura	4	135D	Variable	36.0	3690	CHA
Boomer 3050 CVT 4WD	$34177	$23580	$24950	**$28710**	**$30080**	Shibaura	4	135D	Variable	40.0	3520	CHA
Boomer 3050 CVT 4WD SuperSteer	$35618	$24580	$26000	**$29920**	**$31340**	Shibaura	4	135D	Variable	40.0	3690	CHA
Boomer 3050 4WD	$24553	$15960	$17190	**$20380**	**$21360**	Shibaura	4	135D	12F-12R	43.0	2881	No
Boomer 4055 4WD	$26507	$17230	$18560	**$22000**	**$23060**	Shibaura	4T	135D	12F-12R	47.0	3377	No
Boomer 4055 4WD Cab	$33383	$21700	$23370	**$27710**	**$29040**	Shibaura	4T	135D	12F-12R	47.0	4337	CHA
Boomer 4060 4WD	$28233	$18350	$19760	**$23430**	**$24560**	Shibaura	4T	135D	12F-12R	51.0	3377	No
Boomer 4060 4WD Cab	$35110	$22820	$24580	**$29140**	**$30550**	Shibaura	4T	135D	12F-12R	51.0	4337	CHA
T1510	$11748	$8110	$8580	**$9870**	**$10340**	Shibaura	3	91D	9F-3R	25.5	2193	No
T1510 4WD	$13535	$9340	$9880	**$11370**	**$11910**	Shibaura	3	91D	9F-3R	25.5	2291	No
T1510 4WD Hydro	$15378	$10610	$11230	**$12920**	**$13530**	Shibaura	3	91D	Variable	24.0	2298	No
T1520 4WD	$14610	$10080	$10670	**$12270**	**$12860**	Shibaura	3	101D	9F-3R	29.5	2306	No
T1520 4WD Hydro	$16352	$11280	$11940	**$13740**	**$14390**	Shibaura	3	101D	Variable	28.0	2313	No
T1530 4WD	$19545	$13490	$14270	**$16420**	**$17200**	Shibaura	4	135D	12F-12R	38.0	2800	No
T1530 4WD Hydro	$20987	$14480	$15320	**$17630**	**$18470**	Shibaura	4	135D	Variable	36.0	2850	No
TT45A	$14533	$9450	$10170	**$12060**	**$12640**	New Holland	4	121D	8F-2R	35.0	3595	No
TT50A	$15654	$10180	$10960	**$12990**	**$13620**	New Holland	4	135D	8F-2R	42.0	3716	No
TT60A	$17152	$11150	$12010	**$14240**	**$14920**	New Holland	3	179D	8F-2R	47.0	4540	No
TT60A 4WD	$22118	$14380	$15480	**$18360**	**$19240**	New Holland	3	179D	8F-2R	47.0	4840	No
TT75A	$19067	$12390	$13350	**$15830**	**$16590**	New Holland	4	238D	8F-2R	62.0	4740	No
TT75A 4WD	$24032	$15620	$16820	**$19950**	**$20910**	New Holland	4	238D	8F-2R	62.0	5040	No
TK4030V Crawler	$50540	$32850	$35380	**$41950**	**$43970**	New Holland	4TI	195D	8F-8R	64.0	7230	No
TK4050 Crawler	$55121	$35830	$38590	**$45750**	**$47960**	New Holland	4TI	274D	8F-8R	76.0	8500	No
TK4050M Crawler	$57110	$37120	$39980	**$47400**	**$49690**	New Holland	4TI	274D	8F-8R	83.0	8810	No
TK4060 Crawler	$58650	$38120	$41060	**$48680**	**$51030**	New Holland	4TI	274D	8F-8R	88.0	8900	No
T4020	$26061	$16940	$18240	**$21630**	**$22670**	New Holland	4TI	195D	12F-12R	50.0	4980	No
T4020 4WD	$32305	$21000	$22610	**$26810**	**$28110**	New Holland	4TI	195D	12F-12R	50.0	5375	No
T4020 4WD Cab	$42452	$27590	$29720	**$35240**	**$36930**	New Holland	4TI	195D	12F-12R	50.0	5960	CHA
T4020 Cab	$36209	$23540	$25350	**$30050**	**$31500**	New Holland	4TI	195D	12F-12R	50.0	5565	CHA
T4030	$30310	$19700	$21220	**$25160**	**$26370**	New Holland	4TI	195D	12F-12R	62.0	5020	No
T4030 4WD	$36600	$23790	$25620	**$30380**	**$31840**	New Holland	4TI	195D	12F-12R	62.0	5415	No
T4030 4WD Cab	$46526	$30240	$32570	**$38620**	**$40480**	New Holland	4TI	195D	12F-12R	62.0	6000	CHA
T4030 4WD SuperSteer	$39437	$25630	$27610	**$32730**	**$34310**	New Holland	4TI	195D	12F-12R	62.0		No
T4030 4WD SuperSteer Cab	$47989	$31190	$33590	**$39830**	**$41750**	New Holland	4TI	195D	12F-12R	62.0		CHA
T4030 Cab	$40237	$26150	$28170	**$33400**	**$35010**	New Holland	4TI	195D	12F-12R	62.0	5605	CHA
T4030F Narrow	$34470	$22410	$24130	**$28610**	**$29990**	New Holland	4TI	195D	12F-12R	62.0		No
T4030F Narrow 4WD	$43264	$28120	$30290	**$35910**	**$37640**	New Holland	4TI	195D	12F-12R	62.0		No
T4030F Narrow 4WD Cab	$53135	$34540	$37200	**$44100**	**$46230**	New Holland	4TI	195D	12F-12R	62.0		CHA
T4030F Narrow Cab	$44248	$28760	$30970	**$36730**	**$38500**	New Holland	4TI	195D	12F-12R	62.0		CHA
T4030V	$32517	$21140	$22760	**$26990**	**$28290**	New Holland	4TI	195D	16F-16R	62.0		No
T4030V 4WD	$40279	$26180	$28200	**$33430**	**$35040**	New Holland	4TI	195D	16F-16R	62.0		No
T4030V 4WD w/Cab	$49289	$32040	$34500	**$40910**	**$42880**	New Holland	4TI	195D	16F-16R	62.0		CHA
T4030V w/Cab	$41529	$26990	$29070	**$34470**	**$36130**	New Holland	4TI	195D	16F-16R	62.0		CHA
T4040	$33377	$21700	$23360	**$27700**	**$29040**	New Holland	4TI	274D	12F-12R	70.0	5731	No
T4040 4WD	$39666	$25780	$27770	**$32920**	**$34510**	New Holland	4TI	274D	12F-12R	70.0	6171	No
T4040 4WD Cab	$49814	$32380	$34870	**$41350**	**$43340**	New Holland	4TI	274D	12F-12R	70.0	6381	CHA
T4040 Cab	$43525	$28290	$30470	**$36130**	**$37870**	New Holland	4TI	274D	12F-12R	70.0	5605	CHA
T4040F Narrow	$36115	$23480	$25280	**$29980**	**$31420**	New Holland	4TI	274D	16F-16R	72.0		No
T4040F Narrow 4WD	$45007	$29260	$31510	**$37360**	**$39160**	New Holland	4TI	274D	16F-16R	72.0		No
T4040F Narrow 4WD Cab	$54876	$35670	$38410	**$45550**	**$47740**	New Holland	4TI	274D	16F-16R	72.0		CHA
T4040F Narrow Cab	$45987	$29890	$32190	**$38170**	**$40010**	New Holland	4TI	274D	16F-16R	72.0		CHA
T4040V	$34920	$22700	$24440	**$28980**	**$30380**	New Holland	4TI	195D	16F-16R	72.0		No

New Holland/Ford (Cont.)

2009 (Cont.)

	Approx. Retail Price New	Estimated Value Less Repairs Used Trade In Avg.	Used Trade In High	Used Retail Avg.	Used Retail High	Engine Make	No. Cyls.	Displ. Cu.-In.	No. Speeds	P.T.O. H.P.	Approx. Shipping Wt.-Lbs.	Cab
T4040V 4WD	$42681	$27740	$29880	**$35430**	**$37130**	New Holland	4TI	195D	16F-16R	72.0		No
T4040V 4WD w/Cab	$51693	$33600	$36190	**$42910**	**$44970**	New Holland	4TI	195D	16F-16R	72.0		CHA
T4040V w/Cab	$43930	$28560	$30750	**$36460**	**$38220**	New Holland	4TI	195D	16F-16R	72.0		CHA
T4050 4WD	$43770	$28450	$30640	**$36330**	**$38080**	New Holland	4TI	274D	16F-16R	80.0	6171	No
T4050 4WD Cab	$53918	$35050	$37740	**$44750**	**$46910**	New Holland	4TI	274D	16F-16R	80.0	6381	CHA
T4050 4WD SuperSteer	$46609	$30300	$32630	**$38690**	**$40550**	New Holland	4TI	274D	16F-16R	80.0		No
T4050 4WD SuperSteer Cab	$55160	$35850	$38610	**$45780**	**$47990**	New Holland	4TI	274D	16F-16R	80.0		CHA
T4050F Narrow	$37849	$24600	$26490	**$31420**	**$32930**	New Holland	4TI	274D	16F-16R	82.0		No
T4050F Narrow 4WD	$47213	$30690	$33050	**$39190**	**$41080**	New Holland	4TI	274D	16F-16R	82.0		No
T4050F Narrow 4WD Cab	$57084	$37110	$39960	**$47380**	**$49660**	New Holland	4TI	274D	16F-16R	82.0		CHA
T4050F Narrow Cab	$47720	$31020	$33400	**$39610**	**$41520**	New Holland	4TI	274D	16F-16R	82.0		CHA
T4050V	$37400	$24310	$26180	**$31040**	**$32540**	New Holland	4TI	274D	16F-16R	82.0	6171	No
T4050V 4WD	$45162	$29360	$31610	**$37480**	**$39290**	New Holland	4TI	274D	16F-16R	82.0	6171	No
T4050V 4WD w/Cab	$54172	$35210	$37920	**$44960**	**$47130**	New Holland	4TI	274D	16F-16R	82.0	6171	CHA
T4050V w/Cab	$46410	$30170	$32490	**$38520**	**$40380**	New Holland	4TI	274D	16F-16R	82.0	6171	CHA
TD5030	$23250	$15110	$16280	**$19300**	**$20230**	New Holland	4TI	195D	12F-12R	62.0	5702	No
TD5030 4WD	$27865	$18110	$19510	**$23130**	**$24240**	New Holland	4TI	195D	12F-12R	62.0	6256	No
TD5030 4WD w/Cab	$35641	$23170	$24950	**$29580**	**$31010**	New Holland	4TI	195D	12F-12R	62.0	6915	CHA
TD5030 w/Cab	$31027	$20170	$21720	**$25750**	**$26990**	New Holland	4TI	195D	12F-12R	62.0	6363	CHA
T5040 Dlx. 4WD	$46362	$30140	$32450	**$38480**	**$40340**	New Holland	4TI	274D	24F-24R	70.0	7055	No
T5040 Dlx. 4WD Cab	$56770	$36900	$39740	**$47120**	**$49390**	New Holland	4TI	274D	24F-24R	70.0	7496	CHA
T5040 Std.	$33603	$21840	$23520	**$27890**	**$29240**	New Holland	4TI	274D	12F-12R	70.0	6393	No
T5040 Std. 4WD	$41472	$26960	$29030	**$34420**	**$36080**	New Holland	4TI	274D	12F-12R	70.0	7055	No
T5040 Std. 4WD Cab	$50960	$33120	$35670	**$42300**	**$44340**	New Holland	4TI	274D	12F-12R	70.0	7496	CHA
T5040 Std. Cab	$41838	$27200	$29290	**$34730**	**$36400**	New Holland	4TI	274D	12F-12R	70.0	6834	CHA
T5050 Dlx. 4WD	$47966	$31180	$33580	**$39810**	**$41730**	New Holland	4TI	274D	24F-24R	80.0	7486	No
T5050 Dlx. 4WD Cab	$58370	$37940	$40860	**$48450**	**$50780**	New Holland	4TI	274D	24F-24R	80.0	7936	CHA
T5050 Std.	$35202	$22880	$24640	**$29220**	**$30630**	New Holland	4TI	274D	12F-12R	80.0	6834	No
T5050 Std. 4WD	$43070	$28000	$30150	**$35750**	**$37470**	New Holland	4TI	274D	12F-12R	80.0	7486	No
T5050 Std. 4wd Cab	$52560	$34160	$36790	**$43630**	**$45730**	New Holland	4TI	274D	12F-12R	80.0	7936	CHA
T5050 Std. Cab	$44690	$29050	$31280	**$37090**	**$38880**	New Holland	4TI	274D	12F-12R	80.0	7275	CHA
TD5050	$28047	$18230	$19630	**$23280**	**$24400**	New Holland	4TI	274D	12F-12R	80.0	6659	No
TD5050 4WD	$32925	$21400	$23050	**$27330**	**$28650**	New Holland	4TI	274D	12F-12R	80.0	6659	No
TD5050 4WD w/Cab	$40700	$26460	$28490	**$33780**	**$35410**	New Holland	4TI	274D	12F-12R	80.0	6768	CHA
TD5050 w/Cab	$35781	$23260	$25050	**$29700**	**$31130**	New Holland	4TI	274D	12F-12R	80.0	6768	CHA
TD5050 High Clearance	$29542	$19200	$20680	**$24520**	**$25700**	New Holland	4TI	274D	20F-12R	80.0		No
TD5050 High Clearance 4WD	$34862	$22660	$24400	**$28940**	**$30330**	New Holland	4TI	274D	20F-12R	80.0		No
TD5050 High Clearance 4WD w/Cab	$42639	$27720	$29850	**$35390**	**$37100**	New Holland	4TI	274D	20F-12R	80.0		CHA
TD5050 High Clearance w/Cab	$37319	$24260	$26120	**$30980**	**$32470**	New Holland	4TI	274D	20F-12R	80.0		CHA
T5060 Dlx. 4WD	$50422	$32770	$35300	**$41850**	**$43870**	New Holland	4TI	274D	24F-24R	90.0	7486	No
T5060 Dlx. 4WD Cab	$58765	$38200	$41140	**$48780**	**$51130**	New Holland	4TI	274D	24F-24R	90.0	7936	CHA
T5060 Std.	$37450	$24340	$26220	**$31080**	**$32580**	New Holland	4TI	274D	12F-12R	90.0	6834	No
T5060 Std. 4WD	$45319	$29460	$31720	**$37620**	**$39430**	New Holland	4TI	274D	12F-12R	90.0	7486	No
T5060 Std. 4WD Cab	$54808	$35630	$38370	**$45490**	**$47680**	New Holland	4TI	274D	12F-12R	90.0	7936	CHA
T5060 Std. Cab	$46939	$30510	$32860	**$38960**	**$40840**	New Holland	4TI	274D	12F-12R	90.0	7275	CHA
T5070 Dlx. 4WD	$51847	$33700	$36290	**$43030**	**$45110**	New Holland	4TI	274D	24F-24R	96.0		No
T5070 Dlx. 4WD Cab	$63280	$41130	$44300	**$52520**	**$55050**	New Holland	4TI	274D	24F-24R	96.0		CHA
T5070 Std.	$41011	$26660	$28710	**$34040**	**$35680**	New Holland	4TI	274D	12F-12R	96.0		No
T5070 Std. 4WD	$46820	$30430	$32770	**$38860**	**$40730**	New Holland	4TI	274D	12F-12R	96.0		No
T5070 Std. 4WD Cab	$58369	$37940	$40860	**$48450**	**$50780**	New Holland	4TI	274D	12F-12R	96.0		CHA
T5070 Std. Cab	$50500	$32830	$35350	**$41920**	**$43940**	New Holland	4TI	274D	12F-12R	96.0		CHA
T6020 Delta	$48297	$31390	$33810	**$40090**	**$42020**	New Holland	4TI	274D	24F-24R	90.0	9080	No
T6020 Delta	$50154	$32600	$35110	**$41630**	**$43630**	New Holland	4TI	274D	16F-16R	90.0	9130	No
T6020 Delta w/Cab	$58032	$37720	$40620	**$48170**	**$50490**	New Holland	4TI	274D	24F-24R	90.0	9300	CHA
T6020 Delta w/Cab	$59888	$38930	$41920	**$49710**	**$52100**	New Holland	4TI	274D	16F-16R	90.0	9350	CHA
T6020 Delta 4WD	$59910	$38940	$41940	**$49730**	**$52120**	New Holland	4TI	274D	24F-24R	90.0	9455	No
T6020 Delta 4WD	$61767	$40150	$43240	**$51270**	**$53740**	New Holland	4TI	274D	16F-16R	90.0	9505	No
T6020 Delta 4WD w/Cab	$69643	$45270	$48750	**$57800**	**$60590**	New Holland	4TI	274D	24F-24R	90.0	10120	CHA
T6020 Delta 4WD w/Cab	$71500	$46480	$50050	**$59350**	**$62210**	New Holland	4TI	274D	16F-16R	90.0	10170	CHA
T6030 Delta	$51703	$33610	$36190	**$42910**	**$44980**	New Holland	6TI	411D	24F-24R	95.0	10000	No
T6030 Delta	$53560	$34810	$37490	**$44460**	**$46600**	New Holland	6TI	411D	16F-16R	95.0	10050	No
T6030 Delta w/Cab	$61434	$39930	$43000	**$50990**	**$53450**	New Holland	6TI	411D	24F-24R	95.0	10185	CHA
T6030 Delta w/Cab	$63291	$41140	$44300	**$52530**	**$55060**	New Holland	6TI	411D	16F-16R	95.0	10235	CHA
T6030 Delta 4WD	$63315	$41160	$44320	**$52550**	**$55080**	New Holland	6TI	411D	24F-24R	95.0	10380	No
T6030 Delta 4WD	$65173	$42360	$45620	**$54090**	**$56700**	New Holland	6TI	411D	16F-16R	95.0	10430	No
T6030 Delta 4WD w/Cab	$73048	$47480	$51130	**$60630**	**$63550**	New Holland	6TI	411D	24F-24R	95.0	10380	CHA
T6030 Delta 4WD w/Cab	$74905	$48690	$52430	**$62170**	**$65170**	New Holland	6TI	411D	16F-16R	95.0	10430	CHA
T6050 Delta	$58153	$37800	$40710	**$48270**	**$50590**	New Holland	6TI	411D	16F-16R	105.0	10050	No
T6050 Delta 4WD	$69765	$45350	$48840	**$57910**	**$60700**	New Holland	6TI	411D	16F-16R	105.0	10430	No
T6050 Delta 4WD w/Cab	$79498	$51670	$55650	**$65980**	**$69160**	New Holland	6TI	411D	16F-16R	105.0	11405	CHA
T6050 Delta w/Cab	$67880	$44120	$47520	**$56340**	**$59060**	New Holland	6TI	411D	16F-16R	105.0	10235	CHA
T6020 Plus 4WD w/Cab	$80289	$52190	$56200	**$66640**	**$69850**	New Holland	4TI	274D	16F-16R	90.0	10475	CHA
T6020 Plus w/Cab	$68090	$44260	$47660	**$56520**	**$59240**	New Holland	4TI	274D	16F-16R	90.0	10100	CHA
T6030 Plus 4WD w/Cab	$81256	$52820	$56880	**$67440**	**$70690**	New Holland	6TI	411D	16F-16R	95.0	11428	CHA
T6030 Plus w/Cab	$69445	$45140	$48610	**$57640**	**$60420**	New Holland	6TI	411D	16F-16R	95.0	10987	CHA
T6050 Plus 4WD w/Cab	$88878	$57770	$62220	**$73770**	**$77320**	New Holland	6TI	411D	16F-16R	105.0	10982	CHA
T6050 Plus w/Cab	$77822	$50580	$54480	**$64590**	**$67710**	New Holland	6TI	411D	16F-16R	105.0	10982	CHA
T6070 Plus 4WD w/Cab	$96560	$62760	$67590	**$80150**	**$84010**	New Holland	6TI	411D	16F-16R	120.0	11458	CHA
T6070 Plus w/Cab	$83938	$54560	$58760	**$69670**	**$73030**	New Holland	6TI	411D	16F-16R	120.0	10982	CHA
T6020 Elite 4WD w/Cab	$84757	$55090	$59330	**$70350**	**$73740**	New Holland	4TI	274D	16F-16R	90.0	10910	CHA
T6030 Elite 4WD w/Cab	$87875	$57120	$61510	**$72940**	**$76450**	New Holland	6TI	411D	16F-16R	95.0	10910	CHA
T6030 Elite PS 4WD w/Cab	$101825	$66190	$71280	**$84520**	**$88590**	New Holland	6TI	411D	18F-6R	95.0	10910	CHA
T6040 Elite 4WD w/Cab	$90886	$59080	$63620	**$75440**	**$79070**	New Holland	4TI	274D	16F-16R	100.0	10910	CHA
T6050 Elite 4WD w/Cab	$96354	$62630	$67450	**$79970**	**$83830**	New Holland	6TI	411D	16F-16R	105.0	10910	CHA

Model	Approx. Retail Price New	Estimated Value Less Repairs Used Trade In Avg.	High	Used Retail Avg.	High	Make	Engine No. Cyls.	Displ. Cu.-In.	No. Speeds	P.T.O. H.P.	Approx. Shipping Wt.-Lbs.	Cab
New Holland/Ford (Cont.)												
2009 (Cont.)												
T6050 Elite PS 4WD w/Cab	$107543	$69900	$75280	**$89260**	**$93560**	New Holland	6TI	411D	18F-6R	105.0	10910	CHA
T6060 Elite 4WD w/Cab	$94362	$61340	$66050	**$78320**	**$82100**	New Holland	4TI	274D	16F-16R	110.0	10910	CHA
T6070 Elite 4WD w/Cab	$102056	$66340	$71440	**$84710**	**$88790**	New Holland	6TI	411D	16F-16R	120.0	10910	CHA
T6070 Elite PS 4WD w/Cab	$116914	$75990	$81840	**$97040**	**$101720**	New Holland	6TI	411D	18F-6R	120.0	10910	CHA
T6080 Elite PS 4WD w/Cab	$124262	$80770	$86980	**$103140**	**$108110**	New Holland	6TI	411D	18F-6R	135.0	10910	CHA
TS6020	$36275	$23580	$25390	**$30110**	**$31560**	New Holland	4TI	274D	8F-2R	90.0	6075	No
TS6020 4WD	$42421	$27570	$29700	**$35210**	**$36910**	New Holland	4TI	274D	8F-2R	90.0	6925	No
TS6020	$37893	$24630	$26530	**$31450**	**$32970**	New Holland	4TI	274D	16F-4R	90.0	6075	No
TS6020 4WD	$43859	$28510	$30700	**$36400**	**$38160**	New Holland	4TI	274D	16F-4R	90.0	6925	No
TS6030	$40547	$26360	$28380	**$33650**	**$35280**	New Holland	4TI	274D	8F-2R	96.0	6125	No
TS6030 4WD	$46847	$30450	$32790	**$38880**	**$40760**	New Holland	4TI	274D	8F-2R	96.0	6980	No
TS6030	$42165	$27410	$29520	**$35000**	**$36680**	New Holland	4TI	274D	16F-4R	96.0	6125	No
TS6030 4WD	$48465	$31500	$33930	**$40230**	**$42170**	New Holland	4TI	274D	16F-4R	96.0	6980	No
TS6030 High Clear	$59452	$38050	$41020	**$48160**	**$50530**	New Holland	4TI	274D	12F-3R	95.0	8927	No
TS6030 High Clear	$61070	$39090	$42140	**$49470**	**$51910**	New Holland	4TI	274D	16F-4R	95.0	8927	No
T7030 4WD w/Cab	$124053	$80630	$86840	**$102960**	**$107930**	New Holland	6TI	411D	18F-6R	135.0	12700	CHA
T7030 CVT 4WD w/Cab	$136128	$88480	$95290	**$112990**	**$118430**	New Holland	6TI	411D	Variable	135.0	13050	CHA
T7040 4WD w/Cab	$128956	$83820	$90270	**$107030**	**$112190**	New Holland	6TI	411D	18F-6R	150.0	12700	CHA
T7040 CVT 4WD w/Cab	$140987	$91640	$98690	**$117020**	**$122660**	New Holland	6TI	411D	Variable	150.0	13050	CHA
T7050 4WD w/Cab	$139740	$90830	$97820	**$115980**	**$121570**	New Holland	6TI	411D	18F-6R	165.0	12700	CHA
T7050 CVT 4WD w/Cab	$151771	$98650	$106240	**$125970**	**$132040**	New Holland	6TI	411D	Variable	165.0	13050	CHA
T7060 4WD w/Cab	$146341	$95120	$102440	**$121460**	**$127320**	New Holland	6TI	411D	18F-6R	180.0	12700	CHA
T7060 CVT 4WD w/Cab	$162077	$105350	$113450	**$134520**	**$141010**	New Holland	6TI	411D	Variable	180.0	13250	CHA
T7070 CVT 4WD w/Cab	$165152	$107350	$115610	**$137080**	**$143680**	New Holland	6TI	411D	Variable	195.0	13250	CHA
T8010 4WD Cab	$168008	$105850	$114250	**$134410**	**$141130**	New Holland	6TA	505D	18F-4R	175.0		CHA
T8010 4WD Cab	$170960	$107710	$116250	**$136770**	**$143610**	New Holland	6TA	505D	23F-6R	175.0		CHA
T8020 4WD Cab	$181018	$114040	$123090	**$144810**	**$152060**	New Holland	6TA	505D	18F-4R	200.0		CHA
T8020 4WD Cab	$183970	$117740	$126940	**$149020**	**$156380**	New Holland	6TA	505D	23F-6R	200.0		CHA
T8030 4WD Cab	$198687	$125170	$135110	**$158950**	**$166900**	New Holland	6TA	505D	18F-4R	225.0		CHA
T8030 4WD Cab	$201639	$129050	$139130	**$163330**	**$171390**	New Holland	6TA	505D	23F-6R	225.0		CHA
T8040 4WD Cab	$226290	$142560	$153880	**$181030**	**$190080**	New Holland	6TA	505D	18F-4R	255.0		CHA
T8040 4WD Cab	$229242	$144420	$155890	**$183390**	**$192560**	New Holland	6TA	505D	23F-6R	255.0		CHA
T8050 4WD Cab	$241605	$152210	$164290	**$193280**	**$202950**	New Holland	6TA	543D	18F-4R	270.0		CHA
T8050 4WD Cab	$244557	$154070	$166300	**$195650**	**$205430**	New Holland	6TA	543D	23F-6R	270.0		CHA
T9020	$225751	$144480	$155770	**$182860**	**$191890**	New Holland	6TA	543D	16F-2R	335.0	28640	CHA
T9020 3-Pt. & PTO	$250842	$160540	$173080	**$203180**	**$213220**	New Holland	6TA	543D	16F-2R	335.0	32090	CHA
T9030	$249623	$159760	$172240	**$202200**	**$212180**	New Holland	6TA	787D	16F-2R	385.0	35035	CHA
T9030 PTO	$261192	$167160	$180220	**$211570**	**$222010**	New Holland	6TA	787D	16F-2R	385.0	35795	CHA
T9030 HD	$257147	$164570	$177430	**$208290**	**$218580**	New Holland	6TA	787D	16F-2R	385.0	35035	CHA
T9030 HD 3-Pt, PTO	$279869	$179120	$193110	**$226690**	**$237890**	New Holland	6TA	787D	16F-2R	385.0	35035	CHA
T9030 HD Scraper	$266682	$170680	$184010	**$216010**	**$226680**	New Holland	6TA	787D	16F-2R	385.0	35035	CHA
T9040	$279025	$175790	$189740	**$223220**	**$234380**	New Holland	6TA	787D	16F-2R	435.0	40476	CHA
T9040 HD	$286550	$180530	$194850	**$229240**	**$240700**	New Holland	6TA	787D	16F-2R	435.0	40476	CHA
T9040 HD 3-Pt, PTO	$309386	$194910	$210380	**$247510**	**$259880**	New Holland	6TA	787D	16F-2R	435.0	41236	CHA
T9040 HD Scraper	$291540	$183670	$198250	**$233230**	**$244890**	New Holland	6TA	787D	16F-2R	435.0	40476	CHA
T9040 PTO	$287349	$181030	$195400	**$229880**	**$241370**	New Holland	6TA	787D	16F-2R	435.0	41236	CHA
T9050	$311220	$196070	$211630	**$248980**	**$261430**	New Holland	6TA	787D	16F-2R	485.0		CHA
T9050 HD	$318745	$200810	$216750	**$255000**	**$267750**	New Holland	6TA	787D	16F-2R	485.0		CHA
T9050 HD 3-Pt, PTO	$345928	$217940	$235230	**$276740**	**$290580**	New Holland	6TA	787D	16F-2R	485.0		CHA
T9050 HD Scraper	$324615	$204510	$220740	**$259690**	**$272680**	New Holland	6TA	787D	16F-2R	485.0		CHA
T9050 PTO	$322789	$203360	$219500	**$258230**	**$271140**	New Holland	6TA	787D	16F-2R	485.0		CHA
T9060 HD	$335347	$211270	$228040	**$268280**	**$281690**	Cummins	6TA	915D	16F-2R	535.0		CHA
T9060 HD 3-Pt, PTO	$361942	$228020	$246120	**$289550**	**$304030**	Cummins	6TA	915D	16F-2R	535.0		CHA
T9060 HD Scraper	$349184	$219990	$237450	**$279350**	**$293320**	Cummins	6TA	915D	16F-2R	535.0		CHA
TV6070	$122917	$84810	$89730	**$103250**	**$108170**	New Holland	6TI	411D	Variable	105.0		CHA
TV6070 w/Loader	$134088	$92520	$97880	**$112630**	**$118000**	New Holland	6TI	411D	Variable	105.0		CHA
TV6070 Front 3-Pt.	$129476	$89340	$94520	**$108760**	**$113940**	New Holland	6TI	411D	Variable	105.0		CHA
TV6070 Front 3-Pt, PTO	$134664	$92920	$98310	**$113120**	**$118500**	New Holland	6TI	411D	Variable	105.0		CHA
2008												
Boomer 1020 4WD	$9809	$6080	$6570	**$7750**	**$8240**	Shibaura	3	58D	Variable	15.5	1323	No
Boomer 1025 4WD	$10547	$6540	$7070	**$8330**	**$8860**	Shibaura	3	69D	Variable	19.7	1323	No
Boomer 1030 4WD	$12002	$7440	$8040	**$9480**	**$10080**	Shibaura	3	69D	Variable	21.7	1350	No
Boomer 2030 4WD	$15839	$9820	$10610	**$12510**	**$13310**	Shibaura	3	91D	9F-3R	26.5	2101	No
Boomer 2030 4WD Hydro	$17276	$10710	$11580	**$13650**	**$14510**	Shibaura	3	91D	Variable	24.9	2145	No
Boomer 2035 4WD Hydro	$17930	$11120	$12010	**$14170**	**$15060**	Shibaura	3	101D	Variable	28.9	2160	No
Boomer 3040	$16481	$9560	$10550	**$12360**	**$13190**	Shibaura	4	121D	12F-12R	35.0	2513	No
Boomer 3040 4WD	$19228	$11150	$12310	**$14420**	**$15380**	Shibaura	4	121D	12F-12R	35.0	2679	No
Boomer 3040 4WD Hydro	$21300	$12350	$13630	**$15980**	**$17040**	Shibaura	4	121D	Variable	33.2	2860	No
Boomer 3040 4WD Hydro Cab	$27478	$15940	$17590	**$20610**	**$21980**	Shibaura	4	121D	Variable	33.2	3410	CHA
Boomer 3045 4WD	$20754	$12040	$13280	**$15570**	**$16600**	Shibaura	4	135D	12F-12R	39.6	2881	No
Boomer 3045 4WD Hydro	$23136	$13420	$14810	**$17350**	**$18510**	Shibaura	4	135D	Variable	37.8	2949	No
Boomer 3045 4WD Hydro Cab	$29076	$16860	$18610	**$21810**	**$23260**	Shibaura	4	135D	Variable	37.8	3499	CHA
Boomer 3050 4WD	$22278	$12920	$14260	**$16710**	**$17820**	Shibaura	4	135D	12F-12R	43.0	2881	No
Boomer 4055 4WD	$24051	$13950	$15390	**$18040**	**$19240**	Shibaura	4T	135D	12F-12R	47.0	3377	No
Boomer 4055 4WD Cab	$30291	$17570	$19390	**$22720**	**$24230**	Shibaura	4T	135D	12F-12R	47.0	4337	CHA
Boomer 4060 4WD	$25618	$14860	$16400	**$19210**	**$20490**	Shibaura	4T	135D	12F-12R	51.0	3377	No
Boomer 4060 4WD Cab	$31858	$18480	$20390	**$23890**	**$25490**	Shibaura	4T	135D	12F-12R	51.0	4337	CHA
T1010 4WD	$9869	$6120	$6610	**$7800**	**$8290**	Shibaura	3	58D	Variable	15.5	1446	No
T1030 4WD	$10547	$6540	$7070	**$8330**	**$8860**	Shibaura	3	69D	Variable	19.7	1446	No
T1110 4WD	$12269	$7610	$8220	**$9690**	**$10310**	Shibaura	3	69D	Variable	20.5	1479	No
T1510	$10677	$6620	$7150	**$8440**	**$8970**	Shibaura	3	91D	9F-3R	25.5	2193	No
T1510 4WD	$12299	$7630	$8240	**$9720**	**$10330**	Shibaura	3	91D	9F-3R	25.5	2291	No
T1510 4WD Hydro	$13878	$8600	$9300	**$10960**	**$11660**	Shibaura	3	91D	Variable	24.0	2298	No

	Approx. Retail Price New	Estimated Value Less Repairs Used Trade In Avg.	High	Used Retail Avg.	High	Engine Make	No. Cyls.	Displ. Cu.-In.	No. Speeds	P.T.O. H.P.	Approx. Shipping Wt.-Lbs.	Cab

New Holland/Ford (Cont.)

2008 (Cont.)

T1520 4WD	$13510	$8380	$9050	**$10670**	**$11350**	Shibaura	3	101D	9F-3R	29.5	2306	No
T1520 4WD Hydro	$15120	$9370	$10130	**$11950**	**$12700**	Shibaura	3	101D	Variable	28.0	2313	No
T2210 4WD	$15839	$9820	$10610	**$12510**	**$13310**	Shibaura	3	91D	9F-3R	26.5	2467	No
T2210 4WD Hydro	$17276	$10710	$11580	**$13650**	**$14510**	Shibaura	3	91D	Variable	24.9	2511	No
T2210 4WD SuperSteer Hydro	$18451	$10700	$11810	**$13840**	**$14760**	Shibaura	3	91D	Variable	24.9	2655	No
T2220 4WD Hydro	$17930	$11120	$12010	**$14170**	**$15060**	Shibaura	3	101D	Variable	28.9	2526	No
T2220 4WD SuperSteer Hydro	$19106	$11080	$12230	**$14330**	**$15290**	Shibaura	3	101D	Variable	28.9	2670	No
T2310	$17059	$10580	$11430	**$13480**	**$14330**	Shibaura	4	121D	12F-12R	35.0	3009	No
T2310 4WD	$19752	$12250	$13230	**$15600**	**$16590**	Shibaura	4	121D	12F-12R	35.0	3253	No
T2310 4WD Hydro	$21824	$13530	$14620	**$17240**	**$18330**	Shibaura	4	121D	Variable	33.2	3433	No
T2310 4WD Hydro w/Cab	$27600	$16010	$17660	**$20700**	**$22080**	Shibaura	4	121D	Variable	33.2	3930	CHA
T2310 4WD SuperSteer Hydro	$23179	$13440	$14840	**$17380**	**$18540**	Shibaura	4	121D	Variable	33.2	3602	No
T2310 4WD SuperSteer Hydro w/Cab	$29237	$16960	$18710	**$21930**	**$23390**	Shibaura	4	121D	Variable	33.2	4099	CHA
T2320 4WD	$21278	$12340	$13620	**$15960**	**$17020**	Shibaura	4	135D	12F-12R	39.6	3954	No
T2320 4WD Hydro	$23660	$13720	$15140	**$17750**	**$18930**	Shibaura	4	135D	Variable	37.8	3522	No
T2320 4WD Hydro w/Cab	$29200	$16940	$18690	**$21900**	**$23360**	Shibaura	4	135D	Variable	37.8	4072	CHA
T2320 4WD SuperSteer Hydro	$24967	$14480	$15980	**$18730**	**$19970**	Shibaura	4	135D	Variable	37.8	3691	No
T2320 4WD SuperSteer Hydro w/Cab	$30907	$17930	$19780	**$23180**	**$24730**	Shibaura	4	135D	Variable	37.8	4072	CHA
T2330 4WD	$22802	$14140	$15280	**$18010**	**$19150**	Shibaura	4	135D	12F-12R	43.0	3454	No
T2410 4WD	$24051	$13950	$15390	**$18040**	**$19240**	Shibaura	4T	135D	12F-12R	47.0	4011	No
T2410 4WD w/Cab	$30291	$17570	$19390	**$22720**	**$24230**	Shibaura	4T	135D	12F-12R	47.0	4971	CHA
T2420 4WD	$25618	$14860	$16400	**$19210**	**$20490**	Shibaura	4T	135D	12F-12R	51.0	4011	No
T2420 4WD w/Cab	$31858	$18480	$20390	**$23890**	**$25490**	Shibaura	4T	135D	12F-12R	51.0	4971	CHA
TN60A Std.	$22800	$13220	$14590	**$17100**	**$18240**	New Holland	3	179D	12F-12R	45.0	4980	No
TN60A Std. 4WD	$27645	$16030	$17690	**$20730**	**$22120**	New Holland	3	179D	12F-12R	45.0	5375	No
TN60DA Dlx. w/Cab	$31834	$18460	$20370	**$23880**	**$25470**	New Holland	3	179D	16F-16R	52.0	5565	CHA
TN60DA Dlx. 4WD w/Cab	$36589	$21220	$23420	**$27440**	**$29270**	New Holland	3	179D	16F-16R	52.0	5960	CHA
TN70A Std.	$25851	$14990	$16550	**$19390**	**$20680**	New Holland	3T	179D	12F-12R	57.0	5020	No
TN70A Std. 4WD	$30759	$17840	$19690	**$23070**	**$24610**	New Holland	3T	179D	16F-16R	57.0	5415	No
TN70DA Dlx. w/Cab	$35059	$20330	$22440	**$26290**	**$28050**	New Holland	3T	179D	16F-16R	57.0	5605	CHA
TN70DA Dlx. 4WD w/Cab	$39875	$23130	$25520	**$29910**	**$31900**	New Holland	3T	179D	16F-16R	57.0	6000	CHA
TN75A Std.	$27711	$16070	$17740	**$20780**	**$22170**	New Holland	3T	179D	12F-12R	62.0	5020	No
TN75A Std. 4WD	$32600	$18910	$20860	**$24450**	**$26080**	New Holland	3T	179D	12F-12R	62.0	5415	No
TN75DA Dlx. 4WD w/Cab	$41609	$24130	$26630	**$31210**	**$33290**	New Holland	3T	179D	16F-16R	62.0	5605	CHA
TN75DA Dlx. w/Cab	$36689	$21280	$23480	**$27520**	**$29350**	New Holland	3T	179D	16F-16R	62.0	6000	CHA
TN75FA Narrow 4WD w/Cab	$47097	$27320	$30140	**$35320**	**$37680**	New Holland	4	238D	16F-16R	60.0	6210	CHA
TN75FA Narrow w/Cab	$39079	$22670	$25010	**$29310**	**$31260**	New Holland	4	238D	16F-16R	60.0	5780	CHA
TN75FA Narrow	$30123	$17470	$19280	**$22590**	**$24100**	New Holland	4	238D	16F-16R	60.0	5440	No
TN75FA Narrow 4WD	$38153	$22130	$24420	**$28620**	**$30520**	New Holland	4	238D	16F-16R	60.0	5870	No
TN75SA 4WD SuperSteer	$35118	$20370	$22480	**$26340**	**$28090**	New Holland	3T	179D	16F-16R	62.0	5585	No
TN75SA 4WD SuperSteer w/Cab	$42877	$24870	$27440	**$32160**	**$34300**	New Holland	3T	179D	16F-16R	62.0	6050	CHA
TN75VA	$28373	$16460	$18160	**$21280**	**$22700**	New Holland	3T	179D	16F-16R	62.0	4785	No
TN75VA 4WD	$35110	$20360	$22470	**$26330**	**$28090**	New Holland	3T	179D	16F-16R	62.0	5182	No
TN75VA 4WD w/Cab	$43286	$25110	$27700	**$32470**	**$34630**	New Holland	3T	179D	16F-16R	62.0	5510	CHA
TN75VA w/Cab	$36549	$21200	$23390	**$27410**	**$29240**	New Holland	3T	179D	16F-16R	62.0	5113	CHA
TN85A Std.	$29456	$17080	$18850	**$22090**	**$23570**	New Holland	4	274D	12F-12R	69.0	6008	No
TN85A Std. 4WD	$34267	$19880	$21930	**$25700**	**$27410**	New Holland	4	274D	12F-12R	69.0	6118	No
TN85DA Dlx. 4WD w/Cab	$43547	$25260	$27870	**$32660**	**$34840**	New Holland	4	274D	16F-16R	69.0	6449	CHA
TN85DA Dlx. w/Cab	$38736	$22470	$24790	**$29050**	**$30990**	New Holland	4	274D	16F-16R	69.0	6559	CHA
TN85FA Narrow	$31700	$18390	$20290	**$23780**	**$25360**	New Holland	4T	238D	16F-16R	70.0	5470	No
TN85FA Narrow 4WD	$39734	$23050	$25430	**$29800**	**$31790**	New Holland	4T	238D	16F-16R	70.0	5930	No
TN85FA Narrow 4WD w/Cab	$48689	$28240	$31160	**$36520**	**$38950**	New Holland	4T	238D	16F-16R	70.0	6270	CHA
TN85FA Narrow w/Cab	$40687	$23600	$26040	**$30520**	**$32550**	New Holland	4T	238D	16F-16R	70.0	5810	CHA
TL80A Dlx.	$34468	$21370	$23090	**$27230**	**$28950**	New Holland	4	274D	24F-24R	69.0	6393	No
TL80A Dlx. 4WD	$41416	$25680	$27750	**$32720**	**$34790**	New Holland	4	274D	24F-24R	69.0	7055	No
TL80A Dlx. 4WD w/Cab	$50669	$31420	$33950	**$40030**	**$42560**	New Holland	4	274D	24F-24R	69.0	7496	CHA
TL80A Dlx. w/Cab	$43724	$27110	$29300	**$34540**	**$36730**	New Holland	4	274D	24F-24R	69.0	6834	CHA
TL80A Std.	$29361	$18200	$19670	**$23200**	**$24660**	New Holland	4	274D	12F-12R	69.0	6393	No
TL80A Std. 4WD	$36502	$22630	$24460	**$28840**	**$30660**	New Holland	4	274D	12F-12R	69.0	7055	No
TL80A Std. 4WD w/Cab	$45110	$27970	$30220	**$35640**	**$37890**	New Holland	4	274D	12F-12R	59.0	7496	CHA
TL80A Std. w/Cab	$37971	$23540	$25440	**$30000**	**$31900**	New Holland	4	274D	12F-12R	69.0	6834	CHA
TL90A Dlx.	$36691	$22750	$24580	**$28990**	**$30820**	New Holland	4T	274D	24F-24R	77.0	6834	No
TL90A Dlx. 4WD	$43638	$27060	$29240	**$34470**	**$36660**	New Holland	4T	274D	24F-24R	77.0	7486	No
TL90A Dlx. 4WD w/Cab	$52893	$32790	$35440	**$41790**	**$44430**	New Holland	4T	274D	24F-24R	77.0	7936	CHA
TL90A Dlx. w/Cab	$45946	$28490	$30780	**$36300**	**$38600**	New Holland	4T	274D	24F-24R	77.0	7275	CHA
TL90A Std.	$31081	$19270	$20820	**$24550**	**$26110**	New Holland	4T	274D	12F-12R	77.0	6834	No
TL90A Std. 4WD	$38092	$23620	$25520	**$30090**	**$32000**	New Holland	4T	274D	12F-12R	77.0	7486	No
TL90A Std. 4WD w/Cab	$46532	$28850	$31180	**$36760**	**$39090**	New Holland	4T	274D	12F-12R	77.0	7936	CHA
TL90A Std. w/Cab	$39522	$24500	$26480	**$31220**	**$33200**	New Holland	4T	274D	12F-12R	77.0	7275	CHA
TD80D	$21097	$12240	$13500	**$15820**	**$16880**	New Holland	4	238D	12F-12R	62.0	5703	No
TD80D 4WD	$25283	$14660	$16180	**$18960**	**$20230**	New Holland	4	238D	12F-12R	62.0	6256	No
TD80D 4WD w/Cab	$32339	$18760	$20700	**$24250**	**$25870**	New Holland	4	238D	12F-12R	62.0	6915	CHA
TD80D w/Cab	$28153	$16330	$18020	**$21120**	**$22520**	New Holland	4	238D	12F-12R	62.0	6363	CHA
TD95D	$24318	$14100	$15560	**$18240**	**$19450**	New Holland	4T	238D	12F-12R	80.0	6107	No
TD95D 4WD	$28373	$16460	$18160	**$21280**	**$22700**	New Holland	4T	238D	12F-12R	80.0	6659	No
TD95D 4WD w/Cab	$35156	$20390	$22500	**$26370**	**$28130**	New Holland	4T	238D	12F-12R	80.0	7320	CHA
TD95D w/Cab	$31103	$18040	$19910	**$23330**	**$24880**	New Holland	4T	238D	12F-12R	80.0	6768	CHA
TD95D 4WD High Clearance	$31632	$18350	$20240	**$23720**	**$25310**	New Holland	4T	238D	12F-12R	80.0	8818	No
TD95D High Clearance	$26805	$15550	$17160	**$20100**	**$21440**	New Holland	4T	238D	12F-12R	80.0	7888	No
TD5050	$25410	$14740	$16260	**$19060**	**$20330**	New Holland	4TI	274D	12F-12R	80.0	6107	No
TD5050 4WD	$29803	$17290	$19070	**$22350**	**$23840**	New Holland	4TI	274D	12F-12R	80.0	6659	No
TD5050 4WD w/Cab	$36859	$21380	$23590	**$27640**	**$29490**	New Holland	4TI	274D	12F-12R	80.0	6768	CHA
TD5050 w/Cab	$32467	$18830	$20780	**$24350**	**$25970**	New Holland	4TI	274D	12F-12R	80.0	6768	CHA
TN95A Std. 4WD	$37866	$21960	$24230	**$28400**	**$30290**	New Holland	4T	274D	12F-12R	77.0	6118	No

New Holland/Ford (Cont.)

2008 (Cont.)

Model	Approx. Retail Price New	Est. Value Less Repairs: Used Trade In Avg.	Used Trade In High	Used Retail Avg.	Used Retail High	Engine Make	No. Cyls.	Displ. Cu.-In.	No. Speeds	P.T.O. H.P.	Approx. Shipping Wt.-Lbs.	Cab
TN95DA Dlx. w/Cab 4WD	$46710	$27090	$29890	**$35030**	**$37370**	New Holland	4T	274D	16F-16R	77.0	6559	CHA
TN95FA	$33273	$19300	$21300	**$24960**	**$26620**	New Holland	4T	238D	16F-16R	80.0	5515	No
TN95FA 4WD	$41993	$24360	$26880	**$31500**	**$33590**	New Holland	4T	238D	16F-16R	80.0	5975	No
TN95FA 4WD w/Cab	$50949	$29550	$32610	**$38210**	**$40760**	New Holland	4T	238D	16F-16R	80.0	6315	CHA
TN95VA 4WD	$39105	$22680	$25030	**$29330**	**$31280**	New Holland	4T	238D	16F-16R	80.0	5720	No
TN95VA 4WD w/Cab	$47280	$27420	$30260	**$35460**	**$37820**	New Holland	4T	238D	16F-16R	80.0	6050	CHA
TN95FA w/Cab	$42453	$24620	$27170	**$31840**	**$33960**	New Holland	4T	238D	16F-16R	80.0	5855	CHA
TT45A	$13187	$7650	$8440	**$9890**	**$10550**	New Holland	4	121D	8F-2R	35.0	3595	No
TT50A	$14204	$8240	$9090	**$10650**	**$11360**	New Holland	4	135D	8F-2R	42.0	3716	No
TT60A	$15563	$9030	$9960	**$11670**	**$12450**	New Holland	3	179D	8F-2R	47.0	4540	No
TK100A Crawler	$50705	$29410	$32450	**$38030**	**$40560**	New Holland	4T	238D	8F-8R	80.0	8900	No
TK75VA Crawler	$44656	$25900	$28580	**$33490**	**$35730**	New Holland	3T	179D	8F-8R	62.0	7230	No
TK90A Crawler	$47742	$27690	$30560	**$35810**	**$38190**	New Holland	4T	238D	8F-8R	76.0	8500	No
TK90MA Crawler	$49528	$28730	$31700	**$37150**	**$39620**	New Holland	4T	238D	8F-8R	76.0	8810	No
TT60A 4WD	$20069	$11640	$12840	**$15050**	**$16060**	New Holland	3	179D	8F-2R	47.0	4840	No
TL100A Dlx.	$38680	$23980	$25920	**$30560**	**$32490**	New Holland	4T	238D	24F-24R	82.0	6834	No
TT75A	$17301	$10040	$11070	**$12980**	**$13840**	New Holland	4	238D	8F-2R	62.0	4740	No
TL100A Dlx. 4WD	$45627	$28290	$30570	**$36050**	**$38330**	New Holland	4T	238D	24F-24R	82.0	7486	No
TT75A 4WD	$21806	$12650	$13960	**$16360**	**$17450**	New Holland	4	238D	8F-2R	62.0	5040	No
TL100A Dlx. w/Cab	$47935	$29720	$32120	**$37870**	**$40270**	New Holland	4T	238D	24F-24R	82.0	7275	CHA
TL100A Dlx.4WD w/Cab	$54882	$34030	$36770	**$43360**	**$46100**	New Holland	4T	238D	24F-24R	82.0	7936	CHA
TL100A Std.	$33090	$20520	$22170	**$26140**	**$27800**	New Holland	4T	238D	12F-12R	82.0	6834	No
TL100A Std. 4WD	$40101	$24860	$26870	**$31680**	**$33690**	New Holland	4T	238D	12F-12R	82.0	7486	No
TL100A Std. 4WD w/Cab	$48541	$30100	$32520	**$38350**	**$40770**	New Holland	4T	238D	12F-12R	82.0	7936	CHA
TL100A Std. w/Cab	$41530	$25750	$27830	**$32810**	**$34890**	New Holland	4T	238D	12F-12R	82.0	7275	CHA
TB100	$30017	$17410	$19210	**$22510**	**$24010**	New Holland	4T	304D	8F-2R	80.0	6075	No
TB100 4WD	$38142	$22120	$24410	**$28610**	**$30510**	New Holland	4T	304D	8F-2R	80.0	6925	No
TB110	$33823	$19620	$21650	**$25370**	**$27060**	New Holland	4T	304D	8F-2R	90.0	6125	No
TB110 Low Profile	$35674	$20690	$22830	**$26760**	**$28540**	New Holland	4T	304D	8F-2R	90.0	6125	No
TB110 4WD	$42451	$24620	$27170	**$31840**	**$33960**	New Holland	4T	304D	8F-2R	90.0	6980	No
TB110 4WD Low Profile	$42861	$24860	$27430	**$32150**	**$34290**	New Holland	4T	304D	8F-2R	90.0	6925	No
TB120	$36540	$21190	$23390	**$27410**	**$29230**	New Holland	6	456D	8F-2R	96.0	6525	No
TB120 Low Profile	$38641	$22410	$24730	**$28980**	**$30910**	New Holland	6	456D	8F-2R	96.0	6125	No
TB120 4WD	$45513	$26400	$29130	**$34140**	**$36410**	New Holland	6	456D	8F-2R	96.0	7380	No
TB120 4WD Low Profile	$46173	$26780	$29550	**$34630**	**$36940**	New Holland	6	456D	8F-2R	96.0	7380	No
TB120 HC 4WD	$50179	$29100	$32120	**$37630**	**$40140**	New Holland	6	456D	8F-2R	96.0	8929	No
T4020	$23647	$13720	$15130	**$17740**	**$18920**	New Holland	4TI	195D	12F-12R	50.0	4980	No
T4020 4WD	$29311	$17000	$18760	**$21980**	**$23450**	New Holland	4TI	195D	12F-12R	50.0	5375	No
T4020 4WD Cab	$38519	$22340	$24650	**$28890**	**$30820**	New Holland	4TI	195D	12F-12R	50.0	5960	CHA
T4020 Cab	$32855	$19060	$21030	**$24640**	**$26280**	New Holland	4TI	195D	12F-12R	50.0	5565	CHA
T4030	$27473	$15930	$17580	**$20610**	**$21980**	New Holland	4TI	195D	12F-12R	62.0	5020	No
T4030 4WD	$32873	$19070	$21040	**$24660**	**$26300**	New Holland	4TI	195D	12F-12R	62.0	5415	No
T4030 4WD Cab	$41881	$24290	$26800	**$31410**	**$33510**	New Holland	4TI	195D	12F-12R	62.0	6000	CHA
T4030 4WD SuperSteer	$35702	$20710	$22850	**$26780**	**$28560**	New Holland	4TI	195D	12F-12R	62.0		No
T4030 4WD SuperSteer Cab	$43461	$25210	$27820	**$32600**	**$34770**	New Holland	4TI	195D	12F-12R	62.0		CHA
T4030 Cab	$36481	$21160	$23350	**$27360**	**$29190**	New Holland	4TI	195D	12F-12R	62.0	5605	CHA
T4030F Narrow	$31259	$18130	$20010	**$23440**	**$25010**	New Holland	4TI	195D	12F-12R	62.0		No
T4030F Narrow 4WD	$39256	$22770	$25120	**$29440**	**$31410**	New Holland	4TI	195D	12F-12R	62.0		No
T4030F Narrow 4WD Cab	$48212	$27960	$30860	**$36160**	**$38570**	New Holland	4TI	195D	12F-12R	62.0		CHA
T4030F Narrow Cab	$40215	$23330	$25740	**$30160**	**$32170**	New Holland	4TI	195D	12F-12R	62.0		CHA
T4030V	$31668	$18370	$20270	**$23750**	**$25330**	New Holland	4TI	195D	16F-16R	62.0		No
T4030V 4WD	$39003	$22620	$24960	**$29250**	**$31200**	New Holland	4TI	195D	16F-16R	62.0		No
T4030V 4WD w/Cab	$47751	$27700	$30560	**$35810**	**$38200**	New Holland	4TI	195D	16F-16R	62.0		CHA
T4030V w/Cab	$40417	$23440	$25870	**$30310**	**$32330**	New Holland	4TI	195D	16F-16R	62.0		CHA
T4040	$30257	$17550	$19360	**$22690**	**$24210**	New Holland	4TI	274D	12F-12R	70.0	5731	No
T4040 4WD	$35656	$20680	$22820	**$26740**	**$28530**	New Holland	4TI	274D	12F-12R	70.0	6171	No
T4040 4WD Cab	$44864	$26020	$28710	**$33650**	**$35890**	New Holland	4TI	274D	12F-12R	70.0	6381	CHA
T4040 Cab	$39464	$22890	$25260	**$29600**	**$31570**	New Holland	4TI	274D	12F-12R	70.0	5605	CHA
T4040F Narrow	$32836	$19050	$21020	**$24630**	**$26270**	New Holland	4TI	274D	16F-16R	72.0		No
T4040F Narrow 4WD	$40837	$23690	$26140	**$30630**	**$32670**	New Holland	4TI	274D	16F-16R	72.0		No
T4040F Narrow 4WD Cab	$49792	$28880	$31870	**$37340**	**$39830**	New Holland	4TI	274D	16F-16R	72.0		CHA
T4040F Narrow Cab	$41793	$24240	$26750	**$31350**	**$33430**	New Holland	4TI	274D	16F-16R	72.0		CHA
T4040V	$34000	$19720	$21760	**$25500**	**$27200**	New Holland	4TI	195D	16F-16R	72.0		No
T4040V 4WD	$41335	$23970	$26450	**$31000**	**$33070**	New Holland	4TI	195D	16F-16R	72.0		No
T4040V 4WD w/Cab	$50847	$29490	$32540	**$38140**	**$40680**	New Holland	4TI	195D	16F-16R	72.0		CHA
T4040V w/Cab	$40417	$23440	$25870	**$30310**	**$32330**	New Holland	4TI	195D	16F-16R	72.0		CHA
T4050 4WD	$39715	$23040	$25420	**$29790**	**$31770**	New Holland	4TI	274D	16F-16R	80.0	6171	No
T4050 4WD Cab	$48923	$28380	$31310	**$36690**	**$39140**	New Holland	4TI	274D	16F-16R	80.0	6381	CHA
T4050 4WD SuperSteer	$42209	$24480	$27010	**$31660**	**$33770**	New Holland	4TI	274D	16F-16R	80.0		No
T4050 4WD SuperSteer Cab	$49968	$28980	$31980	**$37480**	**$39970**	New Holland	4TI	274D	16F-16R	80.0		CHA
T4050F Narrow	$34409	$19960	$22020	**$25810**	**$27530**	New Holland	4TI	274D	16F-16R	82.0		No
T4050F Narrow 4WD	$42839	$24850	$27420	**$32130**	**$34270**	New Holland	4TI	274D	16F-16R	82.0		No
T4050F Narrow 4WD Cab	$51795	$30040	$33150	**$38850**	**$41440**	New Holland	4TI	274D	16F-16R	82.0		CHA
T4050F Narrow Cab	$43366	$25150	$27750	**$32530**	**$34690**	New Holland	4TI	274D	16F-16R	82.0		CHA
T4050V	$36409	$21120	$23300	**$27310**	**$29130**	New Holland	4TI	274D	16F-16R	82.0	6171	No
T4050V 4WD	$43744	$25370	$28000	**$32810**	**$35000**	New Holland	4TI	274D	16F-16R	82.0	6171	No
T4050V 4WD w/Cab	$52491	$30450	$33590	**$39370**	**$41990**	New Holland	4TI	274D	16F-16R	82.0	6171	CHA
T4050V w/Cab	$45157	$26190	$28900	**$33870**	**$36130**	New Holland	4TI	274D	16F-16R	82.0	6171	CHA
T5040 Dlx. 4WD	$42071	$24400	$26930	**$31550**	**$33660**	New Holland	4TI	274D	24F-24R	70.0	7055	No
T5040 Dlx. 4WD Cab	$51511	$29880	$32970	**$38630**	**$41210**	New Holland	4TI	274D	24F-24R	70.0	7496	CHA
T5040 Std.	$30503	$17690	$19520	**$22880**	**$24400**	New Holland	4TI	274D	12F-12R	70.0	6393	No
T5040 Std. 4WD	$37629	$21830	$24080	**$28220**	**$30100**	New Holland	4TI	274D	12F-12R	70.0	7055	No
T5040 Std. 4WD Cab	$46239	$26820	$29590	**$34680**	**$36990**	New Holland	4TI	274D	12F-12R	70.0	7496	CHA
T5040 Std. Cab	$39113	$22690	$25030	**$29340**	**$31290**	New Holland	4TI	274D	12F-12R	70.0	6834	CHA

	Approx. Retail Price New	Estimated Value Less Repairs Used Trade In Avg.	High	Used Retail Avg.	High	Engine Make	No. Cyls.	Displ. Cu.-In.	No. Speeds	P.T.O. H.P.	Approx. Shipping Wt.-Lbs.	Cab

New Holland/Ford (Cont.)

2008 (Cont.)

Model	Approx. Retail Price New	Used Trade In Avg.	Used Trade In High	Used Retail Avg.	Used Retail High	Make	No. Cyls.	Displ. Cu.-In.	No. Speeds	P.T.O. H.P.	Approx. Shipping Wt.-Lbs.	Cab
T5050 Dlx. 4WD	$43522	$25240	$27850	**$32640**	**$34820**	New Holland	4TI	274D	24F-24R	80.0	7486	No
T5050 Dlx. 4WD Cab	$52962	$30720	$33900	**$39720**	**$42370**	New Holland	4TI	274D	24F-24R	80.0	7936	CHA
T5050 Std.	$31954	$18530	$20450	**$23970**	**$25560**	New Holland	4TI	274D	12F-12R	80.0	6834	No
T5050 Std. 4WD	$39080	$22670	$25010	**$29310**	**$31260**	New Holland	4TI	274D	12F-12R	80.0	7486	No
T5050 Std. 4wd Cab	$47690	$27660	$30520	**$35770**	**$38150**	New Holland	4TI	274D	12F-12R	80.0	7936	CHA
T5050 Std. Cab	$40564	$23530	$25960	**$30420**	**$32450**	New Holland	4TI	274D	12F-12R	80.0	7275	CHA
T5060 Dlx. 4WD	$45750	$26540	$29280	**$34310**	**$36600**	New Holland	4TI	274D	24F-24R	90.0	7486	No
T5060 Dlx. 4WD Cab	$55190	$32010	$35320	**$41390**	**$44150**	New Holland	4TI	274D	24F-24R	90.0	7936	CHA
T5060 Std.	$33994	$19720	$21760	**$25500**	**$27200**	New Holland	4TI	274D	12F-12R	90.0	6834	No
T5060 Std. 4WD	$41120	$23850	$26320	**$30840**	**$32900**	New Holland	4TI	274D	12F-12R	90.0	7486	No
T5060 Std. 4WD Cab	$49730	$28840	$31830	**$37300**	**$39780**	New Holland	4TI	274D	12F-12R	90.0	7936	CHA
T5060 Std. Cab	$42604	$24710	$27270	**$31950**	**$34080**	New Holland	4TI	274D	12F-12R	90.0	7275	CHA
T5070 Dlx. 4WD	$47043	$27290	$30110	**$35280**	**$37630**	New Holland	4TI	274D	24F-24R	96.0		No
T5070 Dlx. 4WD Cab	$56483	$32760	$36150	**$42360**	**$45190**	New Holland	4TI	274D	24F-24R	96.0		CHA
T5070 Std.	$37225	$21590	$23820	**$27920**	**$29780**	New Holland	4TI	274D	12F-12R	96.0		No
T5070 Std. 4WD	$44351	$25720	$28390	**$33260**	**$35480**	New Holland	4TI	274D	12F-12R	96.0		No
T5070 Std. 4WD Cab	$52961	$30720	$33900	**$39720**	**$42370**	New Holland	4TI	274D	12F-12R	96.0		CHA
T5070 Std. Cab	$45835	$26580	$29330	**$34380**	**$36670**	New Holland	4TI	274D	12F-12R	96.0		CHA
T6020 Delta	$41788	$24240	$26740	**$31340**	**$33430**	New Holland	4TI	274D	12F-12R	90.0	9060	No
T6020 Delta	$44321	$25710	$28370	**$33240**	**$35460**	New Holland	4TI	274D	16F-16R	90.0	9130	No
T6020 Delta	$45688	$26500	$29240	**$34270**	**$36550**	New Holland	4TI	274D	24F-24R	90.0	9080	No
T6020 Delta w/Cab	$50223	$29130	$32140	**$37670**	**$40180**	New Holland	4TI	274D	12F-12R	90.0	9280	CHA
T6020 Delta w/Cab	$51274	$29740	$32820	**$38460**	**$41020**	New Holland	4TI	274D	24F-24R	90.0	9300	CHA
T6020 Delta w/Cab	$52913	$30690	$33860	**$39690**	**$42330**	New Holland	4TI	274D	16F-16R	90.0	9350	CHA
T6020 Delta 4WD	$51982	$30150	$33270	**$38990**	**$41590**	New Holland	4TI	274D	12F-12R	90.0	9435	No
T6020 Delta 4WD	$52877	$30670	$33840	**$39660**	**$42300**	New Holland	4TI	274D	24F-24R	90.0	9455	No
T6020 Delta 4WD	$54516	$31620	$34890	**$40890**	**$43610**	New Holland	4TI	274D	16F-16R	90.0	9505	No
T6020 Delta 4WD w/Cab	$60418	$35040	$38670	**$45310**	**$48330**	New Holland	4TI	274D	12F-12R	90.0	10100	CHA
T6020 Delta 4WD w/Cab	$61468	$35650	$39340	**$46100**	**$49170**	New Holland	4TI	274D	24F-24R	90.0	10120	CHA
T6020 Delta 4WD w/Cab	$63107	$36600	$40390	**$47330**	**$50490**	New Holland	4TI	274D	16F-16R	90.0	10170	CHA
T6030 Delta	$44793	$25980	$28670	**$33600**	**$35830**	New Holland	6TI	411D	12F-12R	95.0	9980	No
T6030 Delta	$45688	$26500	$29240	**$34270**	**$36550**	New Holland	6TI	411D	24F-24R	95.0	10000	No
T6030 Delta	$47327	$27450	$30290	**$35500**	**$37860**	New Holland	6TI	411D	16F-16R	95.0	10050	No
T6030 Delta w/Cab	$53227	$30870	$34070	**$39920**	**$42580**	New Holland	6TI	411D	12F-12R	95.0	10165	CHA
T6030 Delta w/Cab	$54277	$31480	$34740	**$40710**	**$43420**	New Holland	6TI	411D	24F-24R	95.0	10185	CHA
T6030 Delta w/Cab	$55916	$32430	$35790	**$41940**	**$44730**	New Holland	6TI	411D	16F-16R	95.0	10235	CHA
T6030 Delta 4WD	$54988	$31890	$35190	**$41240**	**$43990**	New Holland	6TI	411D	12F-12R	95.0	10360	No
T6030 Delta 4WD	$55882	$32410	$35760	**$41910**	**$44710**	New Holland	6TI	411D	24F-24R	95.0	10380	No
T6030 Delta 4WD	$57522	$33360	$36810	**$43140**	**$46020**	New Holland	6TI	411D	16F-16R	95.0	10430	No
T6030 Delta 4WD w/Cab	$63421	$36780	$40590	**$47570**	**$50740**	New Holland	6TI	411D	12F-12R	95.0	11375	CHA
T6030 Delta 4WD w/Cab	$64472	$37390	$41260	**$48350**	**$51580**	New Holland	6TI	411D	24F-24R	95.0	10380	CHA
T6030 Delta 4WD w/Cab	$66111	$38340	$42310	**$49580**	**$52890**	New Holland	6TI	411D	16F-16R	95.0	10430	CHA
T6050 Delta	$52405	$30400	$33540	**$39300**	**$41920**	New Holland	6TI	411D	16F-16R	105.0	10050	No
T6050 Delta 4WD	$61575	$35710	$39410	**$46180**	**$49260**	New Holland	6TI	411D	16F-16R	105.0	10430	No
T6050 Delta 4WD w/Cab	$70166	$40700	$44910	**$52630**	**$56130**	New Holland	6TI	411D	16F-16R	105.0	11405	CHA
T6050 Delta w/Cab	$60995	$35380	$39040	**$45750**	**$48800**	New Holland	6TI	411D	16F-16R	105.0	10235	CHA
T6010 Plus 4WD w/Cab	$68137	$39520	$43610	**$51100**	**$54510**	New Holland	4TI	274D	16F-16R	80.0	10475	CHA
T6010 Plus w/Cab	$58447	$33900	$37410	**$43840**	**$46760**	New Holland	4TI	274D	16F-16R	80.0	10100	CHA
T6020 Plus 4WD w/Cab	$69704	$40430	$44610	**$52280**	**$55760**	New Holland	4TI	274D	16F-16R	90.0	10475	CHA
T6020 Plus w/Cab	$60098	$34860	$38460	**$45070**	**$48080**	New Holland	4TI	274D	16F-16R	90.0	10100	CHA
T6030 Plus 4WD w/Cab	$71293	$41350	$45630	**$53470**	**$57030**	New Holland	6TI	411D	16F-16R	95.0	11428	CHA
T6030 Plus w/Cab	$62371	$36180	$39920	**$46780**	**$49900**	New Holland	6TI	411D	16F-16R	95.0	10987	CHA
T6050 Plus	$53014	$30750	$33930	**$39760**	**$42410**	New Holland	6TI	411D	16F-16R	105.0	10982	No
T6050 Plus 4WD	$62019	$35970	$39690	**$46510**	**$49620**	New Holland	6TI	411D	16F-16R	105.0	10005	No
T6050 Plus 4WD w/Cab	$78020	$45250	$49930	**$58520**	**$62420**	New Holland	6TI	411D	16F-16R	105.0	10982	CHA
T6050 Plus w/Cab	$69765	$40460	$44650	**$52320**	**$55810**	New Holland	6TI	411D	16F-16R	105.0	10982	CHA
T6070 Plus 4WD w/Cab	$85225	$49430	$54540	**$63920**	**$68180**	New Holland	6TI	411D	16F-16R	120.0	11458	CHA
T6070 Plus w/Cab	$75163	$43600	$48100	**$56370**	**$60130**	New Holland	6TI	411D	16F-16R	120.0	10982	CHA
T6020 Elite 4WD w/Cab	$74073	$42960	$47410	**$55560**	**$59260**	New Holland	4TI	274D	16F-16R	90.0	10910	CHA
T6030 Elite 4WD w/Cab	$77560	$44990	$49640	**$58170**	**$62050**	New Holland	6TI	411D	16F-16R	95.0	10910	CHA
T6030 Elite PS 4WD w/Cab	$88751	$51480	$56800	**$66560**	**$71000**	New Holland	6TI	411D	18F-6R	95.0	10910	CHA
T6040 Elite 4WD w/Cab	$79482	$46100	$50870	**$59610**	**$63590**	New Holland	4TI	274D	16F-16R	100.0	10910	CHA
T6050 Elite 4WD w/Cab	$85043	$49330	$54430	**$63780**	**$68030**	New Holland	6TI	411D	16F-16R	105.0	10910	CHA
T6050 Elite PS 4WD w/Cab	$93798	$54400	$60030	**$70350**	**$75040**	New Holland	6TI	411D	18F-6R	105.0	10910	CHA
T6060 Elite 4WD w/Cab	$82550	$47880	$52830	**$61910**	**$66040**	New Holland	4TI	274D	16F-16R	110.0	10910	CHA
T6070 Elite 4WD w/Cab	$90076	$52240	$57650	**$67560**	**$72060**	New Holland	6TI	411D	16F-16R	120.0	10910	CHA
T6070 Elite PS 4WD w/Cab	$102069	$59200	$65320	**$76550**	**$81660**	New Holland	6TI	411D	18F-6R	120.0	10910	CHA
T6080 Elite PS 4WD w/Cab	$108554	$62960	$69480	**$81420**	**$86840**	New Holland	6TI	411D	18F-6R	135.0	10910	CHA
T7030 4WD w/Cab	$113753	$65980	$72800	**$85320**	**$91000**	New Holland	6TI	411D	18F-6R	135.0	12700	CHA
T7040 4WD w/Cab	$118170	$68540	$75630	**$88630**	**$94540**	New Holland	6TI	411D	18F-6R	150.0	12700	CHA
T7050 4WD w/Cab	$125898	$73020	$80580	**$94420**	**$100720**	New Holland	6TI	411D	18F-6R	165.0	12700	CHA
T7060 4WD w/Cab	$131900	$76500	$84420	**$98930**	**$105520**	New Holland	6TI	411D	18F-6R	180.0	12700	CHA
T8010 4WD Cab	$150802	$82940	$90480	**$108580**	**$116120**	New Holland	6TA	505D	18F-4R	175.0		CHA
T8010 4WD Cab	$153430	$84390	$92060	**$110470**	**$118140**	New Holland	6TA	505D	23F-6R	175.0		CHA
T8020 4WD Cab	$162466	$89360	$97480	**$116980**	**$125100**	New Holland	6TA	505D	18F-4R	200.0		CHA
T8020 4WD Cab	$165094	$94100	$102360	**$122170**	**$130420**	New Holland	6TA	505D	23F-6R	200.0		CHA
T8030 4WD Cab	$175025	$96260	$105020	**$126020**	**$134770**	New Holland	6TA	505D	18F-4R	225.0		CHA
T8030 4WD Cab	$177653	$101260	$110150	**$131460**	**$140350**	New Holland	6TA	505D	23F-6R	225.0		CHA
T8040 4WD Cab	$198192	$109010	$118920	**$142700**	**$152610**	New Holland	6TA	505D	18F-4R	255.0		CHA
T8040 4WD Cab	$200810	$110450	$120490	**$144580**	**$154620**	New Holland	6TA	505D	23F-6R	255.0		CHA
T8050 4WD Cab	$211813	$116500	$127090	**$152510**	**$163100**	New Holland	6TA	543D	18F-4R	270.0		CHA
T8050 4WD Cab	$214445	$117950	$128670	**$154400**	**$165120**	New Holland	6TA	543D	23F-6R	270.0		CHA
T9020	$193279	$110170	$119830	**$143030**	**$152690**	New Holland	6TA	543D	16F-2R	335.0	28640	CHA
T9020 3-Pt. & PTO	$217443	$123940	$134820	**$160910**	**$171780**	New Holland	6TA	543D	16F-2R	335.0	32090	CHA

New Holland/Ford (Cont.)

2008 (Cont.)

Model	Approx. Retail Price New	Estimated Value Less Repairs: Used Trade In Avg.	Used Trade In High	Used Retail Avg.	Used Retail High	Engine Make	Engine No. Cyls.	Displ. Cu.-In.	No. Speeds	P.T.O. H.P.	Approx. Shipping Wt.-Lbs.	Cab
T9030	$214410	$122210	$132930	**$158660**	**$169380**	New Holland	6TA	787D	16F-2R	385.0	35035	CHA
T9030 PTO	$224710	$128090	$139320	**$166290**	**$177520**	New Holland	6TA	787D	16F-2R	385.0	35795	CHA
T9030 HD	$221109	$126030	$137090	**$163620**	**$174680**	New Holland	6TA	787D	16F-2R	385.0	35035	CHA
T9040	$241275	$132700	$144770	**$173720**	**$185780**	New Holland	6TA	787D	16F-2R	435.0	40476	CHA
T9040 HD	$247974	$136390	$148780	**$178540**	**$190940**	New Holland	6TA	787D	16F-2R	435.0	40476	CHA
T9040 HD PTO	$258274	$142050	$154960	**$185960**	**$198870**	New Holland	6TA	787D	16F-2R	435.0	41236	CHA
T9040 PTO	$252575	$138920	$151550	**$181850**	**$194480**	New Holland	6TA	787D	16F-2R	435.0	41236	CHA
T9050	$269816	$148400	$161890	**$194270**	**$207760**	New Holland	6TA	787D	16F-2R	485.0		CHA
T9050 HD	$276517	$152080	$165910	**$199090**	**$212920**	New Holland	6TA	787D	16F-2R	485.0		CHA
T9050 HD PTO	$286817	$157750	$172090	**$206510**	**$220850**	New Holland	6TA	787D	16F-2R	485.0		CHA
T9050 PTO	$280116	$154060	$168070	**$201680**	**$215690**	New Holland	6TA	787D	16F-2R	485.0		CHA
T9060 HD	$290820	$159950	$174490	**$209390**	**$223930**	Cummins	6TA	915D	16F-2R	535.0		CHA
TV145	$91410	$56670	$61250	**$72210**	**$76780**	New Holland	6T	456D	Variable	105.0		CHA
TV145 w/Loader	$101207	$62750	$67810	**$79950**	**$85010**	New Holland	6T	456D	Variable	105.0		CHA
TV145 Front 3-Pt.	$96425	$59780	$64610	**$76180**	**$81000**	New Holland	6T	456D	Variable	105.0		CHA
TV145 Front 3-Pt, PTO	$100391	$62240	$67260	**$79310**	**$84330**	New Holland	6T	456D	Variable	105.0		CHA

2007

Model	Approx. Retail Price New	Used Trade In Avg.	Used Trade In High	Used Retail Avg.	Used Retail High	Engine Make	Engine No. Cyls.	Displ. Cu.-In.	No. Speeds	P.T.O. H.P.	Approx. Shipping Wt.-Lbs.	Cab
TZ18DA 4WD	$9247	$5090	$5640	**$6840**	**$7400**	Shibaura	3	58D	Variable	13.7	1446	No
TZ22DA 4WD	$9984	$5490	$6090	**$7390**	**$7990**	Shibaura	3	58D	Variable	17.0	1323	No
TZ25DA 4WD	$10345	$5690	$6310	**$7660**	**$8280**	Shibaura	3	61D	Variable	19.0	1723	No
TC23DA Dlx. 4WD	$12582	$6920	$7680	**$9310**	**$10070**	Shibaura	3	61D	9F-3R	18.5	1301	No
TC23DA Dlx. Hydro 4WD	$13839	$7610	$8440	**$10240**	**$11070**	Shibaura	3	61D	Variable	17.5	1398	No
TC26DA Dlx. 4WD	$14362	$7900	$8760	**$10630**	**$11490**	Shibaura	3	69D	Variable	19.7	2406	No
TC30 Economy	$10217	$5620	$6230	**$7560**	**$8170**	Shibaura	3	91D	9F-3R	25.5	2193	No
TC30 Economy 4WD	$11856	$6520	$7230	**$8770**	**$9490**	Shibaura	3	91D	9F-3R	25.5	2291	No
TC30 Economy Hydro 4WD	$13404	$7370	$8180	**$9920**	**$10720**	Shibaura	3	91D	Variable	24.0	2298	No
TC31DA Dlx. 4WD	$15140	$8330	$9240	**$11200**	**$12110**	Shibaura	3	91D	9F-3R	26.5	2467	No
TC31DA Dlx. 4WD Hydro	$16521	$9090	$10080	**$12230**	**$13220**	Shibaura	3	91D	Variable	24.9	2511	No
TC31DA Dlx. 4WD SuperSteer	$17651	$9710	$10770	**$13060**	**$14120**	Shibaura	3	91D	Variable	24.9	2511	No
TC34DA Dlx. 4WD Hydro	$17150	$9430	$10460	**$12690**	**$13720**	Shibaura	3	101D	Variable	28.9	2526	No
TC34DA Dlx. 4WD Hydro SuperSteer	$18281	$10060	$11150	**$13530**	**$14630**	Shibaura	3	101D	Variable	28.9	2670	No
TC35A 4WD Economy	$17047	$9380	$10400	**$12620**	**$13640**	Shibaura	3	101D	12F-12R	29.6	3231	No
TC35DA Dlx. 4WD	$19361	$10650	$11810	**$14330**	**$15490**	Shibaura	3	101D	Variable	29.1	3299	No
TC35DA Dlx. 4WD SuperSteer	$20660	$11360	$12600	**$15290**	**$16530**	Shibaura	3	101D	Variable	29.1	3299	No
TC40A Economy	$16082	$8850	$9810	**$11900**	**$12870**	Shibaura	3	121D	12F-12R	35.0	2986	No
TC40A Economy 4WD	$18671	$10270	$11390	**$13820**	**$14940**	Shibaura	4	121D	12F-12R	35.0	3405	No
TC40DA Dlx. 4WD	$20985	$11540	$12800	**$15530**	**$16790**	Shibaura	4	121D	Variable	33.2	3375	No
TC40DA Dlx. 4WD w/Cab	$26925	$14810	$16420	**$19930**	**$21540**	Shibaura	4	121D	Variable	33.2	3375	CHA
TC40DA Dlx. 4WD SuperSteer	$22287	$12260	$13600	**$16490**	**$17830**	Shibaura	4	121D	Variable	33.2	3375	No
TC40DA Dlx. 4WD SuperSteer w/Cab	$28227	$15530	$17220	**$20890**	**$22580**	Shibaura	4	121D	Variable	33.2	3375	CHA
TC45A Economy 4WD	$20138	$11080	$12280	**$14900**	**$16110**	Shibaura	4	135D	12F-12R	39.6	3454	No
TC45DA Dlx. 4WD	$22750	$12510	$13880	**$16840**	**$18200**	Shibaura	4	135D	Variable	37.8	3766	No
TC45DA Dlx. 4WD w/Cab	$28689	$15780	$17500	**$21230**	**$22950**	Shibaura	4	135D	Variable	37.8	3766	CHA
TC45DA Dlx. 4WD SuperSteer	$24007	$13200	$14640	**$17770**	**$19210**	Shibaura	4	135D	Variable	37.8	3766	No
TC45DA Dlx. 4WD SuperSteer w/Cab	$29947	$16470	$18270	**$22160**	**$23960**	Shibaura	4	135D	Variable	37.8	3766	CHA
TC48DA 4WD	$21672	$11920	$13220	**$16040**	**$17340**	Shibaura	4	135D	12F-12R	40.0	1357	No
TC55DA 4WD	$22912	$12600	$13980	**$16960**	**$18330**	Shibaura	4T	135D	16F-16R	47.0		No
T1010 4WD	$9869	$5430	$6020	**$7300**	**$7900**	Shibaura	3	58D	Variable	15.5	1446	No
T1030 4WD	$10547	$5800	$6430	**$7810**	**$8440**	Shibaura	3	69D	Variable	19.7	1446	No
T1110 4WD	$12269	$6750	$7480	**$9080**	**$9820**	Shibaura	3	69D	Variable	20.5	1479	No
T1510	$10627	$5850	$6480	**$7860**	**$8500**	Shibaura	3	91D	9F-3R	25.5	2193	No
T1510 4WD	$12299	$6760	$7500	**$9100**	**$9840**	Shibaura	3	91D	9F-3R	25.5	2291	No
T1510 4WD Hydro	$13878	$7630	$8470	**$10270**	**$11100**	Shibaura	3	91D	Variable	24.0	2298	No
T1520	$12831	$6420	$7190	**$8730**	**$9500**	Shibaura	3	101D	9F-3R	29.5	2306	No
T1520 4WD	$13344	$7340	$8140	**$9880**	**$10680**	Shibaura	3	101D	9F-3R	29.5	2306	No
T1520 Hydro	$14380	$7190	$8050	**$9780**	**$10640**	Shibaura	3	101D	Variable	28.0	2313	No
T1520 4WD Hydro	$14955	$8230	$9120	**$11070**	**$11960**	Shibaura	3	101D	Variable	28.0	2313	No
T2210 4WD	$15839	$8710	$9660	**$11720**	**$12670**	Shibaura	3	91D	9F-3R	26.5	2467	No
T2210 4WD Hydro	$17276	$9500	$10540	**$12780**	**$13820**	Shibaura	3	91D	Variable	24.9	2511	No
T2210 4WD SuperSteer Hydro	$18451	$9230	$10520	**$12920**	**$14020**	Shibaura	3	91D	Variable	24.9	2655	No
T2220 4WD Hydro	$17930	$9860	$10940	**$13270**	**$14340**	Shibaura	3	101D	Variable	28.9	2526	No
T2220 4WD SuperSteer Hydro	$19106	$9550	$10890	**$13370**	**$14520**	Shibaura	3	101D	Variable	28.9	2670	No
T2310	$17059	$9380	$10410	**$12620**	**$13650**	Shibaura	4	121D	12F-12R	35.0	3009	No
T2310 4WD	$19752	$10860	$12050	**$14620**	**$15800**	Shibaura	4	121D	12F-12R	35.0	3253	No
T2310 4WD Hydro	$21824	$12000	$13310	**$16150**	**$17460**	Shibaura	4	121D	Variable	33.2	3433	No
T2310 4WD SuperSteer Hydro	$23179	$11590	$13210	**$16230**	**$17620**	Shibaura	4	121D	Variable	33.2	3602	No
T2310 4WD Hydro w/Cab	$28002	$14000	$15960	**$19600**	**$21280**	Shibaura	4	121D	Variable	33.2	3930	CHA
T2310 4WD SuperSteer Hydro w/Cab	$29237	$14620	$16670	**$20470**	**$22220**	Shibaura	4	121D	Variable	33.2	4099	CHA
T2320 4WD	$21278	$10640	$12130	**$14900**	**$16170**	Shibaura	4	135D	12F-12R	39.6	3954	No
T2320 4WD Hydro	$23660	$11830	$13490	**$16560**	**$17980**	Shibaura	4	135D	Variable	37.8	3522	No
T2320 4WD Hydro w/Cab	$29600	$14800	$16870	**$20720**	**$22500**	Shibaura	4	135D	Variable	37.8	4072	CHA
T2320 4WD SuperSteer Hydro	$24967	$12480	$14230	**$17480**	**$18980**	Shibaura	4	135D	Variable	37.8	3691	No
T2320 4WD SuperSteer Hydro w/Cab	$30907	$15450	$17620	**$21640**	**$23490**	Shibaura	4	135D	Variable	37.8	4072	CHA
T2330 4WD	$22802	$12540	$13910	**$16870**	**$18240**	Shibaura	4	135D	12F-12R	43.0	3454	No
T2410 4WD	$24051	$12030	$13710	**$16840**	**$18280**	Shibaura	4T	135D	12F-12R	47.0	4011	No
T2410 4WD w/Cab	$30291	$15150	$17270	**$21200**	**$23020**	Shibaura	4T	135D	12F-12R	47.0	4971	CHA
T2420 4WD	$25618	$12810	$14600	**$17930**	**$19470**	Shibaura	4T	135D	12F-12R	51.0	4011	No
T2420 4WD w/Cab	$31858	$15930	$18160	**$22300**	**$24210**	Shibaura	4T	135D	12F-12R	51.0	4971	CHA
TN60A Economy	$19670	$9840	$11210	**$13770**	**$14950**	New Holland	3	179D	8F-8R	45.0	4980	No
TN60A Economy 4WD	$24542	$12270	$13990	**$17180**	**$18650**	New Holland	3	179D	8F-8R	45.0	5375	No
TN60A Std.	$22761	$11380	$12970	**$15930**	**$17300**	New Holland	3	179D	12F-12R	45.0	4980	No
TN60A Std. 4WD	$27540	$13770	$15700	**$19280**	**$20930**	New Holland	3	179D	12F-12R	45.0	5375	No
TN60DA Dlx. w/Cab	$31794	$15900	$18120	**$22260**	**$24160**	New Holland	3	179D	16F-16R	52.0	5565	CHA

New Holland/Ford (Cont.)

Model	Approx. Retail Price New	Estimated Value Less Repairs: Used Trade In Avg.	Used Trade In High	Used Retail Avg.	Used Retail High	Engine Make	Engine No. Cyls.	Engine Displ. Cu.-In.	No. Speeds	P.T.O. H.P.	Approx. Shipping Wt.-Lbs.	Cab
				2007 (Cont.)								
TN60DA Dlx. 4WD w/Cab	$36484	$18240	$20800	**$25540**	**$27730**	New Holland	3	179D	16F-16R	52.0	5960	CHA
TN70A Economy	$22129	$11070	$12610	**$15490**	**$16820**	New Holland	3T	179D	8F-8R	57.0	5020	No
TN70A Economy 4WD	$27000	$13500	$15390	**$18900**	**$20520**	New Holland	3T	179D	8F-8R	57.0	5415	No
TN70A Std.	$25344	$12670	$14450	**$17740**	**$19260**	New Holland	3T	179D	12F-12R	57.0	5020	No
TN70A Std. 4WD	$30098	$15050	$17160	**$21070**	**$22870**	New Holland	3T	179D	16F-16R	57.0	5415	No
TN70DA Dlx. w/Cab	$34371	$17190	$19590	**$24060**	**$26120**	New Holland	3T	179D	16F-16R	57.0	5605	CHA
TN70DA Dlx. 4WD w/Cab	$39036	$19520	$22250	**$27330**	**$29670**	New Holland	3T	179D	16F-16R	57.0	6000	CHA
TD75D	$19877	$9940	$11330	**$13910**	**$15110**	New Holland	4	238D	12F-12R	62.0	5702	No
TD75D 4WD	$23769	$11890	$13550	**$16640**	**$18060**	New Holland	4	238D	12F-12R	62.0	6256	No
TD75D 4WD w/Cab	$30583	$15290	$17430	**$21410**	**$23240**	New Holland	4	238D	12F-12R	62.0	6915	CHA
TD75D w/Cab	$26701	$13350	$15220	**$18690**	**$20290**	New Holland	4	238D	12F-12R	62.0	6363	CHA
TN75A Std.	$27195	$13600	$15500	**$19040**	**$20670**	New Holland	3T	179D	12F-12R	62.0	5020	No
TN75A Std. 4WD	$32231	$16120	$18370	**$22560**	**$24500**	New Holland	3T	179D	12F-12R	62.0	5415	No
TN75DA Dlx. 4WD w/Cab	$41063	$20530	$23410	**$28740**	**$31210**	New Holland	3T	179D	16F-16R	62.0	5605	CHA
TN75DA Dlx. w/Cab	$35994	$18000	$20520	**$25200**	**$27360**	New Holland	3T	179D	16F-16R	62.0	6000	CHA
TN75FA Narrow 4WD w/Cab	$45298	$22650	$25820	**$31710**	**$34430**	New Holland	4	238D	16F-16R	60.0	6210	CHA
TN75A Economy	$23445	$11720	$13360	**$16410**	**$17820**	New Holland	3T	179D	8F-8R	62.0	5020	No
TN75A Economy 4WD	$28316	$14160	$16140	**$19820**	**$21520**	New Holland	3T	179D	8F-8R	62.0	5415	No
TN75FA Narrow w/Cab	$37577	$18790	$21420	**$26300**	**$28560**	New Holland	4	238D	16F-16R	60.0	5780	CHA
TN75FA Narrow	$28965	$14480	$16510	**$20280**	**$22010**	New Holland	4	238D	16F-16R	60.0	5440	No
TN75FA Narrow 4WD	$36686	$18340	$20910	**$25680**	**$27880**	New Holland	4	238D	16F-16R	60.0	5870	No
TN75SA 4WD SuperSteer	$34716	$17360	$19790	**$24300**	**$26380**	New Holland	3T	179D	16F-16R	62.0	5585	No
TN75SA 4WD SuperSteer w/Cab	$42363	$21180	$24150	**$29650**	**$32200**	New Holland	3T	179D	16F-16R	62.0	6050	CHA
TN75VA	$27282	$13640	$15550	**$19100**	**$20730**	New Holland	3T	179D	16F-16R	62.0	4785	No
TN75VA 4WD	$33760	$16880	$19240	**$23630**	**$25660**	New Holland	3T	179D	16F-16R	62.0	5182	No
TN75VA 4WD w/Cab	$41621	$20810	$23720	**$29140**	**$31630**	New Holland	3T	179D	16F-16R	62.0	5510	CHA
TN75VA w/Cab	$35144	$17570	$20030	**$24600**	**$26710**	New Holland	3T	179D	16F-16R	62.0	5113	CHA
TN85A Std.	$29444	$14720	$16780	**$20610**	**$22380**	New Holland	4	274D	12F-12R	69.0	6008	No
TN85A Std. 4WD	$34489	$17250	$19660	**$24140**	**$26210**	New Holland	4	274D	12F-12R	69.0	6118	No
TN85DA Dlx. 4WD w/Cab	$43769	$21890	$24950	**$30640**	**$33260**	New Holland	4	274D	16F-16R	69.0	6449	CHA
TN85DA Dlx. w/Cab	$38724	$19360	$22070	**$27110**	**$29430**	New Holland	4	274D	16F-16R	69.0	6559	CHA
TN85FA Narrow	$30695	$15350	$17500	**$21490**	**$23330**	New Holland	4T	238D	16F-16R	70.0	5470	No
TN85FA Narrow 4WD	$38453	$19230	$21920	**$26920**	**$29220**	New Holland	4T	238D	16F-16R	70.0	5930	No
TN85FA Narrow 4WD w/Cab	$47064	$23530	$26830	**$32950**	**$35770**	New Holland	4T	238D	16F-16R	70.0	6270	CHA
TN85FA Narrow w/Cab	$39308	$19650	$22410	**$27520**	**$29870**	New Holland	4T	238D	16F-16R	70.0	5810	CHA
TL80A Dlx.	$34419	$18930	$21000	**$25470**	**$27540**	New Holland	4	274D	24F-24R	69.0	6393	No
TL80A Dlx. 4WD	$41355	$22750	$25230	**$30600**	**$33080**	New Holland	4	274D	24F-24R	69.0	7055	No
TL80A Dlx. 4WD w/Cab	$50608	$27830	$30870	**$37450**	**$40490**	New Holland	4	274D	24F-24R	69.0	7496	CHA
TL80A Dlx. w/Cab	$43673	$24020	$26640	**$32320**	**$34940**	New Holland	4	274D	24F-24R	69.0	6834	CHA
TL80A Std.	$29072	$15990	$17730	**$21510**	**$23260**	New Holland	4	274D	12F-12R	69.0	6393	No
TL80A Std. 4WD	$36440	$20040	$22230	**$26970**	**$29150**	New Holland	4	274D	12F-12R	69.0	7055	No
TL80A Std. 4WD w/Cab	$45048	$24780	$27480	**$33340**	**$36040**	New Holland	4	274D	12F-12R	59.0	7496	CHA
TL80A Std. w/Cab	$37682	$20730	$22990	**$27890**	**$30150**	New Holland	4	274D	12F-12R	69.0	6834	CHA
TL90A Dlx.	$36694	$20180	$22380	**$27150**	**$29360**	New Holland	4T	274D	24F-24R	77.0	6834	No
TL90A Dlx. 4WD	$43577	$23970	$26580	**$32250**	**$34860**	New Holland	4T	274D	24F-24R	77.0	7486	No
TL90A Dlx. 4WD w/Cab	$52872	$29080	$32250	**$39130**	**$42300**	New Holland	4T	274D	24F-24R	77.0	7936	CHA
TL90A Dlx. w/Cab	$45944	$25270	$28030	**$34000**	**$36760**	New Holland	4T	274D	24F-24R	77.0	7275	CHA
TL90A Std.	$31032	$17070	$18930	**$22960**	**$24830**	New Holland	4T	274D	12F-12R	77.0	6834	No
TL90A Std. 4WD	$37850	$20820	$23090	**$28010**	**$30280**	New Holland	4T	274D	12F-12R	77.0	7486	No
TL90A Std. 4WD w/Cab	$46470	$25560	$28350	**$34390**	**$37180**	New Holland	4T	274D	12F-12R	77.0	7936	CHA
TL90A Std. w/Cab	$39503	$21730	$24100	**$29230**	**$31600**	New Holland	4T	274D	12F-12R	77.0	7275	CHA
TD80D	$20803	$10400	$11860	**$14560**	**$15810**	New Holland	4	238D	12F-12R	62.0	5703	No
TD80D 4WD	$24184	$12090	$13790	**$16930**	**$18380**	New Holland	4	238D	12F-12R	62.0	6256	No
TD80D 4WD w/Cab	$30969	$15490	$17650	**$21680**	**$23540**	New Holland	4	238D	12F-12R	62.0	6915	CHA
TD80D w/Cab	$27589	$13800	$15730	**$19310**	**$20970**	New Holland	4	238D	12F-12R	62.0	6363	CHA
TD95D	$24519	$12260	$13980	**$17160**	**$18630**	New Holland	4T	238D	12F-12R	80.0	6107	No
TD95D 4WD	$28740	$14370	$16380	**$20120**	**$21840**	New Holland	4T	238D	12F-12R	80.0	6659	No
TD95D 4WD w/Cab	$35523	$17760	$20250	**$24870**	**$27000**	New Holland	4T	238D	12F-12R	80.0	7320	CHA
TD95D w/Cab	$31304	$15650	$17840	**$21910**	**$23790**	New Holland	4T	238D	12F-12R	80.0	6768	CHA
TD95D 4WD High Clearance	$30329	$15170	$17290	**$21230**	**$23050**	New Holland	4T	238D	12F-12R	80.0	8818	No
TD95D High Clearance	$25772	$12890	$14690	**$18040**	**$19590**	New Holland	4T	238D	12F-12R	80.0	7888	No
TN95A Std. 4WD	$38088	$19040	$21710	**$26660**	**$28950**	New Holland	4T	274D	12F-12R	77.0	6118	No
TN95DA Dlx. w/Cab 4WD	$47202	$23600	$26910	**$33040**	**$35870**	New Holland	4T	274D	16F-16R	77.0	6559	CHA
TN95FA	$32208	$16100	$18360	**$22550**	**$24480**	New Holland	4T	238D	16F-16R	80.0	5515	No
TN95FA 4WD	$40378	$20190	$23020	**$28270**	**$30690**	New Holland	4T	238D	16F-16R	80.0	5975	No
TN95FA 4WD w/Cab	$48990	$24500	$27920	**$34290**	**$37230**	New Holland	4T	238D	16F-16R	80.0	6315	CHA
TN95VA 4WD	$37601	$18800	$21430	**$26320**	**$28580**	New Holland	4T	238D	16F-16R	80.0	5720	No
TN95VA 4WD w/Cab	$45462	$22730	$25910	**$31820**	**$34550**	New Holland	4T	238D	16F-16R	80.0	6050	CHA
TN95FA w/Cab	$40831	$20420	$23270	**$28580**	**$31030**	New Holland	4T	238D	16F-16R	80.0	5855	CHA
TT45A	$11514	$5760	$6560	**$8060**	**$8750**	New Holland	4	121D	8F-2R	35.0	3595	No
TT50A	$13038	$6520	$7430	**$9130**	**$9910**	New Holland	4	135D	8F-2R	42.0	3716	No
TT60A	$13860	$6930	$7900	**$9700**	**$10530**	New Holland	3	179D	8F-2R	47.0	4540	No
TK100A Crawler	$49227	$24610	$28060	**$34460**	**$37410**	New Holland	4T	238D	8F-8R	80.0	8900	No
TK75VA Crawler	$43356	$21680	$24710	**$30350**	**$32950**	New Holland	3T	179D	8F-8R	62.0	7230	No
TK90A Crawler	$46352	$23180	$26420	**$32450**	**$35230**	New Holland	4T	238D	8F-8R	76.0	8500	No
TK90MA Crawler	$48085	$24040	$27410	**$33660**	**$36550**	New Holland	4T	238D	8F-8R	76.0	8810	No
TT60A 4WD	$17987	$8990	$10250	**$12590**	**$13670**	New Holland	3	179D	8F-2R	47.0	4840	No
TL100A Dlx.	$38683	$21280	$23600	**$28630**	**$30950**	New Holland	4T	238D	24F-24R	82.0	6834	No
TT75A	$15451	$7730	$8810	**$10820**	**$11740**	New Holland	4	238D	8F-2R	62.0	4740	No
TL100A Dlx. 4WD	$45556	$25060	$27790	**$33710**	**$36450**	New Holland	4T	238D	24F-24R	82.0	7486	No
TT75A 4WD	$19578	$9790	$11160	**$13710**	**$14880**	New Holland	4	238D	8F-2R	62.0	5040	No
TL100A Dlx. w/Cab	$47886	$26340	$29210	**$35440**	**$38310**	New Holland	4T	238D	24F-24R	82.0	7275	CHA
TL100A Dlx.4WD w/Cab	$54821	$30150	$33440	**$40570**	**$43860**	New Holland	4T	238D	24F-24R	82.0	7936	CHA
TL100A Std.	$33093	$18200	$20190	**$24490**	**$26470**	New Holland	4T	238D	12F-12R	82.0	6834	No

New Holland/Ford (Cont.)

2007 (Cont.)

Model	Approx. Retail Price New	Estimated Value Less Repairs: Used Trade In Avg.	Used Trade In High	Used Retail Avg.	Used Retail High	Engine Make	Engine No. Cyls.	Displ. Cu.-In.	No. Speeds	P.T.O. H.P.	Approx. Shipping Wt.-Lbs.	Cab
TL100A Std. 4WD	$40375	$22210	$24630	$29880	$32300	New Holland	4T	238D	12F-12R	82.0	7486	No
TL100A Std. 4WD w/Cab	$48815	$26850	$29780	$36120	$39050	New Holland	4T	238D	12F-12R	82.0	7936	CHA
TL100A Std. w/Cab	$41533	$22840	$25340	$30730	$33230	New Holland	4T	238D	12F-12R	82.0	7275	CHA
TS100A Dlx. 4WD w/Cab	$65091	$32550	$37100	$45560	$49470	New Holland	4TI	274D	16F-16R	80.0	10383	CHA
TS100A Dlx. w/Cab	$55437	$27720	$31600	$38810	$42130	New Holland	4TI	274D	16F-16R	80.0	10008	CHA
TS100A Plus 4WD w/Cab	$63354	$31680	$36110	$44350	$48150	New Holland	4T	304D	16F-16R	80.0	10383	CHA
TS100A Plus w/Cab	$54039	$27020	$30800	$37830	$41070	New Holland	4TI	274D	16F-16R	80.0	10008	CHA
TB100	$29361	$14680	$16740	$20550	$22310	New Holland	4T	304D	8F-2R	80.0	6075	No
TB100 4WD	$36685	$18340	$20910	$25680	$27880	New Holland	4T	304D	8F-2R	80.0	6925	No
TB110	$32522	$16260	$18540	$22770	$24720	New Holland	4T	304D	8F-2R	90.0	6125	No
TB110 Low Profile	$34302	$17150	$19550	$24010	$26070	New Holland	4T	304D	8F-2R	90.0	6125	No
TB110 4WD	$39834	$19920	$22710	$27880	$30270	New Holland	4T	304D	8F-2R	90.0	6980	No
TB110 4WD Low Profile	$41213	$20610	$23490	$28850	$31320	New Holland	4T	304D	8F-2R	90.0	6925	No
TS110A Std.	$38606	$19300	$22010	$27020	$29340	New Holland	4TI	274D	12Fx12R	90.0	9060	No
TS110A Std. 4WD	$48336	$24170	$27550	$33840	$36740	New Holland	4TI	274D	12Fx12R	90.0	9435	No
TS110A Std. 4WD w/Cab	$56361	$28180	$32130	$39450	$42830	New Holland	4TI	274D	12Fx12R	90.0	10383	CHA
TS110A Std. w/Cab	$47193	$23600	$26900	$33040	$35870	New Holland	4TI	274D	12Fx12R	90.0	10008	CHA
TS115A Std.	$41439	$20720	$23210	$28180	$30670	New Holland	6TI	411D	12F-12R	95.0	9986	No
TS115A Std. 4WD	$51169	$25590	$28660	$34800	$37870	New Holland	6TI	411D	12F-12R	95.0	10361	No
TS115A Std. 4WD w/Cab	$59194	$29600	$33150	$40250	$43800	New Holland	6TI	411D	12F-12R	95.0	11265	CHA
TS115A Std. w/Cab	$50026	$25010	$28020	$34020	$37020	New Holland	6TI	411D	12F-12R	95.0	10890	CHA
TS115A Dlx. 4WD w/Cab	$67933	$33970	$38040	$46190	$50270	New Holland	6TI	411D	16F-16R	95.0	11265	CHA
TS115A Dlx. w/Cab	$58603	$29300	$32820	$39850	$43370	New Holland	6TI	411D	16F-16R	95.0	10890	CHA
TS115A Plus	$46590	$23300	$26090	$31680	$34480	New Holland	6TI	411D	24F-24R	95.0	9986	No
TS115A Plus	$48585	$24290	$27210	$33040	$35950	New Holland	6TI	411D	16F-16R	95.0	9986	No
TS115A Plus 4WD	$55607	$27800	$31140	$37810	$41150	New Holland	6TI	411D	24F-24R	95.0	10361	No
TS115A Plus 4WD	$57600	$28800	$32260	$39170	$42620	New Holland	6TI	411D	16F-16R	95.0	10361	No
TS115A Plus 4WD w/Cab	$64213	$32110	$35960	$43670	$47520	New Holland	6TI	411D	24F-24R	95.0	11265	CHA
TS115A Plus 4WD w/Cab	$66210	$33110	$37080	$45020	$49000	New Holland	6TI	411D	16F-16R	95.0	11265	CHA
TS115A Plus w/Cab	$55219	$27610	$30920	$37550	$40860	New Holland	6TI	411D	24F-24R	95.0	10890	CHA
TS115A Plus w/Cab	$57215	$28610	$32040	$38910	$42340	New Holland	6TI	411D	16F-16R	95.0	10890	CHA
TS115A Std.	$41439	$20720	$23210	$28180	$30670	New Holland	6TI	411D	12F-12R	95.0	9936	No
TS115A Std. 4WD	$50514	$25260	$28290	$34350	$37380	New Holland	6TI	411D	12F-12R	95.0	10361	No
TS115A Std. 4WD w/Cab	$58539	$29270	$32780	$39810	$43320	New Holland	6TI	411D	12F-12R	95.0	11265	CHA
TS115A Std. w/Cab	$49464	$24730	$27700	$33640	$36600	New Holland	6TI	411D	12F-12R	95.0	10890	CHA
TB120	$35135	$17570	$20030	$24600	$26700	New Holland	6	456D	8F-2R	96.0	6525	No
TB120 Low Profile	$36915	$18460	$21040	$25840	$28060	New Holland	6	456D	8F-2R	96.0	6125	No
TB120 4WD	$43762	$21880	$24940	$30630	$33260	New Holland	6	456D	8F-2R	96.0	7380	No
TB120 4WD Low Profile	$44157	$22080	$25170	$30910	$33560	New Holland	6	456D	8F-2R	96.0	7380	No
TB120 HC 4WD	$48249	$24130	$27500	$33770	$36670	New Holland	6	456D	8F-2R	96.0	8929	No
TM120 Plus	$65470	$32740	$36660	$44520	$48450	New Holland	6TI	456D	17F-6R	95.0		CHA
TM120 Dlx. 4WD	$80457	$40230	$45060	$54710	$59540	New Holland	6TI	456D	24F-12R	95.0		CHA
TM120 Plus 4WD	$77708	$38850	$43520	$52840	$57500	New Holland	6TI	456D	18F-6R	95.0		CHA
TM120 Dlx. 4WD SuperSteer	$82670	$41340	$46300	$56220	$61180	New Holland	6TI	456D	18F-6R	95.0		CHA
TM120 Plus 4WD SuperSteer	$79421	$39710	$44480	$54010	$58770	New Holland	6TI	456D	18F-6R	95.0		CHA
TS125A Dlx. w/Cab	$68051	$34030	$38110	$46280	$50360	New Holland	6TI	411D	16F-16R	105.0		CHA
TS125A Plus	$55015	$27510	$30810	$37410	$40710	New Holland	6TI	411D	24F-24R	105.0		No
TS125A Plus 4WD	$64934	$32470	$36360	$44160	$48050	New Holland	6TI	411D	24F-24R	105.0		No
TS125A Plus 4WD w/Cab	$74315	$37160	$41620	$50530	$54990	New Holland	6TI	411D	24F-24R	105.0		CHA
TS125A Plus 4WD w/Cab	$76555	$38280	$42870	$52060	$56650	New Holland	6TI	411D	16F-16R	105.0		CHA
TS125A Plus w/Cab	$64170	$32090	$35940	$43640	$47490	New Holland	6TI	411D	24F-24R	105.0		CHA
TS125A Plus w/Cab	$66430	$33220	$37200	$45170	$49160	New Holland	6TI	411D	16F-16R	105.0		CHA
TS125A Dlx. 4WD w/Cab	$77896	$38950	$43620	$52970	$57640	New Holland	6TI	411D	16F-16R	105.0		CHA
TS130A Std.	$49474	$24740	$27710	$33640	$36610	New Holland	6TI	411D	16F-16R	110.0		No
TS130A Std. 4WD	$58642	$29320	$32840	$39880	$43400	New Holland	6TI	411D	16F-16R	110.0		No
TS130A Std. 4WD w/Cab	$66666	$33330	$37330	$45330	$49330	New Holland	6TI	411D	16F-16R	110.0		CHA
TS130A Std. w/Cab	$57921	$28960	$32440	$39390	$42860	New Holland	6TI	411D	16F-16R	110.0		CHA
TM130 Plus	$71336	$35670	$39950	$48510	$52790	New Holland	6TI	456D	17F-6R	105.0		CHA
TM130 Dlx. 4WD	$85169	$42590	$47700	$57920	$63030	New Holland	6TI	456D	24F-12R	105.0		CHA
TM130 Plus 4WD	$83105	$41550	$46540	$56510	$61500	New Holland	6TI	456D	18F-6R	105.0		CHA
TM130 Std. 4WD Cab	$69260	$34630	$38790	$47100	$51250	New Holland	6TI	456D	20F-16R	105.0		CHA
TM130 Dlx. 4WD SuperSteer	$87382	$43690	$48930	$59420	$64660	New Holland	6TI	456D	18F-6R	105.0		CHA
TM130 Plus 4WD SuperSteer	$84634	$42320	$47400	$57550	$62630	New Holland	6TI	456D	18F-6R	105.0		CHA
TS135A Dlx. 4WD w/Cab	$81694	$40850	$45750	$55550	$60450	New Holland	6TI	411D	16F-16R	115.0		CHA
TS135A Dlx. w/Cab	$71774	$35890	$40190	$48810	$53110	New Holland	6TI	411D	16F-16R	115.0		CHA
TM140 Dlx.	$77498	$38750	$43400	$52700	$57350	New Holland	6TI	456D	17F-6R	115.0		CHA
TM140 Plus	$74751	$37380	$41860	$50830	$55320	New Holland	6TI	456D	17F-6R	115.0		CHA
TM140 Dlx. 4WD	$90117	$45060	$50470	$61280	$66690	New Holland	6TI	456D	18F-6R	115.0		CHA
TM140 Plus 4WD	$87368	$43680	$48930	$59410	$64650	New Holland	6TI	456D	18F-6R	115.0		CHA
TM140 Std. 4WD	$73592	$36800	$41210	$50040	$54460	New Holland	6TI	456D	20F-16R	115.0		CHA
TM140 Dlx. 4WD SuperSteer	$92330	$46170	$51710	$62780	$68320	New Holland	6TI	456D	18F-6R	115.0		CHA
TM140 Plus 4WD SuperSteer	$89542	$44770	$50140	$60890	$66260	New Holland	6TI	456D	18F-6R	115.0		CHA
TM155 Dlx.	$83575	$41790	$46800	$56830	$61850	New Holland	6TI	456D	17F-6R	125		CHA
TM155 Plus	$80827	$40410	$45260	$54960	$59810	New Holland	6TI	456D	17F-6R	125		CHA
TM155 Dlx. 4WD	$97872	$48940	$54810	$66550	$72430	New Holland	6TI	456D	18F-6R	125.0		CHA
TM155 Plus 4WD	$95122	$47560	$53270	$64680	$70390	New Holland	6TI	456D	18F-6R	125.0		CHA
TM155 Dlx. 4WD SuperSteer	$100083	$50040	$56050	$68060	$74060	New Holland	6TI	456D	18F-6R	125.0		CHA
TM155 Plus 4WD SuperSteer	$97336	$48670	$54510	$66190	$72030	New Holland	6TI	456D	18F-6R	125.0		CHA
TM175 Dlx.	$97344	$48670	$54510	$66190	$72040	New Holland	6TI	456D	17F-6R	145.0		CHA
TM175 Dlx. 4WD	$111620	$55810	$62510	$75900	$82600	New Holland	6TI	456D	18F-6R	145.0		CHA
TM175 Dlx. 4WD SuperSteer	$113834	$56920	$63750	$77410	$84240	New Holland	6TI	456D	18F-6R	145.0		CHA
TM190 Dlx.	$103062	$51530	$57720	$70080	$76270	New Holland	6TI	456D	17F-6R	160.0		CHA
TM190 Dlx. 4WD	$117281	$58640	$65680	$79750	$86790	New Holland	6TI	456D	18F-6R	160.0		CHA
TM190 Dlx. 4WD SuperSteer	$119493	$59750	$66920	$81260	$88430	New Holland	6TI	456D	18F-6R	160.0		CHA

New Holland/Ford (Cont.)

2007 (Cont.)

	Approx. Retail Price New	Estimated Value Less Repairs: Used Trade In Avg.	High	Used Retail Avg.	High	Engine Make	No. Cyls.	Displ. Cu.-In.	No. Speeds	P.T.O. H.P.	Approx. Shipping Wt.-Lbs.	Cab
TG215 4WD	$135983	$63910	$72070	**$89750**	**$97910**	New Holland	6TA	505D	18F-4R	175.0		CHA
TG215 4WD SuperSteer	$137240	$64500	$72740	**$90580**	**$98810**	New Holland	6TA	505D	18F-4R	175.0		CHA
TG245 4WD	$151457	$71190	$80270	**$99960**	**$109050**	New Holland	6TA	505D	18F-4R	200.0		CHA
TG245 4WD SuperSteer	$155186	$72940	$82250	**$102420**	**$111730**	New Holland	6TA	505D	18F-4R	200.0		CHA
TG275 4WD	$165457	$77770	$87690	**$109200**	**$119130**	New Holland	6TA	505D	18F-4R	225.0		CHA
TG275 4WD SuperSteer	$168013	$78970	$89050	**$110890**	**$120970**	New Holland	6TA	505D	18F-4R	225.0		CHA
TG305 4WD	$184050	$86500	$97550	**$121470**	**$132520**	New Holland	6TA	505D	18F-4R	255.0		CHA
TG305 4WD SuperSteer	$186607	$87710	$98900	**$123160**	**$134360**	New Holland	6TA	505D	18F-4R	255.0		CHA
T5040 Dlx. 4WD	$42071	$21040	$23980	**$29450**	**$31970**	New Holland	4TI	274D	24F-24R	70.0	7055	No
T5040 Dlx. 4WD Cab	$51511	$25760	$29360	**$36060**	**$39150**	New Holland	4TI	274D	24F-24R	70.0	7496	CHA
T5040 Std.	$30490	$15250	$17380	**$21340**	**$23170**	New Holland	4TI	274D	12F-12R	70.0	6393	No
T5040 Std. 4WD	$37629	$18820	$21450	**$26340**	**$28600**	New Holland	4TI	274D	12F-12R	70.0	7055	No
T5040 Std. 4WD Cab	$46239	$23120	$26360	**$32370**	**$35140**	New Holland	4TI	274D	12F-12R	70.0	7496	CHA
T5040 Std. Cab	$39100	$19550	$22290	**$27370**	**$29720**	New Holland	4TI	274D	12F-12R	70.0	6834	CHA
T5050 Dlx. 4WD	$43522	$21760	$24810	**$30470**	**$33080**	New Holland	4TI	274D	24F-24R	80.0	7486	No
T5050 Dlx. 4WD Cab	$52962	$26480	$30190	**$37070**	**$40250**	New Holland	4TI	274D	24F-24R	80.0	7936	CHA
T5050 Std.	$31941	$15970	$18210	**$22360**	**$24280**	New Holland	4TI	274D	12F-12R	80.0	6834	No
T5050 Std. 4WD	$39080	$19540	$22280	**$27360**	**$29700**	New Holland	4TI	274D	12F-12R	80.0	7486	No
T5050 Std. 4wd Cab	$47690	$23850	$27180	**$33380**	**$36240**	New Holland	4TI	274D	12F-12R	80.0	7936	CHA
T5050 Std. Cab	$40551	$20280	$23110	**$28390**	**$30820**	New Holland	4TI	274D	12F-12R	80.0	7275	CHA
T5060 Dlx. 4WD	$45750	$22880	$26080	**$32030**	**$34770**	New Holland	4TI	274D	24F-24R	90.0	7486	No
T5060 Dlx. 4WD Cab	$55190	$27600	$31460	**$38630**	**$41940**	New Holland	4TI	274D	24F-24R	90.0	7936	CHA
T5060 Std.	$33981	$16990	$19370	**$23790**	**$25830**	New Holland	4TI	274D	12F-12R	90.0	6834	No
T5060 Std. 4WD	$41120	$20560	$23440	**$28780**	**$31250**	New Holland	4TI	274D	12F-12R	90.0	7486	No
T5060 Std. 4WD Cab	$49730	$24870	$28350	**$34810**	**$37800**	New Holland	4TI	274D	12F-12R	90.0	7936	CHA
T5060 Std. Cab	$42591	$21300	$24280	**$29810**	**$32370**	New Holland	4TI	274D	12F-12R	90.0	7275	CHA
T6020 Delta	$40180	$20090	$22900	**$28130**	**$30540**	New Holland	4TI	274D	12F-12R	90.0	9060	No
T6020 Delta	$41040	$20520	$23390	**$28730**	**$31190**	New Holland	4TI	274D	24F-24R	90.0	9080	No
T6020 Delta	$42616	$21310	$24290	**$29830**	**$32390**	New Holland	4TI	274D	16F-16R	90.0	9130	No
T6020 Delta w/Cab	$48441	$24220	$27610	**$33910**	**$36820**	New Holland	4TI	274D	12F-12R	90.0	9280	CHA
T6020 Delta w/Cab	$49301	$24650	$28100	**$34510**	**$37470**	New Holland	4TI	274D	24F-24R	90.0	9300	CHA
T6020 Delta w/Cab	$50877	$25440	$29000	**$35610**	**$38670**	New Holland	4TI	274D	16F-16R	90.0	9350	CHA
T6020 Delta 4WD	$49983	$24990	$28490	**$34990**	**$37990**	New Holland	4TI	274D	12F-12R	90.0	9435	No
T6020 Delta 4WD	$50843	$25420	$28980	**$35590**	**$38640**	New Holland	4TI	274D	24F-24R	90.0	9455	No
T6020 Delta 4WD	$52414	$26210	$29880	**$36690**	**$39840**	New Holland	4TI	274D	16F-16R	90.0	9505	No
T6020 Delta 4WD w/Cab	$58244	$29120	$33200	**$40770**	**$44270**	New Holland	4TI	274D	12F-12R	90.0	10100	CHA
T6020 Delta 4WD w/Cab	$59104	$29550	$33690	**$41370**	**$44920**	New Holland	4TI	274D	24F-24R	90.0	10120	CHA
T6020 Delta 4WD w/Cab	$60680	$30340	$34590	**$42480**	**$46120**	New Holland	4TI	274D	16F-16R	90.0	10170	CHA
T6030 Delta	$43070	$21540	$24550	**$30150**	**$32730**	New Holland	6TI	411D	12F-12R	95.0	9980	No
T6030 Delta	$43930	$21970	$25040	**$30750**	**$33390**	New Holland	6TI	411D	24F-24R	95.0	10000	No
T6030 Delta	$45506	$22750	$25940	**$31850**	**$34590**	New Holland	6TI	411D	16F-16R	95.0	10050	No
T6030 Delta w/Cab	$51329	$25670	$29260	**$35930**	**$39010**	New Holland	6TI	411D	12F-12R	95.0	10165	CHA
T6030 Delta w/Cab	$52189	$26100	$29750	**$36530**	**$39660**	New Holland	6TI	411D	24F-24R	95.0	10185	CHA
T6030 Delta w/Cab	$53765	$26880	$30650	**$37640**	**$40860**	New Holland	6TI	411D	16F-16R	95.0	10235	CHA
T6030 Delta 4WD	$52873	$26440	$30140	**$37010**	**$40180**	New Holland	6TI	411D	12F-12R	95.0	10360	No
T6030 Delta 4WD	$53733	$26870	$30630	**$37610**	**$40840**	New Holland	6TI	411D	24F-24R	95.0	10380	No
T6030 Delta 4WD	$55309	$27660	$31530	**$38720**	**$42040**	New Holland	6TI	411D	16F-16R	95.0	10430	No
T6030 Delta 4WD w/Cab	$61132	$30570	$34850	**$42790**	**$46460**	New Holland	6TI	411D	12F-12R	95.0	11375	CHA
T6030 Delta 4WD w/Cab	$61992	$31000	$35340	**$43390**	**$47110**	New Holland	6TI	411D	24F-24R	95.0	10380	CHA
T6030 Delta 4WD w/Cab	$63568	$31780	$36230	**$44500**	**$48310**	New Holland	6TI	411D	16F-16R	95.0	10430	CHA
T6050 Delta	$49404	$24700	$28160	**$34580**	**$37550**	New Holland	6TI	411D	16F-16R	105.0	10050	No
T6050 Delta 4WD	$59207	$29600	$33750	**$41450**	**$45000**	New Holland	6TI	411D	16F-16R	105.0	10430	No
T6050 Delta 4WD w/Cab	$67463	$33730	$38450	**$47220**	**$51270**	New Holland	6TI	411D	16F-16R	105.0	11405	CHA
T6050 Delta w/Cab	$57664	$28830	$32870	**$40370**	**$43830**	New Holland	6TI	411D	16F-16R	105.0	10235	CHA
T6010 Plus 4WD w/Cab	$66047	$33020	$37650	**$46230**	**$50200**	New Holland	4TI	274D	16F-16R	80.0	10475	CHA
T6010 Plus w/Cab	$56033	$28020	$31940	**$39220**	**$42590**	New Holland	4TI	274D	16F-16R	80.0	10100	CHA
T6020 Plus 4WD w/Cab	$68138	$34070	$38840	**$47700**	**$51790**	New Holland	4TI	274D	16F-16R	90.0	10475	CHA
T6020 Plus w/Cab	$58124	$29060	$33130	**$40690**	**$44170**	New Holland	4TI	274D	16F-16R	90.0	10100	CHA
T6030 Plus 4WD w/Cab	$68959	$34480	$39310	**$48270**	**$52410**	New Holland	6TI	411D	16F-16R	95.0	11428	CHA
T6030 Plus w/Cab	$59263	$29630	$33780	**$41480**	**$45040**	New Holland	6TI	411D	16F-16R	95.0	10987	CHA
T6050 Plus w/Cab	$66511	$33260	$37910	**$46560**	**$50550**	New Holland	6TI	411D	16F-16R	105.0	10982	CHA
T6050 Plus w/Cab	$66511	$33260	$37910	**$46560**	**$50550**	New Holland	6TI	411D	16F-16R	105.0	10982	CHA
T6070 Plus 4WD w/Cab	$81947	$40970	$46710	**$57360**	**$62280**	New Holland	6TI	411D	16F-16R	120.0	11458	CHA
T6070 Plus w/Cab	$72199	$36100	$41150	**$50540**	**$54870**	New Holland	6TI	411D	16F-16R	120.0	10982	CHA
T6020 Elite 4WD w/Cab	$71931	$35970	$41000	**$50350**	**$54670**	New Holland	4TI	274D	16F-16R	90.0	10910	CHA
T6030 Elite 4WD w/Cab	$85767	$42880	$48890	**$60040**	**$65180**	New Holland	6TI	411D	16F-16R	95.0	10910	CHA
T6040 Elite 4WD w/Cab	$77132	$38570	$43970	**$53990**	**$58620**	New Holland	4TI	274D	16F-16R	100.0	10910	CHA
T6050 Elite 4WD w/Cab	$90620	$45310	$51650	**$63430**	**$68870**	New Holland	6TI	411D	16F-16R	105.0	10910	CHA
T6060 Elite 4WD w/Cab	$78915	$39460	$44980	**$55240**	**$59980**	New Holland	4TI	274D	16F-16R	110.0	10910	CHA
T6070 Elite 4WD w/Cab	$98573	$49290	$56190	**$69000**	**$74920**	New Holland	6TI	411D	16F-16R	120.0	10910	CHA
T6070 Elite 4WD w/Cab	$98573	$49290	$56190	**$69000**	**$74920**	New Holland	6TI	411D	16F-16R	120.0	10910	CHA
T7030 4WD w/Cab	$108580	$54290	$61890	**$76010**	**$82520**	New Holland	6TI	411D	18F-6R	135.0	12700	CHA
T7040 4WD w/Cab	$114778	$57390	$65420	**$80350**	**$87230**	New Holland	6TI	411D	18F-6R	150.0	12700	CHA
T7050 4WD w/Cab	$121582	$60790	$69300	**$85110**	**$92400**	New Holland	6TI	411D	18F-6R	165.0	12700	CHA
T7060 4WD w/Cab	$127353	$63680	$72590	**$89150**	**$96790**	New Holland	6TI	411D	18F-6R	180.0	12700	CHA
T8010 4WD Cab	$148365	$69730	$78630	**$97920**	**$106820**	New Holland	6TA	505D	18F-4R	175.0		CHA
T8010 4WD Cab	$150993	$70970	$80030	**$99660**	**$108720**	New Holland	6TA	505D	23F-6R	175.0		CHA
T8020 4WD Cab	$160029	$75210	$84820	**$105620**	**$115220**	New Holland	6TA	505D	18F-4R	200.0		CHA
T8020 4WD Cab	$162657	$81330	$91090	**$110610**	**$120370**	New Holland	6TA	505D	23F-6R	200.0		CHA
T8030 4WD Cab	$173884	$81730	$92160	**$114760**	**$125200**	New Holland	6TA	505D	18F-4R	225.0		CHA
T8030 4WD Cab	$176512	$88260	$98850	**$120030**	**$130620**	New Holland	6TA	505D	23F-6R	225.0		CHA
T8040 4WD Cab	$197042	$92610	$104430	**$130050**	**$141870**	New Holland	6TA	505D	18F-4R	255.0		CHA
T8040 4WD Cab	$199670	$93850	$105830	**$131780**	**$143760**	New Holland	6TA	505D	23F-6R	255.0		CHA
T8050 4WD Cab	$210677	$99020	$111660	**$139050**	**$151690**	New Holland	6TA	543D	18F-4R	270.0		CHA

New Holland/Ford (Cont.)

2007 (Cont.)

Model	Approx. Retail Price New	Used Trade In Avg.	Used Trade In High	Used Retail Avg.	Used Retail High	Engine Make	Engine No. Cyls.	Engine Displ. Cu.-In.	No. Speeds	P.T.O. H.P.	Approx. Shipping Wt.-Lbs.	Cab
T8050 4WD Cab	$213305	$100250	$113050	**$140780**	**$153580**	New Holland	6TA	543D	23F-6R	270.0		CHA
T9020	$189489	$94750	$106110	**$128850**	**$140220**	New Holland	6TA	543D	16F-2R	335.0	28640	CHA
T9020 3-Pt. & PTO	$217179	$108590	$121620	**$147680**	**$160710**	New Holland	6TA	543D	16F-2R	335.0	32090	CHA
T9030	$210206	$105100	$117720	**$142940**	**$155550**	New Holland	6TA	787D	16F-2R	385.0	35035	CHA
T9030 PTO	$220304	$110150	$123370	**$149810**	**$163030**	New Holland	6TA	787D	16F-2R	385.0	35795	CHA
T9030 HD	$210617	$105310	$117950	**$143220**	**$155860**	New Holland	6TA	787D	16F-2R	385.0	35035	CHA
T9040	$242478	$113970	$128510	**$160040**	**$174580**	New Holland	6TA	787D	16F-2R	435.0	40476	CHA
T9040 HD	$249046	$117050	$131990	**$164370**	**$179310**	New Holland	6TA	787D	16F-2R	435.0	40476	CHA
T9040 HD PTO	$259144	$121800	$137350	**$171040**	**$186580**	New Holland	6TA	787D	16F-2R	435.0	41236	CHA
T9040 PTO	$252576	$118710	$133870	**$166700**	**$181860**	New Holland	6TA	787D	16F-2R	435.0	41236	CHA
T9050	$270460	$127120	$143340	**$178500**	**$194730**	New Holland	6TA	787D	16F-2R	485.0		CHA
T9050 HD	$275334	$129410	$145930	**$181720**	**$198240**	New Holland	6TA	787D	16F-2R	485.0		CHA
T9050 HD PTO	$285432	$134150	$151280	**$188390**	**$205510**	New Holland	6TA	787D	16F-2R	485.0		CHA
T9050 PTO	$280558	$131860	$148700	**$185170**	**$202000**	New Holland	6TA	787D	16F-2R	485.0		CHA
T9060 HD	$289356	$136000	$153360	**$190980**	**$208340**	Cummins	6TA	915D	16F-2R	535.0		CHA
TV145	$88340	$48590	$53890	**$65370**	**$70670**	New Holland	6T	456D	Variable	105.0		CHA
TV145 w/Loader	$97945	$53870	$59750	**$72480**	**$78360**	New Holland	6T	456D	Variable	105.0		CHA
TV145 Front 3-Pt.	$93209	$51270	$56860	**$68980**	**$74570**	New Holland	6T	456D	Variable	105.0		CHA
TV145 Front 3-Pt, PTO	$97022	$53360	$59180	**$71800**	**$77620**	New Holland	6T	456D	Variable	105.0		CHA
TJ280	$141555	$72800	$79800	**$95200**	**$102200**	New Holland	6TA	505D	24F-6R	280.0		CHA
TJ280 Powershift	$155622	$76960	$84360	**$100640**	**$108040**	New Holland	6TA	505D	16F-2R	280.0		CHA
TJ330	$167794	$82160	$90060	**$107440**	**$115340**	New Holland	6TA	543D	24F-6R	330.0		CHA
TJ330 Powershift	$177894	$88660	$97190	**$115940**	**$124470**	New Holland	6TA	543D	16F-2R	330.0		CHA
TJ380	$187959	$93600	$102600	**$122400**	**$131400**	New Holland	6TA	787D	24F-6R	380.0		CHA
TJ380 Powershift	$198059	$98800	$108300	**$129200**	**$138700**	New Holland	6TA	787D	16F-2R	380.0		CHA
TJ380HD Powershift	$208092	$107900	$118280	**$141100**	**$151480**	New Holland	6TA	787D	16F-2R	380.0		CHA
TJ380HD Scraper	$232549	$114040	$125000	**$149120**	**$160090**	New Holland	6TA	787D	16F-2R	380.0		CHA
TJ430	$207790	$104210	$114230	**$136270**	**$146290**	New Holland	6TA	787D	24F-6R	430.0		CHA
TJ430 Powershift	$223578	$108680	$119130	**$142120**	**$152570**	New Holland	6TA	787D	16F-2R	430.0		CHA
TJ430HD Powershift	$233612	$113880	$124830	**$148920**	**$159870**	Cummins	6TA	915D	16F-2R	430.0		CHA
TJ430HD Scraper	$240600	$119340	$130820	**$156060**	**$167540**	Cummins	6TA	915D	16F-2R	430.0		CHA
TJ480 Powershift	$252622	$123760	$135660	**$161840**	**$173740**	Cummins	6TA	915D	16F-2R	480.0		CHA
TJ480HD Powershift	$260779	$127920	$140220	**$167280**	**$179580**	Cummins	6TA	915D	16F-2R	480.0		CHA
TJ480HD Scraper	$269646	$133120	$145920	**$174080**	**$186880**	Cummins	6TA	915D	16F-2R	480.0		CHA
TJ530HD Powershift	$271516	$134680	$147630	**$176120**	**$189070**	Cummins	6TA	915D	16F-2R	530.0		CHA
TJ530HD Scraper	$288541	$143000	$156750	**$187000**	**$200750**	Cummins	6TA	915D	16F-2R	530.0		CHA

2006

Model	Approx. Retail Price New	Used Trade In Avg.	Used Trade In High	Used Retail Avg.	Used Retail High	Engine Make	Engine No. Cyls.	Engine Displ. Cu.-In.	No. Speeds	P.T.O. H.P.	Approx. Shipping Wt.-Lbs.	Cab
TZ18DA 4WD	$9911	$4720	$5270	**$6480**	**$7030**	Shibaura	3	58D	Variable	13.7	1446	No
TZ22DA 4WD	$10700	$5100	$5700	**$7000**	**$7600**	Shibaura	3	58D	Variable	17.0	1323	No
TZ25DA 4WD	$11088	$5300	$5930	**$7280**	**$7900**	Shibaura	3	61D	Variable	19.0	1723	No
TC23DA Dlx. 4WD	$13485	$6430	$7180	**$8820**	**$9580**	Shibaura	3	61D	9F-3R	18.5	1301	No
TC23DA Dlx. Hydro 4WD	$14832	$7090	$7920	**$9730**	**$10560**	Shibaura	3	61D	Variable	17.5	1398	No
TC26DA Dlx. 4WD	$15392	$7340	$8210	**$10080**	**$10940**	Shibaura	3	69D	Variable	19.7	2406	No
TC29DA Dlx. 4WD	$15836	$7650	$8550	**$10500**	**$11400**	Shibaura	3	81D	9F-3R	25.1	2074	No
TC29DA Dlx. 4WD SuperSteer	$17030	$8160	$9120	**$11200**	**$12160**	Shibaura	3	81D	9F-3R	25.1	2188	No
TC29DA Dlx. 4WD Hydro	$17317	$8420	$9410	**$11550**	**$12540**	Shibaura	3	81D	Variable	23.5	2474	No
TC29DA Dlx. 4WD Hydro SuperSteer	$18529	$8930	$9980	**$12250**	**$13300**	Shibaura	3	81D	Variable	23.5	2474	No
TC30 Economy	$9933	$5070	$5660	**$6950**	**$7550**	Shibaura	3	91D	9F-3R	25.5	2193	No
TC30 Economy 4WD	$11542	$5890	$6580	**$8080**	**$8770**	Shibaura	3	91D	9F-3R	25.5	2291	No
TC30 Economy Hydro 4WD	$13046	$6650	$7440	**$9130**	**$9920**	Shibaura	3	91D	Variable	24.0	2298	No
TC31DA Dlx. 4WD	$16226	$7750	$8660	**$10640**	**$11550**	Shibaura	3	91D	9F-3R	26.5	2467	No
TC31DA Dlx. 4WD Hydro	$17707	$8520	$9520	**$11690**	**$12690**	Shibaura	3	91D	Variable	24.9	2511	No
TC33DA Dlx. 4WD	$16509	$8160	$9120	**$11200**	**$12160**	Shibaura	3	91D	9F-3R	28.6	2440	No
TC33DA Dlx. 4WD Hydro	$17991	$8670	$9690	**$11900**	**$12920**	Shibaura	3	91D	Variable	26.9	2474	No
TC33DA Dlx. 4WD Hydro SuperSteer	$19252	$9440	$10550	**$12950**	**$14060**	Shibaura	3	91D	Variable	26.9	2474	No
TC33DA Dlx. 4WD SuperSteer	$17926	$9080	$10150	**$12460**	**$13530**	Shibaura	3	91D	9F-3R	28.6	2554	No
TC34DA Dlx. 4WD	$18381	$8770	$9800	**$12040**	**$13070**	Shibaura	3	101D	Variable	28.9	2515	No
TC34DA Dlx. 4WD SuperSteer	$19592	$9440	$10550	**$12950**	**$14060**	Shibaura	3	101D	Variable	28.9	2515	No
TC35A 4WD Economy	$17860	$8770	$9800	**$12040**	**$13070**	Shibaura	3	101D	12F-12R	29.6	3231	No
TC35DA Dlx. 4WD	$20339	$9950	$11120	**$13650**	**$14820**	Shibaura	3	101D	Variable	29.1	3299	No
TC35DA Dlx. 4WD SuperSteer	$21732	$10710	$11970	**$14700**	**$15960**	Shibaura	3	101D	Variable	29.1	3299	No
TC40A Economy	$16608	$8470	$9470	**$11630**	**$12620**	Shibaura	4	121D	12F-12R	35.0	3405	No
TC40A Economy 4WD	$19602	$10000	$11170	**$13720**	**$14900**	Shibaura	4	121D	12F-12R	35.0	3405	No
TC40DA Dlx. 4WD	$22081	$10810	$12080	**$14840**	**$16110**	Shibaura	4	121D	Variable	33.2	3375	No
TC40DA Dlx. 4WD w/Cab	$28447	$14030	$15680	**$19250**	**$20900**	Shibaura	4	121D	Variable	33.2	3375	CHA
TC40DA Dlx. 4WD SuperSteer	$23475	$11480	$12830	**$15750**	**$17100**	Shibaura	4	121D	Variable	33.2	3375	No
TC40DA Dlx. 4WD SuperSteer w/Cab	$29841	$14690	$16420	**$20160**	**$21890**	Shibaura	4	121D	Variable	33.2	3375	CHA
TC45A Economy 4WD	$21173	$10300	$11510	**$14140**	**$15350**	Shibaura	4	135D	12F-12R	39.6	3454	No
TC45DA Dlx. 4WD	$23972	$11730	$13110	**$16100**	**$17480**	Shibaura	4	135D	Variable	37.8	3766	No
TC45DA Dlx. 4WD w/Cab	$30338	$14790	$16530	**$20300**	**$22040**	Shibaura	4	135D	Variable	37.8	3766	CHA
TC45DA Dlx. 4WD SuperSteer	$25319	$12390	$13850	**$17010**	**$18470**	Shibaura	4	135D	Variable	37.8	3766	No
TC45DA Dlx. 4WD SuperSteer w/Cab	$31685	$15610	$17440	**$21420**	**$23260**	Shibaura	4	135D	Variable	37.8	3766	CHA
TC48DA	$18271	$9320	$10410	**$12790**	**$13890**	Shibaura	4	135D	12F-12R	40.0	1357	No
TC48DA 4WD	$23226	$11850	$13240	**$16260**	**$17650**	Shibaura	4	135D	12F-12R	40.0	1357	No
TC55DA	$19572	$9980	$11160	**$13700**	**$14880**	Shibaura	4T	135D	12F-12R	45.0		No
TC55DA 4WD	$24554	$12520	$14000	**$17190**	**$18660**	Shibaura	4T	135D	16F-16R	47.0		No
TT55	$18928	$8520	$10030	**$12490**	**$13820**	New Holland	3	179D	8F-2R	47.0		No
TT55 4WD	$24086	$10840	$12770	**$15900**	**$17580**	New Holland	3	179D	8F-2R	47.0		No
TT60A	$14675	$6600	$7780	**$9690**	**$10710**	New Holland	3	179D	8F-2R	47.0		No
TT75A	$16360	$7360	$8670	**$10800**	**$11940**	New Holland	4	238D	8F-2R	62.0		No
TT75	$22867	$10290	$12120	**$15090**	**$16690**	New Holland	4	238D	8F-2R	59.0		No
TT75 4WD	$27690	$12460	$14680	**$18280**	**$20210**	New Holland	4	238D	8F-2R	59.0		No
TN60A Economy	$19421	$8740	$10290	**$12820**	**$14180**	New Holland	3	179D	8F-8R	45.0		No

New Holland/Ford (Cont.)

2006 (Cont.)

Model	Approx. Retail Price New	Estimated Value Less Repairs Used Trade In Avg.	Used Trade In High	Used Retail Avg.	Used Retail High	Engine Make	Engine No. Cyls.	Engine Displ. Cu.-In.	No. Speeds	P.T.O. H.P.	Approx. Shipping Wt.-Lbs.	Cab
TN60A Economy 4WD	$24193	$10890	$12820	**$15970**	**$17660**	New Holland	3	179D	8F-8R	45.0		No
TN60A Std.	$22502	$10130	$11930	**$14850**	**$16430**	New Holland	3	179D	12F-12R	45.0		No
TN60A Std. 4WD	$27540	$12390	$14600	**$18180**	**$20100**	New Holland	3	179D	12F-12R	45.0		No
TN60DA Dlx. w/Cab	$31535	$14190	$16710	**$20810**	**$23020**	New Holland	3	179D	16F-16R	52.0		CHA
TN60DA Dlx. 4WD w/Cab	$36484	$16420	$19340	**$24080**	**$26630**	New Holland	3	179D	16F-16R	52.0		CHA
TN70A Economy	$21880	$9850	$11600	**$14440**	**$15970**	New Holland	3T	179D	8F-8R	57.0		No
TN70A Economy 4WD	$26752	$12040	$14180	**$17660**	**$19530**	New Holland	3T	179D	8F-8R	57.0		No
TN70A Std.	$25392	$11430	$13460	**$16760**	**$18540**	New Holland	3T	179D	12F-12R	57.0		No
TN70A Std. 4WD	$30098	$13540	$15950	**$19870**	**$21970**	New Holland	3T	179D	16F-16R	57.0		No
TN70DA Dlx. w/Cab	$34399	$15480	$18230	**$22700**	**$25110**	New Holland	3T	179D	16F-16R	57.0		CHA
TN70DA Dlx. 4WD w/Cab	$39363	$17710	$20860	**$25980**	**$28740**	New Holland	3T	179D	16F-16R	57.0		CHA
TD75D	$21843	$9830	$11580	**$14420**	**$15950**	New Holland	4	238D	12F-12R	62.0		No
TD75D 4WD	$26125	$10890	$12830	**$15970**	**$17670**	New Holland	4	238D	12F-12R	62.0		No
TD75D 4WD w/Cab	$33340	$14130	$16640	**$20720**	**$22920**	New Holland	4	238D	12F-12R	62.0		CHA
TD75D w/Cab	$29081	$12150	$14310	**$17820**	**$19710**	New Holland	4	238D	12F-12R	62.0		CHA
TN75A Std.	$27195	$12240	$14410	**$17950**	**$19850**	New Holland	3T	179D	12F-12R	62.0		No
TN75A Std. 4WD	$32231	$14500	$17080	**$21270**	**$23530**	New Holland	3T	179D	12F-12R	62.0		No
TN75DA Dlx. 4WD w/Cab	$41063	$18480	$21760	**$27100**	**$29980**	New Holland	3T	179D	16F-16R	62.0		CHA
TN75DA Dlx. w/Cab	$35994	$16200	$19080	**$23760**	**$26280**	New Holland	3T	179D	16F-16R	62.0		CHA
TN75FA Narrow 4WD w/Cab	$45330	$20400	$24030	**$29920**	**$33090**	New Holland	4	238D	16F-16R	60.0		CHA
TN75A Economy	$23196	$10440	$12290	**$15310**	**$16930**	New Holland	3T	179D	8F-8R	62.0		No
TN75A Economy 4WD	$28067	$12630	$14880	**$18520**	**$20490**	New Holland	3T	179D	8F-8R	62.0		No
TN75FA Narrow w/Cab	$37568	$16910	$19910	**$24800**	**$27430**	New Holland	4	238D	16F-16R	60.0		CHA
TN75FA Narrow	$28965	$13030	$15350	**$19120**	**$21140**	New Holland	4	238D	16F-16R	60.0		No
TN75FA Narrow 4WD	$36718	$16520	$19460	**$24230**	**$26800**	New Holland	4	238D	16F-16R	60.0		No
TN75SA 4WD SuperSteer	$34716	$15620	$18400	**$22910**	**$25340**	New Holland	3T	179D	16F-16R	62.0		No
TN75SA 4WD SuperSteer w/Cab	$42363	$19060	$22450	**$27960**	**$30930**	New Holland	3T	179D	16F-16R	62.0		CHA
TN75VA	$27282	$12280	$14460	**$18010**	**$19920**	New Holland	3T	179D	16F-16R	62.0		No
TN75VA 4WD	$34529	$15540	$18300	**$22790**	**$25210**	New Holland	3T	179D	16F-16R	62.0		No
TN75VA 4WD w/Cab	$42390	$19080	$22470	**$27980**	**$30950**	New Holland	3T	179D	16F-16R	62.0		CHA
TN75VA w/Cab	$35144	$15820	$18630	**$23200**	**$25660**	New Holland	3T	179D	16F-16R	62.0		CHA
TN85A Std.	$29444	$13250	$15610	**$19430**	**$21490**	New Holland	4	274D	12F-12R	69.0		No
TN85A Std. 4WD	$34489	$15520	$18280	**$22760**	**$25180**	New Holland	4	274D	12F-12R	69.0		No
TN85DA Dlx. 4WD w/Cab	$43769	$19700	$23200	**$28890**	**$31950**	New Holland	4	274D	16F-16R	69.0		CHA
TN85DA Dlx. w/Cab	$38724	$17430	$20520	**$25560**	**$28270**	New Holland	4	274D	16F-16R	69.0		CHA
TN85FA Narrow	$30695	$13810	$16270	**$20260**	**$22410**	New Holland	4T	238D	16F-16R	70.0		No
TN85FA Narrow 4WD	$38453	$17300	$20380	**$25380**	**$28070**	New Holland	4T	238D	16F-16R	70.0		No
TN85FA Narrow 4WD w/Cab	$47064	$21180	$24940	**$31060**	**$34360**	New Holland	4T	238D	16F-16R	70.0		CHA
TN85FA Narrow w/Cab	$39308	$17690	$20830	**$25940**	**$28700**	New Holland	4T	238D	16F-16R	70.0		CHA
TL80A Dlx.	$34419	$17550	$19620	**$24090**	**$26160**	New Holland	4	274D	24F-24R	69.0		No
TL80A Dlx. 4WD	$41355	$21090	$23570	**$28950**	**$31430**	New Holland	4	274D	24F-24R	69.0		No
TL80A Dlx. 4WD w/Cab	$50608	$25810	$28850	**$35430**	**$38460**	New Holland	4	274D	24F-24R	69.0		CHA
TL80A Dlx. w/Cab	$43673	$22270	$24890	**$30570**	**$33190**	New Holland	4	274D	24F-24R	69.0		CHA
TL80A Std.	$29072	$14830	$16570	**$20350**	**$22100**	New Holland	4	274D	12F-12R	69.0		No
TL80A Std. 4WD	$36440	$18580	$20770	**$25510**	**$27690**	New Holland	4	274D	12F-12R	69.0		No
TL80A Std. 4WD w/Cab	$45048	$22970	$25680	**$31530**	**$34240**	New Holland	4	274D	12F-12R	59.0		CHA
TL80A Std. w/Cab	$37682	$19220	$21480	**$26380**	**$28640**	New Holland	4	274D	12F-12R	69.0		CHA
TL90A Dlx.	$36694	$18710	$20920	**$25690**	**$27890**	New Holland	4T	274D	24F-24R	77.0		No
TL90A Dlx. 4WD	$43577	$22220	$24840	**$30500**	**$33120**	New Holland	4T	274D	24F-24R	77.0		No
TL90A Dlx. 4WD w/Cab	$52872	$26970	$30140	**$37010**	**$40180**	New Holland	4T	274D	24F-24R	77.0		CHA
TL90A Dlx. w/Cab	$45944	$23430	$26190	**$32160**	**$34920**	New Holland	4T	274D	24F-24R	77.0		CHA
TL90A Std.	$31032	$15830	$17690	**$21720**	**$23580**	New Holland	4T	274D	12F-12R	77.0		No
TL90A Std. 4WD	$38030	$19400	$21680	**$26620**	**$28900**	New Holland	4T	274D	12F-12R	77.0		No
TL90A Std. 4WD w/Cab	$46470	$23700	$26490	**$32530**	**$35320**	New Holland	4T	274D	12F-12R	77.0		CHA
TL90A Std. w/Cab	$39503	$20150	$22520	**$27650**	**$30020**	New Holland	4T	274D	12F-12R	77.0		CHA
TD95D	$25063	$10800	$12720	**$15840**	**$17520**	New Holland	4T	238D	12F-12R	80.0		No
TD95D 4WD	$28950	$12600	$14840	**$18480**	**$20440**	New Holland	4T	238D	12F-12R	80.0		No
TD95D 4WD w/Cab	$36384	$15530	$18290	**$22770**	**$25190**	New Holland	4T	238D	12F-12R	80.0		CHA
TD95D w/Cab	$32063	$13730	$16170	**$20130**	**$22270**	New Holland	4T	238D	12F-12R	80.0		CHA
TN95A Std. 4WD	$38088	$17140	$20190	**$25140**	**$27800**	New Holland	4T	274D	12F-12R	77.0		No
TN95DA Dlx. w/Cab 4WD	$47202	$21240	$25020	**$31150**	**$34460**	New Holland	4T	274D	16F-16R	77.0		CHA
TN95FA	$32208	$14490	$17070	**$21260**	**$23510**	New Holland	4T	238D	16F-16R	80.0		No
TN95FA 4WD	$40378	$18170	$21400	**$26650**	**$29480**	New Holland	4T	238D	16F-16R	80.0		No
TN95FA 4WD w/Cab	$48990	$22050	$25970	**$32330**	**$35760**	New Holland	4T	238D	16F-16R	80.0		CHA
TN95VA 4WD	$38370	$17270	$20340	**$25320**	**$28010**	New Holland	4T	238D	16F-16R	80.0		No
TN95VA 4WD w/Cab	$46231	$20800	$24500	**$30510**	**$33750**	New Holland	4T	238D	16F-16R	80.0		CHA
TN95FA w/Cab	$40831	$18370	$21640	**$26950**	**$29810**	New Holland	4T	238D	16F-16R	80.0		CHA
TK100A Crawler	$49227	$22150	$26090	**$32490**	**$35940**	New Holland	4T	238D	8F-8R	80.0		No
TK75VA Crawler	$43356	$19510	$22980	**$28620**	**$31650**	New Holland	3T	179D	8F-8R	62.0		No
TK90A Crawler	$46352	$20860	$24570	**$30590**	**$33840**	New Holland	4T	238D	8F-8R	76.0		No
TK90MA Crawler	$48085	$21640	$25490	**$31740**	**$35100**	New Holland	4T	238D	8F-8R	76.0		No
TL100A Dlx.	$38683	$19730	$22050	**$27080**	**$29400**	New Holland	4T	238D	24F-24R	82.0		No
TL100A Dlx. 4WD	$45556	$23230	$25970	**$31890**	**$34620**	New Holland	4T	238D	24F-24R	82.0		No
TL100A Dlx. w/Cab	$47886	$24420	$27300	**$33520**	**$36390**	New Holland	4T	238D	24F-24R	82.0		CHA
TL100A Dlx.4WD w/Cab	$54821	$27960	$31250	**$38380**	**$41660**	New Holland	4T	238D	24F-24R	82.0		CHA
TL100A Std.	$33093	$16880	$18860	**$23170**	**$25150**	New Holland	4T	238D	12F-12R	82.0		No
TL100A Std. 4WD	$40375	$20590	$23010	**$28260**	**$30690**	New Holland	4T	238D	12F-12R	82.0		No
TL100A Std. 4WD w/Cab	$48815	$24900	$27830	**$34170**	**$37100**	New Holland	4T	238D	12F-12R	82.0		CHA
TL100A Std. w/Cab	$41533	$21180	$23670	**$29070**	**$31570**	New Holland	4T	238D	12F-12R	82.0		CHA
TS100A Dlx. 4WD w/Cab	$65091	$29290	$34500	**$42960**	**$47520**	New Holland	4TI	274D	16F-16R	80.0		CHA
TS100A Dlx. w/Cab	$55437	$24950	$29380	**$36590**	**$40470**	New Holland	4TI	274D	16F-16R	80.0		CHA
TS100A Plus 4WD w/Cab	$63354	$28510	$33580	**$41810**	**$46250**	New Holland	4T	304D	16F-16R	80.0		CHA
TS100A Plus w/Cab	$54039	$24320	$28640	**$35670**	**$39450**	New Holland	4TI	274D	16F-16R	80.0		CHA
TB100	$29349	$13210	$15560	**$19370**	**$21430**	New Holland	4T	304D	8F-2R	80.0		No

New Holland/Ford (Cont.)

2006 (Cont.)

Model	Approx. Retail Price New	Used Trade In Avg.	Used Trade In High	Used Retail Avg.	Used Retail High	Engine Make	No. Cyls.	Displ. Cu.-In.	No. Speeds	P.T.O. H.P.	Approx. Shipping Wt.-Lbs.	Cab
TB100 4WD	$37608	$16920	$19930	**$24820**	**$27450**	New Holland	4T	304D	8F-2R	80.0		No
TB110	$32510	$14630	$17230	**$21460**	**$23730**	New Holland	4T	304D	8F-2R	90.0		No
TB110 Low Profile	$33723	$15180	$17870	**$22260**	**$24620**	New Holland	4T	304D	8F-2R	90.0		No
TB110 4WD	$40767	$18350	$21610	**$26910**	**$29760**	New Holland	4T	304D	8F-2R	90.0		No
TB110 4WD Low Profile	$41183	$18530	$21830	**$27180**	**$30060**	New Holland	4T	304D	8F-2R	90.0		No
TS110A Std.	$38606	$17370	$20460	**$25480**	**$28180**	New Holland	4TI	274D	12Fx12R	90.0		No
TS110A Std. 4WD	$48336	$21750	$25620	**$31900**	**$35290**	New Holland	4TI	274D	12Fx12R	90.0		No
TS110A Std. 4WD w/Cab	$56361	$25360	$29870	**$37200**	**$41140**	New Holland	4TI	274D	12Fx12R	90.0		CHA
TS110A Std. 4WD w/Cab	$47193	$21240	$25010	**$31150**	**$34450**	New Holland	4TI	274D	12Fx12R	90.0		CHA
TS115A Std.	$41439	$18650	$21550	**$26520**	**$29420**	New Holland	6TI	411D	12F-12R	95.0		No
TS115A Std. 4WD	$51169	$23030	$26610	**$32750**	**$36330**	New Holland	6TI	411D	12F-12R	95.0		No
TS115A Std. 4WD w/Cab	$59194	$26640	$30780	**$37880**	**$42030**	New Holland	6TI	411D	12F-12R	95.0		CHA
TS115A Std. w/Cab	$50026	$22510	$26010	**$32020**	**$35520**	New Holland	6TI	411D	12F-12R	95.0		CHA
TS115A Dlx. 4WD w/Cab	$67933	$30570	$35330	**$43480**	**$48230**	New Holland	6TI	411D	16F-16R	95.0		CHA
TS115A Dlx. w/Cab	$58603	$26370	$30470	**$37510**	**$41610**	New Holland	6TI	411D	16F-16R	95.0		CHA
TS115A Plus	$46590	$20970	$24230	**$29820**	**$33080**	New Holland	6TI	411D	24F-24R	95.0		No
TS115A Plus	$48585	$21860	$25260	**$31090**	**$34500**	New Holland	6TI	411D	16F-16R	95.0		No
TS115A Plus 4WD	$55607	$25020	$28920	**$35590**	**$39480**	New Holland	6TI	411D	24F-24R	95.0		No
TS115A Plus 4WD	$57600	$25920	$29950	**$36860**	**$40900**	New Holland	6TI	411D	16F-16R	95.0		No
TS115A Plus 4WD w/Cab	$64213	$28900	$33390	**$41100**	**$45590**	New Holland	6TI	411D	24F-24R	95.0		CHA
TS115A Plus 4WD w/Cab	$66210	$29800	$34430	**$42370**	**$47010**	New Holland	6TI	411D	16F-16R	95.0		CHA
TS115A Plus w/Cab	$55219	$24850	$28710	**$35340**	**$39210**	New Holland	6TI	411D	24F-24R	95.0		CHA
TS115A Plus w/Cab	$57215	$25750	$29750	**$36620**	**$40620**	New Holland	6TI	411D	16F-16R	95.0		CHA
TS115A Std.	$41439	$18650	$21550	**$26520**	**$29420**	New Holland	6TI	411D	12F-12R	95.0		No
TS115A Std. 4WD	$50514	$22730	$26270	**$32330**	**$35870**	New Holland	6TI	411D	12F-12R	95.0		No
TS115A Std. 4WD w/Cab	$58539	$26340	$30440	**$37470**	**$41560**	New Holland	6TI	411D	12F-12R	95.0		CHA
TS115A Std. w/Cab	$49464	$22260	$25720	**$31660**	**$35120**	New Holland	6TI	411D	12F-12R	95.0		CHA
TB120	$35755	$16090	$18950	**$23600**	**$26100**	New Holland	6	456D	8F-2R	96.0		No
TB120 Low Profile	$36345	$16360	$19260	**$23990**	**$26530**	New Holland	6	456D	8F-2R	96.0		No
TB120 4WD	$43711	$19670	$23170	**$28850**	**$31910**	New Holland	6	456D	8F-2R	96.0		No
TB120 4WD Low Profile	$44127	$19860	$23390	**$29120**	**$32210**	New Holland	6	456D	8F-2R	96.0		No
TB120 HC 4WD	$48249	$21710	$25570	**$31840**	**$35220**	New Holland	6	456D	8F-2R	96.0		No
TB120 HC 4WD	$49759	$22390	$26370	**$32840**	**$36320**	New Holland	6	456D	16F-4R	96.0		No
TM120 Plus	$65470	$29460	$34040	**$41900**	**$46480**	New Holland	6TI	456D	17F-6R	95.0		CHA
TM120 Dlx. 4WD	$80457	$36210	$41840	**$51490**	**$57120**	New Holland	6TI	456D	24F-12R	95.0		CHA
TM120 Plus 4WD	$77708	$34970	$40410	**$49730**	**$55170**	New Holland	6TI	456D	18F-6R	95.0		CHA
TM120 Dlx. 4WD SuperSteer	$82670	$37200	$42990	**$52910**	**$58700**	New Holland	6TI	456D	18F-6R	95.0		CHA
TM120 Plus 4WD SuperSteer	$79421	$35740	$41300	**$50830**	**$56390**	New Holland	6TI	456D	18F-6R	95.0		CHA
TS125A Dlx. w/Cab	$68051	$30620	$35390	**$43550**	**$48320**	New Holland	6TI	411D	16F-16R	105.0		CHA
TS125A Plus	$55015	$24760	$28610	**$35210**	**$39060**	New Holland	6TI	411D	24F-24R	105.0		No
TS125A Plus 4WD	$64934	$29220	$33770	**$41560**	**$46100**	New Holland	6TI	411D	24F-24R	105.0		No
TS125A Plus 4WD w/Cab	$74315	$33440	$38640	**$47560**	**$52760**	New Holland	6TI	411D	24F-24R	105.0		CHA
TS125A Plus 4WD w/Cab	$76555	$34450	$39810	**$49000**	**$54350**	New Holland	6TI	411D	16F-16R	105.0		CHA
TS125A Plus w/Cab	$64170	$28880	$33370	**$41070**	**$45560**	New Holland	6TI	411D	24F-24R	105.0		CHA
TS125A Plus w/Cab	$66430	$29890	$34540	**$42520**	**$47170**	New Holland	6TI	411D	16F-16R	105.0		CHA
TS125A Dlx. 4WD w/Cab	$77896	$35050	$40510	**$49850**	**$55310**	New Holland	6TI	411D	16F-16R	105.0		CHA
TS130A Std.	$49474	$22260	$25730	**$31660**	**$35130**	New Holland	6TI	411D	16F-16R	110.0		No
TS130A Std. 4WD	$58642	$26390	$30490	**$37530**	**$41640**	New Holland	6TI	411D	16F-16R	110.0		No
TS130A Std. 4WD w/Cab	$66666	$30000	$34670	**$42670**	**$47330**	New Holland	6TI	411D	16F-16R	110.0		CHA
TS130A Std. w/Cab	$57921	$26060	$30120	**$37070**	**$41120**	New Holland	6TI	411D	16F-16R	110.0		CHA
TM130 Plus	$71336	$32100	$37100	**$45660**	**$50650**	New Holland	6TI	456D	17F-6R	105.0		CHA
TM130 Dlx. 4WD	$85169	$38330	$44290	**$54510**	**$60470**	New Holland	6TI	456D	24F-12R	105.0		CHA
TM130 Plus 4WD	$83105	$37400	$43220	**$53190**	**$59010**	New Holland	6TI	456D	18F-6R	105.0		CHA
TM130 Std. 4WD Cab	$69260	$31170	$36020	**$44330**	**$49180**	New Holland	6TI	456D	20F-16R	105.0		CHA
TM130 Dlx. 4WD SuperSteer	$87382	$39320	$45440	**$55920**	**$62040**	New Holland	6TI	456D	18F-6R	105.0		CHA
TM130 Plus 4WD SuperSteer	$84634	$38090	$44010	**$54170**	**$60090**	New Holland	6TI	456D	18F-6R	105.0		CHA
TS135A Dlx. 4WD w/Cab	$81694	$36760	$42480	**$52280**	**$58000**	New Holland	6TI	411D	16F-16R	115.0		CHA
TS135A Dlx. w/Cab	$71774	$32300	$37320	**$45940**	**$50960**	New Holland	6TI	411D	16F-16R	115.0		CHA
TM140 Dlx.	$77498	$34870	$40300	**$49600**	**$55020**	New Holland	6TI	456D	17F-6R	115.0		CHA
TM140 Plus	$74751	$33640	$38870	**$47840**	**$53070**	New Holland	6TI	456D	17F-6R	115.0		CHA
TM140 Dlx. 4WD	$90117	$40550	$46860	**$57680**	**$63980**	New Holland	6TI	456D	18F-6R	115.0		CHA
TM140 Plus 4WD	$87368	$39320	$45430	**$55920**	**$62030**	New Holland	6TI	456D	18F-6R	115.0		CHA
TM140 Std. 4WD	$73592	$33120	$38270	**$47100**	**$52250**	New Holland	6TI	456D	20F-16R	115.0		CHA
TM140 Dlx. 4WD SuperSteer	$92330	$41550	$48010	**$59090**	**$65550**	New Holland	6TI	456D	18F-6R	115.0		CHA
TM140 Plus 4WD SuperSteer	$89542	$40290	$46560	**$57310**	**$63580**	New Holland	6TI	456D	18F-6R	115.0		CHA
TM155 Dlx.	$83575	$37610	$43460	**$53490**	**$59340**	New Holland	6TI	456D	17F-6R	125		CHA
TM155 Plus	$80827	$36370	$42030	**$51730**	**$57390**	New Holland	6TI	456D	17F-6R	125		CHA
TM155 Dlx. 4WD	$97872	$44040	$50890	**$62640**	**$69490**	New Holland	6TI	456D	18F-6R	125.0		CHA
TM155 Plus 4WD	$95122	$42810	$49460	**$60880**	**$67540**	New Holland	6TI	456D	18F-6R	125.0		CHA
TM155 Dlx. 4WD SuperSteer	$100083	$45040	$52040	**$64050**	**$71060**	New Holland	6TI	456D	18F-6R	125.0		CHA
TM155 Plus 4WD SuperSteer	$97336	$43800	$50620	**$62300**	**$69110**	New Holland	6TI	456D	18F-6R	125.0		CHA
TM175 Dlx.	$97344	$43810	$50620	**$62300**	**$69110**	New Holland	6TI	456D	17F-6R	145.0		CHA
TM175 Dlx. 4WD	$111620	$50230	$58040	**$71440**	**$79250**	New Holland	6TI	456D	18F-6R	145.0		CHA
TM175 Dlx. 4WD SuperSteer	$113834	$51230	$59190	**$72850**	**$80820**	New Holland	6TI	456D	18F-6R	145.0		CHA
TM190 Dlx.	$103062	$46380	$53590	**$65960**	**$73170**	New Holland	6TI	456D	17F-6R	160.0		CHA
TM190 Dlx. 4WD	$117281	$52780	$60990	**$75060**	**$83270**	New Holland	6TI	456D	18F-6R	160.0		CHA
TM190 Dlx. 4WD SuperSteer	$119493	$53770	$62140	**$76480**	**$84840**	New Holland	6TI	456D	18F-6R	160.0		CHA
TG210 4WD	$128736	$52780	$61790	**$78530**	**$87540**	New Holland	6TA	505D	18F-4R	170.0		CHA
TG215 4WD	$132091	$54160	$63400	**$80580**	**$89820**	New Holland	6TA	505D	18F-4R	175.0		CHA
TG210 4WD SuperSteer	$129964	$53290	$62380	**$79280**	**$88380**	New Holland	6TA	505D	18F-4R	170.0		CHA
TG215 4WD SuperSteer	$135820	$55690	$65190	**$82850**	**$92360**	New Holland	6TA	505D	18F-4R	175.0		CHA
TG230 4WD	$140941	$57790	$67650	**$85970**	**$95840**	New Holland	6TA	505D	18F-4R	190.0		CHA
TG245 4WD	$150657	$61770	$72320	**$91900**	**$102450**	New Holland	6TA	505D	18F-4R	200.0		CHA
TG230 4WD SuperSteer	$142168	$58290	$68240	**$86720**	**$96670**	New Holland	6TA	505D	18F-4R	190.0		CHA

New Holland/Ford (Cont.)

	Approx. Retail Price New	Estimated Value Less Repairs: Used Trade In Avg.	Used Trade In High	Used Retail Avg.	Used Retail High	Engine: Make	No. Cyls.	Displ. Cu.-In.	No. Speeds	P.T.O. H.P.	Approx. Shipping Wt.-Lbs.	Cab
				2006 (Cont.)								
TG245 4WD SuperSteer	$154388	$63300	$74110	**$94180**	**$104980**	New Holland	6TA	505D	18F-4R	200.0		CHA
TG255 4WD	$151780	$62230	$72850	**$92590**	**$103210**	New Holland	6TA	505D	18F-4R	215.0		CHA
TG275 4WD	$162614	$66670	$78060	**$99200**	**$110580**	New Holland	6TA	505D	18F-4R	225.0		CHA
TG255 4WD SuperSteer	$154176	$63210	$74000	**$94050**	**$104840**	New Holland	6TA	505D	18F-4R	215.0		CHA
TG275 4WD SuperSteer	$165120	$67700	$79260	**$100720**	**$112280**	New Holland	6TA	505D	18F-4R	225.0		CHA
TG285 4WD	$168470	$69070	$80870	**$102770**	**$114560**	New Holland	6TA	505D	18F-4R	240.0		CHA
TG305 4WD	$179920	$73770	$86360	**$109750**	**$122350**	New Holland	6TA	505D	18F-4R	255.0		CHA
TG285 4WD SuperSteer	$170867	$70060	$82020	**$104230**	**$116190**	New Holland	6TA	505D	18F-4R	240.0		CHA
TG305 4WD SuperSteer	$182426	$74800	$87560	**$111280**	**$124050**	New Holland	6TA	505D	18F-4R	255.0		CHA
TV145	$88340	$45050	$50350	**$61840**	**$67140**	New Holland	6T	456D	Variable	105.0		CHA
TV145 w/Loader	$97945	$49950	$55830	**$68560**	**$74440**	New Holland	6T	456D	Variable	105.0		CHA
TV145 Front 3-Pt.	$93209	$47540	$53130	**$65250**	**$70840**	New Holland	6T	456D	Variable	105.0		CHA
TV145 Front 3-Pt, PTO	$97022	$49480	$55300	**$67920**	**$73740**	New Holland	6T	456D	Variable	105.0		CHA
TJ280	$142105	$63000	$72800	**$88200**	**$95200**	New Holland	6TA	505D	24F-6R	280.0		CHA
TJ280 Powershift	$153520	$66600	$76960	**$93240**	**$100640**	New Holland	6TA	505D	16F-2R	280.0		CHA
TJ330	$163871	$71100	$82160	**$99540**	**$107440**	New Holland	6TA	543D	24F-6R	330.0		CHA
TJ330 Powershift	$175754	$76730	$88660	**$107420**	**$115940**	New Holland	6TA	543D	16F-2R	330.0		CHA
TJ380	$185303	$81000	$93600	**$113400**	**$122400**	New Holland	6TA	787D	24F-6R	380.0		CHA
TJ380 Powershift	$195828	$85500	$98800	**$119700**	**$129200**	New Holland	6TA	787D	16F-2R	380.0		CHA
TJ380HD Powershift	$216575	$93380	$107900	**$130730**	**$141100**	New Holland	6TA	787D	16F-2R	380.0		CHA
TJ380HD Scraper	$228655	$98690	$114040	**$138160**	**$149120**	New Holland	6TA	787D	16F-2R	380.0		CHA
TJ430	$207460	$90180	$104210	**$126250**	**$136270**	New Holland	6TA	787D	24F-6R	430.0		CHA
TJ430 Powershift	$219569	$94050	$108680	**$131670**	**$142120**	New Holland	6TA	787D	16F-2R	430.0		CHA
TJ430HD Powershift	$229406	$98550	$113880	**$137970**	**$148920**	Cummins	6TA	915D	16F-2R	430.0		CHA
TJ430HD Scraper	$239429	$103280	$119340	**$144590**	**$156060**	Cummins	6TA	915D	16F-2R	430.0		CHA
TJ480 Powershift	$248043	$107100	$123760	**$149940**	**$161840**	Cummins	6TA	915D	16F-2R	480.0		CHA
TJ480HD Powershift	$256040	$110700	$127920	**$154980**	**$167280**	Cummins	6TA	915D	16F-2R	480.0		CHA
TJ480HD Scraper	$265896	$115200	$133120	**$161280**	**$174080**	Cummins	6TA	915D	16F-2R	480.0		CHA
TJ530HD Powershift	$269280	$116550	$134680	**$163170**	**$176120**	Cummins	6TA	915D	16F-2R	530.0		CHA
TJ530HD Scraper	$284420	$123750	$143000	**$173250**	**$187000**	Cummins	6TA	915D	16F-2R	530.0		CHA
				2005								
TZ18DA 4WD	$9911	$4370	$5040	**$6370**	**$7030**	Shibaura	3	58D	Variable	13.7	1446	No
TZ22DA 4WD	$10700	$4600	$5300	**$6700**	**$7400**	Shibaura	3	58D	Variable	17.0	1323	No
TZ24DA 4WD	$10360	$4510	$5190	**$6570**	**$7250**	Shibaura	3	61D	Variable	18.0	1455	No
TZ25DA 4WD	$11088	$4970	$5720	**$7240**	**$7990**	Shibaura	3	61D	Variable	19.0	1723	No
TC21DA 4WD	$12856	$5910	$6810	**$8610**	**$9510**	Shibaura	3	61D	9F-3R	17.0	1450	No
TC21DA 4WD (Note 1)	$14143	$6510	$7500	**$9480**	**$10470**	Shibaura	3	61D	9F-3R	17.0	1450	No
TC21DA 4WD Hydro	$14155	$6510	$7500	**$9480**	**$10480**	Shibaura	3	61D	Variable	16.0	1535	No
TC21DA 4WD Hydro (Note 1)	$15442	$7100	$8180	**$10350**	**$11430**	Shibaura	3	61D	Variable	16.0	1535	No
TC23DA 4WD	$13485	$6200	$7150	**$9040**	**$9980**	Shibaura	3	61D	9F-3R	18.5	1301	No
TC23DA 4WD (Note 1)	$14819	$6820	$7850	**$9930**	**$10970**	Shibaura	3	61D	9F-3R	18.5	1397	No
TC23DA Hydro 4WD	$14832	$6820	$7860	**$9940**	**$10980**	Shibaura	3	61D	Variable	17.5	1398	No
TC23DA Hydro 4WD (Note 1)	$16166	$7440	$8570	**$10830**	**$11960**	Shibaura	3	61D	Variable	17.5	1494	No
TC24DA 4WD	$13137	$6040	$6960	**$8800**	**$9720**	Shibaura	3	69D	9F-3R	19.5	1405	No
TC24DA 4WD (Note 1)	$14424	$6640	$7650	**$9660**	**$10670**	Shibaura	3	69D	9F-3R	19.5	1405	No
TC24DA 4WD Hydro	$14435	$6640	$7650	**$9670**	**$10680**	Shibaura	3	69D	Variable	18.5	1308	No
TC24DA 4WD Hydro (Note 1)	$15722	$7230	$8330	**$10530**	**$11630**	Shibaura	3	69D	Variable	18.5	1308	No
TC26DA 4WD	$15392	$7080	$8160	**$10310**	**$11390**	Shibaura	3	69D	Variable	19.7	2406	No
TC26DA 4WD (Note 1)	$16726	$7690	$8870	**$11210**	**$12380**	Shibaura	3	69D	Variable	19.7	1501	No
TC29DA 4WD	$15836	$7290	$8390	**$10610**	**$11720**	Shibaura	3	81D	9F-3R	25.1	2074	No
TC29DA 4WD (Note 1)	$17253	$7940	$9140	**$11560**	**$12770**	Shibaura	3	81D	9F-3R	25.1	2074	No
TC29DA 4WD SuperSteer	$17030	$7830	$9030	**$11410**	**$12600**	Shibaura	3	81D	9F-3R	25.1	2188	No
TC29DA 4WD SuperSteer (Note 1)	$18446	$8490	$9780	**$12360**	**$13650**	Shibaura	3	81D	9F-3R	25.1	2188	No
TC29DA 4WD Hydro	$17317	$7970	$9180	**$11600**	**$12820**	Shibaura	3	81D	Variable	23.5	2474	No
TC29DA 4WD Hydro (Note 1)	$18734	$8620	$9930	**$12550**	**$13860**	Shibaura	3	81D	Variable	23.5	2474	No
TC29DA 4WD Hydro SuperSteer	$18529	$8520	$9820	**$12410**	**$13710**	Shibaura	3	81D	Variable	23.5	2474	No
TC29DA 4WD Hydro SuperSteer (Note 1)	$19946	$9180	$10570	**$13360**	**$14760**	Shibaura	3	81D	Variable	23.5	2474	No
TC30 4WD w/Loader	$15856	$7290	$8400	**$10620**	**$11730**	Shibaura	3	91D	9F-3R	25.5	2205	No
TC30 w/Loader	$14247	$6550	$7550	**$9550**	**$10540**	Shibaura	3	91D	9F-3R	25.5	2115	No
TC30 4WD Hydro w/Loader	$17360	$7990	$9200	**$11630**	**$12850**	Shibaura	3	91D	Variable	24.0	2210	No
TC33DA 4WD	$16509	$7590	$8750	**$11060**	**$12220**	Shibaura	3	91D	9F-3R	28.6	2440	No
TC33DA 4WD (Note 1)	$17926	$8250	$9500	**$12010**	**$13270**	Shibaura	3	91D	9F-3R	28.6	2440	No
TC33DA 4WD Hydro	$17991	$8280	$9540	**$12050**	**$13310**	Shibaura	3	91D	Variable	26.9	2474	No
TC33DA 4WD Hydro (Note 1)	$19408	$8930	$10290	**$13000**	**$14360**	Shibaura	3	91D	Variable	26.9	2474	No
TC33DA 4WD Hydro SuperSteer	$19252	$8860	$10200	**$12900**	**$14250**	Shibaura	3	91D	Variable	26.9	2474	No
TC33DA 4WD Hydro SuperSteer (Note 1)	$20619	$9490	$10930	**$13820**	**$15260**	Shibaura	3	91D	Variable	26.9	2474	No
TC33DA 4WD SuperSteer	$17926	$8250	$9500	**$12010**	**$13270**	Shibaura	3	91D	9F-3R	28.6	2554	No
TC33DA 4WD SuperSteer (Note 1)	$19119	$8800	$10130	**$12810**	**$14150**	Shibaura	3	91D	9F-3R	28.6	2554	No
TC35A	$14325	$6590	$7590	**$9600**	**$10600**	Shibaura	3	101D	12F-12R	29.6	3009	No
TC35A (Note 1)	$16563	$7620	$8780	**$11100**	**$12260**	Shibaura	3	101D	12F-12R	29.6	3009	No
TC35A 4WD	$17860	$8220	$9470	**$11970**	**$13220**	Shibaura	3	101D	12F-12R	29.6	3143	No
TC35A 4WD (Note 1)	$19479	$8960	$10320	**$13050**	**$14410**	Shibaura	3	101D	12F-12R	29.6	3143	No
TC35DA 4WD Hydro	$20349	$9360	$10790	**$13630**	**$15060**	Shibaura	3	101D	Variable	29.1	3299	No
TC35DA 4WD Hydro (Note 1)	$22013	$10130	$11670	**$14750**	**$16290**	Shibaura	3	101D	Variable	29.1	3299	No
TC35DA 4WD Hydro SuperSteer	$21732	$10000	$11520	**$14560**	**$16080**	Shibaura	3	101D	Variable	29.1	3299	No
TC35DA 4WD Hydro SuperSteer (Note 1)	$23406	$10770	$12410	**$15680**	**$17320**	Shibaura	3	101D	Variable	29.1	3299	No
TC40A	$16682	$7670	$8840	**$11180**	**$12350**	Shibaura	4	121D	12F-12R	35.0	3060	No
TC40A (Note 1)	$18247	$8390	$9670	**$12230**	**$13500**	Shibaura	4	121D	12F-12R	35.0	3060	No
TC40A 4WD	$20339	$9360	$10780	**$13630**	**$15050**	Shibaura	4	121D	12F-12R	35.0	3194	No
TC40A 4WD (Note 1)	$22013	$10130	$11670	**$14750**	**$16290**	Shibaura	4	121D	12F-12R	35.0	3194	No

New Holland/Ford (Cont.)

	Approx. Retail Price New	Estimated Value Less Repairs: Used Trade In Avg.	Used Trade In High	Used Retail Avg.	Used Retail High	Engine: Make	No. Cyls.	Displ. Cu.-In.	No. Speeds	P.T.O. H.P.	Approx. Shipping Wt.-Lbs.	Cab
				2005 (Cont.)								
TC40DA 4WD Hydro	$22081	$10160	$11700	**$14790**	**$16340**	Shibaura	4	121D	Variable	33.2	3375	No
TC40DA 4WD Hydro (Note 1)	$23755	$10930	$12590	**$15920**	**$17580**	Shibaura	4	121D	Variable	33.2	3375	No
TC40DA 4WD Hydro SuperSteer	$23475	$10800	$12440	**$15730**	**$17370**	Shibaura	4	121D	Variable	33.2	3375	No
TC40DA 4WD Hydro SuperSteer (Note 1)	$25149	$11570	$13330	**$16850**	**$18610**	Shibaura	4	121D	Variable	33.2	3375	No
TC45A	$18824	$8660	$9980	**$12610**	**$13930**	Shibaura	4	135D	12F-12R	39.6	3262	No
TC45A (Note 1)	$20402	$9390	$10810	**$13670**	**$15100**	Shibaura	4	135D	12F-12R	39.6	3262	No
TC45A 4WD	$21076	$9700	$11170	**$14120**	**$15600**	Shibaura	4	135D	12F-12R	39.6	3396	No
TC45A 4WD (Note 1)	$22693	$10440	$12030	**$15200**	**$16790**	Shibaura	4	135D	12F-12R	39.6	3396	No
TC45DA 4WD Hydro	$23572	$10840	$12490	**$15790**	**$17440**	Shibaura	4	135D	Variable	37.8	3766	No
TC45DA 4WD Hydro (Note 1)	$25619	$11790	$13580	**$17170**	**$18960**	Shibaura	4	135D	Variable	37.8	3766	No
TC45DA 4WD Hydro SuperSteer	$25319	$11650	$13420	**$16960**	**$18740**	Shibaura	4	135D	Variable	37.8	3766	No
TC45DA 4WD Hydro SuperSteer (Note 1)	$26935	$12390	$14280	**$18050**	**$19930**	Shibaura	4	135D	Variable	37.8	3766	No
TC48DA	$18271	$8410	$9680	**$12240**	**$13520**	Shibaura	4	135D	12F-12R	40.0	1357	No
TC48DA (Note 1)	$20179	$9280	$10700	**$13520**	**$14930**	Shibaura	4	135D	12F-12R	40.0	1357	No
TC48DA 4WD	$23226	$10680	$12310	**$15560**	**$17190**	Shibaura	4	135D	12F-12R	40.0	1357	No
TC48DA 4WD (Note 1)	$25172	$11580	$13340	**$16870**	**$18630**	Shibaura	4	135D	12F-12R	40.0	1357	No
TC55DA	$19572	$9000	$10370	**$13110**	**$14480**	Shibaura	4T	135D	12F-12R	45.0		No
TC55DA (Note 1)	$21482	$9880	$11390	**$14390**	**$15900**	Shibaura	4T	135D	12F-12R	45.0		No
TC55DA 4WD	$24554	$11300	$13010	**$16450**	**$18170**	Shibaura	4T	135D	16F-16R	47.0		No
TC55DA 4WD (Note 1)	$26501	$12190	$14050	**$17760**	**$19610**	Shibaura	4T	135D	16F-16R	47.0		No
TT55	$18841	$7910	$9420	**$11870**	**$13380**	New Holland	3	179D	8F-2R	47.0		No
TT55 4WD	$24103	$10120	$12050	**$15190**	**$17110**	New Holland	3	179D	8F-2R	47.0		No
TT75	$23036	$9680	$11520	**$14510**	**$16360**	New Holland	4	238D	8F-2R	59.0		No
TT75 4WD	$27690	$11630	$13850	**$17450**	**$19660**	New Holland	4	238D	8F-2R	59.0		No
TN60A Economy	$19421	$8160	$9710	**$12240**	**$13790**	New Holland	3	179D	8F-8R	45.0		No
TN60A Economy 4WD	$24193	$10160	$12100	**$15240**	**$17180**	New Holland	3	179D	8F-8R	45.0		No
TN60A Std.	$22185	$9320	$11090	**$13980**	**$15750**	New Holland	3	179D	12F-12R	45.0		No
TN60A Std. 4WD	$26956	$11320	$13480	**$16980**	**$19140**	New Holland	3	179D	12F-12R	45.0		No
TN60DA Dlx. w/Cab	$31051	$13040	$15530	**$19560**	**$22050**	New Holland	3	179D	16F-16R	52.0		CHA
TN60DA Dlx. 4WD w/Cab	$35716	$15000	$17860	**$22500**	**$25360**	New Holland	3	179D	16F-16R	52.0		CHA
TN70A Economy	$21880	$9190	$10940	**$13780**	**$15540**	New Holland	3T	179D	8F-8R	57.0		No
TN70A Economy 4WD	$26752	$11240	$13380	**$16850**	**$18990**	New Holland	3T	179D	8F-8R	57.0		No
TN70A Std.	$24717	$10380	$12360	**$15570**	**$17550**	New Holland	3T	179D	12F-12R	57.0		No
TN70DA Std. 4WD	$29465	$12380	$14730	**$18560**	**$20920**	New Holland	3T	179D	16F-16R	57.0		No
TN70DA Dlx. w/Cab	$33567	$14100	$16780	**$21150**	**$23830**	New Holland	3T	179D	16F-16R	57.0		CHA
TN70DA Dlx. 4WD w/Cab	$38227	$16060	$19110	**$24080**	**$27140**	New Holland	3T	179D	16F-16R	57.0		CHA
TN75A Std.	$26504	$11130	$13250	**$16700**	**$18820**	New Holland	3T	179D	12F-12R	62.0		No
TN75A Std. 4WD	$31234	$13120	$15620	**$19680**	**$22180**	New Holland	3T	179D	12F-12R	62.0		No
TN75DA Dlx. 4WD w/Cab	$39893	$16760	$19950	**$25130**	**$28320**	New Holland	3T	179D	16F-16R	62.0		CHA
TN75DA Dlx. w/Cab	$35131	$14760	$17570	**$22130**	**$24940**	New Holland	3T	179D	16F-16R	62.0		CHA
TN75FA Narrow 4WD w/Cab	$44653	$18750	$22330	**$28130**	**$31700**	New Holland	4	238D	16F-16R	60.0		CHA
TN75A Economy	$23196	$9740	$11600	**$14610**	**$16470**	New Holland	3T	179D	8F-8R	62.0		No
TN75A Economy 4WD	$28067	$11790	$14030	**$17680**	**$19930**	New Holland	3T	179D	8F-8R	62.0		No
TN75FA Narrow w/Cab	$37050	$15560	$18530	**$23340**	**$26310**	New Holland	4	238D	16F-16R	60.0		CHA
TN75FA Narrow	$28607	$12020	$14300	**$18020**	**$20310**	New Holland	4	238D	16F-16R	60.0		No
TN75FA Narrow 4WD	$36210	$15210	$18110	**$22810**	**$25710**	New Holland	4	238D	16F-16R	60.0		No
TN75SA 4WD SuperSteer	$33763	$14180	$16880	**$21270**	**$23970**	New Holland	3T	179D	16F-16R	62.0		No
TN75SA 4WD SuperSteer w/Cab	$41221	$17310	$20610	**$25970**	**$29270**	New Holland	3T	179D	16F-16R	62.0		CHA
TN75VA	$26748	$11230	$13370	**$16850**	**$18990**	New Holland	3T	179D	16F-16R	62.0		No
TN75VA 4WD	$34096	$14320	$17050	**$21480**	**$24210**	New Holland	3T	179D	16F-16R	62.0		No
TN75VA 4WD w/Cab	$41803	$17560	$20900	**$26340**	**$29680**	New Holland	3T	179D	16F-16R	62.0		CHA
TN75VA w/Cab	$34456	$14470	$17230	**$21710**	**$24460**	New Holland	3T	179D	16F-16R	62.0		CHA
TN85A Std.	$28709	$12060	$14360	**$18090**	**$20380**	New Holland	4	274D	12F-12R	69.0		No
TN85A Std. 4WD	$33448	$14050	$16720	**$21070**	**$23750**	New Holland	4	274D	12F-12R	69.0		No
TN85DA Dlx. 4WD w/Cab	$42546	$17870	$21270	**$26800**	**$30210**	New Holland	4	274D	16F-16R	69.0		CHA
TN85DA Dlx. w/Cab	$37807	$15880	$18900	**$23820**	**$26840**	New Holland	4	274D	16F-16R	69.0		CHA
TN85FA Narrow	$30089	$12640	$15050	**$18960**	**$21360**	New Holland	4T	238D	16F-16R	70.0		No
TN85FA Narrow 4WD	$40897	$17180	$20450	**$25770**	**$29040**	New Holland	4T	238D	32F-16R	70.0		No
TN85FA Narrow 4WD w/Cab	$46142	$19380	$23070	**$29070**	**$32760**	New Holland	4T	238D	16F-16R	70.0		CHA
TN85FA Narrow 4WD w/Cab	$49177	$20650	$24590	**$30980**	**$34920**	New Holland	4T	238D	32F-16R	70.0		CHA
TN85FA Narrow w/Cab	$38532	$16180	$19270	**$24280**	**$27360**	New Holland	4T	238D	16F-16R	70.0		CHA
TK80 Crawler	$42643	$17910	$21320	**$26870**	**$30280**	New Holland	4	220D	8F-8R	66.0		No
TL80A Dlx.	$33796	$15550	$17910	**$22640**	**$25010**	New Holland	4	273D	24F-24R	69.0		No
TL80A Dlx. 4WD	$40378	$18570	$21400	**$27050**	**$29880**	New Holland	4	273D	24F-24R	69.0		No
TL80A Dlx. 4WD w/Cab	$49450	$22750	$26210	**$33130**	**$36590**	New Holland	4	273D	24F-24R	69.0		CHA
TL80A Dlx. w/Cab	$42868	$19720	$22720	**$28720**	**$31720**	New Holland	4	273D	24F-24R	69.0		CHA
TL80A Std.	$28789	$13240	$15260	**$19290**	**$21300**	New Holland	4	273D	12F-12R	69.0		No
TL80A Std. 4WD	$35560	$16360	$18850	**$23830**	**$26310**	New Holland	4	273D	12F-12R	69.0		No
TL80A Std. 4WD w/Cab	$44000	$20240	$23320	**$29480**	**$32560**	New Holland	4	273D	12F-12R	59.0		CHA
TL80A Std. w/Cab	$37230	$17130	$19730	**$24940**	**$27550**	New Holland	4	273D	12F-12R	69.0		CHA
TL90A Dlx.	$35975	$16550	$19070	**$24100**	**$26620**	New Holland	4T	273D	24F-24R	77.0		No
TL90A Dlx. 4WD w/Cab	$51630	$23750	$27360	**$34590**	**$38210**	New Holland	4T	273D	24F-24R	77.0		CHA
TL90A Dlx. w/Cab	$45044	$20720	$23870	**$30180**	**$33330**	New Holland	4T	273D	24F-24R	77.0		CHA
TL90A Std.	$31475	$14480	$16680	**$21090**	**$23290**	New Holland	4T	273D	12F-12R	77.0		No
TL90A Std. 4WD	$37119	$17080	$19670	**$24870**	**$27470**	New Holland	4T	273D	12F-12R	77.0		No
TL90A Std. 4WD w/Cab	$45394	$20880	$24060	**$30410**	**$33590**	New Holland	4T	273D	12F-12R	77.0		CHA
TL90A Std. w/Cab	$38750	$17830	$20540	**$25960**	**$28680**	New Holland	4T	273D	12F-12R	77.0		CHA
TL90A Dlx. 4WD	$42557	$19580	$22560	**$28510**	**$31490**	New Holland	4T	273D	24F-24R	77.0		No
TK90 Crawler	$45443	$19090	$22720	**$28630**	**$32270**	New Holland	4T	238D	8F-8R	76.0		No
TN95A Std. 4WD	$36977	$15530	$18490	**$23300**	**$26250**	New Holland	4T	274D	12F-12R	77.0		No
TN95DA Dlx. w/Cab 4WD	$45912	$19280	$22960	**$28930**	**$32600**	New Holland	4T	274D	16F-16R	77.0		CHA
TN95FA	$31577	$13260	$15790	**$19890**	**$22420**	New Holland	4T	238D	16F-16R	80.0		No

	Approx. Retail Price New	Estimated Value Less Repairs: Used Trade In Avg.	Used Trade In High	Used Retail Avg.	Used Retail High	Make	Engine No. Cyls.	Displ. Cu.-In.	No. Speeds	P.T.O. H.P.	Approx. Shipping Wt.-Lbs.	Cab
New Holland/Ford (Cont.)												
2005 (Cont.)												
TN95FA 4WD	$39987	$16800	$19990	**$25190**	**$28390**	New Holland	4T	238D	16F-16R	80.0		No
TN95FA 4WD	$42217	$17730	$21110	**$26600**	**$29970**	New Holland	4T	238D	32F-16R	80.0		No
TN95FA 4WD w/Cab	$48030	$20170	$24020	**$30260**	**$34100**	New Holland	4T	238D	16F-16R	80.0		CHA
TN95FA 4WD w/Cab	$50660	$21280	$25330	**$31920**	**$35970**	New Holland	4T	238D	32F-16R	80.0		CHA
TN95VA 4WD	$37862	$15900	$18930	**$23850**	**$26880**	New Holland	4T	238D	16F-16R	80.0		No
TN95VA 4WD w/Cab	$45569	$19140	$22790	**$28710**	**$32350**	New Holland	4T	238D	16F-16R	80.0		CHA
TN95FA w/Cab	$40021	$16810	$20010	**$25210**	**$28420**	New Holland	4T	238D	16F-16R	80.0		CHA
TK100 Crawler	$48262	$20270	$24130	**$30410**	**$34270**	New Holland	4T	238D	8F-8R	80.0		No
TL100A Dlx.	$37925	$17450	$20100	**$25410**	**$28070**	New Holland	4T	238D	24F-24R	82.0		No
TL100A Dlx. 4WD	$44507	$20470	$23590	**$29820**	**$32940**	New Holland	4T	238D	24F-24R	82.0		No
TL100A Dlx. w/Cab	$46998	$21620	$24910	**$31490**	**$34780**	New Holland	4T	238D	24F-24R	82.0		CHA
TL100A Dlx.4WD w/Cab	$53580	$24650	$28400	**$35900**	**$39650**	New Holland	4T	238D	24F-24R	82.0		CHA
TL100A Std.	$33549	$15430	$17780	**$22480**	**$24830**	New Holland	4T	238D	12F-12R	82.0		No
TL100A Std. 4WD	$39069	$17970	$20710	**$26180**	**$28910**	New Holland	4T	238D	12F-12R	82.0		No
TL100A Std. 4WD w/Cab	$47363	$21790	$25100	**$31730**	**$35050**	New Holland	4T	238D	12F-12R	82.0		CHA
TL100A Std. w/Cab	$40719	$18730	$21580	**$27280**	**$30130**	New Holland	4T	238D	12F-12R	82.0		CHA
TS100A Dlx. 4WD w/Cab	$61330	$25760	$30670	**$38640**	**$43540**	New Holland	4TI	273D	24F-24R	80.0		CHA
TS100A Dlx. 4WD w/Cab	$64728	$27190	$32360	**$40780**	**$45960**	New Holland	4TI	273D	16F-16R	80.0		CHA
TS100A Dlx. 4WD SuperSteerw/Cab	$66853	$28080	$33430	**$42120**	**$47470**	New Holland	4TI	273D	16F-16R	80.0		CHA
TS100A Dlx. w/Cab	$52066	$21870	$26030	**$32800**	**$36970**	New Holland	4TI	273D	24F-24R	80.0		CHA
TS100A Dlx. w/Cab	$55423	$23280	$27710	**$34920**	**$39350**	New Holland	4TI	273D	16F-16R	80.0		CHA
TS100A Plus 4WD w/Cab	$61560	$25860	$30780	**$38780**	**$43710**	New Holland	4T	304D	16F-16R	80.0		CHA
TS100A Plus w/Cab	$52581	$22080	$26290	**$33130**	**$37330**	New Holland	4TI	273D	16F-16R	80.0		CHA
TB100	$29349	$12330	$14680	**$18490**	**$20840**	New Holland	4T	304D	8F-2R	80.0		No
TB100	$30859	$12960	$15430	**$19440**	**$21910**	New Holland	4T	304D	16F-4R	80.0		No
TB100 4WD	$36675	$15400	$18340	**$23110**	**$26040**	New Holland	4T	304D	8F-2R	80.0		No
TB100 4WD	$38185	$16040	$19090	**$24060**	**$27110**	New Holland	4T	304D	16F-4R	80.0		No
TB110	$31891	$13390	$15950	**$20090**	**$22640**	New Holland	4T	304D	8F-2R	90.0		No
TB110	$33401	$14030	$16700	**$21040**	**$23720**	New Holland	4T	304D	16F-4R	90.0		No
TB110 4WD	$39834	$16730	$19920	**$25100**	**$28280**	New Holland	4T	304D	8F-2R	90.0		No
TB110 4WD	$41344	$17360	$20670	**$26050**	**$29350**	New Holland	4T	304D	16F-4R	90.0		No
TS115A Dlx.	$46959	$19720	$23010	**$28650**	**$31930**	New Holland	6TI	411D	16F-16R	95.0		No
TS115A Dlx. 4WD	$55950	$23500	$27420	**$34130**	**$38050**	New Holland	6TI	411D	16F-16R	95.0		No
TS115A Dlx. 4WD w/Cab	$64083	$26920	$31400	**$39090**	**$43580**	New Holland	6TI	411D	24F-24R	95.0		CHA
TS115A Dlx. 4WD w/Cab	$67448	$28330	$33050	**$41140**	**$45870**	New Holland	6TI	411D	16F-16R	95.0		CHA
TS115A Dlx. 4WD SuperSteer	$58056	$24380	$28450	**$35410**	**$39480**	New Holland	6TI	411D	16F-16R	95.0		No
TS115A Dlx. w/Cab	$55089	$23140	$26990	**$33600**	**$37460**	New Holland	6TI	411D	24F-24R	95.0		CHA
TS115A Dlx. w/Cab	$58454	$24550	$28640	**$35660**	**$39750**	New Holland	6TI	411D	16F-16R	95.0		CHA
TS115A Dlx. 4WD SuperSteer w/Cab	$69552	$29210	$34080	**$42430**	**$47300**	New Holland	6TI	411D	16F-16R	95.0		CHA
TS115A Plus	$44784	$18810	$21940	**$27320**	**$30450**	New Holland	6TI	411D	24F-24R	95.0		No
TS115A Plus	$46704	$19620	$22890	**$28490**	**$31760**	New Holland	6TI	411D	16F-16R	95.0		No
TS115A Plus 4WD	$53451	$22450	$26190	**$32610**	**$36350**	New Holland	6TI	411D	24F-24R	95.0		No
TS115A Plus 4WD	$55777	$23430	$27330	**$34020**	**$37930**	New Holland	6TI	411D	16F-16R	95.0		No
TS115A Plus 4WD w/Cab	$62385	$26200	$30570	**$38060**	**$42420**	New Holland	6TI	411D	24F-24R	95.0		CHA
TS115A Plus 4WD w/Cab	$64307	$27010	$31510	**$39230**	**$43730**	New Holland	6TI	411D	16F-16R	95.0		CHA
TS115A Plus w/Cab	$53717	$22560	$26320	**$32770**	**$36530**	New Holland	6TI	411D	24F-24R	95.0		CHA
TS115A Plus w/Cab	$55677	$23380	$27280	**$33960**	**$37860**	New Holland	6TI	411D	16F-16R	95.0		CHA
TS115A Std.	$43499	$18270	$21320	**$26530**	**$29580**	New Holland	6TI	411D	12F-12R	95.0		No
TS115A Std. 4WD	$52148	$21900	$25550	**$31810**	**$35460**	New Holland	6TI	411D	12F-12R	95.0		No
TS115A Std. 4WD w/Cab	$61084	$25660	$29930	**$37260**	**$41540**	New Holland	6TI	411D	12F-12R	95.0		CHA
TS115A Std. w/Cab	$52432	$22020	$25690	**$31980**	**$35650**	New Holland	6TI	411D	12F-12R	95.0		CHA
TB120	$34514	$14500	$17260	**$21740**	**$24510**	New Holland	6	456D	8F-2R	96.0		No
TB120	$36024	$15130	$18010	**$22700**	**$25580**	New Holland	6	456D	16F-4R	96.0		No
TB120 4WD	$42778	$17970	$21390	**$26950**	**$30370**	New Holland	6	456D	8F-2R	96.0		No
TB120 4WD	$44288	$18600	$22140	**$27900**	**$31440**	New Holland	6	456D	16F-4R	96.0		No
TB120 HC 4WD	$48249	$20270	$24130	**$30400**	**$34260**	New Holland	6	456D	8F-2R	96.0		No
TB120 HC 4WD	$49759	$20900	$24880	**$31350**	**$35330**	New Holland	6	456D	16F-4R	96.0		No
TM120 Plus	$61632	$25890	$30200	**$37600**	**$41910**	New Holland	6TI	456D	17F-6R	95.0		CHA
TM120 Premium 4WD	$76825	$32270	$37640	**$46860**	**$52240**	New Holland	6TI	456D	24F-12R	95.0		CHA
TM120 Plus 4WD	$71772	$30140	$35170	**$43780**	**$48810**	New Holland	6TI	456D	18F-6R	95.0		CHA
TM120 Plus 4WD SuperSteer	$73834	$31010	$36180	**$45040**	**$50210**	New Holland	6TI	456D	18F-6R	95.0		CHA
TM120 Premium 4WD SuperSteer	$78887	$33130	$38660	**$48120**	**$53640**	New Holland	6TI	456D	18F-6R	95.0		CHA
TS125A Dlx.	$55005	$23100	$26950	**$33550**	**$37400**	New Holland	6TI	411D	16F-16R	105.0		No
TS125A Dlx. w/Cab	$63550	$26690	$31140	**$38770**	**$43210**	New Holland	6TI	411D	24F-24R	105.0		CHA
TS125A Dlx. 4WD	$64793	$27210	$31750	**$39520**	**$44060**	New Holland	6TI	411D	16F-16R	105.0		No
TS125A Dlx. 4WD SuperSteer	$66897	$28100	$32780	**$40810**	**$45490**	New Holland	6TI	411D	16F-16R	105.0		No
TS125A Dlx. w/Cab	$66915	$28100	$32790	**$40820**	**$45500**	New Holland	6TI	411D	16F-16R	105.0		CHA
TS125A Plus	$52828	$22190	$25890	**$32230**	**$35920**	New Holland	6TI	411D	24F-24R	105.0		No
TS125A Plus 4WD	$62292	$26160	$30520	**$38000**	**$42360**	New Holland	6TI	411D	24F-24R	105.0		No
TS125A Plus 4WD w/Cab	$71318	$29950	$34950	**$43500**	**$48500**	New Holland	6TI	411D	24F-24R	105.0		CHA
TS125A Plus 4WD w/Cab	$73494	$30870	$36010	**$44830**	**$49980**	New Holland	6TI	411D	16F-16R	105.0		CHA
TS125A Plus w/Cab	$62177	$26110	$30470	**$37930**	**$42280**	New Holland	6TI	411D	24F-24R	105.0		CHA
TS125A Plus w/Cab	$64353	$27030	$31530	**$39260**	**$43760**	New Holland	6TI	411D	16F-16R	105.0		CHA
TS125A Dlx. 4WD w/Cab	$73015	$30670	$35780	**$44540**	**$49650**	New Holland	6TI	411D	24F-24R	105.0		CHA
TS125A Dlx. 4WD w/Cab	$76399	$32090	$37440	**$46600**	**$51950**	New Holland	6TI	411D	16F-16R	105.0		CHA
TS125A Dlx. w/Cab 4WD SuperSteer	$78484	$32960	$38460	**$47880**	**$53370**	New Holland	6TI	411D	16F-16R	105.0		CHA
TM130 Plus	$68571	$28800	$33600	**$41830**	**$46630**	New Holland	6TI	456D	17F-6R	105.0		CHA
TM130 Premium 4WD	$80291	$33720	$39340	**$48980**	**$54600**	New Holland	6TI	456D	24F-12R	105.0		CHA
TM130 Plus 4WD	$78655	$33040	$38540	**$47980**	**$53490**	New Holland	6TI	456D	18F-6R	105.0		CHA
TM130 Std. 4WD Cab	$64640	$27150	$31670	**$39430**	**$43960**	New Holland	6TI	456D	20F-16R	105.0		CHA
TM130 Plus 4WD SuperSteer	$80717	$33900	$39550	**$49240**	**$54890**	New Holland	6TI	456D	18F-6R	105.0		CHA
TM130 Premium 4WD SuperSteer	$82353	$34590	$40350	**$50240**	**$56000**	New Holland	6TI	456D	18F-6R	105.0		CHA
TS135A Dlx. 4WD w/Cab	$76675	$32200	$37570	**$46770**	**$52140**	New Holland	6TI	411D	24F-24R	115.0		CHA
TS135A Dlx. 4WD w/Cab	$79901	$33560	$39150	**$48740**	**$54330**	New Holland	6TI	411D	16F-16R	115.0		CHA

New Holland/Ford (Cont.)

Model	Approx. Retail Price New	Estimated Value Less Repairs: Used Trade In Avg.	Used Trade In High	Used Retail Avg.	Used Retail High	Engine Make	Engine No. Cyls.	Engine Displ. Cu.-In.	No. Speeds	P.T.O. H.P.	Approx. Shipping Wt.-Lbs.	Cab
2005 (Cont.)												
TS135A Dlx. w/Cab	$67070	$28170	$32860	**$40910**	**$45610**	New Holland	6TI	411D	24F-24R	115.0		CHA
TS135A Dlx. w/Cab	$70435	$29580	$34510	**$42970**	**$47900**	New Holland	6TI	411D	16F-16R	115.0		CHA
TS135A Dlx. w/Cab 4WD SuperSteer	$82005	$34440	$40180	$50020	**$55760**	New Holland	6TI	411D	16F-16R	115.0		CHA
TM140 Plus	$71752	$30140	$35160	**$43770**	**$48790**	New Holland	6TI	456D	17F-6R	115.0		CHA
TM140 Premium	$74312	$31210	$36410	**$45330**	**$50530**	New Holland	6TI	456D	18F-6R	115.0		CHA
TM140 Plus 4WD	$82563	$34680	$40460	**$50360**	**$56140**	New Holland	6TI	456D	18F-6R	115.0		CHA
TM140 Premium 4WD	$85123	$35750	$41710	**$51930**	**$57880**	New Holland	6TI	456D	18F-6R	115.0		CHA
TM140 Std. 4WD	$69431	$29160	$34020	**$42350**	**$47210**	New Holland	6TI	456D	20F-16R	115.0		CHA
TM140 Plus 4WD SuperSteer	$84625	$35540	$41470	**$51620**	**$57550**	New Holland	6TI	456D	18F-6R	115.0		CHA
TM140 Premium 4WD SuperSteer	$87185	$36620	$42720	**$53180**	**$59290**	New Holland	6TI	456D	18F-6R	115.0		CHA
TM155 Plus	$77414	$32510	$37930	**$47220**	**$52640**	New Holland	6TI	456D	17F-6R	125		CHA
TM155 Premium	$79974	$33590	$39190	**$48780**	**$54380**	New Holland	6TI	456D	17F-6R	125		CHA
TM155 Plus 4WD	$89899	$37760	$44050	**$54840**	**$61130**	New Holland	6TI	456D	18F-6R	125.0		CHA
TM155 Premium 4WD	$92461	$38830	$45310	**$56400**	**$62870**	New Holland	6TI	456D	18F-6R	125.0		CHA
TM155 Plus 4WD SuperSteer	$91962	$38620	$45060	**$56100**	**$62530**	New Holland	6TI	456D	18F-6R	125.0		CHA
TM155 Premium 4WD SuperSteer	$94522	$39700	$46320	**$57660**	**$64280**	New Holland	6TI	456D	18F-6R	125.0		CHA
TM175 Premium	$91874	$38590	$45020	**$56040**	**$62470**	New Holland	6TI	456D	17F-6R	145.0		CHA
TM175 Premium 4WD	$104845	$44040	$51370	**$63960**	**$71300**	New Holland	6TI	456D	18F-6R	145.0		CHA
TM175 Premium 4WD SuperSteer	$106908	$44900	$52390	**$65210**	**$72700**	New Holland	6TI	456D	18F-6R	145.0		CHA
TM190 Premium	$96187	$40400	$47130	**$58670**	**$65410**	New Holland	6TI	456D	17F-6R	160.0		CHA
TM190 Premium 4WD	$109213	$45870	$53510	**$66620**	**$74270**	New Holland	6TI	456D	18F-6R	160.0		CHA
TM190 Premium 4WD SuperSteer	$111274	$46740	$54520	**$67880**	**$75670**	New Holland	6TI	456D	18F-6R	160.0		CHA
TG210 4WD	$128736	$48920	$57930	**$73380**	**$83680**	New Holland	6T	505D	18F-4R	170.0		CHA
TG210 4WD SuperSteer	$129964	$49390	$58480	**$74080**	**$84480**	New Holland	6T	505D	18F-4R	170.0		CHA
TG230 4WD	$140941	$53560	$63420	**$80340**	**$91610**	New Holland	6T	505D	18F-4R	190.0		CHA
TG230 4WD SuperSteer	$142168	$54020	$63980	**$81040**	**$92410**	New Holland	6T	505D	18F-4R	190.0		CHA
TG255 4WD	$151780	$57680	$68300	**$86520**	**$98660**	New Holland	6TA	505D	18F-4R	215.0		CHA
TG255 4WD SuperSteer	$154176	$58590	$69380	**$87880**	**$100210**	New Holland	6TA	505D	18F-4R	215.0		CHA
TG285 4WD	$168470	$64020	$75810	**$96030**	**$109510**	New Holland	6TI	505D	18F-4R	240.0		CHA
TG285 4WD SuperSteer	$170867	$64930	$76890	**$97390**	**$111060**	New Holland	6TI	505D	18F-4R	240.0		CHA
TV145	$89328	$41090	$47340	**$59850**	**$66100**	New Holland	6T	456D	Variable	105.0		CHA
TV145 w/Loader	$96190	$44250	$50980	**$64450**	**$71180**	New Holland	6T	456D	Variable	105.0		CHA
TV145 Front 3-Pt.	$93385	$42960	$49490	**$62570**	**$69110**	New Holland	6T	456D	Variable	105.0		CHA
TV145 Front 3-Pt, PTO	$97198	$44710	$51520	**$65120**	**$71930**	New Holland	6T	456D	Variable	105.0		CHA
TJ275	$141489	$56600	$66500	**$83480**	**$90550**	CDC	6TA	505D	24F-6R	275.0		CHA
TJ275 Powershift	$152407	$56800	$66740	**$83780**	**$90880**	CDC	6TA	505D	16F-2R	275.0		CHA
TJ325	$159071	$59600	$70030	**$87910**	**$95360**	CDC	6TA	543D	24F-6R	325.0		CHA
TJ325 Powershift	$170436	$64200	$75440	**$94700**	**$102720**	CDC	6TA	543D	16F-2R	325.0		CHA
TJ375	$187316	$70800	$83190	**$104430**	**$113280**	Cummins	6TA	915D	24F-6R	375.0		CHA
TJ375 Powershift	$197383	$74800	$87890	**$110330**	**$119680**	Cummins	6TA	915D	16F-2R	375.0		CHA
TJ375HD	$194966	$73720	$86620	**$108740**	**$117950**	Cummins	6TA	915D	24F-6R	375.0		CHA
TJ375HD Powershift	$205033	$78200	$91890	**$115350**	**$125120**	Cummins	6TA	915D	16F-2R	375.0		CHA
TJ425	$202005	$76960	$90430	**$113520**	**$123140**	Cummins	6TA	915D	24F-6R	425.0		CHA
TJ425 Powershift	$213587	$81200	$95410	**$119770**	**$129920**	Cummins	6TA	915D	16F-2R	425.0		CHA
TJ425HD Powershift	$220447	$84000	$98700	**$123900**	**$134400**	Cummins	6TA	915D	16F-2R	425.0		CHA
TJ450 Powershift	$230785	$88000	$103400	**$129800**	**$140800**	Cummins	6TA	915D	16F-2R	450.0		CHA
TJ450HD Powershift	$236292	$90000	$105750	**$132750**	**$144000**	Cummins	6TA	915D	16F-2R	450.0		CHA
TJ500 Powershift	$246222	$94000	$110450	**$138650**	**$150400**	Cummins	6TA	912D	16F-2R	500.0		CHA

Note 1 -- Loader ready tractor.

Model	Approx. Retail Price New	Used Trade In Avg.	Used Trade In High	Used Retail Avg.	Used Retail High	Engine Make	Engine No. Cyls.	Engine Displ. Cu.-In.	No. Speeds	P.T.O. H.P.	Approx. Shipping Wt.-Lbs.	Cab
2004												
TZ18DA 4WD	$9369	$4030	$4690	**$6000**	**$6750**	Shibaura	3	58D	Variable	13.7	1446	No
TZ24DA 4WD	$10360	$4460	$5180	**$6630**	**$7460**	Shibaura	3	61D	Variable	18.0	1455	No
TC21DA 4WD	$12856	$5530	$6430	**$8230**	**$9260**	Shibaura	3	61D	9F-3R	17.0	1450	No
TC21DA 4WD (Note 1)	$14143	$6080	$7070	**$9050**	**$10180**	Shibaura	3	61D	9F-3R	17.0	1450	No
TC21DA 4WD Hydro	$14155	$6090	$7080	**$9060**	**$10190**	Shibaura	3	61D	Variable	16.0	1535	No
TC21DA 4WD Hydro (Note 1)	$15442	$6640	$7720	**$9880**	**$11120**	Shibaura	3	61D	Variable	16.0	1535	No
TC24DA 4WD	$13137	$5650	$6570	**$8410**	**$9460**	Shibaura	3	69D	9F-3R	19.5	1405	No
TC24DA 4WD (Note 1)	$14424	$6200	$7210	**$9230**	**$10390**	Shibaura	3	69D	9F-3R	19.5	1405	No
TC24DA 4WD Hydro	$14435	$6210	$7220	**$9240**	**$10390**	Shibaura	3	69D	Variable	18.5	1308	No
TC24DA 4WD Hydro (Note 1)	$15722	$6760	$7860	**$10060**	**$11320**	Shibaura	3	69D	Variable	18.5	1308	No
TC29DA 4WD	$15253	$6560	$7630	**$9760**	**$10980**	Shibaura	3	81D	9F-3R	25.1	2074	No
TC29DA 4WD (Note 1)	$16619	$7150	$8310	**$10640**	**$11970**	Shibaura	3	81D	9F-3R	25.1	2074	No
TC29DA 4WD Hydro	$16681	$7170	$8340	**$10680**	**$12010**	Shibaura	3	81D	Variable	23.5	2474	No
TC29DA 4WD Hydro (Note 1)	$18047	$7760	$9020	**$11550**	**$12990**	Shibaura	3	81D	Variable	23.5	2474	No
TC29DA 4WD Hydro SuperSteer	$17850	$7680	$8930	**$11420**	**$12850**	Shibaura	3	81D	Variable	23.5	2474	No
TC29DA 4WD Hydro SuperSteer (Note 1)	$19216	$8260	$9610	**$12300**	**$13840**	Shibaura	3	81D	Variable	23.5	2474	No
TC29DA 4WD SuperSteer	$16422	$7060	$8210	**$10510**	**$11820**	Shibaura	3	81D	9F-3R	25.1	2188	No
TC29DA 4WD SuperSteer (Note 1)	$17778	$7650	$8890	**$11380**	**$12800**	Shibaura	3	81D	9F-3R	25.1	2188	No
TC30	$9561	$4110	$4780	**$6120**	**$6880**	Shibaura	3	91D	9F-3R	25.5	2115	No
TC30 4WD	$11112	$4780	$5560	**$7110**	**$8000**	Shibaura	3	91D	9F-3R	25.5	2205	No
TC30 4WD Hydro	$12562	$5400	$6280	**$8040**	**$9050**	Shibaura	3	91D	Variable	24.0	2210	No
TC30 Hydro	$11461	$4930	$5730	**$7340**	**$8250**	Shibaura	3	91D	Variable	24.0	2120	No
TC33DA 4WD	$15902	$6840	$7950	**$10180**	**$11450**	Shibaura	3	91D	9F-3R	28.6	2440	No
TC33DA 4WD (Note 1)	$17268	$7430	$8630	**$11050**	**$12430**	Shibaura	3	91D	9F-3R	28.6	2440	No
TC33DA 4WD Hydro	$17331	$7450	$8670	**$11090**	**$12480**	Shibaura	3	91D	Variable	26.9	2474	No
TC33DA 4WD Hydro (Note 1)	$18697	$8040	$9350	**$11970**	**$13460**	Shibaura	3	91D	Variable	26.9	2474	No
TC33DA 4WD Hydro SuperSteer	$18499	$7960	$9250	**$11840**	**$13320**	Shibaura	3	91D	Variable	26.9	2474	No
TC33DA 4WD Hydro SuperSteer (Note 1)	$19865	$8540	$9930	**$12710**	**$14300**	Shibaura	3	91D	Variable	26.9	2474	No
TC33DA 4WD SuperSteer	$17071	$7340	$8540	**$10930**	**$12290**	Shibaura	3	91D	9F-3R	28.6	2554	No
TC33DA 4WD SuperSteer (Note 1)	$18437	$7930	$9220	**$11800**	**$13280**	Shibaura	3	91D	9F-3R	28.6	2554	No
TC35A	$14463	$6220	$7230	**$9260**	**$10410**	Shibaura	3	101D	12F-12R	29.6	3009	No

New Holland/Ford (Cont.)

2004 (Cont.)

	Approx. Retail Price New	Estimated Value Less Repairs: Used Trade In Avg.	Used Trade In High	Used Retail Avg.	Used Retail High	Engine Make	Engine No. Cyls.	Engine Displ. Cu.-In.	No. Speeds	P.T.O. H.P.	Approx. Shipping Wt.-Lbs.	Cab
TC35A (Note 1)	$15982	$6870	$7990	**$10230**	**$11510**	Shibaura	3	101D	12F-12R	29.6	3009	No
TC35A 4WD	$17113	$7360	$8560	**$10950**	**$12320**	Shibaura	3	101D	12F-12R	29.6	3143	No
TC35A 4WD (Note 1)	$18622	$8010	$9310	**$11920**	**$13410**	Shibaura	3	101D	12F-12R	29.6	3143	No
TC35DA 4WD Hydro	$19423	$8350	$9710	**$12430**	**$13990**	Shibaura	3	101D	Variable	29.1	3299	No
TC35DA 4WD Hydro (Note 1)	$20982	$9020	$10490	**$13430**	**$15110**	Shibaura	3	101D	Variable	29.1	3299	No
TC35DA 4WD Hydro SuperSteer	$20721	$8910	$10360	**$13260**	**$14920**	Shibaura	3	101D	Variable	29.1	3299	No
TC35DA 4WD Hydro SuperSteer (Note 1)	$22280	$9580	$11140	**$14260**	**$16040**	Shibaura	3	101D	Variable	29.1	3299	No
TC40A	$16037	$6900	$8020	**$10260**	**$11550**	Shibaura	4	121D	12F-12R	35.0	3060	No
TC40A (Note 1)	$17596	$7570	$8800	**$11260**	**$12670**	Shibaura	4	121D	12F-12R	35.0	3060	No
TC40A 4WD	$18736	$8060	$9370	**$11990**	**$13490**	Shibaura	4	121D	12F-12R	35.0	3194	No
TC40A 4WD (Note 1)	$20245	$8710	$10120	**$12960**	**$14580**	Shibaura	4	121D	12F-12R	35.0	3194	No
TC40DA 4WD Hydro	$21046	$9050	$10520	**$13470**	**$15150**	Shibaura	4	121D	Variable	33.2	3375	No
TC40DA 4WD Hydro (Note 1)	$22605	$9720	$11300	**$14470**	**$16280**	Shibaura	4	121D	Variable	33.2	3375	No
TC40DA 4WD Hydro SuperSteer	$22345	$9610	$11170	**$14300**	**$16090**	Shibaura	4	121D	Variable	33.2	3375	No
TC40DA 4WD Hydro SuperSteer (Note 1)	$23904	$10280	$11950	**$15300**	**$17210**	Shibaura	4	121D	Variable	33.2	3375	No
TC45A	$18165	$7810	$9080	**$11630**	**$13080**	Shibaura	4	135D	12F-12R	39.6	3262	No
TC45A (Note 1)	$19674	$8460	$9840	**$12590**	**$14170**	Shibaura	4	135D	12F-12R	39.6	3262	No
TC45A 4WD	$20814	$8950	$10410	**$13320**	**$14990**	Shibaura	4	135D	12F-12R	39.6	3396	No
TC45A 4WD (Note 1)	$22323	$9600	$11160	**$14290**	**$16070**	Shibaura	4	135D	12F-12R	39.6	3396	No
TC45DA 4WD Hydro	$23514	$10110	$11760	**$15050**	**$16930**	Shibaura	4	135D	Variable	37.8	3766	No
TC45DA 4WD Hydro (Note 1)	$25073	$10780	$12540	**$16050**	**$18050**	Shibaura	4	135D	Variable	37.8	3766	No
TC45DA 4WD Hydro SuperSteer	$24812	$10670	$12410	**$15880**	**$17870**	Shibaura	4	135D	Variable	37.8	3766	No
TC45DA 4WD Hydro SuperSteer (Note 1)	$26371	$11340	$13190	**$16880**	**$18990**	Shibaura	4	135D	Variable	37.8	3766	No
TC48DA	$17619	$7580	$8810	**$11280**	**$12690**	Shibaura	4	135D	12F-12R	40.0	1357	No
TC48DA 4WD	$19459	$8370	$9730	**$12450**	**$14010**	Shibaura	4	135D	12F-12R	40.0	1357	No
TN60A Economy	$18965	$7590	$9100	**$11380**	**$13090**	New Holland	3	179D	8F-8R	45.0		No
TN60A Economy 4WD	$23666	$9470	$11360	**$14200**	**$16330**	New Holland	3	179D	16F-16R	45.0		No
TC55DA	$18874	$8120	$9440	**$12080**	**$13590**	Shibaura	4T	135D	12F-12R	45.0		No
TC55DA (Note 1)	$20715	$8910	$10360	**$13260**	**$14920**	Shibaura	4T	135D	12F-12R	45.0		No
TC55DA 4WD	$23213	$9980	$11610	**$14860**	**$16710**	Shibaura	4T	135D	16F-16R	47.0		No
TC55DA 4WD (Note 1)	$25053	$10770	$12530	**$16030**	**$18040**	Shibaura	4T	135D	16F-16R	47.0		No
TN60A Std.	$23515	$9410	$11290	**$14110**	**$16230**	New Holland	3	179D	16F-16R	45.0		No
TT55	$17140	$6860	$8230	**$10280**	**$11830**	New Holland	3	179D	8F-2R	47.0		No
TT55 4WD	$22142	$8860	$10630	**$13290**	**$15280**	New Holland	3	179D	8F-2R	47.0		No
TN60A Std.	$21518	$8610	$10330	**$12910**	**$14850**	New Holland	3	179D	12F-12R	45.0		No
TN60A Std. 4WD	$26218	$10490	$12590	**$15730**	**$18090**	New Holland	3	179D	12F-12R	45.0		No
TN60A Std. 4WD	$28218	$11290	$13550	**$16930**	**$19470**	New Holland	3	179D	16F-16R	45.0		No
TN60DA Dlx. 4WD w/Cab	$34297	$13720	$16460	**$20580**	**$23670**	New Holland	3	179D	16F-16R	52.0		CHA
TN60DA Dlx. w/Cab	$29578	$11830	$14200	**$17750**	**$20410**	New Holland	3	179D	16F-16R	52.0		CHA
TN60SA 4WD SuperSteer	$28617	$11450	$13740	**$17170**	**$19750**	New Holland	3	179D	8F-8R	52.0		No
TN60SA 4WD SuperSteer w/Cab	$35550	$14220	$17060	**$21330**	**$24530**	New Holland	3	179D	8F-8R	52.0		CHA
TN60VA	$23710	$9480	$11380	**$14230**	**$16360**	New Holland	3T	179D	16F-16R	45.0		No
TN60VA 4WD	$29636	$11850	$14230	**$17780**	**$20450**	New Holland	3T	179D	16F-16R	45.0		No
TN70A 4WD Economy	$26038	$10420	$12500	**$15620**	**$17970**	New Holland	3T	179D	8F-8R	57.0		No
TN70A 4WD Std. w/Cab	$28590	$11440	$13720	**$17150**	**$19730**	New Holland	3T	179D	12F-12R	57.0		CHA
TN70A 4WD Std. w/Cab	$30589	$12240	$14680	**$18350**	**$21110**	New Holland	3T	179D	16F-16R	57.0		CHA
TN70A Economy	$21336	$8530	$10240	**$12800**	**$14720**	New Holland	3T	179D	8F-8R	57.0		No
TN70A Std.	$23889	$9560	$11470	**$14330**	**$16480**	New Holland	3T	179D	12F-12R	57.0		No
TN70A Std.	$25887	$10360	$12430	**$15530**	**$17860**	New Holland	3T	179D	16F-16R	57.0		No
TN70DA Dlx. w/Cab	$31943	$12780	$15330	**$19170**	**$22040**	New Holland	3T	179D	16F-16R	57.0		CHA
TN70SA 4WD SuperSteer	$30932	$12370	$14850	**$18560**	**$21340**	New Holland	3T	179D	16F-16R	57.0		No
TN70SA 4WD SuperSteer w/Cab	$37867	$15150	$18180	**$22720**	**$26130**	New Holland	3T	179D	16F-16R	57.0		CHA
TN70DA Dlx. 4WD w/Cab	$36660	$14660	$17600	**$22000**	**$25300**	New Holland	3T	179D	16F-16R	57.0		CHA
TN75A Std.	$25562	$10230	$12270	**$15340**	**$17640**	New Holland	3T	179D	12F-12R	62.0		No
TN75A Std.	$27154	$10860	$13030	**$16290**	**$18740**	New Holland	3T	179D	16F-16R	62.0		No
TN75A Std. 4WD	$30264	$12110	$14530	**$18160**	**$20880**	New Holland	3T	179D	12F-12R	62.0		No
TN75A Std. 4WD	$31855	$12740	$15290	**$19110**	**$21980**	New Holland	3T	179D	16F-16R	62.0		No
TN75DA Dlx. 4WD w/Cab	$38689	$15480	$18570	**$23210**	**$26700**	New Holland	3T	179D	16F-16R	62.0		CHA
TN75DA Dlx. w/Cab	$33948	$13580	$16300	**$20370**	**$23420**	New Holland	3T	179D	16F-16R	62.0		CHA
TN75A Economy	$22605	$9040	$10850	**$13560**	**$15600**	New Holland	3T	179D	8F-8R	62.0		No
TN75A Economy 4WD	$27306	$10920	$13110	**$16380**	**$18840**	New Holland	3T	179D	8F-8R	62.0		No
TN75FA Narrow	$26847	$10740	$12890	**$16110**	**$18520**	New Holland	4	238D	16F-16R	60.0		No
TN75FA Narrow 4WD	$34034	$13610	$16340	**$20420**	**$23480**	New Holland	4	238D	16F-16R	60.0		No
TN75FA Narrow 4WD w/Cab	$42016	$16810	$20170	**$25210**	**$28990**	New Holland	4	238D	16F-16R	60.0		CHA
TN75FA Narrow w/Cab	$34849	$13940	$16730	**$20910**	**$24050**	New Holland	4	238D	16F-16R	60.0		CHA
TN75SA 4WD SuperSteer	$32960	$13180	$15820	**$19780**	**$22740**	New Holland	3T	179D	16F-16R	62.0		No
TN75SA 4WD SuperSteer w/Cab	$39895	$15960	$19150	**$23940**	**$27530**	New Holland	3T	179D	16F-16R	62.0		CHA
TN75VA	$25958	$10380	$12460	**$15580**	**$17910**	New Holland	3T	179D	16F-16R	62.0		No
TN75VA 4WD	$32234	$12890	$15470	**$19340**	**$22240**	New Holland	3T	179D	16F-16R	62.0		No
TN75VA 4WD w/Cab	$39521	$15810	$18970	**$23710**	**$27270**	New Holland	3T	179D	16F-16R	62.0		CHA
TN75VA w/Cab	$33245	$13300	$15960	**$19950**	**$22940**	New Holland	3T	179D	16F-16R	62.0		CHA
TT75	$20720	$8290	$9950	**$12430**	**$14300**	New Holland	4	238D	8F-2R	59.0		No
TT75 4WD	$25466	$10190	$12220	**$15280**	**$17570**	New Holland	4	238D	8F-2R	59.0		No
TN85FA Narrow 4WD	$35413	$14170	$17000	**$21250**	**$24440**	New Holland	4	238D	16F-16R	70.0		No
TN85FA Narrow	$28254	$11300	$13560	**$16950**	**$19500**	New Holland	4T	238D	16F-16R	70.0		No
TN85FA Narrow 4WD	$38281	$15310	$18380	**$22970**	**$26410**	New Holland	4T	238D	32F-16R	70.0		No
TN85FA Narrow 4WD w/Cab	$43354	$17340	$20810	**$26010**	**$29910**	New Holland	4T	238D	16F-16R	70.0		CHA
TN85FA Narrow 4WD w/Cab	$46263	$18510	$22210	**$27760**	**$31920**	New Holland	4T	238D	32F-16R	70.0		CHA
TN85FA Narrow w/Cab	$36236	$14490	$17390	**$21740**	**$25000**	New Holland	4T	238D	16F-16R	70.0		CHA
TK80 Crawler	$40315	$16130	$19350	**$24190**	**$27820**	New Holland	4	220D	8F-8R	66.0		No
TL80A Dlx.	$33498	$14400	$16750	**$21440**	**$24120**	New Holland	4	273D	24F-24R	69.0		No

New Holland/Ford (Cont.)

2004 (Cont.)

Model	Approx. Retail Price New	Used Trade In Avg.	Used Trade In High	Used Retail Avg.	Used Retail High	Make	Engine No. Cyls.	Engine Displ. Cu.-In.	No. Speeds	P.T.O. H.P.	Approx. Shipping Wt.-Lbs.	Cab
TL80A Dlx. 4WD	$39694	$17070	$19850	**$25400**	**$28580**	New Holland	4	273D	24F-24R	69.0		No
TL80A Dlx. 4WD w/Cab	$48443	$20830	$24220	**$31000**	**$34880**	New Holland	4	273D	24F-24R	69.0		CHA
TL80A Dlx. w/Cab	$40989	$17630	$20500	**$26230**	**$29510**	New Holland	4	273D	24F-24R	69.0		CHA
TL80A Std.	$26669	$11470	$13340	**$17070**	**$19200**	New Holland	4	273D	12F-12R	69.0		No
TL80A Std. 4WD	$32865	$14130	$16430	**$21030**	**$23660**	New Holland	4	273D	12F-12R	69.0		No
TL80A Std. 4WD w/Cab	$40767	$17530	$20380	**$26090**	**$29350**	New Holland	4	273D	12F-12R	59.0		CHA
TL80A Std. w/Cab	$34569	$14870	$17290	**$22120**	**$24890**	New Holland	4	273D	12F-12R	69.0		CHA
TL90A Dlx.	$35600	$15310	$17800	**$22780**	**$25630**	New Holland	4T	273D	24F-24R	77.0		No
TL90A Dlx. 4WD w/Cab	$50545	$21730	$25270	**$32350**	**$36390**	New Holland	4T	273D	24F-24R	77.0		CHA
TL90A Dlx. w/Cab	$44349	$19070	$22180	**$28380**	**$31930**	New Holland	4T	273D	24F-24R	77.0		CHA
TL90A Std.	$28771	$12370	$14390	**$18410**	**$20720**	New Holland	4T	273D	12F-12R	77.0		No
TL90A Std. 4WD	$34967	$15040	$17480	**$22380**	**$25180**	New Holland	4T	273D	12F-12R	77.0		No
TL90A Std. 4WD w/Cab	$42867	$18430	$21430	**$27440**	**$30860**	New Holland	4T	273D	12F-12R	77.0		CHA
TL90A Std. w/Cab	$36671	$15770	$18340	**$23470**	**$26400**	New Holland	4T	273D	12F-12R	77.0		CHA
TL90A Dlx. 4WD	$41796	$17970	$20900	**$26750**	**$30090**	New Holland	4T	273D	24F-24R	77.0		No
TN95FA	$29853	$11940	$14330	**$17910**	**$20600**	New Holland	4T	273D	16F-16R	77.0		No
TN95FA 4WD	$37426	$14970	$17960	**$22460**	**$25820**	New Holland	4T	238D	16F-16R	80.0		No
TN95FA 4WD	$39910	$15960	$19160	**$23950**	**$27540**	New Holland	4T	238D	32F-16R	80.0		No
TN95FA 4WD w/Cab	$45408	$18160	$21800	**$27250**	**$31330**	New Holland	4T	238D	16F-16R	80.0		CHA
TN95FA 4WD w/Cab	$47894	$19160	$22990	**$28740**	**$33050**	New Holland	4T	238D	32F-16R	80.0		CHA
TN95FA 4WD PTO, Hitch	$41253	$16500	$19800	**$24750**	**$28470**	Shibaura	4T	238D	16F-16R	80.0		No
TN95FA 4WD PTO, Hitch, w/Cab	$49235	$19690	$23630	**$29540**	**$33970**	Shibaura	4T	238D	16F-16R	80.0		CHA
TN95FA w/Cab	$37836	$15130	$18160	**$22700**	**$26110**	New Holland	4T	238D	16F-16R	80.0		CHA
TB100	$27777	$11110	$13330	**$16670**	**$19170**	New Holland	4T	304D	8F-2R	80.0		No
TB100	$29161	$11660	$14000	**$17500**	**$20120**	New Holland	4T	304D	16F-4R	80.0		No
TB100 4WD	$34500	$13800	$16560	**$20700**	**$23810**	New Holland	4T	304D	8F-2R	80.0		No
TB100 4WD	$35885	$14350	$17230	**$21530**	**$24760**	New Holland	4T	304D	16F-4R	80.0		No
TK100 Crawler	$45627	$18250	$21900	**$27380**	**$31480**	New Holland	4T	238D	8F-8R	80.0		No
TL100A Dlx.	$37735	$16230	$18870	**$24150**	**$27170**	New Holland	4T	238D	24F-24R	82.0		No
TL100A Dlx. 4WD	$44101	$18960	$22050	**$28230**	**$31750**	New Holland	4T	238D	24F-24R	82.0		No
TL100A Dlx. w/Cab	$46484	$19990	$23240	**$29750**	**$33470**	New Holland	4T	238D	24F-24R	82.0		CHA
TL100A Dlx.4WD w/Cab	$52850	$22730	$26430	**$33820**	**$38050**	New Holland	4T	238D	24F-24R	82.0		CHA
TL100A Std.	$30906	$13290	$15450	**$19780**	**$22250**	New Holland	4T	238D	12F-12R	82.0		No
TL100A Std. 4WD	$37272	$16030	$18640	**$23850**	**$26840**	New Holland	4T	238D	12F-12R	82.0		No
TL100A Std. 4WD w/Cab	$45172	$19420	$22590	**$28910**	**$32520**	New Holland	4T	238D	12F-12R	82.0		CHA
TL100A Std. w/Cab	$38806	$16690	$19400	**$24840**	**$27940**	New Holland	4T	238D	12F-12R	82.0		CHA
TS100A Dlx.	$40571	$16230	$19470	**$24340**	**$27990**	New Holland	4TI	273D	16F-16R	80.0		No
TS100A Dlx. 4WD	$49345	$19740	$23690	**$29610**	**$34050**	New Holland	4T	304D	16F-16R	80.0		No
TS100A Dlx. 4WD w/Cab	$57297	$22920	$27500	**$34380**	**$39540**	New Holland	4TI	273D	24F-24R	80.0		CHA
TS100A Dlx. 4WD w/Cab	$59094	$23640	$28370	**$35460**	**$40780**	New Holland	4TI	273D	16F-16R	80.0		CHA
TS100A Dlx. 4WD SuperSteer	$51354	$20540	$24650	**$30810**	**$35430**	New Holland	4T	304D	16F-16R	80.0		No
TS100A Dlx. 4WD SuperSteer w/Cab	$61103	$24440	$29330	**$36660**	**$42160**	New Holland	4TI	273D	16F-16R	80.0		CHA
TS100A Dlx. w/Cab	$48563	$19430	$23310	**$29140**	**$33510**	New Holland	4TI	273D	24F-24R	80.0		CHA
TS100A Dlx. w/Cab	$50320	$20130	$24150	**$30190**	**$34720**	New Holland	4TI	273D	16F-16R	80.0		CHA
TS100A Plus	$38493	$15400	$18480	**$23100**	**$26560**	New Holland	4TI	273D	24F-24R	80.0		No
TS100A Plus	$40327	$16130	$19360	**$24200**	**$27830**	New Holland	4TI	273D	16F-16R	80.0		No
TS100A Plus 4WD	$46958	$18780	$22540	**$28180**	**$32400**	New Holland	4TI	273D	24F-24R	80.0		No
TS100A Plus 4WD	$48792	$19520	$23420	**$29280**	**$33670**	New Holland	4T	304D	16F-16R	80.0		No
TS100A Plus 4WD w/Cab	$56059	$22420	$26910	**$33640**	**$38680**	New Holland	4TI	273D	24F-24R	80.0		CHA
TS100A Plus 4WD w/Cab	$57893	$23160	$27790	**$34740**	**$39950**	New Holland	4T	304D	16F-16R	80.0		CHA
TS100A Plus w/Cab	$47595	$19040	$22850	**$28560**	**$32840**	New Holland	4TI	273D	24F-24R	80.0		CHA
TS100A Plus w/Cab	$49428	$19770	$23730	**$29660**	**$34110**	New Holland	4TI	273D	16F-16R	80.0		CHA
TS100A Std.	$37861	$15140	$18170	**$22720**	**$26120**	New Holland	4TI	273D	12F-12R	80.0		No
TS100A Std. 4WD	$46332	$18530	$22240	**$27800**	**$31970**	New Holland	4TI	273D	12F-12R	80.0		No
TS100A Std. 4WD w/Cab	$55433	$22170	$26610	**$33260**	**$38250**	New Holland	4TI	273D	12F-12R	80.0		CHA
TS100A Std. 4wd w/Cab	$46962	$18790	$22540	**$28180**	**$32400**	New Holland	4TI	273D	12F-12R	80.0		CHA
TB110	$31687	$12680	$15210	**$19010**	**$21860**	New Holland	4T	304D	8F-2R	90.0		No
TB110	$33071	$13230	$15870	**$19840**	**$22820**	New Holland	4T	304D	16F-4R	90.0		No
TB110 4WD	$38687	$15480	$18570	**$23210**	**$26690**	New Holland	4T	304D	8F-2R	90.0		No
TB110 4WD	$40071	$16030	$19230	**$24040**	**$27650**	New Holland	4T	304D	16F-4R	90.0		No
TS115A Dlx.	$44802	$17030	$20610	**$25090**	**$29120**	New Holland	6TI	411D	16F-16R	95.0		No
TS115A Dlx. 4WD	$52764	$20050	$24270	**$29550**	**$34300**	New Holland	6TI	411D	16F-16R	95.0		No
TS115A Dlx. 4WD w/Cab	$60457	$22970	$27810	**$33860**	**$39300**	New Holland	6TI	411D	24F-24R	95.0		CHA
TS115A Dlx. 4WD w/Cab	$62254	$23660	$28640	**$34860**	**$40470**	New Holland	6TI	411D	16F-16R	95.0		CHA
TS115A Dlx. 4WD SuperSteer	$54774	$20810	$25200	**$30670**	**$35600**	New Holland	6TI	411D	16F-16R	95.0		No
TS115A Dlx. 4WD SuperSteer w/Cab	$66437	$25250	$30560	**$37210**	**$43180**	New Holland	6TI	411D	16F-16R	95.0		CHA
TS115A Dlx. w/Cab	$52492	$19950	$24150	**$29400**	**$34120**	New Holland	6TI	411D	24F-24R	95.0		CHA
TS115A Dlx. w/Cab	$54289	$20630	$24970	**$30400**	**$35290**	New Holland	6TI	411D	16F-16R	95.0		CHA
TS115A Plus	$42724	$16240	$19650	**$23930**	**$27770**	New Holland	6TI	411D	24F-24R	95.0		No
TS115A Plus	$44558	$16930	$20500	**$24950**	**$28960**	New Holland	6TI	411D	16F-16R	95.0		No
TS115A Plus 4WD	$50992	$19380	$23460	**$28560**	**$33150**	New Holland	6TI	411D	24F-24R	95.0		No
TS115A Plus 4WD	$52826	$20070	$24300	**$29580**	**$34340**	New Holland	6TI	411D	16F-16R	95.0		No
TS115A Plus 4WD w/Cab	$59834	$22740	$27520	**$33510**	**$38890**	New Holland	6TI	411D	24F-24R	95.0		CHA
TS115A Plus 4WD w/Cab	$61668	$23430	$28370	**$34530**	**$40080**	New Holland	6TI	411D	16F-16R	95.0		CHA
TS115A Plus w/Cab	$51563	$19590	$23720	**$28880**	**$33520**	New Holland	6TI	411D	24F-24R	95.0		CHA
TS115A Plus w/Cab	$53397	$20290	$24560	**$29900**	**$34710**	New Holland	6TI	411D	16F-16R	95.0		CHA
TS115A Std.	$41500	$15770	$19090	**$23240**	**$26980**	New Holland	6TI	411D	12F-12R	95.0		No
TS115A Std. 4WD	$49751	$18910	$22890	**$27860**	**$32340**	New Holland	6TI	411D	12F-12R	95.0		No
TS115A Std. 4WD w/Cab	$58593	$22270	$26950	**$32810**	**$38090**	New Holland	6TI	411D	12F-12R	95.0		CHA
TS115A Std. w/Cab	$50341	$19130	$23160	**$28190**	**$32720**	New Holland	6TI	411D	12F-12R	95.0		CHA
TB120	$34087	$13640	$16360	**$20450**	**$23520**	New Holland	6	456D	8F-2R	96.0		No
TB120	$35471	$14190	$17030	**$21280**	**$24480**	New Holland	6	456D	16F-4R	96.0		No
TB120 4WD	$41389	$16560	$19870	**$24830**	**$28560**	New Holland	6	456D	8F-2R	96.0		No
TB120 4WD	$42773	$17110	$20530	**$25660**	**$29510**	New Holland	6	456D	16F-4R	96.0		No

New Holland/Ford (Cont.)

2004 (Cont.)

Model	Approx. Retail Price New	Used Trade In Avg.	Used Trade In High	Used Retail Avg.	Used Retail High	Engine Make	Engine No. Cyls.	Displ. Cu.-In.	No. Speeds	P.T.O. H.P.	Approx. Shipping Wt.-Lbs.	Cab
TB120 HC 4WD	$45507	$18200	$21840	**$27300**	**$31400**	New Holland	6	456D	8F-2R	96.0		No
TM120	$58787	$22340	$27040	**$32920**	**$38210**	New Holland	6TI	456D	17F-6R	95.0		CHA
TM120 4WD	$66534	$25280	$30610	**$37260**	**$43250**	New Holland	6TI	456D	24F-12R	95.0		CHA
TM120 4WD	$68118	$25890	$31330	**$38150**	**$44280**	New Holland	6TI	456D	18F-6R	95.0		CHA
TM120 4WD SuperSteer	$72285	$27470	$33250	**$40480**	**$46990**	New Holland	6TI	456D	18F-6R	95.0		CHA
TS125A Dlx.	$52483	$19940	$24140	**$29390**	**$34110**	New Holland	6TI	411D	16F-16R	105.0		No
TS125A Dlx. 4WD	$61821	$23490	$28440	**$34620**	**$40180**	New Holland	6TI	411D	16F-16R	105.0		No
TS125A Dlx. 4WD SuperSteer	$63830	$24260	$29360	**$35750**	**$41490**	New Holland	6TI	411D	16F-16R	105.0		No
TS125A Dlx. w/Cab	$62367	$23700	$28690	**$34930**	**$40540**	New Holland	6TI	411D	16F-16R	105.0		CHA
TS125A Dlx. w/Cab	$60570	$23020	$27860	**$33920**	**$39370**	New Holland	6TI	411D	24F-24R	105.0		CHA
TS125A Plus	$50405	$19150	$23190	**$28230**	**$32760**	New Holland	6TI	411D	24F-24R	105.0		No
TS125A Plus 4WD	$59434	$22590	$27340	**$33280**	**$38630**	New Holland	6TI	411D	24F-24R	105.0		No
TS125A Plus 4WD w/Cab	$68361	$25980	$31450	**$38280**	**$44440**	New Holland	6TI	411D	24F-24R	105.0		CHA
TS125A Plus 4WD w/Cab	$70439	$26770	$32400	**$39450**	**$45790**	New Holland	6TI	411D	16F-16R	105.0		CHA
TS125A Plus w/Cab	$59641	$22660	$27440	**$33400**	**$38770**	New Holland	6TI	411D	24F-24R	105.0		CHA
TS125A Plus w/Cab	$61719	$23450	$28390	**$34560**	**$40120**	New Holland	6TI	411D	16F-16R	105.0		CHA
TS125A Dlx. 4WD w/Cab	$69599	$26450	$32020	**$38980**	**$45240**	New Holland	6TI	411D	24F-24R	105.0		CHA
TS125A Dlx. 4WD w/Cab	$71396	$27130	$32840	**$39980**	**$46410**	New Holland	6TI	411D	16F-16R	105.0		CHA
TS125A Dlx. 4WD SuperSteer w/Cab	$75579	$28720	$34770	**$42320**	**$49130**	New Holland	6TI	411D	16F-16R	105.0		CHA
TM130	$65506	$24890	$30130	**$36680**	**$42580**	New Holland	6TI	456D	17F-6R	105.0		CHA
TM130 4WD	$71436	$27150	$32860	**$40000**	**$46430**	New Holland	6TI	456D	24F-12R	105.0		CHA
TM130 4WD	$74712	$28390	$34370	**$41840**	**$48560**	New Holland	6TI	456D	18F-6R	105.0		CHA
TM130 4WD SuperSteer	$78820	$29950	$36260	**$44140**	**$51230**	New Holland	6TI	456D	18F-6R	105.0		CHA
TS135A Dlx. 4WD w/Cab	$72961	$27730	$33560	**$40860**	**$47430**	New Holland	6TI	411D	24F-24R	115.0		CHA
TS135A Dlx. 4WD w/Cab	$74759	$28410	$34390	**$41870**	**$48590**	New Holland	6TI	411D	16F-16R	115.0		CHA
TS135A Dlx. 4WD SuperSteer w/Cab	$78942	$30000	$36310	**$44210**	**$51310**	New Holland	6TI	411D	16F-16R	115.0		CHA
TS135A Dlx. w/Cab	$63931	$24290	$29410	**$35800**	**$41560**	New Holland	6TI	411D	24F-24R	115.0		CHA
TS135A Dlx. w/Cab	$65728	$24980	$30240	**$36810**	**$42720**	New Holland	6TI	411D	16F-16R	115.0		CHA
TM140	$68849	$26160	$31670	**$38560**	**$44750**	New Holland	6TI	456D	17F-6R	115.0		CHA
TM140 4WD	$78809	$29950	$36250	**$44130**	**$51230**	New Holland	6TI	456D	18F-6R	115.0		CHA
TM140 4WD SuperSteer	$83179	$31610	$38260	**$46580**	**$54070**	New Holland	6TI	456D	18F-6R	115.0		CHA
TM155	$76400	$29030	$35140	**$42780**	**$49660**	New Holland	6TI	456D	17F-6R	125		CHA
TM155 4WD	$88280	$33550	$40610	**$49440**	**$57380**	New Holland	6TI	456D	18F-6R	125.0		CHA
TM155 4WD SuperSteer	$90229	$34290	$41510	**$50530**	**$58650**	New Holland	6TI	456D	18F-6R	125.0		CHA
TM175	$87015	$33070	$40030	**$48730**	**$56560**	New Holland	6TI	456D	17F-6R	145.0		CHA
TM175 4WD	$100584	$38220	$46270	**$56330**	**$65380**	New Holland	6TI	456D	18F-6R	145.0		CHA
TM175 4WD SuperSteer	$102534	$38960	$47170	**$57420**	**$66650**	New Holland	6TI	456D	18F-6R	145.0		CHA
TM190	$90377	$34340	$41570	**$50610**	**$58750**	New Holland	6TI	456D	17F-6R	160.0		CHA
TM190 4WD	$104552	$39730	$48090	**$58550**	**$67960**	New Holland	6TI	456D	18F-6R	160.0		CHA
TM190 4WD SuperSteer	$106501	$40470	$48990	**$59640**	**$69230**	New Holland	6TI	456D	18F-6R	160.0		CHA
TG210 4WD	$125467	$42660	$52700	**$65240**	**$76540**	New Holland	6T	505D	18F-4R	170.0		CHA
TG210 4WD SuperSteer	$128778	$43790	$54090	**$66970**	**$78560**	New Holland	6T	505D	18F-4R	170.0		CHA
TG230 4WD	$135370	$46030	$56860	**$70390**	**$82580**	New Holland	6T	505D	18F-4R	190.0		CHA
TG230 4WD SuperSteer	$138681	$47150	$58250	**$72110**	**$84600**	New Holland	6T	505D	18F-4R	190.0		CHA
TG255 4WD	$150515	$51180	$63220	**$78270**	**$91810**	New Holland	6TA	505D	18F-4R	215.0		CHA
TG255 4WD SuperSteer	$154985	$52700	$65090	**$80590**	**$94540**	New Holland	6TA	505D	18F-4R	215.0		CHA
TG285 4WD	$166545	$56630	$69950	**$86600**	**$101590**	New Holland	6TI	505D	18F-4R	240.0		CHA
TG285 4WD SuperSteer	$170982	$58130	$71810	**$88910**	**$104300**	New Holland	6TI	505D	18F-4R	240.0		CHA
TV145	$88220	$37940	$44110	**$56460**	**$63520**	New Holland	6T	456D	Variable	105.0		CHA
TV145 Front 3-Pt.	$93311	$40120	$46660	**$59720**	**$67180**	New Holland	6T	456D	Variable	105.0		CHA
TV145 Front 3-Pt, PTO	$95705	$41150	$47850	**$61250**	**$68910**	New Holland	6T	456D	Variable	105.0		CHA
TJ275	$132017	$47530	$56770	**$72610**	**$79210**	CDC	6TA	505D	24F-6R	275.0		CHA
TJ275 Powershift	$142340	$48960	$58480	**$74800**	**$81600**	CDC	6TA	505D	16F-2R	275.0		CHA
TJ325	$148893	$52200	$62350	**$79750**	**$87000**	CDC	6TA	543D	24F-6R	325.0		CHA
TJ325 Powershift	$159638	$56340	$67300	**$86080**	**$93900**	CDC	6TA	543D	16F-2R	325.0		CHA
TJ375	$169252	$60300	$72030	**$92130**	**$100500**	Cummins	6TA	915D	24F-6R	375.0		CHA
TJ375 Powershift	$178770	$63720	$76110	**$97350**	**$106200**	Cummins	6TA	915D	16F-2R	375.0		CHA
TJ375HD	$182745	$64910	$77530	**$99170**	**$108180**	Cummins	6TA	915D	24F-6R	375.0		CHA
TJ375HD Powershift	$192263	$67860	$81060	**$103680**	**$113100**	Cummins	6TA	915D	16F-2R	375.0		CHA
TJ425	$187683	$66380	$79290	**$101420**	**$110640**	Cummins	6TA	915D	24F-6R	425.0		CHA
TJ425 Powershift	$198633	$69840	$83420	**$106700**	**$116400**	Cummins	6TA	915D	16F-2R	425.0		CHA
TJ450 Powershift	$212799	$75600	$90300	**$115500**	**$126000**	Cummins	6TA	915D	16F-2R	450.0		CHA
TJ500 Powershift	$227625	$80640	$96320	**$123200**	**$134400**	Cummins	6TA	912D	16F-2R	500.0		CHA

Note 1 -- Loader ready tractor.

2003

Model	Approx. Retail Price New	Used Trade In Avg.	Used Trade In High	Used Retail Avg.	Used Retail High	Engine Make	Engine No. Cyls.	Displ. Cu.-In.	No. Speeds	P.T.O. H.P.	Approx. Shipping Wt.-Lbs.	Cab
TZ18DA 4WD	$9369	$3750	$4400	**$5810**	**$6650**	Shibaura	3	58D	Variable	13.7	1446	No
TZ24DA 4WD	$10100	$4040	$4750	**$6260**	**$7170**	Shibaura	3	61D	Variable	18.0	1455	No
TC18	$8369	$3350	$3930	**$5190**	**$5940**	Shibaura	3	58D	6F-2R	15.0	1357	No
TC18 4WD	$11624	$4650	$5460	**$7210**	**$8250**	Shibaura	3	58D	6F-2R	15.0	1438	No
TC18 4WD	$12793	$5120	$6010	**$7930**	**$9080**	Shibaura	3	58D	Variable	14.0	1508	No
TC21 4WD	$14124	$5650	$6640	**$8760**	**$10030**	Shibaura	3	61D	9F-3R	17.0	1450	No
TC21D 4WD Hydro	$15423	$6170	$7250	**$9560**	**$10950**	Shibaura	3	61D	Variable	16.0	1535	No
TC24 4WD	$13118	$5250	$6170	**$8130**	**$9310**	Shibaura	3	69D	9F-3R	19.5	1405	No
TC24 4WD Hydro	$14416	$5770	$6780	**$8940**	**$10240**	Shibaura	3	69D	Variable	18.5	1308	No
TC29 4WD	$16464	$6590	$7740	**$10210**	**$11690**	Shibaura	3	81D	9F-3R	25.1	2074	No
TC29 4WD SuperSteer	$17633	$7050	$8290	**$10930**	**$12520**	Shibaura	3	81D	9F-3R	25.1	2188	No
TC29D 4WD Hydro	$17892	$7160	$8410	**$11090**	**$12700**	Shibaura	3	81D	Variable	23.5	2474	No
TC29D 4WD Hydro SuperSteer	$19061	$7620	$8960	**$11820**	**$13530**	Shibaura	3	81D	Variable	23.5	2474	No
TC30	$9561	$3820	$4490	**$5930**	**$6790**	Shibaura	3	91D	9F-3R	25.5	2115	No
TC30 4WD	$11112	$4450	$5220	**$6890**	**$7890**	Shibaura	3	91D	9F-3R	25.5	2205	No
TC30 4WD Hydro	$12562	$5030	$5900	**$7790**	**$8920**	Shibaura	3	91D	Variable	24.0	2210	No
TC30 Hydro	$11461	$4580	$5390	**$7110**	**$8140**	Shibaura	3	91D	Variable	24.0	2120	No
TC33 4WD	$17113	$6850	$8040	**$10610**	**$12150**	Shibaura	3	91D	9F-3R	28.6	2440	No

New Holland/Ford (Cont.)

Model	Approx. Retail Price New	Estimated Value Less Repairs: Used Trade In Avg.	Used Trade In High	Used Retail Avg.	Used Retail High	Make	Engine No. Cyls.	Engine Displ. Cu.-In.	No. Speeds	P.T.O. H.P.	Approx. Shipping Wt.-Lbs.	Cab
2003 (Cont.)												
TC33 4WD SuperSteer	$18282	$7310	$8590	**$11340**	**$12980**	Shibaura	3	91D	9F-3R	28.6	2554	No
TC33D 4WD Hydro	$18542	$7420	$8720	**$11500**	**$13170**	Shibaura	3	91D	Variable	26.9	2474	No
TC33D 4WD Hydro SuperSteer	$19710	$7880	$9260	**$12220**	**$13990**	Shibaura	3	91D	Variable	26.9	2474	No
TC35	$16039	$6420	$7540	**$9940**	**$11390**	Shibaura	3	101D	12F-12R	29.6	3009	No
TC35 4WD	$18688	$7480	$8780	**$11590**	**$13270**	Shibaura	3	101D	12F-12R	29.6	3143	No
TC35D 4WD Hydro	$21028	$8410	$9880	**$13040**	**$14930**	Shibaura	3	101D	Variable	29.6	3299	No
TC35D 4WD Hydro SuperSteer	$22327	$8930	$10490	**$13840**	**$15850**	Shibaura	3	101D	Variable	29.6	3299	No
TC40	$17662	$7070	$8300	**$10950**	**$12540**	Shibaura	4	121D	12F-12R	35.0	3060	No
TC40 4WD	$20313	$8130	$9550	**$12590**	**$14420**	Shibaura	4	121D	12F-12R	35.0	3194	No
TC40D 4WD Hydro	$22652	$9060	$10650	**$14040**	**$16080**	Shibaura	4	121D	Variable	33.2	3375	No
TC40D 4WD Hydro SuperSteer	$23950	$9580	$11260	**$14850**	**$17010**	Shibaura	4	121D	Variable	33.2	3375	No
TC45	$19740	$7900	$9280	**$12240**	**$14020**	Shibaura	4	135D	12F-12R	39.6	3262	No
TC45 4WD	$22389	$8960	$10520	**$13880**	**$15900**	Shibaura	4	135D	12F-12R	39.6	3396	No
TC45D 4WD Hydro	$24859	$9940	$11680	**$15410**	**$17650**	Shibaura	4	135D	Variable	37.8	3766	No
TC45D 4WD Hydro SuperSteer	$26158	$10460	$12290	**$16220**	**$18570**	Shibaura	4	135D	Variable	37.8	3766	No
TN55 Standard	$21461	$8160	$9870	**$12230**	**$14380**	New Holland	3	179D	8F-8R	42.0		No
TN55 Standard	$21935	$8340	$10090	**$12500**	**$14700**	New Holland	3	179D	16F-16R	42.0		No
TN55 Standard 4WD	$26188	$9950	$12050	**$14930**	**$17550**	New Holland	3	179D	8F-8R	42.0		No
TN55 Standard 4WD	$26663	$10130	$12270	**$15200**	**$17860**	New Holland	3	179D	16F-16R	42.0		No
TN55D Deluxe	$29205	$11100	$13430	**$16650**	**$19570**	New Holland	3	179D	16F-16R	42.0		CHA
TN55D Deluxe 4WD	$33924	$12890	$15610	**$19340**	**$22730**	New Holland	3	179D	16F-16R	42.0		CHA
TN55S 4WD	$28263	$10740	$13000	**$16110**	**$18940**	New Holland	3	179D	16F-16R	42.0		No
TN55S 4WD w/Cab	$35130	$13350	$16160	**$20020**	**$23540**	New Holland	3	179D	16F-16R	42.0		CHA
TT55	$16862	$6410	$7760	**$9610**	**$11300**	New Holland	3	165D	8F-2R	42.0		No
TT55 4WD	$21588	$8200	$9930	**$12310**	**$14460**	New Holland	3	165D	8F-2R	42.0		No
TN65	$22113	$8400	$10170	**$12600**	**$14820**	New Holland	3	179D	8F-8R	52.0		No
TN65	$22587	$8580	$10390	**$12880**	**$15130**	New Holland	3	179D	16F-16R	52.0		No
TN65 4WD	$26862	$10210	$12360	**$15310**	**$18000**	New Holland	3	179D	8F-8R	52.0		No
TN65 4WD	$27336	$10390	$12580	**$15580**	**$18320**	New Holland	3	179D	16F-16R	52.0		No
TN65D Deluxe	$30002	$11400	$13800	**$17100**	**$20100**	New Holland	3	179D	8F-8R	52.0		CHA
TN65D Deluxe 4WD	$34744	$13200	$15980	**$19800**	**$23280**	New Holland	3	179D	8F-8R	52.0		CHA
TN65S 4WD SuperSteer	$29141	$11070	$13410	**$16610**	**$19520**	New Holland	3	179D	8F-8R	52.0		No
TN65S 4WD SuperSteer	$35949	$13660	$16540	**$20490**	**$24090**	New Holland	3	179D	8F-8R	52.0		CHA
TN65V	$23366	$8880	$10750	**$13320**	**$15660**	New Holland	3T	179D	16F-16R	47.0		No
TN65V 4WD	$29299	$11130	$13480	**$16700**	**$19630**	New Holland	3T	179D	16F-16R	47.0		No
TN65V 4WD w/Cab	$36203	$13760	$16650	**$20640**	**$24260**	New Holland	3T	179D	16F-16R	47.0		CHA
TN70F w/Cab	$33860	$12870	$15580	**$19300**	**$22690**	New Holland	4	238D	16F-16R	57.0		CHA
TN70F 4WD	$33386	$12690	$15360	**$19030**	**$22370**	New Holland	4	238D	16F-16R	57.0		No
TN70F	$26122	$9930	$12020	**$14890**	**$17500**	New Holland	4	238D	16F-16R	57.0		No
TN70F 4WD w/Cab	$41124	$15630	$18920	**$23440**	**$27550**	New Holland	4	238D	16F-16R	57.0		CHA
TN70 4WD Standard	$28594	$10870	$13150	**$16300**	**$19160**	New Holland	3T	179D	8F-8R	57.0		CHA
TN70 4WD Standard	$29068	$11050	$13370	**$16570**	**$19480**	New Holland	3T	179D	16F-16R	57.0		CHA
TN70 Standard	$24660	$9370	$11340	**$14060**	**$16520**	New Holland	3T	179D	8F-8R	57.0		No
TN70 Standard	$25134	$9550	$11560	**$14330**	**$16840**	New Holland	3T	179D	16F-16R	57.0		No
TN70D Deluxe	$32397	$12310	$14900	**$18470**	**$21710**	New Holland	3T	179D	16F-16R	57.0		CHA
TN70S 4WD	$31536	$11980	$14510	**$17980**	**$21130**	New Holland	3T	179D	16F-16R	57.0		No
TN70S 4WD w/Cab	$38344	$14570	$17640	**$21860**	**$25690**	New Holland	3T	179D	16F-16R	57.0		CHA
TN70 4WD	$29409	$11180	$13530	**$16760**	**$19700**	New Holland	3T	179D	8F-8R	57.0		No
TN70 4WD	$29883	$11360	$13750	**$17030**	**$20020**	New Holland	3T	179D	16F-16R	57.0		No
TN70D Deluxe 4WD	$37139	$14110	$17080	**$21170**	**$24880**	New Holland	3T	179D	16F-16R	57.0		CHA
TN75	$26273	$9980	$12090	**$14980**	**$17600**	New Holland	3T	179D	8F-8R	62.0		No
TN75	$26747	$10160	$12300	**$15250**	**$17920**	New Holland	3T	179D	16F-16R	62.0		No
TN75 4WD	$31072	$11810	$14290	**$17710**	**$20820**	New Holland	3T	179D	8F-8R	62.0		No
TN75 4WD	$31496	$11970	$14490	**$17950**	**$21100**	New Holland	3T	179D	16F-16R	62.0		No
TN75D Deluxe	$34241	$13010	$15750	**$19520**	**$22940**	New Holland	3T	179D	16F-16R	62.0		CHA
TN75D Deluxe 4WD	$38983	$14810	$17930	**$22220**	**$26120**	New Holland	3T	179D	16F-16R	62.0		CHA
TN75S 4WD SuperSteer	$34865	$13250	$16040	**$19870**	**$23360**	New Holland	3T	179D	16F-16R	62.0		No
TN75S 4WD SuperSteer	$41673	$15840	$19170	**$23750**	**$27920**	New Holland	3T	179D	16F-16R	62.0		CHA
TN75V	$25979	$9870	$11950	**$14810**	**$17410**	New Holland	3T	179D	16F-16R	62.0		No
TN75V 4WD	$32141	$12210	$14790	**$18320**	**$21530**	New Holland	3T	179D	16F-16R	62.0		No
TN75V 4WD w/Cab	$39045	$14840	$17960	**$22260**	**$26160**	New Holland	3T	179D	16F-16R	62.0		CHA
TN75V w/Cab	$32883	$12500	$15130	**$18740**	**$22030**	New Holland	3T	179D	16F-16R	62.0		CHA
TT75	$21381	$8130	$9840	**$12190**	**$14330**	New Holland	4	220D	8F-2R	59.0		No
TT75 4WD	$26129	$9930	$12020	**$14890**	**$17510**	New Holland	4	220D	8F-2R	59.0		No
TK76 Crawler	$38226	$14530	$17580	**$21790**	**$25610**	New Holland	4	220D	8F-8R	60.0		No
TL80 Deluxe	$31911	$12760	$15000	**$19790**	**$22660**	New Holland	4	238D	24F-24R	66.0		No
TL80 Deluxe 4WD	$38772	$15510	$18220	**$24040**	**$27530**	New Holland	4	238D	24F-24R	66.0		No
TL80 Deluxe 4WD w/Cab	$46980	$18790	$22080	**$29130**	**$33360**	New Holland	4	238D	24F-24R	66.0		CHA
TL80 Deluxe w/Cab	$40118	$16050	$18860	**$24870**	**$28480**	New Holland	4	238D	24F-24R	66.0		CHA
TL80 Standard	$25878	$10350	$12160	**$16040**	**$18370**	New Holland	4	238D	12F-12R	66.0		No
TL80 Standard 4WD	$32150	$12860	$15110	**$19930**	**$22830**	New Holland	4	238D	12F-12R	66.0		No
TL80 Standard 4WD w/Cab	$40349	$16140	$18960	**$25020**	**$28650**	New Holland	4	238D	12F-12R	66.0		CHA
TL80 Standard w/Cab	$34076	$13630	$16020	**$21130**	**$24190**	New Holland	4	238D	12F-12R	66.0		CHA
TN80F Narrow 4WD	$34994	$13300	$16100	**$19950**	**$23450**	New Holland	4	238D	16F-16R	67.0		No
TN80F Narrow 4WD	$37862	$14390	$17420	**$21580**	**$25370**	New Holland	4	238D	32F-16R	67.0		No
TN80F Narrow 4WD w/Cab	$42731	$16240	$19660	**$24360**	**$28630**	New Holland	4	238D	16F-16R	67.0		CHA
TN80F Narrow	$27727	$10540	$12750	**$15800**	**$18580**	New Holland	4	238D	16F-16R	67.0		No
TN80F Narrow	$30594	$11630	$14070	**$17440**	**$20500**	New Holland	4	238D	32F-16R	67.0		No
TN80F Narrow 4WD w/Cab	$45600	$17330	$20980	**$25990**	**$30550**	New Holland	4	238D	32F-16R	67.0		CHA
TN80F Narrow w/Cab	$35465	$13480	$16310	**$20220**	**$23760**	New Holland	4	238D	16F-16R	67.0		CHA
TN80F Narrow w/Cab	$38334	$14570	$17630	**$21850**	**$25680**	New Holland	4	238D	32F-16R	67.0		CHA
TK85 Crawler	$42327	$16080	$19470	**$24130**	**$28360**	New Holland	4	238D	8F-8R	65.0		NO
TK85M Crawler	$42995	$16340	$19780	**$24510**	**$28810**	New Holland	4	238D	8F-8R	65.0		NO
TL90 Deluxe	$34275	$13710	$16110	**$21250**	**$24340**	New Holland	4T	238D	24F-24R	76.0		No

New Holland/Ford (Cont.)

2003 (Cont.)

	Approx. Retail Price New	Used Trade In Avg.	Used Trade In High	Used Retail Avg.	Used Retail High	Engine Make	Engine No. Cyls.	Displ. Cu.-In.	No. Speeds	P.T.O. H.P.	Approx. Shipping Wt.-Lbs.	Cab
TL90 Deluxe 4WD w/Cab	$49669	$19870	$23340	**$30800**	**$35270**	New Holland	4T	238D	24F-24R	76.0		CHA
TL90 Deluxe w/Cab	$42327	$16930	$19890	**$26240**	**$30050**	New Holland	4T	238D	24F-24R	76.0		CHA
TL90 Standard	$28451	$11380	$13370	**$17640**	**$20200**	New Holland	4T	238D	12F-12R	76.0		No
TL90 Standard 4WD	$34443	$13780	$16190	**$21360**	**$24460**	New Holland	4T	238D	12F-12R	76.0		No
TL90 Standard 4WD w/Cab	$42619	$17050	$20030	**$26420**	**$30260**	New Holland	4T	238D	12F-12R	76.0		CHA
TL90 Standard w/Cab	$36627	$14650	$17220	**$22710**	**$26010**	New Holland	4T	238D	12F-12R	76.0		CHA
TL90 Deluxe 4WD	$41617	$16650	$19560	**$25800**	**$29550**	New Holland	4T	238D	24F-24R	76.0		No
TN95F	$29776	$11320	$13700	**$16970**	**$19950**	New Holland	4T	238D	16F-16R	80.0		No
TN95F	$32645	$12410	$15020	**$18610**	**$21870**	New Holland	4T	238D	32F-16R	80.0		No
TN95F 4WD	$37366	$14200	$17190	**$21300**	**$25040**	New Holland	4T	238D	16F-16R	80.0		No
TN95F 4WD	$39910	$15170	$18360	**$22750**	**$26740**	New Holland	4T	238D	32F-16R	80.0		No
TN95F 4WD Front PTO & Hitch	$41193	$15650	$18950	**$23480**	**$27600**	Shibaura	4T	238D	16F-16R	80.0		No
TN95F 4WD Front PTO & Hitch	$47931	$18210	$22050	**$27320**	**$32110**	Shibaura	4T	238D	16F-16R	80.0		CHA
TN95F 4WD w/Cab	$45104	$17140	$20750	**$25710**	**$30220**	New Holland	4T	238D	16F-16R	80.0		CHA
TN95F 4WD w/Cab	$47650	$18110	$21920	**$27160**	**$31930**	New Holland	4T	238D	32F-16R	80.0		CHA
TN95F w/Cab	$37515	$14260	$17260	**$21380**	**$25140**	New Holland	4T	238D	16F-16R	80.0		CHA
TN95F w/Cab	$40382	$15350	$18580	**$23020**	**$27060**	New Holland	4T	238D	32F-16R	80.0		CHA
TS90	$35355	$13440	$16260	**$20150**	**$23690**	New Holland	4	304D	12F-12R	70.0		No
TS90	$36132	$13730	$16620	**$20600**	**$24210**	New Holland	4	304D	24F-24R	70.0		No
TS90 4WD	$44010	$16720	$20250	**$25090**	**$29490**	New Holland	4	304D	12F-12R	70.0		No
TS90 4WD	$45187	$17170	$20790	**$25760**	**$30280**	New Holland	4	304D	24F-24R	70.0		No
TS90 4WD w/Cab	$52803	$20070	$24290	**$30100**	**$35380**	New Holland	4	304D	12F-12R	70.0		CHA
TS90 4WD w/Cab	$53979	$20510	$24830	**$30770**	**$36170**	New Holland	4	304D	24F-24R	70.0		CHA
TS90 w/Cab	$44147	$16780	$20310	**$25160**	**$29580**	New Holland	4	304D	12F-12R	70.0		CHA
TS90 w/Cab	$45324	$17220	$20850	**$25840**	**$30370**	New Holland	4	304D	24F-24R	70.0		CHA
TB100	$27777	$10560	$12780	**$15830**	**$18610**	New Holland	4T	304D	8F-2R	80.0		No
TB100	$29161	$11080	$13410	**$16620**	**$19540**	New Holland	4T	304D	16F-4R	80.0		No
TB100 4WD	$34500	$13110	$15870	**$19670**	**$23120**	New Holland	4T	304D	8F-2R	80.0		No
TB100 4WD	$35885	$13640	$16510	**$20450**	**$24040**	New Holland	4T	304D	16F-4R	80.0		No
TL100 Deluxe	$36280	$14510	$17050	**$22490**	**$25760**	New Holland	4T	238D	24F-24R	82.0		No
TL100 Deluxe 4WD	$43762	$17510	$20570	**$27130**	**$31070**	New Holland	4T	238D	24F-24R	82.0		No
TL100 Deluxe 4WD w/Cab	$51812	$20730	$24350	**$32120**	**$36790**	New Holland	4T	238D	24F-24R	82.0		CHA
TL100 Deluxe w/Cab	$44331	$17730	$20840	**$27490**	**$31480**	New Holland	4T	238D	24F-24R	82.0		CHA
TL100 Standard	$30159	$12060	$14180	**$18700**	**$21410**	New Holland	4T	238D	12F-12R	82.0		No
TL100 Standard 4WD	$36150	$14460	$16990	**$22410**	**$25670**	New Holland	4T	238D	12F-12R	82.0		No
TL100 Standard 4WD w/Cab	$44328	$17730	$20830	**$27480**	**$31470**	New Holland	4T	238D	12F-12R	82.0		CHA
TL100 Standard w/Cab	$38336	$15330	$18020	**$23770**	**$27220**	New Holland	4T	238D	12F-12R	82.0		CHA
TS100	$39359	$14960	$18110	**$22440**	**$26370**	New Holland	4T	304D	12F-12R	80.0		No
TS100	$40535	$15400	$18650	**$23110**	**$27160**	New Holland	4T	304D	24F-24R	80.0		No
TS100	$41639	$15820	$19150	**$23730**	**$27900**	New Holland	4T	304D	16F-16R	80.0		No
TS100 4WD	$47797	$18160	$21990	**$27240**	**$32020**	New Holland	4T	304D	12F-12R	80.0		No
TS100 4WD	$48973	$18610	$22530	**$27920**	**$32810**	New Holland	4T	304D	24F-24R	80.0		No
TS100 4WD	$50075	$19030	$23040	**$28540**	**$33550**	New Holland	4T	304D	16F-16R	80.0		No
TS100 4WD w/Cab	$56586	$21500	$26030	**$32250**	**$37910**	New Holland	4T	304D	12F-12R	80.0		CHA
TS100 4WD w/Cab	$57764	$21950	$26570	**$32930**	**$38700**	New Holland	4T	304D	24F-24R	80.0		CHA
TS100 4WD w/Cab	$58868	$22370	$27080	**$33560**	**$39440**	New Holland	4T	304D	16F-16R	80.0		CHA
TS100 w/Cab	$48149	$18300	$22150	**$27450**	**$32260**	New Holland	4T	304D	12F-12R	80.0		CHA
TS100 w/Cab	$49326	$18740	$22690	**$28120**	**$33050**	New Holland	4T	304D	24F-24R	80.0		CHA
TS100 w/Cab	$50430	$19160	$23200	**$28750**	**$33790**	New Holland	4T	304D	16F-16R	80.0		CHA
TS100A	$36859	$14010	$16960	**$21010**	**$24700**	New Holland	4TI	273D	12F-12R	80.0		No
TS100A 4WD	$44962	$17090	$20680	**$25630**	**$30130**	New Holland	4TI	273D	12F-12R	80.0		No
TS100A 4WD w/Cab	$53630	$20380	$24670	**$30570**	**$35930**	New Holland	4TI	273D	12F-12R	80.0		CHA
TS100A w/Cab	$45527	$17300	$20940	**$25950**	**$30500**	New Holland	4TI	273D	12F-12R	80.0		CHA
TS100A Dlx.	$40205	$15280	$18490	**$22920**	**$26940**	New Holland	4TI	273D	16F-16R	80.0		No
TS100A Dlx. 4WD	$50576	$19220	$23270	**$28830**	**$33890**	New Holland	4T	304D	16F-16R	80.0		No
TS100A Dlx. 4WD w/Cab	$56049	$21300	$25780	**$31950**	**$37550**	New Holland	4TI	273D	24F-24R	80.0		CHA
TS100A Dlx. 4WD w/Cab	$59743	$22700	$27480	**$34050**	**$40030**	New Holland	4TI	273D	16F-16R	80.0		CHA
TS100A Dlx. w/Cab	$47628	$18100	$21910	**$27150**	**$31910**	New Holland	4TI	273D	24F-24R	80.0		CHA
TS100A Dlx. w/Cab	$49373	$18760	$22710	**$28140**	**$33080**	New Holland	4TI	273D	16F-16R	80.0		CHA
TS100A Plus	$38058	$14460	$17510	**$21690**	**$25500**	New Holland	4TI	273D	24F-24R	80.0		No
TS100A Plus	$39969	$15190	$18390	**$22780**	**$26780**	New Holland	4TI	273D	16F-16R	80.0		No
TS100A Plus 4WD	$46300	$17590	$21300	**$26390**	**$31020**	New Holland	4TI	273D	24F-24R	80.0		No
TS100A Plus 4WD	$48212	$18320	$22180	**$27480**	**$32300**	New Holland	4T	304D	16F-16R	80.0		No
TS100A Plus 4WD w/Cab	$54232	$20610	$24950	**$30910**	**$36340**	New Holland	4TI	273D	24F-24R	80.0		CHA
TS100A Plus 4WD w/Cab	$56147	$21340	$25830	**$32000**	**$37620**	New Holland	4T	304D	16F-16R	80.0		CHA
TS100A Plus w/Cab	$46726	$17760	$21490	**$26630**	**$31310**	New Holland	4TI	273D	24F-24R	80.0		CHA
TS100A Plus w/Cab	$48637	$18480	$22370	**$27720**	**$32590**	New Holland	4TI	273D	16F-16R	80.0		CHA
TB110	$30677	$11660	$14110	**$17490**	**$20550**	New Holland	4T	304D	8F-2R	90.0		No
TB110	$32060	$12180	$14750	**$18270**	**$21480**	New Holland	4T	304D	16F-4R	90.0		No
TB110 4WD	$37400	$14210	$17200	**$21320**	**$25060**	New Holland	4T	304D	8F-2R	90.0		No
TB110 4WD	$38785	$14740	$17840	**$22110**	**$25990**	New Holland	4T	304D	16F-4R	90.0		No
TS110	$42025	$15970	$19330	**$23950**	**$28160**	New Holland	4T	304D	12F-12R	90.0		No
TS110	$43698	$16610	$20100	**$24910**	**$29280**	New Holland	4T	304D	24F-24R	90.0		No
TS110 4WD	$49461	$18800	$22750	**$28190**	**$33140**	New Holland	4T	304D	12F-12R	90.0		No
TS110 4WD	$52134	$19810	$23980	**$29720**	**$34930**	New Holland	4T	304D	24F-24R	90.0		No
TS110 4WD	$53377	$20280	$24550	**$30430**	**$35760**	New Holland	4T	304D	16F-16R	90.0		No
TS110 4WD w/Cab	$59253	$22520	$27260	**$33770**	**$39700**	New Holland	4T	304D	12F-12R	90.0		CHA
TS110 4WD w/Cab	$60926	$23150	$28030	**$34730**	**$40820**	New Holland	4T	304D	24F-24R	90.0		CHA
TS110 4WD w/Cab	$62996	$23940	$28980	**$35910**	**$42210**	New Holland	4T	304D	16F-16R	90.0		CHA
TS110 w/Cab	$42025	$15970	$19330	**$23950**	**$28160**	New Holland	4T	304D	12F-12R	90.0		CHA
TS110 w/Cab	$52540	$19970	$24170	**$29950**	**$35200**	New Holland	4T	304D	24F-24R	90.0		CHA
TS110 w/Cab	$55529	$21100	$25540	**$31650**	**$37200**	New Holland	4T	304D	16F-16R	90.0		CHA
TS115A	$41403	$14490	$17800	**$21940**	**$26080**	New Holland	6TI	411D	12F-12R	95.0		No
TS115A 4WD	$49506	$17330	$21290	**$26240**	**$31190**	New Holland	6TI	411D	12F-12R	95.0		No

New Holland/Ford (Cont.)

2003 (Cont.)

Model	Approx. Retail Price New	Used Trade In Avg.	Used Trade In High	Used Retail Avg.	Used Retail High	Make	Engine No. Cyls.	Displ. Cu.-In.	No. Speeds	P.T.O. H.P.	Approx. Shipping Wt.-Lbs.	Cab
TS115A 4WD w/Cab	$58174	$20360	$25020	**$30830**	**$36650**	New Holland	6TI	411D	12F-12R	95.0		CHA
TS115A Dlx.	$44749	$15660	$19240	**$23720**	**$28190**	New Holland	6TI	411D	16F-16R	95.0		No
TS115A Dlx. 4WD	$55120	$19290	$23700	**$29210**	**$34730**	New Holland	6TI	411D	16F-16R	95.0		No
TS115A Dlx. 4WD w/Cab	$60593	$21210	$26060	**$32110**	**$38170**	New Holland	6TI	411D	24F-24R	95.0		CHA
TS115A Dlx. 4WD w/Cab	$64288	$22500	$27640	**$34070**	**$40500**	New Holland	6TI	411D	16F-16R	95.0		CHA
TS115A Dlx. w/Cab	$52172	$18260	$22430	**$27650**	**$32870**	New Holland	6TI	411D	24F-24R	95.0		CHA
TS115A Dlx. w/Cab	$53917	$18870	$23180	**$28580**	**$33970**	New Holland	6TI	411D	16F-16R	95.0		CHA
TS115A Plus	$43040	$15060	$18510	**$22810**	**$27120**	New Holland	6TI	411D	24F-24R	95.0		No
TS115A Plus	$44951	$15730	$19330	**$23820**	**$28320**	New Holland	6TI	411D	16F-16R	95.0		No
TS115A Plus 4WD	$51299	$17960	$22060	**$27190**	**$32320**	New Holland	6TI	411D	24F-24R	95.0		No
TS115A Plus 4WD	$53210	$18620	$22880	**$28200**	**$33520**	New Holland	6TI	411D	16F-16R	95.0		No
TS115A Plus 4WD w/Cab	$59391	$20790	$25540	**$31480**	**$37420**	New Holland	6TI	411D	24F-24R	95.0		CHA
TS115A Plus 4WD w/Cab	$61302	$21460	$26360	**$32490**	**$38620**	New Holland	6TI	411D	16F-16R	95.0		CHA
TS115A Plus w/Cab	$51708	$18100	$22230	**$27410**	**$32580**	New Holland	6TI	411D	24F-24R	95.0		CHA
TS115A Plus w/Cab	$53619	$18770	$23060	**$28420**	**$33780**	New Holland	6TI	411D	16F-16R	95.0		CHA
TS115A w/Cab	$50071	$17530	$21530	**$26540**	**$31550**	New Holland	6TI	411D	12F-12R	95.0		CHA
TB120	$33077	$12570	$15220	**$18850**	**$22160**	New Holland	6	456D	8F-2R	96.0		No
TB120	$34461	$13100	$15850	**$19640**	**$23090**	New Holland	6	456D	16F-4R	96.0		No
TB120 4WD	$40103	$15240	$18450	**$22860**	**$26870**	New Holland	6	456D	8F-2R	96.0		No
TB120 4WD	$41487	$15770	$19080	**$23650**	**$27800**	New Holland	6	456D	16F-4R	96.0		No
TB120 HC 4WD	$45124	$17150	$20760	**$25720**	**$30230**	New Holland	6	456D	8F-2R	96.0		No
TM120	$58787	$20580	$25280	**$31160**	**$37040**	New Holland	6TI	456D	17F-6R	95.0		CHA
TM120 4WD	$66534	$23290	$28610	**$35260**	**$41920**	New Holland	6TI	456D	24F-12R	95.0		CHA
TM120 4WD	$68118	$23840	$29290	**$36100**	**$42910**	New Holland	6TI	456D	18F-6R	95.0		CHA
TM120 4WD SuperSteer	$72285	$25300	$31080	**$38310**	**$45540**	New Holland	6TI	456D	18F-6R	95.0		CHA
TS125A Dlx.	$51897	$18160	$22320	**$27510**	**$32700**	New Holland	6TI	411D	16F-16R	105.0		No
TS125A Dlx. 4WD	$63000	$22050	$27090	**$33390**	**$39690**	New Holland	6TI	411D	16F-16R	105.0		No
TS125A Dlx. w/Cab	$59620	$20870	$25640	**$31600**	**$37560**	New Holland	6TI	411D	24F-24R	105.0		CHA
TS125A Dlx. w/Cab	$61365	$21480	$26390	**$32520**	**$38660**	New Holland	6TI	411D	16F-16R	105.0		CHA
TS125A Plus	$49750	$17410	$21390	**$26370**	**$31340**	New Holland	6TI	411D	24F-24R	105.0		No
TS125A Plus 4WD	$58604	$20510	$25200	**$31060**	**$36920**	New Holland	6TI	411D	24F-24R	105.0		No
TS125A Plus 4WD w/Cab	$67273	$23550	$28930	**$35660**	**$42380**	New Holland	6TI	411D	24F-24R	105.0		CHA
TS125A Plus 4WD w/Cab	$69419	$24300	$29850	**$36790**	**$43730**	New Holland	6TI	411D	16F-16R	105.0		CHA
TS125A Plus w/Cab	$58718	$20550	$25250	**$31120**	**$36990**	New Holland	6TI	411D	24F-24R	105.0		CHA
TS125A Plus w/Cab	$60685	$21240	$26100	**$32160**	**$38230**	New Holland	6TI	411D	16F-16R	105.0		CHA
TS125A Dlx. 4WD w/Cab	$68474	$23970	$29440	**$36290**	**$43140**	New Holland	6TI	411D	24F-24R	105.0		CHA
TS125A Dlx. 4WD w/Cab	$72953	$25530	$31370	**$38670**	**$45960**	New Holland	6TI	411D	16F-16R	105.0		CHA
TM130	$65506	$22930	$28170	**$34720**	**$41270**	New Holland	6TI	456D	17F-6R	105.0		CHA
TM130 4WD	$71436	$25000	$30720	**$37860**	**$45010**	New Holland	6TI	456D	24F-12R	105.0		CHA
TM130 4WD	$74712	$26150	$32130	**$39600**	**$47070**	New Holland	6TI	456D	18F-6R	105.0		CHA
TM130 4WD SuperSteer	$78820	$27590	$33890	**$41780**	**$49660**	New Holland	6TI	456D	18F-6R	105.0		CHA
TS135A Dlx. 4WD w/Cab	$72035	$25210	$30980	**$38180**	**$45380**	New Holland	6TI	411D	24F-24R	115.0		CHA
TS135A Dlx. 4WD w/Cab	$75990	$26600	$32680	**$40280**	**$47870**	New Holland	6TI	411D	16F-16R	115.0		CHA
TS135A Dlx. w/Cab	$63221	$22130	$27190	**$33510**	**$39830**	New Holland	6TI	411D	24F-24R	115.0		CHA
TS135A Dlx. w/Cab	$64786	$22680	$27860	**$34340**	**$40820**	New Holland	6TI	411D	16F-16R	115.0		CHA
TM140	$68849	$24100	$29610	**$36490**	**$43380**	New Holland	6TI	456D	17F-6R	115.0		CHA
TM140 4WD	$78809	$27580	$33890	**$41770**	**$49650**	New Holland	6TI	456D	18F-6R	115.0		CHA
TM140 4WD SuperSteer	$83179	$29110	$35770	**$44090**	**$52400**	New Holland	6TI	456D	18F-6R	115.0		CHA
TM155	$76400	$26740	$32850	**$40490**	**$48130**	New Holland	6TI	456D	17F-6R	125		CHA
TM155 4WD	$88280	$30900	$37960	**$46790**	**$55620**	New Holland	6TI	456D	18F-6R	125.0		CHA
TM155 4WD SuperSteer	$90229	$31580	$38800	**$47820**	**$56840**	New Holland	6TI	456D	18F-6R	125.0		CHA
TM175	$87015	$30460	$37420	**$46120**	**$54820**	New Holland	6TI	456D	17F-6R	145.0		CHA
TM175 4WD	$100584	$35200	$43250	**$53310**	**$63370**	New Holland	6TI	456D	18F-6R	145.0		CHA
TM175 4WD SuperSteer	$102534	$35890	$44090	**$54340**	**$64600**	New Holland	6TI	456D	18F-6R	145.0		CHA
TM190	$90377	$31630	$38860	**$47900**	**$56940**	New Holland	6TI	456D	17F-6R	160.0		CHA
TM190 4WD	$104552	$36590	$44960	**$55410**	**$65870**	New Holland	6TI	456D	18F-6R	160.0		CHA
TM190 4WD SuperSteer	$106501	$37280	$45800	**$56450**	**$67100**	New Holland	6TI	456D	18F-6R	160.0		CHA
TG210 4WD	$118226	$35470	$44930	**$57930**	**$69750**	New Holland	6T	505D	18F-4R	170.0		CHA
TG210 4WD SuperSteer	$121471	$36440	$46160	**$59520**	**$71670**	New Holland	6T	505D	18F-4R	170.0		CHA
2120 4WD	$22563	$7900	$9700	**$11960**	**$14220**	Shibaura	4	135D	12F-4R	34.5		No
2120 4WD	$23456	$8210	$10090	**$12430**	**$14780**	Shibaura	4	135D	12F-12R	34.5		No
TG230 4WD	$129754	$38930	$49310	**$63580**	**$76560**	New Holland	6T	505D	18F-4R	190.0		CHA
TG230 4WD SuperSteer	$132999	$39900	$50540	**$65170**	**$78470**	New Holland	6T	505D	18F-4R	190.0		CHA
TG255 4WD	$142861	$42860	$54290	**$70000**	**$84290**	New Holland	6TA	505D	18F-4R	215.0		CHA
TG255 4WD SuperSteer	$146107	$43830	$55520	**$71590**	**$86200**	New Holland	6TA	505D	18F-4R	215.0		CHA
TG285 4WD	$157081	$47120	$59690	**$76970**	**$92680**	New Holland	6TI	505D	18F-4R	240.0		CHA
TG285 4WD SuperSteer	$160326	$48100	$60920	**$78560**	**$94590**	New Holland	6TI	505D	18F-4R	240.0		CHA
3010S	$17875	$6790	$8220	**$10190**	**$11980**	New Holland	3	165D	8F-2R	42.0		No
3010S 4WD	$24749	$9410	$11390	**$14110**	**$16580**	New Holland	3	165D	8F-2R	42.0		No
3415	$19038	$7230	$8760	**$10850**	**$12760**	Shibaura	4	135D	12F-4R	38.0		No
TV145	$88220	$35290	$41460	**$54700**	**$62640**	New Holland	6T	456D	Variable	105.0		CHA
TV145 Front 3-Pt.	$93311	$37320	$43860	**$57850**	**$66250**	New Holland	6T	456D	Variable	105.0		CHA
TV145 Front 3-Pt, PTO	$95705	$38280	$44980	**$59340**	**$67950**	New Holland	6T	456D	Variable	105.0		CHA
5610S	$25639	$7690	$9740	**$12560**	**$15130**	New Holland	4	268D	8F-2R	70.0		No
5610S	$27024	$8110	$10270	**$13240**	**$15940**	New Holland	4	268D	16F-4R	70.0		No
5610S 4WD	$33095	$9930	$12580	**$16220**	**$19530**	New Holland	4	268D	8F-2R	70.0		No
5610S 4WD	$34479	$10340	$13100	**$16900**	**$20340**	New Holland	4	268D	16F-4R	70.0		No
6610S	$28020	$9810	$12050	**$14850**	**$17650**	New Holland	4	304D	8F-2R	80.0		No
6610S	$29404	$10290	$12640	**$15580**	**$18530**	New Holland	4	304D	16F-4R	80.0		No
6610S 4WD	$36378	$12730	$15640	**$19280**	**$22920**	New Holland	4	304D	8F-2R	80.0		No
6610S 4WD	$37762	$13220	$16240	**$20010**	**$23790**	New Holland	4	304D	16F-4R	80.0		No
7010 LP	$36072	$14430	$16950	**$22370**	**$25610**	New Holland	4T	304D	8F-2R	90.0		No
7010 LP	$37450	$14980	$17600	**$23220**	**$26590**	New Holland	4T	304D	16F-4R	90.0		No
7010 LP 4WD	$45040	$18020	$21170	**$27930**	**$31980**	New Holland	4T	304D	8F-2R	90.0		No

New Holland/Ford (Cont.)

2003 (Cont.)

Model	Approx. Retail Price New	Estimated Value Less Repairs: Used Trade In Avg.	Used Trade In High	Used Retail Avg.	Used Retail High	Engine Make	Engine No. Cyls.	Engine Displ. Cu.-In.	No. Speeds	P.T.O. H.P.	Approx. Shipping Wt.-Lbs.	Cab
7010 LP 4WD	$46417	$18570	$21820	**$28780**	**$32960**	New Holland	4T	304D	16F-4R	90.0		No
7610S	$30941	$12380	$14540	**$19180**	**$21970**	New Holland	4T	304D	8F-2R	90.0		No
7610S	$32326	$12930	$15190	**$20040**	**$22950**	New Holland	4T	304D	16F-4R	90.0		No
7610S 4WD	$38308	$15320	$18010	**$23750**	**$27200**	New Holland	4T	304D	8F-2R	90.0		No
7610S 4WD	$39694	$15880	$18660	**$24610**	**$28180**	New Holland	4T	304D	16F-4R	90.0		No
8010 HC	$48837	$17090	$21000	**$25880**	**$30770**	New Holland	6	456D	8F-2R	96.0		No
8010 HC	$50222	$17580	$21600	**$26620**	**$31640**	New Holland	6	456D	16F-4R	96.0		No
8010 LP	$40391	$15350	$18580	**$23020**	**$27060**	New Holland	6	456D	8F-2R	96.0		No
8010 LP	$41775	$15880	$19220	**$23810**	**$27990**	New Holland	6	456D	16F-4R	96.0		No
8010 LP 4WD	$48124	$16840	$20690	**$25510**	**$30320**	New Holland	6	456D	8F-2R	96.0		No
8010 LP 4WD	$49514	$17330	$21290	**$26240**	**$31190**	New Holland	6	456D	16F-4R	96.0		No
TJ275	$127963	$40950	$49910	**$65260**	**$71660**	CDC	6TA	505D	24F-6R	275.0		CHA
TJ275 Powershift	$138286	$43520	$53040	**$69360**	**$76160**	CDC	6TA	505D	16F-2R	275.0		CHA
TJ275 3-Pt	$139186	$43840	$53430	**$69870**	**$76720**	CDC	6TA	505D	24F-6R	275.0		CHA
TJ275 Poweshift 3-Pt	$149509	$47040	$57330	**$74970**	**$82320**	CDC	6TA	505D	16F-2R	275.0		CHA
TJ275 3-Pt, PTO	$147878	$46400	$56550	**$73950**	**$81200**	CDC	6TA	505D	24F-6R	275.0		CHA
TJ275 PS 3-Pt, PTO	$158200	$49920	$60840	**$79560**	**$87360**	CDC	6TA	505D	16F-2R	275.0		CHA
TJ325	$148949	$46400	$56550	**$73950**	**$81200**	CDC	6TA	543D	24F-6R	325.0		CHA
TJ325 3-Pt	$160172	$49920	$60840	**$79560**	**$87360**	CDC	6TA	543D	24F-6R	325.0		CHA
TJ325 3-Pt, PTO	$168864	$52640	$64160	**$83900**	**$92120**	CDC	6TA	543D	24F-6R	325.0		CHA
TJ325 Powershift	$159694	$50080	$61040	**$79820**	**$87640**	CDC	6TA	543D	16F-2R	325.0		CHA
TJ325 Powershift 3-Pt	$170917	$53310	$64970	**$84970**	**$93300**	CDC	6TA	543D	16F-2R	325.0		CHA
TJ325 PS 3-Pt, PTO	$179609	$56320	$68640	**$89760**	**$98560**	CDC	6TA	543D	16F-2R	325.0		CHA
TJ375	$169561	$53600	$65330	**$85430**	**$93800**	Cummins	6TA	915D	24F-6R	375.0		CHA
TJ375 PTO	$178253	$55680	$67860	**$88740**	**$97440**	Cummins	6TA	915D	24F-6R	375.0		CHA
TJ375 Powershift	$179079	$56640	$69030	**$90270**	**$99120**	Cummins	6TA	915D	16F-2R	375.0		CHA
TJ375 Powershift PTO	$187771	$58620	$71450	**$93430**	**$102590**	Cummins	6TA	915D	16F-2R	375.0		CHA
TJ375HD	$183089	$57700	$70320	**$91950**	**$100970**	Cummins	6TA	915D	24F-6R	375.0		CHA
TJ375HD Powershift	$192607	$60320	$73520	**$96140**	**$105560**	Cummins	6TA	915D	16F-2R	375.0		CHA
TJ375HD 3-Pt	$195552	$61120	$74490	**$97410**	**$106960**	Cummins	6TA	915D	24F-6R	375.0		CHA
TJ375HD Powershift 3-Pt	$205070	$62820	$76560	**$100110**	**$109930**	Cummins	6TA	915D	16F-2R	375.0		CHA
TJ375HD 3-Pt, PTO	$204244	$62400	$76050	**$99450**	**$109200**	Cummins	6TA	915D	24F-6R	375.0		CHA
TJ375HD PS 3-Pt, PTO	$213762	$66880	$81510	**$106590**	**$117040**	Cummins	6TA	915D	16F-2R	375.0		CHA
TJ425	$187331	$59010	$71920	**$94040**	**$103260**	Cummins	6TA	915D	24F-6R	425.0		CHA
TJ425 Powershift	$198281	$62080	$75660	**$98940**	**$108640**	Cummins	6TA	915D	16F-2R	425.0		CHA
TJ425 3-Pt	$199794	$62560	$76250	**$99710**	**$109480**	Cummins	6TA	915D	24F-6R	425.0		CHA
TJ425 Powershift 3-Pt	$210744	$66140	$80610	**$105420**	**$115750**	Cummins	6TA	915D	16F-2R	425.0		CHA
TJ425 3-Pt, PTO	$208486	$65280	$79560	**$104040**	**$114240**	Cummins	6TA	915D	24F-6R	425.0		CHA
TJ425 PS 3-Pt, PTO	$219436	$68800	$83850	**$109650**	**$120400**	Cummins	6TA	915D	16F-2R	425.0		CHA
TJ450 Powershift	$213262	$67200	$81900	**$107100**	**$117600**	Cummins	6TA	915D	16F-2R	450.0		CHA
TJ450 Powershift 3-PT	$227389	$70880	$86390	**$112970**	**$124040**	Cummins	6TA	915D	16F-2R	450.0		CHA
TJ450 PS 3-PT, PTO	$238080	$72960	$88920	**$116280**	**$127680**	Cummins	6TA	915D	16F-2R	450.0		CHA

LP-Low Profile

2002

Model	Approx. Retail Price New	Estimated Value Less Repairs: Used Trade In Avg.	Used Trade In High	Used Retail Avg.	Used Retail High	Engine Make	Engine No. Cyls.	Engine Displ. Cu.-In.	No. Speeds	P.T.O. H.P.	Approx. Shipping Wt.-Lbs.	Cab
TC18	$8279	$3150	$3730	**$4970**	**$5800**	Shibaura	3	58D	6F-2R	15.0	1357	No
TC18 4WD	$10195	$3870	$4590	**$6120**	**$7140**	Shibaura	3	58D	6F-2R	15.0	1438	No
TC18 4WD	$11365	$4320	$5110	**$6820**	**$7960**	Shibaura	3	58D	Variable	14.0	1508	No
TC21 4WD	$12837	$4880	$5780	**$7700**	**$8990**	Shibaura	3	61D	9F-3R	17.0	1450	No
TC21D 4WD Hydro	$14136	$5370	$6360	**$8480**	**$9900**	Shibaura	3	61D	Variable	16.0	1535	No
TC24 4WD	$13118	$4990	$5900	**$7870**	**$9180**	Shibaura	3	69D	9F-3R	19.5	1405	No
TC24 4WD Hydro	$14416	$5480	$6490	**$8650**	**$10090**	Shibaura	3	69D	Variable	18.5	1308	No
TC29 4WD	$15234	$5790	$6860	**$9140**	**$10660**	Shibaura	3	81D	9F-3R	25.1	2074	No
TC29 4WD SuperSteer	$16403	$6230	$7380	**$9840**	**$11480**	Shibaura	3	81D	9F-3R	25.1	2188	No
TC29D 4WD Hydro	$16662	$6330	$7500	**$10000**	**$11660**	Shibaura	3	81D	Variable	23.5	2474	No
TC29D 4WD Hydro SuperSteer	$17831	$6780	$8020	**$10700**	**$12480**	Shibaura	3	81D	Variable	23.5	2474	No
TC30	$9814	$3730	$4420	**$5890**	**$6870**	Shibaura	3	91D	9F-3R	25.5	2115	No
TC30 4WD	$11365	$4320	$5110	**$6820**	**$7960**	Shibaura	3	91D	9F-3R	25.5	2205	No
TC30 4WD Hydro	$12815	$4870	$5770	**$7690**	**$8970**	Shibaura	3	91D	Variable	24.0	2210	No
TC30 Hydro	$11714	$4450	$5270	**$7030**	**$8200**	Shibaura	3	91D	Variable	24.0	2120	No
TC33 4WD	$16138	$6130	$7260	**$9680**	**$11300**	Shibaura	3	91D	9F-3R	28.6	2440	No
TC33 4WD SuperSteer	$17307	$6580	$7790	**$10380**	**$12120**	Shibaura	3	91D	9F-3R	28.6	2554	No
TC33D 4WD Hydro	$17567	$6680	$7910	**$10540**	**$12300**	Shibaura	3	91D	Variable	26.9	2474	No
TC33D 4WD Hydro SuperSteer	$18735	$7120	$8430	**$11240**	**$13120**	Shibaura	3	91D	Variable	26.9	2474	No
TC35	$14667	$5570	$6600	**$8800**	**$10270**	Shibaura	3	101D	12F-12R	29.6	3009	No
TC35 4WD	$17626	$6700	$7930	**$10580**	**$12340**	Shibaura	3	101D	12F-12R	29.6	3143	No
TC35D 4WD Hydro	$19216	$7300	$8650	**$11530**	**$13450**	Shibaura	3	101D	Variable	29.6	3299	No
TC35D 4WD Hydro SuperSteer	$20514	$7800	$9230	**$12310**	**$14360**	Shibaura	3	101D	Variable	29.6	3299	No
TC40	$16286	$6190	$7330	**$9770**	**$11400**	Shibaura	4	121D	12F-12R	35.0	3060	No
TC40 4WD	$19249	$7320	$8660	**$11550**	**$13470**	Shibaura	4	121D	12F-12R	35.0	3194	No
TC40D 4WD Hydro	$20839	$7920	$9380	**$12500**	**$14590**	Shibaura	4	121D	Variable	33.2	3375	No
TC40D 4WD Hydro SuperSteer	$22138	$8410	$9960	**$13280**	**$15500**	Shibaura	4	121D	Variable	33.2	3375	No
TC45	$18124	$6890	$8160	**$10870**	**$12690**	Shibaura	4	135D	12F-12R	39.6	3262	No
TC45 4WD	$21224	$8070	$9550	**$12730**	**$14860**	Shibaura	4	135D	12F-12R	39.6	3396	No
TC45D 4WD Hydro	$23047	$8760	$10370	**$13830**	**$16130**	Shibaura	4	135D	Variable	37.8	3766	No
TC45D 4WD Hydro SuperSteer	$24345	$9250	$10960	**$14610**	**$17040**	Shibaura	4	135D	Variable	37.8	3766	No
TN55 Standard	$22471	$7740	$9460	**$11830**	**$13980**	New Holland	3	179D	8F-8R	42.0		No
TN55 Standard	$23009	$7920	$9680	**$12100**	**$14300**	New Holland	3	179D	16F-16R	42.0		No
TN55 Standard 4WD	$27723	$9540	$11660	**$14580**	**$17230**	New Holland	3	179D	8F-8R	42.0		No
TN55 Standard 4WD	$28261	$9810	$11990	**$14990**	**$17710**	New Holland	3	179D	16F-16R	42.0		No
TN55D Deluxe	$32135	$10850	$13260	**$16570**	**$19590**	New Holland	3	179D	16F-16R	42.0		CHA
TN55D Deluxe 4WD	$37413	$12380	$15140	**$18920**	**$22360**	New Holland	3	179D	16F-16R	42.0		CHA
TN55S 4WD	$31110	$10840	$13240	**$16560**	**$19570**	New Holland	3	179D	16F-16R	42.0		No
TN55S 4WD w/Cab	$38761	$13210	$16150	**$20190**	**$23860**	New Holland	3	179D	16F-16R	42.0		CHA

New Holland/Ford (Cont.)

2002 (Cont.)

	Approx. Retail Price New	Estimated Value Less Repairs: Used Trade In Avg.	Used Trade In High	Used Retail Avg.	Used Retail High	Engine Make	No. Cyls.	Displ. Cu.-In.	No. Speeds	P.T.O. H.P.	Approx. Shipping Wt.-Lbs.	Cab
TN65	$23992	$8240	$10080	**$12600**	**$14890**	New Holland	3	179D	8F-8R	52.0		No
TN65	$24530	$8460	$10340	**$12930**	**$15280**	New Holland	3	179D	16F-16R	52.0		No
TN65 4WD	$29270	$9900	$12100	**$15130**	**$17880**	New Holland	3	179D	8F-8R	52.0		No
TN65 4WD	$29853	$10370	$12670	**$15840**	**$18720**	New Holland	3	179D	16F-16R	52.0		No
TN65D Deluxe	$32835	$11090	$13550	**$16940**	**$20020**	New Holland	3	179D	8F-8R	52.0		CHA
TN65D Deluxe 4WD	$38112	$12960	$15840	**$19800**	**$23400**	New Holland	3	179D	8F-8R	52.0		CHA
TN65S 4WD SuperSteer	$33522	$11340	$13860	**$17330**	**$20480**	New Holland	3	179D	8F-8R	52.0		No
TN65S 4WD SuperSteer	$41139	$14000	$17120	**$21400**	**$25290**	New Holland	3	179D	8F-8R	52.0		CHA
TN65V	$23711	$8540	$10430	**$13040**	**$15410**	New Holland	3T	179D	16F-16R	47.0		No
TN65V 4WD	$29299	$10550	$12890	**$16110**	**$19040**	New Holland	3T	179D	16F-16R	47.0		No
TN65F w/Cab	$39660	$13920	$17010	**$21260**	**$25130**	New Holland	4	238D	32F-16R	57.0		CHA
TN65F 4WD	$36011	$12600	$15410	**$19260**	**$22760**	New Holland	4	238D	16F-16R	57.0		No
TN65F 4WD	$39120	$13720	$16770	**$20970**	**$24780**	New Holland	4	238D	32F-16R	57.0		No
TN65F 4WD w/Cab	$44265	$15580	$19040	**$23800**	**$28120**	New Holland	4	238D	16F-16R	57.0		CHA
TN65F 4WD w/Cab	$47372	$16690	$20400	**$25510**	**$30140**	New Holland	4	238D	32F-16R	57.0		CHA
TN70	$26458	$9170	$11200	**$14000**	**$16550**	New Holland	3T	179D	8F-8R	57.0		No
TN70	$26996	$9360	$11440	**$14300**	**$16900**	New Holland	3T	179D	16F-16R	57.0		No
TN70 4WD Standard	$31948	$11010	$13460	**$16830**	**$19880**	New Holland	3T	179D	8F-8R	57.0		CHA
TN70 4WD Standard	$32486	$11230	$13730	**$17160**	**$20280**	New Holland	3T	179D	16F-16R	57.0		CHA
TN70 Standard	$26670	$9220	$11260	**$14080**	**$16640**	New Holland	3T	179D	8F-8R	57.0		No
TN70 Standard	$27208	$9430	$11530	**$14410**	**$17030**	New Holland	3T	179D	16F-16R	57.0		No
TN70D Deluxe	$35515	$12240	$14960	**$18700**	**$22100**	New Holland	3T	179D	16F-16R	57.0		CHA
TN70S 4WD	$36201	$11880	$14520	**$18150**	**$21450**	New Holland	3T	179D	16F-16R	57.0		No
TN70S 4WD w/Cab	$43818	$14400	$17600	**$22000**	**$26000**	New Holland	3T	179D	16F-16R	57.0		CHA
TN70 4WD	$31948	$10620	$12980	**$16230**	**$19180**	New Holland	3T	179D	8F-8R	57.0		No
TN70D Deluxe 4WD	$42473	$14180	$17340	**$21670**	**$25610**	New Holland	3T	179D	16F-16R	57.0		CHA
TN75	$28475	$9860	$12060	**$15070**	**$17810**	New Holland	3T	179D	8F-8R	62.0		No
TN75	$29058	$9900	$12100	**$15130**	**$17880**	New Holland	3T	179D	16F-16R	62.0		No
TN75 4WD	$34399	$11880	$14520	**$18150**	**$21450**	New Holland	3T	179D	8F-8R	62.0		No
TN75 4WD	$34937	$12020	$14700	**$18370**	**$21710**	New Holland	3T	179D	16F-16R	62.0		No
TN75D Deluxe	$37578	$12780	$15620	**$19530**	**$23080**	New Holland	3T	179D	16F-16R	62.0		CHA
TN75D Deluxe 4WD	$43931	$14540	$17780	**$22220**	**$26260**	New Holland	3T	179D	16F-16R	62.0		CHA
TN75S 4WD SuperSteer	$38265	$13060	$15960	**$19950**	**$23570**	New Holland	3T	179D	16F-16R	62.0		No
TN75S 4WD SuperSteer	$45882	$15410	$18830	**$23540**	**$27820**	New Holland	3T	179D	16F-16R	62.0		CHA
TN75V	$25979	$9350	$11430	**$14290**	**$16890**	New Holland	3T	179D	16F-16R	62.0		No
TN75V 4WD	$31911	$11490	$14040	**$17550**	**$20740**	New Holland	3T	179D	16F-16R	62.0		No
TN75V 4WD w/Cab	$38815	$13970	$17080	**$21350**	**$25230**	New Holland	3T	179D	16F-16R	62.0		CHA
TK76 Crawler	$38226	$13760	$16820	**$21020**	**$24850**	New Holland	4	220D	8F-8R	60.0		No
TL80 Deluxe	$36131	$12500	$14810	**$19740**	**$23030**	New Holland	4	238D	24F-24R	66.0		No
TL80 Deluxe 4WD	$43817	$15090	$17870	**$23820**	**$27790**	New Holland	4	238D	24F-24R	66.0		No
TL80 Deluxe 4WD w/Cab	$52777	$18200	$21560	**$28740**	**$33530**	New Holland	4	238D	24F-24R	66.0		CHA
TL80 Deluxe w/Cab	$45091	$15960	$18900	**$25200**	**$29400**	New Holland	4	238D	24F-24R	66.0		CHA
TL80 Standard	$24910	$9470	$11210	**$14950**	**$17440**	New Holland	4	238D	12F-12R	66.0		No
TL80 Standard 4WD	$30494	$11590	$13720	**$18300**	**$21350**	New Holland	4	238D	12F-12R	66.0		No
TL80 Standard 4WD w/Cab	$38348	$14570	$17260	**$23010**	**$26840**	New Holland	4	238D	12F-12R	66.0		CHA
TL80 Standard w/Cab	$32763	$12450	$14740	**$19660**	**$22930**	New Holland	4	238D	12F-12R	66.0		CHA
TN80F Narrow 4WD	$34994	$12600	$15400	**$19250**	**$22750**	New Holland	4	238D	16F-16R	67.0		No
TN80F Narrow 4WD	$37862	$13630	$16660	**$20820**	**$24610**	New Holland	4	238D	32F-16R	67.0		No
TN80F Narrow 4WD w/Cab	$42731	$15380	$18800	**$23500**	**$27780**	New Holland	4	238D	16F-16R	67.0		CHA
TN80F Narrow	$27834	$10020	$12250	**$15310**	**$18090**	New Holland	4	238D	16F-16R	67.0		No
TN80F Narrow	$30700	$11050	$13510	**$16890**	**$19960**	New Holland	4	238D	32F-16R	67.0		No
TN80F Narrow 4WD w/Cab	$45600	$16420	$20060	**$25080**	**$29640**	New Holland	4	238D	32F-16R	67.0		CHA
TN80F Narrow w/Cab	$35532	$12790	$15630	**$19540**	**$23100**	New Holland	4	238D	16F-16R	67.0		CHA
TN80F Narrow w/Cab	$38421	$13830	$16910	**$21130**	**$24970**	New Holland	4	238D	32F-16R	67.0		CHA
TK85 Crawler	$42327	$15240	$18620	**$23280**	**$27510**	New Holland	4	238D	8F-8R	65.0		NO
TK85M Crawler	$42995	$15480	$18920	**$23650**	**$27950**	New Holland	4	238D	8F-8R	65.0		NO
TL90 Deluxe	$38486	$14630	$17320	**$23090**	**$26940**	New Holland	4T	238D	24F-24R	76.0		No
TL90 Deluxe 4WD w/Cab	$54962	$20890	$24730	**$32980**	**$38470**	New Holland	4T	238D	24F-24R	76.0		CHA
TL90 Deluxe w/Cab	$47278	$17970	$21280	**$28370**	**$33100**	New Holland	4T	238D	24F-24R	76.0		CHA
TL90 Standard	$27397	$10410	$12330	**$16440**	**$19180**	New Holland	4T	238D	12F-12R	76.0		No
TL90 Standard 4WD	$33151	$12600	$14920	**$19890**	**$23210**	New Holland	4T	238D	12F-12R	76.0		No
TL90 Standard 4WD w/Cab	$41002	$15580	$18450	**$24600**	**$28700**	New Holland	4T	238D	12F-12R	76.0		CHA
TL90 Standard w/Cab	$33151	$12600	$14920	**$19890**	**$23210**	New Holland	4T	238D	12F-12R	76.0		CHA
TL90 Deluxe 4WD	$46170	$17550	$20780	**$27700**	**$32320**	New Holland	4T	238D	24F-24R	76.0		No
TN95F	$32752	$11790	$14410	**$18010**	**$21290**	New Holland	4T	238D	32F-16R	80.0		No
TN95F 4WD	$37366	$13450	$16440	**$20550**	**$24290**	New Holland	4T	238D	16F-16R	80.0		No
TN95F 4WD	$39910	$14370	$17560	**$21950**	**$25940**	New Holland	4T	238D	32F-16R	80.0		No
TN95F 4WD w/Cab	$45104	$16240	$19850	**$24810**	**$29320**	New Holland	4T	238D	16F-16R	80.0		CHA
TN95F 4WD w/Cab	$47650	$17150	$20970	**$26210**	**$30970**	New Holland	4T	238D	32F-16R	80.0		CHA
TN95F Narrow	$32752	$11790	$14410	**$18010**	**$21290**	New Holland	4T	238D	16F-16R	80.0		No
TN95F w/Cab	$37622	$13540	$16550	**$20690**	**$24450**	New Holland	4T	238D	16F-16R	80.0		CHA
TN95F w/Cab	$40489	$14580	$17820	**$22270**	**$26320**	New Holland	4T	238D	32F-16R	80.0		CHA
TS90	$35820	$12900	$15760	**$19700**	**$23280**	New Holland	4	304D	12F-12R	70.0		No
TS90	$36997	$13320	$16280	**$20350**	**$24050**	New Holland	4	304D	24F-24R	70.0		No
TS90 4WD	$43567	$15680	$19170	**$23960**	**$28320**	New Holland	4	304D	12F-12R	70.0		No
TS90 4WD	$44744	$16110	$19690	**$24610**	**$29080**	New Holland	4	304D	24F-24R	70.0		No
TS90 4WD w/Cab	$52359	$18850	$23040	**$28800**	**$34030**	New Holland	4	304D	12F-12R	70.0		CHA
TS90 4WD w/Cab	$53536	$19270	$23560	**$29450**	**$34800**	New Holland	4	304D	24F-24R	70.0		CHA
TS90 w/Cab	$44612	$16060	$19630	**$24540**	**$29000**	New Holland	4	304D	12F-12R	70.0		CHA
TS90 w/Cab	$45789	$16480	$20150	**$25180**	**$29760**	New Holland	4	304D	24F-24R	70.0		CHA
TL100 Deluxe	$39990	$14520	$17190	**$22920**	**$26740**	New Holland	4T	238D	24F-24R	82.0		No
TL100 Deluxe 4WD	$47674	$17100	$20250	**$27000**	**$31500**	New Holland	4T	238D	24F-24R	82.0		No
TL100 Deluxe 4WD w/Cab	$56467	$20290	$24030	**$32040**	**$37380**	New Holland	4T	238D	24F-24R	82.0		CHA
TL100 Deluxe w/Cab	$48782	$17370	$20570	**$27420**	**$31990**	New Holland	4T	238D	24F-24R	82.0		CHA

New Holland/Ford (Cont.)

2002 (Cont.)

	Approx. Retail Price New	Estimated Value Less Repairs Used Trade In Avg.	High	Used Retail Avg.	High	Engine Make	No. Cyls.	Displ. Cu.-In.	No. Speeds	P.T.O. H.P.	Approx. Shipping Wt.-Lbs.	Cab
TL100 Standard	$29037	$11030	$13070	**$17420**	**$20330**	New Holland	4T	238D	12F-12R	82.0		No
TL100 Standard 4WD	$34792	$13220	$15660	**$20880**	**$24350**	New Holland	4T	238D	12F-12R	82.0		No
TL100 Standard 4WD w/Cab	$42644	$16210	$19190	**$25590**	**$29850**	New Holland	4T	238D	12F-12R	82.0		CHA
TL100 Standard w/Cab	$36889	$14020	$16600	**$22130**	**$25820**	New Holland	4T	238D	12F-12R	82.0		CHA
TS100	$39092	$14070	$17200	**$21500**	**$25410**	New Holland	4T	304D	12F-12R	80.0		No
TS100	$40696	$14650	$17910	**$22380**	**$26450**	New Holland	4T	304D	24F-24R	80.0		No
TS100	$41372	$14890	$18200	**$22760**	**$26890**	New Holland	4T	304D	16F-16R	80.0		No
TS100 4WD	$47948	$17260	$21100	**$26370**	**$31170**	New Holland	4T	304D	12F-12R	80.0		No
TS100 4WD	$49124	$17690	$21620	**$27020**	**$31930**	New Holland	4T	304D	24F-24R	80.0		No
TS100 4WD	$50226	$18080	$22100	**$27620**	**$32650**	New Holland	4T	304D	16F-16R	80.0		No
TS100 4WD w/Cab	$56737	$20430	$24960	**$31210**	**$36880**	New Holland	4T	304D	12F-12R	80.0		CHA
TS100 4WD w/Cab	$57915	$20850	$25480	**$31850**	**$37650**	New Holland	4T	304D	24F-24R	80.0		CHA
TS100 4WD w/Cab	$59846	$21550	$26330	**$32920**	**$38900**	New Holland	4T	304D	16F-16R	80.0		CHA
TS100 w/Cab	$48043	$17300	$21140	**$26420**	**$31230**	New Holland	4T	304D	12F-12R	80.0		CHA
TS100 w/Cab	$49487	$17820	$21770	**$27220**	**$32170**	New Holland	4T	304D	24F-24R	80.0		CHA
TS100 w/Cab	$50962	$18350	$22420	**$28030**	**$33130**	New Holland	4T	304D	16F-16R	80.0		CHA
TS110	$42025	$15130	$18490	**$23110**	**$27320**	New Holland	4T	304D	12F-12R	90.0		No
TS110	$43698	$15730	$19230	**$24030**	**$28400**	New Holland	4T	304D	24F-24R	90.0		No
TS110 4WD	$49461	$17810	$21760	**$27200**	**$32150**	New Holland	4T	304D	12F-12R	90.0		No
TS110 4WD	$52134	$18770	$22940	**$28670**	**$33890**	New Holland	4T	304D	24F-24R	90.0		No
TS110 4WD	$53377	$19220	$23490	**$29360**	**$34700**	New Holland	4T	304D	16F-16R	90.0		No
TS110 w/Cab	$42025	$15130	$18490	**$23110**	**$27320**	New Holland	4T	304D	12F-12R	90.0		CHA
TS110 w/Cab	$52540	$18910	$23120	**$28900**	**$34150**	New Holland	4T	304D	24F-24R	90.0		CHA
TS110 w/Cab	$55529	$19990	$24430	**$30540**	**$36090**	New Holland	4T	304D	16F-16R	90.0		CHA
TS110 4WD w/Cab	$59253	$21330	$26070	**$32590**	**$38510**	New Holland	4T	304D	12F-12R	90.0		CHA
TS110 4WD w/Cab	$60926	$21930	$26810	**$33510**	**$39600**	New Holland	4T	304D	24F-24R	90.0		CHA
TS110 4WD w/Cab	$62996	$22680	$27720	**$34650**	**$40950**	New Holland	4T	304D	16F-16R	90.0		CHA
TM120	$58787	$18810	$23520	**$30570**	**$35860**	New Holland	6TI	456D	17F-6R	95.0		CHA
TM120 4WD	$66534	$21290	$26610	**$34600**	**$40590**	New Holland	6TI	456D	24F-12R	95.0		CHA
TM120 4WD	$68118	$21800	$27250	**$35420**	**$41550**	New Holland	6TI	456D	18F-6R	95.0		CHA
TM120 4WD SuperSteer	$72285	$23130	$28910	**$37590**	**$44090**	New Holland	6TI	456D	18F-6R	95.0		CHA
TM130	$63813	$20420	$25530	**$33180**	**$38930**	New Holland	6TI	456D	17F-6R	105.0		CHA
TM130 4WD	$71436	$22860	$28570	**$37150**	**$43580**	New Holland	6TI	456D	24F-12R	105.0		CHA
TM130 4WD	$73877	$23640	$29550	**$38420**	**$45070**	New Holland	6TI	456D	18F-6R	105.0		CHA
TM130 4WD SuperSteer	$78820	$25220	$31530	**$40990**	**$48080**	New Holland	6TI	456D	18F-6R	105.0		CHA
TM140	$68849	$22030	$27540	**$35800**	**$42000**	New Holland	6TI	456D	17F-6R	115.0		CHA
TM140 4WD	$78809	$25220	$31520	**$40980**	**$48070**	New Holland	6TI	456D	18F-6R	115.0		CHA
TM140 4WD SuperSteer	$83179	$26620	$33270	**$43250**	**$50740**	New Holland	6TI	456D	18F-6R	115.0		CHA
TM155	$76737	$24560	$30700	**$39900**	**$46810**	New Holland	6TI	456D	17F-6R	125		CHA
TM155 4WD	$88280	$28250	$35310	**$45910**	**$53850**	New Holland	6TI	456D	18F-6R	125.0		CHA
TM155 4WD SuperSteer	$90229	$28870	$36090	**$46920**	**$55040**	New Holland	6TI	456D	18F-6R	125.0		CHA
TM175	$87015	$27850	$34810	**$45250**	**$53080**	New Holland	6TI	456D	17F-6R	145.0		CHA
TM175 4WD	$100584	$32190	$40230	**$52300**	**$61360**	New Holland	6TI	456D	18F-6R	145.0		CHA
TM175 4WD SuperSteer	$102534	$32810	$41010	**$53320**	**$62550**	New Holland	6TI	456D	18F-6R	145.0		CHA
TM190	$90377	$28920	$36150	**$47000**	**$55130**	New Holland	6TI	456D	17F-6R	160.0		CHA
TM190 4WD	$104552	$33460	$41820	**$54370**	**$63780**	New Holland	6TI	456D	18F-6R	160.0		CHA
TM190 4WD SuperSteer	$106501	$34080	$42600	**$55380**	**$64970**	New Holland	6TI	456D	18F-6R	160.0		CHA
TG210 4WD	$116116	$32510	$41800	**$54580**	**$66190**	New Holland	6T	505D	18F-4R	170.0		CHA
TG210 4WD SuperSteer	$119298	$33400	$42950	**$56070**	**$68000**	New Holland	6T	505D	18F-4R	170.0		CHA
TG230 4WD	$127419	$35680	$45870	**$59890**	**$72630**	New Holland	6T	505D	18F-4R	190.0		CHA
TG230 4WD SuperSteer	$130600	$36570	$47020	**$61380**	**$74440**	New Holland	6T	505D	18F-4R	190.0		CHA
TG255 4WD	$140300	$39280	$50510	**$65940**	**$79970**	New Holland	6TA	505D	18F-4R	215.0		CHA
TG255 4WD SuperSteer	$143483	$40180	$51650	**$67440**	**$81790**	New Holland	6TA	505D	18F-4R	215.0		CHA
TG285 4WD	$154250	$43190	$55530	**$72500**	**$87920**	New Holland	6TI	505D	18F-4R	240.0		CHA
TG285 4WD SuperSteer	$157432	$44080	$56680	**$73990**	**$89740**	New Holland	6TI	505D	18F-4R	240.0		CHA
TV140	$81472	$30960	$36660	**$48880**	**$57030**	New Holland	6T	456D	Variable	105.0		CHA
TV140 Front 3-Pt.	$85733	$32580	$38580	**$51440**	**$60010**	New Holland	6T	456D	Variable	105.0		CHA
TV140 Front 3-Pt. PTO	$92790	$35260	$41760	**$55670**	**$64950**	New Holland	6T	456D	Variable	105.0		CHA
2120	$22227	$7110	$8890	**$11560**	**$13560**	Shibaura	4	135D	12F-4R	34.5		No
3010S	$17875	$6440	$7870	**$9830**	**$11620**	New Holland	3	165D	8F-2R	42.0		No
3010S 4WD	$24749	$8910	$10890	**$13610**	**$16090**	New Holland	3	165D	8F-2R	42.0		No
3415	$19038	$6850	$8380	**$10470**	**$12380**	Shibaura	4	135D	12F-4R	38.0		No
5610S	$25639	$7180	$9230	**$12050**	**$14610**	New Holland	4	268D	8F-2R	70.0		No
5610S	$27024	$7570	$9730	**$12700**	**$15400**	New Holland	4	268D	16F-4R	70.0		No
5610S 4WD	$33095	$9270	$11910	**$15560**	**$18860**	New Holland	4	268D	8F-2R	70.0		No
5610S 4WD	$34479	$9650	$12410	**$16210**	**$19650**	New Holland	4	268D	16F-4R	70.0		No
6610S	$28020	$8970	$11210	**$14570**	**$17090**	New Holland	4	304D	8F-2R	80.0		No
6610S	$29404	$9410	$11760	**$15290**	**$17940**	New Holland	4	304D	16F-4R	80.0		No
6610S 4WD	$36378	$11640	$14550	**$18920**	**$22190**	New Holland	4	304D	8F-2R	80.0		No
6610S 4WD	$37762	$12080	$15110	**$19640**	**$23040**	New Holland	4	304D	16F-4R	80.0		No
7010 LP	$36072	$13710	$16230	**$21640**	**$25250**	New Holland	4T	304D	8F-2R	90.0		No
7010 LP	$37450	$14230	$16850	**$22470**	**$26220**	New Holland	4T	304D	16F-4R	90.0		No
7010 LP 4WD	$45040	$17120	$20270	**$27020**	**$31530**	New Holland	4T	304D	8F-2R	90.0		No
7010 LP 4WD	$46417	$17640	$20890	**$27850**	**$32490**	New Holland	4T	304D	16F-4R	90.0		No
7610S	$30941	$11760	$13920	**$18570**	**$21660**	New Holland	4T	304D	8F-2R	90.0		No
7610S	$32326	$12280	$14550	**$19400**	**$22630**	New Holland	4T	304D	16F-4R	90.0		No
7610S 4WD	$38308	$14560	$17240	**$22990**	**$26820**	New Holland	4T	304D	8F-2R	90.0		No
7610S 4WD	$39694	$15080	$17860	**$23820**	**$27790**	New Holland	4T	304D	16F-4R	90.0		No
8010 HC	$48837	$15630	$19540	**$25400**	**$29790**	New Holland	6	456D	8F-2R	96.0		No
8010 HC	$50222	$16070	$20090	**$26120**	**$30640**	New Holland	6	456D	16F-4R	96.0		No
8010 LP	$40391	$14540	$17770	**$22220**	**$26250**	New Holland	6	456D	8F-2R	96.0		No
8010 LP	$41775	$15040	$18380	**$22980**	**$27150**	New Holland	6	456D	16F-4R	96.0		No
8010 LP 4WD	$48124	$15400	$19250	**$25020**	**$29360**	New Holland	6	456D	8F-2R	96.0		No
8010 LP 4WD	$49514	$15840	$19810	**$25750**	**$30200**	New Holland	6	456D	16F-4R	96.0		No

New Holland/Ford (Cont.)

2002 (Cont.)

Model	Approx. Retail Price New	Estimated Value Less Repairs: Used Trade In Avg.	Used Trade In High	Used Retail Avg.	Used Retail High	Engine Make	Engine No. Cyls.	Displ. Cu.-In.	No. Speeds	P.T.O. H.P.	Approx. Shipping Wt.-Lbs.	Cab
8670A	$90017	$25210	$32410	**$42310**	**$51310**	New Holland	6TI	456D	16F-9R	145.0		CHA
8670A 4WD	$106503	$29820	$38340	**$50060**	**$60710**	New Holland	6TI	456D	16F-9R	145.0		CHA
8670A 4WD SuperSteer	$108724	$30440	$39140	**$51100**	**$61970**	New Holland	6TI	456D	16F-9R	145.0		CHA
8770A	$99356	$27820	$35770	**$46700**	**$56630**	New Holland	6TI	456D	16F-9R	160.0		CHA
8770A 4WD	$109836	$29680	$38160	**$49820**	**$60420**	New Holland	6TI	456D	16F-9R	160.0		CHA
8770A 4WD SuperSteer	$112058	$30800	$39600	**$51700**	**$62700**	New Holland	6TI	456D	16F-9R	160.0		CHA
8870A	$109914	$30780	$39570	**$51660**	**$62650**	New Holland	6TI	456D	16F-9R	180.0		CHA
8870A 4WD	$122213	$34160	$43920	**$57340**	**$69540**	New Holland	6TI	456D	16F-9R	180.0		CHA
8870A 4WD SuperSteer	$124434	$34840	$44800	**$58480**	**$70930**	New Holland	6TI	456D	16F-9R	180.0		CHA
8970A 4WD	$132349	$36400	$46800	**$61100**	**$74100**	New Holland	6TI	456D	16F-9R	210.0		CHA
8970A 4WD SuperSteer	$134570	$36960	$47520	**$62040**	**$75240**	New Holland	6TI	456D	16F-9R	210.0		CHA
TJ275	$125698	$36450	$45250	**$59080**	**$65360**	CDC	6TA	505D	24F-6R	275.0		CHA
TJ275 Powershift	$135718	$37990	$47160	**$61570**	**$68120**	CDC	6TA	505D	16F-2R	275.0		CHA
TJ275 3-Pt	$139148	$39150	$48600	**$63450**	**$70200**	CDC	6TA	505D	24F-6R	275.0		CHA
TJ275 Poweshift 3-Pt	$149168	$41760	$51840	**$67680**	**$74880**	CDC	6TA	505D	16F-2R	275.0		CHA
TJ275 3-Pt, PTO	$147587	$40600	$50400	**$65800**	**$72800**	CDC	6TA	505D	24F-6R	275.0		CHA
TJ275 Powershift 3-Pt, PTO	$157607	$43500	$54000	**$70500**	**$78000**	CDC	6TA	505D	16F-2R	275.0		CHA
TJ325	$145972	$41180	$51120	**$66740**	**$73840**	CDC	6TA	543D	24F-6R	325.0		CHA
TJ325 3-Pt	$157891	$44080	$54720	**$71440**	**$79040**	CDC	6TA	543D	24F-6R	325.0		CHA
TJ325 3-Pt, PTO	$166330	$46690	$57960	**$75670**	**$83720**	CDC	6TA	543D	24F-6R	325.0		CHA
TJ325 Powershift	$156405	$44370	$55080	**$71910**	**$79560**	CDC	6TA	543D	16F-2R	325.0		CHA
TJ325 Powershift 3-Pt	$168324	$47710	$59220	**$77320**	**$85540**	CDC	6TA	543D	16F-2R	325.0		CHA
TJ325 Powershift 3-Pt, PTO	$176763	$49590	$61560	**$80370**	**$88920**	CDC	6TA	543D	16F-2R	325.0		CHA
TJ375	$165820	$46980	$58320	**$76140**	**$84240**	Cummins	6TA	915D	24F-6R	375.0		CHA
TJ375 PTO	$175282	$49590	$61560	**$80370**	**$88920**	Cummins	6TA	915D	24F-6R	375.0		CHA
TJ375 Powershift	$176084	$49880	$61920	**$80840**	**$89440**	Cummins	6TA	915D	16F-2R	375.0		CHA
TJ375 Powershift PTO	$184523	$52260	$64870	**$84690**	**$93700**	Cummins	6TA	915D	16F-2R	375.0		CHA
TJ375HD	$172332	$48810	$60590	**$79100**	**$87520**	Cummins	6TA	915D	24F-6R	375.0		CHA
TJ375HD Powershift	$181574	$51770	$64260	**$83900**	**$92820**	Cummins	6TA	915D	16F-2R	375.0		CHA
TJ375HD 3-Pt	$184432	$52200	$64800	**$84600**	**$93600**	Cummins	6TA	915D	24F-6R	375.0		CHA
TJ375HD Powershift 3-Pt	$195290	$55190	$68510	**$89440**	**$98960**	Cummins	6TA	915D	16F-2R	375.0		CHA
TJ375HD 3-Pt, PTO	$192871	$54520	$67680	**$88360**	**$97760**	Cummins	6TA	915D	24F-6R	375.0		CHA
TJ375HD Powershift 3-Pt, PTO	$203729	$57710	$71640	**$93530**	**$103480**	Cummins	6TA	915D	18F-4R	375.0		CHA
TJ425	$183419	$52200	$64800	**$84600**	**$93600**	Cummins	6TA	915D	24F-6R	425.0		CHA
TJ425 Powershift	$194050	$54810	$68040	**$88830**	**$98280**	Cummins	6TA	915D	16F-4R	425.0		CHA
TJ425 3-Pt	$197135	$56030	$69550	**$90800**	**$100460**	Cummins	6TA	915D	24F-6R	425.0		CHA
TJ425 Powershift 3-Pt	$207766	$58780	$72970	**$95270**	**$105400**	Cummins	6TA	915D	16F-4R	425.0		CHA
TJ425 3-Pt, PTO	$205574	$58440	$72540	**$94710**	**$104780**	Cummins	6TA	915D	24F-6R	425.0		CHA
TJ425 Powershift 3-Pt, PTO	$216205	$61340	$76140	**$99410**	**$109980**	Cummins	6TA	915D	16F-2R	425.0		CHA
TJ450 Powershift	$209347	$59570	$73940	**$96540**	**$106810**	Cummins	6TA	915D	16F-2R	450.0		CHA
TJ450 Powershift 3-PT	$223063	$63220	$78480	**$102460**	**$113360**	Cummins	6TA	915D	16F-2R	450.0		CHA

LP-Low Profile

2001

Model	Approx. Retail Price New	Used Trade In Avg.	Used Trade In High	Used Retail Avg.	Used Retail High	Engine Make	Engine No. Cyls.	Displ. Cu.-In.	No. Speeds	P.T.O. H.P.	Approx. Shipping Wt.-Lbs.	Cab
TC18	$8175	$3030	$3600	**$4740**	**$5640**	Shibaura	3	58D	6F-2R	15.0	1357	No
TC18 4WD	$9371	$3470	$4120	**$5440**	**$6470**	Shibaura	3	58D	6F-2R	15.0	1438	No
TC18 4WD	$10531	$3900	$4630	**$6110**	**$7270**	Shibaura	3	58D	Variable	14.0	1508	No
TC18 4WD Pwr Steer	$11365	$4210	$5000	**$6590**	**$7840**	Shibaura	3	58D	Variable	14.0	1508	No
TC21 4WD	$12225	$4520	$5380	**$7090**	**$8440**	Shibaura	3	61D	9F-3R	17.0	1450	No
TC21D 4WD Hydro	$13955	$5160	$6140	**$8090**	**$9630**	Shibaura	3	61D	Variable	16.0	1535	No
TC25	$11810	$4370	$5200	**$6850**	**$8150**	Shibaura	3	81D	9F-3R	21.7	2206	No
TC25 4WD	$13090	$4840	$5760	**$7590**	**$9030**	Shibaura	3	81D	9F-3R	21.7	2334	No
TC25D 4WD Hydro	$15551	$5750	$6840	**$9020**	**$10730**	Shibaura	3	81D	Variable	20.3	2474	No
TC25D 4WD Hydro SuperSteer	$16705	$6180	$7350	**$9690**	**$11530**	Shibaura	3	81D	Variable	20.3	2474	No
TC29	$13185	$4880	$5800	**$7650**	**$9100**	Shibaura	3	81D	9F-3R	25.1	2206	No
TC29 4WD	$15012	$5550	$6610	**$8710**	**$10360**	Shibaura	3	81D	9F-3R	25.1	2462	No
TC29D 4WD Hydro	$16930	$6260	$7450	**$9820**	**$11680**	Shibaura	3	81D	Variable	23.5	2474	No
TC29D 4WD Hydro SuperSteer	$18082	$6690	$7960	**$10490**	**$12480**	Shibaura	3	81D	Variable	23.5	2474	No
TC30	$10158	$3760	$4470	**$5890**	**$7010**	Shibaura	3	91D	9F-3R	25.5	2115	No
TC30 Hydro	$12058	$4460	$5310	**$6990**	**$8320**	Shibaura	3	91D	Variable	24.0	2120	No
TC30 4WD	$11708	$4330	$5150	**$6790**	**$8080**	Shibaura	3	91D	9F-3R	25.5	2205	No
TC30 4WD Hydro	$13158	$4870	$5790	**$7630**	**$9080**	Shibaura	3	91D	Variable	24.0	2210	No
TC33	$13955	$5160	$6140	**$8090**	**$9630**	Shibaura	3	91D	9F-3R	28.6	2206	No
TC33 4WD	$15236	$5640	$6700	**$8840**	**$10510**	Shibaura	3	91D	9F-3R	28.6	2334	No
TC33D 4WD Hydro	$17697	$6550	$7790	**$10260**	**$12210**	Shibaura	3	91D	Variable	26.9	2474	No
TC33D 4WD Hydro SuperSteer	$18851	$6980	$8290	**$10930**	**$13010**	Shibaura	3	91D	Variable	26.9	2474	No
TC35	$14212	$5260	$6250	**$8240**	**$9810**	Shibaura	3	101D	12F-12R	29.6	3009	No
TC35 4WD	$16942	$6270	$7450	**$9830**	**$11690**	Shibaura	3	101D	12F-12R	29.6	3143	No
TC35D 4WD Hydro	$19185	$7100	$8440	**$11130**	**$13240**	Shibaura	3	101D	Variable	29.6	3299	No
TC35D 4WD Hydro SuperSteer	$20486	$7580	$9010	**$11880**	**$14140**	Shibaura	3	101D	Variable	29.6	3299	No
TC40	$15815	$5850	$6960	**$9170**	**$10910**	Shibaura	4	121D	12F-12R	35.0	3060	No
TC40 4WD	$18545	$6860	$8160	**$10760**	**$12800**	Shibaura	4	121D	12F-12R	35.0	3194	No
TC40D 4WD Hydro	$20806	$7700	$9160	**$12070**	**$14360**	Shibaura	4	121D	Variable	33.2	3375	No
TC40D 4WD Hydro SuperSteer	$22088	$8170	$9720	**$12810**	**$15240**	Shibaura	4	121D	Variable	33.2	3375	No
TC45	$17866	$6610	$7860	**$10360**	**$12330**	Shibaura	4	135D	12F-12R	39.6	3262	No
TC45 4WD	$20596	$7620	$9060	**$11950**	**$14210**	Shibaura	4	135D	12F-12R	39.6	3396	No
TC45D 4WD Hydro	$22986	$8510	$10110	**$13330**	**$15860**	Shibaura	4	135D	Variable	37.8	3766	No
TC45D 4WD Hydro SuperSteer	$24268	$8980	$10680	**$14080**	**$16750**	Shibaura	4	135D	Variable	37.8	3766	No
TN55	$23185	$7770	$9320	**$11980**	**$14200**	New Holland	3	179D	8F-8R	42.0		No
TN55 4WD	$28505	$9630	$11550	**$14850**	**$17600**	New Holland	3	179D	8F-8R	42.0		No
TN55D	$32140	$10900	$13080	**$16820**	**$19930**	New Holland	3	179D	8F-8R	42.0		CHA
TN55D 4WD	$37461	$12760	$15310	**$19690**	**$23330**	New Holland	3	179D	8F-8R	42.0		CHA
TN55S	$31110	$10540	$12640	**$16250**	**$19260**	New Holland	3	179D	8F-8R	42.0		No
TN55S w/Cab	$38830	$13230	$15880	**$20410**	**$24190**	New Holland	3	179D	8F-8R	42.0		CHA

New Holland/Ford (Cont.)

	Approx. Retail Price New	Estimated Value Less Repairs				Engine						
		Used Trade In		Used Retail							Approx.	
		Avg.	High	Avg.	High	Make	No. Cyls.	Displ. Cu.-In.	No. Speeds	P.T.O. H.P.	Shipping Wt.-Lbs.	Cab
2001 (Cont.)												
TN65	$24160	$8100	$9720	**$12500**	**$14820**	New Holland	3	179D	8F-8R	52.0		No
TN65 4WD	$29455	$9960	$11950	**$15360**	**$18210**	New Holland	3	179D	8F-8R	52.0		No
TN65D	$33120	$11240	$13480	**$17330**	**$20540**	New Holland	3	179D	8F-8R	52.0		CHA
TN65D 4WD	$38546	$13130	$15750	**$20250**	**$24000**	New Holland	3	179D	8F-8R	52.0		CHA
TN65S	$32625	$11060	$13270	**$17060**	**$20220**	New Holland	3	179D	8F-8R	52.0		No
TN65S w/Cab	$40341	$13760	$16510	**$21220**	**$25150**	New Holland	3	179D	8F-8R	52.0		CHA
TN65F	$28298	$9520	$11420	**$14690**	**$17410**	New Holland	4	238D	16F-16R	57.0		No
TN65F	$31405	$10640	$12770	**$16420**	**$19460**	New Holland	4	238D	32F-16R	57.0		No
TN65F w/Cab	$36555	$12430	$14910	**$19170**	**$22720**	New Holland	4	238D	16F-16R	57.0		CHA
TN65F w/Cab	$39660	$13480	$16170	**$20790**	**$24640**	New Holland	4	238D	32F-16R	57.0		CHA
TN65F 4WD	$36011	$12250	$14700	**$18900**	**$22400**	New Holland	4	238D	16F-16R	57.0		No
TN65F 4WD	$39120	$13340	$16000	**$20570**	**$24380**	New Holland	4	238D	32F-16R	57.0		No
TN65F 4WD w/Cab	$44265	$15050	$18060	**$23220**	**$27520**	New Holland	4	238D	16F-16R	57.0		CHA
TN65F 4WD w/Cab	$47372	$16210	$19450	**$25000**	**$29630**	New Holland	4	238D	32F-16R	57.0		CHA
TL70	$28990	$10320	$12280	**$16180**	**$19250**	New Holland	4	220D	12F-12R	56.0		No
TL70	$32820	$11770	$13990	**$18440**	**$21940**	New Holland	4	220D	24F-24R	56.0		No
TN70	$26900	$8960	$10750	**$13820**	**$16380**	New Holland	3T	179D	8F-8R	57.0		No
TN70D	$36291	$12320	$14780	**$19010**	**$22530**	New Holland	3T	179D	8F-8R	57.0		CHA
TN70S 4WD	$35340	$12010	$14410	**$18520**	**$21950**	New Holland	3T	179D	16F-16R	57.0		No
TN70S 4WD w/Cab	$43056	$14700	$17640	**$22680**	**$26880**	New Holland	3T	179D	16F-16R	57.0		CHA
TL70 w/Cab	$37300	$13320	$15840	**$20880**	**$24840**	New Holland	4	220D	12F-12R	56.0		CHA
TL70 w/Cab	$41490	$14800	$17600	**$23200**	**$27600**	New Holland	4	220D	24F-24R	56.0		CHA
TN70 4WD	$32300	$10850	$13020	**$16740**	**$19840**	New Holland	3T	179D	8F-8R	57.0		No
TN70D 4WD	$41695	$14180	$17010	**$21870**	**$25920**	New Holland	3T	179D	8F-8R	57.0		CHA
TL70 4WD	$37361	$13430	$15970	**$21050**	**$25050**	New Holland	4	220D	12F-12R	56.0		No
TL70 4WD	$40702	$14580	$17340	**$22850**	**$27190**	New Holland	4	220D	24F-24R	56.0		No
TN75	$28877	$9700	$11630	**$14960**	**$17730**	New Holland	3T	179D	8F-8R	62.0		No
TL70 4WD w/Cab	$45185	$16320	$19400	**$25580**	**$30430**	New Holland	4	220D	12F-12R	56.0		CHA
TL70 4WD w/Cab	$49376	$17830	$21210	**$27960**	**$33260**	New Holland	4	220D	24F-24R	56.0		CHA
TN75 4WD	$34145	$11590	$13900	**$17870**	**$21180**	New Holland	3T	179D	8F-8R	62.0		CHA
TN75D	$38505	$13130	$15750	**$20250**	**$24000**	New Holland	3T	179D	8F-8R	62.0		CHA
TN75D 4WD	$43931	$15020	$18020	**$23170**	**$27460**	New Holland	3T	179D	8F-8R	62.0		CHA
TN75F 4WD	$37737	$12810	$15370	**$19760**	**$23420**	New Holland	4	238D	16F-16R	67.0		No
TN75F 4WD	$40845	$13900	$16670	**$21440**	**$25410**	New Holland	4	238D	32F-16R	67.0		No
TN75F 4WD w/Cab	$45990	$15610	$18730	**$24080**	**$28540**	New Holland	4	238D	16F-16R	67.0		CHA
TN75F 4WD w/Cab	$49100	$16800	$20160	**$25920**	**$30720**	New Holland	4	238D	32F-16R	67.0		CHA
TN75F w/Cab	$38165	$12990	$15580	**$20030**	**$23740**	New Holland	4	238D	16F-16R	67.0		CHA
TN75F w/Cab	$41275	$14040	$16840	**$21650**	**$25660**	New Holland	4	238D	32F-16R	67.0		CHA
TN75V	$25635	$8580	$10290	**$13230**	**$15680**	New Holland	3T	179D	16F-16R	62.0		No
TN75V 4WD	$31911	$10680	$12810	**$16470**	**$19520**	New Holland	3T	179D	16F-16R	62.0		No
TN75V 4WD w/Cab	$38815	$13200	$15830	**$20360**	**$24130**	New Holland	3T	179D	16F-16R	62.0		CHA
TK76 Crawler	$38226	$13020	$15620	**$20090**	**$23810**	New Holland	4	220D	8F-8R	60.0		No
TN75S	$37580	$12740	$15290	**$19660**	**$23300**	New Holland	3T	179D	8F-8R	62.0		No
TN75S w/Cab	$45295	$15470	$18560	**$23870**	**$28290**	New Holland	3T	179D	8F-8R	62.0		CHA
TN75F	$29910	$10080	$12100	**$15550**	**$18430**	New Holland	4	238D	16F-16R	67.0		No
TN75F	$33020	$11200	$13440	**$17280**	**$20480**	New Holland	4	238D	32F-16R	67.0		No
TL80	$32630	$12070	$14360	**$18930**	**$22520**	New Holland	4	238D	12F-12R	66.0		No
TL80	$35970	$13310	$15830	**$20860**	**$24820**	New Holland	4	238D	24F-24R	66.0		No
TL80 w/Cab	$40856	$14800	$17600	**$23200**	**$27600**	New Holland	4	238D	12F-12R	66.0		CHA
TL80 w/Cab	$45047	$16280	$19360	**$25520**	**$30360**	New Holland	4	238D	24F-24R	66.0		CHA
TL80 4WD	$40000	$14800	$17600	**$23200**	**$27600**	New Holland	4	238D	12F-12R	66.0		No
TL80 4WD	$43757	$15910	$18920	**$24940**	**$29670**	New Holland	4	238D	24F-24R	66.0		No
TL80 4WD w/Cab	$48228	$17500	$20810	**$27430**	**$32640**	New Holland	4	238D	12F-12R	66.0		CHA
TL80 4WD w/Cab	$52835	$19240	$22880	**$30160**	**$35880**	New Holland	4	238D	24F-24R	66.0		CHA
TK85 Crawler	$42327	$14810	$17780	**$22860**	**$27090**	New Holland	4	238D	8F-8R	65.0		NO
TK85M Crawler	$42995	$15050	$18060	**$23220**	**$27520**	New Holland	4	238D	8F-8R	65.0		NO
TL90	$35015	$12960	$15410	**$20310**	**$24160**	New Holland	4T	238D	12F-12R	76.0		No
TL90	$38355	$14190	$16880	**$22250**	**$26470**	New Holland	4T	238D	24F-24R	76.0		No
TN90F	$32131	$11250	$13500	**$17350**	**$20560**	New Holland	4T	238D	16F-16R	80.0		No
TL90 w/Cab	$43075	$15940	$18950	**$24980**	**$29720**	New Holland	4T	238D	12F-12R	76.0		CHA
TL90 w/Cab	$47265	$17490	$20800	**$27410**	**$32610**	New Holland	4T	238D	24F-24R	76.0		CHA
TN90F	$35240	$12330	$14800	**$19030**	**$22550**	New Holland	4T	238D	32F-16R	80.0		No
TL90 4WD	$42800	$15840	$18830	**$24820**	**$29530**	New Holland	4T	238D	12F-12R	76.0		No
TL90 4WD	$46140	$17070	$20300	**$26760**	**$31840**	New Holland	4T	238D	24F-24R	76.0		No
TN90F w/Cab	$40385	$14140	$16960	**$21810**	**$25850**	New Holland	4T	238D	16F-16R	80.0		CHA
TL90 4WD w/Cab	$50860	$18820	$22380	**$29500**	**$35090**	New Holland	4T	238D	12F-12R	76.0		CHA
TL90 4WD w/Cab	$55050	$20370	$24220	**$31930**	**$37990**	New Holland	4T	238D	24F-24R	76.0		CHA
TN90F w/Cab	$43492	$15220	$18270	**$23490**	**$27840**	New Holland	4T	238D	32F-16R	80.0		CHA
TN90F 4WD	$40306	$14110	$16930	**$21770**	**$25800**	New Holland	4T	238D	16F-16R	80.0		No
TN90F 4WD	$43065	$15070	$18090	**$23260**	**$27560**	New Holland	4T	238D	32F-16R	80.0		No
TN90F 4WD w/Cab	$48560	$17000	$20400	**$26220**	**$31080**	New Holland	4T	238D	16F-16R	80.0		CHA
TN90F 4WD w/Cab	$51340	$17970	$21560	**$27720**	**$32860**	New Holland	4T	238D	32F-16R	80.0		CHA
TS90	$37175	$13010	$15610	**$20080**	**$23790**	New Holland	4	304D	24F-24R	70.0		No
TS90 4WD	$44855	$15700	$18840	**$24220**	**$28710**	New Holland	4	304D	24F-24R	70.0		No
TS90 4WD w/Cab	$53761	$18820	$22580	**$29030**	**$34410**	New Holland	4	304D	24F-24R	70.0		CHA
TS90 w/Cab	$46085	$16130	$19360	**$24890**	**$29490**	New Holland	4	304D	24F-24R	70.0		CHA
TL100	$37950	$14040	$16700	**$22010**	**$26190**	New Holland	4T	238D	24F-12R	82.0		No
TL100	$39830	$14740	$17530	**$23100**	**$27480**	New Holland	4T	238D	24F-24R	82.0		No
TS100	$38260	$13390	$16070	**$20660**	**$24490**	New Holland	4T	304D	16F-4R	80.0		No
TS100	$40925	$14320	$17190	**$22100**	**$26190**	New Holland	4T	304D	24F-24R	80.0		No
TL100 4WD	$45250	$16740	$19910	**$26250**	**$31220**	New Holland	4T	238D	24F-12R	82.0		No
TL100 4WD	$47615	$17620	$20950	**$27620**	**$32850**	New Holland	4T	238D	24F-24R	82.0		No
TL100 w/Cab	$46858	$17340	$20620	**$27180**	**$32330**	New Holland	4T	238D	24F-12R	82.0		CHA
TL100 w/Cab	$48737	$18030	$21440	**$28270**	**$33630**	New Holland	4T	238D	24F-24R	82.0		CHA

New Holland/Ford (Cont.)

2001 (Cont.)

Model	Approx. Retail Price New	Estimated Value Less Repairs: Used Trade In Avg.	Used Trade In High	Used Retail Avg.	Used Retail High	Engine Make	No. Cyls.	Displ. Cu.-In.	No. Speeds	P.T.O. H.P.	Approx. Shipping Wt.-Lbs.	Cab
TS100	$42042	$14720	$17660	**$22700**	**$26910**	New Holland	4T	304D	16F-16R	80.0		No
TL100 4WD w/Cab	$54645	$20220	$24040	**$31690**	**$37710**	New Holland	4T	238D	24F-12R	82.0		CHA
TL100 4WD w/Cab	$56525	$20910	$24870	**$32790**	**$39000**	New Holland	4T	238D	24F-24R	82.0		CHA
TS100 w/Cab	$49830	$17330	$20790	**$26730**	**$31680**	New Holland	4T	304D	24F-24R	80.0		CHA
TS100 w/Cab	$51788	$17850	$21420	**$27540**	**$32640**	New Holland	4T	304D	16F-16R	80.0		CHA
TS100 4WD	$49935	$17220	$20660	**$26570**	**$31490**	New Holland	4T	304D	24F-24R	80.0		No
TS100 4WD	$50485	$17500	$21000	**$27000**	**$32000**	New Holland	4T	304D	16F-16R	80.0		No
TS100 4WD w/Cab	$58840	$20300	$24360	**$31320**	**$37120**	New Holland	4T	304D	24F-24R	80.0		CHA
TS100 4WD w/Cab	$60230	$20650	$24780	**$31860**	**$37760**	New Holland	4T	304D	16F-16R	80.0		CHA
TS110	$42321	$14700	$17640	**$22680**	**$26880**	New Holland	4T	304D	16F-4R	90.0		No
TS110	$44435	$15400	$18480	**$23760**	**$28160**	New Holland	4T	304D	24F-24R	90.0		No
TS110 w/Cab	$53345	$18380	$22050	**$28350**	**$33600**	New Holland	4T	304D	24F-24R	90.0		CHA
TS110 w/Cab	$55440	$19080	$22890	**$29430**	**$34880**	New Holland	4T	304D	16F-16R	90.0		CHA
TS110 4WD	$50400	$17640	$21170	**$27220**	**$32260**	New Holland	4T	304D	16F-4R	90.0		No
TS110 4WD	$52985	$18550	$22250	**$28610**	**$33910**	New Holland	4T	304D	24F-24R	90.0		No
TS110 4WD	$54242	$18800	$22550	**$29000**	**$34370**	New Holland	4T	304D	16F-16R	90.0		No
TS110 4WD w/Cab	$61890	$21350	$25620	**$32940**	**$39040**	New Holland	4T	304D	24F-24R	90.0		CHA
TS110 4WD w/Cab	$63988	$22050	$26460	**$34020**	**$40320**	New Holland	4T	304D	16F-16R	90.0		CHA
TM115	$57435	$17230	$21830	**$28720**	**$33890**	New Holland	6	456D	23F-12R	92.0		CHA
TM115	$59010	$17700	$22420	**$29510**	**$34820**	New Holland	6	456D	17F-6R	92.0		CHA
TM115 4WD	$66725	$20020	$25360	**$33360**	**$39370**	New Holland	6	456D	24F-12R	92.0		CHA
TM115 4WD SuperSteer	$71782	$21540	$27280	**$35890**	**$42350**	New Holland	6	456D	18F-6R	92.0		CHA
TM125	$61117	$18340	$23220	**$30560**	**$36060**	New Holland	6T	456D	23F-12R	100.0		CHA
TM125	$62691	$18810	$23820	**$31350**	**$36990**	New Holland	6T	456D	17F-6R	100.0		CHA
TM125 4WD	$71206	$21360	$27060	**$35600**	**$42010**	New Holland	6T	456D	24F-12R	100.0		CHA
TM125 4WD SuperSteer	$75505	$22650	$28690	**$37750**	**$44550**	New Holland	6T	456D	18F-6R	100.0		CHA
TM135	$63700	$19110	$24210	**$31850**	**$37580**	New Holland	6T	456D	23F-12R	110.0		CHA
TM135	$65277	$19580	$24810	**$32640**	**$38510**	New Holland	6T	456D	17F-6R	110.0		CHA
TM135 4WD SuperSteer	$79270	$23780	$30120	**$39640**	**$46770**	New Holland	6T	456D	18F-6R	110.0		CHA
TM150	$74356	$22310	$28260	**$37180**	**$43870**	New Holland	6T	456D	17F-6R	120.0		CHA
TM150 4WD SuperSteer	$88795	$26640	$33740	**$44400**	**$52390**	New Holland	6T	456D	18F-6R	120.0		CHA
TM165	$82091	$24630	$31200	**$41050**	**$48430**	New Holland	6T	456D	17F-6R	135.0		CHA
TM165 4WD SuperSteer	$96105	$28830	$36520	**$48050**	**$56700**	New Holland	6T	456D	18F-6R	135.0		CHA
TV140	$80907	$29940	$35600	**$46930**	**$55830**	New Holland	6T	456D	Variable	105.0		CHA
TV140 Front 3-Pt.	$89690	$33190	$39460	**$52020**	**$61890**	New Holland	6T	456D	Variable	105.0		CHA
TV140 Front 3-Pt. PTO	$93090	$34440	$40960	**$53990**	**$64230**	New Holland	6T	456D	Variable	105.0		CHA
2120	$21510	$6450	$8170	**$10760**	**$12690**	Shibaura	4	135D	12F-4R	34.5		No
3010S	$18580	$6300	$7560	**$9720**	**$11520**	New Holland	3	165D	8F-2R	42.0		No
3010S 4WD	$25630	$8750	$10500	**$13500**	**$16000**	New Holland	3	165D	8F-2R	42.0		No
3415	$18035	$6230	$7480	**$9610**	**$11390**	Shibaura	4	135D	12F-4R	38.0		No
3930	$24410	$7320	$9280	**$12210**	**$14400**	New Holland	3T	192D	8F-8R	45.0		No
3930 4WD	$29920	$8980	$11370	**$14960**	**$17650**	New Holland	3T	192D	8F-8R	45.0		No
4630	$26945	$9430	$11320	**$14550**	**$17250**	New Holland	3T	192D	16F-8R	55.0		No
4630 4WD	$32185	$11270	$13520	**$17380**	**$20600**	New Holland	3T	192D	16F-8R	55.0		No
5610S	$25976	$6750	$8830	**$11690**	**$14290**	New Holland	4	268D	8F-2R	70.0		No
5610S	$27380	$7120	$9310	**$12320**	**$15060**	New Holland	4	268D	16F-4R	70.0		No
5610S 4WD	$33530	$8720	$11400	**$15090**	**$18440**	New Holland	4	268D	8F-2R	70.0		No
5610S 4WD	$34935	$9080	$11880	**$15720**	**$19210**	New Holland	4	268D	16F-4R	70.0		No
6610S	$28387	$8520	$10790	**$14190**	**$16750**	New Holland	4	304D	8F-2R	80.0		No
6610S	$29791	$8940	$11320	**$14900**	**$17580**	New Holland	4	304D	16F-4R	80.0		No
6610S 4WD	$36821	$11050	$13990	**$18410**	**$21720**	New Holland	4	304D	8F-2R	80.0		No
6610S 4WD	$38225	$11470	$14530	**$19110**	**$22550**	New Holland	4	304D	16F-4R	80.0		No
7010 LP	$36395	$13470	$16010	**$21110**	**$25110**	New Holland	4T	304D	8F-2R	90.0		No
7010 LP	$37790	$13980	$16630	**$21920**	**$26080**	New Holland	4T	304D	16F-4R	90.0		No
7010 LP 4WD	$45510	$16840	$20020	**$26400**	**$31400**	New Holland	4T	304D	8F-2R	90.0		No
7010 LP 4WD	$46905	$17360	$20640	**$27210**	**$32360**	New Holland	4T	304D	16F-4R	90.0		No
7610S	$31315	$11470	$13640	**$17980**	**$21390**	New Holland	4T	304D	8F-2R	90.0		No
7610S	$32715	$11990	$14260	**$18790**	**$22360**	New Holland	4T	304D	16F-4R	90.0		No
7610S 4WD	$38777	$14250	$16940	**$22330**	**$26570**	New Holland	4T	304D	8F-2R	90.0		No
7610S 4WD	$40180	$14760	$17560	**$23140**	**$27530**	New Holland	4T	304D	16F-4R	90.0		No
8010 HC	$49440	$14700	$18620	**$24500**	**$28910**	New Holland	6	456D	8F-2R	96.0		No
8010 HC	$50845	$15000	$19000	**$25000**	**$29500**	New Holland	6	456D	16F-4R	96.0		No
8010 LP	$40925	$14000	$16800	**$21600**	**$25600**	New Holland	6	456D	8F-2R	96.0		No
8010 LP	$42326	$14700	$17640	**$22680**	**$26880**	New Holland	6	456D	16F-4R	96.0		No
8010 LP 4WD	$48762	$14400	$18240	**$24000**	**$28320**	New Holland	6	456D	8F-2R	96.0		No
8010 LP 4WD	$50165	$14970	$18960	**$24950**	**$29440**	New Holland	6	456D	16F-4R	96.0		No
8670	$90942	$23400	$30600	**$40500**	**$49500**	New Holland	6TI	456D	16F-9R	145.0		CHA
8670A 4WD	$106618	$27720	$36250	**$47980**	**$58640**	New Holland	6TI	456D	16F-9R	145.0		CHA
8670A 4WD SuperSteer	$108840	$28300	$37010	**$48980**	**$59860**	New Holland	6TI	456D	16F-9R	145.0		CHA
8770A	$97755	$25420	$33240	**$43990**	**$53770**	New Holland	6TI	456D	16F-9R	160.0		CHA
8770A 4WD	$109825	$27560	$36040	**$47700**	**$58300**	New Holland	6TI	456D	16F-9R	160.0		CHA
8770A 4WD SuperSteer	$112076	$28600	$37400	**$49500**	**$60500**	New Holland	6TI	456D	16F-9R	160.0		CHA
8870A	$112163	$28600	$37400	**$49500**	**$60500**	New Holland	6TI	456D	16F-9R	180.0		CHA
8870A 4WD	$124465	$31460	$41140	**$54450**	**$66550**	New Holland	6TI	456D	16F-9R	180.0		CHA
8870A 4WD SuperSteer	$126685	$32240	$42160	**$55800**	**$68200**	New Holland	6TI	456D	16F-9R	180.0		CHA
8970A 4WD	$134565	$33800	$44200	**$58500**	**$71500**	New Holland	6TI	456D	16F-9R	210.0		CHA
8970A 4WD SuperSteer	$136785	$34320	$44880	**$59400**	**$72600**	New Holland	6TI	456D	16F-9R	210.0		CHA
9184	$105359	$27390	$34770	**$45300**	**$50570**	Cummins	6TA	505D	12F-4R	240.0		CHA
9184 w/3-Pt.	$112526	$29260	$37130	**$48390**	**$54010**	Cummins	6TA	505D	12F-4R	240.0		CHA
9184 w/PTO	$113352	$29470	$37410	**$48740**	**$54410**	Cummins	6TA	505D	12F-4R	240.0		CHA
9384	$115492	$30030	$38110	**$49660**	**$55440**	Cummins	6TA	660D	12F-4R	270.0		CHA
9384 w/3-Pt.	$122480	$31850	$40420	**$52670**	**$58790**	Cummins	6TA	660D	12F-4R	270.0		No
9384 w/PTO	$123485	$32110	$40750	**$53100**	**$59270**	Cummins	6TA	660D	12F-4R	270.0		CHA
9384 PS	$126415	$32870	$41720	**$54360**	**$60680**	Cummins	6TA	660D	12F-2R	270.0		No

New Holland/Ford (Cont.)

2001 (Cont.)

Model	Approx. Retail Price New	Estimated Value Less Repairs: Used Trade In Avg.	Used Trade In High	Used Retail Avg.	Used Retail High	Engine Make	Engine No. Cyls.	Engine Displ. Cu.-In.	No. Speeds	P.T.O. H.P.	Approx. Shipping Wt.-Lbs.	Cab
9384 PS W/3-Pt.	$133405	$34690	$44020	**$57360**	**$64030**	Cummins	6TA	660D	12F-2R	270.0		CHA
9384 PS w/PTO	$134410	$34950	$44360	**$57800**	**$64520**	Cummins	6TA	660D	12F-2R	270.0		CHA
9484	$127600	$33180	$42110	**$54870**	**$61250**	Cummins	6TA	660D	12F-4R	310.0		CHA
9484 w/3-Pt.	$134587	$34990	$44410	**$57870**	**$64600**	Cummins	6TA	660D	12F-4R	310.0		CHA
9484 w/PTO	$135595	$35260	$44750	**$58310**	**$65090**	Cummins	6TA	660D	12F-4R	310.0		CHA
9484 PS	$138625	$36040	$45750	**$59610**	**$66540**	Cummins	6TA	660D	12F-2R	310.0		CHA
9484 PS W/3-Pt.	$145615	$37860	$48050	**$62610**	**$69900**	Cummins	6TA	660D	12F-2R	310.0		CHA
9484 PS w/PTO	$146616	$38120	$48380	**$63050**	**$70380**	Cummins	6TA	660D	12F-2R	310.0		CHA
9684	$150750	$39200	$49750	**$64820**	**$72360**	Cummins	6TA	855D	12F-4R	360.0		CHA
9684 w/PTO	$158745	$41270	$52390	**$68260**	**$76200**	Cummins	6TA	855D	12F-4R	360.0		CHA
9684 PS	$161775	$42060	$53390	**$69560**	**$77650**	Cummins	6TA	855D	12F-2R	360.0		CHA
9684 PS w/PTO	$169766	$44140	$56020	**$73000**	**$81490**	Cummins	6TA	855D	12F-2R	360.0		CHA
9884	$181251	$47130	$59810	**$77940**	**$87000**	Cummins	6TA	855D	12F-4R	425.0		CHA
9884 w/PTO	$187185	$48670	$61770	**$80490**	**$89850**	Cummins	6TA	855D	12F-4R	425.0		CHA

LP-Low Profile, HC-High Clearance

2000

Model	Approx. Retail Price New	Estimated Value Less Repairs: Used Trade In Avg.	Used Trade In High	Used Retail Avg.	Used Retail High	Engine Make	Engine No. Cyls.	Engine Displ. Cu.-In.	No. Speeds	P.T.O. H.P.	Approx. Shipping Wt.-Lbs.	Cab
TC18	$8175	$2940	$3520	**$4580**	**$5560**	Shibaura	3	58D	6F-2R	15.0		No
TC18 4WD	$9370	$3370	$4030	**$5250**	**$6370**	Shibaura	3	58D	6F-2R	15.0		No
TC18 4WD Hydro	$10530	$3790	$4530	**$5900**	**$7160**	Shibaura	3	58D	Variable	14.0		No
TC21	$12250	$4410	$5270	**$6860**	**$8330**	Shibaura	3	61D	9F-3R	17.0		No
TC21D 4WD Hydro	$13955	$5020	$6000	**$7820**	**$9490**	Shibaura	3	61D	Variable	16.0		No
TC25	$11810	$4250	$5080	**$6610**	**$8030**	Shibaura	3	81D	9F-3R	21.7		No
TC25 4WD	$13090	$4710	$5630	**$7330**	**$8900**	Shibaura	3	81D	9F-3R	21.7		No
TC25D 4WD Hydro	$15550	$5600	$6690	**$8710**	**$10570**	Shibaura	3	81D	Variable	20.3		No
TC29	$13185	$4750	$5670	**$7380**	**$8970**	Shibaura	3	81D	9F-3R	25.1		No
TC29 4WD	$15000	$5400	$6450	**$8400**	**$10200**	Shibaura	3	81D	9F-3R	25.1		No
TC29D 4WD Hydro	$16930	$6100	$7280	**$9480**	**$11510**	Shibaura	3	81D	Variable	23.5		No
TC33	$13955	$5020	$6000	**$7820**	**$9490**	Shibaura	3	91D	9F-3R	28.6		No
TC33 4WD	$15236	$5490	$6550	**$8530**	**$10360**	Shibaura	3	91D	9F-3R	28.6		No
TC33D 4WD Hydro	$17700	$6370	$7610	**$9910**	**$12040**	Shibaura	3	91D	Variable	26.9		No
1720	$14365	$4020	$5170	**$6900**	**$8190**	Shibaura	3	91D	12F-4R	23.5		No
1720 4WD	$16270	$4560	$5860	**$7810**	**$9270**	Shibaura	3	91D	12F-4R	23.5		No
1920	$15860	$4440	$5710	**$7610**	**$9040**	Shibaura	4	122D	12F-4R	28.5		No
1920 4WD	$18980	$5310	$6830	**$9110**	**$10820**	Shibaura	4	122D	12F-4R	28.5		No
2120 4WD	$22195	$6220	$7990	**$10650**	**$12650**	Shibaura	4	139D	12F-4R	34.5		No
TL70	$28990	$10440	$12470	**$16230**	**$19710**	New Holland	4	220D	12F-12R	56.0		No
TL70 w/Cab	$36815	$13250	$15830	**$20620**	**$25030**	New Holland	4	220D	12F-12R	56.0		CHA
TL70 4WD	$36875	$13280	$15860	**$20650**	**$25080**	New Holland	4	220D	12F-12R	56.0		No
TL70 4WD w/Cab	$44700	$16090	$19220	**$25030**	**$30400**	New Holland	4	220D	12F-12R	56.0		CHA
TL80	$31615	$11380	$13590	**$17700**	**$21500**	New Holland	4	238D	12F-12R	66.0		No
TL80 w/Cab	$40115	$14440	$17250	**$22460**	**$27280**	New Holland	4	238D	12F-12R	66.0		CHA
TL80 4WD	$39515	$14230	$16990	**$22130**	**$26870**	New Holland	4	238D	12F-12R	66.0		No
TL80 4WD w/Cab	$47740	$17190	$20530	**$26730**	**$32460**	New Holland	4	238D	12F-12R	66.0		CHA
TL90	$34580	$12450	$14870	**$19370**	**$23510**	New Holland	4T	238D	12F-12R	76.0		No
TL90 w/Cab	$42636	$15350	$18330	**$23880**	**$28990**	New Holland	4T	238D	12F-12R	76.0		CHA
TL90 4WD	$42315	$15230	$18200	**$23700**	**$28770**	New Holland	4T	238D	12F-12R	76.0		No
TL90 4WD w/Cab	$50425	$18150	$21680	**$28240**	**$34290**	New Holland	4T	238D	12F-12R	76.0		CHA
TL100	$37515	$13510	$16130	**$21010**	**$25510**	New Holland	4T	238D	24F-12R	82.0		No
TL100 w/Cab	$46425	$16710	$19960	**$26000**	**$31570**	New Holland	4T	238D	24F-12R	82.0		CHA
TL100 4WD	$45250	$16290	$19460	**$25340**	**$30770**	New Holland	4T	238D	24F-12R	82.0		No
TL100 4WD w/Cab	$54160	$19500	$23290	**$30330**	**$36830**	New Holland	4T	238D	24F-12R	82.0		CHA
TN55	$23182	$7650	$9510	**$12290**	**$14610**	New Holland	3	179D	8F-8R	42.0		No
TN55 4WD	$28502	$9410	$11690	**$15110**	**$17960**	New Holland	3	179D	8F-8R	42.0		No
TN55D	$32785	$10820	$13440	**$17380**	**$20660**	New Holland	3	179D	8F-8R	42.0		CHA
TN55D 4WD	$38210	$12610	$15670	**$20250**	**$24070**	New Holland	3	179D	8F-8R	42.0		CHA
TN55S	$31857	$10510	$13060	**$16880**	**$20070**	New Holland	3	179D	8F-8R	42.0		No
TN55S w/Cab	$39575	$13060	$16230	**$20980**	**$24930**	New Holland	3	179D	8F-8R	42.0		CHA
TN65	$24160	$7970	$9910	**$12810**	**$15220**	New Holland	3	179D	8F-8R	52.0		No
TN65 4WD	$29211	$9640	$11980	**$15480**	**$18400**	New Holland	3	179D	8F-8R	52.0		No
TN65D	$35425	$11690	$14520	**$18780**	**$22320**	New Holland	3	179D	8F-8R	52.0		CHA
TN65D 4WD	$40855	$13480	$16750	**$21650**	**$25740**	New Holland	3	179D	8F-8R	52.0		CHA
TN65S	$34500	$11390	$14150	**$18290**	**$21740**	New Holland	3	179D	8F-8R	52.0		No
TN65S w/Cab	$42215	$13930	$17310	**$22370**	**$26600**	New Holland	3	179D	8F-8R	52.0		CHA
TN65F	$27735	$9150	$11370	**$14700**	**$17470**	New Holland	4	238D	16F-16R	57.0		No
TN65F	$30845	$10180	$12650	**$16350**	**$19430**	New Holland	4	238D	32F-16R	57.0		No
TN65F w/Cab	$35990	$11880	$14760	**$19080**	**$22670**	New Holland	4	238D	16F-16R	57.0		CHA
TN65F w/Cab	$39100	$12900	$16030	**$20720**	**$24630**	New Holland	4	238D	32F-16R	57.0		CHA
TN65F 4WD	$35450	$11700	$14540	**$18790**	**$22330**	New Holland	4	238D	16F-16R	57.0		No
TN65F 4WD	$38555	$12720	$15810	**$20430**	**$24290**	New Holland	4	238D	32F-16R	57.0		No
TN65F 4WD w/Cab	$43700	$14420	$17920	**$23160**	**$27530**	New Holland	4	238D	16F-16R	57.0		CHA
TN65F 4WD w/Cab	$46810	$15450	$19190	**$24810**	**$29490**	New Holland	4	238D	32F-16R	57.0		CHA
TN70	$26875	$8870	$11020	**$14240**	**$16930**	New Holland	3T	179D	8F-8R	57.0		No
TN70 4WD	$32300	$10660	$13240	**$17120**	**$20350**	New Holland	3T	179D	8F-8R	57.0		No
TN75	$28700	$9470	$11770	**$15210**	**$18080**	New Holland	3T	179D	8F-8R	62.0		No
TN75 4WD	$34130	$11260	$13990	**$18090**	**$21500**	New Holland	3T	179D	8F-8R	62.0		CHA
TN75D	$38295	$12640	$15700	**$20300**	**$24130**	New Holland	3T	179D	8F-8R	62.0		CHA
TN75D 4WD	$43220	$14260	$17720	**$22910**	**$27230**	New Holland	3T	179D	8F-8R	62.0		CHA
TN75S	$37370	$12330	$15320	**$19810**	**$23540**	New Holland	3T	179D	8F-8R	62.0		No
TN75S w/Cab	$45085	$14880	$18490	**$23900**	**$28400**	New Holland	3T	179D	8F-8R	62.0		CHA
TN75F	$29350	$9690	$12030	**$15560**	**$18490**	New Holland	4	238D	16F-16R	67.0		No
TN75F	$32455	$10710	$13310	**$17200**	**$20450**	New Holland	4	238D	32F-16R	67.0		No
TN75F w/Cab	$37600	$12410	$15420	**$19930**	**$23690**	New Holland	4	238D	16F-16R	67.0		CHA
TN75F w/Cab	$40710	$13430	$16690	**$21580**	**$25650**	New Holland	4	238D	32F-16R	67.0		CHA

New Holland/Ford (Cont.)

2000 (Cont.)

Model	Approx. Retail Price New	Estimated Value Less Repairs: Used Trade In Avg.	Used Trade In High	Used Retail Avg.	Used Retail High	Make	Engine No. Cyls.	Engine Displ. Cu.-In.	No. Speeds	P.T.O. H.P.	Approx. Shipping Wt.-Lbs.	Cab
TN75F 4WD	$37175	$12270	$15240	**$19700**	**$23420**	New Holland	4	238D	16F-16R	67.0		No
TN75F 4WD	$40281	$13290	$16520	**$21350**	**$25380**	New Holland	4	238D	32F-16R	67.0		No
TN75F 4WD w/Cab	$45430	$14990	$18630	**$24080**	**$28620**	New Holland	4	238D	16F-16R	67.0		CHA
TN75F 4WD w/Cab	$48535	$16020	$19900	**$25720**	**$30580**	New Holland	4	238D	32F-16R	67.0		CHA
TN90F	$31570	$10420	$12940	**$16730**	**$19890**	New Holland	4T	238D	16F-16R	80.0		No
TN90F	$34676	$11440	$14220	**$18380**	**$21850**	New Holland	4T	238D	32F-16R	80.0		No
TN90F w/Cab	$39825	$13140	$16330	**$21110**	**$25090**	New Holland	4T	238D	16F-16R	80.0		CHA
TN90F w/Cab	$42930	$14170	$17600	**$22750**	**$27050**	New Holland	4T	238D	32F-16R	80.0		CHA
TN90F 4WD	$39745	$12870	$15990	**$20670**	**$24570**	New Holland	4T	238D	16F-16R	80.0		No
TN90F 4WD	$42500	$14030	$17430	**$22530**	**$26780**	New Holland	4T	238D	32F-16R	80.0		No
TN90F 4WD w/Cab	$47997	$15840	$19680	**$25440**	**$30240**	New Holland	4T	238D	16F-16R	80.0		CHA
TN90F 4WD w/Cab	$50756	$16750	$20810	**$26900**	**$31980**	New Holland	4T	238D	32F-16R	80.0		CHA
TS90	$37012	$12210	$15180	**$19620**	**$23320**	New Holland	4	304D	24F-24R	70.0		No
TS90 4WD	$45170	$14850	$18450	**$23850**	**$28350**	New Holland	4	304D	24F-24R	70.0		No
TS90 4WD w/Cab	$54080	$17850	$22170	**$28660**	**$34070**	New Holland	4	304D	24F-24R	70.0		CHA
TS90 w/Cab	$45920	$15150	$18830	**$24340**	**$28930**	New Holland	4	304D	24F-24R	70.0		CHA
TS100	$38405	$12670	$15750	**$20360**	**$24200**	New Holland	4T	304D	16F-4R	80.0		No
TS100	$41070	$13200	$16400	**$21200**	**$25200**	New Holland	4T	304D	24F-24R	80.0		No
TS100	$41525	$13700	$17030	**$22010**	**$26160**	New Holland	4T	304D	16F-16R	80.0		No
TS100 w/Cab	$49975	$16490	$20490	**$26490**	**$31480**	New Holland	4T	304D	24F-24R	80.0		CHA
TS100 w/Cab	$51270	$16920	$21020	**$27170**	**$32300**	New Holland	4T	304D	16F-16R	80.0		CHA
TS100 4WD	$50070	$16520	$20530	**$26540**	**$31540**	New Holland	4T	304D	24F-24R	80.0		No
TS100 4WD	$49460	$16320	$20280	**$26210**	**$31160**	New Holland	4T	304D	16F-16R	80.0		No
TS100 4WD w/Cab	$57915	$19110	$23750	**$30700**	**$36490**	New Holland	4T	304D	24F-24R	80.0		CHA
TS100 4WD w/Cab	$59817	$19740	$24530	**$31700**	**$37690**	New Holland	4T	304D	16F-16R	80.0		CHA
TS110	$42160	$13910	$17290	**$22350**	**$26560**	New Holland	4T	304D	16F-4R	90.0		No
TS110	$44275	$14610	$18150	**$23470**	**$27890**	New Holland	4T	304D	24F-24R	90.0		No
TS110 w/Cab	$53180	$17550	$21800	**$28190**	**$33500**	New Holland	4T	304D	24F-24R	90.0		CHA
TS110 w/Cab	$54615	$18020	$22390	**$28950**	**$34410**	New Holland	4T	304D	16F-16R	90.0		CHA
TS110 4WD	$50237	$16580	$20600	**$26630**	**$31650**	New Holland	4T	304D	16F-4R	90.0		No
TS110 4WD	$52210	$17230	$21410	**$27670**	**$32890**	New Holland	4T	304D	24F-24R	90.0		No
TS110 4WD	$53570	$17680	$21960	**$28390**	**$33750**	New Holland	4T	304D	16F-16R	90.0		No
TS110 4WD w/Cab	$61116	$20170	$25060	**$32390**	**$38500**	New Holland	4T	304D	24F-24R	90.0		CHA
TS110 4WD w/Cab	$63315	$20890	$25960	**$33560**	**$39890**	New Holland	4T	304D	16F-16R	90.0		CHA
TM115	$56975	$15950	$20510	**$27350**	**$32480**	New Holland	6	456D	23F-12R	92.0		CHA
TM115	$58525	$16390	$21070	**$28090**	**$33360**	New Holland	6	456D	17F-6R	92.0		CHA
TM115 4WD	$66655	$18660	$24000	**$31990**	**$37990**	New Holland	6	456D	24F-12R	92.0		CHA
TM115 4WD	$71615	$20050	$25780	**$34380**	**$40820**	New Holland	6	456D	18F-6R	92.0		CHA
TM125	$60965	$17070	$21950	**$29260**	**$34750**	New Holland	6T	456D	23F-12R	100.0		CHA
TM125	$62680	$17550	$22570	**$30090**	**$35730**	New Holland	6T	456D	17F-6R	100.0		CHA
TM125 4WD	$70830	$19830	$25500	**$34000**	**$40370**	New Holland	6T	456D	24F-12R	100.0		CHA
TM125 4WD	$75810	$21230	$27290	**$36390**	**$43210**	New Holland	6T	456D	18F-6R	100.0		CHA
TM135	$64110	$17950	$23080	**$30770**	**$36540**	New Holland	6T	456D	23F-12R	110.0		CHA
TM135	$66845	$18720	$24060	**$32090**	**$38100**	New Holland	6T	456D	17F-6R	110.0		CHA
TM135 4WD	$79970	$22390	$28790	**$38390**	**$45580**	New Holland	6T	456D	18F-6R	110.0		CHA
TM150	$74230	$20780	$26720	**$35630**	**$42310**	New Holland	6T	456D	17F-6R	120.0		CHA
TM150 4WD	$88980	$24910	$32030	**$42710**	**$50720**	New Holland	6T	456D	18F-6R	120.0		CHA
TM165	$81605	$22850	$29380	**$39170**	**$46520**	New Holland	6T	456D	17F-6R	135.0		CHA
TM165 4WD	$96350	$26980	$34690	**$46250**	**$54920**	New Holland	6T	456D	18F-6R	135.0		CHA
3010S	$18580	$6130	$7620	**$9850**	**$11710**	New Holland	3	165D	8F-2R	42.0		No
3010S 4WD	$25630	$8460	$10510	**$13580**	**$16150**	New Holland	3	165D	8F-2R	42.0		No
3415	$18720	$6180	$7680	**$9920**	**$11790**	Shibaura	4	135D	12F-4R	38.0		No
3430	$20350	$4880	$6510	**$8750**	**$10790**	New Holland	3	192D	8F-2R	40.0	4622	No
3430 4WD	$25285	$6070	$8090	**$10870**	**$13400**	New Holland	3	192D	8F-2R	40.0	5150	No
3830	$23455	$5630	$7510	**$10090**	**$12430**	New Holland	3	165D	12F-12R	45.0		No
3830 4WD	$30415	$7300	$9730	**$13080**	**$16120**	New Holland	3	165D	12F-12R	45.0		No
3830 4WD w/Cab	$36085	$8660	$11550	**$15520**	**$19130**	New Holland	3	165D	12F-12R	45.0		CH
3830 w/Cab	$28920	$6940	$9250	**$12440**	**$15330**	New Holland	3	165D	12F-12R	45.0		CH
3930	$24970	$6990	$8990	**$11990**	**$14230**	New Holland	3T	192D	8F-8R	45.0		No
3930 4WD	$30285	$8480	$10900	**$14540**	**$17260**	New Holland	3T	192D	8F-8R	45.0		No
4330V	$25640	$8460	$10510	**$13590**	**$16150**	New Holland	4	220D	12F-12R	62.0		No
4330V 4WD	$32320	$10670	$13250	**$17130**	**$20360**	New Holland	4	220D	12F-12R	62.0		No
4330V 4WD w/Cab	$37680	$12430	$15450	**$19970**	**$23740**	New Holland	4	220D	12F-12R	62.0		CHA
4330V w/Cab	$31100	$10260	$12750	**$16480**	**$19590**	New Holland	4	220D	12F-12R	62.0		CHA
4630	$26945	$8890	$11050	**$14280**	**$16980**	New Holland	3T	192D	16F-8R	55.0		No
4630 4WD	$32185	$10620	$13200	**$17060**	**$20280**	New Holland	3T	192D	16F-8R	55.0		No
4835	$29220	$9640	$11980	**$15490**	**$18410**	New Holland	4	220D	24F-12R	56.0		No
4835 4WD	$36737	$12120	$15060	**$19470**	**$23140**	New Holland	4	220D	24F-12R	56.0		No
4835 4WD w/Cab	$45240	$14930	$18550	**$23980**	**$28500**	New Holland	4	220D	24F-12R	56.0		CHA
4835 w/Cab	$37735	$12450	$15470	**$20000**	**$23770**	New Holland	4	220D	24F-12R	56.0		CHA
5030	$28715	$8040	$10340	**$13780**	**$16370**	New Holland	4	256D	8F-8R	62.0	5597	No
5030 4WD	$34095	$9550	$12270	**$16370**	**$19430**	New Holland	4	256D	8F-8R	62.0	6125	No
5610S	$25976	$6230	$8310	**$11170**	**$13770**	New Holland	4	268D	8F-2R	70.0		No
5610S 4WD	$33530	$8050	$10730	**$14420**	**$17770**	New Holland	4	268D	8F-2R	70.0		No
5635	$34000	$11220	$13940	**$18020**	**$21420**	New Holland	4	238D	24F-12R	66.0		No
5635 4WD	$41477	$13690	$17010	**$21980**	**$26130**	New Holland	4	238D	24F-12R	66.0		No
5635 4WD w/Cab	$50210	$16570	$20590	**$26610**	**$31630**	New Holland	4	238D	24F-12R	66.0		CHA
5635 w/Cab	$42745	$14110	$17530	**$22660**	**$26930**	New Holland	4	238D	24F-12R	66.0		CHA
6610S	$28390	$7950	$10220	**$13630**	**$16180**	New Holland	4	304D	8F-2R	80.0		No
6610S 4WD	$36820	$10310	$13260	**$17670**	**$20990**	New Holland	4	304D	8F-2R	80.0		No
6635	$35290	$11650	$14470	**$18700**	**$22230**	New Holland	4T	238D	24F-12R	76.0		No
6635 4WD	$43985	$14520	$18030	**$23310**	**$27710**	New Holland	4T	238D	24F-12R	76.0		No
6635 4WD w/Cab	$52735	$17400	$21620	**$27950**	**$33220**	New Holland	4T	238D	24F-12R	76.0		CHA
6635 w/Cab	$44025	$14530	$18050	**$23330**	**$27740**	New Holland	4T	238D	24F-12R	76.0		CHA

New Holland/Ford (Cont.)

2000 (Cont.)

Model	Approx. Retail Price New	Estimated Value Less Repairs: Used Trade In Avg.	Used Trade In High	Used Retail Avg.	Used Retail High	Engine Make	Engine No. Cyls.	Engine Displ. Cu.-In.	No. Speeds	P.T.O. H.P.	Approx. Shipping Wt.-Lbs.	Cab
7010 LP	$37790	$13600	$16250	**$21160**	**$25700**	New Holland	4T	304D	16F-4R	90.0		No
7010 LP 4WD	$45700	$16450	$19650	**$25590**	**$31080**	New Holland	4T	304D	16F-4R	90.0		No
7610S	$31315	$11270	$13470	**$17540**	**$21290**	New Holland	4T	304D	8F-2R	90.0		No
7610S 4WD	$38775	$13960	$16670	**$21710**	**$26370**	New Holland	4T	304D	8F-2R	90.0		No
7635	$37065	$12230	$15200	**$19640**	**$23350**	New Holland	4T	238D	24F-12R	86.0		No
7635 4WD	$45575	$15040	$18690	**$24160**	**$28710**	New Holland	4T	238D	24F-12R	86.0		No
7635 4WD w/Cab	$54300	$16500	$20500	**$26500**	**$31500**	New Holland	4T	238D	24F-12R	86.0		CHA
7635 w/Cab	$45795	$15110	$18780	**$24270**	**$28850**	New Holland	4T	238D	24F-12R	86.0		CHA
8010 HC	$50845	$14240	$18300	**$24410**	**$28980**	New Holland	6	456D	8F-2R	96.0		No
8010 LP	$42326	$13970	$17350	**$22430**	**$26670**	New Holland	6	456D	16F-4R	96.0		No
8010 LP 4WD	$50165	$14050	$18060	**$24080**	**$28590**	New Holland	6	456D	16F-4R	96.0		No
8160	$45950	$11030	$14700	**$19760**	**$24350**	New Holland	6	456D	23F-12R	90.0		No
8160 4WD	$55000	$13200	$17600	**$23650**	**$29150**	New Holland	6	456D	23F-12R	90.0		No
8160 4WD w/Cab	$63090	$15140	$20190	**$27130**	**$33440**	New Holland	6	456D	23F-12R	90.0		CHA
8160 w/Cab	$54040	$12970	$17290	**$23240**	**$28640**	New Holland	6	456D	23F-12R	90.0		CHA
8260	$49830	$11960	$15950	**$21430**	**$26410**	New Holland	6	456D	23F-12R	100.0		No
8260 4WD	$58885	$14130	$18840	**$25320**	**$31210**	New Holland	6	456D	23F-12R	100.0		No
8260 4WD w/Cab	$67070	$16100	$21460	**$28840**	**$35550**	New Holland	6	456D	23F-12R	100.0		CHA
8260 w/Cab	$58015	$13920	$18570	**$24950**	**$30750**	New Holland	6	456D	23F-12R	100.0		CHA
8360	$58265	$14160	$18880	**$25370**	**$31270**	New Holland	6T	456D	23F-12R	115.0		No
8360 4WD	$70225	$16850	$22470	**$30200**	**$37220**	New Holland	6T	456D	23F-12R	115.0		No
8360 4WD w/Cab	$78475	$18830	$25110	**$33740**	**$41590**	New Holland	6T	456D	23F-12R	115.0		CHA
8360 w/Cab	$66435	$15940	$21260	**$28570**	**$35210**	New Holland	6T	456D	23F-12R	115.0		CHA
8560 4WD w/Cab	$87110	$20910	$27880	**$37460**	**$46170**	New Holland	6T	456D	18F-6R	130.0		CHA
8560 w/Cab	$74800	$17950	$23940	**$32160**	**$39640**	New Holland	6T	456D	17F-6R	130.0		CHA
8670	$88815	$21320	$28420	**$38190**	**$47070**	New Holland	6TI	456D	16F-9R	145.0		CHA
8670 4WD	$107660	$25840	$34450	**$46290**	**$57060**	New Holland	6TI	456D	16F-9R	145.0		CHA
8770	$95565	$22940	$30580	**$41090**	**$50650**	New Holland	6TI	456D	16F-9R	160.0		CHA
8770 4WD	$109885	$25440	$33920	**$45580**	**$56180**	New Holland	6TI	456D	16F-9R	160.0		CHA
8870	$108850	$25200	$33600	**$45150**	**$55650**	New Holland	6TI	456D	16F-9R	180.0		CHA
8870 4WD	$121365	$28320	$37760	**$50740**	**$62540**	New Holland	6TI	456D	16F-9R	180.0		CHA
8970 4WD	$133410	$31200	$41600	**$55900**	**$68900**	New Holland	6TI	456D	16F-9R	210.0		CHA

LP-Low Profile, HC-High Clearance

1999

Model	Approx. Retail Price New	Estimated Value Less Repairs: Used Trade In Avg.	Used Trade In High	Used Retail Avg.	Used Retail High	Engine Make	Engine No. Cyls.	Engine Displ. Cu.-In.	No. Speeds	P.T.O. H.P.	Approx. Shipping Wt.-Lbs.	Cab
TC18	$8780	$3070	$3690	**$4830**	**$5880**	Shibaura	3	58D	6F-2R	15.0		No
TC18 4WD	$9840	$3440	$4130	**$5410**	**$6590**	Shibaura	3	58D	6F-2R	15.0		No
TC18 4WD Hydro	$10995	$3850	$4620	**$6050**	**$7370**	Shibaura	3	58D	Variable	14.0		No
TC21	$13145	$4600	$5520	**$7230**	**$8810**	Shibaura	3	61D	9F-3R	17.0		No
TC21D 4WD Hydro	$14875	$5210	$6250	**$8180**	**$9970**	Shibaura	3	61D	Variable	16.0		No
TC25	$12415	$4350	$5210	**$6830**	**$8320**	Shibaura	3	81D	9F-3R	21.7		No
TC25 4WD	$13700	$4800	$5750	**$7540**	**$9180**	Shibaura	3	81D	9F-3R	21.7		No
TC25D 4WD Hydro	$16160	$5660	$6790	**$8890**	**$10830**	Shibaura	3	81D	Variable	20.3		No
TC29	$13185	$4620	$5540	**$7250**	**$8830**	Shibaura	3	81D	9F-3R	25.1		No
TC29 4WD	$14470	$5070	$6080	**$7960**	**$9700**	Shibaura	3	81D	9F-3R	25.1		No
TC29D 4WD Hydro	$16930	$5930	$7110	**$9310**	**$11340**	Shibaura	3	81D	Variable	23.5		No
TC33	$13955	$4880	$5860	**$7680**	**$9350**	Shibaura	3	91D	9F-3R	28.6		No
TC33 4WD	$15236	$5330	$6400	**$8380**	**$10210**	Shibaura	3	91D	9F-3R	28.6		No
TC33D 4WD Hydro	$17700	$6200	$7430	**$9740**	**$11860**	Shibaura	3	91D	Variable	26.9		No
TN55D	$32640	$10120	$13060	**$16970**	**$20240**	New Holland	3	179D	8F-8R	42.0		CHA
TN55D 4WD	$37860	$11740	$15140	**$19690**	**$23470**	New Holland	3	179D	8F-8R	42.0		CHA
TN55S	$31630	$9810	$12650	**$16450**	**$19610**	New Holland	3	179D	8F-8R	42.0		No
TN55S w/Cab	$39195	$12150	$15680	**$20380**	**$24300**	New Holland	3	179D	8F-8R	42.0		CHA
TN65D	$35495	$11000	$14200	**$18460**	**$22010**	New Holland	3	179D	8F-8R	52.0		CHA
TN65D 4WD	$40815	$12650	$16330	**$21220**	**$25310**	New Holland	3	179D	8F-8R	52.0		CHA
TN65S	$34590	$10720	$13840	**$17990**	**$21450**	New Holland	3	179D	8F-8R	52.0		No
TN65S w/Cab	$42150	$13070	$16860	**$21920**	**$26130**	New Holland	3	179D	8F-8R	52.0		CHA
TN65F	$27590	$8550	$11040	**$14350**	**$17110**	New Holland	4	238D	16F-16R	57.0		No
TN65F	$30635	$9500	$12250	**$15930**	**$18990**	New Holland	4	238D	32F-16R	57.0		No
TN65F w/Cab	$35680	$11060	$14270	**$18550**	**$22120**	New Holland	4	238D	16F-16R	57.0		CHA
TN65F w/Cab	$38730	$12010	$15490	**$20140**	**$24010**	New Holland	4	238D	32F-16R	57.0		CHA
TN65F 4WD	$35230	$10920	$14090	**$18320**	**$21840**	New Holland	4	238D	16F-16R	57.0		No
TN65F 4WD	$38280	$11870	$15310	**$19910**	**$23730**	New Holland	4	238D	32F-16R	57.0		No
TN65F 4WD w/Cab	$43320	$13430	$17330	**$22530**	**$26860**	New Holland	4	238D	16F-16R	57.0		CHA
TN65F 4WD w/Cab	$46370	$14380	$18550	**$24110**	**$28750**	New Holland	4	238D	32F-16R	57.0		CHA
TN75D	$37965	$11770	$15190	**$19740**	**$23540**	New Holland	3T	179D	8F-8R	62.0		CHA
TN75D 4WD	$43290	$13420	$17320	**$22510**	**$26840**	New Holland	3T	179D	8F-8R	62.0		CHA
TN75S	$37060	$11490	$14820	**$19270**	**$22980**	New Holland	3T	179D	8F-8R	62.0		No
TN75S w/Cab	$44625	$13830	$17850	**$23210**	**$27670**	New Holland	3T	179D	8F-8R	62.0		CHA
TN75F	$29085	$9020	$11630	**$15120**	**$18030**	New Holland	4	238D	16F-16R	67.0		No
TN75F	$32135	$9960	$12850	**$16710**	**$19920**	New Holland	4	238D	32F-16R	67.0		No
TN75F w/Cab	$37175	$11520	$14870	**$19330**	**$23050**	New Holland	4	238D	16F-16R	67.0		CHA
TN75F w/Cab	$40225	$12470	$16090	**$20920**	**$24940**	New Holland	4	238D	32F-16R	67.0		CHA
TN75F 4WD	$36756	$11390	$14700	**$19110**	**$22790**	New Holland	4	238D	16F-16R	67.0		No
TN75F 4WD	$39805	$12340	$15920	**$20700**	**$24680**	New Holland	4	238D	32F-16R	67.0		No
TN75F 4WD w/Cab	$44850	$13900	$17940	**$23320**	**$27810**	New Holland	4	238D	16F-16R	67.0		CHA
TN75F 4WD w/Cab	$47900	$14850	$19160	**$24910**	**$29700**	New Holland	4	238D	32F-16R	67.0		CHA
TN90F	$31370	$9730	$12550	**$16310**	**$19450**	New Holland	4T	238D	16F-16R	80.0		No
TN90F	$34420	$10670	$13770	**$17900**	**$21340**	New Holland	4T	238D	32F-16R	80.0		No
TN90F w/Cab	$39460	$12230	$15780	**$20520**	**$24470**	New Holland	4T	238D	16F-16R	80.0		CHA
TN90F w/Cab	$42505	$13180	$17000	**$22100**	**$26350**	New Holland	4T	238D	32F-16R	80.0		CHA
TN90F 4WD	$39275	$12090	$15600	**$20280**	**$24180**	New Holland	4T	238D	16F-16R	80.0		No
TN90F 4WD	$42000	$13020	$16800	**$21840**	**$26040**	New Holland	4T	238D	32F-16R	80.0		No
TN90F 4WD w/Cab	$47370	$14690	$18950	**$24630**	**$29370**	New Holland	4T	238D	16F-16R	80.0		CHA

New Holland/Ford (Cont.)

Model	Approx. Retail Price New	Used Trade In Avg.	Used Trade In High	Used Retail Avg.	Used Retail High	Engine Make	Engine No. Cyls.	Engine Displ. Cu.-In.	No. Speeds	P.T.O. H.P.	Approx. Shipping Wt.-Lbs.	Cab
				1999 (Cont.)								
TN90F 4WD w/Cab	$50075	$15520	$20030	**$26040**	**$31050**	New Holland	4T	238D	32F-16R	80.0		CHA
TS90	$36555	$11330	$14620	**$19010**	**$22660**	New Holland	4	304D	24F-24R	70.0		No
TS90 w/Cab	$45285	$14040	$18110	**$23550**	**$28080**	New Holland	4	304D	24F-24R	70.0		CHA
TS90 4WD	$45265	$13950	$18000	**$23400**	**$27900**	New Holland	4	304D	24F-24R	70.0		No
TS90 4WD w/Cab	$53995	$16740	$21600	**$28080**	**$33480**	New Holland	4	304D	24F-24R	70.0		CHA
TS100	$37350	$11580	$14940	**$19420**	**$23160**	New Holland	4T	304D	16F-4R	80.0		No
TS100	$40265	$12400	$16000	**$20800**	**$24800**	New Holland	4T	304D	24F-24R	80.0		No
TS100	$40710	$12620	$16280	**$21170**	**$25240**	New Holland	4T	304D	16F-16R	80.0		No
TS100 w/Cab	$48995	$15190	$19600	**$25480**	**$30380**	New Holland	4T	304D	24F-24R	80.0		CHA
TS100 w/Cab	$50265	$15580	$20110	**$26140**	**$31160**	New Holland	4T	304D	16F-16R	80.0		CHA
TS100 4WD	$49025	$15200	$19610	**$25490**	**$30400**	New Holland	4T	304D	24F-24R	80.0		No
TS100 4WD	$49425	$15320	$19770	**$25700**	**$30640**	New Holland	4T	304D	16F-16R	80.0		No
TS100 4WD w/Cab	$57775	$17910	$23110	**$30040**	**$35820**	New Holland	4T	304D	24F-24R	80.0		CHA
TS100 4WD w/Cab	$58980	$18280	$23590	**$30670**	**$36570**	New Holland	4T	304D	16F-16R	80.0		CHA
TS110	$41330	$12810	$16530	**$21490**	**$25630**	New Holland	4T	304D	16F-4R	90.0		No
TS110	$43375	$13450	$17350	**$22560**	**$26890**	New Holland	4T	304D	24F-24R	90.0		No
TS110 w/Cab	$52110	$16150	$20840	**$27100**	**$32310**	New Holland	4T	304D	24F-24R	90.0		CHA
TS110 w/Cab	$53515	$16590	$21410	**$27830**	**$33180**	New Holland	4T	304D	16F-16R	90.0		CHA
TS110 4WD	$49255	$15270	$19700	**$25610**	**$30540**	New Holland	4T	304D	16F-4R	90.0		No
TS110 4WD	$51290	$15900	$20520	**$26670**	**$31800**	New Holland	4T	304D	24F-24R	90.0		No
TS110 4WD	$52255	$16200	$20900	**$27170**	**$32400**	New Holland	4T	304D	16F-16R	90.0		No
TS110 4WD w/Cab	$60025	$18610	$24010	**$31210**	**$37220**	New Holland	4T	304D	24F-24R	90.0		CHA
TS110 4WD w/Cab	$61810	$19160	$24720	**$32140**	**$38320**	New Holland	4T	304D	16F-16R	90.0		CHA
TL70	$28420	$9950	$11940	**$15630**	**$19040**	New Holland	4	220D	12F-12R	56.0		No
TL70 w/Cab	$36100	$12640	$15160	**$19860**	**$24190**	New Holland	4	220D	12F-12R	56.0		CHA
TL70 4WD	$36155	$12650	$15190	**$19890**	**$24220**	New Holland	4	220D	12F-12R	56.0		No
TL70 4WD w/Cab	$43825	$15340	$18410	**$24100**	**$29360**	New Holland	4	220D	12F-12R	56.0		CHA
TL80	$31500	$11030	$13230	**$17330**	**$21110**	New Holland	4	238D	12F-12R	66.0		No
TL80 w/Cab	$39620	$13870	$16640	**$21790**	**$26550**	New Holland	4	238D	12F-12R	66.0		CHA
TL80 4WD	$40580	$14200	$17040	**$22320**	**$27190**	New Holland	4	238D	12F-12R	66.0		No
TL80 4WD w/Cab	$48700	$17050	$20450	**$26790**	**$32630**	New Holland	4	238D	12F-12R	66.0		CHA
TL90	$33845	$11850	$14220	**$18620**	**$22680**	New Holland	4T	238D	12F-12R	76.0		No
TL90 w/Cab	$41745	$14610	$17530	**$22960**	**$27970**	New Holland	4T	238D	12F-12R	76.0		CHA
TL90 4WD	$41490	$14520	$17430	**$22820**	**$27800**	New Holland	4T	238D	12F-12R	76.0		No
TL90 4WD w/Cab	$49390	$17290	$20740	**$27170**	**$33090**	New Holland	4T	238D	12F-12R	76.0		CHA
TL100	$36725	$12850	$15430	**$20200**	**$24610**	New Holland	4T	238D	24F-12R	82.0		No
TL100 w/Cab	$45455	$15910	$19090	**$25000**	**$30460**	New Holland	4T	238D	24F-12R	82.0		CHA
TL100 4WD	$45200	$15820	$18980	**$24860**	**$30280**	New Holland	4T	238D	24F-12R	82.0		No
TL100 4WD w/Cab	$53100	$18590	$22300	**$29210**	**$35580**	New Holland	4T	238D	24F-12R	82.0		CHA
1720	$14365	$3740	$4880	**$6750**	**$8040**	Shibaura	3	91D	12F-4R	23.5		No
1720 4WD	$16350	$4250	$5560	**$7690**	**$9160**	Shibaura	3	91D	12F-4R	23.5		No
1920	$15860	$4120	$5390	**$7450**	**$8880**	Shibaura	4	122D	12F-4R	28.5		No
1920 4WD	$18980	$4940	$6450	**$8920**	**$10630**	Shibaura	4	122D	12F-4R	28.5		No
2120 4WD	$22195	$5770	$7550	**$10430**	**$12430**	Shibaura	4	139D	12F-4R	34.5		No
3010S	$18535	$5750	$7410	**$9640**	**$11490**	New Holland	3	165D	8F-2R	42.0		No
3010S 4WD	$25565	$7930	$10230	**$13290**	**$15850**	New Holland	3	165D	8F-2R	42.0		No
3415	$18720	$5800	$7490	**$9730**	**$11610**	Shibaura	4	135D	12F-4R	38.0		No
3430	$20467	$4500	$6350	**$8600**	**$10640**	New Holland	3	192D	8F-2R	40.0		No
3430 4WD	$25450	$5600	$7890	**$10690**	**$13230**	New Holland	3	192D	8F-2R	40.0		No
3830	$23455	$5160	$7270	**$9850**	**$12200**	New Holland	3	165D	12F-12R	45.0		No
3830 4WD	$30625	$6740	$9490	**$12860**	**$15930**	New Holland	3	165D	12F-12R	45.0		No
3830 4WD w/Cab	$36085	$7940	$11190	**$15160**	**$18760**	New Holland	3	165D	12F-12R	45.0		CH
3830 w/Cab	$28920	$6360	$8970	**$12150**	**$15040**	New Holland	3	165D	12F-12R	45.0		CH
3930	$24400	$6340	$8300	**$11470**	**$13660**	New Holland	3T	192D	8F-8R	45.0		No
3930 4WD	$29905	$7780	$10170	**$14060**	**$16750**	New Holland	3T	192D	8F-8R	45.0		No
4330V	$26000	$8060	$10400	**$13520**	**$16120**	New Holland	4	220D	12F-12R	62.0		No
4330V 4WD	$32685	$10130	$13070	**$17000**	**$20270**	New Holland	4	220D	12F-12R	62.0		No
4330V 4WD w/Cab	$37990	$11780	$15200	**$19760**	**$23550**	New Holland	4	220D	12F-12R	62.0		CHA
4330V w/Cab	$31460	$9750	$12580	**$16360**	**$19510**	New Holland	4	220D	12F-12R	62.0		CHA
4630	$26235	$8130	$10490	**$13640**	**$16270**	New Holland	3T	192D	16F-8R	55.0		No
4630 4WD	$31655	$9810	$12660	**$16460**	**$19630**	New Holland	3T	192D	16F-8R	55.0		No
4835	$28850	$8940	$11540	**$15000**	**$17890**	New Holland	4	220D	24F-12R	56.0		No
4835 4WD	$36500	$11320	$14600	**$18980**	**$22630**	New Holland	4	220D	24F-12R	56.0		No
4835 4WD w/Cab	$45240	$14020	$18100	**$23530**	**$28050**	New Holland	4	220D	24F-12R	56.0		CHA
4835 w/Cab	$37735	$11700	$15090	**$19620**	**$23400**	New Holland	4	220D	24F-12R	56.0		CHA
5030	$27996	$7280	$9520	**$13160**	**$15680**	New Holland	4	256D	8F-8R	62.0	5597	No
5030 4WD	$33356	$8670	$11340	**$15680**	**$18680**	New Holland	4	256D	8F-8R	62.0	6125	No
5610S	$25920	$5700	$8040	**$10890**	**$13480**	New Holland	4	268D	8F-2R	70.0		No
5635	$34000	$10540	$13600	**$17680**	**$21080**	New Holland	4	238D	24F-12R	66.0		No
5635 4WD	$41477	$12860	$16590	**$21570**	**$25720**	New Holland	4	238D	24F-12R	66.0		No
5635 4WD w/Cab	$50210	$15570	$20080	**$26110**	**$31130**	New Holland	4	238D	24F-12R	66.0		CHA
5635 w/Cab	$42745	$13250	$17100	**$22230**	**$26500**	New Holland	4	238D	24F-12R	66.0		CHA
6610S	$28331	$7370	$9630	**$13320**	**$15870**	New Holland	4	304D	8F-2R	80.0		No
6610S 4WD	$36697	$9540	$12480	**$17250**	**$20550**	New Holland	4	304D	8F-2R	80.0		No
6635	$35290	$10940	$14120	**$18350**	**$21880**	New Holland	4T	238D	24F-12R	76.0		No
6635 4WD	$43985	$13640	$17590	**$22870**	**$27270**	New Holland	4T	238D	24F-12R	76.0		No
6635 4WD w/Cab	$52735	$16350	$21090	**$27420**	**$32700**	New Holland	4T	238D	24F-12R	76.0		CHA
6635 w/Cab	$44025	$13650	$17610	**$22890**	**$27300**	New Holland	4T	238D	24F-12R	76.0		CHA
7010 LP	$37720	$13200	$15840	**$20750**	**$25270**	New Holland	4T	304D	16F-4R	90.0		No
7010 LP 4WD	$45625	$15970	$19160	**$25090**	**$30570**	New Holland	4T	304D	16F-4R	90.0		No
7610S	$31216	$10930	$13110	**$17170**	**$20920**	New Holland	4T	304D	8F-2R	90.0		No
7610S 4WD	$38653	$13530	$16230	**$21260**	**$25900**	New Holland	4T	304D	8F-2R	90.0		No
7635	$37065	$11490	$14830	**$19270**	**$22980**	New Holland	4T	238D	24F-12R	86.0		No
7635 4WD	$45575	$14130	$18230	**$23700**	**$28260**	New Holland	4T	238D	24F-12R	86.0		No

	Approx. Retail Price New	Estimated Value Less Repairs Used Trade In Avg.	High	Used Retail Avg.	High	Engine Make	No. Cyls.	Displ. Cu.-In.	No. Speeds	P.T.O. H.P.	Approx. Shipping Wt.-Lbs.	Cab

New Holland/Ford (Cont.)

1999 (Cont.)

7635 4WD w/Cab	$54300	$15500	$20000	**$26000**	**$31000**	New Holland	4T	238D	24F-12R	86.0		CHA
7635 w/Cab	$45795	$14200	$18320	**$23810**	**$28390**	New Holland	4T	238D	24F-12R	86.0		CHA
8010 HC	$49440	$12850	$16810	**$23240**	**$27690**	New Holland	6	456D	8F-2R	96.0		No
8010 LP	$42326	$13120	$16930	**$22010**	**$26240**	New Holland	6	456D	16F-4R	96.0		No
8010 LP 4WD	$49997	$13000	$17000	**$23500**	**$28000**	New Holland	6	456D	16F-4R	96.0		No
8160	$47300	$12300	$16080	**$22230**	**$26490**	New Holland	6	456D	23F-12R	90.0		No
8160 4WD	$56350	$14650	$19160	**$26490**	**$31560**	New Holland	6	456D	23F-12R	90.0		No
8160 4WD w/Cab	$64535	$16780	$21940	**$30330**	**$36140**	New Holland	6	456D	23F-12R	90.0		CHA
8160 w/Cab	$55480	$14430	$18860	**$26080**	**$31070**	New Holland	6	456D	23F-12R	90.0		CHA
8260	$51275	$11280	$15900	**$21540**	**$26660**	New Holland	6	456D	23F-12R	100.0		No
8260 4WD	$60330	$13270	$18700	**$25340**	**$31370**	New Holland	6	456D	23F-12R	100.0		No
8260 4WD w/Cab	$68510	$15070	$21240	**$28770**	**$35630**	New Holland	6	456D	23F-12R	100.0		CHA
8260 w/Cab	$59445	$13080	$18430	**$24970**	**$30910**	New Holland	6	456D	23F-12R	100.0		CHA
8360	$59465	$12980	$18290	**$24780**	**$30680**	New Holland	6T	456D	23F-12R	115.0		No
8360 4WD	$71775	$15790	$22250	**$30150**	**$37320**	New Holland	6T	456D	23F-12R	115.0		No
8360 4WD w/Cab	$81390	$17910	$25230	**$34180**	**$42320**	New Holland	6T	456D	23F-12R	115.0		CHA
8360 w/Cab	$69075	$15200	$21410	**$29010**	**$35920**	New Holland	6T	456D	23F-12R	115.0		CHA
8560 4WD w/Cab	$88465	$19460	$27420	**$37160**	**$46000**	New Holland	6T	456D	18F-6R	130.0		CHA
8560 w/Cab	$76040	$16730	$23570	**$31940**	**$39540**	New Holland	6T	456D	17F-6R	130.0		CHA
8670	$86125	$18950	$26700	**$36170**	**$44790**	New Holland	6TI	456D	16F-9R	145.0		CHA
8670 4WD	$102505	$22550	$31780	**$43050**	**$53300**	New Holland	6TI	456D	16F-9R	145.0		CHA
8770	$94266	$20740	$29220	**$39590**	**$49020**	New Holland	6TI	456D	16F-9R	160.0		CHA
8770 4WD	$109380	$23320	$32860	**$44520**	**$55120**	New Holland	6TI	456D	16F-9R	160.0		CHA
8870	$108320	$23100	$32550	**$44100**	**$54600**	New Holland	6TI	456D	16F-9R	180.0		CHA
8870 4WD	$122480	$26180	$36890	**$49980**	**$61880**	New Holland	6TI	456D	16F-9R	180.0		CHA
8970 4WD	$132490	$28380	$39990	**$54180**	**$67080**	New Holland	6TI	456D	16F-9R	210.0		CHA

LP-Low Profile, HC-High Clearance

1998

TN65F	$26740	$8020	$10430	**$13640**	**$16310**	New Holland	4	238D	16F-16R	57.0		No
TN65F w/Cab	$34710	$10410	$13540	**$17700**	**$21170**	New Holland	4	238D	16F-16R	57.0		CHA
TN65F 4WD	$34190	$10260	$13330	**$17440**	**$20860**	New Holland	4	238D	16F-16R	57.0		No
TN65F 4WD w/Cab	$42165	$12650	$16440	**$21500**	**$25720**	New Holland	4	238D	16F-16R	57.0		CHA
TN75F	$28300	$8490	$11040	**$14430**	**$17260**	New Holland	4	238D	16F-16R	67.0		No
TN75F w/Cab	$36270	$10880	$14150	**$18500**	**$22130**	New Holland	4	238D	16F-16R	67.0		CHA
TN75F 4WD	$35860	$10760	$13990	**$18290**	**$21880**	New Holland	4	238D	16F-16R	67.0		No
TN75F 4WD w/Cab	$43830	$13150	$17090	**$22350**	**$26740**	New Holland	4	238D	16F-16R	67.0		CHA
TN90F	$30445	$9130	$11870	**$15530**	**$18570**	New Holland	4T	238D	16F-16R	80.0		No
TN90F w/Cab	$38415	$11530	$14980	**$19590**	**$23430**	New Holland	4T	238D	16F-16R	80.0		CHA
TN90F 4WD	$38000	$11400	$14820	**$19380**	**$23180**	New Holland	4T	238D	16F-16R	80.0		No
TN90F 4WD w/Cab	$45975	$13790	$17930	**$23450**	**$28050**	New Holland	4T	238D	16F-16R	80.0		CHA
TS90	$33360	$10010	$13010	**$17010**	**$20350**	New Holland	4	304D	24F-24R	70.0		No
TS90 w/Cab	$43964	$13190	$17150	**$22420**	**$26820**	New Holland	4	304D	24F-24R	70.0		CHA
TS90 4WD	$42980	$12890	$16760	**$21920**	**$26220**	New Holland	4	304D	24F-24R	70.0		No
TS90 4WD w/Cab	$51585	$15480	$20120	**$26310**	**$31470**	New Holland	4	304D	24F-24R	70.0		CHA
TS100	$39017	$11710	$15220	**$19900**	**$23800**	New Holland	4T	304D	24F-24R	80.0		No
TS100 4WD	$46686	$14010	$18210	**$23810**	**$28480**	New Holland	4T	304D	24F-24R	80.0		No
TS100 4WD w/Cab	$55290	$16590	$21560	**$28200**	**$33730**	New Holland	4T	304D	24F-24R	80.0		CHA
TS100 w/Cab	$47621	$14290	$18570	**$24290**	**$29050**	New Holland	4T	304D	24F-24R	80.0		CHA
TS110	$42111	$12630	$16420	**$21480**	**$25690**	New Holland	4T	304D	24F-24R	90.0		No
TS110 4WD	$49780	$14930	$19410	**$25390**	**$30370**	New Holland	4T	304D	24F-24R	90.0		No
TS110 4WD w/Cab	$58385	$17520	$22770	**$29780**	**$35620**	New Holland	4T	304D	24F-24R	90.0		CHA
TS110 w/Cab	$50715	$15220	$19780	**$25870**	**$30940**	New Holland	4T	304D	24F-24R	90.0		CHA
1215	$8978	$3050	$3680	**$4850**	**$5930**	Shibaura	3	54D	6F-2R	13.5	1338	No
1215 4WD	$10035	$3410	$4110	**$5420**	**$6620**	Shibaura	3	54D	6F-2R	13.5	1429	No
1215H 4WD Hydro	$11058	$3760	$4530	**$5970**	**$7300**	Shibaura	3	54D	Variable	13.5	1484	No
1215H Hydro	$10000	$3400	$4100	**$5400**	**$6600**	Shibaura	3	54D	Variable	13.5	1393	No
1220 4WD	$11823	$2840	$3900	**$5440**	**$6500**	Shibaura	3	58D	9F-3R	14.5	1429	No
1220H 4WD Hydro	$13736	$3300	$4530	**$6320**	**$7560**	Shibaura	3	58D	Variable	14.5	1484	No
1320	$12636	$3030	$4170	**$5810**	**$6950**	Shibaura	3	77D	9F-3R	17.0	2145	No
1320 4WD	$13995	$3360	$4620	**$6440**	**$7700**	Shibaura	3	77D	9F-3R	17.0	2271	No
1320H 4WD Hydro	$15344	$3680	$5060	**$7060**	**$8440**	Shibaura	3	77D	Variable	17.0	2297	No
1320H Hydro	$13985	$3360	$4620	**$6430**	**$7690**	Shibaura	3	77D	Variable	17.0	2172	No
1530	$13782	$4690	$5650	**$7440**	**$9100**	Shibaura	3	81D	9F-3R	21.7	2200	No
1530 4WD	$15300	$5200	$6270	**$8260**	**$10100**	Shibaura	3	81D	9F-3R	21.7	2320	No
1530H 4WD Hydro	$16820	$5720	$6900	**$9080**	**$11100**	Shibaura	3	81D	Variable	21.7	2352	No
1630 4WD	$16165	$5500	$6630	**$8730**	**$10670**	Shibaura	3	81D	9F-3R	24.0		No
1630 4WD Hydro	$17557	$5970	$7200	**$9480**	**$11590**	Shibaura	3	81D	Variable	24.0		No
1720	$13816	$3320	$4560	**$6360**	**$7600**	Shibaura	3	91D	12F-4R	23.5	2491	No
1720 4WD	$15680	$3760	$5170	**$7210**	**$8620**	Shibaura	3	91D	12F-4R	23.5	2690	No
1725	$12410	$4220	$5090	**$6700**	**$8190**	Shibaura	3	81D	9F-3R	25.1		No
1725 4WD	$13924	$4730	$5710	**$7520**	**$9190**	Shibaura	3	81D	9F-3R	25.1		No
1920	$15814	$3800	$5220	**$7270**	**$8700**	Shibaura	4	122D	12F-4R	28.5	2849	No
1920 4WD	$18390	$4410	$6070	**$8460**	**$10120**	Shibaura	4	122D	12F-4R	28.5	3069	No
1925 4WD Hydro	$17257	$5870	$7080	**$9320**	**$11390**	Shibaura	3	91D	Variable	29.3		No
2120 4WD	$21510	$5160	$7100	**$9900**	**$11830**	Shibaura	4	139D	12F-4R	34.5	3858	No
3010S	$18062	$5420	$7040	**$9210**	**$11020**	New Holland	3	165D	8F-2R	42.0		No
3010S 4WD	$25090	$8530	$10290	**$13550**	**$16560**	New Holland	3	165D	8F-2R	42.0		No
3415	$18032	$5410	$7030	**$9200**	**$11000**	Shibaura	4	135D	12F-4R	38.0	3483	No
3430	$20467	$4090	$6140	**$8190**	**$10440**	New Holland	3	192D	8F-2R	40.0	4622	No
3430 4WD	$25450	$5090	$7640	**$10180**	**$12980**	New Holland	3	192D	8F-2R	40.0	5150	No
3830	$22773	$4560	$6830	**$9110**	**$11610**	New Holland	3	165D	12F-12R	45.0	3804	No
3830 4WD	$29815	$5960	$8950	**$11930**	**$15210**	New Holland	3	165D	12F-12R	45.0	4020	No
3830 4WD w/Cab	$35197	$7040	$10560	**$14080**	**$17950**	New Holland	3	165D	12F-12R	45.0		CH

New Holland/Ford (Cont.)

1998 (Cont.)

Model	Approx. Retail Price New	Used Trade In Avg.	Used Trade In High	Used Retail Avg.	Used Retail High	Engine Make	Engine No. Cyls.	Engine Displ. Cu.-In.	No. Speeds	P.T.O. H.P.	Approx. Shipping Wt.-Lbs.	Cab
3830 w/Cab	$28145	$5630	$8440	$11260	$14350	New Holland	3	165D	12F-12R	45.0		CH
3930	$23650	$5680	$7810	$10880	$13010	New Holland	3	192D	8F-8R	45.0	5207	No
3930 4WD	$29067	$6980	$9590	$13370	$15990	New Holland	3	192D	8F-8R	45.0	5735	No
3930 4WD w/Cab	$34710	$8330	$11450	$15970	$19090	New Holland	3	192D	8F-8R	45.0	6235	CH
3930 w/Cab	$27810	$6670	$9180	$12790	$15300	New Holland	3	192D	8F-8R	45.0	5707	CH
4330V	$25255	$7580	$9850	$12880	$15410	New Holland	4	220D	12F-12R	62.0	3935	No
4330V 4WD	$31845	$9550	$12420	$16240	$19430	New Holland	4	220D	12F-12R	62.0	4122	No
4330V 4WD w/Cab	$37068	$11120	$14460	$18910	$22610	New Holland	4	220D	12F-12R	62.0		CHA
4330V w/Cab	$30636	$9190	$11950	$15620	$18690	New Holland	4	220D	12F-12R	62.0		CHA
4630	$25520	$7660	$9950	$13020	$15570	New Holland	3T	192D	16F-8R	55.0	5030	No
4630 4WD	$32150	$9650	$12540	$16400	$19610	New Holland	3T	192D	16F-8R	55.0	5822	No
4835	$28217	$8470	$11010	$14390	$17210	New Holland	4	220D	24F-12R	56.0		No
4835 4WD	$35610	$10680	$13890	$18160	$21720	New Holland	4	220D	24F-12R	56.0		No
4835 4WD w/Cab	$43984	$13200	$17150	$22430	$26830	New Holland	4	220D	24F-12R	56.0		CHA
4835 w/Cab	$36620	$10990	$14280	$18680	$22340	New Holland	4	220D	24F-12R	56.0		CHA
5030	$27996	$6720	$9240	$12880	$15400	New Holland	4	256D	8F-8R	62.0	5597	No
5030 4WD	$33356	$8010	$11010	$15340	$18350	New Holland	4	256D	8F-8R	62.0	6125	No
5610S	$25920	$5180	$7780	$10370	$13220	New Holland	4	268D	8F-2R	70.0	5995	No
5635	$32937	$9880	$12850	$16800	$20090	New Holland	4	238D	24F-12R	66.0		No
5635 4WD	$40290	$12090	$15710	$20550	$24580	New Holland	4	238D	24F-12R	66.0		No
5635 4WD w/Cab	$48893	$14670	$19070	$24940	$29830	New Holland	4	238D	24F-12R	66.0		CHA
5635 w/Cab	$41540	$12460	$16200	$21190	$25340	New Holland	4	238D	24F-12R	66.0		CHA
6610S	$28331	$6800	$9350	$13030	$15580	New Holland	4	304D	8F-2R	80.0	5995	No
6610S 4WD	$36697	$8810	$12110	$16880	$20180	New Holland	4	304D	8F-2R	80.0	6925	No
6635	$34185	$10260	$13330	$17430	$20850	New Holland	4T	238D	24F-12R	76.0		No
6635 4WD	$42615	$12790	$16620	$21730	$26000	New Holland	4T	238D	24F-12R	76.0		No
6635 4WD w/Cab	$51220	$15370	$19980	$26120	$31240	New Holland	4T	238D	24F-12R	76.0		CHA
6635 w/Cab	$42790	$12840	$16690	$21820	$26100	New Holland	4T	238D	24F-12R	76.0		CHA
7010 LP	$37495	$11250	$14620	$19120	$22870	New Holland	4T	304D	16F-4R	90.0		No
7010 LP 4WD	$45775	$10990	$15110	$21060	$25180	New Holland	4T	304D	16F-4R	90.0		No
7610S	$31216	$9370	$12170	$15920	$19040	New Holland	4T	304D	8F-2R	90.0	6375	No
7610S 4WD	$38653	$11600	$15080	$19710	$23580	New Holland	4T	304D	8F-2R	90.0	7305	No
7635	$35930	$10780	$14010	$18320	$21920	New Holland	4T	238D	24F-12R	86.0		No
7635 4WD	$44312	$13290	$17280	$22600	$27030	New Holland	4T	238D	24F-12R	86.0		No
7635 4WD w/Cab	$52916	$15000	$19500	$25500	$30500	New Holland	4T	238D	24F-12R	86.0		CHA
7635 w/Cab	$44535	$13360	$17370	$22710	$27170	New Holland	4T	238D	24F-12R	86.0		CHA
8010 HC	$47366	$14210	$18470	$24160	$28890	New Holland	6	456D	16F-4R	96.0		No
8010 LP	$39900	$11970	$15560	$20350	$24340	New Holland	6	456D	16F-4R	96.0		No
8010 LP 4WD	$47637	$13500	$17550	$22950	$27450	New Holland	6	456D	16F-4R	96.0		No
8160	$44038	$10570	$14530	$20260	$24220	New Holland	6	456D	23F-12R	90.0		No
8160 4WD	$53000	$12720	$17490	$24380	$29150	New Holland	6	456D	23F-12R	90.0		No
8160 4WD w/Cab	$61142	$14400	$19800	$27600	$33000	New Holland	6	456D	23F-12R	90.0		CHA
8160 w/Cab	$52150	$12520	$17210	$23990	$28680	New Holland	6	456D	23F-12R	90.0		CHA
8260	$48200	$9640	$14460	$19280	$24580	New Holland	6	456D	23F-12R	100.0		No
8260 4WD	$57130	$11430	$17140	$22850	$29140	New Holland	6	456D	23F-12R	100.0		No
8260 4WD w/Cab	$65060	$13010	$19520	$26020	$33180	New Holland	6	456D	23F-12R	100.0		CHA
8260 w/Cab	$56066	$11210	$16820	$22430	$28590	New Holland	6	456D	23F-12R	100.0		CHA
8360	$56265	$11250	$16880	$22510	$28700	New Holland	6T	456D	23F-12R	115.0		No
8360 4WD	$68300	$13660	$20490	$27320	$34830	New Holland	6T	456D	23F-12R	115.0		No
8360 w/Cab	$64190	$12840	$19260	$25680	$32740	New Holland	6T	456D	23F-12R	115.0		CHA
8560 4WD w/Cab	$84611	$16920	$25380	$33840	$43150	New Holland	6T	456D	18F-6R	130.0		CHA
8560 w/Cab	$72575	$14520	$21770	$29030	$37010	New Holland	6T	456D	17F-6R	130.0		CHA
8670	$84990	$17000	$25500	$34000	$43350	New Holland	6TI	456D	16F-9R	145.0	14632	CHA
8670 4WD	$102290	$19800	$29700	$39600	$50490	New Holland	6TI	456D	16F-9R	145.0	15188	CHA
8770	$93390	$18680	$28020	$37360	$47630	New Holland	6TI	456D	16F-9R	160.0	16925	CHA
8770 4WD	$106217	$20600	$30900	$41200	$52530	New Holland	6TI	456D	16F-9R	160.0	17481	CHA
8870	$103670	$20000	$30000	$40000	$51000	New Holland	6TI	456D	16F-9R	180.0	17101	CHA
8870 4WD	$117605	$22800	$34200	$45600	$58140	New Holland	6TI	456D	16F-9R	180.0	17657	CHA
8970 4WD	$127575	$24600	$36900	$49200	$62730	New Holland	6TI	456D	16F-9R	210.0	17889	CHA

LP-Low Profile, HC-High Clearance

1997

Model	Approx. Retail Price New	Used Trade In Avg.	Used Trade In High	Used Retail Avg.	Used Retail High	Engine Make	Engine No. Cyls.	Engine Displ. Cu.-In.	No. Speeds	P.T.O. H.P.	Approx. Shipping Wt.-Lbs.	Cab
1215	$8978	$2600	$3410	$4490	$5390	Shibaura	3	54D	6F-2R	13.5	1338	No
1215 4WD	$10035	$2910	$3810	$5020	$6020	Shibaura	3	54D	6F-2R	13.5	1429	No
1215H 4WD Hydro	$11058	$3210	$4200	$5530	$6640	Shibaura	3	54D	Variable	13.5	1484	No
1215H Hydro	$10001	$2900	$3800	$5000	$6000	Shibaura	3	54D	Variable	13.5	1393	No
1220 4WD	$11823	$2600	$3780	$5320	$6380	Shibaura	3	58D	9F-3R	14.5	1429	No
1220H 4WD Hydro	$13736	$3020	$4400	$6180	$7420	Shibaura	3	58D	Variable	14.5	1484	No
1320	$12636	$2780	$4040	$5690	$6820	Shibaura	3	77D	9F-3R	17.0	2145	No
1320 4WD	$13995	$3080	$4480	$6300	$7560	Shibaura	3	77D	9F-3R	17.0	2271	No
1320H 4WD Hydro	$15344	$3380	$4910	$6910	$8290	Shibaura	3	77D	Variable	17.0	2297	No
1320H Hydro	$13985	$3080	$4480	$6290	$7550	Shibaura	3	77D	Variable	17.0	2172	No
1530	$13782	$4000	$5240	$6890	$8270	Shibaura	3	81D	9F-3R	21.7	2200	No
1530 4WD	$15300	$4440	$5810	$7650	$9180	Shibaura	3	81D	9F-3R	21.7	2320	No
1530H 4WD Hydro	$16820	$4880	$6390	$8410	$10090	Shibaura	3	81D	Variable	21.7	2352	No
1630 4WD	$16165	$4690	$6140	$8080	$9700	Shibaura	3	81D	9F-3R	24.0		No
1630 4WD Hydro	$17557	$5090	$6670	$8780	$10530	Shibaura	3	81D	Variable	24.0		No
1720	$13772	$3030	$4410	$6200	$7440	Shibaura	3	91D	12F-4R	23.5	2491	No
1720 4WD	$15680	$3450	$5020	$7060	$8470	Shibaura	3	91D	12F-4R	23.5	2690	No
1725	$12410	$3600	$4720	$6210	$7450	Shibaura	3	81D	9F-3R	25.1		No
1725 4WD	$13924	$4040	$5290	$6960	$8350	Shibaura	3	81D	9F-3R	25.1		No
1920	$15814	$3480	$5060	$7120	$8540	Shibaura	4	122D	12F-4R	28.5	2849	No
1920 4WD	$18390	$4050	$5890	$8280	$9930	Shibaura	4	122D	12F-4R	28.5	3069	No
1925 4WD Hydro	$17257	$5010	$6560	$8630	$10350	Shibaura	3	91D	Variable	29.3		No

	Approx. Retail Price New	Estimated Value Less Repairs Used Trade In Avg.	High	Used Retail Avg.	High	Engine Make	No. Cyls.	Displ. Cu.-In.	No. Speeds	P.T.O. H.P.	Approx. Shipping Wt.-Lbs.	Cab

New Holland/Ford (Cont.)

1997 (Cont.)

Model	Approx. Retail Price New	Used Trade In Avg.	Used Trade In High	Used Retail Avg.	Used Retail High	Engine Make	No. Cyls.	Displ. Cu.-In.	No. Speeds	P.T.O. H.P.	Approx. Shipping Wt.-Lbs.	Cab
2120 4WD	$21510	$4730	$6880	**$9680**	**$11620**	Shibaura	4	139D	12F-4R	34.5	3858	No
3010S	$17257	$5010	$6560	**$8630**	**$10350**	New Holland	3	165D	8F-2R	42.0		No
3010S 4WD	$24358	$8040	$9740	**$12910**	**$15830**	New Holland	3	165D	8F-2R	42.0		No
3415	$18032	$5230	$6850	**$9020**	**$10820**	Shibaura	4	135D	12F-4R	38.0	3483	No
3430	$20417	$3880	$5720	**$7760**	**$10210**	New Holland	3	192D	8F-2R	40.0	4622	No
3430 4WD	$25291	$4810	$7080	**$9610**	**$12650**	New Holland	3	192D	8F-2R	40.0	5150	No
3830	$22099	$4200	$6190	**$8400**	**$11050**	New Holland	3	165D	12F-12R	45.0	3804	No
3830 4WD	$28940	$5500	$8100	**$11000**	**$14470**	New Holland	3	165D	12F-12R	45.0	4020	No
3930	$21315	$4690	$6820	**$9590**	**$11510**	New Holland	3	192D	8F-2R	45.0	5157	No
3930 4WD	$26568	$5850	$8500	**$11960**	**$14350**	New Holland	3	192D	8F-2R	45.0	5685	No
3930 4WD w/Cab	$33684	$7410	$10780	**$15160**	**$18190**	New Holland	3	192D	8F-8R	45.0	6235	CH
3930 w/Cab	$26993	$5940	$8640	**$12150**	**$14580**	New Holland	3	192D	8F-8R	45.0	5707	CH
4030	$23471	$5160	$7510	**$10560**	**$12670**	New Holland	3	179D	12F-12R	51.0	5171	No
4030 4WD	$30255	$6660	$9680	**$13620**	**$16340**	New Holland	3	179D	12F-12R	51.0	5578	No
4030 4WD w/Cab	$35480	$7810	$11350	**$15970**	**$19160**	New Holland	3	179D	12F-12R	51.0	6015	CHA
4030 w/Cab	$28242	$6210	$9040	**$12710**	**$15250**	New Holland	3	179D	12F-12R	51.0	5611	CHA
4230	$24827	$5460	$7950	**$11170**	**$13410**	New Holland	4	220D	12F-12R	62.0		No
4230 4WD	$31767	$6990	$10170	**$14300**	**$17150**	New Holland	4	220D	12F-12R	62.0		No
4230 4WD w/Cab	$36641	$8060	$11730	**$16490**	**$19790**	New Holland	4	220D	12F-12R	62.0		CHA
4230 w/Cab	$29598	$6510	$9470	**$13320**	**$15980**	New Holland	4	220D	12F-12R	62.0		CHA
4330V	$24520	$7110	$9320	**$12260**	**$14710**	New Holland	4	220D	12F-12R	62.0	3935	No
4330V 4WD	$31800	$9220	$12080	**$15900**	**$19080**	New Holland	4	220D	12F-12R	62.0	4122	No
4330V 4WD w/Cab	$37025	$10740	$14070	**$18510**	**$22220**	New Holland	4	220D	12F-12R	62.0		CHA
4330V w/Cab	$29745	$8630	$11300	**$14870**	**$17850**	New Holland	4	220D	12F-12R	62.0		CHA
4430	$27141	$7870	$10310	**$13570**	**$16290**	New Holland	4	238D	12F-12R	70.0	5030	No
4430 4WD	$34076	$9880	$12950	**$17040**	**$20450**	New Holland	4	238D	12F-12R	70.0	5380	No
4430 4WD w/Cab	$38950	$11300	$14800	**$19480**	**$23370**	New Holland	4	238D	12F-12R	70.0	5820	CHA
4430 w/Cab	$34076	$9880	$12950	**$17040**	**$20450**	New Holland	4	238D	12F-12R	70.0	5470	CHA
4630	$24767	$7180	$9410	**$12380**	**$14860**	New Holland	3T	192D	16F-8R	55.0	5030	No
4630 4WD	$31199	$9050	$11860	**$15600**	**$18720**	New Holland	3T	192D	16F-8R	55.0	5822	No
4835	$27716	$8040	$10530	**$13860**	**$16630**	New Holland	4	220D	24F-12R	56.0		No
4835 4WD	$34677	$10060	$13180	**$17340**	**$20810**	New Holland	4	220D	24F-12R	56.0		No
4835 4WD w/Cab	$42787	$12410	$16260	**$21390**	**$25670**	New Holland	4	220D	24F-12R	56.0		CHA
4835 w/Cab	$33507	$9720	$12730	**$16750**	**$20100**	New Holland	4	220D	12F-12R	56.0		CHA
4835 w/Cab	$35575	$10320	$13520	**$17790**	**$21350**	New Holland	4	220D	24F-12R	56.0		CHA
5030	$25730	$5660	$8230	**$11580**	**$13890**	New Holland	4	256D	8F-2R	62.0	5547	No
5030 4WD	$30738	$6760	$9840	**$13830**	**$16600**	New Holland	4	256D	8F-2R	62.0	6075	No
5610S	$25165	$4780	$7050	**$9560**	**$12580**	New Holland	4	268D	8F-2R	66.0	5995	No
5635	$32150	$9320	$12220	**$16080**	**$19290**	New Holland	4	238D	24F-12R	66.0		No
5635 4WD	$39692	$11510	$15080	**$19850**	**$23820**	New Holland	4	238D	24F-12R	66.0		No
5635 4WD w/Cab	$48044	$13930	$18260	**$24020**	**$28830**	New Holland	4	238D	24F-12R	66.0		CHA
5635 w/Cab	$40504	$11750	$15390	**$20250**	**$24300**	New Holland	4	238D	24F-12R	66.0		CHA
5640S	$31810	$9230	$12090	**$15910**	**$19090**	New Holland	4	268D	16F-4R	66.0	7399	No
5640S 4WD	$39200	$8620	$12540	**$17640**	**$21170**	New Holland	4	268D	16F-4R	66.0	8391	No
5640SL	$34210	$9920	$13000	**$17110**	**$20530**	New Holland	4	268D	24F-24R	66.0	7373	No
5640SL 4WD	$41058	$9030	$13140	**$18480**	**$22170**	New Holland	4	268D	24F-24R	66.0	8298	No
5640SL 4WD w/Cab	$49150	$10810	$15730	**$22120**	**$26540**	New Holland	4	268D	24F-24R	66.0	9380	CHA
5640SL w/Cab	$42305	$9310	$13540	**$19040**	**$22850**	New Holland	4	268D	24F-24R	66.0	8418	CHA
6530	$30165	$8750	$11460	**$15080**	**$18100**	New Holland	4	238D	20F-12R	70.0	5709	No
6530 4WD	$37368	$10840	$14200	**$18680**	**$22420**	New Holland	4	238D	20F-12R	70.0	7310	No
6610S	$27506	$6050	$8800	**$12380**	**$14850**	New Holland	4	304D	8F-2R	76.0	5995	No
6610S 4WD	$35628	$7840	$11400	**$16030**	**$19240**	New Holland	4	304D	8F-2R	76.0	6925	No
6635	$33363	$9680	$12680	**$16680**	**$20020**	New Holland	4T	238D	24F-12R	76.0		No
6635 4WD	$41499	$12040	$15770	**$20750**	**$24900**	New Holland	4T	238D	24F-12R	76.0		No
6635 4WD w/Cab	$49851	$13920	$18240	**$24000**	**$28800**	New Holland	4T	238D	24F-12R	76.0		CHA
6635 w/Cab	$41715	$12100	$15850	**$20860**	**$25030**	New Holland	4T	238D	24F-12R	76.0		CHA
6640S	$34855	$7670	$11150	**$15690**	**$18820**	New Holland	4	304D	16F-4R	76.0	7399	No
6640S 4WD	$43178	$9240	$13440	**$18900**	**$22680**	New Holland	4	304D	16F-4R	76.0	8391	No
6640SL	$36967	$8130	$11830	**$16640**	**$19960**	New Holland	4	304D	24F-24R	76.0	7373	No
6640SL 4WD	$44705	$9680	$14080	**$19800**	**$23760**	New Holland	4	304D	24F-24R	76.0	8304	No
6640SL 4WD w/Cab	$52798	$11000	$16000	**$22500**	**$27000**	New Holland	4	304D	24F-24R	76.0	9358	CHA
6640SL w/Cab	$45060	$9910	$14420	**$20280**	**$24330**	New Holland	4	304D	24F-24R	76.0	8419	CHA
6640SLE	$37293	$8200	$11930	**$16780**	**$20140**	New Holland	4	304D	16F-16R	76.0	7483	No
6640SLE 4WD	$45290	$9960	$14490	**$20380**	**$24460**	New Holland	4	304D	16F-16R	76.0	8475	No
6640SLE 4WD w/Cab	$53620	$11220	$16320	**$22950**	**$27540**	New Holland	4	304D	16F-16R	76.0	9380	CHA
6640SLE w/Cab	$45623	$10040	$14600	**$20530**	**$24640**	New Holland	4	304D	16F-16R	76.0	8418	CHA
7010 LP	$35738	$7860	$11440	**$16080**	**$19300**	New Holland	4T	304D	16F-4R	86.0		No
7010 LP 4WD	$43147	$9490	$13810	**$19420**	**$23300**	New Holland	4T	304D	16F-4R	86.0		No
7610S	$30127	$6630	$9640	**$13560**	**$16270**	New Holland	4T	304D	8F-2R	86.0	6375	No
7610S 4WD	$37527	$8260	$12010	**$16890**	**$20270**	New Holland	4T	304D	8F-2R	86.0	7305	No
7635	$36620	$10620	$13920	**$18310**	**$21970**	New Holland	4T	238D	20F-12R	86.0		No
7635 4WD	$44673	$12960	$16980	**$22340**	**$26800**	New Holland	4T	238D	20F-12R	86.0		No
7635 4WD w/Cab	$52230	$15150	$19850	**$26120**	**$31340**	New Holland	4T	238D	20F-12R	86.0		CHA
7635 w/Cab	$44175	$12810	$16790	**$22090**	**$26510**	New Holland	4T	238D	20F-12R	86.0		CHA
7740S	$37197	$8180	$11900	**$16740**	**$20090**	New Holland	4T	304D	16F-4R	86.0	7432	No
7740S 4WD	$45521	$10020	$14570	**$20480**	**$24580**	New Holland	4T	304D	16F-4R	86.0	8446	No
7740SL	$39640	$8720	$12690	**$17840**	**$21410**	New Holland	4T	304D	24F-24R	86.0	7432	No
7740SL 4WD	$47375	$10420	$15160	**$21320**	**$25580**	New Holland	4T	304D	24F-24R	86.0	8446	No
7740SL 4WD w/Cab	$56250	$12380	$18000	**$25310**	**$30380**	New Holland	4T	304D	24F-24R	86.0	9413	CHA
7740SL w/Cab	$48515	$10670	$15530	**$21830**	**$26200**	New Holland	4T	304D	24F-24R	86.0	8400	CHA
7740SLE	$39803	$8760	$12740	**$17910**	**$21490**	New Holland	4T	304D	16F-16R	86.0	7516	No
7740SLE 4WD	$47695	$10490	$15260	**$21460**	**$25760**	New Holland	4T	304D	16F-16R	86.0	8508	No
7740SLE 4WD w/Cab	$56803	$12500	$18180	**$25560**	**$30670**	New Holland	4T	304D	16F-16R	86.0	9413	CHA
7740SLE w/Cab	$48912	$10760	$15650	**$22010**	**$26410**	New Holland	4T	304D	16F-16R	86.0	8451	CHA

New Holland/Ford (Cont.)

1997 (Cont.)

Model	Approx. Retail Price New	Used Trade In Avg.	Used Trade In High	Used Retail Avg.	Used Retail High	Engine Make	Engine No. Cyls.	Engine Displ. Cu.-In.	No. Speeds	P.T.O. H.P.	Approx. Shipping Wt.-Lbs.	Cab
7810S	$32673	$9480	$12420	**$16340**	**$19600**	New Holland	6	401D	8F-2R	90.0	6625	No
7810S 4WD	$39894	$11570	$15160	**$19950**	**$23940**	New Holland	6	401D	8F-2R	90.0	7555	No
8010 HC	$45987	$13340	$17480	**$22990**	**$27590**	New Holland	6	456D	16F-4R	96.0		No
8010 LP	$38173	$11070	$14510	**$19090**	**$22900**	New Holland	6	456D	16F-4R	96.0		No
8010 LP 4WD	$45438	$13180	$17270	**$22720**	**$27260**	New Holland	6	456D	16F-4R	96.0		No
8160	$42990	$9320	$13550	**$19060**	**$22870**	New Holland	6	456D	23F-12R	90.0		No
8160 4WD	$51458	$11320	$16470	**$23160**	**$27790**	New Holland	6	456D	23F-12R	90.0		No
8160 4WD w/Cab	$59158	$13020	$18930	**$26620**	**$31950**	New Holland	6	456D	23F-12R	90.0		CHA
8160 w/Cab	$50690	$11150	$16220	**$22810**	**$27370**	New Holland	6	456D	23F-12R	90.0		CHA
8260	$46795	$8890	$13100	**$17780**	**$23400**	New Holland	6	456D	23F-12R	100.0		No
8260 4WD	$55262	$10500	$15470	**$21000**	**$27630**	New Holland	6	456D	23F-12R	100.0		No
8260 4WD w/Cab	$62962	$11960	$17630	**$23930**	**$31480**	New Holland	6	456D	23F-12R	100.0		CHA
8260 w/Cab	$54495	$10350	$15260	**$20710**	**$27250**	New Holland	6	456D	23F-12R	100.0		CHA
8360	$54866	$10430	$15360	**$20850**	**$27430**	New Holland	6T	456D	23F-12R	115.0		No
8360 4WD	$66310	$12600	$18570	**$25200**	**$33160**	New Holland	6T	456D	23F-12R	115.0		No
8360 w/Cab	$62320	$11840	$17450	**$23680**	**$31160**	New Holland	6T	456D	23F-12R	115.0		CHA
8560 4WD w/Cab	$82146	$15200	$22400	**$30400**	**$40000**	New Holland	6T	456D	18F-6R	130.0		CHA
8560 w/Cab	$70461	$13390	$19730	**$26780**	**$35230**	New Holland	6T	456D	17F-6R	130.0		CHA
8670	$82335	$15640	$23050	**$31290**	**$41170**	New Holland	6T	456D	16F-9R	145.0	14632	CHA
8670 4WD	$99504	$18620	$27440	**$37240**	**$49000**	New Holland	6T	456D	16F-9R	145.0	15188	CHA
8770	$90055	$17110	$25220	**$34220**	**$45030**	New Holland	6T	456D	16F-9R	160.0	16925	CHA
8770 4WD	$104181	$19190	$28280	**$38380**	**$50500**	New Holland	6T	456D	16F-9R	160.0	17481	CHA
8870	$101627	$18810	$27720	**$37620**	**$49500**	New Holland	6TI	456D	16F-9R	180.0	17101	CHA
8870 4WD	$115820	$21090	$31080	**$42180**	**$55500**	New Holland	6TI	456D	16F-9R	180.0	17657	CHA
8970 4WD	$127453	$23180	$34160	**$46360**	**$61000**	New Holland	6TI	456D	16F-9R	210.0	17889	CHA

LP-Low Profile, HC-High Clearance

1996

Model	Approx. Retail Price New	Used Trade In Avg.	Used Trade In High	Used Retail Avg.	Used Retail High	Engine Make	Engine No. Cyls.	Engine Displ. Cu.-In.	No. Speeds	P.T.O. H.P.	Approx. Shipping Wt.-Lbs.	Cab
1215	$8978	$2510	$3320	**$4400**	**$5300**	Shibaura	3	54D	6F-2R	13.5	1338	No
1215 4WD	$10035	$2810	$3710	**$4920**	**$5920**	Shibaura	3	54D	6F-2R	13.5	1429	No
1215H 4WD Hydro	$11058	$3100	$4090	**$5420**	**$6520**	Shibaura	3	54D	Variable	13.5	1484	No
1215H Hydro	$10001	$2800	$3700	**$4900**	**$5900**	Shibaura	3	54D	Variable	13.5	1393	No
1220 4WD	$11817	$2480	$3660	**$5200**	**$6260**	Shibaura	3	58D	9F-3R	14.5	1429	No
1220H 4WD Hydro	$13730	$2880	$4260	**$6040**	**$7280**	Shibaura	3	58D	Variable	14.5	1484	No
1320	$12564	$2640	$3900	**$5530**	**$6660**	Shibaura	3	77D	9F-3R	17.0	2145	No
1320 4WD	$13887	$2920	$4310	**$6110**	**$7360**	Shibaura	3	77D	9F-3R	17.0	2271	No
1320H 4WD Hydro	$15236	$3200	$4720	**$6700**	**$8080**	Shibaura	3	77D	Variable	17.0	2297	No
1320H Hydro	$13913	$2920	$4310	**$6120**	**$7370**	Shibaura	3	77D	Variable	17.0	2172	No
1520	$13005	$2730	$4030	**$5720**	**$6890**	Shibaura	3	81D	9F-3R	19.5	2200	No
1520 4WD	$14430	$3030	$4470	**$6350**	**$7650**	Shibaura	3	81D	9F-3R	19.5	2320	No
1520H 4WD Hydro	$16015	$3360	$4970	**$7050**	**$8490**	Shibaura	3	81D	Variable	19.5	2352	No
1520H Hydro	$14590	$3060	$4520	**$6420**	**$7730**	Shibaura	3	81D	Variable	19.5	2233	No
1620 4WD Hydro	$16787	$4700	$6210	**$8230**	**$9900**	Shibaura	3	81D	Variable	22.0	2352	No
1715	$11207	$3140	$4150	**$5490**	**$6610**	Shibaura	3	81D	9F-3R	23.0	2161	No
1715 4WD	$12737	$3570	$4710	**$6240**	**$7520**	Shibaura	3	81D	9F-3R	23.0	2280	No
1720	$13772	$2890	$4270	**$6060**	**$7300**	Shibaura	3	91D	12F-4R	23.5	2491	No
1720 4WD	$15680	$3290	$4860	**$6900**	**$8310**	Shibaura	3	91D	12F-4R	23.5	2690	No
1920	$15814	$3320	$4900	**$6960**	**$8380**	Shibaura	4	122D	12F-4R	28.5	2849	No
1920 4WD	$18390	$3860	$5700	**$8090**	**$9750**	Shibaura	4	122D	12F-4R	28.5	3069	No
2120 4WD	$21510	$4520	$6670	**$9460**	**$11400**	Shibaura	4	139D	12F-4R	34.5	3858	No
3010S	$17016	$4760	$6300	**$8340**	**$10040**	New Holland	3	165D	8F-2R	42.0		No
3010S 4WD	$24095	$7710	$9400	**$12530**	**$15420**	New Holland	3	165D	8F-2R	42.0		No
3415	$18032	$5050	$6670	**$8840**	**$10640**	Shibaura	4	135D	12F-4R	38.00	3483	No
3430	$19650	$3540	$5310	**$7270**	**$9630**	New Holland	3	192D	8F-2R	40.00	4622	No
3430 4WD	$24225	$4360	$6540	**$8960**	**$11870**	New Holland	3	192D	8F-2R	40.00	5150	No
3830	$21237	$3820	$5730	**$7860**	**$10410**	New Holland	3	165D	12F-12R	45.00	3804	No
3830 4WD	$27335	$4920	$7380	**$10110**	**$13390**	New Holland	3	165D	12F-12R	45.00	4020	No
3930	$20835	$4380	$6460	**$9170**	**$11040**	New Holland	3	192D	8F-2R	45.00	5157	No
3930 4WD	$25933	$5450	$8040	**$11410**	**$13740**	New Holland	3	192D	8F-2R	45.00	5685	No
3930 4WD w/Cab	$32842	$6900	$10180	**$14450**	**$17410**	New Holland	3	192D	8F-8R	45.00	6235	CH
3930 w/Cab	$26435	$5550	$8200	**$11630**	**$14010**	New Holland	3	192D	8F-8R	45.00	5707	CH
4030	$22880	$4810	$7090	**$10070**	**$12130**	New Holland	3	179D	12F-12R	51.00	5171	No
4030 4WD	$28560	$6000	$8850	**$12570**	**$15140**	New Holland	3	179D	12F-12R	51.00	5578	No
4030 4WD w/Cab	$33633	$7060	$10430	**$14800**	**$17830**	New Holland	3	179D	12F-12R	51.00	6015	CHA
4030 w/Cab	$27360	$5750	$8480	**$12040**	**$14500**	New Holland	3	179D	12F-12R	51.00	5611	CHA
4230	$24010	$5040	$7440	**$10560**	**$12730**	New Holland	4	220D	12F-12R	62.00	4880	No
4230 4WD	$30030	$6310	$9310	**$13210**	**$15920**	New Holland	4	220D	12F-12R	62.00	5230	No
4230 4WD w/Cab	$34765	$7300	$10780	**$15300**	**$18430**	New Holland	4	220D	12F-12R	62.00	5670	CHA
4230 w/Cab	$28643	$6020	$8880	**$12600**	**$15180**	New Holland	4	220D	12F-12R	62.00	5230	CHA
4430	$26223	$7340	$9700	**$12850**	**$15470**	New Holland	4	238D	12F-12R	70.00	5030	No
4430 4WD	$32245	$9030	$11930	**$15800**	**$19030**	New Holland	4	238D	12F-12R	70.00	5380	No
4430 4WD w/Cab	$36977	$10350	$13680	**$18120**	**$21820**	New Holland	4	238D	12F-12R	70.00	5820	CHA
4430 w/Cab	$30855	$8640	$11420	**$15120**	**$18200**	New Holland	4	238D	12F-12R	70.00	5470	CHA
4630	$24045	$6730	$8900	**$11780**	**$14190**	New Holland	3T	192D	16F-8R	55.00	5030	No
4630 4WD	$30290	$8480	$11210	**$14840**	**$17870**	New Holland	3T	192D	16F-8R	55.00	5822	No
4630 4WD w/Cab	$35610	$9970	$13180	**$17450**	**$21010**	New Holland	3T	192D	16F-8R	55.00		CH
4630 w/Cab	$29668	$8310	$10980	**$14540**	**$17500**	New Holland	3T	192D	8F-8R	55.00	5744	CH
4835	$26700	$7480	$9880	**$13080**	**$15750**	New Holland	4	220D	24F-12R	56.00		No
4835 4WD	$33667	$9430	$12460	**$16500**	**$19860**	New Holland	4	220D	24F-12R	56.00		No
4835 4WD w/Cab	$41540	$11630	$15370	**$20360**	**$24510**	New Holland	4	220D	24F-12R	56.00		CHA
4835 w/Cab	$34600	$9690	$12800	**$16950**	**$20410**	New Holland	4	220D	24F-12R	56.00		CHA
5030	$27473	$5770	$8520	**$12090**	**$14560**	New Holland	4	256D	16F-8R	62.00	5647	No
5030 4WD	$32343	$6790	$10030	**$14230**	**$17140**	New Holland	4	256D	16F-8R	62.00	6175	No
5030 4WD w/Cab	$36570	$7680	$11340	**$16090**	**$19380**	New Holland	4	256D	8F-8R	62.00	6625	CH

New Holland/Ford (Cont.)

1996 (Cont.)

	Approx. Retail Price New	Estimated Value Less Repairs: Used Trade In Avg.	Used Trade In High	Used Retail Avg.	Used Retail High	Make	Engine No. Cyls.	Engine Displ. Cu.-In.	No. Speeds	P.T.O. H.P.	Approx. Shipping Wt.-Lbs.	Cab
5030 w/Cab	$31700	$6660	$9830	**$13950**	**$16800**	New Holland	4	256D	8F-8R	62.00	6097	CH
5530	$26515	$5570	$8220	**$11670**	**$14050**	New Holland	4	220D	20F-12R	62.00	5709	No
5530 4WD	$32265	$6780	$10000	**$14200**	**$17100**	New Holland	4	220D	20F-12R	62.00	7310	No
5610S	$24432	$4400	$6600	**$9040**	**$11970**	New Holland	4	268D	8F-2R	66.00	5995	No
5635	$31215	$8740	$11550	**$15300**	**$18420**	New Holland	4	238D	24F-12R	66.00		No
5635 4WD	$38535	$10790	$14260	**$18880**	**$22740**	New Holland	4	238D	24F-12R	66.00		No
5635 4WD w/Cab	$46644	$13060	$17260	**$22860**	**$27520**	New Holland	4	238D	24F-12R	66.00		CHA
5635 w/Cab	$39325	$11010	$14550	**$19270**	**$23200**	New Holland	4	238D	24F-12R	66.00		CHA
5640S	$30883	$8650	$11430	**$15130**	**$18220**	New Holland	4	268D	16F-4R	66.00	7399	No
5640S 4WD	$38123	$8010	$11820	**$16770**	**$20210**	New Holland	4	268D	16F-4R	66.00	8391	No
5640SL	$32935	$6920	$10210	**$14490**	**$17460**	New Holland	4	268D	24F-24R	66.00	7373	No
5640SL 4WD	$39923	$8380	$12380	**$17570**	**$21160**	New Holland	4	268D	24F-24R	66.00	8298	No
5640SL 4WD w/Cab	$47783	$9450	$13950	**$19800**	**$23850**	New Holland	4	268D	24F-24R	66.00	9380	CHA
5640SL w/Cab	$40795	$8570	$12650	**$17950**	**$21620**	New Holland	4	268D	24F-24R	66.00	8418	CHA
5640SLE	$34670	$7280	$10750	**$15260**	**$18380**	New Holland	4	268D	16F-16R	66.00	7483	No
5640SLE 4WD	$41630	$8400	$12400	**$17600**	**$21200**	New Holland	4	268D	16F-16R	66.00	8475	No
5640SLE 4WD w/Cab	$49716	$9870	$14570	**$20680**	**$24910**	New Holland	4	268D	16F-16R	66.00	9380	CHA
5640SLE w/Cab	$42755	$8980	$13250	**$18810**	**$22660**	New Holland	4	268D	16F-16R	66.00	8418	CHA
6530	$29285	$8200	$10840	**$14350**	**$17280**	New Holland	4	238D	20F-12R	70.00	5709	No
6530 4WD	$36280	$10160	$13420	**$17780**	**$21410**	New Holland	4	238D	20F-12R	70.00	7310	No
6610S	$26705	$5610	$8280	**$11750**	**$14150**	New Holland	4	304D	8F-2R	76.00	5995	No
6610S 4WD	$34590	$7260	$10720	**$15220**	**$18330**	New Holland	4	304D	8F-2R	76.00	6925	No
6635	$34122	$9550	$12630	**$16720**	**$20130**	New Holland	4T	238D	24F-12R	76.00		No
6635 4WD	$41772	$11700	$15460	**$20470**	**$24650**	New Holland	4T	238D	24F-12R	76.00		No
6635 4WD w/Cab	$48445	$13570	$17930	**$23740**	**$28580**	New Holland	4T	238D	24F-12R	76.00		CHA
6635 w/Cab	$40795	$11420	$15090	**$19990**	**$24070**	New Holland	4T	238D	24F-12R	76.00		CHA
6640S	$33840	$7110	$10490	**$14890**	**$17940**	New Holland	4	304D	16F-4R	76.00	7399	No
6640S 4WD	$41605	$8740	$12900	**$18310**	**$22050**	New Holland	4	304D	16F-4R	76.00	8391	No
6640SL	$35575	$7470	$11030	**$15650**	**$18860**	New Holland	4	304D	24F-24R	76.00	7373	No
6640SL 4WD	$43873	$9210	$13600	**$19300**	**$23250**	New Holland	4	304D	24F-24R	76.00	8304	No
6640SL 4WD w/Cab	$51732	$10860	$16040	**$22760**	**$27420**	New Holland	4	304D	24F-24R	76.00	9358	CHA
6640SL w/Cab	$43435	$9120	$13470	**$19110**	**$23020**	New Holland	4	304D	24F-24R	76.00	8419	CHA
6640SLE	$36210	$7600	$11230	**$15930**	**$19190**	New Holland	4	304D	16F-16R	76.00	7483	No
6640SLE 4WD	$44442	$9330	$13780	**$19550**	**$23550**	New Holland	4	304D	16F-16R	76.00	8475	No
6640SLE 4WD w/Cab	$52530	$11030	$16280	**$23110**	**$27840**	New Holland	4	304D	16F-16R	76.00	9380	CHA
6640SLE w/Cab	$44297	$9300	$13730	**$19490**	**$23480**	New Holland	4	304D	16F-16R	76.00	8418	CHA
7010 LP	$35809	$10030	$13250	**$17550**	**$21130**	New Holland	4T	304D	16F-4R	86.0		No
7010 LP 4WD	$44630	$12500	$16510	**$21870**	**$26330**	New Holland	4T	304D	16F-4R	86.0		No
7530 4WD	$40830	$11430	$15110	**$20010**	**$24090**	New Holland	6	331D	20F-4R	91.00	8074	No
7610S	$29425	$6180	$9120	**$12950**	**$15600**	New Holland	4T	304D	8F-2R	86.00	6375	No
7610S 4WD	$36435	$7650	$11300	**$16030**	**$19310**	New Holland	4T	304D	8F-2R	86.00	7305	No
7635	$34330	$7210	$10640	**$15110**	**$18200**	New Holland	4T	238D	24F-12R	86.00		No
7635 4WD	$41980	$8820	$13010	**$18470**	**$22250**	New Holland	4T	238D	24F-12R	86.00		No
7635 4WD w/Cab	$50090	$10520	$15530	**$22040**	**$26550**	New Holland	4T	238D	24F-12R	86.00		CHA
7635 w/Cab	$42438	$11880	$15700	**$20800**	**$25040**	New Holland	4T	238D	24F-12R	86.00		CHA
7740S	$36832	$7740	$11420	**$16210**	**$19520**	New Holland	4T	304D	16F-4R	86.00	7432	No
7740S 4WD	$44343	$9310	$13750	**$19510**	**$23500**	New Holland	4T	304D	16F-4R	86.00	8446	No
7740SL	$38633	$8110	$11980	**$17000**	**$20480**	New Holland	4T	304D	24F-24R	86.00	7432	No
7740SL 4WD	$46145	$9450	$13950	**$19800**	**$23850**	New Holland	4T	304D	24F-24R	86.00	8446	No
7740SL 4WD w/Cab	$54760	$10920	$16120	**$22880**	**$27560**	New Holland	4T	304D	24F-24R	86.00	9413	CHA
7740SL w/Cab	$47250	$9920	$14650	**$20790**	**$25040**	New Holland	4T	304D	24F-24R	86.00	8400	CHA
7740SLE	$38792	$8150	$12030	**$17070**	**$20560**	New Holland	4T	304D	16F-16R	86.00	7516	No
7740SLE 4WD	$47065	$9880	$14590	**$20710**	**$24940**	New Holland	4T	304D	16F-16R	86.00	8508	No
7740SLE 4WD w/Cab	$55910	$11130	$16430	**$23320**	**$28090**	New Holland	4T	304D	16F-16R	86.00	9413	CHA
7740SLE w/Cab	$47635	$10000	$14770	**$20960**	**$25250**	New Holland	4T	304D	16F-16R	86.00	8451	CHA
7810S	$31721	$8880	$11740	**$15540**	**$18720**	New Holland	6	401D	8F-2R	90.00	6625	No
7810S 4WD	$38732	$10850	$14330	**$18980**	**$22850**	New Holland	6	401D	8F-2R	90.00	7555	No
7840S	$37797	$7940	$11720	**$16630**	**$20030**	New Holland	6	401D	16F-4R	90.00	8076	No
7840SL	$39393	$8270	$12210	**$17330**	**$20880**	New Holland	6	401D	12F-12R	90.00	8342	No
7840SL 4WD	$48330	$10150	$14980	**$21270**	**$25620**	New Holland	6	401D	24F-24R	90.00	9410	No
7840SL 4WD w/Cab	$58070	$11760	$17360	**$24640**	**$29680**	New Holland	6	401D	24F-24R	90.00	10465	CHA
7840SL w/Cab	$47925	$10060	$14860	**$21090**	**$25400**	New Holland	6	401D	12F-12R	90.00	9386	CHA
7840SLE	$40482	$8500	$12550	**$17810**	**$21460**	New Holland	6	401D	16F-16R	90.00	8379	No
7840SLE 4WD	$48078	$10100	$14900	**$21150**	**$25480**	New Holland	6	401D	16F-16R	90.00	9437	No
7840SLE 4WD w/Cab	$57591	$12090	$17850	**$25340**	**$30520**	New Holland	6	401D	16F-16R	90.00	10482	CHA
7840SLE w/Cab	$49995	$10500	$15500	**$22000**	**$26500**	New Holland	6	401D	16F-16R	90.00	9423	CHA
8010 HC	$45782	$12820	$16940	**$22430**	**$27010**	New Holland	6	456D	16F-4R	96.0		No
8010 LP	$38245	$10710	$14150	**$18740**	**$22570**	New Holland	6	456D	16F-4R	96.0		No
8010 LP 4WD	$46922	$13140	$17360	**$22990**	**$27680**	New Holland	6	456D	16F-4R	96.0		No
8160	$42353	$8890	$13130	**$18640**	**$22450**	New Holland	6	456D	23F-12R	90.0		No
8160 4WD	$51023	$10720	$15820	**$22450**	**$27040**	New Holland	6	456D	23F-12R	90.0		No
8160 4WD w/Cab	$58725	$12330	$18210	**$25840**	**$31120**	New Holland	6	456D	23F-12R	90.0		CHA
8160 w/Cab	$50053	$10510	$15520	**$22020**	**$26530**	New Holland	6	456D	23F-12R	90.0		CHA
8240SL	$41567	$8730	$12890	**$18290**	**$22030**	New Holland	6	456D	12F-12R	96.00	8883	No
8240SL 4WD	$49163	$10320	$15240	**$21630**	**$26060**	New Holland	6	456D	12F-12R	96.00	9941	No
8240SL 4WD w/Cab	$57190	$12010	$17730	**$25160**	**$30310**	New Holland	6	456D	12F-12R	96.00	10979	CHA
8240SL w/Cab	$49593	$10420	$15370	**$21820**	**$26280**	New Holland	6	456D	12F-12R	96.00	9921	CHA
8240SLE	$43245	$9080	$13410	**$19030**	**$22920**	New Holland	6	456D	16F-16R	96.00	8957	No
8240SLE 4WD w/Cab	$58725	$12330	$18210	**$25840**	**$31120**	New Holland	6	456D	16F-16R	96.00	11053	CHA
8240SLE w/Cab	$51248	$10760	$15890	**$22550**	**$27160**	New Holland	6	456D	16F-16R	96.00	9995	CHA
8260	$45905	$8260	$12390	**$16990**	**$22490**	New Holland	6	456D	23F-12R	100.0		No
8260 4WD	$54574	$9820	$14740	**$20190**	**$26740**	New Holland	6	456D	23F-12R	100.0		No
8260 4WD w/Cab	$62275	$11210	$16810	**$23040**	**$30520**	New Holland	6	456D	23F-12R	100.0		CHA
8260 w/Cab	$53540	$9640	$14460	**$19810**	**$26240**	New Holland	6	456D	23F-12R	100.0		CHA

New Holland/Ford (Cont.)

1996 (Cont.)

Model	Approx. Retail Price New	Estimated Value Less Repairs: Used Trade In Avg.	Used Trade In High	Used Retail Avg.	Used Retail High	Engine Make	Engine No. Cyls.	Engine Displ. Cu.-In.	No. Speeds	P.T.O. H.P.	Approx. Shipping Wt.-Lbs.	Cab
8340SL	$44585	$9360	$13820	**$19620**	**$23630**	New Holland	6T	456D	12F-12R	112.00	8883	No
8340SL 4WD	$52205	$10960	$16180	**$22970**	**$27670**	New Holland	6T	456D	12F-12R	112.00	9941	No
8340SL 4WD w/Cab	$60985	$12810	$18910	**$26830**	**$32320**	New Holland	6T	456D	12F-12R	112.00	10979	CHA
8340SL w/Cab	$53365	$11210	$16540	**$23480**	**$28280**	New Holland	6T	456D	12F-12R	112.00	9921	CHA
8340SLE	$47730	$10020	$14800	**$21000**	**$25300**	New Holland	6T	456D	16F-16R	112.00	8957	No
8340SLE 4WD	$55245	$11600	$17130	**$24310**	**$29280**	New Holland	6T	456D	16F-16R	112.00	10015	No
8340SLE 4WD w/Cab	$64003	$13440	$19840	**$28160**	**$33920**	New Holland	6T	456D	16F-16R	112.00	11053	CHA
8340SLE w/Cab	$56488	$11860	$17510	**$24860**	**$29940**	New Holland	6T	456D	16F-16R	112.00	9995	CHA
8360	$52863	$9520	$14270	**$19560**	**$25900**	New Holland	6T	456D	23F-12R	115.0		No
8360 4WD	$64652	$11640	$17460	**$23920**	**$31680**	New Holland	6T	456D	23F-12R	115.0		No
8360 4WD w/Cab	$72345	$13020	$19530	**$26770**	**$35450**	New Holland	6T	456D	23F-12R	115.0		CHA
8360 w/Cab	$60557	$10900	$16350	**$22410**	**$29670**	New Holland	6T	456D	23F-12R	115.0		CHA
8560 4WD w/Cab	$81085	$14400	$21600	**$29600**	**$39200**	New Holland	6T	456D	18F-6R	130.0		CHA
8560 w/Cab	$69295	$12470	$18710	**$25640**	**$33960**	New Holland	6T	456D	17F-6R	130.0		CHA
8670	$79240	$14260	$21400	**$29320**	**$38830**	New Holland	6T	456D	16F-9R	145.00	14632	CHA
8670 4WD	$94385	$16920	$25380	**$34780**	**$46060**	New Holland	6T	456D	16F-9R	145.00	15188	CHA
8770	$85552	$15400	$23100	**$31650**	**$41920**	New Holland	6T	456D	16F-9R	160.00	16925	CHA
8770 4WD	$98657	$17570	$26350	**$36110**	**$47820**	New Holland	6T	456D	16F-9R	160.00	17481	CHA
8870	$96757	$17420	$26120	**$35800**	**$47410**	New Holland	6TI	456D	16F-9R	180.00	17101	CHA
8870 4WD	$109958	$19440	$29160	**$39960**	**$52920**	New Holland	6TI	456D	16F-9R	180.00	17657	CHA
8970 4WD	$119292	$21240	$31860	**$43660**	**$57820**	New Holland	6TI	456D	16F-9R	210.00	17889	CHA

LP-Low Profie, HC-High Clearance

1995

Model	Approx. Retail Price New	Used Trade In Avg.	Used Trade In High	Used Retail Avg.	Used Retail High	Engine Make	Engine No. Cyls.	Engine Displ. Cu.-In.	No. Speeds	P.T.O. H.P.	Approx. Shipping Wt.-Lbs.	Cab
1215	$8978	$2420	$3230	**$4310**	**$5210**	Shibaura	3	54D	6F-2R	13.50	1338	No
1215 4WD	$10035	$2710	$3610	**$4820**	**$5820**	Shibaura	3	54D	6F-2R	13.50	1429	No
1215H 4WD Hydro	$11058	$2990	$3980	**$5310**	**$6410**	Shibaura	3	54D	Variable	13.50	1484	No
1215H Hydro	$10001	$2700	$3600	**$4800**	**$5800**	Shibaura	3	54D	Variable	13.50	1393	No
1220	$10499	$2100	$3150	**$4520**	**$5460**	Shibaura	3	58D	9F-3R	14.50	1338	No
1220 4WD	$11677	$2340	$3500	**$5020**	**$6070**	Shibaura	3	58D	9F-3R	14.50	1429	No
1220H 4WD Hydro	$13590	$2720	$4080	**$5840**	**$7070**	Shibaura	3	58D	Variable	14.50	1484	No
1220H Hydro	$11614	$2320	$3480	**$4990**	**$6040**	Shibaura	3	58D	Variable	14.50	1393	No
1320	$12564	$2510	$3770	**$5400**	**$6530**	Shibaura	3	77D	9F-3R	17.00	2145	No
1320 4WD	$13887	$2780	$4170	**$5970**	**$7220**	Shibaura	3	77D	9F-3R	17.00	2271	No
1320H 4WD Hydro	$15236	$3050	$4570	**$6550**	**$7920**	Shibaura	3	77D	Variable	17.00	2297	No
1320H Hydro	$13913	$2780	$4170	**$5980**	**$7240**	Shibaura	3	77D	Variable	17.00	2172	No
1520	$12947	$2590	$3880	**$5570**	**$6730**	Shibaura	3	81D	9F-3R	19.50	2200	No
1520 4WD	$14344	$2870	$4300	**$6170**	**$7460**	Shibaura	3	81D	9F-3R	19.50	2320	No
1520H 4WD Hydro	$15929	$3190	$4780	**$6850**	**$8280**	Shibaura	3	81D	Variable	19.50	2352	No
1520H Hydro	$14533	$2910	$4360	**$6250**	**$7560**	Shibaura	3	81D	Variable	19.50	2233	No
1620 4WD Hydro	$16701	$4510	$6010	**$8020**	**$9690**	Shibaura	3	81D	Variable	22.00	2352	No
1715	$11124	$3000	$4010	**$5340**	**$6450**	Shibaura	3	81D	9F-3R	23.00	2161	No
1715 4WD	$12651	$3420	$4550	**$6070**	**$7340**	Shibaura	3	81D	9F-3R	23.00	2280	No
1720	$13450	$2690	$4040	**$5780**	**$6990**	Shibaura	3	91D	12F-4R	23.50	2491	No
1720 4WD	$15341	$3070	$4600	**$6600**	**$7980**	Shibaura	3	91D	12F-4R	23.50	2690	No
1920	$15269	$3050	$4580	**$6570**	**$7940**	Shibaura	4	122D	12F-4R	28.50	2849	No
1920 4WD	$17941	$3590	$5380	**$7720**	**$9330**	Shibaura	4	122D	12F-4R	28.50	3069	No
2120 4WD	$21179	$4240	$6350	**$9110**	**$11010**	Shibaura	4	139D	12F-4R	34.50	3858	No
3415	$17612	$4760	$6340	**$8450**	**$10220**	Shibaura	4	135D	12F-4R	38.00	3483	No
3430	$19193	$3260	$4990	**$6910**	**$9210**	New Holland	3	192D	8F-2R	38.00	4622	No
3430 4WD	$24008	$4080	$6240	**$8640**	**$11520**	New Holland	3	192D	8F-2R	38.00	5150	No
3830	$19800	$3370	$5150	**$7130**	**$9500**	New Holland	3	165D	12F-4R	45.00	3784	No
3830 4WD	$25713	$4370	$6690	**$9260**	**$12340**	New Holland	3	165D	12F-4R	45.00	4000	No
3930	$20236	$4050	$6070	**$8700**	**$10520**	New Holland	3	201D	8F-2R	45.00	5157	No
3930 4WD	$25905	$5180	$7770	**$11140**	**$13470**	New Holland	3	201D	8F-8R	45.00	5735	No
3930 4WD w/Cab	$31224	$6250	$9370	**$13430**	**$16240**	New Holland	3	201D	8F-8R	45.00	6235	CH
3930 w/Cab	$26207	$5240	$7860	**$11270**	**$13630**	New Holland	3	201D	8F-8R	45.00	5707	CH
4030	$20818	$4160	$6250	**$8950**	**$10830**	New Holland	3	179D	12F-4R	51.00	5151	No
4030 4WD	$26731	$5350	$8020	**$11490**	**$13900**	New Holland	3	179D	12F-4R	51.00	5558	No
4030 4WD w/Cab	$31656	$6330	$9500	**$13610**	**$16460**	New Holland	3	179D	12F-4R	51.00	5995	CHA
4030 w/Cab	$25743	$5150	$7720	**$11070**	**$13390**	New Holland	3	179D	12F-4R	51.00	5591	CHA
4230	$21917	$4380	$6580	**$9420**	**$11400**	New Holland	4	220D	12F-4R	62.00	4860	No
4230 4WD	$27830	$5570	$8350	**$11970**	**$14470**	New Holland	4	220D	12F-4R	62.00	5200	No
4230 4WD w/Cab	$32755	$6550	$9830	**$14090**	**$17030**	New Holland	4	220D	12F-4R	62.00	5640	CHA
4230 w/Cab	$26842	$5370	$8050	**$11540**	**$13960**	New Holland	4	220D	12F-4R	62.00	5290	CHA
4430	$24065	$6500	$8660	**$11550**	**$13960**	New Holland	4	238D	12F-4R	70.00	5000	No
4430 4WD	$29978	$8090	$10790	**$14390**	**$17390**	New Holland	4	238D	12F-4R	70.00	5350	No
4430 4WD w/Cab	$34903	$9420	$12570	**$16750**	**$20240**	New Holland	4	238D	12F-4R	70.00	5790	CHA
4430 w/Cab	$28990	$7830	$10440	**$13920**	**$16810**	New Holland	4	238D	12F-4R	70.00	5440	CHA
4630	$24045	$6490	$8660	**$11540**	**$13950**	New Holland	3	201D	16F-8R	55.00	5030	No
4630 4WD	$29062	$7850	$10460	**$13950**	**$16860**	New Holland	3	201D	16F-8R	55.00	5822	No
4630 4WD w/Cab	$33289	$8990	$11980	**$15980**	**$19310**	New Holland	3	201D	8F-8R	55.00	6272	CH
4630 w/Cab	$28272	$7630	$10180	**$13570**	**$16400**	New Holland	3	201D	8F-8R	55.00	5744	CH
5030	$26076	$5220	$7820	**$11210**	**$13560**	New Holland	4	256D	16F-8R	62.00	5647	No
5030 4WD	$31116	$6220	$9340	**$13380**	**$16180**	New Holland	4	256D	16F-8R	62.00	6175	No
5030 4WD w/Cab	$36434	$7290	$10930	**$15670**	**$18950**	New Holland	4	256D	16F-8R	62.00	6675	CH
5030 w/Cab	$31395	$6280	$9420	**$13500**	**$16330**	New Holland	4	256D	16F-8R	62.00	6147	CH
5530	$25742	$5150	$7720	**$11070**	**$13390**	New Holland	4	220D	20F-12R	62.00	5709	No
5530 4WD	$31323	$6270	$9400	**$13470**	**$16290**	New Holland	4	220D	20F-12R	62.00	7310	No
5610S	$24432	$4150	$6350	**$8800**	**$11730**	New Holland	4	268D	8F-2R	66.00	5995	No
5640S	$28362	$5670	$8510	**$12200**	**$14750**	New Holland	4	268D	8F-2R	66.00	7306	No
5640S 4WD	$34905	$6980	$10470	**$15010**	**$18150**	New Holland	4	268D	8F-2R	66.00	8298	No
5640SL	$31222	$6240	$9370	**$13430**	**$16240**	New Holland	4	268D	24F-24R	66.00	7373	No
5640SL 4WD	$37766	$7550	$11330	**$16240**	**$19640**	New Holland	4	268D	24F-24R	66.00	8298	No

New Holland/Ford (Cont.)

	Approx. Retail Price New	Used Trade In Avg.	Used Trade In High	Used Retail Avg.	Used Retail High	Make	Engine No. Cyls.	Engine Displ. Cu.-In.	No. Speeds	P.T.O. H.P.	Approx. Shipping Wt.-Lbs.	Cab
1995 (Cont.)												
5640SL 4WD w/Cab	$46029	$9210	$13810	**$19790**	**$23940**	New Holland	4	268D	24F-24R	66.00	9380	CHA
5640SL w/Cab	$39486	$7900	$11850	**$16980**	**$20530**	New Holland	4	268D	24F-24R	66.00	8418	CHA
5640SLE	$34389	$6880	$10320	**$14790**	**$17880**	New Holland	4	268D	16F-16R	66.00	7483	No
5640SLE 4WD	$40933	$8190	$12280	**$17600**	**$21290**	New Holland	4	268D	16F-16R	66.00	8475	No
5640SLE 4WD w/Cab	$48784	$9760	$14640	**$20980**	**$25370**	New Holland	4	268D	16F-16R	66.00	9380	CHA
5640SLE w/Cab	$42241	$8450	$12670	**$18160**	**$21970**	New Holland	4	268D	16F-16R	66.00	8418	CHA
6530	$28434	$7680	$10240	**$13650**	**$16490**	New Holland	4	238D	20F-12R	70.00	5709	No
6530 4WD	$35223	$9510	$12680	**$16910**	**$20430**	New Holland	4	238D	20F-12R	70.00	7310	No
6610S	$26705	$5340	$8010	**$11480**	**$13890**	New Holland	4	304D	8F-2R	76.00	5995	No
6610S 4WD	$34589	$6920	$10380	**$14870**	**$17990**	New Holland	4	304D	8F-2R	76.00	6925	No
6640 Low Profile	$31691	$6340	$9510	**$13630**	**$16480**	New Holland	4	304D	16F-4R	76.00	7354	No
6640 Low Profile 4WD	$38796	$7760	$11640	**$16680**	**$20170**	New Holland	4	304D	16F-4R	76.00	8346	No
6640S	$31957	$6390	$9590	**$13740**	**$16620**	New Holland	4	304D	16F-4R	76.00	7399	No
6640S 4WD	$39062	$7810	$11720	**$16800**	**$20310**	New Holland	4	304D	16F-4R	76.00	8391	No
6640SL	$34316	$6860	$10300	**$14760**	**$17840**	New Holland	4	304D	24F-24R	76.00	7373	No
6640SL 4WD	$41421	$8280	$12430	**$17810**	**$21540**	New Holland	4	304D	24F-24R	76.00	8304	No
6640SL 4WD w/Cab	$49684	$9940	$14910	**$21360**	**$25840**	New Holland	4	304D	24F-24R	76.00	9358	CHA
6640SL w/Cab	$42579	$8520	$12770	**$18310**	**$22140**	New Holland	4	304D	24F-24R	76.00	8419	CHA
6640SLE	$35550	$7110	$10670	**$15290**	**$18490**	New Holland	4	304D	16F-16R	76.00	7483	No
6640SLE 4WD	$42655	$8530	$12800	**$18340**	**$22180**	New Holland	4	304D	16F-16R	76.00	8475	No
6640SLE 4WD w/Cab	$50507	$10100	$15150	**$21720**	**$26260**	New Holland	4	304D	16F-16R	76.00	9380	CHA
6640SLE w/Cab	$43401	$8680	$13020	**$18660**	**$22570**	New Holland	4	304D	16F-16R	76.00	8418	CHA
7530 4WD	$39643	$10700	$14270	**$19030**	**$22990**	New Holland	6	331D	20F-4R	91.00	8074	No
7610S	$29424	$7940	$10590	**$14120**	**$17070**	New Holland	4T	304D	8F-2R	86.00	6375	No
7610S 4WD	$36434	$7290	$10930	**$15670**	**$18950**	New Holland	4T	304D	8F-2R	86.00	7305	No
7740 Low Profile	$33905	$6780	$10170	**$14580**	**$17630**	New Holland	4T	304D	16F-4R	86.00	7419	No
7740 Low Profile 4WD	$41011	$8200	$12300	**$17640**	**$21330**	New Holland	4T	304D	16F-4R	86.00	8411	No
7740S	$34184	$6840	$10260	**$14700**	**$17780**	New Holland	4T	304D	16F-4R	86.00	7432	No
7740S 4WD	$41289	$8260	$12390	**$17750**	**$21470**	New Holland	4T	304D	16F-4R	86.00	8446	No
7740SL	$36293	$7260	$10890	**$15610**	**$18870**	New Holland	4T	304D	24F-24R	86.00	7432	No
7740SL 4WD	$43399	$8680	$13020	**$18660**	**$22570**	New Holland	4T	304D	24F-24R	86.00	8446	No
7740SL 4WD w/Cab	$52396	$10000	$15000	**$21500**	**$26000**	New Holland	4T	304D	24F-24R	86.00	9413	CHA
7740SL w/Cab	$45291	$9060	$13590	**$19480**	**$23550**	New Holland	4T	304D	24F-24R	86.00	8400	CHA
7740SLE	$36453	$7290	$10940	**$15680**	**$18960**	New Holland	4T	304D	16F-16R	86.00	7516	No
7740SLE 4WD	$43558	$8710	$13070	**$18730**	**$22650**	New Holland	4T	304D	16F-16R	86.00	8508	No
7740SLE 4WD w/Cab	$52143	$10200	$15300	**$21930**	**$26520**	New Holland	4T	304D	16F-16R	86.00	9413	CHA
7740SLE w/Cab	$45038	$9010	$13510	**$19370**	**$23420**	New Holland	4T	304D	16F-16R	86.00	8451	CHA
7810S	$31721	$8570	$11420	**$15230**	**$18400**	New Holland	6	401D	8F-2R	90.00	6625	No
7810S 4WD	$38732	$10460	$13940	**$18590**	**$22470**	New Holland	6	401D	8F-2R	90.00	7555	No
7840 Low Profile	$36434	$7290	$10930	**$15670**	**$18950**	New Holland	6	401D	16F-4R	90.00		No
7840 Low Profile 4WD	$43471	$8690	$13040	**$18690**	**$22610**	New Holland	6	401D	16F-4R	90.00		No
7840S	$36696	$7340	$11010	**$15780**	**$19080**	New Holland	6	401D	16F-4R	90.00	8076	No
7840S 4WD	$43733	$8750	$13120	**$18810**	**$22740**	New Holland	6	401D	16F-4R	90.00	9134	No
7840SL	$39596	$7920	$11880	**$17030**	**$20590**	New Holland	6	401D	24F-24R	90.00	8382	No
7840SL 4WD	$46633	$9330	$13990	**$20050**	**$24250**	New Holland	6	401D	24F-24R	90.00	9410	No
7840SL 4WD w/Cab	$56087	$11000	$16500	**$23650**	**$28600**	New Holland	6	401D	24F-24R	90.00	10465	CHA
7840SL w/Cab	$49050	$9810	$14720	**$21090**	**$25510**	New Holland	6	401D	24F-24R	90.00	9398	CHA
7840SLE	$39162	$7830	$11750	**$16840**	**$20360**	New Holland	6	401D	16F-16R	90.00	8379	No
7840SLE 4WD	$46199	$9240	$13860	**$19870**	**$24020**	New Holland	6	401D	16F-16R	90.00	9437	No
7840SLE 4WD w/Cab	$54701	$10800	$16200	**$23220**	**$28080**	New Holland	6	401D	16F-16R	90.00	10482	CHA
7840SLE w/Cab	$47664	$9530	$14300	**$20500**	**$24790**	New Holland	6	401D	16F-16R	90.00	9423	CHA
8160	$43698	$8740	$13110	**$18790**	**$22720**	New Holland	6	456D	17F-6R	90.0		No
8160 4WD	$52506	$10500	$15750	**$22580**	**$27300**	New Holland	6	456D	17F-6R	90.0		No
8160 4WD w/Cab	$60206	$12040	$18060	**$25890**	**$31310**	New Holland	6	456D	17F-6R	90.0		CHA
8160 w/Cab	$51398	$10280	$15420	**$22100**	**$26730**	New Holland	6	456D	17F-6R	90.0		CHA
8240SL	$40214	$8040	$12060	**$17290**	**$20910**	New Holland	6	456D	12F-12R	96.00	8883	No
8240SL 4WD	$47251	$9450	$14180	**$20320**	**$24570**	New Holland	6	456D	12F-12R	96.00	9941	No
8240SL 4WD w/Cab	$55043	$11010	$16510	**$23670**	**$28620**	New Holland	6	456D	12F-12R	96.00	10979	CHA
8240SL w/Cab	$48007	$9600	$14400	**$20640**	**$24960**	New Holland	6	456D	12F-12R	96.00	9921	CHA
8240SLE	$41726	$8350	$12520	**$17940**	**$21700**	New Holland	6	456D	16F-16R	96.00	8957	No
8240SLE 4WD	$48763	$9750	$14630	**$20970**	**$25360**	New Holland	6	456D	16F-16R	96.00	10015	No
8240SLE 4WD w/Cab	$56533	$11310	$16960	**$24310**	**$29400**	New Holland	6	456D	16F-16R	96.00	11053	CHA
8240SLE w/Cab	$49496	$9900	$14850	**$21280**	**$25740**	New Holland	6	456D	16F-16R	96.00	9995	CHA
8260	$47250	$8030	$12290	**$17010**	**$22680**	New Holland	6	456D	17F-6R	100.0		No
8260 4WD	$56057	$9530	$14580	**$20180**	**$26910**	New Holland	6	456D	17F-6R	100.0		No
8260 4WD w/Cab	$63757	$10840	$16580	**$22950**	**$30600**	New Holland	6	456D	17F-6R	100.0		CHA
8260 w/Cab	$54950	$9340	$14290	**$19780**	**$26380**	New Holland	6	456D	17F-6R	100.0		CHA
8340SL	$43168	$8630	$12950	**$18560**	**$22450**	New Holland	6T	456D	12F-12R	112.00	8883	No
8340SL 4WD	$50205	$10040	$15060	**$21590**	**$26110**	New Holland	6T	456D	12F-12R	112.00	9941	No
8340SL 4WD w/Cab	$58730	$11750	$17620	**$25250**	**$30540**	New Holland	6T	456D	12F-12R	112.00	10979	CHA
8340SL w/Cab	$51693	$10340	$15510	**$22230**	**$26880**	New Holland	6T	456D	12F-12R	112.00	9921	CHA
8340SLE	$46121	$9220	$13840	**$19830**	**$23980**	New Holland	6T	456D	16F-16R	112.00	8957	No
8340SLE 4WD	$53158	$10630	$15950	**$22860**	**$27640**	New Holland	6T	456D	16F-16R	112.00	10015	No
8340SLE 4WD w/Cab	$61661	$12330	$18500	**$26510**	**$32060**	New Holland	6T	456D	16F-16R	112.00	11053	CHA
8340SLE w/Cab	$54624	$10930	$16390	**$23490**	**$28400**	New Holland	6T	456D	16F-16R	112.00	9995	CHA
8360	$54346	$9240	$14130	**$19570**	**$26090**	New Holland	6T	456D	17F-6R	115.0		No
8360 4WD	$66134	$11240	$17200	**$23810**	**$31740**	New Holland	6T	456D	17F-6R	115.0		No
8360 4WD w/Cab	$73828	$12330	$18850	**$26100**	**$34800**	New Holland	6T	456D	17F-6R	115.0		CHA
8360 w/Cab	$62040	$10550	$16130	**$22330**	**$29780**	New Holland	6T	456D	17F-6R	115.0		CHA
8560 4WD w/Cab	$81084	$13600	$20800	**$28800**	**$38400**	New Holland	6T	456D	18F-6R	130.0		CHA
8560 w/Cab	$69252	$11770	$18010	**$24930**	**$33240**	New Holland	6T	456D	17F-6R	130.0		CHA
8670	$73888	$12560	$19210	**$26600**	**$35470**	New Holland	6T	456D	16F-9R	145.00	14632	CHA
8670 4WD	$83888	$13940	$21320	**$29520**	**$39360**	New Holland	6T	456D	16F-9R	145.00	15188	CHA
8770	$76828	$13060	$19980	**$27660**	**$36880**	New Holland	6T	456D	16F-9R	160.00	16925	CHA

New Holland/Ford (Cont.)

Model	Approx. Retail Price New	Used Trade In Avg.	Used Trade In High	Used Retail Avg.	Used Retail High	Engine Make	Engine No. Cyls.	Displ. Cu.-In.	No. Speeds	P.T.O. H.P.	Approx. Shipping Wt.-Lbs.	Cab
1995 (Cont.)												
8770 4WD	$86828	$14450	$22100	**$30600**	**$40800**	New Holland	6T	456D	16F-9R	160.00	17481	CHA
8870	$86099	$14640	$22390	**$31000**	**$41330**	New Holland	6TI	456D	16F-9R	180.00	17101	CHA
8870 4WD	$96099	$16340	$24990	**$34600**	**$46130**	New Holland	6TI	456D	16F-9R	180.00	17657	CHA
8970	$95255	$16190	$24770	**$34290**	**$45720**	New Holland	6TI	456D	16F-9R	210.00	17333	CHA
8970 4WD	$105255	$17890	$27370	**$37890**	**$50520**	New Holland	6TI	456D	16F-9R	210.00	17889	CHA
1994												
1120	$8806	$1670	$2550	**$3700**	**$4490**	Shibaura	3	54D	9F-3R	12.50	1338	No
1120 4WD	$9859	$1870	$2860	**$4140**	**$5030**	Shibaura	3	54D	9F-3R	12.50	1429	No
1120H 4WD Hydro	$10956	$2080	$3180	**$4600**	**$5590**	Shibaura	3	54D	Variable	12.50	1484	No
1120H Hydro	$9904	$1880	$2870	**$4160**	**$5050**	Shibaura	3	54D	Variable	12.50	1393	No
1215	$7771	$2020	$2720	**$3650**	**$4430**	Shibaura	3	54D	6F-2R	13.50	1338	No
1215 4WD	$8685	$2260	$3040	**$4080**	**$4950**	Shibaura	3	54D	6F-2R	13.50	1429	No
1215H 4WD Hydro	$9571	$2490	$3350	**$4500**	**$5460**	Shibaura	3	54D	Variable	13.50	1484	No
1215H Hydro	$8656	$2250	$3030	**$4070**	**$4930**	Shibaura	3	54D	Variable	13.50	1393	No
1220	$9374	$1780	$2720	**$3940**	**$4780**	Shibaura	3	58D	9F-3R	14.50	1338	No
1220 4WD	$10427	$1980	$3020	**$4380**	**$5320**	Shibaura	3	58D	9F-3R	14.50	1429	No
1220H 4WD Hydro	$11423	$2170	$3310	**$4800**	**$5830**	Shibaura	3	58D	Variable	14.50	1484	No
1220H Hydro	$10371	$1970	$3010	**$4360**	**$5290**	Shibaura	3	58D	Variable	14.50	1393	No
1320	$10987	$2090	$3190	**$4620**	**$5600**	Shibaura	3	77D	9F-3R	17.00	2101	No
1320 4WD	$12562	$2390	$3640	**$5280**	**$6410**	Shibaura	3	77D	9F-3R	17.00	2271	No
1320H 4WD Hydro	$13783	$2620	$4000	**$5790**	**$7030**	Shibaura	3	77D	Variable	17.00	2297	No
1320H Hydro	$12587	$2390	$3650	**$5290**	**$6420**	Shibaura	3	77D	Variable	17.00	2172	No
1520	$11478	$2180	$3330	**$4820**	**$5850**	Shibaura	3	81D	9F-3R	19.50	2156	No
1520 4WD	$13136	$2500	$3810	**$5520**	**$6700**	Shibaura	3	81D	9F-3R	19.50	2320	No
1520H 4WD Hydro	$14588	$2770	$4230	**$6130**	**$7440**	Shibaura	3	81D	Variable	19.50	2352	No
1520H Hydro	$13309	$2530	$3860	**$5590**	**$6790**	Shibaura	3	81D	Variable	19.50	2233	No
1620 4WD Hydro	$15149	$3940	$5300	**$7120**	**$8640**	Shibaura	3	81D	Variable	22.00	2352	No
1620 Hydro	$13751	$3580	$4810	**$6460**	**$7840**	Shibaura	3	81D	Variable	22.00	2233	No
1715	$9835	$2560	$3440	**$4620**	**$5610**	Shibaura	3	81D	9F-3R	23.00	2161	No
1715 4WD	$11185	$2910	$3920	**$5260**	**$6380**	Shibaura	3	81D	9F-3R	23.00	2280	No
1720	$12437	$2360	$3610	**$5220**	**$6340**	Shibaura	3	91D	12F-4R	23.50	2491	No
1720 4WD	$14186	$2700	$4110	**$5960**	**$7240**	Shibaura	3	91D	12F-4R	23.50	2690	No
1920	$14394	$2740	$4170	**$6050**	**$7340**	Shibaura	4	122D	12F-4R	28.50	2849	No
1920 4WD	$16913	$3210	$4910	**$7100**	**$8630**	Shibaura	4	122D	12F-4R	28.50	3069	No
2120	$16062	$3050	$4660	**$6750**	**$8190**	Shibaura	4	139D	12F-4R	34.50	3572	No
2120 4WD	$18614	$3540	$5400	**$7820**	**$9490**	Shibaura	4	139D	12F-4R	34.50	3858	No
3230	$17309	$2770	$4330	**$6060**	**$8140**	New Holland	3	192D	8F-2R	32.83	4455	No
3415	$14912	$3880	$5220	**$7010**	**$8500**	Shibaura	4	135D	12F-4R	38.00	3483	No
3430	$18158	$2910	$4540	**$6360**	**$8530**	New Holland	3	192D	8F-2R	38.00	4622	No
3430 4WD	$22809	$3650	$5700	**$7980**	**$10720**	New Holland	3	192D	8F-2R	38.00	5150	No
3430 4WD w/Cab	$27593	$4420	$6900	**$9660**	**$12970**	New Holland	3	192D	8F-2R	38.00	5650	CH
3430 w/Cab	$23055	$3690	$5760	**$8070**	**$10840**	New Holland	3	192D	8F-2R	38.00	5122	CH
3830	$19800	$3170	$4950	**$6930**	**$9310**	New Holland	3	165D	12F-4R	45.00	3784	No
3830 4WD	$25713	$4110	$6430	**$9000**	**$12090**	New Holland	3	165D	12F-4R	45.00	4000	No
3930	$19096	$3630	$5540	**$8020**	**$9740**	New Holland	3	201D	8F-2R	45.00	5157	No
3930 4WD	$23943	$4550	$6940	**$10060**	**$12210**	New Holland	3	201D	8F-2R	45.00	5685	No
3930 4WD w/Cab	$28314	$5380	$8210	**$11890**	**$14440**	New Holland	3	201D	8F-2R	45.00	6185	CH
3930 w/Cab	$23586	$4480	$6840	**$9910**	**$12030**	New Holland	3	201D	8F-2R	45.00	5657	CH
4030	$20818	$3960	$6040	**$8740**	**$10620**	New Holland	3	179D	12F-4R	51.00	5151	No
4030 4WD	$26731	$5080	$7750	**$11230**	**$13630**	New Holland	3	179D	12F-4R	51.00		No
4030 4WD w/Cab	$31656	$6020	$9180	**$13300**	**$16150**	New Holland	3	179D	12F-4R	51.00		CHA
4030 w/Cab	$25743	$4890	$7470	**$10810**	**$13130**	New Holland	3	179D	12F-4R	51.00	5591	CHA
4230	$21917	$4160	$6360	**$9210**	**$11180**	New Holland	4	220D	12F-4R	62.00	4860	No
4230 4WD	$27830	$5290	$8070	**$11690**	**$14190**	New Holland	4	220D	12F-4R	62.00	5200	No
4230 4WD w/Cab	$32755	$6220	$9500	**$13760**	**$16710**	New Holland	4	220D	12F-4R	62.00	5640	CHA
4230 w/Cab	$26842	$5100	$7780	**$11270**	**$13690**	New Holland	4	220D	12F-4R	62.00	5290	CHA
4430	$24065	$6260	$8420	**$11310**	**$13720**	New Holland	4	238D	12F-4R	70.00	5000	No
4430 4WD	$29978	$7790	$10490	**$14090**	**$17090**	New Holland	4	238D	12F-4R	70.00	5350	No
4430 4WD w/Cab	$34903	$9080	$12220	**$16400**	**$19900**	New Holland	4	238D	12F-4R	70.00	5790	CHA
4430 w/Cab	$28990	$7540	$10150	**$13630**	**$16520**	New Holland	4	238D	12F-4R	70.00	5440	CHA
4630	$23122	$6010	$8090	**$10870**	**$13180**	New Holland	3	201D	16F-8R	55.00	5030	No
4630 4WD	$27970	$7270	$9790	**$13150**	**$15940**	New Holland	3	201D	16F-8R	55.00	5822	No
4630 4WD w/Cab	$31993	$8320	$11200	**$15040**	**$18240**	New Holland	3	201D	16F-8R	55.00	6058	CH
4630 LCG	$21528	$5600	$7540	**$10120**	**$12270**	New Holland	3	201D	8F-2R	55.00	4958	No
4630 Low Profile	$21209	$5510	$7420	**$9970**	**$12090**	New Holland	3	201D	8F-2R	55.00	4784	No
4630 Low Profile 4WD	$26166	$6800	$9160	**$12300**	**$14920**	New Holland	3	201D	8F-2R	55.00	5312	No
4630 w/Cab	$27264	$7090	$9540	**$12810**	**$15540**	New Holland	3	201D	16F-8R	55.00	5530	CH
5030	$24409	$4640	$7080	**$10250**	**$12450**	New Holland	4	256D	16F-8R	62.00	5647	No
5030 4WD	$29278	$5560	$8490	**$12300**	**$14930**	New Holland	4	256D	16F-8R	62.00	6175	No
5030 4WD w/Cab	$34416	$6540	$9980	**$14460**	**$17550**	New Holland	4	256D	16F-8R	62.00	6675	CH
5030 Low Profile	$22497	$4270	$6520	**$9450**	**$11470**	New Holland	4	256D	8F-2R	62.00	5547	No
5030 Low Profile 4WD	$28191	$5360	$8180	**$11840**	**$14380**	New Holland	4	256D	8F-2R	62.00		No
5030 w/Cab	$29547	$5610	$8570	**$12410**	**$15070**	New Holland	4	256D	16F-8R	62.00	6147	CH
5530	$25526	$4850	$7400	**$10720**	**$13020**	New Holland	4	220D	20F-12R	62.00	5709	No
5530 4WD	$31108	$5910	$9020	**$13070**	**$15870**	New Holland	4	220D	20F-12R	62.00	7310	No
5610S	$24611	$3740	$5850	**$8180**	**$10990**	New Holland	4	268D	8F-2R	66.00	5800	No
5640S	$28788	$5470	$8350	**$12090**	**$14680**	New Holland	4	268D	16F-4R	66.00	7399	No
5640S 4WD	$35141	$6680	$10190	**$14760**	**$17920**	New Holland	4	268D	16F-4R	66.00	8391	No
5640SL	$30312	$5760	$8790	**$12730**	**$15460**	New Holland	4	268D	24F-24R	66.00	7373	No
5640SL 4WD	$36664	$6970	$10630	**$15400**	**$18700**	New Holland	4	268D	24F-24R	66.00	8298	No
5640SL 4WD w/Cab	$44687	$8490	$12960	**$18770**	**$22790**	New Holland	4	268D	24F-24R	66.00	9380	CHA
5640SL w/Cab	$38334	$7280	$11120	**$16100**	**$19550**	New Holland	4	268D	24F-24R	66.00	8418	CHA
5640SLE	$33386	$6340	$9680	**$14020**	**$17030**	New Holland	4	268D	16F-16R	66.00	7483	No

	Approx. Retail Price New	Estimated Value Less Repairs: Used Trade In Avg.	Used Trade In High	Used Retail Avg.	Used Retail High	Make	Engine No. Cyls.	Engine Displ. Cu.-In.	No. Speeds	P.T.O. H.P.	Approx. Shipping Wt.-Lbs.	Cab

New Holland/Ford (Cont.)

1994 (Cont.)

Model	Approx. Retail Price New	Used Trade In Avg.	Used Trade In High	Used Retail Avg.	Used Retail High	Make	No. Cyls.	Displ. Cu.-In.	No. Speeds	P.T.O. H.P.	Approx. Shipping Wt.-Lbs.	Cab
5640SLE 4WD	$39738	$7550	$11520	**$16690**	**$20270**	New Holland	4	268D	16F-16R	66.00	8475	No
5640SLE 4WD w/Cab	$47361	$9000	$13740	**$19890**	**$24150**	New Holland	4	268D	16F-16R	66.00	9380	CHA
5640SLE w/Cab	$41008	$7790	$11890	**$17220**	**$20910**	New Holland	4	268D	16F-16R	66.00	8418	CHA
6530	$28218	$7340	$9880	**$13260**	**$16080**	New Holland	4	238D	20F-12R	70.00	5709	No
6530 4WD	$35008	$9100	$12250	**$16450**	**$19960**	New Holland	4	238D	20F-12R	70.00	7310	No
6610S	$26900	$4860	$7410	**$10730**	**$13030**	New Holland	4	304D	8F-2R	76.00	5800	No
6610S 4WD	$34841	$6290	$9600	**$13900**	**$16880**	New Holland	4	304D	8F-2R	76.00	6435	No
6640 Low Profile	$30768	$5850	$8920	**$12920**	**$15690**	New Holland	4	304D	16F-4R	76.00	7354	No
6640 Low Profile 4WD	$37667	$7160	$10920	**$15820**	**$19210**	New Holland	4	304D	16F-4R	76.00	8346	No
6640S	$31029	$5900	$9000	**$13030**	**$15830**	New Holland	4	304D	16F-4R	76.00	7399	No
6640S 4WD	$37928	$7210	$11000	**$15930**	**$19340**	New Holland	4	304D	16F-4R	76.00	8391	No
6640SL	$33318	$6330	$9660	**$13990**	**$16990**	New Holland	4	304D	24F-24R	76.00	7373	CHA
6640SL 4WD	$40217	$7640	$11660	**$16890**	**$20510**	New Holland	4	304D	24F-24R	76.00	8304	CHA
6640SL 4WD w/Cab	$48239	$9170	$13990	**$20260**	**$24600**	New Holland	4	304D	24F-24R	76.00	9358	CHA
6640SL w/Cab	$41341	$7860	$11990	**$17360**	**$21080**	New Holland	4	304D	24F-24R	76.00	8419	CHA
6640SLE	$34466	$6550	$10000	**$14480**	**$17580**	New Holland	4	304D	16F-16R	76.00	7483	No
6640SLE 4WD	$41364	$7860	$12000	**$17370**	**$21100**	New Holland	4	304D	16F-16R	76.00	8475	No
6640SLE 4WD w/Cab	$49038	$9320	$14220	**$20600**	**$25010**	New Holland	4	304D	16F-16R	76.00	9380	CHA
6640SLE w/Cab	$42139	$8010	$12220	**$17700**	**$21490**	New Holland	4	304D	16F-16R	76.00	8418	CHA
7530 4WD	$39643	$10310	$13880	**$18630**	**$22600**	New Holland	6	331D	20F-4R	91.00	8074	No
7610S	$29638	$7320	$9860	**$13230**	**$16050**	New Holland	4T	304D	8F-2R	86.00	5800	No
7610S 4WD	$36699	$6620	$10110	**$14640**	**$17780**	New Holland	4T	304D	8F-2R	86.00	6435	No
7740 Low Profile	$32918	$6250	$9550	**$13830**	**$16790**	New Holland	4T	304D	16F-4R	86.00	7419	No
7740 Low Profile 4WD	$39817	$7570	$11550	**$16720**	**$20310**	New Holland	4T	304D	16F-4R	86.00	8411	No
7740S	$33188	$6310	$9630	**$13940**	**$16930**	New Holland	4T	304D	16F-4R	86.00	7432	No
7740S 4WD	$40087	$7620	$11630	**$16840**	**$20440**	New Holland	4T	304D	16F-4R	86.00	8446	No
7740SL	$35236	$6700	$10220	**$14800**	**$17970**	New Holland	4T	304D	24F-24R	86.00	7432	No
7740SL 4WD	$42134	$8010	$12220	**$17700**	**$21490**	New Holland	4T	304D	24F-24R	86.00	8446	No
7740SL 4WD w/Cab	$50870	$9670	$14750	**$21370**	**$25940**	New Holland	4T	304D	24F-24R	86.00	9413	CHA
7740SL w/Cab	$43971	$8350	$12750	**$18470**	**$22430**	New Holland	4T	304D	24F-24R	86.00	8451	CHA
7740SLE	$35391	$6720	$10260	**$14860**	**$18050**	New Holland	4T	304D	16F-16R	86.00	7516	No
7740SLE 4WD	$42289	$8040	$12260	**$17760**	**$21570**	New Holland	4T	304D	16F-16R	86.00	8508	No
7740SLE 4WD w/Cab	$50625	$9620	$14680	**$21260**	**$25820**	New Holland	4T	304D	16F-16R	86.00	9413	CHA
7740SLE w/Cab	$43726	$8310	$12680	**$18370**	**$22300**	New Holland	4T	304D	16F-16R	86.00	8451	CHA
7810S	$31957	$7890	$10630	**$14270**	**$17310**	New Holland	6	401D	8F-2R	90.00	5800	No
7810S 4WD	$39017	$9640	$12970	**$17420**	**$21130**	New Holland	6	401D	8F-2R	90.00	6435	No
7840 Low Profile	$35720	$6790	$10360	**$15000**	**$18220**	New Holland	6	401D	16F-4R	90.00		No
7840 Low Profile 4WD	$42618	$8100	$12360	**$17900**	**$21740**	New Holland	6	401D	16F-4R	90.00		No
7840S	$35976	$6840	$10430	**$15110**	**$18350**	New Holland	6	401D	16F-4R	90.00	8076	No
7840S 4WD	$42875	$8150	$12430	**$18010**	**$21870**	New Holland	6	401D	16F-4R	90.00	9134	No
7840SL	$38820	$7380	$11260	**$16300**	**$19800**	New Holland	6	401D	24F-24R	90.00	8382	No
7840SL 4WD	$45718	$8690	$13260	**$19200**	**$23320**	New Holland	6	401D	24F-24R	90.00	9410	No
7840SL 4WD w/Cab	$54988	$10450	$15950	**$23100**	**$28040**	New Holland	6	401D	24F-24R	90.00	10465	CHA
7840SL w/Cab	$48089	$9140	$13950	**$20200**	**$24530**	New Holland	6	401D	24F-24R	90.00	9398	CHA
7840SLE	$38393	$7300	$11130	**$16130**	**$19580**	New Holland	6	401D	16F-16R	90.00	8379	No
7840SLE 4WD	$45292	$8610	$13140	**$19020**	**$23100**	New Holland	6	401D	16F-16R	90.00	9437	No
7840SLE 4WD w/Cab	$53627	$10190	$15550	**$22520**	**$27350**	New Holland	6	401D	16F-16R	90.00	10482	CHA
7840SLE w/Cab	$46729	$8880	$13550	**$19630**	**$23830**	New Holland	6	401D	16F-16R	90.00	9423	CHA
8240SL	$39425	$7490	$11430	**$16560**	**$20110**	New Holland	6	456D	12F-12R	96.00	8883	No
8240SL 4WD	$46324	$8800	$13430	**$19460**	**$23630**	New Holland	6	456D	12F-12R	96.00	9941	No
8240SL 4WD w/Cab	$53963	$10250	$15650	**$22660**	**$27520**	New Holland	6	456D	12F-12R	96.00	10979	CHA
8240SL w/Cab	$47064	$8940	$13650	**$19770**	**$24000**	New Holland	6	456D	12F-12R	96.00	9921	CHA
8240SLE	$40896	$7770	$11860	**$17180**	**$20860**	New Holland	6	456D	16F-16R	96.00	8957	No
8240SLE 4WD	$47795	$9080	$13860	**$20070**	**$24380**	New Holland	6	456D	16F-16R	96.00	10015	No
8240SLE 4WD w/Cab	$55412	$10530	$16070	**$23270**	**$28260**	New Holland	6	456D	16F-16R	96.00	11053	CHA
8240SLE w/Cab	$48513	$9220	$14070	**$20380**	**$24740**	New Holland	6	456D	16F-16R	96.00	9995	CHA
8340SL	$42322	$8040	$12270	**$17780**	**$21580**	New Holland	6T	456D	12F-12R	112.00	8883	No
8340SL 4WD	$49221	$9350	$14270	**$20670**	**$25100**	New Holland	6T	456D	12F-12R	112.00	9941	No
8340SL 4WD w/Cab	$57579	$10940	$16700	**$24180**	**$29370**	New Holland	6T	456D	12F-12R	112.00	10979	CHA
8340SL w/Cab	$50680	$9630	$14700	**$21290**	**$25850**	New Holland	6T	456D	12F-12R	112.00	9921	CHA
8340SLE	$45217	$8590	$13110	**$18990**	**$23060**	New Holland	6T	456D	16F-16R	112.00	8957	No
8340SLE 4WD	$52116	$9900	$15110	**$21890**	**$26580**	New Holland	6T	456D	16F-16R	112.00	10015	No
8340SLE 4WD w/Cab	$60451	$11490	$17530	**$25390**	**$30830**	New Holland	6T	456D	16F-16R	112.00	11053	CHA
8340SLE w/Cab	$53553	$10180	$15530	**$22490**	**$27310**	New Holland	6T	456D	16F-16R	112.00	9995	CHA
8630	$52120	$9900	$15120	**$21890**	**$26580**	New Holland	6T	401D	16F-4R	121.40	11442	CHA
8630 4WD	$61358	$11660	$17790	**$25770**	**$31290**	New Holland	6T	401D	16F-4R	121.40	12501	CHA
8630 4WD Powershift	$66967	$12720	$19420	**$28130**	**$34150**	New Holland	6T	401D	18F-9R	121.00		CHA
8630 Powershift	$57729	$10970	$16740	**$24250**	**$29440**	New Holland	6T	401D	18F-9R	121.00	12242	CHA
8670	$72358	$11580	$18090	**$25330**	**$34010**	New Holland	6T	456D	16F-9R	145.00		CHA
8670 4WD	$82358	$13180	$20590	**$28830**	**$38710**	New Holland	6T	456D	16F-9R	145.00		CHA
8770	$76828	$12290	$19210	**$26890**	**$36110**	New Holland	6T	456D	16F-9R	160.00		CHA
8770 4WD	$86828	$13890	$21710	**$30390**	**$40810**	New Holland	6T	456D	16F-9R	160.00		CHA
8870	$86037	$13770	$21510	**$30110**	**$40440**	New Holland	6TA	456D	16F-9R	180.00		CHA
8870 4WD	$96037	$15370	$24010	**$33610**	**$45140**	New Holland	6TA	456D	16F-9R	180.00		CHA
8970	$95193	$15230	$23800	**$33320**	**$44740**	New Holland	6TI	456D	16F-9R	210.00		CHA
8970 4WD	$105193	$16830	$26300	**$36820**	**$49440**	New Holland	6TI	456D	16F-9R	210.00		CHA

1993

Model	Approx. Retail Price New	Used Trade In Avg.	Used Trade In High	Used Retail Avg.	Used Retail High	Make	No. Cyls.	Displ. Cu.-In.	No. Speeds	P.T.O. H.P.	Approx. Shipping Wt.-Lbs.	Cab
1120	$8549	$1540	$2390	**$3510**	**$4280**	Shibaura	3	54D	9F-3R	12.50	1338	No
1120 4WD	$9571	$1720	$2680	**$3920**	**$4790**	Shibaura	3	54D	9F-3R	12.50	1429	No
1120H 4WD Hydro	$10636	$1910	$2980	**$4360**	**$5320**	Shibaura	3	54D	Variable	12.50	1484	No
1120H Hydro	$9614	$1730	$2690	**$3940**	**$4810**	Shibaura	3	54D	Variable	12.50	1393	No
1220	$9100	$1640	$2550	**$3730**	**$4550**	Shibaura	3	58D	9F-3R	14.50	1338	No
1220 4WD	$10122	$1820	$2830	**$4150**	**$5060**	Shibaura	3	58D	9F-3R	14.50	1429	No

New Holland/Ford (Cont.)

1993 (Cont.)

	Approx. Retail Price New	Estimated Value Less Repairs: Used Trade In Avg.	Used Trade In High	Used Retail Avg.	Used Retail High	Engine Make	Engine No. Cyls.	Engine Displ. Cu.-In.	No. Speeds	P.T.O. H.P.	Approx. Shipping Wt.-Lbs.	Cab
1220H 4WD Hydro	$11088	$2000	$3110	**$4550**	**$5540**	Shibaura	3	58D	Variable	14.50	1484	No
1220H Hydro	$10067	$1810	$2820	**$4130**	**$5030**	Shibaura	3	58D	Variable	14.50	1393	No
1320	$10665	$1920	$2990	**$4370**	**$5330**	Shibaura	3	77D	9F-3R	17.00	2101	No
1320 4WD	$12194	$2200	$3410	**$5000**	**$6100**	Shibaura	3	77D	9F-3R	17.00	2229	No
1320H 4WD Hydro	$13381	$2410	$3750	**$5490**	**$6690**	Shibaura	3	77D	Variable	17.00	2297	No
1320H Hydro	$12219	$2200	$3420	**$5010**	**$6110**	Shibaura	3	77D	Variable	17.00	2172	No
1520	$11142	$2010	$3120	**$4570**	**$5570**	Shibaura	3	81D	9F-3R	19.50	2156	No
1520 4WD	$12751	$2300	$3570	**$5230**	**$6380**	Shibaura	3	81D	9F-3R	19.50	2278	No
1520H 4WD Hydro	$14162	$2550	$3970	**$5810**	**$7080**	Shibaura	3	81D	Variable	19.50	2352	No
1520H Hydro	$12919	$2330	$3620	**$5300**	**$6460**	Shibaura	3	81D	Variable	19.50	2233	No
1620 4WD Hydro	$14705	$3680	$5000	**$6760**	**$8240**	Shibaura	3	81D	Variable	22.00	2352	No
1620 Hydro	$13349	$3340	$4540	**$6140**	**$7480**	Shibaura	3	81D	Variable	22.00	2233	No
1715	$9283	$2320	$3160	**$4270**	**$5200**	Shibaura	3	81D	9F-3R	23.0	2161	No
1715 4WD	$10558	$2640	$3590	**$4860**	**$5910**	Shibaura	3	81D	9F-3R	23.0	2280	No
1720	$12073	$2170	$3380	**$4950**	**$6040**	Shibaura	3	91D	12F-4R	23.50	2491	No
1720 4WD	$13771	$2480	$3860	**$5650**	**$6890**	Shibaura	3	91D	12F-4R	23.50	2690	No
1920	$13973	$2520	$3910	**$5730**	**$6990**	Shibaura	4	122D	12F-4R	28.50	2849	No
1920 4WD	$16419	$2960	$4600	**$6730**	**$8210**	Shibaura	4	122D	12F-4R	28.50	3069	No
2120	$15592	$2810	$4370	**$6390**	**$7800**	Shibaura	4	139D	12F-4R	34.50	3572	No
2120 4WD	$18071	$3250	$5060	**$7410**	**$9040**	Shibaura	4	139D	12F-4R	34.50	3858	No
3230	$17309	$2600	$4150	**$5890**	**$7960**	New Holland	3	192D	8F-2R	32.83	4455	No
3415	$14477	$3620	$4920	**$6660**	**$8110**	Shibaura	4	135D	12F-4R	38.0	3483	No
3430	$18042	$2710	$4330	**$6130**	**$8300**	New Holland	3	192D	8F-2R	38.00	4455	No
3430 4WD	$22580	$3390	$5420	**$7680**	**$10390**	New Holland	3	192D	8F-2R	38.00	4983	No
3430 4WD w/Cab	$27593	$4140	$6620	**$9380**	**$12690**	New Holland	3	192D	8F-2R	38.00	5483	CH
3430 w/Cab	$23055	$3460	$5530	**$7840**	**$10610**	New Holland	3	192D	8F-2R	38.00	4955	CH
3930 4WD w/Cab	$28314	$5100	$7930	**$11610**	**$14160**	New Holland	3	201D	8F-2R	45.00	5533	CH
3930 w/Cab	$23586	$4250	$6600	**$9670**	**$11790**	New Holland	3	201D	8F-2R	45.00	5005	CH
4630	$20608	$5150	$7010	**$9480**	**$11540**	New Holland	4	201D	8F-2R	55.0	5194	No
4630 4WD	$25337	$6330	$8620	**$11660**	**$14190**	New Holland	4	201D	8F-2R	55.0	5722	No
4630 4WD w/Cab	$30350	$7590	$10320	**$13960**	**$17000**	New Holland	4	201D	8F-2R	55.0	5958	CH
4630 LCG	$21528	$5380	$7320	**$9900**	**$12060**	New Holland	4	201D	8F-2R	55.0	4958	No
4630 Low Profile	$20612	$5150	$7010	**$9480**	**$11540**	New Holland	4	201D	8F-2R	55.0	4784	No
4630 Low Profile 4WD	$26166	$6540	$8900	**$12040**	**$14650**	New Holland	4	201D	8F-2R	55.0	5312	No
4630 w/Cab	$25621	$6410	$8710	**$11790**	**$14350**	New Holland	4	201D	8F-2R	55.0	5430	CH
5030	$22034	$3970	$6170	**$9030**	**$11020**	New Holland	4	256D	8F-2R	62.00	5214	No
5030 4WD	$26784	$4820	$7500	**$10980**	**$13390**	New Holland	4	256D	8F-2R	62.00	5742	No
5030 4WD w/Cab	$31797	$5720	$8900	**$13040**	**$15900**	New Holland	4	256D	8F-2R	62.00	6311	CHA
5030 Low Profile	$21821	$3930	$6110	**$8950**	**$10910**	New Holland	4	256D	8F-2R	62.00	5214	No
5030 Low Profile 4WD	$27375	$4930	$7670	**$11220**	**$13690**	New Holland	4	256D	8F-2R	62.00	5742	No
5030 w/Cab	$27047	$4870	$7570	**$11090**	**$13520**	New Holland	4	256D	8F-2R	62.00	5714	CHA
5640	$25034	$6260	$8510	**$11520**	**$14020**	New Holland	4	268D	8F-2R	66.00	7306	No
5640 4WD	$31814	$5730	$8910	**$13040**	**$15910**	New Holland	4	268D	8F-2R	66.00	8298	No
5640 4WD w/Cab	$41937	$7550	$11740	**$17190**	**$20970**	New Holland	4	268D	24F-24R	66.00	9380	CHA
5640 w/Cab	$37261	$6710	$10430	**$15280**	**$18630**	New Holland	4	268D	16F-16R	66.00	8418	CHA
6640	$26850	$4830	$7520	**$11010**	**$13430**	New Holland	4	304D	8F-2R	76.00	7274	No
6640 4WD	$34136	$6140	$9560	**$14000**	**$17070**	New Holland	4	304D	8F-2R	76.00	8298	No
6640 4WD w/Cab	$43850	$7890	$12280	**$17980**	**$21930**	New Holland	4	304D	12F-12R	76.00	9342	CHA
6640 w/Cab	$37351	$6720	$10460	**$15310**	**$18680**	New Holland	4	304D	12F-12R	76.00	8413	CHA
7740	$29324	$5280	$8210	**$12020**	**$14660**	New Holland	4T	304D	8F-2R	86.00	7339	No
7740 4WD	$35832	$6450	$10030	**$14690**	**$17920**	New Holland	4T	304D	8F-2R	86.00	8353	No
7740 4WD w/Cab	$47146	$8490	$13200	**$19330**	**$23570**	New Holland	4T	304D	24F-24R	86.00	9413	CHA
7740 w/Cab	$41526	$7480	$11630	**$17030**	**$20760**	New Holland	4T	304D	16F-16R	86.00	8451	CHA
7840	$34662	$6240	$9710	**$14210**	**$17330**	New Holland	6	401D	12F-12R	90.00	8342	No
7840 4WD	$41170	$7410	$11530	**$16880**	**$20590**	New Holland	6	401D	12F-12R	90.00	9400	No
7840 4WD w/Cab	$48830	$8790	$13670	**$20020**	**$24420**	New Holland	6	401D	12F-12R	90.00	10445	CHA
7840 w/Cab	$42322	$7620	$11850	**$17350**	**$21160**	New Holland	6	401D	12F-12R	90.00	9386	CHA
8240	$37962	$6830	$10630	**$15560**	**$18980**	New Holland	6	456D	16F-16R	96.00	8957	No
8240 4WD	$44470	$8010	$12450	**$18230**	**$22240**	New Holland	6	456D	16F-16R	96.00	10015	No
8240 4WD w/Cab	$51655	$9300	$14460	**$21180**	**$25830**	New Holland	6	456D	16F-16R	96.00	11053	CHA
8240 w/Cab	$45147	$8130	$12640	**$18510**	**$22570**	New Holland	6	456D	16F-16R	96.00	9995	CHA
8340	$41404	$7450	$11590	**$16980**	**$20700**	New Holland	6	456D	16F-16R	106.00	8957	No
8340 4WD	$47912	$8620	$13420	**$19640**	**$23960**	New Holland	6	456D	16F-16R	106.00	10015	No
8340 4WD w/Cab	$55775	$10040	$15620	**$22870**	**$27890**	New Holland	6	456D	16F-16R	106.00	11053	CHA
8340 w/Cab	$49267	$8870	$13800	**$20200**	**$24630**	New Holland	6	456D	16F-16R	106.00	9995	CHA
8630 4WD PS	$66967	$12050	$18750	**$27460**	**$33480**	New Holland	6T	401D	18F-9R	121.40	13300	CHA
8630 4WD w/Cab	$61358	$11040	$17180	**$25160**	**$30680**	New Holland	6T	401D	16F-4R	121.40	12500	CHA
8670	$71744	$10760	$17220	**$24390**	**$33000**	New Holland	6T	456D	16F-9R	145.00		CHA
8670 4WD	$81945	$12290	$19670	**$27860**	**$37700**	New Holland	6T	456D	16F-9R	145.00		CHA
8730 4WD PS	$71291	$12830	$19960	**$29230**	**$35650**	New Holland	6T	401D	16F-4R	140.68	15206	CHA
8730 4WD w/Cab	$65564	$11800	$18360	**$26880**	**$32780**	New Holland	6T	401D	16F-4R	140.68	14406	CHA
8770	$76256	$11440	$18300	**$25930**	**$35080**	New Holland	6T	456D	16F-9R	160.00		CHA
8770 4WD	$85455	$12820	$20510	**$29060**	**$39310**	New Holland	6T	456D	16F-9R	160.00		CHA
8830	$62749	$11300	$17570	**$25730**	**$31380**	New Holland	6TI	401D	16F-4R	170.30	13043	CHA
8830 4WD	$71987	$12960	$20160	**$29520**	**$35990**	New Holland	6TI	401D	16F-4R	170.30	14312	CHA
8830 4WD Powershift	$76550	$13780	$21430	**$31390**	**$38280**	New Holland	6TI	401D	18F-9R	170.00	15112	CHA
8830 Powershift	$68475	$12330	$19170	**$28080**	**$34240**	New Holland	6TI	401D	18F-9R	170.00	13843	CHA
8870	$85220	$12780	$20450	**$28980**	**$39200**	New Holland	6TA	456D	16F-9R	180.00		CHA
8870 4WD	$94377	$14160	$22650	**$32090**	**$43410**	New Holland	6TA	456D	16F-9R	180.00		CHA
8970	$94234	$14140	$22620	**$32040**	**$43350**	New Holland	6TI	456D	16F-9R	210.00		CHA
8970 4WD	$103290	$15490	$24790	**$35120**	**$47510**	New Holland	6TI	456D	16F-9R	210.00		CHA

New Holland/Ford (Cont.)

	Approx. Retail Price New	Estimated Value Less Repairs Used Trade In Avg.	High	Used Retail Avg.	High	Make	Engine No. Cyls.	Displ. Cu.-In.	No. Speeds	P.T.O. H.P.	Approx. Shipping Wt.-Lbs.	Cab
				1992								
1120	$8908	$1450	$2310	**$3420**	**$4190**	Shibaura	3	54D	9F-3R	12.50	1338	No
1120 4WD	$9972	$1630	$2580	**$3830**	**$4690**	Shibaura	3	54D	9F-3R	12.50	1429	No
1120H 4WD Hydro	$11082	$1810	$2870	**$4250**	**$5210**	Shibaura	3	54D	Variable	12.50	1484	No
1120H Hydro	$10018	$1630	$2600	**$3850**	**$4710**	Shibaura	3	54D	Variable	12.50	1393	No
1220	$9481	$1550	$2460	**$3640**	**$4460**	Shibaura	3	58D	9F-3R	14.50	1338	No
1220 4WD	$10545	$1720	$2730	**$4050**	**$4960**	Shibaura	3	58D	9F-3R	14.50	1429	No
1220H 4WD Hydro	$11551	$1890	$2990	**$4440**	**$5430**	Shibaura	3	58D	Variable	14.50	1484	No
1220H Hydro	$10487	$1710	$2720	**$4030**	**$4930**	Shibaura	3	58D	Variable	14.50	1393	No
1320	$11112	$1810	$2880	**$4270**	**$5230**	Shibaura	3	77D	9F-3R	17.00	2101	No
1320 4WD	$12704	$2070	$3290	**$4880**	**$5980**	Shibaura	3	77D	9F-3R	17.00	2229	No
1320H 4WD Hydro	$13940	$2280	$3610	**$5350**	**$6560**	Shibaura	3	77D	Variable	17.00	2297	No
1320H Hydro	$12729	$2080	$3300	**$4890**	**$5990**	Shibaura	3	77D	Variable	17.00	2172	No
1520	$11609	$1890	$3010	**$4460**	**$5460**	Shibaura	3	81D	9F-3R	19.50	2156	No
1520 4WD	$13285	$2170	$3440	**$5100**	**$6250**	Shibaura	3	81D	9F-3R	19.50	2278	No
1520H 4WD Hydro	$14754	$2410	$3820	**$5670**	**$6940**	Shibaura	3	81D	Variable	19.50	2352	No
1520H Hydro	$13460	$2200	$3490	**$5170**	**$6330**	Shibaura	3	81D	Variable	19.50	2233	No
1620 4WD Hydro	$15319	$3530	$4850	**$6620**	**$8090**	Shibaura	3	81D	Variable	22.00	2352	No
1620 Hydro	$13906	$3200	$4410	**$6010**	**$7340**	Shibaura	3	81D	Variable	22.00	2233	No
1720	$12578	$2050	$3260	**$4830**	**$5920**	Shibaura	3	91D	12F-4R	23.50	2491	No
1720 4WD	$14346	$2340	$3720	**$5510**	**$6750**	Shibaura	3	91D	12F-4R	23.50	2690	No
1920	$14558	$2380	$3770	**$5590**	**$6850**	Shibaura	4	122D	12F-4R	28.50	2849	No
1920 4WD	$17106	$2790	$4430	**$6570**	**$8050**	Shibaura	4	122D	12F-4R	28.50	3069	No
2120	$16228	$2650	$4210	**$6240**	**$7640**	Shibaura	4	139D	12F-4R	34.50	3572	No
2120 4WD	$18805	$3070	$4880	**$7230**	**$8860**	Shibaura	4	139D	12F-4R	34.50	3858	No
3230	$16564	$2320	$3810	**$5470**	**$7450**	New Holland	3	192D	8F-2R	32.83	4455	No
3230 4WD	$20771	$2910	$4780	**$6850**	**$9350**	New Holland	3	192D	8F-2R	32.83	4983	No
3430	$17266	$2420	$3970	**$5700**	**$7770**	New Holland	3	192D	8F-2R	38.00	4455	No
3430 4WD	$21608	$3030	$4970	**$7130**	**$9720**	New Holland	3	192D	8F-2R	38.00	4983	No
3430 4WD w/Cab	$26405	$3700	$6070	**$8710**	**$11880**	New Holland	3	192D	8F-2R	38.00	5483	CH
3430 w/Cab	$22063	$3090	$5070	**$7280**	**$9930**	New Holland	3	192D	8F-2R	38.00	4955	CH
3830 4WD	$25192	$3530	$5790	**$8310**	**$11340**	Fiat	3	165D	12F-4R	45.00	4000	No
3830 Narrow	$19467	$2730	$4480	**$6420**	**$8760**	Fiat	3	165D	12F-4R	45.00	3784	No
3930 4WD w/Cab	$27093	$4610	$7320	**$10840**	**$13280**	New Holland	3	201D	8F-2R	45.00	5533	CH
3930 w/Cab	$22568	$3840	$6090	**$9030**	**$11060**	New Holland	3	201D	8F-2R	45.00	5005	CH
4030	$21190	$3600	$5720	**$8480**	**$10380**	Fiat	3	179D	12F-4R	51.00	4710	No
4030 4WD	$27561	$4690	$7440	**$11020**	**$13510**	Fiat	3	179D	12F-4R	51.00	5060	No
4230	$23583	$4010	$6370	**$9430**	**$11560**	Fiat	3	220D	12F-4R	62.00	5430	No
4230 4WD	$29850	$5080	$8060	**$11940**	**$14630**	Fiat	3	220D	12F-4R	62.00	5958	No
4430 4WD	$32231	$7740	$10640	**$14500**	**$17730**	Fiat	4	238D	12F-4R	70.00	5350	No
5030	$22138	$3760	$5980	**$8860**	**$10850**	New Holland	4	256D	8F-2R	62.00	5742	No
5030 4WD	$26663	$4530	$7200	**$10670**	**$13070**	New Holland	4	256D	8F-2R	62.00	5811	No
5030 4WD w/Cab	$31461	$5350	$8490	**$12580**	**$15420**	New Holland	4	256D	8F-2R	62.00	6311	CHA
5030 w/Cab	$26936	$4580	$7270	**$10770**	**$13200**	New Holland	4	256D	8F-2R	62.00	5783	CHA
5530	$25476	$4330	$6880	**$10190**	**$12480**	Fiat	4	220D	12F-12R	62.00	5689	No
5530 4WD	$31926	$5430	$8620	**$12770**	**$15640**	Fiat	4	220D	12F-12R	62.00	7290	No
5610	$25755	$3610	$5920	**$8500**	**$11590**	New Holland	4	256D	16F-4R	62.54	6084	No
5610 4WD Special	$28328	$3970	$6520	**$9350**	**$12750**	New Holland	4	256D	8F-2R	62.00	6435	No
5610 4WD w/Cab	$38591	$5400	$8880	**$12740**	**$17370**	New Holland	4	256D	16F-4R	62.00	7951	CHA
5610 Special	$21299	$2980	$4900	**$7030**	**$9590**	New Holland	4	256D	8F-2R	62.00	5800	No
5610 w/Cab	$33167	$4640	$7630	**$10950**	**$14930**	New Holland	4	256D	16F-4R	62.54	7429	CHA
5640	$24828	$5960	$8190	**$11170**	**$13660**	New Holland	4	268D	8F-2R	66.00	7306	No
5640 4WD	$30646	$5210	$8270	**$12260**	**$15020**	New Holland	4	268D	8F-2R	66.00	8298	No
5640 4WD w/Cab	$39104	$6650	$10560	**$15640**	**$19160**	New Holland	4	268D	12F-12R	66.00	9380	CHA
5640 w/Cab	$33286	$5660	$8990	**$13310**	**$16310**	New Holland	4	268D	12F-12R	66.00	8418	CHA
6530	$29036	$6970	$9580	**$13070**	**$15970**	Fiat	4	238D	12F-12R	70.00	5689	No
6530 4WD	$35841	$8600	$11830	**$16130**	**$19710**	Fiat	4	238D	12F-12R	70.00	7290	No
6610	$27355	$4650	$7390	**$10940**	**$13400**	New Holland	4	268D	16F-4R	72.13	6084	No
6610 4WD	$33674	$5730	$9090	**$13470**	**$16500**	New Holland	4	268D	16F-4R	72.13	6621	No
6610 4WD Special	$32231	$5480	$8700	**$12890**	**$15790**	New Holland	4	268D	8F-2R	72.00	6435	No
6610 4WD w/Cab	$40822	$6940	$11020	**$16330**	**$20000**	New Holland	4	268D	16F-4R	72.13	7951	CHA
6610 Special	$24702	$4200	$6670	**$9880**	**$12100**	New Holland	4	268D	8F-2R	72.00	5800	No
6610 w/Cab	$34504	$5870	$9320	**$13800**	**$16910**	New Holland	4	268D	16F-4R	72.13	7414	CHA
6640	$26822	$4560	$7240	**$10730**	**$13140**	New Holland	4	304D	8F-2R	76.00	7306	No
6640 4WD	$33141	$5630	$8950	**$13260**	**$16240**	New Holland	4	304D	8F-2R	76.00	8298	No
6640 4WD w/Cab	$42162	$7170	$11380	**$16870**	**$20660**	New Holland	4	304D	12F-12R	76.00	9342	CHA
6640 w/Cab	$35843	$6090	$9680	**$14340**	**$17560**	New Holland	4	304D	12F-12R	76.00	8413	CHA
7530 4WD	$42648	$10240	$14070	**$19190**	**$23460**	Fiat	6	331D	20F-4R	91.00	8074	No
7740	$28470	$4840	$7690	**$11390**	**$13950**	New Holland	4T	304D	8F-2R	86.00	7339	No
7740 4WD	$34788	$5910	$9390	**$13920**	**$17050**	New Holland	4T	304D	8F-2R	86.00	8353	No
7740 4WD w/Cab	$44725	$7600	$12080	**$17890**	**$21920**	New Holland	4T	304D	12F-12R	86.00	9415	CHA
7740 w/Cab	$38407	$6530	$10370	**$15360**	**$18820**	New Holland	4T	304D	12F-12R	86.00	8400	CHA
7840	$33651	$5720	$9090	**$13460**	**$16490**	New Holland	6	401D	12F-12R	90.00	8342	No
7840 4WD	$39970	$6800	$10790	**$15990**	**$19590**	New Holland	6	401D	12F-12R	90.00	9400	No
7840 4WD w/Cab	$47407	$8060	$12800	**$18960**	**$23230**	New Holland	6	401D	12F-12R	90.00	10445	CHA
7840 w/Cab	$41088	$6990	$11090	**$16440**	**$20130**	New Holland	6	401D	12F-12R	90.00	9386	CHA
8240	$36855	$6270	$9950	**$14740**	**$18060**	New Holland	6	456D	16F-16R	96.00	8957	No
8240 4WD	$43174	$7340	$11660	**$17270**	**$21160**	New Holland	6	456D	16F-16R	96.00	10015	No
8240 4WD w/Cab	$49995	$8500	$13500	**$20000**	**$24500**	New Holland	6	456D	16F-16R	96.00	11053	CHA
8240 w/Cab	$43832	$7450	$11840	**$17530**	**$21480**	New Holland	6	456D	16F-16R	96.00	9995	CHA
8340	$40197	$6830	$10850	**$16080**	**$19700**	New Holland	6	456D	16F-16R	106.00	8957	No
8340 4WD	$46516	$7910	$12560	**$18610**	**$22790**	New Holland	6	456D	16F-16R	106.00	10015	No
8340 4WD w/Cab	$54150	$9210	$14620	**$21660**	**$26530**	New Holland	6	456D	16F-16R	106.00	11053	CHA
8340 w/Cab	$47832	$8130	$12920	**$19130**	**$23440**	New Holland	6	456D	16F-16R	106.00	9995	CHA
8530	$38830	$6600	$10480	**$15530**	**$19030**	New Holland	6	401D	16F-4R	105.74	11722	No

New Holland/Ford (Cont.)

	Approx. Retail Price New	Estimated Value Less Repairs: Used Trade In Avg.	High	Used Retail Avg.	High	Engine Make	No. Cyls.	Displ. Cu.-In.	No. Speeds	P.T.O. H.P.	Approx. Shipping Wt.-Lbs.	Cab
1992 (Cont.)												
8530 4WD w/Cab	$54100	$9200	$14610	**$21640**	**$26510**	New Holland	6	401D	16F-4R	105.74	11722	CHA
8630 4WD Powershift	$66967	$11380	$18080	**$26790**	**$32810**	New Holland	6T	401D	18F-9R	121.40	13300	CHA
8630 4WD w/Cab	$61358	$10430	$16570	**$24540**	**$30070**	New Holland	6T	401D	16F-4R	121.40	12500	CHA
8730 4WD PS	$71291	$12120	$19250	**$28520**	**$34930**	New Holland	6T	401D	16F-4R	140.68	15206	CHA
8730 4WD w/Cab	$65564	$11150	$17700	**$26230**	**$32130**	New Holland	6T	401D	16F-4R	140.68	14406	CHA
8830	$62749	$10670	$16940	**$25100**	**$30750**	New Holland	6TI	401D	16F-4R	170.30	13043	CHA
8830 4WD	$71987	$12240	$19440	**$28800**	**$35270**	New Holland	6TI	401D	16F-4R	170.30	14312	CHA
8830 4WD PS	$75818	$12890	$20470	**$30330**	**$37150**	New Holland	6TI	401D	18F-9R	170.00	15112	CHA
8830 PS	$66805	$11360	$18040	**$26720**	**$32730**	New Holland	6TI	401D	18F-9R	170.00	13843	CHA
1991												
1120	$8606	$1380	$2240	**$3360**	**$4130**	Shibaura	3	54D	9F-3R	12.50	1338	No
1120 4WD	$9635	$1540	$2510	**$3760**	**$4630**	Shibaura	3	54D	9F-3R	12.50	1429	No
1120H 4WD Hydro	$10708	$1710	$2780	**$4180**	**$5140**	Shibaura	3	54D	Variable	12.50	1484	No
1120H Hydro	$9679	$1550	$2520	**$3780**	**$4650**	Shibaura	3	54D	Variable	12.50	1393	No
1220	$9160	$1470	$2380	**$3570**	**$4400**	Shibaura	3	58D	9F-3R	14.50	1338	No
1220 4WD	$10188	$1630	$2650	**$3970**	**$4890**	Shibaura	3	58D	9F-3R	14.50	1429	No
1220H 4WD Hydro	$11160	$1790	$2900	**$4350**	**$5360**	Shibaura	3	58D	Variable	14.50	1484	No
1220H Hydro	$10132	$1620	$2630	**$3950**	**$4860**	Shibaura	3	58D	Variable	14.50	1393	No
1320	$10736	$1720	$2790	**$4190**	**$5150**	Shibaura	3	77D	9F-3R	17.00	2101	No
1320 4WD	$12033	$1930	$3130	**$4690**	**$5780**	Shibaura	3	77D	9F-3R	17.00	2229	No
1320H 4WD Hydro	$13596	$2180	$3540	**$5300**	**$6530**	Shibaura	3	77D	Variable	17.00	2297	No
1320H Hydro	$12229	$1960	$3180	**$4770**	**$5870**	Shibaura	3	77D	Variable	17.00	2172	No
1520	$11217	$1800	$2920	**$4380**	**$5380**	Shibaura	3	81D	9F-3R	19.50	2156	No
1520 4WD	$12595	$2020	$3280	**$4910**	**$6050**	Shibaura	3	81D	9F-3R	19.50	2278	No
1520H 4WD Hydro	$14383	$2300	$3740	**$5610**	**$6900**	Shibaura	3	81D	Variable	19.50	2352	No
1520H Hydro	$13005	$2080	$3380	**$5070**	**$6240**	Shibaura	3	81D	Variable	19.50	2233	No
1720	$12153	$1940	$3160	**$4740**	**$5830**	Shibaura	3	91D	12F-4R	23.50	2491	No
1720 4WD	$13988	$2240	$3640	**$5460**	**$6710**	Shibaura	3	91D	12F-4R	23.50	2690	No
1920	$14065	$2250	$3660	**$5490**	**$6750**	Shibaura	4	122D	12F-4R	28.50	2849	No
1920 4WD	$16662	$2670	$4330	**$6500**	**$8000**	Shibaura	4	122D	12F-4R	28.50	3069	No
2120	$15674	$2510	$4080	**$6110**	**$7520**	Shibaura	4	139D	12F-4R	34.50	3572	No
2120 4WD	$18303	$2930	$4760	**$7140**	**$8790**	Shibaura	4	139D	12F-4R	34.50	3858	No
3230	$16564	$2150	$3640	**$5300**	**$7290**	New Holland	3	192D	8F-2R	32.33	5538	No
3230 4WD	$20771	$2700	$4570	**$6650**	**$9140**	New Holland	3	192D	8F-2R	32.33	5538	No
3430	$17266	$2250	$3800	**$5530**	**$7600**	New Holland	3	192D	8F-2R	38.48	5594	No
3430 4WD	$21608	$2810	$4750	**$6920**	**$9510**	New Holland	3	192D	8F-2R	38.48	5594	No
3430 4WD w/Cab	$26405	$3430	$5810	**$8450**	**$11620**	New Holland	3	192D	8F-2R	38.00	5483	CH
3430 w/Cab	$22063	$2870	$4850	**$7060**	**$9710**	New Holland	3	192D	8F-2R	38.00	4955	CH
3930	$17771	$2840	$4620	**$6930**	**$8530**	New Holland	3	201D	8F-2R	45.85	5592	No
3930 4WD	$22296	$3570	$5800	**$8700**	**$10700**	New Holland	3	201D	8F-2R	45.85	5592	No
3930 4WD w/Cab	$27093	$4340	$7040	**$10570**	**$13010**	New Holland	3	201D	8F-2R	45.00	5533	CH
3930 w/Cab	$22568	$3610	$5870	**$8800**	**$10830**	New Holland	3	201D	8F-2R	45.00	5005	CH
4630	$19720	$5320	$6710	**$9270**	**$11640**	New Holland	3	201D	8F-2R	55.41	5728	No
4630 4WD	$24245	$6550	$8240	**$11400**	**$14310**	New Holland	3	201D	8F-2R	55.41	5728	No
4630 4WD w/Cab	$29042	$7840	$9870	**$13650**	**$17140**	New Holland	3	201D	8F-2R	55.00	5958	CH
4630 w/Cab	$24517	$6620	$8340	**$11520**	**$14470**	New Holland	3	201D	8F-2R	55.00	5430	CH
5610	$25755	$3350	$5670	**$8240**	**$11330**	New Holland	4	256D	16F-4R	62.54	6084	No
5610 4WD	$31179	$4050	$6860	**$9980**	**$13720**	New Holland	4	256D	16F-4R	62.00	6621	No
5610 4WD w/Cab	$38591	$5020	$8490	**$12350**	**$16980**	New Holland	4	256D	16F-4R	62.00	7951	CHA
5610 Special	$19581	$2550	$4310	**$6270**	**$8620**	New Holland	4	256D	8F-2R	62.00	5800	No
5610 w/Cab	$33167	$4310	$7300	**$10610**	**$14590**	New Holland	4	256D	16F-4R	62.54	7429	CHA
6610	$27355	$4380	$7110	**$10670**	**$13130**	New Holland	4	268D	16F-4R	72.13	6084	No
6610 4WD	$33674	$5390	$8760	**$13130**	**$16160**	New Holland	4	268D	16F-4R	72.13	6621	No
6610 4WD w/Cab	$40822	$6530	$10610	**$15920**	**$19600**	New Holland	4	268D	16F-4R	72.13	7951	CHA
6610 w/Cab	$34504	$5520	$8970	**$13460**	**$16560**	New Holland	4	268D	16F-4R	72.13	7414	CHA
7610	$29976	$4800	$7790	**$11690**	**$14390**	New Holland	4T	268D	16F-4R	86.95	6291	No
7610 4WD	$35688	$5710	$9280	**$13920**	**$17130**	New Holland	4T	268D	16F-4R	86.95	6902	No
7610 4WD w/Cab	$43100	$6900	$11210	**$16810**	**$20690**	New Holland	4T	268D	16F-4R	86.95	8232	CHA
7610 w/Cab	$37388	$5980	$9720	**$14580**	**$17950**	New Holland	4T	268D	16F-4R	86.95	7621	CHA
7710	$30578	$4890	$7950	**$11930**	**$14680**	New Holland	4T	268D	16F-4R	86.62	7074	No
7710 4WD	$37654	$6030	$9790	**$14690**	**$18070**	New Holland	4T	268D	16F-4R	86.62	7785	No
7710 4WD w/Cab	$44975	$7200	$11690	**$17540**	**$21590**	New Holland	4T	268D	16F-4R	86.62	8815	CHA
7710 w/Cab	$37899	$6060	$9850	**$14780**	**$18190**	New Holland	4T	268D	16F-4R	86.62	8104	CHA
7810	$31404	$5030	$8170	**$12250**	**$15070**	New Holland	6	401D	16F-4R	86.00	7296	No
7810 4WD	$37591	$6020	$9770	**$14660**	**$18040**	New Holland	6	401D	16F-4R	86.00	7907	No
8210 4WD	$48587	$6320	$10690	**$15550**	**$21380**	New Holland	6	401D	16F-8R	100.20	9891	CHA
8530	$38830	$6210	$10100	**$15140**	**$18640**	New Holland	6	401D	16F-4R	105.74	11722	No
8530 4WD w/Cab	$54100	$8660	$14070	**$21100**	**$25970**	New Holland	6	401D	16F-4R	105.74	11722	CHA
8630 4WD	$52705	$8430	$13700	**$20560**	**$25300**	New Holland	6T	401D	16F-4R	121.40	12813	No
8630 4WD w/Cab	$59023	$9440	$15350	**$23020**	**$28330**	New Holland	6T	401D	16F-4R	121.40	13601	CHA
8730 4WD	$56250	$9000	$14630	**$21940**	**$27000**	New Holland	6TI	401D	16F-4R	140.68	13649	No
8730 4WD w/Cab	$63120	$10100	$16410	**$24620**	**$30300**	New Holland	6TI	401D	16F-4R	140.68		CHA
8830	$59725	$9560	$15530	**$23290**	**$28670**	New Holland	6TI	401D	16F-4R	170.30	14343	CHA
8830 4WD	$70200	$11230	$18250	**$27380**	**$33700**	New Holland	6TI	401D	16F-4R	170.30	14343	CHA
1990												
1120	$8475	$1270	$2160	**$3220**	**$3980**	Shibaura	3	54D	9F-3R	12.50	1338	No
1120 4WD	$9481	$1420	$2420	**$3600**	**$4460**	Shibaura	3	54D	9F-3R	12.50	1429	No
1120H 4WD Hydro	$10530	$1580	$2690	**$4000**	**$4950**	Shibaura	3	54D	Variable	12.50	1484	No
1120H Hydro	$9525	$1430	$2430	**$3620**	**$4480**	Shibaura	3	54D	Variable	12.50	1393	No
1220	$9117	$1370	$2330	**$3460**	**$4290**	Shibaura	3	58D	9F-3R	14.50	1338	No
1220 4WD	$10123	$1520	$2580	**$3850**	**$4760**	Shibaura	3	58D	9F-3R	14.50	1429	No
1220H 4WD Hydro	$11074	$1660	$2820	**$4210**	**$5210**	Shibaura	3	58D	Variable	14.50	1484	No

New Holland/Ford (Cont.)

1990 (Cont.)

Model	Approx. Retail Price New	Estimated Value Less Repairs: Used Trade In Avg.	Used Trade In High	Used Retail Avg.	Used Retail High	Engine Make	Engine No. Cyls.	Engine Displ. Cu.-In.	No. Speeds	P.T.O. H.P.	Approx. Shipping Wt.-Lbs.	Cab
1220H Hydro	$10068	$1510	$2570	**$3830**	**$4730**	Shibaura	3	58D	Variable	14.50	1393	No
1320	$10557	$1580	$2690	**$4010**	**$4960**	Shibaura	3	77D	9F-3R	17.00	2101	No
1320 4WD	$11696	$1750	$2980	**$4440**	**$5500**	Shibaura	3	77D	9F-3R	17.00	2229	No
1320H 4WD Hydro	$13226	$1980	$3370	**$5030**	**$6220**	Shibaura	3	77D	Variable	17.00	2297	No
1320H Hydro	$12087	$1810	$3080	**$4590**	**$5680**	Shibaura	3	77D	Variable	17.00	2172	No
1520	$11029	$1650	$2810	**$4190**	**$5180**	Shibaura	3	81D	9F-3R	19.50	2156	No
1520 4WD	$12247	$1840	$3120	**$4650**	**$5760**	Shibaura	3	81D	9F-3R	19.50	2278	No
1520H 4WD Hydro	$13997	$2100	$3570	**$5320**	**$6580**	Shibaura	3	81D	Variable	19.50	2352	No
1520H Hydro	$12779	$1920	$3260	**$4860**	**$6010**	Shibaura	3	81D	Variable	19.50	2233	No
1720	$11944	$1790	$3050	**$4540**	**$5610**	Shibaura	3	91D	12F-4R	23.50	2491	No
1720 4WD	$13609	$2040	$3470	**$5170**	**$6400**	Shibaura	3	91D	12F-4R	23.50		No
1920	$13816	$2070	$3520	**$5250**	**$6490**	Shibaura	4	122D	12F-4R	28.50	2849	No
1920 4WD	$16226	$2430	$4140	**$6170**	**$7630**	Shibaura	4	122D	12F-4R	28.50	3089	No
2120	$15391	$2310	$3930	**$5850**	**$7230**	Shibaura	4	139D	12F-4R	34.50	3572	No
2120 4WD	$17831	$2680	$4550	**$6780**	**$8380**	Shibaura	4	139D	12F-4R	34.50	3858	No
3230	$15920	$1910	$3340	**$4940**	**$6850**	New Holland	3	192D	8F-2R	32.83	4455	No
3230 4WD	$19940	$2390	$4190	**$6180**	**$8570**	New Holland	3	192D	8F-2R	32.83		No
3430	$16593	$1990	$3490	**$5140**	**$7140**	New Holland	3	192D	8F-2R	38.00	4455	No
3430 4WD	$20744	$2490	$4360	**$6430**	**$8920**	New Holland	3	192D	8F-2R	38.00	4983	No
3430 4WD w/Cab	$25343	$3040	$5320	**$7860**	**$10900**	New Holland	3	192D	8F-2R	38.00	5483	CH
3430 w/Cab	$21192	$2540	$4450	**$6570**	**$9110**	New Holland	3	192D	8F-2R	38.00	4955	CH
3930	$17080	$2560	$4360	**$6490**	**$8030**	New Holland	3	201D	8F-2R	45.00	4505	No
3930 4WD	$21393	$3210	$5460	**$8130**	**$10060**	New Holland	3	201D	8F-2R	45.00	5033	No
3930 4WD w/Cab	$25992	$3900	$6630	**$9880**	**$12220**	New Holland	3	201D	8F-2R	45.00	5533	CH
3930 w/Cab	$21679	$3250	$5530	**$8240**	**$10190**	New Holland	3	201D	8F-2R	45.00	5005	CH
4630	$18952	$4170	$5880	**$8150**	**$10050**	New Holland	3	201D	8F-2R	55.00	4930	No
4630 4WD	$23265	$5120	$7210	**$10000**	**$12330**	New Holland	3	201D	8F-2R	55.00	5458	No
4630 4WD w/Cab	$27864	$6130	$8640	**$11980**	**$14770**	New Holland	3	201D	8F-2R	55.00	5958	CH
4630 w/Cab	$23551	$5180	$7300	**$10130**	**$12480**	New Holland	3	201D	8F-2R	55.00	5430	CH
5610	$23800	$2860	$5000	**$7380**	**$10230**	New Holland	4	256D	16F-4R	62.54	6084	No
5610 4WD	$28782	$3450	$6040	**$8920**	**$12380**	New Holland	4	256D	16F-4R	62.00	6621	No
5610 4WD w/Cab	$35638	$4280	$7480	**$11050**	**$15320**	New Holland	4	256D	16F-4R	62.00	7951	CHA
5610 Special	$18573	$2230	$3900	**$5760**	**$7990**	New Holland	4	256D	8F-2R	62.00	5800	No
5610 w/Cab	$30656	$3680	$6440	**$9500**	**$13180**	New Holland	4	256D	16F-4R	62.54	7429	CHA
5900	$17434	$3840	$5410	**$7500**	**$9240**	New Holland	4	256D	8F-2R	62.00	5760	No
6610	$25269	$3790	$6440	**$9600**	**$11880**	New Holland	4	268D	16F-4R	72.13	6084	No
6610 4WD	$31115	$4670	$7930	**$11820**	**$14620**	New Holland	4	268D	16F-4R	72.13	6621	No
6610 4WD w/Cab	$37648	$5650	$9600	**$14310**	**$17700**	New Holland	4	268D	16F-4R	72.13	7951	CHA
6610 w/Cab	$31803	$4770	$8110	**$12090**	**$14950**	New Holland	4	268D	16F-4R	72.13	7414	CHA
7610	$27709	$4160	$7070	**$10530**	**$13020**	New Holland	4T	268D	16F-4R	86.95	6291	No
7610 4WD	$33554	$5030	$8560	**$12750**	**$15770**	New Holland	4T	268D	16F-4R	86.95	6902	No
7610 4WD w/Cab	$40220	$5850	$9950	**$14820**	**$18330**	New Holland	4T	268D	16F-4R	86.95	8232	CHA
7610 w/Cab	$34376	$5160	$8770	**$13060**	**$16160**	New Holland	4T	268D	16F-4R	86.95	7621	CHA
7710	$28281	$4240	$7210	**$10750**	**$13290**	New Holland	4T	268D	16F-4R	86.62	7074	No
7710 4WD	$34991	$5250	$8920	**$13300**	**$16450**	New Holland	4T	268D	16F-4R	86.62	7785	No
7710 4WD w/Cab	$41740	$6260	$10640	**$15860**	**$19620**	New Holland	4T	268D	16F-4R	86.62	8815	CHA
7710 w/Cab	$35030	$5260	$8930	**$13310**	**$16460**	New Holland	4T	268D	16F-4R	86.62	8104	CHA
7810	$27812	$4170	$7090	**$10570**	**$13070**	New Holland	6	401D	16F-4R	86.00	7928	No
7810 4WD	$33524	$5030	$8550	**$12740**	**$15760**	New Holland	6	401D	16F-4R	86.00	8465	No
8210	$44900	$5390	$9430	**$13920**	**$19310**	New Holland	6	401D	16F-8R	100.20	9425	CHA
8530	$37255	$5590	$9500	**$14160**	**$17510**	New Holland	6	401D	16F-4R	105.74	11722	No
8530 4WD w/Cab	$51924	$7790	$13240	**$19730**	**$24400**	New Holland	6	401D	16F-4R	105.74	11722	CHA
8630 4WD	$50568	$7590	$12900	**$19220**	**$23770**	New Holland	6T	401D	16F-4R	121.40	12813	No
8630 4WD w/Cab	$56629	$8490	$14440	**$21520**	**$26620**	New Holland	6T	401D	16F-4R	121.40	13601	CHA
8730 4WD	$53973	$8100	$13760	**$20510**	**$25370**	New Holland	6TI	401D	16F-4R	140.68	13649	No
8730 4WD w/Cab	$60561	$9080	$15440	**$23010**	**$28460**	New Holland	6TI	401D	16F-4R	140.68		CHA
8830	$57303	$8600	$14610	**$21780**	**$26930**	New Holland	6TI	401D	16F-4R	170.30	14343	CHA
8830 4WD	$67371	$10110	$17180	**$25600**	**$31660**	New Holland	6TI	401D	16F-4R	170.30	14343	CHA

1989

Model	Approx. Retail Price New	Used Trade In Avg.	Used Trade In High	Used Retail Avg.	Used Retail High	Engine Make	Engine No. Cyls.	Engine Displ. Cu.-In.	No. Speeds	P.T.O. H.P.	Approx. Shipping Wt.-Lbs.	Cab
TW5	$36529	$4020	$7310	**$10960**	**$15340**	New Holland	6	401D	16F-4R	105.74	11722	No
TW5 w/Cab	$42798	$4600	$8360	**$12540**	**$17560**	New Holland	6	401D	16F-4R	105.74	11722	CHA
TW15	$40719	$4480	$8140	**$12220**	**$17100**	New Holland	6	401D	16F-4R	121.40	11754	No
TW15 w/Cab	$46988	$4960	$9020	**$13530**	**$18940**	New Holland	6	401D	16F-4R	121.40		CHA
TW25	$44024	$4840	$8810	**$13210**	**$18490**	New Holland	6T	401D	16F-4R	140.68	13649	No
TW25 w/Cab	$50293	$5280	$9600	**$14400**	**$20160**	New Holland	6T	401D	16F-4R	140.68		CHA
TW35	$56179	$5740	$10440	**$15650**	**$21920**	New Holland	6TI	401D	16F-4R	170.30	14343	CHA
1120	$8178	$1230	$2050	**$3030**	**$3760**	Shibaura	3	54D	9F-3R	12.50	1338	No
1120 4WD	$9127	$1370	$2280	**$3380**	**$4200**	Shibaura	3	54D	9F-3R	12.50	1429	No
1120H 4WD Hydro	$10132	$1520	$2530	**$3750**	**$4660**	Shibaura	3	54D	Variable	12.50		No
1120H Hydro	$9183	$1380	$2300	**$3400**	**$4220**	Shibaura	3	54D	Variable	12.50		No
1220	$8711	$1310	$2180	**$3220**	**$4010**	Shibaura	3	58D	9F-3R	14.50	1338	No
1220 4WD	$9660	$1450	$2420	**$3570**	**$4440**	Shibaura	3	58D	9F-3R	14.50	1429	No
1220H 4WD Hydro	$10664	$1600	$2670	**$3950**	**$4910**	Shibaura	3	58D	Variable	14.50		No
1220H Hydro	$9715	$1460	$2430	**$3600**	**$4470**	Shibaura	3	58D	Variable	14.50		No
1320	$10199	$1530	$2550	**$3770**	**$4690**	Shibaura	3	77D	9F-3R	17.00	2101	No
1320 4WD	$11270	$1690	$2820	**$4170**	**$5180**	Shibaura	3	77D	9F-3R	17.00	2229	No
1320H 4WD Hydro	$12409	$1860	$3100	**$4590**	**$5710**	Shibaura	3	77D	Variable	17.00		No
1320H Hydro	$11338	$1700	$2840	**$4200**	**$5220**	Shibaura	3	77D	Variable	17.00		No
1520	$10710	$1610	$2680	**$3960**	**$4930**	Shibaura	3	81D	9F-3R	19.50	2156	No
1520 4WD	$11862	$1780	$2970	**$4390**	**$5460**	Shibaura	3	81D	9F-3R	19.50	2278	No
1520H 4WD Hydro	$13146	$1970	$3290	**$4860**	**$6050**	Shibaura	3	81D	Variable	19.50		No
1520H Hydro	$11996	$1800	$3000	**$4440**	**$5520**	Shibaura	3	81D	Variable	19.50		No
1720	$11372	$1710	$2840	**$4210**	**$5230**	Shibaura	3	91D	12F-4R	23.50	2491	No

New Holland/Ford (Cont.)

1989 (Cont.)

Model	Approx. Retail Price New	Used Trade In Avg.	Used Trade In High	Used Retail Avg.	Used Retail High	Engine Make	Engine No. Cyls.	Engine Displ. Cu.-In.	No. Speeds	P.T.O. H.P.	Approx. Shipping Wt.-Lbs.	Cab
1920	$13362	$2000	$3340	**$4940**	**$6150**	Shibaura	4	122D	12F-4R	28.50	2849	No
1920 4WD	$15512	$2330	$3880	**$5740**	**$7140**	Shibaura	4	122D	12F-4R	28.50	3089	No
2120	$14898	$2240	$3730	**$5510**	**$6850**	Shibaura	4	139D	12F-4R	34.50	3572	No
2120 4WD	$17262	$2440	$4070	**$6020**	**$7480**	Shibaura	4	139D	12F-4R	34.50	3858	No
2810	$15100	$3170	$4610	**$6340**	**$7850**	New Holland	3	158D	8F-2R	32.83	4422	No
2910	$15400	$3230	$4700	**$6470**	**$8010**	New Holland	3	175D	8F-2R	36.62	4412	No
2910 w/Cab	$19267	$4050	$5880	**$8090**	**$10020**	New Holland	3	175D	8F-2R	36.62		CH
3910	$15788	$3320	$4820	**$6630**	**$8210**	New Holland	3	192D	8F-2R	42.62	4499	No
3910 w/Cab	$19655	$4130	$6000	**$8260**	**$10220**	New Holland	3	192D	8F-4R	42.62		CH
4610	$17713	$3720	$5400	**$7440**	**$9210**	New Holland	3	201D	8F-2R	52.52	4868	No
4610 w/Cab	$22093	$4640	$6740	**$9280**	**$11490**	New Holland	3	201D	8F-4R	52.52		CH
5610	$23350	$2570	$4670	**$7010**	**$9810**	New Holland	4	256D	16F-4R	62.54	6084	No
5610 w/Cab	$29699	$3270	$5940	**$8910**	**$12470**	New Holland	4	256D	16F-4R	62.54		CHA
5610 4WD	$28145	$3100	$5630	**$8440**	**$11820**	New Holland	4	256D	16F-4R	62.54	6621	No
5610 4WD w/Cab	$35133	$3870	$7030	**$10540**	**$14760**	New Holland	4	256D	16F-8R	62.00	6686	CHA
5900	$16120	$3390	$4920	**$6770**	**$8380**	New Holland	4	256D	8F-2R	62.00	5760	No
6610	$24776	$3720	$6190	**$9170**	**$11400**	New Holland	4	268D	16F-4R	72.13	6084	No
6610 w/Cab	$31125	$4670	$7780	**$11520**	**$14320**	New Holland	4	268D	16F-4R	72.13		CHA
6610 4WD	$30841	$4630	$7710	**$11410**	**$14190**	New Holland	4	268D	16F-4R	72.13	6636	No
6610 4WD w/Cab	$36565	$5490	$9140	**$13530**	**$16820**	New Holland	4	268D	16F-4R	72.13	6636	CHA
7610	$26092	$3910	$6520	**$9650**	**$12000**	New Holland	4T	268D	16F-4R	86.95	6251	No
7610 w/Cab	$32773	$4920	$8190	**$12130**	**$15080**	New Holland	4T	268D	16F-4R	86.95	6902	CHA
7710	$27464	$4120	$6870	**$10160**	**$12630**	New Holland	4T	268D	16F-4R	86.62	7074	No
7710 w/Cab	$34145	$5120	$8540	**$12630**	**$15710**	New Holland	4T	268D	16F-4R	86.62		CHA
7710 4WD	$34344	$5150	$8590	**$12710**	**$15800**	New Holland	4T	268D	16F-4R	86.62	7074	No
7710 4WD w/Cab	$41255	$6190	$10310	**$15260**	**$18980**	New Holland	4T	268D	16F-4R	86.62		CHA
8210	$42848	$4710	$8570	**$12850**	**$18000**	New Holland	6	401D	16F-8R	95.00	9425	CHA

1988

Model	Approx. Retail Price New	Used Trade In Avg.	Used Trade In High	Used Retail Avg.	Used Retail High	Engine Make	Engine No. Cyls.	Engine Displ. Cu.-In.	No. Speeds	P.T.O. H.P.	Approx. Shipping Wt.-Lbs.	Cab
TW-5	$36529	$3840	$7120	**$10590**	**$14980**	New Holland	6	401D	16F-4R	105.74	11722	No
TW-5 4WD	$50833	$4830	$8970	**$13340**	**$18860**	New Holland	6	401D	16F-4R	105.74	13569	CHA
TW-15	$40719	$4280	$7940	**$11810**	**$16700**	New Holland	6T	401D	16F-4R	121.40	11754	No
TW-15 4WD	$55878	$5130	$9530	**$14180**	**$20040**	New Holland	6T	401D	16F-4R	121.25	12813	CHA
TW-25	$44573	$4680	$8690	**$12930**	**$18280**	New Holland	6T	401D	16F-4R	140.68	13649	No
TW-25 4WD	$59726	$5460	$10150	**$15090**	**$21330**	New Holland	6T	401D	16F-4R	140.68	14918	CHA
TW-35	$56179	$5780	$10730	**$15950**	**$22550**	New Holland	6TI	401D	16F-4R	170.30	14343	CHA
TW-35 4WD	$66049	$6200	$11520	**$17120**	**$24210**	New Holland	6TI	401D	16F-4R	171.12	15612	CHA
1120	$7500	$1090	$1840	**$2700**	**$3380**	Shibaura	3	54D	9F-3R	12.50	1338	No
1120 4WD	$8495	$1230	$2080	**$3060**	**$3820**	Shibaura	2	43D	10F-2R	11.50	1396	No
1220	$7990	$1160	$1960	**$2880**	**$3600**	Shibaura	3	58D	9F-3R	14.50	1338	No
1220 4WD	$8875	$1290	$2170	**$3200**	**$3990**	Shibaura	3	54D	10F-2R	13.50	1442	No
1220 H	$9046	$1310	$2220	**$3260**	**$4070**	Shibaura	3	54D	Variable	13.50	1417	No
1220 H 4WD	$9990	$1450	$2450	**$3600**	**$4500**	Shibaura	3	54D	Variable	13.50	1530	No
1320	$9505	$1380	$2330	**$3420**	**$4280**	Shibaura	3	77D	9F-3R	17.00	2101	No
1320 4WD	$10544	$1530	$2580	**$3800**	**$4750**	Shibaura	3	58D	12F-4R	16.50	2261	No
1520	$10045	$1460	$2460	**$3620**	**$4520**	Shibaura	3	81D	9F-3R	19.50	2156	No
1520 4WD	$11020	$1600	$2700	**$3970**	**$4960**	Shibaura	3	68D	12F-4R	20.45	2440	No
1720	$10475	$1520	$2570	**$3770**	**$4710**	Shibaura	3	91D	12F-4R	23.50	2491	No
1720 4WD	$11564	$1680	$2830	**$4160**	**$5200**	Shibaura	3	85D	12F-4R	23.88	2710	No
1920	$11920	$1730	$2920	**$4290**	**$5360**	Shibaura	4	122D	12F-4R	28.50	2849	No
1920 4WD	$12997	$1890	$3180	**$4680**	**$5850**	Shibaura	3	104D	12F-4R	28.60	3245	No
2120	$13734	$1990	$3370	**$4940**	**$6180**	Shibaura	4	139D	12F-4R	34.50	3572	No
2120 4WD	$15779	$2140	$3620	**$5320**	**$6650**	Shibaura	4	139D	12F-4R	34.91	3946	No
2810	$13288	$2720	$3990	**$5450**	**$6780**	New Holland	3	158D	8F-2R	32.83	4420	No
2810 4WD	$16632	$3410	$4990	**$6820**	**$8480**	New Holland	3	158D	8F-2R	32.83	4955	No
2910	$14091	$2890	$4230	**$5780**	**$7190**	New Holland	3	175D	6F-4R	36.62	4413	No
2910	$17719	$3630	$5320	**$7270**	**$9040**	New Holland	3	175D	8F-2R	36.62	4413	CH
2910 4WD	$19053	$3910	$5720	**$7810**	**$9720**	New Holland	3	175D	8F-4R	36.40	5020	No
2910 4WD	$22187	$4550	$6660	**$9100**	**$11320**	New Holland	3	175D	8F-2R	36.62	4948	CH
3910	$15675	$3210	$4700	**$6430**	**$7990**	New Holland	3	192D	6F-4R	42.00	4527	No
3910	$18836	$3860	$5650	**$7720**	**$9610**	New Holland	3	192D	8F-2R	42.62	4497	CH
3910 4WD	$20637	$4230	$6190	**$8460**	**$10530**	New Holland	3	192D	8F-4R	42.67	5104	No
3910 4WD	$23504	$4820	$7050	**$9640**	**$11990**	New Holland	3	192D	8F-2R	42.62	5032	CH
4610	$18404	$3770	$5520	**$7550**	**$9390**	New Holland	3	201D	8F-4R	52.32	4914	No
4610	$21916	$4490	$6580	**$8990**	**$11180**	New Holland	3	201D	8F-2R	52.52	4864	CH
4610 4WD	$23251	$4770	$6980	**$9530**	**$11860**	New Holland	3	201D	8F-4R	52.32	5471	No
4610 4WD	$26384	$5410	$7920	**$10820**	**$13460**	New Holland	3	201D	8F-2R	52.52	5399	CH
5610	$22620	$2380	$4410	**$6560**	**$9270**	New Holland	4	256D	16F-4R	62.54	6084	No
5610 w/Cab	$29908	$3140	$5830	**$8670**	**$12260**	New Holland	4	256D	16F-8R	62.57	6149	CHA
5610 4WD	$27445	$2880	$5350	**$7960**	**$11250**	New Holland	4	256D	16F-4R	62.54	6621	No
5610 4WD w/Cab	$34733	$3650	$6770	**$10070**	**$14240**	New Holland	4	256D	16F-8R	62.00	6686	CHA
5900	$14986	$3070	$4500	**$6140**	**$7640**	New Holland	4	256D	8F-2R	62.00	5760	No
6610	$24795	$3600	$6080	**$8930**	**$11160**	New Holland	4	268D	16F-8R	72.30	6313	No
6610 w/Cab	$30710	$4450	$7520	**$11060**	**$13820**	New Holland	4	268D	16F-4R	72.13	6084	CHA
6610 4WD	$30541	$4430	$7480	**$11000**	**$13740**	New Holland	4	268D	16F-4R	72.13	6636	No
6610 4WD w/Cab	$35365	$5130	$8660	**$12730**	**$15910**	New Holland	4	268D	16F-4R	72.13	6636	CHA
7610	$25305	$3670	$6200	**$9110**	**$11390**	New Holland	4T	268D	16F-4R	86.95	6251	No
7610 4WD	$31992	$4640	$7840	**$11520**	**$14400**	New Holland	4T	268D	16F-4R	86.95	6902	No
7710	$26000	$3770	$6370	**$9360**	**$11700**	New Holland	4T	268D	16F-8R	86.62	8154	No
7710 w/Cab	$33761	$4900	$8270	**$12150**	**$15190**	New Holland	4T	268D	16F-4R	86.00	6986	CHA
7710 4WD	$34561	$5010	$8470	**$12440**	**$15550**	New Holland	4T	268D	16F-4R	86.00	7785	No
7710 4WD	$34561	$5010	$8470	**$12440**	**$15550**	New Holland	4T	268D	16F-4R	86.00	7785	No
7710 4WD w/Cab	$40109	$5820	$9830	**$14440**	**$18050**	New Holland	4T	268D	16F-4R	86.00	7785	CHA
8210	$42356	$4450	$8260	**$12280**	**$17370**	New Holland	6	401D	16F-8R	95.00	9425	CHA

SU--Low Profile

New Holland/Ford (Cont.)

1987

Model	Approx. Retail Price New	Estimated Value Less Repairs: Used Trade In Avg.	Used Trade In High	Used Retail Avg.	Used Retail High	Engine Make	Engine No. Cyls.	Engine Displ. Cu.-In.	No. Speeds	P.T.O. H.P.	Approx. Shipping Wt.-Lbs.	Cab
TW-5	$35529	$3550	$6400	**$9950**	**$14210**	New Holland	6	401D	16F-4R	105.74	11722	No
TW-5 4WD	$49833	$4800	$8640	**$13440**	**$19200**	New Holland	6	401D	16F-4R	105.74	13569	CHA
TW-15	$39719	$3970	$7150	**$11120**	**$15890**	New Holland	6T	401D	16F-4R	121.40	11754	No
TW-15 4WD	$54878	$5090	$9160	**$14250**	**$20350**	New Holland	6T	401D	16F-4R	121.25	12813	CHA
TW-25	$43573	$4360	$7840	**$12200**	**$17430**	New Holland	6T	401D	16F-4R	140.68	13649	No
TW-25 4WD	$58726	$5300	$9550	**$14850**	**$21210**	New Holland	6T	401D	16F-4R	140.68	14918	CHA
TW-35	$55179	$5220	$9390	**$14610**	**$20870**	New Holland	6TI	401D	16F-4R	170.30	14343	CHA
TW-35 4WD	$65049	$5810	$10450	**$16250**	**$23220**	New Holland	6TI	401D	16F-4R	171.12	15612	CHA
1120	$6475	$910	$1550	**$2270**	**$2850**	Shibaura	2	43D	10F-2R	11.50	1283	No
1120 4WD	$7262	$1020	$1740	**$2540**	**$3200**	Shibaura	2	43D	10F-2R	11.50	1396	No
1220	$7201	$1010	$1730	**$2520**	**$3170**	Shibaura	3	54D	10F-2R	13.50	1329	No
1220 4WD	$8155	$1140	$1960	**$2850**	**$3590**	Shibaura	3	54D	10F-2R	13.50	1442	No
1220 H	$8516	$1190	$2040	**$2980**	**$3750**	Shibaura	3	54D	Variable	13.50	1417	No
1220 H 4WD	$9470	$1330	$2270	**$3320**	**$4170**	Shibaura	3	54D	Variable	13.50	1530	No
1320	$8025	$1120	$1930	**$2810**	**$3530**	Shibaura	3	58D	12F-4R	16.50	2063	No
1320 4WD	$8993	$1260	$2160	**$3150**	**$3960**	Shibaura	3	58D	12F-4R	16.50	2261	No
1520	$8249	$1160	$1980	**$2890**	**$3630**	Shibaura	3	68D	12F-4R	20.45	2230	No
1520 4WD	$9609	$1350	$2310	**$3360**	**$4230**	Shibaura	3	68D	12F-4R	20.45	2440	No
1720	$9120	$1280	$2190	**$3190**	**$4010**	Shibaura	3	85D	12F-4R	23.88	2470	No
1720 4WD	$10984	$1540	$2640	**$3840**	**$4830**	Shibaura	3	85D	12F-4R	23.88	2710	No
1920	$10072	$1410	$2420	**$3530**	**$4430**	Shibaura	3	104D	12F-4R	28.60	2980	No
1920 4WD	$12317	$1720	$2960	**$4310**	**$5420**	Shibaura	3	104D	12F-4R	28.60	3245	No
2120	$13103	$1830	$3150	**$4590**	**$5770**	Shibaura	4	139D	12F-4R	34.91	3635	No
2120 4WD	$15109	$2120	$3630	**$5290**	**$6650**	Shibaura	4	139D	12F-4R	34.91	3946	No
2810	$13288	$2660	$3920	**$5320**	**$6640**	New Holland	3	158D	8F-2R	32.83	4420	No
2810 4WD	$16632	$3330	$4910	**$6650**	**$8320**	New Holland	3	158D	8F-2R	32.83	4955	No
2910	$14094	$2820	$4160	**$5640**	**$7050**	New Holland	3	175D	8F-2R	36.40	4463	No
2910 4WD	$19053	$3810	$5620	**$7620**	**$9530**	New Holland	3	175D	8F-4R	36.40	5020	No
2910 4WD w/Cab	$22187	$4440	$6550	**$8880**	**$11090**	New Holland	3	175D	8F-2R	36.62	4948	CH
2910 w/Cab	$18074	$3620	$5330	**$7230**	**$9040**	New Holland	3	175D	8F-4R	36.40	4463	CH
3910	$14675	$2940	$4330	**$5870**	**$7340**	New Holland	3	192D	6F-4R	42.00	4527	No
3910 4WD	$19637	$3930	$5790	**$7860**	**$9820**	New Holland	3	192D	8F-4R	42.67	5104	No
3910 4WD w/Cab	$22504	$4500	$6640	**$9000**	**$11250**	New Holland	3	192D	8F-2R	42.62	5032	CH
3910 w/Cab	$18524	$3710	$5470	**$7410**	**$9260**	New Holland	3	192D	8F-4R	42.67	4547	CH
4610	$17404	$3480	$5130	**$6960**	**$8700**	New Holland	3	201D	8F-4R	52.32	4914	No
4610 4WD	$22251	$4450	$6560	**$8900**	**$11130**	New Holland	3	201D	8F-4R	52.32	5471	No
4610 4WD w/Cab	$25384	$5080	$7490	**$10150**	**$12690**	New Holland	3	201D	8F-2R	52.52	5399	CH
4610 w/Cab	$20916	$4180	$6170	**$8370**	**$10460**	New Holland	3	201D	8F-2R	52.52	4864	CH
5610	$21620	$2160	$3890	**$6050**	**$8650**	New Holland	4	256D	16F-8R	62.57	6149	No
5610 4WD	$26445	$2650	$4760	**$7410**	**$10580**	New Holland	4	256D	16F-8R	62.00	6686	No
5610 4WD w/Cab	$33733	$3370	$6070	**$9450**	**$13490**	New Holland	4	256D	16F-8R	62.00	6686	CHA
5610 w/Cab	$28908	$2890	$5200	**$8090**	**$11560**	New Holland	4	256D	16F-8R	62.57	6149	CHA
5900	$14986	$3000	$4420	**$5990**	**$7490**	New Holland	4	256D	8F-2R	62.00	5760	No
6610	$23795	$3330	$5710	**$8330**	**$10470**	New Holland	4	268D	16F-4R	72.13	6084	No
6610 4WD	$29541	$4140	$7090	**$10340**	**$13000**	New Holland	4	268D	16F-4R	72.13	6528	No
6610 4WD w/Cab	$34365	$4810	$8250	**$12030**	**$15120**	New Holland	4	268D	16F-4R	72.13	6528	CHA
6610 w/Cab	$28710	$4020	$6890	**$10050**	**$12630**	New Holland	4	268D	16F-4R	72.13	6084	CHA
7610	$24305	$3400	$5830	**$8510**	**$10690**	New Holland	4T	268D	16F-4R	86.95	6251	No
7610 4WD	$29992	$4200	$7200	**$10500**	**$13200**	New Holland	4T	268D	16F-4R	86.95	6902	No
7710	$24500	$3430	$5880	**$8580**	**$10780**	New Holland	4T	268D	16F-4R	86.00	7074	No
7710 4WD	$31861	$4460	$7650	**$11150**	**$14020**	New Holland	4T	268D	16F-4R	86.00	7785	No
7710 4WD w/Cab	$38109	$5180	$8880	**$12950**	**$16280**	New Holland	4T	268D	16F-4R	86.00	7785	CHA
7710 w/Cab	$30804	$4310	$7390	**$10780**	**$13550**	New Holland	4T	268D	16F-4R	86.00	7074	CHA
8210	$42356	$4000	$7200	**$11200**	**$16000**	New Holland	6	401D	16F-8R	95.00	9425	CHA

SU - Low Profile H - Hydrostatic Transmission SMS - Synchronized Manual Shuttle Transmission

New Holland/Versatile

2000

Model	Approx. Retail Price New	Estimated Value Less Repairs: Used Trade In Avg.	Used Trade In High	Used Retail Avg.	Used Retail High	Engine Make	Engine No. Cyls.	Engine Displ. Cu.-In.	No. Speeds	P.T.O. H.P.	Approx. Shipping Wt.-Lbs.	Cab
TV140	$84515	$27890	$34650	**$44790**	**$53240**	New Holland	6T	456D	Variable	105.0		CHA
9184	$106445	$29810	$38320	**$51090**	**$60670**	Cummins	6TA	505D	12F-4R	240.0*		CHA
9184 w/3-Pt	$113435	$31760	$40840	**$54450**	**$64660**	Cummins	6TA	505D	12F-4R	240.0*		CHA
9184 w/3-Pt, PTO	$121570	$34040	$43770	**$58350**	**$69300**	Cummins	6TA	505D	12F-4R	240.0*		CHA
9282	$115175	$32250	$41460	**$55280**	**$65650**	Cummins	6TA	505D	12F-4R	260.0*	17722	CHA
9282 w/3-Pt	$122026	$34170	$43930	**$58570**	**$69560**	Cummins	6TA	505D	12F-4R	260.0*	18722	CHA
9282 w/PTO, 3-Pt	$130000	$35560	$45720	**$60960**	**$72390**	Cummins	6TA	505D	12F-4R	260.0*	18722	CHA
9384	$113150	$31680	$40730	**$54310**	**$64500**	Cummins	6TA	505D	12F-4R	270.0*		CHA
9384 w/3-Pt	$120138	$33640	$43250	**$57670**	**$68480**	Cummins	6TA	505D	12F-4R	270.0*		CHA
9384 w/3-Pt, PTO	$128280	$35920	$46180	**$61570**	**$73120**	Cummins	6TA	505D	12F-4R	270.0*		CHA
9384 PS	$124175	$34770	$44700	**$59600**	**$70780**	Cummins	6TA	505D	12F-4R	270.0*		CHA
9384 PS, 3-PT	$131165	$36730	$47220	**$62960**	**$74760**	Cummins	6TA	505D	12F-4R	270.0*		CHA
9384 PS, 3-PT, PTO	$139300	$39000	$50150	**$66860**	**$79400**	Cummins	6TA	505D	12F-4R	270.0*		CHA
9482	$130825	$36120	$46440	**$61920**	**$73530**	Cummins	6TA	660D	12F-4R	310.0*	18697	CHA
9482 w/PTO, 3-Pt	$145655	$39200	$50400	**$67200**	**$79800**	Cummins	6TA	660D	12F-4R	310.0*	18697	CHA
9482 PS	$141630	$38640	$49680	**$66240**	**$78660**	Cummins	6TA	660D	12F-4R	310.0*	19697	CHA
9484	$123245	$34510	$44370	**$59160**	**$70250**	Cummins	6TA	660D	12F-4R	310.0*		CHA
9484 w/3-Pt	$130235	$36470	$46890	**$62510**	**$74230**	Cummins	6TA	660D	12F-4R	310.0*		CHA
9484 w/3-Pt, PTO	$138375	$38750	$49820	**$66420**	**$78870**	Cummins	6TA	660D	12F-4R	310.0*		CHA
9484 PS	$134270	$37600	$48340	**$64450**	**$76530**	Cummins	6TA	660D	12F-4R	310.0*		CHA
9484 PS w/3-Pt	$141260	$39550	$50850	**$67810**	**$80520**	Cummins	6TA	660D	12F-4R	310.0*		CHA
9484 PS w/3-Pt, PTO	$149395	$41830	$53780	**$71710**	**$85160**	Cummins	6TA	660D	12F-4R	310.0*		CHA
9682	$146690	$34320	$45760	**$61490**	**$75790**	Cummins	6TA	855D	12F-4R	360.0*	19730	CHA
9682 w/PTO, 3-Pt	$159280	$36240	$48320	**$64930**	**$80030**	Cummins	6TA	855D	12F-4R	360.0*	19730	CHA

New Holland/Versatile (Cont.)

2000 (Cont.)

Model	Approx. Retail Price New	Used Trade In Avg.	Used Trade In High	Used Retail Avg.	Used Retail High	Engine Make	Engine No. Cyls.	Engine Displ. Cu.-In.	No. Speeds	P.T.O. H.P.	Approx. Shipping Wt.-Lbs.	Cab
9682 PS	$154085	$35280	$47040	**$63210**	**$77910**	Cummins	6TA	855D	12F-2R	360.0*	20065	CHA
9684	$152655	$35040	$46720	**$62780**	**$77380**	Cummins	6TA	855D	12F-4R	360.0*		CHA
9684 w/3-Pt	$158555	$35520	$47360	**$63640**	**$78440**	Cummins	6TA	855D	12F-4R	360.0*		CHA
9684 w/3-Pt, PTO	$167780	$38400	$51200	**$68800**	**$84800**	Cummins	6TA	855D	12F-4R	360.0*		CHA
9684 PS	$163680	$37680	$50240	**$67510**	**$83210**	Cummins	6TA	855D	12F-2R	360.0*		CHA
9684 PS w/3-Pt	$169580	$39120	$52160	**$70090**	**$86390**	Cummins	6TA	855D	12F-2R	360.0*		CHA
9684 PS w/3-Pt, PTO	$178800	$40800	$54400	**$73100**	**$90100**	Cummins	6TA	855D	12F-2R	360.0*		CHA
9882	$171065	$38400	$51200	**$68800**	**$84800**	Cummins	6TA	855D	12F-4R	425.0*	20230	CHA
9882 w/3-Pt	$177915	$39600	$52800	**$70950**	**$87450**	Cummins	6TA	855D	12F-4R	425.0*	20230	CHA
9884 w/3-Pt	$184330	$42000	$56000	**$75250**	**$92750**	Cummins	6TA	855D	12F-4R	425.0*		CHA
9884	$178430	$40800	$54400	**$73100**	**$90100**	Cummins	6TA	855D	12F-4R	425.0*		CHA

***Net SAE Horsepower**
PS Powershift Transmission

1999

Model	Approx. Retail Price New	Used Trade In Avg.	Used Trade In High	Used Retail Avg.	Used Retail High	Engine Make	Engine No. Cyls.	Engine Displ. Cu.-In.	No. Speeds	P.T.O. H.P.	Approx. Shipping Wt.-Lbs.	Cab
TV140	$83785	$25970	$33510	**$43570**	**$51950**	New Holland	6T	456D	Variable	105.0		CHA
9282	$115175	$29950	$39160	**$54130**	**$64500**	Cummins	6TA	505D	12F-4R	260.0*	17722	CHA
9282 w/PTO	$123015	$31980	$41830	**$57820**	**$68890**	Cummins	6TA	505D	12F-4R	260.0*	18722	CHA
9282 w/PTO, 3-Pt	$130000	$33020	$43180	**$59690**	**$71120**	Cummins	6TA	505D	12F-4R	260.0*	18722	CHA
9482	$130825	$33540	$43860	**$60630**	**$72240**	Cummins	6TA	660D	12F-4R	310.0*	18697	CHA
9482 w/PTO, 3-Pt	$145655	$36400	$47600	**$65800**	**$78400**	Cummins	6TA	660D	12F-4R	310.0*	18697	CHA
9482 PS	$141630	$35880	$46920	**$64860**	**$77280**	Cummins	6TA	660D	12F-4R	310.0*	19697	CHA
9482 PS w/PTO, 3-Pt	$156460	$39000	$51000	**$70500**	**$84000**	Cummins	6TA	660D	12F-4R	310.0*	19697	CHA
9682	$144450	$31240	$44020	**$59640**	**$73840**	Cummins	6TA	855D	12F-4R	360.0*	19730	CHA
9682 w/PTO, 3-Pt	$159280	$33220	$46810	**$63420**	**$78520**	Cummins	6TA	855D	12F-4R	360.0*	19730	CHA
9682 PS	$154085	$32340	$45570	**$61740**	**$76440**	Cummins	6TA	855D	12F-2R	360.0*	20065	CHA
9682 PS w/PTO, 3-Pt	$163915	$33660	$47430	**$64260**	**$79560**	Cummins	6TA	855D	12F-2R	360.0*	20065	CHA
9882	$168040	$34760	$48980	**$66360**	**$82160**	Cummins	6TA	855D	12F-4R	425.0*	20230	CHA
9882 w/3-Pt	$169890	$35160	$49540	**$67120**	**$83100**	Cummins	6TA	855D	12F-4R	425.0*	20230	CHA

***Net SAE Horsepower**
PS Powershift Transmission

1998

Model	Approx. Retail Price New	Used Trade In Avg.	Used Trade In High	Used Retail Avg.	Used Retail High	Engine Make	Engine No. Cyls.	Engine Displ. Cu.-In.	No. Speeds	P.T.O. H.P.	Approx. Shipping Wt.-Lbs.	Cab
TV140	$77890	$23370	$30380	**$39720**	**$47510**	New Holland	6T	456D	Variable	105.0		CHA
9030E Loader	$70646	$21190	$27550	**$36030**	**$43090**	New Holland	4T	304D	Variable	102.0		CHA
9030E w/Loader, PTO, 3Pt	$78285	$23490	$30530	**$39930**	**$47750**	New Holland	4T	304D	Variable	102.0	10330	CHA
9282	$114690	$22940	$34410	**$45880**	**$58490**	Cummins	6TA	505D	12F-4R	260.0*	17722	CHA
9282 w/PTO	$122525	$24000	$36000	**$48000**	**$61200**	Cummins	6TA	505D	12F-4R	260.0*	18722	CHA
9482	$127441	$25000	$37500	**$50000**	**$63750**	Cummins	6TA	660D	12F-4R	310.0*	18697	CHA
9482 PS	$138250	$26240	$39360	**$52480**	**$66910**	Cummins	6TA	660D	12F-4R	310.0*	19697	CHA
9682	$147752	$27940	$41910	**$55880**	**$71250**	Cummins	6TA	855D	12F-4R	360.0*	19730	CHA
9682 PS	$157390	$29000	$43500	**$58000**	**$73950**	Cummins	6TA	855D	12F-2R	360.0*	20065	CHA
9882	$175775	$33000	$49500	**$66000**	**$84150**	Cummins	6TA	855D	12F-4R	425.0*	20230	CHA

***Net SAE Horsepower**
PS Powershift Transmission

1997

Model	Approx. Retail Price New	Used Trade In Avg.	Used Trade In High	Used Retail Avg.	Used Retail High	Engine Make	Engine No. Cyls.	Engine Displ. Cu.-In.	No. Speeds	P.T.O. H.P.	Approx. Shipping Wt.-Lbs.	Cab
9030	$68588	$19890	$26060	**$34290**	**$41150**	New Holland	4T	268D	Variable	102.0	9930	CHA
9030 Utility	$63063	$18290	$23960	**$31530**	**$37840**	New Holland	4T	268D	Variable	102.0	9260	CHA
9030 Utility w/Loader	$70500	$21900	$28690	**$37750**	**$45300**	New Holland	4T	268D	Variable	102.0		CHA
9030 Utility w/Loader, 3Pt	$77150	$23240	$30460	**$40080**	**$48090**	New Holland	4T	268D	Variable	102.0	10330	CHA
9030 w/3 Pt & PTO	$76000	$22770	$29830	**$39250**	**$47100**	New Holland	4T	268D	Variable	100.0	10975	CHA
9282	$110316	$20710	$30520	**$41420**	**$54500**	Cummins	6TA	505D	12F-4R	260.0*	17722	CHA
9282 w/PTO	$117925	$21470	$31640	**$42940**	**$56500**	Cummins	6TA	505D	12F-4R	260.0*	18722	CHA
9282 w/PTO, 3 Pt.	$124713	$22550	$33240	**$45110**	**$59350**	Cummins	6TA	505D	12F-4R	260.0*	20295	CHA
9482	$124615	$22800	$33600	**$45600**	**$60000**	Cummins	6TA	660D	12F-4R	310.0*	18697	CHA
9482 PS	$135106	$24340	$35870	**$48680**	**$64050**	Cummins	6TA	660D	12F-2R	310.0*	19232	CHA
9482 PS w/PTO	$142714	$25780	$38000	**$51570**	**$67850**	Cummins	6TA	660D	12F-2R	310.0*	20232	CHA
9482 PS w/PTO, 3 Pt.	$149503	$26510	$39060	**$53010**	**$69750**	Cummins	6TA	660D	12F-2R	310.0*	21805	CHA
9482 w/PTO	$132222	$24700	$36400	**$49400**	**$65000**	Cummins	6TA	660D	12F-4R	310.0*	19697	CHA
9482 w/PTO, 3 Pt.	$139011	$25460	$37520	**$50920**	**$67000**	Cummins	6TA	660D	12F-4R	310.0*	21270	CHA
9682	$140785	$24830	$36600	**$49670**	**$65350**	Cummins	6TA	855D	12F-4R	360.0*	19730	CHA
9682 PS	$150267	$26640	$39260	**$53280**	**$70100**	Cummins	6TA	855D	12F-2R	360.0*	20065	CHA
9682 PS w/PTO	$157875	$27460	$40460	**$54910**	**$72250**	Cummins	6TA	855D	12F-2R	360.0*	21065	CHA
9682 PS w/PTO, 3 Pt.	$164665	$28610	$42170	**$57230**	**$75300**	Cummins	6TA	855D	12F-2R	360.0*	22638	CHA
9682 w/PTO	$148393	$26280	$38720	**$52550**	**$69150**	Cummins	6TA	855D	12F-4R	360.0*	20730	CHA
9682 w/PTO, 3 Pt.	$155182	$27550	$40600	**$55100**	**$72500**	Cummins	6TA	855D	12F-4R	360.0*	22303	CHA
9882	$164120	$29280	$43150	**$58560**	**$77050**	Cummins	6TA	855D	12F-4R	425.0*	20230	CHA
9882 w/3 Pt.	$170770	$30400	$44800	**$60800**	**$80000**	Cummins	6TA	855D	12F-4R	425.0*	21803	CHA

***Net SAE Horsepower**
PS Powershift Transmission

1996

Model	Approx. Retail Price New	Used Trade In Avg.	Used Trade In High	Used Retail Avg.	Used Retail High	Engine Make	Engine No. Cyls.	Engine Displ. Cu.-In.	No. Speeds	P.T.O. H.P.	Approx. Shipping Wt.-Lbs.	Cab
9030	$66590	$18650	$24640	**$32630**	**$39290**	New Holland	4T	268D	Variable	102.00	9190	CHA
9030 Utility	$67475	$18890	$24970	**$33060**	**$39810**	New Holland	4T	268D	Variable	102.00	9260	CHA
9030 Utility PTO, 3Pt.	$74903	$20970	$27710	**$36700**	**$44190**	New Holland	4T	268D	Variable	102.00	10330	CHA
9030 w/3 Pt. & PTO	$73789	$20660	$27300	**$36160**	**$43540**	New Holland	4T	268D	Variable	100.	10261	CHA
9282	$106442	$18800	$28200	**$38640**	**$51180**	Cummins	6TA	505D	12F-4R	260.00*	17722	CHA
9282 w/PTO	$113938	$20140	$30210	**$41400**	**$54830**	Cummins	6TA	505D	12F-4R	260.00*	18722	CHA
9282 w/PTO, 3 Pt.	$120627	$21240	$31860	**$43660**	**$57820**	Cummins	6TA	505D	12F-4R	260.00*	20295	CHA
9482	$122634	$21600	$32400	**$44400**	**$58800**	Cummins	6TA	660D	12F-4R	310.00*	18697	CHA
9482 PS	$132970	$22680	$34020	**$46620**	**$61740**	Cummins	6TA	660D	12F-2R	310.00*	19232	CHA
9482 PS w/PTO	$140466	$23670	$35510	**$48660**	**$64440**	Cummins	6TA	660D	12F-2R	310.00*	20232	CHA
9482 PS w/PTO, 3 Pt.	$147155	$24870	$37300	**$51120**	**$67700**	Cummins	6TA	660D	12F-2R	310.00*	21805	CHA

New Holland/Versatile (Cont.)

1996 (Cont.)

Model	Approx. Retail Price New	Used Trade In Avg.	Used Trade In High	Used Retail Avg.	Used Retail High	Engine Make	Engine No. Cyls.	Engine Displ. Cu.-In.	No. Speeds	P.T.O. H.P.	Approx. Shipping Wt.-Lbs.	Cab
9482 w/PTO	$130130	$22500	$33750	**$46250**	**$61250**	Cummins	6TA	660D	12F-4R	310.00*	19697	CHA
9482 w/PTO, 3 Pt.	$136820	$23550	$35320	**$48400**	**$64100**	Cummins	6TA	660D	12F-4R	310.00*	21270	CHA
9682	$139648	$23760	$35640	**$48840**	**$64680**	Cummins	6TA	855D	12F-4R	360.00*	19730	CHA
9682 PS	$148005	$24660	$36990	**$50690**	**$67130**	Cummins	6TA	855D	12F-2R	360.00*	20065	CHA
9682 PS w/PTO	$155500	$25200	$37800	**$51800**	**$68600**	Cummins	6TA	855D	12F-2R	360.00*	21065	CHA
9682 PS w/PTO, 3 Pt.	$162190	$26120	$39180	**$53690**	**$71100**	Cummins	6TA	855D	12F-2R	360.00*	22638	CHA
9682 w/PTO	$147145	$24500	$36750	**$50360**	**$66690**	Cummins	6TA	855D	12F-4R	360.00*	20730	CHA
9682 w/PTO, 3 Pt.	$153833	$25560	$38340	**$52540**	**$69580**	Cummins	6TA	855D	12F-4R	360.00*	22303	CHA
9882	$155990	$26260	$39390	**$53980**	**$71490**	Cummins	6TA	855D	12F-4R	425.00*	20230	CHA
9882 w/3 Pt.	$162543	$27450	$41180	**$56430**	**$74730**	Cummins	6TA	855D	12F-4R	425.00*	21803	CHA

***Net SAE Horsepower**
PS Powershift Transmission

1995

Model	Approx. Retail Price New	Used Trade In Avg.	Used Trade In High	Used Retail Avg.	Used Retail High	Engine Make	Engine No. Cyls.	Engine Displ. Cu.-In.	No. Speeds	P.T.O. H.P.	Approx. Shipping Wt.-Lbs.	Cab
9030	$58361	$16200	$21600	**$28800**	**$34800**	New Holland	4T	268D	Variable	102.00	9190	CHA
9030 Utility	$59443	$16050	$21400	**$28530**	**$34480**	New Holland	4T	268D	Variable	102.00	9260	CHA
9030 Utility PTO, 3Pt.	$66796	$18040	$24050	**$32060**	**$38740**	New Holland	4T	268D	Variable	102.00	10330	CHA
9030 w/3Pt. & PTO	$65714	$17740	$23660	**$31540**	**$38110**	New Holland	4T	268D	Variable	100.	10261	CHA
9280	$85631	$17130	$25690	**$36820**	**$44530**	Cummins	6T	611D	12F-4R	250.00*	17722	CHA
9280 w/PTO	$90770	$18150	$27230	**$39030**	**$47200**	Cummins	6T	611D	12F-4R	250.00*	18722	CHA
9280 w/PTO, 3Pt.	$99140	$19830	$29740	**$42630**	**$51550**	Cummins	6T	611D	12F-4R	250.00*	20295	CHA
9480	$101747	$20350	$30520	**$43750**	**$52910**	Cummins	6TA	855D	12F-4R	300.00*	18697	CHA
9480 PS	$107612	$21520	$32280	**$46270**	**$55960**	Cummins	6TA	855D	12F-2R	300.00*	19232	CHA
9480 PS w/PTO, 3Pt.	$121121	$23400	$35100	**$50310**	**$60840**	Cummins	6TA	855D	12F-2R	300.00*	21805	CHA
9480 w/PTO, 3Pt.	$115256	$22400	$33600	**$48160**	**$58240**	Cummins	6TA	855D	12F-4R	300.00*	21270	CHA
9680	$108561	$21710	$32570	**$46680**	**$56450**	Cummins	6TA	855D	12F-4R	350.00*	19730	CHA
9680 PS	$118406	$23000	$34500	**$49450**	**$59800**	Cummins	6TA	855D	12F-2R	350.00*	20065	CHA
9680 PS w/PTO, 3Pt.	$131915	$25000	$37500	**$53750**	**$65000**	Cummins	6TA	855D	12F-2R	350.00*	22638	CHA
9680 w/PTO, 3Pt.	$122070	$23600	$35400	**$50740**	**$61360**	Cummins	6TA	855D	12F-4R	350.00*	22303	CHA
9880	$124284	$24060	$36090	**$51730**	**$62560**	Cummins	6TA	855D	12F-4R	400.00*	20230	CHA
9880 w/3Pt.	$130524	$25100	$37650	**$53970**	**$65260**	Cummins	6TA	855D	12F-4R	400.00*	21803	CHA

***Net SAE Horsepower**
PS Powershift Transmission

1994

Model	Approx. Retail Price New	Used Trade In Avg.	Used Trade In High	Used Retail Avg.	Used Retail High	Engine Make	Engine No. Cyls.	Engine Displ. Cu.-In.	No. Speeds	P.T.O. H.P.	Approx. Shipping Wt.-Lbs.	Cab
9030	$52960	$13770	$18540	**$24890**	**$30190**	New Holland	4T	268D	Variable	102.00	10750	CHA
9030 w/3 Pt. & PTO	$59503	$15470	$20830	**$27970**	**$33920**	New Holland	4T	268D	Variable	100.	12150	CHA
9280	$85131	$16180	$24690	**$35760**	**$43420**	Cummins	6T	611D	12F-4R	250.00*	17722	CHA
9280 w/PTO, 3Pt.	$96140	$18270	$27880	**$40380**	**$49030**	Cummins	6T	611D	12F-4R	250.00*	20295	CHA
9480	$98547	$18720	$28580	**$41390**	**$50260**	Cummins	6TA	855D	12F-4R	300.00*	18697	CHA
9480 PS	$102212	$19000	$29000	**$42000**	**$51000**	Cummins	6TA	855D	12F-2R	300.00*	19232	CHA
9480 PS w/PTO, 3Pt.	$111121	$20710	$31610	**$45780**	**$55590**	Cummins	6TA	855D	12F-2R	300.00*	21805	CHA
9480 w/PTO, 3Pt.	$104156	$19380	$29580	**$42840**	**$52020**	Cummins	6TA	855D	12F-4R	300.00*	21270	CHA
9680	$103461	$19270	$29410	**$42590**	**$51710**	Cummins	6TA	855D	12F-4R	350.00*	19730	CHA
9680 PS	$113306	$20960	$31990	**$46330**	**$56250**	Cummins	6TA	855D	12F-2R	350.00*	20065	CHA
9680 PS w/PTO, 3Pt.	$120915	$22140	$33790	**$48930**	**$59420**	Cummins	6TA	855D	12F-2R	350.00*	22638	CHA
9680 w/PTO, 3Pt.	$111070	$20520	$31320	**$45360**	**$55080**	Cummins	6TA	855D	12F-4R	350.00*	22303	CHA
9880	$113284	$21090	$32190	**$46620**	**$56610**	Cummins	6TA	855D	12F-4R	400.00*	20230	CHA
9880 w/3Pt.	$121524	$22710	$34660	**$50190**	**$60950**	Cummins	6TA	855D	12F-4R	400.00*	21803	CHA

***Net SAE Horsepower**
PS Powershift Transmission

1993

Model	Approx. Retail Price New	Used Trade In Avg.	Used Trade In High	Used Retail Avg.	Used Retail High	Engine Make	Engine No. Cyls.	Engine Displ. Cu.-In.	No. Speeds	P.T.O. H.P.	Approx. Shipping Wt.-Lbs.	Cab
9030	$52960	$13240	$18010	**$24360**	**$29660**	New Holland	4T	268D	Variable	102.00	10750	CHA
9030 w/3 Pt. & PTO	$59503	$14880	$20230	**$27370**	**$33320**	New Holland	4T	268D	Variable	100.	12150	CHA
846	$77825	$11670	$18680	**$26460**	**$35800**	Cummins	6T	611D	12F-4R	230.00*	15560	CHA
846 w/3 Pt. & PTO	$83353	$12500	$20010	**$28340**	**$38340**	Cummins	6T	611D	15F-5R	230.00*		CHA
876 Mechanical Shift	$89197	$13200	$21120	**$29920**	**$40480**	Cummins	6TI	611D	12F-4R	280.00*	15800	CHA
876 Powershift	$101362	$14250	$22800	**$32300**	**$43700**	Cummins	6TI	611D	12F-2R	280.00*		CHA
876 w/3 Pt. & PTO	$108295	$15450	$24720	**$35020**	**$47380**	Cummins	6TI	611D	12F-2R	280.00*		CHA
946 Mechanical Shift	$101706	$15260	$24410	**$34580**	**$46790**	Cummins	6TI	855D	12F-4R	325.00*	18300	CHA
946 Powershift	$114962	$16350	$26160	**$37060**	**$50140**	Cummins	6TI	855D	12F-2R	325.00*	18750	CHA
946 w/3 Pt. & PTO	$121894	$17400	$27840	**$39440**	**$53360**	Cummins	6TI	855D	12F-2R	325.00*		CHA
976 Mechanical Shift	$109739	$15600	$24960	**$35360**	**$47840**	Cummins	6TI	855D	12F-4R	360.00*	18300	CHA
976 Powershift	$123523	$17700	$28320	**$40120**	**$54280**	Cummins	6TI	855D	12F-2R	360.00*	18750	CHA
976 w/3 Pt. & PTO	$130456	$18750	$30000	**$42500**	**$57500**	Cummins	6TI	855D	12F-2R	360.00*		CHA

***Net SAE Horsepower**

1992

Model	Approx. Retail Price New	Used Trade In Avg.	Used Trade In High	Used Retail Avg.	Used Retail High	Engine Make	Engine No. Cyls.	Engine Displ. Cu.-In.	No. Speeds	P.T.O. H.P.	Approx. Shipping Wt.-Lbs.	Cab
9030	$55415	$13440	$18480	**$25200**	**$30800**	New Holland	4T	268D	Variable	102.00	10750	CHA
9030 w/3 Pt. & PTO	$62262	$14940	$20550	**$28020**	**$34240**	New Holland	4T	268D	Variable	100.	12150	CHA
846 w/3 Pt. & PTO	$90458	$9050	$14470	**$20810**	**$27140**	Cummins	6T	611D	15F-5R	230.00*		CHA
876 w/3 Pt. & PTO	$115400	$11540	$18460	**$26540**	**$34620**	Cummins	6TI	611D	12F-2R	280.00*		CHA
946 w/3 Pt. & PTO	$127952	$12800	$20470	**$29430**	**$38390**	Cummins	6TI	855D	12F-2R	325.00*		CHA
976 w/3 Pt. & PTO	$136504	$13500	$21600	**$31050**	**$40500**	Cummins	6TI	855D	12F-2R	360.00*		CHA
1156	$170112	$16500	$26400	**$37950**	**$49500**	Cummins	6TI	1150D	8F-4R	470*	33000	CHA

***Net SAE Horsepower**

1991

Model	Approx. Retail Price New	Used Trade In Avg.	Used Trade In High	Used Retail Avg.	Used Retail High	Engine Make	Engine No. Cyls.	Engine Displ. Cu.-In.	No. Speeds	P.T.O. H.P.	Approx. Shipping Wt.-Lbs.	Cab
9030	$53161	$12230	$17010	**$23390**	**$28710**	New Holland	4T	268D	Variable	102.00	10750	CHA
9030 w/3 Pt. & PTO	$60008	$13800	$19200	**$26400**	**$32400**	New Holland	4T	268D	Variable	100.	12150	CHA
846 w/3 Pt. & PTO	$87815	$7900	$13170	**$19320**	**$25470**	Cummins	6T	611D	15F-5R	230*		CHA
876 w/3 Pt. & PTO	$113137	$10180	$16970	**$24890**	**$32810**	Cummins	6TI	611D	12F-2R	280*		CHA
946 w/3 Pt. & PTO	$118804	$10690	$17820	**$26140**	**$34450**	Cummins	6TI	855D	12F-2R	325*		CHA

New Holland/Versatile (Cont.)

1991 (Cont.)

Model	Approx. Retail Price New	Used Trade In Avg.	Used Trade In High	Used Retail Avg.	Used Retail High	Engine Make	Engine No. Cyls.	Engine Displ. Cu.-In.	No. Speeds	P.T.O. H.P.	Approx. Shipping Wt.-Lbs.	Cab
976 w/3 Pt. & PTO	$127197	$11250	$18750	**$27500**	**$36250**	Cummins	6TI	855D	12F-2R	360*		CHA
1156	$167107	$14130	$23550	**$34540**	**$45530**	Cummins	6TI	1150D	8F-4R	470*	33000	CHA

***Net SAE Horsepower**

1990

Model	Approx. Retail Price New	Used Trade In Avg.	Used Trade In High	Used Retail Avg.	Used Retail High	Engine Make	Engine No. Cyls.	Engine Displ. Cu.-In.	No. Speeds	P.T.O. H.P.	Approx. Shipping Wt.-Lbs.	Cab
9030	$49058	$11220	$15810	**$21930**	**$27030**	New Holland	4T	268D	Variable	100.	8500	CHA
9030 w/3 Pt. & PTO	$54328	$12100	$17050	**$23650**	**$29150**	New Holland	4T	268D	Variable	100.	9300	CHA
846 w/3 Pt.	$83265	$6660	$11660	**$17490**	**$23310**	Cummins	6T	611D	12F-4R	230*		CHA
876 w/3 Pt.	$98029	$7840	$13720	**$20590**	**$27450**	Cummins	6TA	611D	12F-4R	280*		CHA
946 w/3 Pt.	$109368	$8750	$15310	**$22970**	**$30620**	Cummins	6TA	855D	12F-4R	325*		CHA
976 w/3 Pt.	$117243	$9200	$16100	**$24150**	**$32200**	Cummins	6TA	855D	12F-4R	360*		CHA
1156	$166249	$12880	$22540	**$33810**	**$45080**	Cummins	6TI	1150D	8F-4R	470*	33000	CHA

***Net SAE Horsepower**

1989

Model	Approx. Retail Price New	Used Trade In Avg.	Used Trade In High	Used Retail Avg.	Used Retail High	Engine Make	Engine No. Cyls.	Engine Displ. Cu.-In.	No. Speeds	P.T.O. H.P.	Approx. Shipping Wt.-Lbs.	Cab
276	$45391	$9530	$13840	**$19060**	**$23600**	Cummins	4T	239D	Variable	100.45	9000	CHA
276 3 Pt. & PTO	$52029	$10930	$15870	**$21850**	**$27060**	Cummins	4T	239D	Variable	100.45	9000	CHA
846	$77183	$5400	$10030	**$15440**	**$20840**	Cummins	6T	611D	12F-4R	230*		CHA
846 PS w/PTO	$90643	$6350	$11780	**$18130**	**$24470**	Cummins	6T	611D	12F-4R	230*		CHA
876	$97942	$6860	$12730	**$19590**	**$26440**	Cummins	6TI	611D	12F-4R	280*	21000	CHA
876 PS w/PTO	$99450	$6960	$12930	**$19890**	**$26850**	Cummins	6TI	611D	12F-3R	280*	21000	CHA
946	$99775	$6980	$12970	**$19960**	**$26940**	Cummins	6TI	855D	12F-4R	325*	22000	CHA
946 PS	$112314	$7860	$14600	**$22460**	**$30330**	Cummins	6TI	855D	12F-2R	325*	22000	CHA
976	$107374	$7520	$13960	**$21480**	**$28990**	Cummins	6TA	855D	12F-4R	360*	22000	CHA
976 PS	$120414	$8430	$15650	**$24080**	**$32510**	Cummins	6TI	855D	12F-2R	360*	22000	CHA
1156	$163107	$10710	$19890	**$30600**	**$41310**	Cummins	6TI	1150D	8F-4R	470*	33000	CHA

***Net SAE Horsepower**

1988

Model	Approx. Retail Price New	Used Trade In Avg.	Used Trade In High	Used Retail Avg.	Used Retail High	Engine Make	Engine No. Cyls.	Engine Displ. Cu.-In.	No. Speeds	P.T.O. H.P.	Approx. Shipping Wt.-Lbs.	Cab
256 w/3 Pt. & PTO	$41900	$8590	$12570	**$17180**	**$21370**	Cummins	4T	239D	Variable	85.14	9000	CHA
276	$45100	$9250	$13530	**$18490**	**$23000**	Cummins	4T	239D	Variable	100.45	9000	CHA
846	$74600	$4480	$8950	**$14170**	**$19400**	Cummins	6T	611D	12F-4R	230*	21000	CHA
876	$95200	$5710	$11420	**$18090**	**$24750**	Cummins	6T	611D	12F-4R	280*	21000	CHA
936	$105000	$6300	$12600	**$19950**	**$27300**	Cummins	6T	855D	12F-4R	310*	22000	CHA
956	$107300	$6440	$12880	**$20390**	**$27900**	Cummins	6T	855D	12F-4R	335*	22000	CHA
976	$115300	$6920	$13840	**$21910**	**$29980**	Cummins	6TA	855D	12F-4R	360*	22000	CHA
1156	$151400	$8400	$16800	**$26600**	**$36400**	Cummins	6TA	1150D	8F-2R	470*	33000	CHA

***Net SAE Horsepower**
See Versatile for earlier models.

Oliver

1975

Model	Approx. Retail Price New	Used Trade In Avg.	Used Trade In High	Used Retail Avg.	Used Retail High	Engine Make	Engine No. Cyls.	Engine Displ. Cu.-In.	No. Speeds	P.T.O. H.P.	Approx. Shipping Wt.-Lbs.	Cab
550	$4392	$1350	$2020	**$3070**	**$3450**	Oliver	4	155G	6F-2R	44.00	3229	No
550	$5183	$1550	$2320	**$3520**	**$3960**	Oliver	4	155D	6F-2R	39.00	3245	No
1265	$5335	$1710	$2560	**$3900**	**$4370**	Fiat	3	158D	9F-3R	41.00	3806	No
1265 4WD	$6625	$1980	$2970	**$4520**	**$5070**	Fiat	3	158D	9F-3R	41.00	4456	No
1365	$6636	$2050	$3070	**$4670**	**$5240**	Fiat	4	211D	12F-3R	54.00	4606	No
1365 4WD	$7800	$2250	$3380	**$5130**	**$5760**	Fiat	4	211D	12F-3R	54.00	5056	No
1465	$8568	$2540	$3810	**$5800**	**$6510**	Oliver	4	278D	7F-2R	70.00	6460	No
1555	$7294	$2200	$3300	**$5010**	**$5630**	Oliver	6	232G	12F-4R	53.00	6880	No
1555	$8123	$2410	$3610	**$5490**	**$6160**	Oliver	6	232D	12F-4R	53.00	6999	No
1655	$8507	$2480	$3720	**$5650**	**$6340**	Oliver	6	265G	18F-6R	70.27	7023	No
1655	$9523	$2630	$3950	**$6000**	**$6740**	Oliver	6	283D	18F-6R	70.57	7315	No
1655 4WD	$12570	$2640	$3650	**$5340**	**$6290**	Oliver	6	265G	18F-6R	70.00	8733	No
1655 4WD	$13554	$2850	$3930	**$5760**	**$6780**	Oliver	6	283D	18F-6R	70.00	8850	No
1755	$9160	$2240	$3090	**$4530**	**$5330**	Oliver	6	283G	18F-6R	86.98	8739	No
1755	$9993	$2390	$3300	**$4840**	**$5700**	Oliver	6	310D	18F-6R	86.93	8873	No
1755 4WD	$12988	$2730	$3770	**$5520**	**$6490**	Oliver	6	283G	18F-6R	86.00	10732	No
1755 4WD	$13873	$2910	$4020	**$5900**	**$6940**	Oliver	6	310D	18F-6R	86.00	10873	No
1855	$10247	$2360	$3260	**$4780**	**$5620**	Oliver	6	310G	18F-6R	92.00	9190	No
1855	$11358	$2600	$3580	**$5250**	**$6180**	Oliver	6T	310D	18F-6R	98.60	9315	No
1855 4WD	$13414	$2840	$3920	**$5740**	**$6750**	Oliver	6	310G	18F-6R	92.00	11943	No
1855 4WD	$14514	$3050	$4210	**$6170**	**$7260**	Oliver	6T	310D	18F-6R	98.00	12236	No
2255	$16277	$1300	$2930	**$4720**	**$6190**	Cat.	V8	573D	18F-6R	146.72	13500	No
2255	$17800	$1420	$3200	**$5160**	**$6760**	Cat.	V8	573D	18F-6R	146.72	14600	C
2255 4WD	$19477	$1560	$3510	**$5650**	**$7400**	Cat.	V8	573D	18F-6R	146.00	15300	No
2255 4WD	$21000	$1680	$3780	**$6090**	**$7980**	Cat.	V8	573D	18F-6R	146.72	16400	C

1974

Model	Approx. Retail Price New	Used Trade In Avg.	Used Trade In High	Used Retail Avg.	Used Retail High	Engine Make	Engine No. Cyls.	Engine Displ. Cu.-In.	No. Speeds	P.T.O. H.P.	Approx. Shipping Wt.-Lbs.	Cab
550	$4306	$1330	$2020	**$3020**	**$3400**	Oliver	4	155G	6F-2R	44.00	3229	No
550	$5081	$1520	$2310	**$3470**	**$3890**	Oliver	4	155D	6F-2R	39.00	3245	No
1265	$5230	$1680	$2560	**$3840**	**$4310**	Fiat	3	158D	9F-3R	41.00	3806	No
1265 4WD	$6495	$1920	$2920	**$4390**	**$4930**	Fiat	3	158D	9F-3R	41.00	4456	No
1270	$5230	$1680	$2560	**$3840**	**$4310**	Fiat	3	158D	9F-2R	41.00	3806	No
1270 4WD	$6495	$1920	$2920	**$4390**	**$4930**	Fiat	3	158D	9F-2R	41.00	4456	No
1365	$6506	$2000	$3040	**$4560**	**$5120**	Fiat	4	211D	12F-3R	54.00	4606	No
1365 4WD	$7647	$2210	$3360	**$5040**	**$5660**	Fiat	4	211D	12F-3R	54.00	5056	No
1370	$6506	$2020	$3070	**$4600**	**$5170**	Fiat	4	211D	12F-3R	54.00	4606	No
1370 4WD	$7647	$2240	$3400	**$5100**	**$5730**	Fiat	4	211D	12F-3R	54.00	5056	No
1465	$8400	$2480	$3760	**$5640**	**$6340**	Oliver	4	278D	7F-2R	70.00	6460	No
1555	$7151	$2160	$3290	**$4930**	**$5540**	Oliver	6	232G	12F-4R	53.00	6880	No
1555	$7964	$2370	$3600	**$5390**	**$6060**	Oliver	6	232D	12F-4R	53.00	6999	No

Oliver (Cont.)

1974 (Cont.)

Model	Approx. Retail Price New	Est. Value Less Repairs: Used Trade In Avg.	Used Trade In High	Used Retail Avg.	Used Retail High	Engine Make	Engine No. Cyls.	Engine Displ. Cu.-In.	No. Speeds	P.T.O. H.P.	Approx. Shipping Wt.-Lbs.	Cab
1655	$8340	$2460	$3740	**$5610**	**$6300**	Oliver	6	265G	18F-6R	70.27	7023	No
1655	$9336	$2630	$4000	**$6010**	**$6740**	Oliver	6	283D	18F-6R	70.57	7315	No
1655 4WD	$12324	$2650	$3640	**$5300**	**$6220**	Oliver	6	265G	18F-6R	70.00	8733	No
1655 4WD	$13288	$2860	$3920	**$5710**	**$6710**	Oliver	6	283D	18F-6R	70.00	8850	No
1755	$8981	$2250	$3090	**$4510**	**$5290**	Oliver	6	283G	18F-6R	86.98	8739	No
1755	$9797	$2360	$3240	**$4730**	**$5550**	Oliver	6	310D	18F-6R	86.93	8873	No
1755 4WD	$12733	$2740	$3760	**$5480**	**$6430**	Oliver	6	283G	18F-6R	86.00	10732	No
1755 4WD	$13601	$2920	$4010	**$5850**	**$6870**	Oliver	6	310D	18F-6R	86.00	10873	No
1855	$10046	$2330	$3200	**$4660**	**$5480**	Oliver	6	310G	18F-6R	92.00	9190	No
1855	$11135	$2500	$3430	**$5000**	**$5880**	Oliver	6T	310D	18F-6R	98.60	9315	No
1855 4WD	$13151	$2830	$3880	**$5660**	**$6640**	Oliver	6	310G	18F-6R	92.00	11943	No
1855 4WD	$14229	$3060	$4200	**$6120**	**$7190**	Oliver	6T	310D	18F-6R	98.00	12236	No
1870	$10400	$2360	$3230	**$4710**	**$5530**	MM	6	425LP	18F-6R	97.00	10612	No
1870	$11000	$2410	$3300	**$4820**	**$5660**	MM	6	451D	18F-6R	98.00	10812	No
1955	$12615	$2710	$3720	**$5420**	**$6370**	Oliver	6T	310D	18F-6R	108.15	10750	No
1955 4WD	$15750	$3390	$4650	**$6770**	**$7950**	Oliver	6T	310D	18F-6R	108.00	12850	No
2255	$15958	$1990	$3740	**$5810**	**$7470**	Cat.	V8	573D	18F-6R	146.72	13500	No
2255 4WD	$19095	$2290	$4300	**$6680**	**$8590**	Cat.	V8	573D	18F-6R	146.00	15300	No
2270	$13000	$1560	$2930	**$4550**	**$5850**	MM	6	504LP	18F-6R	137.00	12600	No
2270	$13600	$1630	$3060	**$4760**	**$6120**	MM	6	585D	18F-6R	142.00	13000	No

1973

Model	Approx. Retail Price New	Used Trade In Avg.	Used Trade In High	Used Retail Avg.	Used Retail High	Engine Make	No. Cyls.	Displ. Cu.-In.	No. Speeds	P.T.O. H.P.	Approx. Shipping Wt.-Lbs.	Cab
550	$4101	$1280	$1960	**$2910**	**$3270**	Oliver	4	155G	6F-2R	44.00	3229	No
550	$4839	$1460	$2250	**$3330**	**$3740**	Oliver	4	155D	6F-2R	39.00	3245	No
1265	$4981	$1620	$2500	**$3690**	**$4150**	Fiat	3	158D	9F-3R	41.00	3806	No
1265 4WD	$6186	$1850	$2840	**$4210**	**$4730**	Fiat	3	158D	9F-3R	41.00	4456	No
1365	$6196	$1920	$2960	**$4390**	**$4930**	Fiat	4	211D	12F-3R	54.00	4606	No
1365 4WD	$7283	$2270	$3500	**$5180**	**$5810**	Fiat	4	211D	12F-3R	54.00	5056	No
1465	$8000	$2380	$3660	**$5420**	**$6080**	Oliver	4	278D	7F-2R	70.00	6460	No
1555	$6810	$2080	$3200	**$4740**	**$5320**	Oliver	6	232G	12F-4R	53.00	6880	No
1555	$7585	$2270	$3500	**$5180**	**$5810**	Oliver	6	232D	12F-4R	53.00	6999	No
1655	$7943	$2360	$3640	**$5380**	**$6040**	Oliver	6	265G	18F-6R	70.27	7023	No
1655	$8891	$2600	$4000	**$5920**	**$6650**	Oliver	6	283D	18F-6R	70.57	7315	No
1655 4WD	$11737	$2580	$3520	**$5160**	**$5990**	Oliver	6	265G	18F-6R	70.00	8733	No
1655 4WD	$12655	$2780	$3800	**$5570**	**$6450**	Oliver	6	283D	18F-6R	70.00	8850	No
1755	$8553	$2320	$3170	**$4640**	**$5380**	Oliver	6	283G	18F-6R	86.98	8739	No
1755	$9330	$2340	$3190	**$4680**	**$5420**	Oliver	6	310D	18F-6R	86.93	8873	No
1755 4WD	$12127	$2670	$3640	**$5340**	**$6190**	Oliver	6	283G	18F-6R	86.00	10732	No
1755 4WD	$12953	$2850	$3890	**$5700**	**$6610**	Oliver	6	310D	18F-6R	86.00	10873	No
1855	$9568	$2330	$3170	**$4650**	**$5390**	Oliver	6	310G	18F-6R	92.00	9190	No
1855	$10605	$2420	$3300	**$4840**	**$5610**	Oliver	6T	310D	18F-6R	98.60	9315	No
1855 4WD	$12525	$2760	$3760	**$5510**	**$6390**	Oliver	6	310G	18F-6R	92.00	11943	No
1855 4WD	$13551	$2980	$4070	**$5960**	**$6910**	Oliver	6T	310D	18F-6R	98.00	12236	No
1955	$12014	$2640	$3600	**$5290**	**$6130**	Oliver	6T	310D	18F-6R	108.15	10750	No
1955 4WD	$15000	$3300	$4500	**$6600**	**$7650**	Oliver	6T	310D	18F-6R	108.00	12850	No
2255	$15198	$1920	$3520	**$5600**	**$7360**	Cat.	V8	573D	18F-6R	146.72	13500	No
2255 4WD	$18186	$2180	$4000	**$6370**	**$8370**	Cat.	V8	573D	18F-6R	146.00	15300	No
2655 4WD	$26421	$1850	$4490	**$7660**	**$10040**	MM	6	585D	10F-2R	143.30	17300	No

1972

Model	Approx. Retail Price New	Used Trade In Avg.	Used Trade In High	Used Retail Avg.	Used Retail High	Engine Make	No. Cyls.	Displ. Cu.-In.	No. Speeds	P.T.O. H.P.	Approx. Shipping Wt.-Lbs.	Cab
550	$3906	$1230	$1910	**$2800**	**$3140**	Oliver	4	155G	6F-2R	44.00	3229	No
550	$4791	$1450	$2260	**$3300**	**$3710**	Oliver	4	155D	6F-2R	39.00	3245	No
1265	$4932	$1610	$2510	**$3670**	**$4120**	Oliver	3	158D	9F-3R	41.00	3806	No
1265 4WD	$6125	$1830	$2850	**$4160**	**$4670**	Oliver	3	158D	9F-3R	41.00	4456	No
1365	$6135	$1900	$2960	**$4330**	**$4860**	Oliver	4	211D	12F-3R	54.00	4606	No
1365 4WD	$7211	$2050	$3200	**$4680**	**$5260**	Oliver	4	211D	12F-3R	54.00	5056	No
1555	$6486	$1990	$3110	**$4540**	**$5100**	Oliver	6	232G	12F-4R	53.00	6880	No
1555	$7224	$2180	$3400	**$4970**	**$5580**	Oliver	6	232D	12F-4R	53.00	6999	No
1655	$7565	$2270	$3540	**$5170**	**$5800**	Oliver	6	265G	18F-6R	70.27	7023	No
1655	$8468	$2490	$3890	**$5680**	**$6380**	Oliver	6	283D	18F-6R	70.57	7315	No
1655 4WD	$11507	$2590	$3510	**$5180**	**$5930**	Oliver	6	265G	18F-6R	70.00	8733	No
1655 4WD	$12407	$2790	$3780	**$5580**	**$6390**	Oliver	6	283D	18F-6R	70.00	8850	No
1755	$8386	$2220	$3020	**$4450**	**$5090**	Oliver	6	283G	18F-6R	86.98	8739	No
1755	$9147	$2280	$3100	**$4570**	**$5230**	Oliver	6	310D	18F-6R	86.93	8873	No
1755 4WD	$11889	$2680	$3630	**$5350**	**$6120**	Oliver	6	283G	18F-6R	86.00	10732	No
1755 4WD	$12699	$2860	$3870	**$5720**	**$6540**	Oliver	6	310D	18F-6R	86.00	10873	No
1855	$9380	$2360	$3200	**$4720**	**$5400**	Oliver	6	310G	18F-6R	92.00	9190	No
1855	$10397	$2430	$3290	**$4860**	**$5560**	Oliver	6T	310D	18F-6R	98.60	9315	No
1855 4WD	$12279	$2760	$3750	**$5530**	**$6320**	Oliver	6	310G	18F-6R	92.00	11943	No
1855 4WD	$13285	$2990	$4050	**$5980**	**$6840**	Oliver	6T	310D	18F-6R	98.00	12236	No
1955	$11778	$2650	$3590	**$5300**	**$6070**	Oliver	6T	310D	18F-6R	108.16	10750	No
1955 4WD	$14706	$3310	$4490	**$6620**	**$7570**	Oliver	6T	310D	18F-6R	108.00	12850	No
2155	$13670	$1640	$3010	**$4790**	**$6360**	MM	6	585D	10F-3R	141.44	12600	No
2255	$14900	$1790	$3280	**$5220**	**$6930**	Cat.	V8	573D	18F-6R	146.72	13500	No
2255 4WD	$17830	$2140	$3920	**$6240**	**$8290**	Cat.	V8	573D	18F-6R	146.00	15300	No
2655 4WD	$22962	$1610	$3900	**$6660**	**$8730**	MM	6	585D	10F-2R	143.30	17300	No

1971

Model	Approx. Retail Price New	Used Trade In Avg.	Used Trade In High	Used Retail Avg.	Used Retail High	Engine Make	No. Cyls.	Displ. Cu.-In.	No. Speeds	P.T.O. H.P.	Approx. Shipping Wt.-Lbs.	Cab
550	$3867	$1080	$1690	**$2470**	**$2770**	Oliver	4	155G	6F-2R	44.00	3229	No
550	$4744	$1230	$1910	**$2790**	**$3140**	Oliver	4	155D	6F-2R	39.00	3245	No
1255	$4650	$1410	$2200	**$3220**	**$3620**	Fiat	3	143D	9F-3R	38.00	3906	No
1255 4WD	$5775	$1640	$2560	**$3750**	**$4210**	Fiat	3	143D	9F-3R	38.00	4456	No
1265	$4883	$1470	$2290	**$3350**	**$3770**	Fiat	3	158D	9F-3R	41.00	3806	No
1265 4WD	$6064	$1720	$2680	**$3910**	**$4390**	Fiat	3	158D	9F-3R	41.00	4456	No

Oliver (Cont.)

1971 (Cont.)

Model	Approx. Retail Price New	Estimated Value Less Repairs: Used Trade In Avg.	Used Trade In High	Used Retail Avg.	Used Retail High	Engine Make	Engine No. Cyls.	Engine Displ. Cu.-In.	No. Speeds	P.T.O. H.P.	Approx. Shipping Wt.-Lbs.	Cab
1355	$5785	$1700	$2650	**$3870**	**$4340**	Oliver	4	190D	12F-3R	51.00	4566	No
1355 4WD	$6800	$1900	$2960	**$4330**	**$4860**	Oliver	4	190D	12F-3R	51.00	5116	No
1365	$6074	$1770	$2760	**$4030**	**$4530**	Fiat	4	211D	12F-3R	54.00	4606	No
1365 4WD	$7140	$1990	$3100	**$4530**	**$5080**	Fiat	4	211D	12F-3R	54.00	5056	No
1555	$6422	$1860	$2900	**$4230**	**$4750**	Oliver	6	232G	12F-4R	53.00	6880	No
1555	$7152	$2040	$3180	**$4650**	**$5220**	Oliver	6	232D	12F-4R	53.00	6999	No
1655	$7205	$2050	$3200	**$4680**	**$5260**	Oliver	6	265G	18F-6R	70.27	7023	No
1655	$8065	$2270	$3540	**$5170**	**$5800**	Oliver	6	283D	18F-6R	70.57	7315	No
1655 4WD	$10959	$2520	$3400	**$4990**	**$5700**	Oliver	6	265G	18F-6R	70.00	8733	No
1655 4WD	$11816	$2720	$3660	**$5380**	**$6140**	Oliver	6	283D	18F-6R	70.00	8850	No
1755	$7987	$2070	$2790	**$4090**	**$4670**	Oliver	6	283G	18F-6R	86.98	8739	No
1755	$8711	$2230	$3010	**$4420**	**$5050**	Oliver	6	310D	18F-6R	86.93	8873	No
1755 4WD	$11323	$2600	$3510	**$5150**	**$5890**	Oliver	6	283G	18F-6R	86.00	10732	No
1755 4WD	$12094	$2780	$3750	**$5500**	**$6290**	Oliver	6	310D	18F-6R	86.00	10873	No
1855	$9287	$2250	$3030	**$4450**	**$5090**	Oliver	6	310G	18F-6R	92.00	9190	No
1855	$10294	$2370	$3190	**$4680**	**$5350**	Oliver	6	310D	18F-6R	98.60	9315	No
1855 4WD	$12157	$2800	$3770	**$5530**	**$6320**	Oliver	6	310G	18F-6R	92.00	11943	No
1855 4WD	$13153	$3030	$4080	**$5990**	**$6840**	Oliver	6T	310D	18F-6R	98.00	12236	No
1955	$11661	$2680	$3620	**$5310**	**$6060**	Oliver	6T	310D	18F-6R	108.16	10750	No
1955 4WD	$14560	$3350	$4510	**$6630**	**$7570**	Oliver	6T	310D	18F-6R	108.00	12850	No
2655 4WD	$22000	$1540	$3740	**$6380**	**$8360**	MM	6	585D	10F-2R	143.30	17300	No

1970

Model	Approx. Retail Price New	Used Trade In Avg.	Used Trade In High	Used Retail Avg.	Used Retail High	Engine Make	Engine No. Cyls.	Engine Displ. Cu.-In.	No. Speeds	P.T.O. H.P.	Approx. Shipping Wt.-Lbs.	Cab
550	$3683	$1060	$1650	**$2410**	**$2700**	Oliver	4	155G	4F-4R	44.00	3229	No
550	$4518	$1210	$1880	**$2750**	**$3080**	Oliver	4	155D	4F-4R	39.00	3245	No
1255	$4285	$1320	$2060	**$3010**	**$3380**	Fiat	3	143D	9F-3R	38.00	3750	No
1255 4WD	$5458	$1570	$2440	**$3570**	**$4010**	Fiat	3	143D	9F-3R	38.00	4456	No
1355	$5467	$1620	$2530	**$3700**	**$4160**	Oliver	4	190D	12F-3R	51.00	4566	No
1355 4WD	$6426	$1810	$2820	**$4120**	**$4630**	Oliver	4	190D	12F-3R	51.00	5116	No
1555	$6116	$1780	$2780	**$4060**	**$4550**	Oliver	6	232G	12F-4R	53.00	6880	No
1555	$6811	$1950	$3050	**$4450**	**$5000**	Oliver	6	232D	12F-4R	53.00	6999	No
1655	$7134	$2030	$3170	**$4640**	**$5210**	Oliver	6	265G	18F-6R	70.27	7023	No
1655	$7985	$2250	$3500	**$5120**	**$5750**	Oliver	6	283D	18F-6R	70.57	7315	No
1655 4WD	$10850	$2600	$3480	**$5030**	**$5860**	Oliver	6	265G	18F-6R	70.00	8733	No
1655 4WD	$11699	$2750	$3690	**$5320**	**$6200**	Oliver	6	283D	18F-6R	70.00	8850	No
1755	$7908	$2230	$3470	**$5080**	**$5700**	Oliver	6	283G	18F-6R	86.98	8739	No
1755	$8625	$2410	$3750	**$5490**	**$6160**	Oliver	6	310D	18F-6R	86.93	8873	No
1755 4WD	$11211	$2640	$3530	**$5100**	**$5940**	Oliver	6	283G	18F-6R	86.00	10732	No
1755 4WD	$11974	$2810	$3770	**$5450**	**$6350**	Oliver	6	310D	18F-6R	86.00	10873	No
1855	$9195	$2300	$3090	**$4460**	**$5190**	Oliver	6	310G	18F-6R	92.00	9190	No
1855	$10192	$2440	$3270	**$4730**	**$5510**	Oliver	6T	310D	18F-6R	98.60	9315	No
1855 4WD	$12037	$2830	$3790	**$5480**	**$6380**	Oliver	6	310G	18F-6R	92.00	11943	No
1855 4WD	$13023	$3060	$4100	**$5930**	**$6900**	Oliver	6T	310D	18F-6R	98.00	12236	No
1950	$11081	$1350	$2480	**$3950**	**$5360**	GM	4	212D	12F-4R	105.79	11500	No
1950 4WD	$13936	$1670	$3070	**$4880**	**$6620**	GM	4	212D	12F-4R	105.78	12800	No
1955	$11546	$1410	$2580	**$4110**	**$5580**	Oliver	6T	310D	18F-6R	108.16	10750	No
1955 4WD	$14416	$1730	$3170	**$5050**	**$6850**	Oliver	6T	310D	18F-6R	108.00	12850	No

1969

Model	Approx. Retail Price New	Used Trade In Avg.	Used Trade In High	Used Retail Avg.	Used Retail High	Engine Make	Engine No. Cyls.	Engine Displ. Cu.-In.	No. Speeds	P.T.O. H.P.	Approx. Shipping Wt.-Lbs.	Cab
550	$3508	$1050	$1640	**$2440**	**$2730**	Oliver	4	155G	6F-2R	41.39	3229	No
550	$4303	$1190	$1850	**$2760**	**$3090**	Oliver	4	155D	6F-2R	39.2	3245	No
1250	$3350	$1090	$1700	**$2520**	**$2830**	Fiat	4	116G	6F-2R	35	3548	No
1250	$3650	$1160	$1810	**$2700**	**$3020**	Fiat	4	138D	6F-2R	35	3666	No
1250 4WD	$4480	$1370	$2140	**$3180**	**$3560**	Fiat	4	116G	6F-2R	35	4060	No
1250 4WD	$4780	$1450	$2250	**$3350**	**$3760**	Fiat	4	138D	6F-2R	35	4176	No
1255	$4185	$1300	$2020	**$3010**	**$3370**	Fiat	3	143D	9F-3R	38.5	3906	No
1255 4WD	$5200	$1500	$2340	**$3480**	**$3900**	Fiat	3	143D	9F-3R	38.5	4456	No
1355	$5210	$1570	$2460	**$3650**	**$4090**	Oliver	4	190D	12F-3R	51	4566	No
1355 4WD	$6120	$1730	$2700	**$4010**	**$4500**	Oliver	4	190D	12F-3R	51	5116	No
1450	$5880	$1720	$2680	**$3990**	**$4470**	Oliver	4	268D	7F-2R	55	5520	No
1450 4WD	$7450	$2060	$3220	**$4790**	**$5360**	Oliver	4	268D	14F-4R	55	6120	No
1550	$6226	$1810	$2820	**$4190**	**$4700**	Oliver	6	232G	6F-2R	53.3	6822	No
1550	$6945	$1990	$3100	**$4610**	**$5160**	Oliver	6	232D	6F-2R	53.5	6940	No
1555	$5682	$1670	$2610	**$3880**	**$4340**	Oliver	6	232G	12F-4R	53	6770	No
1555	$6745	$1940	$3020	**$4490**	**$5030**	Oliver	6	232D	12F-4R	53	6999	No
1655	$6795	$1960	$3050	**$4540**	**$5090**	Oliver	6	265G	6F-2R	70.2	7023	No
1655	$7605	$2150	$3360	**$4990**	**$5600**	Oliver	6	283D	6F-2R	70.5	7315	No
1655 4WD	$10333	$1240	$2270	**$3620**	**$4960**	Oliver	6	265G	18F-3R	70.2	8733	No
1655 4WD	$11145	$1340	$2450	**$3900**	**$5350**	Oliver	6	283D	18F-3R	70.5	8850	No
1750	$7430	$2020	$2700	**$3920**	**$4550**	Oliver	6	283G	12F-4R	80.3	8530	No
1750	$8140	$2190	$2930	**$4250**	**$4940**	Oliver	6	310D	12F-4R	80	8660	No
1750 4WD	$10700	$1280	$2350	**$3750**	**$5140**	Oliver	6	283G	12F-4R	80.3	10550	No
1750 4WD	$11455	$1380	$2520	**$4010**	**$5500**	Oliver	6	310D	12F-4R	80	10660	No
1850	$8270	$2230	$2970	**$4310**	**$5010**	Oliver	6	310G	12F-4R	92.43	8880	No
1850	$9210	$2400	$3200	**$4660**	**$5410**	Perkins	6	352D	12F-4R	92.9	9000	No
1850 4WD	$10950	$1310	$2410	**$3830**	**$5260**	Oliver	6	310G	12F-4R	92.43	10843	No
1850 4WD	$11880	$1430	$2610	**$4160**	**$5700**	Perkins	6	352D	12F-4R	92.90	11012	No
1855	$9105	$2430	$3230	**$4700**	**$5460**	Oliver	6	310G	6F-2R	92.00	9190	No
1855	$10090	$2540	$3390	**$4920**	**$5720**	Oliver	6T	310D	6F-2R	98.00	9315	No
1855 4WD	$11918	$1430	$2620	**$4170**	**$5720**	Oliver	6	310G	18F-6R	92.00	11943	No
1855 4WD	$12894	$1550	$2840	**$4510**	**$6190**	Oliver	6T	310D	18F-6R	98.00	12236	No
1950	$10970	$1380	$2520	**$4020**	**$5510**	GM	4T	212D	5F-5R	105.79	11500	No
1950 4WD	$13800	$1660	$3040	**$4830**	**$6620**	GM	4T	212D	5F-5R	105.79	12800	No
1950T	$11432	$1370	$2520	**$4000**	**$5490**	Oliver	6T	310D	6F-2R	105.79	10860	No

Oliver (Cont.)

Model	Approx. Retail Price New	Estimated Value Less Repairs: Used Trade In Avg.	Used Trade In High	Used Retail Avg.	Used Retail High	Engine Make	Engine No. Cyls.	Engine Displ. Cu.-In.	No. Speeds	P.T.O. H.P.	Approx. Shipping Wt.-Lbs.	Cab
1969 (Cont.)												
1950T 4WD	$14275	$1710	$3140	**$5000**	**$6850**	Oliver	6T	310D	6F-2R	105.79	13200	No
1955	$11100	$1330	$2440	**$3890**	**$5330**	Oliver	6T	310D	18F-6R	108.16	10750	No
1955 4WD	$14100	$1690	$3100	**$4940**	**$6770**	Oliver	6T	310D	18F-6R	108.1	12850	No
2050	$12950	$1550	$2850	**$4530**	**$6220**	Oliver	6	478D	18F-6R	118.8	12900	No
2050 4WD	$14400	$1730	$3170	**$5040**	**$6910**	Oliver	6	478D	18F-6R	118.8	15000	No
2150	$13660	$1640	$3010	**$4780**	**$6560**	Oliver	6T	478D	18F-6R	131.48	12815	No
2150 4WD	$15120	$1810	$3330	**$5290**	**$7260**	Oliver	6T	478D	18F-6R	131.48	15100	No
1968												
550	$3341	$1020	$1600	**$2400**	**$2700**	Oliver	4	155G	6F-2R	41.39	3229	No
550	$4260	$1160	$1810	**$2720**	**$3070**	Oliver	4	155D	6F-2R	35.36	3245	No
1250	$3190	$1050	$1630	**$2450**	**$2770**	Fiat	4	116G	6F-2R	35	3510	No
1250	$3476	$1120	$1750	**$2620**	**$2950**	Fiat	4	138D	6F-2R	35	3666	No
1250 4WD	$4266	$1270	$1980	**$2960**	**$3340**	Fiat	4	116G	6F-2R	35	4060	No
1250 4WD	$4552	$1390	$2170	**$3250**	**$3670**	Fiat	4	138D	6F-2R	35	4176	No
1450	$5557	$1640	$2560	**$3840**	**$4330**	Oliver	4	268D	7F-2R	55	5520	No
1450 4WD	$7040	$2010	$3140	**$4700**	**$5310**	Oliver	4	268D	14F-4R	55	6120	No
1550	$5767	$1690	$2640	**$3960**	**$4470**	Oliver	6	232G	6F-2R	53.3	6822	No
1550	$6432	$1860	$2900	**$4350**	**$4910**	Oliver	6	232D	6F-2R	53.5	6940	No
1650	$6995	$1990	$3110	**$4660**	**$5260**	Oliver	6	265G	12F-2R	66.7	7022	No
1650	$7725	$2180	$3400	**$5100**	**$5760**	Oliver	6	283D	12F-2R	66.2	7143	No
1650 4WD	$9155	$2320	$3140	**$4590**	**$5310**	Oliver	6	265G	12F-2R	66.7	8418	No
1650 4WD	$9875	$2470	$3340	**$4880**	**$5650**	Oliver	6	283D	12F-2R	66.2	8538	No
1750	$7150	$1960	$2650	**$3870**	**$4480**	Oliver	6	283G	12F-4R	80.3	8530	No
1750	$7900	$2140	$2890	**$4230**	**$4900**	Oliver	6	310D	12F-4R	80	8660	No
1750 4WD	$10200	$2500	$3380	**$4940**	**$5720**	Oliver	6	283G	12F-4R	80.3	10550	No
1750 4WD	$11000	$2640	$3580	**$5230**	**$6050**	Oliver	6	310D	12F-4R	80	10660	No
1850	$8000	$2160	$2930	**$4280**	**$4950**	Oliver	6	310G	12F-4R	92.43	8880	No
1850	$8900	$2380	$3220	**$4700**	**$5450**	Perkins	6	352D	12F-4R	92.9	9000	No
1850 4WD	$10600	$2540	$3450	**$5040**	**$5830**	Oliver	6	310G	12F-4R	92.43	10843	No
1850 4WD	$11600	$2780	$3770	**$5510**	**$6380**	Perkins	6	352D	12F-4R	92.90	11012	No
1950	$10448	$1250	$2300	**$3660**	**$5070**	GM	4T	212D	5F-5R	105.79	11500	No
1950 4WD	$13140	$1580	$2890	**$4600**	**$6370**	GM	4T	212D	5F-5R	105.79	12800	No
1950T	$10900	$1310	$2400	**$3820**	**$5290**	Oliver	6T	212D	6F-2R	105.20	10860	No
1950T 4WD	$13600	$1630	$2990	**$4760**	**$6600**	Oliver	6T	310D	6F-2R	105.79	13200	No
1955	$10115	$1230	$2250	**$3580**	**$4950**	Oliver	6T	310D	18F-6R	108.16	10750	No
1955 4WD	$14000	$1680	$3080	**$4900**	**$6790**	Oliver	6T	310D	18F-6R	108.1	12850	No
2050	$12820	$1540	$2820	**$4490**	**$6220**	Oliver	6	478D	6F-2R	118.8	12900	No
2050 4WD	$14256	$1710	$3140	**$4990**	**$6910**	Oliver	6	478D	18F-6R	118.8	15000	No
2150	$13523	$1620	$2980	**$4730**	**$6560**	Oliver	6T	478D	18F-6R	131.48	12815	No
2150 4WD	$14969	$1800	$3290	**$5240**	**$7260**	Oliver	6T	478D	18F-6R	131.48	15100	No
1967												
550	$3182	$1010	$1580	**$2370**	**$2690**	Oliver	4	155G	6F-2R	41.39	3229	No
550	$4057	$1150	$1790	**$2690**	**$3060**	Oliver	4	155D	6F-2R	35.36	3245	No
770	$4120	$1430	$2230	**$3340**	**$3800**	Oliver	6	216G	6F-2R	47.59	4686	No
770	$5060	$1540	$2400	**$3600**	**$4100**	Oliver	6	216D	6F-2R	52	4864	No
1250	$3038	$1010	$1580	**$2360**	**$2690**	Fiat	4	116G	6F-2R	35	3510	No
1250	$3310	$1080	$1680	**$2520**	**$2870**	Fiat	4	138D	6F-2R	35	3666	No
1250 4WD	$4063	$1270	$1980	**$2960**	**$3370**	Fiat	4	116G	6F-2R	35	4060	No
1250 4WD	$4335	$1330	$2080	**$3120**	**$3550**	Fiat	4	138D	6F-2R	35	4176	No
1450	$5292	$1570	$2450	**$3680**	**$4180**	Oliver	4	268D	14F-4R	55	5520	No
1450 4WD	$6705	$1930	$3010	**$4510**	**$5120**	Oliver	4	268D	14F-4R	55	6118	No
1550	$5492	$1620	$2530	**$3800**	**$4320**	Oliver	6	232G	12F-4R	53.3	6822	No
1550	$6126	$1780	$2780	**$4170**	**$4740**	Oliver	6	232D	12F-4R	53.5	6941	No
1650	$5781	$1700	$2650	**$3970**	**$4510**	Oliver	6	265G	12F-4R	66.7	7022	No
1650	$6517	$1880	$2930	**$4400**	**$5000**	Oliver	6	283D	12F-4R	66.2	7145	No
1650 4WD	$8990	$2400	$3300	**$4850**	**$5540**	Oliver	6	265G	12F-4R	66.7	8418	No
1650 4WD	$9725	$2450	$3370	**$4960**	**$5680**	Oliver	6	283D	12F-4R	66.2	8538	No
1750	$6359	$1770	$2430	**$3570**	**$4080**	Oliver	6	283G	12F-4R	80.3	8530	No
1750	$7037	$1930	$2650	**$3900**	**$4460**	Oliver	6	310D	12F-4R	80	8660	No
1850	$6926	$1900	$2620	**$3840**	**$4400**	Oliver	6	310G	12F-4R	92.43	8888	No
1850	$7775	$2110	$2900	**$4260**	**$4870**	Perkins	6	352D	12F-4R	92.9	9000	No
1850 4WD	$9700	$1220	$2240	**$3570**	**$5000**	Oliver	6	310G	12F-4R	92.43	9699	No
1850 4WD	$10545	$1290	$2360	**$3760**	**$5270**	Perkins	6	352D	12F-4R	92.9	11012	No
1950	$10345	$1240	$2280	**$3620**	**$5070**	GM	4T	212D	12F-4R	105.79	11500	No
1950 4WD	$13010	$1560	$2860	**$4550**	**$6380**	GM	4T	212D	12F-4R	105.79	12800	No
1950T	$10797	$1300	$2380	**$3780**	**$5290**	Oliver	6T	212D	18F-6R	105.2	11100	No
1950T 4WD	$13475	$1620	$2970	**$4720**	**$6600**	Oliver	6T	310D	18F-6R	105.79	13200	No
1966												
550	$3150	$1000	$1560	**$2340**	**$2680**	Oliver	4	155G	6F-2R	41.39	3229	No
550	$4017	$1140	$1780	**$2670**	**$3050**	Oliver	4	155D	6F-2R	35.36	3245	No
770	$4078	$1400	$2180	**$3260**	**$3740**	Oliver	6	216G	6F-2R	45	4686	No
770	$5009	$1500	$2340	**$3520**	**$4030**	Oliver	6	216D	6F-2R	50	4864	No
1250	$3000	$1000	$1560	**$2340**	**$2680**	Fiat	4	116G	6F-2R	35	3548	No
1250	$3277	$1070	$1670	**$2500**	**$2870**	Fiat	4	138D	6F-2R	35	3666	No
1250 4WD	$4023	$1260	$1960	**$2940**	**$3370**	Fiat	4	116G	6F-2R	35	4060	No
1250 4WD	$4295	$1320	$2070	**$3100**	**$3550**	Fiat	4	138D	6F-2R	35	4176	No
1550	$5230	$1560	$2430	**$3650**	**$4170**	Oliver	6	232G	12F-4R	53.3	6822	No
1550	$5835	$1710	$2670	**$4000**	**$4580**	Oliver	6	232D	12F-4R	53.5	6941	No
1650	$5506	$1630	$2540	**$3810**	**$4360**	Oliver	6	265G	12F-4R	66.7	7022	No
1650	$6207	$1800	$2810	**$4220**	**$4830**	Oliver	6	283D	12F-4R	66.2	7143	No
1650 4WD	$8563	$2300	$3200	**$4730**	**$5360**	Oliver	6	265G	12F-4R	66.7	8420	No

Oliver (Cont.)

	Approx. Retail Price New	Estimated Value Less Repairs Used Trade In Avg.	High	Used Retail Avg.	High	Engine Make	No. Cyls.	Displ. Cu.-In.	No. Speeds	P.T.O. H.P.	Approx. Shipping Wt.-Lbs.	Cab
					1966 (Cont.)							
1650 4WD	$9262	$2420	$3370	**$4980**	**$5640**	Oliver	6	283D	12F-4R	66.2	8538	No
1750	$6056	$1690	$2360	**$3490**	**$3950**	Oliver	6	283G	12F-4R	80.3	8530	No
1750	$6705	$1850	$2580	**$3810**	**$4320**	Oliver	6	310D	12F-4R	80	8660	No
1850	$6596	$1820	$2550	**$3760**	**$4250**	Oliver	6	310G	12F-4R	92.43	8888	No
1850	$7405	$2020	$2820	**$4160**	**$4710**	Perkins	6	352D	12F-4R	92.9	9000	No
1850 4WD	$9237	$1200	$2210	**$3510**	**$5020**	Oliver	6	310G	12F-4R	92.43	10843	No
1850 4WD	$10045	$1270	$2320	**$3690**	**$5270**	Perkins	6	352D	12F-4R	92.9	11012	No
1950	$9852	$1300	$2390	**$3800**	**$5430**	GM	4T	212D	12F-4R	105.79	10500	No
1950 4WD	$12390	$1490	$2730	**$4340**	**$6200**	GM	4T	212D	12F-4R	105.79	12800	No
					1965							
550	$3000	$990	$1540	**$2330**	**$2670**	Oliver	4	155G	6F-2R	41.39	3229	No
550	$3844	$1130	$1760	**$2660**	**$3040**	Oliver	4	155D	6F-2R	39.2	3245	No
770	$3903	$1350	$2110	**$3190**	**$3650**	Oliver	6	216G	6F-2R	51.6	4686	No
770	$4795	$1460	$2280	**$3450**	**$3950**	Oliver	6	216D	6F-2R	52	4864	No
1250	$2878	$970	$1510	**$2290**	**$2620**	Fiat	4	116G	6F-2R	35	3548	No
1250	$3135	$1030	$1610	**$2440**	**$2790**	Fiat	4	138D	6F-2R	35	3666	No
1250 4WD	$3850	$1210	$1890	**$2860**	**$3270**	Fiat	4	116G	6F-2R	35	4060	No
1250 4WD	$4107	$1280	$1990	**$3010**	**$3450**	Fiat	4	138D	6F-2R	35	4176	No
1550	$4980	$1500	$2330	**$3530**	**$4040**	Oliver	6	232G	12F-4R	53.3	6822	No
1550	$5555	$1640	$2560	**$3870**	**$4430**	Oliver	6	232D	12F-4R	53.5	5556	No
1650	$5245	$1560	$2440	**$3690**	**$4220**	Oliver	6	265G	12F-4R	66.7	7022	No
1650	$5911	$1730	$2700	**$4080**	**$4670**	Oliver	6	283D	12F-4R	66.2	7143	No
1650 4WD	$8155	$2200	$3110	**$4530**	**$5170**	Oliver	6	265G	12F-4R	66.7	8418	No
1650 4WD	$8821	$2360	$3340	**$4860**	**$5550**	Oliver	6	283D	12F-4R	66.2	8538	No
1750	$5777	$1630	$2300	**$3360**	**$3830**	Oliver	6	283G	12F-4R	80.3	8530	No
1750	$6383	$1770	$2510	**$3660**	**$4170**	Oliver	6	310D	12F-4R	80	8660	No
1850	$6282	$1750	$2480	**$3610**	**$4110**	Oliver	6	310G	12F-4R	92.43	8883	No
1850	$7050	$1930	$2740	**$3990**	**$4550**	Perkins	6	352D	12F-4R	92.9	9000	No
1850 4WD	$8797	$1180	$2160	**$3430**	**$5000**	Oliver	6	310G	12F-4R	92.43	9265	No
1850 4WD	$9565	$1270	$2320	**$3700**	**$5390**	Perkins	6	352D	12F-4R	92.9	10485	No
1950	$9755	$1290	$2370	**$3760**	**$5490**	GM	4T	212D	12F-4R	105.79	10500	No
1950 4WD	$12268	$1470	$2700	**$4290**	**$6260**	GM	4T	212D	12F-4R	105.79	12340	No
					1964							
550	$2970	$980	$1520	**$2320**	**$2650**	Oliver	4	155G	6F-2R	41.39	3229	No
550	$3806	$1110	$1740	**$2650**	**$3030**	Oliver	4	155D	6F-2R	39.2	3245	No
660	$3265	$1070	$1660	**$2540**	**$2900**	Oliver	4	155G	6F-2R	40	3362	No
660	$3760	$1190	$1860	**$2840**	**$3240**	Oliver	4	155D	6F-2R	39	3378	No
770	$3864	$1330	$2070	**$3150**	**$3600**	Oliver	6	216G	6F-2R	51.6	4686	No
770	$4746	$1430	$2220	**$3390**	**$3880**	Oliver	6	216D	6F-2R	50.7	4864	No
1600	$4675	$1400	$2180	**$3330**	**$3810**	Oliver	6	248G	12F-4R	57	6240	No
1600	$5267	$1550	$2420	**$3690**	**$4220**	Oliver	6	265D	12F-4R	57.95	6360	No
1600 4WD	$7267	$1740	$2510	**$3600**	**$4140**	Oliver	6	248G	12F-4R	57	8020	No
1600 4WD	$7861	$1870	$2690	**$3860**	**$4450**	Oliver	6	265D	12F-4R	57.95	8140	No
1650	$5192	$1550	$2420	**$3680**	**$4210**	Oliver	6	265G	12F-4R	66.7	6727	No
1650	$5852	$1710	$2670	**$4080**	**$4660**	Oliver	6	283D	12F-4R	66.2	7063	No
1650 4WD	$8075	$2200	$3170	**$4540**	**$5230**	Oliver	6	265G	12F-4R	66.7	8451	No
1650 4WD	$8735	$2370	$3410	**$4890**	**$5630**	Oliver	6	283D	12F-4R	66.2	8538	No
1750	$5720	$1610	$2320	**$3330**	**$3830**	Oliver	6	283G	12F-4R	80.3	8530	No
1750	$6320	$1760	$2530	**$3620**	**$4170**	Oliver	6	310D	12F-4R	80	8660	No
1850	$6220	$1730	$2490	**$3580**	**$4120**	Oliver	6	310G	12F-4R	92.43	8888	No
1850	$6980	$1920	$2750	**$3950**	**$4550**	Perkins	6	352D	12F-4R	92.9	9000	No
1850 4WD	$8710	$1170	$2140	**$3400**	**$5050**	Oliver	6	310G	12F-4R	92.43	10843	No
1850 4WD	$9470	$1260	$2300	**$3670**	**$5440**	Perkins	6	352D	12F-4R	92.9	11012	No
1950	$9657	$1280	$2350	**$3730**	**$5540**	GM	4T	212D	12F-4R	105.79	11500	No
1950 4WD	$12147	$1460	$2670	**$4250**	**$6320**	GM	4T	212D	12F-4R	105.79	12340	No
					1963							
550	$2700	$960	$1500	**$2310**	**$2660**	Oliver	4	155G	6F-2R	41.39	3229	No
550	$3460	$1100	$1720	**$2640**	**$3040**	Oliver	4	155D	6F-2R	39.2	3245	No
660	$3008	$1020	$1580	**$2440**	**$2800**	Oliver	4	155G	6F-2R	40	3362	No
660	$3455	$1130	$1760	**$2700**	**$3110**	Oliver	4	155D	6F-2R	39	3378	No
770	$3788	$1320	$2060	**$3170**	**$3650**	Oliver	6	216G	6F-2R	51.6	4686	No
770	$4653	$1410	$2210	**$3390**	**$3900**	Oliver	6	216D	6F-2R	50.7	4864	No
880	$4900	$1480	$2300	**$3540**	**$4070**	Oliver	6	265G	6F-2R	64.2	5069	No
880	$5475	$1620	$2530	**$3890**	**$4470**	Oliver	6	265D	6F-2R	62	5274	No
1600	$5267	$1550	$2420	**$3720**	**$4280**	Oliver	6	265D	12F-4R	57.95	6360	No
1600 4WD	$7861	$1890	$2750	**$3890**	**$4520**	Oliver	6	265D	12F-4R	57.95	8140	No
1600 4WD Prior to Ser. No. 137613	$7250	$1720	$2500	**$3540**	**$4110**	Oliver	6	231G	12F-4R	57	8020	No
1600 4WD Ser. No. 137613 and up	$7250	$1740	$2540	**$3590**	**$4170**	Oliver	6	248G	12F-4R	57	8020	No
1600 Prior to Ser. No. 137613	$4675	$1380	$2150	**$3300**	**$3800**	Oliver	6	231G	12F-4R	57	6240	No
1600 Ser. No. 137613 and up	$4675	$1400	$2180	**$3360**	**$3860**	Oliver	6	248G	12F-4R	57	6240	No
1800	$5330	$1520	$2220	**$3140**	**$3640**	Oliver	6	265G	12F-4R	80.16	8208	No
1800	$5953	$1670	$2430	**$3440**	**$4000**	Oliver	6	283D	12F-4R	77	8493	No
1800 4WD	$7488	$2040	$2970	**$4200**	**$4880**	Oliver	6	265G	12F-4R	80.8	9728	No
1800 4WD	$8172	$2200	$3210	**$4540**	**$5270**	Oliver	6	283D	12F-4R	77	9848	No
1900	$8678	$2320	$3390	**$4790**	**$5570**	GM	4	212D	12F-4R	98.	11500	No
1900 4WD	$11230	$1380	$2530	**$4020**	**$6090**	GM	4	212D	12F-4R	100.	12340	No
					1962							
440	$2420	$860	$1330	**$2070**	**$2390**	Continental	4	140G	4F-1R	28	2497	No
550	$2675	$950	$1480	**$2300**	**$2660**	Oliver	4	155G	6F-2R	41.39	3229	No
550	$3430	$1090	$1700	**$2630**	**$3050**	Oliver	4	155D	6F-2R	39.2	3245	No

Oliver (Cont.)

	Approx. Retail Price New	Estimated Value Less Repairs: Used Trade In Avg.	Used Trade In High	Used Retail Avg.	Used Retail High	Engine Make	Engine No. Cyls.	Engine Displ. Cu.-In.	No. Speeds	P.T.O. H.P.	Approx. Shipping Wt.-Lbs.	Cab
1962 (Cont.)												
660	$3000	$1000	$1560	**$2420**	**$2800**	Oliver	4	155G	6F-2R	40	3362	No
660	$3420	$1110	$1720	**$2670**	**$3090**	Oliver	4	155D	6F-2R	39	3378	No
770	$3750	$1300	$2030	**$3150**	**$3640**	Oliver	6	216G	6F-2R	51.6	4686	No
770	$4620	$1400	$2180	**$3390**	**$3920**	Oliver	6	216D	6F-2R	50	4864	No
880	$4870	$1470	$2290	**$3550**	**$4110**	Oliver	6	265G	12F-2R	64.2	5069	No
880	$5450	$1610	$2520	**$3900**	**$4520**	Oliver	6	265D	12F-2R	62	5274	No
1600	$4650	$1410	$2200	**$3420**	**$3960**	Oliver	6	231G	6F-2R	57	6240	No
1600	$5250	$1550	$2420	**$3750**	**$4340**	Oliver	6	265D	6F-2R	57.95	6360	No
1600 4WD	$7250	$1740	$2570	**$3630**	**$4210**	Oliver	6	231G	6F-2R	57	8020	No
1600 4WD	$7850	$1880	$2790	**$3930**	**$4550**	Oliver	6	265D	6F-2R	57.95	8140	No
1800	$5310	$1510	$2240	**$3160**	**$3660**	Oliver	6	265G	6F-2R	80.1	8208	No
1800	$5940	$1670	$2460	**$3470**	**$4030**	Oliver	6	283D	6F-2R	77	8493	No
1800 4WD	$7450	$2030	$3000	**$4230**	**$4900**	Oliver	6	265G	18F-6R	80.	9728	No
1800 4WD	$8150	$2200	$3250	**$4580**	**$5310**	Oliver	6	283D	6F-2R	77	9848	No
1900	$8650	$2320	$3430	**$4830**	**$5600**	GM	4	212D	12F-4R	98	11500	No
1900 4WD	$11200	$1340	$2460	**$3920**	**$6050**	GM	4	212D	6F-2R	100	12340	No
1961												
440	......	$840	$1310	**$2050**	**$2370**	Continental	4	140G	4F-1R	28	2497	No
550	......	$930	$1460	**$2280**	**$2630**	Oliver	4	155D	6F-2R	39.36	3245	No
550	......	$1080	$1680	**$2620**	**$3030**	Oliver	4	155G	6F-2R	41.39	3229	No
660	......	$990	$1540	**$2400**	**$2780**	Oliver	4	155D	6F-2R	41	4147	No
660	......	$1120	$1740	**$2720**	**$3140**	Oliver	4	155G	6F-2R	40	4047	No
770	......	$1290	$2010	**$3140**	**$3630**	Oliver	6	216D	6F-2R	52	5425	No
770	......	$1390	$2160	**$3380**	**$3910**	Oliver	6	216G	6F-2R	47.59	5286	No
880	......	$1300	$2030	**$3180**	**$3680**	Oliver	6	265D	12F-2R	62	5631	No
880	......	$1440	$2250	**$3520**	**$4070**	Oliver	6	265G	12F-2R	57.43	5492	No
950	......	$1370	$2140	**$3340**	**$3860**	Oliver	6	302G	6F-2R	59.75	7303	No
950	......	$1580	$2470	**$3860**	**$4460**	Oliver	6	302D	6F-2R	70	10415	No
990	......	$2350	$3660	**$5720**	**$6610**	GM	3T	213D	6F-2R	84.10	10980	No
995	......	$2350	$3660	**$5720**	**$6610**	GM	3T	213D	6F-2R	85.37	11245	No
1800 4WD	......	$1750	$2630	**$3690**	**$4270**	Oliver	6	265G	18F-6R	86.98	9680	No
1800 4WD	......	$1930	$2900	**$4070**	**$4710**	Oliver	6	283D	6F-2R	77	9810	No
1800 Tricycle	......	$1350	$2020	**$2830**	**$3280**	Oliver	6	265G	6F-2R	73.92	8410	No
1800 Tricycle	......	$1530	$2290	**$3220**	**$3730**	Oliver	6	283D	6F-2R	77	8670	No
1800 Wheatland	......	$1400	$2110	**$2950**	**$3420**	Oliver	6	265G	6F-2R	73.92	10280	No
1800 Wheatland	......	$1590	$2380	**$3340**	**$3870**	Oliver	6	283D	6F-2R	77	10420	No
1900 2WD	......	$2050	$3080	**$4320**	**$5000**	GM	4	212D	12F-4R	89.35	11925	No
1900 Wheatland	......	$2120	$3180	**$4460**	**$5160**	GM	4	212D	10F-2R	89.35	10990	No
1960												
440	......	$830	$1290	**$2030**	**$2340**	Continental	4	140G	4F-1R	28	2497	No
550	......	$920	$1430	**$2260**	**$2610**	Oliver	4	155G	6F-2R	41.39	3229	No
550	......	$1060	$1660	**$2610**	**$3020**	Oliver	4	155D	6F-2R	39.36	3245	No
660	......	$970	$1520	**$2390**	**$2760**	Oliver	4	155G	6F-2R	40	4047	No
660	......	$1100	$1720	**$2710**	**$3120**	Oliver	4	155D	6F-2R	41	4147	No
770	......	$1270	$1990	**$3130**	**$3610**	Oliver	6	216G	6F-2R	47.59	5286	No
770	......	$1370	$2140	**$3370**	**$3890**	Oliver	6	216D	6F-2R	52	5425	No
880	......	$1290	$2010	**$3170**	**$3660**	Oliver	6	265G	12F-2R	57.43	5492	No
880	......	$1430	$2230	**$3520**	**$4060**	Oliver	6	265D	12F-2R	62	5631	No
950	......	$1320	$2060	**$3240**	**$3750**	Oliver	6	302G	6F-2R	59.75	7303	No
950	......	$1560	$2430	**$3830**	**$4420**	Oliver	6	302D	6F-2R	70	10415	No
990	......	$2310	$3600	**$5670**	**$6550**	GM	3T	213D	6F-2R	84.10	10980	No
995	......	$2310	$3600	**$5670**	**$6550**	GM	3T	213D	6F-2R	85.37	11245	No
1800 4WD	......	$1730	$2630	**$3670**	**$4250**	Oliver	6	265G	18F-6R	86.98	9680	No
1800 4WD	......	$1910	$2900	**$4060**	**$4690**	Oliver	6	283D	6F-2R	77	9810	No
1800 Tricycle	......	$1300	$1980	**$2760**	**$3190**	Oliver	6	265G	6F-2R	73.92	8410	No
1800 Tricycle	......	$1510	$2290	**$3200**	**$3700**	Oliver	6	283D	6F-2R	77	8670	No
1800 Wheatland	......	$1380	$2100	**$2930**	**$3390**	Oliver	6	265G	6F-2R	73.92	10280	No
1800 Wheatland	......	$1540	$2340	**$3270**	**$3780**	Oliver	6	283D	6F-2R	77	10420	No
1900 2WD	......	$2020	$3070	**$4290**	**$4970**	GM	4	212D	12F-4R	89.35	11925	No
1959												
Super 44	......	$810	$1270	**$2020**	**$2330**	Continental		302G	4F-1R	28	2386	No
550	......	$900	$1410	**$2240**	**$2580**	Oliver	4	155G	6F-2R	41.39	3229	No
550	......	$1040	$1630	**$2590**	**$2980**	Oliver	4	155D	6F-2R	39.36	3245	No
660	......	$960	$1490	**$2370**	**$2730**	Oliver	4	155G	6F-2R	40	4047	No
660	......	$1090	$1690	**$2690**	**$3100**	Oliver	4	155D	6F-2R	41	4147	No
770	......	$1270	$1980	**$3150**	**$3630**	Oliver	6	216G	6F-2R	47.59	5286	No
770	......	$1350	$2110	**$3360**	**$3870**	Oliver	6	216D	6F-2R	52	5425	No
880	......	$1280	$1990	**$3160**	**$3650**	Oliver	6	265G	12F-2R	57.43	5492	No
880	......	$1420	$2210	**$3510**	**$4050**	Oliver	6	265D	12F-2R	62	5631	No
950	......	$1270	$1980	**$3150**	**$3630**	Oliver	6	302G	6F-2R	59.75	7303	No
950	......	$1510	$2350	**$3730**	**$4300**	Oliver	6	302D	6F-2R	70	10415	No
990	......	$2250	$3510	**$5580**	**$6440**	GM	3T	213D	6F-2R	84.10	10980	No
995	......	$2250	$3510	**$5580**	**$6440**	GM	3T	213D	6F-2R	85.37	11245	No
1958												
Super 44	......	$780	$1210	**$1940**	**$2230**	Continental		302G	4F-1R	28	2386	No
Super 55	......	$730	$1130	**$1810**	**$2090**	Oliver	4	144G	6F-2R	32.65	3369	No
Super 55	......	$770	$1200	**$1920**	**$2210**	Oliver	4	144D	6F-2R	34	3469	No
Super 66	......	$810	$1260	**$2010**	**$2320**	Oliver	4	144G	6F-2R	32.83	3943	No
Super 66	......	$850	$1330	**$2130**	**$2450**	Oliver	4	144D	6F-2R	35	4043	No
Super 77	......	$880	$1380	**$2210**	**$2540**	Oliver	6	216G	6F-2R	41.48	4915	No

	Approx. Retail Price New	Estimated Value Less Repairs Used Trade In Avg.	High	Used Retail Avg.	High	Engine Make	No. Cyls.	Displ. Cu.-In.	No. Speeds	P.T.O. H.P.	Approx. Shipping Wt.-Lbs.	Cab

Oliver (Cont.)

1958 (Cont.)

Super 77	......	$1040	$1620	**$2590**	**$2990**	Oliver	6	216D	6F-2R	46	5009	No
Super 88	......	$990	$1540	**$2470**	**$2840**	Oliver	6	265G	6F-2R	53.4	4700	No
Super 88	......	$1160	$1810	**$2890**	**$3330**	Oliver	6	265D	6F-2R	56	5390	No
Super 99	......	$1170	$1820	**$2920**	**$3370**	Oliver	6	302G	6F-2R	62.2	7337	No
Super 99	......	$1380	$2150	**$3440**	**$3960**	Oliver	6	302D	6F-2R	62.4	9615	No
Super 99 GM	......	$1200	$1870	**$3000**	**$3460**	GM	3	213D	6F-2R	78.7	10155	No
550	......	$880	$1370	**$2200**	**$2540**	Oliver	4	155G	6F-2R	41.39	3229	No
550	......	$1000	$1560	**$2500**	**$2880**	Oliver	4	155D	6F-2R	39.36	3245	No
770	......	$1240	$1930	**$3100**	**$3570**	Oliver	6	216G	6F-2R	47.59	5286	No
770	......	$1340	$2090	**$3340**	**$3850**	Oliver	6	216D	6F-2R	52	5425	No
880	......	$1260	$1970	**$3150**	**$3630**	Oliver	6	265G	12F-2R	57.43	5492	No
880	......	$1400	$2180	**$3500**	**$4030**	Oliver	6	265D	12F-2R	62	5631	No
950	......	$1250	$1950	**$3130**	**$3600**	Oliver	6	302G	6F-2R	59.75	7303	No
950	......	$1480	$2310	**$3700**	**$4260**	Oliver	6	302D	6F-2R	70	10415	No
990	......	$2220	$3470	**$5560**	**$6400**	GM	3T	213D	6F-2R	84.10	10980	No
995	......	$2220	$3470	**$5560**	**$6400**	GM	3T	213D	6F-2R	85.37	11245	No

1957

Super 44	......	$760	$1200	**$1920**	**$2210**	Continental		302G	4F-1R	28	2386	No
Super 55	......	$840	$1330	**$2130**	**$2450**	Oliver	4	144D	6F-2R	34	3469	No
Super 55	......	$880	$1380	**$2210**	**$2540**	Oliver	4	144G	6F-2R	32.65	3369	No
Super 66	......	$930	$1460	**$2330**	**$2680**	Oliver	4	144D	6F-2R	35	4043	No
Super 66	......	$980	$1540	**$2460**	**$2830**	Oliver	4	144G	6F-2R	32.83	3943	No
Super 77	......	$910	$1430	**$2290**	**$2630**	Oliver	6	216G	6F-2R	41.48	4915	No
Super 77	......	$1010	$1600	**$2550**	**$2940**	Oliver	6	216D	6F-2R	46	5009	No
Super 88	......	$950	$1500	**$2390**	**$2760**	Oliver	6	265G	6F-2R	53.4	4700	No
Super 88	......	$1130	$1780	**$2840**	**$3260**	Oliver	6	265D	6F-2R	56	5390	No
Super 99	......	$1110	$1760	**$2800**	**$3230**	Oliver	6	302G	6F-2R	62.2	7337	No
Super 99	......	$1250	$1980	**$3150**	**$3630**	Oliver	6	302D	6F-2R	62.4	9615	No
Super 99 GM	......	$1180	$1860	**$2960**	**$3410**	GM	3	213D	6F-2R	78.7	10155	No

1956

Super 55	......	$690	$1100	**$1750**	**$2010**	Oliver	4	144D	6F-2R	34	3469	No
Super 55	......	$480	$760	**$1210**	**$1390**	Oliver	4	144G	6F-2R	32.65	3369	No
Super 66	......	$560	$900	**$1430**	**$1640**	Oliver	4	144G	6F-2R	32.83	3943	No
Super 66	......	$710	$1140	**$1810**	**$2080**	Oliver	4	144D	6F-2R	35	4043	No
Super 77	......	$800	$1280	**$2030**	**$2340**	Oliver	6	216G	6F-2R	41.48	4915	No
Super 77	......	$940	$1500	**$2380**	**$2740**	Oliver	6	216D	6F-2R	46	5009	No
Super 88	......	$890	$1420	**$2260**	**$2600**	Oliver	6	265G	6F-2R	53.4	4700	No
Super 88	......	$1050	$1680	**$2670**	**$3070**	Oliver	6	265D	6F-2R	56	5390	No
Super 99	......	$1050	$1680	**$2670**	**$3070**	Oliver	6	302G	6F-2R	62.2	7337	No
Super 99	......	$1240	$1980	**$3140**	**$3610**	Oliver	6	302D	6F-2R	62.4	9615	No
Super 99 GM	......	$1150	$1840	**$2920**	**$3360**	GM	3	213D	6F-2R	78.7	10155	No

1955

Super 55	......	$500	$800	**$1280**	**$1470**	Oliver	4	144G	6F-2R	32.65	3369	No
Super 55	......	$640	$1020	**$1630**	**$1870**	Oliver	4	144D	6F-2R	34	3469	No
Super 66	......	$510	$820	**$1310**	**$1510**	Oliver	4	144G	6F-2R	32.83	3943	No
Super 66	......	$660	$1060	**$1700**	**$1950**	Oliver	4	144D	6F-2R	35	4043	No
Super 77	......	$750	$1200	**$1920**	**$2210**	Oliver	6	216G	6F-2R	41.48	4915	No
Super 77	......	$900	$1440	**$2300**	**$2650**	Oliver	6	216D	6F-2R	46	5009	No
Super 88	......	$880	$1400	**$2240**	**$2570**	Oliver	6	265G	6F-2R	53.4	4700	No
Super 88	......	$1030	$1640	**$2620**	**$3010**	Oliver	6	265D	6F-2R	56	5390	No
Super 99	......	$1000	$1600	**$2560**	**$2940**	Oliver	6	302G	6F-2R	62.2	7337	No
Super 99	......	$1190	$1900	**$3040**	**$3490**	Oliver	6	302D	6F-2R	62.4	7347	No
Super 99 GM	......	$1130	$1800	**$2880**	**$3310**	GM	3	213D	6F-2R	78.7	10155	No

1954

Super 55	......	$500	$800	**$1290**	**$1480**	Oliver	4	144G	6F-2R	32.65	3369	No
Super 55	......	$630	$1000	**$1610**	**$1850**	Oliver	4	144D	6F-2R	34	3469	No
66	......	$610	$970	**$1570**	**$1800**	Oliver	4	129G	6F-2R	23.92	3193	No
66	......	$820	$1310	**$2120**	**$2430**	Oliver	4	129D	6F-2R	25.0	3293	No
Super 66	......	$490	$780	**$1260**	**$1440**	Oliver	4	144G	6F-2R	32.83	3943	No
Super 66	......	$610	$980	**$1580**	**$1810**	Oliver	4	144D	6F-2R	35	4043	No
77	......	$790	$1260	**$2030**	**$2330**	Oliver	6	194G	6F-2R	32.5	7081	No
77	......	$820	$1310	**$2120**	**$2430**	Oliver	6	194D	6F-2R	32.6	7246	No
Super 77	......	$700	$1120	**$1810**	**$2070**	Oliver	6	216G	6F-2R	41.5	4915	No
Super 77	......	$880	$1400	**$2260**	**$2590**	Oliver	6	216D	6F-2R	46.0	5009	No
88 Standard	......	$740	$1190	**$1910**	**$2190**	Oliver	6	231G	6F-2R	41.07	5285	No
Super 88	......	$800	$1280	**$2060**	**$2370**	Oliver	6	265G	6F-2R	53.4	4700	No
Super 88	......	$1000	$1600	**$2580**	**$2960**	Oliver	6	265D	6F-2R	56	5390	No
99 Standard	......	$990	$1580	**$2540**	**$2920**	Oliver	4	443G	4F-1R	54.52	7281	No
Super 99	......	$960	$1540	**$2480**	**$2850**	Oliver	6	302G	6F-2R	62.2	7337	No
Super 99	......	$1150	$1840	**$2970**	**$3400**	Oliver	6	302D	6F-2R	62.4	9615	No
Super 99 GM	......	$1110	$1780	**$2860**	**$3290**	GM	3	213D	6F-2R	78.7	10155	No

1953

66	......	$580	$930	**$1520**	**$1740**	Oliver	4	129G	6F-2R	23.9	3193	No
66	......	$750	$1190	**$1940**	**$2220**	Oliver	4	129D	6F-2R	25.0	3293	No
77	......	$540	$860	**$1390**	**$1600**	Oliver	6	194G	6F-2R	32.5	7081	No
77	......	$800	$1270	**$2070**	**$2370**	Oliver	6	194D	6F-2R	32.6	7246	No
88 Standard	......	$730	$1160	**$1890**	**$2160**	Oliver	6	231G	6F-2R	41.0	5285	No
88 Standard	......	$730	$1170	**$1900**	**$2180**	Oliver	6	231D	6F-2R	43.0	5451	No
99 Standard	......	$960	$1540	**$2500**	**$2870**	Oliver	4	443G	4F-1R	54.52	7281	No

Oliver (Cont.)

1952

Model	Approx. Retail Price New	Used Trade In Avg.	Used Trade In High	Used Retail Avg.	Used Retail High	Make	Engine No. Cyls.	Engine Displ. Cu.-In.	No. Speeds	P.T.O. H.P.	Approx. Shipping Wt.-Lbs.	Cab
66 Standard	......	$510	$810	**$1330**	**$1520**	Oliver	4	129G	6F-2R	23.92	3193	No
66 Standard	......	$750	$1200	**$1970**	**$2250**	Oliver	4	129D	6F-2R	25.0	3293	No
77 RC	......	$640	$1020	**$1670**	**$1910**	Oliver	6	194G	6F-2R	32.5	6976	No
77 Standard	......	$820	$1310	**$2150**	**$2460**	Oliver	6	194D	6F-2R	32.6	7246	No
88 Standard	......	$700	$1120	**$1830**	**$2100**	Oliver	6	231G	6F-2R	41.0	5285	No
88 RC	......	$690	$1100	**$1810**	**$2070**	Oliver	6	231G	6F-2R	41.0	5147	No
88 Standard	......	$700	$1120	**$1830**	**$2100**	Oliver	6	231D	6F-2R	43.0	5451	No
99 Standard	......	$910	$1460	**$2390**	**$2740**	Oliver	4	443G	4F-1R	54.52	7281	No

1951

Model	Approx. Retail Price New	Used Trade In Avg.	Used Trade In High	Used Retail Avg.	Used Retail High	Make	Engine No. Cyls.	Engine Displ. Cu.-In.	No. Speeds	P.T.O. H.P.	Approx. Shipping Wt.-Lbs.	Cab
66 RC	......	$500	$800	**$1320**	**$1510**	Oliver	4	129G	6F-2R	23.92	3193	No
66 Standard	......	$560	$900	**$1490**	**$1700**	Oliver	4	129G	6F-2R	23.92	3193	No
66 Standard	......	$730	$1160	**$1910**	**$2190**	Oliver	4	129D	6F-2R	25.0	3293	No
77 RC	......	$610	$980	**$1610**	**$1850**	Oliver	6	194G	6F-2R	32.5	6976	No
77 Standard	......	$800	$1270	**$2100**	**$2410**	Oliver	6	194D	6F-2R	32.6	7246	No
88 Standard	......	$680	$1080	**$1780**	**$2040**	Oliver	6	231G	6F-2R	41.0	5285	No
88 RC	......	$660	$1060	**$1750**	**$2000**	Oliver	6	231G	6F-2R	41.0	5147	No
88 Standard	......	$680	$1080	**$1780**	**$2040**	Oliver	6	231D	6F-2R	43.0	5451	No
99 Standard	......	$840	$1340	**$2210**	**$2530**	Oliver	4	443G	4F-1R	54.5	6797	No

1950

Model	Approx. Retail Price New	Used Trade In Avg.	Used Trade In High	Used Retail Avg.	Used Retail High	Make	Engine No. Cyls.	Engine Displ. Cu.-In.	No. Speeds	P.T.O. H.P.	Approx. Shipping Wt.-Lbs.	Cab
66 RC	......	$480	$760	**$1260**	**$1440**	Oliver	4	129G	6F-2R	23.9	3193	No
66 Standard	......	$530	$840	**$1400**	**$1600**	Oliver	4	129G	6F-2R	23.9	3193	No
66 Standard	......	$700	$1120	**$1860**	**$2130**	Oliver	4	129D	6F-2R	25.0	3293	No
77 RC	......	$600	$960	**$1600**	**$1820**	Oliver	6	194G	6F-2R	32.5	6976	No
77 Standard	......	$750	$1200	**$2000**	**$2280**	Oliver	6	194D	6F-2R	32.6	7246	No
88 Standard	......	$650	$1040	**$1730**	**$1980**	Oliver	6	231G	6F-2R	41.0	5285	No
88 RC	......	$640	$1020	**$1700**	**$1940**	Oliver	6	231G	6F-2R	41.0	5147	No
88 Standard	......	$650	$1040	**$1730**	**$1980**	Oliver	6	231D	6F-2R	43.0	5451	No
99 Standard	......	$830	$1320	**$2200**	**$2510**	Oliver	4	443G	4F-1R	54.5	6797	No

1949

Model	Approx. Retail Price New	Used Trade In Avg.	Used Trade In High	Used Retail Avg.	Used Retail High	Make	Engine No. Cyls.	Engine Displ. Cu.-In.	No. Speeds	P.T.O. H.P.	Approx. Shipping Wt.-Lbs.	Cab
66 RC	......	$450	$720	**$1210**	**$1380**	Oliver	4	129G	6F-2R	23.92	3193	No
66 Standard	......	$500	$800	**$1340**	**$1530**	Oliver	4	129G	6F-2R	23.92	3193	No
66 Standard	......	$680	$1080	**$1810**	**$2070**	Oliver	4	129D	6F-2R	25.0	3293	No
77 RC	......	$580	$920	**$1540**	**$1760**	Oliver	6	194G	6F-2R	32.5	6976	No
77 Standard	......	$730	$1160	**$1940**	**$2220**	Oliver	6	194D	6F-2R	32.6	7246	No
88 Standard	......	$630	$1000	**$1680**	**$1910**	Oliver	6	231G	6F-2R	41.0	5285	No
88 RC	......	$610	$980	**$1640**	**$1870**	Oliver	6	231G	6F-2R	41.0	5147	No
88 Standard	......	$630	$1000	**$1680**	**$1910**	Oliver	6	231D	6F-2R	43.0	5451	No
90 Standard	......	$810	$1300	**$2180**	**$2490**	Oliver	4	443G	4F-1R	49.0	6797	No

1948

Model	Approx. Retail Price New	Used Trade In Avg.	Used Trade In High	Used Retail Avg.	Used Retail High	Make	Engine No. Cyls.	Engine Displ. Cu.-In.	No. Speeds	P.T.O. H.P.	Approx. Shipping Wt.-Lbs.	Cab
60 RC	......	$630	$1000	**$1690**	**$1930**	Oliver	4	120G	4F-1R	18.35	2450	No
60 Standard	......	$680	$1080	**$1820**	**$2080**	Oliver	4	120G	4F-1R	18.35	2650	No
70 RC	......	$680	$1080	**$1820**	**$2080**	Oliver	6	201G	6F-2R	30.0	4370	No
70 Standard	......	$700	$1120	**$1890**	**$2160**	Oliver	6	201G	6F-2R	30.0	6538	No
77 RC	......	$550	$880	**$1490**	**$1690**	Oliver	6	194G	6F-2R	33.0	6976	No
77 Standard	......	$700	$1120	**$1890**	**$2160**	Oliver	6	194D	6F-2R	32.6	7246	No
80 RC	......	$760	$1220	**$2060**	**$2350**	Oliver	4	298G	4F-1R	38.0	4930	No
80 Standard	......	$750	$1200	**$2030**	**$2310**	Oliver	4	298G	4F-1R	38.0	5130	No
88 RC	......	$590	$940	**$1590**	**$1810**	Oliver	6	231G	6F-2R	41.0	5147	No
88 Standard	......	$600	$960	**$1620**	**$1850**	Oliver	6	231G	6F-2R	41.0	5285	No
88 Standard	......	$600	$960	**$1620**	**$1850**	Oliver	6	231D	6F-2R	43.0	5451	No
90 Standard	......	$800	$1280	**$2160**	**$2460**	Oliver	4	443G	4F-1R	49.0	6797	No

1947

Model	Approx. Retail Price New	Used Trade In Avg.	Used Trade In High	Used Retail Avg.	Used Retail High	Make	Engine No. Cyls.	Engine Displ. Cu.-In.	No. Speeds	P.T.O. H.P.	Approx. Shipping Wt.-Lbs.	Cab
60 RC	......	$600	$960	**$1630**	**$1860**	Oliver	4	120G	4F-1R	18.35	2450	No
60 Standard	......	$650	$1040	**$1770**	**$2020**	Oliver	4	120G	4F-1R	18.35	2650	No
70 RC	......	$670	$1070	**$1820**	**$2070**	Oliver	6	201G	6F-2R	30.0	4370	No
70 Standard	......	$680	$1080	**$1840**	**$2090**	Oliver	6	201G	6F-2R	30.0	6538	No
80 RC	......	$750	$1200	**$2040**	**$2330**	Oliver	4	298G	4F-1R	38.0	4930	No
80 Standard	......	$730	$1160	**$1970**	**$2250**	Oliver	4	298G	4F-1R	38.0	5130	No
88 RC	......	$560	$900	**$1530**	**$1740**	Oliver	6	231G	6F-2R	41.0	5147	No
88 Standard	......	$580	$920	**$1560**	**$1780**	Oliver	6	231D	6F-2R	43.0	5451	No
88 Standard	......	$600	$960	**$1630**	**$1860**	Oliver	6	231G	6F-2R	41.0	5285	No
90 Standard	......	$790	$1260	**$2140**	**$2440**	Oliver	4	443G	4F-1R	49.0	6797	No

1946

Model	Approx. Retail Price New	Used Trade In Avg.	Used Trade In High	Used Retail Avg.	Used Retail High	Make	Engine No. Cyls.	Engine Displ. Cu.-In.	No. Speeds	P.T.O. H.P.	Approx. Shipping Wt.-Lbs.	Cab
60 RC	......	$580	$920	**$1560**	**$1770**	Oliver	4	120G	4F-1R	18.35	2450	No
60 Standard	......	$630	$1000	**$1700**	**$1930**	Oliver	4	120G	4F-1R	18.35	2650	No
70 RC	......	$660	$1060	**$1800**	**$2040**	Oliver	6	201G	6F-2R	30.0	4370	No
70 Standard	......	$650	$1040	**$1770**	**$2000**	Oliver	6	201G	6F-2R	30.0	6538	No
80 RC	......	$730	$1160	**$1970**	**$2230**	Oliver	4	298G	4F-1R	38.0	4930	No
80 Standard	......	$720	$1150	**$1960**	**$2210**	Oliver	4	298G	4F-1R	38.0	5130	No
90 Standard	......	$780	$1240	**$2110**	**$2390**	Oliver	4	443G	4F-1R	49.0	6797	No

1945

Model	Approx. Retail Price New	Used Trade In Avg.	Used Trade In High	Used Retail Avg.	Used Retail High	Make	Engine No. Cyls.	Engine Displ. Cu.-In.	No. Speeds	P.T.O. H.P.	Approx. Shipping Wt.-Lbs.	Cab
60 RC	......	$550	$880	**$1500**	**$1690**	Oliver	4	120G	4F-1R	18.35	2450	No
60 Standard	......	$600	$960	**$1630**	**$1850**	Oliver	4	120G	4F-1R	18.35	2650	No
70 RC	......	$640	$1020	**$1730**	**$1960**	Oliver	6	201G	6F-2R	30.0	4370	No
70 Standard	......	$630	$1000	**$1700**	**$1930**	Oliver	6	201G	6F-2R	30.0	6538	No
80 RC	......	$700	$1120	**$1900**	**$2160**	Oliver	4	298G	4F-1R	38.0	4930	No
80 Standard	......	$690	$1110	**$1890**	**$2140**	Oliver	4	298G	4F-1R	38.0	5130	No

	Approx. Retail Price New	Estimated Value Less Repairs Used Trade In Avg.	High	Used Retail Avg.	High	Engine Make	No. Cyls.	Displ. Cu.-In.	No. Speeds	P.T.O. H.P.	Approx. Shipping Wt.-Lbs.	Cab

Oliver (Cont.)

1945 (Cont.)

Model	Approx. Retail Price New	Used Trade In Avg.	Used Trade In High	Used Retail Avg.	Used Retail High	Make	No. Cyls.	Displ. Cu.-In.	No. Speeds	P.T.O. H.P.	Approx. Shipping Wt.-Lbs.	Cab
90 Standard	......	$750	$1200	**$2040**	**$2310**	Oliver	4	443G	4F-1R	49.0	6797	No

1944

Model	Approx. Retail Price New	Used Trade In Avg.	Used Trade In High	Used Retail Avg.	Used Retail High	Make	No. Cyls.	Displ. Cu.-In.	No. Speeds	P.T.O. H.P.	Approx. Shipping Wt.-Lbs.	Cab
60 RC	......	$530	$840	**$1430**	**$1620**	Oliver	4	120G	4F-1R	18.35	2450	No
60 Standard	......	$580	$920	**$1560**	**$1770**	Oliver	4	120G	4F-1R	18.35	2650	No
70 RC	......	$610	$980	**$1660**	**$1880**	Oliver	6	201G	6F-2R	30.0	4370	No
70 Standard	......	$600	$960	**$1630**	**$1850**	Oliver	6	201G	6F-2R	30.0	6538	No
80 RC	......	$680	$1080	**$1840**	**$2080**	Oliver	4	298G	4F-1R	38.0	4930	No
80 Standard	......	$650	$1040	**$1770**	**$2000**	Oliver	4	298G	4F-1R	38.0	5130	No
90 Standard	......	$680	$1080	**$1840**	**$2080**	Oliver	4	443G	4F-1R	49.0	6797	No

1943

Model	Approx. Retail Price New	Used Trade In Avg.	Used Trade In High	Used Retail Avg.	Used Retail High	Make	No. Cyls.	Displ. Cu.-In.	No. Speeds	P.T.O. H.P.	Approx. Shipping Wt.-Lbs.	Cab
60 RC	......	$500	$800	**$1360**	**$1540**	Oliver	4	120G	4F-1R	18.35	2450	No
60 Standard	......	$550	$880	**$1500**	**$1690**	Oliver	4	120G	4F-1R	18.35	2650	No
70 RC	......	$590	$940	**$1600**	**$1810**	Oliver	6	201G	6F-2R	30.0	4370	No
70 Standard	......	$580	$920	**$1560**	**$1770**	Oliver	6	201G	6F-2R	30.0	6538	No
80 RC	......	$650	$1040	**$1770**	**$2000**	Oliver	4	298G	4F-1R	38.0	4930	No
80 Standard	......	$630	$1000	**$1700**	**$1930**	Oliver	4	298G	4F-1R	38.0	5130	No
90 Standard	......	$650	$1040	**$1770**	**$2000**	Oliver	4	443G	4F-1R	49.0	6797	No

1942

Model	Approx. Retail Price New	Used Trade In Avg.	Used Trade In High	Used Retail Avg.	Used Retail High	Make	No. Cyls.	Displ. Cu.-In.	No. Speeds	P.T.O. H.P.	Approx. Shipping Wt.-Lbs.	Cab
60 RC	......	$500	$800	**$1350**	**$1530**	Oliver	4	120G	4F-1R	18.35	2450	No
60 Standard	......	$530	$840	**$1430**	**$1620**	Oliver	4	120G	4F-1R	18.35	2650	No
70 RC	......	$560	$900	**$1530**	**$1730**	Oliver	6	201G	6F-2R	30.0	4370	No
70 Standard	......	$550	$880	**$1500**	**$1690**	Oliver	6	201G	6F-2R	30.0	6538	No
80 RC	......	$630	$1000	**$1700**	**$1930**	Oliver	4	298D	4F-1R	38.0	4930	No
80 Standard	......	$600	$960	**$1630**	**$1850**	Oliver	4	298G	4F-1R	38.0	5130	No
90 Standard	......	$630	$1000	**$1700**	**$1930**	Oliver	4	443G	4F-1R	49.0	6797	No

1941

Model	Approx. Retail Price New	Used Trade In Avg.	Used Trade In High	Used Retail Avg.	Used Retail High	Make	No. Cyls.	Displ. Cu.-In.	No. Speeds	P.T.O. H.P.	Approx. Shipping Wt.-Lbs.	Cab
60 RC	......	$480	$760	**$1290**	**$1460**	Oliver	4	120G	4F-1R	18.35	2450	No
70 RC	......	$540	$860	**$1460**	**$1650**	Oliver	6	201G	6F-2R	30.0	4370	No
70 Standard	......	$530	$840	**$1430**	**$1620**	Oliver	6	201G	6F-2R	30.0	6538	No
80 RC	......	$590	$940	**$1600**	**$1810**	Oliver	4	298G	4F-1R	38.0	4930	No
80 Standard	......	$580	$920	**$1560**	**$1770**	Oliver	4	298G	4F-1R	38.0	5130	No
90 Standard	......	$600	$960	**$1630**	**$1850**	Oliver	4	443G	4F-1R	49.0	6797	No

1940

Model	Approx. Retail Price New	Used Trade In Avg.	Used Trade In High	Used Retail Avg.	Used Retail High	Make	No. Cyls.	Displ. Cu.-In.	No. Speeds	P.T.O. H.P.	Approx. Shipping Wt.-Lbs.	Cab
60 RC	......	$480	$760	**$1290**	**$1460**	Oliver	4	120G	4F-1R	18.35	2450	No
70 RC	......	$490	$780	**$1330**	**$1510**	Oliver	6	201G	6F-2R	30.0	4370	No
70 Standard	......	$530	$840	**$1440**	**$1630**	Oliver	6	201G	6F-2R	30.0	6538	No
80 RC	......	$540	$860	**$1470**	**$1660**	Oliver	4	298G	4F-1R	38.0	4930	No
80 Standard	......	$530	$840	**$1430**	**$1620**	Oliver	4	298G	4F-1R	38.0	5130	No
90 Standard	......	$560	$900	**$1530**	**$1730**	Oliver	4	443G	4F-1R	49.0	6797	No

1939

Model	Approx. Retail Price New	Used Trade In Avg.	Used Trade In High	Used Retail Avg.	Used Retail High	Make	No. Cyls.	Displ. Cu.-In.	No. Speeds	P.T.O. H.P.	Approx. Shipping Wt.-Lbs.	Cab
70 RC	......	$530	$840	**$1430**	**$1620**	Oliver	6	201G	6F-2R	30.0	4370	No
70 Standard	......	$540	$860	**$1460**	**$1660**	Oliver	6	201G	6F-2R	30.0	6538	No
80 RC	......	$550	$880	**$1500**	**$1690**	Oliver	4	298G	4F-1R	38.0	4930	No
80 Standard	......	$540	$870	**$1480**	**$1680**	Oliver	4	298G	4F-1R	38.0	5130	No
90 Standard	......	$550	$880	**$1500**	**$1690**	Oliver	4	443G	4F-1R	49.0	6797	No

Same

1997

Model	Approx. Retail Price New	Used Trade In Avg.	Used Trade In High	Used Retail Avg.	Used Retail High	Make	No. Cyls.	Displ. Cu.-In.	No. Speeds	P.T.O. H.P.	Approx. Shipping Wt.-Lbs.	Cab
Frutteto 60II	$30140	$5730	$8440	**$11450**	**$15070**	SAME	3	183D	12F-12R	52.00		No
Frutteto 60II 4WD	$33840	$6430	$9480	**$12860**	**$16920**	SAME	3	183D	12F-12R	52.00	5050	No
Frutteto 60II 4WD	$39860	$7570	$11160	**$15150**	**$19930**	SAME	3	183D	12F-12R	52.00	5050	CHA
Frutteto 60II w/Cab	$36170	$6870	$10130	**$13750**	**$18090**	SAME	3	183D	12F-12R	52.00	5050	CHA
Vigneron 62	$33385	$6340	$9350	**$12690**	**$16690**	SAME	3	183D	12F-12R	52.00	4300	No
Explorer 70C	$36720	$6980	$10280	**$13950**	**$18360**	SAME	4	244D	8F-8R	71.00*	7716	No
Frutteto 75II	$31785	$6040	$8900	**$12080**	**$15890**	SAME	4	244D	12F-12R	65.00		No
Frutteto 75II 4WD	$35485	$6740	$9940	**$13480**	**$17740**	SAME	4	244D	12F-12R	65.0		No
Frutteto 75II 4WD	$41510	$7890	$11620	**$15770**	**$20760**	SAME	4	244D	12F-12R	65.0		CHA
Frutteto 75II w/Cab	$37810	$7180	$10590	**$14370**	**$18910**	SAME	4	244D	12F-12R	65.00	5450	CHA
Vigneron 75	$35030	$6660	$9810	**$13310**	**$17520**	SAME	4	244D	12F-12R	65.00	4520	No
Explorer 80C	$38855	$7380	$10880	**$14770**	**$19430**	SAME	4	244D	8F-8R	80.00*	9259	No
Frutteto 85II	$37825	$7190	$10590	**$14370**	**$18910**	SAME	4T	244D	12F-12R	78.00		No
Frutteto 85II	$39615	$7530	$11090	**$15050**	**$19810**	SAME	4T	244D	30F-30R	78.00		No
Frutteto 85II w/Cab	$44190	$8400	$12370	**$16790**	**$22100**	SAME	4T	244D	12F-12R	78.00		CHA
Frutteto 85II w/Cab	$45615	$8670	$12770	**$17330**	**$22810**	SAME	4T	244D	30F-30R	78.00		CHA
Explorer 90 Low Profile	$34910	$6630	$9780	**$13270**	**$17460**	SAME	4T	244D	12F-12R	81.00		No
Explorer 90 Low Profile	$34955	$6640	$9790	**$13280**	**$17480**	SAME	4T	244D	24F-12R	81.00		No
Explorer 90C	$41260	$7840	$11550	**$15680**	**$20630**	SAME	4T	244D	8F-8R	88.00*	10590	No
Row Crop 90	$37480	$7120	$10490	**$14240**	**$18740**	SAME	4T	244D	20F-20R	81.00		No
Row Crop 90 4WD	$43620	$8290	$12210	**$16580**	**$21810**	SAME	4T	244D	20F-20R	81.00	7831	No

*Engine Horsepower

1996

Model	Approx. Retail Price New	Used Trade In Avg.	Used Trade In High	Used Retail Avg.	Used Retail High	Make	No. Cyls.	Displ. Cu.-In.	No. Speeds	P.T.O. H.P.	Approx. Shipping Wt.-Lbs.	Cab
Frutteto 60II	$27360	$5310	$7970	**$10920**	**$14460**	SAME	3	183D	12F-12R	52.00		No
Frutteto 60II	$27860	$5350	$8020	**$10990**	**$14550**	SAME	3	183D	16F-16R	52.00		No
Frutteto 60II 4WD	$31185	$5610	$8420	**$11540**	**$15280**	SAME	3	183D	12F-12R	52.00	5050	CHA
Frutteto 60II 4WD	$31435	$5660	$8490	**$11630**	**$15400**	SAME	3	183D	16F-16R	52.00	5050	CHA

Same (Cont.)

	Approx. Retail Price New	Estimated Value Less Repairs: Used Trade In Avg.	High	Used Retail Avg.	High	Make	Engine No. Cyls.	Displ. Cu.-In.	No. Speeds	P.T.O. H.P.	Approx. Shipping Wt.-Lbs.	Cab
1996 (Cont.)												
Frutteto 60II 4WD	$37000	$6660	$9990	**$13690**	**$18130**	SAME	3	183D	12F-12R	52.00	5050	CHA
Frutteto 60II 4WD	$37250	$6710	$10060	**$13780**	**$18250**	SAME	3	183D	16F-16R	52.00	5050	CHA
Frutteto 60II w/Cab	$33185	$6320	$9480	**$12990**	**$17200**	SAME	3	183D	12F-12R	52.00	5050	CHA
Frutteto 60II w/Cab	$33685	$6350	$9530	**$13060**	**$17300**	SAME	3	183D	16F-16R	52.00	5050	CHA
Vigneron 62	$30850	$5550	$8330	**$11420**	**$15120**	SAME	3	183D	12F-12R	52.00	4300	No
Vigneron 62	$31110	$5600	$8400	**$11510**	**$15240**	SAME	3	183D	16F-16R	52.00	4300	No
Explorer 70C	$35490	$6390	$9580	**$13130**	**$17390**	SAME	4	244D	8F-8R	71.00*	7716	No
Frutteto 75II	$28950	$5580	$8370	**$11470**	**$15190**	SAME	4	244D	12F-12R	65.00		No
Frutteto 75II	$29450	$5630	$8450	**$11580**	**$15340**	SAME	4	244D	16F-16R	65.00		No
Frutteto 75II w/Cab	$34775	$6590	$9880	**$13540**	**$17930**	SAME	4	244D	12F-12R	65.00	5450	CHA
Frutteto 75II w/Cab	$35275	$6640	$9960	**$13650**	**$18070**	SAME	4	244D	16F-16R	65.00	5450	CHA
Vigneron 75	$32435	$5840	$8760	**$12000**	**$15890**	SAME	4	244D	12F-12R	65.00	4520	No
Vigneron 75	$32700	$5890	$8830	**$12100**	**$16020**	SAME	4	244D	16F-16R	65.00	4520	No
Explorer 80C	$37550	$6760	$10140	**$13890**	**$18400**	SAME	4	244D	8F-8R	80.00*	9259	No
Frutteto 85II	$35325	$6360	$9540	**$13070**	**$17310**	SAME	4T	244D	12F-12R	78.00		No
Frutteto 85II	$35575	$6400	$9610	**$13160**	**$17430**	SAME	4T	244D	16F-16R	78.00		No
Frutteto 85II w/Cab	$41185	$7410	$11120	**$15240**	**$20180**	SAME	4T	244D	12F-12R	78.00		CHA
Frutteto 85II w/Cab	$41435	$7460	$11190	**$15330**	**$20300**	SAME	4T	244D	16F-16R	78.00		CHA
Explorer 90 Low Profile	$33625	$6050	$9080	**$12440**	**$16480**	SAME	4T	244D	16F-16R	81.00		No
Explorer 90 Low Profile	$33670	$6060	$9090	**$12460**	**$16500**	SAME	4T	244D	24F-12R	81.00		No
Explorer 90C	$39875	$7180	$10770	**$14750**	**$19540**	SAME	4T	244D	8F-8R	88.00*	10590	No
Row Crop 90	$33440	$6020	$9030	**$12370**	**$16390**	SAME	4T	244D	20F-20R	81.00		No
Row Crop 90 4WD	$38480	$6930	$10390	**$14240**	**$18860**	SAME	4T	244D	20F-20R	81.00	7831	No
***Engine Horsepower**												
1995												
Frutteto 60II	$29533	$5020	$7680	**$10630**	**$14180**	SAME	3	183D	12F-12R	52.00		No
Frutteto 60II	$29792	$5070	$7750	**$10730**	**$14300**	SAME	3	183D	16F-16R	52.00		No
Frutteto 60II w/Cab	$35121	$5970	$9130	**$12640**	**$16860**	SAME	3	183D	12F-12R	52.00	5050	CHA
Frutteto 60II w/Cab	$35360	$6010	$9190	**$12730**	**$16970**	SAME	3	183D	16F-16R	52.00	5050	CHA
Vigneron 62	$29233	$4970	$7600	**$10520**	**$14030**	SAME	3	183D	12F-12R	52.00	4300	No
Vigneron 62	$29485	$5010	$7670	**$10620**	**$14150**	SAME	3	183D	16F-16R	52.00	4300	No
Explorer 70C	$33677	$5730	$8760	**$12120**	**$16170**	SAME	4	244D	8F-8R	71.00*	7716	No
Frutteto 75II	$31077	$5280	$8080	**$11190**	**$14920**	SAME	4	244D	12F-12R	65.00		No
Frutteto 75II	$31316	$5320	$8140	**$11270**	**$15030**	SAME	4	244D	16F-16R	65.00		No
Frutteto 75II w/Cab	$36646	$6230	$9530	**$13190**	**$17590**	SAME	4	244D	12F-12R	65.00	5450	CHA
Frutteto 75II w/Cab	$36886	$6270	$9590	**$13280**	**$17710**	SAME	4	244D	16F-16R	65.00	5450	CHA
Vigneron 75	$30753	$5230	$8000	**$11070**	**$14760**	SAME	4	244D	12F-12R	65.00	4520	No
Vigneron 75	$31007	$5270	$8060	**$11160**	**$14880**	SAME	4	244D	16F-16R	65.00	4520	No
Explorer 80C	$35644	$6060	$9270	**$12830**	**$17110**	SAME	4	244D	8F-8R	80.00*	9259	No
Frutteto 85II	$33515	$5700	$8710	**$12070**	**$16090**	SAME	4T	244D	12F-12R	78.00		No
Frutteto 85II	$33754	$5740	$8780	**$12150**	**$16200**	SAME	4T	244D	16F-16R	78.00		No
Frutteto 85II w/Cab	$39126	$6650	$10170	**$14090**	**$18780**	SAME	4T	244D	12F-12R	78.00		CHA
Frutteto 85II w/Cab	$39365	$6690	$10240	**$14170**	**$18900**	SAME	4T	244D	16F-16R	78.00		CHA
Explorer 90 Low Profile	$31888	$5420	$8290	**$11480**	**$15310**	SAME	4T	244D	16F-16R	81.00		No
Explorer 90 Low Profile	$31933	$5430	$8300	**$11500**	**$15330**	SAME	4T	244D	12F-12R	81.00		No
Explorer 90C	$37871	$6440	$9850	**$13630**	**$18180**	SAME	4T	244D	8F-8R	88.00*	10590	No
Row Crop 90	$31715	$5390	$8250	**$11420**	**$15220**	SAME	4T	244D	20F-20R	81.00		No
Row Crop 90 4WD	$36534	$6210	$9500	**$13150**	**$17540**	SAME	4T	244D	20F-20R	81.00	7831	No
***Engine Horsepower**												
1994												
Frutteto 60II	$28416	$4550	$7100	**$9950**	**$13360**	SAME	3	183D	12F-12R	52.00		No
Frutteto 60II	$28646	$4580	$7160	**$10030**	**$13460**	SAME	3	183D	16F-16R	52.00		No
Frutteto 60II w/Cab	$33770	$5400	$8440	**$11820**	**$15870**	SAME	3	183D	12F-12R	52.00	5050	CHA
Frutteto 60II w/Cab	$34000	$5440	$8500	**$11900**	**$15980**	SAME	3	183D	16F-16R	52.00	5050	CHA
Vigneron 62	$28109	$4500	$7030	**$9840**	**$13210**	SAME	3	183D	12F-12R	52.00	4300	No
Vigneron 62	$28351	$4540	$7090	**$9920**	**$13330**	SAME	3	183D	16F-16R	52.00	4300	No
Explorer 70C	$32382	$5180	$8100	**$11330**	**$15220**	SAME	4	244D	8F-8R	71.00*	7716	No
Frutteto 75II	$29882	$4780	$7470	**$10460**	**$14050**	SAME	4	244D	12F-12R	65.00		No
Frutteto 75II	$30112	$4820	$7530	**$10540**	**$14150**	SAME	4	244D	16F-16R	65.00		No
Frutteto 75II w/Cab	$35237	$5640	$8810	**$12330**	**$16560**	SAME	4	244D	12F-12R	65.00	5450	CHA
Frutteto 75II w/Cab	$35467	$5680	$8870	**$12410**	**$16670**	SAME	4	244D	16F-16R	65.00	5450	CHA
Vigneron 75	$29570	$4730	$7390	**$10350**	**$13900**	SAME	4	244D	12F-12R	65.00	4520	No
Vigneron 75	$29814	$4770	$7450	**$10440**	**$14010**	SAME	4	244D	16F-16R	65.00	4520	No
Explorer 80C	$34273	$5480	$8570	**$12000**	**$16110**	SAME	4	244D	8F-8R	80.00*	9259	No
Frutteto 85II	$32226	$5160	$8060	**$11280**	**$15150**	SAME	4T	244D	12F-12R	78.00		No
Frutteto 85II	$32456	$5190	$8110	**$11360**	**$15250**	SAME	4T	244D	16F-16R	78.00		No
Frutteto 85II w/Cab	$37621	$6020	$9410	**$13170**	**$17680**	SAME	4T	244D	12F-12R	78.00		CHA
Frutteto 85II w/Cab	$37851	$6060	$9460	**$13250**	**$17790**	SAME	4T	244D	16F-16R	78.00		CHA
Explorer 90 Low Profile	$30540	$4890	$7640	**$10690**	**$14350**	SAME	4T	244D	12F-12R	81.00		No
Explorer 90 Low Profile	$30705	$4910	$7680	**$10750**	**$14430**	SAME	4T	244D	24F-12R	81.00		No
Explorer 90C	$36414	$5830	$9100	**$12750**	**$17120**	SAME	4T	244D	8F-8R	88.00*	10590	No
Row Crop 90	$30495	$4880	$7620	**$10670**	**$14330**	SAME	4T	244D	20F-20R	81.00		No
Row Crop 90 4WD	$35129	$5620	$8780	**$12300**	**$16510**	SAME	4T	244D	20F-20R	81.00	7831	No
***Engine Horsepower**												
1989												
Turbo 4WD	$38072	$4190	$7610	**$11420**	**$15990**	SAME	4T	244D	12F-12R	86.00	7275	CHA
Solar 50 4WD	$21585	$2370	$4320	**$6480**	**$9070**	SAME	3	166D	12F-3R	46.00	5027	No
Orchard 60 4WD	$26676	$2930	$5340	**$8000**	**$11200**	SAME	3	183D	12F-12R	54.00	4629	CHA
Solar 60 4WD	$23565	$2590	$4710	**$7070**	**$9900**	SAME	3	190D	12F-3R	54.00	5203	No
Vineyard 62 4WD	$25932	$2850	$5190	**$7780**	**$10890**	SAME	3	183D	12F-12R	57.00	4629	No
Explorer 70 4WD	$29353	$3230	$5870	**$8810**	**$12330**	SAME	4	244D	12F-12R	64.00	6437	CH

Same (Cont.)

1989 (Cont.)

Model	Approx. Retail Price New	Used Trade In Avg.	Used Trade In High	Used Retail Avg.	Used Retail High	Make	Engine No. Cyls.	Engine Displ. Cu.-In.	No. Speeds	P.T.O. H.P.	Approx. Shipping Wt.-Lbs.	Cab
Orchard 75 4WD	$27845	$3060	$5570	**$8350**	**$11700**	SAME	4	244D	12F-12R	69.00	5070	CHA
Vineyard 75 4WD	$27090	$2980	$5420	**$8130**	**$11380**	SAME	4	183D	12F-12R	69.00	5070	No
Explorer 80 4WD	$31885	$3510	$6380	**$9570**	**$13390**	SAME	4	244D	12F-12R	74.00	7275	CHA
Mudder 85 4WD	$29007	$3190	$5800	**$8700**	**$12180**	SAME	4	254D	12F-12R	79.00	7519	No
100 4WD	$43233	$4760	$8650	**$12970**	**$18160**	SAME	5	317D	12F-3R	92.00	9833	CHA
110 4WD	$45251	$4980	$9050	**$13580**	**$19010**	SAME	6	345D	12F-3R	102.00	10758	CHA
130 4WD	$50093	$5510	$10020	**$15030**	**$21040**	SAME	6	381D	24F-12R	119.00	11398	CHA
150 4WD Turbo	$53851	$5920	$10770	**$16160**	**$22620**	SAME	6T	381D	24F-12R	138.00	12566	CHA
170 4WD Turbo	$64110	$7050	$12820	**$19230**	**$26930**	SAME	6TI	381D	24F-12R	155.00	13624	CHA

1988

Model	Approx. Retail Price New	Used Trade In Avg.	Used Trade In High	Used Retail Avg.	Used Retail High	Make	Engine No. Cyls.	Engine Displ. Cu.-In.	No. Speeds	P.T.O. H.P.	Approx. Shipping Wt.-Lbs.	Cab
Solar 50	$19500	$2050	$3800	**$5660**	**$8000**	SAME	3	166D	12F-3R		4409	No
Solar 50 4WD	$19500	$2050	$3800	**$5660**	**$8000**	SAME	3	166D	12F-3R		5026	No
Solar 60 4WD	$23500	$2470	$4580	**$6820**	**$9640**	SAME	3	190D	12F-3R		5202	No
Vigneron 60 4WD	$25000	$2630	$4880	**$7250**	**$10250**	SAME	3	190D	8F-4R		4519	No
Explorer 70 4WD	$29000	$3050	$5660	**$8410**	**$11890**	SAME	4	244D	12F-12R		6701	CH
Explorer 80 4WD	$31000	$3260	$6050	**$8990**	**$12710**	SAME	4	244D	12F-12R		7385	CH
Row Crop 85 4WD	$29000	$3050	$5660	**$8410**	**$11890**	SAME	4	253D	12F-4R		7519	No
Explorer 90 4WD	$38000	$3990	$7410	**$11020**	**$15580**	SAME	4	244D	12F-12R		7385	CH
100 4WD	$43000	$4520	$8390	**$12470**	**$17630**	SAME	5	317D	12F-3R		9832	CHA
110 4WD	$45000	$4730	$8780	**$13050**	**$18450**	SAME	6	345D	12F-3R		10758	CHA
130 4WD	$50000	$5250	$9750	**$14500**	**$20500**	SAME	6	381D	24F-12R		11397	CHA
150 4WD	$53000	$5570	$10340	**$15370**	**$21730**	SAME	6	380D	24F-12R		12566	CHA

1987

Model	Approx. Retail Price New	Used Trade In Avg.	Used Trade In High	Used Retail Avg.	Used Retail High	Make	Engine No. Cyls.	Engine Displ. Cu.-In.	No. Speeds	P.T.O. H.P.	Approx. Shipping Wt.-Lbs.	Cab
Minitaurus 60	$16829	$1680	$3030	**$4710**	**$6730**	SAME	3	190D	14F-7R	59.00	4820	No
Minitaurus 60 4WD	$23397	$2340	$4210	**$6550**	**$9360**	SAME	3	190D	14F-7R	59.00	5240	No
Solar 60	$17400	$1740	$3130	**$4870**	**$6960**	SAME	3	190D	12F-3R	59.00	4585	No
Solar 60 4WD	$23995	$2400	$4320	**$6720**	**$9600**	SAME	3	190D	12F-3R	59.00	5202	No
85 Special 4WD	$24810	$2480	$4470	**$6950**	**$9920**	SAME	4	253D	12F-12R	79.00	6680	No
Mercury 85 Special	$21021	$2100	$3780	**$5890**	**$8410**	SAME	4	253D	12F-12R	79.00	6019	No
100	$30341	$3030	$5460	**$8500**	**$12140**	SAME	5	317D	12F-3R	92.00	8355	No
100 4WD	$37781	$3780	$6800	**$10580**	**$15110**	SAME	5	317D	12F-3R	92.00	9501	No
110 4WD	$45000	$4500	$8100	**$12600**	**$18000**	SAME	6	345D	12F-3R		10317	No
130 4WD w/Cab	$50000	$5000	$9000	**$14000**	**$20000**	SAME	6	380D	24F-12R		11397	CHA
150 4WD w/Cab	$53000	$5300	$9540	**$14840**	**$21200**	SAME	6T	380D	24F-12R		12566	CHA

1986

Model	Approx. Retail Price New	Used Trade In Avg.	Used Trade In High	Used Retail Avg.	Used Retail High	Make	Engine No. Cyls.	Engine Displ. Cu.-In.	No. Speeds	P.T.O. H.P.	Approx. Shipping Wt.-Lbs.	Cab
Mercury Export	$25053	$2380	$4380	**$6760**	**$9770**	SAME	4	254D	12F-12R	79.00	6877	No
Mercury Export	$25888	$2460	$4530	**$6990**	**$10100**	SAME	4	254D	16F-16R	79.00	7275	No
Mercury Special	$21021	$2000	$3680	**$5680**	**$8200**	SAME	4	254D	12F-12R	79.00	5684	No
Mercury Special	$24746	$2350	$4330	**$6680**	**$9650**	SAME	4	254D	16F-16R	79.00	6185	No
Mercury Export 4WD	$27888	$2650	$4880	**$7530**	**$10880**	SAME	4	254D	12F-12R	79.00	7015	No
Mercury Export 4WD	$28723	$2730	$5030	**$7760**	**$11200**	SAME	4	254D	16F-16R	79.00	7516	No
Mercury Special 4WD	$24810	$2360	$4340	**$6700**	**$9680**	SAME	4	254D	12F-12R	79.00	6345	No
Mercury Special 4WD	$28535	$2710	$4990	**$7700**	**$11130**	SAME	4	254D	16F-16R	79.00	6845	No
Delfino 35 4WD	$11945	$1140	$2090	**$3230**	**$4660**	SAME	2	110D	6F-2R	32.00	3046	No
Falcon 50 4WD	$19621	$1860	$3430	**$5300**	**$7650**	SAME	3	165D	8F-4R	45.00	4585	No
Minitaurus 60	$16829	$1600	$2950	**$4540**	**$6560**	SAME	3	190D	14F-7R	59.00	4654	No
Minitaurus 60 4WD	$23397	$2220	$4090	**$6320**	**$9130**	SAME	3	190D	14F-7R	59.00	4984	No
Vigneron 60 4WD	$22595	$2150	$3950	**$6100**	**$8810**	SAME	3	190D	8F-4R	56.00	5000	No
Orchard 70	$19196	$1820	$3360	**$5180**	**$7490**	SAME	4	221D	8F-4R	68.00	5730	No
Orchard 70 4WD	$22723	$2160	$3980	**$6140**	**$8860**	SAME	4	221D	8F-4R	68.00	6330	No
Mercury 75	$24388	$2320	$4270	**$6590**	**$9510**	SAME	4	254D	12F-12R	68.00	6256	No
Mercury 75	$25223	$2400	$4410	**$6810**	**$9840**	SAME	4	254D	16F-16R	68.00	6300	No
Mercury 75 4WD	$26804	$2550	$4690	**$7240**	**$10450**	SAME	4	254D	12F-12R	68.00	6895	No
Mercury 75 4WD	$27639	$2630	$4840	**$7460**	**$10780**	SAME	4	254D	16F-16R	68.00	6940	No
Row Crop 85	$23838	$2270	$4170	**$6440**	**$9300**	SAME	4	254D	12F-12R	80.00	7160	No
Row Crop 85 4WD	$27005	$2570	$4730	**$7290**	**$10530**	SAME	4	254D	12F-12R	80.00	7500	No
Leapord 90 4WD	$34469	$3280	$6030	**$9310**	**$13440**	SAME	4	254D	12F-3R	82.00	6680	No
Leapord 90 4WD	$35094	$3330	$6140	**$9480**	**$13690**	SAME	4	254D	24F-6R	82.00	6700	No
Leapord 90 4WD	$35304	$3350	$6180	**$9530**	**$13770**	SAME	4	254D	20F-5R	82.00	6700	No
Jaguar 100	$30341	$2880	$5310	**$8190**	**$11830**	SAME	5	317D	12F-3R	92.00	8000	No
Jaguar 100	$30966	$2940	$5420	**$8360**	**$12080**	SAME	5	317D	24F-6R	92.00	8000	No
Jaguar 100	$31176	$2960	$5460	**$8420**	**$12160**	SAME	5	317D	20F-5R	92.00	8000	No
Jaguar 100 4WD	$37781	$3590	$6610	**$10200**	**$14740**	SAME	5	317D	12F-3R	92.00	8610	No
Jaguar 100 4WD	$38406	$3650	$6720	**$10370**	**$14980**	SAME	5	317D	24F-6R	92.00	8610	No
Jaguar 100 4WD	$38616	$3670	$6760	**$10430**	**$15060**	SAME	5	317D	20F-5R	92.00	8610	No
Tiger 105	$38999	$3710	$6830	**$10530**	**$15210**	SAME	6	331D	12F-3R	100.	7910	No
Tiger 105	$39624	$3760	$6930	**$10700**	**$15450**	SAME	6	331D	24F-6R	100.	8000	No
Tiger 105	$39834	$3780	$6970	**$10760**	**$15540**	SAME	6	331D	20F-5R	100.	8100	No
Tiger 105 4WD	$44791	$4260	$7840	**$12090**	**$17470**	SAME	6	331D	12F-3R	100.	8770	No
Tiger 105 4WD	$45416	$4320	$7950	**$12260**	**$17710**	SAME	6	331D	24F-6R	100.	8860	No
Tiger 105 4WD	$45626	$4330	$7990	**$12320**	**$17790**	SAME	6	331D	20F-5R	100.	8960	No
Buffalo 130 4WD	$41616	$3950	$7280	**$11240**	**$16230**	SAME	6T	380D	12F-4R	128.00	10500	No
Buffalo 130 4WD	$42451	$4030	$7430	**$11460**	**$16560**	SAME	6T	380D	24F-8R	128.00	10760	No
Hercules 160 4WD	$61197	$5810	$10710	**$16520**	**$23870**	SAME	6T	380D	12F-4R	150.00	13558	No
Hercules 160 4WD	$62032	$5890	$10860	**$16750**	**$24190**	SAME	6T	380D	24F-8R	150.00	13700	No

1985

Model	Approx. Retail Price New	Used Trade In Avg.	Used Trade In High	Used Retail Avg.	Used Retail High	Make	Engine No. Cyls.	Engine Displ. Cu.-In.	No. Speeds	P.T.O. H.P.	Approx. Shipping Wt.-Lbs.	Cab
Mercury Export	$25053	$2260	$4010	**$6510**	**$9520**	SAME	4	254D	12F-12R	79.00	6877	No
Mercury Export	$25888	$2330	$4140	**$6730**	**$9840**	SAME	4	254D	16F-16R	79.00	7275	No
Mercury Special	$21021	$1890	$3360	**$5470**	**$7990**	SAME	4	254D	12F-12R	79.00	5684	No
Mercury Special	$24746	$2230	$3960	**$6430**	**$9400**	SAME	4	254D	16F-16R	79.00	6185	No

Same (Cont.)

	Approx. Retail Price New	Estimated Value Less Repairs: Used Trade In Avg.	Used Trade In High	Used Retail Avg.	Used Retail High	Make	Engine No. Cyls.	Engine Displ. Cu.-In.	No. Speeds	P.T.O. H.P.	Approx. Shipping Wt.-Lbs.	Cab
1985 (Cont.)												
Mercury Export 4WD	$27888	$2510	$4460	$7250	$10600	SAME	4	254D	12F-12R	79.00	7015	No
Mercury Export 4WD	$28723	$2590	$4600	$7470	$10920	SAME	4	254D	16F-16R	79.00	7516	No
Mercury Special 4WD	$24810	$2230	$3970	$6450	$9430	SAME	4	254D	12F-12R	79.00	6345	No
Mercury Special 4WD	$28535	$2570	$4570	$7420	$10840	SAME	4	254D	16F-16R	79.00	6845	No
Delfino 35 4WD	$11945	$1080	$1910	$3110	$4540	SAME	2	110D	6F-2R	32.00	3046	No
Falcon 50 4WD	$19621	$1770	$3140	$5100	$7460	SAME	3	165D	8F-4R	45.00	4585	No
Minitaurus 60	$16829	$1520	$2690	$4380	$6400	SAME	3	190D	14F-7R	59.00	4654	No
Minitaurus 60 4WD	$23397	$2110	$3740	$6080	$8890	SAME	3	190D	14F-7R	59.00	4984	No
Vigneron 60 4WD	$22595	$2030	$3620	$5880	$8590	SAME	3	190D	8F-4R	56.00	5000	No
Orchard 70	$19196	$1730	$3070	$4990	$7290	SAME	4	221D	8F-4R	68.00	5730	No
Orchard 70 4WD	$22723	$2050	$3640	$5910	$8640	SAME	4	221D	8F-4R	68.00	6330	No
Mercury 75	$24388	$2200	$3900	$6340	$9270	SAME	4	254D	12F-12R	68.00	6256	No
Mercury 75	$25223	$2270	$4040	$6560	$9590	SAME	4	254D	16F-16R	68.00	6300	No
Mercury 75 4WD	$26804	$2410	$4290	$6970	$10190	SAME	4	254D	12F-12R	68.00	6895	No
Mercury 75 4WD	$27639	$2490	$4420	$7190	$10500	SAME	4	254D	16F-16R	68.00	6940	No
Row Crop 85	$23838	$2150	$3810	$6200	$9060	SAME	4	254D	12F-12R	80.00	7160	No
Row Crop 85 4WD	$27005	$2430	$4320	$7020	$10260	SAME	4	254D	12F-12R	80.00	7500	No
Leapord 90 4WD	$34469	$3100	$5520	$8960	$13100	SAME	4	254D	12F-3R	82.00	6680	No
Leapord 90 4WD	$35094	$3160	$5620	$9120	$13340	SAME	4	254D	24F-6R	82.00	6700	No
Leapord 90 4WD	$35304	$3180	$5650	$9180	$13420	SAME	4	254D	20F-5R	82.00	6700	No
Jaguar 100	$30341	$2730	$4860	$7890	$11530	SAME	5	317D	12F-3R	92.00	8000	No
Jaguar 100	$30966	$2790	$4960	$8050	$11770	SAME	5	317D	24F-6R	92.00	8000	No
Jaguar 100	$31176	$2810	$4990	$8110	$11850	SAME	5	317D	20F-5R	92.00	8000	No
Jaguar 100 4WD	$37781	$3400	$6050	$9820	$14360	SAME	5	317D	12F-3R	92.00	8610	No
Jaguar 100 4WD	$38406	$3460	$6150	$9990	$14590	SAME	5	317D	24F-6R	92.00	8610	No
Jaguar 100 4WD	$38616	$3480	$6180	$10040	$14670	SAME	5	317D	20F-5R	92.00	8610	No
Tiger 105	$38999	$3510	$6240	$10140	$14820	SAME	6	331D	12F-3R	100.	7910	No
Tiger 105	$39624	$3570	$6340	$10300	$15060	SAME	6	331D	24F-6R	100.	8000	No
Tiger 105	$39834	$3590	$6370	$10360	$15140	SAME	6	331D	20F-5R	100.	8100	No
Tiger 105 4WD	$44791	$4030	$7170	$11650	$17020	SAME	6	331D	12F-3R	100.	8770	No
Tiger 105 4WD	$45416	$4090	$7270	$11810	$17260	SAME	6	331D	24F-6R	100.	8860	No
Tiger 105 4WD	$45626	$4110	$7300	$11860	$17340	SAME	6	331D	20F-5R	100.	8960	No
Buffalo 130 4WD	$41616	$3750	$6660	$10820	$15810	SAME	6T	380D	12F-4R	128.00	10500	No
Buffalo 130 4WD	$42451	$3820	$6790	$11040	$16130	SAME	6T	380D	24F-8R	128.00	10760	No
Hercules 160 4WD	$61197	$5510	$9790	$15910	$23260	SAME	6T	380D	12F-4R	150.00	13558	No
Hercules 160 4WD	$62032	$5580	$9930	$16130	$23570	SAME	6T	380D	24F-8R	150.00	13700	No
1984												
Delfino 35 4WD	$10000	$850	$1550	$2500	$3700	SAME	2	110D	6F-2R	32.00	3046	No
Falcon 50 4WD	$19621	$1670	$3040	$4910	$7260	SAME	3	165D	8F-4R	45.00	4585	No
Minitaurus 60	$16829	$1430	$2610	$4210	$6230	SAME	3	190D	14F-7R	59.00	4654	No
Minitaurus 60 4WD	$23397	$1990	$3630	$5850	$8660	SAME	3	190D	14F-7R	59.00	4984	No
Vigneron 60 4WD	$22595	$1920	$3500	$5650	$8360	SAME	3	190D	8F-4R	56.00	5000	No
Corsaro 70 Orchard	$17620	$1500	$2730	$4410	$6520	SAME	4	221D	8F-4R	68.00	5730	No
Corsaro 70 Orchard 4WD	$22723	$1930	$3520	$5680	$8410	SAME	4	221D	8F-4R	68.00	6330	No
Leopard 85 4WD	$32692	$2780	$5070	$8170	$12100	SAME	4	254D	24F-6R	79.00	7700	No
Mercury 85 Export	$24750	$2100	$3840	$6190	$9160	SAME	4	254D	12F-12R	79.00	6877	No
Mercury 85 Export	$28475	$2420	$4410	$7120	$10540	SAME	4	254D	16F-16R	79.00	7275	No
Mercury 85 Export 4WD	$29500	$2510	$4570	$7380	$10920	SAME	4	254D	12F-12R	79.00	7015	No
Mercury 85 Export 4WD	$33225	$2820	$5150	$8310	$12290	SAME	4	254D	16F-16R	79.00	7516	No
Mercury 85 Special	$21021	$1790	$3260	$5260	$7780	SAME	4	254D	12F-12R	79.00	5684	No
Mercury 85 Special	$24746	$2100	$3840	$6190	$9160	SAME	4	254D	16F-16R	79.00	6185	No
Mercury 85 Special 4WD	$24810	$2110	$3850	$6200	$9180	SAME	4	254D	12F-12R	79.00	6345	No
Mercury 85 Special 4WD	$28535	$2430	$4420	$7130	$10560	SAME	4	254D	16F-16R	79.00	6845	No
Row Crop 85	$23838	$2030	$3700	$5960	$8820	SAME	4	254D	12F-12R	80.00	7160	CH
Row Crop 85 4WD	$27005	$2300	$4190	$6750	$9990	SAME	4	254D	12F-12R	80.00	7500	No
Leopard 90 4WD	$35372	$3010	$5480	$8840	$13090	SAME	4	254D	24F-6R	79.00	8000	No
Jaguar 95	$23838	$2030	$3700	$5960	$8820	SAME	5	317D	24F-6R	88.00	6850	No
Jaguar 95	$30681	$2610	$4760	$7670	$11350	SAME	5	317D	24F-6R	88.00	7750	CH
Jaguar 95 4WD	$27005	$2300	$4190	$6750	$9990	SAME	5	317D	24F-6R	88.00	7460	No
Jaguar 95 4WD	$38972	$3310	$6040	$9740	$14420	SAME	5	317D	24F-6R	88.00	8360	CH
Panther 95	$30160	$2560	$4680	$7540	$11160	SAME	5	317D	24F-6R	88.00	7310	No
Panther 95 4WD	$33590	$2860	$5210	$8400	$12430	SAME	5	317D	24F-6R	88.00	7890	No
Jaguar 100	$32215	$2740	$4990	$8050	$11920	SAME	5	317D	24F-6R	88.00	8000	CH
Jaguar 100 4WD	$40920	$3480	$6340	$10230	$15140	SAME	5	317D	24F-6R	88.00	8610	CH
Tiger Six 105	$36501	$3100	$5660	$9130	$13510	SAME	6	331D	24F-6R	102.00	8510	CH
Tiger Six 105 4WD	$41363	$3520	$6410	$10340	$15300	SAME	6	331D	24F-6R	102.00	9460	CH
Buffalo 130 4WD	$42032	$3570	$6520	$10510	$15550	SAME	6T	380D	24F-8R	116.00	10760	CH
Hercules 160 4WD	$60910	$5180	$9440	$15230	$22540	SAME	6T	380D	24F-8R	150.00	13730	CHA
1983												
Delfino 35 4WD	$9630	$770	$1350	$2310	$3470	SAME	2	110D	6F-2R	32.00	3046	No
Falcon 50 4WD	$18712	$1500	$2620	$4490	$6740	SAME	3	165D	8F-4R	50.00	4140	No
Minitaurus 60	$16829	$1350	$2360	$4040	$6060	SAME	3	190D	14F-7R	59.00	4654	No
Minitaurus 60 4WD	$22592	$1810	$3160	$5420	$8130	SAME	3	190D	14F-7R	59.00	4984	No
Vigneron 60 4WD	$22592	$1810	$3160	$5420	$8130	SAME	3	190D	14F-7R	60.00	5000	No
Corsaro 70	$17620	$1410	$2470	$4230	$6340	SAME	4	221D	14F-7R	64.00	5730	No
Corsaro 70 4WD	$22723	$1820	$3180	$5450	$8180	SAME	4	221D	14F-7R	64.00	6330	No
Saturno 80 4WD	$23955	$1920	$3350	$5750	$8620	SAME	4	254D	14F-7R	75.00	6460	No
Leopard 85 Export 4WD	$31439	$2520	$4400	$7550	$11320	SAME	4	254D	24F-6R	79.00	7700	No
Mercury 85 Export	$24746	$1980	$3460	$5940	$8910	SAME	4	254D	16F-16R	79.00	6877	No
Mercury 85 Export 4WD	$29500	$2360	$4130	$7080	$10620	SAME	4	254D	16F-16R	79.00	7516	No
Mercury 85 Special 4WD	$24809	$1990	$3470	$5950	$8930	SAME	4	254D	12F-12R	79.00	6345	No
Mercury 85 Special	$21021	$1680	$2940	$5050	$7570	SAME	4	254D	12F-12R	79.00	5684	No

Same (Cont.)

	Approx. Retail Price New	Estimated Value Less Repairs: Used Trade In Avg.	Used Trade In High	Used Retail Avg.	Used Retail High	Engine Make	Engine No. Cyls.	Engine Displ. Cu.-In.	No. Speeds	P.T.O. H.P.	Approx. Shipping Wt.-Lbs.	Cab
1983 (Cont.)												
Jaguar 95	$30681	$2450	$4300	**$7360**	**$11050**	SAME	5	317D	24F-6R		7750	CH
Jaguar 95 4WD	$38972	$3120	$5460	**$9350**	**$14030**	SAME	5	317D	24F-6R		8360	CH
Panther 95	$28723	$2300	$4020	**$6890**	**$10340**	SAME	5	317D	24F-6R		7310	No
Panther 95 4WD	$31990	$2560	$4480	**$7680**	**$11520**	SAME	5	317D	24F-6R		7890	No
Tiger Six 105	$36501	$2920	$5110	**$8760**	**$13140**	SAME	6	331D	24F-6R	102.00	8510	CH
Tiger Six 105 4WD	$41363	$3310	$5790	**$9930**	**$14890**	SAME	6	331D	24F-6R	102.00	9460	CH
Buffalo 130	$40849	$3270	$5720	**$9800**	**$14710**	SAME	6	380D	24F-8R	116.00	10760	CH
Buffalo 130 4WD	$45062	$3610	$6310	**$10820**	**$16220**	SAME	6	380D	24F-8R	116.00	11660	CH
Hercules 160 4WD	$58906	$4710	$8250	**$14140**	**$21210**	SAME	6T	380D	12F-4R		13730	CHA
1982												
Delfino 35 4WD	$9441	$710	$1280	**$2170**	**$3300**	SAME	2	110D	6F-2R	32.00	3046	No
Falcon 50 4WD	$18345	$1380	$2480	**$4220**	**$6420**	SAME	3	165D	8F-4R	50.00	4140	No
Minitaurus 60	$16499	$1240	$2230	**$3800**	**$5780**	SAME	3	190D	14F-7R	59.00	4654	No
Minitaurus 60 4WD	$21492	$1610	$2900	**$4940**	**$7520**	SAME	3	190D	14F-7R	59.00	4982	No
Vigneron 60 4WD	$22149	$1660	$2990	**$5090**	**$7750**	SAME	3	190D	14F-7R	60.00	5000	No
Corsaro 70	$17270	$1300	$2330	**$3970**	**$6050**	SAME	4	221D	14F-7R	64.00	5730	No
Corsaro 70 4WD	$22277	$1670	$3010	**$5120**	**$7800**	SAME	4	221D	14F-7R	64.00	6330	No
Saturno 80 4WD	$23485	$1760	$3170	**$5400**	**$8220**	SAME	4	254D	14F-7R	75.00	6460	No
Leopard 85 Export 4WD	$30823	$2310	$4160	**$7090**	**$10790**	SAME	4	254D	24F-6R	79.00	7700	No
Mercury 85 Export	$24261	$1820	$3280	**$5580**	**$8490**	SAME	4	254D	16F-16R	79.00	6877	No
Mercury 85 Export 4WD	$28922	$2170	$3900	**$6650**	**$10120**	SAME	4	254D	16F-16R	79.00	7516	No
Mercury 85 Special	$20609	$1550	$2780	**$4740**	**$7210**	SAME	4	254D	12F-12R	79.00	5684	No
Mercury 85 Special 4WD	$24323	$1820	$3280	**$5590**	**$8510**	SAME	4	254D	12F-12R	79.00	6345	No
Jaguar 95	$30079	$2260	$4060	**$6920**	**$10530**	SAME	5	317D	24F-6R		7750	CH
Jaguar 95 4WD	$38208	$2870	$5160	**$8790**	**$13370**	SAME	5	317D	24F-6R		8360	CH
Panther 95	$28160	$2110	$3800	**$6480**	**$9860**	SAME	5	317D	24F-6R		7310	No
Panther 95 4WD	$31363	$2350	$4230	**$7210**	**$10980**	SAME	5	317D	24F-6R		7890	No
Tiger Six 105	$35785	$2680	$4830	**$8230**	**$12530**	SAME	6	331D	24F-6R	102.00	8510	CH
Tiger Six 105 4WD	$40552	$3040	$5480	**$9330**	**$14190**	SAME	6	331D	24F-6R	102.00	9460	CH
Buffalo 130	$40048	$3000	$5410	**$9210**	**$14020**	SAME	6	380D	24F-8R	116.00	10760	CH
Buffalo 130 4WD	$44178	$3310	$5960	**$10160**	**$15460**	SAME	6	380D	24F-8R	116.00	11660	CH
Hercules 160 4WD	$57751	$4330	$7800	**$13280**	**$20210**	SAME	6T	380D	12F-4R		13730	CHA

Steiger

	Approx. Retail Price New	Used Trade In Avg.	Used Trade In High	Used Retail Avg.	Used Retail High	Engine Make	Engine No. Cyls.	Engine Displ. Cu.-In.	No. Speeds	P.T.O. H.P.	Approx. Shipping Wt.-Lbs.	Cab
1990												
Panther 9170	$118650	$9040	$15820	**$23730**	**$31640**	Cummins	6TA	855D	12F-2R		28500	CHA
Lion 9180	$127500	$9760	$17080	**$25620**	**$34160**	Cummins	6TA	855D	12F-2R		28200	CHA
1989												
Panther 9170	$118650	$7910	$14690	**$22600**	**$30510**	Cummins	6TA	855D	12F-2R		28500	CHA
Lion 9180	$127500	$8540	$15860	**$24400**	**$32940**	Cummins	6TA	855D	12F-2R		28200	CHA
1986												
Bearcat IV CM-225	$77000	$3000	$6750	**$12750**	**$18000**	Cat.	6T	638D	20F-4R		24711	CHA
Bearcat IV KM-225	$77000	$3080	$6930	**$13090**	**$18480**	Cummins	6T	611D	20F-4R		24411	CHA
Cougar IV CM-280	$91100	$3560	$8010	**$15130**	**$21360**	Cat.	6T	893D	20F-4R		25931	CHA
Cougar IV CS-280	$104360	$4000	$9000	**$17000**	**$24000**	Cat.	6T	893D	10F-2R		26252	CHA
Cougar IV KM-280	$91100	$3600	$8100	**$15300**	**$21600**	Cummins	6T	855D	20F-4R		25581	CHA
Cougar IV KS-280	$104360	$4080	$9180	**$17340**	**$24480**	Cummins	6T	855D	10F-2R		25902	CHA
Panther IV CM-325	$115500	$4320	$9720	**$18360**	**$25920**	Cat.	6T	893D	20F-4R		26903	CHA
Panther IV CS-325	$120640	$4600	$10350	**$19550**	**$27600**	Cat.	6T	893D	10F-2R		26900	CHA
Panther IV KM-325	$115500	$4400	$9900	**$18700**	**$26400**	Cummins	6T	855D	20F-4R		26653	CHA
Panther IV KM-325	$126420	$4800	$10800	**$20400**	**$28800**	Cummins	6T	855D	10F-2R		26900	CHA
Panther IV SM-325	$115500	$4040	$9090	**$17170**	**$24240**	Komatsu	6TI	674D	20F-4R		26216	CHA
Panther IV CM-360	$112500	$4200	$9450	**$17850**	**$25200**	Cat.	6T	893D	20F-4R		26993	CHA
Panther IV CS-360	$126420	$4840	$10890	**$20570**	**$29040**	Cat.	6T	893D	10F-2R		26900	CHA
Panther IV KM-360	$112500	$4260	$9590	**$18110**	**$25560**	Cummins	6T	855D	20F-4R		26653	CHA
Panther IV KS-360	$126420	$4880	$10980	**$20740**	**$29280**	Cummins	6T	855D	10F-2R		26900	CHA
Tiger IV KP-525	$186900	$6680	$15020	**$28370**	**$40060**	Cummins	6TA	1150D	24F-4R		40720	CHA
Panther CP 1325	$124750	$4720	$10620	**$20060**	**$28320**	Cat.	6T	893D	12F-2R	299.79	28330	CHA
Panther KP-1325	$124750	$4760	$10710	**$20230**	**$28560**	Cummins	6TA	855D	12F-2R	301.21	28330	CHA
Panther CP 1360	$136000	$5160	$11610	**$21930**	**$30960**	Cat.	6TA	893D	12F-2R	334.33	31732	CHA
Panther KP-1360	$136000	$5200	$11700	**$22100**	**$31200**	Cummins	6TA	855D	12F-2R	326.12	31732	CHA
Panther CP-1400	$144900	$5480	$12330	**$23290**	**$32880**	Cat.	6TA	893D	12F-2R		35802	CHA
Panther KP-1400	$144900	$5540	$12460	**$23530**	**$33220**	Cummins	6TA	855D	12F-2R		35802	CHA
1985												
Bearcat IV CM-225	$77000	$3040	$6840	**$12160**	**$17480**	Cat.	6T	638D	20F-4R		24711	CHA
Bearcat IV KM-225	$77000	$3080	$6930	**$12320**	**$17710**	Cummins	6T	611D	20F-4R		24411	CHA
Cougar IV CM-250	$83700	$3350	$7530	**$13390**	**$19250**	Cat.	6TA	638D	20F-4R		25011	CHA
Cougar IV CM-280	$91100	$3600	$8100	**$14400**	**$20700**	Cat.	6T	893D	20F-4R		25931	CHA
Cougar IV CS-280	$104360	$4000	$9000	**$16000**	**$23000**	Cat.	6T	893D	10F-2R		26252	CHA
Cougar IV KM-280	$91100	$3640	$8200	**$14580**	**$20950**	Cummins	6T	855D	20F-4R		25581	CHA
Cougar IV KS-280	$104360	$4040	$9090	**$16160**	**$23230**	Cummins	6T	855D	10F-2R		25902	CHA
Panther IV CM-325	$115500	$4400	$9900	**$17600**	**$25300**	Cat.	6T	893D	20F-4R		26903	CHA
Panther IV CS-325	$120640	$4600	$10350	**$18400**	**$26450**	Cat.	6T	893D	10F-2R		26900	CHA
Panther IV KM-325	$115500	$4440	$9990	**$17760**	**$25530**	Cummins	6T	855D	20F-4R		26653	CHA
Panther IV KM-325	$126420	$4800	$10800	**$19200**	**$27600**	Cummins	6T	855D	10F-2R		26900	CHA
Panther IV SM-325	$115500	$4480	$10080	**$17920**	**$25760**	Komatsu	6TI	674D	20F-4R		26216	CHA
Panther IV CM-360	$112500	$4320	$9720	**$17280**	**$24840**	Cat.	6T	893D	20F-4R		26993	CHA
Panther IV CS-360	$126420	$4880	$10980	**$19520**	**$28060**	Cat.	6T	893D	10F-2R		26900	CHA

Steiger (Cont.)

Model	Approx. Retail Price New	Used Trade In Avg.	Used Trade In High	Used Retail Avg.	Used Retail High	Engine Make	Engine No. Cyls.	Engine Displ. Cu.-In.	No. Speeds	P.T.O. H.P.	Approx. Shipping Wt.-Lbs.	Cab
1985 (Cont.)												
Panther IV KM-360	$112500	$4300	$9680	**$17220**	**$24750**	Cummins	6T	855D	20F-4R		26653	CHA
Panther IV KS 360	$126420	$4880	$10980	**$19520**	**$28060**	Cummins	6T	855D	10F-2R		26900	CHA
Tiger IV KP-525	$186900	$6640	$14940	**$26560**	**$38180**	Cummins	6TA	1150D	24F-4R		40720	CHA
Panther CP 1325	$124750	$4760	$10710	**$19040**	**$27370**	Cat.	6T	893D	12F-2R	299.79	28330	CHA
Panther KP-1325	$124750	$4800	$10800	**$19200**	**$27600**	Cummins	6TA	855D	12F-2R	301.21	28330	CHA
Panther CP 1360	$136000	$5080	$11430	**$20320**	**$29210**	Cat.	6TA	893D	12F-2R	334.33	31732	CHA
Panther KP-1360	$136000	$5200	$11700	**$20800**	**$29900**	Cummins	6TA	855D	12F-2R	326.12	31732	CHA
Panther CP-1400	$144900	$5480	$12330	**$21920**	**$31510**	Cat.	6TA	893D	12F-2R		35802	CHA
Panther KP-1400	$144900	$5560	$12510	**$22240**	**$31970**	Cummins	6TA	855D	12F-2R		35802	CHA
1984												
Bearcat IV CM-225	$76981	$3040	$6840	**$11400**	**$16720**	Cat.	6T	638D	20F-4R		24711	CHA
Bearcat IV KM-225	$76981	$3080	$6930	**$11550**	**$16940**	Cummins	6T	611D	20F-4R		24411	CHA
Cougar IV CM-250	$83679	$3350	$7530	**$12550**	**$18410**	Cat.	6TA	638D	20F-4R		25011	CHA
Cougar IV CM-280	$91094	$3600	$8100	**$13500**	**$19800**	Cat.	6T	893D	20F-4R		25931	CHA
Cougar IV CS-280	$104357	$4000	$9000	**$15000**	**$22000**	Cat.	6T	893D	10F-2R		26252	CHA
Cougar IV KM-280	$91094	$3640	$8200	**$13660**	**$20040**	Cummins	6T	855D	20F-4R		25581	CHA
Cougar IV KS-280	$104357	$4040	$9090	**$15150**	**$22220**	Cummins	6T	855D	10F-2R		25902	CHA
Panther IV CS-325	$120640	$4560	$10260	**$17100**	**$25080**	Cat.	6T	893D	10F-2R	272.55	26900	CHA
Panther IV KS-325	$120640	$4600	$10350	**$17250**	**$25300**	Cummins	6T	855D	10F-2R		26900	CHA
Panther IV CM-360	$112420	$4320	$9720	**$16200**	**$23760**	Cat.	6T	893D	20F-4R		26993	CHA
Panther IV CS-360	$126420	$4880	$10980	**$18300**	**$26840**	Cat.	6T	893D	10F-2R		26900	CHA
Panther IV KM-360	$112420	$4360	$9810	**$16350**	**$23980**	Cummins	6T	855D	20F-4R		26653	CHA
Panther IV KS-360	$126420	$4840	$10890	**$18150**	**$26620**	Cummins	6T	855D	10F-2R		26900	CHA
Tiger IV KP-525	$186896	$6640	$14940	**$24900**	**$36520**	Cummins	6TA	1150D	24F-4R		40720	CHA
Panther CP 1325	$124742	$4760	$10710	**$17850**	**$26180**	Cat.	6T	893D	12F-2R	299.79	28330	CHA
Panther KP-1325	$124742	$4800	$10800	**$18000**	**$26400**	Cummins	6TA	855D	12F-2R	301.21	28330	CHA
Panther CP 1360	$135957	$5120	$11520	**$19200**	**$28160**	Cat.	6TA	893D	12F-2R	334.33	31732	CHA
Panther KP-1360	$135957	$5160	$11610	**$19350**	**$28380**	Cummins	6TA	855D	12F-2R	326.12	31732	CHA
Panther CP 1400	$144892	$5480	$12330	**$20550**	**$30140**	Cat.	6TA	893D	12F-2R		35802	CHA
Panther KP-1400	$144892	$5560	$12510	**$20850**	**$30580**	Cummins	6TA	855D	12F-2R		35802	CHA
1983												
Bearcat III ST-225	$77407	$3100	$6970	**$11610**	**$16260**	Cat.	6T	638D	20F-4R		24711	CHA
Cougar ST-250	$83679	$3350	$7530	**$12550**	**$17570**	Cat.	6TA	638D	20F-4R		25011	CHA
Cougar III PTA-280	$106078	$4000	$9000	**$15000**	**$21000**	Cat.	6T	893D	10F-2R		25905	CHA
Cougar III PTA-280	$106078	$4080	$9180	**$15300**	**$21420**	Cummins	6T	855D	10F-2R		25905	CHA
Cougar III ST-280	$92078	$3640	$8190	**$13650**	**$19110**	Cat.	6T	893D	20F-4R		25580	CHA
Cougar III ST-280	$92078	$3680	$8290	**$13810**	**$19340**	Cummins	6T	855D	20F-4R		25580	CHA
Panther III ST-310	$103012	$4040	$9090	**$15150**	**$21210**	Cummins	6TA	855D	20F-4R		26658	CHA
Panther III ST-325	$106640	$4120	$9270	**$15450**	**$21630**	Cat.	6T	893D	20F-4R		26905	CHA
Tiger III ST-450	$182004	$6480	$14580	**$24300**	**$34020**	Cat.	V8TA	1099D	6F-1R		40245	CHA
Tiger III ST-470	$186896	$6660	$14990	**$24980**	**$34970**	Cummins	6TA	1150D	6F-1R		40720	CHA
Panther CP 1325	$124742	$4720	$10620	**$17700**	**$24780**	Cat.	6T	893D	12F-2R	299.79	28330	CHA
Panther KP-1325	$124742	$4760	$10710	**$17850**	**$24990**	Cummins	6TA	855D	12F-2R	301.21	28330	CHA
Panther CP 1360	$135957	$5120	$11520	**$19200**	**$26880**	Cat.	6TA	893D	12F-2R	334.33	31732	CHA
Panther CP 1400	$144892	$5360	$12060	**$20100**	**$28140**	Cat.	6TA	893D	12F-2R		35802	CHA
Panther KP-1400	$144892	$5440	$12240	**$20400**	**$28560**	Cummins	6TA	855D	12F-2R		35802	CHA
1982												
Cougar ST-250	$78950	$3160	$7110	**$11840**	**$15790**	Cat.	6TA	638D	20F-4R		25010	CHA
Cougar III PTA-280	$99600	$3940	$8870	**$14780**	**$19700**	Cat.	6T	893D	10F-2R		25905	CHA
Cougar III PTA-280	$99600	$3980	$8960	**$14940**	**$19920**	Cummins	6T	855D	10F-2R		25905	CHA
Cougar III ST-280	$86451	$3420	$7700	**$12830**	**$17100**	Cat.	6T	893D	20F-4R		25580	CHA
Cougar III ST-280	$86451	$3460	$7780	**$12970**	**$17290**	Cummins	6T	855D	20F-4R		25580	CHA
Panther III PTA-310	$108900	$4120	$9270	**$15450**	**$20600**	Cummins	6TA	855D	10F-2R		26965	CHA
Panther III ST-310	$95800	$3830	$8620	**$14370**	**$19160**	Cummins	6TA	855D	20F-4R		26660	CHA
Panther III PTA-325	$112300	$4240	$9540	**$15900**	**$21200**	Cat.	6T	893D	10F-2R		27225	CHA
Panther III ST-325	$99800	$3990	$8980	**$14970**	**$19960**	Cat.	6T	893D	20F-4R		26905	CHA
Tiger III ST-450	$171500	$6060	$13640	**$22730**	**$30300**	Cat.	V8TA	1099D	6F-1R		40245	CHA
Tiger III ST-470	$176200	$6240	$14040	**$23400**	**$31200**	Cummins	6TA	1150D	6F-1R		40720	CHA
1981												
Bearcat III PT-225	$70500	$2820	$6350	**$10580**	**$14100**	Cat.	6T	638D	20F-4R		26700	CHA
Bearcat III ST-225	$64750	$2590	$5830	**$9710**	**$12950**	Cat.	6T	638D	20F-4R		25265	CHA
Cougar III ST-251	$74400	$2980	$6700	**$11160**	**$14880**	Cummins	6T	855D	10F-4R		26700	CHA
Cougar III PTA-270	$86600	$3460	$7790	**$12990**	**$17320**	Cat.	6TA	638D	10F-2R		25500	CHA
Cougar III ST-270	$77600	$3100	$6980	**$11640**	**$15520**	Cat.	6TA	638D	20F-4R		25970	CHA
Panther III PTA-310	$97700	$3800	$8550	**$14250**	**$19000**	Cummins	6TA	855D	10F-2R		25615	CHA
Panther III ST-310	$88700	$3550	$7980	**$13310**	**$17740**	Cummins	6TA	855D	20F-4R		26850	CHA
Panther III PTA-325	$100500	$3880	$8730	**$14550**	**$19400**	Cat.	6TA	893D	10F-2R		29605	CHA
Panther III ST-325	$91500	$3660	$8240	**$13730**	**$18300**	Cat.	6T	893D	20F-4R		26950	CHA
Tiger III ST-450	$157900	$5880	$13230	**$22050**	**$29400**	Cummins	6TA	1150D	6F-1R		43060	CHA
1980												
Bearcat III PT-225	$67150	$2690	$6040	**$10070**	**$13430**	Cat.	6T	638D	20F-4R		26700	CHA
Cougar III ST-251	$68700	$2750	$6180	**$10310**	**$13740**	Cummins	6T	855D	10F-2R		26700	CHA
Cougar III PT-270	$75800	$3030	$6820	**$11370**	**$15160**	Cat.	6TA	638D	20F-4R		26830	CHA
Cougar III ST-270	$69300	$2770	$6240	**$10400**	**$13860**	Cat.	6TA	638D	20F-4R		25970	CHA
Panther III PTA-297	$89150	$3570	$8020	**$13370**	**$17830**	Cummins	V8T	903D	8F-2R		27350	CHA
Panther III PTA-310	$87750	$3510	$7900	**$13160**	**$17550**	Cummins	6TA	855D	10F-2R		25615	CHA
Panther III ST-310	$80900	$3240	$7280	**$12140**	**$16180**	Cummins	6TA	855D	20F-4R		26850	CHA
Panther III PTA-325	$91200	$3600	$8100	**$13500**	**$18000**	Cat.	6TA	893D	10F-2R		29605	CHA
Panther III ST-325	$83500	$3340	$7520	**$12530**	**$16700**	Cat.	6T	893D	20F-4R		26950	CHA

Steiger (Cont.)

	Approx. Retail Price New	Estimated Value Less Repairs: Used Trade In Avg.	High	Used Retail Avg.	High	Engine Make	No. Cyls.	Displ. Cu.-In.	No. Speeds	P.T.O. H.P.	Approx. Shipping Wt.-Lbs.	Cab
1980 (Cont.)												
Panther III PT-350	$87400	$3500	$7870	**$13110**	**$17480**	Cummins	V8T	903D	20F-4R		27330	CHA
Tiger III ST-450	$145700	$5400	$12150	**$20250**	**$27000**	Cummins	6TA	1150D	6F-1R		43060	CHA
1979												
Wildcat III RC-210	$48600	$1940	$4370	**$7290**	**$9720**	Cat.	V8	636D	10F-2R		22000	CHA
Bearcat III PT-225	$60200	$2410	$5420	**$9030**	**$12040**	Cat.	6T	638D	20F-4R		26700	CHA
Cougar III ST-251	$62470	$2500	$5620	**$9370**	**$12490**	Cummins	6T	855D	10F-2R		26700	CHA
Cougar III PT-270	$69200	$2770	$6230	**$10380**	**$13840**	Cat.	6TA	638D	20F-4R		26830	CHA
Cougar III ST-270	$63330	$2530	$5700	**$9500**	**$12670**	Cat.	6TA	638D	20F-4R		25970	CHA
Panther III PTA-297	$83700	$3350	$7530	**$12560**	**$16740**	Cummins	V8T	903D	8F-2R		27350	CHA
Panther III ST-310	$71540	$2860	$6440	**$10730**	**$14310**	Cummins	6TA	855D	20F-4R		26850	CHA
Panther III ST-325	$73820	$2950	$6640	**$11070**	**$14760**	Cat.	6TA	893D	20F-4R		26950	CHA
Panther III PT-350	$79570	$3180	$7160	**$11940**	**$15910**	Cummins	V8T	903D	20F-4R		27330	CHA
Panther III ST-350	$74430	$2980	$6700	**$11170**	**$14890**	Cummins	V8T	903D	20F-4R		26670	CHA
Tiger III ST-450	$129670	$5190	$11670	**$19450**	**$25930**	Cummins	6TA	1150D	6F-1R		43060	CHA
1978												
Wildcat RC-210	$42400	$1700	$3820	**$6360**	**$8480**	Cat.	V8	636D	10F-2R		19070	CHA
Wildcat ST-210	$42400	$1700	$3820	**$6360**	**$8480**	Cat.	V8	636D	10F-2R		19070	CHA
Bearcat ST-220	$51700	$2070	$4650	**$7760**	**$10340**	Cummins	6T	855D	20F-4R		24540	CHA
Bearcat PT-225	$52600	$2100	$4730	**$7890**	**$10520**	Cat.	6T	638D	20F-4R		25225	CHA
Cougar ST-250	$53800	$2150	$4840	**$8070**	**$10760**	Cat.	6T	638D	20F-4R		24540	CHA
Cougar ST-251	$55900	$2240	$5030	**$8390**	**$11180**	Cummins	6T	855D	10F-2R		24540	CHA
Cougar PT-270	$59200	$2370	$5330	**$8880**	**$11840**	Cat.	6TA	638D	20F-4R		25225	CHA
Cougar ST-270	$56700	$2270	$5100	**$8510**	**$11340**	Cat.	6TA	638D	20F-4R		24540	CHA
Panther ST-310	$65200	$2610	$5870	**$9780**	**$13040**	Cummins	6T	855D	20F-4R		24540	CHA
Panther ST-320	$66200	$2650	$5960	**$9930**	**$13240**	Cummins	V8T	903D	20F-4R		24540	CHA
Panther ST-325	$69400	$2780	$6250	**$10410**	**$13880**	Cat.	6TA	893D	20F-4R		24540	CHA
Panther PT-350	$73300	$2930	$6600	**$11000**	**$14660**	Cummins	V8T	903D	20F-4R		25225	CHA
Tiger ST-450	$112000	$4480	$10080	**$16800**	**$22400**	Cummins	6TA	1150D	20F-4R		41975	CHA
1977												
Wildcat RC-210	$41700	$1670	$3750	**$6260**	**$8340**	Cat.	V8	636D	10F-2R		18000	CHA
Wildcat ST-210	$41700	$1670	$3750	**$6260**	**$8340**	Cat.	V8	636D	10F-2R		18000	CHA
Bearcat ST-220	$48400	$1940	$4360	**$7260**	**$9680**	Cummins	6T	855D	10F-2R		26000	CHA
Cougar ST-250	$53000	$2120	$4770	**$7950**	**$10600**	Cat.	6T	638D	10F-2R		26000	CHA
Cougar ST-251	$54800	$2190	$4930	**$8220**	**$10960**	Cummins	6T	855D	10F-2R		26000	CHA
Cougar ST-270	$55200	$2210	$4970	**$8280**	**$11040**	Cat.	6T	638D	10F-2R		26000	CHA
Panther 310	$61600	$2460	$5540	**$9240**	**$12320**	Cummins	6T	855D	10F-2R		26000	CHA
Panther 320	$63800	$2550	$5740	**$9570**	**$12760**	Cummins	V8T	903D	10F-2R		26000	CHA
Panther 325	$67200	$2690	$6050	**$10080**	**$13440**	Cat.	6TA	893D	10F-2R		26000	CHA
1976												
Bearcat II	$38900	$1560	$3500	**$5840**	**$7780**	Cat.	V8	636D	10F-2R		18000	CHA
Cougar II	$49400	$1980	$4450	**$7410**	**$9880**	Cat.	6T	638D	10F-2R		26690	CHA
Panther II	$54000	$2160	$4860	**$8100**	**$10800**	Cummins	6T	855D	10F-2R		26000	CHA
Tiger II	$56300	$2250	$5070	**$8450**	**$11260**	Cummins	V8T	903D	10F-2R		27600	CHA
1975												
Bearcat	$34200	$1370	$3080	**$5130**	**$6840**	Cat.	V8	636D	10F-2R		18000	CHA
Cougar II	$46300	$1850	$4170	**$6950**	**$9260**	Cat.	6T	638D	10F-2R		26690	CHA
Panther	$52000	$2080	$4680	**$7800**	**$10400**	Cummins	6T	855D	10F-2R		24000	CHA
Super Wildcat	$33100	$1320	$2980	**$4970**	**$6620**	Cat.	V8	573D	10F-2R		18000	CHA
Tiger II	$54000	$2160	$4860	**$8100**	**$10800**	Cummins	V8T	903D	10F-2R		27600	CHA
1974												
Bearcat	$28500	$1040	$2860	**$5980**	**$8060**	Cat.	V8	636D	10F-2R		18000	CHA
Cougar	$37600	$1400	$3850	**$8050**	**$10850**	Cat.	6T	525D	10F-2R		22000	CHA
Super Wildcat	$27200	$1000	$2750	**$5750**	**$7750**	Cat.	V8	573D	10F-2R		18000	CHA
Tiger	$41700	$1600	$4400	**$9200**	**$12400**	Cummins	V8T	903D	10F-2R		24000	CHA
1973												
Bearcat	$25575	$960	$2640	**$5520**	**$7440**	Cat.	V8	636D	10F-2R		17500	CHA
Cougar	$33525	$1200	$3300	**$6900**	**$9300**	Cat.	6T	525D	10F-2R		22000	CHA
Super Wildcat	$22975	$800	$2200	**$4600**	**$6200**	Cat.	V8	573D	10F-2R		17000	CHA
Tiger	$39500	$1400	$3850	**$8050**	**$10850**	Cummins	V8T	903D	10F-2R		24000	CHA
1972												
Bearcat	$24100	$960	$2650	**$5540**	**$7470**	Cat.	V8	636D	10F-2R		17500	CHA
Cougar	$31800	$1270	$3500	**$7310**	**$9860**	Cat.	6T	525D	10F-2R		22000	CHA
Super Wildcat	$21300	$850	$2340	**$4900**	**$6600**	Cat.	V8	573D	10F-2R		17000	CHA
Tiger	$37625	$1510	$4140	**$8650**	**$11660**	Cummins	V8	903D	10F-2R		24350	CHA
Wildcat	$21005	$840	$2310	**$4830**	**$6510**	Cat.	V8	522D	10F-2R		17000	CHA
1971												
Bearcat	$22945	$920	$2520	**$5280**	**$7110**	Cat.	V8	636D	10F-2R		15700	CHA
Super Wildcat	$20400	$820	$2240	**$4690**	**$6320**	Cat.	V8	573D	10F-2R		15400	CHA
Tiger	$33000	$1320	$3630	**$7590**	**$10230**	Cummins	V8	903D	10F-2R		24350	CHA
Wildcat	$19000	$760	$2090	**$4370**	**$5890**	Cat.	V8	522D	10F-2R		15400	CHA

	Approx. Retail Price New	Estimated Value Less Repairs Used Trade In Avg.	Used Trade In High	Used Retail Avg.	Used Retail High	Make	Engine No. Cyls.	Engine Displ. Cu.-In.	No. Speeds	P.T.O. H.P.	Approx. Shipping Wt.-Lbs.	Cab
Tafe												
					2001							
25 DI	$9500	$2470	$3230	**$4280**	**$5230**	Simpson	2	102D	8F-2R	23	3274	No
4010DE	$11900	$3090	$4050	**$5360**	**$6550**	Simpson	3	152D	8F-2R	32	4090	No
5000DE	$13500	$3510	$4590	**$6080**	**$7430**	Simpson	3	164D	8F-2R	45	4090	No
					2000							
25 DI	$9375	$2250	$3000	**$4030**	**$4970**	Simpson	2	102D	8F-2R	23	3450	No
35 DI	$10800	$2590	$3460	**$4640**	**$5720**	Simpson	3	144D	8F-2R	30	3700	No
35 DI PS	$11750	$2820	$3760	**$5050**	**$6230**	Simpson	3	144D	8F-2R	30	3700	No
45 DI	$12900	$3100	$4130	**$5550**	**$6840**	Simpson	3	152D	8F-2R	41	3900	No
45 DI w/Aux. Hyd.	$14900	$3580	$4770	**$6410**	**$7900**	Simpson	3	152D	8F-2R	41	3900	No
45 DI 4WD w/Aux. Hyd.	$16900	$4060	$5410	**$7270**	**$8960**	Simpson	3	152D	8F-2R	41	4700	No
					1999							
25 DI	$9375	$2060	$2910	**$3940**	**$4880**	Simpson	2	102D	8F-2R	23	3450	No
35 DI	$11750	$2590	$3640	**$4940**	**$6110**	Simpson	3	144D	8F-2R	30	3700	No
45 DI	$12900	$2840	$4000	**$5420**	**$6710**	Simpson	3	152D	8F-2R	41	3900	No
45 DI 4WD	$17900	$3720	$5240	**$7100**	**$8790**	Simpson	3	152D	8F-2R	41	4700	No
					1998							
25 DI	$8900	$1780	$2670	**$3560**	**$4540**	Simpson	2	102D	8F-2R	23	3450	No
35 DI	$11100	$2220	$3330	**$4440**	**$5660**	Simpson	3	144D	8F-2R	30	3700	No
45 DI	$12200	$2440	$3660	**$4880**	**$6220**	Simpson	3	152D	8F-2R	41	3900	No
45 DI 4WD	$18600	$3380	$5070	**$6760**	**$8620**	Simpson	3	152D	8F-2R	41	4700	No
					1997							
25 DI	$8900	$1690	$2490	**$3380**	**$4450**	Simpson	2	102D	8F-2R	23	3450	No
35 DI	$11100	$2110	$3110	**$4220**	**$5550**	Simpson	3	144D	8F-2R	30	3700	No
45 DI	$12200	$2320	$3420	**$4640**	**$6100**	Simpson	3	152D	8F-2R	41	3900	No
45 DI 4WD	$18600	$3210	$4730	**$6420**	**$8450**	Simpson	3	152D	8F-2R	41	4700	No
					1996							
25 DI	$8600	$1550	$2320	**$3180**	**$4210**	Simpson	2	102D	8F-2R	23	3450	No
35 DI	$10800	$1940	$2920	**$4000**	**$5290**	Simpson	3	144D	8F-2R	30	3700	No
45 DI	$11900	$2140	$3210	**$4400**	**$5830**	Simpson	3	152D	8F-2R	41	3900	No
45 DI 4WD	$18600	$3040	$4560	**$6250**	**$8280**	Simpson	3	152D	8F-2R	41	4700	No
					1995							
25 DI	$8600	$1460	$2240	**$3100**	**$4130**	Simpson	2	102D	8F-2R	23	3274	No
35 DI	$10800	$1840	$2810	**$3890**	**$5180**	Simpson	3	144D	8F-2R	30	3561	No
45 DI	$11900	$2020	$3090	**$4280**	**$5710**	Simpson	3	152D	8F-2R	41	3748	No
Valtra												
					2009							
A75 4WD Electronic lift control	$48430	$31000	$33420	**$39230**	**$41170**	Sisu	3T	201D	12F-12R	74		CHA
A75 4WD Mechanical lift control	$49611	$31750	$34230	**$40190**	**$42170**	Sisu	3T	201D	12F-12R	74		CHA
A75 Electronic lift control	$45510	$29130	$31400	**$36860**	**$38680**	Sisu	3T	201D	12F-12R	74		No
A75 Mechanical lift control	$44329	$28370	$30590	**$35910**	**$37680**	Sisu	3T	201D	12F-12R	74		No
A85 4WD Electronic lift control	$54464	$34860	$37580	**$44120**	**$46290**	Sisu	4TI	268D	12F-12R	88		CHA
A85 4WD Mechanical lift control	$53262	$34090	$36750	**$43140**	**$45270**	Sisu	4TI	268D	12F-12R	88		CHA
A85 Electronic lift control	$50363	$32230	$34750	**$40790**	**$42810**	Sisu	4TI	268D	12F-12R	88		CHA
A85 Mechanical lift control	$49161	$31460	$33920	**$39820**	**$41790**	Sisu	4TI	268D	12F-12R	88		CHA
A95 4WD Electronic lift control	$55624	$35600	$38380	**$45060**	**$47280**	Sisu	4TI	268D	12F-12R	98		CHA
A95 4WD Mechanical lift control	$54420	$34830	$37550	**$44080**	**$46260**	Sisu	4TI	268D	12F-12R	98		CHA
A95 Electronic lift control	$51523	$32980	$35550	**$41730**	**$43800**	Sisu	4TI	268D	12F-12R	98		CHA
A95 Mechanical lift control	$50319	$32200	$34720	**$40760**	**$42770**	Sisu	4TI	268D	12F-12R	98		CHA
N82 4WD	$68475	$43820	$47250	**$55470**	**$58200**	Sisu	4TI	268D	36F-36R	88		CHA
N92 4WD	$69969	$44780	$48280	**$56680**	**$59470**	Sisu	4TI	268D	36F-36R	101		CHA
N101 4WD	$75433	$48280	$52050	**$61100**	**$64120**	Sisu	4TI	268D	36F-36R	110		CHA
N111E 4WD Eco	$82517	$52810	$56940	**$66840**	**$70140**	Sisu	4TI	268D	36F-36R	124		CHA
N111E 4WD Power	$82517	$52810	$56940	**$66840**	**$70140**	Sisu	4TI	268D	36F-36R	122		CHA
N121 4WD	$87532	$56020	$60400	**$70900**	**$74400**	Sisu	4TI	268D	36F-36R	133		CHA
N121A 4WD	$94337	$60380	$65090	**$76410**	**$80190**	Sisu	4TI	268D	36F-36R	133		CHA
N141 4WD	$96128	$61520	$66330	**$77860**	**$81710**	Sisu	4TI	298D	36F-26R	150		CHA
N141A 4WD	$102833	$65810	$70960	**$83300**	**$87410**	Sisu	4TI	298D	36F-36R	150		CHA
T121 4WD	$92769	$59370	$64010	**$75140**	**$78850**	Sisu	6TI	402D	36F-36R	133		CHA
T131 4WD	$92404	$59140	$63760	**$74850**	**$78540**	Sisu	6TI	402D	36F-36R	148		CHA
T151E 4WD	$97652	$62500	$67380	**$79100**	**$83000**	Sisu	6TI	402D	36F-36R	159		CHA
T151EA 4WD	$104713	$67020	$72250	**$84820**	**$89010**	Sisu	6TI	402D	36F-36R	159		CHA
T161 4WD	$103214	$66060	$71220	**$83600**	**$87730**	Sisu	6TI	402D	36F-36R	170		CHA
T161A 4WD	$110175	$71610	$77120	**$91450**	**$95850**	Sisu	6TI	402D	36F-36R	170		CHA
T171 4WD	$110711	$70860	$76390	**$89680**	**$94100**	Sisu	6TI	451D	36F-36R	180		CHA
T171A 4WD	$117955	$76670	$82570	**$97900**	**$102620**	Sisu	6TI	451D	36F-36R	180		CHA
T191 4WD	$118090	$75580	$81480	**$95650**	**$100380**	Sisu	6TI	451D	36F-36R	185		CHA
T191A 4WD	$125052	$81280	$87540	**$103790**	**$108800**	Sisu	6TI	451D	36F-36R	185		CHA
					2008							
A72 4WD Electronic lift control	$46252	$26360	$28680	**$34230**	**$36540**	Sisu	3T	201D	12F-12R	74		CHA
A72 4WD Mechanical lift control	$45101	$25710	$27960	**$33380**	**$35630**	Sisu	3T	201D	12F-12R	74		CHA
A72 Electronic lift control	$43859	$25000	$27190	**$32460**	**$34650**	Sisu	3T	201D	12F-12R	74		No

Valtra (Cont.)

	Approx. Retail Price New	Estimated Value Less Repairs Used Trade In Avg.	High	Used Retail Avg.	High	Engine Make	No. Cyls.	Displ. Cu.-In.	No. Speeds	P.T.O. H.P.	Approx. Shipping Wt.-Lbs.	Cab
2008 (Cont.)												
A72 Mechanical lift control	$42712	$24350	$26480	**$31610**	**$33740**	Sisu	3T	201D	12F-12R	74		No
A82 4WD Electronic lift control	$50063	$28540	$31040	**$37050**	**$39550**	Sisu	4TI	268D	12F-12R	88		CHA
A82 4WD Mechanical lift control	$48918	$27880	$30330	**$36200**	**$38650**	Sisu	4TI	268D	12F-12R	88		CHA
A82 Electronic lift control	$47670	$27170	$29560	**$35280**	**$37660**	Sisu	4TI	268D	12F-12R	88		CHA
A82 Mechanical lift control	$46525	$26520	$28850	**$34430**	**$36760**	Sisu	4TI	268D	12F-12R	88		CHA
A92 4WD Electronic lift control	$51168	$29170	$31720	**$37860**	**$40420**	Sisu	4TI	268D	12F-12R	98		CHA
A92 4WD Mechanical lift control	$50021	$28510	$31010	**$37020**	**$39520**	Sisu	4TI	268D	12F-12R	98		CHA
A92 Electronic lift control	$48775	$27800	$30240	**$36090**	**$38530**	Sisu	4TI	268D	12F-12R	98		CHA
A92 Mechanical lift control	$47628	$27150	$29530	**$35250**	**$37630**	Sisu	4TI	268D	12F-12R	98		CHA
N101 4WD	$69482	$39610	$43080	**$51420**	**$54890**	Sisu	4TI	268D	36F-36R	110		CHA
N111E 4WD Eco	$76263	$43470	$47280	**$56440**	**$60250**	Sisu	4TI	268D	36F-36R	124		CHA
N111E 4WD Power	$76263	$43470	$47280	**$56440**	**$60250**	Sisu	4TI	268D	36F-36R	122		CHA
N121 4WD	$81222	$46300	$50360	**$60100**	**$64170**	Sisu	4TI	268D	36F-36R	133		CHA
N121A 4WD	$88726	$50570	$55010	**$65660**	**$70090**	Sisu	4TI	268D	36F-36R	133		CHA
N141 4WD	$89408	$50960	$55430	**$66160**	**$70630**	Sisu	4TI	298D	36F-26R	150		CHA
N141A 4WD	$95889	$54660	$59450	**$70960**	**$75750**	Sisu	4TI	298D	36F-36R	150		CHA
T121 4WD	$86209	$49140	$53450	**$63800**	**$68110**	Sisu	6TI	402D	36F-36R	133		CHA
T131 4WD	$84888	$48390	$52630	**$62820**	**$67060**	Sisu	6TI	402D	36F-36R	148		CHA
T151E 4WD	$91422	$52110	$56680	**$67650**	**$72220**	Sisu	6TI	402D	36F-36R	159		CHA
T151EA 4WD	$98052	$55890	$60790	**$72560**	**$77460**	Sisu	6TI	402D	36F-36R	159		CHA
T161 4WD	$96624	$55080	$59910	**$71500**	**$76330**	Sisu	6TI	402D	36F-36R	170		CHA
T161A 4WD	$103254	$59890	$66080	**$77440**	**$82600**	Sisu	6TI	402D	36F-36R	170		CHA
T171 4WD	$103764	$59150	$64330	**$76790**	**$81970**	Sisu	6TI	451D	36F-36R	180		CHA
T171A 4WD	$110868	$64300	$70960	**$83150**	**$88690**	Sisu	6TI	451D	36F-36R	180		CHA
T191 4WD	$110868	$63200	$68740	**$82040**	**$87590**	Sisu	6TI	451D	36F-36R	185		CHA
T191A 4WD	$117498	$68150	$75200	**$88120**	**$94000**	Sisu	6TI	451D	36F-36R	185		CHA
2007												
N101 4WD	$68120	$34060	$38150	**$46320**	**$50410**	Sisu	4TI	268D	36F-36R	110		CHA
N111E 4WD Eco	$74948	$37470	$41970	**$50970**	**$55460**	Sisu	4TI	268D	36F-36R	124		CHA
N111E 4WD Power	$74948	$37470	$41970	**$50970**	**$55460**	Sisu	4TI	268D	36F-36R	122		CHA
N121 4WD	$79630	$39820	$44590	**$54150**	**$58930**	Sisu	4TI	268D	36F-36R	133		CHA
N121A 4WD	$86987	$43490	$48710	**$59150**	**$64370**	Sisu	4TI	268D	36F-36R	133		CHA
N141 4WD	$87655	$43830	$49090	**$59610**	**$64870**	Sisu	4TI	298D	36F-26R	150		CHA
N141A 4WD	$94009	$47010	$52650	**$63930**	**$69570**	Sisu	4TI	298D	36F-36R	150		CHA
T121 4WD	$84519	$42260	$47330	**$57470**	**$62540**	Sisu	6TI	402D	36F-36R	133		CHA
T131 4WD	$83224	$41610	$46610	**$56590**	**$61590**	Sisu	6TI	402D	36F-36R	148		CHA
T151E 4WD	$89435	$44720	$50080	**$60820**	**$66180**	Sisu	6TI	402D	36F-36R	159		CHA
T151EA 4WD	$95935	$47970	$53720	**$65240**	**$70990**	Sisu	6TI	402D	36F-36R	159		CHA
T161 4WD	$94535	$47270	$52940	**$64280**	**$69960**	Sisu	6TI	402D	36F-36R	170		CHA
T161A 4WD	$101035	$50520	$57590	**$70730**	**$76790**	Sisu	6TI	402D	36F-36R	170		CHA
T171 4WD	$101535	$50770	$56860	**$69040**	**$75140**	Sisu	6TI	451D	36F-36R	180		CHA
T171A 4WD	$108035	$54020	$61580	**$75630**	**$82110**	Sisu	6TI	451D	36F-36R	180		CHA
T191 4WD	$108035	$54020	$60500	**$73460**	**$79950**	Sisu	6TI	451D	36F-36R	185		CHA
T191A 4WD	$114535	$57270	$65290	**$80180**	**$87050**	Sisu	6TI	451D	36F-36R	185		CHA
2006												
BL77	$23266	$10470	$12100	**$14890**	**$16520**	Sisu	3T	201D	12F-12R	74		No
BL77 4WD	$25799	$11610	$13670	**$17030**	**$18830**	Sisu	3T	201D	12F-12R	74		No
BL88	$27197	$12240	$14410	**$17950**	**$19850**	Sisu	4T	268D	12F-12R	98		No
BL88 4WD	$29550	$13300	$15660	**$19500**	**$21570**	Sisu	4T	268D	12F-12R	98		No
B700	$25354	$11410	$13440	**$16730**	**$18510**	Sisu	3T	201D	12F-12R	74		No
B700 4WD	$27887	$12550	$14780	**$18410**	**$20360**	Sisu	3T	201D	12F-12R	74		No
B800	$28399	$12780	$15050	**$18740**	**$20730**	Sisu	4T	268D	12F-12R	88		No
B800 4WD	$30985	$13940	$16420	**$20450**	**$22620**	Sisu	4T	268D	12F-12R	88		No
B900 4WD	$33534	$15090	$17770	**$22130**	**$24480**	Sisu	4T	268D	12F-12R	98		No
A75N	$40427	$18190	$21430	**$26680**	**$29510**	Sisu	3T	201D	12F-12R	74		CHA
A75N 4WD	$43361	$19510	$22980	**$28620**	**$31650**	Sisu	3T	201D	12F-12R	74		CHA
A75N Low Profile 4WD	$43061	$19380	$22820	**$28420**	**$31440**	Sisu	3T	201D	12F-12R	74		CHA
A85N	$43987	$19790	$23310	**$29030**	**$32110**	Sisu	4T	268D	12F-12R	88		CHA
A85N 4WD	$46920	$21110	$24870	**$30970**	**$34250**	Sisu	4T	268D	12F-12R	88		CHA
A85N Low Profile 4WD	$46340	$20850	$24560	**$30580**	**$33830**	Sisu	4T	268D	12F-12R	88		CHA
A95N	$45018	$20260	$23860	**$29710**	**$32860**	Sisu	4T	268D	12F-12R	98		CHA
A95N 4WD	$50665	$22800	$26850	**$33440**	**$36990**	Sisu	4T	268D	12F-12R	98		CHA
A95N Low Profile 4WD	$50379	$22670	$26700	**$33250**	**$36780**	Sisu	4T	268D	12F-12R	98		CHA
6200	$51067	$22980	$27070	**$33700**	**$37280**	Sisu	4T	268D	12F-12R	94		CHA
6200 4WD	$54326	$24450	$28790	**$35860**	**$39660**	Sisu	4T	268D	12F-12R	94		CHA
6200	$51973	$23390	$27550	**$34300**	**$37940**	Sisu	4T	268D	36F-36R	94		CHA
6200 4WD	$55232	$24850	$29270	**$36450**	**$40320**	Sisu	4T	268D	36F-36R	94		CHA
6300	$53264	$23970	$28230	**$35150**	**$38880**	Sisu	4T	268D	12F-12R	101		CHA
6300 4WD	$56172	$25280	$29770	**$37070**	**$41010**	Sisu	4T	268D	12F-12R	101		CHA
6300	$54171	$24380	$28710	**$35750**	**$39550**	Sisu	4T	268D	36F-36R	101		CHA
6300 4WD	$57079	$25690	$30250	**$37670**	**$41670**	Sisu	4T	268D	36F-36R	101		CHA
6400	$55655	$25050	$29500	**$36730**	**$40630**	Sisu	4T	268D	12F-12R	105		CHA
6400 4WD	$58563	$26350	$31040	**$38650**	**$42750**	Sisu	4T	268D	12F-12R	105		CHA
6400	$56562	$25450	$29980	**$37330**	**$41290**	Sisu	4T	268D	36F-36R	105		CHA
6400 4WD	$59470	$26760	$31520	**$39250**	**$43410**	Sisu	4T	268D	36F-36R	105		CHA
6250HT	$58752	$26440	$31140	**$38780**	**$42890**	Sisu	4T	268D	36F-36R	94		CHA
6250HT 4WD	$61660	$27750	$32680	**$40700**	**$45010**	Sisu	4T	268D	36F-36R	94		CHA
6350HT	$59717	$26870	$31650	**$39410**	**$43590**	Sisu	4T	268D	36F-36R	101		CHA
6350HT 4WD	$62625	$28180	$33190	**$41330**	**$45720**	Sisu	4T	268D	36F-36R	101		CHA
6550HT	$62137	$27960	$32930	**$41010**	**$45360**	Sisu	4T	268D	36F-36R	105		CHA
6550HT 4WD	$65045	$29270	$34470	**$42930**	**$47480**	Sisu	4T	268D	36F-36R	105		CHA
6850HT 4WD	$70343	$31650	$37280	**$46430**	**$51350**	Sisu	4T	268D	36F-36R	125		CHA

Valtra (Cont.)

	Approx. Retail Price New	Estimated Value Less Repairs: Used Trade In Avg.	Used Trade In High	Used Retail Avg.	Used Retail High	Engine Make	Engine No. Cyls.	Engine Displ. Cu.-In.	No. Speeds	P.T.O. H.P.	Approx. Shipping Wt.-Lbs.	Cab
2006 (Cont.)												
C90	$67808	$30510	$35940	**$44750**	**$49500**	Sisu	4T	268D	24F-24R	95		CHA
C90	$68969	$31040	$36550	**$45520**	**$50350**	Sisu	4T	268D	36F-36R	95		CHA
C100	$70811	$31870	$37530	**$46740**	**$51690**	Sisu	4T	268D	24F-24R	101		CHA
C100	$71972	$32390	$38150	**$47500**	**$52540**	Sisu	4T	268D	36F-36R	101		CHA
C110	$72119	$32450	$38220	**$47600**	**$52650**	Sisu	4TI	268D	24F-24R	114		CHA
C110	$73280	$32980	$38840	**$48370**	**$53490**	Sisu	4TI	268D	36F-36R	114		CHA
C120E	$78143	$35160	$41420	**$51570**	**$57040**	Sisu	4TI	268D	36F-36R	120		CHA
C120	$73745	$33190	$39090	**$48670**	**$53830**	Sisu	4TI	268D	36F-36R	120		CHA
C130	$78013	$35110	$41350	**$51490**	**$56950**	Sisu	4TI	268D	36F-36R	135		CHA
C150	$82909	$37310	$43940	**$54720**	**$60520**	Sisu	4TI	268D	36F-36R	150		CHA
M120 4WD	$78929	$35520	$41830	**$52090**	**$57620**	Sisu	4TI	268D	36F-36R	120		CHA
M120E 4WD	$79737	$35880	$42260	**$52630**	**$58210**	Sisu	4TI	268D	36F-36R	120		CHA
M130 4WD	$79737	$35880	$42260	**$52630**	**$58210**	Sisu	4TI	268D	36F-36R	135		CHA
M150 4WD	$89374	$40220	$47370	**$58990**	**$65240**	Sisu	4TI	268D	36F-36R	150		CHA
XM130 4WD	$109238	$49160	$57900	**$72100**	**$79740**	Sisu	4TI	268D	36F-36R	135		CHA
XM150 4WD	$113308	$50990	$60050	**$74780**	**$82720**	Sisu	4TI	268D	36F-36R	150		CHA
T120	$81722	$36780	$43310	**$53940**	**$59660**	Sisu	6T	402D	36F-36R	125		CHA
T130	$87502	$39380	$46380	**$57750**	**$63880**	Sisu	6T	402D	36F-36R	135		CHA
T140E	$93066	$41880	$49330	**$61420**	**$67940**	Sisu	6TI	402D	36F-36R	145		CHA
T150	$95407	$42930	$50570	**$62970**	**$69650**	Sisu	6TI	402D	36F-36R	155		CHA
T160	$98314	$44240	$52110	**$64890**	**$71770**	Sisu	6TI	402D	36F-36R	165		CHA
T170	$104807	$47160	$55550	**$69170**	**$76510**	Sisu	6TI	451D	36F-36R	175		CHA
T180	$109055	$49080	$57800	**$71980**	**$79610**	Sisu	6TI	451D	36F-36R	180		CHA
T190	$112840	$50780	$59810	**$74470**	**$82370**	Sisu	6TI	451D	36F-36R	210		CHA
T120C	$73633	$33140	$39030	**$48600**	**$53750**	Sisu	6T	402D	12F-12R	125		CHA
T130C	$75917	$34160	$40240	**$50110**	**$55420**	Sisu	6T	402D	12F-12R	135		CHA
T140C	$86234	$38810	$45700	**$56910**	**$62950**	Sisu	6TI	402D	12F-12R	145		CHA
T160C	$88580	$39860	$46950	**$58460**	**$64660**	Sisu	6TI	402D	12F-12R	165		CHA
T160C	$90811	$40870	$48130	**$59940**	**$66290**	Sisu	6TI	402D	36F-36R	165		CHA
T170C	$92425	$41590	$48990	**$61000**	**$67470**	Sisu	6TI	451D	12F-12R	175		CHA
T170C	$96478	$43420	$51130	**$63680**	**$70430**	Sisu	6TI	451D	36F-36R	175		CHA
2005												
BL77	$22545	$9470	$11050	**$13750**	**$15330**	Sisu	3T	201D	12F-12R	74		No
BL77 4WD	$25293	$10620	$12650	**$15940**	**$17960**	Sisu	3T	201D	12F-12R	74		No
BL88	$26399	$11090	$13200	**$16630**	**$18740**	Sisu	4T	268D	12F-12R	98		No
BL88 4WD	$29147	$12240	$14570	**$18360**	**$20690**	Sisu	4T	268D	12F-12R	98		No
B700	$31970	$10670	$12700	**$16000**	**$18030**	Sisu	3T	201D	12F-12R	74		No
B700 4WD	$35542	$11720	$13950	**$17580**	**$19810**	Sisu	3T	201D	12F-12R	74		No
B800	$35544	$11930	$14200	**$17890**	**$20160**	Sisu	4T	268D	12F-12R	88		No
B800 4WD	$39114	$13020	$15500	**$19530**	**$22010**	Sisu	4T	268D	12F-12R	88		No
B900 4WD	$42363	$14110	$16800	**$21170**	**$23860**	Sisu	4T	268D	12F-12R	98		No
A75N	$38587	$16210	$19290	**$24310**	**$27400**	Sisu	3T	201D	12F-12R	74		CHA
A75N 4WD	$41463	$17410	$20730	**$26120**	**$29440**	Sisu	3T	201D	12F-12R	74		CHA
A85N	$42076	$17670	$21040	**$26510**	**$29870**	Sisu	4T	268D	12F-12R	88		CHA
A85N 4WD	$44952	$18880	$22480	**$28320**	**$31920**	Sisu	4T	268D	12F-12R	88		CHA
A95N	$43087	$18100	$21540	**$27150**	**$30590**	Sisu	4T	268D	12F-12R	98		CHA
A95N 4WD	$45963	$19300	$22980	**$28960**	**$32630**	Sisu	4T	268D	12F-12R	98		CHA
6200	$52481	$22040	$26240	**$33060**	**$37260**	Sisu	4T	268D	12F-12R	94		CHA
6200 4WD	$52820	$22180	$26410	**$33280**	**$37500**	Sisu	4T	268D	12F-12R	94		CHA
6200	$55788	$23430	$27890	**$35150**	**$39610**	Sisu	4T	268D	36F-36R	94		CHA
6200 4WD	$56127	$23570	$28060	**$35360**	**$39850**	Sisu	4T	268D	36F-36R	94		CHA
6300	$54328	$22820	$27160	**$34230**	**$38570**	Sisu	4T	268D	12F-12R	101		CHA
6300 4WD	$54667	$22960	$27330	**$34440**	**$38810**	Sisu	4T	268D	12F-12R	101		CHA
6300	$57635	$24210	$28820	**$36310**	**$40920**	Sisu	4T	268D	36F-36R	101		CHA
6300 4WD	$57974	$24350	$28990	**$36520**	**$41160**	Sisu	4T	268D	36F-36R	101		CHA
6400	$56719	$23820	$28360	**$35730**	**$40270**	Sisu	4T	268D	12F-12R	105		CHA
6400 4WD	$57058	$23960	$28530	**$35950**	**$40510**	Sisu	4T	268D	12F-12R	105		CHA
6400	$60026	$25210	$30010	**$37820**	**$42620**	Sisu	4T	268D	36F-36R	105		CHA
6400 4WD	$60365	$25350	$30180	**$38030**	**$42860**	Sisu	4T	268D	36F-36R	105		CHA
6250HT	$58757	$24680	$29380	**$37020**	**$41720**	Sisu	4T	268D	36F-36R	94		CHA
6250HT 4WD	$59096	$24820	$29550	**$37230**	**$41960**	Sisu	4T	268D	36F-36R	94		CHA
6350HT	$59684	$25070	$29840	**$37600**	**$42380**	Sisu	4T	268D	36F-36R	101		CHA
6350HT 4WD	$60023	$25210	$30010	**$37810**	**$42620**	Sisu	4T	268D	36F-36R	101		CHA
6550HT	$62011	$26050	$31010	**$39070**	**$44030**	Sisu	4T	268D	36F-36R	105		CHA
6550HT 4WD	$62350	$26190	$31180	**$39280**	**$44270**	Sisu	4T	268D	36F-36R	105		CHA
6850HT 4WD	$69102	$29020	$34550	**$43530**	**$49060**	Sisu	4T	268D	36F-36R	125		CHA
C90	$64639	$27150	$32320	**$40720**	**$45890**	Sisu	4T	268D	24F-24R	95		CHA
C100	$67526	$28360	$33760	**$42540**	**$47940**	Sisu	4T	268D	24F-24R	101		CHA
C110	$68784	$28890	$34390	**$43330**	**$48840**	Sisu	4TI	268D	24F-24R	114		CHA
C120E	$74576	$31320	$37290	**$46980**	**$52950**	Sisu	4TI	268D	36F-36R	120		CHA
C120	$70347	$29550	$35170	**$44320**	**$49950**	Sisu	4TI	268D	36F-36R	120		CHA
C130	$72786	$30570	$36390	**$45860**	**$51680**	Sisu	4TI	268D	36F-36R	135		CHA
C150	$77397	$32510	$38700	**$48760**	**$54950**	Sisu	4TI	268D	36F-36R	150		CHA
M120 4WD	$75266	$31610	$37630	**$47420**	**$53440**	Sisu	4TI	268D	36F-36R	120		CHA
M120E 4WD	$76043	$31940	$38020	**$47910**	**$53990**	Sisu	4TI	268D	36F-36R	120		CHA
M130 4WD	$76043	$31940	$38020	**$47910**	**$53990**	Sisu	4TI	268D	36F-36R	135		CHA
M150 4WD	$85309	$35830	$42660	**$53750**	**$60570**	Sisu	4TI	268D	36F-36R	150		CHA
XM130 4WD	$104409	$43850	$52210	**$65780**	**$74130**	Sisu	4TI	268D	36F-36R	135		CHA
XM150 4WD	$108323	$45500	$54160	**$68240**	**$76910**	Sisu	4TI	268D	36F-36R	150		CHA
T120	$79328	$33320	$39660	**$49980**	**$56320**	Sisu	6T	402D	36F-36R	125		CHA
T130	$84995	$35700	$42500	**$53550**	**$60350**	Sisu	6T	402D	36F-36R	135		CHA
T140E	$90450	$37990	$45230	**$56980**	**$64220**	Sisu	6TI	402D	36F-36R	145		CHA
T150	$92745	$38950	$46370	**$58430**	**$65850**	Sisu	6TI	402D	36F-36R	155		CHA

Valtra (Cont.)

2005 (Cont.)

	Approx. Retail Price New	Estimated Value Less Repairs Used Trade In Avg.	High	Used Retail Avg.	High	Engine Make	No. Cyls.	Displ. Cu.-In.	No. Speeds	P.T.O. H.P.	Approx. Shipping Wt.-Lbs.	Cab
T160	$95595	$40150	$47800	**$60230**	**$67870**	Sisu	6TI	402D	36F-36R	165		CHA
T170	$101961	$42820	$50980	**$64240**	**$72390**	Sisu	6TI	451D	36F-36R	175		CHA
T180	$106125	$44570	$53060	**$66860**	**$75350**	Sisu	6TI	451D	36F-36R	180		CHA
T190	$109836	$46130	$54920	**$69200**	**$77980**	Sisu	6TI	451D	36F-36R	210		CHA
T120C	$72277	$30360	$36140	**$45540**	**$51320**	Sisu	6T	402D	12F-12R	125		CHA
T130C	$74488	$31290	$37240	**$46930**	**$52890**	Sisu	6T	402D	12F-12R	135		CHA
T140C	$82423	$34620	$41210	**$51930**	**$58520**	Sisu	6TI	402D	12F-12R	145		CHA
T160C	$85639	$35970	$42820	**$53950**	**$60800**	Sisu	6TI	402D	12F-12R	165		CHA
T160C	$86777	$36450	$43390	**$54670**	**$61610**	Sisu	6TI	402D	36F-36R	165		CHA
T170C	$91135	$38280	$45570	**$57420**	**$64710**	Sisu	6TI	451D	12F-12R	175		CHA
T170C	$95109	$39950	$47560	**$59920**	**$67530**	Sisu	6TI	1D	36F-36R	175		CHA

Versatile

1987

	Approx. Retail Price New	Used Trade In Avg.	High	Used Retail Avg.	High	Make	No. Cyls.	Displ. Cu.-In.	No. Speeds	P.T.O. H.P.	Approx. Shipping Wt.-Lbs.	Cab
256 w/3 Pt. & PTO	$41900	$4190	$7540	**$11730**	**$16760**	Cummins	4T	239D	Variable	85.14	9000	CHA
276	$45100	$4510	$8120	**$12630**	**$18040**	Cummins	4T	239D	Variable	100.45	9000	CHA
876	$95200	$4760	$10470	**$17140**	**$23800**	Cummins	6T	611D	12F-4R		21000	CHA
936	$105000	$5250	$11550	**$18900**	**$26250**	Cummins	6T	855D	12F-4R		22000	CHA
956	$107300	$5370	$11800	**$19310**	**$26830**	Cummins	6T	855D	12F-4R		22000	CHA
976	$115300	$5770	$12680	**$20750**	**$28830**	Cummins	6TA	855D	12F-4R		22000	CHA
1156	$151400	$7020	$15440	**$25270**	**$35100**	Cummins	6TA	1150D	8F-2R		33000	CHA

See NEW HOLLAND/VERSATILE for later models.

1986

	Approx. Retail Price New	Used Trade In Avg.	High	Used Retail Avg.	High	Make	No. Cyls.	Displ. Cu.-In.	No. Speeds	P.T.O. H.P.	Approx. Shipping Wt.-Lbs.	Cab
256 w/3 Pt. & PTO	$38888	$3690	$6810	**$10500**	**$15170**	Cummins	4T	239D	Variable	85.08	8850	CHA
276	$42000	$3990	$7350	**$11340**	**$16380**	Cummins	4TA	239D	Variable	100.22	8900	CHA
756	$51775	$2070	$4660	**$8800**	**$12430**	Cummins	6T	505D	15F-5R	168.00		CHA
756 PS	$55347	$2210	$4980	**$9410**	**$13280**	Cummins	6T	505D	12F-4R	168.00		CHA
836	$78130	$3130	$7030	**$13280**	**$18750**	Cummins	6T	611D	12F-4R	180.00	21000	CHA
836	$85700	$3430	$7710	**$14570**	**$20570**	Cummins	6T	611D	15F-3R	197.18	21000	CHA
836PS	$91400	$3660	$8230	**$15540**	**$21940**	Cummins	6T	611D	12F-3R	185.62	21000	CHA
856	$94190	$3770	$8480	**$16010**	**$22610**	Cummins	6TA	611D	12F-4R	200.00	21000	CHA
856PS	$103940	$4000	$9000	**$17000**	**$24000**	Cummins	6TA	611D	12F-3R	209.28	21000	CHA
876	$100830	$3920	$8820	**$16660**	**$23520**	Cummins	6TA	611D	12F-4R		21000	CHA
876PS	$110280	$4200	$9450	**$17850**	**$25200**	Cummins	6TA	611D	12F-3R		21000	CHA
936	$109300	$4160	$9360	**$17680**	**$24960**	Cummins	6TA	855D	12F-4R		22000	CHA
936PS	$122650	$4600	$10350	**$19550**	**$27600**	Cummins	6TA	855D	12F-2R		22000	CHA
956	$114750	$4400	$9900	**$18700**	**$26400**	Cummins	6TA	855D	12F-4R		22000	CHA
956PS	$126850	$4600	$10350	**$19550**	**$27600**	Cummins	6TA	855D	12F-2R		22000	CHA
976	$119700	$4560	$10260	**$19380**	**$27360**	Cummins	6TA	855D	12F-4R		22000	CHA
976PS	$132790	$4880	$10980	**$20740**	**$29280**	Cummins	6TA	855D	12F-2R		22000	CHA
1150	$163455	$5720	$12870	**$24310**	**$34320**	Cummins	6TA	1150D	8F-2R		33000	CHA
1150 PS	$191450	$6400	$14400	**$27200**	**$38400**	Cummins	6TA	1150D	12F-2R		33000	CHA

PS - Power Shift.

1985

	Approx. Retail Price New	Used Trade In Avg.	High	Used Retail Avg.	High	Make	No. Cyls.	Displ. Cu.-In.	No. Speeds	P.T.O. H.P.	Approx. Shipping Wt.-Lbs.	Cab
256	$38000	$3420	$6080	**$9880**	**$14440**	Cummins	4T	239D	Variable	85.08	8850	CHA
276	$42000	$3780	$6720	**$10920**	**$15960**	Cummins	4TA	239D	Variable	100.22	8900	CHA
836	$78130	$3040	$6840	**$12160**	**$17480**	Cummins	6T	611D	12F-4R	180.00	21000	CHA
836	$85700	$3150	$7080	**$12590**	**$18100**	Cummins	6T	611D	15F-3R	197.18	21000	CHA
836PS	$91400	$3320	$7470	**$13280**	**$19090**	Cummins	6T	611D	12F-3R	185.62	21000	CHA
856	$94190	$3440	$7740	**$13760**	**$19780**	Cummins	6TA	611D	12F-4R	200.00	21000	CHA
856PS	$103940	$3600	$8100	**$14400**	**$20700**	Cummins	6TA	611D	12F-3R	209.28	21000	CHA
876	$100830	$3550	$7990	**$14210**	**$20420**	Cummins	6TA	611D	12F-4R		21000	CHA
876PS	$110280	$3720	$8370	**$14880**	**$21390**	Cummins	6TA	611D	12F-3R		21000	CHA
936	$109300	$3960	$8910	**$15840**	**$22770**	Cummins	6TA	855D	12F-4R		22000	CHA
936PS	$122650	$4480	$10080	**$17920**	**$25760**	Cummins	6TA	855D	12F-2R		22000	CHA
956	$114750	$4200	$9450	**$16800**	**$24150**	Cummins	6TA	855D	12F-4R		22000	CHA
956PS	$126850	$4480	$10080	**$17920**	**$25760**	Cummins	6TA	855D	12F-2R		22000	CHA
976	$119700	$4400	$9900	**$17600**	**$25300**	Cummins	6TA	855D	12F-4R		22000	CHA
976PS	$132790	$4520	$10170	**$18080**	**$25990**	Cummins	6TA	855D	12F-2R		22000	CHA
1150	$163455	$5200	$11700	**$20800**	**$29900**	Cummins	6TA	1150D	8F-2R		33000	CHA
1150 PS	$191450	$5520	$12420	**$22080**	**$31740**	Cummins	6TA	1150D	12F-2R		33000	CHA

PS - Power Shift.

1984

	Approx. Retail Price New	Used Trade In Avg.	High	Used Retail Avg.	High	Make	No. Cyls.	Displ. Cu.-In.	No. Speeds	P.T.O. H.P.	Approx. Shipping Wt.-Lbs.	Cab
256	$38000	$3230	$5890	**$9500**	**$14060**	Cummins	4T	239D	Variable	85.08	8850	CHA
555	$77255	$2250	$5060	**$8430**	**$12360**	Cummins	V8T	555D	15F-5R	182.25	16800	CHA
555 w/3 Pt. Hitch	$81960	$2360	$5300	**$8840**	**$12960**	Cummins	V8T	555D	15F-5R	182.25	17300	CHA
835	$93692	$3350	$7530	**$12560**	**$18410**	Cummins	6T	855D	12F-4R		18100	CHA
835 w/3 Pt. & PTO	$109950	$3460	$7790	**$12980**	**$19030**	Cummins	6T	855D	12F-4R	198.23	20200	CHA
835 w/3 Pt. Hitch	$101282	$3530	$7940	**$13230**	**$19400**	Cummins	6T	855D	12F-4R		18900	CHA
875	$106243	$3620	$8150	**$13580**	**$19910**	Cummins	6T	855D	12F-4R		18380	CHA
875 w/3 Pt. & PTO	$122498	$3700	$8330	**$13880**	**$20350**	Cummins	6T	855D	12F-4R	247.16	20380	CHA
875 w/3 Pt. Hitch	$113833	$3630	$8170	**$13620**	**$19980**	Cummins	6T	855D	12F-4R		19180	CHA
895	$115530	$3800	$8550	**$14250**	**$20900**	Cummins	6TA	855D	12F-4R		19000	CHA
895 w/3 Pt. Hitch	$123120	$3920	$8820	**$14700**	**$21560**	Cummins	6TA	855D	12F-4R		19800	CHA
925	$117000	$3480	$7830	**$13050**	**$19140**	Cummins	6TA	855D	12F-2R		20160	CHA
945	$122500	$4000	$9000	**$15000**	**$22000**	Cummins	6TA	855D	12F-4R		20060	CHA
945 w/3 Pt. Hitch	$130090	$4120	$9270	**$15450**	**$22660**	Cummins	6TA	855D	12F-4R		20860	CHA
955	$143045	$4520	$10170	**$16950**	**$24860**	Cummins	6TA	855D	12F-4R		21000	CHA
955 w/3 Pt. Hitch	$150635	$4600	$10350	**$17250**	**$25300**	Cummins	6TA	855D	12F-4R		21800	CHA

Versatile (Cont.)

	Approx. Retail Price New	Estimated Value Less Repairs: Used Trade In Avg.	Used Trade In High	Used Retail Avg.	Used Retail High	Engine: Make	No. Cyls.	Displ. Cu.-In.	No. Speeds	P.T.O. H.P.	Approx. Shipping Wt.-Lbs.	Cab
				1984 (Cont.)								
975	$130735	$4400	$9900	**$16500**	**$24200**	Cummins	6TA	855D	12F-4R		22000	CHA
975 w/3 Pt. Hitch	$138325	$4560	$10260	**$17100**	**$25080**	Cummins	6TA	855D	12F-4R		22800	CHA
1150	$163455	$5120	$11520	**$19200**	**$28160**	Cummins	6TA	1150D	8F-2R		33000	CHA
1150 PS	$191450	$5320	$11970	**$19950**	**$29260**	Cummins	6TA	1150D	12F-2R		33000	CHA
PS - Power Shift.												
				1983								
160	$38895	$3110	$5450	**$9340**	**$14000**	Waukesha	4	220D	Variable	70.00	8050	CHA
555	$77251	$2100	$4730	**$7880**	**$11030**	Cummins	V8T	555D	15F-5R	182.25	16800	CHA
555 w/3 Pt. Hitch	$81960	$2280	$5120	**$8540**	**$11950**	Cummins	V8T	555D	15F-5R	182.25	17300	CHA
835	$93692	$3120	$7020	**$11700**	**$16380**	Cummins	6T	855D	12F-4R		18100	CHA
835 w/3 Pt. & PTO	$109947	$3240	$7290	**$12150**	**$17010**	Cummins	6T	855D	12F-4R	198.23	20200	CHA
835 w/3 Pt. Hitch	$101282	$3280	$7380	**$12300**	**$17220**	Cummins	6T	855D	12F-4R		18900	CHA
875	$106243	$3360	$7560	**$12600**	**$17640**	Cummins	6T	855D	12F-4R		18380	CHA
875 w/3 Pt. & PTO	$122498	$3480	$7830	**$13050**	**$18270**	Cummins	6TA	855D	12F-4R	247.16	20380	CHA
875 w/3 Pt. Hitch	$113833	$3400	$7650	**$12750**	**$17850**	Cummins	6T	855D	12F-4R		19180	CHA
895	$115528	$3600	$8100	**$13500**	**$18900**	Cummins	6TA	855D	12F-4R		19000	CHA
895 w/3 Pt. Hitch	$123118	$3720	$8370	**$13950**	**$19530**	Cummins	6TA	855D	12F-4R		19800	CHA
925	$117000	$3480	$7830	**$13050**	**$18270**	Cummins	6TA	855D	12F-2R		20160	CHA
945	$122498	$3680	$8280	**$13800**	**$19320**	Cummins	6TA	855D	12F-4R		20060	CHA
945 w/3 Pt. Hitch	$130088	$3920	$8820	**$14700**	**$20580**	Cummins	6TA	855D	12F-4R		20860	CHA
955	$143041	$4120	$9270	**$15450**	**$21630**	Cummins	6TA	855D	12F-4R		21000	CHA
955 w/3 Pt. Hitch	$150631	$4600	$10350	**$17250**	**$24150**	Cummins	6TA	855D	12F-4R		21800	CHA
975	$130735	$4400	$9900	**$16500**	**$23100**	Cummins	6TA	855D	12F-4R		22000	CHA
975 w/3 Pt. Hitch	$138325	$4600	$10350	**$17250**	**$24150**	Cummins	6TA	855D	12F-4R		22800	CHA
1150	$163452	$5080	$11430	**$19050**	**$26670**	Cummins	6TA	1150D	8F-2R		33000	CHA
1150 PS	$191449	$5280	$11880	**$19800**	**$27720**	Cummins	6TA	1150D	12F-2R		33000	CHA
PS - Power Shift												
				1982								
160	$38000	$2850	$5130	**$8740**	**$13300**	Waukesha	4	220D	Variable	70.00	8050	CHA
555	$72170	$2080	$4680	**$7800**	**$10400**	Cummins	V8T	555D	15F-5R	182.25	16800	CHA
835	$78904	$3160	$7100	**$11840**	**$15780**	Cummins	6T	855D	12F-4R	198.23	18100	CHA
855	$87533	$3280	$7380	**$12300**	**$16400**	Cummins	6T	855D	12F-4R	212.00	18380	CHA
875	$89626	$3360	$7560	**$12600**	**$16800**	Cummins	6T	855D	12F-4R	247.16	18380	CHA
895	$94202	$3440	$7740	**$12900**	**$17200**	Cummins	6TA	855D	12F-4R		18250	CHA
935	$98998	$3520	$7920	**$13200**	**$17600**	Cummins	V8T	903D	12F-4R	282.00	18045	CHA
950	$99860	$3560	$8010	**$13350**	**$17800**	Cummins	V8T	903D	12F-4R	300.00	18045	CHA
				1981								
555	$64877	$1760	$3960	**$6600**	**$8800**	Cummins	V8T	555D	15F-5R	182.25	16800	CHA
835	$70931	$2840	$6380	**$10640**	**$14190**	Cummins	6T	855D	12F-4R	198.23	18100	CHA
855	$78688	$3150	$7080	**$11800**	**$15740**	Cummins	6T	855D	12F-4R	212.00	18380	CHA
875	$80569	$3220	$7250	**$12090**	**$16110**	Cummins	6T	855D	12F-4R	247.16	18380	CHA
895	$84683	$3390	$7620	**$12700**	**$16940**	Cummins	6TA	855D	12F-4R		18250	CHA
935	$88995	$3440	$7740	**$12900**	**$17200**	Cummins	V8T	903D	12F-4R	282.00	18045	CHA
950	$89769	$3480	$7830	**$13050**	**$17400**	Cummins	V8T	903D	12F-4R	300.00	18045	CHA
				1980								
555	$58571	$1540	$3470	**$5780**	**$7700**	Cummins	V8T	555D	15F-5R	182.25	16800	CHA
835	$64230	$2570	$5780	**$9640**	**$12850**	Cummins	6T	855D	12F-4R	198.00	18100	CHA
855	$71205	$2850	$6410	**$10680**	**$14240**	Cummins	6T	855D	12F-4R	212.00	18100	CHA
875	$72979	$2920	$6570	**$10950**	**$14600**	Cummins	6T	855D	12F-4R	247.16	18380	CHA
895	$76713	$3070	$6900	**$11510**	**$15340**	Cummins	6TA	855D	12F-4R		18250	CHA
935	$80628	$3230	$7260	**$12090**	**$16130**	Cummins	V8T	903D	12F-4R	282.00	18045	CHA
950	$81331	$3250	$7320	**$12200**	**$16270**	Cummins	V8T	903D	12F-4R	300.00	18045	CHA
				1979								
500	$45468	$2730	$5460	**$10000**	**$15000**	Cummins	V8	504D	15F-5R	160.00	15000	CHA
555	$50123	$3010	$6020	**$11030**	**$16540**	Cummins	V8T	504D	15F-5R	182.20	16980	CHA
835	$54888	$3290	$6590	**$12080**	**$18110**	Cummins	6T	855D	12F-4R	198.00	19750	CHA
855	$59902	$3590	$7190	**$13180**	**$19770**	Cummins	6T	855D	12F-4R	212.00	19830	CHA
875	$61341	$3680	$7360	**$13500**	**$20240**	Cummins	6T	855D	12F-4R	248.07	20850	CHA
935	$66642	$4000	$8000	**$14660**	**$21990**	Cummins	V8T	903D	12F-4R	282.00	19775	CHA
950	$67224	$4030	$8070	**$14790**	**$22180**	Cummins	V8T	903D	12F-4R	300.00	20610	CHA
				1978								
500	$34738	$2150	$4490	**$8580**	**$12680**	Cummins	V8	504D	15F-5R	160.00	15000	CHA
835	$44980	$2480	$5180	**$9900**	**$14630**	Cummins	6T	855D	12F-4R	195.00	19750	CHA
855	$47221	$2710	$5660	**$10830**	**$16000**	Cummins	6T	855D	12F-4R	212.00	19830	CHA
875	$48354	$2770	$5790	**$11080**	**$16370**	Cummins	6T	855D	12F-4R	233.00	20850	CHA
935	$53791	$3070	$6420	**$12270**	**$18130**	Cummins	V8T	903D	12F-4R	280.00	20850	CHA
950 II	$54261	$3200	$6700	**$12820**	**$18940**	Cummins	V8T	903D	12F-4R	295.00	21000	CHA
				1977								
700 II	$37774	$1890	$4160	**$8500**	**$12090**	Cummins	V8	555D	12F-4R		18650	CHA
750 II	$43321	$2170	$4770	**$9750**	**$13860**	Cummins	6	855D	12F-4R		19750	CHA
800 II	$44756	$2240	$4920	**$10070**	**$14320**	Cummins	6	855D	12F-4R		19830	CHA
825 II	$46040	$2300	$5060	**$10360**	**$14730**	Cummins	6T	855D	12F-4R		19870	CHA
850 II	$48811	$2440	$5370	**$10980**	**$15620**	Cummins	6T	855D	12F-4R		20850	CHA
900 II	$50259	$2510	$5530	**$11310**	**$16080**	Cummins	V8	903D	12F-4R		20250	CHA
950 II	$54030	$2700	$5940	**$12160**	**$17290**	Cummins	V8T	903D	12F-4R		21000	CHA

Versatile (Cont.)

Model	Approx. Retail Price New	Used Trade In Avg.	Used Trade In High	Used Retail Avg.	Used Retail High	Engine Make	Engine No. Cyls.	Displ. Cu.-In.	No. Speeds	P.T.O. H.P.	Approx. Shipping Wt.-Lbs.	Cab
1976												
700 II	$36700	$1650	$4040	**$8440**	**$11560**	Cummins	V8	555D	12F-4R		18650	CHA
750 II	$42090	$1890	$4630	**$9680**	**$13260**	Cummins	6	855D	12F-4R		19750	CHA
800 II	$43482	$1960	$4780	**$10000**	**$13700**	Cummins	6	855D	12F-4R		19830	CHA
850 II	$47422	$2130	$5220	**$10910**	**$14940**	Cummins	6T	855D	12F-4R		20850	CHA
900 II	$48829	$2200	$5370	**$11230**	**$15380**	Cummins	V8	903D	12F-4R		20250	CHA
1975												
700	$32162	$1290	$3540	**$7400**	**$9970**	Cummins	V8	555D	12F-4R		18100	CHA
800	$38018	$1520	$4180	**$8740**	**$11790**	Cummins	6	855D	12F-4R		18980	CHA
850	$41359	$1650	$4550	**$9510**	**$12820**	Cummins	6T	855D	12F-4R		19140	CHA
900	$42946	$1720	$4720	**$9880**	**$13310**	Cummins	V8	903D	12F-4R		18590	CHA
1974												
700	$28975	$1160	$3190	**$6660**	**$8980**	Cummins	V8	555D	12F-4R		18100	CHA
800	$34250	$1370	$3770	**$7880**	**$10620**	Cummins	6	855D	12F-4R		18980	CHA
850	$37260	$1490	$4100	**$8570**	**$11550**	Cummins	6T	855D	12F-4R		19140	CHA
900	$38690	$1550	$4260	**$8900**	**$11990**	Cummins	V8	903D	12F-4R		18590	CHA
1973												
300	$16804	$670	$1850	**$3870**	**$5210**	Cummins	V6	378D	Variable		12700	No
700	$21216	$850	$2330	**$4880**	**$6580**	Cummins	V8	555D	12F-4R		18100	No
800	$23970	$960	$2640	**$5510**	**$7430**	Cummins	6	855D	12F-4R		18980	No
850	$26418	$1060	$2910	**$6080**	**$8190**	Cummins	6T	855D	12F-4R		19140	No
900	$28152	$1130	$3100	**$6480**	**$8730**	Cummins	V8	903D	12F-4R		18590	No
1972												
700	$19800	$790	$2180	**$4550**	**$6140**	Cummins	V8	555D	12F-4R		17200	No
900	$25900	$1040	$2850	**$5960**	**$8030**	Cummins	V8	903D	12F-4R		18500	No
1971												
118	$13720	$550	$1510	**$3160**	**$4250**	Cummins	V6	352D	9F-3R		12650	No
145	$16980	$680	$1870	**$3910**	**$5260**	Cummins	V8	470D	9F-3R		14560	No

White

Model	Approx. Retail Price New	Used Trade In Avg.	Used Trade In High	Used Retail Avg.	Used Retail High	Engine Make	Engine No. Cyls.	Displ. Cu.-In.	No. Speeds	P.T.O. H.P.	Approx. Shipping Wt.-Lbs.	Cab
2001												
6045	$22015	$6300	$7980	**$10500**	**$12390**	SLH	3	183D	12F-12R	45.0		No
6045 4WD	$28395	$7890	$9990	**$13150**	**$15520**	SLH	3	183D	12F-12R	45.0		No
6065	$28660	$8300	$10510	**$13830**	**$16320**	SLH	4	244D	12F-12R	62.77	5379	No
6065 4WD	$34980	$9600	$12160	**$16000**	**$18880**	SLH	4	244D	12F-12R	62.77	6096	No
6065 4WD w/Cab	$45700	$12600	$15960	**$21000**	**$24780**	SLH	4	244D	12F-12R	62.77	6768	CHA
6065 w/Cab	$39385	$11190	$14170	**$18650**	**$22010**	SLH	4	244D	12F-12R	62.77	6305	CHA
6410	$32595	$8480	$11080	**$14670**	**$17930**	Cummins	4T	239D	12F-4R	70.0		No
6410	$37510	$9750	$12750	**$16880**	**$20630**	Cummins	4T	239D	24F-24R	70.0		No
6410 4WD	$39215	$10200	$13330	**$17650**	**$21570**	Cummins	4T	239D	12F-4R	70.0		No
6410 4WD	$44130	$11470	$15000	**$19860**	**$24270**	Cummins	4T	239D	24F-24R	70.0		No
6410 4WD w/Cab	$47710	$12410	$16220	**$21470**	**$26240**	Cummins	4T	239D	12F-4R	70.0		CHA
6410 4WD w/Cab	$52625	$13680	$17890	**$23680**	**$28940**	Cummins	4T	239D	24F-24R	70.0		CHA
6410 w/Cab	$41090	$10680	$13970	**$18490**	**$22600**	Cummins	4T	239D	12F-4R	70.0		CHA
6410 w/Cab	$46005	$11960	$15640	**$20700**	**$25300**	Cummins	4T	239D	24F-24R	70.0		CHA
6510	$35180	$9150	$11960	**$15830**	**$19350**	Cummins	4T	239D	12F-4R	85.0		No
6510	$40095	$10430	$13630	**$18040**	**$22050**	Cummins	4T	239D	24F-24R	85.0		No
6510 4WD	$43185	$11230	$14680	**$19430**	**$23750**	Cummins	4T	239D	12F-4R	85.0		No
6510 4WD	$48100	$12510	$16350	**$21650**	**$26460**	Cummins	4T	239D	24F-24R	85.0		No
6510 4WD w/Cab	$52090	$13540	$17710	**$23440**	**$28650**	Cummins	4T	239D	12F-4R	85.0		CHA
6510 4WD w/Cab	$57000	$14820	$19380	**$25650**	**$31350**	Cummins	4T	239D	24F-24R	85.0		CHA
6510 w/Cab	$44485	$11570	$15130	**$20020**	**$24470**	Cummins	4T	239D	12F-4R	85.0		CHA
6510 w/Cab	$49400	$12840	$16800	**$22230**	**$27170**	Cummins	4T	239D	24F-24R	85.0		CHA
6710	$46970	$12210	$15970	**$21140**	**$25830**	Cummins	6T	359D	32F-32R	95.0		No
6710 4WD	$55875	$14530	$19000	**$25140**	**$30730**	Cummins	6T	359D	32F-32R	95.0		No
6710 4WD w/Cab	$64545	$16780	$21950	**$29050**	**$35500**	Cummins	6T	359D	32F-32R	95.0		CHA
6710 w/Cab	$56140	$14600	$19090	**$25260**	**$30880**	Cummins	6T	359D	32F-32R	95.0		CHA
6810	$54330	$14130	$18470	**$24450**	**$29880**	Cummins	6T	359D	32F-32R	110.0		No
6810 4WD	$62995	$16380	$21420	**$28350**	**$34650**	Cummins	6T	359D	32F-32R	110.0		No
6810 4WD w/Cab	$72165	$18760	$24540	**$32470**	**$39690**	Cummins	6T	359D	32F-32R	110.0		CHA
6810 w/Cab	$63500	$16510	$21590	**$28580**	**$34930**	Cummins	6T	359D	32F-32R	110.0		CHA
Fieldmaster 8310	$75000	$19500	$24750	**$32250**	**$36000**	Cummins	6T	359D	32F-32R	125.0		CHA
Fieldmaster 8310 PS	$80215	$20860	$26470	**$34490**	**$38500**	Cummins	6T	359D	18F-6R	125.0		CHA
Fieldmaster 8310 4WD	$86540	$22500	$28560	**$37210**	**$41540**	Cummins	6T	359D	32F-32R	125.0		CHA
Fieldmaster 8310 4WD PS	$93605	$24340	$30890	**$40250**	**$44930**	Cummins	6T	359D	18F-6R	125.0		CHA
Fieldmaster 8410	$83995	$21840	$27720	**$36120**	**$40320**	Cummins	6TA	359D	32F-32R	145.0		CHA
Fieldmaster 8410 PS	$90500	$23530	$29870	**$38920**	**$43440**	Cummins	6TA	359D	18F-6R	145.0		CHA
Fieldmaster 8410 4WD	$96565	$25110	$31870	**$41520**	**$46350**	Cummins	6TA	359D	32F-32R	145.0		CHA
Fieldmaster 8410 4WD PS	$103810	$26990	$34260	**$44640**	**$49830**	Cummins	6TA	359D	18F-6R	145.0		CHA
Fieldmaster 8510 PS	$108285	$28150	$35730	**$46560**	**$51980**	Cummins	6T	505D	18F-6R	160.0		CHA
Fieldmaster 8610 PS	$116600	$30320	$38480	**$50140**	**$55970**	Cummins	6TA	505D	18F-6R	180.0		CHA
Fieldmaster 8710 PS	$125895	$32730	$41550	**$54140**	**$60430**	Cummins	6TA	505D	18F-6R	200.0		CHA
Fieldmaster 8810 PS	$143115	$37210	$47230	**$61540**	**$68700**	Cummins	6TA	505D	18F-6R	225.0		CHA
2000												
6045	$22015	$5880	$7560	**$10080**	**$11970**	SLH	3	183D	12F-12R	45.0		No
6045 4WD	$28395	$7360	$9470	**$12620**	**$14990**	SLH	3	183D	12F-12R	45.0		No
6065	$28660	$7750	$9960	**$13280**	**$15770**	SLH	4	244D	12F-12R	62.77	5379	No

White (Cont.)

Model	Approx. Retail Price New	Used Trade In Avg.	Used Trade In High	Used Retail Avg.	Used Retail High	Engine Make	Engine No. Cyls.	Engine Displ. Cu.-In.	No. Speeds	P.T.O. H.P.	Approx. Shipping Wt.-Lbs.	Cab
2000 (Cont.)												
6065 4WD	$34980	$8960	$11520	**$15360**	**$18240**	SLH	4	244D	12F-12R	62.77	6096	No
6065 4WD w/Cab	$45700	$11760	$15120	**$20160**	**$23940**	SLH	4	244D	12F-12R	62.77	6768	CHA
6065 w/Cab	$39385	$10440	$13430	**$17900**	**$21260**	SLH	4	244D	12F-12R	62.77	6305	CHA
Workhorse 6175	$95930	$23020	$30700	**$41250**	**$50840**	Cummins	6T	504D	18F-9R	175.47	16300	CHA
Workhorse 6175 4WD	$103485	$24310	$32420	**$43560**	**$53690**	Cummins	6T	504D	18F-9R	175.47	17850	CHA
Workhorse 6195 4WD	$121000	$27170	$36220	**$48680**	**$60000**	Cummins	6TA	504D	18F-9R	200.46	17950	CHA
Workhorse 6215 4WD	$130465	$29040	$38720	**$52030**	**$64130**	Cummins	6TA	504D	18F-9R	215.0	17200	CHA
6410	$33320	$7800	$10400	**$13980**	**$17230**	Cummins	4T	239D	12F-4R	70.0		No
6410 4WD	$40875	$9410	$12540	**$16860**	**$20780**	Cummins	4T	239D	12F-4R	70.0		No
6410 4WD w/Cab	$49370	$11450	$15260	**$20510**	**$25280**	Cummins	4T	239D	12F-4R	70.0		CHA
6410 w/Cab	$42080	$9860	$13150	**$17670**	**$21780**	Cummins	4T	239D	12F-4R	70.0		CHA
6510	$36230	$8450	$11260	**$15140**	**$18660**	Cummins	4T	239D	12F-4R	85.0		No
6510 4WD	$44935	$10370	$13820	**$18580**	**$22900**	Cummins	4T	239D	12F-4R	85.0		No
6510 4WD w/Cab	$53840	$12500	$16670	**$22400**	**$27610**	Cummins	4T	239D	12F-4R	85.0		CHA
6510 w/Cab	$45535	$10680	$14240	**$19130**	**$23580**	Cummins	4T	239D	12F-4R	85.0		CHA
6710	$46550	$11170	$14900	**$20020**	**$24670**	Cummins	6T	359D	32F-32R	95.0		No
6710 4WD	$54955	$13190	$17590	**$23630**	**$29130**	Cummins	6T	359D	32F-32R	95.0		No
6710 4WD w/Cab	$64125	$15390	$20520	**$27570**	**$33990**	Cummins	6T	359D	32F-32R	95.0		CHA
6710 w/Cab	$55720	$13370	$17830	**$23960**	**$29530**	Cummins	6T	359D	32F-32R	95.0		CHA
6810	$55145	$13040	$17390	**$23370**	**$28810**	Cummins	6T	359D	32F-32R	110.0		No
6810 4WD	$63860	$15120	$20160	**$27090**	**$33390**	Cummins	6T	359D	32F-32R	110.0		No
6810 4WD w/Cab	$73030	$17330	$23100	**$31050**	**$38270**	Cummins	6T	359D	32F-32R	110.0		CHA
6810 w/Cab	$64315	$15240	$20320	**$27310**	**$33660**	Cummins	6T	359D	32F-32R	110.0		CHA
Fieldmaster 8310	$75000	$17250	$22500	**$29250**	**$34500**	Cummins	6T	359D	32F-32R	125.0		CHA
Fieldmaster 8310 PS	$80210	$18450	$24060	**$31280**	**$36900**	Cummins	6T	359D	18F-6R	125.0		CHA
Fieldmaster 8310 4WD	$86540	$19900	$25960	**$33750**	**$39810**	Cummins	6T	359D	32F-32R	125.0		CHA
Fieldmaster 8310 4WD PS	$91750	$21100	$27530	**$35780**	**$42210**	Cummins	6T	359D	18F-6R	125.0		CHA
Fieldmaster 8410	$79515	$18290	$23860	**$31010**	**$36580**	Cummins	6TA	359D	32F-32R	145.0		CHA
Fieldmaster 8410 PS	$86020	$19790	$25810	**$33550**	**$39570**	Cummins	6TA	359D	18F-6R	145.0		CHA
Fieldmaster 8410 4WD	$90620	$20840	$27190	**$35340**	**$41690**	Cummins	6TA	359D	32F-32R	145.0		CHA
Fieldmaster 8410 4WD PS	$97125	$22340	$29140	**$37880**	**$44680**	Cummins	6TA	359D	18F-6R	145.0		CHA
Fieldmaster 8510 PS	$104955	$24140	$31490	**$40930**	**$48280**	Cummins	6T	505D	18F-6R	160.0		CHA
Fieldmaster 8610 PS	$113500	$26110	$34050	**$44270**	**$52210**	Cummins	6TA	505D	18F-6R	180.0		CHA
Fieldmaster 8710 PS	$123025	$28300	$36910	**$47980**	**$56590**	Cummins	6TA	505D	18F-6R	200.0		CHA
Fieldmaster 8810 PS	$137180	$31550	$41150	**$53500**	**$63100**	Cummins	6TA	505D	18F-6R	225.0		CHA
1999												
6045	$22015	$5460	$7140	**$9870**	**$11760**	SLH	3	183D	12F-12R	45.0		No
6045 4WD	$28395	$6840	$8940	**$12360**	**$14730**	SLH	3	183D	12F-12R	45.0		No
6065	$28660	$7190	$9400	**$13000**	**$15490**	SLH	4	244D	12F-12R	62.77	5379	No
6065 4WD	$34980	$8320	$10880	**$15040**	**$17920**	SLH	4	244D	12F-12R	62.77	6096	No
6065 4WD w/Cab	$45700	$10920	$14280	**$19740**	**$23520**	SLH	4	244D	12F-12R	62.77	6768	CHA
6065 w/Cab	$39385	$9700	$12680	**$17530**	**$20890**	SLH	4	244D	12F-12R	62.77	6305	CHA
6085	$33965	$8580	$11220	**$15510**	**$18480**	SLH	4T	244D	16F-16R	80.15	6173	No
6085 4WD	$41250	$10140	$13260	**$18330**	**$21840**	SLH	4T	244D	16F-16R	80.15	6779	No
6085 4WD w/Cab	$49320	$12220	$15980	**$22090**	**$26320**	SLH	4T	244D	16F-16R	80.15	7385	CHA
6085 w/Cab	$42030	$10660	$13940	**$19270**	**$22960**	SLH	4T	244D	16F-16R	80.15	6724	CHA
6090 HC	$40900	$10140	$13260	**$18330**	**$21840**	SLH	4T	244D	19F-19R	80.15		No
6090 HC 4WD	$47270	$11960	$15640	**$21620**	**$25760**	SLH	4T	244D	19F-19R	80.15	7831	No
6105	$54910	$11660	$16430	**$22260**	**$27560**	SLH	6	366D	24F-12R	106.34	10013	CHA
6105 4WD	$61440	$13200	$18600	**$25200**	**$31200**	SLH	6	366D	24F-12R	106.34	10759	CHA
Workhorse 6124	$71440	$15720	$22150	**$30010**	**$37150**	Cummins	6T	359D	32F-32R	124.94	14200	CHA
Workhorse 6124 4WD	$81825	$18000	$25370	**$34370**	**$42550**	Cummins	6T	359D	32F-32R	124.94	15300	CHA
Workhorse 6125	$76845	$16910	$23820	**$32280**	**$39960**	Cummins	6T	359D	18F-9R	124.94	14950	CHA
Workhorse 6125 4WD	$88390	$19450	$27400	**$37120**	**$45960**	Cummins	6T	359D	18F-9R	124.94	16150	CHA
Workhorse 6144	$75750	$16670	$23480	**$31820**	**$39390**	Cummins	6TA	359D	32F-32R	142.56	14200	CHA
Workhorse 6144 4WD	$85865	$18890	$26620	**$36060**	**$44650**	Cummins	6TA	359D	32F-32R	142.56	15300	CHA
Workhorse 6145	$82120	$18070	$25460	**$34490**	**$42700**	Cummins	6TA	359D	18F-9R	142.56	14950	CHA
Workhorse 6145 4WD	$92540	$20360	$28690	**$38870**	**$48120**	Cummins	6TA	359D	18F-9R	142.56	16150	CHA
Workhorse 6175	$92060	$20250	$28540	**$38670**	**$47870**	Cummins	6T	504D	18F-9R	175.47	16300	CHA
Workhorse 6175 4WD	$103305	$22290	$31400	**$42550**	**$52680**	Cummins	6T	504D	18F-9R	175.47	17850	CHA
Workhorse 6195 4WD	$115270	$24900	$35090	**$47540**	**$58860**	Cummins	6TA	504D	18F-9R	200.46	17950	CHA
Workhorse 6215 4WD	$123045	$26620	$37510	**$50820**	**$62920**	Cummins	6TA	504D	18F-9R	215.0	17200	CHA
6410	$34250	$7150	$10080	**$13650**	**$16900**	Cummins	4T	239D	12F-4R	70.0		No
6410 4WD	$40780	$8620	$12150	**$16460**	**$20380**	Cummins	4T	239D	12F-4R	70.0		No
6410 4WD w/Cab	$48625	$10490	$14790	**$20030**	**$24800**	Cummins	4T	239D	12F-4R	70.0		CHA
6410 w/Cab	$42095	$9040	$12740	**$17260**	**$21370**	Cummins	4T	239D	12F-4R	70.0		CHA
6510	$36775	$7740	$10910	**$14780**	**$18300**	Cummins	4T	239D	12F-4R	85.0		No
6510 4WD	$44710	$9500	$13390	**$18140**	**$22460**	Cummins	4T	239D	12F-4R	85.0		No
6510 4WD w/Cab	$52965	$11460	$16150	**$21880**	**$27090**	Cummins	4T	239D	12F-4R	85.0		CHA
6510 w/Cab	$45030	$9790	$13800	**$18690**	**$23140**	Cummins	4T	239D	12F-4R	85.0		CHA
6710	$44935	$9890	$13930	**$18870**	**$23370**	Cummins	6T	359D	32F-32R	95.0		No
6710 4WD	$52535	$11560	$16290	**$22070**	**$27320**	Cummins	6T	359D	32F-32R	95.0		No
6710 4WD w/Cab	$65190	$14080	$19840	**$26880**	**$33280**	Cummins	6T	359D	32F-32R	95.0		CHA
6710 w/Cab	$57300	$12100	$17050	**$23100**	**$28600**	Cummins	6T	359D	32F-32R	95.0		CHA
6810	$51900	$11420	$16090	**$21800**	**$26990**	Cummins	6T	359D	32F-32R	110.0		No
6810 4WD	$63910	$13840	$19500	**$26420**	**$32710**	Cummins	6T	359D	32F-32R	110.0		No
6810 4WD w/Cab	$76565	$15880	$22380	**$30320**	**$37540**	Cummins	6T	359D	32F-32R	110.0		CHA
6810 w/Cab	$63735	$14020	$19760	**$26770**	**$33140**	Cummins	6T	359D	32F-32R	110.0		CHA
Fieldmaster 8310	$75000	$15000	$20250	**$27000**	**$33000**	Cummins	6T	359D	32F-32R	125.0		CHA
Fieldmaster 8310 PS	$80210	$16040	$21660	**$28880**	**$35290**	Cummins	6T	359D	18F-6R	125.0		CHA
Fieldmaster 8310 4WD	$86540	$17310	$23370	**$31150**	**$38080**	Cummins	6T	359D	32F-32R	125.0		CHA
Fieldmaster 8310 4WD PS	$91750	$18350	$24770	**$33030**	**$40370**	Cummins	6T	359D	18F-6R	125.0		CHA
Fieldmaster 8410	$79515	$15900	$21470	**$28630**	**$34990**	Cummins	6TA	359D	32F-32R	145.0		CHA

White (Cont.)

1999 (Cont.)

	Approx. Retail Price New	Used Trade In Avg.	Used Trade In High	Used Retail Avg.	Used Retail High	Engine Make	Engine No. Cyls.	Displ. Cu.-In.	No. Speeds	P.T.O. H.P.	Approx. Shipping Wt.-Lbs.	Cab
Fieldmaster 8410 PS	$86020	$17200	$23230	**$30970**	**$37850**	Cummins	6TA	359D	18F-6R	145.0		CHA
Fieldmaster 8410 4WD	$90620	$18120	$24470	**$32620**	**$39870**	Cummins	6TA	359D	32F-32R	145.0		CHA
Fieldmaster 8410 4WD PS	$97125	$19430	$26220	**$34970**	**$42740**	Cummins	6TA	359D	18F-6R	145.0		CHA
Fieldmaster 8510 PS	$104955	$20990	$28340	**$37780**	**$46180**	Cummins	6T	505D	18F-6R	160.0		CHA
Fieldmaster 8610 PS	$113500	$22700	$30650	**$40860**	**$49940**	Cummins	6TA	505D	18F-6R	180.0		CHA
Fieldmaster 8710 PS	$123025	$24610	$33220	**$44290**	**$54130**	Cummins	6TA	505D	18F-6R	200.0		CHA
Fieldmaster 8810 PS	$137180	$27440	$37040	**$49390**	**$60360**	Cummins	6TA	505D	18F-6R	225.0		CHA

1998

	Approx. Retail Price New	Used Trade In Avg.	Used Trade In High	Used Retail Avg.	Used Retail High	Engine Make	Engine No. Cyls.	Displ. Cu.-In.	No. Speeds	P.T.O. H.P.	Approx. Shipping Wt.-Lbs.	Cab
6045	$21375	$5040	$6930	**$9660**	**$11550**	SLH	3	183D		45.0		No
6045 4WD	$27570	$6240	$8580	**$11960**	**$14300**	SLH	3	183D		45.0		No
6065	$27825	$6480	$8910	**$12420**	**$14850**	SLH	4	244D	12F-12R	62.77	5379	No
6065 4WD	$33960	$7440	$10230	**$14260**	**$17050**	SLH	4	244D	12F-12R	62.77	6096	No
6065 4WD w/Cab	$44370	$10080	$13860	**$19320**	**$23100**	SLH	4	244D	12F-12R	62.77	6768	CHA
6065 w/Cab	$38240	$8880	$12210	**$17020**	**$20350**	SLH	4	244D	12F-12R	62.77	6305	CHA
6085	$33965	$7680	$10560	**$14720**	**$17600**	SLH	4T	244D	16F-16R	80.15	6173	No
6085 4WD	$41250	$9600	$13200	**$18400**	**$22000**	SLH	4T	244D	16F-16R	80.15	6779	No
6085 4WD w/Cab	$49320	$11280	$15510	**$21620**	**$25850**	SLH	4T	244D	16F-16R	80.15	7385	CHA
6085 w/Cab	$42030	$10090	$13870	**$19330**	**$23120**	SLH	4T	244D	16F-16R	80.15	6724	CHA
6090 HC	$38715	$9290	$12780	**$17810**	**$21290**	SLH	4T	244D	19F-19R	80.15		No
6090 HC 4WD	$45900	$11020	$15150	**$21110**	**$25250**	SLH	4T	244D	19F-19R	80.15	7831	No
6105	$52785	$10560	$15840	**$21110**	**$26920**	SLH	6	366D	24F-12R	106.34	10013	CHA
6105 4WD	$59315	$11860	$17800	**$23730**	**$30250**	SLH	6	366D	24F-12R	106.34	10759	CHA
Workhorse 6124	$71436	$14290	$21430	**$28570**	**$36430**	Cummins	6T	359D	32F-32R	124.94	14200	CHA
Workhorse 6124 4WD	$81825	$16370	$24550	**$32730**	**$41730**	Cummins	6T	359D	32F-32R	124.94	15300	CHA
Workhorse 6125	$76841	$15370	$23050	**$30740**	**$39190**	Cummins	6T	359D	18F-9R	124.94	14950	CHA
Workhorse 6125 4WD	$88445	$17690	$26530	**$35380**	**$45110**	Cummins	6T	359D	18F-9R	124.94	16150	CHA
Workhorse 6144	$75746	$15150	$22720	**$30300**	**$38630**	Cummins	6TA	359D	32F-32R	142.56	14200	CHA
Workhorse 6144 4WD	$85862	$17170	$25760	**$34350**	**$43790**	Cummins	6TA	359D	32F-32R	142.56	15300	CHA
Workhorse 6145	$82116	$16420	$24640	**$32850**	**$41880**	Cummins	6TA	359D	18F-9R	142.56	14950	CHA
Workhorse 6145 4WD	$93917	$18580	$27870	**$37160**	**$47380**	Cummins	6TA	359D	18F-9R	142.56	16150	CHA
Workhorse 6175	$93194	$18240	$27360	**$36480**	**$46510**	Cummins	6T	504D	18F-9R	175.47	16300	CHA
Workhorse 6175 4WD	$104682	$20120	$30180	**$40240**	**$51310**	Cummins	6T	504D	18F-9R	175.47	17850	CHA
Workhorse 6195 4WD	$114795	$22000	$33000	**$44000**	**$56100**	Cummins	6TA	504D	18F-9R	200.46	17950	CHA
Workhorse 6215 4WD	$123042	$23000	$34500	**$46000**	**$58650**	Cummins	6TA	504D	18F-9R	215.0	17200	CHA
6410	$32275	$6460	$9680	**$12910**	**$16460**	Cummins	4T	239D	12F-4R	70.0		No
6410 4WD	$38555	$7710	$11570	**$15420**	**$19660**	Cummins	4T	239D	12F-4R	70.0		No
6410 4WD w/Cab	$46060	$8800	$13200	**$17600**	**$22440**	Cummins	4T	239D	12F-4R	70.0		CHA
6410 w/Cab	$39780	$7960	$11930	**$15910**	**$20290**	Cummins	4T	239D	12F-4R	70.0		CHA
6510	$35165	$7030	$10550	**$14070**	**$17930**	Cummins	4T	239D	12F-4R	85.0		No
6510 4WD	$42850	$8570	$12860	**$17140**	**$21850**	Cummins	4T	239D	12F-4R	85.0		No
6510 4WD w/Cab	$50750	$9600	$14400	**$19200**	**$24480**	Cummins	4T	239D	12F-4R	85.0		CHA
6510 w/Cab	$43065	$8610	$12920	**$17230**	**$21960**	Cummins	4T	239D	12F-4R	85.0		CHA
6710	$43000	$8600	$12900	**$17200**	**$21930**	Cummins	6T	359D	32F-32R	95.0		No
6710 4WD	$50237	$10050	$15070	**$20100**	**$25620**	Cummins	6T	359D	32F-32R	95.0		No
6710 4WD w/Cab	$62385	$12000	$18000	**$24000**	**$30600**	Cummins	6T	359D	32F-32R	95.0		CHA
6710 w/Cab	$54832	$10970	$16450	**$21930**	**$27960**	Cummins	6T	359D	32F-32R	95.0		CHA
6810	$51375	$10280	$15410	**$20550**	**$26200**	Cummins	6T	359D	32F-32R	110.0		No
6810 4WD	$60575	$12120	$18170	**$24230**	**$30890**	Cummins	6T	359D	32F-32R	110.0		No
6810 4WD w/Cab	$73068	$14000	$21000	**$28000**	**$35700**	Cummins	6T	359D	32F-32R	110.0		CHA
6810 w/Cab	$63210	$12640	$18960	**$25280**	**$32240**	Cummins	6T	359D	32F-32R	110.0		CHA
Fieldmaster 8310	$73130	$13160	$17550	**$24130**	**$30720**	Cummins	6T	359D	32F-32R	125.0		CHA
Fieldmaster 8310 4WD	$84310	$14400	$19200	**$26400**	**$33600**	Cummins	6T	359D	32F-32R	125.0		CHA
Fieldmaster 8410	$78680	$14160	$18880	**$25960**	**$33050**	Cummins	6TA	359D	32F-32R	145.0		CHA
Fieldmaster 8410 4WD	$90950	$15300	$20400	**$28050**	**$35700**	Cummins	6TA	359D	32F-32R	145.0		CHA
Fieldmaster 8510 PS	$102555	$18460	$24610	**$33840**	**$43070**	Cummins	6T	505D	18F-6R	160.0		CHA
Fieldmaster 8610 PS	$111700	$20110	$26810	**$36860**	**$46910**	Cummins	6TA	505D	18F-6R	180.0		CHA
Fieldmaster 8710 PS	$121115	$21800	$29070	**$39970**	**$50870**	Cummins	6TA	505D	18F-6R	200.0		CHA
Fieldmaster 8810 PS	$134650	$24240	$32320	**$44440**	**$56550**	Cummins	6TA	505D	18F-6R	225.0		CHA

1997

	Approx. Retail Price New	Used Trade In Avg.	Used Trade In High	Used Retail Avg.	Used Retail High	Engine Make	Engine No. Cyls.	Displ. Cu.-In.	No. Speeds	P.T.O. H.P.	Approx. Shipping Wt.-Lbs.	Cab
6045	$20750	$4570	$6640	**$9340**	**$11210**	SLH	3	183D		45.0		No
6045 4WD	$26765	$5610	$8160	**$11480**	**$13770**	SLH	3	183D		45.0		No
6065	$27215	$5990	$8710	**$12250**	**$14700**	SLH	4	244D	16F-16R	62.77	5379	No
6065 4WD	$33165	$6840	$9950	**$14000**	**$16790**	SLH	4	244D	16F-16R	62.77	6096	No
6065 4WD w/Cab	$43290	$8800	$12800	**$18000**	**$21600**	SLH	4	244D	16F-16R	62.77	6768	CHA
6065 w/Cab	$37325	$7920	$11520	**$16200**	**$19440**	SLH	4	244D	16F-16R	62.77		CHA
6085	$33965	$7260	$10560	**$14850**	**$17820**	SLH	4T	244D	16F-16R	80.15	6173	No
6085 4WD	$41250	$8800	$12800	**$18000**	**$21600**	SLH	4T	244D	16F-16R	80.15	6779	No
6085 4WD w/Cab	$49320	$10340	$15040	**$21150**	**$25380**	SLH	4T	244D	16F-16R	80.15	7385	CHA
6085 w/Cab	$42030	$9250	$13450	**$18910**	**$22700**	SLH	4T	244D	16F-16R	80.15	6724	CHA
6090	$36710	$8080	$11750	**$16520**	**$19820**	SLH	4T	244D	19F-19R	80.15		No
6090 4WD	$41915	$8800	$12800	**$18000**	**$21600**	SLH	4T	244D	19F-19R	80.15	7831	No
6105	$52785	$11000	$16000	**$22500**	**$27000**	SLH	6	366D	24F-12R	106.34	10013	CHA
6105 4WD	$59315	$12540	$18240	**$25650**	**$30780**	SLH	6	366D	24F-12R	106.34	10759	CHA
Workhorse 6124	$69836	$13270	$19550	**$26540**	**$34920**	Cummins	6T	359D	32F-32R	124.94	14200	CHA
Workhorse 6124 4WD	$80222	$15240	$22460	**$30480**	**$40110**	Cummins	6T	359D	32F-32R	124.94	15300	CHA
Workhorse 6125	$76281	$14490	$21360	**$28990**	**$38140**	Cummins	6T	359D	18F-9R	124.94	14950	CHA
Workhorse 6125 4WD	$88167	$16750	$24690	**$33500**	**$44080**	Cummins	6T	359D	18F-9R	124.94	16150	CHA
Workhorse 6144	$74146	$14090	$20760	**$28180**	**$37070**	Cummins	6TA	359D	32F-32R	142.56	14200	CHA
Workhorse 6144 4WD	$84262	$16010	$23590	**$32020**	**$42130**	Cummins	6TA	359D	32F-32R	142.56	15300	CHA
Workhorse 6145	$81654	$15510	$22860	**$31030**	**$40830**	Cummins	6TA	359D	18F-9R	142.56	14950	CHA
Workhorse 6145 4WD	$93435	$17750	$26160	**$35510**	**$46720**	Cummins	6TA	359D	18F-9R	142.56	16150	CHA
Workhorse 6175	$91594	$17400	$25650	**$34810**	**$45800**	Cummins	6T	504D	18F-9R	175.47	16300	CHA

White (Cont.)

	Approx. Retail Price New	Estimated Value Less Repairs Used Trade In Avg.	Used Trade In High	Used Retail Avg.	Used Retail High	Engine Make	Engine No. Cyls.	Engine Displ. Cu.-In.	No. Speeds	P.T.O. H.P.	Approx. Shipping Wt.-Lbs.	Cab
1997 (Cont.)												
Workhorse 6175 4WD	$104200	$19000	$28000	**$38000**	**$50000**	Cummins	6T	504D	18F-9R	175.47	17850	CHA
Workhorse 6195 4WD	$113898	$20520	$30240	**$41040**	**$54000**	Cummins	6TA	504D	18F-9R	200.46	17950	CHA
Workhorse 6215 4WD	$121673	$21850	$32200	**$43700**	**$57500**	Cummins	6TA	504D	18F-9R	215.0	17200	CHA
1996												
6045	$19510	$4100	$6050	**$8580**	**$10340**	SLH	3	183D		45.0		No
6045 4WD	$25320	$5190	$7660	**$10870**	**$13090**	SLH	3	183D		45.0		No
6065	$25705	$5400	$7970	**$11310**	**$13620**	SLH	4	244D	16F-16R	62.77	5379	No
6065 4WD	$31455	$6380	$9420	**$13380**	**$16110**	SLH	4	244D	16F-16R	62.77	6096	No
6065 4WD w/Cab	$41825	$8400	$12400	**$17600**	**$21200**	SLH	4	244D	16F-16R	62.77	6768	CHA
6065 w/Cab	$36065	$7570	$11180	**$15870**	**$19110**	SLH	4	244D	16F-16R	62.77		CHA
6085	$32815	$6890	$10170	**$14440**	**$17390**	SLH	4T	244D	16F-16R	80.15	6173	No
6085 4WD	$39855	$7770	$11470	**$16280**	**$19610**	SLH	4T	244D	16F-16R	80.15	6779	No
6085 4WD w/Cab	$47650	$9450	$13950	**$19800**	**$23850**	SLH	4T	244D	16F-16R	80.15	7385	CHA
6085 w/Cab	$40610	$8530	$12590	**$17870**	**$21520**	SLH	4T	244D	16F-16R	80.15	6724	CHA
6090 HC	$36290	$7620	$11250	**$15970**	**$19230**	SLH	4T	244D	20F-20R	80.15		No
6090 HC 4WD	$42097	$8840	$13050	**$18520**	**$22310**	SLH	4T	244D	20F-20R	80.15	7831	No
6105	$51000	$9180	$13770	**$18870**	**$24990**	SLH	6	366D	24F-12R	106.34	10013	CHA
6105 4WD	$57310	$10320	$15470	**$21210**	**$28080**	SLH	6	366D	24F-12R	106.34	10759	CHA
6105 Auto 4WD	$61565	$11080	$16620	**$22780**	**$30170**	SLH	6	366D	36F-36R	106.34		CHA
Workhorse 6124	$69355	$12480	$18730	**$25660**	**$33980**	Cummins	6T	359D	32F-32R	124.94	14200	CHA
Workhorse 6124 4WD	$79440	$14300	$21450	**$29390**	**$38930**	Cummins	6T	359D	32F-32R	124.94	15300	CHA
Workhorse 6125	$74605	$13430	$20140	**$27600**	**$36560**	Cummins	6T	359D	18F-9R	124.94	14950	CHA
Workhorse 6125 4WD	$87155	$15690	$23530	**$32250**	**$42710**	Cummins	6T	359D	18F-9R	124.94	16150	CHA
Workhorse 6144	$73540	$13240	$19860	**$27210**	**$36040**	Cummins	6TA	359D	32F-32R	142.56	14200	CHA
Workhorse 6144 4WD	$83365	$15010	$22510	**$30850**	**$40850**	Cummins	6TA	359D	32F-32R	142.56	15300	CHA
Workhorse 6145	$79725	$14350	$21530	**$29500**	**$39070**	Cummins	6TA	359D	18F-9R	142.56	14950	CHA
Workhorse 6145 4WD	$91185	$16200	$24300	**$33300**	**$44100**	Cummins	6TA	359D	18F-9R	142.56	16150	CHA
Workhorse 6175	$89375	$15840	$23760	**$32560**	**$43120**	Cummins	6T	504D	18F-9R	175.47	16300	CHA
Workhorse 6175 4WD	$101635	$17820	$26730	**$36630**	**$48510**	Cummins	6T	504D	18F-9R	175.47	17850	CHA
Workhorse 6195 4WD	$111450	$18900	$28350	**$38850**	**$51450**	Cummins	6TA	504D	18F-9R	200.46	17950	CHA
Workhorse 6215 4WD	$119460	$19980	$29970	**$41070**	**$54390**	Cummins	6TA	504D	18F-9R	215.0	17200	CHA
1995												
6065	$24600	$4920	$7380	**$10580**	**$12790**	SLH	4	244D	16F-16R	62.77	5379	No
6065 4WD	$30099	$6020	$9030	**$12940**	**$15650**	SLH	4	244D	16F-16R	62.77	6096	No
6065 4WD w/Cab	$40023	$7600	$11400	**$16340**	**$19760**	SLH	4	244D	16F-16R	62.77	6768	CHA
6085	$31202	$6240	$9360	**$13420**	**$16230**	SLH	4T	244D	12F-12R	80.15	6173	No
6085 4WD	$38138	$7400	$11100	**$15910**	**$19240**	SLH	4T	244D	16F-16R	80.15	6779	No
6085 4WD w/Cab	$45599	$8600	$12900	**$18490**	**$22360**	SLH	4T	244D	16F-16R	80.15	7385	CHA
6085 w/Cab	$38863	$7600	$11400	**$16340**	**$19760**	SLH	4T	244D	16F-16R	80.15	6724	CHA
6090 HC	$34441	$6890	$10330	**$14810**	**$17910**	SLH	4T	244D	20F-20R	80.15	7831	No
6090 HC 4WD	$39997	$8000	$12000	**$17200**	**$20800**	SLH	4T	244D	20F-20R	80.15	7831	No
6105	$50415	$8570	$13110	**$18150**	**$24200**	SLH	6	366D	36F-36R	106.34	10013	CHA
6105 4WD	$57946	$9850	$15070	**$20860**	**$27810**	SLH	6	366D	36F-36R	106.34	10759	CHA
Workhorse 6124	$66096	$11240	$17190	**$23800**	**$31730**	Cummins	6T	359D	32F-32R	124.0	14200	CHA
Workhorse 6124 4WD	$75920	$12910	$19740	**$27330**	**$36440**	Cummins	6T	359D	32F-32R	124.0	15300	CHA
Workhorse 6125	$70576	$12000	$18350	**$25410**	**$33880**	Cummins	6T	359D	18F-9R	124.0	14950	CHA
Workhorse 6125 4WD	$82706	$13770	$21060	**$29160**	**$38880**	Cummins	6T	359D	18F-9R	124.0	16150	CHA
Workhorse 6144	$70176	$11930	$18250	**$25260**	**$33680**	Cummins	6TA	359D	32F-32R	142.0	14200	CHA
Workhorse 6144 4WD	$79750	$13560	$20740	**$28710**	**$38280**	Cummins	6TA	359D	32F-32R	142.0	15300	CHA
Workhorse 6145	$75526	$12840	$19640	**$27190**	**$36250**	Cummins	6TA	359D	18F-9R	142.0	14950	CHA
Workhorse 6145 4WD	$86596	$14720	$22520	**$31180**	**$41570**	Cummins	6TA	359D	18F-9R	142.0	16150	CHA
Workhorse 6175	$84775	$14410	$22040	**$30520**	**$40690**	Cummins	6T	504D	18F-9R	175.0	16300	CHA
Workhorse 6175 4WD	$96266	$16150	$24700	**$34200**	**$45600**	Cummins	6T	504D	18F-9R	175.0	17850	CHA
Workhorse 6195 4WD	$105706	$16830	$25740	**$35640**	**$47520**	Cummins	6TA	504D	18F-9R	200.0	17950	CHA
Workhorse 6215 4WD	$112964	$18190	$27820	**$38520**	**$51360**	Cummins	6TA	504D	18F-9R	215.0	17200	CHA
1994												
Workhorse 125	$55953	$10630	$16230	**$23500**	**$28540**	Cummins	6T	359D	18F-6R	121.9	12250	CHA
Workhorse 125 4WD	$65000	$12350	$18850	**$27300**	**$33150**	Cummins	6T	359D	18F-6R	121.9	13500	CHA
Workhorse 145	$59635	$11330	$17290	**$25050**	**$30410**	Cummins	6TA	359D	18F-6R	140.3	12250	CHA
Workhorse 145 4WD	$71233	$13300	$20300	**$29400**	**$35700**	Cummins	6TA	359D	18F-6R	140.3	13800	CHA
Workhorse 170	$66728	$12680	$19350	**$28030**	**$34030**	Cummins	6T	504D	18F-6R	165.9	13300	CHA
Workhorse 170 4WD	$77100	$14440	$22040	**$31920**	**$38760**	Cummins	6T	504D	18F-6R	165.9	15400	CHA
Workhorse 195 4WD	$86835	$15770	$24070	**$34860**	**$42330**	Cummins	6TA	504D	18F-6R	192.4	15545	CHA
6065	$23768	$4520	$6890	**$9980**	**$12120**	SLH	4	244D	16F-16R	62.77	5379	No
6065 4WD	$29081	$5320	$8120	**$11760**	**$14280**	SLH	4	244D	16F-16R	62.77	6096	No
6065 4WD w/Cab	$38670	$7030	$10730	**$15540**	**$18870**	SLH	4	244D	16F-16R	62.77	6768	CHA
6085	$30147	$5730	$8740	**$12660**	**$15380**	SLH	4T	244D	12F-12R	80.15	6173	No
6085 4WD	$36848	$6650	$10150	**$14700**	**$17850**	SLH	4T	244D	16F-16R	80.15	6779	No
6085 4WD w/Cab	$44057	$7980	$12180	**$17640**	**$21420**	SLH	4T	244D	16F-16R	80.15	7385	CHA
6085 w/Cab	$37549	$7130	$10890	**$15770**	**$19150**	SLH	4T	244D	16F-16R	80.15	6724	CHA
6090 HC	$38644	$6540	$9990	**$14470**	**$17570**	SLH	4T	244D	20F-20R	80.15	7831	No
6105	$48710	$7790	$12180	**$17050**	**$22890**	SLH	6	366D	36F-36R	106.34	10013	CHA
6105 4WD	$55986	$8960	$14000	**$19600**	**$26310**	SLH	6	366D	36F-36R	106.34	10759	CHA
Workhorse 6124	$63521	$10160	$15880	**$22230**	**$29860**	Cummins	6T	359D	32F-32R	124.0	14200	CHA
Workhorse 6124 4WD	$74169	$11870	$18540	**$25960**	**$34860**	Cummins	6T	359D	32F-32R	124.0	15300	CHA
Workhorse 6125	$67828	$10850	$16960	**$23740**	**$31880**	Cummins	6T	359D	18F-9R	124.0	14950	CHA
Workhorse 6125 4WD	$80050	$12810	$20010	**$28020**	**$37620**	Cummins	6T	359D	18F-9R	124.0	16150	CHA
Workhorse 6144	$67440	$10790	$16860	**$23600**	**$31700**	Cummins	6TA	359D	32F-32R	142.0	14200	CHA
Workhorse 6144 4WD	$80133	$12820	$20030	**$28050**	**$37660**	Cummins	6TA	359D	32F-32R	142.0	15300	CHA
Workhorse 6145	$71938	$11510	$17990	**$25180**	**$33810**	Cummins	6TA	359D	18F-9R	142.0	14950	CHA
Workhorse 6145 4WD	$83412	$13120	$20500	**$28700**	**$38540**	Cummins	6TA	359D	18F-9R	142.0	16150	CHA

White (Cont.)

Model	Approx. Retail Price New	Estimated Value Less Repairs: Used Trade In Avg.	Used Trade In High	Used Retail Avg.	Used Retail High	Engine Make	Engine No. Cyls.	Engine Displ. Cu.-In.	No. Speeds	P.T.O. H.P.	Approx. Shipping Wt.-Lbs.	Cab
1994 (Cont.)												
Workhorse 6175	$82610	$12860	$20100	**$28140**	**$37790**	Cummins	6T	504D	18F-9R	175.0	16300	CHA
Workhorse 6175 4WD	$93957	$14560	$22750	**$31850**	**$42770**	Cummins	6T	504D	18F-9R	175.0	17850	CHA
Workhorse 6195 4WD	$103164	$15520	$24250	**$33950**	**$45590**	Cummins	6TA	504D	18F-9R	200.0	17950	CHA
Workhorse 6215 4WD	$112813	$16800	$26250	**$36750**	**$49350**	Cummins	6TA	504D	18F-9R	215.0	17250	CHA
1993												
60	$21200	$3820	$5940	**$8690**	**$10600**	Cummins	4	239D	6F-2R	61.0	6940	No
60 4WD	$26950	$4850	$7550	**$11050**	**$13480**	Cummins	4	239D	6F-2R	61.0	7440	No
60 4WD w/Cab	$33925	$6110	$9500	**$13910**	**$16960**	Cummins	4	239D	6F-2R	61.0		CHA
60 PS 4WD	$28990	$5220	$8120	**$11890**	**$14500**	Cummins	4	239D	18F-6R	61.0	8855	No
60 PS 4WD w/Cab	$35965	$6470	$10070	**$14750**	**$17980**	Cummins	4	239D	18F-6R	61.0		CHA
60 PS w/Cab	$23240	$4180	$6510	**$9530**	**$11620**	Cummins	4	239D	18F-6R	61.0	8855	CHA
60 PS w/Cab	$30215	$5440	$8460	**$12390**	**$15110**	Cummins	4	239D	18F-6R	61.0		CHA
60 w/Cab	$28175	$5070	$7890	**$11550**	**$14090**	Cummins	4	239D	6F-2R	61.0		CHA
80	$24920	$4490	$6980	**$10220**	**$12460**	Cummins	4	239D	6F-2R	81.48	7150	No
80 4WD	$30980	$5580	$8670	**$12700**	**$15490**	Cummins	4	239D	6F-2R	81.48	7650	No
80 4WD w/Cab	$37955	$6830	$10630	**$15560**	**$18980**	Cummins	4	239D	6F-2R	81.48		CHA
80 PS	$26960	$4850	$7550	**$11050**	**$13480**	Cummins	4	239D	18F-6R	81.48		No
80 PS 4WD	$33020	$5940	$9250	**$13540**	**$16510**	Cummins	4	239D	18F-6R	81.48	11340	No
80 PS w/Cab	$33935	$6110	$9500	**$13910**	**$16970**	Cummins	4	239D	18F-3R	81.48		CHA
80 w/Cab	$31895	$5740	$8930	**$13080**	**$15950**	Cummins	4	239D	6F-2R	81.48		CHA
100	$40800	$7340	$11420	**$16730**	**$20400**	Cummins	6	359D	18F-6R	94.36		CHA
100 4WD	$47945	$8630	$13430	**$19660**	**$23970**	Cummins	6	359D	18F-6R	94.36		CHA
Workhorse 125	$53145	$9570	$14880	**$21790**	**$26570**	Cummins	6T	359D	18F-6R		12250	CHA
Workhorse 125 4WD	$62025	$11170	$17370	**$25430**	**$31010**	Cummins	6T	359D	18F-6R			CHA
Workhorse 145	$56780	$10220	$15900	**$23280**	**$28390**	Cummins	6TA	359D	18F-6R			CHA
Workhorse 145 4WD	$68260	$12060	$18760	**$27470**	**$33500**	Cummins	6TA	359D	18F-6R			CHA
Workhorse 170	$63720	$11470	$17840	**$26130**	**$31860**	Cummins	6T	505D	18F-6R			CHA
Workhorse 170 4WD	$73815	$12960	$20160	**$29520**	**$36000**	Cummins	6T	505D	18F-6R			CHA
Workhorse 195 4WD	$83280	$14450	$22480	**$32920**	**$40150**	Cummins	6TA	505D	18F-6R			CHA
6065	$23768	$4280	$6660	**$9750**	**$11880**	SLH	4	244D	16F-16R	62.77	5379	No
6065 4WD	$29081	$5040	$7840	**$11480**	**$14000**	SLH	4	244D	16F-16R	62.77	6096	No
6065 4WD w/Cab	$38670	$6480	$10080	**$14760**	**$18000**	SLH	4	244D	16F-16R	62.77	6768	CHA
6065 w/Cab	$33163	$5970	$9290	**$13600**	**$16580**	SLH	4	244D	12F-12R	62.77	6305	CHA
6085	$30147	$5430	$8440	**$12360**	**$15070**	SLH	4T	244D	12F-12R	80.15	6173	No
6085 4WD	$36655	$6410	$9970	**$14600**	**$17800**	SLH	4T	244D	12F-12R	80.15	6779	No
6085 4WD	$36848	$6630	$10320	**$15110**	**$18420**	SLH	4T	244D	16F-16R	80.15	6779	No
6085 4WD w/Cab	$43862	$7560	$11760	**$17220**	**$21000**	SLH	4T	244D	12F-12R	80.15	7385	CHA
6085 4WD w/Cab	$44057	$7740	$12040	**$17630**	**$21500**	SLH	4T	244D	16F-16R	80.15	7385	CHA
6085 w/Cab	$37355	$6570	$10220	**$14970**	**$18250**	SLH	4T	244D	12F-12R	80.15	6724	CHA
6085 w/Cab	$37549	$6760	$10510	**$15400**	**$18780**	SLH	4T	244D	16F-16R	80.15	6724	CHA
6105	$48710	$7310	$11690	**$16560**	**$22410**	SLH	6	366D	36F-36R	106.34	10013	CHA
6105 4WD	$55986	$8400	$13440	**$19040**	**$25750**	SLH	6	366D	36F-36R	106.34	10759	CHA
Workhorse 6125	$67828	$10170	$16280	**$23060**	**$31200**	Cummins	6T	359D	18F-9R	124.0	14950	CHA
Workhorse 6125 4WD	$80050	$11700	$18720	**$26520**	**$35880**	Cummins	6T	359D	18F-9R	124.0	16150	CHA
Workhorse 6145	$71938	$10580	$16920	**$23970**	**$32430**	Cummins	6TA	359D	18F-9R	142.0	14950	CHA
Workhorse 6145 4WD	$83412	$12150	$19440	**$27540**	**$37260**	Cummins	6TA	359D	18F-9R	142.0	16150	CHA
Workhorse 6175	$82610	$12000	$19200	**$27200**	**$36800**	Cummins	6T	504D	18F-9R	175.0	16300	CHA
Workhorse 6175 4WD	$93957	$13500	$21600	**$30600**	**$41400**	Cummins	6T	504D	18F-9R	175.0	17850	CHA
Workhorse 6195 4WD	$103164	$14700	$23520	**$33320**	**$45080**	Cummins	6TA	504D	18F-9R	200.0	17950	CHA
1992												
60	$20990	$3570	$5670	**$8400**	**$10290**	Cummins	4	239D	6F-2R		6940	No
60 4WD	$26680	$4540	$7200	**$10670**	**$13070**	Cummins	4	239D	6F-2R		7440	No
60 4WD w/Cab	$33585	$5710	$9070	**$13430**	**$16460**	Cummins	4	239D	6F-2R	61.07		CHA
60 PS	$23010	$3910	$6210	**$9200**	**$11280**	Cummins	4	239D	18F-6R	61.07	8855	No
60 PS 4WD	$28700	$4880	$7750	**$11480**	**$14060**	Cummins	4	239D	18F-6R	61.07	8855	No
60 PS 4WD w/Cab	$35605	$6050	$9610	**$14240**	**$17450**	Cummins	4	239D	18F-6R	61.07		CHA
60 PS w/Cab	$29915	$5090	$8080	**$11970**	**$14660**	Cummins	4	239D	18F-6R	61.07		CHA
60 w/Cab	$27895	$4740	$7530	**$11160**	**$13670**	Cummins	4	239D	6F-2R	61.07		CHA
80	$24672	$4190	$6660	**$9870**	**$12090**	Cummins	4	239D	6F-2R		7150	No
80 4WD	$30672	$5210	$8280	**$12270**	**$15030**	Cummins	4	239D	6F-2R	81.48	7650	No
80 4WD w/Cab	$37577	$6390	$10150	**$15030**	**$18410**	Cummins	4	239D	6F-2R	81.48		CHA
80 PS	$26692	$4540	$7210	**$10680**	**$13080**	Cummins	4	239D	18F-6R	81.48		No
80 PS 4WD	$32692	$5560	$8830	**$13080**	**$16020**	Cummins	4	239D	18F-6R	81.48	11340	No
80 PS w/Cab	$33597	$5710	$9070	**$13440**	**$16460**	Cummins	4	239D	18F-3R	81.48		CHA
80 w/Cab	$31577	$5370	$8530	**$12630**	**$15470**	Cummins	4	239D	6F-2R	81.48		CHA
100	$40399	$6870	$10910	**$16160**	**$19800**	Cummins	6	359D	18F-6R	94.36		CHA
100 4WD	$47469	$8070	$12820	**$18990**	**$23260**	Cummins	6	359D	18F-6R	94.36		CHA
Workhorse 125	$51110	$8690	$13800	**$20440**	**$25040**	Cummins	6T	359D	18F-6R		12250	CHA
Workhorse 125 4WD	$59640	$10140	$16100	**$23860**	**$29220**	Cummins	6T	359D	18F-6R			CHA
Workhorse 145	$54595	$9280	$14740	**$21840**	**$26750**	Cummins	6TA	359D	18F-6R			CHA
Workhorse 145 4WD	$65635	$11160	$17720	**$26250**	**$32160**	Cummins	6TA	359D	18F-6R			CHA
Workhorse 170	$61270	$10420	$16540	**$24510**	**$30020**	Cummins	6T	505D	18F-6R			CHA
Workhorse 170 4WD	$70975	$12070	$19160	**$28390**	**$34780**	Cummins	6T	505D	18F-6R			CHA
Workhorse 195	$68395	$11630	$18470	**$27360**	**$33510**	Cummins	6TA	505D	18F-6R			CHA
Workhorse 195 4WD	$80075	$12920	$20520	**$30400**	**$37240**	Cummins	6TA	505D	18F-6R			CHA
1991												
60	$20990	$3360	$5460	**$8190**	**$10080**	Cummins	4	239D	6F-2R		6940	No
60 4WD	$26680	$4270	$6940	**$10410**	**$12810**	Cummins	4	239D	6F-2R		7440	No
60 4WD w/Cab	$33585	$5370	$8730	**$13100**	**$16120**	Cummins	4	239D	6F-2R	61.07		CHA
60 PS	$23010	$3680	$5980	**$8970**	**$11050**	Cummins	4	239D	18F-6R	61.07	8855	No
60 PS 4WD	$28700	$4590	$7460	**$11190**	**$13780**	Cummins	4	239D	18F-6R	61.07	8855	No

White (Cont.)

1991 (Cont.)

	Approx. Retail Price New	Estimated Value Less Repairs: Used Trade In Avg.	Used Trade In High	Used Retail Avg.	Used Retail High	Engine Make	Engine No. Cyls.	Engine Displ. Cu.-In.	No. Speeds	P.T.O. H.P.	Approx. Shipping Wt.-Lbs.	Cab
60 PS 4WD w/Cab	$35605	$5700	$9260	**$13890**	**$17090**	Cummins	4	239D	18F-6R	61.07		CHA
60 PS w/Cab	$29915	$4790	$7780	**$11670**	**$14360**	Cummins	4	239D	18F-6R	61.07		CHA
60 w/Cab	$27895	$4460	$7250	**$10880**	**$13390**	Cummins	4	239D	6F-2R	61.07		CHA
80	$24672	$3950	$6420	**$9620**	**$11840**	Cummins	4	239D	6F-2R		7150	No
80 4WD	$30672	$4910	$7980	**$11960**	**$14720**	Cummins	4	239D	6F-2R	81.48	7650	No
80 4WD w/Cab	$37577	$6010	$9770	**$14660**	**$18040**	Cummins	4	239D	6F-2R	81.48		CHA
80 PS	$26692	$4270	$6940	**$10410**	**$12810**	Cummins	4	239D	18F-6R	81.48		No
80 PS 4WD	$32692	$5230	$8500	**$12750**	**$15690**	Cummins	4	239D	18F-6R	81.48	11340	No
80 PS w/Cab	$33597	$5380	$8740	**$13100**	**$16130**	Cummins	4	239D	18F-3R	81.48		CHA
80 w/Cab	$31577	$5050	$8210	**$12320**	**$15160**	Cummins	4	239D	6F-2R	81.48		CHA
100	$39999	$6400	$10400	**$15600**	**$19200**	Cummins	6	359D	18F-6R	94.36		CHA
100 4WD	$46999	$7520	$12220	**$18330**	**$22560**	Cummins	6	359D	18F-6R	94.36		CHA
120	$44999	$7200	$11700	**$17550**	**$21600**	Cummins	6	359D	18F-6R	119.13		CHA
120 4WD	$52999	$8480	$13780	**$20670**	**$25440**	Cummins	6T	359D	18F-6R	119.13		CHA
Workhorse 125	$49145	$7860	$12780	**$19170**	**$23590**	Cummins	6T	359D	18F-6R		12250	CHA
Workhorse 125 4WD	$57345	$9180	$14910	**$22370**	**$27530**	Cummins	6T	359D	18F-6R			CHA
140	$48999	$7840	$12740	**$19110**	**$23520**	Cummins	6T	359D	18F-6R	138.53		CHA
140 4WD	$57999	$8900	$14460	**$21680**	**$26690**	Cummins	6T	359D	18F-6R			CHA
Workhorse 145	$52495	$8400	$13650	**$20470**	**$25200**	Cummins	6TA	359D	18F-6R			CHA
Workhorse 145 4WD	$63110	$9760	$15860	**$23790**	**$29280**	Cummins	6TA	359D	18F-6R			CHA
160	$54999	$8800	$14300	**$21450**	**$26400**	Cummins	6T	505D	18F-6R	162.47		CHA
160 4WD	$63999	$10080	$16380	**$24570**	**$30240**	Cummins	6T	505D	18F-6R	162.47		CHA
Workhorse 170	$58915	$9430	$15320	**$22980**	**$28280**	Cummins	6T	505D	18F-6R			CHA
Workhorse 170 4WD	$68245	$10640	$17290	**$25940**	**$31920**	Cummins	6T	505D	18F-6R			CHA
185	$60999	$9760	$15860	**$23790**	**$29280**	Cummins	6TA	505D	18F-6R	187.55		CHA
185 4WD	$69999	$10880	$17680	**$26520**	**$32640**	Cummins	6TA	505D	18F-6R	187.55		CHA
Workhorse 195	$65765	$10240	$16640	**$24960**	**$30720**	Cummins	6TA	505D	18F-6R			CHA
Workhorse 195 4WD	$76995	$11520	$18720	**$28080**	**$34560**	Cummins	6TA	505D	18F-6R			CHA

1990

	Approx. Retail Price New	Used Trade In Avg.	Used Trade In High	Used Retail Avg.	Used Retail High	Engine Make	Engine No. Cyls.	Engine Displ. Cu.-In.	No. Speeds	P.T.O. H.P.	Approx. Shipping Wt.-Lbs.	Cab
60	$18741	$2810	$4780	**$7120**	**$8810**	Cummins	4	239D	6F-2R		6940	No
60 4WD	$24431	$3670	$6230	**$9280**	**$11480**	Cummins	4	239D	6F-2R		7440	No
60 PS	$20741	$3110	$5290	**$7880**	**$9750**	Cummins	4	239D	18F-6R			No
60 PS 4WD	$26431	$3970	$6740	**$10040**	**$12420**	Cummins	4	239D	18F-6R			No
80	$22029	$3300	$5620	**$8370**	**$10350**	Cummins	4	239D	6F-2R		7150	No
80 4WD	$28029	$4200	$7150	**$10650**	**$13170**	Cummins	4	239D	6F-2R		7650	No
80 PS	$24029	$3600	$6130	**$9130**	**$11290**	Cummins	4	239D	18F-6R			No
80 PS 4WD	$30029	$4500	$7660	**$11410**	**$14110**	Cummins	4	239D	18F-6R			No
100	$39999	$6000	$10200	**$15200**	**$18800**	Cummins	6	359D	18F-6R	94.36		CHA
100 4WD	$46999	$7050	$11990	**$17860**	**$22090**	Cummins	6	359D	18F-6R	94.36		CHA
120	$44999	$6750	$11480	**$17100**	**$21150**	Cummins	6	359D	18F-6R	119.13		CHA
120 4WD	$52999	$7950	$13520	**$20140**	**$24910**	Cummins	6T	359D	18F-6R	119.13		CHA
Workhorse 125	$49145	$7370	$12530	**$18680**	**$23100**	Cummins	6T	359D	18F-6R			CHA
Workhorse 125 4WD	$57345	$8250	$14030	**$20900**	**$25850**	Cummins	6T	359D	18F-6R			CHA
140	$48999	$7350	$12500	**$18620**	**$23030**	Cummins	6T	359D	18F-6R	138.53		CHA
140 4WD	$57999	$8550	$14540	**$21660**	**$26790**	Cummins	6T	359D	18F-6R	138.53		CHA
160	$54999	$8250	$14030	**$20900**	**$25850**	Cummins	6T	505D	18F-6R	162.47		CHA
160 4WD	$63999	$9380	$15940	**$23750**	**$29380**	Cummins	6T	505D	18F-6R	162.47		CHA
Workhorse 170	$58915	$8840	$15020	**$22390**	**$27690**	Cummins	6T	505D	18F-6R			CHA
Workhorse 170 4WD	$68245	$9900	$16830	**$25080**	**$31020**	Cummins	6T	505D	18F-6R			CHA
Workhorse 195	$65765	$9660	$16420	**$24470**	**$30270**	Cummins	6TA	505D	18F-6R			CHA
Workhorse 195 4WD	$76995	$10950	$18620	**$27740**	**$34310**	Cummins	6TA	505D	18F-6R			CHA

1989

	Approx. Retail Price New	Used Trade In Avg.	Used Trade In High	Used Retail Avg.	Used Retail High	Engine Make	Engine No. Cyls.	Engine Displ. Cu.-In.	No. Speeds	P.T.O. H.P.	Approx. Shipping Wt.-Lbs.	Cab
16 Hydro 4WD	$9298	$1400	$2330	**$3440**	**$4280**	Mitsubishi	3	52D	Variable			No
Field Boss 16	$7298	$1100	$1830	**$2700**	**$3360**	Mitsubishi	3	52D	6F-2R			No
Field Boss 16 4WD	$8198	$1230	$2050	**$3030**	**$3770**	Mitsubishi	3	52D	6F-2R			No
Field Boss 16 Hydro	$8098	$1220	$2030	**$3000**	**$3730**	Mitsubishi	3	52D	Variable			No
Field Boss 21	$9068	$1360	$2270	**$3360**	**$4170**	Iseki	3	71D	12F-4R			No
Field Boss 21 4WD	$10157	$1520	$2540	**$3760**	**$4670**	Iseki	3	71D	12F-4R			No
Field Boss 31	$11448	$1720	$2860	**$4240**	**$5270**	Iseki	3	91D	12F-4R			No
Field Boss 31 4WD	$12997	$1950	$3250	**$4810**	**$5980**	Iseki	3	91D	12F-4R			No
Field Boss 37	$13052	$1960	$3260	**$4830**	**$6000**	Isuzu	4	111D	10F-6R			No
Field Boss 37 4WD	$15241	$2290	$3810	**$5640**	**$7010**	Isuzu	4	111D	10F-6R			No
Field Boss 43	$15698	$2360	$3930	**$5810**	**$7220**	Isuzu	4	145D	12F-4R			No
Field Boss 43 4WD	$19298	$2900	$4830	**$7140**	**$8880**	Isuzu	4	145D	12F-4R			No
2-55	$18290	$2740	$4570	**$6770**	**$8410**	Isuzu	4	199D	16F-4R	53.32		No
2-55 4WD	$23006	$3450	$5750	**$8510**	**$10580**	Isuzu	4	199D	16F-4R	53.32		No
2-75 4WD	$31054	$4660	$7760	**$11490**	**$14290**	Isuzu	6	329D	16F-4R	75.39		No
100	$37796	$5670	$9450	**$13990**	**$17390**	Cummins	6	359D	18F-6R	94.36		CHA
100 4WD	$44938	$6740	$11240	**$16630**	**$20670**	Cummins	6	359D	18F-6R	94.36		CHA
120	$42780	$6420	$10700	**$15830**	**$19680**	Cummins	6T	359D	18F-6R	119.13		CHA
120 4WD	$50642	$7600	$12660	**$18740**	**$23300**	Cummins	6T	359D	18F-6R	119.13		CHA
140	$46895	$7030	$11720	**$17350**	**$21570**	Cummins	6T	359D	18F-6R	138.53		CHA
140 4WD	$56012	$8400	$14000	**$20720**	**$25770**	Cummins	6T	359D	18F-6R	138.53		CHA
160	$52831	$7930	$13210	**$19550**	**$24300**	Cummins	6T	505D	18F-6R	162.47		CHA
160 4WD	$61702	$9260	$15430	**$22830**	**$28380**	Cummins	6T	505D	18F-6R	162.47		CHA
185	$58439	$8770	$14610	**$21620**	**$26880**	Cummins	6T	505D	18F-6R	187.55		CHA
185 4WD	$67045	$9750	$16250	**$24050**	**$29900**	Cummins	6T	505D	18F-6R	187.55		CHA

1988

	Approx. Retail Price New	Used Trade In Avg.	Used Trade In High	Used Retail Avg.	Used Retail High	Engine Make	Engine No. Cyls.	Engine Displ. Cu.-In.	No. Speeds	P.T.O. H.P.	Approx. Shipping Wt.-Lbs.	Cab
16 Hydro 4WD	$9298	$1350	$2280	**$3350**	**$4180**	Mitsubishi	3	52D	Variable			No
Field Boss 16	$7298	$1060	$1790	**$2630**	**$3280**	Mitsubishi	3	52D	6F-2R			No
Field Boss 16 4WD	$8198	$1190	$2010	**$2950**	**$3690**	Mitsubishi	3	52D	6F-2R			No

White (Cont.)

	Approx. Retail Price New	Estimated Value Less Repairs: Used Trade In Avg.	High	Used Retail Avg.	High	Engine Make	No. Cyls.	Displ. Cu.-In.	No. Speeds	P.T.O. H.P.	Approx. Shipping Wt.-Lbs.	Cab
1988 (Cont.)												
Field Boss 16 Hydro	$8098	$1170	$1980	**$2920**	**$3640**	Mitsubishi	3	52D	Variable			No
Field Boss 21	$8398	$1220	$2060	**$3020**	**$3780**	Iseki	3	71D	12F-4R			No
Field Boss 21 4WD	$9398	$1360	$2300	**$3380**	**$4230**	Iseki	3	71D	12F-4R			No
Field Boss 31	$10598	$1540	$2600	**$3820**	**$4770**	Iseki	3	91D	12F-4R			No
Field Boss 31 4WD	$11998	$1740	$2940	**$4320**	**$5400**	Iseki	3	91D	12F-4R			No
Field Boss 37	$11998	$1740	$2940	**$4320**	**$5400**	Isuzu	4	111D	10F-6R			No
Field Boss 37 4WD	$13998	$2030	$3430	**$5040**	**$6300**	Isuzu	4	111D	10F-6R			No
Field Boss 43	$15698	$2280	$3850	**$5650**	**$7060**	Isuzu	4	145D	12F-4R			No
Field Boss 43 4WD	$19298	$2800	$4730	**$6950**	**$8680**	Isuzu	4	145D	12F-4R			No
2-55	$18290	$2650	$4480	**$6580**	**$8230**	Isuzu	4	199D	16F-4R	53.32		No
2-55 4WD	$23006	$3340	$5640	**$8280**	**$10350**	Isuzu	4	199D	16F-4R	53.32		No
2-65	$20861	$3030	$5110	**$7510**	**$9390**	Isuzu	4	253D	16F-4R	62.50		No
2-65 4WD	$25334	$3670	$6210	**$9120**	**$11400**	Isuzu	4	253D	16F-4R	62.50		No
2-65HC 4WD Mudder	$26964	$3910	$6610	**$9710**	**$12130**	Isuzu	4	253D	16F-4R	62.50		No
2-75	$24805	$3600	$6080	**$8930**	**$11160**	Isuzu	6	329D	16F-4R	75.39		No
2-75 4WD	$31054	$4500	$7610	**$11180**	**$13970**	Isuzu	6	329D	16F-4R	75.39		No
100	$35541	$3730	$6930	**$10310**	**$14570**	Cummins	6	359D	18F-6R	94.36		CHA
100 4WD	$42026	$4410	$8200	**$12190**	**$17230**	Cummins	6	359D	18F-6R	94.36		CHA
120	$39865	$4190	$7770	**$11560**	**$16350**	Cummins	6T	359D	18F-6R	119.13		CHA
120 4WD	$46961	$4930	$9160	**$13620**	**$19250**	Cummins	6T	359D	18F-6R	119.13		CHA
140	$43606	$4580	$8500	**$12650**	**$17880**	Cummins	6T	359D	18F-6R	138.53		CHA
140 4WD	$51874	$5450	$10120	**$15040**	**$21270**	Cummins	6T	359D	18F-6R	138.53		CHA
160	$49898	$5240	$9730	**$14470**	**$20460**	Cummins	6T	505D	18F-6R	162.47		CHA
160 4WD	$58014	$6090	$11310	**$16820**	**$23790**	Cummins	6T	505D	18F-6R	162.47		CHA
185	$55463	$5820	$10820	**$16080**	**$22740**	Cummins	6T	505D	18F-6R	187.55		CHA
185 4WD	$63410	$6660	$12370	**$18390**	**$26000**	Cummins	6T	505D	18F-6R	187.55		CHA
4-225 4WD	$75560	$4200	$8400	**$13300**	**$18200**	Cat.	V8T	636D	18F-6R	195.65		CHA
4-270 4WD	$88403	$4680	$9360	**$14820**	**$20280**	Cat.	V8TA	636D	16F-4R	239.25		CHA
1987												
Field Boss 16	$6300	$880	$1510	**$2210**	**$2770**	Mitsubishi	3	52D	6F-2R			No
Field Boss 16 4WD	$6950	$970	$1670	**$2430**	**$3060**	Mitsubishi	3	52D	6F-2R			No
Field Boss 21	$7250	$1020	$1740	**$2540**	**$3190**	Isuzu	3	71D	12F-4R			No
Field Boss 21 4WD	$8100	$1130	$1940	**$2840**	**$3560**	Isuzu	3	71D	12F-4R			No
Field Boss 31	$8950	$1250	$2150	**$3130**	**$3940**	Isuzu	3	91D	12F-4R			No
Field Boss 31 4WD	$10150	$1420	$2440	**$3550**	**$4470**	Isuzu	3	91D	12F-4R			No
Field Boss 37	$10950	$1530	$2630	**$3830**	**$4820**	Isuzu	4	111D	18F-6R			No
Field Boss 37 4WD	$12730	$1780	$3060	**$4460**	**$5600**	Isuzu	4	111D	18F-6R			No
Field Boss 43	$14700	$2060	$3530	**$5150**	**$6470**	Isuzu	4	145D	12F-4R			No
Field Boss 43 4WD	$17900	$2510	$4300	**$6270**	**$7880**	Isuzu	4	145D	12F-4R			No
2-32	$9776	$1370	$2350	**$3420**	**$4300**	Isuzu	4	91D	18F-6R	30.00	2915	No
2-32 4WD	$11486	$1610	$2760	**$4020**	**$5050**	Isuzu	4	91D	18F-6R	30.00	3135	No
2-55	$18530	$2590	$4450	**$6490**	**$8150**	Isuzu	4	199D	16F-4R	53.32	5257	No
2-55 4WD	$23285	$3260	$5590	**$8150**	**$10250**	Isuzu	4	199D	16F-4R	53.32	5807	No
2-65	$21135	$2960	$5070	**$7400**	**$9300**	Isuzu	4	253D	16F-4R	62.50	5499	No
2-65 4WD	$25640	$3590	$6150	**$8970**	**$11280**	Isuzu	4	253D	16F-4R	62.50	5998	No
2-75	$25130	$3520	$6030	**$8800**	**$11060**	Isuzu	6	329D	16F-4R	75.39	6293	No
2-75 4WD	$31430	$4400	$7540	**$11000**	**$13830**	Isuzu	6	329D	16F-4R	75.39	6778	No
2-88	$35900	$3590	$6460	**$10050**	**$14360**	Perkins	6	354D	18F-6R	86.78	11685	CHA
2-88 4WD	$45000	$4500	$8100	**$12600**	**$18000**	Perkins	6	354D	18F-6R	86.78	12835	CHA
2-110	$42975	$4300	$7740	**$12030**	**$17190**	Perkins	6T	354D	18F-6R	110.52	11685	CHA
2-110 4WD	$52000	$5100	$9180	**$14280**	**$20400**	Perkins	6T	354D	18F-6R	110.52	12900	CHA
2-135 Series 3	$51450	$5000	$9000	**$14000**	**$20000**	White	6T	478D	18F-6R	137.64	13550	CHA
2-135 Series 3 4WD	$61280	$6000	$10800	**$16800**	**$24000**	White	6T	478D	18F-6R	137.64	14900	CHA
2-155 Series 3	$57025	$5600	$10080	**$15680**	**$22400**	White	6T	478D	18F-6R	157.43	11250	CHA
2-155 Series 3 4WD	$66710	$6500	$11700	**$18200**	**$26000**	White	6T	478D	18F-6R	157.43	15950	CHA
185 4WD	$74600	$7460	$13430	**$20890**	**$29840**	Cummins	6TA	505D	18F-6R	187.55		CHA
4-225 4WD	$78500	$3400	$7480	**$12240**	**$17000**	Cat.	V8T	636D	18F-6R	195.65	24140	CHA
4-270 4WD	$91800	$4050	$8910	**$14580**	**$20250**	Cat.	V8TA	636D	16F-4R	239.25	30650	CHA
1986												
2-32	$9776	$1320	$2300	**$3320**	**$4200**	Isuzu	4	91D	18F-6R	28.00	2915	No
2-32 4WD	$11490	$1550	$2700	**$3910**	**$4940**	Isuzu	4	91D	18F-6R	28.00	3135	No
2-55	$17485	$2360	$4110	**$5950**	**$7520**	Isuzu	4	199D	16F-4R	53.32	5072	No
2-55 4WD	$21965	$2970	$5160	**$7470**	**$9450**	Isuzu	4	199D	16F-4R	53.32	5557	No
2-65	$19945	$2690	$4690	**$6780**	**$8580**	Isuzu	4	235D	16F-4R	62.50	5314	No
2-65 4WD	$24190	$3270	$5690	**$8230**	**$10400**	Isuzu	4	235D	16F-4R	62.50	5799	No
2-75	$23710	$2250	$4150	**$6400**	**$9250**	Isuzu	6	329D	16F-4R	75.39	6108	No
2-75 4WD	$29655	$2820	$5190	**$8010**	**$11570**	Isuzu	6	329D	16F-4R	75.39	6593	No
2-88	$35900	$3410	$6280	**$9690**	**$14000**	Perkins	6	354D	18F-6R	86.78	11350	CHA
2-88 4WD	$45000	$4280	$7880	**$12150**	**$17550**	Perkins	6	354D	18F-6R	86.78	12835	CHA
2-110	$42975	$3990	$7350	**$11340**	**$16380**	Perkins	6T	354D	18F-6R	110.52	11685	CHA
2-110 4WD	$52000	$4850	$8930	**$13770**	**$19890**	Perkins	6T	354D	18F-6R	110.52	12900	CHA
2-135 Series 3	$51450	$4890	$9000	**$13890**	**$20070**	White	6T	478D	18F-6R	137.64	13550	CHA
2-135 Series 3 4WD	$61280	$5820	$10720	**$16550**	**$23900**	White	6T	478D	18F-6R	137.64	14900	CHA
2-155 Series 3	$57025	$5420	$9980	**$15400**	**$22240**	White	6T	478D	18F-6R	157.43	14300	CHA
2-155 Series 3 4WD	$66710	$6340	$11670	**$18010**	**$26020**	White	6T	478D	18F-6R	157.43	15950	CHA
2-180 Series 3	$64200	$6100	$11240	**$17330**	**$25040**	Cat.	V8	636D	18F-6R	181.89	16100	CHA
2-180 Series 3 4WD	$73550	$6990	$12870	**$19860**	**$28690**	Cat.	V8	636D	18F-6R	181.89	17500	CHA
4-225 4WD	$78500	$2680	$6030	**$11390**	**$16080**	Cat.	V8T	636D	18F-6R	195.65	23000	CHA
4-270 4WD	$91800	$3120	$7020	**$13260**	**$18720**	Cat.	6T	638D	16F-4R	239.25	26000	CHA

White (Cont.)

	Approx. Retail Price New	Estimated Value Less Repairs: Used Trade In Avg.	Used Trade In High	Used Retail Avg.	Used Retail High	Make	Engine No. Cyls.	Engine Displ. Cu.-In.	No. Speeds	P.T.O. H.P.	Approx. Shipping Wt.-Lbs.	Cab
				1985								
2-32	$9280	$1210	$2130	**$3060**	**$3900**	Isuzu	4	91D	18F-6R	30.00	2915	No
2-32 4WD	$11490	$1490	$2640	**$3790**	**$4830**	Isuzu	4	91D	18F-6R	30.00	3135	No
2-55	$17485	$2270	$4020	**$5770**	**$7340**	Isuzu	4	199D	16F-4R	53.32	5072	No
2-55 4WD	$21965	$2860	$5050	**$7250**	**$9230**	Isuzu	4	199D	16F-4R	53.32	5875	No
2-65	$19945	$2590	$4590	**$6580**	**$8380**	Isuzu	4	235D	16F-4R	62.50	5314	No
2-65 4WD	$24190	$3150	$5560	**$7980**	**$10160**	Isuzu	4	235D	16F-4R	62.50	5814	No
2-75	$23710	$3080	$5450	**$7820**	**$9960**	Isuzu	6	329D	16F-4R	75.39	6293	No
2-75 4WD	$29655	$3860	$6820	**$9790**	**$12460**	Isuzu	6	329D	16F-4R	75.39	6778	No
2-88	$36620	$3230	$5740	**$9330**	**$13640**	Perkins	6	354D	18F-6R	86.78	11685	CHA
2-88 4WD	$45900	$4130	$7340	**$11930**	**$17440**	Perkins	6	354D	18F-6R	86.78	12835	CHA
2-110	$42975	$3780	$6720	**$10920**	**$15960**	Perkins	6T	354D	18F-6R	110.52	11685	CHA
2-110 4WD	$52000	$4500	$8000	**$13000**	**$19000**	Perkins	6T	354D	18F-6R	110.52	12900	CHA
2-135 Series 3	$51450	$4630	$8230	**$13380**	**$19550**	White	6T	478D	18F-6R	137.64	13960	CHA
2-135 Series 3 4WD	$61280	$5520	$9810	**$15930**	**$23290**	White	6T	478D	18F-6R	137.64	14900	CHA
2-155 Series 3	$57025	$5130	$9120	**$14830**	**$21670**	White	6T	478D	18F-6R	157.43	15000	CHA
2-155 Series 3 4WD	$66710	$6000	$10670	**$17350**	**$25350**	White	6T	478D	18F-6R	157.43	15950	CHA
2-180 Series 3	$64200	$5780	$10270	**$16690**	**$24400**	Cat.	V8	636D	18F-6R	181.89	16100	CHA
2-180 Series 3 4WD	$73550	$6620	$11770	**$19120**	**$27950**	Cat.	V8	636D	18F-6R	181.89	17500	CHA
4-225 4WD	$78500	$2680	$6030	**$10720**	**$15410**	Cat.	V8T	636D	18F-6R	195.65	23000	CHA
4-270 4WD	$87495	$3040	$6840	**$12160**	**$17480**	Cat.	6T	638D	16F-4R	239.25	26000	CHA
				1984								
2-30	$9280	$1160	$2090	**$2970**	**$3810**	Isuzu	3	91D	8F-2R	28.33	2624	No
2-30 4WD	$11025	$1380	$2480	**$3530**	**$4520**	Isuzu	3	91D	8F-2R	28.00	3400	No
2-35	$9750	$1220	$2190	**$3120**	**$4000**	Isuzu	3	108D	8F-2R	32.84	2756	No
2-55	$16935	$2120	$3810	**$5420**	**$6940**	Isuzu	4	199D	16F-4R	53.32	5072	No
2-55 4WD	$21635	$2700	$4870	**$6920**	**$8870**	Isuzu	4	199D	16F-4R	53.32	5875	No
2-65	$19395	$2420	$4360	**$6210**	**$7950**	Isuzu	4	235D	16F-4R	62.50	5314	No
2-65 4WD	$24110	$3010	$5430	**$7720**	**$9890**	Isuzu	4	235D	16F-4R	62.50	5814	No
2-75	$23160	$2900	$5210	**$7410**	**$9500**	Isuzu	6	329D	16F-4R	75.39	6293	No
2-75 4WD	$29105	$3640	$6550	**$9310**	**$11930**	Isuzu	6	329D	16F-4R	75.39	6778	No
2-88	$36620	$3110	$5680	**$9160**	**$13550**	Perkins	6	354D	18F-6R	86.78	11685	CHA
2-88 4WD	$45900	$3900	$7120	**$11480**	**$16980**	Perkins	6	354D	18F-6R	86.78	12835	CHA
2-110	$41925	$3490	$6360	**$10250**	**$15170**	Perkins	6T	354D	18F-6R	110.52	11685	CHA
2-110 4WD	$50430	$4170	$7600	**$12250**	**$18130**	Perkins	6T	354D	18F-6R	110.52	12900	CHA
2-135 Series 3	$49365	$4200	$7650	**$12340**	**$18270**	White	6T	478D	18F-6R	137.64	13960	CHA
2-135 Series 3 4WD	$58865	$5000	$9120	**$14720**	**$21780**	White	6T	478D	18F-6R	137.00	14900	CHA
2-155 Series 3	$54600	$4640	$8460	**$13650**	**$20200**	White	6T	478D	18F-6R	157.43	15000	CHA
2-155 Series 3 4WD	$63915	$5430	$9910	**$15980**	**$23650**	White	6T	478D	18F-6R	157.00	15950	CHA
2-180 Series 3	$61740	$5250	$9570	**$15440**	**$22840**	Cat.	V8	636D	18F-6R	181.89	16100	CHA
2-180 Series 3 4WD	$70720	$6010	$10960	**$17680**	**$26170**	Cat.	V8	636D	18F-6R	181.00	17500	CHA
4-175 4WD	$60130	$2200	$4950	**$8250**	**$12100**	Cat.	V8	636D	18F-6R	151.72	16600	CHA
4-225 4WD	$78500	$2720	$6120	**$10200**	**$14960**	Cat.	V8T	636D	18F-6R	195.65	23000	CHA
4-270 4WD	$85200	$2960	$6660	**$11100**	**$16280**	Cat.	6T	638D	16F-4R	239.25	26000	CHA
4-270 4WD w/3 Pt.	$91465	$3160	$7110	**$11850**	**$17380**	Cat.	6T	638D	16F-4R	239.25	26800	CHA
				1983								
2-30	$9277	$1110	$2040	**$2880**	**$3710**	Isuzu	3	91D	8F-2R	28.33	2624	No
2-30 4WD	$11024	$1320	$2430	**$3420**	**$4410**	Isuzu	3	91D	8F-2R	28.00	3400	No
2-35	$9746	$1170	$2140	**$3020**	**$3900**	Isuzu	3	108D	8F-2R	32.84	2756	No
2-45	$14656	$1760	$3220	**$4540**	**$5860**	Isuzu	4	169D	20F-4R	43.00	5015	No
2-45 4WD	$19772	$2370	$4350	**$6130**	**$7910**	Isuzu	4	169D	20F-4R	43.73	5795	No
2-55	$16708	$2010	$3680	**$5180**	**$6680**	Isuzu	4	199D	16F-4R	53.32	5072	No
2-55 4WD	$21634	$2600	$4760	**$6710**	**$8650**	Isuzu	4	199D	16F-4R	53.32	5875	No
2-62	$17787	$2130	$3910	**$5510**	**$7120**	Isuzu	4	219D	20F-4R	61.00	5269	No
2-62 4WD	$23122	$2780	$5090	**$7170**	**$9250**	Isuzu	4	219D	20F-4R	61.46	6065	No
2-65	$18943	$2270	$4170	**$5870**	**$7580**	Isuzu	4	235D	16F-4R	62.50	5314	No
2-65 4WD	$24110	$2890	$5300	**$7470**	**$9640**	Isuzu	4	235D	16F-4R	62.50	5814	No
2-70	$24283	$2910	$5340	**$7530**	**$9710**	White	6	283D	18F-6R	70.00	7315	No
2-70 4WD	$30090	$3610	$6620	**$9330**	**$12040**	White	6	283D	18F-6R	70.00	8850	No
2-75	$22357	$2680	$4920	**$6930**	**$8940**	Isuzu	6	329D	16F-4R	75.39	6107	No
2-75 4WD	$27947	$3350	$6150	**$8660**	**$11180**	Isuzu	6	329D	16F-4R	75.39	7642	No
2-85	$31474	$3780	$6920	**$9760**	**$12590**	Perkins	6	354D	18F-6R	85.54	11350	CHA
2-85 4WD	$39595	$4750	$8710	**$12270**	**$15840**	Perkins	6	354D	18F-6R	85.00	12500	CHA
2-88	$36618	$2930	$5130	**$8790**	**$13180**	Perkins	6	354D	18F-6R	86.78	11685	CHA
2-88 4WD	$45900	$3670	$6430	**$11020**	**$16520**	Perkins	6	354D	18F-6R	86.78	12835	CHA
2-110	$41718	$3200	$5600	**$9600**	**$14400**	Perkins	6T	354D	18F-6R	110.52	11685	CHA
2-110 4WD	$50184	$3840	$6720	**$11520**	**$17280**	Perkins	6T	354D	18F-6R	110.52	12900	CHA
2-135 Series 3	$47465	$3800	$6650	**$11390**	**$17090**	White	6T	478D	18F-6R	137.64	13960	CHA
2-135 Series 3 4WD	$56600	$4530	$7920	**$13580**	**$20380**	White	6T	478D	18F-6R	137.00	14900	CHA
2-155 Series 3	$52500	$4200	$7350	**$12600**	**$18900**	White	6T	478D	18F-6R	157.43	15000	CHA
2-155 Series 3 4WD	$61460	$4920	$8600	**$14750**	**$22130**	White	6T	478D	18F-6R	157.00	15950	CHA
2-180 Series 3	$59365	$4750	$8310	**$14250**	**$21370**	Cat.	V8	636D	18F-6R	181.89	16100	CHA
2-180 Series 3 4WD	$68000	$5440	$9520	**$16320**	**$24480**	Cat.	V8	636D	18F-6R	181.00	17500	CHA
4-175 4WD	$60126	$2410	$5410	**$9020**	**$12630**	Cat.	V8	636D	18F-6R	151.72	16600	CHA
4-225 4WD	$76010	$3040	$6840	**$11400**	**$15960**	Cat.	V8T	636D	18F-6R	195.65	23000	CHA
4-270 4WD	$84960	$3200	$7200	**$12000**	**$16800**	Cat.	6T	638D	16F-4R	239.25	26000	CHA
4-270 4WD w/3 Pt.	$89410	$3360	$7560	**$12600**	**$17640**	Cat.	6T	638D	16F-4R	239.25	26800	CHA
				1982								
2-110 4WD	$49200	$3230	$5810	**$9890**	**$15050**	Perkins	6T	354D	18F-6R	110.52	12900	CHA
2-30	$9095	$1050	$1960	**$2730**	**$3590**	Isuzu	3	91D	8F-2R	28.33	2624	No
2-30 4WD	$10808	$1240	$2320	**$3240**	**$4270**	Isuzu	3	91D	8F-2R	28.00	3400	No
2-35	$9555	$1100	$2050	**$2870**	**$3770**	Isuzu	3	108D	8F-2R	32.84	2756	No

White (Cont.)

Model	Approx. Retail Price New	Estimated Value Less Repairs: Used Trade In Avg.	Used Trade In High	Used Retail Avg.	Used Retail High	Engine Make	Engine No. Cyls.	Engine Displ. Cu.-In.	No. Speeds	P.T.O. H.P.	Approx. Shipping Wt.-Lbs.	Cab
				1982 (Cont.)								
2-45	$14369	$1650	$3090	**$4310**	**$5680**	Isuzu	4	169D	20F-4R	43.00	5015	No
2-45 4WD	$19398	$2230	$4170	**$5820**	**$7660**	Isuzu	4	169D	20F-4R	43.73	5795	No
2-55	$16380	$1880	$3520	**$4910**	**$6470**	Isuzu	4	199D	16F-4R	53.32	5072	No
2-55 4WD	$21210	$2440	$4560	**$6360**	**$8380**	Isuzu	4	199D	16F-4R	53.32	5875	No
2-62	$17438	$2010	$3750	**$5230**	**$6890**	Isuzu	4	219D	20F-4R	61.00	5269	No
2-62 4WD	$22669	$2610	$4870	**$6800**	**$8950**	Isuzu	4	219D	20F-4R	61.46	6065	No
2-65	$18572	$2140	$3990	**$5570**	**$7340**	Isuzu	4	235D	16F-4R	62.50	5314	No
2-65 4WD	$23637	$2720	$5080	**$7090**	**$9340**	Isuzu	4	235D	16F-4R	62.50	5814	No
2-70	$23807	$2740	$5120	**$7140**	**$9400**	White	6	283D	18F-6R	70.00	7315	No
2-70 4WD	$29500	$3390	$6340	**$8850**	**$11650**	White	6	283D	18F-6R	70.00	8850	No
2-75	$21919	$2520	$4710	**$6580**	**$8660**	Isuzu	6	329D	16F-4R	75.39	6107	No
2-75 4WD	$27399	$3150	$5890	**$8220**	**$10820**	Isuzu	6	329D	16F-4R	75.39	7642	No
2-85	$30857	$3550	$6630	**$9260**	**$12190**	Perkins	6	354D	18F-6R	85.54	11350	CHA
2-85 4WD	$38819	$4460	$8350	**$11650**	**$15330**	Perkins	6	354D	18F-6R	85.00	12500	CHA
2-88	$35900	$2690	$4850	**$8260**	**$12570**	Perkins	6	354D	18F-6R	86.78	11685	CHA
2-88 4WD	$45000	$3380	$6080	**$10350**	**$15750**	Perkins	6	354D	18F-6R	86.78	12835	CHA
2-105	$36360	$2400	$4320	**$7360**	**$11200**	Perkins	6T	354D	18F-6R	105.61	11635	CHA
2-105 4WD	$44322	$3000	$5400	**$9200**	**$14000**	Perkins	6T	354D	18F-6R	105.00	12850	CHA
2-110	$40900	$2550	$4590	**$7820**	**$11900**	Perkins	6T	354D	18F-6R	110.52	11685	CHA
2-135	$41739	$3130	$5640	**$9600**	**$14610**	White	6T	478D	18F-6R	137.64	13960	CHA
2-135 4WD	$50313	$3770	$6790	**$11570**	**$17610**	White	6T	478D	18F-6R	137.00	14900	CHA
2-135 Series 3	$47465	$3560	$6410	**$10920**	**$16610**	White	6T	478D	18F-6R	137.64	14000	CHA
2-135 Series 3 4WD	$56600	$4250	$7640	**$13020**	**$19810**	White	6T	478D	18F-6R	137.00	14950	CHA
2-155	$48820	$3660	$6590	**$11230**	**$17090**	White	6T	478D	18F-6R	157.43	14250	CHA
2-155 4WD	$57394	$4310	$7750	**$13200**	**$20090**	White	6T	478D	18F-6R	157.00	15200	CHA
2-155 Series 3	$52500	$3940	$7090	**$12080**	**$18380**	White	6T	478D	18F-6R	157.43	15000	CHA
2-155 Series 3 4WD	$61460	$4610	$8300	**$14140**	**$21510**	White	6T	478D	18F-6R	157.00	15950	CHA
2-180	$55030	$4130	$7430	**$12660**	**$19260**	Cat.	V8	636D	18F-6R	181.89	16000	CHA
2-180 4WD	$63383	$4750	$8560	**$14580**	**$22180**	Cat.	V8	636D	18F-6R	181.00	17500	CHA
2-180 Series 3	$59365	$4450	$8010	**$13650**	**$20780**	Cat.	V8	636D	18F-6R	181.89	16100	CHA
2-180 Series 3 4WD	$68000	$5100	$9180	**$15640**	**$23800**	Cat.	V8	636D	18F-6R	181.00	17500	CHA
4-175 4WD	$53589	$2140	$4820	**$8040**	**$10720**	Cat.	V8	636D	18F-6R	151.69	16600	CHA
4-210 4WD	$70040	$2720	$6120	**$10200**	**$13600**	Cat.	V8	636D	18F-6R	182.44	22320	CHA
4-225 4WD	$75479	$2840	$6390	**$10650**	**$14200**	Cat.	V8T	636D	18F-6R	195.65	23000	CHA
4-270 4WD	$80000	$2920	$6570	**$10950**	**$14600**	Cat.	6T	638D	16F-4R	239.25	26000	CHA
				1981								
2-30	$8000	$880	$1680	**$2360**	**$3120**	Isuzu	3	91D	8F-2R	28.33	2624	No
2-30 4WD	$8850	$970	$1860	**$2610**	**$3450**	Isuzu	3	91D	8F-2R	28.00	3400	No
2-35	$9000	$990	$1890	**$2660**	**$3510**	Isuzu	3	108D	8F-2R	32.84	2756	No
2-45	$10946	$1200	$2300	**$3230**	**$4270**	Isuzu	4	169D	20F-4R	43.00	5015	No
2-45 4WD	$15975	$1760	$3360	**$4710**	**$6230**	Isuzu	4	169D	20F-4R	43.73	5795	No
2-50	$14880	$1640	$3130	**$4390**	**$5800**	Fiat	3	158D	8F-2R	47.00	3800	No
2-50	$15430	$1700	$3240	**$4550**	**$6020**	Fiat	3	158D	12F-3R	47.02	4004	No
2-50 4WD	$19906	$2190	$4180	**$5870**	**$7760**	Fiat	3	158D	8F-2R	47.00	4440	No
2-50 4WD	$20456	$2250	$4300	**$6040**	**$7980**	Fiat	3	158D	12F-3R	47.00	4604	No
2-60	$17843	$1960	$3750	**$5260**	**$6960**	Fiat	4	211D	8F-2R	63.00	4360	No
2-60	$18310	$2010	$3850	**$5400**	**$7140**	Fiat	4	211D	12F-3R	63.22	4456	No
2-60 4WD	$22726	$2500	$4770	**$6700**	**$8860**	Fiat	4	211D	8F-2R	63.00	4694	No
2-60 4WD	$23192	$2550	$4870	**$6840**	**$9050**	Fiat	4	211D	12F-3R	63.00	4900	No
2-62	$16919	$1860	$3550	**$4990**	**$6600**	Isuzu	4	219D	20F-4R	61.00	5269	No
2-62 4WD	$21950	$2420	$4610	**$6480**	**$8560**	Isuzu	4	219D	20F-4R	61.63	6065	No
2-70	$20500	$2260	$4310	**$6050**	**$8000**	White	6	283D	18F-6R	70.00	7315	No
2-70 4WD	$25000	$2750	$5250	**$7380**	**$9750**	White	6	283D	18F-6R	70.00	8850	No
2-85	$25468	$2800	$5350	**$7510**	**$9930**	Perkins	6	354D	18F-6R	85.54	11350	CHA
2-85 4WD	$37290	$4100	$7830	**$11000**	**$14540**	Perkins	6	354D	18F-6R	85.00	12500	CHA
2-105	$30391	$18460	$3380	**$5720**	**$8840**	Perkins	6T	354D	18F-6R	105.61	11635	CHA
2-105 4WD	$37562	$22010	$4030	**$6820**	**$10540**	Perkins	6T	354D	18F-6R	105.00	12850	CHA
2-135	$35930	$24850	$4550	**$7700**	**$11900**	White	6T	478D	18F-6R	137.64	13960	CHA
2-135 4WD	$42601	$29540	$5410	**$9150**	**$14140**	White	6T	478D	18F-6R	137.00	14900	CHA
2-155	$42290	$29820	$5460	**$9240**	**$14280**	White	6T	478D	18F-6R	157.43	13500	CHA
2-155 4WD	$49567	$34790	$6370	**$10780**	**$16660**	White	6T	478D	18F-6R	157.00	15200	CHA
2-180	$52656	$37390	$6850	**$11580**	**$17900**	Cat.	V8	636D	18F-6R	181.89	16000	CHA
2-180 4WD	$59932	$41820	$7660	**$12960**	**$20030**	Cat.	V8	636D	18F-6R	181.00	17500	CHA
4-175 4WD	$50910	$2040	$4580	**$7640**	**$10180**	Cat.	V8	636D	18F-6R	151.69	16600	CHA
4-210 4WD	$66500	$2400	$5400	**$9000**	**$12000**	Cat.	V8	636D	18F-6R	182.44	22320	CHA
				1980								
2-30	$7600	$800	$1560	**$2200**	**$2930**	Isuzu	3	91D	8F-2R	28.33	2624	No
2-30 4WD	$8408	$880	$1720	**$2440**	**$3240**	Isuzu	3	91D	8F-2R	28.00	3400	No
2-35	$8550	$900	$1750	**$2480**	**$3290**	Isuzu	3	108D	8F-2R	32.84	2756	No
2-45	$9500	$1000	$1950	**$2760**	**$3660**	Isuzu	4	169D	20F-4R	43.00	5015	No
2-45 4WD	$10800	$1130	$2210	**$3130**	**$4160**	Isuzu	4	169D	20F-4R	43.73	5795	No
2-50	$12400	$1300	$2540	**$3600**	**$4770**	Fiat	3	158D	8F-2R	47.00	3800	No
2-50	$12858	$1350	$2640	**$3730**	**$4950**	Fiat	3	158D	12F-3R	47.02	4004	No
2-50 4WD	$16589	$1740	$3400	**$4810**	**$6390**	Fiat	3	158D	8F-2R	47.00	4440	No
2-50 4WD	$17047	$1790	$3500	**$4940**	**$6560**	Fiat	3	158D	12F-3R	47.00	4604	No
2-60	$14869	$1560	$3050	**$4310**	**$5730**	Fiat	4	211D	8F-2R	63.00	4360	No
2-60	$15258	$1600	$3130	**$4430**	**$5870**	Fiat	4	211D	12F-3R	63.22	4456	No
2-60 4WD	$18938	$1990	$3880	**$5490**	**$7290**	Fiat	4	211D	8F-2R	63.00	4694	No
2-60 4WD	$19327	$2030	$3960	**$5610**	**$7440**	Fiat	4	211D	12F-3R	63.00	4900	No
2-62	$13900	$1460	$2850	**$4030**	**$5350**	Isuzu	4	219D	20F-4R	61.00	5269	No
2-62 4WD	$18000	$1890	$3690	**$5220**	**$6930**	Isuzu	4	219D	20F-4R	61.46	6065	No
2-70	$15797	$1660	$3240	**$4580**	**$6080**	Waukesha	6	265G	18F-6R	70.00	7023	No

	Approx. Retail Price New	Estimated Value Less Repairs Used Trade In Avg.	High	Used Retail Avg.	High	Engine Make	No. Cyls.	Displ. Cu.-In.	No. Speeds	P.T.O. H.P.	Approx. Shipping Wt.-Lbs.	Cab

White (Cont.)

1980 (Cont.)

2-70	$17573	$1850	$3600	**$5100**	**$6770**	Waukesha	6	283D	18F-6R	70.00	7315	No
2-70 4WD	$22720	$2390	$4660	**$6590**	**$8750**	Waukesha	6	265G	18F-6R	70.00	8733	No
2-70 4WD	$24079	$2530	$4940	**$6980**	**$9270**	Waukesha	6	283D	18F-6R	70.00	8850	No
2-85	$24557	$2580	$5030	**$7120**	**$9450**	Perkins	6	354D	18F-6R	85.54	11350	CHA
2-85 4WD	$31075	$3260	$6370	**$9010**	**$11960**	Perkins	6	354D	18F-6R	85.00	12500	CHA
2-105	$26345	$1500	$2880	**$5060**	**$7710**	Perkins	6T	354D	6F-2R	105.00	11320	CHA
2-105	$27628	$1600	$3080	**$5410**	**$8240**	Perkins	6T	354D	18F-6R	105.61	11635	CHA
2-105 4WD	$32862	$1870	$3600	**$6340**	**$9650**	Perkins	6T	354D	6F-2R	105.00	12535	CHA
2-105 4WD	$34147	$1950	$3750	**$6600**	**$10050**	Perkins	6T	354D	18F-6R	105.00	12850	CHA
2-135	$30680	$1990	$3840	**$6750**	**$10280**	White	6T	478D	6F-2R	137.00	13645	CHA
2-135	$32664	$2120	$4080	**$7190**	**$10940**	White	6T	478D	18F-6R	137.64	13960	CHA
2-135 4WD	$36744	$2390	$4590	**$8080**	**$12310**	White	6T	478D	6F-2R	137.00	14885	CHA
2-135 4WD	$38728	$2520	$4840	**$8520**	**$12970**	White	6T	478D	18F-6R	137.00	14900	CHA
2-155	$33258	$2160	$4160	**$7320**	**$11140**	White	6T	478D	6F-2R	157.00	13185	CHA
2-155	$35242	$2290	$4410	**$7750**	**$11810**	White	6T	478D	18F-6R	157.43	13500	CHA
2-155 4WD	$39321	$2560	$4920	**$8650**	**$13170**	White	6T	478D	6F-2R	157.00	14885	CHA
2-155 4WD	$41306	$2690	$5160	**$9090**	**$13840**	White	6T	478D	18F-6R	157.00	15200	CHA
2-180	$41895	$2720	$5240	**$9220**	**$14040**	Cat.	V8	636D	6F-2R	181.00	15685	CHA
2-180	$43880	$2850	$5490	**$9650**	**$14700**	Cat.	V8	636D	18F-6R	181.89	16000	CHA
2-180 4WD	$45675	$2970	$5710	**$10050**	**$15300**	Cat.	V8	636D	6F-2R	181.00	17185	CHA
2-180 4WD	$49943	$3250	$6240	**$10990**	**$16730**	Cat.	V8	636D	18F-6R	181.00	17500	CHA
4-175 4WD	$48365	$1880	$4230	**$7050**	**$9400**	Cat.	V8	636D	18F-6R	151.69	16600	CHA
4-210 4WD	$63175	$2320	$5220	**$8700**	**$11600**	Cat.	V8	636D	18F-6R	182.44	22320	CHA

1979

2-30	$6400	$640	$1280	**$1860**	**$2430**	Isuzu	3	91D	8F-2R	28.33	2624	No
2-30 4WD	$7500	$750	$1500	**$2180**	**$2850**	Isuzu	3	91D	8F-2R	28.00	3400	No
2-35	$7700	$770	$1540	**$2230**	**$2930**	Isuzu	3	108D	8F-2R	32.84	2756	No
2-50	$11273	$1130	$2260	**$3270**	**$4280**	Fiat	3	158D	8F-2R	47.00	3800	No
2-50	$11689	$1170	$2340	**$3390**	**$4440**	Fiat	3	158D	12F-3R	47.02	4004	No
2-50 4WD	$15081	$1510	$3020	**$4370**	**$5730**	Fiat	3	158D	8F-2R	47.00	4440	No
2-50 4WD	$15497	$1550	$3100	**$4490**	**$5890**	Fiat	3	158D	12F-3R	47.00	4604	No
2-60	$13517	$1350	$2700	**$3920**	**$5140**	Fiat	4	211D	8F-2R	63.00	4360	No
2-60	$13871	$1390	$2770	**$4020**	**$5270**	Fiat	4	211D	12F-3R	63.22	4456	No
2-60 4WD	$17216	$1720	$3440	**$4990**	**$6540**	Fiat	4	211D	8F-2R	63.00	4694	No
2-60 4WD	$17570	$1760	$3510	**$5100**	**$6680**	Fiat	4	211D	12F-3R	63.00	4900	No
2-70	$15045	$1510	$3010	**$4360**	**$5720**	Waukesha	6	265G	18F-6R	70.00	7023	No
2-70	$16736	$1670	$3350	**$4850**	**$6360**	Waukesha	6	283D	18F-6R	70.00	7315	No
2-70 4WD	$21638	$2160	$4330	**$6280**	**$8220**	Waukesha	6	265G	18F-6R	70.00	8733	No
2-70 4WD	$22932	$2290	$4590	**$6650**	**$8710**	Waukesha	6	283D	18F-6R	70.00	8850	No
2-85	$23388	$2340	$4680	**$6780**	**$8890**	Perkins	6	354D	18F-6R	85.54	11350	CHA
2-85 4WD	$29595	$2960	$5920	**$8580**	**$11250**	Perkins	6	354D	18F-6R	85.00	12500	CHA
2-105	$26312	$1380	$2760	**$5060**	**$7590**	Perkins	6T	354D	18F-6R	105.61	11635	CHA
2-105 4WD	$32521	$1680	$3360	**$6160**	**$9240**	Perkins	6T	354D	18F-6R	105.00	12850	CHA
2-135	$31109	$1800	$3600	**$6600**	**$9900**	White	6T	478D	18F-6R	137.64	13960	CHA
2-135 4WD	$36884	$2160	$4320	**$7920**	**$11880**	White	6T	478D	18F-6R	137.00	14900	CHA
2-155	$33564	$2010	$4030	**$7380**	**$11080**	White	6T	478D	18F-6R	157.43	13500	CHA
2-155 4WD	$39339	$2360	$4720	**$8660**	**$12980**	White	6T	478D	18F-6R	157.00	15200	CHA
2-180	$41790	$2510	$5020	**$9190**	**$13790**	Cat.	V8	636D	18F-6R	181.89	16000	CHA
2-180 4WD	$47565	$2850	$5710	**$10460**	**$15700**	Cat.	V8	636D	18F-6R	181.00	17500	CHA
4-175 4WD	$45947	$1840	$4140	**$6890**	**$9190**	Cat.	V8	636D	18F-6R	151.69	16600	CHA
4-210 4WD	$60016	$2240	$5040	**$8400**	**$11200**	Cat.	V8	636D	18F-6R	182.44	22320	CHA

1978

2-50	$10736	$1020	$2090	**$3110**	**$4080**	Fiat	3	158D	8F-2R	47.00	3800	No
2-50	$11132	$1060	$2170	**$3230**	**$4230**	Fiat	3	158D	12F-3R	47.02	4004	No
2-50 4WD	$14363	$1360	$2800	**$4170**	**$5460**	Fiat	3	158D	8F-2R	47.00	4440	No
2-50 4WD	$14759	$1400	$2880	**$4280**	**$5610**	Fiat	3	158D	12F-3R	47.00	4604	No
2-60	$12873	$1220	$2510	**$3730**	**$4890**	Fiat	4	211D	8F-2R	63.00	4360	No
2-60	$13210	$1260	$2580	**$3830**	**$5020**	Fiat	4	211D	12F-3R	63.22	4566	No
2-60 4WD	$16396	$1560	$3200	**$4760**	**$6230**	Fiat	4	211D	8F-2R	63.00	4694	No
2-60 4WD	$16733	$1590	$3260	**$4850**	**$6360**	Fiat	4	211D	12F-3R	63.00	4900	No
2-70	$14329	$1360	$2790	**$4160**	**$5450**	Waukesha	6	265G	18F-6R	70.00	7023	No
2-70	$15939	$1510	$3110	**$4620**	**$6060**	Waukesha	6	283D	18F-6R	70.00	7315	No
2-70 4WD	$20608	$1960	$4020	**$5980**	**$7830**	Waukesha	6	265G	18F-6R	70.00	8733	No
2-70 4WD	$21840	$2080	$4260	**$6330**	**$8300**	Waukesha	6	283D	18F-6R	70.00	8850	No
2-85	$22274	$2120	$4340	**$6460**	**$8460**	Perkins	6	354D	18F-6R	85.54	11350	CHA
2-85 4WD	$28186	$2680	$5500	**$8170**	**$10710**	Perkins	6	354D	18F-6R	85.00	12500	CHA
2-105	$25059	$1210	$2530	**$4840**	**$7150**	Perkins	6T	354D	18F-6R	105.61	11635	CHA
2-105 4WD	$30972	$1490	$3110	**$5940**	**$8780**	Perkins	6T	354D	18F-6R	105.00	12850	CHA
2-135	$29628	$1630	$3410	**$6520**	**$9630**	White	6T	478D	18F-6R	137.64	13960	CHA
2-135 4WD	$35128	$1930	$4040	**$7730**	**$11420**	White	6T	478D	18F-6R	137.00	14900	CHA
2-155	$31966	$1760	$3680	**$7030**	**$10390**	White	6T	478D	18F-6R	157.43	13500	CHA
2-155 4WD	$37466	$2060	$4310	**$8240**	**$12180**	White	6T	478D	18F-6R	157.00	15200	CHA
2-180	$39800	$2190	$4580	**$8760**	**$12940**	Cat.	V8	636D	18F-6R	181.89	16000	CHA
2-180 4WD	$45300	$2490	$5210	**$9970**	**$14720**	Cat.	V8	636D	18F-6R	181.00	17500	CHA
4-150 4WD	$38711	$1400	$3150	**$5250**	**$7000**	Cat.	V8	636D	18F-6R	151.87	14500	CHA
4-180 4WD	$46330	$1600	$3600	**$6000**	**$8000**	Cat.	V8	636D	12F-4R	181.07	17900	CHA
4-210 4WD	$58816	$2120	$4770	**$7950**	**$10600**	Cat.	V8	636D	18F-6R	182.44	22320	CHA

1977

2-50	$10225	$920	$1940	**$2970**	**$3890**	Fiat	3	158D	8F-2R	47.00	3800	No
2-50	$10602	$950	$2010	**$3080**	**$4030**	Fiat	3	158D	12F-3R	47.02	4004	No
2-50 4WD	$13679	$1230	$2600	**$3970**	**$5200**	Fiat	3	158D	8F-2R	47.00	4440	No

White (Cont.)

1977 (Cont.)

Model	Approx. Retail Price New	Used Trade In Avg.	Used Trade In High	Used Retail Avg.	Used Retail High	Engine Make	Engine No. Cyls.	Engine Displ. Cu.-In.	No. Speeds	P.T.O. H.P.	Approx. Shipping Wt.-Lbs.	Cab
2-50 4WD	$14056	$1270	$2670	$4080	$5340	Fiat	3	158D	12F-3R	47.00	4604	No
2-60	$12260	$1100	$2330	$3560	$4660	Fiat	4	211D	8F-2R	63.00	4360	No
2-60	$12581	$1130	$2390	$3650	$4780	Fiat	4	211D	12F-3R	63.22	4566	No
2-60 4WD	$15615	$1410	$2970	$4530	$5930	Fiat	4	211D	8F-2R	63.00	4694	No
2-60 4WD	$15936	$1430	$3030	$4620	$6060	Fiat	4	211D	12F-3R	63.00	4900	No
2-70	$13647	$1230	$2590	$3960	$5190	Waukesha	6	265G	18F-6R	70.00	7023	No
2-70	$15180	$1370	$2880	$4400	$5770	Waukesha	6	283D	18F-6R	70.00	7315	No
2-70 4WD	$19627	$1770	$3730	$5690	$7460	Waukesha	6	265G	18F-6R	70.00	8733	No
2-70 4WD	$20800	$1870	$3950	$6030	$7900	Waukesha	6	283D	18F-6R	70.00	8850	No
2-85	$21213	$1910	$4030	$6150	$8060	Perkins	6	354D	18F-6R	85.54	11350	CHA
2-85 4WD	$26844	$2420	$5100	$7790	$10200	Perkins	6	354D	18F-6R	85.00	12500	CHA
2-105	$23866	$1050	$2310	$4730	$6720	Perkins	6T	354D	18F-6R	105.00	11635	CHA
2-105 4WD	$29497	$1300	$2860	$5850	$8320	Perkins	6T	354D	18F-6R	105.00	12850	CHA
2-135	$28217	$1360	$2990	$6120	$8700	White	6T	478D	18F-6R	137.64	13960	CHA
2-155	$30444	$1520	$3350	$6850	$9740	White	6T	478D	18F-6R	157.43	13500	CHA
2-180	$33300	$1670	$3660	$7490	$10660	Cat.	V8	636D	18F-6R	181.89	16000	CHA
4-150 4WD	$36868	$1320	$2970	$4950	$6600	Cat.	V8	636D	18F-6R	151.87	14500	CHA
4-180 4WD	$44124	$1560	$3510	$5850	$7800	Cat.	V8	636D	12F-4R	181.07	17900	CHA

1976

Model	Approx. Retail Price New	Used Trade In Avg.	Used Trade In High	Used Retail Avg.	Used Retail High	Engine Make	Engine No. Cyls.	Engine Displ. Cu.-In.	No. Speeds	P.T.O. H.P.	Approx. Shipping Wt.-Lbs.	Cab
2-50	$9580	$810	$1770	$2780	$3640	Fiat	3	158D	8F-2R	47.00	3800	No
2-50	$9957	$850	$1840	$2890	$3780	Fiat	3	158D	12F-3R	47.02	4004	No
2-50 4WD	$13380	$1140	$2480	$3880	$5080	Fiat	3	158D	8F-2R	47.00	4440	No
2-50 4WD	$13757	$1170	$2550	$3990	$5230	Fiat	3	158D	12F-3R	47.00	4604	No
2-60	$11375	$970	$2100	$3300	$4320	Fiat	4	211D	8F-2R	63.00	4360	No
2-60	$11725	$1000	$2170	$3400	$4460	Fiat	4	211D	12F-3R	63.22	4566	No
2-60 4WD	$14730	$1250	$2730	$4270	$5600	Fiat	4	211D	8F-2R	63.00	4694	No
2-60 4WD	$15080	$1280	$2790	$4370	$5730	Fiat	4	211D	12F-3R	63.00	4900	No
2-70	$12965	$1100	$2400	$3760	$4930	Waukesha	6	265G	18F-6R	70	7023	No
2-70	$14421	$1230	$2670	$4180	$5480	Waukesha	6	283D	18F-6R	70.71	7315	No
2-70 4WD	$18646	$1590	$3450	$5410	$7090	Waukesha	6	265G	18F-6R	70	8733	No
2-70 4WD	$19760	$1680	$3660	$5730	$7510	Waukesha	6	283D	18F-6R	70.71	8850	No
2-85	$20152	$1710	$3730	$5840	$7660	Perkins	6	354D	18F-6R	85.54	11350	CHA
2-85 4WD	$25502	$2170	$4720	$7400	$9690	Perkins	6	354D	18F-6R	85.00	12500	CHA
2-105	$22673	$950	$2310	$4830	$6620	Perkins	6T	354D	18F-6R	105.61	11635	CHA
2-105 4WD	$28022	$1170	$2860	$5980	$8190	Perkins	6T	354D	18F-6R	105.00	12850	CHA
2-135	$26806	$1210	$2950	$6170	$8440	White	6T	478D	18F-6R	137.64	13960	CHA
2-135 4WD	$30810	$1390	$3390	$7090	$9710	White	6T	478D	18F-6R	137.00	14900	CHA
2-150	$28412	$1280	$3130	$6540	$8950	White	6	585D	18F-6R	147.49	15500	CHA
2-155	$28922	$1300	$3180	$6650	$9110	White	6T	478D	18F-6R	157.43	13500	CHA
4-150 4WD	$34340	$1320	$2970	$4950	$6600	Cat.	V8	636D	18F-6R	151.87	14500	CH
4-180 4WD	$40970	$1520	$3420	$5700	$7600	Cat.	V8	636D	12F-4R	181.07	17900	CH

1975

Model	Approx. Retail Price New	Used Trade In Avg.	Used Trade In High	Used Retail Avg.	Used Retail High	Engine Make	Engine No. Cyls.	Engine Displ. Cu.-In.	No. Speeds	P.T.O. H.P.	Approx. Shipping Wt.-Lbs.	Cab
2-85	$18136	$1450	$3260	$5260	$6890	Perkins	6	354D	18F-6R	85.54	11350	CHA
2-85 4WD	$22952	$1840	$4130	$6660	$8720	Perkins	6	354D	18F-6R	85.00	12850	CHA
2-105	$20424	$820	$2250	$4700	$6330	Perkins	6T	354D	18F-6R	105.61	11635	CHA
2-105 4WD	$25220	$1010	$2770	$5800	$7820	Perkins	6T	354D	18F-6R	105.00	13135	CHA
2-150	$25571	$2050	$4600	$7420	$9720	White	6	585D	18F-6R	147.49	15500	CHA
4-150 4WD	$29950	$1120	$2520	$4200	$5600	Cat.	V8	636D	18F-6R	151.87	14500	CH
4-180 4WD	$36990	$1320	$2970	$4950	$6600	Cat.	V8	636D	12F-4R	181.07	17900	CH

Yanmar

1989

Model	Approx. Retail Price New	Used Trade In Avg.	Used Trade In High	Used Retail Avg.	Used Retail High	Engine Make	Engine No. Cyls.	Engine Displ. Cu.-In.	No. Speeds	P.T.O. H.P.	Approx. Shipping Wt.-Lbs.	Cab
YM 122	$4295	$640	$1070	$1590	$1980	Yanmar	1	33D	6F-3R	12*	829	No
YM 140-2	$6450	$970	$1610	$2390	$2970	Yanmar	2	39D	6F-3R	14*	1406	No
YM 140-4 4WD	$6950	$1040	$1740	$2570	$3200	Yanmar	2	39D	6F-3R	14*	1406	No
YM 146	$5250	$790	$1310	$1940	$2420	Yanmar	2	39D	6F-3R	14*	844	No
YM 147-2 PS	$6895	$1030	$1720	$2550	$3170	Yanmar	2	39D	6F-2R	14*	1421	No
YM 147-4 PS 4WD	$7450	$1120	$1860	$2760	$3430	Yanmar	2	39D	6F-2R	14*	1522	No
YM 169	$8300	$1250	$2080	$3070	$3820	Yanmar	3	54D	6F-2R		1190	No
YM 169 D 4WD	$9100	$1370	$2280	$3370	$4190	Yanmar	3	54D	6F-2R		1279	No
YM 180-2	$7450	$1120	$1860	$2760	$3430	Yanmar	3	54D	8F-2R	18*	1673	No
YM 180-4 4WD	$8150	$1220	$2040	$3020	$3750	Yanmar	3	54D	8F-2R	18*	1793	No
YM 187	$7695	$1150	$1920	$2850	$3540	Yanmar	3	54D	9F-3R	18*	1523	No
YM 220-2	$8250	$1240	$2060	$3050	$3800	Yanmar	3	69D	8F-2R	22*	2019	No
YM 220-4 4WD	$9195	$1380	$2300	$3400	$4230	Yanmar	3	69D	8F-2R	22*	2178	No
YM 226-2 PS	$8995	$1350	$2250	$3330	$4140	Yanmar	3	69D	9F-3R	19.42	2022	No
YM 226-4 PS 4WD	$9945	$1490	$2490	$3680	$4580	Yanmar	3	69D	9F-3R	19.42	2178	No
YM 276-2 PS	$10295	$1430	$2380	$3520	$4370	Yanmar	3	86D	12F-4R	23.00	2361	No
YM 276-4 PS 4WD	$11495	$1570	$2620	$3880	$4830	Yanmar	3	86D	12F-4R	23.00	2393	No
YM 336-2 PS	$12350	$1650	$2750	$4070	$5060	Yanmar	3	91D	12F-4R	26.98	3039	No
YM 336-4 PS 4WD	$13895	$1860	$3100	$4590	$5700	Yanmar	3	91D	12F-4R	26.98	3267	No

* Bare engine HP, PS - Power Shift

1988

Model	Approx. Retail Price New	Used Trade In Avg.	Used Trade In High	Used Retail Avg.	Used Retail High	Engine Make	Engine No. Cyls.	Engine Displ. Cu.-In.	No. Speeds	P.T.O. H.P.	Approx. Shipping Wt.-Lbs.	Cab
YM 122	$4260	$620	$1040	$1530	$1920	Yanmar	1	33D	6F-3R	12*	829	No
YM 140-2	$5879	$850	$1440	$2120	$2650	Yanmar	2	39D	6F-3R	14*	1406	No
YM 140-4 4WD	$6339	$920	$1550	$2280	$2850	Yanmar	2	39D	6F-3R	14*	1406	No
YM 146	$4990	$720	$1220	$1800	$2250	Yanmar	2	39D	6F-3R	14*	844	No
YM 147-2 PS	$6282	$910	$1540	$2260	$2830	Yanmar	2	39D	6F-2R	14*	1421	No
YM 147-4 PS 4WD	$6786	$980	$1660	$2440	$3050	Yanmar	2	39D	6F-2R	14*	1522	No

	Approx. Retail Price New	Estimated Value Less Repairs Used Trade In Avg.	High	Used Retail Avg.	High	Engine Make	No. Cyls.	Displ. Cu.-In.	No. Speeds	P.T.O. H.P.	Approx. Shipping Wt.-Lbs.	Cab

Yanmar (Cont.)

1988 (Cont.)

YM 165-2	$5810	$840	$1420	**$2090**	**$2620**	Yanmar	2	40D	6F-2R	16*	1011	No
YM 165D 4WD	$6310	$920	$1550	**$2270**	**$2840**	Yanmar	2	40D	6F-2R	16*	1216	No
YM 169	$7100	$1030	$1740	**$2560**	**$3200**	Yanmar	3	54D	6F-2R		1190	No
YM 169 D 4WD	$7900	$1150	$1940	**$2840**	**$3560**	Yanmar	3	54D	6F-2R		1279	No
YM 180-2	$6545	$950	$1600	**$2360**	**$2950**	Yanmar	3	54D	8F-2R	18*	1673	No
YM 180-4 4WD	$7205	$1050	$1770	**$2590**	**$3240**	Yanmar	3	54D	8F-2R	18*	1793	No
YM 186-2 PS	$6750	$980	$1650	**$2430**	**$3040**	Yanmar	3	54D	9F-3R	18*	1412	No
YM 186-4 PS 4WD	$7350	$1070	$1800	**$2650**	**$3310**	Yanmar	3	54D	9F-3R	18*	1538	No
YM 187	$7600	$1100	$1860	**$2740**	**$3420**	Yanmar	3	54D	9F-3R	18*	1523	No
YM 220-2	$7170	$1040	$1760	**$2580**	**$3230**	Yanmar	3	69D	8F-2R	22*	2019	No
YM 220-4 4WD	$7970	$1160	$1950	**$2870**	**$3590**	Yanmar	3	69D	8F-2R	22*	2178	No
YM 226-2 PS	$7851	$1140	$1920	**$2830**	**$3530**	Yanmar	3	69D	9F-3R	19.42	2022	No
YM 226-4 PS 4WD	$8651	$1250	$2120	**$3110**	**$3890**	Yanmar	3	69D	9F-3R	19.42	2178	No
YM 276-2 PS	$9062	$1350	$2280	**$3350**	**$4190**	Yanmar	3	86D	12F-4R	23.00	2361	No
YM 276-4 PS 4WD	$10210	$1500	$2530	**$3710**	**$4640**	Yanmar	3	86D	12F-4R	23.00	2393	No
YM 336-2 PS	$10765	$1560	$2640	**$3880**	**$4840**	Yanmar	3	91D	12F-4R	26.98	3039	No
YM 336-4 PS 4WD	$12165	$1760	$2980	**$4380**	**$5470**	Yanmar	3	91D	12F-4R	26.98	3267	No

*** Bare engine HP, PS - Power Shift**

1987

YM 122	$4260	$600	$1020	**$1490**	**$1870**	Yanmar	1	33D	6F-3R	12*	829	No
YM 140-2	$5879	$820	$1410	**$2060**	**$2590**	Yanmar	2	39D	6F-3R	14*	1406	No
YM 140-4 4WD	$6339	$890	$1520	**$2220**	**$2790**	Yanmar	2	39D	6F-3R	14*	1406	No
YM 146	$4990	$700	$1200	**$1750**	**$2200**	Yanmar	2	39D	6F-3R	14*	844	No
YM 147-2 PS	$6282	$880	$1510	**$2200**	**$2760**	Yanmar	2	39D	6F-2R	14*	1421	No
YM 147-4 PS 4WD	$6786	$950	$1630	**$2380**	**$2990**	Yanmar	2	39D	6F-2R	14*	1522	No
YM 165-2	$5810	$810	$1390	**$2030**	**$2560**	Yanmar	2	40D	6F-2R	16*	1011	No
YM 165D 4WD	$6310	$880	$1510	**$2210**	**$2780**	Yanmar	2	40D	6F-2R	16*	1216	No
YM 169	$7100	$990	$1700	**$2490**	**$3120**	Yanmar	3	54D	6F-2R		1190	No
YM 169 D 4WD	$7900	$1110	$1900	**$2770**	**$3480**	Yanmar	3	54D	6F-2R		1279	No
YM 180-2	$6545	$920	$1570	**$2290**	**$2880**	Yanmar	3	54D	8F-2R	18*	1673	No
YM 180-4 4WD	$7205	$1010	$1730	**$2520**	**$3170**	Yanmar	3	54D	8F-2R	18*	1793	No
YM 186-2 PS	$6750	$950	$1620	**$2360**	**$2970**	Yanmar	3	54D	9F-3R	18*	1412	No
YM 186-4 PS 4WD	$7350	$1030	$1760	**$2570**	**$3230**	Yanmar	3	54D	9F-3R	18*	1538	No
YM 187	$7600	$1060	$1820	**$2660**	**$3340**	Yanmar	3	54D	9F-3R	18*	1523	No
YM 220-2	$7170	$1000	$1720	**$2510**	**$3160**	Yanmar	3	69D	8F-2R	22*	2019	No
YM 220-4 4WD	$7970	$1120	$1910	**$2790**	**$3510**	Yanmar	3	69D	8F-2R	22*	2178	No
YM 226-2 PS	$7851	$1100	$1880	**$2750**	**$3450**	Yanmar	3	69D	9F-3R	19.42	2022	No
YM 226-4 PS 4WD	$8651	$1210	$2080	**$3030**	**$3810**	Yanmar	3	69D	9F-3R	19.42	2178	No
YM 276-2 PS	$9062	$1280	$2200	**$3210**	**$4030**	Yanmar	3	86D	12F-4R	23.00	2361	No
YM 276-4 PS 4WD	$10210	$1420	$2440	**$3550**	**$4470**	Yanmar	3	86D	12F-4R	23.00	2393	No
YM 336-2 PS	$10765	$1410	$2420	**$3540**	**$4440**	Yanmar	3	91D	12F-4R	26.98	3039	No
YM 336-4 PS 4WD	$12165	$1640	$2810	**$4100**	**$5150**	Yanmar	3	91D	12F-4R	26.98	3267	No

*** Bare engine HP, PS - Power Shift**

1986

YM 122	$4260	$580	$1000	**$1450**	**$1830**	Yanmar	1	33D	6F-3R	12*	829	No
YM 140-2	$5879	$790	$1380	**$2000**	**$2530**	Yanmar	2	39D	6F-3R	14*	1406	No
YM 140-4 4WD	$6339	$860	$1490	**$2160**	**$2730**	Yanmar	2	39D	6F-3R	14*	1406	No
YM 146	$4990	$670	$1170	**$1700**	**$2150**	Yanmar	2	39D	6F-3R	14*	844	No
YM 147-2 PS	$6282	$850	$1480	**$2140**	**$2700**	Yanmar	2	39D	6F-2R	14*	1421	No
YM 147-4 PS 4WD	$6786	$920	$1600	**$2310**	**$2920**	Yanmar	2	39D	6F-2R	14*	1522	No
YM 165-2	$5810	$780	$1370	**$1980**	**$2500**	Yanmar	2	40D	6F-2R	16*	1011	No
YM 165D 4WD	$6310	$850	$1480	**$2150**	**$2710**	Yanmar	2	40D	6F-2R	16*	1216	No
YM 169	$7100	$960	$1670	**$2410**	**$3050**	Yanmar	3	54D	6F-2R		1190	No
YM 169 D 4WD	$7900	$1070	$1860	**$2690**	**$3400**	Yanmar	3	54D	6F-2R		1279	No
YM 180-2	$6545	$880	$1540	**$2230**	**$2810**	Yanmar	3	54D	8F-2R	18*	1673	No
YM 180-4 4WD	$7205	$970	$1690	**$2450**	**$3100**	Yanmar	3	54D	8F-2R	18*	1793	No
YM 186-2 PS	$6750	$910	$1590	**$2300**	**$2900**	Yanmar	3	54D	9F-3R	18*	1412	No
YM 186-4 PS 4WD	$7350	$990	$1730	**$2500**	**$3160**	Yanmar	3	54D	9F-3R	18*	1538	No
YM 187	$7600	$1030	$1790	**$2580**	**$3270**	Yanmar	3	54D	9F-3R	18*	1523	No
YM 220-2	$7170	$970	$1690	**$2440**	**$3080**	Yanmar	3	69D	8F-2R	22*	2019	No
YM 220-4 4WD	$7970	$1080	$1870	**$2710**	**$3430**	Yanmar	3	69D	8F-2R	22*	2178	No
YM 226-2 PS	$7851	$1060	$1850	**$2670**	**$3380**	Yanmar	3	69D	9F-3R	19.42	2022	No
YM 226-4 PS 4WD	$8651	$1170	$2030	**$2940**	**$3720**	Yanmar	3	69D	9F-3R	19.42	2178	No
YM 276-2 PS	$9062	$1220	$2130	**$3080**	**$3900**	Yanmar	3	86D	12F-4R	23.00	2361	No
YM 276-4 PS 4WD	$10210	$1350	$2350	**$3400**	**$4300**	Yanmar	3	86D	12F-4R	23.00	2393	No
YM 336-2 PS	$10765	$1330	$2320	**$3350**	**$4240**	Yanmar	3	91D	12F-4R	26.98	3039	No
YM 336-4 PS 4WD	$12165	$1570	$2730	**$3940**	**$4990**	Yanmar	3	91D	12F-4R	26.98	3267	No

*** Bare engine HP, PS - Power Shift**

1985

YM 122	$4260	$550	$980	**$1410**	**$1790**	Yanmar	1	33D	6F-3R	12*	829	No
YM 140-2	$5879	$760	$1350	**$1940**	**$2470**	Yanmar	2	39D	6F-3R	14*	1406	No
YM 140-4 4WD	$6339	$820	$1460	**$2090**	**$2660**	Yanmar	2	39D	6F-3R	14*	1406	No
YM 146	$4990	$650	$1150	**$1650**	**$2100**	Yanmar	2	39D	6F-3R	14*	844	No
YM 147-2 PS	$6282	$820	$1450	**$2070**	**$2640**	Yanmar	2	39D	6F-2R	14*	1421	No
YM 147-4 PS 4WD	$6786	$880	$1560	**$2240**	**$2850**	Yanmar	2	39D	6F-2R	14*	1522	No
YM 165-2	$5810	$760	$1340	**$1920**	**$2440**	Yanmar	2	40D	6F-2R	16*	1011	No
YM 165D 4WD	$6310	$820	$1450	**$2080**	**$2650**	Yanmar	2	40D	6F-2R	16*	1216	No
YM 180-2	$6545	$850	$1510	**$2160**	**$2750**	Yanmar	3	54D	8F-2R	18*	1673	No
YM 180-4 4WD	$7205	$940	$1660	**$2380**	**$3030**	Yanmar	3	54D	8F-2R	18*	1793	No
YM 186-2 PS	$6750	$880	$1550	**$2230**	**$2840**	Yanmar	3	54D	9F-3R	18*	1412	No
YM 186-4 PS 4WD	$7350	$960	$1690	**$2430**	**$3090**	Yanmar	3	54D	9F-3R	18*	1538	No

Yanmar (Cont.)

	Approx. Retail Price New	Estimated Value Less Repairs Used Trade In Avg.	High	Used Retail Avg.	High	Make	Engine No. Cyls.	Displ. Cu.-In.	No. Speeds	P.T.O. H.P.	Approx. Shipping Wt.-Lbs.	Cab
1985 (Cont.)												
YM 220-2	$7170	$930	$1650	**$2370**	**$3010**	Yanmar	3	69D	8F-2R	22*	2019	No
YM 220-4 4WD	$7970	$1040	$1830	**$2630**	**$3350**	Yanmar	3	69D	8F-2R	22*	2178	No
YM 226-2 PS	$7851	$1020	$1810	**$2590**	**$3300**	Yanmar	3	69D	9F-3R	19.42	2022	No
YM 226-4 PS 4WD	$8651	$1130	$1990	**$2860**	**$3630**	Yanmar	3	69D	9F-3R	19.42	2178	No
YM 276-2 PS	$9062	$1150	$2040	**$2920**	**$3720**	Yanmar	3	86D	12F-4R	23.00	2361	No
YM 276-4 PS 4WD	$10210	$1270	$2250	**$3230**	**$4120**	Yanmar	3	86D	12F-4R	23.00	2393	No
YM 336-2 PS	$10765	$1260	$2220	**$3190**	**$4050**	Yanmar	3	91D	12F-4R	26.98	3039	No
YM 336-4 PS 4WD	$12165	$1460	$2580	**$3700**	**$4700**	Yanmar	3	91D	12F-4R	26.98	3267	No
*** Bare engine HP, PS - Power Shift**												
1984												
YM 122	$4260	$530	$960	**$1360**	**$1750**	Yanmar	1	33D	6F-3R	12*	829	No
YM 140-2	$5879	$740	$1320	**$1880**	**$2410**	Yanmar	2	39D	6F-3R	14*	1406	No
YM 140-4 4WD	$6339	$790	$1430	**$2030**	**$2600**	Yanmar	2	39D	6F-3R	14*	1406	No
YM 146	$4990	$620	$1120	**$1600**	**$2050**	Yanmar	2	39D	6F-3R	14*	844	No
YM 147-2 PS	$6282	$790	$1410	**$2010**	**$2580**	Yanmar	2	39D	6F-2R	14*	1421	No
YM 147-4 PS 4WD	$6786	$850	$1530	**$2170**	**$2780**	Yanmar	2	39D	6F-2R	14*	1522	No
YM 165-2	$5810	$730	$1310	**$1860**	**$2380**	Yanmar	2	40D	6F-2R	16*	1011	No
YM 165D 4WD	$6310	$790	$1420	**$2020**	**$2590**	Yanmar	2	40D	6F-2R	16*	1216	No
YM 180-2	$6545	$820	$1470	**$2090**	**$2680**	Yanmar	3	54D	8F-2R	18*	1673	No
YM 180-4 4WD	$7205	$900	$1620	**$2310**	**$2950**	Yanmar	3	54D	8F-2R	18*	1793	No
YM 186-2 PS	$6750	$840	$1520	**$2160**	**$2770**	Yanmar	3	54D	9F-3R	18*	1412	No
YM 186-4 PS 4WD	$7350	$920	$1650	**$2350**	**$3010**	Yanmar	3	54D	9F-3R	18*	1538	No
YM 220-2	$7170	$900	$1610	**$2290**	**$2940**	Yanmar	3	69D	8F-2R	22*	2019	No
YM 220-4 4WD	$7970	$1000	$1790	**$2550**	**$3270**	Yanmar	3	69D	8F-2R	22*	2178	No
YM 226-2 PS	$7851	$980	$1770	**$2510**	**$3220**	Yanmar	3	69D	9F-3R	19.42	2022	No
YM 226-4 PS 4WD	$8651	$1080	$1950	**$2770**	**$3550**	Yanmar	3	69D	9F-3R	19.42	2178	No
YM 276-2 PS	$9062	$1060	$1900	**$2710**	**$3470**	Yanmar	3	86D	12F-4R	23.00	2361	No
YM 276-4 PS 4WD	$10210	$1200	$2160	**$3070**	**$3940**	Yanmar	3	86D	12F-4R	23.00	2393	No
YM 336-2 PS	$10765	$1180	$2120	**$3010**	**$3850**	Yanmar	3	91D	12F-4R	26.98	3039	No
YM 336-4 PS 4WD	$12165	$1380	$2480	**$3520**	**$4510**	Yanmar	3	91D	12F-4R	26.98	3267	No
*** Bare engine HP**												
1983												
YM 165	$5605	$670	$1230	**$1740**	**$2240**	Yanmar	2	40D	6F-2R		1011	No
YM 165D 4WD	$7135	$860	$1570	**$2210**	**$2850**	Yanmar	2	40D	6F-2R		1216	No
YM 180	$5995	$720	$1320	**$1860**	**$2400**	Yanmar	3	54D	8F-2R		1523	No
YM 180 D 4WD	$6595	$790	$1450	**$2040**	**$2640**	Yanmar	3	54D	8F-2R		1650	No
YM 186 D 4WD PS	$7135	$860	$1570	**$2210**	**$2850**	Yanmar	3	54D	9F-3R		1435	No
YM 186 PS	$6523	$780	$1440	**$2020**	**$2610**	Yanmar	3	54D	9F-3R		1345	No
YM 220	$6426	$770	$1410	**$1990**	**$2570**	Yanmar	3	69D	8F-2R		1874	No
YM 220 D 4WD	$7273	$870	$1600	**$2260**	**$2910**	Yanmar	3	69D	8F-2R		2026	No
YM 226 D 4WD PS	$7946	$950	$1750	**$2460**	**$3180**	Yanmar	3	69D	9F-3R	19.42	1962	No
YM 226 PS	$7339	$880	$1620	**$2280**	**$2940**	Yanmar	3	69D	9F-3R	19.42	1874	No
YM 276 D 4WD PS	$9425	$1130	$2070	**$2920**	**$3770**	Yanmar	3	86D	12F-4R	23.00	2282	No
YM 276 PS	$8303	$1000	$1830	**$2570**	**$3320**	Yanmar	3	86D	12F-4R	23.00	2205	No
YM 336 D 4WD PS	$11419	$1320	$2420	**$3410**	**$4400**	Yanmar	3	91D	12F-4R	26.98	3091	No
YM 336 PS	$9991	$1140	$2090	**$2950**	**$3800**	Yanmar	3	91D	12F-4R	26.98	2854	No
1982												
YM 165	$5495	$630	$1180	**$1650**	**$2170**	Yanmar	2	40D	6F-2R		1011	No
YM 165 D	$6995	$800	$1500	**$2100**	**$2760**	Yanmar	2	40D	6F-2R		1216	No
YM 186	$6395	$740	$1380	**$1920**	**$2530**	Yanmar	3	54D	9F-3R		1345	No
YM 186 D	$6995	$800	$1500	**$2100**	**$2760**	Yanmar	3	54D	9F-3R		1435	No
YM 220	$6300	$730	$1360	**$1890**	**$2490**	Yanmar	3	69D	8F-2R		1874	No
YM 220 D	$7130	$820	$1530	**$2140**	**$2820**	Yanmar	3	69D	8F-2R		2026	No
YM 226	$7195	$830	$1550	**$2160**	**$2840**	Yanmar	3	69D	9F-3R	19.42	1874	No
YM 226 D	$7790	$900	$1680	**$2340**	**$3080**	Yanmar	3	69D	9F-3R	19.42	1962	No
YM 276	$8140	$940	$1750	**$2440**	**$3220**	Yanmar	3	86D	12F-4R	23.00	2205	No
YM 276 D	$9240	$1060	$1990	**$2770**	**$3650**	Yanmar	3	86D	12F-4R	23.00	2282	No
YM 336	$9795	$1040	$1950	**$2720**	**$3580**	Yanmar	3	91D	12F-4R	26.98	2854	No
YM 336 D	$11195	$1220	$2280	**$3180**	**$4190**	Yanmar	3	91D	12F-4R	26.98	3091	No
1981												
YM 135	$4250	$470	$890	**$1250**	**$1660**	Yanmar	2	38D	6F-2R		995	No
YM 135 D	$4650	$510	$980	**$1370**	**$1810**	Yanmar	2	38D	6F-2R		1090	No
YM 155	$4750	$520	$1000	**$1400**	**$1850**	Yanmar	2	40D	6F-2R		1060	No
YM 155 D	$5200	$570	$1090	**$1530**	**$2030**	Yanmar	2	40D	6F-2R		1145	No
YM 165	$4900	$540	$1030	**$1450**	**$1910**	Yanmar	2	40D	6F-2R		1011	No
YM 165 D	$5400	$590	$1130	**$1590**	**$2110**	Yanmar	2	40D	6F-2R		1216	No
YM 186	$6000	$660	$1260	**$1770**	**$2340**	Yanmar	3	54D	9F-3R		1345	No
YM 186 D	$6400	$700	$1340	**$1890**	**$2500**	Yanmar	3	54D	9F-3R		1435	No
YM 226	$6990	$770	$1470	**$2060**	**$2730**	Yanmar	3	69D	9F-3R	19.42	1874	No
YM 226 D	$7790	$860	$1640	**$2300**	**$3040**	Yanmar	3	69D	9F-3R	19.42	1962	No
YM 240	$6200	$680	$1300	**$1830**	**$2420**	Yanmar	2	70D	8F-2R	19.76	1700	No
YM 240 D	$7100	$780	$1490	**$2100**	**$2770**	Yanmar	2	70D	8F-2R	19.76	1950	No
YM 276	$7900	$870	$1660	**$2330**	**$3080**	Yanmar	3	86D	12F-4R	23.00	2205	No
YM 276 D	$8990	$990	$1890	**$2650**	**$3510**	Yanmar	3	86D	12F-4R	23.00	2282	No
YM 330	$7570	$830	$1590	**$2230**	**$2950**	Yanmar	3	91D	8F-2R		2550	No
YM 330 D	$8900	$980	$1870	**$2630**	**$3470**	Yanmar	3	91D	8F-2R		2890	No
YM 336	$9300	$990	$1890	**$2660**	**$3510**	Yanmar	3	91D	12F-4R	26.98	2854	No
YM 336 D	$10500	$1160	$2210	**$3100**	**$4100**	Yanmar	3	91D	12F-4R	26.98	3091	No

	Approx. Retail Price New	Estimated Value Less Repairs Used Trade In Avg.	Used Trade In High	Used Retail Avg.	Used Retail High	Make	Engine No. Cyls.	Engine Displ. Cu.-In.	No. Speeds	P.T.O. H.P.	Approx. Shipping Wt.-Lbs.	Cab
Yanmar (Cont.)												
				1980								
YM 135	$3760	$400	$770	**$1090**	**$1450**	Yanmar	2	38D	6F-2R		995	No
YM 135 D	$4151	$440	$850	**$1200**	**$1600**	Yanmar	2	38D	6F-2R		1090	No
YM 155	$4166	$440	$850	**$1210**	**$1600**	Yanmar	2	40D	6F-2R		1060	No
YM 155 D	$4498	$470	$920	**$1300**	**$1730**	Yanmar	2	40D	6F-2R		1145	No
YM 186	$5184	$540	$1060	**$1500**	**$2000**	Yanmar	3	54D	9F-3R		1411	No
YM 186 D	$5770	$610	$1180	**$1670**	**$2220**	Yanmar	3	54D	9F-3R		1539	No
YM 195	$4982	$520	$1020	**$1450**	**$1920**	Yanmar	2	61D	6F-2R		1655	No
YM 195 D	$5617	$590	$1150	**$1630**	**$2160**	Yanmar	2	61D	6F-2R		1830	No
YM 240	$5321	$560	$1090	**$1540**	**$2050**	Yanmar	2	70D	8F-2R	19.76	1700	No
YM 240 D	$6111	$640	$1250	**$1770**	**$2350**	Yanmar	2	70D	8F-2R	19.76	1950	No
YM 330	$8210	$790	$1540	**$2180**	**$2890**	Yanmar	3	91D	8F-2R		2550	No
YM 330 D	$9425	$930	$1810	**$2560**	**$3400**	Yanmar	3	91D	8F-2R		2890	No
YM 336	$8476	$890	$1740	**$2460**	**$3260**	Yanmar	3	91D	12F-4R	26.98	2854	No
YM 336 D	$9788	$1030	$2010	**$2840**	**$3770**	Yanmar	3	91D	12F-4R	26.98	3091	No
				1979								
YM 135	$3669	$370	$730	**$1060**	**$1390**	Yanmar	2	38D	6F-2R		995	No
YM 135 D	$4052	$410	$810	**$1180**	**$1540**	Yanmar	2	38D	6F-2R		1090	No
YM 155	$4065	$410	$810	**$1180**	**$1550**	Yanmar	2	40D	6F-2R		1060	No
YM 155 D	$4389	$440	$880	**$1270**	**$1670**	Yanmar	2	40D	6F-2R		1145	No
YM 195	$4868	$490	$970	**$1410**	**$1850**	Yanmar	2	61D	6F-2R		1655	No
YM 195 D	$5487	$550	$1100	**$1590**	**$2090**	Yanmar	2	61D	6F-2R		1805	No
YM 240	$5201	$520	$1040	**$1510**	**$1980**	Yanmar	2	70D	8F-2R	19.76	1700	No
YM 240 D	$5972	$600	$1190	**$1730**	**$2270**	Yanmar	2	70D	8F-2R	19.76	1950	No
YM 330	$7680	$750	$1500	**$2170**	**$2840**	Yanmar	3	91D	8F-2R		2550	No
YM 330 D	$8865	$880	$1750	**$2540**	**$3330**	Yanmar	3	91D	8F-2R		2890	No
				1978								
YM 135	$3589	$340	$700	**$1040**	**$1360**	Yanmar	2	38D	6F-2R		995	No
YM 135 D	$3938	$370	$770	**$1140**	**$1500**	Yanmar	2	38D	6F-2R		1090	No
YM 155	$3875	$370	$760	**$1120**	**$1470**	Yanmar	2	40D	6F-2R		1060	No
YM 155 D	$4273	$410	$830	**$1240**	**$1620**	Yanmar	2	40D	6F-2R		1145	No
YM 195	$4569	$430	$890	**$1330**	**$1740**	Yanmar	2	61D	6F-2R		1655	No
YM 240	$5007	$480	$980	**$1450**	**$1900**	Yanmar	2	70D	8F-2R	19.76	1700	No
YM 240 D	$5733	$550	$1120	**$1660**	**$2180**	Yanmar	2	70D	8F-2R	19.76	1950	No
YM 330	$7753	$700	$1430	**$2130**	**$2790**	Yanmar	3	91D	8F-2R		2550	No
YM 330 D	$9025	$820	$1680	**$2500**	**$3280**	Yanmar	3	91D	8F-2R		2890	No
				1977								
YM 135	$3514	$320	$670	**$1020**	**$1340**	Yanmar	2	38D	6F-2R		995	No
YM 135 D	$3863	$350	$730	**$1120**	**$1470**	Yanmar	2	38D	6F-2R		1090	No
YM 155	$3725	$340	$710	**$1080**	**$1420**	Yanmar	2	40D	6F-2R		1060	No
YM 155 D	$4123	$370	$780	**$1200**	**$1570**	Yanmar	2	40D	6F-2R		1145	No
YM 240	$4837	$440	$920	**$1400**	**$1840**	Yanmar	2	70D	8F-2R	19.76	1700	No
Zetor												
				2006								
6421.0 Proxima	$26285	$10780	$12620	**$16030**	**$17870**	Zetor	4	254D	12F-12R	60.0	6740	No
6421.1 Proxima w/Cab	$33570	$13760	$16110	**$20480**	**$22830**	Zetor	4	254D	12F-12R	60.0	7240	CHA
6441.0 Proxima 4WD	$30000	$12300	$14400	**$18300**	**$20400**	Zetor	4	254D	12F-12R	60.0	7440	No
6441.1 Proxima 4WD w/Cab	$36140	$14820	$17350	**$22050**	**$24580**	Zetor	4	254D	12F-12R	60.0	7940	CHA
7421.0 Proxima	$28620	$11730	$13740	**$17460**	**$19460**	Zetor	4T	254D	12F-12R	70.0	6810	No
7421.1 Proxima w/Cab	$36200	$14840	$17380	**$22080**	**$24620**	Zetor	4T	254D	12F-12R	70.0	7310	CHA
7441.0 Proxima 4WD	$30800	$12630	$14780	**$18790**	**$20940**	Zetor	4T	254D	12F-12R	70.0	7510	No
7441.1 Proxima 4WD w/Cab	$38940	$15970	$18690	**$23750**	**$26480**	Zetor	4T	254D	12F-12R	70.0	7510	CHA
8421.0 Proxima	$30285	$12420	$14540	**$18470**	**$20590**	Zetor	4T	254D	12F-12R	78.0	6940	No
8421.1 Proxima w/Cab	$38570	$15810	$18510	**$23530**	**$26230**	Zetor	4T	254D	12F-12R	78.0	6940	CHA
8441.0 Proxima 4WD	$33285	$13650	$15980	**$20300**	**$22630**	Zetor	4T	254D	12F-12R	78.0	7660	No
8441.1 Proxima 4WD w/Cab	$41428	$16990	$19890	**$25270**	**$28170**	Zetor	4T	254D	12F-12R	78.0	8160	CHA
9741.1 Forterra 4WD w/Cab	$47285	$19390	$22700	**$28840**	**$32150**	Zetor	4T	254D	24F-18R	81.0	9100	CHA
10741.1 Forterra 4WD Cab	$50428	$20680	$24210	**$30760**	**$34290**	Zetor	4TI	254D	24F-18R	91.0	9500	CHA
				2005								
4321.0	$18910	$7190	$8510	**$10780**	**$12290**	Zetor	4	239D	10F-2R	56.0	5810	No
4321.1 Cab	$24880	$9450	$11200	**$14180**	**$16170**	Zetor	4	239D	10F-2R	56.0	5810	CH
4341.0 4WD	$21450	$8150	$9650	**$12230**	**$13940**	Zetor	4	239D	10F-10R	56.0	6620	CH
4341.1 4WD Cab	$27840	$10580	$12530	**$15870**	**$18100**	Zetor	4	239D	10F-10R	56.0	6620	CH
6321.0	$21010	$7980	$9460	**$11980**	**$13660**	Zetor	4	239D	10F-2R	62.0	5990	No
6321.1 w/Cab	$27385	$10410	$12320	**$15610**	**$17800**	Zetor	4	239D	10F-2R	62.0	6830	CHA
6341.0 4WD	$23950	$9100	$10780	**$13650**	**$15570**	Zetor	4	239D	10F-2R	62.0	7800	No
6341.1 4WD w/Cab	$31110	$11820	$14000	**$17730**	**$20220**	Zetor	4	239D	10F-2R	62.0	7800	CHA
6421.0 Proxima	$26285	$9990	$11830	**$14980**	**$17090**	Zetor	4	254D	12F-12R	60.0	6740	No
6421.1 Proxima w/Cab	$33570	$12760	$15110	**$19140**	**$21820**	Zetor	4	254D	12F-12R	60.0	7240	CHA
6441.0 Proxima 4WD	$30000	$11400	$13500	**$17100**	**$19500**	Zetor	4	254D	12F-12R	60.0	7440	No
6441.1 Proxima 4WD w/Cab	$36140	$13730	$16260	**$20600**	**$23490**	Zetor	4	254D	12F-12R	60.0	7940	CHA
7321.0	$23210	$8820	$10450	**$13230**	**$15090**	Zetor	4T	239D	10F-2R	73.0	6950	No
7321.1 w/Cab	$29420	$11180	$13240	**$16770**	**$19120**	Zetor	4T	239D	10F-10R	73.0	6950	CHA
7341.0 4WD	$26470	$10060	$11910	**$15090**	**$17210**	Zetor	4T	239D	10F-2R	73.0	7960	No
7341.1 4WD w/Cab	$34220	$13000	$15400	**$19510**	**$22240**	Zetor	4T	239D	10F-10R	73.0	7960	CHA
7421.0 Proxima	$28620	$10880	$12880	**$16310**	**$18600**	Zetor	4T	254D	12F-12R	70.0	6810	No
7421.1 Proxima w/Cab	$36200	$13760	$16290	**$20630**	**$23530**	Zetor	4T	254D	12F-12R	70.0	7310	CHA
7441.0 Proxima 4WD	$30800	$11700	$13860	**$17560**	**$20020**	Zetor	4T	254D	12F-12R	70.0	7510	No

Zetor (Cont.)

	Approx. Retail Price New	Estimated Value Less Repairs: Used Trade In Avg.	Used Trade In High	Used Retail Avg.	Used Retail High	Make	Engine No. Cyls.	Engine Displ. Cu.-In.	No. Speeds	P.T.O. H.P.	Approx. Shipping Wt.-Lbs.	Cab
				2005 (Cont.)								
7441.1 Proxima 4WD w/Cab	$38940	$14800	$17520	**$22200**	**$25310**	Zetor	4T	254D	12F-12R	70.0	7510	CHA
8421.0 Proxima	$30285	$11510	$13630	**$17260**	**$19690**	Zetor	4T	254D	12F-12R	78.0	6940	No
8421.1 Proxima w/Cab	$38570	$14660	$17360	**$21990**	**$25070**	Zetor	4T	254D	12F-12R	78.0	6940	CHA
8441.0 Proxima 4WD	$33285	$12650	$14980	**$18970**	**$21640**	Zetor	4T	254D	12F-12R	78.0	7660	No
8441.1 Proxima 4WD w/Cab	$41428	$15740	$18640	**$23610**	**$26930**	Zetor	4T	254D	12F-12R	78.0	8160	CHA
9741.1 Forterra 4WD w/Cab	$44500	$16910	$20030	**$25370**	**$28930**	Zetor	4T	254D	24F-18R	81.0	9100	CHA
10741.1 Forterra 4WD Cab	$48900	$18580	$22010	**$27870**	**$31790**	Zetor	4TI	254D	24F-18R	91.0	9500	CHA
				2004								
C29 w/Ag Tires	$13995	$4760	$5880	**$7280**	**$8540**	Kukje	3	95D	12F-12R	25.0		No
C35 w/Ag Tires	$14630	$4970	$6150	**$7610**	**$8920**	Kukje	3	110D	12F-12R	31.0		No
C38L w/Ag Tires	$15610	$5310	$6560	**$8120**	**$9520**	Kukje	3	110D	12F-12R	31.0		No
C42L w/Ag Tires	$16610	$5650	$6980	**$8640**	**$10130**	Kukje	3T	110D	12F-12R	40.0		No
C47L w/Ag Tires	$17740	$6030	$7450	**$9230**	**$10820**	Kukje	3	134D	12F-12R	45.0		No
3321.0SR	$16370	$5570	$6880	**$8510**	**$9990**	Zetor	3	164D	10F-2R	43.0	5370	No
3321.1SR	$23150	$7870	$9720	**$12040**	**$14120**	Zetor	3	164D	10F-2R	43.0	6030	CH
3341.0SR 4WD	$20060	$6820	$8430	**$10430**	**$12240**	Zetor	3	164D	10F-10R	43.0	6170	No
3341.1SR 4WD	$25500	$8670	$10710	**$13260**	**$15560**	Zetor	3	164D	10F-10R	43.0	6170	CH
4321.0	$18380	$6250	$7720	**$9560**	**$11210**	Zetor	4	239D	10F-2R	56.0	5810	No
4321.0SR	$18910	$6430	$7940	**$9830**	**$11540**	Zetor	4	239D	10F-2R	56.0	5810	No
4321.0SRS	$18260	$6210	$7670	**$9500**	**$11140**	Zetor	4	239D	10F-2R	56.0	5810	No
4321.1SR	$24880	$8460	$10450	**$12940**	**$15180**	Zetor	4	239D	10F-2R	56.0	5810	CH
4321.0S	$17730	$6030	$7450	**$9220**	**$10820**	Zetor	4	239D	10F-10R	56.0	6470	No
4341.0SR 4WD	$22100	$7510	$9280	**$11490**	**$13480**	Zetor	4	239D	10F-2R	56.0	6620	No
4341.0SRS 4WD	$21450	$7290	$9010	**$11150**	**$13090**	Zetor	4	239D	10F-10R	56.0	6620	CH
4341.1SR 4WD	$27840	$9470	$11690	**$14480**	**$16980**	Zetor	4	239D	10F-10R	56.0	6620	CH
6321.0SR	$21010	$7140	$8820	**$10930**	**$12820**	Zetor	4	239D	10F-2R	62.0	5990	No
6321.1SR	$27385	$9310	$11500	**$14240**	**$16710**	Zetor	4	239D	10F-2R	62.0	6830	CH
6341.0SR 4WD	$23950	$8140	$10060	**$12450**	**$14610**	Zetor	4	239D	10F-2R	62.0	7800	No
6341.1SR 4WD	$31110	$10580	$13070	**$16180**	**$18980**	Zetor	4	239D	10F-2R	62.0	7800	CH
7321.0SR	$23210	$7890	$9750	**$12070**	**$14160**	Zetor	4T	239D	10F-2R	73.0	6950	No
7321.1SR	$29420	$10000	$12360	**$15300**	**$17950**	Zetor	4T	239D	10F-10R	73.0	6950	CH
7341.0SR 4WD	$26470	$9000	$11120	**$13760**	**$16150**	Zetor	4T	239D	10F-2R	73.0	7960	No
7341.1SR 4WD	$34220	$11640	$14370	**$17790**	**$20870**	Zetor	4T	239D	10F-10R	73.0	7960	Yes
9741.1 4WD	$43400	$15620	$18660	**$23870**	**$26040**	Zetor	4T	254D	24F-18R	81.0	9420	CH
10741.1 4WD	$47700	$17170	$20510	**$26240**	**$28620**	Zetor	4TI	254D	24F-18R	91.0	9920	CH
				2003								
3320.0	$16100	$4830	$6120	**$7890**	**$9500**	Zetor	3	164D	10F-2R	43.0	5370	No
3320.2	$18700	$5610	$7110	**$9160**	**$11030**	Zetor	3	164D	10F-2R	43.0	6030	CH
3321.0	$22250	$6680	$8460	**$10900**	**$13130**	Zetor	3	164D	10F-2R	43.0	5370	No
3321.2	$25200	$7560	$9580	**$12350**	**$14870**	Zetor	3	164D	10F-2R	43.0	6030	CH
3340.0 4WD	$19500	$5850	$7410	**$9560**	**$11510**	Zetor	3	164D	10F-2R	43.0	6170	No
3340.2 4WD	$22700	$6810	$8630	**$11120**	**$13390**	Zetor	3	164D	10F-10R	43.0	6170	CH
3341.1 4WD	$20770	$6230	$7890	**$10180**	**$12250**	Zetor	3	164D	10F-10R	43.0	6170	No
3341.1 4WD	$23570	$7070	$8960	**$11550**	**$13910**	Zetor	3	164D	10F-10R	43.0	6170	CH
4320.1	$19400	$5820	$7370	**$9510**	**$11450**	Zetor	4	239D	10F-2R	56.0	5810	No
4321.1	$21960	$6590	$8350	**$10760**	**$12960**	Zetor	4	239D	10F-2R	56.0	5810	No
4321.1	$24830	$7450	$9440	**$12170**	**$14650**	Zetor	4	239D	10F-10R	56.0	6470	CH
4340.0 4WD	$20100	$6030	$7640	**$9850**	**$11860**	Zetor	4	239D	10F-2R	56.0	6620	No
4340.0 4WD	$23970	$7190	$9110	**$11750**	**$14140**	Zetor	4	239D	10F-2R	56.0	6620	CH
4341.0 4WD	$22100	$6630	$8400	**$10830**	**$13040**	Zetor	4	239D	10F-2R	56.0	6620	No
4341.0 4WD	$25470	$7640	$9680	**$12480**	**$15030**	Zetor	4	239D	10F-10R	56.0	6620	CH
6320.0	$21700	$6510	$8250	**$10630**	**$12800**	Zetor	4	239D	10F-2R	62.0	5990	No
6320.0	$22570	$6770	$8580	**$11060**	**$13320**	Zetor	4	239D	10F-10R	62.0	6650	No
6320.0	$24030	$7210	$9130	**$11780**	**$14180**	Zetor	4	239D	10F-10R	62.0	5990	CH
6321.0	$23160	$6950	$8800	**$11350**	**$13660**	Zetor	4	239D	10F-2R	62.0	5990	No
6321.1	$26500	$7950	$10070	**$12990**	**$15640**	Zetor	4	239D	10F-2R	62.0	6830	CH
6340.0 4WD	$27260	$8180	$10360	**$13360**	**$16080**	Zetor	4	239D	10F-2R	62.0	7040	No
6341.0 4WD	$29100	$8730	$11060	**$14260**	**$17170**	Zetor	4	239D	10F-2R	62.0	7800	No
6341.1 4WD	$33675	$10100	$12800	**$16500**	**$19870**	Zetor	4	239D	10F-2R	62.0	7800	CH
7320.0	$24130	$7240	$9170	**$11820**	**$14240**	Zetor	4T	239D	10F-2R	73.0		No
7320.0	$25500	$7650	$9690	**$12500**	**$15050**	Zetor	4T	239D	10F-10R	73.0		CH
7321.0	$26215	$7870	$9960	**$12850**	**$15470**	Zetor	4T	239D	10F-2R	73.0	6950	No
7321.0SR	$27585	$8280	$10480	**$13520**	**$16280**	Zetor	4T	239D	10F-10R	73.0	6950	No
7321.1	$30035	$9010	$11410	**$14720**	**$17720**	Zetor	4T	239D	10F-2R	73.0	6950	CH
7321.1SR	$30905	$9270	$11740	**$15140**	**$18230**	Zetor	4T	239D	10F-10R	73.0	6950	CH
7340.0 4WD	$29680	$8900	$11280	**$14540**	**$17510**	Zetor	4T	239D	10F-2R	73.0		No
7340.0SR 4WD	$30550	$9170	$11610	**$14970**	**$18030**	Zetor	4T	239D	10F-10R	73.0		No
7341.0 4WD	$32635	$9790	$12400	**$15990**	**$19260**	Zetor	4T	239D	10F-2R	73.0	7960	No
7341.0SR 4WD	$33505	$10050	$12730	**$16420**	**$19770**	Zetor	4T	239D	10F-10R	73.0	7960	No
7341.1 4WD	$35835	$10750	$13620	**$17560**	**$21140**	Zetor	4T	239D	10F-2R	73.0	7960	CH
7341.1SR 4WD	$36705	$11010	$13950	**$17990**	**$21660**	Zetor	4T	239D	10F-10R	73.0	7960	CH
8641.1 4WD	$39520	$12330	$15020	**$19650**	**$21570**	Zetor	4T	254D	24F-18R	74.0	8740	CH
9741.1 4WD	$43460	$13910	$16950	**$22170**	**$24340**	Zetor	4T	254D	24F-18R	81.0	9420	CH
10741.1 4WD	$47700	$15260	$18600	**$24330**	**$26710**	Zetor	4TI	254D	24F-18R	91.0	9920	CH
11741.1 4WD	$48260	$15440	$18820	**$24610**	**$27030**	Zetor	4TI	254D	24F-18R	100.0	9920	CH
				2002								
3320.0	$16100	$4510	$5800	**$7570**	**$9180**	Zetor	3	164D	10F-2R	43.0	5370	No
3320.2	$18700	$5240	$6730	**$8790**	**$10660**	Zetor	3	164D	10F-2R	43.0	6030	CH
3340.0 4WD	$19900	$5570	$7160	**$9350**	**$11340**	Zetor	3	164D	10F-2R	43.0	6170	No
3340.0SR 4WD	$20770	$5820	$7480	**$9760**	**$11840**	Zetor	3	164D	10F-10R	43.0	6170	No
3340.2 4WD	$22700	$6360	$8170	**$10670**	**$12940**	Zetor	3	164D	10F-2R	43.0	6830	CH

Zetor (Cont.)

	Approx. Retail Price New	Estimated Value Less Repairs: Used Trade In Avg.	Used Trade In High	Used Retail Avg.	Used Retail High	Make	Engine No. Cyls.	Engine Displ. Cu.-In.	No. Speeds	P.T.O. H.P.	Approx. Shipping Wt.-Lbs.	Cab
2002 (Cont.)												
3340.2SR 4WD	$23570	$6600	$8490	**$11080**	**$13440**	Zetor	3	164D	10F-10R	43.0	6830	CH
4320.0	$19400	$5430	$6980	**$9120**	**$11060**	Zetor	4	239D	10F-2R	56.0	5810	No
4320.0SR	$20270	$5680	$7300	**$9530**	**$11550**	Zetor	4	239D	10F-10R	56.0	6470	No
4321.1	$23960	$6710	$8630	**$11260**	**$13660**	Zetor	4	239D	10F-2R	56.0	6620	CH
4321.1SR	$24830	$6950	$8940	**$11670**	**$14150**	Zetor	4	239D	10F-10R	56.0		CH
4340.0 4WD	$23100	$6470	$8320	**$10860**	**$13170**	Zetor	4	239D	10F-2R	56.0	6810	No
4340.0SR	$23970	$6710	$8630	**$11270**	**$13660**	Zetor	4	239D	10F-10R	56.0	7470	No
4341.0 4WD	$24600	$6890	$8860	**$11560**	**$14020**	Zetor	4	239D	10F-2R	56.0	6620	No
4341.0SR 4WD	$25470	$7130	$9170	**$11970**	**$14520**	Zetor	4	239D	10F-10R	56.0	6620	No
4341.1 4WD	$28200	$7900	$10150	**$13250**	**$16070**	Zetor	4	239D	10F-2R	56.0	7570	CH
4341.1SR 4WD	$29070	$8140	$10470	**$13660**	**$16570**	Zetor	4	239D	10F-10R	56.0	6620	CH
6320.0	$21700	$6080	$7810	**$10200**	**$12370**	Zetor	4	239D	10F-2R	62.0	5990	No
6320.0SR	$22570	$6320	$8130	**$10610**	**$12870**	Zetor	4	239D	10F-10R	62.0	6650	No
6321.0	$23160	$6490	$8340	**$10890**	**$13200**	Zetor	4	239D	10F-2R	62.0	5990	No
6321.0SR	$24030	$6730	$8650	**$11290**	**$13700**	Zetor	4	239D	10F-10R	62.0	5990	No
6321.1	$26500	$7420	$9540	**$12460**	**$15110**	Zetor	4	239D	10F-2R	62.0	6830	CH
6321.1SR	$27370	$7660	$9850	**$12860**	**$15600**	Zetor	4	239D	10F-10R	62.0	5990	CH
6340.0 4WD	$27260	$7630	$9810	**$12810**	**$15540**	Zetor	4	239D	10F-2R	62.0	7040	No
6340.0SR	$28130	$7880	$10130	**$13220**	**$16030**	Zetor	4	239D	10F-10R	62.0	7710	No
6341.0 4WD	$29100	$8150	$10480	**$13680**	**$16590**	Zetor	4	239D	10F-2R	62.0	7800	No
6341.0SR 4WD	$29970	$8390	$10790	**$14090**	**$17080**	Zetor	4	239D	10F-10R	62.0	7800	No
6341.1 4WD	$33675	$9430	$12120	**$15830**	**$19200**	Zetor	4	239D	10F-2R	62.0	7800	CH
6341.1SR 4WD	$34545	$9670	$12440	**$16240**	**$19690**	Zetor	4	239D	10F-10R	62.0	7800	CH
7320.0	$24130	$6760	$8690	**$11340**	**$13750**	Zetor	4T	239D	10F-2R	73.0		No
7320.0SR	$25000	$7000	$9000	**$11750**	**$14250**	Zetor	4T	239D	10F-10R	73.0		No
7321.0	$26715	$7480	$9620	**$12560**	**$15230**	Zetor	4T	239D	10F-2R	73.0	6950	No
7321.0SR	$27585	$7720	$9930	**$12970**	**$15720**	Zetor	4T	239D	10F-10R	73.0	6950	No
7321.1	$30035	$8410	$10810	**$14120**	**$17120**	Zetor	4T	239D	10F-2R	73.0	6950	CH
7321.1SR	$30905	$8650	$11130	**$14530**	**$17620**	Zetor	4T	239D	10F-10R	73.0	6950	CH
7340.0 4WD	$29680	$8310	$10690	**$13950**	**$16920**	Zetor	4T	239D	10F-2R	73.0		No
7340.0SR 4WD	$30550	$8550	$11000	**$14360**	**$17410**	Zetor	4T	239D	10F-10R	73.0		No
7341.0 4WD	$32635	$9140	$11750	**$15340**	**$18600**	Zetor	4T	239D	10F-2R	73.0	7960	No
7341.0SR 4WD	$33505	$9380	$12060	**$15750**	**$19100**	Zetor	4T	239D	10F-10R	73.0	7960	No
7341.1 4WD	$35835	$10030	$12900	**$16840**	**$20430**	Zetor	4T	239D	10F-2R	73.0	7960	CH
7341.1SR 4WD	$36705	$10280	$13210	**$17250**	**$20920**	Zetor	4T	239D	10F-10R	73.0	7960	CH
8641.1 4WD	$39520	$11170	$13870	**$18100**	**$20030**	Zetor	4T	254D	24F-18R	74.0	8740	CH
9641.1 4WD	$42650	$12370	$15350	**$20050**	**$22180**	Zetor	4T	254D	24F-18R	83.0	9420	CH
10641.1	$49360	$14310	$17770	**$23200**	**$25670**	Zetor	4TI	254D	24F-18R	94.0	9920	CH
2001												
3320.0	$16100	$4190	$5470	**$7250**	**$8860**	Zetor	3	164D	10F-2R	43.0	5370	No
3320.2	$18700	$4860	$6360	**$8420**	**$10290**	Zetor	3	164D	10F-2R	43.0	6030	CH
3340.0 4WD	$19900	$5170	$6770	**$8960**	**$10950**	Zetor	3	164D	10F-2R	43.0	6170	No
3340.0SR 4WD	$20770	$5400	$7060	**$9350**	**$11420**	Zetor	3	164D	10F-10R	43.0	6170	No
3340.2 4WD	$22700	$5900	$7720	**$10220**	**$12490**	Zetor	3	164D	10F-2R	43.0	6830	CH
3340.2SR 4WD	$23570	$6130	$8010	**$10610**	**$12960**	Zetor	3	164D	10F-10R	43.0	6830	CH
4320.0	$19400	$5040	$6600	**$8730**	**$10670**	Zetor	4	239D	10F-2R	56.0	5810	No
4320.0SR	$20270	$5270	$6890	**$9120**	**$11150**	Zetor	4	239D	10F-10R	56.0	6470	No
4321.1	$23960	$6230	$8150	**$10780**	**$13180**	Zetor	4	239D	10F-2R	56.0	6620	CH
4321.1SR	$24830	$6460	$8440	**$11170**	**$13660**	Zetor	4	239D	10F-10R	56.0		CH
4340.0 4WD	$23100	$6010	$7850	**$10400**	**$12710**	Zetor	4	239D	10F-2R	56.0	6810	No
4340.0SR	$23970	$6230	$8150	**$10790**	**$13180**	Zetor	4	239D	10F-10R	56.0	7470	No
4341.0 4WD	$24600	$6400	$8360	**$11070**	**$13530**	Zetor	4	239D	10F-2R	56.0	6620	No
4341.0SR 4WD	$25470	$6620	$8660	**$11460**	**$14010**	Zetor	4	239D	10F-10R	56.0	6620	No
4341.1 4WD	$28200	$7330	$9590	**$12690**	**$15510**	Zetor	4	239D	10F-2R	56.0	7570	CH
4341.1SR 4WD	$29070	$7560	$9880	**$13080**	**$15990**	Zetor	4	239D	10F-10R	56.0	6620	CH
6320.0	$21700	$5640	$7380	**$9770**	**$11940**	Zetor	4	239D	10F-2R	62.0	5990	No
6320.0SR	$22570	$5870	$7670	**$10160**	**$12410**	Zetor	4	239D	10F-10R	62.0	6650	No
6321.0	$23160	$6020	$7870	**$10420**	**$12740**	Zetor	4	239D	10F-2R	62.0	5990	No
6321.0SR	$24030	$6250	$8170	**$10810**	**$13220**	Zetor	4	239D	10F-10R	62.0	5990	No
6321.1	$26500	$6890	$9010	**$11930**	**$14580**	Zetor	4	239D	10F-2R	62.0	6830	CH
6321.1SR	$27370	$7120	$9310	**$12320**	**$15050**	Zetor	4	239D	10F-10R	62.0	5990	CH
6340.0 4WD	$27260	$7090	$9270	**$12270**	**$14990**	Zetor	4	239D	10F-2R	62.0	7040	No
6340.0SR	$28130	$7310	$9560	**$12660**	**$15470**	Zetor	4	239D	10F-10R	62.0	7710	No
6341.0 4WD	$29100	$7570	$9890	**$13100**	**$16010**	Zetor	4	239D	10F-2R	62.0	7800	No
6341.0SR 4WD	$29970	$7790	$10190	**$13490**	**$16480**	Zetor	4	239D	10F-10R	62.0	7800	No
6341.1 4WD	$33675	$8760	$11450	**$15150**	**$18520**	Zetor	4	239D	10F-2R	62.0	7800	CH
6341.1SR 4WD	$34545	$8980	$11750	**$15550**	**$19000**	Zetor	4	239D	10F-10R	62.0	7800	CH
7320.0	$24130	$6270	$8200	**$10860**	**$13270**	Zetor	4T	239D	10F-2R	73.0		No
7320.0SR	$25000	$6500	$8500	**$11250**	**$13750**	Zetor	4T	239D	10F-10R	73.0		No
7321.0	$26715	$6950	$9080	**$12020**	**$14690**	Zetor	4T	239D	10F-2R	73.0	6950	No
7321.0SR	$27585	$7170	$9380	**$12410**	**$15170**	Zetor	4T	239D	10F-10R	73.0	6950	No
7321.1	$30035	$7810	$10210	**$13520**	**$16520**	Zetor	4T	239D	10F-2R	73.0	6950	CH
7321.1SR	$30905	$8040	$10510	**$13910**	**$17000**	Zetor	4T	239D	10F-10R	73.0	6950	CH
7340.0 4WD	$29680	$7720	$10090	**$13360**	**$16320**	Zetor	4T	239D	10F-2R	73.0		No
7340.0SR 4WD	$30550	$7940	$10390	**$13750**	**$16800**	Zetor	4T	239D	10F-10R	73.0		No
7341.0 4WD	$32635	$8490	$11100	**$14690**	**$17950**	Zetor	4T	239D	10F-2R	73.0	7960	No
7341.0SR 4WD	$33505	$8710	$11390	**$15080**	**$18430**	Zetor	4T	239D	10F-10R	73.0	7960	No
7341.1 4WD	$35835	$9320	$12180	**$16130**	**$19710**	Zetor	4T	239D	10F-2R	73.0	7960	CH
7341.1SR 4WD	$36705	$9540	$12480	**$16520**	**$20190**	Zetor	4T	239D	10F-10R	73.0	7960	CH
8641.1 4WD	$39520	$10020	$12710	**$16560**	**$18490**	Zetor	4T	254D	24F-18R	74.0	8740	CH
9641.1 4WD	$42650	$11090	$14080	**$18340**	**$20470**	Zetor	4T	254D	24F-18R	83.0	9420	CH
10641.1	$49360	$12830	$16290	**$21230**	**$23690**	Zetor	4TI	254D	24F-18R	94.0	9920	CH

Zetor (Cont.)

	Approx. Retail Price New	Estimated Value Less Repairs: Used Trade In Avg.	High	Used Retail Avg.	High	Make	Engine No. Cyls.	Displ. Cu.-In.	No. Speeds	P.T.O. H.P.	Approx. Shipping Wt.-Lbs.	Cab
2000												
3320.0	$16100	$3860	$5150	**$6920**	**$8530**	Zetor	3	164D	10F-2R	43.0	5370	No
3320.2	$18700	$4490	$5980	**$8040**	**$9910**	Zetor	3	164D	10F-2R	43.0	6030	CH
3340.0 4WD	$19900	$4780	$6370	**$8560**	**$10550**	Zetor	3	164D	10F-2R	43.0	6170	No
3340.0SR 4WD	$20770	$4990	$6650	**$8930**	**$11010**	Zetor	3	164D	10F-10R	43.0	6170	No
3340.2 4WD	$22700	$5450	$7260	**$9760**	**$12030**	Zetor	3	164D	10F-2R	43.0	6830	CH
3340.2SR 4WD	$23570	$5660	$7540	**$10140**	**$12490**	Zetor	3	164D	10F-10R	43.0	6830	CH
3341.1SR 4WD	$25870	$6210	$8280	**$11120**	**$13710**	Zetor	3	164D	10F-10R	43.0	6830	CH
4320.0	$19400	$4660	$6210	**$8340**	**$10280**	Zetor	4	239D	10F-2R	56.0	5810	No
4320.0SR	$20270	$4870	$6490	**$8720**	**$10740**	Zetor	4	239D	10F-10R	56.0	6470	No
4321.1	$23960	$5750	$7670	**$10300**	**$12700**	Zetor	4	239D	10F-2R	56.0	6620	CH
4321.1SR	$24830	$5960	$7950	**$10680**	**$13160**	Zetor	4	239D	10F-10R	56.0		CH
4340.0 4WD	$23100	$5540	$7390	**$9930**	**$12240**	Zetor	4	239D	10F-2R	56.0	6810	No
4340.0SR	$23970	$5750	$7670	**$10310**	**$12700**	Zetor	4	239D	10F-10R	56.0	7470	No
4341.0 4WD	$24600	$5900	$7870	**$10580**	**$13040**	Zetor	4	239D	10F-2R	56.0	6620	No
4341.0SR 4WD	$25470	$6110	$8150	**$10950**	**$13500**	Zetor	4	239D	10F-10R	56.0	6620	No
4341.1 4WD	$28200	$6770	$9020	**$12130**	**$14950**	Zetor	4	239D	10F-2R	56.0	7570	CH
4341.1SR 4WD	$29070	$6980	$9300	**$12500**	**$15410**	Zetor	4	239D	10F-10R	56.0	6620	CH
6320.0	$21700	$5210	$6940	**$9330**	**$11500**	Zetor	4	239D	10F-2R	62.0	5990	No
6320.0SR	$22570	$5420	$7220	**$9710**	**$11960**	Zetor	4	239D	10F-10R	62.0	6650	No
6321.0	$23160	$5560	$7410	**$9960**	**$12280**	Zetor	4	239D	10F-2R	62.0	5990	No
6321.0SR	$24030	$5770	$7690	**$10330**	**$12740**	Zetor	4	239D	10F-10R	62.0	5990	No
6321.1	$26500	$6360	$8480	**$11400**	**$14050**	Zetor	4	239D	10F-2R	62.0	6830	CH
6321.1SR	$27370	$6570	$8760	**$11770**	**$14510**	Zetor	4	239D	10F-10R	62.0	5990	CH
6340.0 4WD	$27260	$6540	$8720	**$11720**	**$14450**	Zetor	4	239D	10F-2R	62.0	7040	No
6340.0SR	$28130	$6750	$9000	**$12100**	**$14910**	Zetor	4	239D	10F-10R	62.0	7710	No
6341.0 4WD	$29100	$6980	$9310	**$12510**	**$15420**	Zetor	4	239D	10F-2R	62.0	7800	No
6341.0SR 4WD	$29970	$7190	$9590	**$12890**	**$15880**	Zetor	4	239D	10F-10R	62.0	7800	No
6341.1 4WD	$33675	$8080	$10780	**$14480**	**$17850**	Zetor	4	239D	10F-2R	62.0	7800	CH
6341.1SR 4WD	$34545	$8290	$11050	**$14850**	**$18310**	Zetor	4	239D	10F-10R	62.0	7800	CH
7320.0	$24130	$5790	$7720	**$10380**	**$12790**	Zetor	4T	239D	10F-2R	73.0		No
7320.0SR	$25000	$6000	$8000	**$10750**	**$13250**	Zetor	4T	239D	10F-10R	73.0		No
7321.0	$26715	$6410	$8550	**$11490**	**$14160**	Zetor	4T	239D	10F-2R	73.0	6950	No
7321.0SR	$27585	$6620	$8830	**$11860**	**$14620**	Zetor	4T	239D	10F-10R	73.0	6950	No
7321.1	$30035	$7210	$9610	**$12920**	**$15920**	Zetor	4T	239D	10F-2R	73.0	6950	CH
7321.1SR	$30905	$7420	$9890	**$13290**	**$16380**	Zetor	4T	239D	10F-10R	73.0	6950	CH
7340.0 4WD	$29680	$7120	$9500	**$12760**	**$15730**	Zetor	4T	239D	10F-2R	73.0		No
7340.0SR 4WD	$30550	$7330	$9780	**$13140**	**$16190**	Zetor	4T	239D	10F-10R	73.0		No
7341.0 4WD	$32635	$7830	$10440	**$14030**	**$17300**	Zetor	4T	239D	10F-2R	73.0	7960	No
7341.0SR 4WD	$33505	$8040	$10720	**$14410**	**$17760**	Zetor	4T	239D	10F-10R	73.0	7960	No
7341.1 4WD	$35835	$8600	$11470	**$15410**	**$18990**	Zetor	4T	239D	10F-2R	73.0	7960	CH
7341.1SR 4WD	$36705	$8810	$11750	**$15780**	**$19450**	Zetor	4T	239D	10F-10R	73.0	7960	CH
8641.1 4WD	$39520	$8860	$11560	**$15020**	**$17720**	Zetor	4T	254D	24F-18R	74.0	8740	CH
9640.1 4WD	$39500	$9090	$11850	**$15410**	**$18170**	Zetor	4T	254D	18F-6R	83.0	9420	CH
9641.1 4WD	$42650	$9810	$12800	**$16630**	**$19620**	Zetor	4T	254D	24F-18R	83.0	9420	CH
10540.1	$45700	$10510	$13710	**$17820**	**$21020**	Zetor	4TI	254D	18F-6R	94.0	9920	CH
10641.1	$49360	$11350	$14810	**$19250**	**$22710**	Zetor	4TI	254D	24F-18R	94.0	9920	CH
1999												
3320.0	$15320	$3370	$4750	**$6430**	**$7970**	Zetor	3	165D	10F-2R	43.0	5370	No
3320.2	$17820	$3920	$5520	**$7480**	**$9270**	Zetor	3	165D	10F-2R	43.0	6030	CH
3340.0 4WD	$18960	$4170	$5880	**$7960**	**$9860**	Zetor	3	165D	10F-2R	43.0	6170	No
3340.2 4WD	$21620	$4760	$6700	**$9080**	**$11240**	Zetor	3	165D	10F-2R	43.0	6830	CH
4320.0	$18480	$4070	$5730	**$7760**	**$9610**	Zetor	4	239D	10F-2R	56.0	5810	No
4320.2	$21380	$4700	$6630	**$8980**	**$11120**	Zetor	4	239D	10F-2R	56.0	6470	CH
4321.1	$22860	$5030	$7090	**$9600**	**$11890**	Zetor	4	239D	10F-2R	56.0	6620	CH
4340.0 4WD	$21990	$4840	$6820	**$9240**	**$11440**	Zetor	4	239D	10F-2R	56.0	6810	No
4340.2 4WD	$25100	$5520	$7780	**$10540**	**$13050**	Zetor	4	239D	10F-2R	56.0	7470	CH
4341.1 4WD	$26860	$5910	$8330	**$11280**	**$13970**	Zetor	4	239D	10F-2R	56.0	7570	CH
6320.0	$20630	$4540	$6400	**$8670**	**$10730**	Zetor	4	239D	10F-2R	66.0	5990	No
6320.2	$23510	$5170	$7290	**$9870**	**$12230**	Zetor	4	239D	10F-2R	66.0	6650	CH
6321.1	$25160	$5540	$7800	**$10570**	**$13080**	Zetor	4	239D	10F-2R	62.0	6830	CH
6340.0 4WD	$25995	$5720	$8060	**$10920**	**$13520**	Zetor	4	239D	10F-2R	66.0	7040	No
6340.2 4WD	$29095	$6400	$9020	**$12220**	**$15130**	Zetor	4	239D	10F-2R	66.0	7710	CH
6341.1 4WD	$31130	$6850	$9650	**$13080**	**$16190**	Zetor	4	239D	10F-2R	66.0	7800	CH
7320.0	$22990	$5060	$7130	**$9660**	**$11960**	Zetor	4T	239D	10F-2R	75.		No
7320.2	$25845	$5690	$8010	**$10860**	**$13440**	Zetor	4T	239D	10F-2R	75.		CH
7321.1	$28200	$5940	$8370	**$11340**	**$14040**	Zetor	4T	239D	10F-2R	75.	6950	CH
7340.0 4WD	$28275	$6050	$8530	**$11550**	**$14300**	Zetor	4T	239D	10F-2R	75.		No
7340.2 4WD	$31170	$6600	$9300	**$12600**	**$15600**	Zetor	4T	239D	10F-2R	75.		CH
7341.1 4WD	$33980	$7240	$10200	**$13820**	**$17110**	Zetor	4T	239D	10F-2R	75.	7960	CH
8620.0	$29400	$5600	$7560	**$10080**	**$12320**	Zetor	4T	254D	18F-6R	82.0	7890	No
8620.1	$31990	$6200	$8370	**$11160**	**$13640**	Zetor	4T	254D	18F-6R	82.0	8550	CH
8640.0 4WD	$34000	$6600	$8910	**$11880**	**$14520**	Zetor	4T	254D	18F-6R	82.0	8740	No
8640.1 4WD	$36600	$7200	$9720	**$12960**	**$15840**	Zetor	4T	254D	18F-6R	82.0	9400	CH
9620.1	$34740	$6800	$9180	**$12240**	**$14960**	Zetor	4T	254D	18F-6R	86.0	8570	CH
9640.1 4WD	$39420	$7680	$10370	**$13820**	**$16900**	Zetor	4T	254D	18F-6R	86.0	9420	CH
10540.1	$45650	$8500	$11480	**$15300**	**$18700**	Zetor	4TI	254D	18F-6R	92.	9920	CH
1998												
3320.0	$15320	$3060	$4600	**$6130**	**$7810**	Zetor	3	165D	10F-2R	43.0	5370	No
3320.2	$17820	$3560	$5350	**$7130**	**$9090**	Zetor	3	165D	10F-2R	43.0	6030	CH
3340.0 4WD	$18960	$3790	$5690	**$7580**	**$9670**	Zetor	3	165D	10F-2R	43.0	6170	No
3340.2 4WD	$21620	$4320	$6490	**$8650**	**$11030**	Zetor	3	165D	10F-2R	43.0	6830	CH
4320.0	$18480	$3700	$5540	**$7390**	**$9430**	Zetor	4	211D	10F-2R	54.0	5810	No

Zetor (Cont.)

	Approx. Retail Price New	Estimated Value Less Repairs: Used Trade In Avg.	High	Used Retail Avg.	High	Make	Engine No. Cyls.	Displ. Cu.-In.	No. Speeds	P.T.O. H.P.	Approx. Shipping Wt.-Lbs.	Cab
				1998 (Cont.)								
4320.2	$21380	$4280	$6410	**$8550**	**$10900**	Zetor	4	211D	10F-2R	54.0	6470	CH
4340.0 4WD	$21990	$4400	$6600	**$8800**	**$11220**	Zetor	4	211D	10F-2R	54.0	6810	No
4340.2 4WD	$25100	$5020	$7530	**$10040**	**$12800**	Zetor	4	211D	10F-2R	54.0	7470	CH
5320.0	$19340	$3870	$5800	**$7740**	**$9860**	Zetor	4	220D	10F-2R	58.0		No
5320.2	$22300	$4460	$6690	**$8920**	**$11370**	Zetor	4	220D	10F-2R	58.0		CH
5340.0 4WD	$23900	$4780	$7170	**$9560**	**$12190**	Zetor	4	220D	10F-2R	58.0		No
5340.2 4WD	$26980	$5400	$8090	**$10790**	**$13760**	Zetor	4	220D	10F-2R	58.0		CH
6320.0	$20630	$4130	$6190	**$8250**	**$10520**	Zetor	4	239D	10F-2R	66.0	5990	No
6320.2	$23510	$4700	$7050	**$9400**	**$11990**	Zetor	4	239D	10F-2R	66.0	6650	CH
6340.0 4WD	$25995	$5200	$7800	**$10400**	**$13260**	Zetor	4	239D	10F-2R	66.0	7040	No
6340.2 4WD	$29095	$5820	$8730	**$11640**	**$14840**	Zetor	4	239D	10F-2R	66.0	7710	CH
7320.0	$22990	$4600	$6900	**$9200**	**$11730**	Zetor	4T	239D	10F-2R	75.		No
7320.2	$25845	$5170	$7750	**$10340**	**$13180**	Zetor	4T	239D	10F-2R	75.		CH
7340.0 4WD	$28275	$5440	$8160	**$10880**	**$13870**	Zetor	4T	239D	10F-2R	75.		No
7340.2 4WD	$31170	$6000	$9000	**$12000**	**$15300**	Zetor	4T	239D	10F-2R	75.		CH
9620.1	$34740	$5940	$7920	**$10890**	**$13860**	Zetor	4T	254D	18F-6R	86.0	8570	CH
9640.1 4WD	$39420	$6730	$8980	**$12340**	**$15710**	Zetor	4T	254D	18F-6R	86.0	9420	CH
10540.1	$45650	$7470	$9960	**$13700**	**$17430**	Zetor	4TI	254D	18F-6R	92.	9920	CH
				1997								
2522.0 Zebra	$9000	$1710	$2520	**$3420**	**$4500**	Zetor	2	95D	10F-2R	25	3500	No
3320.0	$14960	$2840	$4190	**$5690**	**$7480**	Zetor	3	165D	10F-2R	42.5	5370	No
3320.2	$17400	$3310	$4870	**$6610**	**$8700**	Zetor	3	165D	10F-2R	42.5	6030	CH
3340.0 4WD	$18516	$3520	$5180	**$7040**	**$9260**	Zetor	3	165D	10F-2R	42.5	6170	No
3340.2 4WD	$21108	$4010	$5910	**$8020**	**$10550**	Zetor	3	165D	10F-2R	42.5	6830	CH
3522.0 Zebra	$11845	$2250	$3320	**$4500**	**$5920**	Zetor	3	143D	10F-2R	35	3800	No
4320.0	$17913	$3400	$5020	**$6810**	**$8960**	Zetor	4	211D	10F-2R	53.1	5810	No
4320.2	$20877	$3970	$5850	**$7930**	**$10440**	Zetor	4	211D	10F-2R	53.1	6470	CH
4340.0 4WD	$21472	$4080	$6010	**$8160**	**$10740**	Zetor	4	211D	10F-2R	53.1	6810	No
4340.2 4WD	$24632	$4680	$6900	**$9360**	**$12320**	Zetor	4	211D	10F-2R	53.1	7470	CH
4522.0 Zebra	$14035	$2670	$3930	**$5330**	**$7020**	Zetor	3	153D	8F-2R	45	4600	No
5213.0	$15445	$2940	$4330	**$5870**	**$7720**	Zetor	3	165D	10F-2R	42.5	4320	No
5213.2	$18420	$3500	$5160	**$7000**	**$9210**	Zetor	3	165D	10F-2R	42.5	4770	CH
5243.0 4WD	$18080	$3440	$5060	**$6870**	**$9040**	Zetor	3	165D	10F-2R	42.5	4700	No
5243.2 4WD	$21220	$4030	$5940	**$8060**	**$10610**	Zetor	3	165D	10F-2R	42.5	5150	CH
6320.0	$19995	$3800	$5600	**$7600**	**$10000**	Zetor	4	239D	10F-2R	65.7	5990	No
6320.2	$22623	$4300	$6330	**$8600**	**$11310**	Zetor	4	239D	10F-2R	65.7	6650	CH
6340.0 4WD	$25128	$4560	$6720	**$9120**	**$12000**	Zetor	4	239D	10F-2R	65.7	7040	No
6340.2 4WD	$27917	$4940	$7280	**$9880**	**$13000**	Zetor	4	239D	10F-2R	65.7	7710	CH
7320.0	$22435	$3990	$5880	**$7980**	**$10500**	Zetor	4T	239D	10F-2R	7		No
7320.2	$25115	$4370	$6440	**$8740**	**$11500**	Zetor	4T	239D	10F-2R	75		CH
7320.2	$27065	$4750	$7000	**$9500**	**$12500**	Zetor	4T	239D	10F-2R	75		CHA
7340.0	$27608	$4940	$7280	**$9880**	**$13000**	Zetor	4T	239D	10F-2R	75		No
7340.2	$30409	$5320	$7840	**$10640**	**$14000**	Zetor	4T	239D	10F-2R	75		CH
7340.2	$32360	$5700	$8400	**$11400**	**$15000**	Zetor	4T	239D	10F-2R	75		CHA
9620.1	$33922	$5120	$7040	**$9920**	**$12800**	Zetor	4T	254D	18F-6R	75.8	8570	CH
9640.1 4WD	$38481	$5680	$7810	**$11010**	**$14200**	Zetor	4T	254D	18F-6R	75.8	9420	CH
10540.1	$44581	$6400	$8800	**$12400**	**$16000**	Zetor	4T	254D	18F-6R	92	9920	CH
10540.1	$46530	$6720	$9240	**$13020**	**$16800**	Zetor	4T	254D	18F-6R	92	9920	CHA
				1996								
2522.0 Zebra	$9000	$1620	$2430	**$3330**	**$4410**	Zetor	2	95D	10F-2R	25	3500	No
3320.0	$14960	$2690	$4040	**$5540**	**$7330**	Zetor	3	165D	10F-2R	42.5	5370	No
3320.2 w/Cab	$17400	$3130	$4700	**$6440**	**$8530**	Zetor	3	165D	10F-2R	42.5	6030	CH
3340.0 4WD	$18516	$3330	$5000	**$6850**	**$9070**	Zetor	3	165D	10F-2R	42.5	6170	No
3340.2 4WD w/Cab	$21108	$3800	$5700	**$7810**	**$10340**	Zetor	3	165D	10F-2R	42.5	6830	CH
3522.0 Zebra	$11845	$2130	$3200	**$4380**	**$5800**	Zetor	3	143D	10F-2R	35	3800	No
4320.0	$17913	$3220	$4840	**$6630**	**$8780**	Zetor	4	211D	10F-2R	53.1	5810	No
4320.2 w/Cab	$20877	$3760	$5640	**$7720**	**$10230**	Zetor	4	211D	10F-2R	53.1	6470	CH
4340.0 4WD	$21472	$3870	$5800	**$7950**	**$10520**	Zetor	4	211D	10F-2R	53.1	6810	No
4340.2 4WD w/Cab	$24632	$4430	$6650	**$9110**	**$12070**	Zetor	4	211D	10F-2R	53.1	7470	CH
4522.0 Zebra	$14035	$2530	$3790	**$5190**	**$6880**	Zetor	3	153D	8F-2R	45	4600	No
5213.0	$15445	$2780	$4170	**$5720**	**$7570**	Zetor	3	165D	10F-2R	42.5	4320	No
5213.2 w/Cab	$18420	$3320	$4970	**$6820**	**$9030**	Zetor	3	165D	10F-2R	42.5	4770	CH
5243.0 4WD	$18080	$3250	$4880	**$6690**	**$8860**	Zetor	3	165D	10F-2R	42.5	4700	No
5243.2 4WD w/Cab	$21220	$3820	$5730	**$7850**	**$10400**	Zetor	3	165D	10F-2R	42.5	5150	CH
6320.0	$19995	$3600	$5400	**$7400**	**$9800**	Zetor	4	239D	10F-2R	65.7	5990	No
6320.2 w/Cab	$22623	$4070	$6110	**$8370**	**$11090**	Zetor	4	239D	10F-2R	65.7	6650	CH
6340.0 4WD	$25128	$4520	$6790	**$9300**	**$12310**	Zetor	4	239D	10F-2R	65.7	7040	No
6340.2 4WD	$27917	$5030	$7540	**$10330**	**$13680**	Zetor	4	239D	10F-2R	65.7	7710	CH
7320.0	$22435	$4040	$6060	**$8300**	**$10990**	Zetor	4T	239D	10F-2R	75		No
7320.2 w/Cab	$25115	$4520	$6780	**$9290**	**$12310**	Zetor	4T	239D	10F-2R	75		CH
7320.2 w/Cab	$27065	$4870	$7310	**$10010**	**$13260**	Zetor	4T	239D	10F-2R	75		CHA
7340.0	$27608	$4970	$7450	**$10220**	**$13530**	Zetor	4T	239D	10F-2R	75		No
7340.2 w/Cab	$30409	$5220	$7830	**$10730**	**$14210**	Zetor	4T	239D	10F-2R	75		CH
7340.2 w/Cab	$32360	$5580	$8370	**$11470**	**$15190**	Zetor	4T	239D	10F-2R	75		CHA
9620.1 w/Cab	$33922	$4550	$6500	**$9430**	**$12350**	Zetor	4T	254D	18F-6R	75.8	8570	CH
9640.1 4WD w/Cab	$38481	$5110	$7300	**$10590**	**$13870**	Zetor	4T	254D	18F-6R	75.8	9420	CH
10540.1 w/Cab	$44581	$5670	$8100	**$11750**	**$15390**	Zetor	4T	254D	18F-6R	92	9920	CH
10540.1 w/Cab	$46530	$5950	$8500	**$12330**	**$16150**	Zetor	4T	254D	18F-6R	92	9920	CHA
				1995								
2040 Zebra	$8500	$2300	$3060	**$4080**	**$4930**	Zetor	2	70D	6F-3R	20		No
2520 Zebra	$8570	$2310	$3090	**$4110**	**$4970**	Zetor	2	95D	10F-2R	25		No

Zetor (Cont.)

1995 (Cont.)

Model	Approx. Retail Price New	Est. Value Less Repairs: Used Trade In Avg.	Used Trade In High	Used Retail Avg.	Used Retail High	Make	Engine No. Cyls.	Engine Displ. Cu.-In.	No. Speeds	P.T.O. H.P.	Approx. Shipping Wt.-Lbs.	Cab
3320.0	$14235	$2420	$3700	**$5130**	**$6830**	Zetor	3	165D	10F-2R	42.5		No
3320.2 w/Cab	$16555	$2810	$4300	**$5960**	**$7950**	Zetor	3	165D	10F-2R	42.5		CH
3340.0 4WD	$17620	$3000	$4580	**$6340**	**$8460**	Zetor	3	165D	10F-2R	42.5		No
3340.2 4WD	$20085	$3410	$5220	**$7230**	**$9640**	Zetor	3	165D	10F-2R	42.5		CH
3520 Zebra	$9500	$1620	$2470	**$3420**	**$4560**	Zetor	3	143D	10F-2R	35		No
4320.0	$16880	$2870	$4390	**$6080**	**$8100**	Zetor	4	211D	10F-2R	53.1		No
4320.2 w/Cab	$19585	$3330	$5090	**$7050**	**$9400**	Zetor	4	211D	10F-2R	53.1		CH
4340.0 4WD	$20235	$3440	$5260	**$7290**	**$9710**	Zetor	4	211D	10F-2R	53.1		No
4340.2 4WD w/Cab	$23105	$3930	$6010	**$8320**	**$11090**	Zetor	4	211D	10F-2R	53.1		CH
5213.0	$15445	$2630	$4020	**$5560**	**$7410**	Zetor	3	165D	10F-2R	42.5		No
5213.2 w/Cab	$18420	$3130	$4790	**$6630**	**$8840**	Zetor	3	165D	10F-2R	42.5		CH
5243.0 4WD	$18080	$3070	$4700	**$6510**	**$8680**	Zetor	3	165D	10F-2R	42.5		No
5243.2 4WD w/Cab	$21220	$3610	$5520	**$7640**	**$10190**	Zetor	3	165D	10F-2R	42.5		CH
6320.0	$18807	$3200	$4890	**$6770**	**$9030**	Zetor	4	239D	10F-2R	65.7		No
6320.2 w/Cab	$21221	$3610	$5520	**$7640**	**$10190**	Zetor	4	239D	10F-2R	65.7		CH
6340.0 4WD	$23682	$4030	$6160	**$8530**	**$11370**	Zetor	4	239D	10F-2R	65.7		No
6340.2 4WD w/Cab	$26187	$4450	$6810	**$9430**	**$12570**	Zetor	4	239D	10F-2R	65.7		CH
8211.0	$22025	$3740	$5730	**$7930**	**$10570**	Zetor	4	278D	16F-8R	70.8		No
8211.1 w/Cab	$25495	$4330	$6630	**$9180**	**$12240**	Zetor	4	278D	16F-8R	70.8		CH
8245.0 4WD	$27280	$4640	$7090	**$9820**	**$13090**	Zetor	4	278D	16F-8R	70.8		No
8245.1 4WD w/Cab	$32725	$5020	$7670	**$10620**	**$14160**	Zetor	4	278D	16F-8R	70.8		CH
8520.1 w/Cab	$29345	$4590	$7020	**$9720**	**$12960**	Zetor	4	254D	18F-6R	85.7		CH
8540.1 4WD w/Cab	$33770	$5100	$7800	**$10800**	**$14400**	Zetor	4	254D	18F-6R	85.7		CH
9520.1 w/Cab	$31820	$3640	$5320	**$7560**	**$10080**	Zetor	4T	254D	18F-6R	75.8		CH
9540.1 4WD w/Cab	$36095	$4290	$6270	**$8910**	**$11880**	Zetor	4T	254D	18F-6R	75.8		CH
10211.0	$26395	$3120	$4560	**$6480**	**$8640**	Zetor	4T	278D	16F-8R	87.4		No
10211.1 w/Cab	$30180	$3560	$5210	**$7400**	**$9860**	Zetor	4T	278D	16F-8R	87.4		CH
10245.0 4WD	$31990	$3710	$5420	**$7700**	**$10260**	Zetor	4T	278D	16F-8R	87.4		No
10245.1 4WD w/Cab	$37395	$4320	$6310	**$8960**	**$11950**	Zetor	4T	278D	16F-8R	87.4		CH
12211.0	$28880	$3320	$4850	**$6890**	**$9180**	Zetor	6	417D	16F-8R	102.5		No
12211.1 w/Cab	$33315	$3770	$5510	**$7830**	**$10440**	Zetor	6	417D	16F-8R	102.5		CH
12245.0 4WD	$34755	$3980	$5810	**$8260**	**$11020**	Zetor	6	417D	16F-8R	102.5		No
12245.1 4WD w/Cab	$40805	$4490	$6560	**$9320**	**$12420**	Zetor	6	417D	16F-8R	102.5		CH

1994

Model	Approx. Retail Price New	Used Trade In Avg.	Used Trade In High	Used Retail Avg.	Used Retail High	Make	Engine No. Cyls.	Engine Displ. Cu.-In.	No. Speeds	P.T.O. H.P.	Approx. Shipping Wt.-Lbs.	Cab
2520 Zebra	$8370	$2180	$2930	**$3930**	**$4770**	Zetor	2	95D	10F-2R	25		No
3320.0	$14115	$2260	$3530	**$4940**	**$6630**	Zetor	3	165D	10F-2R	42.5		No
3320.2 w/Cab	$16255	$2600	$4060	**$5690**	**$7640**	Zetor	3	165D	10F-2R	42.5		CH
3340.0 4WD	$16820	$2690	$4210	**$5890**	**$7910**	Zetor	3	165D	10F-2R	42.5		No
3340.2 4WD	$19485	$3120	$4870	**$6820**	**$9160**	Zetor	3	165D	10F-2R	42.5		CH
3520 Zebra	$9500	$1520	$2380	**$3330**	**$4470**	Zetor	3	143D	10F-2R	35		No
4320.0	$16280	$2610	$4070	**$5700**	**$7650**	Zetor	4	211D	10F-2R	53.1		No
4320.2 w/Cab	$18785	$3010	$4700	**$6580**	**$8830**	Zetor	4	211D	10F-2R	53.1		CH
4340.0 4WD	$19435	$3110	$4860	**$6800**	**$9130**	Zetor	4	211D	10F-2R	53.1		No
4340.2 4WD w/Cab	$22525	$3520	$5500	**$7700**	**$10340**	Zetor	4	211D	10F-2R	53.1		CH
5213.0	$15100	$2420	$3780	**$5290**	**$7100**	Zetor	3	165D	10F-2R	42.5		No
5213.2 w/Cab	$17720	$2840	$4430	**$6200**	**$8330**	Zetor	3	165D	10F-2R	42.5		CH
5243.0 4WD	$17380	$2780	$4350	**$6080**	**$8170**	Zetor	3	165D	10F-2R	42.5		No
5243.2 4WD w/Cab	$21000	$3280	$5130	**$7180**	**$9640**	Zetor	3	165D	10F-2R	42.5		CH
6320.0	$18207	$2910	$4550	**$6370**	**$8560**	Zetor	4	239D	10F-2R	65.7		No
6320.2 w/Cab	$20421	$3270	$5110	**$7150**	**$9600**	Zetor	4	239D	10F-2R	65.7		CH
6340.0 4WD	$22882	$3660	$5720	**$8010**	**$10760**	Zetor	4	239D	10F-2R	65.7		No
6340.2 4WD w/Cab	$25587	$4090	$6400	**$8960**	**$12030**	Zetor	4	239D	10F-2R	65.7		CH
8520.1 w/Cab	$28645	$4320	$6750	**$9450**	**$12690**	Zetor	4	254D	18F-6R	85.7		CH
8540.1 4WD w/Cab	$33270	$4800	$7500	**$10500**	**$14100**	Zetor	4	254D	18F-6R	85.7		CH
9520.1 w/Cab	$30920	$3360	$5040	**$7000**	**$9520**	Zetor	4T	254D	18F-6R	75.8		CH
9540.1 4WD w/Cab	$35395	$3840	$5760	**$8000**	**$10880**	Zetor	4T	254D	18F-6R	75.8		CH

1992

Model	Approx. Retail Price New	Used Trade In Avg.	Used Trade In High	Used Retail Avg.	Used Retail High	Make	Engine No. Cyls.	Engine Displ. Cu.-In.	No. Speeds	P.T.O. H.P.	Approx. Shipping Wt.-Lbs.	Cab
5211.0	$11325	$1590	$2610	**$3740**	**$5100**	Zetor	3	165D	10F-2R	42.51	5550	No
5211.0 w/Cab	$13185	$1850	$3030	**$4350**	**$5930**	Zetor	3	165D	10F-2R	42.51		CH
5245.0	$13500	$1890	$3110	**$4460**	**$6080**	Zetor	3	165D	10F-2R	42.51	6500	No
5245.0 w/Cab	$15400	$2160	$3540	**$5080**	**$6930**	Zetor	3	165D	10F-2R	42.51		CH
6211.0	$13350	$1870	$3070	**$4410**	**$6010**	Zetor	4	211D	10F-2R	53.09	5850	No
6211.0 w/Cab	$15450	$2020	$3310	**$4750**	**$6480**	Zetor	4	211D	10F-2R	53.09		CH
6245.0	$15810	$2210	$3640	**$5220**	**$7120**	Zetor	4	211D	10F-2R	53.09	6950	No
6245.0 w/Cab	$17885	$2310	$3800	**$5450**	**$7430**	Zetor	4	211D	10F-2R	53.09		CH
7711.0	$15730	$2100	$3450	**$4950**	**$6750**	Zetor	4	239D	10F-2R	65.74	6250	No
7711.0 w/Cab	$17745	$2380	$3910	**$5610**	**$7650**	Zetor	4	239D	10F-2R	65.74		CH
7745.0	$19425	$2660	$4370	**$6270**	**$8550**	Zetor	4	239D	10F-2R	65.74	7250	No
7745.0 w/Cab	$21485	$2800	$4600	**$6600**	**$9000**	Zetor	4	239D	10F-2R	65.74		CH
8211.0	$19920	$2520	$4140	**$5940**	**$8100**	Zetor	4	278D	16F-8R	70.8	10200	No
8211.0 w/Cab	$23060	$2940	$4830	**$6930**	**$9450**	Zetor	4	278D	16F-8R	70.8		CH
8245.0	$24675	$3150	$5180	**$7430**	**$10130**	Zetor	4	278D	16F-8R	70.8	11250	No
8245.0 w/Cab	$29600	$3780	$6210	**$8910**	**$12150**	Zetor	4	278D	16F-8R	70.8		CH
10211.0	$23875	$2150	$3440	**$4950**	**$6450**	Zetor	4	278D	16F-8R	87.4	10200	No
10211.0 w/Cab	$27300	$2450	$3920	**$5640**	**$7350**	Zetor	4	278D	16F-8R	87.4		CH
10245.0	$28935	$2590	$4140	**$5960**	**$7770**	Zetor	4	278D	16F-8R	87.4	11250	No
10245.0 w/Cab	$33825	$2850	$4560	**$6560**	**$8550**	Zetor	4	278D	16F-8R	87.4		CH
12211.0	$26125	$2410	$3860	**$5540**	**$7230**	Zetor	6	417D	16F-8R	102.5	11400	No
12211.0 w/Cab	$30135	$2600	$4160	**$5980**	**$7800**	Zetor	6	417D	16F-8R	102.5		CH
12245.0	$31935	$2800	$4480	**$6440**	**$8400**	Zetor	6	417D	16F-8R	102.5	12100	No
12245.0 w/Cab	$36910	$3090	$4940	**$7110**	**$9270**	Zetor	6	417D	16F-8R	102.5		CH
16245 w/Cab	$42630	$3650	$5840	**$8400**	**$10950**	Zetor	6	417D	12F-6R	135.8	13970	CH

	Approx. Retail Price New	Estimated Value Less Repairs Used Trade In Avg.	High	Used Retail Avg.	High	Make	Engine No. Cyls.	Displ. Cu.-In.	No. Speeds	P.T.O. H.P.	Approx. Shipping Wt.-Lbs.	Cab

Zetor (Cont.)

1991

5211.0	$11325	$1470	$2490	**$3620**	**$4980**	Zetor	3	165D	10F-2R	42.51	5550	No
5211.0 w/Cab	$13185	$1710	$2900	**$4220**	**$5800**	Zetor	3	165D	10F-2R	42.51		CH
5245.0	$13500	$1760	$2970	**$4320**	**$5940**	Zetor	3	165D	10F-2R	42.51	6500	No
5245.0 w/Cab	$15400	$2000	$3390	**$4930**	**$6780**	Zetor	3	165D	10F-2R	42.51		CH
6211.0	$13350	$1740	$2940	**$4270**	**$5870**	Zetor	4	211D	10F-2R	53.09	5850	No
6211.0 w/Cab	$15450	$1870	$3170	**$4610**	**$6340**	Zetor	4	211D	10F-2R	53.09		CH
6245.0	$15810	$2060	$3480	**$5060**	**$6960**	Zetor	4	211D	10F-2R	53.09	6950	No
6245.0 w/Cab	$17885	$2150	$3630	**$5280**	**$7260**	Zetor	4	211D	10F-2R	53.09		CH
7711.0	$15730	$1950	$3300	**$4800**	**$6600**	Zetor	4	239D	10F-2R	65.74	6250	No
7711.0 w/Cab	$17745	$2210	$3740	**$5440**	**$7480**	Zetor	4	239D	10F-2R	65.74		CH
7745.0	$19425	$2470	$4180	**$6080**	**$8360**	Zetor	4	239D	10F-2R	65.74	7250	No
7745.0 w/Cab	$21485	$2600	$4400	**$6400**	**$8800**	Zetor	4	239D	10F-2R	65.74		CH
8211.0	$19920	$2340	$3960	**$5760**	**$7920**	Zetor	4	278D	16F-8R	70.8	10200	No
8211.0 w/Cab	$23060	$2730	$4620	**$6720**	**$9240**	Zetor	4	278D	16F-8R	70.8		CH
8245.0	$24675	$2930	$4950	**$7200**	**$9900**	Zetor	4	278D	16F-8R	70.8	11250	No
8245.0 w/Cab	$29600	$3300	$5590	**$8130**	**$11180**	Zetor	4	278D	16F-8R	70.8		CH
10211.0	$23875	$1940	$3230	**$4730**	**$6240**	Zetor	4	278D	16F-8R	87.4	10200	No
10211.0 w/Cab	$27300	$2210	$3680	**$5390**	**$7110**	Zetor	4	278D	16F-8R	87.4		CH
10245.0	$28935	$2330	$3890	**$5700**	**$7510**	Zetor	4	278D	16F-8R	87.4	11250	No
10245.0 w/Cab	$33825	$2570	$4280	**$6270**	**$8270**	Zetor	4	278D	16F-8R	87.4		CH
12211.0	$26125	$2170	$3620	**$5300**	**$6990**	Zetor	6	417D	16F-8R	102.5	11400	No
12211.0 w/Cab	$30135	$2340	$3900	**$5720**	**$7540**	Zetor	6	417D	16F-8R	102.5		CH
12245.0	$31935	$2520	$4200	**$6160**	**$8120**	Zetor	6	417D	16F-8R	102.5	12100	No
12245.0 w/Cab	$36910	$2780	$4640	**$6800**	**$8960**	Zetor	6	417D	16F-8R	102.5		CH
16245 w/Cab	$42630	$3200	$5330	**$7810**	**$10300**	Zetor	6	417D	12F-6R	135.8	13970	CH

1990

5211.0	$10575	$1270	$2220	**$3280**	**$4550**	Zetor	3	165D	10F-2R	42.51	5550	No
5211.0 w/Cab	$12300	$1480	$2580	**$3810**	**$5290**	Zetor	3	165D	10F-2R	42.51		CH
5211.0L Low Profile	$9835	$1180	$2070	**$3050**	**$4230**	Zetor	3	165D	10F-2R	42.51	5100	No
5245.0 4WD	$12595	$1510	$2650	**$3900**	**$5420**	Zetor	3	165D	10F-2R	42.51	6500	No
5245.0 4WD w/Cab	$14320	$1720	$3010	**$4440**	**$6160**	Zetor	3	165D	10F-2R	42.51		CH
6211.0	$12465	$1500	$2620	**$3860**	**$5360**	Zetor	4	211D	10F-2R	53.09	5850	No
6211.0 w/Cab	$14425	$1730	$3030	**$4470**	**$6200**	Zetor	4	211D	10F-2R	53.09		CH
6245.0 4WD	$14765	$1770	$3100	**$4580**	**$6350**	Zetor	4	211D	10F-2R	53.09	6950	No
6245.0 4WD w/Cab	$16725	$2010	$3510	**$5190**	**$7190**	Zetor	4	211D	10F-2R	53.09		CH
7711.0	$14685	$1760	$3080	**$4550**	**$6320**	Zetor	4	239D	10F-2R	65.74	6250	No
7711.0 w/Cab	$16465	$1980	$3460	**$5100**	**$7080**	Zetor	4	239D	10F-2R	65.74		CH
7745.0 4WD	$18135	$2180	$3810	**$5620**	**$7800**	Zetor	4	239D	10F-2R	65.74	7250	No
7745.0 4WD w/Cab	$19915	$2390	$4180	**$6170**	**$8560**	Zetor	4	239D	10F-2R	65.74		CH
8111.0	$15800	$1900	$3320	**$4900**	**$6790**	Zetor	4	278D	16F-8R	70.8	8350	No
8111.0 w/Cab	$19450	$1560	$2720	**$4090**	**$5450**	Zetor	4	278D	16F-8R	70.8		CH
8145 4WD	$19800	$1580	$2770	**$4160**	**$5540**	Zetor	4	278D	16F-8R	70.6	9600	No
8145 4WD w/Cab	$24960	$1780	$3110	**$4660**	**$6220**	Zetor	4	278D	16F-8R	70.6	9600	CH
10111.0	$19120	$1400	$2450	**$3680**	**$4900**	Zetor	4	278D	16F-8R	87.1	8650	No
10111.0 w/Cab	$23150	$1600	$2800	**$4200**	**$5600**	Zetor	4	278D	16F-8R	87.1		CH
10145.0 4WD	$23400	$1710	$3000	**$4490**	**$5990**	Zetor	4	278D	16F-8R	88.	9600	No
10145.0 4WD w/Cab	$28550	$1880	$3290	**$4940**	**$6580**	Zetor	4	278D	16F-8R	88.		CH
12111.0	$21020	$1600	$2800	**$4200**	**$5600**	Zetor	6	417D	16F-8R	101.	9700	No
12111.0 w/Cab	$25430	$1790	$3140	**$4700**	**$6270**	Zetor	6	417D	16F-8R	101.		CH
12145.0 4WD	$25490	$1840	$3220	**$4830**	**$6440**	Zetor	6	417D	16F-8R	102.3	10350	No
12145.0 4WD w/Cab	$31090	$2160	$3780	**$5670**	**$7560**	Zetor	6	417D	16F-8R	102.3		CH
16145.1 w/Cab	$35935	$2400	$4200	**$6300**	**$8400**	Zetor	6	417D	12F-6R	135.9	11300	CH

1989

5211	$9665	$1060	$1930	**$2900**	**$4060**	Zetor	3	165D	10F-2R	42.51	5370	No
5211 w/Cab	$11265	$1240	$2250	**$3380**	**$4730**	Zetor	3	165D	10F-2R	42.51	6030	CH
5245 4WD	$11530	$1270	$2310	**$3460**	**$4840**	Zetor	3	165D	10F-2R	42.51	6175	No
5245 4WD w/Cab	$13130	$1440	$2630	**$3940**	**$5520**	Zetor	3	165D	10F-2R	42.51	6835	CH
6211	$11575	$1270	$2320	**$3470**	**$4860**	Zetor	4	211D	10F-2R	53.09	5810	No
6211 w/Cab	$13375	$1470	$2680	**$4010**	**$5620**	Zetor	4	211D	10F-2R	53.09	6470	CH
6245 4WD	$13700	$1510	$2740	**$4110**	**$5750**	Zetor	4	211D	10F-2R	53.09	6810	No
6245 4WD w/Cab	$15500	$1610	$2920	**$4380**	**$6130**	Zetor	4	211D	10F-2R	53.09	7470	CH
7711	$14050	$1470	$2680	**$4020**	**$5630**	Zetor	4	239D	10F-2R	65.74	6020	No
7711 T w/Cab	$18520	$1790	$3260	**$4890**	**$6850**	Zetor	4T	239D	10F-2R	75.	6700	CH
7711 w/Cab	$15850	$1650	$3000	**$4500**	**$6300**	Zetor	4	239D	10F-2R	65.74	6680	CH
7745 4WD	$17350	$1820	$3300	**$4950**	**$6930**	Zetor	4	239D	10F-2R	65.74	7230	No
7745 4WD w/Cab	$19190	$1980	$3600	**$5400**	**$7560**	Zetor	4	239D	10F-2R	65.74	7890	CH
7745 T w/Cab	$21860	$2150	$3900	**$5850**	**$8190**	Zetor	4T	239D	10F-2R	75.	7910	CH
8111	$15800	$1650	$3000	**$4500**	**$6300**	Zetor	4	278D	16F-8R	70.	8140	No
8111 w/Cab	$17800	$1840	$3340	**$5010**	**$7010**	Zetor	4	278D	16F-8R	70.	8840	CH
8145 4WD	$19800	$1980	$3600	**$5400**	**$7560**	Zetor	4	278D	16F-8R	70.	8910	No
8145 4WD w/Cab	$22800	$2200	$4000	**$6000**	**$8400**	Zetor	4	278D	16F-8R	70.	9610	CH
10111	$19120	$1200	$2220	**$3420**	**$4620**	Zetor	4T	278D	16F-8R	87.	8230	No
10111 w/Cab	$21120	$1400	$2600	**$4000**	**$5400**	Zetor	4T	278D	16F-8R	87.	8930	CH
10145 4WD	$23400	$1500	$2780	**$4280**	**$5780**	Zetor	4T	278D	16F-8R	87.	9400	No
10145 4WD w/Cab	$26400	$1640	$3040	**$4680**	**$6320**	Zetor	4T	278D	16F-8R	87.	9700	CH
12111	$21020	$1370	$2540	**$3900**	**$5270**	Zetor	6	417D	16F-8R	101.	9330	No
12111 w/Cab	$23020	$1480	$2760	**$4240**	**$5720**	Zetor	6	417D	16F-8R	101.	10030	CH
12145 4WD	$25490	$1610	$2990	**$4600**	**$6210**	Zetor	6	417D	16F-8R	101.	10060	No
12145 4WD w/Cab	$28490	$1790	$3320	**$5100**	**$6890**	Zetor	6	417D	16F-8R	101.	10760	CH
16145 4WD w/Cab	$32900	$2020	$3740	**$5760**	**$7780**	Zetor	6T	417D	12F-6R	136.	11310	CH

Zetor (Cont.)

1988

Model	Approx. Retail Price New	Est. Value Less Repairs: Used Trade In Avg.	Used Trade In High	Used Retail Avg.	Used Retail High	Make	Engine No. Cyls.	Engine Displ. Cu.-In.	No. Speeds	P.T.O. H.P.	Approx. Shipping Wt.-Lbs.	Cab
5211	$9495	$1000	$1850	**$2750**	**$3890**	Zetor	3	165D	10F-2R	43.	5550	No
5211 w/Cab	$11265	$1180	$2200	**$3270**	**$4620**	Zetor	3	165D	10F-2R	43.	5550	CH
5245 4WD	$11360	$1190	$2220	**$3290**	**$4660**	Zetor	3	165D	10F-2R	43.	6280	No
5245 4WD w/Cab	$13130	$1380	$2560	**$3810**	**$5380**	Zetor	3	165D	10F-2R	43.	6280	CH
6211	$11295	$1190	$2200	**$3280**	**$4630**	Zetor	4	211D	10F-2R	53.09	5850	No
6211 w/Cab	$13375	$1400	$2610	**$3880**	**$5480**	Zetor	4	211D	10F-2R	53.09	5850	CH
6245 4WD	$13500	$1420	$2630	**$3920**	**$5540**	Zetor	4	211D	10F-2R	53.09	6950	No
6245 4WD w/Cab	$15500	$1630	$3020	**$4500**	**$6360**	Zetor	4	211D	10F-2R	53.09	6950	CH
7211	$13220	$1390	$2580	**$3830**	**$5420**	Zetor	4	220D	10F-2R	58.	6200	No
7211 w/Cab	$14960	$1570	$2920	**$4340**	**$6130**	Zetor	4	220D	10F-2R	58.	6200	CH
7245 4WD	$15620	$1640	$3050	**$4530**	**$6400**	Zetor	4	220D	10F-2R	58.	7250	No
7245 4WD w/Cab	$17890	$1880	$3490	**$5190**	**$7340**	Zetor	4	220D	10F-2R	58.	7250	CH
8111	$15800	$1660	$3080	**$4580**	**$6480**	Zetor	4	278D	16F-8R	72.	8350	No
8111 w/Cab	$17800	$1070	$2140	**$3380**	**$4630**	Zetor	4	278D	16F-8R	72.	8350	CH
8145 4WD	$19800	$1130	$2260	**$3570**	**$4890**	Zetor	4	278D	16F-8R	72.	9600	No
8145 4WD w/Cab	$21800	$1230	$2460	**$3900**	**$5330**	Zetor	4	278D	16F-8R	72.	9600	CH
10111	$19120	$1020	$2040	**$3230**	**$4420**	Zetor	4T	278D	16F-8R	88.	8650	No
10111 w/Cab	$21120	$1140	$2280	**$3610**	**$4940**	Zetor	4T	278D	16F-8R	88.	8650	CH
10145 4WD	$23400	$1280	$2570	**$4070**	**$5560**	Zetor	4T	278D	16F-8R	88.	10400	No
10145 4WD w/Cab	$25900	$1410	$2820	**$4470**	**$6110**	Zetor	4T	278D	16F-8R	88.	10400	CH
12111	$21020	$1180	$2360	**$3740**	**$5120**	Zetor	6	417D	16F-8R	108.	9700	No
12111 w/Cab	$23020	$1260	$2520	**$3990**	**$5460**	Zetor	6	417D	16F-8R	108.	9700	CH
12145 4WD	$25490	$1380	$2760	**$4370**	**$5980**	Zetor	6	417D	16F-8R	108.	10400	No
12145 4WD w/Cab	$27690	$1500	$3000	**$4750**	**$6500**	Zetor	6	417D	16F-8R	108.	10400	CH
16145 4WD w/Cab	$31900	$1680	$3360	**$5320**	**$7280**	Zetor	6T	417D	12F-6R	140.	11300	CH

1987

Model	Approx. Retail Price New	Used Trade In Avg.	Used Trade In High	Used Retail Avg.	Used Retail High	Make	Engine No. Cyls.	Engine Displ. Cu.-In.	No. Speeds	P.T.O. H.P.	Approx. Shipping Wt.-Lbs.	Cab
5211	$9265	$930	$1670	**$2590**	**$3710**	Zetor	3	165D	10F-2R	43.	5550	No
5211 w/Cab	$11265	$1130	$2030	**$3150**	**$4510**	Zetor	3	165D	10F-2R	43.	5550	CH
5245 4WD	$11130	$1110	$2000	**$3120**	**$4450**	Zetor	3	165D	10F-2R	43.	6280	No
5245 4WD w/Cab	$13130	$1310	$2360	**$3680**	**$5250**	Zetor	3	165D	10F-2R	43.	6280	CH
6211	$11175	$1120	$2010	**$3130**	**$4470**	Zetor	4	211D	10F-2R	53.09	5850	No
6211 w/Cab	$13375	$1340	$2410	**$3750**	**$5350**	Zetor	4	211D	10F-2R	53.09	5850	CH
6245 4WD	$13305	$1330	$2400	**$3730**	**$5320**	Zetor	4	211D	10F-2R	53.09	6950	No
6245 4WD w/Cab	$15505	$1550	$2790	**$4340**	**$6200**	Zetor	4	211D	10F-2R	53.09	6950	CH
7211	$12320	$1230	$2220	**$3450**	**$4930**	Zetor	4	220D	10F-2R	58.	6200	No
7211 w/Cab	$14580	$1460	$2620	**$4080**	**$5830**	Zetor	4	220D	10F-2R	58.	6200	CH
7245 4WD	$14720	$1470	$2650	**$4120**	**$5890**	Zetor	4	220D	10F-2R	58.	7250	No
7245 4WD w/Cab	$16990	$1700	$3060	**$4760**	**$6800**	Zetor	4	220D	10F-2R	58.	7250	CH
8111	$15800	$790	$1740	**$2840**	**$3950**	Zetor	4	278D	16F-8R	72.	8350	No
8111 w/Cab	$17800	$890	$1960	**$3200**	**$4450**	Zetor	4	278D	16F-8R	72.	8350	CH
8145 4WD	$19800	$940	$2070	**$3380**	**$4700**	Zetor	4	278D	16F-8R	72.	9600	No
8145 4WD w/Cab	$21800	$1030	$2260	**$3690**	**$5130**	Zetor	4	278D	16F-8R	72.	9600	CH
10111	$19120	$850	$1870	**$3060**	**$4250**	Zetor	4T	278D	16F-8R	88.	8650	No
10111 w/Cab	$21120	$960	$2100	**$3440**	**$4780**	Zetor	4T	278D	16F-8R	88.	8650	CH
10145 4WD	$23400	$1070	$2350	**$3850**	**$5350**	Zetor	4T	278D	16F-8R	88.	10400	No
10145 4WD w/Cab	$25400	$1170	$2570	**$4210**	**$5850**	Zetor	4T	278D	16F-8R	88.	10400	CH
12111	$21020	$950	$2090	**$3420**	**$4750**	Zetor	6	417D	16F-8R	108.	9700	No
12111 w/Cab	$23020	$1060	$2330	**$3820**	**$5300**	Zetor	6	417D	16F-8R	108.	9700	CH
12145 4WD	$25490	$1170	$2570	**$4210**	**$5850**	Zetor	6	417D	16F-8R	108.	10400	No
12145 4WD w/Cab	$27490	$1250	$2750	**$4500**	**$6250**	Zetor	6	417D	16F-8R	108.	10400	CH
16145 4WD w/Cab	$31900	$1400	$3080	**$5040**	**$7000**	Zetor	6T	417D	12F-6R	140.	11300	CH

1986

Model	Approx. Retail Price New	Used Trade In Avg.	Used Trade In High	Used Retail Avg.	Used Retail High	Make	Engine No. Cyls.	Engine Displ. Cu.-In.	No. Speeds	P.T.O. H.P.	Approx. Shipping Wt.-Lbs.	Cab
5211	$9265	$880	$1620	**$2500**	**$3610**	Zetor	3	165D	10F-2R	42.51	6000	No
5211 w/Cab	$11265	$1070	$1970	**$3040**	**$4390**	Zetor	3	165D	10F-2R	42.51	6000	CH
5245	$11130	$1060	$1950	**$3010**	**$4340**	Zetor	3	165D	10F-2R	42.51	6000	No
5245 w/Cab	$13130	$1250	$2300	**$3550**	**$5120**	Zetor	3	165D	10F-2R	42.51	6000	CH
6211	$11175	$1060	$1960	**$3020**	**$4360**	Zetor	4	211D	10F-2R	53.09	6350	No
6211 w/Cab	$13375	$1270	$2340	**$3610**	**$5220**	Zetor	4	211D	10F-2R	53.09	6350	CH
6245 4WD	$13305	$1260	$2330	**$3590**	**$5190**	Zetor	4	211D	10F-2R	53.09	7400	No
6245 4WD w/Cab	$15505	$1470	$2710	**$4190**	**$6050**	Zetor	4	211D	10F-2R	53.09	7400	CH
7211	$12320	$1170	$2160	**$3330**	**$4810**	Zetor	4	220D	10F-2R	58.28	6400	No
7211 w/Cab	$14580	$1330	$2450	**$3780**	**$5460**	Zetor	4	220D	10F-2R	58.28	6400	CH
7245 4WD	$14720	$1400	$2580	**$3970**	**$5740**	Zetor	4	220D	10F-2R	58.28	7400	No
7245 4WD w/Cab	$16990	$1450	$2680	**$4130**	**$5970**	Zetor	4	220D	10F-2R	58.28	7400	CH
8111	$15800	$590	$1330	**$2520**	**$3550**	Zetor	4	278D	16F-8R	70.8	8700	No
8111 w/Cab	$17800	$670	$1510	**$2860**	**$4030**	Zetor	4	278D	16F-8R	70.8	8700	CH
8145 4WD	$19800	$750	$1690	**$3200**	**$4510**	Zetor	4	278D	16F-8R	70.8	9400	No
8145 4WD w/Cab	$21800	$800	$1800	**$3400**	**$4800**	Zetor	4	278D	16F-8R	70.8	9400	CH
10111	$19120	$720	$1630	**$3080**	**$4340**	Zetor	4	278D	16F-8R	100.	8770	No
10111 w/Cab	$21120	$760	$1720	**$3250**	**$4580**	Zetor	4	278D	16F-8R	100.	8770	CH
10145 4WD	$23400	$820	$1840	**$3470**	**$4900**	Zetor	4	278D	16F-8R	100.	9500	No
10145 4WD w/Cab	$25400	$920	$2070	**$3910**	**$5520**	Zetor	4	278D	16F-8R	100.	9500	CH
12111	$21020	$770	$1730	**$3260**	**$4610**	Zetor	6	417D	16F-8R	108.	9900	No
12111 w/Cab	$23020	$850	$1910	**$3600**	**$5090**	Zetor	6	417D	16F-8R	108.	9900	CH
12145 4WD	$25490	$940	$2110	**$3980**	**$5620**	Zetor	6	417D	16F-8R	108.	9900	No
12145 4WD w/Cab	$27490	$1000	$2250	**$4250**	**$6000**	Zetor	6	417D	16F-8R	108.	9900	CH
16145 4WD	$29900	$1090	$2460	**$4640**	**$6550**	Zetor	6	417D	12F-6R	140.	11200	No
16145 4WD w/Cab	$31900	$1170	$2640	**$4980**	**$7030**	Zetor	6	417D	12F-6R	140.	11200	CH

ADVANCE-RUMELY OIL PULL

Model B (25-45)
1910 . . . 1
1911 . . . 2101
1912 . . . 2270

Model E (30-60)
1910 . . . 101
1911 . . . 237
1912 . . . 747
1913 . . . 1679
1915 . . . 1819
1916 . . . 2019
1917 . . . 2997
1918 . . . 8725
1919 . . . 11500
1920 . . . 12252
1921 . . . 12352
1922 . . . 12404
1923 . . . 12454

Model F (18-35)
1911 . . . 5001
1912 . . . 5681
1913 . . . 6739
1914 . . . 7500
1916 . . . 7857
1917 . . . 8085
1918 . . . 8903

Model G (20-40)
1918 . . . 10425
1919 . . . 10751
1919 . . . G741
1920 . . . G949
1921 . . . G1728
1922 . . . G2242
1923 . . . G2690
1924 . . . G3559

Model H (16-30)
1917 . . . 8627
1918 . . . 9178
1919 . . . 10711
1919 . . . H3751
1920 . . . H4393
1921 . . . H7240
1922 . . . H7396
1923 . . . H8646
1924 . . . H9046

Model K (12-20)
1918 . . . 12000
1919 . . . 12101
1920 . . . 13657
1921 . . . 17640
1922 . . . 18649
1923 . . . 19269
1924 . . . 20511

Model L (15-25)
1924 . . . 1
1925 . . . 11
1926 . . . 1607
1927 . . . 4214

Model M (20-35)
1924 . . . 1
1925 . . . 2
1926 . . . 1014
1927 . . . 3085

Model R (25-45)
1924 . . . 1
1925 . . . 2
1926 . . . 139
1927 . . . 648

Model S (30-60)
1924 . . . 1
1925 . . . 5
1926 . . . 35
1927 . . . 235
1928 . . . 435

Model W (20-30)
1928 . . . 1
1929 . . . 2129
1930 . . . 3734

Model X (25-40)
1928 . . . 1
1929 . . . 1546
1930 . . . 2260

Model Y (30-50)
1929 . . . 1

Model Z (40-60)
1929 . . . 1

AGCO

Model DT160, DT180
2002 . . . L01001
2003 . . . M01001

Model DT200, DT225
2002 . . . L01001
2003 . . . M01001

Model LT70, LT85
2002 . . . L01001
2003 . . . M01001

Model RT130, RT145
2002 . . . L01001
2003 . . . M01001

Model RT95, RT115
2002 . . . L01001
2003 . . . M01001

Model ST25
2001 . . . JK01001
2002 . . . JL01001
2003 . . . JM01001

Model ST30
2001 . . . JK01001
2002 . . . JL01001
2003 . . . JM01001

Model ST35
2001 . . . JK01001
2002 . . . JL01001
2003 . . . JM01001

Model ST40
2001 . . . JK01001
2002 . . . JL01001
2003 . . . JM01001

Model ST45
2001 . . . JK01001
2002 . . . JL01001
2003 . . . JM01001

Model ST55
2003 . . . JM01001

ALLIS-CHALMERS

Model 15-25
1921 . . . 20001
1922 . . . 20335
1923 . . . 20498
1924 . . . 20906
1925 . . . 20996
1926 . . . 21371
1927 . . . 21682

Model 170
Front of torque housing on left side.
1968 . . . 2721
1969 . . . 5374
1970 . . . 6369
1971 . . . 6988
1972 . . . 7797
1973 . . . 8821

Model 175
Front of torque housing on left side.
1970 . . . 1001
1971 . . . 1477
1972 . . . 1624
1973 . . . 1740
1974 . . . 2153
1975 . . . 3255
1976 . . . 3754
1977 . . . 4809
1978 . . . 5670
1979 . . . 6321
1980 . . . 6999

Model 18-30 & 20-35
1919 . . . 5006
1920 . . . 5161
1921 . . . 6015
1923 . . . 6161
1924 . . . 6397
1925 . . . 6755
1926 . . . 7369
1927 . . . 8070
1928 . . . 9870
1929 . . . 16762

Model 180
Front of torque housing on left side.
1968 . . . 2682
1969 . . . 6094
1970 . . . 9235
1971 . . . 10561
1972 . . . 11729
1973 . . . 12447

Model 185
Front of torque housing on left side.
1970 . . . 1001
1971 . . . 1952
1972 . . . 2935
1973 . . . 3763
1974 . . . 4961
1975 . . . 6542
1976 . . . 8292
1977 . . . 10003
1978 . . . 11631
1979 . . . 13160
1980 . . . 14672
1981 . . . 15648

Model 190 & 190XT
Front of torque housing on left side.
1964 . . . 1001
1965 . . . 2485
1966 . . . 8219
1967 . . . 13273
1968 . . . 19262
1969 . . . 23234
1970 . . . 25901
1971 . . . 29136
1972 . . . 31118
1973 . . . 33101

Model 200
Front of torque housing on left side.
1972 . . . 1001
1973 . . . 3344
1974 . . . 6294
1975 . . . 9250

Model 210
Front of torque housing on left side.
1970 . . . 1001
1971 . . . 1107
1972 . . . 2082
1973 . . . 2469

Model 220
Front of torque housing on left side.
1970 . . . 1938
1971 . . . 2451
1972 . . . 2626
1973 . . . 2860

Model 4W220
Top surface of left side frame.
1982 . . . 1001
1983 . . . 1081
1984 . . . 1145

Model 4W305
Top surface of left side frame.
1982 . . . 1001
1983 . . . 1112
1984 . . . 1176
1985 . . . 1338

Model 5015
Plate above gearshift lever.
1982 . . . 1001
1983 . . . 1727
1984 . . . 3277
1985 . . . 4236

Model 5020
Plate on console under steering wheel.
1978 . . . 2220
1979 . . . 3091
1980 . . . 4115
1981 . . . 5790
1982 . . . 7034
1983 . . . 8388
1984 . . . 8734
1985 . . . 9217

Model 5030
Plate on console under steering wheel.
1979 . . . 2005
1980 . . . 2255
1981 . . . 2976
1982 . . . 3520
1983 . . . 4066
1984 . . . 4214
1985 . . . 4359

Model 5040
Plate on console under steering wheel.
1976 . . . 408455
1977 . . . 410364
1978 . . . 462148
1979 . . . 473000
1980 . . . 474000

Model 5045
Plate on console under steering wheel.
1981 . . . 988500

Model 5050
Plate on console under steering wheel.
1977 . . . 573461
1978 . . . 579632
1979 . . . 584000
1980 . . . 591000
1981 . . . 596014
1982 . . . 597730
1983 . . . 599191

Model 6060
Right side of engine adapter housing.
1980 . . . 1001
1981 . . . 1297
1982 . . . 2463
1983 . . . 3894
1984 . . . 4572

Model 6070
Right side of engine adapter housing.
1985 . . . 1609

Model 6080
Right side of engine adapter housing.
1980 . . . 1001
1981 . . . 1152
1982 . . . 3002
1983 . . . 4567
1984 . . . 5780
1985 . . . 6853

Model 6140
Plate on left side of clutch housing.
1982 . . . 1001
1983 . . . 1726
1984 . . . 1851
1985 . . . 2711

Model 7000
Right side of differential housing.
1975 . . . 1001
1976 . . . 1641
1977 . . . 5037
1978 . . . 6373
1979 . . . 8963

Model 7010
Above PTO guard.
1980 . . . 1925
1981 . . . 2806

Model 7020
Above PTO guard.
1978 . . . 1317
1979 . . . 2732
1980 . . . 3842
1981 . . . 4710

Model 7030
Above PTO guard.
1973 . . . 1001
1974 . . . 2596

Model 7040
Above PTO guard.
1975 . . . 1303
1976 . . . 4089
1977 . . . 6839

Model 7045
Above PTO guard.
1978 . . . 1234
1979 . . . 2152
1980 . . . 3399
1981 . . . 4225

Model 7050
Above PTO guard.
1973 . . . 1001
1974 . . . 1688

Model 7060
Above PTO guard.
1974 . . . 1001
1975 . . . 1299
1976 . . . 2741
1977 . . . 4580
1978 . . . 6001
1979 . . . 6789
1980 . . . 7693
1981 . . . 8442

Model 7080
Above PTO guard.
1975 . . . 1007
1976 . . . 1572
1977 . . . 2051
1978 . . . 3001
1979 . . . 3268
1980 . . . 3648
1981 . . . 3954

Model 7580
Left rear side of front frame.
1976 . . . 1001
1977 . . . 1287
1978 . . . 1605
1979 . . . 2218
1980 . . . 2486
1981 . . . 2717

Model 8010
Above PTO guard.
1982 . . . 1020
1983 . . . 1712
1984 . . . 2266
1985 . . . 2609

Model 8030

ALLIS-CHALMERS (Cont.)

Above PTO guard.
1982 . . . 1001
1983 . . . 2093
1984 . . . 2701
1985 . . . 3146

Model 8050
Above PTO guard.
1982 . . . 1016
1983 . . . 1924
1984 . . . 2596
1985 . . . 3187

Model 8070
Above PTO guard.
1982 . . . 1001
1983 . . . 1430
1984 . . . 2090
1985 . . . 2903

Model 8550
Left side of front frame.
1978 . . . 1083
1979 . . . 1342
1980 . . . 1553
1981 . . . 1723

Model A
Top of transmission case.
1936 . . . 25701
1937 . . . 25726
1938 . . . 26305
1939 . . . 26614
1940 . . . 26782
1941 . . . 26896
1942 . . . 26915

Model B
Top of transmission rear of shift lever.
1938 . . . 101
1939 . . . 11800
1940 . . . 33394
1941 . . . 49721
1942 . . . 56782
1943 . . . 64501
1944 . . . 65502
1945 . . . 70210
1946 . . . 72301
1947 . . . 73370
1948 . . . 80056
1949 . . . 92295
1950 . . . 102393
1951 . . . 114258
1952 . . . 118674
1953 . . . 122310
1954 . . . 124202
1955 . . . 124711
1956 . . . 126497
1957 . . . 127186

Model C
Top of transmission rear of shift lever.
1940 . . . 1
1941 . . . 112
1942 . . . 12389
1943 . . . 18782
1944 . . . 23908
1945 . . . 30695
1946 . . . 36378
1947 . . . 39168
1948 . . . 51515
1949 . . . 68281

Model CA
Top of transmission rear of shift lever.
1950 . . . 14
1951 . . . 305
1952 . . . 10395
1953 . . . 22181
1954 . . . 31424
1955 . . . 32907
1956 . . . 37203
1957 . . . 38618

Model D-10
Front of torque housing on left side.
1959 . . . 1001
1960 . . . 1950
1961 . . . 2801
1962 . . . 4511
1963 . . . 6801
1964 . . . 7675
1965 . . . 8204
1966 . . . 9486
1967 . . . 9795

Model D-12
Front of torque housing on left side.
1959 . . . 1001
1960 . . . 1950
1961 . . . 2801
1962 . . . 3638
1963 . . . 5501
1964 . . . 6012
1965 . . . 9192
1966 . . . 9508
1967 . . . 9830

Model D-14
Front of torque housing on left side.
1957 . . . 1001
1958 . . . 9400
1959 . . . 14900
1960 . . . 21800

Model D-15
Front of torque housing on left side.
1960 . . . 1001
1961 . . . 1900
1962 . . . 6470
1963 . . . 13001
1964 . . . 16928
1965 . . . 19681
1966 . . . 21375
1967 . . . 23734

Model D-17
Front of torque housing on left side.
1957 . . . 1001
1958 . . . 4300
1959 . . . 16500
1960 . . . 28200
1961 . . . 33100
1962 . . . 38070
1963 . . . 65001
1964 . . . 70611
1965 . . . 77090
1966 . . . 80533
1967 . . . 86061

Model D-19
Front of torque housing on left side.
1961 . . . 1001
1962 . . . 1250
1963 . . . 12001

Model D-21
Front of torque housing on left side.
1963 . . . 1001
1964 . . . 1417
1965 . . . 2079
1966 . . . 2408
1967 . . . 2863
1968 . . . 3777
1969 . . . 4498

Model G
Top of transmission rear of shift lever.
1948 . . . 6
1949 . . . 10961
1950 . . . 23180
1951 . . . 24006
1952 . . . 25269
1953 . . . 26497
1954 . . . 28036
1955 . . . 29036

Model RC
Top of transmission case.
1939 . . . 4
1940 . . . 4392
1941 . . . 5417

Model U
Rear of differential housing.
1929 . . . 1
1930 . . . 1751
1931 . . . 3676
1932 . . . 5525
1933 . . . 7405
1934 . . . 8896
1935 . . . 10596
1936 . . . 12086
1937 . . . 13576
1938 . . . 14855
1939 . . . 15587
1940 . . . 16078
1941 . . . 16722
1942 . . . 17137
1943 . . . 17470
1944 . . . 17801
1945 . . . 18022
1946 . . . 18325
1947 . . . 20774
1948 . . . 21022
1949 . . . 22128
1950 . . . 23029
1951 . . . 22548

Model UC
Rear of differential housing.
1930 . . . 1
1931 . . . 336
1932 . . . 826
1933 . . . 1268
1934 . . . 1750
1935 . . . 2230
1936 . . . 2712
1937 . . . 3194
1938 . . . 3757
1939 . . . 4547
1940 . . . 4770
1941 . . . 4972

Model WC
Rear differential housing, just above operator platform.
1934 . . . 10158
1935 . . . 22815
1936 . . . 35475
1937 . . . 48133
1938 . . . 60790
1939 . . . 75216
1940 . . . 91534
1941 . . . 103517
1942 . . . 114534
1943 . . . 123171
1944 . . . 127642
1945 . . . 134624
1946 . . . 148091
1947 . . . 152845
1948 . . . 170174

Model WD
Top of left differential brake housing.
1948 . . . 7
1949 . . . 9280
1950 . . . 35471
1951 . . . 72356
1952 . . . 105216
1953 . . . 131273

Model WD-45
Top of left differential brake housing.
1953 . . . 146607
1954 . . . 160386
1955 . . . 190933
1956 . . . 217992
1957 . . . 230295

Model WF
Rear differential housing, just above operator platform.
1938 . . . 389
1939 . . . 1336
1940 . . . 1892
1941 . . . 2300
1942 . . . 2704
1943 . . . None
1944 . . . 3004
1945 . . . 3195
1946 . . . 3510
1947 . . . 3748
1948 . . . 4111
1949 . . . 5500
1950 . . . 7318
1951 . . . 8316

B.F. AVERY

A
Right side of gear case.
1945 . . . 4A786
1946 . . . 7A305
1947 . . . 9A867
1948 . . . 13A247
1949 . . . 17A456
1950 . . . 19A366

BF
Right side of gear case.
1950 . . . R500
1951 . . . R1839
1952 . . . R4460

BFH
Right side of gear case.
1953 . . . 58000001

BFS
Right side of gear case.
1953 . . . 57600001

BFW
Right side of gear case.
1953 . . . R6538

BG
Right side of gear case.
1953 . . . 57900001
1954 . . . 57900601
1955 . . . 57900769
1956 . . . 57900938

V
Right side of gear case.
1946 . . . 1V5
1947 . . . 1V144
1948 . . . 2V577
1949 . . . 4V490
1950 . . . 5V501
1951 . . . 6V207
1952 . . . 6V422

BIG BUD

All Models
1987 . . . 87000
1988 . . . 88000
1989 . . . 89000
1990 . . . 90000

Model 450
1991 . . . 91501

Model 500
1991 . . . 91601

Model 700
1991 . . . 91701

CASE

Model 10-18
1918 . . . 13285
1919 . . . 22223
1920 . . . 32841
1921 . . . 42256
1922 . . . 43943

Model 10-20
1915 . . . 2842
1916 . . . 3691
1917 . . . 7492
1918 . . . 13285

Model 1030
Plate fastened to instrument panel.
1966 . . . 8279001
1967 . . . 8306501
1968 . . . 8332101
1969 . . . 8356251

Model 1031 & 1032
Plate fastened to instrument panel.
1966 . . . 8279001
1967 . . . 8306501
1968 . . . 8322101
1969 . . . 8356251

Model 1090 & 1170
Plate fastened to instrument panel.
1970 . . . 8650001
1971 . . . 8674001

Model 1175
Left side of instrument panel.
1971 . . . 8674001
1972 . . . 8693001
1973 . . . 8712001
1974 . . . 8736601
1975 . . . 8776601
1976 . . . 8797501
1977 . . . 8809950
1978 . . . 8830001

Model 1190
Plate fastened to clutch housing.
1980 . . . 11030101
1981 . . . 11031792
1982 . . . 11033166
1983 . . . 11035592

Model 1194
Plate fastened to clutch housing.
1983 . . . 11038050

Model 12-20
1921 . . . 42256
1922 . . . 43943
1923 . . . 45281
1924 . . . 48227
1925 . . . 48402
1926 . . . 55919
1927 . . . 62409

Model 12-25
1914 . . . 2496
1915 . . . 2842
1916 . . . 3691
1917 . . . 7492
1918 . . . 13285

Model 1200TK
Plate fastened to clutch housing.
1966 . . . 9802101
1967 . . . 9806101
1968 . . . 9808000
1969 . . . 9808276

Model 1270 & 1370

CASE (Cont.)

Plate fastened to instrument panel.
1972 8693001
1973 8712001
1974 8736601
1975 8770001
1976 8797501
1977 8809950
1978 8830001

Model 1290
Plate fastened to clutch housing.
1980 11050101
1981 11050444
1982 11053999
1983 11055483

Model 1294
Plate fastened to clutch housing.
1983 11058050

Model 1390
Plate fastened to clutch housing.
1980 11120101
1981 11122928
1982 11126132
1983 11130040

Model 1394
Plate fastened to clutch housing.
1983 11131000

Model 1470TK
Plate fastened to instrument panel.
1969 9810000
1970 9811301
1971 8674001
1972 8691801

Model 1490
Plate fastened to clutch housing.
1980 11180101
1981 11182782
1982 11185693
1983 11188540

Model 1494
Plate fastened to clutch housing.
1983 11192050

Model 15-27
1919 22223
1920 42435
1921 42835
1922 42852
1923 43435
1924 48413

Model 1570
Plate fastened to instrument panel.
1976 8797501
1977 8809950
1978 8830001

Model 1594
Plate fastened to clutch housing.
1983 11219050

Model 1690
Plate fastened to clutch housing.
1980 11120101
1981 11121841
1982 11213684
1983 11214373

Model 18-32
1925 51678
1926 55919
1927 62409

Model 1896
1984 9931800

Model 20-40
1912 100
1913 691
1914 2496
1915 2842
1916 3691
1917 7492
1918 13285
1919 22223

Model 200B & 210B
Plate fastened to instrument panel.
1958 6095001
1959 6120001

Model 2090, 2290, 2390 & 2590
Plate fastened to instrument panel.
1978 8835443
1979 8840001
1980 9901001
1981 9910025
1982 9918830
1983 9924700

Model 22-40
1919 22223
1920 32841
1921 42256
1922 43943
1923 45281
1924 48413
1925 51678

Model 2470
Left side of instrument panel.
1971 8674001
1972 8693001
1973 8712001
1974 8762001
1975 8767001
1976 8792901
1977 8825069
1978 8827601

Model 2670 & 2870
Left side of instrument panel.
1974 8762001
1975 8767001
1976 8792901
1977 8825069
1978 8827601

Model 30-60
1912 100
1913 691
1914 2496
1915 2842
1916 3691

Model 300 & 320
Plate fastened to instrument panel.
1956 6050301
1957 6075001

Model 300B, 310B & 320B
Plate fastened to instrument panel.
1958 6095001
1959 6120001

Model 40-72
1921 42256
1922 43943
1923 45281

Model 40-80
1915 2842

Model 400
Plate fastened to instrument panel.
1955 8060001
1956 8080001
1957 8100001

Model 400B, 500B & 600B
Plate fastened to instrument panel.
1958 6095001
1959 6120001

Model 420B
Plate fastened to instrument panel.
1958 6095001
1959 6120001
1960 3012275

Model 430 & 530
Plate fastened to instrument panel.
1960 6144001
1961 6162601
1962 8190001
1963 8208001
1964 8229001
1965 8253501
1966 8279001
1967 8306501
1968 8332101
1969 8356251

Model 440, 540, 740, 840 & 940
Plate fastened to instrument panel.
1960 8160001
1961 8168801
1962 8190001
1963 8208001
1964 8229001
1965 8253501
1966 8279001
1967 8306501
1968 8332101
1969 8356251

Model 4490, 4690, 4890
Plate fastened to instrument panel.
1979 8854307
1980 8855925
1981 8859025
1982 8861530
1983 8863700

Model 470, 570 & 770
Plate fastened to instrument panel.
1970 8650001
1971 8674001
1972 8693001
1973 8712001

Model 500
Plate fastened to instrument panel.
1953 5622406
1954 8035001
1955 8060001
1956 8080001
1957 8100001

Model 600
Plate fastened to instrument panel.
1957 8100001

Model 630
Plate fastened to instrument panel.
1960 6144001
1961 6162601
1962 8190001
1963 8208001

Model 700, 800 & 900
Plate fastened to instrument panel.
1957 8100001
1958 8120001
1959 8140001

Model 730, 830 & 930
Plate fastened to instrument panel.
1960 8160001
1961 8168801
1962 8190001
1963 8208001
1964 8229001
1965 8253501
1966 8279001
1967 8306501
1968 8332101
1969 8356251

Model 870
Plate fastened to instrument panel.
1970 8650001
1971 8670001
1972 8693001
1973 8712001
1974 8736601
1975 8770001

Model 9-18
1912 100
1913 891
1914 2496
1915 2842
1916 3691
1917 7492
1918 13285

Model 970 & 1070
Plate fastened to instrument panel.
1970 8650001
1971 8674001
1972 8693001
1973 8712001
1974 8736601
1975 8770001
1976 8797501
1977 8809950
1978 8830001

Model A, AE, AI
1928 69004
1929 69803

Model C, D, LA, R, S, V
Tractor serial number located on instrument panel name plate.
1929 300201
1930 300301
1931 300401
1932 300501
1933 300601
1934 300701
1935 300801
1936 300901
1937 301001
1938 4200001
1939 4300001
1940 4400001
1941 4500001
1942 4600001
1943 4700001
1944 4800001
1945 4900001
1946 5000001
1947 5100001
1948 5200001
1949 5300001
1950 5400001
1951 5500001
1952 5600001
1953 5700001
1954 5800001
1955 5900001
1956 6000001

Model C50, C60, C70
Right side of steering column.
1998 .... JJE1000056
1999 .... JJE1008492
2000 .... JJE1013490
2001 .... JJE1017672
2002 .... JJE1019985

Model K
Plate fastened to instrument panel.
1928 69004
1929 69803

Model L & LI
Plate fastened to instrument panel.
1929 303201
1930 303301
1931 303401
1932 303501
1933 303601
1934 303701
1935 303801
1936 303901
1937 304001
1938 4200001
1939 4300001
1940 4400001

Model S
Plate fastened to instrument panel.
1953 5700001
1954 8035001

Model T & TE
1928 69004
1929 69803

Model VA
Plate fastened to instrument panel.
1953 5750001
1954 6011001
1955 6038001

CASE-INTERNATIONAL

Model 1194
Plate fastened to clutch housing.
1984 11038494
1985 11480001

Model 1294
Plate fastened to clutch housing.
1984 11058714
1985 11490001

Model 1394
Plate fastened to clutch housing.
1984 11136920
1985 11500001
1986 11504636
1987 11506453
1988 11508682
1989 11510950
1990 11513200

Model 1494
Plate fastened to clutch housing.
1984 11192813
1985 11515001
1986 11519378
1987 11520410
1988 11521062
1989 11521443
1990 11521823

Model 1594
Plate fastened to clutch housing.
1984 11219214
1985 11525120
1986 11526518
1987 11527297
1988 11528442
1989 11529076
1990 11529706

Model 1896
Inside cab, above rear window.
1985 9938112
1986 9941619
1987 9946868
1988 9948517
1989 17895512
1990 17896472

Model 2094

Inside cab, above rear window.
1984 9931800

Model 2096
Inside cab, above door.
1985 9938100
1986 9941586
1987 9945448
1988 9948517
1990 17898686

Model 2294
Plate inside cab or on right side of front frame.
1984 9931808
1985 9938113
1986 9941577
1987 9945448
1988 9949350

Model 234
Right front frame.
1985 09405
1986 10454

Model 235
Right front frame.
1986 17626500
1987 17627429
1988. . . . . CCJ0001501
1989. . . . . CCJ0002370
1990. . . . . CCJ0031120
1991. . . . . CCJ0059570
1992. . . . . CCJ0087720

Model 2394
Plate inside cab or on right side of front frame.
1984 9931802
1985 9939020
1986 9941573
1987 9945454
1988 9948517

Model 244
Right front frame.
1985 09805
1986 11180

Model 245
Right front frame.
1986 17636500
1987 17637275
1988. . . . . CCJ0009001
1989. . . . . CCJ0009993
1990. . . . . CCJ0010844
1991. . . . . CCJ0011694
1992. . . . . CCJ0012495

Model 254
Right front frame.
1985 09450
1986 11465

Model 255
Right front frame.
1986 17646500
1987 17647065
1988. . . . . CCJ0018001
1989. . . . . CCJ0018787
1990. . . . . CCJ0019378
1991. . . . . CCJ0019968
1992. . . . . CCJ0020558

Model 2594
Plate inside cab or on right side of front frame.
1984 9931803
1985 9938951
1986 9941789
1987 9945455
1988 9948517

Model 265
Right front frame.
1987 17666500
1988. . . . . CCJ0025001
1989. . . . . CCJ0025194
1990. . . . . CCJ0059281
1991. . . . . CCJ0089368
1992. . . . . CCJ0119455

Model 275
Right front frame.
1986 17656500
1987 17656510
1988. . . . . CCJ0028001
1989. . . . . CCJ0028615
1990. . . . . CCJ0029301
1991. . . . . CCJ0029992
1992. . . . . CCJ0030672

Model 284
Right front frame.
1985 4031
1986 4371
1987 4716

Model 3220, 3230
1994 0900062
1995 0904337
1996 0915556
1997 0923921

Model 3294
Plate inside cab or on right side of front frame.
1984 9932190
1985 9938125

Model 3394
Plate inside cab or on right side of front frame.
1985 9938100
1986 9941574
1987 9945459
1988 9948518

Model 3594
Plate inside cab or on right side of front frame.
1985 9938100
1986 9941578
1987 9945452
1988 9948518

Model 385
Right front bolster.
1985 15000
1986 18000
1987 . . . . E0018806
1988 . . . . E0019454
1989 . . . . E0020881
1990 . . . . E0022231
1991 . . . . E0023570

Model 395
Right front bolster
1991 . . . . JJE0001500
1992 . . . . JJE0018291
1993 . . . . JJE0025736

Model 421, 4230, 4240
1994 0900062
1995 0904337
1996 0915558
1997 0923921

Model 4494
Plate inside cab.
1984 8865000
1985 8866200
1986 8866971
1987 8867559
1987 8867560
1988 8868521

Model 4694
Plate inside cab.
1984 8865001
1985 8866204
1985 8866200
1986 8866973
1986 8866971
1987 8867559
1988 8868521

Model 485
Right front bolster.
1985 15000
1986 18000
1987 . . . . E0019057
1988 . . . . E0021250
1989 . . . . E0023490
1990 . . . . E0024938
1991 . . . . E0026386

Model 4894
Plate inside cab.
1984 8865013
1985 8866200
1985 8866205
1986 8866972
1986 8866971
1987 8867559
1988 8868521

Model 495
Right front bolster
1991 . . . . JJE0001500
1992 . . . . JJE0018291
1993 . . . . JJE0025736
1994 . . . . JJE0033230

Model 4994
Plate inside cab.
1984 8865008
1985 8866200
1986 8866971
1987 8867745
1987 8867559
1988 8868521

Model 5120, 5130 & 5140
Plate inside cab.
1989 . . . . JJF1000001
1990 . . . . JJF1000650
1991 . . . . JJF1006114
1992 . . . . JJF1015072

Model 5220, 5230, 5240 & 5250
1992 . . . . JJF1015072
1993 . . . . JJF1023187
1994 . . . . JJF1029431
1995 . . . . JJF1036193
1996 . . . . JJF1047028
1997 . . . . JJF1059169

Model 585
Right front bolster.
1985 15000
1986 18000
1987 . . . . E0019201
1988 . . . . E0022268
1989 . . . . E0024954
1990 . . . . E0027087

Model 685
Right front bolster.
19856 15000
1986 18000
1987 . . . . E0019558
1988 . . . . E0023107
1989 . . . . E0026391
1990 . . . . E0029371

Model 695
Right front bolster
1991 . . . . JJE0001500
1992 . . . . JJE0018291
1993 . . . . JJE0025736
1994 . . . . JJE0033230

Model 7110, 7120, 7130, 7140 & 7150
Plate inside cab.
1988 . . . . JJA0001501
1989 . . . . JJA0009957
1990 . . . . JJA0020439
1991 . . . . JJA0030160
1992 . . . . JJA0039300
1993 . . . . JJA0046350

Model 7210, 7220, 7230,7240 & 7250
1994 . . . . JJA0050001
1995 . . . . JJA0056459
1996 . . . . JJA0064978

Model 885
Right front bolster.
1985 15000
1986 18000
1987 . . . . E0019138
1988 . . . . E0022668
1989 . . . . E0027254
1990 . . . . E0030427

Model 8910, 8920, 8930, 8940 & 8950
1997 . . . . JJA0072001
1998 . . . . JJA0083000

Model 895
Right front bolster
1991 . . . . JJE0001500
1992 . . . . JJE0018291
1993 . . . . JJE0025736
1994 . . . . JJE0033230

Model 9110, 9130, 9150, 9170, 9180 & 9190
1986 17900150
1987 17900550
1988. . . . . JCB0001501
1989. . . . . JCB0002500
1990. . . . . JCB0004600

Model 9210, 9230, 9240, 9250, 9260 & 9270
1990. . . . . JCB0004600
1991. . . . . JCB0026501
1992. . . . . JCB0028400
1993. . . . . JCB0030500
1994. . . . . JEE0031773
1995. . . . . JEE0032808

Model 995
Right front bolster
1991 . . . . JJE0001500
1992 . . . . JJE0018291
1993 . . . . JJE0025736
1994 . . . . JJE0033230

Model C50, C60, C70
Right side of steering columun.
1998 . . . . JJE1000056
1999 . . . . JJE1008492
2000 . . . . JJE1013490
2001 . . . . JJE1017672
2002 . . . . JJE1019985

Model C80, C90, C100
Right side of steering columun.
1998 . . . . JJE1000056
1999 . . . . JJE1008492
2000 . . . . JJE1013490
2001 . . . . JJE1017672
2002 . . . . JJE10199985

Model D25
2003. . . . . HBA000172

Model D29
2003. . . . . HBA000172

Model D33
2003. . . . . HBA000172

Model D35
2003. . . . . HBA000632

Model D40
2003. . . . . HBA000632

Model D45
2003. . . . . HBA000632

Model JX100U
2003 1261403

Model JX55
2003 . . . . HFJ000001

Model JX65
2003 . . . . HFJ000001

Model JX75
2003 . . . . HFJ000001

Model JX80U
2003 1261403

Model JX85
2003 . . . . HFJ000001

Model JX90U
2003 1261403

Model JX95
2003 . . . . HFJ000001

Model MX100
1998 . . . . JJA0083000
1999 . . . . JJA0097438
2000 . . . . JJA0103445

Model MX100C
Left side cab corner post.
1998 . . . . JJE1050021
1999 . . . . JJE1052034
2000 . . . . JJE1053772
2001 . . . . JJE1055506
2002 . . . . JJE1056230

Model MX110
1998 . . . . JJA0083000
1999 . . . . JJA0097438
2000 . . . . JJA0103445

Model MX120
Left side cab corner post.
1998 . . . . JJA0083000
1999 . . . . JJA0097438
2000 . . . . JJA0103445

Model MX135
Left side cab corner post.
1998 . . . . JJA0083000
1999 . . . . JJA0097438
2000 . . . . JJA0103445

Model MX150
Left side cab corner post.
1998 . . . . JJA0083000
1999 . . . . JJA0097438
2000 . . . . JJA0103445

Model MX170
1998 . . . . JJA0083000
1999 . . . . JJA0097438
2000 . . . . JJA0103445

Model MX180
1999 . . . . JJA0097438
2000 . . . . JJA0105000
2001 . . . . JJA0108800
2002 . . . . JJA0115300

Model MX200
1999 . . . . JJA0097438
2000 . . . . JJA0105000
2001 . . . . JJA0108800
2002 . . . . JJA0115300

Model MX210
2003 . . . . JAZ0125000

Model MX220
1999 . . . . JJA0097438
2000 . . . . JJA0105000
2001 . . . . JJA0108800
2002 . . . . JJA0115300

Model MX230
2003 . . . . JAZ0125000

Model MX240
1999 . . . . JJA0097438
2000 . . . . JJA0105000
2001 . . . . JJA0108800
2002 . . . . JJA0115300

Model MX255
2003 . . . . JAZ0125000

Model MX270
1999 . . . . JJA0097438
2000 . . . . JJA0105000
2001 . . . . JJA0108800
2002 . . . . JJA0115300

Model MX285
2003 . . . . JAZ0125000

Model MX80C
Left side of cab corner post.
1998 . . . . JJE1050021
1999 . . . . JJE1052034
2000 . . . . JJE1053772
2001 . . . . JJE1055506
2002 . . . . JJE1056230

Model MX90C
Left side cab corner post.
1998 . . . . JJE1050021
1999 . . . . JJE1052034
2000 . . . . JJE1053772
2001 . . . . JJE1055506
2002 . . . . JJE1056230

Model MXM120
2003 . . . . ACM191688

Model MXM130
2003 . . . . ACM191688

Model MXM140
2003 . . . . ACM191688

Model MXM155
2003 . . . . ACM191688

CASE-INTERNATIONAL (Cont.)

Model MXM175
2003 .... ACM191688

Model MXM190
2003 .... ACM191688

Model STX275
2001 .... JEE0097501
2002 .... JEE0099501
2003 .... JJE0102001

Model STX325
2001 .... JJE0097501
2002 .... JJE0099501
2003 .... JJE0102001

Model STX375
2001 .... JJE0097501
2002 .... JJE0099501
2003 .... JJE0102001

Model STX375Q
2003 .... JEE0102001

Model STX425
2002 .... JEE0099501
2003 .... JEE0102001

Model STX425Q
2003 .... JEE0102001

Model STX450
2002 .... JJE0099501
2003 .... JJE0102001

Model STX450Q
2003 .... JEE0102001

CHALLENGER

MT425. MT455, MT465
Rear of tractor.
2003 01001

MT535, MT545, MT565
Rear of tractor.
2003 001001

MT635, MT645, MT655, MT665
Rear of tractor.
2003 001001

MT735
2002 20000
2003 30000
2004 40000

MT745
2002 20000
2003 30000
2004 40000

MT755
2002 20000
2003 30000
2004 40000

MT765
2002 20000
2003 30000
2004 40000

MT835
2002 20000
2003 30000
2004 40000

MT845
2002 20000
2003 30000
2004 40000

MT855
2002 20000
2003 30000
2004 40000

MT865
2002 20000
2003 30000
2004 40000

COCKSHUTT

Model 20
Left side of main frame.
1952 101
1953 1657
1954 2568
1955 10001
1956 20001
1957 30001
1958 40001

Model 30
Left side of main frame.
1946 101
1947 442
1948 6705
1949 17371
1950 26161
1951 28505
1952 32389
1953 35580
1954 35974
1955 40001
1956 50001
1957 60001

Model 35
Left side of main frame.
1956 1001
1957 10001

Model 40
Left side of main frame.
1950 194
1951 4101
1952 6901
1953 10501
1954 11401
1955 20001
1956 30001
1957 40001
1958 50001

Model 40D4 and Golden Eagle
Left side of main frame.
1954 27001
1955 30001
1956 40028
1957 50001

Model 50
Left side of main frame.
1953 101
1954 1801
1955 10001
1956 20001
1957 30001

Model 540
Right side of main frame.
1958. .... AM1001
1959. .... AN5001
1960. .... None
1961. .... AP1001
1962. .... AR1001

Model 550
Right side of main frame.
1958. .... BM1001
1959. .... BM5001
1960. .... BO1001
1961. .... BP1001

Model 560
Right side of main frame.
1958 .... CM1001
1959. .... CN5001
1960. .... CO7001
1961. .... CP1001

Model 570
Right side of main frame.
1958 .... DM1001
1959. .... DN5001
1960. .... DO7001

Model 570 Super
Right side of main frame.
1961. .... DP1001
1962. .... DR1001

Model Golden Arrow
Left side of main frame.
1956 16001

DAVID BROWN/CASE

Model 1200
Plate on side of clutch housing.
1967 700001
1968 704433
1969 707958
1970 712203
1971 716091

Model 1210
Plate on side of clutch housing.
1971 720001
1972 720053
1973 722305
1974 724659
1975 728080
1976 11150001
1977 11154968
1978 11159654
1979 11163305
1980 11166342

Model 1212
Plate on side of clutch housing.
1971 1000001
1972 1000240
1973 1001182
1974 1002487
1975 1005238

Model 1410
Plate on side of clutch housing.
1976 11200001
1977 11201692
1978 11203836
1979 11205159
1980 11206160

Model 1412
Plate on side of clutch housing.
1975 1050004

Model 770
Right side of front frame.
1965 580001
1966 582513
1967 588673
1968 588579
1969 590646
1970 592237

Model 780
Right side of front frame.
1967 600001
1968 600879
1969 602853
1970 606109
1971 609665

Model 880
Right side of front frame.
1961 350001
1962 351038
1963 354478
1964 358954
1965 522384
1966 531022
1967 539410
1968 546000
1969 551553
1970 557013
1971 560766
1972 620336
1973 624731
1974 630611
1975 634830

Model 885
Right side of front frame.
1971 620001
1972 620336
1973 624731
1974 630611
1975 634830
1976 11000001
1977 11005148
1978 11011088
1979 11015095
1980 11019389

Model 990
Right side of front frame.
1961 440001
1962 441323
1963 450376
1964 460538
1965 472273
1966 483768
1967 496283
1968 504690
1969 808150
1970 818301
1971 850001
1972 850600
1973 854403
1974 859367
1975 863900
1976 11070001
1977 11080236
1978 11089141
1979 11096828
1980 11104577

Model 995
Right side of front frame.
1971 920001
1972 921383
1973 925158
1974 928575
1975 931772
1976 11070001
1977 11080236
1978 11089141
1979 11096828
1980 11104577

Model 996
Right side of front frame.
1972 980001
1973 981776
1974 984145
1975 986272
1976 11070001

DEUTZ-ALLIS

Model 5215
1987 1001

Model 5220
1985 1001
1986 1001
1987 1919
1988 2170
1989 2341

Model 5230
1986 1001
1987 1657
1988 1885
1989 2000

Model 6035
1986. 7866-1338

Model 6150
1989 4600286

Model 6240
Left side of clutch housing.
1985. 7722-0001
1986. 7722-0489
1987. 7722-1247
1988. 7722-1746
1989. 7722-3129
1990. 7722-3400

Model 6240 4WD
Left side of clutch housing.
1986. 7726-0201
1987. 7726-0573
1988. 7726-0711
1989. 7726-3122

Model 6240A
Left side of clutch housing.
1985. 7726-0001
1986. 7726-0201
1987. 7726-0573
1988. 7726-0711
1989. 7726-3122

Model 6250
Left side of clutch housing.
1985. 7730-0001
1986. 7730-0801
1987. 7730-1694
1988. 7730-1972
1989. 7730-3067
1990. 7722-3400

Model 6250 4WD
Left side of clutch housing.
1986. 7734-0439
1987. 7734-0874
1988. 7734-1028
1989. 7734-3104
1990. 7734-3217

Model 6250A
Left side of clutch housing.
1985. 7734-0001
1986. 7734-0439
1987. 7734-0874
1988. 7734-1028
1989. 7734-3104
1990. 7734-3217

Model 6250VA
Left side of clutch housing.
1988. 7773-0308
1989. 7773-0334

Model 6260

DEUTZ-ALLIS (Cont.)

Left side of clutch housing.
1985 7738-0001
1986 7738-0694
1987 7738-1342
1988 7738-1499
1989 7738-3141

Model 6260 4WD
1987 7742-1159
1988 7742-1315
1989 7742-3140

Model 6260 4WD Cab
Left side of clutch housing.
1986 7744-1192
1987 7744-2206
1988 7744-3102
1989 7744-3353
1990 7744-3672

Model 6260 4WD ROPS
Left side of clutch housing.
1986 7742-0542

Model 6260 Cab
Left side of clutch housing.
1986 7740-0584
1987 7740-1226
1988 7740-3048
1989 7740-3160

Model 6260 ROPS
Left side of clutch housing.
1986 7738-0694
1987 7738-1342
1988 7738-1499

Model 6260A
Left side of clutch housing.
1985 7742-0001
1986 7742-0542
1987 7742-1159
1988 7742-1315
1989 7742-3140

Model 6260C
Left side of clutch housing.
1985 7740-0001
1986 7740-0584
1987 7740-1226
1988 7740-3048
1989 7740-3106

Model 6260CA
Left side of clutch housing.
1985 7744-0001
1986 7744-1192
1987 7744-2206
1988 7744-3102
1989 7744-3353
1990 7744-3672

Model 6260F
Left side of clutch housing.
1988 7774-0300
1989 7774-0378
1990 7774-0378

Model 6260FA
Left side of clutch housing.
1988 7775-0306
1989 7775-0403
1990 7775-0489
1991 7775-0489

Model 6260L
Left side of clutch housing.
1988 7774-0302
1989 .... None
1990 7780-0024

Model 6260LA
Left side of clutch housing.
1988 7775-0309
1989 7781-0082
1990 7787-0099

Model 6265
Left side of clutch housing.
1985 7746-0001
1986 7746-0566
1987 7746-1128
1988 7746-1317
1989 7746-3109

Model 6265 4WD Cab
Left side of clutch housing.
1986 7752-0784
1987 7752-1352

Model 6265 4WD ROPS
Left side of clutch housing.
1986 7750-0463
1987 7750-1116

Model 6265 Cab
Left side of clutch housing.
1986 7748-0599
1987 7748-1042

Model 6265 ROPS
Left side of clutch housing.
1986 7746-0566
1987 7746-1128

Model 6265A
Left side of clutch housing.
1985 7750-0001
1986 7750-0463
1987 7750-1116
1988 7750-1437
1989 7750-3189

Model 6265C
Left side of clutch housing.
1985 7748-0001
1986 7748-0599
1987 7748-1042
1988 7748-3025
1989 7748-3097

Model 6265CA
Left side of clutch housing.
1985 7760-0001
1986 7752-0784
1987 7752-1352
1988 7752-1648
1989 7752-3067

Model 6275
Left side of clutch housing.
1985 7754-0001
1986 7754-0329
1987 7754-0635
1988 7754-3001
1989 7754-3133

Model 6275 4WD Cab
Left side of clutch housing.
1986 7760-1138
1987 7760-2063

Model 6275 4WD ROPS
Left side of clutch housing.
1986 7758-0229
1987 7758-0527

Model 6275 Cab
Left side of clutch housing.
1986 7756-0575
1987 7756-1004

Model 6275 ROPS
Left side of clutch housing.
1986 7754-0329
1987 7754-0635

Model 6275A
Left side of clutch housing.
1985 7758-0001
1986 7758-0229
1987 7758-0527
1988 7758-3011
1989 7758-3155

Model 6275C
Left side of clutch housing.
1985 7756-0001
1986 7756-0575
1987 7756-1004
1988 7756-3000
1989 7756-3184

Model 6275CA
Left side of clutch housing.
1985 7760-0001
1986 7760-1138
1987 7760-2063
1988 7760-2620
1989 7760-3743

Model 6275F
Left side of clutch housing.
1988 7778-0301

Model 6275FA
Left side of clutch housing.
1988 7779-0301
1989 7779-0387
1990 7779-0475

Model 6275L
Left side of clutch housing.
1988 7778-0300
1989 7782-0005
1990 7782-0008

Model 6275LA
Left side of clutch housing.
1988 7779-0300
1989 7783-0086
1990 7783-0149

Model 6365A
1990 7767-0102

Model 6365CA
1990 7768-2057

Model 6375C
1990 7634-0124

Model 6375CA
1990 7635-1606

Model 7085
1985 7434-0408
1986 7434-3030
1987 7434-3242
1988 7434-3459
1989 7434-6199
1990 7434-6464

Model 7085 4WD Cab
1986 7435-3031

Model 7085 4WD ROPS
1986 7435-3065
1987 7435-3815

Model 7085 Cab
1986 7434-3006
1987 7434-3225

Model 7085 ROPS
1986 7434-3030
1987 7434-3242

Model 7085A
1985 7435-1438
1986 7435-3065
1987 7435-3815
1988 7435-4784
1989 7435-6577
1990 7435-7417

Model 7085C
1986 7434-3006
1987 7434-3225

Model 7085CA
1986 7434-3031
1987 7435-3815

Model 7110
1985 7438-0203
1986 .... None
1987 7438-3134
1988 7438-3259
1989 7438-6028
1990 7438-6096

Model 7110 4WD
1987 7439-3500

Model 7110A
1985 7439-1274
1986 .... None
1987 7439-3500
1988 7439-4324
1989 7439-6544
1990 7439-7402

Model 7120
1985 7440-0086
1986 .... None
1987 7440-3094
1988 7440-3216
1989 7440-6018
1990 7440-6047

Model 7120 4WD
1987 7741-3228

Model 7120A
1985 7441-0646
1986 .... None
1987 7441-3228
1988 7441-3893
1989 7441-6317
1990 7441-6758

Model 7145
1987 7642-3005
1988 7642-6000

Model 7145 4WD
1987 7643-3090

Model 7145A
1985 7643-0049
1986 .... None
1987 7643-3090
1988 7643-3382

Model 9130
1991 9130-1001

Model 9150
1989 .... 9150F-1005
1990 .... 9150F-1365

Model 9150A
1989 .... 9150T-1070
1990 .... 9150T-1289

Model 9170
1989 .... 9170F-1020
1990 .... 9170F-1243

Model 9170A
1989 .... 9170T-1005
1990 .... 9170T-1283

Model 9190A
1989 .... 9190F-1004
1990 .... 9190F-1308

DEUTZ-FAHR

Model 3.50 CA
1985 .... 7740/0001

Model D3607
1985 7866-0001

Model D4507
Plate on right side of hood.
1980 .... 7548/1862
1981 .... 7548/2317
1982 .... 7548/3047
1983 .... 7548/3779
1984 .... 7548/5422
1985 .... 7548/7055

Model D4507A
1981 .... 7868/1797
1982 .... 7868/1856
1983 .... 7868/1995
1984 .... 7868/2141

Model D5207
Plate on right side of hood.
1981 .... 7557/8675
1982 .... 7557/9668
1983 .... 7558/0255
1984 .... 7558/0258

Model D5207A
1981 .... 7554/3448
1982 .... 7554/3606
1983 .... 7554/3805
1984 .... 7554/4153

Model D6207
Plate on right side of hood.
1980 .... 7761/1710
1981 .... 7761/2522
1982 .... 7761/4015

Model D6207A
1980 .... 7562/5268
1981 .... 7562/5661
1982 .... 7562/6376

Model D6507
Plate on right side of hood.
1983 .... 7716/0005
1984 .... 7716/0635

Model D6507A
1983 .... 7717/0003
1984 .... 7717/0429

Model D6507C
1983 .... 7741/0334
1984 .... 7741/0875

Model D6507CA
1983 .... 7743/0534
1984 .... 7743/0840

Model D6807
Plate on right side of hood.
1980 .... 7569/8469
1981 .... 7570/0529
1982 .... 7770/1798

Model D6807A
1980 .... 7566/3880
1981 .... 7566/4189
1982 .... 7566/4577

Model D7007
Plate on right side of hood.
1982 .... 7718/0003
1983 .... 7718/0091
1984 .... 7718/1539

Model D7007A
1983 .... 7719/0179
1984 .... 7719/0250

Model D7007C
1983 .... 7749/0039
1984 .... 7749/0155

Model D7007CA
1983 .... 7751/0035
1984 .... 7751/0100

Model D7807
1982 .... 7594/0859
1983 .... 7594/1038
1984 .... 7594/1378

Model D7807A
1982 .... 7596/0867
1983 .... 7596/0962
1984 .... 7596/1074

Model D7807C
1983 .... 7757/0795
1984 .... 7757/1280

Model DX110
Right side of front axle support.
1979 .... 7620/0186
1980 .... 7620/0867

Model DX110A
1979 .... 7621/0002
1980 .... 7621/1933

Model DX120
Right side of front axle support.
1980 .... 7626/0001
1981 .... 7626/0076
1982 .... 7826/0004
1983 .... 7826/0292

Model DX120A
1980 .... 7627/0001
1981 .... 7627/0222
1982 .... 7827/0037
1983 .... 7827/0742

Model DX130
Right side of front axle support.
1980 .... 7632/0001
1981 .... 7632/0070

DEUTZ-FAHR (Cont.)

1982 .... 7832/0008
1983 .... 7832/0130

Model DX130A
1980 .... 7633/0001
1981 .... 7633/0123
1982 .... 7833/0029
1983 .... 7833/0367

Model DX140
Right side of front axle support.
1979 .... 7622/0009
1980 .... 7622/0168

Model DX140A
1979 .... 7623/0245
1980 .... 7623/0885

Model DX160
Right side of front axle support.
1979 .... 7624/0002
1980 .... 7624/0352
1981 .... 7624/0569
1982 .... 7824/0011
1983 .... 7824/0145

Model DX160A
1979 .... 7625/0006
1980 .... 7625/0514
1981 .... 7625/1215
1982 .... 7825/0004
1983 .... 7825/0429
1984 .... 7443/0089

Model DX3.10
1985 .... 7722/0001

Model DX3.10A
1985 .... 7726/0001

Model DX3.30
1985 .... 7730/0001

Model DX3.30A
1985 .... 7734/0001

Model DX3.50
1985 .... 7738/0001

Model DX3.50A
1985 .... 7742/0001

Model DX3.50C
1985 .... 7740/0001

Model DX3.70
1985 .... 7746/0001

Model DX3.70A
1985 .... 7750/0001

Model DX3.70C
1985 .... 7748/0001

Model DX3.70CA
1985 .... 7752/0001

Model DX3.90
1985 .... 7754/0001

Model DX3.90A
1985 .... 7758/0001

Model DX3.90C
1985 .... 7756/0001

Model DX3.90CA
1985 .... 7760/0001

Model DX4.70
Plate riveted to hood on right side and cut into housing under hood on right side.
1983 .... 7434/0001
1984 .... 7434/0126
1985 .... 7434/0408
1986 .... 7434/0640

Model DX4.70A
1984 .... 7435/0311
1985 .... 7435/1438
1986 .... 7435/2625

Model DX6.30
Plate riveted to hood on right side and cut into housing under hood on right side.
1984 .... 7438/0026
1985 .... 7438/0203

Model DX6.30A
1984 .... 7439/0245
1985 .... 7439/1274

Model DX6.50
Plate riveted to hood on right side and cut into housing under hood on right side.
1984 .... 7440/0001
1985 .... 7440/0086

Model DX6.50A
1984 .... 7441/0100
1985 .... 7441/0646

Model DX7.10
Plate riveted to hood on right side and cut into housing under hood on right side.
1984 .... 7642/0001

Model DX7.10A
1984 .... 7643/0001
1985 .... 7643/0049
1986 .... 7643/0718

Model DX8.30A
1985 .... 7479/001

Model DX90
Right side of front axle support.
1979 .... 7618/0433
1980 .... 7618/1371
1981 .... 7618/2028
1982 .... 7818/0004
1983 .... 7818/0843

Model DX90A
1979 .... 7619/0426
1980 .... 7619/1635
1981 .... 7619/2566
1982 .... 7819/0058
1983 .... 7819/0304

FERGUSON

Model F40
1956 400001
1957 405671

Model TE20
Plate on instrument panel.
1948 20800
1949 77770
1950 116551
1951 167923

Model TO20
Plate on instrument panel.
1948 1
1949 1801
1950 14660
1951 39163

Model TO30
Plate on instrument panel.
1951 60001
1952 .... TO72680
1953 .... TO108645
1954 .... TO125958

Model TO35
Plate on instrument panel.
1954 .... TO140001
1955 .... TO140006
1956 .... TO167157
1957 .... TO171741

FORD

All 1965 and later Series 2000 (3 Cyl.) through TW35
1965 .... C100001
1966 .... C124200
1967 .... C161300
1968 .... C190200
1969 .... C226000
1970 .... C257600
1971 .... C292100
1972 .... C327200
1973 .... C367300
1974 .... C405200
1975 .... C450700
1976 .... C490300
1977 .... C527300
1978 .... C560500
1979 .... C595800
1980 .... C635700
1981 .... C660700
1982 .... C682000
1983 .... C694500
1984 .... C707400
1985 .... C732600
1986 .... C750422
1987 .... C763228
1988 .... C777683

Fordson Dexta
Left side of hand-clutch housing.
1958 00144
1959 22588
1960 46216
1961 .... 09A-312001M

Fordson Major
Left side of flywheel housing or right side of engine block.
1953 1247381
1954 1276857
1955 1322525
1956 1371418
1957 1412409
1958 1458381

Fordson Power Major
Left side of flywheel housing or right side of engine block.
1958 1481091
1959 1494448
1960 1538056
1961 1583906

Fordson Super Dexta
1961 .... 08A-300001M
1962 .... 09B-070000A
1963 .... 09C-731454A
1964 .... 09D-900000A

Fordson Super Major
1961 1583906
1962 .... 08B-740000-A
1963 .... 08C-781370-A

Model 1000
Left side of clutch housing.
1973 .... U100001
1974 .... U100821
1975 .... U102021
1976 .... U102771
1977 .... U105013
1978 .... U108449

Model 1100
Left side rail above front axle.
1979 .... U125001
1980 .... U127591
1981 .... U129066
1982 .... U130665
1983 .... U131359

Model 1110
Left side of transmission housing.
1983 .... UB00001
1984 .... UB00785
1985 .... UB01622
1986 .... UB02107

Model 1200
Left side rail above front axle.
1980 .... U200001
1981 .... U201258
1982 .... U202107
1983 .... U202737

Model 1210
Left side of transmission housing.
1983 .... UC00001
1984 .... UC01851
1985 .... UC03937
1986 .... UC07232

Model 1300
Left side of transmission housing.
1979 .... U300001
1980 .... U302697
1981 .... U303446
1982 .... None
1983 .... U304962

Model 1310
Left side of transmission housing.
1983 .... UE00001
1984 .... UE01019
1985 .... UE02438
1986 .... UE04444

Model 1500
Left side of transmission housing.
1979 .... U500001
1980 .... U503026
1981 .... U504437
1982 .... U505813
1983 .... U506674

Model 1510
Left side of transmission housing.
1983 .... UH00001
1984 .... UH01280
1985 .... UH02828
1986 .... UH04797

Model 1600
Left side of clutch housing.
1976 .... U103361
1977 .... U105013
1978 .... U108449
1979 .... U113129

Model 1700
Left side of transmission housing.
1979 .... U700001
1980 .... U704803
1981 .... U709687
1982 .... U712953
1983 .... U715471

Model 1710
Left side of transmission housing.
1983 .... UL00001
1984 .... UL03489
1985 .... UL07985
1986 .... UL13798

Model 1710 Offset
1985 .... N00001
1986 .... N00201

Model 1900
Left side of transmission housing.
1979 .... U900001
1980 .... U903187
1981 .... U905826
1982 .... U908557
1983 .... U911488

Model 1910
Left side of transmission housing.
1983 .... UP0001
1984 .... UP01089
1985 .... UP04638
1986 .... UP08193

Model 2110
Left side of transmission housing.
1983 .... UV00010
1984 .... UV00734
1985 .... UV02153
1986 .... UV03580
1987 .... UV04673

Model 2610
1982 .... C682000
1982 .... C682000
1983 .... C694500
1983 .... C694500

Model 2810, 2910, 3910, 4610, 5610, 6610, 7610, 7710 & 8210
Right front cover of transmission and on I.D. plate affixed to inside of engine compartment.
1982 .... C681910
1983 .... C695880
1984 .... C713459
1985 .... C737800
1986 .... C754100
1986 .... BA80100
1987 .... C768000
1987 .... BB06622

Model 2N
Left side of engine block.
1942 99047
1943 105375
1944 126538
1945 169982
1946 198731
1947 258504

Model 3600
1975 .... C450700
1976 .... C490300
1977 .... C527300
1978 .... C560500
1979 .... C595800
1980 .... C635700
1981 .... C660700

Model 3610
1982 .... C682000
1983 .... C694500

Model 5600
1975 .... C450700
1976 .... C490300
1977 .... C527300
1978 .... C560500
1979 .... C595800
1980 .... C635700
1981 .... C660700

Model 6600
Right front corner of transmission housing
1975 .... C450700
1976 .... C490300
1977 .... C527300
1978 .... C560500
1979 .... C595800
1980 .... C635700
1981 .... C660700

Model 8N
Left side of engine block.
1947 1
1948 37908
1949 141370
1950 245637
1951 343593
1952 442035

FORD (Cont.)

Model 9N
Left side of engine block.
1939 1
1940 10234
1941 45976
1942 88888
1943 105412

Model FW20
1977 100001
1978 100070
1979 100117
1980 100135
1981 100145

Model FW30
1977 200001
1978 200106
1979 200191
1980 200264
1981 200303

Model FW40
1977 300001
1978 300077
1979 300121

Model FW60
1977 400001
1978 400087
1979 400143
1980 400202
1981 400223

Model NAA
Left side of transmission or right side of engine.
1952 1
1953 2380
1954 77475

Model TW-10, TW-20, W-30
Identification plate located under right grille panel.
1979 .... C592200
1980 .... C635700
1981 .... C660700
1982 .... C682200
1983 .... C694500

Model TW-5, TW-15, TW-25, TW-35
Identification plate located above right front corner of radiator, accessible by removing right front grille panel.
1984 .... C713459
1985 .... C737800
1986 .... A916000
1986 .... A915854
1987 .... A917560

Series 2000 (3-Cyl.), 4000 (3-Cyl.)
1965 .... C100000
1966 .... C124200
1967 .... C161300
1968 .... C190200
1969 .... C226000
1970 .... C257600
1971 .... C292100
1972 .... C327200
1973 .... C367300
1974 .... C405200
1975 .... C450700

Series 2000 (4-Cyl.), 4000 (4-Cyl.)
Upper right corner of transmission or inside of right hood panel.
1962 1001
1963 11948
1964 38931

Series 3000, 3100
1965 .... C100000
1966 .... C124200
1967 .... C161300
1968 .... C190200
1969 .... C226000
1970 .... C257600
1971 .... C292100
1972 .... C327200
1973 .... C367300
1974 .... C405200
1975 .... C450700
1976 .... C490300

Series 5000
Upper right corner of transmission or inside right hood panel
1962 1001
1963 11491
1964 38931
1965 .... C100000
1966 .... C124200
1967 .... C161300
1968 .... C190200
1969 .... C226000
1970 .... C257600
1971 .... C292100
1972 .... C327200
1973 .... C367300
1974 .... C405200
1975 .... C450700

Series 600, 700, 800 & 900
Top left front corner of transmission case.
1954 1
1955 10615
1956 77271
1957 116368

Series 6000
Upper right corner of transmission or inside of right hood panel
1962 1001
1963 11948
1964 38931

Series 601, 701, 801 & 901
Top left corner of transmission case.
1957 1001
1958 11977
1959 58312
1960 105943
1961 131427
1962 155531

INTERNATIONAL HARVESTER

Farmall Regular
1924 501
1925 701
1926 1539
1927 5969
1928 15471
1929 40370
1930 75691
1931 117784
1932 131872

Model 10-20 Gear Drive (KC) Regular Tread
1923 501
1924 7641
1925 18869
1926 37728
1927 62824
1928 89470
1929 119823
1930 159111
1931 191486
1932 201213
1933 204239
1934 206179
1935 207275
1936 210235
1937 212425
1938 214886

Model 10-20 Gear Drive (NC & NT) Narrow Tread
1926 501
1927 649
1928 832
1929 1155
1930 1543
1931 1750
1932 1833
1933 1912
1934 1952

Model 184
1977 43802
1978 46163
1979 48030
1980 49873

Model 234
Right side of front fender rail and right side of transmission housing.
1982 8010
1983 8110
1984 8383
1985 8646

Model 244
Right side of front axle bracket and right side of transmission housing.
1982 8002
1983 8460
1984 9089
1985 9716

Model 254
Right side of front axle bracket and right side of transmission housing.
1982 8000
1983 8386
1984 8811
1985 9236

Model 3088
Right side of rear frame in front of axle.
1981 501
1982 507
1983 937
1984 1421
1985 1853

Model 3288
1981 501
1982 1063
1983 1286
1984 1464
1985 1651

Model 3388
Right side of rear frame in front of axle.
1978 8801
1979 8816
1980 10037
1981 10714

Model 3488
Right side of rear frame in front of axle.
1981 501
1982 715
1983 723
1984 829

Model 3588
Right side of rear frame in front of axle.
1978 8801
1979 8844
1980 11797
1981 13561

Model 3688
Right side of rear frame in front of axle.
1981 501
1982 1743
1983 2482
1984 2695
1985 3068

Model 482, 582, 682, 782 & 982
1980-1981 . 665001-700000

Model 5088
Right side of transmission housing or right side of control center or ROPS.
1981 501
1982 3551
1983 6015
1984 7307
1985 8623

Model 5288
Right side of transmission housing or right side of control center or ROPS.
1981 501
1982 2292
1983 4086
1984 5054
1985 6334

Model 5488
Right side of transmission housing or right side of control center or ROPS.
1981 501
1982 523
1983 2416
1984 3112
1985 4390

Model 6388
Right side of frame or right side of control center or ROPS.
1981 8801
1982 8962
1983 9060
1984 9241
1985 9361

Model 6588
Right side of frame or right side of control center or ROPS.
1981 8801
1982 8966
1983 9164
1984 9361
1985 9526

Model 6788
Right side of frame or right side of control center or ROPS.
1981 8801
1982 8810
1983 8840
1984 8871
1985 8946

Model A, AV, & B
Left side of seat support.
1939 501
1940 6744
1941 41500
1942 80739
1943 .... None
1944 96390
1945 113218
1946 146700
1947 182964

Model C
Left side of seat support.
1948 501
1949 22624
1950 47010
1951 71880

Model Cub
Right side of steering gear housing.
1947 501
1948 11348
1949 57831
1950 99536
1951 121454
1952 144455
1953 162284
1954 179412
1955 186441
1956 193658
1957 198231
1958 204389
1959 211441
1960 214974
1961 217382
1962 220038
1963 221383
1964 223453
1965 225110
1966 227209
1967 229225
1968 231005
1969 232981
1970 234868
1971 236827
1972 238560
1973 240581
1974 242786
1975 245651
1976 248618
1977 250832
1978 252109
1979 253156

Model Cub 154 Lo-Boy
Right side of steering gear housing.
1968 3273
1969 3505
1970 15502
1971 20332
1972 23343
1973 27538
1974 31766

Model Cub 185 Lo-Boy
Right side of steering gear housing.
1974 37001
1975 37316
1976 42241

Model Cub Lo-Boy
Right side of steering gear housing.
1955 501
1956 2555
1957 3929
1958 5582
1959 10567
1960 12371
1961 13904
1962 15506
1963 16440
1964 17928
1965 19406
1966 21176
1967 23115
1968 24481

Model F-100
Left side of clutch housing.
1954 501
1955 1720
1956 12895

Model F-1026
Left side of hydrostatic drive housing.
1970 7501
1971 9707

Model F-1066
Left side of clutch housing.
1971 7101
1972 12677
1973 24205
1974 34949
1975 46855
1976 56672

Model F-12
1932 501
1933 526
1934 4881
1935 17411
1936 48660
1937 81837
1938 117518

Model F-1206
Right side of clutch housing.
1965 7501

1966 8626
1967 12731

Model F-1256
Right side of clutch housing.
1967 7501
1968 8849
1969 13140

Model F-130 & I-130
Left side of clutch housing.
1956 501
1957 1120
1958 8363

Model F-14
1938 124000
1939 139607

Model F-140 & I-140
Left side of clutch housing.
1958 501
1959 2011
1960 8082
1961 11168
1962 16637
1963 21181
1964 25387
1965 28408
1966 31285
1967 34818
1968 37352
1969 39906
1970 42300
1971 44424
1972 46605
1973 48507
1974 50720
1975 54723
1976 57773
1977 60839
1978 63111
1979 64544

Model F-1456
Right side of clutch housing.
1969 10001
1970 10405
1971 14149

Model F-1466
Left side of clutch housing.
1971 7101
1972 10408
1973 15533
1974 19746
1975 25404
1976 29516

Model F-1468
Left side of clutch housing.
1971 7201
1972 7239
1973 9109
1974 9670

Model F-1566
Left side of clutch housing.
1974 7101
1975 7837
1976 12589

Model F-1568
Left side of clutch housing.
1974 7201
1975 7821
1976 7975

Model F-20
1932 501
1933 1251
1934 3001
1935 6382
1936 32716
1937 68749
1938 105597
1939 130865
1940 135700

Model F-200
Right side of clutch housing.
1954 501
1955 1032
1956 10904

Model F-230
Right side of clutch housing.
1956 501
1957 815
1958 6827

Model F-240
Right side of clutch housing.
1958 501
1959 1777
1960 3415
1961 3989

Model F-30
1931 501
1932 1184
1933 4305
1934 5526
1935 7032
1936 10407
1937 18684
1938 27186
1939 29007

Model F-300
Right side of clutch housing.
1954 501
1955 1779
1956 23224

Model F-350
Right side of clutch housing.
1956 501
1957 1004
1958 14175

Model F-400
Left side of clutch housing.
1954 501
1955 2588
1956 29065

Model F-404
Right side of clutch housing.
1961 501
1962 826
1963 1936
1964 2259
1965 2568
1966 2790
1967 2980

Model F-450
Left side of clutch housing.
1956 501
1957 1734
1958 21871

Model F-460
Right side of clutch housing.
1958 501
1959 4765
1960 16902
1961 22622
1962 28029
1963 31552

Model F-504
Right side of clutch housing.
1961 501
1962 810
1963 7000
1964 7732
1965 10696
1966 13596
1967 15113
1968 16115

Model F-544
Right side of clutch housing.
1968 10250
1969 12541
1970 13585
1971 14507
1972 15262
1973 15738

Model F-560
Right side of clutch housing.
1958 501
1959 7341
1960 26914
1961 36125
1962 47798
1963 60278

Model F-656
Right side of clutch housing.
1965 8501
1966 15505
1967 24372
1968 32007
1969 38861
1970 42518
1971 45497
1972 47951

Model F-666 & I-666
Right side of clutch housing.
1972 7500
1973 8200
1974 11585
1975 13131
1976 15739

Model F-706
Right side of clutch housing.
1963 501
1964 7073
1965 21162
1966 30288
1967 38521

Model F-756
Right side of clutch housing.
1967 7501
1968 9940
1969 14125
1970 17832
1971 18374

Model F-766
Left side of clutch housing.
1971 7101
1972 7416
1973 9611
1974 12378
1975 14630
1976 16840

Model F-806
Right side of clutch housing.
1963 501
1964 4709
1965 15946
1966 24038
1967 34943

Model F-826
Right side of hydrostatic drive housing.
1969 7501
1970 8153
1971 16352

Model F-856
Right side of clutch housing.
1967 7501
1968 9854
1969 19554
1970 28693
1971 32420

Model F-966
Left side of clutch housing.
1971 7101
1972 11815
1973 17794
1974 22526
1975 28119
1976 31772

Model H & HV
Left side of clutch housing.
1939 501
1940 10653
1941 52387
1942 93237
1943 122091
1944 150251
1945 186123
1946 214820
1947 241143
1948 268991
1949 300876
1950 327975
1951 351923
1952 375861
1953 390500

Model Hydro 100
Left side of hydrostatic drive housing.
1973 7501
1974 7727
1975 10915
1976 12434

Model Hydro 186
Right side of rear frame in front of axle.
1976 8601
1977 8813
1978 9806
1979 10626
1980 11465
1981 12279

Model Hydro 70
Right side of hydrostatic drive housing.
1973 7501
1974 7570
1975 8681
1976 10094

Model Hydro 84
Right rear corner of front bolster.
1978 501
1979 787
1980 1481
1981 5564
1982 6014
1983 8069

Model Hydro 86
Right side of hydrostatic drive housing.
1976 7501
1977 7608
1978 8171
1979 8661
1980 9114

Model I-100
Left side of clutch housing.
1954 501
1955 504
1956 575

Model I-1026
Left side of hydrostatic drive housing.
1970 7501
1971 7550

Model I-1086
Right side of rear frame in front of axle.
1976 8601
1977 14725
1978 25672
1979 34731
1980 42186
1981 51671

Model I-1206
Right side of clutch housing.
1965 7501
1966 7772
1967 8492

Model I-1256
Right side of clutch housing.
1967 7501
1968 7703
1969 8444

Model I-1456
Right side of clutch housing.
1969 1001
1970 10025
1971 10249

Model I-1486
Right side of rear frame in front of axle.
1976 8601
1977 9798
1978 14851
1979 18774
1980 23162
1981 27426

Model I-1586
Right side of rear frame in front of axle.
1976 8601
1977 10652
1978 14506
1979 16347
1980 18451
1981 21501

Model I-240
Right side of clutch housing.
1958 501
1959 4835
1960 8628
1961 10079
1962 10727

Model I-254
Right side of front axle bracket and right side of transmission housing.
1982 8001
1983 8386
1984 8811
1985 9236

Model I-274
Right side of transmission housing.
1981 8306
1982 8948
1983 9556

Model I-284
Right side of transmission housing.
1976 8005
1977 8125
1978 10705
1979 12425
1980 13207
1981 13419

Model I-284 Diesel 2WD
Right side of transmission housing.
1980 670
1981 2146
1982 2999
1983 3343
1984 3689

Model I-284 Diesel 4WD
Right side of transmission housing.
1980 1211
1981 2267
1982 3035
1983 3803
1984 4511

Model I-300 U
Right side of clutch housing.
1955 501
1956 20219

Model I-330 U
Right side of clutch housing.
1957 501
1958 1488

Model I-340
Right side of clutch housing.
1958 501
1959 2467
1960 5741
1961 8736
1962 11141
1963 12032

Model I-350
Right side of clutch housing.
1956 501
1957 1963
1958 15049

Model I-364
Right side of clutch housing.
1976 4283
1977 5763

Model I-384
Right side of clutch housing.
1978 501
1979 1581
1980 3818

Model I-404
Right side of clutch housing.

1961	501
1962	1045
1963	4205
1964	6452
1965	8292
1966	9548
1967	10534
1968	11032

Model I-4100
Left side of clutch housing.

1966	8001
1967	8723
1968	8986

Model I-4156
Left side of clutch housing.

1969	9219
1970	9365

Model I-4166
Left side of clutch housing.

1972	10001
1973	10769
1974	11255
1975	11684
1976	12200

Model I-4186
Left side of front frame.

1976	18610
1977	18697
1978	19301

Model I-424
Right side of clutch housing.

1964	501
1965	1402
1966	7841
1967	13627

Model I-4366
Left side on top step.

1973	7501
1974	7780
1975	8616
1976	10227

Model I-4386
Left side on top step.

1976	501
1977	707
1978	1430
1979	2033
1980	2206
1981	2798

Model I-444
Right side of clutch housing.

1967	501
1968	1190
1969	5270
1970	9010
1971	12357

Model I-454
Left side of clutch housing.

1970	501
1971	508
1972	4908
1973	8064

Model I-4568

1975	8001
1976	8368

Model I-4586
Left side on top step.

1976	501
1977	815
1978	1340
1979	1945
1980	2501
1981	2853

Model I-460
Right side of clutch housing.

1958	501
1959	2711
1960	6883
1961	9420
1962	11619
1963	11898

Model I-4786
Left side on top step.

1978	501
1979	689
1980	2501
1981	2556

Model I-504
Right side of clutch housing.

1962	501
1963	3376
1964	6797
1965	10996
1966	14695
1967	17992
1968	20392

Model I-544
Right side of clutch housing.

1968	10250
1969	12699
1970	14589
1971	16018
1972	16838
1973	17341

Model I-560
Right side of clutch housing.

1958	501
1959	1210
1960	3103
1961	4032
1962	4944
1963	5598

Model I-574
Left side of transmission housing.

1970	504
1971	650
1972	3329
1973	7074
1974	102961
1975	107880
1976	111783
1977	114195
1978	117065

Model I-584
Right side of front axle support.

1978	501
1979	2130
1980	3871
1981	5766
1982	8001
1983	8416

Model I-6 & ID-6
Left side of clutch housing.

1940	501
1941	1225
1942	3718
1943	5057
1944	6371
1945	9518
1946	14198
1947	17317
1948	24021
1949	28868
1950	35472
1951	38518
1952	44318
1953	45274

Model I-600
Plate on fuel tank support.

1956	501

Model I-606
Right side of clutch housing.

1962	501
1963	1702
1964	3214
1965	5041
1966	6960
1967	7922

Model I-650
Plate on fuel tank support.

1956	501
1957	688
1958	11659

Model I-656
Right side of clutch housing.

1966	7501
1967	7842
1968	9929
1969	11802
1970	13353
1971	14194
1972	14952
1973	15746

Model I-660
Right side of clutch housing.

1959	501
1960	3398
1961	4259
1962	5883
1963	6995

Model I-664
Right side of clutch housing.

1972	2501
1973	3512

Model I-674
Left side of transmission housing.

1973	100001
1974	101862
1975	103172
1976	105946
1977	107555

Model I-684
Right side of front axle support.

1978	501
1979	1687
1980	3533
1981	6037
1982	8001
1983	8512

Model I-686
Right side of clutch housing.

1976	7500
1977	7729
1978	9899
1979	11417
1980	12923

Model I-706 & 2706
Right side of clutch housing.

1963	501
1964	1251
1965	3478
1966	4789
1967	5316

Model I-756
Right side of clutch housing.

1967	7501
1968	7672
1969	8164
1970	8424
1971	8427

Model I-784
Right side of front axle support.

1978	501
1979	1442
1980	2752
1981	5906
1982	8001
1983	8219

Model I-786
Right side of rear frame.

1980	8601
1981	8936

Model I-806
Right side of clutch housing.

1963	501
1964	1403
1965	3758
1966	5917
1967	7409

Model I-826
Right side of hydrostatic drive housing.

1969	7501
1970	7518
1971	7719

Model I-856
Right side of clutch housing.

1967	7501
1968	7904
1969	9016
1970	9544
1971	9653

Model I-884
Right side of front axle support.

1979	501
1980	710
1981	5575
1982	6738
1983	8238

Model I-886
Right side of rear frame.

1976	8601
1977	10010
1978	12455
1979	14414
1980	15985
1981	17406

Model I-9, ID-9
Fuel tank support.

1940	501
1941	578
1942	2993
1943	3651
1944	5394
1945	11459
1946	17289
1947	22714
1948	29207
1949	36159
1950	45551
1951	51739
1952	59407
1953	64014

Model I-986
Right side of rear frame in front of axle.

1976	8601
1977	11145
1978	15624
1979	19288
1980	22696
1981	25220

Model I-W400
Left side of clutch housing.

1955	510
1956	2187

Model I-W450
Left side of clutch housing.

1956	501
1957	568
1958	1661

Model M, MV, MD & MDV
Left side of clutch housing.

1939	501
1940	7240
1941	25371
1942	50988
1943	60011
1944	67424
1945	88085
1946	105564
1947	122823
1948	151708
1949	180414
1950	213579
1951	247518
1952	290923

Model O-4, OS-4
Left side of clutch housing.

1940	501
1941	943
1942	4056
1943	5693
1944	7593
1945	11171
1946	13934
1947	16022
1948	18880
1949	21912
1950	24470
1951	28167
1952	31214
1953	33067

Model O-6, OS-6, ODS-6
Left side of clutch housing.

1940	501
1941	1225
1942	3718
1943	5057
1944	6313
1945	9396
1946	14153
1947	17792
1948	22981
1949	28704
1950	33698
1951	38518
1952	44318
1953	45274

Model Super A
Left side of seat support.

1947	250001
1948	250082
1949	268196
1950	281269
1951	300126
1952	324470
1953	336880
1954	353348

Model Super C
Left side of seat support.

1951	100001
1952	131157
1953	159130
1954	187788

Model Super H
Left side of seat support.

1953	501
1954	22202

Model Super M, MD, MDV, MTA & MV
Left side of clutch housing.

1952	F501
1952	L500001
1953	F12516
1953	L501906
1954	F51977

Model Super W-6, W6-TA & WD-6
Left side of clutch housing.

1952	501
1953	2908
1954	8997

Model Super WD-9 & WDR-9
Fuel tank support.

1953	501
1954	1935
1955	5238
1956	6866

Model SW-4
Left side of clutch housing.

1953	501
1954	2668

Model W-12

1934	503
1935	1356
1936	2031
1937	2768
1938	3799

Model W-14
Fuel tank support.

1938	4134
1939	4610

Model W-4
Left side of clutch housing.

1940	501
1941	943
1942	4056
1943	5693
1944	7593
1945	11171
1946	13934
1947	16022
1948	18880
1949	21912

INTERNATIONAL HARVESTER (Cont.)

1950 24470
1951 28167
1952 31214
1953 33067

Model W-40 & WD-40
Left side of clutch housing.
1935 501
1936 1441
1937 5120
1938 7665
1939 9756
1940 10323

Model W-9, WD-9, WDR-9 & WR-9
Fuel tank support.
1940 501
1941 578
1942 2993
1943 3651
1944 5394
1945 11459
1946 17289
1947 22714
1948 29207
1949 36159
1950 45551
1951 51739
1952 59407
1953 64014

Model W30
Left side of clutch housing.
1932 501
1933 522
1934 548
1935 3182
1936 9723
1937 15095
1938 23834
1939 29922
1940 32482

Model WR-9-S
Fuel tank support.
1953 501
1954 550
1955 722
1956 744

JOHN DEERE

990
2000 190001
2001 290001
2002 291001
2003 391001

Model 1010
Plate on right side of engine block.
1960 10001
1961 13692
1962 23630
1963 32188
1964 43900
1965 53722

Model 1020
Right side of transmission case.
1965 14501
1966 14682
1967 42715
1968 65184
1969 82409
1970 102039
1971 117500
1972 134700
1973 157109

Model 1050
Rear of transmission case below PTO.
1980 1000
1981 5280
1982 6572
1983 9001
1984 11006
1985 14001
1986 17001
1987 19501
1988 21479

Model 1070
1989 001001
1990 002265
1991 100001
1992 115001
1993 120001
1994 130001
1995 140001
1996 150001
1997 160001
1998 170001

Model 1250
Rear of transmission case below PTO.
1982 1000
1983 1258
1984 3001
1985 4001
1986 5001
1987 5501
1988 5785
1989 6501

Model 1450
Rear of transmission case below PTO.
1984 1020
1985 2201
1986 3001
1987 3501
1988 3530
1989 3558

Model 1520
Right side of transmission case.
1968 76112
1969 82405
1970 102061
1971 117500
1972 134700
1973 157109

Model 1530
1974 . . . . 176601T
1974 . . . . 108811L
1975 . . . . 145500L

Model 1650
Rear of transmission case below PTO.
1984 1021
1985 2401
1986 3001
1987 3501
1988 3579

Model 2010
Plate on right side of engine block.
1960 10001
1961 10991
1962 21807
1963 31250
1964 44036
1965 58186

Model 2020
Right side of transmission case.
1965 14502
1966 14680
1967 42721
1968 65176
1969 82404
1970 102032
1971 117500

Model 2030
Right side of transmission case.
1972 . . . . 134700T
1973 . . . . 157109T
1974 . . . . 187301T
1974 . . . . 140000L
1975 . . . . 213350T
1975 . . . . 145500L

Model 2040
Right side of frame.
1976 179963
1977 221555
1978 266057
1979 304165
1980 350000
1981 392026
1982 419145

Model 2150
Right side of frame.
1983 433467
1984 505001
1985 532000
1986 562001
1987 587950
1988 592001

Model 2155
Right side of frame.
1987 600000
1988 624800
1989 654344
1990 686146
1991 717916
1992 746510

Model 2240
Right side of frame.
1976 179298
1977 221716
1978 266267
1979 305307
1980 350000
1981 392292
1982 418608

Model 2255 Orchard
Right side of frame.
1983 468228
1984 505001
1985 532000
1986 562001
1987 587950
1988 592001

Model 2350
Right side of frame.
1983 433474
1984 505001
1985 532000
1986 562001
1987 587950
1988 592001

Model 2355
Right side of frame.
1987 600000
1988 624800
1989 654344
1990 685855
1991 717916
1992 746510
1993 775104
1994 803700

Model 2355N
Right side of frame.
1987 601693
1988 524800
1989 654344
1990 685855
1991 717916
1992 746510
1993 775104
1994 803700

Model 2440
Right side of frame.
1976 235210
1977 258106
1978 280789
1979 305501
1980 341000
1981 362173
1982 376746

Model 2510
Differential housing on rear of tractor.
1966 1000
1967 8958
1968 14291

Model 2520
Differential housing on rear of tractor.
1969 17000
1970 19416
1971 22000
1972 22911
1973 23865

Model 2550
Right side of frame.
1983 433480
1984 505001
1985 532000
1986 562001
1987 587950
1988 592001

Model 2555
Right side of frame.
1987 600000
1988 624800
1989 654344
1990 685748
1991 717916
1992 746510
1993 775104
1994 803700

Model 2630
Below right-hand side of grille screen.
1974 188601
1975 213360

Model 2640
Right side of frame.
1976 235313
1977 258106
1978 280789
1979 305505
1980 341000
1981 362175
1982 376744

Model 2750
Right side of frame.
1983 433494
1984 505001
1985 532000
1986 562001
1987 587950
1988 592001

Model 2755
Right side of frame.
1987 600000
1988 624800
1989 654344
1990 685854
1991 717916
1992 746510
1993 775104
1994 803700

Model 2840
Right side of frame.
1977 214909
1978 264711
1979 304654

Model 2855N
1987 601693
1988 624800
1989 654344
1990 685908
1991 717916
1992 746510

Model 2940
Right side of frame.
1980 350000
1981 390496
1982 418953

Model 2950
Right side of frame.
1983 433508
1984 505001
1985 532000
1986 562001
1987 587950
1988 592001

Model 2955
Right side of frame.
1987 600000
1988 624800
1989 654344
1990 685843
1991 717916
1992 746510

Model 3010
Differential housing on rear of tractor.
1961 1000
1962 19801
1963 32400

Model 3020
Differential housing on rear of tractor.
1964 50000
1965 68000
1966 84000
1967 97286
1968 112933
1969 123000
1970 129897
1971 150000
1972 154197

Model 3055
1991 717916
1992 736426
1993 746510

Model 3150
1985 532000
1986 562001
1987 587950

Model 3155
1987 618645
1988 624591
1989 654344
1990 685845
1991 717916
1992 746510

Model 320
Left side center frame near clutch bell housing.
1956 320001
1957 321220
1958 325127

Model 3255
1991 717916
1992 736426
1993 755536

Model 330
Left side center frame near clutch bell housing.
1958 330001
1959 330171
1960 330935

Model 40 Hi Crop
Left side center frame near clutch bell housing.
1954 60001
1955 60060

Model 40 Special
Left side center frame near clutch bell housing.
1955 60001

Model 40 Standard
Left side center frame near clutch bell housing.
1953 60001
1954 67359
1955 69474

Model 40 Tricycle
Left side center frame near clutch bell housing.
1953 60001
1954 72167
1955 75131

Model 40 Two Row Utility
Left side center frame near clutch bell housing.

1955	60001

Model 40 Utility
Left side center frame near clutch bell housing.

1953	60001
1954	60202
1955	63140

Model 4000
Differential housing on rear of tractor.

1969	211422
1970	222143
1971	250000
1972	260791

Model 4010
Differential housing on rear of tractor.

1961	1000
1962	20201
1963	38200

Model 4020
Differential housing on rear of tractor.

1964	65000
1965	91000
1966	119000
1967	145660
1968	173982
1969	201000
1970	222160
1971	250000
1972	260791

Model 4030
Differential housing on rear of tractor.

1973	1000
1974	6700
1975	10153
1976	13022
1977	15417

Model 4040
Differential housing on rear of tractor.

1978	1000
1979	14820
1979	3199
1980	6033
1980	29539
1981	42665
1981	8707
1982	11727
1982	56346

Model 4050
Differential housing on rear of tractor.

1983	1000
1984	3501
1985	5001
1986	6501
1987	007001
1988	007501
1989	009501

Model 4055
Differential housing on rear of tractor.

1989	1001
1990	2501
1991	5001
1992	10001

Model 4100

1998	110000
1999	210000
2000	310000
2001	410000

Model 4110

2002	110000
2003	210000
2004	310000

Model 4115

2003	210000
2004	310000

Model 420
Left side center frame near clutch bell housing.

1956	80001
1957	107813
1958	127782

Model 4200

1998	120000
1999	220000
2000	320000
2001	420000

Model 4210

2002	120000
2003	220000
2004	320000

Model 4230

1973	1000
1974	13000
1975	22074
1976	28957
1977	35588

Model 4240
Differential housing on rear of tractor.

1978	1000
1979	7434
1980	14394
1981	20186
1982	25670

Model 4250
Differential housing on rear of tractor.

1983	1000
1984	6001
1985	9001
1986	11001
1987	012501
1988	013501
1989	020001

Model 4255
Differential housing on rear of tractor.

1989	1001
1990	3001
1991	5501
1992	10001

Model 430
Left side center frame near clutch bell housing.

1958	140001
1959	142671
1960	158632

Model 4300

1998	130000
1999	230000
2000	330000
2001	430000

Model 4310

2003	230000
2004	330000

Model 4320
Differential housing on rear of tractor.

1971	6000
1972	17031

Model 435
Left side center frame near clutch bell housing.

1959	435001
1960	437655

Model 4400

1998	140000
1999	240000
2000	340000
2001	440000

Model 4410

2003	240000
2004	340000

Model 4430
Differential housing on rear of tractor.

1973	1000
1974	17500
1975	33050
1976	47222
1977	62960

Model 4440
Differential housing on rear of tractor.

1978	1000
1979	14820
1980	29539
1981	42665
1982	56346

Model 4450
Differential housing on rear of tractor.

1983	1000
1984	11001
1985	18001
1986	22001
1987	024001
1988	026001
1989	031001

Model 4455
Differential housing on rear of tractor.

1989	1001
1990	5001
1991	10001
1992	20001

Model 4500

1998	150000
1999	250000
2000	350000
2001	450000

Model 4510

2003	254000
2004	355000

Model 4520
Differential housing on rear of tractor.

1969	1000
1970	7038

Model 4555
Differential housing on rear of tractor.

1989	1001
1990	3001
1991	6001
1992	9001

Model 4560

1992	1001
1993	3221
1994	4501

Model 4600

1998	160000
1999	260000
2000	360000
2001	460000

Model 4610

2003	260000
2004	360000

Model 4620
Differential housing on rear of tractor.

1971	10000
1972	13692

Model 4630
Differential housing on rear of tractor.

1973	1000
1974	7022
1975	11717
1976	18392
1977	25794

Model 4640
Differential housing on rear of tractor.

1978	1000
1979	7422
1980	13860
1981	19459
1982	25729

Model 4650
Differential housing on rear of tractor.

1983	1000
1984	7001
1985	10001
1986	12501
1987	014001
1988	015501
1989	017501

Model 4700

2000	370000
2001	470000

Model 4710

2003	270000
2004	370000

Model 4755
Differential housing on rear of tractor.

1989	1001
1990	3001
1991	6501

Model 4760

1992	1001
1993	4535
1994	7901

Model 4840
Differential housing on rear of tractor.

1978	1000
1979	4233
1980	7539
1981	11042
1982	14933

Model 4850
Differential housing on rear of tractor.

1983	1000
1984	5001
1985	8001
1986	10001
1987	011001
1988	012001
1989	014501

Model 4955
Differential housing on rear of tractor.

1989	1001
1990	3501
1991	7001
1992	1001
1992	10501

Model 4960

1992	1001

Model 50
Right side of tractor on main case in distributor or magneto area.

1952	5000001
1953	5001254
1954	5016041
1955	5021977
1956	5030600
1956	5200000
1957	5202982
1958	5209029

Model 5010

1963	1000
1964	4500
1965	8000

Model 5020

1966	12000
1967	15650
1968	20399
1969	24038
1970	26624
1971	30000
1972	30608

Model 5105

2000	110000
2001	210000
2002	310000
2003	410000
2004	510000

Model 520
Adjacent to crankcase dipstick outlet.

Model 5200

1992	110000
1993	220000
1994	221268
1995	420141
1996	520001
1997	620000

Model 5205

2000	120000
2001	220000
2002	320000
2003	420000
2004	520000

Model 5210

1998	120000
1999	220001
2000	320000
2001	420000

Model 5220

2002	220000
2003	320000
2004	420000

Model 530
Adjacent to crankcase dipstick outlet.

1958	5300000
1959	5301671
1960	5307749

Model 5300
Plate on right side of engine block.

1992	120000
1993	230000
1994	231671
1995	430180
1996	530001
1997	630000

Model 5310

1998	130000
1999	230001
2000	330000
2001	430000

Model 5320

2002	230000
2003	330000
2004	430000

Model 5400

1992	130001
1993	240000
1994	N.A.
1995	440274
1996	540001
1997	640000

Model 5410

1998	140000
1999	240001
2000	340000
2001	440000

Model 5420

2002	240000
2003	340000
2004	440000

Model 5510

1998	150000
1999	250000
2000	350000
2001	450000

Model 5520

2002	250000
2003	350000
2004	450000

Model 60
Right side of tractor on main case in distributor or magneto area.

1952	6000001
1953	6027694
1954	6027995
1955	6042500
1956	6057650

Model 6030
Differential housing on rear of tractor.

1972	33000
1973	33550
1974	34586
1975	35400
1976	36014
1977	36577

Model 620
Adjacent to crankcase dipstick outlet.

1956	6200000
1957	6203778
1958	6215049

Model 6200

1993	100000
1994	117686
1995	135565
1996	153587
1997	177240

Model 630

1958	6300000
1959	6302749
1960	6314381

Model 6300, 6400
Plate on right side of engine block.

1993	100000
1994	117697
1995	135565
1996	153567
1997	177240

Model 650
Rear of transmission case below PTO.

1981	1000
1982	3539
1983	6250
1984	10543
1985	15001
1986	19001
1987	22501
1988	24298

Model 6500
Plate on right side of engine block.

1996	153587
1997	177240

Model 655
Plate located below rear PTO shaft.

1986	M0360001
1987	M0420001
1988	M0475001
1989	M0615001

Model 670

1989	1001
1990	2889
1991	100001
1992	110001
1993	120001
1994	130001
1995	140001
1996	150001
1997	160001

Model 70
Right side of tractor on main case in distributor or magneto area.

1953	7000001
1954	7005692
1955	7017501
1956	7034950

Model 7020
Differential housing on rear of tractor.

1971	1000
1972	2006
1973	2700
1974	3156
1975	3579

Model 720
Adjacent to crankcase dipstick outlet.

1956	7200000
1957	7203420
1958	7217368

Model 7200
Plate on right side of engine block.

1994	1001
1995	2595
1996	4001

Model 7210

1997	1001
1998	10001

Model 730
Adjacent to crankcase dipstick outlet.

1958	7300000
1959	7303761
1960	7322075

Model 7400
Plate on right side of engine block.

1994	1001
1995	2995
1996	6001

Model 7410

1997	1001
1998	10001

Model 750
Rear of transmission case below PTO.

1981	1000
1982	3448
1983	5613
1984	8457
1985	13001
1986	18501
1987	22601
1988	26450

Model 7520
Differential housing on rear of tractor.

1972	1000
1973	1600
1974	3054
1975	4945

Model 755
Plate located below rear PTO shaft.

1986	M0360001
1987	M0420001
1988	M0475001
1989	M0600001
1990	M010001
1991	M0100001
1992	LV100700
1993	LV130000
1994	LV165001
1995	LVA165180
1996	LVE190001
1997	LVE200001

Model 7600
Plate on right side of engine block.

1993	1457
1994	4601
1995	6195
1996	15001

Model 7610

1997	1001
1998	10001

Model 770

1989	1001
1990	4111
1991	100001
1992	115001
1993	120001
1994	130001
1995	140001
1996	150001
1997	160001
1998	170001

Model 7700
Plate on right side of engine block.

1993	1502
1994	4601
1995	7701
1996	10001

Model 7710

1997	1001
1998	10001

Model 7800
Plate on right side of engine block.

1993	2329
1994	5701
1995	10495
1996	15001

Model 7810
Plate on right side of engine block.

1997	1001
1998	10001

Model 80
Right side of tractor on main case in distributor or magneto area.

1955	8000001
1956	8000775

Model 8010

1961	1000

Model 8020

1964	1000

Model 8100
Right side of transmission case.

1995	1001
1996	3001
1997	10001
1998	20001

Model 820 (Three-Cyl.)
Below right-hand side grille screen.

1968	10000
1969	23100
1970	36000
1971	54000
1972	71850
1973	90200
1974	109507
1975	145500

Model 820 (Two-Cyl.)
Adjacent to crankcase dipstick outlet.

1956	8200000
1957	8200565
1958	8203850

Model 8200
Plate on right side of engine block.

1995	1001
1996	4001
1997	10001
1998	20001

Model 830 (Two-Cyl.)
Adjacent to crankcase dipstick outlet.

1958	8300000
1959	8300727
1960	8305301

Model 8300
Plate on right side of engine block.

1995	1001
1996	5001
1997	10001
1998	20001

Model 840 (Two-Cyl.)

1958	8400000
1959	8400033
1960	8400619

Model 8400
Plate on right side of engine block.

1995	1001
1996	6001
1997	10001
1998	20001

Model 8430
Differential housing on rear of tractor.

1975	1000
1976	1690
1977	3962
1978	5323

Model 8440
Differential housing on rear of tractor.

1979	1000
1980	2266
1981	3758
1982	5235

Model 8450
Differential housing on rear of tractor.

1982	1000
1983	2000
1984	3501
1985	5001
1986	5501
1987	006001
1988	006501

Model 850
Rear of transmission case below PTO.

1978	1024
1979	3859
1980	7389
1981	11338
1982	12481
1983	14183
1984	16006
1985	18001
1986	22001
1987	25501
1988	28337

Model 855
Plate located below rear PTO shaft.

1986	M0360001
1987	M0420001
1988	M0475001
1989	M0615001
1990	M010001
1991	M0100001
1992	LV100700
1993	LV130000
1994	LV165001
1995	LVB170123
1996	LVE190001
1997	LVE200001
1998	LVE300001

Model 8560

1989	1001
1990	1501
1991	2001
1992	2331
1993	3325

Model 8570
Plate on right side of engine block.

1993	1001
1994	1551
1995	2591
1996	3001

Model 8630
Differential housing on rear of tractor.

1975	1000
1976	2382
1977	5222
1978	7626

Model 8640
Differential housing on rear of tractor.

1979	1500
1980	3198
1981	5704
1982	7960

Model 8650
Differential housing on rear of tractor.

1982	1500
1983	3000
1984	5001
1985	7001
1986	8001
1987	008501
1988	009001

Model 870

1989	1001
1990	1625
1991	100001
1992	110001
1993	120001
1994	130001
1995	140001
1996	150001
1997	160001
1998	170001

Model 8760

1989	1001
1990	2001
1991	3501
1992	4322
1993	5756

Model 8770
Plate on right side of engine block.

1993	1001
1994	1771
1995	2791
1996	4001

Model 8850
Differential housing on rear of tractor.

1982	2000
1983	4000
1984	5101
1985	6001
1986	6501
1987	007001
1988	007501

Model 8870
Plate on right side of engine block.

1993	1001
1994	1881
1995	2891
1996	5001

Model 8960

1989	1001
1990	1501
1991	2501
1992	2937

Model 8970
Plate on right side of engine block.

1993	1001
1994	1991
1995	2991
1996	6001

Model 9100, 9200

1997	1001
1998	10001

Model 9300, 9400

1997	1001
1998	10001

Model 950
Rear of transmission case below PTO.

1978	1024
1979	5229
1980	10453
1981	14893
1982	16204
1983	18204
1984	20007
1985	23001
1986	26001
1987	28501
1988	30082

Model 955
Plate located below rear PTO shaft.

1990	M010001
1991	M0100001

JOHN DEERE (Cont.)

1992 .... LV100700
1993 .... LV130000
1994 .... LV165001
1995 .... LVC175130
1996 .... LVE190001
1997 .... LVE200001
1998 .... LVE300001

Model 970

1989 001001
1990 001338
1991 100001
1992 110001
1993 120001
1994 130001
1995 140001
1996 150001
1997 160001
1998 170001

Model A Styled
Right side of tractor on main case in distributor or magneto area.

1939 477000
1940 488852
1941 500849
1942 514127
1943 523133
1944 528778
1945 548352
1946 558817
1947 578516
1948 594433
1949 620843
1950 646530
1951 667390
1952 689880

Model A Unstyled
Right side of tractor on main case in distributor or magneto area.

1934 410000
1935 412866
1936 424025
1937 442151
1938 466787

Model AO Styled
Right side of tractor on main case in distributor or magneto area.

1937 .... AO-1000
1938 .... AO-1539
1939 .... AO-1725
1940 .... AO-1801

Model AO, AR Unstyled
Right side of tractor on main case in distributor or magneto area.

1936 250000
1937 253521
1938 255416
1939 257004
1940 258045
1941 260000
1942 261558
1943 262243
1944 263223
1945 264738
1946 265870
1947 267082
1948 268877
1949 270646

Model AR Styled
Right side of tractor on main case in distributor or magneto area.

1949 272000
1950 272985
1951 276078
1952 279772
1953 282551

Model B Styled
Right side of tractor on main case in distributor or magneto area.

1939 60000
1940 81600
1941 98711
1942 126345
1943 143420
1944 152862
1945 173179
1946 183673
1947 199744
1948 215055
1949 237346
1950 258205
1951 276557
1952 299175

Model B Unstyled
Right side of tractor on main case in distributor or magneto area.

1935 1000
1936 12012
1937 27389
1938 46175

Model BR, BO
Right side of tractor on main case in distributor or magneto area.

1936 325000
1937 326655
1938 328111
1939 329000
1940 330633
1941 332039
1942 332427
1943 332780
1944 333156
1945 334219
1946 335641
1947 336746

Model D Styled
Rear of transmission housing.

1939 143800
1940 146566
1941 149500
1942 152840
1943 155005
1944 155426
1945 159888
1946 162598
1947 167250
1948 174879
1949 183516
1950 188420
1951 189701
1952 191180
1953 191439

Model D Unstyled
Rear of transmission housing.

1924 30401
1925 31280
1926 35309
1927 43410
1928 54554
1929 71561
1930 95367
1931 109944
1932 115477
1935 119100
1936 125430
1937 130700
1938 138413

Model G Styled
Right side of tractor on main case in distributor or magneto area.

1943 13000
1944 13748
1945 13905
1946 16694
1947 20527
1948 28127
1949 34587
1950 40761
1951 47194
1952 56510
1953 63489

Model G Unstyled
Right side of tractor on main case in distributor or magneto area.

1938 1000
1939 7734
1940 9321
1941 10489
1942 12059
1943 12941

Model GP (Standard)
Right side of tractor on main case in distributor or magneto area.

1928 200211
1929 202566
1930 216139
1931 224321
1932 228666
1933 229051
1934 229216
1935 230515

Model GP (Wide)
Right side of tractor on main frame in distributor or magneto area.

1929 400000
1930 400936
1931 402040
1932 404810
1933 405110

Model GPO
Right side of tractor on main frame in distributor or magneto area.

1931 15000
1932 15226
1933 15387
1934 15412
1935 15589

Model H
Right side of tractor on main case in flywheel area.

1939 1000
1940 10780
1941 23654
1942 40995
1943 44755
1944 47796
1945 48392
1946 55956
1947 60107

Model L Styled
Rear of differential housing.

1938 625000
1939 626265
1940 630160
1941 634841
1942 640000
1943 640738
1944 641038
1945 641538
1946 641958

Model L Unstyled
Rear of differential housing.

1937 621000
1938 621079

Model LA
Rear of differential housing.

1941 1001
1942 5361
1943 6029
1944 6159
1945 9732
1946 11529

Model M
Instrument panel under ignition switch.

1947 10001
1948 13734
1949 25604
1950 35659
1951 43525
1952 50580

Model MT

1949 10001
1950 18544
1951 26203
1952 35845

Model R
Right side of tractor on main case in distributor or magneto area.

1949 1000
1950 3451
1951 5505
1952 10725
1953 15720
1954 19485

Waterloo Boy L & LA

1914 1000

Waterloo Boy N

1917 10000
1918 10221
1919 13461
1920 18924
1921 27026
1922 27812
1923 28119
1924 29520

Waterloo Boy R

1915 1026
1916 1401
1917 3556
1918 6982
1919 9056

KIOTI

Model LB1714
Forward of the clutch pedal on the transmission housing.

1988 400001
1989 500001
1990 600001
1991 700001
1992 800001
1993 900001

Model LB1914
Forward of the clutch pedal on the transmission housing.

1990 600001
1991 700001
1992 800001
1993 900001

Model LB2202
Forward of the clutch pedal on the transmission housing.

1987 300001
1988 400001
1989 500001
1990 600001
1991 700001
1992 800001
1993 900001

Model LB2204
Forward of the clutch pedal on the transmission housing.

1986 200001
1987 300001
1988 400001
1989 500001
1990 600001
1991 700001
1992 800001
1993 900001

Model LB2214
Forward of the clutch pedal on the transmission housing.

1990 600001
1991 700001
1992 800001
1993 900001

Model LB2614
Forward of the clutch pedal on the transmission housing.

1990 600001
1991 700001
1992 800001
1993 900001

KUBOTA

Model B4200DT

1987 10003
1988 10619
1989 30014
1990 44409
1991 58806
1992 73203

Model B5100DT
Left side of clutch housing.

1976 10001
1977 11031
1978 14661
1979 16477
1980 17255
1981 18360
1982 50001
1983 50880
1984 51639
1985 52249
1986 52554

Model B5100E
Left side of clutch housing.

1977 10001
1978 10196
1979 12014
1980 12788
1981 13524
1982 14568
1983 15959
1984 16847
1985 17321
1986 17795

Model B5200DT

1983 10003
1984 11800
1985 30003
1986 48216
1987 66409
1988 74602
1989 82795
1990 90488
1991 97681
1992 104372

Model B6100D
Left side of clutch housing.

1976 10001
1977 13181
1978 18781
1979 25699
1980 30108
1981 32873

1982	50001
1983	51152
1984	51844
1985	52075

Model B6100E
Left side of clutch housing.

1976	10001
1977	10051
1978	10801
1979	12987
1980	15287
1981	16911
1982	17923
1983	18815
1984	18823

Model B6100HSD

1980	10001
1981	30001
1982	50001
1983	51127
1984	52253
1985	52853
1986	53456

Model B6100HSE

1981	10001
1982	10886
1983	11140
1984	11396
1985	11650
1986	11904

Model B6100HST
Left side of clutch housing.

1980-1981	10002
1982	50001
1983	51127
1984	52253
1985	52853
1986	53456

Model B6100HST-E
Left side of clutch housing.

1981	10002
1982	10886
1983	11140
1984	11396
1985	11650
1986	11904

Model B6200DGP

1983	50001
1984	50972
1985	51943
1986	52916
1987	53886
1988	54856

Model B6200E

1983	10001
1984	11022
1985	20183
1986	29344
1987	38505
1988	49666

Model B6200EGP

1983	10001
1984	11022
1985	20183
1986	29344
1987	38505
1988	49666

Model B6200HSD

1983	50001
1984	50972
1985	51943
1986	52916
1987	53886
1988	54856

Model B7100D
Left side of clutch housing.

1976	10001
1977	13931
1978	36646
1979	54221
1980	64448
1981	70678
1982	74217
1983	76009
1984	77309
1985	78435

Model B7100DT

1976	10001
1977	13931
1978	36646
1979	54221
1980	64448
1981	70678
1982	74217
1983	76009
1984	77309
1985	78435

Model B7100HST-D
Left side of clutch housing.

1980	10001
1981	10890
1982	50001
1983	51993
1984	53662
1985	54897
1986	56132

Model B7100HST-E
Left side of clutch housing.

1980	10001
1981	11035
1982	11501
1983	12008
1984	12669
1985	12958
1986	13246

Model B7200DT

1983	50001
1984	51740
1985	61210

Model B7200EGP

1983	10001
1984	10908

Model B7200HSD

1984	50001
1985	50867

Model B7200HSE

1984	10001
1985	10619

Model B8200DT

1981	10001
1982	50001
1983	51644
1984	53823
1985	56002
1986	58081
1987	60056

Model B8200E

1981	10001
1982	10483
1983	11070
1984	12025
1985	20329
1986	28631
1987	36432

Model L185
Left side of clutch housing.

1976	10001
1977	10606
1978	12446
1979	12506
1980	12842
1981	13177
1982	13511

Model L185-2
Left side of clutch housing.

1977	5001
1978	51640
1979	53700
1980	55139
1981	56061
1982	56491
1983	56691

Model L185DT-2
Left side of clutch housing.

1977	50001
1978	50651
1979	51656
1980	53004
1981	55139
1982	70001
1983	70062
1984	70102
1985	70142

Model L185F

1976	10001
1977	10606
1978	12446
1979	12506
1980	12842
1981	13177
1982	13511

Model L245
Left side of clutch housing.

1976	10001
1977	10436
1978	13666
1979	13769
1980	13872
1981	13972
1982	14072

Model L245-2
Left side of clutch housing.

1977	50001
1978	51001
1979	51440
1980	52878
1981	54028
1982	54932
1983	55728

Model L245DT
Left side of clutch housing.

1976	10001
1977	10666
1978	12081
1979	12330
1980	12579
1981	12828
1982	13053
1983	71195
1984	71854
1985	72602

Model L245DT-2
Left side of clutch housing.

1977	50001
1978	51736
1979	56509
1980	59597
1981	62167
1982	70001
1983	71195

Model L285
Left side of clutch housing.

1975	10001
1976	10151
1977	12701
1978	20301
1979	27901
1980	35401
1981	42001
1982	48101

Model L285DT
Left side of clutch housing.

1977	10001
1978	10013
1979	11758
1980	13503
1981	15243
1982	16943

Model L285HF
Left side of clutch housing.

1977	10001
1978	10013
1979	11758
1980	13503
1981	15243
1982	16943

Model L295DT
Left side of clutch housing.

1977	10001
1978	10431
1979	12531
1980	14631
1981	15681
1982	16731

Model L295F
Left side of clutch housing.

1977	10001
1978	10321
1979	10641
1980	10961
1981	11116
1982	11271

Model L305DT
Left side of clutch housing.

1980	10001
1981	10565
1982	50001
1983	50602
1984	50645
1985	50735
1986	50825

Model L305F
Left side of clutch housing.

1980	10001
1981	10327
1982	10521
1983	10715
1984	10940
1985	11176
1986	11412

Model L345DT
Left side of clutch housing.

1979	10001
1980	11121
1981	11914
1982	50001
1983	50602
1984	50645
1985	50735
1986	50841

Model L345F
Left side of clutch housing.

1978	10001
1979	10418
1980	10958
1981	11365
1982	12354
1983	50001
1984	50436
1985	50491
1986	50566

Model M4000
Left side of clutch housing.

1976	10061
1977	10361
1978	11071
1979	10124
1980	10164
1981	11204
1982	11244
1983	11284

Model M4030DT

1985	50001

Model M4030F

1985	10001

Model M4050DT

1981	50002
1981	50002
1982	50004
1982	50004
1983	50297
1983	50297
1984	50500
1984	50500
1985	50648
1985	50648
1986	50798
1987	50948
1988	51088

Model M4050F
Left side of clutch housing.

1981	10001
1982	10004
1983	10547
1984	10792
1985	11192
1986	11592
1987	11992
1988	12392

Model M4500DC

1980	10001
1981	10253
1982	10264
1983	10276
1984	10282
1985	10384
1986	10486

Model M4500DT

1978	10001
1979	10316
1980	11025
1981	11588
1982	12604
1983	12483
1984	50803

Model M4500F

1978	10001
1979	10011
1980	10147
1981	10596
1982	10699
1983	10802
1984	10902
1985	11002
1986	11102

Model M4950DT
Left side of frame.

1980	10001
1981	10006
1982	50001
1983	50053
1984	51001
1985	51289
1986	51577
1987	51867
1988	52157
1989	52447
1990	52723
1991	53013
1992	53293

Model M4950F
Left side of frame.

1980	10001
1981	10041
1982	10095
1983	10136
1984	11001
1985	11167
1986	11333
1987	11501
1988	11671
1989	11841
1990	12011
1991	12181
1992	12351

Model M5030DT

1985	50001

Model M5030F

1985	50001

Model M5500DT
Left side of clutch housing.

1979	10001
1980	10452
1981	10596
1982	10733
1983	10804
1984	50108
1985	50176
1986	50241

Model M5500F
Left side of clutch housing.

1980	10001
1981	10164
1982	10222
1983	50002
1984	50192
1985	50176
1986	53136

Model M5950DT
Left side of frame.

1980	10001
1981	10006
1982	50001
1983	50002
1984	51001

KUBOTA (Cont.)

1985 51239
1986 51239
1987 51477
1988 51711
1989 51951

Model M5950F
Left side of frame.
1980 10001
1981 10005
1982 10045
1983 10085
1984 11001
1985 11092

Model M6030DT
1985 50001

Model M6030F
1985 10001

Model M6950DT
Left side of frame.
1983 10001
1984 10004
1985 50001
1986 50002
1987 50639
1988 50693

Model M6950F
Left side of frame.
1983 10001
1984 10004
1985 10012
1986 10039
1987 10159

Model M7030DT
1985 50001

Model M7030F
1985 10001

Model M7500C
Left side of clutch housing.
1979 10001
1980 10026
1981 10294
1982 10577

Model M7500DT
Left side of clutch housing.
1978 10001
1979 10401
1980 10436
1981 10761
1982 11490
1983 11744
1984 50056
1985 60011
1986 69966

Model M7950DT
Left side of frame.
1983 10001
1984 10009
1985 50001
1986 50103
1987 51847

Model M7950F
Left side of frame.
1983 10001
1984 10004
1985 10011
1986 10080
1987 10130
1988 10196

Model M8030DT
1985 50001

Model M8030F
1985 10001

Model M8950DT
1985 50001
1986 50007
1987 50425

LANDINI

Model DT5830
1985 22201001
1986 22202733
1987 22203556

Model DT6530F
1985 23201001
1986 23201344
1987 .... 232A01754

Model DT6830
1985 22101001
1986 22103628
1987 22104826

Model DT7830
1985 22001001
1986 22001221
1987 22001596

Model DT8550
1985 22500001
1986 22500960
1987 22501218

Model DT8830
1985 22300001
1986 22801652
1987 22302505

Model R5830
1985 12201001
1986 12201921
1987 12202407

Model R6530F
1985 13200001
1986 13200653
1987 .... 132A00912

Model R6830
1985 12101001
1986 12101780
1987 12102301

Model R7830
1985 12000001
1986 12000709
1987 12000911

Model R8530F
1985 14100001
1986 14100021
1987 .... 141B00055

Model R8550
1985 12500001
1986 12500300
1987 12500343

Model R8830
1985 12300001
1986 12300531
1987 12300858

MASSEY FERGUSON

Model MF1010-2
Steering cover below dash.
1982 00101
1983 00613
1984 10901
1985 11727
1986 12471
1987 13902
1988 14433
1989 .... None
1990 14549
1991 14826
1992 14937

Model MF1010-4
Steering cover below dash.
1982 40101
1983 40607
1984 40809
1985 41491
1986 42317
1987 43683
1988 44498
1989 44696
1990 44886
1991 45166
1992 45362

Model MF1010H-2
Steering cover below dash.
1987 13953
1988 14455
1989 14549
1990 14600
1991 14836
1992 15158

Model MF1010H-4
Steering cover below dash.
1987 43640
1988 44370
1989 44696
1990 44907
1991 45175
1992 45545

Model MF1020-2
Steering cover below dash.
1983 00101
1984 00411
1985 00809
1986 01548
1987 02394
1988 02707
1989 02768
1990 02913
1991 03153
1992 03262

Model MF1020-4
Steering cover below dash.
1983 40101
1984 40395
1985 40549
1986 41002
1987 41787
1988 42273
1989 42532
1990 42963
1991 43276
1992 43647

Model MF1020H-2
Steering cover below dash.
1987 02319
1988 02707
1989 02768
1990 02933
1991 03146
1992 03381

Model MF1020H-4
Steering cover below dash.
1987 41709
1988 42343
1989 42641
1990 43016
1991 43264
1992 43694

Model MF1030-2
Left side of clutch housing.
1984 00101
1985 00820
1986 01501
1987 02542
1988 03139
1989 03285
1990 03308
1991 03686
1992 03917

Model MF1030-4
Left side of clutch housing.
1984 40101
1985 40600
1986 41245
1987 42167
1988 42594
1989 42953
1990 43251
1991 43492
1992 44024

Model MF1035-2
Left side of clutch housing.
1986 00100
1987 00315
1988 .... None
1989 00540
1990 00585
1991 00729
1992 00872

Model MF1035-4
Left side of clutch housing.
1986 40100
1987 40377
1988 40691
1989 40936
1990 41058
1991 41223
1992 41388

Model MF1040-2
Left side of clutch housing.
1984 00101
1985 00155
1986 00552

Model MF1040-4
Left side of clutch housing.
1984 40101
1985 40351
1986 40562
1987 40773

Model MF1045-2
Left side of clutch housing.
1986 00100
1987 00234
1988 .... None
1989 .... None
1990 00334
1991 00367
1992 00399

Model MF1045-4
Left side of clutch housing.
1986 40100
1987 40275
1988 40566
1989 40757
1990 41144
1991 41531
1992 41916

Model MF1080
1967 .... 9B10001
1968 .... 9B14693
1969 .... 9B18673
1970 .... 9B23486
1971 .... 9B28238
1972 .... 9B31959

Model MF1085
Left side ahead of instrument panel.
1972 .... 9B36563
1973 .... 9B36841
1974 .... 9B42685
1975 .... 9B50494
1976 .... 9B58735
1977 .... 9B66276
1978 .... 9B74241
1979 .... 9B76058

Model MF1100
Right side forward of transmission.
1965 650000174
1966 650001997
1967 650005482
1967 late 9B10001
1968 .... 9B14693
1969 .... 9B18673
1970 .... 9B23486
1971 .... 9B28238
1972 .... 9B31959

Model MF1105
Left side ahead of instrument panel.
1972 .... 9B36563
1973 .... 9B36851
1974 .... 9B42685
1975 .... 9B50494
1976 .... 9B58735
1977 .... 9B66276
1978 .... 9B74241
1979 .... 9B76058

Model MF1130
Right side forward of transmission.
1965 651500022
1966 651500082
1967 651501613
1967 late 9B10001
1968 .... 9B14693
1969 .... 9B18673
1970 .... 9B23486
1971 .... 9B28238
1972 .... 9B31959

Model MF1135
Left side ahead of instrument panel.
1972 .... 9B36563
1973 .... 9B36841
1974 .... 9B42685
1975 .... 9B50494
1976 .... 9B58735
1977 .... 9B66276
1978 .... 9B74241
1979 .... 9B76058

Model MF1150
Right side forward of transmission.
1967 .... 9B10001
1968 .... 9B14693
1969 .... 9B18673
1970 .... 9B23486
1971 .... 9B28238
1972 .... 9B31959

Model MF1155
Left side ahead of instrument panel.
1972 .... 9B36563
1973 .... 9B36851
1974 .... 9B42685
1975 .... 9B50494
1976 .... 9B58735
1977 .... 9B66276
1978 .... 9B74241
1979 .... 9B76058

Model MF1160
1992 .... A70101
1993 .... B70101
1994 .... C00101
1995 .... D00101
1996 .... E00101
1997 .... F01001
1998 .... G01001
1999 .... H01001

Model MF1165
1999 .... H01001
2000 .... J01001
2001 .... K01001
2002 .... L01001

Model MF1180
1992 .... A80101
1993 .... B80101
1994 .... C00101
1995 .... D00101
1996 .... E00101
1997 .... F01001
1998 .... G01001
1999 .... H01001

Model MF1190

1992 .... A90101
1993 .... B90101
1994 .... C00101
1995 .... D00101
1996 .... E00101
1997 .... F01001
1998 .... G01001
1999 .... H01001

Model MF1205
1997 .... F01001
1998 .... G01001
1999 .... H01001
2000 .... J01001
2001 .... K01001
2002 .... L01001

Model MF1215
1996 .... E01001
1997 .... F01001
1998 .... G01001
1999 .... H01001
2000 .... J01001
2001 .... K01001
2002 .... L01001

Model MF1220
1995 .... D01001
1996 .... E01001
1997 .... F01001
1998 .... G01001
1999 .... H01001

Model MF1225
1999 .... H01001
2000 .... J01001
2001 .... K01001
2002 .... L01001

Model MF1230, MF1240
1994 .... C01001
1995 .... D01001
1996 .... E01001
1997 .... F01001
1998 .... G01001
1999 .... H01001
2000 .... J01001
2001 .... K01001
2002 .... L01001

Model MF1235
1997 .... F01001
1998 .... G01001
1999 .... H01001
2000 .... J01001
2001 .... K01001
2002 .... L01001

Model MF1250, MF1260
1994 .... C01001
1995 .... D01001
1996 .... E01001
1997 .... F01001
1998 .... G01001
1999 .... H01001
2000 .... J01001
2001 .... K01001
2002 .... L01001

Model MF135
Steering column below instrument panel.
1964 641000003
1965 641004422
1966 641016741
1967 641024446
1967 late 9A1000
1968 .... 9A39836
1969 .... 9A63148
1970 .... 9A87325
1971 .... 9A107597
1972 .... 9A128141
1973 .... 9A152025
1974 .... 9A179544
1975 .... 9A207681

Model MF150
Steering column below instrument panel.
1964 642000003
1965 642000859
1966 642003946
1967 642005474
1967 late 9A1000
1968 .... 9A39836
1969 .... 9A63158
1970 .... 9A87325
1971 .... 9A107597
1972 .... 9A128141
1973 .... 9A152025
1974 .... 9A179544
1975 .... 9A207681

Model MF1500
Left of instrument panel.
1971 .... 9C1000
1972 .... 9C1912
1973 .... 9C2462
1974 .... 9C3025

Model MF1505
Left of instrument panel.
1974 .... 9C3601
1975 .... 9C4227
1976 .... 9C6086
1977 .... 9C7858

Model MF154-2S
Lower right side of instrument console.
1986 13300288
1987 .... 133A00489
1988 .... 133C00645
1989 .... 133C00791

Model MF154-4
Front of instrument console and left rear of center housing casting.
1980 2226706
1981 2227212
1982 2229282
1983 2229927
1984 2210485

Model MF154-4S
Front of instrument console and left rear of center housing casting.
1986 23300755
1987 .... 233A01012
1988 .... 233C01304
1989 .... 233C01511

Model MF165
Steering column below instrument panel.
1964 643000003
1965 643000481
1966 643007763
1967 643014673
1967 late 9A1000
1968 .... 9A39836
1969 .... 9A63158
1970 .... 9A87325
1971 .... 9A107597
1972 .... 9A128141
1973 .... 9A152025
1974 .... 9A179544
1975 .... 9A207681

Model MF174-2S
Front of instrument console and left rear of center housing casting.
1986 13200653
1987 .... 132A00912
1988 .... 132C01178
1989 .... 132C01413

Model MF174-4S
Front of instrument console and left rear of center housing casting.
1986 23201344
1987 .... 232A01754
1988 .... 232C02271
1989 .... 232C02679

Model MF175
Steering column below instrument panel.
1964 644000001
1965 644001494
1966 644003041
1967 .... 9A1000
1968 .... 9A39836
1969 .... 9A63158
1970 .... 9A87325
1971 .... 9A107597
1972 .... 9A128141
1973 .... 9A152025
1974 .... 9A179544
1975 .... 9A207681

Model MF180
Steering column below instrument panel.
1965 645000007
1966 645002423
1967 645004713
1967 late 9A1000
1968 .... 9A39836
1969 .... 9A63158
1970 .... 9A87325
1971 .... 9A107597
1972 .... 9A128141
1973 .... 9A152025
1974 .... 9A179544
1975 .... 9A207681

Model MF1800
Top of cab plenum chamber.
1971 .... 9C1000
1972 .... 9C1912
1973 .... 9C2462
1974 .... 9C3025

Model MF1805
Left of instrument panel.
1974 .... 9C3601
1975 .... 9C4227
1976 .... 9C6086
1977 .... 9C7858
1978 .... 9C8810

Model MF184-4
Front of instrument console and left rear of center housing casting.
1976 22000001
1977 22000930
1978 22001860
1979 22002789
1980 22003890
1981 22046000

Model MF194-2F
Lower right side of instrument console.
1986 14000014
1987 .... 140D00024
1988 .... 140D00037
1989 .... 140D00062

Model MF194-4F
Lower right side of instrument console.
1986 24000129
1987 .... 240D00382
1988 .... 240D00925
1989 .... 240D01456

Model MF205
Steering column below instrument panel.
1978 00101
1979 00315
1980 00683
1981 01512
1982 01966
1983 02159
1984 02337

Model MF205-4
Steering column below instrument panel.
1979 00101
1980 00677
1981 00916
1982 01390
1983 01440
1984 01516

Model MF210
Steering column below instrument panel.
1978 00101
1979 00961
1980 01711
1981 02700
1982 03892
1983 04231
1984 04902

Model MF210-4
Steering column below instrument panel.
1979 00101
1980 00711
1981 00764
1982 01595
1983 01915
1984 02209

Model MF220
Steering column below instrument panel.
1978 00101
1979 00300
1980 00552
1981 00750
1982 01339
1983 01458
1984 01708

Model MF220-4
Steering column below instrument panel.
1979 00101
1980 00520
1981 00868
1982 01673
1983 01981
1984 02163

Model MF2210, MF2220
1999 .... H01001
2000 .... J01001

Model MF230
Steering column below instrument panel.
1974 .... 9A202190
1975 .... 9A207681
1976 .... 9A232539
1977 .... 9A254045
1978 .... 9A276935
1979 .... 9A296946
1980 .... 9A326169
1981 .... 9A339343
1982 .... 9A350584
1983 .... 9A354679

Model MF231
Lower right side of instrument console.
1989 .... P17001
1990 .... Q01001
1990 .... R01001
1991 .... S01001
1992 .... A01001
1993 .... B01001
1994 .... C01002
1995 .... D01001
1996 .... E01001
1997 .... F01001
1998 .... G01001
1999 .... H01001
2000 .... J01001
2001 .... K01001
2002 .... L01001
2003 .... M01001

Model MF235
Lower left side of instrument console.
1972 .... 9A128141
1973 .... 9A152025
1974 .... 9A179544
1975 .... 9A207681
1976 .... 9A232539

Model MF240
Lower right side of instrument console.
1983 524172
1984 552016
1985 557882
1986 562369
1987 .... V01001
1988 .... N01001
1989 .... P01001
1990 .... R01001
1991 .... S01001
1992 .... A01001
1993 .... B01001
1994 .... C01001
1995 .... D01001
1996 .... E01001
1997 .... F01001
1998 .... G01001
1999 .... H01001

Model MF243
1999 .... H01001
2000 .... J01001
2001 .... K01001
2002 .... L01001
2003 .... M01001

Model MF245
Steering column below instrument panel.
1974 .... 9A202190
1975 .... 9A207681
1976 .... 9A232539
1977 .... 9A254045
1978 .... 9A276935
1979 .... 9A296946
1980 .... 9A326169
1981 .... 9A339343
1982 .... 9A350584
1983 .... 9A354679

Model MF250
Lower right side of instrument console.
1983 621838
1984 624021
1985 627250
1986 629926
1987 632601

Model MF253
Lower right side of instrument console.
1988 .... N01001
1989 .... P01001
1990 .... R01001
1991 .... S01001
1992 .... A01001
1993 .... B01001
1994 .... C01001
1995 .... D01001
1996 .... E01001
1997 .... F01001
1998 .... G01001
1999 .... H01001

Model MF254-4
1982 2229282
1983 2229927
1984 22210485
1985 22201750
1986 22202733
1987 22203556
1988 22204689

Model MF255, MF265
Steering column below instrument panel.
1974 .... 9A202190
1975 .... 9A207681
1976 .... 9A232539
1977 .... 9A254045
1978 .... 9A276935
1979 .... 9A296946
1980 .... 9A326169
1981 .... 9A339343
1982 .... 9A350584
1983 .... 9A354679

Model MF261
Steering column below instrument panel.
1992 .... A22001
1993 .... B01001
1994 .... C01001
1995 .... D01001
1996 .... E01001
1997 .... F01001
1998 .... G01001
1999 .... H01001

Model MF263
1998 .... G01001
1999 .... H01001
2000 .... J01001
2001 .... K01001
2002 .... L01001
2003 .... M01001

Model MF2640

Right side ahead of instrument panel.
1982 .... S276213
1983 .... B160217
1983 .... K181026

Model MF2675, MF2705, MF2745, MF2775, MF2805
Left side of instrument console.
1976 .... 9R000001
1977 .... 9R000048
1978 .... 9R000602
1979 .... 9R002782
1980 .... 9R007282
1981 .... 9R010307
1982 .... 9R013230
1983 .... 9R013525

Model MF270
Lower right side of instrument console.
1983 286152
1984 287179
1985 288016
1986 288425
1987 288835

Model MF271
1998 .... G01001
1999 .... H01001
2000 .... J01001
2001 .... K01001
2002 .... L01001

Model MF274-4
1982 22111297
1983 22112162
1984 22112828
1985 .... 221N02384
1986 22103628
1987 22104826
1988 22106115

Model MF275
Steering column below instrument panel.
1974 .... 9A202190
1975 .... 9A207681
1976 .... 9A232539
1977 .... 9A254015
1978 .... 9A276935
1979 .... 9A296946
1980 .... 9A326169
1981 .... 9A339343
1982 .... 9A350584
1983 .... 9A354679

Model MF281
1998 .... G01001
1999 .... H01001
2000 .... J01001
2001 .... K01001
2002 .... L01001

Model MF283
1988 00102
1989 01202
1990 .... R01001
1991 02052
1992 .... A01001
1993 .... B01001
1994 .... C01001
1995 .... D01001
1996 .... E01001
1997 .... F01001
1998 .... G01001
1999 .... H01001

Model MF285
Steering column below instrument panel.
1974 .... 9A202190
1975 .... 9A207681
1976 .... 9A232539
1977 .... 9A254045
1978 .... 9A276935
1979 .... 9A296946
1980 .... 9A326169
1981 .... 9A339343
1982 .... 9A350584
1983 .... 9A344679

Model MF290
Lower right side of instrument console.
1983 286453
1984 289947
1985 393422
1986 723909
1987 454396
1988 454983

Model MF294-4
Lower right side of instrument console.
1982 2235938
1983 2236290
1984 2236511
1985 .... 223D00915
1986 22301652
1987 22302505
1988 23303121

Model MF298
Lower right side of instrument console.
1983 702586
1984 703062
1985 703760
1986 704095

Model MF3050
On implement control panel right side of operator.
1986 .... U031001
1987 .... V001001
1988 .... N001001
1989 .... P001001
1990 .... R001001
1991 .... S001001
1992 .... A001001

Model MF3060, MF3070, MF3090
On implement control panel right side of operator.
1986 .... U031001
1987 .... V001001
1988 .... N001001
1989 .... P001001
1990 .... R001001
1991 .... S001001
1992 .... A001001

Model MF3120, MF3140
On implement control panel right side of operator.
1990 .... R001001
1991 .... S001001
1992 .... A001001

Model MF35
1960 203202
1961 211072
1962 223896
1963 237276

Model MF3505
Right side ahead of instrument panel.
1983 .... K241203
1984 .... T101201
1985 .... L101201
1986 .... U031201
1987 .... V001201

Model MF3525
Right side ahead of instrument panel.
1983 .... K241213
1984 .... T101201
1985 .... L101201
1986 .... U031201
1987 .... V001201
1988 .... N001001

Model MF354
1996 .... E01001
1997 .... F01001
1998 .... G01001
1999 .... H01001

Model MF3545
Right side ahead of instrument panel.
1983 .... K242206
1984 .... T101201
1985 .... L101201
1986 .... U031201
1987 .... V001201
1988 .... N001001

Model MF360
Lower right side of steering cover.
1986 .... U01001
1987 .... V01001
1988 .... N01001
1989 .... P01001
1990 .... R01001
1991 .... S01001
1992 .... A01001
1993 .... B01001

Model MF362
Lower right side of steering cover.
1990 .... R01001
1991 .... S01001
1992 .... A01001
1993 .... B01001
1994 .... C01001
1995 .... D01001
1996 .... E01001
1997 .... F01001
1998 .... G01001
1999 .... H01001

Model MF3630, MF3650
On implement control panel right side of operator.
1987 .... V001001
1988 .... N001001
1989 .... P001001
1990 .... R001001
1991 .... S001001
1992 .... A001001

Model MF364S, MF384S
Right side of instrument console.
1989 .... P01001
1990 .... R01001
1991 .... S01001
1992 .... A01001
1993 .... B01001
1994 .... C01001
1995 .... D01001
1996 .... E01001
1997 .... F01001
1998 .... G01001

Model MF3660
On implement control panel right side of operator.
1990 .... R001001
1991 .... S001001
1992 .... A001001

Model MF3680
On implement control panel right side of operator.
1988 .... N293001
1989 .... P001001
1990 .... R001001
1991 .... S001001
1992 .... A001001

Model MF374S, MF394S
Right side on instrument console.
1989 .... P01001
1990 .... R01001
1991 .... S01001
1992 .... A01001
1993 .... B01001
1994 .... C01001
1995 .... D01001
1996 .... E01001
1997 .... F01001
1998 .... G01001
1999 .... H01001

Model MF375
Lower right side of steering cover.
1987 .... V01001
1988 .... N01001
1989 .... P01001
1990 .... R01001
1991 .... S01001
1992 .... A01001
1993 .... B01001
1994 .... C01001
1995 .... D01001
1996 .... E01001
1997 .... F01001
1998 .... G01001
1999 .... H01001

Model MF383
Lower right side of steering cover.
1987 .... V01001
1988 .... N01001
1989 .... P01001
1990 .... R01001
1991 .... S01001
1992 .... A01001
1993 .... B01001
1994 .... C01001
1995 .... D01001
1996 .... E01001
1997 .... F01001
1998 .... G01001

Model MF390
Lower right side of steering cover.
1987 .... V01001
1988 .... N01001
1989 .... P01001
1990 .... R01001
1991 .... S01001
1992 .... A01001
1993 .... B01001
1994 .... C01001
1995 .... D01001
1996 .... E01001
1997 .... F01001
1998 .... G01001
1999 .... H01001

Model MF390T
Lower right side of steering cover.
1989 .... P01001
1990 .... R01001
1991 .... S01001
1992 .... A01001
1993 .... B01001
1994 .... C01001
1995 .... D01001
1996 .... E01001
1997 .... F01001
1998 .... G01001
1999 .... H01001

Model MF393
1992 .... A01001
1993 .... B01001
1994 .... C01001
1995 .... D01001
1996 .... E01001
1997 .... F01001
1998 .... G01001
1999 .... H01001

Model MF396
Lower right side of steering cover.
1992 .... A01001
1993 .... B01001
1994 .... C01001
1995 .... D01001
1996 .... E01001
1997 .... F01001
1998 .... G01001
1999 .... H01001

Model MF398
Lower right side of steering cover.
1987 .... V01001
1988 .... N01001
1989 .... P01001
1990 .... R01001
1991 .... S01001
1992 .... A01001
1993 .... B01001
1994 .... C01001
1995 .... D01001
1996 .... E01001
1997 .... F01001

Model MF399
Lower right side of steering cover.
1987 .... V01001
1988 .... N01001
1989 .... P01001
1990 .... R01001
1991 .... S01001
1992 .... A01001
1993 .... B01001
1994 .... C01001
1995 .... D01001
1996 .... E01001
1997 .... F01001
1998 .... G01001
1999 .... H01001

Model MF4225, MF4235
1998 .... G01001
1999 .... H01001
2000 .... J01001
2001 .... K01001

Model MF4233
1999 .... H01001
2000 .... J01001

Model MF4243
1998 .... G01001
1999 .... H01001
2000 .... J01001

Model MF4245, MF4255
1998 .... G01001
1999 .... H01001
2000 .... J01001
2001 .... K01001

Model MF4253, MF4263
1998 .... G01001
1999 .... H01001
2000 .... J01001
2001 .... K01001

Model MF4270
1998 .... G01001
1999 .... H01001
2000 .... J01001
2001 .... K01001

Model MF4325, MF4335
2002 .... L01001
2003 .... M01001

Model MF4345, MF4355
2002 .... L01001
2003 .... M01001

Model MF4360, MF4370
2002 .... L01001
2003 .... M01001

Model MF4800, MF4840, MF4880 & MF4900
Right rear of cab.
1978 .... 9D001001
1979 .... 9D001008
1980 .... 9D002102
1981 .... 9F002752
1982 .... 9D003515
1983 .... 9D003897
1984 .... 9D004196
1985 .... 9D004446
1986 .... 9D004826
1987 .... 9D005476
1988 .... 9D006241

Model MF50
Plate on instrument panel.
1957 510764
1958 515708
1959 522693
1960 528163
1961 528419
1962 530416
1963 533851
1964 536063

Model MF5435, MF5445
2004 .... N000001
2005 .... P000001
2006 .... R000001
2007 .... S000001

Model MF5455, MF5465
2004 .... N000001
2005 .... P000001

2006	R000001
2007	S000001

Model MF5460

2004	N000001
2005	P000001
2006	R000001
2007	S000001

Model MF5465

2006	R000001
2007	S000001

Model MF6150, MF6170, MF6180

1995	D01001
1996	E01001
1997	F01001
1998	G01001
1999	H01001

Model MF6245

1999	H01001
2000	J01001
2001	K01001

Model MF6255, MF6265

1999	H01001
2000	J01001
2001	K01001
2002	L01001
2003	M01001

Model MF6270, MF6280, MF6290

1999	H01001
2000	J01001
2001	K01001
2002	L01001
2003	M01001

Model MF6465, MF6475

2004	N000001
2005	P000001
2006	R000001
2007	S000001

Model MF6480, MF6490

2004	N000001
2005	P000001
2006	R000001
2007	S000001

Model MF6485, MF6495

2004	N000001
2005	P000001
2006	R000001
2007	S000001

Model MF6497

2007	S000001

Model MF65

Right side of instrument panel.

1958	650001
1959	661164
1960	671379
1961	680210
1962	685370
1963	693040
1964	701057

Model MF670

Left of clutch pedal on plate on side of instrument panel shroud.

1983	B207021
1983	K183027
1984	T101001
1985	L101001
1986	U031001

Model MF690

Left of clutch pedal on plate on side of instrument panel shroud.

1983	K181026
1983	B197022
1984	T101001
1985	L101001
1986	U031001
1987	V034001

Model MF698

Left of clutch pedal on plate on side of instrument panel shroud.

1983	K186009
1983	B201031
1984	T101001
1985	L101001
1986	U031001

Model MF699

Left of clutch pedal on plate on side of instrument panel shroud.

1984	T101001
1985	L101001
1986	U031001
1987	V034001

Model MF7465, MF7475

2004	N000001
2005	P000001
2006	R000001
2007	S000001

Model MF7480, MF7490

2004	N000001
2005	P000001
2006	R000001
2007	S000001

Model MF7485, MF7495

2004	N000001
2005	P000001
2006	R000001
2007	S000001

Model MF8120, MF8140

1995	D01001
1996	E01001
1997	F01001
1998	G01001
1999	H01001

Model MF8220, MF8240, MF8245

1999	H01001
2000	J01001
2001	K01001
2002	L01001
2003	M01001

Model MF8250, MF8260, MF8270, MF8280

1999	H01001
2000	J01001
2001	K01001
2002	L01001
2003	M01001

Model MF8450, MF8460

2004	N000001
2005	P000001
2006	R000001
2007	S000001

Model MF8470, MF8480

2004	N000001
2005	P000001
2006	R000001
2007	S000001

Model MF85

Right side of battery box.

1958	800001
1959	800048
1960	804355
1961	807750
1962	808564
1963	1001
1964	1353
1965	1775
1966	1995

Model MF88

Right side of battery box.

1959	880001
1960	881453
1961	882229
1962	882496

Model MF90

Right side of battery box.

1962	810000
1963	813170
1964	816113
1965	819342
1966	0001
1967	0305
1968	0501
1969	0840
1970	1101
1971	1632

Model MF90WR

1962	885000
1963	835870
1964	886829
1965	888238

Model MF97

1962	25200001
1963	25200506
1964	25202005
1965	25203504

MASSEY HARRIS

Model 101 Jr.

Rear left side of frame forward of transmission case.

1939	375001
1940	377928
1941	379500
1942	379815
1943	379855
1944	380641
1945	382569
1946	384288

Model 101 Sr. Row Crop

Rear left side of frame forward of transmisssion case.

1938	255001
1939	256085
1940	257281
1941	258769
1942	259762
1943	260430
1944	260796
1945	263020
1945	270001
1946	270145

Model 101 Sr. Standard

Rear left side of frame forward of transmission case.

1938	355001
1939	355603
1940	356792
1941	358188
1942	358869
1943	358975
1944	359458
1945	360927
1946	362520

Model 102 Jr. Row Crop

Rear left side of frame forward of transmission case.

1939	387001
1940	387031
1941	387127
1942	387419
1943	387601
1944	387844
1945	388240
1946	388995

Model 102 Jr. Standard

Rear left side of frame forward of transmission case.

1939	385001
1940	385204
1941	385450
1942	386099
1943	386662
1944	390001
1945	390994
1946	391913

Model 102 Sr.

Rear left side of frame forward of transmission case.

1941	365001
1942	365202
1943	366062
1944	366183
1945	367535

Model 20 Row Crop

1946	1001
1947	1580
1948	3584

Model 20 Standard

1947	1001
1948	2230

Model 201

Rear left side of frame forward of transmission case.

1940	91201
1941	91704

Model 202

Left side of main frame.

1941	95001
1942	95224
1943	95444
1944	95654

Model 203

Left side of main frame.

1940	95001
1941	95002
1942	95182
1943	95202
1944	95223
1945	95259
1946	95295
1947	95338

Model 20K Row Crop

1947	1001
1948	1354

Model 20K Standard

1947	1001
1948	2230

Model 21 Colt

Rear left side of frame forward of transmission case.

1952	1001
1953	1417
1954	2629
1955	4256
1956	5886
1957	7511

Model 22 Row Crop

Rear left side of frame forward of transmission case.

1948	1001
1949	2096
1950	4580
1951	7624
1952	10145
1953	20046
1954	20585
1955	28705

Model 22 Standard

Rear left side of frame forward of transmission case.

1948	1001
1949	1542
1950	3208
1951	4533
1952	5717
1953	20046
1954	20585
1955	24375

Model 22K Row Crop

Rear left side of frame forward of transmission case.

1948	1001
1949	1154
1950	1488
1951	1570
1952	1748
1953	20001
1954	20585
1955	28705

Model 22K Standard

Rear left side of frame forward of transmission case.

1948	1001
1949	1317
1950	1488
1951	1570
1952	1748
1953	20001
1954	20585
1955	28705

Model 23 Mustang

Rear left side of frame forward of transmission case.

1952	1001
1953	1666
1954	4346
1955	4553
1956	4773

Model 30 Row Crop

Rear left side of frame forward of transmission case.

1946	1001
1947	1002
1948	3386
1949	6825
1950	9345
1951	13816
1952	17934
1952	30001
1953	30596

Model 30 Standard

Rear left side of frame forward of transmission case.

1946	1001
1947	1002
1948	2120
1949	3194
1950	5368
1951	7491
1952	8696
1952	30001
1953	30596

Model 30K Row Crop

Rear left side of frame forward of transmission case.

1947	1001
1948	1225
1949	2010
1950	2393
1951	2719
1952	30001
1953	30596

Model 30K Standard

Rear left side of frame forward of transmission case.

1947	1001
1948	1894
1949	3251
1950	3531
1951	3861
1952	30001
1953	30596

Model 33

Rear left side of frame forward of transmission case.

1952	1001
1953	2055
1954	6617
1955	9782

Model 333

Rear left side of frame forward of transmission case.

1956	20001
1957	22649
1958	22950

Model 44 Row Crop

Rear left side of frame forward of transmission case.

1947 1002
1948 2048
1949 5312
1950 13828
1951 21815
1952 31275
1953 43700
1954 51364
1955 58067

Model 44 Special
Rear left side of frame forward of transmission case.
1946 1001
1947 1141
1948 1871
1949 4528
1950 9581
1951 13726
1952 40001
1952 17059
1953 50001
1954 51364
1955 58067

Model 44 Standard
Rear left side of frame forward of transmission case.
1946 1001
1947 1141
1948 1871
1949 4528
1950 9581
1951 13726
1952 17059
1953 43700
1954 51364
1955 58067

Model 44-6 Row Crop
Rear left side of frame forward of transmission case.
1947 1002
1948 2983
1949 4755
1950 5255
1951 5509

Model 44-6 Standard
Rear left side of frame forward of transmission case.
1947 1001
1948 2001
1949 2601
1950 2730

Model 444
Rear left side of frame forward of transmission case.
1956 70001
1957 73989
1958 22950

Model 44D Row Crop
Rear left side of frame forward of transmission case.
1949 1001
1950 1004
1951 2483
1952 4704
1953 43700
1954 51364
1955 58067

Model 44D Standard
Rear left side of frame forward of transmission case.
1948 1001
1949 1023
1950 2180
1951 3989
1952 5639
1953 43700
1954 51364
1955 58067

Model 44K Row Crop
Rear left side of frame forward of transmission case.
1947 1001
1948 1079
1949 1856
1950 2599
1951 3329
1952 4001
1953 43700
1954 51364
1955 58067

Model 44K Standard
Rear left side of frame forward of transmission case.
1947 1001
1948 1441
1949 3598
1950 4827
1951 6019
1952 6787
1953 43700
1954 51364
1955 58067

Model 55
Rear left side of frame forward of transmission case.
1946 1001
1947 1116
1948 2132
1949 3581
1950 5468
1951 6399
1952 10001
1953 13017
1954 15299
1955 17059

Model 555
Rear left side of frame forward of transmission case.
1955 20001
1956 20133
1957 21133
1958 22950

Model 55D
Rear left side of frame forward of transmission case.
1949 1001
1950 1022
1951 2058
1952 2822
1953 13017
1954 15299
1955 17059

Model 55K
Rear left side of frame forward of transmission case.
1946 1001
1947 1013
1948 1554
1949 3033
1950 4078
1951 4808
1952 5503
1953 13017
1954 15299
1955 17059

Model 81 Row Crop
Rear left side of frame forward of transmission case.
1941 400001
1942 403168
1943 403211
1944 403354
1945 403364
1946 403464
1947 403564
1948 404664

Model 81 Standard
Rear left side of frame forward of transmission case.
1941 425001
1942 425678
1943 425717
1944 425757
1945 425780
1946 426803

Model 82 Row Crop
Rear left side of frame forward of transmission case.
1941 420001
1942 420055
1943 420128
1944 420201
1945 420274
1946 420307

Model 82 Standard
Rear left side of frame forward of transmission case.
1941 435001
1942 435279
1943 435452
1944 435455
1945 435458
1946 435738

Model MH11 Pony
Right side of front frame.
1947 .... PGA1001
1948 .... PGA1382
1949 .... PGA5501
1950 .... PGA10817
1951 .... PGA13591
1952 .... PGA17994
1953 20571
1954 23149
1955 25727
1956 28305
1957 30883

Model MH16 Pacer
1954 50001
1955 51613
1956 53212
1957 54724

Model MH50
1955 500001
1956 500473

MINNEAPOLIS-MOLINE

Model 1050 LP
Side of transmission case.
1969 43000001
1970 43000041
1971 43000061
1972 43000106

Model 335 Universal
Side of transmission case.
1957 11600001
1958 11600302
1959 11600307

Model 335 Utility
Side of transmission case.
1956 10400001
1957 10400102
1958 10402088
1959 10402337
1960 10402440
1961 10402490

Model 445 Diesel Utility
Side of transmission case.
1959 15400001
1960 15400018

Model 445 Universal
Side of transmission case.
1956 10100001
1957 10102855
1958 10104126
1959 10104805

Model 445 Utility
Side of transmission case.
1956 10200001
1957 10201446
1958 10202102
1959 10202243

Model 5 Star Diesel Standard
Side of transmission case.
1958 14500001
1959 14500166
1960 14500189

Model 5 Star Diesel Universal
Side of transmission case.
1957 14400001
1958 14400204
1959 14400786
1960 14401296

Model 5 Star Standard
Side of transmission case.
1958 11200001
1959 11200212
1960 11800022

Model 5 Star Universal
Side of transmission case.
1957 11000001
1958 11001058
1959 11002068
1960 11700060
1961 18900041

Model A4T-1600 Diesel
1970 45600001
1971 45600188
1972 45600701

Model A4T-1600 LP
1970 45700001
1971 45700127
1972 45700198

Model BF
Right frame rail.
1950 .... R500
1951 .... R1839
1952 .... R4460
1953 57900001
1954 57900601
1955 57900769
1956 57900938
1957 57901106

Model BFD
1953 57700001
Last Number 57700358

Model BFH
1953 58000001
Last Number 58000150

Model BFS
1953 57600001
Last Number 57600047

Model BFW
1953 6538
Last Number....... R7571

Model BG
Right frame rail.
1950 500
1951 1839
1952 4460
1953 6538
1953 57900001
1954 57900601
1955 57900769
1956 57900938

Model G1000 Diesel Row Crop
Side of transmission case.
1965 30600001
1966 30600501
1967 30601126
1968 30601286

Model G1000 Row Crop
Side of transmission case.
1965 30500001
1966 30500451
1967 30500927
1968 30501042

Model G1000 Vista
Side of transmission case.
1967 34500011

Model G1000 Vista D
Side of transmission case.
1968 34600016
1969 34600736
1970 34601186

Model G1000 Vista LP
Side of transmission case.
1967 34500011
1968 34500291
1969 34500391
1970 34500791

Model G1000 Wheatland
Side of transmission case.
1966 32600001
1967 32600516
1968 32600651
1969 .... None
1970 32600653

Model G1000 Wheatland D
Side of transmission case.
1966 32700001
1967 32700734
1968 32701451
1969 .... None
1970 32701775

Model G1050 Diesel
Side of transmission case.
1969 43100001
1970 43100286
1971 43100416

Model G1050LP
Side of transmission case.
1969 43000001
1970 43000041
1971 43000061
1972 43000106

Model G1350 Diesel
Side of transmission case.
1970 43300001
1971 43300043
1972 43300254

Model G1350 LP
Side of transmission case.
1971 43200045
1972 43200098

Model G1350 Row Crop LP
Side of transmission case.
1969 43200001
1970 43200023

Model G1355
Side of transmission case.
1972 236442
1973 237875
1974 245258

Model G704
Side of transmission case.
1962 23400001

Model G704 Diesel
Side of transmission case.
1962 23500001

Model G705
Side of transmission case.
1962 23800001
1963 23800079
1964 23800591
1965 23801093

Model G705 Diesel
Side of transmission case.
1962 23900001
1963 23900051
1964 23900899
1965 23901869

Model G706
Side of transmission case.
1962 24000001
1963 24000073
1964 24000306
1965 24000351

Model G706 Diesel
Side of transmission case.
1962 24100001
1963 24100107
1964 24100550
1965 24100796

Model G707
Side of transmission case.
1965 31200001

Model G707 Diesel
Side of transmission case.
1965 31300001

Model G708
Side of transmission case.
1965 31400001

Model G708 Diesel
Side of transmission case.
1965 31500001

Model G900
Side of transmission case.
1967 33000001
1968 33000111
1969 33000548

Model G900 Diesel
Side of transmission case.
1967 33100001
1968 33100317
1969 33101377

Model G900 LP
Side of transmission case.
1969 36300001

Model G950 Diesel
Side of transmission case.
1969 43600001
1970 43600211
1971 43600416
1972 43600830

Model G950 LP
Side of transmission case.
1969 43500001
1970 43500061
1971 43500086

Model G955
Side of transmission case.
1973 239825
1974 244559

Model GB
Side of transmission case.
1955 08900001
1956 08901501
1957 08902602
1958 08903402
1959 08904252

Model GBD
Side of transmission case.
1955 09000001
1956 09000851
1957 09001526
1958 09002146
1959 09002656

Model GT
Side of transmission.
1938 160001
1939 160077
1940 160580
1941 160879

Model GTA
Side of transmission case.
1942 162001
1943 162301
1944 162303
1945 162660
1946 162870
1947 163220

Model GTB
Side of transmission case.
1947 164001
1948 0164800001
1949 0164900001
1950 016500001
1951 01601864
1952 01603397
1953 01604890
1954 01605973

Model GTBD
Side of transmission case.
1953 06800001
1954 06800002

Model GTC
Side of transmission case.
1951 04700001
1952 04700019
1953 04700677

Model GVI
Side of transmission case.
1959 16000002
1960 16000877
1961 16001676
1962 16002033

Model GVI Diesel
Side of transmission case.
1959 16200001
1960 16200806
1961 16201891
1962 16202961

Model Jet Star
Side of transmission case.
1959 16500001
1960 16500285
1961 16500835
1962 16501702

Model Jet Star 2
Side of transmission case.
1963 25800001

Model Jet Star 2 Diesel
Side of transmission case.
1963 25700001

Model Jet Star 3
Side of transmission case.
1964 28300001
1965 28301001
1966 28300002
1967 28302895
1968 28304156
1969 28304801
1970 28305086

Model Jet Star 3 Diesel
Side of transmission case.
1964 28400001
1965 28400051
1966 28400201
1967 28400386
1968 28400464
1969 28400527
1970 28400602

Model Jet Star Diesel
Side of transmission case.
1960 17500011
1961 17500061
1962 17500136

Model M5
Side of transmission case.
1960 17100001
1961 17101536
1962 17103496
1963 17104708

Model M5 Diesel
Side of transmission case.
1960 17200001
1961 17201041
1962 17202000
1963 17202507

Model M504
Side of transmission case.
1962 24300001

Model M504 Diesel
Side of transmission case.
1962 24200001
1963 24200021

Model M602
Side of transmission case.
1963 26600001
1964 26601276

Model M602 Diesel
Side of transmission case.
1963 26700001
1964 26700743

Model M604
Side of transmission case.
1963 26800001
1964 26800051

Model M604 Diesel
Side of transmission case.
1963 26900001
1964 26900051

Model M670
Side of transmission case.
1964 29900001
1965 29900007
1966 29901892
1967 29903580
1968 29904455
1969 29904595
1970 29905005

Model M670 Diesel
Side of transmission case.
1964 30000001
1965 30000005
1966 30000820
1967 30001635
1968 30002310
1969 30002570
1970 30002861

Model RT
Side of transmission case.
1939 400001
1940 402201
1941 405576
1942 407951
1943 408826
1944 409358
1945 410748
1946 413755
1947 416545
1948 0014800001
1948 0044800001
1948 0034800001
1949 0024900001
1949 0034900001
1949 0044900001
1949 0014900001

Model RTE
Side of transmission case.
1948 044800001
1949 044900001
1950 0045000001
1951 00400205
1952 00400282
1953 00400283
Last Number 00400287

Model RTN
Side of transmission case.
1948 0034800001
1949 0034900001
1950 0035000001
1951 00300094
Last Number 00300173

Model RTS
Side of transmission case.
1949 0024900001
1950 0025000001
1951 00200301
1952 00200402
1953 00200552
Last Number 00200701

Model RTU
Side of transmission case.
1948 0014800001
1949 0014900001
1950 0015000001
1951 00102156
1952 00103973
1953 .... N/A
1954 00104824
Last Number 00104831

Model U & UT
Side of transmission case.
1938 310026
1939 310626
1940 312451
1941 314893
1942 316501
1943 317702
1944 318163
1945 321102
1946 325231
1947 329752
1948 337418
Last Number 339682

Model U302
Side of transmission case.
1964 27600001
1965 27601001
1966 27601301
1967 27602301
1968 27602360
1969 27602760
1970 27602860

Model U302 Diesel
Side of transmission case.
1967 27700001
1968 27700101
1969 27700151
1970 27700165

Model UB Special
Side of transmission case.
1955 09700001
Last Number 09701475

Model UBD Special
Side of transmission case.
1955 09800001
1956 09800301
1957 09800465
Last Number 09800521

Model UBE
Side of transmission case.
1953 05900001
1954 05900897
1955 05901069
Last Number 05901421

Model UBED
Side of transmission case.
1954 07000001
1955 07000232
Last Number 07000362

Model UBG
Side of transmission case.
1953 05900001

Model UBN
Side of transmission case.
1953 06000001
1954 06000203
1955 06000208
Last Number 06000241

Model UBND
Side of transmission case.
1953 06000001
1954 06000203

Model UBU
Side of transmission case.
1953 05800001
1954 05802913
1955 05804003
Last Number 05805077

Model UBUD
Side of transmission case.
1954 07800001
1955 07800747
Last Number 07801041

Model UDS & UTSD
Side of transmission case.
1952 05000001
1953 05000010
1954 05000019
1955 05000955
1956 05002105

Model UDU
Side of transmission case.
1952 04900001
1953 04900002
Last Number 04900030

Model UTC
Side of transmission case.
1948 0154800001
1949 0154900001
1950 0155000001
1951 01500101
1952 01500181
1953 01500201
1954 10500266
1954 08800001
1955 08800061
Last Number 08800110

Model UTE
Side of transmission case.
1951 04300001
1952 04300112
1953 04300262
Last Number 04300265

Model UTN
Side of transmission case.
1950 0385000001
1951 03800102
1952 03800205
Last Number 03800354

Model UTS
Side of transmission case.
1948 0124800001
1949 0124900001
1950 0125000001
1951 01203851
1952 01207139
1953 01210571
1954 01213220
1955 01213326
1956 01214126
1957 01215101

Model UTSD-M
Side of transmission case.
1955 05001155
1956 10600001
1957 10800246
1958 10800391

Model UTU
Side of transmission case.
1948 0114800001
1949 0114900001
1950 0115000001
1951 01105384
1952 01110118
1953 01113449
1954 01113450
1955 01113454

Model V
Side of transmission case.
1947 .... 1V144
1948 .... 2V577
1949 .... 4V490
1950 .... 5V501
1951 .... 6V207
1952 .... 6V422
Last Number....... 7V271

Model ZAE
Side of transmission case.
1949 0094900001
1950 0095000001
1951 00900374
1952 00900577
1953 00900998
1954 06300001
1955 06300076
1956 06300307
Last Number 00901122

Model ZAN
Side of transmission case.
1949 0084900001
1950 0085000001
1951 00800239
1952 00800443
1953 00800619
Last Number 00800620

Model ZAS
Side of transmission case.
1949 0074900001
1950 0075000001
1951 00700481
1952 00701286
1953 00701911
Last Number 00702610

Model ZAU
Side of transmission case.
1949 0064900001
1950 0065000001
1951 00605436

MINNEAPOLIS-MOLINE (Cont.)

1952 00609940
Last Number 00614658

Model ZBE
Side of transmission case.
1953 06300001
1954 06300076
1955 06300307
Last Number 06300501

Model ZBN
Side of transmission case.
1954 06400001
1955 06400073
Last Number 06400106

Model ZBU
Side of transmission case.
1953 06200001
1954 06200958
1955 06202480
Last Number 06203059

Model ZM
Side of transmission case.
1953 07600001
1954 07600018

Model ZTN & ZTU
Side of transmission case.
1936 560001
1937 560038
1938 562975
1939 565407
1940 567155
1941 568755
1942 570822
1943 571422
1944 572968
1945 575713
1946 576814
1947 578014
1948 581815
Last Number 585817

Model ZTS
Side of transmission case.
1937 610001
1938 610036
1939 610389
1940 610685
1941 611088
1942 611343
1943 611447
1944 611966
1945 612486
1946 612886
1947 613086
Last Number 613490

NEW HOLLAND/FORD

Model 1120
Left side of transmission housing.
1987........... UB21002
1988........... UB21281
1989........... UB21919
1990........... UB22142
1991........... UB22329
1992........... UB22439
1993........... UB22527

Model 1215
1993........... UA20001
1994........... UA20463
1995........... UA21150
1996........... UA21632
1997........... UA21874
1998........... UA22187

Model 1220
Left side of transmission housing.
1987........... UC21006
1988........... UC21707
1989........... UC23199
1990........... UC24279
1991........... UC25359
1992........... UC26052
1993........... UC26585
1994........... UC27015
1995........... UC27524
1996........... UC27839
1997........... UC28097
1998........... UC28612
1999........... UC28907

Model 1320
Left side of transmission housing.
1987........... UE21001
1988........... UE22001
1989........... UE23391
1990........... UE24517
1991........... UE25495
1992........... UE26189
1993........... UE26960
1994........... UE27441
1995........... UE28084
1996........... UE28490
1997........... UE28925
1998........... UE29318

Model 1520
Left side of transmission housing.
1987........... UH21001
1988........... UH22102
1989........... UH23801
1990........... UH25507
1991........... UH26935
1992........... UH28254
1993........... UH29228
1994........... UH30030
1995........... UH31125
1996........... UH31815

Model 1530
Left side of transmission housing.
1998........... G003354
1999........... G009617

Model 1620
1992........... UJ20136
1993........... UJ20911
1994........... UJ21591
1995........... UJ22718
1996........... UJ23587

Model 1630
Left side of transmission housing.
1998........... G003352
1999........... G009615

Model 1710 Offset
1988........... UN00474

Model 1715
1993........... UK20307
1994........... UK22180
1995........... UK25017
1996........... UK27586

Model 1720
Left side of transmission housing.
1987........... UL21001
1988........... UL22701
1989........... UL26556
1990........... UL28601
1991........... UL30784
1992........... UL32230
1993........... UL33920
1994........... UL35013
1995........... UL36435
1996........... UL37607
1997........... UL38466
1998........... UL40069
1999........... UL41414
2000........... UL42698

Model 1725
Left side of transmission housing.
1998........... G003377
1999........... G007570

Model 1920
Left side of transmission housing.
1987........... UP21001
1988........... UP21710
1989........... UP24896
1990........... UP27229
1991........... UP29354
1992........... UP30817
1993........... UP32448
1994........... UP34038
1995........... UP35988
1996........... UP37672
1997........... UP39076
1998........... UP41105
1999........... UP43277
2000........... UP45272

Model 2120
Left side of transmission housing.
1988........... UV21003
1989........... UV22274
1990........... UV23599
1991........... UV24295
1992........... UV25141
1993........... UV25891
1994........... UV26738
1995........... UV27935
1996........... UV28911
1997........... UV29898
1998........... UV30679
1999........... UV31770
2000........... UV32211
2001........... UV33463
2002........... UV33674

Model 2810, 2910, 3910
Right front cover of transmission and on I.D. plate affixed to inside of engine compartment.
1988........... BB31777
1988........... C777683
1989........... BB84620
1990........... BC26239
1991........... BC68791

Model 3010S
Right front coner of transmission.
1996 700000
1997 700723
1998 701586
1999 702359
2000 703096
2001 704041
2002 704537
2003 705140

Model 3230
1990........... BC26239
1991........... BC68791
1992........... BD07628
1993........... BD32445
1994........... BD60322

Model 3415
1993........... UX20001
1994........... UX20799
1995........... UX21715
1996........... UX22323
1997........... UX22504
1998........... UX22858
2000........... UX23812
2001........... UX24231
2002........... UX24443

Model 3430
1990........... BC26239
1991........... BC68791
1992........... BD03778
1993........... BD36144
1994........... BD66161
1995........... BD77434
1996 .... 018613B

Model 3930
1990........... BC26239
1991........... BC68791
1992........... BD05932
1993........... BD36207
1994........... BD63909
1995........... BD93327
1996 .... 011128B

Model 4030N
Right front cover of transmission and on I.D. plate affixed to inside of engine compartment.
1993 .... F005600
1994 .... F022000
1995 .... F046874
1996 .... F066554

Model 4230N
Right front cover of transmission and on I.D. plate affixed to inside of engine compartment.
1992 .... F622650
1993 .... F656580
1994 .... F021000
1995 .... F042000
1996 .... F072739

Model 4430N
Right front cover of transmission and on I.D. plate affixed to inside of engine compartment.
1992 .... F622950
1993 .... F659700
1994 .... F021000
1995 .... F042000
1996 .... F070920

Model 4610, 5610, 6610
Right front cover of transmission and on I.D. plate affixed to inside of engine compartment.
1988........... BB31777
1989........... BB80620
1990........... BC26239

Model 4630
Right front cover of transmission and on I.D. plate affixed to inside of engine compartment.
1990........... BC26239
1991........... BC68791
1992........... BD05270
1993........... BD36800
1994........... BD64162
1995........... BD93484
1996 .... 015251B

Model 5030
1992 .... 2A01-2M31
1993 .... 3A01-3M31
1994 .... 4A01-4M31
1995 .... 5A01-5M31

Model 5640
Behind weight carrier or on right hand lift up hood.
1992........... BD02865
1993........... BD35935
1994........... BD65544
1995........... BD98440
1996 .... 018936B

Model 6640
Behind weight carrier or on right hand lift up hood.
1993........... BD35935
1994........... BD65544
1995........... BD98440
1996 .... 014792B

Model 7610, 7710, 7810, 8210
Right front cover of transmission and on I.D. plate affixed to inside of engine compartment.
1988........... BB31777
1989........... BB80260
1990........... BC26239
1991........... BC68791

Model 7740, 7840
Behind weight carrier or on right hand lift up hood.
1993........... BD35935
1994........... BD65544
1995........... BD98440
1996 .... 019149B

Model 8240, 8340
Behind weight carrier or on right hand lift up hood.
1993........... BD35935
1994........... BD65544
1995........... BD98440
1996 .... 018936B

Model 8530, 8630, 8730, 8830
1990 .... A925439
1991 .... A928924
1992 .... A930626
1993 .... A931957

Model 9030
Lower L/H corner of cab (cab forward configuration).
1992 .... D487501
1993 .... D932000
1994 .... D200000
1995 .... D201023
1996 .... D201894

Model 9280
Lower L/H rear cab cross member.
1995 .... D101694

Model 9480
Lower L/H rear cab cross member.
1995 .... D101696

Model 9680
Lower L/H rear cab cross member.
1995 .... D101800

Model 9880
Lower L/H rear cab cross member.
1995 .... D101879

Model TW5, TW15, TW25, TW35
Plate mounted on right front corner of front frame.
1988 .... A919400
1988 .... A919438
1989 .... A922535
1990 .... A925099

TL70, TL80
1999 112801
2000 134101
2001 1184444

TL90, TL100
1999 112801
2000 1184444
2001 1218750
2002 1252975
2003 1287177
2004 1317365

Model 1250
1965 705376
1966 712833
1967 728661
1968 739527
1969 742526

Model 1250-A
1969 305985
1970 312957
1971 317338

Model 1255
1969 309381
1970 312957
1971 317000

Model 1265
1970 302402
1971 302458
1972 304497
1973 307221
1974 341369
1975 317900

Model 1350
1966 28302844
1967 28303141
1968 28304546

Model 1355
1969 503287
1970 512698
1971 524000

Model 1365
1971 706251
1972 706277
1973 714614
1974 725451
1975 729125

Model 1370
1973 714614
1974 725451
1975 729125

Model 1450
1967 132382
1968 147482
1969 155479

Model 1465
1973 827183
1974 827287
1975 827580

Model 1470
1973 827183
1974 827287
1975 827580

Model 1550
Rear side of instrument panel support.
1965 157841
1966 168919
1967 184488
1968 196301
1969 213243

Model 1555
Rear side of instrument panel support.
1969 218128
1970 221295
1971 223072
1971 236883
1972 232089
1974 244937
1975 256165

Model 1600
Rear side of instrument panel support.
1962 124420
1963 127044
1964 140723

Model 1650
Rear side of instrument panel support.
1964 149836
1965 153855
1966 167668
1967 183923
1968 201091
1969 212733

Model 1655
Rear side of instrument panel support.
1969 218025
1970 222600
1971 222761
1972 231772
1973 236586
1974 244735
1975 257700

Model 1750
Rear side of instrument panel support.
1964 140893
1965 149835
1966 181062
1967 185301
1968 200217
1969 214936

Model 1755
Rear side of instrument panel support.
1970 221603
1971 226445
1972 231415
1973 238136
1974 245667
1975 257515

Model 18-27
1930 100001
1931 102649
1932 103319
1933 103618
1934 104039
1935 104851
1936 1073112
1937 108574

Model 18-28 99
1930 800001
1931 800460
1932 800964
1933 800985
1934 801051
1935 801241
1936 801990
1937 802938

Model 1800A
Rear side of instrument panel support.
1960 90525
1961 111025
1962 118344

Model 1800B
Rear side of instrument panel support.
1962 124397
1963 129286

Model 1800C
Rear side of instrument panel support.
1964 140893

Model 1850
Rear side of instrument panel support.
1964 150421
1965 153421
1966 168127
1967 183382
1968 200360
1969 212673

Model 1855
Rear side of instrument panel support.
1969 220640
1970 221099
1971 223507
1972 231366
1973 236585
1974 247436
1975 255727

Model 1900A
Rear side of instrument panel support.
1960 90532
1961 111028
1962 118356

Model 1900B
Rear side of instrument panel support.
1962 124396
1963 128422

Model 1900C
Rear side of instrument panel support.
1963 138440
1964 141168

Model 1950
Rear side of instrument panel support.
1964 150492
1965 153016
1966 168190
1967 189009
1968 200541
1969 213355
1970 223073
1971 225820
1972 233007
1973 237150
1974 244625

Model 1950T
Rear side of instrument panel support.
1967 188974
1968 201931
1969 213376

Model 1955
Rear side of instrument panel support.
1967 188974
1968 200084
1969 211194
1970 222304
1971 226458
1972 232958
1973 239032
1974 247871

Model 2050
Rear side of instrument panel support.
1968 204444
1969 212560

Model 2150
Rear side of instrument panel support.
1968 204480
1969 212554

Model 2255
Rear side of instrument panel support.
1972 235598
1973 237210
1974 244825
1975 258472
1976 266683

Model 28-44
1930 500001
1931 503600
1932 506185
1933 506212
1934 506255
1935 506401
1936 507176
1937 508016

Model 440
Left side of input shaft seal.
1960 87725
1962 121833
1963 122543

Model 550
Left side of center frame.
1953 51831
1954 51924
1955 51951
1956 52035
1957 56268
1958 60501
1959 72632
1960 84416
1961 111868
1962 117541
1963 127365
1964 140620
1965 162265
1966 171923
1967 186165
1968 206095
1969 213340
1970 222833
1971 226965
1972 232918
1973 238237
1974 248375
1975 259255

Model 60 RC
Left front of engine.
1940 600001
1941 600071
1942 606304
1943 607395
1944 608526
1945 612047
1946 615628
1947 616707
1948 620257

Model 60 Standard
Left front of engine.
1942 410001
1943 410501
1944 410511
1945 410617
1946 410911
1947 411311
1948 411961

Model 66
Front right side of rear main frame and transmission.
1953 3503990
1954 4500309

Model 66 RC
Front right side of rear main frame and transmission.
1949 420001
1950 423101
1951 426649
1952 429771

Model 66 Standard
Front right side of rear main frame and transmission.
1949 470004
1950 471051
1951 472792
1952 474233
1953 3510050
1954 4500309

Model 660
Rear panel assembly.
1959 73132
1960 84554
1961 111213
1962 117873
1963 127356
1964 141160

Model 70 RC
Left front of engine.
1939 223255
1940 231116
1941 236356
1942 241391
1943 243640
1944 244711
1945 250180
1946 252780
1947 258140
1948 262840

Model 70 Standard
Left front of engine.
1937 300634
1938 302084
1939 303465
1940 305362
1941 306594
1942 307580
1943 308188
1944 308484
1945 310418
1946 311116
1947 312699
1948 314221

Model 77
Rear hood support panel below instrument panel.
1953 3500001
1954 4501667

Model 77 RC
Front right side of rear main frame and transmission.
1948 320001
1949 320241
1950 327901
1951 337243
1952 347904

Model 77 Standard
Front right side of rear main frame and transmission.
1948 320001
1949 269697
1950 271267
1951 272466
1952 273376

Model 770
Rear panel assembly.
1958 60504
1959 71001
1960 84554
1961 111472
1962 117600
1963 127319
1964 141901
1965 153255
1966 171515
1967 183649

Model 80 RC
Right rear of engine.
1937 109152
1938 109162
1939 109783
1940 110221
1941 110615
1942 110945
1943 111319
1944 111391
1945 111929
1946 112879
1947 114144
1948 114944

Model 80 Standard
Right rear of engine.
1937 803929
1938 803991
1939 805377
1940 806880
1941 808125
1942 809051
1943 809991
1944 810470
1945 811991
1946 813067
1947 814565
1948 815216

Model 88
Rear hood support panel below instrument panel.
1953 3500977
1954 4500076

Model 88 RC
Front right side of rear main frame and transmission.
1947 120001
1948 120353
1949 123301
1950 128653
1951 132863
1952 138184

Model 88 Standard
Front right side of rear main frame and transmission.
1947 820001
1948 820136
1949 821086
1950 824241
1951 825811

OLIVER (Cont.)

1952 826917

Model 880
Rear panel assembly.
1958 60505
1959 71640
1960 84555
1961 111262
1962 117640
1963 128911

Model 90 & 99
Right rear of engine.
1937 508918
1938 508935
1939 509617
1940 510008
1941 510564
1942 510977
1943 511296
1944 511474
1945 512044
1946 512821
1947 513106
1948 513856
1949 514856
1950 516276
1951 516891
1952 517951
1953 518300
1954 519245

Model 950, 990 & 995
Left side of clutch dust cover.
1958 53001
1959 71245
1960 84487
1961 110064

Model Super 44
1957 1002
1958 1551
1959 7121

Model Super 55
1954 6001
1955 11887
1956 35001
1957 43916
1958 56501

Model Super 66
Rear hood support panel below instrument panel.
1954 7085
1955 14099
1956 39371
1957 45846
1958 57858

Model Super 77
Rear hood support panel below instrument panel.
1954 8303
1955 10001
1956 38500
1957 44167
1958 56917

Model Super 88
Rear hood support panel below instrument panel.
1954 6503
1955 10075
1956 36774
1957 43901
1958 56580

Model Super 99
Right side on clutch compartment below fuel tank or right of engine block.
1954 519245
1955 519516
1956 520354
1957 521300
1958 521496

STEIGER

Bearcat III PT-225
1977.......... 141-00001
1978.......... 141-00157
1979.......... 141-00336
1980.......... 141-00537
1981.......... 141-00651
1982.......... 141-01501
1983.......... 141-02501

Bearcat III ST-225
1980.......... 109-00001
1981.......... 109-00170
1982.......... 109-01501
1983.......... 109-02501

Bearcat IV CM-225
1983.......... 109-03001
1984.......... 109-03201
1985.......... 109-05001

Bearcat IV KM-225
1983.......... 112-03001
1984.......... 112-03201
1985.......... 112-05001

Cougar III PTA-280 (Cat)
1981.......... 155-00001
1982.......... 155-01501
1983.......... 155-02501

Cougar III PTA-280 (Cummins)
1981.......... 154-00001
1982.......... 154-01501
1983.......... 154-02501

Cougar III ST-250
1976.......... 104-00001
1977.......... 104-00266
1978.......... 104-00381
1979.......... 104-00501
1980.......... 104-00751
1981.......... 104-01001
1982.......... 104-01501
1983.......... 104-02501

Cougar III ST-280 (Cat)
1981.......... 111-00001
1982.......... 111-01501
1983.......... 111-02501

Cougar III ST-280 (Cummins)
1981.......... 110-00001
1982.......... 110-01501
1983.......... 110-02501

Cougar IV CM-250
1983.......... 104-03001
1984.......... 104-03201
1985.......... 104-05001

Cougar IV CM-280
1983.......... 111-03201
1984.......... 111-03201
1985.......... 111-05001

Cougar IV CS-280
1983.......... 155-02501
1984.......... 155-03001
1985.......... 155-05001

Cougar IV KM-280
1983.......... 110-03001
1984.......... 110-03201
1985.......... 110-05001

Cougar IV KS-280
1983.......... 154-02501
1984.......... 154-03001
1985.......... 154-05001

Model CR-1225
1985 .... C01-05001
1986 .... C05-05001
1987 .... C09-05001

Model CR-1280
1985 .... C03-05001
1986 .... C07-05001
1987 .... C11-05001

Model KR-1225
1985 .... C02-05001
1986 .... C06-05001
1987 .... C10-05001

Model KR-1280
1985 .... C04-05001
1986 .... C08-05001
1987 .... C12-05001

Panther CP-1325
1982 .... P03-00001
1983 .... P03-02501
1984 .... P03-03001
1985 .... P03-05001
1986 .... P03-07001
1987 .... P03-09001

Panther CP-1360
1982 .... P07-00001
1983 .... P07-02501
1984 .... P07-03001
1985 .... P07-05001
1986 .... P07-07001
1987 .... P07-09001

Panther CP-1400
1982 .... P09-00001
1983 .... P09-02501
1984 .... P09-03001
1985 .... P09-05001
1986 .... P09-07001
1987 .... P09-09001

Panther III PTA-310
1980.......... 152-00001
1981.......... 152-00070
1982.......... 152-01501
1983.......... 152-02501

Panther III PTA-325
1979.......... 150-00001
1980.......... 150-00036
1981.......... 150-00273
1982.......... 150-01501
1983.......... 150-02501

Panther III ST-310
1976.......... 107-00001
1977.......... 107-00314
1978.......... 107-00463
1979.......... 107-00612
1980.......... 107-00887
1981.......... 107-01079
1982.......... 107-01501
1983.......... 107-02501

Panther III ST-325
1976.......... 123-00001
1977.......... 123-00123
1978.......... 123-00370
1979.......... 123-00627
1980.......... 123-00887
1981.......... 123-01124
1982.......... 123-01501
1983.......... 123-02501

Panther IV CM-325
1983.......... 123-03001
1984.......... 123-03201
1985.......... 123-05001

Panther IV CM-360
1983.......... 115-03001
1984.......... 115-03201
1985.......... 115-05001

Panther IV CS-325
1984.......... 150-03001
1985.......... 150-05001

Panther IV CS-360
1984.......... 156-03001
1985.......... 156-05001

Panther IV KM-325
1983.......... 117-03001
1984.......... 117-03201
1985.......... 117-05001

Panther IV KM-360
1983.......... 116-03001
1984.......... 116-03201
1985.......... 116-05001

Panther IV KS-325
1983.......... 152-02501
1984.......... 152-03001
1985.......... 152-05001

Panther IV KS-360
1984.......... 157-03001
1985.......... 157-05001

Panther IV SM-325
1983.......... 119-03201
1984.......... 119-04001
1985.......... 119-05001

Panther KP-1325
1982 .... P04-00001
1983 .... P03-02501
1984 .... P04-03001
1985 .... P04-05001
1986 .... P04-07001
1987 .... P04-09001

Panther KP-1360
1982 .... P08-00001
1983 .... P08-02501
1984 .... P08-03001
1985 .... P08-05001
1986 .... P08-07001
1987 .... P08-09001

Panther KP-1400
1982 .... P10-00001
1983 .... P10-02501
1984 .... P10-03001
1985 .... P10-05001
1986 .... P10-07001
1987 .... P10-09001

Tiger III ST-450
1979.......... 129-00001
1980.......... 129-00007
1981.......... 129-00010
1982.......... 129-01501
1983.......... 129-02501

Tiger III ST-470
1977.......... 130-00001
1978.......... 130-00047
1979.......... 130-00097
1980.......... 130-00174
1981.......... 130-00209
1982.......... 130-01501
1983.......... 130-02501

Tiger IV KP-525
1983.......... 131-03001
1984.......... 131-03201
1985.......... 131-05001

VERSATILE

Model 1150
On cab door post.
1981 81201001
1982 82201101
1983 83204101
1984 84204351
1985 85237075

Model 1156
On cab door post.
1986 86270100
1987 87300708
1988 88331116
1989 .... 89D430159
1990 .... 90D450001
1991 .... 91D475128
1992 .... 92D500001

Model 150
Steering column console.
1977 000028
1978 000425
1980 000750
1981 001150

Model 160
Steering column console.
1982 001601
1983 002407

Model 256
On steering console.
1984 205101
1985 253500

Model 276
On steering console.
1985 27685253500
1986 27686273100
1988 332100
1989 432100
1990 453100
1991 470100

Model 500
Left rear of front frame below the cab.
1977 50077130001
1978 50078130301
1979 50079130701

Model 555
Left rear of front frame below the cab.
1979 55579140001
1980 55580131001
1981 55581131650
1982 55582132401
1983 55583133475
1984 55584034501

Model 700
Left rear of front frame below the cab.
1972 070077
1973 070601
1974 5010401
1975 3010401
1976 70076011501
1977 70077013001

Model 750
Left rear of front frame below the cab.
1976 75076090001
1977 75077090501

Model 756
1986 75686260187

Model 800
left rear of front frame below the cab.
1973 080071
1974 800500501
1975 8003030401
1976 80076031601
1977 80077032601

Model 825

VERSATILE (Cont.)

Left rear of front frame below the cab.
1977 82577150001

Model 835
Left rear of front frame below the cab.
1978 83578033000
1979 83579033601
1980 83580034201
1981 83581035001
1982 83582035601
1983 83583000001
1984 83584037575

Model 836
On cab door post.
1985 83685215025
1986 83686270376

Model 846
On cab door post.
1988 ...... 84588D330335
1989 ...... 84589D430159
1990 ...... 84590D450298
1991 ...... 84591D475001
1992 ...... 84592D485001
1993 ...... 84593D500001

Model 850
left rear of front frame below the cab.
1973 85073005101
1974 85074050001
1975 85075050501
1976 85076051101
1976 85077051901

Model 855
Left rear of front frame below the cab.
1978 85578150501
1979 85579150751
1980 85580151151
1981 85581151401
1982 85582151601
1983 85583151801

Model 856
On cab door post.
1985 83685219030
1986 85686270100

Model 876
On cab door post.
1985 87685223035
1986 87686270331
1988 87688330100
1989 ...... 87689D430197
1990 ...... 87690D450167
1991 ...... 87691D475041
1992 ...... 87692D485001
1993 ...... 87693D500001

Model 895
Left rear of front frame below the cab.
1980 89580090001
1981 89581090351
1982 89582091201
1983 89583092101
1984 89584093275

Model 900
Left rear of front frame below the cab.
1972 90072090100
1973 90073090301
1974 90074500800
1975 90075070301
1976 90076070801
1977 90077071401

Model 9030
1990 332147
1991 470100
1992 608053

Model 925
Left rear of front frame below the cab.
1983 92583073051

Model 935
Left rear of front frame below the cab.
1978 93578071700
1979 93579071901
1980 93580072101
1981 93581072451
1982 93582072701

Model 936
On cab door post.
1985 93685227040
1986 93686270100
1988 93688330170

Model 945
Left rear of front frame below the cab.
1983 94583111451
1984 94584111725

Model 946
Left rear of front frame below the cab.
1989 ...... 94689D430100
1990 ...... 94690D450110
1991 ...... 94690D475066
1992 ...... 94691D485001
1993 ...... 94692D500001

Model 950
Left rear of front frame below the cab.
1977 95077110301
1978 95078110575
1979 95079110801
1980 95080110851
1981 95081111051
1982 95082111201

Model 955
Left rear of front frame below the cab.
1983 95583191025
1984 95584191145

Model 956
On cab door post.
1985 95685250500
1986 95686270100
1987 95686310155
1988 95686314210

Model 975
Left rear of front frame below the cab.
1983 97583184501
1984 97584184625

Model 976
On cab door post.
1985 97685234050
1986 97686270101
1988 97688330140
1989 ...... 97689D430100
1990 ...... 97690D450100
1991 ...... 97691D475198
1992 ...... 97692D485001
1993 ...... 97693D500001

WHITE

Model 100
1987 Dec. 401236
1988 401361
1989 402661

Model 120
1987 Oct. 401121
1988 401304
1989 402521

Model 125 Workhorse
1990 404066
1991 404601
1993 500001

Model 140
1987 Nov. 401151
1988 401326
1989 402736

Model 145 Workhorse
1991 404826
1992 501001

Model 160
1987 Sept. 401096
1988 401569
1989 403540
1990 404825
1991 501001

Model 170 Workhorse
1989 404001
1990 404766
1991 404826
1992 510001

Model 185
1987 400881
1988 401579
1989 402761

Model 195 Workhorse
1989 404166
1990 404496
1991 404826
1992 511001

Model 2-105
Left rear side of main frame.
1975 255538
1976 265928
1977 273760
1978 282102
1979 287197
1980 294109
1981 296878
1982 300779
1983 304280

Model 2-110
Left side of main frame above step.
1982 300783
1983 301998
1984 302334
1985 303552
1986 400231
1987 400763
1988 405242
1989 410251

Model 2-135
Left side of instrument panel support and on left side of frame above step.
1976 272663
1977 273629
1978 282825
1979 288201
1980 294330
1981 296611
1982 300380
1983 302159
1984 302715

Model 2-135 Series 3
Left side of instrument panel support and on left side of frame above step.
1982 301116
1983 302159
1984 302715
1986 400167
1987 400831
1988 418875

Model 2-150
Left rear side of main frame.
1975 257899
1976 266783

Model 2-155
Left side of instrument panel support and on left side of frame above step.
1976 272595
1977 276055
1978 282280
1979 287812
1980 296160
1981 297134
1982 300259

Model 2-155 Series 3
Left side of instrument panel support and on left side of frame above step.
1982 300928
1984 302791
1986 400718
1987 407889
1988 415671

Model 2-180
Left side of instrument panel support and on left side of frame above step.
1977 281993
1978 282088
1979 289447
1980 294655
1981 296571
1982 300159
1983 303389

Model 2-180 Series 3
Left side of instrument panel support and on left side of frame above step.
1982 301922
1983 301966
1984 302951
1985 351451
1986 400082
1987 403850
1988 407618

Model 2-30
Left front of frame.
1979 100337
1980 100712
1981 100925
1982 101275
1983 101412
1984 101428

Model 2-30 4WD
Left front of frame.
1979 001417
1980 001941
1981 003812
1982 004701
1983 006331
1984 006471

Model 2-32
Left front of frame.
1984 6100071
1985 00007
1986 100245
1987 100419
1988 100665

Model 2-32 4WD
Left front of frame.
1984 61000175
1985 00210
1986 00245
1987 00280
1988 00326

Model 2-35
Left front of frame.
1979 004001
1980 004465
1981 004697
1982 005062
1983 005570
1984 005396
1985 006226
1986 006651
1987 007076

Model 2-45
On left side of frame.
1980 .... T5000E00001
1981 .... T5000E00548
1982 .... T6000E00887
1983 .... T6000E01270

Model 2-45 4WD
On left side of frame.
1980 ..... T5000EF000001
1981 ...... T5000EF00405
1982 ...... T5000EF00631
1983 ...... T5000EF00861

Model 2-50
Instrument panel.
1976 516625
1977 518782
1978 521635
1979 525268
1980 525726
1981 526121

Model 2-55
Plate on left side of frame and stamped on front frame at left corner of radiator grille.
1982 .... T6000EN00097M
1983 00329
1984 00377
1985 00569
1986 00587
1987 00596
1988 00606

Model 2-55 4WD
Plate on left side of frame and stamped on front frame at left corner of radiator grille.
1982 ..... T6000ENF00173
1983 00411
1984 00464
1985 00678
1986 00706
1987 00733
1988 01321

Model 2-60
Instrument panel.
1976 780725
1977 790273
1978 946285
1979 959280
1980 986532
1981 1001039

Model 2-62
On left side of frame.
1980 ...... T6500E000001
1981 .... T6500E01143
1982 .... T6500E02057
1983 .... T6500E02399

Model 2-62 4WD
On left side of frame.
1980 ..... T6500EF000001
1981 ...... T6500EF00974
1982 ...... T6500EF01362
1983 ...... T6500EF01848

Model 2-65 2WD
Plate on left side of frame and stamped on front frame at left corner of radiator grille.
1982 .... T7000EN00099M
1983 00288
1984 00341
1985 00547
1986 00672
1987 01021
1988 01296

Model 2-65 4WD
Plate on left side of frame and stamped on front frame at left corner of radiator grille.
1982 .... T7000ENF001131
1983 00308
1984 00595
1985 00897
1986 00950
1987 01040
1988 001056

Model 2-70
Rear panel support.
1976 266173
1977 274543
1978 283917
1979 287528
1980 293819
1981 296246
1982 299887
1983 300464

Model 2-75 2WD
Plate on left side of frame and stamped on front frame at left corner of radiator grille.
1982..... T9000EN00177
1983 00242
1984 00295
1985 00508
1986 00555
1987 00711
1988 00894
1989 01076

Model 2-75 4WD
Plate on left side of frame and stamped on front frame at left corner of radiator grille.
1982..... T9000ENF00247
1983 00305
1984 00501
1985 00728
1986 00782
1987 00892
1988 00980

Model 2-85
Left rear side of main frame.
1975 263341
1976 268142
1977 274287
1978 282339
1979 287469
1980 294063
1981 297751
1982 300092
1983 302199

Model 2-88
1982 301457
1984 302464
1985 400001
1986 400433
1987 400734
1988 400866
1989 401299

Model 4-150
Left side of center frame.
1974 246001
1975 246871
1976 262244
1977 275051
1978 275570

Model 4-175
1979 292187
1980 295808
1981 297293
1982 299886
1983 302150
1984 304196

Model 4-180
Left side of center frame.
1975 256587
1976 262524
1977 268112
1978 275502

Model 4-180 III
1982 301922
1983 301966
1984 302951
1985 351451
1986 400082
1987 403850
1988 407618

Model 4-210
Left side of center frame.
1978 275572
1979 275944
1980 295391
1981 296471
1982 300694
1983 300780

Model 4-225
Left side of center frame.
1983 302234
1984 302620
1985 351450
1986 400347
1987 400901
1988 444355
1989 493250
1990 536701

Model 4-270
Left side of center frame.
1983 302274
1984 302655
1985 303086
1986 400639
1987 401411
1988 401411
1989 404226
1990 407041

Model 60
Left front of frame.
1989 402965
1990 404422
1991 405028
1992 405654

Model 80
1989 402596
1990 404266
1991 405048
1992 405674

Model FB16 2WD
Left front of frame.
1986 002314
1987 002393

Model FB16 4WD
Left front of frame.
1986 014422
1987 014660
1988 016528

Model FB185
Left side of instrument panel support and on left side of frame above step.
1986 400659
1987 400881
1988 401579
1989 402761

Model FB21 2WD
Left front of frame.
1986 00595
1987 00677
1988 00967

Model FB21 4WD
Left front of frame.
1986 02879
1987 03079
1988 04003

Model FB31 2WD
Left front of frame.
1986 00126
1987 00174
1988 00276

Model FB31 4WD
Left front of frame.
1986 00028
1987 00149
1988 00568

Model FB37 2WD
Left front of frame.
1986 00083
1987 00121
1988 00221

Model FB37 4WD
Left front of frame.
1986 00679
1987 00713
1988 01025

Model FB43 2WD
Left front of frame.
1986 00060
1987 00068

Model FB43 4WD
Left front of frame.
1986 00322
1987 00329

Manufacturers' Addresses

AGCO
AGCO Corp
4205 River Green Pkwy
Duluth GA 30136
770-813-9200
www.masseyferguson.com

CASE-INTERNATIONAL
Case Corporation
700 State St
Racine WI 53404
262-636-6011
www.case-ih.com

CHALLENGER
AGCO Corp
4205 River Green Parkway
Duluth GA 30096
770-813-9200
www.agcocorp.com

FENDT
AGCO Corp
4205 River Green Parkway
Duluth GA 30096
770-813-9200

INGERSOLL, GRAZER
Ingersoll Tractor Company
70 Ingersoll Drive
Portland ME 04103
207-878-5353 FAX 207-878-9109
www.ingersolltractors.com

JOHN DEERE
Deere & Company
1 John Deere Place
Moline IL 61265
309-765-8000 FAX 309-765-9980
www.deere.com

KIOTI
Kioti Tractor
6300 Kioti Dr.
Wendell NC 27591
877-465-4684 FAX 919-374-5005
www.kiotitractor.com

KUBOTA
Kubota Tractor Corp
3401 Del Amo Blvd
Torrance CA 90509
310-370-3370 FAX 310-370-2370
www.kubota.com

MASSEY FERGUSON
AGCO Corp
4205 River Green Pkwy
Duluth GA 30136
770-813-9200

NEW HOLLAND/FORD
New Holland North America
500 Diller Ave #306
New Holland PA 17557-0903
717-355-1261
www.newholland.com

VALTRA
AGCO Corp
4205 River Green Pkwy
Duluth GA 30136
770-813-9200
www.valtra.com

NOTES

NOTES

Reference Guide

Shop Service Manuals For Ag Tractors

From the front axle to the rear axle, ***Clymer's I&T Shop Service Manuals*** have been the authoritative source for tractor repair and maintenance information since 1948. They include detailed specifications and comprehensive service and repair instructions for most manufacturers of farm tractors – even models 60 years old.

ALLIS-CHALMERS

Model	Book #
B	AC-11
C	AC-11
CA	AC-11
D-10	AC-201
D-10 Series III	AC-201
D-12	AC-201
D-12 Series III	AC-201
D-14	AC-201
D-15	AC-201
D-15 Series II	AC-201
D-17	AC-201
D-17 Series III	AC-201
D-17 Series IV	AC-201
D-19	AC-202
D-19 Diesel	AC-202
D-21	AC-202
D-21 Series II	AC-202
G	AC-11
RC	AC-11
WC	AC-11
WD	AC-11
WD45	AC-11
WD45 Diesel	AC-11
WF	AC-11
160	AC-201
170	AC-201
175	AC-201
180	AC-202
185	AC-202
190	AC-202
190XT	AC-202
200	AC-202
210	AC-202
220	AC-202
5020	AC-32
5030	AC-32
6060	AC-35
6070	AC-35
6080	AC-35
7000	AC-202
7010	AC-202
7020	AC-202
7030	AC-202
7040	AC-202
7045	AC-202
7050	AC-202
7060	AC-202
7080	AC-202
8010	AC-36
8030	AC-36

Model	Book #
8050	AC-36
8070	AC-36

B.F. AVERY

A	MM-201
R	MM-201
V	MM-201

CASE/INTERNATIONAL

C	C-201
CC	C-201
CO	C-201
D	C-201
DC	C-201
DH	C-201
DO	C-201
DS	C-201
DV	C-201
L	C-201
LA	C-201
R	C-201
RC	C-201
S	C-201
SC	C-201
SO	C-201
V	C-201
VA	C-201
VAC	C-201
VAH	C-201
VAO	C-201
VC	C-201
VO	C-201
200B	C-201
210B	C-201
211B	C-201
235	C-42
245	C-42
255	C-42
265	C-42
275	C-42
300	C-201
300B	C-201
301	C-201
301B	C-201
302	C-201
302B	C-201
310	C-201
310B	C-201
310	C-201
310B	C-201

Model	Book #
311	C-201
311B	C-201
312	C-201
312B	C-201
350	C-201
351	C-201
385	C-39
400	C-201
400B	C-201
401	C-201
402	C-201
403	C-201
405	C-201
410	C-201
410B	C-201
411	C-201
411B	C-201
412	C-201
413	C-201
415	C-201
420	C-201
425	C-201
430	C-202
431	C-202
440	C-202
441	C-202
470	C-202
485	C-39
500	C-202
500B	C-201
510B	C-201
511B	C-201
530	C-202
530C	C-202
531	C-202
531C	C-202
540	C-202
540C	C-201
541	C-202
541C	C-202
570	C-202
585	C-39
600	C-201
600B	C-201
611B	C-201
630	C-202
630C	C-202
631	C-202
631C	C-202
632	C-202
632C	C-202
640	C-202

Model	Book #
640C	C-202
641	C-202
641C	C-202
685	C-39
700B	C-201
701B	C-201
702B	C-201
703B	C-201
705B	C-201
710B	C-201
711B	C-201
712B	C-201
713B	C-201
715B	C-201
730	C-202
800B	C-201
801B	C-201
802B	C-201
803B	C-201
805B	C-201
810B	C-201
811B	C-201
812B	C-201
813B	C-201
815B	C-201
830	C-202
870	C-203
885	C-39
900B	C-202
930	C-202
970	C-203
1030	C-202
1070	C-203
1090	C-203
1170	C-203
1175	C-203
1190	C-36
1194	C-36
1270	C-203
1290	C-36
1294	C-36
1370	C-203
1390	C-36
1394	C-36
1490	C-36
1494	C-36
1570	C-203
1594	C-36
1690	C-36
1896	C-38
2090	C-37
2094	C-37
2096	C-38
2290	C-37
2294	C-37
2390	C-37
2394	C-37
2590	C-37
2594	C-37

Model	Book #
5120	C-41
5130	C-41
5140	C-41
7110	C-40
7120	C-40
7130	C-40
7140	C-40

COCKSHUTT

Co-op	CSH-2
E2	CSH-2
E3	CSH-2
E4	CSH-2
E5	CSH-2
Gambles Farmcrest 30	CSH-2
20	CSH-2
30	CSH-2
35	CSH-3
40	CSH-2
40D4	CSH-3
50	CSH-2
540	CSH-4
550	CSH-4
560	CSH-4
570	CSH-4

DAVID BROWN

Model	Book #
770	C-203
780	C-203
880 (after Serial # 52100)	C-203
885	C-203
990 (after Serial #467870)	C-203
995	C-203
1200	C-203
1210	C-203
1212	C-203
1410	C-203
1412	C-203
3800	C-203
4600	C-203

JOHN DEERE

Model	Book #
A (after Serial #499000)	JD-4
B (after Serial #96000)	JD-4
D (after Serial #143800)	JD-4
G (after Serial #13000)	JD-4
H	JD-4
M	JD-4
MT	JD-4
R Diesel	JD-3
40	JD-201

Model	Book #
50	JD-10
60	JD-10
70 Diesel	JD-8
70 (Non-Diesel)	JD-10
80	JD-201
320	JD-201
330	JD-201
420	JD-201
430	JD-201
435D	JD-201
440	JD-201
440ID Diesel	JD-201
520	JD-16
530	JD-16
620	JD-16
630	JD-16
655	JD-61
670	JD-62
720	JD-16
720 Diesel	JD-201
730	JD-16
730 Diesel	JD-201
755	JD-61
756	JD-61
770	JD-62
820	JD-201
830 (2 Cyl.)	JD-201
830 (3 Cyl.)	JD-201
850	JD-47
855	JD-61
856	JD-61
870	JD-62
950	JD-47
955	JD-61
970	JD-62
1010	JD-21
1020	JD-37
1050	JD-47
1070	JD-62
1250	JD-55
1450	JD-55
1520	JD-37
1530	JD-37
1650	JD-55
2010	JD-21
2020	JD-37
2030	JD-37
2040	JD-202
2150	JD-58
2155	JD-58
2240	JD-202
2255	JD-58
2350	JD-58
2355	JD-58
2355N	JD-58
2440	JD-202
2510	JD-202
2520	JD-202
2550	JD-58

Model	Book #
2555	JD-58
2630	JD-202
2640	JD-202
2750	JD-59
2755	JD-59
2840	JD-56
2855	JD-59
2940	JD-56
2950	JD-56
2955	JD-59
3010	JD-203
3020	JD-203
4000	JD-203
4010	JD-203
4020	JD-203
4030	JD-50
4040	JD-202
4050	JD-57
4055	JD-60
4230	JD-50
4240	JD-202
4250	JD-57
4255	JD-60
4320	JD-203
4430	JD-50
4440	JD-202
4450	JD-57
4455	JD-60
4520	JD-203
4555	JD-60
4620	JD-203
4630	JD-50
4640	JD-202
4650	JD-57
4755	JD-60
4840	JD-202
4850	JD-57
4955	JD-60
5010	JD-203
5020	JD-203
6030	JD-203

DEUTZ-ALLIS

6240	D-1
6250	D-1
6260	D-1
6265	D-1
6275	D-1

FERGUSON

F40	MF-14
TE20	FE-2
TO20	FE-2
TO30	FE-2
TO35	MF-14
TO35 Diesel	MF-14

FORD NEW HOLLAND

Model	Book #
Commander 6000	FO-201
NAA (Including Jub lee)	FO-19
TW-5	FO-45
TW-10	FO-201
TW-15	FO-45
TW-20	FO-201
TW-25	FO-45
TW-30	FO-201
TW-35	FO-45
2N	FO-4
8N	FO-4
9N	FO-4
501 (Series)	FO-20
541	FO-20
600 (Series)	FO-20
601 (Series)	FO-20
611	FO-20
620	FO-20
621	FO-20
630	FO-20
631	FO-20
640	FO-20
641	FO-20
650	FO-20
651	FO-20
660	FO-20
661	FO-20
671	FO-20
681	FO-20
700 (Series)	FO-20
701 (Series)	FO-20
740	FO-20
741	FO-20
771	FO-20
800 (Series)	FO-20
801 (Series)	FO-20
811	FO-20
820	FO-20
821	FO-20
840	FO-20
841	FO-20
850	FO-20
851	FO-20
860	FO-20
861	FO-20
871	FO-20
881	FO-20
900 (Series)	FO-20
901 (Series)	FO-20
941	FO-20
950	FO-20
951	FO-20
960	FO-20
961	FO-20
971	FO-20

Model	Book #
981	FO-20
1000	FO-201
1100	FO-44
1110	FO-44
1120	FO-46
1200	FO-44
1210	FO-44
1220	FO-46
1300	FO-44
1310	FO-44
1320	FO-46
1500	FO-44
1510	FO-44
1520	FO-46
1600	FO-201
1700	FO-44
1710	FO-44
1720	FO-46
1801	FO-20
1900	FO-44
1910	FO-44
1920	FO-46
2000 (3-Cyl.)	FO-31
2000 (4-Cyl.)	FO-20
2110	FO-44
2120	FO-46
2310	FO-41
2600	FO-41
2610	FO-41
2810	FO-43
2910	FO-43
3000 (3-Cyl.)	FO-31
3230	FO-47
3430	FO-47
3600	FO-41
3610	FO-41
3910	FO-43
3930	FO-47
4000 (3-Cyl.) (Prior to 1975)	FO-31
4000 (4-Cyl.)	FO-20
4100 (After 1974)	FO-41
4110	FO-41
4600	FO-41
4600SU	FO-41
4610 (Prior to 1984)	FO-41
4610SU (Prior to 1984)	FO-41
4630	FO-47
4830	FO-47
5000	FO-42
5000 Super Major	FO-201
5600	FO-42
5640	FO-48
5610	FO-42
6000	FO-201
6600	FO-42
6610	FO-42
6640	FO-48
6700	FO-42
6710	FO-42

Model	Book #
7000	FO-42
7600	FO-42
7610	FO-42
7700	FO-42
7710	FO-42
7740	FO-48
7840	FO-48
8000	FO-201
8240	FO-48
8340	FO-48
8600	FO-201
8700	FO-201
9000	FO-201
9600	FO-201
9700	FO-201

FORDSON

Fordson Dexta	FO-201
Fordson Major Diesel (FMD)	FO-201
Fordson Power Major (FPM)	FO-201
Fordson Super Major (FSM)	FO-201
Fordson Super Dexta	FO-201
New Performance Super Dexta	FO-201
New Performance Fordson Super Major (New FSM)	FO-201
2000 Super Dexta	FO-201

INTERNATIONAL HARVESTER FARMALL

A (Super & Non-Super Series)	IH-8
AV (Super & Non-Super Series)	IH-8
B	IH-8
BN	IH-8
B-275	IH-201
B-414	IH-201
C (Super & Non-S uper)	IH-8
Cub (Prior to 1957) Farmall	IH-8
Cub (1957 and after) Farmall	IH-50
Cub Int'l	IH-50
Cub Lo-Boy Int'l	IH-50
Cub 154 Lo-Boy Int'l	IH-50
Cub 184 Lo-Boy Int'l	IH-50
Cub 185 Lo-Boy Int'l	IH-50
F12	IH-2
F14	IH-2
F20	IH-2
F30	IH-2
Hydro 70	IH-202
Hydro 84	IH-202
Hydro 86	IH-202
Hydro 100	IH-202

Model	Book #
Hydro 186	IH-202
H (Super & Non-Super)	IH-8
HV (Super & Non-Super)	IH-8
M (Super & Non-Super)	IH-8
MV (Super & Non-Super)	IH-8
MD (Super & Non-Super)	IH-8
MTA (Super & Non-Super)	IH-8
MTA Diesel (Super & Non-Super)	IH-8
O4	IH-8
OS4	IH-8
O6	IH-8
OS6	IH-8
W4 (Super & Non-Super)	IH-8
W6 (Super & Non-Super)	IH-8
W6TA (Super & Non-Super)	IH-8
W6TAD (Super & Non-Super)	IH-8
WD6 (Super & Non-Super)	IH-8
WD6TA	IH-8
W9, WR9	IH-8
WD9, WDR9 (Super & Non-Super)	IH-8
W12	IH-2
W30	IH-2
W40	IH-2
W400	IH-8
W400D	IH-8
W450	IH-10
W450D	IH-10
100	IH-201
130	IH-201
140	IH-201
200	IH-201
230	IH-201
234	IH-55
234 Hydro	IH-55
240	IH-201
244	IH-55
254	IH-55
274	IH-201
284	IH-201
300	IH-10
300 Utility	IH-10
330	IH-201
340	IH-201
350	IH-10
350D	IH-10
350 Utility	IH-10
350D Utility	IH-10
354	IH-201
364	IH-201
384	IH-201
400	IH-10
400D	IH-10
404	IH-201
424	IH-201
444	IH-201
450	IH-10
450D	IH-10
454	IH-203
460	IH-25

Model	Book #
464	IH-203
484	IH-203
504	IH-201
544	IH-202
560	IH-25
574	IH-203
584	IH-203
600	IH-11
606	IH-25
650	IH-11
656	IH-202
660	IH-25
666	IH-202
674	IH-203
684	IH-202
686	IH-202
706	IH-32
756	IH-32
766	IH-203
784	IH-202
786	IH-203
806	IH-32
826	IH-203
856	IH-32
884	IH-202
886	IH-203
966	IH-203
986	IH-203
1026	IH-203
1066	IH-203
1086	IH-203
1206	IH-32
1256	IH-32
1456	IH-32
1466	IH-202
1468	IH-202
1486	IH-202
1566	IH-202
1568	IH-202
1586	IH-202
2404	IH-201
2424	IH-201
2444	IH-201
2504	IH-201
2606	IH-25
2706	IH-32
2756	IH-32
2806	IH-32
2856	IH-32
3088	IH-54
3288	IH-54
3488 Hydro	IH-54
3688	IH-54
5088	IH-56
5288	IH-56
5488	IH-56
21206	IH-32
21256	IH-32
21456	IH-32

KUBOTA

Model	Book #
B5100D	K-201
B5100E	K-201
B6100D	K-201
B6100E	K-201
B6100HST-D	K-201
B6100HST-E	K-201
B-7100D	K-201
B7100HST-D	K-201
B7100HST-E	K-201
L175	K-201
L185	K-201
L210	K-201
L225	K-201
L225DT	K-201
L235	K-201
L245	K-201
L260	K-201
L275	K-201
L285	K-201
L295	K-201
L305	K-201
L345	K-201
L355	K-201

MASSEY-FERGUSON

Model	Book #
MF25	MF25
MF35	MF-14
MF35 Diesel	MF-14
MF50	MF-14
MF65	MF-201
MF85	MF-201
MF88	MF-201
MF95 (after Serial #17300000)	MM-201
MF97	MM-201
MF130	MF-25
MF135	MF-27
MF150	MF-27
MF165	MF-27
MF175	MF-202
MF180	MF-202
MF202	MF-14
MHF202 (Massey-Harris-Ferguson)	MF-14
MF204	MF-14
MF205	MF-202
MF210	MF-202
MF220	MF-202
MF230	MF-42
MF235	MF-42
MF240	MF-42
MF245	MF-42
MF250	MF-42
MF255	MF-43
MF265	MF-43
MF270	MF-43
MF275	MF-43
MF285	MF-36
MF290	MF-43
MF303	MF-10
MHF303 (Massey-Harris-Ferguson)	MF-10
MF340	MF-46
MF350	MF-46
MF355	MF-46
MF360	MF-46
MF362	MF-45
MF365	MF-45
MF375	MF-45
MF383	MF-45
MF390	MF-45
MF390T	MF-45
MF398	MF-45
MF399	MF-46
MF404	MF-10
MHF404 (Massey-Harris-Ferguson)	MF-10
MF406	MF-10
MF670	MF-41
MF690	MF-41
MF698	MF-41
MF1001	MF-10
MF1010 (Std. & Hydro)	MF-47
MF1020 (Std. & Hydro)	MF-47
MF1080	MF-201
MF1085	MF-201
MF1100	MF-201
MF1105	MF-201
MF1130	MF-201
MF1135	MF-201
MF1155	MF-201
MF2675	MF-202
MF2705	MF-202
MF2745	MF-202
MF2775	MF-202
MF2805	MF-202
MF3505	MF-44
MF3525	MF-44
MF3545	MF-44
MF Super 90	MF-201
MF Super 90WR	MF-201

MASSEY-HARRIS

Pony	MH-2
16 (Pacer)	MH-6A
20	MH-2
21 (Colt)	MH-5A
22	MH-2
23 (Mustang)	MH-5A
30	MH-2
33	MH-5A
44 (4 cyl. Diesel & Non Diesel)	MH-2
44 (6 cyl. Non-Diesel)	MH-2
44 Special	MH-5A
50	MF-14
55 (Diesel and Non-Diesel)	MH-2
55 (after Serial #10000)	MH-5A
81	MH-2
82	MH-2
101	MH-2
101 Super	MH-2
102 (Jr. and Sr.)	MH-2
201	MH-2
202	MH-2
203	MH-2
333	MF-10
444	MF-10
555	MH-5A

MINNEAPOLIS-MOLINE

Model	Book #
BF	MM-201
BG	MM-201
GB	MM-201
GB Diesel	MM-201
GB LPG	MM-201
GTA	MM-201
GTB	MM-201
G-VI	MM-201
G-550	O-202
G-705	MM-201
G-706	MM-201
G-707	MM-201
G-708	MM-201
G-750	O-202
G-850	O-202
G-900	MM-201
G-940	O-202
G-950	MM-201
G-955	O-202
G-1000	MM-201
G-1000 Vista	MM-201
G-1050	MM-201
G-1350	MM-201
G-1355	O-202
Jet Star	MM-201
Jet Star Two	MM-201
Jet Star Three	MM-201
M5	MM-201
M504	MM-201
M602	MM-201
M604	MM-201
M670	MM-201
M670 Super	MM-201
RTE	MM-201
RTN	MM-201
RTS	MM-201
RTU	MM-201
UB	MM-201
UB Diesel	MM-201
UB LPG	MM-201
UBN	MM-201
UBU	MM-201
UTC	MM-201
UTE	MM-201

Model	Book #
UTN	MM-201
UTN	MM-201
UTS	MM-201
UTS Special	MM-201
UB Special	MM-201
U-302	MM-201
V	MM-201
ZAE	MM-201
ZAN	MM-201
ZAS	MM-201
ZAU	MM-201
ZB	MM-201
ZB LPG	MM-201
ZBU	MM-201
ZTE	MM-201
ZTN	MM-201
ZTS	MM-201
ZTU	MM-201
4 Star	MM-201
4 Star Super	MM-201
5 Star	MM-201
335	MM-201
445	MM-201
445 Diesel	MM-201

MITSUBISHI

MT160	M-1
MT160D	M-1
MT180	M-1
MT180D	M-1
MT180H	M-1
MT180HD	M-1
MT210	M-1
MT210D	M-1
MT250	M-1
MT250D	M-1
MT300	M-1
MT300D	M-1

OLIVER

Oliver 2255	0-202
Super 44	0-12
Super 55	0-201
Super 99 (6 Cyl.) 6-Speed	0-201
Super 99 GM (3 Cyl.) 6-Speed	0-201
60 (HC & KD)	0-1

Model	Book #
66 (Super & Non-Super Models, Diesel, HC and KD)	0-201
70 (HC & KD)	0-1
77 (Diesel, HC, KD, and LP)	0-201
80 (HC & KD)	0-1
88 (Diesel, HC, KD and LP)	0-201
90	0-1
99 (4 Cyl.)	0-1
660	0-201
770	0-201
880	0-201
99 (6 Cyl.) 4-Speed	0-201
99 GMTC	0-201
440	0-12
550	0-201
950	0-201
990	0-201
995	0-201
1550	0-202
1555	0-202
1600	0-202
1650	0-202
1655	0-202
1750	0-202
1755	0-202
1800	0-202
1850	0-202
1855	0-202
1900	0-202
1950	0-202
1950T	0-202
1955	0-202
2050	0-22
2150	0-22

TRACTOR COMPONENTS

Specifications and repair information for standard or proprietary tractor units, covering: carburetors, clutches, distributors, generators, magnetos, regulators, relays, spark plugs, starting motors, starting switches and valve rotators. A great resource and companion to any I&T book .... TC

WHITE

Model	Book #
2-30	W-201
2-35	W-201
2-45	W-201
2-55	W-201
2-62	W-201
2-65	W-201
2-70	W-201
2-75	W-201
2-85	W-201
2-105	W-201
2-135	W-201
2-150	W-201
2-155	W-201

YANMAR

YM135	YM-1
YM135D	YM-1
YM155	YM-1
YM155D	YM-1
YM195	YM-1
YM195D	YM-1
YM240	YM-1
YM240D	YM-1
YM330	YM-1
YM330D	YM-1

USED TRACTOR PRICE GUIDE

The Used Tractor Price Guide is a resource for buying, selling or trading used tractors. This comprehensive reference includes detailed information on farm tractors produced from 1939 by more than 40 different manufacturers. Listings include approximate retail prices when new, a high and low range of estimated average used values, engine size, transmission speeds, shipping weight and PTO horsepower plus a special serial number section that lets you determine the precise year a tractor was built.

.... TRA08

To order any of the books listed here, please visit www.clymer.com or call 800-262-1954

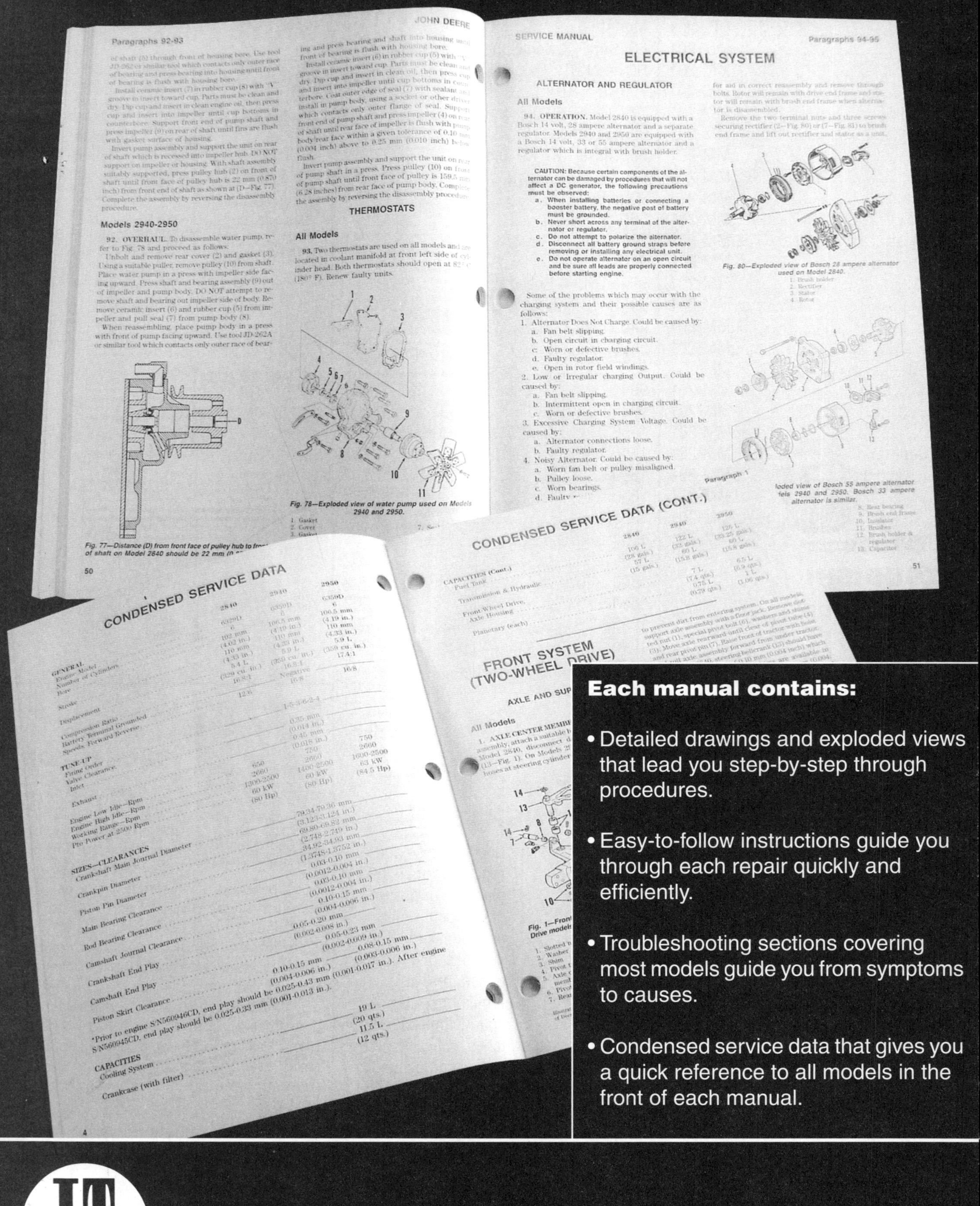

Each manual contains:

- Detailed drawings and exploded views that lead you step-by-step through procedures.
- Easy-to-follow instructions guide you through each repair quickly and efficiently.
- Troubleshooting sections covering most models guide you from symptoms to causes.
- Condensed service data that gives you a quick reference to all models in the front of each manual.

I&T SHOP SERVICE™
A Penton Media Publication

P.O. Box 12901 • Overland Park, KS 66282-2901 • 1-913-967-1719 • 1-800-262-1954

ITTS